Fleischer/Hüttemann (Hrsg.)
Rechtshandbuch Unternehmensbewertung

Rechtshandbuch Unternehmensbewertung

herausgegeben von

Prof. Dr. iur. Holger Fleischer,
Dipl.-Kfm., LLM.

Prof. Dr. iur. Rainer Hüttemann,
Dipl.-Volksw.

Bearbeiter siehe nächste Seite

2015

otto**schmidt**

Bearbeiter

Prof. Dr. Johannes Adolff, LL.M.
Rechtsanwalt, Frankfurt a.M.

Prof. Dr. Michael Arnold
Rechtsanwalt, Stuttgart
Honorarprofessor
an der Universität Tübingen

Prof. Dr. Hans-Joachim Böcking
Universitätsprofessor, Frankfurt a.M.

Prof. Dr. Winfried Born
Rechtsanwalt, Dortmund
Honorarprofessor
an der Universität Bochum

Dr. Hartwin Bungert, LL.M.
Rechtsanwalt, Düsseldorf

Prof. Dr. Oliver Fehrenbacher
Universitätsprofessor, Konstanz

Prof. Dr. Holger Fleischer,
Dipl.-Kfm., LL.M.
Direktor, Max-Planck-Institut für
ausländisches und internationales
Privatrecht, Hamburg

Dr. Lars Franken
Wirtschaftsprüfer/CFA, Essen

Prof. Dr. Rainer Hüttemann,
Dipl.-Volksw.
Universitätsprofessor, Bonn

Prof. Dr. Martin Jonas
Wirtschaftsprüfer/Steuerberater,
Düsseldorf
Honorarprofessor
an der Universität zu Köln

Dr. Torsten Kohl
Wirtschaftsprüfer/Steuerberater, Bonn

Prof. Dr. Knut Werner Lange
Universitätsprofessor, Bayreuth

Dr. Georg Lauber
Vorsitzender Richter am Landgericht,
Köln

Johannes Leverkus
Wirtschaftsprüfer/Steuerberater/CPA,
Bonn

Dr. Carsten Meinert
Richter am Finanzgericht, Köln

Priv.-Doz. Dr. André Meyer, LL.M.
Professurvertreter, Freiburg/Bonn

Dr. Karsten Nowak
Direktor, Hessischer Rechnungshof,
Darmstadt

Fabian Rauschenberg
Wissenschaftlicher Mitarbeiter,
Frankfurt a.M.

Dr. Vera Rothenburg
Rechtsanwältin, Stuttgart

Dr. Jörn Schulte
Wirtschaftsprüfer/Steuerberater/CVA,
Essen

Dr. Heike Wieland-Blöse
Wirtschaftsprüferin/Steuerberaterin,
Düsseldorf

Prof. Dr. Martin Winner
Universitätsprofessor, Wien

Zitierempfehlung:

Verfasser in Fleischer/Hüttemann (Hrsg.),
Rechtshandbuch Unternehmensbewertung, 2015, § ... Rz. ...

*Bibliografische Information
der Deutschen Nationalbibliothek*

Die Deutsche Nationalbibliothek verzeichnet diese
Publikation in der Deutschen Nationalbibliografie;
detaillierte bibliografische Daten sind im Internet
über http://dnb.d-nb.de abrufbar.

Verlag Dr. Otto Schmidt KG
Gustav-Heinemann-Ufer 58, 50968 Köln
Tel. 02 21/9 37 38-01, Fax 02 21/9 37 38-943
info@otto-schmidt.de
www.otto-schmidt.de

ISBN 978-3-504-45560-6

© 2015 by Verlag Dr. Otto Schmidt KG, Köln

Das Werk einschließlich aller seiner Teile ist
urheberrechtlich geschützt. Jede Verwertung, die nicht
ausdrücklich vom Urheberrechtsgesetz zugelassen ist,
bedarf der vorherigen Zustimmung des Verlages. Das
gilt insbesondere für Vervielfältigungen, Bearbeitungen,
Übersetzungen, Mikroverfilmungen und die Einspeicherung und Verarbeitung in elektronischen Systemen.

Das verwendete Papier ist aus chlorfrei gebleichten
Rohstoffen hergestellt, holz- und säurefrei, alterungsbeständig und umweltfreundlich.

Einbandgestaltung: Jan P. Lichtenford, Mettmann
Satz: Griebsch & Rochol Druck, Hamm
Druck und Verarbeitung: Kösel, Krugzell
Printed in Germany

Vorwort

Fragen der Unternehmensbewertung begegnen dem Rechtsanwender an zahlreichen Stellen: im Gesellschafts- und Kapitalmarktrecht, bei familien- und erbrechtlichen Sachverhalten sowie im Bilanz- und Steuerrecht. Ihre Beantwortung verlangt nicht nur betriebswirtschaftliche Expertise, sondern auch juristischen Sachverstand. Anschaulich spricht man insoweit von rechtsgeleiteter oder normgeprägter Unternehmensbewertung. Das vorliegende Handbuch macht es sich zur Aufgabe, die rechtliche Dimension der Unternehmensbewertung herauszuarbeiten und zugleich ihre Verzahnung mit der betriebswirtschaftlichen Bewertungstheorie und der berufsständischen Bewertungspraxis zu erläutern. Es will dem Rechtsanwender den Zugang zu dieser sperrigen, aber praktisch außerordentlich wichtigen Regelungsmaterie erleichtern und ihm eine vertiefte Auseinandersetzung mit allen wesentlichen Einzelfragen ermöglichen. Ein besonderes Augenmerk gilt der Auswertung der ständig zunehmenden, aber bisher nur unzureichend erschlossenen Rechtsprechung.

Dauerhaft tragfähige Lösungen lassen sich auf dem weiten Feld der Unternehmensbewertung nur durch einen Dialog über die Disziplingrenzen hinweg gewinnen. Hierbei ist der Jurist einerseits auf betriebswirtschaftliches Fachwissen angewiesen, andererseits muss er dafür sorgen, dass sich der Sachverständige an die gesetzlichen Bewertungsvorgaben hält. Um dieser anspruchsvollen Aufgabe gerecht zu werden, wirken an diesem Handbuch alle mit Bewertungsfragen befassten Berufsgruppen mit: Hochschullehrer der Rechtswissenschaft und Betriebswirtschaftslehre, Wirtschaftsprüfer und Steuerberater sowie Rechtsanwälte und Richter. Herausgeber, Autoren und Verlag hoffen, dass dieser ganzheitliche Ansatz dazu beiträgt, das Recht der Unternehmensbewertung im Grundsätzlichen wie im Detail getreulich zu erfassen und sachgerecht anzuwenden.

Für Anregungen und Kritik sind wir dankbar. Sie können gerne per E-Mail an den Verlag gesendet werden (lektorat@otto-schmidt.de).

Hamburg und Bonn, im Dezember 2014

Holger Fleischer   Rainer Hüttemann

Inhaltsübersicht

	Seite
Vorwort	VII
Inhaltsverzeichnis	XI
Literaturverzeichnis	XLV
Abkürzungsverzeichnis	XLIX

Erster Teil
Einführung

§ 1	Unternehmensbewertung als Rechtsproblem *(Hüttemann)*	1
§ 2	Betriebswirtschaftliche Bewertungstheorie *(Böcking/Rauschenberg)*	46
§ 3	Berufsständische Bewertungspraxis *(Jonas)*	71

Zweiter Teil
Bewertungsmethoden

§ 4	Überblick über das Ertragswertverfahren *(Böcking/Nowak)*	89
§ 5	Ermittlung des Zukunftsertrags *(Franken/Schulte)*	114
§ 6	Ableitung des Kapitalisierungszinssatzes *(Franken/Schulte)*	152
§ 7	Nicht betriebsnotwendiges Vermögen *(Hüttemann/Meinert)*	199
§ 8	Liquidationswert *(Fleischer)*	228
§ 9	Besonderheiten des DCF-Verfahrens *(Jonas/Wieland-Blöse)*	252
§ 10	Alternative Bewertungsverfahren *(Franken/Schulte)*	267
§ 11	Bewertung in der Unternehmenskrise *(Wieland-Blöse)*	295

Dritter Teil
Querschnittsfragen

§ 12	Stichtagsprinzip *(Hüttemann/Meyer)*	323
§ 13	Intertemporale Anwendung berufsständischer Bewertungsstandards *(Fleischer)*	355
§ 14	Verbundvorteile/Synergieeffekte *(Winner)*	382
§ 15	Berücksichtigung von Steuern *(Jonas/Wieland-Blöse)*	413
§ 16	Börsenkurs und Unternehmensbewertung *(Adolff)*	444
§ 17	Vorerwerbspreise *(Leverkus)*	493
§ 18	Anteilsbewertung und Bewertung unterschiedlich ausgestalteter Anteile *(Fleischer)*	526

Seite

Vierter Teil
Unternehmensbewertung im Gesellschaftsrecht

§ 19	Unternehmensbewertung im Aktien- und Konzernrecht *(Adolff)*	567
§ 20	Unternehmensbewertung im Umwandlungsrecht *(Bungert)*	610
§ 21	Unternehmensbewertung im Übernahmerecht *(Winner)*	660
§ 22	Unternehmensbewertung im Personengesellschafts- und GmbH-Recht *(Fleischer)*	707

Fünfter Teil
Unternehmensbewertung im Familien- und Erbrecht

§ 23	Unternehmensbewertung im Familienrecht *(Born)*	743
§ 24	Unternehmensbewertung im Erbrecht *(Lange)*	787

Sechster Teil
Unternehmensbewertung im Bilanz- und Steuerrecht

§ 25	Unternehmensbewertung im Bilanzrecht *(Leverkus)*	853
§ 26	Steuerliche Unternehmensbewertung *(Kohl)*	893

Siebter Teil
Verfahrensrechtliche Fragen der Unternehmensbewertung

§ 27	Spruchverfahren *(Arnold/Rothenburg)*	963
§ 28	Unternehmensbewertung in streitigen gerichtlichen Verfahren *(Lauber)*	994
§ 29	Privat- und Schiedsgutachten zu Unternehmensbewertungen *(Lauber)*	1057
§ 30	Unternehmensbewertung im Schiedsverfahren *(Fehrenbacher)*	1083

Achter Teil
Internationale Bezüge der Unternehmensbewertung

§ 31	Unternehmensbewertung im Spiegel der Rechtsvergleichung *(Fleischer)*	1121

Stichwortverzeichnis 1161

Inhaltsverzeichnis

	Seite
Vorwort	VII
Inhaltsübersicht	IX
Literaturverzeichnis	XLV
Abkürzungsverzeichnis	XLIX

Erster Teil
Einführung

§ 1
Unternehmensbewertung als Rechtsproblem
(Hüttemann)

	Rz.	Seite
I. Bewertung von Unternehmen als Gegenstand der Wirtschaftswissenschaft	1	4
II. „Rechtsgebundene" Unternehmensbewertung als juristische Aufgabe	5	6
III. Rechtliche Bewertungsanlässe	9	10
1. Gesellschafts-, Umwandlungs- und Kapitalmarktrecht	9	10
2. Familien- und Erbrecht	14	12
3. Bilanz- und Steuerrecht	17	13
4. Weitere Bewertungsanlässe	20	14
IV. Bewertungsziel als Rechtsfrage	25	15
1. „Normwert" als Bewertungsvorgabe	25	15
2. Abfindung ausscheidender Gesellschafter als Beispiel	26	15
a) § 738 Abs. 1 Satz 2 BGB als Ausgangspunkt	26	15
b) „Angemessene" Barabfindung ausscheidender Aktionäre (§ 305 Abs. 3 Satz 2 AktG)	28	17
c) Verfassungsrechtliche Vorgaben für die Abfindungsbemessung (Art. 14 Abs. 1 GG)	29	18
d) Zwischenergebnis	31	19
3. Überblick über rechtliche Bewertungsvorgaben	32	19
a) Normorientierung	32	19
b) Stichtagsprinzip	33	20
c) Bewertung des „Unternehmens als Einheit"	36	21
d) Liquidationswert als Wertuntergrenze	38	23
e) Quotaler Unternehmenswert oder Anteilswert	40	24
f) Bewertung zum Börsenkurs	41	25
4. Zusammenfassung	43	25
V. Wertermittlung als Tatsachenfeststellung	44	26
1. Schwierigkeiten der Wertermittlung	44	26

	Rz.	Seite
2. Wertermittlung durch Schätzung	45	26
a) Zulässigkeit einer Schätzung	45	26
b) Richterliches Schätzungsermessen	46	27
3. Beauftragung von Sachverständigen	50	29
4. Zur Eignung einzelner Bewertungsverfahren	52	30
a) Ertragswert- und DCF-Methoden	52	30
b) Substanzwert und Mischverfahren	57	33
c) „Marktorientierte" Bewertungsansätze	59	34
d) Börsenkurse und gezahlte Kaufpreise	62	36
e) Auswahl der Bewertungsmethode	65	37
f) Methodenänderungen und „Rückwirkung"	66	38
5. Zusammenfassung	67	38
VI. Unternehmensbewertung und Verfahrensrecht	68	39
1. Kein einheitliches Verfahrensrecht	68	39
2. Spruchverfahren	69	39
3. Streitiges Verfahren	71	40
4. Schiedsgericht und Schiedsgutachten	72	41
5. Steuerverfahren	74	41
VII. Ausblick	75	42
1. Vom „theoretisch richtigen Wert" zur Bandbreite „vertretbarer" Werte	75	42
2. Internationale Unternehmensbewertung	77	43
3. Reform der rechtlichen Bewertungsvorgaben?	78	44

§ 2
Betriebswirtschaftliche Bewertungstheorie
(Böcking/Rauschenberg)

	Rz.	Seite
I. Einleitung	1	47
II. Erläuterung verwendeter Begriffe	4	48
III. Entwicklungshistorie der Unternehmensbewertung	6	49
1. Objektive Werttheorie	7	49
2. Subjektive Werttheorie	11	51
3. Funktionale Werttheorie	15	52
IV. Anlässe für Unternehmensbewertungen	16	52
V. Funktionale Unternehmensbewertung	19	53
1. Bewertungsfunktionen	20	54
a) Abgrenzung der Funktionen	20	54
b) Beratungsfunktion	21	54
c) Vermittlungsfunktion	23	55
d) Argumentationsfunktion	25	56
e) Nebenfunktionen	27	57
f) Funktionen gemäß IDW S 1	28	57
2. Gesamtbewertung und Zukunftsbezug	30	59
3. Einzubeziehende Erfolgsgrößen und Zuflussprinzip	32	59

	Rz.	Seite
4. Sonstige Bewertungsgrundsätze gemäß IDW S 1	34	60
VI. Ausgewählte Bewertungsverfahren	36	61
1. Einzelbewertungsverfahren	37	61
a) Liquidationswert	37	61
b) Substanzwert	40	63
2. Gesamtbewertungsverfahren	44	65
a) Ertragswertverfahren gemäß IDW S 1	44	65
b) Discounted-Cashflow-Verfahren	48	66
c) Multiplikatorverfahren	51	67
3. Mischverfahren	53	68
VII. Ausblick	55	69

§ 3
Berufsständische Bewertungspraxis
(Jonas)

	Rz.	Seite
I. Einleitung	1	72
II. Historische Entwicklung der Bewertungspraxis	7	73
1. Bewertungspraxis vor 1983: Mischverfahren	10	74
2. Bewertungspraxis seit 1983: Dominanz der Barwertmethoden	14	75
3. Bewertungspraxis ab 2000: Kapitalmarktorientierung und Vereinbarkeit von Ertragswert und DCF	17	76
III. Allgemeine Grundsätze der Unternehmensbewertung nach IDW S 1	22	77
1. Bedeutung und formaler Rahmen von IDW S 1	22	77
2. Grundlegendes Konzept	25	77
a) Bewerten heißt vergleichen	25	77
b) Rationale Erwartungen	29	79
c) Sonderwerte	32	79
3. Methodische Vorgehensweise	33	80
a) Ertragswert und DCF	33	80
b) Objektivierter und subjektiver Wert	38	80
c) Typisierung der Steuerbelastung	41	81
d) Typisierung der Risikoprämie	43	81
4. Plausibilisierung des Unternehmenswerts	46	82
5. Börsenkurs	53	83
IV. Unternehmensbewertungskonzepte in speziellen Kontexten	54	83
1. Bewertungsstandards anderer Berufsorganisationen	55	83
a) Östereichischer Bewertungsstandard KFS/BW 1	55	83
b) Fachmitteilung der Schweizer Treuhandkammer	56	84
c) Best-Practice-Empfehlungen Unternehmensbewertung der DVFA	57	84
d) International Valuation Standards des IVSC	60	84

	Rz.	Seite

e) Empfehlungen einzelner Berufsgruppen 61 85
2. Bewertungskonzepte im Steuerrecht und in der Rechnungslegung 63 85
   a) Bewertungsgesetz und vereinfachter Ertragswert 63 85
   b) Fair Value nach IFRS 13 und Nutzungswert nach IAS 36. 65 86
3. Besondere Bewertungsstandards und Hinweise 67 86
   a) IDW RS HFA 10, IDW RS HFA 16 und IDW S 5 .... 68 86
   b) Grundsätze für die Erstellung von Fairness Opinions (IDW S 8)... 69 87
   c) Besonderheiten bei der Bewertung kleiner und mittelgroßer Unternehmen 71 87
V. Ausblick 74 87

Zweiter Teil
Bewertungsmethoden

§ 4
Überblick über das Ertragswertverfahren
(Böcking/Nowak)

I. Einleitung... 1 91
II. **Grundsätze ordnungsgemäßer Ertragswertberechnung** 4 92
   1. Komplexitätsreduktion 4 92
   2. Zweckadäquanzprinzip 6 92
   3. Zukunftsbezogenheitsprinzip 7 93
   4. Stichtagsprinzip..................................... 10 94
   5. Gesamtbewertungsprinzip und Kapitalwertprinzip 11 94
   6. Subjektivitäts-, Typisierungs- und Objektivierungsprinzip.. 17 96
   7. Äquivalenzprinzipien................................. 20 97
   8. Verbundberücksichtigungsprinzip 26 99
   9. Liquidationstest und Marktwertvergleich................ 27 99
   10. Dokumentationsprinzip 29 99
III. **Ertragswertmethode** 30 100
   1. Bewertungskonzeption 30 100
   2. Festlegung des Planungshorizontes 36 103
   3. Ertragsschätzung 37 103
   4. Bestimmung des Diskontierungszinses 41 105
   5. Berechnung des Restwerts 44 106
IV. **Rechtsprechung**....................................... 46 107
   1. Rechtsprechung zur Ertragswertmethode 46 107
      a) BVerfG, Beschl. v. 27.4.1999 .... 47 107
      b) OLG Stuttgart, Beschl. v. 5.6.2013 .... 48 107
      c) OLG Frankfurt, Beschl. v. 2.5.2011 .... 49 108
      d) OLG Düsseldorf, Beschl. v. 6.4.2011 .... 50 108
      e) OLG Frankfurt, Beschl. v. 17.6.2010 .... 51 109

	Rz.	Seite
2. Rechtsprechung zur Ertragsschätzung	52	109
a) OLG Frankfurt, Beschl. v. 29.4.2011	52	109
b) OLG Stuttgart, Beschl. v. 24.7.2013	53	109
3. Rechtsprechung zum Diskontierungszins	54	109
a) OLG Frankfurt, Beschl. v. 2.5.2011	54	109
b) OLG Düsseldorf, Beschl. v. 6.4.2011	55	110
4. Rechtsprechung zur Ableitung des Risikozuschlags aus dem CAPM	56	110
a) OLG Frankfurt, Beschl. v. 2.5.2011	56	110
b) OLG Stuttgart, Beschl. v. 4.5.2011	57	110
c) OLG Frankfurt, Beschl. v. 17.6.2010	58	111
d) OLG München, Beschl. v. 18.2.2014	59	111
5. Rechtsprechung zur Wachstumsrate	60	111
a) OLG Frankfurt, Beschl. v. 2.5.2011	60	111
b) OLG Frankfurt, Beschl. v. 17.6.2010	61	111
c) OLG Frankfurt, Beschl. v. 29.4.2011	62	111
6. Rechtsprechung zum Marktwertvergleich	63	112
a) BVerfG, Beschl. v. 27.4.1999	63	112
b) BGH, Beschl. v. 19.7.2010	64	112
c) OLG Frankfurt, Beschl. v. 5.12.2013	65	113
d) OLG Stuttgart, Beschl. v. 4.5.2011	66	113
V. Thesenförmige Zusammenfassung	67	113

§ 5
Ermittlung des Zukunftsertrags
(Franken/Schulte)

	Rz.	Seite
I. Einführung	1	115
II. Konzeption der Ermittlung des Zukunftsertrags	5	116
III. Anforderungen an eine Planungserstellung	11	117
1. Integrierte Unternehmensplanung und Planungsprozess	11	117
2. Detailplanungsphase (Phase I)	20	120
a) Vorbemerkungen	20	120
b) Planung der Erfolgsgrößen	24	121
c) Planung der Bilanzgrößen	32	123
d) Finanzplanung	39	125
e) Planung der Ertragsteuern	43	125
f) Planung der Thesaurierung	49	127
3. Planung der Übergangsphase (Phase II)	50	127
4. Planung des nachhaltigen Ertragsüberschusses (Phase III)	53	128
IV. Planungsplausibilisierung	58	130
1. Systematisierung der Planungsplausibilisierung	58	130
2. Analyse des Unternehmens(umfelds)	63	131
a) Grundlegende Überlegungen	63	131
b) Analyse des Markt- und Wettbewerbsumfelds	64	132

				Rz.	Seite
		aa)	Vorbemerkungen	64	132
		bb)	Analyse übergeordneter externer Rahmenbedingungen	68	132
		cc)	Analyse der Branche und Wettbewerber	74	134
		dd)	Analyse der Marktstellung des zu bewertenden Unternehmens	83	136
	c)	Vergangenheitsanalyse des Unternehmens		90	137
		aa)	Vorbemerkungen	90	137
		bb)	Analyse der Vergangenheitsergebnisse	91	137
		cc)	Bereinigung der Vergangenheitsergebnisse	98	139
	d)	Ergebnis der Analysen		101	139
3.	Analyse der Planungsrechnung			104	140
	a)	Grundlegende Überlegungen		104	140
	b)	Analyse der Planungstreue		105	140
	c)	Prüfung auf Konsistenz und rechnerische Richtigkeit		109	141
	d)	Analyse der Entwicklungen der Vermögens-, Finanz- und Ertragslage sowie der zugrunde liegenden Annahmen		112	142
4.	Plausibilisierung der Ertrags-, Bilanz- und Finanzplanung			116	143
	a)	Grundlegende Überlegungen		116	143
	b)	Plausibilisierung der Detailplanungsphase		124	145
	c)	Plausibilisierung der Übergangsphase		133	148
	d)	Plausibilisierung der ewigen Rente		135	148
V.	Zusammenfassung			141	150

§ 6
Ableitung des Kapitalisierungszinssatzes
(Franken/Schulte)

		Rz.	Seite
I.	Einführung	1	153
II.	Bedeutung des Kapitalisierungszinssatzes und Grundlage der Ermittlung	7	154
III.	Ableitung des Basiszinssatzes	13	156
1.	Vorbemerkungen	13	156
2.	Ableitung einer aktuellen Zinsstrukturkurve auf Basis der Svensson-Methode	19	158
3.	Ermittlung eines barwertäquivalenten einheitlichen Basiszinssatzes	29	160
4.	Der Basiszinssatz in der Rechtsprechung	33	162
IV.	Ableitung der Marktrisikoprämie	43	163
1.	Vorbemerkungen	43	163
2.	Zukunftsorientierte Ableitung der Marktrisikoprämie	45	163
3.	Vergangenheitsorientierte Ableitung der Marktrisikoprämie	51	165
4.	Die Marktrisikoprämie in der Rechtsprechung	65	169

	Rz.	Seite

V. **Ableitung des Betafaktors** 72 171
1. Vorbemerkungen 72 171
2. Alternative Methoden zur Ableitung eines Betafaktors 73 172
3. Ableitung von Betafaktoren auf Basis historischer Kapitalmarktdaten 80 174
   a) Überblick 80 174
   b) Betafaktor des Bewertungsobjekts oder einer Peer Group 82 175
   c) Ermittlung historischer Raw Betafaktoren 94 178
   d) Belastbarkeit historischer Betafaktoren 111 182
   e) Prognoseeignung historischer Betafaktoren als künftig zu erwartende Betafaktoren 130 186
   f) Ermittlung von Un-/Relevered Betafaktoren 147 190
4. Der Betafaktor in der Rechtsprechung 157 194
VI. **Zusammenfassung** 164 195

§ 7
Nicht betriebsnotwendiges Vermögen
(Hüttemann/Meinert)

I. **Nicht betriebsnotwendiges Vermögen im Kontext der Ertragswertmethode** 1 200
II. **Abgrenzung von betriebsnotwendigem und nicht betriebsnotwendigem Vermögen** 4 201
1. Abgrenzungsmethoden 4 201
   a) Allgemeines 4 201
   b) Wertbezogene Abgrenzung 5 202
   c) Funktionale Abgrenzung............................ 6 202
      aa) Allgemeines 6 202
      bb) Perspektiven der funktionalen Abgrenzung........ 8 203
2. Meinungstand 12 204
   a) Wertbezogene und funktionale Abgrenzung............ 12 204
   b) Maßgebliche Perspektive im Rahmen der funktionalen Abgrenzung 14 206
      aa) Neutralität des IDW 14 206
      bb) 1. Perspektive: Erfordernis einer Veräußerungsentscheidung.. 15 206
      cc) 2. Perspektive: Tatsächliche Verhältnisse 18 207
      dd) 3. Perspektive: Objektiver Betrachter 20 208
3. Stellungnahme.. 24 210
   a) Wertbezogene und funktionale Abgrenzung............ 24 210
   b) Perspektive der funktionalen Abgrenzung 26 211
III. **Grundsätze der Bewertung nicht betriebsnotwendigen Vermögens** 31 213
1. Bestmögliche Verwertung 31 213
2. Liquidationswert 32 214
   a) Allgemeines 32 214

		Rz.	Seite
	b) Abzug fiktiver Liquidationskosten	33	214
	c) Abzinsung des Verkehrswertes	35	215
	d) Besteuerung der fiktiven Liquidation	38	217
	aa) Abzug latenter Steuern auf Unternehmens- und Eigentümerebene	38	217
	bb) Umfang des Steuerabzugs	40	218
	cc) Abzinsung der Steuerbelastung	42	219
	e) Abzug von Schulden	44	220
3.	Korrektur des Gesamtwerts	45	220
IV.	**Einzelfragen und Fallgruppen**	46	221
1.	Allgemeines	46	221
2.	Beteiligungen	47	221
3.	Forderungen und Schulden	49	222
4.	Immaterielles Vermögen	52	223
5.	Immobilien	53	224
6.	Kunstwerke	57	226
7.	Liquide Mittel	58	226
8.	Sonstiges	60	227

§ 8
Liquidationswert
(Fleischer)

		Rz.	Seite
I.	**Begriff und Verhältnis zu anderen Bewertungsverfahren**	1	229
1.	Begriff	1	229
2.	Verhältnis zum Substanzwert	2	230
3.	Verhältnis zum Zukunftserfolgs- oder Fortführungswert	3	230
II.	**Ermittlung des Liquidationswerts**	4	231
1.	Liquidationserlöse	5	231
2.	Schulden und Liquidationskosten	6	232
III.	**Rechtliche Relevanz des Liquidationswertes**	7	233
1.	Bewertung des nicht betriebsnotwendigen Vermögens	8	233
2.	Bewertung von Unternehmen mit begrenzter Lebensdauer	9	234
3.	Bewertung personenbezogener Unternehmen	10	234
4.	Bewertung ertragsschwacher Unternehmen	14	235
IV.	**Liquidationswert als Untergrenze der Unternehmensbewertung**	15	235
1.	Meinungsstand	16	235
	a) Betriebswirtschaftslehre und Bewertungspraxis	16	235
	b) Rechtsprechung	17	236
	aa) Bundesgerichtshof	18	236
	bb) Oberlandesgerichte	23	237
	c) Rechtslehre	25	239
	d) Rechtsvergleichung	26	239

	Rz.	Seite
2. Stellungnahme	29	241
a) Argumente gegen den Liquidationswert als Untergrenze	30	242
aa) Ungerechtfertigter Vorteil des Abfindungsberechtigten	31	242
bb) Freiheit der unternehmerischen Entscheidung	33	243
cc) Liquiditätsbelastung	35	245
b) Argumente für den Liquidationswert als Wertuntergrenze	36	245
aa) Grundsatz der vollen Abfindung	37	245
bb) Objektivierter Unternehmenswert	38	246
cc) Missbrauchsprävention	39	247
dd) Ordnungspolitische Gesichtspunkte	40	247
ee) Rechtsvergleichende Absicherung	41	248
3. Ergebnis	42	248
V. Grenzen der Maßgeblichkeit des Liquidationswertes	43	249

§ 9
Besonderheiten des DCF-Verfahrens
(Jonas/Wieland-Blöse)

	Rz.	Seite
I. Relevanz von DCF-Verfahren in der Praxis und der Rechtsprechung	1	252
II. Funktionsweise von DCF-Verfahren	6	253
1. Entity-Ansatz	14	255
a) WACC-Ansatz	20	257
aa) Free Cash Flow-Ansatz	21	257
bb) TCF-Ansatz	31	260
b) APV-Ansatz	37	262
2. Equity-Ansatz	44	263
III. Abgrenzung zum Ertragswertverfahren	49	264
IV. Zusammenfassung	55	266

§ 10
Alternative Bewertungsverfahren
(Franken/Schulte)

	Rz.	Seite
I. Einführung	1	268
II. Multiplikatorverfahren	7	269
1. Theoretische Grundlagen	7	269
a) Definition des Multiplikatorverfahrens	7	269
b) Systematisierung der Multiplikatorverfahren	13	271
c) Differenzierung von Wert und Preis	18	272
d) Vergleichbarkeit als grundlegende Voraussetzung	22	273

	Rz.	Seite
2. Durchführung einer Multiplikatorbewertung	27	274
a) Verwendung von Eigen- oder Gesamtkapitalmultiplikatoren	27	274
b) Abgrenzung des Marktpreises des Eigen- und des Gesamtkapitals	32	275
c) Festlegung einer geeigneten Bezugsgröße	44	278
d) Auswahl der Vergleichsunternehmen	54	281
III. Vereinfachtes Ertragswertverfahren	66	284
IV. Sonstige alternative Bewertungsverfahren	75	287
1. Substanzwertverfahren	75	287
2. Mittelwertverfahren	80	288
3. Übergewinnverfahren	84	289
4. Stuttgarter Verfahren	89	290
V. Alternative Bewertungsverfahren in der Rechtsprechung	93	291
VI. Zusammenfassung	99	292

§ 11
Bewertung in der Unternehmenskrise
(Wieland-Blöse)

	Rz.	Seite
I. Besonderheiten der Unternehmensbewertung in der Unternehmenskrise	1	296
1. Arten von Unternehmenskrisen	3	297
2. Geeignete Bewertungsverfahren	8	298
3. Besonderheiten bei der Unternehmensplanung	13	300
4. Besonderheiten bei der Ableitung der Kapitalkosten	18	303
5. Besonderheiten bei der Berücksichtigung des Fremdkapitals, der Gläubigerposition und der Besicherung	23	305
II. Bewertung im Überschuldungsstatus	27	307
1. Überschuldungstatbestand nach § 19 InsO	27	307
2. Ansatz- und Bewertungsvorschriften für den Überschuldungsstatus	28	308
a) Stichtagsprinzip	29	308
b) Grundsatz der Verwertungsfähigkeit	30	309
c) Einzelbewertung vs. Gesamtbewertung	33	310
d) Bewertung zu Liquidationswerten	36	311
3. Unternehmensbewertung im Überschuldungsstatus	37	311
III. Bewertung im Debt Equity Swap	42	313
1. Anwendungsgebiete	42	313
2. Diskussionsstand: Bewertungsansätze für Fremdkapital	46	314
a) Bewertung zum Nennwert	47	314
b) Bewertung zum Schuldendeckungsgrad	54	317
aa) Schuldendeckungsgrad bei Insolvenz	55	317
bb) Bilanzieller Schuldendeckungsgrad	57	318

	Rz.	Seite

cc) Schuldendeckungsgrad bei Unternehmensfortführung ... 60 318
c) Bewertung zum Marktwert ... 61 319
3. Die Perspektive der Sachkapitalerhöhungsprüfung ... 63 320

Dritter Teil
Querschnittsfragen

§ 12
Stichtagsprinzip
(Hüttemann/Meyer)

I. Hintergründe, Funktionen und Reichweite ... 1 324
1. Ableitung und Anwendungsbereich ... 1 324
2. Terminologie ... 4 325
3. Funktionen ... 8 327
   a) Wertabgrenzung ... 8 327
   b) Informationsabgrenzung ... 10 328
4. Fragenkreise ohne Aussagekraft des Stichtagsprinzips ... 17 331
5. Bewertungen vor dem Stichtag ... 20 332
6. Sondersituation: Ermittlung stichtagsbezogener hypothetischer Börsenkurse ... 23 333

II. Ermittlung des maßgebenden Stichtags ... 24 333
1. Festlegung des Stichtags ... 24 333
2. Stichtage bei ausgewählten gesellschaftsrechtlichen Bewertungsanlässen ... 30 335
   a) Aktien- und umwandlungsrechtliche Abfindungs- und Ausgleichsansprüche ... 30 335
   b) Der Abfindungsanspruch aus § 738 Abs. 1 Satz 2 BGB ... 35 338

III. Bei der Wertermittlung einzubeziehende Informationen ... 40 339
1. Ausgangspunkt ... 40 339
2. Berücksichtigungsfähige Tatsachen ... 41 340
   a) Die „Wurzeltheorie" des BGH ... 41 340
      aa) Ursprung ... 41 340
      bb) Folgeentscheidungen ... 43 340
      cc) Prognosebildung: Kritik ... 48 342
      dd) Rechtsprechung der Instanzgerichte ... 50 343
      ee) Spätere Erkenntnisse über präexistente Zustände ... 51 344
   b) Meinungsstand im Schrifttum ... 52 344
   c) Stellungnahme ... 56 346
      aa) Zeitpunktbezogenheit der Bewertung ... 56 346
      bb) Perspektive eines gedachten Unternehmenserwerbers ... 60 348
      cc) Kapitalisierungszinssatz ... 63 349
3. Rechtliche Verhältnisse ... 65 350
4. Standardänderungen ... 70 352

§ 13
Intertemporale Anwendung berufsständischer Bewertungsstandards
(Fleischer)

	Rz.	Seite
I. Problemaufriss	1	356
II. Meinungsstand	3	357
1. Rechtsprechung	3	357
a) Einzelne Oberlandesgerichte: Keine nachträgliche Anwendung neuer Bewertungsstandards	4	358
b) Mehrzahl der Oberlandesgerichte: Nachträgliche Anwendung neuer Bewertungsstandards	7	359
2. Schrifttum	10	361
a) Herrschende Lehre: Nachträgliche Anwendung neuer Bewertungsstandards	10	361
b) Einzelne Literaturstimmen: Methodenanpassungen versus Methodenverbesserungen	12	363
III. Entfaltung der Einzelargumente	13	364
1. Sachgründe für eine nachträgliche Anwendung neuer Bewertungsstandards	14	364
a) Angemessene Abfindung als gesetzliches Bewertungsziel	14	364
b) Auswahl einer normzweckadäquaten Bewertungsmethode	16	365
c) Gebot der Berücksichtigung verbesserter Bewertungsstandards	18	367
d) Vergleich mit anderen Fällen nachträglichen Erkenntnisfortschritts	21	369
e) Verschlechterungsverbot zugunsten abfindungsberechtigter Aktionäre	22	369
f) Geringes Kostenrisiko der Antragsteller im Spruchverfahren	23	370
2. Einwände gegen eine nachträgliche Anwendung neuer Bewertungsstandards	24	371
a) Intertemporales Recht (Art. 170 EGBGB)	25	371
b) Stichtagsprinzip	26	372
c) Vertrauensschutz	27	373
d) Vorhersehbarkeit und Rechtssicherheit	29	374
e) Störung der Geschäftsgrundlage	31	375
f) Selbstbindung oder Selbstwiderspruch	32	376
g) Verbot überlanger Verfahrensdauer	33	377
h) Grenzpreisbestimmung	35	378
3. Ergebnis	36	379
IV. Erkenntnisfortschritt durch neue Bewertungsstandards	38	379
1. Meinungsstand	38	379
2. Stellungnahme	39	380

§ 14
Verbundvorteile/Synergieeffekte
(Winner)

		Rz.	Seite
I.	Begriffsklärung	1	383
II.	Problemstellung	4	384
III.	Position der Bewertungspraxis und -lehre	7	385
1.	IDW S 1	7	385
2.	Betriebswirtschaftslehre	9	386
IV.	Verfassungsrechtliche Vorgaben	13	388
V.	Abfindungen	16	389
1.	Squeeze-out gem. §§ 327a ff. AktG	17	390
	a) Ausgangslage	17	390
	b) Rechtsprechung und Schrifttum	20	391
	c) Stellungnahme	26	394
	d) Verteilungsschlüssel	31	397
2.	Abfindungsanspruch bei gesellschaftsrechtlichen Umstrukturierungen	37	399
	a) Fallgruppen	37	399
	b) Meinungsstand	41	400
	c) Stellungnahme	44	402
3.	Gesellschafterausschluss im GmbH-Recht	50	403
VI.	Anteilstausch	53	405
1.	Verschmelzung	53	405
	a) Ausgangslage	53	405
	b) Rechtsprechung und Schrifttum	56	406
	c) Grundlagen	59	407
	d) Stellungnahme	61	408
2.	Abfindung in Aktien gem. § 305 AktG	67	410
3.	Weitere Fallgruppen	70	411
VII.	Summe	72	411

§ 15
Berücksichtigung von Steuern
(Jonas/Wieland-Blöse)

		Rz.	Seite
I.	Grundsätzliche Berücksichtigung von Ertragsteuern bei Unternehmensbewertungen	1	414
1.	Bewertungsrelevante Unternehmensteuern	3	415
2.	Bewertungsrelevanz von persönlichen Ertragsteuern	8	416
	a) Berücksichtigung persönlicher Ertragsteuern bei der objektivierten Unternehmenswertermittlung	12	417
	aa) Unmittelbare Typisierung	15	418
	bb) Mittelbare Typisierung	20	419
	b) Berücksichtigung persönlicher Ertragsteuern bei subjektiven Unternehmenswerten	24	420

		Rz.	Seite
3.	Abbildung von laufenden Ertragsteuern: Anwendungsbeispiel	26	420
II.	**Abbildung von laufenden Ertragsteuern bei der Bewertung von Kapitalgesellschaften**	28	421
1.	Laufende Ertragbesteuerung der Kapitalgesellschaft	28	421
2.	Laufende Ertragsteuern der Unternehmenseigner	39	424
3.	Abbildung der laufenden Ertragsteuern in Abhängigkeit vom Bewertungsverfahren	46	427
	a) Ertragswertverfahren	46	427
	b) WACC-DCF-Ansatz	47	427
4.	Kapitalisierungszinssatz	50	428
III.	**Abbildung von laufenden Ertragsteuern bei der Bewertung von Personengesellschaften und Einzelunternehmen**	60	432
1.	Laufende Ertragsbesteuerung der Personengesellschaft	61	433
2.	Laufende persönliche Einkommensteuer	65	434
3.	Ergänzungsbilanzen, Sonderbetriebsvermögen und Tätigkeitsvergütungen	73	436
4.	KMU und Vereinfachungen	77	438
IV.	**Bewertungskalküle ohne die vollständige Berücksichtigung von Steuern**	80	439
1.	Internationale Unternehmensbewertungspraxis	81	439
2.	Nutzungswert	82	439
V.	**Diskussion zur Berücksichtigung transaktionsabhängiger Steuern**	84	440
1.	Abfindungsansprüche ausscheidender Gesellschafter	85	440
2.	Erbrechtliche und familienrechtliche Ausgleichsansprüche	88	442

§ 16
Börsenkurs und Unternehmensbewertung
(Adolff)

		Rz.	Seite
I.	**Fallgruppen und Interessenlage**	1	446
1.	Abfindung (in Geld und Aktien)	1	446
2.	Echte Fusion („*merger of equals*")	4	447
3.	Konzernverschmelzung	10	449
4.	Übernahmerecht	12	449
5.	Nicht: Delisting und Downgrading	16	451
II.	**Rechtsprechung bis Ende der 1990er Jahre**	17	452
III.	**Die *DAT/Altana*-Entscheidung des BVerfG**	25	454
IV.	**Heutiger Stand der Rechtsprechung des BVerfG**	30	457
1.	Abfindung in Geld	31	457
	a) Quotaler Unternehmenswert (nach der Liquidationshypothese)	32	458
	b) Deinvestitionswert der Aktie (nach der Veräußerungshypothese)	37	461

		Rz.	Seite
	aa) Durchschnittskurse	47	464
	bb) Ausnahmefälle	48	465
2.	Abfindung in Aktien und Konzernverschmelzung	49	466
	a) Die *DAT/Altana*-Entscheidung des BVerfG	49	466
	b) Die *Siemens/SNI*-Entscheidung des BVerfG	50	467
	c) Die *Kuka*-Entscheidung des BVerfG	51	467
	d) Die *Telekom/T-Online*-Entscheidung des BVerfG	52	468
	e) Derzeit unvollkommene Umsetzung des Deinvestitionsgedankens bei Aktientausch	53	468
3.	Echte Fusion (*merger of equals*)	54	469
	a) Die Entscheidung *Wüstenrot und Württembergische* des BVerfG	54	469
	b) Die *Daimler/Chrysler*-Entscheidung des BVerfG	55	469
	c) Stellungnahme zum Deinvestitionsgedanken beim *merger of equals*	58	471
	d) Stellungnahme zur Frage nach dem Verhandlungsmodell	60	472
V.	**Umsetzung der verfassungsrechtlichen Vorgaben durch die Zivilgerichte**	61	473
1.	Abfindung in Geld	61	473
	a) Meistbegünstigungsprinzip	62	474
	aa) Entwicklungslinien der Rechtsprechung	62	474
	bb) Stellungnahme	67	476
	b) Maßgeblicher Stichtag für die Bestimmung des Börsenkurses	71	480
	c) Konkretisierung der Ausnahmen zur Börsenkursrechtsprechung	76	483
	aa) Marktenge	77	483
	bb) Fehlender Handel	78	484
	cc) Kursanomalien und Marktverzerrung	79	484
2.	Abfindung in Aktien und Konzernverschmelzung	82	485
	a) Entwicklung der Rechtsprechung: Methodengleichheit und Meistbegünstigung	82	485
	b) Stellungnahme	86	488
3.	Echte Fusion (*merger of equals*)	88	491

§ 17
Vorerwerbspreise
(Leverkus)

		Rz.	Seite
I.	**Abgrenzung des Begriffs „Vorerwerbspreise"**	1	494
II.	**Aussagekraft von Vorerwerbspreisen**	4	495
1.	Gewöhnlicher Geschäftsverkehr	6	495
2.	Unveränderte Verhältnisse am Bewertungsstichtag	10	496
3.	Relevante Anteilsquote	14	497
4.	Vergleich zur Bewertung zum Börsenkurs	17	498

	Rz.	Seite
5. Vergleich mit dem Multiplikatorverfahren	20	499
6. Vergleich mit dem Ertragswertverfahren	22	499
III. **Sonderfragen bei der Wertermittlung mit Vorerwerbspreisen**	26	500
IV. **Gesetzliche Vorschriften zur Berücksichtigung von Vorerwerbspreisen**	33	502
1. Mindestpreis bei Übernahme- oder Pflichtangeboten nach dem WpÜG	36	503
2. Abfindung beim übernahmerechtlichen Squeeze-out nach dem WpÜG	40	504
3. Gemeiner Wert nach dem BewG	46	506
4. Beizulegender Zeitwert nach § 255 Abs. 4 HGB	49	507
5. Beizulegender Zeitwert („Fair Value") nach IFRS 13	53	508
V. **Vorerwerbspreise in der Rechtsprechung**	60	511
1. Gesellschaftsrechtliche Strukturmaßnahmen	61	511
a) BVerfG: Beherrschungs- und Gewinnabführungsvertrag – DAT/Altana (1999)	62	511
b) BGH: Squeeze-out – Stollwerck (2010)	65	512
c) OLG-Entscheidungen (1994–2011)	66	512
d) LG Köln: Delisting – Parsytec (2009)	77	515
2. Sonstige Bewertungsanlässe	81	516
a) BGH: Pflichtteilsergänzungsanspruch (1982)	82	516
b) Ausgewählte BFH-Entscheidungen (1980–2010)	83	516
VI. **Vorerwerbspreise in der Literatur**	88	517
1. Vorerwerbspreis ist kein Grenzpreis	91	518
2. Vorrang von Marktpreisen	97	520
3. WpÜG analog anwendbar	104	522
VII. **Fazit**	106	523

§ 18
Anteilsbewertung und Bewertung unterschiedlich ausgestalteter Anteile
(Fleischer)

	Rz.	Seite
I. **Methoden der Anteilsbewertung**	1	528
1. Indirekte vs. direkte Anteilsbewertung	1	528
2. Abfindungen im Personengesellschafts- und GmbH-Recht	3	530
3. Abfindungen im Aktienrecht	4	532
II. **Bewertungsabschläge**	6	534
1. Minderheitsabschlag	7	535
a) Betriebswirtschaftliche Grundlagen	7	535
b) Gesellschaftsrechtliche Beurteilung	8	536
aa) Personengesellschaft und GmbH	8	536
(1) Meinungsstand	8	536
(2) Rechtsvergleichung	10	537

					Rz.	Seite
			(3)	Stellungnahme	11	538
		bb)	Aktiengesellschaft		14	539
			(1)	Meinungsstand	14	539
			(2)	Rechtsvergleichung	15	541
			(3)	Stellungnahme	16	542
	2.	Fungibilitätsabschlag			17	542
		a)	Betriebswirtschaftliche Grundlagen		17	542
			aa)	Betriebswirtschaftslehre	18	543
			bb)	Berufsständische Bewertungspraxis	21	545
		b)	Gesellschaftsrechtliche Beurteilung		22	546
			aa)	Personengesellschaft und GmbH	22	546
			(1)	Meinungsstand	22	546
			(2)	Rechtsvergleichung	24	547
			(3)	Stellungnahme	25	547
			bb)	Aktiengesellschaft	27	549
			(1)	Meinungsstand	27	549
			(2)	Rechtsvergleichung	30	550
			(3)	Stellungnahme	31	551
	3.	Abschlag für Schlüsselpersonen			33	552
		a)	Betriebswirtschaftliche Grundlagen		33	552
		b)	Gesellschaftsrechtliche Beurteilung		37	554
			aa)	Meinungsstand	37	554
			bb)	Rechtsvergleichung	38	555
			cc)	Stellungnahme	39	556
III.	Bewertung unterschiedlich ausgestalteter Anteile				40	557
	1.	Stamm- und Vorzugsaktien			41	557
		a)	Rechtsprechung		42	557
		b)	Schrifttum		45	560
	2.	Mehrstimmrechte			47	561
		a)	Aktiengesellschaft		47	561
		b)	Personengesellschaft und GmbH		49	562
	3.	Besondere Vermögensrechte			50	563
	4.	Sonstige Sonderrechte			51	564
	5.	Übertragungsbeschränkungen			52	564

Vierter Teil
Unternehmensbewertung im Gesellschaftsrecht

§ 19
Unternehmensbewertung im Aktien- und Konzernrecht
(Adolff)

				Rz.	Seite
I.	Bewertungsanlässe im Aktien- und Konzernrecht			1	570
	1.	Aktienrechtlicher Squeeze-out		4	571
		a)	Beschluss, Prüfung, Eintragung und Auszahlung	4	571
		b)	Spruchverfahren	7	572

	Rz.	Seite
c) „Verhältnisse der Gesellschaft" zum Bewertungsstichtag	9	572
2. Aktienrechtliche Eingliederung	12	574
3. Begründung eines Vertragskonzerns	16	576
a) Abschluss eines Beherrschungs- und Gewinnabführungsvertrages nach dem AktG	16	576
aa) Wiederkehrende Ausgleichszahlungen	17	576
(1) Fixer Ausgleich	18	577
(2) Variabler Ausgleich	22	578
bb) Angebot der Abfindung	23	579
(1) Barabfindung	24	580
(2) Abfindung in Aktien	25	580
b) Abschluss eines isolierten Beherrschungsvertrages nach dem AktG	30	581
4. Verschmelzungsfälle (Sicht der aufnehmenden Aktiengesellschaft)	32	582
a) Unterschiedliche Schutzsysteme „unten" und „oben"	32	582
b) Verfahren der Anfechtungsklage nach § 255 Abs. 2 AktG	37	583
c) Materieller Verwässerungsschutz nach § 255 Abs. 2 AktG	41	584
d) Spielräume für eine unternehmerische Entscheidung	44	586
e) Gleiche Grundsätze für die Konzernverschmelzung	46	587
5. Kapitalerhöhung der Bietergesellschaft beim Tauschangebot	47	587
6. Übrige Fälle des Verwässerungsschutzes nach § 255 Abs. 2 AktG	53	590
7. Kapitalaufbringung und Werthaltigkeitsprüfung	55	590
a) Maßgeblicher Schwellenwert für die Werthaltigkeitsprüfung	61	592
b) Rechtliche Methodenvorgaben für die Werthaltigkeitsprüfung	71	595
aa) Regelfall der Bewertung im Rahmen der Werthaltigkeitsprüfung	71	595
bb) EU-rechtlich vorgegebene Befreiungstatbestände nach § 33a AktG	75	597
8. Nicht: Delisting und Downgrading	78	597
II. Rechtliche Methodenvorgaben für die Unternehmensbewertung	79	598
1. Abfindung in Geld	79	598
a) Regelfall der Barabfindung bei Verlust der Teilhabe an den unternehmerischen Erträgen	80	598
aa) Bestimmung des quotalen Unternehmenswerts (Fundamentalwert)	89	599
bb) Deinvestitionswert der einzelnen Aktie	93	601
cc) Kein „Meistbegünstigungsprinzip"	96	602
dd) Stichtagsprinzip, Wurzeltheorie und Verbundvorteile	97	602

	Rz.	Seite

    b) Sonderfall der Barabfindung bei bereits „verrenteten Aktien" im Vertragskonzern 104   605
2. Abfindung in Aktien 109   606

§ 20
Unternehmensbewertung im Umwandlungsrecht
(Bungert)

	Rz.	Seite
I. Einführung	1	612
II. Verschmelzung	3	613
1. Bestimmung eines Umtauschverhältnisses	5	613
a) Das Umtauschverhältnis	5	613
aa) Grundsätzliches	5	613
bb) Ermittlung des Umtauschverhältnisses	10	616
cc) Angemessenheit	11	616
dd) Problem des „krummen" Umtauschverhältnisses	12	617
ee) Auswahl der Bewertungsmethode	16	618
ff) Grundsätze der Ermittlung des Unternehmenswertes	27	625
gg) Besondere Schwierigkeiten bei der Unternehmensbewertung	36	629
hh) Verschmelzungsprüfung	37	630
b) Grenzüberschreitende Verschmelzung von Kapitalgesellschaften	40	631
aa) Grundsätzliches	40	631
bb) Sonderfall: Verschmelzung zur Societas Europaea	44	632
cc) Besonderheiten bei der Unternehmensbewertung	48	633
dd) Besondere Schwierigkeiten bei der Unternehmensbewertung	49	634
c) Schutz von Sonderrechten, § 23 UmwG	50	634
d) Rechtsbehelfe gegen die Unternehmensbewertung	53	635
2. Bestimmung eines Barabfindungsanspruchs	60	638
a) Barabfindungsanspruch	61	638
b) Kernregelung, § 29 UmwG	63	639
aa) Allgemeines	63	639
bb) Angemessenheit	66	640
cc) Besonderheiten bei der Unternehmensbewertung	70	641
c) Rechtsbehelfe gegen die Unternehmensbewertung	73	642
d) Sonderfall: Barabfindung beim verschmelzungsrechtlichen Squeeze-out	74	642
III. Spaltung	78	644
1. Bestimmung eines Umtauschverhältnisses	83	645
a) Das Umtauschverhältnis	83	645
b) Auf- und Abspaltung	89	647
aa) Grundsätzliches	89	647
bb) Anwendungsbereich der Unternehmensbewertung	90	648

			Rz.	Seite
		cc) Besondere Schwierigkeiten bei der Unternehmensbewertung	95	650
		dd) Spaltungsprüfung	96	650
	c)	Ausgliederung	98	651
		aa) Grundsätzliches	98	651
		bb) Anwendungsbereich der Unternehmensbewertung	99	651
		cc) Besondere Schwierigkeiten bei der Unternehmensbewertung	100	652
	d)	Schutz von Sonderrechten, §§ 133, 23 UmwG	101	652
	e)	Rechtsmittel gegen die Unternehmensbewertung	102	652
2.	Bestimmung eines Barabfindungsanspruchs		103	653
	a)	Auf- und Abspaltung	104	653
	b)	Ausgliederung	105	653
IV.	**Formwechsel**		106	653
1.	Bestimmung eines Barabfindungsanspruchs		109	654
	a)	Grundsätzliches	109	654
	b)	Angemessenheit	113	655
	c)	Besonderheiten bei der Unternehmensbewertung	117	656
2.	Bestimmung eines (Umtausch-) Verhältnisses		118	656
	a)	Unternehmensbewertung als Ausnahmefall	118	656
	b)	Bare Zuzahlung gem. § 196 UmwG	120	657
	c)	Besondere Schwierigkeiten bei der Bewertung	121	657
	d)	Sonderfälle	122	658
		aa) Schutz von Sonderrechten	122	658
		bb) Bestimmung des Geschäftsguthabens gem. § 256 UmwG bei Genossenschaft	124	658
V.	**Vermögensübertragung**		125	658

§ 21
Unternehmensbewertung im Übernahmerecht
(Winner)

		Rz.	Seite
I.	**Einleitung**	1	661
1.	Allgemeines	1	661
2.	Themenüberblick und Abgrenzung	4	662
3.	Erfasste Gesellschaften	7	663
II.	**Unternehmensbewertung durch den Bieter**	10	664
1.	Entscheidungswert	10	664
2.	Information in der Angebotsunterlage	12	665
	a) Allgemeines	12	665
	b) Barangebot	15	665
	c) Tauschangebot	23	669

			Rz.	Seite
III.		Unternehmensbewertung durch die Zielgesellschaft	25	669
	1.	Stellungnahme von Vorstand und Aufsichtsrat	25	669
	2.	Inhalt der Stellungnahme	27	670
	3.	Sorgfaltspflichten und externer Rat	34	673
	4.	Handlungsoptionen	41	677
IV.		Fairness Opinion	42	678
	1.	Begriff, Funktion und Methoden	42	678
		a) Grundlagen	42	678
		b) Durchführende Berater	47	680
		c) Bestandteile und Inhalt	51	681
		d) Vorgehen und Methoden	54	682
	2.	Fairness Opinion für die Zielgesellschaft	59	685
		a) Fairness Opinion i.e.S.	59	685
		b) Inadequacy Opinion	64	686
		c) Veröffentlichung	68	687
	3.	Fairness Opinion für den Bieter	71	689
V.		Gegenleistung bei Übernahme- und Pflichtangeboten	77	691
	1.	„Angemessene" Gegenleistung	77	691
	2.	Abweichender Unternehmenswert grundsätzlich unbeachtlich	80	691
	3.	Unternehmenswert maßgeblich bei Illiquidität	84	693
		a) Grundsatz	84	693
		b) Voraussetzungen	85	694
		c) Durchführung der Unternehmensbewertung	86	695
	4.	Unternehmenswert in anderen Konstellationen maßgeblich?	90	696
	5.	Bewertung von Gegenleistungen	94	699
		a) Allgemeines	94	699
		b) Tauschangebote	95	699
		c) Bewertung erbrachter Gegenleistungen	105	703

§ 22
Unternehmensbewertung im Personengesellschafts- und GmbH-Recht
(Fleischer)

			Rz.	Seite
I.		Einführung	1	709
	1.	Gesellschaftsrechtliche Bewertungsanlässe	1	709
	2.	Betriebswirtschaftliche Grundlagen	4	710
		a) Kleine und mittlere Unternehmen als „Stiefkinder der Bewertungslehre"	4	710
		b) Bewertungsrelevante Merkmale kleiner und mittlerer Unternehmen	5	711
		c) Besonderheiten bei der Bewertung kleiner und mittlerer Unternehmen	6	712
		d) Kein allgemeiner Bewertungsabschlag für kleine und mittlere Unternehmen	8	713

	Rz.	Seite
II. Abfindung ausscheidender Personen- oder GmbH-Gesellschafter	9	714
1. § 738 BGB als bewertungsrechtliche Basisnorm	9	714
a) Personengesellschaften	9	714
b) GmbH	10	715
c) Aktiengesellschaft	11	716
2. Bewertungsziel bei der Abfindungsbemessung	12	717
3. Geeignete und ungeeignete Bewertungsmethoden	14	718
a) Rechts- oder Tatfrage?	14	718
b) Keine Bindung an eine bestimmte Wertermittlungsmethode	18	720
c) Ertragswertverfahren	19	721
d) Discounted Cash Flow-Verfahren	21	722
e) Liquidationswertverfahren	22	723
f) Substanzwertverfahren	23	724
g) Misch- oder Kombinationsverfahren	26	725
h) Vereinfachte Preisfindungsverfahren	28	727
4. Zulässigkeit einer Schätzung	31	728
5. Grundsatz der indirekten Anteilsbewertung	32	728
6. Bewertungszu- oder -abschläge	33	730
7. Abfindungsklauseln	36	731
a) Abdingbarkeit des § 738 BGB	36	731
b) Grenzen gesellschaftsrechtlicher Gestaltungsfreiheit	38	732
aa) Kontrollmaßstäbe	39	733
bb) Einzelne Klauseln	44	734
(1) Abfindungsausschluss	44	734
(2) Buchwertklauseln	45	735
(3) Auszahlungsvereinbarungen	47	736
III. Einbringung eines Unternehmens als Sacheinlage	48	736
1. Gesellschaftsrechtliche Grundlagen	49	736
2. Bewertung des eingebrachten Unternehmens	51	738
IV. Vorbelastungsbilanz und Unternehmensbewertung	54	739
1. Gesellschaftsrechtliche Grundlagen	54	739
2. Bewertung einer unternehmerisch tätigen Organisationseinheit	55	740
a) Rechtsprechung	55	740
b) Rechtslehre	57	741

Fünfter Teil
Unternehmensbewertung im Familien- und Erbrecht

§ 23
Unternehmensbewertung im Familienrecht
(Born)

	Rz.	Seite
I. Einführung	1	744

	Rz.	Seite
II. Grundlagen und Systematik des gesetzlichen Güterrechts	2	745
1. Gütergemeinschaft und Gütertrennung	2	745
a) Allgemeines	2	745
b) Gesetzlicher Güterstand	3	745
c) Ehetypen und Vertragsfreiheit	5	746
2. Zugewinngemeinschaft	7	747
a) Grundsätze	7	747
b) Teilungsposten	8	747
c) Reform	12	748
d) Indexierung	14	750
3. Vertragsgestaltung	15	750
III. Stichtage	16	751
1. Anfangsvermögen	16	751
2. Endvermögen	17	751
3. Trennungsvermögen	19	752
IV. Allgemeine Grundsätze der Bewertung	21	752
1. Grundsätze	21	752
a) Objektiver Wert	22	753
b) Methoden	23	753
c) Tatrichter	25	753
d) Verfahren	26	753
2. Wertformen	27	754
a) Verkehrswert	28	754
b) Liquidationswert	29	754
c) Latente Ertragssteuern	31	755
V. Bewertung von Unternehmen	33	755
1. Wertformen	33	755
a) Allgemeines	33	755
b) Substanzwert	34	756
c) Ertragswert	36	756
2. Durchführung der Bewertung	37	757
a) Substanzwert	37	757
b) Ertragswert	38	757
c) Spekulationssteuern	40	758
VI. Bewertung von Unternehmensbeteiligungen	41	759
1. Übertragbarkeit	41	759
2. Abfindungs- und Ausschlussklauseln	42	759
3. Sonderfall: Abschreibungsgesellschaften	45	761
VII. Bewertung freiberuflicher Praxen	46	761
1. Wertformen	46	761
2. Empfehlungen der Standesorganisationen	48	762
3. Durchführung der Bewertung	49	762
4. Beteiligungen	51	764
VIII. Rechtsprechung	52	764
1. Aktuelle Entscheidungen des BGH	52	764

		Rz.	Seite
a) BGH v. 2.2.2011 – XII ZR 185/08		53	764
b) BGH v. 9.2.2011 – XII ZR 40/09		55	766
c) BGH v. 6.11.2013 – XII ZB 434/12		57	768
2. Weitere Rechtsprechung nach Branchen und Berufsgruppen.		59	770
a) Aktenvernichtungsbetrieb		59	770
b) Anwaltspraxis		60	770
c) Architekt		63	771
d) Arzt		64	772
e) Bäckerei		65	772
f) Druckerei		66	772
g) Handelsvertreter		67	773
h) Handwerksbetrieb		68	773
i) KG-Anteil		69	773
j) Landwirtschaftlicher Betrieb		70	774
k) Steuerberater		71	774
l) Tierarzt		73	774
m) Vermessungsingenieur		74	775
n) Versicherungsagentur		75	775
o) Zahnarzt		77	775
IX. Verfahrensrecht		79	776
1. Zuständigkeit		80	776
2. Darlegungs- und Beweislast		84	777
a) Anfangsvermögen		84	777
aa) Vermutungswirkung		84	777
bb) Negatives Vermögen		86	777
cc) Privilegiertes Vermögen		88	778
dd) Substantiierung		89	778
b) Endvermögen		90	779
aa) Allgemeine Grundsätze		90	779
bb) Illoyale Vermögensminderungen (§ 1375 Abs. 2 BGB)		94	780
3. Vermögensbewertung		97	781
a) Ermittlung des Vermögenswertes		97	781
b) Selbständiges Beweisverfahren (§ 485 Abs. 2 Satz 1 Nr. 1 ZPO)		100	782
c) Überprüfung des Sachverständigengutachtens		104	782
4. Vorzeitiger Zugewinnausgleich (§§ 1385, 1386 BGB)		106	783
a) Reform		106	783
b) Ausgleich nach § 1385 BGB		108	784
c) Ausgleich nach § 1386 BGB		111	785
d) Verfahren		112	785
aa) Grundsätze		112	785
bb) Wert		114	786

§ 24
Unternehmensbewertung im Erbrecht
(Lange)

		Rz.	Seite
I.	Einführung	1	790
II.	Unternehmensbewertung im Pflichtteilsrecht	4	791
1.	Grundsätze der Nachlassbewertung und der Pflichtteilsberechnung	4	791
	a) Pflichtteilsanspruch als Geldsummenanspruch	4	791
	b) Ziele der Ermittlung des Nachlasswertes im Pflichtteilsrecht	6	791
	c) Stichtagsprinzip	9	792
	aa) Grundsatz	9	792
	bb) Wertaufhellungsprinzip	12	794
	d) Vom Erblasser getroffene Wertbestimmungen	13	794
2.	Der Nachlass	14	795
	a) Aktiva	14	795
	b) Passiva	19	796
	c) Latente Steuern	23	797
	d) Unsichere Rechte und Verbindlichkeiten	25	798
3.	Der zu ermittelnde Wert	26	799
	a) Bewertungsziel	26	799
	b) Wirklicher Wert	27	799
	c) Liquidationswert als Untergrenze	30	801
	d) Einzelne Wertermittlungsgrundsätze	31	802
	aa) Zeitnah erzielter Verkaufserlös	31	802
	bb) Bewertungsmethoden	34	803
4.	Unternehmens- und Anteilsbewertung zur Pflichtteilsberechnung	37	804
	a) Grundsätze	37	804
	b) Einzelfragen	40	806
	aa) Handelsgeschäft	40	806
	bb) Freiberufliche Praxis	41	806
	cc) GmbH-Geschäftsanteil	44	807
	dd) Aktien	46	808
	ee) Anteil an einer Personen- oder Partnerschaftsgesellschaft	48	809
	(1) Nachfolge in Gesellschafterstellung	48	809
	(2) Ausscheiden des Erben und Abfindungsklausel	51	810
	ff) Bewertung eines Landguts	55	812
5.	Verfahrensfragen	56	812
	a) Darlegungs- und Beweislast	56	812
	b) Wertermittlungsanspruch	58	813
	c) Aufgabe des Tatrichters	63	815
III.	Bewertung eines landwirtschaftlichen Unternehmens	65	816
1.	Das Landguterbrecht des BGB	65	816
	a) Bedeutung	65	816

	Rz.	Seite

b) Bestimmung des Wertes 66 817
    aa) Ertragswertberechnung nach § 2049 BGB 66 817
        (1) Bedeutung 66 817
        (2) Voraussetzungen 69 817
    bb) Auseinandersetzung der Erbengemeinschaft 74 819
    cc) Berechnung der Abfindung 76 820
        (1) Begriff des Ertragswerts 76 820
        (2) Grundlagen des Ertragswerts 78 820
        (3) Ermittlung des Ertragswerts 80 821
            (a) Rechtliche Grundlagen 80 821
            (b) Praxis der Ermittlung des Reinertrags 83 822
    dd) Ertragswert und Abfindung 91 824
    ee) Darlegungs- und Beweislast 92 825
c) Landgutbewertung im Pflichtteilsrecht 93 825
    aa) Bedeutung 93 825
    bb) Voraussetzungen für die Ertragswertberechnung ... 95 826
        (1) Persönlicher Anwendungsbereich 95 826
        (2) Sachlicher Anwendungsbereich 100 827
    cc) Die Ertragswertberechnung 101 828
2. Besonderheiten nach dem GrdstVG 103 828
3. Landgutbewertung nach Höferecht 106 829
  a) Bedeutung 106 829
  b) Begriff des Hofes 107 830
  c) Bestimmung des Hoferbens 111 831
  d) Abfindungsansprüche weichender Miterben 114 832
    aa) Abfindungsanspruch 114 832
    bb) Nachabfindungsanspruch 117 833
  e) Wert des Abfindungsanspruchs 120 834
    aa) Hofeswert 120 834
    bb) Nachlassverbindlichkeiten 124 836
    cc) Berechnung des Abfindungsanspruchs 125 836
  f) Nachweis- und Verfahrensfragen 126 837

IV. Unternehmens- und Anteilsbewertung bei Ausgleichsansprüchen unter Miterben 130 838
1. Die Rechtsnatur der Erbengemeinschaft 130 838
2. Die Auseinandersetzung der Erbengemeinschaft 132 839
  a) Anordnungen des Erblassers zur Auseinandersetzung ... 132 839
  b) Abgrenzungsfragen 134 840
  c) Teilungsanordnung als Ausgangspunkt einer Unternehmens- bzw. Anteilsberechnung 135 841
  d) Grundsätze der Bewertung 136 842
    aa) Bewertungsziel 136 842
    bb) Bewertungsstichtag 139 843
3. Die Ausgleichung als Ausgangspunkt einer Unternehmensbewertung 141 844
  a) Bedeutung der Ausgleichungspflichten 141 844

	Rz.	Seite
b) Voraussetzungen der Ausgleichung	142	845
c) Art und Weise der Ausgleichung	144	845
d) Wertbestimmung durch den Erblasser	147	847
e) Auskunftsansprüche	149	847
4. Qualifizierte Nachfolgeklauseln	152	848
a) Bedeutung	152	848
b) Ausgleichsanspruch	155	849

Sechster Teil
Unternehmensbewertung im Bilanz- und Steuerrecht

§ 25
Unternehmensbewertung im Bilanzrecht
(Leverkus)

	Rz.	Seite
I. Vorbemerkung	1	854
II. Rechtsprechung	7	856
III. Unternehmensbewertung im Bilanzrecht nach IFRS	11	857
1. Stellung der IFRS im deutschen Bilanzrecht	11	857
2. Anlässe für Unternehmensbewertungen im IFRS-Bilanzrecht	16	858
a) Bewertungsauslösende Standards	16	858
b) Zugangsbewertung	18	858
c) Folgebewertung	22	860
d) Weitere Bewertungsanlässe	26	860
3. Wertkonzeptionen	29	861
a) Überblick	29	861
b) Konzeption des beizulegenden Zeitwerts („Fair Value")	33	862
c) Konzeption des Nutzungswerts (IAS 36)	40	864
4. Ermittlung des beizulegenden Zeitwerts („Fair Value")	43	865
a) Eingangsparameter	44	866
b) Bewertungsverfahren	56	868
aa) Marktorientierte Bewertungsverfahren	59	869
bb) Kapitalwertorientierte Bewertungsverfahren	60	869
cc) Kostenorientierte Bewertungsverfahren (cost approach)	66	870
c) Lösungsansätze für ausgewählte Anwendungsfragen	68	871
5. Ermittlung des Nutzungswerts („Value in use")	73	872
a) Allgemeine Grundsätze	73	872
b) Bewertungsverfahren	76	873
c) Schätzung der zukünftigen Zahlungsströme	80	874
d) Kapitalisierungszinssatz	87	876
e) Äquivalenz zwischen Nutzungswert und Buchwert	93	878
IV. Unternehmensbewertung im Bilanzrecht nach HGB	98	881
1. Bilanzierung von Unternehmensanteilen im HGB-Bilanzrecht	98	881

	Rz.	Seite
2. Anlässe für Unternehmensbewertungen im HGB-Bilanzrecht	102	882
a) Zugangsbewertung	102	882
b) Folgebewertung	105	883
3. Wertkonzeptionen	108	884
4. Ermittlung des beizulegenden Werts nach § 253 Abs. 3 HGB	114	886
a) Dauerhafte Beteiligungsabsicht	117	887
b) Veräußerungsabsicht	121	888
5. Ermittlung des beizulegenden Zeitwerts nach § 255 Abs. 4 HGB	123	889
a) Marktpreis auf einem aktiven Markt	125	889
b) Allgemein anerkannte Bewertungsmethoden	129	890
c) Fortgeführte Anschaffungs- oder Herstellungskosten	132	891

§ 26
Steuerliche Unternehmensbewertung
(Kohl)

	Rz.	Seite
I. Einleitung	1	896
II. Steuerliche Wertkonzepte	8	898
1. Gemeiner Wert	8	898
2. Teilwert	17	901
III. Bewertungsmethoden zur Bestimmung des gemeinen Wertes	26	903
1. Börsenkurs	26	903
2. Verkäufe innerhalb eines Jahres	33	905
3. Bewertung anhand der Ertragsaussichten	44	907
4. Andere branchenübliche Verfahren	53	909
a) Preisfindung durch Multiplikatoren	53	909
b) Kostenorientiertes Verfahren	57	910
IV. Stichtagsregelungen	60	911
V. Mindestwert Substanzwert	76	915
1. Steuerliches Substanzwertverständnis	78	915
2. Wertansätze einzelner Wirtschaftsgüter	86	918
3. Sonderfrage mangelnde Rentabilität	95	920
VI. Ungewöhnliche und persönliche Verhältnisse	97	920
VII. Auswirkungen unterschiedlicher Anteilsquoten	115	925
VIII. Besonderheiten bei Bewertungen anhand von Ertragsaussichten	128	927
1. Rückwirkende Bewertungsstichtage	128	927
2. Personenbezogene Faktoren	136	929
3. Tätigkeitsvergütungen	145	931
4. Bemessung des Kapitalisierungszinssatzes	150	932
5. Eingeschränkte Diversifikation	155	934
6. Mangelnde Fungibilität	159	935

		Rz.	Seite
IX.	Vereinfachtes Ertragswertverfahren	167	937
1.	Überblick	167	937
2.	Sonderwerte	185	941
	a) Bewertung von Beteiligungen	187	941
	b) Nicht betriebsnotwendiges Vermögen	195	943
	c) Berücksichtigung junger Wirtschaftsgüter	200	944
	d) Sonderbetriebsvermögen	206	945
3.	Bewertung ausländischen Vermögens	210	946
4.	Behandlung offensichtlich unzutreffender Ergebnisse	218	948
5.	Beweislastverteilung	229	950
X.	Bewertung von Transferpaketen im Sinne der Funktionsverlagerungsverordnung	233	951
1.	Rechtliche Grundlagen	233	951
2.	Ermittlung der Gewinnpotentiale	245	954
3.	Kapitalisierungszeitraum	259	957
4.	Kapitalisierungszinssatz	267	959
5.	Steuerlicher Sonderwert	275	961

Siebter Teil
Verfahrensrechtliche Fragen der Unternehmensbewertung

§ 27
Spruchverfahren
(Arnold/Rothenburg)

		Rz.	Seite
I.	Zweck und Bedeutung des Spruchverfahrens	1	964
II.	Anwendungsbereich	6	967
III.	Beteiligte	11	969
1.	Zuständiges Gericht	11	969
2.	Antragsteller	14	970
	a) § 1 Nr. 1 SpruchG	15	970
	b) § 1 Nr. 2 und Nr. 3 SpruchG	16	971
	c) § 1 Nr. 4 SpruchG	18	971
	d) § 1 Nr. 5 und 6 SpruchG	19	972
3.	Antragsgegner	20	972
4.	Gemeinsamer Vertreter	24	973
5.	Sachverständiger Prüfer und Sachverständiger	30	974
IV.	Ablauf des Spruchverfahrens	33	976
1.	Antrag	33	976
2.	Pflichten der Verfahrensbeteiligten	39	978
3.	Mündliche Verhandlung	42	980
V.	Beendigung des Verfahrens	44	980
1.	Verfahrensbeendigung durch Vergleich	44	980
2.	Gerichtliche Entscheidung	45	981
	a) Prüfungsmaßstab der Gerichte	45	981

			Rz.	Seite
	b)	Bewertungsmethode	48	982
		aa) Keine einzig richtige Bewertungsmethode	48	982
		bb) Ertragswertmethode als anerkannte Methode	49	983
		cc) Bewertung anhand des Börsenkurses	50	984
		dd) Sonstige Methoden	54	986
		ee) Plausibilisierung anhand von Multiplikatoren	58	988
	c)	Methodische Einzelentscheidungen innerhalb einer Bewertungsmethode	59	988
3.	Wirkung der Entscheidung		61	989
4.	Nebenentscheidungen		62	990
	a)	Zinsen	62	990
	b)	Kostenentscheidung	63	990
		aa) Gerichtskosten	64	990
		bb) Außergerichtliche Kosten	66	991
		cc) Kosten eines Sachverständigen	68	992
VI.	**Rechtsmittel**		69	992
1.	Anzuwendendes Verfahrensrecht		69	992
2.	Beschwerde		71	993

§ 28
Unternehmensbewertung in streitigen gerichtlichen Verfahren
(Lauber)

		Rz.	Seite
I.	**Einleitung**	1	998
1.	Bewertungsanlässe und thematische Eingrenzung	1	998
2.	Grundsätze ordnungsgemäßer Unternehmensbewertung	2	999
3.	Unternehmensbewertung als Heuristik	3	999
4.	Unternehmensbewertung als Tat- oder Rechtsfrage	5	1001
II.	**Prozessuale Ausgangslage bei Unternehmensbewertungen**	8	1004
1.	Schwierigkeit und Dauer gerichtlicher Unternehmensbewertung	8	1004
2.	Unterscheidung streitiges Verfahren und Spruchverfahren	9	1004
3.	Erforderlichkeit einer Abfindungsbilanz (Durchsetzungssperre)	10	1005
4.	Kein Anspruch auf Unternehmensbewertung durch die Gesellschaft	11	1006
5.	Prozessuale Vorgehensweise	12	1007
III.	**Darlegungs- und Beweislast**	13	1007
1.	Allgemeine Anforderungen	13	1007
2.	Erläuterung des Unternehmenswerts	14	1008
3.	Unterscheidung Tatsachen, Rechtsfragen und Methodik	16	1009
4.	Adäquater Vortrag zum Unternehmenswert	17	1010
5.	Vortrag zu Sachverständigengutachten	19	1010
IV.	**Gerichtliches Verfahren**	20	1011
1.	Sachverständige Beratung des Gerichts	20	1011

	Rz.	Seite
2. Abfassung von Beweisbeschlüssen	23	1012
V. Gerichtliche Schätzung des Unternehmenswerts	25	1015
1. Unternehmensbewertung als Schätzung	25	1015
2. Schätzung gem. § 287 Abs. 2 ZPO	27	1016
3. Schätzung gem. § 738 Abs. 2 BGB	32	1019
4. Vertretbarkeits- oder Richtigkeitsurteil	34	1019
5. Abgrenzung Schätzungstatsachen von Rechtsfragen	36	1021
6. Wahl der geeigneten Bewertungsmethode	42	1024
a) Bedeutung berufsständischer Bewertungsgrundsätze	44	1025
b) Prüfungsdichte hinsichtlich der Methodenwahl	45	1026
7. Schätzung der Erträge nach der Planungsrechnung	48	1028
a) Grundlagen zur Unternehmensplanung	48	1028
b) Beurteilung der Ertragsplanung im gerichtlichen Verfahren	51	1030
c) Korrektur der Planung durch stichtagsnachfolgende Entwicklungen	56	1034
8. Schätzung des Kapitalisierungszinses	61	1037
a) Rechtsprechung folgt IDW S 1	62	1037
b) Alternativen in Betriebswirtschaftslehre und -praxis für KMU	63	1038
c) Schätzungsspektrum der Rechtsprechung	65	1040
9. Verwendung stichtagsnaher Preise für das Unternehmen	66	1041
10. Güte der tatrichterlichen Schätzung	68	1042
11. Ausweitung des Schätzungsermessens	70	1043
12. Beachtung gesellschaftsvertraglicher Regelungen	71	1043
13. Verwendung von Konsensschätzungen	72	1044
14. Verwendung von Vergangenheitsergebnissen	75	1045
15. Verwendung mehrerer Gutachten und Methoden	76	1046
16. Verwendung von Privatgutachten	78	1047
17. Verwendung eigener Sachkunde	79	1048
18. Einsatz erfahrener Gutachter	84	1051
19. Aufklärung von Anknüpfungstatsachen	85	1052
20. Tatrichterermessen und Gutachterermessen	86	1052
21. Auswahl der Sachverständigen	90	1054
22. Parteiöffentlichkeit der Beweisaufnahme	91	1054

§ 29
Privat- und Schiedsgutachten zu Unternehmensbewertungen
(Lauber)

	Rz.	Seite
I. Privatgutachten	1	1058
1. Bedeutung in gerichtlichen Verfahren zur Unternehmensbewertung	1	1058
2. Darlegungs- und Beweislast bei Privatgutachten	3	1058
3. Erforderlichkeit von Privatgutachten		

		4	1059
4.	Prozessuales Gewicht von Privatgutachten	6	1059
5.	Verwertung von Privatgutachten	7	1060
6.	Widerspruch zwischen Gerichtsgutachten und Privatgutachten	9	1061
7.	Privatgutachten im Verlauf eines gerichtlichen Verfahrens .	10	1062
8.	Kosten von Privatgutachten	11	1062
9.	Vernehmung als Zeuge oder sachverständiger Zeuge	14	1063
II.	**Schiedsgutachten zu Unternehmensbewertungen**	15	1064
1.	Eignung von Schiedsgutachten für die Unternehmensbewertung	15	1064
2.	Vor- und Nachteile von Schiedsgutachten	16	1064
3.	Wirkung von Schiedsgutachten	17	1065
4.	Typische Schiedsgutachtenklauseln	21	1067
5.	Schiedsgutachten im engeren und weiteren Sinn	23	1068
6.	Abgrenzung Schiedsgutachten/Schiedsvertrag.............	24	1069
7.	Einholung des Schiedsgutachtens	25	1071
8.	Verfahren des Schiedsgutachters	26	1071
9.	Unverbindlichkeit des Schiedsgutachtens nach § 319 Abs. 1 Satz 1 BGB	27	1073
10.	Beispiele unverbindlicher Schiedsgutachten	32	1077
11.	Gerichtliche Prüfung der offensichtlichen Unrichtigkeit ...	33	1078
	a) Darlegung der offensichtlichen Unbilligkeit oder Unrichtigkeit	33	1078
	b) Maßgebender Sachverhalt und Rechtsgrundlage	34	1079
	c) Offensichtliche Unrichtigkeit als Tat- oder Rechtsfrage .	36	1080
12.	Übergang der Leistungsbestimmung auf das Gericht	37	1081

§ 30
Unternehmensbewertung im Schiedsverfahren
(Fehrenbacher)

I.	**Unternehmensbewertung im Schiedsverfahren**	1	1084
II.	**Schiedsgerichtliches Verfahren**	2	1084
1.	Schiedsgutachter	3	1084
	a) Schiedsgutachtervertrag	4	1086
	b) Kontrolle	6	1087
	c) Ordentliches Gericht oder Schiedsgericht	7	1088
2.	Schiedsverfahren	8	1089
	a) Schiedsgerichtsbarkeit	10	1090
	aa) Ad hoc und institutionalisierte Schiedsgerichtsbarkeit	11	1090
	bb) Nationale und internationale Schiedsgerichtsbarkeit	13	1091
	b) Schiedsvereinbarung	15	1092
	aa) Inhalt und Bestimmtheit	16	1093
	bb) Statut für die Schiedsvereinbarung	17	1094

				Rz.	Seite
		cc)	Schiedsfähigkeit	18	1094
		dd)	Sonderfall Spruchverfahren	19	1095
		ee)	Form	20	1096
		ff)	Reichweite	22	1098
		gg)	Wirkung und Beendigung	23	1099
	c)	Schiedsgericht		25	1100
		aa)	Benennung der Schiedsrichter	26	1100
		bb)	Schiedsrichtervertrag	28	1102
		cc)	Ablehnung eines Schiedsrichters	33	1104
	d)	Schiedsgerichtliche Verfahren		35	1106
		aa)	Grundsätze	36	1106
		bb)	Zuständigkeit – Kompetenz	37	1107
		cc)	Ort des Verfahrens	38	1107
		dd)	Verfahrensablauf	39	1108
		ee)	Sachverständige	41	1109
	e)	Beendigung des Schiedsverfahrens		44	1111
		aa)	Vergleich	45	1111
		bb)	Schiedsspruch	46	1112
		cc)	Rechtsbehelf	49	1114
3.	Internationale Schiedsverfahren			51	1115
III.	Grundsätze ordnungsgemäßer Unternehmensbewertung im Schiedsverfahren			52	1116
1.	Der Unternehmenswert als Schiedswert			53	1116
2.	Besondere Faktoren			54	1117

Achter Teil
Internationale Bezüge der Unternehmensbewertung

§ 31
Unternehmensbewertung im Spiegel der Rechtsvergleichung
(Fleischer)

		Rz.	Seite
I.	Bewertungsrechtsvergleichung als Forschungsgegenstand des Internationalen Unternehmensrechts	1	1123
II.	Stilprägende Merkmale der rechtlichen Bewertungslehre	3	1124
1.	Verfassungsgebot der vollen Abfindung	4	1124
2.	Grundsätzliche Methodenoffenheit	5	1125
3.	Praktische Dominanz des IDW-Standards	6	1125
4.	Börsenkurs als Bewertungsuntergrenze	7	1127
5.	Grundsatz der Meistbegünstigung	8	1128
6.	Gerichtliche Überprüfung im Spruchverfahren	9	1128
III.	Rechtspolitische Kritik an nationalen Besonderheiten	10	1129

	Rz.	Seite
IV. Eine internationale Landkarte des Rechts der Unternehmensbewertung	12	1130
1. Vereinigte Staaten	13	1131
a) Bewertungsziel	13	1131
b) Bewertungsmethoden	14	1132
aa) Allgemeine Vorgaben	14	1132
bb) Börsenkurse	15	1133
c) Verhältnis von Rechts- und Tatfrage	16	1134
d) Einbeziehung von Expertenwissen	17	1135
2. Italien	18	1135
a) Bewertungsziel	18	1135
b) Bewertungsmethoden	19	1136
aa) Nicht börsennotierte Gesellschaften	20	1136
bb) Börsennotierte Gesellschaften	21	1137
c) Begrenzte Satzungsautonomie	22	1138
d) Einbeziehung von Expertenwissen und Rechtsschutz	23	1138
3. Japan	24	1139
a) Bewertungsziel	24	1139
b) Bewertungsmethoden	25	1139
aa) Nicht börsennotierte Gesellschaften	26	1139
bb) Börsennotierte Gesellschaften	27	1140
c) Verhältnis von Rechts- und Tatfrage	28	1140
d) Einbeziehung von Expertenwissen	29	1141
4. Frankreich	30	1141
a) Bewertungsziel	30	1141
b) Bewertungsmethoden	31	1142
c) Verhältnis von Rechts- und Tatfrage	32	1143
d) Verbindlichkeit der Expertenbewertung für Gesellschafter und Gericht	33	1145
V. Schlussfolgerungen für das aktienrechtliche Bewertungsregime in Deutschland	34	1146
1. Rechts- oder Tatfrage?	35	1146
2. Abfindungsverfassungsrecht?	37	1148
3. Kodifizierung bestimmter Bewertungsmethoden?	39	1149
4. Bedeutung des Börsenkurses	40	1150
5. Einbeziehung von Expertenwissen	44	1153
6. Methodenmonismus oder Methodenvielfalt?	46	1154
7. Satzungsautonomie für Bewertungsmethoden	50	1157
8. Mehrheitskonsensuale Schätzung und qualifizierter Mehrheitsvergleich	51	1158
9. Rechtsschutz	52	1158
Stichwortverzeichnis		1161

Literaturverzeichnis[*]

Adler/Düring/Schmaltz, Rechnungslegung und Prüfung der Unternehmen, 6. Aufl. 1995 ff.
Adolff, Unternehmensbewertung im Recht der börsennotierten Aktiengesellschaft, 2007
Assmann/Pötzsch/Uwe H. Schneider (Hrsg.), WpÜG, 2. Aufl. 2013
Assmann/Uwe H. Schneider (Hrsg.), WpHG, 6. Aufl. 2012

Baetge/Kirsch/Thiele (Hrsg.), Bilanzrecht Kommentar, Loseblatt
Ballwieser/Hachmeister, Unternehmensbewertung – Prozess, Methoden und Probleme, 4. Aufl. 2013
Bamberger/Roth (Hrsg.), BGB, 3. Aufl. 2012
Barthel (Hrsg.), Handbuch der Unternehmensbewertung, Loseblatt
Baumbach/Hopt, HGB, 36. Aufl. 2014
Baumbach/Hueck, GmbHG, 20. Aufl. 2013
Beck'scher Bilanz-Kommentar, hrsg. von Förschle/Grottel/Schmidt/Schubert/Winkeljohann, 9. Aufl. 2014
Beck'sches Handbuch der AG, hrsg. von W. Müller/Rödder, 2. Aufl. 2009
Beck'sches Handbuch der Rechnungslegung, HGB und IFRS, hrsg. von Böcking/Castan/Heymann/Pfitzer/Scheffler, Loseblatt
Bork/Schäfer (Hrsg.), GmbHG, 2. Aufl. 2012
Bürgers/Körber (Hrsg.), AktG, 3. Aufl. 2014

Damrau/Tanck (Hrsg.), Praxiskommentar Erbrecht, 3. Aufl. 2014
Dörschell/Franken/Schulte, Der Kapitalisierungszinssatz in der Unternehmensbewertung, 2. Aufl. 2012
Drukarczyk/Schüler, Unternehmensbewertung, 6. Aufl. 2009

Ebenroth, Erbrecht, 1992
Ebenroth/Boujong/Joost/Strohn, HGB, hrsg. von Joost/Strohn, Band 1: 3. Aufl. 2014; Band 2: 2. Aufl. 2009
Ehricke/Ekkenga/Oechsler, WpÜG, 2003
Emmerich/Habersack, Aktien- und GmbH-Konzernrecht, 7. Aufl. 2013
Emmerich/Habersack, Konzernrecht, 10. Aufl. 2013
Erman, BGB, hrsg. von Grunewald/H. P. Westermann/Maier-Reimer, 14. Aufl. 2014
Ernst/Schneider/Thielen, Unternehmensbewertungen erstellen und verstehen, 5. Aufl. 2012

Fritzsche/Dreier/Verfürth, SpruchG, 2004
Fuchs (Hrsg.), WpHG, 2009

Geibel/Süßmann (Hrsg.), WpÜG, 2. Aufl. 2008
Grigoleit (Hrsg.), AktG, 2013

---

[*] Ausführliches Schrifttum findet sich zu Beginn der einzelnen Paragraphen.

Großfeld, Recht der Unternehmensbewertung, 7. Aufl. 2012
Großkommentar zum AktG, hrsg. von Hopt/Wiedemann, 4. Aufl. 1992 ff.
Großkommentar zum GmbHG, hrsg. von Ulmer/Habersack/Winter, 2005 ff.; hrsg. von Ulmer/Habersack/Löbbe, 2. Aufl. 2013 ff.

Haarmann/Schüppen (Hrsg.), Frankfurter Kommentar zum WpÜG, 3. Aufl. 2008
Heidel (Hrsg.), Aktienrecht und Kapitalmarktrecht, 4. Aufl. 2014
Heidel/Schall (Hrsg.), HGB, 2011
Henssler/Strohn (Hrsg.), Gesellschaftsrecht, 2. Aufl. 2014
Heuser/Theile (Hrsg.), IFRS-Handbuch, Einzel- und Konzernabschluss, 5. Aufl. 2012
Hölters (Hrsg.), AktG, 2. Aufl. 2014
Hölters (Hrsg.), Handbuch Unternehmenskauf, 7. Aufl. 2010
Hoppenz, Familiensachen, 9. Aufl. 2009
Hopt (Hrsg.), Vertrags- und Formularbuch zum Handels-, Gesellschafts- und Bankrecht, 4. Aufl. 2013
Horn/Kroiß, Testamentsauslegung – Strategien bei unklaren letztwilligen Verfügungen, 2012
Hüffer, AktG, bearb. von Koch, 11. Aufl. 2014

IDW (Hrsg.), WP-Handbuch 2012, Band I, 14. Aufl. 2012
IDW (Hrsg.), WP-Handbuch 2014, Band II, 14. Aufl. 2014

Jauernig, BGB, hrsg. von Stürner, 15. Aufl. 2014
Johannsen/Henrich, Familienrecht, hrsg. von Henrich, 5. Aufl. 2010

Kallmeyer, UmwG, 5. Aufl. 2013
Keidel, FamFG, hrsg. von Engelhardt/Sternal, 18. Aufl. 2014
Kipp/Coing, Erbrecht, 14. Bearb. 1990
Klingelhöffer, Pflichtteilsrecht, 3. Aufl. 2009
Kölner Kommentar zum AktG, hrsg. von Zöllner, 2. Aufl. 1986 ff.; hrsg. von Zöllner/Noack, 3. Aufl. 2004 ff.
Kölner Kommentar zum Rechnungslegungsrecht, hrsg. von Claussen/Scherrer, 2010
Kölner Kommentar zum UmwG, hrsg. von Dauner-Lieb/Simon, 2009
Kölner Kommentar zum WpHG, hrsg. von Hirte/Möllers, 2007
Kölner Kommentar zum WpÜG, hrsg. von Hirte/v. Bülow, 2. Aufl. 2010
Krumm, Steuerliche Bewertung als Rechtsproblem, 2014
Kümpel/Wittig, Bank- und Kapitalmarktrecht, hrsg. von Wittig, 4. Aufl. 2011
Küting/Pfitzer/Weber (Hrsg.), Handbuch der Rechnungslegung – Einzelabschluss, Loseblatt
Kuhner/Maltry, Unternehmensbewertung, 2006

Lange, Erbrecht, 2011
Lutter, UmwG, hrsg. von Bayer/J. Vetter, 5. Aufl. 2014
Lutter/Hommelhoff, GmbHG, 18. Aufl. 2012

Mandl/Rabel, Unternehmensbewertung – Eine praxisorientierte Einführung, 2002
Marsch-Barner/Schäfer (Hrsg.), Handbuch börsennotierte AG, 3. Aufl. 2014
Matschke/Brösel, Unternehmensbewertung, Funktionen – Methoden – Grundsätze, 4. Aufl. 2013
Mayer/Süß/Tanck/Bittler/Wälzholz (Hrsg.), Handbuch Pflichtteilsrecht, 3. Aufl. 2013
Meitner/Streitferdt, Unternehmensbewertung, 2011
Michalski (Hrsg.), GmbHG, 2. Aufl. 2010
Moxter, Grundsätze ordnungsgemäßer Unternehmensbewertung, 1. Aufl. 1976; 2. Aufl. 1983
Münchener Handbuch des Gesellschaftsrechts, Band 1: BGB-Gesellschaft, OHG, PartG, Partenreederei, EWIV, hrsg. von Gummert/Weipert, 4. Aufl. 2014
Münchener Handbuch des Gesellschaftsrechts, Band 2: KG, GmbH & Co. KG, Publikums-KG, Stille Gesellschaft, hrsg. von Gummert/Weipert, 4. Aufl. 2014
Münchener Handbuch des Gesellschaftsrechts, Band 3: GmbH, hrsg. von Priester/Mayer/Wicke, 4. Aufl. 2012
Münchener Handbuch des Gesellschaftsrechts, Band 4: AG, hrsg. von Hoffmann-Becking, 3. Aufl. 2007
Münchener Kommentar zum AktG, hrsg. von Goette/Habersack, 3. Aufl. 2008 ff.; 4. Aufl. 2014 ff.
Münchener Kommentar zum BGB, hrsg. von Rixecker/Säcker, 6. Aufl. 2012 ff.
Münchener Kommentar zum Bilanzrecht, Band 2: §§ 238–342e HGB, hrsg. von Hennrichs/Kleindiek/Watrin, 2013
Münchener Kommentar zum FamFG, hrsg. von Rauscher, 2. Aufl. 2013
Münchener Kommentar zum GmbHG, hrsg. von Fleischer/Goette, 2010 ff.
Münchener Kommentar zum HGB, hrsg. von K. Schmidt, 3. Aufl. 2010 ff.
Münchener Kommentar zur ZPO, hrsg. von Krüger/Rauscher, 4. Aufl. 2012 f.
Musielak (Hrsg.), ZPO, 11. Aufl. 2014

Nieder/Kössinger, Handbuch der Testamentsgestaltung, 4. Aufl. 2011
Nomos Kommentar zum BGB, Band 5: Erbrecht, hrsg. von Kroiß/Ann/Mayer, 3. Aufl. 2010

Palandt, BGB, 73. Aufl. 2014
Peemöller (Hrsg.), Praxishandbuch der Unternehmensbewertung, 5. Aufl. 2012
Petersen/Zwirner/Brösel (Hrsg.), Handbuch Unternehmensbewertung, 2013
Piltz, Die Unternehmensbewertung in der Rechtsprechung, 3. Aufl. 1994
Prütting/Helms (Hrsg.), FamFG, 3. Aufl. 2013
Prütting/Wegen/Weinreich (Hrsg.), BGB, 9. Aufl. 2014

Riedel, Die Bewertung von Gesellschaftsanteilen im Pflichtteilsrecht, 2006
Roth/Altmeppen, GmbHG, 7. Aufl. 2012

Saenger (Hrsg.), ZPO, 5. Aufl. 2013
Schacht/Fackler (Hrsg.), Praxishandbuch Unternehmensbewertung, 2. Aufl. 2009
Schlitt/Müller (Hrsg.), Handbuch Pflichtteilsrecht, 2010
K. Schmidt, Gesellschaftsrecht, 4. Aufl. 2002
K. Schmidt/Lutter (Hrsg.), AktG, 2. Aufl. 2010
Schmitt/Hörtnagl/Stratz, UmwG/UmwStG, 6. Aufl. 2013
Scholz, GmbHG, 11. Aufl. 2012 ff.
Schulze-Osterloh/Hennrichs/Wüstemann (Hrsg.), Handbuch des Jahresabschlusses, Loseblatt
Schwark/Zimmer (Hrsg.), Kapitalmarktrechts-Kommentar, 4. Aufl. 2010
Schwetzler/Aders (Hrsg.), Jahrbuch der Unternehmensbewertung 2013, 2013
Semler/Stengel (Hrsg.), UmwG, 3. Aufl. 2012
Seppelfricke, Handbuch Aktien- und Unternehmensbewertung, 4. Aufl. 2012
Simon (Hrsg.), SpruchG, 2007
Soergel, BGB, 13. Aufl. 1999 ff.
Spindler/Stilz, AktG, 2. Aufl. 2010
Staudinger, BGB, 1993 ff.
Steffen/Ernst, Höfeordnung mit Höfeverfahrensordnung, 3. Aufl. 2010
Stein/Jonas (Hrsg.), ZPO, 22. Aufl. 2013
Steinmeyer (Hrsg.), WpÜG, 3. Aufl. 2013

Widmann/Mayer (Hrsg.), Umwandlungsrecht, Loseblatt
Wöhrmann, Das Landwirtschaftserbrecht, 10. Aufl. 2011
Wollny, Der objektivierte Unternehmenswert, 2. Aufl. 2010

Zöller, Zivilprozessordnung, 30. Aufl. 2014

Abkürzungsverzeichnis

a.A.	anderer Ansicht
a.a.O.	am angegebenen Ort
a.E.	am Ende
a.F.	alte Fassung
AAA	American Arbitration Association
abl.	ablehnend
ABl. EG	Amtsblatt der Europäischen Gemeinschaft
ABl. EU	Amtsblatt der Europäischen Union
Abs.	Absatz
AcP	Archiv für die civilistische Praxis (Zeitschrift)
ADHGB	Allgemeines Deutsches Handelsgesetzbuch
ADS	Adler/Düring/Schmaltz
ähnl.	ähnlich
AG	Aktiengesellschaft; Die Aktiengesellschaft (Zeitschrift)
AGB	Allgemeine Geschäftsbedingungen
AgrarR	Agrarrecht (Zeitschrift)
AICPA	American Institute of Certified Public Accountants
AIFM	Alternative Investment Fund Manager
AktG	Aktiengesetz
AKU	Arbeitskreis Unternehmensbewertung des IDW
ALI	American Law Institute
allg.M.	allgemeine Meinung
Alt.	Alternative
Am. J. Comp. L.	American Journal of Comparative Law (Zeitschrift)
AMF	Autorité des Marchés Financiers
AngVO	Angebotsverordnung
Anh.	Anhang
Anm.	Anmerkung
AnwBl.	Anwaltsblatt (Zeitschrift)
AO	Abgabenordnung
APV	Adjusted Present Value
AR	Aufsichtsrat; Der Aufsichtsrat (Zeitschrift)
Art.	Artikel
ARUG	Gesetz zur Umsetzung der Aktionärsrechterichtlinie
AStG	Außensteuergesetz
Aufl.	Auflage
AWG	Außenwirtschaftsgesetz
AWV	Außenwirtschaftsverordnung
BaFin	Bundesanstalt für Finanzdienstleistungsaufsicht
BAG	Bundesarbeitsgericht
BAnz.	Bundesanzeiger
BauGB	Baugesetzbuch
BayObLG	Bayerisches Oberstes Landesgericht

BB	Betriebs-Berater (Zeitschrift)
Bd.	Band
BDA	Bundesvereinigung der Deutschen Arbeitgeberverbände
BDI	Bundesverband der Deutschen Industrie
BDSG	Bundesdatenschutzgesetz
BeckBilanz-Komm.	Beck'scher Bilanz-Kommentar
BeckHdb.	Beck'sches Handbuch
BeckOK	Beck'scher Online-Kommentar
BeckRS	Beck-Rechtsprechung
Begr.	Begründung
Beil.	Beilage
Bespr.	Besprechung
BewG	Bewertungsgesetz
BFH	Bundesfinanzhof
BFH/NV	Sammlung der Entscheidungen des Bundesfinanzhofs (nicht veröffentlicht)
BFHE	Sammlung der Entscheidungen des Bundesfinanzhofs
BFuP	Betriebswirtschaftliche Forschung und Praxis (Zeitschrift)
BG	Schweizerisches Bundesgericht
BGB	Bürgerliches Gesetzbuch
BGBl.	Bundesgesetzblatt
BGE	Entscheidungen des Schweizerischen Bundesgerichts
BGH	Bundesgerichtshof
BGHZ	Entscheidungen des Bundesgerichtshofs in Zivilsachen
BHO	Bundeshaushaltsordnung
BilKoG	Bilanzrechtskontrollgesetz
BilMoG	Bilanzrechtsmodernisierungsgesetz
BilReG	Bilanzrechtsreformgesetz
BKR	Zeitschrift für Bank- und Kapitalmarktrecht
BMF	Bundesministerium der Finanzen
BMJ/BMJV	Bundesministerium der Justiz (und für Verbraucherschutz)
BNotO	Bundesnotarordnung
BörsG	Börsengesetz
BörsO	Börsenordnung
BörsO FWB	Börsenordnung der Frankfurter Wertpapierbörse
BörsZulV	Börsenzulassungs-Verordnung
BR-Drucks.	Bundesrats-Drucksache
BStBl.	Bundessteuerblatt
BT-Drucks.	Bundestags-Drucksache
Bull.	Bulletin
BVerfG	Bundesverfassungsgericht
BVerfGE	Entscheidungssammlung des Bundesverfassungsgerichts
BWNotZ	Zeitschrift für das Notariat in Baden-Württemberg
bzgl.	bezüglich

c.c.	Codice civile (Italien)
C. civ.	Code civil (Frankreich)
CAC	Cotation Assistée en Continu
CAPM	Capital Asset Pricing Model
CDAX	Composite DAX
CEO	Chief Executive Officer
CF	Corporate Finance (Zeitschrift)
CFB	Corporate Finance biz (Zeitschrift)
CFL	Corporate Finance law (Zeitschrift)
CFO	Chief Financial Officer
d.h.	das heißt
D&O	Directors & Officers
DAI	Deutsches Aktieninstitut
DAJV	Deutsch-Amerikanische Juristenvereinigung
DAV	Deutscher Anwaltverein
DAX	Deutscher Aktienindex
DB	Der Betrieb (Zeitschrift)
DBA	Doppelbesteuerungsabkommen
DBM	Delaware Block Method
DBW	Die Betriebswirtschaft (Zeitschrift)
DCF	Discounted Cash Flow
DCGK	Deutscher Corporate Governance Kodex
Del. Ch.	Delaware Court of Chancery
DGAR	Deutsche Gesellschaft für Agrarrecht
DGCL	Delaware General Corporation Law
DIS	Deutsche Institution für Schiedsgerichtsbarkeit
DiskE	Diskussionsentwurf
Diss.	Dissertation
DJT	Deutscher Juristentag
DM	Deutsche Mark
DNotZ	Deutsche Notar-Zeitschrift
DPR	Deutsche Prüfstelle für Rechnungslegung
DRiG	Deutsches Richtergesetz
DrittelbG	Drittelbeteiligungsgesetz
DRS	Deutsche Rechnungslegungs Standards
DRSC	Deutsche Rechnungslegungs Standards Committee
DSR	Deutscher Standardisierungsrat
DStR	Deutsches Steuerrecht (Zeitschrift)
DSW	Deutsche Schutzvereinigung für Wertpapierbesitz
DVFA	Deutsche Vereinigung für Finanzanalyse und Asset Management
DZWIR/DZWir	Deutsche Zeitschrift für Wirtschaftsrecht
E	Entwurf
EBIT	Earnings Before Interest and Taxes
EBITA	Earnings Before Interest, Taxes and Amortization

EBITDA	Earnings Before Interest, Taxes, Depreciation and Amortization
EBT	Earnings Before Taxes
ECFR	European Company and Financial law Review
Eds.	Editors
EFG	Entscheidungen der Finanzgerichte
EG	Europäische Gemeinschaft(en)
EGAktG	Einführungsgesetz zum Aktiengesetz
EGBGB	Einführungsgesetz zum Bürgerlichen Gesetzbuch
EGHGB	Einführungsgesetz zum Handelsgesetzbuch
EL	Ergänzungslieferung
EMRK	Europäische Menschenrechtskonvention
ErbR	Zeitschrift für die gesamte erbrechtliche Praxis
ErbStG	Erbschaftsteuergesetz
ErfKomm.	Erfurter Kommentar
Erg.	Ergebnis
EStG	Einkommensteuergesetz
ESUG	Gesetz zur weiteren Erleichterung der Sanierung von Unternehmen
EU	Europäische Union
EuG	Gericht der Europäischen Union
EuGH	Europäischer Gerichtshof
EWiR	Entscheidungen zum Wirtschaftsrecht (Zeitschrift)
EWIV	Europäische wirtschaftliche Interessenvereinigung
EWR	Europäischer Wirtschaftsraum
EZB	Europäische Zentralbank
f., ff.	folgende, fortfolgende
FamFG	Gesetz über das Verfahren in Familiensachen und in den Angelegenheiten der freiwilligen Gerichtsbarkeit
FamFR	Familienrecht und Familienverfahrensrecht (Zeitschrift)
FamGKG	Gesetz über Gerichtskosten in Familiensachen
FamRB	Familien-Rechtsberater (Zeitschrift)
FamRZ	Zeitschrift für das gesamte Familienrecht
FASB	Financial Accounting Standards Board
FAUB	Fachausschuss Unternehmensbewertung und Betriebswirtschaft des IDW
FAZ	Frankfurter Allgemeine Zeitung
FB	Finanz Betrieb (Zeitschrift)
FF	Forum Familienrecht (Zeitschrift)
FG	Finanzgericht
FGG	Gesetz über die Angelegenheiten der Freiwilligen Gerichtsbarkeit
FGG-RG	FGG-Reformgesetz
FGO	Finanzgerichtsordnung
FGPrax	Praxis der freiwilligen Gerichtsbarkeit (Zeitschrift)
FM/FinMin	Finanzministerium

FMStBG	Finanzmarktstabilisierungsbeschleunigungsgesetz
FMStG	Finanzmarktstabilisierungsgesetz
FN	Fachnachrichten (des IDW)
Fn.	Fußnote
FR	Finanz-Rundschau (Zeitschrift)
FrankfKomm.	Frankfurter Kommentar
FS	Festschrift
FTSB	Financial Times Stock Exchange
FVerlV	Funktionsverlagerungsverordnung
FWB	Frankfurter Wertpapierbörse
G/H/E/K	Geßler/Hefermehl/Eckardt/Kropff
GbR	Gesellschaft bürgerlichen Rechts
GenG	Gesetz betreffend die Erwerbs- und Wirtschaftsgenossenschaften
GesR	Gesellschaftsrecht
GesRZ	Der Gesellschafter – Zeitschrift für Gesellschafts- und Unternehmensrecht
GewStG	Gewerbesteuergesetz
GewStR	Gewerbesteuerrichtlinien
GG	Grundgesetz
ggf.	gegebenenfalls
Giur. comm.	Giurisprudenza Commerciale (Zeitschrift)
GmbH	Gesellschaft mit beschränkter Haftung
GmbHG	Gesetz betreffend die Gesellschaften mit beschränkter Haftung
GmbHR	GmbH-Rundschau (Zeitschrift)
GNotKG	Gerichts- und Notarkostengesetz
GoB	Grundsätze ordnungmäßiger Buchführung
grds.	grundsätzlich
GrdstVG	Grundstückverkehrsgesetz
Großkomm.	Großkommentar
GuV	Gewinn- und Verlustrechnung
GVBl.	Gesetz- und Verordnungsblatt
GVG	Gerichtsverfassungsgesetz
GWB	Gesetz gegen Wettbewerbsbeschränkungen
GWR	Gesellschafts- und Wirtschaftsrecht (Zeitschrift)
h.L.	herrschende Lehre
h.M.	herrschende Meinung
Hdb.	Handbuch
HdJ	Handbuch des Jahresabschlusses
HFA	Hauptfachausschuss (des IDW)
HGB	Handelsgesetzbuch
HöfeO	Höfeordnung
HöfeVfO	Verfahrensordnung für Höfesachen
Hrsg.	Herausgeber

HRV	Handelsregisterverordnung
HV	Hauptversammlung
i.d.F.	in der Fassung
i.d.R.	in der Regel
i.E.	im Ergebnis
i.e.S.	im engeren Sinne
i.H.v.	in Höhe von
i.S.	in Sachen
i.S.d.	im Sinne des
i.S.v.	im Sinne von
i.V.m.	in Verbindung mit
IAS	International Accounting Standards
IASB	International Accounting Standards Board
ICC	International Chamber of Commerce
IdU	Institut der Unternehmensberater
IDW	Institut der Wirtschaftsprüfer
IDW PH	IDW Prüfungshinweis
IDW PS	IDW Prüfungsstandard
IDW RH	IDW Rechnungslegungshinweis
IDW RS	IDW Stellungnahme zur Rechnungslegung
IDW S	IDW Standard
IFLR	International Financial Law Review (Zeitschrift)
IFRIC	International Financial Interpretation Committee
IFRS	International Financial Reporting Standards
IHK	Industrie- und Handelskammer
insb./insbes.	insbesondere
InsO	Insolvenzordnung
IPO	Initial Public Offering
IRZ	Zeitschrift für Internationale Rechnungslegung
IStR	Internationales Steuerrecht (Zeitschrift)
IVS	International Valuation Standards
IVSC	International Valuation Standards Council
JbFSt/JbFfSt	Jahrbuch der Fachanwälte für Steuerrecht
jOGH	Oberster Gerichtshof (Japan)
JR	Juristische Rundschau (Zeitschrift)
JuS	Juristische Schulung (Zeitschrift)
JVEG	Justizvergütungs- und -entschädigungsgesetz
JZ	Juristenzeitung (Zeitschrift)
K&R	Kommunikation & Recht (Zeitschrift)
KAGB	Kapitalanlagegesetzbuch
Kap.	Kapitel
KfW	Kreditanstalt für Wiederaufbau
KG	Kommanditgesellschaft
KGaA	Kommanditgesellschaft auf Aktien

KGV	Kurs-Gewinn-Verhältnis
KMU	kleine und mittlere/mittelgroße Unternehmen
KölnKomm.	Kölner Kommentar
Komm.	Kommentar
KonTraG	Gesetz zur Kontrolle und Transparenz im Unternehmensbereich
KoR	Kapitalmarktorientierte Rechnungslegung (Zeitschrift)
KostO	Kostenordnung
KostRMoG	Kostenrechtsmodernisierungsgesetz
krit.	kritisch
KStG	Körperschaftsteuergesetz
KSzW	Kölner Schrift zum Wirtschaftsrecht (Zeitschrift)
KTS	Zeitschrift für Insolvenzrecht
KV	Kostenverzeichnis
KWG	Kreditwesengesetz
LAG	Landesarbeitsgericht
LCIA	London Court of International Arbitration
LG	Landgericht
lit.	litera
LS/Ls.	Leitsatz
LStDV	Lohnsteuer-Durchführungsverordnung
LStR	Lohnsteuerrichtlinien
LVwVfG	Landesverwaltungsverfahrensgesetz
LwVfG	Gesetz über das gerichtliche Verfahren in Landwirtschaftssachen
M&A	Mergers and Acquisitions
m.w.N.	mit weiteren Nachweisen
MBCA	Model Business Corporation Act
MDR	Monatsschrift für Deutsches Recht (Zeitschrift)
MiFID	Markets in Financial Instruments Directive
Mio.	Million
MitbestErgG	Mitbestimmungsergänzungsgesetz
MitbestG	Mitbestimmungsgesetz
MittRhNotK	Mitteilungen der Rheinischen Notarkammer (Zeitschrift)
MoMiG	Gesetz zur Modernisierung des GmbH-Rechts und zur Bekämpfung von Missbräuchen
Mrd.	Milliarde
MünchHdb. AG	Münchener Handbuch des Gesellschaftsrechts, Band 4: Aktiengesellschaft
MünchHdb. GesR	Münchener Handbuch des Gesellschaftsrechts
MünchHdb. GmbH	Münchener Handbuch des Gesellschaftsrechts, Band 3: Gesellschaft mit beschränkter Haftung
MünchKomm.	Münchener Kommentar

n.F.	neue Fassung
n.v.	nicht veröffentlicht
NaStraG	Gesetz zur Namensaktie und zur Erleichterung der Stimmrechtsausübung
NJOZ	Neue Juristische Online Zeitschrift
NJW	Neue Juristische Wochenschrift (Zeitschrift)
NJW-RR	NJW-Rechtsprechungs-Report
NotBZ	Zeitschrift für die notarielle Beratungs- und Beurkundungspraxis
Nr.	Nummer
NVwZ	Neue Zeitschrift für Verwaltungsrecht
NYSE	New York Stock Exchange
NZA	Neue Zeitschrift für Arbeitsrecht
NZFam	Neue Zeitschrift für Familienrecht
NZG	Neue Zeitschrift für Gesellschaftsrecht
NZI	Neue Zeitschrift für das Recht der Insolvenz und Sanierung
o.Ä.	oder Ähnliches
o.g.	oben genannt
OECD	Organisation for Economic Cooperation and Development
OFD	Oberfinanzdirektion
OGAW	Organismen für gemeinsame Anlagen in Wertpapieren
OGH	Oberster Gerichtshof (Österreich)
oHG/OHG	Offene Handelsgesellschaft
OLG	Oberlandesgericht
OR	Obligationenrecht (Schweiz)
OS/Os.	Orientierungssatz
OWiG	Gesetz über Ordnungswidrigkeiten
PartG	Partnerschaftsgesellschaft
PartGG	Partnerschaftsgesellschaftsgesetz
PiR	Internationale Rechnungslegung (Zeitschrift)
R	Richtlinie
RabelsZ	Rabels Zeitschrift für ausländisches und internationales Privatrecht
RdA	Recht der Arbeit (Zeitschrift)
RdF	Recht der Finanzinstrumente (Zeitschrift)
RdL	Recht der Landwirtschaft (Zeitschrift)
RefE	Referentenentwurf
RefG	Reformgesetz
RegE	Regierungsentwurf
RG	Reichsgericht
RGZ	Entscheidungssammlung des Reichsgerichts in Zivilsachen
Riv. dir. comm.	Rivista del Diritto Commerciale (Zeitschrift)
Riv. soc.	Rivista delle Società (Zeitschrift)

Riv. trim. dir. proc. civ.	Rivista Trimestrale di Diritto e Procedura Civile (Zeitschrift)
RIW	Recht der Internationalen Wirtschaft (Zeitschrift)
RNotZ	Rheinische Notar-Zeitschrift
RL/RiLi	Richtlinie
ROCE	Return on Capital Employed
Rpfl.	Der Deutsche Rechtspfleger (Zeitschrift)
Rspr.	Rechtsprechung
RStV	Rundfunkstaatsvertrag
RUPA	Revised Uniform Partnership Act
RVG	Rechtsanwaltsvergütungsgesetz
RWZ	Zeitschrift für Recht und Rechungswesen (Österreich)
Rz.	Randzahl
s.	siehe
S.	Seite
SCE	Societas Cooperativa Europaea; Europäische Genossenschaft
SCEAG	SCE-Ausführungsgesetz
SchiedsVZ	Zeitschrift für Schiedsverfahren
SchO	Schiedsgerichtsordnung
SchVG	Schuldverschreibungsgesetz
SE	Societas Europaea; Europäische Gesellschaft
SEAG	SE-Ausführungsgesetz
SEBG	SE-Beteiligungsgesetz
SEC	Securities and Exchange Commission
SE-VO	SE-Verordnung
SIC	Standing Interpretation Committee
sog.	sogenannt
SolZ	Solidaritätszuschlag
SolZG	Solidaritätszuschlaggesetz
SpruchG	Spruchverfahrensgesetz
StBerG	Steuerberatungsgesetz
StbJb.	Steuerberaterjahrbuch
StGB	Strafgesetzbuch
str.	streitig
StuB	Steuern und Bilanzen (Zeitschrift)
StuW	Steuer und Wirtschaft (Zeitschrift)
TAB	Tax Amortization Benefit
TransPuG	Transparenz- und Publizitätsgesetz
TUG	Transparenzrichtlinie-Umsetzungsgesetz
Tz.	Textziffer
u.a.	unter anderem
u.Ä.	und Ähnliches
u.U.	unter Umständen
Ubg	Die Unternehmensbesteuerung (Zeitschrift)

UGB	Unternehmensgesetzbuch (Österreich)
UMAG	Gesetz zur Unternehmensintegrität und Modernisierung des Anfechtungsrechts
UmwG	Umwandlungsgesetz
UmwStG	Umwandlungssteuergesetz
UN	United Nations
UNCITRAL	United Nations Commission on International Trade Law
unstr.	unstreitig
UrhG	Urheberrechtsgesetz
US GAAP	U.S. Generally Accepted Accounting Principles
US GAAS	U.S. Generally Accepted Auditing Standards
UStG	Umsatzsteuergesetz
VAG	Versicherungsaufsichtsgesetz
Var.	Variante
vBP	vereidigter Buchprüfer
VerschG	Verschollenheitsgesetz
VG	Verwaltungsgericht
VGH	Verwaltungsgerichtshof
vgl.	vergleiche
VGR	Gesellschaftsrechtliche Vereinigung
VO	Verordnung
VV	Vergütungsverzeichnis
VVaG	Versicherungsverein auf Gegenseitigkeit
VVG	Versicherungsvertragsgesetz
VwGO	Verwaltungsgerichtsordnung
VwVfG	Verwaltungsverfahrensgesetz
VwVG	Verwaltungs-Vollstreckungsgesetz
WACC	Weighted Average Cost of Value
WiB	Wirtschaftsrechtliche Beratung (Zeitschrift)
WiPrO	Wirtschaftsprüferordnung
WM	Wertpapier-Mitteilungen (Zeitschrift)
WP	Wirtschaftsprüfer
WPg	Die Wirtschaftsprüfung (Zeitschrift)
WpHG	Wertpapierhandelsgesetz
WPK	Wirtschaftsprüferkammer
WPO	Wirtschaftsprüferordnung
WpPG	Wertpapierprospektgesetz
WpÜG	Wertpapiererwerbs- und Übernahmegesetz
WpÜG-AngVO	WpÜG-Angebotsverordnung
WuB	Entscheidungssammlung zum Wirtschafts- und Bankrecht
z.T.	zum Teil
ZBB	Zeitschrift für Bankrecht und Bankwirtschaft
ZCG	Zeitschrift für Corporate Governance
ZErb	Zeitschrift für die Steuer- und Erbrechtspraxis

ZEV	Zeitschrift für Erbrecht und Vermögensnachfolge
ZfB	Zeitschrift für Betriebswirtschaft
ZfbF	Zeitschrift für betriebswirtschaftliche Forschung
ZfCM	Zeitschrift für Controlling & Management
ZfgG	Zeitschrift für das gesamte Genossenschaftswesen
ZfgK	Zeitschrift für das gesamte Kreditwesen
ZfhF	Zeitschrift für handelswissenschaftliche Forschung
ZGB	Schweizerisches Zivilgesetzbuch
ZGR	Zeitschrift für Unternehmens- und Gesellschaftsrecht
ZHR	Zeitschrift für das gesamte Handels- und Wirtschaftsrecht
Ziff.	Ziffer
ZInsO	Zeitschrift für das gesamte Insolvenzrecht
ZIP	Zeitschrift für Wirtschaftsrecht
zit.	zitiert
ZJapanR	Zeitschrift für Japanisches Recht
ZNotP	Zeitschrift für die Notarpraxis
ZPO	Zivilprozessordnung
zust.	zustimmend
zzgl.	zuzüglich
ZZP	Zeitschrift für Zivilprozess

Erster Teil
Einführung

§ 1
Unternehmensbewertung als Rechtsproblem

	Rz.
I. Bewertung von Unternehmen als Gegenstand der Wirtschaftswissenschaft	1
II. „Rechtsgebundene" Unternehmensbewertung als juristische Aufgabe	5
III. Rechtliche Bewertungsanlässe	
1. Gesellschafts-, Umwandlungs- und Kapitalmarktrecht	9
2. Familien- und Erbrecht	14
3. Bilanz- und Steuerrecht	17
4. Weitere Bewertungsanlässe	20
IV. Bewertungsziel als Rechtsfrage	
1. „Normwert" als Bewertungsvorgabe	25
2. Abfindung ausscheidender Gesellschafter als Beispiel	
a) § 738 Abs. 1 Satz 2 BGB als Ausgangspunkt	26
b) „Angemessene" Barabfindung ausscheidender Aktionäre (§ 305 Abs. 3 Satz 2 AktG)	28
c) Verfassungsrechtliche Vorgaben für die Abfindungsbemessung (Art. 14 Abs. 1 GG)	29
d) Zwischenergebnis	31
3. Überblick über rechtliche Bewertungsvorgaben	
a) Normorientierung	32
b) Stichtagsprinzip	33
c) Bewertung des „Unternehmens als Einheit"	36
d) Liquidationswert als Wertuntergrenze	38
e) Quotaler Unternehmenswert oder Anteilswert	40
f) Bewertung zum Börsenkurs	41
4. Zusammenfassung	43
V. Wertermittlung als Tatsachenfeststellung	
1. Schwierigkeiten der Wertermittlung	44
2. Wertermittlung durch Schätzung	
a) Zulässigkeit einer Schätzung	45
b) Richterliches Schätzungsermessen	46
3. Beauftragung von Sachverständigen	50
4. Zur Eignung einzelner Bewertungsverfahren	
a) Ertragswert- und DCF-Methoden	52
b) Substanzwert und Mischverfahren	57
c) „Marktorientierte" Bewertungsansätze	59
d) Börsenkurse und gezahlte Kaufpreise	62
e) Auswahl der Bewertungsmethode	65
f) Methodenänderungen und „Rückwirkung"	66
5. Zusammenfassung	67
VI. Unternehmensbewertung und Verfahrensrecht	
1. Kein einheitliches Verfahrensrecht	68
2. Spruchverfahren	69
3. Streitiges Verfahren	71
4. Schiedsgericht und Schiedsgutachten	72
5. Steuerverfahren	74

	Rz.		Rz.
VII. Ausblick		2. Internationale Unternehmensbewertung	77
1. Vom „theoretisch richtigen Wert" zur Bandbreite „vertretbarer" Werte	75	3. Reform der rechtlichen Bewertungsvorgaben?	78

Schrifttum: *Adolff*, Unternehmensbewertung im Recht der börsennotierten Aktiengesellschaft, 2007; *Ballwieser*, Unternehmensbewertung durch Rückgriff auf Marktdaten, in Heintzen/Kruschwitz (Hrsg.), Unternehmen bewerten, 2003, S. 13; *Brähler*, Der Wertmaßstab der Unternehmensbewertung nach § 738 BGB, WPg 2008, 209; *Brösel/Karami*, Der Börsenkurs in der Rechtsprechung: Zum Spannungsverhältnis zwischen Minderheitenschutz und Rechtssicherheit – Anmerkungen zum Stollwerck-Beschluss vom 19.07.2010, WPg 2011, 418; *Bungert*, Rückwirkende Anwendung von Methodenänderungen bei der Unternehmensbewertung, WPg 2008, 811; *Bungert/Wettich*, Vorgaben aus Karlsruhe zum Referenzzeitraum des Börsenwerts für die Abfindung bei Strukturmaßnahmen, BB 2010, 2230; *Bungert/Wettich*, Die zunehmende Bedeutung des Börsenkurses bei Strukturmaßnahmen im Wandel der Rechtsprechung, FS Hoffmann-Becking, 2013, S. 157; *Decher*, Wege zu einem praktikablen und rechtssicheren Spruchverfahren, FS Maier-Reimer, 2010, 57; *Drukarczyk/Schüler*, Unternehmensbewertung, 6. Aufl. 2009; *Fleischer*, Die Barabfindung außenstehender Aktionäre nach den §§ 305 und 320b AktG: Stand-alone-Prinzip oder Verbundberücksichtigungsprinzip?, ZGR 1997, 368; *Fleischer*, Rechtsfragen der Unternehmensbewertung bei geschlossenen Kapitalgesellschaften – Minderheitsabschlag, Fungibilitätsabschlag, Abschlag für Schlüsselpersonen, ZIP 2012, 1633; *Fleischer*, Zu Bewertungsabschlägen bei der Anteilsbewertung im deutschen GmbH-Recht und im US-amerikanischen Recht der *close corporation*, FS Hommelhoff, 2012, 223; *Fleischer*, Die Behandlung des Fungibilitätsrisikos bei der Abfindung außenstehender Aktionäre (§§ 305, 320b AktG), FS Hoffmann-Becking, 2013, S. 331; *Fleischer*, Unternehmensbewertung bei aktienrechtlichen Abfindungsansprüchen: Bestandsaufnahme und Reformperspektiven im Lichte der Rechtsvergleichung, AG 2014, 97; *Fleischer/Schneider*, Der Liquidationswert als Untergrenze der Unternehmensbewertung bei gesellschaftsrechtlichen Abfindungsansprüchen, DStR 2013, 1736; *Großfeld*, Bewertung von Anteilen an Unternehmen, JZ 1981, 641 ff.; *Großfeld*, Recht der Unternehmensbewertung, 7. Aufl. 2012; *Großfeld*, Europäische Unternehmensbewertung, NZG 2002, 353; *Großfeld*, Globale Unternehmen bewerten, in Heintzen/Kruschwitz (Hrsg.), Unternehmen bewerten, 2003, S. 101; *Großfeld*, Interkulturelle Unternehmensbewertung, FS Yamauchi, 2006, S. 123; *Hachmeister/Ruthardt/Eitel*, Unternehmensbewertung im Spiegel der neueren gesellschaftsrechtlichen Rechtsprechung – Aktuelle Entwicklungen 2010 – 2012, WPg 2013, 762; *Hachmeister/Ruthardt/Lampenius*, Unternehmensbewertung im Spiegel der neueren gesellschaftsrechtlichen Rechtsprechung – Bewertungsverfahren, Ertragsprognose, Basiszinssatz und Wachstumsabschlag, WPg 2011, 519; *Hachmeister/Ruthardt/Lampenius*, Unternehmensbewertung im Spiegel der neueren gesellschaftsrechtlichen Rechtsprechung – Berücksichtigung des Risikos, Risikozuschlags und persönlicher Steuern, WPg 2011, 829; *Henselmann/Munkert/Winkler/Schrenker*, 20 Jahre Spruchverfahren – Empirische Ergebnisse zur Abfindungserhöhung in Abhängigkeit vom Antragsteller und von den Bewertungssubjekten, WPg 2013, 1206; *Hüttemann*, Unternehmensbewertung als Rechtsproblem, ZHR 162 (1998), 563; *Hüttemann*, Neuere Entwicklungen bei der Unternehmensbewertung im Gesellschaftsrecht, StbJb. 2000/2001, 2001, 385; *Hüttemann*, Börsenkurs und Unternehmensbewertung, ZGR 2001, 454; *Hüttemann*, Rechtsfragen der Unternehmensbewertung, in Heintzen/Kruschwitz (Hrsg.), Unternehmen bewerten, 2003, S. 151; *Hüttemann*, Rechtliche Vorgaben für ein Bewertungskonzept, WPg 2007, 812; *Hüttemann*, Stichtagsprinzip und Wertaufhellung, FS Priester, 2007, S. 301; *Hüttemann*, Zur „Rückwirkung" geänderter Bewertungsstandards im Spruchverfahren, WPg 2008, 822; *Hüttemann*, Vorbelastungshaftung, Vorbelastungsbilanz und Unternehmensbewertung, FS Huber, 2006, S. 757; *Hüttemann*, Überschuldung, Überschuldungsbilanz und Unternehmensbewertung, FS K. Schmidt, 2009, S. 761; *Hüttemann*, Die angemessene Barabfindung im Aktienrecht, FS Hoffmann-Becking 2013, S. 603; *Hüttemann*, Richterliche Unternehmensbewertung zwischen Rechts- und Tatfragen, FS Schilken, 2015, S. 319; *Krause*, Die Entdeckung des Marktes durch die Rechtsprechung bei der Ermittlung der angemessenen Abfindung im Rahmen aktienrechtlicher Strukturmaßnahmen, FS Hopt, 2010, S. 1005; *Kuhner/Maltry*, Unternehmensbewertung, 2. Aufl. 2012; *Lauber*, Das Verhältnis des Ausgleichs gemäß § 304 AktG zu den Abfindungen gemäß den §§ 305, 327a ff. AktG, 2014; *Luttermann*, Zum Börsenkurs als gesellschaftsrechtliche Bewertungsgrundlage – Die Maßgeblichkeit des Marktpreises im Zivil- und Steuerrecht, ZIP 1999, 45; *Luttermann*, Zur Rechtspraxis internationaler Unternehmensbewertung bei der Publikums-Aktiengesellschaft, NZG 2007, 611; *Matschke/Brösel*, Unternehmensbewertung, 4. Aufl. 2013; *Meilicke*, Die Barabfindung für den ausgeschlossenen und ausscheidungsberechtigten Minderheitskapitalgesellschafter, 1975; *Meinert*, Neuere Entwicklungen in der Unternehmensbewertung (Teil I), DB 2011, 2397; *Mertens*, Zur Geltung des Stand-alone-Prinzips für die Unternehmensbewertung bei der Zusammenführung von Unternehmen, AG 1992, 326; *Moxter*, Grundsätze ordnungsmäßiger Unternehmensbewertung, 2. Aufl. 1983; *W. Müller*, Der Wert der Unternehmung, JuS 1973, 603 ff.; *W. Müller*, Die Unternehmensbewertung in der Rechtsprechung, FS Westermann, 2000, S. 705; *W. Müller*, Anteilswert oder anteiliger Unternehmenswert? Zur Frage der Barabfindung bei der kapitalmarktorientierten Aktiengesellschaft, FS Röhricht, 2005, S. 1015; *Olbrich/Rapp*, Zur Berücksichtigung des Börsenkurses bei der Unternehmensbewertung zum Zweck der Abfindungsbemessung, DStR 2010, 2005; *Olbrich/Rapp*, Wider die Anwendung der DVFA-Empfehlungen in der gerichtlichen Bewertungspraxis, CFB 2012, 233; *Olzen*, Das Verhältnis von Richtern und Sachverständigen im Zivilprozess unter besonderer Berücksichtigung des Grundsatzes der freien Beweiswürdigung, ZZP 93 (1980), 66; *Paulsen*, Rezeption wissenschaftlicher Thesen durch die Gerichte, WPg 2007, 823; *Piltz*, Unternehmensbewertung in der Rechtsprechung, 3. Aufl. 1994; *Piltz*, Unternehmensbewertung und Börsenkurs im aktienrechtlichen Spruchstellenverfahren, ZGR 2001, 187; *Peemöller* (Hrsg.), Praxishandbuch der Unternehmensbewertung, 5. Aufl. 2012; *Riegger/Wasmann*, Das Stichtagsprinzip in der Unternehmensbewertung, FS Goette, 2011, S. 433; *Ruthardt/Hachmeister*, Das Stichtagsprinzip in der Unternehmensbewertung, WPg 2012, 451; *Ruthardt/Hachmeister*, Unternehmensplanung und (optimales) Unternehmenskonzept in der Rechtsprechung zur Unternehmensbewertung, DB 2013, 2666; *Schmalenbach*, Die Werte von Anlagen und Unternehmungen in der Schätzungstechnik, ZfhF 1918, 1; *Schön*, Der Aktionär im Verfassungsrecht, FS Ulmer, 2003, S. 1359; *Schülke*, IDW-Standards und Unternehmensrecht, 2014; *Schwetzler/Aders/Adolff*, Zur Anwendung der DVFA Best-Practice-Empfehlungen in der gerichtlichen Abfindungspraxis, CFB 2012, 237; *Schulze-Osterloh*, Unternehmenskauf und Unternehmensbewertung aus rechtswissenschaftlicher Sicht, in Heintzen/Kruschwitz (Hrsg.), Unternehmen bewerten, 2003, S. 175; *Seetzen*, Unternehmensbewertung im Spruchstellenverfahren, WPg 1991, 166; *Seetzen*, Spruchverfahren und Unternehmensbewertung im Wandel, WM 1999, 565; *Sieben*, Der Entscheidungswert in der Funktionenlehre der Unternehmensbewertung, BFuP 28 (1976), 491; *Steinhauer*, Der Börsenpreis als Bewertungsgrundlage für den Abfindungsanspruch von Aktionären, AG 1999, 299; *Stilz*, Börsenkurs und Verkehrswert – Besprechung der Entscheidung BGH ZIP 2001, 734, ZGR 2001, 875; *Stilz*, Die Anwendung der Business Judgement Rule auf die Feststellung des Unternehmenswerts bei Verschmelzungen, FS Mailänder, 2006, S. 423; *Stilz*, Unternehmensbewertung und angemessene Barabfindung – Zur vorrangigen Maßgeblichkeit des Börsenkurses, FS Goette, 2011, S. 529; *Tonner*, Zur Maßgeblichkeit des Börsenkurses bei der Bewertung des Anteilseigentums – Konsequenzen aus der Rechtsprechung des BVerfG, FS K. Schmidt, 2009, S. 1581; *Winner*, Wert und Preis im Zivilrecht, 2008; *Wollny*, Der objektivierte Unternehmenswert, 2. Aufl. 2010; WP-Handbuch 2014, Bd. II.

I. Bewertung von Unternehmen als Gegenstand der Wirtschaftswissenschaft

1   Wer den Erwerb eines Unternehmens erwägt, wird fragen, was er höchstens bezahlen darf, ohne einen Nachteil zu erleiden. Auch ein potentieller Verkäufer überlegt, wieviel er mindestens erhalten muss, um sich ohne Verlust von seinem Unternehmen zu trennen. Die gesuchten Entscheidungswerte[1] können jeweils nur durch einen Vergleich des Unternehmens mit alternativen Investitionsobjekten ermittelt werden. Bewerten heißt also vergleichen.[2] Auch außerhalb von Unternehmenstransaktionen sind vergleichende Bewertungen erforderlich, wenn etwa im Rahmen einer „wertorientierten Unternehmensführung" nach Strategien gesucht wird, wie der Gesamtwert der Unternehmung langfristig gesteigert werden kann.[3] Unternehmenswerte dienen also vor allem der **Vorbereitung wirtschaftlicher Entscheidungen** und bilden daher einen **Gegenstand der Wirtschaftswissenschaft**. Es sind deshalb vor allem Ökonomen, die den theoretischen Diskurs über Wertbegriffe und Bewertungsmethoden dominiert haben und in der Praxis (insbesondere als Wirtschaftsprüfer und Finanzanalysten) mit der Durchführung von Unternehmensbewertungen befasst sind.

2   Die **betriebswirtschaftlichen Wertkonzeptionen** und Anschauungen darüber, wie Unternehmenswerte zu ermitteln sind, haben sich im Zeitablauf gewandelt (zur betriebswirtschaftlichen Bewertungstheorie eingehend *Böcking/Rauschenberg*, § 2 Rz. 6 ff.).[4] Während in den 1950er Jahren noch ein „objektives" Wertverständnis vorherrschte, das Unternehmen (zumeist unter Betonung des Substanzwertes) einen allgemein gültigen „**objektiven**" **Wert** beilegte, setzte sich in den 1960er Jahren die Auffassung durch, dass Unternehmenswerte stets **subjektiver Natur** sind, weil der Nutzwert von den konkreten Zielen abhängt, die die Unternehmenseigner verfolgen.[5] Die Subjektivierung des Bewertungsproblems[6] hatte nicht nur Rückwirkungen auf die Bewertungsmethode (Vor-

---

1   Zu Entscheidungswerten und zur Entscheidungsfunktion der Unternehmensbewertung s. nur *Matschke/Brösel*, Unternehmensbewertung, S. 133 ff.; *Moxter*, Grundsätze, S. 9, 13.
2   So treffend *Moxter*, Grundsätze, S. 121.
3   Zur Unternehmensbewertung als Instrument einer „wertorientierten Unternehmensführung" vgl. die Hinweise bei *Matschke/Brösel*, Unternehmensbewertung, S. 61 ff.; ferner zur „wertorientierten Steuerung" *Drukarczyk/Schüler*, Unternehmensbewertung, S. 419 ff.
4   Für einen Überblick über die Dogmengeschichte der Bewertungskonventionen s. *Kuhner/Maltry*, Unternehmensbewertung, S. 53 ff.; *Drukarczyk/Schüler*, Unternehmensbewertung S. 87 ff.; *Matschke/Brösel*, Unternehmensbewertung, S. 14 ff.; *Henselmann* in Peemöller, Praxishandbuch, S. 93 ff.
5   Zur Eignerbezogenheit von Unternehmenswerten nur *Moxter*, Grundsätze, S. 23.
6   Wegweisend *Schmalenbach*, ZfhF 1918, 1: „Alle die eine Wirtschaftsanlage kaufen oder sich in irgend einer Form an ihr beteiligen wollen, und alle die eine Wirtschaftsanlage verkaufen wollen, werden, wenn sie wirtschaftlich denken, von dem Gedanken beherrscht: Was kann diese Anlage in Zukunft an Gewinn bringen." Für weitere Nachweise zur subjektiven Bewertungslehre vgl. *Matschke/Brösel*, Unternehmensbewertung, S. 18 ff.

dringen des Ertragswertverfahrens), sondern bereitete zugleich die Grundlage für den Siegeszug der **funktionalen Bewertungslehre** in den 1970er Jahre:[1] Wenn Unternehmenswerte subjektbezogen sind, muss sich auch die Auswahl der Bewertungsmethode nach dem konkreten Bewertungszweck richten, weil ein rein käuferbezogener „Grenzpreis" auf anderen Annahmen beruht als ein „Schiedswert", der die Interessen aller Beteiligten angemessen berücksichtigt. Seit den 80er Jahren haben verstärkt **kapitalmarktorientierte Bewertungsansätze** Einzug in die Unternehmensbewertung gehalten und zu einem weiteren Paradigmenwechsel geführt.[2] Das Unternehmen wird nicht länger nur aus dem Blickwinkel einer bestimmten Person, sondern „extern" aus der Perspektive des Kapitalmarktes bewertet. Eine Folge ist, dass verstärkt Aktienkurse und Multiplikatoren als Bewertungsparameter herangezogen werden.[3] Darüber hinaus sind die ertragsabhängigen Bewertungsverfahren durch kapitalmarkttheoretische Überlegungen ergänzt worden. Ein Beispiel ist die Ableitung von Risikozuschlägen auf der Basis des CAPM.[4]

Paradigmenwechsel in der Bewertungstheorie wirken sich immer erst mit einer gewissen Zeitverzögerung auf die **Bewertungspraxis** aus (zur historischen Entwicklung der berufsständischen Bewertungspraxis näher *Jonas*, § 3 Rz. 7 ff.). Dies ist nicht nur dem Umstand geschuldet, dass sich „neue" theoretische Erkenntnisse zunächst im wissenschaftlichen Wettstreit durchsetzen müssen, bevor sie im Rahmen der Aus- und Weiterbildung an die Berufsträger weitergegeben werden. Eine große Rolle spielt auch das berufsständische Umfeld. In Deutschland wird die Praxis der Unternehmensbewertung weitgehend vom Berufsstand der Wirtschaftsprüfer dominiert, so dass dem (privatrechtlich organisierten) **Institut der Wirtschaftsprüfer e.V. (IDW)** eine herausgehobene Stellung bei der Fortentwicklung der Bewertungspraxis zufällt.[5] Das IDW erarbeitet im Rahmen der Facharbeit Empfehlungen und Stellungnahmen, die sich als „fachliche Regeln" an die Angehörigen des Berufsstandes richten.[6] Im Bereich der Unternehmensbewertung ist dies der **IDW Standard: Grundsätze zur Durchführung von Unternehmensbewertungen (IDW S 1)** i.d.F. 2008.[7] Diese „Standardisierung" der Bewertungspraxis hat zwar den Vorteil einer gewissen

3

---

1 Grundlegend *Sieben*, BFuP 1976, 491 ff.; weitere Hinweise bei *Matschke/Brösel*, Unternehmensbewertung, S. 22 ff.
2 Zum Einfluss „marktorientierter" Bewertungsverfahren s. *Matschke/Brösel*, Unternehmensbewertung, S. 26 ff.; *Ballwieser* in Heintzen/Kruschwitz, Unternehmen bewerten, S. 13 ff.
3 Beispielhaft die „Best-Practice-Empfehlungen" des DVFA-Arbeitskreises „Corporate Transactions and Valuation", CFB 2012, 43; s. dazu auch die Kritik von *Olbrich/Rapp*, CFB 2012, 233 und die Erwiderung von *Schwetzler/Aders/Adolff*, CFB 2012, 237.
4 Vgl. dazu etwa *Drukarczyk/Schüler*, Unternehmensbewertung, S. 55 ff.; *Kuhner/Maltry*, Unternehmensbewertung, S. 154 ff.
5 Eingehend dazu *Schülke*, IDW-Standards und Unternehmensbewertung, S. 49 ff.
6 Die Einhaltung der berufsständischen Standards hat nicht nur eine haftungsrechtliche Bedeutung, sondern ist auch durch § 43 WPO vorgegeben.
7 IDW S 1 (2008), WPg-Supplement 3/2008, S. 68.

Filterung neuer fachwissenschaftlicher Erkenntnisse und kann zu einer sinnvollen Vereinheitlichung der Bewertungsmaßstäbe und -methoden beitragen.[1] Der notwendige Abstimmungsprozess innerhalb der Gremien des IDW vergrößert aber auch den „time lag" bis zur Umsetzung von Erkenntnisfortschritten in die Praxis und kann bei stichtagsbezogenen Änderungen der Bewertungsstandards (dazu auch unten Rz. 66) zu Akzeptanzproblemen führen.[2]

4 Fragt man angesichts des beständigen Wandels der betriebswirtschaftlichen Bewertungslehre und -praxis nach einer „Konstante", so ist vor allem auf die Annahme hinzuweisen, dass bei der Lösung des Bewertungsproblems **lediglich „finanzielle" Ziele berücksichtigt werden**.[3] Diese Beschränkung ist zwar aus theoretischer Sicht nicht zwingend, weil ein subjektiv verstandenes Ertragswertkalkül durchaus für nichtfinanzielle Nutzenbestandteile Raum lässt.[4] Die Beschränkung auf finanzielle Vorteile ist aber ein wichtiger Beitrag zur Komplexitätsreduktion:[5] Sie erlaubt nicht nur eine „eindimensionale" Betrachtung, weil finanzielle und nichtfinanzielle Zielsetzungen nicht gegeneinander abgewogen werden müssen, sondern erspart zugleich die Überführung nichtfinanzieller Nutzenbestandteile in „monetäre" Größen. Man mag diese Bewertungskonvention – ebenso wie die Annahme rational handelnder Bewertungssubjekte – auch in den Erfahrungssatz kleiden, dass potentielle Käufer und Verkäufer – so bereits *Schmalenbach* – „wirtschaftlich denken".[6] Dass so ermittelte „Werte" von tatsächlich beobachteten „Preisen", die auch von nichtfinanziellen Motiven und Irrationalitäten der handelnden Akteure beeinflusst sind, abweichen werden, liegt auf der Hand.

II. „Rechtsgebundene" Unternehmensbewertung als juristische Aufgabe

5 Unternehmensbewertung ist nicht nur ein Instrument zur Vorbereitung wirtschaftlich sinnvoller Entscheidungen, sondern wird zum „Rechtsproblem", wenn die **Rechtsanwendung die Feststellung von Unternehmenswerten erfor-

---

1 Auf diesen Gesichtspunkt hinweisend OLG Stuttgart v. 24.7.2013 – 20 W 2/12, AG 2013, 840 (841).
2 Vgl. zum Streit über die „rückwirkende" Anwendung von „neuen" IDW-Standards zuletzt OLG Karlsruhe v. 30.4.2013 – 12 W 5/12, AG 2013, 765; Überblick über den Meinungsstand bei *Großfeld*, Recht der Unternehmensbewertung, Rz. 215 ff.; *Bungert*, WPg 2008, 811; *Hüttemann*, WPg 2008, 822.
3 Beispielhaft WP-Handbuch 2014, Bd. II, Rz. A 5: „Unter der Voraussetzung ausschließlich finanzieller Ziele bestimmt sich der Wert eines Unternehmens durch den Barwert der mit dem Eigentum an dem Unternehmen verbundenen Netto-Zuflüsse an die Unternehmenseigner".
4 Zutreffend *Matschke/Brösel*, Unternehmensbewertung, S. 172.
5 Ebenso *Matschke/Brösel*, Unternehmensbewertung, S. 173 f.
6 *Schmalenbach*, ZfhF 1918, 1.

dert.[1] Die Rechtsordnung kennt zahlreiche Anlässe, in denen Unternehmen von Rechts wegen bewertet werden müssen (vgl. unten Rz. 11 ff.). Man denke nur an die Ermittlung der gesetzlich geschuldeten Abfindung ausscheidender Gesellschafter oder die Bewertung eines im Nachlass befindlichen Unternehmens für Zwecke des Pflichtteils- oder des Erbschaftsteuerrechts. Anders als z.B. bei Unternehmenskäufen findet die Bewertung hier nicht im „rechtsfreien Raum" betriebswirtschaftlicher Überzeugungen statt, sondern die Beteiligten sind an rechtliche Vorgaben gebunden. Können sich z.B. die Gesellschafter einer OHG nicht über die Höhe der Abfindung eines ausscheidenden Gesellschafters einigen, muss notfalls **der Richter die gesetzlich geschuldete Abfindung unter Berücksichtigung des Unternehmenswerts verbindlich festlegen.** Die „rechtsgebundene" Unternehmensbewertung[2] ist mithin eine juristische Aufgabe und somit „Teil der Jurisprudenz".[3]

Die Feststellung von Unternehmenswerten im rechtlichen Kontext ist **keine bloße Tatsachenfrage**, die der Richter mangels eigener Sachkunde einfach dem Sachverständigen (z.B. einem Wirtschaftsprüfer) überlassen kann.[4] Ein derartiges Vorgehen wäre nur zulässig, wenn Unternehmenswerte – im Sinne der überholten „objektiven" Bewertungslehre – eine für jedermann gültige Größe darstellen würden, die dem „Unternehmen an sich"[5] anhaften. Wie die subjektive Bewertungslehre gezeigt hat, gibt es aber nicht den „einen" Unternehmenswert, sondern der Bewertungszweck bestimmt die Bewertungsmethodik (s. oben Rz. 2). Dieser Einsicht kann sich der Richter auch nicht dadurch entziehen, dass er für die rechtsgebundene Bewertung auf einen „wahren" oder „wirklichen" Unternehmenswert abstellt. Zwar ist die in der Rechtsprechung schon früh gebräuchliche Formel vom **„wahren Wert"**[6] bzw. **„wirklichen Wert des lebenden Unternehmens als Einheit"**[7] grundsätzlich geeignet, um bestimmte von vornherein unbrauchbare Werte – wie z.B. die auf historischen

---

1 Zur Unternehmensbewertung als „Rechtsproblem" s. aus dem neueren rechtswissenschaftlichen Schrifttum vor allem *Adolff*, Unternehmensbewertung, 2007; *Fleischer*, ZGR 1997, 368; *Fleischer*, ZIP 2012, 1633; *Fleischer*, AG 2014, 97; *Großfeld*, Recht der Unternehmensbewertung, Rz. 1 ff.; *Hüttemann*, ZHR 162 (1998), 563; *Hüttemann*, WPg 2007, 812; *Lauber*, Das Verhältnis des Ausgleichs gemäß § 304 AktG zu den Abfindungen gemäß den §§ 305, 327a ff. AktG, 2014; aus dem älteren Schrifttum s. etwa *W. Müller*, JuS 1973, 603 ff.; *Großfeld*, JZ 1981, 641 ff.; *Meilicke*, Die Barabfindung für den ausgeschlossenen und ausscheidungsberechtigten Minderheitskapitalgesellschafter, 1975; *Meincke*, Das Recht der Nachbewertung im BGB, 1973; *Piltz*, Die Unternehmensbewertung in der Rechtsprechung, 1994.
2 *Adolff*, Unternehmensbewertung, S. 4 spricht von „rechtsgeleiteter" Unternehmensbewertung; ähnlich *Fleischer*, ZGR 1997, 368, 375: „Normprägung".
3 So prägnant *Großfeld*, Recht der Unternehmensbewertung, Rz. 1.
4 Dazu nur *Fleischer*, ZIP 2012, 1633 (1642); *Hüttemann*, WPg 2007, 812 (813).
5 Zur Wechselbeziehung von objektiver Wertlehre und der Lehre vom „Unternehmen an sich" instruktiv *Kuhner/Maltry*, Unternehmensbewertung, S. 54.
6 Siehe bereits RG v. 13.11.1908 – VII 590/07, Warn. 1909 Nr. 138; RG v. 5.11.1918 – Rep. II 243/18, RGZ 94, 106 (108); RG v. 22.12.1922 – II 621/22, RGZ 106, 128 (132); BGH v. 21.4.1955 – II ZR 227/53, BGHZ 17, 130 (136).
7 So BGH v. 30.3.1967 – II ZR 141/64, NJW 1967, 1464; BGH v. 24.9.1984 – II ZR 256/83, GmbHR 1985, 113 = WM 1984, 1506.

Anschaffungskosten beruhenden Buchwerte in der Handels- oder Steuerbilanz – aus der Betrachtung auszuscheiden.[1] Sie erweist sich im Übrigen aber als Leerformel, weil sie die entscheidende Frage nicht adressiert: **Aus welcher Perspektive soll das Unternehmen als Ganzes von Rechts wegen bewertet werden?** Übertragen auf die Abfindung des ausscheidenden Gesellschafters ist also zu fragen:[2] Soll es für die Höhe der gesetzlichen Abfindung eines ausscheidenden Gesellschafters darauf ankommen, was das Unternehmen ihm wert ist, oder kommt es entscheidend auf die Wertvorstellungen der verbleibenden Gesellschafter an? Ist eine Abfindung angemessen, die als fiktiver Einigungswert aus den subjektiven Wertvorstellungen beider Gesellschaftergruppen abgeleitet wird, oder hat der Richter das Unternehmen vom Standpunkt eines gedachten dritten Erwerbers – also am Maßstab eines fiktiven Veräußerungspreises – zu bewerten? Es liegt auf der Hand, dass sich je nach Perspektive andere Unternehmenswerte ergeben werden, so dass der Richter diese Frage nicht offen lassen darf (s. näher unten Rz. 30 ff.).

7 Welche Bewertungsperspektive von Rechts wegen einzunehmen ist, lässt sich nicht für alle Bewertungsanlässe einheitlich beantworten, sondern ist im **jeweiligen Normkontext durch Auslegung zu entscheiden**. Die Verfasser des BGB hielten zwar eine gesetzliche Vorschrift zur Wertbestimmung für entbehrlich, weil – so heißt es in den Materialien zum Allgemeinen Teil[3] – „der Begriff des Werthes [...] an sich für das Privatrecht gegeben und im Allgemeinen auch nicht zweifelhaft sei." Sie dachten dabei offenbar an den „gemeinen Wert" im Sinne des Verkehrswertes,[4] der aber – wie die abweichenden Sonderregelungen in §§ 1376 Abs. 4, 1515 Abs. 4, 2049, 2312 BGB betreffend die Bewertung von Landgütern mit dem Ertragswert zeigen – nicht ausnahmslos zur Anwendung kommen sollte. Auch beim Schadensersatz für eine Sache sollte nach der – später als „entbehrlich"[5] gestrichenen – Vorschrift des § 220E I nicht der „gemeine Verkehrswert" sondern ein „außerordentlicher Werth" (also ein nach den besonderen Verhältnisse des Geschädigten zu ermittelnder Wert) maßgebend sein.[6] Im steuerlichen Bewertungsrecht stellt der „gemeine Wert" nach § 9 Abs. 2 BewG schon immer den Regelwert dar, wenn besondere Bewertungsvorgaben fehlen. Er wird „durch den Preis bestimmt, der im gewöhnlichen Geschäftsverkehr nach der Beschaffenheit des Wirtschaftsguts bei einer Veräußerung zu erzielen wäre." Diese gesetzliche Definition erinnert an den „objektiven" Wert, den die betriebswirtschaftliche Bewertungslehre längst aufgegeben

---

1 Vgl. nur RG v. 13.11.1908 – VII 590/07, Warn. 1909 Nr. 138: „[...] nicht zu dem zu niedrigeren Buchwerte"; ähnlich auch BGH v. 24.9.1984 – II ZR 256/83, GmbHR 1985, 113 = WM 1984, 1506: „[...] entspricht nicht dem Ergebnis der Addition der Buchwerte".
2 Dazu eingehend etwa *Fleischer*, ZGR 1997, 368 (378 ff.); *Hüttemann*, ZHR 162 (1998), 563 (573 ff.); *Hüttemann* in FS Hoffmann-Becking, 2013, S. 603 (606 ff.).
3 *Mugdan*, Bd. III, S. 17.
4 Siehe nur *Meincke*, Das Recht der Nachbewertung im BGB, 1973, S. 187 ff.
5 Vgl. *Jakobs/Schubert*, Die Beratung des BGB, Bd. II, Recht der Schuldverhältnisse I, 1978, S. 98.
6 Zur Subjektbezogenheit des Schadensbegriffs vgl. nur *Piltz*, Unternehmensbewertung in der Rechtsprechung, S. 104.

hat (vgl. oben Rz. 2). Der „gemeine Wert" lässt sich aber auch vor dem Hintergrund der subjektiven Bewertungstheorie einordnen, wenn man das Unternehmen aus der Perspektive eines „typischen" gedachten Erwerbers bewertet. Ein so verstandener gemeiner Wert ist kein „objektiver", sondern ein **„objektivierter" Wert, der ausgehend von bestimmten Annahmen über die Ziele eines typisierten gedachten Erwerbers** ermittelt wird.[1] Ein solcher „Wert" entspricht einem potentiellen „Preis", zu dem eine Transaktion zustande kommen könnte.[2] In diese Richtung zielt auch die Aussage des BFH, bei der Feststellung des „gemeinen Wertes" müsse ein „möglicher Käufer unterstellt werden".[3] Gerade das Steuerrecht ist als Massenfallrecht[4] schon aus Gründen der Gleichbehandlung und Verwaltungsvereinfachung auf derartige Typisierungen und Objektivierungen angewiesen. Ob dieses Wertverständnis auch für andere rechtliche Bewertungsanlässe passt, ist im jeweiligen Normzusammenhang zu entscheiden.

Wie ein Blick auf die Entwicklung der Rechtsprechung zur Unternehmensbewertung zeigt, ist **das Bewusstsein für die rechtliche Dimension des Bewertungsproblems in den letzten Jahrzehnten deutlich gewachsen.** Viele Jahrzehnte haben sich die Gerichte in bewertungsrelevanten Rechtsstreitigkeiten auf die einfach klingende Formel vom „wirklichen" Wert zurückgezogen und die Schätzung dieses Wertes mehr oder weniger allein in die Hände der Sachverständigen gelegt. So hat der BGH noch im Jahr 1978 festgestellt, es unterliege „dem pflichtgemäßen Urteil der mit der Bewertung befassten Fachleute, unter den in der Betriebswirtschaftslehre und der betriebswirtschaftlichen Praxis vertretenen Verfahren das im Einzelfall geeignet erscheinende auszuwählen".[5] In den letzten 30 Jahren hat die gerichtliche Kontrolldichte erheblich zugenommen. Dies belegen nicht nur der Umfang aktueller Entscheidungen im Spruchverfahren,[6] sondern auch die Intensität, mit der sich die Gerichte heute mit Einzelfragen der Bewertungsmethodik (u.a. Ertragsprognose und Planungsrechnungen, Berücksichtigung persönlicher Steuern, Kapitalisierungszinssatz einschließlich Risikozuschläge nach CAPM, Plausibilisierung anhand von Börsenkursen) auseinandersetzen.[7]

---

1 Vgl. dazu *Hüttemann*, ZHR 162 (1998), 563 (574 ff.); zum Unterschied zwischen objektiven und „objektivierten" Unternehmenswerten s. auch *Wollny*, Der objektivierte Unternehmenswert, S. 28 ff.
2 Zum Verhältnis von Wert und Preis vgl. *Winner*, Wert und Preis im Zivilrecht, S. 6 f.
3 BFH v. 29.4.1987 – X R 2/80, BStBl. II 1987, 769 (771).
4 Dazu nur *Isensee*, Die typisierende Verwaltung, 1975, S. 52.
5 BGH v. 13.3.1978 – II ZR 142/76, WM 1978, 401 (405).
6 Siehe nur den 141 Randziffern langen Beschluss des OLG Stuttgart v. 5.11.2013 – 20 W 4/12, AG 2014, 291 = NZG 2014, 140.
7 Beispielhaft OLG Stuttgart v. 24.7.2013 – 20 W 2/12, AG 2013, 840; für einen Überblick über die neuere Rechtsprechung zur Unternehmensbewertung vgl. *Hachmeister/Ruthardt/Lampenius*, WPg 2011, 519; *Hachmeister/Ruthardt/Lampenius*, WPg 2011, 829; *Hachmeister/Ruthardt/Eitel*, WPg 2013, 762.

III. Rechtliche Bewertungsanlässe

1. Gesellschafts-, Umwandlungs- und Kapitalmarktrecht

9 Im Gesellschafts-, Umwandlungs- und Kapitalmarktrecht gibt es naturgemäß besonders viele Anlässe, in denen Unternehmensbewertungen von Rechts wegen vorzunehmen sind. Die älteste Regelung dieser Art findet sich in § 738 Abs. 1 Satz 2 BGB, der die **Abfindung ausscheidender Personengesellschafter** bei der Gesellschaft bürgerlichen Rechts regelt und über §§ 105 Abs. 3, 161 Abs. 2 HGB auch für Fälle des Ausscheidens aus einer OHG und KG gilt (zur Unternehmensbewertung bei Personengesellschaften eingehend *Fleischer*, § 22 Rz. 9 ff.).[1] Danach ist dem ausscheidenden Gesellschafter „dasjenige zu zahlen, was er bei der Auseinandersetzung erhalten würde, wenn die Gesellschaft zur Zeit seines Ausscheidens aufgelöst worden wäre". Die gesetzlich geschuldete Abfindung ist also auf der Basis einer hypothetischen Liquidation der Gesellschaft (nicht des Unternehmens) zu bestimmen (dazu näher unten Rz. 26). Diese gesetzliche Vorgabe[2] gilt nach gefestigter Rechtsprechung[3] entsprechend für **GmbH-Gesellschafter**, deren Anteil eingezogen wird oder die aus wichtigem Grund ausscheiden bzw. ausgeschlossen werden (zur Unternehmensbewertung im GmbH-Recht vgl. *Fleischer*, § 22 Rz. 10). Der gesetzliche Abfindungsanspruch wird zwar regelmäßig im Gesellschaftsvertrag durch Abfindungsklauseln abbedungen, um die Liquidität der Gesellschaft zu schonen und klare Berechnungsmaßstäbe festzulegen. Gleichwohl behält der gesetzliche Abfindungsanspruch auch in diesen Fällen seine Bedeutung, denn die Wirksamkeit solcher Abfindungsklauseln beurteilt sich u.a. nach dem Abstand zwischen vertraglicher und gesetzlicher Abfindung.[4]

10 Die Vorschrift des § 738 Abs. 1 Satz 2 BGB war gesetzgeberisches Vorbild[5] für § 305 Abs. 2 Nr. 2 und 3 AktG, der die Pflicht zur Gewährung einer **angemessenen Barabfindung an ausscheidende Minderheitsaktionäre** im Fall des **Abschlusses eines Gewinnabführungs- oder Beherrschungsvertrages mit einer Aktiengesellschaft** regelt, sofern den Minderheitsaktionären nicht Aktien des anderen Vertragsteils anzubieten sind. Die angemessene Barabfindung muss nach § 305 Abs. 3 Satz 2 AktG „die Verhältnisse im Zeitpunkt der Beschlussfassung der Hauptversammlung über den Vertrag berücksichtigen" (zur Unternehmensbewertung im Aktien- und Konzernrecht vgl. eingehend *Adolff*, § 19).

---

1 Entsprechendes gilt bei der sog. atypischen stillen Gesellschaft, vgl. BGH v. 13.4.1995 – II ZR 132/94, WM 1995, 1277.
2 Missverständlich daher WP-Handbuch 2014, Bd. II, Rz. A 13, wo § 738 Abs. 1 Satz 2 BGB den „Bewertungen auf vertraglicher Grundlage" zugeordnet wird. Zwar beruht das Gesellschaftsverhältnis – wie die Beteiligung des Aktionärs – auf einer vertraglichen Grundlage, § 738 Abs. 1 Satz 2 BGB ist aber eine (in bestimmten Grenzen disponible) gesetzliche Bewertungsvorgabe.
3 Siehe nur BGH v. 16.12.1991 – II ZR 58/91, BGHZ 116, 359 (370 f.) = GmbHR 1992, 257.
4 Zur Inhaltskontrolle von Abfindungsklauseln vgl. BGH v. 16.12.1991 – II ZR 58/91, BGHZ 116, 359 = GmbHR 1992, 257; BGH v. 20.9.1993 – II ZR 104/92, BGHZ 123, 281.
5 Dazu näher *Hüttemann*, ZHR 162 (1998), 563 (578 f.).

Eine Barabfindungspflicht ist darüber hinaus bei der **Eingliederung** (§ 320b Abs. 1 Satz 3 AktG) sowie beim Ausschluss von Minderheitsaktionären (**Squeeze-out**) nach Aktienrecht (§ 327a Abs. 1 Satz 1 AktG), Übernahmerecht (§ 39a Abs. 1 Satz 1 WpÜG) und Umwandlungsrecht (§ 62 Abs. 5 UmwG) vorgesehen. Ein Barabfindungsanspruch besteht auch bei **Gründung oder Verlegung einer SE** (§§ 7, 12 SEAG) sowie im **Umwandlungsrecht** (dazu eingehend *Bungert*, § 20), und zwar bei Umwandlungen mit einem Rechtsträger anderer Rechtsform im Fall der Verschmelzung durch Aufnahme (§ 29 Abs. 1 UmwG) oder Neugründung (§ 36 Abs. 1 Satz 1 UmwG), bei der Auf- und Abspaltung (§ 125 Satz 1 UmwG) sowie bei der Umwandlung durch Übertragung des Vermögens (§ 174 UmwG). Barabfindungspflichten finden sich ferner im Übernahmerecht (hierzu *Winner*, § 21) bei öffentlichen **Übernahmeangeboten** (§ 31 WpÜG). Schließlich hat die Rechtsprechung über die gesetzlich geregelten Fälle hinaus noch bei weiteren Sachverhalten eine Barabfindungspflicht statuiert, so z.B. bei der **übertragenden Auflösung** nach § 179a AktG.[1] Abweichend von einer früheren Rechtsprechung[2] halten BVerfG[3] und BGH[4] eine Barabfindung beim **Delisting** nicht mehr für erforderlich (vgl. näher *Adolff*, § 16 Rz. 16).

Neben der Barabfindung kennt das Aktienrecht auch die Möglichkeit, dem Minderheitsaktionär bei **Abschluss eines Gewinnabführungs- oder Beherrschungsvertrages** als Ersatz für den Verlust der wirtschaftlichen Eigenständigkeit seiner Gesellschaft einen **festen Ausgleich** zu gewähren (§ 304 Abs. 2 Satz 2 AktG). Diese wiederkehrende Geldzahlung ist nach der bisherigen Ertragslage und den Ertragsaussichten der Gesellschaft zu bemessen, wobei insbesondere die Wertäquivalenz von Barabfindung und festem Ausgleich[5] nicht unumstritten ist (dazu näher *Adolff*, § 19 Rz. 20 ff.). 11

Während bei der Barabfindung und beim festen Ausgleich nur die wirtschaftlichen Verhältnisse der jeweiligen Gesellschaft betroffen sind und deshalb nur ein einziges Unternehmen zu bewerten ist, erfordert die **Ermittlung der angemessenen Umtauschrelation** insbesondere in Umwandlungsfällen eine Bewertung der Unternehmen beider beteiligten Rechtsträger (s. näher *Bungert*, § 20 Rz. 10). Ein solches Umtauschverhältnis ist vor allem bei der **Verschmelzung** (§ 5 Nr. 3 UmwG) und der **Auf- und Abspaltung** (§ 126 Nr. 3 UmwG) zu bestimmen. Aber auch außerhalb des Umwandlungsrechts bedarf es beim **variablen Ausgleich** bzw. bei der **Abfindung in Aktien im Fall des Abschlusses eines Gewinnabführungs- oder Beherrschungsvertrages**, bei der **Eingliederung** (§ 320b AktG) sowie bei der **Gründung einer SE** (§§ 6, 11 SEAG) der Festlegung eines Umtauschverhältnisses. Da in diesen Fällen stets zwei Unternehmen verglei- 12

---

1 Dazu BVerfG v. 23.8.2000 – 1 BvR 68/95, 1 BvR 147/97, AG 2001, 42 = ZIP 2000, 1670.
2 Zur früheren Rechtsprechung vgl. BGH v. 25.11.2002 – II ZR 133/01, BGHZ 153, 47 = AG 2003, 273.
3 BVerfG v. 11.7.2012 – 1 BvR 3142/07, 1 BvR 1569/08, BVerfGE 132, 99 = AG 2012, 557.
4 BGH v. 8.10.2013 – II ZB 26/12, AG 2013, 877.
5 Dazu eingehend *Lauber*, Das Verhältnis des Ausgleichs gemäß § 304 AktG zu den Abfindungen gemäß den §§ 305, 327a ff. AktG, S. 145 ff.

chend zu bewerten sind, stellen sich hier zusätzliche Fragen in Bezug auf die Vergleichbarkeit der Bewertungsmethoden (dazu *Bungert*, § 20 Rz. 24).

13 Unternehmensbewertungen sind im gesellschaftsrechtlichen Kontext ferner erforderlich, wenn Unternehmen im Rahmen der Gründung oder einer späteren Kapitalerhöhung als **Sacheinlage in eine Kapitalgesellschaft eingebracht werden** (§§ 5 Abs. 4, 9 und 56 GmbHG, §§ 27, 36a, 183 und 255 Abs. 2 AktG). Entsprechendes gilt, wenn das Gesellschaftsvermögen im **Rahmen der Auseinandersetzung** einer Personen- oder Kapitalgesellschaft nicht versilbert wird, sondern ein Gesellschafter das Gesellschaftsunternehmen oder einen Unternehmensteil unter Anrechnung auf seine Liquidationsquote in Natur übernimmt. Auch bei der Ermittlung einer **Vorbelastungshaftung** kann nach der Rechtsprechung des BGH eine Unternehmensbewertung erforderlich werden, wenn im Rahmen der Aufnahme der wirtschaftlichen Tätigkeit vor Eintragung bereits ein „Unternehmen" geschaffen worden ist.[1]

2. Familien- und Erbrecht

14 Im **Familienrecht** kommen Unternehmensbewertungen (dazu näher *Born*, § 23) vor allem im Bereich des **ehegüterrechtlichen Zugewinnausgleichs** vor, wenn zum Anfangs- oder Endvermögen eines Ehegatten ein Unternehmen oder eine freiberufliche Praxis gehört (§§ 1374 ff. BGB)[2] oder ein Unternehmen als anzurechnender Vorausempfang gewährt worden ist (§ 1380 Abs. 2 BGB). Eine Unternehmensbewertung kann auch bei der **Auseinandersetzung der Gütergemeinschaft** (§§ 1471 ff. BGB) erforderlich werden, wenn z.B. ein Ehegatte unter Ersatz des Wertes ein Unternehmen aus der Gütergemeinschaft übernimmt (§ 1477 Abs. 2 BGB).[3]

15 Das **Erbrecht** (dazu näher *Lange*, § 24) kennt verschiedene Fälle, in denen eine Unternehmensbewertung erforderlich ist. Zu denken ist etwa an eine **Teilungsanordnung**, durch die der Erblasser ein zum Nachlass gehörendes Unternehmen einem Miterben zuwendet (§ 2048 BGB). Hier ist – wenn die Höhe der Ausgleichspflicht nicht testamentarisch bestimmt ist – eine Bewertung des Unternehmens erforderlich. Das Gleiche gilt im **Pflichtteilsrecht**, wenn ein Unternehmen zum Nachlass gehört und der Wert des gesetzlichen Erbteils berechnet werden muss (§ 2303 BGB).

16 Bemerkenswert ist, dass der Gesetzgeber im Familien- und Erbrecht **besondere Bewertungsvorschriften für land- und forstwirtschaftliche Betriebe** („Landgut") vorgesehen hat. Solche Betriebe sind nach §§ 1376 Abs. 4, 1515 Abs. 4, 2049, 2312 BGB mit dem „Ertragswert" zu bewerten, der regelmäßig unter dem „gemeinen Wert" (Verkehrswert der Grundstücke) liegen wird. Mit dieser – agrarpolitisch gerechtfertigten[4] – Regelung soll verhindert werden, dass z.B. der den

---

1 BGH v. 9.11.1998 – II ZR 190/97, BGHZ 140, 35 = GmbHR 1999, 31 = AG 1999, 122; dazu *Hüttemann* in FS Huber, 2006, S. 757.
2 Zuletzt BGH v. 6.11.2013 – XII ZB 434/12, NJW 2014, 294.
3 Vgl. BGH v. 7.5.1986 – IVb ZR 42/85, FamRZ 1986, 776.
4 Zur verfassungsrechtlichen Zulässigkeit vgl. BVerfG v. 16.10.1984 – 1 BvL 17/80, BVerfGE 67, 348 (367).

Betrieb fortführende Erbe mangels ausreichender Liquidität zum Verkauf gezwungen wird, um den Pflichtteilsberechtigten auszubezahlen.

3. Bilanz- und Steuerrecht

Das Bilanzrecht ist ein weiteres Rechtsgebiet, in dem Unternehmensbewertungen von Rechts wegen erforderlich sind (vgl. näher *Leverkus*, § 25). Zwar gilt im Handelsbilanzrecht der Grundsatz der Einzelbewertung, d.h. es findet gerade keine Gesamtbewertung des Unternehmens statt, so dass ein selbst geschaffener „originärer" Geschäfts- und Firmenwert schon mangels Einzelbewertungsfähigkeit nicht aktiviert werden darf. Allerdings besteht für einen **entgeltlich erworbenen „derivativen" Geschäfts- oder Firmenwerte** eine Aktivierungspflicht (§ 246 Abs. 1 Satz 4 HGB) sowie – neben der Pflicht zur planmäßigen Abschreibung (§ 253 Abs. 3 Satz 1 HGB) – auch eine Pflicht zur außerplanmäßigen Abschreibung bei einer voraussichtlich dauernden Wertminderung (§ 253 Abs. 3 Satz 3 HGB). Weitere Fälle, in denen eine Unternehmensbewertung im Rahmen der Folgebewertung unverzichtbar ist, sind außerplanmäßige Abschreibungen auf **Unternehmensbeteiligungen** nach § 253 Abs. 3 Satz 3 HGB. Auch die Internationalen Rechnungslegungsstandards (IAS/IFRS) machen bei bestimmten Bilanzierungssachverhalten eine Unternehmensbewertung erforderlich, z.B. für die jährliche Werthaltigkeitsprüfung („*impairment-test*") bei einem entgeltlich erworbenen Goodwill (IAS 36).

17

Das Steuerrecht gehört zu den Rechtsgebieten mit der längsten Erfahrung mit rechtsgebundenen Unternehmensbewertungen, denn zahlreiche Steuertatbestände knüpfen an Unternehmenswerte an[1]. In der steuerrechtlichen Gewinnermittlung für Zwecke der Einkommen-, Gewerbe- und Körperschaftsteuer (dazu *Kohl*, § 26) ist – ebenso wie im Handelsbilanzrecht – eine Unternehmensbewertung zunächst bei der **Folgebewertung von entgeltlich erworbenen Geschäfts- und Firmenwerten sowie von Unternehmensbeteiligungen** erforderlich (zur Abschreibung auf den niedrigeren Teilwert vgl. § 6 Abs. 1 Nr. 1 und 2 EStG). Ferner ordnet das Einkommensteuerrecht an verschiedenen Stellen ausdrücklich eine Bewertung von Vermögensgegenständen mit dem „gemeinen Wert" an, z.B. bei Sachspenden (§ 10b Abs. 3 EStG) und einer Betriebsaufgabe (§ 16 Abs. 3 EStG). Darüber hinaus macht der steuerrechtliche Fremdvergleich bei Geschäften zwischen Gesellschafter und Kapitalgesellschaft Unternehmensbewertungen erforderlich, z.B. bei der Prüfung verdeckter Gewinnausschüttungen und verdeckter Einlagen (§ 8 Abs. 3 KStG) oder bei der von der Rechtsprechung geforderten Angemessenheitsprüfung hinsichtlich der **Gewinnverteilung in Familienpersonengesellschaften**.[2]

18

Die meisten steuerlich veranlassten Unternehmensbewertungen finden allerdings im Bereich der **Erbschaft- und Schenkungsteuer** statt (dazu *Kohl*, § 26), wenn Unternehmen oder Unternehmensteile von Todes wegen (§ 3 ErbStG) oder durch Schenkung unter Lebenden (§ 7 ErbStG) auf einen anderen Rechts-

19

---

1 Eingehend *Krumm*, Steuerliche Bewertung als Rechtsproblem, 2014.
2 Vgl. nur BFH v. 29.5.1972 – GrS 4/71, BStBl. II 1973, 5; BFH v. 19.2.2009 – IV R 83/06, BStBl. II 2009, 798 = GmbHR 2009, 672.

träger übergehen oder zum Vermögen einer Familienstiftung gehören (§ 1 Abs. 1 Nr. 4 ErbStG). Die praktische Bedeutung des Bewertungsproblems für das Steuerrecht wird daran deutlich, dass der Steuergesetzgeber bereits 1925[1] für alle bewertungsabhängigen Steuern (dazu gehören neben der Erbschaft- und Schenkungsteuer noch die Grund- und Grunderwerbsteuer sowie die seit 1997 in Deutschland nicht mehr erhobene Vermögensteuer) mit dem Bewertungsgesetz (BewG) ein **steuerartenübergreifendes Bewertungsrecht** geschaffen hat. Das BewG enthält nicht nur eine allgemeine Definition des „gemeinen Werts" (§ 9 Abs. 2 BewG) und besondere Bewertungsvorschriften für die Bewertung von Unternehmensanteilen (§ 11 BewG) und Betriebsvermögen (§§ 95 ff. BewG), sondern seit 2009 auch ein **vereinfachtes Bewertungsverfahren für die Bewertung nicht notierter Anteile an Kapitalgesellschaften und von Betriebsvermögen** (§§ 199 ff. BewG). Diese Vorschriften gelten über die Verweisung in § 12 ErbStG auch für die erbschaftsteuerrechtliche Bewertung von nachlasszugehörigen Unternehmen und Unternehmensanteilen.

4. Weitere Bewertungsanlässe

20 Bei **Unternehmenskäufen** kann – wenn das gesetzliche Gewährleistungsrecht nicht ohnehin abbedungen worden ist – eine Unternehmensbewertung im Zusammenhang mit einer Minderung (§§ 437 Nr. 2, 441 BGB) erforderlich werden.[2] Ferner ist an die Berechnung eines Vermögensschadens bei „betriebsbezogenen" **deliktischen Eingriffen in den eingerichteten und ausgeübten Gewerbebetrieb** zu denken (§ 823 Abs. 1 BGB). Auch im Bereicherungsrecht kann eine Unternehmensbewertung geboten sein, wenn ein **rechtsgrundloser Unternehmenserwerb** – z.B. infolge zwischenzeitlicher Umstrukturierungen durch den Bereicherungsschuldner – nicht mehr in Natur rückabgewickelt werden kann, so dass Wertersatz in Geld nach § 818 Abs. 2 BGB zu leisten ist.[3]

21 Im Rahmen der insolvenzrechtlichen **Überschuldungsprüfung** nach § 19 Abs. 2 InsO kann eine Unternehmensbewertung erforderlich werden, wenn zum Vermögen des Gemeinschuldners ein (noch) „lebensfähiges" Unternehmen mit einem Geschäftswert gehört, da die rein vergangenheitsorientierten Handelsbilanzwerte grundsätzlich nicht für eine Überschuldungsprüfung geeignet sind.[4]

22 Nach Art. 14 Abs. 3 GG ist eine Enteignung zum Wohl der Allgemeinheit entschädigungspflichtig. Die **Höhe der Enteignungsentschädigung** ist unter gerechter Abwägung der Interessen der Allgemeinheit und der Beteiligten zu bestimmen.[5] Dabei steht allerdings der Verlust des Grundbesitzes im Vordergrund, der bei gewerblich genutzten Grundstücken als „Folgeschäden" (vgl.

---

1 Gesetz v. 18.8.1925, RGBl. I 1925, 214.
2 Dazu *Schulze-Osterloh* in Heintzen/Kruschwitz, Unternehmen bewerten, S. 175.
3 Beispielhaft BGH v. 5.7.2006 – VIII ZR 172/05, BGHZ 168, 220.
4 Vgl. etwa BGH v. 8.3.2012 – IX ZR 102/11, WM 2012, 665; ferner *Hüttemann* in FS K. Schmidt, 2009, S. 761.
5 Dazu BVerfG v. 26.10.1977 – 1 BvL 9/72, BVerfGE 46, 268 (285).

§ 96 BauGB) auch Kosten der Betriebsverlegung umfassen kann.[1] Ein „Unternehmenswert" kann in diesem Zusammenhang jedoch als Obergrenze der Entschädigung von Bedeutung sein.[2]

Im **Kosten- und Gebührenrecht** kann eine Unternehmensbewertung notwendig werden, wenn z.B. der Gegenstandswert eines Rechtsstreits über ein Unternehmen oder Unternehmensanteil ermittelt werden muss.[3]

23

Die vorstehende Aufzählung nennt nur die wichtigsten Anlässe für rechtsgebundene Unternehmensbewertungen und hat folglich **keinen abschließenden Charakter**.[4]

24

IV. Bewertungsziel als Rechtsfrage

1. „Normwert" als Bewertungsvorgabe

Die Frage nach dem „**Normwert**", also die **Ermittlung der gesetzlichen Bewertungsvorgabe**, bildet den Ausgangspunkt für jede „Unternehmensbewertung im Rechtssinne". Sofern ausdrückliche Bewertungsvorschriften fehlen, ist durch Auslegung zu entscheiden, aus welcher Perspektive und unter welchen Annahmen das Unternehmen zu bewerten ist. Dafür kommt neben Wortlaut, Systematik und Entstehungsgeschichte vor allem dem Zweck der Regelung eine wesentliche Bedeutung zu. Welche Gesichtspunkte insoweit zu beachten sind, soll im Weiteren beispielhaft für Abfindungsansprüche ausscheidender Gesellschafter aufgezeigt werden.

25

2. Abfindung ausscheidender Gesellschafter als Beispiel

a) § 738 Abs. 1 Satz 2 BGB als Ausgangspunkt

Nach § 738 Abs. 1 Satz 2 BGB ist dem ausscheidenden Gesellschafter „dasjenige zu zahlen, was er bei der Auseinandersetzung erhalten würde, wenn die Gesellschaft im Zeitpunkt seines Ausscheidens aufgelöst worden wäre". Die Abfindung ist also nach dem **Anteil des Ausscheidenden in einer fiktiven Liquidation der Gesellschaft** – nicht des Unternehmens als Sachgesamtheit – zu bemessen. Dieser Bewertungsmaßstab lässt sich mit dem Gedanken rechtfertigen, dass das Ausscheiden eines Gesellschafters gegen Abfindung nur eine abgekürzte Form der „Auseinandersetzung" der Gesellschaft darstellt, die den Interessen aller Beteiligten gerecht wird: Ein Ausscheiden gegen Abfindung erspart den verbleibenden Gesellschaftern eine „reale" Liquidation der Gesellschaft mit anschließender Neugründung, gleichzeitig wird über den Ab-

26

---

1 Siehe BGH v. 8.2.1971 – III ZR 65/70, BGHZ 55, 294.
2 Vgl. *Aust/Jacobs/Pasternak*, Die Enteignungsentschädigung, 6. Aufl. 2007, Rz. 758 ff.
3 Zum Geschäftswert eines Gesellschaftsanteils s. BGH v. 23.10.2013 – V ZB 190/12, juris; BGH v. 17.4.1975 – III ZR 171/72, NJW 1975, 1471.
4 Vgl. weitere Übersichten zu rechtlichen Bewertungsanlässen bei *Großfeld*, Recht der Unternehmensbewertung, Rz. 47 ff.; *Piltz*, Die Unternehmensbewertung in der Rechtsprechung, S. 65 ff.; *Wollny*, Der objektivierte Unternehmenswert, S. 48 ff.

findungsanspruch das vermögensrechtliche Interesse des Ausscheidenden gewahrt.[1] Für die Unternehmensbewertung im Abfindungsfall folgt aus § 738 Abs. 1 Satz 2 BGB, dass das Unternehmen aus der Perspektive eines gedachten „markttypischen" Unternehmenskäufers in der Liquidation zu bewerten ist (Liquidationshypothese).[2] Die Abfindung ist also keine „Entschädigung", die sich allein nach dem subjektiven Grenzpreis des Ausscheidenden richtet, und es geht auch nicht um einen „Schiedswert", der aus den Grenzpreisen der Beteiligten abzuleiten ist.[3] Entscheidend ist vielmehr die Wertung, dass in der Liquidation jeder Gesellschafter das Recht hat, „**auf die vorteilhafteste Verwertung des Gesellschaftsvermögens zu drängen**".[4] Ohnehin geht den Ausscheidenden die Fortführung der Gesellschaft durch die verbleibenden Gesellschafter nichts mehr an,[5] so dass deren Grenzpreise nicht die Obergrenze der Abfindung darstellen können.

27 Übersetzt man die Liquidationshypothese in die Sprache der Bewertungslehre, ist das Unternehmen also aus der Perspektive eines gedachten Erwerbers zu bestimmen. Dies entspricht der Formel des BGH, maßgebend sei der „**Preis, der bei einem Verkauf des Unternehmens als Einheit erzielt würde**".[6] Aus der Bewertungsvorgabe des § 738 Abs. 1 Satz 2 BGB – Abfindung als fiktiver Liquidationsanteil – folgt darüber hinaus, dass stets ein „quotaler" Unternehmenswert und nicht der Wert des Gesellschaftsanteils des Ausscheidenden zu ermitteln ist.[7] Da unterschiedliche Herrschaftsrechte in der Liquidation bedeutungslos sind (vgl. §§ 145 ff. HGB), verbieten sich auch Zu- oder Abschläge für Mehrheits- bzw. Minderheitsbeteiligungen.[8] Ferner ist von der wirtschaftlich vorteilhaftesten Verwertung des Gesellschaftsvermögens auszugehen,[9] so dass ein Liquidations- oder Zerschlagungswert stets – und ganz unabhängig von der Fortführungsabsicht der verbleibenden Gesellschafter – die Wertuntergrenze bildet, weil sich dann eine Unternehmensfortführung „nicht lohnt".[10] Für andere Be-

---

1 Näher *Hüttemann* in FS Hoffmann-Becking, 2013, S. 603 (608).
2 Eingehend *Hüttemann*, ZHR 162 (1998), 563 (576); ebenso *Piltz*, Unternehmensbewertung in der Rechtsprechung, S. 69, zustimmend *Adolff*, Unternehmensbewertung, S. 366; *Brähler*, WPg 2008, 209 (210); *Wollny*, Der objektivierte Unternehmenswert, S. 44.
3 A.A. *Neuhaus*, Unternehmensbewertung und Abfindung, 1990, S. 96.
4 So bereits RG v. 13.11.1908 – VII 590/07, Warn. 1909 Nr. 138; RG v. 22.12.1922 – II 621/22, RGZ 106, 128 (132); BGH v. 30.3.1967 – II ZR 141/64, NJW 1967, 1464.
5 Ebenso *Flume*, Allgemeiner Teil des Bürgerlichen Rechts, Erster Teil, Die Personengesellschaft, 1977, S. 170.
6 BGH v. 21.4.1955 – II ZR 227/53, BGHZ 17, 130 (136); BGH v. 24.9.1984 – II ZR 256/83, GmbHR 1985, 113 = WM 1984, 1506.
7 Siehe nur *Hüttemann*, WPg 2007, 812 (815).
8 *Hüttemann* in Heintzen/Kruschwitz, Unternehmen bewerten, S. 151, 155; *Hüttemann*, WPg 2007, 812 (815); im Ergebnis auch *Fleischer*, ZIP 2012, 1633 (1641).
9 Vgl. RG v. 13.11.1908 – VII 590/07, Warn. 1909 Nr. 138; RG v. 22.12.1922 – II 621/22, RGZ 106, 128 (132); BGH v. 21.4.1955 – II ZR 227/53, BGHZ 17, 130 (133); BGH v. 30.3.1967 – II ZR 141/64, NJW 1967, 1464; BayObLG v. 31.5.1995 – 3Z BR 67/89, GmbHR 1995, 662 = AG 1995, 509.
10 Siehe nur *Hüttemann*, ZHR 162 (1998), 563 (585); im Ergebnis auch *Fleischer/Schneider*, DStR 2013, 1736 (1743).

wertungsaspekte – z.B. die künftige Unternehmensstrategie und die Abgrenzung des betriebsnotwendigen Vermögens – ist von „markttypischen" Annahmen über die Person des gedachten Erwerbers auszugehen.[1]

b) „Angemessene" Barabfindung ausscheidender Aktionäre (§ 305 Abs. 3 Satz 2 AktG)

Während § 738 Abs. 1 Satz 2 BGB ausdrücklich auf eine fiktive Liquidation verweist, haben ausscheidende Minderheitsaktionäre nach § 305 Abs. 1 und 3 Satz 2 AktG Anspruch auf eine „angemessene" Barabfindung, die „die Verhältnisse der Gesellschaft im Zeitpunkt der Beschlussfassung ihrer Hauptversammlung über den Vertrag" berücksichtigt (dazu näher *Adolff*, § 19). In Rechtsprechung und Schrifttum ist umstritten, ob die aktienrechtliche Barabfindung anderen Bewertungsvorgaben folgt als die Abfindung im Personengesellschaftsrecht.[2] Während der BGH in seiner neueren Rechtsprechung im Einklang mit der wohl überwiegenden Ansicht im Schrifttum die Abfindung als „Entschädigung" versteht und sich am subjektiven Grenzpreis des Minderheitsaktionärs orientieren will,[3] stellt die Abfindung nach anderer Auffassung das Ergebnis einer fiktiven Verhandlungslösung dar („Einigungswert"), so dass der Minderheitsaktionär z.B. auch an möglichen Synergievorteilen des Mehrheitsaktionärs zu beteiligen wäre.[4] Wie an anderer Stelle näher dargelegt worden ist, sprechen insbesondere Entstehungsgeschichte und Normzweck des § 305 AktG dafür, **die aktienrechtliche Barabfindung an den zu § 738 Abs. 1 Satz 2 BGB entwickelten Maßstäben auszurichten**.[5] Die Liquidationshypothese kann zudem begründen, weshalb die Abfindung als „quotaler" Unternehmenswert und nicht als Anteilswert zu bemessen ist,[6] und warum Zu- und Abschläge für Mehrheits- oder Minderheitsbeteiligungen unzulässig sind. Eines Rückgriffs auf den aktienrechtlichen Gleichbehandlungsgrundsatz (§ 53a AktG) bedarf es deshalb nicht.[7]

---

1 Dazu näher *Hüttemann*, ZHR 162 (1998), 563 (582 ff.).
2 Eingehend *Hüttemann* in FS Hoffmann-Becking, 2013, S. 603 ff. mit weiteren Nachweisen.
3 So vor allem BGH v. 4.3.1998 – II ZB 5/97 – „Entschädigungsleistung", BGHZ 138, 136 (139) = AG 1998, 286; aus dem Schrifttum *Koch* in Hüffer, § 305 AktG Rz. 18; *Koppensteiner* in KölnKomm. AktG, 3. Aufl. 2004, 305 AktG Rz. 65; *Paulsen* in MünchKomm. AktG, 3. Aufl. 2010, § 305 AktG Rz. 72; *Veil* in Spindler/Stilz, 2. Aufl. 2010, § 305 AktG Rz. 46.
4 Dafür *Fleischer*, ZGR 1997, 368 (393); *Adolff*, Unternehmensbewertung, S. 386 ff.; *Großfeld*, Recht der Unternehmensbewertung, Rz. 330 ff.
5 Vgl. näher *Hüttemann*, ZHR 162 (1998), 563 (578 f.); *Hüttemann* in FS Hoffmann-Becking, 2013, S. 603 (604 ff.).
6 *Hüttemann*, WPg 2007, 812 (815); ebenso *Adolff*, Unternehmensbewertung, S. 359: „das normadäquate Bewertungsmodell"; kritisch *W. Müller* in FS Röhricht, 2005, S. 1015.
7 *Hüttemann*, WPg 2007, 812 (815); a.A. etwa *Hirte/Hasselbach* in GroßKomm. AktG, 4. Aufl. 2005, § 305 AktG Rz. 212.

c) Verfassungsrechtliche Vorgaben für die Abfindungsbemessung (Art. 14 Abs. 1 GG)

29 Das Beispiel der aktienrechtlichen Barabfindung gibt zugleich Gelegenheit, auf die **Wechselwirkungen zwischen Gesellschafts- und Verfassungsrecht** im Bereich der Unternehmensbewertung einzugehen. In seiner Rechtsprechung hat das BVerfG – beginnend mit dem Feldmühle-Urteil aus dem Jahr 1962[1] – aus Art. 14 Abs. 1 GG bestimmte verfassungsrechtliche Mindeststandards zum Schutz von Minderheitsgesellschaftern vor Eingriffen des beherrschenden Gesellschafters in ihre Beteiligung abgeleitet.[2] Dazu zählt die Forderung nach wirksamen Rechtsbehelfen zum Schutz vor missbräuchlichen Maßnahmen sowie ein Recht auf „volle Entschädigung". In der Sache geht es bei der Abfindungspflicht – schon mangels staatlichen Eingriffs – nicht um eine Enteignungsentscheidung i.S.v. Art. 14 Abs. 3 GG, sondern um den Sonderfall einer **entschädigungspflichtigen Inhalts- und Schrankenbestimmung**.[3] Die Grundsätze dieses „Abfindungsverfassungsrechts"[4] binden die Zivilgerichte und strahlen über den Begriff der „Angemessenheit" in § 305 Abs. 3 Satz 2 AktG auf die Auslegung der aktienrechtlichen Abfindungsvorschrift aus.[5]

30 Die Rechtsprechung des BVerfG zur Unternehmensbewertung hat mit dem **DAT/Altana-Beschluss** aus dem Jahr 1999[6] noch weiter an Bedeutung gewonnen. Darin hat das BVerfG entschieden, dass es mit Art. 14 Abs. 1 GG unvereinbar ist, wenn bei der Ermittlung des Werts der Unternehmensbeteiligung im Rahmen von § 305 AktG der Kurswert der Aktie völlig außer Betracht bleibt. Vielmehr folge aus dem Grundsatz der „vollen" Entschädigung, dass **keine niedrigere Barabfindung als der Börsenkurs** festgelegt werden dürfe. Damit will das BVerfG dem Umstand Rechnung tragen, dass die Aktie nicht nur mitgliedschaftliche Herrschafts- und Vermögensrechte verkörpert, sondern auch eine „Sphäre individueller Freiheit in finanzieller Hinsicht"[7] vermittelt. Mit der Entschädigung zum Börsenkurs soll der Aktionär für den Verlust seiner Möglichkeit zur „Deinvestition" durch Veräußerung über die Börse entschädigt werden. Die Zivilgerichte haben die Vorgaben des DAT/Altana-Beschlusses dahingehend umgesetzt, dass regelmäßig eine Doppelbewertung stattfinden

---

1 BVerfG v. 7.8.1962 – 1 BvL 16/60, BVerfGE 14, 263; vgl. auch den DAT/Altana-Beschluss des BVerfG v. 27.4.1999 – 1 BvR 1613/94, BVerfGE 100, 289 = AG 1999, 566.
2 Zum Aktieneigentum aus verfassungsrechtlicher Perspektive vgl. aus der großen Zahl der Beiträge nur *Adolff*, Unternehmensbewertung, S. 292 ff.; *Klöhn*, Das System der aktien- und umwandlungsrechtlichen Abfindungsansprüche, 2009, S. 77 ff.; *Hüttemann*, ZGR 2001, 454 ff.; *Schön* in FS Ulmer, 2003, S. 1359 ff.; ferner *Hüffer/Schmidt-Aßmann/Weber*, Anteilseigentum, Unternehmenswert und Börsenkurs, 2005; *Schoppe*, Aktieneigentum, 2011.
3 Dazu nur *Klöhn*, Das System der aktien- und umwandlungsrechtlichen Abfindungsansprüche, 2009, S. 95 f.; *Hüttemann*, ZGR 2001, 454 (456 f.).
4 So treffend *Klöhn*, Das System der aktien- und umwandlungsrechtlichen Abfindungsansprüche, 2009, S. 77.
5 Zur mittelbaren Drittwirkung von Grundrechten nur BVerfG v. 15.1.1958 – 1 BvR 400/51, BVerfGE 7, 198 (203 ff.).
6 BVerfG v. 27.4.1999 – 1 BvR 1613/94, BVerfGE 100, 289 = AG 1999, 566.
7 So BVerfG v. 27.4.1999 – 1 BvR 1613/94, BVerfGE 100, 289 (305) = AG 1999, 566.

muss, um festzustellen, ob der „wahre" Wert der Beteiligung über dem Börsenkurs liegt.[1] Dieser Ansatz wäre entbehrlich, wenn man die Barabfindung ausschließlich nach dem Börsenkurs festlegen würde, den Börsenkurs also nicht nur als Wertuntergrenze, sondern als Schätzungsparameter für den „wahren" Wert der Beteiligung i.S.d. quotalen Unternehmenswerts (dazu unten Rz. 62) anwenden würde[2]. Eine andere Frage ist, welche Folgerungen aus der Börsenkurs-Rechtsprechung des BVerfG für andere Fallgestaltungen zu ziehen sind (z.B. für die Ermittlung des angemessenen Umtauschverhältnisses bei Verschmelzunge[3]), und ob die Rechtsprechung – rechtsformübergreifend – u.U. auch bei anderen Gesellschaftsformen eine stärkere Berücksichtigung von Marktpreisen als „Wertuntergrenze" gebietet.

d) Zwischenergebnis

Das Beispiel des gesellschaftsrechtlichen Abfindungsanspruchs erlaubt einige **allgemeine Schlussfolgerungen** für die „Unternehmensbewertung im Rechtssinne". Im Mittelpunkt der rechtsgebundenen Bewertung steht die Ableitung gesetzlicher Bewertungsvorgaben. Dies ist eine juristische Aufgabe, die durch Auslegung derjenigen Vorschriften, die eine Unternehmensbewertung erforderlich machen, zu lösen ist. In diesem Rahmen müssen auch **übergeordnete Wertungen des jeweiligen Teilrechtsgebiets** berücksichtigt werden. So kommt für die Abfindung nach § 738 Abs. 1 Satz 2 BGB dem Recht jedes Gesellschafters auf bestmögliche Verwertung des Gesellschaftsvermögens in der Liquidation eine entscheidende Bedeutung zu. Schließlich zeigt der DAT/Altana-Beschluss des BVerfG, dass auch **verfassungsrechtliche Vorgaben** (Art. 14 Abs. 1 GG) in die Auslegung der einfachgesetzlichen Vorschriften einfließen können.

31

3. Überblick über rechtliche Bewertungsvorgaben

a) Normorientierung

Rechtsgebundene Unternehmensbewertungen müssen „normorientiert" erfolgen und daher lassen sich die maßgeblichen Bewertungsziele jeweils nur bezogen auf den konkreten Bewertungsanlass ermitteln. Für anlassspezifische Besonderheiten ist deshalb auf die vertieften Ausführungen zu den verschiedenen Rechtsgebieten im vierten bis sechsten Teil zu verweisen (§§ 19–26). Allerdings gibt es einige Bewertungsvorgaben, die „allgemeinen" Charakter haben, d.h. für die meisten rechtlichen Bewertungsanlässe (Gesellschafts-, Familien-,

32

---

1 Siehe BGH v. 12.3.2001 – II ZB 15/00, BGHZ 147, 108 = AG 2001, 417; BGH v. 19.7.2010 – II ZB 18/09, BGHZ 186, 229 = AG 2010, 629.
2 Dafür etwa *Steinhauer*, AG 1999, 299, 306; *Hüttemann*, ZGR 2001, 454 (467 ff.); *Hüttemann* in FS Hoffmann-Becking, 2013, S. 603 (613 ff.); *W. Müller* in FS Röhricht, 2005, S. 1015 (1026); *Stilz* in FS Goette, 2012, S. 529 (537 ff.); *Tonner* in FS K. Schmidt, 2009, S. 1581 (1586 f.); in diese Richtung auch OLG Stuttgart v. 5.5.2009 – 20 W 13/08, AG 2009, 707 (712); OLG Frankfurt v. 3.9.2010 – 5 W 57/09, AG 2010, 751 (752 f.).
3 Dazu nur BVerfG v. 26.4.2011 – 1 BvR 2658/10, AG 2011, 511.

Erb- und Steuerrecht) gelten. Sie sollen an dieser Stelle überblicksartig dargestellt werden.

b) Stichtagsprinzip

33 Unternehmenswerte sind keine feststehenden Größen, sondern hängen von den Zielen des Bewertungssubjekts, dem wirtschaftlichen Umfeld und den Erwartungen über die Zukunft ab. Daraus folgt, dass jede Unternehmensbewertung zwangsläufig „stichtagsbezogen" ist.[1] Die **Festlegung des relevanten Stichtags** gehört deshalb zu den fundamentalen Bewertungsvorgaben,[2] die im Rahmen einer rechtsgebundenen Unternehmensbewertung durch Auslegung der einschlägigen Normen zu präzisieren ist (eingehend zum Stichtagsprinzip *Hüttemann/Meyer*, § 12). In den meisten Fällen ist der relevante Stichtag gesetzlich vorgegeben. So ist z.B. für die aktienrechtliche Barabfindung nach § 305 Abs. 3 Satz 2 AktG auf den „Zeitpunkt der Beschlussfassung ihrer Hauptversammlung über den Vertrag" abzustellen. Im Recht des Zugewinnausgleichs ist das Anfangs- und Endvermögen „beim Eintritt" bzw. „bei der Beendigung des Güterstands" zu ermitteln (§ 1376 Abs. 1 und 2 BGB). Im Erbschaftsteuerrecht kommt es auf den Zeitpunkt der Entstehung der Steuer an (§ 11 ErbStG).

34 Von der Rechtsfrage des maßgeblichen Stichtags ist die Frage zu unterscheiden, wie ein stichtagsbezogener Unternehmenswert **in tatsächlicher Hinsicht zu ermitteln** ist. Dies ist ein Problem der Tatsachenfeststellung (zur Wertfeststellung durch Schätzung s. unten Rz. 44 ff.). Hier besteht naturgemäß die Gefahr von Rückschaufehlern (*hindsight-biases*), weil der Richter im Regelfall erst viele Jahre nach dem Stichtag über den „richtigen" Unternehmenswert urteilt. Es besteht im Grundsatz Einigkeit, dass die weitere tatsächliche Entwicklung nach dem Stichtag nicht relevant ist.[3] Die Gerichte haben dazu die „Wurzeltheorie" entwickelt, d.h. es werden nur die Entwicklungen nach dem Stichtag berücksichtigt, die am Stichtag bereits „in der Wurzel angelegt" waren.[4] Ob diese naturalistische Metapher die erforderliche Abgrenzung zwischen – bilanzrechtlich formuliert – wertaufhellenden und wertbegründenden Ereignissen[5] erleichtert, darf bezweifelt werden (dazu näher *Hüttemann/Meyer*, § 12 Rz. 41 ff.).[6]

35 Besondere Schwierigkeiten im Zusammenhang mit dem Stichtagsprinzip ergeben sich beim Börsenkurs als verfassungsrechtlicher Wertuntergrenze (dazu nä-

---

1 Dazu nur *Moxter*, Grundsätze, S. 168 ff.; *Meincke*, Recht der Nachlassbewertung im BGB, 1973, S. 211 ff.
2 Statt vieler *Hüttemann*, StbJb. 2000/2001, 385 (392).
3 Vgl. nur OLG Stuttgart v. 24.7.2013 – 20 W 2/12, AG 2013, 840 (843).
4 Siehe aus der Rechtsprechung etwa BGH v. 4.3.1998 – II ZB 5/97, BGHZ 138, 136 (140) = AG 1998, 286; OLG Celle v. 31.7.1998 – 9 W 128/97, AG 1999, 128; OLG Düsseldorf v. 19.10.1999 – 19 W 1/96 AktE, AG 2000, 323; OLG München v. 15.12.2004 – 7 U 5665/03, AG 2005, 486.
5 Zum Stichtagsprinzip im Bilanzrecht vgl. *Hüttemann* in FS Priester, 2007, S. 301.
6 Ablehnend *Adolff*, Unternehmensbewertung, S. 370; kritisch auch *Ruthardt/Hachmeister*, WPg 2012, 451.

her *Adolff*, § 16 Rz. 71 ff.). Hier hat die Zivilrechtsprechung die Vorgaben des BVerfG im DAT/Altana-Beschluss[1] dahingehend umgesetzt, dass es nicht auf einen Stichtagskurs ankommt, sondern auf einen **nach Umsätzen gewichteten Durchschnittskurs während eines Referenzzeitraums von drei Monaten** vor Bekanntmachung der Strukturmaßnahme abzustellen ist.[2] Diese Abweichung vom Stichtagsprinzip ist der tatsächlichen Schwierigkeit geschuldet, einen von der Ankündigung der Strukturmaßnahme „unbeeinflussten" Verkehrswert zu ermitteln, macht aber bei längeren Zeiträumen zwischen der Bekanntgabe der Maßnahme und dem Tag der Hauptversammlung fragwürdige „Hochrechnungen" des Börsenkurses erforderlich.[3] Ferner bleibt ein gewisses Spannungsverhältnis zu der vom BVerfG betonten „freien Deinvestitionsentscheidung", die sich der Sache nach nur auf Tageskurse beziehen kann, da an der Börse ein „Handel zu Durchschnittskursen" nicht stattfindet.[4]

c) Bewertung des „Unternehmens als Einheit"

Die Rechtsprechung verlangt, dass grundsätzlich vom **„Wert des Unternehmens als lebende wirtschaftliche Einheit"** auszugehen ist.[5] Hinter dieser Bewertungsvorgabe verbirgt sich die schlichte Einsicht, dass ein (erfolgreiches) Unternehmen als Sachgesamtheit regelmäßig mehr wert ist als die Summe seiner Einzelteile. Dieser Zusammenhang drückt sich bei Unternehmenskäufen auf Erwerberseite bilanziell im Ansatz eines Geschäfts- und Firmenwertes aus, den § 246 Abs. 1 Satz 4 HGB als „Unterschiedsbetrag" definiert, „um den die für die Übernahme eines Unternehmens bewirkte Gegenleistung den Wert der einzelnen Vermögensgegenstände des Unternehmens abzgl. der Schulden im Zeitpunkt der Übernahme übersteigt". Auch ein gedachter Erwerber wird sich bei der Bewertung des Zielunternehmens nicht an den (vergangenheitsorientierten) Bilanzwerten orientieren, sondern am Barwert der erwarteten finanziellen Überschüsse, die das Unternehmen als Einheit abzuwerfen verspricht.[6] Daraus folgt beispielsweise für die Abfindung nach § 738 Abs. 1 Satz 2 BGB, dass der ausscheidende Gesellschafter auch an den stillen Reserven und einem originären Geschäftswert zu beteiligen ist.[7] Denn nach der Liquidationshypothese ist „der Wert zu ermitteln, der sich bei einer möglichst vorteilhaften Verwertung des Gesellschaftsvermögens im ganzen ergeben würde".[8] Das ist aber bei einem wirtschaftlich erfolgreichen Unternehmen in der Regel die Veräußerung im Ganzen. Die Bewertungsvorgabe „wirklicher Wert des lebenden Unternehmens als Einheit" ist also vor allem als **Absage an eine Einzelbewertung**

36

---

1 BVerfG v. 27.4.1999 – 1 BvR 1613/94, BVerfGE 100, 289 = AG 1999, 566.
2 Vgl. BGH v. 19.7.2010 – II ZB 18/09, BGHZ 186, 229 = AG 2010, 629.
3 So BGH v. 19.7.2010 – II ZB 18/09, BGHZ 186, 229 (240) = AG 2010, 629 im Anschluss an *Weber*, ZGR 2004, 280 (287); kritisch dazu etwa *Bungert/Wettich*, BB 2010, 2228; *Olbrich/Rapp*, DStR 2011, 2005.
4 Vgl. *Hüttemann*, ZGR 2001, 454 (461 f.).
5 So beispielsweise BGH v. 30.3.1967 – II ZR 141/64, NJW 1967, 1464; BGH v. 24.9.1984 – II ZR 256/83, GmbHR 1985, 113 = WM 1984, 1506.
6 So bereits *Schmalenbach*, ZfhF 1918, 1.
7 Dafür bereits RG v. 13.11.1908 – VII 590/07, Warn. 1909 Nr. 138.
8 So ausdrücklich BGH v. 30.3.1967 – II ZR 141/64, NJW 1967, 1464.

auf der Basis bilanzieller Buchwerte zu verstehen, die auch in ihrer Summe von vornherein nicht den Verkehrswert des Unternehmens widerspiegeln.[1] Sie darf aber – wie die separate Bewertung des nicht betriebsnotwendigen Vermögens und die Heranziehung eines höheren Liquidationswerts zeigt (dazu unten Rz. 37 ff.) – nicht dahin missverstanden werden, dass von Rechts wegen immer eine Gesamtveräußerung des Unternehmens unterstellt werden muss. Aus rechtlicher Sicht ist vielmehr entscheidend, ob alle wirtschaftlich sinnvollen Handlungsalternativen bei der Bewertung zu berücksichtigen sind.

37 Die Feststellung, dass zumindest in der Regel eine Veräußerung „des lebenden Unternehmens als Einheit" zu unterstellen ist, führt zu der Frage, welches **Unternehmenskonzept** der Bewertung zugrunde zu legen und nach welchem Maßstab die **relevante Bewertungseinheit** abzugrenzen ist. Würde man das Unternehmen einfach so bewerten, wie es zum Bewertungsstichtag „steht und liegt",[2] bestünde die Gefahr, dass das Unternehmen nicht aus der Perspektive eines gedachten Erwerbers, sondern nach den subjektiven Vorstellungen der Unternehmensleitung bzw. des Mehrheitsgesellschafters bewertet wird. Es ist aber aus rechtlicher Sicht nicht einzusehen, weshalb sich etwa ein ausscheidender Minderheitsgesellschafter das „vorhandene" Unternehmenskonzept entgegenhalten lassen muss, obwohl der Mehrheitsgesellschafter selbst an diese Planungen rechtlich nicht gebunden ist.[3] Nichts anderes gilt, wenn man – ausgehend von der Liquidationshypothese – das Unternehmen aus der Perspektive eines gedachten Erwerbers bewertet. Lehnt man aber aus Rechtsgründen eine Bewertung nach dem „vorhandenen" Unternehmenskonzept ab, hat dies auch Auswirkungen auf die Abgrenzung der relevanten Bewertungseinheit vom „nicht betriebsnotwendigen" Vermögen. Es kommt dann weniger auf die am Stichtag vorhandene Unternehmensplanung, sondern die wirtschaftliche Vorteilhaftigkeit einer gesonderten Verwertung von Vermögensgegenständen (z.B. Grundbesitz) an (dazu *Hüttemann/Meinert*, § 7 Rz. 24 ff.)[4] Ferner dürfen auch alternative Fortführungskonzepte nicht ausgeblendet werden, wenn das vorhandene Unternehmenskonzept „suboptimal" erscheint.[5] Aus den gleichen Gründen scheidet auch eine Bewertung nach der „stand-alone-Methode"[6] regelmäßig aus, weil dabei vernachlässigt wird, dass sich mögliche Verbundvorteile bzw. Synergieeffekte werterhöhend in einem gedachten Veräußerungspreis niederschlagen können (zu diesem Problemkreis näher *Winner*, § 14). Na-

---

1 Dazu schon RG v. 13.11.1908 – VII 590/07, Warn. 1909 Nr. 138; ebenso BGH v. 30.3.1967 – II ZR 141/64, NJW 1967, 1464.
2 So die klassische Formulierung in den IDW-Grundsätzen HFA 2/83, WPg 1983, 468, 473.
3 Vgl. dazu *Hüttemann*, ZHR 162 (1998), 563 (586 ff.); *Adolff*, Unternehmensbewertung, S. 372; ferner *Ruthardt/Hachmeister*, DB 2013, 2666 (2670 ff.).
4 Vgl. nur *Hüttemann*, ZHR 162 (1998), 563 (592 f.); *Meinert*, DB 2011, 2397 (2402 f.); zurückhaltender OLG Frankfurt v. 20.12.2011 – 21 W 8/11, AG 2012, 330 (334): Abkehr von Unternehmensplanung nur, wenn diese „zu offenkundig unwirtschaftlichen Ergebnissen führt".
5 So bereits *Hüttemann*, ZHR 162 (1998), 563 (586 ff.); zustimmend *Adolff*, Unternehmensbewertung, S. 372.
6 Vgl. dazu aus dem umfangreichen Schrifttum nur einerseits *Mertens*, AG 1992, 321 (326); andererseits *Fleischer*, ZGR 1997, 368.

türlich hat eine derart erweiterte Bewertungsperspektive erhebliche **Prognose- und Objektivierungsprobleme** zur Folge. Folglich muss – in den Worten von *Mertens* – verhindert werden, dass derjenige die höchste Abfindung erhält, „der in Bezug auf die Zukunft die besten Geschichten erzählt".[1] Dies ist aber – wenn man aus Rechtsgründen eine Bindung an das gegenwärtig vorhandene Unternehmenskonzept ablehnt – ein Problem der tatsächlichen Wertfeststellung mittels Schätzung, das auf der Ebene des Beweisrechts zu lösen ist (dazu unten Rz. 44 ff.).

d) Liquidationswert als Wertuntergrenze

Während in der betriebswirtschaftlichen Bewertungslehre wohl einhellig davon ausgegangen wird, dass der sog. Liquidationswert die Wertuntergrenze bildet,[2] ist diese Frage für die „rechtsgebundene" Unternehmensbewertung umstritten geblieben.[3] Der Liquidationswert unterscheidet sich vom Gesamtwert des Unternehmens als „lebender Einheit" dadurch, dass eine **Zerschlagung des Unternehmens mit anschließender Einzelveräußerung der Bestandteile** unterstellt wird, wobei von einer möglichst vorteilhaften Verwertung der Unternehmenssubstanz auszugehen ist, was eine Gesamtveräußerung bestimmter Unternehmensteile (z.B. Abteilungen oder Betriebsstätten) mit einschließen kann. Natürlich sind Liquidationswerte besonders unsichere Werte,[4] weil auch die Abwicklungskosten (z.B. Sozialpläne etc.) „realitätsgerecht" berücksichtigt werden müssen (zum Liquidationswert näher *Fleischer*, § 8). Ob der Liquidationswert von Rechts wegen die Wertuntergrenze darstellt, hängt entscheidend davon ab, ob man – unabhängig von den konkreten Absichten des Unternehmensinhabers – alle denkbaren Handlungsalternativen vergleichend in die Bewertung einbezieht.[5] Dies ist im Rahmen der Liquidationshypothese (§ 738 Abs. 1 Satz 2 BGB) schon deshalb zwingend, weil jeder Gesellschafter auf die bestmögliche Verwertung des Gesellschaftsvermögens drängen kann (dazu oben Rz. 26), so dass es auf die Fortführungsabsicht der verbleibenden Gesellschafter nicht ankommen kann. Aber auch bei anderen Bewertungsanlässen – z.B. im Familien- und Erbrecht – gilt nichts anderes, wenn man einen „objektivierten" Wert i.S. eines gedachten Veräußerungspreises zugrunde legt und auf der Tatsachenebene bei der Wertschätzung einen „rational" handelnden Erwerber unterstellt, der lediglich finanzielle Ziele verfolgt. Darüber hinaus lässt sich der Liquidationswert als Mindestwert auch mit Gründen der „Missbrauchsprävention" rechtfertigen, weil ein Abstellen auf die – rechtlich unver-

38

---

1 *Mertens*, AG 1992, 321 (326, Fn. 31).
2 Dazu nur WP-Handbuch 2014, Bd. II Rz. A 193 ff.; *Moxter*, Grundsätze ordnungsmäßiger Unternehmensbewertung, S. 103; zum Liquidationswert als „Variante des Zukunftserfolgswertes" s. *Matschke/Brösel*, Unternehmensbewertung, S. 326 f.
3 Für einen aktuellen Überblick über den Stand von Rechtsprechung und Lehre s. *Fleischer/Schneider*, DStR 2013, 1736.
4 Siehe etwa BayObLG v. 31.5.1995 – 3Z BR 67/89, AG 1995, 509 (510): „fiktiver" Wert.
5 Dafür *Fleischer/Schneider*, DStR 2013, 1736 (1741 ff.); *Adolff*, Unternehmensbewertung, S. 373; *Großfeld*, Recht der Unternehmensbewertung, 2010, Rz. 1263; *Piltz*, Unternehmensbewertung in der Rechtsprechung, S. 190.

bindliche – Fortführungsabsicht des Unternehmensinhabers am Stichtag zu willkürlichen Ergebnissen führen kann.[1]

39 Es gibt allerdings Bewertungsanlässe, in denen **von Rechts wegen eine Bewertung mit dem Liquidationswert ausgeschlossen** ist. Dazu zählen die Sachverhalte, in denen das Gesetz für landwirtschaftliche Betriebe im Familien- und Erbrecht eine Bewertung mit dem niedrigeren „Ertragswert" ausdrücklich vorsieht, um eine Betriebsfortführung zu erleichtern (vgl. §§ 1376 Abs. 4, 1515 Abs. 4, 2049, 2312 BGB). Ob Liquidationswerte darüber hinaus auch dann auszublenden sind, wenn – wie z.B. bei Unternehmen der Daseinsvorsorge – ein rechtlicher Zwang zur Unternehmensfortführung besteht oder die Schließung eines Unternehmens im Einzelfall aus faktischen Gründen (z.B. wegen Reputationsverlusten bei einem Arbeitsplatzabbau) ausscheidet,[2] bedarf gesonderter Überlegungen (dazu *Fleischer*, § 8 Rz. 43 f.). Vielfach bietet es sich aber an, „faktische" Zwänge durch den Ansatz höherer Abwicklungskosten schon bei der Berechnung eines Liquidationswertes zu berücksichtigen. Schließlich ist zwischen dem öffentlich-rechtlichen Versorgungsauftrag des Unternehmensträgers und den Abwicklungskosten des Unternehmens zu unterscheiden.[3]

e) Quotaler Unternehmenswert oder Anteilswert

40 Die Frage nach dem normgerechten Bewertungsobjekt gehört wohl unstreitig zu den Rechtsfragen einer „Unternehmensbewertung im Rechtssinne". Ob der Wert einer Unternehmensbeteiligung (Gesellschaftsanteil, Aktie) indirekt als „quotaler" Unternehmenswert oder direkt als Anteilswert zu ermitteln ist, hängt **vom konkreten Bewertungsanlass** ab (ebenso *Fleischer*, § 18 Rz. 2). So gehen Rechtsprechung und die überwiegende Ansicht im Schrifttum zutreffend davon aus, dass gesellschaftsrechtliche Abfindungsansprüche – als vermögensrechtliche Teilhaberechte – nach der indirekten Methode als „quotaler Unternehmenswert" zu ermitteln sind, was der Liquidationshypothese entspricht.[4] Eine Folge der indirekten Bewertung ist, dass Zu- oder Abschläge für Mehrheits- oder Minderheitsbeteiligungen von Rechts wegen unzulässig sind.[5] Diese Grundsätze lassen sich aber nicht auf das Familien- und Erbrecht übertragen, wo Unternehmensbeteiligungen nicht aus der Binnenperspektive des Gesellschafters als (wirtschaftlichen) „Teilhabers" am Gesellschaftsvermögen, sondern – gleichsam aus der Außenperspektive – als Bestandteil des Vermögens eines Ehegatten oder des Erblassers mit dem Anteilswert anzusetzen sind.[6] Auch das Steuerrecht verlangt wegen des auf den Steuerpflichtigen als Anteils-

---

1 *Hüttemann*, WPg 2007, 812 (816); *Fleischer/Schneider*, DStR 2013, 1736 (1742); a.A. BGH v. 17.1.1973 – IV ZR 142/70, NJW 1973, 509 für das Pflichtteilsrecht.
2 Dafür vor allem OLG Düsseldorf v. 28.1.2009 – I-26 W 7/07 (AktE), AG 2009, 667 (668); OLG Düsseldorf v. 27.5.2009 – I-26 W 1/07 AktE, AG 2009, 907 (909 f.); zurückhaltend *Fleischer/Schneider*, DStR 2013, 1736 (1742 f.).
3 Siehe *Hüttemann*, WPg 2007, 812 (815).
4 Für einen aktuellen Überblick vgl. nur *Fleischer*, ZIP 2012, 1633; *Fleischer* in FS Hommelhoff, 2012, S. 223.
5 Dazu nur *Hüttemann*, WPg 2007, 812 (815); ebenso *Adolff*, Unternehmensbewertung, S. 379 ff.
6 So auch *Piltz*, Unternehmensbewertung in der Rechtsprechung, S. 237.

eigner bezogenen Grundsatzes der steuerlichen Leistungsfähigkeit eine direkte Anteilsbewertung, weshalb z.B. Paketzuschläge sogar ausdrücklich vorgesehen sind (§ 11 Abs. 3 BewG).

f) Bewertung zum Börsenkurs

Bei börsennotierten Aktiengesellschaften erscheint es naheliegend, für Zwecke der Bewertung auf den Börsenkurs zum Stichtag abzustellen, weil dieser – bezogen auf die einzelne Aktie – den Verkehrswert der Aktie widerspiegelt.[1] Nähert man sich der Frage aus rechtlicher Sicht, ist zu unterscheiden: Eine Bewertung zum Börsenkurs ist nur dann rechtlich zwingend, wenn der Börsenkurs im konkreten Normkontext als **gesetzlicher Bewertungsmaßstab** vorgeschrieben ist. Hinzuweisen ist etwa auf § 11 Abs. 1 BewG, der für steuerliche Zwecke eine Bewertung börsennotierter Aktien mit dem Stichtagskurs vorschreibt. Entsprechendes gilt nach § 253 Abs. 4 Satz 1 HGB für die Bewertung von Aktien im Umlaufvermögen. Im Bereich des Kapitalmarktrechts bestimmt § 31 Abs. 1 WpÜG, dass die den Aktionären der Zielgesellschaft anzubietende „angemessene" Gegenleistung den „durchschnittlichen Börsenkurs der Aktien der Zielgesellschaft" zu berücksichtigen hat. Schließlich ist an die Rechtsprechung des BVerfG zum Börsenkurs als Untergrenze der angemessenen Barabfindung zu erinnern.[2]

41

Fehlt eine gesetzliche Vorgabe zur Bewertung zum Börsenkurs, bleibt noch auf der Ebene der tatrichterlichen Unternehmenswertschätzung zu überlegen, ob der Richter stichtagsbezogene Börsenkurse als „**Schätzungsparameter**" oder als Kontrollwerte zur Plausibilisierung eines „rein fundamentalanalytisch" ermittelten Unternehmenswertes berücksichtigen darf (dazu näher unten Rz. 62 ff.). Insoweit geht es nicht um Rechtsanwendung, sondern um die beweisrechtliche Frage, auf welche Weise der Tatrichter den Gesamtunternehmenswert des Unternehmens oder eines Anteils zulässigerweise schätzen darf (§ 287 Abs. 2 ZPO).[3]

42

4. Zusammenfassung

Festzuhalten ist, dass die Festlegung des Bewertungsziels bei rechtlichen Bewertungsanlässen eine juristische Aufgabe darstellt. Dies bedeutet zugleich, dass der Richter dem Sachverständigen das Bewertungsziel vorzugeben hat. Ferner sind Fehler bei der Ermittlung der gesetzlichen Bewertungsvorgabe als Rechtsverletzung revisibel. Zudem hat sich gezeigt, dass es keine allgemeine Bewertungsvorgabe gibt, sondern der Richter **das jeweilige gesetzliche Bewertungsziel** durch Auslegung der einschlägigen Rechtsnormen zu bestimmen hat. Schließlich finden sich in einigen Rechtsgebieten (z.B. Familien- und Erbrecht, Steuerrecht) Sonderregelungen zur Unternehmens- und Anteilsbewertung, mit denen der Gesetzgeber auf spezifische Regelungsbedürfnisse reagiert

43

---

1 BVerfG v. 27.4.1999 – 1 BvR 1613/94, BVerfGE 100, 289 (309) = AG 1999, 566.
2 BVerfG v. 27.4.1999 – 1 BvR 1613/94, BVerfGE 100, 289 = AG 1999, 566.
3 Dazu bereits *Hüttemann*, ZGR 2001, 454 (463 ff.).

hat (z.B. §§ 1376 Abs. 4, 1515 Abs. 2, 2049, 2312 BGB betreffend landwirtschaftliche Güter).

V. Wertermittlung als Tatsachenfeststellung

1. Schwierigkeiten der Wertermittlung

44 Die Hauptschwierigkeit bei der Bewertung von Unternehmen ist darin zu sehen, dass der Unternehmenswert keine objektive Eigenschaft ist, die sich direkt beobachten lässt. Es gibt auch – wie es der BGH im Jahr 1973 ausgedrückt hat[1] – „für Handelsunternehmen wegen ihrer individuellen Verschiedenheit **keinen Markt, auf dem sich ein Preis bilden könnte**". Von einem „Marktpreis" i.S. eines Verkehrswertes kann allenfalls bei börsennotierten Aktien die Rede sein, wenn der Preisbildungsprozess gewissen ökonomischen Mindestanforderungen entspricht.[2] Allerdings bezieht sich dieser Verkehrswert auf den einzelnen Anteil und nicht auf das Unternehmen als Ganzes. Gleichwohl fordert das Gesetz die Ermittlung von Unternehmenswerten, damit z.B. ein ausscheidender Gesellschafter angemessen abgefunden wird oder Ehegatten und Pflichtteilsberechtigten ihren Anteil an einem unternehmerisch gebundenen Vermögen erhalten. Auch der Steuergesetzgeber darf – schon aus Gründen der steuerlichen Gleichbehandlung (Art. 3 Abs. 1 GG) – Betriebsvermögen und Gesellschaftsanteile nicht von der Bemessungsgrundlage der Erbschaft- und Schenkungsteuer ausnehmen.[3] Der Gesetzgeber darf die praktischen Schwierigkeiten bei der Wertermittlung aber nicht ignorieren, sondern muss der Komplexität des Bewertungsproblems auf der Ebene des **Verfahrensrechts durch entsprechende Erleichterungen** angemessen Rechnung tragen, damit Gerichte und Behörden die ihnen gestellte Bewertungsaufgabe „methodensauber, aber mit verfahrensökonomisch vertretbarem Aufwand"[4] lösen können.

2. Wertermittlung durch Schätzung

a) Zulässigkeit einer Schätzung

45 Die Verfasser des BGB haben die tatsächliche Dimension des Bewertungsproblems nicht übersehen, wie etwa die Regelungen in §§ 738 Abs. 2, 2311 Abs. 2 BGB zeigen. Danach ist der Wert des Gesellschaftsvermögens bzw. des Nachlasses für Zwecke der Berechnung der Abfindung bzw. des Pflichtteils „soweit erforderlich" durch Schätzung zu ermitteln. Darüber hinaus sieht § 287 Abs. 2 ZPO für Entscheidungen über streitige vermögensrechtliche Ansprüche ganz

---

1 BGH v. 17.1.1973 – IV ZR 142/70, NJW 1973, 509.
2 Für einen Überblick über die Theorie der Preisbildung am Kapitalmarkt vgl. *Adolff*, Unternehmensbewertung, S. 11 ff.
3 Zu den verfassungsrechtlichen Vorgaben für die Bewertung vgl. BVerfG v. 22.6.1995 – 2 BvR 552/91, BStBl. II 1995, 671 = GmbHR 1995, 679; BVerfG v. 7.11.2006 – 1 BvL 10/02, BStBl. II 2007, 192 = GmbHR 2007, 320.
4 So OLG Stuttgart v. 24.7.2013 – 20 W 2/12, AG 2013, 840 (841) unter Berufung auf *Stilz* in FS Goette, 2011, S. 529 (540).

allgemein **die Möglichkeit einer richterlichen Schätzung** vor, wenn die „vollständige Aufklärung aller hierfür maßgebenden Umstände mit Schwierigkeiten verbunden ist, die zu der Bedeutung des streitigen Teiles der Forderung in keinem Verhältnis stehen". Im Steuerrecht kann die Finanzbehörde nach § 162 AO Besteuerungsgrundlagen, die sie nicht ermitteln oder berechnen kann, schätzen. Zu diesen Besteuerungsgrundlagen gehört z.B. auch der gemeine Wert von Unternehmensanteilen.[1] Die rechtliche Zulässigkeit einer schätzweisen Ermittlung von Vermögenswerten beruht auf der Einsicht des Gesetzgebers, dass es „den" einen normgerechten Wert nicht gibt und gerade Unternehmenswerte nicht zur „vollen richterlichen Überzeugung" (§ 286 Abs. 1 ZPO) ermittelt werden können.[2] Deshalb reicht im Rahmen der Schätzung ein geringerer Grad der Wahrscheinlichkeit hinsichtlich der Angemessenheit des Wertes aus. Diese Herabsetzung des erforderlichen Beweismaßes[3] macht gerichtliche oder behördliche Entscheidungen über unternehmenswertabhängige Ansprüche oder Steuerfolgen in der Praxis überhaupt erst möglich.

b) Richterliches Schätzungsermessen

Nach § 287 Abs. 1 Satz 1 ZPO entscheidet der Richter im Rahmen einer Schätzung „unter Würdigung aller Umstände nach freier Überzeugung". Für die richterliche Überzeugungsbildung reicht also ein reduziertes Beweismaß im Sinne einer überwiegenden Wahrscheinlichkeit aus.[4] Allerdings muss der Richter seine Feststellungen noch auf **„hinreichende Anhaltspunkte"** stützen können, d.h. die Schätzung muss einen **„ausreichenden Realitätsbezug"** haben.[5] Mehr als einen solchen „Anhaltspunkt" darf man aber gerade im Bereich der Unternehmensbewertung nicht von den Gerichten erwarten, weil die Wertermittlung nach den einzelnen Verfahren – wie das OLG Stuttgart zutreffend feststellt – „mit zahlreichen prognostischen Schätzungen und methodischen Prä-

---

1 Vgl. zur Ermittlung des gemeinen Wertes nach § 11 Abs. 2 BewG als Schätzung nur *Trzaskalik* in Hübschmann/Hepp/Spitaler, AO/FGO, Stand 1997, § 162 AO Rz. 10; *Meincke*, 16. Aufl. 2012, § 12 ErbStG Rz. 20.
2 Für die Zulässigkeit einer Schätzung des Unternehmenswertes nach § 287 Abs. 2 ZPO vgl. nur BGH v. 12.3.2001 – II ZB 15/00, BGHZ 147, 108 (116 f.) = AG 2001, 417; OLG Düsseldorf v. 8.8.2013 – I-26 W 15/12 (AktE), ZIP 2013, 1816 (1817); OLG Stuttgart v. 24.7.2013 – 20 W 2/12, AG 2013, 840 (841); aus dem Schrifttum s. *Hüttemann*, ZGR 2001, 454 (474); *Stilz* in FS Goette, 2011, S. 529 (540 ff.).
3 Siehe nur OLG Stuttgart v. 24.7.2013 – 20 W 2/12, AG 2013, 840 (841); allgemein zum Beweismaß bei richterlichen Schätzungen *Ahrens* in Wieczorek/Schütze, 3. Aufl. 2008, § 287 ZPO Rz. 1; *Prütting* in MünchKomm. ZPO, 4. Aufl. 2013, § 287 ZPO Rz. 17; zur Schätzung im Steuerrecht s. *Trzaskalik* in Hübschmann/Hepp/Spitaler, AO/FGO, Stand 1997, § 162 AO Rz. 24.
4 Siehe nur *Ahrens* in Wieczorek/Schütze, 3. Aufl. 2008, § 287 ZPO Rz. 1; *Prütting* in MünchKomm. ZPO, 4. Aufl. 2013, § 287 ZPO Rz. 17.
5 Vgl. OLG Stuttgart v. 24.7.2013 – 20 W 2/12, AG 2013, 840 (841): „Eine Schätzung, die mangels greifbarer Anhaltspunkte völlig in der Luft hängen würde, ist allerdings unzulässig"; s. auch *Prütting* in MünchKomm. ZPO, 4. Aufl. 2013, § 287 ZPO Rz. 14.

missen verbunden ist, die (häufig) keinem Richtigkeits-, sondern nur einem Vertretbarkeitsurteil zugänglich sind."[1]

47 Damit eine Wertschätzung diesen Anforderungen genügt, muss die angewandte Schätzungsmethode nach der Überzeugung des Richters **zur Ermittlung des gesuchten Wertes prinzipiell „geeignet" und hinreichend „realitätsgerecht" sein.**[2] Damit eine bestimmte Bewertungsmethode diesen Anforderungen genügt, muss sie vor allem dem gesetzlichen Bewertungsziel entsprechen, d.h. „normadäquat" sein. Hat der Richter z.B. einen Verkehrswert zu schätzen, ist eine ausschließliche Orientierung an den bilanziellen Buchwerten grundsätzlich ungeeignet, weil dieser Bewertungsansatz die stillen Reserven und den originären Geschäftswert eines Unternehmens ausblendet und deshalb den normgerechten Wert von vornherein verfehlt.[3] Der erforderliche „Realitätsbezug" setzt zunächst eine ausreichende Tatsachengrundlage[4] voraus. Die Schätzung muss also bei den bewertungsrelevanten tatsächlichen Verhältnissen des Bewertungsobjekts (Ertragskraft, Vermögensbestand etc.) und seines wirtschaftlichen Umfeldes (Zinsentwicklung, Marktrisiken etc.) ansetzen. Ferner muss die angewandte Methodik in der Fachwissenschaft hinreichend anerkannt sein.[5]

48 Die Frage, welche Bewertungsmethoden – gemessen am gesetzlichen Bewertungsziel – geeignete und realitätsgerechte Schätzungsgrundlagen darstellen, ist **keine Rechtsfrage,** sondern beurteilt sich nach dem Stand der einschlägigen Fachdisziplin, vorliegend also der **wirtschaftswissenschaftlichen Bewertungstheorie und Bewertungspraxis.**[6] Verfügt der Richter nicht über die erforderliche Sachkunde, kann also – weil es um Tatsachenfeststellung geht – ein Sachverständiger hinzugezogen werden, der den Richter bei der Auswahl der Bewertungsmethode unterstützt und die erforderlichen Berechnungen durchführt (dazu unten Rz. 50 ff.). Da es nach gegenwärtigem Erkenntnisstand der betriebswirtschaftlichen Bewertungslehre und Bewertungspraxis nicht nur eine einzige „anerkannte" Methode zur Ermittlung von Unternehmenswerten gibt (zur Bewertungstheorie *Böcking/Rauschenberg*, § 2), kann es auch bei der rechtsgebundenen Unternehmensbewertung kein „Methodenmonopol" geben. Zutreffend stellt daher das OLG Stuttgart fest: „Als Grundlage für die Schätzung stehen dem Gericht fundamentalanalytische Verfahren ebenso zur Verfügung wie marktorientierte Methoden, etwa eine Orientierung an Börsenkur-

---

1 OLG Stuttgart v. 14.9.2011 – 20 W 6/08, AG 2012, 49; OLG Stuttgart v. 8.7.2011 – 20 W 14/08, AG 2011, 795.
2 Vgl. auch *Großfeld*, Recht der Unternehmensbewertung, Rz. 181 ff.
3 Vgl. nur RG v. 13.11.1908 – VII 590/07, Warn. 1909 Nr. 138; BGH v. 24.9.1984 – II ZR 256/83, GmbHR 1985, 113 = WM 1984, 1506: Wirklicher Wert „[...] entspricht nicht dem Ergebnis der Addition der Buchwerte".
4 Dazu *Stilz* in FS Mailänder, 2006, S. 423 (434).
5 Vgl. dazu aus richterlicher Perspektive *Paulsen*, WPg 2007, 823; *Stilz* in FS Mailänder, 2006, S. 423 (435 f.).
6 Zur Abgrenzung von Rechts- und Tatfragen bei der richterlichen Unternehmensbewertung vgl. *Hüttemann* in FS Schilken, 2015, S. 319 ff.

sen. Entscheidend ist, dass die jeweilige Methode in der Wirtschaftswissenschaft anerkannt und in der Praxis gebräuchlich ist."[1] Hält der Richter mehrere Verfahren für grundsätzlich gleich geeignet, hat er eine **ermessensgerechte Methodenauswahl** zu treffen (dazu unten Rz. 65).

Auch wenn die Gerichte über ein recht „weites Schätzungsermessen"[2] verfügen, unterliegt die tatrichterliche Wertfindung doch einer **begrenzten rechtlichen Überprüfung im Berufungs- und Revisionsverfahren** (vgl. für den Zivilprozess die §§ 513, 529, 546 ZPO). Insoweit können, was den Begriff der „Rechtsverletzung" angeht, die Grundsätze herangezogen werden, die auch sonst für die Revisibilität tatsächlicher Feststellungen gelten, d.h. die Revisionsinstanz hat zu prüfen, ob die Feststellungen zur Wertermittlung in sich widersprüchlich sind, Denkgesetzen oder allgemeinen Erfahrungssätzen widersprechen oder Teile des Beweisergebnisses ungewürdigt lassen.[3] Nach diesem Maßstab wäre beispielsweise eine Bewertung als „rechtsfehlerhaft" anzusehen, wenn der Richter ein Verfahren auswählt, das offensichtlich in Hinsicht auf das konkrete Bewertungsziel ungeeignet ist oder dessen Eignung – trotz bekannter fachwissenschaftlicher Einwände – nicht näher begründet wird. Auch offensichtliche Fehler und Widersprüche bei der Anwendung einer – grundsätzlich geeigneten – Bewertungsmethode stellen eine Rechtsverletzung dar. Dazu wird man neben schlichten „Rechenfehlern" z.B. auch den Fall rechnen müssen, dass im Rahmen der Ertragswertmethode eine gesonderte Bewertung des nicht betriebsnotwendigen Vermögen unterbleibt, obwohl das Unternehmen nach den tatsächlichen Feststellungen über erheblichen Grundbesitz verfügt, der nicht mehr für unternehmerische Zwecke genutzt wird. Allein der Umstand, dass der Tatrichter eine fachwissenschaftlich umstrittene Frage gegen den „betriebswirtschaftlichen Mainstream" entscheidet, dürfte zumindest dann keine Rechtsverletzung darstellen, wenn der Richter seine abweichende Position in sachlicher Auseinandersetzung mit abweichenden Auffassungen in der Fachwissenschaft inhaltlich plausibel begründet.[4]

3. Beauftragung von Sachverständigen

Da es sich bei der Wertermittlung – anders als bei der Festlegung der Bewertungsaufgabe – um eine Tatfrage handelt, die mit den Mitteln des Beweisrechts zu lösen ist, kann der Richter einen Sachverständigen mit der Unternehmens-

---

1 OLG Stuttgart v. 5.6.2013 – 20 W 6/10, AG 2013, 724; OLG Stuttgart v. 24.7.2013 – 20 W 2/12, AG 2013, 840 (841).
2 So prägnant LG Köln v. 24.7.2009 – 82 O 10/08, AG 2009, 835 (838).
3 Vgl. für die Schätzung eines Unternehmenswertes nur BGH v. 7.5.1986 – IVb ZR 42/85, FamRZ 1986, 776; allgemein zum revisionsrechtlichen Prüfungsmaßstab bei Schätzungen BGH v. 6.12.2012 – VII ZR 84/10, NJW 2013, 525 (527); BGH v. 18.12.2012 – VI ZR 316/11, NJW 2013, 1539 f.; zum Steuerrecht s. BFH v. 19.7.2011 – X R 48/08, BFH/NV 2011, 2032.
4 Zur Rezeption wissenschaftlicher Thesen durch die Gerichte vgl. *Paulsen*, WPg 2007, 823 f.

wertschätzung beauftragen. Nach § 287 Abs. 1 Satz 2 ZPO liegt es im pflichtgemäßen Ermessen des Gerichts, „ob und inwieweit eine beantragte Beweisaufnahme oder von Amts wegen die Begutachtung durch Sachverständige anzuordnen ist". In der Praxis stellt die **Beauftragung eines gerichtlichen Sachverständigen** (insbesondere eines Wirtschaftsprüfers oder Hochschullehrers der Betriebswirtschaft) den Regelfall dar, weil die wenigsten Richter über die erforderliche eigene Sachkunde verfügen. Der Sachverständige hat den Richter nicht nur bei der Methodenauswahl, sondern vor allem bei der eigentlichen Wertermittlung zu unterstützen. Darüber hinaus trifft den Sachverständigen eine Erklärungs- und Beratungspflicht.

51 Sachverständigengutachten unterliegen der freien Beweiswürdigung des Gerichts. Der Richter darf die Feststellungen des Gutachters also nicht einfach übernehmen, sondern muss sich nach Kräften und in den Grenzen seiner eigenen Sachkunde **mit den fachlichen Ausführungen auseinandersetzen und sich so eine eigene Meinung bilden.**[1] Natürlich dürfen die Erwartungen an die richterliche Überzeugungsbildung auch nicht überspannt werden: So wird man für eine CAPM-gestützte Schätzung von Risikozuschlägen (dazu näher *Franken/Schulte*, § 6 Rz. 43 ff.) nicht erwarten können, dass sich der Richter mit sämtlichen kapitalmarkttheoretischen Grundlagen des CAPM (Capital-Asset-Pricing-Model) vertraut gemacht hat.[2] Seine Beweiswürdigung muss aber zumindest erkennen lassen, dass ihm die wesentlichen Prämissen dieses Bewertungsansatzes bekannt sind und er sich mit den Vor- und Nachteilen dieses Verfahrens im Vergleich zu „gegriffenen" Risikozuschlägen auseinandergesetzt hat. Fachliche Verständnisprobleme müssen im Gespräch mit dem Sachverständigen ausgeräumt werden. Will der Richter in einzelnen Punkten von den Einschätzungen des Sachverständigen abweichen, so muss er dies sorgfältig begründen und, wenn kein weiterer Sachverständiger herangezogen wird, seine eigene Sachkunde und die Grundlage seiner Kenntnisse (z.B. durch Angaben zu Fachschrifttum) belegen.[3] Hingegen gehört die rechtliche Überprüfung des Sachverständigengutachtens in Hinsicht auf die Einhaltung der Bewertungsvorgaben zu den originären Aufgaben des Richters.

4. Zur Eignung einzelner Bewertungsverfahren

a) Ertragswert- und DCF-Methoden

52 Das Ertragswertverfahren (dazu näher *Böcking/Nowak*, § 4 Rz. 30 ff.) ist nach allgemeiner Ansicht ein geeignetes Verfahren zur Schätzung von Unterneh-

---

1 Zur Beweiswürdigung von Sachverständigengutachten s. näher *Olzen*, ZZP 93 (1980), S. 66 ff.; *K. Müller*, Der Sachverständige im gerichtlichen Verfahren, 1973, S. 2350 ff.; *E. Schneider*, Beweis und Beweiswürdigung, 5. Aufl. 1994, S. 316 ff.
2 Für einen Überblick s. *Adolff*, Unternehmensbewertung, S. 25 ff.; *Lauber*, Das Verhältnis des Ausgleichs gemäß § 304 AktG zu den Abfindungen den §§ 305, 327a ff. AktG, S. 280 ff.
3 Siehe *Paulsen*, WPg 2007, 823 f.

menswerten.¹ Diese Bewertungsmethode beruht auf der (durch Erfahrungssatz gestützten) Annahme, dass sich der **Wert eines Unternehmens im Geschäftsverkehr nach den erwarteten finanziellen Überschüssen richtet**.² Das Ertragswertkalkül gehört heute zu den Grundfesten der betriebswirtschaftlichen Bewertungslehre (zu den bewertungstheoretischen Grundlagen *Böcking/Rauschenberg*, § 2 Rz. 44 ff.) und bildet auch die konzeptionelle Grundlage des IDW S 1.³ In diesem Sinne ist auch die Aussage des BGH zu verstehen, der Ertragswert bilde „theoretisch den richtigen Wert eines Unternehmens".⁴ Sie darf jedoch nicht dahin missverstanden werden, dass die Ertragswertmethode das einzige „geeignete" Bewertungsverfahren darstellt. So beruht auch die DCF-Methode (dazu näher *Jonas/Wieland-Blöse*, § 9) auf dem Konzept des Zukunftserfolgswertes und stellt deshalb ebenfalls ein „geeignetes" Bewertungsverfahren dar,⁵ auch wenn es bei gerichtlichen Bewertungen bisher noch keine große Rolle spielt.⁶ Darüber hinaus ist zumindest in der neueren Rechtsprechung der OLG⁷ anerkannt, dass dem Richter neben dem Ertragswertverfahren noch andere, „marktorientierte Verfahren" zur Verfügung stehen (dazu unten Rz. 59 ff.). Ungeachtet dieser Bekenntnisse zu mehr „Methodenpluralität" beherrscht das Ertragswertverfahren in der standardisierten Form des IDW S 1 die gerichtliche Praxis.⁸

Zu den **wesentlichen Elementen der Ertragswertmethode** gehört zunächst die Prognose der künftigen finanziellen Überschüsse, die sich nicht nur an Vergangenheitswerten, sondern in erster Linie an (zukunftsgerichteten) Planungsrechnungen zu orientieren hat (dazu näher *Franken/Schulte*, § 5). Geht man davon aus, dass das Unternehmen bei der rechtsgebundenen Unternehmensbewer- 53

---

1 Siehe nur OLG Stuttgart v. 24.7.2013 – 20 W 2/12, AG 2013, 840 (841 f.): Die Ertragswertmethode „ist als eine geeignete Methode der Unternehmensbewertung anerkannt"; BGH v. 21.7.2003 – II ZB 17/01, AG 2003, 627; BVerfG v. 27.4.1999 – 1 BvR 1613/94, BVerfGE 100, 289 (307) = AG 1999, 566 bezeichnet die Ertragswertmethode als „verfassungsrechtlich unbedenklichen Ansatz"; aus dem Schrifttum nur *Großfeld*, Recht der Unternehmensbewertung, 2010, Rz. 1076 ff.; *Hüttemann*, ZHR 162 (1998), 563 (584 f.).
2 Prägnant *Schmalenbach*, ZfhF 1918, 1: „Was kann diese Anlage in Zukunft an Gewinn bringen?"
3 Vgl. nur WP-Handbuch 2014, Bd. II, Rz. A 7: „Der Unternehmenswert wird grundsätzlich als Zukunftserfolgswert ermittelt. In der Unternehmensbewertungspraxis haben sich als gängige und anerkannte Verfahren das Ertragswertverfahren und die DCF-Verfahren herausgebildet."
4 BGH v. 9.11.1998 – II ZR 190/97, BGHZ 140, 35 (38) = GmbHR 1999, 31 = AG 1999, 122.
5 Siehe nur *Hüttemann*, WPg 2007, 812 (819).
6 Ablehnend noch OLG Karlsruhe v. 16.7.2008 – 12 W 16/02, AG 2009, 49 (keine Abweichung von Ertragswertmethode); anders jetzt OLG Karlsruhe v. 30.4.2013 – 12 W 5/12, AG 2013, 765.
7 OLG Stuttgart v. 5.6.2013 – 20 W 6/10, AG 2013, 724; OLG Stuttgart v. 24.7.2013 – 20 W 2/12, AG 2013, 840 (841).
8 Vgl. dazu – auch im Rechtsvergleich – *Fleischer*, AG 2014, 97 (99 f.); kritisch *Hüttemann* in FS Schilken, 2015, S. 319 (327 ff.).

tung aus der Sicht eines „markttypischen" Erwerbers zu bewerten ist, darf allerdings – abweichend von IDW S 1[1] – nicht nur das vorhandene Unternehmenskonzept zugrunde gelegt werden, sondern es sind – gerade bei suboptimaler Unternehmensführung – auch **naheliegende alternative Konzepte** einschließlich wertrelevanter Verbundvorteile in die Schätzung einzubeziehen, um der rechtlichen Bewertungsvorgabe gerecht zu werden.[2]

54 Die finanziellen Überschüsse sind in einem zweiten Schritt – zur Ermittlung eines Barwertes – mit einem Kapitalisierungszins auf den Stichtag **abzuzinsen** (dazu näher *Franken/Schulte*, § 6). Der Zinssatz setzt sich aus dem Basiszinssatz für eine sichere Alternativanlage, einer Risikoprämie (Risikozuschlag) und einem Wachstumsabschlag zusammen. Da die Abzinsung „laufzeitadäquat" erfolgen muss, ist die zukünftige Zinsentwicklung – unter Rückgriff auf Zinsstrukturkurven – aus der Perspektive des Stichtags zu schätzen.[3] Ob der zur Herstellung einer Vergleichbarkeit mit risikolosen Alternativanlagen (Risikoäquivalenz) erforderliche Risikozuschlag – wie früher üblich[4] – unter Berücksichtigung der Verhältnisse des Einzelfalls „gegriffen" oder – entsprechend den heutigen Empfehlungen des IDW[5] – unter Anwendung kapitalmarkttheoretischer Modelle[6] aus beobachteten Marktrisikoprämien und Beta-Faktoren „abgeleitet" wird (dazu eingehend *Franken/Schulte*, § 6), hat der sachverständig beratene Richter im Rahmen seines Schätzungsspielraums und in Auseinandersetzung mit den Vor- und Nachteilen beider Ansätze zu entscheiden.[7] Der Wachstumsabschlag zur Inflationsberücksichtigung im Rahmen der ewigen Rente (dazu *Franken/Schulte*, § 5 Rz. 135) ist nach den Verhältnissen des Einzelfalls festzulegen.[8]

55 Das Ertragswertverfahren bezieht sich als Gesamtbewertungsverfahren immer nur auf das betriebsnotwendige Vermögen. Folglich bedarf es einer Abgrenzung der Bewertungseinheit, weil das **nicht betriebsnotwendige Vermögen** mit dem Einzelveräußerungswert gesondert zu bewerten und dem Ertragswert hinzuzurechnen ist (dazu näher *Hüttemann/Meinert*, § 7). Insoweit stellen sich ähnliche Fragen wie beim Unternehmenskonzept: Wenn man von Rechts wegen eine Bewertung des Unternehmens aus der Perspektive eines „markttypischen" Erwerbers fordert, können weder die tatsächliche Nutzung der fragli-

---

1 WP-Handbuch 2014, Bd. II, Rz. A 86 f.: „am Bewertungsstichtag vorhandene Ertragskraft"; aus dem juristischen Schrifttum vor allem *Mertens*, AG 1992, 321.
2 Eingehend *Hüttemann*, ZHR 162 (1998), 563 (586 ff.); zustimmend *Adolff*, Unternehmensbewertung im Recht der börsennotierten Aktiengesellschaft, 2007, S. 372 f.; *Ruthardt/Hachmeister*, DB 2013, 2666 (2670 ff.).
3 Siehe etwa OLG Stuttgart v. 11.9.2011 – 20 W 6/08, AG 2012, 49 (51).
4 Nachweise zur älteren Praxis bei *Piltz*, Die Unternehmensbewertung in der Rechtsprechung, S. 361 ff.
5 WP-Handbuch 2014, Bd. II, Rz. A 305 ff.
6 Für einen Überblick *Kuhner/Maltry*, Unternehmensbewertung, S. 153 ff.
7 Ebenso *Stilz* in FS Goette, 2012, S. 529 (533 f.); kritisch zur Anwendung des CAPM im Rahmen rechtsgebundener Bewertungen *Lauber*, Das Verhältnis des Ausgleichs gemäß § 304 AktG zu den Abfindungen gemäß den §§ 305, 327a ff. AktG, S. 280 ff.
8 So OLG Stuttgart v. 11.9.2011 – 20 W 6/08, AG 2012, 49 (52).

chen Vermögensgegenstände noch die Planungen der Unternehmenseigner am Stichtag allein ausschlaggebend sein.[1]

Um die Unternehmensbewertung für Zwecke der Erbschaft- und Schenkungsteuer zu erleichtern und zu vereinheitlichen, hat der Gesetzgeber im Rahmen der letzten Erbschaftsteuerreform ein sog. „vereinfachtes Ertragswertverfahren" (§§ 199 ff. BewG) eingeführt, das im Feststellungsverfahren angewandt werden „kann", wenn es nicht zu „offensichtlich unzutreffenden Ergebnissen führt" (so § 199 Abs. 1 BewG). Dieses Verfahren (dazu näher *Kohl*, § 26 Rz. 167 ff.) enthält verschiedene Bewertungsvereinfachungen (z.B. die Anknüpfung an den durchschnittlichen Jahresertrag der letzten drei Jahre und einen gesetzlich normierten Risikozuschlag) und ist als kostengünstige Alternative zu den im Geschäftsverkehr üblichen Bewertungsverfahren (z.B. IDW S 1) gedacht. Es spielt außerhalb der steuerlichen Bewertung bisher keine Rolle. Dies schließt nicht aus, dass der Tatrichter einzelne Vereinfachungen und Annahmen (z.B. die Höhe des Risikozuschlags) auch bei gesellschaftsrechtlichen Abfindungsstreitigkeiten heranzieht, sofern er sie für sachlich vertretbar hält und dies auch begründet.[2]

b) Substanzwert und Mischverfahren

Der Substanzwert zielt nicht auf eine ertragsabhängige Gesamtbewertung des Unternehmens, sondern ist ein auf den **„Rekonstruktionswert"** bezogenes Einzelbewertungsverfahren (dazu *Böcking/Rauschenberg*, § 2 Rz. 40 ff.). Diese Bewertungskonzeption orientiert sich an den Wiederbeschaffungskosten, die erforderlich wären, um das Unternehmen in seinem vorhandenen Zustand nachzubauen.[3] Der Substanzwert ist nach heutiger Auffassung zumindest bei erwerbswirtschaftlichen Unternehmungen **kein geeigneter Schätzungsmaßstab**,[4] denn – so *Münstermann* – „für das Gewesene gibt der Kaufmann nichts".[5] Anders ausgedrückt: Der Substanzwert ist regelmäßig kein brauchbarer Anhaltspunkt für den gesuchten „wirklichen" Unternehmenswert.[6] Dies kann anders sein, wenn es um „Non-Profit-Unternehmen" geht, deren Verkehrswert – aus der Sicht eines ebenfalls nicht gewinnorientierten Erwerbers – in den ersparten Aufwendungen für einen „Nachbau" bestehen kann.[7] Vom Liquidationswert unterscheidet sich der Substanzwert aufgrund der abweichenden Bewertungsperspektive. Während sich der Substanzwert auf den Beschaf-

---

1 Vgl. *Hüttemann*, WPg 2007, 812 (816); *Hüttemann*, ZHR 162 (1998), 563 (592 f.); *Meinert*, DB 2011, 2397 (2402 f.); zurückhaltender OLG Frankfurt v. 20.12.2011 – 21 W 8/11, AG 2012, 330 (334): Abkehr von Unternehmensplanung nur, wenn diese „zu offenkundig unwirtschaftlichen Ergebnissen führt".
2 So etwa OLG München v. 18.2.2014 – 31 Wx 211/13, BB 2014, 625.
3 Vgl. näher WP-Handbuch 2014, Bd. II, Rz. A 444.
4 Siehe nur WP-Handbuch 2014, Bd. II, Rz. A 447; näher *Moxter*, Grundsätze, S. 41 ff.; *Matschke/Brösel*, Unternehmensbewertung, S. 315 ff.
5 *Münstermann*, Wert und Bewertung, 1966, S. 21.
6 Aus der Rechtsprechung nur BayObLG v. 11.12.1995 – 3Z BR 36/91, NJW-RR 1996, 1125 (1126) = AG 1996, 176: „Der früher stark betonte Substanzwert spielt heute bei den Bewertungen keine entscheidende Rolle mehr".
7 Vgl. dazu WP-Handbuch 2014, Bd. II, Rz. A 421 f.

fungsmarkt bezieht, ist der Liquidationswert auf den Veräußerungsmarkt ausgerichtet.[1] Für das Erbschaftsteuerrecht bestimmt § 11 Abs. 2 Satz 3 BewG, dass ein (allerdings besonderer steuerlicher) „Substanzwert" den Mindestwert darstellt (vgl. näher *Kohl*, § 26 Rz. 76 ff.).

58 Aus der Nichteignung des Substanzwertes als Schätzungsparameter für erwerbswirtschaftliche Unternehmen folgt auch, dass sog. **Mischverfahren (auch: Praktikerverfahren genannt)**, die den Unternehmenswert als Mittel aus Substanz- und Ertragswert bzw. durch eine Übergewinnkapitalisierung berechnen, für Zwecke der rechtsgebundenen Unternehmensbewertung heute[2] in der Regel nicht mehr zulässig sind, weil sie wegen der Berücksichtigung der Substanz ebenfalls zu einer systematischen Wertverzerrung führen. Zu den Mischverfahren (dazu auch *Franken/Schulte*, § 10 Rz. 80 ff.) ist auch das sog. **Stuttgarter Verfahren** zu rechnen, das vor Inkrafttreten der Erbschaftsteuerreform zum 1.1.2009 vom BFH in ständiger Rechtsprechung[3] als geeignetes Schätzungsverfahren zur Bewertung nicht notierter Anteile von Kapitalgesellschaften akzeptiert worden ist und den Unternehmenswert als Kombination aus Substanz- und Ertragswertkomponenten ermittelte.[4] Ihm ist durch die Streichung der Worte „des Vermögens" in § 11 Abs. 2 Satz 2 BewG die gesetzliche Grundlage entzogen worden.[5]

c) „Marktorientierte" Bewertungsansätze

59 Die Öffnung der betriebswirtschaftlichen Bewertungslehre für „kapitalmarktbezogene" Bewertungselemente seit den 1980er und 1990er Jahren[6] ist nicht ohne Rückwirkungen auf die rechtsgebundene Unternehmensbewertung geblieben. Unter „marktorientierten" Bewertungsverfahren wird zum einen die Verfeinerung der Ertragswertverfahren unter Einbeziehung von kapitalmarkttheoretischen Ansätzen (z.B. eine Bemessung von Risikozuschlägen auf der Basis des Capital-Asset-Pricing-Model) verstanden.[7] Ferner geht es um die Heranziehung von beobachteten „Marktdaten" (z.B. Börsenkursen und Multiplikatoren) als Schätzungsparameter für Unternehmenswerte.[8] „Marktbezogene" Bewertungsverfahren bedeuten eine gewisse Abkehr vom strengen subjektbe-

---

1 Statt vieler *Wollny*, Der objektivierte Unternehmenswert, S. 20.
2 Anders noch BGH v. 13.3.1978 – II ZR 142/76, WM 1978, 401 (405), wo eine „Verbindung von Substanz- und Ertragswert" nicht beanstandet worden ist.
3 Vgl. nur BFH v. 6.3.1991 – II R 18/88, BStBl. II 1991, 558 (559).
4 Abschn. 95 ff. ErbStR a.F.
5 Siehe nur *Horn* in Fischer/Jüptner/Pahlke/Wachter, 5. Aufl. 2014, § 12 ErbStG Rz. 292.
6 Zum Einfluss „marktorientierter" Bewertungsverfahren s. *Matschke/Brösel*, Unternehmensbewertung, S. 26 ff.; *Ballwieser* in Heintzen/Kruschwitz, Unternehmen bewerten, S. 13 ff.
7 Für einen Überblick *Ballwieser/Hachmeister*, Unternehmensbewertung, S. 99 ff.
8 Dazu – kritisch – etwa *Ballwieser* in Heintzen/Kruschwitz, Unternehmen bewerten, S. 13 ff.; *Lauber*, Das Verhältnis des Ausgleichs gemäß § 304 AktG zu den Abfindungen gemäß den §§ 305, 327a ff. AktG, S. 371 ff.

zogenen Bewertungsmodell zugunsten einer Bewertung des Unternehmens aus der Sicht des Kapitalmarktes. Eine stärkere Einbeziehung der „Marktsicht" entspricht schließlich auch der international üblichen Bewertungspraxis.[1]

Während die Gerichte bis Ende der 1990er Jahre einer „marktbezogenen" Wertermittlung (z.B. auf der Grundlage von Börsenkursen) noch ablehnend gegenüber gestanden haben,[2] hat – spätestens seit dem DAT/Altana-Beschluss des BVerfG[3] – ein **Umdenkungsprozess eingesetzt**. So hat z.B. das OLG Stuttgart im Jahr 2011 zur Ermittlung der angemessen Abfindung nach § 305 Abs. 3 Satz 2 AktG festgestellt: „Als Grundlage für die Feststellung dieses Wertes stehen dem Gericht fundamentalanalytische Methoden wie das Ertragswertverfahren ebenso zur Verfügung wie marktorientierte Verfahren, etwa eine Orientierung an Börsenkursen".[4] Dasselbe Gericht hatte auch keine Bedenken gegen eine Ermittlung von Risikozuschlägen anhand des CAPM, da dieses Verfahren „methodisch vorzugswürdig sei".[5] Andere Gerichte waren zunächst zurückhaltender und bezweifelten, ob Risikoprämien nach CAPM einem von Sachverständigen „plausibel gegriffenen" Risikozuschlag tatsächlich überlegen sind.[6]

60

Aus der Sicht der rechtsgebundenen Unternehmensbewertung wirft die Einbeziehung „marktorientierter" Bewertungsverfahren **zwei Fragen auf**:[7] Zunächst ist zu fragen, ob eine Schätzung „aus der Perspektive des Kapitalmarktes" der gesetzlichen Bewertungsvorgabe noch entspricht. Wenn man ausgehend von der gesellschaftsrechtlichen „Liquidationshypothese" (§ 738 Abs. 1 Satz 2 BGB) oder dem steuerlichen „gemeinen Wert" (§ 9 Abs. 2 BewG) eine Bewertung aus der Sicht eines gedachten Erwerbers fordert, begegnet eine „marktbezogene" – d.h. von den subjektiven Verhältnissen der Beteiligten losgelöste – Bewertung keinen grundsätzlichen Bedenken. Die zweite Frage betrifft die Eignung einzelner Bewertungsparameter als „Schätzungsgrundlage": Insoweit hat sich der Tatrichter – im Dialog mit dem Sachverständigen – eine eigene Überzeugung zu bilden, ob aus modelltheoretischen Annahmen (CAPM) und am Markt beobachteten Risikoprämien abgeleitete Risikozuschläge „realitätsgerechter" erscheinen als ein vom Sachverständigen nach den Verhältnissen des konkreten Unternehmens „gegriffener" Wert. Stellt man den durch § 287 Abs. 2 ZPO eröffneten Schätzungsspielraum in den Vordergrund, dürften letztlich beide Bewertungsansätze trotz ihrer jeweiligen Vor-

61

---

1 Vgl. zu diesem Aspekt die „Best-Practice-Empfehlungen" des DVFA-Arbeitskreises „Corporate Transactions and Valuation", CFB 2012; ferner *Fleischer*, AG 2014, 97.
2 Eine Bewertung zum Börsenkurs strikt ablehnend noch BGH v. 30.3.1967 – II ZR 141/64, NJW 1967, 1464.
3 BVerfG v. 27.4.1999 – 1 BvR 1613/94, BVerfGE 100, 289 = AG 1999, 566.
4 OLG Stuttgart v. 14.9.2011 – 20 W 6/08, AG 2012, 49.
5 OLG Stuttgart v. 14.9.2011 – 20 W 6/08, AG 2012, 49 (51); ebenso OLG Düsseldorf v. 27.5.2009 – I-26 W 5/07, WM 2009, 2220.
6 So LG München I v. 3.12.1998 – 5HK O 14889/92, AG 1999, 476 = DB 1999, 684 f.; gegen einen Vorrang des CAPM auch BayObLG v. 28.10.2005 – 3Z BR 71/00, AG 2006, 41 (43).
7 Vgl. *Hüttemann*, WPg 2007, 812 (819 ff.).

und Nachteile „vertretbar" sein, weil beide den erforderlichen Realitätsbezug aufweisen und fachwissenschaftlich nicht eindeutig widerlegt sind.[1]

d) Börsenkurse und gezahlte Kaufpreise

62 Auch bei der Frage nach der Bewertungsrelevanz von Börsenkursen oder tatsächlich gezahlten Kaufpreisen gilt es – aus rechtlicher Sicht – zwei Ebenen zu unterscheiden:[2] Eine Bewertung „zum Börsenkurs" oder auf der Grundlage von tatsächlich gezahlten Preisen für Unternehmensanteile ist von Rechts wegen immer dann zwingend, wenn das Gesetz den **Börsenkurs oder tatsächlich gezahlte Preise zum alleinigen Bewertungsmaßstab erhebt** (vgl. etwa § 31 Abs. 1 WpÜG, § 11 Abs. 1 und 2 BewG) oder der Börsenkurs nach den Grundsätzen des DAT/Altana-Beschlusses[3] von Verfassungs wegen den Mindestwert bildet. Eine Abweichung von dieser Vorgabe wäre als Rechtsverletzung revisionsrechtlich stets angreifbar. Im vorliegenden Zusammenhang geht es indes um die davon zu trennende Tatfrage, ob **Börsenkurse oder tatsächlich gezahlte Preise geeignete Schätzungsparameter für den „wahren" Wert** darstellen können.[4] Dabei handelt es sich um ein Problem der tatrichterlichen Wertermittlung und insoweit hat sich der Richter im Rahmen seines Schätzungsermessens unter Berücksichtigung fachwissenschaftlicher Erkenntnisse eine begründete eigene Ansicht zu bilden, die in der Revision nur eingeschränkt überprüft werden kann (zu Börsenkursen näher *Adolff*, § 16). Für seine Überzeugungsbildung wird der Richter auch berücksichtigen dürfen, dass der Gesetzgeber in bestimmten Bereichen (wie dem Übernahme- und Steuerrecht) Börsenkursen und Vorerwerbspreisen sogar von Rechts wegen eine „Bewertungsrelevanz" zuerkannt hat.[5] Er ist aber an diese Vorgaben (§ 31 Abs. 1 WpÜG, § 11 Abs. 1 und 2 BewG) nicht zwingend gebunden.

63 Jede „**Unternehmensbewertung durch Rückgriff auf Marktdaten**"[6] steht allerdings vor einem konzeptionellen Problem, mit dem sich auch der Tatrichter

---

1 Gegen eine Ableitung von Risikozuschlägen nach CAPM/Tax-CAPM mit eingehender Begründung *Lauber*, Das Verhältnis des Ausgleichs gemäß § 304 AktG zu den Abfindungen gemäß den §§ 305, 327a ff. AktG, S. 280 ff.
2 Siehe bereits *Hüttemann*, ZGR 2001, 454; für eine aktuelle Übersicht über die Börsenkursrechtsprechung vgl. *Bungert/Wettich* in FS Hoffmann-Becking, 2013, S. 157.
3 BVerfG v. 27.4.1999 – 1 BvR 1613/94, BVerfGE 100, 289 = AG 1999, 566.
4 Grundsätzlich bejahend: OLG Stuttgart v. 24.7.2013 – 20 W 2/12, AG 2013, 840 (841); OLG Frankfurt v. 3.9.2010 – 5 W 57/09, AG 2010, 751 (752); OLG Frankfurt v. 5.12.2013 – 21 W 36/12, NZG 2014, 464; OLG Düsseldorf v. 27.5.2009 – I-26 W 1/07 AktE, AG 2009, 907 (909); vgl. auch BVerfG v. 26.4.2011 – 1 BvR 2658/10, AG 2011, 511; aus dem Schrifttum s. *Steinhauer*, AG 1999, 299; *Luttermann*, ZIP 1999, 45; *Piltz*, ZGR 2001, 187; *Stilz*, ZGR 2001, 875 (883); *Stilz* in FS Goette, 2012, S. 529 (537 ff.); *Hüttemann*, ZGR 2001, 454 (467 ff.); *Hüttemann* in FS Hoffmann-Becking, 2013, S. 603 (613 ff.).
5 So auch *Stilz* in FS Goette, 2012, S. 529 (540 f.); noch weitergehend LG Köln v. 24.7.2009 – 82 O 10/08, AG 2009, 835 (838), das § 11 Abs. 2 Satz 2 BewG als „allgemeingültigen" Rechtsgedanken versteht.
6 Zum Folgenden nur *Ballwieser* in Heintzen/Kruschwitz, Unternehmen bewerten, S. 13 ff.

auseinanderzusetzen hat: Während bei § 11 Abs. 1 und 2 BewG nach „Anteilswerten" gesucht wird, hat der Richter für Zwecke der Abfindungsbemessung (§ 738 Abs. 1 Satz 2 BGB, § 305 Abs. 3 Satz 2 AktG) den „quotalen" Unternehmenswert zu bestimmen. Aus Marktpreisen für einzelne Anteilsrechte (Börsenkurs oder gezahlte Kaufpreise) muss also ein Gesamtunternehmenswert des Unternehmens „abgeleitet" werden, was regelmäßig mehr erfordert als eine schlichte „Hochrechnung" in Form einer Börsenkurskapitalisierung. Ähnlich Fragen stellen sich, wenn man nicht nur tatsächlich gezahlte Kaufpreise für Anteile des zu bewertenden Unternehmens als Schätzungsparameter heranziehen möchte, sondern auch Marktpreise berücksichtigen will, die bei zeitnahen Transaktionen für „vergleichbare" Unternehmen gezahlt worden sind (zu Vorerwerbspreisen vgl. *Leverkus*, § 17), weil hier – ebenso wie bei der Verwendung von marktgestützten Multiplikatoren-Verfahren (dazu *Franken/Schulte*, § 10 Rz. 7 ff.) – zusätzlich das Problem der Vergleichbarkeit der betrachteten Unternehmen zu lösen ist.

Ungeachtet der vorstehend aufgezeigten Probleme und weiterhin bestehender Meinungsverschiedenheiten innerhalb der betriebswirtschaftlichen Bewertungslehre ist in den letzten Jahren eine **wachsende Offenheit der Gerichte für marktbezogene Unternehmensbewertungen** zu beobachten. Zwar haben Zivilgerichte schon in den 1980er Jahren tatsächlich gezahlte Kaufpreise vereinzelt als Bewertungsmaßstab akzeptiert.[1] Die in neuerer Zeit zu beobachtende „Entdeckung des Marktes durch die Rechtsprechung"[2] und stärkere Heranziehung von Börsenkursen als Schätzungsmaßstab oder Hilfsmittel zur Plausibilisierung von analytisch ermittelten Werten ist nicht nur auf den DAT/Altana-Beschluss des BVerfG[3] zurückzuführen, sondern spiegelt einen grundsätzlichen Mentalitätswechsel wider. Dieser beruht auf der zutreffenden Einsicht, dass es „den" einen richtigen Unternehmenswert nicht gibt, weil – so das OLG Stuttgart – „die Wertermittlung nach den einzelnen Verfahren mit zahlreichen prognostischen Schätzungen und methodischen Prämissen verbunden ist, die (häufig) keinem Richtigkeits-, sondern nur einem Vertretbarkeitsurteil zugänglich sind".[4] Die Hinwendung zum Börsenkurs ist also auch Ausdruck einer gewissen Ernüchterung der Spruchgerichte über die Leistungsgrenzen der (schein)genauen „fundamentalanalytischen" Bewertungsverfahren.[5]

e) Auswahl der Bewertungsmethode

Da es nicht nur „ein" geeignetes Verfahren zur Unternehmenswertschätzung gibt, hat der Richter im Rahmen von § 287 Abs. 2 ZPO ein gewisses Ermessen bei der Auswahl zwischen mehreren prinzipiell geeigneten Bewertungsverfah-

---

1 BGH v. 17.3.1982 – IVa ZR 27/81, FamRZ 1982, 571: Schätzung des Wertes von Beteiligungen im Pflichtteilsrecht anhand eines ein Jahr vor dem Erbfall gezahlten Kaufpreises.
2 So plakativ *Krause* in FS Hopt, 2010, S. 1005.
3 BVerfG v. 27.4.1999 – 1 BvR 1613/94, BVerfGE 100, 289 = AG 1999, 566.
4 OLG Stuttgart v. 14.9.2011 – 20 W 6/08, AG 2012, 49.
5 Deutlich OLG Frankfurt v. 3.9.2010 – 5 W 57/09, AG 2010, 751 (755 f.); aus dem Schrifttum eindringlich *Stilz* in FS Goette, 2012, S. 529.

ren. In diesem Zusammenhang darf er auch berücksichtigen, ob ein **zusätzlicher Erkenntnisgewinn in einem angemessenen Verhältnis zum zusätzlichen Aufwand** des betreffenden Verfahrens steht. Denn der Zweck des § 287 Abs. 2 ZPO – Erleichterung der Rechtsdurchsetzung durch Vermeidung unverhältnismäßig hoher Prozesskosten – passt nicht nur für die Zulässigkeit einer Schätzung, sondern auch für das Ob und Wie der Sachverhaltsaufklärung.[1] Abzuwägen sind insoweit die objektiven Schwierigkeiten der Sachaufklärung, Mühe, Kosten, Zeitaufwand, voraussichtlicher Ertrag und Streitwert.[2] Eine solche Abwägung hat in Einzelfällen bereits dazu geführt, dass Gerichte auf eine umfangreiche Ertragsbewertung verzichtet und einer Börsenkursschätzung den Vorrang eingeräumt haben.[3]

f) Methodenänderungen und „Rückwirkung"

66 Weil das IDW den in der Praxis „quasi-verbindlichen"[4] Bewertungsstandard IDW S 1 seit 2000 mehrfach geändert hat, sehen sich die Gerichte mit der Frage konfrontiert, ob „neue" Bewertungsstandards auch „rückwirkend" angewendet werden dürfen.[5] Da rechtliche Aussagen des IDW für den Richter ohnehin unverbindlich sind, stellt sich die Frage der „intertemporalen" Anwendung lediglich in Hinsicht auf geänderte **fachliche Regeln**, also Änderungen in der Bewertungsmethodik (z.B. den Übergang auf eine Nachsteuerbetrachtung oder die Berücksichtigung von Steuerrechtsänderungen). Insoweit ist eine **differenzierte Betrachtung** angezeigt:[6] Erkenntnisfortschritte in der Bewertungstheorie wie z.B. Methodenverfeinerungen können (uns sollten) die Gerichte immer berücksichtigen, weil es keinen „Vertrauensschutz" in Hinsicht auf veraltete Bewertungsmethoden gibt. Hingegen dürfen Methodenanpassungen, mit denen das IDW auf geänderte rechtliche Rahmenbedingungen (z.B. Steuerrechtsänderungen) reagiert hat, nicht einfach auf Zeitpunkte vor der gesetzlichen Änderung bezogen werden. Insoweit gilt vielmehr das Stichtagsprinzip (vgl. näher *Fleischer*, § 13).

5. Zusammenfassung

67 Während der Richter die gesetzliche Bewertungsvorgabe durch Auslegung des Gesetzes allein zu bestimmen hat, handelt es sich bei der Feststellung des Un-

---

1 *Hüttemann*, ZGR 2001, 454 (476).
2 Vgl. *Hüttemann*, ZGR 2001, 454 (476); beispielhafte Überlegungen zur Auswahl zwischen Ertragswertmethode und Börsenkursschätzung bei OLG Frankfurt v. 3.9.2010 – 5 W 57/09, AG 2010, 751 (755 f.).
3 OLG Frankfurt v. 3.9.2010 – 5 W 57/09, AG 2010, 751.
4 So *Fleischer*, AG 2014, 97 (100).
5 Dazu nur *Bungert*, WPg 2008, 811; *Hüttemann*, WPg 2008, 822; *Riegger/Wasmann* in FS Goette, 2011, S. 433; *Großfeld*, Recht der Unternehmensbewertung, Rz. 215 ff.
6 Ebenso OLG Stuttgart v. 19.1.2011 – 20 W 2/07, AG 2011, 420 (426); OLG Karlsruhe v. 30.4.2013 – 12 W 5/12, AG 2013, 765; anders OLG München v. 30.11.2006 – 31 Wx 59/06, AG 2007, 411 und OLG Düsseldorf v. 28.8.2014 – I-26 W 9/12 (AktE), AG 2014, 817 mit eingehender Begründung und weiteren Nachweisen.

ternehmenswertes um eine Tatfrage, die mit den Mitteln des Beweisrechts zu lösen ist. Insoweit bedarf es keiner vollen richterlichen Überzeugung, sondern das erforderliche Beweismaß ist durch die Möglichkeit einer Schätzung (§ 287 Abs. 2 ZPO, § 162 AO) entsprechend herabgesetzt. Ferner kommt es regelmäßig zur Beauftragung eines gerichtlichen Sachverständigen, der als „Berater des Tatrichters" tätig wird.[1] Die Umsetzung der normativen Vorgaben auf der Ebene der tatsächlichen Wertfeststellung bildet daher in der Praxis die „Domäne der betriebswirtschaftlich-mathematischen Disziplinen".[2] Dies erklärt auch, weshalb die berufsständischen Bewertungsstandards in der gerichtlichen Praxis – trotz des weiten Schätzungsspielraums der Gerichte nach § 287 Abs. 2 ZPO – nach wie vor eine dominierende Rolle spielen.

VI. Unternehmensbewertung und Verfahrensrecht

1. Kein einheitliches Verfahrensrecht

Es gibt kein besonderes Verfahren für Unternehmensbewertungen, sondern die „rechtsgebundene" Unternehmensbewertung findet in dem behördlichen oder gerichtlichen Verfahren statt, in dem auch über den unternehmenswertabhängigen Anspruch entschieden wird. Das „Verfahrensrecht der Unternehmensbewertung" bestimmt sich also nach den Vorschriften, die die Zuständigkeit der Behörde und Gerichte regeln. Dies erklärt, warum es z.B. für gesellschaftsrechtliche Abfindungsansprüche **kein einheitliches Verfahren** gibt. Zwar sind für Abfindungsstreitigkeiten stets die ordentlichen Gerichte zuständig. Für Rechtsstreitigkeiten betreffend den aktienrechtlichen Barabfindungsanspruch ist aber nach § 1 Nr. 1 SpruchG das Spruchverfahren als eigenständige Verfahrensart eröffnet, während Rechtsstreitigkeiten zwischen Gesellschaftern betreffend die Abfindung bei einem Ausscheiden aus einer Personengesellschaft oder GmbH nach den allgemeinen Vorschriften der ZPO über streitige Verfahren verhandelt werden.

68

2. Spruchverfahren

Das **Spruchverfahren** (dazu näher *Arnold/Rothenburg*, § 27) ist heute[3] im Spruchverfahrensgesetz geregelt. Es stellt ein besonderes Verfahren vor den ordentlichen Gerichten dar, in dem über die in § 1 Nr. 1–6 SpruchG aufgezählten vermögensrechtlichen Ansprüche von Aktionären und Anteilsinhabern – insbesondere die Angemessenheit der Abfindung ausscheidender Minderheitsaktionäre bei aktien- und umwandlungsrechtlichen Umstrukturierungsvorgängen – entschieden wird. Das Spruchverfahren beruht auf den verfassungsrechtlichen Vorgaben, die das BVerfG aus Art. 14 Abs. 1 GG für den Schutz von

69

---
1 So BGH v. 3.3.1998 – X R 106/96, NJW 1998, 3355 (3356).
2 *Hasselbach/Hirte* in Großkomm. AktG, 4. Aufl. 2005, § 305 AktG Rz. 64.
3 Zur Rechtsentwicklung vgl. nur *Riegger/Gayk* in KölnKomm. AktG, 3. Aufl. 2013, Einl. SpruchG Rz. 4 ff.; s. auch *Seetzen*, WPg 1991, 166; *Seetzen*, WM 1999, 565.

Minderheitsaktionären abgeleitet hat.[1] Zu diesen verfassungsrechtlichen Mindeststandards gehören nicht nur „wirksame Rechtsbehelfe gegen einen Missbrauch der wirtschaftlichen Macht", sondern auch eine „volle Entschädigung". Das Spruchverfahren soll aber nicht nur einen effektiven Rechtsschutz gewährleisten, sondern es verhindert durch die ausschließliche Zuweisung einer Abfindungsklage, dass opponierende Minderheitsaktionäre die betreffenden Umstrukturierungsmaßnahmen durch Anfechtungsklagen etc. blockieren können.[2]

70 Mit der Reform von 2003 sind die für das Spruchverfahren geltenden Regelungen im Spruchverfahrensgesetz zusammengefasst worden. Auf das Spruchverfahren finden, sofern nichts anderes bestimmt ist, nach § 17 Abs. 1 SpruchG die Vorschriften des FamFG Anwendung, d.h. das Spruchverfahren gehört zu den **Verfahren der freiwilligen Gerichtsbarkeit.** Somit gilt der Amtsermittlungsgrundsatz (§ 26 FamFG), der jedoch durch die speziellen Erklärungspflichten (§ 7 SpruchG) und Verfahrensförderungspflichten (§§ 9, 10 SpruchG) modifiziert wird. Ungeachtet dieser und weiterer Besonderheiten (dazu eingehend *Arnold/Rothenburg*, § 27 Rz. 39 ff.) ist es bis heute nicht gelungen, die lange Verfahrensdauer der Spruchverfahren spürbar zu verringern.[3]

3. Streitiges Verfahren

71 Außerhalb des Spruchverfahrens gelten für Unternehmensbewertungen im Zivilprozess vor den ordentlichen Gerichten die allgemeinen **Vorschriften der ZPO für das streitige Verfahren** (dazu näher *Lauber*, § 28). Es bleibt also – anders als im Spruchverfahren – beim Verhandlungs- oder Beibringungsgrundsatz. Danach ist es Sache jeder Partei, die für sie günstigen Tatsachen vorzutragen und u.U. zu beweisen. Daraus folgt, dass ein ausscheidender Gesellschafter, der eine höhere als die von den Mitgesellschaftern angebotene Abfindung begehrt, entsprechende Tatsachen beibringen muss, aus denen sich ein höherer Unternehmenswert ergibt. Das Gleiche gilt für einen Pflichtteilsberechtigten, der einen größeren Pflichtteil geltend macht. Streitigkeiten zwischen Ehegatten über den Zugewinnausgleich sind zwar Familiensachen (§ 111 Nr. 9 FamFG), gehören aber nach §§ 112 Nr. 2, 261 Abs. 1 FamFG zu den „streitigen" Familiensachen, für die nach § 113 Abs. 1 FamFG die Verfahrensgrundsätze der ZPO gelten.

---

1 BVerfG v. 7.8.1962 – 1 BvL 16/60, BVerfGE 14, 263; vgl. auch den DAT/Altana-Beschluss des BVerfG v. 27.4.1999 – 1 BvR 1613/94, BVerfGE 100, 289 = AG 1999, 566.
2 Siehe dazu die Begründung zum Regierungsentwurf, BT-Drucks. 15/371, 11.
3 Rechtstatsächliche Hinweise bei *Riegger/Gayk* in KölnKomm. AktG, 3. Aufl. 2013, Einl. SpruchG Rz. 63; *Henselmann/Mundert/Winkler/Schrenker*, WPg 2013, 1206; zur Verletzung des Grundrechts auf effektiven Rechtsschutz durch ein überlanges Spruchverfahren s. den Beschluss des BVerfG v. 17.11.2011 – 1 BvR 3155/09, AG 2012, 86.

4. Schiedsgericht und Schiedsgutachten

Angesichts der Komplexität von Unternehmensbewertungen liegt es gerade im gesellschaftsrechtlichen Kontext nahe, dass die Gesellschafter die Entscheidung von Abfindungsstreitigkeiten durch eine Schiedsklausel im Gesellschaftsvertrag einem **privaten Schiedsgericht** übertragen (dazu *Fehrenbacher*, § 30). Auf diese Weise kann nicht nur verhindert werden, dass die Öffentlichkeit von gesellschaftsinternen Streitigkeiten erfährt und sensible Unternehmensdaten bekannt werden. Durch die Auswahl der Schiedsrichter kann auch eine besondere Sachkunde des Schiedsgerichts sichergestellt werden. Für das schiedsrichterliche Verfahren gelten die §§ 1025 ff. ZPO.

72

Vom schiedsrichterlichen Verfahren ist die Bestimmung einer Leistung durch einen Dritten durch **Schiedsgutachten** (dazu *Lauber*, § 29) zu unterscheiden (§§ 317 ff. BGB). So können die Gesellschafter bereits im Gesellschaftsvertrag vereinbaren, dass die Höhe der nach § 738 Abs. 1 Satz 2 BGB geschuldeten Abfindung durch einen Schiedsgutachter bestimmt werden soll. Für diesen Fall bestimmt § 317 Abs. 1 BGB, dass der Schiedsgutachter die Leistungsbestimmung im Zweifel „nach billigem Ermessen" zu treffen hat.

73

5. Steuerverfahren

Die Bewertung von Unternehmen oder Unternehmensanteilen für Zwecke der steuerlichen Gewinnermittlung und der Erbschaftsteuer (dazu *Kohl*, § 26) findet im Rahmen des **steuerlichen Veranlagungs- bzw. eines gesonderten Feststellungverfahrens** statt. Es gelten also die allgemeinen Vorschriften der Abgabenordnung. Das Finanzamt hat nach § 89 AO den steuerlichen Sachverhalt (und damit auch die Höhe des Unternehmens- bzw. Anteilswertes) von Amts wegen zu ermitteln, allerdings treffen den Steuerpflichtigen und andere Beteiligte nach § 90 Abs. 1 AO gewisse Mitwirkungspflichten (z.B. die Pflicht zur Abgabe von Steuer- bzw. Feststellungserklärungen). Nach § 162 AO können Besteuerungsgrundlagen geschätzt werden, wenn Mitwirkungspflichten verletzt werden. Eine solche Schätzung stellt bei Unternehmenswerten ohnehin den Regelfall dar, sofern der gemeine Wert nicht aus Börsenkursen oder tatsächlich gezahlten Verkaufspreisen abgeleitet werden kann.[1] Für die Erbschaftsteuer sind die steuerlichen Werte des Betriebsvermögens und von Anteilen an Kapitalgesellschaften nach § 151 Abs. 1 BewG **gesondert festzustellen**. Für die Wertfeststellung bedarf es – in den durch § 11 Abs. 2 Satz 2 Halbs. 2 BewG gezogenen Anwendungsgrenzen – auch der Wahl einer bestimmten „anerkannten und üblichen" Bewertungsmethode.[2] Das sog. vereinfachte Ertragswertverfahren (§§ 199 ff. BewG) kann nur angewendet werden, wenn es nicht zu „offensichtlich unzutreffenden Ergebnissen" führt (zu diesem Problemkreis vgl. näher *Kohl*, § 26 Rz. 218 ff.). Die Wertfeststellung ist Grundlagenbescheid für die Festsetzung der Erbschaftsteuer und selbständig angreifbar (§ 155 BewG). Ge-

74

---

1 Siehe nur *Meincke*, 16. Aufl. 2012, § 12 ErbStG Rz. 20.
2 Für einen Überblick *Wollny*, Unternehmensbewertung für die Erbschaftsteuer, 2012, Rz. 987 ff.

gen Steuerverwaltungsakte der Finanzverwaltung ist nach § 33 FGO der Rechtsweg zu den **FG** eröffnet. Im finanzgerichtlichen Verfahren gilt wiederum der Amtsermittlungsgrundsatz (§ 76 FGO).

VII. Ausblick

1. Vom „theoretisch richtigen Wert" zur Bandbreite „vertretbarer" Werte

75 Angesichts der Komplexität der Bewertungsaufgabe können Juristen und Ökonomen das „Rechtsproblem" Unternehmensbewertung nur gemeinsam bewältigen. Dazu bedarf es neben einem wissenschaftlichen Diskurs über die Fächergrenzen hinweg vor allem einer vertrauensvollen Zusammenarbeit von Richtern und Sachverständigen. Ausgangspunkt muss die Einsicht sein, dass Entscheidungen über unternehmenswertabhängige Rechtsfolgen „**in erster Linie Rechtsanwendung**" sind.[1] Für die „Rollenverteilung" vor Gericht heißt das, dass es die Aufgabe des Richters ist, das „normgerechte" Bewertungsziel festzulegen, während die Auswahl einer geeigneten Schätzungsmethode und die eigentliche Wertermittlung nur unter Mitwirkung der betriebswirtschaftlichen Sachverständigen erfolgen kann. Allerdings muss der Richter auch im Bereich der Tatsachenfeststellung „das letzte Wort" behalten, denn er hat die Sachverständigengutachten einer eigenständigen inhaltlichen Würdigung zu unterziehen und dabei insbesondere zu prüfen, ob die Bewertung eine ausreichende tatsächliche Grundlage für eine Schätzung nach § 287 Abs. 2 ZPO darstellt. Den Gerichten kommt also auch auf der Tatsachenebene eine wichtige „Filterfunktion" bei der Methodenauswahl zu.

76 Unternehmensbewertungen sind – so die griffige Formel des OLG Stuttgart – nicht mehr als „Anhaltspunkte" für eine Schätzung,[2] „weil die Wertermittlung nach den einzelnen Methoden mit zahlreichen prognostischen Schätzungen und methodischen Einzelentscheidungen verbunden ist, die jeweils nicht einem Richtigkeits-, sondern nur einem Vertretbarkeitsurteil zugänglich sind." Ungeachtet dieser Unsicherheiten darf der Richter das „Vertretbarkeitsurteil" nicht dem Sachverständigen oder dem IDW überlassen, sondern muss sich selbst ein Bild von den methodischen Grundlagen der Schätzung und dem „Realitätsbezug" der verschiedenen Bewertungskonzepte machen. Die zunehmende Einsicht in die „Scheinrationalität"[3] von Ertragswerten sollte einen Paradigmenwechsel **vom „theoretisch richtigen"[4] Wert hin zu einer „Bandbreite vertretbarer Werte"** auslösen. Ferner ist ein ergebnisoffener Diskurs über die Vor- und Nachteile unterschiedlicher Bewertungsansätze erforderlich, um die

---

1 Siehe OLG Düsseldorf v. 8.8.2013 – I-26 W 15/12, NZG 2014, 1393: „Die gerichtliche Bestimmung der angemessenen Abfindung sowie des angemessenen Ausgleichs und die ihr zugrunde liegende Unternehmensbewertung sind in erster Linie Rechtsanwendung."
2 OLG Stuttgart v. 14.9.2011 – 20 W 6/08, AG 2012, 49.
3 So *Luttermann*, NZG 2007, 611 (614).
4 Zum Ertragswert als „theoretisch richtigem Wert" BGH v. 9.11.1998 – II ZR 190/97, BGHZ 140, 35 (38) = GmbHR 1999, 31 = AG 1999, 122.

gerichtliche Praxis von der einseitigen Orientierung am IDW-Standard[1] zu lösen und – im Sinne von mehr Methodenpluralität – noch stärker für marktanalytische Methoden zu öffnen.[2] Die Anerkennung von „Bandbreiten vertretbarer Unternehmenswerte" gibt den Gerichten auch die Chance, sich bei der richterlichen Kontrolle von Abfindungen und anderen Ansprüchen deutlicher als bisher auf die Feststellung relevanter, d.h. „wesentlicher" Abweichungen vom gesetzlich vorgegebenen Normwert zu beschränken.[3]

2. Internationale Unternehmensbewertung

Der zunehmende internationale Wirtschaftsverkehr stellt auch das Recht der Unternehmensbewertung vor neue Herausforderungen. Man denke nur an grenzüberschreitende Unternehmenszusammenschlüsse, bei denen – wenn es um die Abfindung ausscheidender Aktionäre geht – zwei Rechtsordnungen berührt sind, oder an die Folgebewertung von Unternehmensbeteiligungen nach Internationalen Rechnungslegungsstandards (IAS/IFRS). Diese Entwicklungen und das gewachsene rechtsvergleichende Interesse an ausländischen Bewertungsvorschriften lassen sich schlagwortartig unter dem Stichwort „Internationale Unternehmensbewertung"[4] zusammenfassen, betreffen jedoch **unterschiedliche Bereiche**: Zum einen kann eine verstärkte Rechtsvergleichung – z.B. im Bereich der gesellschaftsrechtlichen Abfindungsansprüche[5] – das Problembewusstsein vertiefen und wertvolle Anregungen für die Weiterentwicklung des deutschen und europäischen Gesellschaftsrecht geben (vgl. näher *Fleischer*, § 31). Zum anderen ist im Bereich des Internationalen Privatrechts zu klären, nach welcher Rechtsordnung der Richter z.B. bei grenzüberschreitenden Unternehmensumstrukturierungen über die Abfindung von Minderheitsaktionären zu entscheiden hat. Im Bereich des internationalen Rechnungslegungsrechts geht es hingegen vor allem um die richtige Auslegung der einschlägigen Rechnungslegungsstandards, die über die IAS-Verordnung[6] auch Teil des von deutschen börsennotierten Konzernmutterunternehmen verpflichtend anzuwendenden europäischen Bilanzrechts geworden sind (dazu *Leverkus*, § 25).

77

---

1 Dazu OLG Stuttgart v. 24.7.2013 – 20 W 2/12, AG 2013, 840 (841): „Als anerkannt und gebräuchlich in diesem Sinne ist derzeit nicht nur, aber jedenfalls auch das anzusehen, was von dem Institut der Wirtschaftsprüfer (IDW) in dem Standard IDW S 1 sowie in sonstigen Verlautbarungen des Fachausschusses für Unternehmensbewertung und Betriebswirtschaft (FAUB) vertreten wird"; kritisch zur Dominanz des IDW-Standards etwa *Fleischer*, AG 2014, 97 (99); *Hüttemann*, WPg 2008, 822 (824 f.); *Stilz* in FS Goette, 2012, S. 529 (534 ff.).
2 In diese Richtung zielen auch die „Best-Practice-Empfehlungen" des DVFA-Arbeitskreises „Corporate Transactions and Valuation", CFB 2012, 43.
3 Vgl. *Hüttemann*, WPg 2008, 822 (824 f.).
4 Vgl. dazu zuerst *Großfeld*, NZG 2002, 353; *Großfeld* in Heintzen/Kruschwitz, Unternehmen bewerten, S. 101; *Großfeld* in FS Yamauchi, 2006, S. 123; *Großfeld*, Recht der Unternehmensbewertung, Rz. 1365 ff.
5 Dazu eingehend *Fleischer*, AG 2014, 97 ff.
6 VO Nr. 1606/2002 v. 19.7.2002, ABl. EG v. 11.9.2002, L 243/1.

3. Reform der rechtlichen Bewertungsvorgaben?

78 Der deutsche Gesetzgeber hat sich mit Vorschriften zur Unternehmensbewertung bisher eher zurückgehalten. Die gesetzgeberischen Aktivitäten der letzten Jahre beschränkten sich auf die Umsetzung verfassungsrechtlicher Vorgaben in besonders relevanten Bereichen (Spruchverfahrensgesetz[1], Reform der erbschaftsteuerliche Bewertungsvorschriften[2]). Dagegen hat sich der Rechtszustand im Gesellschafts-, Familien- und Erbrecht, was das Bewertungsrecht angeht, seit 1900 kaum geändert. Angesichts der gewachsenen Bedeutung der „rechtsgebundenen" Unternehmensbewertung liegt es nahe, über denkbare Ansatzpunkten für eine **Reform der rechtlichen Bewertungsvorgaben** nachzudenken.

79 Eine gesetzliche **Regelung des Bewertungsziels** dürfte bei § 738 Abs. 1 Satz 2 BGB entbehrlich sein, weil mit der Liquidationshypothese die Bewertungsperspektive vorgezeichnet ist. Auch im Familien- und Erbrecht dürfte eine Verankerung des Verkehrswertes vor dem Hintergrund der Ausnahmeregelungen in §§ 1376 Abs. 4, 1515 Abs. 4, 2049, 2312 BGB unnötig sein. Allenfalls bei § 305 Abs. 3 Satz 2 AktG könnte eine Bezugnahme auf § 738 Abs. 1 Satz 2 BGB hilfreich sein, um den gemeinsamen Grundgedanken der gesellschaftsrechtlicher Abfindungsansprüche zu verdeutlichen. Im Bereich der Tatsachenfeststellung ist zunächst an eine Präzisierung des § 287 ZPO zu denken, um die Möglichkeiten und Grenzen richterlicher Schätzung gesetzlich besser zu verankern.[3] Fraglich ist allerdings, ob der Gesetzgeber für Zwecke der Unternehmensbewertung eine bestimmte Bewertungsmethode gesetzlich festschreiben sollte, um den Gerichten eine eigene Methodenauswahl zu ersparen und die gerichtliche Bewertungspraxis zu vereinheitlichen. Überlegenswert erscheint ein solcher Ansatz nur bei börsennotierten Aktiengesellschaften, wo man – nach dem Vorbild von § 31 Abs. 1 WpÜG und § 11 Abs. 1 BewG – den **Börsenkurs als Regelwert** der Barabfindung festschreiben könnte.[4] Verfassungsrechtliche Bedenken erscheinen insoweit unbegründet,[5] allerdings müsste der Gesetzgeber dann wohl auch die Ausnahmefälle normieren, in denen – z.B. wegen Marktenge oder Manipulation – der Börsenkurs ausnahmsweise nicht maßgebend sein kann. Ob sich außerhalb dieses Bereichs eine Normierung bestimmter Be-

---

1 BVerfG v. 7.8.1962 – 1 BvL 16/60, BVerfGE 14, 263; BVerfG v. 27.4.1999 – 1 BvR 1613/94, BVerfGE 100, 289 = AG 1999, 566.
2 Zu den verfassungsrechtlichen Vorgaben für die Bewertung vgl. BVerfG v. 22.6.1995 – 2 BvR 552/91, BStBl. II 1995, 671 = GmbHR 1995, 679; BVerfG v. 7.11.2006 – 1 BvL 10/02, BStBl. II 2007, 192 = GmbHR 2007, 320.
3 Dafür dezidiert *Prütting*, MünchKomm. ZPO, 4. Aufl. 2013, § 287 ZPO Rz. 36.
4 Vgl. auch den Beschluss des 68. DJT 2008, Bd. II/1, N 104: „Für Abfindungen und entsprechende Bewertungen ist bei börsennotierten Gesellschaften im Rahmen der verfassungsrechtlichen Grenzen grundsätzlich auf einen durchschnittlichen Börsenkurs abzustellen." Aus dem Schrifttum etwa *Tonner* in FS K. Schmidt, 2009, S. 1581 (1589 f.); *Decher* in FS Maier-Reimer, 2010, S. 57 (69 ff.); *Stilz* in FS Goette, 2012, S. 529 (543).
5 Nach der ständigen Rechtsprechung des BVerfG schreibt die Verfassung keine bestimmte Bewertungsmethode vor, vgl. nur BVerfG v. 26.4.2011 – 1 BvR 2658/10, AG 2011, 511; ebenso bereits *Hüttemann*, ZGR 2001, 454 (467 ff.).

wertungsmethoden empfiehlt, erscheint eher zweifelhaft, weil man auf diese Weise die rechtsgebundene Unternehmensbewertung vom Erkenntnisfortschritt der Bewertungslehre „abkoppeln" würde.[1] Vielmehr stellt sich umgekehrt die Frage, ob der Gesetzgeber das **Prinzip der Methodenvielfalt gesetzlich verankern sollte**, um die praktische Dominanz der IDW-Standards ganz bewusst zurückzudrängen. Insoweit wäre an eine Regelung nach dem Vorbild des § 11 Abs. 2 Satz 2 BewG zu denken, die Bewertungen nach jeder „anerkannten, auch im gewöhnlichen Geschäftsverkehr [...] üblichen Methode" zulässt. Ob sich ein **vereinfachtes Ertragswertverfahren** nach dem Vorbild der §§ 199 ff. BewG für zivilrechtliche Bewertungsanlässe empfiehlt, bedarf weiterer Überlegungen. Der Vereinfachungseffekt dürfte bei einem freiwillig anzuwendenden Bewertungsstandard eher gering sein, weil sich jeder Beteiligte eines Rechtsstreits fragen wird, ob die Bewertung nach einer anderen „anerkannten" Methode für ihn günstiger ist. Gegen eine verbindliche Einführung eines vereinfachten Verfahrens sprechen aber die systematischen Verzerrungen, die mit starren Bewertungsvorgaben (z.B. festen Risikozuschlägen) zwangsläufig verbunden sind. Sinnvoller erscheint es, dass die gerichtliche Praxis selbst im Rahmen des ihr eingeräumten Schätzungsermessens und im fachlichen Gespräch mit den Bewertungsexperten nach sachgerechten Bewertungsvereinfachungen sucht, die – im Sinne des oben vorgeschlagenen „Bandbreitenansatzes" (vgl. oben Rz. 75 f.) – den Möglichkeiten, aber auch den Grenzen richterlicher Wertschätzungen Rechnung trägt.

---

[1] Zutreffend *Fleischer*, AG 2014, 97 (110).

§ 2
Betriebswirtschaftliche Bewertungstheorie

	Rz.		Rz.
I. Einleitung	1	2. Gesamtbewertung und Zukunftsbezug	30
II. Erläuterung verwendeter Begriffe	4	3. Einzubeziehende Erfolgsgrößen und Zuflussprinzip	32
III. Entwicklungshistorie der Unternehmensbewertung	6	4. Sonstige Bewertungsgrundsätze gemäß IDW S 1	34
1. Objektive Werttheorie	7	VI. Ausgewählte Bewertungsverfahren	36
2. Subjektive Werttheorie	11	1. Einzelbewertungsverfahren	
3. Funktionale Werttheorie	15	a) Liquidationswert	37
IV. Anlässe für Unternehmensbewertungen	16	b) Substanzwert	40
V. Funktionale Unternehmensbewertung	19	2. Gesamtbewertungsverfahren	
1. Bewertungsfunktionen		a) Ertragswertverfahren gemäß IDW S 1	44
a) Abgrenzung der Funktionen	20	b) Discounted-Cashflow-Verfahren	48
b) Beratungsfunktion	21	c) Multiplikatorverfahren	51
c) Vermittlungsfunktion	23	3. Mischverfahren	53
d) Argumentationsfunktion	25	VII. Ausblick	55
e) Nebenfunktionen	27		
f) Funktionen gemäß IDW S 1	28		

Schrifttum: *Ballwieser*, Methoden der Unternehmensbewertung, in Gebhardt/Gerke/Steiner (Hrsg.), Handbuch des Finanzmanagements, 1993, S. 151; *Ballwieser*, Unternehmensbewertung mit Discounted Cash Flow-Verfahren, WPg 1998, 81; *Ballwieser*, Aktuelle Aspekte der Unternehmensbewertung, WPg 1995, 119; *Ballwieser*, Verbindungen von Ertragswert- und Discounted-Cashflow-Verfahren, in Peemöller (Hrsg.), Praxishandbuch der Unternehmensbewertung, 5. Aufl. 2012, S. 499; *Ballwieser/Hachmeister*, Unternehmensbewertung – Prozess, Methoden und Probleme, 4. Aufl. 2013; *Böcking*, Das Verbundberücksichtigungsprinzip als Grundsatz ordnungsmäßiger Unternehmensbewertung, FS Moxter, 1994, S. 1407; *Busse von Colbe*, Gesamtwert der Unternehmung, in Kosiol (Hrsg.), Handwörterbuch des Rechnungswesens, 1970, Sp. 570; *Busse von Colbe*, Der Zukunftserfolg. Die Ermittlung des künftigen Unternehmungserfolges und seine Bedeutung für die Bewertung von Industrieunternehmen, 1957; *Coenenberg/Schultze*, Unternehmensbewertung: Konzeptionen und Perspektiven, DBW 2002, 597; *Drukarczyk/Schüler*, Unternehmensbewertung, 6. Aufl. 2011; *Ernst/Schneider/Thielen*, Unternehmensbewertungen erstellen und verstehen, 5. Aufl. 2012; *Fleischer/Scheider*, Der Liquidationswert als Untergrenze der Unternehmensbewertung bei gesellschaftsrechtlichen Abfindungsansprüchen, DStR 2013, 1736; *Gerling*, Unternehmensbewertung in den USA, 1985; *Hering*, Unternehmensbewertung, 2. Aufl. 2006; *Herzog*, Der Substanzwert im Rahmen der Unternehmensbewertung. Ein Diskussionsbeitrag, DB 1962, 1615; *Hüttemann*, Unternehmensbewertung als Rechtsproblem, ZHR 1998, 563; *Institut der Wirtschaftsprüfer*, IDW Standard: Grundsätze zur Durchführung von Unternehmensbewertungen (IDW S 1 i.d.F. 2008), IDW FN 2008, 271; *Institut der Wirtschaftsprüfer*, WP Handbuch 2014, Wirtschaftsprüfung, Rechnungslegung, Beratung, Band II, 14. Aufl. 2014; *Kolbe*, Ermittlung von Gesamtwert und Geschäftswert der Unternehmung, 1959; *Küting*, Der Geschäfts- oder Firmenwert in der deutschen Konsolidierungspraxis 2012 – Ein Beitrag zur empirischen Rechnungslegungsforschung, DStR 2013, 1794; *Liebermann*, Der

Ertragswert der Unternehmung, 1923; *Mandl/Rabel*, Unternehmensbewertung, 1997; *Mandl/Rabel*, Methoden der Unternehmensbewertung, in Peemöller (Hrsg.), Praxishandbuch der Unternehmensbewertung, 5. Aufl. 2012, S. 49; *Matschke*, Der Arbitrium- oder Schiedsspruchwert der Unternehmung – Zur Vermittlerfunktion eines unparteiischen Gutachters bei der Unternehmungsbewertung, BFuP 1971, 508; *Matschke*, Funktionale Unternehmensbewertung, Band II: Der Arbitriumwert der Unternehmung, 1979; *Matschke/Brösel*, Unternehmensbewertung – Funktionen, Methoden, Grundsätze, 4. Aufl. 2013; *Mellerowicz*, Der Wert der Unternehmung als Ganzes, 1952; *Moxter*, Grundsätze ordnungsmäßiger Unternehmensbewertung, 1976; *Moxter*, Grundsätze ordnungsmäßiger Unternehmensbewertung, 2. Aufl. 1983; *Münstermann*, Wert und Bewertung der Unternehmung, 1. Aufl. 1966; *Münstermann*, Wert und Bewertung der Unternehmung, 3. Aufl. 1970; *Peemöller*, Wert und Werttheorien, in Peemöller (Hrsg.), Praxishandbuch der Unternehmensbewertung, 5. Aufl. 2012, S. 1; *Peemöller*, Anlässe der Unternehmensbewertung, in Peemöller (Hrsg.), Praxishandbuch der Unternehmensbewertung, 5. Aufl. 2012, S. 17; *Peemöller*, Grundsätze ordnungsmäßiger Unternehmensbewertung, in Peemöller (Hrsg.), Praxishandbuch der Unternehmensbewertung, 5. Aufl. 2012, S. 29; *Piltz*, Unternehmensbewertung in der Rechtsprechung, 3. Aufl. 1994; *Schildbach*, Kölner vs. phasenorientierte Funktionslehre der Unternehmensbewertung, BFuP 1993, 25; *Schmalenbach*, Die Werte von Anlagen und Unternehmungen in der Schätzungstechnik, ZfhF 1917/18, 1; *Seppelfricke*, Handbuch Aktien- und Unternehmensbewertung, 4. Aufl. 2012; *Sieben*, Der Substanzwert der Unternehmung, 1963; *Sieben*, Funktionen der Bewertung ganzer Unternehmen und von Unternehmensteilen, WISU 1983, 539; *Sieben/Löcherbach/Matschke*, Bewertungstheorie, in Grochla/Wittmann (Hrsg.), Handwörterbuch der Betriebswirtschaft, 4. Aufl. 1974, Sp. 839; *Sieben/Maltry*, Der Substanzwert der Unternehmung, in Peemöller (Hrsg.), Praxishandbuch der Unternehmensbewertung, 5. Aufl. 2012, S. 653; *Walb*, Betrachtungen über Wertarten und stille Reserven im Zusammenhang mit der Frage der Bewertung von Unternehmungen und Unternehmungsanteilen sowie der Gesellschafterabfindung, ZfhF 1940, 1.

I. Einleitung

Aus ökonomischer Perspektive besteht die Aufgabe einer Unternehmensbewertung in der Ermittlung des Nutzens, den die zu bewertende Einheit dem jeweiligen wirtschaftlichen Eigentümer zu stiften im Stande ist. Dieser Nutzen bemisst sich überwiegend an den monetären Mitteln, die aus der Unternehmung „herausholbar"[1] sind. Da das **Herausholbare** in erster Linie in den zukünftig erwirtschafteten Überschüssen besteht,[2] werden regelmäßig zukunftsorientierte Bewertungsverfahren verwendet. Eine wesentliche Anforderung an eine ordnungsgemäße Bewertung besteht deshalb darin, die wirtschaftlichen Chancen und Risiken bezüglich der Erfolgspotentiale des Unternehmens möglichst vollständig in die Wertermittlung einzubeziehen. Dieser Anforderung muss der Bewertende durch geeignete Prognoseverfahren gerecht werden,[3] obgleich zu betonen ist, dass durch die **Zukunftsorientierung** gewisse **Ermessensentscheidungen** der Beteiligten nicht zu vermeiden sind.

Gegenwärtig besteht in der betriebswirtschaftlichen Forschung weitgehend Konsens darüber, dass das Resultat einer Unternehmensbewertung abhängig von der jeweiligen Funktion der Bewertung zu sehen ist. Besteht bspw. die Auf-

---

1 *Moxter*, Grundsätze ordnungsmäßiger Unternehmensbewertung, 1976, S. 49.
2 Vgl. *Münstermann*, Wert und Bewertung der Unternehmung, S. 29.
3 Vgl. *Peemöller*, Wert und Werttheorien, S. 3.

gabe in einer privaten Einschätzung eines subjektiven Unternehmenswertes, so kann sich das Resultat dieser Bewertung wesentlich von dem bei der Ermittlung eines objektivierten Wertes oder eines Vermittlungswertes zwischen zwei Verhandlungspartnern unterscheiden. Demnach gibt es keinen „schlechthin richtigen Unternehmenswert"[1], da der „**richtige Unternehmenswert jeweils der zweckadäquate**"[2] ist. Diese Festlegung ist vor allem deshalb von Bedeutung, weil ohne eine Identifikation des Bewertungszweckes keine sinnvollen und nachvollziehbaren Bewertungsannahmen verwendet werden können. Zudem beeinflusst die Festlegung auf einen spezifischen Bewertungszweck schon früh die in die Berechnung eingehenden Bewertungsparameter.

3   Nachdem im vorangegangenen § 1 dieses Handbuchs eine überwiegend juristische Perspektive eingenommen wurde, verdeutlicht dieses Kapitel wesentliche Aspekte der Unternehmensbewertung aus betriebswirtschaftlicher Sicht. Dafür werden zunächst grundlegende Begriffe erläutert und anschließend ein Überblick darüber verschafft, wie sich die verschiedenen Bewertungskonzeptionen im Laufe der Zeit entwickelten. Im Rahmen dessen wird sowohl auf die **objektive** als auch auf die **subjektive** und schließlich auf die **funktionale Bewertungskonzeption** eingegangen. Aufgrund der breiten Akzeptanz der Funktionsabhängigkeit der Unternehmensbewertung bauen die weiteren Ausführungen auf dieser Konzeption auf. Die abschließende Zusammenfassung ausgewählter Verfahren dient in erster Linie der Erläuterung ihrer betriebswirtschaftlichen Bewertungsfunktion.

II. Erläuterung verwendeter Begriffe

4   Als Grundlage für die nachfolgenden Ausführungen sollen zunächst die wichtigsten Begriffe im Themenfeld der Unternehmensbewertung erläutert werden. Grundsätzlich wird unter einem **Bewertungsvorgang** die Zuordnung eines regelmäßig monetären Wertes zu einem Bewertungsobjekt aus der Sicht eines Bewertungssubjektes verstanden.[3] Das **Bewertungssubjekt** ist demnach diejenige natürliche oder juristische Person, aus deren Perspektive die Bewertung vorgenommen wird. Für den Fall, dass der Bewertungsanlass in einer angestrebten Unternehmensakquisition besteht, werden die Bewertungssubjekte als (potentielle) Käufer/Erwerber und Verkäufer/Veräußerer bezeichnet. Als **Bewertungsobjekt** gilt hingegen dasjenige Unternehmen oder derjenige abgrenzbare Unternehmensteil, der einer Bewertung unterzogen wird. Regelmäßig werden hierfür pauschalierend die Begriffe Unternehmen oder Unternehmung bzw. (Bewertungs-) Einheit verwendet. Die Abgrenzung des Bewertungsobjekts erfolgt stets aus wirtschaftlicher Perspektive, weshalb es nicht zwingend erforderlich ist, dass es sich bei diesem um eine rechtliche Einheit handelt.[4] So können bspw.

---

1   *Moxter*, Grundsätze ordnungsmäßiger Unternehmensbewertung, 2. Aufl. 1983, S. 6.
2   *Moxter*, Grundsätze ordnungsmäßiger Unternehmensbewertung, 2. Aufl. 1983, S. 6.
3   Vgl. *Sieben/Löcherbach/Matschke*, Bewertungstheorie, Sp. 840.
4   Vgl. *Ballwieser/Hachmeister*, Unternehmensbewertung, S. 6.

einzelne Unternehmenssegmente oder Betriebsstätten einer Bewertung unterzogen werden. Bei der die Bewertung vornehmenden Person kann es sich sowohl um das Bewertungssubjekt selbst als auch um eine außenstehende Person handeln.

Eine grundsätzliche Unterscheidung der Bewertungsverfahren besteht zwischen den verschiedenen Formen der Gesamtbewertung und der Einzelbewertung (siehe zu den Ausprägungen der Bewertungsverfahren unten Rz. 36–54). Der Gegenstand der **Einzelbewertungsverfahren** ist die Ermittlung des Wertes als Summe der einzelnen dem Unternehmen zurechenbaren Vermögensgegenstände abzgl. der Schulden. Im Gegensatz dazu wird im Rahmen der **Gesamtbewertungsverfahren** auf den Wert eines Unternehmens als Gesamtheit abgestellt. Die Gesamtbewertung erfolgt regelmäßig anhand der zukünftig durch die Unternehmenseinheit generierten Erträge, während sich die Einzelbewertungsverfahren meist historischer Transaktionsdaten der einzelnen Bestandteile bedienen.

III. Entwicklungshistorie der Unternehmensbewertung

Die Unternehmensbewertung unterliegt in Theorie und Praxis seit jeher einem stetigen Wandel. Während zunächst überwiegend die objektive Unternehmensbewertungstheorie die wirtschaftswissenschaftliche Diskussion dominierte, verlagerte sich die herrschende Meinung zunehmend dahingehend, dass auch der subjektive Charakter des Unternehmenswertes herausgestellt wurde. **Beide Konzepte** wurden in die sog. **Funktionslehre** der Unternehmensbewertung integriert, gemäß der das Resultat einer Unternehmensbewertung maßgeblich vom Zweck der Vornahme der Bewertung abhängig ist. Nachfolgend sollen die prägenden Bewertungsverfahren sowie die zugrunde gelegten Annahmen und die Entwicklungsschritte der verschiedenen Konzeptionen dargelegt werden.

1. Objektive Werttheorie

Die objektive Unternehmensbewertungstheorie dominierte die im betriebswirtschaftlichen Schrifttum vertretene Meinung bis zu Beginn der 1960er Jahre.[1] Im Kern besteht die Zielsetzung in der Ermittlung desjenigen (Markt-) Wertes einer Unternehmung, der unabhängig von den an der Bewertung beteiligten Akteuren den **„objektiven Nutzen des Betriebes"**[2] abbildet. So wurde der Konzeption die (heute widerlegte) Auffassung zugrunde gelegt, der Unternehmenswert sei eine **intersubjektiv feststellbare Eigenschaft**.[3] Folglich messe jeder in-

---

1 Für eine Zusammenfassung der zu diesem Zeitpunkt vertretenen Positionen s. *Gerling*, Unternehmensbewertung in den USA, S. 6–9. Zu den Vertretern dieser Auffassung s. die Nennungen in *Münstermann*, Wert und Bewertung, S. 20–28 sowie *Matschke/Brösel*, Unternehmensbewertung, S. 14.
2 *Mellerowicz*, Der Wert der Unternehmung als Ganzes, S. 12 f.
3 Vgl. *Peemöller*, Wert und Werttheorien, S. 4.

formierte und rational agierende Marktteilnehmer dem Bewertungsobjekt denselben monetären Wert bei.[1]

8 Im Rahmen der objektiven Unternehmensbewertungskonzeption werden möglichst intersubjektiv feststellbare Wertkomponenten herangezogen. Demzufolge bietet sich die Bestimmung des Unternehmenswertes anhand der Summe der einzeln bewertbaren Vermögensgegenstände abzgl. der Schulden an. Da sich die Einzelbewertungsverfahren **historischer oder gegenwärtiger Preise** bedienen, ergeben sich zwar objektiv nachvollziehbare Werte, jedoch resultiert daraus ein deutlicher Vergangenheitsbezug dieser Bewertungskonzeption. Werden im Rahmen der Ermittlung eines objektiven Wertes auch die Zukunftserfolge als Wertkomponente einbezogen, so wird die gegenwärtige Ertragskraft überwiegend als Differenz zwischen Ertrag und Aufwand der Folgeperioden definiert, wobei von der **unveränderten Weiterführung des gegenwärtigen Geschäftsmodells** und marktüblichen Diskontierungssätzen auszugehen ist.[2]

9 Mithilfe der objektiven Bewertungskonzeption kann nicht überzeugend begründet werden, weshalb verschiedene Marktteilnehmer im Zusammenhang mit einer Unternehmensakquisition auch bei gleichen Bewertungsverfahren zu unterschiedlichen Wertvorstellungen gelangen. Von den Vertretern der objektiven Bewertungstheorie wurde lediglich argumentiert, die Bewertenden seien entweder aufgrund unterschiedlicher Methoden oder mangelnder Beobachtbarkeit der Unternehmenseigenschaften zu differierenden Ergebnissen gelangt bzw. hätten zwar identische Ergebnisse erlangt, würden diese jedoch aus strategischen oder persönlichen Gründen nicht in selbiger Form kommunizieren.[3] Als zentrales Problem einer objektiven Bewertung erweist sich zudem, dass die Herangehensweise **keine entscheidungsnützlichen Informationen** liefern kann, da kein Subjektbezug besteht. Aus diesem Grund ist ein objektiver Unternehmenswert auch nicht in der Lage, zwischen Käufer und Verkäufer zu vermitteln, da für beide Seiten die jeweiligen subjektiven Wertvorstellungen entscheidend sind.[4]

10 Aufgrund der grundlegenden Defizite der objektiven Bewertungstheorie spielt diese in der wirtschaftswissenschaftlichen Diskussion nahezu keine Rolle mehr. Vom objektiven Unternehmenswert ist jedoch der **objektivierte Unternehmenswert** zu unterscheiden. Während bei der Ermittlung eines objektiven Unternehmenswertes versucht wird, meist vergangenheitsbezogen einen dem Unternehmen innewohnenden Wert in Form einer Eigenschaft zu bestimmen, bemisst sich der objektivierte Unternehmenswert am Zukunftserfolg, den ein typisierter Eigentümer bzw. Erwerber durch das Unternehmen generieren kann. Verschiedene Bewertungsanlässe wie bspw. die Ermittlung angemessener Abfindungen von Gesellschaftern oder steuerrechtliche Vorgaben erfordern die Bestimmung eines solchen objektivierten Wertes. Der berufsständische

---

1 Vgl. zur Begründung dieser Auffassung bspw. *Herzog*, DB 1962, 1615 und *Kolbe*, Ermittlung von Gesamtwert und Geschäftswert der Unternehmung, S. 26.
2 Vgl. *Matschke/Brösel*, Unternehmensbewertung, S. 14.
3 Vgl. *Peemöller*, Wert und Werttheorien, S. 4 f.
4 Vgl. *Matschke/Brösel*, Unternehmensbewertung, S. 16.

Standard S 1 des *Instituts der Wirtschaftsprüfer in Deutschland* (nachfolgend IDW S 1) verlangt die Ermittlung eines objektivierten Unternehmenswertes durch einen Wirtschaftsprüfer in der Rolle als **neutraler Gutachter** (siehe zum objektivierten Wert § 1 Rz. 7).

2. Subjektive Werttheorie

Zwar wurde die Subjektivität von Unternehmenswerten schon zu Beginn des letzten Jahrhunderts[1] verbreitet anerkannt, doch gewann die Konzeption der subjektiven Unternehmensbewertung erst in den 1960er Jahren zunehmend an Bedeutung.[2] Es wurde beabsichtigt, die Defizite der objektiven Bewertungstheorie zu beheben, die sowohl in der Vorstellung bestanden, man könne die Subjektivität bei der Bewertung vernachlässigen, als auch in den dafür notwendigen „völlig unrealistischen Annahmen"[3]. Die Vertreter der subjektiven Bewertungstheorie stellten hingegen darauf ab, dass der Wert einer Unternehmung maßgeblich von den **Absichten und Planungen des Bewertungssubjekts** sowie dessen individuellen **Ressourcen und Restriktionen** abhängig ist. Entsprechend ergibt sich aus der Perspektive eines jeden Bewertungssubjektes ein individueller Unternehmenswert. Im Fall einer sich anbahnenden Akquisition werden die maximale Zahlungsbereitschaft des potentiellen Käufers und der vom Verkäufer mindestens geforderte Transaktionspreis durch sog. **Grenzpreise** abgebildet. Der Grenzpreis des potentiellen Käufers entspricht dem Nutzen, den das Objekt zukünftig mindestens erbringen muss, ohne dass sich dieser durch die Transaktion schlechter stellt. Liegt der Grenzpreis des Käufers über dem des Verkäufers, so ergibt sich ein Verhandlungsraum, innerhalb dessen ein Transaktionspreis gefunden werden kann.

11

Die subjektive Unternehmensbewertung basiert u.a. auf den Prinzipien der **Gesamtbewertung** und des **Zukunftsbezugs**. Die Bewertung eines Unternehmens als Ganzes, im Gegensatz zur Einzelbewertung, trägt dem Umstand in angemessener Form Rechnung, dass verschiedene nicht monetär quantifizierbare immaterielle Vermögensgegenstände oder sonstige Eigenschaften des Unternehmens wie Geschäftsmodell oder Know-how die Werthaltigkeit wesentlich mitbestimmen.[4]

12

Aufgrund der Verwendung der Gesamtbewertungsverfahren finden also auch solche Eigenschaften Einzug in die Bewertung des Unternehmens als Gesamtheit, die nicht objektiv einzeln bewertbar sind. Speziell die Einbeziehung der **zukünftigen Synergien** zwischen dem potentiellen Erwerber und dem Bewertungsobjekt stellt ein entscheidendes Differenzierungsmerkmal zu der objekti-

13

---

1 Vgl. *Liebermann*, Der Ertragswert der Unternehmung, S. 36; *Schmalenbach*, Werte von Unternehmungen, ZfhF 1917/18, 1 (4).
2 Wesentlichen Anteil daran hatten u.a. die folgenden Veröffentlichungen: *Busse von Colbe*, Der Zukunftserfolg, 1957; *Sieben*, Der Substanzwert der Unternehmung, 1963; *Münstermann*, Wert und Bewertung, 1966.
3 *Münstermann*, Wert und Bewertung der Unternehmung, S. 23.
4 *Münstermann*, Wert und Bewertung der Unternehmung, S. 18.

ven Bewertungskonzeption dar.[1] Die **Einzelbewertung** verliert somit an Bedeutung und dient **lediglich als Korrekturgröße**. Die Fokussierung auf zukünftige Erfolgsgrößen wurde in prägnanter Form von *Münstermann* mit den Worten begründet: „Für das Gewesene gibt der Kaufmann nichts."[2]

14 Mithilfe der subjektiven Bewertungskonzeption konnte eine überzeugende Erklärung dafür geliefert werden, dass verschiedene Bewertungssubjekte auch bei gleichen Annahmen bezüglich des Status Quo und derselben Bewertungsverfahren **unterschiedliche Ergebnisse für den Unternehmenswert** erlangen. Rein subjektive Bewertungskonzepte gelangen jedoch dann an ihre Grenzen, wenn der Bewertungszweck eine objektivierte Vorgehensweise erfordert.[3]

3. Funktionale Werttheorie

15 Die Funktionslehre basiert auf den Prinzipien der Subjektivität, der Gesamtbewertung, des Zukunftsbezuges und der **Zweckabhängigkeit**.[4] Als Folge dessen ist es möglich, dass je nach Zweck einer Bewertung abweichende Resultate ermittelt werden. Prägend für die Entwicklung dieses Ansatzes war u.a. *Moxter*, der die Zweckabhängigkeit von Bewertungen schon früh herausstellte.[5] Der funktionalen Unternehmensbewertung liegt außerdem die Erkenntnis zugrunde, dass **sowohl subjektive als auch objektivierte Werte** zweckadäquat sein können.[6] So sind immer dann rein subjektive Unternehmenswerte maßgeblich, wenn der jeweilige Bewertungsanlass den Rückgriff auf die individuellen Verhältnisse der Bewertungssubjekte erfordert. Besteht hingegen nicht die Möglichkeit, solche subjektiven Werte zu bestimmen oder ist dies in einem bestimmten Sachverhalt untersagt, tritt an die Stelle des Subjektivitätsprinzips das Prinzip der Typisierung, wodurch mithilfe von anderweitig beobachtbaren Werten individuelle Verhältnisse fingiert werden.[7]

IV. Anlässe für Unternehmensbewertungen

16 Die möglichen Anlässe für Unternehmensbewertungen sind vielfältig. Zudem werden in der betriebswirtschaftlichen Literatur **verschiedene Kategorisierungen** vorgeschlagen.[8] Ein gebräuchliches Unterscheidungsmerkmal der verschiedenen Bewertungsanlässe besteht darin, dass die Bewertung entweder aufgrund **rechtlicher Vorgaben** zwingend durchzuführen ist, eine (bevorstehende) **privat-**

---

1 Siehe zur Einbeziehung von Synergien *Böcking* in FS Moxter, 1994, S. 1407-1434.
2 *Münstermann*, Wert und Bewertung der Unternehmung, S. 21.
3 Vgl. u.a. *Gerling*, Unternehmensbewertung in den USA, S. 11; *Matschke/Brösel*, Unternehmensbewertung, S. 21.
4 Vgl. *Matschke/Brösel*, Unternehmensbewertung, S. 23 f.
5 Vgl. *Moxter*, Grundsätze ordnungsmäßiger Unternehmensbewertung, 1976, S. 26.
6 Vgl. *Moxter*, Grundsätze ordnungsmäßiger Unternehmensbewertung, 1976, S. 42.
7 Vgl. *Moxter*, Grundsätze ordnungsmäßiger Unternehmensbewertung, 1976, S. 26.
8 Für eine Darstellung möglicher Kategorisierungen s. *Peemöller*, Anlässe der Unternehmensbewertung, S. 19.

rechtliche Vereinbarung dies erfordert oder ein sonstiger Grund diese veranlasst (siehe zu den Bewertungsanlässen ausführlich § 1 Rz. 9 ff.).[1]

Von Rechts wegen vorzunehmende Bewertungen finden überwiegend aufgrund zu leistender **Abfindungszahlungen** an ausscheidende Gesellschafter (§ 738 Abs. 1 Satz 2 BGB; siehe zur Bewertung von Personengesellschaften § 22) bzw. Anteilseigner statt.[2] Eine aktienrechtliche Regelung ist bspw. das sog. **Squeeze-out-Verfahren** nach §§ 327a–327f AktG, gemäß dem Minderheitsaktionären bei erzwungenem Ausscheiden eine *angemessene* Abfindung zusteht. In ähnlicher Form sieht das Aktienrecht vor, dass bei Abschluss von **Gewinnabführungs- und Beherrschungsverträgen** nach § 305 AktG den nicht dominierenden Aktionären eine Abfindung in Aktien des erwerbenden Unternehmens oder in Form einer Barabfindung anzubieten ist (siehe zur Unternehmensbewertung im Aktien- und Konzernrecht § 19).[3]

17

Bewertungen, die aufgrund privatrechtlicher Vereinbarungen erforderlich werden, erfolgen in der Regel im Rahmen von **Akquisitionen** oder bei **freiwilligem Eintritt oder Austritt von Gesellschaftern**. Anlässe, die weder gesetzlich vorgeschrieben noch auf Änderungen der Eigentumsstruktur des Unternehmens bezogen sind, können u.a. bei der Beurteilung der Kreditwürdigkeit durch Banken bzw. Rating-Agenturen vorliegen. Darüber hinaus nutzen Unternehmen verschiedene Formen von Bewertungsverfahren zur internen Steuerung.[4]

18

V. Funktionale Unternehmensbewertung

Die primäre Quelle der Grundsätze ordnungsmäßiger Unternehmensbewertung ist die Betriebswirtschaftslehre. Dieser Abschnitt erläutert die wesentlichen Bewertungsfunktionen unter Berücksichtigung der wegweisenden Veröffentlichungen u.a. *Moxters* und *Matschkes* sowie des gegenwärtigen Forschungsstandes. Ergänzend werden wesentliche Grundsätze ordnungsmäßiger Unternehmensbewertung und die berufsständischen Grundsätze des IDW vorgestellt.

19

---

1 Vgl. *Seppelfricke*, Handbuch Aktien- und Unternehmensbewertung, S. 4.
2 Zu gesetzlich vorgeschriebenen Bewertungen siehe ausführlich *Drukarczyk/Schüler*, Unternehmensbewertung, S. 82–86; *Institut der Wirtschaftsprüfer*, WP Handbuch 2014, Band II, Abschnitt A, Rz. 476 f.
3 Weitere Anwendungsfälle sind bspw. die Eingliederung durch Mehrheitsbeschluss (§ 320b Abs. 1 Satz 3 AktG), Übernahmeangebote (§ 31 Abs. 2 und 3, § 39a WpÜG; siehe dazu ausführlich § 21) sowie die Gründung einer SE (§ 7 Abs. 1 Satz 1, § 9 Abs. 1 Satz 1, § 12 Abs. 1 Satz 1 SEAG). Darüber hinaus schreibt das Umwandlungsrecht in diversen Fällen (Verschmelzung [§§ 29 und 36 UmwG], Aufspaltung [§ 125 UmwG], Vermögensübertragung [§ 174 UmwG]) Bewertungen vor (siehe dazu ausführlich § 20).
4 Zu weiteren Bewertungsanlässen siehe auch § 1 Rz. 9 ff.; *Drukarczyk/Schüler*, Unternehmensbewertung, S. 82–86; *Ernst/Schneider/Thielen*, Unternehmensbewertungen erstellen und verstehen, S. 1; *Institut der Wirtschaftsprüfer*, IDW S 1 i.d.F. 2008, Rz. 8–11; *Seppelfricke*, Handbuch Aktien- und Unternehmensbewertung, S. 4.

1. Bewertungsfunktionen

a) Abgrenzung der Funktionen

20 Entsprechend der allgemein anerkannten Funktionslehre entscheidet in Abhängigkeit vom Bewertungsanlass die jeweilige Bewertungsfunktion über die verwendeten Verfahren und die einzubeziehenden Inputfaktoren.[1] Die Funktionen der Unternehmensbewertung werden dabei regelmäßig in Haupt- und Nebenfunktionen gegliedert.[2] Besteht der Bewertungsanlass in einer bevorstehenden oder bereits abgeschlossenen Veränderung der Eigentümerstruktur des Unternehmens, wird gemeinhin von einer Hauptfunktion, andernfalls von einer Nebenfunktion, ausgegangen.[3] Die **Hauptfunktionen** bestehen in der Beratungs-, Vermittlungs- und Argumentationsfunktion. Während die Abgrenzung zwischen diesen Funktionen in der betriebswirtschaftlichen Forschung weitgehend anerkannt ist, existiert eine Vielzahl unterschiedlich definierter **Nebenfunktionen**. Mitunter werden auch sonstige Abgrenzungen der Bewertungsfunktionen vorgenommen. An dieser Stelle sei lediglich auf die Kategorisierung von *Coenenberg/Schultze* verwiesen, die als Hauptfunktionen zunächst die **gutachterliche** und die **beratungsorientierte** Bewertung unterscheiden und als sekundäre Funktionen die relative Bewertung am Kapitalmarkt, die Bewertung für wertorientiertes Controlling und die Ermittlung eines Fair Value zu Berichtszwecken ergänzen.[4]

b) Beratungsfunktion

21 In der Bewertungspraxis nimmt die Beratungsfunktion die **zentrale Stellung** ein.[5] Hierbei werden subjektive Grenzpreise meist im Rahmen der Entscheidungsvorbereitung bei Akquisitionen ermittelt.[6] Die Grenzpreise spiegeln die **maximale Zahlungsbereitschaft** eines potentiellen Erwerbers bzw. den mindestens zu erzielenden Transaktionspreis aus Sicht des Verkäufers wider. Bei den Grenzpreisen handelt es sich um **geheim** zu haltende Werte, die sowohl die in-

---

1 Vgl. u.a. *Matschke/Brösel*, Unternehmensbewertung, S. 22.
2 Diese Differenzierung wurde auch durch *Sieben* geprägt. Vgl. *Sieben*, WISU 1983, 539. Zwar unterscheidet *Moxter* nicht zwischen diesen Haupt- und Nebenfunktionen, jedoch kann dessen Abgrenzung zwischen Grenz- und Schiedspreisen auf die Funktionen der Entscheidungsvorbereitung bzw. Beratung und der Vermittlung übertragen werden. Die Argumentationsfunktion spielt bei *Moxter* eine untergeordnete Rolle. Vgl. *Moxter*, Grundsätze ordnungsmäßiger Unternehmensbewertung, 2. Aufl. 1983, S. 9–22.
3 Vgl. u.a. *Sieben*, WISU 1983, 539. Eine Veränderung der Eigentumsstrukturen erfolgt u.a. bei Kauf oder Verkauf von Unternehmen oder Unternehmensteilen, Entschädigung von Anteilseignern, Aktienemission, Kapitalerhöhung oder Gesellschaftereinlage.
4 Die Funktion der gutachterlichen Bewertung umfasst die Vermittlungsfunktion sowie die vom IDW ausgeführte Funktion des neutralen Gutachters. Die beratungsorientierte Bewertung umfasst sowohl die Beratungs- als auch die Argumentationsfunktion. Vgl. *Coenenberg/Schultze*, DBW 2002, 597 (599 f.).
5 Vgl. *Hering*, Unternehmensbewertung, S. 5.
6 Entsprechend werden die Begriffe Beratungsfunktion, Entscheidungsfunktion und Entscheidungsvorbereitungsfunktion weitgehend synonym verwendet.

dividuellen Planungen und Eigenschaften als auch die Ressourcen und Restriktionen der Bewertungssubjekte berücksichtigen.[1] Als wesentliche Voraussetzung für das Zustandekommen einer Transaktion gilt grundsätzlich, dass der Grenzpreis des Käufers nicht unter dem des Verkäufers liegen darf. Liegt der Käufergrenzpreis über dem Verkäufergrenzpreis, besteht ein **Verhandlungsraum** in Höhe des Differenzbetrages zwischen den Grenzpreisen. Die Parteien sind entsprechend bemüht, ein Verhandlungsergebnis zu erzielen, das nah am Grenzpreis der Gegenseite und entsprechend weit entfernt vom eigenen Grenzpreis liegt.

Bei der Ermittlung der Grenzpreise wird zur **Komplexitätsreduktion** regelmäßig allein auf den **monetären Nutzen**, den ein Bewertungsobjekt zu stiften im Stande ist, abgestellt. Jedoch sind in der Akquisitionspraxis auch **weitere Details** von wesentlichem Einfluss auf das Resultat einer Kaufpreisverhandlung. So spielt bspw. die Form der Entschädigungsleistung eine wesentliche Rolle, also die Frage, ob der Kaufpreis in eigenen (ggf. im Rahmen einer Kapitalerhöhung generierten) Aktien oder (ggf. kreditfinanziert) bar entrichtet wird. Zusätzliche Einflussfaktoren auf den finalen Transaktionspreis sind selbstverständlich das Verhandlungsgeschick der Beteiligten und zusätzliche Komponenten wie gewährte Kreditlinien, Konkurrenzverbote, Weiterbeschäftigung von Mitarbeitern oder Abfindungsleistungen, die regelmäßig bei der Ermittlung der Grenzpreise **nicht explizit Berücksichtigung finden**, weil deren Einfluss auf den Ertragswert des Bewertungsobjektes weniger genau zu bestimmen ist.

22

c) Vermittlungsfunktion

Als zweite Hauptfunktion der Unternehmensbewertung gilt die Vermittlungsfunktion. Im Rahmen dieser hat der Bewertende die Aufgabe, einen **fairen Vermittlungswert** (auch Schiedsspruchwert oder Arbitriumwert) für eine Transaktion zu bestimmen, indem er zwischen den Verhandlungspartnern **moderiert**.[2] Dies ist dann notwendig, wenn ohne eine solche Vermittlung durch einen Außenstehenden keine Einigung zu erzielen wäre. **Grundsätzlich** ist der Vermittlungspreis **kein bindender Transaktionspreis**, jedoch besteht die Möglichkeit, dass die Verhandlungspartner bereits im Vorfeld vereinbaren, sich dem Schiedsspruch zu beugen. Zur Bestimmung des Vermittlungswertes ist es erforderlich, dass der **Vermittler die Grenzpreise** der Beteiligten **kennt**, um den Verhandlungsbereich abstecken zu können. Der Vermittlungswert ist kein objektiver oder objektivierter Wert, der auch für andere Bewertungssubjekte angemessen wäre, da er ausschließlich auf die Interessen der Beteiligten gerichtet

23

---

1 Zu einer frühen Definition des Grenzpreises im Zusammenhang mit der Bewertung von Unternehmen s. *Busse von Colbe*, Gesamtwert der Unternehmung, Sp. 571.
2 Zu einer frühen Definition des Schiedsspruchwertes im Rahmen der Unternehmensbewertung s. *Matschke*, BFuP 1971, 508. Für eine ausführliche Darstellung des Anwendungsbereichs von Schiedsspruchwerten s. *Matschke*, Der Arbitriumwert der Unternehmung, S. 18 f.

ist.¹ Für die Findung eines fairen Vermittlungswertes ist es notwendig, dass der Grenzpreis des potentiellen Käufers über dem des Verkäufers liegt. Andernfalls sollte der Vermittler verdeutlichen, dass eine solche Transaktion unter den gegebenen Voraussetzungen insgesamt nicht vorteilhaft sein kann.

24 Gemäß dem von *Moxter* vertretenen Prinzip der Abfindung zum „fairen Einigungspreis" soll beim Ausscheiden eines Gesellschafters eine Entschädigungssumme bestimmt werden, die auch die subjektiven Grenzpreise der weiteren Gesellschafter bei Unternehmensfortführung berücksichtigt, so dass alle **subjektiven Nutzenpotentiale** des Unternehmens ausgewogen in die Wertermittlung einbezogen werden.² Bei der Abfindung von Personengesellschaften steht diesem Prinzip zunächst der Wortlaut des § 738 Abs. 1 Satz 2 BGB entgegen, der verlangt, dass beim Ausscheiden eines Gesellschafters der Abfindungsbetrag daran zu bemessen ist, was der Gesellschafter im Fall einer Liquidation zum Zeitpunkt des Ausscheidens erhalten hätte (siehe zur Liquidationshypothese § 1 Rz. 25 ff.). Entgegen dieses Wortlautes wurde in der Rechtsprechung stets die Ermittlung des „wirklichen Wertes" des „lebenden Unternehmens" verlangt, welche jedoch unabhängig von den subjektiven Grenzpreisen der einzelnen Gesellschafter zu erfolgen hat und nicht auf einen fairen Vermittlungswert im Sinne *Moxters*, sondern auf einen objektivierten Wert abzielt (siehe zur Kritik an diesem Vorgehen Rz. 29).³ Ob das aktienrechtliche Gebot der Abfindung in angemessener Höhe eine von Personengesellschaften abweichende Wertermittlung rechtfertigt, ist umstritten.⁴ So kann insbesondere aus dem Gesetzeswortlaut und der Gesetzesbegründung nicht geschlossen werden, dass subjektive Grenzpreise und Verbundeffekte nicht in die Wertermittlung einbezogen werden sollen.⁵ Während aus betriebswirtschaftlicher Sicht eine Einbeziehung der Subjektivität geboten erscheint, ist unter Juristen weiter umstritten, ob und ggf. inwieweit subjektive Grenzpreise für die Findung fairer Vermittlungswerte bewertungsrelevant sind (siehe dazu § 1 Rz. 28).

d) Argumentationsfunktion

25 Im Rahmen der Argumentationsfunktion besteht die Zielsetzung in der Ermittlung eines Unternehmenswertes, der einer bestimmten Verhandlungsseite bei Kaufpreisverhandlungen dient. Solche Argumentationswerte liegen möglichst nah am Grenzpreis der Gegenpartei und sollen die eigene Verhandlungsposition stärken.⁶ So werden **subjektive Unternehmenswerte** ermittelt, die zwar **glaubhaft**, aber auch so **flexibel** sind, dass sie die Möglichkeit zu Zugeständnissen während der Verhandlungen einräumen.⁷ Hierfür kann es außer-

---

1 Vgl. *Matschke*, Der Arbitriumwert der Unternehmung, S. 20 ff.
2 Vgl. *Moxter*, Grundsätze ordnungsmäßiger Unternehmensbewertung, 1976, S. 34 f.
3 Vgl. *Hüttemann*, ZHR 1998, 563 (576 f.); *Piltz*, Unternehmensbewertung in der Rechtsprechung, S. 69.
4 Siehe zur Diskussion ausführlich *Hüttemann*, ZHR 1998, 563 (578–580).
5 Vgl. *Böcking* in FS Moxter, 1994, S. 1417 (1420).
6 Vgl. *Gerling*, Unternehmensbewertung in den USA, S. 21.
7 Vgl. *Sieben*, WISU 1983, 539 (542).

dem sinnvoll sein, gegenüber der Gegenseite sowohl das Berechnungsverfahren als auch die verwendeten **Inputparameter offenzulegen**.

Die Beeinflussung des Bewertungsergebnisses kann bspw. durch die Wahl eines **geeigneten Bewertungsmodells** unterstützt werden. Falls sich hingegen bereits auf ein Verfahren geeinigt wurde, bietet sich im Rahmen der Argumentationsfunktion lediglich die Möglichkeit, die Unsicherheit bezüglich der verwendeten Inputfaktoren des Bewertungsmodells argumentativ im eigenen Sinne auszulegen, u.a. bei der Prognose der Umsatzentwicklung und des verwendeten Diskontierungssatzes. Ermessensbehaftete Beurteilungen erfolgen zudem bezüglich potentieller **Synergieeffekte**, der **konjunkturellen Entwicklung** oder des Vorhandenseins von **Investitionserfordernissen** und außerbilanziellen Verpflichtungen.[1] Hingegen ist die Verwendung offenkundig falscher Zukunftsannahmen oder die Nichtberücksichtigung von Risiken unzulässig, da dies einen Verstoß gegen die Grundsätze ordnungsgemäßer Unternehmensbewertung darstellen würde.

26

e) Nebenfunktionen

Die Nebenfunktionen der Unternehmensbewertung sind vielfältig und lassen sich nicht abschließend feststellen, wobei regelmäßig die Bewertungszwecke der **Steuerbemessung** und der **externen Rechnungslegung** herausgestellt werden. Das deutsche Steuerrecht verlangt verschiedentlich die Bewertung von Unternehmen oder Unternehmensteilen. Die Aufgabe einer darin begründeten Bewertung besteht in der Ermittlung eines objektivierten Wertes, der auf einer stark typisierten Bemessungsgrundlage beruht. Auch im Rahmen der externen Rechnungslegung verlangen **Handelsrecht und internationale Rechnungslegungsstandards** die Vornahme von Bewertungen. So schreiben Werthaltigkeitstests (Impairment-Tests) gemäß International Accounting Standard (IAS) 36 sowie die Kaufpreisallokation nach Erwerb eines Unternehmens gemäß International Financial Reporting Standard (IFRS) 3 die Bewertung von Vermögenswerten oder Unternehmensteilen vor (siehe zur Unternehmensbewertung im Bilanz- und Steuerrecht ausführlich § 25 und § 26). Die Wichtigkeit der Beachtung von Grundsätzen ordnungsmäßiger Unternehmensbewertungen wird auch anhand der aktuellen Diskussion um den **Impairment-Only-Approach** offenkundig.[2] Weitere in der Literatur herausgestellte Nebenfunktionen sind u.a. die Vertragsgestaltungsfunktion und die interne Unternehmenssteuerung.[3]

27

f) Funktionen gemäß IDW S 1

Bei der Würdigung des IDW S1 ist zunächst zu berücksichtigen, dass es sich um einen berufsständischen Standard handelt. Begründet mit der Sonderstellung des Wirtschaftsprüfers umreißt der Standard die Funktionen der Unter-

28

---

1 Vgl. *Peemöller*, Wert und Werttheorien, S. 10.
2 Vgl. u.a. *Küting*, DStR 2013, 1794.
3 Vgl. *Coenenberg/Schultze*, DBW 2002, 597 (599 f.); *Peemöller*, Wert und Werttheorien, S. 13.

nehmensbewertung abweichend von der herrschenden Meinung.[1] Während die Argumentationsfunktion aufgrund der angeblichen Unvereinbarkeit mit den berufsständischen Grundsätzen nicht angeführt wird, nimmt die Funktion des neutralen Gutachters, der die Beratungs- und Vermittlungsfunktion untergeordnet sind, die zentrale Stellung ein. Dementsprechend besteht die Aufgabe des Wirtschaftsprüfers zunächst darin, einen von den Parteien unabhängigen **objektivierten Unternehmenswert** zu ermitteln.[2] Erst in einem zweiten Schritt kann der Wirtschaftsprüfer dem Mandanten zur Findung eines subjektiven Entscheidungswertes als Berater dienen, indem er die bei der Ermittlung des objektivierten Wertes erforderlichen Typisierungen durch die individuellen Eigenschaften des Auftraggebers und entsprechende Bewertungsannahmen ersetzt.[3] Der objektivierte Unternehmenswert ist gemäß IDW S 1 ein intersubjektiv nachprüfbarer Zukunftserfolgswert aus Sicht der Anteilseigner. Dieser ergebe sich bei Fortführung der Einheit auf Basis des gegenwärtigen Geschäftsmodells und Zustands („**wie es steht und liegt**") sowie unter Einbeziehung sämtlicher Chancen und Risiken.[4]

29 In der wirtschaftswissenschaftlichen Literatur wird die Konzeption des neutralen Gutachters gemäß IDW S 1 überwiegend abgelehnt. So wird bestritten, dass die Ermittlung eines Gutachterwertes eine separate Bewertungsfunktion darstelle. Vielmehr wird vertreten, dass die Findung eines fairen Wertes das **Kernelement der Vermittlungsfunktion** sei, bei der der Bewertende ebenfalls eine neutrale Stellung einzunehmen habe.[5] Auch ist nicht ersichtlich, weshalb gemäß IDW S 1 zunächst stets ein objektivierter Wert ermittelt werden soll, selbst wenn die Bestimmung eines subjektiven Grenzpreises gefordert ist, da dem objektivierten Wert auch als Vergleichswert keine Entscheidungsnützlichkeit zukommt. Die geforderte Nichtberücksichtigung subjektiver Grenzpreise bei der Ermittlung eines objektivierten Wertes – bspw. zur Bestimmung angemessener Abfindungen von Gesellschaftern – verhindert zudem die notwen-

---

1 Vgl. *Coenenberg/Schultze*, DBW 2002, 597 (599).
2 Vgl. *Institut der Wirtschaftsprüfer*, IDW S 1 i.d.F. 2008, Rz. 12; *Matschke/Brösel*, Unternehmensbewertung, S. 56; *Peemöller*, Wert und Werttheorien, S. 5 f.; *Seppelfricke*, Handbuch Aktien- und Unternehmensbewertung, S. 8.
3 Vgl. *Institut der Wirtschaftsprüfer*, IDW S 1 i.d.F. 2008, Rz. 48. Die im WP-Handbuch genannten Beratungstätigkeiten sind das Bereitstellen von Know-how, das Sicherstellen eines nachvollziehbaren Bewertungskalküls sowie die Prüfung der Realisierbarkeit der subjektiven Wertvorstellungen. Vgl. *Institut der Wirtschaftsprüfer*, WP Handbuch 2014, Band II, Abschnitt A, Rz. 23 f.
4 Vgl. *Institut der Wirtschaftsprüfer*, IDW S 1 i.d.F. 2008, Rz. 29.
5 *Moxter* sieht zudem eine schwerwiegende Verletzung des Neutralitätsprinzips aufgrund der Wahl der Perspektive der Anteilseigner; vgl. *Moxter*, Grundsätze ordnungsmäßiger Unternehmensbewertung, 2. Aufl. 1983, S. 28; *Schildbach* bemängelt konzeptionelle Unklarheiten und fehlende Neutralität, vgl. *Schildbach*, BFuP 1993, 25 (30–33). *Ballwieser* kritisiert ebenfalls die fehlende Neutralität und die Inkonsistenz von Methode und Funktion der Bewertung; vgl. *Ballwieser*, WPg 1995, 119 (126). Für eine Zusammenfassung der Kritik an der Konzeption s. auch *Ballwieser/Hachmeister*, Unternehmensbewertung, S. 4 und *Mandl/Rabel*, Unternehmensbewertung, S. 25–27.

dige Einbeziehung der Synergien.[1] Aus diesem Grund werden aus Sicht der Verkäufer tendenziell zu geringe Unternehmenswerte ermittelt. Eine Orientierung am objektivierten Wert verstößt demnach aufgrund der Missachtung des Verbundberücksichtigungsprinzips gegen die Grundsätze ordnungsmäßiger Unternehmensbewertung. Objektivierte Werte sollten deshalb aus ökonomischer Sicht nur dann herangezogen werden, wenn subjektive Grenzpreise nicht (mit angemessenem Aufwand) zu bestimmen sind.

2. Gesamtbewertung und Zukunftsbezug

Sofern die Funktion der Unternehmensbewertung eine Ermittlung von Grenzpreisen erfordert, erfolgt eine solche Bewertung auf Basis des **subjektiven Nutzens**, den das zu bewertende Objekt für das Bewertungssubjekt stiften kann. Dieser Nutzen ergibt sich im Regelfall – wie bereits ausführlich dargelegt – aus den Zukunftserfolgen der Einheit. Daher hat die Bewertung **zukunftsbezogen** zu erfolgen und die mit **Chancen und Risiken** behafteten Cashflows der Folgeperioden einzubeziehen (siehe zum Zukunftsbezogenheitsprinzip § 4 Rz. 7).

30

Ebenso erfordert die ordnungsgemäße Bewertung die Betrachtung des Unternehmens als Gesamtheit.[2] Dies beinhaltet, dass alle Faktoren, die das Unternehmen befähigen, einen Nutzen im Sinne zukünftiger Überschüsse zu erzielen, Berücksichtigung in der Bewertung finden, und zwar **unabhängig davon, ob sie einzeln verwertbar sind**. Insofern gelingt es, durch eine Orientierung an Zukunftserträgen den Wert der Unternehmenseinheit zu ermitteln und auch kaum einzeln bewertbare immaterielle Vermögensgegenstände in den Unternehmenswert einzubeziehen. Da die Gesamtbewertungsverfahren jedoch auf der Prognose zukünftiger Erträge basieren, werden die Resultate von subjektiven Einschätzungen und dem Ermessen der Beteiligten beeinflusst (siehe zum Gesamtbewertungsprinzip § 4 Rz. 11).[3]

31

3. Einzubeziehende Erfolgsgrößen und Zuflussprinzip

Aufgrund der methodischen Fokussierung auf die zukünftige Nutzenstiftung eines Bewertungsobjektes drängt sich unmittelbar die Frage auf, wie ein solcher Nutzen zu bemessen ist. Zur Komplexitätsreduktion wird unterstellt, der Nutzen ergebe sich als Summe der diskontierten **Netto-Cashflows** einer Unternehmung. Jedoch soll nicht unerwähnt bleiben, dass bei einer subjektiven Bewertung in der Praxis auch **nicht-monetäre Nutzenkomponenten** wie das Machtstreben oder die emotionale Bindung der Entscheider einfließen können, die jedoch aufgrund der starken Subjektivität erhebliche Probleme bei der Erfassung des quantitativen Grenzpreises verursachen. Als Konsequenz bleiben in der Praxis **nicht-monetäre Faktoren** bei der Ermittlung von Grenzpreisen **zunächst unberücksichtigt**. Erst in einem zweiten Schritt kann der vorläufige

32

---

1 Vgl. *Böcking* in FS Moxter, 1994, S. 1417 (1419).
2 Vgl. *Münstermann*, Wert und Bewertung der Unternehmung, S. 18.
3 Vgl. *Moxter*, Grundsätze ordnungsmäßiger Unternehmensbewertung, 2. Aufl. 1983, S. 91–96.

Grenzpreis dahingehend angepasst werden, dass auch sonstige Faktoren Berücksichtigung finden.[1]

33 Die Fokussierung auf Zukunftserfolge als Werttreiber der Unternehmensbewertung erfordert auch die Festlegung darauf, welche speziellen Erträge in die Bewertung einzubeziehen sind, da potentiell verschiedene Größen infrage kommen.[2] So könnte bspw. der **Jahresüberschuss** gemäß externem oder internem Rechnungswesen oder der **Cashflow** des Unternehmens herangezogen werden. Es hat sich als Grundsatz der Unternehmensbewertung etabliert, als Ertragsgröße diejenigen Cashflows einzubeziehen, die aus dem Unternehmen heraus in den Verfügungsbereich des Eigentümers fließen (**Zuflussprinzip**).[3] Diese Festlegung deckt sich mit der Auffassung *Moxters*, der ebenfalls das Herausholbare als wertdeterminierende Größe hervorhob.[4]

4. Sonstige Bewertungsgrundsätze gemäß IDW S 1

34 Der IDW S 1 legt ausführlich die für Wirtschaftsprüfer geltenden Grundsätze der Unternehmensbewertung dar. So wird auch die Zweckabhängigkeit der Bewertung herausgestellt, die zunächst eine Festlegung der Rolle des Wirtschaftsprüfers erfordert.[5] Sofern dieser lediglich als neutraler Gutachter auftritt, ist die Ermittlung eines objektivierten Unternehmenswertes notwendig. Besteht die Aufgabe hingegen in der Beratung einer Verhandlungsseite, so muss ein subjektiver Grenzpreis abgeleitet vom objektivierten Wert bestimmt werden. Weiterhin fordert IDW S 1 eine Gesamtbewertung ohne Beachtung der rechtlichen Abgrenzung. So wird die **wirtschaftliche Betrachtungsweise** ausdrücklich hervorgehoben.[6] Darüber hinaus ist das Stichtagsprinzip zu berücksichtigen, insbesondere wenn Bewertungen erst geraume Zeit nach dem Bewertungsstichtag erfolgen (siehe zum Stichtagsprinzip ausführlich § 12). In diesem Fall verlangt der IDW S 1 eine Bewertung ausschließlich auf Basis des zum Stichtag vorliegenden Kenntnisstands sowie der zu diesem Zeitpunkt „in der Wurzel" angelegten Entwicklungen (**Wurzeltheorie des BGH**).[7]

35 Auch die **Trennung** von **betriebsnotwendigem** und **nicht betriebsnotwendigem** Vermögen wird von IDW S 1 verlangt (siehe zur Bewertung des nicht betriebsnotwendigen Vermögens ausführlich § 7). Die in IDW S 1 dargelegten Grundsätze der Unternehmensbewertung beziehen sich auf die Bewertung des betriebsnotwendigen Vermögens. Dabei wird allerdings unterschieden, ob ein objektivierter oder ein subjektiver Unternehmenswert ermittelt werden soll.

---

1 Vgl. *Moxter*, Grundsätze ordnungsmäßiger Unternehmensbewertung, 1976, S. 119 f.
2 Für die zur Messung der Zukunftserträge grundsätzlich infrage kommenden Ertragsbegriffe s. *Mandl/Rabel*, Methoden der Unternehmensbewertung, S. 55–58.
3 Vgl. u.a. *Institut der Wirtschaftsprüfer*, WP Handbuch 2014, Band II, Abschnitt A, Rz. 60 ff.
4 Vgl. *Moxter*, Grundsätze ordnungsmäßiger Unternehmensbewertung, 1976, S. 69.
5 Vgl. *Institut der Wirtschaftsprüfer*, IDW S 1 i.d.F. 2008, Rz. 17.
6 Vgl. *Institut der Wirtschaftsprüfer*, IDW S 1 i.d.F. 2008, Rz. 18 f.
7 Siehe BGH v. 17.1.1973 – IV ZR 142/70, DB 1973, 563; *Institut der Wirtschaftsprüfer*, WP Handbuch 2014, Band II, Abschnitt A, Rz. 54.

Gemäß der ökonomischen Begriffsdefinition des nicht betriebsnotwendigen Vermögens kann dieses veräußert werden, ohne dass dies Einfluss auf die Ertragskraft der Unternehmung auf Basis des gegenwärtigen Geschäftsmodells haben würde. In diesem Fall ist das nicht betriebsnotwendige Vermögen zum Liquidationswert anzusetzen. Wird hingegen wie auch in IDW S 1 eine funktionale Definition verwendet, können auch aus dem nicht betriebsnotwendigen Vermögen Cashflows generiert werden (siehe zur Abgrenzung ausführlich § 4 Rz. 30 f.).[1] Übersteigt in diesem Fall der Liquidationswert den Barwert der Cashflows bei dessen Verbleib im Unternehmen, stellt eine Liquidation die vorteilhafteste Verwertung dar. In diesem Fall ist bei der Ermittlung des gesamten Unternehmenswertes der Liquidationswert des nicht betriebsnotwendigen Vermögens zum Ertragswert des Unternehmens zu addieren. Weitere allgemeine Grundsätze der Unternehmensbewertung gemäß IDW S 1 bestehen in der Unbeachtlichkeit des handelsrechtlichen Vorsichtsprinzips und der Nachvollziehbarkeit der Bewertungsannahmen.[2]

VI. Ausgewählte Bewertungsverfahren

Wie bereits dargelegt, entscheidet die jeweilige Funktion der Bewertung anlassabhängig über das zu verwendende Bewertungsverfahren sowie die dabei einzubeziehenden Parameter und Annahmen. Nachfolgend werden die in der **betriebswirtschaftlichen Bewertungstheorie** bedeutsamen Bewertungsansätze überblickartig vorgestellt. Grundlegend hierfür ist die Unterscheidung zwischen Einzel- und Gesamtbewertungsverfahren. Methodisch werden im Rahmen der Einzelbewertung insbesondere der **Liquidationswert** und der **Substanzwert** unterschieden. Die verschiedenen Verfahren der Gesamtbewertung stellen hingegen auf eine Bewertung der vom Unternehmen als Einheit zukünftig erwirtschafteten Erträge ab und haben sich international in der Bewertungspraxis durchgesetzt. Insbesondere die Discounted-Cashflow-Verfahren (nachfolgend DCF-Verfahren) nehmen eine herausragende Stellung ein. Die DCF-Verfahren gliedern sich in **drei Entity-Ansätze und ein Equity-Verfahren**. Neben den DCF-Verfahren werden in der Praxis auch weitere Methoden der Gesamtbewertung verwendet. Im Wesentlichen handelt es sich hierbei um Multiplikatorverfahren. Neben Gesamt- und Einzelbewertungsverfahren existieren Mischformen, die beide kombinieren. 36

1. Einzelbewertungsverfahren

a) Liquidationswert

Intuitiv erscheint die Berechnung des Liquidationswertes einer Unternehmung nur dann notwendig, wenn tatsächlich von einer anstehenden Liquidation des Unternehmens oder von Unternehmensteilen auszugehen ist. Jedoch bestehen 37

---

1 Vgl. *Institut der Wirtschaftsprüfer*, IDW S 1 i.d.F. 2008, Rz. 59.
2 Zu den Details dieser Prinzipien s. *Institut der Wirtschaftsprüfer*, WP Handbuch 2014, Band II, Abschnitt A, Rz. 140 ff. und 145 ff.

auch über den tatsächlichen Liquidationssachverhalt hinaus Anlässe zur Ermittlung eines hypothetischen Liquidationswertes. So ist dieser bei der Bewertung des **nicht betriebsnotwendigen Vermögens** und **ertragsschwacher Unternehmen** von besonderer Bedeutung (siehe dazu ausführlich § 8 Rz. 7 ff.).[1] Der Liquidationswert ergibt sich als Barwert[2] der Mittelzuflüsse, die den Anteilseignern bei einer Liquidation des Unternehmens zufließen würden.[3] Bei Betrachtung einer sofortigen Liquidation ergeben sich die Mittelzuflüsse aus der **Summe der Preise am Absatzmarkt** der einzelveräußerbaren Vermögensgegenstände abzgl. der zu tilgenden Schulden. Diese sind zu dem Betrag anzusetzen, der für die sofortige Ablösung aufgebracht werden müsste. Als Basis der Berechnung dienen nicht nur die zu Buchwerten geführten Positionen, sondern auch solche, die aufgrund bilanzrechtlicher Vorgaben nicht (mehr) aktiviert sind.[4] Von den Veräußerungserlösen sind zudem sonstige Liquidationsaufwendungen und weitere Zahlungsverpflichtungen zu subtrahieren. Bei der Ermittlung des Liquidationswertes ist es in der Regel erforderlich, auf **Schätzungen** zurückzugreifen, da der tatsächlich erlösbare Betrag erst ex post zu bestimmen ist. Bei solchen Schätzungen ist ebenfalls zu berücksichtigen, in welcher **Art und Weise** der **Liquidationsvorgang** ablaufen würde. Hierbei sind insbesondere die Intensität und die Geschwindigkeit der Zerschlagung von Bedeutung für die erzielbaren Veräußerungserlöse.[5]

38 Seit geraumer Zeit besteht in der betriebswirtschaftlichen Forschung Konsens dahingehend, dass der Liquidationswert die **Wertuntergrenze eines Unternehmens** darstellt, sofern eine Liquidation nicht rechtlich oder faktisch ausgeschlossen ist.[6] Diesem Grundsatz liegt die Annahme zugrunde, dass ein **ökonomisch rational handelnder Eigentümer** ein Unternehmen liquidieren würde, sofern auf diese Weise ein höherer Ertrag als bei Weiterführung der Einheit zu erzielen wäre. Die Festlegung auf den Liquidationswert als Untergrenze potentieller Unternehmenswerte ist gerade dann von wesentlicher Bedeutung, wenn ertragsschwache Unternehmen betrachtet werden, deren **Fortführungswert** bzw. Zukunftserfolgswert **unter dem Liquidationswert** liegt.

---

1 *Sieben/Maltry*, Der Substanzwert der Unternehmung, S. 675.
2 Eine Abzinsung der Zahlungsmittelüberschüsse ist deshalb vorzunehmen, weil sich der Liquidationsprozess ggf. über mehrere Perioden erstreckt. Bei andauernden Liquidationsprozessen weist der Liquidationswert demnach Eigenschaften eines Erfolgswertes auf. Vgl. *Sieben/Maltry*, Der Substanzwert der Unternehmung, S. 674.
3 Vgl. *Institut der Wirtschaftsprüfer*, IDW S 1 i.d.F. 2008, Rz. 141.
4 Vgl. *Ballwieser/Hachmeister*, Unternehmensbewertung, S. 206.
5 Vgl. *Institut der Wirtschaftsprüfer*, WP Handbuch 2014, Band II, Abschnitt A, Rz. 196 ff.; *Moxter*, Grundsätze ordnungsmäßiger Unternehmensbewertung, 1976, S. 50.
6 Vgl. u.a. *Ballwieser*, Methoden der Unternehmensbewertung, S. 151; *Ballwieser/Hachmeister*, Unternehmensbewertung, S. 206; *Gerling*, Unternehmensbewertung in den USA, S. 12; *Moxter*, Grundsätze ordnungsmäßiger Unternehmensbewertung, 1976, S. 51; *Münstermann*, Wert und Bewertung, S. 102; *Sieben/Maltry*, Der Substanzwert der Unternehmung, S. 675. Diese Auffassung vertritt auch das IDW. Vgl. *Institut der Wirtschaftsprüfer*, IDW S 1 i.d.F. 2008, Rz. 140; *Institut der Wirtschaftsprüfer*, WP Handbuch 2014, Band II, Abschnitt A, Rz. 195.

Die Auffassung, dass der Liquidationswert grundsätzlich als Untergrenze des 39
Unternehmenswertes anzusehen ist, wurde noch **in den 1990er Jahren auch in
der Rechtsprechung nahezu ausnahmslos vertreten**.[1] In jüngerer Vergangenheit
wird hingegen einem im Vordringen befindlichen differenzierteren Ansatz gefolgt, nach dem der Liquidationswert nur bei einer **tatsächlich absehbaren** Liquidation als Wertuntergrenze anzusehen sei.[2] Dass diese Auffassung jedoch
aus betriebswirtschaftlicher Sicht verfehlt ist, wird anhand des Squeeze-out-Verfahrens nach §§ 327a–327f AktG besonders deutlich. Wird dieses Verfahren
bspw. bei einem ertragsschwachen Unternehmen angewendet, dessen Liquidationswert über dem Ertragswert liegt und erhält der ausscheidende Minderheitsaktionär lediglich eine Abfindung auf Basis des geringen Ertragswertes, so
ist diese keinesfalls als *angemessen* zu beurteilen, da der Betroffene gezwungenermaßen unter der **ökonomischen Fehlentscheidung des Mehrheitsaktionärs**
leidet, das Unternehmen nicht zu liquidieren. Da der Minderheitsaktionär
diese Entscheidung nicht beeinflussen kann, widerspricht eine Abfindung unterhalb des Liquidationswertes in diesem Fall dem verfassungsrechtlich gesicherten Anspruch auf volle Entschädigung (siehe zu den verfassungsrechtlichen Vorgaben § 1 Rz. 29 ff. sowie zum Liquidationswert als Wertuntergrenze
§ 8 Rz. 15 ff.).

b) Substanzwert

Im Schrifttum werden verschiedene Definitionen des Substanzwertes[3] verwendet.[4] Grundlage dieser Wertgröße ist die Annahme, dass ein hypothetischer Erwerber das Bewertungsobjekt **in identischer Art und Weise nachbildet**. Dies beinhaltet, dass der Wert dieses Unternehmens anhand der Preise der einzelnen Vermögensgegenstände am **Beschaffungsmarkt** bei identischer Finanzierung bestimmt wird.[5] Ließe sich eine Unternehmung tatsächlich in dieser Weise nachbilden, so würde der Substanzwert die rationale Obergrenze des Transaktionspreises darstellen, da ein ökonomisch rationaler Erwerber einem Unterneh- 40

---

1 Vgl. BayObLG v. 31.5.1995 – 3Z BR 67/89, AG 1995, 509–512; OLG Düsseldorf v. 22.1.1999 – 19 W 5/96 AktE, AG 1999, 321–325. Auch entschied der BGH im Jahr 2006, dass eine deutliche Unterschreitung des Liquidationswertes bei der Bewertung nicht infrage komme. Ob der Liquidationswert grundsätzlich die Wertuntergrenze darstellt, wurde hingegen offengelassen. Vgl. BGH v. 13.3.2006 – II ZR 295/04, NZG 2006, 425 m.w.N.
2 Vgl. OLG Frankfurt v. 7.6.2011 – 21 W 2/11, NZG 2011, 990 (992). Für eine ausführliche Darstellung des Meinungsstands in Rechtsprechung und Rechtslehre s. § 8 Rz. 15 ff. sowie *Fleischer/Schneider*, DStR 2013, 1736 ff.
3 Nachfolgend sollen die Begriffe Substanzwert, Reproduktionswert und Rekonstruktionswert synonym verwendet werden.
4 Für eine Übersicht s. *Institut der Wirtschaftsprüfer*, WP Handbuch 2014, Band II, Abschnitt A, Rz. 444.
5 Das nicht betriebsnotwendige Vermögen ist weiterhin zum Liquidationswert zu bewerten. Eine Überhöhung dieses Wertes durch das Heranziehen von Beschaffungspreisen ist unsachgemäß. Vgl. *Ballwieser/Hachmeister*, Unternehmensbewertung, S. 207; *Mandl/Rabel*, Methoden der Unternehmensbewertung, S. 82.

men maximal denjenigen Wert beimessen würde, den er für die Rekonstruktion einer identischen Einheit „auf der grünen Wiese" aufbringen müsste.[1] Die Vermögensgegenstände werden zur Ermittlung des Substanzwertes zu **Wiederbeschaffungsaltwerten** entsprechend ihres Zustandes zum Stichtag bewertet.[2]

41 Grundsätzlich ist der Substanzwert als **Vollreproduktionswert** aufzufassen, der alle materiellen und immateriellen Vermögensgegenstände und Schulden der Bewertungseinheit beinhaltet. Die Vermögensgegenstände sind dabei **unabhängig von ihrer bilanziellen Erfassung** bzw. deren aktuellem Wertansatz zu verwenden. Als problematisch bei der Bestimmung des Vollreproduktionswertes erweist sich die Tatsache, dass gerade solche immateriellen Werte wie Knowhow, Organisationsstruktur, Innovationsfähigkeit, Kundenbeziehungen, Standortvorteile oder ähnliche Werttreiber **keinen Marktpreis** haben und daher nahezu unmöglich zu bewerten sind. Daher ist eine Ermittlung des Vollreproduktionswertes mithilfe einer Einzelbewertung kaum möglich.

42 Der Vollreproduktionswert kann jedoch dahingehend umgedeutet werden, dass er sich nicht der Rekonstruktion der einzelnen Vermögensgegenstände und Verbindlichkeiten bedient, sondern des hypothetischen Nachbaus einer Unternehmenseinheit, die lediglich einen **identischen Zahlungsstrom** generiert.[3] Dadurch ändert sich die Betrachtungsweise von der Einzelbewertung und der damit verbundenen starken Objektivität des Unternehmenswertes hin zu einer Gesamtbewertung inklusive der damit im Zusammenhang stehenden Subjektivität der Prognoseverfahren.

43 Da der Vollreproduktionswert mithilfe der Einzelbewertung kaum zu ermitteln ist, verbleibt lediglich der Rückgriff auf den Substanzwert im Sinne eines **Teilreproduktionswertes**.[4] Dieser Unternehmenswert ergibt sich ausschließlich aus der Summe der selbständig bewertbaren Vermögensgegenstände abzgl. der Verbindlichkeiten. Die Wertermittlung von Unternehmen mit Gewinnerzielungsabsicht anhand des Teilreproduktionswertes kann jedoch als **lange überholt** angesehen werden.[5] Wie bereits dargelegt, ist ein solcher Wert nicht im Stande **entscheidungsnützliche Informationen** zu liefern, da wesentliche (immaterielle) Wertkomponenten keine Berücksichtigung finden.[6] Der Vollrepro-

---

1 Beispielhafte Anwendungsfälle des Substanzwertes sind vertragliche Vereinbarungen auf dessen Basis (speziell bei Gesellschafterabfindungen) oder handels- und steuerrechtlich begründete Bewertungen. Vgl. *Ballwieser/Hachmeister*, Unternehmensbewertung, S. 207 f.
2 Vgl. *Ballwieser/Hachmeister*, Unternehmensbewertung, S. 207.
3 Vgl. *Mandl/Rabel*, Methoden der Unternehmensbewertung, S. 84.
4 Diese Ermittlungsform des Substanzwertes wird auch in IDW S 1 dargelegt. Vgl. *Institut der Wirtschaftsprüfer*, IDW S 1 i.d.F. 2008, Rz. 170.
5 So bereits *Walb*, ZfhF 1940, 6. Diese Auffassung wird ebenfalls in der Rechtsprechung seit geraumer Zeit vertreten. Als richtungsweisend ist die Entscheidung des OLG Celle aus dem Jahr 1979 anzusehen. Siehe OLG Celle v. 4.4.1979 – 9 Wx 2/77, DB 1979, 1031.
6 Zur Irrelevanz des Teilreproduktionswertes bei der Unternehmensbewertung s. *Moxter*, Grundsätze ordnungsmäßiger Unternehmensbewertung, 1976, S. 63 ff.

duktionswert ist hingegen nur als Zukunftserfolgswert verlässlich zu ermitteln. Zudem erscheint das Szenario einer Beschaffung aller einzelnen Vermögensgegenstände und Schulden am Markt **unrealistisch**. Weiterhin ist die Ermittlung des Teilreproduktionswertes zwar konzeptionell relativ unkompliziert, jedoch bestehen auch hierbei diverse Bewertungsschwierigkeiten, bspw. bei der Bestimmung des Wertverzehrs des Sachanlagevermögens oder von nicht börsengehandelten Beteiligungen, die ihrerseits erneut einer Bewertung bedürfen.[1] Insofern kann der Substanzwert lediglich als **Kontrollgröße** bei der tatsächlichen Wertermittlung bzw. in einer Hilfsfunktion dienen und scheidet aufgrund der Vernachlässigung nicht einzeln verwertbarer Wertbestandteile und des mangelnden Zukunftsbezuges auch als Preisobergrenze einer Transaktion aus.[2]

2. Gesamtbewertungsverfahren

a) Ertragswertverfahren gemäß IDW S 1

Das Ertragswertverfahren gemäß IDW S 1 ähnelt in seiner Grundkonzeption dem **Netto-DCF-Verfahren** und führt bei gleichen Annahmen zu einem identischen Bewertungsergebnis (siehe zum Ertragswertverfahren ausführlich § 4).[3] Die Unterschiede bestehen im Wesentlichen in der Auswahl der einzubeziehenden Inputfaktoren. Die Prognose zukünftiger Erträge erfolgt gemäß IDW S 1 abgeleitet von den (handelsrechtlichen) Jahresüberschüssen.[4] Hierbei ist zu beachten, dass eine **Bereinigung** der Erträge der Vergangenheit hinsichtlich verschiedener **Sondereinflüsse und Bilanzierungswahlrechte** sowie des Anteils des nicht betriebsnotwendigen Vermögens zu erfolgen hat.[5]

44

Bei Verwendung des Ertragswertverfahrens gemäß IDW S 1 ergibt sich der Wert des Eigenkapitals eines Unternehmens als Summe der abgezinsten Zukunftserträge aus der gewöhnlichen Geschäftstätigkeit zzgl. des Wertes des nicht betriebsnotwendigen Vermögens zum Bewertungsstichtag. Die in die Berechnung einbezogenen operativen Überschüsse werden dabei um Fremdkapitalzinsen reduziert. Sowohl das Prognoseverfahren bezüglich der Zukunftserfolge als auch der in die Berechnung einzubeziehende Diskontierungssatz sind **abhängig vom Bewertungszweck**. Grundsätzlich sind die Ermittlungsverfahren des objektivierten und des subjektiven Wertes zu unterscheiden. Zur Feststellung des objektivierten Ertragswertes werden diejenigen finanziellen Überschüsse einbezogen, die **unter Beachtung des Unternehmenskonzeptes und rechtlicher Restriktionen** für eine Ausschüttung tatsächlich zur Verfügung stehen.[6] Dies

45

---

1 Vgl. *Mandl/Rabel*, Methoden der Unternehmensbewertung, S. 84.
2 Vgl. *Institut der Wirtschaftsprüfer*, WP Handbuch 2014, Band II, Abschnitt A, Rz. 447 f.
3 Siehe ausführlich zu den Unterschieden der Verfahren *Ballwieser*, Verbindungen von Ertragswert- und Discounted-Cashflow-Verfahren, 2012, S. 499.
4 Vgl. *Institut der Wirtschaftsprüfer*, IDW S 1 i.d.F. 2008, Rz. 102.
5 Vgl. *Institut der Wirtschaftsprüfer*, IDW S 1 i.d.F. 2008, Rz. 103.
6 Vgl. *Institut der Wirtschaftsprüfer*, IDW S 1 i.d.F. 2008, Rz. 35. Bspw. sind rechtliche Restriktionen wie der maximal auszuschüttende Bilanzgewinn zu beachten.

beinhaltet auch, dass lediglich geplante, aber noch **nicht eingeleitete Maßnahmen unberücksichtigt** bleiben müssen.[1] Bezüglich der Synergieeffekte erfolgt im Rahmen der Ermittlung des objektivierten Unternehmenswertes eine Differenzierung zwischen **echten und unechten Synergien**. Unechte Synergien, die auch ohne die Durchführung der die Bewertung veranlassenden Maßnahme entstanden wären, sind demnach zu berücksichtigen, echte Synergien hingegen nicht (siehe zur Kritik an diesem Vorgehen Rz. 29).[2] Soll ein subjektiver Unternehmenswert in Form eines Grenzpreises ermittelt werden, so ersetzt der Wirtschaftsprüfer die Typisierungen bei der Ermittlung des objektivierten Wertes durch subjektbezogene Annahmen.[3] Dies beinhaltet insbesondere die **Einbeziehung geplanter Maßnahmen und echter Synergieeffekte** sowie subjektiver Finanzierungsannahmen in die Wertermittlung.[4]

46 Die Unterscheidung zwischen objektivierten und subjektiven Unternehmenswerten bewirkt auch eine **entsprechende Bestimmung des verwendeten Diskontierungssatzes** zur Abzinsung der zukünftigen finanziellen Überschüsse. Bei der Ermittlung des objektivierten Wertes ist ein Zinssatz zu verwenden, der äquivalent zur Rendite einer Anlage mit entsprechender Fristigkeit, sowie vergleichbar in Risiko und Besteuerung ist (**Äquivalenzprinzip**). Die Orientierung hat demzufolge an Kapitalmarktrenditen für Unternehmensbeteiligungen zu erfolgen.[5] Hingegen ist bei der Ermittlung subjektiver Entscheidungswerte ein Diskontierungssatz zu wählen, der die individuellen Verhältnisse des Bewertungssubjekts widerspiegelt (siehe zur Bestimmung des Diskontierungssatzes § 4 Rz. 41).[6] Die Unsicherheit bezüglich zukünftiger Überschüsse kann entweder beim Diskontierungssatz oder bei den Zuflüssen erfasst werden.[7]

47 Grundsätzlich ist bei der Anwendung des Ertragswertverfahrens von einer unendlichen Lebensdauer des Unternehmens auszugehen. Wird hingegen aus **begründetem Anlass** von einer Liquidation des Unternehmens zu einem bestimmten Zeitpunkt ausgegangen, so ist zu den bis dahin prognostizierten abgezinsten Überschüssen der erwartete Liquidationswert zu diesem Zeitpunkt zu addieren und ebenfalls einer Diskontierung zu unterziehen.[8]

b) Discounted-Cashflow-Verfahren

48 Die DCF-Verfahren gliedern sich in drei Entity- und ein Equity-Verfahren. Nachfolgend werden die in IDW S 1 explizit erwähnten Bruttoverfahren, der **WACC-Ansatz (Weighted Average Cost of Capital)** und der **APV-Ansatz (Adjus-**

---

1 Vgl. *Institut der Wirtschaftsprüfer*, IDW S 1 i.d.F. 2008, Rz. 32.
2 Vgl. *Institut der Wirtschaftsprüfer*, IDW S 1 i.d.F. 2008, Rz. 34.
3 Vgl. *Institut der Wirtschaftsprüfer*, IDW S 1 i.d.F. 2008, Rz. 48.
4 Vgl. *Institut der Wirtschaftsprüfer*, IDW S 1 i.d.F. 2008, Rz. 49 ff.
5 Vgl. *Institut der Wirtschaftsprüfer*, WP Handbuch 2014, Band II, Abschnitt A, Rz. 307.
6 Vgl. *Institut der Wirtschaftsprüfer*, IDW S 1 i.d.F. 2008, Rz. 123.
7 Vgl. *Institut der Wirtschaftsprüfer*, IDW S 1 i.d.F. 2008, Rz. 89.
8 Vgl. *Institut der Wirtschaftsprüfer*, IDW S 1 i.d.F. 2008, Rz. 85 ff.

ted **Present Value**) in aller Kürze dargestellt (siehe zu den Besonderheiten der DCF-Verfahren ausführlich § 9).[1]

Gemäß **WACC-Ansatz** werden sämtliche den Kapitalgebern zufließenden Cashflows mit den gewichteten Kapitalkosten abgezinst. Die hier verwendete Überschussdefinition ist die des **Free Cashflows**.[2] Dieser ergibt sich retrograd aus dem Jahresergebnis zzgl. der Fremdkapitalzinsen, abzgl. des zugehörigen Tax Shields, zzgl. des zahlungsunwirksamen Aufwands, abzgl. des zahlungsunwirksamen Ertrags, zzgl. der Verminderung des Nettoumlaufvermögens.[3] Der ermittelte Free Cashflow wird mit den gewichteten Kapitalkosten abgezinst, wobei das Tax Shield bei der Einbeziehung der Fremdkapitalkosten berücksichtigt wird. Zu den abgezinsten Free Cashflows wird zudem der Wert des nicht betriebsnotwendigen Vermögens addiert. Vom resultierenden Gesamtunternehmenswert ist schließlich der Marktwert des Fremdkapitals abzuziehen, um den Wert des Eigenkapitals zu bestimmen.

49

Nach dem **APV-Ansatz**, also dem Konzept des angepassten Barwerts, wird der Unternehmenswert komponentenweise ermittelt. Demnach werden die prognostizierten operativen Cashflows so behandelt, als würden sie in einem unverschuldeten Unternehmen generiert. Die Diskontierung der Cashflows erfolgt somit auf Basis der Opportunitätskosten eines unverschuldeten Unternehmens. Wird der Wert des nicht betriebsnotwendigen Vermögens addiert, ergibt sich der hypothetische Wert eines **unverschuldeten Unternehmens**. In einem zweiten Schritt wird das Tax Shield addiert, so dass daraus das Gesamtkapital des verschuldeten Unternehmens resultiert. Schließlich erfolgt die Subtraktion des Fremdkapitals zum Marktwert. Das APV-Verfahren eignet sich insbesondere zur Bewertung von Unternehmen, deren Kapitalstruktur im Zeitablauf **starken Schwankungen** unterliegt. Die Vorteile des APV-Verfahrens bestehen in der **geringen Fehleranfälligkeit** sowie der Möglichkeit nicht nur der Wert des Unternehmens als Ganzes zu ermitteln, sondern auch die den Wert begründenden Faktoren.[4] Als regelmäßig problematisch erweist sich jedoch die praktische Bestimmung der risikoäquivalenten Diskontierungssätze eines hypothetisch rein eigenfinanzierten Unternehmens.[5]

50

c) Multiplikatorverfahren

Multiplikatorverfahren zielen auf die Ermittlung von Vergleichswerten ab und fußen somit auf der grundlegenden These *Moxters* „**bewerten heißt vergleichen**"[6], wonach ein Unternehmenswert immer relativ zu alternativen Anlageformen zu ermitteln ist. Diese Bewertungsverfahren beinhalten Verein-

51

---

1 Das dritte Entity-Verfahren ist das Total-Cashflow-Verfahren. Siehe dazu ausführlich *Ballwieser/Hachmeister*, Unternehmensbewertung, S. 192 ff.
2 Siehe ausführlich zum Free-Cashflow-Verfahren *Ballwieser/Hachmeister*, Unternehmensbewertung, S. 169 ff.
3 Vgl. *Institut der Wirtschaftsprüfer*, IDW S 1 i.d.F. 2008, Rz. 127.
4 *Ballwieser/Hachmeister*, Unternehmensbewertung, S. 142.
5 *Ballwieser*, WPg 1998, 91.
6 *Moxter*, Grundsätze ordnungsmäßiger Unternehmensbewertung, 2. Aufl. 1983, S. 123.

fachungsregeln und werden aufgrund der **geringen Komplexität** in der Bewertungspraxis speziell von kleinen Unternehmen häufig verwendet.¹ Zudem veröffentlichen verschiedene berufsständische Organisationen als Orientierungshilfe zur Bewertung von Kleinunternehmen regelmäßig Spannbreiten realistischer Multiplikatoren.² Um eine gewisse Zuverlässigkeit des geschätzten Wertes zu erlangen, ist grundsätzlich die Verwendung einer **breiten Datenbasis** vergleichbarer Unternehmen notwendig. Da diese Voraussetzung in den angelsächsischen Ländern regelmäßig besser erfüllt ist, können Multiplikatorverfahren bei dort ansässigen Unternehmen mit größerer Zuverlässigkeit angewendet werden.³

52 Der Zweck von Multiplikatoren ist nicht die Ermittlung subjektiver Grenzpreise, sondern eine **Schätzung des Marktpreises**.⁴ Bezugsgrößen für Multiplikatoren sind bspw. der Jahresüberschuss, das Betriebsergebnis vor Steuern oder der Umsatz eines Unternehmens. Der gemeinhin bekannteste Multiplikator ist das **Kurs-Gewinn-Verhältnis (KGV)**, das beschreibt, um welchen Faktor der Marktwert eines Unternehmens das Jahresergebnis übersteigt. Durch Ermittlung eines branchenüblichen KGV lassen sich anhand der Jahresüberschüsse der Bewertungsobjekte deren Unternehmenswerte schätzen. Soll bspw. der Wert eines Unternehmens geschätzt werden, das einen durchschnittlichen Jahresüberschuss von 1 Mio. Euro erzielt wobei das Branchen-KGV in den vergangenen Jahren zwischen 10 und 12 lag, so ergibt sich ein Unternehmenswert innerhalb der Spanne von 10 bis 12 Mio. Euro. Aufgrund der Ungenauigkeit und der **fehlenden Subjektivität** von Multiplikatorverfahren sollten diese lediglich zur **Beurteilung der Plausibilität anderer Bewertungsverfahren** herangezogen werden.⁵

3. Mischverfahren

53 In der Bewertungspraxis werden auch diverse Mischverfahren, die Elemente der Einzel- und Gesamtbewertung beinhalten, angewendet.⁶ Diese Verfahren stammen aus der Übergangszeit von der Einzelbewertung hin zur Gesamtbewertung und stellen einen **Kompromiss** zwischen Einzelbewertungs- und Gesamtbewertungsverfahren dar. Sie basieren auf der Annahme, dass nicht allein der Substanzwert, sondern auch die Ertragskraft den Wert einer Unternehmung bestimmt.⁷ Die beiden am häufigsten verwendeten Mischverfahren sind

---

1 Vgl. *Ernst/Schneider/Thielen*, Unternehmensbewertungen erstellen und verstehen, S. 11.
2 Vgl. *Ernst/Schneider/Thielen*, Unternehmensbewertungen erstellen und verstehen, S. 11.
3 Vgl. *Mandl/Rabel*, Methoden der Unternehmensbewertung, S. 77.
4 Vgl. *Drukarczyk/Schüler*, Unternehmensbewertung, S. 453.
5 Zu den Defiziten des Multiplikatorverfahrens s. ausführlich *Ballwieser/Hachmeister*, Unternehmensbewertung, S. 224; *Coenenberg/Schultze*, DBW 2002, 603.
6 Siehe dazu *Mandl/Rabel*, Methoden der Unternehmensbewertung, S. 77.
7 Vgl. *Ernst/Schneider/Thielen*, Unternehmensbewertungen erstellen und verstehen, S. 5.

das **Mittelwertverfahren** und das **Übergewinnverfahren**. Aus bewertungstheoretischer Sicht sollten diese Verfahren jedoch nicht angewendet werden.[1]

Bei Verwendung des Mittelwertverfahrens wird der Unternehmenswert der Bezeichnung entsprechend als **Mittelwert aus Substanzwert und Ertragswert** bestimmt. Als Substanzwert wird hierbei grundsätzlich der Teilreproduktionswert verwendet. Das Übergewinnverfahren fußt auf der Annahme, dass Unternehmen durchschnittlich eine Normalverzinsung erwirtschaften. Diese ist bspw. abgeleitet aus inländischen Schuldverschreibungen. Erwirtschaftet ein Unternehmen mehr als diese **Normalverzinsung** bezogen auf das eingesetzte Kapital, wird dieser Übergewinn dem Goodwill des Unternehmens zugeschrieben. Der Unternehmenswert ergibt sich dann als Summe von Substanzwert und Goodwill.[2]

VII. Ausblick

Die Bewertung von Unternehmen wird auch zukünftig sowohl für Juristen als auch für Wirtschaftswissenschaftler insbesondere aufgrund ihrer Interdisziplinarität ein interessantes und vielseitiges Betätigungsfeld bleiben. So wird das **Spannungsfeld** zwischen der Notwendigkeit zur **Objektivierung** und der nicht zu vernachlässigenden **Subjektivität** von Unternehmenswerten auch weiterhin Gegenstand kontroverser Diskussionen sein. Die Aufgabe der Rechtsprechung und der die Bewertung vornehmenden Spezialisten besteht darin, mithilfe der von Wirtschaftswissenschaftlern entwickelten und in der Praxis gebräuchlichen zweckadäquaten Bewertungsmethoden für die Bewertungssubjekte angemessene Unternehmenswerte zu bestimmen. Die Ermittlung von subjektiven Ertragswerten stellt insbesondere dann eine Herausforderung dar, wenn die Inputparameter nicht ohne weiteres zu bestimmen sind, weil bspw. keine Kapitalmarktorientierung des Bewertungsobjektes vorliegt. So zeigt die Bewertungspraxis regelmäßig, dass gerade bei der Bewertung kleinerer Unternehmen häufig Annahmen getroffen werden müssen, die auf individuellen Erfahrungswerten des Bewertenden beruhen und somit kaum intersubjektiv nachvollziehbar sind. Entsprechend besteht für die Gerichte die Aufgabe darin, zu beurteilen, ob das verwendete Bewertungsverfahren dem spezifischen Einzelfall gerecht werden kann.

Bei börsennotierten Gesellschaften sind die Inputfaktoren für die Berechnung des Ertragswertes weitgehend ermittelbar. Allerdings kann die Marktkapitalisierung deutlich von den berechneten Ertragswerten abweichen, so dass sich die Frage stellt, ob und ggf. inwieweit ein beobachtbarer Marktpreis einer Aktie in die Bewertung einzubeziehen ist. Der **Relevanz des Börsenkurses** für die Unternehmensbewertung liegt die Annahme zugrunde, dass beim Vorhandensein eines funktionsfähigen und effizienten Kapitalmarktes der tatsächliche Wert des Unternehmens permanent durch die Kapitalmarktteilnehmer approximiert

---

1 Vgl. *Moxter*, Grundsätze ordnungsmäßiger Unternehmensbewertung, 2. Aufl. 1983, S. 115.
2 Vgl. *Ernst/Schneider/Thielen*, Unternehmensbewertungen erstellen und verstehen, S. 6.

wird. Die Wichtigkeit dieser grundsätzlichen Überlegung zeigt sich gerade vor dem Hintergrund der gegenwärtig in der Rechtsprechung unterschiedlich beurteilten **Hierarchie der Bewertungsmethoden**. Zwar sind Börsenkurse grundsätzlich dazu geeignet, einen Unternehmenswert abzuschätzen; die Bestimmung eines Grenzpreises unter Einbeziehung der teilweise höchst subjektiven Nutzenpotentiale eines Erwerbers gelingt jedoch nicht. Zudem muss beachtet werden, dass der Börsenkurs eines Unternehmens wesentlich von Faktoren abhängig ist, die nicht mit dem Ertragswert im Sinne eines Unternehmensgesamtwertes in Verbindung stehen und dass der Marktpreis einer einzelnen Aktie weder Paketzuschläge noch -abschläge beinhaltet. Der Börsenkurs sollte daher weiterhin nur als Orientierungsgröße oder als Wertuntergrenze für den Verkäufer bei der Ermittlung von Unternehmenswerten verwendet werden. Auch die teilweise Abkehr der Rechtsprechung vom bislang geltenden (betriebswirtschaftlichen) Grundsatz des **Liquidationswertes als Wertuntergrenze** eines Unternehmens ist kritisch zu beurteilen. Es bleibt abzuwarten, ob die Gerichte künftig wieder zu einer stärker ökonomisch geprägten Betrachtungsweise gelangen.

57 Von der Rechtsprechung wird der berufsständische Standard IDW S 1 zwar nicht als einziges anerkanntes Verfahren zur Bestimmung von Unternehmenswerten herangezogen, gleichwohl kommt dem dort dargelegten Ertragswertverfahren weiterhin eine herausgehobene Stellung zu, obwohl das Vorgehen aus ökonomischer Perspektive diverse **konzeptionelle Mängel** aufweist. Insbesondere die Vorgehensweise zur Ermittlung subjektiver Unternehmenswerte, die angebliche Sonderrolle des Wirtschaftsprüfers sowie die Perspektive aus der die Bewertung vorgenommen wird, werden seit geraumer Zeit von Wirtschaftswissenschaftlern kritisiert. Zudem stellt die **Nichtberücksichtigung von Verbundeffekten** bei der Ermittlung eines objektivierten Wertes einen Verstoß gegen die Grundsätze ordnungsmäßiger Unternehmensbewertung dar. Auch vor diesem Hintergrund muss die Forderung nach einer Etablierung weiterer Bewertungsmethoden in der Rechtsprechung ausdrücklich unterstützt werden. Bei einer zukünftigen Überarbeitung des IDW-Standards sollten die dargelegten Kritikpunkte Berücksichtigung finden.

§ 3
Berufsständische Bewertungspraxis

	Rz.
I. Einleitung	1
II. Historische Entwicklung der Bewertungspraxis	7
1. Bewertungspraxis vor 1983: Mischverfahren	10
2. Bewertungspraxis seit 1983: Dominanz der Barwertmethoden	14
3. Bewertungspraxis ab 2000: Kapitalmarktorientierung und Vereinbarkeit von Ertragswert und DCF	17
III. Allgemeine Grundsätze der Unternehmensbewertung nach IDW S 1	
1. Bedeutung und formaler Rahmen von IDW S 1	22
2. Grundlegendes Konzept	
a) Bewerten heißt vergleichen	25
b) Rationale Erwartungen	29
c) Sonderwerte	32
3. Methodische Vorgehensweise	
a) Ertragswert und DCF	33
b) Objektivierter und subjektiver Wert	38
c) Typisierung der Steuerbelastung	41
d) Typisierung der Risikoprämie	43
4. Plausibilisierung des Unternehmenswerts	46
5. Börsenkurs	53
IV. Unternehmensbewertungskonzepte in speziellen Kontexten	54
1. Bewertungsstandards anderer Berufsorganisationen	
a) Östereichischer Bewertungsstandard KFS/BW 1	55
b) Fachmitteilung der Schweizer Treuhandkammer	56
c) Best-Practice-Empfehlungen Unternehmensbewertung der DVFA	57
d) International Valuation Standards des IVSC	60
e) Empfehlungen einzelner Berufsgruppen	61
2. Bewertungskonzepte im Steuerrecht und in der Rechnungslegung	
a) Bewertungsgesetz und vereinfachter Ertragswert	63
b) Fair Value nach IFRS 13 und Nutzungswert nach IAS 36	65
3. Besondere Bewertungsstandards und Hinweise	67
a) IDW RS HFA 10, IDW RS HFA 16 und IDW S 5	68
b) Grundsätze für die Erstellung von Fairness Opinions (IDW S 8)	69
c) Besonderheiten bei der Bewertung kleiner und mittelgroßer Unternehmen	71
V. Ausblick	74

Schrifttum: *Black/Scholes*, The Pricing of Options and Corporate Liabilities, Journal of Political Economy, Vol. 81, No. 3, 1973; *Brealey/Myers*, Principles of Corporate Finance, 11. Aufl. 2014; *Henselmann*, Geschichte der Unternehmensbewertung, in Peemöller (Hrsg.), Praxishandbuch der Unternehmensbewertung, 5. Aufl. 2012, S. 93 ff.; *IDW* (Hrsg.), WP-Handbuch 2014 – Wirtschaftsprüfung, Rechnungslegung, Beratung, Band II, 14. Aufl. 2014; *IDW*, Praxishinweis: Besonderheiten bei der Ermittlung eines objektivierten Unternehmenswerts kleiner und mittelgroßer Unternehmen (IDW Praxishinweis 1/2014), WPg-Supplement 2/2014; *IDW*, IDW-Standard: Grundsätze zur Durchführung von Unternehmensbewertungen (IDW S 1 i.d.F.2008); *Jonas*, Unternehmensbewertung: Zur Anwendung der Discounted-Cash-Flow-Methode in Deutschland, BFuP 1995, 83; *Jonas*, Unternehmensbewertung: Methodenkonsistenz bei unvollkommenen Märkten und unvollkommenen Rechtssystemen, WPg 2007, 835; *Kaden/Wagner*, Kritische Überlegungen zur Discounted Cash Flow-Methode – Methodenharmonisierung von Ertragswert und Discounted Cash Flow, ZfB 1997, 499; *Leemans*, The Old-Babylonian Merchant. His Business and His Social Position, Studia et Documenta ad Iura Orientis Antiqui Pertinentia, vol. III, 1950; *Markowitz*, Portfolio Selection, Journal of Finance 1952, 77; *Modigliani/Miller*, The Cost of Capital, Corporation Finance and the Theory of Investment, The American Economic Review, Vol. 48, No. 3, 1958, 261; *Pohl*, Deutsche Börsengeschichte, 1992; *Schneider*, Betriebswirtschaftslehre, Bd. 4: Geschichte und Methoden der Wirtschaftswissenschaft, 2001; *Schweder*, Gründliche Nachricht von gerichtlicher und außergerichtlicher Anschlagung der Güter, nach dem jährlichen Abnutz, 1716; *UEC*, Die Bewertung von Unternehmen und Unternehmensanteilen, 1961; *von Oeynhausen*, Über die Bestimmung des Kapitalwerthes von Steinkohlezechen, Archiv für Bergbau und Hüttenwesen 1822, 306; *Yee*, Judicial valuation and the rise of DCF, Public Fund Digest 2002, 76.

I. Einleitung

1   Der Wert eines Gutes ist eine subjektive Eigenschaft. Objektiv beobachtbar sind Werte dann, wenn sich zwei Vertragspartner in einer Transaktion auf einen konkreten Preis für ein Gut geeinigt haben. Der konsensual vereinbarte Wert wird als Preis bezeichnet. Besteht kein Konsens, beispielsweise weil Gesellschafter sich über Anteilswerte streiten oder ein vereinbarter Preis als nicht angemessen beanstandet wird, ist kein beiderseits akzeptierter Preis und damit auch kein objektiver Wert beobachtbar. Wird in einem solchen Dissensfall ein Experte mit der Bestimmung des richtigen oder wahren Werts beauftragt, steht dieser Experte damit eigentlich vor einer unlösbaren Aufgabe. **Denn den einen, objektiv richtigen Wert eines Unternehmens kann es nicht geben.**

2   **Im Zentrum rechtlich veranlasster Unternehmensbewertungen steht daher nicht der objektive, sondern der objektivierte Wert.** Ist ein Unternehmensbewerter als Sachverständiger in der Funktion eines neutralen Gutachters tätig, ermittelt er mit einer nachvollziehbaren Methodik einen von den individuellen Wertvorstellungen betroffener Parteien unabhängigen Wert des Unternehmens – den objektivierten Unternehmenswert.[1] Begrifflich wird damit konzediert, dass ein subjektiver Wert gesucht wird, der allerdings intersubjektiv nachprüfbar, eben objektiviert ist. Inhaltlich bringt das Konzept des objektivierten Werts die Bandbreite ökonomischer Werttheorien und rechtlicher Wertkategorien miteinander in Übereinstimmung.

3   Aus ökonomischer Sicht liegt das Konzept des objektivierten Werts zwischen nutzentheoretisch (subjektiver Wert) und kapitalmarkttheoretisch (Preis) begründeten Bewertungsmodellen.[2] Der objektivierte Wert wird einerseits mit einem investitionstheoretischen (und damit nutzentheoretischen) Kalkül als Barwert erwarteter Zahlungen berechnet. Andererseits werden die wertbestimmenden Parameter, also die erwarteten Zahlungen und die Kapitalisierungszinssätze, soweit möglich objektiv abgeleitet. Insbesondere die Kapitalisierungszinssätze werden in der Regel auf der Grundlage eines Kapitalmarktpreis-

---

1   IDW S 1 i.d.F. 2008, Rz. 12.
2   Vgl. *Jonas*, WPg 2007, 835 (840 f.).

bildungsmodells (Capital Asset Pricing Model, CAPM; oder Tax-CAPM) abgeleitet.[1]

Aus rechtlicher Sicht ist der objektivierte Wert eine typisierende Schätzung, die zu einer bestmöglichen Annäherung an einen idealisierten Verkehrswert oder gemeinen Wert führt. Er ist wiederum abzugrenzen vom rein individuellen Liebhaberwert und vom ggf. zu beobachtenden tatsächlichen Preis. Im Gegensatz zum subjektiven Wert, der auch das sog. positive Interesse umfasst, gleicht der objektivierte Wert schadensrechtlich nur das negative Interesse aus.[2]

4

In Deutschland ist der objektivierte Wert durch den **Standard IDW S 1** definiert. Die Dominanz dieses Bewertungsstandards der Wirtschaftsprüfer bei rechtlich motivierten Unternehmensbewertungen beruht auf der Verankerung des Berufsstands der Wirtschaftsprüfer als vereidigte Sachverständige im Gesetz (§ 2 Abs. 3 Nr. 1 WPO) und den gesetzlich vorgeschriebenen Prüfungen bestimmter Bewertungsfälle.[3] Die Grundsätze zur Durchführung von Unternehmensbewertungen nach IDW S 1 stehen daher im Zentrum dieses Beitrags.

5

In den letzten zwei Jahrzehnten hat sich die Bewertungspraxis vor dem Hintergrund der Internationalisierung der Kapitalmärkte und der Rechnungslegung, der gewachsenen Bedeutung des gleichzeitig volatiler gewordenen M&A-Transaktionsmarktes, nicht zuletzt auch getrieben von den technischen Möglichkeiten zur Erlangung und Verarbeitung von Unternehmens- und Marktdaten dynamisch weiterentwickelt. Zum Teil ergänzend, zum Teil neben, zum Teil aber auch alternativ zum objektivierten Unternehmenswert nach IDW S 1 sind weitere Bewertungskonzepte entwickelt, diskutiert oder etabliert worden (vgl. Abschnitt IV., unten Rz. 54 ff.). Ebenso wie das kontroverse Ringen um die richtige Bewertungsmethode im historischen Rückblick korrespondiert auch die heutige Vielfalt an Bewertungskonzepten mit der Eingangsfeststellung. Wenn es den einen, objektiv richtigen Wert nicht gibt, dann gibt es auch nicht die eine, richtige Bewertungsmethode. Das führt jedoch nicht zu einer Methodenbeliebigkeit. Denn so wie es einerseits willkürliche oder subjektive, andererseits aber auch intersubjektiv nachvollziehbare Werteinschätzungen gibt, gibt es auch für den konkreten Bewertungszweck sinnvolle und nicht sinnvolle Bewertungsmethoden. Der Zweck der Bewertung determiniert, welche Bewertungsmethode zweckmäßig ist.

6

II. Historische Entwicklung der Bewertungspraxis

Praktisch relevant wird Unternehmensbewertung, wenn

7

1. Unternehmen existieren,
2. Personen über Rechte an diesen Unternehmen verfügen können und

---

1 IDW S 1 i.d.F. 2008, Rz. 92.
2 *Jonas*, WPg 2007, 835 (840 f.).
3 Vgl. WP-Handbuch 2014, Band II, Kap. A Rz. 470 ff, Kap. F., G., H.

3. an den Wert des Unternehmens oder der Verfügungsrechte darüber Rechtsfolgen geknüpft sind (wie z.B. Steuern, Auseinandersetzungsguthaben, Kaufpreisansprüche).

8 Unternehmen existieren schon seit dem Altertum[1], Aktiengesellschaften und Börsen schon seit der frühen Neuzeit.[2] Auf welchen Grundlagen damals Unternehmen bewertet worden sind, ist soweit ersichtlich nicht erforscht. Offenbar bestand bei Unternehmen der Urproduktion (Landwirtschaft und Bergbau) schon früh das Verständnis, dass ihr **Wert als Kapitalwert der künftigen Reinerträge abzuleiten** sei.[3] Aufgrund der Bedeutung des Fortschritts der doppelten Buchführung für die Ausweitung des Handels in der Renaissance kann davon ausgegangen werden, dass für Auseinandersetzungszwecke von Handels- und Produktionsunternehmen die Bilanz mit dem Buchwert des Eigenkapitals als Grundlage diente. Verstärkt wurde die Bedeutung des Buchwerts als scheinbar objektive Größe durch die zunehmende rechtliche Kodifizierung der Rechnungslegung und -prüfung seit der Einführung eines einheitlichen Handelsgesetzbuches 1861 und der Pflichtprüfung 1931.

9 Diese **Orientierung am Buchwert** begegnet uns als lebendes Fossil modifiziert als Substanzwert, net asset value oder als konservative Abfindungsregel in Gesellschaftsverträgen bis in die heutige Zeit.

1. Bewertungspraxis vor 1983: Mischverfahren

10 In der Theorie ist die Feststellung, dass der Unternehmenswert als **Kapitalwert künftiger Zahlungsüberschüsse** zu ermitteln ist, schon lange Allgemeingut.[4] Die mathematischen Kenntnisse für solche Kapitalwertberechnungen waren schon seit dem 17. Jahrhundert allgemein vorhanden.[5] Gleichwohl gibt bereits die einschränkende Verwendung von Kapitalwertkalkülen auf Unternehmen der Urproduktion im 18. und 19. Jahrhundert den Hinweis darauf, warum sich die Kapitalwertmethode als allein richtige Methode in der Praxis auch im 20. Jahrhundert zunächst nicht durchsetzen konnte.

11 Eine Kapitalwertberechnung erfordert eine **Prognose der zu erwartenden künftigen Zahlungsüberschüsse**. Eine solche Prognose wurde offenbar bei solchen Unternehmen als tragfähig angesehen, bei denen die künftige „Ausbeute" greifbar war: Bei Bergwerken, Agrarunternehmen oder Immobilien. Viele Jahrzehnte überwog die in der Praxis vorherrschende Skepsis hinsichtlich der Validität und Prüfbarkeit von Prognosen die theoretischen Überzeugungen. Aus-

---

1   Vgl. zur Stellung des Kaufmanns §§ 68–27 Codex Hammurapi, Beschreibung in *Leemans*, S. 49 ff.
2   Vgl. *Pohl*, Deutsche Börsengeschichte, Abschnitt 1.
3   *Schweder*, Gründliche Nachricht von gerichtlicher und außergerichtlicher Anschlagung der Güter, nach dem jährlichen Abnutz, S. 187; *von Oeynhausen*, Archiv für Bergbau und Hüttenwesen, S. 306; vgl. auch *Henselmann* in Peemöller, Praxishandbuch der Unternehmensbewertung, S. 103 f. mit weiteren Quellen.
4   Vgl. etwas *Brealey/Myers*, Principles of Corporate Finance, Einführung Kapitel 2.
5   *Schneider*, Betriebswirtschaftslehre, S. 782 mit Verweis auf *Leibni*, Barwertberechnung von 1682.

gesprochen wurde diese Skepsis beispielsweise in einer UEC Veröffentlichung 1961: „Der Substanzwert lässt sich mit einem hohen Maß an Genauigkeit ermitteln, wodurch der Schätzung eine sichere Basis geschaffen wird. Dagegen spielen beim Ertragswert subjektive Einflüsse, spekulative Momente und unsichere Schätzungsgrundlagen eine so große Rolle, dass man i.d.R. die Ergebnisse dieser Rechnung ohne eine zuverlässige Kontrolle nicht verwerten kann."[1]

Diese **Skepsis** führte zu einem Auseinanderfallen von gutachtlicher Bewertungspraxis und moderner Bewertungstheorie bzw. Kapitalmarktpraxis. In der Kapitalmarkttheorie wurden in den 1950er[2], 1960er[3] und 1970er[4] Jahren entscheidende Erklärungsmodelle zur Bewertung von Unternehmen entwickelt. In der Anlagepolitik professioneller Investoren wurden diese theoretischen Ansätze schnell und breit aufgenommen.

In der gutachtlichen Bewertungspraxis hingegen blieb die Skepsis dominant. Da diese Bewertungsanlässe von Interessenkonflikten geprägt sind, in denen wechselseitig die Validität der Prognosen in Frage gestellt werden könnte, entwickelte die Bewertungspraxis als Kompromiss **Mischverfahren**, die Substanzwerte und ertragsorientierte Werte kombinieren. Teilweise wurden Substanzwert und Ertragswert einfach gemittelt.[5] Teilweise folgte man dem Ziel einer Mischung aus Substanz plus Verrentung von Übergewinnen. So war für steuerliche Zwecke jahrzehntelang das sog. Stuttgarter Verfahren dominierend.[6] In gesellschaftsrechtlichen Fällen war die sog. UEC-Methode prägend.[7] Korrespondierend dazu beherrschte in den USA das vom Delaware Supreme Court entwickelte Mischverfahren (der sog. Delaware Block) die gutachtliche Bewertungspraxis in Amerika mit Ausstrahlungswirkung auf den gesamten englischsprachigen Raum.[8]

2. Bewertungspraxis seit 1983: Dominanz der Barwertmethoden

1983 brachen zwei die gutachtliche Bewertungspraxis prägende Institutionen mit den bis dahin üblichen Mischverfahren. In der Entscheidung Weinberger v. UOP, Inc., Del. Supr., 457 A.2d 701 (1983) distanzierte sich der Delaware Supreme Court von den bisherigen Mischverfahren und entschied, dass die in der financial community allgemein akzeptierten Ansätze zu verwenden seien. In

---

1 *UEC*, Die Bewertung von Unternehmen und Unternehmensanteilen, S. 20.
2 Portfoliotheorie von *Markowitz*, Journal of Finance 1952, 77 und *Modigliani-Miller*, The American Economic Review, Vol. 48, No. 3, 1958, 261.
3 Zum CAPM aus 1964 vgl. Darstellung in *Brealey/Myers*, Principles of Corporate Finance, Abschnitt 9.
4 Optionspreistheorie von *Black und Scholes*, Journal of Political Economy, Vol. 81, No. 3, 1973.
5 In der Mittelwertmethode $\frac{1}{2}$ zu $\frac{1}{2}$. In dem sog. Schweizer Verfahren 1/3 zu 2/3.
6 Vgl. R96 ff. der Erbschaftsteuer-Richtlinien (ErbStR 2003). Als Konsequenz aus der Entscheidung des BVerfG v. 7.11.2006 – 1 BvL 10/02, GmbHR 2007, 320 abgeschafft mit dem Erbschaftsteuerreformgesetz zum 1.1.2009.
7 *UEC*, Die Bewertung von Unternehmen und Unternehmensanteilen, S. 20 ff.
8 Vgl. *Yee*, Public Fund Digest 2002, 76.

der Folge wurde im englischsprachigen Raum die **Discounted Cash Flow (DCF)-Methode** zur prägenden und meistverwendeten Bewertungsmethode.

15   In Deutschland distanzierte sich das IDW 1977 von der bisherigen UEC-Methode. Mit der **Stellungnahme HFA 2/1983** bekannte sich auch der Berufsstand der Wirtschaftsprüfer zur alleinigen Relevanz zukunftsorientierter Barwertmethoden – allerdings in Form der Ertragswertmethode statt der DCF-Methode.

16   Entscheidend für die damit eingeleitete Entstehung einer von der anglo-amerikanischen Praxis separaten deutschen Bewertungspraxis dürfte letztlich die Ausrichtung am Nominalkapitalerhaltungsprinzip im deutschen Gesellschaftsrecht gewesen sein. Indem bei der Gründung von Aktiengesellschaften, bei Sachkapitalerhöhungen und später auch anderen Umstrukturierungen, insbesondere Verschmelzungen und Unternehmensverträgen, zur Kapitalerhaltung und zur Wahrung von Gesellschafterrechten gesetzliche Prüfungen vorgeschrieben wurden, wurde die deutsche Unternehmensbewertungspraxis vom Berufsstand der Wirtschaftsprüfer geprägt. Die Orientierung an Rechnungslegungsgrößen statt an Zahlungsströmen führte dazu, dass trotz identischer Zielsetzung (Zukunftserfolgswert) in Deutschland anders als im englischen Sprachraum die **Kapitalisierung von erwarteten Ertragsüberschüssen** statt von erwarteten Zahlungsüberschüssen zum Standard wurde.

3. Bewertungspraxis ab 2000: Kapitalmarktorientierung und Vereinbarkeit von Ertragswert und DCF

17   Die Internationalisierung der Kapitalmärkte, wie sie etwa im Börsengang der Daimler-Benz AG an der NYSE 1993 greifbar wurde, stellte in den 1990er Jahren die deutschen Bilanzierungs- und Bewertungspraktiken zunehmend in Frage. Die in den USA übliche Discounted Cash Flow (DCF)-Methode wurde in Deutschland rezipiert. Gleichzeitig ermöglichten Computerisierung und Internet den Zugang zu und die Verarbeitung von Kapitalmarktdaten.

18   Indem gezeigt werden konnte, dass nicht nur theoretisch, sondern auch in der praktischen Anwendung **Ertragswert- und DCF-Methode ineinander überleitbar** sind und zu identischen Werten führen,[1] und sich die deutsche Bewertungspraxis schrittweise für die Verwendung von Kapitalmarktmodellen und Kapitalmarktdaten bei der Bestimmung der Kapitalkosten öffnete, konnte eine Vereinbarkeit der deutschen mit der anglo-amerikanischen Bewertungspraxis erreicht werden.

19   So integrierte das IDW im Jahr 2000 die DCF-Methode und die moderne Kapitalmarkttheorie mit dem Bewertungsstandard IDW S 1 in die deutsche Bewertungspraxis. Damit öffnete es auch formal die Möglichkeit, Bewertungen zu erstellen, die grundsätzlich sowohl deutschen als auch internationalen Bewertungsstandards entsprechen.

20   Gleichwohl existieren **nationale Unterschiede**, wie z.B. unterschiedliche Steuersysteme, die notwendigerweise zu unterschiedlichen methodischen Vorgehensweisen führen. Mit den Überarbeitungen des Bewertungsstandards IDW

---

1   Vgl. *Jonas*, BFuP 1995, 83 ff.; *Kaden/Wagner*, ZfB 1997, 499 ff.

S 1 2004 und 2008 wurde die Kompatibilität von Bewertungen ohne Berücksichtigung von persönlichen Steuern (internationale Praxis) mit Bewertungen unter Einschluss auch persönlicher Steuern (nationale Praxis) erreicht.

So existiert heute mit dem Standard **IDW S 1 i.d.F. 2008** ein nationaler Bewertungsstandard, der einerseits nationale Besonderheiten berücksichtigt, aber gleichzeitig auch international kompatibel ist. 21

III. Allgemeine Grundsätze der Unternehmensbewertung nach IDW S 1

1. Bedeutung und formaler Rahmen von IDW S 1

Der Standard IDW S 1 ist eine Verlautbarung des Instituts der Wirtschaftsprüfer in Deutschland e.V. Seine Bedeutung als die deutsche Bewertungspraxis prägender Standard beruht weder auf gesetzlichen Regeln noch auf Vorgaben der öffentlichen Verwaltung, sondern auf seiner Akzeptanz auch über den Berufskreis der Wirtschaftsprüfer hinweg. 22

Erarbeitet, aktualisiert und mit Hinweisen und Stellungnahmen erläutert wird der IDW S 1 im Fachausschuss für Unternehmensbewertung und Betriebswirtschaft (FAUB) des IDW. Dieser bespricht in mehrmals jährlich stattfinden Sitzungen aktuelle Entwicklungen der Bewertungspraxis und -Theorie und ergänzt oder überarbeitet bestehende Bewertungsstandards. Anlässlich solcher Überarbeitungen finden regelmäßig öffentliche Expertengespräche statt, Entwürfe neuer Fassungen werden zur Kommentierung in der Fachzeitschrift des IDW sowie im Internet veröffentlicht. Nach Abschluss des Anhörungsprozesses wird ein neuer Standard durch den Hauptfachausschuss des IDW verabschiedet. 23

Durch diesen Prozess und dem hohen Organisationsgrad der Wirtschaftsprüfer im IDW ist davon auszugehen, dass die IDW-Standards die aktuelle Auffassung des Berufsstands zu den entsprechenden Fachfragen darstellen. Wirtschaftsprüfer, die diese Standards nicht beachten, ohne dass dafür beachtliche Gründe vorliegen, müssen damit rechnen, dass eine solche Abweichung von der Berufsauffassung ggfs. in Regressfällen, in einem Verfahren der Berufsaufsicht oder in einem Strafverfahren zum Nachteil des Wirtschaftsprüfers ausgelegt werden kann.[1] 24

2. Grundlegendes Konzept

a) Bewerten heißt vergleichen

In den rechtlichen Normen, die den Hintergrund für Bewertungen darstellen, finden sich in der Regel keine Ausführungen zu der anzuwendenden Bewer- 25

---

1 WP-Handbuch 2012, Band I, Anhang 3, Rz. 8.

tungsmethode.[1] Frühere Gesetzesformulierungen, die den Ansatz zur Festlegung eines Kalküls erkenn ließen, hat der Gesetzgeber durch den Allgemeinplatz, dass die Bewertung die Verhältnisse der Gesellschaft im relevanten Bewertungszeitpunkt zu berücksichtigen habe, ersetzt.

26 Da der Wert eines Unternehmens eine subjektive Kategorie ist, kann der Wert niemals objektiv ermittelt, sondern nur geschätzt werden. Im rechtlichen Sinne bedeutet Bewertung also stets Schätzung.[2] Eine zeitlose Definition, was schätzen konkret bedeutet, findet sich in einer der ältesten neuzeitlichen Zivilrechtskodifikationen, dem österreichischen ABGB von 1811:

§ 303 ABGB: Schätzbare und unschätzbare Sachen

> „Schätzbare Sachen sind diejenigen, deren Wert durch Vergleichung mit andern zum Verkehre bestimmt werden kann; darunter gehören auch Dienstleistungen, Hand- und Kopfarbeiten. Sachen hingegen, deren Wert durch keine Vergleichung mit andern im Verkehre befindlichen Sachen bestimmt werden kann, heißen unschätzbare."

27 Damit formuliert das ABGB einen entscheidenden Grundgedanken: Schätzung bedeutet Wertfindung durch Vergleichung mit Verkehrswerten. Dies entspricht dem Grundsatz der betriebswirtschaftlichen Bewertungslehre: **Bewerten heißt vergleichen**.[3] Es ist eine der Grunderkenntnisse der modernen Werttheorie, dass Werte nur relativ, im Vergleich zum Wert anderer Güter definiert werden können.

28 Dieser Vergleich kann aus zwei unterschiedlichen Perspektiven vorgenommen werden.

1. Man kann die Perspektive eines Investors einnehmen, der sich fragt, wo er sein Vermögen anlegt. Ein rein erwerbswirtschaftlich kalkulierender Investor wird es dort anlegen, wo es unter Berücksichtigung von Risiko und Steuern die beste Rendite verspricht.

    IDW S 1, Tz. 4: „Der Wert eines Unternehmens bestimmt sich unter der Voraussetzung **ausschließlich finanzieller Ziele** durch den Barwert der mit dem Eigentum an dem Unternehmen verbundenen Nettozuflüsse an die Unternehmenseigner (Nettoeinnahmen als Saldo von Ausschüttungen bzw. Entnahmen, Kapitalrückzahlungen und Einlagen). Zur Ermittlung dieses Barwerts wird ein Kapitalisierungszinssatz verwendet, der die Rendite aus einer zur Investition in das zu bewertende Unternehmen adäquaten Alternativanlage repräsentiert. Demnach wird der Wert des Unternehmens allein aus seiner Ertragskraft, d.h. seiner Eigenschaft, finanzielle Überschüsse für die Unternehmenseigner zu erwirtschaften, abgeleitet."

2. Man kann aber auch die Perspektive eines Unternehmenseigners einnehmen, der das Unternehmen mit dem Ziel betreibt, möglichst gut eine bestimmte Aufgabe zu erfüllen. Dies trifft beispielsweise auf Unternehmen der Daseinsvorsorge oder karitative Unternehmen zu. Ein solcher Unternehmenseigner wird vergleichen, wie er möglichst preiswert seine Aufgabe erfüllen kann.

---

1 Zwar existiert ein steuerliches Bewertungsgesetz, das aber lediglich ein steuerliches Mantelgesetz darstellt und offen ist für allgemein übliche Methoden. Vgl. Abschnitt IV.2., unten Rz. 63 ff.
2 Vgl. z.B. § 287 ZPO, § 738 Abs. 2 BGB oder § 260 Abs. 2 Satz 3 AktG.
3 Vgl. *Moxter*, Grundsätze ordnungsmäßiger Unternehmensbewertung, 2. Aufl. 1983, S. 123.

IDW S 1, Tz. 152: „Stehen bei einem Unternehmen ... **nicht finanzielle Zielsetzungen**, sondern Gesichtspunkte der Leistungserstellung im Vordergrund (z.B. Non-Profit-Unternehmen), so ist als Wert des Unternehmens aus der Sicht des Leistungserstellers nicht der Zukunftserfolgswert, sondern ein Rekonstruktionswert maßgeblich."

Im Umkehrschluss gilt, dass dem Substanzwert bei der Bewertung erwerbswirtschaftlicher Unternehmen keine eigenständige Bedeutung zukommt (IDW S 1, Tz. 6).[1]

b) Rationale Erwartungen

Nimmt man – was in unserer Wirtschaftsordnung der Normalfall ist – die Perspektive einen erwerbswirtschaftlich kalkulierenden Investors ein, bilden die erwarteten künftigen Nettozuflüsse an den Unternehmenseigner die Grundlage für die Wertfindung. Ausgangspunkt einer Unternehmensbewertung ist damit stets eine **Auseinandersetzung mit der Unternehmensplanung**. 29

An diese Planung ist derselbe Sorgfaltsmaßstab anzulegen, wie an die Geschäftsführung selbst. Sie muss berücksichtigen, dass unternehmerische Entscheidungen nachvollziehbar im besten Sinne des Unternehmens getroffen werden. Daraus folgt für den Fall, dass der Barwert der finanziellen Überschüsse, die sich bei Liquidation des gesamten Unternehmens ergeben (**Liquidationswert**), den Fortführungswert übersteigt, der Liquidationswert Relevanz erlangt, weil dies die beste Handlungsalternative darstellt. 30

Diese Planung muss die Erwartungen zum Bewertungsstichtag abbilden (**Stichtagsprinzip**, IDW S 1, Abschnitt 4.3.). Sie darf nicht einseitig Risiken übergewichten (Unbeachtlichkeit des [bilanziellen] Vorsichtsprinzips, IDW S 1, Abschnitt 4.6.) 31

c) Sonderwerte

Aus den Anforderungen an eine rationale Planung folgt auch der Grundsatz, dass Vermögensgegenstände, deren Wert in der Planung der laufenden Zahlungsüberschüsse nur unvollständig abgebildet wird und die ohne Beeinträchtigung der Ertragskraft veräußert werden können (z.B. nicht genutzte Grundstücke, nicht benötigte Liquidität), separat mit ihrem Veräußerungserlös anzusetzen sind. Traditionell wird dies als **nicht betriebsnotwendiges Vermögen** bezeichnet (IDW S 1, Abschnitt 4.5.). In der Bewertungspraxis wird der Begriff Sonderwerte breiter verwendet und umfasst z.B. auch nicht in der Konzernplanung berücksichtigte Aktivitäten wie z.B. nicht konsolidierte Beteiligungen. 32

---

1 Eher verwirrend ist es daher, wenn das BewG die Summe der gemeinen Werte in § 11 BewG als Substanzwert bezeichnet. Tatsächlich führt die Summe der gemeinen Werte nicht zum Substanzwert, sondern zum Liquidationswert.

3. Methodische Vorgehensweise

a) Ertragswert und DCF

33   Der Wert eines erwerbswirtschaftlichen Unternehmens wird grundsätzlich durch Kapitalisierung der erwarteten künftigen Überschüsse ermittelt. In der Unternehmensbewertungspraxis haben sich als gängige Verfahren das Ertragswertverfahren (vgl. IDW S 1, Abschnitt 7.2.) und die Discounted Cash Flow (DCF)-Verfahren (vgl. IDW S 1, Abschnitt 7.3.) herausgebildet.

34   Die Ertragswertmethode ist eine **Nettomethode**. Sie ermittelt direkt den Wert des Eigenkapitals, indem die erwarteten Nettozuflüsse der Gesellschafter mit der Renditeerwartung der Eigenkapitalgeber kapitalisiert werden. Dabei werden die Nettozuflüsse regelmäßig aus einer Ertragsplanung abgeleitet.

35   Die DCF-Methode ist in ihrer üblichen Ausprägung eine **Bruttomethode**. Sie ermittelt zunächst den Wert des Gesamtkapitals, in dem die an alle Kapitalgeber fließenden Zahlungen (free cash flow) mit den durchschnittlichen Kapitalkosten aller Kapitalgeber (WACC = weighted averaged cost of capital) kapitalisiert werden. Vom Wert des Gesamtkapitals zieht man das Fremdkapital ab und gelangt so zum Wert des Eigenkapitals.

36   Bei richtiger Anwendung kommen beide Verfahren zu identischen Ergebnissen:

> IDW S 1, Tz. 101: „Ertragswert- und Discounted Cash Flow-Verfahren beruhen auf der gleichen konzeptionellen Grundlage (Kapitalwertkalkül); in beiden Fällen wird der Barwert zukünftiger finanzieller Überschüsse ermittelt. Konzeptionell können sowohl objektivierte Unternehmenswerte als auch subjektive Entscheidungswerte mit beiden Bewertungsverfahren ermittelt werden. Bei gleichen Bewertungsannahmen bzw. -vereinfachungen, insbesondere hinsichtlich der Finanzierung, führen beide Verfahren zu gleichen Unternehmenswerten. Beobachtet man in der Praxis unterschiedliche Unternehmenswerte aufgrund der beiden Verfahren, so ist dies regelmäßig auf unterschiedliche Annahmen – insbesondere hinsichtlich Zielkapitalstruktur, Risikozuschlag und sonstiger Plandaten – zurückzuführen."

37   In der Praxis werden **DCF-Bewertungen bei internationalen Anlässen oder bei verschuldungsgetriebenen Bewertungen** präferiert, weil sie eine Trennung der Bewertung des operativen Geschäfts und der Betrachtung der Finanzierung ermöglichen. Wenn die Finanzierung selbst mit zum operativen Geschäft gehört (z.B. bei Banken), ist eine Brutto-DCF-Bewertung nicht sinnvoll und die Ertragswertmethode üblich.

b) Objektivierter und subjektiver Wert

38   Ein Unternehmen wird immer aus der **Sicht eines Bewertungssubjekts** bewertet. Die Frage ist, wie man dieses Subjekt definiert.

39   In manchen Fällen ist das **Bewertungssubjekt bekannt** und seine Sicht entscheidungsrelevant (z.B. bei freien Kaufentscheidungen, bei bilanziellen Bewertungen oder bei Sacheinlagen). Dann können sowohl in den Zahlungserwartungen also auch in den Renditeanforderungen die Erwartungen des Bewertungssubjekts einfließen. So können z.B. spezifische Synergien eines Käufers in seine subjektive Bewertung mit einfließen.

In vielen rechtlich veranlassten Bewertungen ist das Bewertungssubjekt nicht individuell bestimmbar (z.B. bei Publikumsaktiengesellschaften) oder eine individuelle Betrachtung nicht gewollt, weil solche individuellen subjektiven Elemente im Streitfall kaum nachprüfbar sind. In diesen Fällen werden individuelle Einschätzungen durch **nachvollziehbare Typisierungen** ersetzt. Man gelangt so zu einem intersubjektiv nachvollziehbaren und damit objektivierten subjektiven Wert. Diese Typisierungen betreffen insbesondere die Risikoaversion und die steuerliche Belastung des Bewertungssubjekts. 40

c) Typisierung der Steuerbelastung

Steuern, insbesondere Ertragsteuern, beeinflussen die Ertrags- und Renditeerwartungen von Unternehmenseigentümern. Dies trifft sowohl für die Unternehmenssteuern als auch für die persönlichen Ertragsteuern zu. Daher sind grundsätzlich Unternehmen unter **Berücksichtigung auch der persönlichen Ertragsteuern** der Unternehmenseigentümer zu bewerten (vgl. § 15). 41

Wenn die persönlichen steuerlichen Verhältnisse nicht bekannt sind oder eine objektivierte Bewertung erfolgen soll, müssen die steuerlichen Verhältnisse typisiert werden. Dabei unterscheidet der IDW S 1 zwischen einer **unmittelbaren Typisierung**, bei der die persönlichen Ertragsteuern der Unternehmenseigentümer ausdrücklich berücksichtigt werden,[1] und einer **mittelbaren Typisierung**, bei der zwar persönliche Ertragsteuern außen vor bleiben,[2] die Kapitalmarktparameter, insbesondere die Marktrisikoprämie, jedoch aus einem Modell abgeleitet werden, das überleitbar zu dem Nach-Steuer-Model ist. 42

d) Typisierung der Risikoprämie

Menschen sind risikoavers. Bei der Wahl zwischen einer künftigen sicheren Zahlung und einer gleich hohen unsicheren Zahlungserwartung bevorzugen sie die sichere Zahlung. Fraglich ist, wie ausgeprägt diese **Risikoaversion** ist. In subjektiven Bewertungen und nach dem früheren nutzentheoretischen Verständnis des objektivierten Werts ist diese Risikoversion gutachterlich zu schätzen. Die dann verwendete Risikoprämie auf den risikofreien Kapitalisierungszinssatz ist intersubjektiv kaum nachprüfbar. 43

Ein entscheidender Schritt zur Bestimmung nachvollziehbarer Risikoprämien gelang in den 1960er Jahren mit der Entwicklung der modernen Kapitalmarkttheorie.[3] Das Capital Asset Pricing Model (**CAPM**) beruht auf der Feststellung, dass unter der Annahme effizienter Kapitalmärkte am Markt ein allgemein gültiger Preis für die Übernahme von Risiko entsteht. Dieser Preis für Risikoübernahme reflektiert die aggregierten Präferenzen aller Marktteilnehmer. Für jeden einzelnen Marktteilnehmer ist er ein gegebenes, objektives Datum. Der durchschnittliche Preis für unternehmerisches Risiko ist die Differenz zwischen der durchschnittlichen Aktienrendite und der risikofreien Rendite, die 44

---

1 IDW S 1 i.d.F. 2008, Rz. 31.
2 IDW S 1 i.d.F. 2008, Rz. 30.
3 Zum CAPM aus 1964 vgl. Darstellung in *Brealey/Myers*, Principles of Corporate Finance, Abschnitt 9.

sog. Marktrisikoprämie. Systematische Abweichungen des Risikoprofils des konkret zu bewertenden Unternehmens von diesem Durchschnitt kommen im sog. Betafaktor zum Ausdruck.

45 Mit den durch EDV und Internet geschaffenen Möglichkeiten, die zur praktischen Umsetzung des CAPM notwendigen Kapitalmarktdaten schnell und preiswert zu erheben, hielt das CAPM seit den 1990er Jahren auch Einzug in die Bewertungspraxis. Trotz vielfältiger Kritik an den methodischen Prämissen und der empirischen Belastbarkeit ist es unverändert das Referenzmodell zur Erklärung von Kapitalmarktpreisen. Entscheidend für seine Verbreitung bei objektivierten Bewertungen ist die so geschaffene Möglichkeit, die bei der Unternehmensbewertung verwendete Risikoprämie auf der Basis objektiv nachvollziehbarer Annahmen und Kapitalmarktdaten zu bestimmen bzw. zu hinterfragen.

4. Plausibilisierung des Unternehmenswerts

46 Auch wenn Unternehmensplanungen mit Markt- und Branchenerwartungen abgeglichen werden und der Kapitalisierungszins aus Kapitalmarktdaten abgeleitet wird, verbleibt die Unsicherheit, ob ein solchermaßen gutachtlich ermittelter Ertragswert oder DCF-Wert auch mit der Markteinschätzung des Unternehmenswerts übereinstimmt. Diese Sorge mag insbesondere darin begründet sein, dass Unternehmensplanungen häufig zu mehreren Zwecken aufgestellt werden. Regelmäßig dienen sie auch zur Motivierung und Incentivierung von leitenden Mitarbeitern, manchmal auch zur Kommunikation mit potentiellen Investoren. In solchen Fällen ist es nicht ungewöhnlich, dass die Unternehmensplanung auf einer eher optimistischen Grundeinschätzung beruht.

47 Aufgrund dieser berechtigten Sorge wurde eine alleinige Wertbestimmung mit dem Zukunftserfolgswert bis 1983 überwiegend abgelehnt. Stattdessen wurden Ertragswerte auf der Grundlage historischer, nicht geplanter Erträge berechnet oder mit Substanzwerten gemischt.

48 Heute ermöglicht die zunehmende Transparenz und Berichterstattung über Unternehmenstransaktionen den direkten Vergleich mit anderen gezahlten Unternehmenskaufpreisen. Diese Preise werden in Relation zu aktuellen Unternehmenskennzahlen wie EBIT, EBITDA, Umsatz oder Buchwert gesetzt. Die sich so ergebenden Multiplikatoren haben den Vorteil, einfach sowie scheinbar manipulationsfrei und marktnah zu sein. Trotz aller Kritik aus bewertungstheoretischer Sicht haben diese **vergleichsorientierten Multiplikatorenverfahren** in der M&A-Praxis weite Verbreitung gefunden.

49 Für die einfache Preisfindung in einer freien Markttransaktion ist dies auch nachvollziehbar. Wenn das Bewertungsobjekt mit dem Vergleichsunternehmen gut vergleichbar ist und die künftige Entwicklung des Bewertungsobjekts mit der Entwicklung der Vergleichsunternehmen übereinstimmt, und wenn sich die Preise der Vergleichsunternehmen in einem vergleichbaren Transaktionsumfeld gebildet haben, dann ermöglicht die Übertragung eines solchen Multiplikators auf die Kennzahl des Bewertungsobjekts eine marktnahe und manipulationsfreie Bewertung.

Im Umkehrschluss sind Multiplikatoren dann nicht sinnvoll anwendbar, wenn sich das Bewertungsobjekt in einer Umbruchsituation befindet oder sich die Transaktion von der Vergleichstransaktion in der Zielsetzung unterscheidet. 50

Eben dies ist bei rechtlich veranlassten Bewertungen häufig der Fall. Solche Bewertungen werten typischerweise in Situationen vorgenommen, in denen das Unternehmen sich verändert, bei Gesellschafterwechsel, Umstrukturierung und Neuausrichtung. In solchen Situationen oder in einem gesamtwirtschaftlichen sich verändernden Umfeld stellen Multiplikatoren keine verlässliche Vergleichsgröße dar. 51

Nach IDW S 1 dienen vereinfachte Preisfindungen wie Multiplikatorenverfahren lediglich der **Plausibilitätskontrolle der Ergebnisse der Bewertung nach dem Ertragswertverfahren bzw. nach den DCF-Verfahren** (IDW S 1, Tz. 143). Als eine solche Plausibilitätskontrolle sind sie in der heutigen Bewertungspraxis ein selbstverständlicher Bestandteil eines Bewertungsgutachtens. 52

5. Börsenkurs

Bei börsennotierten Unternehmen kommt dem Börsenkurs aufgrund seiner von der Rechtsprechung entwickelten Funktion als Wertuntergrenze in der Bewertungspraxis eine erhebliche Bedeutung zu (vgl. § 16). Dem Vorbehalt, dass der Börsenkurs lediglich den Preis darstellt, zu dem das Angebot und die Nachfrage nach einzelnen Aktien zu einem bestimmten Zeitpunkt zum Ausgleich kommen, und dass dieser Preis regelmäßig vom Gesamtwert des Eigenkapitals abweichen wird, kommt die Rechtsprechung dadurch entgegen, dass der Börsenkurs lediglich in Form einer Durchschnittsgröße bei unmanipuliertem Handel als **Wertuntergrenze für ausscheidende Minderheitsaktionäre** zum Tragen kommt. 53

IV. Unternehmensbewertungskonzepte in speziellen Kontexten

Der Standard IDW S 1 prägt als ältester und bekanntester deutscher Bewertungsstandard maßgeblich die deutsche Bewertungspraxis. Gleichwohl hat er als interner Standard der Berufsorganisation der deutschen Wirtschaftsprüfer keinerlei unmittelbar rechtlich bindende Wirkung. Daher existiert neben dem IDW S 1 eine ganze Reihe von Richtlinien und Empfehlungen, die z.T. Besonderheiten in speziellen Situationen behandeln, zum Teil aber auch im unmittelbaren Wettbewerb zum IDW S 1 als maßgeblicher Standard der Praxis stehen. 54

1. Bewertungsstandards anderer Berufsorganisationen

a) Österreichischer Bewertungsstandard KFS/BW 1

In Österreich wird die Bewertungspraxis geprägt von dem Fachgutachten KFS/BW 1 der österreichischen Kammer der Wirtschaftstreuhänder. Dieses Fachgutachten existiert derzeit als Entwurf einer überarbeiteten Fassung des Gutachtens vom 27.2.2006. Der Entwurf (Stand Sommer 2014) stimmt wie das 55

Fachgutachten von 2006 methodisch und sprachlich in vielen Aspekten mit IDW S 1 überein. Wesentliche Unterschiede betreffen die persönlichen Ertragssteuern, die nach KFS/BW 1 grundsätzlich außer Betracht bleiben sollen, und die Bedeutung von Kapitalmarktdaten für die Bestimmung der Kapitalkosten, wo nach KFS/BW 1 die Freiheitsgrade des Bewerters größer sind.

b) Fachmitteilung der Schweizer Treuhandkammer

56 In der Schweiz ist die Bewertungspraxis heterogener und deutlich weniger detailliert von Standards geprägt. Die Fachmitteilung „Unternehmensbewertung, Richtlinien und Grundsätze für die Bewertenden" der Schweizerischen Treuhandkammer von April 2008 behandelt überwiegend Themen wie Anforderung an den Bewerter, Mandatsannahme und Dokumentation. Im methodischen Teil wird auf darauf hingewiesen, dass die DCF-Methode die Best Practice darstelle (Abschnitt 7.3), die Ertragswertmethode zu den selben Ergebnissen führe und Multiplikatoren zur Plausibilisierung dienen. Die konkrete Durchführung dieser Methoden bleibt weitgehend offen. Das früher mit der Schweizer Bewertungspraxis verbundene Mittelwertverfahren wird erwähnt, aber als theoretisch nicht begründbar abgelehnt.

c) Best-Practice-Empfehlungen Unternehmensbewertung der DVFA

57 Im Dezember 2012 hat die Deutsche Vereinigung für Finanzanalyse und Asset Management e.V. Best-Practice-Empfehlungen Unternehmensbewertung veröffentlicht. Das angesprochene Anwendungsgebiet dieser Empfehlungen ist eingeschränkt auf die Abfindung von Minderheitsaktionären:

> „A.1. Anwendungsbereich der Empfehlungen: angemessene Abfindung: Gegenstand der folgenden Empfehlungen ist die (ex post richterlich angeordnete oder ex ante mit Blick auf die Möglichkeit einer späteren gerichtlichen Überprüfung vorgenommene) Unternehmensbewertung als Grundlage einer angemessenen Abfindung, die an Minderheitsgesellschafter von Aktiengesellschaften für den Verlust ihrer Aktien geleistet wird."

58 Methodisch propagiert diese Empfehlung im bewussten Gegensatz zu IDW S 1 eine Methodenvielfalt:

> „Typisch für diese Methodenvielfalt ist die Kombination der drei Elemente
> – Diskontierungsverfahren (international klar dominierend: Discounted Cash Flow-Methode),
> – Multiplikator-basierte Verfahren (auf der Basis von Börsenkursen vergleichbarer Unternehmen und Kaufpreisen vergleichbarer Transaktionen), sowie
> – bei börsennotierten Unternehmen der Börsenkursanalyse."

59 Die Best-Practice-Empfehlungen Unternehmensbewertung der DVFA versteht sich und bezeichnet sich als direkten Gegenentwurf zu IDW S 1. Inwieweit sie die deutsche Bewertungspraxis beeinflussen wird, wird der Wettbewerb der Standards in der tatsächlichen Anwendung zeigen.

d) International Valuation Standards des IVSC

60 Der International Valuation Standards Council (IVSC) mit Sitz in London ist eine 1981 von nationalen Bewertungsprofessionals gegründete Non-Profit-Or-

ganisation. Ursprünglich war die Organisation auf die Bewertung von Immobilen ausgerichtet, was sich auch heute noch am Kreis ihrer Mitglieder erkennen lässt. Im Jahr 2007 hat sich die Organisation grundsätzlich neu und breiter aufgestellt. Ob und inwieweit die von ihr herausgegeben Standards die Bewertungspraxis beeinflussen werden, wird die Zukunft zeigen. Derzeit haben die sog. International Valuation Standards (IVS) in Deutschland keine praktische Bedeutung.

e) Empfehlungen einzelner Berufsgruppen

Um ihren Mitgliedern die Preisfindung bei der Übertragung von Praxen oder Betrieben zu erleichtern, haben einige Berufskammern und Berufsorganisationen Hinweise zur Bewertung herausgegeben:[1]

- Bundessteuerberaterkammer 6/2010: Hinweise zur Ermittlung des Wertes einer Steuerberaterpraxis
- Bundesrechtsanwaltskammer (BRAK-Mitteilung) 6/2009: Zur Bewertung von Anwaltskanzleien
- Bundesärztekammer, Deutsches Ärzteblatt 2008, S. 2778-2780: Hinweise zur Bewertung von Arztpraxen vom 9.9.2008
- Arbeitsgemeinschaft der Wert ermittelnden Betriebsberater im Handwerk (AWH): AWH-Standard

Diesen Empfehlungen ist gemein, dass sie von der grundsätzlichen Richtigkeit der Ertragswertmethode ausgehen aber für ihre Mitglieder mehr oder weniger starke Vereinfachungen bis hin zur Kombination von Substanzwert plus mittels einfacher Multiplikatoren ermittelten Mehr- (Praxis-) Wert empfehlen.

2. Bewertungskonzepte im Steuerrecht und in der Rechnungslegung

a) Bewertungsgesetz und vereinfachter Ertragswert

In Folge der Entscheidung des BVerfG vom 7.11.2006[2], hat der Gesetzgeber mit dem Erbschaftsteuerreformgesetz zum 1.1.2009 das **Erbschaftsteuerrecht**, vor allem jedoch auch das Bewertungsgesetz überarbeitet. Danach ist ein Unternehmen oder Unternehmensanteil mit dem gemeinen Wert nach § 11 Abs. 2 zu bewerten:

> „Lässt sich der gemeine Wert nicht aus Verkäufen unter fremden Dritten ableiten, die weniger als ein Jahr zurückliegen, so ist er unter Berücksichtigung der Ertragsaussichten der Kapitalgesellschaft oder einer anderen anerkannten, auch im gewöhnlichen Geschäftsverkehr für nichtsteuerliche Zwecke üblichen Methode zu ermitteln; dabei ist die Methode anzuwenden, die ein Erwerber der Bemessung des Kaufpreises zu Grunde legen würde."

Indem der Gesetzgeber ausdrücklich die Ertragsaussichten nennt und im Folgenden in den §§ 199 bis 203 die vereinfachte Ertragswertmethode als mögliche Bewertungsmethode anbietet, ist erkennbar, dass auch der Steuergesetzgeber

---

1 Überblick bei Bayerisches Landesamt für Steuern, ErbSt-Kartei, Az. S 3224.1.1 – 1/7 St 34.
2 BVerfG v. 7.11.2006 – 1 BvL 10/02, GmbHR 2007, 320.

von der allgemeinen Angemessenheit der Ertragswertmethode ausgeht. In der Bewertungspraxis hat dies dazu geführt, dass für steuerliche Zwecke vereinfachte Unternehmensbewertungen regelmäßig alleine durch vollumfängliche Ertragsbewertungen nach IDW S 1 widerlegt werden können.

b) Fair Value nach IFRS 13 und Nutzungswert nach IAS 36

65 Sowohl die nationale Rechnungslegung nach HGB als auch die internationale Rechnungslegung der IFRS verwendete schon früh Wertbegriffe wie **„beizulegender Wert"**, **„fair value"** oder **„Nutzungswert"**. Nachdem der Firmenwert nach IFRS seit 2004 nicht mehr planmäßig, sondern nur noch auf den niedrigeren beizulegenden Wert abgeschrieben wird, und die Bewertung zum fair value immer mehr Verbreitung findet, wurden diese Begriffe in den IFRS Standards detaillierter definiert. Insbesondere seit der Finanzkrise 2007 hat die genaue Interpretation und Umsetzung dieser Wertbegriffe für die Praxis erheblich an Bedeutung gewonnen.

66 Der Nutzungswert wird dabei regelmäßig, der fair value nur in Ermangelung belastbarer Marktbewertungen, als DCF-Wert ermittelt. Auch wenn die einzelnen Prämissen dabei unterschiedlich sein können (z.B. Nutzungswert ohne Berücksichtigung von Unternehmenssteuern, aber mit Synergien; fair value umgekehrt), so ist doch wesentlich, dass die dabei verwendete Rechentechnik eines Brutto-DCF grundsätzlich mit der Rechentechnik einer IDW S 1-DCF-Bewertung kompatibel gestaltet werden kann.

3. Besondere Bewertungsstandards und Hinweise

67 Die Grundsätze zur Durchführung von Unternehmensbewertungen sind in IDW S 1 so allgemein formuliert, dass sie unabhängig vom Bewertungsanlass verwendbar sind. Der die praktische Anwendung von IDW S 1 prägende Bewertungsanlass ist eine gesellschaftsrechtliche motivierte Bewertung. Bei einigen Bewertungsanlässe sind die spezifischen, relevanten Bewertungsfragen demgegenüber jedoch deutlich anders gelagert. Aus diesem Grund hat das IDW neben IDW S 1 noch einige konkretisierende weitere Standards und Hinweise verabschiedet.

a) IDW RS HFA 10, IDW RS HFA 16 und IDW S 5

68 Im Mittelpunkt dieser Standards stehen konkretisierende Empfehlungen bei **bilanziell veranlassten Bewertungen**, insbesondere bei Werthaltigkeitstests und Kaufpreisallokationen. Da solche Bewertungen regelmäßig vorgenommen werden und die Überprüfung ihrer richtige Durchführung seit Jahren auf der Prioritätenliste der Deutschen Prüfstelle für Rechnungslegung DPR e.V. an erster Stelle steht, haben bilanzielle Bewertungen für die Bewertungspraxis eine prägende Bedeutung. Anders als im gesellschaftsrechtlichen Umfeld stellen hier Brutto-DCF vor persönlichen Ertragsteuern, häufig auch modular oder sum-of-the-parts aufgebaut, den Standard dar. Wesentlich ist aber auch hier, dass die Kompatibilität mit IDW S 1 Bewertungen grundsätzlich gegeben ist.

b) Grundsätze für die Erstellung von Fairness Opinions (IDW S 8)

Gutachtliche Unternehmensbewertungen beinhalten stets eine gutachtliche, d.h. kritische und ausreichend tiefgehende Auseinandersetzung mit den verwendeten Unternehmensinformationen. Die Abläufe vieler Unternehmenstransaktionen, die durch Zeitdruck und Informationsprobleme gekennzeichnet sind, erlauben keine Unternehmensbewertungen, die dem Prädikat „gutachtlich" genügen würden. Gleichwohl können Unternehmen oder ihre Organe daran interessiert sein, die Angemessenheit der vereinbarten Kaufpreise durch externe Experten bestätigen zu lassen. 69

Der Standard IDW S 8 legt dar, nach welchen Grundsätzen solche Fairness Opinions durch Wirtschaftsprüfer zu erstellen sind. Die wesentliche Abweichung zu IDW S 1 liegt darin, dass nach IDW S 8 **vereinfachende Multiplikatorenbewertungen** mehr als nur Plausibilitätsüberlegungen darstellen und als tragende Beurteilungsgrundlage verwendet werden können. 70

c) Besonderheiten bei der Bewertung kleiner und mittelgroßer Unternehmen

Ein großer Teil der Literatur, der Rechtsprechung und der öffentlich bekannten Bewertungsgutachten betrachtet die Bewertung von großen, börsennotierten Unternehmen. So wird die tatsächliche Anwendungspraxis der Unternehmensbewertung dominiert von Themen wie Betafaktor, steuerliche Systemwechsel oder Wechselkursrisiken, die für die Mehrzahl von mittelständischen Unternehmen wenig relevant sind. Eine auf kapitalmarkttheoretisch fundierten Typisierungen beruhende Ertrags- oder DCF-Bewertung wird daher häufig als für mittelständische Unternehmen zu überfrachtet und realitätsfern empfunden. Gleichzeitig ist aber zu konstatieren, dass die Grundsätze und die Methodik der Ertragswert- und DCF-Methode auch für mittelständische Unternehmen anwendbar und sinnvoll sind. 71

Um gleichwohl die Besonderheiten eine Bewertung von mittelständischen Unternehmen im Rahmen einer IDW S 1 Bewertung aufzuzeigen und Lösungen darzulegen, haben das IDW und die BStBK am 8.4.2014 Hinweise zu den „**Besonderheiten bei der Ermittlung eines objektivierten Unternehmenswerts kleiner und mittelgroßer Unternehmen**" veröffentlicht.[1] 72

Tragende Überlegung dieser Hinweise ist die besondere Personenbezogenheit vieler kleiner und mittelgroßer Unternehmen. Diese Abhängigkeit vom bisherigen Eigentümer oder Geschäftsführer führt in vielen Fällen zu dem Befund, dass die bisherige Ertragskraft des Unternehmens nur unvollständig auf einen neuen Eigentümer übertragen werden kann. Dies ist dann wertmindernd in der Planung des Unternehmens zu berücksichtigen. 73

V. Ausblick

Die Bewertungspraxis hat mit der Abkehr von scheinbar sicheren Substanzwerten und der Hinwendung zu zukunftsbezogenen, kapitalmarkttheoretisch fun- 74

---

1 *IDW*, WPg-Supplement 2/2014.

dierten Bewertungsmodellen einen breit akzeptierten Konsens gefunden. Ausgehend von dieser Lagebeschreibung lassen sich derzeit drei Entwicklungslinien erkennen:

– In den großen, strittigen Bewertungsfällen ist ein **Wettrüsten in der Argumentationstiefe** zu erkennen. Die verwendeten Modelle und Ableitungen einzelner Parameter werden immer weiter verfeinert. Die empirische Unterlegung einzelner Parameter oder Planungsannahmen erfolgt auf der Grundlage von immer mehr und immer schneller verarbeiteten Informationen.

– Als Gegenbewegung ist eine **Sehnsucht nach einfachen Lösungen**, nach Kochbuchrezepten zu erkennen. So treffen einzelne Vorstöße für pauschale Lösungen z.B. bei Multiplikatoren, Steuern oder Betafaktoren schnell auf eine gewisse Zustimmung. Wie der Wettbewerb zwischen abschreckend anspruchsvollen und einladend vereinfachenden Modellansätzen ausgehen wird, ist nicht von vornherein eindeutig.

– Spektakuläre Fehlkäufe von Unternehmen, die zum Teil auch gerichtlich aufgearbeitet werden, haben die Schwachstelle moderner Bewertungsmethoden deutlich aufgezeigt. **Eine Unternehmensbewertung ist nur so tragfähig, wie die dabei verwendete Unternehmensplanung.** Wie weit eine Unternehmensplanung auf Glaubwürdigkeit geprüft werden kann und wie Multiplikatorenbewertungen dabei unterstützen können, sind derzeit die für die weitere Entwicklung der Bewertungspraxis entscheidenden Fragen.

Zweiter Teil
Bewertungsmethoden

§ 4
Überblick über das Ertragswertverfahren

	Rz.
I. Einleitung	1
II. Grundsätze ordnungsgemäßer Ertragswertberechnung	
1. Komplexitätsreduktion	4
2. Zweckadäquanzprinzip	6
3. Zukunftsbezogenheitsprinzip	7
4. Stichtagsprinzip	10
5. Gesamtbewertungsprinzip und Kapitalwertprinzip	11
6. Subjektivitäts-, Typisierungs- und Objektivierungsprinzip	17
7. Äquivalenzprinzipien	20
8. Verbundberücksichtigungsprinzip	26
9. Liquidationstest und Marktwertvergleich	27
10. Dokumentationsprinzip	29
III. Ertragswertmethode	
1. Bewertungskonzeption	30
2. Festlegung des Planungshorizontes	36
3. Ertragsschätzung	37
4. Bestimmung des Diskontierungszinses	41
5. Berechnung des Restwerts	44
IV. Rechtsprechung	
1. Rechtsprechung zur Ertragswertmethode	46
a) BVerfG, Beschl. v. 27.4.1999	47
b) OLG Stuttgart, Beschl. v. 5.6.2013	48
c) OLG Frankfurt, Beschl. v. 2.5.2011	49
d) OLG Düsseldorf, Beschl. v. 6.4.2011	50
e) OLG Frankfurt, Beschl. v. 17.6.2010	51
2. Rechtsprechung zur Ertragsschätzung	52

	Rz.
a) OLG Frankfurt, Beschl. v. 29.4.2011	52
b) OLG Stuttgart, Beschl. v. 24.7.2013	53
3. Rechtsprechung zum Diskontierungszins	54
a) OLG Frankfurt, Beschl. v. 2.5.2011	54
b) OLG Düsseldorf, Beschl. v. 6.4.2011	55
4. Rechtsprechung zur Ableitung des Risikozuschlags aus dem CAPM	56
a) OLG Frankfurt, Beschl. v. 2.5.2011	56
b) OLG Stuttgart, Beschl. v. 4.5.2011	57
c) OLG Frankfurt, Beschl. v. 17.6.2010	58
d) OLG München, Beschl. v. 18.2.2014	59
5. Rechtsprechung zur Wachstumsrate	60
a) OLG Frankfurt, Beschl. v. 2.5.2011	60
b) OLG Frankfurt, Beschl. v. 17.6.2010	61
c) OLG Frankfurt, Beschl. v. 29.4.2011	62
6. Rechtsprechung zum Marktwertvergleich	63
a) BVerfG, Beschl. v. 27.4.1999	63
b) BGH, Beschl. v. 19.7.2010	64
c) OLG Frankfurt, Beschl. v. 5.12.2013	65
d) OLG Stuttgart, Beschl. v. 4.5.2011	66
V. Thesenförmige Zusammenfassung	67

Schrifttum: *Angermayer-Michler/Oser,* Berücksichtigung von Synergieeffekten bei der Unternehmensbewertung, in Peemöller (Hrsg.), Praxishandbuch der Unternehmensbewertung, 5. Aufl. 2012, S. 1101; *Bachl,* Einführung in die Unternehmensbewertung, 4. Aufl. 2013; *Bachl,* Unternehmensbewertung in der gesellschaftsrechtlichen Judikatur, 2006; *Ballwieser,* Verbindungen von Ertragswert- und Discounted Cashflow-Verfahren, in Peemöller (Hrsg.), Praxishandbuch der Unternehmensbewertung, 5. Aufl. 2012, S. 499; *Ballwieser,* Unternehmensbewertung und Komplexitätsreduktion, 3. Aufl. 1990; *Ballwieser/Hachmeister,* Unternehmensbewertung – Prozess, Methoden und Probleme, 4. Aufl. 2013; *Ballwieser/Leuthier,* Betriebswirtschaftliche Steuerberatung: Grundprinzipien, Verfahren und Probleme der Unternehmensbewertung, DStR 1986, 545 und 604; *Bassemir/Gebhardt/Ruffing,* Zur Diskussion um die (Nicht-) Berücksichtigung der Finanz- und Schuldenkrisen bei der Ermittlung der Kapitalkosten, WPg 2012, 882; *Böcking,* Das Verbundberücksichtigungsprinzip als Grundsatz ordnungsmäßiger Unternehmensbewertung, FS Moxter, 1994, S. 1407; *Böcking/Gros/Koch/Wallek,* Der neue Konzernlagebericht nach DRS 20, Der Konzern 2013, 30; *Böcking/Nowak,* Konkretisierung marktorientierter Unternehmensbewertung durch das Bundesverfassungsgericht, in Arnold/Englert/Eube (Hrsg.), Werte schaffen – Werte messen, 2000, S. 130; *Coenenberg/Schultze,* Unternehmensbewertung: Konzeptionen und Perspektiven, Die Betriebswirtschaft 2002, 597; *Ernst,* Modulgesteuerte Businessplanung als Instrument der Unternehmensbewertung, in Peemöller (Hrsg.), Praxishandbuch der Unternehmensbewertung, 5. Aufl. 2012, S. 219; *Fleischer,* Unternehmensbewertung bei aktienrechtlichen Abfindungsansprüchen: Bestandsaufnahme und Reformperspektiven im Lichte der Rechtsvergleichung, AG 2014, 97; *Fleischer,* Zur Behandlung des Fungibilitätsrisikos bei der Abfindung außenstehender Aktionäre (§§ 305, 320b AktG), FS Hoffmann-Becking, 2013, S. 331; *Fleischer,* Rechtsfragen der Unternehmensbewertung bei aktienrechtlichen Abfindungsansprüchen in Deutschland und Italien, RIW 2013, 24; *Fleischer,* Rechtsfragen der Unternehmensbewertung bei geschlossenen Kapitalgesellschaften – Minderheitsabschlag, Fungibilitätsabschlag, Abschlag für Schlüsselpersonen, ZIP 2012, 1633; *Fleischer,* Zu Bewertungsabschlägen bei der Anteilsbewertung im deutschen GmbH-Recht und im US-amerikanischen Recht der close corporation, FS Hommelhoff, 2012, S. 223; *Fleischer/Schneider,* Der Liquidationswert als Untergrenze der Unternehmensbewertung bei gesellschaftsrechtlichen Abfindungsansprüchen, DStR 2013, 1736; *Gebhardt/Ruffing,* Zukunftsorientierte Bestimmung von Beta-Faktoren für die Unternehmensbewertung, FS Ballwieser, 2014, S. 201; *Hachmeister,* Rezeption der Funktionenlehre in der Rechtsprechung: Darstellung und Würdigung, FS Ballwieser, 2014, S. 219; *Hachmeister/Ruthardt,* Nicht betriebsnotwendiges Vermögen in der Unternehmensbewertung, BB 2014, 875; *Hannes,* Rechtsprechung zur Unternehmensbewertung, in Peemöller (Hrsg.), Praxishandbuch der Unternehmensbewertung, 5. Aufl. 2012, S. 1119; *Helbling,* Due Diligence Review, in Peemöller (Hrsg.), Praxishandbuch der Unternehmensbewertung, 5. Aufl. 2012, S. 243; *Henselmann/Munkert/Winkler/Schrenker,* 20 Jahre Spruchverfahren – Empirische Ergebnisse zur Abfindungserhöhung in Abhängigkeit vom Antragsteller und von den Bewertungssubjekten, WPg 2013, 1206; *Hofmann/Küpper,* Komplexitätsreduktion als Problem der Betriebswirtschaftslehre, FS Ballwieser, 2014, S. 323; *IDW S 1 2008, Institut der Wirtschaftsprüfer,* IDW Standard: Grundsätze zur Durchführung von Unternehmensbewertungen (IDW S 1 i.d.F. 2008); *Kuhner,* Kapitalbindung in der Unternehmensbewertung und das Problem der unbegrenzten Laufzeit der Alternativanlage, FS Ballwieser, 2014, S. 471; *Meitner,* Der Terminal Value in der Unternehmensbewertung, in *Peemöller* (Hrsg.), Praxishandbuch der Unternehmensbewertung, 5. Aufl. 2012, S. 577; *Meitner/Streitferd,* Die Bestimmung des Betafaktors, in Peemöller (Hrsg.), Praxishandbuch der Unternehmensbewertung, 5. Aufl. 2012, S. 511; *Moxter,* Grundsätze ordnungsmäßiger Unternehmensbewertung, 1976; *Moxter,* Grundsätze ordnungsmäßiger Unternehmensbewertung, 2. Aufl. 1983; *Münstermann,* Wert und Bewertung der Unternehmung, 3. Aufl. 1970; *Nowak,* Marktorientierte Unternehmensbewertung, 2. Aufl. 2003; *Peemöller/Kunowski,* Ertragswertverfahren nach IDW, in Peemöller (Hrsg.), Praxishandbuch der Unternehmensbewertung, 5. Aufl. 2012, S. 275; *Piltz,* Die Unternehmensbewertung in der Rechtsprechung, 3. Aufl. 1994; *Popp,* Vergangenheits- und Lageanalyse, in Peemöller (Hrsg.),

Praxishandbuch der Unternehmensbewertung, 5. Aufl. 2012, S. 173; *Rausch*, Unternehmensbewertung mit zukunftsorientierten Eigenkapitalkostensätzen, 2008; *Volkart*, Unternehmensbewertung und Akquisitionen, 3. Aufl. 2010; *Wagner/Mackenstedt/Schieszl/ Lenckner/Willershausen*, Auswirkungen der Finanzmarktkrise auf die Ermittlung des Kapitalisierungszinssatzes in der Unternehmensbewertung, WPg 2013, 948; *Wüstemann*, BB-Rechtsprechungsreport Unternehmensbewertung 2011/12, BB 2012, 1719; *Zwirner*, Unternehmensbewertung, Bewertungsmethoden und -ansätze, 2012.

I. Einleitung

Die Berechnung eines Unternehmenswertes kann aus unterschiedlichen Anlässen erforderlich oder gewünscht sein. Das Spektrum reicht von der Berechnung einer angemessenen Abfindung zwangsweise ausscheidender Aktionäre bis hin zu einer freiwilligen Unternehmenstransaktion wie z.B. den Kauf oder Verkauf eines Unternehmens (vgl. zu den Bewertungsanlässen § 2 Rz. 16–18). Der **Bewertungszweck** entscheidet über die Frage, ob ein Unternehmen objektiviert oder subjektiv zu bewerten ist (Zweckadäquanzprinzip[1]).

Seit den sechziger Jahren hat sich in der Wissenschaft die Erkenntnis durchgesetzt, dass sich der Unternehmenswert aus materiellen und immateriellen Wertkomponenten zusammensetzt. Die bis dahin in der Bewertungspraxis vorherrschenden Einzelbewertungsverfahren waren und sind nicht in der Lage, alle immateriellen Werte zu erfassen. Hierzu bedarf es einer **Gesamtbewertung**, die nur mit Hilfe eines **Kapitalwertverfahrens** möglich ist (vgl. auch § 2 Rz. 36–54). Investitionstheoretisch gehört die Ertragswertmethode zu den dynamischen Investitionsverfahren; sie stellt eine Ausprägung des Bruttobarwertverfahrens dar. Neben dem Zweckadäquanz- und dem Gesamtbewertungsprinzip sind diverse andere Grundsätze ordnungsgemäßer Ertragswertberechnung beachtlich, die in Abschnitt II., unten Rz. 4–29, dargestellt werden.

Mit der **Bewertungskonzeption** der Ertragswertmethode beschäftigt sich Abschnitt III., unten Rz. 30–35. Es stellt zudem die einzelnen Parameter zur Berechnung des Ertragswertes dar und erläutert deren Berechnung. Außerdem werden Hinweise zur praktischen Ausgestaltung gegeben. Da die Ertragswertmethode einen Zahlungsstrom mit den Renditeerwartungen der Eigenkapitalgeber diskontiert, der nur diesen zufließt, kann sie systematisch mit dem Discounted Cashflow-Verfahren in Ausprägung des Equity-Ansatzes verglichen werden.[2] Das vierte Kapitel folgt dieser Gliederung und gibt einen Überblick über ausgewählte neuere Rechtsprechung zum Ertragswertverfahren oder zu seinen Komponenten.

---

1 Vgl. grundlegend zum Zweckadäquanzprinzip *Moxter*, Grundsätze ordnungsmäßiger Unternehmensbewertung, 2. Aufl. 1983, S. 5-8.
2 Vgl. zu den Discounted Cashflow-Verfahren auch § 2 Rz. 48–50 und ausführlich § 9, jeweils in diesem Handbuch. Vgl. auch *Nowak*, Marktorientierte Unternehmensbewertung, S. 9-134.

II. Grundsätze ordnungsgemäßer Ertragswertberechnung

1. Komplexitätsreduktion

4 Bei der Bewertung von Unternehmen sind vielfältige Einflussgrößen einer komplexen Umwelt zu berücksichtigen. Grundsätzlich kann diese Komplexität reduziert werden durch: „(1) Verzicht auf einzelne Beschreibungsdimensionen, (2) Zerlegung in Teileinheiten, (3) Verringerung des Präzisionsgrads der Beschreibung und (4) Reduktion des Unsicherheitsgrads der Beschreibung."[1] Dabei ist die Art und Weise der Komplexitätsreduktion von der **konkreten Entscheidungssituation**, also vom **Zweck** abhängig.[2] Eine in der Betriebswirtschaftslehre häufig verwendete Methode zur Komplexitätsreduktion ist die Modellbildung; so stellt auch die Ertragswertmethode ein Modell zur Reduzierung der Komplexität mit dem Zweck einer Unternehmensbewertung dar.[3]

5 Unternehmen haben – sofern sie ihren Wert erhalten können – grundsätzlich eine unendliche Lebensdauer. Bei der Ertragswertmethode wird dementsprechend zunächst die zeitliche Dimension, die Zukunft, in eine planbare Phase, den **Planungshorizont**, und in eine Phase nach dem Planungshorizont, den Restwert, zerlegt. Des Weiteren wird der zukünftige Nutzen, der den Unternehmenseignern aus dem Unternehmen zufließt, auf eine Erfolgsgröße reduziert. Bei der Ertragswertmethode wird angenommen, dass der zukünftige Nutzen durch die zukünftigen Unternehmenserträge abgebildet werden kann.[4] Schließlich sind die alternativen Handlungsmöglichkeiten des Bewertungssubjekts (z.B. Käufer oder Verkäufer) im Modell zu berücksichtigen.

2. Zweckadäquanzprinzip

6 Als Bewertungszwecke kommen insbesondere die Ermittlung objektivierter Unternehmenswerte oder subjektiver Entscheidungswerte in Betracht. Je nach Bewertungszeck sind bei der Durchführung der Bewertung unterschiedliche Prämissen zu beachten. „Der Bewertungszweck bestimmt auch die Wahl der Verfahrenstechnik; denn der Bewertungszweck entscheidet darüber, welches Gewicht Vereinfachungen und Objektivierungen haben."[5] Bei einer **objektivierten Bewertung** werden insbesondere der Zukunftsertrag und der Diskontierungszins typisiert; die verwendeten Parameter haben intersubjektiv nachprüfbar zu sein. Bei **subjektiver Unternehmensbewertung** werden als Bewertungsparameter die konkreten Verhältnisse des Bewertungssubjekts berück-

---

1 *Hofmann/Küpper* in FS Ballwieser, 2014, S. 323 (330).
2 Vgl. *Hofmann/Küpper* in FS Ballwieser, 2014, S. 323 (332).
3 Vgl. ausführlich *Ballwieser*, Unternehmensbewertung und Komplexitätsreduktion, 3. Aufl. 1990.
4 Bei den Discounted Cashflow-Methoden wird der zukünftige Nutzen durch – je nach Methode – einen bestimmten Cashflow dargestellt. Vgl. zu Verbindungen der Ertragswertmethode mit den Discounted Cashflow-Methoden *Ballwieser*, Verbindungen von Ertragswert- und Discounted Cashflow-Verfahren, S. 499-510.
5 *Moxter*, Grundsätze ordnungsmäßiger Unternehmensbewertung, 2. Aufl. 1983, S. 8.

sichtigt.[1] Der Diskontierungszins stellt hierbei die beste verdrängte alternative Mittelanlage des Bewertungssubjekts dar.

3. Zukunftsbezogenheitsprinzip

Der Wert eines Unternehmens ergibt sich aus dem **Nutzen**, den der Unternehmenseigner aus dem Unternehmen ziehen kann.[2] Die zukünftigen Erträge des zu bewertenden Unternehmens stellen bei der Ertragswertmethode den zukünftigen Nutzen dar. Daten, insbesondere Unternehmenserträge, der Vergangenheit fließen somit nicht direkt in das Bewertungskalkül ein. Die Zukunftsbezogenheit der Unternehmensbewertung hat *Münstermann* kurz und gut wie folgt formuliert: „Für das Gewesene gibt der Kaufmann nichts."[3]

7

Um den zukünftigen Ertrag eines Unternehmens schätzen und seine Determinanten identifizieren zu können, ist eine **Vergangenheits- und Gegenwartsanalyse** erforderlich. Dabei sind zunächst das Marktumfeld und die Branche des zu bewertenden Unternehmens zu analysieren. Wesentliche Wettbewerber sind zu identifizieren. Die Entwicklung des Unternehmens wird im Zeitvergleich dargestellt und in Relation zur Branchenentwicklung bzw. zu den Wettbewerbern gesetzt. Hierbei wird ein besonderes Augenmerk auf die Entwicklung des Marktvolumens und der relativen Marktanteile des zu bewertenden Unternehmens und der Wettbewerber gelegt. Alleinstellungsmerkmale des zu bewertenden Unternehmens werden neben einer Stärken- und Schwächenanalyse herausgearbeitet.[4] In der Bewertungspraxis ist eine erste Vergangenheits- und Gegenwartsanalyse i.d.R. anhand bekannter Marktdaten möglich. So liefern die Bilanzen und Gewinn- und Verlustrechnungen einen validen Überblick über die wirtschaftliche Lage des Unternehmens (im bilanziellen Sinne) der letzten Jahre und stellen somit wesentliche Inputgrößen bei der Vergangenheitsanalyse dar. Aus dem Lagebericht – insbesondere dem Prognosebericht – können erste Einschätzungen über die zukünftige Entwicklung des Unternehmens abgeleitet werden.[5] Zur genaueren Aufbereitung der bewertungsrelevanten Daten werden potentielle Käufer zu einer „**Due Diligence**" eingeladen. Hier werden unternehmensinterne Daten (Vergangenheits- und auch Plandaten) den potentiellen Käufern in sog. Datenräumen zugänglich gemacht. Aus diesen Daten versuchen die potentiellen Käufer dann die bewertungsrelevanten Parameter, insbesondere den zukünftigen Ertrag, abzuleiten.

8

---

1 Vgl. IDW S 1 2008, Rz. 17. Vgl. zum Bewertungszweck auch *Coenenberg/Schultze*, Die Betriebswirtschaft 2002, 597 (599-600).
2 Vgl. zum Zukunftsbezogenheitsprinzip *Moxter*, Grundsätze ordnungsmäßiger Unternehmensbewertung, 2. Aufl. 1983, S. 116-118.
3 *Münstermann*, Wert und Bewertung der Unternehmung, S. 21.
4 Vgl. zur Vergangenheitsanalyse *Ballwieser/Hachmeister*, Unternehmensbewertung, S. 17.
5 Vgl. zum Lagebericht exemplarisch *Böcking/Gros/Koch/Wallek*, Der Konzern 2013, 30-43.

9   Da zukünftige Erträge unsicher sind, ist eine **mehrdimensionale Darstellung** der Zukunft erforderlich.[1] Eine Möglichkeit die Unsicherheit zu berücksichtigen, ist die Szenariotechnik. Dabei werden i.d.R. drei Entwicklungsvarianten des Zukunftsertrags erfasst: best case, base case und worst case. Grundsätzlich handelt es sich bei Unternehmensbewertungen damit um Investitions- bzw. Desinvestitionsentscheidungen unter Unsicherheit. In diesem Kalkül sind somit entweder sicherheitsäquivalente Erträge mit einem risikolosen Zins abzuzinsen, oder die Erträge sind mit einem risikolosen Zins plus Risikozuschlag zu diskontieren (Sicherheitsäquivalenzprinzip).

4. Stichtagsprinzip

10 Das Stichtagsprinzip konkretisiert das Zukunftsbezogenheitsprinzip; der **Bewertungsstichtag** legt fest, wann die Zukunft beginnt.[2] Außerdem ist nach dem Stichtagsprinzip auf die Verhältnisse des Bewertungsstichtags abzustellen. Liegt der Bewertungsstichtag (weit) in der Vergangenheit, dürfen nur die Daten verwendet werden, die auch schon zum Bewertungsstichtag bekannt gewesen sind.[3]

5. Gesamtbewertungsprinzip und Kapitalwertprinzip

11 In den sechziger Jahren hat sich in der Bewertungstheorie die Erkenntnis durchgesetzt, dass ein objektiver Unternehmenswert zu keinem sachgerechten Bewertungsergebnis führt (vgl. hierzu auch § 2 Rz. 7–10). Jeder Investor schätzt zum einen den zukünftigen Nutzen des Unternehmens – also die aus ihm zufließenden Erträge – anders, zum anderen wird jeder Investor über andere beste verdrängte alternative Mittelanlagen (Opportunitäten) verfügen. Hinzu kommt, dass die Einzelbewertungsverfahren lediglich die materiellen Wertkomponenten erfassten, die – oft sehr werthaltigen immateriellen Wertbestandteile – blieben unberücksichtigt. Es fand ein **Paradigmenwechsel** von der objektiven zur subjektiven bzw. objektivierten Bewertungslehre statt (vgl. § 2 Rz. 11–13).

12 Das **Gesamtbewertungsprinzip** besagt, dass der Wert des Unternehmens als Ganzes zu erfassen ist. Materielle und immaterielle Vermögenskomponenten sind bei der Bewertung zu berücksichtigen.

13 Das **Kapitalwertprinzip** berücksichtigt, dass sich der Wert des Unternehmens aus seinem zukünftigen Nutzen ergibt. Nach dem Kapitalwertprinzip stellt der

---

1 Vgl. zur Berücksichtigung unsicherer Erwartungen bei der Bestimmung des finanziellen Unternehmensertrages *Moxter*, Grundsätze ordnungsmäßiger Unternehmensbewertung, 1976, S. 137-148.
2 Vgl. *Moxter*, Grundsätze ordnungsmäßiger Unternehmensbewertung, 2. Aufl. 1983, S. 171.
3 Vgl. zum Stichtagsprinzip *Moxter*, Grundsätze ordnungsmäßiger Unternehmensbewertung, 2. Aufl. 1983, S. 168-175. Vgl. auch *Fleischer*, RIW 2013, 24 (30). Vgl. zur sog. „Wurzeltheorie" BGH v. 17.1.1973 – IV ZR 142/70 – Rz. 19, MDR 1973, 391: „Dagegen müssen spätere Entwicklungen, deren Wurzeln in der Zeit nach dem Bewertungsstichtag liegen, außer Betracht bleiben."

Unternehmenswert einen Bruttobarwert (present value) dar, der sich aus der Diskontierung der zukünftigen Erträge mit einem risikolosen Zins plus Risikozuschlag ergibt. Die Diskontierung nimmt eine finanzmathematische und eine ökonomische Funktion wahr.

Ökonomisch bildet der **Diskontierungszins** die beste verdrängte alternative Mittelanlage ab, stellt also die Opportunitätskosten des Käufers/Verkäufers dar. Dabei sollten die Diskontierungszinsen[1] zukunftsorientiert ermittelt werden.[2]

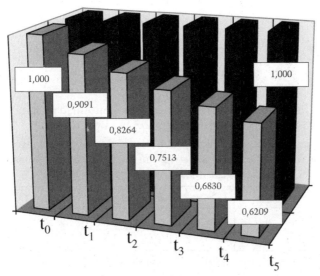

Finanzmathematisch ermöglicht die **Diskontierung** einen Vergleich von unterschiedlichen Zahlungsströmen, d.h. von zukünftigen Erträgen oder Cashflows, die zu unterschiedlichen Zeitpunkten beliebige Ausprägungen annehmen können, also unterschiedlich groß sein können. Dabei kommt dem „Zeitwert des Geldes" eine erhebliche Bedeutung zu. So ist ein bestimmter Geldbetrag heute mehr wert als in der Zukunft. Beispielsweise ist ein Euro in fünf Jahren bei einem anzuwendenden Diskontierungszins von 10 % heute 0,6209 € wert. Dieser Wert errechnet sich durch die Diskontierung von einem Euro dividiert durch $(1 + \text{Zins})^5$:

$$0{,}6209 = \frac{1}{(1 + 0{,}1)^5}$$

---

1 Der im Beispiel verwendete Diskontierungszins in Höhe von 10 % setzt sich aus dem risikolosen Basiszins und einem Risikozuschlag zusammen. Bei dem zu diskontierenden Ertrag handelt es sich um einen Erwartungswert und nicht um einen sicherheitsäquivalenten Ertrag.
2 Vgl. zur zukunftsorientierten Schätzung von risikolosen Zinssätzen *Rausch*, Unternehmensbewertung mit zukunftsorientierten Eigenkapitalkostensätzen, S. 54–103.

oder allgemein:

$$BW = \frac{E_t}{(1 + d)^t}$$

Der Barwert eines Ertrags in einem bestimmten Zweitpunkt t ergibt sich durch die Diskontierung mit (1 + Diskontierungszins) potenziert mit dem jeweiligen Zeitpunkt t. Die Abbildung zeigt, dass die Barwerte eines Euros umso kleiner werden, je weiter der Euro in der Zukunft gezahlt wird.

Umgekehrt könnte ein Betrag von 0,6209 € heute für 5 Jahre zu 10 Prozent angelegt werden. Nach 5 Jahren wären die 0,6209 € inklusive Zins und Zinseszins einen Euro wert:

$$1 = 0{,}6209 \cdot (1 + 0{,}1)^5$$

oder allgemein:

$$K_T = K_0 \cdot (1 + d)^t$$

Das Kapital im Zeitpunkt T errechnet sich aus dem Anfangskapital (K_0) multipliziert mit (1 + Zins) potenziert mit dem Zeitpunkt t.

16 Die **finanzmathematische Funktion der Diskontierung** soll an einem Beispiel verdeutlicht werden: Gegeben sind zwei unterschiedliche Zahlungsreihen über drei Jahre. Der Diskontierungszins beträgt 10 %.

t1	t2	t3
100	140	120
110	130	110

Die „wertvollere" Zahlungsreihe soll gewählt werden. Dazu werden beide Zahlungsreihen diskontiert:

$$BW = \frac{100}{(1 + 0{,}1)^1} + \frac{140}{(1 + 0{,}1)^2} + \frac{120}{(1 + 0{,}1)^3} = 269{,}77$$

$$BW = \frac{110}{(1 + 0{,}1)^1} + \frac{130}{(1 + 0{,}1)^2} + \frac{110}{(1 + 0{,}1)^3} = 290{,}08$$

Der Barwert der ersten Zahlungsreihe ist mit 296,77 um 6,69 größer als der Barwert der zweiten Zahlungsreihe i.H.v. 290,08. Die erste Zahlungsreihe ist „wertvoller". Ein rationaler Investor würde sich für die erste Zahlungsreihe entscheiden.

6. Subjektivitäts-, Typisierungs- und Objektivierungsprinzip

17 Unternehmenswerte sind subjektive Werte, d.h. sie sind von den Erwartungen und Alternativen des Bewertungssubjekts abhängig. Die subjektiven Erwartungen führen zu unterschiedlichen Schätzungen der zukünftigen Erträge. Dabei beeinflussen strategische Aspekte und die Möglichkeit, Verbundeffekte zu realisieren, den Zukunftsertrag. Bei der Wahl des Diskontierungszinses ist bei voller **Subjektivität** auf die beste verdrängte alternative Mittelanlage des Bewer-

tungssubjekts abzustellen.¹ Diese Alternativen können bei unterschiedlichen Bewertungssubjekten weit voneinander abweichen. Exemplarisch seien die Anlage in festverzinsliche Wertpapiere, die Anlage in Aktien oder die Kredittilgung als Opportunitäten genannt. Letztlich sind unterschiedliche Erwartungen und unterschiedliche Alternativen überhaupt dafür verantwortlich, dass eine Unternehmenstransaktion zustande kommt. Nur wenn der Käufergrenzpreis größer ist als der Verkäufergrenzpreis, existiert zwischen beiden Preisen ein Verhandlungsraum.² Dabei stellt jeder Punkt in dieser Preisspanne eine rationale Käufer- und Verkäuferentscheidung dar. Die konkrete Fixierung des Preises im Rahmen der Preisverhandlungen ist abhängig vom Verhandlungsgeschick der Vertragspartner.

Bei objektivierter Bewertung ist gerade bei der Festlegung des Diskontierungszinses eine **Typisierung** erforderlich, da die unterschiedlichen Opportunitäten der Bewertungssubjekte nicht bekannt sind. „Mit der Typisierung werden individuelle verkäufer- oder käuferspezifische Vorstellungen und Möglichkeiten der Unternehmensentwicklung ausgeschlossen, indem die Eigenschaften des bestimmten Bewertungssubjektes (...) über eine Referenzgruppe ersetzt werden."³ So kann beispielsweise der Risikozuschlag typisiert mit Hilfe eines Kapitalmarktmodells ermittelt werden. In diesem Fall tritt an die Stelle der subjektiven Opportunitätskosten des Bewertungssubjektes die Renditeerwartung rational handelnder Investoren am Kapitalmarkt.

Die **Objektivierung** schränkt das Ermessen des Bewertenden ein. Hierbei steht die gewählte Methodik im Vordergrund. Beispiele hierfür sind „die Vorgabe einer Marktrisikoprämie" „oder der Verweis auf die Bundesbankdaten zur Ermittlung risikofreier Basiszinssätze."⁴

7. Äquivalenzprinzipien

Die Ertragswertmethode stellt eine Form der dynamischen Investitionsrechnung dar. Um den Unternehmenswert zu berechnen, wird der Ertrag (Zählergröße) mit einem Diskontierungszins (Nennergröße) abgezinst. Dabei ist sicherzustellen, dass die Zähler- und Nennergrößen über die gleiche **Dimension** verfügen. Es sind z.B. die Kapitaläquivalenz, die Sicherheitsäquivalenz, die Inflationsäquivalenz, die Steueräquivalenz und die Laufzeitenäquivalenz zu beachten.⁵

---

1 Vgl. zum Subjektivitätsprinzip *Moxter*, Grundsätze ordnungsmäßiger Unternehmensbewertung, 2. Aufl. 1983, S. 23-24. Vgl. zum Problem des „endlosen Bewertungsregresses" und seiner Auflösung durch den Rückgriff auf den landesüblichen Zins, *Ballwieser*, Unternehmensbewertung und Komplexitätsreduktion, S. 167.
2 Vgl. zum Grenzpreisprinzip *Moxter*, Grundsätze ordnungsmäßiger Unternehmensbewertung, 2. Aufl. 1983, S. 9-11.
3 *Hachmeister* in FS Ballwieser, 2014, S. 219 (222).
4 *Hachmeister* in FS Ballwieser, 2014, S. 219 (222).
5 Vgl. zu den Äquivalenzprinzipien *Moxter*, Grundsätze ordnungsmäßiger Unternehmensbewertung, 2. Aufl. 1983, S. 155-202. Vgl. hierzu auch *Ballwieser/Leuthier*, DStR 1986, 604-610.

21 Hinsichtlich der **Kapitaläquivalenz** können bei der Zählergröße Gesamtkapitalgrößen, wie beispielsweise der Freie Cashflow, oder Eigenkapitalgrößen, wie beispielsweise der Ertrag, diskontiert werden. Der Diskontierungszins hat sich der gewählten Dimensionierung anzupassen. Ein Freier Cashflow ist ein Zahlungsstrom, der sowohl Eigen- als auch Fremdkapitalgebern zufließt. Er ist mit gewogenen Kapitalkosten zu diskontieren, die ebenfalls die Renditeforderungen der Eigen- und Fremdkapitalgeber beinhalten. Da ein Ertrag nur den Eigenkapitalgebern zufließt, ist dieser mit den Eigenkapitalkosten zu diskontieren.

22 Das Prinzip der **Sicherheitsäquivalenz** fordert die gleiche Unsicherheitsdimension bei den Erträgen (Zählergröße) und dem Diskontierungszins (Nennergröße). Entweder sind unsichere zukünftige Unternehmenserträge mit einem Diskontierungszins plus Risikozuschlag zu diskontieren (Risikozuschlagsmethode), oder Sicherheitsäquivalente mit einem Diskontierungszins ohne Risikozuschlag (Sicherheitsäquivalenzmethode).[1] In der Bewertungspraxis wird die Risikozuschlagsmethode angewendet.[2]

23 Um **Inflationsäquivalenz** zu gewährleisten, sollten Zähler- und Nennergrößen die gleiche Inflationsdimension haben. Dies bedeutet, dass entweder nominale Erträge mit nominalen Diskontierungszinsen oder reale Erträge mit realen Diskontierungszinsen abzuzinsen sind. Würde beispielsweise ein nominaler Ertrag mit einem realen Zins diskontiert, wäre der Unternehmenswert zu hoch berechnet. In der Bewertungspraxis wird häufig mit Nominalwerten gerechnet.

24 Bei der **Steueräquivalenz** sind entweder Vorsteuer-Zählergrößen mit Vorsteuer-Diskontierungszinsen oder Nachsteuer-Zählergrößen mit Nachsteuer-Diskontierungszinsen abzuzinsen.

25 Die **Laufzeitäquivalenz** besagt, dass Zähler- und Nennergrößen sich in ihren Restlaufzeiten entsprechen sollten. Da die Lebenszeit eines Unternehmens grundsätzlich unbegrenzt ist (going-concern), sollte der Diskontierungszins so gewählt werden, dass der zugrunde liegende risikolose Zins ebenfalls über eine möglichst lange Laufzeit verfügt. Bei der Diskontierung von Unternehmenserträgen ist folglich ein Basiszins zu wählen, der auf den Renditen 30-jähriger Anleihen basiert. Alternativ kann eine entsprechend lange Laufzeit zur Basiszinsbestimmung auf Basis der Zinsstrukturkurve verwendet werden. Sollte die Lebenszeit des Bewertungssubjekts beispielsweise auf 20 Jahre begrenzt sein, ist analog eine Rendite bei der Diskontierung zugrunde zu legen, die ebenfalls auf einer 20-jährigen Restlaufzeit basiert.[3]

---

1 Vgl. zur Diskussion Sicherheitsäquivalente contra risikoangepasste Zinsfüße, insbesondere mit der Herleitung des maximal zulässigen Risikozuschlags *Ballwieser*, Unternehmensbewertung und Komplexitätsreduktion, S. 171-173.
2 Vgl. IDW S 1 2008, Rz. 90.
3 Vgl. kritisch zu diesem Ansatz *Kuhner*, der zu dem Ergebnis gelangt, dass Laufzeiteffekte im Betafaktor berücksichtigt seien. Vgl. *Kuhner* in FS Ballwieser, 2014, S. 471-487.

8. Verbundberücksichtigungsprinzip

Verbund- oder Synergieeffekte beschreiben eine Veränderung des zukünftigen Ertrags (oder Cashflows), die durch einen Zusammenschluss von mindestens zwei Unternehmen entstehen und größer sind als die Summe der zukünftigen Erträge (oder Cashflows) der Unternehmen auf stand alone Basis. Das Verbundberücksichtigungsprinzip stellt ebenfalls einen Grundsatz ordnungsmäßiger Unternehmensbewertung dar; eine Nichtberücksichtigung von Verbundeffekten wäre als Verstoß gegen die Grundsätze ordnungsgemäßer Unternehmensbewertung zu werten.[1] Der IDW S 1 2008 unterscheidet zwischen **echten und unechten Synergieeffekten**. Hiernach sind unechte Synergieeffekte „dadurch gekennzeichnet, dass sie sich ohne Durchführung der dem Bewertungsanlass zugrunde liegenden Maßnahme realisieren lassen."[2]

26

9. Liquidationstest und Marktwertvergleich

Bei jeder Unternehmensbewertung ist neben der Berechnung des Ertragswerts ein **Liquidationstest** durchzuführen. Dabei werden die im zu bewertenden Unternehmen vorhandenen Vermögensgegenstände mit ihren Veräußerungspreisen (Liquidationswerten) angesetzt. Die Summe aller mit Veräußerungspreisen bewerteten Vermögensgegenstände abzgl. der Verbindlichkeiten ergibt den Liquidationswert des Unternehmens. Dieser stellt nach herrschender betriebswirtschaftlicher Meinung die Wertuntergrenze des Unternehmens dar. Sollte der Ertragswert kleiner sein als der Liquidationswert, stellt dieser den relevanten Wert dar. Bei dieser Konstellation wird eine Zerschlagung des Unternehmens empfohlen; eine Fortführung ist – zumindest unter gegebenen Bedingungen – ökonomisch nicht sinnvoll.[3] Vgl. zur Ermittlung des Liquidationswertes § 8.

27

Unternehmenswerte von börsennotierten Unternehmen unterliegen unter bestimmten Bedingungen z.B. bei Abfindungsberechnungen einem **Marktwertvergleich**. Dadurch soll verhindert werden, dass berechnete Unternehmenswerte unter dem Marktwert liegen. Bei der Bestimmung des Marktwertes ist auf einen durchschnittlichen Börsenpreis abzustellen, der gegebenenfalls hochzurechnen ist.[4]

28

10. Dokumentationsprinzip

Die Ertragswertmethode basiert auf vielen Annahmen über die zukünftige Entwicklung des Unternehmens. So haben beispielsweise Annahmen über die Er-

29

---

1 Vgl. hierzu grundlegend *Böcking* in FS Moxter, 1994, S. 1407-1434. Vgl. hierzu auch *Angermayer-Michler/Oser*, Berücksichtigung von Synergieeffekten bei der Unternehmensbewertung, S. 1101-1118.
2 IDW S 1 2008, Rz. 34.
3 Vgl. mir einer kritischen Abwägung der Argumente für und gegen den Liquidationswert als Wertuntergrenze, *Fleischer/Schneider*, DStR 2013, 1736-1743.
4 Vgl. IDW S 1, Rz. 14-16; Vgl. zur Rechtsprechung des BVerfG *Böcking/Nowak*, Konkretisierung marktorientierter Unternehmensbewertung durch das BVerfG, S. 132-138.

tragsentwicklung, Annahmen bei der Festlegung des Diskontierungszinses und Annahmen bei der Schätzung der Wachstumsrate einen erheblichen Einfluss auf den Unternehmenswert. Die verwendeten Prämissen sind außerdem abhängig vom Bewertungszweck. Der Wertermittler hat diese Annahmen und Prämissen in seinem **Bewertungsgutachten** zu dokumentieren. Es muss einem „sachkundigen Dritten" möglich sein, „das Bewertungsergebnis nachzuvollziehen und die Auswirkungen der getroffenen Annahmen auf den Unternehmenswert abschätzen" zu können.[1] Insbesondere ist die Funktion darzulegen, in der der Bewerter tätig wurde.[2] Ein Bewertungsgutachten hat folgende **Mindestinformationen** zu enthalten:

1. Bewertungsaufgabe/Bewertungszweck,
2. verwendete Methodik,
3. Beschreibung des Bewertungsobjekts,
4. verwendete Daten und Informationen (Annahmen und Prämissen),
5. Bewertung des betriebsnotwendigen Vermögens,
6. Bewertung des nicht betriebsnotwendigen Vermögens,
7. Ausweis des Unternehmenswertes, ggf. in Sensitivitäten,
8. nicht quantifizierbare qualitative Aspekte.[3]

III. Ertragswertmethode

1. Bewertungskonzeption

30 Um den Unternehmenswert mit Hilfe der Ertragswertmethode zu ermitteln, ist zunächst das Vermögen des Unternehmens in **betriebsnotwendiges und nicht betriebsnotwendiges Vermögen** zu unterteilen. Hierbei ist entweder eine funktionale oder eine ökonomische Vermögensdefinition zu verwenden. Bei der funktionalen Vermögensdefinition ist das Vermögen nicht betriebsnotwendig, das „frei veräußert werden (kann), ohne dass davon die eigentliche Unternehmensaufgabe berührt wird".[4] Bei ökonomischer Abgrenzung ist das Vermögen nicht betriebsnotwendig, dass dem Unternehmen entnommen werden kann, ohne dass sich der zukünftige Cashflow bzw. der zukünftige Ertrag des Unternehmens ändert.[5]

31 Das **nicht betriebsnotwendige Vermögen** (vgl. hierzu ausführlich in § 7) ist bei ökonomischer Definition gesondert mit seinem Liquidationswert zu bewerten.[6] Der Liquidationswert unterstellt die Veräußerung des nicht betriebsnotwendigen Vermögens, also entspricht der Liquidationswert dem Veräußerungspreis. Können dem nicht betriebsnotwendigen Vermögen oder nicht betriebs-

---

1 Vgl. IDW S 1 2008, Rz. 174.
2 Vgl. IDW S 1 2008, Rz. 176.
3 Vgl. zum Inhalt eines Bewertungsgutachtens auch IDW S 1 2008, Rz. 179.
4 IDW S 1 2008, Rz. 59.
5 Vgl. zu den Abgrenzungskonzeptionen auch *Hachmeister/Ruthardt*, BB 2014, 875. Hier wird die ökonomische Abgrenzung als wertbezogene Abgrenzung bezeichnet.
6 Vgl. zur Bewertung des nichtbetriebsnotwendigen Vermögens *Peemöller/Kunowski*, Ertragswertverfahren nach IDW, S. 301-302.

notwendigen Vermögensteilen Schulden zugeordnet werden, sind diese vom Veräußerungserlös in Abzug zu bringen.[1] Bei funktionaler Definition könnte das nicht betriebsnotwendige Vermögen Erträge produzieren. Ist der diskontierte Wert dieser Erträge größer als der Liquidationswert des nicht betriebsnotwendigen Vermögens, ist dieses mit dem Ertragswert anzusetzen.[2] In jedem Fall ist eine optimale Verwertung des nicht betriebsnotwendigen Vermögens zu unterstellen, „was Rückwirkungen auf die Verwendungsintensität und -dauer hat."[3]

Der **Unternehmenswert** ergibt sich also aus zwei Komponenten: Dem Ertragswert des betriebsnotwendigen Vermögens und dem Liquidationswert (bzw. dem Ertragswert) des nicht betriebsnotwendigen Vermögens. Bei starker Abhängigkeit von bestimmten wertbestimmenden Faktoren, die sich durch die Transaktion verändern, ist über Bewertungsabschläge nachzudenken. Ein Beispiel stellt die starke Personenbezogenheit bei Familiengesellschaften dar.[4] Unternehmenswerte sind „nur" potentielle Werte, die erst in einer realen Transaktion ihre Bestätigung finden. 32

Bei der Berechnung des Ertragswerts des betriebsnotwendigen/nicht betriebsnotwendigen Vermögens ist zunächst der Bewertungszweck zu definieren (Zweckadäquanzprinzip). Hier ist insbesondere zwischen der Ermittlung von **subjektiven und objektivierten Entscheidungswerten** zu differenzieren.[5] Während bei der Berechnung eines subjektiven Entscheidungswertes auf die individuellen Verhältnisse (z.B. Diskontierungszins als beste verdrängte alternative Mittelanlage; hilfsweise auch unter Verwendung des Capital Asset Pricing Model [CAPM]) des Investors abzustellen ist, ist bei einer objektivierten Bewertung der Diskontierungszins typisiert (z.B. über das CAPM) zu ermitteln. 33

Konzeptionell stellt der Ertragswert einen Barwert (present value) dar, der sich aus der Diskontierung der zukünftigen Erträge mit einem Diskontierungszins ergibt. Da ein Unternehmen i.d.R. eine unendliche Lebensdauer besitzt, wird die Zukunft in einen konkret planbaren Horizont (Planungshorizont) und eine Zeit nach dem Planungshorizont unterteilt. Für die Perioden im Planungshorizont wird der periodenspezifische Ertrag ermittelt. Auf Basis des Ertrags des letzten Jahres im Planungshorizont wird dann der Restwert als „Ewige Rente" berechnet. Die Summe der diskontierten Erträge innerhalb des Planungshorizonts plus der auf den Bewertungsstichtag diskontierte Restwert ergeben den Ertragswert des Unternehmens. Wird zum Ertragswert der Liquidationswert 34

---

1 Vgl. IDW S 1 2008, Rz. 62.
2 Vgl. auch *Zwirner*, Unternehmensbewertung, S. 37-38.
3 *Hachmeister/Ruthardt*, BB 2014, 875 (879). Vgl. zur Bedeutung der Zerschlagungsintensität und der Zerschlagungsgeschwindigkeit auf die Höhe des Liquidationswertes *Moxter*, Grundsätze ordnungsmäßiger Unternehmensbewertung, 1976, S. 50-51.
4 Vgl. zu Abschlägen von Schlüsselpersonen, *Fleischer*, ZIP 2012, 1633 (1639-1641), Vgl. zu Minderheits- und Fungibilitätsabschlägen im deutschen GmbH-Recht *Fleischer* in FS Hommelhoff, 2012, S. 223 (232-241). Vgl. zum Fungibilitätsabschlag auch *Fleischer* in FS Hoffmann-Becking, 2013, S. 331-345.
5 Vgl. zur objektivierten und subjektiven Unternehmensbewertung *Peemöller/Kunowski*, Ertragswertverfahren nach IDW, S. 291-301.

(Ertragswert) des nicht betriebsnotwendigen Vermögens addiert, ergibt sich der Unternehmenswert. Die folgende Abbildung veranschaulicht die Bewertungskonzeption zur Berechnung des Ertragswerts:

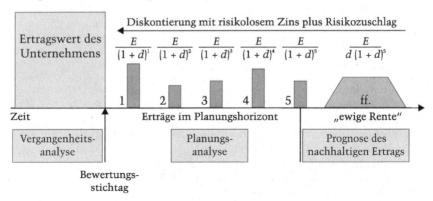

35 Der Ertragswert ergibt sich formal als:

$$EW = \sum_{t=1}^{T} \frac{E_t}{(1+d)^t} + \frac{RW_T}{(1+d)^T}$$

Der **Unternehmenswert** ergibt sich durch Addition des Werts des nicht betriebsnotwendigen Vermögens zum Ertragswert:

$$UW = EW + NBV$$

Dabei wird das nicht betriebsnotwendige Vermögen nach rein ökonomischer Definition zum Liquidationswert bewertet. Wird das nicht betriebsnotwendige Vermögen funktional definiert und ist der Ertragswert größer als der Liquidationswert des nicht betriebsnotwendigen Vermögens, dann kann der Unternehmenswert als Ertragswert wie folgt berechnet werden:

$$UW = EW = \sum_{t=1}^{T} \frac{E_t}{(1+d)^t} + \frac{RW_T}{(1+d)^T} + \sum_{t=1}^{T} \frac{E_t^{NBV}}{(1+d)^t} + \frac{RW_T^{NBV}}{(1+d)^T}$$

Der **Diskontierungszins** d ergibt sich bei einer subjektiven Wertermittlung als:

$$d = i + z$$

Dabei stellt z den individuellen **Risikozuschlag** eines Bewertungssubjektes dar. Bei einer objektivierten Wertermittlung wird der Risikozuschlag typisiert aus dem CAPM abgeleitet. Der Diskontierungszins d berechnet sich dann wie folgt:

$$d = i + \beta(r_M - i)$$

Der Risikozuschlag z bei subjektiver Wertermittlung erfüllt genau wie der aus dem **CAPM** abgeleitete Risikozuschlag bei objektivierter Bewertung das Prinzip der Risikoäquivalenz:

$$z = \beta(r_M - i)$$

mit:

EW	Ertragswert
UW	Unternehmenswert
NBV	nicht betriebsnotwendiges Vermögen
E_t	Ertrag der Periode t
E_t^{NBV}	Ertrag des nicht betriebsnotwendigen Vermögens der Periode t
RW_T	Restwert am Ende des Planungshorizontes T
RW_T^{NBV}	Restwert des nicht betriebsnotwendigen Vermögens am Ende des Planungshorizontes T
d	Diskontierungszins
z	Risikozuschlag
β	Betafaktor
$(r_M - i)$	Marktrisikoprämie

2. Festlegung des Planungshorizontes

Die Länge des **Planungshorizontes** und die Höhe des **Restwertes** sind zwei miteinander korrespondierende Größen: Je kürzer der Planungshorizont, desto größer der Restwert und umgekehrt. Grundsätzlich sollte der Planungshorizont so gewählt werden, dass das Wachstum des Unternehmens im Wesentlichen im Planungshorizont stattfindet. Eine allgemein gültige Länge für den Planungshorizont kann es nicht geben. Bei Infrastrukturunternehmen, die Kraftwerke, Stromnetze oder Flughäfen betreiben, wird der Planungshorizont eher sehr lang sein (20 Jahre)[1], bei hoch innovativen Firmen dagegen tendenziell eher kurz (2–3 Jahre).[2]

36

3. Ertragsschätzung

Um die zukünftigen Erträge[3] besser abschätzen zu können, sind eine Vergangenheits- und eine Lageanalyse des zu bewertenden Unternehmens unerlässlich.[4] Mit Hilfe der **Vergangenheitsanalyse** werden die finanziellen Ergebnisse

37

---

1 Politische Risiken, die bei Infrastrukturinvestitionen häufig gegeben sind, sollten im Risikozuschlag berücksichtigt werden.
2 Vgl. zum Planungs- und Prognosezeitraum *Peemöller/Kunowski*, Ertragswertverfahren nach IDW, S. 309-310.
3 Vgl. zu den Ertragsgrößen eines Unternehmens *Peemöller/Kunowski*, Ertragswertverfahren nach IDW, S. 286.
4 Vgl. hierzu ausführlich *Popp*, Vergangenheits- und Lageanalyse, S. 173-217. Vgl. auch *Peemöller/Kunowski*, Ertragswertverfahren nach IDW, S. 302-309.

der letzten Jahre kritisch betrachtet. Im Vordergrund stehen dabei eine Umsatz- und Kostenanalyse, eine Betrachtung der Investitionsentwicklung und gegebenenfalls eine Erklärung der außerordentlichen Abschreibungen. Ziel der Vergangenheitsanalyse ist es, die Entwicklung eines um außerordentliche Einflüsse bereinigten Ergebnisses der letzten Geschäftsjahre zu erhalten. Außerdem sollen die wesentlichen Einflussfaktoren für das Ergebnis identifiziert werden. Bei der Vergangenheitsanalyse werden im Wesentlichen die GuV und die Kapitalflussrechnung betrachtet. Neben der Analyse der finanziellen Ergebnisse werden auch andere Wertdeterminanten, wie z.B. Unternehmensverträge und Eventualverbindlichkeiten, analysiert. Im Idealfall leistet eine Vergangenheitsanalyse folgendes:

1. sie liefert ein bereinigtes Ergebnis als Grundlage für die Schätzung der zukünftigen Erträge,
2. sie identifiziert die wesentlichen Werttreiber (Einflussgrößen) für die zukünftige Ertragsentwicklung und
3. sie deckt Faktoren auf, die den zukünftigen Unternehmenserfolg nachhaltig beeinflussen können.[1]

38 Die **Lageanalyse** umfasst eine kritische Darstellung der gegenwärtigen Wettbewerbsposition des Unternehmens. Dazu wird eine Analyse der Produkte des Unternehmens durchgeführt. Für diese wird ihr aktueller Marktanteil ermittelt, die Entwicklung des Marktes wird beschrieben und die erwartete Entwicklung des Marktanteils des Produkts wird geschätzt.[2] Mit Einführung des DRS 20 besteht nun auch eine Berichterstattungspflicht über Ziele und Strategien des Unternehmens. Da gemäß DRS 20.44 auch „Änderungen der Ziele und Strategien des Konzerns im Vergleich zum Vorjahr dargelegt und erläutert werden, [...] kann somit auch die Prognosequalität des Vorstands beurteilt werden."[3]

39 Bei größeren Unternehmenstransaktionen wird potentiellen Käufern im Rahmen einer **Due Diligence** die Gelegenheit gegeben, unternehmenswertrelevante interne Unterlagen des zu erwerbenden Unternehmens einzusehen. Dabei verpflichten sich die Kaufinteressenten zur absoluten Vertraulichkeit im Umgang mit den bereitgestellten Daten. Due Diligences finden i.d.R. in abgeschlossenen Räumen (Data-Rooms) statt, so dass sichergestellt ist, dass keine vertraulichen Unternehmensinterna nach außen gelangen. Ziel einer Due Diligence ist es, den Kaufinteressenten eine möglichst genaue Prognose des zukünftigen Unternehmensertrags zu ermöglichen.[4]

40 Die **Prognose des zukünftigen Ertrags** (vgl. hierzu ausführlich in § 5) kann unterteilt werden in eine Umsatzprognose und eine Kostenprognose. Bei letzterer sind insbesondere die Investitionskosten, die Personalkosten, die Materialkosten und die Fremdkapitalkosten zu prognostizieren. Bei der Umsatz- und Kos-

---

1 Vgl. zur Vergangenheitsanalyse ausführlich *Ballwieser/Hachmeister*, Unternehmensbewertung, S. 17-42.
2 Vgl. zur Lageanalyse *Ballwieser/Hachmeister*, Unternehmensbewertung, S. 43-47.
3 *Böcking/Gros/Koch/Wallek*, Der Konzern 2013, 30 (38).
4 Vgl. hierzu *Volkart*, Unternehmensbewertung und Akquisitionen, S. 29-31; *Helbling*, Due Diligence Review, S. 243-252.

tenprognose kann – soweit zugänglich – auch auf eine vorhandene Unternehmensplanung zurückgegriffen werden.[1] In diesem Fall wären die der Planung zugrunde liegenden Annahmen zu untersuchen und ggf. wären die Planzahlen auf Basis eigener Vorstellungen zu modifizieren. Für eine objektivierte Unternehmenswertermittlung muss der geschätzte Zukunftsertrag intersubjektiv nachprüfbar sein. Deswegen ist dieser auf Basis des bestehenden Unternehmenskonzeptes zu ermitteln.[2] Bei subjektiver Wertermittlung wird der Zukunftsertrag basierend auf dem Fortführungskonzept des Bewertungssubjektes ermittelt.[3] Folgende Abbildung zeigt die Komplexität der Ertragsprognose; sie verdeutlicht, dass die zukünftigen Erträge insbesondere auch von der Investitions- und Finanzierungsplanung des zu bewertenden Unternehmens abhängen.

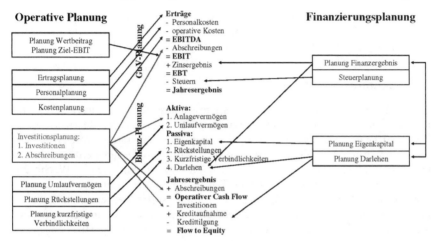

4. Bestimmung des Diskontierungszinses

Wird der Ertragswert mit Hilfe des **Risikozuschlagsverfahrens** ermittelt, setzt sich der Diskontierungszins aus einem risikolosen Basiszinssatz und einem Risikozuschlag (Prinzip der Sicherheitsäquivalenz) zusammen. Der risikolose Basiszins hat in seiner Dimensionierung den verwendeten Ertragsgrößen zu entsprechen. Soll ein Nominalertrag eines Unternehmens mit unbegrenzter Lebensdauer diskontiert werden, wird ein quasi risikoloser nominaler Basiszins (Inflationsäquivalenz) mit möglichst langer Laufzeit (Laufzeitäquivalenz) verwendet. Ein quasi risikoloser nominaler Basiszins kann mit Hilfe von Anleihen erstklassiger Emittenten (z.B. Bund) ermittelt oder aus der Zinsstrukturkurve der Deutschen Bundesbank abgeleitet werden. Letztere Vorgehensweise bietet

41

---

1 Vgl. hierzu *Ernst*, Modulgesteuerte Businessplanung als Instrument der Unternehmensbewertung, S. 219-242.
2 Vgl. IDW S 1 2008, Rz. 29.
3 Vgl. IDW S 1 2008, Rz. 48.

den Vorteil, dass die Laufzeitäquivalenz gerade bei endlichen Betrachtungen restlaufzeitgenau eingehalten werden kann.[1]

42 Bei der Ermittlung des Risikozuschlags ist der Bewertungszweck zu beachten. Soll eine objektivierte Wertermittlung durchgeführt werden, ist der Risikozuschlag typisiert zu ermitteln. Hier empfiehlt sich der Rückgriff auf das **CAPM**.[2] Nach diesem Kapitalmarktmodell berechnet sich der Risikozuschlag aus der Multiplikation des Betafaktors mit der Marktrisikoprämie. Der Betafaktor ist ein Korrelationskoeffizient, der das unternehmensspezifische Risiko misst.[3] Die Marktrisikoprämie gibt an, welchen Zinsaufschlag ein rational handelnder Investor für die Übernahme des Risikos eines markteffizienten Portfolios zu zahlen bereit ist.[4]

43 Bei einer subjektiven Wertermittlung stellt der **Risikozuschlag** auf die individuellen Verhältnisse des Investors ab, so dass als Diskontierungszins insgesamt die Rendite seiner besten verdrängten Mittelanlage abgebildet wird.

5. Berechnung des Restwerts

44 Der Restwert stellt den **Wertanteil des Unternehmens am Ertragswert** dar, der sich nach dem Planungshorizont ergibt. Zur Berechnung des Restwertes wird davon ausgegangen, dass der Ertrag eine mit einer konstanten Wachstumsrate wachsende, unendliche Größe ist. Die Wachstumsrate berücksichtigt dabei die Inflation und gegebenenfalls auch noch ein unternehmerisches Wachstum, dass allerdings eher klein sein sollte. Wird ein größeres Unternehmenswachstum im Bereich der ewigen Rente angenommen, sollte über die Festlegung der Länge des Planungshorizontes nachgedacht werden. Grundsätzlich sollte das wesentliche Unternehmenswachstum im Planungshorizont stattfinden.[5]

45 Da der Restwert einen großen Anteil des Ertragswerts ausmacht, sollten die **Annahmen zur Berechnung des Restwerts** kritisch hinterfragt werden. So sind beispielsweise stark zunehmende Erträge in den letzten Jahren des Planungshorizonts genauso kritisch zu hinterfragen, wie ein sprunghafter Anstieg des Ertrags vom vorletzten zum letzten Jahr des Planungshorizonts. Der Ertrag des letzten Jahres des Planungshorizonts stellt die Ausgangsgröße für die Berechnung der ewigen Rente nach dem Planungshorizont dar. Die unterstellte Wachstumsrate hat einen erheblichen Einfluss auf den Restwert und damit auch einen erheblichen Einfluss auf den Ertragswert. Grundsätzlich sollte die

---

1 Vgl. zur Ermittlung des Basiszinses *Bachl*, Einführung in die Unternehmensbewertung, S. 35-38; *Peemöller/Kunowski*, Ertragswertverfahren nach IDW, S. 317-321 sowie ausführlich in § 6 in diesem Handbuch.
2 Vgl. hierzu *Peemöller/Kunowski*, Ertragswertverfahren nach IDW, S. 322-327.
3 Vgl. ausführlich *Meitner/Streitferd*, Die Bestimmung des Betafaktors, S. 511-575.
4 Vgl. zur Eigenkapitalkostenschätzung mit Hilfe des CAPM *Gebhardt/Ruffing* in FS Ballwieser, 2014 S. 201 (204) und zur zukunftsorientierten Schätzung von Beta-Faktoren ebenda, S. 208-214. Vgl. auch *Bachl*, Einführung in die Unternehmensbewertung, S. 38-45. Vgl. zur Entwicklung der Marktrisikoprämie *Wagner/Mackenstedt/Schieszl/Lenckner/Willershausen*, WPg 2013, 948 (949-953). Vgl. hierzu auch *Bassemir/Gebhardt/Ruffing*, WPg 2012, 882-892.
5 Vgl. *Meitner*, Der Terminal Value in der Unternehmensbewertung, S. 577-628.

Wachstumsrate daher nicht größer als 2 % sein. Größere Wachstumsraten bedürfen einer expliziten Begründung.

IV. Rechtsprechung

1. Rechtsprechung zur Ertragswertmethode

Neben den hier aufgeführten Urteilen existiert eine Vielzahl von Literaturquellen, die sich mit Rechtsfragen zur Ertragswertmethode bzw. zu einzelnen Aspekten dieser Methode beschäftigen.[1]

46

a) BVerfG, Beschl. v. 27.4.1999

Das BVerfG beschäftigt sich in diesem Beschluss mit der Frage, ob eine Nichtberücksichtigung des **Börsenkurses von Aktien** beim Ausgleich oder der Abfindung von Minderheitsaktionären eine Verletzung der Eigentumsgarantie nach Art. 14 Abs. 1 GG darstellt. Dabei geht es auch auf die verfassungsrechtliche Zulässigkeit der Ertragswertmethode ein und führt hierzu aus:[2]

47

> „Für die zur Bestimmung der angemessenen Abfindung und des angemessenen Ausgleichs notwendige Wertermittlung von Unternehmensbeteiligungen hat sich in der Praxis die sogenannte Ertragswertmethode durchgesetzt, der die Annahme zugrunde liegt, daß der Wert eines Unternehmens in erster Linie von seiner Fähigkeit abhängt, künftig Erträge zu erwirtschaften. Das ist ein verfassungsrechtlich unbedenklicher Ansatz." (Orientierungssatz 3b).

Aus heutiger Sicht ist bei der Bewertung des Urteils der Zeitpunkt der Beschlussfassung mit zu berücksichtigen. Die verfassungsrechtliche Zulässigkeit der Ertragswertmethode bleibt unstreitig; allerdings darf angenommen werden, dass das BVerfG bei gleichem Sachverhalt heute auch Ausprägungen der Discounted-Cashflow-Verfahren für zulässig erklärt hätte.

b) OLG Stuttgart, Beschl. v. 5.6.2013

In diesem Spruchverfahren zur Schätzung des Verkehrswertes des Aktieneigentums äußert sich das OLG Stuttgart zur **Methodenwahl** relativ offen:[3]

48

> „Vielmehr können Grundlage der Schätzung des Anteilswerts durch das Gericht alle Wertermittlungen sein, die auf in der Wirtschaftswissenschaft anerkannten und in der Bewertungspraxis gebräuchlichen Bewertungsmethoden sowie methodischen Einzelentscheidungen innerhalb einer solchen Bewertungsmethode beruhen, auch wenn diese in der wissenschaftlichen Diskussion nicht einhellig vertreten werden." (Leitsatz 1).

---

1 Vgl. beispielsweise *Bachl*, Unternehmensbewertung in der gesellschaftsrechtlichen Judikatur, S. 28-49, und *derselbe* mit einer Rechtsprechungsübersicht, S. 59-61; *Fleischer*, AG 2014, 97-114; *Hannes*, Rechtsprechung zur Unternehmensbewertung, S. 1126, 1128-1129, 1131-1136; *Henselmann/Munkert/Winkler/Schrenker*, WPg 2013, 1206-1212, *Piltz*, Die Unternehmensbewertung in der Rechtsprechung, S. 136-202; *Wüstemann*, BB 2012, 1719-1724.
2 BVerfG v. 27.4.1999 – 1 BvR 1613/94, AG 1999, 566.
3 OLG Stuttgart v. 5.6.2013 – 20 W 6/10, AG 2013, 724.

Konkretisierend führt das Gericht aus:

> „Grundlage der Schätzung des Gerichts können somit vom Grundsatz her sowohl Wertermittlungen basierend auf fundamentalanalytischen Wertermittlungsmethoden wie das Ertragswertverfahren als auch auf marktorientierten Methoden wie eine Orientierung an Börsenkursen sein. Entscheidend ist, dass die jeweilige Methode in der Wirtschaftswissenschaft anerkannt und in der Praxis gebräuchlich ist." (Leitsatz 2).

Was das Gericht unter „anerkannt" und „gebräuchlich" versteht, führt es wie folgt aus:

> „Als anerkannt und gebräuchlich ist derzeit nicht nur, aber jedenfalls auch das anzusehen, was von dem Institut der Wirtschaftsprüfer (IDW) in dem Standard IDW S 1 sowie in sonstigen Verlautbarungen des Fachausschusses für Unternehmensbewertung und Betriebswirtschaft (FAUB) vertreten wird. ..." (Leitsatz 3).

c) OLG Frankfurt, Beschl. v. 2.5.2011

49 Das OLG Frankfurt beschäftigt sich in diesem Beschluss mit der Angemessenheit einer Abfindung für Minderheitsaktionäre nach der Ertragswertmethode. Zur **Zulässigkeit der Ertragswertmethode** führt es aus:[1]

> „Dabei handelt es sich bei der Ertragswertmethode um eine allgemein anerkannte Bewertungsmethode, deren Anwendung keinen Bedenken unterliegt und von den Antragstellern auch nicht in Zweifel gezogen wird." (Rz. 24).

Zur Methodik und Zukunftsbezogenheit erläutert das Gericht weiter:

> „Die den Anteilseigner zukünftig zufließenden Erträge sind mit dem Kapitalisierungszinssatz zu diskontieren, um ihren Barwert zu erhalten." (Rz. 45).

Die Bewertung des nicht betriebsnotwendigen Vermögens mit dem Liquidationswert begründet das Gericht wie folgt:

> „Gerade die Eigenschaft eines nicht betriebsnotwendigen, also eines nicht für die Erzielung des Unternehmenszweckes notwendigen Vermögens ... wird häufig durch den Umstand begründet, dass mit dem Vermögen keine oder nur sehr unzulängliche Erträge erwirtschaftet werden. Typisches Beispiel sind nicht genutzte Grundstücke einer Gesellschaft. Deren anhand der realisierten Erträge ermittelter Ertragswert wäre gleich Null." (Rz. 75).

d) OLG Düsseldorf, Beschl. v. 6.4.2011

50 Zur **Ertragswertmethode** und ihrer Bewertungskonzeption urteilt das Gericht:[2]

> „Für die Ermittlung der angemessenen Abfindung ist in Rechtsprechung und Schrifttum die Ertragswertmethode anerkannt. Nach ihr bestimmt sich der Unternehmenswert primär nach dem Ertragswert des betriebsnotwendigen Vermögens ergänzt um die gesonderte Bewertung von Beteiligungen und des nicht betriebsnotwendigen Vermögens, das zum Liquidationswert angesetzt wird." (Orientierungssatz 2).

---

1 OLG Frankfurt v. 2.5.2011 – 21 W 3/11, AG 2011, 828.
2 OLG Düsseldorf v. 6.4.2011 – I-26 W 2/06 (AktE), juris.

e) OLG Frankfurt, Beschl. v. 17.6.2010

Das OLG Frankfurt führt zur **Ertragswertmethode** aus:[1] 51

> „Die den Anteilseignern zukünftig zufließenden Erträge sind mit einem Kapitalisierungszinssatz, der sich aus einem quasirisikolosen Basiszinssatz sowie einem Risikozuschlag zusammensetzt, zu diskontieren, um ihren Barwert zu erhalten." (Orientierungssatz 4).

2. Rechtsprechung zur Ertragsschätzung

a) OLG Frankfurt, Beschl. v. 29.4.2011

Für die Ertragsschätzung formuliert das Gericht folgende Anforderung:[2] 52

> „Die in die Zukunft gerichteten Planungen und **Prognosen der Gesellschaft** sind nur einer eingeschränkten Überprüfung dahingehend zu unterziehen, ob sie auf zutreffenden Informationen basieren sowie plausibel und in sich widerspruchsfrei sind." (Orientierungssatz 4, Hervorhebung durch Verf.).

b) OLG Stuttgart, Beschl. v. 24.7.2013

Hinsichtlich der Handlungsmöglichkeiten des Gerichts bei nicht plausibler **Planung des Vorstands** einer Gesellschaft führt das Gericht aus:[3] 53

> „Ergibt sich aus einem gerichtlich eingeholten Sachverständigengutachten, dass die Planung des Vorstands nicht auf zutreffenden Informationen und daran orientierten, realistischen Annahmen beruht oder nicht in sich widerspruchsfrei ist und deshalb Plananpassungen erforderlich sind, kann das Gericht im Rahmen der Prüfung, ob der Abfindungsbetrag angemessen ist, bei der Schätzung des Unternehmenswertes sowohl Abweichungen von der Planung des Vorstands zu Gunsten als auch Abweichungen zu Ungunsten der Antragsteller berücksichtigen." (Leitsatz 2).

3. Rechtsprechung zum Diskontierungszins

a) OLG Frankfurt, Beschl. v. 2.5.2011

Zur **Berechnung des Kapitalisierungszinssatzes** äußert sich das OLG Frankfurt in diesem Urteil wie folgt:[4] 54

> „Der Kapitalisierungszins setzt sich aus einem quasi risikolosen Basiszins sowie einem Risikozuschlag zusammen, der um die persönlichen Steuern des hypothetischen Anlegers zu reduzieren ist." (Rz. 45).

Für die Berechnung des quasi risikolosen Basiszinses erachtet das Gericht einen Rückgriff auf die Zinsstrukturkurve – insbesondere unter dem Aspekt der Laufzeitäquivalenz – für sinnvoll und führt aus:

> „Die Zinsstrukturkurve beinhaltet ... eine Abbildung der zu einem bestimmten Zeitpunkt gültigen internen Renditen von Zerobonds bzw. Nullkuponanleihen gegen deren (noch offene) Laufzeiten .... Die entsprechende Kurve wird von der Deutschen Bundesbank anhand der am Markt beobachtbaren Renditen von Bundesanleihen je-

---

1 OLG Frankfurt v. 17.6.2010 – 5 W 39/09, AG 2011, 717.
2 OLG Frankfurt v. 29.4.2011 – 21 W 13/11, AG 2011, 832.
3 OLG Stuttgart v. 24.7.2013 – 20 W 2/12, AG 2013, 840.
4 OLG Frankfurt v. 2.5.2011 – 21 W 3/11, AG 2011, 828.

weils taggenau ermittelt und ihre Parameter allgemein zugänglich gemacht. ... Insoweit handelt es sich um eine statistisch ermittelte Kurve ... Der Kurve können die für jede Ausschüttung laufzeitäquivalenten Zinssätze entnommen werden." (Rz. 48). Und weiter: „Die Ermittlung des Basiszinses anhand der vorstehend skizzierten Grundsätze unter Verwendung der jeweils für den Bewertungsstichtag gültigen Zinsstrukturkurve beinhaltet das methodisch richtige Vorgehen und steht in Einklang mit der aktuellen Empfehlung des IDW (vgl. IDW S 1 2008, Rdn. 117). Verwendung finden nämlich nicht historische Zinssätze, sondern die aus Sicht des jeweiligen Bewertungsstichtages für die Zukunft gültigen Zinsen von Bundesanleihen als quasi risikolose Anleihen." (Rz. 49).

b) OLG Düsseldorf, Beschl. v. 6.4.2011

55 Hinsichtlich der Berechnung des **risikolosen Basiszinses** führt das OLG Düsseldorf aus:[1]

„Bei der Unternehmensbewertung kommt es für die Ermittlung des Basiszinssatzes als Grundlage des Kapitalisierungszinssatzes nach ständiger Rechtsprechung in Übereinstimmung mit der herrschenden Meinung auf die aus der Sicht des Bewertungsstichtages und die darauf bezogenen Ertragserwartungen auf dauer erzielbare, durchschnittliche Rendite öffentlicher Anleihen an." (Orientierungssatz 3).

4. Rechtsprechung zur Ableitung des Risikozuschlags aus dem CAPM

a) OLG Frankfurt, Beschl. v. 2.5.2011

56 Zum Rückgriff auf das **CAPM zur Ermittlung des Risikozuschlags** führt das OLG Frankfurt aus:[2]

„... der Senat (kann) die grundsätzlichen Bedenken am CAPM nicht teilen, wenngleich es sich natürlich um ein vereinfachtes Modell mit entsprechend teilweise restriktiven Annahmen handelt. Gleichwohl ist es gegenüber der ... freien Schätzung des Risikozuschlages bereits aufgrund seiner höheren Transparenz überlegen. Entsprechend stellt das CAPM derzeit das wichtigste Modell zur Feststellung risikogerechter Kapitalkosten dar (OLG Düsseldorf, WM 2009, 2220)." (Rz. 56).

Zur Höhe der Marktrisikoprämie stellt das Gericht fest:

„Gegen die unter Anwendung des CAPM ... veranschlagte Marktrisikoprämie in Höhe von 5 % vor Steuern bestehen keine durchgreifenden Bedenken." (Rz. 57).

b) OLG Stuttgart, Beschl. v. 4.5.2011

57 Zur Berechnung der **Marktrisikoprämie** äußert sich das Gericht wie folgt:[3]

„Eine eindeutige Festlegung der Marktrisikoprämie ist auch nach dem aktuellen Stand der Wirtschaftswissenschaften empirisch nicht möglich. Eine Orientierung der Prämie zwischen dem geometrischen und dem arithmetischen Mittelwert ist weiterhin angemessen." (Leitsatz 2).

---

1 OLG Düsseldorf v. 6.4.2011 – I-26 W 2/06 (AktE), juris.
2 OLG Frankfurt v. 2.5.2011 – 21 W 3/11, AG 2011, 828.
3 OLG Stuttgart v. 4.5.2011 – 20 W 11/08, AG 2011, 560.

c) OLG Frankfurt, Beschl. v. 17.6.2010

Zur **Anwendbarkeit des CAPM** führt das Gericht aus:[1]   58

> „Das Capital Asset Pricing Model (CAPM) kann derzeit **als maßgebliche Methode zur Ermittlung des Risikozuschlags eingestuft werden.**" (Orientierungssatz 6, Hervorhebung durch Verf.).

d) OLG München, Beschl. v. 18.2.2014

Hier äußert sich das Gericht zur **Höhe des Risikozuschlags** wie folgt:[2]   59

> „Für die Schätzung des Unternehmenswertes bei einem Stichtag Anfang 2010 kann ein Risikozuschlag von 4 % geeignet sein, wenn das Risiko des zu bewertenden Unternehmens in etwa dem des gesamten Marktes entspricht." (Leitsatz).

5. Rechtsprechung zur Wachstumsrate

a) OLG Frankfurt, Beschl. v. 2.5.2011

Bei der Berechnung des Restwerts wird die ewige Rente unter Berücksichtigung einer Wachstumsrate ermittelt. Zur Funktion und Höhe der **Wachstumsrate** äußert sich das OLG Frankfurt folgendermaßen:[3]   60

> „In der Phase der ewigen Rente ist der Kapitalisierungszins um einen sogenannten Wachstumsabschlag zu reduzieren. Der Wachstumsabschlag hat die Funktion, in der Phase die zu erwartenden Veränderungen der Überschüsse abzubilden, die bei der nominalen Betrachtung aus dem letzten Jahr der Detailplanungsphase ... abgeleitet worden sind (vgl. WP-Handbuch 2008, Teil A S. 74). Er umfasst vornehmlich eine inflationsbedingte sowie daneben gegebenenfalls eine weitere Komponente, die sich aus Mengen- und Strukturänderungen ergibt (OLG Stuttgart, Beschluss vom 14. Februar 2008 – 20 W 9/06 –, Juris Rdn. 84). Soweit die Antragsgegnerin einen Abschlag von 0,5 % veranschlagt hat, ist dieser zwar am unteren Ende der von der Rechtsprechung akzeptierten (vgl. dazu *Großfeld*, Recht der Unternehmensbewertung, 2009, 269 f.) Abschläge angesiedelt. Aufgrund der Situation ... ist der Wert aber insgesamt gesehen vertretbar. ..." (Rz. 64).

b) OLG Frankfurt, Beschl. v. 17.6.2010

Zum **Wachstumsabschlag** bei der Restwertberechnung führt das Gericht aus:[4]   61

> „Der Kapitalisierungszins ist für die Zeit der ewigen Rente um einen Wachstumsabschlag zu reduzieren." (Orientierungssatz 8).

c) OLG Frankfurt, Beschl. v. 29.4.2011

Zur **Höhe des Wachstumsabschlags** äußert sich das OLG Frankfurt wie folgt:[5]   62

> „Der Wachstumsabschlag von Versicherungsunternehmen wird regelmäßig zwischen 0,5 % und 1 % angesiedelt und liegt damit tendenziell unterhalb demjenigen von Industrieunternehmen." (Orientierungssatz 7).

---

1 OLG Frankfurt v. 17.6.2010 – 5 W 39/09, AG 2011, 717.
2 OLG München v. 18.2.2014 – 31 Wx 211/13, AG 2014, 453.
3 OLG Frankfurt v. 2.5.2011 – 21 W 3/11, AG 2011, 828.
4 OLG Frankfurt v. 17.6.2010 – 5 W 39/09, AG 2011, 717.
5 OLG Frankfurt v. 29.4.2011 – 21 W 13/11, AG 2011, 832.

6. Rechtsprechung zum Marktwertvergleich

a) BVerfG, Beschl. v. 27.4.1999

63 Der Gegenstand dieses Beschlusses wurde bereits oben Rz. 28 skizziert. Zur Notwendigkeit der **Berücksichtigung des Börsenkurses** äußert sich das BVerfG in diesem Beschluss wie folgt:[1]

„Es ist mit Art. 14 Abs. 1 GG unvereinbar, bei der Bestimmung der Abfindung oder des Ausgleichs für außenstehende oder ausgeschiedene Aktionäre nach §§ 204, 305, 320b AktG den Börsenkurs der Aktien außer Betracht zu lassen." (Leitsatz). Weiter führt es aus: „Die von GG Art. 14 Abs. 1 geforderte ‚volle' Entschädigung darf jedenfalls nicht unter dem Verkehrswert liegen. Dieser kann bei börsennotierten Unternehmen nicht ohne Rücksicht auf den Börsenkurs festgesetzt werden." (Orientierungssatz 3a). Und weiter: „Das Gebot, bei der Festsetzung der angemessenen Entschädigung den Börsenkurs zu berücksichtigen, bedeutet nicht, daß er stets allein maßgeblich sein müsse. Eine Überschreitung ist verfassungsrechtlich unbedenklich. Es kann aber auch verfassungsrechtlich beachtliche Gründe geben, ihn zu unterschreiten. Da GG Art. 14 Abs. 1 keine Entschädigung zum Börsenkurs, sondern zum ‚wahren' Wert, mindestens aber zum Verkehrswert verlangt, kommt eine Unterschreitung dann in Betracht, wenn der Börsenkurs ausnahmsweise nicht den Verkehrswert der Aktie widerspiegelt, etwa weil längere Zeit praktisch überhaupt kein Handel mit den Aktien der Gesellschaft stattgefunden hat." (Orientierungssatz 3d).

b) BGH, Beschl. v. 19.7.2010

64 In dem Beschluss beurteilt der BGH die **Bestimmung des maßgeblichen Börsenwertes** als Berechnungsgrundlage für eine angemessene Abfindung der Minderheitsaktionäre. Dazu führt er aus:[2]

„Der einer angemessenen Abfindung zugrunde zu legende Börsenwert der Aktie ist grundsätzlich aufgrund eines nach Umsatz gewichteten Durchschnittskurses innerhalb einer dreimonatigen Referenzperiode vor der Bekanntmachung einer Strukturmaßnahme zu ermitteln." (Leitsatz 1).

Zur Berücksichtigung der allgemeinen Börsenentwicklung urteilt der BGH weiter:

„Die Minderheitsaktionäre müssen allerdings davor geschützt werden, dass der mit dem Zeitpunkt der Bekanntgabe ermittelte Börsenwert zugunsten des Hauptaktionärs fixiert wird, ohne dass die angekündigte Maßnahme umgesetzt wird, und sie von einer positiven Börsenentwicklung ausgeschlossen werden. Das kann dadurch verhindert werden, dass der Börsenkurs entsprechend der allgemeinen oder branchentypischen Wertentwicklung unter Berücksichtigung der seitherigen Kursentwicklung hochgerechnet wird ..., wenn zwischen der Bekanntgabe der Strukturmaßnahme als dem Ende des Referenzzeitraums und dem Tag der Hauptversammlung ein längerer Zeitraum verstreicht und die Entwicklung der Börsenkurse eine Anpassung geboten erscheinen lässt." (Rz. 29).

---

1 BVerfG v. 27.4.1999 – 1 BvR 1613/94, AG 1999, 566.
2 BGH v. 19.7.2010 – II ZB 18/09, AG 2010, 629.

c) OLG Frankfurt, Beschl. v. 5.12.2013

Bei der Bemessung der Barabfindung der Minderheitsaktionäre für die Übertragung ihrer Aktien auf den Hauptaktionär stellt das Gericht die Relevanz des **Börsenkurses als Wertuntergrenze** dar:[1] 65

> „Dabei stellt der Börsenkurs der Gesellschaft regelmäßig eine Untergrenze für die zu gewährende Abfindung dar." (Orientierungssatz).

d) OLG Stuttgart, Beschl. v. 4.5.2011

Bei dem Marktwertvergleich legt das Gericht einen **dreimonatigen Durchschnittskurs** zugrunde:[2] 66

> „Für den Börsenkurs, der bei Festsetzung der angemessenen Abfindung ... nicht unberücksichtigt bleiben darf, ist maßgeblich der nach Umsatz gewichtete Durchschnittskurs innerhalb einer dreimonatigen Referenzperiode vor der Bekanntmachung des Squeeze-out." (Leitsatz 1a).

V. Thesenförmige Zusammenfassung

Die **Ertragswertmethode** ist eine betriebswirtschaftlich und berufsständisch **anerkannte Methode** zur Berechnung des Unternehmenswerts. Die Rechtsprechung beurteilt diese Methode als rechtsrichtig und als verfassungsrechtlich unbedenklich. 67

Der **Unternehmenswert** ergibt sich aus dem Liquidationswert bzw. Ertragswert des nichtbetriebsnotwendigen Vermögens zzgl. des Ertragswerts des betriebsnotwendigen Vermögens. 68

Zur **Ertragswertberechnung** wird die Zukunft in einen Planungshorizont und in eine Phase nach dem Planungshorizont zerlegt. Innerhalb des Planungshorizonts werden die Erträge periodengenau geschätzt und diskontiert; nach dem Planungshorizont wird ein Restwert ermittelt. Dazu wird auf das Modell der ewigen Rente zurückgegriffen. Bei der Berechnung der ewigen Rente sollte ein Wachstumsabschlag berücksichtigt werden. 69

Je nach **Bewertungszweck** sind subjektive oder objektivierte Unternehmenswerte zu ermitteln. Während bei der subjektiven Bewertung auf die konkreten Verhältnisse des Bewertungssubjekts abgestellt wird, sind die Bewertungsparameter bei objektivierter Bewertung intersubjektiv nachprüfbar, also typisiert festzulegen. 70

---

1 OLG Frankfurt v. 5.12.2013 – 21 W 36/12, NZG 2014, 464.
2 OLG Stuttgart v. 4.5.2011 – 20 W 11/08, AG 2011, 560.

§ 5
Ermittlung des Zukunftsertrags*

	Rz.
I. Einführung	1
II. Konzeption der Ermittlung des Zukunftsertrags	5
III. Anforderungen an eine Planungserstellung	
1. Integrierte Unternehmensplanung und Planungsprozess	11
2. Detailplanungsphase (Phase I)	
a) Vorbemerkungen	20
b) Planung der Erfolgsgrößen	24
c) Planung der Bilanzgrößen	32
d) Finanzplanung	39
e) Planung der Ertragsteuern	43
f) Planung der Thesaurierung	49
3. Planung der Übergangsphase (Phase II)	50
4. Planung des nachhaltigen Ertragsüberschusses (Phase III)	53
IV. Planungsplausibilisierung	
1. Systematisierung der Planungsplausibilisierung	58
2. Analyse des Unternehmens(umfelds)	
a) Grundlegende Überlegungen	63
b) Analyse des Markt- und Wettbewerbsumfelds	
aa) Vorbemerkungen	64
bb) Analyse übergeordneter externer Rahmenbedingungen	68
cc) Analyse der Branche und Wettbewerber	74
dd) Analyse der Marktstellung des zu bewertenden Unternehmens	83
c) Vergangenheitsanalyse des Unternehmens	
aa) Vorbemerkungen	90
bb) Analyse der Vergangenheitsergebnisse	91
cc) Bereinigung der Vergangenheitsergebnisse	98
d) Ergebnis der Analysen	101
3. Analyse der Planungsrechnung	
a) Grundlegende Überlegungen	104
b) Analyse der Planungstreue	105
c) Prüfung auf Konsistenz und rechnerische Richtigkeit	109
d) Analyse der Entwicklungen der Vermögens-, Finanz- und Ertragslage sowie der zugrunde liegenden Annahmen	112
4. Plausibilisierung der Ertrags-, Bilanz- und Finanzplanung	
a) Grundlegende Überlegungen	116
b) Plausibilisierung der Detailplanungsphase	124
c) Plausibilisierung der Übergangsphase	133
d) Plausibilisierung der ewigen Rente	135
V. Zusammenfassung	141

Schrifttum *Baetge/Kirsch/Thiele*, Bilanzanalyse, 2. Auflage 2004; *Ballwieser/Hachmeister*, Unternehmensbewertung, 4. Aufl. 2013; *Büsch*, Praxishandbuch Strategischer Einkauf, 3. Aufl. 2007; *Earys/Ernst/Prexl*, Corporate Finance Training, 2. Aufl. 2011; *IdU* (Hrsg.), Grundsätze ordnungsgemäßer Planung, 3. Aufl. 2009; *IDW* (Hrsg.), IDW S 1 i.d.F. 2008; *IDW* (Hrsg.), WP Handbuch 2014, Band II, 14. Aufl. 2014; *Knoll*, Ewige Rente und Wachstum – the Final Cut?, RWZ 2014, 271; *Kunowski/Popp* in Peemöller, Praxishandbuch der Unternehmensbewertung, 5. Aufl. 2012; *Meffert/Burmann/Kirchgeorg*, Marketing, 10. Aufl. 2008; *Michel/Hammerle*, Integrierte Zwölf-Monats-Finanz- und Ertragsplanung, 2003; *Peemüller/Kunowski* in Peemöller (Hrsg.), Praxishandbuch der Unterneh-

---

* Dieser Abschnitt wurde unter Mitarbeit von Dr. Alexander Brunner erstellt.

mensbewertung, 5. Aufl. 2012; *Popp* in Peemöller (Hrsg.), Praxishandbuch der Unternehmensbewertung, 5. Aufl. 2012; *Porter*, Competitive Strategy: Techniques for Analyzing Industries and Competitors, 4. Aufl. 2008; *Staehle/Conrad/Sydow*, Management: Eine verhaltenswissenschaftliche Perspektive, 8. Aufl. 1999.

I. Einführung

In der Unternehmensbewertungspraxis haben sich das Ertragswertverfahren und die Discounted Cashflow-Verfahren (DCF-Verfahren) als gängige Verfahren für die Ermittlung des Unternehmenswerts herausgebildet. Diese Verfahren basieren auf dem **Kapitalwertkalkül**. Demnach wird der Unternehmenswert durch Diskontierung der zukünftigen finanziellen Überschüsse (Cashflows) des Unternehmens ermittelt. Die Bewertung erfolgt dabei losgelöst von den jeweiligen einzelnen Vermögenswerten und Schulden des zu bewertenden Unternehmens (Gesamtbewertungsverfahren) (vgl. hierzu ausführlich § 4 Rz. 44 f.).

Bei Anwendung des Ertragswertverfahrens wird der Unternehmenswert durch Diskontierung der finanziellen Überschüsse bzw. Erträge ermittelt, die den Unternehmenseignern künftig zufließen. Dabei sind die in der Zukunft liegenden **Erträge nicht ex ante bekannt** und müssen folglich prognostiziert werden, weshalb sie mit Unsicherheit behaftet sind. Dieser Unsicherheit muss bei der Unternehmensbewertung Rechnung getragen werden, was in der Praxis zumeist in Form der **Risikozuschlagsmethode** geschieht (vgl. § 6 Rz. 8). Hierzu wird im Ertragswertverfahren der Erwartungswert der unsicheren zukünftigen Erträge mit einem Kapitalisierungszinssatz diskontiert, der die Unsicherheit der Erträge als Risikozuschlag zum sicheren Zinssatz berücksichtigt. Insofern ist es gerade keine Voraussetzung der Unternehmensbewertung, dass die in einer Planung dargestellten Erträge sicher sind. Entscheidend ist vielmehr, dass die geplanten Erträge **erwartungswertneutral** sind, d.h. dass die Erträge weder systematisch überschätzt („zu optimistische Planung") noch unterschätzt („zu pessimistische Planung") werden. Insofern muss die Planung so angelegt sein, dass diese keine systematischen Verzerrungen aufweist. Nur dann kann eine Planung der Wertermittlung nach dem Ertragswertverfahren oder den DCF-Verfahren zugrunde gelegt werden.

Im Folgenden soll der Leser ein Grundverständnis über die Herausforderungen bei der **Erstellung einer integrierten Planungsrechnung** und der **Beurteilung** deren Sachgerechtigkeit erhalten. Dabei wird anhand praxisnaher Analysemethoden aufgezeigt, wie die Plausibilität einer Planung systematisch beurteilt werden kann.

Nachfolgend werden zunächst grundlegende **konzeptionelle Vorüberlegungen** für die Ermittlung des Zukunftsertrags angestellt (sogleich Rz. 5 ff.). Im Anschluss daran werden die **Anforderungen an eine Planung** und darauf aufbauend die **Grundlagen einer sachgerechten Planungserstellung** erläutert (unten Rz. 11 ff). Schließlich wird als Schwerpunkt des Beitrags ausführlich die **Plausibilisierung** einer Planung diskutiert (unten Rz. 58 ff.). Dabei werden die erforderlichen Analysen des Unternehmens(umfelds) sowie der Planungsrechnung erläutert, bevor schließlich auf dieser Grundlage die eigentliche Plausibilisierung der Planung erörtert wird.

II. Konzeption der Ermittlung des Zukunftsertrags

5   Bei Anwendung des Ertragswertverfahrens wird der Unternehmenswert durch Diskontierung der finanziellen Überschüsse ermittelt, die den Unternehmenseignern künftig zufließen. Das Ertragswertverfahren ist ein **Netto-Kapitalisierungsverfahren**, d.h. der Marktwert des Eigenkapitals wird direkt durch Diskontierung derjenigen finanziellen Überschüsse ermittelt, die ausschließlich den Eigenkapitalgebern zufließen (vgl. zur Konzeption des Ertragswertverfahrens im Detail § 4 Rz. 30 ff.). Diese finanziellen Überschüsse sind dabei mit einem Eigenkapitalkostensatz zu diskontieren (vgl. zur Ableitung der Eigenkapitalkosten bei Anwendung des Ertragswertverfahrens § 6 Rz. 7 f.).

6   Die nachfolgende Abbildung gibt einen Überblick über die Ableitung der zu kapitalisierenden Ergebnisse auf Basis einer Gewinn- und Verlustrechnung (**GuV**) nach dem **Gesamtkostenverfahren** (§ 275 Abs. 2 HGB):

Umsatzerlöse
+/- Bestandsveränderungen / akt. Eigenleistungen
= **Gesamtleistung**
- Materialaufwand
= **Rohertrag**
- Personalaufwand
- Sonstige Aufwendungen
+ Sonstige Erträge
= **EBITDA**
- Abschreibungen
= **Ergebnis vor Zinsen und Ertragsteuern (EBIT)**
+/- Zinsergebnis
= **Ergebnis vor Ertragsteuern (EBT)**
- Steueraufwand
= **Ergebnis nach Unternehmensteuern (EAT)**
+/- Thesaurierung / Auflösung von Rücklagen
= **Zu kapitalisierendes Ergebnis**

Abb. 1: Ableitung des zu kapitalisierenden Ergebnisses

7   Die zu kapitalisierenden finanziellen Überschüsse (Ertragsüberschüsse) werden beim Ertragswertverfahren demnach aus den künftigen Jahresergebnissen der Unternehmensplanung abgeleitet, die sich aus der Plan-GuV ergeben. Dies

könnte zunächst den Eindruck erwecken, eine aus konsistenten GuV-, Bilanz- und Finanzbedarfsrechnungen bestehende **integrierte Planungsrechnung** sei nicht notwendig, da ja schließlich „nur" die entsprechenden GuV-Linien zur Ermittlung der zu kapitalisierenden Ergebnisse benötigt werden.

Diese vereinfachte Sichtweise verkennt, dass eine **konsistente Ableitung des zu kapitalisierenden Ergebnisses** nur dann erfolgen kann, wenn neben der GuV auch die Bilanzen und der Finanzbedarf geplant werden. Bei der Ableitung des zu kapitalisierenden Ergebnisses ergeben sich die Positionen Zinsergebnis, Steueraufwand und Thesaurierungen erst auf Basis der anderen Planungsrechnungen. 8

Dabei muss die Entwicklung der Positionen der Planbilanzen konsistent zur Entwicklung des geplanten operativen Ergebnis (EBIT) bzw. dessen Komponenten verlaufen. Eine deutliche Umsatzsteigerung wird etwa regelmäßig nur mit einer Ausweitung der Produktionskapazitäten (Anlagevermögen) und des Working Capital (Umlaufvermögen) zu bewerkstelligen sein. Durch die beschriebenen Investitionen entsteht wiederum Finanzbedarf, der durch Fremdkapital oder Eigenkapital (Thesaurierung) gedeckt werden muss. Dieser wird in der integrierten **Finanzbedarfsrechnung** abgebildet, die sicherstellt, dass die geplanten Zahlungen an Eigenkapitalgeber (Ausschüttung) unter Berücksichtigung der Cashflows aus operativer Tätigkeit, Finanzierung und Investitionen tatsächlich durch finanzielle Mittel gedeckt sind. Die Plan-Finanzbedarfsrechnung wirkt dabei als Bindeglied zwischen Bilanz und GuV, da über den Finanzbedarf sowohl das in starkem Maße vom Fremdkapitalbestand abhängige Zinsergebnis als auch die Thesaurierung beeinflusst wird, die in die Ermittlung der zu kapitalisierenden Ergebnisse einfließen. Auch die Steuern können bspw. aufgrund der Zinsschranke nicht völlig autonom und unabhängig von den anderen Planungsrechnungen ermittelt werden. 9

Die Planungsrechnung kann nach **handelsrechtlichen** oder nach **internationalen Rechnungslegungsgrundsätzen** (z.B. IFRS, US-GAAP) aufgestellt sein. Folglich sind bei der Ableitung der Ausschüttungen an die Eigenkapitalgeber neben dem entsprechenden Finanzbedarf die zugrundeliegenden Rechnungslegungsnormen, vor allem aber die im Gesellschaftsrecht vorgesehenen Restriktionen zu beachten. Dies gilt insbesondere dann, wenn die Ableitung der finanziellen Überschüsse auf Basis einer konsolidierten Planungsrechnung erfolgt, die Ausschüttungen aber gesellschaftsrechtlich am Einzelabschluss anknüpfen. 10

III. Anforderungen an eine Planungserstellung

1. Integrierte Unternehmensplanung und Planungsprozess

Um Inkonsistenzen in der Ableitung der zu kapitalisierenden Ertragsüberschüsse zu vermeiden, ist eine integrierte Unternehmensplanung zwingende **Voraussetzung einer Unternehmensbewertung**.[1] 11

---

1 Vgl. *IDW* (Hrsg.), WP-Handbuch, Band II, Abschnitt A, Rz. 244; *Ballwieser/Hachmeister*, Unternehmensbewertung, S. 56 f.

12 Die **Integration der Unternehmensplanung** bedeutet, dass die Planungen der Gewinn- und Verlustrechnungen, der Bilanzen sowie der Finanzbedarfsrechnungen ein in sich geschlossenes System bilden.[1] Werden bspw. Umsatzsteigerungen geplant, die auf einer Ausweitung der Absatzmenge beruhen, muss der ggf. erhöhte Kapazitätsbedarf auch in der Investitions- und Finanzplanung berücksichtigt werden und entsprechenden Niederschlag in der Plan-Bilanz finden. Die Finanzierung dieser Investition hat dabei unmittelbaren Einfluss auf die Kapitalstruktur des zu bewertenden Unternehmens, welche sich auf die Höhe des Kapitalisierungszinssatzes auswirkt (vgl. hierzu ausführlich § 6 Rz. 147 f.).

13 Jeder Planungsrechnung liegt ein **Planungsprozess** zugrunde, dessen Ausgestaltung in Abhängigkeit von der Unternehmensgröße und -komplexität variiert. Der Planungsprozess sollte grundsätzlich formalisiert sein, so dass dessen Dokumentation im Rahmen der Bewertung zunächst herangezogen und analysiert werden kann. Ein funktionierender Planungsprozess mindert das Risiko einer inkonsistenten und fehlerhaften Planungsrechnung. Entsprechend müssen sich sowohl der Ersteller einer Planung als auch deren Adressaten davon vergewissern, dass der Planungsprozess sachgerecht ausgestaltet ist.

14 Bei der Analyse des Planungsprozesses ist dabei zunächst zu hinterfragen, inwiefern die einzelnen **Teilplanungen aufeinander abgestimmt** sind bzw. werden (integrierte Planung). Gegebenenfalls ist in diesem Zusammenhang zunächst zu überprüfen, ob überhaupt eine integrierte Planung vorliegt oder ob die Ableitung des zu kapitalisierenden Ergebnisses aus dem operativen Ergebnis eher überschlägig erfolgte. Auch wenn eine integrierte Planungsrechnung erstellt wird, kann diese auf stark vereinfachten Annahmen beruhen, so dass die Ermittlung des zu kapitalisierenden Ergebnisses dadurch einen überschlägigen Charakter erhält. Diese vergleichsweise technische Anforderung an eine Planung wird zwingend benötigt, um eine konsistente Planungsrechnung sicherzustellen.

15 Die Ausgestaltung des Planungsprozesses ist weiter in **inhaltlicher Sicht** zu analysieren. In diesem Analyseschritt ist herauszuarbeiten, zu welchem Zweck die Planung erstellt wird. Im Planungsprozess könnte etwa verankert sein, tendenziell ambitionierte Planvorgaben zum Zwecke der Mitarbeitermotivation abzubilden. Der entsprechende Planungszweck und die damit verbundenen Anreize für den Planersteller haben Implikationen bzw. Auswirkungen auf die Eignung der Planung, diese einer Unternehmensbewertung zugrunde zu legen.

16 Vor diesem Hintergrund ist auch die **Ausgestaltung des Planungsverfahrens** zu untersuchen. Unterschieden werden kann insbesondere zwischen dem **Top-Down-Ansatz** und dem **Bottom-Up-Ansatz**. Der Top-Down-Ansatz sieht die Vorgabe von Unternehmenszielen durch die höchste Managementebene vor. Diese aggregierten Planzahlen werden dann auf operative Geschäftsebenen heruntergebrochen und stellen Zielvorgaben für die einzelnen Geschäftsbereiche dar. Die Planung über den Bottom-Up-Ansatz läuft in die Gegenrichtung, d.h.

---

1 Vgl. exemplarisch *IdU* (Hrsg.), Grundsätze ordnungsgemäßer Planung, S. 19.

ausgehend von den unteren Hierarchieebenen, welche für ihren Verantwortungsbereich Planzahlen festlegen, werden die Planzahlen bis auf Ebene des Gesamtunternehmens verdichtet.[1] Üblicherweise werden Planungen in der Praxis in einem Gegenstromverfahren erstellt, das Aspekte beider Ansätze in sich vereint. Hierbei werden zunächst Vorgaben über das Management gegeben und dann durch die hierarchisch unteren Ebenen „dagegen" geplant, um entsprechende Widersprüche aufzudecken und auszuräumen.

Der Planungsprozess ist auch hinsichtlich der **zeitlichen Entstehung bzw. Aktualität** der Planung zu analysieren. Hierbei können eine zeitlich starre und eine zeitlich rollierende Planung unterschieden werden. Eine zeitlich starre Planung wird zu einem gegebenen Zeitpunkt für einen bestimmten Zeitraum (z.B. Geschäftsjahr) erstellt und zwischenzeitlich nicht angepasst. Bei einer zeitlich rollierenden Planung wird der **Planungshorizont** nach Ablauf eines Planungsabschnittes in die Zukunft erweitert und somit permanent aktualisiert.[2] Für Bewertungszwecke gewährleistet die rollierende Planung eine vergleichsweise bessere Informationslage, da Änderungen von Rahmenbedingungen stets einen zeitnahen Niederschlag in der Planungsrechnung finden.

17

Schließlich ist auch der **Grad der Verbindlichkeit** einer Planung zu beurteilen. Diese wird maßgeblich durch die organisatorischen Prozesse bei der Planerstellung bzw. die hierarchischen Ebenen, die eine Planung durchlaufen muss, beeinflusst. Eine im Unternehmen vorgesehene Kenntnisnahme oder Verabschiedung der Planung sowohl durch das Management als auch durch die Aufsichtsorgane ist vor dem Hintergrund der Beurteilung der Verbindlichkeit der Planungsrechnung grundsätzlich als positiv zu erachten.[3]

18

Letztlich wird auch der jeweilige **Planungshorizont** im Planungsprozess vorgegeben. Der Zeithorizont ist dabei meist auch vom Planungszweck abhängig. Eine Planung, die im Wesentlichen zur Steuerung der Produktion eingesetzt wird, weist einen tendenziell kürzeren Zeithorizont auf als eine Planung, die zur Umsetzung einer langfristigen Unternehmensstrategie erstellt wird. Im normalen (operativen) Planungsprozess des Unternehmens wird dabei i.d.R. eine Planung für einen endlichen Zeitraum, meist drei bis fünf Jahre, erstellt. Bei einer Unternehmensbewertung wird jedoch regelmäßig von einer unbegrenzten Lebensdauer des Unternehmens ausgegangen,[4] weswegen für diese Zwecke grundsätzlich auch eine Planung mit unendlichem Zeithorizont benötigt wird. Aus diesem Grund sind ergänzende Überlegungen anzustellen, wie die im Rahmen des ordentlichen Planungsprozess erstellte (endliche) Planung für Bewertungszwecke fortgeschrieben bzw. fortentwickelt werden kann.

19

---

1 Vgl. *Staehle/Conrad/Sydow*, Management: Eine verhaltenswissenschaftliche Perspektive, S. 543.
2 Vgl. *Michel/Hammerle*, Integrierte Zwölf-Monats-Finanz- und Ertragsplanung, S. 116 ff.
3 Vgl. *IdU* (Hrsg.), Grundsätze ordnungsgemäßer Planung, S. 9.
4 Vgl. *IDW* (Hrsg.), WP Handbuch, Band II, Abschnitt A, Rz. 234.

2. Detailplanungsphase (Phase I)

a) Vorbemerkungen

20 Bei der Unternehmensbewertung wird aufgrund des i.d.R. angenommenen unendlichen Zeithorizonts die Planung grundsätzlich in **mehrere Phasen** unterteilt. In der Praxis werden zu diesem Zweck häufig zwei Phasen unterschieden. Dabei lassen sich für einen gewissen Zeitraum, der i.d.R. drei bis fünf Jahre umfasst (**Detailplanungsphase** oder Phase I), die künftigen finanziellen Ertragsströme besser prognostizieren bzw. plausibler beurteilen als für den darüber hinausgehenden Zeitraum.[1] Kennzeichnend für diese Planphase ist dabei die **detaillierte Planung einzelner GuV und Bilanzpositionen** auf Basis konkreter Erwartungen hinsichtlich der Entwicklung von Mengen und Preisen.

21 Am Ende der detaillierten Planungsphase sollte sich das Unternehmen zumindest bei einer Planung, die für Bewertungszwecke erstellt wird, in einem **eingeschwungenen Zustand** befinden (s. unten Rz. 53 ff). In einigen Fällen ist dieser Zustand jedoch noch nicht zum Ende der Detailplanungsphase erreicht, so dass dann auch eine Unterteilung der Zukunftsplanung in drei Phasen sinnvoll sein kann.[2] Dabei stellt die zweite Phase eine Übergangsphase[3] hin zum eingeschwungenen Zustand dar, die bspw. aufgrund von noch überdurchschnittlichen Rendite- oder Wachstumsaussichten, langen Produktlebenszyklen, langen Investitionslebenszyklen oder Verlustvorträgen modelliert wird. Sowohl im **Zwei-Phasen-Modell** als auch im **Drei-Phasen-Modell** werden in der jeweils letzten Phase („ewige Rente, Terminal Value") auf Basis stark vereinfachender Annahmen die Überschüsse des Unternehmens für das Jahr nach Ende des Detailplanungszeitraums bzw. der Übergangsphase ausgehend vom eingeschwungenen Zustand bis in die Unendlichkeit weiterentwickelt.

22 Die sachgerechte **Länge der Detailplanungsphase** lässt sich nicht allgemeingültig festlegen. Faktoren wie bspw. Größe, Struktur und Branche des Unternehmens beeinflussen sowohl die Planbarkeit (Vorhersehbarkeit) als auch die Notwendigkeit einer längeren Planung (lange Zyklen). Vor diesem Hintergrund ist die sachgerechte Länge der Detailplanungsphase vom jeweiligen Einzelfall abhängig.[4] Ebenso muss im Einzelfall entschieden werden, inwiefern es für Bewertungszwecke sachgerecht ist, den Übergang in die ewige Rente durch eine Grobplanungsphase (Übergangsphase) auszumodellieren.

23 In der Detailplanungsphase werden die einzelnen Komponenten der finanziellen Ertragsüberschüsse in jedem Jahr detailliert geplant. Dabei müssen die teils umfangreichen **Einzelpläne** (Produktions-, Absatz-, Investitions-, Finanzierungspläne) in eine **konsistente, integrierte Unternehmensplanung**, bestehend aus Plan-Gewinn und -Verlustrechnung, Plan-Bilanz und Finanzplanung (vgl. oben Rz. 10 f.) überführt werden.[5]

---

1 Vgl. *IDW* (Hrsg.), IDW S 1 i.d.F. 2008, Tz. 76.
2 Vgl. *IDW* (Hrsg.), WP-Handbuch, Band II, Abschnitt A, Rz. 238.
3 Auch Konvergenz-, Übergangs- oder Grobplanungsphase genannt.
4 Vgl. *IDW* (Hrsg.), IDW S 1 i.d.F. 2008, Tz. 76.
5 Vgl. *IDW* (Hrsg.), WP Handbuch, Band II, Abschnitt A, Rz. 240.

b) Planung der Erfolgsgrößen

Die Entwicklung eines Unternehmens steht im Spannungsfeld der Rahmenbedingungen des Unternehmens (momentanes sowie zukünftiges Unternehmensumfeld und momentane Unternehmensverfassung) auf der einen Seite und den zukunftsbezogenen Managemententscheidungen auf der anderen Seite. Der Ersteller einer Planung muss daher grundsätzlich dieselben **Analysen des Unternehmens(umfelds)** anstellen wie eine dritte Person, die eine ihr vorgelegte Planung plausibilisiert (vgl. unten Rz. 58 ff.). 24

Die **Prognose der künftigen finanziellen Ertragsüberschüsse** sollte entsprechend auf den Ergebnissen einer **Vergangenheitsanalyse** des Unternehmens und einer Analyse des Markt- und Wettbewerbsumfelds aufbauen[1] und die strategischen Ziele bzw. Vorgaben des Managements berücksichtigen.[2] Die zukünftigen finanziellen Überschüsse werden von der Investitionstätigkeit, der Entwicklung des Umsatzes und der entsprechenden Ergebnismarge getrieben. Im Hinblick auf die künftig erzielbare Ergebnismarge sind daher insbesondere die vergangenen Kosten-Erlös-Relationen dahingehend zu analysieren, ob diese auch für die künftige Entwicklung weiterhin angenommen werden können, d.h. ob etwa von künftig gleichlaufenden Preisänderungen auf dem Absatz- und Beschaffungsmarkt ausgegangen werden kann.[3] 25

Ausgangspunkt bei der Ermittlung der zukünftigen Überschüsse sind sowohl im Gesamtkosten- als auch im Umsatzkostenverfahren die zu schätzenden **Umsatzerlöse** als Ausdruck des künftigen Ertragspotentials.[4] Entsprechend muss die Planung dieses Ertragspotentials vor dem Hintergrund der Entwicklung des Unternehmens(umfelds) herausgearbeitet werden. Umsatzerlöse setzen sich dabei aus dem Produkt von geplanter Absatzmenge und geplantem Absatzpreis zusammen. Die Quantifizierung der Mengen und Preise ist plausibel vor dem Hintergrund der spezifischen Marktgegebenheiten unter Berücksichtigung der in der Vergangenheit gewonnenen Erfahrungen abzuleiten. Dabei sollte das Mengen- und Wertgerüst idealerweise nach Kunden, Produkten, Regionen, Sparten oder Ähnlichem differenziert werden.[5] Insbesondere bei künftig geplanten, wesentlichen Änderungen der Zusammensetzung des Umsatzniveaus – bspw. durch andere Produktmixes oder erhöhte Absatzmengen – muss gewährleistet sein, dass die Planungen weiterhin mit Vertriebskonzepten (Preispolitik, Werbung, Qualitätspolitik), Absatz- und Lieferverträgen, Abnehmerkreisen und weiteren Strukturen in Einklang stehen.[6] 26

Für die Prognose des **Materialaufwands** ist in erster Linie auf das geplante Mengengerüst, d.h. auf die künftigen Produktionsmengen abzustellen. Darüber hinaus ist die Entwicklung der entsprechenden Beschaffungspreise für die Materialeinsatzfaktoren zu schätzen, wobei ebenfalls vor dem Hintergrund der Ana- 27

---

1 Vgl. *IDW* (Hrsg.), IDW S 1 i.d.F. 2008, Tz. 75.
2 Vgl. *IdU* (Hrsg.), Grundsätze ordnungsgemäßer Planung, S. 20.
3 Vgl. *IDW* (Hrsg.), IDW S 1 i.d.F. 2008, Tz. 108.
4 Den nachfolgenden Überlegungen liegt die Struktur des in Deutschland stärker als im Ausland gebräuchlichen Gesamtkostenverfahrens zugrunde.
5 Vgl. *IdU* (Hrsg.), Grundsätze ordnungsgemäßer Planung, S. 20.
6 Vgl. *IDW* (Hrsg.), WP-Handbuch, Band II, Abschnitt A, Rz. 260.

lyseergebnisse des Branchenumfelds insbesondere die im Einzelfall gegebenen Beziehungen zu Lieferanten zu berücksichtigen sind. Analog zu der Prognose der Umsatzerlöse ist z.B. eine produkt-, kunden- und/oder regionalspezifische Materialaufwandsanalyse empfehlenswert, um spezifische Ergebnisbeiträge ermitteln zu können.[1]

28 Die Prognose des **Personalaufwands** kann zunächst auf Basis des aktuellen Personalbestands erfolgen. Die Aufwandshöhe in der Vergangenheit gibt hierfür einen vergleichsweise validen Orientierungsmaßstab vor. Ausgehend von dem historischen Stand sind zum einen geplante künftige Veränderungen im Personalbestand und zum anderen auch künftige Lohn- und Gehaltssteigerungen zu berücksichtigen. Dabei ist für die Planung des Personalbestands grundsätzlich die Ausweitung der Produktionsmenge in die entsprechenden Überlegungen einzubeziehen. Bei der Planung der Lohn- und Gehaltsentwicklung ist neben den Lohn- und Gehaltssteigerungen der jeweiligen Gruppen der Arbeitnehmer gegebenenfalls auch eine Veränderung der Personalstruktur und mithin einer Verschiebung der Gruppenanteile zu berücksichtigen. Auch die Prognose des künftigen Pensionsaufwands kann sich im Einzelfall als sehr komplex weisen, da viele Prämissen (Laufzeit des Versorgungswerks, Rentensteigerungen, Zinssatz) sachgerecht gesetzt werden müssen.[2]

29 Die Höhe der künftigen **Abschreibungen** lässt sich unter Berücksichtigung von bilanziellen Nutzungsdauern auf Basis des Buchwerts des bestehenden Anlagevermögens und der geplanten künftigen Investitionsausgaben ermitteln.

30 Die Planung der **sonstigen betrieblichen Erträge und Aufwendungen** ist in hohem Maße einzelfallbezogen zu analysieren, insbesondere weil sich deren Bedeutung und Zusammensetzung nicht nur zwischen Branchen, sondern auch zwischen einzelnen Unternehmen unterscheidet. Unter die sonstigen betrieblichen Erträge sind bspw. Erträge aus Anlagenverkäufen, aus der Auflösung von Rückstellungen oder aus staatlichen Zuschüsse bzw. Zulagen zu subsumieren. Die sonstigen betrieblichen Aufwendungen umfassen insbesondere Zuführungen zu Rückstellungen sowie Betriebs-, Vertriebs- und Verwaltungskosten, soweit sie nicht bereits in den oben genannten Aufwandsarten gesondert ausgewiesen wurden.[3] Da es sich bei den sonstigen betrieblichen Erträgen und Aufwendungen um Erfolgsgrößen handelt, die i.d.R. in einem Sammelposten ausgewiesen werden, ist bei einer wesentlichen Größenordnung eine höchstmögliche Transparenz hinsichtlich der Planung dieser Posten nahezulegen. Hierzu sollten die einzelnen Bestandteile gesondert geplant und nicht als Aggregat fortgeschrieben werden, da eine Anknüpfung bspw. an einen einzelnen Posten wie etwa die Umsatzerlöse oftmals nicht für alle Bestandteile sachgerecht ist. Entsprechend sind für die sonstigen betrieblichen Erträge und Aufwendungen auch eigenständige Überlegungen anzustellen, wie diese in die Phase der ewigen Rente übergeleitet werden können.

---

1 Vgl. *IdU* (Hrsg.), Grundsätze ordnungsgemäßer Planung, S. 21.
2 Vgl. zu näheren Ausführungen *IDW* (Hrsg.), WP-Handbuch, Band II, Abschnitt A, Rz. 265 ff.
3 Vgl. *IdU* (Hrsg.), Grundsätze ordnungsgemäßer Planung, S. 21 f.

Während die **sonstigen Steuern**, wie z.B. die Kraftfahrzeugsteuer oder die Grundsteuer, für Bewertungszwecke i.d.R. bereits von den oben genannten Posten, in erster Linie von den sonstigen betrieblichen Aufwendungen erfasst werden, sind die **Ertragsteuern** (Einkommen-, Gewerbe- und Körperschaftsteuer, entsprechende ausländische Steuern) im Ertragswertverfahren gesondert auszuweisen. Bemessungsgrundlage für die Ertragsteuern ist das (steuerrechtliche) Ergebnis nach Zinsen. Aus diesem Grund wird die Ertragsteuerplanung im Anschluss an die in Abschnitt c) und d) beschriebenen Bilanz- und Finanzplanung erläutert, auf deren Basis noch vor der Berechnung der Steuer zunächst das Zinsergebnis abzuleiten ist.

c) Planung der Bilanzgrößen

Die Planung der Bilanzgrößen ist eng mit der Planung der Erfolgsgrößen verknüpft, da in der Bilanz die Vermögenswerte hinterlegt sind, die zur Leistungserstellung notwendig sind bzw. Ausfluss der Leistungserstellung sind. So hängt etwa die Höhe der Umsatzerlöse mit dem Bestand an Forderungen aus Lieferungen und Leistungen logisch zusammen und mindern Abschreibungen das Anlage- und ggf. auch das Umlaufvermögen. Folglich ist eine **in sich geschlossene Planungsrechnung** zwingend erforderlich, um eine Konsistenz der Teilplanungen sicherzustellen.

Ausgangspunkt der Bilanzplanung stellt die Bilanz zum (technischen) Bewertungsstichtag dar. Dabei wird oftmals auf die geprüfte Schlussbilanz des vorangehenden Geschäftsjahres abgestellt. Für originäre Planungszwecke wird i.d.R. auf der zum Beginn der Planungszeitraum hochgerechneten Bilanz aufgesetzt. Auf Grundlage dieser Bilanz werden in Abhängigkeit der geplanten Ergebnisgrößen die Plan-Bilanzen im **Detailplanungszeitraum** entwickelt. Nachfolgend werden daher beispielhaft Möglichkeiten erörtert, wie Bilanzposten der Aktiv- und der Passivseite auf Grundlage der GuV entwickelt werden können.

Bei der Entwicklung des **Anlagevermögens** stehen meist die Sachanlagen im Vordergrund. Die Entwicklung des **Sachanlagevermögens** orientiert sich dabei i.d.R. an der Prognose der Umsatzentwicklung. Die Änderung der Umsatzerlöse hängt dabei von der Änderung der Mengen und Preise ab. Bei einer geplanten Erhöhung des Mengenvolumens ist folglich sicherzustellen, dass ein ausreichender Kapazitätszuwachs durch Neuinvestitionen bilanziell abgebildet wird. Das Sachanlagevermögen wächst dabei regelmäßig nicht linear mit der Umsatzmenge, da regelmäßig keine lineare Kapazitätsausweitung erfolgen kann. Inwiefern dann auf Basis der Entwicklung der Umsatzmenge (bzw. deren Komponenten) ein ausgefeilter Investitions- und Abschreibungsplanung benötigt wird oder ob eine vereinfachend lineare Fortschreibung mit der Umsatzmenge oder gar den Umsatzerlösen noch sachgerecht ist, muss im Einzelfall beurteilt werden. Beim **immateriellen Anlagevermögen** können grundsätzlich dieselben Überlegungen wie beim Sachanlagevermögen angestellt werden, jedoch ist regelmäßig kein eindeutiger Zusammenhang mit den Umsatzerlösen zu konstatieren. So kann mit einem einmal erworbenen Patent ggf. eine beliebige Produktionsmenge ausgebracht werden. Hier ist eine entsprechende vereinfachte lineare Fortschreibung mit Umsatzmenge oder Umsatzerlösen nur im Einzelfall sinnvoll. Die **Finanzanlagen,** soweit sie Wertpapiere und Minderheitsbeteiligungen umfassen, können grundsätzlich im Zeitverlauf als konstant angesehen werden, sofern nicht konkrete Anhaltspunkte für eine Änderung vorliegen.

35 Bei der Entwicklung des unverzinslichen **Umlaufvermögens** als „arbeitendes Kapital" ist oftmals eine enge Anknüpfung an Umsatzgrößen oder die Entwicklung bestimmter Aufwandspositionen gegeben. Die Entwicklung der **Vorräte** kann bspw. mit der Höhe des Materialaufwands (insbesondere Roh-, Hilfs- und Betriebsstoffe sowie bezogene Waren) weiterentwickelt werden. Zu diesem Zweck wird die Reichweite der Vorräte in Tagen als Quotient aus Vorräten und Materialaufwand multipliziert mit der Anzahl der Tage eines Jahres herangezogen. Die Fortschreibung der Vorräte erfolgt dann auf Basis einer geschätzten Reichweite der Vorräte, bspw. auf Basis von Vergangenheitsdaten, und des geplanten Materialaufwands. Bei der Prognose der Reichweite und deren Änderung im Planungszeitraum können dabei auch Überlegungen hinsichtlich einer effizienteren Lagerhaltung etc. (Net Working Capital Management) einfließen. Die Planung der **Forderungen aus Lieferungen und Leistungen** kann anhand eines ähnlichen Grundansatzes vorgenommen werden. Dabei wird zunächst die Debitorenlaufzeit als Verhältnis des Bestands an Forderungen und der Umsatzerlöse multipliziert mit der Anzahl der Tage eines Jahres errechnet. Anhand einer Prognose der Debitorenlaufzeiten und der geplanten Umsatzerlöse entwickeln sich dann die Forderungen aus Lieferungen und Leistungen im Planungszeitraum. Anhaltspunkte für die Prognose der Laufzeiten können Erfahrungswerte der Vergangenheit sowie die Entwicklung des Marktes und des Unternehmens darstellen. Kann bspw. aufgrund eines Wegfalls von Wettbewerbern davon ausgegangen werden, dass das zu bewertende Unternehmen eine vorherrschende Stellung am Markt erhält, könnte es gegebenenfalls kürzere Zahlungsziele bei ihren Kunden durchsetzen. Bei den (betriebsnotwendigen) **liquiden Mitteln** kann bspw. auch auf Basis einer Umsatzquote geplant werden. Dabei können Überlegungen darüber angestellt werden, inwiefern etwa der Finanzmittelfonds im Verhältnis zu den Umsatzerlösen im Zeitablauf konstant bleibt oder etwa über ein besseres Cash Management gesenkt wird. Auch hier ließe sich alternativ durch entsprechende Multiplikation des Quotienten aus liquiden Mitteln und Umsatzerlösen mit der Anzahl der Tage eines Jahres die Reichweite der liquiden Mittel errechnen. **Verzinsliches Umlaufvermögen bzw. nicht betriebsnotwendige liquide Mittel** werden oftmals mit den verzinslichen Schulden verrechnet (Nettofinanzverbindlichkeit, Net Debt).

36 Bei den **nicht zinstragenden Schulden,** die meist saldiert mit dem Umlaufvermögen ins Net Working Capital einfließen, kann ebenfalls eine Anknüpfung an die Umsatzerlöse sachgerecht sein. So werden bspw. Rückstellungen aus Gewährleistungsansprüchen bei einem erhöhten Umsatzniveau i.d.R. ebenfalls zunehmen. Entsprechend orientiert sich die Entwicklung der **sonstigen Rückstellungen** üblicherweise auch am geplanten Niveau der Umsatzerlöse.

37 Die Planung der **zinstragenden Schulden** ist eng verbunden mit der Finanzbedarfsrechnung bzw. Finanzplanung. In dieser Planung auf Basis des operativen Cash Flows, der Investitionen in das Anlagevermögen und das Net Working Capital sowie der geplanten Thesaurierungen wird herausgearbeitet, welcher

Kreditbedarf oder aber auch Liquiditätsüberschuss je Planperiode besteht; insofern werden die Schulden als Restgröße geplant. In der Planung der zinstragenden Schulden sind dabei gegebenenfalls externe Rahmenbedingungen wie z.B. Fremdkapitalkonditionen oder Covenants-Regelungen sowie vertraglich vereinbarte Tilgungspläne bestehender Darlehen sowie ggf. erforderliche Anschlussfinanzierungen zu berücksichtigen; insofern müssen dann im Einzelfall Komponenten der Schulden autonom geplant werden; insoweit berechnen sie sich dann nicht als Restgröße aus der Finanzbedarfsrechnung.

Die Entwicklung des **Eigenkapital**-Postens ist mit der Planung der Gewinn- und Verlustrechnung und der Ausschüttungsplanung abzustimmen. Die Ausschüttungsplanung richtet sich im Detailplanungszeitraum nach dem zum Bewertungsstichtag dokumentierten Unternehmenskonzept unter Berücksichtigung rechtlicher Restriktionen (z.B. Höhe des Bilanzgewinns, Höhe des ausschüttbaren handelsrechtlichen Jahresüberschusses) und den faktischen finanziellen Restriktionen der Finanzbedarfsrechnung.[1]

d) Finanzplanung

Die Finanzplanung ist rechnerisches Bindeglied der Planung der Erfolgs- und Bilanzgrößen, es besteht mithin eine unmittelbare Wechselwirkung zwischen diesen Teilplanungen.

In der Finanzplanung werden sämtliche **Bilanzveränderungen** ausgehend von der letzten verfügbaren Ist-Bilanz periodenspezifisch abgebildet. Eine Erhöhung des Sachanlagevermögens im Vergleich zum Vorjahr stellt dabei die Nettoinvestitionen als Differenz aus Bruttoinvestitionen und Abschreibungen und einen entsprechenden Finanzbedarf dar. Selbiges gilt für einen Anstieg des Net Working Capitals, der ebenfalls finanziert werden muss.

Der Saldo aller Bilanzveränderungen zeigt letztlich den periodenbezogenen **Finanzierungsbedarf bzw. -überschuss** an. Diese Nettogröße wirkt unmittelbar wieder auf die Bilanzplanung zurück, da bspw. ein Finanzmittelüberschuss im Bewertungsmodell entweder zur Tilgung bestehender Kredite oder zu einer Finanzanlage auf der Aktivseite genutzt wird. Entsprechend führt ein Finanzbedarf zu einer Aufnahme weiterer Kreditmittel.[2]

Die geplante Tilgung bzw. die Neuaufnahme von Krediten im Rahmen der Finanzplanung beeinflusst wiederum die Planung der Erfolgsgrößen in Form der **Zinsergebnisprognose**. So wirken sich entsprechende Finanzanlagen bzw. Kreditaufnahmen direkt auf die zu planenden Zinserträge und -aufwendungen aus.[3]

e) Planung der Ertragsteuern

Der Unternehmenswert bestimmt sich durch Diskontierung der den Unternehmenseignern zufließenden (Netto-)Zahlungsüberschüsse. Mithin sind Er-

---
1 Vgl. *IDW* (Hrsg.), IDW S 1 i.d.F. 2008, Tz. 35-37.
2 Vgl. *IDW* (Hrsg.), IDW S 1 i.d.F. 2008, Tz. 110.
3 Vgl. *IDW* (Hrsg.), IDW S 1 i.d.F. 2008, Tz. 110.

tragsteuern des Unternehmens sowie grundsätzlich auch Ertragsteuern auf Ebene der Unternehmenseigner wertmindernd zu berücksichtigen.[1]

44 Die geplanten Ergebnisse vor (Ertrag-)Steuern sind daher zunächst immer um in- und ausländische **Ertragsteuern des Unternehmens** zu kürzen. Unabhängig von der Rechtsform sind dabei für alle Gewerbebetriebe Gewerbesteuern in Abzug zu bringen. Bei Kapitalgesellschaften ist des Weiteren die Belastung des Vorsteuerergebnisses mit der Körperschaftsteuer (einschließlich Solidaritätszuschlag) zu berücksichtigen, während bei Personengesellschaften als partielle Steuersubjekte keine weiteren Unternehmenssteuern erhoben werden. Gewerbesteuern und Körperschaftsteuern fallen hierbei im aktuellen Unternehmenssteuerregime unabhängig davon an, ob die Ergebnisse des Unternehmens ausgeschüttet oder thesauriert werden. Für weitere bewertungsrelevante Besonderheiten der Besteuerung auf Ebene des Unternehmens wird an dieser Stelle auf die einschlägige Literatur verwiesen.[2]

45 Persönliche Steuern, also **Ertragsteuern auf Ebene der Unternehmenseigner**, sind grundsätzlich wertrelevant, da sie die Zuflüsse an die Anteilseigner vermindern. Der IDW S 1 i.d.F. 2008 lässt jedoch bei bestimmten Bewertungsanlässen eine sog. mittelbare Typisierung der steuerlichen Verhältnisse der Anteilseigner zu, bei der die Ertragsteuern der Unternehmenseigner nicht explizit in der Bewertung zu berücksichtigen sind.[3] Da in diesem Fall auch der Kapitalisierungszinssatz vor persönlichen Steuern bestimmt wird, wird vereinfachend unterstellt, dass sich die Belastung mit persönlichen Steuern bei der Bildung des Ertragswerts im Zähler und Nenner aufheben. Eine mittelbare Typisierung ist bei Unternehmensbewertungen im Zusammenhang mit Unternehmensveräußerungen und andere unternehmerischen Initiativen und für Zwecke der externen Rechnungslegung (z.B. Impairment-Tests) vorgesehen.[4]

46 Im Gegensatz dazu erfordern Unternehmensbewertungen, die **aufgrund gesetzlicher Vorschriften** (z.B. im Rahmen eines Squeeze-out-Verfahrens) oder auf vertraglicher Grundlage (z.B. Erbauseinandersetzungen) durchzuführen sind, **eine explizite Berücksichtigung persönlicher Ertragsteuern**. In diesen Fällen spricht man von einer sog. unmittelbaren Typisierung der steuerlichen Verhältnisse der Anteilseigner.[5] Auch bei Personengesellschaften, bei denen die dem Anteilseigner zufließenden Erträge unter (teilweiser) Anrechnung der Gewerbesteuer im vollen Umfang der persönlichen Einkommensteuer unterliegen, die insoweit an Stelle der Unternehmensteuer tritt, ist eine mittelbare Typisierung nicht möglich.[6]

47 Liegt ein Bewertungsanlass mit unmittelbarer Typisierung der steuerlichen Verhältnisse der Unternehmenseigner vor, sind die Netto-Zuflüsse auf Ebene der Anteilseigner mit dem effektiven persönlichen Steuersatz zu vermindern.

---

1 Vgl. *IDW* (Hrsg.), IDW S 1 i.d.F. 2008, Tz. 28.
2 Vgl. *Kunowski/Popp* in Peemöller, Praxishandbuch der Unternehmensbewertung, S. 1060 ff.
3 Vgl. *IDW* (Hrsg.), IDW S 1 i.d.F. 2008, Tz. 28.
4 Vgl. *IDW* (Hrsg.), IDW S 1 i.d.F. 2008, Tz. 30 und Tz. 45.
5 Vgl. *IDW* (Hrsg.), IDW S 1 i.d.F. 2008, Tz. 31 und Tz. 46.
6 Vgl. *IDW* (Hrsg.), IDW S 1 i.d.F. 2008, Tz. 47.

Bei der Bewertung einer Kapitalgesellschaft ist zudem eine differenzierte Besteuerung von Dividenden und künftigen Veräußerungsgewinnen vorzunehmen. Während die ausgeschütteten Gewinne einer Sofortbesteuerung unterliegen, sind bei der Besteuerung künftiger Veräußerungsgewinne **Steuerstundungseffekte** zu berücksichtigen, die den effektiven Steuersatz vermindern. Somit erhält die angenommene Ausschüttungsquote, die sich auf die Höhe des anzusetzenden effektiven persönlichen Steuersatzes auswirkt, unmittelbare Wertrelevanz.[1] Auch hier sei auf § 15 sowie die einschlägige Literatur verwiesen.[2]

Im Rahmen der Anwendung des Ertragswertverfahrens ist streng darauf zu achten, dass **bei Zähler- und Nennergröße konsistente Annahmen** hinsichtlich der Berücksichtigung persönlicher Steuer gesetzt werden. Bei einer mittelbaren Typisierung (kein Abzug persönlicher Steuern im Zähler) ist auch im Nenner auf einen entsprechenden Vor-Steuer-Kalkül (CAPM) abzustellen, d.h. hier sind auf Renditen der Alternativanlage am Kapitalmarkt vor persönlichen Steuern anzusetzen. Hingegen muss bei der unmittelbaren Typisierung (Abzug persönlicher Steuern im Zähler) auf einen Nach-Steuer-Kalkül (Tax-CAPM) im Nenner abgestellt werden, in dem die Renditen der Alternativanlage nach persönlichen Steuern berücksichtigt werden.

f) Planung der Thesaurierung

Bei der Planung der Thesaurierung im Detailplanungszeitraum sind grundsätzlich die im Unternehmenskonzept hinterlegten Annahmen zur **Ausschüttungspolitik** unter Berücksichtigung **gesellschaftsrechtlicher Vorgaben** und der **Finanzierbarkeit** maßgeblich.[3] Sofern für die thesaurierten Mittel keine Verwendung in der Unternehmensplanung hinterlegt ist, ist diesbezüglich eine sachgerechte Annahme zu treffen. Falls sich durch die Thesaurierung nicht betriebsnotwendige Liquidität aufbaut, ist der entsprechende Thesaurierungsplan zu hinterfragen. In einem solchen Fall kann ggfs. für Bewertungszwecke eine Ausschüttung angenommen werden, was im Ergebnis einer kapitalwertneutralen Wiederanlage der liquiden Mittel entspricht.

3. Planung der Übergangsphase (Phase II)

Zum Zeitpunkt des Übergangs in die ewige Rente muss sich ein Unternehmen in einem **eingeschwungenen Zustand** befinden. In den Fällen, in denen sich das zu bewertende Unternehmen im letzten Planjahr der Detailplanungsphase noch nicht in einem eingeschwungenen Zustand befindet, muss für Bewertungszwecke eine Anpassung der Vermögens-, Finanz- und Ertragslage vorgenommen werden, um den **erforderlichen Gleichgewichtszustand** zu schaffen.

---

1 Je höher die angenommene Ausschüttungsquote ist, desto höher ist der Umfang der Sofortbesteuerung und somit auch die persönliche Steuerlast. Der werterhöhende Effekt, der aus der (fiktiven) Thesaurierung von Unternehmensgewinnen resultiert, wird in der Praxis als Wertbeitrag aus Thesaurierung bezeichnet.
2 Vgl. z.B. *IDW* (Hrsg.), WP-Handbuch, Band II, Abschnitt A, Rz. 110-118.
3 Vgl. *IDW* (Hrsg.), IDW S 1 i.d.F. 2008, Tz. 24 und Tz. 35 ff.

Dies kann etwa dann der Fall sein, wenn das letzte Planjahr in der Detailplanungsphase keinen durchschnittlichen Konjunkturzyklus repräsentiert. Bewertungstechnisch kann der Übergang in den eingeschwungenen Zustand und somit in die ewige Rente durch ein Anpassungsjahr bzw. eine Anpassungsphase (Übergangsphase, Grobplanungsphase) erfolgen.

51 Für die **Anpassungsphase** kann sich die spezifische Modellierung auf die wesentlichen Werttreiber beschränken, die sich noch nicht in einem eingeschwungenen Zustand befinden bzw. für die noch ein entsprechender Anpassungsbedarf identifiziert wird. Die übrigen Ergebnislinien bzw. Bilanzposten können in der Regel pauschal fortgeschrieben werden.

52 Ein Beispiel für eine erforderliche Anpassung ist etwa ein noch nicht eingeschwungenes **Net Working Capital**, also die unverzinslichen kurzfristigen Aktiv- und Passivposten der Bilanz, zum Ende der Detailplanungsphase. Ein Anpassungsbedarf ergibt sich etwa, wenn ein gegenüber dem letzten Planjahr geringeres nachhaltiges Umsatzniveau anzunehmen ist. Als Konsequenz ist von einem nachhaltig geringeren Bestand an z.B. betriebsnotwendigen liquiden Mitteln, Vorräten, Forderungen aus Lieferungen und Leistungen und Rückstellungen auszugehen. Ein Abbau des Net Working Capitals in einem Anpassungsjahr (abgebildet in der Plan-Bilanz) führt zu einem Mittelzufluss (abgebildet im Finanzplan) bei den Anteilseignern und hat somit isoliert betrachtet einen werterhöhenden Effekt. Anhand dieses Werteffekts wird deutlich, dass sich die Vermögens-, Finanz- und Ertragslage des zu bewertenden Unternehmens zu Beginn der ewigen Rente grundsätzlich in einem Gleichgewichtszustand befinden muss.

4. Planung des nachhaltigen Ertragsüberschusses (Phase III)

53 Der als nachhaltig erzielbar angenommene Ertragsüberschuss der ewigen Rente ist auf Basis der Erkenntnisse der Vergangenheit und der geplanten Entwicklung in der Detailplanungsphase unter Berücksichtigung der jeweiligen Gegebenheiten des Markt- und Wettbewerbsumfelds abzuleiten. Unterliegt das Markt- und Wettbewerbsumfeld des zu bewertenden Unternehmens im Zeitablauf nur geringen Veränderungen und ist dies auch für die Zukunft zu erwarten, kann bspw. ein über einen gesamten **Konjunkturzyklus** gebildeter durchschnittlicher Ertragsüberschuss als Orientierungsmaßstab für den nachhaltigen Ertragsüberschuss herangezogen werden; wesentliche Veränderungen z.B. in Form von langfristigen Wachstumstrends sind dabei jedoch zu berücksichtigen.

54 Bei der Ermittlung des repräsentativen, nachhaltigen Ertragsüberschusses ist weitergehend zu analysieren, ob die Vermögens-, Finanz- und Ertragslage des zu bewertenden Unternehmens im letzten Planjahr der Detailplanungsphase bereits einen sog. **eingeschwungenen Zustand** (Gleichgewichts- oder Beharrungszustand) darstellt.[1] In diesen Fällen kann ausgehend vom letzten Planjahr unmittelbar in die ewige Rente übergegangen werden und ein nachhaltiger Er-

---

1 Vgl. *IDW* (Hrsg.), IDW S 1 i.d.F. 2008, Tz. 78.

tragsüberschuss angesetzt werden. Für den Fall, dass bspw. das nachhaltige Ergebnis bspw. über eine Durchschnittsbildung (vgl. Rz. 53) angepasst wird, befindet sich das System der Planungsrechnungen dabei regelmäßig nicht mehr in einem eingeschwungenen Zustand. Hier wäre eine entsprechende Übergangsphase bzw. ein Übergangsjahr zu modellieren, in dem sich das Modell einschwingt.

Repräsentieren die Vermögens-, Finanz- und Ertragslage des zu bewertenden Unternehmens einen eingeschwungenen Zustand, wird in der Praxis das künftige Wachstum der finanziellen Ertragsüberschüsse durch eine konstante jährliche **Wachstumsrate**, den sogenannten **Wachstumsabschlag**, abgebildet. Dieses künftige Wachstum beinhaltet üblicherweise in erster Linie ein nominales Wachstum, d.h. das Wachstum ist nicht auf leistungswirtschaftliche, sondern auf rein inflationsbedingte Ergebniserhöhungen zurückzuführen. Neben dem inflationsbedingten Wachstum der nachhaltigen Ertragsüberschüsse ist auch die inflationsbedingte Fortentwicklung der Aktiv- und Passivposten der Plan-Bilanz zu berücksichtigen. Da auch das regelmäßig reinvestierende Kapital inflationsbedingten Preiseinflüssen unterliegt, ist sicherzustellen, dass die hieraus resultierenden Finanzierungsnotwendigkeiten bei der Ableitung der nachhaltigen Ertragsüberschüsse, bspw. in Form einer **wachstumsbedingten Thesaurierung** und in Form einer weiteren Fremdkapitalaufnahme mit den entsprechenden Auswirkungen auf die Finanzplanung, berücksichtigt werden.[1]

55

Während sich die anzunehmende **Ausschüttungsquote bzw. Thesaurierungsquote** im Detailplanungszeitraum nach der Annahme im dokumentierten Unternehmenskonzept richtet, sieht der IDW S 1 i.d.F. 2008 für die Phase der ewigen Rente grundsätzlich die typisierende Annahme vor, dass das Ausschüttungsverhalten des Bewertungsobjekts dem Ausschüttungsverhalten der Alternativanlage entspricht. Für die außerhalb der konstanten wachstumsbedingten Thesaurierung thesaurierten Beträge ist dabei die Annahme zu treffen, dass diese kapitalwertneutral wiederangelegt werden.[2]

56

Sofern man den eingeschwungenen Zustand zu Beginn der ewigen Rente mathematisch als „**Steady State**" interpretiert, müsste die Eigenkapitalrendite des Unternehmens der Grenzrendite der äquivalenten Anlage am Kapitalmarkt und mithin den Kapitalkosten entsprechen.[3] Dies hätte weitreichende Implikationen: Die durch das Wachstum der Überschüsse bedingte Thesaurierung bzw. die damit verbundene Investition würde vor diesem Hintergrund gerade die Kapitalkosten erwirtschaften und wäre somit ebenfalls kapitalwertneutral. Mithin hätte die Wachstumsrate der Überschüsse keinen Einfluss auf den Unternehmenswert. Im Umkehrschluss würde dies bedeuten, dass bei einer Wertänderung durch Wachstum kein eingeschwungener Zustand i.S. eines Steady State gegeben ist. Eine Wertsteigerung ist in diesem Fall gleichbedeutend mit der Annahme, dass das Unternehmen zum Zeitpunkt des Eintritts in die ewige Rente und somit bis in alle Ewigkeit noch eine Eigenkapitalrendite oberhalb

57

---
1 Vgl. hierzu weiterführend *IDW* (Hrsg.), WP-Handbuch 2014, Band II, Abschnitt A, Rz. 400–412.
2 Vgl. *IDW* (Hrsg.), IDW S 1 i.d.F. 2008, Tz. 37.
3 Vgl. *Knoll*, RWZ 2014, S. 274-275.

(oder unterhalb) der Kapitalkosten verdient.[1] Die Annahme, ein Unternehmen befände sich bereits nach der drei bis fünf Jahren dauernden Detailplanungsphase in einem Gleichgewichtszustand, in dem keine Überrenditen mehr erzielt werden, ist jedoch als mindestens ebenso problematisch anzusehen. Entsprechend sind im Einzelfall Überlegungen anzustellen, inwiefern es sachgerecht bzw. sogar zwingend ist, die Überrendite in einer Grobplanungsphase dazustellen.[2]

IV. Planungsplausibilisierung

1. Systematisierung der Planungsplausibilisierung

58 Eine Unternehmensplanung kann üblicherweise nicht unkritisch übernommen und der Wertermittlung zugrunde gelegt werden.[3] Vielmehr ist es die Aufgabe des Bewerters, sich anhand von Plausibilitätsüberlegungen davon zu überzeugen, dass die Planung **für Bewertungszwecke sachgerecht** ist. Eine strukturierte Vorgehensweise bei der Planungsplausibilisierung kann anhand der nachfolgend dargestellten Matrix veranschaulicht werden:

	Vergangenheit	Zukunft
Markt-/Wettbewerbsumfeld	Analyse der vergangenen Entwicklung des Unternehmensumfelds	Analyse der erwarteten Entwicklung des Unternehmensumfelds
Bewertungsobjekt	Analyse der Ist-Daten des Bewertungsobjekts	Analyse der Plan-Daten des Bewertungsobjekts

Tab. 1: Systematisierung des Vorgehens bei der Planungsplausibilisierung

59 Im Rahmen der Ermittlung der künftigen Erträge sind grundsätzlich zwei Zeitebenen (**Vergangenheit und Zukunft**) sowie zwei Betrachtungsebenen (Markt- und Wettbewerbsumfeld – externe Perspektive; Bewertungsobjekt – interne Perspektive) zu unterscheiden. Diese verschiedenen inhaltlichen Ebenen weisen wechselseitige Beziehungen auf und dürfen daher nicht isoliert betrachtet werden.

60 In einem ersten Schritt sollte das **Markt- und Wettbewerbsumfeld des Unternehmens in der Vergangenheit** untersucht werden. Im Ergebnis sollte der Be-

---

1 Dabei wird die Annahme gesetzt, dass die Eigenkapitalrendite bis in alle Ewigkeit über den Kapitalkosten liegt. Dies kann jedoch auch grundsätzlich so interpretiert werden, dass das Unternehmen zunächst noch eine – dann höhere – Eigenkapitalrendite verdient, bevor diese mit den Kapitalkosten zusammenfällt. Insofern stellte die mathematische Darstellung dann eine finanzmathematische Vereinfachung dar.
2 Vgl. zu dieser Problematik auch als österreichisches Pendant zum IDW S 1 i.d.F. 2008 das Fachgutachten des Fachsenats für Betriebswirtschaft und Organisation der Kammer der Wirtschaftstreuhänder zur Unternehmensbewertung (KFS/BW 1) vom 26.3.2014, Rz. 61 ff.
3 Vgl. *IDW* (Hrsg.), IDW S 1 i.d.F. 2008, Tz. 78 sowie Tz. 107 f.

werter eine klare Vorstellung davon haben, welchen Umweltbedingungen das Bewertungsobjekt in der Vergangenheit ausgesetzt war. In einem weiteren Schritt sind die **Ist-Daten des zu bewertenden Unternehmens** zu analysieren, um ein Verständnis über die Entwicklungen des Unternehmens in den vergangenen Geschäftsjahren zu gewinnen. Dabei sollten auch die wesentlichen Werttreiber identifiziert werden. Diese Untersuchungen geben dem Bewerter einerseits einen Eindruck über das (bisherige) Geschäftsmodell des Unternehmens und dienen andererseits der Plausibilisierung der Planungsrechnung. Die Ergebnisse der beiden Analyseschritte sollten gegenübergestellt und miteinander verprobt werden. Auf dieser Grundlage können Hypothesen über Ursache-Wirkungszusammenhänge aufgestellt und mit dem Management besprochen werden. Der Bewerter kann dadurch eine Vorstellung darüber gewinnen, wie (veränderte) Umweltzustände das Unternehmen in der Vergangenheit geprägt haben, welche Maßnahmen das Management ergriffen hat und welche Wirksamkeit diese entfaltet haben.

Um die **künftigen Entwicklungen des Markt- und Wettbewerbsumfelds** abschätzen zu können, bedient sich der Bewerter häufig öffentlich verfügbarer Markt- und Branchenstudien. Eigenständige Prognosen des Unternehmensumfelds stellt er hierzu regelmäßig nicht an. Dessen unbenommen sind die herangezogenen Studien hinsichtlich ihrer Bedeutung für das Bewertungsobjekt auszuwerten. Hierzu sollten grundsätzlich auch auf die Erkenntnisse der Vergangenheitsanalyse bezüglich des Einflusses der Marktentwicklung auf das Unternehmen zurückgegriffen werden. Durch das gewonnene Verständnis der Marktentwicklung und dessen Implikationen können dann bspw. geplante Veränderungen des Absatzvolumens oder der zukünftigen Marge des zu bewertenden Unternehmens besser eingeschätzt werden. 61

Letztlich muss die Planungsrechnung anhand der Ergebnisse der unternehmensinternen sowie -externen Vergangenheitsanalyse sowie der Analyse des künftigen Markt- und Wettbewerbsumfelds plausibilisiert werden. Der Bewerter muss sich hierzu anhand der von ihm durchgeführten Untersuchungen abschließend davon überzeugen, inwiefern die Planung plausibel ist und als Grundlage der Wertermittlung dienen kann. 62

2. Analyse des Unternehmens(umfelds)

a) Grundlegende Überlegungen

Die **vergangenheits- und zukunftsbezogene Analyse des Markt- und Wettbewerbsumfelds** sowie die **Vergangenheitsanalyse des Unternehmens** stellen die zentralen Bausteine für eine aussagekräftige Plausibilisierung der Planungsrechnung dar. Auch bei der Erstellung einer Planung ist es oftmals notwendig, sich ein umfassendes Bild vom Unternehmensumfeld sowie von der historischen Entwicklung des Unternehmens zu machen. Vor diesem Hintergrund wird nachfolgend auf die hierfür notwendigen Analyseschritte näher eingegangen. Die vorgestellten Untersuchungen des Unternehmens bzw. Unternehmensumfelds (einschließlich der notwendigen Strategiefestlegungen) bilden 63 dabei regelmäßig auch das Fundament, auf dem die Planung im Rahmen des Planungsprozesses aufgesetzt wird.

b) Analyse des Markt- und Wettbewerbsumfelds

aa) Vorbemerkungen

64 Die in der Vergangenheit realisierte leistungs- und finanzwirtschaftliche Entwicklung des zu bewertenden Unternehmens ist Resultat der Geschäftstätigkeit in bestimmten Märkten. Daher muss die historische Unternehmensentwicklung vor dem Hintergrund der entsprechenden Entwicklung des Markt- und Wettbewerbsumfelds beleuchtet werden.[1] Die **vergangenheitsbezogene Analyse des Markt- und Wettbewerbsumfelds** kann Anhaltspunkte für die Ursachen der beobachtbaren Entwicklung des Unternehmens liefern.

65 Neben einer vergangenheitsbezogenen Analyse der Entwicklung des Markt- und Wettbewerbsumfelds muss eine entsprechende Analyse für die künftig erwartete Entwicklung des Umfelds vorgenommen werden. Durch eine **zukunftsbezogene Analyse der Markt- und Wettbewerbsbedingungen** kann eingeschätzt werden, wie sich die in der Vergangenheit erzielten Ergebnisse des Bewertungsobjekts in Zukunft weiterentwickeln können. Da sich die Systematik des Vorgehens der vergangenheits- und zukunftsbezogenen Analyse ähnelt, wird im Folgenden nicht weiter zwischen den beiden Zeiträumen differenziert.

66 Die vergangenheits- und zukunftsbezogene Analyse des Markt- und Wettbewerbsumfelds lässt sich in folgende (**Teil-)Analysen** gliedern:[2]

- Analyse **übergeordneter externer Rahmenbedingungen**, insbesondere gesamtwirtschaftlicher sowie politischer, gesellschaftlicher und technologischer Entwicklungen,
- Analyse der **Branche und Wettbewerber**,
- Analyse der **Marktstellung** des zu bewertenden Unternehmens im Vergleich zu seinen Wettbewerbern.

67 Eine zentrale Herausforderung für den Bewerter besteht darin, die Analyse des Markt- und Wettbewerbsumfelds nicht losgelöst vom Bewertungsobjekt durchzuführen, sondern stets einen **Bezug auf die (vergangene und erwartete) Entwicklung des Bewertungsobjekts** herzustellen und somit die relevanten von den irrelevanten Fakten zu trennen.

bb) Analyse übergeordneter externer Rahmenbedingungen

68 Unter übergeordneten externen Rahmenbedingungen können insbesondere gesamtwirtschaftliche, politische, gesellschaftliche und technologische Entwicklungen gefasst werden. Diese Rahmenbedingungen haben direkten Einfluss auf die erzielbaren Ergebnisse des Unternehmens. Zur Analyse dieser externen Entwicklungen kann bspw. die sog. **PEST-Analyse** herangezogen werden.[3]

---

1 Vgl. *IDW* (Hrsg.), IDW S 1 i.d.F. 2008, Tz. 74.
2 Vgl. *IDW* (Hrsg.), WP-Handbuch, Band II, Abschnitt A, Rz. 229.
3 Vgl. hierzu exemplarisch *Earys/Ernst/Prexl*, Corporate Finance Training, S. 6 ff.

Die PEST-Analyse ist ein weit verbreitetes Instrument, um für ein Unternehmen relevante Umweltfaktoren herauszufiltern. Die Änderung der Umwelt des zu untersuchenden Unternehmens und folglich der Einflussfaktoren für den Unternehmenserfolg werden hierfür in die Bereiche politische (**p**olitical), ökonomische (**e**conomical), sozio-kulturelle (**s**ociological) und technologische (**t**echnological) Entwicklungen gegliedert. Innerhalb dieser Bereiche werden lang- und kurzfristige Veränderungen identifiziert und analysiert. 69

Im Rahmen der PEST-Analyse wird zunächst ein besonderes Augenmerk auf die am Standort des Bewertungsobjekts gegebenen **politischen Rahmenbedingungen** gelegt. Darunter ist insbesondere das von Seiten des Staates festgelegte institutionelle Arrangement zu verstehen, dem das jeweilige Unternehmen ausgesetzt ist. Dazu gehören z.B. länderspezifische Richtlinien, Gesetze und Verordnungen. Hierbei kommt den jeweiligen (nationalen) gesetzlichen Vorschriften bezüglich des Steuer-, Umwelt- und Arbeitsrechts regelmäßig eine besondere Bedeutung für den Unternehmenserfolg zu. Ein Beispiel für die Änderung des politischen Umfelds stellt etwa die Reaktorkatastrophe von Fukushima dar, in deren Folge die Reaktorlaufzeiten deutscher Kernkraftwerke verkürzt wurden, was einen wesentlichen Einfluss auf die erwarteten Erträge der großen Energieversorger hatte. 70

Die **ökonomische Entwicklung** der Gesamtwirtschaft hat i.d.R. ebenfalls einen maßgeblichen Einfluss auf das zu bewertende Unternehmen. Zu den Einflussfaktoren zählen dabei die Entwicklungen von Konjunkturzyklen, Inflations- und Arbeitslosenraten sowie die Einkommensentwicklung des potentiellen Kundenkreises. Neben der Veränderung der ökonomischen Rahmenbedingungen der gesamten Volkswirtschaft sind auch Trends in der unternehmensspezifischen Branche zu beachten, welche im nachfolgenden Abschnitt im Rahmen der Analyse der Branche und Wettbewerber thematisiert werden. Als Beispiel für eine Änderung der ökonomischen Rahmenbedingungen lässt sich etwa die Finanzkrise anführen, in deren Verlauf insbesondere die gesamte Finanzbranche herbe Verluste erlitt und die einen nachhaltigen Effekt auf das Ergebnisniveau der einzelnen Branchen hinterließ. 71

Sozio-kulturelle Einflussfaktoren umfassen insbesondere demographische, kulturelle und soziale Entwicklungen in der Gesellschaft, in der das Bewertungsobjekt unternehmerisch tätig wird und agiert. Dabei hat die Einstellung der Menschen gegenüber den Produkten des Unternehmens, dessen Dienstleistungen und Arbeitsmentalität einen bedeutenden Einfluss auf den Unternehmenserfolg. Diese Einstellung der Gesellschaft zu einem Unternehmen kann von diesem bspw. durch die Änderung der gesundheitlichen Folgewirkungen seiner Produkte, durch eine umweltschonendere Produktion und sparsamere Rohstoffverwendung beeinflusst werden. Andere Wirkungskanäle der gesellschaftlichen Entwicklung, die regelmäßig außerhalb der Einflusssphäre des Unternehmens liegen, stellten bspw. die Bevölkerungszunahme bzw. -abnahme, das Bildungsniveau sowie die Alterszusammensetzung der Bevölkerung dar. Durch die Analyse dieser Einflussfaktoren kann eine Einschätzung darüber getroffen werden, in welchem Ausmaß das zu bewertende Unternehmen die Kundenbedürfnisse erfüllt bzw. künftig erfüllen wird und inwiefern dies durch Maßnahmen der Unternehmensleitung beeinflusst werden kann. Als Beispiel einer re- 72 levanten gesellschaftlichen Entwicklung lässt sich etwa das gestiegene Gesundheitsbewusstsein der Bürger in den Industrieländern anführen, in Folge dessen das Rauchen gesellschaftlich zunehmend verpönt war, was das Absatzpotential der Tabakindustrie merklich schmälerte.

73 Abschließend wird im Rahmen der PEST-Analyse die **technologische Entwicklung** des Unternehmensumfelds analysiert. Hauptgegenstand dieser Untersuchung ist der Wandel des technischen Niveaus auf den relevanten Märkten und der technologische Entwicklungsstand des Unternehmens, auf dem sich dieses befand bzw. künftig voraussichtlich befinden wird. Für ein zu bewertendes Unternehmen sind häufig der Stand der Produktions- und Kommunikationstechnik relevant, da diese Technologien bei der Produktherstellung (bspw. Robotik sowie Automatisierung) und beim Produktabsatz (bspw. Vertrieb über Internet und Smart-Phone-Apps) unmittelbar eingesetzt werden. Durch technische Innovationen kann sich das Unternehmen Wettbewerbsvorteile verschaffen, indem es einen Leistungsvorsprung gegenüber der Konkurrenz schafft bzw. aufrecht erhält, der durch den Kunden auch als solcher wahrgenommen wird und in seinen Augen bedeutend ist. Als Beispiel dieses teils kurzfristigen technologischen Vorsprungs können etwa die Unternehmen Nokia und Apple genannt werden, die sich mit ihren Mobiltelefonen jeweils zeitweise eine Technologieführerschaft auf dem sich rasant entwickelnden Markt der mobilen Kommunikation erarbeiteten konnten.

cc) Analyse der Branche und Wettbewerber

74 Die Entwicklung des zu bewertenden Unternehmens wird in hohem Maße von den Märkten beeinflusst, auf denen es tätig ist. Dieser Zusammenhang zwischen Markt und Unternehmen muss möglichst detailliert herausgearbeitet werden, um eine sachgerechte Planung zu gewährleisten. Für die Analyse der Branche wird häufig die **Branchenstrukturanalyse von** *Porter* eingesetzt.[1]

75 Danach wird die Struktur eines Marktes bzw. einer Branche insbesondere durch die Ausprägung der nachfolgend genannten **fünf Wettbewerbskräfte** beschrieben:
   – Wettbewerbsintensität in der Branche,
   – Bedrohung durch neue Wettbewerber,
   – Verhandlungsmacht der Lieferanten,
   – Verhandlungsmacht der Kunden,
   – Bedrohung durch Ersatzprodukte.

76 Zu den zentralen Bestimmungsfaktoren, die zu einer hohen **Wettbewerbsintensität in der Branche** führen, sind insbesondere ein geringer Differenzierungsgrad auf Produktebene, die Existenz vieler Unternehmen der gleichen Größe mit jeweils ähnlicher Strategie, ein langsames Wachstum der Branche insgesamt sowie hohe Marktaustrittsbarrieren zu zählen. Ist ein Unternehmen einem hohen Wettbewerbsdruck ausgesetzt, führt dies i.d.R. zu einem hohen

---

[1] Vgl. hierzu *Porter*, Competitive Strategy: Techniques for Analyzing Industries and Competitors, S. 3 ff.

Druck auf die Gewinnmarge und senkt die Profitabilität des zu bewertenden Unternehmens.

Die **Bedrohung durch neue Wettbewerber** hängt wesentlich von der Ausprägung der bestehenden Markteintrittsbarrieren ab. Dabei ist der Wettbewerbsdruck auf die bereits im Markt vorhandenen Unternehmen umso größer, je leichter es für andere Unternehmen ist, in diesem Markt tätig zu werden. Branchentypische Markteintrittsbarrieren sind die erforderlichen Anfangsinvestitionen, die in der Branche bestehenden Skaleneffekte sowie die durch Erfahrungskurveneffekte bestehenden Kostenvorteile der bereits vorhandenen Unternehmen, die Markentreue der Kunden und der Zugang zu Vertriebskanälen. Geringe Markteintrittsbarrieren und somit eine tendenziell hohe Bedrohung durch neue Wettbewerber führen auch hier zu einem hohen Druck auf Gewinnmarge und Profitabilität der Branchenunternehmen. 77

Von einer hohen **Verhandlungsmacht der Lieferanten** ist insbesondere dann auszugehen, wenn die Branche von nur wenigen großen Lieferanten bedient wird, geringe Substitutionsmöglichkeiten für die Inputfaktoren bestehen und der Abnehmer keinen wichtigen Kunden für die Lieferanten darstellt. Eine hohe Verhandlungsmacht der Lieferanten stellt für die Branche insofern eine Gefahr dar, als dass es wenige Möglichkeiten wirksamer Gegenmaßnahmen für die abnehmenden Unternehmen gibt, auf etwaige Preiserhöhungen der Lieferanten zu reagieren. Die Branchenunternehmen sind in einem solchen Fall einem permanenten Margendruck ausgesetzt. 78

In ähnlicher Weise wirkt sich eine hohe **Verhandlungsmacht der Kunden** aus, da diese ebenfalls Druck auf Margen und Abnahmemengen erzeugt. Eine hohe Verhandlungsmacht der Kunden liegt z.B. vor, wenn hohe Fixkosten auf Seiten der produzierenden Unternehmen bestehen, die nachgefragten Produkte substituierbar sind, die Kunden sich selbst in wenig profitablen Geschäftsbereichen bewegen oder große Abnahmemengen beziehen. 79

Die fünfte Wettbewerbskraft stellt die **Bedrohung durch Ersatzprodukte** dar, wonach günstigere oder leistungsfähigere Alternativprodukte das eigene Absatzvolumen reduzieren. Die Bedrohung ist insbesondere bei einer gering ausgeprägten Markentreue der Kunden und einer damit verbundenen schwachen Kundenbindung immanent. 80

Zusammenfassend kann Folgendes festgehalten werden: Je stärker die Bedrohung durch die oben dargestellten fünf Wettbewerbskräfte ist, desto unattraktiver ist die betrachtete Branche und desto schwieriger ist es, sich nachhaltig erfolgreich im Wettbewerb zu etablieren. Die Beschaffenheit der Wettbewerbskräfte gilt es daher im Rahmen der Bewertung eingehend zu untersuchen. 81

Eine Branchenanalyse, wie beispielhaft anhand des von **Porter** entwickelten Konzepts der fünf Wettbewerbskräfte dargestellt, schafft eine zentrale Beurteilungsgrundlage sowohl für die Vergangenheitsanalyse als auch für die Zukunftsprognose. So können einerseits die Entwicklungen des Unternehmens in der Vergangenheit fundierter gewürdigt und andererseits die künftige Entwicklung des Unternehmens besser eingeschätzt werden. Je stärker die Bedrohung durch diese fünf Wettbewerbskräfte ist, desto unattraktiver ist die betrachtete 82

Branche und desto schwieriger ist es für ein Unternehmen, sich nachhaltig erfolgreich im Wettbewerb zu etablieren.

dd) Analyse der Marktstellung des zu bewertenden Unternehmens

83　Die bisherige geschilderte Analysen der übergeordneten externen Rahmenbedingungen sowie der Branche und Wettbewerber stellen tendenziell auf Umweltbedingungen ab, denen das zu bewertende Unternehmen ausgesetzt ist und die es nicht beeinflussen kann. Sie stellen den exogen gegebenen Hintergrund dar, vor dem sich das Unternehmen bewegt hat bzw. bewegen wird. Die Analysen sind somit der Ausgangspunkt für die weitergehenden Untersuchungen der Frage, wie sich das Unternehmen im Vergleich zur Konkurrenz entwickelt hat, welche **Marktstellung** es zum Zeitpunkt des Bewertungsstichtags einnimmt und wie es sich voraussichtlich künftig im **Wettbewerb** behaupten kann. Auch auf dieser Basis können Überlegungen angestellt werden, warum das Unternehmen die beobachtbare Entwicklung durchgemacht hat und mithin Thesen über Ursache-Wirkungszusammenhänge aufgestellt werden.

84　Die Untersuchungen hinsichtlich der Marktstellung konzentrieren sich insbesondere auf die Frage nach dem sog. „**strategischen Wettbewerbsvorteil**" des Unternehmens, also dessen Fähigkeit, langfristig und zukunftsorientiert besser zu sein als die Wettbewerber. Hierzu muss die Wettbewerbsstrategie des Unternehmens untersucht werden, mit der es diese Wettbewerbsvorteile erreicht hat bzw. erreichen möchte, und an den Strategien der Wettbewerber gespiegelt werden. Dies wird in der Regel durch Benchmarking, d.h. durch den Vergleich mit einem Referenzunternehmen oder einer Gruppe solcher Unternehmen erfolgen.[1]

85　Wettbewerbsvorteile für ein Unternehmen liegen vor, wenn es bspw. dessen Produkte in einem **für den Kunden wichtigen Leistungsmerkmal** als den Wettbewerbern überlegen wahrgenommen wird. Neben dem Vorliegen eines Wettbewerbsvorteils ist im Rahmen einer Unternehmensbewertung die zukunftsbezogene Frage zu beurteilen, ob dieser auch nachhaltig und somit dauerhaft gegenüber den Wettbewerbern durchsetzbar ist. Die Wettbewerbsfähigkeit eines Unternehmens wird dabei anhand der Wettbewerbsvorteile im Vergleich zur Konkurrenz und mithin relativ beurteilt.[2]

86　Die Wettbewerbsfähigkeit des zu bewertenden Unternehmens kann dabei anhand der sog. **SWOT-Analyse** erfolgen. Die SWOT-Analyse (engl. Akronym für Strengths [**Stärken**], Weaknesses [**Schwächen**], Opportunities [**Chancen**] und Threats [**Risiken**]) beantwortet die Frage, inwieweit die gegenwärtige Strategie des Unternehmens geeignet ist, sich am Markt zu behaupten und auf Veränderungen in der Unternehmensumwelt zu reagieren. Dabei werden Chancen, Risiken, Stärken und Schwächen des Unternehmens kombiniert analysiert.[3]

1　Vgl. *Büsch*, Praxishandbuch Strategischer Einkauf, S. 77 ff.
2　Vgl. *Büsch*, Praxishandbuch Strategischer Einkauf, S. 77 ff.
3　Vgl. ausführlich zur SWOT-Analyse *Meffert/Burmann/Kirchgeorg*, Marketing, S. 236.

Aus Sicht des Unternehmens sind Chancen bzw. Risiken **exogen** gegeben, d.h. sie stellen unbeeinflussbare Veränderungen im Markt, in der technologischen, sozialen oder ökologischen Umwelt dar. Das Unternehmen beobachtet oder antizipiert diese Veränderungen und reagiert darauf mit Strategieanpassung. 87

Die Stärken bzw. Schwächen eines Unternehmens liegen hingegen in der unmittelbaren Einflusssphäre des Unternehmens, d.h. sind insofern **steuer- und veränderbar**. Sie sind somit Eigenschaften des Unternehmens und repräsentieren folglich Ergebnisse der organisatorischen Prozesse im Unternehmen. 88

Nachdem Chancen bzw. Risiken sowie Stärken bzw. Schwächen identifiziert wurden, gilt es zu analysieren, auf welche Weise der Nutzen aus Chancen und Stärken maximiert sowie die Verluste aus Risiken und Schwächen minimiert werden können. Aus diesen Überlegungen können sinnvolle **Wettbewerbsstrategien** für das zu bewertende Unternehmen entwickelt und letztlich auch plausibilisiert werden. 89

c) Vergangenheitsanalyse des Unternehmens

aa) Vorbemerkungen

Die Vergangenheitsanalyse des zu bewertenden Unternehmens soll die Grundlage für die Schätzung künftiger Entwicklungen und für die Durchführung von Plausibilitätsüberlegungen schaffen.[1] Im Rahmen der Untersuchung sollte deshalb ein grundsätzliches Verständnis für das Geschäftsmodell sowie die zentralen Werttreiber des Unternehmens gewonnen werden. Zudem sollen mithilfe der Vergangenheitsanalyse betriebswirtschaftliche Zusammenhänge und Trends transparent gemacht werden, um auf dieser Basis das künftige Geschäftsmodell und das **Entwicklungspotential des Unternehmens** fundiert einschätzen zu können. Die Ergebnisse der Vergangenheitsanalyse dienen somit als Plausibilisierungsgrundlage für die der Bewertung zugrunde liegende Planung. Vor diesem Hintergrund sind die Vergangenheitsergebnisse zu analysieren und zu bereinigen. 90

bb) Analyse der Vergangenheitsergebnisse

Zur Analyse und Beurteilung der leistungs- und finanzwirtschaftlichen Entwicklungen des zu bewertenden Unternehmens in der Vergangenheit dienen in erster Linie Gewinn- und Verlustrechnungen, Bilanzen, Kapitalflussrechnungen sowie interne Ergebnisrechnungen.[2] Ebenfalls wichtige Informationen liefern die dazugehörigen Anhänge, Eigenkapitalspiegel, Segment- und Lageberichte. Die Analyse sollte sich dabei schwerpunktmäßig auf die Entwicklungen des Umsatz-, Kosten- und Ergebnisniveaus im Zeitablauf vor dem Hintergrund der in der Vergangenheit getätigten Investitionen konzentrieren.[3] 91

---

1 Vgl. *IDW* (Hrsg.), IDW S 1 i.d.F. 2008, Tz. 70.
2 Vgl. *IDW* (Hrsg.), IDW S 1 i.d.F. 2008, Tz. 73.
3 Vgl. zu den nachfolgenden Punkten auch *Peemöller/Kunowski* in Peemöller, Praxishandbuch der Unternehmensbewertung, S. 303 sowie *Ballwieser/Hachmeister*, Unternehmensbewertung, S. 19.

92 Im Rahmen der **Umsatzanalyse** sind zunächst die wichtigsten Produkt- und Kundengruppen sowie Absatzmärkte zu identifizieren und zu kategorisieren, um auf dieser Basis die Umsatzerlöse segmentieren zu können. Im nächsten Schritt können dann die Entwicklungen dieser segmentierten Erlöse herausgearbeitet und die wesentlichen Umsatz- und ggf. auch Werttreiber dargestellt werden. Ein weiterer essentieller Analyseschritt ist der Aufriss der Umsatzerlöse nach Preis und Menge der abgesetzten Produkte. Die Entwicklung des Preis-Mengen-Gerüsts ist insbesondere vor dem Hintergrund der Entwicklung des Markt- und Wettbewerbsumfelds zu analysieren und zu interpretieren.

93 Über die **Kostenanalyse** kann der Bewerter ein Verständnis der Kostenstruktur des Unternehmens gewinnen. Im Rahmen der Kostenanalyse werden zu diesem Zweck regelmäßig Kennzahlen über die Aufwandsstruktur des Unternehmens wie bspw. Personal-, Material- und Abschreibungsintensitäten ermittelt. Dabei geben erkennbare Entwicklungen im Zeitablauf in aller Regel einen ersten Aufschluss über Ergebnispotentiale in der Zukunft.

94 Auf Grundlage der Umsatz- und Kostenanalyse können schließlich **Ergebnisanalysen** vorgenommen werden, die Informationen über die wesentlichen in der Vergangenheit erzielten Erfolgsbeiträge abbilden. Die Erfolgsbeiträge sollten ebenfalls nach ihrer Entstehung (also nach Kunden, Absatzmärkten und Produkten) segmentiert werden. Unter Ergebnisanalysen sind Analysen verschiedener Erfolgsgrößen zu subsumieren, bspw. die Analyse der Entwicklung absoluter oder relativer Deckungsbeiträge oder die Entwicklung von EBIT(DA)-Margen im Zeitablauf.

95 Mittels einer horizontalen und vertikalen **Bilanzanalyse** können vertiefte Kenntnisse über die Vermögens- und Kapitalstruktur und somit auch über die finanzielle Lage des zu bewertenden Unternehmens gewonnen werden.[1] Dabei sind die Entwicklungen von Bilanzkennzahlen im Zeitablauf zu analysieren, da die isolierte Betrachtung von stichtagsbezogenen Kennzahlen in der Regel weniger aussagekräftig ist. Veränderungen der Kennzahlen im Zeitablauf können sowohl ökonomische Ursachen haben als auch Anhaltspunkte über mögliche bilanzpolitische Maßnahmen des Unternehmens darstellen, die dann ggf. auszuräumen wären.

96 **Kapitalflussrechnungen** geben durch die Zerlegung der Zahlungsmittelflüsse in einen operativen, Investitions- und Finanzierungsteil Aufschluss darüber, wie stark ein Unternehmen (de)investiert hat, ob Fremdkapitalbestände auf- bzw. abgebaut wurden und in welchem Ausmaß eine Finanzierung aus der operativen Geschäftstätigkeit möglich war. Auch hier gibt insbesondere die Entwicklung im Zeitablauf ersten Aufschluss über die finanzielle Lage des zu bewertenden Unternehmens bzw. deren Änderung.

97 Erst die **Kombination** der oben beschriebenen Analysemaßnahmen gibt dem Bewerter die erforderlichen Einblicke in die bisherige leistungs- und finanzwirtschaftliche Entwicklung und in die aktuelle Lage des Unternehmens zum Bewertungsstichtag. Im Gegensatz zu einer isolierten Betrachtung besteht bei einer kombinierten Untersuchung auch die Möglichkeit, leistungs- und finanz-

---

1 Vgl. *Baetge/Kirsch/Thiele*, Bilanzanalyse, S. 225 ff.

wirtschaftliche Zusammenhänge zu identifizieren, die für die vorzunehmende Planungsplausibilisierung relevant sein können.

cc) Bereinigung der Vergangenheitsergebnisse

Um die in der Vergangenheit wirksamen Erfolgsfaktoren transparent herausarbeiten zu können, sind im Rahmen der Vergangenheitsanalyse die Erträge und Aufwendungen der Vergangenheit gegebenenfalls **um Sondereffekte** zu bereinigen. Dadurch soll ein dem **normalen Geschäftsverlauf** entsprechendes Ergebnis abgeleitet werden, das als Grundlage für die Planungserstellung bzw. die Planungsplausibilisierung herangezogen werden kann.[1] **98**

Die **Vergangenheitsbereinigung** umfasst schwerpunktmäßig folgende Schritte:[2] **99**

– Bereinigung der Vergangenheitsergebnisse um **aperiodische** und **außerordentliche** Ergebniseinflüsse.

– Eliminierung von Ergebniseinflüssen, die auf Änderungen bei der Ausübung von **Ansatz- und Bewertungswahlrechten** zurückzuführen sind.

Neben dem oben beschriebenen Vorgehen bei der Bereinigung der Vergangenheitsergebnisse können im jeweiligen Einzelfall weitere, **bewertungsobjektspezifische** oder **bewertungsanlassspezifische Bereinigungen** erforderlich sein. Dazu zählen in der Regel die **100**

– Eliminierung von Aufwendungen und Erträgen, die das gesondert zu **bewertende nicht betriebsnotwendige Vermögen** betreffen sowie die

– Bereinigung der Ergebnisse um **personenbezogene** und **andere spezifische Ergebniseinflüsse**, die z.B. eine Berücksichtigung eines angemessenen Unternehmerlohns, eine sachgerechte Abgrenzung der privaten von der betrieblichen Sphäre oder eine Nicht-Berücksichtigung spezifischer Synergien im Konzernverbund sicherstellen.

d) Ergebnis der Analysen

Auf Basis der vorgestellten Analysen des Unternehmens(umfelds) sollte der Bewerter im Ergebnis ein **Verständnis über das Geschäftsmodell** des Unternehmens besitzen und insbesondere nachvollziehen können, wie sich das Unternehmen entwickelt hat, was die **Ursachen** dafür waren und welche Sachverhalte die **Werttreiber** des Unternehmens darstellten. **101**

Im Idealfall kann für die Unternehmung ein klares Stärken-Schwächen-Profil vor dem Hintergrund der durch das **Markt- und Wettbewerbsumfeld** aufgespannten Chancen und Risiken im Sinne einer SWOT-Analyse identifiziert werden. Weiterhin sollte dem Bewerter bekannt sein, welche Geschäftsbereiche und Produkte historisch das größte Wachstum, den höchsten Ertrag und die höchste Liquidität erwirtschaftet haben und was die wesentlichen Kostentreiber darstellten. **102**

---

1 Vgl. *IDW* (Hrsg.), IDW S 1 i.d.F. 2008, Tz. 73 sowie WP-Handbuch 2014, Band II, Abschnitt A, Rz. 256.
2 Vgl. *IDW* (Hrsg.), IDW S 1 i.d.F. 2008, Tz. 103 sowie hierzu weiterführend WP-Handbuch 2014, Band II, Rz. 256–258.

103 Die Vergangenheitsanalyse des Unternehmens sollte dabei immer an den Untersuchungen des Markt- und Wettbewerbsumfelds **gespiegelt** werden. Unstimmigkeiten bzw. kontraintuitive Entwicklungen von Unternehmensumfeld und Unternehmen sollten durch weitergehende Untersuchungen und Überlegungen **ausgeräumt** werden. Insbesondere der Betriebsvergleich kann hierbei auch als **Bindeglied** zwischen einer widerstreitenden Entwicklung des Gesamtmarkts und des Unternehmens dienen, da bei der Marktanalyse tendenziell der Gesamttrend im Mittelpunkt steht, während die Analyse von Wettbewerbern die Pluralität und die Variabilität in einem Markt stärker zum Ausdruck bringt und somit anscheinend widersprüchliche Tendenz in Einklang bringen kann

3. Analyse der Planungsrechnung

a) Grundlegende Überlegungen

104 Im Rahmen einer Unternehmensbewertung werden auf Basis der Planungsrechnung die zu kapitalisierenden Ergebnisse abgeleitet, die der Wertermittlung zugrunde liegen. Insofern kommt der Planungsrechnung die zentrale, wesentliche Bedeutung zu. Bei der Unternehmensbewertung nach dem Ertragswertverfahren unter Anwendung der Risikozuschlagsmethode müssen dabei die zu kapitalisierenden Überschüsse im Ergebnis **Erwartungswerte** widerspiegeln. Vor diesem Hintergrund sollte ein Bewerter in einem ersten Schritt einen Eindruck über die Planung an sich gewinnen und diese dann umfänglich analysieren. Neben einer Überprüfung der **Planungstreue** und der **rechnerischen Richtigkeit** muss im Kern eine **Analyse der Planung selbst** erfolgen. Durch letztgenannte Untersuchung sollte der Bewerter nachvollziehen, welche Entwicklung des Unternehmens in der Planung überhaupt gezeichnet wird. So kann der Bewerter eine erste, grundsätzliche Vorstellung über die Entwicklung des Unternehmens gewinnen. Erst dann kann die eigentliche Plausibilisierung der Planung erfolgen, in deren Rahmen die Erwartungen über die geplante künftige Entwicklung des Unternehmens mit Daten außerhalb der Planungssphäre verglichen werden.

b) Analyse der Planungstreue

105 Bereits im Rahmen der Analyse des Planungsprozesses können Erkenntnisse über **die Belastbarkeit der Planungsrechnung** und deren Eignung für den vorliegenden Bewertungszweck gewonnen werden (vgl. Rz. 12 ff.). Eine belastbare Planung ist dabei umso eher gegeben, je höher deren Grad an Verbindlichkeit ist. Entsprechend sollte ein Bewerter zunächst in Erfahrung bringen, welche Gremien Kenntnis über die Planungsrechnung haben und inwiefern die Gremien diese Planungsrechnung als realistische Prognose der Unternehmensentwicklung ansehen.

106 Weiterhin ist auch der **Zweck** in Erfahrung zu bringen, für den die Planung erstellt wurde. Eine Planung, welche primär der Steuerung des Unternehmens dient, ist nicht unbedingt eine sachgerechte Grundlage für objektivierte Unternehmensbewertungen im Sinne des IDW S 1 i.d.F. 2008. Im Rahmen des Tagesgeschäfts ist eine leicht überambitionierte Planung als geeignetes Motivations-

instrument möglicherweise zweckdienlich, als Grundlage einer objektivierten Unternehmensbewertung ist hingegen stets eine **erwartungswertneutrale** Planung erforderlich. Vor diesem Hintergrund kommt der Untersuchung der Planungstreue eine gesonderte Rolle im Rahmen der Planungsplausibilisierung im Sinne einer Vorabanalyse zu.[1] In diesem Rahmen kann sich der Bewerter ein Bild darüber verschaffen, ob die Planungen in der Vergangenheit ggf. einseitig verzerrt und damit zu optimistisch oder pessimistisch waren.

Bei der Analyse der Planungstreue werden historische Planungsrechnungen mit den tatsächlichen Ist-Ergebnissen verglichen. Anschließend werden die Ursachen etwaiger **Plan-Ist-Abweichungen** analysiert. Dabei bedeuten beobachtbare Plan-Ist-Abweichungen nicht zugleich eine systematische Verzerrung der Planung, da z.B. nicht geplante Sondereffekte innerhalb eines Geschäftsjahres wie bspw. die Bildung oder Auflösung einer Drohverlustrückstellung zum Teil große Plan-Ist-Abweichungen hervorrufen können, obwohl die Planungsrechnung aus Sicht der damaligen Erkenntnisse erwartungswertneutral war. Vor diesem Hintergrund ist insbesondere auch eine mehrjährige Analyse der Planungstreue zu empfehlen. Häufig gibt erst diese einen Aufschluss über eine mögliche einseitige d.h. systematische Verzerrung der Planung. Zudem sollte auch eine entsprechende Untersuchung der Planungstreue anhand von **bereinigten Ist-Zahlen** erfolgen, die den entsprechenden Planzahlen gegenübergestellt werden. Dabei ist jeweils sorgfältig abzuwägen, inwiefern tatsächlich „Sondereffekte" vorliegen oder inwiefern der Begriff „Sondereffekt" als Euphemismus für „nicht dem Optimum entsprechendes Ereignis" und mithin als Ausrede gewählt wird. So wären entsprechend in einer Planung Forderungsausfälle pauschal zu berücksichtigen und können nicht grundsätzlich als Sondereffekte bereinigt werden. Ein einmaliger, sehr großer Forderungsausfall bspw. in Folge einer Unternehmensinsolvenz während der Finanz- und Wirtschaftskrise wäre hingegen gegebenenfalls als Sondereffekt zu bereinigen.

Als Ergebnis der Analyse der Planungstreue sollte der Bewerter beurteilen können, ob die Planung des Unternehmens eine eher **optimistische** oder eine eher **pessimistische** oder aber eine eher **realistische** i.S.v. erwartungswertneutrale Tendenz aufweist. Sofern der Bewerter zum Ergebnis gelangt, dass die Planung realistisch ist, die tatsächlichen Erwartungen der Gesellschaft widerspiegelt und festgestellte Plan-Ist-Abweichungen auf Ursachen wie ein volatiles Marktumfeld und nicht planbare Sondersachverhalte zurückzuführen sind, ist die Planungsrechnung mit Blick auf die Planungstreue insoweit als grundsätzlich geeignet für die Wertermittlung einzuschätzen.

c) Prüfung auf Konsistenz und rechnerische Richtigkeit

Die Zukunftsbezogenheit von Planungsrechnungen lässt i.d.R. **kein eindeutiges Urteil** darüber zu, ob eine Planung als Ganzes oder aber einzelne Planprämissen als „richtig" oder „falsch" zu erachten sind. Eindeutiger kann hingegen

---

1 Vgl. *IDW* (Hrsg.), WP-Handbuch, Band II, Abschnitt A, Rz. 243.

die Frage nach der rechnerischen Richtigkeit der Planungsrechnung und der Konsistenz der (Teil-)Planungen beantwortet werden.[1]

110 Eine **konsistente Planungsrechnung** baut auf einer **geeigneten Datengrundlage**, üblicherweise auf Daten des Rechnungswesens und des Controllings auf. Die Herkunft der Daten sollte somit stets nachprüfbar und die (Dis-)Aggregation nachvollziehbar sein. Insbesondere gilt es die Schlussbilanzwerte zu Beginn des ersten Planjahres mit dem i.d.R. geprüften Jahresabschluss abzustimmen.[2] Des Weiteren ist bei der Überprüfung der Konsistenz darauf zu achten, dass einzelne **Teilplanungen sachgerecht miteinander verknüpft** sind. Änderungen bzw. Anpassungen in einer Teilplanung sollten entsprechend möglichst automatisch zu entsprechenden Anpassungen in den anderen Teilplanungen führen und nicht im Widerspruch zueinander stehen.

111 Letztlich ist auch die **rechnerische Richtigkeit** der Planungsrechnung sicherzustellen. Da Planungen computergestützt erstellt werden, ist dabei nicht vornehmlich das Ergebnis einer Rechnung zu überprüfen, sondern vielmehr sicherzustellen, dass die korrekten Rechenoperationen und Verknüpfungen durchgeführt werden. Entsprechend sollte im Ergebnis der Analyse beurteilt werden können, ob die ökonomischen Zusammenhänge zutreffend in einem Programm modelliert wurden.

d) Analyse der Entwicklungen der Vermögens-, Finanz- und Ertragslage sowie der zugrunde liegenden Annahmen

112 Eine Unternehmensplanung stellt meist ein kompliziertes Rechenwerk dar, in dem viele Teilplanungen, die wiederum auf Detailannahmen und -rechnungen fußen, aggregiert werden. Die Komplexität macht es dabei oftmals notwendig, die eigentliche Planung nicht nur auf Basis der einzelnen Prämissen zu beurteilen, sondern vielmehr auch das Gesamtbild zu untersuchen. Zur Plausibilitätsbeurteilung ist es letztlich entscheidend, dass die Planung ein „**insgesamt plausibles**" Bild auf der gewählten Aggregationsebene liefert; eine Planung kann auf aggregiertem Niveau („Output") als insgesamt nicht plausibel erachtet werden, selbst wenn sämtliche einzelnen Detailannahmen („Input") begründbar scheinen. Vor diesem Grund ist eine Analyse der aggregierten Planung notwendig, um eine klare Vorstellung davon zu erhalten, welche Entwicklung des Unternehmens in der Planung gezeichnet wird.

113 In einem ersten Schritt können durch eine **Strukturanalyse** die Informationen über die Entwicklung einzelner Bestandteile des ordentlichen Betriebserfolgs sowie Gründe hierfür identifiziert werden.[3] Zu diesem Zweck sollte die GuV technisch in eine Struktur-GuV überführt werden. Dabei werden sämtliche GuV-Positionen ins Verhältnis zum Umsatz (Umsatzkostenverfahren) oder zur Gesamtleistung (Gesamtkostenverfahren) gesetzt. Die so gebildeten **Aufwandsquoten** oder **Intensitätskennzahlen** erlauben es, die relative Bedeutung einzelner Aufwandsposten und deren Entwicklung im Zeitablauf zu beurtei-

---

1 Vgl. *IDW* (Hrsg.), IDW S 1 i.d.F. 2008, Tz. 81.
2 Vgl. *IDW* (Hrsg.), WP-Handbuch, Band II, Abschnitt A, Rz. 224.
3 Vgl. zur Strukturanalyse *Baetge/Kirsch/Thiele*, Bilanzanalyse, S. 391 ff.

len. Bei einer nach dem Gesamtkostenverfahren aufgestellten GuV kann ein Eindruck über die Faktoreinsatzverhältnisse und die entsprechende Anfälligkeit des Unternehmens in Hinblick auf Mengen- und Preisschwankungen dieser Produktionsfaktoren eruiert werden. Eine nach dem Umsatzkostenverfahren aufgestellte GuV ermöglicht die Analyse der funktionalen Aufwandsstruktur. So lässt sich bspw. untersuchen, ob die Forschungsintensität in den letzten Jahren zurückgegangen ist, was in Zukunft zu einem niedrigeren Absatzpotential führen könnte. Im Ergebnis können somit die wesentlichen Treiber von Margenänderungen ausgemacht werden.

Die GuV kann neben der strukturellen Form auch in Form von **Wachstumsraten** (relative Änderungen) dargestellt werden. Anhand dieser Darstellungsweise können dann wesentliche **Trends** einzelner Aufwands- und Erlöspositionen identifiziert werden. Ergebnisverbesserungen entstehen durch ein überproportionales Wachstum der Erlöse im Vergleich zu den Kosten, so dass entsprechend die Wachstumsdifferenzen untersucht und hinterfragt werden können. Wächst bspw. der Personalaufwand im Planungszeitraum unterproportional zum Umsatz, sind die entsprechenden Prämissen zu identifizieren, die eine solche Effizienzsteigerung rechtfertigen. 114

Zusätzlich zu den GuV-basierten Kennzahlen können auch Kennzahlen unter **Einbezug der Bilanz** und **der Kapitalflussrechnung** erstellt werden. Hierzu wird in der einschlägigen Literatur eine Reihe von Kennzahlen empfohlen.[1] Als Beispiel sind etwa Liquiditätskennzahlen zu nennen, bei denen Teile des Umlaufvermögens ins Verhältnis zu kurz-/mittelfristigen Fremdkapitalien gesetzt werden. Auch hier sind in einem ersten Schritt Änderungen dieser Kennzahlen im Zeitverlauf auszumachen und die impliziten Prämissen offenzulegen. 115

4. Plausibilisierung der Ertrags-, Bilanz- und Finanzplanung

a) Grundlegende Überlegungen

Eine Planung ist insgesamt als plausibel anzusehen, wenn sie sowohl **rechnerisch richtig** und auf Grundlage eines **geeigneten Planungsprozesses** erstellt ist als auch schlüssig **an die Ist-Lage** des Bewertungsobjekts **anknüpft**, bestehende **Abweichungen** zur vergangenen Entwicklung **schlüssig erklärbar** sind und die **erwartete Entwicklung** des Bewertungsobjekts reflektiert. Entsprechend knüpft die eigentliche Plausibilitätsbeurteilung an die Analyse der Planung an. Während im Rahmen der Analyse der Planung zunächst die Entwicklungen und deren impliziten Prämissen aufgezeigt und offengelegt werden, wird im Rahmen der Plausibilitätsbeurteilung die ungleich schwerere Frage beantwortet, ob die zugrunde gelegten Prämissen der Planung („Input") und insbesondere auch die Ergebnisse der Planung und damit das Gesamtbild („Output") sachgerecht sind. 116

Bei Unternehmensbewertungen, die nach den Grundsätzen des IDW S 1 i.d.F. 2008 durchgeführt werden, muss sich der Bewerter davon überzeugen, dass die vorgelegte Planung eine geeignete Grundlage zur Ableitung der künftigen Er- 117

---

1 Vgl. *Baetge/Kirsch/Thiele*, Bilanzanalyse, S. 225 ff.

tragsüberschüsse darstellt.[1] Als normative Beurteilungsgrundlage können z.B. die einschlägigen Empfehlungen des **Instituts der Unternehmensberater** (IdU) im Bundesverband Deutscher Unternehmensberater (BDU) e.V. herangezogen werden, die in Form der sog. Grundsätze ordnungsgemäßer Unternehmensplanung (GoP) darlegen, was eine sachgerechte Planung auszeichnet.[2]

118 Die materielle **Plausibilisierung** der Planung und der zugrunde liegenden Prämissen wird dadurch vorgenommen, dass die expliziten und impliziten Annahmen der Planung sowie das in der Planung gezeichnete Bild vom Bewerter mit seinen Erkenntnissen aus der von ihm durchzuführenden Markt- und Wettbewerbsanalyse und der Untersuchung der Unternehmensvergangenheit abgeglichen werden. Der Bewerter sollte sich dabei eine eigene Vorstellung für die Entwicklung des Unternehmens erarbeiten, indem er für sich zunächst die folgenden Fragen beantwortet: „Was (Ziel) wollte das Unternehmen in der Vergangenheit wie (Strategie) erreichen und wie gut (Entwicklung in der Vergangenheit) hat sich das Unternehmen unter welchen Rahmenbedingungen (Markt- und Wettbewerbsanalyse) tatsächlich entwickelt?" Eine Prognose ist letztlich eine Antwort auf die Frage, wie gut sich das Unternehmen in Zukunft entwickeln wird, was wiederum durch das Ziel und die Strategie des Unternehmens vor dem Hintergrund der erwarteten Markt- und Wettbewerbsbedingungen bestimmt wird.

119 Entsprechend gestaltet sich die Plausibilisierung einer Planung i.d.R. umso schwieriger, je größer der materielle Unterschied zwischen Vergangenheit und Zukunft ist. Wenn ein Unternehmen sein komplettes Geschäftsmodell überdenkt, in Folge dessen Ziele, Strategie sowie Umsetzung in Zukunft völlig neu gestaltet und sich die zukünftigen Umweltbedingungen des Unternehmens wesentlich ändern werden, sind die Ergebnisse der **Vergangenheitsanalyse** in vergleichsweise geringem Maße brauchbar. Im Regelfall wird das Ausmaß der Änderungen jedoch nicht so extrem ausfallen. Der Bewerter sollte daher im ersten Schritt der Plausibilisierung eine klare Vorstellung darüber gewinnen, was sich im Vergleich von Zukunft und Vergangenheit ändern wird. Dabei sind zunächst Änderungen im Unternehmen von Änderungen des Unternehmensumfelds zu unterscheiden. Bei letzteren werden zusätzliche Informationen darüber benötigt, mit welchen Maßnahmen das Unternehmen auf die neuen Rahmenbedingungen reagieren will und inwiefern solche Reaktionen bereits in der Vergangenheit erfolgreich umgesetzt wurden.

120 Auf Basis der angestellten Überlegungen zur **Vergleichbarkeit** von Vergangenheit und Zukunft sollte der Bewerter sein Verständnis der Entwicklung des Unternehmens mit der tatsächlichen Planung abgleichen. Falls hier die Prognosen des Planerstellers den Vorstellungen des Bewerters wesentlich zuwiderlaufen, sollte in einem ersten Schritt anhand der Planungsdokumentation die Erläuterung für diese Entwicklung analysiert werden. Die Erläuterungen und die zugrunde liegenden Prämissen sollten dann anhand der Einschätzung des Markt- und Wettbewerbsumfelds auf deren Plausibilität überprüft werden. Ergänzend

---

1 Vgl. *IDW* (Hrsg.), IDW S 1 i.d.F. 2008, Tz. 75 ff.
2 Vgl. *IdU* (Hrsg.), Grundsätze ordnungsgemäßer Planung sowie die Darstellung wesentlichen Anforderungen an eine Planung in Abschnitt III, Rz. 13 ff.

können Analystenprognosen für diejenigen Unternehmen, die im Rahmen des Betriebsvergleichs im Rahmen der Vergangenheitsanalyse des Unternehmens genutzt wurden, einen weiteren Hinweis auf die Plausibilität der Prognosen für das Bewertungsobjekt liefern. So ist ein Margenanstieg in der Planung auf ein Niveau, das in der Vergangenheit nicht erreicht wurde, plausibler, wenn eine entsprechende Margenverbesserung ebenfalls für die Vergleichsunternehmen sowie die Branche insgesamt erwartet wird. Jedenfalls sollten diese Punkte mit dem Plansteller diskutiert werden.

121 Letztlich muss der Bewerter auf Basis seiner Analyse der Vergangenheit, den Markterwartungen und den Erläuterungen durch den Plansteller in der Lage sein, ein **abschließendes Urteil** darüber zu fällen, ob die Planung als Grundlage für die Ableitung der zu kapitalisierenden Ertragsüberschüsse und somit für die Bewertung dienen kann.[1] Das konkrete Vorgehen bei der Planungsplausibilisierung ist für jede Unternehmensbewertung einzelfallbezogen entsprechend der jeweiligen Gegebenheiten durchzuführen.

122 Hinsichtlich des Plausibilitätsurteils sind unterschiedliche **Beurteilungsgrade** denkbar. So kann eine **negativ** („es sind uns keine Sachverhalte bekannt geworden, die gegen die Plausibilität der Planungsrechnung sprechen") wie auch eine **positiv** formulierte Aussage („die Planungsrechnung ist plausibel") zur Plausibilität der Planungsrechnung getroffen werden. Dabei impliziert die zweite Aussage einen höheren Grad an Gewissheit hinsichtlich des abgegebenen Plausibilitätsurteils. Die positive Aussage vermag dabei so zu deuten sein, dass sich der Bewerter selbständig und umfänglich auf Informationssuche begeben hat, um die Sachgerechtigkeit der Planung aktiv zu hinterfragen. Die negative Aussage impliziert hingegen, dass sich der Bewerter bei seinem Urteil auf einen gegebenen Umfang an Informationen beschränkt und somit im Extremfall lediglich die „Planungsstory" nachvollzogen hat.

123 Auch wenn eine Planung (einschließlich des für Bewertungszwecke ergänzten nachhaltigen Ergebnisses) nur **insgesamt als plausibel oder nicht plausibel** angesehen werden kann, werden nachfolgend die Plausibilitätsuntersuchungen hinsichtlich Detailplanungsphase, Grobplanungsphase und ewige Rente aufgeteilt. Dabei sollen einerseits den unterschiedlichen Schwerpunkten der Plausibilitätsanalyse und andererseits den spezifischen Herausforderungen Rechnung getragen werden.

b) Plausibilisierung der Detailplanungsphase

124 Die Plausibilitätsbeurteilung selbst gründet meist auf den **durchgeführten Analysen** zum Unternehmen und dessen Umfeld, indem die Planzahlen den entsprechenden Zahlen der Vergangenheit des Unternehmens selbst, den, soweit vorhanden, entsprechenden Zahlen der Vergleichsunternehmen und den Branchenindikatoren gegenübergestellt werden. Die kritische Grundhaltung und mithin auch der Umfang der Plausibilitätsüberprüfungen wird dabei regelmäßig auch vom **Bewertungsanlass** geprägt; eine Unternehmensplanung, die explizit für einen Verkaufsprozess erstellt wurde, bietet normalerweise hin-

---

[1] Vgl. *Popp* in Peemöller, Praxishandbuch der Unternehmensbewertung, S. 182 f.

sichtlich ihrer Plausibilität mehr Anlass zur Sorge als eine Planung, die in einem jährlichen Planungsprozess auf Basis jahrelanger Übung erstellt wurde.

125　Im Rahmen der **Plausibilisierung der Ertragsplanung** ist vor diesem Hintergrund zu prüfen, ob die Entwicklung der einzelnen Erfolgsgrößen nachvollziehbar und begründbar ist. Dabei sollte insbesondere auch das Verhältnis der einzelnen Erfolgsgrößen zueinander betrachtet werden (z.B. die Entwicklung des Materialaufwands im Verhältnis zu der Entwicklung der Umsatzerlöse unter Berücksichtigung des geplanten jeweiligen Preis- und Mengengerüsts).[1]

126　Um die **Plausibilität des geplanten Umsatzwachstums** zu beurteilen, kann zunächst überprüft werden, ob das Unternehmen in der Vergangenheit bereits ähnliche Wachstumsraten gezeigt hat. Dem sind dann die Ergebnisse der Marktanalysen gegenüberzustellen, anhand derer auszumachen ist, ob bzw. wie stark der Markt insgesamt wächst. Auch Analystenschätzungen über das Wachstum der Vergleichsunternehmen können für Vergleichszwecke erhoben werden. Bereits auf Basis dieser einfachen Vergleiche kann zumeist ein Eindruck darüber gewonnen werden, inwiefern die geplante Entwicklung des Unternehmens vor dem Hintergrund seiner Vergangenheit, seiner Wettbewerber und seines Marktes „außergewöhnlich" ist. Je außergewöhnlicher und unerwarteter diese Entwicklung ist, desto kritischer sollte die Planung gesehen werden. Vor diesem Hintergrund sollten dann anhand der Erläuterungen zur Planung im Planungsbuch oder durch das Management nachvollzogen werden, welche „Story" hinter den veränderten Wachstumsaussichten steht. Auch zunächst unplausibel anmutende Planungen können durchaus sachgerecht sein, sofern sich glaubwürdige Erklärungen für die geplante Entwicklung finden lassen. Vorstellbar wäre etwa ein Pharmaunternehmen, das nach mehreren Jahren der Stagnation in einem relativen ruhigen Teilmarkt einen Durchbruch erzielt und für ein neues Medikament eine Zulassung erhält.

127　Bei der Entwicklung der **Aufwandsplanungen** kann ebenfalls ein Vergleich mit der Vergangenheit und den Wettbewerbern sinnvoll sein. Eine Ausweitung des Personalbestands in der Vergangenheit, um ausreichend Personal für den geplanten Wachstumspfad zur Verfügung zu haben, wäre etwa eine plausible Erklärung für eine im Zeitverlauf sinkende Personalaufwandsquote. Falls die Quote jedoch deutlich unter die entsprechenden Quoten der Wettbewerber sinkt oder für die Personen mit den einschlägigen Qualifikationen eine steigende Nachfrage und damit höhere Löhne erwartet werden, wäre dies wiederum Anlass für weitere Nachforschungen.

128　Die **Plausibilisierung der Bilanzplanung** ist inhaltlich eng verbunden mit der Plausibilisierung der Ertragsplanung. Bei der Planung des Umlaufvermögens ist regelmäßig davon auszugehen, dass eine starke Anknüpfung an die Entwicklung des Umsatzes oder einzelner Aufwandspositionen gegeben ist. Entsprechend kann die geplante Entwicklung der Posten des Working Capitals nur unter Berücksichtigung der Planung der Posten der GuV plausibilisiert werden. Bei der Plausibilisierung der Entwicklung des Anlagevermögens sind insbesondere die Erkenntnisse aus der Analyse der Investitions- und Abschreibungspla-

---

1　Vgl. *IDW* (Hrsg.), IDW S 1 i.d.F. 2008, Tz. 81.

nung zu berücksichtigen. Hinsichtlich des Zusammenhangs zwischen Umsatz und Anlagevermögen ist es dabei teilweise notwendig, zumindest ein grundlegendes technisches Verständnis über die Produktionstechnologie zu gewinnen.

Auf der Passivseite der Bilanz ist letztlich die **Finanzierungsseite** des Unternehmens abgebildet, diese muss somit im Einklang mit der Finanzplanung stehen. Die Plausibilisierung der geplanten Entwicklung des Eigenkapitals bedarf dabei neben der Planung der Erfolgsgrößen einer Analyse der geplanten Ausschüttungspolitik. Die Planung der Verbindlichkeiten ist nicht nur mit der geplanten Entwicklung der Gewinn- und Verlustrechnung, sondern auch mit der nachfolgend beschriebenen Finanzplanung eng verknüpft. 129

Im Rahmen **der Plausibilisierung der Finanzplanung** ist daher zunächst zu prüfen, ob die getroffenen Finanzierungsannahmen, auch unter Berücksichtigung der geplanten Ausschüttungen, zutreffend umgesetzt sind.[1] Zunächst muss sichergestellt sein, dass vor dem Hintergrund der Entwicklung des operativen Cashflows sowie der Investitionstätigkeit der geplante Finanzbedarf entweder durch Thesaurierungen oder weitere Kreditaufnahmen gedeckt ist. Dabei ist zu prüfen, ob die geplanten Finanzierungsprämissen auch tatsächlich umsetzbar und konsistent sind. So sollten z.B. geplante Kreditausweitungen zum einen mit bestehenden Kreditvereinbarungen kompatibel sein und zum anderen sollten etwaige Folgewirkungen, wie bspw. eine Erhöhung des Fremdkapitalzinssatzes bei zunehmendem Verschuldungsgrad, bei der Bewertung berücksichtigt sein.[2] 130

Abschließend ist zu prüfen, ob sich das **Zinsergebnis** rechnerisch aus den jeweiligen Beständen der Aktiva und Passiva der Bilanzplanung ableiten lässt. In diesem Rahmen sind auch die zugrunde liegenden Prämissen der Ermittlung des Zinsergebnisses nachzuvollziehen (z.B. ob eine Verzinsung auf den Bestand zu Periodenbeginn oder auf einen Durchschnittsbestand erfolgt) und zu beurteilen. Auch die Höhe der Zinssätze ist vor dem Hintergrund der marktüblichen Verzinsung des Fremdkapitals vergleichbarer Unternehmen grundsätzlich zu plausibilisieren. 131

Auch in der **Rechtsprechung** werden entsprechende **Anforderungen an die Planung** gesetzt. So betonen etwa sowohl das **OLG Frankfurt** in seiner Entscheidung vom 5.3.2012 als auch das **OLG Stuttgart** in seiner Entscheidung vom 14.9.2011 die Bedeutung realistischer Annahmen in einer Planung.[3] Das OLG Stuttgart stellt in einer späteren Entscheidung vom 15.10.2013 weiter heraus, dass die Planung realistisch sein müsse und zudem nicht in sich widersprüchlich sein dürfe.[4] Dasselbe OLG betont in einer Entscheidung vom 24.7.2013, dass Plananpassungen zumindest dann erforderlich seien, wenn die Planung 132

---

1 Vgl. *IDW* (Hrsg.), IDW S 1 i.d.F. 2008, Tz. 81.
2 Vgl. *IDW* (Hrsg.), WP-Handbuch 2014, Band II, Abschnitt A, Rz. 246.
3 Vgl. OLG Frankfurt v. 5.3.2012 – 21 W 11/11, AG 2012, 417 bzw. OLG Stuttgart v. 14.9.2011 – 20 W 7/08, AG 2012, 135.
4 Vgl. OLG Stuttgart v. 15.10.2013 – 20 W 3/13, AG 2014, 208.

nicht auf zutreffenden Informationen und daraus abgeleiteten realistischen Annahmen beruhen, die widerspruchsfrei sind.[1] Das **OLG München** konstatiert in seiner Entscheidung vom 18.2.2014, eine Planung müsse plausibel und widerspruchsfrei sein und zudem auf zutreffenden Informationen fußen.[2] Insofern ist ein realistisches Szenario und kein Bestwerte-Szenario der Bewertung zugrunde zu legen. Dem steht nicht unmittelbar entgegen, dass in der Literatur teils gefordert wird, im Rahmen der Plausibilisierung werterhöhende Alternativszenarien zu berücksichtigen (vgl. § 1 Rz. 37).

c) Plausibilisierung der Übergangsphase

133 Die Plausibilisierung der Grobplanungsphase folgt **grundsätzlich denselben Schritten** wie die Plausibilisierung der Detailplanungsphase. Ein Unterschied besteht insofern, dass zumeist die einzelnen Ergebnislinien nicht mehr ausgeplant werden, sondern tendenziell eher über langfristige Wachstums- und Margenerwartungen weiterentwickelt werden. Anhand dieser Grobplanungsphase wird meistens ein Auslaufen der unternehmensspezifischen Entwicklung hin zu einer durchschnittlich am Markt zu erwartenden Entwicklung unterstellt; dies ist jedoch im konkreten Einzelfall festzulegen.

134 Die Plausibilisierung der Entwicklung in der Übergangsphase erstreckt sich meist darauf, inwiefern die pauschalierte Fortschreibung sich mit den **langfristigen Einschätzungen zur Entwicklung des Marktes** deckt. Wenn die Wettbewerbsvorteile des Unternehmens mittel- bis langfristig aufrechterhalten werden können, kann in dieser Phase eine überdurchschnittliche Entwicklung sachgerecht sein. Neben der Berücksichtigung von Verlustvorträgen im Modell ist eine noch nicht abgeschlossene, überdurchschnittliche Entwicklung des Unternehmens oftmals ein wesentlicher Grund, weshalb überhaupt eine Übergangsphase modelliert wird bzw. modelliert werden muss.

d) Plausibilisierung der ewigen Rente

135 Im Rahmen der Ertragswertermittlung beträgt der **Anteil der ewigen Rente** am Unternehmenswert regelmäßig deutlich über 50 %. Insofern ist es von herausragender Bedeutung, dass eine sorgfältige Ableitung des nachhaltigen Ergebnisses erfolgt. Grundsätzlich stellt das nachhaltige Ergebnis der ewigen Rente ein Ergebnisniveau dar, das unter Berücksichtigung des nachhaltig angesetzten Investitionsniveaus **im Durchschnitt über den (künftigen) Konjunkturzyklus** erwirtschaftet werden kann. Dabei wird vielfach von einem Ausschwingen des Wachstums und eine Annäherung an die Wachstumsrate des Marktes insgesamt ausgegangen. Dieses Wachstum wird als Abschlag vom Kapitalisierungszinssatz dargestellt; ein überdurchschnittliches Wachstumspotential wird dabei meist als Aufschlag auf das langfristig erzielbare Wachstum dargestellt. Dabei kann ein grundsätzlicher Zusammenhang zwischen Marge und Wachstum konstatiert werden, der auf den nachfolgenden beiden Effekten beruht.

---

1 Vgl. OLG Stuttgart v. 24.7.2013 – 20 W 2/12, AG 2013, 840.
2 Vgl. OLG München v. 18.2.2014 – 31 Wx 211/13, AG 2014, 453.

Wesentlicher Treiber des nachhaltigen Ergebnisses ist diejenige **Marge**, die realistischerweise auch **langfristig erzielbar** ist. Aus dieser Überlegung ist ersichtlich, dass das Margenniveau nicht unbedingt auf oder über dem Niveau des letzten Planjahres liegen muss. So kann etwa in der Planungsrechnung hinterlegt sein, dass auf Basis der aktuellen Innovationen, der angebotenen Produkte und Effizienzsteigerungsmaßnahmen zum Ende der Detailplanungsphase eine **Spitzenmarge** erzielt wird, die aber nicht dauerhaft gehalten werden kann. Nachhaltig kann ein Wachstum des Umsatzes nur bewerkstelligt werden, wenn zusätzliche Aufwendungen für inkrementelle Produktverbesserungen getätigt werden, die die Marge auf ein langfristiges **Durchschnittsniveau** drücken. Entsprechend könnte ein höheres Wachstum nur durch deutlich höhere Aufwendungen für Produktinnovation erreicht werden. 136

Gleichzeitig ist bei der Ableitung der langfristigen **Marge** zu berücksichtigen, dass regelmäßig nicht mehr ein ähnliches hohes Wachstum wie in der Detailplanungsphase hinterlegt ist. Entsprechend könnte in der Detailplanungsphase ein aggressiver **Wachstumspfad** geplant sein, in dem auch auf Kosten der Marge Marktanteile gewonnen werden sollen. Insofern wären die in der Planung hinterlegten Margen ein schlechter Anhaltspunkt für die langfristigen erzielbaren Margen. Im eingeschwungenen Zustand wird die Steigerung des Ergebnisses nicht mehr durch Wachstum erzielt, sondern durch eine **höhere Effizienz**, die durch eine beständige Integration der einzelnen Unternehmensteile und eine Verbesserung der Leistungserstellung erreicht wird. Daher könnte die Marge dann im eingeschwungenen Zustand über den Margen der Detailplanungsphase liegen, da das Wachstum wesentlich zurückgeht. 137

Anhaltspunkte für die Plausibilität der nachhaltig erzielbaren Marge können dabei die **Margen von Wettbewerbern** oder **anderen Unternehmen der Branche** sein. Dabei sollte eine Orientierung nicht an jungen Wachstumsunternehmen erfolgen, sondern für die Analyse auf reife Unternehmen abgestellt werden, die sich über eine inkrementelle Weiterentwicklung der Produkte auszeichnen und deren Wachstum wesentlich durch die Wachstumsaussichten des Marktes insgesamt geprägt ist. 138

Im Rahmen der Plausibilisierung der ewigen Rente ist grundsätzlich zu berücksichtigen, dass über das Wachstum nur dann ein Effekt auf den Unternehmenswert zu erwarten ist, sofern die **Rendite oberhalb der Kapitalkosten** liegt.[1] Da die ewige Rente grundsätzlich einen eingeschwungenen Zustand i.S.e. Steady State repräsentieren soll, ist eine solche Annahme problematisch (vgl. oben Rz. 57). Andererseits ist die Annahme, ein Unternehmen befände sich bereits nach 3 bis 5 Jahren in einem Gleichgewichtszustand, in dem keine Überrenditen mehr erzielt werden können, ökonomisch nur in Einzelfällen zu rechtfertigen. Entscheidend für die Ableitung der ewigen Rente ist somit die Beantwortung der Frage, ab wann das zu bewertende Unternehmen bei gegebenem Investitionsniveau welches nachhaltige Umsatzniveau (welchen Marktanteil) und welche nachhaltige Ergebnismarge erzielen kann und wie der Übergangspfad zum nachhaltigen Niveau modelliert werden kann bzw. muss (Übergangsphase). 139

---

1 Vgl. *Knoll*, RWZ 2014, 271 (275).

140 In der **Rechtsprechung** wird insbesondere der besonderen **Rolle des Wachstumsabschlags** (vgl. oben Rz. 55) in der ewigen Rente Rechnung getragen. Dieser repräsentiert das Wachstum der nachhaltigen Zahlungsüberschüsse und wird rechentechnisch im sog. Gordon-Wachstumsmodell (vgl. § 10 Rz. 58) als Abschlag vom Kapitalisierungszinssatz berücksichtigt (vgl. § 6 Rz. 8). Dabei stellt das **OLG Stuttgart** in seiner Entscheidung vom 14.9.2011 heraus, dass eine pauschale Festsetzung des Wachstumsabschlags nicht sachgerecht ist, sondern vielmehr der jeweiligen Einzelfall bzw. die konkreten Verhältnisse des Bewertungsobjekts zu würdigen sind.[1] Das **OLG Frankfurt** betont in seiner Entscheidung vom 5.3.2012 weiterhin, dass der Wachstumsabschlag insbesondere eine inflationsbedingte Komponente und daneben ggf. Bestandteile aufgrund Mengen- und Strukturänderungen beinhalte.[2] Dabei sieht das Gericht ebenfalls eine Anknüpfung der Wachstumsrate an das Bewertungsobjekt bzw. dessen Fähigkeit, Preissteigerungen auf seine Kunden zu überwälzen. Die Höhe der Wachstumsrate muss dabei wie die Prognosen der Detailplanungsphase (vgl. oben Rz. 132) auf realistischen Annahmen gründen. Das **OLG Düsseldorf** stellt in einer Entscheidung vom 4.7.2012 klar, dass es hinsichtlich der Inflationskomponente nicht auf die allgemeine Inflationsrate ankomme, sondern auf die Fähigkeit des Unternehmens, Preissteigerungen an seine Abnehmer weiterzuleiten.[3] Das **OLG Frankfurt** teilt in einer Entscheidung vom 30.8.2012 diese Auffassung, ergänzt jedoch als Wachstumstreiber die Inflation und Mengenstrukturänderungen um die Thesaurierung.[4] Das **OLG Stuttgart** führt in einer Entscheidung vom 15.10.2013 aus, dass neben einer Mengen- und Strukturkomponente im Wachstumsabschlag insbesondere das inflationsgetriebene Wachstum abgebildet wird.[5] Dieses hängt von der Fähigkeit des Unternehmens ab, Preissteigerungen von der Beschaffungsseite an die Kunden weiterzugeben. **Im Ergebnis** betonen die **Oberlandesgerichte** somit, dass bei der Festsetzung der Wachstumsrate den konkreten Verhältnissen des Bewertungsobjekts Rechnung getragen werden muss, was insbesondere auch für das inflationsgetriebene Wachstum als eine wesentliche Komponente des Wachstumsabschlags gilt.

V. Zusammenfassung

141 Bei Anwendung des Ertragswertverfahrens nach der Risikozuschlagsmethode wird der Unternehmenswert durch Diskontierung der erwarteten, den Unternehmenseignern künftig zufließenden finanziellen Überschüsse ermittelt. Da die Prognose von Erträgen durchweg mit **Unsicherheiten** verbunden ist und eine **erwartungswertneutrale** Prognose benötigt wird, stellt die Identifikation einer sachgerechten Planung für den Bewerter eine zentrale Herausforderung bei der Ermittlung des Unternehmenswerts dar. Daher müssen insbesondere

---

1 Vgl. OLG Stuttgart v. 14.9.2011 – 20 W 4/10, AG 2012, 221.
2 Vgl. OLG Frankfurt v. 5.3.2012 – 21 W 11/11, AG 2012, 417.
3 Vgl. OLG Düsseldorf 4.7.2012 – I-26 W 8/10 (AktE), AG 2012, 797.
4 Vgl. OLG Frankfurt v. 30.8.2012 – 21 W 14/11, NZG 2012, 1382.
5 Vgl. OLG Stuttgart v. 15.10.2013 – 20 W 3/13, AG 2014, 208.

Bewerter die Anforderungen an eine Planung kennen und diese auf Basis umfangreicher Analysen auf Sachgerechtigkeit überprüfen.

Im Rahmen der Planungserstellung ist sicherzustellen, dass dieser ein **ordnungsmäßiger Erstellungsprozess** zugrunde liegt. Eine Planung stellt dabei ein integriertes System von Teilrechnungen dar, in der die geplante Vermögens-, Finanz- und Ertragslage des Unternehmens aufeinander abgestimmt sind. Hierzu ist auf einen **konsistenten Aufbau der Planung** zu achten, in dem ökonomische Zusammenhänge zutreffend hergestellt werden. Insbesondere in der Detailplanungsphase sind dabei für die Entwicklung der Posten der GuV, der Bilanz und der Finanzbedarfsrechnung jeweils sachgerechte Annahmen zu setzen. **142**

Der Planungsplausibilisierung liegt neben einer Analyse des Unternehmens und dessen Umfelds insbesondere auch eine sorgfältige **Würdigung der Planung** selbst zugrunde. Aufbauend auf einer detaillierten Untersuchung der historischen **Entwicklung des Markt- und Wettbewerbsumfelds** und dessen zukünftiger Entwicklung ist dabei auch die **Entwicklung des Unternehmens** in der Vergangenheit ausführlich zu würdigen. Über die Untersuchung des Markt- und Wettbewerbsumfelds erhält der Bewerter ein Verständnis über den Rahmen, in dem sich das Unternehmen in der Vergangenheit bewegt hat und wie sich dieser ändern könnte. Nach Analyse des Unternehmens selbst sollte der Bewerter dann ein Verständnis über das Geschäftsmodell des Unternehmens und dessen zentrale Werttreiber besitzen. Die Erkenntnisse der Vergangenheitsanalyse des Unternehmens sollten dabei beständig mit den Untersuchungen des Markt- und Wettbewerbsumfelds abgeglichen werden, um Ursache-Wirkungsbeziehungen zu identifizieren. **143**

Im Rahmen der Analyse der Planungsrechnung hat der Bewerter zunächst über eine **Untersuchung der Planungstreue** sicherzustellen, dass diese grundsätzlich **erwartungswertneutral** und somit **für Bewertungszwecke geeignet** ist. Des Weiteren muss sich der Bewerter versichern, dass die Planungsrechnung konsistent ist und sämtliche Teilplanungen ein integriertes System bilden. Abschließend ist die Planung selbst ausführlich zu würdigen, um eine klare Vorstellung über die Entwicklung des Unternehmens zu gewinnen. **144**

Auf Grundlage der im Rahmen der Analyse des Unternehmens(umfelds) gewonnenen Kenntnisse sollte der Bewerter die aus seiner Sicht zu **erwartende Entwicklung** des Unternehmens mit der **in der Planung hinterlegten Entwicklung** abgleichen. Die zugrundeliegenden Prämissen sollten anhand der Einschätzung des Markt- und Wettbewerbsumfelds auf deren **Plausibilität** überprüft werden. Letztlich muss der Bewerter dann auf Basis der Analyse der Vergangenheit, den Markterwartungen und der zu der Planung gegebenen Erläuterungen ein abschließendes Urteil darüber fällen, ob die Planung als Grundlage für die Ableitung der zu kapitalisierenden, erwartungswertneutralen Ertragsüberschüsse und somit für die Bewertung dienen kann. Die Plausibilität der Planung kann dabei unterschiedlich beurteilt werden (**negative** oder **positive Plausibilitätsaussage**). **145**

§ 6
Ableitung des Kapitalisierungszinssatzes*

	Rz.
I. Einführung	1
II. Bedeutung des Kapitalisierungszinssatzes und Grundlage der Ermittlung	7
III. Ableitung des Basiszinssatzes	
1. Vorbemerkungen	13
2. Ableitung einer aktuellen Zinsstrukturkurve auf Basis der Svensson-Methode	19
3. Ermittlung eines barwertäquivalenten einheitlichen Basiszinssatzes	29
4. Der Basiszinssatz in der Rechtsprechung	33
IV. Ableitung der Marktrisikoprämie	
1. Vorbemerkungen	43
2. Zukunftsorientierte Ableitung der Marktrisikoprämie	45
3. Vergangenheitsorientierte Ableitung der Marktrisikoprämie	51
4. Die Marktrisikoprämie in der Rechtsprechung	65

	Rz.
V. Ableitung des Betafaktors	
1. Vorbemerkungen	72
2. Alternative Methoden zur Ableitung eines Betafaktors	73
3. Ableitung von Betafaktoren auf Basis historischer Kapitalmarktdaten	
a) Überblick	80
b) Betafaktor des Bewertungsobjekts oder einer Peer Group	81
c) Ermittlung historischer Raw Betafaktoren	94
d) Belastbarkeit historischer Betafaktoren	111
e) Prognoseeignung historischer Betafaktoren als künftig zu erwartende Betafaktoren	130
f) Ermittlung von Un-/Relevered Betafaktoren	147
4. Der Betafaktor in der Rechtsprechung	157
VI. Zusammenfassung	164

Schrifttum: *Aders/Wagner,* Kapitalkosten in der Bewertungspraxis, FB 2004, 30; *AKU* (Hrsg.), Eckdaten zur Bestimmung des Kapitalisierungszinssatzes bei der Unternehmensbewertung – Basiszinssatz, FN-IDW 2005, 555; *Albrecht,* Asset Allocation und Zeithorizont, 1999; *Backhaus/Erichson/Plinke/Weiber,* Multivariate Analysemethoden, 2006; *Backhaus/Erichson/Plinke/Weiber,* Multivariate Analysemethoden, 2011; *Backhaus/Erichson/Weiber,* Fortgeschrittene Multivariate Analysemethoden, 2011; *Baetge/Krause,* Die Berücksichtigung des Risikos bei der Unternehmensbewertung, BFuP 1994, 433; *Ballwieser,* Die Erfassung von Illiquidität bei der Unternehmensbewertung, in Schäfer/Burghof/Johanning/Wagner/Rodt (Hrsg.), Risikomanagement und kapitalmarktorientierte Finanzierung, 2009, S. 283; *Ballwieser/Hachmeister,* Unternehmensbewertung, 4. Aufl. 2013; *Blume,* On the Assessment of Risk, The Journal of Finance 1971; *Blume,* Betas and Their Regression Tendencies, The Journal of Finance 1975; *Blume,* Betas and Their Regression Tendencies: Some Further Evidence, The Journal of Finance 1979, 265; *Bortz/Schuster,* Statistik für Human- und Sozialwissenschaftler, 2010; *Brigham/Houston,* Fundamentals of Financial Management, 3. Aufl. 2001; *Cohen/Hawawini/Maier/Schwartz/Whitcomb,* Estimating and Adjusting for the Intervalling-Effect Bias in Beta, Management Science 1983, 135; *Damodaran,* Investment Valuation, 2. Aufl. 2002; *Deutsche Bundesbank* (Hrsg.), Kapitalmarktstatistik September 2011, Frankfurt a.M. 2011; *Dinstuhl,* Konzernbezogene Unternehmensbewertung, 2003; *Dörschell/Franken/Schulte,*

---

* Dieser Abschnitt wurde unter Mitarbeit von Dr. Alexander Brunner erstellt.

Der Kapitalisierungszinssatz in der Unternehmensbewertung, 2. Aufl. 2012; *Dörschell/ Franken/Schulte/Brütting*, Ableitung CAPM-basierter Risikozuschläge bei der Unternehmensbewertung, WPg 2008, 1152; *Drukarczyk/Schüler* Unternehmensbewertung, 5. Aufl. 2007; *Fama*, Foundations of Finance, 1976; *FAUB* (Hrsg.), Hinweise des FAUB zur Berücksichtigung der Finanzmarktkrise bei der Ermittlung des Kapitalisierungszinssatzes in der Unternehmensbewertung, 2012; *FAUB* (Hrsg.), Ergänzende Hinweise des FAUB zur Bestimmung des Basiszinssatzes, FN-IDW 2008, 490; *Franken/Schulte*, Beurteilung der Eignung von Betafaktoren mittels R^2 und t-Test: Ein Irrweg?, WPg 2010, 1106; *Gebhardt/Daske*, Kapitalmarktorientierte Bestimmung von risikofreien Zinssätzen für die Unternehmensbewertung, WPg 2005, 649; *Hull*, Options, Futures, and Other Derivatives, 2011; *IDW* (Hrsg.), WP Handbuch 2002, Band II, 12. Aufl. 2002; *IDW* (Hrsg.), WP Handbuch 2014, Band II, 14. Aufl. 2014; *IDW* (Hrsg.), IDW S 1 i.d.F. 2000, WPg 2000; *IDW* (Hrsg.), IDW S 1 i.d.F. 2008, WPg Supplement 3/2008; *IDW* (Hrsg.), Fragen und Antworten: Zur praktischen Anwendung der Grundsätze zur Durchführung von Unternehmensbewertungen nach IDW S 1 i.d.F. 2008, FN-IDW 2012, 293; *Jähnchen*, Kapitalkosten von Versicherungsunternehmen, 2009; *Jonas/Wieland-Blöse/Schiffarth*, Basiszinssatz in der Unternehmensbewertung, FB 2005, 647; *Knoll/Wenger*, Marktrisikoprämie vs. Laufzeitprämie, Bewertungspraktiker 2011, 18 ; *Kruschwitz/Löffler*, Sichere und unsichere Steuervorteile bei der Unternehmensbewertung I, Manuskript 1999; *Lewis*, Trying to Explain Home Bias in Equities and Consumption, Journal of Economic Literature 1999, 571; *Loderer/Jörg/Pichler/Roth/Zgraggen*, Handbuch der Bewertung, 5. Aufl. 2007; *Metz*, Der Kapitalisierungszinssatz bei der Unternehmensbewertung, 2007; *Obermaier*, Unternehmensbewertung, Basiszinssatz und Zinsstruktur, Regensburger Diskussionsbeiträge zur Wirtschaftswissenschaft 2005; *Obermaier*, Marktzinsorientierte Bestimmung des Basiszinssatzes in der Unternehmensbewertung, FB 2006, 472; *Pratt/Grabowski*, Cost of Capital, 2010; *Rebien*, Kapitalkosten in der Unternehmensbewertung, 2007; *Rausch*, Unternehmensbewertung mit zukunftsorientierten Eigenkapitalkosten, 2007; *Reese*, Schätzung von Eigenkapitalkosten für die Unternehmensbewertung, 2007; *Rudolph/Zimmermann*, Alternative Verfahren zur Ermittlung und zum Einsatz von Betafaktoren, in Kleeberg/Rehkugler (Hrsg.), Handbuch Portfoliomanagement, 1998, S. 444; *Sharpe*, Portfolio Theory and Capital Markets, 1970; *Solnik/McLeavey*, Global Investments, 2009; *Spremann*, Portfoliomanagement, 2008; *Stehle*, Die Festlegung der Risikoprämie von Aktien, WPg 2004, 906; *Thiele/Cremers/Robé*, Beta als Risikomaß, 2000; *Ulschmid*, Eine empirische Validierung von Kapitalmarktmodellen, 1994; *Vasicek*, A Note on Using Cross-Sectional Information in Bayesian Estimation of Security Betas, The Journal of Finance 1973, 1233; *Wagner/Jonas/Ballwieser/Tschöpel*, Unternehmensbewertung in der Praxis – Empfehlungen und Hinweise zur Anwendung von IDW S 1, WPg 2006, 1005; *Wiese/ Gampenrieder*, Marktorientierte Ableitung des Basiszinses mit Bundesbank- und EZB-Daten, BB 2008, 1722; *Winkelmann*, Quantitative Methoden der Unternehmensbewertung, 1984; *Zimmermann*, Schätzung und Prognose von Betawerten, 1997.

I. Einführung

Die Ermittlung eines sachgerechten Kapitalisierungszinssatzes gehört weiterhin zu den äußerst kontrovers und intensiv diskutierten Themen im Bereich der Unternehmensbewertung. Bei der Anwendung des Ertragswertverfahrens auf Basis der Risikozuschlagsmethode ist es unerlässlich, dass ein Kapitalisierungszinssatz herangezogen wird, der die beste Alternativanlage im Vergleich zum Bewertungsobjekt repräsentiert. Auf Basis des **CAPM** oder **Tax-CAPM** setzt sich der Kapitalisierungszinssatz dabei aus den Komponenten Basiszinssatz, Betafaktor und Marktrisikoprämie zusammen.

1

2   Der vorliegende Beitrag bereitet den Diskussionsstand zur kapitalmarktgestützten Ermittlung des Kapitalisierungszinssatzes in der Unternehmensbewertung in strukturierter und nachvollziehbarer Form so auf, dass der Leser eine konkrete Unterstützung bei der sachgerechten Ermittlung des Kapitalisierungszinssatzes bzw. deren Beurteilung erhält. Im Einzelnen werden die Ableitung des Basiszinssatzes (unten Rz. 17 ff.), der Marktrisikoprämie (unten Rz. 43 ff.) und des Betafaktors (unten Rz. 71 ff.) dargestellt und diskutiert. Dabei wird ergänzend zur Darstellung der Aspekte der betriebswirtschaftlichen Forschung und Praxis auch jeweils gesondert auf die einschlägige Rechtsprechung eingegangen.

3   Im Rahmen der **Ableitung des Basiszinssatzes** werden schwerpunktmäßig die Grundsätze des IDW S 1 i.d.F. 2008 zur Herleitung des Basiszinssatzes vorgestellt. Der Basiszinssatz wird dabei auf Grundlage einer anhand der **Methode von Svensson** geschätzten Zinsstrukturkurve ermittelt. Die zur Berechnung des Zinssatzes notwendigen geschätzten Parameter des Svensson-Modells werden von der Deutschen Bundesbank zur Verfügung gestellt.

4   Für die **Herleitung der Marktrisikoprämie** werden schwerpunktmäßig die **zukunfts- und die vergangenheitsorientierte Ableitung** gegenübergestellt. Dabei hat sich die vergangenheitsorientierte Ableitung in der Bewertungspraxis letztlich durchgesetzt, obgleich die Ergebnisse empirischer Studien in Abhängigkeit der untersuchten Region und des untersuchten Zeitraums eine erhebliche Bandbreite aufweisen.

5   Im Rahmen der **Ableitung des Betafaktors** werden zunächst die wesentlichen Ermessensspielräume bei der Ermittlung des Betafaktors auf Basis historischer Kapitalmarktdaten aufgezeigt. Dabei werden die zu setzenden Prämissen eingehend diskutiert und sachgerechte Lösungsvorschläge unterbreitet. In diesem Rahmen wird auch die Ableitung des Betafaktors bei einer fehlenden Börsennotierung des Bewertungsobjekts behandelt.

6   Flankierend wird bei der Ermittlung der Komponenten des Kapitalisierungszinssatzes auf die **Rechtsprechung** eingegangen. Die Analyse der aktuellen Entwicklung in der Rechtsprechung soll dem Leser eine Vorstellung darüber liefern, inwieweit theoretische Ermessensspielräume in der gelebten Praxis akzeptiert werden.

II. Bedeutung des Kapitalisierungszinssatzes und Grundlage der Ermittlung

7   Ertragswertverfahren und Discounted Cash Flow-Verfahren beruhen auf den konzeptionellen Grundlagen des **Kapitalwertkalküls**.[1] Demnach bemisst sich die Vorteilhaftigkeit einer Investition über die der Investition entgegen laufenden Zahlungsströme aus einem Investitionsobjekt an den Investor. Der zeitlichen Verteilung der Zahlungsströme wird über eine Abzinsung dieser Zahlungen Rechnung getragen. Entsprechend wird im Ertragswertverfahren über den Barwert der Ausschüttungen, die dem Investor zufließen, der Wert des Unter-

---

1 Vgl. *IDW* (Hrsg.), IDW S 1 i.d.F. 2008, WPg Supplement 3/2008, Tz. 101 ff.

nehmens ermittelt. Der Wert repräsentiert folglich diejenige Zahlung bzw. denjenigen Kaufpreis, dem der Investor denselben Nutzen zuordnet wie den zukünftigen Zahlungsströmen aus dem Unternehmen. Grundvoraussetzung für die Ermittlung des Unternehmenswerts ist dabei, einen geeigneten bzw. sachgerechten Zinssatz für die Diskontierung der Zahlungsüberschüsse aus dem Unternehmen zu ermitteln.

Da die Zahlungsüberschüsse, die ein Unternehmen generiert, grundsätzlich **unsicher** sind, muss dieser Unsicherheit bei einer Wertermittlung Rechnung getragen werden.[1] Hierzu wird in der Praxis vornehmlich die **Risikozuschlagsmethode** angewandt: Dabei werden zunächst die Erwartungswerte der Überschüsse ermittelt, die in einem zweiten Schritt diskontiert werden müssen. Für die Abzinsung muss ein geeigneter Zinssatz bestimmt werden, der eine Investition in eine äquivalente Alternativanlage repräsentiert. Hierbei muss der Unsicherheit der Zahlungsströme Rechnung getragen werden. Zu diesem Zweck wird zur Diskontierung der Zahlungsströme der sichere Zinssatz, der eine fristenkongruente Investition in eine sichere Anlage repräsentiert, um einen Risikozuschlag erhöht. Der Risikozuschlag repräsentiert die Entschädigung, die ein risikoscheuer Investor dafür verlangt, die Unsicherheit der Zahlungsströme in Kauf zu nehmen. In der ewigen Rente (vgl. § 5 Rz. 21) wird der Kapitalisierungszinssatz um den sogenannten Wachstumsabschlag (vgl. § 5 Rz. 140) gekürzt, der das Wachstum der Zahlungsüberschüsse repräsentiert (sog. Gordon-Wachstumsmodell, vgl. § 10 Rz. 58).

Zur Quantifizierung des Risikozuschlags kann und wird in der praktischen Anwendung i.d.R. auf das **Capital Asset Pricing Model (CAPM)** bzw. Tax-CAPM zurückgegriffen.[2] Die Grundlogik dieser Modellierung besagt, dass der Investor nicht für das gesamte Risiko einer Anlage entschädigt wird, sondern nur für denjenigen Teil, der nicht diversifiziert werden kann (systematisches Risiko).

Das systematische Risiko wird dabei als Produkt von Marktrisikoprämie und Betafaktor ermittelt.[3] Die Marktrisikoprämie ist die Vergütung, die der Investor über den sicheren Zins hinausgehend erhält, wenn er in das Marktportfolio investiert. Theoretisch enthält dieses Marktportfolio sämtliche riskante Anlagen weltweit. In der Praxis werden Marktportfolio und mithin auch Risikoprämie über einen breiten (internationalen) Aktienindex approximiert.

Das Produkt aus Betafaktor und Marktrisikoprämie gibt das **systematische Risiko** eines Unternehmens und mithin die über die sichere Verzinsung hinausgehende Vergütung an, die ein Investor dafür erhält, dass er als Rückzahlung für seine Investition die unsicheren, erwarteten Zahlungen aus dem Unternehmen akzeptiert. Technisch wird der **Betafaktor** als Kovarianz der Renditen des Marktportfolios und der Aktienrenditen des entsprechenden Unternehmens im Verhältnis zur Varianz der Renditen des Marktportfolios bestimmt. Er ist somit ein Maß dafür, wie synchron die Renditen des Marktportfolios und des Aktienkurses schwanken.

---

1 Vgl. *IDW* (Hrsg.), IDW S 1 i.d.F. 2008, WPg Supplement 3/2008, Tz. 88 ff.
2 Vgl. *IDW* (Hrsg.), IDW S 1 i.d.F. 2008, WPg Supplement 3/2008, Tz. 92.
3 Vgl. für eine Darstellung der Grundlagen des CAPM bspw. *IDW* (Hrsg.), WP Handbuch 2014, Band II, Teil A, Rz. 327 ff.

12 Im vorliegenden Beitrag wird entsprechend dargelegt, wie für das Ertragswertverfahren ein sachgerechter Kapitalisierungszinssatz auf Basis der Risikozuschlagsmethode ermittelt werden kann, wenn für die Bestimmung des Risikozuschlags das (Tax-)CAPM zugrunde gelegt wird. Zu diesem Zweck wird die Ableitung der Komponenten sicherer Zinssatz sowie Risikozuschlag – bestehend aus Betafaktor und Marktrisikoprämie – jeweils in einem eigenen Kapitel gewürdigt. Hierzu werden jeweils zunächst die betriebswirtschaftlichen Grundlagen erläutert, bevor im Anschluss daran die Rechtsprechung insbesondere im Hinblick auf die Ausübung von Ermessensspielräumen vorgestellt wird.

III. Ableitung des Basiszinssatzes

1. Vorbemerkungen

13 Der Basiszinssatz repräsentiert eine risikolose und zum Zahlungsstrom aus dem zu bewertenden Unternehmen laufzeitäquivalente Kapitalmarktanlage.[1] Die **Risikolosigkeit** der zugrunde liegenden Kapitalmarktanlage bezieht sich insbesondere auf das Währungs-, Termin- sowie Ausfallrisiko.[2] Entsprechend verbleiben zumindest ein Zinsänderungs- und ein Kaufkraftrisiko bei der sicheren Anlage.

14 Entscheidend für eine sachgerechte Ableitung des Basiszinssatzes zum Bewertungsstichtag (Stichtagsprinzip)[3] ist zunächst die Laufzeit der zu erwartenden Zahlungsströme des Bewertungsobjekts. Dem Prinzip der Laufzeitäquivalenz folgend müssen die Fristigkeiten der Zahlungsströme von Bewertungs- und Vergleichsobjekt zeitlich übereinstimmen. Folglich wird die **Laufzeitäquivalenz** bei zeitlich begrenzten Zahlungsströmen des Bewertungsobjekts dadurch gewährleistet, dass eine Kapitalmarktanlage mit entsprechender Laufzeit gewählt wird. Bei einer angenommenen zeitlich unbegrenzten Laufzeit, in der das Bewertungsobjekt finanzielle Überschüsse erwirtschaftet, ist eine Vergleichsalternative zu wählen, aus der ebenfalls ein zeitlich unbegrenzter Zahlungsstrom zu erwarten ist.[4]

15 Der (Basis-)Zinssatz wird in aller Regel als jährlicher „Preis" für die Überlassung von risikolosem (s. oben Rz. 13) Kapital in Abhängigkeit von der Laufzeit interpretiert.[5] Für die Zwecke der Unternehmensbewertung wird in diesem Zu-

---

1 Vgl. *Drukarczyk/Schüler*, Unternehmensbewertung, S. 209.
2 Vgl. *Ballwieser/Hachmeister*, Unternehmensbewertung, S. 87.
3 Im Zusammenhang mit der Ableitung von risikolosen Basiszinssätzen ist maßgeblich, welche Alternativanlagen zum Bewertungszeitpunkt zur Verfügung stehen. Somit müssen die zum Bewertungsstichtag verfügbaren risikolosen Renditen beachtet werden (Stichtagsprinzip). Vgl. u.a. *Drukarczyk/Schüler*, Unternehmensbewertung, S. 210; s. auch *IDW* (Hrsg.), IDW S 1 i.d.F. 2008, WPg Supplement 3/2008, Tz. 117.
4 Vgl. u.a. *Obermaier*, Unternehmensbewertung, Basiszinssatz und Zinsstruktur, Regensburger Diskussionsbeiträge zur Wirtschaftswissenschaft 2005, S. 2 ff. sowie *IDW* (Hrsg.), WP Handbuch 2014, Bd. II, Abschnitt A, Rz. 351.
5 Vgl. *Brigham/Houston*, Fundamentals of Financial Management, 2001, S. 189.

sammenhang auf die Verzinsung von **(hypothetischen) Nullkuponanleihen** zurückgegriffen. Dies sind Anleihen ohne laufende Verzinsung, d.h. die Zinszahlung erfolgt einmalig am Ende der Laufzeit. Die Rendite einer solchen Nullkuponanleihe wird als Kassazinssatz oder Spot Rate bezeichnet.

Grundsätzlich können verschiedene Verfahren zur Ableitung des Basiszinssatzes herangezogen werden. In der Vergangenheit wurde insbesondere zwischen einer vergangenheitsorientierten und einer kapitalmarktorientierten Ableitung des Basiszinssatzes differenziert. 16

Bis zur Überarbeitung des IDW S 1 im Oktober 2005 wurde der Basiszinssatz regelmäßig **vergangenheitsorientiert** abgeleitet: Es wurde „vereinfachend"[1] auf die beobachtbaren Umlaufrenditen öffentlicher Anleihen mit einer festen (Rest-)Laufzeit von zehn oder mehr Jahren zurückgegriffen.[2] Anleihen der öffentlichen Hand erfüllen aufgrund ihres quasi-sicheren Charakters das Kriterium der Risikolosigkeit (s. oben Rz. 13) weitestgehend (vgl. zur Bestimmung des Diskontierungszinses im Detail unten Rz. 19 ff.). Sobald allerdings ein Unternehmen mit einer zeitlich unbegrenzten Lebensdauer bewertet wird, ist zur Herstellung der **Fristenkongruenz** für den daran anschließenden Zeitraum eine Wiederanlageprämisse zu treffen. Da Umlaufrenditen lediglich für öffentliche Anleihen mit Laufzeiten von bis zu 30 Jahren verfügbar sind, wurde „zur Orientierung die Zinsentwicklung der Vergangenheit herangezogen."[3] Die Verwendung langfristiger Durchschnitte der historischen Zinssätze sollten dabei eine Glättung von Schwankungen der historischen Zinssätze sicherstellen. 17

Diese zumindest teilweise vergangenheitsorientierte Ableitung des Basiszinssatzes wird heute überwiegend abgelehnt: Einerseits entspricht die Verwendung eines einheitlichen Zinssatzes für die ersten zehn oder mehr Jahre nicht dem Prinzip der Laufzeitäquivalenz, da implizit **eine flache Zinsstrukturkurve** unterstellt wird, die in der Praxis äußerst selten zu beobachten ist. Andererseits ist der auf Basis von Vergangenheitsdaten abgeleitete Wiederanlagezinssatz nicht mit dem Stichtagsprinzip vereinbar, da verfügbare aktuelle Kapitalmarktdaten nicht genutzt werden.[4] In der heutigen (deutschen) Unternehmensbewertungspraxis hat sich die **kapitalmarktorientierte Ableitung des Basiszinssatzes** nach der sog. **Svensson-Methode** durchgesetzt. Vor diesem Hintergrund soll nachfolgend ausschließlich die Ableitung von Zinsstrukturkurven auf Basis der Svensson-Methode dargestellt werden.[5] Eine Anwendung dieser Methode wird für objektivierte Unternehmensbewertungen auch im WP-Handbuch empfohlen.[6] 18

---

1 *IDW* (Hrsg.), IDW S 1 i.d.F. 2000, WPg 2000, Tz. 121.
2 Vgl. *IDW* (Hrsg.), WP Handbuch 2002, Bd. II, 12. Aufl. 2002, Abschnitt. A, Rz. 292.
3 *IDW* (Hrsg.), IDW S 1 i.d.F. 2000, WPg 2000, Tz. 121.
4 Vgl. *Gebhardt/Daske*, WPg 2005, 649 (655).
5 Vgl. zu alternativen Verfahren zur Ableitung des Basiszinssatzes *Dörschell/Franken/Schulte*, Der Kapitalisierungszinssatz in der Unternehmensbewertung, S. 52-54.
6 Vgl. *IDW* (Hrsg.), WP-Handbuch 2014, Abschnitt A, Rz. 353.

2. Ableitung einer aktuellen Zinsstrukturkurve auf Basis der Svensson-Methode

19   Zur Ableitung einer aktuellen Zinsstrukturkurve kann als **Datenbasis** insbesondere auf Informationen der Deutschen Bundesbank sowie der Europäischen Zentralbank (EZB) zurückgegriffen werden. Sowohl die Daten der Deutschen Bundesbank als auch die der Europäischen Zentralbank basieren auf Renditen kapitalmarktnotierter Staatsanleihen, die aufgrund ihres quasi-sicheren Charakters das Kriterium der Risikolosigkeit (s. oben Rz. 13) weitgehend erfüllen. Abhängig davon, welcher Staat Emittent dieser Anleihen ist, sind indes – trotz identischer Ausstattungsmerkmale – Unterschiede in der Höhe der Renditen der Anleihen festzustellen, was den quasi-sicheren Charakter der Anleihen in Frage stellt. Im Folgenden wird die Ermittlung der Zinsstrukturkurve exemplarisch auf Grundlage der Datenbasis der Deutschen Bundesbank dargestellt.

20   Die **Deutsche Bundesbank** stellt die für die Herleitung einer Zinsstrukturkurve für den deutschen Kapitalmarkt benötigten Informationen auf ihrer Homepage zur Verfügung. Hierzu wird auf beobachtbare Renditen deutscher börsennotierter Bundeswertpapiere[1] zurückgegriffen.

21   Auf der Grundlage der Angaben über Bundeswertpapiere schätzt die Deutsche Bundesbank für Zeiträume ab dem 1.8.1997 die Parameter der **Zinsstrukturkurve nach der Svensson-Methode**. Die herangezogenen Wertpapiere weisen einen hohen Homogenitätsgrad auf und haben insbesondere eine hohe Besetzungsdichte für das Laufzeitspektrum bis zu zehn Jahren.[2] Für (Rest-)Laufzeiten von mehr als zehn Jahren liegen Daten nicht mehr für jedes Jahr, sondern lediglich in unregelmäßigen Abständen von einem bis drei Jahr(en) vor, da diese langlaufenden Anleihen in unregelmäßigen Abständen begeben werden und in Folge dessen das Laufzeitspektrum nicht durchgängig abgedeckt wird. Das Angebot, der Handel sowie die Liquidität von Anleihen mit einer Laufzeit von mehr als zehn Jahren sind im Regelfall deutlich geringer als bei kürzeren Laufzeiten. Dennoch wird für längere Laufzeiten bis zu 30 Jahren vom Bestehen eines aktiven Marktes ausgegangen, aus dem hypothetische Spot Rates für Unternehmensbewertungszwecke verlässlich abgeleitet werden können.[3]

22   Die Zinsstrukturkurve nach Svensson ist grundsätzlich **zeitstetig** definiert. Im Rahmen der Unternehmensbewertung werden hingegen diskrete Renditen ins Kalkül einbezogen. Dies würde grundsätzlich eine Umrechnung der stetigen Renditen in diskrete Renditen erfordern. Beim Rückgriff auf Parameter der Deutschen Bundesbank ist die Umrechnung in diskrete Renditen indes nicht notwendig, da die Parameter bereits für die Schätzung von diskreten Renditen

---

1   Darunter fallen u.a. Bundesanleihen, Bundesobligationen und Bundesschatzanweisungen.
2   Vgl. Deutsche Bundesbank, Kapitalmarktstatistik September 2011, Frankfurt a.M. 2011, S. 67.
3   Vgl. *Gebhardt/Daske*, WPg 2005, 649 (653).

§ 6 Ableitung des Kapitalisierungszinssatzes

spezifiziert wurden. Somit werden beim Einsetzen der Bundesbank-Parameter in die Svensson-Gleichung direkt die benötigten diskreten Spot Rates erzeugt.[1]

Die für die Schätzfunktion nach der Svensson-Methode **erforderlichen Parameter** β_0, β_1, β_2, β_3, τ_1 und τ_2 können **börsentäglich** auf der Homepage der Deutschen Bundesbank frei zugänglich abgerufen werden. Diese Parameter können dann in die Schätzgleichung nach Svensson eingesetzt werden, anschließend können etwa mit einem Tabellenkalkulationsprogramm die geschätzten Spot Rates für (Rest-)Laufzeiten zwischen einem Jahr und 30 Jahren und somit auch die von der Bundesbank geschätzte Zinsstrukturkurve berechnet werden. 23

Unternehmenswerte sind zeitpunktbezogen auf den Bewertungsstichtag zu ermitteln. Die Erwartungen der an der Bewertung interessierten Parteien bzgl. der künftigen finanziellen Überschüsse sowohl des Bewertungsobjekts als auch der bestmöglichen Alternativinvestition hängen vom Umfang der im Zeitablauf zufließenden Informationen ab. Bei einem Auseinanderfallen des Bewertungsstichtags und des (späteren) Zeitpunkts der Durchführung der Bewertung ist daher nur der Informationsstand zu berücksichtigen, der bei angemessener Sorgfalt zum Bewertungsstichtag hätte erlangt werden können.[2] Diese Anforderung wird grundsätzlich durch eine stichtagsgenaue Betrachtung (ohne Durchschnittsbildung) konzeptionell am besten erfüllt.[3] Dies würde gegen die in der Praxis übliche **Glättung der Zinsstrukturkurve** (Durchschnittsbildung) sprechen. 24

Dennoch wird zumeist empfohlen, nicht ausschließlich die zum Bewertungsstichtag geschätzten laufzeitspezifischen Zerobondrenditen zu verwenden. Vielmehr sollen diese Berechnungen für einen Zeitraum vor dem Bewertungsstichtag durchgeführt und aus den laufzeitspezifischen Zerobondrenditen jeweils eine durchschnittliche laufzeitspezifische Zerobondrendite ermittelt werden.[4] Hierdurch soll eine Glättung kurzfristiger Marktschwankungen und möglicher Schätzfehler erreicht werden. 25

Während der IDW S 1 i.d.F. 2008 hinsichtlich der Ableitung des Basiszinssatzes lediglich auf die grundsätzliche Verwendung aktueller Zinsstrukturkurven und zeitlich darüber hinausgehender Prognosen verweist, haben der ehemalige **Arbeitskreis Unternehmensbewertung** des IDW (AKU) bzw. der gegenwärtige **Fachausschuss Unternehmensbewertung und Betriebswirtschaft** des IDW (FAUB) diesbezüglich konkretere Festlegungen und Umsetzungshilfen gegeben. Nach Auffassung des AKU könnte es sachgerecht sein, zur Glättung kurzfristiger Marktschwankungen sowie möglicher Schätzfehler, insbesondere bei den 26

---

1 Vgl. *Wiese/Gampenrieder*, BB 2008, 1722 (1725) sowie *Obermaier*, FB 2006, 472 (474).
2 Vgl. *IDW* (Hrsg.), IDW S 1 i.d.F. 2008, WPg Supplement 3/2008, Tz. 21 f.
3 Vgl. *Ballwieser/Hachmeister*, Unternehmensbewertung, S. 91.
4 Vgl. *AKU* (Hrsg.), Eckdaten zur Bestimmung des Kapitalisierungszinssatzes bei der Unternehmensbewertung – Basiszinssatz, FN-IDW 2005, 555 (556); *FAUB* (Hrsg.), Ergänzende Hinweise des FAUB zur Bestimmung des Basiszinssatzes, FN-IDW 2008, 490 (491).

für Unternehmensbewertungen typischerweise relevanten langfristigen Renditen, nicht allein auf die zum Bewertungsstichtag geschätzten Zerobondrenditen abzustellen. Aus diesem Grund könnten (periodenspezifische) **Durchschnittsrenditen** aus den dem Bewertungsstichtag **vorangegangenen drei vollen Monaten** verwendet werden. Der FAUB empfiehlt diese Vorgehensweise ebenfalls.[1]

27   Bei Unternehmensbewertungen wird i.d.R. von einer unbegrenzten Laufzeit der zu erwartenden finanziellen Überschüsse ausgegangen. Dies wirft bei mangelnder Verfügbarkeit von Anleihen mit unendlicher Laufzeit die Frage auf, wie die Einhaltung des Laufzeitäquivalenzprinzips sichergestellt werden kann, d.h. welche Annahmen der **Fortschreibung der Zinsstrukturkurve für Laufzeiten von mehr als 30 Jahren** zugrunde gelegt werden sollten. Es stellt sich also die Frage, wie Spot Rates für Laufzeiten ab 30 Jahren berechnet werden sollen. In der Literatur werden verschiedene Verfahren für die Berechnung der Anschlussverzinsung diskutiert. Dazu zählen u.a. Expertenprognosen, historische Durchschnittswerte, einheitliche Zinssätze, Regressionsmodelle und das Zinsstrukturmodell.

28   Der AKU hatte sich in der Vergangenheit nicht explizit dazu geäußert, wie die Zinsstrukturkurve für Laufzeiten größer 30 Jahre zu bestimmen ist. Das im Mitgliederbereich der IDW Homepage abrufbare Beispiel auf Basis der Hinweise des AKU sah vor, die Zinsstrukturkurve für Laufzeiten von mehr als 30 Jahren mit Hilfe der Schätzfunktion nach der Svensson-Methode fortzuschreiben. Nach zwischenzeitlich geänderter Auffassung des FAUB lässt sich jedoch aus der Entwicklung der Parameter der Schätzfunktion nach Svensson deren begrenzte Verwendbarkeit zur Extrapolation für weiter in der Zukunft liegende Zinsprognosen erkennen. Vor dem Hintergrund der in die von der Deutschen Bundesbank entwickelte Exponentialfunktion einbezogenen Restlaufzeiten sowie aufgrund allgemeiner Prognoseunsicherheiten kann für die über 30 Jahre hinausgehende Schätzung der Zerobondzinssätze im Regelfall der ermittelte **Zerobondzinssatz mit einer Restlaufzeit von 30 Jahren als nachhaltige Prognose** angesetzt werden. Dies unterstellt eine flache Zinsstrukturkurve ab dem 30. Jahr. Diese Fortschreibung der letzten auf Basis von Marktdaten ableitbaren (hypothetischen) Spot Rate stellt einen pragmatischen und sachgerechten Lösungsansatz dar und wird nunmehr auch vom FAUB des IDW empfohlen.

3. Ermittlung eines barwertäquivalenten einheitlichen Basiszinssatzes

29   Grundsätzlich müssen die jährlich geplanten finanziellen Überschüsse mit dem jeweiligen laufzeitspezifischen risikolosen Zinssatz (Spot Rate), der aus

---

1   Vgl. *IDW* (Hrsg.), Fragen und Antworten: Zur praktischen Anwendung der Grundsätze zur Durchführung von Unternehmensbewertungen nach IDW S 1 i.d.F. 2008, FN-IDW 2012, 293 (294).

den Daten der Zinsstrukturkurve herzuleiten ist, diskontiert werden.[1] Fallen die Zahlungsströme aus dem Unternehmen über einen begrenzten Zeitraum an, können diese jährlich geplanten Zahlungsüberschüsse direkt mit diesen Zinssätzen kapitalisiert werden.

Der Regelfall in der Unternehmensbewertungspraxis stellt indes eine Bewertung unter der Annahme einer unbegrenzten Laufzeit des Unternehmens dar. Da die Planung der Zahlungsüberschüsse jedoch nur für einen endlichen Zeitraum vorgenommen wird, ist für die Periode nach dem letzten Planjahr bis zur Unendlichkeit keine direkte Diskontierung mit laufzeitspezifischen Zinssätzen möglich. Die Zinssätze aus der Zinsstrukturkurve werden dann finanzmathematisch in einen einheitlichen Zinssatz umgerechnet. In Literatur und Praxis ist in diesen Fällen statt der Verwendung von **laufzeitäquivalenten Diskontierungszinssätzen (Spot Rates)**[2] in der Detailplanungsphase und einer entsprechenden einheitlichen Anschlussverzinsung als „theoretisch" richtige Lösung[3] regelmäßig die Verwendung eines einheitlichen Basiszinssatzes für den gesamten Zeitraum (einschließlich Detailplanungsphase) zu beobachten. Dieses Vorgehen soll zum einen die praktische Ermittlung erleichtern und für eine bessere Vergleichbarkeit der erhobenen Basiszinssätze sorgen und zum anderen die Konsistenz zu einer zeitkonstanten Ermittlung der Marktrisikoprämie wahren.

30

Zur Ermittlung eines **einheitlichen Basiszinssatzes** aus den Daten der Zinsstrukturkurve können verschiedene Verfahren zum Einsatz kommen. Vorherrschend erscheint derzeit für konstante oder (stetig) wachsende Zahlungsströme die finanzmathematische Ableitung eines einheitlichen Basiszinssatzes, die zum gleichen Bewertungsergebnis führen soll wie die Verwendung laufzeitspezifischer Spot Rates. Allerdings ist die barwertäquivalente Ermittlung des Basiszinssatzes nur als nachgelagerter Berechnungsschritt möglich, wenn zuvor laufzeitspezifische Zinssätze (Spot Rates) ermittelt wurden.

31

Um eine methodische Konsistenz sicherzustellen, sind bei der Ermittlung des barwertäquivalenten einheitlichen Basiszinssatzes verschiedene Aspekte zu beachten, auf die an dieser Stelle lediglich verwiesen sei.[4]

32

---

1 Die Laufzeitäquivalenz lässt sich durch eine Replikation des zu bewertenden künftigen Zahlungsstroms mit einem Bündel von Nullkuponanleihen entsprechender (Rest-)Laufzeit herstellen. Vgl. *Obermaier*, Unternehmensbewertung, Basiszinssatz und Zinsstruktur, Regensburger Diskussionsbeiträge zur Wirtschaftswissenschaft 2005, S. 2 ff.
2 Vgl. *Drukarczyk/Schüler*, Unternehmensbewertung, S. 213; *Obermaier*, Unternehmensbewertung, Basiszinssatz und Zinsstruktur, Regensburger Diskussionsbeiträge zur Wirtschaftswissenschaft 2005, S. 25 ff. sowie *IDW* (Hrsg.), WP Handbuch 2014, Bd. II, Abschnitt A, Rz. 356.
3 Vgl. *Ballwieser/Hachmeister*, Unternehmensbewertung, S. 88; *Drukarczyk/Schüler*, Unternehmensbewertung, S. 213; *Jonas/Wieland-Blöse/Schiffarth*, FB 2005, 647.
4 Vgl. *Dörschell/Franken/Schulte*, Der Kapitalisierungszinssatz in der Unternehmensbewertung, S. 74-85.

4. Der Basiszinssatz in der Rechtsprechung

33 Die Ableitung des Basiszinssatzes als risikofreier Bestandteil des Kapitalisierungszinssatzes unterlag sowohl in Theorie und Praxis als auch in der Rechtsprechung einem grundlegenden Wandel. Während der risikofreie Zinssatz in der Vergangenheit vorwiegend auf Grundlage durchschnittlicher in der Vergangenheit erzielter Renditen öffentlicher Anleihen bzw. Emittenten bester Bonität abgeleitet wurde, sah IDW S 1 i.d.F. 2005 erstmals für die Ermittlung des Basiszinssatzes eine Orientierung an der aktuellen Zinsstrukturkurve vor. Im IDW S 1 i.d.F. 2008 wird die Ableitung des Basiszinssatzes anhand der Zinsstrukturkurve nunmehr explizit empfohlen. Die Rechtsprechung der **Oberlandesgerichte** folgte dieser Entwicklung, so dass der Basiszinssatz inzwischen durchgängig auf Basis der Zinsstrukturkurve anhand von Daten der Deutschen Bundesbank abgeleitet wird. Dabei wird oftmals eine Glättung über einen Zeitraum von drei Monaten vor dem Bewertungsstichtag vorgenommen.

34 Das **OLG Frankfurt** wies in seiner Entscheidung vom 17.6.2010 darauf hin, dass die Ableitung des Basiszinssatzes auf Grundlage der Zinsstrukturkurve zum Bewertungsstichtag, die auf Basis der Daten der Deutschen Bundesbank ermittelt werden kann, methodisch richtig sei.[1] In einer Entscheidung vom 30.8.2012 stellte das OLG Frankfurt weiter heraus,[2] dass eine Durchschnittsbildung über drei Monate angewendet werden könne, um kurzfristige Schwankungen zu glätten. Das OLG Frankfurt betont in einer weiteren Entscheidung vom 5.12.2013, dass bei der Ableitung des Basiszinssatzes anhand der Zinsstrukturkurve die Bildung eines Dreimonatsdurchschnitts grundsätzlich zulässig und in der Praxis üblich ist. Die Glättung diene dazu, am Bewertungsstichtag auftretende, zufällige Zinsschwankungen auszugleichen. Abweichende Zeiträume lehnt das OLG grundsätzlich ab, da diese in der Praxis unüblich sind und eine fallweise Entscheidung nicht sachgerecht sei.[3]

35 Das **OLG Stuttgart** billigte in seiner Entscheidung vom 4.5.2011 ebenfalls explizit, den Basiszinssatz auf Grundlage der Zinsstrukturkurve mittels Daten der Deutschen Bundesbank abzuleiten.[4] In einer weiteren Entscheidung vom 14.9.2011 führte das OLG Stuttgart des Weiteren aus,[5] dass die Ableitung des Basiszinssatzes aus der Zinsstrukturkurve unstrittig und eine Glättung der Zinsstrukturkurve über drei Monate vertretbar ist. Das OLG erachtet es zudem für zutreffend, auch für Bewertungsstichtage vor Geltung des IDW S 1 i.d.F. 2005 den Basiszinssatz aus der Zinsstrukturkurve abzuleiten.[6]

36 Das **OLG Düsseldorf** äußerte sich in seiner Entscheidung vom 21.12.2011 bezüglich einer rückwirkenden Anwendung des IDW S 1 i.d.F. 2005 dahingehend,[7] dass das Heranziehen von Zinsstrukturkurven grundsätzlich eine Methodenverbesserung und keine Methodenanpassung darstelle. Eine Methoden-

---

1 Vgl. OLG Frankfurt v. 17.6.2010 – 5 W 39/09, AG 2011, 720.
2 Vgl. OLG Frankfurt v. 30.8.2012 – 21 W 14/11, NZG 2012, 1382.
3 Vgl. OLG Frankfurt v. 5.12.2013 – 21 W 36/12, NZG 2014, 464.
4 Vgl. OLG Stuttgart v. 4.5.2011 – 20 W 11/08, AG 2011, 560.
5 Vgl. OLG Stuttgart v. 14.9.2011 – 20 W 4/10, AG 2012, 221.
6 Vgl. OLG Stuttgart v. 14.9.2011 – 20 W 7/08, AG 2012, 135.
7 Vgl. OLG Düsseldorf v. 21.12.2011 – I-26 W 3/11, AG 2012, 459.

verbesserung könne zwar gegebenenfalls berücksichtigt werden, eine zwingende rückwirkende Anpassung ist aber nicht erforderlich. In einer Entscheidung vom 4.7.2012 führte das OLG zudem aus,[1] dass es grundsätzlich anerkannt ist, einen (einheitlichen) Basiszinssatz aus der Zinsstrukturkurve abzuleiten. Dabei sei es sachgerecht, den Zinssatz durch eine Glättung über einen Zeitraum zu ermitteln, um kurzfristige Schwankungen zu bereinigen.

Insgesamt betrachtet ist insbesondere festzuhalten, dass in der Rechtsprechung der Oberlandesgerichte die Ableitung des Basiszinssatzes auf Grundlage der **aktuellen Zinsstrukturkurve**, wie nach IDW S 1 i.d.F. 2008 vorgegeben, durchgängig gefordert wird. Eine rückwirkendes Anwendung des IDW S 1 i.d.F. 2008 und eine Glättung des Basiszinssatzes über drei Monate wird ebenfalls nicht grundsätzlich abgelehnt. 37

Einstweilen frei. 38–42

IV. Ableitung der Marktrisikoprämie

1. Vorbemerkungen

Die Marktrisikoprämie ist neben dem Betafaktor einer von zwei Bestandteilen zur Berücksichtigung des Risikos im Rahmen der Herleitung des Kapitalisierungszinssatzes auf Basis des CAPM. 43

Nachfolgend werden zunächst die Möglichkeiten einer unmittelbar **zukunftsorientierten Ermittlung** der Marktrisikoprämie erörtert. Anschließend wird die Ableitung der Marktrisikoprämie aus **historischen Kapitalmarktdaten** dargestellt. Dabei werden verschiedene Möglichkeiten der Ableitung vergangenheitsorientierter Marktrisikoprämien aufgezeigt und diskutiert. Abschließend wird auf die Empfehlungen des FAUB des IDW zur Festlegung der Höhe der Marktrisikoprämie im Rahmen objektivierter Unternehmensbewertungen, auf die sich die Bewertungspraxis üblicherweise stützt, eingegangen. 44

2. Zukunftsorientierte Ableitung der Marktrisikoprämie

Die **Ermittlung der Marktrisikoprämie** durch **historische Kapitalmarktanalysen** steht derzeit im Zentrum der Diskussion in Theorie und Bewertungspraxis. In diesem Ansatz werden historische Daten verwendet, womit die Zukunftsbezogenheit der so bestimmten Marktrisikoprämie in Frage gestellt werden kann. Daher wird zunehmend auf die Schätzung zukünftiger Risikoprämien verwiesen.[2] Dazu gehören die Befragung von Experten und die analytische Ermittlung impliziter Eigenkapitalkosten. 45

Bei der **Befragung von Experten** werden Kapitalmarktteilnehmer unmittelbar zu ihren Renditeforderungen befragt. Die hieraus ermittelten Marktrisikoprämien liegen i.d.R. etwas unterhalb derer, die auf Basis von historischen Daten 46

---

1 Vgl. OLG Düsseldorf v. 4.7.2012 – I-26 W 8/10 (AktE), AG 2012, 797.
2 Vgl. *IDW* (Hrsg.), WP Handbuch 2014, Bd. II, Abschnitt A, Rz. 334.

ermittelt wurden.[1] Aus verschiedenen Gründen ist dieses Vorgehen im Rahmen der Unternehmensbewertung als ungeeignet zu betrachten. Zum einen sind derartige Befragungen vergleichsweise aufwendig und können nur punktuell und nicht hinreichend systematisch durchgeführt werden. Zum anderen ist die Güte der Aussagen nicht hinreichend dokumentiert. In den entsprechenden Studien bleibt z.B. weitgehend unklar, welche Personen befragt worden sind. Hinzu kommt weiterhin, dass für die Befragten keine Anreize für eine wahrheitsgemäße Beantwortung der Fragen bestehen.

47 Die Modelle zur **Schätzung impliziter Eigenkapitalkosten** (Dividendendiskontierungsmodelle, Gewinnkapitalisierungsmodelle und Residualgewinnmodelle[2]) stimmen methodisch darin überein, dass sie sich auf die Gewinnschätzungen von Finanzanalysten sowie auf aktuelle Börsenkurse stützen. Dementsprechend erfolgt die Ermittlung der Marktrisikoprämie ausgehend von einem über die Marktkapitalisierung gemessenen Unternehmenswert. Dieser wird z.B. beim Dividendendiskontierungsmodell als Barwert der von den Analysten erwarteten Dividendenausschüttungen interpretiert. Die Ermittlung der Marktrisikoprämie nach diesen Modellen stellt quasi eine „umgekehrte" Unternehmensbewertung dar. Bei Anwendung dieser Verfahren werden die Eigenkapitalkosten anhand zukunftsorientierter Parameter zum Bewertungsstichtag ermittelt.

48 Gegen die Verwendung zukunftsorientierter Modelle bestehen generelle Einwendungen: So liegt den Modellen zumeist die Annahme einer konstanten Wachstumsrate der Dividenden, Gewinne oder Residualgewinne zugrunde. Ebenfalls kritisch zu betrachten ist die Abhängigkeit der Modelle von der **Qualität der Schätzungen der Finanzanalysten**. Insbesondere für Deutschland liegen kaum Erfahrungen in diesem Zusammenhang vor.[3] Diese Problematik schlägt sich dann in regelmäßig stark vereinfachenden Prämissen nieder. Finanzanalysten orientieren sich bei ihren Schätzungen eher an kurzfristigen Ereignissen und Erwartungen und schätzen die Entwicklungen der weiteren Zukunft eher vereinfachend.[4]

49 Die Modelle unterstellen zudem eine nicht immer vorauszusetzende **Identität von Marktkapitalisierung und Unternehmenswert** (bzw. Indexwert). Weiterhin reagieren die derartig abgeleiteten Schätzungen der Marktrisikoprämie sehr sensibel auf Änderungen des Prognosemodells.[5]

50 Die zukunftsorientierten Modelle zur Schätzung der Marktrisikoprämie bzw. der Eigenkapitalkosten haben sich in der Praxis bislang nicht durchgesetzt. Sie haben zwar den konzeptionellen Vorteil, auf erwarteten Zahlungen und aktuel-

---

1 Vgl. *Stehle*, WPg 2004, 906 (918).
2 Vgl. *Metz*, Der Kapitalisierungszinssatz bei der Unternehmensbewertung, S. 223 f.
3 Vgl. *Stehle*, WPg 2004, 906 (917).
4 Dies unterscheidet sich grundsätzlich von der objektivierten Unternehmensbewertung. Der Bewerter verschafft sich einen umfassenden Einblick in das zu bewertende Unternehmen und erlangt so vertiefte Kenntnisse über die Ergebnisprognose und das damit verbundene Chancen- und Risikoprofil. Vgl. *Wagner/Jonas/Ballwieser/Tschöpel*, WPg 2006, 1005 (1017).
5 Vgl. *Wagner/Jonas/Ballwieser/Tschöpel*, WPg 2006, 1005 (1017).

len Preisen zu basieren; es ist bislang aber noch nicht der Nachweis gelungen, dass diese Modelle zu besseren Ergebnissen führen als die Ableitung von Marktrisikoprämien aus empirisch beobachtbaren Kapitalmarktdaten.[1]

3. Vergangenheitsorientierte Ableitung der Marktrisikoprämie

In der nationalen und internationalen Bewertungspraxis wird die künftige Marktrisikoprämie überwiegend anhand kapitalmarkttheoretischer Modelle und **empirischer Daten** geschätzt. Dabei dienen am Markt beobachtete bzw. **empirisch gemessene Risikoprämien** (Aktienrenditen abzgl. Renditen risikofreier Anleihen) für den Gesamtaktienmarkt als Ausgangspunkt der Betrachtung.[2]

Die Ableitung der Marktrisikoprämie aus empirisch beobachteten („historischen") Renditen erfordert eine Reihe von Arbeitsschritten und die „Lösung" der damit jeweils verbundenen Problemstellungen. Im Kern erfolgt die kapitalmarktgestützte Ermittlung der (erwarteten) Marktrisikoprämie, indem zunächst für das (gewählte) Marktportfolio der historische Durchschnitt der Überrendite des Marktportfolios über die risikolose Anleihe über den Beobachtungszeitraum ermittelt wird. Die dazu notwendigen **Arbeitsschritte**, auf die nachfolgend näher eingegangen werden soll, erfordern insbesondere **Festlegungen**

– des **Marktportfolios** und der **risikolosen Anleihe**,
– der Länge des **Beobachtungs-/Ermittlungszeitraums** sowie **der Behandlung von „Ausreißern"** und
– der **Art der Bildung der Durchschnittsrendite** (arithmetisches vs. geometrisches Mittel) sowie **Festlegung der Periodizität (Haltedauer)** innerhalb des Beobachtungszeitraums.

In der Bewertungspraxis wird bislang die Marktrisikoprämie in aller Regel nicht spezifisch für jeden Bewertungsfall ermittelt. Üblich ist es vielmehr, auf Ergebnisse vorliegender Studien und auf Empfehlungen zurückzugreifen und diese – in Ausnahmefällen – durch Zu- oder Abschläge einzelfallspezifisch zu modifizieren.

Der Rückgriff auf Ergebnisse vorliegender Studien und auf Empfehlungen entbindet den Bewerter jedoch nicht davon, die Angemessenheit der Empfehlung und ihre **Verwendbarkeit eigenverantwortlich zu beurteilen.** So fordert IDW S 1 i.d.F. 2008 ausdrücklich, dass für die Vergangenheit beobachtete Risikoprämien angepasst werden, wenn für die Zukunft andere Einflüsse erwartet werden.[3] Insofern sollen die folgenden Ausführungen zur Festlegung des Marktportfolios und der risikolosen Anleihe, zur Festlegung der Länge des Ermittlungszeitraums und insbesondere zur Ermittlung der Durchschnittsrendite dazu beitragen, das Verständnis für die in den relevanten Studien gewählten Be-

---
1 Vgl. *Reese,* Schätzung von Eigenkapitalkosten für die Unternehmensbewertung, S. 132 f.
2 Vgl. *IDW* (Hrsg.), WP Handbuch 2014, Bd. II, Abschnitt A, Rz. 358.
3 Vgl. *IDW* (Hrsg.), IDW S 1 i.d.F. 2008, WPg Supplement 3/2008, Tz. 91.

rechnungsmethoden zu fördern und dem Bewerter somit die Bildung einer eigenen Einschätzung zu erleichtern.

55 Unter den engen Prämissen des CAPM sind sämtliche nicht risikofreie Anlageformen Bestandteil des Marktportfolios.[1] Dieses umfasst somit neben Kapitalmarkttiteln weitere Vermögenswerte wie z.B. Grundstücke, Gebäude, Kunstgegenstände und Humankapital. Dementsprechend wäre zur Ableitung der Marktrisikoprämie bzw. der Marktrendite ein **Marktportfolio** bestehend aus sämtlichen risikobehafteten Anlageklassen, jeweils gewichtet mit dem zugehörigen Anteil am Marktportfolio, zu verwenden. Da die Rendite dieses theoretisch richtigen Marktportfolios in der Praxis nicht gemessen werden kann, wird im Rahmen der empirischen Umsetzung des CAPM auf die Rendite eines Aktienindex zurückgegriffen.[2] Welcher Aktienindex jeweils sachgerecht ist, hängt primär vom Anlageverhalten des Investors (Bewertungssubjekt) ab.[3]

56 IDW S 1 i.d.F. 2008 sieht vor, dass der objektivierte Unternehmenswert bei gesellschaftsrechtlichen und vertraglichen Bewertungsanlässen aus der Perspektive einer inländischen unbeschränkt steuerpflichtigen natürlichen Person als Anteilseigner ermittelt wird.[4] Für die **Verwendung lokaler Aktienindizes** (CDAX oder DAX) könnte insbesondere die als „Home Bias" bezeichnete Neigung vor allem privater Anleger sprechen, vorwiegend in nationale Wertpapiere zu investieren.[5] In diesem Zusammenhang bietet es sich für die Bewertung von inländischen Unternehmen an, auf einen breiten lokalen deutschen Aktienindex wie z.B. den CDAX abzustellen, der aktuell ein Portfolio von rund 600 Unternehmen umfasst. Auch der DAX könnte eine sachgerechte Näherung des Marktportfolios in Deutschland darstellen, da dessen Entwicklung maßgeblichen Einfluss auf das Anlegerverhalten hat und mögliche relevante Kursbeeinflussungen, wie sie z.B. bei Marktenge nicht auszuschließen sind, nicht in Betracht kommen.[6] Bei fortschreitender Globalisierung und stärkerer Vernetzung der internationalen Finanzbeziehungen kann das in der Vergangenheit beobachtbare Verhalten der Anleger („Home Bias") aber nicht unreflektiert dauerhaft unterstellt werden. Folglich sollte anstelle eines nationalen Aktienindex (z.B. CDAX) auf einen breiter gefassten (zumindest europäischen) Aktienindex abgestellt werden.

57 Somit wäre regelmäßig **die Verwendung weltweiter oder international breit gefasster Aktienindizes** sachgerecht.[7] Diese stellen im Vergleich zu den nationalen oder regionalen Indizes eine bessere Näherung an das aus Anlegersicht rele-

---

1 Vgl. *Rebien*, Kapitalkosten in der Unternehmensbewertung, S. 86.
2 Vgl. *Metz*, Der Kapitalisierungszinssatz bei der Unternehmensbewertung, S. 212 f. Sowohl theoretisch als auch empirisch wird Aktienindizes die höchste Korrelation zu dem theoretisch richtigen Konstrukt des Marktportfolios zugeschrieben. Vgl. *Rebien*, Kapitalkosten in der Unternehmensbewertung, S. 86.
3 Vgl. *IDW* (Hrsg.), IDW S 1 i.d.F. 2008, WPg Supplement 3/2008, Tz. 31.
4 So *IDW* (Hrsg.), IDW S 1 i.d.F. 2008, WPg Supplement 3/2008, Tz. 31.
5 Vgl. *Albrecht*, Asset Allocation und Zeithorizont, S. 10.
6 Vgl. *Rebien*, Kapitalkosten in der Unternehmensbewertung, S. 87.
7 Streng genommen dürften bei Verwendung einer aus nationalen Kapitalmarktdaten abgeleiteten Marktrisikoprämie im Rahmen der Ableitung von Betafaktoren auch nur nationale Unternehmen in eine Peer Group aufgenommen werden.

vante Marktportfolio dar, wie es dem CAPM zugrunde liegt. Zumindest für Plausibilitätsüberlegungen sollten im konkreten Bewertungsfall neben lokalen, deutschen Aktienindizes auch breiter gefasste Indizes zur Berechnung der Marktrisikoprämie herangezogen werden.

Neben der Marktrendite stellt die Rendite einer **risikolosen Anleihe** die zweite Komponente für die Ableitung der Marktrisikoprämie dar. Die Ermittlung der Rendite einer risikolosen Anleihe kann aber nicht losgelöst von der Ermittlung der Marktrendite erfolgen. So sollten sich Marktrendite und Rendite der risikolosen Anleihe bspw. hinsichtlich des Anlagehorizonts entsprechen.[1] Bei der konkreten Festlegung der risikolosen Anleihe kann z.B. direkt auf einzelne Staatsanleihen, auf Rentenindizes (z.B. den Rex Performance-Index in Deutschland) oder auf Basiszinsberechnungen der Zentralbanken zurückgegriffen werden.[2]

Hinsichtlich der Festlegung der **Länge des Ermittlungszeitraums** sind insbesondere folgende Aspekte zu berücksichtigen:

– Für einen eher kurzen Ermittlungszeitraum spricht die Überlegung, dass damit aktuelle Markteinschätzungen in die Bestimmung einfließen und diese aktuellen Einschätzungen möglicherweise besonders prognosegeeignet sind.

– Für einen eher langen Ermittlungszeitraum spricht, dass eine Mindestmenge an beobachteten Marktrenditen berücksichtigt werden sollte, um einen repräsentativen Durchschnitt ableiten zu können. Der Einfluss einzelner Werte wird durch eine größere Anzahl an Beobachtungen tendenziell begrenzt. Die Ausweitung des Erhebungszeitraums führt allerdings (auch) dazu, dass weiter zurückliegende und folglich nicht mehr für die Zukunft repräsentative Größen einfließen.

– Der Einfluss von „**Ausreißern**" im Sinne von für die Zukunft **nicht repräsentativen Ereignissen** ist differenziert zu betrachten. Es sind zumindest drei Fälle zu unterscheiden:
  – Ausreißer, die innerhalb des Ermittlungszeitraums liegen und bei denen im Ermittlungszeitraum eine entsprechende Gegenbewegung erfolgt, sind hinsichtlich ihrer Auswirkungen auf die Marktrendite zu analysieren. Dabei ist die zeitliche Verteilung (Dauer bzw. Synchronität) der Auf- und Abbewegungen zu berücksichtigen; ggf. sind Anpassungen des Beobachtungszeitraums vorzunehmen.
  – Ausreißer, die im Start- oder Endpunkt des Beobachtungszeitraums liegen, sind zu eliminieren.
  – Ausreißer (Struktureffekte), die zu einer Niveauverschiebung der Marktrendite führen, ohne dass voraussichtlich eine entsprechende Gegenbewegung erfolgt; in diesem Fall ist zu analysieren, ob der Beobachtungszeitraum auf die Zeit nach Eintritt der Strukturverschiebung begrenzt wird.

Es gibt daher jeweils Argumente, die für einen kürzeren bzw. einen längeren Zeitraum zur Ableitung der Marktrisikoprämie sprechen. Da die Länge des Er-

---
1 Vgl. hierzu exemplarisch *Pratt/Grabowski*, Cost of Capital, S. 160 f.
2 Vgl. bezüglich der Festlegung der risikolosen Anleihe auch *Knoll/Wenger*, BewertungsPraktiker 2011, 18.

mittlungszeitraums die Höhe der Marktrisikoprämie in hohem Maße beeinflusst, hat diese **Diskussion** auch **praktische Relevanz**. Die zahlreichen empirischen Studien zur Bestimmung von historischen Marktrisikoprämien unterscheiden sich deutlich hinsichtlich der Länge des gewählten Ermittlungszeitraums, was ein Grund für Unterschiede in der gemessenen Marktrisikoprämie darstellt.

61 Spezifisch für die Ableitung der historischen Marktrisikoprämie ist weiterhin die Notwendigkeit, die für die einzelnen Abschnitte (Haltedauern) des Beobachtungszeitraums ermittelten Renditen zu einer „Durchschnittsrendite" zusammenzufassen. Technisch erfolgt dabei ein Rückgriff auf das arithmetische oder auf das geometrische Mittel[1] der über die einzelnen Abschnitte des Beobachtungszeitraums ermittelten Renditen.[2] Inhaltlich hat die **Bildung der Durchschnittsrendite** so zu erfolgen, dass der ermittelte Durchschnittswert einen guten „Schätzer" der zukünftig erwarteten Rendite des Marktportfolios bildet.

62 Die Diskussion der Frage, auf welche Weise die durchschnittlichen Renditen zu bestimmen sind, ist aktuell als noch nicht abgeschlossen zu betrachten. Nach derzeitigem Stand erfährt die **Verwendung des arithmetischen Mittels** eine tendenziell größere Unterstützung.[3] In diesem Zusammenhang hat die Annahme über den Anlagehorizont des Investors eine hohe Relevanz. Als Anlagezeitraum ist dabei die Periodenlänge zu verstehen, für die Markrisikoprämie berechnet wird. Dabei wird häufig die Marktrisikoprämie auf jährlicher Basis ermittelt. Bei Verwendung längerer Anlagehorizonte als von einem Jahr nähert sich das arithmetische dem (geringeren) geometrischen Mittel an. Somit besteht auch hinsichtlich des anzunehmenden Anlagehorizonts weiterer Forschungsbedarf.

63 Die Bewertungspraxis orientiert sich bei objektivierten Unternehmensbewertungen in erster Linie an den **Verlautbarungen des FAUB des IDW**. In den letzten Jahren hat sich der FAUB des IDW mehrfach zur Festlegung der Marktrisikoprämie geäußert. Nachfolgend wird hierüber ein kurzer chronologischer Überblick gegeben:

– Für Bewertungsstichtage ab dem 1.1.2009 empfiehlt der FAUB, die Marktrisikoprämie vor persönlichen Steuern in einer Bandbreite von 4,50 % bis 5,50 % und die Marktrisikoprämie nach persönlichen Steuern in einer Bandbreite von 4 % bis 5 % zu schätzen.

---

1 Das arithmetische Mittel („durchschnittliches Alter einer Schulklasse"), auch Durchschnitt genannt, erhält man, indem man eine Summe durch die Anzahl der Ausprägungen teilt. Bei einem geometrischen Mittel („Durchschnittliche Rendite der letzten Jahre auf Basis einer Zinseszinsrechnung") wird die n-te Wurzel eines Produkts berechnet, wobei n die Anzahl der Ausprägungen darstellt.
2 Vgl. *Reese*, Schätzung von Eigenkapitalkosten für die Unternehmensbewertung, S. 34; *Wagner/Jonas/Ballwieser/Tschöpel*, WPg 2006, 1005 (1018) sowie *Rebien*, Kapitalkosten in der Unternehmensbewertung, S. 89 ff.
3 Vgl. *Pratt/Grabowski*, Cost of Capital, S. 149 m.w.N.; *Stehle*, WPg 2004, 906 (910) sowie *Metz*, Der Kapitalisierungszinssatz bei der Unternehmensbewertung, S. 217.

- Vor dem Hintergrund veränderter Kapitalmarktgegebenheiten hat sich der FAUB in Bezug auf die Marktrisikoprämie am 10.1.2012 zunächst wie folgt geäußert: „Im Zusammenhang mit der derzeit beobachtbaren erhöhten Unsicherheit am Kapitalmarkt und der damit zum Ausdruck kommenden gestiegenen Risikoaversion empfiehlt der FAUB, bei Unternehmensbewertungen zu prüfen, ob dieser Situation mit dem Ansatz der Marktrisikoprämie am oberen Rand der empfohlenen Bandbreiten [...] von 4,5 % bis 5,5 % (vor persönlicher Ertragsteuer) bzw. von 4,0 % bis 5,0 % (nach persönlicher Ertragsteuer) Rechnung zu tragen ist. Dies gilt grundsätzlich für alle Bewertungsanlässe, jedoch können abhängig von der Situation des einzelnen Bewertungsfalls im Rahmen der eigenverantwortlichen Beurteilung durch den Bewerter weitergehende Überlegungen angezeigt sein."
- Am 19.9.2012 kam der FAUB nach weiteren Analysen zu nachfolgendem Ergebnis: „Der FAUB hält es für sachgerecht, sich derzeit bei der Bemessung der Marktrisikoprämien an einer Bandbreite von 5,5 % bis 7 % (vor persönlichen Steuern) bzw. 5 % bis 6 % (nach persönlichen Steuern) zu orientieren."[1] In diesem Zusammenhang weist der FAUB zudem darauf hin, dass er „die Einflussfaktoren zur Bemessung des Kapitalisierungszinssatzes weiterhin regelmäßig in seinen Sitzungen analysieren und bei Veränderungen die Empfehlungen entsprechend aktualisieren"[2] werde.

Vor dem Hintergrund der aktuellen Diskussion und dem entsprechenden Methodenstreit ist ein besonderes Augenmerk auf die **Methodik zur Ermittlung der Marktrisikoprämie** zu legen. Wie Marktrenditen im Einzelnen zu ermitteln sind und welche Zeiträume zugrunde gelegt werden sollten, ist noch nicht abschließend erörtert. In Folge dessen ist zu prüfen, inwiefern eine Konvergenz in diesem Methodenstreit zu erwarten ist.

4. Die Marktrisikoprämie in der Rechtsprechung

Die auch vom IDW S 1 i.d.F. 2008 vorgesehene Verwendung des CAPM bzw. Tax-CAPM zur Bestimmung des Risikozuschlags wird in der Rechtsprechung der **Oberlandesgerichte** durchgängig akzeptiert. Diskrepanzen in der Auffassung bestehen hingeben insbesondere hinsichtlich der Höhe der Marktrisikoprämie bzw. deren Ermittlung.

Das **OLG Stuttgart** betont in einer Entscheidung vom 4.5.2011, dass das CAPM methodisch für die Bemessung des Risikozuschlags geeignet sei.[3] Das **OLG Frankfurt** weist in diesem Zusammenhang in einem Beschluss vom 29.3.2011 ausdrücklich darauf hin, dass das (Tax-)CAPM in der Rechtsprechung durch-

---

1 *FAUB* (Hrsg.), Hinweise des FAUB zur Berücksichtigung der Finanzmarktkrise bei der Ermittlung des Kapitalisierungszinssatzes in der Unternehmensbewertung, S. 1.
2 *FAUB* (Hrsg.), Hinweise des FAUB zur Berücksichtigung der Finanzmarktkrise bei der Ermittlung des Kapitalisierungszinssatzes in der Unternehmensbewertung, S. 1.
3 Vgl. OLG Stuttgart v. 4.5.2011 – 20 W 11/08, AG 2011, 560.

gängig anerkannt ist, um den Risikozuschlag zu bestimmen.[1] Auch das **OLG München** sieht im (Tax-)CAPM ein in Rechtsprechung und Praxis anerkanntes Verfahren.[2]

67 Hinsichtlich der **Höhe der Marktrisikoprämie** hält das **OLG Stuttgart** in einem Beschluss vom 4.5.2011 fest, dass eine empirisch genaue Festlegung der Marktrisikoprämie nicht möglich sei und entsprechende Studien insofern lediglich als Schätzgrundlage i.S.v. § 287 Abs. 2 ZPO dienen.[3] Das **OLG Düsseldorf** weist in diesem Zusammenhang auch darauf hin, dass die Empfehlungen des IDW nicht die Qualität einer Rechtsnorm haben, sondern anerkannte, aber nicht unumstrittene Expertenauffassung seien.[4] Entsprechend sei die Marktrisikoprämie letztlich im Wege der richterlichen Schätzung nach § 287 Abs. 2 ZPO festzusetzen.

68 Bei der Methodik zur **Ermittlung der Marktrisikoprämie** ist in der Rechtsprechung eine gewisse **Methodenoffenheit** zu erkennen. So hält es das **OLG Frankfurt** in einer Entscheidung vom 29.3.2011 für nicht abschließend geklärt, ob die Marktrisikoprämie auf Basis des arithmetischen oder des geometrischen Mittelwerts zu berechnen sei.[5] Das **OLG Stuttgart** vertritt in einer Entscheidung vom 4.5.2011 grundsätzlich dieselbe Auffassung.[6] Dabei sei dies zumindest insofern unproblematisch, als dass das OLG auf Basis der als relevant erachteten Bandbreiten die Marktrisikoprämie im Wege der richterlichen Schätzung nach § 287 Abs. 2 ZPO als sachgerecht erachte. Auch das **KG Berlin** hielt in einer Entscheidung vom 19.5.2011 fest, dass kein Konsens darüber herrsche, ob der arithmetische oder der geometrische Mittelwert zu verwenden sei.[7] Das **OLG Frankfurt** kommt in seiner Entscheidung vom 5.3.2012 zum selben Schluss und erachtet es vor diesem Hintergrund als sachgerecht, beide Verfahren der Mittelwertbildung zu berücksichtigen.[8] Letztere Auffassung wird auch vom **OLG Düsseldorf** in einer Entscheidung vom 4.7.2012 vertreten.[9]

69 Methodische **Kritik** an der **vergangenheitsorientierten Ermittlung der Marktrisikoprämie** übt das **OLG Düsseldorf** in einer Entscheidung vom 4.7.2012.[10] Das OLG Düsseldorf macht hierzu allgemeine konzeptionelle Bedenken gegen empirische Studien geltend, die die Ableitung von Marktrisikoprämien auf Basis historischer Daten zum Gegenstand haben. Entsprechende konzeptionelle Bedenken hatte bereits das **OLG Frankfurt** in einer Entscheidung vom 20.12.2011 geäußert.[11]

---

1 Vgl. OLG Frankfurt v. 29.3.2011 – 21 W 12/11, AG 2011, 629.
2 Vgl. OLG München v. 18.2.2014 – 31 Wx 211/13, AG 2014, 453.
3 Vgl. OLG Stuttgart v. 4.5.2011 – 20 W 11/08, AG 2011, 560.
4 Vgl. OLG Düsseldorf v. 4.7.2012 – I-26 W 8/10 (AktE), AG 2012, 797.
5 Vgl. OLG Frankfurt v. 29.3.2011 – 21 W 12/11, AG 2011, 629.
6 Vgl. OLG Stuttgart v. 4.5.2011 – 20 W 11/08, AG 2011, 560.
7 Vgl. KG Berlin v. 19.5.2011 – 2 W 154/08, AG 2011, 627.
8 Vgl. OLG Frankfurt v. 5.3.2012 – 21 W 11/11, AG 2012, 417.
9 Vgl. OLG Düsseldorf v. 4.7.2012 – I-26 W 8/10 (AktE), AG 2012, 797.
10 Vgl. OLG Düsseldorf v. 4.7.2012 – I-26 W 8/10 (AktE), AG 2012, 797.
11 Vgl. OLG Frankfurt v. 20.12.2011 – 21 W 8/11, AG 2012, 330.

Im Ergebnis werden in der obergerichtlichen Rechtsprechung **unterschiedliche** 70
Marktrisikoprämien akzeptiert. Das **OLG Stuttgart** sieht in einer Entscheidung vom 4.5.2011 die zu diesem Zeitpunkt vorliegenden empirischen Studien nicht als Anlass an, eine Marktrisikoprämie im Tax-CAPM i.H.v. 5,5 % zu revidieren.[1] Auch das **OLG Frankfurt** erachtete trotz des Vorliegens von Studien, die eine niedrigere Risikoprämie ausweisen, eine Marktrisikoprämie im Tax-CAPM i.H.v. 5,5 % für sachgerecht.[2] Andererseits wies das **KG Berlin** in einer Entscheidung vom 19.5.2011 eine Beschwerde gegeben eine Entscheidung des LG Berlins zurück,[3] in der eine Marktrisikoprämie i.H.v. 3,0 % angesetzt wurde. Das **OLG München** weist in einer Entscheidung vom 18.2.2014 in Bezug auf die Sachgerechtigkeit einer Marktrisikoprämie nach Steuern i.H.v. 4,5 % auf § 203 Abs. 1 BewG hin,[4] in dem der Risikozuschlag für das vereinfachte Ertragswertverfahren kodifiziert ist. Dem dort verwendeten Risikozuschlag i.H.v. 4,5 % komme insofern eine argumentative Stützfunktion zu, als dass dieser eine gewisse Wertung des Gesetzgebers für einen im Regelfall angemessenen Zuschlag zum Ausdruck bringe.

Insgesamt kann konstatiert werden, dass in der Rechtsprechung wie auch in 71
der Bewertungspraxis **kein endgültiger Konsens über die Höhe der Marktrisikoprämie** auszumachen ist. Zudem ist ein Konvergenzprozess zu einer finalen Erkenntnisbildung nicht zu erkennen. So lässt etwa die geübte Kritik an der vergangenheitsorientierten Ableitung durch das OLG Düsseldorf vermuten,[5] dass diesbezüglich in Zukunft noch eine Entwicklung stattfindet und weitere, neue Diskussionspunkte entstehen. Für den **Praktiker** können vor diesem Hintergrund entsprechende Empfehlungen als Anhaltspunkt dienen, gleichwohl sollten sie im konkreten Einzelfall einer eigenverantwortlichen, kritischen Würdigung unterzogen werden.

V. Ableitung des Betafaktors

1. Vorbemerkungen

Im ersten Abschnitt dieses Kapitels wird zunächst ein kurzer Überblick über 72
verschiedene Ansätze zur Ableitung des unternehmensspezifischen Betafaktors gegeben. Darauf folgt eine detaillierte Betrachtung von auf Basis historischer Kapitalmarktdaten abgeleiteten Betafaktoren. Schwerpunktmäßig wird dabei auf mögliche Freiheitsgrade bzw. Ermessensspielräume bei der Festlegung der Inputfaktoren hingewiesen, mit denen sich der Bewerter im jeweiligen Bewertungsfall auseinandersetzen muss.

---

1 Vgl. OLG Stuttgart v. 4.5.2011 – 20 W 11/08, AG 2011, 560.
2 Vgl. OLG Frankfurt v. 29.3.2011 – 21 W 12/11, AG 2011, 629.
3 Vgl. KG Berlin v. 19.5.2011 – 2 W 154/08, AG 2011, 627.
4 Vgl. OLG München v. 18.2.2014 – 31 Wx 211/13, AG 2014, 453.
5 Vgl. OLG Düsseldorf v. 4.7.2012 – I-26 W 8/10 (AktE), AG 2012, 797.

2. Alternative Methoden zur Ableitung eines Betafaktors

73 Die Ableitung von Betafaktoren anhand **historischer Kapitalmarktdaten** lässt sich auf die Arbeiten von *Sharpe* und *Fama* zurückführen.[1] Ausgehend von den Grundgedanken der Portfoliotheorie und des CAPM erfolgt die Ermittlung des Betafaktors durch eine Regressionsanalyse, in der Zeitreihen über die in der Vergangenheit realisierten Renditen für ein bestimmtes risikobehaftetes Wertpapier gegen einen für das Marktportfolio als repräsentativ angesehenen Aktienindex regressiert werden. Der Regressionskoeffizient bildet den wertpapierspezifischen Betafaktor ab.[2] Dieser kann als Einschätzung des historischen (systematischen) Risikos durch den Kapitalmarkt interpretiert werden. Das als ex-ante-Modell konzipierte CAPM wird hierbei in einer ex-post-Perspektive angewendet.

74 Eine alternative Vorgehensweise besteht in einer **zukunftsorientierten Ableitung** des Betafaktors. Die zukunftsorientierte Bestimmung von Betafaktoren greift unmittelbar auf das CAPM als ex-ante-Modell zurück. Spezifisch für den zukunftsorientierten Ansatz ist, dass die zur Bestimmung des Betafaktors notwendigen Eingangsparameter aus aktuellen Preisen für Optionen abgeleitet werden. Ein (ersatzweiser) Rückgriff auf historische Kursverläufe ist hier nicht notwendig. Unter Berücksichtigung der Optionspreistheorie[3] kann ein theoretischer „Zusammenhang zwischen dem Marktpreis einer Option und der Höhe der Volatilität bzw. der Korrelation"[4] hergestellt werden. Unter der Annahme der Gültigkeit eines bestimmten Optionspreismodells können die von den Marktteilnehmern implizit erwarteten zukünftigen Volatilitäten und zukünftigen Korrelationen ermittelt werden.[5] Als Optionspreismodell wird in der Literatur vorwiegend auf das Black-Scholes-Modell verwiesen. Für die Ableitung der impliziten Volatilitäten eines einzelnen Wertpapiers ist es ausreichend, den Kapitalmarktpreis einer darauf gerichteten Option zu kennen. Die Ermittlung der impliziten Korrelation zwischen einem Wertpapier und einem Marktindex bzw. zwischen zwei Wertpapieren setzt voraus, dass der Marktpreis einer entsprechend „kombinierten" Option bekannt ist, welche zugleich auf das Wertpapier und den Index bzw. auf beide Wertpapiere gerichtet ist. Entsprechende Optionen sind beispielsweise als Austauschoptionen und/oder Optionen auf das Minimum/Maximum von Wertpapier und Index gerichtet.[6]

---

1 Vgl. *Sharpe*, Portfolio Theory and Capital Markets sowie *Fama*, Foundations of Finance.
2 Vgl. *Jähnchen*, Kapitalkosten von Versicherungsunternehmen, S. 47.
3 Vgl. ausführlich zur Optionstheorie z.B. *Hull*, Options, Futures, and Other Derivatives.
4 *Rausch*, Unternehmensbewertung mit zukunftsorientierten Eigenkapitalkosten, S. 105.
5 Vgl. *Rausch*, Unternehmensbewertung mit zukunftsorientierten Eigenkapitalkosten, S. 106 m.w.N.; vgl. ausführlich zum Black-Scholes-Modell z.B. *Hull*, Options, Futures, and Other Derivatives, Kapitel 14.
6 Vgl. *Rausch*, Unternehmensbewertung mit zukunftsorientierten Eigenkapitalkosten, S. 105.

Die Schätzung historischer Betafaktoren anhand **fundamentaler Unternehmenskennzahlen** stellt insoweit eine Besonderheit dar, als das dieser Ansatz kapitalmarktorientiert ist, inhaltlich aber nicht dem Erklärungszusammenhang des CAPM folgt: Die Ableitung von Betafaktoren anhand fundamentaler Daten basiert auf der Grundidee, dass zwischen jahresabschlussbasierten Unternehmenskennzahlen und dem Risiko des entsprechenden Unternehmens – repräsentiert im Betafaktor – ein kausaler Zusammenhang besteht. Dies setzt voraus, dass „die Fundamentaldaten eines Unternehmens durch dieselben Ereignisse beeinflusst werden, die auch für die Kursbildung am Aktienmarkt bestimmend sind, und damit auch wesentliche Informationen über das Aktienkursrisiko enthalten."[1] Um diesen Zusammenhang zwischen Kennzahlen und Betafaktor zu modellieren, sind unterschiedliche Ansätze denkbar, auf die an dieser Stelle lediglich verwiesen sei.[2]

75

Gegen jeden der drei Ansätze zur Bestimmung von Betafaktoren werden somit grundlegende **Einwendungen und Vorbehalte** vorgetragen. Gegen die Ableitung von Betafaktoren auf Basis fundamentaler Unternehmenskennzahlen wird in der Literatur insbesondere eingewendet, dass der Zusammenhang zwischen Fundamentaldaten eines Unternehmens und dem systematischen Aktienkursrisiko für den deutschen Kapitalmarkt bisher nicht eindeutig nachgewiesen ist.[3] Zudem steht eine vergangenheitsorientierte Ableitung – grundsätzlich unabhängig davon, ob sie anhand von Unternehmenskennzahlen oder anhand von Renditeverläufen erfolgt – konzeptionell der Zukunftsbezogenheit der Unternehmensbewertung entgegen.[4] Bei einer vergangenheitsorientierten Vorgehensweise ist gesondert darzulegen, inwieweit eine Prognoseeignung gegeben ist bzw. inwiefern sie gefördert werden kann.

76

Die **zukunftsorientierte Ableitung von Betafaktoren** wird dem Grundsatz der Zukunftsorientierung gerecht. Ausdrücklich verweist IDW S 1 i.d.F. 2008 darauf, dass von Finanzdienstleistern auch Prognosen für Betafaktoren angeboten werden.[5] Jedoch begegnet die zukunftsorientierte Ableitung praktischen Hindernissen. Insbesondere liegen Marktpreise für die zur Ableitung des Betafaktors benötigten Optionen regelmäßig nicht bzw. nur für einen kleinen Teil der börsennotierten Unternehmen vor.

77

Gegen die Verwendung historischer Kapitalmarktdaten (Renditeverläufe) wird entsprechend das Argument der Vergangenheitsorientierung vorgebracht. Die Übertragung historischer Betafaktoren auf zukünftige Perioden (sog. naive

78

---

1 *Jähnchen*, Kapitalkosten von Versicherungsunternehmen, S. 83.
2 Vgl. hierzu *Dörschell/Franken/Schulte*, Der Kapitalisierungszinssatz in der Unternehmensbewertung, S. 130 f. m.w.N.
3 *Jähnchen*, Kapitalkosten von Versicherungsunternehmen, S. 33.
4 Vgl. *Metz*, Der Kapitalisierungszinssatz bei der Unternehmensbewertung, S. 205 f. Zur Betafaktorenermittlung auf der Grundlage fundamentaler Unternehmenskennzahlen liegen widersprüchliche Ergebnisse empirischer Studien zum Einfluss der Daten auf die Höhe des Betafaktors vor. Einige Studien legen einen Zusammenhang zwischen Betafaktor und Kennzahlen nahe, andere kommen zum gegenteiligen Ergebnis.
5 Vgl. *IDW* (Hrsg.), IDW S 1 i.d.F. 2008, WPg Supplement 3/2008, Tz. 122.

Prognose) unterstellt eine ausreichende **Stabilität des Betafaktors**.[1] Ebenfalls wird kritisch angeführt, dass die Herleitung historischer Betafaktoren die Festlegung der Länge der Schätzperiode, der Länge des Renditeintervalls und des Vergleichsindex erfordert und empirische Studien einen signifikanten Einfluss dieser Parameter auf die Höhe des Betafaktors nahelegen.[2]

79 Unter Gesamtabwägung der hier skizzierten Vor- und Nachteile wird die Herleitung des **Betafaktors anhand historischer Kapitalmarktdaten** als sachgerecht angesehen. Diese Vorgehensweise wird insbesondere der Anforderung des IDW S 1 i.d.F. 2008 gerecht, der eine marktgestützte Ermittlung des Risikozuschlags fordert.[3] Voraussetzung für die Verwendung von in der Vergangenheit beobachteten Betafaktoren ist jedoch, dass diese ggf. angepasst werden, wenn für die Zukunft Veränderungen erwartet werden, die das systematische Risiko des zu bewertenden Unternehmens beeinflussen. Die Ableitung von Betafaktoren auf Basis historischer Kapitalmarktdaten stellt auch die in der Bewertungspraxis übliche Vorgehensweise dar, so dass sie nachfolgend detailliert dargestellt und erörtert werden soll.

3. Ableitung von Betafaktoren auf Basis historischer Kapitalmarktdaten

a) Überblick

80 Die grundsätzliche Vorgehensweise zur Ermittlung von Betafaktoren auf Basis historischer Kapitalmarktdaten ist in folgendem Schema zusammengefasst dargestellt:

Betafaktoren – Ermittlung auf Basis historischer Kapitalmarktdaten

(1) Betafaktor des Bewertungsobjekts oder einer Peer Group

(2) Ermittlung historischer Raw Betafaktoren

- a) Referenzindex
- b) Beobachtungszeitraum
    - (1) Länge Gesamtzeitraum
    - (2) Unterteilung
- c) Renditeintervall

(3) Belastbarkeit historischer Betafaktoren

- a) Liquidität der Aktie

---

1 Vgl. *Zimmermann*, Schätzung und Prognose von Betawerten, S. 209.
2 Theoretisch sollten diese „Einstellungsparameter" keine Auswirkung auf die Höhe des Betafaktors haben, vgl. *Cohen/Hawawini/Maier/Schwartz/Whitcomb*, Management Science 1983, 135 (135). Zu den Konsequenzen unterschiedlicher Festlegungen der Parameter vgl. *Dörschell/Franken/Schulte/Brütting*, WPg 2008, 1152 (1155 ff.).
3 Vgl. *IDW* (Hrsg.), IDW S 1 i.d.F. 2008, WPg Supplement 3/2008, Tz. 92.

b) Statistische Filterkriterien

   (1) Bestimmtheitsmaß (R^2)

   (2) t-Test

   (3) Standardfehler des Raw Betafaktors

(4) Prognose künftiger Betafaktoren

   a) Fortschreibung historischer Raw Betafaktoren

   b) Adjustierung historischer Raw Betafaktoren

   (1) Blume/Bloomberg

   (2) (freie) gutachterliche Anpassung

(5) Ermittlung von Un-/Relevered Betafaktoren

   a) Risiko der Tax Shields

   b) Berücksichtigung von Debt Beta

Nachfolgend werden – der oben dargestellten Struktur folgend – die durchzuführenden Schritte bei der Ableitung von Betafaktoren auf Basis historischer Kapitalmarktdaten im Detail erläutert.

81

b) Betafaktor des Bewertungsobjekts oder einer Peer Group

Ziel der Ermittlung von Betafaktoren im Rahmen des CAPM bzw. des Marktmodells ist es, das künftige systematische Risiko des Bewertungsobjekts – bzw. genauer, das künftige, den finanziellen Überschüssen des Bewertungsobjekts inhärente systematische Risiko – zu ermitteln. In der Praxis der Unternehmensbewertung und in der Literatur erfolgt die Ermittlung des künftigen Betafaktors i.d.R. auf Basis des historischen Betafaktors des Bewertungsobjekts oder, falls der eigene Betafaktor nicht existent oder verwendbar ist, auf Basis des **(durchschnittlichen) historischen Betafaktors einer Peer Group** (Gruppe von Vergleichsunternehmen).

82

Weder der künftige Betafaktor des Bewertungsobjekts noch der künftige (durchschnittliche) Betafaktor der Peer Group sind bekannt oder direkt berechenbar. Berechenbar sind hingegen die entsprechenden historischen Betafaktoren. Aus **Regressionsanalysen** ermittelte historische Betafaktoren des Bewertungsobjekts und (durchschnittliche) Betafaktoren einer Peer Group stellen Schätzwerte für das zukünftige systematische Risiko des Bewertungsobjekts bzw. für das systematische Risiko, das mit den künftigen finanziellen Überschüssen des Bewertungsobjekts verbunden ist, dar.

83

Vor diesem Hintergrund ist die Frage zu beantworten, ob der historische Betafaktor des Bewertungsobjekts oder der **(durchschnittliche) historische Betafak-**

84

tor der Peer Group den künftigen Betafaktor des Bewertungsobjekts besser abbildet.[1]

85 Das folgende Schema zeigt die grundsätzliche **Vorgehensweise bei der Prüfung**, ob der eigene Betafaktor oder ob ein Peer Group-Betafaktor herangezogen werden kann:

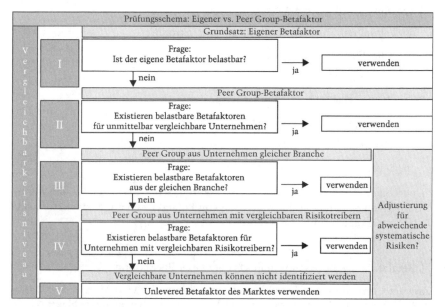

86 Die Ableitung des künftigen systematischen Risikos des Bewertungsobjekts auf Basis des eigenen historischen Betafaktors des Bewertungsobjekts selbst ist immer dann vorzunehmen, wenn der historische Betafaktor des Bewertungsobjekts verlässlich ermittelt und seine zeitliche Stabilität erwartet werden kann (**Vergleichbarkeitsniveau I**).

---

1 Von dieser Frage zu trennen ist die Frage, ob für die Bewertung grundsätzlich der künftige (durchschnittliche) Betafaktor der Peer Group statt des künftigen Betafaktors des Bewertungsobjekts verwendet werden sollte. Teilweise wird in der Bewertungspraxis die Meinung vertreten, dass allein die Verwendung des zukünftigen Betafaktors der Peer Group dem Grundsatz „Bewerten heißt vergleichen" gerecht wird. Die Alternativanlage muss indes so gewählt werden, dass sie das künftige Risiko des Bewertungsobjekts bestmöglich repräsentiert (Einhaltung der Äquivalenzprinzipien). Konzeptionell nicht sachgerecht ist es daher, den Kapitalisierungszinssatz grundsätzlich so zu bestimmen, dass er das (durchschnittliche) künftige Risiko der Peer Group-Unternehmen erfasst. Im Folgenden wird deshalb allein die Frage untersucht, ob der historische Betafaktor des Bewertungsobjekts oder der (durchschnittliche) historische Betafaktor der Peer Group den künftigen Betafaktor des Bewertungsobjekts besser abbildet.

Auf die Ableitung des künftigen systematischen Risikos des Bewertungsobjekts auf Basis des (durchschnittlichen) historischen Betafaktors einer Peer Group sollte nur dann zurückgegriffen werden, 87

– wenn der historische Betafaktor des Bewertungsobjekts nicht verlässlich ermittelt werden kann oder
– wenn erwartet wird, dass der künftige Betafaktor des Bewertungsobjekts dem künftigen durchschnittlichen Betafaktor einer Peer Group entspricht und dieser über die durchschnittlichen historischen Betafaktoren der Peer Group – mit oder ohne Adjustierung – verlässlich ermittelt werden kann.

Für den Fall, dass der „eigene" Betafaktor des Bewertungsobjekts nicht verlässlich ermittelt werden kann, stellt sich die Frage, ob belastbare Betafaktoren für unmittelbar vergleichbare Unternehmen existieren. Dies sind Unternehmen, die hinsichtlich des Geschäftsmodells, der spezifischen Produktsegmente bzw. des Diversifikationsgrads und der Produktart, hinsichtlich der regionalen Abdeckung und ggf. auch hinsichtlich der Größe (Umsatz/Gewinn/Mitarbeiter) mit dem zu bewertenden Unternehmen vergleichbar sind (**Vergleichbarkeitsniveau II**). 88

Sofern keine Unternehmen auf Basis des Vergleichbarkeitsniveaus II herangezogen werden können, ist auf eine abgeschwächte Form der Vergleichbarkeit abzustellen. In diesem Fall sollten die betreffenden Unternehmen zumindest im Hinblick auf die Branche bzw. die Produktart und die Beschaffungsmärkte vergleichbar sein (**Vergleichbarkeitsniveau III**). 89

Sofern auch dieses Vergleichbarkeitsniveau nicht erreicht werden kann, sind Unternehmen heranzuziehen, die neben einem vergleichbaren Beschaffungsmarkt zumindest einer ähnlichen konjunkturellen Abhängigkeit ausgesetzt sind (vergleichbare Risikotreiber; **Vergleichbarkeitsniveau IV**). 90

Sind auch auf dieser Basis keine vergleichbaren Unternehmen zu identifizieren, verbleibt allein die Möglichkeit, auf den (unverschuldeten) Betafaktor des Marktes zurückzugreifen (**Vergleichbarkeitsniveau V**). 91

Folgendes **Beispiel** soll die dargestellte Vorgehensweise verdeutlichen: Bewertungsobjekt soll ein nicht börsennotierter Hersteller von Wasserhähnen sein, so dass aufgrund der fehlenden Börsennotierung dieses Unternehmens der eigene Betafaktor (Vergleichbarkeitsniveau I) nicht herangezogen werden kann. Unmittelbar vergleichbare börsennotierte Unternehmen (Vergleichbarkeitsniveau II), die Wasserhähne herstellen, werden annahmegemäß nicht gefunden. Daher ist in einem nächsten Schritt zu hinterfragen, ob börsennotierte Vergleichsunternehmen der gleichen Branche (Hersteller von Badarmaturen/Sanitätsprodukten) vorhanden sind (Vergleichbarkeitsniveau III). Wurden diesbezüglich für den Wasserhahnhersteller keine geeigneten Unternehmens derselben Branche identifiziert, ist in einem weiteren Schritt zu prüfen, ob zumindest Unternehmen mit vergleichbaren Risikotreibern vorhanden sind (Vergleichbarkeitsniveau IV). In diesem Fall könnte man exemplarisch davon ausgehen, dass der Absatz von Wasserhähnen durch den Bau neuer Häuser bzw. Bäder (Neubeschaffung) sowie aufgrund von Renovierungsarbeiten (Ersatzbeschaffung) getrieben wird. Daher kommen in dieser Konstellation für den Risikotreiber „Neubeschaffung" bei der Ableitung von Betafaktoren für diesen 92

Bereich börsennotierte Unternehmen der Baubranche in Frage. Wird weiter davon ausgegangen, dass die Häufigkeit von Renovierungen von Bädern mit der Häufigkeit sonstiger Renovierungen stark korreliert, könnte man für den Risikotreiber „Ersatzbeschaffung" bei der Ableitung von Betafaktoren für diesen Bereich auf börsennotierte Möbelhersteller zurückgreifen. Ein gewichteter Betafaktor dieser Peer Group könnte dann als Anhaltspunkt für einen Betafaktor eines Wasserhahnherstellers herangezogen werden.

93 In der **Praxis** werden i.d.R. nur selten Vergleichsunternehmen auf dem Vergleichbarkeitsniveau II zu finden sein; vielmehr werden die verwendeten Peer Group-Unternehmen den Vergleichbarkeitsniveaus III oder IV entsprechen. Sind die Vergleichsunternehmen den Vergleichbarkeitsniveaus III bis V zuzuordnen, ist im Einzelfall zu prüfen, ob Adjustierungen der Betafaktoren sachgerecht sind, um ein abweichendes systematisches Risiko des Bewertungsobjekts zu berücksichtigen. Auch vor diesem Hintergrund ist die Auswahl der Peer Group-Unternehmen im Gutachten transparent darzustellen.

c) Ermittlung historischer Raw Betafaktoren

94 Bei der Ableitung historischer Raw Betafaktoren sind sowohl bei Verwendung einer Peer Group als auch bei Verwendung eines eigenen Betafaktors insbesondere die folgenden Parameter festzulegen:

– Referenzindex

– Beobachtungszeitraum

– Renditeintervall.

95 Eine erste maßgebliche Einflussgröße bei der Schätzung des Betafaktors anhand von Kapitalmarktdaten ist der **Referenzindex**. In der CAPM-Welt sollte der Referenzindex sämtliche risikobehaftete, mit ihren Marktwerten gewichtete Vermögenswerte enthalten. Da ein solch umfassendes, perfektes Marktportfolio in der Realität nicht existiert bzw. nicht konstruierbar ist, werden für Schätzungen von Betafaktoren Annäherungen verwendet, die dem Idealkonstrukt möglichst nahe kommen sollen.[1] In der Praxis fungieren nationale oder internationale Aktienindizes als „Proxy" des idealen Marktportfolios. Nachfolgend wird diskutiert, welche Referenzindizes das perfekte Marktportfolio adäquat approximieren können.

96 Referenzindizes können zunächst nach der Art der im Index berücksichtigten Vermögenswerte oder nach dem geographischen Standort der im Index enthaltenen Vermögenswerte kategorisiert werden. Beispiele für nationale Aktienindizes sind etwa der DAX (Deutschland), der FTSE (Großbritannien) oder der CAC (Frankreich). Beispiele für überregionale bzw. weltweite Indizes sind der EURO STOXX 50 oder der MSCI World Index. Darüber hinaus kann die Breite

---

[1] Vgl. u.a. *Thiele/Cremers/Robé*, Beta als Risikomaß, S. 7 f.; *Zimmermann*, Schätzung und Prognose von Betawerten, S. 91 f.

eines Referenzindex als Differenzierungskriterium gewählt werden (z.B. DAX oder CDAX). Weitere Differenzierungskriterien sind z.B. die (Nicht-)Berücksichtigung von Dividenden (Performance- oder Kursindex),[1] die Gewichtung der Assets (z.B. kurs-, kapital- oder gleichgewichtete Indizes)[2] sowie die Segmentierung nach Branchen oder nach einer engeren sachlichen Fokussierung.[3]

Maßgeblich für die Festlegung des geeigneten Aktienindex als Referenzindex ist insbesondere das Kriterium der **Investorenperspektive**.[4] Für das Bewertungsobjekt und die hierfür zu ermittelnden Betafaktoren sind die regional und sachlich wahrgenommenen Anlagemöglichkeiten der relevanten Investoren ausschlaggebend. Diese Opportunitätssicht bestimmt den auszuwählenden Referenzindex.[5]

Privatanleger tendieren trotz der empirisch nachgewiesenen Vorteile internationaler Diversifikation[6] häufig dazu, vorwiegend in nationale Wertpapiere zu investieren (sog. „Home Bias"). Dieses Anlageverhalten kann beispielsweise durch nicht **investitionsneutral wirkende Steuersysteme** objektiv begründet sein. Es können aber auch subjektive, nicht direkt monetäre Erwägungen wie z.B. größere Vertrautheit mit dem relevanten Markt eine Rolle spielen.[7] Wertpapierdepots deutscher Privatanleger bestehen jüngsten Auswertungen zufolge zum überwiegenden Teil (72,90 %) aus inländischen Wertpapieren. Institutionelle Anleger, z.B. Versicherungsgesellschaften und Fonds, haben oftmals rechtliche, satzungsmäßige oder vertragliche Anlagevorschriften zu beachten. Auch dies fördert eine Konzentration auf Anlagealternativen im jeweiligen Sitzland.[8] Die Verwendung weltweiter oder international breit gefasster Indizes würde unter diesen Aspekten dem tatsächlichen Verhalten von (inländischen) Aktionären nicht hinreichend Rechnung tragen. Entsprechende Überlegungen müssten für die ausländischen Anteilseigner entsprechend angestellt werden.

Gemäß IDW S 1 i.d.F. 2008 Tz. 31 wird der objektivierte Unternehmenswert bei gesellschaftsrechtlichen und vertraglichen Bewertungsanlässen aus der Perspektive einer inländischen unbeschränkt steuerpflichtigen natürlichen Person als Anteilseigner ermittelt.[9] Vor diesem Hintergrund könnte die Verwendung eines breiten lokalen deutschen Aktienindex, z.B. des CDAX, geboten sein.

---

1 Ein Performance-Index kann wiederum ohne oder mit Berücksichtigung von Steuereffekten berechnet werden, mit der Konsequenz einer maximalen (ohne Berücksichtigung von Steuereffekten) bzw. minimalen (mit Berücksichtigung von Steuereffekten) Reinvestition der Dividenden.
2 Vgl. *Jähnchen*, Kapitalkosten von Versicherungsunternehmen, S. 39.
3 Vgl. *Thiele/Cremers/Robé*, Beta als Risikomaß, S. 2.
4 Vgl. *Dörschell/Franken/Schulte/Brütting*, WPg 2008, 1152 (1157 f.) sowie *Spremann*, Portfoliomanagement, S. 246.
5 Vgl. *Dörschell/Franken/Schulte/Brütting*, WPg 2008, 1152 (1157).
6 Vgl. hierzu u.a. *Solnik/McLeavey*, Global Investments, S. 117 ff. und S. 385 ff.
7 Letztere Aspekte werden insbesondere im Rahmen des Forschungsprogramms der „Behavioral Finance" näher analysiert, vgl. *Lewis*, Journal of Economic Literature 1999, 571 (571 ff.).
8 Vgl. *Spremann*, Portfoliomanagement, S. 237.
9 Vgl. *IDW* (Hrsg.), IDW S 1 i.d.F. 2008, WPg Supplement 3/2008, Tz. 31.

100 Für die Verwendung eines **weltweiten Index** spricht die theoretische Anforderung des CAPM, den breitestmöglichen Index zu nutzen. Auch bei Verwendung einer internationalen und nicht auf Europa beschränkten Peer Group kann die Verwendung eines weltweiten Index geboten sein, da die regionale Abdeckung von Peer Group und Index übereinstimmen sollte. Es wäre zumindest schwierig zu begründen, weshalb hinsichtlich des systematischen Risikos vergleichbare ausländische Unternehmen der Peer Group zur Ermittlung des Betafaktors herangezogen werden, während andererseits bei der Wahl des relevanten Marktportfolios eine Inlandsorientierung des Investors unterstellt wird.

101 Auch wenn entsprechend der Grundüberlegungen des CAPM ein breitestmöglicher Index heranzuziehen wäre, kann **keine generell verbindliche Aussage** über die Wahl des geeigneten Referenzindex bei der Schätzung des Betafaktors getroffen werden. Die grundsätzliche Empfehlung, auf einen breitestmöglichen internationalen Index abzustellen, ist immer im konkreten Einzelfall auf Sachgerechtigkeit zu beurteilen. Individuelle Aspekte des Bewertungssubjekts, des Bewertungsobjekts und des Bewertungsanlasses sind mit Sorgfalt zu prüfen. Im Vordergrund stehen dabei die relevanten Anlageperspektiven des jeweiligen (typisierten) Investors sowie ggf. die regionale Verteilung der Peer Group-Unternehmen. In jedem Fall sollten die Kriterien für die Entscheidung transparent im Bewertungsgutachten dargestellt werden.

102 Die zweite maßgebliche Einflussgröße bei der Schätzung des Betafaktors anhand von Kapitalmarktdaten ist der **Beobachtungszeitraum**. Die Festlegung der Länge des Beobachtungszeitraums hat häufig einen wesentlichen Einfluss auf die Höhe des Betafaktors.

103 Grundsätzlich ist aus **statistisch-methodischer Sicht** ein erhöhter Stichprobenumfang zu befürworten, um allgemein eine „höhere" Gewähr für „genauere" Ergebnisse erzielen zu können.[1] Insofern wären längere Schätzperioden und kürzere Intervalle zu bevorzugen.[2] In der ökonometrischen Fachliteratur werden zumeist Empfehlungen zu Mindeststichprobenumfängen von 50 bzw. 100 Datenpunkten ausgesprochen, um die Verwendbarkeit der Ergebnisse der entsprechenden Regressionsanalyse für weitere Analysen zu sichern.[3]

104 In der Praxis wurden in der Vergangenheit die Parameter Beobachtungszeitraum und Intervalle der Renditen regelmäßig wie folgt gewählt:

- 5 Jahre Beobachtungszeitraum, monatliche Renditeintervalle (ca. 60 Datenpunkte)

- 2 Jahre Beobachtungszeitraum, wöchentliche Renditeintervalle (ca. 104 Datenpunkte)

---

[1] Vgl. zur Fragestellung optimaler Stichprobenumfänge einführend *Bortz/Schuster*, Statistik für Human- und Sozialwissenschaftler, S. 126 ff.
[2] Vgl. *Zimmermann*, Schätzung und Prognose von Betawerten, S. 341.
[3] Vgl. dazu u.a. *Backhaus/Erichson/Plinke/Weiber*, Multivariate Analysemethoden, 2006, S. 370 m.w.N. sowie *Backhaus/Erichson/Weiber*, Fortgeschrittene Multivariate Analysemethoden, S. 109 f. Zur Anwendung bei der Schätzung von Betafaktoren vgl. *Zimmermann*, Schätzung und Prognose von Betawerten, S. 98.

- 1 Jahr Beobachtungszeitraum, tägliche Renditeintervalle (ca. 260 Datenpunkte).

Diese Parameterkonstellationen sind dabei nicht abschließend begründbar oder „richtig", sondern sollen lediglich einen Eindruck über die gelebte Praxis bieten. Zwischenzeitlich haben sich insbesondere bei Heranziehung wöchentlicher Renditeintervalle auch weitere Beobachtungszeiträume (z.B. Jahresscheiben) herauskristallisiert.

Insgesamt kann für den Beobachtungszeitraum der Renditeberechnung **keine allgemeingültige Empfehlung** gegeben werden. Es bietet sich zunächst an, den Betafaktor auf Basis der über den gesamten – als prognosegeeignet identifizierten – Untersuchungszeitraum beobachteten Renditen zu ermitteln. Anschließend sollte dieser Untersuchungszeitraum schrittweise vermindert werden, um die Stabilität des Betafaktors im Zeitablauf zu analysieren. Darüber hinaus sollten innerhalb des gesamten Untersuchungszeitraums Betafaktoren über eine Periode von jeweils einem Jahr ermittelt werden. Dieses „jährliche Zeitfenster" kann dann ggf. über weitere nacheinander folgende Jahre in die Vergangenheit verschoben werden. Eventuelle Unstimmigkeiten oder Unregelmäßigkeiten bei der zeitlichen Entwicklung der Aktienrenditen sind bei dieser Vorgehensweise leichter zu erkennen. Zeigt die Analyse eine stabile zeitliche Entwicklung der Betafaktoren, kann ausgehend vom Bewertungsstichtag der gesamte als prognosegeeignet herausgearbeitete Zeitraum der Ermittlung des Betafaktors zugrunde gelegt werden. Dessen Länge hängt von den individuellen Gegebenheiten des betrachteten Unternehmens ab. Lassen sich demgegenüber Störereignisse identifizieren und bestehen somit Zeiträume innerhalb des Betrachtungszeitraums, die nicht als prognosegeeignet identifiziert worden sind, so sollten die „gestörten" Zeitfenster nicht zur Schätzung des erwarteten Betafaktors herangezogen werden.

Die dritte maßgebliche Einflussgröße bei der Schätzung des Betafaktors anhand von Kapitalmarktdaten ist die **Intervallbildung der Renditepaare** (Periodizität). Üblicherweise werden Renditeintervalle durch tägliche, wöchentliche oder monatliche Zeiträume ermittelt. Größere Intervalle, z.B. vierteljährliche oder jährliche Perioden, werden in der Praxis in aller Regel nicht verwendet.[1] Empirische Untersuchungen belegen, dass die Änderung des Renditeintervalls eine erhebliche Auswirkung auf die Höhe des Betafaktors entfalten kann.

Bei der Festlegung der Periodizität ist das Auftreten des sog. **Intervalling-Effekts** zu vermeiden, der vor allem bei in geringem Umfang gehandelten Aktien zu beobachten ist: Wenn eine Aktie selten oder gar nicht gehandelt wird, kann der Börsenkurs des Unternehmens nicht rechtzeitig auf Marktentwicklungen reagieren. Die Reaktion erfolgt allenfalls verspätet und diese Diskrepanz schlägt sich in den Kursreihen und somit in den entsprechenden Renditen als Ausgangsdaten für die Ermittlung des Betafaktors nieder. Je kürzer die Intervalle für die Renditebildung sind, desto eher sind Verwerfungen zwischen den Renditen der Aktie und den Renditen des Marktportfolios zu erwarten. Die Regressionsanalyse ist damit nicht mehr aussagekräftig, weil der Betafaktor nicht

---

1 Vgl. *Jähnchen*, Kapitalkosten von Versicherungsunternehmen, S. 40.

den eigentlichen Gleichlauf der Renditen misst, sondern wesentlich durch die Umsetzungsgeschwindigkeit der Informationen getrieben ist. Die Literatur diskutiert diverse Korrekturverfahren für die Beseitigung des Intervalling-Effekts, ohne dass bisher eine eindeutige Eliminierung des Effekts unter Vermeidung unerwünschter Begleiteffekte des jeweiligen Korrekturverfahrens erreicht worden ist. Um die verzerrenden Einflüsse (zu) häufiger Messungen zu reduzieren und eventuelle Handlungen, die keinen Informationsnutzen haben (sog. Noise), zu minimieren, erscheint isoliert vor diesem Hintergrund eine zumindest wöchentliche Periodizität der Renditemessungen sinnvoll.

108 Empirische Untersuchungen belegen jedoch, dass insbesondere auf Monatsbasis ermittelte Werte der Betafaktoren deutlichen von wöchentlichen und täglichen Werten der Betafaktoren abweichen. Die Ursache dürfte hier jedoch neben dem „klassischen" Intervalling-Effekt auch in der für einen gegebenen Zeitraum geringen Anzahl von Beobachtungspunkten bei monatlichen Renditen liegen, die regelmäßig zu instabilen Regressionsergebnissen führen kann.

109 Bei Verwendung monatlicher Renditeintervalle werden viele Informationen über den Zusammenhang von Indexrenditen und Aktienrenditen nicht genutzt. Außerdem werden die Sondereinflüsse des Monatsendstichtags eingeschlossen.[1] Demgegenüber ist auch die Verwendung sehr kurzer Renditeintervalle, z.B. täglicher oder noch **feinerer Intervalle**, insbesondere bei weniger liquiden Aktientiteln aufgrund des beschriebenen Intervalling-Effekts nicht unproblematisch. Sowohl in der Theorie als auch in der Praxis wird im Zusammenhang mit der Ableitung von Betafaktoren kontrovers diskutiert, ob Autokorrelation und Heteroskedastizität täglicher Renditen die Schätzung der Betafaktoren beeinträchtigen und wie mit solchen Problemen umgegangen werden sollte.[2] Vor diesem Hintergrund ist vor allem bei weniger liquiden Aktien der Einsatz von täglichen Renditen bei der Bestimmung von Betafaktoren zum Teil skeptisch zu beurteilen.

110 Die Auswahl zwischen wöchentlichen und täglichen Renditen hängt u.E. davon ab, ob für die Aktienrenditen oder die Indexrenditen Verzerrungen aus dem klassischen Intervalling-Effekt zu befürchten sind. Ist dies der Fall, sollten wöchentliche Renditen verwendet werden.

d) Belastbarkeit historischer Betafaktoren

111 Zur Beurteilung der Belastbarkeit historischer Betafaktoren werden in Literatur und Praxis der Unternehmensbewertung insbesondere die nachfolgend genannten Beurteilungsmaßstäbe herangezogen:
– Liquidität der Aktie,
– statistische Filterkriterien (insbesondere Bestimmtheitsmaß, t-Test und Standardfehler des Raw Betafaktors).

---

1 Vgl. *Jähnchen*, Kapitalkosten von Versicherungsunternehmen, S. 41.
2 Vgl. *Winkelmann*, Quantitative Methoden der Unternehmensplanung, S. 67 ff.; *Ulschmid*, Eine empirische Validierung von Kapitalmarktmodellen, S. 290 ff.; *Baetge/Krause*, BFuP 1994, 433 (434 ff.).

Ableitung des Kapitalisierungszinssatzes § 6

Der Betafaktor gibt den Zusammenhang zwischen den Renditen der Aktie und den Renditen des Marktes an. Voraussetzung eines aussagekräftigen Betafaktors ist, dass sich die Aktienrenditen sachlich und zeitlich unverzerrt an die Änderungen der ökonomischen Rahmenbedingungen anpassen. Erfolgt dieser Anpassungsprozess gegenüber den Veränderungen des Marktes dagegen verzögert, besteht die Gefahr, dass der Betafaktor den Zusammenhang zwischen den Schwankungen der Aktie und denen des Marktes nicht zutreffend widerspiegelt. Wesentliche Bedingungen für einen unverzerrten Anpassungsprozess sind institutionelle Voraussetzungen für einen **liquiden Handel der Aktien** sowie ein hinreichendes tatsächliches Handelsvolumen: 112

- Institutionelle Voraussetzungen sollen eine schnelle und freie Preisbildung durch Käufe und Verkäufe bei geringen Transaktionskosten ermöglichen.
- Ein hinreichendes tatsächliches Handelsvolumen bestätigt, dass auch tatsächlich von dieser Möglichkeit Gebrauch gemacht wird und dadurch neue Informationen umgehend in die Kurse eingehen.

Damit kommt dem Begriff der **Liquidität** eine entscheidende Bedeutung für die weiteren Überlegungen zu. Der Liquiditätsbegriff ist mehrdimensional und basiert grundsätzlich auf der Fähigkeit, Aktien schnell, zu geringen Transaktionskosten, in kleinen und großen Mengen, jederzeit und ohne nennenswerten Aufschlag sowie zu marktgerechten Kursen kaufen und verkaufen zu können. 113

In der Literatur ist eine hohe Korrelation zwischen den Liquiditätsmaßen Handelsvolumen als Anzahl von gehandelten Aktien, **Handelsumsatz** als Wertvolumen und Geld-Brief-Spanne festgestellt worden.[1] Allerdings existiert kein eindeutiges Messkonzept für die Liquiditätsbeurteilung. Da zudem eine trennscharfe Einteilung der Aktie in „liquide" oder „illiquide" schon deshalb nicht sinnvoll ist, weil grundsätzlich jedes Gut zumindest abstrakt veräußerbar ist, erscheint es sachgerecht, eher auf den **Grad der Liquidität** abzustellen.[2] 114

Vor diesem Hintergrund ist die trennscharfe Abgrenzung eines für die Ermittlung des Betafaktors ausreichenden **Liquiditätsgrads** auf Basis isoliert betrachteter Kennzahlen nicht möglich. Ist eine Aktie jedoch bei der Berechnung verschiedener Kennzahlen regelmäßig in der Gruppe der Wertpapiere enthalten, die einen hohen Liquiditätsgrad aufweisen, stellt dies zumindest ein Indiz für eine insgesamt hohe Liquidität des Wertpapiers und damit für eine Belastbarkeit des entsprechenden Betafaktors dar.[3] 115

Für die Beurteilung, ob eine Aktie über den zugrunde gelegten Beobachtungszeitraum liquide gehandelt wurde, sollten über den Beobachtungszeitraum verschiedene Liquiditätsmaße ermittelt werden. Dabei bietet es sich an, auf Durchschnittswerte abzustellen (z.B. arithmetisches Mittel oder Median). Zu den Fragen, welchen Wert die einzelnen Liquiditätsmaße annehmen müssen, wie maßgeblich das jeweilige Liquiditätsmaß im Vergleich erscheint und welche Zeiträume zu untersuchen sind, um zu einer eindeutigen Aussage im Hin- 116

---

1 Vgl. *Loderer/Jörg/Pichler/Roth/Zgraggen*, Handbuch der Bewertung, S. 1004 ff.
2 Vgl. *Ballwieser*, in Risikomanagement und kapitalmarktorientierte Finanzierung, S. 283 (287).
3 Vgl. *Franken/Schulte*, WPg 2010, 1106 (1115 f.).

blick auf die Liquidität der Aktie und damit zu einer Einschätzung über die Aussagefähigkeit des Betafaktors zu gelangen, gibt es zur Zeit in der Literatur noch keinen breiten Konsens.

117 Als Maß für die Beurteilung der Belastbarkeit historischer Betafaktoren werden in der Praxis auch unterschiedliche **statistische Filterkriterien** bzw. Tests herangezogen.[1] Eines dieser in der Unternehmensbewertungspraxis häufig verwendeten statistischen Maße ist das Bestimmtheitsmaß R^2.

118 Das **Bestimmtheitsmaß** beschreibt, wie „gut" das Modell im statistischen Sinne die verfügbaren empirischen Daten erklärt. Das Bestimmtheitsmaß basiert auf den Abweichungen zwischen den Beobachtungswerten und den geschätzten Werten auf der Regressionsgeraden. Der Restbetrag der Gesamtabweichung gilt als durch das Modell „nicht erklärt" und verbleibt in einer Residualgröße (sog. „Störterm"). In diesem Zusammenhang zeigt das Bestimmtheitsmaß den Anteil der erklärten Streuung in den Regressionsresiduen bezogen auf die Gesamtstreuung.

119 Die Spannweite der möglichen Werte für R^2 ist auf den Bereich $0 \leq R^2 \leq 1$ beschränkt. Ein hoher Wert des R^2 bedeutet, dass mit dem geschätzten Modell ein großer Anteil der beobachtbaren Variabilität der abhängigen Variable erklärt werden kann. Niedrige R^2-Werte signalisieren dagegen einen schwachen Zusammenhang der unabhängigen und der abhängigen Variablen. Bei der Schätzung von Betafaktoren bedeutet ein Bestimmtheitsmaß von 1, dass die Entwicklung der Rendite des Aktienindex (unabhängige Variable) zu 100 % die Entwicklung der Aktienrendite (abhängige Variable) erklärt.[2]

120 Niedrige R^2 Werte dürfen jedoch nicht ohne weiteres dazu führen, die Regressionsanalyse zu verwerfen und die ermittelten Betafaktoren für nicht belastbar zu erklären. Sie können zunächst lediglich das Vorliegen weiterer, im Modell nicht erfasster Einflüsse auf die abhängige Variable signalisieren. Die Entwicklung der Rendite des betrachteten Unternehmens kann auf weitere Ereignisse neben der im Regressionsmodell dargestellten Entwicklung der Rendite des Referenzindex zurückzuführen sein.

121 Als weiteres in der Praxis verwendetes Filterkriterium ist der t-Test zu nennen. Der **t-Test** gibt Auskunft darüber, inwieweit die unabhängige Variable (Marktrendite) bei der Regression Einfluss auf die abhängige Variable (Aktienrendite) hat[3]. Ein t-Wert für den jeweiligen Regressor (Rendite des Aktienindex) wird empirisch aus dem Regressionskoeffizienten β und seinem Standardfehler berechnet.[4]

---

1 Einen Überblick über die möglichen Verfahren geben auch *Backhaus/Erichson/Plinke/Weiber*, Multivariate Analysemethoden, 2011, S. 72 ff.
2 Vgl. *Jähnchen*, Kapitalkosten von Versicherungsunternehmen, S. 34.
3 Für eine ausführliche Darstellung der statistischen Grundlagen vgl. u.a. *Backhaus/Erichson/Plinke/Weiber*, Multivariate Analysemethoden, 2011, S. 81 ff.
4 Bei einer Einfachregression wir ein linearer Zusammenhang („Gerade") geschätzt, der Regressionskoeffizient stellt die geschätzte Steigung der Gerade dar. Die Schätzung des Regressionskoeffizienten ist dabei mit Unsicherheit verbunden. Der Standardfehler ist ein Maß dafür, wie unsicher die Steigung geschätzt wurde.

122 Während das Bestimmtheitsmaß die statistische Güte der Regressionsfunktion misst, d.h. wie gut die Regression den Zusammenhang zwischen der unabhängigen Variablen (Marktrendite) und der abhängigen Variablen (Aktienrendite) erklärt, prüft der t-Test die **statistische Signifikanz** der Regressionskoeffizienten, d.h. ob der Betafaktor statistisch signifikant von Null verschieden ist und somit ein Zusammenhang zwischen der Marktrendite (unabhängige Variable) und der Aktienrendite (abhängige Variable) besteht. Technisch ist der t-Test als Quotient des Betafaktors und des Standardfehlers (s. unten Rz. 127 f.) definiert. Fraglich ist, ob und inwieweit diese beiden statistischen Verfahren überhaupt für die Analyse der Belastbarkeit des Betafaktors im Sinne einer quantitativen Filteruntersuchung geeignet sind.

123 Da t-Wert und Bestimmtheitsmaß R^2 bei Einfachregressionen (d.h. es wird neben der Konstante nur eine unabhängige Variable in die Schätzung aufgenommen) rechnerisch ineinander überführbar sind, stehen somit beide Werte für konkret untersuchte Stichproben in einem bestimmten Verhältnis zueinander. Eine unabhängige **Optimierung beider Kriterien** ist somit schon aus statistisch-mathematischer Sicht nicht sachgerecht. Ebenso ist es nicht sinnvoll, zwei unabhängige Mindestwerte zu definieren, da ja letztlich beide Kriterien denselben Sachverhalt abbilden.

124 R^2 und t-Wert werden in Literatur und Praxis der Unternehmensbewertung häufig für die Eliminierung von „statistisch" nicht signifikanten Betafaktoren eingesetzt. Geprüft wird dabei, ob der Betafaktor von Null verschieden ist. Eine solche Aussage besitzt keinen eigenen wirtschaftlichen Erklärungsgehalt, da Betafaktoren von Null mit dem CAPM in Einklang stehen und keineswegs bedeuten, dass das betrachtete Unternehmen risikolos ist; das Unternehmen hat ggf. lediglich ein systematisches Risiko von Null.

125 Nach *Damodaran* gibt R^2 eine Auskunft über den Anteil des systematischen Risikos am Gesamtrisiko. Die Residualgröße ($1-R^2$) kann dem Anteil des **firmenspezifischen Risikos** (unsystematisches Risiko) zugeordnet werden. Demnach repräsentiert ein hohes R^2 einen geringen Anteil unsystematischen Risikos der Aktie, ein geringes R^2 einen hohen Anteil unsystematischen Risikos der Aktie.[1] Ein R^2 i.H.v. bspw. 40 % ist demnach wie folgt zu deuten: Ein Anteil von 40 % der Variation der Aktie wird durch den Markt verursacht. Der restliche Anteil i.H.v. 60 % wird durch firmenspezifische unsystematische Ereignisse hervorgerufen. Dieser Anteil kann unabhängig von seiner Höhe diversifiziert werden und wird daher nicht vom Markt vergütet.

126 Die oben dargestellten statistischen Messverfahren geben somit allenfalls mittelbare Hinweise, ob ein durch eine Regression ermittelter Betafaktor das „wahre" systematische Risiko des Unternehmens widerspiegelt. Betafaktoren illiquider Aktien bestehen den t-Test häufiger nicht als die Betafaktoren liquider Aktien. Das Nicht-Bestehen des t-Tests kann insoweit der Startpunkt für andere Analysen sein. Als alleiniges Filterkriterium ist er jedoch ungeeignet; gleiches gilt für R^2.

---

1 Vgl. *Damodaran*, Investment Valuation, S. 183 ff.

127 Der in der Literatur als weiteres Beurteilungskriterium für die Güte der Schätzung vorgeschlagene **„Standardfehler des Betafaktors"** ist ein Maß für die Unsicherheit, mit der ein Betafaktor geschätzt wird. Der „wahre" Betafaktor als wahrer, aber unbeobachtbarer Zusammenhang zwischen Wertpapierrendite und Marktrendite ist unter der Annahme, dass erhobene Renditepaare eine Stichprobe der nicht bekannten Grundgesamtheit darstellen, unbekannt. Der per Regression geschätzte Betafaktor kann sich zwischen verschiedenen Stichproben derselben Grundgesamtheit unterscheiden und ist selbst bei Erfüllung der notwendigen Annahmen „lediglich" ein unverzerrter Schätzer des wahren Betafaktors. Der Standardfehler des Betafaktors gibt nun Hinweise darauf, in welchem „Bereich" um den Betafaktor andere Schätzungen des Betafaktors bei (fiktiven) weiteren Stichproben liegen würden.

128 Je geringer der Standardfehler ist, desto „präziser" ist die Schätzung. Der Standardfehler verringert sich dabei mit zunehmendem **Stichprobenumfang** bzw. mit zunehmender Standardabweichung der Marktrendite. Eine hohe Standardabweichung der Residuen hingegen erhöht den Standardfehler des Regressionskoeffizienten. In Folge dessen kann durch einen höheren Stichprobenumfang der Standardfehler und damit die Unsicherheit der Schätzung gesenkt werden. Der Stichprobenumfang sollte daher bei der Schätzung des Betafaktors im CAPM mindestens 20 bis 30 Beobachtungswerte (Perioden) betragen. Empfohlen werden zumeist mindestens 60 Beobachtungen.

129 Mit dem Standardfehler des Betafaktors sowie der Breite des entsprechenden Konfidenzintervalls wird auf die Präzision der Schätzung des Betafaktors abgestellt. CAPM und Marktmodell stehen der Anwendung dieser statistischen Kriterien nicht entgegen. Allerdings kann auf Basis dieser Tests keine Aussage darüber getroffen werden, ob ein „Betafaktor verwendet werden kann". Standardfehler bzw. das Konfidenzintervall des Betafaktors können jedoch etwa als Indiz für die Auswahl eines Datensets bzw. der Umfang der Stichprobe dienen.

e) Prognoseeignung historischer Betafaktoren als künftig zu erwartende Betafaktoren

130 Auf die nach IDW S 1 i.d.F. 2008 gebotene Beurteilung der Prognoseeignung historischer Betafaktoren wird im Folgenden unter den Gesichtspunkten der

– Fortschreibung historischer Betafaktoren und der
– Adjustierung historischer Raw Betafaktoren

eingegangen.

131 Ob eine **Fortschreibung historisch abgeleiteter Betafaktoren** vorgenommen werden kann, d.h. ob das in der Vergangenheit bestehende systematische Risiko auch für die Zukunft weiterhin repräsentativ ist, ist insbesondere vor dem Hintergrund folgender Untersuchungen zu würdigen:

– Der betrachtete Zeitraum (Beobachtungszeitraum) ist daraufhin zu untersuchen, ob und inwieweit Strukturbrüche vorliegen.
– Der Kursverlauf ist auf besondere Ereignisse, extreme Kursschwankungen oder etwaige Kursmanipulationen, z.B. aufgrund spekulativer Interessen, sowie auf Einmalereignisse hin zu untersuchen.

Ableitung des Kapitalisierungszinssatzes § 6

132 Bei der Untersuchung, ob Strukturbrüche im Beobachtungszeitraum vorliegen, ist die bisherige Geschäftsentwicklung des betreffenden Unternehmens auf Veränderungen des Geschäftsmodells oder weitere wesentliche risikoverändernde Aspekte hin zu untersuchen. Als Ausgangspunkt kann für diesen Zweck auch der Kursverlauf der Aktie, ggf. in Verbindung mit dem Verlauf des Referenzindex, herangezogen werden. Der Kursverlauf ist schon allein vor dem Hintergrund, dass die aus den Kursen resultierenden Renditen die Grundlage für die Ermittlung von Betafaktoren sind, zu untersuchen. Extreme Kursschwankungen oder Kursverzerrungen aufgrund spekulativer Interessen oder wesentlicher Einmalereignisse können die Schätzung von Betafaktoren wesentlich beeinflussen. Die **Plausibilisierung** des Kursverlaufs für die betrachteten Unternehmen ist somit ein wesentlicher Schritt der Datenanalyse. So können makroökonomische Einflüsse wie jüngst die weltweite Finanzmarktkrise oder aber auch individuell für das Bewertungsobjekt relevante Ereignisse wie z.B. Gerichtsverfahren, Übernahmegerüchte oder die (gescheiterte) Markteinführung neuer Produkte die Entwicklung des Börsenkurses prägen und die Ermittlung eines prognosetauglichen Betafaktors unter Umständen erschweren. Eine Analyse auf Ausreißer bei der Kursentwicklung hin erscheint daher zwingend erforderlich.[1]

133 Grundsätzlich werden Ausreißer definiert als Extremwerte in der Stichprobe. Ausreißer können graphisch anhand der **Punktewolke** um die Regressionsgerade identifiziert werden. Dabei haben Renditepaare, die deutlich „außerhalb" der Punktewolke liegen, häufig einen großen Einfluss auf die Ermittlung des Regressionskoeffizienten, also des Betafaktors.

134 Ausreißer in den Renditepaaren können grundsätzlich in den unabhängigen Variablen (Indexrendite) oder in den abhängigen Variablen (Aktienrendite) begründet sein. Da der Index einen (breiten) Durchschnitt mehrerer Aktien abbildet, treten Ausreißer jedoch vorwiegend in der Aktienrendite auf. Ausreißer können auch durch mangelnde Liquidität einer Aktie verursacht sein, wenn z.B. aufgrund geringer Handelsaktivität der Aktie Null-Renditen erzeugt werden. Ausreißer in der Indexrendite sind bspw. in allgemeinen „**Crash-Situationen**" zu beobachten. Extremwerte können dann gleichzeitig bei allen oder zumindest bei mehreren Aktientiteln auftreten. Die Regressionsgerade und damit auch der Betafaktor müssen sich dabei nicht zwingend verändern.[2]

135 Das Ausreißerproblem ist auch von der Auswahl der betrachteten Renditepaare und des Renditeintervalls abhängig. Je größer der Stichprobenumfang, desto größer ist die Wahrscheinlichkeit, dass ein Regressionsausreißer auftritt. Zu-

---

1 Vgl. auch *IDW* (Hrsg.), WP Handbuch 2014, Bd. II, Abschnitt A, Rz. 369.
2 Vgl. *Zimmermann*, Schätzung und Prognose von Betawerten, S. 159; *Rudolph/Zimmermann*, in Handbuch Portfoliomanagement, S. 444; *Jähnchen*, Kapitalkosten von Versicherungsunternehmen, S. 43. Zur Identifizierung von Regressionsausreißern können auch bestimmte Regressionsdiagnostiken basierend auf dem OLS-Regressionsverfahren angewendet werden. Beispiele für solche statistischen Analyseobjekte sind Leverage-Kennzahlen, standardisierte OLS-Residuen oder DFBETA-Kennzahlen. Vgl. hierzu ausführlicher *Zimmermann*, Schätzung und Prognose von Betawerten, S. 165 ff.

dem wird in der Literatur festgestellt, dass bei einem **täglichen Renditeintervall** grundsätzlich mehr Extremwerte vorliegen als bei monatlicher Betrachtung. Ausreißer sind aber bei allen Renditeintervallen festzustellen.

136 In der Praxis sollten zunächst die Ursachen der Ausreißer analysiert werden. „Unechte" Ausreißer, die auf reine Messfehler zurückzuführen sind, sollten unmittelbar eliminiert werden. Handelt es sich nicht um reine **Messfehler**, sondern um „echte" Ausreißer, kann auf diese entweder durch Weglassen oder mit Ersetzung durch Durchschnittswerte reagiert werden. Allerdings sollte insbesondere dann, wenn die Ursachen für einzelne Ausreißer firmenspezifisch begründet sind, möglichst auf die Eliminierung dieser Ausreißer verzichtet werden, soweit der Betafaktor durch den Ausreißer nicht wesentlich verzerrt wird. Alternativ empfiehlt es sich häufig, den Beobachtungszeitraum entsprechend sorgfältig auszuwählen und ggf. von Ausreißern beeinflusste Zeiträume nicht zu berücksichtigen.[1]

137 Aber selbst wenn weder besondere Ereignisse im Kursverlauf noch Strukturbrüche erkennbar sind, müssen weitergehende Überlegungen zur Prognoseeignung des Betafaktors angestellt werden. So ist insbesondere abzuschätzen, inwiefern sich das inhärente Risiko des Bewertungsobjekts im Vergleich zu Vergangenheit gegebenenfalls ändert. Erwartete künftige Veränderungen der Risikostruktur führen, soweit sie Einfluss auf die systematische Risikoposition haben, zu einem veränderten erwarteten Betafaktor, der dann nicht zwingend mit dem „historischen" Betafaktor übereinstimmen muss. In diesen Fällen sind in Literatur und Praxis Adjustierungen der historischen Betafaktoren zu beobachten.

138 **Adjustierungen des historischen Betafaktors** sind in der Praxis der Unternehmensbewertung grundsätzlich in zwei Ausprägungen zu finden:

– pauschalierte Anpassungen und
– freie gutachtliche Anpassungen.

139 Pauschalierte Anpassungen beruhen zumeist auf empirischen oder statistischen Untersuchungen bezüglich der Stabilität von Betafaktoren. Empirische Untersuchungen zur Stabilität von Betafaktoren haben folgende grundsätzliche Beobachtungen ergeben:

– Je kürzer das zur Schätzung der Betafaktoren verwendete Renditeintervall ist, desto stabiler sind die Betafaktoren.
– Die optimale Schätzperiode liegt zwischen vier und sieben Jahren.
– Die Betafaktoren von Portfolios sind stabiler als die Betafaktoren einzelner Aktien. Die Stabilität wächst mit der Anzahl der im Portfolio enthaltenen Aktien.

140 Allerdings können dieser Untersuchungen nicht ohne weiteres auf den konkreten Einzelfall übertragen werden. Neben diesen grundsätzlichen Beobachtungen wurde eine **autoregressive Tendenz** des Betafaktors eines Unternehmens im Zeitablauf festgestellt, die über zeitlich aufeinanderfolgende – nicht überlappende – Zeiträume untersucht wurden. Eine autoregressive Tendenz be-

---

1 Vgl. *Zimmermann*, Schätzung und Prognose von Betawerten, S. 170.

wirkt, dass der Betafaktor einer Aktie in der Folgeperiode näher an einem Mittelwert liegt als in der vorangegangenen Periode. Diese Feststellung führte zur Empfehlung verschiedener Autoren, die historischen Betafaktoren zu modifizieren, um die Prognosegüte der historischen Betafaktoren zu verbessern.[1] Bei einem Vergleich der technischen Anpassungsverfahren untereinander zeigt sich allerdings keines der Verfahren eindeutig überlegen.[2]

Sofern die (deutsche) Unternehmensbewertungspraxis eine Anpassung des historischen Betafaktors zu Prognosezwecken auf Basis eines technischen Prognoseverfahrens vornimmt, wird häufig auf eine Anpassung zurückgegriffen, die auf den grundlegenden Arbeiten von Blume beruht.[3] Auch können z.B. über Bloomberg sog. „**Adjusted Betas**" abgerufen werden, die im Ergebnis den Überlegungen von Blume folgen.

141

Blume untersuchte zur Prüfung der Vorhersagen von Betafaktoren die Betafaktoren US-amerikanischer Aktien über einen Zeitraum von 1926 bis 1968. Dabei unterteilte er diesen Zeitraum in fünf 7-Jahres-Zeiträume.[4] Für die jeweiligen Zeiträume wurden die US-amerikanischen Aktien zu Portfolios von jeweils 100 Aktien zusammengestellt. Anschließend wurde die Entwicklung der Portfolio-Betafaktoren in der darauffolgenden Periode (jeweils 7 Jahre) untersucht. Dabei konnte festgestellt werden, dass die Portfolio-Betafaktoren in der folgenden Periode eine Tendenz hin zum Mittelwert aller Betafaktoren („Grand Mean") i.H.v. 1 zeigten. Die Analyse von Blume führt dabei zu einem durchschnittlichen Faktor a i.H.v. 0,371 und zu einem durchschnittlichen Faktor b i.H.v. 0,635. Bloomberg verwendet vereinfachend folgenden Ansatz, der in der Praxis für die Ermittlung von Adjusted Betas regelmäßig verwendet wird:

142

$$\beta_1 = \frac{1}{3} + \frac{2}{3} \times \beta_2$$

β_1: Zukünftiger Betafaktor
β_2: Historischer Betafaktor

Diese Adjustierung der historischen Betafaktoren in Richtung eines Werts i.H.v. 1 führt dazu, dass der prognostizierte Betafaktor umso deutlicher vom historischen Betafaktor abweicht (bzw. adjustiert wird), je deutlicher der historische Betafaktor (nach oben oder unten) von 1 abweicht. So ergibt sich bei einem **Raw Betafaktor** i.H.v. 0,40 ein Adjusted Beta i.H.v. 0,60 (= 1/3 + 2/3 × 0,40). Bei einem Raw Betafaktor i.H.v. 0,80 ergibt sich ein Adjusted Beta i.H.v. 0,87 (= 1/3 + 2/3 × 0,80).

143

---

1 Vgl. z.B. *Blume*, The Journal of Finance 1975, 785 (794 f.); *Vasicek*, The Journal of Finance 1973, 1233 (1239); *Jähnchen*, Kapitalkosten von Versicherungsunternehmen, S. 58.
2 Vgl. *Jähnchen*, Kapitalkosten von Versicherungsunternehmen, S. 61 und die dort genannten Quellen.
3 Vgl. *Blume*, The Journal of Finance 1971, 1 ff.; *Blume*, The Journal of Finance 1975, 785 (795); *Blume*, The Journal of Finance 1979, 265 (267).
4 Vgl. *Blume*, The Journal of Finance 1971, 1 (7 f.).

144 Für die Existenz der autoregressiven Tendenz ist bislang keine überzeugende ökonomische Begründung gefunden worden.[1] Die möglichen ökonomischen Begründungen von Blume[2] für die Regressionstendenz werfen eher neue Fragen auf. Derzeit kann vermutet werden, dass die autoregressive Tendenz der Betafaktoren lediglich ein statistisches, nicht aber ein ökonomisch begründbares Phänomen ist.[3] Die Untersuchungen von Blume sowie weitere empirische Untersuchungen zur **Stabilität von Betafaktoren** basieren jeweils auf einem ganz bestimmten Stichprobenumfang, einem ganz bestimmten Untersuchungszeitraum und einem ganz bestimmten Renditeintervall, die sich nicht ohne weiteres auf andere, nicht in der Stichprobe enthaltene Einzelfälle übertragen lassen.

145 Einer pauschalierten Anpassung historischer Raw Betafaktoren auf Basis der von Blume/Bloomberg verwendeten Formel sollte vor diesem Hintergrund nur in begründeten Ausnahmefällen gefolgt werden.

146 Vor dem Hintergrund der kritischen Auseinandersetzung mit pauschalierten Anpassungsverfahren sind für die Zulässigkeit **freier gutachtlicher Anpassungen** (noch) strengere Kriterien heranzuziehen. Eine (freie) gutachtliche Adjustierung des Betafaktors darf nur die Einflüsse systematischer Risiken auf das Bewertungsobjekt berücksichtigen und sollte zwingend auf einer für Dritte nachvollziehbaren Begründung basieren. Andernfalls besteht die Gefahr, dass einer etwaigen Vorteilhaftigkeit der gewünschten Erhöhung der Prognosegenauigkeit des künftigen Betafaktors signifikante Nachteile in Folge von willkürlichen, nicht nachvollziehbaren Eingriffen gegenüberstehen.[4]

f) Ermittlung von Un-/Relevered Betafaktoren

147 Die historischen Raw Betafaktoren berücksichtigen neben dem systematischen, operativen Risiko auch das systematische, aus der Verschuldung resultierende Finanzierungsrisiko. Letzteres ändert sich regelmäßig im Zeitablauf, so dass das künftig erwartete Finanzierungsrisiko nicht mit dem historischen Finanzierungsrisiko übereinstimmt. Zur Berücksichtigung dieses Effekts wird der historische Betafaktor um die Einflüsse der historischen Fremdfinanzierung „bereinigt" (**Unlevern**) und anschließend um die Einflüsse der erwarteten künftigen Verschuldung erhöht (**Relevern**).

148 Zur Ermittlung der Unlevered (unverschuldeten) Betafaktoren wird im Folgenden zunächst auf die grundlegenden Zusammenhänge zwischen unverschuldeten („Betafaktor des fiktiv unverschuldeten Unternehmens", $ß_u$) und verschuldeten („Betafaktor eines mit einem gegebenen Verschuldungsgrad verschuldeten Unternehmens", $ß_v$) Betafaktoren eingegangen. Vor diesem Hintergrund

---

1 Vgl. *Zimmermann*, Schätzung und Prognose von Betawerten, S. 242.
2 Vgl. *Blume*, The Journal of Finance 1975, 785 (795).
3 Vgl. auch *Zimmermann*, Schätzung und Prognose von Betawerten, S. 243.
4 Vgl. zu weiteren Hinweisen, in welchen Fällen ein freie gutachtliche Anpassung des historisch ermittelten Betafaktors vorgenommen werden kann, *Dörschell/Franken/Schulte*, Der Kapitalisierungszinssatz in der Unternehmensbewertung, S. 191 f.

werden anschließend die beiden nachfolgend genannten Aspekte näher erläutert:

- die Finanzierungspolitik des Bewertungsobjekts und das damit verbundene Risiko der Tax Shields, sowie
- das Ausfallrisiko des Fremdkapitals (Berücksichtigung von Debt Beta).

Der grundlegende Zusammenhang zwischen unverschuldeten und verschuldeten Betafaktoren wird durch nachfolgende Formel beschrieben: 149

$$\beta_v = \beta_u + (\beta_u - \beta_{FK}) \times \frac{FK_M}{EK_M} - (\beta_u - \beta_{TS}) \times \frac{WBTS_M}{EK_M}$$

mit:

$$V_u + WBTS_M = EK_M + FK_M$$

Die konkrete Ausprägung der Formeln zum Un-/Relevern hängt somit nicht nur von dem Verschuldungsgrad des Unternehmens als Verhältnis aus Marktwert des Fremdkapitals (FK_M) und Marktwert des Eigenkapitals (EK_M), sondern auch von den Annahmen zur Finanzierungspolitik, zur Höhe der Risikoübernahme der Fremdkapitalgeber (β_{FK}) sowie zur Berechnung des Wertbeitrags der Steuervorteile ($WBTS_M$) ab. 150

Bei der Gestaltung der Aufnahme von Fremdkapital durch die Unternehmensleitung wird im Regelfall zwischen einer autonomen und einer atmenden bzw. wertorientierten **Finanzierungspolitik** unterschieden:[1] 151

- Die **autonome Finanzierungspolitik** geht von einem fixen Tilgungsplan aus, durch den ein Fremdkapitalbestand losgelöst von der realisierten Geschäftslage ab- oder aufgebaut wird.[2] Die Fixierung des Fremdkapitalbestands für eine bestimmte Periode führt dazu, dass für die Folgeperiode eine sichere Zinszahlung und eine sichere Steuerersparnis angenommen werden kann (sichere Tax Shields).
- Die **atmende**[3] bzw. **wertorientierte Finanzierungspolitik** bezeichnet die Planung der Fremdkapitalquote (Zielverschuldungsgrad) anstelle fixer Fremdkapitalbestände. Die Höhe des Fremdkapitalbestandes wird somit am jeweils aktuellen Unternehmenswert ausgerichtet.[4] Es wird davon ausgegangen, dass der Tilgungsplan aufgrund evtl. anfallender Sondertilgungen oder erneuter Fremdkapitalaufnahme bedingt durch bestimmte Geschäftsentwicklungen nicht exakt festzulegen ist.[5] Im Rahmen dieser Finanzierungspolitik sind künftige Fremdkapitalbestände und folglich künftige Zinsaufwendungen sowie daraus resultierende Steuerersparnisse unsicher (unsichere Tax Shields).

---

1 Vgl. *Drukarczyk/Schüler*, Unternehmensbewertung, S. 138 ff.
2 Vgl. *Kruschwitz/Löffler*, Sichere und unsichere Steuervorteile bei der Unternehmensbewertung I, S. 8 ff.
3 Vgl. *Drukarczyk/Schüler*, Unternehmensbewertung, S. 138 f.
4 Vgl. *Dinstuhl*, Konzernbezogene Unternehmensbewertung, S. 33.
5 Vgl. *Kruschwitz/Löffler*, Sichere und unsichere Steuervorteile bei der Unternehmensbewertung I, S. 10.

152 Abhängig von der Annahme einer autonomen oder einer atmenden Finanzierungspolitik ergeben sich unter der zusätzlichen Annahme des fehlenden Ausfallrisikos des Fremdkapitals (**Debt Beta = 0**) nachfolgend dargestellte Formeln für das Un- und Relevern. Für eine Herleitung der Formeln sei an dieser Stelle auf die Literatur verwiesen.[1]

Debt Beta = 0 g = 0		Erfassung der Kapitalstruktur	
		Unlevern $\beta_v \rightarrow \beta_u$	Relevern $\beta_u \rightarrow \beta_v$
Finanzierungspolitik	Autonom	$\beta_u = \dfrac{\beta_v}{1 + (1-s) \times \dfrac{FK_M}{EK_M}}$	$\beta_v = \beta_u + \beta_u \times (1-s) \times \dfrac{FK_M}{EK_M}$
	Atmend/ wertorientiert	$\beta_u = \dfrac{\beta_v}{1 + \dfrac{FK_M}{EK_M}}$	$\beta_v = \beta_u + \beta_u \times \dfrac{FK_M}{EK_M}$

153 Der Einfluss der Finanzierungspolitik auf den Betafaktor (Un- und Relevern) ändert sich, wenn berücksichtigt werden soll, dass die Fremdkapitalgeber einem **Ausfallrisiko ihrer Forderungen** ausgesetzt sind (**Debt Beta > 0**).

154 Soweit die **Renditeforderungen** der Fremdkapitalgeber keinem Ausfallrisiko unterliegen, entsprechen sie annahmegemäß dem risikolosen Zinssatz. Empirisch ist aber zumindest eine partielle Risikoübernahme seitens der Fremdkapitalgeber beobachtbar.[2] Für die weitere Analyse wird nunmehr unterstellt, dass die Fremdkapitalgeber einen Teil des operativen Risikos, etwa als Folge von Forderungsausfällen aufgrund ungünstiger zukünftiger Umweltlagen, übernehmen und ihre Renditeforderung entsprechend um eine Risikoprämie (Credit Spread) erhöhen. Die Renditeforderung der Fremdkapitalgeber entspricht somit nicht dem risikolosen Zinssatz, sondern übersteigt diesen. Der

---

1 Vgl. hierzu im Detail *Dörschell/Franken/Schulte*, Der Kapitalisierungszinssatz in der Unternehmensbewertung, S. 198-205. Den Formeln liegt die Annahme zugrunde, dass kein Wachstum (g = 0) besteht. Diese Annahme wird in der Praxis üblicherweise vereinfachungsbedingt getroffen. Vgl. hierzu ebenso *Dörschell/Franken/Schulte*, Der Kapitalisierungszinssatz in der Unternehmensbewertung, S. 202-204.
2 Vgl. hierzu und im Folgenden *Aders/Wagner*, FB 2004, 30 (33 ff.). Siehe z.B. auch die ermittelten Credit Spreads bei *Dörschell/Franken/Schulte*, Kapitalkosten für die Unternehmensbewertung, S. 91–373.

Credit Spread setzt sich dabei aus der Differenz von Fremdkapitalkosten und risikolosem Zinssatz zusammen.

Da die Fremdkapitalgeber somit einen Teil des operativen[1] Risikos übernehmen, ergeben sich abhängig von der Finanzierungspolitik veränderte Formeln für das Un-/Relevern. Die Zusammenhänge beim Un-/Relevern unter Berücksichtigung eines **Debt Beta von größer 0** lassen sich allgemein wie folgt zusammenfassen. Für eine Herleitung der Formeln sei auch an dieser Stelle auf die Literatur verwiesen.[2]

155

Debt Beta > 0 $g = 0$		Erfassung der Kapitalstruktur	
		Unlevern $\beta_v \rightarrow \beta_u$	Relevern $\beta_u \rightarrow \beta_v$
Finanzierungspolitik	Autonom	$\beta_{EK}^u = \dfrac{\beta_{EK}^v + \beta_{FK} \times (1-s) \times \dfrac{FK_M}{EK_M}}{1 + (1-s) \times \dfrac{FK_M}{EK_M}}$	$\beta_{EK}^v = \beta_{EK}^u + (\beta_{EK}^u - \beta_{FK}) \times (1-s) \times \dfrac{FK_M}{EK_M}$
	Atmend/ wertorientiert	$\beta_{EK}^u = \dfrac{\beta_{EK}^v + \beta_{FK} \times \dfrac{FK_M}{EK_M}}{1 + \dfrac{FK_M}{EK_M}}$	$\beta_{EK}^v = \beta_{EK}^u + (\beta_{EK}^u - \beta_{FK}) \times \dfrac{FK_M}{EK_M}$

Im Ergebnis scheint bei Fremdfinanzierung des Bewertungsobjekts i.d.R. eine Anpassung der empirisch ermittelten Betafaktoren im Hinblick auf Debt Beta erforderlich. Der Anpassungsbedarf besteht immer dann, wenn die zukünftige Kapitalstruktur des Unternehmens von der Kapitalstruktur im Zeitraum der empirischen Ermittlung des Betafaktors abweicht. Für den Fall, dass sich die Kapitalstruktur in der Zukunft voraussichtlich ändern wird, verlangt auch IDW S 1 i.d.F. 2008, dass die Kapitalkosten entsprechend anzupassen sind.[3] Diese Überlegungen gelten auch in den Fällen, in denen in die empirische Kapitalkostenermittlung Peer Group-Unternehmen einbezogen werden.

156

---

1 Das operative Risiko ist dabei auf seinen systematischen Anteil begrenzt. Entsprechend wird von diversifizierten Fremdkapitalgebern ausgegangen.
2 Vgl. hierzu im Detail *Dörschell/Franken/Schulte*, Der Kapitalisierungszinssatz in der Unternehmensbewertung, S. 205–209. Den Formeln liegt die Annahme zugrunde, dass kein Wachstum (g = 0) besteht. Diese Annahme wird in der Praxis üblicherweise vereinfachungsbedingt getroffen. Vgl. hierzu ebenso *Dörschell/Franken/Schulte*, Der Kapitalisierungszinssatz in der Unternehmensbewertung, S. 207–209.
3 Vgl. *IDW* (Hrsg.), IDW S 1 i.d.F. 2008, WPg Supplement 3/2008, Tz. 100.

4. Der Betafaktor in der Rechtsprechung

157 Die sachgerechte **Ermittlung des Betafaktors** stand in den letzten Jahren oftmals im Fokus der Rechtsprechung der **Oberlandesgerichte**. Gegenstand waren dabei auch methodische Spezifika, die in den berufsständischen Verlautbarungen des IDW S 1 i.d.F. 2008 nicht behandelt werden. Insofern wurde eine Vielzahl von (Teil-)Aspekten hinsichtlich der Ermittlung des Betafaktors beleuchtet. Im Kern der Diskussion über eine sachgerechte Methodik stand dabei insbesondere auch die Frage, ob die Verwendung einer Peer Group zur Ableitung eines Betafaktors überhaupt zulässig ist.

158 Das **OLG Stuttgart** betont in seinen Entscheidungen vom 14.9.2011 und 17.10.2011, dass bei fehlender Börsennotierung des Bewertungsobjekts die Ableitung des Betafaktors anhand einer Peer Group sachgerecht ist.[1] Auch das **OLG Düsseldorf** sieht in seiner Entscheidung vom 4.7.2012 die Anwendung des Peer Group-Verfahrens bei fehlender Börsennotierung angezeigt.[2] Das **OLG Stuttgart** hält in seiner Entscheidung vom 15.10.2013 fest, dass auch bei einer Börsennotierung, die deutlich vor dem Bewertungsstichtag lag (im vorliegenden Fall 13 Jahre), ebenfalls auf eine Peer Group abzustellen sei.[3]

159 Für den Fall, dass das Bewertungsobjekt **börsennotiert** ist, wird die **Sachgerechtigkeit des Peer Group-Verfahrens** von den Oberlandesgerichten **teils unterschiedlich beleuchtet**; in der Tendenz ist aber zumindest herauszulesen, dass es für die Ablehnung des eigenen Betafaktors einer Begründung bedarf. So macht das **OLG Stuttgart** die Anwendbarkeit des Peer Group-Verfahrens in einer Entscheidung vom 17.10.2011 daran fest, dass der Betafaktor des Bewertungsobjekts statistisch nicht signifikant ist.[4] Auch das **OLG Frankfurt** lehnt in einer Entscheidung vom 5.3.2012 die Verwendung des eigenen Betafaktors aufgrund dessen mangelnder statistischer Signifikanz ab.[5] Das **OLG Karlsruhe** führt in einer Entscheidung vom 15.11.2012 aus, dass das Peer Group-Verfahren dann anzuwenden sei, wenn der Kurs der Aktie des Bewertungsobjekts nicht aussagekräftig sei, was sich mit fehlender statistischer Signifikanz belegen lasse.[6] Das **OLG Karlsruhe** betont in einer Entscheidung vom 13.5.2013, dass die Verwendung einer Peer Group nur dann Sinn ergebe, wenn der Betafaktor des betreffenden Unternehmens nicht sachgerecht ermittelt werden könne.[7]

160 Die **Verwendung des eigenen Betafaktors** wird vom **OLG Frankfurt** in einer Entscheidung vom 7.6.2011 mit der Begründung abgelehnt, dass die Kurse der Gesellschaft aufgrund geringen Handels nicht aussagekräftig seien und zudem seit Jahrzehnten ein Beherrschungs- und Gewinnabführungsvertrag bestand.[8]

---

1 Vgl. OLG Stuttgart v. 14.9.2011 – 20 W 4/10, AG 2012, 221 sowie OLG Stuttgart v. 17.10.2011 – 20 W 7/11, juris.
2 Vgl. OLG Düsseldorf v. 4.7.2012 – I-26 W 8/10 (AktE), AG 2012, 797.
3 Vgl. OLG Stuttgart v. 15.10.2013 – 20 W 3/13, AG 2014, 208.
4 Vgl. OLG Stuttgart v. 17.10.2011 – 20 W 7/11, juris.
5 Vgl. OLG Frankfurt v. 5.3.2012 – 21 W 11/11, AG 2012, 417.
6 Vgl. OLG Karlsruhe v. 15.11.2012 – 12 W 66/06, AG 2012, 353.
7 Vgl. OLG Karlsruhe v. 13.5.2013 – 12 W 77/08 (13), AG 2013, 880.
8 Vgl. OLG Frankfurt v. 7.6.2011 – 21 W 2/11, NZG 2011, 990.

Das **OLG Stuttgart** hat in zwei Entscheidungen vom 3.4.2012 ebenfalls betont, dass bei Vorliegen eines Gewinnabführungsvertrags der Aktionär nur noch begrenzt am Risiko der Gesellschaft beteiligt ist und dieses sich auch nicht mehr in den Kursen widerspiegelt; entsprechend ist die Aussagefähigkeit historischer Kurse insofern eingeschränkt.[1]

Hinsichtlich der **technischen Ermittlung des Betafaktors** für ein gegebenes Unternehmen bzw. dessen Datengrundlage steht die Rechtsprechung **unterschiedlichen methodischen Annahmen** offen gegenüber. So führt etwa das **OLG Karlsruhe** in einer Entscheidung vom 13.5.2013 aus, dass sowohl tägliche, wöchentliche und monatliche Renditeintervalle existieren und keine der drei Möglichkeiten der anderen für die Ermittlung des Betafaktors grundsätzlich überlegen ist.[2] Im vorliegenden Sachverhalt hielt das OLG die Ermittlung des Betafaktors auf Jahresbasis und auf Grundlage täglicher Renditen als sachgerecht, da die Berechnung auf einer ausreichenden Anzahl von Datenpunkten beruhe sowie nachvollziehbar und plausibel sei. Die Referenzperiode zur Ermittlung des Betafaktors müsse dabei nicht erst am Tag der Hauptversammlung enden, die über die Maßnahme beschließt. Vielmehr habe die Referenzperiode spätestens am Tag vor Bekanntgabe der entsprechenden Maßnahme zu enden.

161

Die **Berücksichtigung der Kapitalstruktur** bei der Ableitung des Betafaktors (Un-/ bzw. Relevern) wird grundsätzlich befürwortet. So erachten etwa das **OLG Düsseldorf** in einer Entscheidung vom 4.7.2012 als auch das **OLG Frankfurt** in einer Entscheidung vom 30.8.2012 die Berücksichtigung der Kapitalstruktur als sachgerecht.[3]

162

In der Rechtsprechung der Oberlandesgerichte bildete sich in den letzten Jahren somit insgesamt die Auffassung heraus, dass die Verwendung einer Peer Group zur Ableitung eines Betafaktors grundsätzlich zulässig sei. Die Verwendung einer Peer Group wurde durch die Gerichte im jeweiligen Einzelfall gerechtfertigt. Aus dieser Rechtfertigung lässt sich insoweit grundsätzlich ein **Vorrang des unternehmenseigenen Betafaktors** ableiten. Die Gerichte begründen das sachgerechte Abstellen auf eine Peer Group insbesondere dadurch, dass der unternehmenseigene Betafaktor gar nicht (fehlende Börsennotierung) oder nicht insofern zuverlässig (bspw. Vorliegen eines Gewinnabführungsvertrags) ermittelt werden kann, dass er das systematische Risiko des Bewertungsobjekts widerspiegelt.

163

VI. Zusammenfassung

Im Ertragswertverfahren werden bei Anwendung der Risikozuschlagsmethode die erwarteten Überschüsse aus einem Unternehmen mit einem geeigneten Kapitalisierungszinssatz diskontiert. Der **Kapitalisierungszinssatz** entspricht

164

---

1 Vgl. OLG Stuttgart v. 3.4.2012 – 20 W 7/09, juris; OLG Stuttgart v. 3.4.2012 – 20 W 6/09, AG 2012, 839.
2 Vgl. OLG Karlsruhe v. 13.5.2013 – 12 W 77/08 (13), AG 2013, 880.
3 Vgl. OLG Düsseldorf v. 4.7.2012 – I-26 W 8/10 (AktE), AG 2012, 797 bzw. OLG Frankfurt v. 30.8.2012 – 21 W 14/11, NZG 2012, 1382.

dabei der Investition in eine zum Bewertungsobjekt äquivalente Alternativanlage, bei der insbesondere die Unsicherheit der Überschüsse äquivalent sein muss. Dabei wird der Kapitalisierungszinssatz in die Komponenten sicherer Zinssatz (Basiszinssatz) und Risikozuschlag aufgespalten. Bei Anwendung des Capital Asset Pricing Models wird der Risikozuschlag dann als Produkt aus **unternehmensunspezifischer** Marktrisikoprämie und **unternehmensspezifischem** Betafaktor ermittelt.

165 Die Verwendung der **Risikozuschlagsmethode** und die Bemessung des **Risikozuschlags auf Basis des CAPM/Tax-CAPM** ist in der Praxis weit verbreitet und wird auch in der Rechtsprechung grundsätzlich anerkannt. Hingegen sind bei der sachgerechten Bestimmung der einzelnen Komponenten des Kapitalisierungszinssatzes, je nach Komponente, der Konsens unter Wissenschaftlern und Praktikern sowie die Einheitlichkeit der Rechtsprechung unterschiedlich weit vorangeschritten.

166 Der **Basiszinssatz** wird nach herrschender Ausfassung **zukunftsorientiert aus Kapitalmarktdaten** abgeleitet. Die Deutsche Bundesbank schätzt mittels des Svensson-Modells auf Basis hypothetischer Nullkuponanleihen an jedem Börsentag Zinsstrukturkurven. Die geschätzten Parameter des Svensson-Modells werden in einer online verfügbaren Datenbank der Deutschen Bundesbank veröffentlicht. Durch Einsetzen der Parameter in die **Schätzgleichung nach Svensson** kann die Zinsstrukturkurve abgebildet und daraus wiederum der Basiszins abgeleitet werden. In der Praxis wird aus den laufzeitabhängigen Zinssätzen der Zinsstrukturkurve zumeist ein laufzeitunabhängiger Einheitszinssatz berechnet.

167 Die **Marktrisikoprämie** ist die Differenz der Rendite des riskanten Marktportfolios und der Rendite der sicheren Anlage. Es handelt sich somit um die erwarteten Renditeunterschiede aus der Anlage in das Marktportfolio der unsicheren Wertpapiere und zum sicheren Zinssatz. Empirisch kann die Marktrisikoprämie vergangenheitsorientiert und zukunftsorientiert abgeleitet werden. Um die Marktrisikoprämie zukunftsorientiert zu bestimmen, werden Expertenmeinungen oder Markterwartungen über die jeweiligen Renditen zugrunde gelegt. Beim vergangenheitsorientierten Ansatz werden hingegen historische Renditeunterschiede der beiden Anlagetypen berechnet und als Prognose der zukünftigen Entwicklung angesetzt. In der Praxis werden die Erwartungen über die Marktrisikoprämie meist anhand von Studien abgeleitet, die auf dem vergangenheitsorientierten Ansatz basieren. Für die zukunftsorientierte Ableitung hat sich bisher kein Modell durchgesetzt; die Schätzungen reagieren dabei sehr sensitiv auf die verwendeten Prognosen und Annahmen, weswegen dieser Ansatz bisher aufgrund mangelnder „Praxisreife" als nicht sachgerecht verworfen wird. In der aktuellen Rechtsprechung wird dabei neuerdings die zukunftsbezogene Ermittlung der Marktrisikoprämie angeregt, so dass zukünftig eine entsprechende Umorientierung in diese Richtung nicht ausgeschlossen werden kann.

168 Durch Multiplikation der unternehmensunspezifischen Marktrisikoprämie mit dem unternehmensspezifischen Betafaktor wird im CAPM das **systematische Risiko** eines Unternehmens bemessen. Dieses Produkt geht als Risikozuschlag in den Kapitalisierungszinssatz ein; dabei umfasst das systematische

Risiko das operative Risiko und das finanzwirtschaftliche Risiko. Empirisch beobachtbare Betafaktoren berücksichtigen grundsätzlich beide Risikoarten und werden als verschuldeten Betafaktoren bezeichnet. Wird der verschuldete Betafaktor um das finanzwirtschaftliche Risiko bereinigt, erhält man den Betafaktor eines fiktiv unverschuldeten Unternehmens, der nur das operative Risiko misst. Dieser Betafaktor wird auch als unverschuldeter Betafaktor bezeichnet.

In der praktischen Anwendung wird zunächst der verschuldete Betafaktor eines Unternehmens durch **Regression der Aktienrendite auf die Rendite des Marktportfolios** berechnet. Falls der eigene Betafaktor nicht belastbar oder aufgrund fehlender Börsennotierung des Bewertungsobjekts nicht beobachtbar ist, kann der Betafaktor des Bewertungsobjekts auf Grundlage der verschuldeten Betafaktoren einer Gruppe von Vergleichsunternehmen (Peer Group) bestimmt werden. Die Rechtsprechung hält dabei unter gewissen Voraussetzungen die Verwendung einer Peer Group für zumindest grundsätzlich möglich. Eine Vielzahl von Parametern wie Beobachtungszeitraum, Renditeintervall und Referenzindex haben eine Auswirkung auf den geschätzten (verschuldeten) Betafaktor. Bei der entsprechenden Parameterwahl ist zumindest in Teilen keine einheitliche Auffassung in der Praxis auszumachen und auch in der Rechtsprechung werden unterschiedliche Auffassungen vertreten. Vor diesem Hintergrund ist die Sachgerechtigkeit des Betafaktors im jeweiligen Einzelfall zu beurteilen.

169

Empirisch beobachtbare Betafaktoren erfassen neben dem operativen Risiko auch das Kapitalstrukturrisiko eines Unternehmens. Entsprechend ist der empirische, verschuldete Betafaktor des Bewertungsobjekts oder der Peer Group Unternehmen um das **Kapitalstrukturrisiko** zu bereinigen (unlevern). Der unverschuldete Betafaktor ist im Rahmen der Bewertung wieder unter Berücksichtigung der geplanten Verschuldung des Bewertungsobjekts in einen verschuldeten Betafaktor umzurechnen (relevern). Auf Basis dieses verschuldeten Betafaktors wird schließlich der Risikozuschlag ermittelt, der in den Kapitalisierungszinssatz eingeht. Die Berücksichtigung des Kapitalstrukturrisikos wird in der Praxis durchgängig als sachgerecht angesehen. In der Rechtsprechung ist die grundsätzliche Berücksichtigung des Kapitalstrukturrisikos ebenfalls anerkannt. Unterschiede bestehen in der praktischen Anwendung dahingehend, wie das finanzwirtschaftliche Risiko berücksichtigt wird. Dies korrespondiert mit unterschiedlichen Prämissensetzungen bezüglich des Ausfallrisikos des Fremdkapitals und der Finanzierungspolitik des Unternehmens (atmend oder autonom).

170

Insgesamt ist zu konstatieren, dass zwar die **Grundsätze der Bewertung** auf einen **breiten Konsens** stoßen, bei der **praktischen Ermittlung einzelner Komponenten des Kapitalisierungszinssatzes** jedoch durchaus **unterschiedliche Auffassungen** vertreten werden. In jüngerer Vergangenheit ist dabei bspw. eine Konsensbildung bei der zukunftsbezogenen Ermittlung des Basiszinssatzes auf Grundlage der Zinsstrukturkurve nach Svensson zu beobachten, während bei der Prämissensetzung zur Ableitung des Betafaktors ein breit gefächertes Meinungsbild verbleibt. Insgesamt ist daher die Bestimmung der Kapitalkosten ein **dynamisches Gebiet**, bei dem die Konsensbildung insbesondere in Teilberei-

171

Franken/Schulte | 197

chen noch aussteht. Die Auffassung darüber, was sachgerecht ist, befindet sich in der praktischen Anwendung und entsprechend auch in der Rechtsprechung zumindest in diesen Teilbereichen in einem beständigen Wandel.

§ 7
Nicht betriebsnotwendiges Vermögen

	Rz.		Rz.
I. Nicht betriebsnotwendiges Vermögen im Kontext der Ertragswertmethode	1	III. Grundsätze der Bewertung nicht betriebsnotwendigen Vermögens	
II. Abgrenzung von betriebsnotwendigem und nicht betriebsnotwendigem Vermögen		1. Bestmögliche Verwertung	31
1. Abgrenzungsmethoden		2. Liquidationswert	
a) Allgemeines	4	a) Allgemeines	32
b) Wertbezogene Abgrenzung . .	5	b) Abzug fiktiver Liquidationskosten	33
c) Funktionale Abgrenzung		c) Abzinsung des Verkehrswertes	35
aa) Allgemeines	6	d) Besteuerung der fiktiven Liquidation	
bb) Perspektiven der funktionalen Abgrenzung . . .	8	aa) Abzug latenter Steuern auf Unternehmens- und Eigentümerebene	38
2. Meinungstand		bb) Umfang des Steuerabzugs	40
a) Wertbezogene und funktionale Abgrenzung	12	cc) Abzinsung der Steuerbelastung	42
b) Maßgebliche Perspektive im Rahmen der funktionalen Abgrenzung		e) Abzug von Schulden	44
aa) Neutralität des IDW . . .	14	3. Korrektur des Gesamtwerts . . .	45
bb) 1. Perspektive: Erfordernis einer Veräußerungsentscheidung	15	IV. Einzelfragen und Fallgruppen	
cc) 2. Perspektive: Tatsächliche Verhältnisse	18	1. Allgemeines	46
dd) 3. Perspektive: Objektiver Betrachter	20	2. Beteiligungen	47
3. Stellungnahme		3. Forderungen und Schulden	49
a) Wertbezogene und funktionale Abgrenzung	24	4. Immaterielles Vermögen	52
b) Perspektive der funktionalen Abgrenzung	26	5. Immobilien	53
		6. Kunstwerke	57
		7. Liquide Mittel	58
		8. Sonstiges	60

Schrifttum: *Ballwieser/Hachmeister*, Unternehmensbewertung, 4. Aufl. 2013; *Emmerich/Habersack* (Hrsg.), Aktien- und GmbH-Konzernrecht, 7. Aufl. 2013; *Ernst/Schneider/Thielen*, Unternehmensbewertungen erstellen und verstehen, 5. Aufl. 2012; *Forster*, Zur angemessenen Barabfindung (§ 305 AktG), FS Claussen, 1997, S. 91; *Großfeld*, Recht der Unternehmensbewertung, 7. Aufl. 2012; *Hachmeister/Ruthardt*, Nicht betriebsnotwendiges Vermögen in der Unternehmensbewertung, BB 2014, 875; *Hachmeister/Ruthardt/Lampenius*, Unternehmensbewertung im Spiegel der neueren gesellschaftsrechtlichen Rechtsprechung – Berücksichtigung des Risikos, Risikozuschlags und persönlicher Steuern, WPg 2011, 829; *Hüttemann*, Unternehmensbewertung als Rechtsproblem, ZHR 162 (1998), 563; *Hüttemann*, Neuere Entwicklungen bei der Unternehmensbewertung im Gesellschaftsrecht, StbJb. 2000/01, 385; *Hüttemann*, Rechtliche Vorgaben für ein Bewertungskonzept, WPg 2007, 812; *Matschke/Brösel*, Unternehmensbewertung, 4. Aufl. 2013; *Meinert*, Neuere Entwicklungen in der Unternehmensbewertung (Teil I), DB 2011, 2397;

Moxter, Grundsätze ordnungsgemäßer Unternehmensbewertung, 2. Aufl. 1983; *Müller/Rödder* (Hrsg.), Beck'sches Handbuch der AG, 2. Aufl. 2009; *Peemöller* (Hrsg.), Praxishandbuch der Unternehmensbewertung, 5. Aufl. 2012; *Petersen/Zwirner/Brösel* (Hrsg.), Handbuch Unternehmensbewertung, 2012; *Piltz*, Die Unternehmensbewertung in der Rechtsprechung, 3. Aufl. 1994; *Riegger/Wasmann* (Hrsg.), Kölner Kommentar Zum Aktiengesetz, Band 9, 3. Aufl. 2013; *Ruthardt/Hachmeister*, Unternehmensplanung und (optimales) Unternehmenskonzept in der Rechtsprechung zur Unternehmensbewertung, DB 2013, 2666; *Schacht/Fackler* (Hrsg.), Praxishandbuch Unternehmensbewertung, 2. Aufl. 2012; *Schröder/Habbe*, Die Berücksichtigung von Schadenersatzansprüchen bei der Überprüfung der Unternehmensbewertung im Spruchverfahren, NZG 2011, 845; *Seppelfricke*, Handbuch Aktien- und Unternehmensbewertung, 4. Aufl. 2012; *Weiss*, Unternehmen und Unternehmensfortführung im Recht, FS Semmler, 1993, S. 631; *Wollny*, Der objektivierte Unternehmenswert, 2. Aufl. 2010; WP-Handbuch 2014, Band II.

I. Nicht betriebsnotwendiges Vermögen im Kontext der Ertragswertmethode

1   Der **Ertragswert** eines Unternehmens wird wesentlich durch die Abgrenzung und Bewertung des betriebsnotwendigen Vermögens beeinflusst. Hintergrund ist, dass die Ertragswertmethode den Unternehmenswert – anders als die Substanzwertmethode – nicht durch eine Einzelbetrachtung der im Unternehmen vorhandenen Vermögensgegenstände und Schulden, sondern auf der Grundlage der mit dem Kapitalisierungszinssatz abgezinsten, für die Zukunft erwarteten finanziellen Überschüsse (Zukunftserfolgswert[1]) ermittelt. Das Ertragswertverfahren basiert also auf der Annahme, dass die im Unternehmen vorhandenen Vermögensteile als Einheit zusammenwirken, um den Ertrag zu erzielen und deshalb auch – auf Basis der Ertragserwartung – in ihrer Gesamtheit bewertet werden (zur Gesamtbewertung vgl. § 2 Rz. 44 ff.[2]). Sofern ihr Liquidationswert nicht ausnahmsweise höher ist (vgl. zum Liquidationswert als Wertuntergrenze näher § 8 Rz. 15 ff.),[3] ist der individuelle Wert der einzelnen Vermögensobjekte grundsätzlich durch den Gesamtwert abgegolten.

2   Eine Ausnahme besteht jedoch für **nicht betriebsnotwendiges (bzw. neutrales[4]) Vermögen**. Denn im Unterschied zum betriebsnotwendigen Vermögen trägt dieses nichts zur Erwirtschaftung des Ertrages im Rahmen des „normalen", operativen Geschäfts bei und findet deshalb weder in den erwarteten Zukunftserträgen noch in dem für Diskontierungszwecke festgelegten Kapitalisierungszinssatz, der das operative Geschäftsrisiko des Unternehmens widerspiegelt,

---

1   Vgl. WP-Handbuch 2014, Band II, A Rz. 136.
2   Vgl. auch IDW S 1 i.d.F. 2008, Rz. 18 f.
3   Substanz- und der Liquidationswert stimmen zwar darin überein, dass die einzelnen Vermögensobjekte und Schulden isoliert bewertet werden, nicht aber im konkreten Wertansatz. Denn anders als der Substanzwert ist der Liquidationswert nicht der Wiederbeschaffungspreis, sondern der Veräußerungspreis im Falle einer Zerschlagung, vgl. *Moxter*, Grundsätze ordnungsgemäßer Unternehmensbewertung, S. 41.
4   Teilweise wird das nicht betriebsnotwendige Vermögen auch als „neutrales Vermögen" oder „Restreinvermögen" bezeichnet, vgl. *Piltz*, Die Unternehmensbewertung in der Rechtsprechung, S. 181 m.w.N.

eine Entsprechung.¹ Würde das nicht betriebsnotwendige Vermögen nicht gesondert bewertet, erhielte der Erwerber des Unternehmens einen unentgeltlichen Zusatzwert, den er – ohne das Unternehmen bzw. dessen Ertrag zu beeinflussen – durch Veräußerung realisieren könnte.² Deutlich wird die damit verbundene Problematik anhand der von *Hannes*³ beispielhaft formulierten Frage: „Warum soll ein Grundbesitz im Verkehrswert von 100 Mio. EUR im Ertragswert ‚verschwinden', wenn man dasselbe Unternehmen auch auf einem Grundbesitz im Wert von 60 Mio. EUR betreiben könnte oder wenn dasselbe Unternehmen auf einem gemieteten Grundstück betrieben werden könnte?".

Vor diesem Hintergrund besteht grundsätzliche Einigkeit darüber, dass das nicht betriebsnotwendige Vermögen **gesondert zu bewerten** und dieser Wert anschließend dem Gesamtwert zuzuschlagen ist.⁴ Unterschiedliche Ansichten bestehen hingegen bei der Behandlung im Detail.⁵ Dies überrascht kaum, wenn man bedenkt, dass die Zuordnung zum nicht betriebsnotwendigen Vermögen unmittelbaren Einfluss auf den Ertragswert des Unternehmens hat: Je mehr Vermögensteile als nicht betriebsnotwendig qualifiziert werden, desto größer ist das zusätzliche Bewertungspotential und desto höher der Unternehmenswert. Abzufindende Aktionäre haben demnach regelmäßig ein Interesse an einer möglichst umfangreichen Zuordnung von Vermögenswerten (insbesondere Grund- und Beteiligungsbesitz) zum nicht betriebsnotwendigen Vermögen, während die verbleibenden Mehrheitsaktionäre ein gegenläufiges Interesse verfolgen.

II. Abgrenzung von betriebsnotwendigem und nicht betriebsnotwendigem Vermögen

1. Abgrenzungsmethoden

a) Allgemeines

Uneinigkeit besteht vor allem über die **Art und Weise der Abgrenzung** von betriebsnotwendigem und nicht betriebsnotwendigem Vermögen. Diskutiert werden im Wesentlichen zwei Methoden: Die wertbezogene und die funktionale Abgrenzung.

---

1 *Wollny*, Der objektivierte Unternehmenswert, S. 152.
2 *Piltz*, Die Unternehmensbewertung in der Rechtsprechung, S. 30.
3 *Hannes* in Peemöller, Praxishandbuch der Unternehmensbewertung, S. 1136.
4 Vgl. OLG Stuttgart v. 17.3.2010 – 20 W 9/08, AG 2010, 510; OLG Frankfurt v. 5.3.2012 – 21 W 11/11 – juris Rz. 20, AG 2012, 417; OLG Frankfurt v. 20.12.2011 – 21 W 8/11 – juris Rz. 48, AG 2012, 330; OLG Frankfurt v. 28.3.2014 – 21 W 15/11 – juris Rz. 92; *Hachmeister/Ruthardt*, BB 2014, 875 (875); *Hannes* in Peemöller, Praxishandbuch der Unternehmensbewertung, S. 1136 m.w.N.; IDW S 1 i.d.F. 2008, Rz. 59; *Meinert*, DB 2011, 2397 (2402 m.w.N.); *Piltz*, Die Unternehmensbewertung in der Rechtsprechung, S. 30, 135, 181; *Riegger/Gayk* in KölnKomm. AktG, 3. Aufl. 2013, Anh. § 11 SpruchG Rz. 8 m.w.N.
5 Vgl. auch *Bysikiewicz/Zwirner* in Petersen/Zwirner/Brösel, Handbuch Unternehmensbewertung, C Rz. 25, S. 244.

b) Wertbezogene Abgrenzung

5 Nach der **wertbezogenen Abgrenzung** gehören zum nicht betriebsnotwendigen Vermögen alle Vermögensgegenstände, deren Vorhandensein den Ertragswert nicht oder nicht wesentlich beeinflussen, deren Vermögenswert jedoch bedeutsam ist.[1] Negativ formuliert handelt es sich um Vermögen, bei dessen Veräußerung sich die zukünftigen finanziellen Überschüsse aus dem Unternehmen gar nicht oder nur in einem geringen Ausmaß ändern würden.[2] Anders als die funktionale Abgrenzung knüpft die wertbezogene Abgrenzung damit nicht an konkrete betriebliche Abläufe an, sondern unternimmt eine rein ertragsbezogene Betrachtung.

c) Funktionale Abgrenzung

aa) Allgemeines

6 Nach der **funktionalen Abgrenzung** gehören zum nicht betriebsnotwendigen Vermögen alle Vermögensgegenstände, die zum Zeitpunkt des Bewertungsstichtags (vgl. dazu § 12) frei veräußert werden könnten, ohne dass dadurch die eigentliche Aufgabe des Unternehmens berührt würde.[3] Der Betrieb des Unternehmens, d.h. der zur Erreichung des Unternehmensziels erforderliche operative Ablauf, müsste trotz Wegfall des fraglichen Vermögensgegenstandes unverändert und ohne Einschränkung fortgeführt werden können.[4] Dabei ist neben dem eigentlichen operativen Geschäft auch eine mögliche Unterstützungsfunktion von Vermögensteilen zu berücksichtigen.[5]

7 Bei genauer Betrachtung hängt die Einordnung als (nicht) betriebsnotwendig damit maßgeblich vom **Geschäftsmodell**, den **konkreten Zielen** und der Art der **beabsichtigten Unternehmensfortführung** des zu bewertenden Unternehmens ab.[6] Es liegt auf der Hand, dass für ein standortgebundenes Bergbauunternehmen andere Vermögensgegenstände betriebsnotwendig sind, als für einen Softwareentwickler. Aber auch die konkrete Ausgestaltung des operativen Geschäfts oder bestimmte Unternehmensziele können Einfluss auf die Klassifizierung haben. Je weiter das Geschäftsfeld eines Unternehmens ist und je dynamischer es sich entwickelt, desto schwieriger wird zu beurteilen sein, ob ein

---

1 OLG Düsseldorf v. 16.10.1990 – 19 W 9/88 – juris Rz. 53, AG 1991, 106; BayObLG v. 19.10.1995 – BReg.3 Z BR 17/90 – „Paulaner AG" – juris Rz. 53, AG 1996, 127; OLG Düsseldorf v. 22.1.1999 – 19 W 5/96 – juris Rz. 115 AktE, AG 1999, 321; *Piltz*, Die Unternehmensbewertung in der Rechtsprechung, S. 165; *Weiss* in FS Semmler, 1993, S. 631 (641 f.) sieht in derselben Formulierung hingegen eine Definition der funktionalen Abgrenzung.
2 Vgl. hierzu WP-Handbuch 2014, Band II, A Rz. 137; *Hannes* in Peemöller, Praxishandbuch der Unternehmensbewertung, S. 1136.
3 Vgl. IDW S 1 i.d.F. 2008, Rz. 59.
4 Vgl. *Wollny*, Der objektivierte Unternehmenswert, S. 229.
5 *Bysikiewicz/Zwirner* in Petersen/Zwirner/Brösel, Handbuch Unternehmensbewertung, C Rz. 26, S. 245.
6 Vgl. dazu auch *Moxter*, Grundsätze ordnungsgemäßer Unternehmensbewertung, S. 41.

Vermögensgegenstand dem Unternehmensziel dient bzw. zu dessen Erreichung erforderlich ist.[1]

bb) Perspektiven der funktionalen Abgrenzung

Entscheidende Bedeutung kommt vor diesem Hintergrund der Frage zu, welche **Perspektive** der Bewerter – bei der rechtsgebundenen Bewertung also der Richter – bei der Bestimmung des „funktionalen Zusammenhangs" einzunehmen hat. Muss die Bewertung nur auf dem bisherigen, von der Unternehmensleitung vorgegebenen Unternehmenskonzept aufsetzen oder darf der Bewerter ein hypothetisches Konzept zugrundelegen, wenn sich dadurch ein höherer Unternehmenswert ergäbe? Kann er also im Rahmen der Unternehmensbewertung unternehmerische Entscheidungen überprüfen und falls ja in welchem Umfang? Eine entsprechende Frage stellt sich auch bei der Beurteilung der Ertragserwartungen des Unternehmens (vgl. dazu näher § 6). Die Abgrenzung nach der Betriebsnotwendigkeit kann sich im Einzelfall schwierig gestalten.Die Übergänge zwischen den denkbaren Perspektiven sind fließend, weshalb es nicht überrascht, dass in Rechtsprechung und Literatur uneinheitliche Kriterien definiert werden. Dabei werden zumeist zwei Sichtweisen gegenübergestellt: Nach der „subjektiven" Perspektive bestimmt sich die Betriebsnotwendigkeit nach der tatsächlichen Funktion eines Vermögensgegenstandes im Rahmen der aktuellen Unternehmenspolitik der Geschäftsführung. Demgegenüber soll es nach der „objektiven" Sichtweise auf die Perspektive eines wirtschaftlich denkenden Betrachters ankommen, der auch das hypothetische Unternehmenskonzept eines potentiellen Erwerbers der Bewertung zugrundelegen darf.[2] Vorzugswürdig erscheint allerdings eine Unterteilung in die folgenden drei Betrachtungsweisen:

8

Die engste Perspektive, die dem Gericht zugleich den geringsten Handlungsspielraum gewährt, ist die streng subjektive Perspektive der Unternehmensleitung, nach der es nur dann an einer Betriebsnotwendigkeit fehlt, wenn das Unternehmenskonzept bereits eine **baldige Veräußerung** vorsieht.[3] In diesem Fällen ist die Abgrenzung eindeutig, denn die Unternehmensleitung hat bereits in

9

---

1 *Popp* in Peemöller, Praxishandbuch der Unternehmensbewertung, S. 187 geht sogar davon aus, dass sich für die Abgrenzung des Begriffs der betriebsnotwendigen Aktivitäten weder eine abstrakte Definition noch eine abschließende Aufzählung von objektiven Kriterien vornehmen lässt.
2 Vgl. beispielhaft OLG Düsseldorf v. 8.7.2003 – 19 W 6/00 AktE – juris Rz. 69, AG 2003, 688; *Piltz*, Die Unternehmensbewertung in der Rechtsprechung, S. 182 f.; *Riegger/Gayk* in KölnKomm. AktG, 3. Aufl. 2013, Anh. § 11 SpruchG Rz. 53 m.w.N.
3 OLG Hamburg v. 3.8.2000 – 11 W 36/95 – juris Rz. 71, AG 2001, 479; OLG Frankfurt v. 20.12.2011 – 21 W 8/11 – juris Rz. 78 f., AG 2012, 330; *Matschke/Brösel*, Unternehmensbewertung, S. 314 Fn. 356. Vgl. auch *Riegger/Gayk* in KölnKomm. AktG, 3. Aufl. 2013, Anh. § 11 SpruchG Rz. 8, welche die Definition der fehlenden Betriebsnotwendigkeit jedoch noch um solche Vermögensgegenstände erweitern, denen „der funktionale Zusammenhang mit dem Betriebsgeschehen tatsächlich fehlt".

objektiv nachvollziehbarer Art und Weise erklärt, dass sie den Vermögensgegenstand für funktional nicht erforderlich hält.

10   Nach einer anderen Sichtweise ist die Betriebsnotwendigkeit – über den Fall einer bereits geplanten Veräußerung hinaus – auch dann zu verneinen, wenn der fragliche Vermögensgegenstand nach den **derzeitigen Unternehmensverhältnissen** in **keinem funktionalen Zusammenhang** mit dem Betriebsgeschehen steht.[1] Zwar ist der Bewerter bzw. das Gericht auch hier an die von der Geschäftsführung vorgegebenen Unternehmensrealitäten gebunden. Insgesamt ist ihm jedoch ein größerer Beurteilungsspielraum eröffnet, da die Zuordnungsentscheidung nicht von einer bereits konkretisierten Veräußerungsabsicht abhängt.

11   Der dritte Ansatz geht von der Sicht eines **objektiven, wirtschaftlich denkenden Betrachters** aus. Sie ist die weiteste, denn die Bewertung kann hiernach auch auf Grundlage eines hypothetischen Unternehmenskonzepts eines potentiellen Erwerbers vorgenommen werden, wenn dieses – aus Sicht des Bewerters – zu einem höheren Unternehmenswert führen würde. Zwar ist der Bewerter hier gleichfalls an die von der Geschäftsführung vorgegebenen Unternehmensziele gebunden.[2] Er hat aber die die Möglichkeit, konkrete Einzelentscheidungen der Geschäftsführung zu korrigieren und Gegenstände auch dann als nicht betriebsnotwendig zu qualifizieren, wenn diese zwar am Stichtag in das Betriebsgeschehen einbezogen sind, aber eine alternative Ausgestaltung des operativen Geschäfts für die Zukunft wirtschaftlich vernünftiger erscheint.

2. Meinungstand

a) Wertbezogene und funktionale Abgrenzung

12   Eine **wertbezogene Abgrenzung** ist vor allem durch das BayObLG in seinen Brauerei-Beschlüssen vom 19.10.1995[3] und 11.12.1995[4] vertreten worden. Zur Begründung heißt es dort: „Zum neutralen Vermögen eines Unternehmens zählen alle Gegenstände, deren Vorhandensein den Ertragswert nicht oder nicht wesentlich beeinflusst, deren Vermögenswert jedoch bedeutsam ist. Der Begriff, der nicht eng gefasst werden darf, beinhaltet alle Gegenstände, die sich ohne Schaden für den Ertrag aus dem Unternehmen herauslösen lassen, wenn sich so ein höherer Wert als im Rahmen des Ertragswertes ergibt." Eine ähnliche Formulierung findet sich bereits im Beschluss des OLG Düsseldorf vom 16.10.1990[5], in dem die Abgrenzung allerdings nicht relevant wurde. Sowohl das OLG Düsseldorf[6] als auch das OLG Köln[7] haben die Formulierung des Bay-

---

1   *Riegger/Gayk* in KölnKomm. AktG, 3. Aufl. 2013, Anh. § 11 SpruchG Rz. 8 m.w.N.
2   Vgl. dazu *Moxter*, Grundsätze ordnungsgemäßer Unternehmensbewertung, S. 41.
3   BayObLG v. 19.10.1995 – BReg.3 Z 17/90 – juris Rz. 53, AG 1996, 127.
4   BayObLG v. 11.12.1995 – 3Z BR 36/91 – juris Rz. 45, AG 1996, 176.
5   OLG Düsseldorf v. 16.10.1990 – 19 W 9/88 – juris Rz. 53, AG 1991, 106.
6   OLG Düsseldorf v. 22.1.1999 – 19 W 5/96 AktE – juris Rz. 1, AG 1999, 321 15.
7   OLG Köln v. 26.3.1999 – 19 U 108/96 – juris Rz. 83, GmbHR 1999, 712 = NZG 1999, 1222.

ObLG in späteren Beschlüssen vereinzelt aufgegriffen, wobei die Entscheidung des OLG Köln auch Elemente der funktionalen Abgrenzung enthält.[1] Letztlich dürfte auch das BayObLG seine Abgrenzung nicht rein wertbezogen verstanden haben, denn im Nachsatz zur vorstehenden Formulierung führte es aus: „Die nicht betriebsnotwendige Substanz ist Überschuss- oder Ergänzungssubstanz; sie steht außerhalb des funktionalen Zusammenhangs der Werte im Betriebsgeschehen" und bezog sodann die betriebliche Funktion der streitigen Gaststättengrundstück in seine Betrachtung ein, indem es den Brauereigaststätten aufgrund des zurückgegangenen Ertragsanteils die Betriebsnotwendigkeit absprach.

Heute wird die **wertbezogene** Abgrenzung kaum noch **vertreten**. Zwar findet sie weiterhin Erwähnung in Rechtsprechung[2] und Literatur.[3] Beide gehen aber nahezu übereinstimmend von einer primär funktionalen Abgrenzung des nicht betriebsnotwendigen Vermögens aus. Entsprechendes gilt für den Standard IDW S 1 i.d.F. 2008.[4] Vereinzelt wird allerdings weiterhin eine Kombination von funktionalen und wertbezogenen Abgrenzungskriterien vorgenommen. So hat das OLG Stuttgart jüngst solche Gegenstände als nicht betriebsnotwendig angesehen, „die sich veräußern lassen, ohne die Ziele des Unternehmens und den Überschusswert wesentlich zu ändern".[5] Ähnliche Aussagen finden sich im Schrifttum.[6] Nach dem IDW sollen wertbezogene Kriterien nur hilfsweise z.B. bei Grundbesitz oder unternehmenszweckfremden Beteiligungen ausschlaggebend sein, wenn zweifelhaft ist, ob Vermögensteile tatsächlich im Rahmen der betrieblichen Leistungserstellung erforderlich sind.[7]

13

---

1 OLG Köln v. 26.3.1999 – 19 U 108/96 – juris Rz. 83, GmbHR 1999, 712 = NZG 1999, 1222: „umfaßt alle Vermögensgegenstände, die frei veräußert werden könnten, ohne daß dadurch die eigentliche Unternehmensaufgabe berührt würde".
2 Vgl. nur OLG Düsseldorf v. 8.7.2003 – 19 W 6/00 AktE – juris Rz. 69, AG 2003, 688; OLG Stuttgart v. 14.9.2011 – 20 W 6/08 – juris Rz. 96, AG 2012, 49 und OLG Frankfurt v. 20.12.2011 – 21 W 8/11 – juris Rz. 83 f., AG 2012, 330, das auch die wertbezogene Abgrenzung als teilweise vertretene Ansicht erwähnt.
3 *Bysikiewicz/Zwirner* in Petersen/Zwirner/Brösel, Handbuch Unternehmensbewertung, C Rz. 26, S. 244; *Ernst/Schneider/Thielen*, Unternehmensbewertungen erstellen und verstehen, S. 144; *Großfeld*, Recht der Unternehmensbewertung, Rz. 1159; *Hüttemann*, WPg 2007, 812 (816); *Meinert*, DB 2011, 2397 (2402); *Rieger/Gayk* in KölnKomm. AktG, 3. Aufl. 2013, Anh. § 11 SpruchG Rz. 53; *Weiss* in FS Semmler, 1993, S. 631 (644); *Wollny*, Der objektivierte Unternehmenswert, S. 229. A.A. wohl *Kohl* in Müller/Rödder, Beck'sches Handbuch der AG, § 24 Rz. 77 ohne Begründung.
4 IDW S 1 i.d.F. 2008, Rz. 59; WP-Handbuch 2014, Band II, A Rz. 138.
5 OLG Stuttgart v. 5.6.2013 – 20 W 6/10 – juris Rz. 240, AG 2013, 724; OLG Stuttgart v. 5.11.2013 – 20 W 4/12 – juris Rz. 121, AG 2014, 291.
6 Vgl. *Emmerich* in Emmerich/Habersack, Aktien- und GmbH-Konzernrecht, § 305 AktG Rz. 72 und *Piltz*, Die Unternehmensbewertung in der Rechtsprechung, S. 30, der das nicht betriebsnotwendige Vermögen als „das Vermögen, das nicht dem eigentlichen Unternehmenszweck dient, und durch dessen Wegfall sich der Ertragswert nicht verändern würde" definiert.
7 WP-Handbuch 2014, Band II, A Rz. 138.

b) Maßgebliche Perspektive im Rahmen der funktionalen Abgrenzung

aa) Neutralität des IDW

14 Bei der Frage, welche Perspektive der Bewerter im Rahmen der funktionalen Abgrenzung einzunehmen hat, ist das **Meinungsbild** deutlich uneinheitlicher. Insbesondere überrascht es, dass sich das IDW – trotz der besonderen Relevanz dieser Frage – jeglicher Stellungnahme enthält. Im Fachschrifttum und in der Rechtsprechung finden sich hingegen sämtliche Perspektiven, die nicht immer trennscharf voneinander abgegrenzt werden.

bb) 1. Perspektive: Erfordernis einer Veräußerungsentscheidung

15 Gerade in **jüngeren Entscheidungen** ist vermehrt zu beobachten, dass sich die Gerichte an die Vorgaben der Unternehmensleitung und deren Zuordnungsentscheidungen gebunden sehen. So findet sich die Feststellung, dass es sich bei der Einordnung als betriebs- oder nicht betriebsnotwendiges Vermögen grundsätzlich um eine unternehmerische Entscheidung handele, die nur eingeschränkt einer gerichtlichen Überprüfung unterliege.[1] Entscheidend komme es auf eine bestehende Verkaufsabsicht an, denn letztlich könne nur die Unternehmensführung bestimmen, wie und insbesondere mit welchen Mitteln sie die zukünftigen Erträge zu erwirtschaften gedenke.[2] „Erste Gedanken zur Veräußerung" sollen dabei noch nicht ausreichen, um ein Betriebsgrundstücks als nicht betriebsnotwendig anzusehen; vielmehr seien konkrete Planungen erforderlich.[3] Wird eine am Bewertungsstichtag bestehende Verkaufsabsicht später wieder aufgegeben, soll dies allerdings für die vorgenommene Einordnung unschädlich sein.[4]

16 Eine ähnliche, wenn auch stärker **differenzierende Betrachtung** findet sich im Beschluss des OLG Stuttgart vom 14.10.2010.[5] Zwar stellte das Gericht auch hier auf die Veräußerungsabsicht ab und führte aus, dass ihm eine Zweckmäßigkeitsüberprüfung des Unternehmerhandelns grundsätzlich nicht gestattet sei. Etwas anderes müsse aber ausnahmsweise dann gelten, wenn der Liquidationswert den Ertragswert deutlich übersteige und die fehlende Verkaufsentscheidung nicht zu rechtfertigen sei, etwa weil der Verkauf der Anteile finanziell notwendig war oder sogar eine Verpflichtung zur Veräußerung bestand. Eine ähnliche Einschränkung findet sich im Beschluss des OLG Frankfurt vom 17.12.2012[6], welches unternehmerische Entscheidungen hinnehmen will, solange sie sich nicht als ökonomisch nicht mehr nachvollziehbar erwiesen. Letzteres sei der Fall, wenn Anhaltspunkte dafür vorlägen, dass sie offenkundig unwirtschaftlich oder sogar vorgeschoben seien. Das OLG Düsseldorf

---

1 OLG Frankfurt v. 29.4.2011 – 21 W 13/11 – juris Rz. 96, AG 2011, 832.
2 OLG Frankfurt v. 20.12.2011 – 21 W 8/11 – juris Rz. 84 m.w.N., AG 2012, 330.
3 OLG Stuttgart v. 17.3.2010 – 20 W 9/08 – juris Rz. 210, AG 2010, 510.
4 OLG Frankfurt v. 20.12.2011 – 21 W 8/11 – juris Rz. 79, AG 2012, 330.
5 OLG Stuttgart v. 14.10.2010 – 20 W 16/06 – juris Rz. 374 m.w.N., AG 2011, 49.
6 OLG Frankfurt v. 17.12.2012 – 21 W 39/11 – juris Rz. 55 f., AG 2013, 566. Offen gelassen im Beschluss des OLG Frankfurt v. 20.12.2011 – 21 W 8/11 – juris Rz. 84, AG 2012, 330.

zieht das Bestehen einer „in der Wurzel" angelegten Veräußerungsabsicht in seinem Vorlagebeschluss vom 28.8.2014[1] nur als eines von mehreren Abgrenzungskriterien heran.

Im **Schrifttum** findet die streng subjektive Betrachtungsweise, die auf eine bereits bestehende Veräußerungsabsicht abstellt, nur vergleichsweise **wenig Unterstützung**. Zwar wird auch hier häufig das – subjektive – Konzept der Unternehmensführung als verbindlich angesehen.[2] Dass es auf eine bereits bestehende Veräußerungsabsicht ankomme, wird aber nur vereinzelt vertreten.[3] Die meisten Autoren sehen es als ausreichend an, dass dem fraglichen Vermögensgegenstand im Rahmen der derzeitigen Unternehmenspraxis eine bestimmte Funktion im Betriebsvermögen fehlt,[4] was der sogleich zu behandelnden 2. Perspektive entspricht.

17

cc) 2. Perspektive: Tatsächliche Verhältnisse

Auf die tatsächlichen Verhältnisse hat auch das **OLG Stuttgart** in seinem Beschluss vom 8.7.2011[5] abgestellt, als es bei der Klassifizierung von unbebauten Grundstücken eines Energieversorgungsunternehmens nicht auf eine Veräußerungsabsicht, sondern auf die Größe der Grundstücke abstellte. So rechnete es dem betriebsnotwendigen Vermögen nur solche unbebauten Grundstücke zu, die eine Grundfläche von weniger als 100 qm hatten, da sich diese nur für eine Bebauung mit Umspannwerken oder Trafohäuschen eigneten, nicht aber für eine Nutzung zu Wohnzwecken oder gewerblichen Zwecken außerhalb des eigentlichen Unternehmensgegenstandes. Einen vorhandenen Parkplatz qualifizierte es als betriebsnotwendig, da dieser ausschließlich durch Mitarbeiter genutzt werde. Eine vergleichbare Betrachtungsweise findet sich auch in zwei Beschlüssen des LG München I, welches die Betriebsnotwendigkeit einer Marke bejahte, weil diese „unmittelbar dem Erzielen der Erlöse" diene.[6] Das **OLG Düsseldorf** hat in seinem Vorlagebeschluss vom 28.8.2014[7] gleichfalls auf die tatsächlichen Verhältnisse abgestellt. Dabei hat es verschiedene Anknüpfungspunkte verfolgt. So seien die fraglichen Geschäftsbereiche zum Bewertungsstichtag und auch einige Zeit danach zwei „Säulen" des Unternehmens gewesen. Zudem sei die Vermögensmasse der beiden Sparten zwingend erforderlich gewesen, um die Strukturmaßnahme – die Anlass für die Bewertung war – überhaupt umsetzen zu können, denn mit dem Veräußerungserlös seien aufgrund der zwingenden Vorgaben die Schulden zu tilgen gewesen. Ferner sei

18

---

1 OLG Düsseldorf v. 28.8.2014 – I-26 W 9/12 (AktE) – juris Rz. 126, AG 2014, 817.
2 Vgl. nur *Forster* in FS Claussen, 1997, S. 91; *Großfeld*, Recht der Unternehmensbewertung, Rz. 1163, a.A. in Rz. 1159; *Hannes* in Peemöller, Praxishandbuch der Unternehmensbewertung, S. 1136; *Matschke/Brösel*, Unternehmensbewertung, S. 786 f.
3 *Matschke/Brösel*, Unternehmensbewertung, S. 314 Fn. 356.
4 *Riegger/Gayk* in KölnKomm. AktG, 3. Aufl. 2013, Anh. § 11 SpruchG Rz. 53.
5 OLG Stuttgart v. 8.7.2011 – 20 W 14/08 – juris Rz. 305, AG 2011, 795.
6 LG München v. 21.6.2013 – 5HK O 19183/09 – juris Rz. 314, AG 2014, 168; LG München v. 21.6.2013 – 5HK O 19183/09 – juris Rz. 314, AG 2014, 168.
7 OLG Düsseldorf v. 28.8.2014 – I-26 W 9/12 (AktE) – juris Rz. 124 f., AG 2014, 817. Näher zu dieser Entscheidung in § 13.

zweifelhaft gewesen, ob noch von nicht betriebsnotwendigem Vermögen gesprochen werden könne, wenn – wie im dortigen Fall – rund 40 % des Unternehmenswertes auf die beiden Geschäftsbereiche entfielen, die zudem 50 % des Konzernumsatzes erzielten. Das **OLG Stuttgart** hat die tatsächlichen Verhältnisse in seinem Beschluss vom 17.3.2010[1] hingegen nur als Hilfserwägung herangezogen. Dabei führte es zunächst aus, dass das Grundstück bereits deshalb nicht als betriebsnotwendig habe eingestuft werden können, weil die Veräußerungspläne im Bewertungsstichtag noch nicht hinreichend konkretisiert gewesen seien. Für die Betriebsnotwendigkeit spreche aber auch, dass ein Teil der veräußerten Flächen später zurückgemietet worden seien.

19 Auch im **Schrifttum** gibt es Stimmen, die nach der tatsächlichen Funktion der Vermögensgegenstände im Rahmen der derzeitigen, von der Unternehmensführung vorgegebenen betrieblichen Organisation des zu bewertenden Unternehmens abgrenzen wollen.[2] Dabei sei maßgeblich auf die Art des Betriebs und auf den geplanten Unternehmensgegenstand abzustellen, wobei die Abgrenzung jedoch in weiten Teilen dem gutachterlichen Ermessen unterliege.[3] Sofern der Vermögensgegenstand tatsächlich in das Betriebsvermögen einbezogen sei, sei er auch dann betriebsnotwendig, wenn dies aus der Sicht eines objektiven Beobachters eigentlich nicht erforderlich wäre.[4]

dd) 3. Perspektive: Objektiver Betrachter

20 Eine hypothetische Unternehmensstrategie hat hingegen das **BayObLG** in seinem Brauerei-Beschluss vom 19.10.1995[5] zugrunde gelegt. Hierin führte es aus, dass die Unternehmenspolitik zwar ersichtlich nicht darauf ausgerichtet gewesen sei, die brauereieigenen Gaststättengrundstücke zu veräußern. Da sich der Bierabsatz in den brauereieigene Gaststätten aber auf ca. 5 % des Gesamtumsatzes reduziert habe, liege auf der Hand, dass dieser Umsatzanteil unschwer auch über reine Pachtgaststätten gehalten werden könne, wodurch die weitgehende Ertragslosigkeit erheblicher Vermögenswerte vermieden würde. Zudem entspreche es der Tendenz, dass Großbrauereien sich immer mehr von sog. Eigengaststätten trennten, weshalb die brauereieigenen Gaststätten als nicht betriebsnotwendig einzustufen seien.

21 Der noch weitergehenden Möglichkeit, auch sog. **sale-and-lease-back Optionen** bei der Bewertung zu berücksichtigen, haben sowohl das OLG Frankfurt[6] als auch das OLG Düsseldorf[7] eine Absage erteilt. Allein die Möglichkeit, eine bestimmte Leistung von außen zu beziehen, mache den entsprechenden Betriebsteil noch nicht zum nicht betriebsnotwendigen Vermögen.[8] Eine derartige

---

1 OLG Stuttgart v. 17.3.2010 – 20 W 9/08 – juris Rz. 210, AG 2010, 510.
2 *Riegger/Gayk* in KölnKomm. AktG, 3. Aufl. 2013, Anh. § 11 SpruchG Rz. 53; *Wollny*, Der objektivierte Unternehmenswert, S. 229.
3 *Popp* in Peemöller, Praxishandbuch der Unternehmensbewertung, S. 186 f.
4 *Riegger/Gayk* in KölnKomm. AktG, 3. Aufl. 2013, Anh. § 11 SpruchG Rz. 53.
5 BayObLG v. 19.10.1995 – BReg.3 Z 17/90 – juris Rz. 53, AG 1996, 127.
6 OLG Frankfurt v. 9.2.2010 – 5 W 38/09 – juris Rz. 40.
7 OLG Düsseldorf v. 20.11.2001 – 19 W 2/00 AktE – juris Rz. 48, AG 2002, 398.
8 OLG Frankfurt v. 9.2.2010 – 5 W 38/09 – juris Rz. 40.

Ausgliederung sei bei allen Produktionsmitteln möglich, enthalte aber keine Aussagekraft darüber, ob das jeweilige Produktionsmittel zur Produktion benötigt werde, denn die rechtliche Gestaltung der Eigentumsverhältnisse an den Produktionsmitteln sage nichts über den funktionalen Zusammenhang zum Ertragswert aus.[1]

In der **Literatur** findet die Perspektive eines objektiven Betrachters **großen Zuspruch**.[2] Sie verdiene trotz der damit verbundenen Bewertungsunsicherheiten Zustimmung, da die Höhe der Abfindung – zum Schutz der ausscheidenden Aktionäre – nicht von den Absichten des Mehrheitsaktionärs oder der verbleibenden Gesellschafter bestimmt werden dürfe.[3] Werde die vorgelegte Unternehmensplanung nicht ausreichend überprüft, könne dies falsche Anreize zur Verfolgung einer den Mehrheitsgesellschafter begünstigenden Geschäftspolitik setzen. Dies sei jedoch nicht mit der Prämisse der Unternehmensbewertung vereinbar, dass die Geschäftsführung dem Interesse aller Aktionäre verpflichtet sei.[4] Von daher müsse stets geprüft werden, ob eine alternative Mittelverwendung „wertoptimaler" wäre.[5] Hierbei könne auch vom hypothetischen Unternehmenskonzept eines potentiellen Erwerbers ausgegangen werden;[6] auf die tatsächliche Veräußerungsabsicht der Geschäftsleitung komme es nicht an.[7] Da die Abgrenzung im Einzelfall jedoch schwierig ist, wird – in Anlehnung an die wertbezogene Abgrenzung – vereinzelt vorgeschlagen, auf den tatsächlichen Beitrag der einzelnen Vermögensgegenstände zum Ertragswert abzustellen. Sei dieser im Vergleich zum Verkehrswert des fraglichen Gegenstandes gering, sei der Gegenstand (als nicht betriebsnotwendig) gesondert zu bewerten.[8] Darüber hinaus wird vertreten, dass selbst bei funktional wesentlichen Vermögensgegenständen stets zu prüfen sei, ob sich diese nicht durch günstigere funktionsgleiche Vermögensgegenstände ersetzen ließen. Sei eine Ersetzung ohne Beeinträchtigung des Cashflows möglich, sei die Wertdifferenz zwischen dem zu ersetzenden und dem „neuen" Vermögensbestandteil ebenfalls als nicht betriebsnotwendiges Vermögen einzustufen.[9]

22

---

1 OLG Düsseldorf v. 20.11.2001 – 19 W 2/00 AktE – juris Rz. 48, AG 2002, 398.
2 *Emmerich* in Emmerich/Habersack, Aktien- und GmbH-Konzernrecht, § 305 AktG Rz. 72a; *Ernst/Schneider/Thielen*, Unternehmensbewertungen erstellen und verstehen, S. 144; *Großfeld*, Recht der Unternehmensbewertung, Rz. 1159, a.A. in Rz. 1163; *Hüttemann*, WPg 2007, 812 (816); *Hüttemann*, StbJb. 2000/01, 385 (396); *Meinert*, DB 2011, 2397 (2402); *Ruthardt/Hachmeister*, DB 2013, 2666 (2670).
3 *Hüttemann*, WPg 2007, 812 (816); *Hüttemann*, StbJb. 2000/01, 385 (396); *Emmerich* in Emmerich/Habersack, Aktien- und GmbH-Konzernrecht, § 305 AktG Rz. 72a.
4 *Ruthardt/Hachmeister*, DB 2013, 2666 (2670).
5 *Ruthardt/Hachmeister*, DB 2013, 2666 (2670) unter Verweis auf *Hüttemann*, WPg 2007, 812 (819) zur Prognose der künftigen Erträge.
6 *Serf* in Schacht/Fackler, Praxishandbuch Unternehmensbewertung, S. 182.
7 *Großfeld*, Recht der Unternehmensbewertung, Rz. 1160.
8 *Emmerich* in Emmerich/Habersack, Aktien- und GmbH-Konzernrecht, § 305 AktG Rz. 72.
9 *Ernst/Schneider/Thielen*, Unternehmensbewertungen erstellen und verstehen, S. 144.

23 Die hiergegen erhobene **Kritik** beruft sich vor allem darauf, dass der Richter nicht der bessere Unternehmer sei, zumal die Bewertung in der Regel erst viele Jahre nach dem Stichtag erfolge.[1] Auch ein Blick auf die Geschäftspolitik von Vergleichsunternehmen – den das BayObLG vorgenommen hat – überzeuge nicht, da diese nicht besser sein müsse als die des zu bewertenden Unternehmens. Die Ersetzung der operativen unternehmerischen Entscheidung durch eine fiktive richterliche Unternehmenspolitik komme allenfalls in Fällen offenbarer Unvernunft in Betracht.[2] Ähnlich äußert sich auch *Forster*[3], der zum Vorgehen des BayObLG feststellte, dass dieses das Unternehmen „als ein Phantom, ein künstliches Gebilde, das von der Wirklichkeit, der tatsächlichen Unternehmensstruktur weit abgehoben" sei, bewertet habe. Einen gänzlich anderen Weg vertritt *Piltz*[4] unter Verweis auf den – dem Gaststätten-Beschluss des BayObLG vorgehenden – Beschluss des LG München I vom 25.1.1990.[5] Zwar hat auch er Bedenken, die Betriebsnotwendigkeit der Gaststättengrundstücke zu „leugnen". Gleichwohl will er für die Bewertung „derartiger Vermögensgegenstände" von den „reinen" Ertragswertregeln abweichen und zum Ertragswert der Grundstücke einen Zuschlag bis zur Grenze ihres Verkehrswertes machen.

3. Stellungnahme

a) Wertbezogene und funktionale Abgrenzung

24 Im Einklang mit der heute herrschenden Meinung hat die Abgrenzung von nicht betriebsnotwendigem Vermögen **maßgeblich funktional** zu erfolgen. Dies folgt daraus, dass der Ertragswert auf den Ertragserwartungen und damit auf der Existenz eines funktionsfähigen Unternehmens basiert. Bereits vor diesem Hintergrund erscheint es grundsätzlich nicht möglich, Gegenstände, die für das Unternehmen funktional wesentlich sind, aus diesem gedanklich herauszulösen und gesondert zu bewerten. Denn die wirtschaftliche Ertragskraft des Unternehmens ist das Produkt des Zusammenwirkens aller funktional wesentlichen Vermögensgegenstände.[6] Denkt man einen dieser Vermögensgegenstände weg, ergeben sich daraus Auswirkungen auf den Gesamtwert, die nur schwerlich bestimmbar sind.[7]

25 Diese Erwägungen lassen die **wertbezogene Betrachtung** jedoch **nicht irrelevant** erscheinen. Vielmehr kann sie als Hilfskriterium bei der Beurteilung der funktionalen Wesentlichkeit dienen. Dies gilt zum einen deshalb, weil ertraglose Vermögensgegenstände häufig auch funktional nicht „wesentlich" seien werden. Zum anderen erlangt der Wert eines Vermögensgegenstandes auch

---

1 *Hannes* in Peemöller, Praxishandbuch der Unternehmensbewertung, S. 1136.
2 *Hannes* in Peemöller, Praxishandbuch der Unternehmensbewertung, S. 1136.
3 *Forster* in FS Claussen, 1997, S. 91.
4 *Piltz*, Die Unternehmensbewertung in der Rechtsprechung, S. 186.
5 LG München v. 25.1.1990 – 17 HKO 17002/82, AG 1990, 404.
6 So auch *Weiss* in FS Semmler, 1993, S. 631 (643 f.); WP-Handbuch 2014, Band II, A Rz. 138.
7 Vgl. dazu auch *Weiss* in FS Semmler, 1993, S. 631 (644) und WP Handbuch 2014, Band II, A Rz. 138.

dann Relevanz, wenn man aus der Perspektive eines objektiven Betrachters nach der „wertoptimalen" Verwendung fragt (vgl. dazu oben Rz. 22). Auf einer zweiten Ebene bestimmt die Ertragsstärke des einzelnen Vermögensgegenstandes zudem, ob das funktional als nicht betriebsnotwendig qualifizierte Vermögen mit seinem Ertrags- oder seinem Liquidationswert zu bewerten ist (vgl. dazu unten Rz. 31).

b) Perspektive der funktionalen Abgrenzung

26 Innerhalb der funktionalen Abgrenzung bestehen erhebliche **Bedenken** gegen die in der jüngeren Rechtsprechung vermehrt anzutreffende **erste Perspektive**, die eine bereits manifestierte Veräußerungsabsicht verlangt. Zwar hat diese Perspektive das Praktikabilitätsargument für sich, was wohl ihre Popularität in der Rechtsprechung erklärt. Man muss aber bezweifeln, dass sie dem Ziel, dem ausscheidenden Aktionär zu der verfassungsrechtlich gebotenen „vollen" wirtschaftlichen Entschädigung (zu den verfassungsrechtlichen Vorgaben bei der Abfindung ausscheidender Aktionäre vgl. nur § 1 Rz. 29)[1] zu verhelfen, hinreichend gerecht wird. Denn sie ermöglicht es dem Mehrheitsaktionär, den Unternehmenswert durch bloßes Verschweigen von Veräußerungsabsichten in seinem Sinne zu reduzieren.[2] Diese Problematik entschärft sich auch nicht hinreichend dadurch, dass in „Extremfällen" eine Missbrauchskontrolle stattfinden soll.

27 Eine Entscheidung zwischen der **zweiten** und der **dritten Perspektive** fällt hingegen deutlich schwerer. Dies liegt nicht zuletzt daran, dass eine rein objektive Unternehmensbewertung, wie sie der dritte Ansatz anstrebt, faktisch häufig nicht möglich sein wird.[3] Jede Beurteilung des funktionalen Zusammenhangs – soll sie auch noch so objektiv sein – wird sich dem Grunde nach an dem vorgefundenen Unternehmensgegenstand und damit an den von der Geschäftsführung vorgegebenen Unternehmenszielen zu orientieren haben.[4] Dies gilt auch bei Zugrundelegung des hypothetischen Unternehmenskonzepts eines potentiellen Erwerbers. Die Konstellationen, in denen beide Perspektiven zu divergierenden Ergebnissen führen, dürften sich mithin auf wenige Fallkonstellationen beschränken.

28 **Beispielhaft** lässt sich hierzu an den (vereinfachten) Fall denken, dass ein nicht standortgebundenes Unternehmen seinen Betrieb auf einem Grundstück in bester Innenstadtlage unterhält. Während das Grundstück nach der zweiten Perspektive eindeutig betriebsnotwendig ist, ließe sich nach der dritten Perspektive über eine Verlagerung des Betriebes und eine Veräußerung des Grundstücks nachdenken, sofern diese ohne Funktionseinbußen stattfinden könnte.

---

1 Vgl. auch Beschluss des BVerfG v. 7.8.1962 – 1 BvL 16/60, WM 1962, 877 ff.; BVerfG v. 27.4.1999 – 1 BvR 1613/94, AG 1999, 566 ff.; BVerfG v. 29.11.2006 – 1 BvR 704/03, AG 2007, 119 ff.; BVerfG v. 20.12.2010 – 1 BvR 2323/07, AG 2011, 128 ff.
2 Vgl. auch *Hachmeister/Ruthardt*, BB 2014, 875 (876); *Hüttemann*, WPg 2007, 812 (816).
3 Ähnlich auch *Matschke/Brösel*, Unternehmensbewertung, S. 314 Fn. 356.
4 Diese können sich beispielsweise aus der Satzung ergeben, vgl. OLG Stuttgart v. 16.2.2007 – 20 W 25/05 – juris Rz. 35, AG 2007, 596.

In dieser Konstellation gebührt der Perspektive des objektiven Betrachters, der die Möglichkeit hat, von der vorgefundenen Situation und dem bestehenden Unternehmenskonzept abzuweichen, der Vorzug. Zwar wird hiergegen – dem Grunde nach zutreffend – vorgebracht, dass der Richter nicht der bessere Unternehmer sei. Dieses Argument erscheint in der beschriebenen Situation aber zu pauschal. Es kann nur dort überzeugen, wo die ökonomische Vorteilhaftigkeit alternativer unternehmerischer Konzepte auf Grund der prognostischen Unsicherheiten noch unklar oder unwesentlich ist. In solchen Fällen wird man nicht einfach unterstellen können, dass sich die vom Richter präferierte Variante als „wirtschaftlich besser" bestätigen wird. Im beschriebenen Beispielsfall hingegen liegt die wirtschaftliche Vorteilhaftigkeit einer Betriebsverlagerung auf der Hand. Die Wertsteigerung durch eine alternative Mittelverwendung ist hinreichend objektiviert und plausibel. Hier gebietet es der Schutz der Minderheitsgesellschafter, eine „wertoptimale" Verwendung zu fordern, um den Unternehmenswert zutreffend abzubilden.[1]

29 Der Verweis auf das **„optimale Unternehmenskonzept"** ist auch kein Fremdkörper im System der Unternehmensbewertung. Er liegt gleichfalls der These vom Liquidationswert als Wertuntergrenze zugrunde (vgl. dazu § 8 Rz. 29 ff.), der ebenfalls eine – vom Unternehmenskonzept abweichende – Totalveräußerung des gesamten Unternehmensvermögens fingiert. Auch dieser Ansatz führt letztlich zu einer gemischt funktional-wertbezogenen Betrachtung. Denn die Frage nach einer „wertoptimalen" Verwendung beinhaltet zugleich die Frage nach dem Wert des fraglichen Vermögensgegenstandes. Demgemäß sind aus der vorzugswürdigen Sicht eines objektiven Betrachters sowohl solche Vermögensgegenstände nicht betriebsnotwendig, die – wie z.B. fremdvermietete oder ungenutzte Grundstücke – bereits nach den bestehenden Verhältnissen nicht in den operativen Geschäftsablauf einbezogen sind, als auch solche, die zwar derzeit dem Betrieb dienen, aber ohne Funktionseinbuße durch eine wertgünstigere Alternative ersetzt werden können. Der Vorrang eines „optimierten" Unternehmenskonzeptes folgt materiell aus der Überlegung, dass jeder Gesellschafter auch im Rahmen der Bewertung Anspruch auf die „bestmögliche" Verwertung des Gesellschaftsvermögens hat (zu dieser Konsequenz der Liquidationshypothese vgl. näher § 1 Rz. 26).

30 Auch unter Anwendung der Perspektive eines objektiven Betrachters muss die Einordnung als nicht betriebsnotwendiges Vermögen aber stets mit **Augenmaß** erfolgen. Sie darf insbesondere nicht dazu führen, dass letztlich ein rein fiktives Objekt bewertet wird und sich die Risikostruktur des operativen (Rest-)Geschäftsbetriebs völlig verändert.[2] Vor diesem Hintergrund erscheint ein Branchenvergleich durchaus geeignet, eine erste Orientierung zu geben, welche Umstrukturierungen praktisch machbar sind. Aus dem Hinweis auf die Unternehmenspolitik anderer Unternehmen folgt aber noch nicht, dass die Betriebsnotwendigkeit von Vermögen allein nach dem „Üblichen" bestimmt wird.[3]

---

1 *Hüttemann*, WPg 2007, 812 (818); *Meinert*, DB 2011, 2397 (2403); *Ruthardt/Hachmeister*, DB 2013, 2666 (2670).
2 Vgl. *Popp* in Peemöller, Praxishandbuch der Unternehmensbewertung, S. 186.
3 *Hüttemann*, ZHR 162 (1998), 563 (592); *Meinert*, DB 2011, 2397 (2403).

Naheliegende Hilfsfunktionen des fraglichen Vermögens, wie beispielsweise das Dienen als Kreditsicherheit, sind ebenfalls in diese Überlegung einzubeziehen.[1] Zudem ist der Ermessensspielraum des Gerichts richtigerweise nicht so groß, dass auch sale-and-lease-back Gestaltungen berücksichtigt werden können, denn ein sale-and-lease-back ist heute für nahezu jeden Vermögensgegenstand denkbar. Das Erfordernis, stets Vergleichsrechnungen für sämtliche Vermögensgegenstände vornehmen zu müssen, würde dem Effektivitätsgebot zuwiderlaufen und erscheint praktisch kaum umsetzbar.[2] Darüber hinaus kommt eine gesonderte Bewertung nur bei solchen Vermögensgegenständen in Betracht, die **selbständig verkehrsfähig** sind;[3] ihr Wert darf nur dann dem Ertragswert zugeschlagen werden, wenn er auch realisiert werden kann.[4]

III. Grundsätze der Bewertung nicht betriebsnotwendigen Vermögens

1. Bestmögliche Verwertung

Bei der Bewertung des nicht betriebsnotwendigen Vermögens ist grundsätzlich von einer „**bestmöglichen Verwertung**" auszugehen.[5] Nach IDW S 1[6] stellt eine Liquidation die vorteilhaftere Verwertung dar, sofern der Liquidationswert der fraglichen Vermögensgegenstände unter Berücksichtigung der steuerlichen Auswirkungen einer (fiktiven) Veräußerung den Barwert ihrer finanziellen Überschüsse beim Verbleib im Unternehmen (Fortführungswert) übersteigt. Diese Einschätzung wird allgemein geteilt.[7] Umstritten ist lediglich, ob der

31

---

1 Vgl. dazu *Ernst/Schneider/Thielen*, Unternehmensbewertungen erstellen und verstehen, S. 144.
2 Vgl. bereits *Meinert*, DB 2011, 2397 (2403).
3 *Popp* in Peemöller, Praxishandbuch der Unternehmensbewertung, S. 186.
4 *Piltz*, Die Unternehmensbewertung in der Rechtsprechung, S. 30.
5 OLG Stuttgart v. 14.9.2011 – 20 W 6/08 – juris Rz. 96, AG 2012, 49; OLG Stuttgart v. 5.6.2013 – 20 W 6/10 – juris Rz. 241, AG 2013, 724; *Bysikiewicz/Zwirner* in Petersen/Zwirner/Brösel, Handbuch Unternehmensbewertung, C Rz. 24, 71, S. 244, 257; *Ernst/Schneider/Thielen*, Unternehmensbewertungen erstellen und verstehen, S. 144; *Hachmeister/Ruthardt*, BB 2014, 875 (877); *Riegger/Gayk* in Köln-Komm. AktG, 3. Aufl. 2013, Anh. § 11 SpruchG Rz. 54. Auf anderen Ebenen der Unternehmensbewertung wird die Maxime einer „bestmöglichen Verwertung" hingegen nicht anerkannt: vgl. OLG Frankfurt v. 28.3.2014 – 21 W 15/11 – juris Rz. 76 zur Ausschüttungsstrategie und OLG Frankfurt v. 9.2.2010 – 5 W 33/09 – juris Rz. 17 ff., ZIP 2010, 729 zur Thesaurierung.
6 IDW S 1 i.d.F. 2008, Rz. 59.
7 Vgl. nur BayObLG v. 29.9.1998 – 3Z BR 159/94 – juris Rz. 22, AG 1999, 43; OLG Düsseldorf v. 8.7.2003 – 19 W 6/00 AktE – juris Rz. 50, AG 2003, 688 ff.; OLG München v. 14.7.2009 – 31 Wx 121/06 – juris Rz. 9, WM 2009, 1848; OLG Stuttgart v. 14.9.2011 – 20 W 6/08 – juris Rz. 96, AG 2012, 49; OLG Stuttgart v. 5.6.2013 – 20 W 6/10 – juris Rz. 241, AG 2013, 724; *Blaschke* in Schacht/Fackler, Praxishandbuch Unternehmensbewertung, S. 100; *Ernst/Schneider/Thielen*, Unternehmensbewertungen erstellen und verstehen, S. 144; *Großfeld*, Recht der Unternehmensbewertung, Rz. 1168; *Wollny*, Der objektivierte Unternehmenswert, S. 221, 228 f.

Grundsatz der bestmöglichen Verwertung auch eine steueroptimierte Veräußerung erfordert (vgl. dazu unten Rz. 40 f.).[1] Im Ergebnis sind damit zwei verschiedene Wertansätze für nicht betriebsnotwendige Vermögenswerte denkbar: Der unter Anwendung des Diskontierungszinssatzes abgezinste Ertragswert der sich (z.B. bei fremdvermieteten Grundstücken) beim Verbleib im Unternehmen erzielen ließe und der Liquidationswert, der sich bei einer unterstellten Veräußerung ergeben würde.[2]

2. Liquidationswert

a) Allgemeines

32 Der **Liquidationswert** ist grundsätzlich als Einzelveräußerungspreis zu verstehen.[3] Sollten jedoch mehrere Vermögensgegenstände als Ganzes einen höheren Preis erzielen, wäre nach dem Grundsatz der bestmöglichen Verwertung dieser anzusetzen.[4] Dies gilt selbstverständlich nur dann, wenn alle fraglichen Vermögensgegenstände zum nicht betriebsnotwendigen Vermögen gehören, da bei anderen Vermögensgegenständen keine Veräußerung fingiert werden kann. Ausgangspunkt der Liquidationswertermittlung ist der Wert, der als Markt-,[5] Verkehrs-[6] oder Zeitwert[7] bezeichnet werden kann, d.h. der fiktive Veräußerungspreis.[8] Hingegen spielt der

Wiederbeschaffungswert keine Rolle, da er nicht verlässlich den Wert wiedergibt, der sich durch eine Veräußerung realisieren ließe.[9] In einem zweiten Schritt ist der Ausgangswert entsprechend den nachfolgenden Aspekten zu modifizieren.

b) Abzug fiktiver Liquidationskosten

33 Von dem festgestellten Ausgangswert sind nach IDW S 1 zunächst die (fiktiven) **Veräußerungskosten** in Abzug zu bringen.[10] Im Schrifttum wird diese An-

---

1 Vgl. auch OLG Frankfurt v. 5.11.2009 – 5 W 48/09 – juris Rz. 30 ff.
2 Vgl. auch WP-Handbuch 2014, Band II, A Rz. 139.
3 *Großfeld*, Recht der Unternehmensbewertung, Rz. 1171; *Piltz*, Die Unternehmensbewertung in der Rechtsprechung, S. 31.
4 *Hachmeister/Ruthardt*, BB 2014, 875 (877).
5 OLG Stuttgart v. 8.7.2011 – 20 W 14/08 – juris Rz. 297, AG 2011, 795; *Ernst/Schneider/Thielen*, Unternehmensbewertungen erstellen und verstehen, S. 89.
6 BayObLG v. 19.10.1995 – 3Z BR 17/90 – juris Rz. 53, AG 1996, 127; OLG Frankfurt v. 20.12.2011 – 21 W 8/11 – juris Rz. 85, AG 2012, 330; *Großfeld*, Recht der Unternehmensbewertung, Rz. 1168.
7 BayObLG v. 19.10.1995 – 3Z BR 17/90 – juris Rz. 53, AG 1996, 127; *Forster* in FS Claussen, 1997, S. 91 (97).
8 Zum Substanzwert verschiedener Vermögensgegenstände und Schulden vgl. *Seppelfricke*, Handbuch Aktien- und Unternehmensbewertung, S. 180 ff.
9 Zur Abgrenzung vgl. auch OLG Stuttgart v. 4.5.2011 – 20 W 11/08 – juris Rz. 231, AG 2011, 560.
10 IDW S 1 i.d.F. 2008, Rz. 61.

sicht allgemein geteilt.[1] In der Rechtsprechung – die zur Frage eines Kostenabzugs bei der Bewertung des nicht betriebsnotwendigen Vermögens überhaupt nur selten Stellung nimmt[2] – finden sich hingegen divergierende Aussagen. Während sich das OLG Stuttgart bereits mehrfach dem IDW angeschlossen hat,[3] lehnte das BayObLG den Ansatz von geschätzten Veräußerungskosten i.H.v. 1 % der Grundstückswerte in seinem Beschluss vom 19.10.1995 ab, weil es dem Schätzwert an einer nachprüfbaren Grundlage fehle und der Kostenabzug eine Scheingenauigkeit suggeriere.[4]

Diese **Argumentation des BayObLG überzeugt nicht.** Sie lässt außer Betracht, dass der Liquidationswert eine Veräußerung unterstellt, die in einer Vielzahl von Fällen – z.B. bei der Veräußerung von Grundstücken – mit zwangsläufigen Kosten verbunden ist. Dass die Veräußerungskosten nur geschätzt werden können, ist denklogisch, da es sich um eine fiktive Veräußerung handelt. Dies ist jedoch kein Argument gegen ihre Berücksichtigung, da letztlich die gesamte Unternehmensbewertung auf Schätzungen basiert.[5]

34

c) Abzinsung des Verkehrswertes

Fraglich ist, ob der – um die (fiktiven) Veräußerungskosten reduzierte – Verkehrswert **abzuzinsen** ist. Dafür spricht, dass sich eine Veräußerung im Zweifel nicht sofort realisieren lässt und der Kaufpreis u.U. erst Jahre nach dem Bewertungsstichtag vereinnahmt werden kann.[6] Mitunter ist ein längerer Liquidationszeitraum auch geboten, weil die gleichzeitige Veräußerung einer Vielzahl gleichwertiger Vermögensgegenstände zu einer Überschwemmung des Marktes und damit zu einer Erosion der Verkehrswerte führen würde.[7] IDW

35

---

1 *Blaschke* in Schacht/Fackler, Praxishandbuch Unternehmensbewertung, S. 100; *Bysikiewicz/Zwirner* in Petersen/Zwirner/Brösel, Handbuch Unternehmensbewertung, C Rz. 72, S. 257 f.; *Emmerich* in Emmerich/Habersack, Aktien- und GmbH-Konzernrecht, § 305 AktG Rz. 73; *Ernst/Schneider/Thielen*, Unternehmensbewertungen erstellen und verstehen, S. 144; *Großfeld*, Recht der Unternehmensbewertung, Rz. 1159, 1168; *Hachmeister/Ruthardt*, BB 2014, 875 (877); *Meinert*, DB 2011, 2397 (2403); *Peemöller* in Peemöller, Praxishandbuch der Unternehmensbewertung, S. 44; *Riegger/Gayk* in KölnKomm. AktG, 3. Aufl. 2013, Anh. § 11 SpruchG Rz. 54.
2 Zum Abzug vom Liquidationswert bei der Ermittlung des Liquidationswertes für das gesamte Unternehmen vgl. § 8 Rz. 6.
3 OLG Stuttgart v. 17.3.2010 – 20 W 9/08 – juris Rz. 218, AG 2010, 510; OLG Stuttgart v. 8.7.2011 – 20 W 14/08 – juris Rz. 296, AG 2011, 795; OLG Stuttgart v. 5.6.2013 – 20 W 6/10 – juris Rz. 241, AG 2013, 724.
4 BayObLG v. 19.10.1995 – BReg.3 Z 17/90 – juris Rz. 87, AG 1996, 127.
5 Kritisch auch *Forster* in FS Claussen, 1997, S. 91 (97 f.).
6 In diesem Zusammenhang ist auch zu prüfen, ein möglicher Veräußerungserlös unmittelbar entnahmefähig wäre. Dies kann beispielsweise dann problematisch sein, wenn das zu bewertende Unternehmen über handelsrechtliche Verlustvorträge verfügt, vgl. *Bysikiewicz/Zwirner* in Petersen/Zwirner/Brösel, Handbuch Unternehmensbewertung, C Rz. 74, S. 258.
7 OLG Düsseldorf v. 8.7.2003 – 19 W 6/00 AktE – juris Rz. 79, AG 2003, 688.

S 1[1] und die überwiegende Ansicht in der Literatur[2] plädieren daher für eine Abzinsung auf den Bewertungsstichtag unter Zugrundelegung eines angemessenen Liquidationszeitraums. Die Rechtsprechung schweigt hierzu überwiegend[3] und setzt den ermittelten Wert i.d.R. ungekürzt an.[4] Dies läuft auf die Annahme einer sofortigen Realisation hinaus, die auch im Schrifttum vereinzelt Unterstützung findet.[5] Eine Begründung findet sich mittelbar im Beschluss des OLG Frankfurt vom 2.5.2011,[6] der eine Abzinsung der fiktiv entstehenden Steuern mit dem Argument ablehnt, dass dieser Ansatz nicht praktikabel sei und bei konsequenter Umsetzung auch nicht der jetzige Verkehrswert, sondern der zum Zeitpunkt des fiktiven, späteren Verkaufszeitpunktes bestehende Verkehrswert angesetzt werden müsse.

36 Entgegen dieser Ansicht ist eine **Abzinsung** auf den Stichtag **dem Grunde nach zu befürworten**. Die (fiktive) Liquidation von nicht betriebsnotwendigen Vermögensteilen wird in der Regel eine gewisse Zeit in Anspruch nehmen, so dass die Einnahmen erst mit einer gewissen Verzögerung zufließen werden. Eine Veränderung der Verkehrswerte kann hingegen nicht unterstellt werden, da eine solche Entwicklung bereits in dem auf den Bewertungsstichtag ermittelten Verkehrswert Berücksichtigung finden müsste. Hinzu kommt, dass die Abzinsung sich zugleich mit einem – erst nach der Veräußerung entstehenden und damit vom Verkehrswert unabhängigen – Verzug beim Zufluss des Veräußerungserlöses begründen lässt.

37 Als problematisch erweist sich allerdings die Bestimmung eines „**angemessenen**" **Liquidationszeitraums**, der grundsätzlich für jeden Vermögensgegenstand individuell festzulegen ist: Während liquides Vermögen i.d.R. unmittelbar am Bewertungsstichtag entnommen werden kann, kann die Veräußerung anderer Vermögensgegenstände u.U. mehrere Jahre in Anspruch nehmen.[7] In der Praxis wird häufig ein Veräußerungszeitraum von einem Jahr unterstellt.[8]

---

1 IDW S 1 i.d.F. 2008, Rz. 61.
2 *Ballwieser/Hachmeister*, Unternehmensbewertung, S. 10; *Bysikiewicz/Zwirner* in Petersen/Zwirner/Brösel, Handbuch Unternehmensbewertung, C Rz. 73, S. 258; *Forster* in FS Claussen, 1997, S. 91 (97); *Peemöller* in Peemöller, Praxishandbuch der Unternehmensbewertung, S. 44.
3 Anders ist dies bei der Frage, ob der für das gesamte Unternehmen zu ermittelnde Liquidationswert abzuzinsen ist, vgl. dazu § 8 Rz. 6.
4 Vgl. nur BayObLG v. 19.10.1995 – BReg.3 Z BR 17/90 – juris Rz. 85 ff., AG 1996, 127; OLG Frankfurt v. 2.5.2011 – 21 W 3/11 – juris Rz. 74, AG 2011, 828; OLG Stuttgart v. 5.6.2013 – 20 W 6/10 – juris Rz. 241 ff., AG 2013, 724. A.A. z.B. OLG Düsseldorf v. 8.7.2003 – 19 W 6/00 AktE – juris Rz. 79, AG 2003, 688, das eine Abzinsung für zutreffend erachtet, wenn die sofortige Veräußerung aller Vermögensgegenstände zu einer Überschwemmung des Marktes und damit zu einer Erosion der Verkehrswerte führen würde.
5 Vgl. *Ernst/Schneider/Thielen*, Unternehmensbewertungen erstellen und verstehen, S. 136, die ohne nähere Begründung von einer sofortigen Realisierung ausgehen.
6 OLG Frankfurt v. 2.5.2011 – 21 W 3/11 – juris Rz. 74, AG 2011, 828.
7 Vgl. *Bysikiewicz/Zwirner* in Petersen/Zwirner/Brösel, Handbuch Unternehmensbewertung, C Rz. 73, S. 258.
8 *Bysikiewicz/Zwirner* in Petersen/Zwirner/Brösel, Handbuch Unternehmensbewertung, C Rz. 72, S. 257.

d) Besteuerung der fiktiven Liquidation

aa) Abzug latenter Steuern auf Unternehmens- und Eigentümerebene

Darüber hinaus wird diskutiert, ob der so ermittelte Wert um **Steuern** zu reduzieren ist, die im Falle der Veräußerung durch die Aufdeckung stiller Reserven ausgelöst würden. Das BayObLG hat dies in seinem Beschluss vom 19.10.1995[1] abgelehnt, weil keine tatsächliche Veräußerung stattfinde. In der jüngeren Rechtsprechung werden latente Ertragssteuern hingegen regelmäßig berücksichtigt.[2] Nur ein solches Vorgehen stelle eine konsequente Umsetzung der – letztlich zum Schutz der Minderheitsaktionäre getroffenen – Annahme dar, dass das nicht betriebsnotwendige Vermögen veräußert werde.[3] Der Abzug der fiktiven Steuerbelastung wird auch vom IDW[4] und vom Schrifttum[5] gefordert und kann daher – zumindest hinsichtlich der Unternehmenssteuern (Körperschaft- und Gewerbesteuer) – heute als allgemein anerkannt bezeichnet werden.[6]

38

Divergierende Ansichten bestehen allerdings bei der Frage, ob auch **persönliche Ertragssteuern** wertmindernd zu berücksichtigen sind. Während Teile der Rechtsprechung[7] und Literatur[8] nur den Abzug der betrieblichen Steuern im Blick haben, wird von anderer Seite – je nach beabsichtigter Verwendung der

39

---

1 BayObLG v. 19.10.1995 – BReg.3 Z 17/90 – juris Rz. 86, AG 1996, 127.
2 OLG Düsseldorf v. 8.7.2003 – 19 W 6/00 AktE – juris Rz. 79, AG 2003, 688; OLG München v. 19.10.2006 – 31 Wx 092/05 – juris Rz. 37, AG 2007, 287; OLG München v. 26.10.2006 – 31 Wx 12/06 – juris Rz. 39, ZIP 2007, 375; OLG München v. 17.7.2007 – 31 Wx 60/06 – juris Rz. 37, AG 2008, 28; KG v. 14.1.2009 – 2 W 68/07 – juris Rz. 55, AG 2009, 199; OLG Stuttgart v. 18.12.2009 – 20 W 2/08 – juris Rz. 298, AG 2010, 513; OLG Frankfurt v. 2.5.2011 – 21 W 3/11 – juris Rz. 74, AG 2011, 828; OLG Stuttgart v. 17.10.2011 – 20 W 7/11 – juris Rz. 457.
3 KG v. 14.1.2009 – 2 W 68/07 – juris Rz. 55, AG 2009, 199; OLG Frankfurt v. 2.5.2011 – 21 W 3/11 – juris Rz. 74, AG 2011, 828; OLG Frankfurt v. 2.5.2011 – 21 W 3/11 – juris Rz. 74, AG 2011, 828.
4 IDW S 1 i.d.F. 2008, Rz. 61; anders noch unter dem Standard HFA 2/83, gültig bis 28.6.2000, WPg 1983, 468 ff.
5 *Bysikiewicz/Zwirner* in Petersen/Zwirner/Brösel, Handbuch Unternehmensbewertung, C Rz. 72, S. 257; *Emmerich* in Emmerich/Habersack, Aktien- und GmbH-Konzernrecht, § 305 AktG Rz. 73; *Ernst/Schneider/Thielen*, Unternehmensbewertungen erstellen und verstehen, S. 144 f.; *Forster* in FS Claussen, 1997, S. 91 (98); *Großfeld*, Recht der Unternehmensbewertung, Rz. 1159, 1168, 1172; *Meinert*, DB 2011, 2397 (2403); *Piltz*, Die Unternehmensbewertung in der Rechtsprechung, S. 31, 186.
6 So auch *Hachmeister/Ruthardt*, BB 2014, 875 (877).
7 So z.B. KG v. 14.1.2009 – 2 W 68/07 – juris Rz. 55 m.w.N., AG 2009, 199; OLG Frankfurt v. 2.5.2011 – 21 W 3/11 – juris Rz. 74, AG 2011, 828; OLG Stuttgart v. 4.5.2011 – 20 W 11/08 – juris Rz. 230, AG 2011, 560; und OLG Frankfurt v. 24.11.2011 – 21 W 7/11 – juris Rz. 163 f., AG 2012, 513. Offen gelassen bei OLG Stuttgart v. 14.2.2008 – 20 W 9/06 – juris Rz. 111, AG 2008, 783. Ähnlich auch *Forster* in FS Claussen, 1997, S. 91 (98).
8 *Riegger/Gayk* in KölnKomm. AktG, 3. Aufl. 2013, Anh. § 11 SpruchG Rz. 54; eingehend *Meilicke*, Die Behandlung von Ertragsteuern im Rahmen der Unternehmensbewertung als Rechtsfrage, 2013, S. 230 f.

fiktiv erzielten Erlöse (Thesaurierung oder Ausschüttung) – auch der Berücksichtigung der fiktiv auf Eigentümerebene entstehenden Steuern gefordert. Dies gilt nicht nur für das IDW[1] und den Großteil des Schrifttums[2], die sich im Fall einer erwarteten Ausschüttung für den Abzug der persönlichen Einkommensteuer aussprechen, sondern auch für Teile der Rechtsprechung.[3] Richtigerweise haben persönliche Steuern des Anteilseigners unabhängig von einer (fiktiven) Verwendung des Verwertungserlöses bei der Abfindungsbemessung außer Betracht zu bleiben. Da die Abfindung in der Regel beim Gesellschafter der Einkommensteuer unterliegt, würde ein Abzug „fiktiver" Einkommensteuer im Ergebnis den Aktionär „doppelt" steuerlich belasten. Bei transparent besteuerten Personengesellschaften kann es (vorbehaltlich § 34a EStG) auf die Ausschüttung des fiktiven Erlöses ohnehin nicht ankommen.

bb) Umfang des Steuerabzugs

40 Zweifel ergeben sich zudem bei der Frage, ob der Grundsatz der bestmöglichen Verwertung auch eine **steueroptimierte Veräußerung** erfordert. So hatte sich das OLG Frankfurt in seinem Beschluss vom 5.11.2009[4] mit dem Einwand der Antragsteller auseinanderzusetzen, nach dem der Bruttoliquidationswert nicht um die Ertragssteuern habe gemindert werden dürfen, weil zu deren Vermeidung die Möglichkeit bestanden habe, die Immobilien in eine Gesellschaft einzubringen und anschließend diese Gesellschaft (share deal) statt die Grundstücke (asset deal) selbst zu verkaufen. Bei diesem Vorgehen hätten die in Abzug gebrachte Körperschaft- und Gewerbesteuer- gem. § 8b Abs. 2 Satz 1 KStG vermieden werden können. Das OLG wies den Einwand zurück, weil er diverse Wechselwirkungen und Nachteilen des Share Deals nicht berücksichtige.

41 Dem ist grundsätzlich **zuzustimmen**. Ein Zwang zur Berücksichtigung sämtlicher denkbarer steuerlicher Gestaltungsmöglichkeiten würde nicht nur zu einer unverhältnismäßigen Verkomplizierung des Bewertungsverfahrens führen, sondern er würde auch eine unangemessene Benachteiligung des Mehrheitsaktionärs mit sich bringen, wenn an anderer Stelle eintretende Wechselwir-

---

1 IDW S 1 i.d.F. 2008, Rz. 61.
2 *Ernst/Schneider/Thielen*, Unternehmensbewertungen erstellen und verstehen, S. 145; *Großfeld*, Recht der Unternehmensbewertung, Rz. 1172; *Peemöller* in Peemöller, Praxishandbuch der Unternehmensbewertung, S. 44; *Serf* in Schacht/Fackler, Praxishandbuch Unternehmensbewertung, S. 181. Zu der generellen Frage der Berücksichtigung persönlicher Steuern vgl. § 15 Rz. 8 ff. sowie *Hachmeister/Ruthardt/Lampenius*, WPg 2011, 829.
3 Vgl. OLG München v. 2.4.2008 – 31 Wx 85/06 – juris Rz. 47; OLG Stuttgart v. 8.7.2011 – 20 W 14/08 – juris Rz. 310, AG 2011, 795; OLG Frankfurt v. 20.12.2011 – 21 W 8/11 – juris Rz. 78, AG 2012, 330; OLG Karlsruhe v. 15.12.2012 – 12 W 66/06 – juris Rz. 197, AG 2013, 353.
4 OLG Frankfurt v. 5.11.2009 – 5 W 48/09, juris Rz. 30 ff. Das OLG hatte sich mit dieser Frage im Rahmen der Bemessung des Liquidationswerts als Wertuntergrenze für den Wert des Unternehmens zu beschäftigen (vgl. dazu § 8 Rz. 15 ff.). Die Problematik stellt sich jedoch bei der Liquidationswertbestimmung für das nicht betriebsnotwendige Vermögen entsprechend.

kungen nicht ebenfalls Berücksichtigung finden. Dem vollumfänglich Rechnung zu tragen, wird aber nicht immer möglich sein. Es erscheint daher sachgerecht, steuerliche Gestaltungsmöglichkeiten bei der ohnehin nur schätzweisen Wertermittlung des Liquidationswertes im Regelfall unberücksichtigt zu lassen. Dies gilt entsprechend für Instrumente der Realisierungsvermeidung, wie z.B. die Möglichkeit, stille Reserven nach § 6b EStG auf andere, im Betrieb verbleibende Wirtschaftsgüter zu übertragen.[1] Etwas anders kann allenfalls dann gelten, wenn entsprechende Dispositionen am Bewertungsstichtag bereits eingeleitet sind und die Anwendung von § 6b EStG sicher erscheint.[2] Anders zu beurteilen sind hingegen die im Unternehmen vorhandenen steuerlichen Verlustvorträge. Haben diese nicht bereits im Rahmen der Gesamtwertermittlung Berücksichtigung gefunden, beinhalten sie einen Vorteil, der bei Berechnung der Steuerbelastung zu berücksichtigen ist.[3]

cc) Abzinsung der Steuerbelastung

In Rechtsprechung und Literatur nur wenig Beachtung hat bislang die Frage gefunden, ob auch die fiktive **Steuerbelastung** auf den Bewertungsstichtag **abzuzinsen** ist. Das OLG Frankfurt[4] hat eine Abzinsung im Beschluss vom 2.5.2011 abgelehnt. Zur Begründung führte es aus, dass eine solche nicht konsequent sei, „weil in diesem Fall – abgesehen von der fehlenden Praktikabilität dieses Ansatzes – auch nicht der jetzige Verkehrswert, sondern der zum Zeitpunkt des fiktiven, späteren Verkaufszeitpunktes sich ergebende Verkehrswert angesetzt werden müsste". Diese Erwägung vermag – wie bereits ausgeführt (vgl. dazu oben Rz. 36) – nicht zu überzeugen, da der aktuelle Verkehrswert auch für die Zukunft erwartete Entwicklungen mit einpreist. Auch die fiktive Steuerbelastung ist daher grundsätzlich einer Abzinsung zugänglich. 42

Offen bleibt damit die Frage, wie das **Maß der Abzinsung** zu bestimmen ist. Zwei Aspekte können hier eine Rolle spielen: Der Umfang der Abzinsung des Liquidationserlöses[5] und der Zeitpunkt der erwarteten Erlösausschüttung an die Anteilseigner,[6] denn sowohl eine Liquidationsverzögerung als auch eine anschließende Thesaurierung des Veräußerungserlöses vermögen eine Abzinsung der fiktiven Steuerbelastung zu begründen. Dass der erste Aspekt zu berücksichtigen ist, steht außer Frage, denn bei einer zeitlich verzögerten Liquidation entsteht die steuerliche Belastung aus der Liquidation ebenfalls mit entsprechender Verzögerung. Problematisch ist hingegen die Thesaurierungsannahme. 43

---

1 *Piltz*, Die Unternehmensbewertung in der Rechtsprechung, S. 187; a.A. *Hachmeister/Ruthardt*, BB 2014, 875 (877).
2 *Piltz*, Die Unternehmensbewertung in der Rechtsprechung, S. 187.
3 *Ernst/Schneider/Thielen*, Unternehmensbewertungen erstellen und verstehen, S. 136.
4 OLG Frankfurt v. 2.5.2011 – 21 W 3/11 – juris Rz. 74, AG 2011, 828.
5 Vgl. OLG Stuttgart v. 17.10.2011 – 20 W 7/11 – juris Rz. 457.
6 So im Ergebnis *Hachmeister/Ruthardt*, BB 2014, 875 (878), die für die Bemessung des Thesaurierungszeitraumes typisierend auf die Ausschüttungsannahme in der Fortführungsphase abstellen wollen.

Zwar erscheint sie – anders als bei der Liquidation des gesamten Unternehmens (vgl. dazu § 8 Rz. 4 f.) – grundsätzlich möglich, da das Unternehmen trotz des Verkaufs des nicht betriebsnotwendigen Vermögens i.d.R. bestehen bleibt.[1] Der Bewertung dieses Vermögens mit dem Liquidationswert liegt jedoch der Gedanke einer baldigen Veräußerung und der anschließenden Ausschüttung des anteiligen Veräußerungserlöses an den ausscheidenden Gesellschafter zugrunde. Vor diesem Hintergrund ist kein Raum für eine Thesaurierung, weshalb sich die Abzinsung der fiktiven Steuerbelastung ausschließlich an der Abzinsung des Liquidationswerts zu orientieren hat.

e) Abzug von Schulden

44 Der so ermittelte Liquidationswert ist um diejenigen **Schulden zu kürzen**, die ggf. dem nicht betriebsnotwendigen Vermögen zuzuordnen sind.[2] Dabei sind alle Ausgaben zu berücksichtigen, die bei der fiktiven Ablösung der Schulden anfallen, d.h. neben dem eigentlichen Rückzahlungsbetrag auch die Kosten der Ablösung.[3] In diesem Zusammenhang ist gleichfalls von einer bestmöglichen Verwertung auszugehen. Richtigerweise sind die Schulden zudem entsprechend dem Veräußerungserlös abzuzinsen, da sie erst nach dessen Zufluss beglichen werden können.

3. Korrektur des Gesamtwerts

45 Im Anschluss an die Wertermittlung für das nicht betriebsnotwendige Vermögen ist der Gesamtwert des operativen Geschäfts um mögliche Einflüsse aus dem gesondert bewerteten Bereich zu **bereinigen**, denn der gesonderten Bewertung liegt der Gedanke zugrunde, dass der Vermögensgegenstand dem Betrieb nicht länger zur Verfügung steht. Hierbei sind zunächst die Erträge und Aufwendungen, die mit dem nicht betriebsnotwendigen Vermögensteil in unmittelbarem Zusammenhang stehen, aus den Ertragserwartungen des Gesamtunternehmens herauszurechnen.[4] Entsprechendes gilt für Zinsaufwendungen aus mit dem nicht betriebsnotwendigen Vermögen zusammenhängenden Schulden.[5] Daneben ist bei der Aussonderung von kreditsicherndem Vermögen zu beachten, dass eine Entnahme zur Veränderung der Finanzierungssituation

---

1 So im Ergebnis *Hachmeister/Ruthardt*, BB 2014, 875 (878), die für die Bemessung des Thesaurierungszeitraumes typisierend auf die Ausschüttungsannahme in der Fortführungsphase abstellen wollen.
2 IDW S 1 i.d.F. 2008, Rz. 62; OLG Stuttgart v. 5.6.2013 – 20 W 6/10 – juris Rz. 241, AG 2013, 724; *Peemöller* in Peemöller, Praxishandbuch der Unternehmensbewertung, S. 44; *Riegger/Gayk* in KölnKomm. AktG, 3. Aufl. 2013, Anh. § 11 SpruchG Rz. 54; *Wollny*, Der objektivierte Unternehmenswert, S. 232.
3 *Großfeld*, Recht der Unternehmensbewertung, Rz. 1169.
4 *Ernst/Schneider/Thielen*, Unternehmensbewertungen erstellen und verstehen, S. 33.
5 *Serf* in Schacht/Fackler, Praxishandbuch Unternehmensbewertung, S. 182.

– z.B. zu steigenden Finanzierungskosten wegen geringeren Sicherheiten – des Unternehmens führen kann.[1]

IV. Einzelfragen und Fallgruppen

1. Allgemeines

Die nachfolgenden **Fallgruppen von Vermögenswerten** sind in der Vergangenheit besonders häufig Gegenstand der Abgrenzung von nicht betriebsnotwendigem Vermögen gewesen und sollen daher gesondert betrachtet werden.[2]

46

2. Beteiligungen

Zu den nicht betriebsnotwendigen Vermögensgegenständen können insbesondere **Beteiligungen** zählen. Hierbei kommt es – auch bei Beteiligungen an ausländischen Gesellschaften – stets auf die konkrete Funktion der Beteiligung an:[3] Beteiligungen an Vermarktungsgesellschaften sind in der Regel genauso betriebsnotwendig wie die Beteiligung an einem Rechenzentrum,[4] denn bei beiden handelt es sich um outgesourcte Funktionen des eigentlichen operativen Geschäfts.[5] Bei Versicherungsgesellschaften wird angenommen, dass sämtliche Unternehmensbeteiligungen betriebsnotwendiges Vermögen darstellen, da sie „als Teil des Gesamtvermögensstocks zur Erfüllung der vertraglichen Verpflichtungen anzusehen" seien.[6] Beteiligungen, die nur einen unbedeutenden Geschäftsumfang einnehmen, auf anderen Geschäftsfeldern tätig sind oder gar keine geschäftliche Aktivität mehr entfalten, sollen hingegen nicht betriebsnotwendig sein.[7] Entsprechendes gilt für Beteiligungen an Gesellschaften, die

47

---

1 IDW S 1 i.d.F. 2008, Rz. 63; *Bysikiewicz/Zwirner* in Petersen/Zwirner/Brösel, Handbuch Unternehmensbewertung, C Rz. 26, S. 244 f.; *Ernst/Schneider/Thielen*, Unternehmensbewertungen erstellen und verstehen, S. 144; *Großfeld*, Recht der Unternehmensbewertung, Rz. 378, 1170; *Hachmeister/Ruthardt*, BB 2014, 875 (877); *Peemöller* in Peemöller, Praxishandbuch der Unternehmensbewertung, S. 44; *Piltz*, Die Unternehmensbewertung in der Rechtsprechung, S. 30.
2 Vgl. auch *Hachmeister/Ruthardt*, BB 2014, 875 (878).
3 OLG Stuttgart v. 19.1.2011 – 20 W 3/09 – juris Rz. 247, AG 2011, 205.
4 OLG Düsseldorf v. 22.1.1999 – 19 W 5/96 AktE – juris Rz. 110, AG 1999, 321; nach juris Rz. 111 ff. soll Entsprechendes für Genossenschaftsanteile an „Hausbanken" gelten.
5 Vgl. dazu auch OLG Stuttgart v. 14.9.2011 – 20 W 6/08 – juris Rz. 107, AG 2012, 49; *Piltz*, Die Unternehmensbewertung in der Rechtsprechung, S. 184.
6 OLG München v. 30.11.2006 – 31 Wx 059/06 – juris Rz. 38, AG 2007, 411. So auch OLG Düsseldorf v. 6.4.2011 – I-26 W 2/06 AktE – juris Rz. 65. Ähnlich für die Wertpapiere einer Bausparkasse: OLG Stuttgart v. 22.9.2009 – 20 W 20/06 – juris Rz. 107, AG 2010, 42.
7 BayObLG v. 28.10.2005 – 3Z BR 71/00 – juris Rz. 41, AG 2006, 41. Vgl. auch LG München v. 21.6.2013 – 5HK O 19183/09 – juris Rz. 285 ff., AG 2014, 168; *Piltz*, Die Unternehmensbewertung in der Rechtsprechung, S. 184.

nicht betriebsnotwendiges Vermögen verwalten.[1] Dieser Einschätzung ist grundsätzlich zu folgen, auch wenn der Geschäftsumfang als Abgrenzungskriterium ungeeignet erscheint.

48 Zweifel bestehen allerdings bei der **Bewertung** der nicht betriebsnotwendigen Beteiligungen. Teilweise wird eine Bewertung zum Buchwert vorgenommen.[2] Dies überzeugt nicht, denn auch beim nicht betriebsnotwendigen Beteiligungsvermögen ist eine fiktive Veräußerung zu unterstellen. Die Bewertung hat folglich mit dem Verkehrswert zu erfolgen,[3] welcher sich auch in einem ggf. vorhandenen Börsenkurs[4] oder dem Liquidationswert der Gesellschaft, an der die Beteiligung besteht, widerspiegeln kann.

3. Forderungen und Schulden

49 Zu den nicht betriebsnotwendigen Forderungen gehören vor allem **Schadensersatzansprüche**[5] oder **Steuerguthaben**,[6] wobei letztere durch den Wegfall des Körperschaftsteueranrechnungsverfahrens an Relevanz verloren haben dürften. Der Ansatz von Schadensersatzansprüchen ist umstritten, weil ihre Durchsetzbarkeit häufig zweifelhaft und mit Risiken behaftet ist.[7] Teilweise wird die Geltendmachung daher als unternehmerische Entscheidung eingestuft, die nur einer eingeschränkten gerichtlichen Kontrolle unterliege.[8] Andere wollen zumindest solche Schadenersatzansprüche berücksichtigen, die vom Schuldner unbestritten sind oder durch ein Gericht rechtskräftig festgestellt wurden.[9] Darüber hinaus finden sich Urteile, die eine inzidente Überprüfung der behaupte-

---

1 OLG Stuttgart v. 14.9.2011 – 20 W 6/08 – juris Rz. 144, AG 2012, 49. Auch *Piltz* fordert, die Untergesellschaft auf nicht betriebsnotwendiges Vermögen zu untersuchen, vgl. *Piltz*, Die Unternehmensbewertung in der Rechtsprechung, S. 152. Dies dürfte jedoch häufig mit erheblichen praktischen Problemen verbunden sein.
2 LG München v. 21.6.2013 – 5HK O 19183/09 – juris Rz. 288, AG 2014, 168; OLG Stuttgart v. 14.9.2011 – 20 W 6/08 – juris Rz. 188, AG 2012, 49 für Beteiligungen an Unternehmen, die Verluste erwirtschaften; OLG Frankfurt v. 7.6.2011 – 21 W 2/11 – juris Rz. 78, NZG 2011, 990 für Beteiligungsgesellschaften ohne operatives Geschäft; *Hachmeister/Ruthardt*, BB 2014, 875 (878).
3 OLG Frankfurt v. 20.12.2011 – 21 W 8/11 – juris Rz. 85, AG 2012, 330.
4 Vgl. dazu OLG Stuttgart v. 14.9.2011 – 20 W 6/08 – juris Rz. 188, AG 2012, 49; OLG Frankfurt v. 20.12.2011 – 21 W 8/11 – juris Rz. 87, AG 2012, 330.
5 Vgl. OLG Düsseldorf v. 16.10.1990 – 19 W 9/88 – juris Rz. 63 ff., AG 1991, 106; *Großfeld*, Recht der Unternehmensbewertung, Rz. 1164.
6 *Piltz*, Die Unternehmensbewertung in der Rechtsprechung, S. 30; *Popp* in Peemöller, Praxishandbuch der Unternehmensbewertung, S. 186.
7 Zum Streitstand vgl. OLG Stuttgart v. 4.2.2000 – 4 W 15/98 – juris Rz. 35, AG 2000, 428; OLG Frankfurt v. 15.2.2010 – 5 W 52/09 – juris Rz. 88 f., AG 2010, 798; *Emmerich* in Emmerich/Habersack, Aktien- und GmbH-Konzernrecht, § 305 AktG Rz. 73; *Schröder/Habbe*, NZG 2011, 845 ff.
8 *Schröder/Habbe*, NZG 2011, 845 (845 ff.).
9 OLG Celle v. 19.4.2007 – 9 W 53/06 – juris Rz. 17, AG 2007, 865; LG Frankfurt/M. v. 13.3.2009 – 3-5 O 57/06 – juris Rz. 30, AG 2009, 749.

ten Schadensersatzansprüche im Spruchverfahren vornehmen[1] oder letzteres bis zu einer gerichtlichen Entscheidung über die Schadensersatzansprüche aussetzen.[2] Im Ausgangspunkt ist es richtig, auch Schadensersatzansprüche in die gesonderte Bewertung einzubeziehen, denn es handelt sich auch hierbei um Werte, die dem ausscheidenden Aktionär grundsätzlich nicht vorenthalten werden dürfen. Entscheidend wird aber sein, dass aus der Stichtagsperspektive mit hinreichender Sicherheit von einer Werthaltigkeit ausgegangen werden kann,[3] was jedenfalls bei unbestrittenen oder rechtskräftig festgestellten Ansprüchen der Fall sein dürfte.[4] In der Praxis scheitert der Ansatz von Schadensersatzansprüchen allerdings häufig bereits an einem unsubstantiierten Sachvortrag.[5]

Als forderungsähnliche Werte können auch **steuerliche Verlustvorträge** (bzw. die daraus zu generierenden Steuerentlastungen) – sofern sie nicht bereits mit Erträgen aus der fiktiven Veräußerung von nicht betriebsnotwendigem Vermögen verrechnet worden sind (vgl. dazu Rz. 41) – nicht betriebsnotwendiges Vermögen darstellen. Voraussetzung ist jedoch, dass sie für einen potentiellen Erwerber nutzbar gemacht werden können.[6] Soweit dies – trotz der steuerlichen Einschränkungen nach § 8c KStG – der Fall ist, sind die Verlustvorträge mit dem Barwert der erwarteten Steuerersparnis anzusetzen.[7] 50

Nicht betriebsnotwendige **Schulden** können schließlich auch in Form von Gesellschafterdarlehen[8] oder Pensionsrückstellungen[9] vorliegen. Beide sind mit ihrem Ablösepreis gesondert zu bewerten.[10] 51

4. Immaterielles Vermögen

Zudem kann es auch **immateriellen Vermögenswerten**, wie z.B. Erfindungen, Know-how, Lizenzen, Marken- und Schutzrechten, Patenten oder langfristigen Verträgen an einer Betriebsnotwendigkeit fehlen.[11] Tragen die immateriellen Werte aber – weil beispielsweise Produkte unter einer Marke am Markt ange- 52

---

1 OLG Düsseldorf v. 16.10.1990 – 19 W 9/88 – juris Rz. 63 ff., AG 1991, 106; OLG Stuttgart v. 4.2.2000 – 4 W 15/98 – juris Rz. 37, AG 2000, 428; LG München v. 21.6.2013 – 5HK O 19183/09 – juris Rz. 297 ff., AG 2014, 168.
2 OLG München v. 14.3.2007 – 31 Wx 7/07 – juris Rz. 4, AG 2007, 452. Kritisch zu beiden Aspekten *Schröder/Habbe*, NZG 2011, 845 (846 f.).
3 So auch OLG Frankfurt v. 15.2.2010 – 5 W 52/09 – juris Rz. 89, AG 2010, 798.
4 So auch *Riegger/Gayk* in KölnKomm. AktG, 3. Aufl. 2013, Anh. § 11 SpruchG Rz. 53 m.w.N.
5 Vgl. z.B. OLG Frankfurt v. 21.12.2010 – 5 W 15/10 – juris Rz. 83; OLG Frankfurt v. 5.12.2013 – 21 W 36/12 – juris Rz. 113, NZG 2014, 464.
6 OLG Düsseldorf v. 11.4.1988 – 19 W 32/86 – juris Rz. 59, AG 1988, 275; OLG München v. 14.7.2009 – 31 Wx 121/06 – juris Rz. 32 ff., WM 2009, 1848; vgl. auch *Großfeld*, Recht der Unternehmensbewertung, Rz. 1174 m.w.N.
7 *Großfeld*, Recht der Unternehmensbewertung, Rz. 1176 m.w.N.
8 *Ballwieser/Hachmeister*, Unternehmensbewertung, S. 10.
9 *Großfeld*, Recht der Unternehmensbewertung, Rz. 1167 m.w.N.
10 *Ballwieser/Hachmeister*, Unternehmensbewertung, S. 10.
11 Vgl. dazu die ausführliche Darstellung bei *Ernst/Schneider/Thielen*, Unternehmensbewertungen erstellen und verstehen, S. 146 ff.

boten werden oder durch die Schutzrechte andere Unternehmen von der Herstellung konkurrierender Waren abgehalten werden – zur Generierung des Umsatzes bei, scheidet eine gesonderte Bewertung in der Regel aus.[1] Ein Geschäfts- oder Firmenwert ist regelmäßig als betriebsnotwendig zu qualifizieren.[2]

5. Immobilien

53 Meistgenanntes Beispiel für nicht betriebsnotwendiges Vermögen sind **Reservegrundstücke**.[3] Werden solche erwartungsgemäß nicht mehr für den Betrieb beansprucht, handelt es sich eindeutig um nicht betriebsnotwendiges Vermögen.[4] Aber auch Grundstücke, die für eine geplante Betriebserweiterung vorgehalten werden, können nicht betriebsnotwendiges Vermögen darstellen, da sie für das Unternehmen im aktuellen Zustand nicht funktional wesentlich sind. Künftige Entwicklungen sind bei dieser Beurteilung nicht zu berücksichtigen, sofern sie nicht für Zwecke der Gesamtwertermittlung bereits in den Ertragserwartungen Niederschlag gefunden haben.[5]

54 Darüber hinaus werden **Grundstücke ohne (künftigen) Bezug zum Betriebszweck** als nicht betriebsnotwendig eingeordnet.[6] Dies soll bei Kaufhäusern einer Kaufhausgesellschaft[7] nicht der Fall sein, wohl aber bei Werkswohnungen,[8] da solche dem Unternehmenszweck nicht unmittelbar dienen. Dem ist grundsätzlich zuzustimmen, auch wenn im Einzelfall auch Werkswohnungen betriebsnotwendig sein können (wenn z.B. kein bezahlbarer Wohnraum für die Beschäftigten im Umfeld vorhanden ist). Zudem sind bei der Gesamtwertermittlung steigende Lohnkosten einzuplanen, wenn der Wegfall einer vergünstigen Wohnraumüberlassung in der Zukunft durch höhere Gehälter ausgeglichen werden muss. Das OLG Zweibrücken hat ferner selbst gemischt genutzte Grundstücke, die nicht ausschließlich dem Unternehmensbetrieb dienen, als nicht betriebsnotwendig eingestuft. Zur Begründung führte es aus,

---

1 Vgl. OLG Stuttgart v. 19.1.2011 – 20 W 3/09 – juris Rz. 250, AG 2011, 205; LG Stuttgart v. 29.6.2011 – 31 O 179/08 KfH AktG – juris Rz. 124; LG Stuttgart v. 5.11.2012 – 31 O 55/08 KfH AktG – juris Rz. 144, NZG 2013, 342.
2 *Ernst/Schneider/Thielen*, Unternehmensbewertungen erstellen und verstehen, S. 150.
3 OLG Stuttgart v. 14.9.2011 – 20 W 7/08 – juris Rz. 139, AG 2012, 135; *Ballwieser/Hachmeister*, Unternehmensbewertung, S. 10; *Emmerich* in Emmerich/Habersack, Aktien- und GmbH-Konzernrecht, § 305 AktG Rz. 73a; *Großfeld*, Recht der Unternehmensbewertung, Rz. 1164; *Popp* in Peemöller, Praxishandbuch der Unternehmensbewertung, S. 186.
4 So auch *Ballwieser/Hachmeister*, Unternehmensbewertung, S. 10; *Riegger/Gayk* in KölnKomm. AktG, 3. Aufl. 2013, Anh. § 11 SpruchG Rz. 53.
5 A.A. wohl *Ballwieser/Hachmeister*, Unternehmensbewertung, S. 10; *Riegger/Gayk* in KölnKomm. AktG, 3. Aufl. 2013, Anh. § 11 SpruchG Rz. 53. Vgl. auch *Piltz*, Die Unternehmensbewertung in der Rechtsprechung, S. 183 Fn. 350 m.w.N.
6 OLG Stuttgart v. 5.6.2013 – 20 W 6/10 – juris Rz. 242, AG 2013, 724; *Ballwieser/Hachmeister*, Unternehmensbewertung, S. 10; *Emmerich* in Emmerich/Habersack, Aktien- und GmbH-Konzernrecht, § 305 AktG Rz. 73a.
7 OLG Düsseldorf v. 20.11.2001 – 19 W 2/00 AktE – juris Rz. 46 ff., AG 2002, 398.
8 OLG Düsseldorf v. 27.2.2004 – 19 W 3/00 AktE – juris Rz. 93, AG 2004, 324.

dass dem ausscheidenden Aktionär sein Anteil am Verkehrswert – der im Regelfall höher als der Ertragswert sei – verloren gehe, wenn jedes Grundstück unabhängig von der sonstigen Bebauung als betriebsnotwendig eingestuft werde.[1] In dieser Pauschalität kann der Aussage nicht gefolgt werden. Vielmehr ist der Umfang der betrieblichen Nutzung im Einzelfall zu bestimmen und zu überprüfen, ob die nicht betrieblichen genutzten Grundstücksteile nicht einer isolierten Verwertung zugänglich sind.

Das BayObLG hat zudem Grundstücke, auf denen **brauereieigene Gaststätten** 55 betrieben werden, für nicht betriebsnotwendig gehalten, weil der daraus resultierende Umsatzanteil lediglich 5 % des Gesamtumsatzes betrage und dieser auch über reine Pachtgaststätten erzielt werden könne.[2] Dieser Einordnung des BayObLG liegt zwar primär eine wertbezogene Betrachtungsweise zugrunde, die grundsätzlich abzulehnen ist (vgl. dazu oben Rz. 24 f.). Allerdings kann man auch im Rahmen einer funktionalen Abgrenzung zu identischen Ergebnissen gelangen, wenn man die Perspektive eines objektiven Betrachters einnimmt und eine alternative Verwendung des Vermögensgegenstandes unter Beibehaltung des operativen Geschäfts hinreichend objektiviert und plausibel zu „wertoptimalen" Ergebnissen führt (vgl. dazu bereits Rz. 28).

Die **Wertermittlung** des unbebauten Immobilienvermögens kann auf der 56 Grundlage von Bodenrichtwerten erfolgen.[3] Bei bebauten Objekten wird häufig ein gesondertes Wertgutachten erforderlich sein.[4] Auch können gezahlte Kaufpreise für vergleichbare Objekte[5] oder die Anschaffungskosten als Wertmaßstab dienen, wenn zwischen Anschaffung und Bewertungsstichtag kein zu großer Zeitraum vergangen ist.[6] Zu deren Ermittlung können Markterhebungen vorgenommen und örtliche Makler befragt werden.[7] Feuerversicherungswerte bieten hingegen keinen zulässigen Wertmaßstab, da sie nicht den aktuellen Verkehrswert, sondern den Wiederbeschaffungswert abbilden und zudem Kosten für die Lösch- und Abraumbeseitigung enthalten, welche für die Wertableitung irrelevant sind.[8]

---

1 OLG Zweibrücken v. 5.3.1999 – 3 W 263/98 – juris Rz. 22.
2 BayObLG v. 19.10.1995 – BReg.3 Z 17/90 – „Paulaner AG" – juris Rz. 53, AG 1996, 127.
3 OLG Düsseldorf v. 8.7.2003 – 19 W 6/00 AktE – juris Rz. 77, AG 2003, 688; OLG Karlsruhe v. 15.11.2012 – 12 W 66/06 – juris Rz. 197, AG 2013, 353; kritisch *Seppelfricke*, Handbuch Aktien- und Unternehmensbewertung, S. 180.
4 Vgl. dazu *Hachmeister/Ruthardt*, BB 2014, 875 (878). Zu den relevanten Kriterien der Grundstücksbewertung vgl. *Seppelfricke*, Handbuch Aktien- und Unternehmensbewertung, S. 180 ff.
5 OLG München v. 19.10.2006 – 31 Wx 092/05 – juris Rz. 36, AG 2007, 287.
6 OLG Stuttgart v. 19.1.2011 – 20 W 3/09 – juris Rz. 245, AG 2011, 205.
7 Vgl. LG Stuttgart v. 5.11.2012 – 31 O 55/08 KfH AktG – juris Rz. 143, NZG 2013, 342.
8 OLG Stuttgart v. 4.5.2011 – 20 W 11/08 – juris Rz. 231, AG 2011, 560.

6. Kunstwerke

57 Kunstwerke sind in der Regel nicht betriebsnotwendig, da sie nicht dem operativen Geschäft dienen.[1] In Ausnahmefällen – beispielsweise im Kunsthandel oder bei Museen – mag eine abweichende Beurteilung geboten sein. Die gesonderte Bewertung ist hier gleichfalls zum Verkehrswert vorzunehmen. Handelt es sich um unbedeutende Werke, bestehen jedoch keine Bedenken, die Kunstgegenstände mit ihren Anschaffungskosten zu bewerten.[2] Alternativ kann auch auf Versicherungswerte zurückgegriffen werden.[3] Liegt der Wert der Kunstwerke deutlich unter einem Promille des Unternehmenswertes, kann nach § 287 Abs. 2 ZPO u.U. auf eine gesonderte Ermittlung insgesamt verzichtet werden.[4]

7. Liquide Mittel

58 Diskutiert wird ferner, ob eine sog. „Über"-Liquidität als nicht betriebsnotwendiges Vermögen zu qualifizieren ist.[5] Hierunter versteht man die in Form von Bankguthaben oder Kassenbeständen vorhandenen Mittel, die für das operative Geschäft nicht benötigt werden.[6] Die Rechtsprechung steht dieser Sichtweise eher skeptisch gegenüber: Sie sieht in der Höhe der betriebsnotwendigen Liquidität entweder eine gerichtlich nicht überprüfbare unternehmerische Entscheidung[7] oder unterstellt im Sinne einer Vermutung, dass vorhandene Finanzmittel bis zum Beweis des Gegenteils stets betriebsnotwendig seien.[8] Anderen Entscheidungen[9] und große Teile der Literatur[10] qualifizieren hingegen

---

1 OLG Stuttgart v. 14.9.2011 – 20 W 7/08 – juris Rz. 141, AG 2012, 135. Vgl. auch *Piltz*, Die Unternehmensbewertung in der Rechtsprechung, S. 30.
2 OLG Stuttgart v. 26.8.2009 – 5 W 35/09 – juris Rz. 54; OLG Stuttgart, Beschl. vom 14.9.2011 – 20 W 7/08 – juris Rz. 220, AG 2012, 135.
3 *Hachmeister/Ruthardt*, BB 2014, 875 (878).
4 OLG Stuttgart v. 14.9.2011 – 20 W 7/08 – juris Rz. 220, AG 2012, 135.
5 Die Einordnung als betriebsnotwendige Liquidität schließt eine Saldierungsmöglichkeit mit Verbindlichkeiten nicht aus, vgl. OLG Frankfurt v. 28.3.2014 – 21 W 15/11 – juris Rz. 154.
6 *Ballwieser/Hachmeister*, Unternehmensbewertung, S. 42; *Bysikiewicz/Zwirner* in Petersen/Zwirner/Brösel, Handbuch Unternehmensbewertung, C Rz. 25, S. 244.
7 OLG Stuttgart v. 18.12.2009 – 20 W 2/08 – juris Rz. 300, AG 2010, 513; OLG Frankfurt v. 29.4.2011 – 21 W 13/11 – juris Rz. 96, AG 2011, 832; OLG Frankfurt v. 5.3.2012 – 21 W 11/11 – juris Rz. 100, AG 2012, 417; OLG Frankfurt v. 17.12.2012 – 21 W 39/11 – juris Rz. 85, AG 2013, 566.
8 BayObLG v. 28.10.2005 – 3Z BR 71/00 – juris Rz. 42, AG 2006, 41; OLG München v. 17.7.2007 – 31 Wx 60/06 – juris Rz. 51, AG 2008, 28.
9 Vgl. z.B. OLG Stuttgart v. 19.1.2011 – 20 W 3/09 – juris Rz. 243, AG 2011, 205; OLG Frankfurt v. 2.5.2011 – 21 W 3/11 – juris Rz. 71, AG 2011, 828; OLG Frankfurt v. 7.6.2011 – 21 W 2/11 – juris Rz. 79, NZG 2011, 990; LG Stuttgart v. 5.11.2012 – 31 O 55/08 KfH AktG – juris Rz. 139, NZG 2013, 342; OLG Frankfurt v. 17.12.2012 – 21 W 39/11 – juris Rz. 85, AG 2013, 566.
10 Vgl. nur *Hachmeister/Ruthardt*, BB 2014, 875 (877); *Piltz*, Die Unternehmensbewertung in der Rechtsprechung, S. 30; *Wollny*, Der objektivierte Unternehmenswert, S. 231.

eine überschüssige Liquidität als nicht betriebsnotwendig. Dem ist grundsätzlich zuzustimmen, denn der schlichte Verweis auf die unternehmerische Entscheidungsfreiheit setzt gerade im Bereich liquider Mittel falsche Anreize für die Mehrheitsaktionäre.[1]

Fraglich ist allerdings, wie der **Umfang der nicht betriebsnotwendigen Liquidität** zu bestimmen ist. Teilweise wird eine exakte Quantifizierung anhand einer Finanzbedarfsberechnung[2] bzw. der Berechnung des Cash-to-Cash-Zyklus[3] gefordert, während andere eine pauschale Ermittlung befürworten und – aus Erfahrungswerten abgeleitet – alle liquiden Mittel, die 0,5-3 % des Umsatzes überschreiten, als nicht betriebsnotwendig einordnen.[4] Aus Vereinfachungsgründen wird der Kassenbestand in der Praxis sogar häufig vollständig dem nicht betriebsnotwendigen Vermögen zugerechnet.[5] Letzteres Vorgehen wird i.d.R. zu einem überhöhten Unternehmenswert führen; es kann daher nur Anwendung finden, wenn überschaubare Beträge in Frage stehen. Im Übrigen bestehen gegen eine pauschale Bemessung – angesichts der damit verbundenen Vereinfachung – grundsätzlich keine Bedenken, sofern im Einzelfall unternehmensspezifische Besonderheiten Berücksichtigung finden.[6] Die danach bestimmte nicht betriebsnotwendige Liquidität ist mit ihrem Verkehrswert zu bewerten, welcher dem Buchwert entspricht.[7] Durch die liquiden Mittel erzielte Zinserträge sind im Gegenzug aus dem Gesamtwert herauszurechnen, um eine Doppelerfassung zu vermeiden.[8]

59

8. Sonstiges

Die vorstehende Aufzählung ist **nicht abschließend**. Stillgelegte Anlagen, Wertpapiere und überschüssige Vorräte kommen gleichfalls als nicht betriebsnotwendige Vermögensgegenstände in Betracht. Bei letzteren kann man für die Frage der Betriebsnotwendigkeit nach der Normal- und Stichtagssubstanz unterscheiden.[9]

60

---

1 *Hachmeister/Ruthardt*, BB 2014, 875 (877).
2 So z.B. LG Stuttgart v. 5.11.2012 – 31 O 55/08 KfH AktG – juris Rz. 139, NZG 2013, 342; vgl. auch *Kohl* in Müller/Rödder, Beck'sches Handbuch der AG, § 24 Rz. 78.
3 *Wollny*, Der objektivierte Unternehmenswert, S. 231 m.w.N. Beim Cash-to-Cash Zyklus handelt es sich um die Zeit, die benötigt wird, um Zahlungen an Lieferanten in Zahlungen von Kunden umzuwandeln – er gibt damit die Bindungszeit des working-capital wieder.
4 *Ballwieser/Hachmeister*, Unternehmensbewertung, S. 42 m.w.N.; vgl. auch *Ernst/Schneider/Thielen*, Unternehmensbewertungen erstellen und verstehen, S. 33, 89, 144 m.w.N.; *Kohl* in Müller/Rödder, Beck'sches Handbuch der AG, § 24 Rz. 78.
5 *Ernst/Schneider/Thielen*, Unternehmensbewertungen erstellen und verstehen, S. 33.
6 So im Ergebnis auch *Ernst/Schneider/Thielen*, Unternehmensbewertungen erstellen und verstehen, S. 33, 89, 144.
7 *Ernst/Schneider/Thielen*, Unternehmensbewertungen erstellen und verstehen, S. 89.
8 *Hachmeister/Ruthardt*, BB 2014, 875 (877).
9 *Peemöller* in Peemöller, Praxishandbuch der Unternehmensbewertung, S. 44.

§ 8
Liquidationswert

	Rz.			Rz.
I. Begriff und Verhältnis zu anderen Bewertungsverfahren			aa) Bundesgerichtshof	18
			bb) Oberlandesgerichte	23
1. Begriff	1		c) Rechtslehre	25
2. Verhältnis zum Substanzwert	2		d) Rechtsvergleichung	26
3. Verhältnis zum Zukunftserfolgs- oder Fortführungswert	3		2. Stellungnahme	29
			a) Argumente gegen den Liquidationswert als Untergrenze	30
II. Ermittlung des Liquidationswerts	4		aa) Ungerechtfertigter Vorteil des Abfindungsberechtigten	31
1. Liquidationserlöse	5			
2. Schulden und Liquidationskosten	6		bb) Freiheit der unternehmerischen Entscheidung	33
III. Rechtliche Relevanz des Liquidationswertes	7		cc) Liquiditätsbelastung	35
1. Bewertung des nicht betriebsnotwendigen Vermögens	8		b) Argumente für den Liquidationswert als Wertuntergrenze	36
2. Bewertung von Unternehmen mit begrenzter Lebensdauer	9		aa) Grundsatz der vollen Abfindung	37
3. Bewertung personenbezogener Unternehmen	10		bb) Objektivierter Unternehmenswert	38
4. Bewertung ertragsschwacher Unternehmen	14		cc) Missbrauchsprävention	39
IV. Liquidationswert als Untergrenze der Unternehmensbewertung	15		dd) Ordnungspolitische Gesichtspunkte	40
1. Meinungsstand			ee) Rechtsvergleichende Absicherung	41
a) Betriebswirtschaftslehre und Bewertungspraxis	16		3. Ergebnis	42
b) Rechtsprechung	17		V. Grenzen der Maßgeblichkeit des Liquidationswertes	43

Schrifttum: *Ballwieser/Hachmeister,* Unternehmensbewertung. Prozess, Methoden und Probleme, 4. Aufl. 2013; *Behringer,* Unternehmensbewertung der Klein- und Mittelbetriebe, 4. Aufl. 2009; *Breidenbach,* Unternehmensbewertung: Der Liquidationswert als Wertuntergrenze, DB 1974, 104; *Fleischer/Schneider,* Der Liquidationswert als Untergrenze der Unternehmensbewertung bei gesellschaftsrechtlichen Abfindungsansprüchen, DStR 2013, 1736; *Großfeld,* Recht der Unternehmensbewertung, 7. Aufl. 2012; *Grunewald,* Der Ausschluß aus Gesellschaft und Verein, 1987; *Helbling,* Unternehmensbewertung und Steuern, 9. Aufl. 1998; *Hüttemann,* Unternehmensbewertung als Rechtsproblem, ZHR 162 (1998), 563; *Mandl/Rabel,* Unternehmensbewertung, 1997; *Matschke/Brösel,* Unternehmensbewertung, 4. Aufl. 2013; *Meinert,* Neuere Entwicklungen in der Unternehmensbewertung (Teil II), DB 2011, 2455; *Moxter,* Grundsätze ordnungsmäßiger Unternehmensbewertung, 1. Aufl. 1976, 2. Aufl. 1983; *Peemöller* (Hrsg.), Praxishandbuch der Unternehmensbewertung, 5. Aufl. 2012; *Petersen/Zwirner/Brösel* (Hrsg.), Handbuch Unternehmensbewertung, 2013; *Piltz,* Die Unternehmensbewertung in der Rechtsprechung, 3. Aufl. 1994; *Richter/Timmreck* (Hrsg.), Unternehmensbewertung, 2004; *Ruiz de Vargas/Theusinger/Zollner,* Ansatz des Liquidationswerts in aktienrechtlichen Abfindungsfällen, AG 2014, 428; *Ruthardt/Hachmeister*, Börsenkurs, Ertragswert, Liquidationswert und fester Ausgleich – Zur methodenbezogenen Meistbegünstigung bei der Ermittlung der angemessenen Barabfindung im Gesellschaftsrecht, WM 2014, 725; *E. Schön*, Unternehmensbewertung im Gesellschafts- und Vertragsrecht, 2000; *Schweizerischer Bundesrat*, Unternehmensbewertung im Erbrecht, Bericht vom 1.4.2009; *Seppelfricke*, Handbuch Aktien- und Unternehmensbewertung, 4. Aufl. 2012; *Walther*, Liquidationswert und persönliche Steuern, BewertungsPraktiker 1/2010, S. 14; *Wollny*, Der objektivierte Unternehmenswert, 2. Aufl. 2010; WP-Handbuch 2014, Band II.

I. Begriff und Verhältnis zu anderen Bewertungsverfahren

1. Begriff

Unter dem Liquidationswert versteht man nach einer gängigen Definition den Barwert der Nettoerlöse, die sich aus der Veräußerung der Vermögensgegenstände abzgl. Schulden und Liquidationskosten ergeben.[1] Er wird gelegentlich auch als **Zerschlagungswert**[2] oder *Break-up-Value*[3] bezeichnet. Je nach dem, ob das gesamte Unternehmen oder nur Unternehmensteile zerschlagen werden, kann man zwischen einem **Gesamt-Liquidationswert** und einem **Teil-Liquidationswert** unterscheiden.[4] Auf die tatsächliche Zerschlagung kommt es nicht an; der Liquidationswert ist kein realer, sondern ein **fiktiver Wert**[5], das Ergebnis einer hypothetischen Überlegung[6]. Konzeptionell ist er sowohl vom Substanz- als auch vom Zukunftserfolgs- oder Fortführungswert zu unterscheiden.

1

---

1 So IDW S 1 2008, WPg Supplement 3/2008, Rz. 141; WP-Handbuch 2014, Band II, Rz. A 196; OLG Frankfurt v. 7.6.2011 – 21 W 2/11, NZG 2011, 990 (991); OLG Frankfurt v. 5.11.2009 – 5 W 48/09 – juris-Rz. 19; OLG Stuttgart v. 14.2.2008 – 20 W 9/06, AG 2008, 783 = BeckRS 2008, 04445; OLG Hamm v. 11.7.2012 – 8 U 192/08 – juris-Rz. 66; in einem speziellen gesellschaftsrechtlichen Kontext auch BGH v. 8.5.1998 – BLw 18/97, BGHZ 138, 371 (385) (LPG): „Er [= der Liquidationswert] ist im allgemeinen durch den Barwert der Einnahmeüberschüsse aus der – fiktiven – Liquidation, d.h. durch die – fiktiven – Nettoerlöse abzüglich der angenommenen Liquidationskosten, bestimmt."
2 Vgl. *Fleischer/Schneider*, DStR 2013, 1736 (1737); *Mandl/Rabel* in Peemöller, Praxishandbuch der Unternehmensbewertung, S. 85; *Matschke/Brösel*, Unternehmensbewertung, S. 315.
3 Vgl. *Helbling*, Unternehmensbewertung und Steuern, S. 216; *Mandl/Rabl*, Unternehmensbewertung, S. 49; *Seppelfricke*, Handbuch Aktien- und Unternehmensbewertung, S. 179.
4 Vgl. *Matschke/Brösel*, Unternehmensbewertung, S. 325; ferner WP-Handbuch 2014, Band II, A Rz. 193: „Neben Teilen des Unternehmens kann auch ein kompletter Geschäftsbereich eines Unternehmens mit seinem Liquidationswert anzusetzen sein, wenn dieser Geschäftsbereich nicht mehr fortgeführt werden soll."
5 Vgl. OLG Stuttgart v. 14.2.2008 – 20 W 9/06, AG 2008, 783 = BeckRS 2008, 04445; sehr klar auch BGH v. 8.5.1998 – BLw 18/97, BGHZ 138, 371 (385 f.) (LPG): „fiktive Liquidation"; „hypothetischer Verkaufswert"; „gedachte Einzelveräußerung"; ferner *Großfeld*, Recht der Unternehmensbewertung, Rz. 1261: „Wir fingieren eine Abwicklung."
6 Vgl. *Helbling*, Unternehmensbewertung und Steuern, S. 218; *Ruiz de Vargas* in Bürgers/Körber, Anh. § 305 AktG Rz. 62.

2. Verhältnis zum Substanzwert

2 Substanz- und Liquidationswert gehören beide zu den Einzelbewertungsverfahren[1], ermitteln den Unternehmenswert also durch eine isolierte Bewertung der einzelnen Vermögensgegenstände und Schulden.[2] Sie ziehen dafür jedoch unterschiedliche Wertmaßstäbe heran. Der Substanzwert bildet ab, was erforderlich wäre, um das Unternehmen „nachzubauen", ist also ein Rekonstruktions- oder Reproduktionswert, für dessen Ermittlung es auf Wiederbeschaffungs(alt)werte ankommt.[3] Demgegenüber orientiert sich die Ermittlung des Liquidationswertes nicht auf den Preisen auf dem Beschaffungs-, sondern auf dem Absatzmarkt.[4] Zudem geht der Substanzwert von der Unternehmensfortführung aus, während der Liquidationswert auf die Zerschlagung des Unternehmens abstellt.[5]

3. Verhältnis zum Zukunftserfolgs- oder Fortführungswert

3 Der Zukunftserfolgs- oder Fortführungswert stellt ein Gesamtbewertungsverfahren dar, beruht also auf einer zukunftsorientierten Gesamtbewertung des Unternehmens.[6] Demgegenüber geht man bei der Ermittlung des Liquidationswertes von einer Auflösung oder Zerschlagung des Unternehmens aus.[7] Allerdings kann der Liquidationswert insoweit als spezieller Zukunftserfolgswert verstanden werden, als er angibt, welche Erträge aus der Einzelveräußerung der Vermögensgegenstände zu erwarten sind.[8]

---

1 Vgl. *Ballwieser/Hachmeister*, Unternehmensbewertung, S. 10; *Mandl/Rabel* in Peemöller, Praxishandbuch der Unternehmensbewertung, S. 82; *Mugler/Zwirner* in Petersen/Zwirner/Brösel, Handbuch Unternehmensbewertung, Kap. F.7, Rz. 1.
2 Für den Liquidationswert *Großfeld*, Recht der Unternehmensbewertung, Rz. 1260: „Das Zusammenwirken der Gegenstände wird nicht beachtet: Der Liquidationswert ist die Summe der Einzelveräußerungspreise."
3 Vgl. *Mandl/Rabel* in Peemöller, Praxishandbuch der Unternehmensbewertung, S. 82 f.; *Seppelfricke*, Handbuch Aktien- und Unternehmensbewertung, S. 175; *Sieben/Maltry* in Peemöller, Praxishandbuch der Unternehmensbewertung, S. 656 ff.; WP-Handbuch 2014, Band II, A Rz. 444.
4 Vgl. *Fleischer/Schneider*, DStR 2013, 1736 (1737); *Mugler/Zwirner* in Petersen/Zwirner/Brösel, Handbuch Unternehmensbewertung, Kap. F.7, Rz. 17; *Seppelfricke*, Handbuch Aktien- und Unternehmensbewertung, S. 175; WP-Handbuch 2014, Band II, Rz. A 197.
5 Vgl. *Ballwieser/Hachmeister*, Unternehmensbewertung, S. 11: „Der Substanzwert wird gelegentlich auch als Liquidationswert verstanden. Das ist unzweckmäßig, weil dem Substanzwert die Prämisse der Unternehmensfortführung zugrunde liegt, die von der Annahme der Liquidation zu trennen ist."
6 Vgl. *Ballwieser/Hachmeister*, Unternehmensbewertung, S. 8; WP-Handbuch 2014, Band II, Rz. A 5 und Rz. A 193.
7 Vgl. *Fleischer/Schneider*, DStR 2013, 1736; *Seppelfricke*, Handbuch Aktien- und Unternehmensbewertung, S. 179.
8 Vgl. *Matschke/Brösel*, Unternehmensbewertung, S. 327, wonach die „Zerschlagung eines akquirierten Unternehmens lediglich eine spezielle Form der zukünftigen Verwendung durch das Bewertungssubjekt darstellt".

II. Ermittlung des Liquidationswerts

Wie einleitend bereits erwähnt, bestimmt man den Liquidationswert, indem man den Barwert der Netto-Erlöse der einzelveräußerbaren Güter ermittelt und von ihm Schulden und Liquidationskosten abzieht.[1] Als Basis für das Mengengerüst ist nicht nur die Bilanz, sondern auch das Inventar heranzuziehen, weil werthaltige einzelzerschlagungsfähige Vermögensgegenstände oder einzelne abzulösende Schulden womöglich nicht (mehr) in der Bilanz ausgewiesen sind.[2]

4

1. Liquidationserlöse

Für die Ermittlung des Liquidationswertes kommt es daher zunächst auf die (fiktiven) Verwertungserlöse für die einzelnen Vermögensgegenstände an. Diese werden maßgeblich durch die Zerschlagungsintensität und Zerschlagungsgeschwindigkeit beeinflusst.[3] Die **Zerschlagungsintensität** drückt aus, inwieweit Vermögensgegenstände als Einheiten verkauft werden können. Da von Rechts wegen das **bestmögliche Verwertungskonzept** zugrunde zu legen ist (vgl. § 1 Rz. 26)[4], sind bei einer Liquidation vorrangig Möglichkeiten zur gebündelten Veräußerung von Unternehmensteilen zu prüfen.[5] Die **Zerschlagungsgeschwindigkeit** bezieht sich auf den Zeitraum, innerhalb dessen die Veräußerung beendet sein muss.[6] Vergröbernd unterscheidet man zwischen einer Unternehmensauflösung unter Zeitdruck (Zerschlagung) und einer Auflösung

5

---

1 Vgl. IDW S 1 2008, WPg Supplement 3/2008, Rz. 141; WP-Handbuch 2014, Band II, Rz. A 196; OLG Frankfurt v. 7.6.2011 – 21 W 2/11, NZG 2011, 990 (991); OLG Stuttgart v. 14.2.2008 – 20 W 9/06, AG 2008, 783 = BeckRS 2008, 04445; in einem speziellen gesellschaftsrechtlichen Kontext auch BGH v. 8.5.1998 – BLw 18/97, BGHZ 138, 371, 385 (LPG): „Er [= der Liquidationswert] ist im allgemeinen durch den Barwert der Einnahmeüberschüsse aus der – fiktiven – Liquidation, d.h. durch die – fiktiven – Nettoerlöse abzüglich der angenommenen Liquidationskosten, bestimmt."
2 Näher dazu *Ballwieser/Hachmeister*, Unternehmensbewertung, S. 206; *Mugler/Zwirner* in Petersen/Zwirner/Brösel, Handbuch Unternehmensbewertung, Kap. F.7, Rz. 24.
3 Grundlegend *Moxter*, Grundsätze ordnungsmäßiger Unternehmensbewertung, 1. Aufl. 1976, S. 50; dem folgend etwa OLG Stuttgart v. 19.3.2008 – 20 W 3/06, AG 2008, 510 (516); *Großfeld*, Recht der Unternehmensbewertung, Rz. 1261; *Mugler/Zwirner* in Petersen/Zwirner/Brösel, Handbuch Unternehmensbewertung, Kap. F.7, Rz. 25; WP-Handbuch 2014, Band II, Rz. A 196.
4 Vgl. BGH v. 21.4.1955 – II ZR 227/53, BGHZ 17, 130 (133, 136); BGH v. 30.3.1967 – II ZR 141/64, NJW 1967, 1464; BayObLG v. 31.5.1995 – 3Z BR 67/89, NJW-RR 1997, 34 (36) = AG 1995, 509; zuletzt OLG Stuttgart v. 14.2.2008 – 20 W 9/06, AG 2008, 783 = BeckRS 2008, 04445: „bestmögliche Einzelveräußerung der Vermögensgegenstände"; ferner WP-Handbuch 2014, Band II, Rz. A 196.
5 Vgl. *Helbling*, Unternehmensbewertung und Steuern, S. 216; *Mugler/Zwirner* in Petersen/Zwirner/Brösel, Handbuch Unternehmensbewertung, Kap. F.7, Rz. 265; WP-Handbuch 2014, Band II, Rz. A 196.
6 So *Moxter*, Grundsätze ordnungsmäßiger Unternehmensbewertung, 1. Aufl. 1976, S. 51; vgl. auch *Helbling*, Unternehmensbewertung und Steuern, S. 218.

„unter Normalbedingungen" (Liquidation).[1] Je nach unterstellten Verwertungsaussichten ist daher eine Bandbreite möglicher Liquidationswerte denkbar.[2] Nicht zu Unrecht hat man den Liquidationswert daher als „(bewertungs-)konzeptionelles Chamäleon" bezeichnet, das zwischen Einzel- und Gesamtwertermittlung changiert.[3]

2. Schulden und Liquidationskosten

6 Von dem so ermittelten Liquidationserlös sind die Verbindlichkeiten der Gesellschaft, sämtliche Kosten der Liquidation sowie die fiktive Steuerlast[4] abzusetzen.[5] Dies gilt unabhängig davon, ob tatsächlich liquidiert wird oder eine Liquidationsabsicht besteht, weil der Liquidationswert ein *fiktiver Wert* ist (dazu bereits oben Rz. 1).[6] Zu den **Kosten der Liquidation** zählen etwa die Kosten des Abwicklungsvorgangs selbst (z.B. Makler, Wirtschaftsprüfer), Vorfälligkeitsentschädigungen, Abbruch- und Sanierungskosten sowie Sozialplanverpflichtungen.[7] Steuerlich sind insbesondere Ertragsteuern auf einen möglichen Liquidationserlös zu berücksichtigen.[8] Nicht anzusetzen sind allerdings solche Ver-

---

1 Vgl. *Seppelfricke*, Handbuch Aktien- und Unternehmensbewertung, S. 179; WP-Handbuch, Band II, Rz. A 196.
2 Dazu *Mandl/Rabel*, Unternehmensbewertung, S. 49.
3 So *Mugler/Zwirner* in Petersen/Zwirner/Brösel, Handbuch Unternehmensbewertung, Kap. F.7, Rz. 26.
4 Vgl. hierzu BGH v. 7.5.1986 – IVb ZR 42/85, NJW-RR 1986, 1066 (1068); BGH v. 27.9.1989 – IVb ZR 75/88, NJW-RR 1990, 68 (69); BGH v. 8.9.2004 – XII ZR 194/01, NJW-RR 2005, 153 (155).
5 Vgl. IDW S 1 2008, WPg Supplement 3/2008, Rz. 141; WP-Handbuch 2014, Band II, Rz. A 198.
6 Vgl. OLG Stuttgart v. 14.2.2008 – 20 W 9/06, AG 2008, 783 = BeckRS 2008, 04445; sehr klar auch BGH v. 8.5.1998 – BLw 18/97, BGHZ 138, 371 (385 f.) (LPG).
7 Vgl. OLG Stuttgart v. 14.9.2011 – 20 W 7/08, AG 2012, 135 = BeckRS 2011, 23678; ferner BGH v. 8.5.1998 – BLw 18/97, BGHZ 138, 371 (386) (LPG): „Die Anrechnung fiktiver Liquidationskosten, zu denen u.a. die Geschäftsführungs-, die Veräußerungs-, Herauslösungs-, Ausbau-, Rückbau-, Rekultivierungs-, Dekontaminierungs- und Abbruchkosten einschließlich Steuern gerechnet werden [...].''; vgl. auch LG München I v. 30.12.2009 – 5 HK O 15746/02 – juris-Rz. 30 f., Der Konzern 2010, 188 (191 f.); für ein Beispiel eines „negativen Liquidationswerts" aufgrund der Liquidationskosten s. LG Dortmund v. 6.8.1993 – 18 AktE 1/87, AG 1994, 85; aus der betriebswirtschaftlichen Literatur *Ballwieser/Hachmeister*, Unternehmensbewertung, S. 206 („liquidationsspezifische Lasten"); *Mugler/Zwirner* in Petersen/Zwirner/Brösel, Handbuch Unternehmensbewertung, Kap. F.7, Rz. 19 („liquidationsspezifische Kosten").
8 Vgl. IDW S 1 2008, WPg Supplement 3/2008, Rz. 141; OLG Düsseldorf v. 27.5.2009 – I-26 W 5/07, WM 2009, 2220; OLG München v. 17.7.2007 – 31 Wx 60/06, AG 2008, 28 (31 und LS 2); OLG München v. 19.10.2006 – 31 Wx 92/05, AG 2007, 287; OLG Stuttgart v. 17.10.2011 – 20 W 7/11 – juris-Rz. 457, NZG 2011, 1346 (nur LS); OLG Hamm v. 11.7.2012 – 8 U 192/08 – juris-Rz. 66; *Großfeld*, Recht der Unternehmensbewertung, Rz. 1260, 1265; *Mugler/Zwirner* in Petersen/Zwirner/Brösel, Handbuch Unternehmensbewertung, Kap. F.7, Rz. 18; WP-Handbuch 2014, Band II, Rz. A 199; eingehend *Walther*, BewertungsPraktiker 1/2010, S. 14 mit Darstellung eines praktischen Bewertungsfalles.

pflichtungen, die mit der Liquidation entfallen, z.B. Aufwands- oder Kulanzrückstellungen.[1] Außerdem müssen aktive und passive Rechnungsabgrenzungsposten erfolgswirksam aufgelöst bzw. mit Null angesetzt werden.[2] Gleiches gilt für aktive und passive Steuerlatenzen in der Handelsbilanz.[3] Schließlich gilt es, die Liquidationsüberschüsse auf den Bewertungsstichtag zu diskontieren, wenn die Liquidation voraussichtlich längere Zeit dauern würde.[4]

III. Rechtliche Relevanz des Liquidationswertes

Im Rahmen der rechtsgeprägten Unternehmensbewertung steht der Liquidationswert zumeist im Schatten des Ertragswertes oder des *Discounted Cash Flow*.[5] Gleichwohl kann er bei verschiedenen Gelegenheiten zum Einsatz kommen.[6]

7

1. Bewertung des nicht betriebsnotwendigen Vermögens

Zunächst kann der Liquidationswert bei der Bewertung des nicht betriebsnotwendigen Vermögens eine Rolle spielen (eingehend dazu § 7 Rz. 31 ff.).[7] Bei der Ermittlung des Unternehmenswertes mit Hilfe des Ertragswertverfahrens ist bekanntlich zwischen betriebsnotwendigem und nicht betriebsnotwendigem Vermögen zu trennen.[8] Ersteres stellt den eigentlichen Unternehmenswert dar und wird einer Ertragswertermittlung zugeführt. Letzteres ist unter Berücksichtigung seiner bestmöglichen Verwertung gesondert zu bewerten[9] und dann dem Ertragswert des betriebsnotwendigen Vermögens hinzuzuschlagen.[10] So-

8

---

1 Vgl. *Mugler/Zwirner* in Petersen/Zwirner/Brösel, Handbuch Unternehmensbewertung, Kap. F.7, Rz. 20; WP-Handbuch 2014, Band II, Rz. A 198.
2 Vgl. *Mugler/Zwirner* in Petersen/Zwirner/Brösel, Handbuch Unternehmensbewertung, Kap. 7.F, Rz. 21.
3 Vgl. *Mugler/Zwirner* in Petersen/Zwirner/Brösel, Handbuch Unternehmensbewertung, Kap. F.7, Rz. 22.
4 Vgl. *Ballwieser/Hachmeister*, Unternehmensbewertung, S. 206 (bei Liquidation von über einem Jahr); *Piltz*, Die Unternehmensbewertung in der Rechtsprechung, S. 196; WP-Handbuch 2014, Band II, Rz. A 196.
5 Dazu auch die Bemerkung von *Walther*, BewertungsPraktiker Nr. 1/2010, S. 14: „Zu den Fragen, die sich im Zusammenhang mit der Ermittlung des Liquidationswertes stellen, ist in der aktuellen Literatur vergleichsweise wenig zu finden. Dies überrascht vor dem Hintergrund der enormen Bedeutung, die der Liquidationswert gerade in Zeiten der wirtschaftlichen Krise erlangen kann."
6 Für einen Überblick über mögliche Einsatzbereiche des Liquidationswertes *Wollny*, Der objektivierte Unternehmenswert, S. 220 f.; knapper auch *Seppelfricke*, Handbuch Aktien- und Unternehmensbewertung, S. 176.
7 Vgl. *Ruiz de Vargas* in Bürgers/Körber, Anh. § 305 AktG Rz. 57; *Seppelfricke*, Handbuch Aktien- und Unternehmensbewertung, S. 176; *Wollny*, Der objektivierte Unternehmenswert, S. 221.
8 Vgl. IDW S 1 2008, WPg Supplement 3/2008, 68, 76, Rz. 59.
9 Vgl. IDW S 1 2008, WPg Supplement 3/2008, 68, 76, Rz. 60.
10 Vgl. *Großfeld*, Recht der Unternehmensbewertung, Rz. 377.

fern der Liquidationswert der nicht betriebsnotwendigen Vermögensgegenstände den Barwert ihrer finanziellen Überschüsse beim Verbleib im Unternehmen übersteigt, stellt die Liquidation die vorteilhafteste Verwendung dar.[1] Unter dieser Voraussetzung **ist das nicht betriebsnotwendige Vermögen mit dem Liquidationswert anzusetzen** (§ 7 Rz. 32 ff.).[2] Hierfür gilt das oben dargestellte Berechnungsverfahren (oben Rz. 4 ff.).[3]

2. Bewertung von Unternehmen mit begrenzter Lebensdauer

9 Sodann kommt der Liquidationswert bei der Bewertung von Unternehmen mit endlicher Lebensdauer (z.B. Steinbruch, Kiesgrube) ins Spiel.[4] Bei ihnen bestimmt sich der **Restwert des Unternehmens** am planmäßigen Ende seiner Lebensdauer **nach Zerschlagungswerten**.[5] An die Stelle des Barwerts der ewigen Rente bei unendlicher Lebensdauer tritt dann der Liquidationswert als letztes Ausschüttungspotential im Rahmen der Unternehmensplanung.[6]

3. Bewertung personenbezogener Unternehmen

10 Ein dritter Anwendungsfall des Liquidationswertes betrifft personenbezogene Unternehmen.[7] Stehen die bisherigen Leitungspersonen in Zukunft nicht mehr zur Verfügung und ist eine Unternehmensfortführung ohne die bisherige Unternehmensleitung nicht möglich, so entspricht der Unternehmenswert in aller Regel dem Liquidationswert.[8] Dies gilt auch dann, wenn der Ertragswert aufgrund eines angemessenen Unternehmerlohns den Liquidationswert unterschreitet.[9]

11–13 Einstweilen frei.

---

1 Vgl. IDW S 1 2008, WPg Supplement 3/2008, 68, 76, Rz. 60.
2 Vgl. IDW S 1 2008, WPg Supplement 3/2008, 68, 76, Rz. 60; BayObLG v. 28.10.2005 – 3Z BR 71/00, NZG 2006, 156 (157) = AG 2006, 41; KG v. 14.1.2009 – 2 W 68/07, Der Konzern 2009, 422 (426) = AG 2009, 199; OLG Düsseldorf v. 6.4.2011 – I-26 W 2/06 (AktE) – juris-LS 2 u. Rz. 22; OLG Karlsruhe v. 15.11.2012 – 12 W 66/06 – juris-Rz. 47, AG 2013, 353; OLG München v. 2.4.2008 – 31 Wx 85/06 – juris-Rz. 12.
3 Vgl. IDW S 1 2008, WPg Supplement 3/2008, 68, 76, Rz. 61 ff.
4 Vgl. *Seppelfricke*, Handbuch Aktien- und Unternehmensbewertung, S. 176; *Wollny*, Der objektivierte Unternehmenswert, S. 220; für ein Beispiel rechtlicher Unmöglichkeit der Unternehmensfortführung s. BFH v. 13.3.1991 – X R 81/89 – juris-Rz. 10: „Ein Unternehmen, das die Konzession und damit die Chance, auf dem kontingentierten Markt des Güterfernverkehrs Gewinne erzielen zu können, verloren hat, hatte nur noch einen Liquidationswert."
5 Vgl. IDW S 1 2008, WPg Supplement 3/2008, 68, 79, Rz. 87; *Wollny*, Der objektivierte Unternehmenswert, S. 220.
6 Vgl. *Wollny*, Der objektivierte Unternehmenswert, S. 220.
7 Vgl. *Wollny*, Der objektivierte Unternehmenswert, S. 221.
8 Vgl. IDW S 1 2008, WPg Supplement 3/2008, 68, 74, Rz. 42; *Wollny*, Der objektivierte Unternehmenswert, S. 221.
9 Vgl. IDW S 1 2008, WPg Supplement 3/2008, 68, 74, Rz. 42.

4. Bewertung ertragsschwacher Unternehmen

Schließlich kommt dem Liquidationswert bei der Bewertung ertragsschwacher Unternehmen Bedeutung zu.[1] Bei diesen kann der als Zerschlagungswert verstandene Liquidationswert den durch die Ertragswertmethode ermittelten Zukunftserfolgs- oder Fortführungswert des Unternehmens übersteigen. Dann stellt sich die **Frage, ob** der **Liquidationswert** stets die **Untergrenze der Unternehmensbewertung** darstellt. Sie gehört zu den derzeit umstrittensten Bewertungsfragen überhaupt und ist sogleich ausführlicher zu beleuchten (unten Rz. 15 ff.). 14

IV. Liquidationswert als Untergrenze der Unternehmensbewertung

Ob der Liquidationswert bei chronisch[2] ertragsschwachen Unternehmen immer die Untergrenze der Unternehmensbewertung bildet, spielt zunächst für gesellschaftsrechtliche Abfindungsansprüche eine Rolle, und zwar sowohl für die Abfindungsbemessung ausscheidender Personen- oder GmbH-Gesellschafter (§ 738 Abs. 1 Satz 2 BGB) wie für die angemessene Abfindung außenstehender Aktionäre (§§ 305 Abs. 1, 320b Abs. 1, 327a Abs. 1 AktG). Darüber hinaus bereitet die Frage auch im Familien- und Erbrecht bei der Berechnung von Zugewinnausgleich und Pflichtteilsansprüchen Kopfzerbrechen. Im Folgenden wird zunächst der Meinungsstand entfaltet (unten Rz. 16 ff.), bevor die vorgebrachten Einzelargumente gewürdigt werden (unten Rz. 29 ff.). 15

1. Meinungsstand

a) Betriebswirtschaftslehre und Bewertungspraxis

In der Betriebswirtschaftslehre ist nahezu einhellig anerkannt, dass der **Liquidationswert** die **Untergrenze des Unternehmenswerts** bildet.[3] Dem liegt die 16

---

1 Vgl. IDW S 1 2008, WPg Supplement 3/2008, 68, 86, Rz. 150; *Ruiz de Vargas* in Bürgers/Körber, Anh. § 305 AktG Rz. 57; *Seppelfricke*, Handbuch Aktien- und Unternehmensbewertung, S. 176; WP-Handbuch 2014, Band II Rz. A 194 („bei anhaltender Ertragsschwäche besonders relevant").
2 Zur Unterscheidung zwischen temporär und chronisch ertragsschwachen Unternehmen *Nadvornik/Sylle* in Petersen/Zwirner/Brösel, Handbuch Unternehmensbewertung, Kap. G.5 Rz. 64.
3 Vgl. *Ballwieser/Hachmeister*, Unternehmensbewertung, S. 206; *Moser* in Richter/Timmreck, Unternehmensbewertung, S. 52; *Moxter*, Grundsätze ordnungsmäßiger Unternehmensbewertung, S. 51 f.; *Mugler/Zwirner* in Petersen/Zwirner/Brösel, Handbuch Unternehmensbewertung, Kap. F.7, Rz. 27; *Nadvornik/Sylle* in Petersen/Zwirner/Brösel, Handbuch Unternehmensbewertung, Kap. G.5, Rz. 60 ff.; *Ruthardt/Hachmeister*, WM 2014, 725, 730; *Seppelfricke*, Handbuch Aktien- und Unternehmensbewertung, S. 176; *Sieben/Maltry* in Peemöller, Praxishandbuch der Unternehmensbewertung, S. 675; *Wollny*, Der objektivierte Unternehmenswert, S. 221; abw. früher *Münstermann*, Wert und Bewertung der Unternehmung, 3. Aufl. 1970, S. 102.

doppelte Annahme zugrunde, dass die Fortführung des Unternehmens möglich ist und der Unternehmer rational handelt. Fällt der Liquidationswert des Unternehmens höher aus als dessen Zukunftserfolgswert, bevorzugt er nach dem Gewinnmaximierungsprinzip die Liquidation. In einem Handbuch zur Unternehmensbewertung wird dieses Kalkül an folgendem Beispiel aus der Landwirtschaft veranschaulicht: Ein Bauer wird eine Kuh immer dann schlachten, wenn der Verkaufswert ihres Fleisches (= Liquidationswert) den Barwert der von ihr zukünftig zu erwartenden Milch (= Ertragswert) übertrifft.[1] In Übereinstimmung damit bildet **der Liquidationswert auch nach den IDW-Grundsätzen S 1 2008** die **Wertuntergrenze**; nur bei einem rechtlichen oder tatsächlichen Zwang zur Unternehmensfortführung soll gleichwohl auf den Fortführungswert des Unternehmens abgestellt werden.[2]

b) Rechtsprechung

17 Die BGH-Rechtsprechung hat sich vor allem an Fällen aus dem Familien- und Erbrecht entwickelt. Demgegenüber betrifft die Spruchpraxis der Oberlandesgerichte hauptsächlich gesellschaftsrechtliche Sachverhalte.

aa) Bundesgerichtshof

18 Vom BGH haben im Zeitablauf nicht weniger als **vier verschiedene Zivilsenate** Stellung bezogen:

19 – Im Jahre 1973 urteilte der **IV. Zivilsenat** für die erbrechtliche Pflichtteilsberechnung nach § 2311 BGB, dass es bei einer Unternehmensfortführung nicht gerechtfertigt sei, den Liquidationswert zugrunde zu legen, wenn der Unternehmer dem Pflichtteilsberechtigten gegenüber nicht zur Liquidation verpflichtet ist. Etwas anderes könne allenfalls dann gelten, wenn ein unrentables, liquidationsreifes Unternehmen aus wirtschaftlich nicht vertretbaren Gründen fortgeführt werde.[3]

20 – In Abgrenzung davon entschied der **IVa. Zivilsenat** knapp zehn Jahre später bei der Ermittlung eines Pflichtteilsergänzungsanspruches gem. § 2325 BGB, dass man auf den Liquidationswert abstellen dürfe, wenn das Unternehmen trotz Ertraglosigkeit fortgeführt und drei Jahre später ohne Erlös liquidiert worden sei.[4]

21 – Demgegenüber knüpfte der **IVb. Zivilsenat** im Jahre 1986 wieder an die Ausgangsentscheidung von 1973 an. Bei der Auseinandersetzung einer Gütergemeinschaft war für die Ermittlung des Wertersatzes zum Gesamtgut nach

---

1 So *Mugler/Zwirner* in Petersen/Zwirner/Brösel, Handbuch Unternehmensbewertung, Kap. F.7., Rz. 29 mit folgender Erläuterung: „Denn dann stellt die weitere Nutzung der Kuh als Milchvieh gegenüber sofortiger Schlachtung und anschließendem Verkauf des Rindfleisches für den Bauern einen finanziellen Nachteil dar."
2 So ausdrücklich IDW S 1 2008, WPg Supplement 3/2008, 68, 85, Rz. 140.
3 Vgl. BGH v. 17.1.1973 – IV ZR 142/70, NJW 1973, 509 (510); Übertragung der aufgestellten Grundsätze auf die Berechnung des Zugewinnausgleichs in BGH v. 1.7.1982 – IX ZR 34/81, NJW 1982, 2441 (2441).
4 Vgl. BGH v. 17.3.1982 – IVa ZR 27/81, NJW 1982, 2497 (2498).

§ 1477 Abs. 2 BGB ein landwirtschaftliches Anwesen zu bewerten, dessen Ertragswert zwar positiv war, aber hinter dem Substanz- und Liquidationswert zurückblieb. Unter Berufung darauf, dass die Betriebsfortführung im konkreten Fall nicht wirtschaftlich unvertretbar gewesen sei und auch kein Zwang zur Liquidation bestanden habe, zog der Senat den niedrigeren Ertragswert als Berechnungsgrundlage heran.[1]

– Im Jahre 2006 befand der **II. Zivilsenat** über die Abfindung eines Gesellschafters beim Ausscheiden aus einer GbR, die ein wenig rentables Feriendorf betrieb. Der Gesellschaftsvertrag sah eine Abfindung zum Ertragswert vor. Der Liquidationswert des Feriendorfs belief sich – bei Parzellierung des Grundstücks und Verkauf der einzelnen Ferienhausparzellen – auf das Dreieinhalbfache des Ertragswertes. Aufgrund dieser Diskrepanz war die Abfindungsklausel nach Auffassung des Senats gem. § 723 Abs. 3 BGB unwirksam. Daher sei es jedenfalls rechtsfehlerhaft gewesen, bei der Berechnung der Abfindung allein auf den Ertragswert abzustellen, zumal die Parzellierung des Feriendorfs dem verbleibenden Gesellschafter zumutbar gewesen sei. Vor diesem Hintergrund ließ der II. Zivilsenat offen, ob der Liquidationswert stets oder jedenfalls unter bestimmten Voraussetzungen die Untergrenze des für die Abfindung maßgeblichen Unternehmenswerts bilde.[2]

22

bb) Oberlandesgerichte

In der obergerichtlichen Spruchpraxis ist das **OLG Düsseldorf** durch eine Vielzahl von Entscheidungen zu aktien- und umwandlungsrechtlichen Ausgleichs- bzw. Abfindungstatbeständen hervorgetreten. Unter Berufung auf die BGH-Urteile von 1973 und 1986 hat es wiederholt ausgesprochen, dass der Liquidationswert eines unrentablen Unternehmens nicht die Untergrenze des maßgeblichen Wertes bilde, wenn das Unternehmen fortgeführt werden soll.[3] Außerdem soll eine Unternehmensbewertung anhand des Liquidationswertes ausscheiden, wenn ein rechtlicher oder tatsächlicher Zwang zur Unternehmensfortführung besteht.[4] Andere Entscheidungen desselben Spruchkörpers haben gleichwohl auf den Liquidationswert abgestellt, ohne diese Inkonsistenz näher zu begründen: Bei zwei früheren Beschlüssen scheint es sich um echte

23

---

1 Vgl. BGH v. 7.5.1986 – IVb ZR 42/85, NJW-RR 1986, 1066 (1068) mit dem erläuternden Zusatz: „Daß der Ertragswert sowohl unter dem Substanzwert wie auch unter dem Liquidationswert liegt, kommt in der Landwirtschaft wegen des unverhältnismäßig hohen Anteils des Anlagevermögens am Betriebsvermögen häufig vor, ohne daß einem solchen Betrieb deswegen bereits die Erhaltungswürdigkeit abgesprochen werden kann."
2 Vgl. BGH v. 13.3.2006 – II ZR 295/04 – Rz. 13, NZG 2006, 425 f.
3 Vgl. OLG Düsseldorf v. 11.4.1988 – 19 W 32/86, AG 1988, 275 (§§ 320, 306 AktG); OLG Düsseldorf v. 11.1.1990 – 19 W 6/86, AG 1990, 397, 399 (§§ 304, 305 AktG); OLG Düsseldorf v. 27.2.2004 – 19 W 3/00 AktE, AG 2004, 324 (327) (§ 196 UmwG); OLG Düsseldorf v. 10.6.2009 – I-26 W 1/07 AktE, AG 2009, 907 (909 f.) (Vermögensverwaltungsgesellschaft, §§ 304, 305 AktG); so auch bei wirtschaftlicher Vertretbarkeit der Fortführung LG München I v. 23.4.2009 – 5HK O 542/09, AG 2009, 632.
4 So OLG Düsseldorf v. 28.1.2009 – I 26 W 7/07, AG 2009, 667.

"Ausreißer" zu handeln[1]; der jüngste Fall lag insofern besonders, als die Gesellschaft nicht mehr operativ tätig war, sondern nur noch Zinserträge erwirtschaftete.[2] Das **OLG Stuttgart** hat im Jahre 2010 entschieden, dass ein über dem Ertragswert liegender Liquidationswert nur dann zu berücksichtigen sei, wenn zum Bewertungsstichtag entweder die Absicht bestanden habe, die Anteile zu verkaufen, oder die fehlende Entscheidung, einen Verkauf vorzunehmen, als unvertretbar eingestuft werden müsse.[3] In weiteren Beschlüssen hat es die Frage ausdrücklich dahinstehen lassen.[4] Das **OLG Frankfurt** hat sich jüngst der „im Vordringen befindlichen" Auffassung angeschlossen, nach der die Berücksichtigung des Liquidationswertes unterbleiben soll, soweit die Ertragsaussichten des Unternehmens nicht auf Dauer negativ sind und dessen Liquidation nicht abzusehen ist.[5]

24 Mit anderer Akzentuierung hatte das **BayObLG** schon 1995 ausgesprochen, dass der Liquidationswert regelmäßig die Bewertungsuntergrenze bilde, wenn die Ertragsaussichten der Gesellschaft auf Dauer negativ seien.[6] Ähnlich entschied das **OLG Celle** 1998: Die Grundsätze ordnungsmäßiger Unternehmensbewertung würden den Ansatz des Liquidationswertes verlangen, wenn dieser den Ertragswert übersteige und die Liquidation möglich sei.[7] Das **OLG München** hat im Jahr 2012 für die Pflichtteilsberechnung ausgeführt, dass die konkrete Verwendungsabsicht des Erben nicht maßgebend sein könne und daher ein höherer Liquidationswert anzusetzen sei.[8] Schließlich finden sich noch ver-

---

1 Vgl. OLG Düsseldorf v. 2.4.1998 – 19 W 3/93, DB 1998, 1454 f. (§§ 304, 305 AktG); hieran festhaltend OLG Düsseldorf v. 22.1.1999 – 19 W 5/96 AktE, AG 1999, 321 (§§ 30 ff. UmwG); vgl. auch OLG Düsseldorf v. 27.1.2004 – I-19 W 2/01 AktE – juris-Rz. 100.
2 Vgl. OLG Düsseldorf v. 13.3.2008 – I-26 W 8/07 AktE, AG 2008, 498, 500 (§ 327a AktG); vgl. auch OLG Düsseldorf v. 29.7.2009 – I-26 W 1/08 (AktE) – juris-Rz. 35; OLG Düsseldorf v. 4.10.2006 – I-26 W 7/06 AktE, NZG 2007, 36 (37) = AG 2007, 325; LG Düsseldorf v. 9.9.2005 – 40 O 295/03 AktE, AG 2005, 929 (930); so auch bei reinen Beteiligungsgesellschaften OLG Frankfurt v. 5.11.2009 – 5 W 48/09 – juris-Rz. 17.
3 So OLG Stuttgart v. 14.10.2010 – 20 W 16/06 – „Daimler/Chrysler" – juris-Rz. 370 ff., AG 2011, 49.
4 Vgl. OLG Stuttgart v. 14.9.2011 – 20 W 6/08 – juris-Rz. 199, AG 2012, 49; OLG Stuttgart v. 14.9.2011 – 20 W 4/10 – juris-Rz. 205, AG 2012, 221; OLG Stuttgart v. 8.7.2011 – 20 W 14/08 – juris-Rz. 319, AG 2011, 795; OLG Stuttgart v. 18.12.2009 – 20 W 2/08 – juris-Rz. 302, AG 2010, 513.
5 Vgl. OLG Frankfurt v. 7.6.2011 – 21 W 2/11, NZG 2011, 990 (991) (§ 327a AktG); zuvor schon in diese Richtung OLG Frankfurt v. 30.3.2010 – 5 W 32/09, NZG 2010, 664 (665); so auch LG Berlin v. 3.5.2007 – 93 O 187/06, BeckRS 2007, 11131; OLG Stuttgart v. 5.6.2013 – 20 W 6/10 – juris-Rz. 34, 145, NZG 2013, 897 (898) = AG 2013, 724.
6 Vgl. BayObLG v. 31.5.1995 – 3Z BR 67/89, AG 1995, 509 = NJW-RR 1997, 34, Leitsatz 1 (§ 305 AktG); vgl. auch OLG Düsseldorf v. 27.2.2004 – 19 W 3/00 AktE, AG 2004, 324 (327); dem folgend LG Frankfurt/M. v. 2.5.2006 – 3/5 O 160/04, Der Konzern 2006, 553 (556);LG Frankfurt/M. v. 17.1.2006 – 3-5 O 74/03 – juris-Rz. 34.
7 Vgl. OLG Celle v. 31.7.1998 – 9 W 128/97, NZG 1998, 987 (989) = AG 1999, 128 (§ 305 AktG); vgl. hierzu auch OLG Köln v. 26.8.2004 – 18 U 48/04 – juris-Rz. 133.
8 Vgl. OLG München v. 4.4.2012 – 3 U 4952/10, BeckRS 2012, 08586.

schiedene Urteile und Beschlüsse, die den Liquidationswert ohne weitere Diskussion als Untergrenze des Unternehmenswertes ansehen.[1]

c) Rechtslehre

Im rechtswissenschaftlichen Schrifttum sieht eine hergebrachte und wohl **noch immer herrschende Auffassung** den **Liquidationswert als Untergrenze** bei Bewertungsfragen im Personengesellschafts-, GmbH- und Aktienrecht an.[2] **In neuerer Zeit** sind aber zunehmend **kritische Stimmen** laut geworden, die für differenzierende Lösungen werben.[3]

25

d) Rechtsvergleichung

Schließlich lohnt ein rechtsvergleichender Seitenblick auf die intensiv geführte Paralleldiskussion in der Schweiz. Den Ausgangspunkt bildet dort ein **Urteil des Bundesgerichts aus dem Jahre 1994** zu Art. 685b Abs. 4 OR, wonach der Erbe nicht börsenkotierter, vinkulierter Namensaktien, dem die Eintragung ins Aktienbuch verweigert wird, einen Anspruch auf Übernahme der Aktien zum „wirklichen Wert" hat. Nach Ansicht des Schweizerischen Bundesgericht hat

26

---

1 Vgl. OLG Hamm v. 11.7.2012 – 8 U 192/08 – juris-Rz. 53; OLG Karlsruhe v. 21.1.2011 – 12 W 77/08 – juris-Rz. 64, 89; LG Dortmund v. 29.11.2007 – 18 O 59/04 AktG – juris-Rz. 15, Der Konzern 2008, 238 (239); LG Dortmund v. 14.4.2003 – 20 AktGE 7/94, Der Konzern 2003, 560 (561); LG Dortmund v. 6.8.1993 – 18 AktE 1/87, AG 1994, 85; LG Frankfurt v. 19.12.1995 – 3/3 O 162/88, AG 1996, 187 (188).
2 Vgl. *Adolff*, Unternehmensbewertung im Recht der börsennotierten Aktiengesellschaft, S. 373; *Altmeppen* in Roth/Altmeppen, § 14 GmbHG Rz. 6; *Emmerich* in Emmerich/Habersack, Aktien- und GmbH-Konzernrecht, § 305 AktG Rz. 74; *Hannes* in Peemöller, Praxishandbuch der Unternehmensbewertung, S. 1138 f.; *Hopt* in Baumbach/Hopt, Einl. vor § 1 HGB Rz. 36 f.; *Hüttemann*, ZHR 162 (1998), 563 (585); *Hüttemann*, WPg 2007, 812 (816); *Komp*, Zweifelsfragen des aktienrechtlichen Abfindungsanspruchs nach §§ 305, 320b AktG, 2002, S. 241 ff.; *Lorz* in Ebenroth/Boujong/Joost/Strohn, § 131 HGB Rz. 88; *Lutter/Drygala* in Lutter, § 8 UmwG Rz. 19; *Marsch-Barner* in Kallmeyer, § 8 UmwG Rz. 14; *Meinert*, DB 2011, 2455 (2457); *Neuhaus*, Unternehmensbewertung und Abfindung, 1990, S. 92; *Paulsen* in MünchKomm. AktG, 3. Aufl. 2010, § 305 AktG Rz. 140; *Piehler/Schulte* in MünchHdb GesR, Band 1, 4. Aufl. 2014, § 75 Rz. 26; *Piltz*, Die Unternehmensbewertung in der Rechtsprechung, S. 191 f.; *Roth* in Baumbach/Hopt, § 131 HGB Rz. 49; *Schäfer* in Staub, 5. Aufl. 2009, § 131 HGB Rz. 148; *Schulze-Osterloh*, ZGR 1986, 545 (554); *Ulmer* in Großkomm. GmbHG, 2006, § 34 GmbHG Rz. 77; *Wiedemann*, WM 1992, Sonderbeilage 7, S. 3, 39.
3 Vgl. allgemein *Grunewald*, Der Ausschluß aus Gesellschaft und Verein, S. 90 f.; für die GmbH *Lutter* in Lutter/Hommelhoff, § 34 GmbHG Rz. 79; *Sosnitza* in Michalski, § 34 GmbHG Rz. 48; *Strohn* in MünchKomm. GmbHG, 2010, § 34 GmbHG Rz. 214; *Westermann* in Scholz, 11. Aufl. 2012, § 34 GmbHG Rz. 25; für die AG *Deilmann* in Hölters, § 305 AktG Rz. 67; *Paschos* in Henssler/Strohn, Gesellschaftsrecht, § 305 AktG Rz. 22; *Ruiz de Vargas/Theusinger/Zollner*, AG 2014, 428 (432 ff.); *Stephan* in K. Schmidt/Lutter, § 305 AktG Rz. 80; wohl auch *Veil* in Spindler/Stilz, § 305 AktG Rz. 76.

der Erbe damit Anspruch auf eine volle Entschädigung.[1] Er solle vermögensmäßig so gestellt werden, wie wenn seinem Eintragungsgesuch stattgegeben worden wäre und dürfe im Verhältnis zu den Aktionären weder einen Vorteil erhalten noch einen Nachteil erleiden. Der Bewertung müssten die subjektiv gewollten und nicht die aus rein betriebswirtschaftlicher Sicht objektiv angezeigten unternehmerischen Entscheidungen zugrunde gelegt werden. Daher sei der **Liquidationswert** für die Bewertung grundsätzlich **nur** heranzuziehen, **wenn** die **Gesellschaft in naher Zukunft liquidiert worden wäre**.[2] Ausnahmen von diesem Grundsatz gälten dort, wo eine Liquidation der Gesellschaft wegen sich anhäufender Verluste voraussichtlich unvermeidlich ist oder wo die Rentabilität einer Gesellschaft absichtlich tief gehalten wird, um so die Bewertung der Aktien zu beeinflussen, sowie allgemein in Missbrauchsfällen.[3] Diese Entscheidung ist im Schrifttum teils zustimmend[4], teils kritisch[5] aufgenommen worden. Zuvor hatte eine prominente Literaturstimme für das Familien- und Erbrecht gefordert, bei der Bewertung das Interesse des Übernehmers, also z.B. des Erben, entscheidend zu berücksichtigen, um diesen vor der faktischen Notwendigkeit zur Versilberung des Nachlasses zu schützen[6]. Dies war indes nicht unwidersprochen geblieben.[7]

27 Im Jahre 2009 brachte ein **Gutachten des Schweizer Bundesrats** neuen Wind in die Diskussion. Es prüfte, ob vermehrt auf den Ertragswert – und nicht auf einen höheren Liquidationswert – abgestellt werden solle, um die ungeteilte erbrechtliche Übertragung von Unternehmen zu erleichtern, sprach sich im Ergebnis aber **gegen den vorerwähnten Entscheid des Bundesgerichts** aus: „Falls der Liquidationswert den Fortführungswert übersteigt, ist die Fortführung des Unternehmens keine ökonomisch rationale Alternative; es ist vernünftig, das Unternehmen zu liquidieren. Der Liquidationswert ist somit Mindestertragswert, d.h. Wertuntergrenze des Verkehrswerts, und zwar unabhängig davon, ob das Unternehmen tatsächlich liquidiert oder fortgeführt wird."[8] Zur Begründung heißt es, dass für die Ermittlung des Verkehrswerts des Nachlasses auf

---

1 Vgl. Bundesgericht v. 26.7.1994, BGE 120 II 259 (261): unrentabler Kinobetrieb.
2 Vgl. Bundesgericht v. 26.7.1994, BGE 120 II 259 (264); s. auch Bundesgericht v. 3.4.2001 – 4C.363/2000 (nicht in amtlicher Sammlung): unrentabler Garagenbetrieb; dazu *Eitel* in FS Hausheer, 2001, S. 493 (500 f.).
3 Vgl. Bundesgericht v. 26.7.1994, BGE 120 II 259 (264).
4 Vgl. *Bär*, ZBJV 132 (1996), 447 (450 ff.); *Eitel* in FS Hausheer, 2001, S. 493 (501); *Kläy*, Die Vinkulierung, 1997, S. 189 f. mit Fn. 286; unkritisch referierend *Flückiger*, Schweizer Treuhänder 2003, 63 (64); *Oertle/du Pasquier* in Basler Kommentar OR II, 4. Aufl. 2012, Art. 685b Rz. 12; *Sanwald*, Austritt und Ausschluss aus AG und GmbH, 2009, S. 92 f.
5 Vgl. *Künzli*, Die Veräußerung von Aktienmehrheiten, 1982, S. 48 f.; *Meier-Hayoz/Forstmoser*, Schweizerisches Gesellschaftsrecht, 11. Aufl. 2012, § 13 Rz. 91; *Forstmoser/Meier-Hayoz/Nobel*, Schweizerisches Aktienrecht, 1996, § 44 Rz. 164 mit Fn. 57; kritisch auch *Watter*, AJP 1995, 106 (108 f.); ferner *Schön*, Unternehmensbewertung im Gesellschafts- und Vertragsrecht, S. 32 ff.
6 Vgl. *Druey* in FS Hegnauer, 1986, S. 15 (31 und passim); zuvor in Ansätzen *Druey*, SJZ 1978, 337 (341).
7 Vgl. *Hausheer/Reusser/Geiser* in Berner Kommentar, Bd. II, 1992, Art. 211 Rz. 19.
8 *Schweizerischer Bundesrat*, Bericht, S. 2.

einen gedachten markttypischen Erwerber abzustellen sei, der allein wirtschaftlich-rationalen Erwägungen folge.[1] Gleichwohl sah der Bundesrat keinen Anlass für ein Tätigwerden, da das Gesetz die Maßgeblichkeit des Verkehrswertes bereits festschreibe.[2]

Im Jahr 2010 hat das **Bundesgericht** in einer Entscheidung zum Ehegüterrecht den **Liquidationswert** – unabhängig von der Fortführungsabsicht – **als Mindestwert** angesehen, sofern keine Fortführungspflicht besteht. Die abweichende Praxis im Gesellschaftsrecht lasse sich auf die güterrechtliche Auseinandersetzung nicht übertragen. Sonst könne der unternehmerisch tätige Ehegatte durch seine Geschäftspolitik die Höhe des Vorschlagsanteils bestimmen.[3]

28

2. Stellungnahme

Gesellschaftsrechtlicher Leitstern für eine Würdigung der Einzelargumente ist der **Grundsatz zweckadäquater Bewertung**.[4] Danach kommt es im Rahmen einer rechtsgeprägten Unternehmensbewertung entscheidend darauf an, welches Bewertungsziel die betreffende Vorschrift verfolgt.[5] Bei einseitig dominierten Bewertungsanlässen im Gesellschaftsrecht, auf die sich die folgenden Überlegungen beschränken, stellen Rechtsprechung und Rechtslehre einhellig auf den **Verkehrswert** der Beteiligung ab.[6] Dies gilt sowohl für die Abfindungsbemessung ausscheidender Personen- oder GmbH-Gesellschafter gem. § 738 Abs. 1 Satz 2 BGB (analog[7])[8] als auch für die angemessene Abfindung außenstehender Aktionäre nach Maßgabe der §§ 305 Abs. 1, 320b Abs. 1, 327a Abs. 1 AktG[9].

29

---

1 Vgl. *Schweizerischer Bundesrat*, Bericht, S. 8 f., 21.
2 Vgl. *Schweizerischer Bundesrat*, Bericht, S. 2, 23.
3 Vgl. Bundesgericht v. 10.2.2010 – 5A_733/2009, BGE 136 III 209 (217).
4 Grundlegend *Moxter*, Grundsätze ordnungsmäßiger Unternehmensbewertung, S. 6: „Es gibt nicht den schlechthin richtigen Unternehmenswert: Da Unternehmenswertermittlungen sehr unterschiedlichen Zwecken dienen können, ist der richtige Unternehmenswert jeweils der zweckadäquate."
5 Vgl. *Fleischer/Maugeri*, RIW 2013, 24 (26); *K. Schmidt*, Gesellschaftsrecht, 4. Aufl. 2002, § 50 IV 1 d, S. 1477; *Stilz* in FS Goette, 2011, S. 529 (535 mit Fn. 43): „Unternehmensbewertung ist funktional, dient also einem Bewertungszweck, der deshalb vorrangig zu klären ist."; *Wiedemann*, Gesellschaftsrecht, Bd. II, 2004, § 3 III 3 c aa, S. 243: Die Bewertung hat sich an der *ratio legis*, die Schätzung am Sinn und Zweck der Abfindung zu orientieren."
6 Vgl. *Fastrich* in Baumbach/Hueck, § 34 GmbHG Rz. 22; *Roth* in Baumbach/Hopt, § 131 HGB Rz. 49; beide m.w.N.
7 Zur analogen Anwendung des § 738 Abs. 1 Satz 2 BGB im GmbH-Recht *Fleischer*, GmbHR 2008, 673 (676 m.w.N.).
8 Vgl. BGH v. 16.12.1991 – II ZR 58/91, BGHZ 116, 359 = GmbHR 1992, 257 – Leitsatz c: „voller wirtschaftlicher Wert (Verkehrswert) des Geschäftsanteils".
9 Vgl. BVerfG v. 27.4.1999 – 1 BvR 1613/94, BVerfGE 100, 289 (306) = AG 1999, 566: „Da der Verkehrswert aber die Untergrenze der ‚wirtschaftlich vollen Entschädigung' bildet, die Art. 14 Abs. 1 GG für die Entwertung oder Aufgabe der Anteilsrechte fordert [...]."

a) Argumente gegen den Liquidationswert als Untergrenze

30 Die in Rechtsprechung und Literatur gegen den Liquidationswert als Wertuntergrenze vorgebrachten Argumente sind von unterschiedlicher Überzeugungskraft[1]:

aa) Ungerechtfertigter Vorteil des Abfindungsberechtigten

31 Der wohl stärkste Einwand geht dahin, **dass ein ausscheidender (Minderheits-)Gesellschafter** die von Geschäftsleitung und Gesellschaftermehrheit befürwortete **Unternehmensfortführung hinnehmen müsse**.[2] Wenn er eine Liquidation für vorteilhaft hielte, hätte er sie während seiner Verbandszugehörigkeit durchsetzen müssen. Sei ihm das nicht möglich gewesen, könne er sein Ausscheiden nicht zum Anlass nehmen, den anderen Gesellschaftern die Liquidation als Grundlage für die Berechnung seiner Abfindung aufzuzwingen.[3] Anderenfalls stünde er aufgrund seines Ausscheidens besser, als er stehen würde, wenn er in der Gesellschaft geblieben wäre.[4]

32 Dieses Argument klingt zunächst bestechend. Es verliert aber manches von seiner vermeintlichen Stringenz, wenn man den Regelfall einer Abfindung zum Verkehrswert als Vergleich heranzieht: Dort wird nicht danach gefragt, ob der ausscheidende (Minderheits-)Gesellschafter den Verkauf des gesamten Unternehmens im Alleingang hätte beschließen können. Darauf kann es auch nicht ankommen, **weil die ganz h.M. Bewertungsabschläge für fehlende Stimmrechtsmacht** bei gesellschaftsrechtlichen Abfindungsansprüchen **mit Recht ablehnt** (näher § 18 Rz. 11 ff., 16).[5] Eine gesetzliche Stütze dafür bietet der Verteilungsschlüssel in § 734 BGB und § 72 Satz 1 GmbHG, nach dem alle Gesellschafter im Auseinandersetzungsfall ungeachtet ihrer größeren oder geringeren Einflussmöglichkeit anteilig am Liquidationserlös zu beteiligen sind.[6] Versteht man das Ausscheiden eines Gesellschafters als eine Art Teilauseinan-

---

1 Zu Folgendem bereits *Fleischer/Schneider*, DStR 2013, 1736 (1740 f.).
2 Vgl. *Grunewald*, Der Ausschluß aus Gesellschaft und Verein, S. 91; *Strohn* in MünchKomm. GmbHG, 2010, § 34 GmbHG Rz. 214; im Ergebnis auch OLG Frankfurt v. 7.6.2011 – 21 W 2/11, NZG 2011, 990 (992) (§ 327a AktG).
3 Eindringlich *Grunewald*, Der Ausschluß aus Gesellschaft und Verein, S. 91; im Ergebnis auch OLG Frankfurt v. 7.6.2011 – 21 W 2/11, NZG 2011, 990 (992); ähnlich LG München I v. 21.6.2013 – 5 HK O 19183/09 – juris-Rz. 318.
4 So *Strohn* in MünchKomm. GmbHG, 2010, § 34 GmbHG Rz. 214; aus schweizerischer Sicht auch *Kläy*, Die Vinkulierung, 1997, S. 190 mit Fn. 286: „Steht nach den Umständen fest, dass der bisherige Gesellschaftszweck tatsächlich auf Dauer weitergeführt wird, ließe es sich nicht rechtfertigen, den ausscheidenden Aktionär vermögensmäßig besser zu stellen, als wenn er Aktionär geblieben wäre."
5 Vgl. OLG Köln v. 26.3.1999 – 19 U 108/96, NZG 1999, 1222 (1227) = GmbHR 1999, 712: „Für die Abfindung ausscheidender Gesellschafter von Kapital- und Personengesellschaften ist die h.M., der sich der Senat anschließt, allerdings der Ansicht, dass unterschiedliche Herrschaftsrechte den Anteilswert nicht beeinflussen."; aus dem Schrifttum *Fleischer* in FS Hommelhoff, 2012, S. 223 (232 ff.) mit umfangreichen, auch rechtsvergleichenden Nachweisen.
6 Zu diesem wertenden Vergleich mit dem Liquidationsfall bereits *Kropff*, DB 1962, 155 (158); eingehend *Fleischer* in FS Hommelhoff, 2012, S. 223 (234 ff.).

dersetzung, so kann man vorliegend kaum anders entscheiden.¹ Vielmehr gilt zugunsten des Ausscheidenden ein „Schlechterstellungsverbot"²: Seine Stellung muss soweit wie möglich derjenigen bei tatsächlich erfolgter Abwicklung angenähert werden; aus dem Fortbestand der Gesellschaft ohne seine Beteiligung dürfen ihm keine vermeidbaren Nachteile erwachsen.³

bb) Freiheit der unternehmerischen Entscheidung

Ein zweites Argument gegen den Liquidationswert als Wertuntergrenze lautet, der Abfindungsberechtigte habe keinen Anspruch darauf, dass sich die Entscheidungsträger im Unternehmen ausschließlich ökonomisch rational verhielten.⁴ Vorbehaltlich einer abweichenden Satzungsbestimmung seien die **Gesellschafter** untereinander nicht allein wegen einer schlechten Ertragslage zur Liquidation des Unternehmens verpflichtet.⁵ Ihnen komme vielmehr ein **Entscheidungsspielraum** zu, der **allenfalls dann überschritten** werde, **wenn** die Unternehmensfortführung wirtschaftlich unvertretbar sei.⁶ Daran seien auch die Gerichte gebunden, denen hier – wie auch sonst – eine Zweckmäßigkeitsüberprüfung des Unternehmerhandelns grundsätzlich nicht gestattet sei.⁷ Zudem könne man im Wirtschaftsleben beobachten, dass auch unrentable Unternehmen fortgeführt würden. Die denkbaren Gründe hierfür⁸ seien legitim und

33

---

1 Vgl. *Fleischer* in FS Hommelhoff, 2012, S. 223 (234); ferner *Neuhaus*, Unternehmensbewertung und Abfindung, 1990, S. 88: „Im Ergebnis sind verschiedene Herrschaftsrechte sowie Mehrheits- oder Minderheitsbeteiligungen nicht zu berücksichtigen, da sie bei der Auseinandersetzung einer Gesellschaft keine Rolle mehr spielen."; speziell mit Blick auf die hier in Rede stehende Frage *Koppensteiner* in KölnKomm. AktG, 3. Aufl. 2004, § 305 AktG Rz. 90: „Es wäre deshalb mit § 53a wohl unvereinbar, eine Abfindung, die unter dem anteiligen Liquidationswert liegt, als angemessen i.S.v. Abs. 3 zu akzeptieren."
2 *Adolff*, Unternehmensbewertung im Recht der börsennotierten Aktiengesellschaft, S. 358.
3 So ausdrücklich *Adolff*, Unternehmensbewertung im Recht der börsennotierten Aktiengesellschaft, S. 358.
4 So *Helbling*, Unternehmensbewertung und Steuern, S. 539 ff., 541.
5 Vgl. *Kläy*, Die Vinkulierung, 1997, S. 190 mit Fn. 286; *Sosnitza* in Michalski, § 34 GmbHG Rz. 38; *Westermann* in Scholz, 11. Aufl. 2012, § 34 GmbHG Rz. 25.
6 Vgl. BGH v. 17.1.1973 – IV ZR 142/70, NJW 1973, 509 (510); *Haas* in Staudinger, Neubearbeitung 2006, § 2311 BGB Rz. 81; jeweils zur erbrechtlichen Parallelproblematik; dagegen etwa *Lange* in MünchKomm. BGB, 6. Aufl. 2013, § 2311 BGB Rz. 40; vgl. auch OLG Düsseldorf v. 20.9.2001 – 19 W 2/00 AktE, AG 2002, 398 (402 f.).
7 So OLG Stuttgart v. 14.10.2010 – 20 W 16/06 – „Daimler/Chrysler" – juris-Rz. 374, AG 2011, 49.
8 Dazu etwa *Mugler/Zwirner* in Petersen/Zwirner/Brösel, Handbuch Unternehmensbewertung, Kap. F.7, Rz. 30: „Insbesondere Familienunternehmen unterliegen teilweise auch (gefühlten) ethisch-moralischen Verpflichtungen gegenüber ihren Stakeholdern (Mitarbeiter, Kunden, Lieferanten, Öffentlichkeit, ...), die eine Unternehmensfortführung trotz mangelnder Rentabilität erforderlich machen. Neben diesen quasi-öffentlichen ‚Zwängen' ist zudem die persönliche Überzeugung des Unternehmers zu würdigen, der an traditionelle oder paternalistische/soziale Werte glaubt."

müssten nicht hinter ökonomische Erwägungen zurücktreten.[1] Eine Literaturstimme erblickt in der Anerkennung außerökonomischer Erwägungen sogar „ein Stück zeitgeschichtlichen Wandels gesellschaftspolitischer Wertvorstellungen"[2].

34 Diese Überlegungen beruhen im Ausgangspunkt auf einem Missverständnis: Die Gegenmeinung postuliert nirgends eine *Pflicht* zur Liquidation des Unternehmens; sie ermittelt den Abfindungsbetrag lediglich auf Grundlage einer *fiktiven* Liquidation.[3] Geschäftsleitung und Gesellschaftermehrheit steht es daher offen, ein unrentables Unternehmen fortzuführen.[4] Hiervon zu unterscheiden ist allerdings die weitere Frage, welcher Wert für die Abfindungsbemessung zu veranschlagen ist. Sie kann nicht einseitig unter Hinweis auf die Fortführungsentscheidung der Gesellschaftermehrheit beantwortet werden, sondern muss auch die **schutzwürdigen Belange der ausscheidenden (Minderheits-)Gesellschafter** berücksichtigen, zumal das Abfindungsrecht – insbesondere im Aktienrecht – als ein Instrument des Minderheitenschutzes konzipiert ist. Die richterliche Zurückhaltung gegenüber einer Zweckmäßigkeitsprüfung unternehmerischer Entscheidungen rechtfertigt kein anderes Ergebnis. Zwar trifft es zu, dass auch im Rahmen der Unternehmensbewertung, namentlich bei der Unternehmensplanung, Ermessensspielräume der Geschäftsleitung bestehen.[5] Sie stoßen jedoch dort an eine Grenze, wo **das gesetzlich vorgegebene Gebot einer vollen Entschädigung** verletzt zu werden droht. Schließlich sollte nicht aus dem Blick geraten, dass die vielbeschworenen außerökonomischen Erwägungen keineswegs in allen Fällen von hehren Motiven getragen werden: Nicht selten werden ertragsschwache Unternehmen nur deshalb fortgeführt, um sich selbst oder Familienangehörigen auf Kosten der Sachsubstanz Gehälter, Ruhegehälter oder pensionsversicherungsvereinsfeste Anwartschaften zu sichern.[6]

---

1 Vgl. zur erbrechtlichen Parallelproblematik *Haas* in Staudinger, Neubearbeitung 2006, § 2311 BGB Rz. 81: „Ein Unternehmen berührt die unterschiedlichsten Interessen (Arbeitnehmer, Eigentümer, Allgemeinheit etc). Fällt es in den Nachlass, ist zunächst nicht ersichtlich warum dem Interesse des Pflichtteilsberechtigten an einer für ihn ökonomisch günstigen Entscheidung (nämlich der Zerschlagung des Unternehmens) Vorrang vor den ebenso schützenswerten anderen durch das Unternehmen berührten Interessen einzuräumen ist."; dagegen aber *Riedel*, Die Bewertung von Gesellschaftsanteilen im Pflichtteilsrecht, 2006, S. 105 ff.
2 *Breidenbach*, DB 1974, 104 (105).
3 Einzelnachweise in Rz. 1 Fn. 5.
4 Vgl. Schweizerischer Bundesrat, Bericht, S. 13 f.; *Komp*, Zweifelsfragen des aktienrechtlichen Abfindungsanspruchs nach §§ 305, 320b AktG, 2002, S. 220.
5 Vgl. OLG Stuttgart v. 3.4.2012 – 20 W 6/09, AG 2012, 839 (842) dazu, dass sich die Rechtsprechung bei der Schätzung der künftigen Erträge in der Regel an den Planungen der Unternehmensleitung orientiert; rechtsvergleichend *Fleischer/Schneider/Thaten*, Der Konzern 2013, 61 (66 f.).
6 Treffend für die vergleichbare Problematik bei der Pflichtteilsberechnung im Erbrecht *Dieckmann* in Soergel, 12. Aufl. 2002, § 2311 BGB Rz. 21.

cc) Liquiditätsbelastung

Schließlich wird vorgebracht, dass höhere Liquidationswerte zu Liquiditätsschwierigkeiten führen und sogar zur Aufgabe oder Veräußerung des Unternehmens zwingen könnten.[1] Dies kann im Einzelfall durchaus zutreffen, vermag aber **keine gesellschaftsrechtliche Sonderbehandlung ertragsschwacher Unternehmen** zu rechtfertigen: Zum einen können sich Liquiditätsschwierigkeiten auch bei einer nach dem Zukunftserfolgswert zu bemessenden Abfindung ergeben; zum anderen steht das Abfindungsrecht sonst ebenfalls nicht unter dem Vorbehalt der Finanzierbarkeit, sofern Kapitalerhaltungsvorschriften (etwa § 30 GmbHG) dies nicht ausnahmsweise gebieten. Abhilfe kann gegebenenfalls ein Zahlungsaufschub schaffen, der sich bei fehlender gesellschaftsvertraglicher Vorsorge[2] unter Umständen aus der nachwirkenden Treuepflicht des ausscheidenden Gesellschafters herleiten lässt.[3]

35

b) Argumente für den Liquidationswert als Wertuntergrenze

Für eine Berücksichtigung des Liquidationswerts als Wertuntergrenze lassen sich eine Reihe von Haupt- und Hilfsargumenten ins Feld führen.[4]

36

aa) Grundsatz der vollen Abfindung

Das größte Gewicht ist dem Grundsatz der vollen Abfindung beizumessen, den das BVerfG für außenstehende Aktionäre sogar in Art. 14 Abs. 1 GG verankert sieht.[5] Diese grundrechtliche Überwölbung der einfachgesetzlichen Abfindungsvorschriften („Abfindungsverfassungsrecht"[6]) dürfte sich auch auf die Bewertung von GmbH-Geschäftsanteilen und Anteilen an Personengesellschaften übertragen lassen.[7] Im Lichte dieser Bewertungsvorgabe spricht vieles

37

---

1 Vgl. etwa *Wollny*, Der objektivierte Unternehmenswert, S. 227: „Der Hinweis, es gehe ja nur um die Ermittlung eines Abfindungsbetrages auf der Grundlage einer fiktiven Liquidation, nicht um die Liquidation selbst, akzeptiert, dass bei fehlenden Möglichkeiten einer anderweitigen Finanzierung der Abfindung die Liquidation die tatsächliche Folge ist."
2 Zu statutarischen Fälligkeitsklauseln *Strohn* in MünchKomm. GmbHG, 2010, § 34 GmbHG Rz. 264.
3 Vgl. in allgemeinerem Zusammenhang *Merkt* in MünchKomm. GmbHG, 2010, § 13 GmbHG Rz. 183.
4 Zu Folgendem bereits *Fleischer/Schneider*, DStR 2013, 1736 (1741 f.); kritisch dazu, aber im Ergebnis nicht überzeugend *Ruiz de Vargas/Theusinger/Zollner*, AG 2014, 428 (436 ff.); wie hier *Ruthardt/Hachmeister*, WM 2014, 725 (730).
5 Grundlegend BVerfG v. 7.8.1962 – 1 BvL 16/60 – „Feldmühle", BVerfGE 14, 263 (284); vertiefend BVerfG v. 27.4.1999 – 1 BvR 1613/94 – „DAT/Altana", BVerfGE 100, 289 (305) = AG 1999, 566.
6 *Klöhn*, Das System der aktien- und umwandlungsrechtlichen Abfindungsansprüche, 2009, S. 77 im Anschluss an *Fleischer*, DNotZ 2000, 876 (879) („Aktienverfassungsrecht").
7 Vgl. *Fleischer* in MünchKomm. GmbHG, 2010, Einl. Rz. 130; *Fleischer*, ZIP 2012, 1633 (1639 mit Fn. 107); ferner *Kallrath* in Hauschild/Kallrath/Wachter (Hrsg.), Notarhandbuch Gesellschafts- und Unternehmensrecht, 2011, § 13 Rz. 344.

dafür, dass man einem ausscheidenden Gesellschafter den höheren Liquidationswert nicht vorenthalten darf[1], zumal die **Möglichkeit zur sofortigen Liquidation ein wirtschaftliches Potential** darstellt.[2] Entschiede man anders, so erhielten die außenstehenden Aktionäre ertragsschwacher Unternehmen weder einen Ausgleich (§ 304 AktG)[3] noch eine Abfindung (§ 305 AktG), obwohl ihre Gesellschaft möglicherweise einen hohen Liquidationswert hat, der dann allein dem herrschenden Unternehmen zufiele.[4] Dies würde den Außenseiterschutz im Vertragskonzern aushöhlen und ließe sich auch nicht mit dem Argument rechtfertigen, dass für die Abfindungsberechtigten im Zeitpunkt ihrer Beitrittsentscheidung die Ertragskomponente und nicht die Anhäufung von Anlagevermögen im Vordergrund gestanden habe[5]: Nach allgemeiner Ansicht sind subjektive Vorstellungen der Gesellschafter für die Ermittlung der vollen Abfindung unerheblich. Grenzen mögen sich in besonders gelagerten Fällen aus der mitgliedschaftlichen Treuepflicht oder dem Verbot widersprüchlichen Verhaltens ergeben.[6]

bb) Objektivierter Unternehmenswert

38 Ein zweites Argument baut auf der weithin anerkannten Prämisse auf, dass es für die Abfindungsbemessung im Gesellschaftsrecht auf den Verkehrswert ankommt.[7] Dahinter steht die Grundidee, dass die Bewertung gerade nicht vom Standpunkt einer bestimmten Partei des jeweiligen Rechtsverhältnisses (*pretium singulare*), sondern objektiv – auf der Grundlage einer fiktiven Veräuße-

---

1 Ebenso *Hüttemann*, WPg 2007, 812 (816): „Man wird bezweifeln können, ob eine Rechtsprechung, die dem Ausscheidenden den objektiven Wert seiner Beteiligung unter Hinweis auf subjektive Absichten des Mehrheitsgesellschafters vorenthält, mit dem verfassungsrechtlichen Gebot der vollen Entschädigung vereinbar ist."; im Ergebnis auch *Adolff*, Unternehmensbewertung im Recht der börsennotierten Aktiengesellschaft, S. 373; *Meinert*, DB 2011, 2455 (2457).
2 Vgl. *Meinert*, DB 2011, 2455 (2457): „Selbst wenn der Minderheitsgesellschafter [...] beim Verbleib in der Gesellschaft ebenfalls keinen Anspruch auf Liquidation gehabt hätte, liegt in der Möglichkeit zur sofortigen Liquidation jedoch ein wirtschaftliches Potenzial, an dem der Ausscheidende im Rahmen der vollen Entschädigung zu beteiligen ist."; im Ergebnis ebenso *Ruthardt/Hachmeister*, WM 2014, 725 (730).
3 Zur Statthaftigkeit eines sog. „Null-Ausgleichs" für außenstehende Aktionäre in einem Ergebnisabführungsvertrag mit einer chronisch defizitären AG BGH v. 13.2.2006 – II ZR 392/03, BGHZ 166, 195 = AG 2006, 331.
4 So ausdrücklich *Emmerich* in Emmerich/Habersack, Aktien- und GmbH-Konzernrecht, § 305 AktG Rz. 74a; s. auch BGH v. 13.2.2006 – II ZR 392/03 – Rz. 12, BGHZ 166, 195, 201 = AG 2006, 331: „Es ist in der Eigenart eines dauerhaft defizitären Unternehmens begründet, dass die Abfindung (§ 305 AktG) deutlich attraktiver sein kann als der Ausgleich (§ 304 AktG)." Diese und weitere Urteilspassagen deuten darauf hin, dass der BGH den Liquidationswert bei der Abfindungsbemessung berücksichtigt wissen will.
5 So aber OLG Düsseldorf v. 11.1.1990 – 19 W 6/86, AG 1990, 397 (399).
6 Vgl. *Fleischer/Schneider*, DStR 2013, 1736 (1741).
7 Nachweise in Rz. 29 Fn. 6.

rung – vorzunehmen ist.[1] Für die Ermittlung dieses sog. objektivierten Unternehmenswertes (*pretium commune*) sind **Typisierungen** erforderlich.[2] Zu ihnen gehört die Annahme, dass ein **durchschnittlicher Unternehmenserwerber ausschließlich finanzielle Zielsetzungen** verfolgt; nichtfinanzielle Zielsetzungen, z.B. Selbstverwirklichung, Prestige, Unabhängigkeit oder Familientradition, bleiben daher außer Betracht.[3] Folgt man diesem Bewertungskalkül, so führt an der Maßgeblichkeit eines höheren Liquidationswerts kein Weg vorbei.

cc) Missbrauchsprävention

Weiterhin **vermeidet** ein Abstellen auf den Liquidationswert als Wertuntergrenze manipulationsanfällige, **willkürliche oder zufallsabhängige Ergebnisse**. Wollte man demgegenüber an die bloße Fortführungsabsicht anknüpfen, so könnte der Mehrheitsgesellschafter einen höheren Liquidationswert für sich vereinnahmen, indem er das Unternehmen nach Abschluss eines Spruchverfahrens verkauft. An seine vor Gericht verlautbarte gegenteilige Absicht wäre er rechtlich nicht gebunden.[4] Der gelegentlich unterbreitete Vorschlag, den ausgeschiedenen Gesellschafter für diesen Fall mit der Hoffnung auf einen „Nachschlag" zu vertrösten[5], erscheint wenig praktikabel und kaum geeignet, den Einwand einer Aushöhlung des Verkehrswertkonzepts zu entkräften.

39

dd) Ordnungspolitische Gesichtspunkte

Darüber hinaus lassen sich gegen die Maßgeblichkeit eines niedrigeren Ertragswerts ordnungspolitische Gesichtspunkte anführen: Eine rechtsgeleitete Unternehmensbewertung, welche die **Bestandserhaltung unrentabler Unternehmen** unterstützt oder in Kauf nimmt, beeinträchtigt die **Allokations- und Selektionsfunktion des Marktmechanismus**. Sie ist, wie der Schweizerische Bundesrat in seinem Bericht zur Unternehmensbewertung im Erbrecht vom April 2009 nüchtern festhält, „außerstande *nachhaltig* Arbeitsplätze zu schaffen oder die vermeintliche Gesundheit bestehender Betriebe zu erhalten"[6]. Demgegenüber kann das Abstellen auf einen den Ertragswert übersteigenden Liquidationswert zu einer verbesserten Ressourcenallokation beitragen, indem

40

---

1 Vgl. *Schweizerischer Bundesrat*, Bericht, S. 8, 21.
2 Vgl. *Schweizerischer Bundesrat*, Bericht, S. 8; *Hüttemann*, ZHR 162 (1998), 563 (582); WP-Handbuch 2014, Band II, Rz. A 195.
3 Vgl. *Schweizerischer Bundesrat*, Bericht, S. 8; *Hüttemann*, ZHR 162 (1998), 563 (585 f.).
4 So bereits *Hüttemann*, WPg 2007, 812 (816).
5 So *Kläy*, Die Vinkulierung, 1997, S. 190 mit Fn. 286: „Liegt der Liquidationswert aber erheblich über dem Ertragswert, dürfte es zulässig sein, bei der Festlegung des wirklichen Wertes eine *Nachzahlung* vorzubehalten für den Fall, dass die Gesellschaft innert einer zu bestimmenden Frist (bspw. innert 25 Jahren) liquidiert oder der Gesellschaftszweck geändert wird."
6 *Schweizerischer Bundesrat*, Bericht, S. 22.

es den Druck auf die verbleibenden Unternehmenseigner zur Überprüfung ihrer bisherigen Geschäftsstrategie erhöht.[1]

ee) Rechtsvergleichende Absicherung

41 Schließlich sprechen auch rechtsvergleichende Argumente für den Liquidationswert als Wertuntergrenze. So hat etwa der **österreichische OGH** kürzlich das Abstellen auf den höheren Liquidationswert gebilligt.[2] Dies, so führte er aus, entspreche sowohl der herrschenden Lehre in Österreich[3] als auch dem berufsständischen Fachgutachten zur Unternehmensbewertung von 2006.[4] Rechtliche oder tatsächliche Zwänge zur Unternehmensfortführung, bei denen anderes gelten könne, seien im vorliegenden Fall nicht ersichtlich. Ganz ähnlich entscheidet **in den Vereinigten Staaten** der *Revised Uniform Partnership Act* (RUPA) von 1997: Nach RUPA § 701(b) steht einem ausscheidenden Gesellschafter der im Einzelfall höhere Wert von Liquidations- und Gesamtveräußerungswert zu.[5]

3. Ergebnis

42 Insgesamt sprechen daher **die besseren Argumente** für die Heranziehung des **Liquidationswerts als Untergrenze der Unternehmensbewertung**. Sie allein verwirklicht den gesetzlich vorgegebenen Grundsatz der vollen Abfindung im Ge-

---

1 Dazu auch *Mugler/Zwirner* in Petersen/Zwirner/Brösel, Handbuch Unternehmensbewertung, Kap. F.7. Rz. 29: „Die Ermittlung eines eventuell den Ertragswert übersteigenden Liquidationswerts stellt insofern einen bedeutenden Beitrag zur optimalen Ressourcenallokation dar, als knappes Kapital nicht in einer – gegenüber einer alternativen Verwendung – unvorteilhaften Güterkombination gebunden sein sollte, sondern stattdessen den Eigentümern mittels Zerschlagung zur (Wieder-)Anlage in einem höher rentierlichen Investitionsobjekt zur Verfügung zu stellen ist."
2 Vgl. OGH v. 27.2.2013 – 6 Ob 25/12p, GES 2013, 131.
3 Vgl. *Aschauer*, Unternehmensbewertung beim Gesellschafterausschluss, 2009, S. 192; *Aschauer/Purtscher*, Einführung in die Unternehmensbewertung, 2011, S. 110; *Bachl*, Unternehmensbewertung in der gesellschaftsrechtlichen Judikatur, 2006, S. 20 ff.; *Bachl*, GesRZ 2000, 21; *Diwald*, Unternehmensbewertung nach dem neuen Fachgutachten der Kammer der Wirtschaftstreuhänder und dessen Bedeutung insbesondere für die Bewertung bei Einbringungen, 2008, S. 48; *Elsner*, ecolex 1996, 920; *Widera*, Squeeze-out und Unternehmensbewertung, 2011, S. 44 ff.
4 Vgl. KFS BW I, Stand: 1.5.2006.
5 Wörtlich heißt es dort: „The buyout price of a dissociated partner's interest is the amount that would have been distributable to the dissociating partner under Section 807(b) if, on the date of dissociation, the assets of the partnership were sold at a price equal to the greater of the liquidation value or the value based on a sale of the entire business as going concern without the dissociated partner and the partnership were wound up as of that date."; erläuternd dazu *Hillman/Vestal/Weidner*, The Revised Uniform Partnership Act, 2012, § 701, S. 430 f.: „For example, it [= the Drafting Committee] assumed going concern value would normally be higher than liquidation value, but it also recognized this is not always the case. This is the reason that R.U.P.A. calls for the higher of liquidation and going concern values."

sellschaftsrecht. Demgegenüber vermag die Gegenansicht nicht zu begründen, warum Geschäftsleitung und Gesellschaftermehrheit wirtschaftlich unvernünftige Entscheidungen *auf Kosten der ausscheidenden (Minderheits-)Gesellschafter* sollen treffen können.[1] Das leuchtet umso weniger ein, wenn man zusätzlich berücksichtigt, dass deren Ausscheiden in den meisten Fällen nicht selbst-, sondern fremdinduziert ist. Im Übrigen lässt sich die Grundregel, dass sich freiwilliges unwirtschaftliches Verhalten nicht zu Lasten der Abfindungsberechtigten auswirken soll, auch in umgekehrter Richtung fruchtbar machen.[2]

V. Grenzen der Maßgeblichkeit des Liquidationswertes

Wie mehrfach angedeutet, gilt die Maßgeblichkeit des Liquidationswerts als Wertuntergrenze nicht uneingeschränkt. Sie hängt vielmehr davon ab, dass das betreffende Unternehmen auch zerschlagen werden kann. Besteht dagegen ein rechtlicher oder tatsächlicher Zwang zur Unternehmensfortführung, so bleibt der Liquidationswert nach ganz h.M. außer Betracht.[3] Ein **rechtlicher Zwang**

43

---

1 Vgl. *Hopt* in Baumbach/Hopt, Einl vor § 1 HGB Rz. 37: „Grund: keine irrationale Unternehmerentscheidung zu Lasten anderer."; *Piltz*, Die Unternehmensbewertung in der Rechtsprechung, S. 190; *Piltz/Hannes* in Peemöller, Praxishandbuch der Unternehmensbewertung, S. 1139; zugespitzt *Hüttemann* ZHR 162 (1998), 563 (581): „Wer ein ererbtes Unternehmen in ein Industriemuseum umwandeln will und damit den Ertragswert auf Null reduziert, mag dies auf eigene Rechnung tun. Diese Entscheidung geht den Pflichtteilsberechtigten aber nichts an."; ferner *Adolff*, Unternehmensbewertung im Recht der börsennotierten Aktiengesellschaft, S. 372, wonach es mit dem verfassungsrechtlichen Prinzip der vollen Kompensation unvereinbar ist, „dass die aus der Gesellschaft gedrängten Aktionäre für eine suboptimale Investitions- und Finanzierungspolitik der aktuellen Unternehmensleitung durch eine geringere Abfindungssumme bestraft werden".
2 Vgl. *Piltz*, Die Unternehmensbewertung in der Rechtsprechung, S. 192 f. zu einem unveröffentlichten Urteil des LG Osnabrück: „Der Verbleibende gab die Praxis zum Bewertungsstichtag auf und ließ sich andernorts als Steuerberater nieder. Das LG bewertete gleichwohl mit dem Fortführungswert mit der Begründung, daß der Abfindungsverpflichtete sich seiner Verpflichtung nicht dadurch entziehen könne, daß er Vermögenswerte einfach aufgebe. Er sei vielmehr gehalten, den Ausscheidenden den Vermögenswert seiner Steuerberaterpraxis zu erhalten. Auch wenn die auf ihn zukommende Abfindungsforderung ihn ‚überfordert' habe, könne er deren Erfüllung entweder dadurch sichern, daß er die Steuerberaterpraxis an einen Dritten veräußere oder dadurch, daß er die Praxis an die Ausscheidenden [...] übertragen hätte. Das LG verwirklicht hier den o.a. Gedanken, daß freiwilliges unökonomisches Verhalten des Anspruchsverpflichteten (hier durch Aufgabe des Unternehmens) nicht (über die Bewertung zum Liquidationswert) zu Lasten der Anspruchsberechtigten gehen darf."
3 Vgl. OLG Düsseldorf v. 28.1.2009 – I-26 W 7/07 (AktE), AG 2009, 667; OLG Düsseldorf v. 10.6.2009 – I-26 W 1/07 AktE, AG 2009, 907 (909 f.); OLG Düsseldorf v. 29.7.2009 – I-26 W 1/08 (AktE) – juris-Rz. 37; *Großfeld*, Recht der Unternehmensbewertung, Rz. 1263; *Komp*, Zweifelsfragen des aktienrechtlichen Abfindungsanspruchs nach §§ 305, 320b AktG, 2002, S. 219; *Meinert*, DB 2011, 2455 (2457); *Nadvornik/Sylle* in Petersen/Zwirner/Brösel, Handbuch Unternehmensbewertung, Kap. G.5, Rz. 67; WP-Handbuch 2014, Band II, Rz. A 195.

kann beispielsweise bei einem Unternehmen der Daseinsvorsorge[1] oder einer testamentarischen Auflage[2] gegeben sein. Was unter einem **tatsächlichen Zwang** zu verstehen ist, bleibt häufig im Dunkeln. Vereinzelt wird öffentlicher Druck zur Erhaltung von Arbeitsplätzen genannt[3], insbesondere bei Großunternehmen[4]. Dem wird man allenfalls in besonderen Ausnahmefällen zustimmen können[5], weil sonst die Gefahr besteht, dass Geschäftsleitung und Gesellschaftermehrheit unter dem Vorwand der Unzumutbarkeit ihren persönlichen (Fortführungs-)Präferenzen Vorrang gegenüber den Abfindungsinteressen der ausscheidenden Gesellschafter gewähren.[6]

44 Weitere Einschränkungen derart, dass der höhere Liquidationswert nur bei dauerhaft verlustbringenden, nicht aber bei bloß ertragsschwachen Unternehmen maßgeblich ist[7], verdienen keine Zustimmung. Sie laufen dem Grundsatz der vollen Abfindung zuwider, ohne hierfür überzeugende Gegenargumente vorzubringen. Diskussionswürdig ist allenfalls eine Privilegierung für **ertragsschwache landwirtschaftliche Betriebe**. Für sie enthält § 2049 Abs. 1 BGB – ähnlich wie das schweizerische Recht[8] – eine eigene Bewertungsregel, nach der bei Vererbung eines Landguts im Zweifel der niedrigere Ertragswert maßgeb-

---

1 Vgl. OLG Düsseldorf v. 28.1.2009 – I-26 W 7/07 (AktE), AG 2009, 667 (668) (Personennahverkehr); LG Dortmund v. 16.7.2007 – 18 AktE 23/03, Der Konzern 2008, 242 (Personennahverkehr); allgemeiner *Helbling*, Unternehmensbewertung und Steuern, S. 214: „Betriebe, die aus gesetzlichen, vertraglichen oder sozialen Gründen fortgeführt werden müssen"; *Nadvornik/Sylle* in Petersen/Zwirner/Brösel, Handbuch Unternehmensbewertung, Kap. G.5, Rz. 67: „chronisch ertragsschwache bedarfswirtschaftliche Unternehmen"; WP-Handbuch 2014, Band II, Rz. A 195: „öffentlich-rechtliche Bindungen".
2 Vgl. *Piltz*, Die Unternehmensbewertung in der Rechtsprechung, S. 191.
3 So *Piltz*, Die Unternehmensbewertung in der Rechtsprechung, S. 191: „wohl auch noch öffentlicher Druck zur Erhaltung von Arbeitsplätzen"; WP-Handbuch 2014 Band II, Rz. A 195: „öffentlicher Druck".
4 Dazu *Behringer*, Unternehmensbewertung der Klein- und Mittelbetriebe, S. 187.
5 Kritisch auch *Hüttemann*, ZHR 162 (1998), 563 (585) mit Fn. 116, wonach tatsächliche Liquidationshindernisse durch den Ansatz angemessener Aufwendungen zu ihrer Überwindung bei der Feststellung des Liquidationswerts zu berücksichtigen sind; ferner *Komp*, Zweifelsfragen des aktienrechtlichen Abfindungsanspruchs nach §§ 305, 320b AktG, 2002, S. 220: „Ein tatsächlicher Zwang, wie z.B. öffentlicher Druck zur Erhaltung von Arbeitsplätzen, genügt für den Ausschluss der Liquidation nur, wenn er diese tatsächlich unmöglich macht. In diesem Zusammenhang ist noch einmal auf die ausschließliche Bindung des Vorstands an die Aktionärsinteressen im Rahmen der Rechtsordnung hinzuweisen."
6 Dazu bereits *Fleischer/Schneider*, DStR 2013, 1736 (1743).
7 Vgl. OLG Düsseldorf v. 27.2.2004 – 19 W 3/00 AktE, NZG 2005, 280 (284); OLG Düsseldorf v. 28.1.2009 – I-26 W 7/07 (AktE), AG 2009, 667 (668); OLG Frankfurt v. 7.6.2011 – 21 W 2/11, NZG 2011, 990 (992); *Deilmann* in Hölters, § 305 AktG Rz. 67; *Großfeld*, Recht der Unternehmensbewertung, Rz. 1263; *Paulsen* in MünchKomm. AktG, 3. Aufl. 2010, § 305 AktG Rz. 140.
8 Vgl. Art. 619 ZGB i.V.m. Artt. 17, 10 BBGB (Bundesgesetz über das bäuerliche Bodenrecht).

lich ist.¹ Diese Auslegungsregel soll das öffentliche Interesse an der Erhaltung leistungsfähiger bäuerlicher Höfe schützen.² Ob sie allerdings über den Erb- und Scheidungsfall (§ 1376 Abs. 4 BGB) hinaus verallgemeinerungsfähig ist, erscheint zweifelhaft. Für eine gesetzgeberische Wertentscheidung dahin, dass die Bestandserhaltung bäuerlicher Höfe Vorrang vor dem gesellschaftsrechtlichen Grundsatz der vollen Abfindung hat, fehlt es an aussagekräftigen Belegen.³

---

1 Monographisch dazu *Kronthaler*, Landgut, Ertragswert und Bewertung im bürgerlichen Recht, 1991; *Piltz*, Die Unternehmensbewertung in der Rechtsprechung, Bewertung landwirtschaftlicher Betriebe bei Erbfall, Schenkung und Scheidung, 1999.
2 Vgl. BVerfG v. 16.10.1984 – 1 BvR 513/78, BVerfGE 67, 348 (367) (zu § 1376 Abs. 4 BGB).
3 Dazu bereits *Fleischer/Schneider*, DStR 2013, 1736 (1743).

§ 9
Besonderheiten des DCF-Verfahrens*

	Rz.		Rz.
I. Relevanz von DCF-Verfahren in der Praxis und der Rechtsprechung	1	aa) Free Cash Flow-Ansatz	21
		bb) TCF-Ansatz	31
II. Funktionsweise von DCF-Verfahren	6	b) APV-Ansatz	37
		2. Equity-Ansatz	44
1. Entity-Ansatz	14	III. Abgrenzung zum Ertragswertverfahren	49
a) WACC-Ansatz	20	IV. Zusammenfassung	55

Schrifttum: *Hüttemann*, Rechtliche Vorgaben für ein Bewertungskonzept, WPg 2007, 812; *IDW*, IDW-Standard: Grundsätze zur Durchführung von Unternehmensbewertungen (IDW S 1 i.d.F. 2000); *IDW*, IDW-Standard: Grundsätze zur Durchführung von Unternehmensbewertungen (IDW S 1 i.d.F. 2008); *IDW* (Hrsg.), WP-Handbuch 2014 – Wirtschaftsprüfung, Rechnungslegung, Beratung, Band II, 14. Aufl. 2014; *Jonas*, Unternehmensbewertung: Zur Anwendung der Discounted-Cash-flow-Methode in Deutschland, BFuP 1/1995, 83; *Kruschwitz/Löffler*, Discounted Cash Flow – A Theory of the Valuation of Firms, 2006; *Kruschwitz/Löffler/Essler*, Unternehmensbewertung für die Praxis – Fragen und Antworten, 2009; *Kruschwitz/Löffler/Scholze*, Zahlungsverpflichtungen, bilanzielle Schulden und DCF-Theorie, WPg 2010, 474; *Modigliani/Miller*, The Cost of Capital, Corporation Finance and the Theory of Investment, American Review 3/1958, 261; *Modigliani/Miller*, Corporate Income Taxes and the Cost of Capital: A Correction, American Economic Review 3/1963, 433; *Schultze*, Methoden der Unternehmensbewertung – Gemeinsamkeiten, Unterschiede, Perspektiven, 2. Aufl. 2003; *Wüstemann*, BB-Rechtsprechungsreport Unternehmensbewertung 2013/14, BB 2014, 1707.

I. Relevanz von DCF-Verfahren in der Praxis und der Rechtsprechung

1 In der Regel finden sich in rechtlichen Normen, vor deren Hintergrund Unternehmensbewertungen erfolgen, keine konkreten Ausführungen zu den anzuwendenden **Bewertungsverfahren**. So trifft das Gesetz beispielsweise in § 305 Abs. 2 Satz 1 AktG keine klare Regelung, wie die „angemessene Barabfindung" zu ermitteln ist.

2 Für **gesellschaftsrechtliche Abfindungsfälle** hat das BVerfG entschieden, dass die Eigentumsgarantie des Art. 14 GG eine volle Entschädigung der zum Ausscheiden gezwungenen Aktionäre gebiete, doch in der Entscheidung offen gelassen, welche Bewertungsverfahren für die Ermittlung der vollen Entschädigung anzuwenden sind.[1] Dabei ist zu beachten, dass das BVerfG ohnehin nur verfassungsrechtlich gebotene Mindestanforderungen festlegt, aber kein bestimmtes Bewertungskonzept vorgeben kann.[2] In der Rechtsprechung deut-

---

* Dieser Abschnitt wurde unter Mitarbeit von Dr. Christian Deyerler erstellt.
1 BVerfG v. 27.4.1999 – 1 BvR 1613/94 – „DAT/Altana" – Rz. 37, AG 1999, 566.
2 Vgl. *Hüttemann*, WPg 2007, 812 (814).

scher Gerichte hat sich das Ertragswertverfahren (zum Ertragswertverfahren vgl. § 4) als anzuwendendes Bewertungsverfahren etabliert.[1] Das Ertragswertverfahren ist verfassungsrechtlich unbedenklich, ohne dass seine Anwendung von der Verfassung geboten wäre.[2]

Alternativ zu der Ertragswertmethode werden in der jüngeren Rechtsprechung auch Discounted Cash Flow-Verfahren (DCF-Verfahren) als zulässige Bewertungsverfahren genannt.[3] Die beginnende Akzeptanz der DCF-Verfahren in der Rechtsprechung trägt der weiten Verbreitung der DCF-Verfahren in der (internationalen) Bewertungspraxis sowie deren Anerkennung in den berufsständischen Verlautbarungen Rechnung. Das Institut der Wirtschaftsprüfer hat die DCF-Verfahren bereits im Jahr 2000 mit der Neufassung des IDW S 1 als gleichwertige Bewertungsverfahren neben dem Ertragswertverfahren anerkannt.[4]

Die **Verbreitung der DCF-Verfahren in der Bewertungspraxis** hat mehrere Gründe. In der Transaktionspraxis liegen die Vorteile der DCF-Verfahren in einer höheren Transparenz der Wertbestandteile; dies wird bei den Entity-Ansätzen durch eine gesonderte Erfassung des Marktwerts der Schulden des zu bewertenden Unternehmens gewährleistet. Zum anderen sind DCF-Verfahren international üblicher als das Ertragswertverfahren und finden insofern bei grenzüberschreitenden Transaktionen Berücksichtigung. Dem folgen auch die International Financial Reporting Standards (IFRS), so dass den DCF-Verfahren bei der Bestimmung von Fair values nach IFRS 13[5] herausgehobene Bedeutung zu kommt.[6]

Vor dem Hintergrund der weiten Verbreitung der DCF-Verfahren in der Bewertungspraxis und ihrer beginnenden Akzeptanz in der deutschen Rechtsprechung ist es Ziel dieses Beitrags, die grundsätzliche Funktionsweise der DCF-Verfahren darzustellen.

II. Funktionsweise von DCF-Verfahren

Wie der Name der Verfahren bereits besagt, bestimmen die DCF-Verfahren den Unternehmenswert durch die **Diskontierung (Discounting) von Cash Flows**. Die Verfahren haben wie das Ertragswertverfahren ihre Wurzeln in der Investitionstheorie: Sie gehen davon aus, dass der Barwert der zukünftigen finanziellen Überschüsse (Cash Flows) den theoretisch richtigen Wert eines Unternehmens darstellt.

Die einzelnen DCF-Verfahren unterscheiden sich dadurch, wie die bewertungsrelevanten Cash Flows abgegrenzt werden. Zugleich korrespondieren damit

---

1 Vgl. *Wüstemann*, BB 2014, 1707 (1709).
2 BVerfG v. 30.5.2007 – 1 BvR 1267/06 und 1 BvR 1280/06 – Rz. 26, AG 2007, 697; BVerfG v. 26.4.2011 – 1 BvR 2658/10 – Rz. 23, AG 2011, 511.
3 OLG Karlsruhe v. 30.4.2013 – 12 W 5/12 – Rz. 40, AG 2013, 765. Vgl. dazu auch *Großfeld*, Recht der Unternehmensbewertung, Rz. 267.
4 Vgl. IDW S 1 i.d.F. 2000, Rz. 106.
5 IFRS 13, Bemessung des beizulegenden Zeitwerts, v. 12.5.2011; Änderungsverordnung (EU) Nr. 1255/2012 v. 11.12.2012, ABl. EU v. 29.12.2012, Nr. L 360, S. 78.
6 Vgl. IFRS 13, Rz. 61-62 i.V.m. Rz. B 12.

adäquat abzuleitende Kapitalisierungszinssätze.[1] Es ist möglich die einzelnen DCF-Verfahren durch analytische Umformungen ineinander zu überführen. Ungeachtet der verschiedenen Herangehensweisen führen die einzelnen DCF-Verfahren also bei gleichen Bewertungsannahmen und modellkonsistenter Vorgehensweise zu identischen Ergebnissen.[2]

8   Für die Verfahren des angepassten Barwerts (Adjusted Present Value, APV) und der gewichteten Kapitalkosten (Weighted Average Cost of Capital, WACC)[3] stellen die Cash Flows die erwarteten Zahlungen an Eigen- und Fremdkapitalgeber dar, weshalb durch die Kapitalisierung dieser Cash Flows ein Gesamtvermögenswert (Entity-Wert, Bruttowert) ermittelt wird. Weil im Entity-Wert sowohl der Marktwert des Eigenkapitals als auch der des Fremdkapitals enthalten ist, werden diese Verfahren auch als **Bruttoverfahren** bezeichnet.

9   Im Rahmen des **Nettoverfahrens** (Equity-Ansatz) wird der Wert des Eigenkapitals direkt ermittelt. Bewertungsrelevante Cash Flows sind dabei dann nur die Zahlungen an die Eigenkapitalgeber. Die verschiedenen DCF-Verfahren sind in der nachfolgenden Grafik zusammenfassend dargestellt:

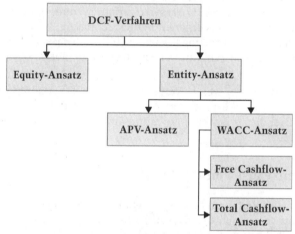

10 Unabhängig davon ob ein Unternehmen mit Hilfe eines Entity- oder Equity-Verfahrens bewertet wird, müssen Sachverhalte, die in den bewertungsrelevanten Cash Flows nicht oder nicht vollständig abgebildet sind, gesondert bewertet werden. Insbesondere kann es sich dabei um **nicht betriebsnotwendiges Vermögen** handeln.[4]

11 Die bewertungsrelevanten Cash Flows aus dem Unternehmen sind mit einem Kapitalisierungszinssatz zu einem Barwert zu diskontieren. In Abhängigkeit vom verwendeten DCF-Verfahren sind die Kapitalisierungszinssätze unterschiedlich definiert. Wesentlich dabei ist jedoch, dass der Zähler und der Nen-

---

1   WP-Handbuch 2014, Band II, Teil A, Rz. 169.
2   Vgl. *Ballwieser/Hachmeister*, Unternehmensbewertung, S. 202.
3   Zu den WACC-Ansätzen zählen der Free Cash Flow und der Total Cash Flow-Ansatz.
4   Vgl. IDW S 1 i.d.F. 2008, Rz. 60.

ner des Bewertungskalküls hinsichtlich Fristigkeit, Risiko und ihrer Besteuerung konsistent zueinander formuliert sind.[1]

Das im Kapitalisierungszinssatz abgebildete Risiko der Eigenkapitalgeber enthält ein operatives und ein Finanzierungsrisiko.[2] Das **operative Risiko** wird durch die Unsicherheit der an die Eigenkapitalgeber fließenden erwarteten Cash Flows bestimmt, die durch die operative Tätigkeit der Gesellschaft auf den Absatz- und Beschaffungsmärkten beeinflusst wird. Das **Finanzierungsrisiko** umfasst hingegen die Risiken, die entstehen, weil Fremdkapitalgeber (vertraglich) bevorzugten Zugriff auf die Cash Flows des Unternehmens besitzen und deshalb die Schwankungsbreite der an die Eigenkapitalgeber fließenden Cash Flows zunimmt. Das Finanzierungsrisiko wird durch den Verschuldungsgrad, also das Verhältnis von Fremdkapital zu Eigenkapital, gemessen.[3] Die DCF-Verfahren nehmen dabei Bezug auf die theoretischen Überlegungen von *Modigliani/Miller* zum Einfluss der Verschuldung auf den Unternehmenswert. Mit steigendem Verschuldungsgrad steigt das Risiko der Eigenkapitalgeber und somit deren Renditeforderung.

12

Die **Berücksichtigung von Ertragsteuern** auf Ebene der Anteilseigner, wie sie der IDW S 1 i.d.F. 2008 vorsieht, ist in der internationalen Bewertungspraxis eher unüblich. Gleichwohl ist es auch möglich, persönliche Ertragsteuern der Anteilseigner bei der Anwendung eines DCF-Verfahrens zu berücksichtigen. Bei der folgenden Darstellung der Entity- und Equity-Verfahren wird entsprechend der üblichen Praxis auf die Berücksichtigung von persönlichen Ertragsteuern verzichtet. Eine ausführliche Betrachtung der Berücksichtigung von Steuern in der Unternehmensbewertung findet sich in § 15.

13

1. Entity-Ansatz

Bei der Bewertung eines Unternehmens mit Hilfe eines Entity-Ansatzes wird in einem ersten Schritt mittels eines Barwertkalküls der **Bruttowert des Unternehmens** ermittelt. In einem zweiten Schritt wird von diesem Bruttowert der Marktwert des Fremdkapitals in Abzug gebracht, um zum **Marktwert des Eigenkapitals** zu gelangen:

14

Marktwert des Eigenkapitals = Entity-Wert – Marktwert des Fremdkapitals

Entity-Wert	Marktwert Eigenkapital
	Marktwert Fremdkapital

---

1 Vgl. IDW S 1 i.d.F. 2008, Rz. 114. In der Literatur werden noch weitere Kriterien genannt, die zur Wahrung der Konsistenz von Zähler und Nenner des Bewertungskalküls beachtet werden sollten, vgl. *Ballwieser/Hachmeister*, Unternehmensbewertung, S. 86, oder auch § 4 Rz. 20.
2 Vgl. *Kruschwitz/Löffler*, Discounted Cash Flow, S. 31.
3 Vgl. *Schultze*, Methoden der Unternehmensbewertung, S. 289. Fremdkapital und Eigenkapital sind dabei in Marktwerten definiert.

15 Der **Entity-Wert** des Unternehmens zeigt den **Barwert der operativen Cash Flows** an und ermöglicht so eine Einschätzung, ob mit dem operativen Geschäft – unabhängig von den Finanzierungsentscheidungen des Unternehmens – die Kapitalkosten gedeckt werden können.

16 Das **Fremdkapital** umfasst grundsätzlich alle verzinslichen Schulden des zu bewertenden Unternehmens, wie beispielsweise Bankschulden, Anleihen oder Pensionsrückstellungen. Um die Schulden des zu bewertenden Unternehmens zu ermitteln wird in der Bewertungspraxis regelmäßig auf die Nettoschulden abgestellt. Die **Nettoschulden** berücksichtigen neben den Schulden auch nicht betriebsnotwendige flüssige Mittel und Finanzanlagen des Bewertungsobjekts.[1] Übersteigen die nicht betriebsnotwendigen flüssigen Mittel und Finanzanlagen die Schulden führt dies zu einer „positiven" Nettoschuldenposition (= Nettofinanzposition).

17 In der Theorie der Unternehmensbewertung wird postuliert, den Wert des Fremdkapitals in Marktwerten zu definieren.[2] Die Bewertung des Fremdkapitals zu Marktwerten setzt jedoch voraus, dass das Fremdkapital an Kapitalmärkten gehandelt wird oder geeignete Bewertungsmodelle vorhanden sind, um den Marktwert abzuleiten. Vor dem Hintergrund der mangelnden Verfügbarkeit von Marktwerten wird in der Bewertungspraxis häufig auf den Buchwert des Fremdkapitals zurückgegriffen, der jedoch vom **Marktwert des Fremdkapitals** abweichen kann.

18 Mit Fremdkapital finanzierte Unternehmen haben gegenüber eigenfinanzierten Unternehmen den Vorteil, dass sie weniger Unternehmensteuern entrichten müssen, weil Fremdkapitalzinsen grundsätzlich von der steuerlichen Bemessungsgrundlage ganz oder teilweise abgezogen werden können. Der Wertunterschied, der sich aufgrund der steuerlichen Abzugsfähigkeit der Fremdkapitalzinsen ergibt, wird als **Tax Shield** bezeichnet. WACC-Ansatz und APV-Ansatz unterscheiden sich im Wesentlichen durch die Art der Erfassung des Tax Shields im Bewertungskalkül.[3] Der Wertbeitrag des Tax Shields wird beim WACC-Ansatz entweder durch die Berücksichtigung im Kapitalisierungszinssatz (Free Cash Flow-Ansatz) oder durch die Berücksichtigung im bewertungsrelevanten Cash Flow abgebildet (Total Cash Flow-Ansatz). Beim APV-Ansatz wird der Wert des Tax Shields als separate Wertkomponente zum Unternehmenswert addiert.

19 Die **höhere Transparenz von Entity-Verfahren** liegt also darin, dass zuerst ein Entity-Wert berechnet, der den operativen Wert des Unternehmens abbildet. Durch die Gegenüberstellung des Entity-Werts mit dem Marktwert des Fremdkapitals wird dann unmittelbar deutlich, inwiefern der Wert des operativen Geschäfts des zu bewertenden Unternehmens den Marktwert des Fremdkapitals abdeckt. Dieser Befund ist beispielsweise für Unternehmen in der Krise (vgl.

---

1 Die nicht betriebsnotwendigen flüssigen Mittel und Finanzanlagen dürfen nur dann bei der Berechnung der Nettoschulden berücksichtigt werden, wenn sie im Rahmen der Bewertung nicht als Sonderwert behandelt werden (vgl. oben Rz. 10). Ansonsten würde eine Doppelzählung erfolgen.
2 Vgl. *Kruschwitz/Löffler/Scholze*, WPg 2010, 474 (477).
3 Vgl. WP-Handbuch 2014, Band II, Teil A, Rz. 191.

dazu § 11 Rz. 8) oder bei Transaktionen nützlich, bei denen die Höhe des Fremdkapitals gestaltbar ist und bis zum Transaktionsstichtag noch Veränderungen unterliegt.

a) WACC-Ansatz

Durch seine weite Verbreitung in der Bewertungspraxis ist der WACC-Ansatz zum Synonym für die DCF-Verfahren geworden. Wie unter Rz. 14 erläutert, ergibt sich der Wert des Eigenkapitals bei den Entity-Verfahren als Differenz zwischen dem Entity-Wert und dem Marktwert des Fremdkapitals. Der WACC-Ansatz differenziert zwischen dem **Free Cash Flow-Ansatz** und dem **Total Cash Flow-Ansatz**, wobei letztgenannter in der Bewertungspraxis wenig verbreitet ist.[1]

20

aa) Free Cash Flow-Ansatz

Bewertungsrelevanter Cash Flow zur Ermittlung des Entity-Werts ist der **Free Cash Flow**. Der Free Cash Flow ist unabhängig von der Finanzierung des Unternehmens, weil Zahlungsbeziehungen mit den Fremdkapitalgebern (bspw. Fremdkapitalzinsen sowie Kreditaufnahmen und -tilgungen) und das Tax Shield bei seiner Berechnung unberücksichtigt bleiben. Ausgangspunkt für die Ableitung der Free Cash Flows ist das operative Ergebnis vor Zinsen und Steuern (EBIT). Vom EBIT sind die (fiktiven) Unternehmenssteuern in Abzug zu bringen, die anfallen würden, wenn vom Unternehmen keine gewinnmindernden Fremdkapitalzinsen zu zahlen wären. Zu dem so ermittelten operativen Ergebnis nach (fiktiven) Steuern werden die Abschreibungen und andere zahlungsunwirksame Aufwendungen hinzuaddiert und zahlungsunwirksame Erträge subtrahiert. Zudem werden die Gesamtinvestitionen abgezogen, um zum Free Cash Flow zu gelangen, wobei sich die Gesamtinvestitionen auf das Anlagevermögen und das betriebsnotwendige Kapital (Working Capital) beziehen.[2] Bei dieser indirekten[3] Vorgehensweise ergeben sich die Free Cash Flows aus der Plan-Gewinn-und-Verlustrechnung wie folgt:[4]

21

	EBIT
−	(fiktive) Unternehmenssteuern
+	zahlungsunwirksame Aufwendungen
−	zahlungsunwirksame Erträge

---

1 Vgl. *Ballwieser/Hachmeister*, Unternehmensbewertung, S. 195; *Kuhner/Maltry*, Unternehmensbewertung, S. 199; WP-Handbuch 2014, Band II, Teil A, Rz. 165.
2 Vgl. *Jonas*, BFuP 1995, 83 (86-87).
3 Indirekt ist die Berechnung des Free Cash Flows, weil nicht zahlungswirksame Aufwendungen und Erträge aus dem EBIT herausgerechnet werden. Alternativ könnte eine direkte Ermittlung erfolgen, bei der nur die zahlungswirksamen Erträge und Aufwendungen, d.h. die Einzahlungen und Auszahlungen des Unternehmens betrachtet werden. Vgl. zu einer direkten Ermittlung der Free Cash Flows beispielsweise *Ballwieser/Hachmeister*, S. 141.
4 Vgl. IDW S 1 i.d.F. 2008, Rz. 127.

- Investitionsauszahlungen
+/– Verminderung/Erhöhung des Working Capitals
= Free Cash Flow

22 Die **Berechnung des Free Cash Flows** kann anhand eines einfachen Beispiels verdeutlicht werden. Das Unternehmen erwirtschaftet ein EBIT von 100. Die nicht zahlungswirksamen Aufwendungen (wie beispielsweise die Abschreibungen) betragen 25, die nicht zahlungswirksamen Erträge 3. Das Unternehmen plant 17 in das Anlagevermögen zu investieren und es wird ein Investitionsbedarf für das betriebsnotwendige Kapital von 5 erwartet. Es wird ein Unternehmensteuersatz von 30 % unterstellt:

Berechnung Free Cash Flow

EBIT	100,0
(fiktive) Unternehmensteuern	- 30,0
zahlungsunwirksame Aufwendungen	25,0
zahlungswirksame Erträge	- 3,0
Investitionsauszahlungen	- 17,0
Erhöhung des Working Capitals	- 5,0
Free Cash Flow	**70,0**

23 Um **den Wertbeitrag des Tax Shields** zu erfassen, wird der Kapitalisierungszinssatz, der zur Diskontierung der Free Cash Flows verwendet wird, an die Kapitalstruktur des zu bewertenden Unternehmens angepasst. Beim Free Cash Flow-Ansatz wird also der rein operative Free Cash Flow des fiktiv unverschuldeten Unternehmens im Zähler von den durch die Kapitalstruktur des Unternehmens bedingten steuerlichen Effekten im Nenner des Bewertungskalküls getrennt.[1]

24 Die **Berücksichtigung der durch die Kapitalstruktur bedingten Effekte** erfolgt durch die Gewichtung der Eigenkapitalkosten

$$\left(r_v^{EK}\right)$$

und der Fremdkapitalkosten (r^{FK}) mit dem Anteil des Eigenkapitals (EKQ) bzw. des Fremdkapitals (FKQ) am Entity-Wert. Die Eigenkapital- und die Fremdkapitalquote sind dabei wie folgt definiert:

EKQ = Marktwert des Eigenkapitals / Entity-Wert
FKQ = Marktwert des Fremdkapitals / Entity-Wert

Der Term (1-s) repräsentiert dabei das Tax Shield, indem er die Fremdkapitalkosten auf ein Niveau nach Unternehmensteuern vermindert. Die durchschnittlichen gewichteten Kapitalkosten (WACC) lassen sich für den Free Cash Flow-Ansatz wie folgt bestimmen:

---

1 Vgl. WP-Handbuch 2014, Band II, Teil A, Rz. 182.

$$WACC^{FCF} = r_v^{EK} \cdot EKQ + r^{FK} \cdot (1-s) \cdot FKQ$$

Zur Ableitung der Eigenkapitalkosten eignen sich Kapitalmarktmodelle wie das **Capital Asset Pricing Model (CAPM)**, weil eine marktgestützte Ermittlung vorgenommen werden kann. Die sich auf dem Kapitalmarkt bildenden Preise sind Resultate der Handlungen den Anleger. Wertpapierpreise reflektieren insoweit die Risikopräferenzen der Anleger, da sich diese bewusst und frei für den Kauf oder Verkauf bestimmter Wertpapiere entscheiden. Diese Marktbewertung der Risiken von Aktien durch rationale und risikoscheue Anleger wird durch das CAPM modelltheoretisch abgebildet und liefert somit zur Ermittlung der Eigenkapitalkosten einen nachvollziehbaren, objektivierenden Erklärungskontext.

25

Werden die Eigenkapitalkosten kapitalmarktorientiert abgeleitet, sollte auch das Finanzierungsrisiko mittels eines marktorientierten Modells erfasst werden.[1] Ausgehend von den Eigenkapitalkosten eines unverschuldeten Unternehmens

26

$$(r_u^{EK})$$

können die **Eigenkapitalkosten eines verschuldeten Unternehmens**

$$(r_v^{EK})$$

für den Fall der ewigen Rente unter Berücksichtigung des Verschuldungsgrades (VG) wie folgt berechnet werden. Der Verschuldungsgrad ist dabei als Verhältnis des Marktwerts des Fremdkapitals zum Marktwert des Eigenkapitals definiert.

$$r_v^{EK} = r_u^{EK} + (r_u^{EK} - r^{FK}) \cdot VG$$

Die Anpassung der Eigenkapitalkosten eines unverschuldeten Unternehmens um das Finanzierungsrisiko kann anhand eines Beispiels verdeutlicht werden. Dabei wird angenommen, dass die Eigenkapitalkosten eines unverschuldeten Unternehmens 7,30 % und die Fremdkapitalkosten 3,50 % betragen. Der Verschuldungsgrad belaufe sich auf 75,58 % (bei einem Fremdkapitalwert von 440 und Eigenkapitalwert von 582,2):

27

$$10{,}17\% = 7{,}30\% \cdot (7{,}30\% - 3{,}50\%) \cdot 75{,}58\%$$

Die **Fremdkapitalkosten** errechnen sich als gewogener durchschnittlicher Fremdkapitalkostensatz der einzelnen Fremdkapitalformen. Bei nicht explizit verzinslichen Fremdkapitalformen (insbesondere Pensionsrückstellungen) ist ein Marktzins für fristenadäquate Kredite heranzuziehen.[2] Eine feinere Untergliederung des Fremdkapitals und die Berücksichtigung der diesen innewohnenden unterschiedlichen Finanzierungskonditionen ist also problemlos möglich.[3]

28

---

1 Vgl. WP-Handbuch 2014, Band II, Teil A, Rz. 316.
2 Vgl. IDW S 1 i.d.F. 2008, Rz. 134.
3 Vgl. *Jonas*, BFuP 1995, 83 (88).

29 Anhand eines konkreten Zahlenbeispiels lässt sich die **Berechnung des WACC** für den Free Cash Flow-Ansatz wie folgt darstellen. Dabei werden die in Rz. 27 abgeleiteten verschuldeten Eigenkapitalkosten von 10,17 %, Fremdkapitalkosten von 3,50 %, eine Eigenkapitalquote von 56,96 % (Eigenkapitalwert 582,2, Gesamtkapitalwert 1.022,2) und eine Fremdkapitalquote von 43,04 % (Fremdkapitalwert 440, Gesamtkapitalwert 1.022,2) angenommen. Der Unternehmenssteuersatz beträgt 30 %.

$$WACC^{FCF} = 10{,}17\% \cdot 56{,}96\% + 3{,}5\% \cdot (1-30\%) \cdot 43{,}04\% = 6{,}85\%$$

Dabei ist anzumerken, dass bei der Berechnung der Eigen- und Fremdkapitalquote ein **Zirkularitätsproblem** besteht: Die Berechnung der beiden Quoten setzt die Kenntnis des Entity-Werts voraus, zu dessen Ermittlung wiederum die Kenntnis der Eigen- und Fremdkapitalquote notwendig ist. Das Problem kann jedoch in der praktischen Anwendung durch eine iterative Berechnung gelöst werden.[1]

30 Unter der Annahme eines unendlichen Rentenmodells kann der **Entity-Wert** unter Berücksichtigung des Free Cash Flows aus Rz. 22 und dem WACC aus Rz. 29 wie folgt berechnet werden.

$$\text{Entity-Wert} = \frac{70}{(6{,}85\%)} = 1.022{,}2$$

Wird von diesem Wert der Marktwert des Fremdkapitals i.H.v. 440 in Abzug gebracht ergibt sich ein Wert des Eigenkapitals von 582,2.

bb) TCF-Ansatz

31 Bewertungsrelevanter Cash Flow zur Ermittlung des Entity-Werts ist bei diesem Ansatz der **Total Cash Flow** (TCF). Dieser lässt sich ausgehend vom Free Cash Flow, wie er in Rz. 21 definiert ist, wie folgt ableiten:

	Free Cash Flow
+	Tax Shield
=	Total Cash Flow

32 Aus dem Berechnungsschema wird unmittelbar deutlich, dass der steuerliche Vorteil der Fremdfinanzierung, also das Tax Shield, bei der Berechnung des Total Cash Flows berücksichtigt wird. Der TCF-Ansatz vermengt mithin die Cash Flows eines eigenfinanzierten Unternehmens mit den steuerlichen Vorteilen eines fremdfinanzierten Unternehmens und trennt daher nicht konsequent zwischen dem operativen und dem finanziellen Bereich eines Unternehmens.[2]

---

1 Vgl. WP-Handbuch 2014, Band II, Teil A, Rz. 154. Das Problem der Zirkularität besteht im Übrigen bereits bei der Anpassung der unverschuldeten Eigenkapitalkosten um das Finanzierungsrisiko, da in der Formel in Rz. 27 der Verschuldungsgrad vom Bewertungsergebnis abhängig ist.
2 Vgl. *Ballwieser/Hachmeister*, Unternehmensbewertung, S. 194.

Die **Berechnung des Total Cash Flows** kann anhand eines einfachen Beispiels verdeutlicht werden. Ausgangspunkt ist der Free Cash Flow, wie er in Rz. 22 berechnet wurde. Das Tax Shield i.H.v. 4,6 ist die Differenz zwischen der Unternehmensteuerbelastung des verschuldeten Unternehmens i.H.v. -25,4 und der des eigenfinanzierten Unternehmens i.H.v. -30. 33

Berechnung Total Cash Flow

Free Cash Flow	70,0
Tax Shield	4,6
Free Cash Flow	**74,6**

Da das Tax Shield bereits bei der Berechnung des erwarteten Total Cash Flows berücksichtigt wird, darf keine erneute Berücksichtigung im Kapitalisierungszinssatz, also dem Nenner des Bewertungskalküls, erfolgen. Der Kapitalisierungszinssatz wird deshalb analog zum Free Cash Flow-Ansatz durch die Gewichtung der Eigenkapitalkosten 34

$$(r_v^{EK})$$

und der Fremdkapitalkosten

$$(r^{FK})$$

mit dem Anteil des Eigenkapitals (EKQ) bzw. des Fremdkapitals (FKQ) am Entity-Wert bestimmt, jedoch unterbleibt die Kürzung der Fremdkapitalkosten um die Unternehmensteuern (1-s), wie sie in der WACC-Formel in Rz. 24 enthalten ist.

$$WACC^{TCF} = r_v^{EK} \cdot EKQ + r^{FK} \cdot FKQ$$

Anhand eines konkreten Zahlenbeispiels lässt sich die Berechnung des WACC für den Total Cash Flow-Ansatz wie folgt darstellen. Dabei werden die gleichen Annahmen getroffen wie bei der Ableitung des WACC im Free Cash Flow-Ansatz in Rz. 29. 35

$$WACC^{TCF} = 10{,}17\% \cdot 56{,}96\% + 3{,}5\% \cdot 43{,}04\% = 7{,}30\%$$

Auch hier ist anzumerken, dass die in der WACC-Formel verwendeten Eigenkapitalkosten neben einer Prämie für das operative Risiko zusätzlich eine Prämie für das Finanzierungsrisiko des Unternehmens enthalten. Der WACC^{TCF} entspricht den unverschuldeten Eigenkapitalkosten i.H.v. 7,30 %, da beide ausschließlich das operative Risiko des operativen Cash Flows widerspiegeln.[1]

Auch im TCF-Ansatz bei der Berechnung der Eigen- und Fremdkapitalquote besteht ein **Zirkularitätsproblem**, das jedoch analog zum FCF-Ansatz durch eine iterative Berechnung gelöst werden kann.

Unter der Annahme eines unendlichen Rentenmodells kann der Entity-Wert unter Berücksichtigung des Total Cash Flows aus Rz. 33 und dem WACC aus Rz. 35 wie folgt berechnet werden: 36

---

[1] Vgl. *Modigliani/Miller*, American Review 3/1958, 261 (268).

$$\text{Entity-Wert} = \frac{74,6}{7,30\%} = 1.022,2$$

Wird von diesem Wert der Marktwert des Fremdkapitals i.H.v. 440 in Abzug gebracht ergibt sich ein Wert des Eigenkapitals von 582,2.

b) APV-Ansatz

37 Wie unter Rz. 14 erläutert, ergibt sich der Wert des Eigenkapitals bei den Entity-Verfahren als Differenz zwischen dem Entity-Wert und dem Marktwert des Fremdkapitals. Durch diese **mehrstufige Ermittlung des Werts des Eigenkapitals** erfolgt eine transparente Wertableitung durch die Trennung des operativen Werts vom Fremdkapital des Unternehmens. Das APV-Verfahren erhöht die Transparenz der Wertableitung noch um den Aspekt, dass der Entity-Wert in zwei Schritten berechnet wird. In einem ersten Schritt wird eine ausschließliche Eigenfinanzierung des zu bewertenden Unternehmens angenommen und der operative Wert des fiktiv unverschuldeten Unternehmens ermittelt. In einem weiteren Schritt wird der Wert des Tax Shields separat berechnet:

Entity-Wert = Operativer Wert des fiktiv unverschuldeten Unternehmens + Wert des Tax Shields

38 Bewertungsrelevanter Cash Flow zur Ermittlung des operativen Werts des fiktiv unverschuldeten Unternehmens ist der Free Cash Flow. Die Kapitalisierung der erwarteten Free Cash Flows erfolgt jedoch nicht wie beim WACC-Ansatz mit den gewichteten Kapitalkosten des Unternehmens, sondern mit der risikoäquivalenten Renditeforderung der Eigenkapitalgeber unter der **Fiktion einer reinen Eigenfinanzierung** des Unternehmens. Das bedeutet, dass bei der Bemessung der Risikoprämie der Eigenkapitalgeber das Finanzierungsrisiko des zu bewertenden Unternehmens außer Acht bleibt.

39 Der **Wert des Tax Shields** wird durch die Kapitalisierung des Tax Shields berechnet. Strittig ist, mit welchem Risiko das Tax Shield zu bewerten ist. Sind die künftigen Steuerersparnisse sicher, sind die zukünftigen Tax Shields ohne Risikozuschlag auf den Kapitalisierungszinssatz zu bewerten.[1] Realistischer dürfte die Annahme sein, dass auch die künftigen finanzierungsbedingten Steuervorteile unsicher sind und damit das Tax Shield mit einem Risikozuschlag auf den Kapitalisierungszinssatz zu bewerten ist.

40 Die Funktionsweise des APV-Ansatzes soll ebenfalls anhand eines kurzen Beispiels verdeutlicht werden. Der Free Cash Flow des zu bewertenden Unternehmens beträgt 70 (vgl. Rz. 22). Die Eigenkapitalkosten des fiktiv unverschuldeten Unternehmens betragen 7,30 %. Daraus ergibt sich der Wert des fiktiv unverschuldeten Unternehmens wie folgt:

$$\text{Wert des fiktiv unverschuldeten Unternehmers} = \frac{70}{7,30\%} = 958,9$$

---

[1] Von sicheren Tax Shields kann eigentlich nur ausgegangen werden, wenn neben dem Fremdkapitalbestand auch der Steuersatz und der Fremdkapitalzinssatz über den gesamten Planungszeitraum als sicher bekannt anzusehen ist, vgl. *Kruschwitz/Löffler/Essler*, Unternehmensbewertung für die Praxis, S. 46.

Das jährliche erwartete Tax Shield betrage in einer unendlichen Betrachtung 4,6 (vgl. Rz. 33) und sei ebenso unsicher wie der operative Cash Flow. Daraus ergibt sich der Wertbeitrag des Tax Shields wie folgt:

$$\text{Wertbeitrag des Tax shields} = \frac{4,6}{7,30\%} = 63,3$$

Der Entity-Wert des Unternehmens ergibt sich, wie in Rz. 37 definiert, aus der Addition der beiden Größen:

$$\text{Entity-Wert} = 958,9 + 63,3 = 1.022,2$$

Wird von diesem Wert der Marktwert des Fremdkapitals i.H.v. 440 in Abzug gebracht, ergibt sich ein Wert des Eigenkapitals von 582,2.

Wie aus dem Beispiel deutlich wird, liegt der **Vorteil des APV-Ansatzes** in der konsequenten Trennung des Werts des operativen Geschäfts von dem Wert, der durch die Finanzierungsentscheidungen des Unternehmens generiert wird. Dies gelingt dadurch, dass sowohl Zähler als auch Nenner des Bewertungskalküls von den Einflüssen der Fremdfinanzierung freigehalten werden[1] und die Tax Shields als separater Wertbeitrag in das Kalkül einfließen.

2. Equity-Ansatz

Bei der Anwendung des Equity-Ansatzes wird der Wert des Eigenkapitals unmittelbar durch die Diskontierung der an die Eigenkapitalgeber fließenden Cash Flows (Cash Flow to Equity) bestimmt.

Bei der Berechnung des Cash Flows to Equity werden bereits die Zahlungsbeziehungen mit den Fremdkapitalgebern berücksichtigt (bspw. Fremdkapitalzinsen sowie Kreditaufnahmen und -tilgungen). Ausgehend vom Free Cash Flow, wie er in Rz. 21 formuliert ist, kann der **Cash Flow to Equity** wie folgt abgeleitet werden:[2]

	Free Cash Flow
+	Tax Shield
–	Zinsen
+	Kreditaufnahme
–	Kredittilgung
=	Cash Flow to Equity

Die Berechnung des Cash Flows to Equity kann anhand eines einfachen Beispiels verdeutlicht werden. Ausgangspunkt ist der Free Cash Flow, wie er in Rz. 22 berechnet wurde. Das Tax Shield beträgt in einer unendlichen Betrachtung 4,6 (vgl. Rz. 33). Die Zinsbelastung für das Fremdkapital des Unternehmens beträgt 15,4, wobei keine Kredittilgungen und -aufnahmen angenommen werden.

---

1 Vgl. *Kuhner/Maltry*, Unternehmensbewertung, S. 201.
2 Vgl. *Ballwieser/Hachmeister*, Unternehmensbewertung, S. 141.

Berechnung Cash Flow to Equity

Free Cash Flow	70,0
Tax Shield	4,6
Zinsen	-15,4
Kredittilgung	0,0
Cash Flow to Equity	**59,2**

47 Die erwarteten Cash Flows to Equity sind mit adäquaten Kapitalisierungszinssätzen, die das Investitions- und das Finanzierungsrisiko widerspiegeln, zu diskontieren.[1]

48 Unter der Annahme eines unendlichen Rentenmodells kann der Wert des Eigenkapitals unter Berücksichtigung des Cash Flows to Equity aus Rz. 46 und den Eigenkapitalkosten aus Rz. 27 wie folgt berechnet werden:

$$\text{Wert des Eigenkapitals} = \frac{59{,}2}{10{,}17\%} = 582{,}2$$

III. Abgrenzung zum Ertragswertverfahren

49 Die zunehmende Verbreitung der DCF-Verfahren in Deutschland hat zu einer breit angelegten Diskussion in der Literatur zu den **Gemeinsamkeiten und Unterschieden des Ertragswertverfahrens mit den DCF-Verfahren** geführt. Unterschiede wurden zunächst insbesondere darin gesehen, dass

– die Ertragswertmethode auf Erfolgsgrößen der Gewinn- und Verlustrechnung aufbaut, während die DCF-Verfahren auf Cash Flows abstellen,

– die Anwendung der Ertragswertmethode einer Ausschüttungsannahme bedarf, die DCF-Verfahren jedoch nicht,

– die DCF-Verfahren im Gegensatz zu dem Ertragswertverfahren auf dem CAPM aufbauen,

– die DCF-Verfahren keine persönlichen Ertragsteuern berücksichtigen, das Ertragswertverfahren hingegen schon und

– die DCF-Verfahren angeblich nur zufällig zu den gleichen Ergebnissen gelangen wie das Ertragswertverfahren.[2]

50 Es ist richtig, dass die Ertragswertmethode auf der **Gewinn- und Verlustrechnung des zu bewertenden Unternehmens** aufbaut. Die aus der Gewinn- und Verlustrechnung abgeleiteten Jahresüberschüsse werden jedoch durch eine integrierte Finanzbedarf- und Steuerrechnung begleitet. Dadurch ist sichergestellt, dass die so bemessenen Zahlungen an die Eigenkapitalgeber unter Berücksichtigung der operativen Cash Flows, der anfallenden Unternehmensteu-

---

1 Vgl. *Drukarczyk/Schüler*, Unternehmensbewertung, S. 195.
2 Vgl. *Ballwieser/Hachmeister*, Unternehmensbewertung, S. 203-204.

ern und weiterer Finanzierungsmaßnahmen gedeckt sind.[1] Der Equity-Ansatz entspricht konzeptionell dem Ertragswertverfahren und führt zum selben Unternehmenswert.[2]

Die DCF-Verfahren sind nicht frei von **Ausschüttungsannahmen**. Soweit die Ausschüttungen von den erwarteten Cash Flows abweichen, treffen die DCF-Verfahren die Annahme, dass der nicht ausgeschüttete Teil des erwarteten Cash Flows kapitalwertneutral im Unternehmen angelegt wird. Vor diesem Hintergrund tritt die Forderung nach einer strengen Überprüfung der tatsächlichen Ausschüttbarkeit der finanziellen Überschüsse zunehmend in den Hintergrund, wobei es die DCF-Verfahren auch grundsätzlich zulassen, die tatsächlich entziehbaren Cash Flows unter der Berücksichtigung von Ausschüttungsannahmen zu definieren.[3]

51

Es ist richtig, dass die DCF-Verfahren bei der Ermittlung der Kapitalkosten regelmäßig auf dem **CAPM** aufbauen. Das bedeutet aber nicht, dass das CAPM der Ertragswertmethode fremd ist. Diese Wahrnehmung stammt noch aus den 1990er-Jahren als der Risikozuschlag nicht auf Basis von marktgestützten Modellen wie dem CAPM abgeleitet wurde, sondern durch eine der vielen Literatur- und Rechtsprechungsmeinungen begründet wurde, wobei sich die Höhe der Kapitalkosten häufig weniger nach der Qualität der Herleitungsmethode sondern vielmehr nach dem Bewertungsergebnis gerichtet haben dürfte.[4] Inzwischen hat sich bei gesellschaftsrechtlichen Maßnahmen die Ableitung der Kapitalkosten auf Basis des **CAPM oder des Tax CAPM** etabliert (vgl. dazu § 15 Rz. 52 ff.).

52

Bei der Berechnung des Free Cash Flows, wie er in Rz. 21 dargestellt ist, wurden lediglich Unternehmenssteuern berücksichtigt. Der Wert eines Unternehmens wird jedoch durch die Höhe der Nettozuflüsse an den Eigenkapitalgeber bestimmt, die er zu seiner freien Verfügung hat. Diese Nettozuflüsse sind unter der Berücksichtigung der inländischen und ausländischen Ertragsteuern des Unternehmens und grundsätzlich der aufgrund des Eigentums am Unternehmen entstehenden **persönlichen Ertragsteuern** zu ermitteln.[5] Der Verzicht auf die Berücksichtigung von persönlichen Ertragssteuern hat an dieser Stelle rein pragmatische Gründe, da deren Berücksichtigung für die Darstellung der grundsätzlichen Funktionsweise der DCF-Verfahren keine Bedeutung hat. Persönliche Ertragsteuern können aber problemlos in die Berechnung einbezogen werden (vgl. § 15 Rz. 47 ff.).

53

Da die oben genannten Unterschiede tatsächlich nicht bestehen und DCF-Verfahren und Ertragswertverfahren auf den gleichen konzeptionellen Grundlagen beruhen, kommen beide Verfahren auch bei gleichen Bewertungsannahmen bzw. -vereinfachungen, insbesondere hinsichtlich der Finanzierung, zu identi-

54

---

1 Vgl. WP-Handbuch 2014, Band II, Teil A, Rz. 172.
2 Vgl. WP-Handbuch 2014, Band II, Teil A, Rz. 177.
3 Vgl. WP-Handbuch 2014, Band II, Teil A, Rz. 296.
4 Vgl. *Jonas*, BFuP 1995, 83 (95-96).
5 Vgl. IDW S 1 i.d.F. 2008, Rz. 28.

schen Unternehmenswerten.[1] Beobachtet man in der Praxis unterschiedliche Unternehmenswerte aufgrund der beiden Verfahren, so ist dies regelmäßig auf unterschiedliche Annahmen – insbesondere hinsichtlich Zielkapitalstruktur, Risikozuschlag und sonstiger Plandaten – zurückzuführen.

IV. Zusammenfassung

55 DCF-Verfahren sind in der **internationalen Bewertungspraxis** üblich und haben auch in Deutschland weite Verbreitung und Anerkennung gefunden. In der jüngeren Rechtsprechung werden sie als zulässige Bewertungsverfahren akzeptiert.

56 Die Anwendung eines DCF-Verfahrens ist sinnvoll, wenn die Verschuldung des zu bewertenden Unternehmens von besonderer Relevanz ist. Das ist insbesondere in Übernahmesituationen und bei Unternehmen in der Krise der Fall.

57 Die DCF-Verfahren unterscheiden sich grundsätzlich dadurch, ob ein Gesamtvermögenswert (Entity-Value) oder der Wert des Eigenkapitals (Equity-Wert) ermittelt wird. Zudem wird der Wert des Tax Shields in den Bewertungskalkülen in unterschiedlicher Form abgebildet. Während das Tax Shield beim TCF-Ansatz und beim Equity-Ansatz im bewertungsrelevanten Cash Flow berücksichtigt wird, erfolgt die Abbildung des Steuervorteils beim Free Cash Flow-Verfahren im Kapitalisierungszinssatz und beim APV-Verfahren als separate Wertkomponente.

---

1 Vgl. IDW S 1 i.d.F. 2008, Rz. 101. In Teilen der Literatur wird angemerkt, dass die Verfahren gar nicht zu gleichen Ergebnissen führen können, weil ihnen unterschiedliche Annahmen hinsichtlich der Finanzierungspolitik zugrunde liegen, vgl. dazu *Kruschwitz/Löffler*, Discounted Cash Flow, S. 97-98. Eine Überführung der Ergebnisse kann in der Praxis dennoch sinnvoll sein, selbst wenn das Bewertungsergebnis einer Methode nur durch eine andere Methode rekonstruiert wird, vgl. *Ballwieser/Hachmeister*, Unternehmensbewertung, S. 205.

§ 10
Alternative Bewertungsverfahren*

	Rz.		Rz.
I. Einführung	1	c) Festlegung einer geeigneten Bezugsgröße	44
II. Multiplikatorverfahren		d) Auswahl der Vergleichsunternehmen	54
1. Theoretische Grundlagen			
a) Definition des Multiplikatorverfahrens	7	III. Vereinfachtes Ertragswertverfahren	66
b) Systematisierung der Multiplikatorverfahren	13	IV. Sonstige alternative Bewertungsverfahren	
c) Differenzierung von Wert und Preis	18	1. Substanzwertverfahren	75
d) Vergleichbarkeit als grundlegende Voraussetzung	22	2. Mittelwertverfahren	80
2. Durchführung einer Multiplikatorbewertung		3. Übergewinnverfahren	84
a) Verwendung von Eigen- oder Gesamtkapitalmultiplikatoren	27	4. Stuttgarter Verfahren	89
		V. Alternative Bewertungsverfahren in der Rechtsprechung	93
b) Abgrenzung des Marktpreises des Eigen- und des Gesamtkapitals	32	VI. Zusammenfassung	99

Schrifttum: *Adrian* in Krolle/Schmitt/Schwetzler (Hrsg.), Multiplikatorverfahren in der Unternehmensbewertung, 2005; *Ballwieser/Franken/Ihlau/Jonas/Kohl/Mackenstedt/Popp/Siebler*, Besonderheiten bei der Ermittlung eines objektivierten Unternehmenswerts kleiner und mittelgroßer Unternehmen (IDW Praxishinweis 1/2014), WPg 2014, 463; *Ballwieser/Hachmeister*, Unternehmensbewertung, 4. Aufl. 2013; *Bausch*, Die Multiplikator-Methode, FB 2000, 448; *Benninga/Sarig*, Corporate Finance, 1997; *Böcking/Nowak*, Marktorientierte Unternehmensbewertung, FB 1999, 169; *Buffet*, Berkshire Hathaway Shareholder Letter 2008, abrufbar unter: http://www.berkshirehathaway.com/letters/2008ltr.pdf, Stand: 15.9.2014; *Bundesministerium der Finanzen*, Schreiben vom 2.1.2014 – IV D 4 - S 3102/07/0001: Basiszins für das vereinfachte Ertragswertverfahren nach § 203 Abs. 2 BewG; *Coenenberg/Schultze*, Das Multiplikator-Verfahren in der Unternehmensbewertung, FB 2002, 697; *Creutzmann*, Unternehmensbewertung im Steuerrecht – Neuregelungen des Bewertungsgesetzes ab 1.1.2009, DB 2008, 2784; *Damodaran*, The Dark Side of Valuation, 2001; *Drukarczyk/Schüler*, Unternehmensbewertung, 5. Aufl. 2007; *Ernst/Schneider/Thielen*, Unternehmensbewertungen erstellen und verstehen – Ein Praxisleitfaden, 5. Aufl. 2012; *Franken/Schulte*, Fairness Opinions nach IDW S 8, 2014; *Franken/Schulte/Brunner* in Peemöller (Hrsg.), Praxishandbuch der Unternehmensbewertung, 6. Aufl. 2014 (im Erscheinen); *FAUB* (Hrsg.), Hinweise zur Berücksichtigung der Finanzmarktkrise bei der Ermittlung des Kapitalisierungszinssatzes, FN-IDW 2012, 568; *Hannes* in Peemöller (Hrsg.), Praxishandbuch der Unternehmensbewertung, 5. Aufl. 2012; *Hasler*, Aktien richtig bewerten, 2011; *Henselmann* in Peemöller (Hrsg.), Praxishandbuch der Unternehmensbewertung, 5. Aufl. 2012; *IDW* (Hrsg.), IDW S 1 i.d.F. 2008, FN-IDW 2008, 271; *IDW* (Hrsg.), IDW S 8, FN-IDW 2011, 151; *IDW* (Hrsg.), WP Handbuch 2014, Band II, 14. Aufl. 2014; *Löhnert/Böckmann* in Peemöller (Hrsg.), Praxishandbuch der Unternehmensbewertung, 5. Aufl. 2012; *Krolle* in Krolle/

---

* Dieser Abschnitt wurde unter Mitarbeit von Dr. Alexander Brunner erstellt.

Schmitt/Schwetzler, Multiplikatorverfahren in der Unternehmensbewertung, 2005; *Mandl/Rabel* in Peemöller (Hrsg.), Praxishandbuch der Unternehmensbewertung, 5. Aufl. 2012; *Modigliani/Miller*, The Cost of Capital, Coporation Finance and the Theory of Investment, AER 1958, 261; *Moxter*, Grundsätze ordnungsmäßiger Unternehmensbewertung, 2. Aufl. 1983; *Peemöller/Meister/Beckmann*, Der Multiplikatoransatz als eigenständiges Verfahren in der Unternehmensbewertung, FB 2002, 197; *Schacht/Fackler* in Schacht/Fackler (Hrsg.), Praxishandbuch Unternehmensbewertung, 2. Aufl. 2009; *Schreiner*, Equity Valuation Using Multiples, 2007; *Stephan* in K. Schmidt/Lutter, 2. Aufl. 2010, § 305 AktG Rz. 50; *Wagner* in Barthel (Hrsg.), Handbuch der Unternehmensbewertung, 2000; *Wagner* in Krolle/Schmitt/Schwetzler (Hrsg.), Multiplikatorverfahren in der Unternehmensbewertung, 2005.

I. Einführung

1   Die im Rahmen dieses Beitrags behandelten **alternativen Bewertungsverfahren** umfassen in der Praxis gängige Bewertungsverfahren, die nicht den Zukunftserfolgsverfahren (Ertragswert- und DCF-Verfahren) zuzuordnen sind (vgl. zu einer Diskussion des Ertragswertverfahrens § 4). Die mögliche Eignung des Börsenkurses sowie der Vorerwerbspreise als Indikation für den Unternehmenswert des Bewertungsobjekts wird nicht thematisiert, da der Börsenkurs (vgl. § 16) bzw. Vorerwerbspreise (vgl. § 17) als Wertmaßstab jeweils in einem eigenen Beitrag dieses Rechtshandbuchs thematisiert werden. Entsprechend stehen die nachfolgend aufgeführten alternativen Bewertungsverfahren im Mittelpunkt dieses Beitrags:

– Multiplikatorverfahren (unten Rz. 7 ff.),

– vereinfachtes Ertragswertverfahren (unten Rz. 66 ff.),

– sonstige alternative Bewertungsverfahren (Substanzwertverfahren, Mittelwertverfahren, Übergewinnverfahren, Stuttgarter Verfahren) (unten Rz. 75 ff.).

2   Dabei ist es **Ziel des Beitrags**, die diversen alternativen Bewertungsverfahren überblicksartig darzustellen und dem Bewerter die Bandbreite der Alternativen zum klassischen Ertragswert- bzw. DCF-Verfahren aufzuzeigen. Insbesondere wird auch jeweils die Relevanz bzw. der Stellenwert der betrachteten Verfahren in der derzeitigen Unternehmensbewertungspraxis diskutiert. Für tiefergehende Analysen der einzelnen Verfahren finden sich entsprechende einschlägige Literaturverweise.

3   Die **Multiplikatorverfahren** (unten Rz. 7 ff.) nehmen im Rahmen einer Unternehmensbewertung nach IDW S 1 i.d.F. 2008 eine nachrangige Stellung ein. Dies ist darauf zurückzuführen, dass der über die Multiplikatormethode ermittelte „Wert" weder einen subjektiven Grenzpreis und somit keinen subjektiven Entscheidungswert repräsentiert noch einen aus Sicht eines typisierten Investors objektivierten Unternehmenswert im Sinne des IDW S 1 i.d.F. 2008 darstellt. Gleichwohl können „[v]ereinfachte Preisfindungen (z.B. Ergebnismultiplikatoren, umsatz- oder produktmengenorientierte Multiplikatoren) [...] im Einzelfall Anhaltspunkte für eine Plausibilitätskontrolle der Ergebnisse der Bewertung nach dem Ertragswertverfahren bzw. nach den DCF-Verfahren bie-

ten"[1]. Im Rahmen der Erstellung einer Fairness Opinion nach IDW S 8, bei der keine Unternehmensbewertung, sondern die Beurteilung der Angemessenheit eines Transaktionspreises im Fokus steht, wird den Multiplikatorverfahren hingegen ein höherer Stellenwert beigemessen. Sic werden gegenüber den kapitalwertorientierten Verfahren als grundsätzlich gleichrangig angesehen.[2]

Das **vereinfachte Ertragswertverfahren** (unten Rz. 66 ff.) wurde im Zuge des Erbschaftsteuerreformgesetzes vom 24.12.2008 eingeführt. Seitdem besitzt diese Methode v.a. bei der steuerlichen Wertermittlung von nicht öffentlich gehandelten Gesellschaftsanteilen in Erbschaftsteuer- und Schenkungsfällen eine hohe Praxisrelevanz. 4

Die Anwendungsgebiete der **sonstigen alternativen Bewertungsverfahren** (unten Rz. 75 ff.) sind weniger stark ausgeprägt. So wird auf das **Substanzwertverfahren** (unten Rz. 75 ff.) beispielsweise bei der Ermittlung des Werts von „Non-Profit-Unternehmen", insbesondere auch Unternehmen der Daseinsvorsorge zurückgegriffen, soweit eine Bewertung aus Sicht der öffentlichen Hand oder eines gemeinnützigen Trägers erfolgt.[3] Während das **Mittelwertverfahren** (unten Rz. 80 ff.) nur noch selten Anwendung findet, wird das **Übergewinnverfahren** (unten Rz. 84 ff.) noch bei der Bewertung einzelner freiberuflicher Wirtschaftsbetriebe bestimmter Berufsgruppen wie bspw. Arztpraxen angewendet. Auch die Anwendungsmöglichkeiten des **Stuttgarter Verfahrens** (unten Rz. 89 ff.), welches früher im Rahmen von steuerlichen Bewertungsanlässen eine breite Anwendung fand, sind durch das Erbschaftsteuerreformgesetz und die damit verbundene Einführung des vereinfachten Ertragswertverfahrens (oben Rz. 4) stark eingeschränkt worden. 5

Abschließend werden auf Basis der aktuellen **Rechtsprechung** die Anwendungsgebiete für die in diesem Beitrag vorgestellten **alternativen Bewertungsverfahren** diskutiert (unten Rz. 93 ff.). Im Ergebnis ist dabei eine **Nachrangigkeit** der alternativen Bewertungsverfahren zu konstatieren, sodass nur in begründeten Einzelfällen eine Wertermittlung anhand dieser Verfahren erfolgen sollte. 6

II. Multiplikatorverfahren

1. Theoretische Grundlagen

a) Definition des Multiplikatorverfahrens

Bei den kapitalwertorientierten Verfahren (DCF- sowie Ertragswertverfahren) wird der Wert eines Unternehmens anhand seines erwarteten Cash Flows, sei- 7

---

1 Vgl. *IDW* (Hrsg.), IDW S 1 i.d.F. 2008, FN-IDW 2008, Tz. 143.
2 Vgl. *IDW* (Hrsg.), IDW S 8, FN-IDW 2011, Tz. 6.
3 Vgl. für eine Darstellung der Besonderheiten bei der Bewertung öffentlicher Unternehmen *Franken/Schulte/Brunner* in Peemöller (Hrsg.), Praxishandbuch der Unternehmensbewertung, 6. Aufl. 2014, im Erscheinen.

ner Risikostruktur und seiner Wachstumsaussichten bestimmt.[1] Bei **marktpreisorientierten Verfahren**, worunter die Multiplikatorverfahren zu fassen sind, wird der Wert eines Unternehmens über Preise ermittelt, die für ähnliche Unternehmen am Markt bezahlt werden. Somit soll das aggregierte Wissen der Marktteilnehmer, das sich in den Marktpreisen widerspiegelt, auf ein Bewertungsobjekt übertragen werden.[2]

8   Die **Multiplikatorbewertung** selbst setzt sich aus **drei wesentlichen Schritten** zusammen:[3] Es müssen zunächst **ähnliche Unternehmen** identifiziert werden, aus denen die Vergleichspreise abgeleitet werden (Schritt 1). Ferner müssen die ermittelten **Preise über eine Bezugsgröße standardisiert** werden, anhand derer die Preise auf das Bewertungsobjekt übertragen werden können (Schritt 2). Schließlich müssen die **standardisierten Preise** der identifizierten Vergleichsunternehmen zu einem einzelnen Multiplikator oder einer Bandbreite von Multiplikatoren **aggregiert** werden; anhand dieser Aggregate kann dann der Wert des oder eine Wertspanne für das Bewertungsobjekt bestimmt werden (Schritt 3). Die Bewertung erfolgt schließlich durch Multiplikation der Bezugsgröße des Bewertungsobjekts mit dem Multiplikator:

$$MP_{BO} = \underbrace{\frac{MP_{VU}}{BG_{VU}}}_{Multiplikator} \times BG_{BO}$$

9   Die **Identifikation geeigneter Vergleichsunternehmen** stellt eine große Herausforderung für den Bewerter dar. Das Zitat von *Moxter* „[b]ewerten heißt vergleichen"[4] spielt auch bei der Multiplikatorbewertung eine entscheidende Rolle: Aufgrund der zumeist verwendeten eindimensionalen Multiplikatoren müssen alle wertrelevanten Eigenschaften des Bewertungsobjekts, die nicht explizit über die Bezugsgröße im Multiplikator und somit in der Standardisierung erfasst werden, bei Bewertungsobjekt und Vergleichsunternehmen übereinstimmen. Anderenfalls würden systematisch Bewertungsfehler in Kauf genommen.

10 Bei der **Standardisierung der Marktpreise** der Vergleichsunternehmen muss eine geeignete **Bezugsgröße** gewählt werden. Diese Größe ist grundsätzlich das einzige wertrelevante Element, in dem sich Vergleichsunternehmen und Bewertungsobjekt unterscheiden dürfen. Dabei wird ein linearer Zusammenhang zwischen Wert und Bezugsgröße unterstellt.[5] Über die Standardisierung soll eine sinnvolle Basis ermittelt werden, anhand derer eine Übertragung des Wertes bzw. Preises auf ein anderes Unternehmen vorgenommen werden kann.[6]

11 Die Multiplikatoren der Vergleichsunternehmen werden als standardisierte Marktpreise ermittelt. Im Anschluss daran kann die Vielzahl der einzelnen Multiplikatorwerte beispielsweise über eine Durchschnittsbildung zu einem

---

1   Vgl. für eine ausführlichere Darstellung der Multiplikatorverfahren bspw. *Franken/Schulte*, Fairness Opinions nach IDW S 8, S. 156–296.
2   Vgl. *Drukarczyk/Schüler*, Unternehmensbewertung, S. 453.
3   Vgl. *Damodaran*, The Dark Side of Valuation, S. 251.
4   Vgl. *Moxter*, Grundsätze ordnungsmäßiger Unternehmensbewertung, 1983, S. 123.
5   Vgl. *Bausch*, FB 2000, 448 (451).
6   Vgl. *Damodaran*, The Dark Side of Valuation, S. 253.

einzigen Wert verdichtet werden. Durch Multiplikation dieses **verdichteten Multiplikators** mit der entsprechenden Bezugsgröße des Bewertungsobjekts ergibt sich schließlich der hypothetische Wert des Bewertungsobjekts.

Auch wenn dieses Vorgehen zunächst einfach und intuitiv erscheint, besteht die wesentliche Herausforderung bei der Anwendung des Multiplikatorverfahrens darin, die einzelnen Schritte im Rahmen der Wertermittlung sinnvoll zu gestalten und miteinander zu verknüpfen. Nur dann kommt dem ermittelten Wert eine belastbare Aussagekraft zu. 12

b) Systematisierung der Multiplikatorverfahren

In der praktischen Anwendung existiert eine Vielzahl von Multiplikatoren, die für Bewertungszwecke herangezogen werden. Grundsätzlich lassen sich sämtliche Multiplikatoren anhand einer einfachen **Systematik** kategorisieren, die sich anhand der **Multiplikatordefinition** illustrieren lässt: 13

$$M = \frac{MP_{VU}}{BG_{VU}}$$

Im **Zähler des Multiplikators** ist der jeweilige Marktpreis des Vergleichsunternehmens, im **Nenner** ist der Wert der Bezugsgröße für das jeweilige Vergleichsunternehmen dargestellt. Folglich lassen sich die Multiplikatoren anhand der „Art" der Zähler- und Nennergröße systematisieren. 14

Der **Zähler eines Multiplikators** wird danach unterschieden, ob der Marktpreis aus Sicht der Eigenkapitalgeber (**Marktpreis des Eigenkapitals**) oder aus Sicht von Eigenkapitalgebern und Fremdkapitalgebern (**Marktpreis des Gesamtkapitals**) erhoben wird. Dabei entspricht der Marktpreis des Gesamtkapitals der Summe aus Marktpreis des Eigenkapitals und Marktpreis des Fremdkapitals.[1] 15

Die Marktpreise bzw. die einzelnen Bestandteile müssen **entsprechend der Zählerdefinition** ermittelt werden. Der Preis des Fremdkapitals wird in der Praxis regelmäßig vereinfachend direkt aus den entsprechenden Größen des Rechnungswesens („Buchwert des Fremdkapitals") übernommen. Der Preis des Eigenkapitals kann grundsätzlich auf drei unterschiedliche Arten erhoben werden:[2] Bei der **Similar Public Company Method** wird auf die an der Börse gezahlten Marktpreise für Anteile an vergleichbaren börsennotierten Unternehmen (**trading comparables**) abgestellt, während bei der **Recent Acquisition Method** der Kaufpreis für erfolgte Übernahmen von Anteilen an vergleichbaren Unternehmen (**transaction comparables**) herangezogen wird. Bei der **Initial Public Offering Method** werden hingegen die Platzierungspreise von Neuemissionen verwendet. 16

Im **Nenner des Multiplikators** ist die Bezugsgröße abgebildet, anhand derer die Standardisierung der jeweiligen Preise erfolgt. Diese kann finanzieller oder nicht finanzieller Natur sein. Mithin kann es sich sowohl um Größen aus dem Rechnungswesen als auch um physische Größen handeln. Physische Größen 17

---

1 Vgl. hierzu auch *IDW* (Hrsg.), WP Handbuch 2014, Band II, Abschnitt A, Rz. 216 ff.
2 Vgl. *Wagner* in Krolle/Schmitt/Schwetzler, Multiplikatorverfahren in der Unternehmensbewertung, S. 6 f.

wie die Anzahl der Kunden oder der Mitarbeiter stehen meist in Verbindung mit den Zahlungsströmen, die allen Kapitalgebern zustehen. Bei finanziellen Bezugsgrößen ist hingegen genau darauf zu achten, dass die Bezugsgröße **konsistent zu den im Zähler gewählten Kapitalien** des Unternehmens gewählt wird: Steht im Zähler der Preis des Gesamtunternehmens, ist auch als Bezugsgröße eine Größe zu wählen, die einen Zusammenhang zu den Ansprüchen von Eigen- und Fremdkapitalgebern hat. Wenn der Wert des Gesamtunternehmens bestimmt wird, sollte folglich auf ein Ergebnis vor Zinsen (und Steuern) abgestellt werden. Falls der Wert des Unternehmens ausschließlich aus Sicht der Eigenkapitalgeber ermittelt werden soll, ist hingegen ein Ergebnis nach Abzug von Zinsen zugrunde zu legen.

c) Differenzierung von Wert und Preis

18 Auch wenn **Multiplikatorverfahren** oft als Bewertungsverfahren bezeichnet werden, stellen diese konzeptionell eher **Preisfindungsverfahren** dar. Die Multiplikatorbewertung zielt nicht auf die Ermittlung subjektiver Grenzpreise ab. Vielmehr soll die Einschätzung des Marktes über für vergleichbare Unternehmen erzielbare **Preise** dazu genutzt werden, eine Abschätzung über den für das Bewertungsobjekt am Markt erzielbaren Preis – den Marktpreis – zu gewinnen. Ein Grenzpreis stellt hingegen aus Sicht des Käufers bzw. Verkäufers eines Unternehmens jeweils den Preis dar, den beide Parteien gerade noch bezahlen können bzw. mindestens verlangen müssen, um durch die Transaktion keine Verschlechterung ihrer Vermögenssituation zu erfahren.[1]

19 Der Grenzpreis bildet die Grundlage für die Entscheidung über den Kauf oder Verkauf eines Unternehmens und wird folglich auch als **Entscheidungswert** bezeichnet. Dabei ist der Grenzpreis stets **subjektiv** geprägt, da der Entscheidungswert eines Käufers oder Verkäufers von dessen persönlichen Eigenschaften (Risikoneigung, Diversifikationsmöglichkeiten, Steuerbelastung, Finanzierungsmöglichkeiten, Managementqualität, Synergiepotential mit anderen Vermögenspositionen, ...) abhängt.

20 Marktwerte bzw. **Marktpreise** stimmen in der Regel nicht mit den subjektiven Grenzpreisen überein, da diese **den individuellen Charakteristiken der Akteure keine Rechnung tragen**.[2] Sie werden am Markt über Angebot und Nachfrage und somit als Aggregat individueller Grenzpreise bestimmt. Ein am Markt zustande gekommener Preis liegt dabei jeweils über bzw. auf dem Grenzpreis des Verkäufers und unter bzw. auf dem Grenzpreis des Käufers des jeweiligen Transaktionsobjekts.

21 Multiplikatoren werden anhand von tatsächlichen Einigungen am Markt abgeleitet und zeigen eine Bandbreite von erzielten, anhand einer Bezugsgröße standardisierten (Markt-)Preisen auf. Sie lassen nur **bedingt Rückschluss auf die**

---

1 Vgl. *Drukarczyk/Schüler*, Unternehmensbewertung, S. 87.
2 Vgl. *Moxter*, Grundsätze ordnungsmäßiger Unternehmensbewertung, 1983, S. 132 sowie *Drukarczyk/Schüler*, Unternehmensbewertung, S. 87.

entsprechenden **Grenzpreise** zu. Das *Warren Buffet* zugeschriebene Zitat „Price is what you pay; value is what you get."[1] veranschaulicht die Differenzierung von Wert und Preis.

d) Vergleichbarkeit als grundlegende Voraussetzung

Die intuitive Anwendung und die leichte Kommunizierbarkeit einer Multiplikatorbewertung sollten nicht darüber hinwegtäuschen, dass sorgsames Arbeiten notwendig ist, um mittels einer Multiplikatorbewertung belastbare Ergebnisse zu generieren. 22

Anhand der vorgestellten **Systematisierung** (s. oben Rz. 13 ff.) der unterschiedlichen Multiplikatoren auf Basis von Zähler- und Nennergrößen ist zu erkennen, dass potentiell eine sehr **große Anzahl an Varianten** von Multiplikatoren existiert. Technisch ist ein Multiplikator eine Verhältniszahl, die beliebig definiert werden kann. Der Preis des Eigenkapitals oder des Gesamtunternehmens kann in Relation zu allen erdenklichen Größen gesetzt werden. So kann der Unternehmenswert eines Eisenbahnunternehmens in Relation zur Anzahl der Passagiere, zur Länge des Schienennetzes, zur Anzahl der Züge, der Schaffner oder der angefahrenen Bahnhöfe gesetzt werden. All diese Beispiele können als grundsätzlich **sinnvolle ökonomische Relationen** aufgefasst werden, da für sie zumindest auf Basis einer Vielzahl von impliziten Annahmen ein Einfluss auf die wertrelevanten Cash Flows konstruiert werden kann. Darüber hinaus ließe sich auch eine Vielzahl an nicht sachgerechten Verhältniszahlen bilden, was die Anzahl der Möglichkeiten weiter erhöhen würde. Die Herausforderung besteht nicht nur darin, ökonomisch grundsätzlich nicht sinnvolle Multiplikatoren auszuschließen, sondern unter den grundsätzlich sachgerechten Multiplikatoren den im konkreten Fall besten Multiplikator auszuwählen. 23

Da die Bewertungsergebnisse je nach Wahl von Zähler- und Nennergröße aufgrund abweichender **impliziter Prämissen** deutlich voneinander abweichen können, wird hier einer der **wesentlichen Kritikpunkte** an Multiplikatorverfahren festgemacht. Allein durch **die Wahl bzw. Definition eines Multiplikators** kann eine bereits vorgefertigte Überzeugung oder Argumentationslinie gestützt werden.[2] 24

Die dem ersten Anschein nach komplizierteren **kapitalwertorientierten Verfahren** „zwingen" den Anwender, seine **Annahmen explizit** darzulegen. In Folge dessen können fragliche Prämissensetzungen sowohl durch den Bewerter als auch durch einen Dritten anhand der Rechnung und der expliziten Darstellung der Parameter leichter identifiziert werden. Bei der **Multiplikatorbewertung** werden hingegen viele der **Annahmen implizit** getroffen. Die für eine Beurteilung, ob ein Multiplikator sachgerecht ist, notwendigen Informationen können dem „Rechenweg" nicht entnommen werden. Eine Plausibilisierung ist daher nur schwierig anzustellen. Entsprechend sollte eine Multiplikatorbewertung gut dokumentiert werden: Die der tatsächlichen Multiplikatorbewer- 25

---

1 Vgl. *Buffet*, Berkshire Hathaway Shareholder Letter 2008, abrufbar unter: http://www.berkshirehathaway.com/letters/2008ltr.pdf, Stand: 15.9.2014, S. 5.
2 Vgl. *Hasler*, Aktien richtig bewerten, S. 286.

tung vorgelagerten Entscheidungen sind transparent darzulegen und zu begründen.

26 Um eine tatsächliche Vergleichbarkeit von Vergleichsunternehmen und Bewertungsobjekt durch Auswahl der entsprechenden Unternehmen und die Standardisierung im Rahmen der Multiplikatorbildung zu erreichen und somit eine **konsistente Wertermittlung** vornehmen zu können, müssen die impliziten Annahmen zunächst identifiziert und kritisch hinterfragt werden. Nur dann können die Multiplikatoren richtig interpretiert werden. Wenn ein Unternehmen etwa einen **relativ niedrigen Multiplikator** aufweist, muss dies nicht unbedingt bedeuten, dass es unterbewertet ist. Vielmehr kann der vergleichsweise niedrige Multiplikator auch ein Anzeichen dafür sein, dass **Unterschiede** zu anderen Vergleichsunternehmen auf Differenzen hinsichtlich der erwarteten Cash Flows, des Wachstums der Cash Flows oder der Kapitalkosten entsprechend des (systematischen) Risikos der Cash Flows beruhen. Mithin kann eine ungenügende Vergleichbarkeit des betrachteten Unternehmens gegeben sein.[1]

2. Durchführung einer Multiplikatorbewertung

a) Verwendung von Eigen- oder Gesamtkapitalmultiplikatoren

27 Die Multiplikatoren der Vergleichsunternehmen können auf Basis des Eigenkapitalpreises oder auf Basis des Gesamtkapitalpreises (Summe von Eigen- und Fremdkapitalpreis) erhoben werden (s. oben Rz. 15 f.). Man spricht entsprechend von **Eigen- bzw. von Gesamtkapitalmultiplikatoren.**

28 Als wesentlicher Kritikpunkt an der Verwendung von **Eigenkapitalmultiplikatoren (Equity Multiples)** wird in der Literatur vorgebracht, dass diese **abhängig von der Finanzierungsstruktur** des jeweiligen Unternehmens sind.[2] So ist beispielsweise der Gewinnmultiplikator – auch Kurs-Gewinn-Verhältnis (KGV) genannt –, der sich als Quotient aus dem Marktwert des Eigenkapitals und dem Jahresüberschuss errechnet, theoretisch eine Funktion des Verschuldungsgrads. Daher haben die jeweiligen Verschuldungsgrade der Vergleichsunternehmen Einfluss auf deren Gewinnmultiplikatoren. In einem solchen Fall wäre das durchschnittliche KGV der Vergleichsunternehmen etwa nur belastbar, wenn das zu bewertende Unternehmen eine Kapitalstruktur aufweist, die dem durchschnittlichen KGV der Vergleichsunternehmen zugrunde liegt.

29 Vor diesem Hintergrund wird in der Literatur überwiegend empfohlen, auf **Gesamtkapitalmultiplikatoren (Entity Multiples)** abzustellen, da der Unternehmenswert als Summe von Eigenkapital und Fremdkapital unter gewissen Annahmen nach dem ersten Irrelevanz-Theorem von *Modigliani/Miller*[3] **nicht von der Finanzierungsstruktur abhängig** ist. Da in der Realität durchgängig diskriminierende Steuersysteme vorzufinden sind, in denen aus der Fremdfinanzierung ein Steuervorteil erwächst (tax shield), ist die entsprechende Irrelevanz

---

1 Vgl. *Wagner* in Barthel, Handbuch der Unternehmensbewertung, S. 5.
2 Vgl. *Coenenberg/Schultze*, FB 2002, 697 (700-702).
3 Vgl. *Modigliani/Miller*, The Cost of Capital, Coporation Finance and the Theory of Investment, 261 ff.

indes faktisch nicht gegeben. Die Verwendung eines Gesamtkapitalmultiplikators ist dennoch der Verwendung eines Eigenkapitalmultiplikators vorzuziehen, da der Einfluss der Verschuldungsstruktur bei letzteren tendenziell größer ausfällt. Wenn der Bewerter trotzdem Eigenkapitalmultiplikatoren verwendet, sollte er stets den Verschuldungsgrad[1] der Vergleichsunternehmen dem des Bewertungsobjekts vergleichend gegenüberstellen.

Gegen die Verwendung von **Eigenkapitalmultiplikatoren** wird in der Literatur des Weiteren vorgebracht, dass diese, insbesondere auch das KGV, auf **buchhalterischen Größen** fußen. Gerade in diesen können auch nicht-betriebliche Erträge und Aufwendungen berücksichtigt sein, die sich regelmäßig zwischen Unternehmen unterscheiden und somit die Vergleichbarkeit mindern. Der Gewinn ist zudem stark von Rechnungslegungsvorschriften und der Ausübung von Wahlrechten geprägt, was die Vergleichbarkeit weiter einschränkt.[2] Je weiter sich die Bezugsgröße vom Umsatz Richtung Gewinn „entfernt", desto größer ist auch der Einfluss der Rechnungslegungsstandards. Da **Eigenkapitalmultiplikatoren** bei einer konsistenten Definition relativ „**gewinnnah**" definiert sind, ist dort der Einfluss der Rechnungslegung tendenziell größer als bei **Gesamtkapitalmultiplikatoren**, die i.d.R. relativ „**gewinnferne**" Bezugsgrößen aufweisen. 30

Bei den **Gesamtkapitalmultiplikatoren** werden **weniger grundsätzliche Einwände** vorgebracht. Entsprechend verlagern sich die Probleme bei diesen Multiplikatoren auf die konkrete **Wahl der Bezugsgröße**. So ist beispielsweise das EBIT als Bezugsgröße nicht angebracht, wenn die Vergleichsunternehmen unterschiedliche Abschreibungsmethoden anwenden und sich in unterschiedlichen Investitionsphasen befinden.[3] In einem solchen Fall könnte auf das Ergebnis vor Abschreibungen abgestellt werden. Aber auch das EBITDA entspricht nicht den Zahlungsmittelüberschüssen (Free Cash Flow), die bei den entsprechenden Zukunftserfolgswertverfahren diskontiert werden. So finden im EBITDA insbesondere der fiktive Ertragssteueraufwand, die Investitionsausgaben sowie die Bewegungen im Net Working Capital keine Berücksichtigung. Dies ist im Rahmen einer Multiplikatorbewertung insbesondere dann problematisch, wenn Unternehmen mit unterschiedlichen Kapitalintensitäten berücksichtigt werden, da der Kapitalbedarf nicht explizit in das Kalkül eingeht, sondern annahmegemäß gleich ist. 31

b) Abgrenzung des Marktpreises des Eigen- und des Gesamtkapitals

Bei der Ermittlung von Multiplikatoren stellt die Abgrenzung des **Marktpreises des Eigenkapitals** einen wichtigen Analyseschritt dar. Hierbei kann auf drei Methodenansätze zurückgegriffen werden (s. oben Rz. 15 f.): Während die Similar Public Company Method auf die Ermittlung der Marktpreise von vergleich- 32

---

1 In diesem Zusammenhang wird der Verschuldungsgrad aus Marktwerten und nicht aus der Relation von buchhalterischen Werten abgeleitet.
2 Vgl. *Benninga/Sarig*, Corporate Finance, S. 315 und *Adrian* in Krolle/Schmitt/Schwetzler, Multiplikatorverfahren in der Unternehmensbewertung, S. 72 ff.
3 Vgl. *Krolle* in Krolle/Schmitt/Schwetzler, Multiplikatorverfahren in der Unternehmensbewertung, S. 47.

baren börsennotierten Unternehmen (sog. **Trading Multiples**) abstellt, wird bei der Recent Acquisition Method der Kaufpreis für erfolgte Übernahmen von vergleichbaren Unternehmen (sog. **Transaction Multiples**) zur Rate gezogen. Die Bestimmung des Eigenkapital-Marktpreises unter Zuhilfenahme der Platzierungspreise von Neuemissionen steht bei der **Initial Public Offering Method** im Fokus. Nachfolgend werden die in der Praxis überwiegend verwendeten Trading Multiples und die Transaction Multiples näher erläutert.

33   Bei einer Verwendung von **Trading Multiples** wird die Preisermittlung des Eigenkapitals auf Basis der Marktkapitalisierung der festzulegenden Vergleichsunternehmen vorgenommen. Dieser Ansatz geht von der grundlegenden Annahme aus, dass sich die Kurse der börsennotierten Vergleichsunternehmen stets zeitnah den aktuellen ökonomischen Rahmenbedingungen anpassen und somit Informationen effizient verarbeitet werden.[1]

34   Die **Marktkapitalisierung** der Vergleichsunternehmen ist bei Trading Multiples der **Ausgangspunkt** für die Ermittlung des Eigenkapitals, wobei diese als Summe der Marktkapitalisierung der einzelnen Aktiengattungen berechnet wird. Bei der Berechnung sind **sämtliche außenstehende Aktien** zu berücksichtigen, eigene Aktien werden folglich nicht einbezogen. Probleme können bei der Ableitung der Marktkapitalisierung dann auftreten, wenn eine Aktiengattung nicht börsennotiert oder nicht hinreichend liquide ist. Für einen solchen Fall können keine generellen Empfehlungen zur Adjustierung gegeben werden.

35   Ferner muss eine Entscheidung über die **Abgrenzung der Bestandteile des Eigenkapitals** getroffen werden. Die Marktkapitalisierung an der Börse umfasst neben dem operativen Vermögen auch Beteiligungen sowie nicht-betriebsnotwendiges Vermögen, während Minderheitenanteile und Anteile von Optionsinhabern als mögliche künftige Anteilseigner nicht erfasst sind. Im Rahmen der Multiplikatorbewertung können bei der Abgrenzung des Eigenkapitals diese Elemente explizit berücksichtigt werden oder auch unberücksichtigt bleiben. Der letztgenannte Fall korrespondiert mit der impliziten Annahme, dass bspw. über eine Verdichtung der Multiplikatoren zum Durchschnitt das Bewertungsobjekt als durchschnittliches Unternehmen richtig bepreist wird. In beiden Fällen ist die Bezugsgröße entsprechend der Wahl der Zählergröße konsistent abzugrenzen und die Definition konsequent für alle Vergleichsunternehmen anzuwenden.

36   Bei der Bewertung anhand von **Transaction Multiples** sind bei der Berechnung des Eigenkapitals grundsätzlich dieselben Überlegungen anzustellen wie bei den Trading Multiples.[2] Ein Unterschied der beiden Herangehensweisen besteht darin, dass die anhand von Transaktionen ermittelten Preise die individuellen Gegebenheiten des Käufers und des Verkäufers beinhalten und somit einen engeren Bezug zu Entscheidungswerten der beteiligten Parteien aufweisen.[3] Dies soll nachfolgend anhand zentraler Aspekte der Preisfindung der Vertragsparteien verdeutlicht werden.

---

1   Vgl. *Schacht/Fackler* in Schacht/Fackler, Praxishandbuch Unternehmensbewertung, S. 259.
2   Vgl. *Böcking/Nowak*, FB 1999, 169 (174).
3   Vgl. *Peemöller/Meister/Beckmann*, FB 2002, 197 (199-201).

Im Rahmen von **Kauf- bzw. Verkaufstransaktionen** werden häufig **umfassende vertragliche (Zusatz-)Vereinbarungen** wie Gewährleistungs- und Garantieübernahmen getroffen, die über die Rechte und Pflichten beim Erwerb einer Aktie über die Börse weit hinausgehen können.[1] Somit können auch etwaige vereinbarte Nebenabreden Einfluss auf den vereinbarten Transaktionspreis nehmen. 37

Ein weiterer Unterschied zwischen Trading und Transaction Multiples besteht bei der Berücksichtigung von **Paketeffekten**. Grundsätzlich ist bei der Abgrenzung der Marktpreise zu beachten, dass sowohl Paketzuschläge (**Kontrollprämien**) als auch Paketabschläge (**Portfolioabschläge**) denkbar sind. Während Paketabschläge und -zuschläge bei Trading Multiples – also im Börsenkurs – nicht widergespiegelt werden, sind diese bei Transaction Multiples grundsätzlich verarbeitet.[2] **Trading Multiples** liegen Preise für den Erwerb von **Minderheitenanteilen** zugrunde, **Transaction Multiples** hingegen regelmäßig Preise für den Erwerb von **Mehrheitsanteilen**.[3] Letztere berücksichtigen damit neben den subjektiven Einschätzungen des Erwerbers über das Bewertungsobjekt auch Synergieeffekte, die sich der Erwerber aus der Akquisition erhofft.[4] Diese Differenzierung gilt es bei der Abgrenzung des Marktpreises und insbesondere auch bei der Analyse der Ergebnisse der Multiplikatorbewertung zu beachten. 38

Weitere Freiheitsgrade hinsichtlich der Ermittlung des **Marktpreises des Eigenkapitals** bei der Verwendung von Transaction Multiples bestehen bei der Verarbeitung von Transaktionen, in denen lediglich ein **Teil der Aktien** erworben wurde. In diesem Fall kann der Preis des erworbenen Anteils auf den Gesamtwert hochskaliert werden. Alternativ kann für den restlichen Anteil, der nicht Bestandteil der Transaktion war, die Marktkapitalisierung angesetzt werden. Wenn nur eine Aktiengattung Bestandteil der Transaktion war, kann der Transaktionspreis – ggf. mit Zu- oder Abschlägen – auch für die jeweils andere Aktiengattung genutzt oder stattdessen auf deren Marktkapitalisierung abgestellt werden. 39

Der für **Gesamtkapitalmultiplikatoren** erforderliche Marktpreis des Gesamtkapitals wird durch Addition der Marktpreise des Eigenkapitals und des Fremdkapitals ermittelt (s. oben Rz. 15). Bei der Berechnung des Marktpreises des Fremdkapitals wird i.d.R. vereinfachend auf die entsprechenden Buchwerte des Fremdkapitals zurückgegriffen. 40

Bei der Ableitung des **Marktpreises des Fremdkapitals** werden grundsätzlich zwei Vorgehensweisen unterschieden. Bei der sog. **Bruttomethode** wird der **volle Bestand an verzinslichen Schulden** zum Eigenkapital addiert, während bei der **Nettomethode** zunächst die Schulden mit Aktivposten der Bilanz, welche für Finanzierungszwecke genutzt werden können, verrechnet werden und somit eine **Nettoverschuldung** (Net Debt) zum Marktpreis des Eigenkapitals 41

---

1 Vgl. *Löhnert/Böckmann* in Peemöller, Praxishandbuch der Unternehmensbewertung, S. 691.
2 Vgl. *Böcking/Nowak*, FB 1999, 169 (174).
3 Vgl. *Schacht/Fackler* in Schacht/Fackler, Praxishandbuch Unternehmensbewertung, S. 259 f.
4 Vgl. *Coenenberg/Schultze*, FB 2002, 697 (698, Fn. 11) sowie *Wagner* in Krolle/Schmitt/Schwetzler, Multiplikatorverfahren in der Unternehmensbewertung, S. 7.

addiert wird.[1] Die letztgenannte Methode ist in Europa tendenziell weiter verbreitet als in den USA.

42 Die **Nettomethode** beruht auf der Überlegung, dass **nicht betriebsnotwendige Liquidität** fiktiv zur Tilgung von Schulden verwendet wird. Dies stellt die beste Verwendung der nicht betriebsnotwendigen Liquidität dar, da diese oftmals niedriger verzinst wird als die entsprechenden Schulden. Durch diese **Saldierung** wird ein Nettoschuldenstand (Net Debt) berechnet, der langfristig zur Finanzierung benötigt wird. Dieses Vorgehen unterstellt somit bewertungstheoretisch, dass das nicht-betriebsnotwendige Finanzvermögen nicht mit Eigen- und Fremdkapital gemäß der Finanzierungsstruktur des Unternehmens, sondern ausschließlich mit Fremdkapital finanziert wird.

43 Neben die theoretische Überlegung, wie mit nicht betriebsnotwendiger Liquidität zu verfahren ist, tritt die praktische Herausforderung, die „**relevanten**" **Schulden und Aktivposten abzugrenzen**, die in die Berechnung des Net Debt einbezogen werden. Die zur Berechnung des Net Debt relevanten Posten sind zunächst anhand deren Verzinslichkeit abzugrenzen. Im Anschluss wird die Differenz aus verzinslichen Schulden und den Zahlungsmittelbeständen gebildet. Dabei sollten nicht die gesamten Zahlungsmittelbestände, sondern lediglich die nicht betriebsnotwendige Liquidität in Abzug gebracht werden. Hierzu muss die nicht betriebsnotwendige von der betriebsnotwendigen Liquidität, die zur Aufrechterhaltung der operativen Geschäftstätigkeit benötigt wird, abgegrenzt weren.[2]

c) Festlegung einer geeigneten Bezugsgröße

44 Eine weitere wesentliche Herausforderung der Multiplikatorbewertung stellt die Auswahl einer geeigneten Bezugsgröße zum Marktpreis des Eigen- bzw. des Gesamtkapitals dar. Anhand der **Bezugsgröße** wird der Preis eines Vergleichsunternehmens **standardisiert** und schließlich auf das Bewertungsobjekt übertragen.[3] Dieses Vorgehen lässt sich am Beispiel des Wohnungsmarkts verdeutlichen: Hier wird oftmals die Miete pro Quadratmeter angegeben, um dem Interessenten eine überschlägige Abschätzung zu ermöglichen, wie günstig eine Wohnung im Vergleich zu einer anderen Wohnung ist. Ein solcher Multiplikator (€ pro m^2) stellt jedoch nur eine einfache Näherung dar: Der relativ niedrige Quadratmeterpreis einer Wohnung kann allein dadurch begründet sein, dass diese über eine schlechtere Ausstattung verfügt, in einem weniger begehrten Stadtteil gelegen ist oder länger nicht mehr renoviert wurde. Ein Vergleich des Preises in € pro m^2 ist also nur dann sinnvoll, wenn sämtliche andere Charakteristiken der Wohnung gleich sind.[4] Deshalb kommt auch der Wahl der Bezugsgröße im Multiplikatorverfahren eine tragende Rolle zu, da hierdurch ein **sinnvoller Vergleichsmaßstab** geschaffen werden muss.

---

1 Vgl. *Krolle* in Krolle/Schmitt/Schwetzler, Multiplikatorverfahren in der Unternehmensbewertung, S. 22 ff.
2 Vgl. *Schacht/Fackler* in Schacht/Fackler, Praxishandbuch Unternehmensbewertung, S. 262.
3 Vgl. *Damodaran*, The Dark Side of Valuation, S. 253.
4 Vgl. *Hasler*, Aktien richtig bewerten, S. 284.

Grundsätzlich werden in der Literatur die nachfolgend genannten vier **Arten von Bezugsgrößen** für eine Multiplikatorbewertung unterschieden, die jeweils spezifische Vor- und Nachteile aufweisen:[1]

45

Bei den **Ergebnis-/Ertragsmultiplikatoren** wird der Marktpreis des Eigen- oder des Gesamtkapitals ins Verhältnis zu den Erträgen gesetzt, die das entsprechende Kapital generiert. Bei den Equity-Multiplikatoren ist das Kursgewinnverhältnis (KGV) das wohl bekannteste Beispiel, bei den Entity-Multiplikatoren wird das EBITDA oder das EBIT häufig als Bezugsgröße gewählt.

46

Bei den **Umsatzmultiplikatoren** wird der Marktpreis des Eigen- oder des Gesamtkapitals des Vergleichsunternehmens ins Verhältnis zu dessen Umsatzerlösen gesetzt. Diese Multiplikatoren sind im Vergleich zu den Ergebnis-/Ertragsmultiplikatoren und den nachfolgend beschriebenen Buchwertmultiplikatoren weniger von den unterschiedlichen Rechnungslegungsstandards und den entsprechenden Wahlrechten abhängig (s. Rz. 30), werden aber stark von Margenunterschieden beeinflusst.

47

Bei den **Buchwert-/Rekonstruktionswertmultiplikatoren** wird der Marktpreis in Bezug zum Buchwert des Kapitals oder zu den Wiederbeschaffungskosten gesetzt. Buchwert-/Rekonstruktionswert-Multiplikatoren können grundsätzlich sowohl in Bezug auf den Wert des Eigenkapitals als auch in Bezug auf den Wert des Gesamtunternehmens definiert werden. Bei Verwendung des Buchwerts ergibt sich als Multiplikator der Wert, den man in Relation zum investierten Kapital bezahlen muss. Der Buchwert des Eigenkapitals ergibt sich als Differenz der Buchwerte der Vermögensgegenstände und Schulden. Entsprechend stark sind diese Werte von Rechnungslegungsstandards und der Ausübung von Wahlrechten geprägt. Dies schränkt die Vergleichbarkeit zwischen Unternehmen, insbesondere aus unterschiedlichen Rechnungslegungsregimen, merklich ein. Zudem ist zu berücksichtigen, zu welchem Zeitpunkt das Unternehmen gegründet und das Gründungskapital bereitgestellt wurde. Zieht man den (Teil-)Rekonstruktionswert als Bezugsgröße (Tobin's Q) heran, ergibt sich als Multiplikator der Faktor, den man über den physischen Wert der Anlagegüter hinaus für ein Unternehmen bezahlen muss. Auch der Ansatz des Substanzwerts im Sinne eines (Teil-)Rekonstruktionswerts als Bezugsgröße ist tendenziell kritisch zu beurteilen und nur in Ausnahmefällen als aussagekräftig anzusehen. Dies gilt insbesondere aufgrund des mangelnden Bezugs zur Fähigkeit des Unternehmens, in Zukunft Cash Flows zu generieren (s. hierzu auch unten Rz. 75 ff.).

48

Bei den **sonstigen Multiplikatoren** finden insbesondere branchenspezifische, nicht-finanzielle Bezugsgrößen Berücksichtigung. Diese Multiplikatoren kommen regelmäßig dann zur Anwendung, wenn (noch) kein Gewinn erwirtschaftet wird, also insbesondere bei jungen Unternehmen und Branchen. Die nicht finanziellen Multiplikatoren erfahren in der Fachliteratur vielfache Kritik, da insbesondere aufgrund des fehlenden Zusammenhangs zur Ermittlung des zukünftigen Cash Flow-Potentials häufig die Aussagekraft eines nicht-finanziellen Multiplikators eingeschränkt ist. Eine Korrelation der mengenmäßigen

49

---

1 Vgl. *Damodaran*, The Dark Side of Valuation, S. 253 ff.

Größen mit dem Unternehmenswert kann nicht ohne weiteres angenommen werden. Vor diesem Hintergrund sollten branchenspezifische/nicht-finanzielle Multiplikatoren vorwiegend dann zum Einsatz kommen, wenn aufgrund geringer Umsätze und negativer Erträge Umsatz- und Ertragsmultiplikatoren nicht angewandt werden können.

50 Im Ergebnis sollte in erster Linie die auf **finanziellen Bezugsgrößen** basierenden Umsatzmultiplikatoren sowie Ergebnis-/Ertragsmultiplikatoren Verwendung finden.[1] Die konkrete finanzielle Bezugsgröße muss der Bewerter jedoch einzelfallabhängig auswählen; eine allgemeingültige Empfehlung von bestimmten Multiplikatoren ohne Berücksichtigung der im Einzelfall gegebenen Umstände wäre nicht sachgerecht.

51 Neben der Auswahl der Art der Bezugsgröße ist auch der **Zeitbezug der Bezugsgröße** sachgerecht festzulegen. So können etwa Umsatzmultiplikatoren sowohl auf Basis von Vergangenheitswerten, beispielsweise auf Basis des Umsatzes im letzten Geschäftsjahr, als auch auf Basis von prognostizierten Werten, beispielsweise auf Basis von Analystenprognosen des Umsatzes für das nächste Geschäftsjahr, berechnet werden.[2]

52 Aus theoretischen Überlegungen heraus ist die **Verwendung von Prognosedaten** der Verwendung von Ist- bzw. Vergangenheitsdaten überlegen. Letzteren kommt eine geringere Aussagekraft zu, da sie nur bedingt Rückschlüsse auf die Fähigkeit des Unternehmens zulassen, **zukünftig finanzielle Überschüsse** zu erzielen. Eben diese erwarteten finanziellen Überschüsse fließen aber in die Preisbildung (Marktpreis des Eigen- oder Gesamtkapitals) ein. Diese Argumentation gilt sowohl für das Bewertungsobjekt als auch für die Vergleichsunternehmen. Der Marktpreis der Vergleichsunternehmen hängt von den Erwartungen für die Zukunft ab, die auch in den kapitalwertorientierten Verfahren ihren Niederschlag finden. Entsprechend sollte aus theoretischer Sicht auf Prognosen der Bezugsgrößen abgestellt werden, soweit diese verfügbar sind.[3] Auch empirische Studien kommen zu dem Ergebnis, dass Multiplikatorberechnungen auf Basis von prognostischen Werten zu belastbareren Ergebnissen führen als bei einer Verwendung von Vergangenheitswerten.[4] Um aus der Wahl des Basisjahres der Prognosen möglicherweise resultierende Ergebnisverzerrungen zu vermindern, bietet es sich insbesondere bei der Analyse von Trading Multiples an, auf mehrere Planperioden abzustellen.[5]

53 Prognosewerte für die Bezugsgrößen können bei den Vergleichsunternehmen aus **Analystenschätzungen** entnommen werden, wobei grundsätzlich eine größere Zahl von Schätzungen zu bevorzugen ist. Auf diese Weise werden Über-

---

1 Vgl. *IDW* (Hrsg.), IDW S 8, FN-IDW 2011, Tz. 34 f.
2 Vgl. *Schacht/Fackler* in Schacht/Fackler, Praxishandbuch Unternehmensbewertung, S. 260.
3 Vgl. *Benninga/Sarig*, Corporate Finance, S. 312; *Schreiner*, Equity Valuation Using Multiples, S. 47 sowie *Schacht/Fackler* in Schacht/Fackler, Praxishandbuch Unternehmensbewertung, S. 261 f.
4 Vgl. *Schreiner*, Equity Valuation Using Multiples, S. 16 f. mit weiteren Literaturquellen.
5 Vgl. *IDW* (Hrsg.), IDW, IDW S 8, FN-IDW 2011, Tz. 36.

und Unterschätzungen zumindest teilweise herausgemittelt und durch einen Vergleich der Schätzungen untereinander können Ausreißer erkannt werden.[1] Für das Bewertungsobjekt sollte – soweit verfügbar – auf Plandaten des zu bewertenden Unternehmens abgestellt werden. Analystenmeinungen über das Bewertungsobjekt können ergänzend zur Plausibilisierung herangezogen werden.

d) Auswahl der Vergleichsunternehmen

Da die (standardisierten) Preise der Vergleichsunternehmen das Fundament für die Ableitung des Unternehmenswerts des Bewertungsobjekts bilden, kommt der Auswahl der Vergleichsunternehmen eine sehr hohe Bedeutung zu. Um diese vornehmen zu können, sind zunächst die **wertrelevanten Charakteristika des Bewertungsobjekts** sorgfältig herauszuarbeiten. Hierzu sollte dieses insbesondere hinsichtlich der Kriterien Branche, Absatz, Wettbewerbssituation, Wachstumsaussichten und Kapitalstruktur analysiert werden. Auf Grundlage dieser Analyse sind dann vergleichbare Unternehmen zu suchen.[2]

54

In der Literatur wird oft empfohlen, auf Unternehmen der **gleichen Branche** abzustellen und diese dann weitergehend zu analysieren. Die gemeinsame Branchenzugehörigkeit von Unternehmen, die beispielsweise an der entsprechenden Einstufung in die Branchenklassifizierung eines Finanzinformationsdienstleisters festgemacht werden kann, wird dabei häufig als **wesentliches operatives Kriterium** gesehen.[3] Die eigentlichen Vergleichbarkeitskriterien (erwartete Cash Flows, Wachstum der Cash Flows und Kapitalkosten für das entsprechende systematische Risiko der Cash Flows) setzten jedoch **nicht zwingend eine gemeinsame Branchenzugehörigkeit** voraus.[4] Eine gemeinsame Branchenzugehörigkeit ist mithin keine Garantie für eine sachgerecht abgeleitete Gruppe von Vergleichsunternehmen und auch keine Voraussetzung für den Einbezug in eine Gruppe von Vergleichsunternehmen. Das Abstellen auf Unternehmen derselben Branche ist lediglich ein guter Ansatzpunkt, um Unternehmen zu identifizieren, die sich hinsichtlich der oben genannten Kriterien mit vergleichsweise hoher Wahrscheinlichkeit ähneln.

55

Dem Kriterium der **gemeinsamen Branche** von Bewertungsobjekt und Vergleichsunternehmen liegt die Annahme zugrunde, dass die Unternehmen einer Branche ein ähnliches operatives Risiko aufweisen, was technisch einen identischen unverschuldeten Betafaktor impliziert. Darüber hinaus sind in einer Branche regelmäßig auch die Wachstumsaussichten der einzelnen Unternehmen ähnlich.[5]

56

Auch wenn Unternehmen in derselben Branche tätig sind und somit grundsätzlich dieselben Güter herstellen, muss auch die Art der **Technologie** unter-

57

---

1 Vgl. *Schacht/Fackler* in Schacht/Fackler, Praxishandbuch Unternehmensbewertung, S. 261.
2 Vgl. auch *IDW* (Hrsg.), WP Handbuch 2014, Band II, Abschnitt A, Rz. 210-212.
3 Vgl. bspw. *Hasler*, Aktien richtig bewerten, S. 292.
4 Vgl. *Damodaran*, The Dark Side of Valuation, S. 266.
5 Vgl. *Peemöller/Meister/Beckmann*, FB 2002, 197 (204).

sucht werden.¹ Speditionen, Fluggesellschaften, Reedereien und Eisenbahngesellschaften sind im Transportgewerbe tätig, verfügen aber über unterschiedliche Produktionstechnologien, mit denen sie die Transportleistungen erbringen. Diese Unterschiede in den Produktionstechnologien haben Auswirkungen auf Wachstum, Marge und Risiko und damit auch auf die Multiplikatoren.

58   Die Analyse der Branche kann Hinweise auf die **Zyklik** von Marge und Wachstum der Unternehmen liefern. Da ein Multiplikator letztlich einem Gordon-Wachstumsmodell entspricht, wird von einem eingeschwungenen Zustand der Vergleichsunternehmen und des Bewertungsobjekts ausgegangen.² Bei Unternehmen, deren Geschäft einer starken zyklischen Entwicklung unterliegt, hängen die Wachstums- und Margenaussichten für die nächsten Jahre wesentlich von dessen momentanen Stand im Zyklus ab. Wenn diese kurzfristigen Erwartungen für die nächsten Jahre im Multiplikator bis in alle Ewigkeit fortgeschrieben werden („Gordon-Wachstumsmodell"³), wird die zyklische Bewegung nicht berücksichtigt, was zu einer starken (absoluten) Über- oder Unterbewertung im Vergleich zum fundamentalen Wert führen kann. Dieses Problem besteht insbesondere dann, wenn die entsprechende Zyklizität vom Markt nicht richtig eingepreist wird. Ferner besteht neben dem Problem der absoluten Fehlbewertung das Problem einer möglichen relativen Fehlbewertung. Diese kann dann auftreten, wenn Zyklen innerhalb einer Branche bzw. innerhalb der Gruppe der Vergleichsunternehmen verschoben sind. So könnte etwa der Multiplikator eines Unternehmens, das sich in einer Boom-Phase befindet, fälschlicherweise auf ein rezessives Unternehmen übertragen werden, was entsprechend zu einer falschen Bewertung führen würde.

59   Die **Wettbewerbsintensität** einer Branche wirkt sich unmittelbar auf die Ergebnismargen der Unternehmen aus. Daher ist insbesondere bei Vergleichsunternehmen aus unterschiedlichen Branchen das jeweilige Wettbewerbsumfeld zu analysieren. Hierbei ist ein besonderes Augenmerk auf die zukünftige Entwicklung des Wettbewerbs zu achten, da diese in den Margen und gegebenenfalls auch im Wachstum Niederschlag finden kann.⁴

60   Auch die **Kundenstruktur** kann ein bedeutender Aspekt bei einer Analyse der Vergleichsunternehmen sein.⁵ Die jeweilige Kundenstruktur eines Unternehmens kann einerseits auf einer strategischen Entscheidung fußen, andererseits können örtliche Gegebenheiten, wie vorhandene Infrastruktur oder die Verfügbarkeit von Ressourcen, den Kundenkreis prädeterminieren. Dies kann erhebliche Auswirkungen auf Margen oder Wachstumsaussichten haben.

---

1 Vgl. *Benninga/Sarig*, Corporate Finance, S. 310.
2 Vgl. *Peemöller/Meister/Beckmann*, FB 2002, 197 (204).
3 Das Gordon-Wachstumsmodell ist eine mathematische Umformung einer unendlich lang laufenden Zahlungsreihe, die in jedem Jahr mit einer konstanten Wachstumsrate g wächst und die mit einem konstanten Jahreszinssatz k abgezinst wird. Die erste Zahlung fällt dabei am Ende des ersten Jahres in Höhe von X an. Mathematisch ergibt sich der Barwert BW dann als BW = X / (k-g).
4 Vgl. *Peemöller/Meister/Beckmann*, FB 2002, 197 (205).
5 Vgl. *Benninga/Sarig*, Corporate Finance, S. 310.

§ 10 Alternative Bewertungsverfahren

Neben der Analyse der Branche sollte auch eine Analyse der **Wettbewerber** des Bewertungsobjekts erfolgen.[1] Dabei müssen Wettbewerber und andere Unternehmen einer Branche nicht deckungsgleich sein: Insbesondere große Mischkonzerne treten teilweise (auch über Konzerntöchter) in den Wettbewerb mit einem mittelständischen „Pure Player". Aufgrund einer vergleichbaren Kundenstruktur sowie ähnlicher Waren und Dienstleistungen weisen diese Unternehmen in der Regel – zumindest in Teilbereichen – ein ähnliches Risikoprofil, vergleichbare Margen und vergleichbare Wachstumsaussichten auf. Diese Überlegung ist immer daran zu spiegeln, dass Unternehmen teilweise nur in einigen Produktgruppen im Wettbewerb stehen und somit in der Gesamtbetrachtung keine Vergleichbarkeit aufweisen. Im Ergebnis ist es daher möglich, dass keine vergleichbaren Wettbewerber existieren, da die Unternehmen – obgleich sie in Teilbereichen miteinander konkurrieren – in der Gesamtbetrachtung zu unterschiedlich sind. Bei jungen Wachstumsunternehmen mit innovativen Produkten können zudem oftmals keine direkten Wettbewerber identifiziert werden, da für diese Produkte noch keine Substitute auf dem Markt verfügbar sind.

Die Phase im Lebenszyklus eines Unternehmens und somit die **Reifephase** sollten ebenfalls für die gesamte Gruppe potentieller Vergleichsunternehmen untersucht werden.[2] Unternehmen in einer frühen Reifephase (Start Ups) verfügen etwa über ein hohes Wachstum, das mit einem hohen operativen Risiko einhergeht.

Schließlich kann auch die **Firmengröße** als Stellvertretervariable für ähnliches Wachstum oder Profitabilität dienen.[3] Kleinere Firmen wachsen etwa häufig bedeutend schneller als große Unternehmen. Zudem kann die Firmengröße in einer Branche ein Indiz für Skaleneffekte und folglich auch für die Profitabilität darstellen. Unternehmen, die sich deutlich in der Größe unterscheiden, sind bei hohen Skaleneffekten kaum miteinander zu vergleichen. Zudem wird über die Firmengröße auch für den zum Teil beobachtbaren negativen Zusammenhang von Eigenkapitalrenditen und Firmengröße („Small Firm Effect") kontrolliert.[4]

Auch bei einer sorgsamen qualitativen Untersuchung von potentiellen Vergleichsunternehmen anhand der vorstehend beschriebenen Kriterien kann eine **vollständige Vergleichbarkeit** mit dem Bewertungsobjekt **regelmäßig nicht hergestellt** werden. Für eine ausreichend große Gruppe von Vergleichsunternehmen werden zumeist Unterschiede verbleiben, die einen Einfluss auf den Wert haben können. Zur **Bereinigung** dieser Unterschiede sind subjektive Anpassungen, eine Modifikation der Multiplikatoren sowie Regressionen auf Ebene von Sektoren oder des Gesamtmarkts möglich, auf die an dieser Stelle lediglich hingewiesen sei.[5]

---

1 Vgl. *Peemöller/Meister/Beckmann*, FB 2002, 197 (204 f.).
2 Vgl. *Peemöller/Meister/Beckmann*, FB 2002, 197 (204).
3 Vgl. *Benninga/Sarig*, Corporate Finance, S. 310.
4 Vgl. *Peemöller/Meister/Beckmann*, FB 2002, 197 (204).
5 Vgl. *Damodaran*, The Dark Side of Valuation, S. 267. Vgl. für eine weiterführende Darstellung bspw. auch *Franken/Schulte*, Fairness Opinions nach IDW S 8, S. 156–296.

65 Abschließend sollte der Bewerter bei der **Festlegung einer geeigneten Bezugsgröße** und bei der **Auswahl von Vergleichsunternehmen** die **Interdependenz** dieser beiden Analyseschritte beachten. Möglicherweise wird im Rahmen der Auswahl der Vergleichsunternehmen die ursprüngliche Wahl der Bezugsgröße zu überdenken sein. Ist beispielsweise die Wahl zunächst auf einen EBITDA-Multiplikator gefallen und im Rahmen der Analyse der potentiellen Vergleichsunternehmen zu erkennen, dass die ansonsten gut geeigneten Vergleichsunternehmen unterschiedliche Kapitalintensitäten aufweisen, ist gegebenenfalls die Wahl des Multiplikators zu verwerfen. Soll stattdessen etwa auf den EBIT-Multiplikator abgestellt werden, muss für diesen wiederum eine Analyse der Vergleichsunternehmen erfolgen. Insgesamt kann somit die Wahl einer geeigneten Bezugsgröße und der passenden Vergleichsunternehmen als iteratives Verfahren aufgefasst werden.

III. Vereinfachtes Ertragswertverfahren

66 Zu den weiteren alternativen Bewertungsverfahren ist auch das vereinfachte Ertragswertverfahren zu zählen, welches insbesondere bei **erbschaftsteuerrechtlichen Fragen** Verwendung findet. Diese Methode ist aufgrund einer Neufassung des Bewertungsgesetzes erstmalig **seit dem 1.1.2009** anzuwenden.

67 Die Methodenauswahl zur steuerlichen **Bewertung von nicht börsennotierten Gesellschaften im Zuge von Schenkungs- und Erbschaftsfällen** wurde gem. der Neugestaltung des § 11 Abs. 2 BewG um das vereinfachte Ertragswertverfahren erweitert. Hierbei steht die Ermittlung des gemeinen Werts im Vordergrund, welcher den Veräußerungspreis im gewöhnlichen Geschäftsverkehr – ohne persönliche Einflüsse – widerspiegelt (§ 9 Abs. 2 BewG). Bei den o.g. steuerlichen Bewertungsanlässen wurde bisher i.d.R. das Stuttgarter Verfahren (s. unten Rz. 89 ff.) verwendet.[1] In der betriebswirtschaftlichen Literatur wird der § 11 Abs. 2 BewG nach herrschender Meinung dahingehend interpretiert, dass weiterhin die Möglichkeit offensteht, auf „traditionelle" Gesamtbewertungsverfahren (bspw. DCF-Methode) und Multiplikatorverfahren zurückzugreifen.[2]

68 Das vereinfachte Ertragswertverfahren zur Ermittlung des gemeinen Werts eines Unternehmens darf indes nur in dem Fall **nicht angewendet** werden, wenn es zu **offensichtlich falschen Ergebnissen** führt (§ 199 BewG). Eine genauere Definition, ab wann ein Unternehmenswert offensichtlich falsch ist, geht aus dem Gesetzeswortlaut nicht hervor. Dementsprechend wird die vom Fiskus ursprünglich angedachte Vereinfachungsidee durch diese fehlende Definition womöglich konterkariert.[3]

69 Im Gegensatz zum klassischen Ertragswertverfahren folgt das vereinfachte Ertragswertverfahren einem vom Gesetzgeber **konkretisierten Berechnungsschema**, welches in den §§ 200–203 BewG präzisiert wird. Hiernach berechnet sich der Ertragswert des zu bewertenden Unternehmens aus dem **Produkt von nach-**

---

1 Vgl. *Creutzmann*, DB 2008, 2784.
2 Vgl. *Ballwieser/Hachmeister*, Unternehmensbewertung, S. 226–228.
3 Vgl. *Ballwieser/Hachmeister*, Unternehmensbewertung, S. 226.

Alternative Bewertungsverfahren § 10

haltigem Jahresertrag und Kapitalisierungsfaktor. Somit wird aus investitionstheoretischer Sicht technisch ein ewiges Rentenmodell unterstellt.

Zur Ermittlung des **nachhaltigen Jahresertrags** ist auf Ist-Daten des Bewertungsobjekts zurückzugreifen. Gemäß § 201 BewG ist der nachhaltige Ertrag aus dem arithmetischen Mittel der in den letzten drei Jahren erwirtschafteten Betriebsergebnisse zu berechnen. Die Länge des Beobachtungszeitraum kann nur in begründeten Fällen – dazu gehören beispielsweise Neugründungen oder nachhaltige Veränderungen der Unternehmensverhältnisse – verkürzt werden. In Einzelfällen, in denen frühere Betriebsergebnisse (älter als drei Jahre) z.B. aufgrund von zwischenzeitlichen Umstrukturierungen die nachhaltige Ertragskraft besser widerspiegeln, kann der bewertungsrelevante Zeitraum indes weiter in die Vergangenheit verschoben werden (§ 201 Abs. 3 BewG). 70

Als Ausgangsgröße zur Berechnung des nachhaltigen Jahresertrags wird der steuerliche Gewinn nach § 4 Abs. 1 Satz 1 EStG verwendet. Im Folgenden wird dieser Gewinn um mehrere Posten bereinigt, um den nachhaltigen Jahresertrag zu erhalten (§ 202 BewG): 71

	Ausgangsgröße: Gewinn i.S. des § 4 Abs. 1 Satz 1 EStG
+	Investitionsabzugsbeträge, Sonderabschreibungen oder erhöhte Absetzungen, Bewertungszuschläge, Zuführungen zu steuerfreien Rücklagen sowie Teilwertabschreibungen. Es sind nur die normalen Absetzungen für Abnutzung zu berücksichtigen. Diese sind nach den AHK bei gleichmäßiger Verteilung über die gesamte betriebliche Nutzungsdauer zu bemessen. Die normalen Absetzungen für Abnutzung sind auch dann anzusetzen, wenn für die Absetzungen in der Steuerbilanz vom Restwert auszugehen ist, der nach Inanspruchnahme der Sonderabschreibungen oder erhöhten Absetzungen verblieben ist.
+	Absetzungen auf den Geschäfts- oder Firmenwert oder firmenwertähnliche Wirtschaftsgüter.
+	Einmalige Veräußerungsverluste sowie außerordentliche Aufwendungen.
+	Im Gewinn nicht enthaltene Investitionszulagen, soweit in Zukunft mit weiteren zulagebegünstigten Investitionen in gleichem Umfang gerechnet werden kann.
+	Ertragsteueraufwand (KSt, Zuschlagsteuern, GewSt).
+	Aufwendungen, die im Zusammenhang mit Vermögen i.S. des § 200 Abs. 2, 4 BewG stehen und übernommene Verluste aus Beteiligungen i.S. des § 200 Abs. 2–4 BewG.
–	Gewinnerhöhende Auflösungsbeträge steuerfreier Rücklagen sowie Gewinne aus der Anwendung des § 6 Abs. 1 Nr. 1 Satz 4 und Nr. 2 Satz 3 EStG.
–	Einmalige Veräußerungsgewinne sowie außerordentliche Erträge.

-	Im Gewinn enthaltene Investitionszulagen, soweit in Zukunft nicht mit weiteren zulagebegünstigten Investitionen in gleichem Umfang gerechnet werden kann.
-	Ein angemessener Unternehmerlohn, soweit in der bisherigen Ergebnisrechnung kein solcher berücksichtigt worden ist. Die Höhe des Unternehmerlohns wird nach der Vergütung bestimmt, die eine nicht beteiligte Geschäftsführung erhalten würde. Neben dem Unternehmerlohn kann auch ein fiktiver Lohnaufwand für bislang unentgeltlich tätige Familienangehörige des Eigentümers berücksichtigt werden.
-	Erträge aus der Erstattung von Ertragsteuern (KSt, Zuschlagsteuern, GewSt).
-	Erträge, die im Zusammenhang mit Vermögen i.S. des § 200 Abs. 2–4 BewG stehen.
+/-	Hinzuzurechnen oder abzuziehen sind auch sonstige wirtschaftlich nicht begründete Vermögensminderungen oder -erhöhungen mit Einfluss auf den zukünftig nachhaltig erzielbaren Jahresertrag und mit gesellschaftsrechtlichem Bezug, soweit sie nicht bereits bei vorstehend genannten Posten berücksichtigt wurden.
(-)	Ein ggf. positives Betriebsergebnis ist nach § 202 Abs. 1 und 2 BesG zur Abgeltung des Ertragsteueraufwands um 30 % zu mindern.
=	Nachhaltiger Jahresertrag

72 Die Verwendung von historischen Betriebsergebnissen für die Herleitung des nachhaltigen Ergebnisses steht und fällt mit der **Repräsentativität des vergangenen Zeitraums** für die Zukunft. Ist eine solche nicht gegeben, sind einer Anwendung des Verfahrens Grenzen gesetzt (s. oben Rz. 68).

73 Der **Kapitalisierungsfaktor** berechnet sich als Summe des Basiszinssatzes und einem fixen pauschalen Risikozuschlag i.H.v. 4,5 % (§ 203 Abs. 1 BewG). Hierbei wird der Basiszinssatz gem. § 203 Abs. 2 BewG aus der langfristigen Rendite öffentlicher Anleihen abgleitet, welche von der Deutschen Bundesbank am ersten Börsentag des Jahres veröffentlicht wird. Faktisch wird dabei auf Renditen für Bundeswertpapiere mit jährlicher Kuponzahlung und einer Restlaufzeit von 15 Jahren abgestellt. Ungeachtet des tatsächlichen Bewertungsstichtages gilt dieser Zinssatz für das gesamte Kalenderjahr, was insofern eine **Verletzung des Stichtagsprinzips** darstellt. Kritisch kann weiterhin angemerkt werden, dass bei einer üblicherweise anzunehmenden unendlichen Lebensdauer eines Unternehmens und einem auf Grundlage einer Laufzeit von 15 Jahren abgeleiteten Basiszinssatz **gegen die Laufzeitäquivalenz verstoßen** wird.[1]

74 Das **IDW** sieht in einem jüngst veröffentlichten Praxishinweis für die Bewertung kleiner und mittelgroßer Unternehmen[2] den Anwendungskreis für das

---

1 Vgl. *Ballwieser/Hachmeister*, Unternehmensbewertung, S. 227.
2 Vgl. *Ballwieser/Franken/Ihlau/Jonas/Kohl/Mackenstedt/Popp/Siebler*, Besonderheiten bei der Ermittlung eines objektivierten Unternehmenswerts kleiner und mittelgroßer Unternehmen (IDW Praxishinweis 1/2014), WPg 2014, 463.

vereinfachte Ertragswertverfahren **stark eingeschränkt** und präferiert die Anwendung der klassischen Zukunftserfolgsverfahren (DCF- und Ertragswertverfahren). Für das Jahr 2014 betragen beispielhaft der typisierte Basiszinssatz 2,59 %[1] und die Marktrisikoprämie 4,50 %[2], woraus sich ein Eigenkapitalzinssatz von 7,09 % ergibt. Insbesondere bei Unternehmen mit höheren operativen Risiken und Kapitalstrukturrisiken ist dieser festgelegte Zinssatz tendenziell als zu gering einzustufen. Folglich würde das vereinfachte Ertragswertverfahren ob der Diskrepanz von typisiertem und unternehmensspezifischem Zinssatz zu nicht plausiblen Unternehmenswerten führen. Auf dieser Grundlage muss der Bewerter letztlich prüfen, ob die Anwendungseinschränkung gem. § 199 BewG für das vereinfachte Ertragswertverfahren greift (s. oben Rz. 68).

IV. Sonstige alternative Bewertungsverfahren

1. Substanzwertverfahren

Das Substanzwertverfahren ist in die Kategorie der **Einzelbewertungsverfahren** einzuordnen. Im Gegensatz zu den Gesamtbewertungsverfahren, bei denen auf die durch das Zusammenwirken der Vermögenswerte erzielten Ertrags- bzw. Cash Flow-Größen abgestellt wird, werden alle **vorhandenen Vermögenswerte und bestehenden Schulden einzeln bewertet**. Bei dem Substanzwertverfahren wird ferner **keine Prognose-/Zukunftsperspektive** eingenommen, sondern auf die aktuelle „Substanz" des Unternehmens abgestellt. Der Substanzwert entspricht demnach der Summe, die zum Bewertungsstichtag aufgebracht werden müsste, um das Unternehmen in seiner jetzigen Form „auf der grünen Wiese" nachzubilden.[3]

Die Kosten einer fiktiven Neuerrichtung des Bewertungsobjekts können entweder zum **Teilrekonstruktionswert** oder zum **Gesamtrekonstruktionswert** bemessen werden. Bei letzterem müssten auch sämtliche immateriellen Werte einschließlich aller nicht bilanzierungsfähigen Werte wie beispielsweise Managementqualität oder Unternehmensorganisation (und damit der Firmenwert) berücksichtigt werden. Entsprechend handelt es sich beim Gesamtrekonstruktionswert um ein theoretisches Konstrukt, sodass in der praktischen Anwendung der Substanzwert in der Regel als Teilrekonstruktionswert ermittelt wird.[4]

Der Substanzwert wird als **Summe der betriebsnotwendigen und nicht betriebsnotwendigen Vermögenswerte vermindert um Schulden** errechnet. Dabei erfolgt die Bewertung der Vermögenswerte und Schulden unter der „going-concern"-Annahme und es sind sowohl materielle als auch immaterielle Ver-

---

1 Vgl. BMF-Schreiben v. 2.1.2014 – IV D 4 - S 3102/07/0001: Basiszins für das vereinfachte Ertragswertverfahren nach § 203 Abs. 2 BewG.
2 Aufgrund der Finanzmarktkrise empfiehlt der FAUB des IDW für die Marktrisikoprämie vor persönlichen Steuern eine Bandbreite von 5,5 % – 7,0 %. Vgl. hierzu *FAUB* (Hrsg.), Hinweise zur Berücksichtigung der Finanzmarktkrise bei der Ermittlung des Kapitalisierungszinssatzes, FN-IDW 2012, 568 (569).
3 Vgl. *Ballwieser/Hachmeister*, Unternehmensbewertung, S. 207.
4 Vgl. *IDW* (Hrsg.), WP Handbuch, Band II, Abschnitt A, Rz. 444.

mögenswerte einzubeziehen. Beim betriebsnotwendigen Vermögen werden Reproduktionswerte als Zeitwerte ermittelt, die den wirtschaftlichen und technischen Vermögenszustand widerspiegeln. Im Gegensatz dazu wird das nicht betriebsnotwendige Vermögen mit dem Liquidationswert angesetzt, da es nicht im Rahmen der gewöhnlichen Geschäftstätigkeit verwendet wird und somit veräußerbar ist.[1]

78 In der **betriebswirtschaftlichen Literatur** wird die Konzeption der Substanzwertmethode insgesamt **kritisch** beurteilt. Das einfache Aufsummieren von Vermögenswerten vernachlässigt sämtliche Verbundeffekte zwischen diesen. Somit werden die oftmals zentralen Werttreiber außer Acht gelassen. Die vorhandenen Vermögenswerte selbst sind lediglich Mittel zum Zweck, Zahlungsmittelüberschüsse zu erwirtschaften. Folglich kann die Unternehmenssubstanz für den Wert eines Unternehmens grundsätzlich nicht maßgeblich sein.[2]

79 Angesichts der oben in Auszügen dargestellten theoretischen Schwächen ist es nachvollziehbar, dass **der Anwendungsbereich** des Substanzwertverfahrens **stark eingeschränkt** ist. Als Anwendungsgebiet kann z.B. die Bewertung von „Non-Profit-Unternehmen", insbesondere auch Unternehmen der Daseinsvorsorge genannt werden, soweit eine Bewertung aus Sicht der öffentlichen Hand oder eines gemeinnützigen Trägers erfolgt.[3] Zudem könnte eine Bewertung mit dem Substanzwertverfahren im Rahmen von Gesellschafterabfindungen explizit im entsprechenden Gesellschaftsvertrag vorgesehen sein. Jedenfalls ist zu berücksichtigen, dass der Substanzwert nach § 11 Abs. 2 BewG die Untergrenze des für steuerliche Zwecke zu ermittelnden gemeinen Werts darstellt.

2. Mittelwertverfahren

80 Das Mittelwertverfahren folgt **keiner eigenständigen Konzeption**. Da in diesem Verfahren zwei voneinander unabhängige Methoden kombiniert werden, wird dieses der Kategorie der sog. **Mischverfahren** zugeordnet. Bei dieser Methode fließen sowohl das Ertragswertverfahren (Gesamtbewertung) als auch das Substanzwertverfahren (Einzelbewertung) in die Wertermittlung ein.

81 In der Standardform leitet sich der Unternehmenswert durch ein **einfaches arithmetisches Mittel** aus Substanzwert und Ertragswert ab. Auch **Gewichtungen** wie beispielsweise ein doppelt so starker Einfluss des Ertragswerts angesichts einer ggf. theoretisch überlegeneren Fundierung sind durchaus verbreitet. Die Festlegung der Anteile – ob Gleichgewichtung oder unterschiedliche Ansätze der Gewichtung – erfolgt nach Ermessen des Bewerters, da keine all-

---

1 Vgl. *Mandl/Rabel* in Peemöller, Praxishandbuch der Unternehmensbewertung, S. 82 f.
2 Vgl. *Ballwieser/Hachmeister*, Unternehmensbewertung, S. 207.
3 Vgl. IDW, WP Handbuch, Band II, Abschnitt A, Rz. 443. Vgl. für eine Darstellung der Besonderheiten bei der Bewertung öffentlicher Unternehmen *Franken/Schulte/Brunner* in Peemöller (Hrsg.), Praxishandbuch der Unternehmensbewertung, 6. Aufl. 2014, im Erscheinen.

gemeingültigen, plausiblen Begründungen für eine bestimmte Gewichtung existieren.[1]

Analog zum Substanzwertverfahren erfährt auch das Mittelwertverfahren vielfache Kritik, da auch dieses der „modernen" Investorensicht widerspricht, wonach einzig künftige finanzielle Überschüsse relevant sind. In Folge dessen weist bereits der Ertragswert den „richtigen" Unternehmenswert aus und es bedarf keiner weiteren Anpassungen.[2] 82

Das in der Vergangenheit häufig noch als Praktikermethode titulierte Mittelwertverfahren wurde mit der Zeit zunehmend von DCF-, Ertragswertverfahren oder auch Multiplikatorverfahren abgelöst. Entsprechend spielt das Mittelwertverfahren in der aktuellen Bewertungspraxis **fast keine Rolle** mehr. 83

3. Übergewinnverfahren

Das Übergewinnverfahren lässt sich ebenfalls den **Kombinationsverfahren** zuordnen. Ähnlich wie beim Mittelwertverfahren (s. oben Rz. 80 ff.) wird auf Substanzwerte und Ertragswerte zurückgegriffen. 84

Der Unternehmenswert wird in diesem Verfahren als **Summe des Substanzwerts und der** auf den Bewertungsstichtag diskontierten **Übergewinne** berechnet. Als Substanzwert wird dabei i.d.R. der Teilrekonstruktionswert des Unternehmens herangezogen (s. oben Rz. 75 ff.). Hinzu kommt der sog. Übergewinn, welchen das Unternehmen über den „Normalertrag" hinaus in einem gegebenen, endlichen Zeitraum erwirtschaften kann. Der „Normalertrag" wird hierbei als Betrag definiert, zu dem sich der Substanzwert verzinst. Als Zinssatz wird üblicherweise der unternehmensspezifische Kalkulationszinsfuß verwendet. 85

Annahmegemäß können Übergewinne nur in einem begrenzten, vorher festgelegten Zeitraum erwirtschaftet werden. Im Anschluss an diese Zeitperiode kann das Unternehmen lediglich die „Normalverzinsung" vereinnahmen, die Übergewinne betragen dann Null. Als Gründe für eine **zeitliche Begrenzung der Übergewinne** wird angeführt, dass beispielsweise ausgezeichnete Konjunkturlagen oder weit überdurchschnittliche Unternehmensperformances nicht nachhaltig erzielbar sind. Die Unternehmensumwelt bzw. die Konkurrenzunternehmen sorgen in einem Prozess schöpferischer Zerstörung stetig für neue interne und externe Rahmenbedingungen, die eine solche Performance nicht nachhaltig ermöglichen. 86

Die Unternehmenserträge (E_t) sind als zukünftige finanzielle Überschüsse in der Zeitperiode (t) definiert. Die Erträge liegen dabei über der Normalverzinsung des Substanzwerts, die als Produkt des unternehmensspezifischen Kalkulationszinsfußes (i) und des Substanzwerts (SW) ermittelt wird. Diese Differen- 87

---

1 Vgl. *Mandl/Rabel* in Peemöller, Praxishandbuch der Unternehmensbewertung, S. 87.
2 Vgl. *Henselmann* in Peemöller, Praxishandbuch der Unternehmensbewertung, S. 107 f.

zen werden als Übergewinne bezeichnet und können nur bis zum Ende des Übergewinnzeitraums (m) erwirtschaftet werden. Somit errechnet sich der Unternehmenswert (UW) als Summe des Substanzwerts und der diskontierten Übergewinne:[1]

$$UW = SW + \sum_{t=1}^{m} (E_t - i \times SW) \times (1+i)^{-t}$$

88 Da das **Übergewinnverfahren** auf dem **Substanzwertverfahren** fußt, gelten auch für das Übergewinnverfahren grundsätzlich **dieselben Kritikpunkte** wie für das Substanzwertverfahren selbst (s. oben Rz. 75 ff.). Das Übergewinnverfahren spielt daher in der Bewertungspraxis ebenfalls eine untergeordnete Rolle. Allerdings hat das Übergewinnverfahren bei speziellen Bewertungsanlässen wie z.B. der Bewertung von Arztpraxen noch durchaus Relevanz.[2]

4. Stuttgarter Verfahren

89 Das Stuttgarter Verfahren ist eine **Variante des Übergewinnverfahrens**. Es fand in der Vergangenheit im Rahmen von schenkungs- und erbschaftsteuerlichen Bewertungsanlässen zur Ermittlung des gemeinen Werts von nicht börsennotierten Gesellschaften breite Verwendung. Infolge des Erbschaftsteuerreformgesetzes vom 24.12.2008 wurde es jedoch u.a. durch das vereinfachte Ertragswertverfahren (s. Rz. 66 ff.) abgelöst.[3]

90 Gemäß dem Stuttgarter Verfahren setzt sich der zu ermittelnde gemeine Wert (GW)[4] aus dem **vorhandenen Vermögen und dem Ertragswert** zusammen. Der **Vermögenswert** (V) wird aus dem Verhältnis des steuerlichen Einheitswerts des Betriebsvermögens inklusive gewissen Hinzurechnungen bzw. Abzügen und dem Nominalkapital abgeleitet. Unter dem Nominalkapital wird hierbei das Grund- oder Stammkapital des Bewertungsobjekts verstanden. Zur Ermittlung des **Ertragswerts** (E) werden die vergangenen drei Betriebsergebnisse herangezogen, gewichtet[5] und erneut ins Verhältnis mit dem Nominalkapital gesetzt. Annahmegemäß wird der soeben berechnete Ertragswert in den nächsten fünf Geschäftsjahren mit jeweils 9 % verzinst. Es ergibt sich somit folgender Zusammenhang:

$$GW = V + 5 \times (E - 9\% \times GW)$$

---

1 Vgl. *Mandl/Rabel* in Peemöller, Praxishandbuch der Unternehmensbewertung, S. 87.
2 Vgl. exemplarisch http://www.arztpraxiswert.de/Methoden/uebergewinn.html.
3 Vgl. *Ballwieser/Hachmeister*, Unternehmensbewertung, S. 210.
4 Zur weiteren definitorischen Abgrenzung s. Abschnitt III., unten Rz. 66 ff. bzw. § 9 BewG.
5 Die Betriebsergebnisse werden entsprechend ihrer Aktualität mit den Faktoren 3 für das abgelaufene Geschäftsjahr, 2 für das vorletzte Geschäftsjahr und 1 für das älteste Geschäftsjahr gewichtet.

Mathematisch äquivalent dazu lässt sich der gemeine Wert gemäß dem Stuttgarter Verfahren auch wie folgt ermitteln[1]:

$$GW = 0{,}69 \times (V + 5 \times E)$$

Eine **Anwendung** des Stuttgarter Verfahrens ist auf Grundlage der aktuellen **Steuergesetze nicht mehr vorgesehen** (s. oben Rz. 89). Da steuerrechtliche Fragen i.d.R. die wesentlichen Anwendungsgebiete dieser Methode waren, sollte die Bedeutung des Stuttgarter Verfahrens in Zukunft stark abnehmen. Da einige **Gesellschaftsverträge** bspw. beim Ausscheiden eines Gesellschafters die Bewertung der Anteile mittels des **Stuttgarter Verfahrens explizit vorsehen**, wird diese Methode aber auch weiterhin Anwendung finden.[2]

V. Alternative Bewertungsverfahren in der Rechtsprechung

Die praktische Unternehmensbewertung erfolgt i.d.R. auf Basis unterschiedlicher kapitalwertorientierter Verfahren: dem „deutschen" Ertragswertverfahren oder dem „angelsächsischen" Discounted Cashflow-Verfahren.[3] Die Anwendung des **Ertragswertverfahrens wird von der Rechtsprechung durchweg anerkannt**[4] und gar als dominierend angesehen.[5] Das angelsächsisch geprägte DCF-Verfahren wird jedoch ebenfalls als zulässig erachtet.[6]

Der risikoadjustierte Zinssatz kann auf Basis von Kapitalmarktdaten nach dem Capital Asset Pricing Model (CAPM)/Tax-CAPM ermittelt werden.[7] Dies ist sowohl international als auch in Deutschland gängige Praxis, auch wenn die strengen Annahmen des (Tax-)CAPM in der Realität regelmäßig nicht erfüllt sind. Auch bei Gericht, insbesondere bei gesellschaftsrechtlichen Bewertungsanlässen, wird ein auf Basis des (Tax-)CAPM ermittelter Risikozuschlag grundsätzlich akzeptiert.[8] Letztlich führt zudem der Mangel an tragfähigen Alternativen dazu, dass die Ermittlung der risikoadjustierten Kapitalkosten in der internationalen und inzwischen auch in der deutschen Bewertungspraxis ganz überwiegend auf Basis des (Tax-)CAPM erfolgt. Vor diesem Hintergrund können die **kapitalwertorientierten Verfahren und die Nutzung des (Tax-)CAPM als anerkannter Standard der Unternehmensbewertung** angesehen werden (vgl. für eine ausführliche Darstellung der Rechtsprechung zum Ertragswertverfahren § 4 Rz. 75 ff.).

---

1 Vgl. *Ernst/Schneider/Thielen*, Unternehmensbewertungen erstellen und verstehen, S. 7 f.
2 Vgl. *Hannes* in Peemöller, Praxishandbuch der Unternehmensbewertung, S. 1127.
3 Vgl. *IDW* (Hrsg.), IDW S 1 i.d.F. 2008, FN-IDW 2008, Tz. 75.
4 Vgl. LG Hannover v. 27.4.2011 – 23 AktE 130/06 – juris.
5 Vgl. OLG Frankfurt/M. v. 29.3.2011 – 21 W 12/11, AG 2011; OLG München v. 17.7.2007 – 31 Wx 060/06, AG 2008, 28 = BB 2007, 2395.
6 Vgl. *Stephan* in K. Schmidt/Lutter, § 305 AktG Rz. 50.
7 Vgl. *IDW* (Hrsg.), IDW S 1 i.d.F. 2008, FN-IDW 2008, Tz. 92.
8 Vgl. OLG Stuttgart v. 3.4.2012 – 20 W 6/09, AG 2012, 839; OLG Düsseldorf v. 29.2.2012 – I-26 W 2/10 – juris Rz. 15; OLG Frankfurt/M. v. 24.11.2011 – 21 W 7/11 – Rz. 113 f., AG 2012, 513.

95 In der Folge der großen Dominanz der kapitalwertorientierten Verfahren sollte **insbesondere bei gesellschaftsrechtlichen Bewertungsanlässen** grundsätzlich auf diese abgestellt werden, sofern nicht etwa spezifische Vorschriften des Gesellschaftsvertrags ein anderes Bewertungsverfahren vorsehen oder aus sachlichen Gründen eine Bewertung mittels kapitalwertorientierten Verfahren nicht angezeigt ist.

96 Der gemeine Wert von Einzelunternehmen, Anteilen an Personengesellschaften und nicht börsennotierten Kapitalgesellschaften für **steuerliche Zwecke** sollte „nach einer anerkannten, auch im gewöhnlichen Geschäftsverkehr für nichtsteuerliche Zwecke üblichen Methode" (§ 11 Abs. 2 BewG) ermittelt werden. Auch hier werden nach höchstrichterlicher Rechtsprechung kapitalwertorientierte Verfahren anerkannt.[1] Dabei ist jedoch der Substanzwert nach § 11 Abs. 2 BewG als Untergrenze des gemeinen Werts zu beachten.

97 Für **Schenkungs- und Erbschaftsfälle** stehen das seit dem **1.1.2009** geltende vereinfachte Ertragswertverfahren und das klassische Ertragswertverfahren in Konkurrenz (s. oben Rz. 66 ff.). Entscheidend ist hierbei die Regelung des § 199 BewG, wonach das vereinfachte Ertragswertverfahren zur Ermittlung des gemeinen Werts eines Unternehmens dann nicht angewendet werden darf, wenn es zu offensichtlich falschen Ergebnissen führt. Wo genau die Wasserscheide zu sehen ist, ab der die Ergebnisse des vereinfachten Ertragswertverfahren als offensichtlich falsch gelten, ist in der Rechtsprechung noch nicht abschließend entschieden worden.

98 Im Ergebnis kommt daher den in diesem Beitrag behandelten **alternativen Bewertungsverfahren eine nachgelagerte Rolle** zu. Insofern sollten diese neben ihrem Einsatz als Überschlagsrechnung u.E. insbesondere im Rahmen der Plausibilisierung von nach den kapitalwertorientierten Verfahren ermittelten Unternehmenswerten, der Unterstützung von Argumenten in einem Transaktionsprozess sowie bei der Erstellung von Fairness Opinions verwendet werden.

VI. Zusammenfassung

99 Im vorliegenden Beitrag wurden unterschiedliche **alternative Bewertungsverfahren** vorgestellt, die nicht der Kategorie der Zukunftserfolgsverfahren (Ertragswert- und DCF-Verfahren) zuzuordnen sind. Die Eignung des Börsenkurses sowie der Vorerwerbspreise als Indikation für den Unternehmenswert wurde nicht thematisiert, da diese Gegenstand anderer Kapitel des vorliegenden Werkes sind (s. § 16 bzw. § 17). Schwerpunkt der Darstellung war das im Rahmen von Bewertungen nach IDW S 1 i.d.F. 2008 zu Plausibilisierungszwecken herangezogene Multiplikatorverfahren (s. oben Rz. 7 ff.). Des Weiteren wurden das insbesondere in der Erbschaftsteuer relevante vereinfachte Ertragswertverfahren (s. oben Rz. 66 ff.) sowie sonstige alternative Bewertungsverfahren (s. oben Rz. 75) vorgestellt.

---

1 BVerfG v. 27.4.1999 – 1 BvR 1613/94, NJW 1999, 3769 = AG 1999, 566; BGH v. 2.2.2011 – XII ZR 185/08, BGHZ 188, 249 = NJW 2011, 2572.

Alternative Bewertungsverfahren § 10

Bei der Unternehmensbewertung auf Basis eines **Multiplikatorverfahrens** wird der Wert eines Unternehmens über Preise bestimmt, die für ähnliche Unternehmen am Markt bezahlt werden (s. oben Rz. 7). Das aggregierte Wissen der Marktteilnehmer, das sich in den Marktpreisen anderer, vergleichbarer Unternehmen widerspiegelt, soll anhand eines Maßstabs auf das zu bewertende Unternehmen übertragen werden.

100

Hierzu müssen zunächst **vergleichbare Unternehmen** identifiziert werden, für die dann die der Bewertung zugrunde liegenden Marktpreise bestimmt werden (s. oben Rz. 9). Anschließend muss eine geeignete **Bezugsgröße** ermittelt werden, anhand derer der Markpreis standardisiert und mittels des so bestimmten Multiplikators auf das Bewertungsobjekt übertragen wird (s. oben Rz. 10). Da alle wertrelevanten Eigenschaften, die nicht in der Bezugsgröße erfasst werden, bei Bewertungsobjekt und Vergleichsunternehmen übereinstimmen müssen (s. oben Rz. 22 ff.), kommt diesen beiden Schritten eine sehr hohe Bedeutung zu. Je weniger vergleichbar die ausgewählten Unternehmen sind, desto unschärfer ist die Bewertung anhand der Multiplikatormethode.

101

Im Rahmen der praktischen Durchführung von Multiplikatorbewertungen eröffnen sich dem Bewerter **Ermessensspielräume**. Diese bestehen jeweils **bei der Abgrenzung der Zählers und des Nenners des Multiplikators**. Beim Zähler ist etwa festzulegen, ob das Eigen- oder das Gesamtkapital verwendet wird und wie dieses jeweils abgegrenzt wird (s. oben Rz. 14 ff.). Bei der Auswahl der Bezugsgröße im Nenner kann zumindest prinzipiell auf eine Vielzahl finanzieller sowie nicht-finanzieller Größen zurückgegriffen werden (s. oben Rz. 17 ff.). Vor diesem Hintergrund sollte der Bewerter Auswahl und Definition der verwendeten Multiplikatoren nachvollziehbar begründen und erläutern.

102

Das im Zuge des Erbschaftsteuerreformgesetzes eingeführte **vereinfachte Ertragswertverfahren**, dessen Methodik im Bewertungsgesetz kodifiziert ist, wurde als weiteres alternatives Bewertungsverfahren vorgestellt (s. oben Rz. 17 ff.). Im Gegensatz zum Ertragswertverfahren wird beim vereinfachten Ertragswertverfahren technisch unmittelbar von einer ewigen Rente ausgegangen. Die Ableitung der Zähler- und Nennergröße in diesem Kalkül folgt zudem einem vom Gesetzgeber vorgegebenen Berechnungsschema. Demnach wird der nachhaltige Jahresertrag als Durchschnitt der Betriebsergebnisse der letzten drei Jahre ermittelt. Der Kapitalisierungszinssatz wird einheitlich für alle Bewertungsstichtage eines Jahres und alle Bewertungsobjekte typisierend festgelegt.

103

Das vereinfachte Ertragswertverfahren darf gemäß § 199 BewG **dann nicht angewendet** werden, wenn es zu **offensichtlich falschen Ergebnissen** führt (s. oben Rz. 68 ff.). Eine konkrete Definition des Beurteilungsmaßstabs der offensichtlichen Unrichtigkeit nennt der Gesetzgeber dabei nicht. Die Ergebnisse könnten zumindest dann zu offensichtlich falschen Ergebnissen führen, wenn die geschilderten Typisierungen des vereinfachten Ertragswertverfahrens im konkreten Fall nicht mehr hinreichend sachgerecht sind. Die typisierte Ableitung des nachhaltigen Jahresertrags auf Basis von historischen Betriebsergebnissen ist dabei umso weniger sachgerecht, je deutlicher sich die erwarteten zukünftigen Erträge von den historischen Erträgen unterscheiden (s. oben Rz. 72). Die typisierte Bestimmung der Kapitalkosten zu einem vorgegeben

104

Franken/Schulte | 293

Zeitpunkt ist umso weniger sachgerecht, je deutlicher sich die Verhältnisse zwischen dem vorgegebenen Zeitpunkt und einem Bewertungsstichtag unterscheiden und je deutlicher das systematische Risiko eines Bewertungsobjekt von dem typisierten systematischen Risiko abweicht (s. oben Rz. 74).

105 Als **sonstige alternative Bewertungsverfahren** wurden das Substanzwertverfahren, das Mittelwertverfahren, das Übergewinnverfahren sowie das Stuttgarter Verfahren knapp erläutert und deren Bedeutung in der Praxis jeweils dargelegt (s. oben Rz. 75 ff.). Diese Verfahren zeichnen sich konzeptionell dadurch aus, dass sie Elemente von Einzelbewertungsverfahren aufweisen. Vor diesem Hintergrund sind die **Anwendungsgebiete dieser Verfahren** in der aktuellen Bewertungspraxis **auf spezifische Bewertungsanlässe** beschränkt.

§ 11
Bewertung in der Unternehmenskrise

	Rz.
I. Besonderheiten der Unternehmensbewertung in der Unternehmenskrise	1
1. Arten von Unternehmenskrisen	3
2. Geeignete Bewertungsverfahren	8
3. Besonderheiten bei der Unternehmensplanung	13
4. Besonderheiten bei der Ableitung der Kapitalkosten	18
5. Besonderheiten bei der Berücksichtigung des Fremdkapitals, der Gläubigerposition und der Besicherung	23
II. Bewertung im Überschuldungsstatus	
1. Überschuldungstatbestand nach § 19 InsO	27
2. Ansatz- und Bewertungsvorschriften für den Überschuldungsstatus	28
a) Stichtagsprinzip	29
b) Grundsatz der Verwertungsfähigkeit	30
c) Einzelbewertung vs. Gesamtbewertung	33
d) Bewertung zu Liquidationswerten	36
3. Unternehmensbewertung im Überschuldungsstatus	37
III. Bewertung im Debt Equity Swap	
1. Anwendungsgebiete	42
2. Diskussionsstand: Bewertungsansätze für Fremdkapital	46
a) Bewertung zum Nennwert	47
b) Bewertung zum Schuldendeckungsgrad	54
aa) Schuldendeckungsgrad bei Insolvenz	55
bb) Bilanzieller Schuldendeckungsgrad	57
cc) Schuldendeckungsgrad bei Unternehmensfortführung	60
c) Bewertung zum Marktwert	61
3. Die Perspektive der Sachkapitalerhöhungsprüfung	63

Schrifttum: *Arbeitskreis Bewertung nicht börsennotierter Unternehmen des IACVA e.V.*, Bewertung nicht börsennotierter Unternehmen – die Berücksichtigung von Insolvenzwahrscheinlichkeiten, BewertungsPraktiker 2011, 12; *Arnold*, Nennwertrechnung beim Dept Equity Swap – Paradigmenwechsel durch das ESUG und die Aktienrechtsnovelle 2012?, FS Hoffmann-Becking, 2013, S. 29; *Blum/Gleißner*, Unternehmensbewertung, Rating und Risikobewältigung, Wissenschaftliche Zeitschrift der Technischen Universität Dresden, Dresden 2006, 372; *Cahn/Simon/Theiselmann*, Forderungen gegen die Gesellschaft als Sacheinlage?, CFL 2010, 238; *Cahn/Simon/Theiselmann*, Dept Equity Swap zum Nennwert!, DB 2010, 1629; *Damodaran*, The Dark Side of Valuation: Valuding Young, Distressed, and Complex Businesses, 2009; *Damodaran*, Valuing Distressed and Declining Companies", June 2009; *Drukarczyk/Schüler* in Kirchhof/Eidenmüller/Stürner (Hrsg.), Münchener Kommentar zur Insolvenzordnung, Band 1, 3. Aufl. 2013, § 19 InsO; *Ekkenga*, Neuerliche Vorschläge zur Nennwertanrechnung beim Debt-Equity-Swap – Erkenntnisfortschritt oder Wiederbelebungsversuche am untauglichen Objekt?, DB 2012, 331; *Gleißner*, Der Einfluss der Insolvenzwahrscheinlichkeit (Rating) auf den Unternehmenswert und die Eigenkapitalkosten, CFB 2011, 243; *Hüttemann*, Überschuldung, Überschuldungsstatus und Unternehmensbewertung, FS Karsten Schmidt, 2009, S. 761; *Hüttemann*, Unternehmensbewertung quo vadis? Rechtliche Vorgaben an ein Bewertungskonzept, WPg 2007, 812; *IDW*, IDW Standard: Anforderungen an die Erstellung von Sanierungskonzepten (IDW S 6), IDW-Fachnachrichten 12/2012, S. 719; *IDW*, IDW Standard: Grundsätze zur Durchführung von Unternehmensbewertungen (IDW S 1 i.d.F. 2008), IDW-Fachnachrichten 7/2008, S. 271; *IDW*, Entwurf IDW-Standard: Beurteilung des Vorliegens von Insolvenzeröffnungsgründen (IDW ES 11), IDW-Fachnachrichten 8/2014, S. 470; *Kehrel*, Die Bedeutung des Insolvenzrisikos in der Unternehmensbewertung, ZfCM 2011, 372; *Kleindiek*, Debt-Equity-Swap im Insolvenzplanverfahren, FS Hommelhoff, 2012, S. 543; *Haas*, Bilanzierungsprobleme bei der Erstellung eines Überschuldungsstatus nach § 19 Abs. 2 InsO, in Arbeitskreis für Insolvenz- und Schiedsgerichtswesen e.V., Kölner Schrift zur Insolvenzordnung, 2009, Kap. 40, Rz. 17, 21; *Kruschwitz*, Risikoabschläge, Risikozuschläge und Risikoprämien in der Unternehmensbewertung, DB 2001, 2409; *Lobe/Hölzl*, Ewigkeit, Insolvenz und Unternehmensbewertung: Globale Evidenz, CFB 2011, 252; *Meitner/Streitferdt*, Unternehmensbewertung, 2011; *Meyer/Degener*, Debt-Equity-Swap nach dem RegE-ESUG, BB 2011, 846; *Priester*, Debt-Equity-Swap zum Nennwert?, DB 2010, 1445; *Redeker*, Kontrollerwerb an Krisengesellschaften: Chancen und Risiken des Debt-Equity-Swap, BB 2007, 673; *Simon*, Der Debt-Equity-Swap nach dem Gesetz zur weiteren Erleichterung der Sanierung von Unternehmen, CFL 2010, 448; *K. Schmidt/Uhlenbruck* (Hrsg.), Die GmbH in Krise, Sanierung und Insolvenz, 4. Aufl. 2009; *Weber/Schneider*, Die nach dem Gesetz zur weiteren Erleichterung der Sanierung von Unternehmen (ESUG) vorgesehene Umwandlung von Forderungen in Anteils- bzw. Mitgliedschaftsrechte (Debt-Equity-Swap), ZInsO 2012, 374; *Wieland-Blöse*, Die Bewertung von Beteiligungen im Überschuldungsstatus, WPg 2009, 1184; WP-Handbuch, Band II, 2014; *Wentzler*, Debt Equity Swap als Teil der finanziellen Unternehmenssanierung, FB 2009, 446.

I. Besonderheiten der Unternehmensbewertung in der Unternehmenskrise

1 Die Bewertung von erwerbswirtschaftlichen Unternehmen, die sich in einer operativen oder finanziellen Krise befinden, weist Besonderheiten auf, denen sich die nachfolgenden Abschnitte widmen.[1] Neben der Bewertung des Eigenkapitals stellt sich in Unternehmenskrisen regelmäßig die Frage der Bewertung des Fremdkapitals. Allgemein wird die Gefahr gesehen, in diesen schwierigen Bewertungssituationen ohne adäquate Anpassungen zu hohe und sachlich nicht gerechtfertigte Unternehmenswerte zu ermitteln.[2]

2 Unternehmensbewertungen sind in unterschiedlichen **Krisenstadien** von Bedeutung:

– In einer vorinsolvenzlichen Krisensituation haben Neuinvestoren, bisherige Eigenkapitalgeber und Fremdkapitalgeber regelmäßig daran Interesse, Informationen über den Unternehmenswert bzw. den Wert des Eigen- und Fremdkapitals zu erhalten.[3] Ist eine Sanierung beabsichtigt, können die Wirkungsweisen von Sanierungsmaßnahmen in einer Unternehmensbewertung abgebildet werden und veranschaulichen, ob auf der Basis des Sanierungsplans wieder ein Unternehmenswert erzielt werden kann, der die Fremdkapitalansprüche abdeckt und zu einem positiven Wert des Eigenkapitals führt.

---

1 Vgl. zur Bewertung sanierungsbedürftiger Unternehmen insbesondere *Petersen/Zwirner/Brösel*, Handbuch Unternehmensbewertung, S. 887 ff.; *Drukarczyk/Schüler*, Unternehmensbewertung, S. 385 ff.; *Peemöller*, Praxishandbuch der Unternehmensbewertung, S. 699 ff.; *Damodaran*, Valuing Distressed and Declining Companies, S. 1 ff.
2 Vgl. *Damodaran*, The Dark Side of Valuation, S. 38 ff.; *Drukarczyk/Schüler* in MünchKomm. InsO, § 19 InsO Rz. 139.
3 Vgl. *Drukarczyk/Schüler*, Unternehmensbewertung, S. 386.

– Hat eine Krisensituation die Notwendigkeit der Eröffnung eines Insolvenzverfahrens nach sich gezogen, sind die angesprochenen Werte von Relevanz für die unterschiedlichen Inhaber finanzieller Ansprüche, damit die finanziellen Verluste der Kapitalgeber minimierende Entscheidungen getroffen werden können.[1]
– Auf dem Weg zwischen dem Vorliegen einer Unternehmenskrise und dem Erfordernis zur Insolvenzanmeldung liegt die Beschäftigung mit Insolvenzantragsgründen. Auch dafür wird auf wesentliche Bestandteile von Unternehmensbewertung zurückgegriffen: Für die Beurteilung von Zahlungsunfähigkeit (§ 17 InsO), drohender Zahlungsunfähigkeit (§ 18 InsO) sowie der Fortbestehensprognose (§ 19 InsO) ist wesentlich auf eine Liquiditätsplanung abzustellen, die regelmäßig Teil einer integriert erstellten Unternehmensplanung ist. Derartige Unternehmensplanungen sind zugleich wesentliches Element einer Unternehmensbewertung.

1. Arten von Unternehmenskrisen

Allgemein lassen sich operative und finanzielle Krisen unterscheiden. Aus der Art der Krise und der Krisenursachen ergeben sich Besonderheiten für die Unternehmensbewertung in diesen Situationen.

Operative Krisen zeigen vielfältige Symptome: Zum Ersten können sich negative Jahresüberschüsse in der handelsrechtlichen Gewinn- und Verlustrechnung zeigen. Zum Zweiten können die Cash Flows aus der operativen Geschäftstätigkeit nicht ausreichen, die Cash Flows aus der Finanzierungs- und der Investitionstätigkeit abzudecken. In diesen Fällen ergibt sich kurzfristig oder nachhaltig Nachfinanzierungsbedarf. Steht dafür kein finanzieller Rahmen zur Verfügung, können sich bei dieser Ausprägung einer operativen Krise sehr kurzfristig Insolvenzantragsgründe ergeben. Zum Dritten kann bei positiven Jahresüberschüssen und positivem Cash Flow die erwirtschaftete Rendite unterhalb der von den Eigenkapitalgebern geforderten Kapitalkosten liegen. In diesem Fall ist das operative Geschäft nicht ausreichend rentabel.

Die Gründe für diese Krisen sind vielfältiger Natur. Meist durchlaufen Unternehmen verschiedene Krisenstadien. Diese müssen nicht einer zwingenden Verlaufsform folgen, oftmals reichen auch einzelne Krisenstadien aus, um insolvenzbedrohende Auswirkungen zu haben. Im IDW Standard S 6 werden Stakeholder-, Strategie-, Produkt- und Absatzkrisen sowie Erfolgs- und Liquiditätskrisen unterschieden und erläutert.[2]

Operative Krisen können – müssen aber nicht – auch **finanzielle Krisen** nach sich ziehen. Dies ist beispielsweise dann der Fall, wenn bestimmte operative Kennzahlen sich derart verschlechtern, dass sie unterhalb der in Kreditverträgen vereinbarten Mindestgrößen liegen (sog. covenants). Werden covenants nicht gehalten (sog. „covenant breach"), sehen Kreditverträge regelmäßig das

---

1 Vgl. Drukarczyk/Schüler, Unternehmensbewertung, S. 386. Dort zugleich mit einem tabellarischen Überblick zu den unterschiedlichen Entscheidungssituationen.
2 Vgl. ausführlich zu den verschiedenen Krisen IDW S 6: Anforderungen an die Erstellung von Sanierungskonzepten, IDW-Fn. 12/2012, Abschnitt 3.4. ff., S. 728.

Recht der Kreditgeber vor, Kredite vorzeitig fällig stellen zu können. Umgekehrt kann eine Unternehmenskrise allein finanzielle Ursachen haben bei an sich gesundem operativen Geschäft. In diesem Fall führt eine zu hohe Verschuldung des Unternehmens zu Zins- und Tilgungslasten, die durch das operative Geschäft nicht erwirtschaftet werden können. Insbesondere bei Unternehmenserwerben, in denen die Kaufpreisschulden letztlich vom Akquisitionsobjekt zu tragen sind, sind derartige Konstellationen nicht selten. Auch Forderungsausfälle können Unternehmen krisenverursachend belasten. Wegen der mit finanziellen Krisen verbundenen Beeinträchtigung der kurz- und mittelfristigen Liquidität führen diese im Regelfall kurzfristig zu Insolvenzbedrohungen und erfordern das zügige Ergreifen von Gegenmaßnahmen zur Verhinderung von Insolvenzantragspflichten.

7 In Abhängigkeit von den Krisenursachen ergeben sich Ansatzpunkte für Sanierungsmaßnahmen, die regelmäßig in einem **Sanierungskonzept** erarbeitet und dokumentiert werden. Wesentlicher Bestandteil eines solchen Sanierungskonzepts ist eine integrierte Sanierungsplanung, in der ausgehend von den vorliegenden Verhältnissen, die bilanziellen, ertrags- und zahlungswirksamen Auswirkungen der Sanierungsmaßnahmen in einer Unternehmensplanung abgebildet werden. Ein solcher Sanierungsplan zeigt in Orientierung am Unternehmensleitbild und unter Bewältigung der vorliegenden, konkreten Krisenursachen die Entwicklung zu einem nachhaltig sanierten Unternehmen.[1]

2. Geeignete Bewertungsverfahren

8 Im Rahmen eines Equity-Ansatzes wird der Wert des Eigenkapitals eines Unternehmens unmittelbar ermittelt; es handelt sich um sog. Nettobewertungsverfahren. Demgegenüber stellen WACC- und APV-Verfahren sog. Bruttobewertungsverfahren dar: Im ersten Schritt wird der Wert des Gesamtvermögens ermittelt und im zweiten Schritt wird die Nettoschuldenposition in Abzug gebracht. Beim APV-Verfahren wird zusätzlich der Barwert des Steuervorteils aus der Fremdfinanzierung gesondert erfasst (vgl. ausführlich § 9 Rz. 37 ff.).

Gesamtvermögens-wert	Nettoschuldenposition
	Eigenkapital

9 Grundsätzlich haben **Bruttoverfahren** den Vorteil einer höheren Transparenz gegenüber Nettoverfahren (vgl. ausführlich § 9 Rz. 19). Die Vorteile dieser Transparenz zeigen sich auch bei der Bewertung von Unternehmen in Krisensituationen: Insbesondere bei Vorliegen von finanziellen Krisenursachen wird durch die Gegenüberstellung des Gesamtvermögenswertes und der Nettoschuldenposition unmittelbar deutlich, inwiefern der Barwert der operativen Cash Flows des Unternehmens die Schulden abdeckt bzw. in welchem Umfang

---

1 Vgl. dazu ausführlich IDW S 6: Anforderungen an die Erstellung von Sanierungskonzepten, IDW-Fn. 12/2012, Abschnitt 4, S. 731 ff.

eine Umschuldung stattfinden muss, um wieder zu einem positiven Zeitwert des Eigenkapitals zu gelangen. Auch lassen sich Deckungsquoten für die nach Rangfolge und Besicherung unterschiedlich ausgestatteten Fremdkapitalgeber veranschaulichen. Diese Erkenntnisse sind gerade aus Sicht der Fremdkapitalgeber für die Beurteilung von Handlungsalternativen relevant, da sich aus den unterschiedlichen Ausgangspositionen regelmäßig verschiedene Interessen der Fremdkapitalgeber begründen. Das APV-Verfahren erhöht diese Transparenz noch um den Aspekt, dass der Steuervorteil der Fremdfinanzierung explizit dargestellt wird. Hintergrund ist, dass Schuldzinsen grundsätzlich steuerlich abzugsfähig sind und sich eine Minderung der Steuerlast unternehmenswerterhöhend niederschlägt. Dieser Vorteil der Fremdfinanzierung ist steuersystematisch angelegt und keine „operative" Leistung des Unternehmens. Bei hoch verschuldeten Unternehmen ist dieser Steuervorteil grundsätzlich höher als bei normalverschuldeten Unternehmen. Es ist aber auch zu bedenken, dass Verluste zunächst einmal nur zu Verlustvorträgen führen (Zinsschranke) bzw. diese weiter erhöhen und sich Steuererstattungen erst bemerkbar machen, wenn das Unternehmen aus der Krise geführt wurde und positive Ergebnisse erwirtschaftet werden können (vgl. ausführlich § 15 Rz. 32 ff.). Insofern bedarf es einer fachgerechten Bewertung des Tax Shields im Rahmen des APV-Verfahrens in seiner Anwendung auf die Bewertung von Unternehmen in der Krise.

In Zusammenhang mit Unternehmenskrisen und dadurch verminderten Unternehmenswerten ist naturgemäß die **Bedeutung des Liquidationswertes** näher zu beleuchten (vgl. ausführlich § 8 Rz. 14). Grundsätzlich gilt für alle Unternehmensbewertungen der Liquidationswert als Wertuntergrenze.[1] Während aber der Liquidationswert in gesunden Unternehmen nur im Ausnahmefall Relevanz erlangt, weil der Zukunftserfolgswert deutlich höher ist oder eine Liquidation nicht beabsichtigt ist, kann davon im Fall der Unternehmenskrise regelmäßig nicht mehr ausgegangen werden. Vielmehr sind hier Liquidationswerte dezidiert zu ermitteln, da deren Realisierung eine wesentliche Handlungsoption darstellt und eine Unternehmensfortführung in Frage zu stellen ist (vgl. auch § 8 Rz. 14). 10

Dabei ist klar, dass sich auch Liquidationswerte aus Cash Flows ableiten und diese abhängig sind von den Annahmen, die für das Liquidationskonzept getroffen werden. Dieses Liquidationskonzept kann sich in der Liquidationsgeschwindigkeit und in der Liquidationsintensität unterscheiden ist (vgl. auch § 8 Rz. 5). 11

Unter **Liquidationsgeschwindigkeit** wird der Zeitraum verstanden, innerhalb dessen die Veräußerung erfolgen soll bzw. muss.[2] Im Regelfall wird ein kürzerer Liquidationszeitraum zu niedrigeren Verwertungserlösen als ein längerer und planmäßig angelegter Liquidationszeitraum führen. Sofern es sich um Verwertungseinheiten handelt, die einen negativen Cash Flow aufweisen, wird der Verwertungszeitraum kurzfristiger angelegt sein, was regelmäßig Abschläge

---

1 Vgl. IDW S 1: Grundsätze ordnungsgemäßer Unternehmensbewertung, IDW-Fn. 7/2008, Abschnitt 7.4, S. 288; s. dort zugleich auch zu den Fällen, in denen der Liquidationswert keine Wertuntergrenze darstellt.
2 Vgl. WP-Handbuch II, 2014, Abschnitt A, Rz. 196, S. 61.

bei den zu realisierenden Veräußerungserlösen erwarten lässt. Weist eine Verwertungseinheit positive Cash Flows auf, kann auch die weitere Fortführung zunächst in Betracht kommen, um eine „ruhige" Verwertung unter bestmöglicher Nutzung der Marktnachfrage betreiben zu können.

Unter **Liquidationsintensität** wird der Grad der Aufsplitterung von Vermögensgegenständen gefasst, für die sich jeweils unterschiedliche Verwertungsalternativen ergeben können.[1] Verwertungsalternativen sind in einer Bandbreite zu betrachten. Diese reichen von der Zerschlagung des Unternehmens in Einzelwerte hin zu einer Veräußerung des Unternehmens als Ganzes. Innerhalb dieser Bandbreite sind wiederum Zwischenformen möglich, die sich dadurch ergeben, dass das Unternehmen in verwertbare Einheiten zerlegt werden kann und für diese Verwertungseinheiten jeweils unterschiedliche Verwertungsalternativen zur Verfügung stehen. Verwertungseinheiten können bereits im Unternehmen, wie es steht und liegt, angelegt sein, wenn etwa Standorte, Teilbetriebe oder Geschäftsbereiche gebildet wurden. Sie können aber auch im Zuge der möglichst optimalen Verwertung des Unternehmensvermögens neu geschaffen werden.

12 Mit Blick auf die Bandbreite von Verwertungsalternativen ist auch offensichtlich, dass eine Liquidationsbewertung nicht in Widerspruch zu einer Fortführungsbewertung stehen muss.[2] So besteht der Liquidationswert gerade wesentlich aus dem Fortführungswert, wenn von der Veräußerbarkeit einer Verwertungseinheit ausgegangen werden kann und der Veräußerungserlös durch ein Zukunftserfolgswertverfahren bestmöglich abgeschätzt werden kann. Von diesem Fortführungswert sind lediglich Liquidationskosten in Form von Veräußerungskosten und Veräußerungssteuern in Abzug zu bringen.

3. Besonderheiten bei der Unternehmensplanung

13 In einer Unternehmenskrise kommt der Unternehmensplanung **besondere Bedeutung** zu. Sie ist zum einen wesentliche Voraussetzung für die Beurteilung und Bewertung von Verwertungskonzeptionen und der Vorteilhaftigkeitsbeurteilung von Sanierungsmaßnahmen.[3] In den oben skizzierten Bandbreiten betrachtet bildet die Unternehmensplanung in einem Zerschlagungsszenario die erwarteten laufenden Ergebnisse bis zur Zerschlagung und die erwarteten Zerschlagungserlöse ab. Im Rahmen einer Fortführungsbewertung bildet die Unternehmensplanung die Fortführung der Unternehmenstätigkeit unter Umsetzung von Sanierungsmaßnahmen ab. Zum anderen sind die Cash Flow Prognosen wesentliches Element der Beurteilung des Vorliegens von Insolvenzantragsgründen.

---

1 Vgl. WP-Handbuch II, 2014, Abschnitt A, Rz. 196, S. 61; *Drukarcyk/Schüler* in MünchKomm. InsO, § 19 InsO Rz. 109.
2 Vgl. *Hüttemann* in FS Karsten Schmidt, 2009, S. 761 (766); WP-Handbuch II, 2014, Abschnitt A, Rz. 193 ff., S. 59.
3 Ausführlich zur Ermittlung der Vorteilhaftigkeit von Sanierungsmaßnahmen („Sanierungsmehrwert") in WP-Handbuch II, 2014, Abschnitt L, Rz. 630 ff., S. 910 ff.

Wird von einer Unternehmensfortführung ausgegangen und dazu eine **Sanierungsplanung** erstellt, sind die Planannahmen einer besonders kritischen Analyse zu unterziehen; dabei ist zu würdigen, dass die Fortführungsplanung für Unternehmen, die sich in einer Krise befinden, erhöhten Unsicherheiten unterliegt. Der Restrukturierungssituation ist es gerade immanent, dass beobachtbare Entwicklungslinien der krisenhaften Vergangenheit durch konkret geplante Sanierungsmaßnahmen verändert und ein Turnaround geschafft werden soll. Es bedarf dazu eines klaren Verständnisses der Krisenursachen und einer Abbildung aller Aspekte der Sanierungsmaßnahmen in einer integrierten Sanierungsplanung. Insbesondere dann, wenn eine sehr kurzfristige Rückkehr in die Gewinnzone geplant wird, ist zu analysieren, ob die vorgelegte Sanierungsplanung tatsächlich realistische Erwartungen abbildet. Oftmals wird es empfehlenswert sein, die zukünftig erwarteten Verläufe in alternativen **Szenarien** abzubilden, um damit der erhöhten Unsicherheit bei der Beurteilung von Sanierungsmaßnahmen und sonstigen Planannahmen besser gerecht werden zu können.

14

Eine weitere Besonderheit, die bei der Bewertung von Unternehmen in der Krise zu beachten ist, sind sog. **Insolvenzkosten**, wobei direkte und indirekte Insolvenzkosten unterschieden werden: Unter direkten Insolvenzkosten werden jene verstanden, die anfallen, wenn über ein Unternehmen tatsächlich ein Insolvenzverfahren eröffnet wird. Sie reichen von der Beantragung des Insolvenzverfahrens über Gerichtskosten, Aufwendungen für Insolvenzverwalter, hin zu Kosten für die begleitenden Berater etc.[1] Derartige direkte Insolvenzkosten sind damit nur in einer Unternehmensplanung zu berücksichtigen, die die Liquidation und Verwertung des Unternehmens bzw. seiner Verwertungseinheiten in der Insolvenz zum Gegenstand hat. Demgegenüber werden unter indirekten Insolvenzkosten jene nachteiligen Entwicklungen verstanden, die sich einstellen, wenn Insolvenzgefährdung vorliegt und eine fortführungsgefährdende Unternehmenskrise bekannt wird. Derartige Kosten können bestehen in Umsatzrückgängen durch Auftragsverluste infolge von Kundenverunsicherung, Einräumung kürzerer Zahlungsziele durch Lieferanten, Verlust von Fachkräften, Verschärfung von Finanzierungsbedingungen etc.[2] Indirekte Insolvenzkosten sind in einer Sanierungsplanung zu berücksichtigen und werden sich umso wesentlicher niederschlagen, je länger die Unternehmenskrise anhält und dies die Zweifel daran nährt, ob die Unternehmenskrise überhaupt überwunden werden kann. Nach dem Überwinden der Krise wird planerisch auch ein Rückgang der indirekten Insolvenzkosten erwartet werden können.

15

Hinsichtlich des **Planungshorizonts** für Unternehmen in der Krise gelten ebenfalls besondere Anforderungen: Während die Beurteilung von Zahlungsfähigkeit auf die kurzfristig verfügbare Liquidität abstellt und dazu tagesbezogene Liquiditätsbetrachtungen erfordert, ist eine Sanierungsplanung längerfristig anzulegen. In einer Sanierungsplanung sind die häufig erst nach Jahren vollständig greifenden Effekte aus Sanierungsmaßnahmen abzubilden, weshalb ggf. ein längerer Planungszeitraum betrachtet werden muss, als bei einem branchen-

16

---

1 Vgl. *Drukarczyk/Schüler*, Unternehmensbewertung, S. 414.
2 Vgl. *Drukarczyk/Schüler*, Unternehmensbewertung, S. 413.

gleichen Unternehmen, das sich in einem eingeschwungenen Zustand befindet. Mit der regelmäßig gebotenen Verlängerung des Planungshorizonts gehen seinerseits wieder erhöhte Planunsicherheiten einher.

17 Teilweise wird für die Unternehmensbewertung von Krisenunternehmen befürwortet, eine mit Eintrittswahrscheinlichkeiten gewichtete Mischung aus **Fortführungswert** (Wahrscheinlichkeit für Going Concern) und **Liquidationswert** (Wahrscheinlichkeit für den Eintritt von Insolvenz) zu ermitteln, was entsprechend Unternehmensplanungen voraussetzt, die diese beiden Szenarien abbilden. In eine ähnliche Richtung, jedoch ohne explizite Modellierung des Liquidationsfalls, gehen Stimmen, die eine pauschale Reduzierung der erwarteten Cash Flows um die Insolvenzwahrscheinlichkeit befürworten, da unternehmerische Tätigkeit grundsätzlich immer – auch bei an sich gesunden Unternehmen – einer solchen ausgesetzt seien.[1] In beiden Fällen wird die Insolvenzwahrscheinlichkeit abgeleitet aus empirischen Studien, die eine Verbindung zwischen Rating und eingetretener Insolvenz herstellen.[2]

Kritiker fügen an, dass eine Liquidationsbewertung im Sinne der Wertuntergrenze bei jeder Unternehmensbewertung relevant sei und insofern nicht nur Krisenunternehmen betreffe. Vielmehr könne es hier relevant werden, einen Liquidationswert in eine Bewertung zu integrieren, indem zunächst von einer Fortführung ausgegangen werde und dann eine endliche Betrachtung unter Einbezug von Verwertungserlösen angestellt würde; einer Gewichtung untereinander bedürfte es insofern nicht. Gestützt wird diese Einschätzung auch auf die These, dass das Insolvenzrisiko – unter der Annahme es lägen weder direkte noch indirekte Insolvenzkosten vor und eine Insolvenz die Finanzierungspolitik der Unternehmung nicht verändere – für die Unternehmensbewertung irrelevant sei, da eine Insolvenz lediglich den Transfer von Verfügungsrechten von Eigenkapital- zu Fremdkapitalgebern zu Folge habe und letztlich nur ein Element zur Zahlungsstromaufteilung sei.[3] In der Praxis dürfte mitentscheidend sein, welcher Bewertungszweck verfolgt wird. Es mag Zwecksetzungen geben, die für eine mit Eintrittswahrscheinlichkeiten gewichtete Mischung aus Fortführungs- und Liquidationsbewertung sprechen. Denkbar ist etwa der Einstieg eines Eigenkapitalgebers in ein Krisenunternehmen zu einem Zeitpunkt, in dem die Sanierungsmöglichkeit noch ungewiss ist. Andererseits zieht die Krisensituation eine gewisse Trennschärfe nach sich: Da eine unveränderte Fortführung der Geschäftstätigkeit regelmäßig in die Insolvenz des Unternehmens führen würde, ist eine Beurteilung notwendig, ob mit Hilfe von Sanierungsmaßnahmen eine Fortführung möglich ist, oder eben eine Liquidation erfolgen sollte. Hat sich hierzu eine Überzeugung gebildet, dürfte es regelmäßig von Interesse sein, den zugehörigen Wert des Eigenkapitals ohne Mischung des Fortführungs- und des Liquidationsfalls zu ermitteln.

Ein pauschaler Abschlag von **Insolvenzrisiken** im Zähler des Bewertungskalküls ist soweit ersichtlich gegenwärtig theoretisch umstritten, da eine Ablei-

---

1 Vgl. Arbeitskreis Bewertung nicht börsennotierter Unternehmen des IACVA e.V., BewertungsPraktiker 2011, 12 ff.; *Gleißner*, CFB 2011, 243 ff.
2 Vgl. *Blum/Gleißner*, Wiss. Z. TUD, 2006, 113; *Kehrel*, ZfCM, 2011, 372 (376 ff.).
3 Vgl. *Meitner/Streitferdt*, Unternehmensbewertung, S. 67 f.

tung aus dem Capital Asset Pricing Modell nicht begründet werden kann, und hat sich auch in der Praxis bislang nicht durchgesetzt. Schließlich wird eine pauschale Berücksichtigung von Risiken als nicht sachgerecht beurteilt, weil es umgekehrt auch nicht sachgerecht sei, pauschal, mit einer gewissen Wahrscheinlichkeit eintretende positive Ereignisse wie Unternehmensübernahmen mit Zahlung von Aufschlägen, werterhöhend anzusetzen.[1]

4. Besonderheiten bei der Ableitung der Kapitalkosten

Aus ökonomischen Überlegungen sind keine konzeptionellen Gründe erkennbar, nicht die gleichen theoretischen Grundlagen zur Ableitung von Kapitalkosten bei der Bewertung von Unternehmen in der Krise heranzuziehen, wie sie für gesunde Unternehmen angewandt werden. Diese theoretischen Grundlagen ergeben sich aus dem Capital Asset Pricing Modell (CAPM) (vgl. § 6 Rz. 1 ff.). Unter Verwendung des CAPM setzt sich der Eigenkapitalkostensatz zusammen aus einer risikofreien Rendite (Basiszinssatz) und einem Risikozuschlag, hergeleitet aus Marktrisikoprämie und Betafaktor. Während für Basiszins und Marktrisikoprämie keine Besonderheiten für die Bewertung von Krisenunternehmen begründet sind, ergeben sich diese für die Ableitung des Betafaktors.

18

Der (levered) Betafaktor bildet das operative Risiko und das Kapitalstrukturrisiko des Bewertungsobjekts ab. Ein um das Kapitalstrukturrisiko bereinigter (levered) Betafaktor wird als unlevered Betafaktor bezeichnet (vgl. ausführlicher § 6 Rz. 147 ff.).

Betrachtet man zunächst das **operative Risiko**, so kann sich dieses im Vergleich zur Vergangenheit durch die Umsetzung von Sanierungsmaßnahmen und einer Neuausrichtung des Geschäftsmodells verändern. Dies ist immer dann zu erwarten, wenn die Krise durch operative Ursachen veranlasst ist und diese eine Neuadjustierung erfordern. Ist das Unternehmen in der Krise selbst börsennotiert, sind aus der Vergangenheit eigene Betafaktoren beobachtbar. Neben grundsätzlichen systematischen Überlegungen, die in die Frage der Verwendung des eigenen Betafaktors hineinspielen (vgl. ausführlicher § 6 Rz. 80 ff.), kann eine Veränderung des Geschäftsmodells dazu führen, dass sich das zukünftige Risikoprofil verändert und damit die eigenen, aus der Vergangenheit beobachtbaren Betafaktoren nicht als gute Schätzer für die zukünftigen Risiken zu betrachten sind. Hinzu kommt, dass Unternehmenskrisen regelmäßig dem Kapitalmarkt bekannt werden und den Börsenkurs deutlich beeinflussen. Insofern bildet der eigene Börsenkurs nicht mehr nur das operative Geschäft ab, sondern auch die Frage, welche Verwertungsszenarien für die Zukunft erwartet werden. Dies kann dazu führen, dass sich die Entwicklung des eigenen Börsenkurses deutlich entkoppelt von der Entwicklung des Marktes und eines Marktindizes. Diese Gründe sprechen speziell für die Bewertung von Krisenunternehmen dafür, im Regelfall Betafaktoren auf Basis einer Peer Group abzuleiten.

19

---

1 Vgl. *Lobe/Hölzl*, CFB 2011, 252 ff.

20 Betrachtet man das **Kapitalstrukturrisiko**, so zeichnet Unternehmen in der Krise regelmäßig ein extrem hoher Verschuldungsgrad aus. Aus diesem Grund stellt sich hier umso wesentlicher die Frage, die auch bei der Bewertung von Unternehmen außerhalb der Krise zu beurteilen ist: Ist der eigene Verschuldungsgrad mit periodenspezifischen Anpassungen heranzuziehen oder auf den Verschuldungsgrad der Peer Group abzustellen (vgl. ausführlicher § 6 Rz. 147 ff.)? Die Verwendung der eigenen Kapitalstruktur stößt bei hoch verschuldeten Unternehmen aus verschiedenen Gründen an Grenzen:

Zum einen ziehen hohe temporäre Defizite und erst recht hohe permanente Defizite in der Ertrags- und Finanzplanung bewertungstechnische Probleme nach sich, da die hohe Verschuldung in Relation zum geringen Zeitwert des Eigenkapitals (Verschuldungsgrad zu Marktwerten) zu extrem hohen Verschuldungsgraden führt, die in Rechenmodellen nicht mehr abbildbar sind.

Zum Zweiten ist die Frage zu stellen, ob die Verwendung der eigenen Kapitalstruktur einer plausiblen Abschätzung entspricht. So wie Cash Flows bei einer Fortführungsbewertung die zukünftigen Erwartungen an das restrukturierte Unternehmen wiederspiegeln, müssen auch die Kapitalkosten die zukünftigen Erwartungen abbilden. Mit der zum Bewertungszeitpunkt vorhandenen Kapitalstruktur ist das Krisenunternehmen offensichtlich nicht überlebensfähig. Insofern kann das Fortschreiben der vorhandenen Kapitalstruktur keine plausible Annahme darstellen.

Zum Dritten ist der Steuervorteil des Fremdkapitals für seine Bewertungsrelevanz kritisch zu beleuchten: Die grundsätzliche Überlegung ist, dass der Wert des operativen Geschäfts unabhängig vom Grad der Verschuldung des Unternehmens ist.[1] Dies lässt sich am besten an einem konkreten Beispiel illustrieren: Betrachtet werden die Unternehmen A und B, die über ein identisches operatives Geschäft verfügen und ein identisches EBIT-Niveau erwirtschaften. Der einzige Unterschied zwischen beiden Unternehmen bestehe darin, dass Unternehmen A gering und Unternehmen B sehr hoch verschuldet sei. Vor diesem Hintergrund ist die Annahme rational, dass ein potentieller Käufer für das operative Geschäft der beiden Unternehmen bereit wäre, den gleichen Preis zu zahlen. Es könnte sich im nächsten Schritt ein Bewertungsunterschied durch den jeweiligen Wert des Tax Shield ergeben. Durch die grundsätzliche Abzugsfähigkeit der Fremdkapitalzinsen von der Steuerbemessungsgrundlage gilt: Je höher die Verschuldung, desto höher ist der Vorteil aus der steuerlichen Absetzbarkeit der Fremdkapitalzinsen. Die absolute Höhe dieses Wertbeitrags stellt sich somit bei Unternehmen B deutlich höher da, als bei Unternehmen A. Es stellt sich die Frage, ob ein Investor diesen Wertbeitrag abgelten würde. Davon wird im Regelfall nicht auszugehen sein. Denn: Zum einen ist die vorhandene Kapitalstruktur offensichtlich nicht überlebensfähig und wäre vom Investor an eine überlebensfähige Kapitalstruktur anzupassen und zum ande-

---

1 Dies setzt voraus, dass mögliche Friktionen und indirekte Kosten der Verschuldung, wie sie oben mit „indirekten Insolvenzkosten" umschrieben wurden, bereits in der Planung des Unternehmens abgebildet wurden.

ren können Steuervorteile dieser Art immer realisiert werden und sind nicht unternehmensspezifisch angelegt. Es ist daher auch aus diesem Grunde in der Praxis verbreitet, auf die Kapitalstruktur der Peer Group abzustellen, um derartige Verwerfungen bei der Bewertung der steuerlichen Vorteile des Fremdkapitals zu vermeiden. Unter der Annahme, dass der Verschuldungsgrad von Unternehmen A dem Peer Group-Verschuldungsgrad entspricht, würden also auch der Vorteil des Tax Shields bei Unternehmen A und Unternehmen B gleich bewertet. Daraus folgt, dass sich der Wert der beiden Unternehmen nur durch die Differenz in der Bewertung der Schulden voneinander unterscheidet.

In der **Summe der Argumente** ist deshalb bei der Anwendung eines WACC-Ansatzes für die Bewertung von Unternehmen in der Krise die Verwendung einer Peer Group-Kapitalstruktur bzw. unmittelbar des WACCS der Peer Group zu befürworten. Wird stattdessen ein APV-Verfahren angewendet, erfolgt die Bewertung zu unverschuldeten Eigenkapitalkosten und bedarf an dieser Stelle keiner Auseinandersetzung mit der Kapitalstruktur. Stattdessen können hier Besonderheiten bei der Bewertung des Tax Shields zu berücksichtigen sein (vgl. ausführlicher oben Rz. 9).

Schließlich ist zu beleuchten, in welcher **Höhe die Fremdkapitalkosten im WACC** anzusetzen sind. Zum einen sind die eigenen Fremdkapitalkosten denkbar. Diese weisen in der Regel einen Spread auf den sicheren Zins auf, der den hohen aktuellen Risikogehalt bzw. die Ausfallwahrscheinlichkeit des Fremdkapitals widerspiegelt. Die notwendige Bedingung des Modigliani-Miller-Theorems, dass das Fremdkapital risikolos ist, ist somit nicht mehr gewährleistet. In der Konsequenz tragen die Fremdkapitalgeber ein Teil des Risikos, was sich mindernd auf die Risikoübernahme durch die Eigenkapitalgeber auswirkt, d.h. die Eigenkapitalrendite sinkt. In der Bewertungspraxis wird dies abgebildet durch die Verwendung der sog. Debt-Beta-Formel (vgl. ausführlicher § 6 Rz. 147 ff.). Alternativ kann es auch unter Vereinfachungsgesichtspunkten sachgerecht sein, unmittelbar auf den WACC der Peer Group-Unternehmen abzustellen. 21

Hinzuweisen ist abschließend darauf, dass negative Cash Flows grundsätzlich mit einem Risikoabschlag statt mit einem Risikozuschlag zu bewerten sind. Dies ist insbesondere dann relevant, wenn Cash Flows anhaltend negativ sind und sich dies in einem negativen Gesamtunternehmenswert niederschlägt.[1] 22

5. Besonderheiten bei der Berücksichtigung des Fremdkapitals, der Gläubigerposition und der Besicherung

Bei Anwendung des WACC- und des APV-Ansatzes ist grundsätzlich der **Marktwert des Fremdkapitals** in Abzug zu bringen (vgl. ausführlicher § 9 Rz. 15 ff.). Der Marktwert des Fremdkapitals liegt bei Krisenunternehmen re- 23

---

[1] Vgl. dazu weiterführend *Kruschwitz*, DB 2001, 2409 ff.

gelmäßig unterhalb des Nominalwerts. Ob bei der Unternehmensbewertung Marktwerte oder Nennwerte der Schulden anzusetzen sind, ist abhängig vom Bewertungszweck zu beurteilen. So sind etwa für die Ermittlung der Ausfallgrenze Nennwerte zu betrachten, da es gerade um die Frage geht, in welchem Umfang der operative Unternehmenswert die Schulden deckt. Marktwerte sind demgegenüber z.B. relevant, wenn Eigenkapitalgeber mit genügend Finanzierungsmöglichkeiten bestehende Kredite ablösen möchten oder eine Umschichtung zwischen den Fremdkapitalgebern erfolgen soll (vgl. ausführlicher unten Rz. 42 ff. zum Debt Equity Swap).

24 Gläubiger verfügen im Regelfall über **unterschiedliche Besicherungen**. Diese bilden sich in der Reihenfolge der Rückzahlungsverpflichtungen, in denen der Kreditnehmer Tilgungsleistungen zu erbringen hat, und in den zur Verfügung gestellten Sicherheiten ab. Solange der operative Unternehmenswert die Schulden deckt, ist die Rangfolge zwischen Gläubigern und deren Besicherung ohne Relevanz. Sofern sich dies infolge einer Unternehmenskrise ändert, stellt sich die Frage, in welcher Weise, diese Merkmale Niederschlag finden. Auch hier ist wieder die Bandbreite zu betrachten, in der Verwertungsalternativen in einer Unternehmenskrise zu betrachten sind:

25 Hat sich eine Unternehmenskrise derart manifestiert, dass **Insolvenzantrag** gestellt wurde und sich die Zerschlagung als beste Verwertungsoption herausgestellt, hat die Verteilung des Verwertungserlöses nach der in der Insolvenzordnung vorgesehenen Reihenfolge zu erfolgen. Für die Gläubiger des Unternehmens wird deren Position und deren Besicherung dann unmittelbar für den auf sie entfallenden Anteil am Verwertungserlös relevant.

26 Im Falle einer **Unternehmensfortführung** unter Umsetzung von Sanierungsmaßnahmen können bei ausschließlich operativen und reversiblen Krisenursachen unveränderte Gläubigerpositionen bestehen bleiben. Häufig sind aber finanzielle Sanierungsmaßnahmen zu ergreifen, die etwa in Verzichten (sog. „haircut"), in Umschuldungen mit Veränderung der Besicherung oder in einem Debt Equity Swap bestehen können. Die neu zu schaffende Finanzierungsstruktur wird dann darauf ausgerichtet, dass das sanierte operative Geschäft die Zins- und Tilgungslasten tragen kann. Im Vorfeld stellt sich für die Gläubiger die Frage der Handlungsoptionen. Zu diesem Zweck werden auch Unternehmensbewertungen durchgeführt und mittels eines WACC- oder APV-Ansatzes dargelegt, an welcher Stelle der Abzug von Fremdkapital zu einem negativen Unternehmenswert führt. Dabei ist statt eines Abzugs der Summe aller Schulden die Reihenfolge zwischen den Schuldnern zu berücksichtigen. Daneben sind etwaige bestehende Sicherheiten für die Beurteilung von Handlungsoptionen relevant.

Die nachfolgend skizzierte Ausfallgrenze ist die Schwelle, die festlegt, welche Tranche oder welcher Fremdkapitalgeber noch eine (Teil-)Rückzahlung seines Darlehens erwarten kann.

II. Bewertung im Überschuldungsstatus

1. Überschuldungstatbestand nach § 19 InsO

Überschuldung liegt nach § 19 Abs. 2 InsO vor, wenn das Vermögen des Schuldners die bestehenden Verbindlichkeiten nicht mehr deckt, es sei denn, die Fortführung des Unternehmens ist nach den Umständen überwiegend wahrscheinlich.

Der aktuell geltende Überschuldungsbegriff wurde vor dem Hintergrund der Finanzmarktkrise Ende 2008 durch das Finanzmarktstabilisierungsgesetz eingeführt und galt zunächst nur mit einer zeitlichen Befristung bis zum 31.12.2013. Diese zeitliche Befristung wurde jedoch aufgehoben, so dass bis auf Weiteres von der Geltung des aktuellen Überschuldungsbegriffs auszugehen ist. Während zuvor zwei Bewertungskategorien vorhanden waren, nach denen ein Überschuldungsstatus aufzustellen war, (Überschuldungsstatus bei positiver Fortbestehensprognose und Überschuldungsstatus bei negativer Fortbestehensprognose) ist nunmehr ein Überschuldungsstatus nur aufzustellen, wenn eine negative Fortbestehensprognose vorliegt.

Die **Fortbestehensprognose** stützt sich auf eine Finanzplanung, die mindestens das laufende und das nachfolgende Geschäftsjahr umfasst.[1] Zeigt sich hieraus, dass die fälligen Zahlungsverpflichtungen im Betrachtungszeitraum nicht erfüllt werden können, ist zusätzlich zur negativen Fortbestehensprognose die rechnerische Überschuldung zu prüfen. Dies erfordert die Erstellung eines Überschuldungsstatus. Dieser Überschuldungsstatus ist zu Liquidationswerten aufzustellen. Sofern das so bewertete Vermögen nicht ausreicht, um die Verbindlichkeiten zu decken und damit rechnerische Überschuldung vorliegt, führt dies zusammen mit der negativen Fortbestehensprognose zu einer insolvenzrechtlichen Überschuldung, die ein Insolvenzantragspflicht nach § 19 Abs. 2 InsO auslöst. Ohne die rechnerische Überschuldung kann die negative Fortbestehensprognose lediglich zu einem Antragsrecht nach § 18 InsO (dro-

---

[1] Entwurf IDW ES 11: Beurteilung des Vorliegens von Insolvenzeröffnungsgründen, IDW-FN 8/2014, S. 470 ff.

hende Zahlungsunfähigkeit; zukünftig fällige Verbindlichkeiten können nicht beglichen werden) bzw. in Abhängigkeit vom Betrachtungszeitraum zu einer Antragspflicht nach § 17 InsO (eingetretene Zahlungsunfähigkeit; im Betrachtungszeitpunkt bestehende und fällige Verbindlichkeiten können nicht beglichen werden, es sei denn, es handelt sich um eine Zahlungsstockung) führen.

2. Ansatz- und Bewertungsvorschriften für den Überschuldungsstatus

28 Nach der Rechtsprechung des BGH dient der Überschuldungsstatus der Ermittlung von wahren Werten, die im Insolvenzfall für die Befriedigung der Gläubiger zur Verfügung stehen.[1] Die Insolvenzordnung nennt keine Ansatz- und Bewertungsvorschriften, die für den Überschuldungsstatus anzuwenden sind. Daher ist die Entwicklung eigenständiger Ansatz- und Bewertungsgrundsätze erforderlich. Diese sind dem Zweck des Überschuldungsstatus entsprechend abzuleiten,[2] wobei nachfolgend mit Blick auf die Regelungen des § 19 InsO im Wesentlichen auf den Überschuldungsstatus bei negativer Fortbestehensprognose fokussiert wird.

Dem handelsbilanziellen Abschluss kommt lediglich indizielle Bedeutung zu, indem ein nach handelsrechtlichen Vorschriften aufgestellter Abschluss, dessen Eigenkapitalausweis negativ ist, eine erste Vermutung dafür bietet, dass rechnerische Überschuldung vorliegt.[3]

a) Stichtagsprinzip

29 Die Bewertung im Überschuldungsstatus hat auf einen Stichtag zu erfolgen, denn dem Wort „Status" entsprechend, werden im Überschuldungsstatus Bestandsgrößen angesetzt und bewertet. Diese sind auf einen Stichtag zu ermitteln. Nach herrschender Interpretation des Wortlauts von § 19 Abs. 2 InsO ist derjenige Stichtag heranzuziehen, für den geprüft wird, ob die Gesellschaft überschuldet ist oder nicht.[4] Dem steht nicht entgegen, dass die Wertansätze aus einer zeitraumbezogenen Betrachtung resultieren können, die durch den Verwertungszeitraum determiniert wird. So lassen sich Beteiligungsveräußerungen oder die Aufteilung von Unternehmen in einzeln veräußerbare Verwertungseinheiten im Regelfall nur über einen längeren Verwertungszeitraum herstellen. Über eine Diskontierung auf den Bewertungsstichtag können Verwertungserlöse, die über einen Verwertungszeitraum gestreckt anfallen, zu einer einwertigen Stichtagsgröße verdichtet werden.[5]

In der negativen Abgrenzung sind im Überschuldungsstatus keine Kosten zu antizipieren, die typischerweise erst und nur durch die Eröffnung des Insolvenzverfahrens bis zu dessen Beendigung entstehen. Der Überschuldungsstatus ermittelt, wie sich eine Vermögenslage darstellt, um ggf. in ein Insolvenzver-

---

1 Vgl. BGH v. 13.7.1992 – II ZR 269/91, BGHZ 119, 201 (214) = GmbHR 1992, 659.
2 Vgl. *Hüttemann* in FS Karsten Schmidt, 2009, S. 761 (769 f.).
3 Vgl. BGH v. 2.4.2001 – 2.4.2001, DB 2001, 1005 = GmbHR 2011, 473.
4 Vgl. *Drukarczyk/Schüler* in MünchKomm. InsO, § 19 InsO Rz. 104
5 Vgl. *Wieland-Blöse*, WPg 2009, 1184 (1186).

fahren hinüberwechseln zu müssen. Er ermittelt aber nicht, wie sich die Vermögenslage darstellt, wenn es zu einer Verfahrenseröffnung gekommen ist und dieses Verfahren dann in der jeweils gebotenen Art und Weise durchgeführt werden muss.[1]

Das Stichtagsprinzip ist naturgemäß nicht nur für Vermögenspositionen zu berücksichtigen, sondern auch für die im Überschuldungsstatus anzusetzenden Verbindlichkeiten.[2]

b) Grundsatz der Verwertungsfähigkeit

Für Zwecke der Ermittlung des Schuldendeckungspotentials sind im Überschuldungsstatus alle Vermögenspositionen anzusetzen, die im Falle der Insolvenz zu den verwertbaren Bestandteilen der Insolvenzmasse (§ 35 InsO) gehören würden (Ansatzfähigkeit folgt Verwertungsfähigkeit).[3] Sollten mehrere gleich wahrscheinliche Verwertungsalternativen zur Verfügung stehen, ist dem Grundsatz der bestmöglichen Verwendung des Gesellschaftsvermögens zufolge diejenige Verwertungsalternative zu unterstellen, die zu den höchsten Verwertungserlösen führt.[4] Entscheidend für die Beurteilung sind im Übrigen nicht die Absichten des Schuldners, sondern die objektiven Verwertungsmöglichkeiten.[5] 30

Aus dem Grundsatz, dass die Ansatzfähigkeit im Überschuldungsstatus der Verwertungsfähigkeit folgt, ergibt sich weiterhin, dass die handelsrechtlichen Vorschriften für den Ansatz und die Bewertung von Vermögensgegenständen und Schulden im Überschuldungsstatus keine Bedeutung haben.[6] Insofern ist für den Überschuldungsstatus vollkommen unerheblich, ob ein im Insolvenzfall veräußerbarer Vermögensgegenstand handelsbilanziell aktivierungsfähig war oder nicht. Auf diesen Punkt wird für die Frage der Ansatzfähigkeit eines Geschäfts- oder Firmenwertes zurück zu kommen sein. 31

Aus ökonomischer Sicht lassen sich grundsätzlich die folgenden **Verwertungsalternativen** für Vermögensgegenstände unterscheiden:[7] 32

– zeitlich unbegrenzte Fortführung der Nutzung von Vermögensgegenständen im Unternehmen

– zeitlich befristete Fortführung der Nutzung von Vermögensgegenständen im Unternehmen und Annahme einer (bestmöglichen) Verwertung am Ende des Nutzungszeitraums

– sofortige bzw. kurzfristige Beendigung der Nutzung von Vermögensgegenständen im Unternehmen.

---

1 Vgl. *Drukarczyk/Schüler* in MünchKomm. InsO, § 19 InsO, Rz. 118.
2 Vgl. *Drukarczyk/Schüler* in MünchKomm. InsO, § 19 InsO Rz. 104, 118.
3 Vgl. *Drukarczyk/Schüler* in MünchKomm. InsO, § 19 InsO Rz. 106.
4 Vgl. *Hüttemann* in FS Karsten Schmidt, 2009, S. 761 (764 ff.); *Hüttemann*, WPg 2007, 812 (814).
5 Vgl. *Hüttemann* in FS Karsten Schmidt, 2009, S. 761 (765 f.).
6 Vgl. *Hüttemann* in FS Karsten Schmidt, 2009, S. 761 (768).
7 Vgl. *Wieland-Blöse*, WPg, 2009, 1184 (1186 f.). Ausführlich zum Liquidationswert: § 8.

Die Beendigung der Nutzung von Vermögensgegenständen kann ihrerseits auf unterschiedliche Art und Weise erfolgen:
- Veräußerung eines Vermögensgegenstands als Ganzes
- Veräußerung mehrerer Vermögensgegenstände als Sachgesamtheit
- Zerschlagung von Vermögensgegenständen in Einzelbestandteile und deren Verwertung.

Bei der Bildung von Verwertungseinheiten sind die verschiedenen Interdependenzen zu beachten. Wird etwa die Veräußerung eines einzelnen Vermögensgegenstands als vorteilhaft betrachtet, kann in der Folge selbstverständlich nur ein ohne diesen Vermögensgegenstand verbleibendes Restvermögen verwertet werden, was möglicherweise eine Einschränkung der dafür bestehenden Verwertungsalternativen zur Folge hat.[1]

c) Einzelbewertung vs. Gesamtbewertung

33 Für den Überschuldungsstatus soll der Grundsatz der Einzelbewertung gelten, wie er auch dem handelsrechtlichen Jahresabschluss zugrunde liegt.[2] Sinn und Zweck des Einzelbewertungsgrundsatzes für den Überschuldungsstatus und die Strenge seiner Auslegung sind jedoch umstritten. Bedenken gegen eine zu kleinteilige Auslegung der Einzelbewertung ergeben sich insbesondere vor dem Hintergrund von Transaktionen in Sanierung und Insolvenz, die darauf ausgerichtet sind, das (drohend) insolvente Unternehmen als Ganzes oder in wesentlichen Verwertungseinheiten zu veräußern und die Insolvenzgläubiger aus dem Kaufpreis zu befriedigen. In diesen Fällen wird deutlich, dass der (Teil-)Unternehmenswert maßgebliche Bestimmungsgröße für die Schuldendeckung ist, während der Wert einzelner, dahinter stehender Vermögenspositionen unerheblich ist. Insofern sollte aus ökonomischen Überlegungen dem Einzelbewertungsgrundsatz für den Überschuldungsstatus kein Wert an sich beigemessen werden. Vielmehr sollten sich die Bewertungseinheiten nach dem Grundsatz der bestmöglichen Verwertbarkeit ergeben.

34 In der weiteren Betrachtung stellt sich die Frage, ob im Überschuldungsstatus tatsächlich einzelne Werte für Vermögensgegenstände und Schulden auszuweisen sind. Sofern sich die Veräußerung des Unternehmens als Ganzes oder von Unternehmensteilen als bestmögliche Verwertungsalternative abzeichnet, würde dies zur Folge haben, den Veräußerungserlös für diese Sachgesamtheit auf die einzelnen diese Sachgesamtheit bildenden Vermögensgegenstände und Schulden herunterbrechen zu müssen. Die Zielsetzung des Überschuldungsstatus kann dies nicht erfordern. Eine solche Vorgehensweise würde an jene der Kaufpreisallokation erinnern: Während für Zwecke einer Kaufpreisallokation jedoch ein gezahlter Preis für eine Sachgesamtheit auf die einzelnen zu bilanzierenden Positionen runtergebrochen wird, um diese dann entsprechend folgebilanzieren zu können, ist ein solcher Zweck für den Überschuldungsstatus nicht relevant. Hier geht es einzig und allein um die Ermittlung des Schulden-

---

1 Vgl. *Wieland-Blöse*, WPg 2009, 1184 (1186 f.).
2 Vgl. *Haas* in Kölner Schrift, 3. Aufl. 2009, Kap. 40, Rz. 17, 21; *Wacker* in K. Schmidt/Uhlenbruck, Rz. 135.

deckungspotentials und dafür ist es nicht relevant, dieses auf einzelne, nach handelsbilanziellem Verständnis abgegrenzte Vermögensgegenstände und Schulden zu allozieren. Der Mehrwert einer solchen Bilanzdarstellung ist nicht zu erkennen. Dies einmal mehr, da die Aufteilung eines Fortführungswertes auf die einzelnen Vermögensgegenstände und Schulden arbeitsaufwendig ist und nicht vollständig willkürfrei erfolgen kann.[1]

Unter Verwendung dieses dem Zweck des Überschuldungsstatus entsprechenden Verständnisses des Einzelbewertungsgrundsatzes verlieren auch Diskussionen über einzelne Vermögenswerte, wie etwa einem **Firmen- und Geschäftswert**, ihre Grundlage. Ein Firmen- und Geschäftswert ergibt sich aus dem Unterschiedsbetrag zwischen einem Unternehmenswert oder Kaufpreis und der Summe der Einzelwerte der diese Sachgesamtheit bildenden Vermögenswerte und Schulden. Ob ein derartiger Geschäfts- oder Firmenwert an sich im Überschuldungsstatus ansatzfähig ist oder nicht, ist sollte nicht bilanztheoretisch beurteilt werden, sondern anhand der Frage, ob und in welcher Höhe ein Veräußerungserlös für die betrachtete Sachgesamtheit erzielt werden kann (vgl. dazu unten Rz. 39). 35

In Fortsetzung dieser Ausführungen lässt sich ein Unternehmenswert, der etwa unter Anwendung eines WACC-Verfahrens ermittelt wurde, als „Überschuldungsbilanz" interpretieren: Der Marktwert des Eigenkapitals wird hier ermittelt, indem von dem Wert des operativen Geschäfts die Nettoschulden in Abzug gebracht werden.

d) Bewertung zu Liquidationswerten

Nach dem geltenden Überschuldungsbegriff bedarf es nur dann der Erstellung eines Überschuldungsstatus, wenn die Fortbestehensprognose negativ ist. In der Konsequenz ist das Schuldendeckungspotential unter der Annahme zu ermitteln, dass das Unternehmen einer Liquidation zugeführt wird. Dies wird aus mehreren Gründen als Arbeitserleichterung für die Praxis empfunden: Zum einen waren die Ansatz- und Bewertungsvorschriften im Überschuldungsstatus bei positiver Fortbestehensprognose unklar, insbesondere in der Angrenzung zum handelsbilanziellen Abschluss; eines Überschuldungsstatus bedarf es bei positiver Fortbestehensprognose nun nicht mehr. Zum anderen wird gemeinhin die Ermittlung von Liquidationswerten als weniger unsicher empfunden als die Ermittlung von Fortführungswerten. Aus ökonomischen Überlegungen ist der letztgenannten Einschätzung nicht zuzustimmen (vgl. oben Rz. 11). 36

3. Unternehmensbewertung im Überschuldungsstatus

Bei dem Unternehmen, das sich in einer Krise befindet, kann es sich um einen einzelnen Rechtsträger handeln oder um eine Unternehmensgruppe, deren Obergesellschaft Beteiligungen an den verschiedenen Rechtsträgern direkt und 37

---

1 Vgl. *Hüttemann* in FS Karsten Schmidt, 2009, S. 761 (770 f.); *Wieland-Blöse*, WPg 2009, 1184 (1187); *Drukarczyk/Schüler* in MünchKomm. InsO, § 19 InsO Rz. 110.

indirekt hält. Für die Erstellung des Überschuldungsstatus ist auch für das Beteiligungsportfolio im ersten Schritt die bestmögliche Verwertungsalternative zu analysieren. Diese kann zur Vorteilhaftigkeit einer Veräußerung des Unternehmens als Ganzes oder seiner Auflösung in einzelne Vermögenswerte führen. Bei einer Unternehmensgruppe wird es regelmäßig so sein, dass der Gruppenverbund aufzulösen und für jede einzelne Beteiligungsgesellschaft Verwertungsalternativen zu prüfen sind. Diese bestehen dann wieder in der gesamten Bandbreite und können auf eine Veräußerung des Gesamtunternehmens, eine Veräußerung von Teilbetrieben oder nur eine Veräußerung des nicht betriebsnotwendigen Vermögens fokussieren.

38 Allen Betrachtungen gemeinsam ist das Erfordernis, **Veräußerungserlöse** abzuschätzen. Sofern noch keine konkreten Kaufangebote vorliegen, jedoch von Kaufinteresse auszugehen ist, können potentielle Kaufpreise mit Hilfe von Unternehmensbewertungsverfahren abgeschätzt werden. Immer dann, wenn operativ positive Cash Flows erwartet werden, deren Barwert den Nominalwert der allozierten Schulden decken, spricht die Vermutung des ersten Anscheins dafür, dass eine Fortführung der Unternehmenstätigkeit und damit eine Veräußerung der Bewertungseinheit möglich sein sollte. Eine Zerschlagung wird hier geringere Verwertungserlöse erwarten lassen als eine Veräußerung.

39 Die Schwierigkeit in diesem Themenkomplex liegt darin, welche Anforderungen an die **Konkretisierung der Veräußerungsfähigkeit** für einen Ansatz im Überschuldungsstatus zu stellen sind. Einerseits könnte aus der Zielsetzung des Überschuldungsstatus abgeleitet werden, nur „sichere" Verwertungserlöse zu berücksichtigen, was etwa die Existenz eines rechtskräftig unterschriebenen Kaufvertrags voraussetzen würde. Andererseits können sich Kaufgespräche erst in der Vertragsanbahnung befinden oder noch gar keine konkreten Kaufinteressenten bekannt sein. In diesen Fällen können Unternehmensbewertungen erstellt werden, die Kaufangebote näherungsweise abschätzen. Eine allgemeine Aussage zum erforderlichen Sicherheitsgrad einer Veräußerungsfähigkeit dem Grunde und der Höhe nach ist schwerlich möglich. In der kritischen Abwägung sollte eine ausreichende Sorgfalt erkennbar sein, damit der intendierte Gläubigerschutz gewährleistet werden kann.[1]

40 Insbesondere für die Erstellung des Überschuldungsstatus einer Unternehmensgruppe sind transparente Bewertungsmethoden erforderlich. Die Anwendung des WACC-Ansatzes ist hier besonders vorzugswürdig, um die konzernintern bestehenden Finanzierungsbeziehungen abbilden zu können. Zudem sollte die Bewertung in einer **Sum-of-the-parts-Betrachtung** dargestellt werden, um jeweils die verschiedenen Verwertungsalternativen modular abbilden zu können.[2] Dabei ist darauf zu achten, dass bei Auflösung des Konzernverbunds Synergieeffekte verloren gehen können, die dementsprechend nicht mehr in der Bewertung berücksichtigt werden dürfen.

---

1 Vgl. *Hüttemann* in FS Karsten Schmidt, 2009, S. 761 (770 f.); *Wieland-Blöse*, WPg 2009, 1184 (1187); *Drukarczyk/Schüler* in MünchKomm. InsO, § 19 InsO Rz. 139.
2 Beispiel für eine Sum-of-the-parts-Bewertung bei *Wieland-Blöse*, WPg 2009, 1184 (1190 ff.).

Der Verwendung von Unternehmensbewertungsmethoden für den Überschuldungsstatus wird häufig Skepsis entgegen gebracht, die im Wesentlichen auf die Unsicherheit der verwendeten Planannahmen beruht.[1] Dem ist entgegenzuhalten, dass bereits der erste Prüfungsschritt für das Vorliegen des Überschuldungstatbestands die Beschäftigung mit einer Unternehmensplanung voraussetzt (Fortbestehensprognose). Hinzu kommt, dass Zukunftserfolgswertverfahren auch in anderen rechtlich veranlassten Bewertungsanlässen vor den Gerichten akzeptiert sind.[2] Weiterhin ist festzuhalten, dass auch andere Wertansätze – auch Liquidationswerte – mit Schätzunsicherheiten verbunden sind (vgl. oben Rz. 11). Klar zu sehen ist jedoch zugleich, dass Unternehmensplanungen für Unternehmen in der Krise besonderen Unsicherheiten ausgesetzt sind und das Erfordernis besteht, auch indirekte Insolvenzkosten und die Unsicherheit des Erfolgs von Sanierungsmaßnahmen sachgerecht zu berücksichtigen (vgl. oben Rz. 14 f.).[3]

41

III. Bewertung im Debt Equity Swap

1. Anwendungsgebiete

Bei einem Debt Equity Swap, der in verschiedenen Unternehmenssituationen zum Tragen kommen kann – etwa im Rahmen eines Insolvenzplanverfahrenss nach § 225a InsO – handelt es sich vorrangig um ein Instrument zur **finanziellen Restrukturierung** von Unternehmen in Krisensituationen. Dabei erfolgt die Einlage von Forderungen der Gläubiger des Unternehmens gegen Gewährung von Gesellschaftsanteilen im Rahmen einer Sachkapitalerhöhung. Dieser Kapitalerhöhung geht typischerweise eine Kapitalherabsetzung, ein sog. Kapitalschnitt, voraus, um eine entstandene Unterbilanz auszugleichen. Dabei ist auch eine Kombination von Kapitalherabsetzung unter den gesetzlichen Mindestnennbetrag und anschließender Bar-Kapitalerhöhung möglich, um nach Beseitigung der Unterbilanz das gesetzliche Mindestkapital wieder zu erreichen.[4]

42

Durch einen Debt Equity Swap können etwaige Insolvenzantragsgründe beseitigt werden. Über den Wechsel aus der Gläubigerposition in die Eigenkapitalgeberposition bietet sich dem Inferenten die Möglichkeit, an einer erfolgreichen Restrukturierung des Unternehmens zu partizipieren und in Abhängigkeit vom Einzelfall eine bessere Vermögensposition zu realisieren als bei insolvenzbedingter Zerschlagung des Unternehmens. Die Frage der Bewertung von Forderungen für Zwecke eines Debt Equity Swaps entscheidet vor diesem Hintergrund über den Umfang der **Partizipation von Alt- und Neugesellschaftern an dem restrukturierten Unternehmen.**

43

Die Einlage von Forderungen der Gläubiger wird nach h.M. als Kapitalerhöhung gegen Sacheinlage (regelmäßig unter Ausschluss des Bezugsrechts der

44

---

1 Vgl. *Meyer/Degener*, BB 2011, 846 (849); *Simon*, CFL 2010, 448 (456).
2 Vgl. *Hüttemann* in FS Karsten Schmidt, 2009, S. 761 (774).
3 Vgl. *Drukarczyk/Schüler* in MünchKomm. InsO, § 19 InsO Rz. 138 f.
4 Vgl. *Kleindiek* in FS Hommelhoff, 2012, S. 543 (544); *Redeker*, BB 2007, 673 (674 f.).

Altgesellschafter) und nicht als Bareinlage eingeordnet.[1] Rechtstechnisch erfolgt die Einlage entweder im Wege des **Forderungsverzichts** oder durch **Abtretung** an die Gesellschaft mit der Folge eines Erlöschens durch Konfusion.[2] Aktienrechtlich gelten für die Erbringung von Sacheinlagen strengere Regeln als für Bareinlagen. Eine Sacheinlagenprüfung hat zu ermitteln, ob der Wert der Sacheinlage – d.h. die einzubringende Forderung gegen das Unternehmen – den geringsten Ausgabebetrag der dafür zu gewährenden Aktien erreicht (§ 34 AktG). Daneben erfolgt eine Prüfung durch das Gericht. Das Gericht kann die Eintragung ablehnen, wenn der Wert der Sacheinlage nicht unwesentlich hinter dem geringsten Ausgabebetrag der dafür zu gewährenden Aktien zurückbleibt (§ 38 AktG).

45 Das Instrument des Debt Equity Swaps hat durch das Gesetz zur weiteren Erleichterung der Sanierung von Unternehmen (ESUG) an Bedeutung gewonnen. Das **ESUG** ermöglicht es, im Rahmen des sog. Insolvenzplanverfahrens gesellschaftsrechtliche Strukturmaßnahmen durchzusetzen, auch gegen den Willen davon betroffener bisheriger Gesellschafter des Unternehmens. Außerhalb des Insolvenzplanverfahrens ist die Mitwirkung einer qualifizierten Mehrheit der Gesellschafter des Schuldnerunternehmens erforderlich, woraus ein Blockadepotential resultiert und Anfechtungsrisiken der überstimmten Minderheiten bestehen.[3] Hinzu kommt, dass zusätzlich zu diesem Blockade- und Anfechtungspotential der Gesellschafter eine Differenzhaftung des Einlegers für den Fall einer Überbewertung seiner Sacheinlage droht.[4] Durch den im Rahmen des ESUG eingeführten § 254 Abs. 4 InsO wird die Nachschusspflicht einer Differenzhaftung ausgeschlossen.

2. Diskussionsstand: Bewertungsansätze für Fremdkapital

46 Gesetzliche Vorgaben zur Bewertung von Forderungen für Zwecke eines Debt Equity Swap bestehen nicht. Auch im Rahmen des ESUG, der dem Debt Equity Swap einen besonderen Stellenwert für das Insolvenzplanverfahren einräumt (§ 225a InsO), wurden keine Bewertungsvorgaben gemacht.[5] Die Bewertung von Forderungen im Debt Equity Swap wird in der Literatur seit langer Zeit kontrovers diskutiert; die Diskussionen wurde durch das Inkrafttreten des ESUG neu entfacht, wenngleich die Argumente für und gegen bestimmte Wertansätze im Kern unverändert bleiben.

a) Bewertung zum Nennwert

47 Teile des Schrifttums plädieren dafür, Forderungen bei der Umwandlung in Eigenkapital zum Nennwert zu bewerten und führen dazu verschiedene Argumente an:

---

1 Vgl. *Kleindiek* in FS Hommelhoff, 2012, S. 543 (544); *Priester*, DB 2010, 1445 (1445); *Ekkenga*, DB 2012, 331 (331).
2 Vgl. *Kleindiek* in FS Hommelhoff, 2012, S. 543 (544).
3 Vgl. *Kleindiek* in FS Hommelhoff, 2012, S. 543 (545).
4 Vgl. *Kleindiek* in FS Hommelhoff, 2012, S. 543 (545).
5 Vgl. *Weber/Schneider*, ZInsO 2012, 374 (375 f.).

Maßgeblich für die Bewertung sei der Bilanzwert der Schulden bei der Gesellschaft, da diese in Höhe des Bilanzwertes der Verbindlichkeiten durch den Umwandlungsvorgang entlastet werde. Allein entscheidend sei dazu die Sichtweise der Gesellschaft und nicht relevant, wie der Inferent die Forderung gegen die Gesellschaft in seiner Bilanz abbilde. Ein derartiger Perspektivenwechsel sei sachlich nicht begründet.[1]

In der Nennwertbilanzierung wird weiterhin kein Widerspruch zu den allgemeinen Sacheinlagevorschriften gesehen, da durch die Umwandlung von Forderungen gerade keine Vermögensgegenstände ins Aktivvermögen eingelegt würden, sondern nur ein Passivtausch stattfinde.[2] Für die bisherigen Gesellschafter ergäbe sich durch die Nennwertbilanzierung keine Verschlechterung, da sie als Gesellschafter eines Krisenunternehmens, dessen Insolvenz nur durch Maßnahmen wie dem Debt Equity Swap verhindert werden können, sowieso über an sich wertlose Gesellschaftsanteile verfügten und sich gemessen daran durch den Debt Equity Swap keine Verschlechterung der Vermögensposition ergeben könne.[3] Mit Blick auf die Alt-Gläubiger ergäbe sich ebenfalls keine Verschlechterung, da durch die Umwandlung eines Teils der Gesellschaftsverbindlichkeiten die betroffenen Gläubiger ihren bevorrechtigten Status aufgeben und im Rang nun den Eigenkapitalgebern gleichgestellt würden. Insoweit verbesserten sich die Befriedigungsaussichten für die übrigen Gläubiger.[4] Zukünftigen Gläubigern werde durch die Transparenz des Sacheinlagevorgangs ausreichend verdeutlicht, dass es sich nicht um eine Kapitalerhöhung handele, durch die nicht frisches Kapital in die Gesellschaft eingelegt worden sei.[5] Auch drohe durch die Nennwertbilanzierung nicht eine Aufblähung der Bilanz oder eine ungerechtfertigte Darstellung eines erhöhten Eigenkapitals, da umgekehrt ein Festhalten am Vollwertigkeitsprinzip gerade dem Gläubigerschutz widerspreche, indem der nicht werthaltige Teil der Forderung als Ertrag erfasst werde und das Ausschüttungsvolumen erhöhe.[6]

Nicht zuletzt führe eine Bewertung zum Nennwert zur Vereinfachung des Sacheinlagevorgangs, indem eine gutachterliche oder prüferische Beurteilung der Werthaltigkeit der Sacheinlage entbehrlich sei.[7]

Die herrschende Meinung spricht sich gegen eine Nennwertbilanzierung aus. Die Kritiker führen insbesondere an, dass eine Nennwertbilanzierung gegen den Grundsatz der Vollwertigkeit verstoße und damit unvereinbar sei mit den Kapitalerhaltungsvorschriften.[8] Die Begründung basiert darauf, dass für die Einlage von Forderungen nichts anderes gelten könne als für die Zuführung neuen

---

1 Vgl. *Cahn/Simon/Theiselmann*, CFL 2010, 238 (243).
2 Vgl. *Cahn/Simon/Theiselmann*, CFL 2010, 238 (245).
3 Vgl. *Cahn/Simon/Theiselmann*, CFL 2010, 238 (246).
4 Vgl. *Cahn/Simon/Theiselmann*, CFL 2010, 238 (244).
5 Vgl. *Cahn/Simon/Theiselmann*, CFL 2010, 238 (247).
6 Vgl. *Cahn/Simon/Theiselmann*, CFL 2010, 238 (245).
7 Vgl. *Cahn/Simon/Theiselmann*, DB 2010, 1629 (1632).
8 Vgl. *Kleindiek* in FS Hommelhoff, 2012, S. 543 (551 ff.); *Arnold* in KölnKomm. AktG, 3. Aufl. 2010, § 27 AktG Rz. 54 ff.; *Koch* in Hüffer, 11. Aufl. 2014, § 27 AktG Rz. 17; *Ekkenga*, DB 2012, 331 ff.; *Priester*, DB 2010, 1445 ff. Weitere Nennungen bei *Arnold* in FS Hoffmann-Becking, 2013, S. 29 (33).

Vermögens. Während ein „typischer" Sacheinlagevorgang zu einer Einlage ins Aktivvermögen führe, werde die Schuldbefreiung der Zuführung neuen Vermögens gleichgestellt, weil dadurch Vermögensgegenstände zur Deckung anderer Verbindlichkeiten frei würden, die bislang durch die eingebrachte Schuld neutralisiert worden seien. Nur dadurch werde überhaupt gerechtfertigt, dass die Einlage von Forderungen sacheinlagefähig sei und der Inferent als Gegenleistung für die Forderungsübertragung Gesellschaftsanteile erhalte.[1] Aus dieser Betrachtung resultiere, dass auch für die Einlage von Forderungen ein Vollwertigkeitserfordernis gelten müsse, weshalb eingebrachte Forderungen nur mit dem Wert auf das Eigenkapital angerechnet werden könnten, mit dem sie durch das Gesellschaftsvermögen gedeckt seien. Sofern aber gerade etwa eine rechnerische Überschuldung offenbare, dass das Vermögen die bestehenden Verbindlichkeiten nicht mehr decke, werde mit dem Wegfall der Verbindlichkeiten gerade kein Aktivvermögen in Höhe des Nennbetrags der weggefallenen Schuld freigesetzt.[2]

52 Zur Unterstützung verweisen die Kritiker einer Nennwertbilanzierung auf die einschlägige BGH-Rechtsprechung,[3] wonach Forderungen als wertgemindert zu betrachten seien, wenn das Vermögen der Gesellschaft nicht mehr ausreiche, alle fälligen Ansprüche, die gegen die Gesellschaft gerichtet sind, zu erfüllen. Insbesondere im Falle der Überschuldung sei von einer Vollwertigkeit aller Forderungen nicht auszugehen.[4] Auch an anderer Stelle äußert der BGH, dass eine Umwandlung von Forderungen nur in dem Umfang erfolgen könne, in dem sie dem Leistungsvermögen der Gesellschaft entspreche. Anderenfalls würden die Altgesellschafter um den über die Werthaltigkeit der eingelegten Forderungen hinausgehenden Anteil der ausgegebenen Gesellschaftsanteile benachteiligt. Auch wird die Gefahr gesehen, dass zukünftige Gläubiger in der Erwartung enttäuscht würden, der Gesellschaft sei neues Kapital zugeführt worden.[5]

53 Weiterhin wird angeführt, dass auch das ESUG – wenngleich keine konkreten Hinweise für die Bewertung von Forderungen im Debt Equity Swap gegeben werden – keine Grundlage zur Begründung einer Nennwertbilanzierung biete. In der Regierungsbegründung heißt es: „Die Werthaltigkeit der Forderung wird aufgrund der Insolvenz des Schuldners regelmäßig reduziert sein und der Wert wird nicht dem buchmäßigen Nennwert entsprechen, sondern deutlich darunter liegen."[6]

---

1 Vgl. *Kleindiek* in FS Hommelhoff, 2012, S. 543 (552).
2 Vgl. *Kleindiek* in FS Hommelhoff, 2012, S. 543 (552).
3 Vgl. *Ekkenga*, DB 2012, 331 f.
4 Vgl. BGH v. 26.3.1984 – II ZR 14/84, BGHZ 90, 370 (373) = GmbHR 1984, 313; BGH v. 21.2.1994 – II ZR 60/93, BGHZ 125, 141 (145 f.) = GmbHR 1994, 394.
5 Vgl. BGH v. 15.1.1990 – II ZR 164/88, BGHZ 110, 47 (60 ff.) = AG 1990, 298; *Kleindiek* in FS Hommelhoff, 2012, S. 543 (553).
6 Gesetzentwurf der Bundesregierung, Entwurf eines Gesetzes zur weiteren Erleichterung der Sanierung von Unternehmen, 4.3.2011 (Drucksache 127/11), S. 45.

Insgesamt abwägend vermögen die Argumente für eine unbedingte Nennwert- 53a
bilanzierung, unabhängig vom Krisenzustand des die Sacheinlage aufnehmenden Unternehmens, nicht zu überzeugen.

b) Bewertung zum Schuldendeckungsgrad

Aus den Gegenargumenten zur Nennwertbilanzierung ergibt sich im Umkehrschluss der Vorschlag, einzulegende Forderungen in dem Umfang als werthaltig anzusehen, in dem sie durch das Vermögen des Unternehmens, gegen die die Forderung besteht, gedeckt sind. In Bezug auf die Messung dieses Vermögens ergeben sich wiederum unterschiedliche Sichtweisen, deren Bewertungsgrundlagen nachfolgend dargestellt werden: 54

aa) Schuldendeckungsgrad bei Insolvenz

Es ist naheliegend, die Bewertung von Forderungen anhand der Schuldendeckungsquoten vorzunehmen, die in einem Insolvenzszenario erzielt werden können. Zur Ermittlung dieser Schuldendeckungsquote wäre eine Zerschlagung des Unternehmens abzubilden sowie eine Gegenüberstellung des im Zerschlagungsfalle erzielten Erlöses mit den bestehenden Verbindlichkeiten vorzunehmen.[1] Dabei können auch unterschiedliche Besicherungen und die Reihenfolge der Befriedigung der Gläubiger im Insolvenzfalle berücksichtigt werden. 55

Ein derartiger Bewertungsansatz für Debt Equity Swaps legt das ESUG nahe. In den Erläuterungen zum Debt Equity Swap (§ 225a Abs. 2 InsO) ist ausgeführt:[2] „Es ist im Plan insbesondere anzugeben, welche Kapitalmaßnahmen durchgeführt werden sollen, mit welchem Wert ein Anspruch anzusetzen ist und wem das Bezugsrecht zustehen soll. Zur Frage der Werthaltigkeit des Anspruchs sind ggf. Gutachten einzuholen. Die Werthaltigkeit der Forderung wird aufgrund der Insolvenz des Schuldners regelmäßig reduziert sein und der Wert wird nicht dem buchmäßigen Nennwert entsprechen, sondern deutlich darunter liegen. Hierbei kann auch die Quotenerwartung berücksichtigt werden. Der Insolvenzplan hat eine entsprechende Wertberichtigung vorzunehmen."

Die Forderungsbewertung anhand des Schuldendeckungsgrads bei Insolvenz stellt bewertungsmethodisch eine vertretbare Vorgehensweise dar. Es handelt sich um eine Ausprägung der liquiditätsbezogenen Bewertung von Forderungen, indem die aus einer Zerschlagung des Unternehmens erzielbare Liquidität ermittelt wird, die zu einer Rückzahlung von Verbindlichkeiten zur Verfügung steht. Indem von einer Zerschlagung ausgegangen wird, handelt es sich um eine Worst Case-Betrachtung, die von der tatsächlichen Absicht zur finanziellen Restrukturierung und damit Insolvenzvermeidung abstrahiert. Insofern ist dieser Ansatz vergleichbar mit einer Unternehmensbewertung mit einem Liquidationswert als Wertuntergrenze (vgl. oben Rz. 10). 56

---

1 Befürwortend *Kleindiek* in FS Hommelhoff, 2012, S. 543 (555 f.); *Ekkenga*, ZGR 2009, 581 (599); *Arnold* in FS Hoffmann-Becking, 2013, S. 29 (41); *Simon*, CFL 2010, 448 (452).
2 Begründung RegE ESUG, BT-Drucks. 17/5712, 31 f.

bb) Bilanzieller Schuldendeckungsgrad

57 Es wird auch befürwortet, das Bilanzvermögen bei Going Concern zur Beurteilung des Umfangs der Schuldendeckung heranzuziehen.[1] Bei enger Auslegung würde dies bedeuten, dass die handelsrechtlichen Bilanzierungs- und Bewertungsvorschriften als maßgebend erachtet würden. Die Befürworter sehen den Vorteil darin, den Einbringungswert von Forderungen verlässlich und rechtssicher bewerten zu können, da davon ausgegangen wird, dass die handelsrechtlichen Buchwerte weitgehend frei von Prognosen und dynamischen Einflussfaktoren ermittelt werden könnten.[2] In der Konsequenz dieses Bewertungsansatzes würde ein Wertabschlag auf Forderungen immer dann vorgenommen, wenn eine auf Basis der handelsrechtlichen Wertansätze rechnerische Unterbilanz vorliegt.

58 Andere befürworten die zusätzliche Berücksichtigung von stillen Reserven.[3] Wie bereits an anderer Stelle diskutiert (vgl. oben Rz. 36), ist aber auch hier umstritten, ob ein etwaiger originärer Firmenwert berücksichtigungsfähig ist und – falls dem Grunde nach ja – ob dieser auf Basis einer aktuell vorliegenden (krisengezeichneten) Unternehmensplanung ermittelt werden kann oder auf Basis einer Unternehmensplanung für das sanierte Unternehmen (vgl. auch unten Rz. 61). In der Konsequenz führt diese im Ansatz zunächst bilanzielle Bewertung zu einem unternehmenswertorientierten Ansatz, bei Zerschlagung oder Fortführung.

59 Aus ökonomischer Betrachtung ist eine Bilanzbewertung wenig überzeugend. Zum einen stellen (handels-)bilanzielle Buchwerte fortgeführte Anschaffungskosten dar und bilden daher nicht automatisch erzielbare Zeitwerte ab; diese Einschränkung muss bei Anwendung anderer Rechnungslegungsnormen (z.B. IFRS) nicht in gleicher Weise gelten. Weiterhin ist die Fähigkeit, Zins- und Tilgungsleistungen erbringen zu können, nicht anhand der Bilanz, sondern anhand einer Cash Flow-Planung zu beurteilen. Eine solche wäre für die Beurteilung der Werthaltigkeit von Forderungen geeigneter. Die Diskussion um die Berücksichtigungsfähigkeit stiller Reserven führt letztlich weg von der Bilanzbewertung hin zu einer am Unternehmenswert orientierten Beurteilung; dies insbesondere dann, wenn noch ein Firmenwert in die Betrachtung einzubeziehen ist.

cc) Schuldendeckungsgrad bei Unternehmensfortführung

60 Auch ist eine Forderungsbewertung anhand der Deckungsquote bei Durchführung der Restrukturierung denkbar.[4] In Parallelität zur Beurteilung des Schuldendeckungsgrads bei Insolvenz wird hier die Annahme einer Unternehmensfortführung bei Umsetzung von Sanierungsmaßnahmen getroffen. Bestehende

---

1 Vgl. *Priester*, DB 2010, 1448 f.
2 Vgl. *Ekkenga*, DB 2012, 331 (336).
3 Vgl. *Kleindiek* in FS Hommelhoff, 2012, S. 543 (558); *Priester*, DB 2010, 1445 (1447); *Arnold* in FS Hoffmann-Becking, 2013, S. 29 (42).
4 Dies befürwortend *Weber/Schneider*, ZInsO 2012, 374 (379). Ablehnend *Kleindiek* in FS Hommelhoff, 2012, S. 543 (555 f.).

Forderungen sind demnach bis zu dem Grad werthaltig, bis zu dem sie durch die erwarteten operativen Ergebnisse nach Durchführung von Sanierungsmaßnahmen getilgt werden können. Mit dieser Annahme wird die tatsächliche Absicht zur Erhaltung des Unternehmens und zur Vermeidung von Insolvenz abgebildet. Vergleichbar zum Schuldendeckungsgrad bei Insolvenz wird hier auf Cash Flows abgestellt. Teilweise wird angemerkt, der Sanierungsplan könne nicht berücksichtigt werden, weil zum Zeitpunkt der Beurteilung (Eintragung der Kapitalerhöhung ins Handelsregister) die Umsetzung des Sanierungskonzepts noch nicht vollzogen sei. Dies ist formal zutreffend, jedoch ist faktisch zu berücksichtigen, dass alle Maßnahmen eines Sanierungskonzeptes miteinander verbunden sind: Wird die Handelsregistereintragung nicht bewilligt, wird das gesamte Sanierungskonzept scheitern. Erfolgt die Handelsregistereintragung, werden der Debt Equity Swap und etwaige weitere Sanierungsmaßnahmen durchgeführt. Insofern wird die Bewertung hier nur relevant für den Fall, dass es tatsächlich zum Debt Equity Swap und damit zur Umsetzung des Sanierungskonzeptes kommt (vgl. auch unten Rz. 63 ff.).

c) Bewertung zum Marktwert

61 Für die Ermittlung des Wertansatzes für einzubringende Forderungen könnte auch auf am Markt verfügbare Bewertungen abgestellt werden.[1] Durch tatsächlich gezahlte Transaktionspreise wird der Verkehrswert dokumentiert und die Anwendung von Bewertungsverfahren zur Abschätzung eines Transaktionspreises braucht es insofern nicht. Bei der Übertragbarkeit beobachtbarer Transaktionspreise ist auf die Vergleichbarkeit der wertbestimmenden Merkmale zu achten. Marktpreise können sich etwa aus börsennotierten Schuldtiteln ergeben oder aus Transaktionen. Letztere sind zunehmend bei Krisenunternehmen zu beobachten, indem einzulegende Forderungen erst kurz vor dem Einbringungszeitpunkt von Investoren wie Hedgefonds oder Investmentbanken erworben werden, meist gegen Abschläge auf den Nennwert.[2] Dennoch stehen in der Bewertungspraxis Marktwerte selten zur Verfügung, weil entweder keine börsennotierten Schuldtitel Gegenstand der Sacheinlage sind oder die zwischen Gläubigern gezahlten Preise nicht bekannt werden.

62 Dass es aber diese Transaktionen zwischen Gläubigern gibt, deutet zugleich darauf hin, dass über den Weg der Einbringung von Forderungen Interesse daran besteht, in die Eigenkapitalgeberposition zu wechseln. Dies macht seinerseits wieder nur Sinn, wenn eine realistische Chance zur Restrukturierung besteht. Es verdeutlicht zugleich, dass auch über die Bewertung des Debt Equity Swaps über die zukünftigen Gesellschafterverhältnisse, insbesondere der Relation von Alt- und Neugesellschaftern, entschieden wird.

Auch aus Sicht der Gesellschaft ist der Marktwert als Indikator für die Bewertung der Forderung relevant, denn wenn Gläubiger ihre Ansprüche mit einem Abschlag auf den Nennwert untereinander veräußern, dann könnte auch die

---

1 Vgl. *Wentzler*, FB 2009, 446 (452); *Redeker*, BB 2007, 673 (675).
2 Vgl. *Kleindiek* in FS Hommelhoff, 2012, S. 543 (544) mit weiteren Literaturhinweisen.

Gesellschaft selbst ihre Verbindlichkeit für weniger als den Nennbetrag tilgen, wenn sie unmittelbar oder mittelbar Ansprüche ihrer Gläubiger erwerben würde. Die Befreiung von einer Verbindlichkeit ist daher auch für die Gesellschaft selbst nicht den vollen Nennbetrag wert.

3. Die Perspektive der Sachkapitalerhöhungsprüfung

63 Die Frage der Bewertung von Forderungen im Rahmen eines Debt Equity Swaps ist nicht nur relevant für den Umfang der zukünftigen Beteiligung der Alt- und Neuaktionäre am restrukturierten Unternehmen. Für die Handelsregistereintragung der Sacheinlage bedarf es auch einer (Mindest-)Werthaltigkeitsprüfung:

64 Unter dem Anwendungsbereich des Aktienrechts gelten für die Erbringung von Sacheinlagen strenge Regeln. Diese äußern sich auch in dem Grundsatz, dass die Werthaltigkeit der Sacheinlage durch einen externen Prüfer (§ 250 Abs. 5 i.V.m. §§ 33 ff. AktG) zu beurteilen ist, inwiefern der Wert der Sacheinlage den **geringsten Ausgabebetrag** der dafür zu gewährenden Aktien erreicht. Eine Sacheinlagenprüfung ist nicht erforderlich, wenn ein aktueller Marktpreis oder eine zeitnahe Begutachtung durch einen unabhängigen Sachverständigen vorliegt und seitdem kein Anlass zu der Annahme besteht, dass der Wert der Sacheinlage erheblich gesunken sei (§ 33a AktG). Da in der Praxis Sachkapitalerhöhungen meist so gestaltet sind, dass die Ausgabe der Aktien zum geringsten Ausgabebetrag erfolgt und ein darüber hinaus gehender Wert der Sacheinlage als schuldrechtliches Agio gestaltet wird, ist die Sacheinlagenprüfung auf die Beurteilung der Werthaltigkeit in Höhe des geringsten Ausgabebetrags fokussiert und muss insofern nicht die volle Werthaltigkeit der Sacheinlage beurteilen. Sofern allerdings ein höherer Ausgabebetrag als der geringste Ausgabebetrag vereinbart ist, muss der Wert der Sacheinlage mindestens dem geringsten Ausgabebetrag zuzüglich des Betrages dieses Aufgeldes entsprechen.[1]

65 Die Sacheinlagenprüfung basiert auf einer vorgenommenen Bewertung der Forderungen und hat zu prüfen, dass diese dem erforderlichen Mindestwert (geringster Ausgabebetrag der im Gegenzug gewährten Aktien) entsprechen. Die Bewertung der Forderungen kann fundamental nach einem der oben genannten Ansätze vorgenommen worden sein. Tatsächlich ist die vorgenommene Bewertung insbesondere Ergebnis der stattfindenden Gespräche zwischen den beteiligten Kapitalgebern, da über die Bewertung der Forderungen zugleich die zukünftigen Anteilsrechte am sanierten Unternehmen aufgeteilt werden. In der Praxis einer Restrukturierungssituation kommt den Gläubigern naturgemäß hohes Gewicht zu. Da sie vor den Eigenkapitalgebern zu bedienen sind und die Eigenkapitalgeber klassischer Weise keine Rückzahlungen aus dem Unternehmen zu erwarten haben, hängt die Entscheidung zur Fortführung der Unternehmenstätigkeit unter Umsetzung von Sanierungsmaßnahmen ganz entscheidend davon ab, ob die Gläubiger den finanziellen Rahmen für die Geschäftstätigkeit des Unternehmens erhalten bzw. wiederherstellen. Innerhalb der Gläubiger können wiederum verschiedene Interessen bestehen, da z.B. Unter-

---

1 Vgl. WP-Handbuch II, 2014, Abschnitt G, Rz. 130.

schiede in den Besicherungen vorliegen können oder Gläubiger erst in der Restrukturierungssituation eingestiegen sind und Forderungen unterhalb ihres Nennwertes erworben haben.

Für die Beurteilung im Rahmen der Sachkapitalerhöhungsprüfung könnte aus den oben genannten Bewertungsverfahren (eine Bewertung zum Nennwert wird dabei als nicht relevant betrachtet) eine Bandbreite gesehen werden: Die Untergrenze wird vom Zerschlagungswert definiert und der sich daraus ergebenden Schuldendeckungsquote. Aus dieser Bewertung ergibt sich der Wert der Schulden, wenn eine Restrukturierung nicht durchgeführt würde. Die Obergrenze stellt auf den Wert des fortgeführten Unternehmens unter Umsetzung aller Sanierungsmaßnahmen ab. Aus der Differenz zwischen diesen beiden Werten ergibt sich ein Mehrwert aus der Restrukturierung bzw. ein Mehrwert aus der Vermeidung von Verlusten aus einer insolvenzbedingten Zerschlagung des Unternehmens. Gegen diesen methodischen Ansatz könnte eingewendet werden, dass die Folgen des Debt Equity Swaps bei der Beurteilung der Angemessenheit der gewährten Gegenleistung bereits antizipiert werden. Dies erscheint jedoch zum einen vertretbar, da die Angemessenheitsbeurteilung im Zusammenhang mit Sacheinlagen aus der **subjektiven Sicht der die Sacheinlage aufnehmenden Gesellschaft** zu erfolgen hat.[1] Aus diesem Grund sind in anderen Bewertungskonstellationen – hierzu aber vergleichbar – Synergien aus der Aufnahme der Sacheinlage bei deren Bewertung berücksichtigungsfähig.[2] Zum anderen kommt rein praktisch hinzu, dass im Zeitpunkt der Eintragung der Sachkapitalerhöhung ins Handelsregister der Fortführungsweg beschritten und – falls es sich um eine entscheidende Sanierungsmaßnahme handelt - die Liquidation vermieden wird. Folgt man der Berücksichtigungsfähigkeit eines Fortführungsmehrwertes ist zuzugestehen, dass es regelmäßig schwierig und möglicherweise auch unmöglich ist, den Fortführungsmehrwert aufzuteilen, sofern mehrere Inferenten an der Sacheinlage beteiligt sein sollten und insoweit nur eine gesamthafte Beurteilung möglich ist.

66

---

1 Vgl. *Pentz* in MünchKomm. AktG, 3. Aufl. 2008, § 27 AktG Rz. 37; WP Handbuch II, 2014, Abschnitt G, Rz. 131.
2 Vgl. IDW S 1: Grundsätze ordnungsgemäßer Unternehmensbewertung, IDW-Fn. 7/2008, Abschnitt 4.4.3, S. 278.

Dritter Teil
Querschnittsfragen

§ 12
Stichtagsprinzip

	Rz.		Rz.
I. Hintergründe, Funktionen und Reichweite		**III. Bei der Wertermittlung einzubeziehende Informationen**	
1. Ableitung und Anwendungsbereich	1	1. Ausgangspunkt	40
2. Terminologie	4	2. Berücksichtigungsfähige Tatsachen	
3. Funktionen		a) Die „Wurzeltheorie" des BGH	
a) Wertabgrenzung	8	aa) Ursprung	41
b) Informationsabgrenzung	10	bb) Folgeentscheidungen	43
4. Fragenkreise ohne Aussagekraft des Stichtagsprinzips	17	cc) Prognosebildung: Kritik	48
5. Bewertungen vor dem Stichtag	20	dd) Rechtsprechung der Instanzgerichte	50
6. Sondersituation: Ermittlung stichtagsbezogener hypothetischer Börsenkurse	23	ee) Spätere Erkenntnisse über präexistente Zustände	51
II. Ermittlung des maßgebenden Stichtags		b) Meinungsstand im Schrifttum	52
1. Festlegung des Stichtags	24	c) Stellungnahme	
2. Stichtage bei ausgewählten gesellschaftsrechtlichen Bewertungsanlässen		aa) Zeitpunktbezogenheit der Bewertung	56
a) Aktien- und umwandlungsrechtliche Abfindungs- und Ausgleichsansprüche	30	bb) Perspektive eines gedachten Unternehmenserwerbers	60
b) Der Abfindungsanspruch aus § 738 Abs. 1 Satz 2 BGB	35	cc) Kapitalisierungszinssatz	63
		3. Rechtliche Verhältnisse	65
		4. Standardänderungen	70

Schrifttum: *Adolff*, Unternehmensbewertung im Recht der börsennotierten Aktiengesellschaft, 2007; *Aha*, Aktuelle Aspekte der Unternehmensbewertung im Spruchstellenverfahren, AG 1997, 26; *Baldamus*, Der Einfluss der Körperschaftsteuer auf den sog. festen Ausgleich nach § 304 Abs. 2 Satz 1 AktG, AG 2005, 77; *Bellinger*, Eine Wende in der Unternehmensbewertung?, WPg 1980, 575; *Beyerle*, Zur Regelabfindung im Konzernrecht gemäß § 305 Abs. 2 Nr. 1 AktG, AG 1980, 317; *Bücker*, Die Berücksichtigung des Börsenkurses bei Strukturmaßnahmen – BGH revidiert DAT/Altana, NZG 2010, 697; *Bungert*, Rückwirkende Anwendung von Methodenänderungen bei der Unternehmensbewertung, WPg 2008, 811; *Bungert/Wansleben*, Dividendenanspruch bei Verschiebung der Gewinnberechtigung bei Verschmelzungen, DB 2013, 979; *Canaris*, Systemdenken und Systembegriff in der Jurisprudenz, 2. Aufl. 1983; *Emmerich*, Wie rechne ich mich arm? Kritische Anmerkungen zur gegenwärtigen Bewertungspraxis in Spruchverfahren, FS Mestmäcker, 2006, S. 137; *Emmerich/Habersack*, Konzernrecht, 10. Aufl. 2013; *Fleischer*, Die Barabfindung außenstehender Aktionäre nach den §§ 305 und 320b AktG: Stand-alone-Prinzip oder Verbundberücksichtigungsprinzip?, ZGR 1997, 368; *Fleischer,* Unternehmensbewertung bei aktienrechtlichen Abfindungsansprüchen, AG 2014, 97; *Herzig,* Zum Prinzip der Wertaufhellung, FS Meilicke, 2010, S. 179; *Hoffmann-Becking,* Das neue Verschmelzungsrecht in der Praxis, FS Fleck, 1988, S. 105; *Hüttemann,* Unternehmensbewertung als Rechtsproblem, ZHR 162 (1998), 563; *Hüttemann,* Neuere Entwicklungen bei der Unternehmensbewertung im Gesellschaftsrecht, StbJb. 2000/2001, 385; *Hüttemann,* Rechtsfragen der Unternehmensbewertung, in Heintzen/Kruschwitz (Hrsg.), Unternehmen bewerten, 2003, S. 151; *Hüttemann,* Rechtliche Vorgaben für ein Bewertungskonzept, WPg 2007, 812; *Hüttemann,* Stichtagsprinzip und Wertaufhellung, FS Priester, 2007, S. 301; *Hüttemann,* Zur „rückwirkenden" Anwendung neuer Bewertungsstandards bei der Unternehmensbewertung, WPg 2008, 822; *Hüttemann,* Die angemessene Barabfindung im Aktienrecht, FS Hoffmann-Becking, 2013, S. 603; *Klöhn,* Das System der aktien- und umwandlungsrechtlichen Abfindungsansprüche, 2009; *Kollrus,* Unternehmensbewertung in Spruchverfahren, MDR 2012, 66; *Komp,* Zweifelsfragen des aktienrechtlichen Abfindungsanspruchs nach §§ 305, 320b AktG, 2002; *Kuckenburg,* Unternehmensbewertung im Zugewinnausgleichsverfahren, FuR 2012, 222; *Lauber,* Das Verhältnis des Ausgleichs gem. § 304 AktG zu den Abfindungen gemäß den §§ 305, 327a AktG, 2014; *Lausterer,* Unternehmensbewertung zwischen Betriebswirtschaftslehre und Rechtsprechung, 1997; *Meilicke,* Die Barabfindung für den ausgeschlossenen oder ausscheidungsberechtigten Minderheits-Kapitalgesellschafter, 1975; *Meincke,* Das Recht der Nachlaßbewertung im BGB, 1973; *Meinert,* Neuere Entwicklungen in der Unternehmensbewertung (Teil I), DB 2011, 2397; *Neuhaus,* Unternehmensbewertung und Abfindung, 1989; *Peemöller,* Grundsätze der Unternehmensbewertung – Anmerkungen zum Standard IDW S 1, DStR 2001, 1401; *Popp,* Fester Ausgleich bei Beherrschungs- und/oder Gewinnabführungsverträgen, WPg 2008, 23; *Riegger/Wasmann,* Das Stichtagsprinzip in der Unternehmensbewertung, FS Goette, 2011, S. 433; *Ruthardt/Hachmeister,* Zur Frage der rückwirkenden Anwendung von Bewertungsstandards, WPg 2011, 351; *Ruthardt/ Hachmeister,* Das Stichtagsprinzip in der Unternehmensbewertung, WPg 2012, 451; *J. Schmidt,* Das Recht der außenstehenden Aktionäre, 1979; *K. Schmidt,* Abfindung, Unternehmensbewertung und schwebende Geschäfte, DB 1983, 2401; *Schulze-Osterloh,* Das Auseinandersetzungsguthaben des ausscheidenden Gesellschafters einer Personengesellschaft nach § 738 Abs. 1 Satz 2 BGB, ZGR 1986, 545; *Schwetzler,* Die „volle" Entschädigung von außenstehenden und ausscheidenden Minderheitsaktionären – eine Anmerkung aus ökonomischer Sicht, WPg 2008, 890; *Seetzen,* Die Bestimmung des Verschmelzungsverhältnisses im Spruchstellenverfahren, WM 1994, 45; *Seetzen,* Spruchverfahren und Unternehmensbewertung im Wandel, WM 1999, 565.

I. Hintergründe, Funktionen und Reichweite

1. Ableitung und Anwendungsbereich

1 Unternehmenswerte können nur **zeitpunktbezogen** ermittelt werden, da sie sich im Zeitablauf verändern, d.h. keine feststehenden Größen darstellen.[1] Sie müssen daher auf einen bestimmten Stichtag bezogen sein, so dass für Unternehmensbewertungen das **Stichtagsprinzip** gilt.[2] Es gehört zu den fundamentalen Grundsätzen der Unternehmensbewertung.[3] Unabhängig von der ange-

---

1 *Hüttemann,* StbJb. 2000/2001, 385 (392); *Meincke,* Recht der Nachlaßbewertung, S. 211; *Ruthardt/Hachmeister,* WPg 2012, 451 (451); *Riegger/Wasmann* in FS Goette, 2011, S. 433 (434).
2 Siehe nur BGH v. 21.7.2003 – II ZB 17/01, BGHZ 156, 57 (63) = AG 2003, 627 = GmbHR 2003, 1362; IDW S 1, Rz. 22; *Großfeld,* Recht der Unternehmensbewertung, Rz. 309.
3 *Hüttemann* in Heintzen/Kruschwitz, Unternehmen bewerten, S. 151 (160).

wandten Bewertungsmethode muss der Bewertungsstichtag **für alle Unternehmensbestandteile identisch** sein, da das Unternehmen als Einheit zu bewerten ist, was notwendig voraussetzt, dass auch die zeitliche Bezugnahme eine einheitliche ist.[1] Auf einen identischen Stichtag muss ferner dort abgestellt werden, wo vermögensrechtliche Ansprüche an eine Wertrelation anknüpfen, die zwischen den Unternehmen zweier Gesellschaften besteht (vgl. etwa § 304 Abs. 2 Satz 2, 3 AktG, § 305 Abs. 3 Satz 1 AktG, § 15 UmwG).[2]

Das Gesetz geht von einem **einheitlichen Stichtag** aus, wenn es etwa in § 305 Abs. 3 Satz 2 AktG oder § 30 Abs. 1 Satz 1 UmwG auf „die Verhältnisse im Zeitpunkt der Beschlussfassung" Bezug nimmt. Deshalb ist bei rechtsgeleiteten Bewertungen[3] keine Aufspaltung in einen „rechnerischen" Stichtag in Bezug auf die Unternehmenswertfixierung (dazu unten Rz. 8 f.) und einen daneben stehenden „informatorischen" Stichtag im Hinblick auf die dabei einzubeziehenden Informationen (dazu unten Rz. 10 ff.) möglich.[4] Die Anerkennung zweier Stichtage ist insbesondere nicht erforderlich, um eine zutreffende Wertabgrenzung zu erreichen (dazu unten Rz. 9).[5]

Das Stichtagsprinzip greift nicht nur bei der Bewertung von Unternehmen ein, sondern gilt ganz allgemein für Bewertungsaufgaben, die **Sach- und Rechtsgesamtheiten bzw. Vermögensmassen** betreffen, da sie in gleicher Weise zeitpunktbezogen sind.[6] Dies betrifft etwa die Bewertung eines Nachlasses für Zwecke der Berechnung des Pflichtteils (§ 2311 Abs. 1 Satz 1 BGB) und der Erbschaftsteuer (§§ 11, 9 Abs. 1 Nr. 1 ErbStG) sowie die Ermittlung des Anfangs- und Endvermögens für den Zugewinnausgleich (§ 1376 BGB). Auch das **Bilanzrecht** folgt dem Stichtagsprinzip (§ 252 Abs. 1 Nr. 3 HGB). Allerdings lassen sich die hier geltenden Wertaufhellungsgrundsätze[7] nicht ohne weiteres auf die Unternehmensbewertung übertragen (dazu unten Rz. 62).

2. Terminologie

Der maßgebende **Stichtag** bzw. – gleichbedeutend – **Bewertungsstichtag** folgt bei rechtsgeleiteten Bewertungen aus den einschlägigen gesetzlichen Vorgaben. Bei nicht rechtsgeleiteten Bewertungen ist er anlassadäquat festzulegen (näher unten Rz. 24 ff.). Jedoch kann es aus verfahrenstechnischen Gründen erforderlich sein, die Bewertung zunächst auf einen früheren Zeitpunkt vorzunehmen und den so ermittelten Unternehmenswert sodann auf den Stichtag hochzurechnen und gegebenenfalls zu korrigieren (Einzelheiten in Rz. 20 f.). In der

---

1 Vgl. *Meincke*, Recht der Nachlaßbewertung, S. 212.
2 Siehe nur *Adolff*, Unternehmensbewertung, S. 420, 440.
3 Zur Differenzierung zwischen rechtsgeleiteten und nicht rechtsgeleiteten Bewertungsanlässen s. nur *Fleischer*, AG 2014, 97 (98).
4 Vgl. demgegenüber *Simon* in KölnKomm. UmwG, § 5 UmwG Rz. 19 ff. („rechnerischer" und „rechtlicher" Stichtag); *Popp*, WPg 2008, 23 (28 f.) („technischer" und „informatorischer" Stichtag).
5 Vgl. demgegenüber *Popp*, WPg 2008, 23 (28 f.).
6 Zu den Hintergründen *Meincke*, Recht der Nachlaßbewertung, S. 211 ff.
7 Dazu näher *Hüttemann* in FS Priester, 2007, S. 301 (301 ff.).

Bewertungspraxis hat sich deshalb die terminologische Differenzierung zwischen dem **„technischen"** und (bei rechtsgeleiteten Bewertungen) dem **„rechtlichen" Bewertungsstichtag** etabliert.[1] Wenn im Folgenden der Begriff „Stichtag" bzw. „Bewertungsstichtag" verwendet wird, so ist damit ausnahmslos der für die Bewertung letztlich maßgebende („rechtliche") Stichtag gemeint.

5 In terminologischer Hinsicht ist ferner darauf hinzuweisen, dass der Begriff **„Stichtagsprinzip"** unpräzise ist. Denn für die Bewertung kann es nicht auf die Verhältnisse „eines Tages" ankommen, da ein Tag einen Zeitraum (24 Stunden) umfasst, nicht hingegen einen Zeitpunkt (vgl. oben Rz. 1) markiert.[2] Daher ist in § 305 Abs. 3 Satz 2 AktG zutreffend bestimmt, dass es auf „die Verhältnisse der Gesellschaft im Zeitpunkt der Beschlussfassung ihrer Hauptversammlung" ankommt. Tritt folglich nach der Beschlussfassung, aber noch am selben Tag eine unvorhersehbare wertrelevante Entwicklung ein, so ist sie nicht mehr zu berücksichtigen. In gleicher Weise präzise formuliert das Gesetz etwa in § 11 ErbStG, wo auf den „Zeitpunkt der Entstehung der Steuer" abgestellt wird, nicht aber auf den Kalendertag, in den das betreffende Ereignis (vgl. § 9 ErbStG) fällt. Praktische Bedeutung kommt dem hier herausgestellten Aspekt aber nur in Ausnahmesituationen zu.

6 Was seinen **Prinzipiencharakter** angeht, wird das Stichtagsprinzip als technisches Prinzip im Sinne der Systemlehre eingeordnet.[3] Zu bedenken ist allerdings, dass die jedem Rechtsprinzip innewohnende Abwägungsfähigkeit[4] im Hinblick auf seinen Kerngehalt, d.h. die Zeitpunktbezogenheit der Bewertung, zweifelhaft erscheinen muss. Denn aus den in Rz. 1 angeführten Gründen würde jede Aufweichung des Zeitpunktbezugs die logische Konsistenz der Bewertung in Frage stellen.[5] Abweichende Vereinbarungen sind freilich möglich, soweit der jeweilige Sachbereich einer privatautonomen Regelung zugänglich ist (dazu unten Rz. 14 f.).

7 Davon zu trennen sind Fallgestaltungen, für die versucht wird, das Stichtagsprinzip in anderer, weitergehender Weise als Abwägungsfaktor in Stellung zu bringen. So werden aus ihm Folgerungen für die Bindung der Bewertung an vor-

---

1 Siehe etwa *Ruiz de Vargas* in Bürgers/Körber, Anh. § 305 AktG Rz. 9; *Simon/Leverkus* in Simon, Anh. § 11 SpruchG Rz. 33; *Mayer* in Widmann/Mayer, Umwandlungsrecht, § 5 UmwG Rz. 131; zu den teilweise verwendeten Begriffen „rechnerischer" und „informatorischer" Stichtag s. schon Rz. 2.
2 *Meincke*, Recht der Nachlaßbewertung, S. 211 f.
3 *Klöhn*, System, S. 283 f.
4 Vgl. nur *Canaris*, Systemdenken, S. 52 ff.
5 Vgl. für den wichtigen Bereich der in die Bewertung einzubeziehenden Informationen *Ruthardt/Hachmeister*, WPg 2012, 451 (454); näher zu diesem Fragenkreis unten Rz. 10 ff. und unten Rz. 40 ff. Keine Ausnahme von der Zeitpunktbezogenheit der Unternehmensbewertung bildet die infolge des DAT/Altana-Beschlusses (BVerfG v. 27.4.1999 – 1 BvR 1613/94, BVerfGE 100, 289 = AG 1999, 566) erforderlich gewordene Ermittlung hypothetischer Börsenkurse, da es sich bei ihr richtigerweise um eine auf den Bewertungsstichtag bezogene Schätzung handelt (vgl. unten Rz. 23); a.A. *Bücker*, NZG 2010, 967 (970).

handene Unternehmenskonzepte[1] und am Stichtag gültige Bewertungsstandards[2] abgeleitet. Bisweilen ist dann von **Stichtagsprinzip „im weiteren Sinne"** die Rede.[3] Materiell geht es dabei aber um Sach- und Rechtsfragen der Bewertung, für die das Stichtagsprinzip keine Wertungen beizusteuern vermag. In derartigen Situationen (näher unten Rz. 17 ff. und unten Rz. 71 f.) sollte deshalb ganz auf die Verwendung dieses Begriffs verzichtet werden.

3. Funktionen

a) Wertabgrenzung

Aus den in Rz. 1 dargestellten Gründen folgt mit Notwendigkeit, dass das Stichtagsprinzip den Unternehmenswert in zeitlicher Hinsicht abgrenzt (**Wertabgrenzungsfunktion**).[4] Es dient dazu, Wertveränderungen im Zeitablauf zu neutralisieren.[5] Bei Anwendung des Ertragswert- bzw. des DCF-Verfahrens wird über den Bewertungsstichtag festgelegt, welche (zukünftigen) finanziellen Überschüsse bei der Wertermittlung einzubeziehen sind (**Überschussabgrenzung**)[6] und auf welchen Zeitpunkt die Abzinsung erfolgt.[7] Wenn Rechtsfolgen unmittelbar an den Unternehmenswert anknüpfen, etwa die Höhe einer geschuldeten Abfindung determiniert wird, kommt dem Stichtagsprinzip im Umkehrschluss auch eine **Überschusszuweisungsfunktion** zu, da der ermittelte Wert die Zuweisung der im Zeitablauf eintretenden bzw. zu erwartenden Überschüsse widerspiegelt (vgl. aber unten Rz. 9 a.E.).[8] Soweit ein Liquidations- oder Substanzwert zu ermitteln ist, ist der Stichtag maßgebend für die sächliche Zusammensetzung des Bewertungsobjekts einschließlich der zugehörigen Schulden.[9] Der Stichtag bestimmt mithin, „wann die Zukunft beginnt."[10]

8

Diesen Zusammenhängen ist bereits bei seiner **Festlegung** Rechnung zu tragen,[11] sei es durch den Gesetzgeber, sei es durch die von der Bewertung Betroffenen im Rahmen privatautonomer Entscheidungen (zur Stichtagsermittlung

9

---

1 Vgl. etwa *Popp* in Peemöller, Praxishandbuch der Unternehmensbewertung, S. 173 (180 f.).
2 Vgl. *Bungert*, WPg 2008, 811 (816 f.).
3 Vgl. WP-Handbuch 2014, Bd. II, Rz. A 59.
4 So die treffende Begriffsverwendung bei *Ruiz de Vargas* in Bürgers/Körber, Anh. § 305 AktG Rz. 10; vgl. auch *Popp* in Peemöller, Praxishandbuch der Unternehmensbewertung, S. 173 (178); *Riegger/Wasmann* in FS Goette, 2011, S. 433 (434).
5 *Meincke*, Recht der Nachlaßbewertung, S. 211 f.
6 *Kuckenburg*, FuR 2012, 222 (227); *Peemöller*, DStR 2001, 1401 (1402); *Riegger/Wasmann* in FS Goette, 2011, S. 433 (434).
7 IDW S 1, Rz. 85; *Großfeld*, Recht der Unternehmensbewertung, Rz. 324; *Seetzen*, WM 1994, 45 (46).
8 Vgl. *Ruiz de Vargas* in Bürgers/Körber, Anh. § 305 AktG Rz. 10. Überschussabgrenzungs- und Überschusszuweisungsfunktion bilden Unterfunktionen der Wertabgrenzungsfunktion.
9 Vgl. *Meincke*, Recht der Nachlaßbewertung, S. 213 f.
10 Vgl. *Moxter*, Grundsätze, S. 171 a.E.
11 Vgl. WP-Handbuch 2014, Bd. II, Rz. A 52; *Popp* in Peemöller, Praxishandbuch der Unternehmensbewertung, S. 173 (178).

näher unten Rz. 24 ff.). Bisweilen korrespondiert der gesetzlich bestimmte Stichtag allerdings nicht mit dem **Zeitpunkt des Übergangs der Gewinnberechtigung** (vgl. etwa § 305 Abs. 3 Satz 2, § 294 Abs. 2 AktG; dazu unten Rz. 31). Um in solchen Fällen eine zutreffende Überschussabgrenzung sicherzustellen, ist im Rahmen der auf den Stichtag zu bildenden Prognose an die voraussichtlich eintretenden Zahlungsströme anzuknüpfen.[1]

b) Informationsabgrenzung

10 Die Wertabgrenzungsfunktion des Stichtagsprinzips lässt aus sich heraus noch keine Schlüsse darauf zu, welche Informationen über das Unternehmen und sein Umfeld in die Bewertung einbezogen werden dürfen. Problematisch ist das in den praktisch wichtigen Fällen, in denen die **Bewertung** oder ihre gerichtliche Überprüfung **nach dem Bewertungsstichtag** erfolgt. Denn hier sind dem Bewertenden zum einen die tatsächlich eingetretenen Entwicklungen bekannt. Zum anderen stehen ihm häufig bessere Informationen über den Zustand des Unternehmens am Bewertungsstichtag zur Verfügung. Das wirft die Frage auf, ob es ihm erlaubt ist, derartige Informationen zu nutzen. Die Zeitpunktbezogenheit der Bewertungsaufgabe (oben Rz. 1) legt es überaus nahe, dass auch nur die am Stichtag verfügbaren Erkenntnisse bei der Wertermittlung berücksichtigt werden dürfen.[2] Diese **Informationsabgrenzungsfunktion** des Stichtagsprinzips ist ganz weitgehend anerkannt,[3] wenngleich in Bezug auf viele Einzelfragen Unsicherheit besteht (s. unten Rz. 11, 13). Häufig wird auf sie im selben Atemzug verwiesen wie auf die Wertabgrenzungsfunktion.[4]

11 Nach den heute herrschenden Anschauungen hat die **Prognose** über die weitere Unternehmensentwicklung jedenfalls im Grundsatz nach den am Bewertungsstichtag verfügbaren Informationen zu erfolgen, so dass die tatsächlichen späteren Entwicklungen ausgeblendet werden müssen.[5] Bisweilen wird hierfür der

---

1 Vgl. BGH v. 4.12.2012 – II ZR 17/12, AG 2013, 165 (167); *Bungert/Wansleben*, DB 2013, 979 (980); *Hoffmann-Becking* in FS Fleck, 1988, S. 105 (110); weitergehend *Popp*, WPg 2008, 23 (28 f.), der einen gesonderten Stichtag für erforderlich erachtet (dazu oben Rz. 2); zur Berücksichtigungsfähigkeit *nachträglich* erlangter Informationen s. unten Rz. 10 ff., 40 ff.
2 Vgl. *Hüttemann*, StbJb. 2000/2001, 385 (392 f.).
3 Siehe etwa *Koppensteiner* in KölnKomm. AktG, 3. Aufl. 2004, § 305 AktG Rz. 59; *Adolff*, Unternehmensbewertung, S. 369 ff.; *Hannes* in Peemöller, Praxishandbuch der Unternehmensbewertung, S. 1119 (1136 f.); *Moxter*, Grundsätze, S. 168 ff.; *Piltz*, Unternehmensbewertung, S. 117. Den Begriff „Informationsabgrenzungsfunktion" verwendet auch *Ruiz de Vargas* in Bürgers/Körber, Anh. § 305 AktG Rz. 10.
4 Vgl. IDW S 1, Rz. 22 f.; *Komp*, Zweifelsfragen, S. 142; *Kuckenburg*, FuR 2012, 222 (227); *Riegger/Wasmann* in FS Goette, 2011, S. 433 (434). Deutlich getrennt wird zwischen diesen Aspekten hingegen bei *Popp* in Peemöller, Praxishandbuch der Unternehmensbewertung, S. 173 (178); noch weitergehend *Popp*, WPg 2008, 23 (28 f.), soweit er zwischen zwei verschiedenen Stichtagen differenziert (dazu oben Rz. 2, 9).
5 Siehe etwa OLG Stuttgart v. 14.9.2011 – 20 W 4/10, AG 2012, 221 (222); WP-Handbuch 2014, Bd. II, Rz. A 52; *Ruthardt/Hachmeister*, WPg 2012, 451 (452); *Seetzen*, WM 1994, 45 (46).

Begriff **„strenges Stichtagsprinzip"** verwendet.[1] Als berücksichtigungsfähig werden nur solche Entwicklungen angesehen, die am Bewertungsstichtag „bei angemessener Sorgfalt hätte[n] erlangt werden können".[2] Nach einer in der Rechtsprechung gebräuchlichen Formel soll es hingegen genügen, dass später eingetretene Entwicklungen „schon in den am Stichtag bestehenden Verhältnissen angelegt sind"[3] (sog. **„Wurzeltheorie"**).[4]

Die Informationsabgrenzungsfunktion weist zwar unverkennbare Verbindungslinien mit der sowohl nach dem Ertragswert- als auch nach dem DCF-Verfahren erforderlichen Prognosebildung auf.[5] Sie beansprucht jedoch **methodenübergreifend** und auch für andere Bewertungsanlässe als Unternehmensbewertungen Geltung.[6] Insbesondere betrifft sie auch Situationen, in denen Umstände, die am Stichtag bereits vorgelegen haben, erst später erkannt werden, was insbesondere bei **Altlasten** erhebliche praktische Bedeutung erlangt.[7]

12

Unterzieht man den vorzufindenden Meinungsstand einer Detailanalyse, so ist festzustellen, dass die Informationsabgrenzungsfunktion nicht nur in ihren Einzelheiten **unsicher und streitbehaftet** ist,[8] sondern von einigen Stimmen bereits im Grundsätzlichen abgelehnt wird, wenn sie davon ausgehen, dass auch nachträgliches Faktenwissen bewertungsrelevant ist.[9] Die Informationsabgren-

13

---

1 *Adolff*, Unternehmensbewertung, S. 369; *Ruthardt/Hachmeister*, WPg 2012, 451 (452).
2 So IDW S. 1, Rz. 23; s. auch etwa OLG München v. 17.7.2007 – 31 Wx 060/06, AG 2008, 28 (32); WP-Handbuch 2014, Bd. II, Rz. A 52; *Moxter*, Grundsätze, S. 168 f.; *Riegger/Wasmann* in FS Goette, 2011, S. 433 (435); *Ruthardt/Hachmeister*, WPg 2012, 451 (452 ff.).
3 So BGH v. 4.3.1998 – II ZB 5/97, BGHZ 138, 136 (140) = AG 1998, 286; s. auch etwa *Stephan* in K. Schmidt/Lutter, § 305 AktG Rz. 66.
4 Grundlegend BGH v. 17.1.1973 – IV ZR 142/70, NJW 1973, 509 (511); Einzelheiten und weitere Nachweise in Rz. 41 ff.
5 Vgl. die darstellerische Bezogenheit auf das Ertragswertverfahren bei *Emmerich* in Emmerich/Habersack, Aktien- und GmbH-Konzernrecht, § 305 AktG Rz. 56 ff.; *Riegger/Gayk* in KölnKomm. AktG, 3. Aufl. 2013, Anh. § 11 SpruchG Rz. 8 ff.; *Komp*, Zweifelsfragen, S. 142.
6 Vgl. *Meincke*, Recht der Nachlaßbewertung, S. 214 f. (allgemein für Nachlassbewertungen); *Bellinger*, WPg 1980, 575 (583 a.E.); *Piltz*, Unternehmensbewertung, S. 113 (jeweils für die Substanzwertermittlung).
7 Vgl. aus der Rechtsprechung (mit Unterschieden im Einzelnen) OLG Frankfurt v. 9.2.2010 – 5 W 33/09, ZIP 2010, 729 (733); OLG Düsseldorf v. 27.5.2009 – I-26 W 1/07 AktE, AG 2009, 907 (910); OLG Düsseldorf v. 2.4.1998 – 19 W 3/93 AktE, AG 1999, 89 (91).
8 Vgl. vorläufig die disparaten Prüfungsmaßstäbe, auf die in Rz. 11 Bezug genommen wurde.
9 *Meilicke*, Barabfindung, S. 86 ff.; *J. Schmidt*, Recht der außenstehenden Aktionäre, S. 64 f.; für den Normalfall auch *Emmerich* in Emmerich/Habersack, Aktien- und GmbH-Konzernrecht, § 304 AktG Rz. 27a, § 305 AktG Rz. 59; *Emmerich/Habersack*, Konzernrecht, § 22 Rz. 41; s. ferner OLG Karlsruhe v. 16.7.2008 – 12 W 16/02, AG 2009, 47 (52 a.E.); *Emmerich* in FS Mestmäcker, 2006, S. 137 (143 f.); *Großfeld*, Recht der Unternehmensbewertung, Rz. 319; *Kollrus*, MDR 2012, 66 (66); *Seetzen*, WM 1999, 565 (570).

zungsfunktion bedarf daher weiterer Untersuchung. Die Frage, welcher Kenntnisstand genau bei der Wertermittlung zu berücksichtigen ist, wird in Rz. 40 ff. beleuchtet.

14 Zu bedenken ist auch, dass der jeweilige **Bewertungsanlass und die bestehenden Bewertungsvorgaben** Einfluss auf die Reichweite der Informationsabgrenzungsfunktion nehmen können. So wird verschiedentlich darauf hingewiesen, dass nachträglich erlangte Informationen zu berücksichtigen sind, wenn dies zwischen den betroffenen Parteien vereinbart worden ist.[1] Das gilt einschränkungslos für nicht rechtsgeleitete Bewertungen. Je nach Bewertungsanlass kann in diesem Bereich auch die Situation auftreten, dass der Auftraggeber der Bewertung die Einbeziehung derartiger Erkenntnisse wünscht. So wird ein potentieller Unternehmenserwerber, der ein Wertgutachten in Auftrag gegeben hat, auch dann ein erhebliches Interesse an der Berücksichtigung zwischenzeitlich eingetretener Entwicklungen haben, wenn das Gutachten (aus welchen Gründen auch immer) auf einen früheren Bewertungsstichtag zu erstellen ist.

15 Bei **rechtsgeleiteten Bewertungen** kommt eine Disposition der betroffenen Parteien über die einzubeziehenden Informationen hingegen nur insoweit in Betracht, wie der rechtliche Anspruch, der der Bewertungsaufgabe zugrunde liegt, seinerseits einer Parteivereinbarung zugänglich ist.[2] Eine derartige **Dispositionsmöglichkeit** über die Berücksichtigung der späteren tatsächlichen Entwicklung hat der BGH im Hinblick auf Abfindungsansprüche aus § 738 Abs. 1 Satz 2 BGB bejaht und dazu ausgeführt: „[E]benso, wie die Parteien grundsätzlich frei sind, im Gesellschaftsvertrag oder nach dem Ausscheiden eines Gesellschafters die Höhe des Abfindungsguthabens unabhängig von gesetzlichen Regelungen zu bestimmen, können sie sich selbstverständlich auch auf eine bestimmte Bewertungsmethode oder auf Einzelheiten ihrer Anwendung mit der Auswirkung einigen, daß sich das Bewertungsergebnis ändert."[3]

16 Die vorstehenden Erörterungen zum Informationsabgrenzungsgehalt des Stichtagsprinzips beziehen sich auf nachträglich erlangte Informationen über das Unternehmen und sein Umfeld, also die Tatsachenbasis. Damit auf das Engste verbunden ist die Frage, inwieweit **spätere Rechtsänderungen** Eingang in die Bewertung finden können.[4] Das wird in erster Linie für die Besteuerung diskutiert, wobei vielfach identische Differenzierungskriterien angewendet werden.[5] Da Änderungen des Steuerrechts in der Vergangenheit sehr häufig zu Anpassungen der Bewertungsstandards geführt haben,[6] bestehen enge Parallelen

---

1 OLG Köln v. 26.3.1999 – 19 U 108/96, GmbHR 1999, 712 = NZG 1999, 1222 (1226); WP-Handbuch 2014, Bd. II, Rz. A 52; *Großfeld*, Recht der Unternehmensbewertung, Rz. 323; *Lausterer*, Unternehmensbewertung, S. 137; *Piltz*, Unternehmensbewertung, S. 114.
2 Vgl. *Lausterer*, Unternehmensbewertung, S. 137; *Piltz*, Unternehmensbewertung, S. 114.
3 BGH v. 12.2.1979 – II ZR 106/78, WM 1979, 432 (433); nicht genügend gewürdigt von *Bellinger*, WPg 1980, 575 (576).
4 Vgl. nur IDW S 1, Rz. 23.
5 Siehe etwa *Riegger/Wasmann* in FS Goette, 2011, S. 433 (435 f.).
6 Überblick bei *Emmerich* in Emmerich/Habersack, Aktien- und GmbH-Konzernrecht, § 305 AktG Rz. 52.

auch zu der kontrovers diskutierten Frage, inwieweit **nachträgliche Standardänderungen** – gewissermaßen „rückwirkend" – Einfluss auf die Bewertung nehmen können. Auf die hier angesprochenen Problemkreise wird in Rz. 65 ff., 70 ff. näher eingegangen.

4. Fragenkreise ohne Aussagekraft des Stichtagsprinzips

Wie in Rz. 7 bereits angesprochen, wird das Stichtagsprinzip von der Rechtsprechung und weiten Teilen des Schrifttums auch noch in einer anderen Ausprägung herangezogen. Beispielhaft heißt es im **IDW S 1**: „Die Bewertung eines Unternehmens basiert auf der am Bewertungsstichtag vorhandenen Ertragskraft. Grundsätzlich beruht die vorhandene Ertragskraft auf den zum Bewertungsstichtag vorhandenen Erfolgsfaktoren. Die bewertbare Ertragskraft beinhaltet die Erfolgschancen, die sich zum Bewertungsstichtag aus bereits eingeleiteten Maßnahmen oder aus hinreichend konkretisierten Maßnahmen im Rahmen des bisherigen Unternehmenskonzepts und der Marktgegebenheiten ergeben."[1] Bisweilen wird insoweit vom Stichtagsprinzip „im weiteren Sinne" gesprochen.[2] Das Unternehmen sei der Bewertung so zugrunde zu legen, „wie es steht und liegt".[3] Diese **Bindung an das vorhandene Unternehmenskonzept** wird auch auf die „Wurzeltheorie" gestützt: Konzeptänderungen, die am Bewertungsstichtag nicht wenigstens in der Wurzel angelegt seien, könnten nicht berücksichtigt werden.[4]

17

Diese **Fruchtbarmachung des Stichtagsprinzips** überzeugt jedoch nicht und ist **abzulehnen**, weil es für den angesprochenen Fragenkreis nichts hergibt:[5] Selbst bei weitestem Verständnis der Informationsabgrenzungsfunktion könnte aus dem Stichtagsprinzip nur abgeleitet werden, dass solche Unternehmenskonzepte auszuscheiden haben, die nach den Verhältnissen am Bewertungsstichtag unrealistisch erscheinen oder in ihren wirtschaftlichen Auswirkungen zumin-

18

---

1 IDW S 1, Rz. 32 (einschränkend Rz. 49 für subjektive Einigungswerte); gleichsinnig WP-Handbuch 2014, Bd. II, Rz. A 59, A 86 f., A 122 ff.; *Ruiz de Vargas* in Bürgers/Körber § 305 AktG Rz. 11; *Popp* in Peemöller, Praxishandbuch der Unternehmensbewertung, S. 173 (180 f.).
2 So WP-Handbuch 2014, Bd. II, Rz. A 59; vgl. demgegenüber *Moxter*, Grundsätze, S. 171 f. („enge Interpretation").
3 BGH v. 21.7.2003 – II ZB 17/01, BGHZ 156, 57 (63) = AG 2003, 627 = GmbHR 2003, 1362; *Simon/Leverkus* in Simon, Anh. § 11 SpruchG Rz. 30.
4 In diesem Sinne BGH v. 9.11.1998 – II ZR 190/97, BGHZ 140, 35 (38) = GmbHR 1999, 31 = AG 1999, 122; BGH v. 4.3.1998 – II ZB 5/97, BGHZ 138, 136 (140) = AG 1998, 286 (für Verbundvorteile); OLG München v. 17.7.2007 – 31 Wx 060/06, AG 2008, 28 (32); OLG Düsseldorf v. 19.10.1999 – 19 W 1/96 AktE, AG 2000, 323 (323 f.) (für Verbundvorteile); *Riegger/Gayk* in KölnKomm. AktG, 3. Aufl. 2013, Anh. § 11 SpruchG Rz. 10; *Popp* in Peemöller, Praxishandbuch der Unternehmensbewertung, S. 173 (181); vgl. auch WP-Handbuch 2014, Bd. II, Rz. A 86; *Großfeld*, Recht der Unternehmensbewertung, Rz. 317 f.
5 Siehe auch bereits *Adolff*, Unternehmensbewertung, S. 372; *Ruthardt/Hachmeister*, WPg 2012, 451 (453: „normative Frage"); vgl. ferner *Riegger/Wasmann* in FS Goette, 2011, S. 433 (435) sowie für Verbundvorteile *Fleischer*, ZGR 1997, 368 (383 f.); offengelassen von *Stephan* in K. Schmidt/Lutter, § 305 AktG Rz. 68.

dest nicht hinreichend „objektivierbar" bzw. „bewertbar" sind.[1] Hierbei handelt es sich jedoch um eine bare Selbstverständlichkeit, da derartige Konzepte den Unternehmenswert am Bewertungsstichtag nicht beeinflussen können. Den Ausschluss naheliegender Entwicklungsmöglichkeiten trägt das Stichtagsprinzip hingegen gerade nicht.[2]

19 Bei der Berücksichtigungsfähigkeit solcher Alternativkonzepte (dazu näher § 1 Rz. 37, § 1 Rz. 53) handelt es sich vielmehr um eine **Sach- bzw. Rechtsfrage der Bewertung**, die durch die unreflektierte Bezugnahme auf das Stichtagsprinzip lediglich verdeckt, nicht jedoch gelöst wird. Diese Feststellung gilt in gleicher Weise für damit im Zusammenhang stehende Bewertungsprobleme, für die aus dem Stichtagsprinzip ebenfalls keine Aussagen abzuleiten sind. Dies betrifft insbesondere die Berücksichtigungsfähigkeit von Verbundeffekten (dazu § 14), die Abgrenzung des nicht betriebsnotwendigen Vermögens (dazu § 7) und den Problembereich des Liquidationswerts als Wertuntergrenze (dazu § 8 Rz. 15 ff.).[3]

5. Bewertungen vor dem Stichtag

20 In Rz. 10 ff. sind Situationen erörtert worden, in denen der Bewertungs- bzw. Überprüfungszeitpunkt nach dem Stichtag liegt. Jedoch ist auch der umgekehrte Fall denkbar: Muss die **Bewertung** aus rechtlichen oder tatsächlichen Gründen **auf einen in der Zukunft liegenden Stichtag** vorgenommen werden, so stellt sich die Frage, wie gewährleistet werden kann, dass die am Stichtag verfügbaren Informationen Eingang in die Bewertung finden. Diese Frage ist nicht zuletzt bei rechtsgeleiteten Bewertungen von erheblicher Relevanz. Beispielsweise ergibt sich aus den §§ 293 ff. AktG, dass die Bewertungsaufgaben, die in Hinsicht auf die Ermittlung des angemessenen Ausgleichs und der Abfindung (§§ 304, 305 AktG) bei Unternehmensverträgen durchzuführen sind, zeitlich vor der Beschlussfassung der Hauptversammlung (vgl. § 305 Abs. 3 Satz 2 AktG; dazu unten Rz. 30 ff.) erfolgen müssen.[4]

21 In solchen Fällen wird die Bewertung auf einen vorangehenden Abschlussstichtag bezogen („**technischer Bewertungsstichtag**", vgl. oben Rz. 4) und sodann durch Aufzinsung auf den Bewertungsstichtag hochgerechnet.[5] Die Stichtagsaktualität ist anschließend dadurch sicherzustellen, dass geeignete Informationen über bewertungsrelevante Entwicklungen bis zum Bewertungsstichtag eingeholt werden und im Rahmen einer besonderen **Stichtagserklärung** dazu Stel-

---

1 Vgl. *Hüttemann* in FS Hoffmann-Becking, 2013, S. 603 (613) unter Bezugnahme auf BGH v. 9.3.1977 – IV ZR 166/75, BGHZ 68, 163 (165).
2 Vgl. *Hüttemann*, ZHR 162 (1998), 563 (586 ff.); wohl auch *Meinert*, DB 2010, 2397 (2400).
3 Zu den Zusammenhängen, die zwischen diesen Fragenkreisen bestehen, näher *Hüttemann*, WPg 2007, 812 (815 ff.).
4 Näher *Hirte/Hasselbach* in Großkomm. AktG, 4. Aufl. 2005, § 305 AktG Rz. 100.
5 Vgl. *Ruiz de Vargas* in Bürgers/Körber, Anh. § 305 AktG Rz. 9; *Mayer* in Widmann/Mayer, Umwandlungsrecht, § 5 UmwG Rz. 131. Diese Vorgehensweise ist in der Rechtsprechung anerkannt (vgl. BGH v. 19.7.2010 – II ZB 18/09, BGHZ 186, 229 [236] = AG 2010, 629).

lung bezogen wird, ob die Bewertungsergebnisse weiterhin aktuell oder ergänzungsbedürftig sind.[1] Aus den jeweils anwendbaren Rechtsvorschriften können sich weitere Berichts- oder Prüfungspflichten ergeben.[2] Bei nicht rechtsgeleiteten Bewertungen ist nach praktikablen Lösungen zu suchen, die dem jeweiligen Bewertungsanlass gerecht werden.[3]

Klargestellt sei, dass sich in den hier betrachteten Situationen (Bewertung vor dem Stichtag) zu einem späteren Zeitpunkt auch noch die Frage der Reichweite der **Informationsabgrenzungsfunktion** stellen kann, so dass sich beide Problemkreise nicht ausschließen. Das lässt sich ebenfalls am Beispiel der §§ 304, 305 AktG verdeutlichen: Die gerichtliche Überprüfung der Angemessenheit von Ausgleich und Abfindung erfolgt *ex post* im Rahmen des Spruchverfahrens.

6. Sondersituation: Ermittlung stichtagsbezogener hypothetischer Börsenkurse

In engem Zusammenhang mit dem Stichtagsprinzip steht die im Zuge des DAT/Altana-Beschlusses des BVerfG erforderlich gewordene Ermittlung des **Börsenkurses als verfassungsrechtlicher Wertuntergrenze** bei börsennotierten Gesellschaften.[4] Hier kommt es nicht auf den tatsächlichen Kurswert am Stichtag an, sondern auf einen hypothetischen, von der Strukturmaßnahme unbeeinflussten Verkehrswert der Aktie zum Stichtag,[5] dessen Ermittlung erhebliche Schwierigkeiten bereitet. Auf die Einzelheiten wird wegen des Sachzusammenhangs in § 16 eingegangen (s. § 16 Rz. 71 ff.).

II. Ermittlung des maßgebenden Stichtags

1. Festlegung des Stichtags

Bei der Bestimmung des Bewertungsstichtags kommt der **Wertabgrenzungsfunktion** des Stichtagsprinzips (oben Rz. 8 f.) entscheidende Bedeutung zu. Dies betrifft vor allem **nicht rechtsgeleitete Bewertungen**, da die Festlegung des Stichtags hier den Parteien bzw. dem Auftraggeber der Bewertung obliegt.[6]

---

1 In dieser Weise geht die Bewertungs- und Prüfungspraxis vor (WP-Handbuch 2014, Bd. II, Rz. A 56). Aus rechtlicher Sicht ist hiergegen nichts zu erinnern (vgl. aus der Rechtsprechung OLG Stuttgart v. 14.9.2011 – 20 W 7/08 – Rz. 131, AG 2012, 135).
2 Vgl. *Mayer* in Widmann/Mayer, Umwandlungsrecht, § 5 UmwG Rz. 131; *Popp*, WPg 2008, 23 (28); zu § 64 Abs. 1 Satz 2 Halbsatz 2 UmwG näher *Mayer* in Widmann/Mayer, Umwandlungsrecht, § 5 UmwG Rz. 132.
3 Zum praktisch wichtigen Fall des Unternehmenskaufs zu einem künftigen Bilanzstichtag s. WP-Handbuch 2014, Bd. II, Rz. A 57; *Moxter*, Grundsätze, S. 168.
4 BVerfG v. 27.4.1999 – 1 BvR 1613/94, BVerfGE 100, 289 (305 ff.) = AG 1999, 566.
5 BGH v. 19.7.2010 – II ZB 18/09, BGHZ 186, 229 (233 ff.) = AG 2010, 629; vgl. auch BVerfG v. 27.4.1999 – 1 BvR 1613/94, BVerfGE 100, 289 (310) = AG 1999, 566: „Zu den im Berücksichtigungszeitpunkt maßgeblichen Verhältnissen gehört aber nicht nur der Tageskurs, sondern auch ein auf diesen Tag bezogener Durchschnittswert."
6 Vgl. nur *Ruthardt/Hachmeister*, WPg 2012, 451 (452).

Werden keine klaren Vorgaben gemacht, muss der Bewertende den Bewertungsstichtag selbst fixieren, was zweckgerecht mit Blick auf den jeweiligen Bewertungsanlass zu erfolgen hat.[1] Ist ein Inhaberwechsel geplant, so hat sich die Festlegung des Stichtags daran zu orientieren, wann die Gewinnberechtigung voraussichtlich auf den zukünftigen Unternehmens- bzw. Anteilsinhaber übergehen wird.[2] Dies betrifft insbesondere den praktisch wichtigen Fall der (in Aussicht genommenen) Unternehmens- bzw. Anteilsveräußerung.

25 Bei **rechtsgeleiteten Bewertungen** ergibt sich der maßgebende Bewertungsstichtag hingegen aus den einschlägigen gesetzlichen Vorschriften, so dass es hier Aufgabe des Gesetzgebers ist, den Stichtag bewertungszweckadäquat festzulegen. Eine Einwirkungsmöglichkeit der von der Bewertung betroffenen Parteien besteht nur, soweit die betreffenden Rechtsvorschriften dispositiver Natur sind, was jedoch insbesondere bei aktienrechtlichen Umstrukturierungen (vgl. § 23 Abs. 5 AktG) und steuerrechtsgeleiteten Bewertungen nicht der Fall ist.[3] Bisweilen besteht über die **Dispositionsmöglichkeit** auch Streit. Das betrifft namentlich den Stichtag zur Bestimmung der Verschmelzungswertrelation im Umwandlungsrecht (vgl. unten Rz. 34). Soweit der Ausgleichs- bzw. Auseinandersetzungsanspruch, der der Bewertungsaufgabe zugrunde liegt, parteidisponibel ist, kommt eine privatautonome Abänderung auch des gesetzlichen Bewertungsstichtags in Betracht.[4] Hierzu wird jedoch regelmäßig kein Anlass bestehen, wenn der Gesetzgeber den Stichtag interessengerecht ausgewählt hat.

26 Ferner sind Situationen denkbar, in denen der Stichtag nicht eindeutig im Gesetz zum Ausdruck kommt, sondern durch **Auslegung** der anwendbaren Rechtsnormen gewonnen werden muss (vgl. beispielhaft unten Rz. 33 f.). Inwieweit dabei bewertungsanlassbezogene Zweckgerechtigkeitserwägungen berücksichtigt werden können, ist eine Frage des Einzelfalls und bestimmt sich nach den allgemeinen Grundsätzen der Gesetzesauslegung.

27 Da die Anlässe rechtsgeleiteter Unternehmensbewertungen mannigfaltig sind (vgl. die beispielhafte Übersicht in § 1 Rz. 9 ff.), kennt das Recht eine **Vielzahl an Bewertungsstichtagen**. Eine sachgebietsübergreifende Systematisierung der vorhandenen Stichtagsregelungen erscheint weder sinnvoll noch möglich. Die gesetzlich vorgegebenen Stichtage werden vielmehr bereichsbezogen im Rahmen der §§ 19 ff. mitbehandelt.

28 Immerhin lässt sich grob zwischen folgenden beiden Situationen unterscheiden:[5] Die Bewertungsaufgabe kann sich zunächst im Rahmen einer Ausgleichs- oder Auseinandersetzungsrechnung stellen, welche **keine spezifisch unterneh-**

---

1 Vgl. WP-Handbuch 2014, Bd. II, Rz. A 51.
2 Vgl. WP-Handbuch 2014, Bd. II, Rz. A 52; *Peemöller*, DStR 2001, 1401 (1402); *Popp* in Peemöller, Praxishandbuch der Unternehmensbewertung, S. 173 (178).
3 Zu § 305 Abs. 3 Satz 2 AktG s. BayObLG v. 11.7.2001 – 3Z BR 172/99, AG 2002, 388 (389).
4 Vgl. in ähnlichem Kontext BGH v. 12.2.1979 – II ZR 106/78, WM 1979, 432 (433) (dazu oben Rz. 15).
5 Vgl. auch bereits *Hüttemann* in Heintzen/Kruschwitz, Unternehmen bewerten, S. 151 (151 f.).

mensrechtlichen Wurzeln hat, sondern auf einer anderen Grundlage beruht. Dann stellt der Umstand, dass der Wert eines Unternehmens mit einzubeziehen ist, aus Sicht der einschlägigen gesetzlichen Vorschriften eine bloße Zufälligkeit dar. Hierhin zählen insbesondere die Bewertungsanlässe des Familien- und Erbrechts, etwa die Einbeziehung von Unternehmenswerten bei der Berechnung des Zugewinns oder des Pflichtteils. Die Festlegung des Stichtags durch den Gesetzgeber ist in solchen Fällen den Eigenheiten des jeweiligen Rechtsgebiets geschuldet, ohne dass Raum für Überlegungen bleibt, die auf Besonderheiten gerade der Unternehmensbewertung beruhen.

Den Gegenpol bilden **Rechtshandlungen gesellschaftsrechtlicher Natur**, die eine Unternehmensbewertung unmittelbar und notwendig zur Folge haben. Hier sind Fragestellungen vorzufinden, denen aus Sicht des Stichtagsprinzips Querschnittscharakter zukommt und die deshalb im Folgenden erörtert werden. 29

2. Stichtage bei ausgewählten gesellschaftsrechtlichen Bewertungsanlässen

a) Aktien- und umwandlungsrechtliche Abfindungs- und Ausgleichsansprüche

Sachgebietsübergreifende Verbindungslinien hinsichtlich des Bewertungsstichtags lassen sich im Bereich der aktien- und umwandlungsrechtlichen Abfindungs- und Ausgleichsansprüche nachweisen.[1] Der „Standardfall" des Abfindungsanspruchs ist in § 305 AktG im Hinblick auf Unternehmensverträge geregelt (dazu näher § 19 Rz. 23 ff.).[2] In Bezug auf die **angemessene Barabfindung** nach § 305 Abs. 2 Nr. 2 a.E., Nr. 3 AktG ordnet § 305 Abs. 3 Satz 2 AktG an, dass sie „die Verhältnisse der Gesellschaft im Zeitpunkt der Beschlussfassung ihrer Hauptversammlung über den Vertrag berücksichtigen" muss. Ungeachtet der Auslegungsschwierigkeiten, die diese Vorschrift bereitet,[3] ist ihr mit hinreichender Deutlichkeit der für die Bewertung relevante Stichtag zu entnehmen (Zeitpunkt des Hauptversammlungsbeschlusses der abhängigen Gesellschaft),[4] wenngleich das Wort „berücksichtigen" in dieser Hinsicht zu schwach formuliert ist.[5] In Rechtsprechung und Schrifttum ist daher nahezu allgemein aner- 30

---

1 Vgl. auch *Riegger/Gayk* in KölnKomm. AktG, 3. Aufl. 2013, Anh. § 11 SpruchG Rz. 7.
2 Vgl. *Fleischer*, AG 2014, 97 (98).
3 Vgl. mit Blick auf die Börsenkursermittlung (dazu oben Rz. 23) BGH v. 19.7.2010 – II ZB 18/09, BGHZ 186, 229 (234 ff.) = AG 2010, 629 unter Darstellung der Entstehungsgeschichte; *Koppensteiner* in KölnKomm. AktG, 3. Aufl. 2004, § 305 AktG Rz. 54; zu Verbundeffekten (vgl. oben Rz. 19) s. *Fleischer*, ZGR 1997, 368 (383 ff.).
4 Vgl. *Hoffmann-Becking* in FS Fleck, 1988, S. 105 (115); *Komp*, Zweifelsfragen, S. 141; *Seetzen*, WM 1999, 565 (569). Dies hat ganz offensichtlich auch der gesetzgeberischen Regelungsabsicht entsprochen (vgl. BT-Drucks. 16/6699, 94 f.).
5 Vgl. OLG Celle v. 31.7.1998 – 9 W 128/97, AG 1999, 128 (129); zweifelnd deshalb *Drygala* in Lutter, § 5 UmwG Rz. 32 Fn. 5 (mit Blick auf die parallele Regelung des § 30 Abs. 1 Satz 1 UmwG).

kannt, dass der Gesetzgeber in § 305 Abs. 3 Satz 2 AktG den Abfindungsstichtag festgelegt hat.[1]

31 Vor dem Hintergrund der Wertabgrenzungsfunktion des Stichtagsprinzips (oben Rz. 8 f.) wäre der ideale Bewertungsstichtag zwar an sich derjenige des Wirksamwerdens des Unternehmensvertrages (vgl. § 294 Abs. 2 AktG).[2] Jedoch erfolgt die maßgebende Entscheidung über sein Inkrafttreten durch die **Zustimmungsbeschlüsse der Anteilsinhaber** der betroffenen Gesellschaften (vgl. § 293 AktG), so dass die zu dieser Zeit bestehenden Verhältnisse die Entscheidungsgrundlage bilden.[3] Die in § 305 Abs. 3 Satz 2 AktG gewählte zeitliche Anknüpfung erscheint daher gut vertretbar. Dass das Gesetz ausschließlich auf den Zeitpunkt der Beschlussfassung der abhängigen Gesellschaft abstellt, erklärt sich damit, dass § 305 AktG die außenstehenden Aktionäre dieser Gesellschaft schützen soll, was ebenfalls sachgerecht erscheint.[4]

32 **Gleichgerichtete Vorschriften** sind in § 320b Abs. 1 Satz 5 AktG für die Eingliederung, in § 327b Abs. 1 Satz 1 AktG für den Ausschluss von Minderheitsaktionären, in § 30 Abs. 1 Satz 1 UmwG für Verschmelzung und Formwechsel (§ 208 UmwG) sowie in § 7 Abs. 2 Satz 1 SEAG für bestimmte, die SE betreffende Strukturmaßnahmen (vgl. § 9 Abs. 2, § 12 Abs. 2 SEAG) enthalten.[5]

33 Die vorstehend in Bezug genommenen Vorschriften haben gemein, dass sie sich nur auf die Ermittlung der angemessenen Barabfindung beziehen. Demgegenüber fehlt eine ausdrückliche Regelung im Hinblick auf die parallelen Fälle der **Abfindung durch Gewährung von Aktien** bei Unternehmensverträgen (§ 305 Abs. 2 Nr. 1, 2, Abs. 3 Satz 1 AktG) und Eingliederungen (§ 320b Abs. 1 Sätze 2 bis 4 AktG). Hier muss die Ermittlung des Wertverhältnisses der Unternehmen der beteiligten Gesellschaften auf denselben Stichtag erfolgen (vgl. oben Rz. 1). Fraglich ist, ob die für die Barabfindung geltenden Stichtagsregelungen entsprechende Anwendung finden, d.h. auf den Zeitpunkt des Hauptversammlungsbeschlusses der abhängigen bzw. eingegliederten Gesellschaft abzustellen ist. Das ist zu bejahen, da stichtagsbezogene Differenzierungen mit Blick auf die Funktionsgleichheit der beiden Arten der Abfindung[6]

---

1 Siehe etwa BGH v. 4.3.1998 – II ZB 5/97, BGHZ 138, 136 (139 f.) = AG 1998, 286; *Koch* in Hüffer, § 305 AktG Rz. 34; *Paulsen* in MünchKomm. AktG, 3. Aufl. 2010, § 305 AktG Rz. 84; *Klöhn*, System, S. 283 a.E.
2 Vgl. (auch zu strukturgleichen umwandlungsrechtlichen Fragen) *Adolff*, Unternehmensbewertung, S. 421; *Bungert/Wansleben*, DB 2013, 979 (981 f.); *Hoffmann-Becking* in FS Fleck, 1988, S. 105 (115); *Popp*, WPg 2008, 23 (28 f.); s. zu diesem Fragenkreis bereits oben Rz. 9.
3 Vgl. OLG Celle v. 31.7.1998 – 9 W 128/97, AG 1999, 128 (129); *Koppensteiner* in KölnKomm. AktG, 3. Aufl. 2004, § 305 AktG Rz. 60; *Paulsen* in MünchKomm. AktG, 3. Aufl. 2010, § 304 AktG Rz. 72; *Hoffmann-Becking* in FS Fleck, 1988, S. 105 (116).
4 Siehe auch *Adolff*, Unternehmensbewertung, S. 422, Fn. 2281 a.E.
5 Zur speziellen Rechtslage auf Grundlage des § 39a Abs. 3 WpÜG näher *Klöhn*, System, S. 284 f.
6 Dazu näher *Koppensteiner* in KölnKomm. AktG, 3. Aufl. 2004, § 305 AktG Rz. 50.

nicht zu begründen wären.¹ Im Kontext des § 305 AktG ist dies auch nahezu allgemein anerkannt.² Für den Sachbereich der Eingliederung kann nichts anderes gelten.³ Weithin anerkannt ist ferner, dass der Zeitpunkt des Hauptversammlungsbeschlusses der abhängigen Gesellschaft den Stichtag auch für die Ermittlung des festen **Ausgleichs** nach § 304 Abs. 2 Satz 1 AktG und des angemessenen Umrechnungsverhältnisses beim variablen Ausgleich nach § 304 Abs. 2 Satz 2, 3 AktG markiert.⁴

Im Umwandlungsrecht fehlt es in Bezug auf den Stichtag zur Bestimmung der **Verschmelzungswertrelation** (vgl. § 5 Abs. 1 Nr. 3, § 8 Abs. 1 Satz 1, § 12 Abs. 2, § 15 UmwG) ebenfalls an einer ausdrücklichen Vorschrift. Angesichts der in § 30 Abs. 1 Satz 1 UmwG für die Barabfindung getroffenen Regelung liegt es auch hier überaus nahe, den Zeitpunkt der Beschlussfassung der Anteilseigner des übertragenden Rechtsträgers als maßgebend anzusehen.⁵ Eine Dispositionsmöglichkeit der Parteien des Unternehmensvertrages⁶ ist hingegen nicht anzuerkennen.⁷

34

---

1 Vgl. *Koch* in Hüffer, § 305 AktG Rz. 23, 34; *Adolff*, Unternehmensbewertung, S. 440 f. („gleichwertige Alternativen").
2 Vgl. BGH v. 4.3.1998 – II ZB 5/97, BGHZ 138, 136 (139 f.); *Emmerich* in Emmerich/Habersack, Aktien- und GmbH-Konzernrecht, § 305 AktG Rz. 9, 36 f., 56; *Koppensteiner* in KölnKomm. AktG, 3. Aufl. 2004, § 305 AktG Rz. 50, 58 f.; *Paulsen* in MünchKomm. AktG, 3. Aufl. 2010, § 305 AktG Rz. 84, 145; *Stephan* in K. Schmidt/Lutter, § 305 AktG Rz. 66; a.A. *Beyerle*, AG 1980, 317 (325).
3 Vgl. *Koch* in Hüffer, § 320b AktG Rz. 2.
4 Vgl. BGH v. 13.2.2006 – II ZR 392/03, BGHZ 166, 195 (198) = AG 2006, 331; BGH v. 4.3.1998 – II ZB 5/97, BGHZ 138, 136 (139 f.) = AG 1998, 286; *Koch* in Hüffer, § 304 AktG Rz. 10; *Koppensteiner* in KölnKomm. AktG, 3. Aufl. 2004, § 304 AktG Rz. 47; *Veil* in Spindler/Stilz, § 304 AktG Rz. 51; *Adolff*, Unternehmensbewertung, S. 441 f.; *J. Schmidt*, Recht der außenstehenden Aktionäre, S. 64; teilweise abweichend *Popp*, WPg 2008, 23 (28 f.). Eine Vorverlagerung kommt nach herrschender Meinung auch dann nicht in Betracht, wenn bereits zuvor eine qualifiziert faktische Beherrschung bestanden hat (*Koppensteiner* in KölnKomm. AktG, 3. Aufl. 2004, § 304 AktG Rz. 47; *Paulsen* in MünchKomm. AktG, 3. Aufl. 2010, § 304 AktG Rz. 73; *Stephan* in K. Schmidt/Lutter, § 305 AktG Rz. 66, a.A. *Hirte/Hasselbach* in Großkomm. AktG, 4. Aufl. 2005, § 304 AktG Rz. 96; *Veil* in Spindler/Stilz, § 304 AktG Rz. 52).
5 So die mittlerweile herrschende Meinung, s. *Riegger/Gayk* in KölnKomm. AktG, 3. Aufl. 2013, Anh. § 11 SpruchG Rz. 7; *Mayer* in Widmann/Mayer, Umwandlungsrecht, § 5 UmwG Rz. 131; *Adolff*, Unternehmensbewertung S. 420 ff.; *Bungert/Wansleben*, DB 2013, 979 (980); *Hoffmann-Becking* in FS Fleck, 1988, S. 105 (114 ff.); a.A. *Simon* in KölnKomm. UmwG, § 5 UmwG Rz. 22 ff. (Tag des ersten Verschmelzungsbeschlusses eines der beteiligten Rechtsträger; s. aber Rz. 28 f.).
6 Dafür *Drygala* in Lutter, § 5 UmwG Rz. 32; vgl. ferner *Simon* in KölnKomm. UmwG, § 5 UmwG Rz. 28 f.; wohl auch BGH v. 4.12.2012 – II ZR 17/12, AG 2013, 165 (167), allerdings beiläufig und ohne Bezugnahme auf den Streitstand.
7 *Simon* in KölnKomm. UmwG, § 5 UmwG Rz. 21; *Mayer* in Widmann/Mayer, Umwandlungsrecht, § 5 UmwG Rz. 131.

b) Der Abfindungsanspruch aus § 738 Abs. 1 Satz 2 BGB

35 Während für die Abfindung nach § 305 Abs. 3 Satz 2 AktG und den Parallelvorschriften des Aktien- und Umwandlungsrechts mit dem Zeitpunkt der Beschlussfassung der Anteilseigner ein klarer zeitlicher Bezugspunkt für die Unternehmenswertfixierung definiert ist (oben Rz. 30 ff.), stellen sich die Dinge beim **Ausscheiden eines Gesellschafters aus einer Personengesellschaft** (dazu § 22) auf Grundlage des Norminhalts des § 738 BGB (i.V.m. § 105 Abs. 3, § 161 Abs. 2 HGB, § 1 Abs. 4 PartGG) als weniger deutlich dar.

36 Anerkannt ist zwar, dass das Ausscheiden des Gesellschafters den maßgebenden Bewertungszeitpunkt markiert (vgl. § 738 Abs. 1, 2 a.E. BGB).[1] Der **Wortlaut des § 738 Abs. 1 Satz 2 BGB** deutet allerdings auf stichtagsbezogene Besonderheiten hin. Denn es heißt hier, dass dem ausscheidenden Gesellschafter „dasjenige zu zahlen" ist, „was er bei der Auseinandersetzung erhalten würde, wenn die Gesellschaft zur Zeit seines Ausscheidens aufgelöst worden wäre." Diese gesetzliche Formulierung erweckt den Anschein, als sei für die Bestimmung des Unternehmenswerts der gesamte Zeitraum einer hypothetischen Liquidation einzubeziehen, so dass auch solche Ereignisse wertbeeinflussend wären, die erst während der Auseinandersetzungsphase, d.h. nach dem Stichtag eintreten. Hierin läge eine Durchbrechung des Informationsabgrenzungsgehalts des Stichtagsprinzips (dazu oben Rz. 10 ff., unten Rz. 40 ff.).

37 Ein derartiges Verständnis könnte jedoch nicht überzeugen. Zwar kommt es für die Bemessung der Abfindung auf dasjenige an, was bei bestmöglicher Verwertung des Gesellschaftsvermögens erzielbar wäre.[2] Bei der dahinter stehenden **„Liquidationshypothese"** handelt es sich jedoch lediglich um eine Denkfigur, die zwar Folgerungen für die Einbeziehung potentiell wertbeeinflussender Faktoren zulässt, etwa alternativer Unternehmenskonzepte und Synergien,[3] aber nichts daran ändert, dass das Unternehmen in Wirklichkeit nicht veräußert, sondern weitergeführt wird.[4] Der Verlust des in der Beteiligung verkörperten Vermögenswerts an die übrigen Gesellschafter tritt **im Zeitpunkt des Ausscheidens** ein (vgl. § 738 Abs. 1 Satz 1 BGB), so dass auch für die Bemessung des Unternehmenswerts an diejenigen Verhältnisse anzuknüpfen ist, die zu diesem Zeitpunkt bestehen (dazu näher unten Rz. 40 ff., 56 ff.). Spätere Entwicklungen gehen den ausgeschiedenen Gesellschafter hingegen nichts mehr an.[5]

---

1 Vgl. etwa BGH v. 21.4.1955 – II ZR 223/53, BGHZ 17, 130 (136); RG v. 22.12.1922 – II 621/11, RGZ 106, 128 (131) a.E.; *Schäfer* in MünchKomm. BGB, 6. Aufl. 2013, § 738 BGB Rz. 19; *Neuhaus*, Unternehmensbewertung, S. 122; *K. Schmidt*, DB 1983, 2401 (2401).
2 Dazu näher *Adolff*, Unternehmensbewertung, S. 307 ff., S. 357 ff.; *Hüttemann*, in Heintzen/Kruschwitz, Unternehmen bewerten, S. 151, 153 ff.; *Lauber*, Verhältnis, S. 49 ff.; *Neuhaus*, Unternehmensbewertung, S. 55 ff.
3 Dazu zuletzt *Hüttemann* in FS Hoffmann-Becking, 2013, S. 603 (606 ff.).
4 Vgl. auch *Lauber*, Verhältnis, S. 56; *K. Schmidt*, DB 1983, 2401 (2403).
5 Vgl. *Neuhaus*, Unternehmensbewertung, S. 122.

Für diese Lösung spricht auch der **historische Befund**: Im ersten BGB-Entwurf war, dem Vorbild des Art. 130 Abs. 1 ADHGB folgend, eine ausdrückliche Bezugnahme auf die „Vermögenslage zur Zeit des Ausscheidens" enthalten gewesen (§ 658 Abs. 1 E I). Dieser Passus ist zwar von der Redaktionskommission gestrichen worden. Jedoch waren damit ganz offensichtlich keine inhaltlichen Änderungen bezweckt.[1] Das hier abgeleitete Ergebnis deckt sich ferner mit dem Befund, dass § 738 BGB das gesetzgeberische Vorbild für die in § 305 AktG getroffene Regelung bildet,[2] so dass ein Auseinanderlaufen der materiell-stichtagsbezogenen Vorgaben nicht überzeugend begründbar wäre.

38

Festzuhalten ist daher, dass sich aus § 738 Abs. 1 Satz 2 BGB **keine stichtagsbezogenen Besonderheiten** ergeben. Das verweist auf das allgemeine Problem zurück, ob und welche nachträglich erlangten Informationen über die Verhältnisse am Stichtag in die Unternehmensbewertung einbezogen werden können. Darauf ist nunmehr im Einzelnen einzugehen.

39

III. Bei der Wertermittlung einzubeziehende Informationen

1. Ausgangspunkt

Die **Reichweite der Informationsabgrenzungsfunktion** des Stichtagsprinzips (oben Rz. 10 ff.) ist bei rechtsgeleiteten Bewertungen von wesentlicher Bedeutung, da eine vertragliche Regelung über die einzubeziehenden Informationen entweder bereits aus Rechtsgründen ausscheidet oder im praktischen Regelfall nicht erfolgt (vgl. oben Rz. 15). Bei nicht rechtsgeleiteten Bewertungen stellen sich gleichgerichtete Sachprobleme, wenn es an besonderen Bewertungsvorgaben fehlt (s. oben Rz. 14). Im Folgenden wird zunächst der Frage nachgegangen, welche Erkenntnisse über das Unternehmen und sein Umfeld in die Wertermittlung einbezogen werden können, d.h. auf welcher Tatsachenbasis die Bewertung zu erfolgen hat (unten Rz. 41 ff.). Im Anschluss wird auf die Berücksichtigungsfähigkeit nachträglich erlangter Informationen über die rechtlichen Verhältnisse des Unternehmens (unten Rz. 65 ff.) sowie von Veränderungen von Bewertungsstandards (unten Rz. 70 ff.) eingegangen. Keine oder lediglich akzidentielle Bedeutung kommt den sogleich herausgearbeiteten Zusammenhängen hingegen für diejenigen Fragenkreise zu, die in Rz. 17 ff. angesprochen worden sind (Bindung an das Unternehmenskonzept, Verbundeffekte etc.). Ein „Stichtagsprinzip im weiteren Sinne" ist aus den dort genannten Gründen nicht anzuerkennen.

40

---

1 Näher *K. Schmidt*, DB 1983, 2401 (2403); *Schulze-Osterloh*, ZGR 1986, 545 (549) sowie *Neuhaus*, Unternehmensbewertung, S. 53, der auf S. 44 ff. ausführlich auf die Entstehungsgeschichte eingeht.

2 Näher *Hüttemann* in FS Hoffmann-Becking, 2013, S. 603 (604 f.); zu den engen Verbindungslinien zwischen beiden Normen eingehend *Lauber*, Verhältnis, S. 52 ff.

2. Berücksichtigungsfähige Tatsachen

a) Die „Wurzeltheorie" des BGH

aa) Ursprung

41 Prägend für den Meinungsstand über die Bewertungsrelevanz von Informationen, die nach dem Stichtag erlangt wurden, ist ein **Urteil des IV. Zivilsenats des BGH aus dem Januar 1973**. Das Gericht wählte einen sehr weitgehenden Ausgangspunkt, indem es formulierte: „[Es] erscheint [...] auch nicht unzulässig und, um die Unsicherheit bei der Bewertung des Zukunftsertrages möglichst einzuschränken, sogar angebracht, auch noch die während des Bewertungszeitraums erkennbare Entwicklung des Unternehmens, wozu hier die behauptete Veräußerung einer Unternehmensabteilung gehören könnte, mit zu berücksichtigen, ohne daß dadurch der Grundsatz des § 2311 BGB verletzt wird, nach welchem der Unternehmenswert zur Zeit des Erbfalls zu schätzen ist und daher auch die Ertragsprognose auf diesen Zeitpunkt abgestellt werden muß."[1] Diese Herangehensweise hat das Gericht auch auf den Rechtsgedanken der im konkreten Sachbereich (Pflichtteilsberechnung) einschlägigen Regelung des § 2313 BGB gestützt,[2] die einen Fremdkörper bildet und deshalb nicht verallgemeinerungsfähig ist (vgl. auch unten Rz. 61).[3] Gleichwohl sind seine Ausführungen so zu verstehen, dass ihnen übergreifende Bedeutung für rechtsgeleitete Unternehmensbewertungen zukommen soll.

42 Zugleich machten die Richter allerdings folgende, überaus bedeutsame Einschränkung: „Dagegen müssen spätere Entwicklungen, deren Wurzeln in der Zeit nach dem Bewertungsstichtag liegen, außer Betracht bleiben [...]."[4] Damit war die sog. **„Wurzeltheorie"**[5] aus der Taufe gehoben, die hier als Ausnahme von der grundsätzlichen Berücksichtigungsfähigkeit „erkennbar gewordener Entwicklungen"[6] in Erscheinung tritt. Zusammengefasst lautete die Aussage des Gerichts: „Entwicklungen, die nach dem Stichtag erkennbar geworden sind, können berücksichtigt werden, es sei denn, ihre Wurzeln liegen in der Zeit nach dem Stichtag." Aus Stichtagssicht handelte es sich um ein rein **objektives Kriterium**, denn lediglich die Verwurzelung, nicht jedoch die Erkennbarkeit musste am Bewertungsstichtag vorgelegen haben.

bb) Folgeentscheidungen

43 In mehreren Entscheidungen aus der Folgezeit hat der BGH **an diese Rechtsprechung angeknüpft**. So heißt es in einem Urteil des II. Senats aus dem Jahr 1977: „Da sich [der Ertragswert] nach den in der Zukunft erzielbaren Einnahmeüber-

---

1 BGH v. 17.1.1973 – IV ZR 142/70, NJW 1973, 509 (511).
2 BGH v. 17.1.1973 – IV ZR 142/70, NJW 1973, 509 (511).
3 Dazu näher *Meincke*, Recht der Nachlaßbewertung, S. 227 ff.
4 BGH v. 17.1.1973 – IV ZR 142/70, NJW 1973, 509 (511).
5 So BGH v. 8.5.1998 – BLw 18/97, BGHZ 138, 371 (384). Es handelt sich aber selbstverständlich nicht um eine Theorie, sondern lediglich um eine Rechtsauffassung zu einem Sachproblem.
6 Vgl. erneut BGH v. 17.1.1973 – IV ZR 142/70, NJW 1973, 509 (511).

schüssen richtet, lassen sich aus späteren Ergebnissen Rückschlüsse auf den Unternehmenswert auch zu einem früher liegenden Stichtag ziehen. Es kann daher angebracht sein, die während des Bewertungszeitraums erkennbare Entwicklung des Unternehmens noch in die Bewertung einzubeziehen, soweit ihre Ursachen nicht erst nach dem Bewertungsstichtag eingetreten sind."[1] Auch hier tritt die Wurzeltheorie folglich als Einschränkung der grundsätzlichen Bewertungsrelevanz späterer Entwicklungen in Erscheinung.

In jüngerer Zeit formuliert das Gericht hingegen einschichtig, wenn es in einem **Beschluss aus dem Jahr 1998** heißt: „Entwicklungen, die erst später eintreten, aber schon in den am Stichtag bestehenden Verhältnissen angelegt sind, müssen berücksichtigt werden [...]."[2] Inhaltliche Unterschiede sind hiermit nicht verbunden,[3] auch wenn das Gericht nicht mehr an später „erkennbare", sondern an später „eingetretene" Entwicklungen anknüpft, denn auch später eingetretene Entwicklungen können naturgemäß nur dann berücksichtigt werden, wenn sie zugleich erkennbar waren (und auch erkannt wurden). Lediglich die gewählte Formulierung ist verbindlicher geworden („müssen berücksichtigt werden").

44

Der so konturierten, rein objektiven Anknüpfung an die Verhältnisse am Stichtag ist der BGH allerdings **nicht durchgängig gefolgt**. Es lassen sich Entscheidungen nachweisen, in denen (zumindest auch) an die Voraussehbarkeit der jeweiligen Entwicklung am Stichtag, d.h. auf ein subjektiv gefärbtes Kriterium abgestellt wird.[4] In einer jüngeren Entscheidung kombiniert das Gericht beide Ansätze, wenn es heißt: „[D]ie spätere tatsächliche Entwicklung [darf] nach der sog. Wurzeltheorie nur [...] berücksichtigt werden, sofern sie in ihren Ursprüngen bereits am Stichtag angelegt und erkennbar war [...]."[5] Diese Äußerung ist jedoch nur beiläufig und in unzutreffender Bezugnahme auf das Urteil aus dem Januar 1973 erfolgt, wo gerade nicht auf die Erkennbarkeit am Stichtag, sondern während des nachfolgenden „Bewertungszeitraums" abgestellt worden war.[6] Hinreichende Anhaltspunkte für eine Absicht des erkennenden Senats für Landwirtschaftssachen, das Wurzelkriterium abzulösen oder zu modifizieren, lassen sich dieser Entscheidung folglich nicht entnehmen.

45

Gleiches gilt für ein Urteil des II. Senats aus dem Jahr 2012, in dem es heißt: „Zumindest auf Grundlage der Ertragswertmethode ist es nicht möglich, stichtagsbezogen einen exakten, einzig richtigen Wert eines Unternehmens zu be-

46

---

1 BGH v. 28.4.1977 – II ZR 208/75, BB 1977, 1168 (1168 f.); vgl. auch BGH v. 17.11.1980 – II ZR 242/79, WM 1981, 452 (453).
2 BGH v. 4.3.1998 – II ZB 5/97, BGHZ 138, 136 (140) = AG 1998, 286; vgl. auch BGH v. 9.11.1998 – II ZR 190/97, BGHZ 140, 35 (38) = GmbHR 1999, 31 = AG 1999, 122, wo jedoch der in Rz. 17 ff. angesprochene Fragenkreis betroffen war.
3 Unrichtig *Seetzen*, WM 1999, 565 (570).
4 Vgl. BGH v. 12.2.1979 – II ZR 106/78, WM 1979, 432 (433); BGH v. 13.3.1978 – II ZR 142/76, NJW 1978, 1316 (1319) sowie bereits BGH v. 31.5.1965 – III ZR 214/63, NJW 1965, 1589 (1590); vgl. auch RG v. 5.1.1908 – Rev. I. 197/07, RGZ 68, 1 (2 ff.)
5 BGH v. 8.5.1998 – BLw 18/97, BGHZ 138, 371 (384).
6 BGH v. 17.1.1973 – IV ZR 142/70, NJW 1973, 509 (511).

stimmen [...]. Durch eine abweichende tatsächliche Entwicklung der zugrunde gelegten Erträge wird die Bewertung nicht nachträglich als falsch entlarvt und unrichtig."[1] Hiermit dürfte ebenfalls **keine Abkehr von den bisherigen Rechtsprechungsgrundsätzen** verbunden sein, da das Gericht eine entsprechende Abgrenzung nicht vornimmt.

47 Man wird vor diesem Hintergrund schlussfolgern können, dass die „Wurzeltheorie" nach wie vor einen Bestandteil der Rechtsprechung des BGH bildet. Ihren Bezugspunkt findet sie in der **Prognosebildung** über zukünftige Entwicklungen des Unternehmens und seines Umfeldes. Da das Wurzelkriterium ein objektives ist (sinngemäß: „in den am Stichtag bestehenden Verhältnissen angelegte Entwicklungen"),[2] besteht erheblicher Raum für rückschauende Betrachtungen und damit auch Wertkorrekturen. Jedoch hat das Gericht in keiner seiner Entscheidungen Gesichtspunkte mitgeteilt, mit deren Hilfe sich bestimmen lässt, wann eine Entwicklung ihre Wurzeln bereits am Stichtag hat und wann nicht.

cc) Prognosebildung: Kritik

48 Diese **Abgrenzung** erweist sich auch als **undurchführbar**. Denn dass tatsächlich eingetretene Entwicklungen ihre Ursachen stets in Zuständen der Vergangenheit haben, dürfte kaum zu bestreiten sein.[3] Das wird an folgendem Beispiel deutlich:[4] Fragt man danach, ob bei einer Unternehmensbewertung, die auf den 31.3.1989 durchzuführen ist, diejenigen Veränderungen berücksichtigt werden müssen, die (rückblickend) infolge der deutschen Einheit eingetreten sind, so wäre dies bei konsequenter Anwendung des Kriteriums des BGH zu bejahen. Denn aus historischer Perspektive lässt sich schwerlich leugnen, dass die Wurzeln der deutschen Einheit vor dem Stichtag gelegen haben, nämlich in der Teilung Deutschlands. Dass es hierauf für Zwecke der Unternehmensbewertung nicht ankommen kann, liegt auf der Hand.[5]

49 Vor diesem Hintergrund ist auch die Aussage, es reiche nicht aus, dass „sich rückblickend eine irgendwie geartete Kausalkette bis vor den Stichtag zurück-

---

1 BGH v. 4.12.2012 – II ZR 17/12, AG 2013, 165 (167 a.E.).
2 Vgl. BGH v. 4.3.1998 – II ZB 5/97, BGHZ 138, 136 (140) = AG 1998, 286.
3 Gleichsinnig *Koppensteiner* in KölnKomm. AktG, 3. Aufl. 2004, § 305 AktG Rz. 61; *Komp*, Zweifelsfragen, S. 145; *Ruthardt/Hachmeister*, WPg 2012, 451 (452); insoweit auch *Meilicke*, Barabfindung, S. 85 a.E.; *J. Schmidt*, Recht der außenstehenden Aktionäre, S. 64; aus der Rechtsprechung vgl. OLG Frankfurt v. 24.11.2011 – 21 W 7/11, AG 2012, 513 (515); OLG Stuttgart v. 14.9.2011 – 20 W 4/10, AG 2012, 221 (222).
4 Vgl. OLG Celle v. 31.7.1998 – 9 W 128/97, AG 1999, 128 (129 f.).
5 Eine Berücksichtigung im Ergebnis ablehnend zu Recht OLG Celle v. 31.7.1998 – 9 W 128/97, AG 1999, 128 (130); für die erste Ölkrise auch OLG Celle v. 1.7.1980 – 9 Wx 9/79, AG 1981, 234 (234); im Hinblick auf die vergleichbare Problemlage der Finanzkrise für den Bewertungsstichtag 29.8.2007 differenzierend OLG Frankfurt v. 24.11.2011 – 21 W 7/11, AG 2012, 513 (515).

verfolgen lässt",[1] mehr resignierend, denn zielführend.[2] Gleiches gilt für Konkretisierungskriterien wie „gesetzmäßige Beziehung",[3] „wirtschaftliche Fassbarkeit",[4] „Angemessenheit"[5] oder „Gewöhnlichkeit".[6] Die Wurzeltheorie ist mithin **weder operational noch sachgerecht**, soweit es um die Einbeziehung zukünftiger Entwicklungen in die Wertermittlung geht.[7]

dd) Rechtsprechung der Instanzgerichte

Ungeachtet dieser Einwände findet die Wurzeltheorie auch in der Rechtsprechung der Instanzgerichte Widerhall.[8] In vielen jüngeren Entscheidungen ist jedoch eine **Modifikation** vorzufinden, die ihre Ursache in den vorstehend dargestellten Kritikpunkten findet und immerhin von einer vereinzelten Entscheidung des BGH[9] gestützt wird: Die objektive Anknüpfung, die dem Wurzelkriterium immanent ist, wird ergänzt um ein **subjektives Element**, etwa der „Absehbarkeit" oder „Erkennbarkeit" der jeweiligen Entwicklung am Stichtag.[10] Inhaltlich läuft diese Rechtsprechung auf eine **Aufgabe der Wurzeltheorie** hinaus, denn der objektiven „Verwurzelung" kommt aus den Gründen, die in Rz. 48 angeführt worden sind, keinerlei Abgrenzungskraft zu, so dass letztlich das subjektive Kriterium das entscheidende ist. Teilweise wird auch ganz offen ein subjektiver Ausgangspunkt gewählt.[11] Es trifft daher zu, wenn

50

---

1 So OLG Düsseldorf v. 17.2.1984 – 19 W 1/81, AG 1984, 216 (218); s. auch OLG Zweibrücken v. 9.3.1995 – 3 W 133/92, 3 W 145/92, AG 1995, 421 (422); *Simon/Leverkus* in Simon, Anh. § 11 SpruchG Rz. 34.
2 Vgl. WP-Handbuch 2014, Bd. II, Rz. A 54, wo sodann subjektiv abgegrenzt wird („bereits am Bewertungsstichtag erwartet wurden").
3 Vgl. *Hannes* in Peemöller, Praxishandbuch der Unternehmensbewertung, S. 1129 (1137).
4 Vgl. OLG Zweibrücken v. 9.3.1995 – 3 W 133/92, 3 W 145/92, AG 1995, 421 (422).
5 OLG Düsseldorf v. 11.4.1988 – 19 W 32/86, AG 1988, 275 (276).
6 Vgl. OLG Stuttgart v. 4.5.2011 – 20 W 11/08 – Rz. 165, AG 2011, 560; *Kollrus*, MDR 2012, 66 (66).
7 Vgl. auch *Koppensteiner* in KölnKomm. AktG, 3. Aufl. 2004, § 305 AktG Rz. 61; *Adolff*, Unternehmensbewertung, S. 369 ff.; *Komp*, Zweifelsfragen, S. 144 ff.; *Lausterer*, Unternehmensbewertung, S. 136; *Piltz*, Unternehmensbewertung, S. 115 ff.; *Ruthardt/Hachmeister*, WPg 2012, 451 (452).
8 Siehe aus neuerer Zeit OLG Frankfurt v. 7.2.2012 – 5 U 92/11, AG 2012, 293 (294); OLG Stuttgart v. 4.5.2011 – 20 W 11/08 – Rz. 165, AG 2011, 560; OLG Karlsruhe v. 16.7.2008 – 12 W 16/02, AG 2009, 47 (52 a.E.); OLG Stuttgart v. 16.2.2007 – 20 W 25/05, AG 2007, 596 (598); OLG München v. 15.12.2004 – 7 U 5665/03, AG 2005, 486 (488); OLG Hamburg v. 3.8.2000 – 11 W 36/95, AG 2001, 479 (480).
9 BGH v. 8.5.1998 – BLw 18/97, BGHZ 138, 371 (384) (s. dazu oben Rz. 45).
10 Vgl. OLG Stuttgart v. 24.7.2013 – 20 W 2/12, AG 2013, 840 (843); OLG Frankfurt v. 24.11.2011 – 21 W 7/11, AG 2012, 513 (515); OLG Stuttgart v. 14.9.2011 – 20 W 4/10, AG 2012, 221 (222); OLG Düsseldorf v. 6.4.2011 – I-26 W 2/06 (AktE) – Rz. 22 (juris); OLG Koblenz v. 20.2.2009 – 10 U 57/05 – Rz. 69, 72 (juris); weitere Nachweise bei *Ruthardt/Hachmeister*, WPg 2012, 451 (454 ff.).
11 Vgl. OLG München v. 17.7.2007 – 31 Wx 060/06, AG 2008, 28 (32).

im Schrifttum eine Hinwendung der Instanzgerichte zu einem „strengen" Verständnis des Stichtagsprinzips (vgl. oben Rz. 11) beobachtet wird.[1]

ee) Spätere Erkenntnisse über präexistente Zustände

51 Das Wurzelkriterium bereitet in der Gerichtspraxis nicht nur bei der rückschauenden Überprüfung von Zukunftsprognosen erhebliche Schwierigkeiten, sondern auch in Bezug auf **Umstände, die am Stichtag bereits vorgelegen haben**, aber zu dieser Zeit noch nicht erkannt wurden. Ein gutes Beispiel bilden **Altlasten**, und zwar sowohl finanzieller[2] als auch sächlicher Art (insbesondere Grundstückskontaminationen).[3] Bei konsequenter Anwendung der „Wurzeltheorie" kann kein Zweifel daran bestehen, dass derartige Sachverhalte stets bewertungsrelevant sind, denn wenn „später eintretende Entwicklungen", die in den Verhältnissen am Stichtag „angelegt" waren, berücksichtigungsfähig sind,[4] muss dies erst recht für am Stichtag bereits vorhandene Zustände gelten.[5] Auch hier lassen sich allerdings Bestrebungen innerhalb der neueren instanzgerichtlichen Rechtsprechung nachweisen, das Wurzelkriterium subjektiv anzureichern und auf die Erkennbarkeit am Stichtag bzw. auf die zu diesem Zeitpunkt verfügbaren Informationen abzustellen.[6]

b) Meinungsstand im Schrifttum

52 Die in der Gerichtspraxis zu beobachtende **Meinungsvielfalt** beim Verständnis der Wurzeltheorie spiegelt sich auch in den Stellungnahmen im Schrifttum wider: Teilweise wird an die Wurzeltheorie in ihrer strengen, objektiven Ausprägung angeknüpft.[7] Andere kombinieren sie mit subjektiven Elementen,[8] was – wie in Rz. 50 dargelegt – in Wirklichkeit auf ihre Aufgabe hinausläuft. Teilweise finden sich auch inkonsistente Aussagen.[9]

53 Methodisch überzeugender erscheint es deshalb, wenn im **IDW S 1** ausschließlich subjektiv abgegrenzt wird, ohne dass das Wurzelkriterium Erwähnung findet: „Die Erwartungen der an der Bewertung interessierten Parteien über die

---

1 *Ruthardt/Hachmeister*, WPg 2012, 451 (454 ff.) unter umfänglicher Analyse der Rechtsprechung bis 2011.
2 Vgl. OLG Frankfurt v. 9.2.2010 – 5 W 33/09, ZIP 2010, 729 (732 f.).
3 Vgl. OLG Düsseldorf v. 27.5.2009 – I-26 W 1/07 AktE, AG 2009, 907 (910); OLG Düsseldorf v. 2.4.1998 – 19 W 3/93 AktE, AG 1999, 89 (91).
4 Siehe erneut BGH v. 4.3.1998 – II ZB 5/97, BGHZ 138, 136 (140) = AG 1998, 286.
5 In diesem Sinne in der Tat OLG Düsseldorf v. 27.5.2009 – I-26 W 1/07 AktE, AG 2009, 907 (910); vgl. aber OLG Düsseldorf v. 2.4.1998 – 19 W 3/93 AktE, AG 1999, 89 (91), soweit ergänzend angeführt wird, dass am Stichtag mit Altlasten „zu rechnen war".
6 So OLG Frankfurt v. 9.2.2010 – 5 W 33/09, ZIP 2010, 729 (733).
7 Vgl. *Stephan* in K. Schmidt/Lutter, § 305 AktG Rz. 66; *Hannes* in Peemöller, Praxishandbuch der Unternehmensbewertung, S. 1129 (1137); *Neuhaus*, Unternehmensbewertung, S. 122 f.
8 WP-Handbuch 2014, Bd. II, Rz. A 54; *Riegger/Gayk* in KölnKomm. AktG, 3. Aufl. 2013, Anh. § 11 SpruchG Rz. 9; *Aha*, AG 1997, 26 (29); *Seetzen*, WM 1994, 45 (46).
9 Vgl. *Großfeld* Recht der Unternehmensbewertung, Rz. 315 (Erkennbarkeit erforderlich), Rz. 317 (Erkennbarkeit nicht erforderlich).

künftigen finanziellen Überschüsse sowohl des Bewertungsobjekts als auch der bestmöglichen Alternativinvestition hängen von dem Umfang der im Zeitablauf zufließenden Informationen ab. Bei Auseinanderfallen des Bewertungsstichtags und des Zeitpunkts der Durchführung der Bewertung ist daher nur der Informationsstand zu berücksichtigen, der bei angemessener Sorgfalt zum Bewertungsstichtag hätte erlangt werden können."[1]

Diese Bezugnahme auf die **„angemessene Sorgfalt"** des Bewertenden zum Bewertungsstichtag wird in der Literatur von vielen geteilt.[2] Nimmt man die kombinatorischen Ansätze (vgl. oben Rz. 50, 52) hinzu, die, wie dargelegt, ebenfalls auf eine subjektive Abgrenzung hinauslaufen, so entspricht es heute der **herrschenden Meinung**, dass in Bezug auf die berücksichtigungsfähigen Informationen eine **subjektive Anknüpfung** stattzufinden hat. Damit einher geht ein vom ursprünglichen Ansatz des BGH (oben Rz. 42 f.) abweichendes Regel-Ausnahme-Verständnis: Heute wird es vielfach als Regelfall angesehen, nachträglich erlangte Informationen nicht zu berücksichtigen. Etwas anderes soll nur ausnahmsweise bei Erkennbarkeit schon am Stichtag gelten.[3]

Diese Sichtweise wird allerdings nicht durchgängig geteilt. Einige Autoren sprechen sich für eine **größere Offenheit** im Hinblick auf die **Einbeziehung späterer Erkenntnisse** aus.[4] Es sei nicht angängig, sehenden Auges Bewertungsannahmen zugrunde zu legen, die sich in der Realität als grundfalsch erwiesen hätten.[5] Häufig habe dies eine Schlechterstellung von Minderheitsgesellschaftern zur Folge, welche nicht zu rechtfertigen sei.[6] Das Erfordernis der vollen Abfindung führe zu der Notwendigkeit, die bis zum Entscheidungszeitpunkt

---

1 IDW S 1, Rz. 23.
2 WP-Handbuch 2014, Bd. II, Rz. A 52 (vgl. aber Rz. A 54); *Ruiz de Vargas* in Bürgers/Körber, Anh. § 305 AktG Rz. 10; *Kuckenburg*, FuR 2012, 222 (227); *Moxter*, Grundsätze, S. 168 f.; *Popp*, WPg 2008, 23 (28); *Riegger/Wasmann* in FS Goette, 2011, S. 433 (435); *Ruthardt/Hachmeister*, WPg 2012, 451 (452 ff.).
3 Siehe etwa WP-Handbuch 2014, Bd. II, Rz. A 52, A 54; *Riegger/Wasmann* in FS Goette, 2011, S. 433 (435); *Ruthardt/Hachmeister*, WPg 2012, 451 (452 ff.); aus der Rechtsprechung: OLG Stuttgart v. 24.7.2013 – 20 W 2/12, AG 2013, 840 (843); OLG Düsseldorf v. 6.4.2011 – I-26 W 2/06 (AktE), Rz. 22 (juris).
4 Vgl. *Emmerich* in Emmerich/Habersack, Aktien- und GmbH-Konzernrecht, § 304 AktG Rz. 27a, § 305 AktG Rz. 59; *Emmerich* in FS Mestmäcker, 2006, 137 (143 f.); *Emmerich/Habersack*, Konzernrecht, § 22 Rz. 41; *Großfeld*, Recht der Unternehmensbewertung, Rz. 319; *Kollrus*, MDR 2012, 66 (66); *Meilicke*, Barabfindung, S. 86 ff.; *J. Schmidt*, Außenstehende Aktionäre, S. 64 f.; *Seetzen*, WM 1999, 565 (570) sowie aus der Rechtsprechung OLG Karlsruhe v. 16.7.2008 – 12 W 16/02, AG 2009, 47 (52 a.E.); differenzierend *Komp*, Zweifelsfragen, S. 142 f.
5 *Emmerich* in Emmerich/Habersack, Aktien- und GmbH-Konzernrecht, § 305 AktG Rz. 59; *Emmerich/Habersack*, Konzernrecht, § 22 Rz. 41; *Meilicke*, Barabfindung, S. 87 f.; *J. Schmidt*, Recht der außenstehenden Aktionäre, S. 65.
6 *Emmerich* in Emmerich/Habersack, Aktien- und GmbH-Konzernrecht, § 304 AktG Rz. 27a; *Emmerich* in FS Mestmäcker, 2006, S. 137 (143 f.); vgl. auch *Meilicke*, Barabfindung, S. 86 f. (Hinweis auf den Informationsvorsprung von Mehrheitsgesellschaftern).

bekannt gewordenen Tatsachen zu berücksichtigen.[1] Die Abgrenzung der am Stichtag gerade noch vorhersehbaren von den für irrelevant erachteten späteren Entwicklungen sei angesichts der Interdependenz aller wirtschaftlichen Vorgänge oft genug nicht ohne Willkür möglich.[2] Tatsachen seien „allemal besser als bloße Schätzungen aus vergangener Sicht."[3] Dieser Ansatz weist enge Verbindungslinien zur Wurzeltheorie in ihrer strengen Lesart auf, da die von seinen Vertretern befürwortete grundsätzliche Anknüpfung an die tatsächlich eingetretenen Verhältnisse eine objektive ist.[4]

c) Stellungnahme

aa) Zeitpunktbezogenheit der Bewertung

56 Die zuletzt dargestellte Auffassung vermag nicht zu überzeugen, da sie mit der Zeitpunktbezogenheit einer jeden Unternehmensbewertung (oben Rz. 1) nicht zu vereinbaren ist.[5] Bezieht man Tatsachen ein, die erst später eingetreten bzw. erkennbar geworden sind, so stellt man nicht auf „die Verhältnisse" des Unternehmens am Stichtag (vgl. § 305 Abs. 3 Satz 2 AktG) ab, sondern bewertet letztlich ein anderes Unternehmen, da die **Unsicherheit** über die zu erwartenden Entwicklungen eine **entscheidende Wertdeterminante** bildet.[6] Wer meint, die Stichtagsbezogenheit der Bewertung sei lediglich „ein notwendiges Übel, aber nicht Selbstzweck",[7] verkennt, dass ein Unternehmenswert denknotwendig auf einen bestimmten Zeitpunkt festgestellt werden muss, da er sich im Zeitablauf stetig ändert. Übersetzt in die Perspektive eines ausscheidenden Gesellschafters bedeutet das: Für die Höhe der ihm zustehenden Abfindung sind Entwicklungen, die nach dem Bewertungsstichtag eintreten, irrelevant.[8] Einzuräumen ist zwar, dass es im Nachhinein erhebliche Schwierigkeiten bereiten

---

1 In diesem Sinne *Meilicke*, Barabfindung, S. 86 ff.; vgl. auch *J. Schmidt*, Recht der außenstehenden Aktionäre, S. 64 a.E. („weitere Objektivierung der Unternehmensbewertung").
2 *Emmerich* in FS Mestmäcker, 2006, S. 137 (143 f.).
3 OLG Karlsruhe v. 16.7.2008 – 12 W 16/02, AG 2009, 47 (52 a.E.).
4 Vgl. *Emmerich* in Emmerich/Habersack, Aktien- und GmbH-Konzernrecht, § 305 AktG Rz. 59: „Nichts hindert in der Tat, eine normale Entwicklung der Dinge unterstellt, spätere Entwicklungen grundsätzlich als bereits am Stichtag angelegt anzusehen [...]"; ebenso *Emmerich/Habersack*, Konzernrecht, § 22 Rz. 41; ähnlich *Großfeld*, Recht der Unternehmensbewertung, Rz. 319; *Seetzen*, WM 1999, 565 (570).
5 Vgl. *Koppensteiner* in KölnKomm. AktG, 3. Aufl. 2004, § 305 AktG Rz. 60; *Hüttemann*, StbJb. 2000/2001, 385 (392 f.).
6 Näher *Adolff*, Unternehmensbewertung, S. 371; *Moxter*, Grundsätze, S. 169 ff.; ihm folgend *Simon/Leverkus* in Simon, Anh. § 11 SpruchG Rz. 34; *Ruthardt/Hachmeister*, WPg 2012, 451 (454), wo zudem darauf hingewiesen wird, dass sich die Planungsunsicherheit im Risikozuschlag niederschlägt (vgl. auch unten Rz. 64); nicht haltbar OLG Karlsruhe v. 16.7.2008 – 12 W 16/02, AG 2009, 47 (52 a.E.) sowie die „Paulaner"-Entscheidung des BayObLG v. 19.10.1995 – BReg.3 Z 17/90, AG 1996, 127 (129); zu ihr *Hüttemann*, StbJb. 2000/2001, 385 (393); vgl. auch *Aha*, AG 1997, 29 (33).
7 Vgl. *Meilicke*, Barabfindung, S. 88.
8 Vgl. demgegenüber *J. Schmidt*, Recht der außenstehenden Aktionäre, S. 64 f.

kann, den Kenntnisstand und die Erwartungen am Stichtag zu rekonstruieren.[1] Dem ist nötigenfalls mit Schätzungen beizukommen, die transparent gemacht werden müssen,[2] nicht jedoch im Wege einer Übernahme von Ist-Daten.

Spätere Ist-Zahlen können auch nicht über den Umweg einer **"Plausibilitätskontrolle"**[3] einbezogen werden, um die auf den Stichtag gebildete Prognose zu bestätigen oder zu falsifizieren.[4] Ein derartiges Vorgehen mag intuitiv naheliegen (vgl. § 28 Rz. 57), führt jedoch denselben **Rückschaufehler** herbei, der sich einstellt, wenn diese Zahlen von vornherein zugrunde gelegt werden. Zutreffend führt der II. Zivilsenat des BGH aus: „Wenn einzelne, bei der Unternehmensbewertung nach der Ertragswertmethode zugrunde gelegte Hilfsgrößen nicht wie prognostiziert eintreten, macht das die Unternehmensbewertung nicht unrichtig [...]. Jede in die Zukunft gerichtete Prognose, insbesondere die der Ertragswertmethode eigene Beurteilung künftiger Erträge, ist ihrer Natur nach mit Unsicherheiten behaftet [...]. Durch eine abweichende tatsächliche Entwicklung der zugrunde gelegten Erträge wird die Bewertung nicht nachträglich als falsch entlarvt und unrichtig."[5]

Es können zwar Situationen auftreten, in denen die **Prognosebildung** auf einer **fehlerhaften Analyse** der am Stichtag vorzufindenden Verhältnisse beruht.[6] Den Bezugspunkt der Prüfung bilden aber auch in einem solchen Fall nicht die tatsächlich eingetretenen Entwicklungen, sondern die Verhältnisse am Stichtag. Den Ist-Zahlen kann hier allenfalls eine schwache Indizfunktion zukommen. Es sind sogar Fälle denkbar, in denen sich die Dinge durch Zufall prognosegemäß entwickelt haben, obwohl die Verhältnisse am Stichtag unzutreffend abgebildet worden sind. Dann ist die Prognose gleichwohl falsch und zu korrigieren. Aus dem Gesagten folgt, dass die Prognose niemals anhand von Ist-Daten abgeändert werden darf. Beruht sie aus Stichtagssicht auf fehlerhaften Annahmen, so ist vielmehr eine neue Prognose aufzustellen, die die zutreffend ermittelten Verhältnisse am Stichtag aufnimmt.

Im Hinblick auf Bewertungsaufgaben, die gesellschaftsrechtliche Umstrukturierungen betreffen, ist ferner zu bedenken, dass das Gesetz den Stichtag auf denjenigen Zeitpunkt fixiert, an dem die Anteilseigner über die abfindungsbegründende Maßnahme Beschluss fassen (s. oben Rz. 30 ff.). Das findet seinen

---

1 Dazu WP-Handbuch 2014, Bd. II, Rz. A 55. Dies dürfte auch der Grund für die in Teilen der Praxis vorzufindende Neigung sein, Ist-Zahlen einzubeziehen (vgl. LG München I v. 25.1.1990 – 17 HK O 17002/82 – „Paulaner", AG 1990, 405 (405); *Seetzen*, WM 1999, 565 (570).
2 Vgl. WP-Handbuch 2014, Bd. II, Rz. A 55.
3 Siehe etwa OLG München v. 15.12.2004 – 7 U 5665/03, AG 2005, 486 (488); *Emmerich* in Emmerich/Habersack, Aktien- und GmbH-Konzernrecht, § 305 AktG Rz. 57; *Kollrus*, MDR 2012, 66 (66); *Seetzen*, WM 1999, 565 (570); umfängliche Nachweise aus der jüngeren Rechtsprechung bei *Ruthardt/Hachmeister*, WPg 2012, 451 (455).
4 *Piltz*, Unternehmensbewertung, S. 117 f.; ablehnend auch *Lausterer*, Unternehmensbewertung, S. 137 ff.; *Ruthardt/Hachmeister*, WPg 2012, 451 (455); s. aus der Rechtsprechung OLG Stuttgart v. 24.7.2013 – 20 W 2/12, AG 2013, 840 (843); OLG Düsseldorf v. 31.3.2006 – I-26 W 5/06 AktE, Rz. 36 (juris).
5 BGH v. 4.12.2012 – II ZR 17/12, AG 2013, 165 (167 a.E.).
6 Vgl. *Komp*, Zweifelsfragen, S. 147 a.E.

Grund darin, dass die zu diesem Zeitpunkt verfügbaren Informationen die **Entscheidungsgrundlage** bilden. Bezöge man spätere Entwicklungen mit ein, so setzte man – diesem Gedanken zuwider – einen **Fehlanreiz**, Spruchverfahren ohne Notwendigkeit in die Länge zu ziehen.[1] Die Informationsabgrenzungsfunktion trägt ganz generell zur **Planungssicherheit** bei, weil sie zur Folge hat, dass sich die zu erbringenden Leistungen für alle Anspruchsbeteiligten in einem kalkulierbaren Rahmen bewegen.[2]

bb) Perspektive eines gedachten Unternehmenserwerbers

60 Die Frage, welche Umstände zur Wertbildung am Stichtag beitragen, ist aus der Perspektive eines **gedachten Unternehmenserwerbers** zu ermitteln.[3] Sachverhalte, die ihm am Stichtag nicht bekannt sind und von ihm auch nicht erkannt werden können, haben keine Auswirkungen auf den erzielbaren Preis und können deshalb nicht in die Bewertung einfließen.[4] Bewertungsrelevant sind daher nur solche Informationen, die dem fiktiven Erwerber nach einer gründlichen Prüfung des Unternehmens zur Verfügung stünden, wobei zugunsten ausscheidender Minderheitsgesellschafter im Wege normativer Konkretisierung unterstellt werden kann, dass die Unternehmensleitung keine relevanten Informationen zurückhält.[5] Dieser infolge einer **due diligence-Prüfung** erlangte Kenntnisstand deckt sich mit dem Kriterium der „angemessenen Sorgfalt", wie es im IDW S 1 für zutreffend erachtet wird (s. Rz. 53).

61 Dabei ist kein Unterschied zu machen zwischen Informationen, die die **Prognosebildung** betreffen, und Erkenntnissen über den **Unternehmenszustand** am Stichtag.[6] Denn aus der Perspektive eines gedachten Erwerbers stellt sich die Problemlage als identisch dar. Auch das **Marktumfeld** ist einzubeziehen, da es in gleicher Weise wertbeeinflussend ist.[7] **Risiken** sind mit angemessenen Wert-

---

1 Vgl. *Hüttemann*, StbJb. 2000/2001, 385 (393); *Lausterer*, Unternehmensbewertung, S. 137; *Piltz*, Unternehmensbewertung, S. 117; *Seetzen*, WM 1994, 45 (46).
2 Vgl. *Baldamus*, AG 2005, 77 (80); *Klöhn*, System, S. 284.
3 Dazu ausführlich *Hüttemann*, WPg 2007, 812 (814 f.); *Hüttemann*, ZHR 162 (1998), 563 (573 ff., 582 ff.); mit Blick auf das Stichtagsprinzip: WP-Handbuch 2014, Bd. II, Rz. A 52; *Adolff*, Unternehmensbewertung, S. 371; *Hüttemann*, StbJb. 2000/2001, 385 (392); *Meinert*, DB 2011, 2397 (2400); *Moxter*, Grundsätze, S. 168; *Piltz*, Unternehmensbewertung, S. 117; *Ruthardt/Hachmeister*, WPg 2012, 451 (452).
4 Vgl. *Meinert*, DB 2011, 2397 (2400); *Riegger/Wasmann* in FS Goette, 2011, S. 433 (435).
5 Vgl. *Adolff*, Unternehmensbewertung, S. 371 f.
6 Vgl. bereits *Hüttemann*, StbJb. 2000/2001, 385 (392 f.); s. auch *Ruthardt/Hachmeister*, WPg 2012, 451 (452); a.A. *Komp*, Zweifelsfragen, S. 142 f.; wohl nur im Ausgangspunkt differenzierend *Piltz*, Unternehmensbewertung, S. 114 ff.
7 Vgl. WP-Handbuch 2014, Bd. II, Rz. A 52; *Ruiz de Vargas* in Bürgers/Körber, Anh. § 305 AktG Rz. 11; *Riegger/Gayk* in KölnKomm. AktG, 3. Aufl. 2013, Anh. § 11 SpruchG Rz. 9; *Meincke*, Recht der Nachlaßbewertung, S. 214 f.; s. aus der Rechtsprechung BGH v. 31.5.1965 – III ZR 214/63, NJW 1965, 1589 (1590): besondere politische Ereignisse; OLG Frankfurt v. 24.11.2011 – 21 W 7/11, AG 2012, 513 (515); OLG Stuttgart v. 4.5.2011 – 20 W 11/08 – Rz. 165, AG 2011, 560: jeweils Finanzkrise; OLG Celle v. 31.7.1998 – 9 W 128/97, AG 1999, 128 (130): deutsche Einheit; OLG Celle v. 1.7.1980 – 9 Wx 9/79, AG 1981, 234 (234): Ölkrise.

abschlägen abzubilden.¹ Hierhin zählen etwa potentielle Altlasten, die sich mit vertretbarem Aufwand weder verifizieren noch falsifizieren lassen. Auch für die Auswahl der **Bewertungsmethode** ist nicht auf den tatsächlichen späteren Verlauf, sondern auf die am Stichtag vorzufindenden Verhältnisse und erwartbaren Entwicklungen abzustellen.² Schließlich ist darauf hinzuweisen, dass **gesetzliche Vorschriften** älteren Datums, die den Informationsabgrenzungsgehalt des Stichtagsprinzips punktuell durchbrechen, im Rahmen des methodisch Vertretbaren unangewendet zu lassen, jedenfalls aber eng auszulegen sind.³ So ist heute anerkannt, dass neben einer Abfindung zum Ertragswert für die in § 740 BGB angeordnete Teilnahme des Ausscheidenden an künftigen Gewinnen und Verlusten aus schwebenden Geschäften kein Raum mehr bleibt.⁴

Aus diesen sowie aus den in Rz. 48 f. mitgeteilten Gründen bildet die **Wurzeltheorie** einen Irrweg und ist **aufzugeben**.⁵ Sie lässt sich auch nicht über die vielfach herangezogene Parallele zu den Grundsätzen über die bilanzrechtliche **Wertaufhellung** (vgl. § 252 Abs. 1 Nr. 4 HGB) aufrechterhalten.⁶ Denn einem gedachten Erwerber stehen etwaige wertaufhellende Informationen am Stichtag nicht zur Verfügung, so dass sie für ihn bedeutungslos und damit nicht wertbildend sind.⁷ Deshalb spielt es im Kontext der Unternehmensbewertung auch keine Rolle, ob man bilanzrechtlich einem objektiven oder einem subjektiven Wertaufhellungsverständnis folgt.⁸

62

cc) Kapitalisierungszinssatz

Strukturgleiche Sachfragen stellen sich auch im Hinblick auf diejenigen Informationen, die bei der **Ermittlung des Kapitalisierungszinssatzes** zu berücksichtigen sind, wenngleich sich hierzu kein vergleichbarer Streitstand gebildet hat.⁹ Es dürfte allgemein anerkannt sein, dass das Stichtagsprinzip auch für die Fest-

63

---

1 Vgl. *Meincke*, Recht der Nachlaßbewertung, S. 228.
2 Vgl. zu diesem Fragenkreis *Piltz*, Unternehmensbewertung, S. 119.
3 Zu § 2313 BGB s. bereits oben Rz. 41.
4 *Schäfer* in MünchKomm. BGB, 6. Aufl. 2013, § 740 BGB Rz. 3; *Habermeier* in Staudinger, Bearbeitungsstand 2003, § 740 BGB Rz. 1; *Schulze-Osterloh*, ZGR 1986, 545 (557 ff.); anders noch *Neuhaus*, Unternehmensbewertung, S. 123 u. S. 131 ff.; *K. Schmidt*, DB 1983, 2401 (2403 ff.).
5 Gleichsinnig *Koppensteiner* in KölnKomm. AktG, 3. Aufl. 2004, § 305 AktG Rz. 61; *Adolff*, Unternehmensbewertung, S. 369 ff.; *Komp*, Zweifelsfragen, S. 144 ff.; *Lausterer*, Unternehmensbewertung, S. 137 ff.; *Ruthardt/Hachmeister*, WPg 2012, 451 (452 ff.).
6 Vgl. demgegenüber OLG München v. 15.12.2004 – 7 U 5665/03, AG 2005, 486 (488); *Bellinger*, WPg 1980, 575 (583 a.E.); *Kollrus*, MDR 2012, 66 (66).
7 *Piltz*, Unternehmensbewertung, S. 119.
8 Siehe dazu *Herzig* in FS Meilicke, 2010, S. 179 (183 ff.); *Hüttemann* in FS Priester, 2007, S. 301 (304 ff.); aus der Rechtsprechung: EuGH v. 7.1.2003 – Rs. C-306/99 (BIAO), BStBl. II 2004, 144 (155); BFH v. 15.9.2004 – I R 5/04, BStBl. II 2009, 100 (105 f.).
9 Vgl. aber *Moxter*, Grundsätze, S. 171 f.; *Schwetzler*, WPg 2008, 890 (894 ff.).

legung der Alternativinvestition Geltung beansprucht.¹ In dieser Hinsicht ist ebenfalls von demjenigen Kenntnisstand auszugehen, der am Stichtag zu erlangen war.² Nachträgliche Erkenntnisse sind unberücksichtigt zu lassen.³ Dies betrifft sowohl die zukünftige Zinsentwicklung, so dass die am Stichtag aktuelle Zinsstrukturkurve heranzuziehen ist,⁴ als auch die Bestimmung des Risikozuschlags⁵ (zur Ermittlung des Kapitalisierungszinssatzes näher § 6).

64 Tritt hingegen die Ausnahmesituation auf, dass in rechtlich zulässiger Weise vereinbart worden ist, **nachträgliche Informationen** über die Unternehmensentwicklung bei der Bewertung zu berücksichtigen (dazu oben Rz. 14 f.), so kann dies nicht ohne Einfluss auf die Ermittlung des Kapitalisierungszinssatzes bleiben. Für den betroffenen Zeitraum können dann nachträgliche Erkenntnisse (spiegelbildlich) auch in Bezug auf die Alternativinvestition berücksichtigt werden. Darüber hinaus bleibt für einen Risikozuschlag kein Raum, soweit Ist-Zahlen einbezogen worden sind.⁶

3. Rechtliche Verhältnisse

65 Den Bezugspunkt der Diskussion über die Informationsabgrenzungsfunktion bilden, wie dargelegt, in erster Linie nachträgliche Informationen über das Unternehmen und sein Umfeld, d.h. über tatsächliche Umstände. Das wirft die Frage auf, ob **Informationen über das rechtliche Umfeld**, in dem das Unternehmen agiert, identisch zu behandeln sind. In Rechtsprechung und Schrifttum besteht eine verbreitete Neigung, dies zu bejahen, wobei nahezu ausschließlich die Situation einer nachträglichen Veränderung der Rechtslage, und hier namentlich der **Steuergesetze**, in den Blick genommen wird.⁷

66 Der II. Zivilsenat des BGH ist hiervon jedoch in seiner Entscheidung in der Rechtssache „**Ytong**" teilweise abgerückt. Der Senat betont zwar im Ausgangs-

---

1 OLG Stuttgart v. 19.3.2008 – 20 W 3/06, AG 2008, 510 (514); IDW S 1, Rz. 23; WP-Handbuch 2014, Bd. II, Rz. A 52, A 58; *Peemöller*, DStR 2001, 1401 (1402); *Popp* in Peemöller, Praxishandbuch der Unternehmensbewertung, S. 173 (178); *Ruthardt/Hachmeister*, WPg 2012, 451 (451).
2 WP-Handbuch 2014, Bd. II, Rz. A 58; *Hannes* in Peemöller, Praxishandbuch der Unternehmensbewertung, S. 1119 (1134 f.); vgl. auch BGH v. 21.7.2003 – II ZB 17/01, BGHZ 156, 57 (63) = AG 2003, 627 = GmbHR 2003, 1362; *Moxter*, Grundsätze, S. 172.
3 Teilweise abweichend *Schwetzler*, WPg 2008, 890 (895 ff.).
4 OLG Düsseldorf v. 4.7.2012 – I-26 W 8/10 (AktE), AG 2012, 797 (799); OLG Frankfurt v. 16.7.2010 – 5 W 53/09 – Rz. 48 ff. (juris); *Riegger/Gayk* in KölnKomm. AktG, 3. Aufl. 2013, Anh. § 11 SpruchG Rz. 24 ff.
5 Vgl. *Hannes* in Peemöller, Praxishandbuch der Unternehmensbewertung, S. 1119 (1135); *Ruthardt/Hachmeister*, WPg 2012, 451 (454).
6 Vgl. BayObLG v. 19.10.1995 – BReg.3 Z 17/90, AG 1996, 127 (130); *Ruthardt/Hachmeister*, WPg 2012, 451 (454); a.A. *Aha*, AG 1997, 26 (33).
7 Vgl. OLG Stuttgart v. 4.5.2011 – 20 W 11/08, AG 2011, 560 (563); OLG Stuttgart v. 19.3.2008 – 20 W 3/06, AG 2008, 510 (513 f.); IDW S 1, Rz. 23; *Bungert*, WPg 2008, 811 (821); *Kuckenburg*, FuR 2012, 222 (227); *Ruthardt/Hachmeister*, WPg 2012, 451 (456 f.); allgemein für die rechtlichen Rahmenbedingungen *Riegger/Wasmann* in FS Goette, 2011, S. 433 (435 f.).

punkt, dass es auch in Bezug auf die „rechtlichen Strukturen des Unternehmens" auf die Verhältnisse am Stichtag ankomme.[1] Im Hinblick auf den jährlich zu zahlenden Ausgleich nach § 304 Abs. 2 Satz 1 AktG sei jedoch die auf den Bruttogewinnanteil je Aktie entfallende Körperschaftsteuer „in Höhe des jeweils gültigen Steuertarifs" abzuziehen.[2] Einen Verstoß gegen das Stichtagsprinzip verneint der Senat, da es sich nach seiner Auffassung nur auf die Festlegung des zuzusichernden Gewinnanteils als fester Bruttogröße beziehe, nicht jedoch auf die darauf zu entrichtende Körperschaftsteuer, „die lediglich Ausfluss des erwirtschafteten Gewinns" sei.[3]

67 Entgegen seiner eigenen Einschätzung hat das Gericht hier das **Stichtagsprinzip** in seinem Informationsabgrenzungsgehalt **durchbrochen**,[4] da zu den „Verhältnissen der Gesellschaft" am Stichtag (vgl. § 305 Abs. 3 Satz 2 AktG) auch die Höhe der Körperschaftsteuer zählt, die als Aufwandposten unmittelbar wertbeeinflussend ist. Ob diese Abweichung aufgrund der Besonderheiten des angemessenen Ausgleichs nach § 304 AktG gerechtfertigt werden kann,[5] wird unterschiedlich beurteilt.[6] Es erscheint wenig überzeugend, in Bezug auf eine einzelne Aufwandposition eine singuläre Ausnahme von den sonst geltenden Grundsätzen zuzulassen.[7] Jedenfalls kann diese Rechtsprechung nicht auf Abfindungsfälle übertragen werden[8] und ist auch sonst nicht verallgemeinerungsfähig.[9]

68 Richtigerweise beanspruchen die obigen Ausführungen zur Reichweite der Informationsabgrenzungsfunktion (oben Rz. 56 ff.) auch in Bezug auf die rechtlichen Verhältnisse des Unternehmens uneingeschränkt Geltung. Aus Sicht des Bewertenden sind die rechtlichen Verhältnisse nämlich **in gleicher Weise wertbeeinflussend** wie das tatsächliche Unternehmensumfeld.[10] Folglich kann für die betreffenden Informationen nichts anderes gelten als für Tatsacheninformationen. Dies gilt sowohl für am Stichtag vorhandene rechtliche Verhältnisse, die erst nachträglich offenbar werden, als auch für Änderungen der rechtlichen Rahmenbedingungen während des Prognosezeitraums.

---

1 BGH v. 21.7.2003 – II ZB 17/01, BGHZ 156, 57 (63) = AG 2003, 627 = GmbHR 2003, 1362.
2 BGH v. 21.7.2003 – II ZB 17/01, BGHZ 156, 57 (60 ff.) = AG 2003, 627 = GmbHR 2003, 1362; zu Folgefragen s. *Stephan* in K. Schmidt/Lutter, § 304 AktG Rz. 88; *Baldamus*, AG 2005, 77 (82 ff.).
3 BGH v. 21.7.2003 – II ZB 17/01, BGHZ 156, 57 (63) = AG 2003, 627 = GmbHR 2003, 1362; zum Streitstand vor Ergehen dieser Entscheidung näher *Baldamus*, AG 2005, 77 (80 f.).
4 Ebenso *Stephan* in K. Schmidt/Lutter, § 304 AktG Rz. 90; *Baldamus*, AG 2005, 77 (82); *Ruthardt/Hachmeister*, WPg 2012, 451 (457); a.A. *Riegger/Wasmann* in FS Goette, 2011, S. 433 (436).
5 Vgl. BGH v. 21.7.2003 – II ZB 17/01, BGHZ 156, 57 (61 f.) = AG 2003, 627 = GmbHR 2003, 1362.
6 Vgl. *Stephan* in K. Schmidt/Lutter, § 304 AktG Rz. 90 f.; *Baldamus*, AG 2005, 77 (82 ff.)
7 Vgl. auch *Baldamus*, AG 2005, 77 (82).
8 OLG Stuttgart v. 19.3.2008 – 20 W 3/06, AG 2008, 510 (514).
9 A.A. *Paulsen* in MünchKomm. AktG, 3. Aufl. 2010, § 305 AktG Rz. 93.
10 *Riegger/Wasmann* in FS Goette, 2011, S. 433 (435 f.).

69 Abzustellen ist daher auch insoweit auf die **Erkenntnismöglichkeiten eines gedachten Unternehmenserwerbers**, der das Unternehmen und sein Umfeld am Stichtag einer gründlichen Prüfung unterzieht. Am Stichtag nicht aufgedeckte **präexistente Rechtsverhältnisse** sind in die Bewertung einzubeziehen, wenn ihr Bestehen bei angemessener Sorgfalt erkannt worden wäre. Später erlangte Informationen sind nur unter dieser Voraussetzung bewertungsrelevant. Was nachträgliche Veränderungen der rechtlichen Verhältnisse angeht, kommt es ebenfalls darauf an, ob sie aus der Perspektive eines gedachten Erwerbers bereits am Stichtag wertbeeinflussend waren. Für **Gesetzesänderungen** wird man das annehmen können, wenn ihr Inkrafttreten bei Ausschöpfung aller verfügbaren Erkenntnisquellen am Stichtag hinreichend wahrscheinlich gewesen ist.[1] Hierbei handelt es sich um eine Frage des Einzelfalls, so dass die vielfach vorzufindende Anknüpfung an ganz bestimmte Handlungen während des Gesetzgebungsverfahrens[2] nicht überzeugend erscheint.[3] Aus der Stichtagsperspektive eines gedachten Unternehmenserwerbers macht es im Übrigen keinen Unterschied, ob das Gesetz nur für die Zukunft gilt oder (ausnahmsweise) rückwirkend in Kraft gesetzt wurde.[4]

4. Standardänderungen

70 Damit ist zugleich eine wichtige Erkenntnis für die kontrovers diskutierte Frage gewonnen, inwieweit Änderungen von Bewertungsstandards, die nach dem Stichtag eingetreten sind, die Bewertung beeinflussen können (dazu eingehend § 13):[5] Soweit hierdurch **Änderungen des rechtlichen Umfeldes**, insbesondere der Steuergesetze,[6] zutreffend nachvollzogen werden, die nach Maßgabe der Ausführungen in Rz. 68 f. stichtagsrelevant sind, müssen die entsprechenden **Standardanpassungen** berücksichtigt werden, weil die ihnen zugrunde liegenden Rechtsänderungen wertbeeinflussend sind.[7] Materiell geht es dabei nicht um eine Bindung an den (geänderten) Standard, sondern um die zutreffende Abbildung der reformierten Rechtslage. Insoweit, aber auch nur insoweit (vgl. unten Rz. 71), ist die Informationsabgrenzungsfunktion des Stichtagsprin-

---

1 Vgl. OLG Stuttgart v. 4.5.2011 – 20 W 11/08 – Rz. 146 ff., AG 2011, 560; *Bungert*, WPg 2008, 811 (821); *Riegger/Wasmann* in FS Goette, 2011, S. 433 (436).
2 Vgl. etwa *Bungert*, WPg 2008, 811 (821, Fn. 62); *Ruthardt/Hachmeister*, WPg 2012, 451 (457); undeutlich IDW S 1, Rz. 23: „mit Wirkung für die Zukunft vom Gesetzgeber beschlossene[s] Steuerrecht".
3 Ebenso *Riegger/Wasmann* in FS Goette, 2011, S. 433 (436); vgl. auch OLG Stuttgart v. 4.5.2011 – 20 W 11/08 – Rz. 148, AG 2011, 560.
4 Insoweit missverständlich IDW S 1, Rz. 23.
5 Nachweise zum Meinungsstand bei *Riegger/Gayk* in KölnKomm. AktG, 3. Aufl. 2013, Anh. § 11 SpruchG Rz. 59 ff.; *Ruthardt/Hachmeister*, WPg 2011, 351 (352 ff.).
6 Vgl. den Überblick bei *Emmerich* in Emmerich/Habersack, Aktien- und GmbH-Konzernrecht, § 305 AktG Rz. 52.
7 Vgl. *Bungert*, WPg 2008, 811 (814 f.); *Hüttemann*, WPg 2008, 822 (823); *Riegger/Wasmann* in FS Goette, 2011, S. 433 (440); *Ruthardt/Hachmeister*, WPg 2011, 351 (352). Gleiches gilt für Verhaltensannahmen, die von der Gesetzesänderung beeinflusst werden (näher *Hüttemann*, WPg 2008, 822 [823]). Etwaige Angaben über das Inkrafttreten des Standards sind für diesen Fragenkreis irrelevant.

zips einschlägig. Umgekehrt dürfen Standardanpassungen, die durch Gesetzesänderungen nach dem Stichtag bedingt sind, nicht angewendet werden.[1] Geänderte Aussagen des IDW zur bestehenden Rechtslage entfalten keine Bindungswirkung.[2]

Keine Aussagekraft kommt der Informationsabgrenzungsfunktion hingegen in Bezug auf Standardänderungen zu, die lediglich Ausdruck besserer fachwissenschaftlicher Erkenntnis sind (**Methodenverbesserungen**). Denn die dem Stichtagsprinzip zugrunde liegende Zeitpunktbezogenheit der Bewertung (oben Rz. 1) findet ihren Anknüpfungspunkt in der Lage des Unternehmens einschließlich seines tatsächlichen und rechtlichen Umfeldes, d.h. in den wertbildenden Faktoren. Die Methodik der Wertfeststellung zählt nicht hierhin.[3] Bewertungsstandards kommt auch kein Rechtsnormcharakter zu,[4] so dass das Stichtagsprinzip keinerlei Aussagekraft für diesen Fragenkreis besitzt. 71

Daher gilt hier dasselbe wie für diejenigen Fragestellungen, die in Rz. 17 ff. analysiert worden sind: Es handelt sich um ein **Sachproblem der Bewertung**, das ohne Bezugnahme auf das Stichtagsprinzip gelöst werden muss. Die besseren Gründe sprechen für die **Berücksichtigungsfähigkeit** von Methodenänderungen, sofern sie aus Sicht des erkennenden Gerichts zu angemesseneren Ergebnissen führen.[5] Die von der Bewertung Betroffenen mögen sich zwar auf einen Unternehmenswert (bzw. Wertkorridor) eingestellt haben, der sich auf Basis des früheren Standards ergeben hätte.[6] Dennoch ist kein Vertrauensschutz an- 72

---

1 *Bungert*, WPg 2008, 811 (815); *Hüttemann*, WPg 2008, 822 (823); *Riegger/Wasmann* in FS Goette, 2011, S. 433 (440); *Ruthardt/Hachmeister*, WPg 2011, 351 (352).
2 Näher *Hüttemann*, WPg 2008, 822 (822 f.).
3 Vgl. OLG Karlsruhe v. 30.4.2013 – 12 W 5/12, AG 2013, 765 (765); OLG Stuttgart v. 14.9.2011 – 20 W 7/08, AG 2012, 135 (138); *Hüttemann*, WPg 2008, 822 (823 f.); *Riegger/Wasmann* in FS Goette, 2011, S. 433 (439); insoweit auch *Paulsen* in MünchKomm. AktG, 3. Aufl. 2010, § 305 AktG Rz. 93; a.A. OLG Düsseldorf v. 21.12.2011 – I-26 W 3/11 (AktE), AG 2012, 459 (460); *Bungert*, WPg 2008, 811 (816 f.); vgl. auch OLG Düsseldorf v. 28.8.2014 – I-26 W 9/12 (AktE) – Rz. 77 ff., AG 2014, 817; OLG Frankfurt v. 15.2.2010 – 5 W 52/09, AG 2010, 798 (800).
4 OLG Karlsruhe v. 30.4.2013 – 12 W 5/12, AG 2013, 765 (766); *Hüttemann*, WPg 2008, 822 (823); *Riegger/Wasmann* in FS Goette, 2011, S. 433 (439); nicht überzeugend die Bezugnahme auf Art. 170 EGBGB durch BayObLG v. 28.10.2005 – 3Z BR 71/00, AG 2006, 41 (43); *Bungert*, WPg 2008, 811 (816 f.).
5 Näher *Hüttemann*, WPg 2008, 822 (823 ff.); s. auch OLG Karlsruhe v. 30.4.2013 – 12 W 5/12, AG 2013, 765 (765 f.); OLG Stuttgart v. 14.9.2011 – 20 W 7/08, AG 2012, 135 (138); OLG Stuttgart v. 19.1.2011 – 20 W 2/07, AG 2011, 420 (426); *Riegger/Gayk* in KölnKomm. AktG, 3. Aufl. 2013, Anh. § 11 SpruchG Rz. 62 f.; *Riegger/Wasmann* in FS Goette, 2011, S. 433 (439 f.); a.A. BayObLG v. 28.10.2005 – 3Z BR 71/00, AG 2006, 41 (42 f.); OLG Düsseldorf v. 28.8.2014 – I-26 W 9/12 (AktE) – Rz. 77 f., AG 2014, 817; OLG Düsseldorf v. 4.7.2012 – I-26 W 11/11 (AktE), AG 2012, 716 (719); OLG Düsseldorf v. 21.12.2011 – I-26 W 3/11 (AktE), AG 2012, 459 (460 f.); OLG Frankfurt v. 15.2.2010 – 5 W 52/09, AG 2010, 798 (800); *Paulsen* in MünchKomm. AktG, 3. Aufl. 2010, § 305 AktG Rz. 94; *Bungert*, WPg 2008, 811 (816 ff.); differenzierend OLG München v. 30.11.2006, 31 Wx 059/06, AG 2007, 411 (412).
6 Vgl. etwa die Argumentation des OLG Düsseldorf v. 21.12.2011 – I-26 W 3/11 (AktE), AG 2012, 459 (460 f.).

zuerkennen, da die Gerichte ohnehin nicht an bestimmte Standardinhalte gebunden sind, so dass stets mit nachträglichen Korrekturen gerechnet werden muss.[1] Soweit Verfahrensverzögerungen zu befürchten sind, ist dem nicht durch ein punktuelles „Rückwirkungsverbot" zu begegnen, sondern es bedarf übergreifender Lösungswege.[2]

---

[1] Vgl. OLG Karlsruhe v. 30.4.2013 – 12 W 5/12, AG 2013, 765 (765 f.); OLG Stuttgart v. 19.1.2011 – 20 W 2/07, AG 2011, 420 (426); *Riegger/Gayk* in KölnKomm. AktG, 3. Aufl. 2013, Anh. § 11 SpruchG Rz. 62; *Hüttemann*, WPg 2008, 822 (822 ff.); zum vergleichbaren Problem der Änderung der höchstrichterlichen Rechtsprechung s. (ebenfalls im Kontext der Unternehmensbewertung) BGH v. 12.2.2001 – II ZB 15/00, BGHZ 147, 108 (124) = AG 2011, 417.

[2] Dazu näher *Hüttemann*, WPg 2008, 822 (824 f.).

§ 13
Intertemporale Anwendung berufsständischer Bewertungsstandards

	Rz.		Rz.
I. Problemaufriss	1	d) Vergleich mit anderen Fällen nachträglichen Erkenntnisfortschritts	21
II. Meinungsstand			
1. Rechtsprechung	3	e) Verschlechterungsverbot zugunsten abfindungsberechtigter Aktionäre	22
a) Einzelne Oberlandesgerichte: Keine nachträgliche Anwendung neuer Bewertungsstandards	4	f) Geringes Kostenrisiko der Antragsteller im Spruchverfahren	23
b) Mehrzahl der Oberlandesgerichte: Nachträgliche Anwendung neuer Bewertungsstandards	7	2. Einwände gegen eine nachträgliche Anwendung neuer Bewertungsstandards	24
2. Schrifttum		a) Intertemporales Recht (Art. 170 EGBGB)	25
a) Herrschende Lehre: Nachträgliche Anwendung neuer Bewertungsstandards	10	b) Stichtagsprinzip	26
		c) Vertrauensschutz	27
b) Einzelne Literaturstimmen: Methodenanpassungen versus Methodenverbesserungen	12	d) Vorhersehbarkeit und Rechtssicherheit	29
		e) Störung der Geschäftsgrundlage	31
III. Entfaltung der Einzelargumente	13	f) Selbstbindung oder Selbstwiderspruch	32
1. Sachgründe für eine nachträgliche Anwendung neuer Bewertungsstandards		g) Verbot überlanger Verfahrensdauer	33
a) Angemessene Abfindung als gesetzliches Bewertungsziel	14	h) Grenzpreisbestimmung	35
b) Auswahl einer normzweckadäquaten Bewertungsmethode	16	3. Ergebnis	36
		IV. Erkenntnisfortschritt durch neue Bewertungsstandards	
c) Gebot der Berücksichtigung verbesserter Bewertungsstandards	18	1. Meinungsstand	38
		2. Stellungnahme	39

Schrifttum: *Bungert,* Rückwirkende Anwendung von Methodenänderungen bei der Unternehmensbewertung, WPg 2008, 811; *Dörschell/Franken,* Rückwirkende Anwendung des neuen IDW-Standards zur Durchführung von Unternehmensbewertungen, DB 2005, 2257; *Großfeld,* Barabfindung und Ausgleich nach §§ 304, 305 AktG, NZG 2004, 74; *Hommel/Dehmel/Pauly,* Unternehmensbewertung unter dem Postulat der Steueräquivalenz – Adjustierung der Discounted-Cashflow-Verfahren an das deutsche Steuerrecht, BB-Beilage 2005, Nr. 17, S. 13; *Hüttemann,* Zur „rückwirkenden" Anwendung neuer Bewertungsstandards bei der Unternehmensbewertung, WPg 2007, 822; *Karami,* Unternehmensbewertung in Spruchverfahren beim „Squeeze out": Der Zeitaspekt in Gesetz, Rechtsprechung und Gutachterpraxis aus funktionaler Sicht, 2014; *Kollrus,* Unternehmensbewertung im Spruchverfahren, MDR 2012, 66; *Lenz,* Gesellschaftsrechtliche Spruchverfahren: Die Rückwirkung geänderter Grundsätze zur Unternehmensbewertung auf den Bewertungsstichtag – zugleich Besprechung des BayObLG vom 28.10.2005 und des LG Bremen vom 18.2.2002, WPg 2006, 1160; *Riegger/Wasmann*, Das Stichtagsprinzip in der Unternehmensbewertung, FS Goette, 2011, S. 351; *Ruthardt*, Normzweckkonforme Unternehmensbewertung und Abfindungsbemessung beim aktienrechtlichen Squeeze out, 2014; *Ruthardt/Hachmeister*, Zur Frage der rückwirkenden Anwendung von Bewertungsstandards, WPg 2011, 351; *Schülke*, IDW-Standards und Unternehmensrecht. Zur Geltung und Wirkung privat gesetzter Regeln, 2014; *Schwetzler*, Unternehmensbewertung bei nicht zeitnaher Abfindung, Finanz Betrieb 2008, 30; *Wagner/Jonas/Ballwieser/Tschöpel*, Unternehmensbewertung in der Praxis. Empfehlungen und Hinweise zur Anwendung von IDW S 1, WPg 2006, 1005; *Wagner/Willershausen*, Zur Anwendung der Neuerungen der Unternehmensbewertungsgrundsätze des IDW S 1 i.d.F. 2008 in der Praxis, WPg 2008, 731; *Wasmann/Gayk*, SEEG und IDW ES 1 n.F., Neues im Spruchverfahren, BB 2005, 955; *Wittgens/Redeke*, Zu aktuellen Fragen der Unternehmensbewertung im Spruchverfahren, ZIP 2007, 2015.

I. Problemaufriss

1   Intertemporales Privatrecht bestimmt, ob früheres oder neues Recht nach einer Gesetzesänderung anwendbar ist.[1] In diesem Sinne beträfe **intertemporales Bewertungsrecht**[2] die Abfolge von Bewertungsnormen in der Zeit. Zumindest für das Gesellschaftsrecht wäre dies allerdings ein wenig ergiebiges Thema, weil die beiden bewertungsrechtlichen Fundamentalnormen – § 738 BGB und § 305 AktG – seit Jahrzehnten unverändert in Geltung stehen.

2   Anders verhält es sich demgegenüber mit einer benachbarten Fragestellung: der **intertemporalen Anwendung berufsständischer Bewertungsstandards**. Praktische Bedeutung erlangt sie dadurch, dass die vom Institut der Wirtschaftsprüfer herausgegebenen Grundsätze zur Durchführung von Unternehmensbewertungen (§ 3 Rz. 22 ff.) in der Gerichtspraxis dominieren.[3] Im Zeitablauf waren und sind dies: die Stellungnahme HFA 2/1983 Grundsätze zur Durchführung von Unternehmensbewertungen von 1983 („**HFA 2/1983**")[4], der IDW Standard S 1 Grundsätze zur Durchführung von Unternehmensbewertungen vom 28.6.2000 („**IDW S 1 2000**")[5], der IDW Standard S 1 Grundsätze zur Durchführung von Unternehmensbewertungen vom 18.10.2005 („**IDW S 1 2005**")[6] und der IDW Standard S 1 Grundsätze zur Durchführung von Unternehmensbewertungen vom 2.4.2008 („**IDW S 1 2008**")[7]. Ändert sich der Bewertungsstandard während eines Spruchverfahrens, so stellt sich die Frage, ob die Gerichte den neuen Standard nachträglich berücksichtigen dürfen oder sogar

---

1   So *Hess*, Intertemporales Privatrecht, 1998, S. 7.
2   Der Begriff wird verwendet von *Großfeld*, Recht der Unternehmensbewertung, Rz. 519.
3   Vgl. etwa OLG Stuttgart v. 5.6.2013 – 20 W 6/10, AG 2013, 724, Leitsatz 3: „Als anerkannt und gebräuchlich ist derzeit nicht nur, aber jedenfalls auch das anzusehen, was von dem Institut der Wirtschaftsprüfer (IDW) in dem Standard S 1 sowie in sonstigen Verlautbarungen des Fachausschusses für Unternehmensbewertung und Betriebswirtschaftslehre (FAUB) vertreten wird."; aus dem Schrifttum *Fleischer*, AG 2014, 97 (100); *Großfeld*, Recht der Unternehmensbewertung, Rz. 9.
4   Abgedruckt in WPg 1983, 468.
5   Abgedruckt in WPg 2000, 825.
6   Abgedruckt in WPg 2005, 1303.
7   Abgedruckt in FN-IDW 7/2008, S. 271.

müssen (dazu auch § 1 Rz. 66, § 12 Rz. 70 ff. und § 27 Rz. 49). Diskutiert wird dies in jüngerer Zeit hauptsächlich für die nachträgliche Anwendung des IDW S 1 2005.[1] Es gibt aber auch schon erste Entscheidungen zur nachträglichen Berücksichtigung des aktuellen IDW S 1 2008.[2] Angesichts unterschiedlicher Auffassungen in der obergerichtlichen Spruchpraxis hat das OLG Düsseldorf diese Frage unlängst dem BGH zur Entscheidung vorgelegt.[3]

II. Meinungsstand

1. Rechtsprechung

Eine höchstrichterliche Klärung der in Rede stehenden Frage steht bisher noch aus.[4] Es gibt jedoch Anhaltspunkte dafür, dass der BGH die Anwendung des aktuellen Bewertungsstandards auf laufende Spruchverfahren befürwortet. Einen Fingerzeig in diese Richtung enthält vor allem sein *DAT/Altana*-Beschluss aus dem Jahre 2001.[5] Dort ging es um Abfindungs- und Ausgleichsansprüche außenstehender Aktionäre nach §§ 304, 305 AktG aufgrund eines Beherrschungs- und Gewinnabführungsvertrages vom Mai 1988. In der Beschlussbegründung verwies der II. Zivilsenat nicht auf den zum Bewertungsstichtag geltenden Standard HFA 2/1983, sondern zitierte wie selbstverständlich den damals aktuellen Bewertungsstandard IDW S 1 2000.[6] Dies hat man im Schrifttum auf-

3

---

1 Dazu etwa *Riegger/Gayk* in KölnKomm. AktG, 3. Aufl. 2013, Anh. § 11 SpruchG Rz. 59: „Dies wird namentlich im Hinblick auf die Abgrenzung IDW S 1 2000 zu IDW S 1 2005 diskutiert."
2 Vgl. dazu LG Stuttgart v. 5.11.2012 – 31 O 55/08 KfH AktG, BeckRS 2013, 02323 (insoweit nicht in NZG 2013, 342 abgedruckt): „Da es sich dabei nicht um eine Rechtsnorm, sondern um eine Expertenauffassung handelt, ist das Gericht im Spruchverfahren nicht gehindert, zugunsten oder zulasten der Beteiligten neuere Fassungen dieser Empfehlungen heranzuziehen, die zum Zeitpunkt des Bewertungsstichtags noch nicht bekannt oder veröffentlicht waren. Insbesondere können deshalb die Empfehlungen des IDW S 1 in der Fassung aus 2008 herangezogen werden, die am 02.04.2008 vom Fachausschuss für Unternehmensbewertung und Betriebswirtschaft des IDW verabschiedet wurden, aber am Bewertungsstichtag 21.05.2008 noch nicht endgültig veröffentlicht waren. Diese beruhten zudem auf der schon vor dem Bewertungsstichtag bekannten und mit der Endfassung weitgehend identischen Entwurfsfassung."
3 Vgl. OLG Düsseldorf v. 28.8.2014 – I-26 W 9/12 (AktE), AG 2014, 817.
4 Vgl. zuletzt etwa OLG Frankfurt v. 28.3.2014 – 21 W 15/11, AG 2014, 822: „Die Frage ist vom Bundesgerichtshof bislang nicht entschieden."; sehr klar auch *Paulsen* in MünchKomm. AktG, 3. Aufl. 2010, § 305 AktG Rz. 93: „Die Frage der rückwirkenden Anwendbarkeit neuer Bewertungsmethoden ist bislang nicht höchstrichterlich entschieden."; gleichsinnig OLG Karlsruhe v. 16.7.2008 – 12 W 16/02, AG 2009, 47 (50); OLG Stuttgart v. 26.10.2006 – 20 W 14/05, NZG 2007, 112 (116) = AG 2007, 128; OLG Stuttgart v. 17.3.2010 – 20 W 9/08 – juris-Rz. 156, AG 2010, 510 (kein Volltext).
5 Vgl. BGH v. 12.3.2001 – II ZB 15/00, BGHZ 147, 108 = AG 2001, 417.
6 Vgl. BGH v. 12.3.2001 – II ZB 15/00, BGHZ 147, 108 (117) = AG 2001, 417: „Wertermittlung durch sachverständige Begutachtung (vgl. dazu IDW Standard, WPg 2000, 825, 827)."

merksam registriert.¹ In der Spruchpraxis der Oberlandesgerichte stehen sich im Wesentlichen zwei Auffassungen gegenüber:

a) Einzelne Oberlandesgerichte: Keine nachträgliche Anwendung neuer Bewertungsstandards

4   Einzelne Oberlandesgerichte haben sich gegen eine nachträgliche Anwendung neuer Bewertungsstandards ausgesprochen. Den Anfang machte das **BayObLG** mit einem Beschluss aus dem Jahre 2005. Es rekurrierte für die Frage, welche Bewertungsgrundsätze in länger dauernden Spruchverfahren anzuwenden sind, auf die Grundsätze des intertemporalen Rechts.² Konkret zog es Art. 170 EGBGB heran, wonach für ein Schuldverhältnis, das vor Inkrafttreten des Bürgerlichen Gesetzbuchs entstanden ist, die bisherigen Gesetze maßgebend bleiben. Diese Vorschrift enthalte einen allgemeinen Rechtsgedanken, der einem Rückgriff auf neue Bewertungsstandards in einem laufenden Spruchverfahren grundsätzlich entgegenstehe.³ Gleiches folge aus Art. 6 EMRK, wonach eine gerichtliche Entscheidung in angemessener Zeit ergehen müsse.⁴ Das **OLG München** hat diese Rechtsprechungslinie im Kern fortgeführt⁵ und um die Erwägung ergänzt, dass außenstehende Aktionäre eine Beeinträchtigung ihrer Rechte allein durch Zeitablauf nicht hinnehmen müssten.⁶ Immerhin relativierte der Senat seinen Beschluss aus dem Jahre 2006 durch den Hinweis, dass sich eine andere Beurteilung ergeben könne, wenn die neuen Bewertungsgrundsätze eine nachvollziehbare methodische Verbesserung enthielten, so dass die gerichtliche Verpflichtung der Festsetzung einer angemessenen Abfindung deren sofortige Anwendung erfordern würde.⁷

5   Das **OLG Düsseldorf** hatte zunächst im Anschluss an das BayObLG im Jahre 2006 entschieden, dass der allgemeine Rechtsgedanke des Art. 170 EGBGB einer nachträglichen Anwendung neuer Bewertungsstandards entgegenstehe⁸ und dass IDW S 1 2005 keinen zusätzlichen Erkenntnisgewinn gegenüber IDW S 1 2000 verspreche.⁹ Von diesem Standpunkt ist derselbe Senat im Jahre 2009 aber wieder abgerückt. Danach sollten neue wissenschaftliche Erkenntnisse in

---

1   Vgl. *Wasmann/Gayk*, BB 2005, 955 (957): „Auch der BGH verfährt so: Im DAT/Altana-Fall, in dem das BVerfG in seiner Entscheidung aus dem Jahre 1999 naturgemäß (weil IDW S 1 noch nicht verabschiedet war) HFA 2/1983 herangezogen hat, hat der BGH auf IDW S 1 abgestellt, obwohl der Stichtag vor dessen Verabschiedung lag."; dazu auch OLG Stuttgart v. 26.10.2006 – 20 W 14/05, NZG 2007, 112 (116) = AG 2007, 128; ferner *Riegger/Wasmann* in FS Goette, 2011, S. 433 (438 f.); *Riegger/Gayk* in KölnKomm. AktG, 3. Aufl. 2013, Anh. § 11 SpruchG Rz. 60.
2   Vgl. BayObLG v. 28.10.2005 – 3Z BR 71/00, NZG 2006, 156, Leitsatz 2.
3   Vgl. BayObLG v. 28.10.2005 – 3Z BR 71/00, NZG 2006, 156 (157).
4   Vgl. BayObLG v. 28.10.2005 – 3Z BR 71/00, NZG 2006, 156 (157).
5   Vgl. OLG München v. 30.11.2006 – 31 Wx 059/06, AG 2007, 411 (412); ferner OLG München v. 17.7.2007 – 31 Wx 060/06, BB 2007, 2395 (2396) = AG 2008, 28.
6   Vgl. OLG München v. 30.11.2006 – 31 Wx 059/06, AG 2007, 411 (412).
7   Vgl. OLG München v. 30.11.2006 – 31 Wx 059/06, AG 2007, 411 (412).
8   Vgl. OLG Düsseldorf v. 20.9.2006 – 26 W 8/06 – juris-Rz. 36, BeckRS 2007, 06686.
9   Vgl. OLG Düsseldorf v. 7.5.2008 – 26 W 16/06 – juris-Rz. 14, BeckRS 2008, 17151.

Abweichung vom Stichtagsprinzip Anwendung finden, wenn dies zu besseren Ergebnissen führe.¹ Allerdings stelle der Anfall der Ertragsteuern auf Unternehmens- und auf Anteilseignerebene keine neue wissenschaftliche Erkenntnis dar, weil in der sog. Nachsteuerbetrachtung lediglich eine neue Betrachtungsweise zum Ausdruck komme.² Neuerdings ist der Senat aber wieder auf die ursprüngliche Linie umgeschwenkt.³ In seinem Vorlagebeschluss vom August 2014 hält er es für sachgerecht, bei der Unternehmensbewertung in einem Spruchverfahren grundsätzlich die am Tag der zugrunde liegenden Unternehmensmaßnahme geltenden Bewertungsgrundsätze anzuwenden.⁴ Dies gelte jedenfalls dann, wenn der zum späteren Zeitpunkt der gerichtlichen Entscheidung geltende Bewertungsstandard allein wegen des geänderten Standards zu so gravierenden Abweichungen führe, dass die Beteiligten damit nicht rechnen müssten, und der neue Standard selbst umstritten sei.⁵

Ohne nähere Sachauseinandersetzung mit der Frage hat sich schließlich auch das **KG** im Jahre 2011 der Auffassung des BayObLG angeschlossen.⁶ Die Anwendung der alten IDW-Fassung, so heißt es in einem Satz, werde aus Sicht des Senats dem Umstand gerecht, dass es sich um die am für die Bewertung maßgeblichen Stichtag geltende Fassung handele und das die neue Fassung aus dem Jahre 2005 nicht als generell überlegen angesehen werden könne.⁷

b) Mehrzahl der Oberlandesgerichte: Nachträgliche Anwendung neuer Bewertungsstandards

Die Mehrzahl der Oberlandesgerichte hält es demgegenüber für zulässig oder sogar geboten, in einem laufenden Spruchverfahren nachträglich einen neuen Bewertungsstandard anzuwenden. In diesem Sinne positionierte sich zunächst das **OLG Celle** in einem Beschluss aus dem Jahre 2007: Das Spruchverfahren diene dem Ziel, den wahren Unternehmenswert zu ermitteln, um einen gerechten Ausgleich für die weichenden Aktionäre festzusetzen.⁸ Daher spreche

---
1 Vgl. OLG Düsseldorf v. 27.5.2009 – I-26 W 5/07 (AktE), WM 2009, 2220 (2225); ebenso bereits die Vorinstanz LG Dortmund v. 19.3.2007 – 18 AktE 5/03, AG 2007, 792 (794).
2 So OLG Düsseldorf v. 27.5.2009 – I-26 W 5/07 (AktE), WM 2009, 2220 (2225) im Anschluss an LG Dortmund v. 19.3.2007 – 18 AktE 5/03, AG 2007, 792 (794).
3 Vgl. OLG Düsseldorf v. 21.12.2011 – I-26 W 3/11 (AktE), AG 2012, 459, Leitsatz: „In Spruchverfahren ist bei der Bestimmung des Unternehmenswertes auf den am Bewertungsstichtag geltenden Bewertungsstandard abzustellen."; in den Entscheidungsgründen fand sich allerdings noch der relativierende Zusatz: „Die grundsätzliche Beachtung der am Stichtag geltenden Bewertungsstandards schließt aber nicht aus, dass gefestigte ‚bessere Erkenntnisse' ggf. berücksichtigt und zur Plausibilisierung des Ergebnisses herangezogen werden können."
4 Vgl. OLG Düsseldorf v. 28.8.2014 – I-26 W 9/12 (AktE), AG 2014, 817
5 Mit dieser Einschränkung OLG Düsseldorf v. 28.8.2014 – I-26 W 9/12 (AktE), AG 2014, 817
6 Vgl. KG v. 19.5.2011 – 2 W 154/08, AG 2011, 627.
7 So KG v. 19.5.2011 – 2 W 154/08, AG 2011, 627 (628).
8 Vgl. OLG Celle v. 19.4.2007 – 9 W 53/06, AG 2007, 865 (866).

vieles dafür, auf die neueste Bewertungsmethode abzustellen, weil diese am ehesten geeignet scheine, dieses Ziel zu erreichen.[1] Ebenso hatte sich zuvor bereits das **LG Bremen** im Jahre 2002 geäußert.[2] Auch das **OLG Karlsruhe** hat sich in einem Beschluss aus dem Jahre 2008 nicht gehindert gesehen, Bewertungsmaßstäbe nach IDW S 1 2005 zur Überprüfung der Angemessenheit des Unternehmenswertes ergänzend heranzuziehen.[3] Bei der Bewertung der Angemessenheit eines Unternehmenswertes sei nicht wie beispielsweise im Falle einer Beurteilung eines Fehlers in einem Arzthaftungsprozess nur der Standard zum Behandlungszeitpunkt – hier des Bewertungsstichtags – allein maßgeblich. Wirtschaftliche Prozesse unterlägen der dauernden Fortentwicklung und könnten deshalb zu besseren oder präziseren Bewertungsmethoden führen, die im Rahmen von Kontrollüberlegungen auch ergänzend herangezogen werden könnten, um einen in der Vergangenheit liegenden Vorgang methodisch und rechnerisch genauer zu bewerten oder zu plausibilisieren.[4] Nachfolgende Beschlüsse des Senats haben diese Rechtsprechung bestätigt und dahin präzisiert, dass bei einem Rückgriff auf die IDW-Standards in der Regel der im Zeitpunkt der gerichtlichen Entscheidung aktuelle Standard zu berücksichtigen sei.[5]

8 Auf derselben Linie liegt die jüngere Rechtsprechung des **OLG Stuttgart**. Der für das Gesellschaftsrecht zuständige 20. Zivilsenat hatte die generelle Frage, ob IDW S 1 2005 für Bewertungsanlässe mit Stichtagen in der Vergangenheit angewendet werden könne, in verschiedenen Beschlüssen zunächst offengelassen[6]: Die Gerichte seien weder gehalten noch gehindert, im Laufe eines Spruchverfahrens geänderte IDW-Bewertungsgrundsätze als neuere Erkenntnisquelle für künftige Entwicklungen aus Sicht des Bewertungsstichtags ergänzend heranzuziehen.[7] Dies gelte jedenfalls dann, wenn keine vollständige Neubegutachtung erforderlich sei.[8] Dabei betonte der Senat einerseits den Gesichtspunkt nicht hinzunehmender Verfahrensverzögerung[9], unterstrich andererseits aber die Möglichkeit, frühere Unternehmensbewertungen im Lichte neuerer Erkenntnis zu überprüfen.[10] In Fortentwicklung seiner Position

---

1 So ausdrücklich OLG Celle v. 19.4.2007 – 9 W 53/06, AG 2007, 865 (866).
2 Vgl. LG Bremen v. 18.2.2002 – 13 O 458/96, AG 2003, 214 (215).
3 Vgl. OLG Karlsruhe v. 16.7.2008 – 12 W 16/02, AG 2009, 47 (50).
4 So ausdrücklich OLG Karlsruhe v. 16.7.2008 – 12 W 16/02, AG 2009, 47 (50).
5 So OLG Karlsruhe v. 30.4.2013 – 12 W 5/12, AG 2013, 765; ferner OLG Karlsruhe v. 12.7.2013 – 12 W 57/10, BeckRS 2013, 13603.
6 Vgl. OLG Stuttgart v. 26.10.2006 – 20 W 14/05, NZG 2007, 112 (115, 116) = AG 2007, 128; OLG Stuttgart v. 16.2.2007 – 20 W 6/06, NZG 2007, 302 (309) = AG 2007, 209; zuletzt OLG Stuttgart v. 17.3.2010 – 20 W 9/08 – juris-Rz. 156, AG 2010, 510 (kein Volltext).
7 So ausdrücklich OLG Stuttgart v. 26.10.2006 – 20 W 14/05, AG 2007, 128 = NZG 2007, 112, Leitsatz 1.
8 Vgl. OLG Stuttgart v. 26.10.2006 – 20 W 14/05, NZG 2007, 112 (116) = AG 2007, 128.
9 Vgl. OLG Stuttgart v. 26.10.2006 – 20 W 14/05, NZG 2007, 112 (116) = AG 2007, 128; OLG Stuttgart v. 16.2.2007 – 20 W 6/06, NZG 2007, 302 (309) = AG 2007, 209.
10 Vgl. OLG Stuttgart v. 26.10.2006 – 20 W 14/05, NZG 2007, 112 (116) = AG 2007, 128.

hat sich der Senat sodann im Januar 2011 dafür ausgesprochen, bei einem Rückgriff auf die IDW-Bewertungsgrundsätze die jeweils aktuelle Fassung anzuwenden.¹ Wörtlich heißt es in dem amtlichen Leitsatz: „**Greift das Gericht auf die Erkenntnisquelle des IDW S 1 zurück, wird es in der Regel die im Zeitpunkt der gerichtlichen Entscheidung aktuelle Fassung berücksichtigen**, es sei denn, die Anwendung der aktuellen Fassung führte im konkreten Fall zu unangemessenen Ergebnissen."² Nachfolgende Beschlüsse haben diese Senatsrechtsprechung bis heute fortgeführt.³

Schließlich hat sich auch das **OLG Frankfurt** dem neueren Trend zur Anwendbarkeit des aktuellen Standards angenähert⁴, nachdem es ursprünglich auf den am Bewertungsstichtag geltenden IDW-Standard abgestellt hatte.⁵ Zwei Beschlüsse aus den Jahren 2010⁶ und 2011⁷ distanzierten sich vorsichtig von dieser Rechtsauffassung, indem sie die Grundsatzfrage offenließen und stattdessen auf die Besonderheiten des Einzelfalls abstellten. Mit Beschluss vom März 2014 hat das OLG Frankfurt sodann zwar zunächst erklärt, dass vom Grundsatz her die zum Bewertungszeitpunkt anerkannten Methoden und Standards der gerichtlichen Schätzung des Unternehmenswertes anzuwenden seien.⁸ Zugleich fügte es aber hinzu, dass bei entsprechender Bedeutung für das Bewertungsergebnis dann anders zu verfahren sei, wenn der neue Standard mit einem in Wissenschaft und Praxis anerkannten und dem Gericht nachvollziehbaren echten Erkenntnisfortschritt verbunden sei.⁹ Gemünzt auf den konkreten Fall sprach es aus, es stehe zur Überzeugung des Senats fest, dass es sich bei der Neuformulierung des Standards IDW S 1 2005 gegenüber dem Standard IDW S 1 2000 um einen in der Wissenschaft und Praxis anerkannten Paradigmenwechsel handele, der mit einem echten Erkenntnisfortschritt verbunden sei.¹⁰

9

2. Schrifttum

a) Herrschende Lehre: Nachträgliche Anwendung neuer Bewertungsstandards

Das Meinungsbild im Schrifttum präsentiert sich noch einheitlicher als die obergerichtliche Spruchpraxis: Nach ganz überwiegender Lehre ist die nachträgliche Anwendung neuer Bewertungsstandards in einem laufenden Spruch-

10

---

1 Vgl. OLG Stuttgart v. 19.1.2011 – 20 W 2/07, AG 2011, 420.
2 OLG Stuttgart v. 19.1.2011 – 20 W 2/07, AG 2011, 420, Leitsatz 2.
3 Vgl. OLG Stuttgart v. 3.4.2012 – 20 W 6/09, AG 2012, 839; OLG Stuttgart v. 5.6.2013 – 20 W 6/10, AG 2013, 724 (implizit).
4 Vgl. OLG Frankfurt v. 28.3.2014 – 21 W 15/11, AG 2014, 822.
5 Vgl. OLG Frankfurt v. 26.8.2009 – 5 W 35/09, BeckRS 2010, 29010.
6 Vgl. OLG Frankfurt v. 20.12.2010 – 5 W 51/09 – juris Rz. 43.
7 Vgl. OLG Frankfurt v. 29.3.2011 – 21 W 12/11 – juris Rz. 38, AG 2011, 629.
8 Vgl. OLG Frankfurt v. 28.3.2014 – 21 W 15/11, AG 2014, 822.
9 So OLG Frankfurt v. 28.3.2014 – 21 W 15/11, AG 2014, 822.
10 So OLG Frankfurt v. 28.3.2014 – 21 W 15/11, AG 2014, 822.

verfahren von Rechts wegen in der Regel geboten.[1] Dies gilt sowohl für die Kommentarliteratur[2] als auch für Zeitschriften- und Festschriftenbeiträge[3] sowie Urteilsbesprechungen[4] und Monographien[5]. Variierend führt eine prominente Literaturstimme aus, dass eine **neue Methode** jedenfalls dann **anzuwenden** sei, **wenn sie** einen **klaren Fehler korrigiere** oder sonst so überzeugend besser sei, dass verständige Partner sich schon früher darauf eingelassen hätten.[6]

11 Als ein Hauptargument wird hervorgehoben, dass die Gerichte nur solche Bewertungsmethoden anwenden dürften, die den objektivierten Unternehmenswert bestmöglich abbilden.[7] Daher seien sie gehalten, in allen noch anhängigen

---

1 Vgl. *Dörschell/Franken*, DB 2005, 2257 (begrenzt auf die Dauer des Halbeinkünfteverfahrens); *Drescher* in Spindler/Stilz, AktG, 3. Aufl. 2015 (im Erscheinen), § 8 SpruchG Rz. 4a; *Hüttemann*, WPg 2008, 822 (823 ff.); *Karami*, Unternehmensbewertung in Spruchverfahren beim „Squeeze out", S. 242 ff.; *Kollrus*, MDR 2012, 66 (68); *Riegger/Gayk* in KölnKomm. AktG, 3. Aufl. 2013, Anh. § 11 SpruchG Rz. 60; *Riegger/Wasmann* in FS Goette, 2011, S. 433 (439 f.); *Ruiz de Vargas* in Bürgers/Körber, Anh. § 305 AktG Rz. 20; *Ruthardt/Hachmeister*, WPg 2011, 351 (353, 359); *Schwetzler*, Finanz Betrieb 2008, 30 (37); *Simon/Leverkus* in Simon, Anh. § 11 SpruchG Rz. 45; *Stephan* in K. Schmidt/Lutter, 3. Aufl. 2015 (im Erscheinen), § 305 AktG Rz. 63; *Veil* in Spindler/Stilz, 3. Aufl. 2015 (im Erscheinen), § 305 AktG Rz. 80; *Wagner/Jonas/Ballwieser/Tschöpel*, WPg 2006, 1005 (1007); *Wasmann/Gayk*, BB 2005, 955 (957); *Wittgens*, AG 2007, 106 (112); *Wittgens/Redeke*, ZIP 2007, 2015 (2016); grundsätzlich auch *Lenz*, WPg 2006, 1160 (1165 ff.); offen *Emmerich* in Emmerich/Habersack, Aktien- und GmbH-Konzernrecht, § 305 AktG Rz. 52c.
2 Vgl. *Drescher* in Spindler/Stilz, AktG, 3. Aufl. 2015 (im Erscheinen), § 8 SpruchG Rz. 4a; *Riegger/Gayk* in KölnKomm. AktG, 3. Aufl. 2013, Anh. § 11 SpruchG Rz. 61; *Ruiz de Vargas* in Bürgers/Körber, Anh. § 305 AktG Rz. 20; *Simon/Leverkus* in Simon, Anh. § 11 SpruchG Rz. 43 ff.; *Stephan* in K. Schmidt/Lutter, AktG, 3. Aufl. 2015 (im Erscheinen), § 305 AktG Rz. 63; *Veil* in Spindler/Stilz, 3. Aufl. 2015 (im Erscheinen), § 305 AktG Rz. 80; offen *Emmerich* in Emmerich/Habersack, Aktien- und GmbH-Konzernrecht, § 305 AktG Rz. 52c.
3 Vgl. *Dörschell/Franken*, DB 2005, 2257; *Hüttemann*, WPg 2008, 822 (823 ff.); *Kollrus*, MDR 2012, 66 (68); *Riegger/Wasmann* in FS Goette, 2011, S. 433 (439 f.); *Ruthardt/Hachmeister*, WPg 2011, 351 (353, 359); *Schwetzler*, Finanz Betrieb 2008, 30 (37); *Wagner/Jonas/Ballwieser/Tschöpel*, WPg 2006, 1005 (1007); *Wasmann/Gayk*, BB 2005, 955 (957); *Wittgens*, AG 2007, 106 (112); **abw.** *Schwichtenberg/Krenek*, BB 2012, 2127 (2133 f.).
4 Vgl. *Wittgens/Redeke*, ZIP 2007, 2015 (2016); grundsätzlich auch *Lenz*, WPg 2006, 1160 (1165 ff.).
5 Vgl. jüngst die betriebswirtschaftliche Doktorarbeit von *Karami*, Unternehmensbewertung in Spruchverfahren beim „Squeeze out", S. 242 ff.
6 So *Großfeld*, Recht der Unternehmensbewertung, Rz. 243.
7 Vgl. *Karami*, Unternehmensbewertung in Spruchverfahren beim „Squeeze out", S. 249; *Riegger/Gayk* in KölnKomm. AktG, 3. Aufl. 2013, Anh. § 11 SpruchG Rz. 61; *Ruthardt/Hachmeister*, WPg 2011, 351 (353, 359); *Simon/Leverkus* in Simon, Anh. § 11 SpruchG Rz. 45; ferner *Lenz*, WPg 2006, 1160 (1166); sowie *Hüttemann*, WPg 2008, 822 (823): „Einziger Maßstab für die Angemessenheit einer Abfindung ist die tatrichterliche Überzeugung von der sachlichen Eignung eines Bewertungsverfahrens. Es gibt mithin keine Denkverbote und keine Bindung an ‚veraltete' Bewertungsmethoden."

Bewertungsverfahren die neuesten wissenschaftlichen Erkenntnisse anzuwenden[1], so wie sie auch eine geänderte höchstrichterliche Rechtsprechung zu berücksichtigen pflegen[2]. Nur so ließen sich falsche Bewertungsergebnisse vermeiden.[3] Dies sei bei der Wahl zwischen IDW S 1 2000 und IDW S 1 2005 besonders wichtig, weil sich die Bewertungsunterschiede zwischen beiden Standards in einer Größenordnung von 20 bis 30 % bewegten.[4] Bei einem Rückwirkungsverbot des verbesserten Bewertungsstandards IDW S 1 2005 werde daher das Bewertungsziel der §§ 305 Abs. 1, 320b Abs. 1 Satz 1, 327a Abs. 1 Satz 1 AktG grob verfehlt, und der Kompensationsschuldner müsse womöglich eine unangemessen hohe Abfindung leisten.[5]

b) Einzelne Literaturstimmen: Methodenanpassungen versus Methodenverbesserungen

Einzelne Literaturstimmen unterscheiden demgegenüber zwischen Methodenanpassungen und Methodenverbesserungen[6]: (a) **Methodenanpassungen** beruhen auf Änderungen der normativen – zumeist steuerlichen – Rahmenbedingungen. Sie sollen rückwirkend angewendet werden, begrenzt durch den Zeit-

12

---

1 Vgl. *Drescher* in Spindler/Stilz, AktG, 3. Aufl. 2015 (im Erscheinen), § 8 SpruchG Rz. 4a: „Wird bei der Ermittlung des Unternehmenswerts auf solche Erkenntnisquellen [= IDW Standard S 1] zurückgegriffen, ist in der Regel der jeweils aktuelle Stand zu berücksichtigen, soweit die Aktualisierung auf die Umsetzung von Erkenntnisfortschritten zurückzuführen ist und nicht auf neuen tatsächlichen oder (steuer-)rechtlichen Verhältnissen beruht."; *Karami*, Unternehmensbewertung in Spruchverfahren beim „Squeeze out", S. 250; *Lenz*, WPg 2006, 1160 (1166); *Ruthardt/Hachmeister*, WPg 2011, 351 (353, 359); *Veil* in Spindler/Stilz, 3. Aufl. 2015 (im Erscheinen), § 305 AktG Rz. 80; grundsätzlich auch *Riegger/Gayk* in KölnKomm. AktG, 3. Aufl. 2013, Anh. § 11 SpruchG Rz. 61: „Wenn ein Gericht daher [...] von diesem Standard abweichen will, muss es dafür gewichtige Gründe vorlegen."
2 Vgl. *Lenz*, WPg 2006, 1160 (1165); *Simon/Leverkus* in Simon, Anh. § 11 SpruchG Rz. 46; außerdem LG Frankfurt v. 21.3.2006 – 3-5 O 153/04, AG 2007, 42 (45).
3 Vgl. *Lenz*, WPg 2006, 1160 (1166).
4 Dazu *Emmerich* in Emmerich/Habersack, Aktien- und GmbH-Konzernrecht, § 305 AktG Rz. 52c; *Großfeld*, Recht der Unternehmensbewertung, Rz. 745; *Lenz*, WPg 2006, 1160 (1161).
5 Vgl. *Simon/Leverkus* in Simon, Anh. § 11 SpruchG Rz. 45; ferner *Riegger/Gayk* in KölnKomm. AktG, 3. Aufl. 2013, Anh. § 11 SpruchG Rz. 61; eingehend zuletzt auch *Stephan* in K. Schmidt/Lutter, 3. Aufl. 2015 (im Erscheinen), § 305 AktG Rz. 63: „Anders ist es dann, wenn sich der ältere Prüfungsstandard aufgrund einer Änderung bewertungsrelevanter Umstände oder der Umsetzung neuerer empirischer Erkenntnisse gegenüber einer späteren Überarbeitung als unterlegen erweist; dann gilt grundsätzlich der neuere Bewertungsstandard heranzuziehen. Der IDW S 1-Standard in der Fassung von 2005/2008 ist im Rahmen des Spruchverfahrens deshalb in der Regel auch dann heranzuziehen, wenn zum Stichtag noch die Fassung aus dem Jahr 2000 gültig war, aber bereits das Halbeinkünfte- bzw. das Abgeltungsverfahren galt."
6 So *Bungert*, WPg 2008, 811 (814 ff.); zustimmend *Paulsen* in MünchKomm. AktG, 3. Aufl. 2010, § 305 AktG Rz. 94.

punkt, in dem sich die normativen Rahmenbedingungen geändert haben.[1] (b) **Methodenverbesserungen** beruhen demgegenüber auf einer Weiterentwicklung der betriebswirtschaftlichen Methodik. Sie sollen grundsätzlich keine rückwirkende Anwendung finden.[2] Etwas anderes soll ausnahmsweise dann gelten, wenn der geänderte Bewertungsstandard überwiegend rückanzuwendende Methodenanpassungen enthalte mit denen eine geringfügige Methodenverbesserung untrennbar verbunden sei.[3]

III. Entfaltung der Einzelargumente

13 Für eine Würdigung der gegensätzlichen Positionen bietet es sich an, zunächst die Sachgründe zu erläutern, die aus Sicht der h.M. für eine nachträgliche Anwendung neuer Standards sprechen (sogleich Rz. 14 ff.). Anschließend ist zu untersuchen, ob gegen diese Sichtweise durchgreifende Einwände bestehen (unten Rz. 24 ff.).

1. Sachgründe für eine nachträgliche Anwendung neuer Bewertungsstandards

a) Angemessene Abfindung als gesetzliches Bewertungsziel

14 Dreh- und Angelpunkt aller Überlegungen zur normorientierten Unternehmensbewertung ist das gesetzliche Bewertungsziel. Nach den §§ 305 Abs. 1, 320b Abs. 1 Satz 1, 327a Abs. 1 Satz 1 AktG hat ein ausgeschiedener Aktionär Anspruch auf eine **angemessene Abfindung**. Was darunter zu verstehen ist, wird im Aktiengesetz nicht näher erläutert und ist daher von Rechtsprechung und Lehre im Wege der Auslegung zu ermitteln. BVerfG und BGH haben diese knappe gesetzliche Vorgabe dahin interpretiert, dass dem ausgeschiedenen Aktionär eine „volle"[4] oder „vollständige"[5] Abfindung zusteht.[6] Dies ist nur dann gewährleistet, wenn seine Abfindung den „wirklichen" oder „wahren" Wert der Beteiligung an dem arbeitenden Unternehmen unter Einschluss der stillen Reserven und des inneren Geschäftswerts widerspiegelt.[7] In Umsetzung dieser verfassungsrechtlichen Vorgaben ist nach Ansicht des BGH der Grenzwert zu

---

1 Vgl. *Bungert*, WPg 2008, 811 (814 f.); *Paulsen* in MünchKomm. AktG, 3. Aufl. 2010, § 305 AktG Rz. 94.
2 Vgl. *Bungert*, WPg 2008, 811 (816 f.); gegen eine rechtliche Notwendigkeit zu ihrer Berücksichtigung auch *Paulsen* in MünchKomm. AktG, 3. Aufl. 2010, § 305 AktG AktG Rz. 94.
3 Vgl. *Bungert*, WPg 2008, 811 (817 f.)
4 BVerfG v. 7.8.1962 – 1 BvL 16/60, BVerfGE 14, 263 (283); BGH v. 12.3.2001 – II ZB 15/00, BGHZ 147, 108 (115) = AG 2001, 417.
5 BGH v. 20.5.1997 – II ZB 9/96, BGHZ 135, 374 (379) = AG 1997, 515.
6 Zusammenfassend *Fleischer*, AG 2014, 97 (99); ferner *Klöhn*, Das System der aktien- und umwandlungsrechtlichen Abfindungsansprüche, 2009, S. 52, der das Prinzip der vollen Abfindung als „Fundamentalprinzip des Abfindungsrechts" bezeichnet.
7 So insbesondere BVerfG v. 27.4.1999 – 1 BvR 1613/94, BVerfGE 100, 289 (303) = AG 1999, 566.

ermitteln, zu dem ein außenstehender Aktionär ohne Nachteil aus der Gesellschaft ausscheiden kann.[1]

Mit diesen höchstrichterlichen Rahmenvorgaben ist der Auftrag an Tatgerichte und Sachverständige – bei allen Unschärfen, die jeder Unternehmensbewertung innewohnen[2] – klar und unmissverständlich umrissen: Zu ermitteln ist **der volle wirtschaftliche Wert der Beteiligung – nicht weniger, aber auch nicht mehr**. Bleibt die Abfindung im Einzelfall dahinter zurück, liegt hierin ein Verstoß gegen das Verfassungsgebot der vollen Abfindung. Umgekehrt wird das gesetzliche Bewertungsziel ebenso verfehlt, wenn der ausgeschiedene Aktionär eine Abfindung erhält, die den wirklichen Wert seiner Beteiligung übersteigt.[3] In diesem Sinne verlangen die §§ 305 Abs. 1, 320b Abs. 1 Satz 1, 327a Abs. 1 Satz 1 AktG einen **fairen Ausgleich zwischen den Beteiligten**[4], wie er schon in der Gesetzesformel der angemessenen Abfindung anklingt.

15

b) Auswahl einer normzweckadäquaten Bewertungsmethode

Zum Bewertungsverfahren enthält das Aktiengesetz keinerlei Hinweise, und auch die Gerichte vermeiden – trotz unübersehbarer Präferenz für das Ertragswertverfahren[5] – eine endgültige Festlegung. So hat das BVerfG in seinem bahnbrechenden *DAT/Altana*-Beschluss ausgeführt, dass Art. 14 Abs. 1 GG für die Wertermittlung von Unternehmensbeteiligungen keine bestimmte Methode vorschreibe.[6] Ganz ähnlich hat der BGH verschiedentlich ausgesprochen, dass das Gesetz – von Ausnahmefällen abgesehen – keine bestimmte Methode vorsehe[7]

16

---

1 So BGH v. 4.3.1998 – II ZB 5/97, BGHZ 138, 136 (140) = AG 1998, 286; variierend BGH v. 19.7.2010 – II ZB 18/09, BGHZ 186, 229 (237): AG 2010, 629: „Den Minderheitsaktionären ist das zu ersetzen, was sie ohne die zur Entschädigung verpflichtende Intervention des Hauptaktionärs oder die Strukturmaßnahme bei einem Verkauf des Papiers erlöst hätten."
2 Dazu, dass es nicht „den" richtigen Unternehmenswert gibt, etwa OLG Frankfurt v. 24.11.2011 – 21 W 7/11, AG 2012, 513 (514); *Drescher* in Spindler/Stilz, AktG, 3. Aufl. 2015 (im Erscheinen), § 8 SpruchG Rz. 4; *Riegger/Gayk* in KölnKomm. AktG, 3. Aufl. 2013, Anh. § 11 SpruchG Rz. 3.
3 Vgl. *Bungert*, WPg 2008, 811 (815): „Dagegen ist vom Gesetz keine ‚Überkompensation' vorgesehen."; ferner OLG Frankfurt v. 28.3.2014 – 21 W 15/11, AG 2014, 822: „Die materielle Gerechtigkeit gebietet es grundsätzlich, einem etwaigen Erkenntnisgewinn bei der gerichtlichen Überprüfung der Angemessenheit der Abfindung Rechnung zu tragen. Andernfalls würde das verfassungsrechtliche Ziel, den Minderheitsaktionären den tatsächlichen Wert ihrer Beteiligung zu ersetzen, gegebenenfalls verfehlt. [...] [...] führt insgesamt gesehen die Verwendung des alten Standards IDW S 1 2000 zu einer tendenziellen Überbewertung des Unternehmenswertes."
4 Gleichsinnig OLG Celle v. 19.4.2007 – 9 W 53/06, AG 2007, 865 (867): „gerechte[r] Ausgleich für die weichenden Aktionäre".
5 Vgl. etwa BGH v. 16.12.1991 – II ZR 58/91, BGHZ 116, 359 (370 f.) = GmbHR 1992, 257.
6 Vgl. BVerfG v. 27.4.1999 – 1 BvR 1613/94, BVerfGE 100, 289 (307) = AG 1999, 566.
7 Vgl. BGH v. 8.5.1998 – BLw 18/97, BGHZ 138, 371 (382); BGH v. 2.2.2011 – XII ZR 185/08 – Rz. 24, BGHZ 188, 249 (255); BGH v. 9.2.2011 – XII ZR 40/09 – Rz. 16, BGHZ 188, 282 (288).

und dass es in der Betriebswirtschaftslehre keine einhellig gebilligte Bewertungsmethode gebe.[1]

17 Diese bewusste gesetzgeberische Zurückhaltung[2] darf allerdings nicht als Freibrief für Methodenbeliebigkeit oder gar eine methodenfreie Schätzung ohne betriebswirtschaftliches Fundament missverstanden werden. Vielmehr ist allgemein anerkannt, dass sich Gerichte und Sachverständige bei der Wertermittlung keineswegs in einem rechtlichen Vakuum bewegen[3], sondern gehalten sind, dem jeweiligen Normzweck Geltung zu verschaffen.[4] Anschaulich spricht man insoweit von **normzweckkonformer oder rechtsgeleiteter Unternehmensbewertung**.[5] Hieraus ergeben sich unmittelbare Konsequenzen für die Auswahl der Bewertungsmethode: Ausgewählt werden dürfen nur solche Methoden, die geeignet sind, den gesetzlich vorgegebenen Bewertungszweck zu erfüllen.[6] Bündig kann man daher von der **gebotenen Auswahl einer normzweckadäquaten Bewertungsmethode** sprechen.[7]

---

1 Vgl. BGH v. 24.10.1990 – XII ZR 101/89, NJW 1991, 1547 (1548).
2 Dazu für das Umwandlungsrecht Begr. RegE UmwG, BT-Drucks. 12/6699, 94: „Allerdings sollte nicht mehr wie im geltenden Recht die Berücksichtigung bestimmter Bewertungsmethoden vorgeschrieben werden. Dies hat sich nicht bewährt, weil die Berücksichtigung und die Gewichtung der verschiedenen Methoden je nach Natur und Gegenstand des Unternehmens verschieden sein kann."; näher dazu *Fleischer*, AG 2014, 97 (110).
3 Treffend OLG Stuttgart v. 24.7.2013 – 20 W 2/12, AG 2013, 840: „Ob die Abfindung angemessen ist, ist eine Rechtsfrage, die von dem Gericht zu beantworten ist."; *Drescher* in Spindler/Stilz, AktG, 3. Aufl. 2015 (im Erscheinen), § 8 SpruchG Rz. 4: „Die Bemessung der Angemessenheit der Kompensation ist eine Rechtsfrage und keine Frage der Tatsachenermittlung oder der Beweiswürdigung."
4 Vgl. *Fleischer*, ZGR 1997, 368 (374 ff.); *Koch* in Hüffer, § 305 AktG Rz. 21; *Hüttemann* in FS Hoffmann-Becking, 2013, S. 603; *Paulsen* in MünchKomm. AktG, 3. Aufl. 2010, § 305 AktG Rz. 76; *Ruiz de Vargas* in Bürgers/Körber, Anh. AktG § 305 Rz. 7.
5 Vgl. *Adolff*, Unternehmensbewertung im Recht der börsennotierten Aktiengesellschaft, 2007, S. 4 („rechtsgeleitete Unternehmensbewertung"); *Fleischer*, ZGR 1997, 368 (375) („Normprägung der Unternehmensbewertung"); *Großfeld*, Recht der Unternehmensbewertung, Rz. 169 („Rechtsprägung"); *Ruiz de Vargas* in Bürgers/Körber, Anh. § 305 AktG Rz. 7 („Primat des Rechts"); *Ruthardt*, Normzweckkonforme Unternehmensbewertung und Abfindungsbemessung beim aktienrechtlichen Squeeze out, S. 29 („normzweckadäquate Abfindungsbemessung").
6 Ebenso *Koch* in Hüffer, § 305 AktG Rz. 21; *Riegger/Gayk* in KölnKomm. AktG, 3. Aufl. 2013, Anh. § 11 SpruchG Rz. 4 und 61; *Ruiz de Vargas* in Bürgers/Körber, Anh. § 305 AktG Rz. 16; *Simon/Leverkus* in Simon, Anh. § 11 SpruchG Rz. 45; *Veil* in Spindler/Stilz, AktG, 3. Aufl. 2015 (im Erscheinen), § 305 AktG Rz. 80.
7 Allgemein *Fleischer*, AG 2014, 97 (109): „Grundsatz der Normzweckadäquanz"; *Ruthardt*, Normzweckkonforme Unternehmensbewertung und Abfindungsbemessung beim aktienrechtlichen Squeeze out, S. 115: „Grundsätze normzweckadäquater Abfindungsbemessung"; sachlich übereinstimmend *Koch* in Hüffer, § 305 AktG Rz. 21: „Normativ vorgegeben sind insb. der Bewertungszweck und daraus resultierend die Bewertungsmethode, soweit der Bewertungszweck sonst nicht voll erreicht oder gar verfehlt würde."

c) Gebot der Berücksichtigung verbesserter Bewertungsstandards

Erkennt man, dass eine rechtsgeleitete Unternehmensbewertung die Wahl einer normzweckadäquaten Bewertungsmethode verlangt, so ist das weitere Ergebnis vorgezeichnet: Um dem gesetzlichen Angemessenheitsgebot zu genügen, müssen die Gerichte eine möglichst zuverlässige Bewertungsmethode anwenden. Unter mehreren in Betracht kommenden Methoden ist diejenige auszuwählen, die den wahren Unternehmenswert bestmöglich abbildet.[1] Knapp und klar heißt es in einem Beschluss des OLG Stuttgart aus dem Jahre 2011: „Denn **das Gericht muss** bei der Schätzung des Unternehmenswertes **diejenige Methode anwenden, die das Bewertungsziel** der Ermittlung des objektiven Unternehmenswertes **am Besten erreicht.**"[2]

18

Aus diesem **bewertungsrechtlichen Optimierungsgebot** folgt, dass es bei der Auswahl der Bewertungsmethode keine Denkverbote und keine Bindung an veraltete Bewertungsstandards geben darf.[3] Vielmehr **gebietet der Normzweck** der §§ 305 Abs. 1, 320b Abs. 1 Satz 1, 327a Abs. 1 Satz 1 AktG grundsätzlich **die Berücksichtigung der neuesten wissenschaftlichen Erkenntnisse über die Bewertung von Unternehmen.**[4] Diesen Ableitungszusammenhang hat das OLG Celle schon im Jahre 2007 zutreffend erkannt und wie folgt auf den Punkt gebracht: „Da das Spruchverfahren dem Ziel dient, den wahren Unternehmenswert zu ermitteln, um einen gerechten Ausgleich für die weichenden Aktionäre festsetzen zu können, spricht vieles dafür, auf die *neueste Bewertungsmethode* abzustellen, weil diese am ehesten geeignet scheint, das mit dem Spruchverfahren verfolgte Ziel zu erreichen."[5] Es besteht mit anderen Worten eine **richterliche Pflicht**, jede **nachvollziehbare methodische Verbesserung sofort anzuwenden.**[6]

19

---

1 Gleichsinnig *Ruiz de Vargas* in Bürgers/Körber, Anh. § 305 AktG Rz. 16 und 20: „[...] da nur ein bestmöglicher Einsatz betriebswirtschaftlicher Methoden unter Beachtung der Verfahrensökonomie die Erreichung des Rechtszieles einer vollen Entschädigung gewährleisten kann."; ähnlich *Karami*, Unternehmensbewertung in Spruchverfahren beim „Squeeze out", S. 249; *Kollrus*, MDR 2012, 66 (68): „Ein Gericht kann sich somit auf das Verfahren stützen, welches die besseren Ergebnisse in der Sache liefert.";
2 OLG Stuttgart v. 19.1.2011 – 20 W 2/07, AG 2011, 420 (426).
3 Treffend *Hüttemann*, WPg 2008, 822 (823).
4 Vgl. *Drescher* in Spindler/Stilz, AktG, 3. Aufl. 2015 (im Erscheinen), § 8 SpruchG Rz. 4a; *Karami*, Unternehmensbewertung in Spruchverfahren beim „Squeeze out", S. 250; *Lenz*, WPg 2006, 1160 (1166); *Riegger/Gayk* in KölnKomm. AktG, 3. Aufl. 2013, Anh. § 11 SpruchG Rz. 63; *Ruiz de Vargas* in Bürgers/Körber, Anh. § 305 AktG Rz. 20; *Ruthardt/Hachmeister*, WPg 2011, 351 (353, 359); *Stephan* in K. Schmidt/Lutter, 3. Aufl. 2015 (im Erscheinen), § 305 AktG Rz. 63.
5 OLG Celle v. 19.4.2007 – 9 W 53/06, AG 2007, 865 (867).
6 Überzeugend *Hüttemann*, WPg 2008, 822 (823) unter Berufung auf eine Formulierung von OLG München v. 30.11.2006 – 31 Wx 059/06, AG 2007, 411 (412); zustimmend *Karami*, Unternehmensbewertung in Spruchverfahren beim „Squeeze out", S. 252; ferner *Ruthardt/Hachmeister*, WPg 2011, 351 (353): „Berücksichtigt man darüber hinaus, dass das Ziel des Spruchverfahrens darin besteht, den ‚wirklichen' oder ‚wahren' Wert zu ermitteln – was mithin eine Forderung nach ‚Richtigkeit' impliziert – so ist eine rückwirkende Anwendung von aktuelleren Bewertungsmethoden jedenfalls dann zu befürworten, wenn durch ihre Anwendung ein ‚richti-

Dies gilt (selbstverständlich) unabhängig davon, ob sie zu einem höheren oder geringeren Unternehmenswert führt.[1]

20 Erkennt ein Gericht, dass ein bisher verwendeter Bewertungsstandard methodische Fehler oder Ungereimtheiten aufweist, so würde es – vorbehaltlich noch zu prüfender Einwände *sub specie* Rechtssicherheit, Stichtagsprinzip und Vertrauensschutz (unten Rz. 24 ff.) – seine Gesetzespflicht zur Überprüfung der Angemessenheit der Abfindung verletzen, wenn es sehenden Auges an diesem Standard festhielte. Es kann sich in aller Regel auch **nicht auf den Standpunkt zurückziehen**, dass **früherer und heutiger Bewertungsstandard beide** zu **vertretbaren Ergebnissen** führten und dass es stets eine hinzunehmende Bandbreite unterschiedlicher Werte gebe.[2] Hierbei geriete aus dem Blick, dass dem grundsätzlich bestehenden Schätzungsermessen i.S.d. § 287 Abs. 2 ZPO[3] klare gesetzliche Grenzen gezogen sind. Nach allgemeiner Ansicht ist es **unzulässig, bei einer Schätzung** wesentliche Bemessungsfaktoren außer Acht zu lassen oder **unrichtige Maßstäbe zugrunde zu legen**.[4] Daher wäre auch die Anwendung überholter oder veralteter Bewertungsstandards von § 287 Abs. 2 ZPO nicht mehr gedeckt.[5]

---

gerer' oder zumindest ‚stärker objektivierter' Unternehmenswert ermittelt werden kann."; ähnlich *Lenz*, WPg 2006, 1160 (1167): „Für die Ermittlung des Unternehmenswerts sind jeweils die neuesten betriebswirtschaftlichen Erkenntnisse heranzuziehen, denn nur dann ist – soweit eben theoretisch und praktisch realisierbar – ‚volle Entschädigung' für den Verlust wesentlicher Rechts- und Vermögenspositionen der Minderheitsaktionäre gewährleistet."

1 Vgl. *Riegger/Wasmann* in FS Goette, 2011, S. 433 (440).
2 So aber OLG Düsseldorf v. 7.5.2008 – I-26 W 16/06 AktE, BeckRS 2008, 17151 – juris-Rz. 14.
3 Dazu im Rahmen der Unternehmensbewertung BGH v. 12.3.2001 – II ZB 15/00, BGHZ 147, 108 (115) = AG 2001, 417; OLG Stuttgart v. 24.7.2013 – 20 W 2/12, AG 2013, 840 (841); *Koch* in Hüffer, § 305 AktG Rz. 39; zuletzt *Drescher* in Spindler/Stilz, AktG, 3. Aufl. 2015 (im Erscheinen), § 8 SpruchG Rz. 4: „Die Anwendung von § 287 Abs. 2 ZPO bedeutet, dass das Gericht selbst nach freier Überzeugung über die Bewertung zu entscheiden hat und es in seinem pflichtgemäßen Ermessen steht, inwieweit es eine Beweisaufnahme anordnet. Es bedeutet aber nicht, dass die vorhandene Bewertung nur auf Plausibilität zu überprüfen ist."
4 Vgl. BGH v. 18.2.1993 – III ZR 23/92, NJW-RR 1993, 795 (796): „Revisionsrechtlich überprüfbar ist [...], ob der Tatrichter [...] wesentliche Bemessungsfaktoren außer acht gelassen oder seiner Schätzung unrichtige Maßstäbe zugrunde gelegt hat."; *Foerste* in Musielak, § 287 ZPO Rz. 9: „Die Schätzung soll der Wahrheit möglichst nahekommen; das Gericht darf sich nicht mit grober Schätzung begnügen, wo eine genauere Schätzung möglich [...] ist."
5 Wie hier *Riegger/Gayk* in KölnKomm. AktG, 3. Aufl. 2013, Anh. § 11 SpruchG Rz. 63: „Unseres Erachtens wird das richterliche Schätzungsermessen (§ 738 Abs. 2 BGB, § 287 ZPO) aber nur dann sachgemäß ausgeübt, wenn zur Ermittlung der ‚angemessenen' Kompensation die aktuellsten Erkenntnisse berücksichtigt werden."; *Riegger/Wasmann* in FS Goette, 2011, S. 433 (440); ferner *Veil* in Spindler/Stilz, 3. Aufl. 2015 (im Erscheinen), § 305 AktG Rz. 80.

d) Vergleich mit anderen Fällen nachträglichen Erkenntnisfortschritts

Die Berücksichtigung nachträglicher Erkenntnisfortschritte zum Zeitpunkt der Entscheidungsfindung – d.h. am Tag der letzten mündlichen Verhandlung – ist auch nichts Ungewöhnliches, sondern nachgerade eine zivilprozessuale Selbstverständlichkeit.[1] Dies zeigen zahlreiche Beispiele, auf die man in Rechtsprechung und Lehre mit Recht hingewiesen hat: So wird etwa im Werkvertragsrecht die Mangelhaftigkeit eines Bauwerks bei Abnahme nicht nach dem Wissensstand im Zeitpunkt der Abnahme, sondern nach demjenigen im Zeitpunkt der letzten mündlichen Verhandlung im gerichtlichen Verfahren beurteilt.[2] Ähnliches gilt für die Feststellung von Kausalitäten und Ursachenzusammenhängen im Haftungsrecht, bei denen der gerichtliche Sachverständige auch solche Verfahren anwenden kann und muss, die im Zeitpunkt der schädigenden Handlung noch unbekannt waren.[3] Schließlich legen Gerichte bei ihrer Urteilsfindung grundsätzlich eine neue höchstrichterliche Rechtsprechung zugrunde, auch wenn diese zum Zeitpunkt des anspruchsbegründenden Verhaltens noch nicht gegolten hatte.[4] Stets geht es um bessere Einsichten und Erkenntnisse, seien sie nun betriebswirtschaftlicher, technischer, medizinischer, physikalischer oder rechtlicher Natur. Deren **Berücksichtigung** entspricht, wie das OLG Frankfurt kürzlich ausgeführt hat, einem **Gebot der „materielle[n] Gerechtigkeit"**[5].

21

e) Verschlechterungsverbot zugunsten abfindungsberechtigter Aktionäre

Überdies genießen die abzufindenden Aktionäre schon dadurch einen Mindestschutz, dass eine einmal festgelegte Kompensation im Spruchverfahren nicht

22

---

1 Vgl. § 296a ZPO; dazu etwa *Prütting* in MünchKomm. ZPO, 4. Aufl. 2013, § 296a ZPO Rz. 1 ff.; *Huber* in Musielak, § 296a ZPO Rz. 1 ff.; im vorliegenden Zusammenhang auch *Hüttemann*, WPg 2008, 822 (824): „Die Anwendung neuester Erkenntnismöglichkeiten ist auch keine Besonderheit des Spruchverfahrens."; ferner *Ruthardt/Hachmeister*, WPg 2011, 351 (353).
2 Darauf hinweisend OLG Stuttgart v. 19.1.2011 – 20 W 2/07, BeckRS 2011, 01677 (insoweit nicht in AG 2011, 420 abgedruckt); *Hüttemann*, WPg 2008, 822 (824); zum bürgerlichen Recht *Peters* in Staudinger, Neubearbeitung 2008, § 633 BGB Rz. 190.
3 Darauf hinweisend OLG Frankfurt v. 15.2.2010 – 5 W 52/09, BeckRS 2010, 21946 (insoweit nicht in AG 2010, 798 abgedruckt); *Hüttemann*, WPg 2008, 822 (824).
4 Vgl. LG Frankfurt v. 21.3.2006 – 3-5 O 153/04, AG 2007, 42 (45): „Bewertungsgrundsätze sind nämlich nicht mit dem zum Stichtag geltenden Recht vergleichbar, sondern eher mit der zum Stichtag geltenden Rechtsprechung. In beiden Fällen geht es um Erkenntnisse im wissenschaftlichen Sinne. Soweit es um die Anwendung von der Rechtsprechung entwickelter Grundsätze geht, ist jeweils grundsätzlich die neueste Rechtsprechung anzuwenden, auch wenn sie zum Zeitpunkt des zu beurteilenden Sachverhalts noch nicht gegolten hat."; *Kollrus*, MDR 2012, 66 (68); *Lenz*, WPg 2006, 1160 (1165); *Simon/Leverkus* in Simon, Anh. § 11 SpruchG Rz. 46.
5 OLG Frankfurt v. 28.3.2014 – 21 W 15/11, AG 2014, 822.

herabgesetzt, sondern nur erhöht werden kann.[1] Es gilt insoweit ein Verbot der *reformatio in peius*.[2] Infolgedessen kann auch die nachträgliche Anwendung neuer Bewertungsstandards nicht zu einer Verringerung der Abfindung führen.[3] Denkbar ist nur, dass an sich werterhöhende Umstände, die bei der ursprünglichen Bewertung zu Unrecht unberücksichtigt blieben, im Ergebnis neutralisiert werden.[4] Dies begegnet jedoch im Hinblick auf das gesetzliche Bewertungsziel keinen durchgreifenden Bedenken[5]: Das Spruchverfahren soll eine angemessene Abfindung i.S.d. §§ 305 Abs. 1, 320b Abs. 1 Satz 1, 327a Abs. 1 Satz 1 AktG sicherstellen und verfolgt nicht etwa den Nebenzweck, Nachlässigkeiten bei der Unternehmensbewertung zu sanktionieren.[6]

f) Geringes Kostenrisiko der Antragsteller im Spruchverfahren

23   Hinzu kommt schließlich, dass die abzufindenden Aktionäre im Spruchverfahren nach § 15 Abs. 1 SpruchG n.F. grundsätzlich nicht mit den Gerichtskosten belastet werden.[7] Auch ihre außergerichtlichen Kosten sind gem. § 15 Abs. 2 SpruchG n.F. vom Antragsgegner zu erstatten, wenn dies unter Berücksichtigung des Ausgangs des Verfahrens der Billigkeit entspricht.[8] Hieraus ergibt sich

---

1   Ebenso *Riegger/Gayk* in KölnKomm. AktG, 3. Aufl. 2013, Anh. § 11 SpruchG Rz. 62; *Riegger/Wasmann* in FS Goette, 2011, S. 433 (440); *Ruiz de Vargas* in Bürgers/Körber, Anh. § 305 AktG Rz. 20.
2   Allgemein dazu BGH v. 18.10.2010 – II ZR 270/08 – Rz. 12, AG 2010, 910; *Fleischer*, AG 2014, 97 (101, 114); *Koch* in Hüffer, Anh. § 305 AktG Rz. 2; *Puszkajler* in KölnKomm. AktG, 3. Aufl. 2013, Anh. § 11 SpruchG Rz. 14.
3   Vgl. *Stephan* in K. Schmidt/Lutter, 3. Aufl. 2015 (im Erscheinen), § 305 AktG Rz. 63.
4   Vgl. *Stephan* in K. Schmidt/Lutter, 3. Aufl. 2015 (im Erscheinen), § 305 AktG Rz. 63; ferner *Riegger/Gayk* in KölnKomm. AktG, 3. Aufl. 2013, Anh. § 11 SpruchG Rz. 62 a.E.; kritisch dazu OLG Düsseldorf v. 28.8.2014 – I-26 W 9/12 (AktE), AG 2014, 817: „Der vorliegende Fall macht exemplarisch besonders deutlich, dass sich selbst dann offensichtliche Bewertungsfehler nur deshalb ‚wegrechnen' lassen, weil ein neuer Standard rückwirkend angewendet worden ist. [...] Durch die rückwirkende Anwendung des IDW S 1 2005 werden im konkreten Fall die ganz erheblichen werterhöhenden Veränderungen, die seinerzeit fehlerhaft nicht berücksichtigt worden waren, weitgehend ‚aufgezehrt'."
5   Ebenso *Riegger/Gayk* in KölnKomm. AktG, 3. Aufl. 2013, Anh. § 11 SpruchG Rz. 62 a.E.; *Stephan* in K. Schmidt/Lutter, 3. Aufl. 2015 (im Erscheinen), § 305 AktG Rz. 63.
6   Allgemein dazu auch *Hüttemann*, WPg 2008, 822 (823): „Im Spruchverfahren wird nur die objektive Angemessenheit der vertraglich angebotenen Abfindung überprüft, nicht aber, ob der Abfindungsschuldner bei der Bemessung der Abfindung ‚sorgfaltswidrig' gehandelt hat."; zustimmend *Karami*, Unternehmensbewertung in Spruchverfahren beim „Squeeze out", S. 249.
7   Dazu *Koch* in Hüffer, AktG, § 15 SpruchG Rz. 4; zu § 15 Abs. 2 SpruchG a.F. *Roßkopf* in KölnKomm. AktG, 3. Aufl. 2013, § 15 SpruchG Rz. 37 ff.
8   Vgl. *Koch* in Hüffer, AktG, § 15 SpruchG Rz. 6; zur bisherigen Handhabung nach § 15 Abs. 4 SpruchG a.F. *Henselmann/Winkler*, Corporate Finance 2014, 405 mit Fn. 2.

insgesamt eine **asymmetrische Verteilung von Chancen und Risiken** im Spruchverfahren[1], die Berufskläger und räuberische Aktionäre anlockt.[2]

2. Einwände gegen eine nachträgliche Anwendung neuer Bewertungsstandards

Aus den bisherigen Überlegungen ergibt sich, dass der Normzweck der §§ 305 Abs. 1, 320b Abs. 1 Satz 1, 327a Abs. 1 Satz 1 AktG – die möglichst genaue Ermittlung der angemessenen Abfindung – eine nachträgliche Anwendung verbesserter Bewertungsstandards gebietet. Zu prüfen bleibt, ob dieses vorläufige Auslegungsergebnis den Einwänden standhält, die sich teils aus allgemeinen Topoi (Vertrauensschutz, Rechtssicherheit, Prozessökonomie), teils aus bewertungsrechtlichen Erwägungen (Stichtagsprinzip, Grenzpreisbestimmung) speisen.   24

a) Intertemporales Recht (Art. 170 EGBGB)

Nach einer verschiedentlich vorgetragenen Auffassung soll der Rechtsgedanke des Art. 170 EGBGB einer nachträglichen Anwendung neuer Bewertungsstandards entgegenstehen.[3] Aus dieser Perspektive handelt es sich bei der in Rede stehenden Frage um eine solche des intertemporalen Rechts (dazu oben Rz. 1).[4] Dem haben die jüngere Spruchpraxis und das Schrifttum mit Recht nahezu einhellig widersprochen: Die **Bewertungsstandards des IDW sind** – ungeachtet ihrer praktischen Dominanz – **keine Rechtsnormen** und damit keine Gesetze i.S.d. Art. 2 EGBGB[5], sondern nur Expertenauffassungen aus dem Kreise der Wirtschaftsprüfer[6]. Ebenso wenig lassen sie sich als Gewohnheits- oder Richterrecht in den tradierten Rechtsquellenkanon einordnen.[7] Irreführend ist daher auch die Redeweise des OLG München, nach der das IDW neue Standards   25

---

1 Vgl. *Henselmann/Winkler*, Corporate Finance 2014, 405.
2 Vgl. zuletzt die empirischen Befunde von *Henselmann/Winkler*, Corporate Finance 2014, 405 (407 ff.).
3 Vgl. BayObLG v. 28.5.2005 – 3Z BR 71/00, AG 2006, 41 (43); OLG München v. 30.11.2006 – 31 Wx 059/06, AG 2007, 411 (412); OLG Düsseldorf v. 20.9.2006 – 26 W 8/06 – juris-Rz. 36, BeckRS 2007, 06686; *Bungert*, WPg 2008, 811 (816 f.).
4 Ebenso der Problemaufriss bei *Schülke*, IDW-Standards und Unternehmensrecht, S. 18: „Handelte es sich um Rechtsnormen, so könnte auf die Grundsätze zur intertemporalen Geltung von Recht zurückgegriffen werden."
5 Vgl. OLG Frankfurt v. 15.2.2010 – 5 W 52/09, BeckRS 2010, 21956 (insoweit nicht in AG 2010, 798 abgedruckt); OLG Karlsruhe v. 30.4.2013 – 12 W 5/12, AG 2013, 765; OLG Stuttgart v. 19.1.2011 – 20 W 2/07, BeckRS 2011, 01677 (insoweit nicht in AG 2011, 420 abgedruckt); *Hüttemann*, WPg 2008, 822 (823); *Kollrus*, MDR 2012, 66 (68); *Lenz*, WPg 2006, 1162 (1166); *Meinert*, DB 2011, 2455 (2458); *Riegger/Gayk* in KölnKomm. AktG, 3. Aufl. 2013, Anh. § 11 SpruchG Rz. 62; *Riegger/Wasmann* in FS Goette, 2011, S. 433 (439); *Ruthardt/Hachmeister*, WPg 2011, 351 (353).
6 Vgl. etwa OLG Stuttgart v. 24.7.2013 – 20 W 2/2012, AG 2012, 840 (841); umfassend *Schülke*, IDW-Standards und Unternehmensrecht, S. 78 ff. und passim.
7 Eingehend dazu *Schülke*, IDW-Standards und Unternehmensrecht, S. 53 ff.

„in Kraft setzen"[1] kann.[2] Eine irgendwie geartete Normsetzungskompetenz steht dem IDW als einem privatrechtlichen Verein selbstverständlich nicht zu.[3] Infolgedessen ist es ein klassischer Kategorienfehler, wenn einzelne Obergerichte durch eine faktische Gleichsetzung von Bewertungsstandards mit Rechtsnormen die Schranken für eine Rückwirkung von Gesetzen anwenden.[4] Um solche Assoziationen zu vermeiden, sollte man nicht von *„rückwirkender"*, sondern besser von *„nachträglicher"* Anwendung neuer Bewertungsstandards sprechen.

b) Stichtagsprinzip

26 Manche Stimmen berufen sich außerdem darauf, dass das in § 305 Abs. 3 Satz 2 AktG enthaltene Stichtagsprinzip einer nachträglichen Anwendung neuer Bewertungsstandards im Wege stehe.[5] Auch dieser Einwand hat in Rechtsprechung und herrschender Lehre keine Gefolgschaft gefunden (ebenso § 12 Rz. 71 f.).[6] Er geht deshalb fehl, weil sich das Stichtagsprinzip gerade nicht auf die Bewertungsmethoden, sondern lediglich auf die Lage des Unternehmens einschließlich seines tatsächlichen und rechtlichen Umfeldes bezieht.[7] Treffend heißt es in einem jüngeren Beschluss des OLG Stuttgart: „Das **Stichtagsprinzip** gebietet zwar, dass Erkenntnisse zu bewertungsrelevanten tatsächlichen Umständen zumindest in den Verhältnissen zum Bewertungsstichtag bereits angelegt waren. Es **gilt** aber **nicht für die angewandte Bewertungs-**

---

1 OLG München v. 30.11.2006 – 31 Wx 059/06, AG 2007, 411, Leitsatz 1: „Zur Anwendung von Bewertungsgrundsätzen für Zeiträume vor deren Inkrafttreten: Keine ,Rückwirkung' des IDW S 1 von 2005."
2 Kritisch dazu *Fleischer*, AG 2014, 97 (100); *Hüttemann*, WPg 2008, 822 (825).
3 Vgl. OLG Stuttgart v. 5.6.2013 – 20 W 6/10, AG 2013, 724 (726) („da das IDW eine private Institution ohne Rechtssetzungsbefugnisse ist"); *Hüttemann*, WPg 2008, 822 (823); eingehend zur Verfassung des IDW *Schülke*, IDW-Standards und Unternehmensrecht, S. 34 ff.
4 Fehlgehend daher OLG Frankfurt v. 28.3.2014 – 21 W 15/11, AG 2014, 822: „Die vorstehende Erwägung findet ihren Niederschlag ebenfalls bei dem grundsätzlichen Verbot der rückwirkenden Anwendung von Normen (vgl. auch Art. 170 EGBGB und Art. 232 § 1 EGBGB)." Zutreffend OLG Stuttgart v. 19.1.2011 – 20 W 2/07, BeckRS 2011, 01677 (insoweit nicht in AG 2011, 420 abgedruckt): „Die verfassungsrechtlichen Beschränkungen für die Rückwirkung von Rechtsnormen sind hier aber nicht einschlägig, da es sich bei den Empfehlungen des IDW nicht um Rechtsnormen, sondern um eine Expertenauffassung handelt."
5 Vgl. OLG Frankfurt v. 28.3.2014 – 21 W 15/11, AG 2014, 822; OLG Düsseldorf v. 28.8.2014 – I-26 W 9/12 (AktE), AG 2014, 817.
6 Ablehnend OLG Karlsruhe v. 30.4.2013 – 12 W 5/12, AG 2013, 765; OLG Stuttgart v. 14.9.2011 – 20 W 7/08, AG 2012, 135 (138); OLG Celle v. 19.4.2007 – 9 W 53/06, AG 2007, 865 (866); LG Bremen v. 18.2.2002 – 1 O 458/96, AG 2003, 214 (215); *Hüttemann*, WPg 2008, 822 (823 f.); *Karami*, Unternehmensbewertung in Spruchverfahren beim „Squeeze out", S. 253; *Paulsen* in MünchKomm. AktG, 3. Aufl. 2010, § 305 AktG Rz. 93; *Riegger/Gayk* in KölnKomm. AktG, 3. Aufl. 2013, Anh. § 11 SpruchG Rz. 62; *Riegger/Wasmann* in FS Goette, 2011, S. 433 (439); *Wasmann/Gayk*, BB 2005, 955 (957); *Wittgens*, AG 2007, 106 (112); *Wittgens/Redeke*, ZIP 2007, 2015 (2016).
7 Nachweise in der vorherigen Fn.

methode."¹ Ganz in diesem Sinne hatte der BGH schon im Jahre 2001 in seinem DAT/Altana-Beschluss ausgeführt, dass der Börsenkurs auch für solche Bewertungsstichtage heranzuziehen sei, zu denen sich das BVerfG noch nicht für dessen Berücksichtigung ausgesprochen hatte², sondern noch die ältere BGH-Judikatur galt, wonach Börsenkurse wegen ihrer spekulativen Elemente nicht zu berücksichtigen waren.³

c) Vertrauensschutz

Ernster zu nehmen ist das Argument, dass sich die abzufindenden Aktionäre auf die damaligen Bewertungsregeln und den wesentlichen Kern der Methodik verlassen hätten und auch hätten verlassen dürfen, sodass sie auf dieser Basis für ihr Ausscheiden aus der Aktiengesellschaft zu entschädigen seien.⁴ Bei näherer Betrachtung vermag dieser Einwand aber ebenfalls nicht zu überzeugen, weil er *tatsächliches* und *berechtigtes* Vertrauen unzulässigerweise gleichsetzt. Zwar mögen sich die ausgeschiedenen Aktionäre durchaus auf einen Wertkorridor eingestellt haben, der sich auf Grundlage des früheren Bewertungsstandards ergeben hätte. Dieses Vertrauen ist aber nicht schutzwürdig: Ausgeschiedene Aktionäre dürfen sich nur darauf verlassen, eine angemessene Abfindung i.S.d. §§ 305 Abs. 1, 320b Abs. 1 Satz 1, 327a Abs. 1 Satz 1 AktG zu erhalten, dagegen besteht für sie **kein Vertrauensschutz auf die Beständigkeit der angewandten Bewertungsmethode** (ebenso § 12 Rz. 72).⁵ Weil die Gerichte ohnehin nicht an einen bestimmten IDW-Standard gebunden sind (oben Rz. 25), müssen die abzufindenden Aktionäre stets mit nachträglichen Korrekturen rechnen. Zusammenfassend formuliert das OLG Frankfurt in einem Beschluss aus dem Jahre 2010: „Dabei ist die Anwendung des alten Standards keine Frage des Vertrauensschutzes. Ein Unternehmen kann ebenso wenig wie der ausgeschiedene Aktionär darauf vertrauen, dass die gesetzlich bestimmte angemessene Abfindung nur auf eine bestimmte Art und Weise berechnet wird. Insoweit [...] besteht kein Recht darauf, dass man sich seitens des Gerichts später gewonnenen besseren Einsichten verschließt. Das gilt in gleicher Weise bei neueren Erkenntnissen zu Kausalitätsfragen im Schadensrecht oder zu neuen Beweismöglichkeiten im Strafrecht."⁶

27

---

1 OLG Stuttgart v. 19.1.2011 – 20 W 2/07, BeckRS 2011, 01677 (insoweit nicht in AG 2011, 420 abgedruckt).
2 Vgl. BGH v. 12.3.2001 – II ZB 15/00, BGHZ 147, 1008 (123 f.) = AG 2001, 417.
3 Vgl. BGH v. 30.3.1967 – II ZR 141/64, NJW 1967, 1464.
4 So etwa OLG Düsseldorf v. 28.8.2014 – I-26 W 9/12 (AktE), AG 2014, 817; gleichsinnig schon OLG Düsseldorf v. 21.12.2011 – I-26 W 3/11 (AktE), AG 2012, 459 (460 f.).
5 Vgl. OLG Karlsruhe v. 30.4.2013 – 12 W 5/12, AG 2013, 765 f.; OLG Stuttgart v. 19.1.2011 – 20 W 2/07, AG 2011, 420 (426); *Hüttemann*, WPg 2008, 822 (823 f.); *Kollrus*, MDR 2012, 66 (68); *Meinert*, DB 2011, 2455 (2458); *Riegger/Gayk* in Kölner Komm. AktG, 3. Aufl. 2013, Anh. § 11 SpruchG Rz. 62; *Ruthardt/Hachmeister*, WPg 2011, 351 (353).
6 OLG Frankfurt v. 15.2.2010 – 5 W 52/09 – juris-Rz. 50, BeckRS 2010, 21496 (insoweit nicht in AG 2010, 798 abgedruckt); pointiert *Hüttemann*, WPg 2008, 822 (822, 824): „Der unentdeckte Mörder kann also nicht schon deshalb ruhig schlafen, weil bei der Tatbegehung die DNA-Analyse noch nicht entwickelt war."

28 Für den spiegelbildlichen Fall, dass neue Bewertungsmethoden zum Nachteil des abfindungsverpflichteten Unternehmens ausschlagen, hat auch der BGH schon ausgesprochen, dass es keinen Vertrauensschutz in bestehende Bewertungsmethoden gibt. Die Rede ist von seiner *DAT/Altana*-Entscheidung aus dem Jahre 2001 zur **Berücksichtigung des Börsenkurses** im Anschluss an den bahnbrechenden *DAT/Altana*-Beschluss des BVerfG von 1999. In diesem Verfahren hatten die beteiligten Unternehmen geltend gemacht, sie hätten auf die bisherige Rechtsprechung zur Abfindung vertrauen dürfen, die den Börsenkurs nicht berücksichtigt habe. Die geänderte Rechtsprechung, die sich zu ihrem Nachteil auswirke, könne im vorliegenden Fall nicht angewandt werden, weil sie nicht vorhersehbar gewesen sei und ihnen auch nicht zugemutet werden könne.[1] **Der II. Zivilsenat des BGH hat die Gewährung eines solchen Vertrauensschutzes abgelehnt** und dies damit begründet, dass die sog. unechte Rückwirkung infolge einer Änderung der höchstrichterlichen Rechtsprechung im Privatrecht nur ganz ausnahmsweise unzulässig sei, wenn sie für den Betroffenen existenzbedrohende Auswirkungen hätte.[2] Im Lichte dieser BGH-Entscheidung kommt ein Vertrauen von Unternehmen oder abzufindenden Aktionären auf die Beständigkeit des angewandten IDW-Standards erst recht nicht in Betracht.[3] Gleichsinnig hat kürzlich das LG München I im Zusammenhang mit der Unzulässigkeit eines bereits laufenden Spruchverfahrens nach der geänderten BGH-Rechtsprechung zum Delisting entschieden.[4]

d) Vorhersehbarkeit und Rechtssicherheit

29 Die vorherigen Erwägungen entziehen zugleich dem immer wieder vorgebrachten Argument den Boden, dass neue Bewertungsstandards im Hinblick auf Erwägungen der Vorhersehbarkeit und Rechtssicherheit nicht berücksichtigt werden dürften.[5] Wenn Unternehmen und abzufindende Aktionäre im Spruchverfahren schon eine nicht vorhersehbare[6] Rechtsprechungsänderung hinnehmen müssen, so kann für eine nachträgliche Änderung von IDW-Standards schlechterdings nichts anderes gelten.[7] Dies ist auch in der Sache überzeugend, **weil es auf den Gesichtspunkt der Vorhersehbarkeit gar nicht ankommt**: Nach dem Normzweck der §§ 305 Abs. 1, 320b Abs. 1 Satz 1, 327a Abs. 1 Satz 1

---

1 Vgl. die Wiedergabe des Parteivortrags in BGH v. 12.3.2001 – II ZB 15/00, BGHZ 147, 108 (123) = AG 2001, 417.
2 Vgl. BGH v. 12.3.2001 – II ZB 15/00, BGHZ 147, 108 (124) = AG 2001, 417.
3 Wie hier *Riegger/Wasmann* in FS Goette, 2011, S. 433 (439 f.); ferner *Kollrus*, MDR 2012, 66 (68): „Ähnlich einer Rechtsprechungsänderung besteht kein Vertrauensschutz."
4 LG München I v. 28.5.2014 – 5 HK O 19239/07, AG 2014, 790 (791).
5 So aber OLG München v. 30.11.2006 – 31 Wx 059/06, AG 2007, 411 (412); OLG Düsseldorf v. 28.8.2014 – I-26 W 9/12 (AktE), AG 2014, 817; *Schwichtenberg/Krenek*, BB 2012, 2127 (2134).
6 Dazu BGH v. 12.3.2001 – II ZB 15/00, BGHZ 147, 108 (124) = AG 2001, 417: „Allerdings ist es richtig, daß die Beteiligten zu 4 und 5 aufgrund der bisherigen Rechtsprechung davon ausgehen konnten, daß der Börsenpreis weder bei der Barabfindung noch bei der Ermittlung der Verschmelzungswertrelation bzw. des Umtauschverhältnisses berücksichtigt würde."
7 Wie hier *Riegger/Wasmann* in FS Goette, 2011, S. 433 (439 f.).

AktG wird im Spruchverfahren nur die objektive Angemessenheit der Abfindung überprüft, nicht aber, ob verbesserte Bewertungsmethoden vorhersehbar waren oder ob der Abfindungsschuldner bei der Bemessung der Abfindung sorgfaltswidrig gehandelt hat.[1]

Unabhängig davon kann von einer nicht hinnehmbaren Rechtsunsicherheit keine Rede sein. Der Gesetzgeber verwendet in den §§ 305 Abs. 1, 320b Abs. 1 Satz 1, 327a Abs. 1 Satz 1 AktG mit dem Begriff der **angemessenen Abfindung** einen **unbestimmten Rechtsbegriff**, dessen Konkretisierung er den Gerichten überlässt.[2] Es liegt in der Natur dieser Regelungstechnik, dass im Vornhinein nur gewisse Bewertungsparameter feststehen, die sich zudem im Zeitablauf verändern können.[3] Ähnlich verhält es sich mit dem Gebot der angemessenen Vorstandsvergütung in § 87 Abs. 1 Satz 1 AktG, ohne dass man dort unter Rechtssicherheitsgesichtspunkten durchgreifende Bedenken erhoben hätte.[4] Hinzu kommt schließlich, dass die Sachgesetzlichkeiten der Unternehmensbewertung von vornherein keine vollständige Rechts- und Planungssicherheit zulassen.[5]

30

e) Störung der Geschäftsgrundlage

Eine neue Variante des Vertrauensschutzarguments hat das OLG Düsseldorf in seinem Vorlagebeschluss vom August 2014 vorgebracht. Es sieht die Art und Weise der Unternehmenswertberechnung als eine „wertbestimmende Geschäftsgrundlage" an, die wegfiele, wenn es durch eine Anwendung des IDW S 1 2005 zu einer Wertreduzierung von 25 bis 30 % käme.[6] In anderen Rechtsbereichen werde eine Störung der Geschäftsgrundlage gem. § 313 BGB schon bei einer Abweichung von 10 % angenommen.[7] Das Argument ist dogmatisch originell, aber gleichwohl unzutreffend, da hier keine der anerkannten Fallgruppen der Lehre von der Geschäftsgrundlage einschlägig ist. Die Fallgruppe der wesentlichen Äquivalenzstörung kommt von vornherein nicht in Betracht,

31

---

1 Eindringlich und überzeugend *Hüttemann*, WPg 2008, 822 (823); *Lenz*, WPg 2006, 1160 (1166); *Riegger/Gayk* in KölnKomm. AktG, 3. Aufl. 2013, Anh. § 11 SpruchG Rz. 62.
2 Allgemein dazu und zu ähnlichen Beispielen *Röthel*, Normkonkretisierung im Privatrecht, 2004, S. 45 ff. und passim. Von „angemessener Vergütung" sprechen etwa § 1987 BGB (Nachlassverwalter), § 2221 BGB (Testamentsvollstrecker) und § 32 Abs. 1 Satz 2, Abs. 2 UrhG (Urheber).
3 Ähnlich *Riegger/Gayk* in KölnKomm. AktG, 3. Aufl. 2013, Anh. § 11 SpruchG Rz. 62; ferner *Karami*, Unternehmensbewertung in Spruchverfahren beim „Squeeze out", S. 249.
4 Näher *Fleischer* in Spindler/Stilz, 3. Aufl. 2015 (im Erscheinen), § 87 AktG Rz. 21 m.w.N.
5 So auch OLG Stuttgart v. 19.1.2011 – 20 W 2/07 BeckRS 2011, 01677 (insoweit nicht in AG 2011, 420 abgedruckt): „Dem lässt sich nicht entgegenhalten, dass die Beteiligten auf diese Weise nicht abschätzen können, auf welcher Grundlage das Gericht seine Entscheidung trifft. Diese Unsicherheit ist für das durch eine Vielzahl von Annahmen und Prognosen bestimmte Ertragswertverfahren und für gerichtliche Entscheidungen typisch, die – wie hier – wesentlich auf Schätzungen nach § 287 Abs. 2 ZPO beruhen."
6 So OLG Düsseldorf v. 28.8.2014 – I-26 W 9/12 (AktE), AG 2014, 817.
7 So OLG Düsseldorf v. 28.8.2014 – I-26 W 9/12 (AktE), AG 2014, 817.

da die ausgeschiedenen Aktionäre nach wie vor Anspruch auf eine angemessene Abfindung haben. Auch die Fallgruppe einer Änderung der Gesetzeslage oder der ständigen Rechtsprechung scheidet aus, weil Bewertungsstandards weder Rechtsnomen sind (oben Rz. 25) noch die Dignität einer ständigen Rechtsprechung genießen. Selbst wenn dies anders wäre, ließe sich die vom OLG Düsseldorf herangezogene Zumutbarkeitsgrenze von 10 % nicht schlüssig begründen. Wie bereits dargelegt, gewährt der BGH bei einer Änderung der höchstrichterlichen Rechtsprechung nur dann (Vertrauens-)Schutz, wenn sie für die Betroffenen existenzbedrohende Auswirkungen hätte (oben Rz. 28). Warum bei einer Änderung von Bewertungsstandards ein höheres Schutzniveau gelten sollte, ist nicht erfindlich. Schließlich beruht der Abfindungsanspruch jedenfalls beim Ausschluss von Aktionären nach § 327a AktG auch nicht auf vertraglicher Grundlage, sondern entsteht wie bei der Mehrheitseingliederung kraft Gesetzes als Pendant zum Verlust der Mitgliedschaft.[1] Die Grundsätze über den Wegfall der Geschäftsgrundlage finden nach dem eindeutigen Wortlaut des § 313 BGB aber nur auf Verträge Anwendung, nicht dagegen auf einseitige Rechtsgeschäfte und erst recht nicht auf gesetzliche Schuldverhältnisse.[2]

f) Selbstbindung oder Selbstwiderspruch

32 Ein weiterer Einwand geht dahin, dass es dem Antragsgegner im Spruchverfahren verwehrt sei, sich nachträglich auf den neuen Bewertungsstandard zu berufen, weil er selbst die Höhe der Barabfindung nach dem früheren Bewertungsstandard festgelegt, vorgegeben und damit zur Berechnungsgrundlage gemacht habe.[3] Ohne dass dieser Einwand dogmatisch näher präzisiert wird, klingen hier die **Figuren der Selbstbindung und des unzulässigen Selbstwiderspruchs** an. Sie sind aber **beide nicht einschlägig**. Eine „Selbstbindung ohne Vertrag"[4] – an einer Vereinbarung zur Anwendung des alten Standards wird es in den hier in Rede stehenden Fällen in aller Regel fehlen[5] – lässt sich dogmatisch nicht schlüssig begründen.[6] Ebenso liegt regelmäßig kein widersprüchliches Verhal-

---

1 Vgl. *Koch* in Hüffer, § 327b AktG Rz. 8 m.w.N.
2 Vgl. *Stadler* in Jauernig, § 313 BGB Rz. 6; *Finkenauer* in MünchKomm. BGB, 6. Aufl. 2012, § 313 BGB Rz. 47 ff.
3 So OLG Düsseldorf v. 28.8.2014 – I-26 W 9/12 (AktE), AG 2014, 817.
4 So der Titel der Habilitationsschrift von *Köndgen*, Selbstbindung ohne Vertrag, 1981.
5 Zur theoretischen Möglichkeit der Parteien, in laufenden Spruchverfahren zu vereinbaren, dass der Prüfung der angemessenen Kompensation unverändert ein älterer Standard zugrunde gelegt werden soll, *Riegger/Gayk* in KölnKomm.AktG, 3. Aufl. 2013, Anh. § 11 SpruchG Rz. 64.
6 Eingehend zuletzt *Weller*, Die Vertragstreue, 2009, S. 194: „Es mag dahinstehen, ob die Annahme einer Selbstbindung ohne Vertrag soziologisch begründbar ist, mit dem geltenden positiven Recht ist sie es jedenfalls nicht. Denn wenn die Selbstbindung nicht nur moralischer oder sozialer, sondern rechtlich verbindlicher Natur sein soll, muss sich das Individuum, das sich in rechtserheblicher Weise binden will, an den Numerus clausus der von der Rechtsordnung anerkannten Bindungsinstrumente halten. Im deutschen Recht ist für Rechtsgeschäfte unter Lebenden jedoch grundsätzlich nur der Vertrag anerkannt (Vertragsprinzip)."; ablehnend auch *Canaris* in FS Larenz, 1983, S. 27 (93 f., 106).

ten des Antragsgegners vor, weil für die abzufindenden Aktionäre kein schutzwürdiger Vertrauenstatbestand entstanden ist: Wie bereits ausgeführt, können sie nicht darauf vertrauen, dass die gesetzlich bestimmte angemessene Abfindung nur auf eine bestimmte Art und Weise berechnet wird (oben Rz. 27). Ganz in diesem Sinne hat das OLG Stuttgart im Jahre 2011 ausgesprochen: „Das Schrifttum befürwortet vor diesem Hintergrund die Anwendung der Empfehlungen des IDW S 1 2005 richtigerweise selbst dann, wenn dem vom Hauptaktionär erstellten und der Hauptversammlung vorgelegten Unternehmenswertgutachten noch die Empfehlungen von IDW S 1 2000 zugrunde gelegt wurden."[1]

g) Verbot überlanger Verfahrensdauer

Wiederholt bemüht wird ferner das Argument, dass eine nachträgliche Anwendung neuer Bewertungsstandards ausscheiden müsse, um Verfahrensverzögerungen zu vermeiden.[2] Daran ist richtig, dass das Verbot einer überlangen Verfahrensdauer gem. Art. 6 EMRK auch in aktienrechtlichen Spruchverfahren Beachtung erheischt.[3] Jedoch folgt hieraus mitnichten ein kategorisches „Rückwirkungsverbot", weil eine nachträgliche Anwendung des neuen Standards vielfach keine vollständige Neubewertung erfordert und daher auch nicht zu wesentlichen Verfahrensverzögerungen führt.[4] Auch überzeugt es nicht, dem Gebot der Prozesswirtschaftlichkeit im Spruchverfahren grundsätzlich den Vorrang einzuräumen.[5] Vielmehr gebührt gerade umgekehrt der **Auswahl einer zieladäquaten Bewertungsmethode oberste Priorität**, während die **Vermeidung einer überlangen Verfahrensdauer nur** eine **Nebenbedingung** darstellt. Es wäre daher unzulässig, sehenden Auges einen Bewertungsstandard anzuwenden, der dem neuesten wissenschaftlichen Erkenntnisstand nicht (mehr) entspricht, nur weil sich das Spruchverfahren auf diese Weise abkürzen ließe.

33

---

1 OLG Stuttgart v. 19.1.2011 – 20 W 2/07, BeckRS 2011, 01677 (insoweit nicht in AG 2011, 420 abgedruckt).
2 Vgl. BayObLG v. 28.10.2005 – 3Z BR 71/00, NZG 2006, 156 (157); OLG Frankfurt v. 28.3.2014 – 21 W 15/11, AG 2014, 822; ferner OLG Düsseldorf v. 28.8.2014 – I-26 W 9/12 (AktE), AG 2014, 817: „wäre ein effektiver Rechtsschutz nicht immer geboten".
3 Vgl. dazu EGMR v. 19.7.2007 – 71440/01 – „Freitag/Deutschland", NJW-RR 2009, 141; zur Bedeutung des effektiven Rechtsschutzes für das Spruchverfahren auch BVerfG v. 24.5.2012 – 1 BvR 3221/10, NZG 2012, 1035 (1037) = AG 2012, 674.
4 Dazu auch OLG Stuttgart v. 19.1.2011 – 20 W 2/07, BeckRS 2011, 01677 (insoweit nicht in AG 2011, 420 abgedruckt): „Nicht zu überzeugen vermag auch der Hinweis auf die Gefahr einer Verzögerung des Spruchverfahrens. [...] Eine solche Gefahr ist hier aber nicht festzustellen, da die Antragsgegnerin bereits im ersten Rechtszug eine Ermittlung des Unternehmenswerts nach den Empfehlungen von IDW S 1 einschließlich des Tax-CAPM vorgelegt hat."; aus dem Schrifttum *Riegger/Gayk* in KölnKomm. AktG, 3. Aufl. 2013, Anh. § 11 SpruchG Rz. 62; *Riegger/Wasmann* in FS Goette, 2011, S. 433 (440).
5 So aber OLG Frankfurt v. 28.3.2014 – 21 W 15/11, AG 2014, 822: „So führt die erforderliche Abwägung zwischen einer erhöhten Schätzgenauigkeit [...] und dem Gebot der Prozesswirtschaftlichkeit häufig zu einem Vorrang des zweitgenannten Aspekts."

Die §§ 305 Abs. 1, 320b Abs. 1 Satz 1, 327a Abs. 1 Satz 1 AktG sind mit anderen Worten vorrangig dem Ziel verpflichtet, eine angemessene Abfindung zu ermitteln und nicht „kurzen Prozess" zu machen. Lediglich in Einzelfällen kann es einmal erforderlich sein, von einer nachträglichen Anwendung des neuen Standards abzusehen, wenn eine überlange Verfahrensdauer eine sofortige Entscheidung verlangt oder noch ausstehende Bewertungsschritte das Spruchverfahren unvertretbar in die Länge ziehen würden.[1]

34 Unabhängig davon überspannen die Gerichte den Bogen zulässiger Rechtsfortbildung, wenn sie ein „Rückwirkungsverbot" für neue Bewertungserkenntnisse auf eigene Faust als Mittel der Verfahrensbeschleunigung einsetzen. Richtigerweise ist der Verfahrensverzögerung im Spruchverfahren nicht mit punktuellen Korrekturen, sondern nur mit einer grundsätzlichen Neuausrichtung beizukommen.[2] Diese bleibt aber aus guten Gründen dem Gesetzgeber vorbehalten, der auch bereits mit der Vorbereitung einer solchen Reform begonnen hat.[3]

h) Grenzpreisbestimmung

35 Zu kurz greift schließlich auch das Argument, dass Grundlage der gebotenen Grenzpreisbestimmung nur der jeweils gültige und nicht ein – noch unbekannter – zukünftiger Bewertungsstandard sei.[4] Eine solche Sichtweise verkennt, dass die Markt- und Börsenpreisbildung aufgrund zahlreicher anderer Einflussfaktoren und Informationsquellen und nicht ausschließlich aufgrund eines IDW-Standards erfolgt.[5] Kein rational handelnder Minderheitsaktionär, so heißt es treffend in einer gerade erschienenen ökonomischen Doktorarbeit, wird seine Entscheidung ernsthaft davon abhängig machen, was der zum Bewertungsstichtag gültige IDW-Standard vorschreibt.[6] Daher hat auch das OLG Stuttgart das Grenzpreis-Argument mit Recht zurückgewiesen.[7]

---

1 Ähnlich *Riegger/Gayk* in KölnKomm. AktG, 3. Aufl. 2013, Anh. § 11 SpruchG Rz. 62; *Riegger/Wasmann* in FS Goette, 2011, S. 433 (440).
2 Überzeugend *Hüttemann*, WPg 2008, 822 (824).
3 Vgl. das Schreiben des Bundesjustizministeriums vom 17.4.2014 zur Evaluierung des Spruchverfahrens; dazu etwa die Stellungnahme des DAV Handelsrechtsausschusses, NZG 2014, 1144.
4 So aber OLG Frankfurt v. 15.2.2010 – 5 W 52/09, AG 2010, 798 (800).
5 Wie hier *Riegger/Gayk* in KölnKomm. AktG, 3. Aufl. 2013, Anh. § 11 SpruchG Rz. 62.
6 So *Karami*, Unternehmensbewertung in Spruchverfahren beim „Squeeze out", S. 252.
7 Vgl. OLG Stuttgart v. 19.1.2011 – 20 W 2/07, AG 2011, 420 = BeckRS 2011, 01677: „Ebenso wenig steht der Anwendung des Tax-CAPM hier entgegen, dass sich die angemessene Abfindung an dem Grenzpreis orientieren soll, zu dem die übrigen Aktionäre zum Bewertungsstichtag ohne Nachteil aus der Gesellschaft ausscheiden könnten. Zwar konnten die Marktteilnehmer hier zum Bewertungsstichtag die am 9.12.2004 bzw. 18.10.2005 in IDW ES1 bzw. IDW S 1 2005 festgelegten Empfehlungen für die fundamentalanalytische Ermittlung des Unternehmenswerts noch nicht kennen. Darauf kommt es aber nicht an, da die Kenntnis von der richtigen fundamentalanalytischen Bewertung des Unternehmens nicht Voraussetzung für das Zustandekommen ‚richtiger' Marktpreise ist."

3. Ergebnis

Nach alledem bleibt es dabei, dass eine **nachträgliche Anwendung verbesserter Bewertungsstandards** im Rahmen der §§ 305 Abs. 1, 320b Abs. 1 Satz 1, 327a Abs. 1 Satz 1 AktG **in aller Regel geboten** ist, weil allein sie eine normzweckadäquate Bewertung gewährleistet. Eine Ausnahme kommt nur dort in Betracht, wo eine überlange Verfahrensdauer eine sofortige Entscheidung verlangt oder noch ausstehende Bewertungsschritte das Spruchverfahren unvertretbar in die Länge ziehen würden. 36

Die hiergegen vorgebrachten Einwände vermögen allesamt nicht zu überzeugen. Sie verkennen – gleich in welcher dogmatischen Einkleidung – dass die abfindungsberechtigten Aktionäre durch eine nachträgliche Anwendung verbesserter Bewertungsmethoden nicht schlechter, sondern genau so gestellt werden, wie es das Gesetz vorsieht: Sie erhalten eine angemessene Vergütung i.S.d. §§ 305 Abs. 1, 320b Abs. 1 Satz 1, 327a Abs. 1 Satz 1 AktG.[1] 37

IV. Erkenntnisfortschritt durch neue Bewertungsstandards

1. Meinungsstand

Zu der Frage, ob neue Bewertungsstandards regelmäßig auch verbesserte Standards sind, zeichnet sich in der Rechtsprechung der Oberlandesgerichte bisher noch keine einheitliche Linie ab. Das OLG Frankfurt verlangt in seinem jüngsten Beschluss, dass der neue Standard mit einem in Wissenschaft und Praxis anerkannten und dem Gericht nachvollziehbaren echten Erkenntnisfortschritt verbunden sein müsse.[2] Demgegenüber geht das OLG Stuttgart – wie zuvor bereits das OLG Celle[3] – davon aus, dass die Aktualisierung einer Expertenauffassung regelmäßig auf die Umsetzung von Erkenntnisfortschritten zurückzuführen sei.[4] Hierzu tendieren auch das OLG Karlsruhe[5] und erste Literaturstimmen.[6] 38

---

1 Gleichsinnig *Bungert*, WPg 2008, 811 (815); *Hüttemann*, WPg 2008, 822 (823 f.); *Lenz*, WPg 2006, 1162 (1166); *Meinert*, DB 2011, 2455 (2458); *Riegger/Gayk* in KölnKomm. AktG, 3. Aufl. 2013, Anh. § 11 SpruchG Rz. 62; *Ruthardt/Hachmeister*, WPg 2011, 351 (353).
2 So OLG Frankfurt v. 28.3.2014 – 21 W 15/11, AG 2014, 822.
3 Vgl. OLG Celle v. 19.4.2007 – 9 W 53/06, AG 2007, 865.
4 So OLG Stuttgart v. 19.1.2009 – 20 W 2/07, AG 2011, 420 (426).
5 Vgl. OLG Karlsruhe v. 30.4.2013 – 12 W 5/12, AG 2013, 765 (766): „Dies begründet sich insbesondere damit, dass die Aktualisierung der Expertenauffassung regelmäßig auf die Umsetzung von Erkenntnisfortschritten zurückzuführen ist und schon aus diesem Grund die aktuellere Expertenauffassung in der Regel auch die geeignetere ist."
6 Vgl. *Riegger/Gayk* in KölnKomm. AktG, 3. Aufl. 2013, Anh. § 11 SpruchG Rz. 61 mit Fn. 289: „Allerdings spricht bereits eine tatsächliche Vermutung dafür, dass neuere Bewertungsmethoden mit einem wesentlichen Richtigkeitsgewinn verbunden sind."

2. Stellungnahme

39 Der zweiten Auffassung ist beizutreten. Legt ein sachverständiges Gremium nach eingehender Beratung einen geänderten Standard vor, so sprechen **durchschlagende Gründe** dafür, dem **neuen Expertenstandard** eine **Überlegenheitsvermutung** zuzuschreiben.[1] Dies gilt erst recht, wenn dieses Gremium selbst ausdrücklich die nachträgliche Anwendung des neuen Standards empfiehlt, wie dies das IDW für seinen Bewertungsstandard S 1 2005 getan hat.[2] Hiergegen lässt sich auch nicht einwenden, dass die immer geringere „Halbwertzeit" der IDW-Standards Zweifel an ihrem Erkenntnisfortschritt nähre.[3] Dabei wird übersehen, dass verschiedene Änderungen vor allem durch neue steuerrechtliche Rahmenbedingungen veranlasst wurden. Die reduzierte Lebensdauer neue Bewertungsstandards ist daher kein Beleg für eine willkürlich enge Taktung von Methodenänderungen oder gar für Qualitätsmängel.[4] Im Übrigen wird man bei einem Rückgriff auf Expertenstandards ein Gebot der Folgerichtigkeit aufstellen können: Bei der Beurteilung der angemessenen Abfindung i.S.d. §§ 305 Abs. 1, 320b Abs. 1 Satz 1, 327a Abs. 1 Satz 1 AktG sind die Gerichte zwar nicht an die IDW-Standards gebunden, weil diese gerade keine Rechtsnormen, sondern nur eine Erkenntnisquelle für eine methodengeleitete Unternehmensbewertung darstellen (vgl. oben Rz. 25). Entscheidet sich ein Gericht aber gleichwohl dafür, die IDW-Standards als Orientierungshilfe heranzuziehen, so gebietet es der **Grundsatz der Folgerichtigkeit und Konsistenz im Umgang mit Expertenstandards**, in der Regel die im Zeitpunkt der gerichtlichen Entscheidungsfindung aktuelle Fassung zu berücksichtigen.[5]

40 Unabhängig von dieser Überlegenheitsvermutung gehen Rechtsprechung und herrschende Lehre heute überwiegend davon aus, dass eine Unternehmensbewertung auf der Grundlage von **IDW S 1 2005** zu **betriebswirtschaftlich und bewertungsmethodisch besseren Ergebnissen** führt als eine Bewertung auf der Basis

---

1 Allgemein dazu auch im öffentlichen Recht OVG Münster v. 12.4.1978 – VII A 1112/74, NJW 1979, 772 mit folgendem Leitsatz: „Setzen zwei im Rahmen eines immissionsschutzrechtlichen Genehmigungsverfahrens (an sich) zu beachtende Verwaltungsvorschriften bzw. als sog. antizipierte Sachverständigenaussage zu bewertende Regelwerte unterschiedliche Immissionsrichtwerte fest, so ist der rechtlichen Beurteilung in der Regel die neue Vorschrift zugrunde zu legen."; zur Behandlung neuer Erkenntnisse als neue Tatsachen i.S.d. § 49 Abs. 2 Nr. 3 VwVfG auch *Sachs* in Stelkens/Bonk/Sachs, 8. Aufl. 2014, § 49 VwVfG Rz. 63.
2 Vgl. IDW S 1 2005, WPg 2005, 1303 mit Fn. 1: „Verabschiedet vom Hauptfachausschuss (HFA) am 18.10.2005. Der Standard ist grundsätzlich auch auf Bewertungsstichtage vor seiner Verabschiedung anzuwenden."; dazu auch *Wagner/Jonas/Ballwieser/Tschöpel*, WPg 2006, 1005 (1007); *Kohl/Schilling*, WPg 2007, 70 (71); *Schwetzler*, Finanz Betrieb 2008, 30 (37).
3 So aber OLG Frankfurt v. 26.8.2009 – 5 W 35/09, BeckRS 2010, 29010.
4 Wie hier *Bungert*, WPg 2008, 811 (819).
5 Im Ergebnis ebenso OLG Stuttgart v. 19.1.2011 – 20 W 2/07, AG 2011, 420, Leitsatz 2.

von IDW S 1 2000.[1] Das OLG Frankfurt spricht in seinem jüngsten Beschluss sogar von einem „in der Fachliteratur und der Praxis weitgehend anerkannten Paradigmenwechsel"[2].

---

[1] Vgl. OLG Frankfurt v. 28.3.2014 – 21 W 15/11, AG 2014, 822; *Dausend/Schmitt*, Finanz Betrieb 2006, 153 ff.; *Jonas/Löffler/Wiese*, WPg 2004, 898 (904 f.); *Riegger/Gayk* in KölnKomm. AktG, 3. Aufl. 2013, Anh. § 11 SpruchG Rz. 61; *Stehle*, WPg 2006, 906 (915 f.); *Stephan* in K. Schmidt/Lutter, 3. Aufl. 2015 (im Erscheinen), § 305 AktG Rz. 63; eingehend auch *Hower*, Unternehmensbewertung mit dem TAX-CAPM, Fortschritt oder nicht pragmatische Komplexitätssteigerung?, 2008, S. 167 (Ergebnis); **abw.** KG v. 19.5.2011 – 2 W 154/08, AG 2011, 627 (628).

[2] OLG Frankfurt v. 28.3.2014 – 21 W 15/11, AG 2014, 822.

§ 14
Verbundvorteile/Synergieeffekte

	Rz.		Rz.
I. Begriffsklärung	1	2. Abfindungsanspruch bei gesellschaftsrechtlichen Umstrukturierungen	
II. Problemstellung	4		
III. Position der Bewertungspraxis und -lehre		a) Fallgruppen	37
1. IDW S 1	7	b) Meinungsstand	41
2. Betriebswirtschaftslehre	9	c) Stellungnahme	44
IV. Verfassungsrechtliche Vorgaben	13	3. Gesellschafterausschluss im GmbH-Recht	50
V. Abfindungen	16	**VI. Anteilstausch**	
1. Squeeze-out gem. §§ 327a ff. AktG		1. Verschmelzung	
a) Ausgangslage	17	a) Ausgangslage	53
b) Rechtsprechung und Schrifttum	20	b) Rechtsprechung und Schrifttum	56
c) Stellungnahme	26	c) Grundlagen	59
d) Verteilungsschlüssel	31	d) Stellungnahme	61
		2. Abfindung in Aktien gem. § 305 AktG	67
		3. Weitere Fallgruppen	70
		VII. Summe	72

Schrifttum: *Adolff*, Unternehmensbewertung im Recht der börsennotierten Aktiengesellschaft, 2007; *Aschauer*, Unternehmensbewertung beim Gesellschafterausschluss, 2009; *Aschauer/Purtscher*, Einführung in die Unternehmensbewertung, 2011; *Böcking*, Das Verbundberücksichtigungsprinzip als Grundsatz ordnungsgemäßer Unternehmensbewertung, FS Moxter, 1994, S. 1407; *Brudney/Chirelstein*, A Restatement of Corporate Freezeouts, 87 Yale L. J. 1354 (1978); *Busse von Colbe*, Berücksichtigung von Synergien vs. Stand-alone-Prinzip bei der Unternehmensbewertung, ZGR 1994, 595; *Coates*, „Fair Value" as an Avoidable Rule of Corporate Law: Minority Discounts in Conflict Transactions, 147 U. Pa. L. Rev. 1251 (1999); *Decher*, Verbundeffekte im Aktienkonzernrecht und im Recht der Unternehmensbewertung, FS Hommelhoff, 2012, S. 115; *Dirrigl*, Synergieeffekte beim Unternehmenszusammenschluss und Bestimmung des Umtauschverhältnisses, DB 1990, 185; *Doralt*, Zur Entwicklung eines österreichischen Konzernrechts, ZGR 1991, 252; *Doralt/Nowotny/Kalss*, AktG, 2. Aufl. 2012; *Drukarczyk*, Zum Problem der angemessenen Barabfindung bei zwangsweise ausscheidenden Anteilseignern, AG 1973, 357; *Easterbrook/Fischel*, Corporate Control Transactions, 91 Yale L. J. 698 (1982); *Fleischer*, Die Barabfindung außenstehender Aktionäre nach den §§ 305 und 320b AktG: Stand-alone-Prinzip oder Verbundberücksichtigungsprinzip?, ZGR 1997, 368; *Fleischer*, Unternehmensbewertung bei aktienrechtlichen Abfindungsansprüchen: Bestandsaufnahme und Reformperspektiven im Lichte der Rechtsvergleichung, AG 2014, 97; *Gall/Potyka/Winner*, Squeeze-out, 2006; *Großfeld*, Recht der Unternehmensbewertung, 7. Aufl. 2012; *Herfs/Wyen*, Aktien statt Cash – Offene Fragen beim Tauschangebot unter dem WpÜG, FS Hopt, 2010, S. 1955; *Hommel/Braun*, Marktorientierte Unternehmensbewertung – der Börsenkurs auf dem Prüfstand, BB-Beilage 6/2002, 10; *Hüffer/Schmidt-Aßmann/Weber*, Anteilseigentum, Unternehmenswert und Börsenkurs, 2004; *Hügel*, Verschmelzung und Einbringung, 1993; *Hüttemann*, Unternehmensbewertung als Rechtsproblem, ZHR 1998, 563; *IDW*, WP Handbuch 2014, Bd. II, 14. Aufl. 2014; *Kalss*,

Anlegerinteressen – Der Anleger im Handlungsdreieck zwischen Vertrag, Verband und Markt, 2001; *Kalss*, Verschmelzung – Spaltung – Umwandlung, 2. Aufl. 2010; *Kalss/Zollner*, Squeeze-out, 2007; *Koppensteiner*, Unternehmensverträge de lege ferenda. Eine Skizze, FS Ostheim, 1990, S. 403; *Kort*, Ausgleichs- und Abfindungsrecht (§§ 304, 305 AktG) beim Beitritt eines herrschenden Unternehmens zu einem Beherrschungsvertrag, ZGR 1999, 402; *Kranebitter*, Unternehmensbewertung für Praktiker, 2005; *Kropff*, Rechtsfragen der Abfindung ausscheidender Aktionäre, DB 1962, 155; *Kübler/Schmidt*, Gesellschaftsrecht und Konzentration, 1988; *Lutter*, Materielle und förmliche Erfordernisse eines Bezugsrechtsausschlusses – Besprechung der Entscheidung BGHZ 71, 40 (Kali + Salz), ZGR 1979, 401; *Mandl/Rabel*, Unternehmensbewertung, 1997; *Mandl/Rabel*, Zur Abfindung von Minderheitsaktionären: Die Auswahl des Bewertungsverfahrens, FS Loitlsberger, 2001, S. 205; *Matschke*, Funktionale Unternehmensbewertung, Bd. II, Der Arbitriumwert, 1979; *Maul*, Unternehmens- und Anteilsbewertung im Spruchstellenverfahren, FS Drukarczyk, 2003, S. 256; *Mertens*, Zur Geltung des Stand-alone-Prinzips für die Unternehmensbewertung bei der Zusammenführung von Unternehmen, AG 1992, 321; *Moxter*, Grundsätze ordnungsgemäßer Unternehmensbewertung, 2. Aufl. 1983; *Seicht*, Und es gibt ihn doch, den „objektivierten Unternehmenswert", RWZ 2004, 161; *Spindler/Klöhn*, Ausgleich gem. § 304 AktG, Unternehmensbewertung und Art. 14 GG, Der Konzern 2003, 511; *Subramanian*, Fixing Freezeouts, 115 Yale L.J. 2 (2005); *Talos/Winner*, EU-Verschmelzungsgesetz, 2013; *Winner*, Wert und Preis im Zivilrecht, 1997; *Winner*, Bewertungsprobleme bei Umgründungen, in Artmann/Rüffler/Torggler, Unternehmensbewertung (im Druck); *Zwirner*, Berücksichtigung von Synergieeffekten bei Unternehmensbewertungen, DB 2013, 2874.

I. Begriffsklärung

Der einschlägige Standard des Instituts der Wirtschaftsprüfer definiert Synergieeffekte wie folgt: „Unter Synergieeffekten versteht man die **Veränderung der finanziellen Überschüsse, die durch den wirtschaftlichen Verbund zweier oder mehrerer Unternehmen entstehen** und von der Summe der isoliert entstehenden Überschüsse abweichen."[1] Diese Synergieeffekte können positiv sein; dann bezeichnet man sie auch als Verbundvorteile,[2] bei denen der Wert des Ganzen mehr als die Summe seiner Teile ist. Solche Verbundvorteile können z.B. in Größenvorteilen liegen, die sich aus der Integration zweier Unternehmen ergeben, aber auch aus der Ergänzung unterschiedlicher Produktportfolios oder der Ausnützung steuerlicher Verlustvorträge. Auch negative Synergien sind möglich, wenn die Unternehmensintegration i.E. nachteilig ist. So können aus der Integration unterschiedlicher Unternehmenskulturen nachteilige Effekte oder aus der Anpassung abweichender IT-Systeme im Bankenbereich unmittelbar messbare Kosten entstehen. In der Folge geht es immer um den (positiven oder negativen) Nettosynergieeffekt, der sich aus der Berücksichtigung verschiedener Einflussfaktoren ergibt.

1

(Positive) Synergieeffekte sind die tatsächlich beobachtbaren Ergebnisse der Zusammenführung. Aus Sicht ex ante, also vor der Transaktion, ist die Bezeichnung als „**Synergiepotentiale**" oder „erwartete Synergieeffekte"[3] genauer,

2

---

1 IDW S 1 (i.d.F. 2008), Rz. 33.
2 *Großfeld*, Recht der Unternehmensbewertung, Rz. 326.
3 So IDW S 1 (i.d.F. 2008), Rz. 13.

weil es um noch zu hebende, aber doch schon erwartete Vorteile geht.[1] In der Folge werden auch diese Synergiepotentiale zuweilen als Synergieeffekte bezeichnet. Gerade die Einschätzung von Synergiepotentialen ist eine häufige Fehlerquelle bei Bewertungen. Denn sie werden einerseits vor einer Transaktion zwischen unabhängigen Vertragspartnern häufig überschätzt, genauso wie die mit der Hebung der Vorteile verbundenen Kosten regelmäßig unterschätzt werden;[2] denn „der Bewerter muss ein Unternehmen unterstellen, das wesentlich andere Eigenschaften hat als dasjenige, das er vor sich sieht."[3] Andererseits sind die Synergiepotentiale im Informationswesen der Gesellschaft regelmäßig nicht näher dokumentiert, sondern nur einigen von einer Transaktion Betroffenen bekannt; eine Offenlegung kann – wie in allen Fällen der Informationsasymmetrie – im Einzelfall auch unterbleiben, insb. wenn der Informierte bei ordnungsgemäßer Offenbarung Teile dieser Gewinne abgeben muss.[4]

3 **Echte Synergieeffekte** können einzig durch das Zusammenwirken zweier bestimmter Unternehmen aufgrund der spezifischen Gegebenheiten erreicht werden; sie sind mit der konkreten Bewertungssituation eng verbunden.[5] Dazu gehören z.B. die sich ergänzenden Produktportfolios zweier konkreter Marktteilnehmer. Hingegen sind **unechte** Synergieeffekte solche, die zumindest grundsätzlich mit jedem Unternehmen und somit unabhängig vom konkreten Bewertungsanlass erzielt werden können.[6] Hierzu gehören die oben erwähnten Größenvorteile oder auch steuerliche Verlustvorträge.

II. Problemstellung

4 Synergieeffekte sind wichtige **Treiber für Unternehmenstransaktionen**.[7] Dass sie (und andere Transaktionsgewinne) für den Erwerber eines Unternehmens oder eines kontrollierenden Anteils von Relevanz sind, ist unbestritten. Dass der Verkäufer in einer Verhandlungssituation einen möglichst großen Anteil dieser Effekte für sich beanspruchen wird, ebenso. Dient die Bewertung als Entscheidungshilfe für Käufer und Verkäufer, so geht es darum, diese Effekte zu schätzen und einzupreisen. Die Verteilung ist dann Sache der Verhandlungspartner.

5 Wird der Bewerter allerdings im Rahmen eines **gesetzlichen Bewertungsanlasses**, insb. im Spruchverfahren, tätig, so muss er zumeist einen Wert ermitteln, der in weiterer Folge einer bestimmten Maßnahme zugrunde gelegt wird, sei es, weil es um die Kontrolle der Angemessenheit privatautonom ausgehandel-

---

1 *Peemöller/Kunowski* in Peemöller, Praxishandbuch der Unternehmensbewertung, S. 294.
2 *Ballwieser/Hachmeister*, Unternehmensbewertung, S. 229, 231.
3 *Moxter*, Grundsätze ordnungsgemäßer Unternehmensbewertung, S. 93.
4 *Busse v. Colbe*, ZGR 1994, 595 (608); *Maul* in FS Drukarczyk, 2003, S. 256 (268).
5 *Peemöller/Kunowski* in Peemöller, Praxishandbuch der Unternehmensbewertung, S. 294.
6 IDW S 1 (i.d.F. 2008), Rz. 34; *Zwirner*, DB 2013, 2874 (2876).
7 *Busse v. Colbe*, ZGR 1994, 595 (602 f.).

ter Transaktionsbedingungen für nicht an den Verhandlungen beteiligte Dritte geht (so z.B. bei der Konzentrationsverschmelzung zugunsten der überstimmten Gesellschafter), sei es, weil die Transaktionsbedingungen einseitig von einer Partei festgelegt wurden und auf ihre Richtigkeit zu überprüfen sind (so z.B. bei der angemessenen Abfindung des Squeeze-out). In diesen Fällen muss der Bewerter auch entscheiden, wem die Vorteile aus der Maßnahme zukommen sollen: demjenigen, der die Anteile erwirbt, demjenigen, der sie abgibt, oder beiden Parteien anteilsmäßig, was die Zusatzfrage aufwirft, wie diese Anteile zu bestimmen sind. Diese Rechtsfrage[1] ist Kernthema des folgenden Beitrags.[2]

Zu diesem Thema finden sich **im juristischen Schrifttum wenig allgemeine Ausführungen**.[3] Vielmehr setzt die Diskussion bei den einzelnen Bewertungsanlässen an, was insofern konsequent ist, als die rechtlichen Vorgaben für den relevanten Normwert[4] für jeden Bewertungsanlass gesondert ermittelt werden müssen; vgl. § 1 Rz. 7, 32 sowie zur Abgrenzung von Tat- und Rechtsfrage § 28 Rz. 5 ff. Hingegen zeigt die Betriebswirtschaftslehre insofern ein unbefangeneres Herangehen und scheut vor generalisierenden Aussagen weniger zurück, die auch an die Spitze des folgenden Beitrags gestellt werden. Danach folgt eine Diskussion einzelner Bewertungsanlässe, nach Verwandtschaft gegliedert, bevor der Beitrag mit einigen allgemeinen Aussagen schließt. Die Darstellung stellt jene Bewertungsanlässe in den Mittelpunkt, die nach dem SpruchG zu behandeln sind, und streift weitere ausgewählte kapitalgesellschaftsrechtliche Anlässe; eine Behandlung jedes denkbaren rechtlichen Kontextes ist nicht möglich.

III. Position der Bewertungspraxis und -lehre

1. IDW S 1

Der einschlägige IDW S 1[5] geht davon aus, dass bei gesellschaftsrechtlichen und vertraglichen Bewertungsanlässen (wie z.B. der Anteilsbewertung beim Squeeze-out), um die es in diesem Beitrag schwerpunktmäßig geht, der sog. **objektivierte Unternehmenswert** ermittelt werden muss.[6] Dieser „stellt einen in-

---

1 *Fleischer*, AG 2014, 97 (109). So auch hier § 28 Rz. 39.
2 Daneben lassen sich die Erkenntnisse weitgehend auch auf vertraglich festgelegte Bewertungsanlässe übertragen.
3 Vgl. aber *Großfeld*, Recht der Unternehmensbewertung, Rz. 326 ff.
4 Zu diesem *Großfeld*, Recht der Unternehmensbewertung, Rz. 160 ff. Vgl. auch schon *Kropff*, DB 1962, 155; *Hirte/Hasselbach* in Großkomm. AktG, 4. Aufl. 2005, § 305 AktG Rz. 62 ff.; *Hügel*, Verschmelzung und Einbringung, S. 187.
5 Ähnlich der neue österreichische Standard KSF/BW 1 2014 für die objektivierte Bewertung, wobei freilich offengelassen wird, ob bei gesetzlichen Bewertungsanlässen nicht abweichende gesetzl. Vorgaben die Berücksichtigung von Synergien verlangen; dazu *Winner* in Artmann/Rüffler/Torggler, Unternehmensbewertung (im Druck).
6 IDW S 1 (i.d.F. 2008), Rz. 31.

tersubjektiv nachprüfbaren Zukunftserfolgswert aus Sicht der Anteilseigner dar";[1] näher dazu § 1 Rz. 7. Im Rahmen der Ermittlung eines objektivierten Werts sind die Überschüsse aus unechten Synergieeffekten (oben Rz. 3) zu berücksichtigen, soweit „die Synergie stiftenden Maßnahmen bereits eingeleitet oder im Unternehmenskonzept dokumentiert sind."[2] Das noch nicht konkretisierte Potential bleibt somit auch bei unechten Synergiegewinnen unberücksichtigt. Hingegen werden im Umkehrschluss **echte Synergieeffekte grundsätzlich nicht berücksichtigt**; denn die Bewertung basiert auf der Fortführung des bisherigen Unternehmenskonzepts. Diesbezüglich ähnlich gehen die rezenten DVFA „Best-Practice Empfehlungen Unternehmensbewertung", die für die Ermittlung angemessener Abfindungen gelten sollen, zwar zunächst von der Maßgeblichkeit einer angenommenen künftigen geplanten Unternehmenspolitik aus, nehmen aber den Blickwinkel des „markttypischen Erwerbers" ein, weswegen „rein käuferindividuelle Synergien" ausgeklammert bleiben sollen.[3]

8 Anderes gilt nur bei der Ermittlung des **subjektiven Entscheidungswerts** (Grenzwerts), also denjenigen Preisen, die ein Investor für ein Unternehmen höchstens zahlen darf bzw. die ein Verkäufer mindestens erlangen muss;[4] näher dazu § 1 Rz. 1. Hier sind aus Sicht des Käufers grundsätzlich alle realisierbaren Möglichkeiten zu berücksichtigen, auch wenn sie noch nicht Bestandteil des zum Bewertungsstichtag dokumentierten Unternehmenskonzepts sind.[5] Daraus folgt, dass bei der Ermittlung des Entscheidungswerts des Käufers sowohl echte als auch unechte Synergieeffekte berücksichtigt werden.[6] Hingegen sind für die Preisuntergrenze des Verkäufers nur unechte Synergieeffekte von Relevanz, soweit sie für ihn nach der Transaktion wegfallen würden;[7] auf die Dokumentation im Unternehmenskonzept scheint es für die Verkäufersicht nicht anzukommen.

2. Betriebswirtschaftslehre

9 Ausgangspunkt der Überlegungen der Betriebswirtschaftslehre ist, dass es neben der Ermittlung von Grenzwerten (oben Rz. 8) auch Aufgabe des Bewerters sein kann, einen **Schiedswert** festzulegen.[8] Dabei hat er einen Einigungspreis zu suchen, der die Interessen beider Parteien ausreichend berücksichtigt. In einer sog. dominierten Konfliktsituation, bei der die eine Partei den Bewertungs-

---

1 IDW S 1 (i.d.F. 2008), Rz. 29.
2 IDW S 1 (i.d.F. 2008), Rz. 34.
3 Deutsche Vereinigung für Finanzanalyse und Asset Management, Best-Practice-Empfehlungen Unternehmensbewertung (http://www.dvfa.de/fileadmin/downloads/Publikationen/Standards/DVFA_Best_Practice_Empfehlungen_Unternehmensbewertung.pdf), S. 11.
4 IDW S 1 (i.d.F. 2008), Rz. 12.
5 IDW S 1 (i.d.F. 2008), Rz. 49.
6 IDW S 1 (i.d.F. 2008), Rz. 50.
7 IDW S 1 (i.d.F. 2008), Rz. 51.
8 *Moxter*, Grundsätze ordnungsgemäßer Unternehmensbewertung, S. 16 ff.; *Matschke/Brösel*, Unternehmensbewertung, S. 479 ff.

anlass herbeiführen kann, während der anderen keine Entscheidungsfreiheit zukommt,[1] wird dieser Einigungspreis zumeist im Rahmen eines Spruchverfahrens oder sonstiger gerichtlicher Verfahren ermittelt.

Die **betriebswirtschaftliche Praxisliteratur** lehnt sich für dominierte Konfliktsituationen zum Großteil an IDW S 1 an und spricht sich gegen eine Berücksichtigung echter Synergieeffekte aus, während unechte Verbundvorteile innerhalb der durch den Standard vorgegebenen Grenzen berücksichtigt werden sollen.[2]

10

Hingegen wird im mehr **grundlagenorientierten Schrifttum** für die Schiedswertermittlung überwiegend vertreten, dass für den vorzunehmenden Interessenausgleich die Entscheidungswerte beider Parteien zu berücksichtigen (und damit auch zu ermitteln) sind.[3] Zwischen diesen Werten sei ein angemessener Kompromiss zu finden. Nach diesem Ansatz sind positive Synergieeffekte zu berücksichtigen, wobei diese Schlussfolgerung erstmals in den 70er-Jahren gezogen wurde.[4] Der überwiegende[5] Teil des heutigen grundlagenorientierten Schrifttums sieht dies ebenso.[6] Das gilt auch bei dominierten Bewertungsanlässen wie z.B. beim Ausschluss von Minderheitsgesellschaftern. Bei diesen sind aber negative (Netto-)Synergieeffekte nicht abfindungsmindernd zu berücksichtigen; die zu schützende Partei muss m.a.W. zumindest ihren Entscheidungswert ersetzt erhalten.[7]

11

Nach diesem Ansatz dient die volle Entschädigung bei dominierten Bewertungsanlässen i.E. der Simulation möglicher Ergebnisse von Vertragsverhandlungen. Damit wird freilich die Frage der **angemessenen Aufteilung des Transaktionsgewinns** nicht gelöst. Vertreten wird im Schrifttum die hälftige Tei-

12

---

1 Für alle *Drukarczyk/Schüler*, Unternehmensbewertung, S. 82 f.; *Mandl/Rabel*, Unternehmensbewertung, S. 390 f.
2 *Castedello* in IDW, WP Handbuch 2014, Bd. II, A Rz. 90 f.; *Mühlehner* in Kranebitter, Unternehmensbewertung für Praktiker, 2005, S. 39 (49); *Zwirner*, DB 2013, 2874 ff.
3 *Aschauer/Purtscher*, Einführung in die Unternehmensbewertung, S. 103; *Mandl/Rabel*, Unternehmensbewertung, S. 397 ff.
4 *Drukarczyk*, AG 1973, 357 ff.; *Matschke*, Funktionale Unternehmensbewertung, Bd. II, Der Arbitriumwert, passim; *Moxter*, Grundsätze ordnungsgemäßer Unternehmensbewertung, S. 91 ff.: „Verbundberücksichtigungsprinzip".
5 Anders aber z.B. *Mandl/Rabel* in FS Loitlsberger, 2001, S. 205 (210) (Minderheitsgesellschafter sollen durch Ausschluss vermögensmäßig nicht schlechter gestellt werden, weswegen Transaktionsgewinn nicht zu berücksichtigen sei).
6 *Angermayer-Michler/Oser* in Peemöller, Praxishandbuch der Unternehmensbewertung, S. 1101 (1114); *Böcking* in FS Moxter, 1994, S. 1407 (1409); *Busse v. Colbe*, ZGR 1994, 595 (602 ff.); *Mandl/Rabel*, Unternehmensbewertung, S. 406 f.; *Matschke/Brösel*, Unternehmensbewertung, S. 591 ff.; *Maul* in FS Drukarczyk, 2003, S. 256 (267).
7 *Angermayer-Michler/Oser* in Peemöller, Praxishandbuch der Unternehmensbewertung, S. 1101 (1107); *Drukarczyk/Schüler*, Unternehmensbewertung, S. 90; *Mandl/Rabel*, Unternehmensbewertung, S. 407; *Matschke/Brösel*, Unternehmensbewertung, S. 482, 586 f.

lung,[1] eine Teilung nach den Ertragswerten[2] oder nach den jeweils erzielten Zugewinnen der Ertragswerte.[3] Rationale Begründungen für die Vorzugswürdigkeit einer Methode fehlen zumeist.

IV. Verfassungsrechtliche Vorgaben

13   Gesellschaftsanteile sind nach der Position des BVerfG vermögenswerte Privatrechte und unterliegen dem verfassungsrechtlichen Eigentumsschutz gem. Art. 14 Abs. 1 GG.[4] Bei Entzug des Eigentums muss der Gesellschafter für die Beeinträchtigung seiner vermögensrechtlichen Stellung und den Verlust seiner Rechtsposition **wirtschaftlich voll entschädigt** werden,[5] was zu einem Ersatz des „wirklichen" bzw. „wahren" Werts der Anteile führt.[6] In Zusammenhang mit der Abfindung bei Abschluss eines Beherrschungsvertrags hielt das BVerfG fest: „Darüber hinaus muß die Abfindung so bemessen sein, daß die Minderheitsaktionäre jedenfalls nicht weniger erhalten, als sie bei einer freien Deinvestitionsentscheidung zum Zeitpunkt des Unternehmensvertrags oder der Eingliederung erlangt hätten;"[7] dies bedeute jedoch nicht, dass vom Mehrheitsaktionär tatsächlich bezahlte Paketpreise heranzuziehen seien, da sich in diesen nur der Grenznutzen widerspiegle, den der Mehrheitsaktionär aus den erworbenen Aktien ziehen kann.[8] An diesen Grundsätzen hielt das BVerfG in der Folge auch zur Eingliederung,[9] zum aktienrechtlichen[10] und zum übernahmerechtlichen[11] Squeeze-out sowie zur Verschmelzung[12] fest.

14   Insbes. das Urteil zum übernahmerechtlichen Squeeze-out ist im vorliegenden Zusammenhang von Interesse: Einerseits genüge es aus verfassungsrechtlicher Sicht, wenn die Bewertung den **vollen Ausgleich** für den von den Minderheitsaktionären hinzunehmenden Verlust sicherstelle;[13] andererseits sei es verfas-

---

1   Z.B. *Mandl/Rabel*, Unternehmensbewertung, S. 406 f.
2   Z.B. *Angermayer-Michler/Oser* in Peemöller, Praxishandbuch der Unternehmensbewertung, S. 1101 (1115).
3   Übersicht bei *Fleischer*, ZGR 1997, 368 (381).
4   BVerfG v. 7.8.1962 – 1 BvL 16/60 – „Feldmühle", BVerfGE 14, 263 (276).
5   So schon BVerfG v. 7.8.1962 – 1 BvR 16/60 – „Feldmühle", BVerfGE 14, 263 (283).
6   BVerfG v. 27.4.1999 – 1 BvR 1613/94 – „DAT/Altana" – Rz. 57, BVerfGE 100, 289 = AG 1999, 566.
7   BVerfG v. 27.4.1999 – 1 BvR 1613/94 – „DAT/Altana" – Rz. 57, BVerfGE 100, 289 = AG 1999, 566.
8   BVerfG v. 27.4.1999 – 1 BvR 1613/94 – „DAT/Altana" – Rz. 59, BVerfGE 100, 289 = AG 1999, 566.
9   BVerfG v. 26.4.2011 – 1 BvR 2658/10 – Rz. 21, AG 2011, 511 = NZG 2011, 869.
10 So kurz BVerfG v. 9.12.2009 – 1 BvR 1542/06 – Rz. 21, AG 2010, 160.
11 BVerfG v. 16.5.2012 – 1 BvR 96/09, 1 BvR 117/09, 1 BvR 118/09, 1 BvR 128/09 – Rz. 17, AG 2012, 625.
12 Entschieden durch BVerfG v. 26.4.2011 – 1 BvR 2658/10 – Rz. 22, AG 2011, 511. Zunächst offen gelassen in BVerfG v. 30.5.2007 – 1 BvR 1267/06, 1 BvR 1280/06 – Rz. 18, AG 2007, 697; BVerfG v. 20.12.2010 – 1 BvR 2323/07 – Rz. 11, AG 2011, 128.
13 BVerfG v. 16.5.2012 – 1 BvR 96/09, 1 BvR 117/09, 1 BvR 118/09, 1 BvR 128/09 – Rz. 18, AG 2012, 625.

sungsrechtlich nicht erforderlich, dass „[b]loße, in dem aktuellen Wert des konkreten Eigentums noch nicht abgebildete Gewinnerwartungen und in der Zukunft liegende Verdienstmöglichkeiten sowie Chancen und Gegebenheiten, innerhalb derer ein Unternehmen seine Tätigkeit entfaltet," ausgeglichen würden.[1]

Dem Diktum über bloße in der Zukunft liegende Verdienstmöglichkeiten kann wohl entnommen werden, dass **Synergiepotentiale** (jedenfalls im Sinne echter Synergien) **aus verfassungsrechtlicher Sicht nicht in die Bewertung einfließen müssen**, auch wenn es im konkreten Fall bloß um die Frage ging, ob die Angemessenheitsvermutung gem. § 39a Abs. 3 WpÜG („Markttest" der Abfindung) durch eine Unternehmensbewertung erschüttert werden kann. Neben dieser Aussage zeigt die Gesamtschau der verfassungsrechtlichen Entscheidungen m.E. deutlich, dass eine Weitergabe von Transaktionsvorteilen für Zwecke des Art. 14 Abs. 1 GG nicht erforderlich ist. Das bedeutet aber nur, dass aus verfassungsrechtlichen Gründen die Abgeltung der Synergiepotentiale nicht geboten ist. Deswegen ist sie aber noch lange nicht verfassungsrechtlich unzulässig;[2] diese Frage ist anhand der Wertungen des einfachen Gesetzesrechts zu entscheiden.

15

V. Abfindungen

In **zahlreichen Konstellationen** kann es dazu kommen, dass die Gesellschafter Geld für ihre Anteile erhalten. Zwei Grundkonstellationen lassen sich unterscheiden. Einerseits können die Gesellschafter unter unterschiedlichen Voraussetzungen ausgeschlossen werden; sie können den Anteilsverlust nicht verhindern, wie vor allem beim Squeeze-out, aber auch bei dem Ausschluss aus wichtigem Grund bei der GmbH. Andererseits können die Gesellschafter bei bestimmten Maßnahmen der Gesellschaft oder ihres Mehrheitsgesellschafters ihre Anteile gegen eine Barabfindung andienen, wie insb. beim Abschluss von Unternehmensverträgen gem. § 305 AktG, aber auch in Umwandlungssituationen. Bis 2013 hatte zu dieser Fallgruppe auch das Austrittsrecht bei einem Delisting einer börsennotierten Gesellschaft gehört;[3] wegen der Rechtsprechungswende des BGH[4], der nunmehr den Minderheitsgesellschaftern in solchen Fällen kein Austrittsrecht zugesteht, wird diese Frage im Folgenden nicht behandelt.[5] In der Folge wird zunächst die Rechtslage für den Squeeze-out

16

---

1 BVerfG v. 16.5.2012 – 1 BvR 96/09, 1 BvR 117/09, 1 BvR 118/09, 1 BvR 128/09 – Rz. 23, AG 2012, 625; so schon BVerfG v. 23.8.2000 – 1 BvR 68/95, 1 BvR 147/97 – „MotoMeter" – Rz. 17, AG 2001, 42.
2 So zu Recht *Adolff*, Unternehmensbewertung im Recht der börsennotierten Aktiengesellschaft, S. 400; *Paulsen* in MünchKomm. AktG, 3. Aufl. 2010, § 305 AktG Rz. 137.
3 Vgl. grundlegend BGH v. 25.11.2002 – II ZR 133/01, AG 2003, 273.
4 BGH v. 8.10.2013 – II ZB 26/12, AG 2013, 877; verfassungsrechtl. Grundlegung durch BVerfG v. 11.7.2012 – 1 BvR 3142/07, 1 BvR 1569/08, AG 2012, 557.
5 Daneben kann einzelnen Gesellschaftern aber auch auf vertraglicher Basis das Recht zustehen, ihre Anteile generell oder unter bestimmten Voraussetzungen zurückzugeben.

dargestellt, um hernach auf Besonderheiten bei anderen Abfindungskonstellationen einzugehen.[1] Zur Berücksichtigung von Synergien bei der Bewertung im Rahmen von Pflicht- und Übernahmeangeboten vgl. § 21 Rz. 33.

1. Squeeze-out gem. §§ 327a ff. AktG

a) Ausgangslage

17 Vorteile aus einem Squeeze-out gem. §§ 327a ff. AktG (beim *up-stream merger* allenfalls i.V.m. § 65 Abs. 5 Satz 1 UmwG) können z.b. daraus resultieren, dass der Mehrheitsgesellschafter nach dem Squeeze-out den Konzern straffer führen kann als zuvor, weil er auf die Belange der Minderheitsgesellschafter keine Rücksicht nehmen muss.[2] So kann die Konzerntochter nach dem Ausschluss der Minderheit i.E. als unselbständige Betriebsabteilung geführt werden, solange auf die Interessen der Gläubiger Bedacht genommen wird. Neben diesen Synergieeffekten im engeren Sinn, gibt es ganz allgemein **Transaktionsvorteile** (z.B. effizientere Unternehmensführung oder Entfall von Kosten der Börsennotierung). Auch solche Wertsteigerungen sind nach den im Folgenden aufgestellten Regeln zu beurteilen.

18 Bei einer Bewertung *stand alone* wird für die Ermittlung der angemessenen Abfindung nur das Unternehmen der Gesellschaft bewertet, deren Minderheitsaktionäre ausscheiden sollen, ohne dass die Vorteile berücksichtigt werden, die sich erst aus dem Ausschluss ergeben. Dieses Vorgehen bedeutet i.E., dass der **Transaktionsgewinn** nicht zwischen den Parteien der dominierten Transaktion, dem Ausschließenden einer- und den Ausgeschlossenen andererseits, aufzuteilen ist; er kommt vielmehr **zur Gänze demjenigen zu Gute, der die zu bewertenden Gesellschaftsanteile übernimmt**. Wenn das rechtsrichtig ist, so geht die Ermittlung eines objektivierten Unternehmenswerts zu Lasten desjenigen, der seine bisherige Position aufgeben muss.[3] Alternativ ist es denkbar, dass zwischen den Grenzpreisen der Parteien ein angemessener Ausgleich zu finden ist. Dann wird zwar der Grenzpreis der Ausscheidenden anhand objektiver Faktoren bestimmt,[4] dieser stellt aber nur einen Eckpfeiler für die Bestimmung des Schiedswerts dar, der unter Berücksichtigung der subjektiven Faktoren auf Seite der Gegenpartei festgelegt wird.

19 Wie der Schiedswert beim Squeeze-out konkret zu ermitteln ist, also welcher Teil des Transaktionsgewinns bei fairer Bewertung denjenigen zusteht, deren

---

1 Damit weicht die vorliegende Darstellung von der üblichen aktienrechtl. Systematik ab, nach der (vor allem aus Gründen der Rechtsentwicklung) die einschlägigen Fragen überwiegend im Rahmen des Abfindungsanspruchs nach § 305 AktG diskutiert werden.
2 Vgl. *Coates*, U. Pa. L. Rev. 1328 (1999).
3 Für alle *Busse v. Colbe*, ZGR 1994, 595 (604).
4 Somit sind besondere subjektive Verhältnisse einzelner Gesellschafter (z.B. aus steuerrechtl. Faktoren) wegen der vorzunehmenden Typisierung nicht zu berücksichtigen; vgl. *Mandl/Rabel*, Unternehmensbewertung, S. 401 ff.

Anteile entzogen werden, ist betriebswirtschaftlich nicht zu beantworten;[1] der Gutachter kann ohne rechtliche Wertungen nur feststellen, dass zu einem bestimmten Preis eine Einigung möglich gewesen wäre, weil dieser Preis zwischen den Entscheidungswerten der Bewertungssubjekte liegt. Der Abfindungsermittlung geht somit die Ermittlung eines **rechtlich determinierten Normwerts** voraus.[2] Die Frage der Berücksichtigung von Synergien ist somit gerichtlich voll überprüfbar.[3]

b) Rechtsprechung und Schrifttum

Die **überwiegende Ansicht** geht zusammengefasst davon aus, dass die Bewertung beim Gesellschafterausschluss den Wert zu ermitteln hat, zu dem der Gesellschafter ohne wirtschaftlichen Nachteil aus Gesellschaft ausscheiden kann; das ist der sog. Grenzpreis. Das Unternehmen der Gesellschaft ist danach *stand alone* zu bewerten, das heißt **ohne Berücksichtigung etwaiger echter Verbundvorteile** aus der Vollintegration. Unechte Verbundeffekte sind hingegen zu berücksichtigen, jedenfalls dann, wenn die entsprechenden Maßnahmen eingeleitet sind oder im Unternehmenskonzept bereits Berücksichtigung gefunden haben. 20

Die Rspr. des BVerfG scheint eine Berücksichtigung der Synergiepotentiale weder zu fordern noch zu verbieten (oben Rz. 13 ff.). Der **BGH** hat sich zu der Frage im Zusammenhang mit dem Squeeze-out gar nicht, im Kontext der Abfindung nach § 305 AktG immerhin vereinzelt geäußert. 1998 hielt der BGH in der *Asea/BBC*-Entscheidung[4] fest, dass die Bewertung des beherrschten Unternehmens als unabhängige Gesellschaft zum Stichtag aufgrund der bisherigen Ertragslage erfolgen müsse; die Verhältnisse der beherrschenden Gesellschaft würden nicht berücksichtigt. Aus beiden Überlegungen heraus sei die Berücksichtigung von echten Synergiepotentialen abzulehnen; maßgebend sei der Grenzwert, zu dem die abfindungsberechtigten Minderheitsgesellschafter aus der Gesellschaft ausscheiden können, ohne wirtschaftliche Nachteile zu erleiden. 21

Es könnte überlegt werden, ob sich aus der *DAT/Altana*-Entscheidung zur Abfindung nach § 305 AktG gegenteilige Anhaltspunkte ergeben.[5] Zunächst hält der BGH dort als unbestritten fest, dass unechte Verbundvorteile (oben Rz. 3) in den Ertragswert der abhängigen AG einfließen;[6] eine Einschränkung auf solche Effekte, bei denen „die Synergie stiftenden Maßnahmen bereits eingeleitet 22

---

1 So auch OLG Stuttgart v. 26.10.2006 – 20 W 14/05 – Rz. 24, NZG 2007, 112, 114 = AG 2007, 128.
2 *Fleischer*, ZGR 1997, 368 (374 ff.); a.A. *Mertens*, AG 1992, 321 (322 f.).
3 *Veil* in Spindler/Stilz, § 305 AktG Rz. 48; vgl. auch *Koppensteiner* in KölnKomm. AktG, 3. Aufl. 2004, § 305 AktG Rz. 65.
4 BGH v. 4.3.1998 – II ZB 5/97 – Rz. 11 ff., BGHZ 138, 136 (140) = AG 1998, 286.
5 BGH v. 12.3.2001 – II ZB 15/00 – „DAT/Altana", BGHZ 147, 108 = AG 2001, 417.
6 BGH v. 12.3.2001 – II ZB 15/00 – „DAT/Altana" – Rz. 26, BGHZ 147, 108 (119) = AG 2001, 417.

oder [die] im Unternehmenskonzept dokumentiert sind" – wie nach IDW S 1 – macht der BGH nicht.[1] Zu den echten Verbundeffekten sagt der BGH in dem Urteil unmittelbar gar nichts. Allerdings sprach sich der BGH für die Berücksichtigung von Börsenkursen als Untergrenze der Abfindung aus, wobei durch den damals gewählten Referenzzeitraum (drei Monate vor dem Tag der beschlussfassenden Hauptversammlung) denkbar war, dass in den Börsenkurs Synergien aus der bekannten Maßnahme bereits eingepreist waren. Aus diesem Grund sah sich der BGH auch zu Aussagen zur Berücksichtigung von Synergiepotentialen veranlasst, ohne dass diesen eine eindeutige Stellungnahme zu entnehmen wäre.[2] Jedenfalls kann dem Urteil keine Aussage entnommen werden, nach der Synergiepotentiale jedenfalls zu berücksichtigen wären.[3] Hinzu kommt, dass der BGH zwischenzeitlich den Referenzzeitraum für die Durchrechnung des Börsenkurses so festgelegt hat, dass Synergieeffekte nicht mehr eingepreist sein sollten; denn es kommt nunmehr auf die letzten drei Monate vor Bekanntmachung der Maßnahme an (näher § 16 Rz. 73 ff.).[4] Damit dürften die Aussagen im *DAT/Altana*-Urteil jedenfalls nicht (mehr) im Sinne einer Berücksichtigung von Synergiepotentialen interpretiert werden.[5]

23 Dem entspricht, dass die **Rspr. der Instanzgerichte** vor und nach dem *DAT/Altana*-Urteil im Wesentlichen die gleiche Linie verfolgt hat: „Echte Verbundvorteile" (z.B. Absatzsynergien), die nur aus der spezifischen Kombination mit dem Mehrheitsgesellschafter erzielt werden können, sind nicht abfindungserhöhend zu berücksichtigen;[6] das gilt auch für sonstige Vorteile, die erst aufgrund des Ausschlusses eintreten, wie z.B. verminderter Kosten der Hauptversammlung.[7] Hingegen sind „unechte Verbundvorteile" abzugelten,[8] jedenfalls dann, wenn die entsprechenden Maßnahmen eingeleitet oder im Unterneh-

---

1 Anders aber *Riegger/Gayk* in KölnKomm. AktG, 3. Aufl. 2013, Anh. § 11 SpruchG Rz. 11.
2 BGH v. 12.3.2001 – II ZB 15/00 – „DAT/Altana" – Rz. 25 ff., BGHZ 147, 108 = AG 2001, 417 (119 ff.).
3 Wie hier *Adolff*, Unternehmensbewertung im Recht der börsennotierten Aktiengesellschaft, S. 394 f.
4 BGH v. 19.7.2010 – II ZB 18/09 – „Stollwerck", BGHZ 186, 229 = AG 2010, 629.
5 Insofern wie hier *Riegger/Gayk* in KölnKomm. AktG, 3. Aufl. 2013, Anh. § 11 SpruchG Rz. 11.
6 Vgl. z.B. BayObLG v. 11.12.1995 – 3Z BR 36/91 – Rz. 39, AG 1996, 176 (zu § 305 AktG); BayObLG v. 19.10.1995 – 3Z BR 17/90 – Rz. 49, AG 1996, 259 (zu § 305 AktG); OLG Celle v. 31.7.1998 – 9 W 128/97 – Rz. 27, AG 1999, 128 (zu § 305 AktG); OLG Stuttgart v. 4.2.2000 – 4 W 15/98 – Rz. 21 ff., AG 2000, 428 (zu § 305 AktG); OLG Stuttgart v. 17.3.2010 – 20 W 9/08 – Rz. 100, AG 2010, 510 (zu §§ 327a ff. AktG); OLG Frankfurt v. 2.5.2011 – 21 W 3/11 – Rz. 37, AG 2011, 828 (zu §§ 327a ff. AktG); OLG Stuttgart v. 5.6.2013 – 20 W 6/10 – Rz. 169, AG 2013, 897 (zu § 305 AktG).
7 OLG München v. 26.10.2006 – 31 Wx 12/06 – Rz. 27, ZIP 2007, 375 (zu §§ 327a ff. AktG); OLG Frankfurt v. 17.6.2010 – 5 W 39/09 – Rz. 22 ff., AG 2011, 717 (zu §§ 327a ff. AktG).
8 BayObLG v. 19.10.1995 – 3Z BR 17/90 – Rz. 49, WM 1996, 526; OLG Celle v. 31.7.1998 – 9 W 128/97 –Rz. 28, NZG 1998, 987, 988 (*Bungert*) = AG 1999, 128 (zu § 305 AktG); OLG Stuttgart v. 26.10.2006 – 20 W 14/05 – Rz. 62, AG 2007, 128 (zu §§ 327a ff. AktG).

menskonzept dokumentiert sind.[1] Nur vereinzelt lassen Entscheidungen die Frage offen[2] oder sprechen sich für die Berücksichtigung von Synergien aus.[3]

Die h.M. im **rechtswissenschaftlichen Schrifttum** folgt der überwiegenden Rspr.[4] (vgl. auch § 1 Rz. 26, 28, 37). Der Gesellschafter sei durch die volle Abfindung vermögensmäßig gleich zu stellen wie vor dem Ausschluss; die Synergiegewinne wären ihm auch zuvor nicht zugestanden.[5] Die Hebung der Verbundvorteile hänge ganz überwiegend vom herrschenden Unternehmen ab[6] und sei auch nicht bereits „in der Wurzel" zum Bewertungsstichtag angelegt[7]. Aus praktischer Sicht wird geltend gemacht, dass echte Verbundvorteile nur schwer quantifizierbar seien und daher aus der Betrachtung ausgeschieden werden sollten.[8] Ebenso wenig sei die richtige Verteilung der Synergiegewinne auf Ober- und Untergesellschaft unmittelbar rechtlich vorgegeben.[9] I.E. werden die Synergiegewinne somit dem Mehrheitsgesellschafter zugeordnet.[10] Hingegen sollen sog. „unechte Verbundvorteile" (z.B. allgemeine Rationalisierungspotentiale oder Verlustvorträge) abzugelten sein,[11] jedenfalls soweit sie zum Gegenstand der Planung gemacht werden oder werden können[12]. Negative (Netto-)Verbundeffekte dürfen jedenfalls zu Lasten der Auszuschließenden nicht berücksichtigt werden.[13]

24

---

1 OLG Stuttgart v. 5.6.2013 – 20 W 6/10 – Rz. 169, AG 2013, 897 (zu § 305 AktG).
2 OLG Stuttgart v. 26.10.2006 – 20 W 14/05 – Rz. 62, AG 2007, 128 (zu §§ 327a ff. AktG mit Sympathien für die Berücksichtigung).
3 Zu einer Sondersituation OLG Frankfurt v. 5.12.2013 – 21 W 36/12, BeckRS 2014, 01047 (zu §§ 327a ff. AktG).
4 *Koch* in Hüffer, § 305 AktG Rz. 33; *Hüffer/Schmidt-Aßmann/Weber*, Anteilseigentum, Unternehmenswert und Börsenkurs, S. 32, 40; *Hüttemann*, ZHR 162 (1998), 563 (593); *Koppensteiner* in KölnKomm. AktG, 3. Aufl. 2004, § 305 AktG Rz. 64 ff.; *Kort*, ZGR 1999, 402 (415); *Mertens*, AG 1992, 321; *Piltz*, Die Unternehmensbewertung in der Rechtsprechung, S. 159 f.; *Riegger/Gayk* in KölnKomm. AktG, 3. Aufl. 2013, Anh. § 11 SpruchG Rz. 11; *Servatius* in Grigoleit, § 305 AktG Rz. 23; *Stephan* in K. Schmidt/Lutter, § 305 AktG Rz. 66 ff.; *Veil* in Spindler/Stilz, § 305 AktG Rz. 45 f., 81; zuletzt *Decher* in FS Hommelhoff, 2012, S. 115 (122 ff.); *Fleischer*; AG 2014, 97 (99).
5 Exemplarisch *Stephan* in K. Schmidt/Lutter, § 305 AktG Rz. 68.
6 *Koppensteiner* in KölnKomm. AktG, 3. Aufl. 2004, § 305 AktG Rz. 65; *Mertens*, AG 1992, 321 (327).
7 *Kort*, ZGR 1999, 402 (416); krit. zu dieser Argumentationslinie § 12 Rz. 17 ff.
8 *Koppensteiner* in KölnKomm. AktG, 3. Aufl. 2004, § 305 AktG Rz. 65. Ähnlich z.B. *Easterbrook/Fischel*, 91 Yale L. J. 728 (1982).
9 Vgl. *Fleischer*, ZGR 1997, 368 (381) m.w.N.; *Koppensteiner* in KölnKomm. AktG, 3. Aufl. 2004, § 305 AktG Rz. 65; *Seicht*, RWZ 2004, 161 (165).
10 Vgl. *Paulsen* in MünchKomm. AktG, 3. Aufl. 2010, § 305 AktG Rz. 137.
11 *Emmerich* in Emmerich/Habersack, Aktien- und GmbH-Konzernrecht, § 305 AktG Rz. 71; *Koch* in Hüffer, § 305 AktG Rz. 33; *Hüttemann*, ZHR 162 (1998), 563 (593); *Koppensteiner* in KölnKomm. AktG, 3. Aufl. 2004, § 305 AktG Rz. 66; *Piltz*, Die Unternehmensbewertung in der Rechtsprechung, S. 160.
12 *Stephan* in K. Schmidt/Lutter, § 305 AktG Rz. 69.
13 Für alle *Emmerich* in Emmerich/Habersack, Aktien- und GmbH-Konzernrecht, § 305 AktG Rz. 70; *Paulsen* in MünchKomm. AktG, 3. Aufl. 2010, § 305 AktG Rz. 135.

25 Die **Gegenmeinung** tritt **für die Berücksichtigung von positiven echten Synergieeffekten** ein und gewinnt zunehmend Anhänger.[1] Die Begründungsmuster sind unterschiedlich. Einerseits bezieht man sich auf die Gleichbehandlung von Mehrheits- und ausscheidenden Minderheitsgesellschaftern.[2] Andererseits wird die Gleichbehandlung des Ausschlusses mit dem Verkauf hervorgehoben, bei dem der Gesellschafter am Synergiegewinn beteiligt würde, weil er im Regelfall mehr als seinen Grenzpreis erhält.[3] Aus gesellschaftsrechtlicher Sicht wird (allerdings als *petitio principii*) argumentiert, dass Synergieeffekte zum Teil im Unternehmen der betroffenen Tochtergesellschaft angelegt sind, weswegen die Aneignung dieser Vorteile allein durch den Mehrheitsgesellschafter eine unzulässige Ausnützung von *corporate opportunities* sei.[4] Volle Entschädigung ist nach diesen Ansätzen jedenfalls mehr als der Grenzwert des Ausscheidenden und impliziert zumindest eine Beteiligung an den Transaktionsgewinnen und daher auch an den Synergieeffekten.[5]

c) Stellungnahme

26 Aus den **Normtexten** lässt sich nichts für die eine oder für die andere Auffassung gewinnen.[6] Der **Maßstab**, nach dem sich die Angemessenheit zu richten hat, bleibt **offen**; denn es wird zwar klar, wer Bewertungsobjekt (die Gesellschaft), aber nicht wer Bewertungssubjekt sein soll.[7] Auch aus Bildern, z.B. dass die Effekte am Bewertungsstichtag „in der Wurzel" vorliegen müssen, lässt sich für eine problemadäquate Lösung nichts gewinnen.

27 Die gegen die Berücksichtigung von Verbundvorteilen vorgebrachten **praktischen Schwierigkeiten überzeugen nicht.** Diese Probleme sind jeder Bewertung

---

1 *Adolff*, Unternehmensbewertung im Recht der börsennotierten Aktiengesellschaft, S. 386 ff.; *Emmerich* in Emmerich/Habersack, Aktien- und GmbH-Konzernrecht, § 327b AktG Rz. 9 i.V.m. § 305 AktG Rz. 70 ff.; *Fleischer*, ZGR 1997, 368 (386 ff.); *Großfeld*, Recht der Unternehmensbewertung, Rz. 340 f.; *Hirte/Hasselbach* in Großkomm. AktG, 4. Aufl. 2005, § 305 AktG Rz. 70 ff.; *Krieger* in MünchHdb. AG, § 70 Rz. 107; *Lutter*, ZGR 1979, 401 (418); *Paulsen* in MünchKomm. AktG, 3. Aufl. 2010, § 305 AktG Rz. 135 ff. Diese Richtung ist in Österreich bei grundsätzlich gleicher Rechtslage besonders stark: *Aschauer*, Unternehmensbewertung beim Gesellschafterausschluss, S. 192 ff.; *Doralt*, ZGR 1991, 252 (258 f., 275); *Gall/Potyka/Winner*, Squeeze-out, Rz. 222 ff.; *Kalss*, Anlegerinteressen, S. 517 f.; *Kalss/Zollner*, Squeeze-out, § 2 Rz. 14; *Winner*, Wert und Preis im Zivilrecht, S. 441 ff.
2 *Kalss*, Anlegerinteressen, S. 517; *Paulsen* in MünchKomm. AktG, 3. Aufl. 2010, § 305 AktG Rz. 136, 138. A.A. *Koppensteiner* in KölnKomm. AktG, 3. Aufl. 2004, § 305 AktG Rz. 65.
3 *Fleischer*, ZGR 1997, 368 (389 ff.); *Großfeld*, Recht der Unternehmensbewertung, Rz. 340; *Paulsen* in MünchKomm. AktG, 3. Aufl. 2010, § 305 AktG Rz. 135, 137. Abl. z.B. BayObLG v. 19.10.1995 – 3Z BR 17/90 – Rz. 49, WM 1996, 526.
4 *Kübler/Schmidt*, Gesellschaftsrecht und Konzentration, S. 83. Ähnl. *Großfeld*, Recht der Unternehmensbewertung, Rz. 338.
5 Zu den mögl. Bedeutungen des Begriffs „volle Entschädigung" vgl. *Fleischer*, ZGR 1997, 368 (385).
6 Vgl. *Adolff*, Unternehmensbewertung im Recht der börsennotierten Aktiengesellschaft, S. 408 ff.; *Fleischer*, ZGR 1997, 368 (383 f.).
7 Zu Recht *Matschke/Brösel*, Unternehmensbewertung, S. 591.

inhärent, die auf zukünftige Ereignisse abstellt, ohne dass deswegen die Ertragswertmethode an sich abgelehnt würde;[1] die Problematik der Messbarkeit von Synergieeffekten liegt nicht grundsätzlich anders, obwohl anzuerkennen ist, dass die Situation dadurch verschärft wird, dass es das zu bewertende Unternehmen in dieser Form im Bewertungszeitpunkt gar nicht gibt. Das spricht wohl für Zurückhaltung bei der praktischen Handhabung, aber nicht für eine grundsätzliche Ablehnung. Sofern Verbundeffekte festgestellt werden können, sind sie zu berücksichtigen.[2] Auch die bei Verschmelzungen zu beobachtende Gefahr, dass solche Effekte aus Optimismus zu hoch eingeschätzt werden, besteht beim Squeeze-out nicht, besteht doch kein diesbezüglicher Interessengleichlauf zwischen Ausschließendem und Ausgeschlossenen.[3] Im Einzelfall können bei der Schätzung des Unternehmenswerts nach § 287 ZPO (bzw. § 738 Abs. 2 BGB)[4] Synergiepotentiale auch ohne genauen Nachweis berücksichtigt werden. Trotz der bestehenden Unsicherheiten muss die Schätzung wegen der in solchen Situationen bestehenden Informationsasymmetrie (zugunsten des allenfalls mit erhöhter Zahlungsverpflichtung belegten Mehrheitsgesellschafters) möglich sein; freilich wird es deutliche Anhaltspunkte für das Bestehen, aber auch für die ungefähre Höhe der erwarteten Verbundvorteile geben müssen.

Mit der ganz h.L. und Rspr. sind **unechte Verbundeffekte jedenfalls zu ersetzen**.[5] Denn diese Effekte sind bereits in der Gesellschaft angelegt, ohne dass es einer besonderen Kooperation mit gerade diesem Hauptgesellschafter bedarf. Hinzu kommt, dass die Geschäftsführung der Gesellschaft ganz generell auch im Interesse der Gesellschafter zu erfolgen hat und Rationalisierungspotentiale vom Vorstand daher grundsätzlich wahrzunehmen sind; weswegen der Mehrheitsgesellschafter einen Vorteil erlangen soll, wenn die Geschäftsführung dies unterlassen hat, ist nicht ersichtlich. Deswegen ist es entgegen IDW S 1 (oben Rz. 7) auch nicht ausschlaggebend, ob die entsprechenden Maßnahmen schon eingeleitet oder „konkretisiert" wurden. Die regelmäßig auftretenden Beweisprobleme[6] können es nicht rechtfertigen, die Ersatzfähigkeit bestimmter Posten generell abzulehnen. Für die Einbeziehung spricht auch, dass unechte Ver- 28

---

1 *Adolff*, Unternehmensbewertung im Recht der börsennotierten Aktiengesellschaft, S. 402 ff.; *Fleischer*, ZGR 1997, 368 (379 f.); *Mandl/Rabel*, Unternehmensbewertung, S. 398.
2 *Emmerich* in Emmerich/Habersack, Aktien- und GmbH-Konzernrecht, § 305 AktG Rz. 71.
3 So eindringl. *Fleischer*, ZGR 1997, 368 (380 f.).
4 Dazu allg. *Koch* in Hüffer, § 305 AktG Rz. 22; § 1 AktG Rz. 45 ff.
5 Das Folgende nach *Winner*, Wert und Preis im Zivilrecht, S. 447 ff.
6 Zur Bedeutung der Regelung des IDW S 1 aus Gesichtspunkten der Beweislast *Fleischer*, ZGR 1997, 368 (379 f.). „Zu teuer" könnte der Ausschluss bei Teilung der Synergieeffekte aus Effizienzgesichtspunkten sein, wenn die Kosten der Feststellung der Verbundvorteile regelmäßig oder doch häufig höher als diese Vorteile selbst sind; dieser Gefahr ist freilich besser auf verfahrensrechtlicher Ebene zu begegnen.

bundvorteile[1] im Börsenkurs, der grundsätzlich zu berücksichtigen ist (vgl. § 16 Rz. 37 ff., 61 ff.), eingepreist sein können. Ebenso stellt mit der einhelligen Lehre der Entscheidungswert des Ausgeschlossenen die Untergrenze dar.

29 Für die Beurteilung der **Ersatzfähigkeit echter Verbundvorteile** ist weiter auszuholen.[2] Zunächst ist aus wohlfahrtsökonomischen Überlegungen wenig zu gewinnen.[3] Denn Konzentrationen werden nicht zu billig, wenn bloß der Ersatz der subjektiven Nachteile ohne Abgabe eines Teils der Synergiegewinne erforderlich ist. Als Maßstab, wann die Konzentration „zu billig" ist, kommt vor allem ein wohlfahrtstheoretischer Ansatz in Betracht. Hier genügt der Ersatz des subjektiven Werts beim Enteigneten grundsätzlich, um ineffiziente Enteignungen zu verhindern;[4] das gilt auch für den Ausschluss der Minderheitsgesellschafter. Ebenso wenig vermeidet eine Teilung von Synergiegewinnen per se wohlfahrtsfördernde Transaktionen. Zwar besteht die Gefahr, dass effiziente Maßnahmen unterbleiben, wenn Verbundvorteile herauszugeben sind, weil dann keine Anreize vorliegen, diese Vorteile auch zu heben.[5] Allerdings kann das ohnehin bloß für Synergien gelten, die nur mit Mühe entdeckt und/oder gehoben werden können.[6] Aber auch hier gewinnt dieses Argument nur dann an Gewicht, wenn der Verteilungsschlüssel sehr stark zugunsten der Minderheit ausfällt (dazu unten Rz. 31 ff.).[7]

30 Die Teilung von Synergiegewinnen hat daher vor allem **Umverteilungswirkungen**; ausschlaggebend sind Gerechtigkeitsgesichtspunkte. Beim Squeeze-out können die Minderheitsgesellschafter nicht selbst über die Aufgabe ihrer Rechtsposition entscheiden; gerade diese individuelle Verfügungsmacht ist auch nicht gewollt, da sie von einem Zwerggesellschafter genutzt werden könnte, um nahezu den ganzen Transaktionsgewinn des Mehrheitsgesellschafters abzuschöpfen. Dieser soll vor einer solchen *hold-out*-Situation geschützt werden.[8] Wenn die Minderheit so handelt, wird das Verhältnis von Mitteleinsatz des Zwerggesellschafters zu Beteiligung an den Synergien in ein nicht mehr faires Verhältnis gesetzt. Das Ausschlussrecht vermeidet diesen Effekt. Will man den Mehrheitsaktionär davor schützen, nahezu den gesamten Transaktionsgewinn herausgeben zu müssen, um die letzten Anteile aufzusammeln,

---

1 Auch echte Verbundvorteile können eingepreist sein, wenn der Ausschluss der Minderheitsgesellschafter angekündigt oder sonst bekannt ist; vgl. *Hüffer/Schmidt-Aßmann/Weber*, Anteilseigentum, Unternehmenswert und Börsenkurs, S. 67 f.; *Koppensteiner* in KölnKomm. AktG, 3. Aufl. 2004, § 305 AktG Rz. 67.
2 Vom Ansatz her ähnlich *Fleischer*, ZGR 1997, 368 (389 ff.); vgl. auch *Hirte/Hasselbach* in Großkomm. AktG, 4. Aufl. 2005, § 305 AktG Rz. 85; *Hommel/Braun*, BB-Beilage 6/2002, 10 (13).
3 Teilweise abw. *Großfeld*, Recht der Unternehmensbewertung, Rz. 338; *Kübler/Schmidt*, Gesellschaftsrecht und Konzentration, S. 83 f.; vgl. auch *Fleischer*, ZGR 1997, 368 (388 f.).
4 *Winner*, Wert und Preis im Zivilrecht, S. 300 ff.; so auch *Koppensteiner* in FS Ostheim, 1990, S. 403 (424); *Matschke/Brösel*, Unternehmensbewertung, S. 591.
5 Allg. *Easterbrook/Fischel*, 91 Yale L J (1982) 698 ff., insb. 728.
6 *Subramanian*, 115 Yale L. J. 43 (2005) in Fn. 175.
7 Vgl. *Kübler/Schmidt*, Gesellschaftsrecht und Konzentration, S. 23 bei Fn. 17.
8 Für alle *Fleischer* in Großkomm. AktG, 4. Aufl. 2007, Vor §§ 327a-f AktG Rz. 14 m.w.N.

so darf daraus freilich nicht der Schluss gezogen werden, dass er den Transaktionsgewinn zur Gänze einstreifen darf.[1] Die Rechtsordnung hat einen fairen Kompromiss zwischen den zu berücksichtigenden Interessen zu erreichen.[2] Erkennt man die vertragsrechtliche Wurzel des Gesellschafterausschlusses an, so muss der Enteignungsbegünstigte seine höheren subjektiven Nutzungsmöglichkeiten zumindest zum Teil an die Enteigneten abgeben.[3] Zu Auswirkungen dieser Ansicht auf die Maßgeblichkeit von Vorerwerbspreisen für die Höhe der Abfindung vgl. § 17 Rz. 91 ff.

d) Verteilungsschlüssel

31 Wenn man die Aufteilung der Verbundpotentiale grundsätzlich bejaht, muss man auch zum „Wie" Stellung nehmen.[4] Rechtliche Vorgaben für eine **angemessene Aufteilung** sind nur schwierig zu finden; denn echte Synergiegewinne können grundsätzlich nicht kausal der einen oder der anderen Gesellschaft zugeordnet werden, sondern entstehen erst aus der Zusammenführung der Unternehmen. Daraus abzuleiten, dass die Verbundvorteile nicht zu berücksichtigen sind, führt aber auch zu einer Aufteilung, nämlich zu einer Zuweisung zum ausschließenden Mehrheitsgesellschafter.[5]

32 Neben der nahe liegenden Aufteilung zu gleichen Teilen[6] wird im **Schrifttum** die Aufteilung 2:1 oder 3:1 zugunsten des Mehrheitsaktionärs wegen dessen größerer Verantwortung für die Verbundvorteile vertreten.[7] Die Aufteilung soll auch nach den Ertragswerten der beteiligten Gesellschaften oder nach den Ertragswertzuwächsen erfolgen können.[8] Soweit sich synergieeffektive Vermögensbestandteile ausmachen lassen, kommt auch eine Teilung nach dem Verhältnis der Werte dieser Bestandteile in Betracht.[9] Alle Ansätze sind in gewissem Maß willkürlich.[10] Andere Autoren präferieren ergebnisoffenere Ansätze: Steigerung der Anreize zur effizienzsteigernden Transaktion[11] oder Honorie-

---

1 So auch *Adolff*, Unternehmensbewertung im Recht der börsennotierten Aktiengesellschaft, S. 404 f.
2 Zur Schiedspreisermittlung eindringlich *Moxter*, Grundsätze ordnungsgemäßer Unternehmensbewertung, S. 19.
3 A.A. z.B. *Hüttemann*, ZHR 162 (1998), 563 (580).
4 Das Folgende nach *Winner*, Wert und Preis im Zivilrecht, S. 450 ff.
5 *Fleischer*, ZGR 1997, 368 (383); *Hommel/Braun*, BB-Beilage 6/2002, 10 (13).
6 *Böcking* in FS Moxter, 1994, S. 1407 (1424 ff.); *Emmerich* in Emmerich/Habersack, Aktien- und GmbH-Konzernrecht, § 305 AktG Rz. 71; *Hommel/Braun*, BB-Beilage 6/2002, 10 (13); *Mandl/Rabel*, Unternehmensbewertung, S. 407; *Moxter*, Grundsätze ordnungsgemäßer Unternehmensbewertung, S. 18 f.; *Paulsen* in MünchKomm. AktG, 3. Aufl. 2010, § 305 AktG Rz. 138. Kritisch *Fleischer*, ZGR 1997, 368 (381).
7 *Großfeld*, Recht der Unternehmensbewertung, Rz. 341.
8 *Adolff*, Unternehmensbewertung im Recht der börsennotierten Aktiengesellschaft, S. 410 f.; *Großfeld*, Recht der Unternehmensbewertung, Rz. 341.
9 *Hirte/Hasselbach* in Großkomm. AktG, 4. Aufl. 2005, § 305 AktG Rz. 87.
10 *Fleischer*, ZGR 1997, 368 (382).
11 *Kübler/Schmidt*, Gesellschaftsrecht und Konzentration, S. 83 f.

rung unternehmerischer Leistungen des Mehrheitsaktionärs bei Entdeckung und Verwirklichung der Verbundeffekte.[1]

33 Bei diesen Ansätzen bleibt zunächst Großteils unbeantwortet, **zwischen wem zu teilen ist**,[2] zwischen den beteiligten Gesellschaften oder unmittelbar zwischen Minderheitsaktionären und Mehrheitsaktionär. Eine gleiche Teilung zwischen den Gesellschaften[3] ist aus gesellschaftsrechtlicher Sicht zwar konsequent, weil beide zu den Verbundeffekten beitragen, führt aber dazu, dass dem Mehrheitsaktionär mindestens 97,5 % der echten Synergiegewinne zukommen.[4] Schon wegen dieses Effekts ist es nicht angezeigt, der Obergesellschaft mehr als die Hälfte der Synergiegewinne zukommen zu lassen.[5] Die Aufteilung nach den Ertragswerten der beteiligten Gesellschaften überzeugt m.E. nicht, weil die relative Größe der beteiligten Unternehmen nichts darüber aussagt, welche Gesellschaft für Verbundvorteile in welchem Ausmaß kausal ist.[6]

34 Wenngleich dieser Ansatz plausibel ist, ist es m.E. ebenso gut vertretbar, die Teilung der echten Synergiegewinne unmittelbar zwischen Mehrheitsgesellschafter und Abzufindenden vorzunehmen. Damit nähert sich die Lösung am ehesten möglichen Verhandlungsergebnissen an, weil die Abzufindenden mit einer äußerst geringen Zuteilung der Synergien im Regelfall nicht einverstanden wären. Eine hälftige Teilung[7] zwischen diesen kann freilich dazu führen, dass der „Synergiebestandteil" der Abfindung pro Aktie den Anteil am *stand-alone*-Wert bei weitem übersteigt, auch wenn die Synergiegewinne an sich wesentlich geringer als dieser sind; wegen dieser deutlichen Schlechterbehandlung des Mehrheitsaktionärs der Untergesellschaft scheidet die hälftige Teilung unmittelbar zwischen Mehrheit und Minderheit m.E. aus. Besser ist **proportionale Teilung** nach dem Ausmaß der von Hauptgesellschafter und Minderheit gehaltenen Beteiligungen[8] – ein Ansatz, der im Gesellschaftsrecht ohnehin nahe liegt.

35 Beide Ansätze – hälftige Teilung zwischen Ober- und Untergesellschaft und unmittelbare proportionale Teilung zwischen Hauptgesellschafter und Ausgeschlossenen – laufen direkt oder indirekt auf eine anteilige Verteilung hinaus,[9] allerdings mit unterschiedlichen Ergebnissen im Einzelfall. In dem von ihnen gebildeten Korridor hat sich die Verteilung der erwarteten Verbundvorteile im Regelfall zu bewegen. Die angemessene Verteilung im Rahmen dieser

---

1 *Fleischer*, ZGR 1997, 368 (398 f.). Ähnl. im Ansatz *Großfeld*, Unternehmensbewertung, Rz. 341.
2 Vgl. *Böcking* in FS Moxter, 1994, S. 1407 (1424 ff.).
3 Dafür *Kalss/Zollner*, Squeeze-out, § 2 Rz. 14.
4 Dem Mehrheitsaktionär stehen einerseits 50 % als Obergesellschaft zu, aufgrund seiner Beteiligung von zumindest 95 % an der Untergesellschaft aber i.E. auch mindestens 47,5 % der dort anfallenden Synergiegewinne. Vgl. *Kübler/Schmidt*, Gesellschaftsrecht und Konzentration, S. 23 in Fn. 17.
5 So aber *Großfeld*, Recht der Unternehmensbewertung, Rz. 343.
6 Ähnlich *Fleischer*, ZGR 1997, 368 (382). A.A. *Adolff*, Unternehmensbewertung, S. 410 f.
7 Dafür *Böcking* in FS Moxter, 1994, S. 1407 (1427) m.w.N.
8 Vgl. aus den USA *Brudney/Chirelstein*, 87 Yale L. J. (1978) 1359 ff.
9 Für diese auch *Busse v. Colbe*, ZGR 1994, 595 (604).

Vorgaben hat der **Sachverständige** vorzunehmen. Er hat sie freilich offen zu legen, um dem Richter eine abweichende Beurteilung zu ermöglichen. Dafür bedarf es neben der Bewertung von Verbundvorteilen und ihrer Verteilung auch Aussagen zu den Kriterien für die Verteilung.

Unechte Verbundvorteile sind hingegen kein Transaktionsgewinn, sondern bestehen unabhängig von dem Gesellschafterausschluss. Daher stehen sie (z.B. als Rationalisierungspotentiale) den Minderheitsgesellschaftern aus gesellschaftsrechtlichen Gründen anteilsmäßig zu. 36

2. Abfindungsanspruch bei gesellschaftsrechtlichen Umstrukturierungen

a) Fallgruppen

Gemäß § 305 AktG hat ein **Beherrschungs- oder Gewinnabführungsvertrag** eine angemessene Abfindung für die außenstehenden Aktionäre der abhängigen Gesellschaft zu enthalten, den sie anstelle des Ausgleichs nach § 304 AktG wählen können. Diese kann bzw. muss unter bestimmten Bedingungen (näher § 305 Abs. 2 AktG) eine angemessene Barabfindung[1] sein. Die Aktionäre haben in diesen Fällen somit ein Wahlrecht, ob sie ausscheiden wollen oder nicht. Die Barabfindung muss die Verhältnisse der Gesellschaft im Zeitpunkt der Beschlussfassung ihrer Hauptversammlung über den Vertrag berücksichtigen (§ 305 Abs. 3 Satz 2 AktG). Obwohl § 305 Abs. 3 AktG vor allem auf die Verhältnisse der abhängigen Gesellschaft abstellt, ist damit nicht gesagt, aus welchem Blickwinkel diese Verhältnisse zu beurteilen sind (vgl. schon oben Rz. 26). 37

Bei der **Eingliederung** nach §§ 320 ff. AktG gehen die Anteile der Minderheitsaktionäre auf die Hauptgesellschafterin über. Den anderen Aktionären sind gem. § 320b AktG Aktien der Hauptgesellschafterin als Abfindung zu gewähren. Ist diese ihrerseits eine abhängige Gesellschaft, so muss daneben eine angemessene Barabfindung gewährt werden (§ 320b Abs. 1 Satz 3 AktG); anders als bei der Abfindung nach § 305 AktG steht in diesem Fall den ausgeschlossenen Gesellschaftern die Wahl der Abfindungsart zu, während ihnen die Anteile der Gesellschaft jedenfalls entzogen werden. 38

In verschiedenen Zusammenhängen gewährt das UmwG **Anteilsinhabern eines übertragenden Rechtsträgers ein Recht auf Hingabe ihrer Mitgliedschaft** gegen eine angemessene Barabfindung: bei der Mischverschmelzung (bei der also ein Rechtsformwechsel stattfindet), bei der Verschmelzung einer börsennotierten auf eine nicht börsennotierte Aktiengesellschaft, wenn die Anteile bei dem übernehmenden Rechtsträger dinglichen Verfügungsbeschränkungen unterliegen (alles in § 29 Abs. 1 UmwG) und wenn bei einer internationalen Verschmelzung die übernehmende oder neue Gesellschaft nicht dem deutschen Recht unterliegt (§ 122i UmwG). Ein solches Austrittsrecht besteht auch beim Formwechsel gem. §§ 207 f. UmwG. Dem entspricht, dass bei der SE-Gründung widersprechenden Gesellschaftern eine angemessene Barabfindung anzu- 39

---

1 Zur Abfindung in Aktien unten Rz. 67 ff.

bieten ist, wenn die SE nach der Verschmelzung ihren Sitz im Ausland haben soll (§ 7 Abs. 1 SEAG), wenn die neu gegründete Holding-SE ihren Sitz im Ausland haben soll bzw. eine abhängige SE i.S.v. § 17 AktG sein soll (§ 9 Abs. 1 SEAG) oder wenn die SE gem. Art. 8 SEV ihren Sitz grenzüberschreitend verlegt (§ 12 Abs. 1 SEAG). In all diesen Fällen muss die Barabfindung die Verhältnisse der jeweiligen Gesellschaft zum Zeitpunkt der Beschlussfassung über die Maßnahme berücksichtigen (§ 30 Abs. 1 UmwG i.V.m. § 122i Satz 3 bzw. § 208 UmwG; § 7 Abs. 2 SEAG i.V.m. § 9 Abs. 2 bzw. § 12 Abs. 2 SEAG).

40 Gemein ist den Ansprüchen, dass die Gesellschafter **nicht gezwungen** sind, ihre Anteile abzugeben. Ein wesentlicher Unterschied besteht darin, dass sie bei den Ansprüchen aus Eingliederung, Umwandlung oder SE-Gründung die Wahl zwischen Aktien an einem neuen Rechtsträger und Barabfindung haben, während sie beim Abschluss eines Beherrschungs- oder Gewinnabführungsvertrags in der abhängigen Gesellschaft bleiben müssen, wenn sie die Barabfindung nicht annehmen wollen.

b) **Meinungsstand**

41 Die **Rspr. des BGH** in Sachen *Asea/BBC*[1] betraf die Abfindung nach § 305 AktG; die Berücksichtigung von echten Synergiepotentialen wurde dort abgelehnt (dazu schon oben Rz. 21). Ersetzt wird – auch nach der einschlägigen Rspr. der Instanzgerichte –[2] der Grenzwert, zu dem die Minderheitsaktionäre aus der Gesellschaft ausscheiden können, ohne wirtschaftliche Nachteile zu erleiden. Die **h.M.** lehnt die Berücksichtigung echter Synergieeffekte ebenfalls ab[3] (so auch zu § 29 UmwG hier § 20 Rz. 71). Sie stützt sich dabei auch darauf, dass nach §§ 311 ff. AktG im faktischen Konzern Verbundnachteile der Tochtergesellschaft nicht zu ersetzen sind.[4] Unechte Verbundvorteile sind hingegen auch bei diesem Abfindungsanspruch zu ersetzen.[5] Negative (Netto-)Verbundeffekte dürfen jedenfalls zu Lasten der Abzufindenden nicht berücksichtigt

---

1 BGH v. 4.3.1998 – II ZB 5/97 – Rz. 11 ff., BGHZ 138, 136 (140) = AG 1998, 286.
2 Vgl. z.B. BayObLG v. 11.12.1995 – 3Z BR 36/91 – Rz. 39, AG 1996, 176; BayObLG v. 19.10.1995 – 3Z BR 17/90 – Rz. 49, AG 1996, 259; OLG Celle v. 31.7.1998 – 9 W 128/97 – Rz. 27, AG 1999, 128; OLG Düsseldorf v. 19.10.1999 – 19 W 1/96 AktE – Rz. 36 ff., AG 2000, 323; OLG Stuttgart v. 4.2.2000 – 4 W 15/98 – Rz. 21 ff., AG 2000, 428; OLG Stuttgart v. 5.6.2013 – 20 W 6/10 – Rz. 169, AG 2013, 897.
3 *Deilmann* in Hölters, § 305 AktG Rz. 65; *Koch* in Hüffer, § 305 AktG Rz. 33; *Koppensteiner* in KölnKomm. AktG, 3. Aufl. 2004, § 305 AktG Rz. 64 ff.; *Paschos* in Henssler/Strohn, Gesellschaftsrecht, § 305 AktG Rz. 19; *Riegger/Gayk* in KölnKomm. AktG, 3. Aufl. 2013, Anh. § 11 SpruchG Rz. 11; *Servatius* in Grigoleit, § 305 AktG Rz. 23; *Stephan* in K. Schmidt/Lutter, § 305 AktG Rz. 66 ff.; *Veil* in Spindler/Stilz, § 305 AktG Rz. 45 f., 81.
4 *Koppensteiner* in KölnKomm. AktG, 3. Aufl. 2004, § 305 AktG Rz. 65.
5 *Emmerich* in Emmerich/Habersack, Aktien- und GmbH-Konzernrecht, § 305 AktG Rz. 71; *Koppensteiner* in KölnKomm. AktG, 3. Aufl. 2004, § 305 AktG Rz. 66.

werden.¹ In der Sache stellen sich ähnliche Fragen bei der Berechnung des festen Ausgleichs nach § 304 AktG: Inwieweit müssen Ertragsmöglichkeiten, die sich erst aus dem Unternehmensvertrag ergeben, bei der Beurteilung der künftigen Ertragsaussichten berücksichtigt werden? Die h.M. lehnt auch bei dieser Frage die Berücksichtigung echter Verbundeffekte ab.²

Ähnlich wie beim Squeeze-out nach §§ 327a ff. AktG spricht sich auch in diesem Zusammenhang die **Mindermeinung für eine Berücksichtigung** von echten Synergieeffekten aus.³ Als Begründung wird neben den in Rz. 24 angegebenen Aspekten auch hervorgehoben, dass es sonst zu einer Ungleichbehandlung mit der Abfindung in Aktien kommt:⁴ Denn bei dieser findet auch bei Bewertung der beiden Unternehmen *stand alone* jedenfalls eine Teilung des Synergiegewinns zwischen den Gesellschaften im Verhältnis ihrer Unternehmenswerte statt (näher unten Rz. 59 ff.). 42

Zu allen **anderen Abfindungsansprüchen** wird im Wesentlichen auf die jeweilige Position zu § 305 AktG verwiesen. Explizite Stellungnahme zu § 320b AktG⁵ und zum UmwG⁶ vertreten ganz überwiegend, dass echte Synergieeffekte nicht zu berücksichtigen sind, unechte hingegen schon; der Abzufindende soll keinen wirtschaftlichen Nachteil erleiden, m.a.W. zu einem (typisierten) Grenzwert abgefunden werden. Nur vereinzelt wird die Berücksichtigung von Synergiegewinnen vertreten⁷. Zur Begründung werden weitgehend die zu § 305 AktG entwickelten Argumentationslinien herangezogen. 43

---

1 *Emmerich* in Emmerich/Habersack, Aktien- und GmbH-Konzernrecht, § 305 AktG Rz. 70 ff.; *Paulsen* in MünchKomm. AktG, 3. Aufl. 2010, § 305 AktG Rz. 135.
2 *Henkel* in Schüppen/Staub, MünchAnwaltsHdb. Aktienrecht, § 53 Rz. 76; *Spindler/Klöhn*, Der Konzern 2003, 511 (519 ff.); *Stephan* in K. Schmidt/Lutter, § 304 AktG Rz. 78.
3 *Adolff*, Unternehmensbewertung im Recht der börsennotierten Aktiengesellschaft, S. 386 ff.; *Emmerich* in Emmerich/Habersack, Aktien- und GmbH-Konzernrecht, § 305 AktG Rz. 70 ff.; *Fleischer*, ZGR 1997, 368 (386 ff.); *Großfeld*, Recht der Unternehmensbewertung, Rz. 340 f.; *Hirte/Hasselbach* in Großkomm. AktG, 4. Aufl. 2005, § 305 AktG Rz. 70 ff.; *Krieger* in MünchHdb. AG, § 70 Rz. 107; *Lutter*, ZGR 1979, 401 (418); *Paulsen* in MünchKomm. AktG, 3. Aufl. 2010, § 305 AktG Rz. 135 ff.
4 So z.B. *Adolff*, Unternehmensbewertung im Recht der börsennotierten Aktiengesellschaft, S. 408 f.; *Fleischer*, ZGR 1997, 368 (387).
5 *Koch* in Hüffer, § 320b AktG Rz. 2 i.V.m. § 305 AktG Rz. 33; *Koppensteiner* in KölnKomm. AktG, 3. Aufl. 2004, § 320b AktG Rz. 10 i.V.m. § 305 AktG Rz. 65.
6 *Stratz* in Schmitt/Hörtnagl/Stratz, § 5 UmwG Rz. 30 f.; *Zeidler* in Semler/Stengel, § 30 UmwG Rz. 15 ff. Für Österreich *Winner/Obradović* in Talos/Winner, EU-Verschmelzungsgesetz, § 10 Rz. 69.
7 *Adolff*, Unternehmensbewertung im Recht der börsennotierten Aktiengesellschaft, S. 386 ff. (zu Eingliederung und §§ 29, 207 UmwG); *Emmerich* in Emmerich/Habersack, Aktien- und GmbH-Konzernrecht, § 305 AktG Rz. 70 ff.; *Fleischer*, ZGR 1997, 368 (zur Eingliederung). Offen lassend *Simon* in KölnKomm. UmwG, § 30 UmwG Rz. 10 f.

c) Stellungnahme

44 Die Beurteilung hängt von **Telos und Rahmenbedingungen der einzelnen Austrittsrechte** ab und darf nicht pauschal erfolgen. Die Problematik ähnelt in der Sache derjenigen beim Squeeze-out, ohne ihr zur Gänze zu entsprechen. Denn es kommt in allen Fällen nicht zu einem zwangsweisen Ausschluss; damit geht es nicht um den Schutz des Mehrheitsaktionärs vor einem *hold-out* (oben Rz. 29 ff.). Alle hier behandelten Normen sollen ganz im Gegenteil die opponierenden Gesellschafter gegen die Folgen einer für sie möglicherweise nachteiligen Beschlussfassung durch eine Austrittsmöglichkeit schützen. Allerdings ist zu berücksichtigen, dass die Minderheitsgesellschafter in den meisten Fällen die Möglichkeit haben, an den Synergieeffekten weiterhin zu partizipieren, indem sie von ihrem Austrittsrecht nicht Gebrauch machen – denn dann bleiben sie an demjenigen Rechtsträger beteiligt, bei dem diese Gewinne in Zukunft (hoffentlich) anfallen werden. Das Ausmaß der Partizipation bestimmt sich dann durch die Festlegung des Umtauschverhältnisses – wie zu zeigen sein wird (unten Rz. 59 ff.), lässt das Problem sich dort auch wesentlich leichter und eleganter lösen als bei der Festlegung einer Barabfindung.

45 M.E. sind (echte) **Synergieeffekte** bei der Festlegung der Barabfindung **nicht einzupreisen**, wenn die Gesellschafter sich entscheiden, ihr **Austrittsrecht** auszuüben, obwohl sie die Möglichkeit hätten, durch Verbleib in dem neu entstandenen Rechtsträger an diesen Synergieeffekten zu partizipieren.[1] Dafür sprechen zumindest zwei Aspekte:

46 Erstens ist nicht einzusehen, warum der austrittswillige Gesellschafter einerseits die **Risiken der neuen Mitgliedschaft nicht eingehen will**, aber andererseits eine Beteiligung an ihren Vorteilen durch Auszahlung des Werts der Synergiepotentiale verlangen können soll. Wenn er sich für die Abfindung entscheidet, dann zeigt er, dass er die neue Organisationsform nicht für zielführend hält und den alten Zustand bevorzugt; bei diesem Wort soll er auch genommen werden. Dass die Gesellschaft, an der er in Zukunft beteiligt sein wird, vielleicht oder sogar zwingend (in den Fällen des § 320b Abs. 1 Satz 3 AktG) ihrerseits eine abhängige Gesellschaft ist, verfängt m.E. nicht, da es ganz generell kein Austrittsrecht bei bloß faktischer Konzernierung (jedenfalls bei nicht börsennotierten Gesellschaften) gibt. Dagegen spricht auch nicht, dass alle Normen die Abfindungsberechtigten vor einer gewissen Gefahr schützen wollen (Rechtsformwechsel in eine inländische oder ausländische Rechtsform, Verlust der Börsennotierung etc.). Denn das Austrittsrecht gewährleistet nur, dass dieses Risiko nicht genommen werden muss, verlangt aber nicht umgekehrt, dass den Ausscheidenden dennoch die Vorteile aus der Neustrukturierung dem Ausscheidenden abgegolten werden sollen.

47 Zweitens ist die Ermittlung von Synergiepotentialen mit **Unsicherheit** behaftet. Die Erfahrung zeigt, dass eine verlässliche Schätzung schwer möglich ist. Dies trifft zwar für jede zukunftsbezogene Bewertung zu, ist aber bei erhofften Transaktionsgewinnen dadurch verschärft, dass es das zu bewertende Unter-

---

[1] So schon im Ansatz *Winner/Obradović* in Talos/Winner, EU-Verschmelzungsgesetz, § 10 Rz. 69.

nehmen in dieser Form im Bewertungszeitpunkt gar nicht gibt. Daraus kann man zwar nicht ableiten, dass Synergiepotentiale unter keinen Umständen zu ersetzen sind (vgl. schon oben Rz. 27), aber es spricht doch für eine zurückhaltende Einbeziehung. Denn i.E. werden bei einer Barabfindung die Synergiepotentiale monetarisiert und ausgezahlt, bevor sie sich tatsächlich verwirklicht haben, ohne dass sie zurückgefordert werden können, wenn sich diese Hoffnungen nicht realisieren. Werden die Synergiepotentiale hingegen (bloß) bei der Festlegung des Umtauschverhältnisses für die Ausgabe neuer Aktien berücksichtigt, so sind die Effekte nicht endgültig – alle Beteiligten bleiben in der Risikogemeinschaft Gesellschaft verbunden. Das spricht für Zurückhaltung beim Ersatz der Potentiale, wenn die Partizipation bei Verbleib in der Gesellschaft möglich ist.

I.E. ergibt sich aus Telos und Funktionszusammenhang somit, dass **echte Synergieeffekte bei den Abfindungen** nach § 320b AktG, §§ 29 Abs. 1, 122i, 207 f. UmwG sowie §§ 7, 9 und 12 SEAG **nicht zu ersetzen** sind. Die Bewertung der übertragenden, einzugliedernden, sich umwandelnden, ihren Sitz verlegenden bzw. eine Holdinggesellschaft gründenden Gesellschaft erfolgt für die Angemessenheit der Abfindung *stand alone*. Daraus kann folgen, dass die Übernahme von Aktien attraktiver gestaltet wird als die Barabfindung; gerade dies spiegelt aber die Entscheidungssituation wider: Bevorzugung der neuen unternehmerischen Einheit oder des status quo. 48

Anders ist m.E. die Situation bei der Ermittlung der Angemessenheit der Abfindung bei Abschluss eines **Beherrschungs- oder Gewinnabführungsvertrages** gem. § 305 AktG. Denn eine Wahlmöglichkeit hat der Abfindungsberechtigte[1] nur insofern, dass er in der Untergesellschaft verbleiben kann, wenn er die Abfindung nicht annimmt. Damit wird er im Regelfall keine Möglichkeit haben, an den Synergiegewinnen zu partizipieren, wenn er die Abfindung nicht annimmt; denn er soll durch das Austrittsrecht ja gerade vor der ganz naheliegenden Gefahr einer Beeinträchtigung seiner mitgliedschaftlichen Stellung in der abhängigen Gesellschaft durch den Beherrschungs- bzw. Gewinnabführungsvertrag geschützt werden, die dazu führen wird, dass ihm auch bisher zustehende Vorteile durch den Vertrag entzogen werden. Deswegen ist es für die Abfindung nach § 305 AktG angemessen, ihn an den durch die Vertragskonzernierung entstehenden Synergieeffekten zumindest durch eine angemessene (vgl. dazu oben Rz. 31 ff.) Berücksichtigung bei der Festlegung der Barabfindung teilhaben zu lassen.[2] 49

3. Gesellschafterausschluss im GmbH-Recht

Bei der GmbH ist der **Ausschluss von Gesellschaftern** auch ohne Satzungsregelung (vgl. § 34 GmbHG) aus einem wichtigen Grund möglich, der dem Aus- 50

---

1 Ein Wahlrecht haben auch im Fall von § 305 Abs. 2 Nr. 2 AktG nur die Vertragspartner des Unternehmensvertrags.
2 Das muss dann wohl auch für die Berechnung des festen Ausgleichs nach § 304 AktG gelten.

zuschließenden aber zuzurechnen sein muss.¹ Allerdings darf der Ausschluss nicht zu einer finanziellen Schädigung des Ausgeschlossenen führen, weswegen der volle wirtschaftliche Wert (Verkehrswert) des Anteils abzufinden ist.² Der Gesellschaftsvertrag kann nähere Regelungen über die Höhe der Abfindung enthalten.³ Abfindungsschuldner ist die Gesellschaft. In der Sache gelten dieselben Grundsätze, wenn die Satzung gem. § 34 GmbHG die (Zwangs-)Einziehung von Anteilen vorsieht.⁴

51 Ob allenfalls auftretende Synergieeffekte zu ersetzen sind, wird im Standardschrifttum nicht erörtert. Das ist aus praktischer Sicht auch naheliegend, denn Verbundeffekte treten typischerweise in Zusammenhang mit einem Ausschluss aus wichtigem Grund nicht auf, bei dem der Grund in der Person oder im Verhalten des Auszuschließenden liegen muss, nicht aber in Vorteilen für die anderen Gesellschafter. Das kann bei der Zwangseinziehung im Einzelfall anders sein, weil die Satzung auch andere sachliche Gründe festlegen kann, die die Einziehung rechtfertigen können. Für den **Ersatz allenfalls auftretender Verbundvorteile** spricht, dass der ausgeschlossene Gesellschafter kein Wahlrecht hat, sondern die Abfindung gegen Geschäftsanteile nehmen muss. Das sollte m.E. den Ausschlag geben, selbst wenn der wichtige Grund für den Ausschluss dem Ausgeschlossenen auch vorgeworfen werden kann und obwohl der Abfindungsschuldner die GmbH selbst ist.

52 Das gilt umso mehr, wenn der Gesellschafter **aus wichtigem Grund** aus der GmbH **austritt**. Denn dieser Grund kann auch in einer grundlegenden Umgestaltung der Gesellschaft liegen, die die Gesellschafterposition wesentlich beeinflusst, aber ganz allgemein auch in Gründen, welche aus der Sphäre der anderen Gesellschafter rühren.⁵ Ab welchem Intensitätsgrad der Konzernierung das Austrittsrecht besteht, ist äußerst strittig.⁶ Ob ein Austrittsrecht bei Abschluss eines Beherrschungs- und Gewinnabführungsvertrags zusteht, hängt vor allem davon ab, welche Mehrheit für die Beschlussfassung über den Vertrag erforderlich ist; genügt die qualifizierte Mehrheit, so besteht nach h.M. analog zu § 305 AktG ein Anspruch auf Barabfindung, der sich dann auch – anders als in anderen Fällen des Austrittsrechts aus wichtigem Grund – gegen den Vertragspartner richtet.⁷ In all diesen Fällen sind Verbundeffekte m.E. abzugelten.

---

1 BGH v. 1.4.1953 – II ZR 235/52, BGHZ 9, 157. Näher z.B. *Fastrich* in Baumbach/Hueck, § 34 GmbHG Anh. Rz. 2 ff.
2 BGH v. 1.4.1953 – II ZR 235/52 – Rz. 35, BGHZ 9, 157; *Strohn* in MünchKomm. GmbHG, 1. Aufl. 2010, § 34 GmbHG Rz. 208 m.w.N.
3 Zu den Grenzen vgl. z.B. *Fastrich* in Baumbach/Hueck, § 34 GmbHG Rz. 26 ff. m.w.N. Im Regelfall geht es um Vorschriften für vergleichbare Ausschluss- bzw. Einziehungstatbestände; *Ulmer/Habersack* in Ulmer/Habersack/Löbbe, 2. Aufl. 2014, Anh. § 34 GmbHG Rz. 45.
4 Für alle *Altmeppen* in Roth/Altmeppen, § 34 GmbHG Rz. 49 ff.
5 Vgl. *Strohn* in MünchKomm. GmbHG, 2010, § 34 GmbHG Rz. 182 ff. m.w.N.
6 *Liebscher* in MünchKomm. GmbHG, 2010, § 13 GmbHG Anh. Rz. 342 f.; *Strohn* in MünchKomm. GmbHG, 2010, § 34 GmbHG Rz. 184 mit Überblick über den Meinungsstand.
7 *Liebscher* in MünchKomm. GmbHG, 2010, § 13 GmbHG Anh. Rz. 852 ff., 870 ff.

VI. Anteilstausch

1. Verschmelzung

a) Ausgangslage

Die Erwartung, dass Synergien und andere positive Transaktionseffekte eintreten werden, ist ein wesentlicher **Motor für Unternehmenszusammenschlüsse**.[1] Freilich dienen Verschmelzungen in der Realität nicht zwingend der Zusammenführung bisher wirtschaftlich selbständiger Einheiten (sog. Konzentrationsverschmelzung).[2] In der Praxis ist die Konzernverschmelzung bisher rechtlich selbständiger, aber unter einheitlicher Leitung stehender Gesellschaften häufiger. Bei beiden Typen können Synergieeffekte auftreten. Während aber bei der Konzentrationsverschmelzung über die Verteilung dieser Vorteile typischerweise Verhandlungen bisher voneinander unabhängiger Vertragspartner stattfinden (sei es der Vorstände der Gesellschaften, sei es ihrer Mehrheitsgesellschafter) und dem Verschmelzungsvertrag daher eine gewisse Richtigkeitschance zukommt, kann bei der Konzernverschmelzung von einer unabhängigen Willensbildung in der Tochtergesellschaft keine Rede sein. Diese Unterschiede sind m.E. auch bei der rechtlichen Beurteilung zu berücksichtigen. Abgesehen davon werden bei der Verschmelzung auch die Aktionärskreise zusammengeführt; wegen dieses mitgliedschaftserhaltenden Charakters der Maßnahme wird den Aktionären ihr Aktieneigentum nicht entzogen.

53

Die Schlüsselfrage aus Sicht der beteiligten Aktionäre bei einer Verschmelzung ist die **Festlegung des Umtauschverhältnisses**: Wie viele Aktien der übernehmenden Gesellschaft werden pro Aktie der übertragenden Gesellschaft gewährt? Auch hier geht es einerseits darum, dass die jedem Aktionär zustehenden Aktien nach der Verschmelzung nicht weniger wert sein sollen als zuvor, mit anderen Worten um die Ermittlung des Grenzpreises. Andererseits soll die Verschmelzung auch wirtschaftliche Vorteile mit sich bringen. Das Umtauschverhältnis bestimmt somit i.E. auch, in welchem Verhältnis diese Vorteile zwischen den beiden Gesellschaftergruppen geteilt werden.

54

Deswegen bestimmt § 12 Abs. 2 Satz 1 UmwG (allerdings bloß indirekt über den Inhalt des Prüfungsberichts), dass das Umtauschverhältnis „angemessen" festzulegen ist (vgl. dazu grundsätzlich § 20 Rz. 11 ff.). Fehlt es an einer solchen Festlegung, so kann das Umtauschverhältnis auf Antrag von Anteilsinhabern des übertragenden Rechtsträgers nachträglich in einem Spruchverfahren gem. § 15 UmwG durch bare Zuzahlungen korrigiert werden. Aus § 12 Abs. 2 UmwG geht auch hervor, dass das Umtauschverhältnis nach einer bestimmten Methode ermittelt werden muss; dies bedeutet, dass im Regelfall eine Bewertung der beteiligten Unternehmen vorgenommen werden muss[3] und dass dann

55

---

[1] Für alle *Angermayer-Michler/Oser* in Peemöller, Praxishandbuch der Unternehmensbewertung, S. 1101 (1103, 1114 ff.); *Pfitzer* in IDW, WP Handbuch, Bd. II, F Rz. 243.

[2] Zu den Realtypen *Hügel*, Verschmelzung und Einbringung, S. 21 f.; *Winner*, Wert und Preis im Zivilrecht, S. 377.

[3] Für alle *Drygala* in Lutter, § 12 UmwG Rz. 4. Zur Verschmelzung allein auf Basis der Börsenkurse vgl. § 16 Rz. 55 ff.

in einem zweiten Schritt die ermittelten Unternehmenswerte zueinander in Relation gesetzt werden müssen. Was sich darüber hinaus hinter dem Konzept der „Angemessenheit" verbirgt, lässt sich dem UmwG nicht unmittelbar entnehmen; das gilt auch für die hier interessierende Frage der Verteilung der Synergieeffekte zwischen den Gesellschaftern der übertragenden und denjenigen der übernehmenden Gesellschaft.

b) Rechtsprechung und Schrifttum

56 Die **Rspr. der Instanzgerichte** geht zumeist ohne nähere Erörterung davon aus, dass für die Ermittlung des angemessenen Umtauschverhältnisses bei der Verschmelzung die objektiven Werte der beteiligten Unternehmen **auf *stand-alone*-Basis** heranzuziehen sind, womit echte Verbundvorteile nicht berücksichtigt werden.[1] Vereinzelt wird die Berücksichtigung thematisiert.[2] Das OLG Stuttgart scheint allerdings neben der Bewertung der Unternehmen nach dem *stand-alone*-Prinzip auch eine explizite Einbeziehung der echten Synergieeffekte zulassen zu wollen.[3] Hingegen sollen unechte Verbundvorteile (hier: Verlustvorträge) nach einer Entscheidung zu einer Konzernverschmelzung jedenfalls dann bei der Bewertung den Gesellschaften je hälftig zugewiesen werden können, wenn der Ertragswert der Tochtergesellschaft wesentlich geringer ist als derjenige der Muttergesellschaft.[4]

57 Die überwiegende **Meinung im Schrifttum** folgt der Rspr.[5] (vgl. auch § 20 Rz. 34). Subjektive Vorstellungen der Beteiligten sind nach dieser Ansicht nicht zu berücksichtigen. Vielmehr erfolgt die Bewertung *stand alone*, das heißt auf Basis der jeweiligen Unternehmenswerte ohne Berücksichtigung von echten Synergieeffekten und ähnlichen Transaktionsgewinnen; das Verhältnis dieser Unternehmenswerte bestimmt dann auch das Umtauschverhältnis. Das muss auch für die Festlegung des Werts im Rahmen der baren Zuzahlung gelten.

58 Eine **Gegenmeinung** geht für die bare Zuzahlung hingegen davon aus, dass konkrete **Synergieeffekte zu berücksichtigen** sind, ohne jedoch in allen Fällen näher festzulegen, in welcher Weise die Verbundeffekte berücksichtigt werden sollen.[6] Dazu vorgeschlagene Konzepte sind hälftige Teilung oder Verteilung im Verhältnis der Ertragswertzuwächse.[7] Nach mancher Ansicht soll die Aufteilung anhand einer „wertenden Zurechnung" im Einzelfall vorgenommen

---

1 Vgl. z.B. OLG Düsseldorf v. 20.10.2005 – 19 W 11/04 – Rz. 25 f., AG 2006, 287; OLG Frankfurt v. 3.9.2010 – 5 W 57/09 – Rz. 92, AG 2010, 751.
2 OLG Düsseldorf v. 17.2.1984 – 19 W 1/81, AG 1984, 216; offen lassend OLG Stuttgart v. 14.10.2010 – 20 W 16/06 – Rz. 365 ff., AG 2011, 49. Die meisten im Standardschrifttum in diesem Zusammenhang zitierten Entscheidungen betreffen § 305 AktG.
3 OLG Stuttgart v. 8.3.2006 – 20 W 5/05 – Rz. 137, AG 2006, 421.
4 OLG Stuttgart v. 6.7.2007 – 20 W 5/06 – Rz. 45 ff., AG 2007, 705.
5 *Drygala* in Lutter, § 5 UmwH Rz. 55; *Mayer* in Widmann/Mayer, § 5 UmwG Rz. 107; *Simon* in KölnKomm. UmwG, § 5 UmwG Rz. 16; *Zeidler* in Semler/Stengel, § 9 UmwG Rz. 48; *Mertens*, AG 1992, 321.
6 *Stratz* in Schmitt/Hörtnagl/Stratz, § 5 UmwG Rz. 32.
7 Für eine Diskussion vgl. *Dirrigl*, DB 1990, 185 (190 f.); *Hügel*, Verschmelzung und Einbringung, S. 203 ff.

werden, die wohl die kausalen Beiträge jeder Gesellschaft zu den Verbundvorteilen würdigt;[1] i.E. läuft dies wohl vor allem auf die Berücksichtigung tatsächlich getätigter und auch zielführender Aufwendungen hinaus. Freilich wird zugestanden, dass die richterliche Nachprüfbarkeit nur mehr sehr eingeschränkt gegeben ist, wenn auf topische Gesichtspunkte zurückgegriffen wird.[2] Nach anderer Ansicht kann die Aufteilung der Verbundvorteile zumindest bei der Verschmelzung bisher unverbundener Gesellschaften zwischen den Gesellschaftergruppen frei erfolgen, während bei Verschmelzungen im Konzern zum Schutz der Gesellschafter der abhängigen Gesellschaft die Verschmelzung nach dem Verhältnis der *stand-alone*-Werte zu erfolgen hat.[3]

c) Grundlagen

Wenn das Umtauschverhältnis anhand einer Bewertung der Unternehmen *stand alone* bestimmt wird, so erhält jede Gesellschaftergruppe automatisch wertmäßig dasjenige, was sie auch vor der Transaktion hatte (sofern die Transaktion keine Werte vernichtet). Die Bewertung *stand alone* führt wegen des mitgliedschaftserhaltenden Charakters der Verschmelzung im Gegensatz zur Lage beim Gesellschafterausschluss aber nicht dazu, dass Synergiegewinne nur einem der Beteiligten zugeordnet werden.[4] Denn die Gegenleistung, welche die Gesellschafter der übertragenden Gesellschaft erhalten, besteht in Anteilen der neuen unternehmerischen Einheit; die Gesellschafter der übernehmenden Gesellschaft geben demgegenüber (wirtschaftlich betrachtet) Beteiligungen ab, erhalten aber wiederum das eingebrachte Unternehmen. Insofern **profitieren beide Gesellschafterkreise von tatsächlich eintretenden Verbundeffekten**. 59

Auch der Schlüssel der Verteilung ist nach dieser Formel vorgegeben. Wenn das Umtauschverhältnis nach den Werten *stand alone* bestimmt wird, so werden auch die Synergiegewinne automatisch nach diesem Verhältnis den verschiedenen Gesellschafterkreisen zugeteilt.[5] Ein Vorteil dieses Vorgehens ist, dass die Synergiegewinne nicht quantifiziert werden müssen;[6] ihre Feststellung ist aufgrund der besonderen Prognoseschwierigkeiten, aber vor allem auch wegen der 60

---

1 Dafür z.B. *Hügel*, Verschmelzung und Einbringung, S. 206.
2 *Hügel*, Verschmelzung und Einbringung, S. 206.
3 *Adolff*, Unternehmensbewertung im Recht der börsennotierten Aktiengesellschaft, S. 488 ff. (ähnl. auch hier § 19 Rz. 45); für Österreich *Kalss*, Verschmelzung – Spaltung – Umwandlung, § 220 AktG Rz. 24; *Winner*, Wert und Preis im Zivilrecht, S. 455 ff. Ähnl. schon *Dirrigl*, DB 1990, 185 (190 ff.).
4 Vgl. OLG Düsseldorf v. 17.2.1984 – 19 W 1/81, AG 1984, 216; OLG Stuttgart v. 8.3.2006 – 20 W 5/05, Rz. 137, AG 2006, 421; *Fleischer*, ZGR 1997, 368 (387); *Adolff*, Unternehmensbewertung im Recht der börsennotierten Aktiengesellschaft, S. 480; *Pfitzer* in IDW, WP Handbuch, Bd. II, F Rz. 245.
5 Vgl. OLG Düsseldorf v. 17.2.1984 – 19 W 1/81, AG 1984, 216; OLG Stuttgart v. 8.3.2006 – 20 W 5/05 – Rz. 137, AG 2006, 421; *Busse v. Colbe*, ZGR 1994, 595 (605); *Dirrigl*, DB 1990, 185 (189); *Fleischer*, ZGR 1997, 368 (387); *Hirte/Hasselbach* in Großkomm. AktG, 4. Aufl. 2005, § 305 AktG Rz. 76; *Mühlehner* in Kranebitter, Unternehmensbewertung für Praktiker, S. 49; *Müller* in Kallmeyer, § 9 UmwG Rz. 36; *Winner* in Doralt/Nowotny/Kalss, § 150 AktG Rz. 80.
6 *Dirrigl*, DB 1990, 185 (191); *Hügel*, Verschmelzung und Einbringung, S. 207 f.

Gefahr einer übermäßig optimistischen Einstellung der Akteure, die den Zusammenschluss betreiben, in jedem Fall mit besonderen Problemen behaftet. Der Schlüssel enthält aber auch eine Wertung, welche Aufteilung dieser Transaktionsgewinne angemessen ist, nämlich die **„implizit-ertragswertanteilige" Zurechnung der Synergiegewinne**.[1] Nach dieser Auffassung darf über die Verteilung von Synergien eigentlich nicht verhandelt werden.

d) Stellungnahme

61 Die richtige Lösung kann für die **Konzentrationsverschmelzung** m.E. nicht durch die Vorgabe eines starren Verhältnisses für die Verteilung der Verbundvorteile gefunden werden. Denn Gegenstand der Verhandlung ist nicht nur das „Ob" der Verschmelzung, sondern sind auch ihre konkreten Bedingungen. Die richtige und freiheitsfördernde Auslegung des Begriffs „angemessenes Umtauschverhältnis" versteht m.E. die Verschmelzung als Ergebnis eines Verhandlungs- und Preisbildungsprozesses, dessen Ergebnisse (nur) einer eingeschränkten Überprüfung unterliegen:[2] Angemessen ist demnach alles, was eine vernünftige Partei noch akzeptiert hätte.

62 Dafür kommt es nicht auf die Verschmelzungswertrelation, sondern auf **absolute Werte** an. Jedes **Verhandlungsergebnis**, bei dem den Gesellschaftern der übernehmenden Gesellschaft nach der Vermögensübertragung derselbe Wert verbleibt wie vor ihr, führt bei der Konzentrationsverschmelzung zu einem angemessenen Verhandlungsergebnis;[3] eben dies gilt auch aus Sicht der Gesellschafter der übertragenden Gesellschaft. Darüber hinaus ist die Verteilung der Synergiegewinne Verhandlungssache; es besteht kein Anlass, diesen Verhandlungsspielraum zu beschneiden. Die Rechtsordnung muss sich im Rahmen der ausgleichenden Gerechtigkeit darauf beschränken, die jeweilige Ausgangsposition der Vertragsparteien aufrecht zu erhalten.[4] Damit ergibt sich durch die positive Wertschöpfung der Transaktion ein Verhandlungsspielraum. Das lässt sich auch eher mit allgemeinen zivilrechtlichen Grundsätzen vereinbaren: Der Vertragsabschluss trägt im allgemeinen Zivilrecht eine Richtigkeitschance in

---

1 Begriffsbildung nach *Dirrigl*, DB 1990, 185 (189).
2 Wie hier *Adolff*, Unternehmensbewertung im Recht der börsennotierten Aktiengesellschaft, S. 488 ff. (ähnl. auch hier § 19 Rz. 45); *Pfitzer* in IDW, WP Handbuch, Bd. II, F Rz. 247 ff.; *Winner*, Wert und Preis im Zivilrecht, S. 455 ff. Zur ganz vergleichbaren Sachkapitalerhöhung gegen Unternehmenseinbringung *Winner* in Doralt/Nowotny/Kalss, § 150 AktG Rz. 79 ff. Für Verhandlungsspielraum auch *Fleischer*, ZGR 1997, 368 (386).
3 Beispiel: Wert der übertragenden Gesellschaft A und der übernehmenden Gesellschaft B je 100 (verteilt auf je 100 Stückaktien); Synergiegewinne werden im Ausmaß von 50 erwartet. Entscheidungswert aller Gesellschafter beider Gesellschaft damit je 100. Damit der Wert aus Sicht beider Gesellschaftergruppen erhalten bleibt, müssen sie jeweils zumindest 40 % an der übernehmenden Gesellschaft halten. Jedes Umtauschverhältnis, bei dem pro A-Aktie zwischen 0,67 und 1,5 B-Aktien gewährt werden, ist aus Sicht beider Gesellschaftergruppen werterhaltend.
4 A.A. im gegebenen Zusammenhang *Hügel*, Verschmelzung und Einbringung, S. 204, 206.

sich.¹ Die Rechtsordnung kann sich im Rahmen der ausgleichenden Gerechtigkeit darauf beschränken, die jeweilige Ausgangsposition der Vertragsparteien aufrecht zu erhalten.² Die Frage lautet damit: Entspricht der absolute Wert der Beteiligung nach der Verschmelzung zumindest dem absoluten Wert der Beteiligung davor („Status-quo-Prämisse"³)?

Dies führt nicht dazu, dass die Synergieeffekte zwingend zu quantifizieren sind; das wäre wegen der operationalen Schwierigkeiten sicher problematisch. Die Bestimmung des **Umtauschverhältnisses nach den *stand-alone*-Werten** führt jedenfalls zu einer **angemessenen Verteilung**; eine Quantifizierung kann daher unterbleiben, wenn man sich mit der Zuteilung nach Ertragswerten zufrieden gibt. Wenn die Synergieeffekte quantifiziert werden können, dürfen sie aber in die Berechnung einbezogen werden; ob das der Fall ist, muss vom Verschmelzungsprüfer untersucht werden.⁴ Dies ist jedenfalls auch im Bericht gem. § 12 UmwG darzustellen; denn diese Effekte sind ein wesentlicher Faktor für die Meinungsbildung der Gesellschafter. 63

Die überstimmte Minderheit muss sich i.E. damit mit jeder Verteilung innerhalb dieser Grenzen abfinden. Das gilt auch, wenn die **betroffene Gesellschaft beherrscht** wird – jedenfalls von jemand anderem als dem Verschmelzungspartner. Denn der für die Abstimmung ausschlaggebende Gesellschafter ist vom Umtauschverhältnis grundsätzlich genauso betroffen wie die überstimmte Minderheit; seine Zustimmung macht das Umtauschverhältnis daher noch nicht verdächtig.⁵ 64

Etwas anders gilt bei der **Konzernverschmelzung**.⁶ Hier fehlt es an der Verhandlung, die eine Legitimation für eine freie Verteilung der Synergieerwartungen bietet. Würde man auch hier vertreten, dass die Aufteilung nicht rechtlich determiniert ist, so wäre das Ergebnis vorbestimmt: Die erwarteten Verbundvorteile würden der Obergesellschaft zugeordnet. Dies wäre i.E. eine Aneignung von Geschäftschancen zu Lasten der Tochtergesellschaft. Daher müssen bei der Konzernverschmelzung rechtliche Determinanten für die Verteilung der Synergiepotentiale bestehen. Eine wertende Zurechnung nach den Umständen des Einzelfalls⁷ genügt m.E. nicht. 65

Damit geht es um den **Schutz der Minderheitsgesellschafter** in der Tochtergesellschaft; die Rechtsordnung muss festlegen, welcher Anteil der Synergiegewinne ihnen jedenfalls zustehen muss, ohne jedoch eine Obergrenze zu be- 66

---

1 So für die Verschmelzung zuerst (wenn auch in abw. Zusammenhang) *Hügel*, Verschmelzung und Einbringung, S. 157 ff.
2 Der Maßstab der Überprüfung ist damit (wegen der Sorge um die Auswirkung kollektiver Entscheidungen auf Einzelne) ohnehin strenger als im allg. Zivilrecht, wo allenfalls besonders krasse Äquivalenzstörungen aufgegriffen werden können.
3 Begriff nach *Wiechers* in Peemöller, Praxishandbuch der Unternehmensbewertung, S. 749.
4 *Pfitzer* in IDW, WP Handbuch, Bd. II, F Rz. 246.
5 Vgl. *Adolff*, Unternehmensbewertung im Recht der börsennotierten Aktiengesellschaft, S. 489.
6 Wie hier grds. *Adolff*, Unternehmensbewertung im Recht der börsennotierten Aktiengesellschaft, S. 492 ff.; *Fleischer*, ZGR 1997, 368 (386 f.).
7 *Hügel*, Verschmelzung und Einbringung, S. 206.

stimmen. Diese Untergrenze für das Umtauschverhältnis ergibt sich bei der Konzernverschmelzung mit der h.M. grundsätzlich aus dem Verhältnis der Unternehmenswerte *stand alone*. Die Verteilung der Synergien nach der Größenordnung der beteiligten Unternehmen ist zwar willkürlich; sie hat aber den wegen der bestehenden Informationsasymmetrie bedeutenden Vorteil, dass ein konkreter Nachweis der Synergien nicht notwendig ist. I.E. kann dies freilich bedeuten, dass diese Effekte bei der Verschmelzung vor allem der Obergesellschaft zukommen. Denn gerade im Konzern können die Ertragswerte sehr stark zu Lasten der Tochtergesellschaft differieren.[1] Da die ganz überwiegende Zahl der Verschmelzungen in der Praxis innerhalb eines Konzerns stattfindet, wird i.E. die „implizit-ertragswertanteilige" Zurechnung der Synergiegewinne weiterhin überwiegen.

2. Abfindung in Aktien gem. § 305 AktG

67 Bei Abschluss eines Beherrschungs- oder Gewinnabführungsvertrages muss den außenstehenden Aktionären gem. § 305 AktG eine angemessene Abfindung gewährt werden.[2] Diese kann bzw. muss unter bestimmten Bedingungen (näher § 305 Abs. 2 AktG) eine **Abfindung in Aktien**[3] sein, die die Aktionäre anstelle des Ausgleichs nach § 304 AktG wählen können. Die Abfindung ist angemessen, wenn Aktien in dem Verhältnis gewährt werden, in dem bei einer Verschmelzung auf eine Aktie der abhängigen Gesellschaft Aktien der anderen Gesellschaft zu gewähren wären; Spitzen können durch bare Zuzahlungen ausgeglichen werden (§ 305 Abs. 3 Satz 1 AktG).

68 Die **h.L.** lehnt auch für den Abfindungsanspruch in Aktien nach § 305 AktG die **Berücksichtigung von Synergieeffekten** bei der Bewertung der Unternehmen ab, da sie nicht zu einer Abfindung zum Grenzpreis führt, welche auch Ziel der Abfindung in Aktien sei.[4] Das übersieht freilich, dass bei einer Ermittlung des Umtauschverhältnisses nach *stand-alone*-Werten die Synergien automatisch nach dem Verhältnis der Ertragswerte geteilt werden.[5]

69 Nach dem oben Gesagten ist der h.L. im gegebenen Zusammenhang i.E. **zuzustimmen**. Denn in Konzernsituationen bedarf es auch bei der Verschmelzung einer Regel für die Zuteilung von Verbundvorteilen, für welche man der Einfachheit halber die „implizit-ertragswertanteilige" Zurechnung heranziehen kann (oben Rz. 59 ff.). Dies muss umso eher bei Abschluss eines Beherrschungs- oder Gewinnabführungsvertrages gelten.

---

1 Vgl. näher *Winner*, Wert und Preis im Zivilrecht, S. 458; *Wiechers* in Peemöller, Praxishandbuch der Unternehmensbewertung, S. 748 f.
2 Diese Überlegungen gelten sinngemäß, soweit man einen Anspruch auf Abfindung in Aktien auch bei Abschluss eines Beherrschungs- oder Gewinnabführungsvertrages mit einer GmbH anerkennt; vgl. *Liebscher* in MünchKomm. GmbHG, 2010, § 13 GmbHG Anh. Rz. 875 m.w.N.
3 Zur Barabfindung oben Rz. 49.
4 Vgl. z.B. *Koch* in Hüffer, § 305 AktG Rz. 33 i.V.m. Rz. 23 und 31; *Koppensteiner* in KölnKomm. AktG, 3. Aufl. 2004, § 305 AktG Rz. 50 i.V.m. Rz. 66.
5 Zu § 305 z.B. *Adolff*, Unternehmensbewertung im Recht der börsennotierten Aktiengesellschaft, S. 409; *Fleischer*, ZGR 1997, 368 (387).

3. Weitere Fallgruppen

Wird eine (Ab- oder Auf-) **Spaltung zur Aufnahme** durchgeführt, so sind die verschmelzungsrechtlichen Vorschriften der §§ 12, 15 UmwG anzuwenden. Das gem. § 126 Abs. 1 Nr. 3 UmwG festzulegende Umtauschverhältnis[1] muss somit angesichts des Werts des abgespaltenen Vermögens und des Werts des übernehmenden Rechtsträgers angemessen sein. Somit stellt sich die Frage der Verteilung der Synergien in gleicher Weise wie bei der Verschmelzung (oben Rz. 63 ff.). Auch bei der Spaltung ist somit nach der hier vertretenen Ansicht zwischen Transaktionen bisher unverbundener Gesellschaften und Spaltungen zur Aufnahme im Konzern zu unterscheiden.

70

Bei der **Kapitalerhöhung gegen Sacheinlage** darf in analoger Anwendung[2] von § 255 Abs. 2 AktG der Wert der Sacheinlage nicht unangemessen niedrig festgelegt werden; ihr Wert darf nicht niedriger sein als der volle Wert der übernommenen Aktien, wobei ein Fehler nicht zur Zuzahlungspflicht, sondern zur Anfechtbarkeit des Beschlusses führt. In der Sache ordnet die Norm somit bloß eine einseitige Angemessenheit aus Sicht der ihr Kapital erhöhenden (=übernehmenden) Gesellschaft an. Auch hier sollte bei einer freien Verhandlung zwischen unabhängigen Gesellschaften (Konzentrationseinbringung) die Verteilung der (quantifizierten) Synergiepotentiale privatautonom festgelegt werden können, während bei einer Einbringung im Konzern oder auch bei bloßer Personenidentität zwischen Einbringendem und Mehrheitsgesellschafter die Angemessenheit nur auf Basis einer Bewertung *stand alone* festgestellt wird.[3] Das trifft sich i.E. mit der Ansicht, wonach bei der Bewertung der Sacheinlage im Rahmen der Angemessenheitsprüfung die subjektive Sicht der übernehmenden Gesellschaft ausschlaggebend sein soll;[4] denn dies führt dazu, dass in den Wert der Sacheinlage die Synergien eingepreist werden und damit dem Inferenten zugutekommen. Bei einer Einbringung im Konzern ist dies aber m.E. nicht sachgerecht. Zum Gläubigerschutz vgl. § 19 Rz. 74.

71

VII. Summe

Nach der hier vertretenen Ansicht ist die schwierige Feststellbarkeit von potentiellen Synergiegewinnen kein Grund, sie bei **dominierten Bewertungsanlässen** nicht zu berücksichtigen. Die Unsicherheiten liegen an der Zukunftsorientiertheit der Bewertung generell. Jedenfalls ist aber ein kritisches Herangehen erforderlich; insb. sind bei der Schätzung des Unternehmenswerts nach

72

---

1 Für die Zuteilung von Synergiepotentialen zwischen verschiedenen Gesellschaftergruppen bei der nicht verhältniswahrenden Spaltung erübrigt sich die Diskussion jedoch wegen der erforderlichen Einstimmigkeit (vgl. § 128 UmwG).
2 Vgl. BGH v. 13.3.1978 – II ZR 142/76, BGHZ 71, 40 = AG 1978, 196; für alle *Koch* in Hüffer, § 255 AktG Rz. 16.
3 Für Österreich *Winner* in Doralt/Nowotny/Kalss, § 150 AktG Rz. 79 ff.; vgl. auch hier § 19 Rz. 52.
4 *Stilz* in Spindler/Stilz, § 255 AktG Rz. 19 m.w.N; *Herfs/Wyen* in FS Hopt, 2010, S. 1955 (1976 f.); zur GmbH z.B. *Ebbing* in Michalski, § 14 GmbHG Rz. 32.

§ 287 ZPO deutliche Anhaltspunkte für das Bestehen, aber auch für die Höhe der Synergiepotentiale erforderlich.

73 Wie Synergiepotentiale bei den einzelnen Bewertungsanlässen zu berücksichtigen sind, ist damit freilich noch nicht gesagt. So besteht bei einer grundsätzlich nicht dominierten Transaktion, wie einer Konzentrationsverschmelzung, bei der aber zum Schutz der überstimmten Minderheitsgesellschafter die Überprüfung der Transaktionsbedingungen auf ihre Angemessenheit vorgeschrieben ist, weiter Spielraum: Die überstimmten Gesellschafter dürfen nach der Transaktion in absoluten Werten nicht weniger halten als zuvor. Soweit Gesellschafter freiwillig eine Abfindung nehmen, obwohl sie grundsätzlich an den Ertragsaussichten der neuen unternehmerischen Einheit beteiligt bleiben könnten (z.B. bei einer internationalen Verschmelzung), besteht kein Grund, ihnen die Synergiepotentiale abzugelten. Hingegen erfordert der Schutzzweck anderer Normen nach der hier vertretenen Auffassung den anteiligen Ersatz dieser Potentiale, so insb. beim Squeeze-out und der Abfindung nach § 305 AktG. Insofern liegt der Schluss nahe, dass Synergiepotentiale echte **corporate opportunities** sind, die den Gesellschaftern im Regelfall nicht entzogen werden dürfen.

§ 15
Berücksichtigung von Steuern*

	Rz.
I. Grundsätzliche Berücksichtigung von Ertragsteuern bei Unternehmensbewertungen	1
1. Bewertungsrelevante Unternehmensteuern	3
2. Bewertungsrelevanz von persönlichen Ertragsteuern	8
a) Berücksichtigung persönlicher Ertragsteuern bei der objektivierten Unternehmenswertermittlung	12
aa) Unmittelbare Typisierung	15
bb) Mittelbare Typisierung	20
b) Berücksichtigung persönlicher Ertragsteuern bei subjektiven Unternehmenswerten	24
3. Abbildung von laufenden Ertragsteuern: Anwendungsbeispiel	26
II. Abbildung von laufenden Ertragsteuern bei der Bewertung von Kapitalgesellschaften	
1. Laufende Ertragbesteuerung der Kapitalgesellschaft	28
2. Laufende Ertragsteuern der Unternehmenseigner	39
3. Abbildung der laufenden Ertragsteuern in Abhängigkeit vom Bewertungsverfahren	
a) Ertragswertverfahren	46
b) WACC-DCF-Ansatz	47
4. Kapitalisierungszinssatz	50

	Rz.
III. Abbildung von laufenden Ertragsteuern bei der Bewertung von Personengesellschaften und Einzelunternehmen	60
1. Laufende Ertragsbesteuerung der Personengesellschaft	61
2. Laufende persönliche Einkommensteuer	65
3. Ergänzungsbilanzen, Sonderbetriebsvermögen und Tätigkeitsvergütungen	73
4. KMU und Vereinfachungen	77
IV. Bewertungskalküle ohne die vollständige Berücksichtigung von Steuern	80
1. Internationale Unternehmensbewertungspraxis	81
2. Nutzungswert	82
V. Diskussion zur Berücksichtigung transaktionsabhängiger Steuern	84
1. Abfindungsansprüche ausscheidender Gesellschafter	85
2. Erbrechtliche und familienrechtliche Ausgleichsansprüche	88

Schrifttum: *Ballwieser/Kruschwitz/Löffler*, Einkommensteuer und Unternehmensbewertung – Probleme mit der Steuerreform 2008, WPg 2007, 756; *Bartels/Jonas* in Beck'sches IFRS Handbuch, 4. Aufl. 2013, § 27; *Behringer*, Unternehmensbewertung der Mittel- und Kleinbetriebe, 5. Aufl. 2012; BMF-Schreiben v. 22.12.2009, Einzelfragen zur Abgeltungsteuer, Ergänzung des BMF-Schreibens v. 22.12.2009 (BStBl. I 2010, 94) unter Berücksichtigung der Änderungen durch das BMF-Schreiben v. 16.11.2010 – IV C 1 - S 2252/08/10004, BStBl. I 2010, 1305; *Brennan*, Taxes, Market Valuation and Corporate Financial Policy, National Tax Journal 1970, 417; *Debreu*, Werttheorie, 1976; *Dhaliwal/Krull/Zhen Li*, Did the 2003 Tax Act reduce the cost of equity capital?, JAE 2007, 121; *Dörschell/Franken/Schulte*, Ermittlung eines objektivierten Unternehmenswertes für Personengesellschaften nach der Unternehmensteuerreform 2008, WPg 2008, 444; *Gern*-

---

* Dieser Abschnitt wurde unter Mitarbeit von Dr. Christian Haesner erstellt.

huber, Probleme der Zugewinngemeinschaft, NJW 1991, 2238; *Gräfer/Ostmeier*, Der Discounted Cash-flow als Instrument der Unternehmensbewertung, BBK 2000, 1241; *Großfeld*, Unternehmens- und Anteilsbewertung im Gesellschaftsrecht, 3. Aufl. 1994; *Haesner/Schanz*, Payout Policy Tax Clienteles, Ex-dividend Day Stock Prices and Trading Behavior in Germany: The Case of the 2001 Tax Reform, JBFA 2013, 593; *Hoppenz*, Die latente Steuerlast bei der Bewertung im Zugewinnbereich, FamRZ 2006, 449; *IDW*, Fragen und Antworten zur praktischen Umsetzung des IDW Standards Grundsätze zur Durchführung von Unternehmensbewertungen (IDW S 1 i.d.F.2008), IDW-Fachnachrichten 5/2012, 323; *IDW* (Hrsg.), WP-Handbuch 2014 – Wirtschaftsprüfung, Rechnungslegung, Beratung, Band II, 14. Aufl. 2014; *IDW*, IDW-Standard: Grundsätze zur Durchführung von Unternehmensbewertungen (IDW S 1 i.d.F.2008), IDW-Fachnachrichten 7/2008, 271; *Ihlau/Duscha*, Hinweise zur Anwendung von IDW S 1 bei der Bewertung von KMU, WPg 2012, 489; *Jonas*, Abfindung und Besteuerung ausgeschlossener Gesellschafter, in FS Meilicke, 2010, S. 271; *Jonas*, Unternehmensbewertung: Zur Anwendung der Discounted-Cash-Flow-Methode in Deutschland, BFuP 1995, 83; *Jonas*, Mittelbare und unmittelbare Typisierung der Einkommensteuer in der Unternehmensbewertung, WPg 2008, 826; *Jonas*, Die Bewertung mittelständischer Unternehmen – Vereinfachungen und Abweichungen, WPg 2011, 299; *Jonas/Löffler/Wiese*, Das CAPM mit deutscher Einkommensteuer, WPg 2004, 898; *Knobbe-Keuk*, Bilanz- und Unternehmenssteuerrecht, 9. Aufl. 1993; *Kohl/Schulte*, Ertragswertverfahren und DCF-Verfahren, WPg 2000, 1147; *Koller/Goedhardt/Wessels*, Valuation, 4. Aufl. 2005; *Kunowski/Popp* in Peemöller (Hrsg.), Praxishandbuch der Unternehmensbewertung, 5. Aufl. 2012, S. 1053 *Münch*, Unternehmensbewertung im Zugewinnausgleich, DStR 2014, 806; *Popp*, Ausgewählte Aspekte der objektivierten Bewertung von Personengesellschaften, WPg 2008, 935; *Ruiz de Vargas/Zollner*, Die typisierte Einkommensteuersatz bei der Bewertung von Personengesellschaften in Abfindungsfällen, WPg 2012, 606; *Siepe*, Kapitalisierungszinssatz und Unternehmensbewertung, WPg 1998, 325; *Tiedtke*, Die Berücksichtigung latenter Steuerverbindlichkeiten bei der Berechnung des Zugewinnausgleichs, FamRZ 1990, 1188; *Tschöpel/Wiese/Willershausen*, Unternehmensbewertung und Wachstum bei Inflation, persönlicher Besteuerung und Verschuldung (Teil 1), WPg 2010, 349; *Wagner*, Der Einfluss der Besteuerung auf zivilrechtliche Abfindungs- und Ausgleichsansprüche bei Personengesellschaften, WPg 2007, 929; *Wagner*, Unterschiedliche Wirkung bewertungsbedingter und transaktionsbedingter latenter Ertragsteuern auf Abfindungs- und Ausgleichsansprüche?, WPg 2008, 834; *Wagner/Jonas/Ballwieser/Tschöpel*, Unternehmensbewertung in der Praxis – Empfehlungen und Hinweise zur Anwendung von IDW S 1, WPg 2006, 1005; *Wagner/Saur/Willershausen*, Zur Anwendung der Neuerung der Unternehmensbewertungsgrundsätze des IDW S 1 i.d.F. 2008 in der Praxis, WPg 2008, 731.

I. Grundsätzliche Berücksichtigung von Ertragsteuern bei Unternehmensbewertungen

1 Der Wert eines Unternehmens bestimmt sich unter der Voraussetzung ausschließlich finanzieller Ziele durch den Barwert der mit dem Eigentum an dem Unternehmen verbundenen **Nettozuflüsse an die Unternehmenseigner**.[1] Ertragsteuern mindern neben anderen Ausgaben diese Nettozuflüsse. Daher sind bei der Bestimmung der Nettozuflüsse sowohl die inländischen und ausländischen Ertragsteuern des Unternehmens als auch grundsätzlich die aufgrund des Eigentums am Unternehmen entstehenden persönlichen Ertragsteuern der Unternehmenseigner zu berücksichtigen.[2]

---

1 IDW S 1 i.d.F. 2008, Rz. 4.
2 IDW S 1 i.d.F. 2008, Rz. 28.

Diese grundsätzliche Überlegung greift sowohl im Zähler (Nettozuflüsse) als auch im Nenner (Kapitalisierungszinssatz) des Barwertkalküls. Zähler und Nenner müssen auch hinsichtlich der Berücksichtigung von Steuern äquivalent abgeleitet werden. Korrespondierend mit der Ableitung von **Nettozuflüssen nach allen Steuern** ist daher bei einer vollständigen Berücksichtigung von Steuern auch der Kapitalisierungszinssatz nach persönlichen Steuern abzuleiten. Soweit aus Typisierungsgründen (vgl. zur mittelbaren Typisierung unten Rz. 20) oder Vereinfachungsgründen (wie im Nutzungswert nach IAS 36, vgl. unten Rz. 82) auf eine Berücksichtigung von Steuern im Bewertungskalkül verzichtet wird, muss dies konsistent bei den Nettozuflüssen und dem Kapitalisierungszinssatz erfolgen.

1. Bewertungsrelevante Unternehmensteuern

Zu den bewertungsrelevanten Unternehmensteuern gehört in erster Linie die alle Unternehmen (unabhängig von der Rechtsform) belastende **Gewerbesteuer (GewSt)**, die als Objektsteuer die Ertragskraft eines Gewerbebetriebs besteuern soll. Der Gewerbesteuer unterliegen Kapitalgesellschaften kraft Rechtsform (§ 2 Abs. 2 Satz 1 GewStG) sowie Personengesellschaften und Einzelunternehmen, sofern diese einen Gewerbebetrieb (§ 2 Abs. 1 GewStG) darstellen.

Kapitalgesellschaften unterliegen als selbständige Steuersubjekte gem. § 1 Abs. 1 Nr. 1 KStG grundsätzlich der **Körperschaftsteuer** (KSt). Die KSt ist als Definitivsteuer für Bewertungszwecke von den ermittelten finanziellen Überschüssen auf Unternehmensebene in Abzug zu bringen. Die KSt beträgt unabhängig davon, ob Gewinne ausgeschüttet oder thesauriert werden, einheitlich 15 % (§ 23 Abs. 1 KStG) zzgl. 5,5 % SolZ (§ 1 Abs. 1 SolZG).

Nutzbare gewerbe- und körperschaftsteuerliche **Verlustvorträge** mindern ggf. die zukünftige steuerliche Belastung der finanziellen Überschüsse und können so zu einer Steuerersparnis führen. Im Rahmen der Unternehmensbewertung führt die Berücksichtigung von Verlustvorträgen daher grundsätzlich zu einer Werterhöhung. Die Berücksichtigung von Verlustvorträgen bei der Unternehmensbewertung ist abhängig vom Bewertungsanlass und vom Wertkonzept.[1] Hierauf wird exemplarisch unten Rz. 34 ff. im Zusammenhang mit der Berücksichtigung von gewerbesteuerlichen Verlustvorträgen bei Kapitalgesellschaften eingegangen.

Ebenfalls sind anfallende **ausländische Ertragsteuern** als bewertungsrelevant abzuziehen.[2]

---

1 *Kunowski/Popp* in Peemöller, Praxishandbuch der Unternehmensbewertung, S. 1053, 1071.
2 IDW S 1 i.d.F. 2008, Rz. 28; LG Frankfurt/M. v. 21.3.2006 – 3-05 O 153/04 – Rz. 57 ff., AG 2007, 42; OLG Frankfurt/M. v. 2.5.2011 – 21 W 3/11 – Rz. 48, AG 2011, 828.

7 Für die Höhe der Ertragsteuerbelastung ist das am **Bewertungsstichtag** geltende, hinsichtlich der künftig zu erwartenden Nettozuflüsse das am Bewertungsstichtag vom Gesetzgeber für die Zukunft beschlossene Steuerrecht maßgeblich.[1]

2. Bewertungsrelevanz von persönlichen Ertragsteuern

8 Ertragsteuern der Unternehmenseigner (persönliche Ertragsteuern) sind aufgrund des Eigentums am Bewertungsobjekt zu entrichten. Sie mindern die den Eigentümern zur Verfügung stehenden finanziellen Überschüsse aus dem Unternehmen und sind deshalb **grundsätzlich bewertungsrelevant**.[2] Dazu gehört in erster Linie die persönliche ESt-Belastung aus Gewinnausschüttungen bzw. Entnahmen und aus Veräußerungsgewinnen. Weiterhin sind SolZ und KiSt zu berücksichtigen.

9 Die Unternehmensbewertungstheorie stützt die grundsätzliche Richtigkeit der **Berücksichtigung persönlicher Ertragsteuern**. So gilt es als unbestritten, dass die persönliche Ertragsteuer von Investoren deren Investitionsentscheidungen beeinflusst.[3] Es ist das Kernelement der allgemeinen Gleichgewichtstheorie, formal abgeleitet zu haben, wie aus individuellen Nutzenfunktionen ein allgemeiner Gleichgewichtspreis entsteht.[4] Dieser Preis reflektiert die persönlichen und somit auch die steuerlichen Verhältnisse der Marktteilnehmer. Ebenso sprechen empirische Untersuchungen überwiegend dafür, dass persönliche Ertragsteuern der Unternehmenseigner Preise und Renditen von Unternehmenstiteln spürbar beeinflussen. So zeigen beispielsweise Untersuchungen von Steuerrechtsänderungen, dass Marktpreise und Marktrenditen durch persönliche Ertragsteuern beeinflusst werden.[5]

10 Auch die in Deutschland, insbesondere im Vergleich den USA und Großbritannien, wesentlich größeren **Bedeutung der Personengesellschaften** erfordert eine detaillierte Auseinandersetzung mit persönlichen Steuern. So können Personengesellschaften, bei denen nicht die Körperschaftsteuer, sondern faktisch die persönlichen Ertragsteuern der Unternehmenseigner im Wesentlichen die Unternehmenssteuern darstellen, nicht einfach unter Auslassung der persönlichen Ertragsteuern bewertet werden.

---

1 IDW S 1 i.d.F. 2008, Rz. 23; OLG Stuttgart v. 18.12.2009 – 20 W 2/08, AG 2010, 513 = BeckRS 2010, 900.
2 *IDW*, WP-Handbuch 2014, Band II, Teil A, Rz. 80.
3 So beispielsweise *Ballwieser/Kruschwitz/Löffler*, WPg 2007, 756 (765) und *Wagner*, DB 1972, 1637.
4 *Debreu*, Werttheorie.
5 So beispielsweise *Dhaliwal/Krull/Zhen Li*, JAE 2007, 121 für den US-amerikanischen Aktienmarkt und *Haesner/Schanz*, JBFA 2013, 593 für den deutschen Aktienmarkt.

Es entspricht daher der langjährigen deutschen Bewertungspraxis, die Steuerwirkungen beim Unternehmenseigner zu berücksichtigen. Die Rechtsprechung ist dem gefolgt.[1]

Die **Nachsteuerbetrachtung** entspricht den Empfehlungen der IDW S 1 i.d.F. 2000 und IDW S 1 i.d.F. 2005. Die grundsätzliche Bewertungsrelevanz von persönlichen Ertragsteuern auf Ebene der Unternehmenseigner ist fest im aktuellen IDW S 1 i.d.F. 2008 verankert.[2] Gleichzeitig eröffnet der IDW S 1 i.d.F. 2008 aber auch die Möglichkeit der Verwendung einer Vorsteuerbetrachtung, in denen persönliche Ertragsteuern nicht explizit sondern lediglich implizit berücksichtigt sind.[3]

a) Berücksichtigung persönlicher Ertragsteuern bei der objektivierten Unternehmenswertermittlung

Objektive Werte, die unabhängig von den persönlichen Verhältnissen der Marktteilnehmer sind, gibt es nicht.[4] Vielmehr reflektieren Marktpreise und Verkehrswerte die gewichteten aggregierten Präferenzen und Ausstattungen und eben damit die individuellen – auch steuerlichen – Wertvorstellungen der Investoren.

Die **objektivierte Unternehmenswertermittlung** dient dazu, einen von den individuellen Wertvorstellungen eines Investors unabhängigen, typisierten Wert des Unternehmens zu ermitteln. „Der objektivierte Unternehmenswert stellt einen intersubjektiv nachvollziehbaren Zukunftserfolgswert aus Sicht der Unternehmenseigner dar."[5] „Wegen der Wertrelevanz der persönlichen Ertragsteuern sind zur Ermittlung des objektivierten Unternehmenswerts anlassbezogene Typisierungen der steuerlichen Verhältnisse der Anteilseigner erforderlich."[6] Die „wertrelevanten steuerlichen Verhältnisse der Anteilseigner" sind „im Bewertungskalkül sachgerecht zu typisieren".[7] Für die Abbildung einer marktpreisbeeinflussenden typisierten Besteuerung existieren mit dem Tax-CAPM etablierte Ansätze.[8]

Im Hinblick auf die verschiedenen Anlässe der objektivierten Unternehmenswertermittlung kann die Berücksichtigung von persönlichen Ertragsteuern des Unternehmenseigners im Bewertungskalkül explizit (= **unmittelbar typisie-**

---

1 OLG München v. 11.7.2006 – 31 Wx 41/05, 31 Wx 66/05, AG 2007, 246 = ZIP 2006, 1722; OLG Frankfurt v. 17.6.2010 – 5 W 39/09, AG 2011, 717 = Der Konzern 2011, 47; OLG Stuttgart v. 19.1.2011 – 20 W 2/07, AG 2011, 420 und OLG Stuttgart v. 19.1.2011 – 20 W 3/09, AG 2011, 205 = ZIP 2011, 382.
2 IDW S 1 i.d.F. 2008, Rz. 28.
3 IDW S 1 i.d.F. 2008, Rz. 30.
4 *Großfeld*, Recht der Unternehmensbewertung, Rz. 146.
5 IDW S 1 i.d.F. 2008, Rz. 29.
6 IDW S 1 i.d.F. 2008, Rz. 29.
7 IDW S 1 i.d.F. 2008, Rz. 43.
8 *Brennan*, National Tax Journal 1970, 417; *Jonas/Löffler/Wiese*, WPg 2004, 898.

rend) im Rahmen einer Nachsteuerbetrachtung oder implizit (= **mittelbar typisierend**) im Rahmen einer Vorsteuerbetrachtung erfolgen.¹

aa) Unmittelbare Typisierung

15   Im Rahmen der unmittelbaren Typisierung werden die **zukünftigen Nettozuflüsse um die persönlichen Ertragsteuern gekürzt** und mit einem ebenfalls durch die persönliche Ertragsteuer beeinflussten Kapitalisierungszinssatz diskontiert. Diese explizite Berücksichtigung von persönlichen Ertragsteuern erfordert daher grundsätzlich Typisierungen hinsichtlich der Höhe des effektiven persönlichen Steuersatzes des Anteilseigners sowie seiner steuerlichen wertrelevanten Verhältnisse und Verhaltensweisen.² Durch die Typisierung wird vermieden, dass der objektivierte Unternehmenswert von den aufgrund unterschiedlicher Einkommensverhältnisse der Anteilseigner individuell verschiedenen Steuersätzen abhängig gemacht wird.³

16   Die unmittelbare Typisierung ist **bei gesellschaftsrechtlichen und vertraglichen Bewertungsanlässen**, insbesondere bei der Ermittlung von Abfindungsansprüchen bei Verlust von Eigentums- und Gesellschaftsrechten, vorzunehmen. Im Einklang mit der langjährigen Bewertungspraxis und deutscher Rechtsprechung⁴ erfolgt die objektivierte Unternehmensbewertung dabei aus der Perspektive einer inländischen unbeschränkt steuerpflichtigen natürlichen Person als typisiertem Anteilseigner.⁵ Die unwesentlichen Anteile werden im Privatvermögen gehalten und stellen keine Beteiligungen i.S.v. § 17 Abs. 1 Satz 1 EStG dar.

17   Bei der Bewertung von **Kapitalgesellschaften** ist unter den Verhältnissen des so typisierten Anteilseigners seit 1.1.2009 für die Einkommenbesteuerung die Abgeltungsteuer zu berücksichtigen. Hierbei werden Zinserträge, Dividenden und Veräußerungsgewinne (unabhängig von der Haltedauer) mit einer einheitlichen definitiven Steuerbelastung von 25 % zzgl. SolZ belegt. Die Typisierung einer inländischen unbeschränkt steuerpflichtigen natürlichen Person als Anteilseigner erfordert weitergehende Analysen zu den effektiven Auswirkungen der persönlichen Steuern auf die künftigen Nettozuflüsse und den Kapitalisierungszinssatz.⁶ Insbesondere sind bei differenzierter Effektivbesteuerung von

---

1   IDW S 1 i.d.F. 2008, Rz. 30. Die Bezeichnungen „unmittelbare" und „mittelbare" Typisierung folgen auch im Weiteren den Begrifflichkeiten aus IDW S 1 i.d.F. 2008.
2   IDW S 1 i.d.F. 2008, Rz. 44.
3   *Siepe*, WPg 1998, 325 (332).
4   OLG München v. 11.7.2006 – 31 Wx 41/05, 31 Wx 66/05, ZIP 2006, 1722 (1725) = AG 2007, 246; LG Frankfurt/M. v. 8.8.2001 – 3-08 O 69/97, AG 2002, 357.
5   IDW S 1 i.d.F. 2008, Rz. 31. Eine andere Ansicht hinsichtlich der Typisierung der steuerlichen Verhältnisse der Anteilseigner vertritt *Meilicke*, der bei der Ermittlung von Abfindungsansprüchen die Bewertungsperspektive eines meistbietenden Dritten in den Vordergrund stellt (*Meilicke*, Erzielbarer Veräußerungserlös vs. objektivierten Unternehmenswert bei der Abfindung von Gesellschaftern, ZIP 2014, 605).
6   IDW S 1 i.d.F. 2008, Rz. 46.

Dividenden und Veräußerungsgewinnen Annahmen hinsichtlich der Haltedauern von Unternehmensanteilen zu treffen (vgl. unten Rz. 43 f.).

Die Ermittlung eines objektivierten Unternehmenswertes einer **Personengesellschaft** oder eines Einzelunternehmers erfordert grundsätzlich eine Berücksichtigung der persönlichen Ertragsteuern, wenn – wie im derzeitigen Abgeltungsteuersystem – die persönliche Ertragsteuer ganz oder teilweise an die Stelle der in der Alternativrendite bereits berücksichtigten Unternehmensteuer tritt.[1] Denn eine Kapitalisierung von Nettozuflüssen ohne Körperschaftsteuer mit einem Zinssatz, der regelmäßig als eine aus Kapitalmarktdaten abgeleitete Aktienrendite um Körperschaftsteuer gemindert ist, wäre inkonsistent. Entsprechend sind bei der objektivierten Bewertung von Personengesellschaft Typisierungen hinsichtlich der steuerlichen Verhältnisse der Unternehmenseigner vorzunehmen. Diese Typisierungen betreffen zum einen die Höhe des Ertragsteuersatzes, schließen aber auch andere Aspekte, wie beispielsweise die Thesaurierungsbegünstigung gem. § 34a EStG, Ergänzungsbilanzabschreibungen und steuerliche Wirkungen aus Tätigkeitsvergütungen und Sonderbetriebsvermögen ein (vgl. unten Rz. 77 ff.). 18

Einstweilen frei. 19

bb) Mittelbare Typisierung

Die mittelbare Typisierung kommt im Rahmen **unternehmerischer Initiativen** in Betracht. Damit findet die mittelbare Typisierung z.B. bei Kaufpreisverhandlungen, Fairness Opinions, Börsengängen, der Bewertung von Sacheinlagen und bei Kreditwürdigkeitsprüfungen Anwendung. 20

Bei der **mittelbaren Typisierung** wird die Annahme getroffen, dass die Nettozuflüsse aus dem Bewertungsobjekt und der Alternativinvestition in ein Aktienportfolio auf Ebene der Unternehmenseigner einer vergleichbaren Besteuerung unterliegen. Im Bewertungskalkül kann dann auf die explizite Berücksichtigung persönlicher Ertragsteuer verzichtet werden. Zur Wahrung des Steueräquivalenzprinzips ist dann sowohl bei der Ermittlung der finanziellen Überschüsse als auch bei der Ermittlung des Kapitalisierungszinssatzes auf die Berücksichtigung persönlicher Ertragsteuern zu verzichten. 21

Die mittelbare Berücksichtigung kommt dem **Bedürfnis nach Vereinfachung** entgegen, bedeutet sie doch faktisch das Weglassen der Einkommensteuer im Bewertungskalkül. Gleichwohl ist die persönliche Ertragsteuer auch in diesem Modell nicht irrelevant. So sind die in diesem Modell verwendeten Parameter im Kapitalisierungszinssatz, insbesondere die Marktrisikoprämie, zwingend aus einem methodischen Kontext abzuleiten, in dem auch persönliche Ertragsteuern modelliert sind.[2] Bei zukünftigen Steuerrechtsänderungen ist diese sich in dem Verhältnis der Marktrisikoprämie vor und nach persönlichen Ertragsteuern reflektierende mittelbare Typisierung erneut vorzunehmen.[3] 22

---

1 IDW S 1 i.d.F. 2008, Rz. 47.
2 *Jonas*, WPg 2008, 826 (833).
3 *Jonas*, WPg 2008, 826 (833).

23 Die mittelbare Typisierung gem. IDW S 1 i.d.F. 2008 ist nicht ohne weiteres auf die Bewertung von Personengesellschaften anwendbar. So ist die unmittelbare Berücksichtigung von persönlichen Ertragsteuern am Leitbild der im Streubesitz befindlichen Publikumsaktiengesellschaft ausgerichtet. Die über konsistent angepasste Bewertungsparameter daraus abgeleitete mittelbare Berücksichtigung von persönlichen Ertragsteuern ist daher grundsätzlich ebenfalls nur bei Kapitalgesellschaften möglich. Gleichwohl sind im Einzelfall anlassbezogene Vereinfachungen bei der Berücksichtigung von persönlichen Ertragsteuern vertretbar (vgl. unten Rz. 76 ff.).

b) Berücksichtigung persönlicher Ertragsteuern bei subjektiven Unternehmenswerten

24 Bei der **Ermittlung subjektiver Entscheidungswerte** sollte grundsätzlich die individuelle persönliche Steuerlast der Eigentümer zugrunde gelegt werden.[1] Es sind also alle wesentlichen relevanten Steuerarten in das Bewertungsmodell zu integrieren.

25 In Einzelfällen kann aber eine Typisierung der steuerlichen Verhältnisse sachgerecht sein. Dies kann beispielsweise dann vorliegen, wenn die Ermittlung des individuellen Steuersatzes zu aufwendig ist, da eine große Anzahl an Gesellschaftern besteht.[2]

3. Abbildung von laufenden Ertragsteuern: Anwendungsbeispiel

26 In den folgenden Abschnitten wird auf die Abbildung von laufenden Ertragsteuern bei der Bewertung von Kapitalgesellschaften (vgl. Rz. 28 ff.) und bei der Bewertung von Personengesellschaften (vgl. Rz. 60 ff.) eingegangen. Zum besseren Verständnis der konkreten Umsetzung wird diesen Ausführungen hier ein vereinfachendes Beispiel vorangestellt. Da hier alleine die steuerlichen Effekte betrachtet werden sollen, geht dieses Beispiel davon aus, dass nachhaltig ein konstantes Ergebnis vor Steuern von 100 erzielt wird. In diesem Fall kann zur Berechnung des Barwerts das Ergebnis einfach durch den Kapitalisierungszinssatz geteilt werden.

27 Das **Beispiel** differenziert hinsichtlich der steuerlichen Konsequenzen zwischen der Bewertung einer Publikums-AG unter unmittelbarer und mittelbarer Typisierung, einer GmbH (bei der die Gesellschafter typischerweise wesentlich beteiligt sind und dem Teileinkünfteverfahren unterliegen) und einer Personengesellschaft (für die von der sog. Thesaurierungsbegünstigung ausgegangen wird):

---

1 IDW S 1 i.d.F. 2008, Rz. 58.
2 *Behringer*, Unternehmensbewertung der Mittel- und Kleinbetriebe, S. 139.

Rechtsform	AG	AG	GmbH	Personengesellschaft
Anteilsbesitz	Privatvermögen Anteil < 1 %	–	Betriebsvermögen Anteil > 1%	Mitunternehmer
Berücksichtigung ESt	nach ESt 2014 ff.	vor ESt 2014 ff.	nach ESt 2014 ff.	nach ESt 2014 ff.
EBT		100,00	100,00	100,00	100,00
GewSt[1]	14,00%	-14,00	-14,00	-14,00	-14,00
KSt inkl. SolZ	15,83%	-15,83	-15,83	-15,83	
ESt auf Thesaurierung	29,80%				-16,66
ESt auf Ausschüttung/Entnahme[2]	26,38% / 45,00%	-6,48		-6,63	-19,11
Anrechnung GewSt[3]	3,8				13,30
Kursgewinnsteuer effektiv	13,19% / 22,50%	-6,02		-6,16	
Nachversteuerung	13,19%				
Thesaurierung effektiv					-5,94
Nettoausschüttung		57,68	70,18	57,39	57,58
Basiszinssatz vor ESt		3,50%	3,50%	3,50%	3,50%
Persönliche Ertragsteuern		-0,92%		-0,92%	-0,92%
Basiszinssatz nach ESt		2,58%		2,58%	2,58%
Marktrisikoprämie vor ESt			5,00%		
Marktrisikoprämie nach ESt		4,50%		4,50%	4,50%
Betafaktor		1,00	1,00	1,00	1,00
Risikoprämie nach ESt		4,50%	5,00%	4,50%	4,50%
Kapitalisierungszinssatz		7,08%	8,50%	7,08%	7,08%
Barwertfaktor		14,13	11,76	14,13	14,13
Unternehmenswert		815,07	825,59	810,89	813,67

[1]Gewerbesteuerhebesatz 400%; [2]Ausschüttungsquote: 35%
[3]Gem. § 35 EStG erfolgt eine Anrechnung der Gewerbesteuer in Höhe des 3,8-fachen des festgesetzten GewSt-Messbetrages

II. Abbildung von laufenden Ertragsteuern bei der Bewertung von Kapitalgesellschaften

1. Laufende Ertragbesteuerung der Kapitalgesellschaft

Der Ertragswert ermittelt den Unternehmenswert als den Barwert der den Anteilseignern künftig zufließenden finanziellen Überschüsse. Zur Ableitung dieser finanziellen Überschüsse ist das zunächst ermittelte Ergebnis vor Steuern um **bewertungsrelevante Unternehmenssteuern** zu kürzen. Auf Unternehmensebene sind für alle Unternehmen (unabhängig von der Rechtsform) die Gewerbesteuer, die Körperschaftsteuer bei Kapitalgesellschaften sowie bei internationalen Konzernen ausländische Unternehmenssteuern in Abzug zu bringen.

Ausgangspunkt für die Ermittlung der Unternehmenssteuern bildet regelmäßig das in der Plan-Gewinn- und Verlustrechnung ermittelte Ergebnis vor Steuern. Die Plan-Gewinn- und Verlustrechnung kann dabei nach handelsrechtlichen oder nach anderen anerkannten Rechnungslegungsgrundsätzen (IFRS, US-GAAP) ermittelt werden. Zur Ableitung einer geeigneten steuerlichen Bemessungsgrundlage ist daher in einem ersten Schritt die Wesentlichkeit der Unterschiede zwischen den geplanten handelsrechtlichen oder nach IFRS oder US-GAAP ermittelten Ergebnis vor Steuern und dem nach den einschlägigen steuerlichen Vorschriften ermittelte Gewinn zu beurteilen. Nennenswerte Unterschiede können beispielsweise in den Abschreibungen auf materielle und immaterielle Vermögenswerte bestehen. Soweit die Unterschiede insgesamt als wesentlich wertrelevant zu beurteilen sind, ist das in der Plan-Gewinn- und Verlustrechnung ermittelte Ergebnis vor Steuern entsprechend zu korrigieren.

30 Die Bemessungsgrundlage für die **Gewerbesteuer** ist der Gewerbeertrag. Hierfür ist der nach den Vorschriften des EStG oder des KStG ermittelte Gewinn aus Gewerbebetrieb im weiteren Verlauf um Hinzurechnungen nach § 8 GewStG und Kürzungen nach § 9 GewStG anzupassen. Zu den Korrekturen gehören gem. § 8 Nr. 1 GewStG u.a. Hinzurechnungen für Entgelte für Schulden, die den Gewinn gemindert haben, sowie Miet- und Pachtzinsen für die Nutzung von beweglichen und unbeweglichen Wirtschaftsgütern, die im Eigentum eines anderen stehen. Die Gewerbesteuer gehört zu den nicht abzugsfähigen Betriebsausgaben (§ 4 Abs. 5b EStG i.V.m. § 8 Abs. 1 KStG) und mindert somit nicht die Bemessungsgrundlage. Aus dem steuerlichen Gewerbeertrag wird zunächst der GewSt-Messbetrag als Produkt aus Gewerbeertrag und der Steuermesszahl von einheitlich 3,5 % (§ 11 Abs. 2 GewStG) ermittelt. Die Steuerschuld ergibt sich dann durch Multiplikation des GewSt-Messbetrags mit dem relevanten Hebesatz.

31 Kapitalgesellschaften unterliegen als selbständige Steuersubjekte ferner der **Körperschaftsteuer** (zzgl. SolZ). Unabhängig davon, ob Gewinne ausgeschüttet oder thesauriert werden, beträgt die KSt einheitlich 15 % (§ 23 Abs. 1 KStG) zzgl. 5,5 % SolZ. Bemessungsgrundlage für die Körperschaftsteuer ist der nach dem EStG und dem KStG ermittelte Gewinn (§ 8 Abs. 1 Satz 1 KStG).

32 Grundsätzlich unterliegen Zinsaufwendungen den Regeln der sog. **Zinsschranke** gem. § 8a Abs. 1 KStG i.V.m. § 4h EStG, welche die Abzugsfähigkeit des Netto-Zinsaufwands auf 30 % des steuerpflichtigen Gewinns vor Zinsertrag, Zinsaufwand, Ertragsteuern und Abschreibungen (EBITDA) begrenzt. Zinsaufwendungen, die im laufenden Jahr nicht angesetzt werden können, werden gesondert festgestellt und sind in den folgenden Jahren vorzutragen. Ein eventuell zum Bewertungsstichtag vorliegender nutzbarer Zinsvortrag kann insofern zu einer Steuerersparnis führen, welche im Rahmen der Unternehmensbewertung werterhöhend zu berücksichtigen ist. Für die Zinsschranke bestehen jedoch einige Ausnahmen (§ 4h Abs. 2 EStG), so dass die Relevanz der Regelungen im Einzelfall zu prüfen ist.

33 Erwirtschaftet eine Unternehmung einen Verlust im aktuellen Jahr, so wird dieser gesondert festgestellt und kann in den zukünftigen Jahren zur Kürzung der gewerbesteuerlichen bzw. körperschaftsteuerlichen Bemessungsgrundlage genutzt werden. Dabei darf der **Verlustvortrag** bis zu einer Höhe von 1 Mio. Euro uneingeschränkt die gewerbesteuerliche bzw. die körperschaftsteuerliche Bemessungsgrundlage mindern (§ 10a Satz 1 GewStG bzw. § 10d EStG i.V.m. § 8 Abs. 1 KStG). Die 1 Mio. Euro übersteigende Bemessungsgrundlage kann nur bis zu 60 % durch den Verlustvortrag gemindert werden (§ 10a Satz 2 GewStG). Die Nutzung von Verlustvorträgen führt zu Steuerersparnissen, die die ausschüttbaren finanziellen Überschüsse an die Anteilseigner erhöhen.

34 **Voraussetzung für die Nutzung** von gewerbesteuerlichen Verlustvorträgen ist grundsätzlich eine Unternehmer- und eine Unternehmensidentität. Unternehmensidentität ist gegeben, wenn der Betrieb der den Verlustabzug in Anspruch

nehmen möchte, identisch ist mit dem Betrieb, der im Verlustjahr bestand (§ 10a.2 GewStR). Unternehmeridentität besteht, wenn der Gewerbetreibende, der den Verlustabzug in Anspruch nehmen möchte, den Verlust selbst erlitten hat (§ 10a.3 Abs. 1 GewStR). Änderungen in der Unternehmeridentität können sich bei Kapitalgesellschaften vor allem durch Umwandlungen ergeben.[1] Des Weiteren sind die Regelungen des § 8c KStG zum Untergang von gewerbesteuerlichen und körperschaftsteuerlichen Verlustvorträgen beachtlich.[2] Demnach geht der Verlustvortrag anteilig unter, wenn innerhalb von fünf Jahren mittelbar oder unmittelbar mehr als 25 % des gezeichneten Kapitals an einen Erwerber übertragen werden. Werden mehr als 50 % übertragen, geht der Verlustvortrag vollständig unter. Aktienrechtliche Bewertungsanlässe (Squeeze-outs bzw. Beherrschungs- und Gewinnabführungsverträge) sind oftmals die Folge eines i.S.d. § 8c KStG schädlichen Anteilserwerbs. Hier gilt es dann für den Bewerter einzuschätzen, inwieweit die bestehenden Verlustvorträge im Zusammenhang mit den Ausnahmeregelungen der Stille-Reserven-Klausel (§ 8c Abs. 1 Satz 6–9 KStG), der Konzernklausel (§ 8c Abs. 1 Satz 5 KStG) oder der Sanierungsklausel (§ 8c Abs. 1a KStG) vollständig oder anteilig weiterhin genutzt werden können.

Die Berücksichtigung von innerhalb des Planungszeitraums entstehender Neuverluste sowie der hieraus resultierenden gewerbesteuerlichen und körperschaftsteuerlichen Verlustvorträge ist im Allgemeinen als unstrittig anzusehen. Hingegen ist die **Berücksichtigung zum Bewertungsstichtag bestehender Verlustvorträge** im Rahmen der Unternehmensbewertung **in Abhängigkeit vom Bewertungsanlass und vom Wertkonzept** zu beurteilen.[3] Dabei ist hinsichtlich des Bewertungsanlasses danach zu unterscheiden, ob ein Eigentümerwechsel stattfindet, oder nicht. Bei der Ermittlung subjektiver Entscheidungswerte ist es sachgerecht, die Verlustvorträge nicht zu berücksichtigen, wenn ein Eigentümerwechsel dazu führt, dass der neue Eigentümer diese nicht mehr nutzen kann. Wird beispielsweise eine Kapitalgesellschaft als **Sacheinlage** in eine andere Gesellschaft eingebracht, so ist die im Rahmen der Beurteilung der Werthaltigkeit der Sacheinlage vorzunehmende Unternehmensbewertung aus Sicht der die Sacheinlage aufnehmenden Gesellschaft vorzunehmen. Sofern ein ggf. bestehender Verlustvortrag nicht übertragbar sein sollte, wäre dieser für die Bewertung der Sacheinlage nicht relevant. Im Rahmen der objektivierten Unternehmenswertermittlung ist regelmäßig von Effekten zu abstrahieren, die durch die Transaktion selbst erst ausgelöst werden, wie etwa den steuerlichen Folgen aus einem Gesellschafterwechsels.

35

Wird der Wertbeitrag aus Verlustvorträgen im Rahmen der Unternehmensbewertung berücksichtigt, so sollte dies in erster Linie durch Berücksichtigung innerhalb der Planungsrechnung erfolgen. Sollten die Verlustvorträge innerhalb des Detailplanungszeitraums nicht aufgebraucht sein, sind die Unternehmens-

36

---

1 Die Folgen der verschiedenen Umwandlungen einer Kapitalgesellschaft auf den Verlustvortrag sind in 10a.3 Abs. 4 GewStR dargestellt.
2 Für gewerbesteuerliche Verlustvorträge gelten gem. § 10a Satz 8 GewStG die Beschränkungen des § 8c KStG entsprechend.
3 *Kunowski/Popp* in Peemöller, Praxishandbuch der Unternehmensbewertung, S. 1053, 1071.

teuern in der ewigen Rente unter Berücksichtigung der Verlustvorträge finanzmathematisch in eine barwertäquivalente Annuität umzurechnen. Aus Vereinfachungs- oder Transparenzgründen kann der Wertbeitrag aus Verlustvorträgen stattdessen auch als **Sonderwert** erfasst werden. In diesem Fall werden die jährlichen Steuerersparnisse aus Verlustvorträgen auf den Bewertungsstichtag diskontiert und der resultierenden Wert separat in der Unternehmensbewertung berücksichtigt. Dabei ist darauf zu achten, dass durch methodisch konsistente Diskontierungszinssätze der Unternehmenswert mit Ansatz der Verlustvorträge als Sonderwert in jedem Fall zum selben Unternehmenswert führt, wie die integrierte Berücksichtigung innerhalb der Planungsrechnung.

37   Als Folge der bis zum Jahr 2000 geltenden körperschaftsteuerlichen Anrechnungsverfahren besitzen einige Kapitalgesellschaften teilweise noch Ansprüche auf die Erstattung von **Körperschaftsteuerguthaben**. Die zum 31.12.2006 noch vorhandenen KSt-Guthaben führen über einen Zeitraum bis zum Jahr 2017 zu Zinserträgen und Zahlungsmittelzuflüssen. Im Rahmen der Ertragswertberechnung ist die bilanzielle und erfolgswirksame Entwicklung des KSt-Guthabens daher entsprechend abzubilden. Sollte das Guthaben bis zum Ende der Detailplanungsphase nicht vollständig zurückgezahlt sein, ist es über eine Annuität in der ewigen Rente zu berücksichtigen. Alternativ kann auch hier ein Ansatz als Sonderwert aus Körperschaftsteuerguthaben erfolgen. In diesem Fall ist aber wie bei Verlustvorträgen darauf zu achten, dass der Ansatz als Sonderwert insgesamt zum gleichen Unternehmenswert führt, wie die integrierte Berücksichtigung im Bewertungsmodell.

38   Von im Ausland erzielten finanziellen Überschüssen sind **ausländische Unternehmensteuern**, die von der Art des Unternehmens im Ausland, dem Bestand oder Nichtbestand eines DBA sowie den Sonderregelungen für ausländische Einkünfte abhängen, abzusetzen.[1]

2. Laufende Ertragsteuern der Unternehmenseigner

39   Zur Ermittlung des Unternehmenswertes bei unmittelbarer Typisierung der steuerlichen Verhältnisse der Anteilseigner sind die finanziellen Überschüsse um **persönliche Ertragsteuern** der Unternehmenseigner zu kürzen. Diese betreffen bei deutschen unbeschränkt steuerpflichtigen und nur unwesentlich am Bewertungsobjekt beteiligten Anteilseignern die Abgeltungsteuer auf Ausschüttungen sowie die Besteuerung von Kursgewinnen bzw. Wertsteigerungen.[2]

40   Die unterschiedliche effektive Besteuerung von Ausschüttungen und Kursgewinnen erfordert Annahmen über die künftige Ausschüttungs- bzw. Entnahmepolitik der Gesellschaft. Dabei ist die Aufteilung der finanziellen Überschüsse in **Ausschüttungen und Thesaurierungen** für die Phase des Detailplanungszeitraums auf Basis des individuellen Unternehmenskonzepts und unter Berücksichtigung der bisherigen und geplanten Ausschüttungspolitik, der Ei-

---

1 *IDW*, WP-Handbuch 2014, Band II, Teil A, Rz. 79.
2 IDW S 1 i.d.F. 2008, Rz. 44.

genkapitalausstattung und der steuerlichen Rahmenbedingungen vorzunehmen. Soweit für die Verwendung thesaurierter Mittel keine konkreten Planungen vorliegen und auch die Investitionsplanung keine konkrete Verwendung vorsieht, ist eine sachgerechte Prämisse zur Wiederanlage zu treffen.[1] IDW S 1 i.d.F. 2008 schlägt hier der Annahme einer barwertneutralen Wiederanlage folgend eine fiktive unmittelbare Zurechnung der thesaurierten Beträge an die Anteilseigner vor.[2]

Für die **Phase der ewigen Rente** wird nach IDW S 1 i.d.F. 2008 typisierend angenommen, dass das Ausschüttungsverhalten des zu bewertenden Unternehmens äquivalent zum Ausschüttungsverhalten der Alternativanlage ist, sofern nicht Besonderheiten der Branche, der Kapitalstruktur oder der rechtlichen Rahmenbedingungen zu beachten sind.[3] Für die thesaurierten Beträge wird die Annahme einer barwertneutralen Wiederanlage getroffen. Auf die thesaurierungsbedingten zukünftigen Wertzuwächse ist dann eine effektive Veräußerungsbesteuerung zu berücksichtigen. Im Ergebnis setzt sich die persönliche Steuerlast der Anteilseigner somit zusammen aus der Steuerlast auf die tatsächlichen Ausschüttungen und der effektiven Steuerlast auf die fiktiv unmittelbar zugerechneten künftig realisierten Veräußerungsgewinne aus thesaurierungsbedingten Unternehmenswertsteigerungen.[4]

41

Bei der Bewertung von **Publikumsaktiengesellschaften** im Rahmen von gesellschaftsrechtlichen und vertraglichen Anlässen (beispielweise Squeeze-outs) ist typisierend von einer inländischen unbeschränkt steuerpflichtigen natürlichen Person mit unwesentlichen (Beteiligungsquote < 1 %) im Privatvermögen gehaltenen Anteilen, die keine Beteiligung i.S.v. § 17 Abs. 1 Satz 1 EStG sind[5], auszugehen. **Ausschüttungen** sind im Rahmen des Abgeltungsteuersystems seit VZ 2009 mit einer Kapitalertragsteuer (Abgeltungsteuer) von 25 % zzgl. SolZ von 5,5 % belastet, so dass daraus eine Steuerbelastung von rund 26,38 % resultiert. Dieser Prozentsatz ist auch in der Rechtsprechung und Kommentierung allgemein anerkannt.[6]

42

Veräußerungsgewinne unterliegen im Abgeltungsteuersystem unabhängig von der Haltedauer ebenfalls der Abgeltungsteuer von 25 % zzgl. SolZ, sofern die Anteile ab dem 1.1.2009 erworben wurden. Daher ist die Veräußerungsgewinnsteuer grundsätzlich erst für Bewertungsstichtage ab dem 1.1.2009 anzusetzen.[7]

43

---

1 IDW S 1 i.d.F. 2008, Rz. 36.
2 *Wagner/Jonas/Ballwieser/Tschöpel*, WPg 2006, 1005 (1011).
3 IDW S 1 i.d.F. 2008, Rz. 37.
4 Daneben kann in der ewigen Rente ebenfalls noch der Ansatz der steuerlichen Belastungen aus rein inflationsbedingten Unternehmenswertsteigerungen in Betracht kommen (*Tschöpel/Wiese/Willershausen*, WPg 2010, 349 [356]).
5 Bei Beteiligungen i.S.v. § 17 Abs. 1 Satz 1 EStG erfolgt die Besteuerung von Veräußerungsgewinnen nach dem Teileinkünfteverfahren, bei dem 60 % des Veräußerungsgewinns in Höhe der persönlichen Einkommensteuer zu versteuern sind und 40 % steuerfrei sind.
6 LG Stuttgart v. 5.11.2012 – 31 O 55/08 KfH AktG – Rz. 100, NZG 2013, 342; *Stephan* in K. Schmidt/Lutter, § 305 AktG Rz. 86; *Deilmann* in Hölters, § 305 AktG Rz. 58.
7 *Wagner/Saur/Willershausen*, WPg 2008, 731 (735 f.).

Dabei werden Veräußerungsgewinne, oder ganz allgemein durch Thesaurierung erzielte Wertsteigerungen, erst dann besteuert, wenn sie realisiert werden. Entsprechend liegt die effektive, heute wertbeeinflussende Veräußerungsgewinnsteuer unterhalb der künftig realisierten nominalen Abgeltungsteuer. Hierbei wird es als sachgerecht angesehen, für die typisierten Anteilseigner grundsätzlich zum einen von einem Erwerb nach dem 31.12.2008 und zum anderen von langen Haltedauern und einer dementsprechend geringen effektiven Steuerbelastung aus thesaurierungsbedingten Wertsteigerungen auszugehen. Bei objektivierten Bewertungen nach IDW S 1 i.d.F. 2008 ist die typisierende Annahme einer effektiven Veräußerungsgewinnbesteuerung in Höhe der hälftigen nominalen Abgeltungsteuer, mithin rund 13,19 % (inkl. SolZ), verbreitet.[1]

44 Sollte bei der Bewertung von Kapitalgesellschaften die Abgeltungsteuer nicht als sachgerechte Typisierung für die persönliche Ertragsteuer angesehen werden, kann in Abhängigkeit vom Bewertungsanlass auch ein anderer Steuersatz angesetzt werden. Beispielsweise ist eine abweichende Vorgehensweise bei einer **GmbH** anzuwenden, die von wenigen natürlichen Personen im Betriebsvermögen gehalten wird. Hier ist jeweils das Teileinkünfteverfahren nach § 3 Nr. 40 EStG anzuwenden,[2] nachdem nur 60 % der Dividendeneinkünfte (§ 3 Nr. 40 Satz 1 lit. d i.V.m. Satz 2 EStG) bzw. nur 60 % der Veräußerungsgewinne (§ 3 Nr. 40 Satz 1 lit. a EStG) steuerpflichtig sind und mit dem persönlichen Steuersatz besteuert werden. Handelt es sich um wesentliche Beteiligungen im Privatvermögen natürlicher Personen i.S.v. § 17 Abs. 1 Satz 1 EStG, so gilt für Veräußerungsgewinne ebenfalls das Teileinkünfteverfahren (§ 3 Nr. 40 Satz 1 lit. c EStG); Dividendeneinkünfte unterliegen grundsätzlich der Abgeltungsteuer, können aber unter bestimmten Voraussetzungen[3] ebenfalls nach dem Teileinkünfteverfahren besteuert werden (§ 3 Nr. 40 Satz 1 lit. d i.V.m. § 32d Abs. 2 Nr. 3 EStG).

45 Nach § 27 Abs. 1 Satz 3 KStG kann eine unbeschränkt steuerpflichtige Gesellschaft Leistungen aus dem **steuerlichen Einlagekonto** steuerfrei zurückgewähren, soweit sie den auf den Schluss des vorangegangenen Wirtschaftsjahres ermittelten ausschüttbaren Gewinn übersteigen. Soweit eine Beteiligung von weniger als 1 % im Privatvermögen gehalten wird, ist die Einlagenrückgewähr nicht steuerbar, da Zahlungen aus dem steuerlichen Einlagekonto ausdrücklich nicht zu den Einnahmen aus Kapitalvermögen zählen. Insoweit stellt die Einlagerückgewähr einen bewertungsrelevanten positiven Wertbeitrag dar. Nach Auffassung der Finanzverwaltung verringern Ausschüttungen aus dem steuer-

---

1 *Jonas*, WPg 2008, 831; so auch *Stephan* in K. Schmidt/Lutter, § 305 AktG Rz. 86; *Großfeld*, Recht der Unternehmensbewertung, Rz. 487 ff., 570; *Wagner/Saur/Willershausen*, WPg 2008, 731 (741); *Seppelfricke*, Handbuch Aktien und Unternehmensbewertung, S. 77.
2 IDW, Fragen und Antworten zur praktischen Umsetzung des IDW S 1 i.d.F. 2008, 2012, Abschn. 4.4.2.5, Antwort auf Frage II.
3 Unter der Voraussetzung, dass der Gesellschafter mindestens zu 25 % bzw. bei beruflicher Tätigkeit des Gesellschafters für die Kapitalgesellschaft, mindestens zu 1 % an der Kapitalgesellschaft (§ 32d Abs. 2 Nr. 3 EStG) beteiligt ist, kann der Gesellschafter die Beteiligungserträge wahlweise nach dem Teileinkünfteverfahren versteuern.

lichen Einlagekonto jedoch die Anschaffungskosten von nach dem 1.1.2009 erworbenen Aktien.[1] Dies führt zu einem Anstieg der steuerpflichtigen Veräußerungsgewinne beim Verkauf der Aktien. Ausschüttungen aus dem steuerlichen Einlagekonto stellen mithin nur einen Verschiebung der Steuerlast in die Zukunft dar. Im Rahmen der unmittelbaren Typisierung der steuerlichen Verhältnisse des unbeschränkt steuerpflichtigen inländischen Anteilseigners bietet es sich insofern an, von Ausschüttungen aus dem steuerlichen Einlagekonto eine effektive Kursgewinnsteuer in Höhe der hälftigen nominalen Abgeltungsteuer, mithin rund 13,19 % (inkl. SolZ), abzusetzen.

3. Abbildung der laufenden Ertragsteuern in Abhängigkeit vom Bewertungsverfahren

a) Ertragswertverfahren

Der Ertragswert ermittelt den Unternehmenswert als den **Barwert der den Anteilseignern künftig zufließenden finanziellen Überschüsse**. Dies sind vor allem Ausschüttungen und Kapitalrückzahlungen.

46

Daneben können thesaurierte Beträge den Anteilseignern fiktiv unmittelbar zugerechnet werden (Wertbeitrag aus Thesaurierung), soweit für die Verwendung thesaurierter Mittel keine konkreten Planungen vorliegen.

Zur Ableitung dieser finanziellen Überschüsse ist das ermittelte Ergebnis vor Steuern um bewertungsrelevante Unternehmensteuern zu kürzen. Auf Unternehmensebene sind für alle Kapitalgesellschaften die Gewerbesteuer, die Körperschaftsteuer sowie bei internationalen Konzernen ausländische Unternehmensteuern zu ermitteln. Bei unmittelbarer Typisierung der steuerlichen Verhältnisse der Anteilseigner sind die finanziellen Überschüsse nach Unternehmensteuern um persönliche Ertragsteuern der Anteilseigner zu kürzen. Diese betreffen bei inländischen unbeschränkt steuerpflichtigen und nur unwesentlich am Bewertungsobjekt beteiligten Anteilseignern die Abgeltungsteuer auf Ausschüttungen sowie die Besteuerung von Veräußerungsgewinnen.

b) WACC-DCF-Ansatz

Die im Rahmen des WACC-DCF-Ansatzes (vgl. dazu ausführlich § 9) relevanten künftigen Cashflows sind – vorbehaltlich der fehlenden Vorteile aus der steuerlichen Abzugsfähigkeit der Fremdfinanzierung – jene finanziellen Über-

47

---

1 Steuerfreie Auszahlungen aus dem steuerlichen Einlagekonto führen – analog zu der zu § 17 EStG ergangenen Rechtsprechung – zu einer Minderung der Anschaffungskosten (BFH v. 19.7.1994 – VIII R 58/92, BStBl. II 1995, 362 = GmbHR 1995, 469). Es erfolgt ein Rückgriff auf die Begriffsbestimmung des § 255 HGB (BFH v. 27.3.2007 – VIII R 62/05, BStBl. II 2010, 159 = GmbHR 2007, 780). Nach Auffassung der Finanzverwaltung gilt diese Rechtsprechung zur Minderung der Anschaffungskosten gleichermaßen für den Anschaffungskostenbegriff i.S.d. § 20 Abs. 4 EStG ab 2009. Dies sollte durch den Verweis auf das BFH-Urteil v. 20.4.1999 (BStBl. II 1999, 698) in Rz. 92 des BMF-Schreibens v. 22.12.2009 – IV C 1 - S 2252/08/10004 (Kapitalherabsetzung/Ausschüttung aus dem Einlagekonto) zum Ausdruck gebracht werden.

schüsse, die unter Berücksichtigung gesellschaftsrechtlicher Ausschüttungsgrenzen allen Kapitalgebern des Unternehmens zur Verfügung stehen.[1] Die **Free Cash Flows** stellen finanzielle Überschüsse nach Unternehmensteuern und bei unmittelbarer Typisierung auch nach persönlichen Ertragsteuern der Unternehmenseigner, jedoch vor Zinsen dar. Sie werden als Nominalgrößen geplant. In der International und auch in der hiesigen Bewertungspraxis üblichen Darstellungsweise ermitteln sich die Free Cash Flows wie folgt:

Ergebnis vor Steuern und Zinsen

+ Sonstiges Finanzergebnis (ohne Fremdkapitalzinsen)

− Adjustierte Ertragsteuern des Unternehmens (bei fiktiver Eigenfinanzierung)

− Adjustierte persönliche Ertragsteuern (bei fiktiver Eigenfinanzierung)

+ Abschreibungen und andere zahlungsunwirksame Aufwendungen

− Zahlungsunwirksame Erträge

−/+ Investitionsauszahlungen/Einzahlungen aus Desinvestitionen

+/− Verminderung/Erhöhung des Netto-Working Capitals

= Free Cash Flow

48 Die von dem Unternehmen gezahlten **Unternehmensteuern** sowie bei unmittelbarer Typisierung etwaige **persönliche Ertragsteuern** der Unternehmenseigner sind bei der Ermittlung der Free Cash Flows abzuziehen. Die Berechnung der Free Cash Flows erfolgt unter der Annahme, dass keine gewinnmindernden Fremdkapitalzinsen zu zahlen sind;[2] dementsprechend sind die Unternehmensteuern (und ggf. die persönlichen Ertragsteuern) unter der Annahme einer fiktiven vollständigen Eigenfinanzierung zu ermitteln.[3] Die steuerliche Vorteilhaftigkeit einer Fremdfinanzierung wird im Rahmen der Bestimmung des Kapitalisierungszinssatzes abgebildet.[4]

49 Obwohl auch eine DCF-Bewertung grundsätzlich unter Berücksichtigung persönlicher Steuern durchgeführt werden kann, ist es absolut herrschende Praxis, DCF-Bewertungen regelmäßig mittelbar typisierend, d.h. ohne explizite Berücksichtigung persönlicher Steuern vorzunehmen.

4. Kapitalisierungszinssatz

50 Der verwendete Kapitalisierungszinssatz stellt grundsätzlich die beste alternative Anlagemöglichkeit dar[5] und drückt somit die **Renditeerwartung einer äquivalenten Alternativinvestition** aus.[6] Die finanziellen Überschüsse aus der

---

1 IDW S 1 i.d.F. 2008, Rz. 127.
2 *Jonas*, BFuP 1995, 83 (86).
3 IDW S 1 i.d.F. 2008, Rz. 128.
4 Vgl. IDW S 1 i.d.F. 2008, Rz. 58.
5 *Moxter*, Grundsätze ordnungsmäßiger Unternehmensbewertung, 2. Aufl. 1983, S. 9.
6 IDW S 1 i.d.F. 2008, Rz. 4.

alternativ am Kapitalmarkt zu tätigenden Anlage unterliegen grundsätzlich der Ertragsbesteuerung. Diese Steuerbelastung ist daher auch im Kapitalisierungszinssatz zu berücksichtigen.[1]

Werden bei den zu diskontierenden finanziellen Überschüssen persönliche Ertragsteuern in Abzug gebracht, ist der Kapitalisierungszinssatz ebenfalls unter Berücksichtigung der Wirkungen der persönlichen Ertragsteuern anzusetzen. Die äquivalente Berücksichtigung der persönlichen Einkommensteuer im Zähler und im Nenner des Bewertungskalküls entspringt der bewertungstheoretisch gebotenen Steueräquivalenz.[2]

51

Eine Erklärung der empirisch beobachtbaren Aktienrenditen kann durch das **Tax-CAPM** erfolgen, welches das CAPM um die explizite Berücksichtigung der Wirkungen persönlicher Ertragsteuern erweitert. Die steuerliche Behandlung von Zinseinkünften, Dividenden und Kursgewinnen wird dabei direkt in der Bewertungsgleichung des Tax-CAPM erfasst, indem die jeweils relevanten Steuersätze bei den Komponenten des Kapitalisierungszinssatzes berücksichtigt werden.[3]

52

Das Tax CAPM nach *Brennan*[4] zeigt, welche Gleichgewichtsrenditen sich auf einem durch individuelle persönliche Steuern beeinflussten Kapitalmarkt einstellen; es ist insofern zunächst unabhängig vom deutschen Steuersystem. Das Tax-CAPM wurde zur Erfassung der in Deutschland bestehenden Steuerwirkungen entsprechend angepasst – so zuletzt auf das Abgeltungssteuersystem.[5]

53

In der überwiegenden Rechtsprechung und Literatur wird die Eignung des CAPM und des Tax-CAPM zur Ermittlung des Risikozuschlags sowie dessen Überlegenheit gegenüber einer bloßen Schätzung des Risikozuschlags gesehen.[6]

54

---

1 IDW S 1 i.d.F. 2008, Rz. 93; OLG Karlsruhe v. 25.6.2008 – 7 U 133/07, NZG 2008, 785 (791).
2 *Moxter*, Grundsätze ordnungsmäßiger Unternehmensbewertung, 2. Aufl. 1983, S. 177.
3 *Jonas/Löffler/Wiese*, WPg 2004, 898.
4 *Brennan*, National Tax Journal 1970, 417.
5 *IDW*, WP-Handbuch 2014, Band II, Teil A, Rz. 204.
6 OLG Frankfurt v. 2.5.2011 – 21 W 3/11, AG 2011, 828; OLG Frankfurt v. 30.8.2012 – 21 W 14/11 – Rz. 67, NZG 2012, 1382; OLG Frankfurt v. 20.12.2010 – 5 W 51/09 – Rz. 52 ff., juris; OLG Frankfurt v.17.6.2010 – 5 W 39/09, AG 2011, 717 = BeckRS 2011, 1667; OLG Stuttgart v. 17.3.2010 – 20 W 2/08, AG 2010, 510; OLG Stuttgart v. 18.12.2009 – 20 W 2/09, AG 2010, 758 = BeckRS 2008, 900; OLG Stuttgart v. 19.1.2011 – 20 W 2/07, AG 2011, 420 = BeckRS 2011, 1677; OLG Stuttgart v. 3.4.2012 – 20 W 7/09 – Rz. 85, juris; OLG Düsseldorf v. 27.5.2009 – I-26 W 5/07 (AktE), WM 2009, 2220; OLG Düsseldorf v. 4.7.2012 – I-26 W 8/10 (AktE) – Rz. 53, AG 2012, 797 (799) = NZG 2012, 1260 (1261); OLG Karlsruhe v. 16.7.2008 – 12 W 16/02, AG 2009, 47; OLG Celle v. 19.4.2007 – 9 W 53/06, AG 2007, 865 = ZIP 2007, 2025; *Paulsen* in MünchKomm. AktG, 3. Aufl. 2010, § 305 AktG Rz. 126 („State of the Art").

In einer jüngeren Entscheidung äußert sich das OLG Frankfurt[1] zum Tax-CAPM wie folgt:

> „Bereits seit Geltung des Standards IDW S1 2000 wird bei der Ermittlung des Risikozuschlags anhand des Capital Asset Pricing Model (CAPM) die aus der langjährigen Differenz zwischen der Rendite von Aktien und quasi risikofreien öffentlichen Anleihen ermittelte durchschnittliche Risikoprämie (Marktrisikoprämie) mit einem das unternehmensspezifische Risiko abbildenden Faktor, dem sogenannten Betafaktor, multipliziert. Das im Standard IDW S1 2005 empfohlene Tax Capital Asset Pricing Model (Tax-CAPM) ergänzt das CAPM noch um die Wirkung persönlicher Ertragsteuern.
>
> [...] Die Anwendung des (Tax-)CAPM ist nicht nur ein in der Betriebswirtschaftslehre und der Bewertungspraxis anerkanntes Berechnungsmodell für die Festlegung des Risikozuschlags, sondern hat sich auch in der obergerichtlichen Rechtsprechung weitestgehend durchgesetzt (vgl. OLG Düsseldorf [v. 27.5.2009 – I-26 W 5/07 (AktE),] WM 2009, 2220 (2226); OLG Frankfurt am Main [v. 20.12.2010 – 5 W 51/09 –] juris Rn. 52 ff.; OLG Stuttgart [v. 17.3.2010 – 20 W 9/08, AG 2010, 510 =] juris Rz. 158). Für die Anwendung des (Tax-) CAPM spricht nicht allein der Grundsatz der Einheitlichkeit der Rechtsprechung, sondern auch das Fehlen eines praktisch verwendbaren überlegenen Modells. Denn es ist nicht ersichtlich, dass ein Alternativmodell zur Ermittlung des Risikozuschlags, insbesondere eine pauschale Schätzmethode, dem (Tax-)CAPM überlegen wäre. Aufgrund seiner Herleitung aus beobachtbaren Kapitalmarktdaten ermöglicht dieses vielmehr im Vergleich mit pauschalen Risikozuschlägen zumindest eine gewisse Objektivierung [...]."

55 Nach dem Tax-CAPM setzen sich die **Eigenkapitalkosten nach Steuern** aus dem um die typisierte persönliche Ertragsteuer gekürzten Basiszinssatz und der auf Basis des Tax-CAPM ermittelten Risikoprämie nach persönlichen Ertragsteuern, gewichtet mit dem Betafaktor, zusammen:

$$r_{EK}^{nSt} = r_f \cdot (1-S_{pers}) + \beta \cdot MRP^{nSt}.$$

Mit:

$$r_{EK}$$

= Eigenkapitalkosten;

$$r_f$$

= risikoloser Zinssatz;

$$S_{pers}$$

= persönlicher Ertragsteuersatz (Abgeltungsteuer);

$$MRP^{nSt}$$

= Marktrisikoprämie nach persönlichen Ertragsteuern (Abgeltungsteuer).

56 Der risikolose **Basiszinssatz**

$$(r_f)$$

wird typisierend um den Abgeltungsteuersatz auf Zinserträge von 25 % zzgl. SolZ, mithin i.H.v. 26,375 % angepasst.

---

[1] OLG Frankfurt v. 20.2.2012 – 21 W 17/11 – Rz. 54 f., NZG 2013, 69 (70) = AG 2013, 647.

Die **Marktrisikoprämie** vor Steuern ist ebenfalls um die Steuerwirkungen von Dividenden und Kursgewinnen anzupassen. Zur Höhe der Marktrisikoprämie vor und nach persönlichen Ertragsteuern gibt der FAUB des IDW regelmäßig Empfehlungen heraus, die sowohl die jeweiligen steuerlichen Gegebenheiten berücksichtigen, als auch sich an den aktuellen Entwicklungen am Kapitalmarkt orientieren. 57

Mit Blick auf die derzeitige Situation auf den Kapitalmärkten hält es der Fachausschuss für Unternehmensbewertung und Betriebswirtschaft des IDW (FAUB) für sachgerecht, sich bei der Bemessung der Marktrisikoprämie aktuell aufgrund der Verwerfungen aus der Finanzmarkt- und Euro-Schuldenkrise an einer Bandbreite von 5 % bis 6 % (nach persönlichen Steuern) zu orientieren.[1]

Nach dem **WACC-Ansatz** sind die künftigen erzielbaren Cashflows mit den gewogenen Kapitalkosten (WACC) abzuzinsen. Die gewogenen Kapitalkosten hängen von der Höhe der Eigen- und der Fremdkapitalkosten sowie infolge der fehlenden Finanzierungsneutralität der Besteuerung vom Verschuldungsgrad (gemessen als Verhältnis des Marktwerts des Fremdkapitals zum Marktwert des Eigenkapitals) ab.[2] Die steuerliche Vorteilhaftigkeit einer Fremdfinanzierung – das sog. Tax Shield – wird dabei im Rahmen der Ermittlung der Fremdkapitalkosten abgebildet. 58

Die **Fremdkapitalkosten** errechnen sich als gewogener durchschnittlicher Kostensatz der einzelnen Fremdkapitalformen. Von den Fremdkapitalkosten sind die auf diese entfallenden Unternehmensteuern abzusetzen. Sofern eine unmittelbare Typisierung der Anteilseigner erfolgt, sind darüber hinaus die persönlichen Ertragsteuern der Unternehmenseigner bei der Bestimmung der Fremdkapitalkosten zu berücksichtigen, um der steuerlichen Abzugsfähigkeit der Fremdkapitalzinsen Rechnung zu tragen.[3] Die steuerliche Entlastung aufgrund anteiliger Fremdfinanzierung auf Ebene des Anteilseigners betrifft dabei ausschließlich die ausgeschütteten Beträge. Daher ist die vom Unternehmen geplante Ausschüttungsquote bei der Ermittlung des Tax Shield zu berücksichtigen. 59

Die anzusetzenden Fremdkapitalkosten nach Steuern ermitteln sich bei Kapitalgesellschaften unter Berücksichtigung von persönlichen Ertragsteuern im derzeitigen Abgeltungsteuersystem wie folgt:

$$r_{FK}^{nSt} = r_{FK}^{vSt} \cdot (1 - 0{,}75 \cdot s_{Gew} - s_{KSt}) \cdot (1 - q \cdot s_{pers} - (1-q) \cdot s_{pers}^{keff}).$$

Mit:

$$r_{FK}^{nSt}$$

---

[1] „Hinweise des FAUB zur Berücksichtigung der Finanzmarktkrise bei der Ermittlung des Kapitalisierungszinssatzes in der Unternehmensbewertung" vom 19.9.2012.
[2] IDW S 1 i.d.F. 2008, Rz. 133.
[3] Eine Berücksichtigung der Abzugsfähigkeit der Fremdkapitalzinsen bei der Bemessung der persönlichen Ertragsteuern ist nicht zwingend im Rahmen der Ermittlung der Fremdkapitalkosten erforderlich, sondern kann auch über die Cashflow-Ermittlung erfolgen (*Kohl/Schulte*, WPg 2000, 1147 [1156 ff.]).

= Fremdkapitalkosten nach Steuern;	
r_{FK}^{vSt}	
= Fremdkapitalkosten vor Steuern;	
s_{Gew}	
= Gewerbesteuersatz;	
s_{KSt}	
= Körperschaftsteuersatz zzgl. SolZ;	
q	
= Ausschüttungsquote;	
s_{pers}	
= persönlicher Ertragsteuersatz (Abgeltungsteuer zzgl. SolZ);	
s_{pers}^{keff}	
= effektive Kursgewinnsteuer.	

Bei Zinsaufwendungen sind nur 75 % der Gewerbesteuer[1] jeweils unter Beachtung von Verlustvorträgen und möglicher Zinsschranken anzusetzen. Dies führt regelmäßig dazu, dass das Tax Shield aus der Fremdfinanzierung geringer als der nominale Unternehmenssteuersatz ausfällt.

III. Abbildung von laufenden Ertragsteuern bei der Bewertung von Personengesellschaften und Einzelunternehmen

60 Personengesellschaften sind als solche keine selbständigen Steuersubjekte, weder nach dem Einkommen- noch nach dem Körperschaftsteuergesetz. Eine Ertragsbesteuerung der Personengesellschaft selbst gibt es daher nur bei der Gewerbesteuer (§ 5 GewStG). Stattdessen unterliegt der Unternehmer oder der Gesellschafter der Ertragsteuer; das Steuersubjekt, dem die Einkünfte zugerechnet werden, sind die einzelnen Gesellschafter der Personengesellschaft. Die Einkünfte von Personengesellschaften werden daher für die Ertragsbesteuerung gemäß dem sog. „**Transparenzprinzip**" quasi auf der Ebene der einzelnen Gesellschafter erzielt. Personengesellschaften, die steuerlich nach dem „Transparenzprinzip" behandelt werden, sind insbesondere die klassischen Personenhandelsgesellschaften (OHG, KG), ferner die GbR, aber auch atypisch stille Gesellschaften und Gemeinschaften (Erbengemeinschaft, Bruchteilsgemeinschaft).

Handelt es sich bei den Gesellschaftern um **natürliche Personen** und betreibt eine Personengesellschaft einen **Gewerbebetrieb**, werden die erzielten Ergebnisse den Unternehmern oder Gesellschaftern direkt als eigene Einkünfte nach § 15 Abs. 1 Satz 1 Nr. 2 EStG zugerechnet. Bewertungsrelevante laufende Er-

---

1 Ohne Berücksichtigung der Freigrenze gem. § 8 Nr. 1 GewStG.

tragsteuern bei Personengesellschaften sind dann die Gewerbeertragsteuer und die persönliche Einkommensteuer.[1]

1. Laufende Ertragsbesteuerung der Personengesellschaft

Die **Gewerbeertragsteuer** mindert die zu kapitalisierenden Ergebnisse der Personengesellschaft, sofern diese einen Gewerbebetrieb (§ 2 Abs. 1 GewStG) darstellt. Die Gewerbesteuer ist folglich im Rahmen der Unternehmensbewertung zu berücksichtigen und von der Kapitalisierungsgröße abzusetzen. Die Besteuerung bei Personengesellschaften erfolgt grundsätzlich analog zu der Besteuerung von Kapitalgesellschaften. Bei Personengesellschaften kann jedoch ein Freibetrag i.H.v. 24.500 € berücksichtigt werden. 61

Erwirtschaftet eine Unternehmung einen Verlust im aktuellen Jahr, so wird dieser gesondert festgestellt und kann in den zukünftigen Jahren zur Kürzung des steuerpflichtigen Gewerbeertrags gem. § 10a GewStG genutzt werden. Dabei darf der **gewerbesteuerliche Verlustvortrag** bis zu einer Höhe von 1 Mio. Euro uneingeschränkt die gewerbesteuerliche bzw. die körperschaftsteuerliche Bemessungsgrundlage mindern (§ 10a Satz 1 GewStG). Die 1 Mio. Euro übersteigende Bemessungsgrundlage kann nur bis zu 60 % durch den Verlustvortrag gemindert werden (§ 10a Satz 2 GewStG). Verlustvorträge führen zu einer Steuerersparnis und erhöhen demzufolge die künftigen Jahresergebnisse. Im Rahmen der Unternehmensbewertung führt die Berücksichtigung von Verlustvorträgen daher grundsätzlich zu einer Werterhöhung. Die Abbildung des Wertbeitrags aus Verlustvorträgen kann integriert im Rahmen der Ableitung der Unternehmensteuern oder separat als Sonderwert erfolgen (vgl. oben Rz. 35). 62

Voraussetzung für eine Nutzung gewerbesteuerlicher Verlustvorträge ist grundsätzlich eine Unternehmer- und eine Unternehmensidentität. Bei Personengesellschaften ist die Unternehmeridentität an die einzelnen Mitunternehmer gebunden, so dass bei Ausscheiden eines Mitunternehmers der Verlustvortrag anteilig untergeht (§ 10a Satz 4 GewStG). Analog zu Kapitalgesellschaften ist die Berücksichtigung zum Bewertungsstichtag bestehender Verlustvorträge im Rahmen der Unternehmensbewertung in Abhängigkeit vom Bewertungsanlass und vom Wertkonzept zu beurteilen (vgl. oben Rz. 33). In der Bewertungspraxis wird in der Bandbreite der Bewertungsanlässe – von der Ermittlung eines objektivierten Abfindungswerts aufgrund des Ausscheidens eines Personengesellschafters gem. § 738 BGB bis zur Ermittlung von Zugewinnausgleichsansprüchen – die Berücksichtigung von Verlustvorträgen kontrovers diskutiert.[2] 63

Das Ergebnis nach GewSt ergibt das entnahmefähige Ergebnis. Von diesem entnahmefähigen Ergebnis sind bei der Bewertung von Personengesellschaften 64

---

1 Handelt es sich bei einem Gesellschafter der Personengesellschaft um eine Kapitalgesellschaften, sind die Einkünfte in die Ermittlung des körperschaftsteuerlichen Einkommens (§ 8 KStG) des Gesellschafters einzubeziehen.
2 So etwa *Kunowski/Popp* in Peemöller, Praxishandbuch der Unternehmensbewertung, S. 1053, 1070 ff.; *Ruiz de Vargas/Zollner*, WPg 2012, 606 (608).

stets die persönlichen Einkommensteuern abzusetzen.[1] Um eine Doppelbesteuerung der gewerblichen Einkünfte mit der Gewerbe- und Einkommensteuer zu verhindern, erfolgt gem. § 35 EStG eine Anrechnung der Gewerbesteuer in Höhe des 3,8-fachen des festgesetzten GewSt-Messbetrages, wobei die tatsächlich gezahlte GewSt den Höchstbetrag darstellt.

2. Laufende persönliche Einkommensteuer

65 Für die Aufteilung des Gewinns der Personengesellschaft auf die Gesellschafter sind grundsätzlich die im Gesellschaftsvertrag vereinbarten Beteiligungsverhältnisse maßgebend. Dabei kommt es nach dem Transparenzprinzip nicht darauf an, ob der Gewinn tatsächlich an die Gesellschafter ausgeschüttet wird oder nicht.

66 Hinsichtlich der **Höhe des persönlichen Ertragsteuersatzes des Personengesellschafters** wird in der Bewertungspraxis überwiegend ein typisierter Steuersatz i.H.v. 35 % inkl. SolZ und Kirchensteuer als sachgerecht angesehen.[2]

67 Vor Einführung des Abgeltungssteuersystems zum 1.1.2009 wurde im Rahmen objektivierter Bewertungen ein typisierter Steuersatz i.H.v. 35 % explizit in den Verlautbarungen des IDW empfohlen.[3] Diese **Höhe des typisierten persönlichen Ertragsteuersatzes** ist von der Gerichtspraxis im Allgemeinen anerkannt.[4]

68 Eine konkrete **Typisierungsempfehlung** ist anders als in den vorherigen Fassungen des IDW S 1 im aktuellen IDW S 1 i.d.F. 2008 nicht enthalten. So empfiehlt das IDW eine dreistufige Vorgehensweise zur Ermittlung des persönlichen Einkommensteuersatzes:

1. Zunächst soll untersucht werden, inwieweit „die Möglichkeit der Berücksichtigung der tatsächlichen Ertragsteuerbelastung im konkreten Einzelfall gegeben ist";
2. Ist dies nicht möglich, „sollte eine sachgerechte [gesellschaftsbezogene] Typisierung anhand von Informationen zur Gesellschafterstruktur (Beteiligungsquoten, Höhe des anteiligen Gewinns) erfolgen";
3. „Sofern beides z.B. aufgrund einer Vielzahl von Gesellschaftern mit unterschiedlichen persönlichen Ertragsteuersätzen nicht durchführbar ist", kann ein Steuersatz von weiterhin 35 % oder ein anderer Steuersatz im Bewertungskalkül unterstellt werden.[5]

Insbesondere für die Bewertung von Personengesellschaften „mit wenigen bekannten Anteilseignern kann auch von anderen Steuersätzen ausgegangen werden"; beispielsweise kann der Ansatz des Spitzensteuersatzes für gewerbliche

---

1 IDW S 1 i.d.F. 2008, Rz. 47.
2 *Ruiz de Vargas/Zollner*, WPg 2012, 606; *Dörschell/Franken/Schulte*, WPg 2008, 444.
3 IDW S 1 i.d.F. 2000, Rz. 51; IDW S 1 i.d.F. 2005, Rz. 54.
4 OLG Stuttgart v. 26.10.2006 – 20 W 2/08, AG 2010, 513 = BeckRS 2010, 900.
5 IDW, Ergebnisbericht-Online über die 96. Sitzung des Fachausschusses für Unternehmensbewertung und Betriebswirtschaft (FAUB) vom 2.4.2008 (im Mitgliederbereich der Homepage des IDW: www.idw.de).

Einkünfte in Betracht gezogen werden, wenn das Bewertungsobjekt eine ausreichende Ertragskraft aufweist.[1]

Für den Fall der Ermittlung von Abfindungen ausscheidender Gesellschafter einer Personengesellschaft könnte eine **Besteuerung nach den individuellen steuerlichen Verhältnissen** der Gesellschafter oder eine gesellschaftsbezogene Typisierung teilweise nicht in Betracht kommen. Mit Verweis auf das Gesamthandsprinzip und das Gleichbehandlungsprinzip bei Abfindungsfällen[2] fordern *Ruiz de Vargas/Zollner* vielmehr die Bestimmung einer anlassbezogenen Typisierung der persönlichen Besteuerung „über alle gewerblichen Personengesellschaften."[3] Auf Basis von jüngeren Daten des statistischen Bundesamtes wird ein typisierter Einkommensteuersatz von rund 35,0 % (inkl. SolZ, ohne KiSt) vorgeschlagen.[4]

69

Werden Gewinne bei einer Personengesellschaft thesauriert, kann auf Antrag der Gewinn gem. § 34a EStG unter bestimmten Voraussetzungen[5] ganz oder teilweise mit einem Steuersatz von 28,25 % (zzgl. SolZ) belastet werden. Der Antrag ist dabei für jeden Betrieb oder Mitunternehmeranteil für jeden Veranlagungszeitraum gesondert zu stellen. Erfolgt zu einem späteren Zeitpunkt die Entnahme der begünstigt thesaurierten Gewinne, so sind diese mit 25 % (zzgl. SolZ) nachzuversteuern. Die Regelungen der **Thesaurierungsbegünstigung** beinhaltet somit lediglich eine Steuerstundung, so dass der Vorteil der Thesaurierungsbegünstigung auf einem Zinsvorteil beruht. Die steuerliche Vorteilhaftigkeit der Thesaurierung tritt – abhängig vom effektiven Nachversteuerungssatz, der Entnahmequote und dem Kapitalisierungszinssatz – erst bei Einkommensteuersätzen von über 39 % (vor SolZ) ein;[6] ist der individuelle Einkommensteuersatz des Gesellschafters geringer, sollte in der Bewertung entsprechend auf eine Berücksichtigung der Thesaurierungsbegünstigung verzichtet werden.[7]

70

Die Berücksichtigung der Thesaurierungsbegünstigung ist daher **in Abhängigkeit vom zugrunde gelegten Einkommensteuersatz zu beurteilen**. Wird der Bewertung von Personengesellschaften typisierend von einem Einkommensteu-

71

---

1 IDW, Fragen und Antworten zur praktischen Umsetzung des IDW S 1 i.d.F. 2008, 2012, Abschn. 4.4.2.4, Antwort auf Frage I; *Popp*, WPg 2008, 935.
2 Zum Gesamthandsprinzip z.B. BGH v. 13.6.1994 – II ZR 38/93, GmbHR 1994, 871 = AG 1994, 503 = NJW 1994, 2536; zum Gleichbehandlungsgrundsatz z.B. BGH v. 16.12.1991 – II ZR 58/91, GmbHR 1992, 257 = NJW 1992, 892.
3 *Ruiz de Vargas/Zollner*, WPg 2012, 606 (610).
4 *Ruiz de Vargas/Zollner*, WPg 2012, 606 (611).
5 Voraussetzung ist, dass dem Mitunternehmer ein Gewinnanteil von mehr als 10 % oder absolut mehr als 10.000 € zusteht (§ 34a Abs. 1 Satz 3 EStG). Die Begünstigung hängt ferner davon ab, dass der nicht entnommene Gewinn des Mitunternehmers durch (qualifizierten) Betriebsvermögensvergleich (§§ 4 Abs. 1, 5 Abs. 1 EStG) ermittelt wurde (§ 34a Abs. 2 EStG).
6 *Ruiz de Vargas/Zollner* leiten eine Vorteilhaftigkeit der Thesaurierungsbegünstigung für persönliche Einkommensteuersätze größer als 39 % ab (*Ruiz de Vargas/Zollner*, WPg 2012, 606 [611 f.]); in Abhängigkeit insbesondere der Annahmen an den effektiven Nachversteuerungssatz ergeben sich andere Grenzsteuersätze, ab denen die Thesaurierungsbegünstigung steuerlich günstiger ist.
7 *Dörschell/Franken/Schulte*, WPg 2008, 444 (449).

ersatz i.H.v. 35 % ausgegangen, empfiehlt es sich die Annahme der Vollentnahme zu treffen. Wird im Rahmen der objektivierten Unternehmensbewertung anlassbezogen ein höherer Einkommensteuersatz herangezogen, ist hingegen zu prüfen, ob auch eine Thesaurierungsbegünstigung gem. § 34a EStG vorzunehmen ist.

72 Bei der **Ermittlung subjektiver Entscheidungswerte** kann die Thesaurierungsbegünstigung in Abhängigkeit vom individuellen Einkommensteuersatz des Gesellschafters berücksichtigt werden.

3. Ergänzungsbilanzen, Sonderbetriebsvermögen und Tätigkeitsvergütungen

73 Besondere Vorgänge können steuerliche Korrekturen im Hinblick auf die Wertansätze in der Bilanz der Personengesellschaft notwendig machen, die nur einen Gesellschafter betreffen. Die steuerlichen Korrekturen werden nicht in der Bilanz der Personengesellschaft vorgenommen, sondern in **Ergänzungsbilanzen**, die für jeden Gesellschafter aufgestellt werden können. Wird beispielsweise ein Gesellschaftsanteil nicht zum Buchwert, sondern zu einem über dem Buchwert liegenden Verkehrswert erworben und weichen damit die auf die einzelnen Wirtschaftsgüter zu verteilenden Anschaffungskosten des neuen Gesellschafters für den Gesellschaftsanteil von den Bilanzansätzen der Wirtschaftsgüter in der Gesamtbilanz ab, können die Mehrbeträge in einer positiven Ergänzungsbilanz aktiviert werden. Diese Mehrbeträge mindern bei abnutzbaren Wirtschaftsgütern in Form von Abschreibungen die Steuerlast des Mitunternehmers.

74 Bei der **Ermittlung subjektiver Entscheidungswerte** sind die individuellen Ergänzungsbilanzauswirkungen nach gängiger Literaturmeinung zu berücksichtigen. Hingegen ist es nach dem derzeitigen Meinungsstand in der Literatur unklar, wie Ergänzungsbilanzen bei der objektivierten Unternehmensbewertung zu berücksichtigen sind. Dabei ist sowohl zwischen bereits vorhandenen Ergänzungsbilanzen und transaktionsabhängigen, aus dem Bewertungsanlass heraus neu zu bildenden Ergänzungsbilanzen als auch zwischen verschiedenen Bewertungsanlässen zu differenzieren.

Im Zusammenhang mit Abfindungen von Personengesellschaften wird beispielsweise argumentiert, dass der zu bestimmende objektivierte Wert im Sinne einer Gleichbehandlung aller Gesellschafter frei von subjektiven Faktoren Einzelner ermittelt werden soll, soweit diese Faktoren nicht allen Gesellschaftern in gleichem Maße zugutekommen;[1] die durch historische Anschaffungskosten ebenso wie die durch potentiell künftige Anschaffungskosten resultierenden individuellen Ergänzungsbilanzabschreibungen sind dann nicht zu berücksichtigen. Im Zusammenhang mit erb- und familienrechtlichen Bewertungsanlässen findet sich die Aussage, dass hier bestehende Ergänzungsbilanzen in die Bewertung mit einbezogen werden können, da hiermit keine

---

1 *Großfeld*, Unternehmens- und Anteilsbewertung im Gesellschaftsrecht, 3. Aufl. 1994, S. 127.

Ungleichbehandlung von Gesellschaftern verbunden sei.[1] Es wird auch die Meinung vertreten, eine **objektivierte Bewertung** erfordere eben von den konkreten Bilanzansätzen der bisherigen Eigentümer zu abstrahieren und auf die Bilanzansätze eines typisierten Eigentümers einschließlich dessen typisierter Ergänzungsbilanz abzustellen.[2] Zur Diskussion zur Berücksichtigung transaktionsabhängiger Ergänzungsbilanzabschreibungen in der objektivierten Unternehmensbewertung vgl. unten Rz. 85 ff.

Die mit dem **Sonderbetriebsvermögen** der Gesellschafter in Zusammenhang stehenden Einnahmen und Ausgaben sind grundsätzlich in die Gewinnermittlung einzubeziehen. So unterliegen Vergütungen, die der Gesellschafter (für die Leistung von Diensten (bspw. Tätigkeitsvergütungen), Hingabe von Darlehen oder Überlassung von Wirtschaftsgütern) von der gewerblichen Personengesellschaft bezogen hat, dem steuerlichen Gewinn und werden somit als Sonderbetriebsausgabe auch der Gewerbesteuer unterworfen (§ 15 Abs. 1 Nr. 2 EStG i.V.m. § 7 GewStG).[3] Da im Sonderbetriebsvermögen auch betriebsnotwendiges Vermögen enthalten sein kann, ist für die Unternehmensbewertung eine genaue **Abgrenzung des Bewertungsobjektes** hinsichtlich des bestehenden Sonderbetriebsvermögens erforderlich. Dabei kann es im Einzelfall auch sachgerecht sein, das Sonderbetriebsvermögen mit in das Bewertungsobjekt einzubeziehen, sofern es einen integralen Bestandteil der Personengesellschaft darstellt und diese in unveränderter Weise fortgeführt wird.[4] Soweit entsprechende Vergütungen für die Nutzung von Sonderbetriebsvermögen im Rahmen der Bewertung angesetzt wurden, sind diese entsprechend bei der Ermittlung der steuerlichen Bemessungsgrundlage zu berücksichtigen. Beschränkt sich das Bewertungsobjekt hingegen auf das Gesamthandsvermögen, sind Sonderbetriebsausgaben und -einnahmen bei der Ermittlung der finanziellen Überschüsse nicht zu berücksichtigen.[5] 75

Ist ein Gesellschafter einer gewerblichen Personengesellschaft als Geschäftsführer tätig, mindern dessen **Tätigkeitsvergütungen** als Sonderbetriebsausgabe nicht die gewerbesteuerliche Bemessungsgrundlage. Die Unternehmenserfolge inklusive Tätigkeitsvergütung unterliegen auf Ebene des Gesellschafters der Einkommensteuer gemindert durch die 3,8-fache Anrechnung des Gewerbesteuermessbetrags. Dies führt zu einer einkommensteuerlichen Mehrbelastung des einen, tätigen Gesellschafters gegenüber den anderen Gesellschaftern, die keine Tätigkeitsvergütung beziehen. Im Rahmen der objektivierten Unternehmenswertermittlung empfiehlt sich daher die Annahme, dass die Tätigkei- 76

---

1 *Kunowski/Popp* in Peemöller, Praxishandbuch der Unternehmensbewertung, S. 1053, 1080.
2 *Jonas* in FS Meilicke, 2010, S. 271 (S. 277 f.).
3 Die Regelung des § 15 Abs. 1 Nr. 2 EStG qualifiziert die handelsrechtlich als Aufwand zu berücksichtigenden Vergütungen an die Gesellschafter (für die Leistung von Diensten, Hingabe von Darlehen oder Überlassung von Wirtschaftsgütern) als Einkünfte aus Gewerbebetrieb (Umqualifizierung).
4 *Kunowski/Popp* in Peemöller, Praxishandbuch der Unternehmensbewertung, S. 1053, 1074.
5 *Kunowski/Popp* in Peemöller, Praxishandbuch der Unternehmensbewertung, S. 1053, 1074.

ten im Dienste der Gesellschaft fiktiv von nicht gesellschaftsrechtlich beteiligten Personen erfolgen. Ist dann wie im Falle inhabergeprägter Unternehmen die Gesellschaftertätigkeit mit der Geschäftsführung verknüpft, wäre ein nach den individuellen Verhältnissen[1] gerechtfertigter Unternehmerlohn in Abzug zu bringen.

4. KMU und Vereinfachungen

77   Das Ertragswertverfahren nach IDW S 1 i.d.F. 2008 beruht auf dem Grundsatz, dass alle Ertragsteuern, auch die persönlichen Steuern der Unternehmenseigner, für den Unternehmenswert relevant sind. Da die persönliche Einkommensteuer von Investoren deren Investitionsentscheidungen beeinflusst, ist dies nicht nur theoretisch richtig, sondern ermöglicht erst auch die Bewertung von Personengesellschaften. Personengesellschaften, die selber lediglich die Gewerbesteuer zahlen und ansonsten keiner Einkommensbesteuerung unterliegen und bei denen die persönlichen Ertragsteuern der Unternehmenseigner damit im Wesentlichen die Unternehmenssteuern darstellen, können nicht ohne Betrachtung der persönlichen Ertragsteuern bewertet werden. Eine mit IDW S 1 i.d.F. 2008 konforme Bewertung von Personengesellschaften ohne eine explizite Berücksichtigung der persönlichen Ertragsteuern scheint damit nicht möglich zu sein.

78   Die vollständige Berücksichtigung von persönlichen Ertragsteuern im Ertragswertverfahren kann zu komplexen und ambitionierten Rechenwerken führen, die insbesondere bei kleinen und mittelgroßen Unternehmen (KMU) häufig in keinem Verhältnis zum ermittelten Wert stehen. Eine für die Praxis **mögliche Vereinfachung** kann es daher sein, die persönliche Einkommensteuer bei Bewertung von Personengesellschaften zu vernachlässigen und stattdessen die Personengesellschaft vereinfachend wie eine Kapitalgesellschaft zu behandeln.[2] Entsprechend würden dann zur mittelbaren Berücksichtigung von persönlichen Ertragsteuern bei Kapitalgesellschaften die finanziellen Überschüsse einer fiktiven Körperschaftsteuerbelastung unterliegen und der Kapitalisierungszinssatz vor persönlichen Ertragsteuern ermittelt.

79   Diese pragmatische Vereinfachung bei der Bewertung von kleinen und mittelgroßen Personengesellschaften erlaubt im Regelfall eine **Zeit- und Komplexitätsreduzierung** ohne dabei zu systematischen Verzerrungen in den Bewertungsergebnissen zu führen. So kann gezeigt werden, dass mit der Steuerreform 2008 eine annähernde Rechtsformneutralität erreicht wurde und sich in normalen Bewertungskonstellationen bei den verschiedenen Rechtsformen kaum Unterschiede in den Unternehmenswerten ergeben.[3] Diese Vereinfachung erweist sich auch bei der Bewertung von Personengesellschaften innerhalb von Konzernstrukturen, deren Mitunternehmer Kapitalgesellschaften sind, als

---

1   BGH v. 9.2.2011 – XII ZR 40/09 – Rz. 28, BGHZ 188, 282 = MDR 2011, 490; BGH v. 6.2.2008 – XII ZR 45/06 – Rz. 33, WPg 2008, 583 = MDR 2008, 508.
2   *Jonas*, WPg 2011, 299 (303).
3   Siehe auch oben Rz. 27 oder *Jonas*, WPg 2008, 826 (831 f.).

sachgerecht.[1] Letztlich bleibt es dem Bewertungsgutachter aber auch bei Verwendung dieser vereinfachenden Methode nicht erspart, sich mit dem konkreten Verhältnissen der zu bewertenden Personengesellschaft auseinander zu setzen. Dies schließt auch Sonder- und Ergänzungsbilanzen ein.[2]

IV. Bewertungskalküle ohne die vollständige Berücksichtigung von Steuern

Nicht nur weil dies theoretisch richtig ist, sondern auch, um gleichermaßen die Bewertung von Kapital- und Personengesellschaften zu ermöglichen, beruht das Ertragswertverfahren nach IDW S 1 i.d.F. 2008 auf dem Grundsatz, dass alle Ertragsteuern, auch die persönlichen Steuern der Anteilseigner für den Unternehmenswert relevant sind. Diese Berücksichtigung kann explizit (unmittelbar typisierend) oder implizit (mittelbar typisierend) erfolgen.[3] In der Bewertungspraxis sind Unternehmensbewertungskalküle ohne die vollständige Berücksichtigung von Steuern gleichwohl auch verbreitet. 80

1. Internationale Unternehmensbewertungspraxis

In der internationalen Bewertungspraxis und auch in der die internationale Unternehmensbewertungspraxis prägenden anglo-amerikanischen Bewertungsliteratur ist die Berücksichtigung persönlicher Ertragsteuern unüblich.[4] In der Regel werden fair value Berechnungen und DCF-Bewertungen ohne Berücksichtigung persönlicher Steuern durchgeführt. 81

2. Nutzungswert

Im Rahmen der Durchführung von Wertminderungstest nach IAS 36 wird häufig der Nutzungswert (Value in Use) der zu testenden zahlungsmittelgenerierenden Einheit auf Basis diskontierter künftiger Zahlungsströme (IAS 36.30 ff.) ermittelt. Beim Nutzungswert handelt es sich um ein **Vorsteuer-Konzept**, entsprechend ist bei seiner Ermittlung grundsätzlich ein Vorsteuer-Kapitalisierungszinssatz für die Abzinsung der Vorsteuer-Zahlungsströme heranzuziehen (IAS 36.55). Unter Vorsteuer-Konzept ist hier ein Bewertungskalkül zu verstehen, bei dem alle Ertragsteuern, also sowohl persönlichen Ertragsteuern der Anteilseigner als auch die Unternehmenssteuern außer Acht bleiben. 82

Am Kapitalmarkt beobachtbare Renditen risikobehafteter Eigenkapitaltitel enthalten jedoch regelmäßig Steuereffekte. Daher ist der ermittelte **Kapitalisie-** 83

---

1 *Ihlau/Duscha*, WPg 2012, 489 (493).
2 *Jonas*, WPg 2011, 299 (303).
3 IDW S 1 i.d.F. 2008, Rz. 29–31.
4 So führen *Koller/Goedhardt/Wessels*, Valuation, S. 586 f. (dem international wohl am meisten verbreiten Bewertungslehrbuch) aus: „... taxation may affect companies value."; „...the net impact is relatively small. Therefore, in pratice, there is often no need [persönliche Steuern zu berücksichtigen]...".

rungszinssatz in einen **Vorsteuer-Kapitalisierungszinssatz zu transformieren.** Es bieten sich zwei vereinfachende Vorgehensweisen an:

1. In Betracht kommt die Umrechnung des Nachsteuer-Kapitalisierungszinssatzes durch bloßes „Hochschleusen" (grossing-up) in einen fiktiven Vorsteuer-Kapitalisierungszinssatz. Dies ist allerdings nur vertretbar bei gleichbleibenden Zahlungsströmen, d.h. im einfachen Rentenfall.
2. Bei unterschiedlichen Zahlungsströmen in den Planungsperioden kann der Nachsteuer-Kapitalisierungszinssatz in einer Überleitungsrechnung iterativ in einen impliziten Vorsteuer- Kapitalisierungszinssatz übergeleitet werden (IAS 36.BCZ85, IAS 36.BC94). Konkret erfordert dies ein Bewertungskalkül nach Unternehmenssteuern und vor persönlichen Steuern der Anteilseigner; das im Bewertungsergebnis identische Vorsteuer-Kalkül wird lediglich für Darstellungszwecke herangezogen.

Methodisch stellen beide Vorgehensweisen letztlich nur theoretisch unbefriedigende Kunstrechnungen dar, tragen somit aber dem Erfordernis des Vorsteuer-Konzepts des Nutzungswerts nach IAS 36 Rechnung.

V. Diskussion zur Berücksichtigung transaktionsabhängiger Steuern

84   Neben der laufenden Besteuerung der finanziellen Überschüsse aus dem Bewertungsobjekt können zusätzlich auch transaktionsabhängige Steuerwirkungen bewertungsrelevant sein. Beispielsweise werden im Falle eines Verkaufs eines Mitunternehmeranteils sowohl der freiwillig ausscheidende Gesellschafter als auch der potentielle Käufer transaktionsabhängige Steuerwirkungen bei ihrer jeweiligen Grenzpreisermittlung berücksichtigen.[1] Für den ausscheidenden Gesellschafter stellt die Differenz zwischen dem Veräußerungspreis und dem Kapitalkonto sowie den Veräußerungskosten einen nach § 16 Abs. 1 Nr. 2 EStG (begünstigten) **steuerpflichtigen Veräußerungsgewinn** dar; die Besteuerung eines Veräußerungsgewinns erhöht den Grenzpreis des ausscheidenden Gesellschafters. Bei dem Käufer wiederum führt ein über den Buchwert hinausgehender Kaufpreis zu höheren Anschaffungskosten, die in seiner Ergänzungsbilanz auf die erworbenen Wirtschaftsgüter zu verteilen sind (step-up Volumen). Der Käufergrenzpreis steigt um den abgezinsten steuerlichen Abschreibungsvorteil (**Tax amortisation benefit**[2]). Die Berücksichtigung der Veräußerungsgewinnbesteuerung und ergänzungsbilanzbedingten Abschreibungsvorteile bei der Ermittlung objektivierter Unternehmenswerte wird in der Literatur kontrovers diskutiert.

1. Abfindungsansprüche ausscheidender Gesellschafter

85   Scheidet ein Gesellschafter aus einer Personengesellschaft aus, führt dies zu einem Eigentümerwechsel, da der Anteil des ausscheidenden Gesellschafters

---

1   *Wagner*, WPg 2007, 929 (932).
2   *Bartels/Jonas*, Beck'sches IFRS Handbuch, § 27 Rz. 40.

den verbleibenden Gesellschaftern zuwächst.[1] Die **Bemessung der Abfindungshöhe** richtet sich vorbehaltlich anderer gesellschaftsvertraglicher Regelungen nach § 738 BGB. Entgegen dem Wortlaut des § 738 BGB orientiert sich der volle wirtschaftliche Wert des Anteils am *tatsächlichen* Wert des *lebenden* Unternehmens, der sich aus dem Ertragswert der fortgeführten Gesellschaft ergibt.[2]

Durch das Ausscheiden eines Gesellschafters einer Personengesellschaft werden grundsätzlich die in Rz. 84 benannten transaktionsabhängigen Steuerwirkungen ausgelöst. Dies gilt sowohl für das freiwillige als auch für das unfreiwillige Ausscheiden eines Gesellschafters.[3] Hinsichtlich der Behandlung der transaktionsbedingten Steuerwirkungen im Rahmen der **Ermittlung objektivierter Abfindungsansprüche** existieren in der Literatur unterschiedliche Meinungen. So findet sich die Empfehlung, den objektivierten Wert ohne die Berücksichtigung transaktionsabhängiger Steuerwirkungen zu ermitteln, da es sich hierbei um Effekte handelt, die – vergleichbar mit echten Synergieeffekten – erst als Folge des Ausscheidens entstehen.[4] Der objektivierte Abfindungswert solle im Sinne der gesellschaftsrechtlich gebotenen (internen) Gleichbehandlung aller Gesellschafter frei von subjektiven Faktoren Einzelner ermittelt werden, soweit diese Faktoren nicht allen Gesellschaftern gemeinsam sind.[5] Dagegen empfiehlt *Wagner*, dass ein rationales Verhandlungsergebnis der Vertragspartner auch die Höhe der Abfindung prägen sollte und dem ausscheidenden Gesellschafter transaktionsabhängige Steuern teilweise oder vollständig zu erstatten sind, soweit die Abfindungsansprüche mit einem Eigentumswechsel verbunden sind.[6] Ebenso kann argumentiert werden, dass abschreibungsbedingte Steuervorteile durch jeden potentiellen Investor realisiert werden können und somit bei der Ermittlung objektivierter Abfindungswerte werterhöhend zu berücksichtigen sind.[7] Denn die bisherigen Buchwerte sind nur für den bisherigen Altgesellschafter relevant und führen mithin zu einem subjektiven Wert aus Sicht der bisherigen Alteigentümer. Der objektivierte Wert stellt hingegen einen typisierten, auf Durchschnitts- bzw. Grenzentscheider abstellenden, subjektiven Wert dar; ein solchermaßen objektivierter Wert muss sich von den konkreten Buchwerten der bisherigen Alteigentümer lösen.

86

---

1 *Wagner*, WPg 2007, 929 (932).
2 BGH v. 21.4.1955 – II ZR 227/53, BGHZ 17, 130 = WM 1995, 802; BGH v. 24.9.1984 – II ZR 256/83, GmbHR 1985, 113 = NJW 1985, 192; *Großfeld*, Recht der Unternehmensbewertung, Rz. 48 f.
3 *Knobbe-Keuk*, Bilanz- und Unternehmenssteuerrecht, S. 902 f.
4 *Kunowski/Popp* in Peemöller, Praxishandbuch der Unternehmensbewertung, S. 1053, 1084.
5 *Großfeld*, Unternehmens- und Anteilsbewertung im Gesellschaftsrecht, 3. Aufl. 1994, S. 127.
6 *Wagner*, WPg 2007, 929 (937). Falls der Barwert der Steuervorteile der verbleibenden Gesellschafter geringer sind als die Steuerlast des Ausscheidenden Gesellschafters, wird empfohlen, die Abfindungshöhe an dem Steuervorteil der Verbleibenden zu bemessen, wenn der Eigentumswechsel vom ausscheidenden Gesellschafter ausgelöst wurde (*Wagner*, WPg 2008, 834 [840]).
7 *Jonas* in FS Meilicke, 2010, S. 271 (S. 277 f.).

87 Nach der hier vertretenen Meinung ist konsequent auf den **Gedanken des § 738 BGB** abzustellen. Scheidet ein Gesellschafter aus und muss er selbst die aufgrund des Unterschieds zwischen Unternehmenswert und Buchwert entstehende Steuerlast tragen, dann steht ihm ein ungeminderter Anteil am vollen, nicht bereits durch seine persönliche Steuerlast geminderten Unternehmenswert zu. Zudem hat er einen Anspruch auf eine bestmögliche Verwertung seines Vermögens. Daraus folgt, dass im Rahmen der Bewertung seines Vermögensanteils zu berücksichtigen ist, dass ein ordentlicher Liquidator seines Vermögens den Käufer darauf hinweisen wird, dass dieser eine höhere Abschreibungsbasis und damit einen abschreibungsbedingten Steuervorteil hat. Für diesen Steuervorteil wird ein ordentlicher Liquidator am Markt einen Preis durchsetzen können. Daher wird hier die Meinung vertreten, dass im Rahmen einer Abfindungsbewertung ein abschreibungsbedingter Steuervorteil grundsätzlich zu berücksichtigen ist.

2. Erbrechtliche und familienrechtliche Ausgleichsansprüche

88 Bewertungen im Zusammenhang von Ausgleichansprüchen[1] lassen sich dadurch kennzeichnen, dass sie der bloßen **Ermittlung von Geldforderungen** dienen; der Anspruchsberechtigte (bspw. der von der gesellschaftsrechtlichen Nachfolge ausgeschlossene Erbe infolge einer qualifizierten Nachfolgeklausel oder der nicht am Gesellschaftsvermögen beteiligte Ehegatte) erwirbt weder Eigentum am Unternehmen, noch gibt der Verpflichtete Eigentum auf.[2] Insofern findet sich in der Literatur die Auffassung, dass mangels eines die transaktionsabhängigen Steuern auslösenden Eigentümerwechsels **keine transaktionsabhängigen Steuerwirkungen** entstehen können.[3] Hingegen sollten abschreibungsbedingte Steuervorteile aus bestehenden Ergänzungsbilanzen in die objektivierte Bewertung einbezogen werden.[4]

89 Die aktuelle familienrechtliche Rechtsprechung des BGH verlangt indes bei der **Bewertung im Zugewinnausgleich** den wertmäßigen **Abzug der latenten Steuerlast**, und zwar unabhängig von der Frage, ob eine Veräußerung tatsächlich beabsichtigt ist, oder nicht.[5] Nach der aktuellen Rechtsprechung des BGH habe ein solcher Abzug latenter Ertragsteuern aus Gründen der Gleichbehandlung bei allen Vermögenswerten im Rahmen des Zugewinnausgleichs zu erfolgen, d.h. bei betriebsnotwendigen und nicht betriebsnotwendigen Vermögen.[6] Der bei allen Vermögenswerten gebotene Abzug der latenten Steuerlast hat

---

1 Zur Unternehmensbewertung im Familien- und Erbrecht siehe auch § 23 bzw. § 24.
2 *Wagner*, WPg 2008, 834 (836).
3 *Wagner*, WPg 2007, 929 (933).
4 *Wagner*, WPg 2007, 929 (933).
5 BGH v. 2.2.2011 – XII ZR 185/08 – Rz. 47, FamRZ 2011, 1367 = MDR 2011, 1042; BGH v. 9.2.2011 – XII ZR 40/09 – Rz. 29 ff., FamRZ 2011, 622 = MDR 2011, 490; BGH v. 8.9.2004 – XII ZR 194/01, FamRZ 2005, 99 (101) = MDR 2005, 276; s. auch *Münch*, DStR 2014, 806.
6 BGH v. 2.2.2011 – XII ZR 185/08 – Rz. 49, FamRZ 2011, 1367 = MDR 2011, 1042.

nach den tatsächlichen und rechtlichen Verhältnissen des Stichtags zu erfolgen. Insbesondere sei damit der individuelle Steuersatz des Inhabers oder Gesellschafters maßgeblich. Die Intention dieser Rechtsprechung erscheint durchaus gerechtfertigt, denn auch bei fortbestehender Ehe wären Ehegatten nur am Erlös nach Steuern beteiligt. Gleichwohl hat die aktuelle familienrechtliche Rechtsprechung des BGH vereinzelt Kritik erfahren.[1] Wendet man diese Rechtsprechung jedoch konsequent an, steht dem Abzug der latenten Steuerlast auf die stillen Reserven ein positiver Effekt aus dem dann auch notwendigen Einbezug des abschreibungsbedingten Steuervorteils (vgl. oben Rz. 84) gegenüber.

---

[1] *Hoppenz*, FamRZ 2006, 449 (450); *Gernhuber*, NJW 1991, 2238 (2242); *Tiedtke*, FamRZ 1990, 1188 (1193 f.).

§ 16
Börsenkurs und Unternehmensbewertung

	Rz.
I. Fallgruppen und Interessenlage	
1. Abfindung (in Geld und Aktien)	1
2. Echte Fusion („*merger of equals*")	4
3. Konzernverschmelzung	10
4. Übernahmerecht	12
5. Nicht: Delisting und Downgrading	16
II. Rechtsprechung bis Ende der 1990er Jahre	17
III. Die *DAT/Altana*-Entscheidung des BVerfG	25
IV. Heutiger Stand der Rechtsprechung des BVerfG	30
1. Abfindung in Geld	31
a) Quotaler Unternehmenswert (nach der Liquidationshypothese)	32
b) Deinvestitionswert der Aktie (nach der Veräußerungshypothese)	37
aa) Durchschnittskurse	47
bb) Ausnahmefälle	48
2. Abfindung in Aktien und Konzernverschmelzung	
a) Die *DAT/Altana*-Entscheidung des BVerfG	49
b) Die *Siemens/SNI*-Entscheidung des BVerfG	50
c) Die *Kuka*-Entscheidung des BVerfG	51
d) Die *Telekom/T-Online*-Entscheidung des BVerfG	52
e) Derzeit unvollkommene Umsetzung des Deinvestitionsgedankens bei Aktientausch	53
3. Echte Fusion (*merger of equals*)	
a) Die Entscheidung *Wüstenrot und Württembergische* des BVerfG	54
b) Die *Daimler/Chrysler*-Entscheidung des BVerfG	55
c) Stellungnahme zum Deinvestitionsgedanken beim *merger of equals*	58
d) Stellungnahme zur Frage nach dem Verhandlungsmodell	60
V. Umsetzung der verfassungsrechtlichen Vorgaben durch die Zivilgerichte	
1. Abfindung in Geld	61
a) Meistbegünstigungsprinzip	
aa) Entwicklungslinien der Rechtsprechung	62
bb) Stellungnahme	67
b) Maßgeblicher Stichtag für die Bestimmung des Börsenkurses	71
c) Konkretisierung der Ausnahmen zur Börsenkursrechtsprechung	76
aa) Marktenge	77
bb) Fehlender Handel	78
cc) Kursanomalien und Marktverzerrung	79
2. Abfindung in Aktien und Konzernverschmelzung	
a) Entwicklung der Rechtsprechung: Methodengleichheit und Meistbegünstigung	82
b) Stellungnahme	86
3. Echte Fusion (*merger of equals*)	88

Schrifttum: *Adolff*, Unternehmensbewertung im Recht der börsennotierten Aktiengesellschaft, 2007, S. 445 f.; *Adolff*, Konkurrierende Bewertungssysteme bei der grenzüberschreitenden Verschmelzung von Aktiengesellschaften, ZHR 173 (2009), 67; *Baums*, Rechtsfragen bei der Bewertung börsennotierter Gesellschaften, ILF Working Paper Series No. 104 (2009); *Bungert/Janson*, Im Spannungsfeld von Unternehmensvertrag und Squeeze-out: Gibt es einen zeitanteiligen Ausgleichsanspruch nach § 304 AktG?, FS Uwe H. Schneider, 2011, S. 159; *Bungert/Wansleben*, Dividendenanspruch bei Verschiebung der

Gewinnberechtigung bei Verschmelzungen, DB 2013, 979; *Bungert/Wettich*, Neues zur Ermittlung des Börsenwerts bei Strukturmaßnahmen, ZIP 2012, 449; *Bungert/Wettich*, Die zunehmende Bedeutung des Börsenkurses bei Strukturmaßnahmen im Wandel der Rechtsprechung, FS Hoffmann-Becking, 2013, S. 157; *Bungert/Wettich*, Vorgaben aus Karlsruhe zum Referenzzeitraum des Börsenwerts für die Abfindung bei Strukturmaßnahmen, BB 2010, 2227; *Burger*, Keine angemessene Abfindung durch Börsenkurse bei Squeeze-out, NZG 2012, 281; *Busse von Colbe*, Der Vernunft eine Gasse: Abfindung von Minderheitsaktionären nicht unter dem Börsenkurs ihrer Aktien, FS Lutter, 2000, S. 1053; *Butzke*, Der Abfindungsanspruch nach § 305 AktG nach Squeeze-out, Formwechsel oder Verschmelzung, FS Hüffer, 2010, S. 97; *Casper*, Genussscheine von Banken nach einer Konzernierung des Emittenten, ZIP 2012, 497; *Decher*, Die Information der Aktionäre über die Unternehmensbewertung bei Strukturmaßnahmen in der Hauptsammlungs- und Gerichtspraxis, FS Hoffmann-Becking, 2013, S. 295; *Decher*, Die Ermittlung des Börsenkurses für Zwecke der Barabfindung beim Squeeze-out, ZIP 2010, 1673; *Emmerich*, Kapitulation vor der Komplexität – Zur Praxis der Unternehmensbewertung in der aktuellen Rechtsprechung, FS Stilz, 2014, S. 135; *Fleischer*, Unternehmensbewertung bei aktienrechtlichen Abfindungsansprüchen: Bestandsaufnahme und Reformperspektiven im Lichte der Rechtsvergleichung, AG 2014, 97; *Fleischer*, Zur Behandlung des Fungibilitätsrisikos bei der Abfindung außenstehender Aktionäre (§§ 305, 320b AktG), FS Hoffmann-Becking, 2013, S. 331; *Fleischer/Bong*, Unternehmensbewertung bei konzernfreien Verschmelzungen zwischen Geschäftsleiterermessen und Gerichtskontrolle, NZG 2013, 881; *Fleischer/Jaeger*, Gesellschaftsrechtliche Anteilsbewertung in Frankreich gemäß Art. 1843-4 Code civil, RabelsZ 77, 693; *Fleischer/Schneider*, Der Liquidationswert als Untergrenze der Unternehmensbewertung bei gesellschaftsrechtlichen Abfindungsansprüchen, DStR 2013, 1736; *Fleischer/Schneider/Thaten*, Unternehmensbewertung bei aktienrechtlichen Abfindungsansprüchen in Deutschland und den vereinigten Staaten, Der Konzern 2013, 61; *Gärtner/Handke*, Unternehmenswertermittlung im Spruchverfahren – Schrittweiser Abschied vom Meistbegünstigungsprinzip des BGH (DAT/Altana)?, NZG 2012, 247; *Gude*, Strukturänderungen und Unternehmensbewertung zum Börsenkurs, 2004; *Habersack*, „Macrotron" – was bleibt?, ZHR 176 (2012), 463; *Hachmeister/Ruthardt/Gerhardt*, Berücksichtigung von Synergieeffekten bei der Unternehmensbewertung – Theorie, Praxis und Rechtsprechung in Spruchverfahren, Der Konzern 2011, 600; *Happ/Bednarz*, Aktienrechtliche Abfindungs- und Ausgleichsansprüche – Zu offenen Fragestellungen in Sachen Ytong, DAT/Altana und Stollwerck, FS Stilz, 2014, S. 219; *Hasselbach/Ebbinghaus*, Auswirkungen der Stollwerck-Entscheidung des BGH auf die Transaktions- und Bewertungspraxis bei börsennotierten Gesellschaften, Der Konzern 2010, 467; *Henselmann/Schrenker/Winkler*, Berücksichtigung von Börsenkursen bei der Ermittlung von Barabfindungen im Rahmen von aktienrechtlichen Strukturmaßnahmen, Der Konzern 2010, 467; *Hentzen*, IFRS-Werte als Grundlage der Unternehmensbewertung aus Anlass von Umstrukturierungsmaßnahmen, DB 2005, 1891; *Hoffmann*, Möglichkeiten und Grenzen einer analogen Anwendung des Spruchverfahrens, FS Stilz, 2014, S. 267; *Hüffer*, Bewertungsgegenstand und Bewertungsmethode – Überlegungen zur Berücksichtigung von Börsenkursen bei der Ermittlung von Abfindung und Ausgleich, FS Hadding, 2004, S. 461; *Hüffer/Schmidt-Aßmann/Weber*, Anteilseigentum, Unternehmenswert und Börsenkurs; *Hüttemann*, Börsenkurs und Unternehmensbewertung, ZGR 2001, 454; *Hüttemann*, Die angemessene Barabfindung im Aktienrecht, FS Hoffmann-Becking, 2013, S. 603; *Krause*, Die Entdeckung des Marktes durch die Rechtsprechung bei der Ermittlung der angemessenen Abfindung im Rahmen aktienrechtlicher Strukturmaßnahmen, FS Hopt, 2010, S. 1005; *Klöhn*, Delisting – Zehn Jahre später, NZG 2012, 1041; *Klöhn/Verse*, Ist das „Verhandlungsmodell" zur Bestimmung der Verschmelzungswertrelation verfassungswidrig?, AG 2013, 2; *Knoll*, Unternehmensverträge und der BGH: Volle Entschädigung der außenstehenden Aktionäre?; *Lauber*, Das Verhältnis des Ausgleichs gemäß § 304 AktG zu den Abfindungen gemäß den §§ 304, 327a AktG, 2014; *Luttermann*, Zur Rechtspraxis internationaler Unternehmensbewertungen bei der Publikums-Aktiengesellschaft, NZG 2007, 611; *Martens*, Die Unternehmensbewertung nach dem Grundsatz der Methodengleichheit oder dem Grundsatz der Meistbegünstigung, AG

2003, 593; *Müller*, Konzernrechtlicher Nachteilsausgleich bei Beschlüssen der Hauptversammlung, FS Stilz, 2014, S. 427; *Pluskat/Wiegand*, Genussscheininhaber: Schuldrechtliche Gläubiger oder „Schattenaktionäre"?, DB 2012, 1081; *Puszkajler*, Börsenwert über alles bei Verschmelzungen?, ZIP 2010, 2275; *Puszkajler/Weber/Elsland*, Der Wert von börsennotierten, potenziell abfindungsberechtigten Aktien: Ökonomische Überlegungen zu OLG Jena ZIP 2005, 525 – DEWB/Jenoptik, ZIP 2006, 692; *Reichert*, Eigentumsschutz und Unternehmensbewertung in der Rechtsprechung des Bundesverfassungsgerichts, FS Stilz, 2014, S. 479; *Riegger/Wasmann*, Ausnahmen von der Berücksichtigung des Börsenkurses bei der Ermittlung gesetzlich geschuldeter Kompensationen im Rahmen von Strukturmaßnahmen, FS Stilz, 2014, S. 509; *Ruthardt*, Barabfindung beim Squeeze Out bei Beherrschungs- und Gewinnabführungsverträgen, Der Konzern 2013, 615; *Schilling/Witte*, Die Bestimmung des Börsenwerts einer Aktie im Lichte der aktuellen BGH-Rechtsprechung – eine Erörterung praktischer Bewertungsfragen, Der Konzern 2010, 477; *Schmidbauer*, Die Bewertung von Konzernen als Problem in der Theorie der Unternehmensbewertung, DStR 2002, 1542; *Schroeder/Habbe*, Die Berücksichtigung von Schadensersatzansprüchen bei der Überprüfung der Unternehmenswerte im Spruchverfahren, NZG 2011, 845; *Schulte/Köller/Luksch*, Eignung des Börsenkurses und des Ertragswerts als Methoden zur Ermittlung von Unternehmenswerten für die Bestimmung eines angemessenen Umtauschverhältnisses bei (Konzern-) Verschmelzungen, WPg 2012, 380; *Stilz*, Unternehmensbewertung und angemessene Abfindung – Zur vorrangigen Maßgeblichkeit des Börsenkurses, FS Goette, 2011, S. 529; *Tonner*, Die Maßgeblichkeit des Börsenkurses bei der Bewertung des Anteilseigentums – Konsequenzen aus der Rechtsprechung des Bundesverfassungsgerichts, FS K. Schmidt, 2009, S. 1581; *Verse*, Rechtsfragen des Quorums im Freigabeverfahren, FS Stilz, 2014, S. 651; *Wasmann*, Endlich Neuigkeiten zum Börsenkurs – Besprechung der Stollwerck-Entscheidung des BGH, ZGR 2011, 83; *Weber*, Börsenkursbestimmung aus ökonomischer Perspektive, ZGR 2004, 280; *Wicke*, Verschmelzungswertrelation, FS Stilz, 2014, S. 707; *Wieneke*, Aktien- und kapitalmarktrechtlicher Schutz beim Delisting nach dem FRoSTA-Beschluss des BGH, NZG 2014, 22; *Wüstemann*, BB-Rechtsprechungsreport Unternehmensbewertung 2012/13, BB 2013, 1643.

I. Fallgruppen und Interessenlage

1. Abfindung (in Geld und Aktien)

1   Das Aktienrecht lässt es unter bestimmten Voraussetzungen zu, dass Minderheitsaktionären ihre Beteiligung an der Gesellschaft ohne ihren Willen entzogen wird. Sie verlieren damit den Zugriff auf die Erträge, welche das von der Gesellschaft getragene Unternehmen erwirtschaftet. Als Kompensation hierfür müssen sie eine **angemessene Abfindung** erhalten. Zu dieser Fallgruppe gehören der aktienrechtliche Squeeze-out nach § 327a AktG (siehe im Einzelnen § 19 Rz. 4 ff.), der verschmelzungsrechtliche Squeeze-out nach § 62 Abs. 5 UmwG (siehe im Einzelnen § 20 Rz. 74 ff.), sowie die Eingliederung nach §§ 319, 320 AktG (siehe im Einzelnen § 19 Rz. 12 ff.).

2   In einer artverwandten Fallgruppe wird der Gesellschaftsanteil zwar nicht entzogen, es wird aber in die Aktionärsstellung strukturell so tief eingegriffen, dass den Minderheitsaktionären aufgrund zwingenden Gesetzesrechts eine **Exit-Möglichkeit** zusteht: Sie müssen die Wahl bekommen, aus der Gesellschaft gegen Erhalt einer angemessenen Abfindung auszuscheiden. Zu dieser Fallgruppe gehört jeweils das **Abfindungsangebot** an die außenstehenden Aktionäre nach

- § 305 AktG bei Begründung eines Vertragskonzerns durch Abschluss eines Beherrschungs- und Gewinnabführungsvertrages (siehe im Einzelnen § 19 Rz. 16 ff.), nach
- §§ 207, 194 Abs. 1 Nr. 6 UmwG beim Formwechsel (siehe im Einzelnen § 20 Rz. 106 ff.), nach
- § 29 UmwG bei der Mischverschmelzung (inklusive der Verschmelzung einer börsennotierten auf eine nicht-börsennotierten AG) (siehe im Einzelnen § 20 Rz. 60 ff.), und bei der
- grenzüberschreitenden Hinaus-Verschmelzung (aus Deutschland in das EU-Ausland) nach § 122i UmwG (siehe im Einzelnen § 20 Rz. 40 ff. [§ 20 Rz. 44 ff. zum Sonderfall der Verschmelzung zur SE]).[1]

Die Abfindung kann als reine Barabfindung ausgestaltet sein (Beispiel Squeeze-out). Häufig sieht das Gesetz jedoch stattdessen oder wahlweise eine **Abfindung in Aktien** vor (Beispiele Eingliederung und Vertragskonzern). Obwohl es hier zu einem Aktientausch kommt, geht es in dieser Fallgruppe in der Sache um Abfindung in dem Sinne, dass mit dem Verlust der ursprünglich gehaltenen Aktie eine voll kompensationsfähige Ausgleichsleistung korrespondieren muss, damit dem gesetzlichen Angemessenheitserfordernis Genüge getan ist. Derselben Logik wie die Abfindung in Aktien (Verschmelzungswertrelation als Dreh- und Angelpunkt) folgt der **variable Ausgleich** nach § 304 Abs. 2 Satz 2 AktG, vgl. § 19 Rz. 22. Beim fixen Ausgleich nach § 304 Abs. 2 Satz 1 AktG spielt der Börsenkurs dagegen allenfalls eine untergeordnete Rolle (§ 19 Rz. 19).

2. Echte Fusion („*merger of equals*")

Anders liegt es im Fall der Verschmelzung von zuvor voneinander unabhängigen Gesellschaften („*merger of equals*"). Auch hier verlieren die Aktionäre der übertragenden Gesellschaft ihre Aktie und erhalten im Gegenzug Aktien der übernehmenden Gesellschaft. Gleichwohl handelt es sich aber bei den empfangenen Aktien konzeptionell nicht um eine Abfindung: Die Aktionäre des übertragenden Rechtsträgers werden von den Erträgen, welche das von „ihrer" Gesellschaft getragene Unternehmen erwirtschaftet, gerade nicht abgeschnitten. Vielmehr wird dieses Unternehmen mit demjenigen des aufnehmenden Rechtsträgers zusammengeführt, ebenso wie die beiden zuvor getrennten Aktionärspopulationen der fusionierten Rechtsträger. An den Erträgen des fusionierten Unternehmens partizipieren nach der Verschmelzung beide Aktionärspopulationen, und zwar in demjenigen Verhältnis, das sich aus dem Umtauschverhältnis ergibt, § 5 Abs. 1 Nr. 3 UmwG.

Auch hier gilt ein **gesetzliches Angemessenheitserfordernis**. Dieses bewirkt wirtschaftlich die angemessene **Partizipation** der durch die Fusion zusammengeführten Aktionärspopulationen an künftigen, nach der Verschmelzung durch das fusionierte Unternehmen erwirtschafteten Erträgen. Es geht m.a.W. um die

---

[1] Zum Bewertungsproblem bei grenzüberschreitenden Verschmelzungen eingehend, insbesondere unter Einbeziehung der internationalprivatrechtlichen Aspekte, *Adolff*, ZHR 173 (2009), 67 ff.; *Kiem*, ZGR 2007, 542.

Quoten, mit denen die ursprünglichen Aktionäre des übertragenden Rechtsträgers einerseits und die ursprünglichen Aktionäre des übernehmenden Rechtsträgers andererseits am künftigen gemeinsamen Unternehmenserfolg teilhaben.

6   Die Interessenlage ist dabei symmetrisch: Was durch eine Quotenverschiebung der einen Aktionärspopulation genommen wird, erhält die andere. Risiken und Chance einer Quotenverschiebung in die eine oder andere Richtung sind für beide Seiten gleich. Für die Interessenbewertung ist es unerheblich, ob man den Blick auf die Aktionäre der übertragenden oder der übernehmenden Gesellschaft richtet: Beide Seiten werden dann angemessen behandelt, wenn sie – als Kollektiv betrachtet – diejenige Quote am künftigen Unternehmensertrag zugewiesen bekommen, welche dem Wertanteil entspricht, den sie jeweils „mitgebracht" haben. Das Umtauschverhältnis folgt deswegen aus einer **Relationalbewertung** der Unternehmen der fusionierten Rechtsträger: Was von der jeweiligen Seite an Wert „mitgebracht" wird, muss zueinander ins Verhältnis gesetzt werden. Aus diesem Wertverhältnis lässt sich sodann das Umtauschverhältnis ableiten.

7   Der Blick auf diese Symmetrie der Interessenlagen beim *merger of equals* wird im deutschen Recht dadurch verstellt, dass die Aktionäre des übertragenden und des aufnehmenden Rechtsträgers im Fall eines für sie jeweils unangemessenen Umtauschverhältnisses unterschiedlich behandelt werden:

– Die Aktionäre des **übertragenden Rechtsträgers** (deren Aktien mit der Eintragung der Verschmelzung untergehen), können nach § 15 UmwG bei einem für sie „zu niedrig bemessenen" Umtauschverhältnis eine bare Zuzahlung verlangen. Erforderlichenfalls müssen sie diese im **Spruchverfahren** erstreiten können.

– Den Aktionären des **übernehmenden Rechtsträgers** (deren Aktien bestehen bleiben, da ihr Rechtsträger überlebt), steht dieser Rechtsbehelf nicht zur Verfügung; sie sind vielmehr darauf verwiesen, die unangemessene Verwässerung ihrer Anteile vor den ordentlichen Gerichten in einer **Anfechtungsklage nach § 255 Abs. 2 AktG** geltend zu machen.

8   Dies ändert aber nichts an der Gleichartigkeit der Gefahr einer wirtschaftlichen Benachteiligung auf beiden Seiten: Eine unangemessene Relationalbewertung führt zu einem unangemessenen Umtauschverhältnis, und deswegen wiederum erhält eine Seite (quotal) weniger, als ihr zusteht. Auf beiden Seiten sitzen **Mehrheit und Minderheit** in diesem Konflikt **im selben Boot**:[1] Die Mehrheit hat keine Möglichkeit, der Minderheit „an ihrer Seite" zu schaden, indem sie der Minderheit ein Vermögensopfer zumutet, das sie selbst nicht zu erbringen bereit ist.

---

1   *Bungert/Eckert*, BB 2000, 1845; *Wilm*, NZG 2000, 234 (236); *Stilz* in FS K.P. Mailänder, 2006, S. 421 (425); sehr instruktiv zum Ganzen auch *Baums*, ILF Working Paper 104, 2009, S. 21.

Es ist häufig darauf hingewiesen worden,[1] dass infolge der Vertragsfreiheit bei der Festsetzung der Verschmelzungsrichtung (inklusive der Möglichkeit, auf eine „leere" NewCo zu verschmelzen) die Auswahlentscheidung, wer bei einem *merger of equals* übernehmender und wer aufnehmender Rechtsträger ist, willkürlich erfolgen kann – und dass daher die oben skizzierte unterschiedliche Behandlung der beiden zusammengeführten Aktionärspopulationen der sachlogischen Grundlage entbehrt.[2]

3. Konzernverschmelzung

Ein Grenzfall ist die *upstream*-Konzernverschmelzung (Tochter auf Mutter).[3] Hier hat der aufnehmende Rechtsträger eine Mehrheit (von typischerweise über 75 %) an dem übertragenden Rechtsträger. Deswegen sitzen in der Hauptversammlung der Tochter Mehrheit und Minderheit gerade **nicht im selben Boot**, wenn sie über die Verschmelzung und das Umtauschverhältnis abstimmen:

- Ein für die Aktionäre der **Tochter** ungünstiges Umtauschverhältnis benachteiligt im wirtschaftlichen Ergebnis nur die Minderheit, während die Mehrheitsgesellschafterin (als aufnehmender Rechtsträger) davon profitiert.
- Im Gesellschafterkreis (und damit in der Hauptversammlung) der **Mutter** herrscht dagegen derselbe Interessengleichlauf wie beim *merger of equals*: Die Mehrheit der Aktionäre der Mutter vermag ihrer Minderheit kein Vermögensopfer zuzumuten, das sie nicht selbst zu erbringen bereit ist.

Insgesamt besteht somit die gleiche Interessenlage **wie bei der Abfindung in Aktien**: Für die Minderheit der Tochter geht es darum, dass sie eine angemessene Kompensation für den (ohne ihren Willen eintretenden) Verlust ihrer Aktien erhält. Für die Minderheit der Mutter besteht qualitativ die gleiche Verwässerungsgefahr wie beim *merger of equals* (wenn auch regelmäßig in quantitativ stark abgemilderter Form, weil viel weniger neue Aktien des aufnehmenden Rechtsträgers benötigt werden). Dieser Gefahr ist die Minderheit der Mutter aber nicht in dem gleichen Maße ausgesetzt wie die Minderheit der Tochter, weil die Mehrheit der Mutter keine Möglichkeit hat, sich durch eine Quotenverschiebung zu Lasten ihrer Minderheit reicher zu machen. Im Aktionärskreis der Mutter stehen Mehrheit und Minderheit „Seite an Seite".

4. Übernahmerecht

Von gesellschaftsrechtlichen Fallgruppen der gesetzlich gebotenen Angemessenheitsprüfung sind die **kapitalmarktrechtlich** geregelten öffentlichen Kaufangebote zu unterscheiden: Für die bei einem **freiwilligen Übernahmeangebot** oder bei einem **Pflichtangebot** anzubietende Gegenleistung sieht das WpÜG be-

---

1 Etwa *Decher* in Lutter, § 14 UmwG Rz. 21; *Gehling* in Semler/Stengel, § 15 UmwG Rz. 8.
2 Prägnant *Wilm*, NZG 2000, 234 (235).
3 Siehe dazu *Adolff*, Unternehmensbewertung im Recht der börsennotierten Aktiengesellschaft, 2007, S. 445 f.

stimmte Mindestanforderungen vor. Neben den bei Vor- oder Parallelerwerben bezahlten Preisen ist eine dieser Preisuntergrenzen der **gewichtete durchschnittliche inländische Börsenkurs** während der letzten **drei Monate** vor der Bekanntgabe der Entscheidung zur Abgabe des Angebots bzw. des Kontrollerwerbs.

Nach § 5 Abs. 3 WpÜG-AngebotsVO entspricht dieser gewichtete durchschnittliche inländische Börsenkurs dem nach Umsätzen gewichteten Durchschnittskurs der der BaFin nach § 9 WpHG als börslich gemeldeten Geschäfte.[1]

13 Ausnahmsweise kann auf den in dieser Weise ermittelten gewichteten Dreimonatskurs nicht rekurriert werden. Dann muss eine Bewertung der Zielgesellschaft erfolgen. Dies ist nach § 5 Abs. 3 WpÜG-AngebotsVO dann der Fall, wenn für die Aktien der Zielgesellschaft während des genannten Dreimonatszeitraums an weniger als einem Drittel der Börsentage Börsenkurse festgestellt worden sind und mehrere nacheinander festgestellte Börsenkurse um mehr als fünf Prozent voneinander abweichen. Bei Tauschangeboten findet nach § 7 WpÜG-AngebotsVO dieselbe Logik auf die Bestimmung des Umtauschverhältnisses Anwendung.

14 Gegenüber den in Abschnitten I.1.–I.3. (oben Rz. 1–11) beschriebenen gesellschaftsrechtlichen Angemessenheitserfordernissen sind diese Mindestpreisregelungen des Übernahmerechts deutlich schematischer (und klar auf den Aktienkurs bezogen). Diese Schematik vereinfacht die praktische Handhabung, verkürzt aber den Minderheitenschutz. Für die vom WpÜG erfassten Fallgruppen findet dies nach herrschender Meinung seine Rechtfertigung darin, dass dem Angebotsadressaten die Wahl bleibt, das Angebot anzunehmen oder abzulehnen – und er selbst bei Ablehnung zunächst in die Rolle des Minderheitsgesellschafters im faktischen Konzern gerät (nicht etwa in diejenige im Vertragskonzern, an die der Gesetzgeber in § 305 AktG die Rechtsfolge der Möglichkeit zum Exit gegen angemessene Abfindung geknüpft hat).[2]

15 Wiederum ein Grenzfall ist der **übernahmerechtliche Squeeze-out** nach § 39a WpÜG: Hier erfolgt der Squeeze-out einer verbleibenden Minderheit von 5 % oder weniger in den ersten drei Monaten nach dem Ablauf der Annahmefrist eines Übernahme- oder Pflichtangebots. Für diese Sonderkonstellation enthält das Gesetz die Vermutung, dass die im Rahmen des Übernahme- oder Pflichtangebots offerierte Gegenleistung auch für die Zwecke des Squeeze-out als angemessen anzusehen ist, wenn 90 % oder mehr der Angebotsadressaten angenommen haben. Dieser „Abstimmung mit den Füßen" der Angebotsadressaten (und nicht etwa dem Börsenkurs, der nur mittelbar als Preisuntergrenze in den Angebotspreis eingeflossen ist) wird somit vom Gesetzgeber eine sehr starke Indikationskraft für die Angemessenheit der Barabfindung beim Squeeze-out

---

[1] Siehe dazu http://www.bafin.de/SharedDocs/Standardartikel/DE/Datenbanken/db_Mindestpreise.html.
[2] Vgl. *Krause* in Assmann/Pötzsch/Uwe H. Schneider, § 31 WpÜG Rz. 14; *Habersack*, ZIP 2003, 1123 (1127); *Noack* in Schwark/Zimmer, Kapitalmarktrechts-Kommentar, § 31 WpÜG Rz. 36 f.

zugemessen.¹ Diese Anerkennung als gesetzlich festgeschriebener Angemessenheitsindikator bezieht sich dabei auf den Fall der Entziehung der Aktie ohne den Willen des betroffenen Aktionärs, allerdings in der Sonderkonstellation, dass er kurz zuvor die Gelegenheit zur freiwilligen Veräußerung gehabt hat (und diese Gelegenheit von der überwältigenden Mehrheit seiner „Leidensgenossen" ergriffen worden ist).²

5. Nicht: Delisting und Downgrading

Keinen Bewertungsanlass bilden – nach dem gegenwärtigen Stand der Rechtsprechung – die Fälle des **Delisting** (vollständiger Rückzug von der Börse auf Antrag des Emittenten, sog. reguläres Delisting) und **Downgrading** oder **Downlisting** (Wechsel vom regulierten Markt in den Freiverkehr). Zwar bejahte der BGH in seiner *Macrotron*-Entscheidung³ aus dem Jahr 2002 die Anwendbarkeit der Börsenkursrechtsprechung des BVerfG auf das Delisting, so dass hiernach ein Pflichtangebot an die Minderheitsaktionäre erforderlich war. Der Begründung dieser Entscheidung mit Art. 14 GG trat jedoch im Jahr 2012 das BVerfG⁴ entgegen: Die Chancen und Risiken, die sich aus den marktregulierenden und unternehmensbezogenen Vorschriften des Aktien- und Börsenrechts ergeben, seien nicht Teil der eigentumsmäßigen Bestandsgarantie des Art. 14 Abs. 1 GG.⁵ Die durch den Handel im regulierten Markt möglicherweise gesteigerte Verkehrsfähigkeit der Aktie sei dementsprechend kein Bestandteil des verfassungsrechtlich geschützten Anteilseigentums. Auch sei die Verkehrsfähigkeit als solche, also die rechtliche Befugnis zur jederzeitigen Veräußerung in einem Markt, nicht berührt.⁶

16

---

1 Zu der Frage, ob die Vermutung der Angemessenheit bei Erreichen der 90 %-Annahmequote widerleglich, oder, wie der Gesetzeswortlaut nahelegt und heute der h.M. entsprechen dürfte, unwiderleglich ist, vgl. nur *Koch* in Hüffer, § 327a AktG Rz. 2 m.w.N.
2 Zur verfassungsrechtlichen Zulässigkeit vgl. BVerfG v. 16.5.2012 – 1 BvR 96/09 u.a. – Rz. 19 f. – „Deutsche Hypothekenbank", AG 2012, 625 = NZG 2012, 907.
3 BGH v. 25.11.2002 – II ZR 133/01 – „Macrotron", AG 2003, 273 (274) = BB 2003, 806 (808); s. ausführlich zur Entscheidung die Besprechung von *Adolff/Tieves*, BB 2003, 797.
4 BVerfG v. 11.7.2012 – 1 BvR 3142/07, 1 BvR 1569/08 – „Macrotron", WM 2012, 1378 = AG 2012, 557 ; s. hierzu die Besprechung von *Bungert/Wettich*, DB 2012, 2265.
5 BVerfG v. 11.7.2012 – 1 BvR 3142/07, 1 BvR 1569/08 – „Macrotron", WM 2012, 1378 (1379) = AG 2012, 557 (559).
6 BVerfG v. 11.7.2012 – 1 BvR 3142/07, 1 BvR 1569/08 – „Macrotron", WM 2012, 1378 (1379) = AG 2012, 557 (560). Zugleich stellte das BVerfG klar, dass die Fachgerichte „in einfachrechtlicher Würdigung auch ein Pflichtangebot für gesellschaftsrechtlich geboten erachten" durften (BVerfG v. 11.7.2012 – 1 BvR 3142/07, 1 BvR 1569/08 – „Macrotron", WM 2012, 1378 [1381] = AG 2012, 557 [562]). Ohne jedoch von dieser Möglichkeit Gebrauch zu machen gab der BGH im jüngst ergangenen *Frosta*-Beschluss (BGH v. 8.10.2013 – II ZB 26/12 – „Frosta", AG 2013, 877) seine Rechtsprechung aus dem Jahr 2002 ausdrücklich auf. Dieser sei durch die „*Macrotron*"-Entscheidung des BVerfG die Grundlage entzogen. Auch das einfache Recht

II. Rechtsprechung bis Ende der 1990er Jahre

17 In allen in den Abschnitten I.1.–I.3. (oben Rz. 1–11) dargelegten gesellschafts- und umwandlungsrechtlichen Fallgruppen stellt sich die Frage, welche Methoden und Wertindikatoren herangezogen werden können bzw. müssen, um das gesetzliche Angemessenheitserfordernis praktisch handhabbar zu machen.[1] Die gesetzlichen Vorgaben hierzu sind sehr dürftig. Die Frage, welche Bedeutung Börsenkursen im Rahmen der Angemessenheitsprüfung zuzuweisen ist, ist dem Richterrecht überlassen.

18 Bis Ende der 1990er Jahre haben die Gerichte dem Börsenkurs so gut wie keine Bedeutung für die gesetzlich angeordnete Angemessenheitsprüfung beigemessen. Dies hatte seine (historische) Ursache in einer starken Ausrichtung der Rechtsprechung auf den **quotalen Unternehmenswert**: Seit einem Urteil zur OHG[2] aus dem Jahr 1922 galt nach der Rechtsprechung des RG, dass es bei der Bewertung eines Anteils aus Anlass der Auseinandersetzung zwischen den Gesellschaftern auf den Wert des von der Gesellschaft getragenen **Unternehmens in seiner Gesamtheit** ankommt. Nach dieser Rechtsprechung ist zu schätzen, was der Ausscheidende bei der Auseinandersetzung erhalten hätte, wenn die Gesellschaft zur Zeit seines Ausscheidens aufgelöst worden wäre. Dabei differenzierte schon das RG zwischen der Liquidation der Gesellschaft und derjenigen des Unternehmens. Maßgeblich für den Anteilswert hielt es demzufolge

> „nicht [den] Wert, der sich bei einer allgemeinen Versilberung der einzelnen Vermögensgegenstände ergibt, sondern [den] Erlös, der sich bei einer der Sachlage entsprechenden, möglichst vorteilhaften Verwertung des Gesellschaftsvermögens ... durch **Veräußerung im Ganzen** ergeben würde."[3]

19 Der Kern dieser **Liquidationshypothese**[4] besteht darin, dass der Wert eines Gesellschaftsanteils nach dem potentiellen Kaufpreis bestimmt wird, der bei einer Veräußerung des von der Gesellschaft getragenen Gesamtunternehmens hätte erlöst werden können. Damit gelangt man zu einem (typisierten) Wert des Gesellschaftsunternehmens aus der **Bewertungsperspektive eines Gesamtunternehmensträgers**, der sodann nach dem Verhältnis der Kapitalanteile auf den einzelnen Gesellschaftsanteil umgelegt wird.[5]

(Entsprechende Anwendung von § 207 UmwG, § 243 AktG, § 29 UmwG oder Gesamtanalogie) erfordere kein Pflichtangebot (BGH v. 8.10.2013 – II ZB 26/12 – „Frosta", AG 2013, 877 ff.). Zwischen den Instanzgerichten herrscht Uneinigkeit über die Geltung der Frosta-Rechtsprechung für Altfälle: einerseits LG Stuttgart v. 20.10.2014 – 31 O 27/13), andererseits LG München I v. 28.5.2014 – 5 HK O 19239/07, ZIP 2014, 1429 = AG 2014, 790.

1 Zum folgenden eingehend *Adolff*, Unternehmensbewertung im Recht der börsennotierten Aktiengesellschaft, 2007, S. 306 ff.
2 RG v. 22.12.1922 – II 621/22, RGZ 106, 128 (131 f.).
3 RG v. 22.12.1922 – II 621/22, RGZ 106, 128 (132).
4 Eingehend zur Entwicklung der Liquidationshypothese *Hüttemann* in FS Hoffmann-Becking, 2013, S. 603 (605).
5 Besonders klar BGH v. 21.4.1955 – II ZR 227/53, BGHZ 17, 130 (136 f.).

Der BGH hat diese Herangehensweise aus der Rechtsprechung des RG über- 20
nommen,[1] zunächst für die Personengesellschaft, später auch für die Kapitalgesellschaft.[2] Maßgeblich für die Höhe des Abfindungsanspruchs des ausscheidenden Gesellschafters ist somit nach der höchstrichterlichen Rechtsprechung für alle Gesellschaftsformen der *„Preis, der bei einer Veräußerung des Unternehmens* **als Einheit** *erzielt würde".*[3] Der Anteilswert ist eine lineare Funktion dieses Wertes des Gesellschaftsunternehmens. In dieser Eigenschaft wird er – nicht zuletzt um ihn gegen alle aus Bilanzpositionen abgeleiteten und somit den *goodwill* ausschließenden Wertansätze abzugrenzen – als der „wahre"[4] und „wirkliche"[5] Wert bzw. als der „tatsächliche Wert des lebenden Unternehmens"[6] bezeichnet.

Dieser methodische Herangehensweise bedingt eine Tendenz, Börsenkursen 21
eine eher untergeordnete Bedeutung zuzumessen: Aus dem Börsenkurs ergibt sich unmittelbar und klar ein Wertindikator für die **einzelne Aktie** als Bewertungsobjekt. Nach der abgeleiteten Unternehmensbewertung auf der Grundlage der Liquidationshypothese ist dies aber gerade das **falsche Bewertungsobjekt**, denn es geht darum, was ein (neutraler) Käufer für das **Gesamtunternehmen** bezahlen würde. Börsenkurse können in diesem Kontext nur insofern eine Rolle spielen, als die **Börsenkapitalisierung ein Indikator für den Gesamtunternehmenswert** ist.

Die Brauchbarkeit der Börsenkapitalisierung als Wertindikator im Kontext der 22
Liquidationshypothese hat der BGH bis Ende der 1990er Jahre rundheraus verneint. Die Leitentscheidung zu dieser Rechtsprechungslinie stammt aus dem Jahre 1967.[7] Auf der Grundlage der Orientierung allein am Wert des Gesellschaftsunternehmens – wodurch der „wahre Wert" der Aktie ausschließlich als quotaler Unternehmenswert erscheint – kam der BGH zu seiner berühmt gewordenen **Ablehnung des Börsenkurses als rechtlich relevante Wertdeterminante**:

„Der Börsenkurs kann sich mit dem wahren Wert der Aktie decken, er kann aber auch 23
höher sein. Er ergibt sich aus dem im Augenblick der Kursbildung vorhandenen Verhältnis von Angebot und Nachfrage, das von der Größe und Enge des Marktes, von zufallsbedingten Umsätzen, von spekulativen Einflüssen und sonstigen, nicht wertbezogenen Faktoren wie politischen Einflüssen, Gerüchten, Informationen, psychologischen Momenten oder allgemeinen Tendenzen abhängt. Außerdem unterliegt der Börsenkurs unberechenbaren Schwankungen und Entwicklungen, wie die Aktien-

---

1 Z.B. BGH v. 21.4.1955 – II ZR 227/53, BGHZ 17, 130 (136); BGH v. 20.9.1971 – II ZR 157/68, WM 1971, 1450; BGH v. 24.9.1984 – II ZR 256/83, NJW 1985, 192 (193) = GmbHR 1985, 113 mit Anm. *Schulze-Osterloh*, ZGR 1986, 544; BGH v. 20.9.1993 – II ZR 104/92, BGHZ 123 (281, 284 f.). Vgl. zur abgeleiteten Anteilsbewertung auch BGH v. 10.10.1979 – IV ZR 79/78, BGHZ 75, 195 (199) = AG 1980, 158 (betrifft Zugewinnausgleich).
2 BGH v. 16.12.1991 – II ZR 58/91, BGHZ 116, 359 (370) = GmbHR 1992, 257; BGH v. 28.4.1977 – II ZR 208/75, WM 1977, 781.
3 BGH v. 16.12.1991 – II ZR 58/91, BGHZ 116, 359 (370) = GmbHR 1992, 257.
4 BGH v. 30.3.1967 – II ZR 141/64, NJW 1967, 1464.
5 BGH v. 21.4.1955 – II ZR 227/53, BGHZ 17, 130 (136).
6 BGH v. 21.4.1955 – II ZR 227/53, BGHZ 17, 130 (136).
7 BGH v. 30.3.1967 – II ZR 141/64, NJW 1967, 1464.

kurse der letzten Jahre besonders deutlich gemacht haben. Das schließt aus, der Berechnung der angemessenen Abfindung den Börsenkurs zugrunde zu legen."[1]

24 Die Entscheidung des BGH aus dem Jahre 1967 hat die Haltung der Zivilgerichte bis zur *DAT/Altana*-Entscheidung des BVerfG im Jahre 1999[2] nachhaltig geprägt.[3] Der ganz herrschenden Praxis entsprach es, den abgeleiteten Anteilswert auf der Grundlage einer „objektivierten" Gesamtunternehmensbewertung zu ermitteln, welcher die – von der Ertragswertmethode dominierten – jeweils aktuellen Leitlinien des Instituts der Wirtschaftsprüfer (IDW S 1) zugrunde gelegt wurden. Zugleich wurde Börsenkapitalisierung regelmäßig ignoriert oder allenfalls im Rahmen einer Kontrollüberlegung zum Zwecke der Plausibilisierung des IDW-Werts ergänzend herangezogen.

III. Die *DAT/Altana*-Entscheidung des BVerfG

25 Die Haltung der Zivilgerichte wurde 1999 durch das BVerfG in der *DAT/Altana*-Entscheidung[4] grundlegend korrigiert.[5]

Die *DAT/Altana*-Entscheidung wurzelt in einer Rechtsprechungslinie des BVerfG, welche sich im Wesentlichen auf die *Feldmühle*-Entscheidung aus dem Jahre 1962[6] zurückführen lässt. Nach dieser Rechtsprechungslinie hat der Schutz der Minderheit gegen den Entzug der Mitgliedschaft drei Kernelemente:

– **Möglichkeit des Entzugs:** Die Verfassung verbietet nicht *a limine* den mit den Mitteln des Privatrechts nach dem Mehrheitsprinzip bewirkten Entzug des von Art. 14 Abs. 1 GG geschützten Aktieneigentums der Minderheit in

---

1 BGH v. 30.3.1967 – II ZR 141/64, NJW 1967, 1464.
2 BVerfG v. 27.4.1999 – 1 BvR 1613/94 – „DAT/Altana", BVerfGE 100, 289 = AG 1999, 566.
3 In der Instanzgerichtsrechtsprechung finden sich besonders gründliche Beschreibungen der abgeleiteten Anteilsbewertung nach einer Liquidationshypothese etwa in OLG Düsseldorf v. 29.10.1976 – 19 W 6/73 – „Metallgesellschaft/Stollberger Zink", AG 1977, 168 (169) (betrifft §§ 304, 305 AktG) und OLG Köln v. 26.3.1999 – 19 U 108/96, NZG 1999, 1222 (1224) = GmbHR 1999, 712 (betrifft GmbH). Vgl. auch LG Frankfurt/M. v. 8.12.1982 – 3/3 AktE 104/79 – „Gutehoffnungshütte/Roland Druckmaschinen", AG 1983, 136 (137) (betrifft §§ 304, 305 AktG); OLG Düsseldorf, v. 17.2.1984 – 19 W 1/81 – „ATH/Rheinstahl", AG 1984, 216 (betrifft §§ 304, 305 AktG); OLG Düsseldorf v. 11.4.1988 – 19 W 32/86 – „Colditz/WHB", WM 1988, 1052 (1058) = AG 1988, 275 (betrifft Eingliederung); OLG Düsseldorf v. 2.8.1994 – 19 W 5/93, AG 1995, 84 (betrifft Eingliederung); OLG Celle v. 31.7.1998 – 9 W 128/97 – „Wolters/Gilde", AG 1999, 128 = DB 1998, 2006 (betrifft §§ 304, 305 AktG).
4 BVerfG v. 27.4.1999 – 1 BvR 1613/94 – „DAT/Altana", BVerfGE 100, 289 = AG 1999, 566.
5 Zum Folgenden eingehend *Adolff*, Unternehmensbewertung im Recht der börsennotierten Aktiengesellschaft, 2007, S. 298 ff.; jüngst *Reichert* in FS Stilz, 2014, S. 479 (480).
6 BVerfG v. 7.8.1962 – 1 BvL 16/60 – „Feldmühle", BVerfGE 14, 263.

einer Aktiengesellschaft im Interesse der von Art. 2 Abs. 1 GG geschützten unternehmerischen Handlungsfreiheit der Mehrheit.[1]

– **Volle Kompensation:** Allen zum Ausscheiden gezwungenen Aktionären müssen aber wirksame Rechtsbehelfe gegen einen Machtmissbrauch der Mehrheit[2] zu Gebote stehen. Sie müssen *„volle Entschädigung"*[3] für ihren Verlust erhalten,[4] wobei es zulässig ist, diese *„Schutzrechte für die Minderheitsaktionäre [...] auf die Vermögenskomponente der Beteiligung zu konzentrieren".*[5]

– **Effektiver Rechtsschutz:** Für die Überprüfung der Vollwertigkeit der Kompensation muss ein Kontrollmechanismus zur Verfügung stehen, womit – in allen Fällen, in denen die Höhe der Kompensation nicht unmittelbar von einem funktionierenden Markt determiniert wird – die Kontrolle durch ein Gericht gemeint ist.[6]

Diese Anforderungen gelten entsprechend, wenn durch privatrechtliche Intervention das in der Aktie verkörperte *„gesellschaftsrechtlich vermittelte Eigentum"*[7] zwar nicht entzogen, aber in einer Weise beeinträchtigt wird, die dem Entzug gleichsteht.[8] Sie sind einer Einschränkung durch das Mehrheitsprinzip nicht zugänglich.

26

---

1 BVerfG v. 7.8.1962 – 1 BvL 16/60 – „Feldmühle", BVerfGE 14, 263 (283); BVerfG v. 27.4.1999 – 1 BvR 1613/94 – „DAT/Altana", BVerfGE 100, 289 (302) = AG 1999, 566; BVerfG v. 23.8.2000 – 1 BvR 68/95, 1 BvR 147/97 – „Moto Meter", ZIP 2000, 1670 (1671) = AG 2001, 42.
2 BVerfG v. 7.8.1962 – 1 BvL 16/60 – „Feldmühle", BVerfGE 14, 263 (283); BVerfG v. 27.4.1999 – 1 BvR 1613/94 – „DAT/Altana", BVerfGE 100, 289 (303) = AG 1999, 566; BVerfG v. 23.8.2000 – 1 BvR 68/95, 1 BvR 147/97 – „Moto Meter", ZIP 2000, 1670 (1671) = AG 2001, 42.
3 BVerfG v. 27.4.1999 – 1 BvR 1613/94 – „DAT/Altana", BVerfGE 100, 289 (305) = AG 1999, 566; ebenso schon BVerfG v. 7.8.1962 – 1 BvL 16/60 – „Feldmühle", BVerfGE 14, 263 (283).
4 BVerfG v. 27.4.1999 – 1 BvR 1613/94 – „DAT/Altana", BVerfGE 100, 289 (305) = AG 1999, 566; BVerfG v. 7.8.1962 – 1 BvL 16/60 – „Feldmühle", BVerfGE 14, 263 (283); von *Klöhn* (Das System der aktien- und umwandlungsrechtlichen Abfindungsansprüche, 2009, S. 52) und *Fleischer* (AG 2014, 97 [99]) bezeichnet als *„Fundamentalprinzip des Abfindungsrechts"*.
5 BVerfG v. 23.8.2000 – 1 BvR 68/95, 1 BvR 147/97 – „Moto Meter", ZIP 2000, 1670 (1671) = AG 2001, 42. Ebenso BVerfG v. 20.12.2010 – 1 BvR 2323/07 – „Kuka", AG 2011, 128 (129): volle Kompensation nur für die „vermögensrechtliche Stellung" des Aktionärs.
6 BVerfG v. 23.8.2000 – 1 BvR 68/95, 1 BvR 147/97 – „Moto Meter", ZIP 2000, 1670 (1673) = AG 2001, 42.
7 BVerfG v. 7.8.1962 – 1 BvL 16/60 – „Feldmühle", BVerfGE 14, 263 (276).
8 Um eine solche dem Entzug gleichgestellte Beeinträchtigung handelt es sich namentlich beim Abschluss eines Beherrschungs- und Gewinnabführungsvertrags, BVerfG v. 27.4.1999 – 1 BvR 1613/94 – „DAT/Altana", BVerfGE 100, 289 (305) = AG 1999, 566 unter Berufung auf BGH v. 20.5.1997 – II ZB 9/96 – „Guano", BGHZ 135, 374 = AG 1997, 515.

27 In der *DAT/Altana*-Entscheidung hat das BVerfG das Kernelement der vollen Kompensation durch spezifische Bewertungsvorgaben konkretisiert.[1] Dabei gelangt das Gericht zu einer **doppelten Bewertungsperspektive**: „*Charakteristikum des Aktieneigentums*" sei „*zum einen, dass es mitgliedschaftliche Herrschafts- und Vermögensrechte*" vermittle, wobei die Vermögenskomponente vielfach im Vordergrund stehe. Zum anderen vermittle die Aktie besondere finanzielle Freiheiten, die auf ihrer **hohen Verkehrsfähigkeit** fußen.[2] Weder die eine noch die andere dieser Eigenschaften der Aktie darf nach der *DAT/Altana*-Entscheidung des BVerfG bei der Bewertung der „*grundrechtlich relevanten Einbuße*" außer Betracht bleiben:

28 – *Langfristige Unternehmensbeteiligung:* Hinsichtlich der Erfassung der Aktie in ihrer Eigenschaft als Instrument zur Vermittlung „*mitgliedschaftlicher Herrschafts- und Vermögensrechte*" hat das BVerfG dabei an die verfassungskonforme Auslegung der Angemessenheitserfordernisse in §§ 304 Abs. 1 Satz 1, 305 Abs. 1, 320b Abs. 1 Satz 1 AktG durch die Zivilgerichte keine Anforderungen gestellt, denen die damalige Praxis nicht ohnehin genügte: Der Ausgleich nach § 304 AktG müsse so bemessen sein, dass die außenstehenden Aktionäre „*auch künftig die Rendite erhalten, die sie erhalten hätten, wenn der Unternehmensvertrag nicht geschlossen worden wäre*", bei der Abfindung nach §§ 305, 320b AktG so, dass sie den „*Gegenwert ihrer Gesellschaftsbeteiligung*" erhalten.[3] Der Umstand, dass Literatur und Rechtsprechung davon ausgehen, dieser entspreche dem „*wirklichen*" oder „*wahren*" Wert[4] und dass sich in der Praxis für die Bestimmung „*dieses ,wahren' Unternehmenswerts die Ertragswertmethode durchgesetzt hat*",[5] begegne keinen verfassungsrechtlichen Bedenken.

29 – *Kurzfristige Veräußerungsmöglichkeit:* „*Darüber hinaus*" muss die Abfindung nach der *DAT/Altana*-Entscheidung jedoch so bemessen sein,

„dass die Minderheitsaktionäre jedenfalls nicht weniger erhalten, als sie bei einer **freien Deinvestitionsentscheidung** zum Zeitpunkt des Unternehmensvertrages oder der Eingliederung erhalten hätten".[6]

Denn „*eine geringere Abfindung würde der Dispositionsfreiheit über den Eigentumsgegenstand nicht hinreichend Rechnung tragen*".[7] Die Bewertung nach einer Methode, welche dieser Dimension des Aktieneigentums keine Be-

---

1 BVerfG v. 27.4.1999 – 1 BvR 1613/94 – „DAT/Altana", BVerfGE 100, 289 (305 ff.) = AG 1999, 566.
2 BVerfG v. 27.4.1999 – 1 BvR 1613/94 – „DAT/Altana", BVerfGE 100, 289 (305) = AG 1999, 566.
3 BVerfG v. 27.4.1999 – 1 BvR 1613/94 – „DAT/Altana", BVerfGE 100, 289 (306) = AG 1999, 566.
4 BVerfG v. 27.4.1999 – 1 BvR 1613/94 – „DAT/Altana", BVerfGE 100, 289 (306) = AG 1999, 566.
5 BVerfG v. 27.4.1999 – 1 BvR 1613/94 – „DAT/Altana", BVerfGE 100, 289 (307) = AG 1999, 566.
6 BVerfG v. 27.4.1999 – 1 BvR 1613/94 – „DAT/Altana", BVerfGE 100, 289 (306) = AG 1999, 566, Hervorhebung hinzugefügt.
7 BVerfG v. 27.4.1999 – 1 BvR 1613/94 – „DAT/Altana", BVerfGE 100, 289 (306) = AG 1999, 566.

achtung schenkt, ist nach der *DAT/Altana*-Entscheidung des BVerfG mit den verfassungsrechtlichen Methodenvorgaben nicht vereinbar: Die „*Entschädigung und folglich auch die Methode ihrer Berechnung müsse dem entzogenen Eigentumsobjekt gerecht werden*".[1] Die Aktie werde durch ihre Verkehrsfähigkeit „*geprägt*".[2] Deswegen verlange Art. 14 Abs. 1 GG die „***Entschädigung zum ‚wahren Wert' [...] mindestens aber zum Verkehrswert***".[3] Dieser „Verkehrswert" der Aktie entspricht dem Veräußerungserlös bei einer freien Deinvestitionsentscheidung.

IV. Heutiger Stand der Rechtsprechung des BVerfG

Die *DAT/Altana*-Entscheidung ist heute noch der Dreh- und Angelpunkt der Rechtsprechung des BVerfG zur Anteilsbewertung bei der börsennotierten Aktiengesellschaft.[4] Das Gericht hatte allerdings in einer ganzen Reihe von Folgeentscheidungen Gelegenheit, die Reichweite dieser Rechtsprechung zu präzisieren und Detailfragen klarzustellen. Verdeutlicht wurden dabei vor allem die Grenzlinien, bis zu welcher die verfassungsrechtlichen Vorgaben die Zivilgerichte binden – und ab welcher diese in ihrer richterlichen Rechtsfortbildung keinen verfassungsrechtlichen Schranken unterliegen, sondern selbst die **rechtlichen Methodenvorgaben** ermitteln, welche sie ihrerseits den betriebswirtschaftlichen Sachverständigen mit auf den Weg geben. Unverändert gilt bei alledem der Grundsatz, dass das Grundgesetz **keine bestimmte Methode zur Ermittlung des Werts von Unternehmensbeteiligungen** vorschreibt.[5]

30

In diesem Abschnitt IV. wird dargelegt, welche dieser Methodenvorgaben sich nach dem aktuellen Stand der Rechtsprechung des BVerfG aus Art. 14 GG ergeben. Im Abschnitt V. (unten Rz. 61 ff.) wird sodann dargelegt, welche weiteren rechtlichen Methodenvorgaben nach dem aktuellen Stand der Zivilgerichte – vor allem des BGH – hinzukommen.

1. Abfindung in Geld

Der strukturell einfachste Fall ist die Barabfindung.[6] Hier muss nur ein einziges Unternehmen bewertet werden, nämlich dasjenige der Gesellschaft, aus welcher der betroffene Minderheitsgesellschafter ausscheidet.

31

---

1 BVerfG v. 27.4.1999 – 1 BvR 1613/94 – „DAT/Altana", BVerfGE 100, 289 (307) = AG 1999, 566.
2 BVerfG v. 27.4.1999 – 1 BvR 1613/94 – „DAT/Altana", BVerfGE 100, 289 (308) = AG 1999, 566.
3 BVerfG v. 27.4.1999 – 1 BvR 1613/94 – „DAT/Altana", BVerfGE 100, 289 (309) = AG 1999, 566, Hervorhebung hinzugefügt.
4 Ebenso *Bungert/Wettich* in FS Hoffmann-Becking, 2013, S. 157 ff.
5 Zuletzt BVerfG v. 16.5.2012 – 1 BvR 96/09 u.a. – „Deutsche Hypothekenbank", AG 2012, 625 (626); BVerfG v. 26.4.2011 – 1 BvR 2658/10 – Rz. 23 – „Telekom/T-Online", NJW 2011, 2497 (2498) = AG 2011, 511.
6 Eine rechtsvergleichende Übersicht im Hinblick auf die Barabfindungsfälle findet sich bei *Fleischer*, AG 2014, 97 ff.

Der zentrale gedankliche Ausgangspunkt der Rechtsprechung des BVerfG ist nach wie vor die Unterscheidung in zwei Bewertungsperspektiven, nämlich

- die des Blicks auf das Gesamtunternehmen mit dem Ziel der Ermittlung des („wahren") **quotalen Unternehmenswerts**, und

- die des Blicks auf die einzelnen Aktien mit dem Ziel der Ermittlung desjenigen Betrags, der bei einer „freien Deinvestitionsentscheidung" an der Börse zu erlösen gewesen wäre. Diesen Wert bezeichnen wir, in Anlehnung an diese zentrale Formulierung des BVerfG, als den **Deinvestitionswert**.

In der praktischen Umsetzung führen diese beiden Bewertungsperspektiven zu **zwei gedanklich voneinander zu trennenden Modellrahmen** (mit jeweils unterschiedlichen rechtlichen Methodenvorgaben), an die sich die Fachgerichte und die betriebswirtschaftlichen Gutachter von Verfassungs wegen zu halten haben.[1]

a) Quotaler Unternehmenswert (nach der Liquidationshypothese)

32 Die erste durch das BVerfG anerkannte Bewertungsperspektive knüpft an die zivilrechtliche Rechtsprechungslinie bis zur *DAT/Altana*-Entscheidung an. Der Minderheitsaktionär muss, damit dem Grundsatz der vollen Kompensation Genüge getan ist, den „*Gegenwert seiner Gesellschaftsbeteiligung*"[2] erhalten. Dies ist sein quotaler Anteil am Gesamtunternehmenswert, mithin der Betrag, der auf die einzelne Aktie entfallen würde, wenn die Gesellschaft in der Weise liquidiert würde, dass sie das von ihr getragene Unternehmen in seiner Gesamtheit (transaktionskostenfrei) veräußert und den Erlös unter die Gesellschafter verteilt (Gedanke des § 738 BGB – Liquidationshypothese).[3]

33 In betriebswirtschaftliche Modellkategorien übersetzt bedeutet dies: Es muss das **Gesamtunternehmen** bewertet werden. Dies ist nur aus der (gedachten) Perspektive eines (gedachten) Gesamtunternehmensträgers möglich.[4] Der so ermittelte Wert ist sodann quotal auf die einzelnen Aktien umzulegen, und zwar unabhängig davon, wie viele Aktien ein konkreter Minderheitsaktionär hält. Demgemäß ist kein Platz für Paket-Auf- oder Abschläge. Alle Aktien sind

---

1 Besonders klar insofern OLG Frankfurt v. 28.3.2014 – 21 W 15/11 – Rz. 212 ff. – „Wella".
2 BVerfG v. 29.11.2006 – 1 BvR 704/03 – „Siemens/SNI", AG 2007, 119 (120).
3 Die Liquidationshypothese entspricht dem historischen Willen des Gesetzgebers, *Hüttemann* in FS Hoffmann-Becking, 2013, S. 603 (605).
4 Ebenso *Hüttemann* in FS Hoffmann-Becking, 2013, S. 603 (605) (Perspektive eines gedachten Erwerbers des Gesamtunternehmens); ebenso schon *Hüttemann*, ZHR 162 (1998), S. 563 (528 ff.). Dem folgen die „Best Practice Empfehlungen Unternehmensbewertung" des Arbeitskreises „Corporate Transaction and Valuation" der DVFA vom Dezember 2012, S. 10, Abschnitt B, (http://www.dvfa.de/verband/kommissionen/corporate-transactions-valuation/); das LG Köln empfiehlt in seinem Beschluss vom 8.9.2014 (Az. 82 O 2/09) eine Plausibilisierung der Unternehmensbewertung anhand der Best-Practice-Empfehlungen der DVFA. Siehe auch § 2 Rz. 38 ff.; *Wicke* in FS Stilz, 2014, S. 706 (710).

für die Zwecke der rechtsgeleiteten Bewertung (in den hier erörterten Fallgruppen) gleich wertvoll.[1]

Vom zeitlichen Anlagehorizont her entspricht diese Bewertungsperspektive am ehesten der Investitionsrechnung eines extrem **langfristig investierenden Aktionärs**: wer sich sicher ist, seinem Unternehmen für einen unbegrenzten Zeitraum treu zu bleiben, der richtet den Blick mehr auf eine Prognose künftiger Einnahmeüberschüsse und Dividenden und weniger auf das tagesaktuelle Auf und Ab des Börsenkurses. Obwohl er nur einen (winzigen) Bruchteil sein Eigentum nennt, lässt sich bei einem derartigen, von vorne herein auf die Rolle des Langzeitinvestors festgelegten Aktionär sagen, seine Investitionsrechnung gleiche strukturell derjenigen eines Gesamtunternehmensträgers. Er betreibt **Fundamentalanalyse** im Sinne der Projizierung künftiger *Cash Flows to Equity* und ihrer risikoadäquaten Abzinsung auf einen Barwert, den er sodann quotal auf die einzelnen Aktien umlegt, um zu deren „wahrem" Wert zu gelangen. 34

Dieser „quotale Unternehmenswert"[2] kann, aber muss nicht mit dem Börsenkurs identisch sein. Je größer das Misstrauen des (gedachten) Modellaktionärs gegenüber der **fundamentalen Richtigkeit des jeweils in Frage stehenden Aktienkurses** ist, desto eher wird er damit rechnen, dass es zu einem Auseinanderfallen des quotalen Unternehmenswerts vom Börsenkurs – oder, was das selbe ist: des Fundamentalwerts des Gesamtunternehmens von der Börsenkapitalisierung – kommt. Je mehr er im konkreten Fall an die fundamentale Allokationseffizienz des *in casu* relevanten Aktienmarkts glaubt,[3] desto weniger wird er es für erforderlich halten, zur Ermittlung des Fundamentalwerts des Gesamtunternehmens gesonderte Überlegungen anzustellen. Denn stattdessen wird er sich *auch für die Zwecke der Gesamtunternehmensbewertung im Kontext einer langfristigen Investitionsrechnung* ohne Störgefühl an der Börsenkapitalisierung orientieren. 35

Mit Blick auf die vor diesem Hintergrund zentrale Frage, inwieweit Börsenkurse **für die Zwecke der Ermittlung des quotalen Unternehmenswerts** eine Rolle spielen, bezieht das BVerfG in der Sache keine Stellung.[4] Das Grundgesetz „schreibt keine bestimmte Methode zur Ermittlung des Werts der Unternehmensbeteiligung der Minderheitsaktionäre vor".[5] Hier bestehen verfas- 36

---

1 Eingehend *Adolff*, Unternehmensbewertung im Recht der börsennotierten Aktiengesellschaft, 2007, S. 360 ff.
2 BVerfG v. 20.12.2010 – 1 BvR 2323/07 – „Kuka", AG 2011, 128 (130).
3 Hierzu eingehend *Adolff*, Unternehmensbewertung im Recht der börsennotierten Aktiengesellschaft, 2007, S. 78 ff.; *Baums*, ILF Working Paper 104, 2009, S. 13 ff.
4 Besonders deutlich BVerfG v. 24.5.2012 – 1 BvR 3221/10 – Rz. 29 – „Daimler/Chrysler", ZIP 2012, 1656 (1658) = AG 2012, 674: „*Bei der Ermittlung des Unternehmenswertes handelt es sich in erster Linie um eine Frage, die auf der Ebene des einfachen Rechts zu beantworten ist. Dementsprechend schreibt Art. 14 Abs. 1 GG weder eine bestimmte Methode der Unternehmensbewertung noch bestimmte Prognoseverfahren zur Einschätzung künftiger Erträge vor*".
5 In neuerer Zeit BVerfG v. 16.5.2012 – 1 BvR 96/09 u.a. – Rz. 18 – „Deutsche Hypothekenbank", AG 2012, 625 = NZG 2012, 907 (908).

sungsrechtliche Anforderungen nur an die „Auswahl der Methode". Insofern fordert die Verfassung die Einhaltung „bestimmter Mindeststandards".[1] Im Einzelnen:

- **Ertragswertmethode:** Gegen die (in der bisherigen Praxis klar dominierende)[2] Ermittlung des quotalen Unternehmenswerts nach der Ertragswertmethode ist aus Verfassungssicht nichts einzuwenden.[3] Es ist nicht erforderlich, dass alle zur Verfügung stehenden Bewertungsmethoden kumulativ herangezogen werden.[4] Verfassungsrechtlich erforderlich ist allerdings eine sorgfältige Begründung der methodischen Auswahlentscheidung,[5] die zur Anwendung einer „im gegebenen Fall geeigneten, aussagekräftigen Methode" führen muss.[6]

- **Marktorientierte Methode auf Grundlage des Börsenkurses:** Bei Vorhandensein einer solchen Begründung akzeptierte es das BVerfG, wenn ein Fachgericht die Ertragswertmethode als im konkreten Fall ungeeignet verwirft und sich stattdessen am Börsenkurs orientiert (Grundsatz der Methodenfreiheit):[7] Wie das Gericht in der *Telekom/T-Online*-Entscheidung klargestellt hat, unterliegt „die Aussagekraft und die Tauglichkeit einer marktorientierten Bewertungsmethode auf Grundlage des Börsenkurses im konkreten Fall der fachrichterlichen Prüfung und Würdigung".[8] In *Deutsche Hypothekenbank* führt das BVerfG (zum übernahmerechtlichen Squeeze-out) aus, die Er-

---

1 BVerfG v. 26.4.2011 – 1 BvR 2658/10 – Rz. 23 – „Telekom/T-Online", NJW 2011, 2497 (2498) = AG 2011, 511.
2 Kritisch hierzu die „Best Practice Empfehlungen Unternehmensbewertung" des Arbeitskreises „Corporate Transaction and Valuation" der DVFA vom Dezember 2012, s. unter http://www.dvfa.de/verband/kommissionen/arbeitskreis-corporate-transactions-valuation/ (abgerufen am 8.10.2014); das LG Köln empfiehlt in seinem Beschluss vom 8.9.2014 (Az. 82 O 2/09) eine Plausibilisierung der Unternehmensbewertung anhand der Best-Practice-Empfehlungen der DVFA.
3 BVerfG v. 20.12.2010 – 1 BvR 2323/07 – „Kuka", AG 2011, 128 (129): verfassungsrechtlich akzeptiert, dass die Fundamentalwertrelation für die Konzernverschmelzung herangezogen wurde, obwohl diese für die Aktionäre des übertragenden Rechtsträgers ungünstiger war als die Börsenwertrelation; äußerst kritisch zur Ertragswertmethode („pseudo-mathematisch", „nahezu beliebig manipulierbar", „nahezu willkürlich", „meistens grundfalsch") Emmerich in FS Stilz, 2014, S. 135 ff.
4 BVerfG v. 16.5.2012 – 1 BvR 96/09 u.a. – Rz. 18 – „Deutsche Hypothekenbank", AG 2012, 625 (625) = NZG 2012, 907 (908), betrifft übernahmerechtlichen Squeeze-out.
5 BVerfG v. 26.4.2011 – 1 BvR 2658/10 – Rz. 24 – „Telekom/T-Online", NJW 2011, 2497 (2498) = AG 2011, 511.
6 BVerfG v. 16.5.2012 – 1 BvR 96/09 u.a. – Rz. 18 – „Deutsche Hypothekenbank", AG 2012, 625 (625) = NJW 2012, 907 (908).
7 BVerfG v. 26.4.2011 – 1 BvR 2658/10 – Rz. 23 – „Telekom/T-Online", NJW 2011, 2497 (2498) = AG 2011, 511: verfassungsrechtlich akzeptiert, dass die Börsenkursrelation für die Konzernverschmelzung herangezogen wurde.
8 BVerfG v. 26.4.2011 – 1 BvR 2658/10 – Rz. 25 – „Telekom/T-Online", NJW 2011, 2497 (2498) = AG 2011, 511.

tragswertmethode liefere keine richtigeren Ergebnisse als der „Markttest".[1] Als Argumente werden die erhöhten Transparenz- und Publizitätsanforderungen im regulierten Markt sowie die Vermeidung überlanger Verfahrensdauern genannt.[2] Im Fall einer solchen Orientierung (allein) am Börsenkurs gehört zur sorgfältigen Begründung der methodologischen Auswahlentscheidung die Prüfung des Sachverhalts auf offensichtliche Marktstörungen hin, wie etwa auf *„Marktenge im Handel einer bestimmten Aktie, auf etwaige Anzeichen einer gezielten Pflege des Kurses der Aktie in Ansehung der bevorstehenden Strukturmaßnahme oder auf eine unzureichende Information des Marktes wegen eines Verstoßes gegen Mitteilungspflichten."*[3]

- *Keine Punktlandung:* In der *Daimler/Chrysler*-Entscheidung hat das BVerfG mit besonderer Deutlichkeit klargestellt, dass die Fachgerichte berechtigt sind, Bandbreiten von Bewertungsergebnissen zu akzeptieren, weil es *„nicht möglich ist, stichtagsbezogen einen exakten, einzig richtigen Wert eines Unternehmens zu bestimmen".*[4] Auch aus diesem Grund besteht kein verfassungsrechtliches Gebot, eine Reihe methodischer Ansätze nebeneinander zur Anwendung zu bringen, insbesondere wenn jeder dieser Ansätze (gleichermaßen) zu lediglich unvollkommenen Schätzungen und Approximationen führt. Vor diesem Hintergrund sei es, so das BVerfG, *„von Verfassungs wegen nicht geboten, eine auf zutreffender Tatsachengrundlage beruhende, vertretbare Prognose durch eine andere – ebenfalls notwendigerweise nur vertretbare – zu ersetzen. Der fachrechtliche Versuch, letztlich nicht auflösbaren Divergenzen weiter nachzugehen, kann für sich gesehen kein Gewinn für die rechtsschützende Wirkung richterlicher Nachprüfung sein. Dies gilt zumal auch deshalb, weil Spruchverfahren gerade wegen der in tatsächlicher und rechtlicher Hinsicht besonders komplexen Bewertungsfragen einer erhöhten Gefahr ausgesetzt sind, nicht in angemessener Zeit abgeschlossen zu werden und dann das Gebot effektiven Rechtsschutzes zu verletzen".*[5]

b) Deinvestitionswert der Aktie (nach der Veräußerungshypothese)

Die zweite Bewertungsperspektive ist durch die *DAT/Altana*-Entscheidung neu hinzugekommen. Bis 1999 war sie von den Zivilgerichten so gut wie vollständig ignoriert worden (eingehend oben Rz. 17 ff.). In der Beerdigung dieser Gerichtspraxis liegt, wie dargelegt, der Paradigmenwechsel durch die *DAT/Altana*-Entscheidung: Der Minderheitsaktionär darf nicht allein auf den quotalen Unternehmenswert (ermittelt nach den soeben erörterten Methoden) verwie-

---

1 BVerfG v. 16.5.2012 – 1 BvR 96/09 u.a. – „Deutsche Hypothekenbank", AG 2012, 625 (627).
2 BVerfG v. 16.5.2012 – 1 BvR 96/09 u.a. – „Deutsche Hypothekenbank", AG 2012, 625 (627).
3 BVerfG v. 26.4.2011 – 1 BvR 2658/10 – Rz. 25 – „Telekom/T-Online", NJW 2011, 2497 (2498) = AG 2011, 511.
4 BVerfG v. 24.5.2012 – 1 BvR 3221/10 – Rz. 30 – „Daimler/Chrysler", ZIP 2012, 1656 (1658) = AG 2012, 674.
5 BVerfG v. 24.5.2012 – 1 BvR 3221/10 – Rz. 30 – „Daimler/Chrysler", ZIP 2012, 1656 (1658) = AG 2012, 674.

sen werden. Vielmehr muss die Abfindung nach der bereits zitierten, inzwischen fest eingeschliffenen Formulierung des BVerfG „*darüber hinaus so bemessen sein, dass die Minderheitsaktionäre jedenfalls nicht weniger erhalten, als sie bei einer **freien Deinvestitionsentscheidung** im Zeitpunkt der* [jeweiligen Strukturmaßnahme] *erlangt hätten*".[1]

38   In betriebswirtschaftliche Modellkategorien übersetzt bedeutet dies: Hier funktioniert die tradierte Bewertungsperspektive der Zivilgerichte, wie sie bis 1999 ausschließlich zur Anwendung gekommen ist, nicht. **Objekt der Bewertung** ist nicht das Gesamtunternehmen, sondern die **einzelne Aktie**. Das (gedachte) Subjekt, auf dessen Bewertungsperspektive es ankommt, ist nicht der Gesamtunternehmensträger, sondern ein (gedachter) einzelner **Modellaktionär**, der im Zeitpunkt des Hauptversammlungsbeschlusses über die jeweilige Strukturmaßnahme Aktien am Markt veräußert, und zwar in einer (gedachten) Welt, in der es nicht zu der Strukturmaßnahme gekommen ist.[2]

39   Auch hier sind alle Aktionäre gleich hoch zu entschädigen. Dies bedeutet insbesondere: Wer viele Aktien hält, muss sich **keinen Paketabschlag** gefallen lassen, selbst wenn es ihm in der realen Welt schwer fallen könnte, alle seine Aktien über die Börsen zu veräußern, ohne dass die Kurse aufgrund des Angebotsüberhanges sinken.

40   Vom zeitlichen Anlagehorizont her entspricht diese Bewertungsperspektive derjenigen eines extrem **kurzfristig investierenden Aktionärs**: Wer fest entschlossen ist, dass er seine Aktie am Tag X veräußern wird, dem sind, sobald der Tag X gekommen ist, Prognosen über künftige *Cash Flows to Equity* ebenso gleichgültig wie die allokative Effizienz der Kapitalmärkte. Für ihn ist der Kurs ein unverrückbares Datum. Am Veräußerungstag sind Wert und Preis denknotwendig identisch.

41   Diese Mindestgrenze der Abfindung bezeichnet das BVerfG in der *DAT/Altana*-Entscheidung als den „**Verkehrswert**".[3] Da eine verwirrende Vielzahl von (anderen) Wertkonzepten in der jahrzehntelangen Entwicklung der Rechtsprechung und wissenschaftlichen Diskussion ebenfalls „Verkehrswert" genannt worden sind, mag es hilfreich sein, statt dessen – in Anknüpfung an die oben

---

1   Neben BVerfG v. 27.4.1999 – 1 BvR 1613/94 – „DAT/Altana", BVerfGE 100, 289 = AG 1999, 566 z.B. BVerfG v. 29.11.2006 – 1 BvR 704/03 – „Siemens/SNI", AG 2007, 119 (120); BVerfG v. 30.5.2007 – 1 BvR 1267/06, 1 BvR 1280/06 – „Wüstenrot und Württembergische", AG 2007, 697 (698); BVerfG v. 20.12.2010 – 1 BvR 2323/07 – „Kuka", AG 2011, 128 (129); BVerfG v. 26.4.2011 – 1 BvR 2658/10 – Rz. 21 – „Telekom/T-Online", NJW 2011, 2497 (2498) = AG 2011, 511; BVerfG v. 16.5.2012 – 1 BvR 96/09 u.a. – Rz. 20 – „Deutsche Hypothekenbank", AG 2012, 625 = NJW 2012, 907 (909).

2   Wobei es nicht schadet, wenn die rechtliche *Möglichkeit* der Strukturmaßnahme vom Markt bereits eingepreist wurde, vgl. BVerfG v. 29.11.2006 – 1 BvR 704/03 – „Siemens/SNI", AG 2007, 119 (121).

3   Neben BVerfG v. 27.4.1999 – 1 BvR 1613/94 – „DAT/Altana", BVerfGE 100, 289 = AG 1999, 566 z.B. BVerfG v. 29.11.2006 – 1 BvR 704/03 – „Siemens/SNI", AG 2007, 119 (120); in etwas anderem Kontext wiederum BVerfG v. 16.5.2012 – 1 BvR 96/09 u.a. – Rz. 21 – „Deutsche Hypothekenbank", AG 2012, 625 (625) = NJW 2012, 907 (909).

zitierte Formulierung des BVerfG – vom **Deinvestitionswert** der Aktien zu sprechen.

Die **Methodenvorgaben des BVerfG** für die Bestimmung des Deinvestitionswerts sind deutlich konkreter als diejenigen für die Bestimmung des quotalen Unternehmenswerts: Im Regelfall soll es unmittelbar auf den Börsenkurs ankommen. Der Deinvestitionswert ist mit dem Börsenkurs identisch, weil und solange der Börsenkurs bei einer „freien Deinvestitionsentscheidung" als Verkaufspreis hätte erlöst werden können. Die Identität von Börsenkurs und Deinvestitionswert ist nur dann in Frage gestellt, wenn es „ungewiss" ist, „ob der Minderheitsaktionär seine Aktie tatsächlich zum Börsenkurs hätte verkaufen können". Dies kann nach dem Verständnis des BVerfG vor allem bei Marktenge, schlechter Verfassung der Kapitalmärkte und Marktmanipulation der Fall sein (dazu unten Rz. 48 ff.).[1]

42

Soweit eine freie Deinvestition möglich gewesen wäre, führt somit am Börsenkurs als Untergrenze der Abfindung nach der Rechtsprechung des BVerfG kein Weg vorbei. Der Satz, dass die Verfassung „für die Wertermittlung von Unternehmensbeteiligungen keine bestimmte Methode" vorschreibe, gilt somit für die (verfassungsrechtlich unverzichtbare) Bewertung der Aktie in ihrer Eigenschaft als Handelsobjekt nicht.[2] Plakativ gesprochen: Kein Vermögensgegenstand ist an einem bestimmten Stichtag weniger „wert" als der Betrag, zu dem er sich anstrengungslos zu Geld machen lässt – und diese Selbstverständlichkeit zu ignorieren ist den Fachgerichten seit 1999 untersagt.

43

Bei alle dem muss im Auge behalten werden, dass nicht einfach auf einen real messbaren Börsenkurs (an einem bestimmten Handelstag) rekurriert werden kann: Auch der Deinvestitionswert muss **vom Gericht** nach § 287 Abs. 2 ZPO **geschätzt** werden. Dabei ist eine hypothetische Betrachtung gefordert. Korrespondierend zur Liquidationshypothese für die Bestimmung des quotalen Unternehmenswerts ließe sich hierbei von der **Veräußerungshypothese** zur Bestimmung des Deinvestitionswerts der Aktie sprechen (siehe im Einzelnen § 28 Rz. 25 ff.).

44

Die Veräußerungshypothese erfordert **keine Unternehmensbewertung**.[3] Sie zielt auf eine Schätzung des Preises, zu dem sich am Tag der Hauptversammlung eine einzelne Aktie hätte veräußern lassen, wenn eine Strukturmaß-

45

---
1 BVerfG v. 27.4.1999 – 1 BvR 1613/94 – „DAT/Altana", BVerfGE 100, 289 (309) = AG 1999, 566 . Noch deutlicher ist eine in der Literatur wenig beachtete Passage am Ende der Entscheidung (S. 312), als es um die Zurückverweisung an das OLG geht. Dort heißt es: „*Es ist auch nicht auszuschließen, daß es der Beschwerdeführerin unmöglich gewesen wäre, ihre Aktien zum Börsenkurs zu veräußern. Der Gutachter hat zwar darauf hingewiesen, daß im Falle der DAT AG tatsächlich Marktenge herrschte ... Daß es für einzelne außenstehende Aktionäre aber völlig unmöglich gewesen wäre, ihre Aktienbeteiligungen zu veräußern, ist aber nicht ersichtlich. Insofern kann davon ausgegangen werden, daß der Börsenpreis jedenfalls bis zur Bekanntmachung des beabsichtigten Unternehmensvertrages den echten Verkehrswert des Eigentumsobjekts widerspiegelt.*"
2 BVerfG v. 27.4.1999 – 1 BvR 1613/94 – „DAT/Altana", BVerfGE 100, 289 (307) = AG 1999, 566.
3 Ähnlich *Reichert* in FS Stilz, 2014, S. 479 (487).

nahme der Gesellschaft weder angekündigt noch beschlossen worden wäre. Diese Schätzung ist keineswegs trivial: Auch an einem liquiden, keinen besonderen Störungen unterworfenen Markt sind die realen Kurse am Tag der Hauptversammlung von der Ankündigung der Maßnahme typischerweise verzerrt. Zudem käme man zu reinen Zufallsergebnissen, wenn man einzelne Börsentage in den Blick nehmen würde, statt einer vernünftig strukturierten, gewichteten[1] Durchschnittsbetrachtung über einen längeren Zeitraum. Zur Bestimmung des Deinvestitionswerts kann man somit *nicht* ohne weitere Denk- und Rechenoperationen auf den Datensatz realer Kurswerte zurückgreifen. *Ebenso wenig* kann man aber Denk- und Rechenoperationen zugrunde legen, die zum quotalen Unternehmenswert hin führen. Insbesondere ist für den Deinvestitionswert **konzeptionell irrelevant**,

– wie ein langfristiger Investor über den Ertragswert denken würde oder

– inwieweit der (geschätzte) Börsenkurs am Stichtag im Sinne der Kapitalmarkteffizienz fundamental „richtig" ist oder nicht: Auch auf einem fundamental vollständig ineffizienten Markt hätte die Veräußerungsmöglichkeit bestanden – und, beim Schopfe ergriffen, zu einem bestimmten Veräußerungserlös geführt.[2]

46 Innerhalb dieses konzeptionellen Rahmens der verfassungsrechtlich vorgegebenen Veräußerungshypothese sind die Details wiederum den Zivilgerichten (und deren betriebswirtschaftlichen Sachverständigen) überlassen. Hierbei geht es in der Sache vor allem um die „richtige" Bestimmung von Durchschnittskursen und um Ausnahmefälle, in denen der Börsenkurs auch unterschritten werden darf.

aa) Durchschnittskurse

47 Die Zivilgerichte sind in der Wahl der Methode zur Bestimmung eines geeigneten Referenzkurses frei.[3] Verfassungsrechtlich kommt es allein darauf an, dass dabei *„einem Missbrauch von beiden Seiten begegnet"* wird.[4] Somit ist verfassungsrechtlich unbedenklich, wenn zur Bestimmung des hypothetischen Veräußerungsbetrages in Anlehnung an § 5 Abs. 3 WpÜG-AngebotsVO ein gewichteter Dreimonatsdurchschnittskurs herangezogen wird. Ob dabei von den drei Monaten vor der Hauptversammlung oder vor der öffentlichen Ankündigung der Maßnahme ausgegangen wird, ist ebenfalls Sache der Zivilgerichte[5]

---

1 Zur Gewichtung jüngst OLG Frankfurt v. 28.3.2014 – 21 W 15/11 – Rz. 26 ff. – „Wella".
2 Das wird oft verkannt (und sodann an dieser Stelle Überlegungen zur Effizienz von Kapitalmärkten angestellt). Klar und richtig insofern OLG Frankfurt v. 28.3.2014 – 21 W 15/11 – Rz. 216 ff. – „Wella".
3 BVerfG v. 27.4.1999 – 1 BvR 1613/94 – „DAT/Altana", BVerfGE 100, 289 (309 f.) = AG 1999, 566; BVerfG v. 29.11.2006 – 1 BvR 704/03 – „Siemens/SNI", AG 2007, 119 (120).
4 BVerfG v. 27.4.1999 – 1 BvR 1613/94 – „DAT/Altana", BVerfGE 100, 289 (310) = AG 1999, 566; BVerfG v. 29.11.2006 – 1 BvR 704/03 – „Siemens/SNI", AG 2007, 119 (120).
5 BVerfG v. 29.11.2006 – 1 BvR 704/03 – „Siemens/SNI", AG 2007, 119 (120).

(und wurde vom BGH in der *Stollwerck*-Entscheidung von 2010[1] in letzterem Sinne geklärt, dazu unten unter V.1.b), Rz. 71 ff.).

bb) Ausnahmefälle

Bereits nach *DAT/Altana* kommt eine Unterschreitung des Börsenkurses in Betracht, wenn dieser „*ausnahmsweise nicht den Verkehrswert der Aktie widerspiegelt*".[2] 48

– Ein solcher Ausnahmefall ist der der **Marktenge**.[3] Der Börsenkurs gibt nur dann den Verkehrswert der Aktie wieder, wenn er tatsächlich erzielbar gewesen wäre.[4] Sind mindestens 95 % der Aktien unverkäuflich, ist „*ungewiss, ob der Minderheitsaktionär seine Aktien tatsächlich zum Börsenkurs hätte verkaufen können.*"[5] Fraglich bleibt indes, unter welchen genauen Voraussetzungen von Marktenge auszugehen ist. In *DAT/Altana* stellte das BVerfG darauf ab, ob es dem einzelnen außenstehenden Aktionär „*völlig unmöglich*" gewesen wäre, seine Aktienbeteiligung zu Börsenkursen zu veräußern. Dafür sei trotz der vom Gutachter festgestellten geringen Liquidität des Marktes nichts ersichtlich gewesen.[6]

– Nach *DAT/Altana* muss es der abfindungsverpflichteten Hauptgesellschaft im Fall der Eingliederung – oder dem herrschenden Unternehmen im Fall des Unternehmensvertrags – möglich sein, im Spruchverfahren „*darzulegen und ggf. zu beweisen, dass der Börsenkurs nicht dem Verkehrswert entspricht, etwa weil längere Zeit* **praktisch überhaupt kein Handel** *mit den Aktien der Gesellschaft stattgefunden hat.*"[7]

---

1 BGH v. 19.7.2010 – II ZB 18/09, AG 2010, 629 = BB 2010, 1941.
2 BVerfG v. 27.4.1999 – 1 BvR 1613/94 – „DAT/Altana", BVerfGE 100, 289 (309) = AG 1999, 566; s. auch OLG Düsseldorf v. 13.3.2008 – I-26 W 8/07 AktE, AG 2008, 498 (501); OLG Düsseldorf v. 4.10.2006 – I-26 W 7/06 AktE, AG 2007, 325 (329); OLG Karlsruhe v. 5.5.2004 – 12 W 12/01 – „SEN/KHS", AG 2005, 45 (46).
3 BVerfG v. 27.4.1999 – 1 BvR 1613/94 – „DAT/Altana", BVerfGE 100, 289 (309) = AG 1999, 566, bestätigt in BVerfG v. 26.4.2011 – 1 BvR 2658/10 – „Telekom/T-Online", NJW 2011, 2497 (2498) = AG 2011, 511 und BVerfG v. 29.11.2006 – 1 BvR 704/03 – „Siemens/SNI", AG 2007, 119 (121); s. auch BGH v. 19.7.2010 – II ZB 18/09, NJW 2010, 2657 (2658) = AG 2010, 629; BGH v. 12.3.2001 – II ZB 15/00, BGHZ 147, 108 = AG 2001, 417 = NJW 2001, 2080 (2082); ausführlich OLG Stuttgart v. 6.7.2007 – 20 W 5/06, AG 2007, 705 (715); *Riegger/Wasmann* in FS Stilz, 2014, S. 509 (511 ff.).
4 OLG Düsseldorf v. 25.5.2000 – 19 W 5/93 AktE – „DAT/Altana II", AG 2000, 421 (422).
5 BVerfG v. 27.4.1999 – 1 BvR 1613/94 – „DAT/Altana", BVerfGE 100, 289 (309) = AG 1999, 566 und im Anschluss daran etwa OLG Karlsruhe v. 5.5.2004 – 12 W 12/01 – „SEN/KHS", AG 2005, 45 (47).
6 BVerfG v. 27.4.1999 – 1 BvR 1613/94 – „DAT/Altana", BVerfGE 100, 289 (312) = AG 1999, 566.
7 BVerfG v. 27.4.1999 – 1 BvR 1613/94 – „DAT/Altana", BVerfGE 100, 289 (309) = AG 1999, 566; im Anschluss daran zahlreiche Entscheidungen der Fachgerichte, etwa OLG Düsseldorf v. 4.10.2006 – I-26 W 7/06 AktE, AG 2007, 325 (329); OLG Karlsruhe v. 5.5.2004 – 12 W 12/01 – „SEN/KHS", AG 2005, 45 (47).

- Wenn wegen eines **Verstoßes gegen Mitteilungspflichten** ein Informationsdefizit vorliegt, kann es zu einer Abweichung von Börsenkurs und Verkehrswert kommen.[1]
- Weiterhin kommt der Deinvestitionswert als Untergrenze der Abfindung dann nicht in Betracht, wenn der Börsenpreis **manipuliert** wurde.[2] Dies gilt nach BVerfG insbesondere bei gezielter Kurspflege in Ansehung der bevorstehenden Strukturmaßnahme.[3] Nach der *Siemens/SNI-Entscheidung* des BVerfG liegt zwar in der bloßen Bekanntgabe einer Eingliederungsmaßnahme kein Missbrauch.[4] Ein Missbrauch komme aber etwa dann in Betracht, *„wenn die Obergesellschaft die Information über die beabsichtigte Maßnahme gezielt zur Einflussnahme auf den Aktienkurs im Referenzzeitraum nutzt".*[5]

2. Abfindung in Aktien und Konzernverschmelzung

a) Die *DAT/Altana*-Entscheidung des BVerfG

49 Bereits nach der *DAT/Altana*-Entscheidung finden die vom BVerfG darin entwickelten Grundsätze auf die Bestimmung der Verschmelzungswertrelationen bei der Abfindung in Aktien Anwendung: *„Bei der Abfindung durch Aktien der Hauptgesellschaft (§ 320 b Abs. 1 Satz 2 AktG) oder der herrschenden Gesellschaft bzw. ihrer Muttergesellschaft (§ 305 Abs. 2 AktG) gilt nichts anderes als bei der Barabfindung."*[6] Auch hier markiere bei der abhängigen Gesellschaft der Börsenwert die Untergrenze der Bewertung. Asymmetrisch hierzu ist es verfassungsrechtlich nicht geboten, einen etwa existierenden Börsenwert der herrschenden Gesellschaft oder Hauptgesellschaft als Obergrenze der Bewertung dieser Gesellschaft heranzuziehen, und zwar *auch und gerade, soweit es um den Schutz der Aktionäre der Untergesellschaft geht.* Schon nach *DAT/Altana*-Entscheidung vermittelt demnach das Aktieneigentum des abfindungsberechtigten Minderheitsaktionärs **keinen Anspruch** auf Aktien der herrschenden Gesellschaft **höchstens zum Börsenkurs**.[7]

---

1 BVerfG v. 26.4.2011 – 1 BvR 2658/10 – „Telekom/T-Online", NJW 2011, 2497 (2498) = AG 2011, 511; zuvor bereits OLG Frankfurt v. 3.9.2010 – 5 W 57/09, AG 2010, 751 (756).
2 BVerfG v. 26.4.2011 – 1 BvR 2658/10 – Rz. 25 – „Telekom/T-Online", NJW 2011, 2497 (2499) = AG 2011, 511; BGH v. 12.3.2001 – II ZB 15/00, BGHZ 147, 108 = AG 2001, 416 = NJW 2001, 2080 (2082); OLG Düsseldorf v. 4.10.2006 – I-26 W 7/06 AktE, AG 2007, 325 (329); OLG Karlsruhe v. 5.5.2004 – 12 W 12/01 – „SEN/KHS", AG 2005, 45 (47); von der praktischen Irrelevanz dieser Fallgruppe ausgehend *Riegger/Wasmann* in FS Stilz, 2014, 509 (511).
3 BVerfG v. 26.4.2011 – 1 BvR 2658/10 – „Telekom/T-Online", NJW 2011, 2497 (2498) = AG 2011, 511.
4 BVerfG v. 29.11.2006 – 1 BvR 704/03 – „Siemens/SNI", AG 2007, 119 (121).
5 BVerfG v. 29.11.2006 – 1 BvR 704/03 – „Siemens/SNI", AG 2007, 119 (121).
6 BVerfG v. 27.4.1999 – 1 BvR 1613/94 – „DAT/Altana", BVerfGE 100, 289 (310) = AG 1999, 566.
7 BVerfG v. 27.4.1999 – 1 BvR 1613/94 – „DAT/Altana", BVerfGE 100, 289 (310) = AG 1999, 566.

b) Die *Siemens/SNI*-Entscheidung des BVerfG

Im Fall *Siemens/SNI* ging es um die **Abfindung in Aktien** im Fall der Eingliederung, wofür die Verschmelzungswertrelation festzustellen war. Das OLG Düsseldorf bewertete die eingegliederte Gesellschaft nach ihrem Börsenwert, da dieser die Untergrenze der Abfindung bilde.[1] Das herrschende Unternehmen wurde unter Verweis auf den Grundsatz der **Methodengleichheit** (dazu unter Abschnitt V.2.a), unten Rz. 82 ff.) ebenfalls nach seinem Börsenwert bewertet, obwohl dieser deutlich niedriger lag als der vom Sachverständigen ermittelte Ertragswert.[2] Das BVerfG beanstandete diese Vorgehensweise nicht.[3]

50

c) Die *Kuka*-Entscheidung des BVerfG

Im Fall *Kuka*[4] übertrug das BVerfG die für die Abfindung in Aktien entwickelten *DAT/Altana*-Grundsätze auf die **Konzernverschmelzung**.[5] Zugleich bestätigte es seine **asymmetrische Auffassung** zum Stellenwert des Börsenkurses als Wertdeterminanten **bei der Unter- und Obergesellschaft**:

51

– *Hohes Gewicht der Obergesellschaft nach deren Ertragswert:* In casu ging es um eine *upstream*-Verschmelzung durch Aufnahme, bei der Ober- und Untergesellschaft börsennotiert gewesen sind. Während beim übertragenden Rechtsträger der nach der Ertragswertmethode ermittelte quotale Unternehmenswert der Börsenkapitalisierung entsprach (rund 74 € je Aktie), wichen beim übernehmenden Rechtsträger Ertragswert (rund 26 € je Aktie) und der Börsenkurs (rund 14–17 € je Aktie) stark voneinander ab. Das Umtauschverhältnis war nach der **Relation der Ertragswerte** festgelegt worden. Dadurch **erhielt die Obergesellschaft** (als aufnehmender Rechtsträger) **mehr Gewicht**, als ihrer Börsenkapitalisierung entsprach.

– *Kein Rekurs auf die günstigere Börsenwertrelation:* Im Ergebnis standen die Minderheitsgesellschafter des übertragenden Rechtsträgers damit erheblich schlechter, als wenn die Relation der Börsenkapitalsierungen zur Anwendung gekommen wäre: Es wurde zwar *nicht* ihre eigene Untergesellschaft (unter Berufung auf einen unter dem Börsenkurs liegenden Ertragswert im Vergleich zur Börsenkapitalisierung) „arm gerechnet". Aber es wurde die aufnehmende Obergesellschaft (unter Berufung auf einen über dem Börsenkurs liegenden Ertragswert im Vergleich zur Börsenkapitalisierung) „reich gerechnet". Dies führte dazu, dass sie weniger Aktien erhielten, als wenn sie (in einer hypothetischen Welt ohne die Maßnahme) am Tag des Hauptversammlungsbeschlusses (i) die Aktien der Untergesellschaft an der Börse verkauft und (ii) die Aktien der Obergesellschaft am Markt gekauft hätte.

---

1 OLG Düsseldorf v. 31.3.2003 – 19 W 9/00 AktE – „Siemens/SNI", AG 2003, 329 (330).
2 OLG Düsseldorf v. 31.3.2003 – 19 W 9/00 AktE – „Siemens/SNI", AG 2003, 329 (333).
3 BVerfG v. 29.11.2006 – 1 BvR 704/03 – „Siemens/SNI", AG 2007, 199.
4 BVerfG v. 20.12.2010 – 1 BvR 2323/07, AG 2011, 128.
5 Offen ließ das BVerfG, inwieweit diese Grundsätze insgesamt auf Verschmelzungen durch Aufnahme anzuwenden seien. BVerfG v. 20.12.2010 – 1 BvR 2323/07 – „Kuka", AG 2011, 128 (129).

Es gibt somit nach der Rechtsprechung des BVerfG für den Fall des Aktientausches (bei der upstream-Konzernverschmelzung und bei der Abfindung in Aktien) **keinen Grundsatz „Börsenwertrelation als Untergrenze"**: Was bei der Untergesellschaft verboten ist (für den betroffenen Minderheitsaktionär ungünstige Abweichung vom Börsenkurs), ist bei der Obergesellschaft erlaubt: Die Zivilgerichte sind *„frei, der herrschenden Gesellschaft ... einen höheren Wert beizumessen als den Börsenwert."*[1]

d) Die *Telekom/T-Online*-Entscheidung des BVerfG

52 Auch im Fall *Telekom/T-Online* ging es um einen *upstream merger*. Das LG und das OLG Frankfurt stellten für die Höhe der baren Zuzahlung allein auf das Verhältnis der Börsenkurse ab, nicht aber auf dasjenige der Ertragswerte. Das BVerfG bestätigte, dass die *DAT/Altana*-Grundsätze auf den Fall der Verschmelzung durch Aufnahme **übertragbar** sind.[2] Es wiederholte außerdem den **Grundsatz der Methodenfreiheit**[3] sowie den Grundsatz, dass der Börsenwert die Untergrenze für die Bewertung der Untergesellschaft bilde[4] (nicht aber die Obergrenze für die Bewertung der Obergesellschaft).

e) Derzeit unvollkommene Umsetzung des Deinvestitionsgedankens bei Aktientausch

53 Das BVerfG hat somit seinen **Deinvestitionsgedanken** für die Fälle des Aktientausches in dominierten Situationen (Abfindung in Aktien, Konzernverschmelzung) **nicht konsequent zu Ende geführt**. Der Minderheitsaktionär darf schlechter gestellt werden, als wenn er seine Untergesellschaftsaktie am relevanten Stichtag an der Börse zu Geld gemacht hätte. Diese Inkonsequenz mag man bedauern,[5] sie ist aber als inzwischen gefestigte, mehrfach bestätigte Rechtsprechung des BVerfG hinzunehmen: Dem Schutzbedürfnis der Minderheit in der Untergesellschaft trägt das Verfassungsgericht in dieser Fallgruppe „in der Mitte zwischen Barabfindung und merger of equals" weniger konsequent Rechnung als bei der Barabfindung. Es ist mit dem geltenden Recht vereinbar, wenn sie weniger erhalten als bei einer freien Deinvestitionsentscheidung. Rechtfertigen lässt sich diese Asymmetrie durch den Verweis auf

---

1 BVerfG v. 20.12.2010 – 1 BvR 2323/07 – „Kuka", AG 2011, 128 (129).
2 BVerfG v. 26.4.2011 – 1 BvR 2658/10 – Rz. 22 – „Telekom/T-Online", NJW 2011, 2497 (2498) = AG 2011, 511.
3 BVerfG v. 26.4.2011 – 1 BvR 2658/10 – Rz. 23 – „Telekom/T-Online", NJW 2011, 2497 (2498) = AG 2011, 511.
4 BVerfG v. 26.4.2011 – 1 BvR 2658/10 – Rz. 24 – „Telekom/T-Online", NJW 2011, 2497 (2498) = AG 2011, 511.
5 *Adolff*, Unternehmensbewertung im Recht der börsennotierten Aktiengesellschaft, 2007, S. 451 f.; *Hirte/Hasselbach* in Großkomm. AktG, 4. Aufl. 2005, § 305 AktG Rz. 156, 162; *Reichert* in FS Stilz, 2014, S. 479 (492 f.); *Ruiz de Vargas* in Bürgers/Körber, Anh. § 305 Rz. 17; **für Börsenkurs als Obergrenze** der Bewertung der Obergesellschaft *Busse von Colbe* in FS Lutter, 2000, S. 1053 (1066 f.); *Gude*, Strukturänderungen und Unternehmensbewertung zum Börsenkurs, 2004, S. 170 ff.; vgl. auch OLG Stuttgart v. 6.7.2007 – 20 W 5/06, AG 2007, 705 (711 ff.); *Puszkajler*, BB 2003, 1692 (1694).

den Schutz der Minderheit der Obergesellschaft, sowie darauf, dass die Minderheit von den Zahlungsströmen ihres Unternehmens ja nicht endgültig abgeschnitten,[1] sondern als Gesellschafter der gesamten Unternehmensgruppe daran beteiligt bleiben.

3. Echte Fusion *(merger of equals)*

a) Die Entscheidung *Wüstenrot und Württembergische* des BVerfG

In der Entscheidung *Wüstenrot und Württembergische* ging es um das Umtauschverhältnis der Anteile bei der Verschmelzung zweier gleichberechtigter, voneinander unabhängiger Aktiengesellschaften *(merger of equals)*. Nach Ansicht des OLG Stuttgart als Vorinstanz markiert der **Börsenkurs** der Aktien eines Verschmelzungspartners in einem solchen Fall *„nicht zwingend die Untergrenze für den Wert eines Anteils an diesem Rechtsträger als Grundlage der Bestimmung des angemessenen Umtauschverhältnisses".*[2] Dies wird insbesondere mit der *„Interessenkongruenz unter den jeweiligen Anteilseignern eines jeden Rechtsträgers"* begründet.[3] Das BVerfG ließ hier noch offen, ob die von der Verschmelzung betroffenen Minderheitsaktionäre unter Berücksichtigung der *DAT/Altana*-Grundsätze zu entschädigen sind.[4]

54

b) Die *Daimler/Chrysler*-Entscheidung des BVerfG

In *Daimler/Chrysler*[5] ging es um einen Antrag auf Gewährung einer baren Zuzahlung nach § 15 UmwG im Fall der Verschmelzung zweier wirtschaftlich und rechtlich unabhängiger Unternehmen. Das BVerfG übertrug nunmehr hier ausdrücklich die ***DAT/Altana*-Grundsätze auf den Fall des *merger of equals*,**[6] allerdings ohne eingehende Begründung. Das Gericht verweist vielmehr *Telekom/T-Online*-Entscheidung,[7] als wäre der *merger of equals* dort bereits (mit-)entschieden worden. Eine Auseinandersetzung mit den strukturellen Unterschieden der beiden Fallgruppen (s. oben Rz. 8 ff.) unterbleibt.

55

Auffällig ist, dass das BVerfG zwar auf die *DAT/Altana*-Grundsätze rekurriert, dabei aber nur das **Prinzip der vollen Kompensation** und das der **gerichtlichen**

56

---

1 In diese Richtung noch *Adolff*, Unternehmensbewertung im Recht der börsennotierten Aktiengesellschaft, 2007, S. 468 ff., allerdings ohne hinreichende Berücksichtigung der „oben" und „unten" divergierenden Gefährdungslage, wie sie hier unter Rz. 10 dargestellt ist.
2 OLG Stuttgart v. 8.3.2006 – 20 W 5/05 – „Wüstenrot und Württembergische", AG 2006, 420 (427).
3 OLG Stuttgart v. 8.3.2006 – 20 W 5/05 – „Wüstenrot und Württembergische", AG 2006, 420 (427).
4 BVerfG v. 30.5.2007 – 1 BvR 1267/06, 1 BvR 1280/06 – „Wüstenrot und Württembergische", AG 2007, 697 (698), s. dazu schon oben Rz. 10 ff.
5 BVerfG v. 24.5.2012 – 1 BvR 3221/10 – „Daimler/Chrysler", ZIP 2012, 1656 = AG 2012, 674.
6 BVerfG v. 24.5.2012 – 1 BvR 3221/10 – „Daimler/Chrysler", ZIP 2012, 1656 = AG 2012, 674 (675).
7 Zu dieser Entscheidung s. oben unter Rz. 52.

Kontrolle ausdrücklich nennt. Es fehlt hingegen die Standard-Formulierung,[1] dass die Minderheitsaktionäre nicht weniger erhalten dürfen, als sie bei einer freien Deinvestitionsentscheidung zum Zeitpunkt der Maßnahme erhalten hätten, und dass aus diesem Grund ein existierender Börsenkurs Berücksichtigung finden muss. Dies hatte seinen Grund wahrscheinlich darin, dass die Berücksichtigung des Börsenkurses des übertragenden Rechtsträgers (Daimler-Benz AG) *nicht* zu einem für dessen Aktionäre günstigeren Umtauschverhältnis geführt hätte, wie das Gericht ausdrücklich feststellt:

> „Dabei kommt es auf die Frage der Berücksichtigung des **Börsenkurses des übertragenden Rechtsträgers hier nicht entscheidend** an; denn nach den von der Verfassungsbeschwerde insoweit nicht angegriffenen Feststellungen des OLG hätte dies zu einer für den Beschwerdeführer ungünstigeren Umtauschrelation geführt".[2]

Allerdings war dem Fusionspartner Chrysler Corporation (und damit dem aufnehmenden Rechtsträger) ein höherer Ertragswert zugemessen worden als es seiner Börsenkapitalisierung entsprochen hat. Damit erhielten die Daimler-Aktionäre im Ergebnis weniger, als sie bei einer freien Deinvestition über die Börse erhalten hätten. Sie standen **schlechter als bei einem Umtausch auf der Grundlage der Börsenwertrelation**. Ähnlich wie im *Kuka*-Fall hat das BVerfG die Bestimmung des Umtauschverhältnisses aufgrund der Ertragswertrelation gleichwohl nicht beanstandet.

57 Das Urteil enthält außerdem wichtige Aussagen zum von *Eberhard Stilz* entwickelten[3] und vom OLG Frankfurt[4] sowie vom OLG Stuttgart[5] angewandten sog. **Verhandlungsmodell**,[6] wonach sich die Prüfung des Gerichts beim *merger of equals* auf die Kontrolle eines ordnungsgemäßen Verhandlungsprozesses beschränken darf. Dieses Modell lehnt das BVerfG ab: Es entspreche nicht dem Prinzip der vollen wirtschaftlichen Entschädigung, da die Verhandlungen der Vertretungsorgane von vielfältigen weiteren unternehmerischen Erwägungen getragen sein könnten.[7] Letztlich misstraut das BVerfG der *„Verhandlungsführung der Vorstände".*[8]

---

1 Vgl. etwa BVerfG v. 27.4.1999 – 1 BvR 1613/94 – „DAT/Altana", BVerfGE 100, 289 (306) = AG 1999, 566; BVerfG v. 29.11.2006 – 1 BvR 704/03 – „Siemens/SNI", AG 2007, 119 (120); BVerfG v. 30.5.2007 – 1 BvR 1267/06, 1 BvR 1280/06 – „Wüstenrot und Württembergische", AG 2007, 697 (698); BVerfG v. 26.4.2011 – 1 BvR 2658/10 – „Telekom/T-Online", AG 2011, 511.
2 BVerfG v. 24.5.2012 – 1 BvR 3221/10 – „Daimler/Chrysler", ZIP 2012, 1656 = AG 2012, 674 (675 f.).
3 *Stilz* in FS Mailänder, 2006, S. 423 ff.
4 OLG Frankfurt v. 9.2.2010 – 5 W 33/09, ZIP 2010, 729; anders dann aber OLG Frankfurt v. 3.9.2010 – 5 W 57/09, AG 2010, 751 (Ls.).
5 OLG Stuttgart v. 14.10.2010 – 20 W 16/06 – „Daimler/Chrysler", AG 2011, 49.
6 Dazu etwa *Fleischer/Bong*, NZG 2013, 881.
7 BVerfG v. 24.5.2012 – 1 BvR 3221/10 – „Daimler/Chrysler", ZIP 2012, 1656 = AG 2012, 674 (675).
8 BVerfG v. 24.5.2012 – 1 BvR 3221/10 – „Daimler/Chrysler", ZIP 2012, 1656 = AG 2012, 674 (675).

c) Stellungnahme zum Deinvestitionsgedanken beim *merger of equals*

Der Deinvestitionsgedanke passt nicht zum *merger of equals*, denn (wie bereits dargelegt, s. oben Rz. 8) sitzen beim *merger of equals* auf beiden Seiten jeweils **Mehrheit und Minderheit im selben Boot**. Auf keiner Seite hat die Mehrheit eine Möglichkeit, der Minderheit „an ihrer Seite" zu schaden, indem sie der Minderheit ein Vermögensopfer zumutet, das sie selbst nicht zu erbringen bereit ist. Die Minderheiten auf beiden Seiten befinden sich somit in einer **identischen, symmetrischen Gefährdungslage**, in der sie den Schutz der Verfassung in gleicher Weise genießen. Dieser Schutz darf insbesondere nicht von der Verschmelzungsrichtung abhängen (s. oben Rz. 9). 58

Mit dieser symmetrischen Interessenlage wäre es unvereinbar, der Minderheit **allein des übertragenden Rechtsträgers** zu gestatten, sich für die Bewertung ihrer eigenen Gesellschaft auf die Börsenkapitalisierung als Untergrenze zu berufen (und ihr damit gegenüber der Minderheit des aufnehmenden Rechtsträgers ein asymmetrisch höheres Schutzniveau zuzugestehen). Würde man dagegen **beiden beteiligten Minderheiten** diese Möglichkeit einräumen, so gäbe es denknotwendig nur noch eine einzige Umtauschrelation, welche den von beiden Seiten gestellten Anforderungen gerecht wird, nämlich die Börsenwertrelation. Diese würde für den *merger of equals* zum allein verbindlichen Maßstab werden, was sich mit der Rechtsprechung des BVerfG nicht vereinbaren lässt.[1] Dies belegt auch die *Daimler/Chrysler*-Entscheidung, in der es das BVerfG ja gerade akzeptierte, dass auf die Ertragswertrelation (und eben nicht auf die Börsenwertrelation) abgestellt worden ist.

Die Übertragung des Deinvestitionsgedankens auf den Fall eines *merger of equals* ist daher abzulehnen. Richtigerweise ist beim *merger of equals* allein auf die Fundamentalwertrelation abzustellen,[2] wie es in dem der *Daimler/Chrysler*-Entscheidung zugrunde gelegten Sachverhalt auch geschehen war.

Eine hiervon zu trennende Frage ist, in wie weit die Zivilgerichte frei sind in der Wahl der **Methode für die Bestimmung der Fundamentalwerte** der beiden beteiligten Rechtsträger – und inwieweit sie dabei insbesondere die Börsenkapitalisierung als Wertindikator heranziehen dürfen. Hierzu wurde das Entscheidende schon oben unter Rz. 34 gesagt: 59

– *Maßgeblichkeit des quotalen Gesamtunternehmenswerts*: Der Fundamentalwert ist der Unternehmenswert, der bei einer Veräußerung im Ganzen als Kaufpreis erzielt werden könnte (Liquidationshypothese). Er ist zu schätzen.[3]

– *Freiheit der Zivilgerichte in der Methodenwahl:* Sämtliche für diese Schätzung zur Verfügung stehenden Methoden sind in hohem Maße unvollkommen. Sie führen allesamt zu Approximation, deren Ergebnisse sich seriös

---

1 Zum Ganzen eingehend *Adolff*, Unternehmensbewertung im Recht der börsennotierten Aktiengesellschaft, 2007, S. 468 ff.
2 Siehe bereits *Adolff*, Unternehmensbewertung im Recht der börsennotierten Aktiengesellschaft, 2007, S. 451; hierzu differenziert OLG Stuttgart v. 6.7.2007 – 20 W 5/06, AG 2007, 705 (711 ff.), für die Konzernverschmelzung.
3 Vgl. nur *Bungert/Wettich* in FS Hoffmann-Becking, 2013, S. 157 (173).

nur in Bandbreiten, nicht aber in Form einer Punktladung, zum Ausdruck bringen lassen. Die **Verfassung macht den Zivilgerichten keine Vorgaben** bei der Auswahl (und ggf. Kombination) dieser Methoden. Sie stellt solche Vorgaben allein an die Sorgfalt bei der **Begründung der methodischen Auswahlentscheidung**. Diese kann, wie es in der Vergangenheit ganz üblich war, zur Ertragswertmethode führen. Sie kann aber auch zur **Bestimmung des Fundamentalwerts nach der Börsenkapitalisierung** führen: *„die Aussagekraft und die Tauglichkeit einer marktorientierten Bewertungsmethode auf Grundlage des Börsenkurses im konkreten Fall"* unterliegt, wie das BVerfG in der *Telekom/T-Online*-Entscheidung klar gestellt hat, *„der fachrichterlichen Prüfung und Würdigung"*.[1]

Somit kann der Börsenkurs auch beim *merger of equals* für die Bestimmung des Umtauschverhältnisses eine – und sogar die allein entscheidende – Rolle spielen. Es ist aber wichtig, sich den konzeptionellen Kontext vor Augen zu halten, in dem dies geschieht: Weil der Deinvestitionsgedanke hier nicht zur Anwendung kommt, ergibt sich die Bedeutung der Börsenkurse nicht schon aus der Veräußerungsmöglichkeit an der Börse. Der Börsenkurs ist in diesem Kontext *kein* Datum (anders als bei der Barabfindung bei Anwendung des Grundsatzes „Börsenkurs als Untergrenzen", s. oben Rz. 37 ff.), sondern die **Börsenkapitalisierung** ist ein **Wertindikator für das Gesamtunternehmen**, der, je nach den Umständen des Einzelfalls, einmal mehr und einmal weniger geeignet sein kann, Grundlage der Schätzung zu sein. In der hier verwendeten Terminologie (s. oben Rz. 36): Es gilt nicht die Veräußerungshypothese („Für wie viel Geld hätte sich die Aktie am Markt verkaufen lassen?"), sondern die Liquidationshypothese („Für wie viel Geld hätte sich das Unternehmen als Ganzes verkaufen lassen?").

d) Stellungnahme zur Frage nach dem Verhandlungsmodell

60 Nicht überzeugend – aber für die Praxis hinzunehmen – ist die **Ablehnung des Verhandlungsmodells** durch das BVerfG.[2] Das OLG Stuttgart hat seine Entscheidung ausführlich und gerade mit Blick auf die besondere Interessenlage beim *merger of equals* begründet.[3] Es hat auch dargelegt, dass das Verhandlungsergebnis vom Verschmelzungsprüfer geprüft und von den Anteilseignern mit einer Mehrheit von 75 % gebilligt werden muss.[4] Der bloße Verweis auf die möglicherweise nicht stets den Interessen aller Anteilseigner entspre-

---

1 BVerfG v. 26.4.2011 – 1 BvR 2658/10 – Rz. 25 – „Telekom/T-Online", NJW 2011, 2497 (2498) = AG 2011, 511.
2 Ebenso *Klöhn/Verse*, AG 2013, 2 (4 f.), die der Ansicht sind, das Verhandlungsmodell sei auch nach *Daimler/Chrysler* noch vertretbar; *Drygala* in Lutter, § 5 UmwG Rz. 39 ff. unter Hinweis auf die Privatautonomie; *Reichert* in FS Stilz, 2014, S. 479 (494) bemängelt die Argumentation des BVerfG; in Richtung des BVerfG hingegen die Argumentation bei *Bungert/Wettich* in FS Hoffmann-Becking, 2013, S. 157 (186).
3 Noch immer überzeugend sind auch die Vorarbeiten bei *Stilz* in FS K.P. Mailänder, 2006, S. 421 (427 ff.).
4 OLG Stuttgart v. 14.10.2010 – 20 W 16/06 – „Daimler/Chrysler", AG 2011, 49 (50 ff.).

chende „*Verhandlungsführung der Vorstände*" genügt nicht, um die Argumente des OLG zu entkräften. Zudem bestehen Widersprüche zur *Moto-Meter*-Entscheidung.[1]

V. Umsetzung der verfassungsrechtlichen Vorgaben durch die Zivilgerichte

1. Abfindung in Geld

Der II. Zivilsenat des BGH musste nach der *DAT-Altana*-Entscheidung zur einfachgesetzlichen Umsetzung schreiten. Die Komplexität des Gesamtthemas wurde dabei weiter erhöht, vor allem weil der BGH einen vom BVerfG abweichenden gedanklichen Ausgangspunkt für die „Aufwertung" des Börsenkurses wählte. Während das BVerfG den Deinvestitionsgedanken (und damit die Veräußerungshypothese) in den Mittelpunkt stellte, beruht nach Auffassung des BGH die Relevanz des Börsenkurses nunmehr auf (bis dahin vehement in Zweifel gezogen, s. oben Rz. 22) **allokativen Effizienz des Marktes**. Nach der in dieser Weise adjustierten Sichtweise des BGH beruht die 61

> „Gleichstellung von Börsen- und Verkehrswert [...] auf der Annahme, dass die Börse auf der Grundlage der ihr zur Verfügung gestellten Informationen und Informationsmöglichkeiten die Ertragskraft des Gesellschaftsunternehmens, um dessen Aktien es geht, zutreffend bewertet, [...]".[2]

Mit diesem gedanklichen Ausgangspunkt nur eingeschränkt vereinbar[3] ist die zentrale rechtsfortbildende Schlussfolgerung des BGH, nämlich die Herausbildung des sog. **Meistbegünstigungsprinzips** weiter (dazu sogleich unter a), Rz. 62 ff.).

In der weiteren Entwicklung bedurfte es der Rechtsfortbildung bei einer Reihe von Punkten, die das BVerfG offen gelassen hatte:

- *Stichtag:* Dabei geht es zunächst um die Frage des maßgeblichen Stichtags für die Bestimmung des Börsenkurses. Das BVerfG gibt lediglich vor, auf einen „*Durchschnittskurs im Vorfeld der Bekanntgabe des Unternehmensvertrags*" zurückzugreifen.[4] Dementsprechend herrschte Uneinigkeit über die richtige Methode zur Ermittlung des Verkehrswerts (hier: Deinvestitionswerts) der Aktie (dazu unter b), unten Rz. 71 ff.).

- *Ausnahmetatbestände:* Fälle, in denen „*der Börsenkurs ausnahmsweise nicht den Verkehrswert der Aktie widerspiegelt*", wurden vom BVerfG nur

---

1 Dazu *Drygala* in Lutter, § 5 UmwG Rz. 42; *Klöhn/Verse*, AG 2013, 2 (5 f.).
2 BGH v. 12.3.2001 – II ZB 15/00 – „DAT/Altana", BGHZ 147, 108 (116) = AG 2001, 417.
3 Vgl. auch *Veil* in Spindler/Stilz, § 305 AktG Rz. 55; *Reichert* in FS Stilz, 2014, S. 479 (499) geht davon aus, dass der BGH die Begrifflichkeit und Intention des BVerfG in *DAT/Altana* nicht ganz richtig erfasst habe.
4 BVerfG v. 27.4.1999 – 1 BvR 1613/94 – „DAT/Altana", BVerfGE 100, 289 (309 f.) = AG 1999, 566.

beispielhaft genannt.[1] Auch hier nahmen die Zivilgerichte Konkretisierungen vor (dazu unter c), unten Rz. 76 ff.).

a) Meistbegünstigungsprinzip

aa) Entwicklungslinien der Rechtsprechung

62 Die Rechtsprechungslinie des BGH zum Meistbegünstigungsprinzip beginnt mit seinem *DAT/Altana*-Urteil von 2001.[2] Nach dieser Entscheidung des BGH ist die Abfindung entweder nach dem Börsenwert oder nach dem quotalen Unternehmenswert (i.d.R.: Ertragswertmethode) zu ermitteln, und zwar im Grundsatz **je nach dem welcher Wert höher ist**.[3]

63 Damit ging der BGH deutlich über die Vorgaben des BVerfG hinaus,[4] welches lediglich eine Barabfindung forderte, die den Börsenkurs jedenfalls nicht unterschreitet.[5] Vor diesem Hintergrund ist bei den Instanzgerichten in jüngster Zeit eine deutliche Tendenz erkennbar, weniger weit zu gehen, und insbesondere **ausschließlich auf Börsenkurse abzustellen**:

– *Telekom-Entscheidung des OLG Frankfurt:* Wegweisend für die Unternehmensbewertung, ausschließlich anhand des Börsenwerts, war in der instanzgerichtlichen Rechtsprechung zunächst die *Telekom/T-Online*-Entscheidung des OLG Frankfurt aus dem Jahr 2010,[6] in der es um die Verschmelzungswertrelation nach § 305 Abs. 3 AktG i.V.m. § 15 UmwG ging. Nach der Auffassung des OLG gebietet die Verfassung keine Bewertung (vornehmlich) anhand der Ertragswerte. Einer (allein) an Börsenwerte angelehnten Bewertungsmethode stünden keine grundsätzlichen verfassungsrechtlichen Beschränkungen entgegen.[7] Auch hierbei handele es sich um einen bestimmten Ansatz zur Ermittlung des Unternehmenswerts, der von weiten Teilen der Literatur und Rechtsprechung im Grundsatz gebilligt werde. Auch auf Ebene des einfachen Rechts handele es sich um eine geeignete Schätzmethode.[8] Der Börsenkurs sei durch die Einführung von § 31 Abs. 1 Satz 2 WpÜG aufgewertet worden. Auch die Qualität des Preisbildungsprozesses unterliege keinen durchgreifenden allgemeinen Bedenken. Zwar gebe es den rationalen Investor, der über alle denkbaren Informationen verfügt, regelmäßig nicht, für die Geeignetheit des Börsenkurses zur Abbildung des

---

1 BVerfG v. 27.4.1999 – 1 BvR 1613/94 – „DAT/Altana", BVerfGE 100, 289 (309) = AG 1999, 566.
2 BGH v. 12.3.2001 – II ZB 15/00, BGHZ 147, 108 = AG 2001, 417; bestätigt in BGH v. 19.7.2010 – II ZB 18/09 – „Stollwerck", BB 2010, 1941 (1943) = AG 2010, 629.
3 BGH v. 12.3.2001 – II ZB 15/00, BGHZ 147, 108 = AG 2001, 417 = NJW 2001, 2080 (2082).
4 So *Bungert/Wettich* in FS Hoffmann-Becking, 2013, S. 157 (165); zustimmend *Paulsen* in MünchKomm. AktG, 3. Aufl. 2010, § 305 AktG Rz. 83.
5 BVerfG v. 27.4.1999 – 1 BvR 1613/94 – „DAT/Altana", BVerfGE 100, 289 (308) = AG 1999, 566.
6 OLG Frankfurt v. 3.9.2010 – 5 W 57/09 – „Telekom/T-Online", AG 2010, 751.
7 OLG Frankfurt v. 3.9.2010 – 5 W 57/09 – „Telekom/T-Online", AG 2010, 751 (752).
8 OLG Frankfurt v. 3.9.2010 – 5 W 57/09 – „Telekom/T-Online", AG 2010, 751 (752 ff.).

Wertes eines Unternehmensanteils genüge aber eine mittelstrenge Kapitalmarkteffizienz. Schließlich vollziehe sich die Preisbildung für Aktien nicht nach grundlegend anderen Erwägungen als diejenige für das gesamte Unternehmen.[1] An dieser Sichtweise hat das OLG Frankfurt in der Folge festgehalten und hat sie im Dezember 2013 auf einen reinen Barabfindungsfall zur Anwendung gebracht.[2]

– **Telekom-Entscheidung des BVerfG:** In seinem (oben bereits eingehend erörterten, s. oben Rz. 36 ff.) *Telekom/T-Online*-Beschluss vom 26.4.2011 hat das BVerfG diese Tendenz gestützt, indem es klarstellte, dass das **Meistbegünstigungsprinzip verfassungsrechtlich nicht geboten** ist:[3] Es begegne *„von Verfassungs wegen keinen Bedenken, wenn sich ein Fachgericht, wie hier das OLG, im Spruchverfahren mit sorgfältiger und ausführlicher, den Streit zur ‚richtigen' Bewertungsmethode reflektierender Begründung für eine Bewertung beider Rechtsträger anhand des Börsenwerts entscheidet, ohne sich dabei den Blick dafür zu verstellen, dass die Frage nach der vorzuziehenden Methode grundsätzlich von den jeweiligen Umständen des Falls abhängt".*[4]   64

– **Nachfolgende Instanzengerichte und Literaturstimmen:** Auf dieser Grundlage entschied sodann das OLG Stuttgart im Beschluss vom 17.10.2011: „Ein verfassungsrechtliches Gebot der Meistbegünstigung der Minderheitsaktionäre besteht [...] schon nicht in Bezug auf das Verhältnis von fundamentalanalytischer Wertermittlung, etwa im Ertragswertverfahren, zu marktorientierter Wertermittlung, etwa anhand von Börsenwerten."[5] Ebenso entschie-   65

---

1 OLG Frankfurt v. 3.9.2010 – 5 W 57/09 – „Telekom/T-Online", AG 2010, 751 (755).
2 OLG Frankfurt v. 5.12.2013 – 21 W 36/12 – „Hoechst", NZG 2014, 464. Hier beschäftigte sich das OLG Frankfurt jüngst erneut ausführlich mit der Unternehmensbewertung ausschließlich anhand des Börsenwerts und bekräftigte seine Auffassung, die Schätzung des Unternehmenswerts anhand des Börsenwerts der Gesellschaft unterliege keinen grundsätzlichen Bedenken, und zwar auch in einem reinen Barabfindungsfall: Die marktorientierte Bewertung könne vom Grundsatz her auch im Rahmen eines Squeeze-out nach §§ 327a ff. AktG Anwendung finden. *In casu* wird diese Methode dann jedoch abgelehnt, und zwar unter Verweis auf Zweifel an der allokativen Effizienz des Kapitalmarkts für die konkrete Aktien im hierfür maßgeblichen Zeitraum. Dies ist nach der hier vertretenen Ansicht genau die richtige Herangehensweise, s. dazu **unten Rz. 80**. Siehe auch OLG Frankfurt v. 24.11.2011 – 21 W 7/11 – juris Rz. 42 (insoweit nicht abgedruckt in AG 2012, 513).
3 BVerfG v. 26.4.2011 – 1 BvR 2658/10 – Rz. 24 – „Telekom/T-Online", NJW 2011, 2497 (2498) = AG 2011, 511; bestätigt in BVerfG v. 16.5.2012 – 1 BvR 96/09 u.a. – „Deutsche Hypothekenbank", NZG 2012, 907 (909) = AG 2012, 625 (626).
4 BVerfG v. 26.4.2011 – 1 BvR 2658/10 – Rz. 24 – „Telekom/T-Online", NJW 2011, 2497 (2498) = AG 2011, 511.
5 OLG Stuttgart v. 17.10.2011 – 20 W 7/11, NZG 2011, 1346 = BeckRS 2011, 24586. Von einer Gleichrangigkeit der beiden Methodenansätze geht das OLG Stuttgart auch in einer Entscheidung von 2013 aus: *„Grundlage der Schätzung des Gerichts [kann] sowohl Wertermittlungen basierend auf fundamentalanalytischen Wertermittlungsmethoden wie dem Ertragswertverfahren als auch auf marktorientierten Methoden wie eine Orientierung an Börsenkursen sein."* (OLG Stuttgart v. 5.6.2013 – 20 W 6/10, AG 2013, 724 = NZG 2013, 897 [2. Ls.]).

den im Ergebnis wohl auch das OLG München.[1] Starken Stimmen in der Literatur sprechen sich vor diesem Hintergrund gegen das Meistbegünstigungsprinzip[2] und (erneut) für die „marktorientierten Methoden" aus.[3]

66 Einstweilen frei.

bb) Stellungnahme

67 Diese Entwicklungslinie in der Rechtsprechung ist insofern begrüßenswert, als sie zu einer erheblichen Erleichterung und Beschleunigung[4] der Spruchverfahren führen wird, wenn es den Instanzgerichten frei steht, **in hierfür geeigneten Fällen allein auf die Börsenkurse abzustellen**. Das Meistbegünstigungsprinzip in der vom BGH in seiner *DAT/Altana*-Entscheidung von 2001 geprägten Form ist dagegen abzulehnen. Es beruht auf einer unstatthaften Vermischung der beiden nach denen der Rechtsprechung des BVerfG maßgeblichen Bewertungsperspektiven, nämlich

- dem Fundamentalwert (quotaler Unternehmenswert nach der Liquidationshypothese) (s. oben Rz. 32 ff.)

im Gegensatz zu

- dem Deinvestitionswert (Verkehrswert einzelnen Aktie nach der Veräußerungshypothese) (s. oben Rz. 37 ff.).

Nimmt man die Unterschiedlichkeiten dieser beiden Bewertungsperspektiven klar in den Blick, so ergibt sich für die Relevanz des Börsenkurses nach dem heutigen Entwicklungsstand bezogen auf die hier erörterten Barabfindungsfälle[5] das Folgende:

---

1 OLG München v. 26.7.2012 – 31 Wx 250/11, AG 2012, 749; in dieser Entscheidung hält das OLG eine Schätzung des Unternehmenswerts anhand des Börsenkurses für möglich. Sofern damit auf die Wertermittlung anhand der Ertragswertmethode verzichtet wird, wird zugleich das Meistbegünstigungsprinzip aufgegeben.
2 Vgl. *Bungert*, § 19 Rz. 18 sowie *Happ/Bednarz* in FS Stilz, 2014, S. 219 (229) mit umfassenden Nachweisen; jüngst auch *Reichert* in FS Stilz, 2014, S. 479 (486 f.).
3 Vgl. *Bungert/Wettich* in FS Hoffmann-Becking, 2013, S. 157 (173); *Emmerich* in Emmerich/Habersack, Aktien- und GmbH-Konzernrecht, § 305 AktG Rz. 42: „(nahezu perfekter) ‚Marktpreis'"; *Emmerich* in FS Stilz, 2014, S. 135 (142); *Krieger* in MünchHdb. AG, 3. Aufl. 2007, § 70 Rz. 135; *Tonner* in FS K. Schmidt, S. 1581 (1589); *Veil* in Spindler/Stilz, § 305 AktG Rz. 55; *Wicke* in FS Stilz, 2014, S. 707 (714). Zurückhaltender gegenüber dem Meistbegünstigungsprinzip und offen gegenüber einer stärkeren Berücksichtigung des Börsenkurses, jedenfalls als Schätzgrundlage für den quotalen Unternehmenswert, auch *Fleischer*, AG 2014, 97 (111); kritisch zu fundamentalanalytischen und marktorientierten Methoden gleichermaßen *Happ/Bednarz* in FS Stilz, 2014, S. 219 (231 f.).
4 Ausführlich zu diesem Aspekt *Reichert* in FS Stilz, 2014, S. 479 (496 f.).
5 Zur Abfindung in Aktien und zur Konzernverschmelzung s. unten Rz. 82 ff. Zum merger of equals s. unten Rz. 88 ff.

- **Auf den Börsenkurs kommt es (so gut wie) immer an:** Die Minderheitsaktionäre dürfen nicht weniger erhalten als sie bei einem Verkauf an der Börse hätten erzielen können. Dies bedeutet: 68

  - Auf den (hypothetischen) Börsenkurs *in seiner Eigenschaft als Indikator für den Deinvestitionswert* kommt es im Grundsatz immer an. Gleichgültig welche Bewertungsmethoden von den Fachgerichten im Einzelnen gewählt werden, der „Ausgleich für den von den Minderheitsaktionären hinzunehmenden Verlust" darf jedenfalls nicht unter dem „Verkehrswert" liegen.[1] Es gilt der Grundsatz **„Deinvestitionswert der einzelnen Aktien als Untergrenze der Abfindung"**. Nach demselben Grundsatz folgt der Deinvestitionswert unmittelbar aus dem Börsenkurs **als Datum**. Dieser Grundsatz wird durch die Freiheit der Methodenwahl, welche das BVerfG den Fachgerichten im Übrigen einräumt, nicht eingeschränkt.

  - Ausnahmen von diesem Grundsatz bestehen bei Marktenge, fehlendem Handel, Verstößen gegen Mitteilungspflichten und Marktmanipulation. Es gibt aber **keine Ausnahme der allgemeinen Markineffizienz**: Dem Recht auf Abfindung mindestens zum Börsenkurs kann *nicht per se* ein niedrigerer Ertragswert (oder eine andere auf einen niedrigeren quotalen Unternehmenswert und damit eine „Überbewertung durch die Börse" hindeutende Überlegung) entgegenhalten werden.

  - Die Ausnahmen sind eng begrenzt. Dies hat seinen Grund darin, dass hier der **Börsenkurs** nicht als Indiz für den Gesamtunternehmenswert herangezogen wird, sondern als Datum: Der Preis, der sich auf einem Markt bei einer Veräußerung über die Börse nun einmal erzielen lässt, markiert *deswegen* die Untergrenze der Abfindung, weil diese Deinvestitionsmöglichkeit nicht außer Betracht bleiben darf (und nicht etwa deswegen, weil der Markt mit seiner Bewertung tendenziell immer richtig liegt und die Börsenkapitalisierung somit als *per se* gutes Indiz für den Gesamtunternehmenswert gelten darf).[2]

- **Auf den Ertragswert kommt es _nicht_ immer an:** Die Antwort auf die Frage, ob und inwieweit es darüber hinaus auf einen *nach der Ertragswertmethode ermittelten* quotalen Unternehmenswert ankommt, gibt das Recht nicht vor. Insbesondere die Vorgaben des BVerfG sind in dieser Hinsicht deutlich zurückhaltender: 69

  - Zwar ist von Verfassung wegen ein **quotaler Unternehmenswert** (Fundamentalwert) zu bestimmen, d.h. es ist mit dem geltenden Recht nicht vereinbar, ausschließlich auf den Verkehrswert der einzelnen Aktien (im Sinne des Deinvestitionswerts) abzustellen, und damit die Bewertungsperspektive des langfristig investierten, den Blick auf die künftigen *cash*

---

[1] BVerfG v. 16.5.2012 – 1 BvR 96/09 u.a. – Rz. 18 – „Deutsche Hypothekenbank", AG 2012, 625 (625) = NZG 2012, 907 (908).

[2] Prägnant und richtig insofern OLG Frankfurt v. 28.3.2014 – 21 W 15/11 – Rz. 216 ff. – „Wella".

flows richtenden Aktionäre vor vorne herein (und für alle Fälle gleichermaßen) aus der Betrachtung auszublenden.[1]

– *In der Frage wie* die Bestimmung des quotalen Unternehmenswerts zu erfolgen hat (und welche rechtlichen Methodenvorgaben insofern vom Richter an die betriebswirtschaftlichen sachverständigen Gutachter zu richten sind), sind die **Zivilgerichte jedoch frei**. Sie nehmen eine Schätzung nach § 287 Abs. 2 ZPO vor, d.h. unter „unter Würdigung aller Umstände nach freier Überzeugung".[2] Für die Zwecke dieser Schätzung – bei welcher der Spruchrichter ein „weites Schätzungsermessen" genießt[3] – ist rechtlich zulässig, bei der Bestimmung des quotalen Unternehmenswerts auf den **Ertragswert** zu rekurrieren. Ebenso ist es zulässig, von der **Börsenkapitalisierung** auszugehen.[4] In letzterem Fall geschieht methodisch freilich etwas ganz anderes als das Abstellen auf den Börsenkurs bei der Bestimmung des Deinvestitionswerts der Aktie: Bei der Bestimmung des quotalen Unternehmenswerts wird die Börsenkapitalisierung nämlich als **Indiz** herangezogen für die Schätzung des Betrags, den ein Gesamtunternehmensträger für das **Gesamtunternehmen** bezahlen würde. Über die Aussagekraft dieses Indizes lässt sich trefflich streiten, abhängig vor allem von der **fundamentalen Allokationseffizienz** der Kapitalmärkte im jeweiligen Einzelfall.

70 – *Kein Meistbegünstigungsprinzip „Börse vs. Ertragswert":* Ein Meistbegünstigungsprinzip gibt es somit nicht mehr in dem Sinne, dass sowohl ein Börsenwert als auch ein Ertragswert zu ermitteln wären, von welchen sodann der jeweils höhere die Untergrenze der Abfindung bildet.[5] Vielmehr steht es dem Fachrichter frei, mit „sorgfältiger Begründung"[6] den quotalen Unternehmenswert (allein) nach dem Börsenkurs zu ermitteln.[7] Der so ermittelte quotale Unternehmenswert (Fundamentalwert) und der Deinvestitionswert der Aktie fallen bei dieser Vorgehensweise zusammen. Zu einer Ermittlung des quotalen Unternehmenswerts nach der Ertragswertmethode kommt es dann gar nicht mehr, und zwar weder im Zuge der Abstimmung über die Maßnahme in der Hauptversammlung noch später im Zuge des

---

1 In diese Richtung *W. Müller* in FS Bezzenberger, 2000, S. 750 und *W. Müller* in FS Röhricht, 2005, S. 1015. A.A. (und damit wie hier) *Hüttemann* in FS Hoffmann-Becking, 2013, S. 603 (610).
2 Dies bedeutet: es gilt gerade nicht das „durch § 286 Abs. 1 ZPO gebotene Beweismaß (‚volle Überzeugung des Gerichts')", dazu nur *Hüttemann* in FS Hoffmann-Becking, 2013, S. 603 (611) m.w.N.
3 *Hüttemann* in FS Hoffmann-Becking, 2013, S. 603 (614); LG Köln v. 24.7.2009 – 82 O 10/08, AG 2009, 835 (838).
4 Ebenso (im Kontext derselben Überlegung) *Hüttemann* in FS Hoffmann-Becking, 2013, S. 603 (610) und *Stilz* in FS Goette, 2011, S. 529 (537).
5 Eindeutig nunmehr BVerfG v. 26.4.2011 – 1 BvR 2658/10 – Rz. 24 – „Telekom/T-Online", NJW 2011, 2497 (2498) = AG 2011, 511.
6 BVerfG v. 26.4.2011 – 1 BvR 2658/10 – Rz. 23 – „Telekom/T-Online", NJW 2011, 2497 (2498) = AG 2011, 511.
7 Anders noch *Adolff*, Unternehmensbewertung im Recht der börsennotierten Aktiengesellschaft, 2007, S. 348, 377.

Spruchverfahrens. Aus der Eröffnung dieser Spielräume ergibt sich freilich noch nicht die Antwort auf die Frage, *inwieweit* die Instanzgerichte in sachgerechter Weise von ihnen Gebrauch machen sollen (dazu in Abschnitt V., oben Rz. 61 ff.).

- *Börsenkursbasierte Fundamentalwerte als Frage des Einzelfalls:* Die angemessene Methodenwahl ist jeweils im Einzelfall zu treffen und sorgfältig zu begründen. Eine tragende Säule der Begründung wird dabei regelmäßig eine Aussage zur allokativen Effizienz des jeweils konkret maßgeblichen Marktes sein müssen: Die Ertragswertmethode liefert, wie das BVerfG ausdrücklich anerkennt, keine *per se* richtigeren Ergebnisse als der „Markttest".[1] Unter günstigen Bedingungen (liquider Markt, keine Manipulation, keine Kursverzerrung durch die Transaktion selbst oder andere außergewöhnliche Ereignisse) kann eine börsenkursbasierte Herangehensweise die beste verfügbare Approximationsmethode *auch für die Bestimmung des Gesamtunternehmenswerts im Rahmen der Liquidationshypothese sein*.[2] Es verkompliziert und verzögert die Spruchverfahren unnötig, in einer solchen Situation auch noch auf den Ertragswert abzustellen.[3] In anderen Sachverhaltskonstellationen kann es umgekehrt geboten sein, (zusätzlich) auf den Ertragswert (oder weitere Methoden) abzustellen. Vor diesem Hintergrund ist es die Aufgabe des Tatrichters, die „Vor- und Nachteile der verschiedenen Bewertungsverfahren gegeneinander abzuwägen und das nach seiner Überzeugung vorzugswürdige auszuwählen oder mehrere nebeneinander anzuwenden."[4]

- *Insbesondere: Einzelfallbezogene Prüfung der Markteffizienz:* Die zentrale Frage nach der allokativen Effizienz des jeweiligen Kapitalmarkts lässt sich dabei naturgemäß nicht für alle Aktienmärkte einheitlich, und nicht für alle Zeiträume in derselben Weise, beantworten. Erforderlich ist vielmehr, wie das BVerfG v.a. in der *Telekom/T-Online*-Entscheidung anschaulich dargelegt hat, eine sorgfältige, wohlbegründete Analyse der Umstände des jeweiligen Einzelfalls (ggf. unter Hinzuziehung betriebswirtschaftlicher Sachverständiger).[5] Dabei erscheint es als eine gute Richtschnur, diejenigen Metho-

---

1 BVerfG v. 16.5.2012 – 1 BvR 96/09 u.a. – „Deutsche Hypothekenbank", AG 2012, 625 (627).
2 Ausführliche Argumentation bei OLG Frankfurt v. 3.9.2010 – 5 W 57/09, AG 2010, 751 ff. und jüngst OLG Frankfurt v. 28.3.2014 – 21 W 15/11 – Rz. 212 ff. – „Wella".
3 So auch *Gärtner/Handke*, NZG 2012, 247 (249).
4 *Fleischer*, AG 2014, 97, 113. Für eine solche Methodenvielfalt sprechen sich die in den „Best Practice Empfehlungen Unternehmensbewertung" des Arbeitskreises „Corporate Transaction and Valuation" der DVFA vom Dezember 2012 aus, s. unter http://www.dvfa.de/verband/kommissionen/arbeitskreis-corporate-transactions-valuation/, abgerufen am 8.10.2014; das LG Köln empfiehlt in seinem Beschluss vom 8.9.2014 (Az. 82 O 2/09) eine Plausibilisierung der Unternehmensbewertung anhand der Best-Practice-Empfehlungen der DVFA.
5 S. im Einzelnen unten Rz. 79 f. zu den von den OLGs bisher entschiedenen Fällen, in denen wegen einer Marktverzerrung durch ein außerordentliches Ereignis der Börsenkurs letztlich nicht zugrunde gelegt worden ist.

den zur Anwendung zu bringen, die (gedachte) Transaktionsbeteiligte nach der Lebenserfahrung zur Anwendung bringen würden, wenn sie bei einer (gedachten) Veräußerung des Gesamtunternehmen ihre jeweiligen Grenzpreise bestimmen. Ein solcher kommerziell realistischer, am *common sense* und transaktionellen Usance orientierter Modellrahmen erscheint auch für die rechtliche Angemessenheitsprüfung als der richtige gedankliche Ausgangspunkt.[1]

b) Maßgeblicher Stichtag für die Bestimmung des Börsenkurses

71   Aus der *DAT/Altana*-Entscheidung des BVerfG ergeben sich in Bezug auf den maßgeblichen Stichtag zwei Vorgaben: Zum einen besteht die Notwendigkeit, **Kursmanipulationen entgegenzuwirken**.[2] Zum anderen muss der Stichtag so gelegt werden, dass tatsächlich auch der Betrag abgebildet wird, der **bei einer freien Deinvestitionsentscheidung als Verkaufserlös erzielbar** gewesen wäre, wenn die abfindungsrelevante Konzernierungsmaßnahme unterblieben wäre.[3]

72   Der BGH entschied sich in seinem Beschluss vom 12.3.2001 zunächst, „*auf einen auf den Stichtag im Sinne des § 305 Abs. 3 Satz 2 AktG bezogenen Durchschnittskurs abzustellen.*"[4] Er hielt einen Zeitraum von **drei Monaten**, der unmittelbar **vor der Hauptversammlung** der beherrschten AG liegt, für erforderlich, aber auch ausreichend. Das Gericht war sich dabei zwar des Umstands bewusst, dass ein so bestimmter Durchschnittskurs von der **Ankündigung des Unternehmensvertrags** beeinflusst sein würde.[5] Es verkannte indes, dass es nach der *DAT/Altana*-Entscheidung des BVerfG auf die durch die Konzernierungsmaßnahme verlorengegangene Deinvestitionsmöglichkeit ankommt, nicht hingegen auf die reale Deinvestitionsmöglichkeit zu einem von der Konzernierungsmaßnahme beeinflussten Kurs.[6] Es geht also um einen **hypothetischen Kausalverlauf**.[7]

---

1   Wozu dieser Ansatz für die Methodenauswahl im Einzelnen führt, ist in den genannten DVFA-„Best Practice Empfehlungen Unternehmensbewertung" zusammengefasst.
2   BVerfG v. 27.4.1999 – 1 BvR 1613/94 – „DAT/Altana", BVerfGE 100, 289 (310) = AG 1999, 566.
3   BVerfG v. 27.4.1999 – 1 BvR 1613/94 – „DAT/Altana", BVerfGE 100, 289 (308) = AG 1999, 566; vgl. auch *Adolff*, Unternehmensbewertung im Recht der börsennotierten Aktiengesellschaft, 2007, S. 318.
4   BGH v. 12.3.2001 – II ZB 15/00, BGHZ 147, 108 = AG 2001, 417 = NJW 2001, 2080 (2082).
5   BGH v. 12.3.2001 – II ZB 15/00, BGHZ 147, 108 = AG 2001, 417 = NJW 2001, 2080 (2082).
6   Vgl. bereits *Adolff*, Unternehmensbewertung im Recht der börsennotierten Aktiengesellschaft, 2007, S. 319.
7   *Adolff*, Unternehmensbewertung im Recht der börsennotierten Aktiengesellschaft, 2007, S. 320.

Nichtsdestotrotz folgte zunächst ein Großteil der Instanzgerichte[1] dieser Rechtsprechung, und auch das BVerfG[2] sah keinen Grund zur Beanstandung – wenngleich es von „gute[n] Gründen"[3] für die andere Auffassung auf der Ebene des einfachen Rechts sprach. Nach diesem Fingerzeig des BVerfG und anhaltender Kritik in der Literatur[4] gab der BGH seine Rechtsprechung im *Stollwerck*-Beschluss aus dem Jahr 2010 ausdrücklich auf[5] und stellt nun auf eine **dreimonatige Referenzperiode vor der Bekanntmachung** der Strukturmaßnahme ab:[6]

73

„Zur Ermittlung des Börsenwerts taugt der Stichtagswert auch unter Einbeziehung eines Referenzzeitraums aber nicht, weil mit der Ankündigung einer Strukturmaßnahme an die Stelle der Markterwartung hinsichtlich der Entwicklung des Unternehmenswertes und damit des der Aktie innewohnenden Verkehrswertes die Markterwartung an die Abfindungshöhe tritt".[7]

Gegebenenfalls sei bei längeren Zeiträumen zwischen Bekanntgabe und Hauptversammlung eine **Anpassung** im Wege der Hochrechnung vorzunehmen.[8] Der BGH[9] sowie die Oberlandesgerichte[10] haben diese Rechtsprechung zwischenzeitlich bestätigt.

74

---

1 OLG Hamburg v. 31.7.2001 – 11 W 29/94, AG 2002, 406 (407); OLG Düsseldorf v. 31.1.2003 – 19 W 9/00, AG 2003, 329 (331); OLG Stuttgart v. 1.10.2003 – 4 W 34/93, AG 2004, 43 (44); OLG Karlsruhe v. 5.5.2004 – 12 W 12/01, AG 2005, 45 (47); OLG München v. 11.7.2006 – 31 Wx 041/05 und 31 Wx 066/05, DNotZ 2006, 946 (947); OLG Frankfurt v. 2.11.2006 – 20 W 233/93, AG 2007, 403 (404); **a.A.** OLG Düsseldorf v. 9.9.2009 – I-26 W 13/06 (AktE), AG 2010, 35 = NZG 2009, 1427 (Ls.); OLG Frankfurt v. 30.3.2010 – 5 W 32/09, NZG 2010, 664; OLG Stuttgart v. 6.7.2007 – 20 W 5/06, AG 2007, 705 (710); OLG Stuttgart v. 18.12.2009 – 20 W 2/08, AG 2010, 513; vgl. im Übrigen die Nachweise bei *Koch* in Hüffer, § 305 AktG Rz. 43 f..
2 BVerfG v. 29.11.2006 – 1 BvR 704/03 – „Siemens/SNI", AG 2007, 119 (120).
3 BVerfG v. 29.11.2006 – 1 BvR 704/03 – „Siemens/SNI", AG 2007, 119 (121).
4 Siehe etwa *Adolff*, Unternehmensbewertung im Recht der börsennotierten Aktiengesellschaft, 2007, S. 319; *Bungert*, BB 2003, 699 (701); *Emmerich* in Emmerich/Habersack, Aktien- und GmbH-Konzernrecht, 6. Aufl. 2010 (Altaufl.), § 305 AktG Rz. 46 f.; *Paulsen* in MünchKomm. AktG, 3. Aufl. 2010, § 305 AktG Rz. 88; *Krieger* in MünchHdb. AG, 3. Aufl. 2007, § 70 Rz. 136; *Stephan* in K. Schmidt/Lutter, § 305 AktG Rz. 104; *Veil* in Spindler/Stilz, § 305 AktG Rz. 61.
5 BGH v. 19.7.2010 – II ZB 18/09 – „Stollwerck", BB 2010, 1941 (1942) = AG 2010, 629.
6 BGH v. 19.7.2010 – II ZB 18/09 – „Stollwerck", BB 2010, 1941 = AG 2010, 629 (Ls.).
7 BGH v. 19.7.2010 – II ZB 18/09 – „Stollwerck", BB 2010, 1941 (1942) = AG 2010, 629.
8 BGH v. 19.7.2010 – II ZB 18/09 – „Stollwerck", BB 2010, 1941 (1944) = AG 2010, 629.
9 BGH v. 28.6.2011 – II ZB 10/10, AG 2011, 590.
10 Etwa OLG Stuttgart v. 17.3.2010 – 20 W 9/08, AG 2010, 510 (513); OLG Stuttgart v. 5.11.2013 – 20 W 4/12, AG 2014, 291; OLG München v. 26.7.2012 – 31 Wx 250/11, AG 2012, 749 (751); OLG Frankfurt v. 30.8.2012 – 21 W 14/11, NZG 2012, 1382; *Riegger/Gayk* in KölnKomm. AktG, 3. Aufl. 2013, Anh. § 11 SpruchG Fn. 349 m.w.N.

75 Die **Kehrtwende des BGH** ist sehr zu begrüßen. Sie ist im Schrifttum zu Recht positiv aufgenommen worden.[1] Weiterhin umstritten ist eine Reihe von Detailfragen:

- Kritisiert wurde die Ausnahme für „längere Zeiträume" zwischen Bekanntgabe der Maßnahme und Tag der Hauptversammlung, die mangels klarer Vorgaben zu neuer Rechtsunsicherheit und erheblichen Problemen in der Praxis führen würde.[2] Nach dem *Stollwerck*-Beschluss kann ein „längerer Zeitraum" jedenfalls bei siebeneinhalb[3] Monaten zwischen Bekanntgabe und Tag der Hauptversammlung vorliegen. Bei dreieinhalb Monaten wurde ein „längerer Zeitraum" vom BGH verneint.[4] Nach der neueren Literatur und instanzgerichtlichen Rechtsprechung (insb. des OLG Stuttgart) zeichnet sich ab, dass ein Zeitraum von – beispielsweise – bis zu sechs Monaten als „safe harbour" anzusehen sein könnte.[5]

- Diskutiert wird außerdem die Frage, was genau unter der Bekanntgabe zu verstehen ist, von der ab die Referenzperiode zurückzurechnen ist. Primär – aber nicht zwingend[6] – ist auf die Ad-hoc-Mitteilung nach § 15 WpHG abzustellen.[7] Bei pflichtwidriger Unterlassung soll es genügen, dass Abfindungsspekulationen einsetzen.[8] Bei fehlender Ad-hoc-Pflicht sei auf sonstige hinreichend deutliche Kommunikation abzustellen.[9] Im Grunde sei auf jede Form des Bekanntwerdens abzustellen.[10]

---

1 Siehe etwa *Bungert/Wettich*, BB 2010, 2227 (2228); *Bungert/Wettich* in FS Hoffmann-Becking, 2013, S. 157 (162); *Hasselbach/Ebbinghaus*, Der Konzern 2010, 467 (471); *Paschos* in Hensslen/Strohn, § 305 AktG Rz. 24; *Riegger/Gayk* in KölnKomm. AktG, 3. Aufl. 2013, Anh. § 11 SpruchG Rz. 71 m.w.N.
2 *Bungert/Wettich*, BB 2010, 2227 (2228); *Bungert/Wettich* in FS Hoffmann-Becking, 2013, S. 157 (163); *Koch* in Hüffer, § 305 AktG Rz. 43 f. m.w.N.
3 Im ursprünglichen Beschluss ist fälschlich noch von neun Monaten die Rede, vgl. *Paschos* in Hensslen/Strohn, § 305 AktG Rz. 24.
4 BGH v. 28.6.2011 – II ZB 2/10 – Rz. 7, ZIP 2011, 1708 = AG 2011, 590.
5 OLG Stuttgart v. 19.1.2011 – 20 W 2/07, AG 2011, 420 (422); OLG Stuttgart v. 4.5.2011 – 20 W 11/08, AG 2011, 560 (562); OLG Stuttgart v. 14.9.2011 – 20 W 6/08, AG 2012, 49 (53); *Paschos* in Hensslen/Strohn, § 305 AktG Rz. 24; *Riegger/Gayk* in KölnKomm. AktG, 3. Aufl. 2013, Anh. § 11 SpruchG Rz. 71 m.w.N.; *Happ/Bednarz* in FS Stilz, 2014, S. 219 (226); *Hasselbach/Ebbinghaus*, Der Konzern 2010, 467 (473); für achtmonatigen Zeitraum bei Verschmelzungen *Drygala* in Lutter, § 5 UmwG Rz. 46.
6 BGH v. 19.7.2010 – II ZB 18/09 – „Stollwerck", BB 2010, 1941 (1942) = AG 2010, 629.
7 So auch *Bungert/Wettich*, ZIP 2012, 449 (450); *Emmerich* in Emmerich/Habersack, Aktien- und GmbH-Konzernrecht, § 305 AktG Rz. 46b.
8 *Drygala* in Lutter, § 5 UmwG Rz. 44; *Schilling/Witte*, Der Konzern 2010, 477 (480): für erste öffentliche Verlautbarung, die zu nachweisbarer Kursbeeinflussung führt; **a.A.** in Bezug auf letzteres *Bungert/Wettich*, ZIP 2012, 449 (451).
9 *Drygala* in Lutter, § 5 UmwG Rz. 44.
10 So *Hasselbach/Ebbinghaus*, Der Konzern 2010, 467 (471 f.).

– Daneben wird für eine längere (teils aber auch kürzere)[1] Referenzperiode als drei Monate plädiert, etwa für eine sechsmonatige „Regelfrist", die bei Vorliegen besonderer Umstände verlängert oder eingegrenzt werden kann.[2]

c) Konkretisierung der Ausnahmen zur Börsenkursrechtsprechung

Von der obergerichtlichen Rechtsprechung konkretisiert wurden auch die Ausnahmen zu den *DAT/Altana*-Grundsätzen.[3] Tendenziell wird restriktiv verfahren.[4]

76

Nach der *DAT/Altana*-Entscheidung des *BGH* kommt der Börsenwert als Untergrenze der Barabfindung bzw. der Bewertung bei der Ermittlung der Verschmelzungswertrelation *„nicht in Betracht, wenn über einen* **längeren Zeitraum** *mit Aktien der Gesellschaft* **praktisch kein Handel stattgefunden** *hat, auf Grund einer* **Marktenge** *der einzelne außenstehende Aktionär nicht in der Lage ist, seine Aktien zum Börsenpreis zu veräußern oder der* **Börsenpreis manipuliert** *worden ist"*.[5] Der BGH bezieht sich dabei zwar auf das BVerfG, konkretisiert aber zugleich dessen Fallgruppeneinteilung. Die genannte Formulierung wird von vielen Oberlandesgerichten standardmäßig zitiert.[6]

aa) Marktenge

Der BGH stellt in seiner *DAT/Altana*-Entscheidung darauf ab, dass das für den Handel verfügbare Volumen zu keinem Zeitpunkt geringer als 5 % gewesen sei und zieht daraus den Schluss, dass keine Marktenge vorlag.[7] Nach einem Beschluss des OLG Düsseldorf kommt dem Börsenkurs jedenfalls dann keine Aussagekraft zu, wenn sich **nur rund 1 % der Aktien in Streubesitz** befindet

77

---

1 *Weber*, ZGR 2004, 280 (290): Ökonomisch sei eine Mittelung über deutlich längere Zeiträume als 5–20 Tage nicht zu rechtfertigen.
2 So *Koch* in Hüffer, § 305 AktG Rz. 45; für sechs Monate ebenfalls *Veil* in Spindler/Stilz, § 305 AktG Rz. 62; andere Literaturstimmen befürworten hingegen – meist unter Hinweis auf § 5 Abs. 1 WpÜG-Angebotsverordnung – die dreimonatige Referenzperiode, s. etwa *Paschos* in Henssler/Strohn, § 305 AktG Rz. 24; *Paulsen* in MünchKomm. AktG, 3. Aufl. 2010, § 305 Rz. 90.
3 Zur Rechtsprechung des BVerfG s. bereits oben Rz. 49.
4 *Emmerich* in Emmerich/Habersack, Aktien- und GmbH-Konzernrecht, § 305 AktG Rz. 48 (*„ausgesprochen restriktiv"*); *Riegger/Gayk* in KölnKomm. AktG, 3. Aufl. 2013, Anh. § 11 SpruchG Rz. 75.
5 BGH v. 12.3.2001 – II ZB 15/00, BGHZ 147, 108 = AG 2001, 417 = NJW 2001, 2080 (2082).
6 Vgl. etwa OLG Düsseldorf v. 31.1.2003 – 19 W 9/00 AktE, AG 2003, 329 (331); OLG Düsseldorf v. 4.10.2006 – I-26 W 7/06 AktE, AG 2007, 325 (329); OLG Düsseldorf v. 13.3.2008 – I-26 W 8/07 AktE, AG 2008, 498 (501); OLG München v. 26.7.2012 – 31 Wx 250/11, AG 2012, 749 (751); OLG Karlsruhe v. 5.5.2004 – 12 W 12/01, AG 2005, 45 (47).
7 BGH v. 12.3.2001 – II ZB 15/00, BGHZ 147, 108 = AG 2001, 417 = NJW 2001, 2080 (2083).

und auch diese nur zu einem **geringen Anteil gehandelt** werden.[1] In einem Fall des OLG München war zwar Marktenge angesichts eines freien Aktienanteils von 0,45 % zu bejahen, das Gericht erklärte den Börsenkurs wegen der bestehenden **Kaufnachfrage** aber dennoch für beachtlich.[2] In einem neuerlich vom OLG München entschiedenen Fall, wurde der Börsenkurs nicht zur Bemessung herangezogen, weil kein hinreichend liquider Handel stattgefunden hat und wertrelevante Informationen keinen Niederschlag in der Kursentwicklung gefunden haben.[3] Das OLG Stuttgart hielt eine Marktenge bei maximal 4,7 % frei handelbaren Aktien für weder ausgeschlossen noch belegt.[4] Ausreichend für eine Verneinung von Marktenge sei möglicherweise die vielfache Feststellung von Geldkursen. Es komme darauf an, ob der Börsenkurs ein **reales Marktgeschehen** wiedergibt.[5]

bb) Fehlender Handel

78 Gerade bei Aktien, die an der Wertpapierbörse lediglich im Freiverkehr gehandelt werden, bedarf es nach OLG Düsseldorf des besonderen Augenmerks darauf, *„ob bei ihnen gleichwohl ein so liquider Börsenhandel stattfindet, dass die dabei **erzielten Börsenpreise** auch den **Verkehrswert widerspiegeln"*.[6] Das OLG München lehnte eine Ausnahme im Sinne der Fallgruppe bei einem Sachverhalt ab, in dem innerhalb der Referenzperiode nur an drei Handelstagen weniger als 100 Aktien, im Schnitt aber über 2.300 Stückaktien gehandelt wurden.[7] Für den Fall, dass sich zwar über 90 % der Aktien in der Hand der herrschenden Gesellschaft befinden, aber **Kursschwankungen** zu verzeichnen sind, die das Stattfinden von Handel belegen, verneinte das OLG Karlsruhe die Voraussetzungen der Ausnahme.[8] Bejaht wurden diese hingegen vom OLG Stuttgart angesichts des im konkreten Fall *„außerordentlich geringen Transaktionsvolumens"*.[9]

cc) Kursanomalien und Marktverzerrung

79 Nach einer Entscheidung des OLG Düsseldorf soll der Börsenkurs für die Squeeze-out-Abfindung auch dann nicht maßgebend sein, wenn er noch durch ein Abfindungsangebot aus einem Unternehmensvertrag geprägt war.[10]

---

1 OLG Düsseldorf v. 4.10.2006 – I-26 W 7/06 AktE, AG 2007, 325 (329).
2 OLG München v. 11.7.2006 – 31 Wx 041/05 und 31 Wx 066/05, DNotZ 2006, 946 (947).
3 OLG München v. 17.7.2014 – 31 Wx 407/13, AG 2014, 714.
4 OLG Stuttgart v. 6.7.2007 – 20 W 5/06, AG 2007, 705 (715).
5 OLG Stuttgart v. 6.7.2007 – 20 W 5/06, AG 2007, 705 (715).
6 OLG Düsseldorf v. 13.3.2008 – I-26 W 8/07 AktE, AG 2008, 498 (501).
7 OLG München v. 26.7.2012 – 31 Wx 250/11, AG 2012, 749 (752).
8 OLG Karlsruhe v. 5.5.2004 – 12 W 12/01, AG 2005, 45 (47).
9 OLG Stuttgart v. 5.11.2013 – 20 W 4/12, AG 2014, 291.
10 OLG Düsseldorf v. 4.10.2006 – I-26 W 7/06 AktE, AG 2007, 325 (329).

Das OLG Stuttgart ging in einer Entscheidung aus dem Jahr 2007 davon aus, dass es sich beim sog. **Konglomeratsabschlag** um ein Kapitalmarktphänomen handele, das zu einer **Unterbewertung des Unternehmens** und damit auch einem insoweit ineffizienten Kapitalmarkt führt.[1]

Nach OLG Frankfurt und OLG München ist der Börsenwert im Übrigen auch dann nicht heranzuziehen, wenn sonstige „**auffällige Kursanomalien**" zu beobachten sind.[2] Besonders sorgfältig begründet ist in diesem Zusammenhang die *Hoechst*-**Entscheidung des OLG Frankfurt** aus dem Jahr 2013:[3] In diesem Fall hielt das Gericht den Börsenkurs letztlich für nicht hinreichend aussagekräftig zum Zwecke der Schätzung des (quotalen) Unternehmenswerts, da im Jahreszeitraum vor der Bekanntgabe zwei **außerordentliche Kurssprünge** zu verzeichnen waren, eine Kursverzerrung durch ein vorhergehendes öffentliches Übernahmeangebot nahe lag, bei Squeeze-out-Fällen generell nur noch ein prozentual geringer Teil der Aktien dem Handel zur Verfügung steht und „*jedenfalls eine extrem hohe Marktliquidität*" nicht gegeben war. In toto lagen somit so viele Anzeichen für einen „*verzerrten Börsenkurs*" vor, dass dieser **als Grundlage der Angemessenheitsprüfung** als letztlich **ungeeignet** erachtet wurde.

80

2. Abfindung in Aktien und Konzernverschmelzung

a) Entwicklung der Rechtsprechung: Methodengleichheit und Meistbegünstigung

Der BGH[4] sprach in seiner *DAT/Altana*-Entscheidung von der „*Schaffung möglichst gleiche[r] Ausgangsvoraussetzungen für die Bestimmung der Wertrelation*".[5] Literatur[6] und Instanzgerichte[7] entwickelten (u.a.) hieraus den „**Grundsatz der Methodengleichheit**" wonach beide zu bewertenden Unternehmen nach derselben Methode beurteilt werden müssen. In der Literatur ist dieser

82

---

1 OLG Stuttgart v. 6.7.2007 – 20 W 5/06, AG 2007, 705 (708).
2 OLG Frankfurt v. 3.9.2010 – 5 W 57/09, AG 2010, 751 (756); OLG München v. 26.7.2012 – 31 Wx 250/11, AG 2012, 749 (752).
3 OLG Frankfurt v. 5.12.2013 – 21 W 36/12 – „Hoechst", NZG 2014, 464.
4 Zur Rechtsprechung des BVerfG s. oben unter Rz. 49.
5 BGH v. 12.3.2001 – II ZB 15/00, BGHZ 147, 108 (121) = AG 2001, 417 = NJW 2001, 2080 (2083).
6 Etwa *Hüttemann*, ZGR 2001, 454 (464).
7 Bay ObLG v. 18.12.2002 – 3Z BR 116/00, BayObLGZ 2002, 400 (408); OLG Düsseldorf v. 31.1.2003 – 19 W 9/00 AktE – „Siemens/SNI", AG 2003, 329 (334); OLG Düsseldorf v. 8.7.2003 – 19 W 6/00 AktE – „Veba", AG 2003, 688 (693); OLG München v. 26.7.2012 – 31 Wx 250/11, AG 2012, 749 (752); OLG Karlsruhe v. 10.1.2006 – 12 W 136/04 – „Rheinmetall/Aditron", AG 2006, 463 (464); OLG Stuttgart v. 8.3.2006 – 20 W 5/05 – „Wüstenrot und Württembergische", AG 2006, 420 (427); s. auch § 19 Rz. 20.

Grundsatz hoch umstritten.[1] **Verfassungsrechtlich** ist er jedenfalls **nicht gefordert**.[2]

83 Die Komplexität der Rechtsentwicklung zum Aktientausch (bei der Abfindung in Aktien und bei der Konzernverschmelzung) hat ihre Ursache vor allem in den **Wechselwirkungen zwischen den Grundsätzen der Methodengleichheit und der Meistbegünstigung**. Der BGH hat diese Komplexität zusätzlich dadurch gesteigert, dass er die Frage, inwieweit der börsenbasieren Bewertung (bei diesen Fallgruppen) ein Ertragswertgutachten entgegengehalten werden kann, für die Ebene der Unter- und der Obergesellschaft leicht unterschiedlich beantwortete:

- Auf der **Ebene der Untergesellschaft** hat ein Minderheitsgesellschafter nach der *DAT/Altana*-Entscheidung des BGH die Möglichkeit, ein traditionelles Bewertungsgutachten (z.B. Ertragswertverfahren nach IDW S 1) vorzulegen und nachzuweisen, dass der so ermittelte quotale Unternehmenswert höher ist als die Börsenkapitalisierung.[3] Auf dieser Ebene galt somit auch Tauschfällen uneingeschränkt das Meistbegünstigungsprinzip.[4]

- Anders entschied der BGH für die **Ebene der Obergesellschaft**.[5] Auch hier entspreche, so das Gericht, der Börsenkurs grundsätzlich dem Verkehrswert. Jedoch soll hier ein (ertragswertbasiertes) Sachverständigengutachten über den Unternehmenswert nicht genügen, um eine Abweichung von Börsenwert und Verkehrswert nachzuweisen. Vielmehr bedürfe es der Darlegung und des Beweises von Umständen, aus denen auf die Abweichung des Börsenkurses vom Verkehrswert zu schließen ist.[6] Als Beispiel wird die

---

1 **Pro Methodengleichheit:** *Emmerich* in Emmerich/Habersack, Aktien- und GmbH-Konzernrecht, 7. Aufl. 2013, § 305 AktG Rz. 48a; *Hüttemann*, ZGR 2001, 454 (464); *W. Müller* in FS Röhricht, 2005, S. 1015 (1030); *Paschos* in Henssler/Strohn, 2. Aufl. 2014, § 305 AktG Rz. 25; *Paulsen* in MünchKomm. AktG, 3. Aufl. 2010, § 305 AktG Rz. 95; *Piltz*, ZGR 2001, 185 (203 f.); *Stephan* in K. Schmidt/Lutter, § 305 AktG Rz. 107, 109. **Contra Methodengleichheit:** *Koch* in Hüffer, § 305 AktG Rz. 47 (für den Fall der Verbindung mit dem Meistbegünstigungsprinzip auf Seiten der Untergesellschaft); *Krieger* in MünchHdb. AG, 3. Aufl. 2007, § 70 Rz. 137 (für jeweils höheren Wert); *Martens*, AG 2003, 593; *Riegger/Gayk* in KölnKomm. AktG, 3. Aufl. 2013, Anh. § 11 SpruchG Rz. 79; für den Fall, dass Untergesellschaft Bewertungsart vorgeben soll *Wasmann* in FS V. Beuthien, 2009, S. 267 (280). Zur Klarstellung: mit Methodengleichheit ist hier die Frage gemeint, ob „oben" und „unten" einheitlich entweder konsistent Börsenwerte oder konsistent Ertragswerte in die Verschmelzungswertrelation einzustellen sind – zu der hiervon zu trennenden Frage der Binnen-Konsistenz *innerhalb* derselben Methode (also bei der Ertragswertmethode beispielsweise: gleicher Stichtag, gleiche Makro-Annahmen, gleiches Bewertungskalkül, gleiche Form der Berücksichtigung von Inflation und/oder persönlichen Steuern etc.) vgl. *Bungert*, § 19 Rz. 24.
2 BVerfG v. 27.4.1999 – 1 BvR 1613/94 – „DAT/Altana", BVerfGE 100, 289 (310) = AG 1999, 566; BVerfG v. 20.12.2010 – 1 BvR 2323/07 – „Kuka", AG 2011, 128 (129).
3 BGH v. 12.3.2001 – II ZB 15/00, BGHZ 147, 108 = AG 2001, 417.
4 Siehe auch *Adolff*, Unternehmensbewertung im Recht der börsennotierten Aktiengesellschaft, 2007, S. 455.
5 Dazu *Adolff*, Unternehmensbewertung im Recht der börsennotierten Aktiengesellschaft, 2007, S. 455 f.
6 BGH v. 12.3.2001 – II ZB 15/00, BGHZ 147, 108 (122) = AG 2001, 417.

„schlechte Verfassung der Kapitalmärkte" genannt, die sich nicht nur im Börsenkurs des herrschenden Unternehmens, sondern auch in den Kursen der Indizes niedergeschlagen haben muss.[1] Somit war – solange der Markt intakt ist – bei der Obergesellschaft grundsätzlich der Börsenwert anzusetzen. Das Meistbegünstigungsprinzip war auf dieser Ebene erheblich eingeschränkt.

Zu welchen Ergebnissen man gelangt, wenn man in dieser Weise den (auf die Untergesellschaft fokussierten) **Meistbegünstigungsgedanken mit einem strikten Gebot der Methodengleichheit kombiniert**, zeigt die darauf folgende oberlandesgerichtliche Rechtsprechung: 84

- Das OLG Düsseldorf ging in seiner *Siemens/SNI*-Entscheidung[2] aus dem Jahr 2003 nach folgendem Muster vor: Es bewertete zuerst in Anwendung der *DAT/Altana*-Grundsätze die Untergesellschaft nach ihrem Börsenwert, da dieser im konkreten Fall höher lag als der nach der Ertragswertmethode ermittelte Fundamentalwert. Sodann bewertete es die Obergesellschaft ebenfalls – und obwohl deren Fundamentalwert höher gewesen wäre – nach dem Börsenwert und begründete dies mit dem Grundsatz der Methodengleichheit. Das BVerfG billigte dieses Vorgehen.[3]
- Dieselbe Herangehensweise wandte das OLG Düsseldorf im Fall *Veba* an, nur dass hier der Ertragswert der Untergesellschaft höher war als der Börsenwert, dieser damit für diese zur Anwendung kam und sodann nach dem Grundsatz der Methodengleichheit auch die Obergesellschaft nach dem Ertragswertverfahren bewertet wurde.[4] Im Ergebnis wendet das OLG Düsseldorf also auf **Ebene der Untergesellschaft das Meistbegünstigungsprinzip** an, und sodann auf der **Ebene der Obergesellschaft den Grundsatz der Methodengleichheit**.[5]
- Auch das OLG München will jedenfalls bei der Konzernverschmelzung den Börsenwert der Untergesellschaft als Untergrenze für deren Bewertung heranziehen.[6] Der Wertmaßstab der Untergesellschaft gebe grundsätzlich denjenigen der Obergesellschaft vor.[7] Dies entspricht der beschriebenen Methode des OLG Düsseldorf, auf welches sich das OLG München auch bezieht.

Wie weit *im Ergebnis* der Schutz reicht, welchen diese Herangehensweise den Aktionären der Untergesellschaft gewährt, hängt freilich vom **Zufall der jeweiligen Fallkonstellation** ab. Denn für den **Schutz des Minderheitsaktionärs** der Untergesellschaft ist letztlich **nicht** entscheiden, bei welcher Art der Bewertung seine Untergesellschaft **stand alone** mehr wert ist, sondern **allein,** welche 85

---

1 BGH v. 12.3.2001 – II ZB 15/00, BGHZ 147, 108 (122) = AG 2001, 417.
2 OLG Düsseldorf v. 31.1.2003 – 19 W 9/00 AktE – „Siemens/SNI", AG 2003, 329.
3 Siehe unter Rz. 50.
4 OLG Düsseldorf v. 8.7.2003 – 19 W 6/00 AktE – „Veba", AG 2003, 688 (693); zustimmend *Koch* in Hüffer, § 305 AktG Rz. 46.
5 Zustimmend *Stephan* in K. Schmidt/Lutter, § 305 AktG Rz. 109 und wohl auch *Veil* in Spindler/Stilz, § 305 AktG Rz. 69.
6 OLG München v. 26.7.2012 – 31 Wx 250/11, AG 2012, 749 (751).
7 OLG München v. 26.7.2012 – 31 Wx 250/11, AG 2012, 749 (752).

Wertrelation – Fundamentalwertrelation nach Ertragswerten vs. Marktwertrelation nach Börsenkursen – für ihn günstiger ist.

Das eine ergibt sich aber keineswegs aus dem anderen: Liegt beispielsweise die Börsenkapitalisierung der Untergesellschaft (geringfügig) über dem Ertragswert, und zugleich auch die Börsenkapitalisierung der Obergesellschaft (erheblich) über dem Ertragswert, so gibt man den Minderheiten nach der Herangehensweise des OLG Düsseldorf **Steine statt Brot**: Zwar wird ihre Gesellschaft *stand alone* etwas günstiger bewertet. Da die Börsenwertrelation aber in diesem Beispiel für sie im Endeffekt ungünstiger ist als die Ertragswertrelation (die Obergesellschaft wird, relativ gesehen, sehr „schwer"), bekommen sie weniger Obergesellschaftsaktien als Kompensation für den Verlust ihrer Untergesellschaftsaktien.

85a Einige **Literaturstimmen**, die dieses Dilemma erkannt haben, wollen das Meistbegünstigungsprinzip so verstanden wissen, dass **bei beiden Gesellschaften der jeweils höhere Wert zugrunde zu legen sei**.[1] Diese Ansicht verzichtet also auf die Verknüpfung des Grundsatzes der Methodengleichheit mit dem Meistbegünstigungsprinzip in der vom OLG Düsseldorf eingeführten Weise. Eine weitere Möglichkeit, Meistbegünstigung zu gewähren, läge darin, sowohl die Börsenkursrelation als auch die Fundamentalwertrelation zu bestimmen, und es sodann den Minderheitsgesellschaftern der Untergesellschaft zu gestatten, sich auf die günstigere Relation zu berufen. Dies entspräche einer **konsequenten Übertragung des Deinvestitionsgedankens** auf die Fallgruppen der Abfindung in Aktien und der Konzernverschmelzung (s. schon oben Rz. 53).

b) Stellungnahme

86 Ausgangspunkt für den sachgerechten Umgang mit dieser komplexen Fragestellung sind die bereits gewonnenen Ergebnisse zum Meistbegünstigungsprinzip bei der Barabfindung. Überträgt man diese auf die Abfindung in Aktien und die Konzernverschmelzung, so ergibt sich das folgende Bild:

– *Bestimmung des quotalen Unternehmenswerts „unten" und „oben":* In die Relationalbewertung ist für beide beteiligten Rechtsträger der (gedachte) Preis einzustellen, der sich nach der Liquidationshypothese bei einer Veräußerung des Gesamtunternehmens (unter Modellbedingungen) ergeben hätte. Auf beiden Seiten stehen hierfür, wie dargelegt, unterschiedliche Approximationsmethoden zur Verfügung. Unter den richtigen tatsächlichen Bedingungen (liquider Markt, keine Manipulation, keine Kursverzerrung durch besondere Ereignisse) wird im Einzelfall die börsenkursbasierte Herangehensweise die (allein) geeignete Methode sein. Unter abweichenden Bedingungen wird es in einem anderen Einzelfall die Ertragswertmethode sein. In jedem Fall handelt es sich um eine **betriebswirtschaftliche Frage**, mit welcher dieser Approximationsmethoden man dem rechtlich vorgegebenen Modellrahmen der Liquidationshypothese am ehesten gerecht wird. Diese Frage ist zunächst *stand alone* sowohl für die Obergesellschaft als auch für die Un-

---

1 Hirte/Hasselbach in Großkomm. AktG, 4. Aufl. 2005, § 305 AktG Rz. 161 f.; *Martens*, AG 2003, 593 (599).

tergesellschaft gesondert zu beantworten. Ist im Einzelfall auf beiden Ebenen dieselbe Approximationsmethode *stand alone* angemessen, so gelangt man zwanglos zur Methodengleichheit. Ist sie es nicht, gilt es eine Abwägungsentscheidung zu treffen zwischen den Bewertungsunschärfen, die man sich durch die Methodenverschiedenheit einhandelt, und den Bewertungsunschärfen, die man in Kauf nimmt, wenn man im Interesse der Methodengleichheit auf der Ebene einer der beiden Gesellschaften die *stand alone* als inferior identifizierte Approximationsmethoden akzeptiert. Auch bei dieser Abwägungsentscheidung geht es im Kern um eine betriebswirtschaftliche Frage, für die das Recht keine starren Vorgaben macht (außer der sorgfältigen Begründung der jeweiligen Methoden-Auswahlentscheidung, dazu schon oben Rz. 36 f.).

- **Asymmetrische Berücksichtigung des Deinvestitionsgedankens:** Wie dargelegt, würde aus dem konsequent zu Ende geführten Deinvestitionsgedanken für die Fälle der Abfindung in Aktien und der Konzernverschmelzung folgen, dass der Minderheitsaktionär der Untergesellschaft so gestellt werden muss, wie wenn er (i) seine Untergesellschaftsaktien an der Börsen veräußert und am selben Tag (ii) Obergesellschaftsaktien an der Börse erworben hätte. Aus dem konsequent zu Ende geführten Deinvestitionsgedanken würde somit für die hier erörterten Fälle der Grundsatz „**Börsenwertrelation als Untergrenze für das Umtauschverhältnis**" folgen. Die Minderheitsaktionäre der Untergesellschaft könnten dann jedes Umtauschverhältnis zurückweisen, das für sie im Ergebnis ungünstiger ist als die Börsenwertrelation. Wie ebenfalls dargelegt, hat sich das BVerfG aber (wiederholt und mit großen Nachdruck) gegen diese konsequente Durchführung des Deinvestitionsgedankens entschieden. Aus dem **abgeschwächten Deinvestitionsgedanken** des BVerfG folgt (nach dem derzeitigen Stand der Rechtsprechung) somit eine **asymmetrische Untergrenzen für die Relationalbewertung**:

  - Zusätzliche Anforderungen ergeben sich aus dem Deinvestitionsgedanken nur für eine der beiden Komponenten der Relationalbewertung, nämlich für die **Bewertung der Untergesellschaft**: Diese darf nicht geringer sein als die Börsenkapitalisierung.

  - Für die **Bewertung der Obergesellschaft** ergeben sich aus dem Deinvestitionsgedanken keine Konsequenzen. Für sie kommt es allein auf den (quotalen) Gesamtunternehmenswert an. Für diesen gilt das bereits Gesagte: Es muss die nach den Umständen des Einzelfalls angemessene Approximationsmethode für die Ermittlung des Gesamtunternehmenswerts ausgewählt werden, sei es die Börsenkapitalisierung, sei es der Ertragswert – und wenn dies aufgrund der Abwägung in Einzelfall geboten ist, auch einmal ohne Rücksicht auf die Methodengleichheit[1].

Insgesamt steht somit die folgende Herangehensweise zurzeit am ehesten mit dem derzeit erreichten (nicht vollständig befriedigenden) Stand der Rechtsentwicklung im Einklang:

87

---

1 Vgl. auch *Wicke* in FS Stilz, 2014, S. 707 (716).

- **Schritt 1:** Für die Untergesellschaft muss nach der im Einzelfall geeignetsten Approximationsmethode ein Gesamtunternehmenswert ermittelt werden, wobei die **Börsenkapitalisierung die Untergrenze** bildet.[1]
- **Schritt 2:** Für die Obergesellschaft muss nach der im Einzelfall geeignetsten Approximationsmethode ein Gesamtunternehmenswert ermittelt werden, wobei die Börsenkapitalisierung *nicht* die Obergrenze bildet. Auch besteht kein Zwang, in strikter Befolgung eines Grundsatzes der Methodengleichheit die für die Untergesellschaft gewählte Bewertungsmethode „blind" auf die Bewertung der Obergesellschaft zu übertragen. Vielmehr ist differenzierter vorzugehen: Bei der Suche nach der geeignetsten Approximationsmethode in Schritt 1 und Schritt 2 ist der Stellenwert der **Zielsetzung der Methodengleichheit** eine in erster Linie betriebswirtschaftliche Frage: Methodenverschiedenheit führt zu Unsicherheiten und Unschärfen, aber ebenso die Wahl einer an sich (*stand alone*) als inferior identifizierten Approximationsmethode für den Gesamtunternehmenswert „oben" oder „unten". Hier muss das kleinere Übel gewählt werden, und diese Auswahlentscheidung ist sorgfältig zu begründen.
- **Schritt 3:** Die beiden in dieser Weise ermittelten Gesamtunternehmenswerte müssen zueinander ins Verhältnis gesetzt werden. Aus dieser Verschmelzungswertrelation ergibt sich linear (in einer rein mechanischen Rechenoperation) das Umtauschverhältnis.

Bei dieser Vorgehensweise ist selbstverständlich, dass, wenn ein beteiligter Rechtsträger **nicht börsennotiert** ist, eine Berücksichtigung des Börsenkurses *für diesen Rechtsträger* ausscheidet.

Ist **nur die Untergesellschaft börsennotiert**, so bleibt es allerdings dabei, dass ihre **Börsenkapitalisierung** die **Untergrenze** für den Gesamtunternehmenswert bildet, mit dem sie in die Relationalbewertung eingestellt wird. Übersteigt in diesem Fall die Börsenkapitalisierung der Untergesellschaft deren Ertragswert, dann ist im Ergebnis für die Untergesellschaft die höhere Börsenkapitalisierung maßgeblich. Dies gilt selbst dann, wenn die Obergesellschaft nicht börsennotiert und daher (nur) auf ihren Ertragswert abgestellt werden kann.[2]

---

[1] Dabei sollte aber beachtet werden, dass in Schritt 1 der Börsenwert lediglich eine *Untergrenze* ist, die sich aus der teilweisen Aufrechterhaltung des Deinvestitionsgedankens ergibt. Diese Untergrenze ist sozusagen ein vom BVerfG vorgegebener *floor* für die Euro-Zahl, die als Gesamtunternehmenswert der Untergesellschaft in die Verschmelzungswertrelation eingestellt werden darf. Mehr ist sie aber nicht, d.h. insbesondere ist sie kein Indikator dafür, dass im jeweiligen Einzelfall die börsenwertbasierte Bewertung **für die Ermittlung des quotalen Gesamtunternehmenswerts (Fundamentalwert)** methodisch angemessener ist als die ertragswertbasierte Bewertung (für die Unter- oder Obergesellschaft).

[2] Anders *Bungert*, § 20 Rz. 24 (Methodendivergenz nur in Ausnahmefällen).

3. Echte Fusion (*merger of equals*)

Die Rechtsprechung der Fachgerichte zum *merger of equals* ist übersichtlich, nicht zuletzt wegen der Seltenheit solcher **echter Unternehmenszusammenschlüsse** im Vergleich zu Konzernverschmelzungen.[1]

88

Das BayObLG entschied im Jahr 2002 über einen *merger of equals* und konstatierte den **fehlenden Interessengegensatz zwischen Groß- und Minderheitsaktionären** in dieser Fallgestaltung.[2] Die **Anwendung der Börsenkursrechtsprechung des BVerfG sei daher nicht geboten.** In dieselbe Richtung geht das OLG Stuttgart mit seiner Entscheidung *Wüstenrot und Württembergische*:

> „Wegen der **Interessenkongruenz** unter den jeweiligen Anteilseignern eines jeden Rechtsträgers bedarf es dabei weder aus einfach- noch aus verfassungsrechtlicher Sicht eines weitergehenden Schutzes von Minderheitsaktionären, wie er gegen Maßnahmen eines herrschenden, von gegengerichteten Interessen geleiteten Mehrheitsaktionärs durch Ansatz eines Mindestwerts in Form des Börsenkurses der Aktien bzw. des Börsenwerts des Unternehmens erforderlich ist".[3]

Die an sich wegweisende, vom BVerfG aber letztlich verworfene Entscheidung des OLG Stuttgart *Daimler/Chrysler*[4] wurde oben bereits eingehend erörtert (s. oben Rz. 57 ff.). Auch das OLG Frankfurt wollte dem in **freier Verhandlung ermittelten Umtauschverhältnis** die Vermutung der Richtigkeit beimessen.[5]

Das **BVerfG** lehnte das Verhandlungsmodell im Jahr 2012 ab und **übertrug** – ungeachtet des fehlenden Interessengegensatzes – mit der *Daimler/Chrysler*-Entscheidung die **DAT/Altana-Grundsätze ausdrücklich auf den *merger of equals*.**[6] Mangels genauer Vorgaben, wie diese Übertragung gestaltet sein soll, herrscht **Rechtsunsicherheit**.[7] Die Aufgabe der Fachgerichte wird nunmehr darin bestehen, die Entscheidung des BVerfG praxistauglich umzusetzen. Das OLG München betonte bereits in einem *obiter dictum* – und zwar nach der *Daimler/Chrysler*-Entscheidung des BVerfG – die **Verschiedenheit der Interessenlagen bei Konzernverschmelzung und *merger of equals*.**[8]

89

Nach der hier vertretenen Auffassung (s. oben unter Rz. 58 f.) findet der Deinvestitionsgedanke auf den *merger of equals* keine Anwendung. Damit ist **allein**

---

1 Vgl. *Bungert/Wettich* in FS Hoffmann-Becking, 2013, S. 157 (183, 185).
2 BayObLG v. 18.12.2002 – 3Z BR 116/00, BayObLGZ 2002, 400 (407) = AG 2003, 569. Eingehend dazu oben Rz. 4 ff.
3 OLG Stuttgart v. 8.3.2006 – 20 W 5/05 – „Wüstenrot und Württembergische", AG 2006, 421 (427).
4 OLG Stuttgart v. 14.10.2010 – 20 W 16/06 – „Daimler/Chrysler", AG 2011, 49. Zum Verhältnis von Ergebniskontrolle und Verfahrenskontrolle bei *merger of equals* vgl. *Adolff*, ZHR 173 (2009), S. 67 (72).
5 OLG Frankfurt v. 9.2.2010 – 5 W 33/09, ZIP 2010, 729 (730); zur Ablehnung des Verhandlungsmodells durch das BVerfG in *Daimler/Chrysler* s. aber oben unter Rz. 57.
6 BVerfG v. 24.5.2012 – 1 BvR 3221/10 – „Daimler/Chrysler", ZIP 2012, 1656 = AG 2012, 674 (675), dazu oben unter Rz. 58.
7 Kritisch auch *Bungert*, § 20 Rz. 22.
8 OLG München v. 26.7.2012 – 31 Wx 250/11, AG 2012, 749 (751): kein Interessengegensatz beim *merger of equals*.

die **Fundamentalwertrelation maßgeblich**.[1] Ob man sich bei deren Ermittlung eher an Ertragswerten oder eher an Börsenkursen zu orientieren hat, ist eine Frage des Einzelfalls. Für deren Beantwortung kommt es insbesondere darauf an, wie die allokative Effizienz des jeweiligen konkret maßgeblichen Aktienmarkts im jeweilig relevanten Zeitraum (betriebswirtschaftlich) beurteilt wird (s. oben unter Rz. 59).

---

1 Ebenso schon *Adolff*, Unternehmensbewertung im Recht der börsennotierten Aktiengesellschaft, 2007, S. 474.

§ 17
Vorerwerbspreise

	Rz.		Rz.
I. Abgrenzung des Begriffs „Vorerwerbspreise"	1	4. Beizulegender Zeitwert nach § 255 Abs. 4 HGB	49
II. Aussagekraft von Vorerwerbspreisen	4	5. Beizulegender Zeitwert („Fair Value") nach IFRS 13	53
1. Gewöhnlicher Geschäftsverkehr	6	V. Vorerwerbspreise in der Rechtsprechung	60
2. Unveränderte Verhältnisse am Bewertungsstichtag	10	1. Gesellschaftsrechtliche Strukturmaßnahmen	61
3. Relevante Anteilsquote	14	a) BVerfG: Beherrschungs- und Gewinnabführungsvertrag – DAT/Altana (1999)	62
4. Vergleich zur Bewertung zum Börsenkurs	17	b) BGH: Squeeze-out – Stollwerck (2010)	65
5. Vergleich mit dem Multiplikatorverfahren	20	c) OLG-Entscheidungen (1994–2011)	66
6. Vergleich mit dem Ertragswertverfahren	22	d) LG Köln: Delisting – Parsytec (2009)	77
III. Sonderfragen bei der Wertermittlung mit Vorerwerbspreisen	26	2. Sonstige Bewertungsanlässe	81
IV. Gesetzliche Vorschriften zur Berücksichtigung von Vorerwerbspreisen	33	a) BGH: Pflichtteilsergänzungsanspruch (1982)	82
1. Mindestpreis bei Übernahme- oder Pflichtangeboten nach dem WpÜG	36	b) Ausgewählte BFH-Entscheidungen (1980–2010)	83
2. Abfindung beim übernahmerechtlichen Squeeze-out nach dem WpÜG	40	VI. Vorerwerbspreise in der Literatur	88
		1. Vorerwerbspreis ist kein Grenzpreis	91
3. Gemeiner Wert nach dem BewG	46	2. Vorrang von Marktpreisen	97
		3. WpÜG analog anwendbar	104
		VII. Fazit	106

Schrifttum: *Austmann*, Der verschmelzungsrechtliche Squeeze-out nach dem 3. UmwÄndG 2011, NZG 2011, 684; *Behnke*, BVerfG: Verfassungswidrigkeit der Nichtberücksichtigung des Börsenkurses für Abfindungs-/Ausgleichsanspruch von außenstehenden/ausgeschiedenen Aktionären, NZG 1999, 931; *Bode*, Berücksichtigung von Vorerwerbspreisen und Paketzuschlägen bei der Ermittlung der Barabfindung, Der Konzern 2010, 529; *Busse von Colbe*, Der Vernunft eine Gasse: Abfindung von Minderheitsaktionären nicht unter dem Börsenkurs ihrer Aktien, FS Lutter, 2000, S. 1053; *Fleischer*, Unternehmensbewertung bei aktienrechtlichen Abfindungsansprüchen: Bestandsaufnahme und Reformperspektiven im Lichte der Rechtsvergleichung, AG 2014, 97; *Gei/Kiesewetter*, Praxisrelevante Aspekte öffentlicher Übernahmen in Zeiten volatiler Märkte, AG 2012, 741; *Götz*, Entschädigung von Aktionären abseits der Kapitalmarktbewertung?, DB 1996, 259; *Habersack*, Auf der Suche nach dem gerechten Preis – Überlegungen zu § 31 WpÜG, ZIP 2003, 1123; *Handelsrechtsausschuss des Deutscher Anwaltsverein e.V.*, Stellungnahme des Handelsrechtsausschusses des Deutschen Anwaltsvereins e.V. zur Ergänzung des AktG durch einen Titel „Aktienerwerb durch den Hauptaktionär", NZG 1999, 850; *Handelsrechtsausschuss des Deutscher Anwaltsverein e.V.*, Stellungnahme des Handelsrechtsausschusses des Deutschen Anwaltsvereins e.V. vom April 2001, NZG 2001, 420; *Hachmeister/Ruthardt*, Die Bedeutung von Börsenkursen und Vorerwerbspreisen im Rahmen von Unternehmensbewertungen, DB 2014, 1689; *Hüttemann*, Börsenkurs und Unternehmensbewertung, ZGR 2001, 454; *Hüttemann*, Rechtliche Vorgaben für ein Bewertungskonzept, WPg 2007, 812; *Küting/Cassel*, Zur Hierarchie der Unternehmensbewertungsverfahren bei der Fair Value-Bewertung, KoR 2012, 322; *Krieger*, Squeeze-out nach neuem Recht: Überblick und Zweifelsfragen, BB 2002, 57; *Land/Hennings*, Aktuelle Problem von Spruchverfahren nach gesellschaftsrechtlichen Strukturmaßnahmen, AG 2005, 380; *Lutter*, Materielle und förmliche Erfordernisse eines Bezugsrechtsausschlusses – Besprechung der Entscheidung BGHZ 71, 40 (Kali und Salz), ZGR 1979, 401; *Luttermann*, Zum Börsenkurs als gesellschaftsrechtliche Bewertungsgrundlage, ZIP 1999, 45; *Möllmann*, Erbschaft- und schenkungssteuerliche Unternehmensbewertung anhand von Börsenkursen und stichtagsnahen Veräußerungsfällen, BB 2010, 407; *W. Müller*, Die Unternehmensbewertung in der Rechtsprechung, FS Bezzenberger 2000, S. 705; *Petersen/Zwirner*, Bilanzrechtsmodernisierungsgesetz, 2009; *Piltz*, Unternehmensbewertung und Börsenkurs im aktienrechtlichen Spruchstellenverfahren, ZGR 2001, 185; *Rathausky*, Die Berücksichtigung von Vorerwerbspreisen und Synergieeffekten bei der Abfindung von Minderheitsaktionären, FB 2008, 114; *Riedel*, Bewertung von Gesellschaftsanteilen im Pflichtteilsrecht, 2006; *Seetzen*, Spruchverfahren und Unternehmensbewertung im Wandel, WM 1999, 565; *Schnabel/Köritz*, Aktuelle Rechtsprechung zur Unternehmensbewertung, BewertungsPraktiker 2009, 47; *Stilz*, Unternehmensbewertung und angemessene Abfindung – Zur vorrangigen Maßgeblichkeit des Börsenkurses, FS Goette 2011, S. 529; *Theile/Pawelzik*, Auswirkungen von IFRS 13 auf den Impairment-Test nach IAS 36, PiR 2012, 210; *Thominski/Kuthe*, Ermittlung der Mindesthöhe der Gegenleistung bei Übernahmeangeboten im Zusammenhang mit Vorerwerben, BKR 2004, 10; *van Kann/Just*, Der Regierungsentwurf zur Umsetzung der europäischen Übernahmerichtlinie, DStR 2006, 328; *E. Vetter*, Squeeze-out – Der Ausschluss von Minderheitsaktionären aus der Aktiengesellschaft nach den §§ 327a-327f AktG, AG 2002, 176; *Wilm*, Abfindung zum Börsenkurs – Konsequenzen der Entscheidung des BVerfG, NZG 2000, 234; *Winner*, Wertermittlung bei dominierten Transaktionen, in Kalss/Fleischer/Vogt (Hrsg.), Gesellschafts- und Kapitalmarktrecht in Deutschland, Österreich und der Schweiz 2013; *Winner*, Wert und Preis im Zivilrecht, 2008.

I. Abgrenzung des Begriffs „Vorerwerbspreise"

1   Als Vorerwerbspreise werden hier **Preise** verstanden, die im zeitlichen Zusammenhang mit dem Bewertungsstichtag für Anteile des zu bewertenden Unternehmens **außerhalb der Börse gezahlt** worden sind. Im Wortsinn müsste eigentlich auch ein Börsenkurs als „Vorerwerbspreis" verstanden werden, da – sofern es kein taxierter Kurs ohne tatsächlichen Umsatz ist – es sich dabei ebenfalls um einen Preis für einen oder mehrere Anteile des zu bewertenden Unternehmenshandelt. Jedoch liegt bei Börsenkursen, im Fall eines liquiden Marktes, auch ein Preis am Bewertungsstichtag oder zumindest vom letzten Handelstag vor dem Bewertungsstichtag vor. Bei Börsenkursen wäre also eher die Bezeichnung **„Parallelerwerbspreis"** zutreffend. Zudem wird in der Rechtsprechung insbesondere seit dem DAT/Altana-Beschluss des BVerfG[1] klar zwischen Börsenkursen und außerbörslichen Vorerwerbspreisen unterschieden, weil jeder Aktionär zur Börse jederzeit grundsätzlich einen Zugang haben kann, während (echte) außerbörsliche Transaktionen in aller Regel nur auf **größere Anteilspa-**

---

1   BVerfG v. 27.4.1999 – 1 BvR 1613/94, AG 1999, 566 = NJW 1999, 3769.

kete beschränkt sind. Die Frage der Bewertung von Unternehmen mit Börsenkursen wird daher gesondert in § 16 behandelt.

Ein vergleichbares Thema sind „**Nacherwerbspreise**", also Preise, die nach dem Bewertungsstichtag für Anteile des zu bewertenden Unternehmens außerhalb der Börse gezahlt worden sind. Die Berücksichtigung von Nacherwerbspreisen stellt grundsätzlich ein Verstoß gegen das **Stichtagsprinzip** dar.[1] Es kann jedoch geprüft werden, inwieweit Nacherwerbspreise in besonders gelagerten Fällen wertaufhellend[2] sind. Auch wenn im Folgenden die Frage der Berücksichtigung von Nacherwerbspreisen nicht weiter thematisiert wird, sei darauf hingewiesen, dass § 31 Abs. 4 und 5 WpÜG im Übernahmerecht ein Nachbesserungsgebot bei Nacherwerben statuiert.

Sofern ein Unternehmen **verschiedene Anteilsklassen** hat (Stammaktien, Vorzugsaktien, Kommanditanteile mit unterschiedlichen Rechten), betreffen Vorerwerbspreise im engeren Sinne nur Erwerbe von Anteilen der selben Klasse. Bei der Übertragung von Vorerwerbspreisen auf Anteile mit anderen Rechten sind Prämissen über die Vergleichbarkeit erforderlich oder es kommen – geschätzte – Zu- oder Abschläge zur Anwendung (vgl. zur Bewertung von Anteilen mit unterschiedlichen Rechten ausführlich § 18).

II. Aussagekraft von Vorerwerbspreisen

Vorerwerbspreise können als **Marktpreise** für die Unternehmensbewertung verwendet werden, wenn bestimmte Voraussetzungen gegeben sind. Die drei wesentlichen Voraussetzungen sind das Vorliegen einer **Transaktion im „gewöhnlichen Geschäftsverkehr"**, unveränderte Verhältnisse am Bewertungsstichtag sowie die **Relevanz der Anteilsquote**. Bei der Verwendung von Vorerwerbspreisen für die Unternehmensbewertung ist in jedem Einzelfall zu prüfen, ob diese Voraussetzungen vorliegen. Liegen diese Voraussetzungen nicht oder nur teilweise vor, sind Vorerwerbspreise entweder gar nicht oder allenfalls mit Anpassungen für die Unternehmensbewertung verwendbar.

Die Aussagekraft von Vorerwerbspreisen ist auch im **Vergleich zu alternativen Bewertungsverfahren** zu würdigen. Interessant erscheint insbesondere der Vergleich mit einer Bewertung auf Basis von Börsenkursen, mit dem Multiplikatorverfahren und dem Ertragswertverfahren.

1. Gewöhnlicher Geschäftsverkehr

Von einer Transaktion im „gewöhnlichen Geschäftsverkehr" ist auszugehen, wenn sich der Kaufpreis durch den **Ausgleich der widerstreitenden Interessen von Käufer und Verkäufer** am Markt gebildet hat. Bei der Veräußerung von Anteilen unter „fremden Dritten" spricht vieles dafür, dass es sich um eine Transaktion im gewöhnlichen Geschäftsverkehr handelt. Weitere Indizien können aus den näheren Umständen der Transaktion abgeleitet werden. Für eine

---
1 Vgl. zum Stichtagsprinzip ausführlich § 12.
2 Vgl. zum Begriff „Wertaufhellung" z.B. *Winkeljohann/Büssow* in BeckBilanzkomm., § 252 HGB Rz. 38 f.

Transaktion im gewöhnlichen Geschäftsverkehr sprechen z.B. ein Bieterwettbewerb, die professionelle Beratung von Käufer und Verkäufer, die Möglichkeit für Due Diligence-Untersuchungen[1], ein Unternehmensexposé und ein der Transaktion angemessener Zeitraum zwischen Kaufanbahnung und Vertragsabschluss.

7 Umgekehrt liegt bei einer **Transaktion zwischen nahen Angehörigen** die (widerlegbare) **Vermutung marktunüblicher Preisgestaltungen** nahe, so dass solche Transaktionen nicht als gewöhnlicher Geschäftsverkehr bezeichnet werden können. Transaktionen im Rahmen einer **Insolvenz** oder ein **Notverkauf** zu ihrer Vermeidung sind Indizien für eine Zwangssituation, die gegen eine Transaktion im gewöhnlichen Geschäftsverkehr spricht. Auch bei Anteilskäufen nach Streitigkeiten im Gesellschafterkreis könnte eine Transaktion außerhalb des gewöhnlichen Geschäftsverkehrs vorliegen, wenn ein ausscheidender Gesellschafter einen sog. **Lästigkeitszuschlag** durchsetzen kann.

8 Wird der Kaufpreis nicht sofort und vollständig als **Barkaufpreis** vereinbart, hängt es vom Einzelfall ab, ob trotzdem von einer Transaktion im gewöhnlichen Geschäftsverkehr auszugehen ist. Besteht die Gegenleistung ausschließlich in einem **langfristig unverzinslichen Darlehen** des Verkäufers an den Käufer, spricht dies gegen eine Transaktion im gewöhnlichen Geschäftsverkehr, da dies – gemessen an der Transaktionspraxis – eine ungewöhnliche Gestaltung ist. Werden als Gegenleistung ganz oder teilweise **Aktien des Käufers** gewährt, kann hingegen durchaus eine Transaktion im gewöhnlichen Geschäftsverkehr vorliegen, da dies – z.B. bei Joint Ventures – eine durchaus gängige Transaktionsstruktur ist. Zu den Problemen bei der Ermittlung des Vorerwerbspreises in solchen Fällen siehe unten Rz. 26 ff. verwiesen.

9 Ob die Prämisse „Gewöhnlicher Geschäftsverkehr" für einen Vorerwerbspreis gilt, kann nur bei **Würdigung aller Umstände im konkreten Einzelfall** entschieden werden. Dies bedeutet bei Unternehmenstransaktionen in aller Regel die vollständige **Offenlegung des Kaufvertrages**, um auch **unübliche Nebenbestimmungen** würdigen zu können.

2. Unveränderte Verhältnisse am Bewertungsstichtag

10 Der Vorerwerbspreis hat, wie der Name schon sagt, die grundlegende Eigenschaft, dass er zu einem Zeitpunkt vor dem Bewertungsstichtag vereinbart wurde. Eine Übertragung dieses Preises auf die Bewertung von Anteilen am Bewertungsstichtag setzt voraus, dass sich an den **Verhältnissen des Unternehmens nichts Wesentliches geändert** hat. Hat sich seit der Vereinbarung des Vorerwerbspreises eine wesentliche Änderung ergeben, sei sie positiv oder negativ, wäre eine unveränderte Übertragung des Vorerwerbspreises unangemessen. Diese Voraussetzung ist nicht trivial, denn die Ertragsaussichten eines Unternehmens können sich innerhalb kurzer Zeit so dramatisch verändern, dass selbst ein wenige Wochen vor dem Bewertungsstichtag stattgefundener Ver-

---

1 Zum Begriff Due Diligence-Untersuchungen vgl. WP-Handbuch 2014, Bd. II, Kapitel D.

äußerungsvorgang keinerlei Aussagekraft mehr für den Wert des Unternehmens zum Bewertungsstichtag entfalten kann.

Insofern lässt sich auch **kein fester Zeitraum** angeben, innerhalb dessen eine Übertragbarkeit eines Vorerwerbspreises auf einen Bewertungsstichtag möglich erscheint. Sind die Verhältnisse des Unternehmens und seiner relevanten Märkte stabil, kann der Zeitraum deutlich länger sein, als bei einem Unternehmen mit instabilen Verhältnissen. Bei besonders wichtigen Ereignissen (Naturkatastrophen, Wirtschaftskrisen, Verlust eines wichtigen Kunden, bedeutsame Rechtsstreitigkeit) kann bereits ein sehr kurzer Zeitraum dazu führen, dass ein Vorerwerbspreis für die Unternehmensbewertung allenfalls noch von nachrangiger Bedeutung ist.

Verwässerungseffekte wie ein Aktiensplit, eine Kapitalerhöhung aus Gesellschaftsmitteln oder Bezugsrechtsabschläge im Zeitraum zwischen der Vereinbarung des Vorerwerbspreises und dem Bewertungsstichtag müssen für eine Übertragbarkeit zwingend berücksichtigt werden.[1] Dies ist jedoch in aller Regel leicht und ohne gravierende Annahmen möglich.

Zu beachten sind auch **Dividenden und Ausschüttungen** im Zeitraum zwischen Vorerwerb und Bewertungsstichtag. Es erscheint leicht nachvollziehbar, dass der Abfluss von Liquidität aus dem Unternehmen an die Anteilseigner einen Einfluss auf den Unternehmenswert haben muss. Wirtschaftlich betrachtet vermindert sich durch die Dividende die **Substanz des Unternehmens ohne entsprechende Gegenleistung**, andererseits kann in der Dividende aber auch eine Verzinsung des eingesetzten Kapitals im Zeitraum zwischen Vorerwerb und Bewertungsstichtag gesehen werden. Die Bedeutung dieses Tatbestandes hängt ab von der Höhe der Dividende im Vergleich zum Unternehmenswert sowie dem Zeitraum zwischen Vorerwerbszeitpunkt und Bewertungsstichtag, da der Zeitraum die Höhe der **Verzinsung des eingesetzten Kapitals** beeinflusst. Ist die Dividendenrendite niedrig und der Zeitraum kurz, werden diese Tatbestände oftmals keine Rolle spielen im Vergleich zu anderen Bewertungsfragen mit deutlich höheren Wertauswirkungen. Insofern ist nachzuvollziehen, dass in der Diskussion um die zutreffende Berücksichtigung von Dividenden auch vorgeschlagen wird, zwischen regulären und vom Betrag her bedeutsameren **Sonderdividenden** zu unterscheiden und nur Sonderdividenden aus dem Vorerwerbspreis zu eliminieren.[2]

3. Relevante Anteilsquote

Ein Vorerwerbspreis kann sich auf alle Anteile des Unternehmens oder nur Teile davon beziehen. In aller Regel betreffen – außerbörsliche – Vorerwerbspreise nicht sog. **Splitteranteile** (sehr kleine Minderheitsanteile), sondern größere Anteile an dem zu bewertenden Unternehmen. Ist dies ausnahmsweise nicht der Fall, wird oftmals die Frage nach einer Transaktion im gewöhnlichen Geschäftsverkehr zu verneinen sein.

---

1 Vgl. *Kremer/Oesterhaus* in KölnKomm. WpÜG, § 31 Anh. – § 4 AngebVO Rz. 18.
2 Vgl. *Süßmann* in Geibel/Süßmann, § 31 WpÜG Rz. 91; *Kremer/Oesterhaus* in KölnKomm. WpÜG, § 31 Anh. – § 4 AngebVO Rz. 18.

15 Wurde der Vorerwerbspreis für eine Anteilsquote vereinbart, die dem zu bewertenden Anteil entspricht, ist der Vorerwerbspreis in Bezug auf die Anteilsquote gut vergleichbar. Stimmen die Anteilsquoten nicht überein, ist zu untersuchen, ob beiden Anteilspaketen ein identischer Wert beizumessen ist. Bereits **geringfügige Abweichungen der Anteilsquote** können von Belang sein, wenn sich z.B. der Vorerwerbspreis auf einen Mehrheitsanteil von 51 % bezieht, zu einem späteren Zeitpunkt dann aber der Minderheitsanteil von 49 % zu bewerten ist, da **kontrollvermittelnde** Anteile für viele Investoren von höherem Interesse sind als **Minderheitsanteile**, die keine Beherrschung des Unternehmens ermöglichen. Die für ein Unternehmen besonders relevanten Anteilsquoten (z.B. satzungsändernde Mehrheit, **Sperrminorität**) sind anhand der gesetzlichen Vorschriften für die entsprechende Rechtsform und den Bestimmungen des Gesellschaftsvertrags zu ermitteln.

16 Bezieht sich der Vorerwerbspreis nur auf einen Teil der Anteile eines Unternehmens, ist eine **Hochrechnung** auf den Unternehmenswert für das gesamte Unternehmen nur möglich, wenn aus rechtlichen oder wirtschaftlichen Erwägungen heraus die Prämisse getroffen werden kann, dass allen Anteilen ein gleicher Wert beizumessen ist. Aus rechtlicher Sicht könnte diese Prämisse z.B. aus dem Gleichheitsgebot des § 53a AktG abgeleitet werden, wirtschaftlich z.B. aus einer breiten Streuung der Anteile (vgl. ausführlich § 18 zur Anteilsbewertung).

4. Vergleich zur Bewertung zum Börsenkurs

17 Die Zugrundelegung von Börsenkursen für die Bewertung ist beschränkt auf die Klasse der börsennotierten Aktiengesellschaften. Vorerwerbspreise kann es hingegen für **Unternehmen aller Rechtsformen** geben, sowohl für Kapitalgesellschaften – unabhängig von einer Börsennotiz – als auch für Personengesellschaften. Vorerwerbspreise eröffnen somit die Möglichkeit, Unternehmenswerte auch bei nicht börsennotierten Kapitalgesellschaften und Personengesellschaften auf der Basis von Preisen zu ermitteln.

18 Der Börsenkurs kann bei börsennotierten Aktiengesellschaften immer für die Bewertung herangezogen werden, wenn die **Liquidität ausreichend** ist und **keine Kursmanipulation** vorliegt. Vorerwerbspreise wird es hingegen nur in Einzelfällen geben. Zusätzlich stellt sich dann die Frage, ob **adäquate Informationen** über die Vorerwerbe zu beschaffen sind, insbesondere der Anteilskaufvertrag.

19 Im Börsenkurs spiegeln sich grundsätzlich nur die **öffentlich zugänglichen Informationen** wider. Der im gewöhnlichen Geschäftsverkehr zustande gekommene Vorerwerbspreis wird dagegen bei der Durchführung einer umfangreichen **Due Diligence-Untersuchung**[1] auch auf Informationen beruhen, die dem Kapitalmarkt nicht zugänglich sind. Solche Informationen können beispielsweise die detaillierten Planungsrechnungen für das Folgejahr sowie mehrjäh-

---

1 Zu den Untersuchungsschwerpunkten und weiteren Einzelthemen einer Due Diligence-Untersuchung vgl. WP-Handbuch 2014, Bd. II, Kapitel D, Rz. 5.

rige Mittelfristplanungen, das Unternehmenskonzept mit einer Darstellung der Strategien für Unternehmensbereiche oder Produktgruppen sowie eine Analyse der Stärken, Schwächen, Chancen und Risiken (sog. SWOT-Analyse) umfassen.

5. Vergleich mit dem Multiplikatorverfahren

Das Multiplikatorverfahren und die Bewertung mit Vorerwerbspreisen sind gleichermaßen **preisbasierte Verfahren**. Der Unternehmenswert wird bei beiden Verfahren aus **Marktpreisen** abgeleitet.

Beim Multiplikatorverfahren werden Unternehmen anhand von marktbasierten Kennzahlen **anderer Unternehmen** bewertet (vgl. ausführlich § 10 Rz. 7 ff.). Es ist jedoch kein Unternehmen wie das andere. Daher ist beim Multiplikatorverfahren immer die **problematische Annahme der Vergleichbarkeit** zwischen unterschiedlichen Unternehmen erforderlich. Die Verwendung von Vorerwerbspreisen bei der Unternehmensbewertung erfordert die Prämisse der Vergleichbarkeit nicht, weil sich Vorerwerbspreise per definitionem auf das zu bewertende Unternehmen beziehen.

6. Vergleich mit dem Ertragswertverfahren

Das Ertragswertverfahren ist das in Deutschland **dominierende Bewertungsverfahren**, wenn **Gutachter** damit beauftragt werden, Unternehmenswerte zu bestimmen. In der Regel werden mit dem Ertragswertverfahren sog. **objektivierte Unternehmenswerte** nach den Vorgaben des Standards „**IDW S 1**" ermittelt. Der objektivierte Unternehmenswert ist ein von den individuellen Wertvorstellungen der betroffenen Parteien unabhängiger Wert.[1] Bei der Ermittlung wird die Fortführung des Unternehmens auf Basis des bestehenden Unternehmenskonzepts unter Berücksichtigung der finanziellen Möglichkeiten des Unternehmens unterstellt.[2]

Beim Ertragswertverfahren werden zukünftige finanzielle Überschüsse aus Planungsrechnungen des zu bewertenden Unternehmens abgeleitet. Zur Einschätzung der Plausibilität der Planungsrechnung hat der Gutachter in aller Regel **umfassenden Zugang zum Unternehmen** und zu vertraulichen unternehmensinternen Informationen. Fehlen Planungsrechnungen oder erachtet der Gutachter die vorgefundenen Planungsrechnungen als unplausibel, stellt er eine eigene Planungsrechnung auf oder nimmt Anpassungen vor. Darüber hinaus sind Annahmen zur Höhe der nachhaltig erzielbaren finanziellen Überschüsse (sog. „**ewige Rente**") und zu den langfristigen Wachstumserwartungen erforderlich. Weitere Annahmen trifft der Gutachter bei der Bemessung des Kapitalisierungszinssatzes, mit dem die erwarteten finanziellen Überschüsse auf den Bewertungsstichtag abgezinst werden. Eine grundlegende Annahme ist in diesem Zusammenhang, dass Unternehmensrisiken durch das Kapitalmarktgleichgewichtsmodell CAPM angemessen abgebildet werden können. Äußerst wert-

---

1 Vgl. IDW S 1, Rz. 12.
2 Vgl. IDW S 1, Rz. 29.

relevant sind die Schätzung der **Marktrisikoprämie** und des **Betafaktors**, der wiederum auf einer Vielzahl weiterer Annahmen beruht (zu Einzelheiten vgl. § 7 Rz. 71 ff.). Weil die dem Ertragswert zugrunde liegenden wesentlichen wertrelevanten Annahmen durch einen Gutachter zu schätzen sind, ist es daher unvermeidbar, dass der objektivierte Unternehmenswert letztlich auf der subjektiven Einschätzung des Gutachters beruht.

24 Die Bewertung eines Unternehmens anhand von Vorerwerbspreisen benötigt alle diese Annahmen nicht, da der Vorerwerbspreis ein **Marktpreis** für das zu bewertende Unternehmen ist. Wenn es sich um eine Transaktion im gewöhnlichen Geschäftsverkehr handelt, wird der Käufer bis zum Abschluss des verbindlichen Anteilskaufvertrages eine Vielzahl unternehmensinterner Informationen erhalten haben (z.B. Planungsrechnungen, detailliertes Unternehmenskonzept). Dem Vertragsabschluss wird in der Regel eine umfangreiche **Due Diligence-Prüfung** vorausgegangen sein, also die sorgfältige Untersuchung und Analyse der Zielgesellschaft.[1] Demgegenüber hat die Plausibilitätsprüfung im Rahmen einer objektivierten Unternehmensbewertung nach IDW S 1 in aller Regel nicht den Umfang einer umfassenden Due Diligence-Prüfung.

25 Der Vorerwerbspreis ermöglicht es nicht, ein Unternehmen allein auf Basis des bestehenden Unternehmenskonzepts unter Berücksichtigung seiner finanziellen Möglichkeiten zu bewerten. Es ist eben nur der Preis bekannt, nicht aber die hinter diesem Preis stehenden kurz- und langfristigen Erwartungen von Käufer und Verkäufer, die Risikopräferenzen, die strategischen Überlegungen, die steuerliche Situation etc. So kann nicht ermittelt werden, welchen Einfluss Überlegungen des Käufers hinsichtlich einer Änderung des Unternehmenskonzeptes oder andere finanzielle Möglichkeiten des Käufers auf den Vorerwerbspreis hatten. Soll der Einfluss von **Synergien** und **Paketzuschlägen** aus dem Vorerwerbspreis eliminiert werden, ist dies nicht ohne Schätzungen und Annahmen möglich.

III. Sonderfragen bei der Wertermittlung mit Vorerwerbspreisen

26 Der einfache Fall ist ein Vorerwerb, bei dem die Gegenleistung ausschließlich ein **Barkaufpreis in Euro** ist. In diesem Fall erfolgt die Unternehmenswertermittlung mit Vorerwerbspreisen durch einen Dreisatz: Der Kaufpreis wird durch die Zahl der erworbenen Anteile dividiert. Dies ergibt den Vorerwerbspreis pro Anteil. Der Vorerwerbspreis pro Anteil wird dann multipliziert mit der Gesamtzahl der Anteile des Unternehmens. Das Resultat ist der Unternehmenswert, abgeleitet aus dem Vorerwerbspreis. Nur in diesem einfachen Fall ist es möglich, den Unternehmenswert aus dem Vorerwerbspreis als reinem Marktpreis abzuleiten. In allen anderen Fällen sind bereits **weitere Annahmen** (z.B. Währungsumrechnung, Bewertung unbarer Gegenleistungen) erforderlich, um den Unternehmenswert aus dem Vorerwerbspreis zu bestimmen. Sind diese Annahmen gewichtig, kann der aus dem Vorerwerbspreis abgeleitete Un-

---

1 Vgl. WP-Handbuch 2014, Bd. II, Kapitel D.

ternehmenswert in allen diesen Fällen nicht mehr als reiner Marktpreis bezeichnet werden.

Vergleichsweise unproblematisch ist der Fall eines Vorerwerbspreises in **Fremdwährung**. Währungskurse schwanken, daher hat der Stichtag der Umrechnung Einfluss auf das Ergebnis. Bei Vorerwerbspreisen bietet sich eine Umrechnung mit dem Wechselkurs am Tag der vertraglichen Vereinbarung des Vorerwerbs an. Dieser Wechselkurs ist die Kalkulationsgrundlage des Erwerbers bei Vertragsabschluss, den er – auch bei späterem Vollzug – durch entsprechende Derivate wie Devisentermingeschäfte absichern kann. Steht der Vertrag jedoch noch unter – unsicheren – Bedingungen (z.B. kartellrechtliche Genehmigung), wird die Wahl des Stichtags der Umrechnung bereits schwieriger. 27

Die Gegenleistung für den Vorerwerb kann aber auch in einer **Sachleistung** bestehen. Nur wenn es möglich ist, die Sachleistung ihrerseits mit Marktpreisen zu bewerten, wie vor allem bei einer Sachleistung in Form börsennotierter Aktien, kann noch von einem Vorerwerbspreis als Marktpreis gesprochen werden. Ansonsten müsste diese Sachleistung nach allgemeinen Bewertungsmethoden bewertet werden. In diesen Fällen gibt es trotz Vorerwerb keinen Vorerwerbspreis, sondern allenfalls ein „Vorerwerbswert". Dieser Aufwand ist allenfalls dann zu rechtfertigen, wenn die Sachleistung leichter zu bewerten ist als Unternehmen, für dessen Anteile der Vorerwerb vereinbart wurde. 28

Darüber hinaus sind **Mischformen** denkbar, bei denen neben Barkomponenten auch variable, von bestimmten Parametern abhängige Kaufpreiselemente vereinbart werden (sog. **Earn-out-Klauseln**). Der Kaufpreis kann durch den Verkäufer langfristig unverzinslich oder verzinslich gestundet werden (sog. **Vendor-loan**).[1] Es sind in diesen Fällen Bewertungsannahmen erforderlich, um die mit diesen Komponenten verbundenen Unsicherheiten im Vorerwerbspreis zu berücksichtigen. Bei einem Erwerb über **Call-Optionen** oder **Wandelschuldverschreibungen** sind hingegen Annahmen zu treffen, ob und in welchem Umfang die Kosten für diese Erwerbsform Bestandteil des Vorerwerbspreises sind und zu welchem Zeitpunkt der Vorerwerb stattgefunden hat. In allen diesen Fällen müssen Bewertungsannahmen getroffen werden, um einen **wertäquivalenten Barkaufpreis** ermitteln zu können. 29

Ebenfalls möglich ist, dass es neben dem unmittelbaren Austausch von Leistung und Gegenleistung im Rahmen eines Anteilserwerbs zu **weiteren Leistungsbeziehungen** kommt. Dann stellt sich die Frage, ob solche Leistungen zu beachten sind und wie diese bewertet werden sollen. Im Bereich des WpÜG sind nach dem Grundsatz der Gleichbehandlung aller Aktionäre in § 3 Abs. 1 WpÜG zur Vermeidung von Umgehungen sonstige Leistungen des Bieters oder des Veräußerers von Aktien der jeweiligen Zielgesellschaft immer dann im Rahmen der Berechnung des Mindestpreises zu berücksichtigen, wenn diese mit dem Erwerb der Aktien in einem **Gesamtaustauschzusammenhang** stehen, der bei einer Koppelungsabrede oder bei engem zeitlichen und funktionalen Zusammenhang gegeben sein kann.[2] Die bei Übernahmen durch Finanzinves- 30

---
1 Vgl. *Gei/Kiesewetter*, AG 2012, 741 (745).
2 Vgl. *Krause* in Assmann/Pötzsch/Uwe H. Schneider, § 31 WpÜG Rz. 115.

toren üblichen Anreize für das Top-Management, etwa durch eine **Rückbeteiligung** am Akquisitionsvehikel, werden im Rahmen des Übernahmerechts nach h.M. nicht als Koppelungsgeschäft angesehen, da darin eine Gegenleistung zu sehen ist, dass diese Personen auch nach vollzogener Übernahme für die Leitung der Zielgesellschaft zur Verfügung stehen.[1]

31 Ferner können vom Käufer oder vom Verkäufer **Nebenleistungen** gewährt werden. Nebenleistungen des Käufers wirken werterhöhend, Nebenleistungen des Verkäufers wertmindernd.[2] Auch die Vereinbarung von **Gewährleistungen** oder die Stellung von **Sicherheiten** im Kaufvertrag können in Abhängigkeit von der Ausgestaltung bedeutsame Nebenleistungen sein.[3]

32 Sofern zu erkennen ist, dass die zuvor aufgeführten Leistungen einen relevanten Teil des Vorerwerbspreises ausmachen, ist eine **Bewertung** dieser Leistungen erforderlich, um den gesamten Vorerwerbspreis bestimmen zu können. Die auftretenden Bewertungsfragen und die zu treffenden Bewertungsprämissen können vergleichsweise geringfügig sein, z.B. die Annahme, dass das Verkäuferdarlehen in Bezug auf Fristigkeit und Bonität angemessen verzinst wird, sind aber oftmals nicht trivial. Mit **zunehmender Bedeutung der erforderlichen Bewertungsprämissen** verbietet sich es jedoch, den ermittelten Vorerwerbspreis noch als Marktpreis zu bezeichnen.

IV. Gesetzliche Vorschriften zur Berücksichtigung von Vorerwerbspreisen

33 Vorerwerbspreisen kommt bei verschiedenen gesetzlich vorgegebenen Bewertungsanlässen durch Vorgaben des Gesetzgebers eine **bedeutende Rolle** bei der Wertfindung zu. Gründe hierfür sind in der vergleichsweise **einfachen Wertermittlung** zu sehen, aber auch in der Verwendung von vermeintlich objektiven Marktdaten und einem gewissen Misstrauen gegenüber der Wertbestimmung mittels komplexer Unternehmensbewertungsmodelle.

34 Der Umfang, in dem Vorerwerbpreise zu berücksichtigen sind, kann nicht als einheitlich bezeichnet werden. In Abhängigkeit von den gesetzlichen Vorgaben ist eine **Bandbreite** erkennbar, die von der **zwingenden** Verwendung des Vorerwerbspreises bis zur nur **unverbindlichen** Verpflichtung zur Würdigung der Vorerwerbspreise im Rahmen der Bewertung reicht.

35 Die gesetzlichen Vorgaben zur **Höhe von Kompensationsleistungen** bei gesellschaftsrechtlicher Umstrukturierung von Unternehmen (z.B. Abschluss eines Beherrschungs- und Gewinnabführungsvertrages, Verschmelzung, Squeeze-

---

1 Vgl. *Krause* in Assmann/Pötzsch/Uwe H. Schneider, § 31 WpÜG Rz. 27.
2 Vgl. *Kremer/Oesterhaus* in KölnKomm. WpÜG, § 31 Anh. – § 4 AngebVO Rz. 13.
3 Da die Parteien im Rahmen von Gewährleistungsklauseln üblicherweise zunächst davon ausgehen, dass der Gewährleistungsfall aller Voraussicht nach nicht eintreten wird, ist zumindest denkbar, allein auf den vereinbarten Kaufpreis abzustellen und die Gewährleistungsklauseln unberücksichtigt zu lassen. Allerdings kommt es in der Praxis des Unternehmenskaufs später doch häufig zu Streitigkeiten über Gewährleistungsansprüche, so dass ein Verwirklichungsrisiko immanent ist. Vgl. *Thominski/Kuthe*, BKR 2004, 10 (15).

out; zusammen: gesellschaftsrechtliche Strukturmaßnahmen) beschränken sich im Wesentlichen darauf, dass der Wert dieser Kompensation **angemessen** sein muss und „die Verhältnisse der Gesellschaft" zu berücksichtigen sind.[1] Dementsprechend kann aus den gesetzlichen Vorgaben nicht abgeleitet werden, ob und in welcher Form Vorerwerbspreise bei der Bemessung der Kompensation zu berücksichtigen sind. Der Umgang mit Vorerwerbpreisen ist in diesen Fällen also der Rechtsprechung überlassen (vgl. hierzu unten Rz. 60 ff.).

1. Mindestpreis bei Übernahme- oder Pflichtangeboten nach dem WpÜG

Das WpÜG unterscheidet drei verschiedene Arten von öffentlichen Angeboten zum Erwerb von Wertpapieren: Den Grundfall bildet das **einfache öffentliche Angebot** zum Erwerb von Wertpapieren nach den §§ 10 bis 28 WpÜG. Ein freiwilliges Übernahmeangebot i.S.v. §§ 29 bis 34 WpÜG ist auf den Erwerb der Kontrolle über die Zielgesellschaft gerichtet. Kontrolle ist dabei in § 29 Abs. 2 WpÜG als das Halten von mindestens 30 % der Stimmrechte der Zielgesellschaft definiert. In den §§ 35 bis 39 WpÜG ist das Pflichtangebot geregelt, welches stets abzugeben ist, nachdem – in anderer Form als durch ein Übernahmeangebot – unmittelbar oder mittelbar die Kontrolle über eine Zielgesellschaft erlangt wurde. Für eine ausführliche Darstellung der gesamten Aspekte von Unternehmensbewertungen bei Übernahme- oder Pflichtangeboten nach dem WpÜG wird auf § 21 verwiesen. 36

Regelungen über Art und Höhe der den Aktionären einer Zielgesellschaft anzubietenden Gegenleistung finden sich in § 31 WpÜG für **freiwillige Übernahmeangebote**. Diese sind kraft Verweisung in § 39 WpÜG auch bei Pflichtangeboten anwendbar, nicht hingegen bei den einfachen öffentlichen Angeboten, die nicht auf eine Kontrollerlangung gerichtet sind. Die in § 31 Abs. 1 und Abs. 4 bis 6 WpÜG normierten Bestimmungen über die Höhe der Gegenleistung werden ergänzt durch die §§ 2 bis 9 der gem. § 31 Abs. 7 WpÜG erlassenen Verordnung über den Inhalt der Angebotsunterlage, die Gegenleistung bei Übernahmeangeboten und Pflichtangeboten sowie die Befreiung von der Verpflichtung zur Veröffentlichung und zur Abgabe eines Angebots (WpÜG-AngebV). 37

Nach § 31 Abs. 1 und § 39 WpÜG hat der Bieter den Aktionären der Zielgesellschaft bei Übernahme- oder Pflichtangeboten eine **angemessene Gegenleistung** anzubieten, bei deren Bestimmung der **durchschnittliche Börsenkurs** der Aktien der Zielgesellschaft (§§ 5 und 6 WpÜG-AngebV) **und** die **Vorerwerbspreise** von Aktien der Zielgesellschaft durch den Bieter, durch mit ihm gemeinsam handelnde Personen oder Tochterunternehmen innerhalb von 6 Monaten vor der Veröffentlichung des Übernahmeangebots (§§ 4 ff. WpÜG-AngebV) zu berücksichtigen sind. Dabei gilt zugunsten der Aktionäre der Zielgesellschaft eine **Günstigkeitsprüfung**: Je nachdem welcher Wert höher ist, wird die **Untergrenze** der angemessenen Gegenleistung entweder durch den Börsenkurs oder die Vorerwerbe gezogen. Nach dem Wortlaut und der Intention des Gesetz- 38

---

1 Vgl. *Simon/Leverkus* in Simon, Anh. § 11 SpruchG Rz. 5.

gebers ist ein im Rahmen des Vorerwerbs gezahlter **Paketzuschlag nicht zu eliminieren**, damit die Angebotsadressaten daran auch teilhaben können.[1]

39 Nach dem Gesetzeswortlaut gelten die **Vorerwerbspreise unwiderlegbar als Untergrenze**[2], während Börsenkursen unter bestimmten Umständen die Aussagekraft abgesprochen wird. Börsenkurse gelten danach als nicht aussagekräftig, wenn für die Aktien der Zielgesellschaft an weniger als einem Drittel der Börsentage Börsenkurse festgestellt wurden und hierbei bei mehreren nacheinander festgestellten Börsenkursen Abweichungen von mehr als 5 % aufgetreten sind. Bei fehlender Aussagekraft der Börsenkurse ist die Höhe der Gegenleistung auf der Grundlage einer Unternehmensbewertung der Zielgesellschaft festzustellen (§ 5 Abs. 4, § 6 Abs. 6 WpÜG-AngebV). Für die Vorerwerbspreise ist im Übernahmerecht sogar die Frage nach dem Zustandekommen im gewöhnlichen Geschäftsverkehr oder der Motivation des Erwerbers unbeachtlich. Wurden die Aktien z.B. zu einem günstigen Preis erworben, weil der Veräußerer einem faktischen Verkaufsdruck aufgrund kartellrechtlicher Vorgaben unterlag, ist der gezahlte Preis gleichwohl maßgeblich.[3]

2. Abfindung beim übernahmerechtlichen Squeeze-out nach dem WpÜG

40 Das deutsche Übernahmerecht gestattet einem Bieter im Anschluss an ein freiwilliges Übernahmeangebot i.S.d. §§ 29, 32 WpÜG bzw. an ein Pflichtangebot nach § 35 WpÜG, die verbliebenen Minderheitsaktionäre gem. §§ 39a und 39b WpÜG gegen Gewährung einer angemessenen Abfindung per Gerichtsbeschluss aus der Zielgesellschaft auszuschließen (**übernahmerechtlicher Squeeze-out**).

41 **Voraussetzungen** hierfür sind insbesondere, dass dem Bieter nach dem Übernahme- oder Pflichtangebot mindestens 95 % des stimmberechtigten Grundkapitals gehören und der Antrag nach § 39a Abs. 4 WpÜG innerhalb von drei Monaten nach Ablauf der Annahmefrist eines solchen Angebots gestellt wird. Darüber hinaus müssen die Aktien der Zielgesellschaft an einem organisierten Markt i.S.d. § 1 Abs. 1 WpÜG zugelassen sein, so dass der übernahmerechtliche Squeeze-out bei nicht notierten oder ausschließlich im privatrechtlichen Freiverkehr gehandelten Aktien nicht möglich ist.

---

1 Vgl. Begr. RegE zu § 4 WpÜG-AngebV.
2 Selbst etwaige Wertverwerfungen durch gesellschafts- oder marktbezogene plötzliche Ereignisse wie z.B. Kriege oder große Rückrufaktionen seien bei der Preisbildung nicht gesondert zu berücksichtigen (vgl. *Häger/Santelmann* in Steinmeyer/Häger, 2. Aufl. 2007, § 31 WpÜG Rz. 17). Nach anderer Auffassung ist in Ausnahmefällen, in denen die Anwendung der §§ 3 ff. WpÜG-AngebV zu unangemessen hoch erscheinenden Mindestpreisen führt, denkbar, die angemessene Gegenleistung anderweitig zu ermitteln (vgl. *Haarmann* in Haarmann/Riehmer/Schüppen, Öffentliche Übernahmeangebote, 2002, § 31 WpÜG Rz. 22; *Habersack*, ZIP 2003, 1123 [1127]). Vorstellbar sei diese Problematik etwa bei Beeinflussung der Kurse oder des Unternehmenserfolgs aufgrund von Sondereinflüssen von außen (vgl. *Kremer/Oesterhaus* in KölnKomm. WpÜG, § 31 WpÜG Rz. 16).
3 Vgl. *Häger/Santelmann* in Steinmeyer, 2. Aufl. 2007, § 31 WpÜG Rz. 17.

Der übernahmerechtliche Squeeze-out weicht von seinem aktienrechtlichen Pendant (§§ 327a ff. AktG) in einem entscheidenden Punkt ab. Nach § 39a Abs. 3 Satz 3 WpÜG besteht eine Vermutung, dass der **Vorerwerbspreis**, nämlich die Höhe der Gegenleistung im Übernahme- oder Pflichtangebot, als angemessen anzusehen ist, wenn **90 %** des vom Angebot betroffenen Grundkapitals das Angebot des Bieters annimmt. Aktien, die dem Bieter nach § 16 Abs. 1 und 4 AktG zuzurechnen sind und Aktien von Personen, die mit dem Bieter gemeinsam handeln (§ 2 Abs. 5 WpÜG), stuft das OLG Frankfurt[1] als von vorneherein nicht von dem Angebot erfasst ein, um eine Verfälschung des Markttestes zu verhindern.

Durch diese „**marktorientierten Ermittlung der Abfindung**" soll ein im Vergleich zu den §§ 327a ff. AktG zügiger und kostengünstiger Ausschluss verbleibender Aktionäre ermöglicht und langjährige gerichtliche Auseinandersetzungen vermieden werden.[2] Eine Unternehmensbewertung und ein Spruchverfahren, in dem die Angemessenheit der Abfindung einer gerichtlichen Prüfung unterzogen wird, werden entbehrlich. Grundgedanke der Vermutung der Angemessenheit ist, dass die **hohe Annahmequote ausreichendes Indiz** für einen offensichtlich angemessenen Preis sein dürfte.[3] Durch die **weiteren Voraussetzungen** (Handel an einem organisierten Markt, zeitliche Nähe der Antragstellung, Begrenzung auf Übernahme- oder Pflichtangebote) sind zusätzliche Hürden vor einer Unangemessenheit des Preises aufgestellt.

Das BVerfG befand, dass die vom Gesetzgeber in den §§ 39a, 39b WpÜG gewählte Methode der Anteilsbewertung mit der Eigentumsgarantie aus Art. 14 Abs. 1 GG vereinbar ist. Durch das **hohe Akzeptanzquorum von 90 %** des vom Angebot betroffenen Grundkapitals sei hinreichend gesichert, dass der Angebotspreis tatsächlich dem Verkehrswert entspricht, also dem Wert, der in einem funktionierenden Markt für die – im Vergleich zu anderen Formen der Unternehmensbeteiligung – durch ihre besondere Verkehrsfähigkeit geprägte Aktie gezahlt würde.[4]

Das OLG Frankfurt hat auch nach dieser Entscheidung des BVerfG offen gelassen, ob es sich bei der Regelung des § 39a Abs. 3 WpÜG um eine widerlegliche oder unwiderlegliche Vermutung handelt, jedoch darauf hingewiesen, dass sowohl der Wortlaut der Norm als auch der aus den Gesetzesmaterialien[5] ersichtliche Wille des Gesetzgebers für eine unwiderlegliche Vermutung sprächen. Es

---

1 OLG Frankfurt v. 28.1.2014 – WpÜG 3/13, AG 2014, 410.
2 Trotz dieser vermeintlich besseren Berechenbarkeit ist der übernahmerechtliche Squeeze-out in der Praxis bisher weitgehend bedeutungslos geblieben, weil die unwiderlegliche Vermutung wegen der hohen Hürden (95 % Anteilsbesitz und 90 % Annahme des Angebots) selten einschlägig und eine Konzernierung regelmäßig bereits bei 75 %-Hauptversammlungsmehrheit möglich ist. Zudem bietet das aktienrechtliche Verfahren den Vorteil, dass der Ausschluss bereits vor Feststellung der angemessenen Abfindung im Spruchverfahren rechtswirksam wird (§§ 327e, 327f AktG). Vgl. *Noack/Zetzsche* in Schwark/Zimmer, Kapitalmarktrechts-Kommentar, Vor §§ 39a bis 39c WpÜG Rz. 3; *Austmann*, NZG 2011, 684 (685).
3 Vgl. *van Kann/Just*, DStR 2006, 328 (331).
4 BVerfG v. 16.5.2012 – 1 BvR 96/09 u.a., AG 2012, 625.
5 Vgl. BT-Drucks. 16/1003, 22; BR-Drucks. 154/06, 6; BT-Drucks. 16/1342, 6.

vertritt die Auffassung, dass beim übernahmerechtlichen Squeeze-out **alle betriebswirtschaftlichen Bewertungsmethoden** zur Ermittlung der angemessenen Abfindung durch den **Markttest** ersetzt werden. Der Gesetzgeber habe sich von der Erwägung leiten lassen, dass nach einem Übernahme- oder Pflichtangebot mit einer Annahmequote von 90 % davon auszugehen ist, dass die absolute Mehrheit der Marktteilnehmer den Angebotspreis für so angemessen und vorteilhaft hält, dass sie bereit ist, die Aktie hierfür zu veräußern. Durch die hohe Akzeptanzquote würde sichergestellt, dass der Angebotspreis dem Verkehrswert entspricht und die Aktionäre somit eine dem Verkehrswert entsprechende Abfindung erhalten. Eine Widerleglichkeit der Angemessenheit kann nach der Auffassung des OLG Frankfurt nur insoweit in Betracht gezogen werden, als es um die Frage geht, ob der Markttest **im Einzelfall ausnahmsweise keine Aussagekraft** hat, weil die Kräfte des Marktes nicht gewirkt oder funktioniert haben. Dazu müssten konkrete Anhaltspunkte vorliegen, dass das Angebotsverfahren in wesentlichen Punkten nicht korrekt abgelaufen, der dem Angebot zugrunde liegende Börsenkurs manipuliert und somit der Markttest verfälscht worden ist. In dem zu entscheidenden Fall ging das OLG Frankfurt möglichen Manipulationen der Börsenumsätze der Zielgesellschaft im Jahr 2011 angesichts des erheblichen zeitlichen Abstands zum öffentlichen Übernahmeangebot vom Oktober 2012 nicht weiter nach.[1] Dies entspricht auch der herrschenden, aber nicht unumstrittenen Meinung in der Literatur.[2]

3. Gemeiner Wert nach dem BewG

46 Seit der Erbschaftsteuerreform 2009 richtet sich die Bewertung von Anteilen an Kapitalgesellschaften und Personengesellschaften für erbschafts- und schenkungsteuerliche Zwecke rechtsformübergreifend nach § 11 BewG, der eine **Methodenhierarchie** vorgibt. Nach dieser Hierarchie orientiert sich der Wert börsennotierter Kapitalgesellschaften vorrangig am **Börsenkurs**, während der Wert von nicht börsennotierten Kapitalgesellschaften und von Personengesellschaften vorrangig aus **Vorerwerbspreisen** innerhalb eines Jahres vor dem Bewertungsstichtag abzuleiten ist. **Andere Bewertungsverfahren** einschließlich des sog. vereinfachten Ertragswertverfahrens gem. §§ 199 ff. BewG kommen hingegen nur **subsidiär** zur Anwendung. Für eine ausführliche Darstellung der Ermittlung des gemeinen Werts wird auf § 26 verwiesen.

47 Der Einsatz von Vorerwerbspreisen ist seitdem auf **Verkäufe unter fremden Dritten** beschränkt. Damit hat der Gesetzgeber die Rechtsprechung des BFH aufgegriffen, die schon bisher nur solche Vorerwerbspreise zugelassen hat, die im „gewöhnlichen Geschäftsverkehr" zustande gekommen sind.[3] Von einem solchen Verkauf im gewöhnlichen Geschäftsverkehr ist nach Auffassung des BFH[4] immer dann auszugehen, wenn sich der Verkaufspreis durch den Aus-

---

1 OLG Frankfurt v. 28.1.2014 – WpÜG 3/13, AG 2014, 410.
2 Umfassend zum Themenkomplex etwa *Seiler* in Assmann/Pötzsch/Uwe H. Schneider, § 39a WpÜG Rz. 83 ff.
3 BFH v. 28.11.1980 – III R 86/78, BStBl. II 1981, 353 = BB 1981, 718.
4 BFH v. 8.8.2001 – II R 59/98, BFH/NV 2002, 317.

gleich widerstreitender Interessen von Käufer und Verkäufer am Markt gebildet hat. Dabei müssen Käufer und Verkäufer aber nicht zwingend „fremde Dritte" sein, auch wenn z.B. bei nahen Angehörigen die Vermutung marktunüblicher Preisgestaltungen im Rahmen einer Veräußerung von Gesellschaftsanteilen eher naheliegt als bei „fremden Dritten".

Die Begründung des Regierungsentwurfs zum Erbschaftsteuerreformgesetz 2009 deutet an, dass Vorerwerbspreise den Wert des vererbten bzw. schenkweise übertragenen Anteils stets **unwiderlegbar** indizieren.[1] Dagegen wird eingewendet, dass durchaus Fälle vorstellbar sind, in denen der Vorerwerbspreis durch Entwicklungen seit dessen vertraglicher Fixierung den in § 11 BewG als Bewertungsziel vorgegebenen gemeinen Wert (§ 9 BewG) **offensichtlich nicht mehr angemessen** widerspiegelt. In diesen Fällen sei es – auch aus **verfassungsrechtlicher Sicht** – notwendig, die Widerlegung der Angemessenheit des Vorerwerbspreises durch Überprüfung, ob sich die Verhältnisse des Unternehmens seit der Vereinbarung des Verkaufs der Anteile grundlegend geändert haben, zuzulassen, obwohl die Indizwirkung eines stichtagsnahen Veräußerungsfalls in der Praxis nur schwer zu erschüttern sein wird.[2]

48

4. Beizulegender Zeitwert nach § 255 Abs. 4 HGB

§ 255 HGB enthält die für alle Kaufleute geltenden grundlegenden **Bewertungsmaßstäbe in der Handelsbilanz**. Vermögensgegenstände in der Form von Beteiligungen an Unternehmen müssen nach § 253 Abs. 3 Satz 3 HGB bei voraussichtlich dauernder Wertminderung auf den niedrigeren Wert, der ihnen am Abschlussstichtag beizulegen ist (beizulegender Zeitwert), außerplanmäßig abgeschrieben werden. Nach § 255 Abs. 4 HGB entspricht der beizulegende Zeitwert dem **Marktpreis**. Auf allgemein anerkannte Bewertungsmethoden darf nur zurückgegriffen werden, wenn kein aktiver Markt besteht, anhand dessen sich der Marktpreis ermitteln lässt. Für eine ausführliche Darstellung der Ermittlung des beizulegenden Zeitwerts wird auf § 25 verwiesen.

49

Gegen die Verwendung von (außerbörslichen) Vorerwerbspreisen lässt sich in diesem Fall einwenden, dass sich diese gerade nicht durch einen aktiven Markt auszeichnen. Ein **aktiver Markt** wird angenommen, wenn der Marktpreis an einer Börse, von einem Händler oder Broker, von einem Preisberechnungsservice oder von einer Aufsichtsbehörde **leicht und regelmäßig** erhältlich ist.[3] Weitere Kennzeichen sind die Homogenität der gehandelten Produkte, die Möglichkeit jederzeit potentielle Käufer und Verkäufer zu finden sowie den öffentlichen Zugang zu Preisinformationen.[4] Der Marktpreis muss darüber hinaus auf aktuellen und regelmäßig auftretenden **Markttransaktionen zwischen unabhängigen Dritten** beruhen.[5] Wenn ein aktiver Markt fehlt, ist der beizulegende Zeitwert

50

---

1 Vgl. BT-Drucks. 16/7918, 38.
2 Vgl. *Möllmann*, BB 2010, 407 (410).
3 Vgl. *Schubert/Pastor* in BeckBilanzkomm., § 255 HGB Rz. 515.
4 Vgl. *Schubert/Pastor* in BeckBilanzkomm., § 255 HGB Rz. 515.
5 Vgl. IDW RS BFA 2, Rz. 39.

nach § 255 Abs. 4 Satz 2 HGB mit Hilfe **allgemein anerkannter Bewertungsmethoden** zu bestimmen.

51 Den Gesetzesmaterialien zu dieser Vorschrift ist zu entnehmen, dass öffentlich notierte Marktpreise grundsätzlich „der **bestmögliche objektive Hinweis** für den beizulegenden Zeitwert" sind.[1] Außerdem wird dargelegt, dass „die Anwendung von anderen Bewertungsmethoden (dazu) ... dient, den beizulegenden Zeitwert angemessen an den Marktpreis anzunähern, wie er sich am Bewertungsstichtag zwischen unabhängigen Geschäftspartnern bei Vorliegen normaler Geschäftsbedingungen ergeben hätte. Denkbar ist beispielsweise der Vergleich mit dem vereinbarten Marktpreis jüngerer vergleichbarer Geschäftsvorfälle zwischen sachverständigen, vertragswilligen und unabhängigen Geschäftspartnern".

52 Ein **unbedingter Vorrang von Vorerwerbspreisen** bei der Ermittlung des beizulegenden Zeitwerts von Unternehmen oder Unternehmensanteilen ist aus dieser Vorschrift auch unter Einbeziehung der Gesetzesmaterialien **nicht ableitbar**. Sind jedoch Vorerwerbspreise bekannt, müssen sich nach IDW S 1 bzw. IDW RS HFA 10 ermittelte Unternehmenswerte daran messen lassen müssen, da Vorerwerbspreise – anders als kapitalwertorientiert ermittelte Unternehmenswerte – Marktpreise sind.

5. Beizulegender Zeitwert („Fair Value") nach IFRS 13

53 IFRS 13 zur „Bemessung des beizulegenden Zeitwerts" ist als Kommissionsverordnung VO (EU) 1255/2012 am 11.12.2012 veröffentlicht und damit **unmittelbar geltendes Bilanzrecht** in den Mitgliedstaaten der EU.[2] Weil in IFRS 13 standardübergreifend die Prinzipien zur Bestimmung des beizulegenden Zeitwerts („Fair Value") festgelegt sind, ist IFRS 13 der relevante **Standard für die Unternehmensbewertung** im bilanziellen Kontext nach den IFRS-Standards. Die Bilanzierung nach IFRS erfordert, den Fair Value von Unternehmensbeteiligungen bei der erstmaligen Bilanzierung (Zugangsbewertung) und bei der Bilanzierung an den folgenden Bilanzstichtagen (Folgebewertung) zu ermitteln (IAS 39 für nicht konsolidierte Unternehmen im Konzernabschluss, IAS 36 im Einzelabschluss). Bei der **Zugangsbewertung** ist zu überprüfen, ob der Transaktionspreis dem Fair Value entspricht. Bei der **Folgebewertung** ist der aktuelle Fair Value zu ermitteln und gegebenenfalls die Notwendigkeit von außerplanmäßigen Abschreibungen („Impairment") bei dauernden Wertminderungen zu prüfen. Darüber hinaus ist der Fair Value auch für unternehmensartige sog. „Zahlungsmittel generierenden Einheiten" zu ermitteln, um die Werthaltigkeit von Firmenwerten aus Unternehmenszusammenschlüssen nach IAS 36 zu überprüfen. Für eine ausführliche Darstellung der Ermittlung des Fair Value nach IFRS 13 wird auf § 25 verwiesen.

54 Nach IFRS 13 ist der **Fair Value** der Preis, welcher im Falle eines Verkaufs an einen Dritten zum Bewertungsstichtag erzielbar wäre. Dabei ist von einer **best-

---

1 Vgl. *Petersen/Zwirner*, Bilanzrechtsmodernisierungsgesetz, S. 214.
2 Zur Bedeutung der IFRS im deutschen Bilanzrecht vgl. ausführlich § 25 Rz. 11 ff.

möglichen Verwendung durch die Marktteilnehmer auszugehen („highest and best use"). IFRS 13.72 gibt eine **Hierarchie** für jene Inputfaktoren vor, die bei der Fair Value-Ermittlung verwendet werden. Höchste Priorität genießt ein unmittelbar für das Bewertungsobjekt bestehender Marktpreis auf einem aktiven Markt (**Level 1**). Sobald nur eine dieser Bedingungen nicht erfüllt ist, also entweder die gehandelten Vermögenswerte zwar identisch, aber der Markt nicht aktiv ist oder umgekehrt der Markt zwar aktiv ist, dies allerdings nur für ähnliche Vermögenswerte, wird die Bewertung insgesamt in das **niedrigere Level 2** eingestuft. Werden bei der Fair Value-Ermittlung in nennenswertem Umfang unternehmensinterne Daten genutzt, die nicht auf Märkten beobachtbar sind, handelt es sich um eine Bewertung nach dem **niedrigsten Level 3**.

Die möglichen Bewertungsverfahren, das marktpreisorientierte Verfahren, das kapitalwertorientierte Verfahren und das kostenorientierte Verfahren, stehen nach IFRS 13 **grundsätzlich gleichwertig nebeneinander**. Bei der Auswahl des konkreten Verfahrens ist jedoch zu beachten, dass nach IFRS 13.67 jenes Bewertungsverfahren vorzugswürdig ist, das in **größtmöglichem Umfang Marktdaten (Level 1 und Level 2)** in die Bewertung einfließen lässt, in das also umgekehrt möglichst wenig unternehmensspezifische Daten Eingang finden.[1]   55

Wie in diesem Rahmen **Vorerwerbspreise** einzustufen sind, ergibt sich nicht direkt aus IFRS 13. Sie sind jedenfalls **kein Level 1-Inputfaktor**, weil der Markt, auf dem der Vorerwerbspreis zustande kommt, üblicherweise nicht als ein aktiver Markt eingestuft werden kann. Der **Börsenkurs** hätte danach für eine Bilanzierung nach IFRS selbst Vorrang vor einem gerade abgeschlossenen Kaufvertrag, wenn der Börsenkurs ein beobachtbarer Marktpreis auf einem aktiven Markt ist, der am liquidesten ist. Es wird in diesem Zusammenhang jedoch vorgeschlagen, dass auch künftig ein gerade abgeschlossener Kaufvertrag, jedenfalls beim Fehlen von Anhaltspunkten für „irreguläre" Bedingungen (Verkauf „unter Zwang" und dergleichen), den bestmöglichen Vergleichsmaßstab bildet.[2]   56

Möglicherweise könnten **Vorerwerbspreise** nach IFRS 13 als Preise für einen **identischen Vermögenswert auf einem inaktiven Markt** angesehen werden und dementsprechend als Level 2-Inputfaktoren eingestuft werden. Dies bietet sich vor allem an, weil Bewertungsmultiplikatoren, die aus beobachtbaren Marktdaten für vergleichbare Unternehmen abgeleitet werden, in IFRS 13.B 35h als Level 2-Inputfaktor bezeichnet werden. Vorerwerbspreise benötigen anders als Bewertungsmultiplikatoren nicht die **Prämisse der Vergleichbarkeit**. Jedoch können die Marktdaten für vergleichbare börsennotierte Unternehmen zum Bewertungsstichtag gewonnen werden, während Vorerwerbspreise bereits **vor dem Bewertungsstichtag** zustande gekommen sind. Den Materialien zu IFRS   57

---

1 In IFRS 13.67 heißt es: „Die zur Ermittlung des beizulegenden Zeitwerts verwendeten Bewertungsverfahren haben die Verwendung von relevanten beobachtbaren Eingangsparametern zu maximieren und die Verwendung von nicht beobachtbaren Eingangsparametern zu minimieren." Vgl. ausführlich *Küting/Cassel*, KoR 2012, 322 (323).
2 Vgl. *Theile/Pawelzik*, PiR 2012, 210 (212).

13 („Basis for Conclusions") ist zu entnehmen, dass **Preise früherer Transaktionen**[1] „möglicherweise" Stufe 3 der Hierarchie zuzurechnen seien (IFRS.BC195). Setzt sich diese Lesart durch, wird dem Preis am Stichtag, der bei Bewertungsmultiplikatoren – unter Einsatz einer Vielzahl weiterer Prämissen – verwendet werden kann, ein **höheres Gewicht** gegeben als dem Vorerwerbspreis, der zwar nur einen eingeschränkten Stichtagsbezug aufweist, aber ohne die Prämisse der Vergleichbarkeit auskommt.

58 Für die Bedeutung von Vorerwerbspreisen relevant ist darüber hinaus der Zusammenhang zwischen Zugangsbewertung und Folgebewertung, wenn der Transaktionspreis bei erstmaliger Erfassung des Vermögenswertes dem Fair Value entspricht. Nach IFRS 13.58 ist davon zwar im Regelfall auszugehen, allerdings ist diese Annahme zu **überprüfen**. IFRS 13.B4 nennt **beispielhaft vier Fallgruppen**, in denen der Transaktionspreis nicht mit dem Fair Value im Zeitpunkt der erstmaligen bilanziellen Erfassung identisch sein könnte:

– Es handelt sich um eine Transaktion zwischen nahestehenden Personen/Unternehmen (related parties).

– Die Transaktion erfolgt unter Zwang, weil der Verkäufer gezwungen ist, den Preis zu akzeptieren (z.B. aufgrund seiner finanziellen Schwierigkeiten).

– Die Rechnungslegungseinheit, auf die sich der Transaktionspreis bezieht, unterscheidet sich von der Rechnungslegungseinheit für das Bewertungsobjekt. Dies ist beispielsweise der Fall, wenn der Transaktionspreis auch Transaktionskosten enthält oder wenn sich der Transaktionspreis sowohl auf ein Finanzinstrument (z.B. ein unterverzinsliches Darlehen) als auch auf eine andere Art von Vermögenswert bezieht.

– Der Markt, auf dem die Transaktion stattfindet, ist nicht der Haupt- bzw. der vorteilhafteste Markt. Dabei ist zu beachten, dass infolge unterschiedlicher Marktzugangsmöglichkeiten nicht notwendigerweise beide Vertragsparteien zu demselben Ergebnis kommen, obwohl dasselbe Rechtsgeschäft beurteilt wird.

59 Falls der Transaktionspreis mit dem Fair Value bei Zugang identisch ist und der Fair Value im Rahmen der Folgebewertung mittels eines Bewertungsverfahrens bestimmt wird, das nicht beobachtbare Inputfaktoren verwendet, fordert IFRS 13.64 eine **Kalibrierung** des Bewertungsmodells für die Folgebewertung. Das Bewertungsverfahren ist in diesem Fall so zu kalibrieren, dass das Ergebnis des Bewertungsmodells, bei einer **Rückrechnung auf den Zugangszeitpunkt**, dem Transaktionspreis entspricht. Das bedeutet, dass bei der Folgebewertung die Parameter des Bewertungsverfahrens nicht frei gewählt werden können. Kommt es zu **Abweichungen** zwischen dem Bewertungsergebnis und dem auf Angemessenheit überprüften Transaktionspreis, sind entweder das Bewertungsverfahren oder die nicht beobachtbaren Inputfaktoren anzupassen. Wenn

---

1 Als Beispiel wird die letzte Finanzierungsrunde einer Wagniskapital-Anlage angegeben.

mehrere Inputfaktoren kalibrierbar sind, müssen **vorrangig** die **signifikanten** und die **nicht beobachtbaren Inputfaktoren** kalibriert werden.[1]

V. Vorerwerbspreise in der Rechtsprechung

Die Rechtsprechung zu Vorerwerbspreisen betrifft **überwiegend** Bewertungsanlässe im Zusammenhang mit **gesellschaftsrechtlichen Strukturmaßnahmen**, also dort, wo der Gesetzgeber ohne nähere Vorgaben zur Bewertung nur die **Angemessenheit** der Bewertung vorgibt. Im Folgenden werden die Umstände und Begründungen wichtiger Entscheidungen im Zusammenhang mit Vorerwerbspreisen dargestellt.

1. Gesellschaftsrechtliche Strukturmaßnahmen

Bei der **Bewertung** von Unternehmen **im Rahmen gesellschaftsrechtlicher Strukturmaßnahmen** werden Vorerwerbspreise von der Rechtsprechung fast durchweg verworfen. Davon abweichend hat das BayObLG 1998 – jedoch in Ermangelung der Möglichkeit, ein nach Meinung des Gerichts tragfähiges Bewertungsgutachten einholen zu können – außerbörsliche Preise für Aktien oder Aktienpakete als Anhaltspunkt für die Bemessung einer Barabfindung bei Abschluss eines Beherrschungs- und Gewinnabführungsvertrages zugelassen.[2] Als „beherzte Einzelentscheidung"[3] ist die – nicht rechtskräftige – Entscheidung des LG Köln aus dem Jahr 2009 anzusehen, bei der Beurteilung der Angemessenheit einer Barabfindung bei einem Delisting ausschließlich auf den Vorerwerbspreis abzustellen, weil sich dieser Preis in einer echten Marktsituation gebildet habe.[4]

a) BVerfG: Beherrschungs- und Gewinnabführungsvertrag – DAT/Altana (1999)

Das BVerfG unterscheidet in seiner DAT/Altana-Entscheidung vom 27.4.1999 zwischen dem Börsenkurs einer Aktie und dem Preis, den ein Hauptaktionär für den vorhergehenden Erwerb von Aktien tatsächlich gezahlt hat.[5] Nach dem durch Art. 14 Abs. 1 Grundgesetz garantierten Eigentumsschutz sei es nur geboten, den **Börsenkurs** zu berücksichtigen, Vorerwerbspreise könnten dagegen bei der Bewertung des Anteilseigentums unberücksichtigt bleiben.

Das BVerfG begründet seine Entscheidung damit, dass ein wesentliches Charakteristikum des Aktieneigentums in der Verkehrsfähigkeit der Aktie und der Dispositionsfreiheit des Aktionärs begründet sei. Der Vermögensverlust, den der Minderheitsaktionär durch eine Strukturmaßnahme erleide, stelle sich für ihn als Verlust des Verkehrswertes der Aktie dar. Daher müsse die Abfindung

---

1 Vgl. IDW RS HFA 47, Rz. 51.
2 BayObLG v. 29.9.1998 – 3Z BR 159/94, AG 1999, 43.
3 Vgl. *Fleischer*, AG 2014, 97 (114).
4 LG Köln v. 24.7.2009 – 82 O 10/08, AG 2009, 835, n. rkr.
5 BVerfG v. 27.4.1999 – 1 BvR 1613/94, AG 1999, 566 = NJW 1999, 3769.

so bemessen sein, dass der Minderheitsaktionär jedenfalls nicht weniger erhalte als er bei einer freien Desinvestitionsentscheidung zum Zeitpunkt der Strukturmaßnahme erlangt hätte. Vorerwerbspreise könnten dagegen außer Betracht bleiben, denn der Preis, den ein Mehrheitsaktionär an die Minderheitsaktionäre für Aktien der gemeinsamen Gesellschaft zu zahlen bereit sei, habe zu dem „wahren Wert" des Anteilseigentums in der Hand der Minderheitsaktionäre regelmäßig keine Beziehung. In ihm komme der **Grenznutzen** zum Ausdruck, den der Mehrheitsaktionär aus den erworbenen Aktien ziehen kann. Dieser sei vielfach dadurch bestimmt, dass der Mehrheitsaktionär mithilfe der erworbenen Aktien ein Stimmquorum erreicht, welches aktien- oder umwandlungsrechtlich für bestimmte gesellschaftsrechtliche Maßnahmen erforderlich sei. Deshalb sei der Mehrheitsaktionär zumeist bereit, für die Aktien, die ihm noch für ein bestimmtes Quorum fehlen, einen „**Paketzuschlag**" zu zahlen.

64 Auch zu dem **Verkehrswert** des Aktieneigentums hätten außerbörslich gezahlte Preise – so das BVerfG – regelmäßig keine Beziehung. Im Vorfeld und zur Vorbereitung einer gesellschaftsrechtlichen Maßnahme akzeptiere der Mehrheitsaktionär allein deshalb einen bestimmten (überhöhten) Preis, für die ihm für ein erforderliches **Quorum** noch fehlenden Aktien, weil ihm sonst die beabsichtigte Konzernierungsmaßnahme unmöglich wäre. Eine solche Erwägung sei aber nur für den Mehrheitsaktionär bestimmend, während sie **für Dritte keine Bedeutung** habe. Aus der Sicht des Minderheitsaktionärs sei der vom Mehrheitsaktionär außerbörslich bezahlte erhöhte Preis mithin nur erzielbar, wenn es ihm gelingt, gerade seine Aktien an den Mehrheitsaktionär zu veräußern. Darauf habe er aber verfassungsrechtlich keinen Anspruch.

b) BGH: Squeeze-out – Stollwerck (2010)

65 Der BGH hat in seiner Stollwerck-Entscheidung vom 19.7.2010 befunden, dass sich die angemessene Abfindung nicht an **Preisen** orientieren muss, die vom **Hauptaktionär** an andere Aktionäre gezahlt werden oder wurden.[1] In der Vorinstanz hatte das OLG Düsseldorf in seiner Entscheidung erwogen, die Barabfindung auf der Grundlage eines Pflichtangebots nach § 35 WpÜG festzusetzen, welches dem Squeeze-out vorangegangen war. Der BGH hat diese Erwägung **verworfen** und dies damit begründet, dass sich ein Pflichtangebot nach WpÜG nicht nur nach dem wesentlichen Börsenkurs errechnet, sondern darüber hinaus auch nach den **vom Bieter gezahlten Vorerwerbspreisen**. Der BGH verweist zur Begründung auf die DAT/Altana-Entscheidung des BVerfG.

c) OLG-Entscheidungen (1994–2011)

66 Die OLG haben sich bei Unternehmensbewertungen im Rahmen von gesellschaftsrechtlichen Strukturmaßnahmen bislang – soweit ersichtlich – einhellig **gegen eine Pflicht zur Berücksichtigung von Vorerwerbspreisen** ausgesprochen.

67 Das **OLG Frankfurt** hatte 2011 im Falle der Bemessung einer Barabfindung nach Abschluss eines Beherrschungs- und Gewinnabführungsvertrages fest-

---

1 BGH v. 19.7.2010 – II ZB 18/09, AG 2010, 629 = Der Konzern 2010, 499.

gehalten, dass gezahlte Vorerwerbspreise regelmäßig **keine Rolle** spielen.[1] Mit dieser Begründung ist es auch dem Antrag nicht nachgegangen, die innerhalb eines Jahres vor dem Übertragungsverlangen getätigten Vorerwerbe **offenzulegen**.

2010 hatte das **OLG Frankfurt** in einer Entscheidung zu einem Squeeze-out-Verfahren die Berücksichtigung von außerbörslichen Aktienerwerbe zu Preisen, die **40 bis 50 % oberhalb** der am durchschnittlichen Börsenkurs orientierten Abfindung lagen und innerhalb eines Jahres vor dem Bewertungsstichtag stattfanden, als **nicht ausschlaggebend** bezeichnet.[2] In der Begründung stellt das OLG Frankfurt darauf ab, dass der Wortlaut von § 327b AktG, anders als bei einem öffentlichen Angebot nach § 4 WpÜG-AngebV, keine wertunabhängige Berücksichtigung von Vorerwerbspreisen vorsehe. Zudem sei die Berücksichtigung von Vorerwerbspreisen nach der DAT/Altana-Entscheidung des BVerfG auch verfassungsrechtlich nicht geboten.

68

Das **OLG Stuttgart** hat 2007 zur Frage nach der Angemessenheit der Verschmelzungswertrelation bei einer sog. Konzernverschmelzung den Unternehmenswert der übertragenden Rechtsträgerin, der sich aus außerbörslich an institutionelle Anleger im Jahr 1999 gezahlten Preise ergibt, deswegen für **unmaßgeblich** gehalten, weil der Zeitraum **zeitlich zu weit** vom Stichtag im März 2001 entfernt ist.[3] Aufgrund dieser Schlussfolgerung hat das OLG Stuttgart nicht geprüft, inwieweit für die Bewertung relevant ist, dass die außerbörslichen Preise offenbar Paketaufschläge auf die damaligen Börsenkurse enthalten.

69

2006 hatte das **OLG Stuttgart** bei der Bemessung der Barabfindung in einem Squeeze-out-Fall die **außerbörslich zur Ablösung von Mitarbeiter-Optionen** gezahlten Preise nicht berücksichtigt.[4] Unter Verweis auf diverse Fundstellen zu Paketzuschlägen[5] heißt es in der Entscheidung, dass solche außerbörslichen Zahlungen durch bestimmte Erwägungen zum Grenznutzen des Mehrheitsaktionärs motiviert seien, die nicht den Verkehrswert widerspiegelten. Der Erwerbspreis für die zu unterschiedlichen Zeitpunkten mit steigenden Preisen ausübbaren Optionsrechte ließe **keine Rückschlüsse auf einen Verkehrswert der Aktie** zu Marktkonditionen zu.

70

Das **OLG Düsseldorf** stellte 2003 im Falle der Eingliederung einer AG unter Verweis auf die DAT/Altana-Entscheidung des BVerfG fest, dass der Minderheitsaktionär **keinen Anspruch auf den außerbörslich gezahlten Preis** hat, den ein Mehrheitsaktionär bereit ist zu zahlen, um die Aktien zu erlangen, die ihm für sein Quorum noch fehlen.[6] Der Preis sei für den Minderheitsaktionär nur

71

---

1 OLG Frankfurt v. 24.11.2011 – 21 W 7/11, AG 2012, 513.
2 OLG Frankfurt v. 21.12.2010 – 5 W 15/10, juris.
3 OLG Stuttgart v. 6.7.2007 – 20 W 5/06, AG 2007, 705.
4 OLG Stuttgart v. 26.10.2006 – 20 W 14/05, AG 2007, 128 (136).
5 Das OLG Stuttgart verweist auf: BVerfG v. 27.4.1999 – 1 BvR 1613/94, BVerfGE 100, 289 = NJW 1999, 3769 (3771) = AG 1999, 566; *Emmerich* in Emmerich/Habersack, Aktien- und GmbH-Konzernrecht, § 305 AktG Rz. 49 f.; *Hüffer*, § 305 AktG Rz. 21; *Koppensteiner* in KölnKomm. AktG, § 305 AktG Rz. 95.
6 OLG Düsseldorf v. 31.1.2003 – 19 W 9/00 AktE, AG 2003, 329 (331).

dann zu erzielen, wenn es ihm gelingt, gerade seine Aktien an den Mehrheitsaktionär zu veräußern.

72 Das **OLG Hamburg** berücksichtigte 2001 bei der Entscheidung über die Höhe der Abfindung nach Abschluss eines Beherrschungs- und Gewinnabführungsvertrages nicht, dass die Aktienmehrheit an der beherrschten Gesellschaft später (rd. vier Jahre) zu einem Preis, der rd. 80 % über der Abfindung lag, verkauft wurde.[1] Das OLG Hamburg führt aus, dass der deutlich höhere Preis zwar nahelege, dass die Barabfindung zu niedrig festgesetzt sei. Aber der Preis bei Verkauf einer Aktienmehrheit in einem **Paket** könne sich am Markt nach anderen Kriterien bilden als der Börsenpreis, zu dem ein **Kleinaktionär** seine Aktien kauft und verkauft. Auch sei die **Unternehmenspolitik des späteren Käufers** nicht geeignet, als Richtschnur für den Verkehrswert der Aktien im normalen Börsenhandel zu dienen, zumal der Verkauf nicht in der Nähe des Stichtages, sondern **wesentlich später** stattgefunden hat.

73 Das **BayObLG** war 1998 hingegen der Auffassung, dass für die Bemessung einer Barabfindung bei Abschluss eines Beherrschungs- und Gewinnabführungsvertrages außerbörsliche Preise für Aktien oder Aktienpakete als Anhaltspunkt verwendbar sind.[2] Jedoch ist dies vor dem Hintergrund des **späteren Konkurses von herrschender und beherrschter Gesellschaft** zu sehen, weshalb sich das BayObLG außer Stande sah, ein tragfähiges Bewertungsgutachten einholen zu können. Außerdem lagen dem BayObLG Unterlagen über außerbörsliche Preise nicht vor, so dass sich die Frage einer konkreten Berücksichtigung von Vorerwerbspreisen in diesem Fall nicht stellte.

74 Das **OLG Celle** entschied 1998, dass es auf den Preis, den das herrschende Unternehmen oder ihr nahestehende Personen in zeitlicher Nähe zum Abschluss eines Beherrschungs- und Gewinnabführungsvertrages zahlen, nicht ankomme.[3] Es bestehe **kein Zusammenhang** zwischen dem Preis einzelner Aktien oder Aktienpaketen und dem Unternehmenswert.

75 Das **OLG Düsseldorf** hielt 1997 Vorerwerbspreise für die Bemessung der Barabfindung regelmäßig **ohne Belang** und verweist darauf, dass dies im entschiedenen Fall erst recht gelte, da das entsprechende Erwerbsangebot unstreitig vor dem Hintergrund anhängiger Anfechtungsklagen erfolgt war.[4]

76 1994 entschied das **OLG Düsseldorf** ebenfalls gegen die Berücksichtigung außerbörslicher Aktienkäufe in erheblichem Umfang zu einem über der Abfindung liegenden Kurs.[5] Das Gericht sah darin keinen Verstoß gegen das **Gleichbehandlungsgebot** des § 53a AktG, da diese Vorschrift das Verhalten der Aktiengesellschaft und ihrer Organe zum einzelnen Aktionär beträfe. § 53a AktG könne nicht, auch nicht entsprechend, auf das Verhältnis zwischen einem Mehrheitsaktionär und den Minderheitsaktionären angewendet werden. Die

---

1 OLG Hamburg v. 31.7.2001 – 11 W 29/94, AG 2002, 406 (408).
2 BayObLG v. 29.9.1998 – 3Z BR 159/94, AG 1999, 43.
3 OLG Celle v. 31.7.1998 – 9 W 128/97, AG 1999, 128 (129).
4 OLG Düsseldorf v. 20.11.1997 – 19 W 3/97 AktE, DB 1998, 462 (462) = AG 1998, 236.
5 OLG Düsseldorf v. 2.8.1994 – 19 W 1/93 AktE, AG 1995, 85 (86 f.).

außerbörslichen Vorerwerbe stellten rein schuldrechtliche Verkehrsgeschäfte dar, die **keinen unmittelbaren Bezug zum Gesellschaftsverhältnis** aufweisen.

d) LG Köln: Delisting – Parsytec (2009)

Eine Sonderstellung nimmt die (nicht rechtskräftige) Entscheidung des LG Köln aus 2009 im Spruchverfahren anlässlich des Rückzugs der Börsennotiz („Delisting") der Parsytec AG ein. Das LG Köln betont, in Abweichung zu der gesamten höherinstanzlichen Rechtsprechung, den **Vorrang der realitätsnahen Marktpreisbildung** durch zeitnahe Anteilskäufe gegenüber der theoretischen Ertragswertberechnung bei der Festlegung des Unternehmenswertes. Zwar habe sich die für die Bestimmung der angemessenen Barabfindung notwendige Ermittlung des wahren Unternehmenswertes die Ertragswertmethode durchgesetzt, das Ertragswertverfahren sei jedoch nur ein Hilfsmittel zur Ermittlung des Verkehrswertes des Unternehmens. Soweit der Unternehmenswert aufgrund einer zeitnahen Unternehmensveräußerung bekannt sei, bedürfe es keiner schwierigen, komplexen, kostenträchtigen und mit zahlreichen Unsicherheiten behafteten gutachtlichen Ertragswertberechnung. 77

Das Gericht hielt die angebotene Barabfindung für angemessen, weil die für die Höhe der Barabfindung zugrunde gelegten, im zeitlichen Zusammenhang zum Bewertungsstichtag ermittelten **Marktpreise für größere Aktienpakete** den Verkehrswert des Unternehmens zutreffend widerspiegelten. 78

Voraussetzung für eine Orientierung an erzielten Marktpreisen ist nach der Auffassung des LG zum einen, dass der Erwerb der Anteile auf die Erlangung der Unternehmenskontrolle abzielt und das Aktienpaket die **Kontrolle** über das Unternehmen tatsächlich ermöglicht. Bei dem Erwerb eines über 50 % liegenden Aktienpakets sei anzunehmen, dass der pro Aktie vereinbarte Preis auch bei der Veräußerung eines noch größeren Aktienpakets oder des gesamten Unternehmens erzielt worden wäre. Die Wertermittlung für ein solches Aktienpaket basiere in einem solchen Fall auf Ertragswertgesichtspunkten und sei dann unternehmensbezogen und nicht anteilig bzw. börsenbezogen. 79

Zum anderen sei erforderlich, dass sich der Preis für die Unternehmenstransaktion in einer **echten Marktsituation** gebildet habe. Dies erfordere grundsätzlich eine Wettbewerbslage auf Käufer- und Verkäuferseite, in der sich gleichwertige Vertragspartner gegenüberstünden, die in der Lage seien, ihre gegenläufigen Interessen auszugleichen. Dies führe grundsätzlich zu einem für alle Beteiligten angemessenen Preis, der als Verkehrswert gelten könne. Ein auf diese Weise gebildeter Marktpreis sei jeder Schätzung des Marktwertes durch Sachverständige überlegen. Es handele sich schließlich um einen realisierten Wert, in den alle maßgeblichen Marktaspekte eingeflossen seien, und nicht um einen theoretischen Laborwert, der sich einseitig auf höchst unsichere Ertragswertaussichten stütze und zudem Marktaspekte völlig ausblende.[1] 80

---

1 LG Köln v. 24.7.2009 – 82 O 10/08, AG 2009, 835, n. rkr.

2. Sonstige Bewertungsanlässe

81 Bei Bewertungsanlässen, die nicht gesellschaftsrechtliche Strukturmaßnahmen betreffen, sind Vorerwerbspreise, soweit ersichtlich, nur **vereinzelt** Gegenstand der zivilrechtlichen Rechtsprechung geworden. Der **BFH** hat sich aufgrund des **gesetzlichen Vorrangs** von Vorerwerbspreisen bei der Bestimmung des gemeinen Werts häufig mit Fragen zur Bestimmung und Verwendbarkeit von Vorerwerbspreisen auseinandergesetzt.

a) BGH: Pflichtteilsergänzungsanspruch (1982)

82 Zur Bewertung eines kaufmännischen Unternehmens für die Berechnung eines Pflichtteilergänzungsanspruchs hatte der BGH in seiner Entscheidung vom 17.3.1982 keine Bedenken, dass der **Verkehrswert einer Beteiligung des Erblassers an einer GmbH** nach dem Verkaufserlös bemessen wird, der etwa ein Jahr nach dem Erbfall für das Unternehmen erzielt worden ist. Bedingung dafür ist, dass in der Zeit zwischen dem Bewertungsstichtag und der Veräußerung keine wesentlichen Veränderungen des Marktes ersichtlich sind.[1]

b) Ausgewählte BFH-Entscheidungen (1980–2010)

83 In einem 2010 entschiedenen Fall repräsentierten die Vorerwerbspreise nach Auffassung des BFH nicht mehr den gemeinen Wert der Aktien zum Bewertungsstichtag, weil bereits vor dem Bewertungsstichtag ein **Börsengang** vorbereitet wurde, bei dem die Beteiligten von einer achtmal höheren Bewertung der Anteile im Vergleich zu den Vorerwerbspreisen ausgingen. Der betroffene Arbeitnehmer erhielt eine relativ geringe laufende Lohnzahlung, aber eine hohe Wertzuwendung in Form von Aktien.[2]

84 In einem vom BFH 2009 entschiedenen Fall wurde der ursprünglich gezahlte Kaufpreis nach dem Bewertungsstichtag um ca. 30 % gekürzt, weil der Erwerber von einem **Minderungsrecht** Gebrauch machte. Nach Auffassung des BFH sei das Minderungsrecht bereits am Bewertungsstichtag zu berücksichtigen, wenn nach **objektiven Wertmaßstäben** die Voraussetzungen für das Minderungsrecht bereits am Bewertungsstichtag vorhanden waren und die Minderung später auch tatsächlich vollzogen wurde.[3]

85 Ebenfalls 2009 hat der BFH entschieden, dass ein **vereinbarter Kaufpreis** auch dann **vorrangig** zur Ableitung des gemeinen Wertes heranzuziehen ist, wenn im Rahmen der Veräußerung zeitgleich **Auslastungsgarantien** abgeschlossen oder beendet werden, der Erwerber bereits vorher **Gesellschafter-Geschäftsführer** war, der Kaufpreis dem **anteiligen Eigenkapital** gemäß der im Gesellschaftsvertrag vereinbarten Abfindungsregel entspricht und **Vorkaufsrechte** zwischen den Gesellschaftern bestanden. Für die Beurteilung der Marktüblichkeit zog der BFH die Absagen von zwei weiteren potentiellen Käufern heran, weshalb der Verkauf an den Gesellschafter-Geschäftsführer in Form eines **Management**

---

1 BGH v. 17.3.1982 – V ZR 27/81, NJW 1982, 2497.
2 BFH v. 29.7.2010 – VI R 30/07, AG 2010, 914 (916).
3 BFH v. 22.1.2009 – II R 43/07, GmbHR 2009, 670 = ZEV 2009, 314.

Buy-Outs die alleine verbliebene Option gewesen sei. Es könne eine freie Wahrnehmung der eigenen Interessen seitens der Vertragspartner angenommen werden.[1]

Der BFH hat 1988 entschieden, dass der für Anteile an einer GmbH erzielte Kaufpreis nicht deshalb auf ungewöhnlichen Verhältnissen beruht, weil die Preisbemessung dadurch beeinflusst worden ist, dass ein **branchenfremdes Unternehmen** in die Branche der GmbH einzudringen versucht. Gleiches gelte auch, wenn ein Unternehmen desselben Geschäftszweiges ein anderes Unternehmen aufkauft, um sich in einem bestimmten Gebiet einer **Konkurrenz zu entledigen**.[2] 86

Der BFH befand 1980, dass ein Anteilsverkauf, durch den in erster Linie eine Neuordnung der Unternehmen des Anteilsveräußerers und des Erwerbers mit dem Ziel einer **gegenseitigen engen wirtschaftlichen und technischen Zusammenarbeit** angestrebt wurde, nicht als Veräußerung im gewöhnlichen Geschäftsverkehr anzusehen ist, da der Preis in erheblichem Maße durch persönliche Verhältnisse von § 9 Abs. 2 Satz 3 BewG beeinflusst war.[3] 87

VI. Vorerwerbspreise in der Literatur

Soweit ersichtlich, wird die Frage der Berücksichtigung von Vorerwerbspreisen in der Literatur nur im Zusammenhang mit der Ermittlung von **Barabfindungen bei gesellschaftsrechtlichen Strukturmaßnahmen** diskutiert, dort jedoch **äußerst kontrovers**. 88

Die wohl **herrschende Meinung** sieht **keine Pflicht** zur Berücksichtigung von Vorerwerbspreisen.[4] Andere Stimmen fordern indessen die Berücksichtigung derartiger Vorerwerbspreise im Rahmen der Abfindungsermittlung.[5] In eine ähnliche Richtung, wenn auch ohne direkten Bezug zu Vorerwerbspreisen, zielen Meinungen in der Literatur, die eine **stärkere Marktorientierung** oder gar 89

---

1 BFH v. 14.7.2009 – IX R 6/09, GmbHR 2010, 274.
2 BFH v. 2.11.1988 – II R 52/85, GmbHR 1989, 178.
3 BFH v. 28.11.1980 – III R 86/78, BB 1981, 718.
4 *Koch* in Hüffer, § 305 AktG Rz. 31; *Paulsen* in MünchKomm. AktG, 3. Aufl. 2010, § 305 AktG Rz. 82; *Stephan* in K. Schmidt/Lutter, § 305 AktG Rz. 111; *Koppensteiner* in KölnKomm. AktG, 3. Aufl. 2004, § 305 AktG Rz. 73 f.; *Krieger* in MünchHdb. AG, § 70 Rz. 128; *Veil* in Spindler/Stilz, § 305 AktG Rz. 67; *Hasselbach* in KölnKomm. WpÜG, § 327b AktG Rz. 40; *Bode*, Der Konzern 2010, 529; *Land/Hennings*, AG 2005, 380 (386); *Vetter*, AG 2002, 176 (188); *Piltz*, ZGR 2001, 185 (197 ff.); *Wilm*, NZG 2000, 234 (240); *Seetzen*, WM 1999, 565 (571).
5 *Emmerich* in Emmerich/Habersack, Aktien- und GmbH-Konzernrecht, § 305 AktG Rz. 50; *Hirte/Hasselbach* in Großkomm. AktG, 4. Aufl. 2005, § 305 AktG Rz. 145; *Großfeld*, Recht der Unternehmensbewertung, S. 351; *Rathausky*, FB 2008, 114 (115 ff.); *Hüttemann*, WPg 2007, 812 (822); *Busse von Colbe* in FS Lutter, 2000, S. 1053 (1061 f.); *W. Müller* in FS Bezzenberger, 2000, S. 705 (717 f.); *Behnke*, NZG 1999, 931 (934); *Götz*, DB 1996, 259 (264).

den **Vorrang marktanalytischer Methoden** fordern.[1] Darüber hinaus empfahlen verschiedene Autoren die Berücksichtigung von Vorerwerbspreisen bei der Bemessung der Barabfindung im Squeeze-out-Verfahren gem. § 327b AktG **de lege ferenda** im Rahmen von Gesetzgebungsverfahren.[2]

90 Im Folgenden werden in drei erkennbaren Kategorien die Argumente und Gegenargumente dargestellt. Die eigene Einschätzung befindet sich im zusammenfassenden Fazit in Abschnitt VII., unten Rz. 106 ff.

1. Vorerwerbspreis ist kein Grenzpreis

91 Die herrschende Meinung lehnt die Verwendung von Vorerwerbspreisen bei gesellschaftsrechtlichen Strukturmaßnahmen vor allem ab, weil sich die Abfindung im Vertragskonzernrecht nach dem **Grenzpreis des abgefundenen Aktionärs** bestimmt, nicht aber nach dem **Schiedspreis**.[3] Nur der Schiedspreis, der gegenläufige Interessen ausgleichen soll, ließe auch Ableitungen aus Hilfsgrößen zu.[4] Die Bewertung habe gedanklich darauf zu beruhen, dass das Unternehmen ohne die Strukturmaßnahme weitergeführt würde.[5]

92 Folgerichtig werden nach herrschender Meinung auch bei der Ertragswertberechnung sog. **Verbundeffekte**, also aus der Strukturmaßnahme resultierende Vorteile, bei der Barabfindung nicht berücksichtigt: Der Aktienkauf unter dem Gesichtspunkt, nur durch den Käufer realisierbar **Synergievorteile** zu realisieren, habe mit dem Wert des Unternehmens nichts zu tun.[6] Dementsprechend sei auch die Berücksichtigung von **Paketzuschlägen** nicht geboten[7], die auf solche Synergievorteile des Käufers zurückzuführen seien.[8] Der einzelne Aktionär kann diesen Mehrwert gegenüber dem Börsenkurs nicht erzielen, sofern er nicht die „Gunst der Stunde"[9] genutzt hat, also seine Aktien tatsächlich an den Vorerwerber veräußert hat. Die Ablehnung eines Übernahmeangebots deute zwar auf einen **individuell** höheren Verkäufergrenzpreis hin, welcher jedoch keine geeignete Wertindikation darstelle.[10] Auch könnten die Vorerwerbs-

---

1 Vgl. *Fleischer*, AG 2014, 97 (114); *Stilz* in FS Goette, 2011, S. 529 (537 ff.); *Hüttemann*, ZGR 2001, 454 (470); *Luttermann*, ZIP 1999, 45 (47).
2 Vgl. *Krieger*, BB 2002, 57; *Deutscher Anwaltsverein-Handelsrechtsausschuss*, NZG 2001, 420 (431); *Deutscher Anwaltsverein-Handelsrechtsausschuss*, NZG 1999, 850 (851).
3 Vgl. *Veil* in Spindler/Stilz, § 305 AktG Rz. 67.
4 Vgl. *Koch in Hüffer*, § 305 AktG Rz. 31.
5 Vgl. *Koppensteiner* in KölnKomm. AktG, 3. Aufl. 2004, § 305 AktG Rz. 65; *Land/Hennings*, AG 2005, 380 (386); *Seetzen*, WM 1999, 565 (572).
6 Vgl. *Koppensteiner* in KölnKomm. AktG, 3. Aufl. 2004, § 305 AktG Rz. 73 f.; *Land/Hennings*, AG 2005, 380 (386).
7 Vgl. *Veil* in Spindler/Stilz, § 305 AktG Rz. 67; *Land/Hennings*, AG 2005, 380 (386 f.).
8 Vgl. *Piltz*, ZGR 2001, 185 (198).
9 Vgl. *Wilm*, NZG 2000, 234 (240); *Piltz*, ZGR 2001, 185 (198).
10 *Hachmeister/Ruthardt*, DB 2014, 1689 (1690).

preise überhöht[1] sein, weil dem Mehrheitsaktionär die Durchführung einer gesellschaftsrechtlichen Maßnahme sonst unmöglich wäre. Auf solche überhöhten Preise habe ein Minderheitsaktionär jedoch keinen Anspruch.[2]

Darüber hinaus ließe sich die Verwendung von Vorerwerbspreisen nur mit dem Postulat einer **Gleichbehandlungspflicht** rechtfertigen, für die eine tragfähige Grundlage nicht ersichtlich sei.[3] Die gesetzliche Regelung sei nicht darauf gerichtet, allen verbleibenden Aktionären ein Ausscheiden aus der Gesellschaft zu im wesentlichen gleichen Konditionen zu ermöglichen, sondern wolle lediglich sicher stellen, dass den Minderheitsaktionären für den Verlust ihrer Beteiligung an der Gesellschaft eine deren **tatsächlichem Wert entsprechende Entschädigung** gewährt wird.[4] Normadressat des aktienrechtlichen Gleichbehandlungsgebotes sei nur die Aktiengesellschaft als solche bzw. deren Organe, nicht aber die Aktionäre untereinander.[5] 93

Dagegen wird eingewendet, dass der Hauptaktionär, wenn er in zeitlicher Nähe zu den Vorerwerben eine Strukturmaßnahme vornimmt, sich von deren Umsetzung **Synergieeffekte** verspricht und diese über Aufschläge zum Börsenkurs abzugelten bereit ist.[6] Da für ihn nur solche Käufe wertschöpfend wirken, bei denen er nicht alle möglichen Synergieeffekte dem Verkäufer abgelten muss, ist die Höhe des Vorerwerbspreises ein Anhaltspunkt für die **Untergrenze seines „wahren" Wertes** am Unternehmen. Synergien stellten auch nach dem Vorerwerb ein Teil des Unternehmenswertes dar und spiegelten die „**Verhältnisse der Gesellschaft**" wider. Daher sei es irrelevant, ob Minderheitsaktionäre diese durch Verkauf an den Hauptaktionär hätten realisieren können.[7] 94

Darüber hinaus mache es prinzipiell **keinen Unterschied**, ob der Hauptaktionär die zum Quorum fehlenden Aktien solange **über die Börse** kauft, bis der steigende Nachfragepreis auf ausreichend Aktienangebot trifft, oder ob der Vorerwerb **außerbörslich mit Paketaufschlag** erfolge. Der Paketpreis gibt einen Hinweis auf den „wahren Wert", den der Käufer nicht bezahlt hätte, würde er diesen nicht als gerechtfertigt erachten.[8] *Winner* unterscheidet bei dieser Frage 95

---

1 Warum die Vorerwerbspreise „überhöht" sind, wird nicht begründet. Gemeint sein könnten z.B. Knappheitspreise, die aus Strategien bestimmter Investoren (z.B. Hedge-Fonds) resultieren, bei Übernahmen von Aktiengesellschaften die verbliebenen Aktien zu bündeln, um ein bestimmtes Stimmrechtsanteil des Käufers zu verhindern. Wenn dieses Quorum für den Käufer nach den gesetzlichen und gesellschaftsvertraglichen Vorgaben erforderlich ist, um Synergiepotentiale zu realisieren, könnte der Grenzpreis des Käufers für diese Aktien deutlich höher liegen als der durchschnittliche Erwerbspreis.
2 Vgl. *Wilm*, NZG 2000, 234 (240).
3 Vgl. *Krieger* in MünchHdb. AG, § 70 Rz. 128.
4 Vgl. *Hasselbach* in KölnKomm. WpÜG, § 327b AktG Rz. 40.
5 Vgl. *Bode*, Der Konzern 2010, 529 (531).
6 Hierzu bereits im Zusammenhang mit dem Bezugsrechtsausschluss *Lutter*, ZGR 1979, 401 (418).
7 Vgl. *Rathausky*, FB 2008, 114 (116).
8 Vgl. *Rathausky*, FB 2008, 114 (116).

nach der Größe des erworbenen Pakets: Je größer das erworbene Paket ist, desto eher hat der Vorerwerbspreis eine Indikatorfunktion für die Angemessenheit einer Abfindung, da ein großes Paket üblicherweise nur zu einem Preis erworben wird, der neben dem Stand-Alone-Wert auch angemessene Synergien widerspiegelt. Ein hoher Preis für einzelne Anteile zur Überschreitung wichtiger Schwellenwerte könne hingegen Prämien enthalten, zu deren Weitergabe der Hauptgesellschafter nicht verpflichtet werden könne.[1]

96 Auch sei die Behauptung, dass Vorerwerbspreise überhöht seien und keine Beziehung zum Verkehrswert der Aktien hätten, nur schwer nachzuvollziehen, wenn handels- und steuerrechtlich davon ausgegangen wird, dass die Vorerwerbspreise auf **rationalen Erwägungen des Großaktionärs** beruhen und damit von ihm als **Anschaffungskosten** zu bilanzieren seien.[2] Man könne die **gesetzlichen Wertfindungsmodelle** im WpÜG und im BewG nicht übergehen, wenn es primär darum gehe, vernünftige Grundlagen für eine Schätzung des Verkehrswertes zu finden.[3]

2. Vorrang von Marktpreisen

97 Die **Hauptargumentationslinie** der Befürworter der Verwendung von Vorerwerbspreisen geht jedoch gar nicht auf die Frage ein, ob nun ein Grenz- oder ein Schiedspreis zum „wahren Wert" führt oder inwieweit Synergievorteile und Paketzuschläge zu berücksichtigen seien. Sie verweisen darauf, dass auch ein außerhalb der Börse gezahlter Preis einen **Marktpreis** darstelle. Wird ein Preis im Rahmen eines Verkehrsgeschäftes **frei ausgehandelt**, so sei damit grundsätzlich die **beste Methode** angewandt worden, um den Verkehrswert zu bestimmen.[4] Dies wird teilweise mit dem Hinweis auf die **Schwächen der kapitalwertorientierten Unternehmensbewertungsverfahren** verbunden, denen angesichts ihrer Schwächen nur eine mit kritischen Vorbehalten hinzunehmende Hilfslösung zugebilligt wird, wenn marktnähere Möglichkeiten ausfallen.[5]

98 *Emmerich* hebt hervor, dass ein Unternehmen in einer **Marktwirtschaft** immer mindestens so viel wert ist, wie am Markt tatsächlich dafür gezahlt wird. Marktpreise seien grundsätzlich anderen Maßstäben **überlegen**. Gegenüber dem Einwand, eine sachverständige Fundamentalbewertung des Unternehmens sei besser geeignet, den „wahren" Wert des Unternehmens zu bestimmen als ein Marktpreis, würde mit Recht erwidert, dass der „wirkliche" Ertragswert eines Unternehmens ebenfalls eine **„hoffnungslose Unbekannte"** ist und umfängliche Bewertungsgutachten eine Rationalität der Unternehmens-

---

1 *Winner*, Wertermittlung bei dominierten Transaktionen, in Kalss/Fleischer/Vogt, Gesellschafts- und Kapitalmarktrecht in Deutschland, Österreich und der Schweiz 2013, S. 126.
2 Vgl. *Busse von Colbe* in FS Lutter, 2000, S. 1053 (1061).
3 Vgl. *Stilz* in FS Goette, 2011, S. 529 (540 f.).
4 Vgl. *Stilz* in FS Goette, 2011, S. 529 (536).
5 Vgl. *Stilz* in FS Goette, 2011, S. 529 (541).

bewertung vortäuschen, die tatsächlich, wenn man die **Unsicherheit von Prognosen** in Rechnung stellt, gar nicht erreichbar sei[1].

Stilz ist der Auffassung, dass durch die Verwendung eines Preises, der im Rahmen eines Verkehrsgeschäftes **frei ausgehandelt** wird, grundsätzlich die beste Methode angewandt würde, um den Verkehrswert zu bestimmen. Wer meine, dass der Markt ein Unternehmen falsch einschätzen könne, müsse zunächst wissen, was die richtige Einschätzung ist. Es erstaune, wenn die Gefahr einer Fehleinschätzung des Marktes thematisiert wird, ohne wenigstens gleichzeitig auf die sich **regelmäßig als unzutreffend erweisenden Prognosen** bei der Ertragswertberechnung einzugehen. Der Glaube, mit Ertragswertmethoden den „wahren" Wert eines Unternehmens finden zu können, sollte aufgegeben werden. Es handele sich um einen **Notbehelf**, mit dessen Hilfe eine **große Bandbreite an Werten** begründet werden könne.[2] 99

Nach *Hirte/Hasselbach* stellen Vorerwerbspreise einen Marktpreis dar, dessen **Nicht-Berücksichtigung** für die Höhe der Abfindung der **Rechtfertigung** bedürfe – und nicht umgekehrt.[3] *Busse von Colbe* meint, es sei **widersinnig**, bei (nicht) börsennotierten Gesellschaften **auf vorhandene Marktpreise zu verzichten** und ausschließlich auf die Unternehmensbewertung nach der Ertragswertmethode zu vertrauen.[4] 100

Nach Ansicht von *Rathausky* ist es keine Voraussetzung für einen Marktpreis, sich an einem organisierten Markt auszubilden. Es ist nicht nachvollziehbar, warum gerade ein in zeitlicher Nähe vereinbarter Erwerbspreis, der dem Kapitalmarkt eine durch den Hauptaktionär abgegebene Beurteilung über den tatsächlichen Wert am Aktieneigentum liefert, unbeachtlich bleiben soll. Darüber hinaus könnten für Preisdifferenzen nicht nur Verbundeffekte, sondern auch **unterschiedliche Bewertungsdeterminanten** ursächlich sein. Neben **divergierenden Ertragserwartungen** oder **unterschiedlichen Risikoneigungen** der Parteien könne es insbesondere auch **Unterschiede hinsichtlich des Informationsstands** über die künftigen Erfolge des zu bewertenden Unternehmens geben.[5] 101

Großfeld verweist einschränkend darauf, dass es sich bei Vorerwerbspreisen zumindest bei **Verträgen „unter Profis"** um Marktpreise handele, die so aussagekräftig wie Börsenkurse seien.[6] *Schnabel/Köritz* halten ebenfalls die Form, wie der Vorerwerbspreis zustande gekommen ist, für eine relevante Größe und verweisen im Fall der Entscheidung des LG Köln in Sachen „Parsytec" darauf, dass der Sachverhalt sehr stark durch den recht zeitnah vorausgegangenen **Bieterwettbewerb** in Form eines Auktionsverfahrens geprägt war.[7] 102

---

1 Vgl. *Emmerich* in Emmerich/Habersack, Aktien- und GmbH-Konzernrecht, § 305 AktG Rz. 41 ff.
2 Vgl. *Stilz* in FS Goette, 2011, S. 529 (534–538).
3 Vgl. *Hirte/Hasselbach* in Großkomm. AktG, 4. Aufl. 2005, § 305 AktG Rz. 145.
4 Vgl. *Busse von Colbe* in FS Lutter, 2000, S. 1053 (1061).
5 Vgl. *Rathausky*, FB 2008, 114 (118 ff.).
6 Vgl. *Großfeld*, Recht der Unternehmensbewertung, S. 351.
7 Vgl. *Schnabel/Köritz*, BewertungsPraktiker 2009, 47 (49).

103 Gegen die Verwendung von Vorerwerbspreisen als Marktpreise argumentiert die herrschende Meinung, dass zwischen dem **Preis** einzelner Aktien oder auch von Aktienpaketen und dem **Wert** der Gesellschaft **kein unmittelbarer Zusammenhang** bestehe.[1] Einzelne, vom anderen Vertragsteil gezahlte Preise könnten nicht als Ausdruck von **Marktverhältnissen** bewertet werden. Die Preise hätten sich nicht auf einem organisierten Markt eingestellt, sodass die Markteigenschaft nicht erfüllt sei.[2] Auch sage der Preis einzelner Aktien generell nichts über den **objektivierten Wert**[3] bzw. den **Gesamtwert**[4] des Unternehmens aus. Ein Erwerber, dem relativ wenige Anteile zum Erreichen der Schachtel- oder Mehrheitsbeiligung fehlten, könne auch bereit sein, dafür **überproportional** viel zu zahlen. Sofern der Mehrheitsgesellschafter die Gesellschaft bereits beherrsche, könne der Preis für weitere Anteile hingegen keine Prämie mehr enthalten, so dass eine „lineare Bewertung" nicht möglich sei.[5] Es sei zudem auch sehr **unwahrscheinlich**, jedenfalls aber unsicher, dass die Verhältnisse im Zeitraum zwischen Anteilskauf und Stichtag unverändert geblieben seien. Letztlich komme es nicht auf „**Meinungen**" **des Erwerbers**, sondern auf den unabhängig davon zu ermittelnden Unternehmenswert an.[6] Speziell in Bezug auf die Bestimmung des Pflichtteils wird zudem auf die Gefahr einer kollusiven Zusammenarbeit zwischen Erben und Käufer verwiesen.[7]

3. WpÜG analog anwendbar

104 Die Befürworter einer Pflicht zur Berücksichtigung von Vorerwerbspreisen stützen ihre Ansicht auch auf die Vorschriften des im WpÜG kodifizierten **Übernahmerechts** (vgl. oben Rz. 36 ff.), die zur Bemessung der Abfindung bei gesellschaftsrechtlichen Strukturmaßnahmen entsprechend heranzuziehen seien.[8] Eine rechtsvergleichende Betrachtung zeige, dass Übernahme- und Konzernrecht **funktionsäquivalent** seien.[9]

105 Dem wird entgegengehalten, dass eine entsprechende Anwendung des Übernahmerechts ausscheide, weil im Konzernrecht weder eine **planwidrige Regelungslücke** bestehe noch die **Interessenlage** mit derjenigen bei Übernahme- oder Pflichtangeboten vergleichbar sei.[10] An der Planwidrigkeit der Regelungslücke fehle es allein deshalb, weil der Gesetzgeber bei der Schaffung des § 327b AktG eine Berücksichtigung von Vorerwerbspreisen in Erwägung gezogen, aber

---

1 Vgl. *Koch* in Hüffer, § 305 AktG Rz. 31.
2 Vgl. *Hachmeister/Ruthardt*, DB 2014, 1689 (1690).
3 Vgl. *Paulsen* in MünchKomm. AktG, 3. Aufl. 2010, § 305 AktG Rz. 82
4 Vgl. *Koppensteiner* in KölnKomm. AktG, 3. Aufl. 2004, § 305 AktG Rz. 65.
5 *Hachmeister/Ruthardt*, DB 2014, 1689 (1690).
6 Vgl. *Koppensteiner* in KölnKomm. AktG, 3. Aufl. 2004, § 305 AktG Rz. 65.
7 Vgl. *Riedel*, Bewertung von Gesellschaftsanteilen im Pflichtteilsrecht, 2006, S. 13.
8 Vgl. *Emmerich* in Emmerich/Habersack, Aktien- und GmbH-Konzernrecht, § 305 AktG Rz. 50; *Hirte/Hasselbach* in Großkomm. AktG, 4. Aufl. 2005, § 305 AktG Rz. 145.
9 Vgl. *Hirte/Hasselbach* in Großkomm. AktG, 4. Aufl. 2005, § 305 AktG Rz. 145.
10 Vgl. ausführlich m.w.N.: *Bode*, Der Konzern 2010, 529.

nicht umgesetzt hat.[1] Vor diesem Hintergrund sei davon auszugehen, dass sich der Gesetzgeber bewusst gegen eine Berücksichtigung von Vorerwerbspreisen[2] entschieden hat. Schließlich sei auch die Zweckrichtung des Übernahmerechts mit der Interessenlage der Minderheitsaktionäre im Konzernrecht nicht vergleichbar. Im Übernahmerecht würde der **vermögensrechtliche Schutz der Aktionäre** im Wesentlichen durch den **Gleichbehandlungsgrundsatz (§ 3 Abs. 1 WpÜG)** sichergestellt: Im Rahmen des Kontrollerwerbs muss der Bieter allen Aktionären den gleichen Preis anbieten. Die Aktionäre haben die Wahl, ob sie das öffentliche Angebot annehmen oder ablehnen. Eine Überprüfung der angebotenen Gegenleistung im **Spruchverfahren** ist jedoch nicht vorgesehen. Im **Konzernrecht** soll hingegen sichergestellt werden, dass die Minderheitsaktionäre beim zwangsweisen Ausschluss für den Verlust ihrer Aktionärsstellung **voll entschädigt** werden. Hierzu eröffnet der Gesetzgeber den Minderheitsaktionären die Möglichkeit, die angebotene Barabfindung im Spruchverfahren gerichtlich überprüfen zu lassen. Der vermögensrechtliche Schutz der Minderheitsaktionäre wird durch das **Angemessenheitsgebot** und das Spruchverfahren sichergestellt. Der (übernahmerechtliche) Gleichbehandlungsgedanke ist diesem Schutzkonzept jedoch fremd.[3]

VII. Fazit

Vorerwerbspreise sollten **nicht ungeprüft** für eine Unternehmensbewertung übernommen werden. In jedem Fall ist eine Untersuchung der Aussagekraft des Vorerwerbspreises erforderlich. Hierzu ist mindestens eine Kenntnis des **Kaufvertrages** einschließlich etwaiger wirtschaftlich relevanter Nebenabreden erforderlich. Informationen über die Vertragspartner (nahestehende Personen oder fremde Dritte) sowie die Umstände und das Zustandekommen der Vereinbarung (z.B. Notverkauf) helfen bei der Würdigung, ob es sich um eine Transaktion im **gewöhnlichen Geschäftsverkehr** handelt. Darüber hinaus können auch Rückschlüsse auf die Aussagekraft des Vorerwerbspreises für die Bewertung auf einen späteren Bewertungsstichtag gezogen werden. Beispielhaft sei hier angeführt die Übernahme einer Mehrheitsbeteiligung im Bieterwett-

106

---

1 In einem Entwurf des § 327b Abs. 1 AktG sah ein Satz drei solche Vorerwerbe als relevant an, die im Rahmen eines öffentlichen Angebots innerhalb der letzten sechs Monate vor der Fassung des Übertragungsbeschlusses erfolgten, sofern das Angebot von mindestens 90 % der Aktionäre angenommen worden ist. Vgl. *Bode*, Der Konzern 2010, 529. Der Handelsrechtsausschuss des Deutschen Anwaltsvereins e.V. hat in seiner Stellungnahme zum Referentenentwurf die Berücksichtigung von Vorerwerbspreisen der letzten drei Monate nach dem Vorbild von § 31 WpÜG und § 4 WpÜG-AngebVO vorgeschlagen, vgl. NZG 2001, 420 (431). Noch weitergehender war der eigene Gesetzesvorschlag des Handelsrechtsausschusses des Deutscher Anwaltsvereins e.V., der eine Berücksichtigung des höchsten Vorerwerbspreises der letzten 12 Monate vorsah, vgl. NZG 1999, 850 (851).
2 Diese Frage könnte aber auch bewusst offen gelassen worden sein. Ein bewusstes Entscheidung gegen Vorerwerbspreise hätte die Formulierung erfordert: „Vorerwerbspreise sind nicht zu berücksichtigen".
3 Vgl. *Bode*, Der Konzern 2010, 529, ähnlich *Hasselbach* in KölnKomm. WpÜG, § 327b AktG Rz. 40.

bewerb und mit ausführlichem Due Diligence-Prozess, der eine höhere Aussagekraft für den Wert eines Unternehmens zuzumessen ist als der Veräußerung einer Splitterbeteiligung an den Hauptgesellschafter ohne professionellen Verkaufsprozess. Ein besonderes Augenmerk muss auch auf Entwicklungen zwischen dem Abschluss der Vereinbarung und dem Bewertungsstichtag gerichtet werden, da **unternehmensinterne oder -externe Entwicklungen** in diesem Zeitraum erheblichen Werteinfluss haben können.

107 Wenn sich aus der Analyse des Vorerwerbspreises ergibt, dass dieser im gewöhnlichen Geschäftsverkehr zustande gekommen sind, liegt ein Marktpreis vor. In Anbetracht der Schwierigkeiten, Unternehmen zu zu bewerten, ist dieser **Marktpreis ein wichtiger Indikator** für den Unternehmenswert. Es darf nicht übersehen werden, dass diese Marktpreise für Unternehmensanteile, insbesondere bei dem Kauf größerer Aktienpakete, in aller Regel mit einer ausführlichen Fundamentalanalyse auf Seiten des Käufers und des Verkäufers verbunden sind, die auch kapitalwertorientierte Bewertungsverfahren wie das Ertragswertverfahren umfasst.

108 Vorerwerbspreise sind ein **besserer Indikator als Multiplikatoren** vergleichbarer Unternehmen, da sich Vorerwerbspreise direkt auf das zu bewertende Unternehmen beziehen, während die Prämisse der Vergleichbarkeit aufgrund der Einzigartigkeit von Unternehmen in der Regel Schwierigkeiten bereitet.

109 Bei der Relevanz von Vorerwerbspreisen für die rechtsgebundene Bewertung von Unternehmen und Unternehmensanteilen ist eine **erhebliche Diskrepanz** erkennbar zwischen den Bewertungsanlässen, für die der Gesetzgeber detaillierte Vorgaben macht und anderen Bewertungsanlässen, für die sich die gesetzlichen Vorgaben auf die Angemessenheit beschränken. Bestehen detaillierte Vorgaben, haben Vorerwerbspreise entweder eine **vorrangige Bedeutung** oder sie sind als **Marktpreise** zu würdigen. Ist nur die Angemessenheit des Wertes vorgegeben, füllt die zivilgerichtliche Rechtsprechung diese Vorgabe so aus, dass Vorerwerbspreise **faktisch irrelevant** sind. **Verfassungsrechtlich** müssen Vorerwerbspreise nicht verwendet werden, ihre Verwendung ist jedoch auch **nicht ausgeschlossen**.

110 Hintergrund der Ablehnung von Vorerwerbspreisen in der Rechtsprechung ist vor allem der Gedanke, dass Vorerwerbspreise auch **Paketzuschläge** und Zuschläge für **Synergieeffekte** enthalten, auf die abzufindende Gesellschafter **keinen Anspruch** haben. Ob eine angemessene Abfindung auch einen Paketzuschlag oder Synergien umfassen sollte, ist eine eigene Rechtsfrage, zu deren Diskussion auf § 14 verwiesen wird. Nach der hier vertretenen Auffassung ist jedoch unzutreffend, mögliche Differenzen zwischen einem Vorerwerbspreis und einem mit Bewertungsmodell ermittelten Unternehmenswert („Ertragswert") ausschließlich auf Paketzuschläge oder Synergien zurückzuführen. Solche Differenzen können insbesondere auch auf **anderen Erwartungen bezüglich der zukünftigen Entwicklung** des Unternehmens oder einer **anderen Einschätzung der Risiken** beruhen. Wären solche Differenzen immer nur auf Paketzuschläge und Synergien zurückzuführen, könnte der Vorerwerbspreis nicht unter dem Ertragswert liegen. Es ist aber durchaus zu beobachten, dass ein im gewöhnlichen Geschäftsverkehr zustande gekommener Vorerwerbspreis unter dem Ertragswert liegt.

Soweit ein abzufindender Gesellschafter nicht an Paketzuschlägen und Synergien beteiligt werden soll, muss die Frage beantwortet werden, auf welche Faktoren die Unterschiede zwischen Vorerwerbspreis und Ertragswert zurückzuführen sind. Problematisch dabei ist, dass eine **Trennung dieser Effekte** (Paketzuschläge und Synergien einerseits, andere Erwartungen und Risikoeinschätzungen andererseits) nicht ohne wesentliche bewerterische Annahmen möglich ist. Diese Annahmen führen aber wiederum dazu, dass der solchermaßen angepasste Vorerwerbspreis nicht mehr als Marktpreis bezeichnet werden kann. Trotz dieser Problematik erscheint die bisher in der **Rechtsprechung** anzutreffende **vollständige Ignorierung von Vorerwerbspreisen nicht angemessen**. Die schwierige Abgrenzung ist kein Grund, marktgestützte Erwartungen, die sich in Vorerwerbspreisen manifestieren, generell aus der Ableitung angemessener Barabfindung auszuklammern. 111

Aussagekräftige Vorerwerbspreise, die im gewöhnlichen Geschäftsverkehr zustande gekommen sind, sollten zumindest in einen Bezug zu dem Bewertungsergebnis gesetzt werden. Der **Begründungszwang** für Abweichungen zwischen dem Vorerwerbspreis und dem Ertragswert steigt mit **zunehmender Abweichung** dieser Werte. Gerade in Fällen, in denen mehrere Ertragswertermittlungen vorliegen und diese extrem voneinander abweichen, kann der Rückgriff auf marktgestützte Vorerwerbspreise eine Überprüfung der Bewertungsmodelle ermöglichen. 112

Eine Überprüfung der Abweichungen könnte insbesondere analog der Vorgaben des IFRS 13 durch eine **Kalibrierung** wesentlicher Annahmen des Bewertungsmodells erfolgen, mit dem der Ertragswert ermittelt wurde. In einem Bewertungsmodell werden regelmäßig eine Reihe **kritischer Bewertungsparameter** verwendet, die der Bewerter innerhalb einer Bandbreite möglicher Werte zu schätzen hat (insbesondere Marktrisikoprämie, Betafaktor, Umsatz, Marge und Wachstumsrate in der ewigen Rente). Unter Kalibrierung ist in diesem Zusammenhang zu verstehen, die Werte, bei denen für den Gutachter ein erhebliches Schätzungsermessen besteht, so zu verschieben, dass sich das Bewertungsergebnis dem Vorerwerbspreis annähert. Wenn es möglich ist, die Bewertungsparameter innerhalb der **Bandbreite realistischer Werte** so zu verschieben, dass der Vorerwerbspreis erreicht wird, steigt die Notwendigkeit, davon abweichende Schätzungen zu begründen bzw. Paketzuschläge oder Synergien im Vorerwerbpreis plausibel zu machen. Ansonsten sollte denen in einem Vorerwerbspreis dokumentierten „marktgestützten" Erwartungen und Einschätzungen Vorrang eingeräumt werden. 113

§ 18
Anteilsbewertung und Bewertung unterschiedlich ausgestalteter Anteile

	Rz.			Rz.
I. Methoden der Anteilsbewertung		aa) Personengesellschaft und GmbH		
1. Indirekte vs. direkte Anteilsbewertung	1	(1) Meinungsstand		22
2. Abfindungen im Personengesellschafts- und GmbH-Recht	3	(2) Rechtsvergleichung		24
3. Abfindungen im Aktienrecht	4	(3) Stellungnahme		25
II. Bewertungsabschläge	6	bb) Aktiengesellschaft		
1. Minderheitsabschlag		(1) Meinungsstand		27
a) Betriebswirtschaftliche Grundlagen	7	(2) Rechtsvergleichung		30
b) Gesellschaftsrechtliche Beurteilung		(3) Stellungnahme		31
aa) Personengesellschaft und GmbH		3. Abschlag für Schlüsselpersonen		
(1) Meinungsstand	8	a) Betriebswirtschaftliche Grundlagen		33
(2) Rechtsvergleichung	10	b) Gesellschaftsrechtliche Beurteilung		
(3) Stellungnahme	11	aa) Meinungsstand		37
bb) Aktiengesellschaft		bb) Rechtsvergleichung		38
(1) Meinungsstand	14	cc) Stellungnahme		39
(2) Rechtsvergleichung	15	**III. Bewertung unterschiedlich ausgestalteter Anteile**		40
(3) Stellungnahme	16	1. Stamm- und Vorzugsaktien		41
2. Fungibilitätsabschlag		a) Rechtsprechung		42
a) Betriebswirtschaftliche Grundlagen	17	b) Schrifttum		45
aa) Betriebswirtschaftslehre	18	2. Mehrstimmrechte		
bb) Berufsständische Bewertungspraxis	21	a) Aktiengesellschaft		47
b) Gesellschaftsrechtliche Beurteilung		b) Personengesellschaft und GmbH		49
		3. Besondere Vermögensrechte		50
		4. Sonstige Sonderrechte		51
		5. Übertragungsbeschränkungen		52

Schrifttum: 1. Anteilsbewertung. *Adolff*, Unternehmensbewertung im Recht der börsennotierten Aktiengesellschaft, 2007; *Ballwieser/Franken/Ihlau/Jonas/Kohl/Mackenstedt/Popp/Siebler*, Besonderheiten bei der Ermittlung eines objektivierten Unternehmenswerts kleiner und mittelgroßer Unternehmen (IDW Praxishinweis 1/2014), WPg 2014, 463; *Brähler*, Der Wertmaßstab der Unternehmensbewertung nach § 738 BGB, WPg 2008, 209; *Elmendorff*, Bewertung von Unternehmensanteilen im Streubesitz, WPg 1966, 548; *Großfeld*, Bewertung von Anteilen an Unternehmen, JZ 1981, 769; *Großfeld*, Die Abfindung bei der Ausschließung aus einer Personengesellschaft, ZGR 1982, 141; *Hüffer*, Bewertungsgegenstand und Bewertungsmethode – Überlegungen zur Berücksichtigung von Börsenkursen bei der Ermittlung von Abfindung und Ausgleich, FS Hadding, 2004, S. 461; IDW (Hrsg.), WP Handbuch 2014, Bd. II; *Knorr*, Zur Bewertung von Unternehmen und Unternehmensanteilen, KTS 1962, 193; *Maugeri*, Partecipazione sociale, quotazioni di borsa e valutazione delle azioni, Riv. dir. comm. 2014, 93; *W. Müller*, Anteilswert oder anteiliger Unternehmenswert? – Zur Frage der Barabfindung bei der kapitalmarktorientierten Aktiengesellschaft, FS Röhricht, 2005, S. 1015; *W. Müller*, Die Unternehmensbewertung in der Rechtsprechung, FS Bezzenberger, 2000, S. 705; *W. Müller*, Unternehmenswert und börsennotierte Aktie, FS G.H. Roth, 2011, S. 517; *Neuhaus*, Unternehmensbewertung und Abfindung, 1990; *Nonnenmacher*, Anteilsbewertung bei Personengesellschaften, 1981; *Popp*, Ausgewählte Aspekte der objektivierten Bewertung von Personengesellschaften, WPg 2008, 935; *Wiechers*, Besonderheiten bei der Bewertung von Anteilen an Unternehmen in Peemöller (Hrsg.), Praxishandbuch der Unternehmensbewertung, 5. Aufl. 2012, S. 741.

2. Bewertungszu- und -abschläge. *Ballwieser*, Die Erfassung von Illiquidität bei der Unternehmensbewertung, FS Rudolph, 2009, S. 283; *Barthel*, Unternehmenswert: Berücksichtigungsfähigkeit und Ableitung von Fungibilitätsabschlägen, DB 2003, 1181; *Busse von Colbe*, Der Vernunft eine Gasse: Abfindung von Minderheitsaktionären nicht unter dem Börsenkurs ihrer Aktien, FS Lutter, 2000, S. 1053; *Busse von Colbe*, Zur Maßgeblichkeit des Börsenkurses für die Abfindung der bei einer Umwandlung ausscheidenden Aktionäre, AG 1964, 263; *Cheridito/Schneller*, Discounts und Premia in der Unternehmensbewertung, Schweizer Treuhänder 2008, 416; *Fleischer*, Rechtsfragen der Unternehmensbewertung bei geschlossenen Kapitalgesellschaften: Minderheitsabschlag, Fungibilitätsabschlag, Abschlag für Schlüsselpersonen, ZIP 2012, 1633; *Fleischer*, Unternehmensbewertung und Bewertungsabschläge beim Ausscheiden aus einer geschlossenen Kapitalgesellschaft: Deutschland – Österreich – Schweiz – Frankreich – Vereinigte Staaten, in Kalss/Fleischer/Vogt (Hrsg.), Gesellschafts- und Kapitalmarktrecht in Deutschland, Österreich und der Schweiz, 2013, 2014, S. 137; *Fleischer*, Zu Bewertungsabschlägen bei der Anteilsbewertung im deutschen GmbH-Recht und im US-amerikanischen Recht der *close corporation*, FS Hommelhoff, 2012, S. 223; *Fleischer*, Zur Behandlung des Fungibilitätsrisikos bei der Abfindung außenstehender Aktionäre (§§ 305, 320b AktG): Aktienkonzernrecht, Betriebswirtschaftslehre, Rechtsvergleichung, FS Hoffmann-Becking, 2013, S. 331; *Gampenrieder/Behrend*, Zur Sinnhaftigkeit von Fungibilitätszuschlägen, Unternehmensbewertung und Management 2004, 85; *Hitchner*, Financial Valuation, 3. Aufl. 2011; *Komp*, Zweifelsfragen des aktienrechtlichen Abfindungsanspruchs nach §§ 305, 320b, 2002; *Kropff*, Rechtsfragen der Abfindung ausscheidender Aktionäre, DB 1962, 155; *Miller*, Discounts and Buyouts in Minority Investor LLC Valuation in Disputes Involving Oppression or Divorce, 13 U. Pa. J. Bus. L. 607 (2011); *W. Meilicke*, Die Barabfindung für den ausgeschlossenen oder ausscheidungsberechtigten Minderheits-Kapitalgesellschafter, 1975; *Metz*, Der Kapitalisierungszinssatz in der Unternehmensbewertung, 2007; *Moll*, Shareholder Oppression and „Fair Value": Of Discounts, Dates, and Dastardly Deeds in the Close Corporation, 54 Duke L.J. 293 (2005); *Pratt*, Valuation Discounts and Premiums, 2. Aufl. 2009, *Ruthardt*, Angemessene Barabfindung und Gleichbehandlung von Minderheits- und Mehrheitsaktionären – Zur grundsätzlichen Unzulässigkeit eines Governance Abschlages, NZG 2014, 972; *Schütte-Biastoch*, Unternehmensbewertung bei KMU. Eine Analyse unter besonderer Berücksichtigung dominierter Bewertungsanlässe, 2011; *Schulz*, Größenabhängige Risikoanpassungen in der Unternehmensbewertung, 2009; *Sigle*, Gedanken zur Wirksamkeit von Abfindungsklauseln, ZGR 1999, 659; *Zeidler*, Die Anwendbarkeit von IDW S 1 auf kleine und mittlere Unternehmen, in Baetge/Kirsch (Hrsg.), Besonderheiten der Bewertung von Unternehmensteilen sowie von kleinen und mittleren Unternehmen, 2006, S. 41; *Zieger/Schütte-Biastoch*, Gelöste und ungelöste Fragen bei der Bewertung von kleinen und mittleren Unternehmen, Finanz Betrieb 2008, 590.

3. Bewertung unterschiedlich ausgestalteter Anteile. *Aschauer*, Die Bewertung von unterschiedlich ausgestalteten Unternehmensanteilen, FS Mandl, 2010, S. 13; *Baetge/Klönne/Wünsche*, Berücksichtigung eines Nießbrauchsrechts bei einer Unternehmens- oder Anteilsbewertung, BewertungsPraktiker 2014, 12; *Binz/Sorg*, Aktuelle Fragen der Bewertung von Stamm- und Vorzugsaktien im Steuerrecht, DStR 1994, 993; *Braunhofer*, Unternehmens- und Anteilsbewertung zur Bemessung von familien- und erbrechtlichen Ausgleichsansprüchen, 1995; *Daske/Erhardt*, Kursunterschiede und Renditen deutscher

Stamm- und Vorzugsaktien, Financial Markets and Portfolio Management 16 (2002), 179; *Hachmeister/Ruthardt*, Vom Unternehmenswert zum Anteilswert: Vorzugs- und Stammaktien im Ertragswertkalkül, BB 2014, 427; *Hartmann-Wendels/v. Hinten*, Marktwert von Vorzugsaktien, zfbf 41 (1989), 263; *Jung/Wachtler*, Die Kursdifferenz zwischen Stamm- und Vorzugsaktien, AG 2001, 513; *Karami*, Unternehmensbewertung beim Squeeze-out, in Petersen/Zwirner/Brösel (Hrsg.), Handbuch Unternehmensbewertung, 2013, S. 413; *Komp*, Zweifelsfragen des aktienrechtlichen Abfindungsanspruchs nach §§ 305, 320b AktG, 2002; *Körner*, Die angemessene Gegenleistung für Vorzugs- und Stammaktien nach dem WpÜG, 2006; *Krieger*, Vorzugsaktie und Umstrukturierung, FS Lutter, 2000, S. 497; *Kruse/Berg/Weber*, Erklären unternehmensspezifische Faktoren den Kursunterschied von Stamm- und Vorzugsaktien?, ZBB 1993, 23; *Lohmann*, Wertermittlung für verschiedene Aktiengattungen in dominierten Konfliktsituationen in FS Matschke, 2008, S. 3; *Lutter*, Aktienerwerb von Rechts wegen: Aber welche Aktien?, FS Mestmäcker, 1996, S. 943; *Mülbert/Uwe H. Schneider*, Der außervertragliche Abfindungsanspruch im Recht der Pflichtangebote, WM 2003, 2301; *Pellens/Hildebrandt*, Vorzugsaktien vor dem Hintergrund der Corporate Governance-Diskussion, AG 2001, 57; *Troll*, Bewertung der Aktien und GmbH-Anteile bei der Vermögenssteuer, 5. Aufl. 1989; *Winner*, Wert und Preis im Zivilrecht, 2008.

4. Bewertung von Mehrstimmrechten. *Arnold*, Entschädigung von Mehrstimmrechten bei Übernahmen, BB 2003, 267; *Arnold*, Entschädigung von Mehrstimmrechten nach § 5 EGAktG, DStR 2003, 784; *Arnold*, Das Unsicherheitsproblem bei der Entschädigung von Mehrstimmrechten – eine Replik, DStR 2003, 1671; *Dittmann/Ulbricht*, Timing and Wealth Effects of German Dual Class Stock Unifications, European Financial Management 14 (2007), 163; *Hauser/Lauterbach*, The Value of Voting Rights to Majority Shareholders: Evidence from Dual-Class Stock Unifications, Rev. Financial Studies 17 (2004), 1167; *Hering/Olbrich*, Zur Bewertung von Mehrstimmrechten, zfbf 53 (2001), 20; *Hering/Olbrich*, Zur Bemessung der Abfindung nach § 5 EGAktG, WPg 2001, 809; *Hering/Olbrich*, Wert, Preis und Entschädigung der Mehrstimmrechte, BB 2003, 1519; *Hering/Olbrich*, Bewertung von Mehrstimmrechten: Zum Unsicherheitsproblem bei der Entschädigung nach § 5 EGAktG, DStR 2003, 1579; *Hering/Olbrich*, Der Wert der Mehrstimmrechte und der Fall „Siemens", ZIP 2003, 104; *Löwe/Thoß*, Der Ausgleich für den Entzug von Mehrstimmrechten, ZIP 2002, 2076; *Henselmann*, Zur Bewertung von Mehrstimmrechten, zfbf 53 (2001), 723; *Schulz*, Der Ausgleichsanspruch für erloschene und beseitigte Mehrstimmrechte gem. § 5 III EGAktG, NZG 2002, 996; *Wasmann*, Erlöschen und Beseitigung von Mehrstimmrechten nach § 5 EGAktG: gerichtliche Prüfung des Ausgleichs im Spruchverfahren, BB 2003, 57; *Zingales*, The Value of the Voting Right: A Study of the Milan Stock Exchange Experience, Rev. Financial Studies 7 (1994), 125.

I. Methoden der Anteilsbewertung

1. Indirekte vs. direkte Anteilsbewertung

1 Bei der rechtlich geprägten Unternehmensbewertung geht es sehr häufig nicht um den Unternehmenswert als solchen, sondern um die Wertfindung von Unternehmensanteilen. So verhält es sich etwa bei der Ermittlung der Abfindung eines ausscheidenden Personengesellschafters (§ 738 Abs. 1 Satz 2 BGB) oder eines außenstehenden Aktionärs (§ 305 Abs. 1 AktG). Für die Anteilsbewertung stehen grundsätzlich **zwei verschiedene Methoden** zur Verfügung. Die eine ermittelt zunächst den Gesamtwert des Unternehmens und leitet aus ihm den Wert des einzelnen Anteils ab. Man spricht deshalb von **indirekter Anteils-**

bewertung, die zum quotalen Unternehmenswert führt.[1] Rechnerisch entspricht die Summe der so ermittelten Anteilswerte dem Gesamtwert des Unternehmens.[2] Alternativ kann man den Wert eines Anteils „isoliert"[3] ermitteln. Das Bewertungsobjekt ist dann nicht das Unternehmen als Ganzes, sondern der einzelne Anteil als selbständig handelbares Gut.[4] Sein Wert wird direkt aus dem Kurswert oder aus vergleichbaren Transaktionspreisen abgeleitet.[5] Man spricht insoweit von **direkter Anteilsbewertung**.[6] Sie berücksichtigt vor allem das betriebswirtschaftliche Subjektivitätsprinzip, wonach die jeweiligen Anteilseigner den Anteilen unterschiedliche Werte zumessen.[7] Rechnerisch kann die Summe der direkt ermittelten Anteilswerte vom Gesamtwert des Unternehmens abweichen.[8] Nur wenn der Kurswert dem Gesamtunternehmenswert entspricht, führen direkte und indirekte Anteilsermittlung zum selben Ergebnis.[9]

---

1 Vgl. *Ballwieser/Franken/Ihlau/Jonas/Kohl/Mackenstedt/Popp/Siebler*, WPg 2014, 463 (472); *Roth* in Baumbach/Hopt, § 131 HGB Rz. 49; *Brähler*, WPg 2008, 209 (210); *Lorz* in Ebenroth/Boujong/Joost/Strohn, § 131 HGB Rz. 100; *Emmerich/Habersack*, Aktien- und GmbH-Konzernrecht, § 305 AktG Rz. 53; *Großfeld*, Recht der Unternehmensbewertung, Rz. 1298, 1301; IDW S 1 2008, WPg Supplement 3/2008, Rz. 13; *Piltz*, Die Unternehmensbewertung in der Rechtsprechung, S. 61; *K. Schmidt* in MünchKomm. HGB, 3. Aufl. 2011, § 131 HGB Rz. 141; *Wiechers* in Peemöller, Praxishandbuch der Unternehmensbewertung, S. 741, 744; *Wollny*, Der objektivierte Unternehmenswert, S. 430; WP-Handbuch 2014, Bd. II, Rz. A 35.
2 Vgl. *Wiechers* in Peemöller, Praxishandbuch der Unternehmensbewertung, S. 741, 743.
3 *Großfeld*, JZ 1981, 769 (770); *Piltz*, Die Unternehmensbewertung in der Rechtsprechung, S. 61.
4 Vgl. *Ballwieser/Franken/Ihlau/Jonas/Kohl/Mackenstedt/Popp/Siebler*, WPg 2014, 463 (472); *Hüffer* in FS Hadding, 2004, S. 461, 463 ff.; *W. Müller* in FS Röhricht, 2005, S. 1015 (1020 ff.); *Wiechers* in Peemöller, Praxishandbuch der Unternehmensbewertung, S. 741, 743: „Das Unternehmen als Ganzes einerseits und die Anteile am Unternehmen andererseits stellen verschiedene Bewertungsobjekte dar."
5 Vgl. *Ballwieser/Franken/Ihlau/Jonas/Kohl/Mackenstedt/Popp/Siebler*, WPg 2014, 463 (472).
6 Vgl. OLG Köln v. 26.3.1999 – 19 U 108/96, NZG 1999, 1222 (1224) = GmbHR 1999, 712; *Brähler*, WPg 2008, 209 (210); *Emmerich/Habersack*, Aktien- und GmbH-Konzernrecht, § 305 AktG Rz. 53; IDW S 1 2008, WPg Supplement 3/2008, Rz. 13; *Piltz*, Die Unternehmensbewertung in der Rechtsprechung, S. 61; *Altmeppen* in Roth/Altmeppen, § 34 GmbHG Rz. 49; *Wagner/Nonnenmacher*, ZGR 1981, 674 (677); *Wiechers* in Peemöller, Praxishandbuch der Unternehmensbewertung, S. 741, 743; *Wollny*, Der objektivierte Unternehmenswert, S. 430; WP-Handbuch 2014, Bd. II, Rz. A 35.
7 Vgl. *Aschauer* in FS Mandl, 2010, S. 13 (15).
8 Vgl. *Wiechers* in Peemöller, Praxishandbuch der Unternehmensbewertung, S. 741, 744; ferner *W. Müller* in FS Bezzenberger, 2000, S. 705 (715): „Es mag zwar auf den ersten Blick befremden, daß die Summe aller Anteilswerte nicht unbedingt und unter allen Umständen mit dem Gesamtunternehmenswert identisch sein müßten. De facto liegt das aber auf der Hand, wenn ein funktionierender Anteilsmarkt besteht [...]."
9 Vgl. *Ballwieser/Franken/Ihlau/Jonas/Kohl/Mackenstedt/Popp/Siebler*, WPg 2014, 463 (472).

2   Beide Methoden sind in sich schlüssig und werden von der Bewertungspraxis je nach Bewertungsanlass herangezogen.¹ Die betriebswirtschaftliche Freiheit der Methodenwahl endet allerdings dort, wo es um die Ermittlung von Normwerten geht. Maßgeblich sind dann die rechtlichen Methodenvorgaben, die sich ausdrücklich oder durch Auslegung aus der einschlägigen Vorschrift ergeben.² Die Entscheidung zwischen direkter und indirekter Anteilsbewertung ist mithin eine **Rechtsfrage**.³ Ihre Beantwortung kann sich von Rechtsgebiet zu Rechtsgebiet unterscheiden. So verlangt etwa das Steuerrecht wegen des auf den Steuerpflichtigen als Anteilseigner bezogenen Grundsatzes der persönlichen Leistungsfähigkeit eine direkte Anteilsbewertung (§ 1 Rz. 40).⁴ Auch im Familien- und Erbrecht wird es häufig geboten sein, die Unternehmensbeteiligung als Bestandteil des Ehegatten- oder Erblasservermögens mit dem direkten Anteilswert anzusetzen (vgl. § 1 Rz. 40).⁵ Dagegen dominiert bei gesellschaftsrechtlichen Abfindungsansprüchen, auf die sich die folgenden Ausführungen im Wesentlichen beschränken (zum Steuerrecht § 26 Rz. 115 ff. und § 26 Rz. 159 ff.), die Methode der indirekten Anteilsbewertung.

2. Abfindungen im Personengesellschafts- und GmbH-Recht

3   Im Personengesellschaftsrecht ist die Grundnorm § 738 Abs. 1 Satz 2 AktG, wonach dem Ausscheidenden dasjenige zu zahlen ist, was er bei der Auseinan-

---

1   Näher *Wiechers* in Peemöller, Praxishandbuch der Unternehmensbewertung, S. 741, 744 f.; sehr klar WP-Handbuch 2014, Bd. II, Rz. A 36: „Ob die direkte oder die indirekte Vorgehensweise besser zur Anteilsbewertung geeignet ist, hängt von dem jeweiligen Bewertungszweck ab und kann nur im jeweiligen Einzelfall beurteilt werden."
2   Vgl. *Adolff*, Unternehmensbewertung im Recht der börsennotierten Aktiengesellschaft, S. 356.
3   Vgl. *Adolff*, Unternehmensbewertung im Recht der börsennotierten Aktiengesellschaft, S. 356; *Aschauer* in FS Mandl, 2010, S. 13 (17); *Fleischer*, AG 2014, 97 (109); *Hüttemann*, WPg 2007, 812 (815); ferner der Hinweis von *Hüffer* in FS Hadding, 2004, S. 461 (463), wonach die Methode der Bewertung zu ihrem Gegenstand passen müsse.
4   Vgl. *W. Müller* in FS Bezzenberger, 2000, S. 705 (709); eingehend zuletzt mit Blick auf das Bewertungsgesetz IDW Praxishinweis 1/2014, WPg Supplement 2/2014, 28, 36, Rz. 57; dazu auch *Ballwieser/Franken/Ihlau/Jonas/Kohl/Mackenstedt/Popp/Siebler*, WPg 2014, 463 (472 f.).
5   Ebenso *Piltz/Wissmann*, NJW 1985, 2373 (2379 f.); eingehend zur Anteilsbewertung im Zugewinnausgleich und bei erbrechtlichen Ausgleichsansprüchen *Braunhofer*, Unternehmens- und Anteilsbewertung zur Bemessung von familien- und erbrechtlichen Ausgleichsansprüchen, S. 170 ff., 278 ff.; sehr klar auch WP-Handbuch 2014, Bd. II, Rz. A 537: „Der im Rahmen de Rechtsprechung des BGH zur Abfindung im Gesellschaftsrecht entwickelte Gleichbehandlungsgrundsatz, wonach der Anteilswert einem quotalen Unernehmenswert entspricht, kann für die Bewertungsanlässe im Familien- und Erbrecht nicht ohne weiteres übernommen werden. [...] Im Hinblick auf die im Familien- und Erbrecht angestrebte Bewertung zum Verkehrswert ist zu prüfen, ob und ggf. inwieweit eine Mehrheits- oder Minderheitsstellung bei der Unternehmens- bzw. Anteilsbewertung zu berücksichtigen ist."

dersetzung erhalten würde, wenn die Gesellschaft zur Zeit seines Ausscheidens aufgelöst worden wäre. Sie gilt für ausscheidende GmbH-Gesellschafter entsprechend (näher § 22 Rz. 10). Der **BGH** versteht diese Vorgabe in ständiger Rechtsprechung dahin, dass es nicht auf den direkten Anteilswert, sondern auf den **quotalen Unternehmenswert** ankommt.[1] Demnach ist zunächst der Wert des gesamten Unternehmens zu ermitteln und aus dieser Zwischengröße der quotal auf den Anteil des ausscheidenden Gesellschafters entfallende Wert zu errechnen.[2] Die herrschende Lehre stimmt diesem Berechnungsmodell („**Theorie: Tortenschnitte**"[3]) zu[4] und stützt sich zur Begründung auf Wortlaut und Sinn des § 738 Abs. 1 Satz 2 BGB.[5] Außerdem verweist sie für Personengesellschaften auf die fehlende Selbständigkeit der Anteile.[6] Schließlich macht sie darauf aufmerksam, dass mangels Handelbarkeit von Personengesellschafts- und GmbH-Anteilen ein isolierter Anteilswert ohnehin kaum feststellbar sei.[7] Aus diesem Grund lasse sich auch die Rechtsprechung des BVerfG zur Maßgeblichkeit eines zeitnahen Börsenwerts der Aktien für die Festsetzung der Abfin-

---

1 Vgl. BGH v. 21.4.1955 – II ZR 227/53, BGHZ 17, 130 (136); BGH v. 20.9.1971 – II ZR 157/68, WM 1971, 1450; BGH v. 22.10.1973 – II ZR 37/72, NJW 1974, 312; BGH v. 24.9.1984 – II ZR 256/83, GmbHR 1985, 113 = WM 1984, 1506; BGH v. 24.9.1984 – II ZR 256/83, NJW 1985, 192 (193); BGH v. 16.12.1991 – II ZR 58/91, BGHZ 116, 359 (370 f.) = GmbHR 1992, 257; BGH v. 17.5.2011 – II ZR 285/09 – Rz. 17, NJW 2011, 2355 (2356): „Das Auseinandersetzungsguthaben berechnet sich [...] auf der Basis des anteiligen Unternehmenswerts."
2 Vgl. OLG Köln v. 19.12.1997 – 4 U 31/97, NZG 1998, 779 (780) = GmbHR 1998, 641; OLG Köln v. 26.3.1999 – 19 U 108/96, NZG 1999, 1222 (1224 f.) = GmbHR 1999, 712; anschaulich *Großfeld*, Recht der Unternehmensbewertung, Rz. 47: „Die Bewertung beginnt also bei dem Unternehmen als Ganzem und schwenkt dann über auf den Anteil."
3 *Wiedemann*, Gesellschaftsrecht, Band II, 2004, § 3 III 3, S. 241.
4 Vgl. *Roth* in Baumbach/Hopt, § 131 HGB Rz. 49; *Fastrich* in Baumbach/Hueck, § 34 GmbHG Rz. 23; *Brähler*, WPg 2008, 209 (210); *Großfeld*, Recht der Unternehmensbewertung, Rz. 47; *Ulmer/Habersack* in Großkomm. GmbHG, 2. Aufl. 2014, § 34 GmbHG Rz. 77; *Schäfer* in MünchKomm. BGB, 6. Aufl. 2013, § 738 BGB Rz. 33; *Strohn* in MünchKomm. GmbHG, 2. Aufl. 2014, § 34 GmbHG Rz. 208; *Popp*, WPg 2008, 935 (939); *Altmeppen* in Roth/Altmeppen, § 34 GmbHG Rz. 49; *Wiedemann*, Gesellschaftsrecht, Band II, 2004, § 3 III 3, S. 241.
5 Vgl. *Schäfer* in MünchKomm. BGB, 6. Aufl. 2013, § 738 BGB Rz. 33: „Wenn der Ausscheidende danach so gestellt werden soll, als wäre die Gesellschaft zur Zeit seines Ausscheidens aufgelöst worden, folgt daraus, dass für seine Abfindung nicht der Verkehrswert seines Anteils maßgebend ist, sondern sein *Anteil an dem (Verkehrs-)Wert des fortgeführten Unternehmens der Gesellschaft* [...]." (Hervorhebung im Original); ferner *Altmeppen* in Roth/Altmeppen, § 34 GmbHG Rz. 49; das Wortlautargument relativierend *W. Müller* in FS Bezzenberger, 2000, S. 705 (718).
6 Vgl. *Großfeld*, Recht der Unternehmensbewertung, Rz. 47; *Hüffer* in FS Hadding, 2004, S. 461 (465); *Wiedemann*, Gesellschaftsrecht, Band II, 2004, § 3 III 3, S. 241.
7 Vgl. *Großfeld*, Recht der Unternehmensbewertung, Rz. 47; *Schäfer* in MünchKomm. BGB, 6. Aufl. 2013, § 738 BGB Rz. 33; *Strohn* in MünchKomm. GmbHG, 2. Aufl. 2014, § 34 GmbHG Rz. 208; *Popp*, WPg 2008, 935 (939); s. auch OLG Köln v. 19.12.1997 – 4 U 31/97, NZG 1998, 779 (780) = GmbHR 1998, 641.

dung außenstehender Aktionäre nicht auf die Abfindung von Personen- und GmbH-Gesellschaftern übertragen.[1] Eine Ausnahme wird gelegentlich für den Fall erwogen, dass ein funktionierender Markt für die Anteile der Gesellschaft besteht und der Anteilswert aus den sich dort bildenden Marktpreisen abgeleitet werden kann.[2] Grundsatzkritik an der indirekten Anteilsbewertung ist bei Personengesellschaft und GmbH bisher vereinzelt geblieben[3] und noch seltener zu einem geschlossenen Gegenentwurf ausgearbeitet worden.[4] Sie spielt eine gewisse Rolle bei der Diskussion über Bewertungsabschläge wegen geringerer Fungibilität der Anteile (näher unten Rz. 22).

3. Abfindungen im Aktienrecht

4 Die aktienrechtliche Basisvorschrift ist § 305 Abs. 1 AktG, wonach außenstehende Aktionäre Anspruch auf eine angemessene Abfindung haben. Eine Barabfindung nach § 305 Abs. 2 Nr. 2 oder 3 AktG muss gem. § 305 Abs. 3 Satz 2 AktG die Verhältnisse der Gesellschaft im Zeitpunkt der Beschlussfassung ihrer Hauptversammlung über den Beherrschungs- oder Gewinnabführungsvertrag berücksichtigen. Der **BGH** und die obergerichtliche Spruchpraxis verste-

---

1 Vgl. *Schäfer* in MünchKomm. BGB, 6. Aufl. 2013, § 738 BGB Rz. 33.
2 So *Ulmer/Habersack* in Großkomm. GmbHG, 2. Aufl. 2014, § 34 GmbHG Rz. 77; *Schäfer* in MünchKomm. BGB, 6. Aufl. 2013, § 738 BGB Rz. 33 („allenfalls"); ferner *W. Müller* in FS Bezzenberger, 2000, S. 705 (718), wenn zeitnahe, realisierte und vergleichbare Preise vorhanden sind.
3 Vgl. die knappen Bemerkungen bei *Lorz* in Ebenroth/Boujong/Joost/Strohn, § 131 HGB Rz. 100; *Sigle*, ZGR 1999, 659, 669 f.; *Wagner/Nonnenmacher*, ZGR 1981, 674 (675 ff.); ferner *Ulmer*, ZIP 2010, 805 (815), der für den Vertragstypus der generationenübergreifenden Familien-Personengesellschaft auf die nachhaltig zu erwartende Gewinnausschüttung als mögliche Grundlage für die Wertermittlung abstellt; ausführlicher nur *Nonnenmacher*, Anteilsbewertung bei Personengesellschaften, S. 33 f.: „Es gibt aus der Sicht des einzelnen Gesellschafters keinen Wert für die Gesellschaftsunternehmung als Ganzes. [...] Der Wert der ganzen Unternehmung aus der Sicht des einzelnen Gesellschafters ist ein Zwitter, da der Gesellschafter die Unternehmung der Gesellschaft weder kaufen noch verkaufen kann. Der Gesamtwert ist für den Gesellschafter statt dessen nur unter einer Fiktion denkbar, und zwar als Wert, welche die ganze Unternehmung für den betreffenden Gesellschafter als Alleineigentümer hätte. Dieser fiktive Gesamtwert ist allerdings nur nützlich, um die Fragwürdigkeit der quotalen Aufteilung eines Gesamtwertes darzustellen."
4 Eingehend nur *Nonnenmacher*, Anteilsbewertung bei Personengesellschaften, S. 35 f.: „Nach der direkten Methode ist der Anteilswert unmittelbar aus den Zahlungen von der Gesellschaft an den Gesellschafter abzuleiten, indem alle künftigen (präferenzkonform periodisierten) Einkommen aus der Gesellschaft [...] mit dem individuellen Kalkulationszinsfuß des Gesellschafters auf den Entscheidungszeitpunkt diskontiert werden. Insofern handelt es sich bei der direkten Methode um die konsequente Anwendung des für ganze Unternehmen konzipierten Ertragswertverfahrens auf Unternehmensanteile."; kritisch dazu *Großfeld*, ZGR 1982, 141.

hen diese Vorgabe dahin, dass eine **indirekte oder abgeleitete Anteilsbewertung** geboten ist[1]: Danach wird – wie bei der Personengesellschaft (oben Rz. 3) – zunächst der Gesamtwert des Unternehmens ermittelt und dann entsprechend den Nennbeträgen der Aktien aufgeteilt.[2] Die **überwiegende Lehre** pflichtet dem bei[3] und stützt sich zur Begründung auf den Gesetzeswortlaut („Verhältnisse der Gesellschaft").[4] Außerdem verweist sie auf § 738 Abs. 1 Satz 2 BGB, der einen verallgemeinerungsfähigen Bewertungsgrundsatz für das gesamte Gesellschaftsrecht aufstelle.[5] In die gleiche Richtung weisen die **berufsständischen Grundsätze** zur Unternehmensbewertung gemäß **IDW S 1 2008**: Ihnen zufolge entspricht der objektivierte Wert des Unternehmensanteils dem quotalen Wertanteil am objektivierten Gesamtwert des Unternehmens.[6] Der **IDW Praxishinweis 1/2014** bekräftigt dies noch einmal[7] und fügt hinzu, dass es nur jenseits des objektivierten Anteilswerts erforderlich sein könne, dem Anteil anhaftende Gegebenheiten zu berücksichtigen.[8]

Im Hinblick auf börsennotierte Gesellschaften hat sich gegen den Grundsatz der indirekten Anteilsbewertung aber zunehmender **Widerstand** formiert. Er stammte ursprünglich von betriebswirtschaftlicher Seite, die schon früh für die Bewertung der Aktie als selbständig handelbares Gut anhand des Börsenkurses

5

---

1 Vgl. BGH v. 30.3.1967 – II ZR 141/64, NJW 1967, 1464; BGH v. 20.3.1995 – II ZR 205/94 – „Girmes", BGHZ 129, 136 (165) = AG 1995, 368; OLG München v. 19.10.2006 – 31 Wx 92/05, AG 2007, 287 (291): „Den Anteilswert ermittelt der Senat wie das LG, indem er den Unternehmenswert auf die Zahl aller Aktien verteilt."
2 Vgl. *Koch* in Hüffer, § 305 AktG Rz. 35; *Paulsen* in MünchKomm. AktG, 3. Aufl. 2011, § 305 AktG Rz. 141.
3 Vgl. *Adolff*, Unternehmensbewertung im Recht der börsennotierten Aktiengesellschaft, S. 356; *Aschauer* in FS Mandl, 2010, S. 13 (16); *Großfeld*, Recht der Unternehmensbewertung, Rz. 1298, 1301; *Henze* in FS Lutter, 2000, S. 1101 (1105 ff.); *Hüffer* in FS Hadding, 2004, S. 461 (464); *Koch* in Hüffer, § 305 AktG Rz. 35, 40; *Kuhner*, WPg 2007, 825 (829); *Maier-Reimer/Kolb* in FS W. Müller, 2001, S. 93 (99 f.).
4 Vgl. *Großfeld*, Recht der Unternehmensbewertung, Rz. 1299; *Koch* in Hüffer, § 305 AktG Rz. 40; das Wortlautargument relativierend *W. Müller* in FS Bezzenberger, 2000, S. 705 (715): „Sehr viel näherliegend ist doch eine Auslegung dahin, daß zunächst der in Frage stehende Anteilswert festzustellen ist. Dieser ist allenfalls zu korrigieren, wenn er die ‚Verhältnisse der Gesellschaft' nicht ausreichend berücksichtigt."
5 Zuerst *Kropff*, DB 1962, 155 (156); dem folgend *Adolff*, Unternehmensbewertung im Recht der börsennotierten Aktiengesellschaft, S. 358; *Hüttemann*, ZHR 162 (1998), 563 (578 f.); *Hüttemann* in FS Hoffmann-Becking, 2013, S. 603 (605); im Ergebnis auch *Meilicke*, Die Barabfindung für den ausgeschlossenen oder ausscheidungsberechtigten Minderheits-Kapitalgesellschafter, S. 46.
6 So wörtlich IDW S 1 2008, WPg Supplement 3/2008, Rz. 13.
7 Vgl. IDW Praxishinweis 1/2014, WPg Supplement 2/2014, 28, 36, Rz. 55: „Somit entspricht der objektivierte Wert eines Unternehmensanteils dem jeweiligen (quotalen) Anteil am objektivierten Gesamtwert des Unternehmens."
8 Vgl. IDW Praxishinweis 1/2014, WPg Supplement 2/2014, 28, 36, Rz. 56.

geworben hatte.¹ Im Anschluss daran und an die jüngere Rechtsprechung des BVerfG zur Bedeutung des Börsenkurses (vgl. § 16 Rz. 25 ff.) haben auch verschiedene juristische Stimmen vorgeschlagen, die Barabfindung **bei börsennotierten Gesellschaften ausschließlich** auf den **Anteilswert** – also den Verkehrswert der Aktien – zu beziehen.² Die börsennotierte Aktie, so ihre These, sei ein verkehrsfähiger Gegenstand, der darauf angelegt sei, als selbständiges Handelsobjekt auf einem eigenen Markt, der gerade nicht der Markt für Unternehmen und Unternehmensanteile sei, ge- und verkauft zu werden.³ Die **herrschende Lehre vermisst hierfür** im geltenden Recht eine **gesetzliche Grundlage** und hält *de lege lata* am anteiligen Unternehmenswert als gesetzlichem Bewertungsziel des § 305 Abs. 3 Satz 2 AktG fest.⁴ Dies schließt allerdings nach ihrer Auffassung den Rückgriff auf den Börsenkurs bei börsennotierten Gesellschaften nicht aus: Dieser könne als Schätzungsgrundlage für den anteiligen Unternehmenswert dienen.⁵ *De lege ferenda* wäre der Gesetzgeber freilich nicht an einem Konzeptionswechsel hinsichtlich der Bewertungsobjekte gehindert.⁶ Diesen Schritt hat international etwa der italienische Gesetzgeber in Art. 2437-*ter* des *Codice civile* vollzogen: Während es bei nicht börsennotierten Gesellschaften gem. Abs. 2 um die Ermittlung des Beteiligungswertes an einem lebenden Gesamtunternehmen geht (*partecipacione all'impresa*), sieht Abs. 3 die Aktie bei börsennotierten Gesellschaften als selbständig handelbares und mit einem eigenen Marktpreis versehenes Einzelgut (*azione come bene*) an (näher § 31 Rz. 21).⁷

II. Bewertungsabschläge

6   Im Anschluss an die Ermittlung des quotalen Unternehmenswerts stellt sich die Frage, ob etwaige Besonderheiten des Anteils durch Bewertungsabschläge zu berücksichtigen sind. Sie hat in Betriebswirtschaftslehre und Bewertungs-

---

1   Vgl. insbesondere *Busse von Colbe*, AG 1964, 263; später *Busse von Colbe* in FS Lutter, 2000, S. 1053 ff.
2   Grundlegend *W. Müller* in FS Bezzenberger, 2000, S. 705 (714) mit der Bemerkung: „Erstaunlicherweise ist die Richtigkeit der quotalen Zerlegung des Unternehmenswerts auf die Gesellschaftsanteile nie in Frage gestellt worden."; vertiefend *W. Müller* in FS Röhricht, 2005, S. 1015 (1017 ff.); *W. Müller* in FS G.H. Roth, 2011, S. 517 (518 ff.); ferner *Mülbert* in FS Hopt, 2010, S. 1039 (1067 ff.); *Stilz* in FS Goette, 2011, S. 529 (537 ff.); *Tonner* in FS K. Schmidt, 2008, S. 1581 (1587 f.).
3   So *W. Müller* in FS Röhricht, 2005, S. 1015 (1024); gleichsinnig *W. Müller* in FS G.H. Roth, 2011, S. 517 (531): „Bei der börsennotierten Aktie wird jedoch diese quotale Unternehmensträgerschaft durch den Kapitalmarkt dominant überlagert."
4   Vgl. *Hüffer* in FS Hadding, 2004, S. 461 (466 ff.); *Koch* in Hüffer, § 305 AktG Rz. 40; *Hüttemann* in FS Hoffmann-Becking, 2013, S. 603 (610 f.); alle m.w.N.
5   Vgl. OLG Frankfurt v. 3.9.2010 – 5 W 57/09, AG 2010, 751 (755); *Koch* in Hüffer, § 305 AktG Rz. 40; *Hüttemann* in FS Hoffmann-Becking, 2013, S. 603 (610 f.); *Stilz* in FS Goette, 2011, S. 529 (537 f.).
6   Vgl. *Fleischer*, AG 2014, 97 (112).
7   Eingehend *Maugeri*, Riv. dir. comm. 2014, 93.

praxis bisher größere Aufmerksamkeit gefunden als im **Gesellschaftsrecht**.[1] Zur Klarstellung sei nochmals hervorgehoben, dass im Steuerrecht, aber auch im Familien- und Erbrecht eine andere Beurteilung angezeigt sein kann (dazu bereits oben Rz. 2). Diskutiert werden insbesondere Abschläge für Minderheitsanteile ohne nennenswerte Einflussmöglichkeiten (**Minderheitsabschläge**), für nicht oder weniger fungible Anteile an Personen- und geschlossenen Kapitalgesellschaften (**Fungibilitätsabschläge**) und für das Ausscheiden von Gesellschaftern mit besonderen Fähigkeiten oder Kontakten (**Abschläge für Schlüsselpersonen**). An anderer Stelle zu erörtern ist, ob bei kleinen und mittleren Unternehmen ein genereller Bewertungsabschlag („small company discount") geboten ist (näher § 22 Rz. 8).

1. Minderheitsabschlag

a) Betriebswirtschaftliche Grundlagen

Minderheitsgesellschafter in einer AG oder GmbH verfügen wegen des kapitalgesellschaftsrechtlichen Mehrheitsprinzips (§§ 133 Abs. 1, 134 Abs. 1 AktG, § 47 Abs. 1 und 2 GmbHG) über keinen nennenswerten Einfluss auf Geschäftsleitung und Gewinnverwendung; als Kleinaktionäre in großen Publikumsgesellschaften sind sie sogar gänzlich einflusslos.[2] Ähnlich liegt es bei Minderheitsgesellschaftern einer Personengesellschaft, sofern der Gesellschaftsvertrag Mehrheitsbeschlüsse vorsieht (§ 119 Abs. 2 HGB). Dieser geringe Einfluss schlägt sich auch im wirtschaftlichen Wert von Minderheitsanteilen nieder. Wenn überhaupt, lassen sich Minderheitsanteile an einer geschlossenen Kapital- oder Personengesellschaft nur mit beträchtlichen Abschlägen veräußern.[3] In den Vereinigten Staaten beträgt der durchschnittliche Wertabschlag zwischen 26 und 33 %.[4] In Deutschland, Österreich und der Schweiz entsprechen **Minderheitsabschläge bei freihändiger Anteilsveräußerung** ebenfalls einer gängigen Praxis.[5] Dieser betriebswirtschaftliche Befund führt zu der Rechtsfrage, ob ein ausscheidender Aktionär, GmbH-Gesellschafter oder Personengesell-

---

1 Grundlegend aus der internationalen Literatur *Pratt*, Valuation Discounts and Premiums, 2. Aufl. 2009; aus deutscher Perspektive *Schütte-Biastoch*, Unternehmensbewertung von KMU, S. 133 ff., 197 ff.; *Zieger/Schütte-Biastoch*, Finanz Betrieb 2008, 590 (596 ff.); aus schweizerischer Sicht *Cheridito/Schneller*, Schweizer Treuhänder, 2008, 416; zuletzt *Hüttche*, Schweizer Treuhänder, 2012, 208 (212): „Auch die Diskussion um die Berechtigung von Zu- oder Abschlägen wird wohl vermehrt geführt werden."
2 Vgl. BVerfG v. 23.8.2000 – 1 BvR 68/95 – „Moto Meter", NJW 2001, 279 (280); dazu *Fleischer*, DNotZ 2000, 876.
3 Vgl. *Fleischer*, ZIP 2012, 1633 (1635).
4 Dazu etwa *Moll*, 54 Duke L.J. 293, 316 (2004) m.w.N.
5 Vgl. für Deutschland *Lorz* in Ebenroth/Boujong/Joost/Strohn, § 131 HGB Rz. 100; *Sigle*, ZGR 1999, 659 (669 f.); für Österreich *Aschauer*, Unternehmensbewertung beim Gesellschafterausschluss, 2009, S. 166 f.; *Winner*, Wert und Preis im Zivilrecht, 2008, S. 417; für die Schweiz *Cheridito/Schneller*, Schweizer Treuhänder 2008, 416 (418); *Gurtner* in v. Buren (Hrsg.), Aktienrecht 1992-1997: Versuch einer Bilanz, 1998, S. 115, 119: „Der Minderheitsabzug für Minderheitsbeteiligungen liegt – im Sinne einer Groborientierung – zwischen 10 und 30 %."

schafter bei der Abfindungsbemessung einen Bewertungsabschlag hinnehmen muss, wenn und weil er nur einen Minderheitsanteil ohne nennenswerte Einflussmöglichkeiten besitzt (Minderheitsabschlag, *minority discount*).

b) Gesellschaftsrechtliche Beurteilung

aa) Personengesellschaft und GmbH

(1) Meinungsstand

8   Im Personengesellschafts- und GmbH-Recht ist die Diskussion um Minderheitsabschläge – anders als im Aktienrecht (unten Rz. 14) – noch kaum in Gang gekommen. Die wenigen einschlägigen **Literaturstimmen lehnen** einen **Mehrheitsabschlag** unter Hinweis auf den gesellschaftsrechtlichen Gleichbehandlungsgrundsatz **fast durchweg ab**.[1] Die ausführlichste Begründung findet sich in einem Urteil des OLG Köln aus dem Jahre 1999, in dem es um einen GmbH-Gesellschafter ging, der durch missbräuchliches Verhalten der Mehrheitsgesellschafterin zum Austritt aus wichtigem Grund veranlasst worden war.[2] Der Senat räumte ein, dass die unterschiedlichen Herrschaftsrechte von Geschäftsanteilen bei einer rein betriebswirtschaftlichen Betrachtung deren Bewertung beeinflussen, hielt dies aber für irrelevant: Für die rechtlich zutreffende Einordnung des Anteilswerts komme es nicht auf den maßgeblichen Verkehrswert, sondern auf den sog. Einigungs- oder Normwert an, d.h. auf die Ermittlung des richtigen Wertes für das zugrunde liegende Rechtsverhältnis.[3] Ein GmbH-Gesellschafter, der unfreiwillig aus der Gesellschaft ausscheide, brauche sich einen derartigen, aus betriebswirtschaftlicher Sicht wertmindernden Umstand nicht entgegenhalten zu lassen. Vielmehr würde eine wertmindernde Berücksichtigung seines minderen Herrschaftsrechts im Verhältnis zur Mehrheitsgesellschafterin zu einer durch nichts zu rechtfertigenden Bereicherung der – hinausdrängenden – Mehrheitsgesellschafterin führen.[4]

9   **Einzelne Autoren** haben dagegen allerdings **Widerspruch** angemeldet.[5] Sie verweisen auf die gängige Praxis von Minderheitsabschlägen bei der Veräußerung von Geschäftsanteilen an geschlossenen Gesellschaften und führen aus, dass die Ermittlung des quotalen Unternehmenswertes immer nur der erste Schritt der Prüfung sei.[6] Hieran müsse sich die Frage anschließen, inwieweit der konkreten gesellschaftsrechtlichen Stellung des ausscheidenden Gesellschafters

---

1   Vgl. *Roth* in Baumbach/Hopt, § 131 HGB Rz. 49; *Großfeld*, Recht der Unternehmensbewertung, Rz. 1302, 1304 f.; *Neuhaus*, Unternehmensbewertung und Abfindung, S. 87 f.; *Reichert/Weller* in MünchKomm. GmbHG, 2. Aufl. 2014, § 34 GmbHG Rz. 208.
2   Vgl. OLG Köln v. 26.3.1999 – 19 U 1108/96, NZG 1999, 1222 (1227).
3   Vgl. OLG Köln v. 26.3.1999 – 19 U 1108/96, NZG 1999, 1222 (1227).
4   Vgl. OLG Köln v. 26.3.1999 – 19 U 1108/96, NZG 1999, 1222 (1227).
5   Vgl. *Lorz* in Ebenroth/Boujong/Joost/Strohn, § 131 HGB Rz. 100; *Sigle*, ZGR 1999, 659 (669 f.); s. auch *Strohn* in MünchKomm. GmbHG, 2. Aufl. 2014, § 34 GmbHG Rz. 208: „Ggf. sind Besonderheiten der verloren gehenden Gesellschafterstellung durch Zu- oder Abschläge zu berücksichtigen. So kann etwa bei einer Mehrheitsbeteiligung ein ‚Paketzuschlag' gerechtfertigt sein."
6   So ausdrücklich *Lorz* in Ebenroth/Boujong/Joost/Strohn, § 131 HGB Rz. 100.

(z.B. Mehrheits- oder Minderheitsbeteiligung) durch pauschale Zu- oder Abschläge auf den quotalen Unternehmenswert Rechnung zu tragen sei.[1]

(2) Rechtsvergleichung

Die österreichische Lehre lehnt Minderheitsabschläge als Verstoß gegen den Gleichbehandlungsgrundsatz ab.[2] Auch die US-amerikanische Judikatur[3] und die einschlägigen Modellgesetze[4] sprechen sich im Rahmen des *oppression remedy*, also beim gerichtlich angeordneten Zwangserwerb von Minderheitsanteilen durch den Mehrheitsgesellschafter, nahezu einhellig gegen *minority discounts* aus.[5] Gleiches gilt in England im Rahmen des *unfair prejudice*-Rechtsbehelfs[6]: Bei einer gerichtlichen *buy-out order* in einer personalistischen Kapitalgesellschaft (*quasi partnership*) erfolgt eine *pro rata*-Bewertung ohne Abschläge.[7] Anderes gilt allerdings bei kapitalistisch strukturierten *private companies*, namentlich dann, wenn der ausscheidende Gesellschafter den Minderheitsanteil durch Rechtsgeschäft erworben hat und ein Minderheitsabschlag im Erwerbspreis berücksichtigt wurde.[8] Die italienische Lehre hält Minderheitsabschläge (*sconti di minoranza*), sofern sie im Rahmen des Austrittsrechts eines GmbH-Gesellschafters nach art. 2473 c.c. überhaupt erörtert werden, für unvereinbar mit dem Grundsatz anteiliger Unternehmensbewertung.[9] In Frankreich werden Minderheitsabschläge (*décote de minorité*) fast ausschließlich bei der steuerrechtlichen Bewertung thematisiert, wo sie nach einem Leitfaden der französischen Steuerbehörden allerdings nur in Ausnahmefällen Anwendung finden sollen.[10] Im Rahmen der gesellschaftsrechtlichen Anteilsbewertung nach art. 1843-4 C. civ. hat man sie bisher nur vereinzelt

---

1 Vgl. *Lorz* in Ebenroth/Boujong/Joost/Strohn, § 131 HGB Rz. 100.
2 Vgl. *Aschauer*, Unternehmensbewertung beim Gesellschafterausschluss, 2009, S. 167; *Aschauer* in FS Mandl, 2010, S. 13 (18, 25); *Leupold* in Torggler, UGB, 2013, §§ 137, 138 Rz. 8; *Winner*, Wert und Preis im Zivilrecht, S. 412 f., 466 f.
3 Umfassende Nachweise bei *Moll/Ragazzo*, The Law of Closely Held Corporations, Loseblatt, Stand 2011, § 8.02[B][3], 8.35 mit Fn. 12.
4 Vgl. § 13.01(4) des Model Business Corporation Act (MBCA): „Fair value means the value of the corporation's shares determined [...] (iii) without discounting for lack of marketability or minority status [...]."
5 Zusammenfassend zuletzt *Miller*, 13 U. Pa. J. Bus. L. 607 (2011).
6 Umfassend und rechtsvergleichend *Fleischer/Strothotte*, RIW 2012, 2 (4 ff.)
7 Grundlegend *In re Bird Precision Bellows Ltd* [1984] 1 Ch. 419, 430: „In my judgment the correct course would be to fix the price pro rata according to the value of the shares as a whole and without any discount, as being the only fair method of compensating an unwilling vendor of the equivalent of a partnership share."
8 Vgl. *In re Bird Precision Bellows Ltd.* [1984] 1 Ch. 419, 431 – obiter; aus der Folgerechtsprechung *Strahan v. Wilcock* [2006] B.C.L.C. 555, 561.
9 Vgl. *Ioventti*, Riv. soc. 2005, 485; s. auch *Ventoruzzo*, Recesso e valore della partecizione nella società di capitali, 2012, S. 236 ff.
10 Vgl. *Direction générale des impôts*, L'évaluation des entreprises et des titres de sociétés, 2007, S. 108 f.; kritisch *Charvériat*, Mémento Expert Francis Lefebvre – Cession de parts et actions 2013-2014, 2012, Rz. 35902 f.

angesprochen[1]; hier verfügt der Bewertungsexperte traditionell über einen größtmöglichen Bewertungsspielraum, der gerichtlich nur in engen Grenzen überprüfbar ist (näher § 31 Rz. 32).

(3) Stellungnahme

11 Im Ergebnis ist **der h.M. beizutreten**. Dass Minderheitsabschläge bei nicht dominierten Markttransaktionen gängige Praxis sind, kann die Abfindungsbemessung bei dominierten Bewertungsanlässen nicht präjudizieren: Für die rechtsgeprägte Unternehmenswert kommt es nicht auf den Markt-, sondern auf den Normwert an.[2] Die **Begründung der h.M.**, wonach Minderheitsabschläge dem gesellschaftsrechtlichen Gleichbehandlungsgrundsatz zuwiderlaufen (oben Rz. 8), ist **allerdings ergänzungsbedürftig**. Nach allgemeiner Ansicht gilt der Gleichbehandlungsgrundsatz nämlich nur im Verhältnis zwischen Gesellschaftern und Organen, nicht im Verhältnis der Gesellschafter untereinander. In Personengesellschaften und geschlossenen Kapitalgesellschaften werden Abfindungsstreitigkeiten aber der Sache nach zwischen den streitenden Parteien – regelmäßig Mehrheits- und Minderheitsgesellschafter – ausgetragen.[3]

12 Eine argumentationsgesättigte Begründung muss breiter ansetzen und das normative Bewertungsmodell des Personengesellschafts- und GmbH-Rechts herausarbeiten. Insoweit gibt der **Grundsatz der indirekten Anteilsbewertung** (oben Rz. 1) einen ersten Fingerzeig: Ermittelt man zunächst den Gesamtwert des Unternehmens und verteilt ihn dann *pro rata* auf die einzelnen Anteile, bleibt für einen Minderheitsabschlag kein Raum.[4] In dieselbe Richtung deutet zweitens das „**BGB-Modell**"[5] **der Anteilsbewertung in § 738 Abs. 1 Satz 2 BGB** (oben Rz. 3): Es verweist den ausscheidenden Personengesellschafter für die Abfindungsbemessung auf die Regeln der Auseinandersetzung, die nach § 734 BGB eine quotale Teilhabe am Liquidationserlös vorsehen.[6] Gleiches sieht der **Verteilungsschlüssel des § 72 Satz 1 GmbHG** vor: Danach teilen sich GmbH-Gesellschafter den Liquidationserlös ungeachtet ihrer größeren oder geringeren Einflussnahmemöglichkeit im Verhältnis ihrer Geschäftsanteile. Betrachtet man das Ausscheiden eines GmbH-Gesellschafters als eine Art Teilauseinandersetzung, so liegt für diesen Fall ebenfalls eine *pro rata*-Bewertung nahe.[7] Drittens spricht auch der **rechtsvergleichende Befund** gegen Minderheitsabschläge: Diese werden in den meisten Rechtsordnungen ausdrücklich abge-

---

1 Grundlegend der Beitrag von *Mousseron*, RJDA 2006, 199; rechtsvergleichend *Fleischer/Jaeger*, RabelsZ 77 (2013), 694.
2 Vgl. *Fleischer* in FS Hommelhoff, 2012, S. 223 (234); *Winner*, Wert und Preis im Zivilrecht, S. 467.
3 Vgl. *Adolff*, Unternehmensbewertung im Recht der börsennotierten Aktiengesellschaft, S. 360; *Fleischer* in FS Hommelhoff, 2012, S. 223 (234); *Ruthardt*, NZG 2014, 972 (978).
4 Vgl. *Fleischer*, S. 137, 147 f.; *Hüttemann*, WPg 2007, 812 (815); *Kuhner*, WPg 2007, 825 (829).
5 *Böcking* in FS Moxter, 1994, S. 1407 (1432).
6 Vgl. *Fleischer* in FS Hommelhoff, 2012, S. 223 (235).
7 Vgl. *Fleischer* in FS Hommelhoff, 2012, S. 223 (234).

lehnt (vgl. oben Rz. 10). Viertens kann im Einzelfall – wie in der erwähnten Entscheidung des OLG Köln (oben Rz. 8) – als Billigkeitsgesichtspunkt hinzutreten, dass sich der Mehrheitsgesellschafter nicht auf Kosten des Minderheitsgesellschafters bereichern darf: *Nemo auditur turpitudinem suam allegans*.[1] Allerdings lässt sich dieser Gedanke kaum verallgemeinern[2]: Nicht alle Vorteile, die der Mehrheitsgesellschafter aus seiner Kontrollposition schöpft, werden rechtlich missbilligt[3]; ebenso wenig gereichen sie dem Minderheitsgesellschafter notwendig zum Nachteil.[4]

Liegt dem Ausscheiden aus der Personengesellschaft oder GmbH kein Machtmissbrauch des Mehrheitsgesellschafters, sondern umgekehrt eine **grobe Pflichtverletzung des Minderheitsgesellschafters** zugrunde, könnte man unter Billigkeitsgesichtspunkten über einen Bewertungsabschlag räsonieren, wird diesen Gedanken aber sogleich wieder fallen lassen: Nach zutreffender h.M. ist der Ausschluss aus wichtigem Grund nicht mit einem Unwerturteil verbunden und darf deshalb nicht mit Strafsanktionen bewehrt sein.[5] Daraus folgt, dass auch der ausgeschlossene „Störenfried"[6] Anspruch auf eine Abfindung zum vollen Wert seines Geschäftsanteils hat.[7] **So wenig** wie er einen **Minderheits*abschlag*** hinnehmen muss, steht ihm freilich ein **Minderheits*zuschlag*** für den Lästigkeitswert seiner Beteiligung zu.[8]

bb) Aktiengesellschaft

(1) Meinungsstand

Die Diskussion um Minderheitsabschläge hat mit der Aktienrechtsreform von 1965 begonnen. In deren Vorfeld hatte sich eine frühe Stimme für einen Minderheitsabschlag ausgesprochen, weil außenstehende Aktionäre beim unfrei-

---

1 Vgl. *Großfeld*, JZ 1981, 769 (772); *Meilicke*, Die Barabfindung für den ausgeschlossenen oder ausscheidungsberechtigten Minderheits-Kapitalgesellschafter, S. 56.
2 Eingehend dazu *Fleischer* in FS Hommelhoff, 2012, S. 223 (235 f.) mit weiteren, auch rechtsvergleichenden Argumenten.
3 Beispiel: Drittgeschäfte des Mehrheitsgesellschafters mit der Gesellschaft zu ausgeglichenen Bedingungen.
4 Beispiel: Festlegung der Unternehmensstrategie kraft Mehrheitsbeschlusses der Gesellschafterversammlung.
5 Vgl. BGH v. 1.4.1953 – II ZR 235/52, BGHZ 9, 157 (167); *Strohn* in MünchKomm. GmbHG, 2. Aufl. 2014, § 34 GmbHG Rz. 119.
6 BGH v. 1.4.1953 – II ZR 235/52, BGHZ 9, 157 (167).
7 Vgl. *Fleischer* in FS Hommelhoff, 2012, S. 223 (236); *Strohn* in MünchKomm. GmbHG, 2. Aufl. 2014, § 34 GmbHG Rz. 119; s. auch BGH v. 29.4.2014 – II ZR 216/13, GmbHR 2014, 811 = NZG 2014, 820, Leitsatz: „Eine Bestimmung in der Satzung einer GmbH, nach der im Fall einer (groben) Verletzung der Interessen der Gesellschaft oder der Pflichten des Gesellschafters keine Abfindung zu leisten ist, ist sittenwidrig und nicht grundsätzlich als Vertragsstrafe zulässig."
8 Vgl. *Fleischer* in FS Hommelhoff, 2012, S. 223 (236); *Großfeld*, JZ 1981, 769 (773); *Meilicke*, Die Barabfindung für den ausgeschlossenen oder ausscheidungsberechtigten Minderheits-Kapitalgesellschafter, S. 57.

willigen Ausscheiden nicht besser stehen sollten als beim Verkauf ihrer Anteile.[1] Diese Auffassung vermochte sich aber nicht durchzusetzen. Nach **heute ganz h.M.** ist ein **Minderheitsabschlag** im Rahmen des § 305 AktG **abzulehnen**.[2] Die Begründungen variieren. Zumeist verweist man schlagwortartig auf den aktienrechtlichen Gleichbehandlungsgrundsatz (§ 53a AktG).[3] Ergänzend heißt es, der ausscheidende Aktionär sei nicht so zu stellen, wie wenn er seine Anteile unter offenen Verhandlungsbedingungen verkaufen würde (Schiedswert), sondern so, wie wenn er in der Gesellschaft verbliebe.[4] Dann würde er nicht mit einem Minderheitsabschlag belastet, sondern hätte vielmehr Anspruch auf (relativ) dieselben Erträge wie der Hauptaktionär. Das entspreche auch der Billigkeit, weil er die in Rede stehende Grundlagen- oder Strukturänderung nicht verhindern könne.[5] Gegen einen Minderheitsabschlag spreche außerdem der wertende Vergleich mit dem Liquidationsfall, bei dem die unterschiedliche Stimmrechtsmacht der Aktionäre nichts an der anteiligen Verteilung des Liquidationserlöses ändere.[6] Schließlich dürfe man dem Mehrheitsaktionär keine Sondervorteile belassen, die er durch eigenes rechtswidriges Verhalten auf Kosten der außen stehenden Aktionäre erlangt habe.[7] Auch deshalb sei Skepsis gegenüber Minderheitsabschlägen angezeigt.

---

1 Vgl. *Busse von Colbe*, AG 1964, 263 (265); s. auch *Frey*, WPg 1963, 146 (147), der zur Bewertung von Minderheitsanteilen das Stuttgarter Verfahren empfahl und Abschläge nach Substanz und Ertrag vornahm; aus jüngerer Zeit *Schenk* in Bürgers/Körber, 2. Aufl. 2011, § 305 AktG Rz. 48: „Konsequenterweise würde die Zuerkennung eines höheren Werts je Aktie bei einem gegebenen Gesamt-Unternehmenswert einen Wertabschlag für Minderheitsbesitz verlangen. [...] Die Möglichkeiten, mit entspr Mehrheiten weitergehenden Einfluss auf das Unternehmen zu gewinnen als dies den Minderheitsaktionären möglich ist, werden von § 53a nicht verboten; die Markt- (und auch Börsen-)bewertung dieser Umstände kann daher auch nicht unberücksichtigt bleiben."
2 Vgl. OLG Düsseldorf v. 8.6.1973 – 19 W 21/72, AG 1973, 282 (284); KG v. 28.4.1964 – 5 U 1493/63, AG 1964, 217 (219); *Großfeld*, Recht der Unternehmensbewertung, Rz. 1187 ff.; *Koch* in Hüffer, § 305 AktG Rz. 32; *Ränsch*, AG 1984, 202 (207); *Ruiz de Vargas* in Bürgers/Körber, Anh. § 305 AktG Rz. 32; *Ruthardt*, NZG 2014, 972 (977 ff.); *Veil* in Spindler/Stilz, § 305 AktG Rz. 94; pointiert *Emmerich/Habersack*, Aktien- und GmbH-Konzernrecht, § 305 AktG Rz. 75: „Ein Abschlag für den Minderheitsbesitz der außen stehenden Aktionäre (gleichsam als Kehrseite der Paketzuschläge für Großaktionäre) verbietet sich ebenso wie ein gelegentlich diskutierter Minderheitsaufschlag von selbst."; eingehend *Komp*, Zweifelsfragen des aktienrechtlichen Abfindungsanspruchs nach §§ 305, 320b, S. 400 ff.
3 Vgl. *Deilmann* in Hölters, § 305 AktG Rz. 68; *Servatius* in Grigoleit, § 305 AktG Rz. 25; *Hirte/Hasselbach* in Großkomm/AktG, 4. Aufl. 2005, § 305 AktG Rz. 212; *Koch* in Hüffer, § 305 AktG Rz. 32; *Paulsen* in MünchKomm. AktG, 3. Aufl. 2010, § 305 AktG Rz. 141.
4 So *Koppensteiner* in KölnKomm. AktG, 3. Aufl. 2004, § 305 AktG Rz. 95.
5 Vgl. *Kropff*, DB 1962, 155 (158).
6 Vgl. *Kropff*, DB 1962, 155 (158).
7 Vgl. *Gansweid*, AG 1977, 334 (335); *Großfeld*, JZ 1981, 769 (772); *Komp*, Zweifelsfragen des aktienrechtlichen Abfindungsanspruchs nach §§ 305, 320b, S. 402; *Meilicke*, Die Barabfindung für den ausgeschlossenen oder ausscheidungsberechtigten Minderheits-Kapitalgesellschafter, S. 56.

(2) Rechtsvergleichung

Die österreichische Lehre hat sich nahezu einhellig gegen Minderheitsabschläge ausgesprochen.[1] In der Schweiz hat das Bundesgericht die Frage bisher ausdrücklich offen gelassen.[2] Gewichtige Literaturstimmen befürworten aus Gründen der Rechtssicherheit und Gleichbehandlung eine Abfindung zum objektivierten Wert ohne Minderheitsabzüge[3]; allerdings gibt es auch Befürworter eines Minderheitsabschlags[4], die sich nicht zuletzt auf die Botschaft des Bundesrates berufen können[5]. In den Vereinigten Staaten lehnen die meisten Gliedstaaten Minderheitsabschläge im Rahmen ihrer *appraisal*-Statuten ab, weil sie mit dem Grundsatz der anteiligen Unternehmensbewertung unvereinbar seien.[6] Weiter spreche gegen *minority discounts*, dass (a) Vergleiche mit einem freiwilligen Anteilsverkauf nicht sachgerecht seien, weil der Minderheitsaktionär ohne die Strukturänderung in der Gesellschaft geblieben wäre; (b) dem Minderheitsaktionär seine fehlende Stimmrechtsmacht nicht zum Nachteil gereichen dürfe; (c) der Mehrheitsaktionär durch das Abfindungsverfahren keine ungerechtfertigten Zufallsgewinne erhalten solle.[7]

15

---

1 Vgl. *Gall/Potyka/Winner*, Squeeze-out. Der Gesellschafterausschluss bei AG und GmbH, 2006, Rz. 204; *Winner*, Wert und Preis im Zivilrecht, S. 412 f., 466 f.; sehr klar auch KFS BW 1 2006, Ziff. 9 Rz. 132: „Die Berücksichtigung von Minderheitsab- oder -zuschlägen ist unzulässig."; abw. *Seicht*, RWZ 2004, 164.
2 Vgl. BGE 120 II 259 E. 2b: „Dabei handelt es sich nach herrschender Literaturmeinung um einen objektiven Wert, der als Gesamtwert der Gesellschaft unter Einschluss von Substanz- und Ertragswert zu bestimmen ist. [...] Ob darüber hinaus auch subjektive, persönliche Interessen zu berücksichtigen sind, welche die Bewertung aus der Sicht der beteiligten Parteien beeinflussen können, braucht im vorliegenden Fall nicht erörtert zu werden."
3 Vgl. *Böckli*, Schweizer Aktienrecht, 4. Aufl. 2009, § 6 Rz. 224c; *Oertle/du Pasquier* in Basler Kommentar OR, 4. Aufl. 2012, Art. 789 Rz. 4; ferner die Prognose von *Flückiger*, Schweizer Treuhänder 2003, 263 (266).
4 Vgl. etwa *Gurtner* in v. Buren (Hrsg.), Aktienrecht 1992-1997: Versuch einer Bilanz, 1998, S. 115, 119, 124: „Es würde allen praktischen Erfahrungen und vernünftigen Überlegungen widersprechen, Mehrheits- und Minderheitsbeteiligungen gleich zu bewerten, obwohl sie unterschiedliche Rechte und Einflussmöglichkeiten gewähren und die Verkäuflichkeit der Titel unterschiedlich ist."; offen lassend *Forstmoser/Meier-Hayoz/Nobel*, Schweizerisches Aktienrecht, 1996, § 44 Rz. 164 mit Fn. 57a; differenzierend *Sanwald*, Austritt und Ausschluss aus AG und GmbH, 2009, S. 100: „Im Ergebnis sind Zuschläge und Abschläge grundsätzlich zulässig. Abschläge sind aber insbesondere dann nicht zulässig, wenn der Gesellschafter ausgeschlossen wird oder aus wichtigen Gründen austritt."
5 Vgl. Botschaft des Bundesrates über die Revision des Aktienrechts, 25.2.1983, BBl. 135 (1983), Bd. II, S. 901: „Der wirkliche Wert der Aktie ohne Kurswert ist ebenfalls ein Verkehrswert. Deshalb sind neben dem Wert des Anteils an der Gesellschaft alle weiteren Umstände zu berücksichtigen, die den Verkehrswert beeinflussen: So der Preis der Kaufofferte, der Umfang des Minderheitspakets (beispielsweise ob mit oder ohne Sperrminorität), die Zukunftsaussichten des Unternehmens etc."
6 Grundlegend *Cavalier Oil Corp. v. Harnett*, 564 A.2d 1137, 1144 (Del. 1989).
7 Vgl. *Cavalier Oil Corp. v. Harnett*, 564 A.2d 1137, 1144-1145 (Del. 1989); zusammenfassend *Hess*, 16 A.L.R. 6th 693 (2006).

(3) Stellungnahme

16 **Der ganz h.M.** ist im Ergebnis **beizutreten**. Wie schon im Personengesellschafts- und GmbH-Recht (oben Rz. 11 ff.) lässt sich dies aber nicht unmittelbar aus dem Gleichbehandlungsgrundsatz ableiten.[1] Tragfähiger ist ein Rückgriff auf den Grundsatz der **indirekten Anteilsbewertung**, der auch im Aktienrecht gilt (oben Rz. 4) und Minderheitsabschläge von vornherein ausschließt. In dieselbe Richtung weist der **Verteilungsschlüssel für den Liquidationserlös gem. § 271 Abs. 2 AktG**: Danach wird der Abwicklungsüberschuss grundsätzlich (zur Ausnahme eines Liquidationsvorzugs unten Rz. 50) nach dem Anteil am Grundkapital verteilt, ohne dass es auf die unterschiedliche Stimmrechtsmacht ankommt. Hieraus folgt, dass aktionärsstrukturbedingte Grenzpreisdifferenzen nach der Wertung des Gesetzgebers für die Abfindungsbemessung unbeachtlich sind.[2] Schließlich liegt eine Ablehnung von Minderheitsabschlägen auch in der Fließrichtung ausländischer Aktienrechte (oben Rz. 15).

2. Fungibilitätsabschlag

a) Betriebswirtschaftliche Grundlagen

17 Unter dem **Fungibilitätsrisiko** versteht man die Gefahr, dass ein Gesellschafter seine Anteile bei einer Veräußerung nur mit erheblicher zeitlicher Verzögerung und beträchtlichem Wertabschlag verkaufen kann. Gleichsinnig spricht man vom **Illiquiditäts-, Wiederverkaufs- oder Mobilitätsrisiko**.[3] Dieses Risiko ist bei Personengesellschaftsanteilen und Geschäftsanteilen an geschlossenen Kapitalgesellschaften von besonderer Bedeutung. Für seine Abbildung im betriebswirtschaftlichen Bewertungskalkül kommen zwei verschiedene Wege in Betracht[4], die terminologische Verwirrung stiften: Einmal kann man nach US-

---

1 Kritisch dazu auch *Adolff*, Unternehmensbewertung im Recht der börsennotierten Aktiengesellschaft, S. 361; *Ruthardt*, NZG 2014, 972 (978).
2 Eingehend dazu *Adolff*, Unternehmensbewertung im Recht der börsennotierten Aktiengesellschaft, S. 361: „Prinzip der Erfolgsaufteilung nach dem Verhältnis der geleisteten Einlagen"; gleichsinnig *Großfeld*, JZ 1981, 769 (770); *Mülbert*, Aktiengesellschaft, Unternehmensgruppe und Kapitalmarkt, 1996, S. 263; *Ruthardt*, NZG 2014, 972 (978).
3 Vgl. *Metz*, Der Kapitalisierungszinssatz in der Unternehmensbewertung, S. 118 mit Fn. 782; *Schulz*, Größenabhängige Risikoanpassungen in der Unternehmensbewertung, S. 74 mit Fn. 88; *Schütte-Biastoch*, Unternehmensbewertung von KMU, S. 197 mit Fn. 668.
4 Näher dazu *Schütte-Biastoch*, Unternehmensbewertung von KMU, S. 199 ff.; ausführlich auch *Schulz*, Größenabhängige Risikoanpassungen in der Unternehmensbewertung, S. 80 ff.; zusammenfassend *Nicklas*, Vergleich nationaler und internationaler Standards der Unternehmensbewertung. Ein kontingenztheoretischer Ansatz, 2008, S. 158: „Üblicherweise berechnen sich in den USA die Zu- und Abschläge auf den vorläufig errechneten Unternehmenswert bzw. -anteil. In der deutschsprachigen Literatur wird das Mobilitätsrisiko überwiegend als ein Bestandteil des Kapitalisierungszinssatzes angesehen und ggf. als Mobilitätszuschlag zum Basiszinssatz berücksichtigt."

amerikanischem Vorbild einen Abschlag vom vorläufigen Unternehmenswert vornehmen, den man dann als **Fungibilitäts*abschlag*** (vom Zukunftserfolgswert) bezeichnet.[1] Zum anderen ist eine Erhöhung des Kapitalisierungszinssatzes um einen besonderen Risikozuschlag denkbar, weshalb man häufig auch von einem **Fungibilitäts*zuschlag*** (zum Kapitalisierungszins) spricht.[2]

aa) Betriebswirtschaftslehre

Ob das Fungibilitätsrisiko bei der Wertermittlung zu berücksichtigen ist, gehört zu den **altehrwürdigen Streitfragen der deutschen Betriebswirtschaftslehre.** *Eugen Schmalenbach*, Begründer der modernen Betriebswirtschaftslehre, hatte schon während des Ersten Weltkriegs gefordert, den Kapitalisierungszins bei der Bewertung eines nicht mobilen Unternehmens pauschal um 50 % gegenüber einem mobilen Unternehmen zu erhöhen.[3] Sein Kölner Schüler *Hans Münstermann*, Nestor der subjektiven Bewertungslehre in Deutschland, hat sich später für einen individuell zu bemessenden Immobilitätszuschlag zum Kapitalisierungszinssatz ausgesprochen.[4] *Adolf Moxter*, Schulhaupt der Frankfurter Bewertungslehre, ist in seinen berühmten „Grundsätzen ordnungsmäßiger Unternehmensbewertung" ebenfalls für einen Immobilitätszuschlag eingetreten, um die Äquivalenz der extrem liquiden Mittelanlage in Staatsanleihen mit der deutlich weniger liquiden Mittelanlage in Gesellschaftsanteilen herzustellen.[5] Einschränkend hat er allerdings auf die Wahrscheinlichkeit eines Wieder- oder Notverkaufs hingewiesen.[6]

18

Die **heutige Betriebswirtschaftslehre** ist **gespalten**: Zahlreiche Stimmen empfehlen eine Anpassung des Bewertungskalküls um den Aspekt geringerer Fun-

19

---

1 So die Terminologie bei *Piltz*, Die Unternehmensbewertung in der Rechtsprechung, S. 63, der auf S. 177 freilich auch von einem Fungibilitätszuschlag spricht.
2 So die Terminologie bei *Barthel*, DB 2003, 1181; *Metz*, Der Kapitalisierungszinssatz in der Unternehmensbewertung, S. 121 ff.; gleichsinnig spricht *Großfeld*, Recht der Unternehmensbewertung, Rz. 955 von einem „Immobilitätszuschlag".
3 Vgl. *Schmalenbach*, Die Beteiligungsfinanzierung, 1. Aufl. 1915, 9. Aufl. 1966, S. 50 ff.; allgemein schon *ders.*, Zeitschrift für handelswissenschaftliche Forschung 12 (1917/18), S. 1, 5: „Ziemlich oft sind Kapitalisierungszinsfüße aus benachbarten Gebieten herüberzuholen. Beispielsweise bilden Aktienkurse und Aktiendividenden beliebte Maßstäbe, die auf andere Unternehmensformen übertragen werden. Bei solchen Überlegungen ist darauf Rücksicht zu nehmen, daß der Zinsfuß bei mobilisierten Besitztiteln geringer ist als bei nicht mobilisierten."
4 Vgl. *Münstermann*, Wert und Bewertung der Unternehmung, 3. Aufl. 1970, S. 77 f.
5 Vgl. *Moxter*, Grundsätze ordnungsmäßiger Unternehmensbewertung, 2. Aufl. 1983, S. 159 ff.; sehr klar auch *Moxter*, NJW 1994, 1852.
6 Vgl. *Moxter*, Grundsätze ordnungsmäßiger Unternehmensbewertung, 2. Aufl. 1983, S. 160: „Ein Zuschlag zum Kapitalzins, der das zinssteigerungsbedingte Wiederverkaufsrisiko berücksichtigen soll, wird nur vorgenommen, wenn ein in absehbarer Zeit erfolgender Wiederverkauf wahrscheinlich ist [...]."; und S. 161: „Muss mit einem ‚Notverkauf' (einer sehr raschen Verkaufsabwicklung) gerechnet werden, dann sprechen zusätzliche Gesichtspunkte für einen Immobilitätszuschlag."

gibilität.[1] Sie tragen vor, dass ein rationaler Anleger demjenigen von zwei sonst identischen Unternehmen einen geringeren Wert beimesse, dessen Anteile er nur mit größeren Schwierigkeiten wieder veräußern könne.[2] Es gibt aber auch namhafte Gegenstimmen. Sie gründen sich auf die mangelnde Objektivierbarkeit von Illiquiditätszuschlägen[3] („willkürliche Zuschläge"[4]) oder zweifeln an deren theoretischer Fundierung: Zwar seien marktgängige Aktien, die den Nenner der Barwertformel determinierten, liquider als GmbH-Anteile; sofern der GmbH-Gesellschafter aber keinen Anlass habe, einen Wiederverkauf zu erwägen, sei die geringere Liquidität seiner Anteile irrelevant.[5]

20 **US-amerikanische Standardwerke** werben unter dem Motto „Illiquidity matters!"[6] für eine **Berücksichtigung der fehlenden Marktgängigkeit** von Gesellschaftsanteilen.[7] Zur Begründung stützen sie sich zum einen auf sog. *restricted stock*-Studien, bei denen die Preise von nicht für den öffentlichen Handel registrierten Anteilen mit börslich handelbaren Anteilen ein und desselben Unternehmens verglichen werden.[8] Zum anderen berufen sie sich auf IPO-Studien, bei denen der Preisabschlag für fehlende Marktgängigkeit durch einen Vergleich der Aktienpreise vor und nach der erstmaligen Börsennotierung ermit-

---

1 Vgl. *Bamberger*, BFuP 1999, 653 (655); *Barthel*, DB 2003, 1181; *Dörschell/Franken/Schütte*, WPg 2008, 444 (447); *Kuhner/Maltry*, Unternehmensbewertung, S. 88 f.; *Metz*, Der Kapitalisierungszinssatz in der Unternehmensbewertung, S. 123 ff.; *Schütte-Biastoch*, Unternehmensbewertung von KMU, S. 197 ff.; *Zieger/Schütte-Biastoch*, Finanz Betrieb 2008, 590 (598).
2 Vgl. *Böcking/Nowak*, Finanz Betrieb 1999, 169 (173); *Metz*, Der Kapitalisierungszinssatz in der Unternehmensbewertung, S. 118; ferner *Kuhner/Maltry*, Unternehmensbewertung, S. 88 f.: „Verfügbarkeitsäquivalenz ist etwa verletzt, wenn ein schwer handelbarer GmbH-Anteil anhand der Eigenkapitalkosten eines branchengleichen DAX-Unternehmens bewertet wird. Wiederhergestellt wird sie durch einen Verfügbarkeitszuschlag auf die Diskontierungsgröße bzw. einen pauschalen Verfügbarkeitsabschlag auf den ermittelten Unternehmenswert."
3 Dazu etwa *Schulz*, Größenabhängige Risikoanpassungen in der Unternehmensbewertung, S. 105: „Vor allem wenn der Unternehmenswert objektiviert im Sinne von IDW S 1 zu ermitteln ist, kann in der Konsequenz eine größenabhängige Risikoanpassung für eine fehlende Liquidität der Anteile an dem Bewertungsobjekt nur abgelehnt werden."; kritisch auch *Metz*, Der Kapitalisierungszinssatz in der Unternehmensbewertung, S. 125, aber mit relativierender Schlussfolgerung: „Somit bleibt es im Ergebnis dem Ermessen des fachkundigen Bewerters überlassen, einen adäquaten Fungibilitätszuschlag festzulegen."
4 *Gampenrieder/Behrend*, Unternehmensbewertung und Management 2004, 85 (89).
5 So *Ballwieser* in FS Rudolph, 2009, S. 283 (295 ff.); *Ballwieser/Hachmeister*, Unternehmensbewertung, S. 108 ff.; ferner *Wollny*, Der objektivierte Unternehmenswert, S. 426 und 434.
6 *Damodaran*, Marketability and Value: Measuring the Illiquidity Discount, ssrn.com/abstract= 841484, July 2005, p. 59: „Illiquidity matters. Investors are generally willing to pay higher prices for more liquid assets than for otherwise similar liquid assets."
7 Vgl. etwa *Pratt*, Valuation Discounts and Premiums, S. 86: „Lack of marketability, more often than not, is the largest dollar discount factor in the valuation of a business interest, particularly a minority interest."
8 Für einen aktuellen Überblick *Hitchner*, Financial Valuation, S. 391 ff. m.w.N.; ferner *Pratt*, Valuation Discounts and Premiums, S. 88 ff.

telt wird.[1] Beide Gruppen von Studien sehen sich allerdings methodischer Kritik ausgesetzt[2]; zudem bezweifelt man ihre Übertragbarkeit auf die Verhältnisse in Deutschland[3]. Konzeptionell behandelt das US-amerikanische Bewertungsschrifttum Fungibilitätsabschläge ebenso wie Minderheitsabschläge nicht als Wertabschläge auf Unternehmensebene (entity level discounts), sondern als solche auf Gesellschafterebene (shareholder level discounts).[4]

bb) Berufsständische Bewertungspraxis

Die berufsständische Bewertungspraxis in Deutschland hat sich im Zeitablauf gewandelt. Das WP-Handbuch 2002 hatte sich noch dafür ausgesprochen, einer geringeren Fungibilität im Vergleich zur alternativen Geldanlage in öffentlichen Anleihen angemessen Rechnung zu tragen[5]; in der Fassung von 2008 lehnt es **Liquiditätsabschläge** für die Ermittlung objektivierter Unternehmenswerte dagegen **ausdrücklich ab**.[6] Der IDW Standard S 1 2008 geht im Unterschied zu einer früheren Version[7] auf Liquiditätsaspekte nicht mehr ein. Im Fragen- und Antwortenkatalog des IDW Fachausschusses für Unternehmensbewertung und Betriebswirtschaft vom Dezember 2011 heißt es, dass Liquidität im Rahmen der objektivierten Bewertung eines Unternehmens keinen Werteinflussfaktor darstelle.[8] Bei der Ermittlung subjektiver Unternehmenswerte könnten konkrete Transaktionskosten jedoch wertmindernd berücksich-

21

---

1 Auch dazu *Hitchner*, Financial Valuation, S. 383 ff.; ferner *Pratt*, Valuation Discounts and Premiums, S. 90 ff.
2 Dazu etwa *Bajaj/Denis/Ferris/Sarin*, 27 J. Corp. L. 89 (2001); *Ballwieser* in FS Rudolph, 2009, S. 283 (288 ff.).
3 Vgl. *Schulz*, Größenabhängige Risikoanpassungen in der Unternehmensbewertung, S. 93; *Zieger/Schütte-Biastoch*, Finanz Betrieb 2008, 590 (598).
4 Vgl. *Hitchner*, Financial Valuation, S. 370: „Although there may be isolated exceptions, strategic premiums, control premiums, and discounts for either lack of control or lack of marketability account for or measure the degree of these shareholder- or security-specific factors. These discounts and premiums pertain to specific ownership interests."; ferner *Pratt*, Valuation Discounts and Premiums, S. 3.
5 Vgl. IDW, WP-Handbuch 2002, 12. Aufl. 2002, Bd. II, S. 105 Rz. 296.
6 Vgl. IDW, WP-Handbuch 2008, Bd. II, 2007, Abschn. A Rz. 434: „In der internationalen Bewertungspraxis werden die Merkmale teilweise durch sog. ‚Small Company Discounts' sowohl als Abschlag von den zu diskontierenden finanziellen Überschüssen oder deren Barwert als auch als gesonderter Zuschlag im Kapitalisierungszinssatz berücksichtigt. Hierbei handelt es sich um Ansätze, deren empirische Validität noch nicht abschließend beurteilt werden kann und die den Besonderheiten des einzelnen Bewertungsobjekts nicht hinreichend Rechnung tragen können. Für die Ermittlung objektivierter Unternehmenswerte kleiner und mittlerer Unternehmen ist daher die Anwendung abzulehnen."
7 Vgl. IDW S 1 i.d.F. von 2000, Rz. 97, wo die Fungibilität der Unternehmensanteile als ein Einflussfaktor auf das Risiko erwähnt wird.
8 Vgl. Fachausschuss IDW, Fragen und Antworten zur praktischen Anwendung des IDW Standards S 1 2008, Fachnachrichten IDW 2012, 323, 325; dazu auch *Ihlau/Duscha*, WPg 2012, 489 (497): „Für Bewertungsanlässe, bei denen von der Übertragbarkeit abstrahiert wird, d.h. wenn keine Veräußerungsabsicht besteht oder Ausgleichsansprüche zu bemessen sind, ist ein Wertabschlag aufgrund mangelnder Fungibilität nicht sachgerecht."

tigt werden. Der **IDW-Praxishinweis 1/2014** betont noch einmal, dass mangelnde Fungibilität bei einer objektivierten Bewertung nicht in Form eines Risikozuschlags zu den Kapitalkosten berücksichtigt werden dürfe.[1]

b) Gesellschaftsrechtliche Beurteilung

aa) Personengesellschaft und GmbH

(1) Meinungsstand

22 Im Personengesellschafts- und GmbH-Recht ist die **Diskussion** um einen Fungibilitätsabschlag **noch wenig entwickelt**. Das RG hatte ihn bei der Ermittlung des Abfindungsguthabens eines ausscheidenden Kommanditisten abgelehnt[2]; demgegenüber hat der BGH Abschläge bei der Bewertung unveräußerlicher Unternehmensbeteiligungen im Rahmen des ehegüterrechtlichen Zugewinnausgleichs nicht grundsätzlich ausgeschlossen[3]; das OLG Köln wiederum hat sich jedenfalls beim Austritt eines GmbH-Gesellschafters aus wichtigem Grund gegen Liquiditätsabschläge ausgesprochen, weil sie den Mehrheitsgesellschafter „völlig ungerechtfertigt einseitig bevorzugen"[4] würden. In der rechtsgeprägten Bewertungsliteratur wird eine gesonderte Berücksichtigung des Fungibilitätsrisikos verschiedentlich abgelehnt[5], doch gibt es auch befürwortende Stimmen[6].

23 Für nicht börsennotierte Anteile an Kapitalgesellschaften enthält das Bewertungsgesetz (BewG) von 2009 in §§ 199 ff. Sondervorschriften für steuerliche Zwecke. Danach ist im Rahmen des vereinfachten Ertragswertverfahrens gem. § 203 Abs. 1 BewG ein Kapitalisierungszinssatz anzuwenden, der sich aus einem Basiszinssatz und einem (Risiko-)Zuschlag von 4,5 % zusammensetzt. Er berücksichtigt neben dem Unternehmerrisiko pauschal weitere Korrekturposten, zu denen ausweislich der Gesetzesbegründung auch ein Fungibilitäts-

---

1 Vgl. IDW Praxishinweis 1/2014, WPg Supplement 2/2014, 28, 35 f., Rz. 51; dazu auch *Ballwieser/Franken/Ihlau/Jonas/Kohl/Mackenstedt/Popp/Siebler*, WPg 2014, 463 (471).
2 Vgl. RG v. 6.1.1940 – II 56/40, DR 1941, 1301 (1303): „Das Gutachten geht dann allerdings insofern in die Irre, als es von der errechneten Abfindungssumme von 10.2016, 61 RM 25 % mit der Begründung absetzt, daß eine Kommanditeinlage ein schwer zu veräußernder Vermögensgegenstand sei. Das würde für die Berechnung des Abfindungsguthabens ohne Belang sein."; dazu auch *Barz*, DR 1941, 1303 (1304).
3 Vgl. BGH v. 11.12.2002 – XII ZR 27/00, NJW 2003, 1396: „Die eingeschränkte Verfügbarkeit der Beteiligung ist insoweit allenfalls wertmindernd zu berücksichtigen."
4 OLG Köln v. 26.3.1999 – 19 U 108/96, NZG 1999, 1222 (1227) = GmbHR 1999, 712.
5 Vgl. *Großfeld*, Recht der Unternehmensbewertung, Rz. 955 ff.
6 Vgl. *Neuhaus*, Unternehmensbewertung und Abfindung, S. 129: „Plausibel erscheint eigentlich die betriebswirtschaftliche Einschätzung, die mangelnde Fungibilität eines Geschäftsanteils könne einen Zuschlag rechtfertigen."; für einen „Immobilitätszuschlag" bei vinkulierten Geschäftsanteilen auch *Ulmer* in Großkomm. GmbHG, 2006, § 34 GmbHG Rz. 77; anders aber nun *Ulmer/Habersack* in Großkomm. GmbHG, 2. Aufl. 2014, § 34 GmbHG Rz. 77.

zuschlag gehört.[1] In der steuerrechtlichen Spruchpraxis hatte sich der RFH schon im Jahre 1926 für eine Berücksichtigung des Fungibilitätsrisikos ausgesprochen.[2]

(2) Rechtsvergleichung

International werden Fungibilitätsabschläge (**marketability discounts**) vor allem[3] in den Vereinigten Staaten diskutiert. Die **Mehrzahl der** einzelstaatlichen **Gerichte** hält einen Fungibilitätsabschlag für **unzulässig**.[4] Ebenso wertet der *Model Business Corporation Act*.[5] Eine Spur vorsichtiger äußern sich die *Principles of Corporate Governance*[6] und der *Uniform Partnership Act*[7], die Fungibilitätsabschläge zwar grundsätzlich ablehnen, hiervon aber beim Vorliegen besonderer Umstände Ausnahmen für möglich halten. Verschiedene Gerichtsentscheidungen aus New York[8], aber auch aus Florida[9] und Oregon[10], tragen dem größeren Fungibilitätsrisiko dagegen durch einen gesonderten Bewertungsabschlag Rechnung.

24

(3) Stellungnahme

Für eine eigene Stellungnahme empfiehlt es sich, mögliche Einzelargumente nacheinander auf ihre Überzeugungskraft abzutasten.[11] Anders als ein Minderheitsabschlag (oben Rz. 8 ff.) verstößt ein Fungibilitätsabschlag nicht ohne weiteres gegen den gesellschaftsrechtlichen Gleichbehandlungsgrundsatz: Er knüpft an die fehlende Marktgängigkeit aller Anteile an Personengesellschaf-

25

---

1 Vgl. Bericht des Finanzausschusses, BT-Drucks. 16/11107, 24: „Der Zuschlag berücksichtigt pauschal neben dem Unternehmerrisiko auch andere Korrekturposten, z.B. Fungibilitätszuschlag, Wachstumsabschlag oder inhaberabhängige Faktoren."; aus dem Schrifttum *Eisele* in Rössler/Troll, 15. Aufl. 2011, § 203 BewG Rz. 3.
2 Vgl. RFHE 18, 338 (341): „Es darf ferner [...] die sich aus der Art der betreffenden Gesellschaft ergebende leichtere oder schwerere Verkäuflichkeit ihrer Anteile nicht unerwogen bleiben, und es wird als zutreffend angesehen werden können, daß in dieser Hinsicht im allgemeinen Aktien günstiger dastehen als Geschäftsanteile einer Gesellschaft m.b.H."
3 Für einen kurzen Hinweis auf ihre Nichtberücksichtigung bei der Abfindungsbemessung in Österreich *Leupold* in Torggler, UGB, 2013, §§ 137, 138 Rz. 8.
4 Vgl. etwa *Pueblo Bancorporation v. Lindoe, Inc.*, 63 P.3d 353, 369 (Col. 2003): „We hold that fair value, for the purpose of the dissenters' right statute, means the shareholder's proportionate ownership interest in the value of the corporation and therefore, it is inappropriate to apply a marketability discount at the shareholder level."
5 Vgl. § 13.01(4) MBCA; dazu noch bei Rz. 30.
6 Vgl. American Law Institute, Principles of Corporate Governance, 1994, § 7.22(a); dazu noch bei Rz. 30.
7 Vgl. sec. 701 UPA, comment 3: „[...] Other discounts, such as for a lack of marketability or the loss of a key partner, may be appropriate, however."
8 Vgl. *Blake v. Blake Agency*, 486 N.Y.S. 2d 341, 349 (N.Y. App. Div. 1985).
9 Vgl. *Munshower v. Kolbenheyer*, 732 So. 2d 385 (Fla. Dist. Ct. App. 1999).
10 Vgl. *Columbia Mgmt. Co. v. Wyss*, 765 P.2d 207, 213-14 (Or. Ct. App. 1988).
11 Eingehend zu Folgendem *Fleischer* in FS Hommelhoff, 2012, S. 223 (240).

ten und geschlossenen Kapitalgesellschaften an und differenziert gerade nicht zwischen Mehrheits- und Minderheitsanteilen.[1] Die ergänzende Erwägung des OLG Köln, ein Fungibilitätsabschlag bevorzuge einseitig den Mehrheitsgesellschafter[2], beruht auf einem Kategorienfehler: Zwar können treuwidrige Sondervorteile des Mehrheitsgesellschafters zum Nachteil der Minderheitsgesellschafter normativ keinen Bewertungsabschlag rechtfertigen (oben Rz. 12), doch richtet sich dieser Einwand nicht gegen einen Fungibilitäts-, sondern gegen einen Minderheitsabschlag. Beide Abschläge können in ein und demselben Fall zusammentreffen[3], sind aber analytisch sorgfältig zu trennen.[4]

26 Eher tragfähig erscheint der Gedanke, dass ein Personen- oder GmbH-Gesellschafter nicht mit einem **fremdinduzierten Ausscheiden** zu rechnen braucht und daher auch nicht mit dem Fungibilitätsrisiko bei vorzeitigem Verlust seiner Mitgliedschaft belastet werden darf: Für einen Gesellschafter, der keinen Verkauf seiner Geschäftsanteile erwägt, ist deren geringere Liquidität gegenüber marktgängigen Aktien irrelevant.[5] Konzeptionell kann man das gleiche Ergebnis mit dem **Grundsatz indirekter Anteilsbewertung** begründen, wonach der Anteilswert quotal aus dem Gesamtunternehmenswert abzuleiten ist (oben Rz. 3). Bei dieser rechtlichen Prämisse verbieten sich Bewertungsabschläge, die an die Eigenschaften der konkreten Beteiligung anknüpfen[6] – und damit auch Fungibilitätsabschläge, die nach verbreiteter (wenn auch nicht ganz zweifelsfreier) Auffassung nicht auf Unternehmens-, sondern auf Gesellschafterebene angesiedelt werden.[7] Ob man zur weiteren Abstützung dieses Ergebnisses auch

---

1 Vgl. *Blake v. Blake Agency*, 486 N.Y.S. 2d 341, 349 (N.Y. App. Div. 1985): „A discount for lack of marketability is properly factored into the equation because the shares of a closely held corporation cannot be readily sold on a public market. Such a discount bears no relation to the fact that the petitioner's shares in the corporation represent a minority interest."
2 Vgl. OLG Köln v. 26.3.1999 – 19 U 108/96, NZG 1999, 1222 (1227) = GmbHR 1999, 712.
3 Für ein Beispiel OLG Köln v. 26.3.1999 – 19 U 108/96, NZG 1999, 1222 (1227) = GmbHR 1999, 712.
4 Dazu etwa *Brown v. Arp. & Hammond Hardware Co.*, 141 P.3d 673, 679 (Wyo. 2006): „It is important to distinguish the minority discount and another commonly discussed discount – the marketability discount, which adjusts for a lack of liquidity."; zu einem US-amerikanischen Fall auch die Kritik von *Bainbridge*, Corporation Law and Economics, 2002, S. 644: „The opinion treats marketability and minority discounts as though they were one and the same, reflecting a lack of understanding of the conceptual difference between the two types of discounts. In effect, the court mixed apples and oranges."
5 Aus betriebswirtschaftlicher Sicht *Ballwieser* in FS Rudolph, 2009, S. 283 (294); ferner *Wollny*, Der objektivierte Unternehmenswert, S. 426; aus juristischer Perspektive mit Blick auf das Aktienrecht *Meilicke*, Die Barabfindung für den ausgeschlossenen oder ausscheidungsberechtigten Minderheits-Kapitalgesellschafter, S. 56 f.: „Auch ein Abschlag wegen schwerer Veräußerbarkeit des Anteils ist unzulässig, da nicht feststellbar ist, ob der ausscheidende Gesellschafter jemals hätte veräußern wollen."
6 So sehr klar *Kuhner*, WPg 2007, 825 (829).
7 Vgl. den Text zu und die Nachweise in Rz. 20.

das Gebot der „vollen Entschädigung"[1] aus Art. 14 GG heranziehen kann, bedürfte einer gesonderten Untersuchung.[2] Insgesamt sprechen daher **gute Gründe gegen** eine **Berücksichtigung des Fungibilitätsrisikos** beim Ausscheiden eines Personen- oder GmbH-Gesellschafters. Dass Familien-, Erb- und Steuerrecht womöglich andere Wege gehen, steht dem nicht entgegen, weil sie in Bewertungsfragen ihrer eigenen Teleologie verpflichtet sind.[3]

bb) Aktiengesellschaft

(1) Meinungsstand

Im Aktienrecht zeichnet sich in der Frage des Fungibilitätsrisikos noch **keine einvernehmliche Lösung** ab. Dass hier unterschiedliche Antworten denkbar sind, zeigen die entgegen gesetzten Auffassungen von *Bruno Kropff* und *Ernst Geßler*, die im Bundesjustizministerium gemeinsam für die Aktienrechtsreform von 1965 und damit auch für die Ausgestaltung des § 305 AktG verantwortlich waren: *Kropff* hatte nach Veröffentlichung des Regierungsentwurfs argumentiert, dass bei fehlendem Zugang der Gesellschaft zum Kapitalmarkt ein höherer Kapitalisierungszinsfuß angemessen sei.[4] Demgegenüber hatte *Geßler* in einem Expertengespräch aus dem Jahre 1976 über die gesetzliche Regelung des § 305 AktG ausgeführt, dass für Mobilitäts- und Fungibilitätszuschläge bei der Ermittlung der Abfindung kein Raum sei: Die Abfindung sei allein danach zu bemessen, welche Ertragserwartungen dem Ausscheidenden entgingen; sie hingen nicht von der Mobilität oder Fungibilität ihrer Anteile ab.[5]

27

Im späteren Schrifttum wird die Frage nur sporadisch behandelt. Dabei stehen sich **Gegner**[6] und **Befürworter**[7] eines Fungibilitätszuschlags gegenüber. Erstere

28

---

1 BVerfG v. 27.4.1999 – 1 BvR 1613/94, BVerfGE 100, 289 (305) = AG 1999, 566.
2 Tiefer schürfende Abhandlungen zur Übertragbarkeit der Spruchpraxis des BVerfG betreffend Art. 14 GG (Aktieneigentum) auf den GmbH-Geschäftsanteil fehlen bislang, obwohl die Parallele an sich nahe liegt; für eine solche Parallele *Fleischer* in MünchKomm. GmbHG, 2. Aufl. 2014, Einl. Rz. 130; ferner *Kallrath* in Hauschild/Kallrath/Wachter (Hrsg.), Notarhandbuch Gesellschafts- und Unternehmensrecht, 2011, § 13 Rz. 244.
3 Näher *Piltz*, Die Unternehmensbewertung in der Rechtsprechung, S. 121: „Deswegen muss z.B. der objektive Wert eines Unternehmens für Zwecke der Abfindung an ausscheidende Gesellschafter keineswegs dem objektiven Wert des Unternehmens für Zwecke der Pflichtteilsberechnung gleichkommen."; WP-Handbuch 2014, Bd. II, A 537; aus schweizerischer Sicht auch *Druey* in FS Hegnauer, 1986, S. 15.
4 Vgl. *Kropff*, DB 1962, 155 (156 f.) unter Berufung auf *Warnecke*, Zeitschr. f. handelsw. Forschung 1960, 519 (523).
5 So ausdrücklich *Geßler* in Goetzke/Sieben (Hrsg.), Moderne Unternehmensbewertung und Grundsätze ihrer ordnungsmäßigen Durchführung. Bericht von der 1. Kölner BFuP-Tagung am 18. und 19.11.1976, 1977, S. 134.
6 Vgl. *Gansweid*, AG 1977, 334 (339); *Großfeld*, Recht der Unternehmensbewertung, Rz. 1046 ff.; *Meilicke*, Die Barabfindung für den ausgeschlossenen oder ausscheidungsberechtigten Minderheits-Kapitalgesellschafter, S. 56 f.; *W. Müller*, JuS 1974, 424 (428).
7 Vgl. *Piltz*, Die Unternehmensbewertung in der Rechtsprechung, S. 177; *Ränsch*, AG 1984, 202 (211); *Steck*, AG 1998, 460 (463 ff.) (zum Delisting).

stellen auf die fehlende Wiederveräußerungsabsicht der ausscheidenden Aktionäre[1] sowie auf fehlende Maßstäbe für die Bemessung eines solchen Zuschlags[2] ab; letztere führen an, dass Minderheitsgesellschafter bei einer Abfindung nach § 305 AktG nicht besser stehen dürften als bei einer Anteilsveräußerung an Dritte. **Neuerdings** hat das **Lager der Gegner** eines Fungibilitätszuschlags an **Zulauf** gewonnen.[3]

29 Auch die **Spruchpraxis** verfährt bisher **uneinheitlich**. Das LG Frankfurt hatte sich im Jahre 1983 für eine Berücksichtigung des Fungibilitätsrisikos ausgesprochen.[4] Dem ist das OLG Düsseldorf 2006 unter Hinweis darauf beigetreten, dass eine Investition in ein nicht börsennotiertes Unternehmen eine enge Bindung von Kapital bedeute, da der Investor kurzfristig nicht auf günstigere Ausweichmöglichkeiten zurückgreifen könne.[5] Demgegenüber hat sich das LG Dortmund im Jahre 2004 **gegen** eine **Berücksichtigung des Fungibilitätsrisikos** ausgesprochen, weil die „Enteignung" der ausscheidenden Anteilsinhaber gegen ihren Willen erfolge.[6] Auf der gleichen Linie liegen **drei obergerichtliche Entscheidungen aus jüngerer Zeit**.[7] Sie bringen zum einen vor, dass die geringere Fungibilität nicht börsennotierter Anteile allenfalls einen Teilaspekt darstelle, der sich von den übrigen in die Bestimmung des Risikozuschlags maßgeblich einfließenden Gesichtspunkten nicht quantitativ abgrenzen lasse.[8] Zum anderen führen sie an, dass Fungibilitätszuschläge bislang keinen Eingang in die übliche Handhabung der Ertragswertermittlung gefunden hätten und namentlich in den IDW-Empfehlungen zur Unternehmensbewertung von 2008 nicht erwähnt würden.[9]

(2) Rechtsvergleichung

30 In den Vereinigten Staaten, wo die Diskussion international am weitesten entwickelt ist, lehnt die Mehrzahl der Gerichte einen *marketability discount* bei der Abfindungsbemessung ab.[10] Ähnlich wertet der *Model Business Corpora-*

---

1 Vgl. *Meilicke*, Die Barabfindung für den ausgeschlossenen oder ausscheidungsberechtigten Minderheits-Kapitalgesellschafter, S. 56 f.
2 Vgl. *Gansweid*, AG 1977, 334 (339).
3 Vgl. *Fleischer* in FS Hoffmann-Becking, 2013, S. 331 (341 ff.); *Koch* in Hüffer, § 305 AktG Rz. 32.
4 Vgl. LG Frankfurt/M. v. 8.12.1982 – 3/3 AktE 104/79, AG 1983, 136 (138).
5 Vgl. OLG Düsseldorf v. 31.3.2006 – 26 W 5/06, BeckRS 2006, 07149.
6 Vgl. LG Dortmund v. 1.4.2004 – 18 AktE 2/03, NZG 2004, 723 (726).
7 Vgl. OLG Düsseldorf v. 20.9.2006 – 26 W 8/06, BeckRS 2007, 06686; OLG München v. 14.5.2007 – 31 Wx 87/06, AG 2007, 701 (704); OLG Frankfurt v. 3.9.2010 – 5 W 57/09, AG 2010, 751 (755).
8 So OLG München v. 14.5.2007 – 31 Wx 87/06, AG 2007, 701 (704).
9 So OLG Frankfurt v. 3.9.2010 – 5 W 57/09, AG 2010, 751 (755).
10 Näher zuletzt *Shawnee Telecom, Inc. v. Kathy Brown*, 354 S.W.3d 542, 544 (Ky. 2011): „As for applying a marketability discount when valuing the dissenter's shares, we join the majority of jurisdictions which, as a matter of law, reject the shareholder level discount, because it is premised on fair market value principles which overlook the primary purpose of the dissenter's appraisal rights – the right to receive the value of their stock in the company as a going concern, not its value at a hypothetical sale to a corporate outsider."

tion Act (MBCA).¹ Auch die *Principles of Corporate Governance* des *American Law Institute* lehnen Fungibilitätsabschläge grundsätzlich ab und machen hiervon nur beim Vorliegen besonderer Umstände eine Ausnahme.²

(3) Stellungnahme

Wie schon im Personengesellschafts- und GmbH-Recht (oben Rz. 25) sprechen auch im Aktienrecht **überwiegende Gründe gegen** eine **Berücksichtigung des Fungibilitätsrisikos**.³ Ein erstes Argument ergibt sich aus dem Grundsatz der indirekten Anteilsbewertung (oben Rz. 4), bei dessen folgerichtiger Anwendung sich Bewertungsabschläge verbieten, die an die Eigenschaft der konkreten Beteiligung anknüpfen.⁴ Dass dieser Grundsatz nicht nur bewertungstechnischer Natur ist, belegt die Rechtsvergleichung: Der *Delaware Supreme Court* hat hierauf in seiner Leitentscheidung zum *marketability discount* ebenfalls maßgeblich abgestellt⁵, und die meisten anderen US-amerikanischen Gerichte folgen dem bis heute.⁶

31

Weiter abstützen lässt sich dieser Standpunkt durch eine Kombination betriebswirtschaftlicher und gesellschaftsrechtlicher Begründungselemente. Wie bereits erwähnt, wird Liquidität für die Anteilseigner nur wichtig, wenn sie schon beim Anteilserwerb mit spürbarer Wahrscheinlichkeit davon ausgehen, ihre Anteile später wieder verkaufen zu wollen oder zu müssen.⁷ Haben sie dagegen keinen Anlass, einen Wiederverkauf zu erwägen, so ist die geringere Liquidität ihrer Anteile gegenüber marktgängigen Aktien irrelevant.⁸ Scheiden außenstehende Aktionäre im Gefolge eines Beherrschungs- oder Gewinnabführungsvertrages oder einer Eingliederung aus der Gesellschaft aus, handelt es

32

---

1 Vgl. § 13.01(4) MBCA: „Fair value means the value of the corporation's shares determined [...] (iii) without discounting for lack of marketability or minority status [...]."
2 Vgl. § 7.22(a) ALI Principles: „The fair value of shares [...] should be the value of the eligible holder's proportionate interest in the corporation, without any discount for minority status or, absent extraordinary circumstances, lack of marketability."
3 Ausführlicher zu Folgendem *Fleischer* in FS Hoffmann-Becking, 2013, S. 331 (341 ff.).
4 Vgl. *Fleischer* in FS Hoffmann-Becking, 2013, S. 331 (343); *Kuhner*, WPg 2007, 825 (829).
5 Vgl. *Cavalier Oil Corp. v. Harnett*, 564 A.2d 1137, 1144 (Del. 1989): „The dissenting shareholder's proportionate interest is determined only after the company as an entity has been valued. In that determination the Court of Chancery is not required to apply further weighting factors at the shareholder level, such as discounts to minority shares for asserted lack of marketability."
6 Vgl. *Shawnee Telecom, Inc. v. Kathy Brown*, 354 S.W.3d 542, 564 (Ky. 2011): „Once the entire company has been valued as a going concern, however, by applying an appraisal technique that passes judicial muster, the dissenting shareholder's interest may not be discounted to reflect either a lack of control or a lack of marketability."
7 Vgl. *Ballwieser* in FS Rudolph, 2009, S. 283 (296 f.).
8 So *Ballwieser* in FS Rudolph, 2009, S. 283 (294); ferner *Wollny*, Der objektivierte Unternehmenswert, S. 426.

sich um ein *fremdinduziertes* Ausscheiden.[1] Es ist daher sachgerecht und systemstimmig, sie in diesen Fällen nicht mit dem Fungibilitätsrisiko bei vorzeitigem Verlust ihrer Mitgliedschaft zu belasten.[2] Ähnlich werten die US-amerikanischen Gerichte, wenn sie es ablehnen, das *appraisal*-Recht als einen Verkaufsvorgang zu rekonstruieren, weil die ausscheidenden Gesellschafter ihre Anteile ohne die Grundlagen- oder Strukturänderung vermutlich behalten hätten.[3] Mit derselben Erwägung treten sie dem Einwand entgeten, dass den ausscheidenden Anteilseignern ein ungerechtfertigter Zufallsgewinn in den Schoß falle, sofern sie ihre Anteile ursprünglich zu einem Preis erworben hätten, der das erhöhte Fungibilitätsrisiko bereits reflektierte.[4]

3. Abschlag für Schlüsselpersonen

a) Betriebswirtschaftliche Grundlagen

33 Bei kleinen und mittleren Unternehmen, die zumeist als Personengesellschaft oder GmbH organisiert sind, hängt der Geschäftserfolg nicht selten von den besonderen Fähigkeiten oder Kontakten einzelner Schlüsselpersonen ab.[5] Scheiden diese Personen aus der Gesellschaft aus, hat dies häufig einschneidende Folgen für die zukünftige Ertragskraft des Unternehmens. Dies führt zu der Frage, ob bei der Abfindungsbemessung ein **Abschlag für (den Ausfall von) Schlüsselpersonen** angebracht ist.

34 Die **US-amerikanische Bewertungspraxis** pflegt in solchen Fällen schon länger einen sog. ***key person discount*** vorzunehmen.[6] Sie stützt sich dafür zum Teil auf empirische[7], zum Teil auf anekdotische Evidenz. Schwierigkeiten bereitet ihr allerdings die trennscharfe **Definition einer Schlüsselperson**. Nach einer bündigen Kurzumschreibung handelt es sich um eine Person, „whose individual abilities, character, efforts and relationships are critical to the success of a given business"[8]. Im konkreten Zugriff werden folgende Kriterien genannt: besondere Beziehungen zu Lieferanten oder Kunden, hohe Loyalität der Arbeitnehmer gegenüber dieser Führungsfigur, einzigartige Marketingfähigkeiten,

---

1 Vgl. *Fleischer* in FS Hoffmann-Becking, 2013, S. 331 (344).
2 Vgl. *Fleischer* in FS Hoffmann-Becking, 2013, S. 331 (344); *Koch* in Hüffer, § 305 AktG Rz. 32; *Ihlau/Duscha*, WPg 2012, 489 (497); früher bereits *Meilicke*, Die Barabfindung für die ausgeschlossenen oder ausscheidungsberechtigten Minderheits-Kapitalgesellschafter, S. 56 f.: „Auch ein Abschlag wegen schwerer Veräußerbarkeit ist unzulässig, da nicht feststellbar ist, ob der ausscheidende Gesellschafter jemals hätte veräußern wollen."
3 Vgl. *Cavalier Oil Corp. v. Harnett*, 564 A.2d 1137, 1145 (Del. 1989).
4 Vgl. *Shawnee Telecom, Inc. v. Kathy Brown*, 354 S.W.3d 542, 560-561 (Ky. 2011).
5 Vgl. *Pratt*, Valuation Discounts and Premiums, S. 260: „Many private companies are highly dependent on a single key person or a few key people."
6 Vgl. *Pratt*, Valuation Discounts and Premiums, S. 260 ff.
7 Zusammenfassend *Pratt*, Valuation Discounts and Premiums, S. 261 ff.
8 *Taylor*, 55 Mo. L. Rev. 219, 227 (1990).

einzigartiges Gespür für technologische Fortentwicklung oder Produktinnovation, besondere Management- und Führungsqualitäten, finanzielle Leistungsfähigkeit.[1]

Auch in Deutschland ist die besondere Personenabhängigkeit kleiner und mittlerer Unternehmen nicht unbemerkt geblieben.[2] Neuere betriebswirtschaftliche Untersuchungen verweisen auf wertrelevante Faktoren wie personengebundenes Kundenvertrauen oder vorteilhafte Finanzierungskonditionen aufgrund guter Reputation.[3] Sie empfehlen, Risiken aus einer **fehlenden Substituierbarkeit von Schlüsselpersonen** im Rahmen der Planungsrechnung angemessen zu **berücksichtigen**.[4] Schematische Abschläge auf den vorläufigen Gesamtunternehmenswert halten sie jedoch für nicht überzeugend.[5] Der IDW Standard S 1 2008 geht für die Ermittlung objektivierter Unternehmenswerte grundsätzlich von zukünftig gleichbleibenden Managementfaktoren aus.[6] Er weist jedoch für **personenbezogene Unternehmen** darauf hin, dass positive oder negative Erfolgsbeiträge in der Person des Eigentümers, die losgelöst vom bisherigen Eigentümer nicht realisiert werden können, bei der Prognose künftiger finanzieller Überschüsse außer Betracht bleiben müssen.[7] Nach dem Fragen- und Antwortenkatalog vom Dezember 2011 können hierzu gehören: besondere Beziehungen zu Kunden, Lieferanten, Mitarbeitern oder sonstige Beziehungen personeller oder familiärer Art, Spezialistenwissen oder eine besondere Eigenschaft des Eigentümers wie Kreativität.[8]

35

---

1 So die Auflistung bei *Pratt*, Valuation Discounts and Premiums, S. 260 f.
2 Eingehend *Ihlau/Duscha*, WPg 2012, 489 (491 f.); *Schütte-Biastoch*, Unternehmensbewertung von KMU, S. 133 ff.
3 Vgl. *Zeidler* in Baetge/Kirsch, Besonderheiten der Bewertung von Unternehmensteilen sowie von kleinen und mittleren Unternehmen, S. 41, 53 f.; *Zieger/Schütte-Biastoch*, Finanz Betrieb 2008, 590 (596).
4 Vgl. *Ihlau/Duscha*, WPg 2012, 489 (491 f.); *Schütte-Biastoch*, Unternehmensbewertung von KMU, S. 137 f.; *Zeidler* in Baetge/Kirsch, Besonderheiten der Bewertung von Unternehmensteilen sowie von kleinen und mittleren Unternehmen, S. 41, 53; *Zieger/Schütte-Biastoch*, Finanz Betrieb 2008, 590 (596).
5 Vgl. *Schütte-Biastoch*, Unternehmensbewertung von KMU, S. 139: „Diese pauschalen ‚Key Person Discounts' sind jedoch mangels theoretischer und empirischer Fundierung abzulehnen."; *Zeidler* in Baetge/Kirsch, Besonderheiten der Bewertung von Unternehmensteilen sowie von kleinen und mittleren Unternehmen, S. 41, 54: „Eine fundierte empirische oder theoretische Unterlegung solcher Abschläge ist nicht erkennbar und kann angesichts der zumeist kaum quantifizierbaren Einflussfaktoren der Personenabhängigkeit auch nicht erwartet werden."
6 Vgl. IDW S 1 2008, WPg Supplement 3/2008, Rz. 39: „Das Verbleiben des Managements oder ein gleichwertiger Ersatz wird zur Ermittlung des objektivierten Unternehmenswerts i.d.R. unterstellt, so dass eine Eliminierung personenbezogener Einflüsse auf die finanziellen Überschüsse grundsätzlich nicht notwendig ist."
7 So ausdrücklich IDW S 1 2008, WPg Supplement 3/2008, Rz. 40.
8 So Fachausschuss IDW, Fragen und Antworten zur praktischen Anwendung des IDW Standards, Fachnachrichten IDW 2012, 323, 324; dazu auch *Ihlau/Duscha*, WPg 2012, 489 (491).

36 Diese Überlegungen werden im **IDW Praxishinweis 1/2014** unter dem Gesichtspunkt der **eingeschränkt übertragbaren Ertragskraft** weiter vertieft.[1] Dort heißt es, dass bei der Prognose der finanziellen Überschüsse berücksichtigt werden müsse, inwieweit sich bestimmte immaterielle Faktoren, die durch die prägende Tätigkeit eines oder mehrerer Eigentümer bedingt sind, ohne deren Mitwirken im Zeitablauf verbrauchen.[2] **Beispiele für eine solche Schlüsselstellung** sind danach das Mitwirken der Eigentümer (1) als Hauptleistungserbringer (z.B. Anwalt, Architekt, Arzt, Steuerberater, Wirtschaftsprüfer), dessen Leistung entscheidend für die Kundenzufriedenheit ist, auch wenn er sich dabei Erfüllungsgehilfen bedient, (2) als Verkaufsleiter, der kontinuierlich neue Kunden gewinnt, (3) als Geschäftsleiter, der hohe Marketingeffekte erzielen kann, (4) als Vertrauensperson gegenüber den Mitarbeitern, die eine hohe Loyalität in der Belegschaft erzeugt, (5) als Träger von bestimmtem Wissen, aufgrund dessen neue Produkte und Verfahren entwickelt werden.[3]

b) Gesellschaftsrechtliche Beurteilung

aa) Meinungsstand

37 Hierzulande erweist sich eine Durchsicht der gesellschaftsrechtlichen Literatur als wenig ergiebig: Abschläge für den Verlust einer Schlüsselperson werden bisher, soweit ersichtlich, nur ganz sporadisch diskutiert.[4] Lediglich im Kapitalmarktrecht fragt man, ob das Ausscheiden von Schlüsselpersonen ad hoc-publizitätspflichtig ist.[5] Immerhin hat der BGH in einem Urteil aus dem Jahre 1986 die Anwendung des sog. Stuttgarter Verfahrens durch einen Wirtschaftsprüfer beim Ausscheiden eines GmbH-Gesellschafters gebilligt: Hinter diesem Verfahren, so der II. Zivilsenat, stehe die zutreffende Überlegung, dass der Mehrertrag, den das Unternehmen auf Grund der persönlichen Tüchtigkeit des ausscheidenden Gesellschafters abwerfe, sich nach dessen Ausscheiden mit der Zeit verflüchtige.[6] Noch stärker präsent ist dieser Gedanke in einer dichten

---

1 Vgl. IDW Praxishinweis 1/2014, WPg Supplement 2/2014, 28, 31 ff., Rz. 22 ff.; dazu auch *Ballwieser/Franken/Ihlau/Jonas/Kohl/Mackenstedt/Popp/Siebler*, WPg 2014, 463 (466 ff.)
2 Vgl. IDW Praxishinweis 1/2014, WPg Supplement 2/2014, 28, 32, Rz. 26.
3 Vgl. IDW Praxishinweis 1/2014, WPg Supplement 2/2014, 28, 36, Rz. 25.
4 Eingehend aber *Fleischer*, ZIP 2012, 1633 (1639 ff.)
5 Näher *Fleischer* in FS Uwe H. Schneider, 2011, S. 333 (345 f.); *Fleischer*, NZG 2007, 401 (403); aus schweizerischer Sicht *Dalla/Torre/Hasler*, GesKR 2010, 186.
6 So BGH v. 14.7.1986 – II ZR 249/85, GmbHR 1986, 425 mit dem Zusatz: „Dieser Tatsache, die beim reinen Ertragswertverfahren – mit allen Risiken einer Schätzung – entweder durch Abschläge von den zu kapitalisierenden künftigen Jahreserträgen oder durch Zuschläge auf den Kapitalisierungszins berücksichtigt werden muß, trägt das Stuttgarter Verfahren dadurch Rechnung, daß es die Ertragsdauer von vornherein zeitlich begrenzt."; dazu auch *Piltz*, Die Unternehmensbewertung in der Rechtsprechung, S. 244; *Thiessen* in Bork/Schäfer, GmbHG, § 34 GmbHG Rz. 80; *Ulmer/Habersack* in Großkomm. GmbHG, 2. Aufl. 2014, § 34 GmbHG Rz. 77.

Kette höchstrichterlicher Entscheidungen zur Bewertung freiberuflicher Praxen im eherechtlichen Zugewinnausgleich.¹ Insbesondere bei kleineren freiberuflichen Kanzleien oder Praxen, bei denen die unternehmerischen Fähigkeiten des Eigentümers Wohl und Wehe des Unternehmens bestimmten, so liest man in einer Leitentscheidung aus dem Jahre 2011, hänge der Erfolg in erheblichem Maße auch von der Person des Inhabers ab.² Dessen besondere Bedeutung sei daher bei der Wertermittlung zu berücksichtigen.³

bb) Rechtsvergleichung

In Österreich und der Schweiz werden die gesellschaftsrechtlichen Implikationen eines Bewertungsabschlags für Schlüsselpersonen nur vereinzelt erörtert.⁴ Reiches Fallmaterial findet sich jedoch in den Vereinigten Staaten: Dort hat der *key person discount* über das Steuer-⁵ und Familienrecht⁶ auch **Eingang in das Gesellschaftsrecht** gefunden.⁷ In der Leitentscheidung des *Delaware Court of*

38

---

1 Vgl. BGH v. 24.10.1990 – XII ZR 101/89, NJW 1991, 1547 (1548) (Arztpraxis); BGH v. 6.2.2008 – XII ZR 45/06 – Rz. 18, BGHZ 175, 207 (tierärztliche Gemeinschaftspraxis); BGH v. 2.2.2011 – XII ZR 185/08 – Rz. 25, 29, 32, NJW 2011, 2572 (Steuerberaterpraxis); BGH v. 9.2.2011 – XII ZR 40/09 – Rz. 24 und 25, BGHZ 188, 282 (zahnärztliche Gemeinschaftspraxis).
2 So BGH v. 9.2.2011 – XII ZR 40/09 – Rz. 24, BGHZ 188, 282; dazu auch *Michalski/ Zeidler*, FamRZ 1997, 397 (400 f.); allgemein zuletzt *Henssler/Michel*, NZG 2012, 401 (404 f.)
3 In diesem Sinne BGH v. 9.2.2011 – XII ZR 40/09 – Rz. 24, BGHZ 188, 282; sehr früh bereits OLG Hamburg v. 12.11.1965 – 1 U 90/65, MDR 1966, 237: „Es muß stets an die Eigenart des betreffenden Unternehmens gedacht werden. Ist ein Betrieb entscheidend von der Arbeitsleistung des oder der Unternehmer bestimmt, so hängt sein Wert maßgeblich von der Persönlichkeit des Inhabers ab. Der Geschäftswert ist daher bei einem solchen Betrieb niedriger als der einer Firma, die über eine große, gut ausgebaute Organisation verfügt, mit deren Hilfe auch ein Erwerber jedenfalls eine Zeitlang ebenso wie der Veräußerer arbeiten kann."
4 Für einen kurzen Hinweis aus österreichischer Sicht *Leupold* in Torggler, UGB, 2013, §§ 137, 138 Rz. 8: „GesAnteil wird nicht direkt bewertet, sondern nur indirekt über und als Anteil von GesamtUntWert. Daher werden nur *entity-level discounts* berücksichtigt, nicht aber sog *shareholder-level-discounts* (kein Minderheiten- und Fungibilitätsabschlag, sehr wohl aber sog *key-person-discount*).“; aus schweizerischer Sicht für die Abfindungsbilanz bei einer Kollektivgesellschaft *Handschin/Chou* in Schmid (Hrsg.), Kommentar zum schweizerischen Zivilrecht, 4. Aufl. 2009, Art. 580 OR Rz. 50: „Ist beispielsweise der Goodwill bzw. ein quantifizierbarer Anteil desselben untrennbar mit der Person des ausscheidenden Gesellschafters verknüpft, ist für die Abschichtungsbilanz nur noch jener Wert an Goodwill aufzunehmen, der nicht in der Person des Ausscheidenden begründet ist."
5 Richtungsweisend bereits *Newell v. Commissioner*, 66 F.2d 102 (1933); aus neuerer Zeit etwa *Furman v. Commissioner*, T.C. Memo. 1998-157; rechtsvergleichend *Wassermeyer*, Das US-amerikanische Erbschafts- und Schenkungssteuerrecht, 1996, Rz. 309 f.
6 Vgl. etwa *Bernier v. Bernier*, 873 N.E.2d 216 (Mass. 2007); aus dem Schrifttum *Taylor*, 55 Mo. L. Rev. 219 (1990).
7 Eingehend zuletzt *Miller*, 13 U. Pa. J. Bus. L. 607 (2011).

Chancery aus dem Jahre 1992 ging es um einen Gründergesellschafter, der durch jahrelangen persönlichen Kontakt eine besondere Beziehung zu dem einzigen Großkunden der Gesellschaft aufgebaut hatte.[1] Andere Entscheidungen halten einen Bewertungsabschlag zwar grundsätzlich für möglich, lehnen ihn aus tatsächlichen Gründen aber häufig ab. So liest man etwa in einer weiteren Entscheidung desselben Spruchkörpers, dass es im Hausmeistergewerbe keine Schlüsselperson geben könne.[2] Eine rechtssatzförmige Billigung des *key person discount* außerhalb des Steuerrechts[3] findet sich im offiziellen Kommentar des *Uniform Partnership Act*.[4]

cc) Stellungnahme

39 Verglichen mit den beiden zuvor diskutierten Bewertungsabschlägen stehen einem Abschlag für ausscheidende Schlüsselpersonen keine gesellschaftsrechtlichen Grundwertungen entgegen: Weder verstößt er gegen den Gleichbehandlungsgrundsatz noch gerät er mit dem Gebot indirekter Anteilsbewertung in Konflikt.[5] Vielmehr handelt es sich bei dem *key person discount* um einen **Abschlag auf Unternehmensebene (*entity level discount*)**[6]: Er wird im Zähler des Bewertungskalküls zur Geltung gebracht, indem personenbezogene Erfolgsbeiträge des ausscheidenden Gesellschafters bei der zukünftigen Ertragsplanung unberücksichtigt bleiben.[7] **Von Rechts wegen** ist ein **Bewertungsabschlag für Schlüsselpersonen** bei sorgfältiger Begründung durch den Bewertungssachverständigen daher **statthaft**.[8] Offen erscheint, ob man beim gegenwärtigen Erkenntnisstand schon von einem rechtlichen *Gebot* der Eliminierung personenbezogener Erfolgsbeiträge sprechen kann. Zum einen fehlt dem Begriff der Schlüsselperson bisher eine hinreichende tatbestandliche Verfestigung; der *key person*-Status ist in hohem Maße einzelfallbezogen und nur schwer quantifi-

---

1 Vgl. *Hodas v. Spectrum Tech., Inc.*, 18 Del. J. Corp. L. 1017, 1018 (1993): „Where an individual brings to a corporation a unique combination of skills and other assets which are not readily replaced in the event of his departure, a ‚key man' discount in the value of a corporation's stock is warranted in an appraisal action."
2 Vgl. *Cianci v. JEM Enterprise, Inc.*, 2000 WL 1234647 (not reported): „[Expert II] testified convincingly that it is highly unlikely that a key man discount is ever appropriate in this industry, as the level of sales and operational skills required are not personalized or unique."
3 Die zentrale Vorschrift ist hier Revenue Ruling 59-60 (1959-1, C.B. 237), sec. 4.02(b).
4 Vgl. sec. 701 UPA comment 3: „Other discounts, such as for a lack of marketability or the loss of a key partner, may be appropriate, however."
5 Vgl. *Fleischer*, ZIP 2012, 1633 (1641).
6 Vgl. *Hitchner*, Financial Valuation, S. 370: „Discounts that apply at the company or entity level include: key-person discounts [...]."; ebenso *Pratt*, Valuation Discounts and Premiums, S. 3.
7 Vgl. *Fleischer*, ZIP 2012, 1633 (1641); auch IDW Praxishinweis 1/2014, WPg Supplement 2/2014, 28, 32, Rz. 27.
8 Vgl. *Fleischer*, ZIP 2012, 1633 (1641).

zierbar.¹ Zum anderen fällt die Prognose der künftigen finanziellen Überschüsse des Unternehmens traditionell in die Domäne der berufsständischen Bewertungspraxis.² Hat der **Bewertungssachverständige** allerdings **grundsätzlich verkannt**, dass im konkreten Einzelfall Wertabschläge *sub specie* Schlüsselperson in Betracht kommen, so dürfte ein **rechtlich relevanter Bewertungsfehler** vorliegen.³

III. Bewertung unterschiedlich ausgestalteter Anteile

Zusätzliche Schwierigkeiten ergeben sich bei der Anteilsbewertung, wenn die einzelnen Anteile rechtlich unterschiedlich ausgestaltet sind.   40

1. Stamm- und Vorzugsaktien

Die größte praktische Bedeutung hat die Bewertung von Vorzugsaktien im Vergleich zu Stammaktien derselben Gesellschaft. Gemäß § 11 Satz 1 AktG können die Aktien verschiedene Rechte gewähren, namentlich bei der Verteilung des Gewinns und des Gesellschaftsvermögens. Eine besondere Aktiengattung bilden **Vorzugsaktien**, die nach § 12 Abs. 1 Satz 2 AktG ohne Stimmrecht ausgegeben werden. Allerdings verlangt § 139 Abs. 1 AktG für die Zulässigkeit des Stimmrechtsausschlusses einen nachzuzahlenden **Vorzug bei der Verteilung des Gewinns**. Wird der Vorzugsbetrag in einem Jahr nicht gezahlt und der Rückstand im nächsten Jahr neben dem vollen Vorzug dieses Jahres nicht nachgezahlt, so lebt das Stimmrecht der Vorzugsaktionäre nach § 140 Abs. 2 Satz 1 AktG wieder auf, bis die Rückstände nachgezahlt sind. Darüber hinaus kann die **Satzung** für Vorzugsaktionäre auch eine **Mehrdividende** vorsehen, was in der Praxis häufig geschieht.   41

a) Rechtsprechung

Gemäß der indirekten Bewertungsmethode (oben Rz. 4) **ermittelt die Rechtsprechung** zunächst den **Gesamtunternehmenswert** und **verteilt ihn** dann **auf Stamm- und Vorzugsaktien**.⁴ Sie betont dabei, dass eine unterschiedliche Abfindung für die Inhaber verschiedener Aktiengattungen nicht gegen den Gleichbehandlungsgrundsatz verstoße, weil § 53a AktG eine Gleichbehandlung nur   42

---

1 Dazu *Zeidler* in Baetge/Kirsch, Besonderheiten der Bewertung von Unternehmensteilen sowie von kleinen und mittleren Unternehmen, S. 41, 54: „Eine fundierte empirische oder theoretische Unterlegung solcher Abschläge ist nicht erkennbar und kann angesichts der kaum quantifizierbaren Einflussfaktoren der Personenabhängigkeit auch nicht erwartet werden. Letztlich entzieht sich die Personenabhängigkeit im Rahmen der Unternehmensbewertung noch stärker als die beiden zuvor besprochenen Besonderheiten kleiner und mittlerer Unternehmen einer schematischen quantitativen Behandlung."
2 Allgemein dazu *Hüttemann*, WPg 2007, 825 (826); *Kuhner*, WPg 2007, 825 (826).
3 Vgl. *Fleischer*, ZIP 2012, 1633 (1641).
4 Zu diesem Vorgehen etwa OLG Frankfurt v. 28.3.2014 – 21 W 15/11, BeckRS 2014, 08608; OLG Düsseldorf v. 27.5.2009 – I-26 W 5/07 (AktE), WM 2009, 2220 (2227).

unter gleichen Voraussetzungen verlangt und §§ 11, 12 AktG eine unterschiedliche Behandlung verschiedener Aktiengattungen ausdrücklich zulassen.[1] Vielmehr sei es im Gegenteil grundsätzlich geboten, die unterschiedliche Ausstattung der Aktien zu berücksichtigen.[2] Betont wird außerdem, dass die Beurteilung des Verhältnisses von Stamm- und Vorzugsaktien eine Rechtsfrage sei.[3] Weitere Verallgemeinerungen sind kaum möglich. Ältere Entscheidungen billigten überwiegend eine geringere Barabfindung für stimmrechtslose Vorzugsaktien unter Hinweis auf das fehlende Stimmrecht der Vorzugsaktionäre.[4] Demgegenüber betont die jüngere Judikatur häufig, dass es **keine festen Regeln für die Wertrelation von Aktien** gebe, sondern eine **Einzelfallbetrachtung** Platz greifen müsse.[5] Hierfür seien die konkrete Ausstattung der Aktien, und die konkreten Verhältnisse der Gesellschaft heranzuziehen.[6] Außerdem könne die Börsenkursrelation zwischen Vorzugs- und Stammaktie als Anhaltspunkt für die Aufteilung des Unternehmenswertes dienen.[7]

43 Infolgedessen bietet die **aktienrechtliche Kasuistik** kein einheitliches Bild. Manche Entscheidungen bewerten Vorzugsaktien mit einem beträchtlichen Abschlag, weil sie trotz ihres Dividendenvorrechts eine geringere Marktattraktivität aufwiesen als Stammaktien, die ein Stimmrecht in der Hauptversammlung und damit Einfluss auf das Unternehmen einräumten.[8] Andere Entschei-

---

1 Vgl. OLG Frankfurt v. 28.3.2014 – 21 W 15/11, BeckRS 2014, 08608; OLG Düsseldorf v. 10.6.2009 – I-26 W 1/07 AktE, AG 2009, 907 (911); LG Frankfurt/M. v. 4.8.2010 – 3-5 O 73/04 – juris Rz. 116 f.; LG Dortmund v. 13.12.2006 – 20 AktE 4/94 – juris Rz. 102.
2 Vgl. BVerfG v. 8.9.1999 – 1 BvR 301/89, AG 2000, 40 (41 f.): „In bezug auf die Rüge, die Gerichte hätten bei der Bestimmung des angemessenen Ausgleichs den höheren Wert der Vorzugsaktien nicht berücksichtigt, ist der Beschwerdeführerin zwar zu konzedieren, dass es nach wohl herrschender Auffassung im aktienrechtlichen Schrifttum geboten ist, für Aktien verschiedener Gattung einen unterschiedlichen Ausgleich festzusetzen, wenn sich die Gattungsunterschiede auf die Gewinnverteilung auswirken."; OLG Düsseldorf v. 10.6.2009 – I-26 W 1/07 AktE, AG 2009, 907 (911); OLG Karlsruhe v. 12.7.2013 – 12 W 57/10, BeckRS 2013, 13603; LG Frankfurt/M. v. 4.8.2010 – 3-5 O 73/04 – juris Rz. 118.
3 Vgl. OLG Karlsruhe v. 12.7.2013 – 12 W 57/10, BeckRS 2013, 13603: „Die Beurteilung des Verhältnisses von Vorzugsaktien zu Stammaktien ist eine Rechtsfrage, wobei die Sachverständigen zu dieser Frage die aus ihrer Sicht maßgeblichen betriebswirtschaftlichen Gesichtspunkte aufzeigen."
4 Vgl. OLG Frankfurt v. 24.1.1989 – 20 W 477/86, AG 1989, 442 (444); LG Frankfurt/M. v.1.10.1986 – 3/3 O 145/83, AG 1987, 315 (317); OLG Köln v. 20.9.2001 – 18 U 125/01, NZG 2002, 966 (968) = AG 2002, 244; OLG Düsseldorf v. 8.6.1973 – 19 W 21/72, AG 1973, 282 (284) entgegen der Vorinstanz LG Dortmund v. 30.6.1972 – 16 Akt 5/71, AG 1972, 35 (355).
5 Vgl. OLG Karlsruhe v. 12.7.2013 – 12 W 57/10, BeckRS 2013, 13603; LG Dortmund v. 19.3.2007 – 18 AktE 5/03, AG 2007, 792 (796); LG Dortmund v. 13.12.2006 – 20 AktE 4/94 – juris Rz. 104; OLG Düsseldorf v. 10.6.2009 – I-26 W 1/07 AktE, AG 2009, 907 (911); LG Frankfurt/M. v. 4.8.2010 – 3-5 O 73/04 – juris Rz. 118.
6 Vgl. LG Dortmund v. 13.12.2006 – 20 AktE 4/94 – juris Rz. 104.
7 Vgl. OLG Düsseldorf v. 10.6.2009 – I-26 W/1/07 AktE, AG 2009, 907 (912).
8 Vgl. OLG Düsseldorf v. 20.11.2001 – 19 W 2/00 AktE, AG 2002, 398 (402); LG Bochum v. 7.12.2004 – 12 O 136/04, AG 2005, 738 (740).

dungen lehnen eine Schlechterstellung der Vorzugs- oder Stammaktionäre grundsätzlich ab, weil davon auszugehen sei, dass beide Aktiengattungen bei ihrer Schaffung als gleichwertig betrachtet worden seien[1], oder sie verneinen einen Abschlag für Vorzugsaktien jedenfalls dann, wenn das Stimmrecht der Vorzugsaktionäre wegen Nichtzahlung der Dividende gem. § 140 Abs. 2 AktG wieder aufgelebt ist.[2] Wieder andere Entscheidungen gelangen zu dem Ergebnis, dass Vorzugsaktionäre im Einzelfall höher abzufinden seien.[3] Dies gilt insbesondere in Fällen, in denen die Vorzugsaktien mit einer attraktiven Mehrdividende ausgestattet sind.[4] Ebenso ist entschieden worden, wenn die Börse an den wenigen noch gehandelten Stammaktien nur ein geringes Interesse hat, weil sich die überwiegende Mehrheit der Stammaktien im Besitz institutioneller Anleger befindet.[5]

Die **steuerrechtliche Spruchpraxis** hat zu § 11 Abs. 2 BewG wiederholt entschieden, dass der gemeine Wert der nicht an der Börse notierten Stammaktien grundsätzlich vom Börsenkurs der börsenfähigen Vorzugsaktie desselben Unternehmens abzuleiten sei.[6] Dabei sei der unterschiedlichen Ausstattung der Stammaktien gegenüber Vorzugsaktien nach Maßgabe der einzelnen werterhöhenden oder wertmindernden Ausstattungsmerkmale durch Zu- und Abschläge Rechnung zu tragen.[7] Die Ausstattung der Stammaktien mit dem

44

---

1 Vgl. OLG München v. 19.10.2006 – 31 Wx 92/05, AG 2007, 287 (291); OLG München v. 26.10.2006 – 31 Wx 12/06, ZIP 2007, 375 (380); ferner OLG Karlsruhe v. 10.1.2006 – 12 W 136/04, AG 2006, 463 = NZG 2006, 670: „Solange aus Sicht der Beteiligten zwischen dem Vor- und dem Nachteil kein gravierendes Missverhältnis besteht, sind die Vorzugsaktien zum Zweck der Abfindungsbemessung den Aktien mit Normalausstattung gleichzusetzen, d.h. ein entsprechender Abschlag für das fehlende Stimmrecht ist unzulässig."; s. auch OLG Frankfurt v. 2.5.2011 – 21 W 3/11, AG 2011, 828: „Barabfindung für beide Aktiengattungen gleich bemessen"; kritisch zu diesem Begründungsansatz OLG Frankfurt v. 28.3.2014 – 21 W 15/11, BeckRS 2014, 08608, weil es für die Bewertung nicht auf die Einschätzung der Gründer und den Zeitpunkt der Schaffung der Aktiengattungen, sondern auf den Bewertungsstichtag und die Einschätzung der Marktteilnehmer ankomme.
2 Vgl. OLG Karlsruhe v. 10.1.2006 – 12 W 136/04, AG 2006, 463 = NZG 2006, 670; s. auch OLG Karlsruhe v. 12.7.2013 – 12 W 57/10, BeckRS 2013, 13603: „Die Vor- und Nachteile für die eine wie für die andere Aktienart heben sich [im konkreten Fall] auf."
3 Vgl. OLG Düsseldorf v. 27.5.2009 – I-26 W 5/07 (AktE), WM 2009, 2220 (2227); OLG Düsseldorf v. 10.6.2009 – I-26 W 1/07, AG 2009, 907 (911 f.).
4 Dazu OLG Frankfurt v. 28.3.2014 – 21 W 15/11, BeckRS 2014, 08608: „Dieser Ansatz hat zwar zur Folge, dass Vorzugsaktien [...] häufig höher als Stammaktien zu bewerten sind, sofern sie mit einer Mehrdividende ausgestattet sind. Dieses Ergebnis ist vor dem Hintergrund einer Bewertung nach dem Zuflussprinzip jedoch folgerichtig und konsequent."; LG Frankfurt/M. v. 4.8.2010 – 3-5 O 73/04 – juris Rz. 122; LG Dortmund v. 13.12.2006 – 20 AktE 4/94 – juris Rz. 104.
5 Vgl. LG Dortmund v. 19.3.2007 – 18 AktE 5/03, AG 2007, 792 (796); OLG Düsseldorf v. 27.5.2009 – I-26 W 5/07 (AktE), WM 2009, 2220 (2227).
6 Vgl. BFH v. 9.3.1994 – II R 39/90, BFHE 173, 561 (Leitsatz); ferner BFH v. 28.5.1997 – II B 105/96, BFHE 183, 224; BFH v. 21.4.1999 – II R 87/97, BFHE 188, 431.
7 Vgl. BFH v. 9.3.1994 – II R 39/90, BFHE 173, 561 (Leitsatz); BFH v. 28.5.1997 – II B 105/96, BFHE 183, 224 (228); BFH v. 21.4.1999 – II R 87/97, BFHE 188, 431 (433).

Stimmrecht sei in der Regel ein werterhöhendes, die geringere Dividendenberechtigung ein wertminderndes Merkmal.[1]

b) Schrifttum

45 Die Kommentar- und Handbuchliteratur spricht sich überwiegend gegen pauschale Lösungen aus und will anhand der **Umstände des Einzelfalls** entscheiden, ob eine unterschiedliche Bewertung von Stamm- und Vorzugsaktien geboten ist.[2] Dabei berücksichtigt sie bei börsennotierten Gesellschaften einen etwaigen **Kursunterschied zwischen Stamm- und Vorzugsaktien**, der je nach Liquidität der Aktiengattungen, Aufnahme in bestimmte Börsenindizes oder Ausstattung des Gewinnvorzugs in die eine oder andere Richtung ausschlagen kann.[3] Hervorgehoben wird weiterhin, dass es häufig nicht nur „die eine" richtige Verteilungsmöglichkeit gebe, sondern dass durchaus verschiedene Verteilungsoptionen sachgerecht sein könnten.[4] Gelegentlich betont man auch die Schwierigkeiten einer Quantifizierung[5], gerade bei fehlender Börsennotiz oder wenn nur eine Aktiengattung an der Börse notiert ist.[6]

46 Es gibt aber auch eine Reihe von **Alternativvorschlägen**. Verschiedene Stimmen lehnen eine unterschiedliche Behandlung von Stamm- und Vorzugsaktien gänzlich ab[7] oder sprechen sich jedenfalls dagegen aus, Vorzugsaktien wegen ihrer fehlenden Stimmrechte einen geringeren quotalen Unternehmenswert

---

1 Vgl. BFH v. 9.3.1994 – II R 39/90, BFHE 173, 561 (565 f.); BFH v. 28.5.1997 – II B 105/96, BFHE 183, 224 (228); BFH v. 21.4.1999 – II R 87/97, BFHE 188, 431 (433).
2 Vgl. *Emmerich/Habersack*, Aktien- und GmbH-Konzernrecht, § 305 AktG Rz. 75a; *Großfeld*, Recht der Unternehmensbewertung, Rz. 1316 f.; *Paulsen* in MünchKomm. AktG, 3. Aufl. 2011, § 305 AktG Rz. 142; *Ruiz de Vargas* in Bürgers/Körber, Anh. § 305 AktG Rz. 54; WP-Handbuch 2014, Bd. II, Rz. A 492; nach Art des Vorzugs differenzierend *Deilmann* in Hölters, § 305 AktG Rz. 68; s. aber auch *Simon/Leverkus* in Simon, Anh. § 11 SpruchG Rz. 269, wonach die Inhaber von Stammaktien für den Verlust der Herrschaftsrechte abgefunden werden müssen; ebenso *Krieger* in FS Lutter, 2000, S. 497 (502).
3 Vgl. *Emmerich/Habersack*, Aktien- und GmbH-Konzernrecht, § 305 AktG Rz. 75b; *Großfeld*, Recht der Unternehmensbewertung, Rz. 1317; *Lohmann* in FS Matschke, 2008, S. 3 (6 ff.); *Paschos* in Henssler/Strohn, § 305 AktG Rz. 21; *Ruiz de Vargas* in Bürgers/Körber, Anh. § 305 AktG Rz. 54; *Stephan* in K. Schmidt/Lutter, § 305 AktG Rz. 83. Empirische Befunde bei *Jung/Wachtler*, AG 2001, 75.
4 Vgl. LG Frankfurt/M. v. 4.8.2010 – 3-5 O 73/04 – juris Rz. 115.
5 Vgl. *Koch* in Hüffer, § 305 AktG Rz. 35; ferner *Emmerich/Habersack*, Aktien- und GmbH-Konzernrecht, § 305 AktG Rz. 75a, wonach eine unterschiedliche Bewertung nur in Betracht komme, wenn sie sich am Markt nachweisen lasse.
6 Näher dazu *Simon/Leverkus* in Simon, Anh. § 11 SpruchG Rz. 274.
7 So *Mülbert/Uwe H. Schneider*, WM 2003, 2301 (2312); ähnlich *Großfeld*, JZ 1981, 769 (774): „Im allgemeinen wird man davon ausgehen können, daß sich Vorteil und Nachteil aus Sicht der Beteiligten aufheben, daß der Vorzug bei der Gewinnverteilung der aus Sicht der Beteiligten angemessene Preis für das fehlenden Stimmrecht ist. Diese Selbsteinschätzung durch die Beteiligten ist beachtlich."; neuerdings auch *Riegger/Gayk* in KölnKomm. AktG, 3. Aufl. 2013, Anh. § 11 SpruchG Rz. 84: „im Zweifel von einer einheitlichen Aufteilung auszugehen".

zuzuweisen, weil die Stimmrechtsausstattung für den Liquidationsschlüssel ohne Belang sei und sich ihre Berücksichtigung auch nicht mit der Ablehnung von Minderheitsabschlägen (oben Rz. 14) vertrage.[1] Anders könne es dagegen liegen, wenn Vorzugsaktionäre eine echte Zusatzdividende erhalten und ihnen daher über die gesamte Lebensdauer der Gesellschaft hinweg ein überquotaler Anteil am Unternehmenserfolg zugewiesen wird.[2] Wieder andere Stimmen machen geltend, dass besondere Herrschaftsrechte den Erfolg des Unternehmens maßgeblich beeinflussen könnten; wegen des Prinzips der Zukunftsbezogenheit der Bewertung müssten sie daher im Rahmen der Unternehmensentwicklung und Entnahmeplanung erfasst werden.[3] Schließlich stellen einzelne Autoren auf eine Schätzung der künftigen Zahlungen ab, die voraussichtlich auf die einzelnen Aktiengattungen entfallen und je nach Ausgestaltung der Vorzugsrechte und der konkreten Geschäftslage variieren.[4]

2. Mehrstimmrechte

a) Aktiengesellschaft

Im Aktienrecht sind Mehrstimmrechte nach § 12 Abs. 2 AktG unzulässig. Gemäß **§ 5 Abs. 3 Satz 1 EGAktG** hat die Gesellschaft einem Inhaber von Mehrstimmrechtsaktien im Falle des Erlöschens und der Beseitigung einen Ausgleich zu gewähren, der den besonderen Wert der Mehrstimmrechte angemessen berücksichtigt. Diese im Jahre 1998 eingeführte Regelung hat eine lebhafte Diskussion über die Bewertung von Mehrstimmrechten ausgelöst.[5] Der **Gesetzgeber** hat dem Rechtsanwender insoweit **keine konkreten Leitlinien** an die Hand gegeben: Dazu seien Entstehungsgeschichte, vermittelter Stimmrechtseinfluss, Handelbarkeit und satzungsgemäße Ausgestaltung zu vielgestaltig.[6] **Im Einzelfall könne** der **Wert** sogar **gegen Null tendieren**. Daher erscheine es

47

---

1 Vgl. *Adolff*, Unternehmensbewertung im Recht der börsennotierten Aktiengesellschaft, S. 381; sympathisierend *Winner*, Wert und Preis im Zivilrecht, S. 480: „[...] lässt sich mit guten Gründen einwenden, dass bloß die unterschiedliche Ausstattung mit Vermögensrechten, nicht aber die mit Stimmrechten in Abfindungsfällen ausschlaggebend sein soll."
2 Vgl. *Adolff*, Unternehmensbewertung im Recht der börsennotierten Aktiengesellschaft, S. 380; *Meilicke*, Die Barabfindung für den ausgeschlossenen oder ausscheidungsberechtigten Minderheits-Kapitalgesellschafter, S. 134 f.; insoweit auch *Hachmeister/Ruthardt*, BB 2014, 427 (429 f.).
3 So *Hachmeister/Ruthardt*, BB 2014, 427 (429 f.).
4 So *Komp*, Zweifelsfragen des aktienrechtlichen Abfindungsanspruchs nach §§ 305, 320b, S. 406 mit dem erläuternden Zusatz: „So wirkt sich ein Mindestvorzug bei guter Geschäftslage nicht, wohl aber bei einer schlechten Geschäftslage aus; eine Mehrdividende wirkt sich jedoch auch bei einer guten Geschäftslage aus und ist stets zu berücksichtigen."
5 Vgl. *Arnold*, DStR 2003, 784 (787 f.); *Arnold*, DStR 2003, 1671; *Hering/Olbrich*, DStR 2003, 1579; *Schulz*, NZG 2002, 996. Zur internationalen Diskussion *Hauser/Lauterbach*, Rev. Financial Studies 17 (2004), 1167 m.w.N.
6 So Beschlussempfehlung und Bericht des Rechtsausschusses, BT-Drucks. 13/10038, 28.

umso gebotener, dass die Beteiligten eine einvernehmliche Lösung finden und dass diese nur bei deutlicher Fehlbewertung im Spruchverfahren angegriffen und korrigiert werde.[1]

48 Rechtsprechung und Lehre habe sich mit § 5 Abs. 3 Satz 1 AktG vor allem im vielbeachteten **Siemens-Fall** befasst, in dem vinkulierte Namensaktien mit sechsfachem Stimmrecht in nicht vinkulierte Inhaberstammaktien ohne Stimmrechtsvorzug im Verhältnis 1 zu 1 umgewandelt wurden. Das LG München I hatte in der ersten Instanz ausgeführt, dass das Stimmrecht einer Aktie grundsätzlich einen Geldwert besitze und für dessen Verlust im konkreten Fall einen – wenn auch geringen – Ausgleich festgesetzt.[2] Dem ist das BayObLG nicht gefolgt: Nach seiner Auffassung besteht eine Ausgleichspflicht nach § 5 Abs. 3 Satz 1 AktG nur dann, wenn ein besonderer Wert der beseitigten Mehrstimmrechte im Sinne einer konkreten Vermögensmehrung bei dem betroffenen Aktionär feststellbar ist.[3] Dies vermochte das Gericht nicht festzustellen. Auch das sog. **Vergleichswertverfahren**, bei dem aus der Marktbewertung von stimmberechtigten und stimmrechtslosen Aktien anderer Gesellschaften Rückschlüsse auf den Wert des Stimmrechts der verfahrensgegenständlichen Vorzugsaktien gezogen werden, erbrachte nach Auffassung des BayObLG **keine hinreichenden Anhaltspunkte für einen „Mehrwert"** der Vorzugsaktien.[4]

b) Personengesellschaft und GmbH

49 Im **Personengesellschafts- und GmbH-Recht** können Mehrstimmrechte dagegen gesellschaftsvertraglich vereinbart werden. Ob sie bei der Abfindungsbemessung zu berücksichtigen sind, weil sie eine erhöhte Einflussmöglichkeit vermitteln, wird selten diskutiert. Folgt man der sog. Liquidationshypothese des § 738 Abs. 1 Satz 2 BGB, nach der ein ausscheidender Gesellschafter so zu stellen ist, wie er bei der Veräußerung des gesamten Unternehmens im Auseinandersetzungsfall stünde (oben Rz. 3), so **scheidet** eine **besondere Abgeltung von Mehrstimmrechten aus**, weil die Stimmrechtsausstattung im Liquidationsfall keine Rolle spielt.[5] Bei dieser Prämisse muss auch die verschiedenartig ausgestaltete Herrschaftsmacht von Komplementär und Kommanditist in ei-

---

1 Vgl. Beschlussempfehlung und Bericht des Rechtsausschusses, BT-Drucks. 13/10038, 28.
2 Vgl. LG München I v. 14.9.2001 – 5HK O 16369/99, ZIP 2001, 1959 (1960 f.) = AG 2002, 105.
3 So BayObLG v. 31.7.2002 – 3Z BR 362/01, NZG 2002, 1016 = AG 2002, 396 (Leitsatz).
4 Vgl. BayObLG v. 31.7.2002 – 3Z BR 362/01, NZG 2002, 1016 (1019 f.) = AG 2002, 396.
5 Dazu – in aktienrechtlichem Zusammenhang – *Adolff*, Unternehmensbewertung im Recht der börsennotierten Aktiengesellschaft, S. 380; *Aschauer* in FS Mandl, 2010, S. 13 (23); *Meilicke*, Die Barabfindung für den ausgeschlossenen oder ausscheidungsberechtigten Minderheits-Kapitalgesellschafter, S. 234.

ner KG unberücksichtigt bleiben.¹ Es gibt aber auch **Gegenstimmen**, die eine Stimmrechtsprämie befürworten oder jedenfalls nicht ausschließen.²

3. Besondere Vermögensrechte

Besondere Vermögensrechte sind nach h.L. jedenfalls dann werterhöhend zu berücksichtigen, wenn sie sich auch bei der Vermögensverteilung im Liquidationsfall ausgewirkt hätten.³ Dies gilt etwa für einen Vorzug bei der Verteilung des Liquidationserlöses gem. §§ 11 Satz 1, 272 Abs. 2 AktG, § 72 Satz 2 GmbHG oder kraft gesellschaftsvertraglicher Abrede in Abbedingung der §§ 155 Abs. 1 HGB, 734 BGB.⁴ Unabhängig davon wird nach überwiegender Ansicht ein vom quotalen Anteilswert **abweichender Gewinnverteilungsschlüssel** als **wertbildender Faktor** in die Bewertung einbezogen.⁵ Dies gilt für Personengesellschaften, GmbH und AG gleichermaßen.⁶ Entschieden hat der BGH dies etwa für Kommanditbeteiligungen mit verschiedener Gewinn-, aber gleicher

50

---

1 Vgl. *Lorz* in Ebenroth/Boujong/Joost/Strohn, § 131 HGB Rz. 100; *Piltz*, Die Unternehmensbewertung in der Rechtsprechung, S. 234; vorsichtige Ansätze zu einer Differenzierung aber bei LG Konstanz v. 1.10.1987 – 3 HO 69/86, NJW-RR 1988, 1184 (1187).
2 Vgl. *Großfeld*, JZ 1981, 769 (774); *Großfeld*, Recht der Unternehmensbewertung, Rz. 1313: „Für den Fortführungswert ist das beachtlich, weil für mehr Stimmrechte im Verkehr ein höherer Preis gezahlt werden mag. Es ist jedoch zweifelhaft, wie sich eine Stimmrechtsprämie ermitteln lässt."; ferner *Winner*, Wert und Preis im Zivilrecht, S. 481; in aktienrechtlichem Zusammenhang auch *Hachmeister/Ruthardt*, BB 2014, 427 (429 f.), die zudem darauf verweisen, dass besondere Herrschaftsrechte auch zur Schaffung besonderer Vermögensrechte genutzt werden könnten.
3 Vgl. *Adolff*, Unternehmensbewertung im Recht der börsennotierten Aktiengesellschaft, S. 380; *Aschauer* in FS Mandl, 2010, S. 13 (21); einschränkend auf Unternehmen mit begrenzter Lebensdauer *Piltz*, Die Unternehmensbewertung in der Rechtsprechung, S. 239: „Bei Unternehmen mit unbegrenzter Lebensdauer hat die Frage weniger Bedeutung, weil es der Fortführungsfiktion gemäß nie zu einem Rückfluss des Liquidationserlöses kommt."; relativierend *Großfeld*, Recht der Unternehmensbewertung, Rz. 1326 unter Hinweis darauf, dass der abweichende Liquidationsschlüssel doch in Preisverhandlungen eingehen könnte; s. auch *Meilicke*, Die Barabfindung für den ausgeschlossenen oder ausscheidungsberechtigten Minderheits-Kapitalgesellschafter, S. 137.
4 Vgl. *Großfeld*, Recht der Unternehmensbewertung, Rz. 1326.
5 Vgl. *Lorz* in Ebenroth/Boujong/Joost/Strohn, § 131 HGB Rz. 100; *Hachmeister/Ruthardt*, BB 2014, 427 (430); *Mandl/Rabel*, Unternehmensbewertung, 1997, S. 413; *Neuhaus*, Unternehmensbewertung und Abfindung, S. 144; *Piltz*, Die Unternehmensbewertung in der Rechtsprechung, S. 239; *Riegger/Gayk* in KölnKomm. AktG, 3. Aufl. 2013, Anh. § 11 SpruchG Rz. 84; *Wagner/Nonnenmacher*, ZGR 1981, 674 (675); *Winner*, Wert und Preis im Zivilrecht, S. 481.
6 Vgl. *Großfeld*, JZ 1981, 769 (774); *Großfeld*, Recht der Unternehmensbewertung, Rz. 1323.

Verlustbeteiligung.¹ Auf der gleichen Linie liegt eine Entscheidung des OLG Hamburg zu Aktien mit Dividendengarantie.²

4. Sonstige Sonderrechte

51   Ob sonstige Sonderrechte bei einer Abfindung werterhöhend zu berücksichtigen sind, wird selten diskutiert. In Österreich bestimmt § 2 Abs. 1 Satz 3 des Gesellschafterausschlussgesetzes (GesAusG): „Werden Sonderrechte entzogen, so ist dies bei der Festlegung der Abfindung zu berücksichtigen." Wie solche Sonderrechte konkret bewertet werden sollen, bleibt aber unklar, zumal Vergleichswerte in aller Regel fehlen.³ Bei Sonderrechten, die Gesellschaftern nur einen verstärkten Einfluss oder eine verstärkte Kontrolle ermöglichen, z.B. Entsendungsrechte in den Aufsichtsrat, Nominierungsrechte für die Geschäftsführung oder ein Sonderrecht auf Geschäftsführung, soll eine gesonderte Abgeltung analog zur Nichtberücksichtigung von Minderheitsabschlägen ausscheiden.⁴ Auch hierzulande wird eine gesonderte Abgeltung für ein Entsendungsrecht zum Aufsichtsrat (§ 101 Abs. 2 AktG) abgelehnt.⁵

5. Übertragungsbeschränkungen

52   Das deutsche Gesellschaftsrecht kennt Übertragungsbeschränkungen nicht nur für die grundsätzlich unübertragbaren Anteile an Personengesellschaften (§ 719 Abs. 1 BGB), sondern ebenso für GmbH-Anteile (§ 15 Abs. 5 GmbHG) und – wenn auch sehr begrenzt – für Aktien (§ 68 Abs. 2 AktG). Anders als bei den schon erörterten Fungibilitätsabschlägen (oben Rz. 17 ff.) beruhen diese Beschränkungen nicht auf faktischer, sondern auf gesetzlicher oder gesellschaftsvertraglicher Grundlage. Ob sie einen Bewertungsabschlag bei der Abfindungsbemessung rechtfertigen, wird von Rechtsgebiet zu Rechtsgebiet unterschiedlich beurteilt. In familien- und erbrechtlichen Zusammenhängen berücksichtigt die Rechtsprechung die eingeschränkte Verwertbarkeit regelmäßig mit einem Bewertungsabschlag, dessen Höhe sich nach der Verkehrs-

---

1   Vgl. BGH v. 20.11.1975 – III ZR 112/73, BeckRS 1975, 31115655; dazu auch *Piltz*, Die Unternehmensbewertung in der Rechtsprechung, S. 239; s. ferner BGH v. 12.2.1979 – II ZR 106/78, WM 1979, 432 (433); zustimmend *Hachmeister/Ruthardt*, DStR 2014, 760 (762).
2   Vgl. OLG Hamburg v. 17.8.1979 – 11 W 2/79, DB 1980, 77 (78) = AG 1980, 163.
3   Dazu *Aschauer* in FS Mandl, 2010, S. 13 (24); *Gall/Potyka/Winner*, Squeeze-out. Der Gesellschafterausschluss bei AG und GmbH, 2006, Rz. 208.
4   So *Kalss* in MünchKomm. AktG, 3. Aufl. 2010, § 2 öGesAusG Rz. 17; s. auch *Aschauer* in FS Mandl, 2010, S. 13 (24); anders aber *Winner*, Wert und Preis im Zivilrecht, S. 481.
5   Vgl. *Knorr*, KTS 1962, 193; *Meilicke*, Die Barabfindung für den ausgeschlossenen oder ausscheidungsberechtigten Minderheits-Kapitalgesellschafter, S. 131 mit Fn. 11; für eine Erfassung mit Hilfe eines barwertorientierten Kalküls aber *Hachmeister/Ruthardt*, BB 2014, 427 (429 f.).

anschauung richtet.[1] **Bei gesellschaftsrechtlichen Abfindungsansprüchen** wird ein **Abschlag** dagegen **überwiegend abgelehnt**.[2] Entschieden hat der BGH dies für die Bewertung vinkulierter Namensaktien.[3] Eine jüngere obergerichtliche Entscheidung scheint dies für einen GmbH-Geschäftsanteil aber anders zu beurteilen.[4]

---

1 Vgl. BGH v. 10.10.1979 – IV ZR 79/78, BGHZ 75, 195 (201 f.) = AG 1980, 158 (Zugewinnausgleich, Bewertung einer unveräußerlichen Unternehmensbeteiligung an einer KG); BGH v. 1.10.1986 – IVb ZR 69/85, NJW 1987, 321 (322) = GmbHR 1987, 19 (Zugewinnausgleich bei GmbH-Anteil); *Braunhofer*, Unternehmens- und Anteilsbewertung zur Bemessung von familien- und erbrechtlichen Ausgleichsansprüchen, S. 90 f.
2 Vgl. *Großfeld*, JZ 1981, 769 (775); *Großfeld*, Recht der Unternehmensbewertung, Rz. 1320; *Mandl/Rabl* in FS Loitslberger, 2001, S. 205 (216); *Meilicke*, Die Barabfindung für den ausgeschlossenen oder ausscheidungsberechtigten Minderheits-Kapitalgesellschafter, S. 56; *Piltz*, Die Unternehmensbewertung in der Rechtsprechung, S. 242; *Winner*, Wert und Preis im Zivilrecht, S. 481.
3 Vgl. BGH v. 1.12.1986 – II ZR 287/85, NJW 1987, 1019 (1020) = AG 1987, 155: „Da es entscheidend auf die Vermögens- und Ertragslage der Gesellschaft ankommt, spielen [...] die Höhe der in den letzten Jahren gezahlten Dividende und die Tatsache, daß über die Aktien nur mit Zustimmung der Hauptversammlung verfügt werden kann, für die Bewertung keine entscheidende Rolle."
4 Vgl. OLG Oldenburg v. 15.6.1995 – 1 U 126/90, GmbHR 1997, 503 (505): „Abschlag von 50 % wegen der eingeschränkten Verkehrsfähigkeit eines Geschäftsanteils".

Vierter Teil
Unternehmensbewertung im Gesellschaftsrecht

§ 19
Unternehmensbewertung im Aktien- und Konzernrecht

	Rz.
I. Bewertungsanlässe im Aktien- und Konzernrecht	1
1. Aktienrechtlicher Squeeze-out	
a) Beschluss, Prüfung, Eintragung und Auszahlung	4
b) Spruchverfahren	7
c) „Verhältnisse der Gesellschaft" zum Bewertungsstichtag	9
2. Aktienrechtliche Eingliederung	12
3. Begründung eines Vertragskonzerns	
a) Abschluss eines Beherrschungs- und Gewinnabführungsvertrages nach dem AktG	16
aa) Wiederkehrende Ausgleichszahlungen	17
(1) Fixer Ausgleich	18
(2) Variabler Ausgleich	22
bb) Angebot der Abfindung	23
(1) Barabfindung	24
(2) Abfindung in Aktien	25
b) Abschluss eines isolierten Beherrschungsvertrages nach dem AktG	30
4. Verschmelzungsfälle (Sicht der aufnehmenden Aktiengesellschaft)	
a) Unterschiedliche Schutzsysteme „unten" und „oben"	32
b) Verfahren der Anfechtungsklage nach § 255 Abs. 2 AktG	37
c) Materieller Verwässerungsschutz nach § 255 Abs. 2 AktG	41
d) Spielräume für eine unternehmerische Entscheidung	44
e) Gleiche Grundsätze für die Konzernverschmelzung	46
5. Kapitalerhöhung der Bietergesellschaft beim Tauschangebot	47
6. Übrige Fälle des Verwässerungsschutzes nach § 255 Abs. 2 AktG	53
7. Kapitalaufbringung und Werthaltigkeitsprüfung	55
a) Maßgeblicher Schwellenwert für die Werthaltigkeitsprüfung	61
b) Rechtliche Methodenvorgaben für die Werthaltigkeitsprüfung	
aa) Regelfall der Bewertung im Rahmen der Werthaltigkeitsprüfung	71
bb) EU-rechtlich vorgegebene Befreiungstatbestände nach § 33a AktG	75
8. Nicht: Delisting und Downgrading	78
II. Rechtliche Methodenvorgaben für die Unternehmensbewertung	
1. Abfindung in Geld	79
a) Regelfall der Barabfindung bei Verlust der Teilhabe an den unternehmerischen Erträgen	80
aa) Bestimmung des quotalen Unternehmenswerts (Fundamentalwert)	89
bb) Deinvestitionswert der einzelnen Aktie	93
cc) Kein „Meistbegünstigungsprinzip"	96

Adolff | 567

	Rz.		Rz.
dd) Stichtagsprinzip, Wurzeltheorie und Verbundvorteile	97	b) Sonderfall der Barabfindung bei bereits „verrenteten Aktien" im Vertragskonzern	104
		2. Abfindung in Aktien	109

Schrifttum: *Adolff*, Unternehmensbewertung im Recht der börsennotierten Aktiengesellschaft, 2007, S. 445 f.; *Adolff*, Konkurrierende Bewertungssysteme bei der grenzüberschreitenden Verschmelzung von Aktiengesellschaften, ZHR 173 (2009), 67; *Baums*, Rechtsfragen bei der Bewertung börsennotierter Gesellschaften, ILF Working Paper Series No. 104 (2009); *Bungert*, Umtauschverhältnis bei Verschmelzung entspricht nicht den Börsenwerten, BB 2003, 699; *Bungert/Eckert*, Unternehmensbewertung nach Börsenwert: Zivilgerichtliche Umsetzung der BVerfG-Rechtsprechung, BB 2000, 1845; *Bungert/Janson*, Im Spannungsfeld von Unternehmensvertrag und Squeeze-out: Gibt es einen zeitanteiligen Ausgleichsanspruch nach § 304 AktG?, FS Uwe H. Schneider, 2011, S. 159; *Bungert/Leyendecker-Langner*, Börsenkursrechtsprechung beim vorgeschalteten Delisting, BB 2014, 521; *Bungert/Wansleben*, Dividendenanspruch bei Verschiebung der Gewinnberechtigung bei Verschmelzungen, DB 2013, 979; *Bungert/Wettich*, Neues zur Ermittlung des Börsenwerts bei Strukturmaßnahmen, ZIP 2012, 449; *Bungert/Wettich*, Die zunehmende Bedeutung des Börsenkurses bei Strukturmaßnahmen im Wandel der Rechtsprechung, FS Hoffmann-Becking, 2013, S. 157; *Bungert/Wettich*, Vorgaben aus Karlsruhe zum Referenzzeitraum des Börsenwerts für die Abfindung bei Strukturmaßnahmen, BB 2010, 2227; *Burger*, Keine angemessene Abfindung durch Börsenkurse bei Squeeze-out, NZG 2012, 281; *Busse von Colbe*, Der Vernunft eine Gasse: Abfindung von Minderheitsaktionären nicht unter dem Börsenkurs ihrer Aktien, FS Lutter, 2000, S. 1053; *Butzke*, Der Abfindungsanspruch nach § 305 AktG nach Squeeze-out, Formwechsel oder Verschmelzung, FS Hüffer, 2010, S. 97; *Bücker*, Die Berücksichtigung des Börsenkurses bei Strukturmaßnahmen – BGH revidiert DAT/Altana, NZG 2010, 967; *Decher*, Die Information der Aktionäre über die Unternehmensbewertung bei Strukturmaßnahmen in der Hauptsammlungs- und Gerichtspraxis, FS Hoffmann-Becking, 2013, S. 295; *Decher*, Die Ermittlung des Börsenkurses für Zwecke der Barabfindung beim Squeeze-out, ZIP 2010, 1673; *Emmerich*, Kapitulation vor der Komplexität – Zur Praxis der Unternehmensbewertung in der aktuellen Rechtsprechung, FS Stilz, 2014, S. 135; *Fleischer*, Unternehmensbewertung bei aktienrechtlichen Abfindungsansprüchen: Bestandsaufnahme und Reformperspektiven im Lichte der Rechtsvergleichung, AG 2014, 97; *Fleischer*, Zur Behandlung des Fungibilitätsrisikos bei der Abfindung außenstehender Aktionäre (§§ 305, 320b AktG), FS Hoffmann-Becking, 2013, S. 331; *Fleischer/Bong*, Unternehmensbewertung bei konzernfreien Verschmelzungen zwischen Geschäftsleiterermessen und Gerichtskontrolle, NZG 2013, 881; *Fleischer/Jaeger*, Gesellschaftsrechtliche Anteilsbewertung in Frankreich gemäß Art. 1843-4 Code civil, RabelsZ 77, 693; *Fleischer/Schneider*, Der Liquidationswert als Untergrenze der Unternehmensbewertung bei gesellschaftsrechtlichen Abfindungsansprüchen, DStR 2013, 1736; *Fleischer/Schneider/Thaten*, Unternehmensbewertung bei aktienrechtlichen Abfindungsansprüchen in Deutschland und des vereinigten Staaten, Der Konzern 2013, 61; *Gärtner/Handke*, Unternehmenswertermittlung im Spruchverfahren – Schrittweiser Abschied vom Meistbegünstigungsprinzip des BGH (DAT/Altana), NZG 2012, 247; *Großfeld*, Europäische Unternehmensbewertung, NZG 2002, 353; *Gude*, Strukturänderungen und Unternehmensbewertung zum Börsenkurs, 2004; *Habersack*, „Macrotron" – was bleibt?, ZHR 176 (2012), 463; *Hachmeister/Ruthardt/Gerhardt*, Berücksichtigung von Synergieeffekten bei der Unternehmensbewertung – Theorie, Praxis und Rechtsprechung in Spruchverfahren, Der Konzern 2011, 600; *Happ/Bednarz*, Aktienrechtliche Abfindungs- und Ausgleichsansprüche – Zu offenen Fragestellungen in Sachen Ytong, DAT/Altana und Stollwerck, FS Stilz, 2014, S. 219; *Hasselbach/Ebbinghaus*, Auswirkungen der Stollwerck-Entscheidung des BGH auf die Transaktions- und Bewertungspraxis bei börsennotierten Gesellschaften, Der Konzern 2010, 223; *Hasselbach/Jakobs*, Bewertungsfragen bei der Verwendung von Aktien als Transaktionswährung, AG 2014, 217; *Henselmann/Schrenker/ Winkler*, Berücksichtigung von Börsenkursen bei der Ermittlung von Barabfindungen im Rahmen von aktienrechtlichen Strukturmaßnahmen, Der Konzern 2010, 467; *Hentzen*, IFRS-Werte als Grundlage der Unternehmensbewertung aus Anlass von Umstrukturierungsmaßnahmen, DB 2005, 1891; *Heurung*, Berücksichtigung von Ertragsteuerwirkungen in Unternehmensbewertungsmodellen im Rahmen von Verschmelzungstatbeständen, DB 1999, 1225; *Heurung*, Zur Anwendung und Angemessenheit verschiedener Unternehmenswertverfahren im Rahmen von Umwandlungsfällen, DB 1997, 837; *Hoffmann*, Möglichkeiten und Grenzen einer analogen Anwendung des Spruchverfahrens, FS Stilz, 2014, S. 267; *Hüffer*, Bewertungsgegenstand und Bewertungsmethode – Überlegungen zur Berücksichtigung von Börsenkursen bei der Ermittlung von Abfindung und Ausgleich, FS Hadding, 2004, S. 461; *Hüffer/Schmidt-Aßmann/Weber*, Anteilseigentum, Unternehmenswert und Börsenkurs, 2005; *Hüttemann*, Börsenkurs und Unternehmensbewertung, ZGR 2001, 454; *Hüttemann*, Die angemessene Barabfindung im Aktienrecht, FS Hoffmann-Becking, 2013, S. 603; *Krause*, Die Entdeckung des Marktes durch die Rechtsprechung bei der Ermittlung der angemessenen Abfindung im Rahmen aktienrechtlicher Strukturmaßnahmen, FS Hopt, 2010, S. 1005; *Knoll*, Unternehmensverträge und der BGH: Volle Entschädigung der außenstehenden Aktionäre?, ZIP 2003, 2329; *Knoll*, Wider die Gefahr einer höheren Kompensation von Minderheitsaktionären?, ZIP 2008, 538; *Lauber*, Das Verhältnis des Ausgleichs gemäß § 304 AktG zu den Abfindungen gemäß §§ 305, 327 a AktG, 2014; *Luttermann*, Zur Rechtspraxis internationaler Unternehmensbewertungen bei der Publikums-Aktiengesellschaft, NZG 2007, 611; *Martens*, Die Unternehmensbewertung nach dem Grundsatz der Methodengleichheit oder dem Grundsatz der Meistbegünstigung, AG 2003, 593; *Martens*, Verschmelzung, Spruchverfahren und Anfechtungsklage in Fällen eines unrichtigen Umtauschverhältnisses, AG 2000, 301; *Puszkajler/Weber/Elsland*, Der Wert von börsennotierten, potentiell abfindungsberechtigten Aktien: Ökonomische Überlegungen zu OLG Jena ZIP 2005, 525 – DEWB/Jenoptik, ZIP 2006, 692; *Reichert*, Eigentumsschutz und Unternehmensbewertung in der Rechtsprechung des BVerfG, FS Stilz, 2014, S. 479; *Reuter*, Gesellschaftsrechtliche Fragen der Unternehmensbewertung mit internationalen Bezügen, AG 2007, 881; *Reuter*, Börsenkurs und Unternehmenswertvergleich aus Eigensicht – Gleichbehandlung der Aktionäre, Synergie und die Lage bei Verschmelzungen nach BGH-DAT/Altana, DB 2001, 2483; *Riegger/Wasmann*, Ausnahmen von der Berücksichtigung des Börsenkurses bei der Ermittlung gesetzlich geschuldeter Kompensation im Rahmen von Strukturmaßnahmen, FS Stilz, 2014, S. 509; *Rölike/Tonner*, Der Schutz des Minderheitsaktionärs durch Art. 14 GG, Linien der Rechtsprechung des Bundesverfassungsgerichts, Band 1, 2009, S. 199; *Ruthardt*, Barabfindung beim Squeeze Out bei Beherrschungs- und Gewinnabführungsverträgen, Der Konzern 2013, 615; *Saria*, Schranken beim Erwerb eigener Aktien nach § 71 I Nr. 8 AktG, NZG 2000, 458; *Schilling/Witte*, Die Bestimmung des Börsenwerts einer Aktie im Lichte der aktuellen BGH-Rechtsprechung – eine Erörterung praktischer Bewertungsfragen, Der Konzern 2010, 477; *Schmidbauer*, Die Bewertung von Konzernen als Problem in der Theorie der Unternehmensbewertung, DStR 2002, 1542; *Stilz*, Die Anwendung der Business Judgement Rule auf die Feststellung des Unternehmenswerts bei Verschmelzungen, FS Mailänder, 2006, S. 423; *Stilz*, Unternehmensbewertung und angemessene Abfindung – Zur vorrangigen Maßgeblichkeit des Börsenkurses, FS Goette, 2011, S. 529; *Tonner*, Die Maßgeblichkeit des Börsenkurses bei der Bewertung des Anteilseigentums – Konsequenzen aus der Rechtsprechung des Bundesverfassungsgerichts, FS K. Schmidt, 2009, S. 1581; *Wasmann*, Endlich Neuigkeiten zum Börsenkurs – Besprechung der Stollwerck-Entscheidung des BGH, ZGR 2011, 83; *Weber*, Börsenkursbestimmung aus ökonomischer Perspektive, ZGR 2004, 280; *Weiler/Meyer*, Heranziehung des Börsenkurses zur Unternehmensbewertung bei Verschmelzungen, ZIP 2001, 2153; *Wicke*, Verschmelzungswertrelation, FS Stilz, 2014, S. 707; *Wieneke*, Aktien- und kapitalmarktrechtlicher Schutz beim Delisting nach dem FRoSTA-Beschluss des BGH, NZG 2014, 22; *Wittgens/Redeke*, Zu aktuellen Fragen der Unternehmensbewertung im Spruchverfahren, ZIP 2007, 1015; *Wüstemann*, BB-Rechtsprechungsreport Unternehmensbewertung 2012/13, BB 2013, 1643.

I. Bewertungsanlässe im Aktien- und Konzernrecht

1 Der folgende Abschnitt I enthält eine Übersicht der aktien(konzern)rechtlichen Bewertungsanlässe. Unter diesen wurde der **Squeeze-out** nach § 327a AktG[1] vom Gesetzgeber als reiner Barabfindungsfall – und damit strukturell besonders einfach – ausgestaltet. Er steht daher als etwas ausführlicher beschriebenes „Grundmodell" am Anfang der Darstellung (ab Rz. 4). Es folgt eine Erörterung der **aktienrechtlichen Eingliederung** (ab Rz. 12), bei der neben die Barabfindung die Abfindung in Aktien tritt, und weiterhin der **Begründung eines Vertragskonzerns**, bei der das breiteste Spektrum an Schutzinstrumenten zur Verfügung steht (ab Rz. 16), nämlich neben der Barabfindung und der Abfindung in Aktien nach § 305 AktG auch der fixe und variable Ausgleich nach § 304 AktG.

Ein in der Rechtsprechung und Literatur weniger prominent behandelter aktienrechtlicher Bewertungsanlass ist der **Verwässerungsschutz**, den **§ 255 Abs. 2 AktG** vermittelt. Hierher gehören vor allem die kautelarjuristisch relevanten Fallgruppen des Minderheitenschutzes bei der aufnehmenden Gesellschaft einer **Verschmelzung** (ab Rz. 32) und bei der Bietergesellschaft eines (öffentlichen) **Tauschangebots** (ab Rz. 47).[2]

Zuletzt (ab Rz. 55) werden die Bewertungsprobleme dargestellt, die sich bei Gründung und Kapitalerhöhung aus dem Blickwinkel der **Kapitalaufbringung** bei der Bewertung eines Sacheinlagegegenstandes stellen.

2 In Abschnitt II (ab Rz. 79) findet sich sodann eine Zusammenfassung der rechtlichen **Methodenvorgaben**, welche nach dem Gesetz, vor allem aber nach dem Richterrecht, bei Barabfindung und Abfindung in Aktien derzeit gelten. Diese Methodenvorgaben werden in ihrer Struktur und ihren Einzelfragen an anderen Stellen des vorliegenden Handbuchs vertieft behandelt. Hinsichtlich der

- **Struktur** sind dies vor allem
  - § 1 (Bewertung als Rechtsfrage) und
  - § 16 (verfassungsrechtliche Wertkonzeptionen; Börsenkurs vs. Fundamentalwert). Hinsichtlich der
- **zentralen Einzelfragen** sind dies
  - § 8 (Liquidationswert als Untergrenze),
  - § 14 (Verbundvorteile/Synergieeffekte),
  - § 18 (unmittelbare Bewertung der einzelnen Aktie vs. quotaler Gesamtunternehmenswert nach der Liquidationshypothese) und

---

1 Zu den einzelnen Bewertungsanlässen eingehend *Adolff*, Unternehmensbewertung im Recht der börsennotierten Aktiengesellschaft, S. 265 ff. Zum übernahmerechtlichen Squeeze-out nach § 39a WpÜG: § 17 Rz. 36 ff. und § 16 Rz. 15. Zum verschmelzungsrechtlichen Squeeze-out: § 20 Rz. 74 ff.
2 Nicht Gegenstand dieses § 19 (sondern des § 11) ist die Unternehmensbewertung in der Unternehmenskrise, inklusive der komplexen aktienrechtlichen Fragen eines Debt Equity Swap, bei welchen eine (notleidende) Forderung gegen die Gesellschaft als der Einlagegegenstand dient (§ 11 Rz. 42 ff.).

– § 20 (Fragen der Relationalbewertung bei der Ermittlung eines Umtauschverhältnisses).

Mit Rücksicht auf die erheblichen Überschneidungen, insbesondere mit § 16, werden die jeweils relevanten Streitfragen in Abschnitt II nicht nochmals *in toto* aufbereitet. Vielmehr wird versucht, ihren wechselseitigen Zusammenhang innerhalb des derzeit erreichten (nicht ganz widerspruchsfreien) methodischen Gesamtgefüges der Rechtsprechung sichtbar zu machen – und für die Einzelheiten den Weg zu den jeweils relevanten Stellen des vorliegenden Handbuchs zu weisen.

3

1. Aktienrechtlicher Squeeze-out

a) Beschluss, Prüfung, Eintragung und Auszahlung

Nach § 327a Abs. 1 Satz 1 AktG[1] kann ein Hauptaktionär, dem **95 %** der Aktien gehören,[2] im Wege eines Hauptversammlungsbeschlusses die Übertragung der Aktien der verbleibenden Minderheit auf sich herbeiführen. Der Beschluss bedarf der Eintragung in das Handelsregister. Mit dieser gehen die Aktien der Minderheit *ex lege* auf den Hauptaktionär über.[3] Die Aktienurkunden verbriefen ab diesem Zeitpunkt nur noch den gesetzlichen Anspruch der ausgeschlossenen Minderheitsaktionäre gegen den Hauptgesellschafter auf eine angemessene Barabfindung.[4]

4

Die Höhe der **Barabfindung** bestimmt – in einem ersten Schritt – der Hauptaktionär.[5] Vor der Hauptversammlung legt er den Aktionären einen **schriftlichen Bericht** vor, in dem er u.a. die Angemessenheit der Barabfindung erläutert und begründet.[6] Zusätzlich ist die Barabfindung von einem **gerichtlich bestellten Sachverständigen zu prüfen**.[7] Dessen **Prüfungsbericht** ist mit einer Erklärung darüber abzuschließen, dass die vom Hauptaktionär festgesetzte Barabfindung angemessen ist.[8] Um dieses Ergebnis transparent zu machen, sind in dem Bericht die verwendeten Bewertungsmethoden, die Gründe für ihre Verwendung, die Gewichtung mit der ihre Ergebnisse in den der Barabfindung zugrunde liegenden Wertansatz eingeflossen sind sowie bei der Bewertung aufgetretene besondere Schwierigkeiten anzugeben.[9]

5

---

1   Zur rechtspolitischen Würdigung der §§ 327a ff. AktG *Koch* in Hüffer, § 327a AktG Rz. 7 m.w.N.; Die verfassungsrechtliche Zulässigkeit steht heute außer Streit, vgl. nur BVerfG v. 30.5.2007 – 1 BvR 390/04, AG 2007, 544 und BVerfG v. 19.9.2007 – 1 BvR 2984/06, AG 2008, 27 ff.
2   Gleichgestellt sind Aktien, die dem Hauptaktionär nach §§ 327a Abs. 2, 16 Abs. 4 AktG zugerechnet werden können. Dies sind vor allem Aktien, die seinen Tochtergesellschaften gehören.
3   § 327e Abs. 3 Satz 1 AktG.
4   § 327e Abs. 3 Satz 2 AktG.
5   § 327b Abs. 1 Satz 1 AktG.
6   § 327c Abs. 2 Satz 1 AktG.
7   § 327c Abs. 2 Satz 2 AktG.
8   § 327c Abs. 2 Satz 4 i.V.m. § 293e Abs. 1 Satz 2 AktG.
9   § 327c Abs. 2 Satz 4 i.V.m. § 293e Abs. 1 Satz 3 AktG.

6 Die Abfindung wird vom Hauptaktionär bezahlt, nicht etwa von der Gesellschaft. Dass zur Erzielung dieses Ergebnisses der Weg über die Hauptversammlung beschritten wird, sichert der Minderheit lediglich ihre Informations- und Kontrollrechte. Wirtschaftlich gesehen handelt es sich um einen **Zwangsverkauf der Aktien der kleinen Rest-Minderheit** an den Hauptaktionär. Die Barabfindung ist ab Bekanntgabe der Eintragung mit 5 % p.a. über dem Basiszins gem. § 247 BGB zu verzinsen[1]. Ein Verzug ist hierfür nicht erforderlich.

b) Spruchverfahren

7 Ist die Barabfindung **nicht angemessen**, so kann jeder ausgeschiedene Minderheitsaktionär die Bestimmung einer angemessenen Barabfindung im **Spruchverfahren** betreiben.[2] Die Anfechtungsklage ist insofern ausgeschlossen,[3] und zwar auch für **bewertungsbezogene Informationsmängel**.[4] Wird aus anderen Gründen eine Anfechtungsklage erhoben, so führt diese zur **Registersperre**,[5] welche im **Freigabeverfahren** nach §§ 327e Abs. 2, 319 Abs. 6 AktG überwunden werden kann. Sowohl die Registersperre als auch das Freigabeverfahren greifen aber nur im Zusammenhang mit Streitfragen, welche der Anfechtungsklage unterliegen. Für die hier interessierende Höhe der Abfindung (und ihre Ermittlung auf der Grundlage einer angemessenen Unternehmensbewertung) haben sie dagegen keine Bedeutung.[6]

8 Bessert das Gericht die Barabfindung im Spruchverfahren auf, so wirkt die Entscheidung *inter omnes*.[7] Demnach können alle vom Squeeze-out betroffenen Minderheitsaktionäre, auch wenn sie nicht am Spruchverfahren beteiligt waren, eine Nachzahlung verlangen.[8]

c) „Verhältnisse der Gesellschaft" zum Bewertungsstichtag

9 Das Gesetz verzichtet weitgehend darauf, das Erfordernis der Angemessenheit der Barabfindung durch explizite Methodenvorgaben für die Wertermittlung zu konkretisieren. In § 327b Abs. 1 Satz 1 AktG wird lediglich verlangt, dass die Höhe der Barabfindung „die **Verhältnisse der Gesellschaft** im Zeitpunkt der **Beschlussfassung ihrer Hauptversammlung** berücksichtigen" muss. Diese Vorschrift ist eindeutig hinsichtlich des Stichtags; hinsichtlich der rechtlichen

---

1 § 327b Abs. 2 Satz 1 AktG.
2 § 327f Satz 2 AktG; Fehlt es gänzlich an einer Barabfindung, so muss der Weg ins Spruchverfahren erst noch durch den Eintritt eines der in § 327f Satz 3 AktG angeführten Ereignisse eröffnet werden.
3 § 327f Satz 1 AktG.
4 § 243 Abs. 4 Satz 2 AktG. Vgl. hierzu *Koch* in Hüffer, § 327a AktG Rz. 19 und § 327f AktG Rz. 2; grundlegend schon BGH v. 16.3.2009 – II ZR 302/06 – „Wertpapierdarlehen", BGHZ 180, 154 = AG 2009, 441.
5 § 327e Abs. 2 i.V.m. § 319 Abs. 5 AktG.
6 Hierzu etwa *Hüffer* in MünchKomm. AktG, 3. Aufl. 2011, § 243 AktG Rz. 123.
7 § 13 Satz 2 SpruchG.
8 Zu diesem Abfindungsergänzungsanspruch *Koch* in Hüffer, AktG, § 13 SpruchG Rz. 4; *Kubis* in MünchKomm. AktG, 3. Aufl. 2010, § 13 SpruchG Rz. 3 (jeweils m.w.N.). Siehe auch Rz. 23 Fn. 2.

Methodenvorgaben für die Unternehmensbewertung zur Bestimmung der angemessenen Barabfindung können ihr dagegen kaum Fingerzeige entnommen werden:

– **Bewertungsstichtag:** Der Tag der Hauptversammlung ist der **Bewertungsstichtag.**[1] Dies ist der Hautzweck der Regelung.[2] Das strenge Stichtagsprinzip gilt dabei auch für die Behandlung von Ausgleichsansprüchen nach § 304 AktG (dazu unten ab Rz. 17 ff.) in dem Sonderfall, dass der Squeeze-out im Vertragskonzern erfolgt, also nachdem bereits der Abschluss eines Beherrschungs- und Gewinnabführungsvertrags vorausgegangen ist: hier kommt es zu keiner *pro rata* Auszahlung für die Zeitspanne bis zur Eintragung des Squeeze-out. Wenn der Ausgleichsanspruch nicht bereits entstanden ist, kommt es auch nicht zu einer (anteiligen) Ausgleichszahlung; dieser Umstand fließt aber in die Unternehmensbewertung mit ein – und kommt auf diese Weise den Minderheitsaktionären zu Gute.[3]

10

– **Keine gesetzliche Vorgabe einer bestimmten Bewertungsmethode:** Darüber hinausgehende spezifische Methodenvorgaben lassen sich mit der Verwendung der Formulierung „Verhältnisse der Gesellschaft", die ebenso in den §§ 305 Abs. 3 Satz 2, 320b Abs. 1 Satz 5 AktG, 30 Abs. 1 Satz 1 UmwG auftaucht, dagegen nicht verbinden.[4] Aus §§ 327c Abs. 2 Satz 4, 293e Abs. 1 Satz 3 AktG ist ersichtlich, dass der Gesetzgeber davon ausgeht, der sachverständige Prüfer habe die Wahl zwischen unterschiedlichen, dem Bewertungszweck jeweils angemessenen Methoden und könne diese, wenn er den Prüfungsbericht entsprechend transparent gestalte, auch kumulativ zur Anwendung bringen.[5] Im Übrigen ist der Rechtsanwender sowohl bei der Festsetzung und Prüfung der Barabfindung vor dem Hauptversammlungsbeschluss als auch bei ihrer gerichtlichen Kontrolle im Spruchverfahren darauf angewiesen, das generalklauselhaft knappe Angemessenheitserfordernis des Gesetzeswortlauts durch systematische und teleologische Auslegung handhabbar zu machen. Eine weitere Einengung dieser (letztlich den Richtern gewährten) Bewegungsfreiheit lässt sich auch nicht der **Intention des historischen Gesetzgebers** entnehmen: Die genannte Formulierung geht auf die Aktienrechtsreform 1965 zurück. Sie wurde erst vom Bundestagsaus-

11

---

1 *Habersack* in Emmerich/Habersack, Aktien- und GmbH-Konzernrecht, § 327b AktG Rz. 9; *Koch* in Hüffer, § 327b AktG Rz. 4.
2 Zur „Wurzeltheorie" der Rechtsprechung s. unten Rz. 97.
3 BGH v. 19.4.2011 – II ZR 237/09 – „Wella", BGHZ 189, 261 = AG 2011, 514 (517); *Stephan* in K. Schmidt/Lutter, § 304 AktG Rz. 43 m.w.N.
4 Heute einhellige Meinung; vgl. nur *Fleischer*, ZGR 1997, 368 (392); *Hüttemann* in FS Hoffmann-Becking, 2013, S. 603 (604).
5 Eine solche Methodenvielfalt wird empfohlen von den „Best Practice Empfehlungen Unternehmensbewertung" des Arbeitskreises „Corporate Transaction and Valuation" der DVFA vom Dezember 2012 (http://www.dvfa.de/verband/kommissionen/arbeitskreis-corporate-transactions-valuation/, abgerufen am 8.10.2014); das LG Köln empfiehlt in seinem Beschluss vom 8.9.2014 (Az. 82 O 2/09) eine Plausibilisierung der Unternehmensbewertung anhand der Best-Practice-Empfehlungen der DVFA; s. dazu schon § 16 Rz. 70 Fn. 4.

schuss eingefügt.[1] Damals lautete sie, dass die *„Vermögens- und Ertragslage"* der Gesellschaft im Zeitpunkt der Beschlussfassung ihrer Hauptversammlung zu berücksichtigen sei. Laut Ausschussbericht wurde damit „gegenüber einer im Schrifttum zum früheren Umwandlungsgesetz [1956] vertretenen Auffassung klargestellt, dass es für die Bemessung der Abfindung nicht allein auf den Kurswert der Aktie ankommt".[2] Durch das UmwBerG 1994[3] wurden die Worte **„Verhältnisse der Gesellschaft"** an die Stelle der Worte „Vermögens- und Ertragslage" gesetzt. Der Grund hierfür war, dass die Worte „Vermögens- und Ertragslage" vielfach als ein Hinweis auf die Normadäquanz der Substanzwert- und der Ertragswertmethode für die Ermittlung des Unternehmenswerts verstanden worden waren. Ausweislich der Gesetzesbegründung zum UmwBerG 1994[4] sollte mit der Neufassung erreicht werden, dass **keine bestimmte Bewertungsmethode** mehr als gesetzlich vorgeschrieben gelten darf. Die gesetzliche Festschreibung einer bestimmten Bewertungsmethode habe sich, so heißt es in der Gesetzesbegründung, *„nicht bewährt, weil die Berücksichtigung und Gewichtung der verschiedenen Methoden je nach Natur und Gegenstand des Unternehmens verschieden sein kann. Deshalb beschränkt sich die Vorschrift darauf, den für die Bemessung der Barabfindung entscheidenden Zeitpunkt festzulegen."* Von den §§ 305 Abs. 3 Satz 2, 320b Abs. 1 Satz 5 AktG, die u.a. von der Neufassung 1994 betroffen waren, fand die Formulierung ihren Weg sodann in § 327b Abs. 1 Satz 1 AktG. Die geschilderte **Offenheit** und Weitmaschigkeit der **im Gesetzestext** enthaltenen rechtlichen Methodenvorgaben erstreckt sich somit auf alle in diesem § 19 zu erörternden aktienrechtlichen Bewertungsanlässe. Insgesamt handelt es sich daher um einen **richterrechtlich** determinierten Fragen- und Problemkreis.

2. Aktienrechtliche Eingliederung

12   Bei der – in der Praxis eher seltenen – Eingliederung gem. §§ 319, 320 AktG[5] ist die Lage der abfindungsberechtigten Minderheit ähnlich wie beim Squeeze-out. Auch hier ist Voraussetzung für die Strukturmaßnahme das Vorhandensein ei-

---

1   § 294 des Referentenentwurfs, aus dem später § 305 AktG geworden ist, vgl. BT-Drucks. IV/3296, 164.
2   *Kropff*, Textausgabe (1965), S. 399, vgl. zu dieser Begründung auch *Albach*, AG 1966, 180 (183); zu den „im Schrifttum zum früheren Umwandlungsgesetz vertretenen" Auffassungen vgl. *Geßler*, BB 1956, 1175 (1178 f.); zur DurchführungsVO zum Umwandlungsgesetz 1934, welche vor 1956 die Berücksichtigung des Börsenkurses vorsah (RGBl. I 1264, Art. 2 § 5), vgl. *Meilicke*, Die Barabfindung für den ausgeschlossenen oder ausscheidungsberechtigten Minderheits-Kapitalgesellschafter, 1975, S. 44; *Kropff*, DB 1962, 155.
3   Gesetz zur Bereinigung des Umwandlungsrechts vom 28.10.1994, BGBl. I 1994, 3210.
4   BT-Drucks. 12/6699, 94 f.
5   Eingehend zum Folgenden *Adolff*, Unternehmensbewertung im Recht der börsennotierten Aktiengesellschaft, S. 268 f.

ner Mehrheitsaktionärin mit einem Kapitalanteil von mindestens **95 %**.[1] Anders als beim Squeeze-out muss es sich dabei allerdings um eine Aktiengesellschaft oder eine SE handeln.[2] Diese „Hauptgesellschaft" i.S.d. §§ 319 Abs. 1 Satz 1, 320 Abs. 1 Satz 1 AktG muss ihren Sitz im Inland haben.[3] Die Eingliederung wird in der Hauptversammlung beschlossen. Die Eintragung des Eingliederungsbeschlusses bewirkt, dass die Aktien der außenstehenden Minderheit, deren Anteil nicht größer als 5 % sein kann, auf die Hauptgesellschaft übergehen.[4]

Wie beim Squeeze-out verbriefen die Aktienurkunden in der Hand der Minderheitsaktionäre ab diesem Zeitpunkt nur noch deren gesetzlichen Anspruch gegen die Hauptgesellschaft auf angemessene Abfindung.[5] Anders als beim Squeeze-out besteht die Abfindung im Regelfall aus **Aktien der Hauptgesellschaft**.[6] Regelmäßig handelt es sich also um eine Abfindung in Aktien (dazu unten Rz. 109 ff.). 13

Ist die Hauptgesellschaft eine abhängige Gesellschaft i.S.d. § 17 Abs. 1 AktG, so ist den aus der Gesellschaft gedrängten Minderheitsaktionären nach deren Wahl **auch eine Barabfindung** anzubieten.[7] Weil die Minderheitsaktionäre in diesem Fall die Wahl zwischen dem Umtausch ihrer Aktien in solche der Hauptgesellschaft und dem Ausscheiden gegen Barabfindung haben, enthält das Gesetz an dieser Stelle eine **obligatorische Baralternative**. 14

Hinsichtlich des vom Vorstand der Hauptgesellschaft vorzulegenden **Eingliederungsberichts**[8] und des durch einen sachverständigen **Eingliederungsprüfer** anzufertigenden, die Angemessenheit der Eingliederung bestätigenden Prüfungsberichts[9] gilt das zum Squeeze-out Gesagte[10] (oben Rz. 5). Auch die expliziten Methodenvorgaben für die Bewertung haben denselben Umfang wie dort: Das **materielle Angemessenheitskriterium** wird nur in § 320b Abs. 1 Satz 5 AktG konkretisiert, wo es heißt, die Barabfindung müsse die „Verhältnisse der Gesellschaft im Zeitpunkt der Beschlussfassung ihrer Hauptversammlung" berücksichtigen (eingehend oben Rz. 11). 15

---

1 § 320 Abs. 1 Satz 1 AktG. Weil es an einer § 327a Abs. 2 AktG entsprechenden Verweisung auf § 16 Abs. 4 AktG bei der Eingliederung fehlt, kommt es hier zu keiner Zurechnung fremder Anteile, vgl. *Grunewald* in MünchKomm. AktG, 3. Aufl. 2010, § 319 AktG Rz. 12, § 320 AktG Rz. 3; *Koch* in Hüffer, § 320 AktG Rz. 3.
2 Vgl. Art. 10 SE-VO.
3 Zur Frage, ob eine Eingliederung in eine Aktiengesellschaft EU-ausländischen Rechts möglich ist, s. *Grunewald* in MünchKomm. AktG, 3. Aufl. 2010, § 319 AktG Rz. 7.
4 § 320a Satz 1 AktG.
5 §§ 320a Satz 2, 320b Abs. 1 Satz 1 AktG.
6 § 320b Abs. 1 Satz 2 AktG.
7 § 320b Abs. 1 Satz 3 AktG.
8 §§ 320 Abs. 1 Satz 3, 319 Abs. 3 Nr. 3, 320 Abs. 4 AktG.
9 § 320 Abs. 3 Satz 1, Satz 3 i.V.m. §§ 293b ff. AktG.
10 Insbesondere verweist § 320 Abs. 3 Satz 3 AktG (wie § 327c Abs. 2 Satz 4 AktG) auf § 293e Abs. 1 AktG.

3. Begründung eines Vertragskonzerns

a) Abschluss eines Beherrschungs- und Gewinnabführungsvertrages nach dem AktG

16 Bei Abschluss eines Beherrschungs- und Gewinnabführungsvertrages[1] zwischen einer Mehrheitsgesellschafterin (Obergesellschaft)[2] und ihrer Tochtergesellschaft (Untergesellschaft) werden den Minderheitsaktionären der Untergesellschaft deren Aktien nicht *ex lege* entzogen. In Reaktion auf den **tiefen strukturellen Eingriff** in ihre Aktionärsstellung sorgt das AktG jedoch dafür, dass sie ein **Wahlrecht** bekommen:[3]

- Sie können **in der Gesellschaft verbleiben**; in diesem Fall erhalten Sie eine im Vertrag festzulegende (variable oder fixe) Ausgleichszahlung (dazu sogleich ab Rz. 17).

- Sie können aber auch aus der Gesellschaft ausscheiden; machen sie von dieser **Exit-Möglichkeit** Gebrauch, so erhalten sie eine Abfindung in Aktien oder in Geld (dazu sogleich ab Rz. 23).

aa) Wiederkehrende Ausgleichszahlungen

17 Minderheitsaktionäre, die in der Untergesellschaft verbleiben, erhalten während der Geltungsdauer des Vertrages (in aller Regel)[4] keine Dividenden. Stattdessen muss der Vertrag gem. § 304 Abs. 1 Satz 1 AktG vorsehen, dass sie von der Obergesellschaft als dem anderen Vertragsteil[5] eine wiederkehrende Geldleistung (Ausgleichszahlung) erhalten. Konzeptionell liegt dem eine „schadens-

---

1 §§ 291 ff. AktG. Das Gesetz knüpft in § 304 Abs. 1 Satz 1 AktG (nur) an den Gewinnabführungsvertrag an (gleichgültig, ob er in Kombination mit einem Beherrschungsvertrag abgeschlossen wird, wie es gängiger Praxis entspricht). Von § 304 Abs. 1 **Satz 1** AktG erfasst werden somit der (isolierte) Gewinnabführungsvertrag, der Beherrschungs- und Gewinnabführungsvertrag und der Geschäftsführungsvertrag nach § 291 Abs. 1 Satz 2 AktG, nicht aber der Teilgewinnabführungsvertrag nach § 292 Abs. 1 Nr. 2 AktG. Von § 304 Abs. 1 **Satz 2** AktG wird der isolierte Beherrschungsvertrag erfasst, dazu unten Rz. 30.
2 In der Praxis stellt es den absoluten Regelfall dar, dass die Obergesellschaft zugleich die Mehrheitsgesellschafterin der Untergesellschaft ist. Gesetzlich ist das aber nicht zwingend, vgl. *Altmeppen* in MünchKomm. AktG, 3. Aufl. 2010, § 291 AktG Rz. 16; *Koch* in Hüffer, § 291 AktG Rz. 5.
3 Eingehend zum Folgenden *Adolff*, Unternehmensbewertung im Recht der börsennotierten Aktiengesellschaft, S. 269 ff.
4 Zum Sonderfall der Auszahlung von Dividenden während der Geltung des Beherrschungs- und Gewinnabführungsvertrag bei Auflösung von vorvertraglich gebildeten freien Gewinnrücklagen oder eines vorvertraglichen Gewinnvortrages vgl. *Krieger* in MünchHdb. AG, § 71 Rz. 25.
5 Der Wortlaut des § 304 Abs. 1 Satz 1 AktG identifiziert den Schuldner des Anspruchs der außenstehenden Aktionäre nicht eindeutig. Nach dem Sinn und Zweck der Vorschrift muss dies aber die Obergesellschaft sein (so die ganz h.M., die auch von § 5 Nr. 1 SpruchG bestätigt wird). Zum Streitstand vgl. nur *Emmerich* in Emmerich/Habersack, Aktien- und GmbH-Konzernrecht, § 304 AktG Rz. 23; *Koch* in Hüffer, § 304 AktG Rz. 4; *Krieger* in MünchHdb. AG, § 70 Rz. 81.

rechtlich beeinflusste fiktive Betrachtung"[1] zugrunde: die Minderheitsaktionäre der Untergesellschaft sollen gestellt werden, wie sie stünden, wenn die Begründung des Vertragskonzerns nicht stattgefunden hätte (und sie in der Gesellschaft verblieben wären).

(1) Fixer Ausgleich

Ist die Obergesellschaft keine Aktiengesellschaft oder Kommanditgesellschaft auf Aktien, so muss der angemessene Ausgleich nach Maßgabe des § 304 Abs. 2 Satz 1 AktG **betragsmäßig fixiert** sein. Er muss dem voraussichtlichen durchschnittlichen Gewinnanteil je Aktie entsprechen, wobei von der in § 304 Abs. 2 Satz 1 AktG festgeschriebenen Hypothese der **Vollausschüttung** bei angemessenen Abschreibungen und Wertberichtigungen auszugehen ist. Der ausgleichsberechtigte Aktionär muss demnach mindestens den Betrag erhalten, welchen er nach dem Prognosehorizont im Zeitpunkt der Zustimmung der Hauptversammlung[2] als Gewinnanteil hätte erwarten dürfen, wenn seine Gesellschaft unabhängig geblieben wäre.[3] Das Gesetz sieht keine Anpassung des Ausgleichs vor, wenn sich die dieser Prognose zugrunde liegenden Umstände ändern.[4] 18

Der Ausgleich ist – auch das ergibt sich aus § 304 Abs. 2 Satz 1 AktG – „nach der bisherigen **Ertragslage** der Gesellschaft und ihren künftigen **Ertragsaussichten**" zu bestimmen. Erforderlich ist hierfür (i) eine Unternehmensbewertung auf den Stichtag und, unter Beachtung der genannten Vollausschüttungshypothese, (ii) eine Ableitung einer Ausschüttungserwartung (Verzinsung des Unternehmenswerts) aus dieser.[5] Nach dem klaren Gesetzeswortlaut hat sich die Unternehmensbewertung in Schritt (i) dabei an Ertragslage und Ertragsaussichten zu orientieren. Hieraus folgt, dass für den fixen Ausgleich **Börsenkurse keine ausschlaggebende Bedeutung** haben.[6] Allenfalls dann, wenn im Einzelfall ein Aktienmarkt aufgrund seiner hohen Allokationseffizienz als bester zur Verfügung stehender Indikator für die Ertragsaussichten (und damit für den Fundamentalwert der Gesellschaft) eingestuft wird (dazu § 16 Rz. 70 und unten 19

---

1 *Stephan* in K. Schmidt/Lutter, § 304 AktG Rz. 10.
2 Auch der maßgebliche Stichtag geht nicht eindeutig aus dem Wortlaut des § 304 AktG hervor. Nach der ganz h.M. ist aber § 305 Abs. 3 Satz 2 AktG entsprechend heranzuziehen, so dass es der Tag der Hauptversammlung der Untergesellschaft ist, vgl. nur BGH v. 4.3.1998 – II ZB 5/97 – „Asea/BBC II", BGHZ 138, 136 (139 f.) = AG 1998, 286; BGH v. 21.7.2003 – II ZB 17/01 – „Ytong", BGHZ 156, 57 (63) = AG 2003, 627 = NJW 2003, 3272; *Emmerich* in Emmerich/Habersack, Aktien- und GmbH-Konzernrecht, § 304 AktG Rz. 27; *Koch* in Hüffer, § 304 AktG Rz. 10; *Paulsen* in MünchKomm. AktG, 3. Aufl. 2010, § 304 AktG Rz. 72.
3 *Paulsen* in MünchKomm. AktG, 3. Aufl. 2010, § 304 AktG Rz. 75.
4 *Stephan* in K. Schmidt/Lutter, § 304 AktG Rz. 3 m.w.N. Zu den Vorschlägen in der Literatur, dieses Ergebnis teilweise zu korrigieren, vgl. *Emmerich* in Emmerich/Habersack, Aktien- und GmbH-Konzernrecht, § 304 AktG Rz. 33, 67 ff.; *Krieger* in MünchHdb. AG, § 70 Rz. 86; *Paulsen* in MünchKomm. AktG, 3. Aufl. 2010, § 304 AktG Rz. 119 ff., alle m.w.N.
5 *Stephan* in K. Schmidt/Lutter, § 304 AktG Rz. 75 m.w.N.
6 *Koch* in Hüffer, § 304 AktG Rz. 8.

Rz. 84 ff.), kann er *in dieser Eigenschaft* herangezogen werden. Die DAT/Altana-Rechtsprechung des BVerfG (dazu § 16 Rz. 25 ff., 49 und unten Rz. 112 f.) steht dieser, den Börsenkurs nicht in den Fokus rückenden Herangehensweise nicht entgegen, denn die DAT/Altana-Rechtsprechung betrifft den variablen (dazu sogleich ab Rz. 22), nicht den festen Ausgleich.[1]

20 Bei einer Gesellschaft ohne Ertragserwartungen im Zeitpunkt der Hauptversammlung folgt aus § 304 Abs. 2 Satz 1 AktG, dass ein **„Nullausgleich"** zulässig ist. Insbesondere ist nicht etwa ein anteiliger Liquidationswert zu berechnen, aus dessen Verzinsung eine Untergrenze für die Ausgleichszahlung abzuleiten wäre.[2] § 304 AktG enthält keine (implizite) Garantie einer bestimmten Mindestverzinsung des eingesetzten Kapitals. Nach derselben Logik ist **nichtbetriebsnotwendiges Vermögen** bei der Bestimmung des Ausgleichs nur in dem Maße mit zu berücksichtigen, wie es tatsächlich einen Ertrag erwirtschaftet, nicht aber insofern, als eine Versilberung zu Einnahmen führen könnte.[3]

21 Im Ergebnis führt der fixe Ausgleich zur **vollständigen Verrentung** der Gewinnaussichten der Minderheit für die Dauer des Beherrschungs- und Gewinnabführungsvertrages. Während dieser Zeit werden die ausgleichsberechtigten Aktionäre wirtschaftlich aus ihrer Stellung als Eigenkapitalgeber verdrängt. Ihre **Rendite- und Risikoerwartungen** entsprechen denjenigen eines **Fremdkapitalgebers** der Obergesellschaft mit einem Anspruch auf feste Verzinsung in Höhe des zu Vertragsbeginn prognostizierten Gewinnanteils (zu der Frage, ob sich hieraus besondere rechtliche Methodenvorgaben für die Bewertung ergeben, s. unten Rz. 104 ff.).

(2) Variabler Ausgleich

22 Ist die Obergesellschaft eine Aktiengesellschaft oder Kommanditgesellschaft auf Aktien, so haben die Vertragsparteien die Wahl, statt des fixen einen variablen Ausgleich nach § 304 Abs. 2 Satz 2 AktG vorzusehen. In der Praxis ist das eher selten.

Ein solcher variabler Ausgleich simuliert das Ergebnis, welches sich eingestellt hätte, wenn die außenstehenden Aktionäre ihre Aktien gegen Aktien der Obergesellschaft **eingetauscht** hätten und bei der Berechnung des Umtauschverhältnisses die Angemessenheitserfordernisse eingehalten worden wären, die das UmwG bei einer Verschmelzung stellt:[4] Als variablen Ausgleich erhält der Aktionär der Untergesellschaft den Anteil am Gewinn der Obergesellschaft, der bei Herstellung eines angemessenen Umrechnungsverhältnisses auf die Aktien der Obergesellschaft jeweils als Gewinnanteil entfällt. Er wird also so gestellt,

---

1 BGH v. 13.2.2006 – II ZR 392/03 – Rz. 17 – „Nullausgleich", AG 2006, 331 (333).
2 BGH v. 13.2.2006 – II ZR 392/03 – „Nullausgleich", AG 2006, 331 (333); *Stephan* in K. Schmidt/Lutter, § 304 AktG Rz. 79 f. m.w.N.; a.A. *Koppensteiner* in KölnKomm. AktG, 3. Aufl. 2004, § 304 AktG Rz. 60.
3 BGH v. 21.7.2003 – II ZB 17/01 – „Ytong", AG 2003, 627 (629).
4 § 304 Abs. 2 Satz 3 AktG. Zu diesen Anforderungen (Verschmelzungswertrelation) s. § 16 Rz. 49 ff. und § 20 Rz. 29.

als hätte er getauscht und würde nunmehr auf der Ebene der Obergesellschaft an den (von Jahr zu Jahr ggf. schwankenden) Dividendenauszahlungen[1] beteiligt. Auch hier gilt ein gesetzliches Angemessenheitserfordernis, welches in § 304 Abs. 2 Satz 2 AktG unter Verweis auf die umwandlungsrechtliche **Verschmelzungswertrelation** konkretisiert wird (dazu unten Rz. 109 ff.).

bb) Angebot der Abfindung

Um denjenigen Minderheitsaktionären, die sich mit der soeben erörterten Verrentung (oben Rz. 21) ihrer Anteile im Wege des Ausgleichs nicht abfinden wollen, eine **Exit-Möglichkeit** zu verschaffen, verlangt § 305 AktG, dass der Beherrschungs- und Gewinnabführungsvertrag eine Verpflichtung der Obergesellschaft enthalten muss, „auf Verlangen eines außenstehenden Aktionärs dessen Aktien gegen eine im Vertrag bestimmte, angemessene Abfindung zu erwerben."[2] Je nachdem, welche der in § 305 Abs. 2 AktG angeführten Fallkonstellationen vorliegt, muss diese angemessene Abfindung in einer Abfindung in Aktien, in einer Barzahlung[3] oder nach Wahl der Vertragsparteien in einem von beiden bestehen. Wie beim Ausgleich liegt dem eine „schadensrechtlich beeinflusste fiktive Betrachtung"[4] zugrunde: der Exit soll so gestaltet werden, dass er sich für den ausscheidenden Aktionär mit **keinem Vermögensopfer** verbindet. In den Worten des BGH: es kommt auf den „Grenzwert" an, zu dem der außen-   23

---

1 Nach der h.M. ist der Begriff „Gewinnanteil" in § 304 Abs. 2 Satz 2 AktG im Sinne von „ausbezahlte Dividende" auszulegen, *Stephan* in K. Schmidt/Lutter, § 304 AktG Rz. 93 f. m.w.N. Verfassungsrechtlich ist dies nicht zu beanstanden, solange hinreichender Schutz gegen eine missbräuchliche Dividendenpolitik der Mehrheit in der Obergesellschaft besteht, wegweisend insofern BVerfG v. 8.9.1999 – 1 BvR 301/89 – „Hartmann & Braun", AG 2000, 40 (41).

2 Der Beherrschungs- und Gewinnabführungsvertrag ist insofern ein echter Vertrag zugunsten Dritter. Nach h.M. steht „hinter" diesem vertraglichen Anspruch jedoch stets ein gesetzliches Schuldverhältnis, grundlegend hierzu BGH v. 20.5.1997 – II ZB 9/96 – „Guano", BGHZ 135, 374 (380) = AG 1997, 515: Anspruch auf Abfindung besteht „dem Grunde nach kraft Gesetz"; ebenso *Röhricht*, ZHR 162 (1998), 249 (257); *Koch* in Hüffer, § 305 AktG Rz. 6; a.A. *Bilda* in FS Hüffer, 2010, S. 49 (58 ff.). Hierauf kommt es außer im Falle des § 305 Abs. 5 Satz 2 Alt. 1 AktG insbesondere dann an, wenn einer der abfindungsberechtigten Aktionäre im Spruchverfahren eine Aufbesserung der Barabfindung erfochten hat und auch diejenigen anderen Aktionäre, die schon angenommen haben, daran partizipieren wollen. Die h.M. operiert hier mit der Annahme, es bestehe ein gesetzlicher Abfindungsergänzungsanspruch, vgl. *Emmerich* in Emmerich/Habersack, Aktien- und GmbH-Konzernrecht, § 13 SpruchG Rz. 4; *Koch* in Hüffer, AktG, § 13 SpruchG Rz. 4; *Kubis* in MünchKomm. AktG, 3. Aufl. 2010, § 13 SpruchG Rz. 3. Zum Ergänzungsanspruch beim Tauschangebot: BGH v. 29.7.2014 – II ZR 353/12, NZG 2014, 985 = AG 2014, 662. Zum Abfindungsergänzungsanspruch beim Squeeze-out s. schon oben Rz. 8 Fn. 8.

3 Dabei sind die Parteien nicht gehindert, freiwillig *zusätzlich* Aktien anzubieten. Auch im Fall der sog. Mehrmütterorganschaft geht die h.M. von einer zwingenden Barabfindung aus, vgl. *Koch* in Hüffer, § 305 AktG Rz. 16; *Krieger* in MünchHdb. AG, § 70 Rz. 121; *Stephan* in K. Schmidt/Lutter, 2. Aufl. 2010, § 305 AktG Rz. 46.

4 *Stephan* in K. Schmidt/Lutter, § 304 AktG Rz. 10.

stehende Aktionär – wenn er möchte – ausscheiden kann „ohne wirtschaftliche Nachteile zu erleiden."[1]

(1) Barabfindung

24 Wie beim Squeeze-out muss die Barabfindung angemessen sein. Aus § 305 Abs. 3 Satz 2 AktG folgt die ebenfalls vom Squeeze-out bekannte Anforderung, dass die „Verhältnisse der Gesellschaft im Zeitpunkt der Beschlussfassung ihrer Hauptversammlung" zu berücksichtigen sind. Hieraus ergibt sich eine eindeutige gesetzliche Vorgabe für den maßgeblichen Stichtag, nicht aber für spezifische rechtliche Methoden für die Unternehmensbewertung (eingehend oben Rz. 11). An den Vorstands- und den Vertragsprüferbericht, die den Aktionären vor der Hauptversammlung zugänglich gemacht werden müssen (s. oben Rz. 5), werden ebenfalls dieselben Anforderungen gestellt.[2] Für die gerichtliche Kontrolle steht der Weg ins Spruchverfahren offen.[3] Die Anfechtungsklage ist insofern ausgeschlossen, und zwar hinsichtlich bewertungsrelevanter Informationsmängel. Eine im Spruchverfahren getroffene Neufestsetzung der Barabfindung wirkt *inter omnes*.[4]

(2) Abfindung in Aktien

25 Besonders schwierige Bewertungsfragen stellen sich bei der Abfindung in Aktien gem. § 305 Abs. 2 Nr. 1 und 2 AktG.[5] Zwei Fallgruppen sind zu unterscheiden:

26 – *Obligatorische Abfindung in Aktien:* In den Fällen des § 305 Abs. 2 **Nr. 1** AktG (unabhängige Aktiengesellschaft oder KGaA mit Sitz in EU oder EWR als Obergesellschaft) ist im Beherrschungs- und/oder Gewinnabführungsvertrag eine Abfindung in Aktien der Obergesellschaft anzubieten. In diesen Fällen muss *zumindest* die Abfindung in Aktien im Vertrag angeboten werden. Die Parteien sind nicht gehindert, *darüber hinaus* eine Barabfindung oder eine andere Gegenleistung für die von einem außenstehenden Aktionär aufgegebenen Aktien anzubieten.[6]

27 – *Fakultative Abfindung in Aktien:* In den Fällen des § 305 Abs. 2 **Nr. 2** AktG (unabhängige Aktiengesellschaft oder KGaA mit Sitz in EU oder EWR an der Konzernspitze) haben die Parteien des Unternehmensvertrages die Wahl

---

1 BGH v. 4.3.1998 – II ZB 5/97 – „Asea Brown Boveri II", BGHZ 138, 136 (140) = AG 1998, 286; teilweise kritisch *Hüttemann* in FS Hoffmann-Becking, 2013, S. 603.
2 §§ 293a bis 293e AktG.
3 § 305 Abs. 5 AktG.
4 § 13 Satz 2 SpruchG.
5 Eingehend zum Folgenden *Adolff*, Unternehmensbewertung im Recht der börsennotierten Aktiengesellschaft, S. 439 ff.
6 Vgl. *Emmerich* in Emmerich/Habersack, Aktien- und GmbH-Konzernrecht, § 305 AktG Rz. 11 f.; *Krieger* in MünchHdb. AG, § 70 Rz. 123; *Paulsen* in MünchKomm. AktG, 3. Aufl. 2010, § 305 AktG Rz. 44; *Veil* in Spindler/Stilz, § 305 AktG Rz. 31.

zwischen der Abfindung in Aktien der Gesellschaft an der Konzernspitze und der Barabfindung.[1]

Die Abfindung in Aktien muss i.S.d. § 305 Abs. 1 AktG „**angemessen**" sein. Dieses Angemessenheitserfordernis wird in § 305 Abs. 3 Satz 1 AktG unter Verweis auf die **Verschmelzungswertrelation** konkretisiert (dazu unten Rz. 109 ff.). 28

Wie bei Barabfindung und Verschmelzung (dazu § 20 Rz. 60) kann sich ein Aktionär der Untergesellschaft gegen ein für ihn ungünstiges Umtauschverhältnis im Unternehmensvertrag nicht mit der Anfechtungsklage, sondern nur im **Spruchverfahren** zur Wehr setzen.[2] Ein Unterschied zum Spruchverfahren bei der Verschmelzung besteht allerdings darin, dass das Gericht nicht darauf beschränkt ist, in Reaktion auf ein unangemessenes Umtauschverhältnis eine bare Zuzahlung vorzusehen (dazu § 20 Rz. 12 ff.), sondern durch rechtsgestaltenden Beschluss das im Unternehmensvertrag festgesetzte Umtauschverhältnis zugunsten der Aktionäre der Untergesellschaft verändern kann.[3] 29

b) Abschluss eines isolierten Beherrschungsvertrages nach dem AktG

Das AktG gestattet den Abschluss eines Beherrschungsvertrags ohne Gewinnabführungsvertrag (allerdings gleichwohl um denselben Preis der vollen Verlustübernahme nach § 302 AktG). Bei einem solchen **isolierten Beherrschungsvertrag** wird in der Untergesellschaft ein Bilanzgewinn festgestellt und, soweit die Obergesellschaft dies zulässt, in Form von Dividenden verteilt. Deswegen tritt an die Stelle des Ausgleichs eine **Dividendengarantie** der Obergesellschaft.[4] Werden tatsächlich Dividenden verteilt, so muss die Obergesellschaft den außenstehenden Aktionären der Untergesellschaft nur noch die Differenz zwischen der Garantiesumme und dem bereits als Dividende verteilten Betrag zahlen. Übersteigt die tatsächlich ausbezahlte Dividende den Betrag der im Vertrag niedergelegten Garantiedividende, so werden die Aktionäre an jener voll beteiligt.[5] 30

---

1 Für diese Fälle ist der Gesetzeswortlaut („oder") nicht ganz eindeutig in der Frage, ob Barabfindung und Aktien im Vertrag alternativ angeboten werden müssen oder ob die Parteien die Wahl haben, nur das eine oder nur das andere anzubieten. Nach h.M. ist letzteres richtig, vgl. *Emmerich* in Emmerich/Habersack, Aktien- und GmbH-Konzernrecht, § 305 AktG Rz. 15; *Koch* in Hüffer, § 305 AktG Rz. 19; *Krieger* in MünchHdb. AG, § 70 Rz. 119; *Paulsen* in MünchKomm. AktG, 3. Aufl. 2010, § 305 AktG Rz. 58; *Stephan* in K. Schmidt/Lutter, § 305 AktG Rz. 44.
2 Dasselbe gilt für die bewertungsbezogene Informationsmängel; insofern ist die Rechtslage gleich wie beim Squeeze-out, s. oben Rz. 7.
3 Vgl. § 305 Abs. 5 Satz 3 AktG und *Paulsen* in MünchKomm. AktG, 3. Aufl. 2010, § 305 AktG Rz. 177. Die *Art* der Abfindung kann das Gericht allerdings nur bestimmen, wenn die im Vertrag festgesetzte Abfindungsart falsch ist, vgl. *Paschos* in Henssler/Strohn, § 305 AktG Rz. 31; *Paulsen* in MünchKomm. AktG, 3. Aufl. 2010, § 305 AktG Rz. 176.
4 § 304 Abs. 1 Satz 2 AktG, vgl. dazu *Stephan* in K. Schmidt/Lutter, § 304 AktG Rz. 48 f. m.w.N.
5 *Stephan* in K. Schmidt/Lutter, § 304 AktG Rz. 48 f.

31 Die Höhe der Garantiesumme bestimmt sich nach denselben Regeln wie die Höhe der Ausgleichszahlung beim Beherrschungs- und Gewinnabführungsvertrag (s. oben Rz. 17 ff.). Auch die Abfindung nach § 305 AktG folgt denselben Regeln (s. oben Rz. 23 ff.). Für die zur Anwendung der Angemessenheitserfordernisse der §§ 304, 305 AktG notwendige Unternehmensbewertung ergeben sich somit keine Besonderheiten.

4. Verschmelzungsfälle (Sicht der aufnehmenden Aktiengesellschaft)

a) Unterschiedliche Schutzsysteme „unten" und „oben"

32 In § 16 Rz. 6 f. wurde dargelegt, dass bei einer Verschmelzung (zumindest unter zuvor unverbundenen Gesellschaften, sog. *merger of equals*)[1] die **Interessen- und Gefährdungslage** mit Blick auf jedwede Verschiebung des Umtauschverhältnisses für die Aktionäre der aufnehmenden Gesellschaft und der übertragenden Gesellschaft **identisch** ist: Was durch eine Quotenverschiebung der einen Aktionärspopulation genommen wird, erhält die andere. Risiken und Chance einer Quotenverschiebung in die eine oder andere Richtung sind für beide Seiten gleich. Für die Interessenbewertung ist es somit unerheblich, ob man den Blick auf die (Minderheits-)Aktionäre der übertragenden oder der aufnehmenden Gesellschaft richtet: Beide Seiten werden dann angemessen behandelt, wenn sie – als Kollektiv betrachtet – diejenige Quote am künftigen Unternehmensertrag zugewiesen bekommen, welche dem Wertanteil entspricht, den sie jeweils „mitgebracht" haben.

33 Nach dem deutschen Recht ist die Absicherung gegen diese Gefahr jedoch für die beiden Aktionärsgruppen unterschiedlich ausgestaltet (vgl. § 16 Rz. 7):

34 – *Spruchverfahren für die „Aktionäre unten":* Die Aktionäre des übertragenden Rechtsträgers können nach § 15 UmwG bei einem für sie zu niedrig bemessenen Umtauschverhältnis eine bare Zuzahlung verlangen.[2] Erforderlichenfalls müssen sie diese im **Spruchverfahren** erstreiten. Der Weg in die Anfechtungsklage ist ihnen insofern versperrt.

35 – *Anfechtungsklage für die „Aktionäre oben":* Den Aktionären des **übernehmenden Rechtsträgers** hingegen ist gerade umgekehrt der Weg ins Spruchverfahren verwehrt. Sie sind darauf verwiesen, die unangemessene Verwässerung ihrer Anteile vor den ordentlichen Gerichten in einer **Anfechtungsklage nach § 255 Abs. 2 AktG** geltend zu machen. Dabei kommt § 255 Abs. 2 AktG zum Schutz der Aktionäre der aufnehmenden Gesellschaft bei einer Verschmelzung **entsprechend zur Anwendung**. Dies ist im Ergebnis unstrittig:[3] Bei der Verschmelzung gibt es zwar von vornherein kein Bezugsrecht der Altaktionäre der aufnehmenden Gesellschaft, weil § 69 UmwG u.a. den § 186 AktG abbedingt. Das Verwässerungspotential für die Altaktio-

---

1 Siehe unten Rz. 38 zur Konzernverschmelzung.
2 Zur Unternehmensbewertung in diesem Kontext eingehend § 20 Rz. 27 ff.
3 Vgl. nur *Decher* in Lutter, § 14 UmwG Rz. 19 a.E.; *Koch* in Hüffer, § 255 AktG Rz. 16; *Marsch-Barner* in Kallmeyer, § 69 UmwG Rz. 23 m.w.N.

näre ist jedoch genau dasselbe wie bei einer Barkapitalerhöhung mit Bezugsrechtsausschluss nach § 186 AktG.

Diese Unterscheidung zwischen dem „Weg über das Spruchverfahren" und dem „Weg über die Anfechtungsklage" bringt es mit sich, dass der über § 255 Abs. 2 AktG vermittelte **Verwässerungsschutz** für die Minderheitsaktionäre auf der Ebene des aufnehmenden Rechtsträgers **dem Aktienrecht zuzurechnen** ist. Dieser aktienrechtliche Teil des komplexen Schutzsystems bei der Verschmelzung ist im vorliegenden § 19 abzuhandeln (während im Übrigen auf § 20 verwiesen wird). 36

b) Verfahren der Anfechtungsklage nach § 255 Abs. 2 AktG

Als Gegenstand der aktienrechtlichen Anfechtungsklage, mittels derer gegen ein unangemessenes Umtauschverhältnis „von oben her" vorgegangen werden kann, kommen in den Verschmelzungsfällen regelmäßig **zwei Beschlüsse der Hauptversammlung** der aufnehmenden Gesellschaft in Betracht:[1] 37

- Dies ist zum einen der **Zustimmungsbeschluss** zum Verschmelzungsvertrag nach §§ 13, 65 UmwG, dessen es nur dann nicht bedarf, wenn die aufnehmende Gesellschaft 90 % des Grundkapitals der übertragenden Gesellschaft hält und ein Zustimmungsbeschluss auch nicht von einer Minderheit der aufnehmenden Gesellschaft von mindestens 5 % gefordert wird.[2] 38

- Zum anderen ist es der **Kapitalerhöhungsbeschluss**, dessen es regelmäßig[3] bedarf, um die als „Tauschwährung" eingesetzten, an die Aktionäre der übertragenden Gesellschaft im Zuge der Verschmelzung auszugebenden Aktien zu schaffen.[4] 39

---

1 Eingehend zum Folgenden *Adolff*, Unternehmensbewertung im Recht der börsennotierten Aktiengesellschaft, S. 425 ff.
2 § 62 Abs. 1 und Abs. 2 UmwG.
3 Keiner Kapitalerhöhung bei der aufnehmenden Gesellschaft bedarf es gem. § 68 Abs. 1 Satz 2 Nr. 1 UmwG, wenn sie die als „Tauschwährung" zu verwendenden Aktien als eigene Aktien in ihrem Vermögen hält, vgl. *Diekmann* in Semler/Stengel, § 68 UmwG Rz. 13; *Marsch-Barner* in Kallmeyer, § 68 UmwG Rz. 1, 12. Weil die Verschmelzung kein Fall des § 71 Abs. 1 Nr. 3 AktG ist (vgl. *Hoffmann-Becking* in Hommelhoff/Lutter/Schmidt/Schön/Ulmer [Hrsg.], Corporate Governance, ZHR Sonderheft [2002], 215, 225), kommt dies praktisch nur in Betracht, wenn zuvor von einer Ermächtigung durch die Hauptversammlung gem. § 71 Abs. 1 Nr. 8 AktG Gebrauch gemacht worden ist, um eigene Aktien zu erwerben. Auch in diesem Fall gilt für die Wiederveräußerung dieser eigenen Aktien das im Folgenden zu § 255 Abs. 2 AktG Dargelegte seinem materiellen Kern nach entsprechend: Der Tausch der eigenen Aktien gegen solche der übertragenden Gesellschaft wirkt als das funktionale Äquivalent einer Kapitalerhöhung gegen Sacheinlage, was im Grundsatz zum selben Grad an Verwässerungsschutz führen muss – eingehend dazu unten Rz. 41 ff.
4 Die Ausnahmefälle, in denen es keiner Kapitalerhöhung bedarf oder diese unzulässig ist, bestimmt § 68 UmwG. Praktisch relevant ist v.a. der Fall, dass die aufnehmende Gesellschaft die als „Akquisitionswährung" verwendeten Aktien bereits als gem. § 71 AktG erworbene eigene Aktien in ihrem Vermögen hält, § 68 Abs. 1 Satz 2 Nr. 1 UmwG (s. dazu die vorherige Fn.).

Dabei hat der Kläger die Wahl, gegen welchen Beschluss – Zustimmung zur Verschmelzung oder Kapitalerhöhung oder beide – er seine Anfechtungsklage richtet.[1]

40 Die Anfechtungsklage führt zunächst zur **Registersperre** nach § 16 Abs. 2 Satz 2 UmwG. Zu ihrer Überwindung steht jedoch das **Freigabeverfahrens** nach § 16 Abs. 3 UmwG zur Verfügung. In Freigabeverfahren kann das zuständige OLG durch Beschluss feststellen, dass die Erhebung der Klage der Eintragung der Verschmelzung nicht entgegensteht, also insbesondere, wenn die Anfechtungsklage unzulässig oder offensichtlich unbegründet ist.[2]

c) Materieller Verwässerungsschutz nach § 255 Abs. 2 AktG

41 Materiell-rechtlich ist § 255 Abs. 2 AktG ein **Verwässerungsverbot**[3] zu entnehmen, welches die Minderheit vor einer vermögensmäßigen Schädigung durch eine Quotenverschiebung zugunsten der (alleine) junge Aktien erhaltenden Inferenten schützt. In den hier erörterten Verschmelzungsfällen kommt dieses materielle Verwässerungsverbot den Aktionären der **aufnehmenden** Aktiengesellschaft zugute – und schützt sie vor einer Vermögensbelastung aus der „Quersubventionierung"[4] der Aktionäre der übertragenden Gesellschaft, welche (alleine) junge Aktien erhalten.

42 Unabhängig von der rein technischen Frage, ob ein über dem Nominalbetrag liegender Ausgabebetrag festgesetzt wurde,[5] ist der Bezugspunkt des materiellen Verwässerungsverbots dabei die **Wertrelation** zwischen dem auf jede vor der Kapitalerhöhung bereits ausgegebene Aktie quotal entfallenden Wert des Gesellschaftsunternehmens und dem auf jede junge Aktie quotal entfallenden

---

1 So zu Recht *Decher* in Lutter, § 14 UmwG Rz. 19; *Marsch-Barner* in Kallmeyer, § 14 UmwG Rz. 15 m.w.N.; a.A. OLG Hamm v. 20.6.1988 – 8 U 329/87, AG 1989, 31 = WM 1988, 1164; LG Frankfurt/M. v. 15.1.1990 – 3/11 T 62/89, WM 1990, 592 (594 f.) (Anfechtung des Verschmelzungsbeschlusses wegen Unangemessenheit des Umtauschverhältnisses nur bei gleichzeitiger Anfechtung des Kapitalerhöhungsbeschlusses nach § 255 Abs. 2 AktG zulässig); vgl. aber demgegenüber BGH v. 2.7.1990 – II ZB 1/90 – „Hypothekenbankenschwestern", BGHZ 112, 9 (19) = AG 1990, 538.
2 Dazu § 20 Rz. 53; ausführlich zum Freigabeverfahren *Schwanna* in Semler/Stengel, § 16 UmwG Rz. 21 ff.; *Stratz* in Schmitt/Hörtnagl/Stratz, § 16 UmwG Rz. 28 ff. Zum Freigabeverfahren bei einer gegen einen Squeeze-out oder gegen eine Eingliederung gerichteten Anfechtungsklage s. oben Rz. 7.
3 OLG München v. 1.6.2006 – 23 U 5917/05, AG 2007, 37 (41); *Bayer*, ZHR 163 (1999), 505 (508); *Koch* in Hüffer, § 255 AktG Rz. 2; zur Frage der Übertragung des Verhandlungsmodells auf § 255 Abs. 2 AktG s. die Nachweise bei *Hüffer* in MünchKomm. AktG, 3. Aufl. 2011, § 255 AktG Rz. 24.
4 *Habersack*, Die Mitgliedschaft – subjektives und „sonstiges" Recht, 1996, S. 260.
5 Zu der strittigen, aber richtigerweise zu verneinenden Frage, ob es bei der Sachkapitalerhöhung unerlässlich ist, einen über den Nennbetrag der jungen Aktien hinausgehenden, dem Wert der Sacheinlage entsprechenden Ausgabebetrag festzusetzen, um so eine zusätzliche Verwässerungsprüfung (über § 255 Abs. 2 AktG hinaus) zu ermöglichen, vgl. unten Rz. 62 und *Peifer* in MünchKomm. AktG, 3. Aufl. 2011, § 183 AktG Rz. 35; *Koch* in Hüffer, § 183 AktG Rz. 9; *Krieger/Kraft* in MünchHdb. AG, § 56 Rz. 40, jeweils m.w.N.

Wert des Einlagegegenstandes.[1] Für diese Wertrelation – die sich durch eine Festsetzung im Kapitalerhöhungsbeschluss oder im Einbringungsvertrag nur nachvollziehen, aber nicht verändern lässt – gilt bei entsprechender Anwendung des § 255 Abs. 2 AktG die Anforderung, dass sie **„nicht unangemessen niedrig"** sein darf.[2] Das in § 255 Abs. 2 AktG enthaltene materielle Verwässerungsverbot besagt bei der Kapitalerhöhung aus Anlass einer Verschmelzung m.a.W., dass das Umtauschverhältnis im Lichte des Unternehmenswertverhältnisses für die Altaktionäre der aufnehmenden Gesellschaft nicht unangemessen sein darf.[3] Einfacher gesprochen: § 255 Abs. 2 AktG ordnet an, dass das Umtauschverhältnis (auch) **aus der Perspektive der Aktionäre der aufnehmenden Aktiengesellschaft** angemessen sein muss.

Dieses Verwässerungsverbot des § 255 Abs. 2 AktG ist **stichtagsbezogen**: Aus der Bezugnahme auf den sich „aus dem Erhöhungsbeschluss" ergebenden Betrag in § 255 Abs. 2 AktG lässt sich schließen, dass es auf den Tag der die Kapitalerhöhung beschließenden Hauptversammlung der aufnehmenden Gesellschaft ankommt. Da das Umtauschverhältnis im Verschmelzungsvertrag für die Aktionäre beider Gesellschaften nur einheitlich festgesetzt werden kann, liegt es daher in der Verantwortung der Parteien des Verschmelzungsvertrages,

43

---

1 Dass § 255 Abs. 2 AktG bei der Sachkapitalerhöhung zu einem klassischen Anwendungsfall der Relationsbewertung führt, hat der BGH schon in seiner „Kali+Salz"-Entscheidung (BGH v. 13.3.1978 – II ZR 142/76, BGHZ 71, 40) anerkannt. Dort heißt es: „Ist ... eine Beteiligung gegen junge Aktien einzubringen, so hängt demnach die Anfechtbarkeit des Kapitalerhöhungsbeschlusses nach § 255 Abs. 2 AktG davon ab, ob diese Beteiligung mit einem höheren oder die dafür ausgegebenen Aktien mit einem geringeren als ihrem wahren Wert angesetzt worden sind." (BGH v. 13.3.1978 – II ZR 142/76, BGHZ 71, 40 [51]). Bei der Verschmelzung besteht der Einlagegegenstand nicht aus einer Beteiligung, sondern aus dem gesamten Aktiv- und Passivvermögen der übertragenden Gesellschaft. Dessen Wert ist zum Wert des Unternehmens der aufnehmenden Gesellschaft ins Verhältnis zu setzen.
2 *Bayer*, ZHR 163 (1999), 505 (520); *Hoffmann-Becking* in FS Wiedemann, 2002, S. 999 (1005); *Koch* in Hüffer, § 255 AktG Rz. 16; *Stilz* in Spindler/Stilz, § 255 AktG Rz. 12.
3 Nach der ausdrücklichen Klarstellung des BGH in seiner „Siemens/Nold"-Entscheidung (BGH v. 23.6.1997 – II ZR 132/93, BGHZ 136, 133 [141] = AG 1997, 465) besteht dieses *materielle* Verwässerungsverbot auch dann, wenn die Kapitalerhöhung im Wege der Ausnutzung eines genehmigten Kapitals erfolgt. In diesem Fall (s. auch unten Rz. 50) ist zwar die *Anfechtung* nach § 255 Abs. 2 AktG im Zeitpunkt der Ausnutzung des genehmigten Kapitals durch die Verwaltung nicht möglich, die Verwaltungsmitglieder sind jedoch verpflichtet, die Zahl der ausgegebenen Aktien im Verhältnis zum Wert der Sacheinlage so zu bestimmen, dass die Altaktionäre vor einer vermögensmäßigen Verwässerung ihrer Anteile geschützt werden. Ebenso gilt das materielle Verwässerungsverbot des § 255 Abs. 2 AktG bei der bedingten Kapitalerhöhung nach § 192 Abs. 2 Nr. 2 AktG, obwohl auch bei dieser das Bezugsrecht nicht gem. § 186 AktG ausgeschlossen werden muss, sondern bereits *ex lege* ausgeschlossen ist, vgl. nur *Bayer*, ZHR 163 (1999), 505 (516); *Hüffer* in MünchKomm. AktG, 3. Aufl. 2011, § 255 AktG Rz. 11, beide m.w.N. Beim bedingten Kapital ist zudem die Möglichkeit der Anfechtung des Kapitalerhöhungsbeschlusses eröffnet und auch für den einzelnen Minderheitsaktionär von praktischem Wert, weil, anders als beim genehmigten Kapital, schon aus dem Hauptversammlungsbeschluss die Konditionen der Ausgabe ersichtlich sind.

dafür zu sorgen, dass die **Hauptversammlungen der aufnehmenden Gesellschaft** und der übertragenden Gesellschaft möglichst nahe beieinander liegen.

d) Spielräume für eine unternehmerische Entscheidung

44 Im Schrifttum zu § 255 Abs. 2 AktG ist strittig, ob aus der im Gesetz verwendeten, im Vergleich zu §§ 305, 320b, 327a AktG, 29, 207 UmwG ungewöhnlichen Formulierung, der Ausgabebetrag dürfe „nicht ... unangemessen niedrig" sein, geschlossen werden kann, der Verwaltung verbleibe ein **unternehmerischer Spielraum**, Einlagegegenstände „unter Wert" zu akzeptieren, wenn dies durch das Gesellschaftsinteresse gedeckt ist.[1] Für die Barkapitalerhöhung wird dies mit dem Argument bejaht, ohne einen „angemessenen Abschlag" auf den „inneren Wert"[2] wäre die Zeichnung der jungen Aktien für Dritte „ohne genügenden wirtschaftlichen Reiz".[3]

45 Für die **Einbringung eines Unternehmens** im Wege der Sachkapitalerhöhung hat dieses Argument einiges für sich: Zudem sollte die Mehrheit ein unternehmerisches Wagnis (auch durch Aufnahme eines Unternehmens in das Gesellschaftsvermögen gegen Ausgabe junger Aktien) in Angriff nehmen können, auch wenn sie die Chancen, welche sich hieraus ergeben, teilweise – und ggf. sogar überproportional – anderen überlassen will. Schließlich mutet die Mehrheit in diesem Fällen der Minderheit immer nur ein Vermögensopfer zu, das sie auch selbst zu bringen bereit ist.[4] Allerdings geht dieser Spielraum nicht so weit, dass der Minderheit dabei etwas genommen werden darf, das sie vorher hatte. Richtig erscheint daher, zu differenzieren: Zwar besteht **kein unbestimmter** (oder gar unbegrenzter) **allgemeiner „Verwässerungsspielraum"** der Mehrheit der Obergesellschaft zur Privilegierung der neu hinzukommenden (alleinigen) Zeichner der jungen Aktien. Im dem Umfang, wie die durch die Sachkapitalerhöhung herbeigeführte Unternehmensverbindung konkrete, in der Planung sichtbare **Verbundvorteile** erwarten lässt, werden jedoch Spielräume eröffnet. Denn bei § 255 Abs. 2 AktG kommt es – anders als in den Abfindungsfällen – ausschließlich auf die **Bewertungsperspektive der ihr Kapital erhöhenden Gesellschaft** in der konkreten Situation an (s. auch unten Rz. 74). Aus Gesellschaftssicht handelt es sich bei solchen Verbundvorteilen um einen Wertzuwachs, welcher dem Gesamtkollektiv der durch die Verschmelzung zusammengeführten Aktionäre zugutekommt (und nicht lediglich um eine Umverteilung *ex ante* bestehender Werte zwischen den beiden Gruppen). Im Um-

---

1 Bejahend *Geßler* in FS Barz, 1974, S. 97 (112); *Göz* in Bürgers/Körber, § 255 AktG Rz. 6; *Hüffer* in MünchKomm. AktG, 3. Aufl. 2011, § 255 AktG Rz. 17; *Koch* in Hüffer, § 255 AktG Rz. 5 ff.; *K. Schmidt* in Großkomm. AktG, 4. Aufl. 1995, § 255 AktG Rz. 12; *Schwab* in K. Schmidt/Lutter, § 255 AktG Rz. 3; tendenziell auch *Stilz* in Spindler/Stilz, § 255 AktG Rz. 19 (zwar kein förmlicher Spielraum, aber Berücksichtigung des Gesellschaftsinteresses); verneinend *Mülbert*, Aktiengesellschaft, Unternehmensgruppe und Kapitalmarkt, 1996, S. 262 ff.; *Bayer*, ZHR 163 (1999), 505 (532 f.).
2 *K. Schmidt* in Großkomm. AktG, 4. Aufl. 1995, § 255 AktG Rz. 12.
3 *Hüffer* in MünchKomm. AktG, 3. Aufl. 2011, § 255 AktG Rz. 17; ähnlich *Schwab* in K. Schmidt/Lutter, § 255 AktG Rz. 3.
4 Mehrheit und Minderheit „im selben Boot", s. dazu schon § 16 Rz. 8, 10.

fang dieses Wertzuwachses ist es aus der Sicht des aufnehmenden Rechtsträgers zulässig, diesen **Zusatzvorteil** überproportional den neu hinzu kommenden Aktionären (des übertragenden Rechtsträgers) zuzuweisen, solange nur sichergestellt ist, dass die Minderheit (des aufnehmenden Rechtsträgers) infolge der Kapitalerhöhung wertmäßig nicht schlechter steht als vorher.[1]

e) Gleiche Grundsätze für die Konzernverschmelzung

Dieselben Grundsätze folgen aus § 255 Abs. 2 AktG auf der **Ebene der Obergesellschaft** für die **Konzernverschmelzung**, insbesondere im Regelfall der *upstream*-Verschmelzung Tochter auf Mutter.[2] Auch hier sitzen Mehrheit und Minderheit in dem Sinne „im selben Boot", dass die Mehrheit der Minderheit kein Vermögensopfer zumuten kann, das sie nicht selbst zu teilen bereit ist. Dabei genießen die Minderheitsaktionäre der Obergesellschaft den Verwässerungsschutz des § 255 Abs. 2 AktG, den sie erforderlichenfalls im Wege der Anfechtungsklage durchsetzen müssen. Dieser Schutz braucht aber nicht weiter zu gehen als bei der Verschmelzung unter Gleichen. Denn im Verhältnis zwischen Mehrheit und Minderheit *der Obergesellschaft* ist die Interessenlage gleich. Deswegen sollte es auch bei der Konzernverschmelzung zulässig sein, den Zusatzvorteil von Verbundeffekten asymmetrisch aufzuteilen, solange nur sichergestellt ist, dass auch die Aktionäre des aufnehmenden Rechtsträgers jedenfalls keine wertmäßige Einbuße erleiden.

46

5. Kapitalerhöhung der Bietergesellschaft beim Tauschangebot

Mit der Verschmelzung zwischen unverbundenen börsennotierten Aktiengesellschaften strukturell verwandt ist ein freiwilliges öffentliches Übernahmeangebot,[3] bei welchem die Bietergesellschaft den Aktionären der Zielgesellschaft eigene Bietergesellschaftsaktien als Gegenleistung für ihre Zielgesellschaftsaktien anbietet.[4] Wie bei der Verschmelzung muss die Bietergesellschaft

47

---

1 Eingehend *Adolff*, Unternehmensbewertung im Recht der börsennotierten Aktiengesellschaft, S. 480 ff.; ähnlich *Bayer*, ZHR 163 (1999), 505 (539) mit der Feststellung, es sei bei der Bewertung des Einlagegegenstandes bei § 255 Abs. 2 AktG auf die subjektspezifische Bewertungsperspektive der ihr Kapital erhöhenden Gesellschaft abzustellen, so dass es „durchaus zulässig" sein könne, „die Einlage aufgrund erwarteter Verbundvorteile ... höher zu bewerten". In der Tendenz ebenso *Martens* in FS Bezzenberger, 2000, S. 267 (287).
2 Auch wenn hier die Interessenlage „von unten betrachtet" etwas anders zu beurteilen ist, vgl. § 16 Rz. 10.
3 §§ 29 ff. WpÜG; zum Ergänzungsanspruch beim Tauschangebot: BGH v. 29.7.2014 – II ZR 353/12, NZG 2014, 985 = AG 2014, 662; eingehend zum Folgenden *Adolff*, Unternehmensbewertung im Recht der börsennotierten Aktiengesellschaft, S. 433 ff.
4 Auch beim Pflichtangebot i.S.d. § 35 WpÜG ist eine aus den Aktien einer börsennotierten Bietergesellschaft bestehende Gegenleistung nicht *a limine* ausgeschlossen. Wegen der obligatorischen Baralternative des § 31 Abs. 3 WpÜG kommt ein reines „Pflichttauschangebot" aber nur in Betracht, wenn die Bietergesellschaft es vermieden hat, in den sechs Monaten vor der Veröffentlichung gem. § 10 Abs. 3 Satz 1 WpÜG bis zum Ablauf der Annahmefrist insgesamt mindestens 5 % der Aktien oder Stimmrechte an der Zielgesellschaft gegen bar zu erwerben; dazu *Wackerbarth* in MünchKomm. AktG, 3. Aufl. 2011, § 31 WpÜG Rz. 66 ff.

die als „Akquisitionswährung" verwendeten eigenen Aktien durch eine Kapitalerhöhung mit Bezugsrechtsausschluss neu schaffen, wenn diese nicht bereits in ihrem Vermögen vorhanden sind.

48 Der Verwässerungsschutz auf der Ebene der Bietergesellschaft läuft auch in dieser Fallkonstellation aktienrechtlich über § 255 Abs. 2 AktG. Drei Fallgruppen sind zu unterscheiden:

49 – *Reguläre Kapitalerhöhung:* Werden die den Zielgesellschaftsaktionären zum Tausch angebotenen Bietergesellschaftsaktien durch eine reguläre Sachkapitalerhöhung unter Ausschluss des Bezugsrechts der Altaktionäre der Bietergesellschaft geschaffen, so können die Bietergesellschaftsaktionäre gegen ein für sie ungünstiges Umtauschverhältnis im Wege einer auf § 255 Abs. 2 AktG gestützten Anfechtungsklage vorgehen. Diese Vorschrift kommt dabei nach den vom BGH in seiner *Kali+Salz*-Entscheidung[1] entwickelten Grundsätzen entsprechend zur Anwendung. Es gilt das oben (Rz. 41 ff.) zum Verwässerungsschutz der Aktionäre der aufnehmenden Gesellschaft bei der Verschmelzung Gesagte: Der Schutz der Aktionäre der Bietergesellschaft erfordert eine vergleichende Bewertung des Sacheinlagegegenstandes mit dem Wert des Gesellschaftsvermögens vor der Kapitalerhöhung.[2]

50 – *Ausnutzung eines genehmigten Kapitals:* Ein genehmigtes Kapital eignet sich zur Schaffung der „Akquisitionswährung" für ein öffentliches Tauschangebot, wenn das Bezugsrecht bereits in dem Hauptversammlungsbeschluss über die Schaffung des genehmigten Kapitals ausgeschlossen oder der Vorstand gem. § 203 Abs. 2 AktG zum Ausschluss des Bezugsrechts bei der Ausnutzung des genehmigten Kapitals ermächtigt worden ist. Spätestens seit der *Siemens/Nold*-Entscheidung des BGH[3] ist dies eine verbreitete Gestaltungsform. In dieser Variante gibt es im Zeitpunkt der Kapitalerhöhung keinen Hauptversammlungsbeschluss, gegen den ein Altaktionär der Bietergesellschaft im Wege einer auf § 255 Abs. 2 AktG gestützten Anfechtungsklage vorgehen könnte. Das in § 255 Abs. 2 AktG enthaltene materielle Verwässerungsverbot gilt aber dennoch: Der Vorstand handelt pflichtwidrig, wenn er bei der Sachkapitalerhöhung unter Bezugsrechtsausschluss so viele junge Aktien ausgibt, dass den vom Bezugsrecht ausgeschlossenen Altaktionären eine vermögensmäßige Verwässerung zugemutet wird.[4] Gegen eine

---

1 BGH v. 13.3.1978 – II ZR 142/76, BGHZ 71, 40 (51).
2 Siehe schon *Hoffmann-Becking* in FS Wiedemann, 2002, S. 999 (1003); vgl. auch *Göz* in Bürgers/Körber, § 255 AktG Rz. 5; *Hüffer* in MünchKomm. AktG, 3. Aufl. 2011, § 255 AktG Rz. 23.
3 BGH v. 23.6.1997 – II ZR 132/93 – „Siemens/Nold", BGHZ 136, 133 = AG 1997, 465 = NJW 1997, 2815.
4 Unstr., vgl. nur BGH v. 21.7.2008 – II ZR 1/07, AG 2009, 446; BGH v. 23.6.1997 – II ZR 132/93 – „Siemens/Nold", BGHZ 136, 133 (140) = AG 1997, 465 = NJW 1997, 2815; *Koch* in Hüffer, § 203 AktG Rz. 35; *Wamser* in Spindler/Stilz, § 203 AktG Rz. 87. Derselben Pflichtbindung unterliegt der Aufsichtsrat bei der Zustimmung nach § 204 Abs. 1 Satz 2 AktG (ggf. i.V.m. § 203 Abs. 2 AktG).

solche Pflichtwidrigkeit können Aktionäre mit einer gegen die Gesellschaft gerichteten Feststellungsklage vorgehen.[1]

– **Verwendung vorhandener eigener Aktien:** Zur Erfüllung der Verbindlichkeiten aus einem öffentlichen Tauschangebot kommt jedoch die Verwendung von Aktien, welche die Gesellschaft zuvor nach Maßgabe des § 71 Abs. 1 Nr. 8 AktG erworben hat, in Betracht. Mit Rücksicht auf die 10 %-Schwelle des § 71 Abs. 2 Satz 1 AktG unterliegt diese Möglichkeit jedoch engen Begrenzungen. Nur ein öffentliches Tauschangebot mit einem vergleichsweise kleinen Volumen kann demnach (ausschließlich) mit zurückerworbenen eigenen Aktien bedient werden. In diesem Sonderfall stellt sich die Frage, ob das materielle Verwässerungsverbot des § 255 Abs. 2 AktG auch für eine Wiederveräußerung eigener Aktien gilt, wenn die Aktionäre der Gesellschaft dabei ganz oder teilweise aus dem Kreis der potentiellen Erwerber ausgeschlossen werden. Diese nur vereinzelt aufgeworfene Frage ist mit *Bezzenberger*[2] zu bejahen, wenn die Veräußerung (wie bei einem öffentlichen Tauschangebot) außerhalb der Börse stattfindet: Die Wiederveräußerung nach § 71 AktG von der Gesellschaft erworbener eigener Aktien ist kein gewöhnliches Umsatzgeschäft, sondern „eine mitgliedschaftliche Angelegenheit und mit der Ausgabe neuer Aktien aus einer Kapitalerhöhung wesensverwandt."[3] Deshalb begründet § 71 Abs. 1 Nr. 8 Satz 5 AktG für den Fall, dass die Wiederveräußerung eigener Aktien nicht gleichmäßig an alle Aktionäre und nicht über die Börse erfolgt, eine Kompetenz der Hauptversammlung und verweist auf § 186 Abs. 3 und Abs. 4 AktG. Dieser Verweisung ist zu entnehmen, dass eine Wiederveräußerung, die nicht gleichmäßig an alle Aktionäre und nicht über die Börse erfolgt, von denselben Voraussetzungen abhängig gemacht wird wie die Kapitalerhöhung mit Bezugsrechtsausschluss. Auf § 255 Abs. 2 AktG wird in § 71 Abs. 1 Nr. 8 Satz 5 AktG nicht ausdrücklich verwiesen. Es wäre jedoch widersprüchlich, den aus dem Kreis der potentiellen Erwerber ausgeschlossenen Aktionären zwar den Verwässerungsschutz des § 186 Abs. 3 und Abs. 4 AktG zu gewähren, sie aber ausgerechnet der Gefahr einer vermögensmäßigen Verwässerung schutzlos auszusetzen.[4]

---

1 BGH v. 10.10.2005 – II ZR 90/03 – „Mangusta/Commerzbank II", AG 2006, 38 = NJW 2006, 374; BGH v. 23.6.1997 – II ZR 132/93 – „Siemens/Nold", BGHZ 136, 133 (140) = AG 1997, 465 unter Verweis auf den prozessualen Teil der „Holzmüller"-Entscheidung (BGH v. 25.2.1982 – II ZR 174/80 – „Holzmüller", BGHZ 83, 122 [125, 133 ff.] = AG 1982, 158). Zunächst war umstritten, ob die Aktionäre vor der Ausnutzung des genehmigten Kapitals durch den Vorstand über die Details und die Begründung eines Bezugsrechtsausschlusses entsprechend § 186 Abs. 4 Satz 2 AktG in einem Bericht informiert werden müssen. Diese Frage wurde vom BGH (BGH v. 10.10.2005 – II ZR 148/03 – „Mangusta/Commerzbank I", BGHZ 164, 241 (244 ff.) = AG 2006, 36 = NJW 2006, 371) dahingehend geklärt, dass es eines solchen Vorabberichts nicht bedarf, s. dazu *Koch* in Hüffer, § 203 AktG Rz. 36 m.w.N.
2 *Bezzenberger*, Erwerb eigener Aktien, 2002, S. 129.
3 *Bezzenberger*, Erwerb eigener Aktien, 2002, S. 129.
4 Vgl. auch OLG Hamm v. 29.8.1983 – 8 U 304/82, ZIP 1983, 1332 (1334); *Saria*, NZG 2000, 458 (461); a.A. bei fehlenden Vorgaben hinsichtlich des Veräußerungspreises *Cahn* in Spindler/Stilz, § 71 AktG Rz. 141.

52 Unabhängig davon, wie die als „Akquisitionswährung" gebrauchten Aktien geschaffen werden, gilt somit für das Tauschangebot auf der Ebene der Bietergesellschaft das **materielle Verwässerungsverbot** des § 255 Abs. 2 AktG. Es verbietet eine vermögensmäßige Schlechterstellung der Bieteraktionäre im Vergleich zum *status quo ante*. Wie bei der Verwässerung ist es jedoch **nicht verboten**, Zusatzvorteile, die sich aus erwarteten **Verbundvorteilen** ergeben, disproportional zwischen den Bieteraktionären und den Targetaktionären aufzuteilen (s. oben Rz. 45).

6. Übrige Fälle des Verwässerungsschutzes nach § 255 Abs. 2 AktG

53 Über die bisher erörterten Standardfälle hinaus gilt das materielle Verwässerungsverbot des § 255 Abs. 2 AktG für jede Art der Sachkapitalerhöhung, bei der die vorhandenen Aktionäre vom Bezug der jungen Aktien ausgeschlossen sind oder werden. In allen diesen Fällen muss die Zahl der jungen Aktien so bemessen sein, dass es zu keiner Quersubventionierung der Neuaktionäre durch eine vermögensmäßige Verwässerung bei den vom Bezugsrecht ausgeschlossenen Altaktionären kommt. Es gelten die soeben für die Fallkonstellation der Tauschangebote erörterten Grundsätze (jeweils in den drei Fallkonstellationen (i) reguläre Kapitalerhöhung; (ii) Ausnutzung eines genehmigten Kapitals und (iii) Verwendung zuvor erworbener eigener Aktien).

54 Hierher gehört auch der Fall, dass bei der Abfindung in Aktien in den Fällen des § 305 Abs. 2 Nr. 1 und Nr. 2 AktG (s. oben Rz. 25 ff.) die Obergesellschaft bzw. die Gesellschaft an der Konzernspitze Aktien als „Abfindungswährung" benötigt, um ihren Verpflichtungen aus dem Unternehmensvertrag nachzukommen. Gemäß § 71 Abs. 1 Nr. 3 AktG kann sie zu diesem Zweck Aktien von ihren Aktionären erwerben, ohne dass es eines Ermächtigungsbeschlusses i.S.d. § 71 Abs. 1 Nr. 8 AktG bedarf. Alternativ hierzu kann sie diese Aktien durch eine Kapitalerhöhung schaffen. Dabei steht ihr neben der regulären Kapitalerhöhung und dem genehmigten Kapital auch die bedingte Kapitalerhöhung gem. § 192 Abs. 2 Nr. 2 AktG zur Verfügung. Für alle diese Maßnahmen gilt jedoch das in § 255 Abs. 2 AktG enthaltene **materielle Verwässerungsverbot**, wenn die Altaktionäre der Obergesellschaft bzw. der Gesellschaft an der Konzernspitze vom Bezug der jungen Aktien ausgeschlossen sind. Wie bei der Verschmelzung bestehen allerdings insoweit Spielräume, als mit Verbundvorteilen zu rechnen ist (s. oben Rz. 45).

7. Kapitalaufbringung und Werthaltigkeitsprüfung

55 Eine weitere Gruppe von Bewertungsanlässen bei der Sachkapitalerhöhung ergibt sich aus den **aktienrechtlichen Kapitalaufbringungsgrundsätzen**. Diese Grundsätze greifen bei der Sachgründung und – praktisch viel wichtiger – bei der Kapitalerhöhung gegen Sacheinlage, sei es im Wege des Direktbeschlusses bei der regulären Sachkapitalerhöhung gem. §§ 183, 183a AktG, sei es bei der Ausnutzung eines genehmigten Kapitals gem. § 205 AktG.

56 Während der soeben abgehandelte § 255 Abs. 2 AktG dem Schutz des Vermögens der außenstehenden Aktionäre vor einer vermögensmäßigen Verwäs-

serung dient, geht es hier (ausschließlich)[1] um **Gläubigerschutz**. Die Bewertung ist jeweils erforderlich, um im Interesse der gegenwärtigen und künftigen Gesellschaftsgläubiger sicherzustellen, dass die Vermögenswerte, welche als Sacheinlagegegenstand eingebracht werden, zumindest den in der Gründungs- bzw. Kapitalerhöhungsdokumentation festgelegten **Ausgabebetrag** erreichen (so dass die Sachkapitalerhöhung für die Gesellschaftsgläubiger eine ebenso „sichere Sache" ist, wie wenn es sich um eine Barkapitalerhöhung handeln würde).

Der jeweils festgelegte Ausgabebetrag darf den Nennbetrag (geringsten Ausgabebetrag) nicht **unterschreiten**. Er kann ihn **überschreiten**, muss dies aber nicht – auch dann nicht, wenn der Verkehrswert des Sacheinlagegegenstands deutlich über dem Nennbetrag (geringsten Ausgabebetrag) liegt. 57

Für die Zwecke des vorliegenden Handbuchs interessiert in diesem Kontext der Unterfall, dass es sich bei dem eingebrachten Sacheinlagegegenstand um ein Unternehmen handelt, und zwar entweder auf der „Asset-Ebene" als Gesamtheit von Aktiva, Passiva, Vertragsbeziehungen usw. oder auf der „Share-Ebene" in Form von Gesellschaftsanteilen, die eine wesentliche Beteiligung an einer Gesellschaft konstituieren, welche ihrerseits wiederum ein Unternehmen trägt. Die beiden für die rechtsgeleitete Unternehmensbewertung wesentlichen Aspekte sind in diesem Zusammenhang erstens 58

– der Schwellenwert (Ausgabebetrag), welchen der Wert des Sacheinlagegegenstandes mindestens erreichen muss, damit den aktienrechtlichen Anforderungen an die reale Kapitalaufbringung Genüge getan ist (dazu sogleich ab Rz. 61) und zweitens 59

– die rechtlichen Vorgaben für die Unternehmensbewertung, welche durchgeführt werden muss, um feststellen zu können, dass der jeweils relevante Schwellenwert im Einzelfall erreicht worden ist (dazu ab Rz. 71).[2] 60

---

1 Eine Mindermeinung (*Wiedemann* in Großkomm. AktG, 4. Aufl. 1994, § 183 AktG Rz. 85; *Servatius* in Spindler/Stilz, § 183 AktG Rz. 80 m.w.N.) möchte Aspekte des Schutzes der außenstehenden Aktionäre auch an dieser Stelle miteinbeziehen, so dass das System der §§ 27, 32, 33, 33a, 183a, 205 AktG bei Sachgründung und Sachkapitalerhöhung neben dasjenige des § 255 Abs. 2 AktG tritt, zugunsten der Minderheit also „doppelt genäht" wird. Dies ist mit *Verse*, ZGR 2012, 875 (882 f.) abzulehnen: Das System der §§ 27, 32, 33, 33a, 183a, 205 AktG dient allein dem Gläubigerschutz. Es steht im Belieben der an einer Sachgründung oder einer Sachkapitalerhöhung Beteiligten, ob in einer *Pariemission* (lediglich) zum geringsten Ausgabebetrag Aktien begeben werden oder in einer *Überpariemission* zu einem Ausgabebetrag, welcher ein korporatives Agio mit einschließt. Entscheiden sie sich für Letzteres, so ist der Gläubigerschutz entsprechend stärker, und, als Reflex, auch der zu § 255 Abs. 2 AktG hinzukommende Schutz der Minderheitsaktionäre vor einer vermögensmäßigen Verwässerung. Weder die Gläubiger noch die Aktionäre haben aber ein Recht oder einen Anspruch auf die Wahl der Gestaltungsmöglichkeit unter Einschluss des korporativen Agio. Vgl. hierzu auch Rz. 62 und Rz. 66 Fn. 1 (auf S. 594).
2 Zu den Vereinfachungen nach § 33a AktG bei marktgängigen Wertpapieren und sachverständig bewerteten Vermögensgegenständen s. unten Rz. 75.

a) Maßgeblicher Schwellenwert für die Werthaltigkeitsprüfung

61 Die Bestimmung des für die Kapitalaufbringung maßgeblichen Schwellenwertes ist im Aktienrecht etwas weniger eindeutig als im Recht der GmbH, wo stets der Nennbetrag der übernommenen Geschäftsanteile Bezugspunkt für sachverständige Prüfung, gerichtliche Prüfung und Differenzhaftung ist (dazu § 22 Rz. 48 ff.). Im Aktienrecht sind dagegen zwei Fallgruppen zu unterscheiden:

62 – *Pari-Emission:* Sowohl bei der Gründung als auch bei der Kapitalerhöhung steht es den Beteiligten frei, als Ausgabebetrag den **geringsten Ausgabebetrag** i.S.d. § 9 Abs. 1 AktG fest zu setzen. Dieser entspricht dem Nennbetrag, bzw., was rechnerisch dasselbe ist, bei Stückaktien dem auf die jungen Aktien entfallenden anteiligen Betrag des Grundkapitals. Diese Gestaltungsmöglichkeit steht bei der Sachgründung- bzw. -kapitalerhöhung ebenso zur Verfügung wie bei der Bargründung bzw. -kapitalerhöhung; bei der Sachkapitalerhöhung unabhängig davon, ob das Bezugsrecht ausgeschlossen wird oder nicht.[1] Diese Gestaltung ist in der Praxis sehr verbreitet. Sie führt dazu, dass die Einlagepflicht des Inferenten gem. § 36a Abs. 2 Satz 3 Alt. 1 AktG auf den (hier gewählten: geringsten) Ausgabebetrag begrenzt ist, § 54 Abs. 1

---

[1] Ganz h.M., vgl. nur *Verse*, ZGR 2012, 875 (882 f.); *Hoffmann-Becking* in MünchHdb. AG, § 4 Rz. 13 ff.; *Krieger/Kraft* in MünchHdb. AG, § 56 Rz. 41 ff.; *Peifer* in MünchKomm. AktG, 3. Aufl. 2011, § 183 AktG Rz. 35; *Koch* in Hüffer, § 183 AktG Rz. 9; *Priester* in FS Lutter, 2000, S. 617 (627 ff.). Eine Mindermeinung (*Wiedemann* in Großkomm. AktG, 4. Aufl. 1994, § 183 AktG Rz. 85; *Servatius* in Spindler/Stilz, § 183 AktG Rz. 80 m.w.N.) fordert – vor allem mit Blick auf Fälle mit Bezugsrechtsausschluss – die Festsetzung eines dem Verkehrswert des Einlagegegenstands entsprechenden Ausgabebetrags. Sie will so die Ausgangslage dafür schaffen, dass sich die sachverständige Prüfung und die registergerichtliche Prüfung ebenfalls auf diesen (hohen) Betrag beziehen, was den Minderheitsgesellschaftern zu einem zusätzlichen präventiven Verwässerungsschutz verhelfen würde. Dies ist mit den Argumenten von *Verse*, a.a.O., 885, abzulehnen: Hier wird ohne Not das gläubigerschützende System der §§ 27, 32, 33, 33a, 183a, 205 AktG mit dem aktionärsschützenden System des § 255 Abs. 2 AktG vermengt. Dies erscheint systematisch falsch. Der Individualschutz wird im deutschen Recht (allein) über § 255 Abs. 2 AktG sowie über die Schadensersatzhaftung nach §§ 93, 116 AktG (i.V.m. der Möglichkeit einer Sonderprüfung) sichergestellt. Etwas anderes folgt auch nicht aus Art. 27 Abs. 2 Satz 2, 10 Abs. 2 der EU-Kapitalschutzrichtlinie 77/91/EWG: aus diesen Regelungen des europäischen Sekundärrechts folgt allenfalls, dass als Schwellenwert für die sachverständige Prüfung das korporatives Agio mit berücksichtigt werden muss, *wenn es denn in der Dokumentation der Sachgründung bzw. Sachkapitalerhöhung vorgesehen ist* (sogleich Rz. 68 f.). Aus der Kapitalrichtlinie folgt aber keinesfalls ein Gebot, statt der Pariemission die Überparimission zu wählen, also ein korporatives Agio überhaupt vorzusehen. Dies gilt auch im Falle einer Sachkapitalerhöhung mit Bezugsrechtsausschluss, wobei es hilft, sich in Erinnerung zu rufen, dass die Kapitalrichtlinie für die Sachkapitalerhöhung kein Bezugsrecht vorsieht (Art. 29 Abs. 1), vgl. *Peifer* in MünchKomm. AktG, 3. Aufl. 2011, § 183 AktG Rz. 65.

AktG. Es gibt m.a.W. **kein Gebot der Festsetzung des Ausgabebetrags in Höhe des Verkehrswerts der Sacheinlage.**[1]

Wird von dieser Gestaltungsmöglichkeit Gebrauch gemacht, so erreicht man ein der Rechtslage bei der GmbH vergleichbares Ergebnis: 63

- *Prüfung*: Wird bei der Sachgründung **kein** (korporatives) **Agio** (dazu sogleich Rz. 66) festgesetzt, so ist der Nennbetrag (geringster Ausgabebetrag) der Bezugspunkt für die Prüfung der Werthaltigkeit durch die Verwaltung und durch den Gründungsprüfer.[2] Den gesetzlichen Anforderungen ist in diesem Fall Genüge getan, wenn der Wert des Sacheinlagegegenstands den Nennbetrag (geringsten Ausgabebetrag) erreicht; hierauf ist die Prüfung beschränkt.[3] Dies wird sodann dem Handelsregister versichert[4] und derselbe Schwellenwert des Nennbetrags (geringster Ausgabebetrag) ist für die Prüfung durch den Registerrichter maßgeblich. Dasselbe gilt kraft Verweisung für die Sachkapitalerhöhung.[5] 64

- *Differenzhaftung:* Anders als im Recht der GmbH[6] fehlt es im Aktienrecht an einer gesetzlichen Regelung der Differenzhaftung. Gleichwohl herrscht Einigkeit, dass den Inferenten gegenüber die Gesellschaft eine verschuldensunabhängige Haftung trifft, wenn und soweit der Wert des Sacheinlagegegenstandes hinter dem Ausgabebetrag zurückbleibt.[7] In dem Grundfall, dass als Ausgabebetrag der Nennbetrag (geringster Ausgabebetrag) festgesetzt worden ist, beläuft sich die Haftung des Inferenten somit auf die Differenz zwischen dem Wert der Sacheinlage und dem Nennbetrag (geringster Ausgabebetrag). Dies ist dasselbe Bild wie bei der GmbH. 65

- *Überpariemission (mit korporativem Agio):* Stattdessen *können* die Beteiligten die maßgebliche Schwelle (signifikant) anheben, indem sie gem. § 9 Abs. 2 AktG einen höheren Ausgabebetrag festsetzen.[8] In diesem Fall wird 66

---

1 Treffend *Baums* in FS Hommelhoff, 2012, S. 61 (68). Siehe auch die in der vorherigen Fn. Genannten. Zur bilanziellen Behandlung bei der bloßen Pariemission trotz höheren Verkehrswerts der Sacheinlage *Busch* in Marsch-Barner/Schäfer, Handbuch börsennotierte AG, § 42 Rz. 29 ff.
2 § 34 Abs. 1 Nr. 2 AktG.
3 *Busch* in Marsch-Barner/Schäfer, Handbuch börsennotierte AG, § 42 Rz. 35.
4 § 37 Abs. 1 Satz 3 AktG i.V.m. § 36a Abs. 2 Satz 3 Alt. 1 AktG.
5 §§ 183 Abs. 3, 205 AktG.
6 §§ 56 Abs. 2, 9 Abs. 1 Satz 1 GmbHG; hierzu § 22 Rz. 50.
7 Statt aller *Verse*, ZGR 2012, 875 f.
8 Dies muss ausdrücklich geschehen (*Heider* in MünchKomm. AktG, 3. Aufl. 2008, § 9 AktG Rz. 33; *Koch* in Hüffer, § 9 AktG Rz. 8). Wenn kein Ausgabebetrag festgesetzt wird erfolgt die Ausgabe zum geringsten Ausgabebetrag, es wird also *kein* Gebrauch von der Gestaltungsvariante mit dem korporativen Agio gemacht (vgl. *Krieger/Kraft* in MünchHdb. AG, § 56 Rz. 27). *Keinen* Gebrauch von der Gestaltungmöglichkeit der Festsetzung eines korporativen Agio machen die Beteiligten auch dann, wenn sie lediglich ein schuldrechtliches Agio vereinbaren; dazu *Baums* in FS Hommelhoff, 2012, S. 61 (74 ff.) (81 f. zum Verhältnis zu § 255 Abs. 2 AktG). *Ebenso wenig* wird ein korporatives Agio vereinbart, wenn gesagt wird, dass (die Aktien zum geringsten Ausgabebetrag ausgegeben werden, während Einigkeit darüber besteht, dass) der übersteigenden Wert des Sacheinlagegegenstandes in die Kapitalrücklage zu buchen ist.

ein **korporatives** (mitgliedschaftliches) **Agio** festgesetzt, welches sodann Teil der gesellschaftsrechtlichen und damit **gläubigerschützenden Einlagepflicht** der Inferenten nach § 36a Abs. 2 Satz 3 AktG ist:[1] Das korporative Agio (Aufgeld) setzt, *wenn es in der Dokumentation zu einem Teil des Ausgabebetrags gemacht wird*,[2] den Schwellenwert für die „Leistung der Einlage" i.S.d. § 54 Abs. 1 AktG nach oben.

67 Wird von dieser Gestaltungsmöglichkeit Gebrauch gemacht, so gelangt man zu einem gegenüber der GmbH deutlich strengeren Regime:

68 – *Sachverständige Prüfung*: Obwohl in § 34 Abs. 1 Nr. 2 AktG nur vom „geringsten Ausgabebetrag" die Rede ist, ergibt sich aus dem korporativen Agio, *wenn es in der Gründungs- oder Kapitalerhöhungsdokumentation vorgesehen ist*, der für die Prüfung der Werthaltigkeit durch die Verwaltung und durch den Gründungsprüfer maßgebliche Schwellenwert. Der Wert der Sacheinlage muss also *in diesem Falle* nicht nur den geringsten Ausgabebetrag, sondern darüber hinaus auch das korporative Agio decken, wie es sodann auch in der Handelsregisteranmeldung erklärt wird.[3] Mit Blick auf die Rolle des Gründungsprüfers ist diese weite Auslegung des § 34 Abs. 1 Nr. 2 AktG wegen Art. 27 Abs. 2, Satz 2, 10 Abs. 2 der Kapitalrichtlinie[4] die einzig europarechtskonforme.[5] Die Beschränkung der Prüfung durch den Sachverständigen auf den geringsten Ausgabebetrag würde den europarechtlichen Vorgaben widersprechen.[6] Dasselbe gilt für die Sachkapitalerhöhung.[7]

69 – *Registergerichtliche Prüfung*: Es ist weiterhin strittig, ob die registerrechtliche Prüfung sich darauf erstreckt, dass ein korporatives Agio vom Wert des Sacheinlagegegenstands gedeckt ist, obwohl in § 38 Abs. 2 Satz 2 AktG nur vom geringsten Ausgabebetrag die Rede ist.[8]

70 – *Differenzhaftung*: Lange war zudem strittig, ob sich die Differenzhaftung bei der Aktiengesellschaft auch auf das korporative Agio erstreckt.[9] In seiner

---

1 Plastisch *Verse*, ZGR 2012, 875 (880).
2 Zu den Gründen dafür, die Gestaltungsvariante mit einem korporativen Agio zu wählen, *Baums* in FS Hommelhoff, 2012, S. 61 (62 f.).
3 §§ 37 Abs. 1 Satz 1, 36a Abs. 2 Satz 3 AktG.
4 Zweite Richtlinie 77/91/EWG des Rates vom 12.13.1976; geändert durch Richtlinie 2006/68/EG vom 6.9.2006 sowie Richtlinie 2006/99/EG vom 20.11.2006 und Richtlinie 2009/109/EG vom 16.9.2009; nunmehr konsolidierte Fassung Richtlinie 2012/30/EU vom 25.10.2012 (zuletzt geändert durch Richtlinie 2013/24/EU vom 13.5.2013).
5 *Koch* in Hüffer, § 34 AktG Rz. 3.
6 Eindeutig nunmehr BGH v. 6.12.2011 – II ZR 149/10 – Rz. 19 – „Babcock", BGHZ 191, 364 = AG 2012, 87 = NZG 2012, 69.
7 Verweisung in § 183 Abs. 3 AktG, für die Ausnutzung eines genehmigten Kapitals i.V.m. 205 Abs. 5 AktG. Dazu *Baums* in FS Hommelhoff, 2012, S. 61 (69).
8 Dafür die wohl h.M., s. nur *Bayer* in K. Schmidt/Lutter, § 34 AktG Rz. 7. Kritisch Baums in FS Hommelhoff, 2012, S. 61 (65 f.). Art. 10 der Kapitalrichtlinie spielt hier jedenfalls keine Rolle, da diese Vorschrift sich auf die sachverständige Prüfung bezieht, nicht aber auf die Prüfung durch den Registerrichter.
9 Umfassende Nachweise bei *Busch* in Marsch-Barner/Schäfer, Handbuch börsennotierte AG, § 42 Rz. 35.

Babcock-Entscheidung von 2011 hat der BGH dies bejaht.[1] Damit hat der BGH aber *nicht* der oben beschriebenen Gestaltungsvariante der bloßen Pariemission den Weg abgeschnitten: die an einer Sachgründung oder Sachkapitalerhöhung Beteiligten können nach wie vor auf ein korporatives Agio verzichten.[2] In diesem Fall beschränkt sich die Haftung auf die Differenz zwischen dem tatsächlichem Wert und dem geringstem Ausgabebetrag (oben Rz. 65).

b) Rechtliche Methodenvorgaben für die Werthaltigkeitsprüfung

aa) Regelfall der Bewertung im Rahmen der Werthaltigkeitsprüfung

Rechtlich vorgegebener Zweck der Bewertung im Rahmen der Werthaltigkeitsprüfung bei einer Sacheinlage ist es, die Gesellschaftsgläubiger mit Blick auf ihr (gedachtes) Vertrauen in die reale Kapitalaufbringung so zu stellen, wie sie stehen würden, wenn es zu einer Bargründung bzw. Barkapitalerhöhung gekommen wäre.[3] Feste Bezugsgröße der Bewertung ist dabei der **Ausgabebetrag** (mit oder ohne korporatives Agio). Ihn muss der Wert des Sacheinlagegegenstands erreichen oder übersteigen. Der Sachverständige hat bei der Werthaltigkeitsprüfung keine besonderen Prognose- oder Bewertungsspielräume; er steht insofern wie ein Verschmelzungsprüfer oder Prüfer einer angemessenen Abfindung beim Squeeze-out, bei der Begründung eines Vertragskonzerns oder bei der Eingliederung, nicht wie ein Schiedsgutachter.[4]

71

Anders als bei § 255 Abs. 2 AktG bedarf es **keiner Relationalbewertung**, sondern (nur) der Bewertung des als Sacheinlagegegenstand eingebrachten Unternehmens,[5] wobei es auch hier keine Punktlandung geben kann, sondern „wie bei der Ermittlung der Abfindung des ausscheidenden Aktionärs in den Fällen der §§ 305 Abs. 1, 327a AktG auch bei der Bewertung einer Sacheinlage ... letztlich nur [die] Ermittlung eines angemessenen – in der Betriebswirtschaftslehre auch als „fair value" bezeichneten – Unternehmenswerts".[6] Wie in den Fällen der §§ 305 Abs. 1, 327a AktG schreibt das Recht keine bestimmte Bewertungsmethode vor. Die Ertragswertmethode ist regelmäßig angemessen, daneben

72

---

1 BGH v. 6.12.2011 – II ZR 149/10 – „Babcock", BGHZ 191, 364 = AG 2012, 87 = NZG 2012, 69.
2 Etwas anderes kann auch nicht aus der in ihrem konkreten Gehalt unklar bleibenden Bezugnahme auf § 255 Abs. 2 AktG am Ende der Rz. 18 der „Babcock"-Entscheidung geschlossen werden, so zu Recht *Verse*, ZGR 2012, 875 (883 f.). Siehe im Übrigen schon Rz. 66 Fn. 1 (auf S. 594).
3 Zu der hier nicht erörterten Frage der Rechnungslegung, mit welchem Wert der Sacheinlagegegenstand maximal in der Bilanz der Gesellschaft aktiviert werden darf vgl. *Busch* in Marsch-Barner/Schäfer, Handbuch börsennotierte AG, § 42 Rz. 29 ff.
4 BGH v. 21.6.2011 – II ZR 22/10, AG 2011, 823 (824).
5 OLG Frankfurt v. 1.7.1998 – 21 U 166/97, AG 1999, 231 = NZG 1999, 119 (212) (unter 7.).
6 BGH v. 21.6.2011 – II ZR 22/10, AG 2011, 823 (824). Für die Zwecke der Differenzhaftung wird allerdings am Ende doch ein genauer Euro-Betrag zu bestimmen sein. Dies erfolgt im Wege der gerichtlichen Schätzung nach § 287 ZPO (BGH, a.a.O.); s. auch § 22 Rz. 51.

kommen aber auch andere Ansätze in Betracht, wie die Discounted Cash Flow Methode (dazu § 9), oder die Orientierung an Preisen, welche für den betreffenden Sacheinlagegegenstand in engem sachlichen und zeitlichen Zusammenhang in einer unverzerrten Markttransaktion bezahlt worden sind.[1]

73 Bei der **Pariemission** ist die Werthaltigkeitsprüfung oft unproblematisch, weil der Nennbetrag (geringster Ausgabebetrag) offensichtlich unter dem Wert des eingebrachten Unternehmens liegt, unabhängig von der gewählten Bewertungsmethode. Bei der **Überpariemission** kann es sein, dass der Ausgabebetrag in der Nähe des Verkehrswerts festgelegt wird; in diesem Fall ist die Wertprüfung anspruchsvoller. Zur Komplexitätsreduktion empfiehlt es sich allerdings auch bei der Überpariemission, das korporative Agio so festzulegen, dass zum Verkehrswert ein gewisser „Puffer" verbleibt. Dies ist, genau wie die Pariemission, auch dann zulässig, wenn die Sachkapitalerhöhung mit Bezugsrechtsausschluss erfolgt (s. oben Rz. 62 Fn. 1). Der Schutz der außenstehenden Aktionäre nach § 255 Abs. 2 AktG wird hierdurch nicht beeinträchtigt, denn für § 255 Abs. 2 AktG kommt es auf die relativen, tatsächlichen Wertverhältnisse an, unabhängig davon, wie der Ausgabebetrag festgelegt worden ist (s. oben Rz. 62).

74 Die **Bewertungsperspektive** ist für diesen Bewertungsanlass vergleichsweise einfach zu bestimmen: Es kommt auf die Sicht der konkreten Gesellschaft in der **konkreten Situation** der jeweiligen Sachgründung oder Sachkapitalerhöhung an. Zum Schutz der Gesellschaftsgläubiger muss die Mehrung des Gesellschaftsvermögens, zu der es aufgrund der Sacheinlage kommt, den Ausgabebetrag erreichen oder überschreiten. Aus diesem Grund sind **Verbundvorteile** (soweit sie der Gesellschaft zugutekommen) ebenso werterhöhend zu berücksichtigen[2] wie **nicht betriebsnotwendiges Vermögen**. Auch für die übrigen bewertungsrelevanten Attribute des Bewertungssubjekts (wie etwa das anwendbare Steuerregime) kann auf die Verhältnisse der Gesellschaft in der konkreten Situation zurückgegriffen werden. Auf dieser Grundlage hat die Bewertung objektiv zu erfolgen, insbesondere in dem Sinne, dass Zukunftserfolgswerte ihre Basis in einer hinreichend sicheren Planung haben müssen (und nicht lediglich in unsubstantiierten Hoffnungen, die sich für die Mehrheit oder die Verwaltung mit der Unternehmensakquisition verbinden). Wegen des Normzweck des Gläubigerschutzes kann hier (anders als bei § 255 Abs. 2 AktG, dazu oben Rz. 44 f.) von einem unternehmerischen **Bewertungsspielraum keine Rede** sein. Der **Liquidationswert** bildet allerdings die Wertuntergrenze,[3] denn der Betrag, welcher sich im Wege der Liquidation erlösen ließe, steht den Gläubigern in jedem Falle als Haftungsfonds zur Verfügung.

---

1 *Hennrichs* in FS Uwe H. Schneider, 2011, S. 489 (496). Zu den Vereinfachungen nach § 33a AktG bei marktgängigen Wertpapieren und sachverständig bewerteten Vermögensgegenständen s. unten Rz. 75.
2 Ebenso für die GmbH § 22 Rz. 52.
3 Für die GmbH ebenso § 22 Rz. 51; *Hennrichs* in FS Uwe H. Schneider, 2011, S. 489 (492).

bb) EU-rechtlich vorgegebene Befreiungstatbestände nach § 33a AktG

In Umsetzung der geänderten Kapitalrichtlinie[1] sieht § 33a AktG für bestimmte Konstellationen **Erleichterungen der sachverständigen Werthaltigkeitsprüfung** vor. Die sind die Einbringung (i) von Wertpapieren, die an einem organisierten Markt gehandelt werden und (ii) von Vermögensgegenständen, für die in den letzten sechs Monaten durch einen hinreichend qualifizierten und unabhängigen Sachverständigen der beizulegende Zeitwert (*fair value*) ermittelt worden ist. Diese Erleichterungen stellen eine Option dar. Die Beteiligten können, aber müssen nicht von ihnen Gebrauch machen. Die Option steht nicht zur Verfügung unter den Voraussetzungen des § 33a Abs. 2 AktG (verzerrte Märkte; Wertverlust aufgrund neuer Umstände seit der sachverständigen Begutachtung). Wird von ihr Gebrauch gemacht, so findet eine externe Gründungsprüfung nicht statt. Gleiches gilt (als Ausnahme von § 183 Abs. 3 AktG) für die Sachkapitalerhöhung.

75

Entscheiden sich die Beteiligten für diese Erleichterungsmöglichkeit, so sind eine Reihe zusätzlicher Verfahrensschritte erforderlich. Bei der praktisch relevanten Kapitalerhöhung sind dies:[2]

76

- Zusätzliche Versicherung nach § 37a Abs. 2 AktG;
- Bekanntmachung nach § 183a Abs. 2 Satz 1 AktG; und
- vierwöchige Registersperre nach § 183a Abs. 2 Satz 2 AktG.

Zudem können bei Vorliegen der Voraussetzungen des § 33a Abs. 2 AktG (s.o.) Aktionäre mit einer Kapitalmehrheit von mindestens 5 % nach § 183 Abs. 3 AktG verlangen, dass doch noch ein Prüfer bestellt wird. All dies erschwert es der Praxis, von den EU-Vereinfachungen verlässlich Gebrauch zu machen.

77

8. Nicht: Delisting und Downgrading

Keinen aktienrechtlichen Bewertungsanlass bilden – nach dem gegenwärtigen Stand der Rechtsprechung – die Fälle des **Delisting** (vollständiger Rückzug von der Börse auf Antrag des Emittenten, sog. reguläres Delisting) und **Downgrading** oder **Downlisting** (Wechsel vom regulierten Markt in den Freiverkehr), s. dazu § 16 Rz. 16.

78

---

1 Zweite Richtlinie 77/91/EWG des Rates vom 12.13.1976; geändert durch Richtlinie 2006/68/EG vom 6.9.2006 sowie Richtlinie 2006/99/EG vom 20.11.2006 und Richtlinie 2009/109/EG vom 16.9.2009; nunmehr konsolidierte Fassung Richtlinie 2012/30/EU vom 25.10.2012 (zuletzt geändert durch Richtlinie 2013/24/EU vom 13.5.2013).
2 Vgl. *Busch* in Marsch-Barner/Schäfer, Handbuch börsennotierte AG, § 42 Rz. 33.

II. Rechtliche Methodenvorgaben für die Unternehmensbewertung

1. Abfindung in Geld

79 Die rechtlichen Methodenvorgaben, welche für die Angemessenheitsprüfung bei **aktienrechtlichen** Barabfindungsansprüchen gelten, sind in § 16 eingehend erörtert worden (§ 16 Rz. 31 ff. und Rz. 61 ff.). Sie sind dieselben wie für die Angemessenheitsprüfung bei **umwandlungsrechtlichen** Barabfindungsansprüchen, etwa nach § 29 UmwG (dazu § 20 Rz. 60 ff.). Zur Vermeidung von Wiederholungen werden sie in diesem § 19 nur noch einmal kurz zusammengefasst. Dabei wird zwischen dem Regelfall der Barabfindung bei Verlust der Teilhabe an den unternehmerischen Erträgen (sogleich ab Rz. 80) und dem Sonderfall der Barabfindung bei bereits „verrenteten Aktien" im Vertragskonzern (ab Rz. 104) unterschieden. Zuletzt wird die Abfindung in Aktien (ab Rz. 109) behandelt.

a) Regelfall der Barabfindung bei Verlust der Teilhabe an den unternehmerischen Erträgen

80 Bei der Barabfindung muss (nur) ein einziges Unternehmen bewertet werden, nämlich dasjenige der Gesellschaft, aus welcher der betroffene Minderheitsgesellschafter ausscheidet. Hierfür gibt die Rechtsprechung nach ihrem heute erreichten Stand zwei gedanklich scharf zu trennende Bewertungsperspektiven (vgl. § 16 Rz. 31) vor, nämlich

81 – die Bewertung des Gesamtunternehmen mit dem Ziel der Ermittlung des („wahren") **quotalen Unternehmenswerts** im Sinne eines nach der **Liquidationshypothese** ermittelten Fundamentalwerts des von der Aktiengesellschaft getragenen Unternehmens, welcher sodann anteilig auf die einzelnen Aktien umgelegt wird, und

82 – die Bewertung der einzelnen Aktien mit dem Ziel der Ermittlung desjenigen Betrags, der bei einer „freien Deinvestitionsentscheidung" an der Börse zu erlösen gewesen wäre (**Veräußerungshypothese**). In § 16 wurde dieser Wert als **Deinvestitionswert** definiert (§ 16 Rz. 31, 41).

83 Die Barabfindung ist angemessen, wenn sie den quotalen Unternehmenswert erreicht oder überschreitet, wobei die Schwelle des Deinvestitionswerts nicht unterschritten werden darf. Beide Werte sind (ggf. unter Hinzuziehung betriebswirtschaftlicher Sachverständiger) zu **schätzen**:

84 – Ob man sich bei der **Schätzung des quotalen Unternehmenswerts** besser an den Börsenkursen (markbasierte Bewertung) oder an aus der Planung abgeleiteten Zukunftserfolgserwartungen (Ertragswertmethode) oder einem angemessenen Methodenmix orientiert, ist eine Frage des Einzelfalls – weswegen in jedem Einzelfall die Methodenauswahl transparent und sorgfältig durchzuführen und zu begründen ist.

85 – Bei der **Schätzung des Deinvestitionswerts** hat man sich immer an den Börsenkursen zu orientieren. Enge Ausnahmen bestehen bei Marktenge, fehlendem Handel und Manipulation. In diesen Fällen wird gar kein Deinvesti-

onswert ermittelt (weil es an der realistischen Veräußerungsmöglichkeit fehlt, die der Deinvestitionswert abbildet).

- Im praktischen Ergebnis zerfallen die Einzelfälle somit in zwei Kategorien: 86

  - *Abfindung zum Börsenkurs:* Kann man im Einzelfall den quotalen Unternehmenswert nach den Börsenkursen bestimmen, so fallen beide Wertkonzeptionen zusammen; die Abfindung zum Börsenkurs genügt dann den rechtlichen Methodenvorgaben in ihrer Gesamtheit. 87

  - *Börsenkurs als Untergrenze:* Erweist es sich – etwa wegen ungenügender allokativer Effizienz des betreffenden Aktienmarktes in dem betreffenden Zeitraum – als erforderlich, auf andere Methoden zur Bestimmung des quotalen Unternehmenswerts zurückzugreifen, so bildet der Börsenkurs (genauer: der Deinvestitionswert) nach der DAT/Altana-Rechtsprechung des BVerfG gleichwohl die Untergrenze. Liegt der Ertragswert unter dem Börsenkurs, so muss der abfindungsberechtigte außenstehende Aktionär gleichwohl den Börsenkurs erhalten. Denn er darf nicht schlechter gestellt werden, als er bei einer (*in casu* möglichen) freien Deinvestition seiner Aktien am Markt gestanden hätte. 88

Im Einzelnen:

aa) Bestimmung des quotalen Unternehmenswerts (Fundamentalwert)

Zur Ermittlung des **quotalen Unternehmenswerts** muss das **Gesamtunternehmen** bewertet werden, nicht etwa der einzelne Anteil.[1] Dies ist nur aus der (gedachten) Perspektive eines (gedachten) Gesamtunternehmensträgers möglich.[2] Der aus der Gesellschaft gedrängte Minderheitsaktionär wird somit im Ergebnis ebenso gestellt, wie wenn die Gesellschaft im Zuge ihrer Liquidation das von ihr getragene Unternehmen **transaktionskostenfrei veräußert** hätte – und er sodann seinen quotalen Anteil am Liquidationserlös hätte einstreichen können (Gedanke des § 738 BGB)[3]. Es kommt mithin darauf an, welcher Preis bei der Veräußerung des Unternehmens als Ganzes erzielt würde.[4] Diese **Liquidationshypothese** ist eine rechtliche Methodenvorgabe, an die der Richter und der betriebswirtschaftliche Sachverständige gleichermaßen gebunden sind. 89

---

1 § 16 Rz. 32; jüngst *Wicke* in FS Stilz, 2014, S. 706 (710).
2 Vgl. § 18 Rz. 4 ff.; § 1 Rz. 40 ff.; grundlegend *Hüttemann* in FS Hoffmann-Becking, 2013, S. 603 (605) (Perspektive eines gedachten Erwerbers des Gesamtunternehmens); ebenso schon *Hüttemann*, ZHR 162 (1998), S. 563 (528 ff.). Dem folgen die „Best Practice Empfehlungen Unternehmensbewertung" des Arbeitskreises „Corporate Transaction and Valuation" der DVFA vom Dezember 2012, S. 10, Abschnitt B (http://www.dvfa.de/verband/kommissionen/arbeitskreis-corporate-transactions-valuation/, abgerufen am 9.10.2014); das LG Köln empfiehlt in seinem Beschluss vom 8.9.2014 (Az. 82 O 2/09) eine Plausibilisierung der Unternehmensbewertung anhand der Best-Practice-Empfehlungen der DVFA.
3 Zur Vorbildfunktion des § 738 BGB für den historischen Gesetzgeber im Aktienrecht s. *Hüttemann* in FS Hoffmann-Becking, 2013, S. 603 (605).
4 Siehe § 16 Rz. 20 mit umfassenden Nachweisen sowie § 1 Rz. 26.

90 Darüber hinaus gehende rechtliche Vorgaben, die den **Gebrauch einer bestimmten Bewertungsmethode** gebieten, gibt es **nicht** (und solche würden auch nicht den Intentionen des historischen Gesetzgebers entsprechen, s. oben Rz. 11). Rechtliche Anforderungen bestehen allerdings hinsichtlich des Verfahrens der **Methodenauswahl**. Insofern fordert bereits die Verfassung die Einhaltung *„bestimmter Mindeststandards"*.[1] Dabei ist nicht erforderlich, dass alle zur Verfügung stehenden Bewertungsmethoden kumulativ herangezogen werden.[2] Verfassungsrechtlich erforderlich ist allerdings eine **sorgfältige Begründung** der methodischen Auswahlentscheidung,[3] die zur Anwendung einer „im gegebenen Fall geeigneten, aussagekräftigen Methode" führen muss.[4] Dabei ist klar – und wird von den Gerichten inzwischen durchgängig anerkannt[5] – dass es allein um eine Approximation unter Gebrauch eines insgesamt höchst unvollkommenen Arsenals von Bewertungsinstrumenten gehen kann, eine **Punktlandung** also **unmöglich** ist.[6]

91 Die approximative Ermittlung des Fundamentalwerts erfolgt nach § 287 Abs. 2 ZPO im Wege der **Schätzung** durch das Gericht (eingehend § 28). In aller Regel unbedenklich ist die Approximation nach der **Ertragswertmethode**. Aber auch marktorientierte Methoden auf **Grundlage des Börsenkurses** sind akzeptabel, wenn diese Herangehensweise hinreichend begründet wird. Mit einer solchen Begründung kann auf die Bewertung nach der Ertragswertmethode auch einmal gänzlich verzichtet werden,[7] beispielsweise wegen der erhöhten Transparenz- und Publizitätsanforderungen in einem regulierten Markt sowie zur Vermeidung überlanger Verfahrensdauern.[8] Vor diesem Hintergrund ist es die Aufgabe des Tatrichters, die *„Vor- und Nachteile der verschiedenen Bewertungsverfahren gegeneinander abzuwägen und das nach seiner Überzeugung vorzugswürdige auszuwählen oder mehrere nebeneinander anzuwenden."*[9] Häufig wird es sich empfehlen, unterschiedliche Methoden nebeneinander zur Anwendung zu

---

1 BVerfG v. 26.4.2011 – 1 BvR 2658/10 – Rz. 23 – „Telekom/T-Online", NJW 2011, 2497 (2498) = AG 2011, 511.
2 BVerfG v. 16.5.2012 – 1 BvR 96/09, 117/09, 118/09, 128/09 – Rz. 18 – „Deutsche Hypothekenbank", NZG 2012, 907 (908) = AG 2012, 625, betrifft übernahmerechtlichen Squeeze-out. Zu den Empfehlungen der Expertengruppe der DVFA s. Rz. 11 Fn. 5, Rz. 89 Fn. 2, Rz. 91 Fn. 1 (auf S. 601).
3 BVerfG v. 26.4.2011 – 1 BvR 2658/10 – Rz. 24 – „Telekom/T-Online", NJW 2011, 2497 (2498) = AG 2011, 511.
4 BVerfG v. 16.5.2012 – 1 BvR 96/09, 117/09, 118/09, 128/09 – Rz. 18 – „Deutsche Hypothekenbank", NZG 2012, 907 (908) = AG 2012, 625.
5 BVerfG v. 24.5.2012 – 1 BvR 3221/10 – Rz. 30 – „Daimler/Chrysler", ZIP 2012, 1656 (1658) = AG 2012, 674; OLG Stuttgart v. 14.9.2011 – 20 W 6/08, AG 2012, 49.
6 Eingehend § 16 Rz. 36 und § 20 Rz. 16; jüngst ebenso *Wicke* in FS Stilz, 2014, S. 706 (712).
7 BVerfG v. 26.4.2011 – 1 BvR 2658/10 – Rz. 23 – „Telekom/T-Online", NJW 2011, 2497 (2498) = AG 2011, 511: verfassungsrechtlich akzeptiert, dass die Börsenkursrelation für die Konzernverschmelzung herangezogen wurde.
8 BVerfG v. 16.5.2012 – 1 BvR 96/09, 117/09, 118/09, 128/09 – „Deutsche Hypothekenbank", AG 2012, 625 (627) = NZG 2012, 907.
9 *Fleischer*, AG 2014, 97 (113).

bringen, um so zu einem möglichst breit abgesicherten Gesamtbild – und damit zu einer **Bandbreite angemessener Abfindungsbeträge** – zu gelangen.[1]

Von dieser Frage nach den (verfassungs)rechtlichen Vorgaben bei der Methodenauswahl zu trennen ist die Frage, ob der anteilige **Liquidationswert** für die Barabfindung die **Untergrenze** bildet (hierzu eingehend § 8 Rz. 15 bis Rz. 42). Wer die Liquidationshypothese ernst nimmt (eingehend § 16 Rz. 32 ff.; § 2 Rz. 37 ff.), wird dies bejahen müssen.[2]

92

bb) Deinvestitionswert der einzelnen Aktie

Die (verfassungs)rechtlichen **Methodenvorgaben** für die Bestimmung des Deinvestitionswerts der einzelnen Aktie sind deutlich präziser als diejenigen für die Bestimmung des quotalen Unternehmenswerts:

93

Wie bei der Ermittlung des quotalen Fundamentalwerts handelt es sich um eine **Schätzung** des Gerichts nach § 287 Abs. 2 ZPO. Diese erfolgt hier auf der Grundlage einer **Veräußerungshypothese** (im Einzelnen § 16 Rz. 37 ff.) die sich auf die Aktie, nicht etwa auf das Gesamtunternehmen bezieht. Gegenstand der Veräußerungshypothese ist, genau genommen, gar keine Unternehmensbewertung (§ 16 Rz. 45), sondern die möglichst realistische Simulation eines **Verkaufs einzelner Aktien an der Börse** (am Stichtag und in einer „ungestörten Welt mit unverzerrten Märkten").[3] Dieser Deinvestitionswert ist mit dem Börsenkurs identisch – allerdings nur, solange es vom Sachverhalt her realistisch ist, dass der Börsenkurs bei einer „freien Deinvestitionsentscheidung" als Verkaufspreis hätte erlöst werden können. Dies ist möglicherweise zu verneinen bei Marktenge, fehlendem Handel oder Manipulation (eingehend § 16 Rz. 76 ff.); in diesen **Ausnahmefällen** kommt es auf den Deinvestitionswert der einzelnen Aktie nicht an.

94

Im Regelfall eines (nicht notwendig allokationseffizienten [dazu § 16 Rz. 45] aber jedenfalls) liquiden Markts ist der Kurs zu schätzen, zu dem sich am Tag der Hauptversammlung eine einzelne Aktie hätte veräußern lassen, wenn eine Strukturmaßnahme der Gesellschaft weder angekündigt noch beschlossen worden wäre. Dabei ist eine Durchschnittsbetrachtung zugrunde zu legen, und zwar – nach der Stollwerk-Entscheidung des BGH[4] – im Grundsatz für den

95

---

1 Für eine solche Methodenvielfalt sprechen sich die „Best Practice Empfehlungen Unternehmensbewertung" des Arbeitskreises „Corporate Transaction and Valuation" der DVFA vom Dezember 2012 aus, s. unter http://www.dvfa.de/verband/kommissionen/arbeitskreis-corporate-transactions-valuation/ (abgerufen am 9.10.2014); das LG Köln empfiehlt in seinem Beschluss vom 8.9.2014 (Az. 82 O 2/09) eine Plausibilisierung der Unternehmensbewertung anhand der Best-Practice-Empfehlungen der DVFA.
2 § 8 Rz. 15 bis Rz. 42, ebenso *Adolff*, Unternehmensbewertung im Recht der börsennotierten Aktiengesellschaft, S. 373, jeweils m.w.N. Für die Gegenauffassung *Stephan* in K. Schmidt/Lutter, § 305 AktG Rz. 80 f., ebenfalls mit umfassenden Nachweisen.
3 In diese Richtung auch *Reichert* in FS Stilz, 2014, S. 479 (487).
4 BGH v. 19.7.2010 – II ZB 18/09 – „Stollwerck", BB 2010, 1941 = AG 2010, 629.

Drei-Monatszeitraum vor der Bekanntgabe der Maßnahme (eingehend dazu § 16 Rz. 71 ff.).

cc) Kein „Meistbegünstigungsprinzip"

96 Nach dem heute erreichten Stand der Rechtsprechung gibt es **kein Meistbegünstigungsprinzip** in dem Sinne, dass **in jedem Falle** sowohl ein Börsenwert als auch ein Ertragswert zu ermitteln wären, von welchen sodann der jeweils höhere die Untergrenze der Abfindung bildet.[1] Vielmehr steht es dem Fachrichter frei, mit sorgfältiger Begründung den quotalen Unternehmenswert (allein) nach dem Börsenkurs zu ermitteln.[2] Der so ermittelte quotale Unternehmenswert (Fundamentalwert) und der Deinvestitionswert der Aktie fallen bei dieser Vorgehensweise zusammen (eingehend § 16 Rz. 70). Diese Herangehensweise ist verlockend, entlastet und verkürzt sie die Spruchverfahren doch ganz erheblich. Sie setzt jedoch voraus, dass der betreffende konkrete Aktienmarkt in hohem Maß allokativ effizient ist. Dies lässt sich naturgemäß nicht für alle Aktienmärkte einheitlich und nicht für alle Zeiträume in derselben Weise beantworten. Erforderlich ist vielmehr eine wohlbegründete Analyse der Umstände des jeweiligen Einzelfalls (§ 16 Rz. 70 a.E.).

dd) Stichtagsprinzip, Wurzeltheorie und Verbundvorteile

97 Nach dem Stichtagsprinzip ist der Bewertung (im Kontext der jeweils gewählten Bewertungsmethode) der *ex ante* Prognose-Horizont des jeweils durch das Gesetz bestimmten Stichtags (oben Rz. 10 und 24) zugrunde zu legen. Entwicklungen, die am Stichtag bereits „in der Wurzel" angelegt gewesen sind, können dabei nach der Rechtsprechung berücksichtig werden – nicht aber Entwicklungen, bei denen es hieran fehlt (sog. **Wurzeltheorie**).[3]

98 Die Wurzeltheorie wird zuweilen in einem Atemzug mit der Streitfrage erörtert, ob (erwartete) **Verbundvorteile** in die Bewertung zur Bestimmung einer angemessenen Barabfindung mit einfließen sollen.[4] Der Zusammenhang ist aber sehr lose: Denn nicht nur erwartete Verbundeffekte, sondern die gesamte

---

1 Eindeutig nunmehr BVerfG v. 26.4.2011 – 1 BvR 2658/10 – Rz. 24 – „Telekom/ T-Online", NJW 2011, 2497 (2498) = AG 2011, 511; eingehend § 16 Rz. 70.
2 Anders (aber von der Entwicklung der verfassungsrechtlichen Rechtsprechung inzwischen überholt) noch *Adolff*, Unternehmensbewertung im Recht der börsennotierten Aktiengesellschaft, S. 348, 377.
3 Siehe § 2 Rz. 34 und § 11 Rz. 29. Aus der Rechtsprechung vgl. nur BGH v. 4.3.1998 – II ZB 5/97 – „Asea Brown Boveri II", BGHZ 138, 136 (140) = AG 1998, 286; aber auch schon BGH v. 17.1.1973 – IV ZR 142/70, NJW 1973, 509 (511) (betrifft Pflichtteil). Dort wird gesagt, es sei trotz Geltung des Stichtagsprinzips „nicht unzulässig und, um die Unsicherheit der Bewertung des Zukunftsertrages möglichst einzuschränken, sogar angebracht, auch noch während des Bewertungszeitraums [d.i. *der Zeitraum zwischen Stichtag und gerichtlicher Entscheidung*] erkennbare Entwicklungen des Unternehmens ... mit zu berücksichtigen ... Dagegen müssen spätere Entwicklungen, deren Wurzeln nach dem Bewertungsstichtag liegen, außer Betracht bleiben". Kritisch *Adolff*, Unternehmensbewertung im Recht der börsennotierten Aktiengesellschaft, S. 396.
4 *Kort*, ZGR 1999, 402 (416); ähnlich *Werner* in FS Steindorff, 1990, S. 303 (318).

(*stand-alone*) Unternehmensbewertung beruht auf der **Planung** und damit auf Annahmen über unsichere **künftige Entwicklungen**. Insofern besteht in der Prognoseverlässlichkeit bei *stand-alone* Planung und der Planung unter Einbeziehung des künftigen Erfolgsbeitrags von Verbundeffekten allenfalls ein gradueller, aber kein kategorialer Unterschied:[1] Nach beiden Modellen (*stand-alone*-Planung und Planung auf der Basis der tatsächlich intendierten Maßnahme) beruht die Bewertung auf einer Prognose der Zukunft, in beiden Modellen ist diese Zukunft unsicher, und in beiden Modellen dürfen Vergangenheitsdaten nur insofern herangezogen werden, als sie Indizien für die Plausibilisierung der Prognose enthalten. Die Prognosen, auf die es aus der Bewertungsperspektive des in der Gesellschaft verbleibenden Mehrheitsaktionärs ankommt, sind dabei Gegenstand von dessen tatsächlicher unternehmerischer Planung. Überlegungen darüber, wie sich die Zukunft des Gesellschaftsunternehmens ohne die Strukturmaßnahme *stand-alone* gestaltet hätte, sind dagegen spätestens ab dem Tag der Hauptversammlung rein hypothetischer Natur. Lassen die Mehrheitsverhältnisse eine Zustimmung der Hauptversammlung als wahrscheinlich erscheinen, so wird sich in den beteiligten Unternehmensleitungen schon geraume Zeit vor diesem Tag – für kaufmännische Zwecke – niemand mehr Gedanken darüber machen, wie die *stand-alone* Zukunft der unverbundenen Unternehmen zu planen wäre. Handelt es sich bei der Strukturmaßnahme nicht um die Begründung, sondern um die Verfestigung eines Unternehmensverbundes – z.B. um den Übergang vom faktischen Konzern in den Vertragskonzern – so entspricht es dem Regelfall, dass sich seit vielen Jahren weder in der Unternehmenswirklichkeit noch in der tatsächlich vorhandenen Planung verlässliche Anhaltspunkte für die Unternehmenszukunft in einem hypothetischen *stand-alone*-Szenario finden lassen.

Eine generelle Aussage darüber, ob die Prognosen der Zukunft des Gesellschaftsunternehmens im Modell der verbundabhängigen oder der verbundunabhängigen (*stand-alone*) Bewertung einfacher ist, lässt sich daher nicht treffen. Richtig erscheint allein, dass bei Strukturmaßnahmen, die eine Unternehmensverbindung erstmalig begründen – zu denken wäre etwa an eine Verschmelzung unter zuvor unverbundenen Gesellschaften – im *stand-alone*-Modell die Extrapolation der Vergangenheitsergebnisse in die Zukunft leichter fällt.[2] 99

Mit dieser Bewertungslogik vor Augen nähert man sich der Problematik der Berücksichtigung von Verbundvorteilen am einfachsten, wenn man sich die Unterschiede ihrer Zuweisung bei Tausch- und bei Barabfindungsfällen in Erinnerung ruft: 100

Bei **Tauschfällen** – inklusive der in diesem § 19 behandelten Fälle der Abfindung in Aktien (unten Rz. 109 ff.) – folgt aus der unternehmenswertanteiligen Allokation *sämtlicher* künftiger Unternehmenserfolge, dass die Gläubiger des Abfindungsanspruchs (Minderheitsaktionäre) selbst dann an künftigen Ver- 101

---

1 Eingehend zum folgenden *Adolff*, Unternehmensbewertung im Recht der börsennotierten Aktiengesellschaft, S. 402 ff.
2 Diesen Aspekt betonen insbesondere *Mertens*, AG 1992, 321 (325); dagegen *Busse von Colbe*, ZGR 1994, 595 (600 f.).

bundvorteilen beteiligt bleiben, wenn diese nach den *stand-alone* Einzel-Unternehmenswerten erfolgen (dazu § 20 Rz. 34). In dem Maße, wie sich die mit einem Unternehmenszusammenschluss (oder Vertragskonzern) verbundenen Hoffnungen erfüllen, dass der (festere) Zusammenschluss dazu führt, dass das Ganze mehr wert ist, als die Summe seiner Teile, profitieren die Aktionäre sämtlicher beteiligter Gesellschaften. Hierzu kommt es einfach deshalb, weil sie weiterhin am Ertragsstrom der Gruppe teilhaben. Am Beispiel der Abfindung nach § 305 AktG: Werden die Aktionäre der Untergesellschaft in Aktien der Obergesellschaft abgefunden und erwirtschaftet die Unternehmensgruppe insgesamt in den Folgejahren Erträge, die ihre Ursache in Verbundvorteilen aus der Begründung des Vertragskonzerns haben, profitieren die abgefundenen Aktionäre hiervon so lang, wie sie an der (als Abfindung erhaltenen) Obergesellschafts-Aktie festhalten. Denn in diesem Umfang steigt der Wert ihrer Beteiligung an der Gesamtgruppe (bzw. erhalten sie mehr Dividenden).

102 Anders liegt es bei der **Barabfindung**: hier scheiden die mit Geld abgefundenen Aktionäre aus. Wird ihnen nicht *ex ante* bei der Bestimmung des „angemessenen" Betrags für die Barabfindung im Geiste ein Bruchteil dieses Betrages als **vorweggenommene Partizipation** erwarteter Verbundvorteile zugesprochen, so gehen sie *ex post* leer aus, wenn sich solche Verbundvorteile später tatsächlich realisieren und in höhere Erträge der zusammengeführten Gruppe ummünzen lassen.

103 Vor diesem Hintergrund ist die alte Streitfrage nach der Berücksichtigung von Verbundvorteilen bei der Barabfindung – der in diesem Handbuch der gesamte § 14 gewidmet wurde – nach wie vor unentschieden. Sie stellt sich im Aktienrecht in genau derselben Weise wie im Umwandlungsrecht (dazu § 20 Rz. 70 f.). Die h.M.[1] differenziert: Verbundvorteile, die *nicht* nur bei Zusammenschluss der konkreten Fusions- bzw. Vertragspartner erwartet werden, sondern mit jedem Partner (derselben Branche) verwirklich werden könnten (sog. **unechte Synergieeffekte**) sollen berücksichtig werden. Andere Verbundvorteile (sog. **echte Synergieeffekte**) bleiben dagegen unberücksichtigt.[2] Eine starke Mindermeinung[3] geht weiter und will auch die echten Synergieeffekte berücksichtigen. Dieser ist zu folgen, wenn auch mit der wichtigen Präzisierung, dass (i) sich die Verbundvorteile aus einer **konkreten Planung** ergeben müssen (wie jede andere Erwartung künftiger Erträge auch) und (ii) immer nur die Verbundvorteile aus der jeweiligen für die Abfindung den Anlass gebenden **konkreten Maßnahme** in den Blick zu nehmen sind, bei § 305 AktG somit nur die *zusätzlichen* Vorteile der Begründung eines Vertragskonzerns (und nicht diejenigen der vorhergehenden Begründung eines faktischen Konzerns durch den Erwerb der Mehrheit an der Untergesellschaft).[4]

---

1 Leitentscheidung BGH v. 4.3.1998 – II ZB 5/97 – „Asea Brown Boveri II", BGHZ 138, 136 (140) = AG 1998, 286; weitere Nachweise bei § 14 Rz. 20 ff.
2 BGH v. 4.3.1998 – II ZB 5/97 – „Asea Brown Boveri II", BGHZ 138, 136 (140) = AG 1998, 286; aus neuerer Zeit etwa OLG Stuttgart v. 26.10.2006 – 20 W 14/05 – Rz. 62, AG 2007, 128 (135). Eingehend zum Streitstand § 14 Rz. 41.
3 Nachweise bei § 14 Rz. 25.
4 Im Einzelnen *Adolff*, Unternehmensbewertung im Recht der börsennotierten Aktiengesellschaft, S. 400 ff.

b) Sonderfall der Barabfindung bei bereits „verrenteten Aktien" im Vertragskonzern

Ein stark umstrittener Sonderfall[1] ist die Abfindung bei einem Squeeze-out oder einer Eingliederung bei einer Gesellschaft, welche zuvor schon Untergesellschaft im Vertragskonzern gewesen ist. Der Unterschied zwischen dem Ergebnis einer unmittelbaren und einer abgeleiteten Anteilsbewertung tritt in diesem Sonderfall sehr deutlich hervor. Insbesondere Minderheitsaktionäre, die im Vertragskonzern einen fixen Ausgleich nach § 304 Abs. 2 Satz 1 AktG erhalten, sind von der Teilhabe am künftigen Unternehmenserfolg *de jure* und *de facto* bereits abgeschnitten (zu dieser **Verrentung** der Aktien im Vertragskonzern schon oben Rz. 18 ff.). Die Aktien dieser Minderheitsgesellschaft sind bei **kaufmännischer Betrachtung** nicht anders zu beurteilen als ein von der Obergesellschaft begebenes oder durch Garantie abgesichertes Rentenpapier, wobei allerdings die Möglichkeit zu berücksichtigen ist, dass der Unternehmensvertrag beendet und dadurch die Stellung der außenstehenden Aktionäre als Eigenkapitalgeber wiederhergestellt werden könnte.

104

Sind zur Ermittlung einer „angemessenen" Barabfindung i.S.d. § 327a Abs. 1 Satz 1 AktG oder einer „angemessenen" Baralternative i.S.d. § 320b Abs. 1 Satz 3 AktG die Anteile der außenstehenden Aktionäre der Untergesellschaft in einem Vertragskonzern zu bewerten und sieht der Beherrschungs- und Gewinnabführungsvertrag einen **fixen Ausgleich** vor, so wären folglich bei **unmittelbarer Anteilsbewertung** nach einem überschussorientierten Bewertungsverfahren die wiederkehrenden Ausgleichszahlungen **wie ein Fremdkapitalinstrument** (etwa eine ungesicherte Schuldverschreibung) mit einem Kapitalisierungszinssatz zu diskontieren, in dem das Risiko eines Ausfalls der Obergesellschaft, nicht aber das unternehmerische Risiko der Untergesellschaft zu berücksichtigen ist.[2]

105

Sieht der Beherrschungs- und Gewinnabführungsvertrag einen **variablen Ausgleich** vor, wäre die Aktie der Untergesellschaft bei **unmittelbarer Anteilsbewertung** wie ein von der Obergesellschaft begebenes Dividendenbezugsrecht zu beurteilen. Dies würde vor allem bedeuten, dass die in das Kapitalwertkalkül einzustellenden Überschüsse nach Maßgabe der Ertragsaussichten und erwarteten Thesaurierungspolitik der Obergesellschaft prognostiziert und mit einem *deren* Risiko widerspiegelnden Kapitalisierungszinssatz diskontiert werden müssten.

106

Bei der aus dem Fundamentalwert abgeleiteten **quotalen Anteilsbewertung** nach der Liquidationshypothese müsste die mit dem Übergang zum Vertragskonzern eingetretene Verrentung der Aktien der außenstehenden Aktionäre dagegen unbeachtet bleiben: Würde die Untergesellschaft im Vertragskonzern in der Weise abgewickelt, dass ihr gesamtes Vermögen im Zuge der Liquidation als Einheit verkauft und der Erlös nach Maßgabe des § 271 Abs. 2 AktG unter den Aktionären verteilt wird, so würden die außenstehenden Aktionäre im

107

---

1 Eingehend zum Folgenden *Adolff*, Unternehmensbewertung im Recht der börsennotierten Aktiengesellschaft, S. 382 ff.
2 *Austmann* in MünchHdb. AG, § 74 Rz. 90; *Leyendecker*, NZG 2010, 927 ff.; a.A. *Koch* in Hüffer, § 327b AktG Rz. 5 m.w.N.

Verhältnis ihrer Anteile am Grundkapital am Abwicklungsüberschuss partizipieren. Bei abgeleiteter Anteilsbewertung haben somit auch die außenstehenden Aktionäre eines Vertragskonzerns im Falle eines Squeeze-out oder einer Eingliederung Anspruch auf eine Barabfindung, die jedenfalls dem auf sie entfallenden **quotalen Unternehmenswert** (ohne Berücksichtigung der Einbindung der Untergesellschaft in den Vertragskonzern) entspricht.[1]

108 Es handelt sich um einen echten Grenzfall.[2] Je nachdem, ob ein Ende des Vertragskonzerns in Aussicht ist, oder dessen Fortbestand auf unabsehbare Zeit realistischer Weise angenommen werden muss, erscheint die aus dem Fundamentalwert abgeleitete quotale Anteilsbewertung oder die unmittelbare Anteilsbewertung als angemessener zur Bestimmung des Vermögensopfers des ausscheidenden Minderheitsaktionärs. Will man nicht nach diesem Kriterium differenzieren, so ist die wohl konsequentere Lösung, die außenstehenden Aktionäre auch im Vertragskonzern durchgängig als quotale Träger des Gesellschaftsunternehmens zu behandeln.[3]

2. Abfindung in Aktien

109 Zur Abfindung in Aktien kommt es bei der Begründung eines Vertragskonzerns (oben Rz. 16 ff.) und bei der aktienrechtlichen Eingliederung (oben Rz. 12 ff.). Maßgeblich ist in beiden Fällen die **Verschmelzungswertrelation**. Demnach ist die Abfindung in Aktien angemessen, wenn für die Aktien an der Untergesellschaft, die ein Abfindungsberechtigter aufgibt, Aktien der Obergesellschaft oder Aktien der Gesellschaft an der Konzernspitze „in dem Verhältnis gewährt werden, in dem bei einer Verschmelzung auf eine Aktie der Gesellschaft Aktien der anderen Gesellschaft zu gewähren wären."[4] Auf dieselbe **Wertrelation** kommt es konzeptionell für den variablen Ausgleich an.[5] In jedem dieser Fälle müssen zwei Gesellschaften bewertet werden; letztlich entscheidend ist immer das Wertverhältnis, nicht, welcher Wert absolut für die jeweiligen Gesellschaften ermittelt wird (eingehend § 16 Rz. 4 ff.).

110 Die Rechtsregeln für die Ermittlung eines angemessenen Ausgleichs in Aktien sind somit ein Derivat der Rechtsregeln für die Ermittlung eines angemessenen Umtauschverhältnisses bei der Verschmelzung (eingehend dazu § 20 Rz. 5 ff.). Eine Orientierungshilfe für die – gesetzlich zwingend vorgegebene – verschmelzungsrechtliche Betrachtung (vgl. § 16 Rz. 4 ff. und § 20 Rz. 3 ff.) enthalten die verfahrensrechtlichen Vorgaben des § 12 UmwG. In dessen Abs. 2 Satz 2 Nr. 3

---

1 So noch *Adolff*, Unternehmensbewertung im Recht der börsennotierten Aktiengesellschaft, S. 383.
2 Die Rechtsprechung ist derzeit uneinheitlich, vgl. nur OLG Düsseldorf v. 4.7.2012 – I-26 W 11/11, AG 2012, 716 (718 f.) einerseits und OLG Frankfurt v. 24.11.2011 – 21 W 7/11, AG 2012, 513 (516 f.); OLG Stuttgart v. 14.9.2011 – 20 W 7/08, AG 2012, 135 (136) andererseits.
3 So noch *Adolff*, Unternehmensbewertung im Recht der börsennotierten Aktiengesellschaft, S. 382 ff.
4 § 305 Abs. 3 Satz 1 AktG (für die Begründung eines Vertragskonzerns); § 320b Abs. 1 Satz 4 AktG (für die Eingliederung).
5 § 304 Abs. 2 Satz 2 AktG. Dazu schon oben Rz. 22.

wird vorausgesetzt, dass sich das Umtauschverhältnis aus einer „Bewertung der Rechtsträger" ergibt. Diese Formulierung findet in § 293e Abs. 1 Satz 2 Nr. 3 AktG seine Entsprechung, wo von der „Bewertung der vertragschließenden Unternehmen" die Rede ist. Das angemessene Umtauschverhältnis ist somit nach der gesetzlichen Anordnung aus dem **Verhältnis der Unternehmenswerte** der am Tausch beteiligten Gesellschaften abzuleiten.

Diese somit erforderliche **Relationalbewertung** (vgl. § 16 Rz. 6 und § 20 Rz. 10 ff.) ist stichtagsbezogen. Zur Bestimmung des **Stichtags** ist nach nahezu einhelliger Meinung § 305 Abs. 3 Satz 2 AktG analog heranzuziehen.[1] Es kommt somit auf die Verhältnisse der Gesellschaft im Zeitpunkt der Beschlussfassung der Hauptversammlung der Untergesellschaft an.

111

Damit ist freilich noch (so gut wie) nichts zu den rechtlichen Methodenvorgaben für die Relationalbewertung bei der Abfindung in Aktien gesagt, die insbesondere von der Entwicklung des Richterrechts seit der DAT/Altana-Entscheidung des BVerfG von 1999[2] geprägt ist. Diese Entwicklung ist in § 16 im Einzelnen nachgezeichnet worden. Im Folgenden wird sie noch einmal kurz zusammengefasst. Wegen der Einzelheiten wird auf § 16 Rz. 49 ff. und Rz. 82 ff. verwiesen:

112

– *DAT/Altana:* Nach der genannten Leitentscheidung des BVerfG von 1999 gelten die darin für die Barabfindung entwickelten Grundsätze (Methodenfreiheit; Börsenkurs als Untergrenze; s. oben Rz. 11 ff.) ebenso für die Bestimmung der Verschmelzungswertrelationen bei der Abfindung in Aktien:[3] Auch hier gibt die Verfassung keine konkrete Bewertungsmethode vor; und auch hier markiere *bei der Untergesellschaft* der Börsenwert die Untergrenze der Bewertung. Asymmetrisch hierzu ist es verfassungsrechtlich *nicht* geboten, einen etwa existierenden Börsenwert der herrschenden Gesellschaft oder Hauptgesellschaft als Obergrenze der Bewertung dieser Gesellschaft heranzuziehen, und zwar *auch und gerade soweit es um den Schutz der Aktionäre der Untergesellschaft* (im Wege der Abfindung in Aktien) *geht.*[4]

113

– *Kuka:* Im Fall Kuka[5] bestätigte das BVerfG diese **asymmetrische Auffassung** zum Stellenwert des Börsenkurses als Wertdeterminante bei der Unter- und Obergesellschaft. Das Gericht stellte klar, dass es für den Fall des Aktientausches (inklusive der Abfindung in Aktien) **keinen Grundsatz „Börsenwertrelation als Untergrenze"** gibt: Was bei der Untergesellschaft verboten ist

114

---

1 Vgl. nur BGH v. 4.3.1998 – II ZB 5/97 – „Asea Brown Boveri II", BGHZ 138, 136 (139 f.) = AG 1998, 286; *Hoffmann-Becking* in FS Fleck, 1988, S. 105 (115); *Koch* in Hüffer, § 305 AktG Rz. 34; *Krieger* in MünchHdb. AG, § 70 Rz. 91, 126; *Paulsen* in MünchKomm. AktG, 3. Aufl. 2010, § 305 AktG Rz. 84.
2 BVerfG v. 27.4.1999 – 1 BvR 1613/94 – „DAT/Altana", BVerfGE 100, 289 = AG 1999, 566, dazu oben Rz. 88 und § 16 Rz. 49 ff.
3 BVerfG v. 27.4.1999 – 1 BvR 1613/94 – „DAT/Altana", BVerfGE 100, 289 (310) = AG 1999, 566.
4 BVerfG v. 27.4.1999 – 1 BvR 1613/94 – „DAT/Altana", BVerfGE 100, 289 (310) = AG 1999, 566.
5 BVerfG v. 20.12.2010 – 1 BvR 2323/07 – „Kuka", AG 2011, 128, betrifft eine *upstream* Verschmelzung, s. im Einzelnen § 16 Rz. 51.

(für den betroffenen Minderheitsaktionär ungünstige Abweichung vom Börsenkurs), ist bei der Obergesellschaft erlaubt: Die Zivilgerichte sind „*frei, der herrschenden Gesellschaft* .... *einen höheren Wert beizumessen als den Börsenwert.* "[1]

115 – ***Telekom/T-Online:*** In diesem jüngeren Fall bestätigte das BVerfG das LG und OLG Frankfurt in deren Ansatz, für die Bestimmung der Verschmelzungswertrelation **allein auf das Verhältnis der Börsenkurse** abzustellen (nicht aber auf dasjenige der Ertragswerte).[2] Das Gericht bekräftigte damit den Grundsatz der Methodenfreiheit.[3] Zugleich bestätigte es (nochmals) den Grundsatz, dass der Börsenwert die Untergrenze für die Bewertung der Untergesellschaft bildet[4] (nicht aber die Obergrenze für die Bewertung der Obergesellschaft).

116 Wie in § 16 Rz. 53 im Einzelnen ausgeführt, hat das BVerfG somit seinen **Deinvestitionsgedanken** (s. oben Rz. 82) für die Fälle der Abfindung in Aktien (und der von der Interessenlage her gleich gelagerten Konzernverschmelzung, dazu § 16 Rz. 10, 51) **nicht konsequent zu Ende geführt**. Der Minderheitsaktionär darf schlechter gestellt werden, als wenn er seine Untergesellschaftsaktie am relevanten Stichtag an der Börse zu Geld gemacht hätte. Diese Inkonsequenz ist als inzwischen gefestigte Rechtsprechung des BVerfG hinzunehmen (für die Tauschfälle **abgeschwächter Deinvestitionsgedanke**).

117 Wie in § 16 Rz. 86 ff. ausgeführt, ergeben sich demnach für die derzeit gebotene Herangehensweise bei der Angemessenheitsprüfung einer **Abfindung in Aktien** die folgenden richterrechtlich vorgegebenen Maximen:

118 – ***Kein Meistbegünstigungsprinzip***: Genau so wenig wie bei der Barabfindung (Rz. 96) gilt das Meistbegünstigungsprinzip: In die Relationalbewertung sind für beide beteiligten Rechtsträger vielmehr die **Fundamentalwerte nach der Liquidationshypothese** einzustellen (oben Rz. 81, 89 und § 16 Rz. 86). Auf beiden Seiten – bei der Ober- und der Untergesellschaft – handelt es sich dabei um eine Schätzung (oben Rz. 91 und § 16 Rz. 86). Für diese Schätzung stehen unterschiedliche (und allesamt unvollkommene) Approximationsmethoden zur Verfügung. Unter den richtigen tatsächlichen Bedingungen (liquider Markt, keine Manipulation, keine Kursverzerrung durch besondere Ereignisse) wird im Einzelfall die **börsenkursbasierte Herangehensweise** die geeignete Methode sein. Unter abweichenden Bedingungen wird es in einem anderen Einzelfall die Ertragswertmethode sein, oder eine Kombination. Entscheidend ist nicht, ob die eine oder die andere Methode gewählt wird, sondern dass die Auswahl **aus den jeweiligen Besonderheiten des Einzelfalls** abgeleitet und entsprechend begründet wird.

---

1 BVerfG v. 20.12.2010 – 1 BvR 2323/07 – „Kuka", AG 2011, 128 (129).
2 BVerfG v. 26.4.2011 – 1 BvR 2658/10 – „Telekom/T-Online", NJW 2011, 2497 (2498) = AG 2011, 511, betrifft ebenfalls eine *upstream* Verschmelzung.
3 BVerfG v. 26.4.2011 – 1 BvR 2658/10 – Rz. 23 – „Telekom/T-Online", NJW 2011, 2497 (2498) = AG 2011, 511.
4 BVerfG v. 26.4.2011 – 1 BvR 2658/10 – Rz. 24 – „Telekom/T-Online", NJW 2011, 2497 (2498) = AG 2011, 511.

- *Keine strikte Methodengleichheit*: Diese Frage der im Einzelfall angemessenen Methodenauswahl ist zunächst *stand-alone* sowohl für die Obergesellschaft als auch für die Untergesellschaft gesondert zu beantworten. Ist im Einzelfall auf beiden Ebenen dieselbe Approximationsmethode *stand-alone* angemessen, so gelangt man zwanglos zur Methodengleichheit. Ist sie es nicht, gilt es eine Abwägungsentscheidung zu treffen zwischen den Bewertungsunschärfen, die man sich durch die Methodenverschiedenheit einhandelt, und den Bewertungsunschärfen, die man in Kauf nimmt, wenn man im Interesse der Methodengleichheit auf der Ebene einer der beiden Gesellschaften die *stand-alone* als inferior identifizierte Approximationsmethode akzeptiert (eingehend § 16 Rz. 86). 119

- *Zusatzkorrektur nach dem abgeschwächten Deinvestitionsgedanken:* Die so ermittelte Fundamentalwertrelation ist sodann, je nach den Umständen des Einzelfalls, nach dem abgeschwächten Deinvestitionsgedanken des BVerfG einer Zusatzkorrektur zu unterwerfen: Der für die Zwecke der Relationalbewertung herangezogene Wertansatz für die **Untergesellschaft** (und nur für diese), darf, außer im Fall der Marktenge[1] nicht geringer sein als deren Börsenkapitalisierung zum maßgeblichen Stichtag. Wurde für die Ermittlung der Fundamentalwertrelation (auf der Ebene der **Untergesellschaft**) ohnehin der Börsenwert herangezogen, so bleibt diese Zusatzanforderung folgenlos. Dasselbe gilt, wenn für die **Untergesellschaft** zwar der Ertragswert herangezogen worden ist, dieser aber über der Börsenkapitalisierung liegt. Nur in dem Sonderfall, dass für die **Untergesellschaft** der **Ertragswert** herangezogen worden ist *und* dieser **unter der Börsenkapitalisierung** liegt, ist auf der Seite der Untergesellschaft die (höhere) Börsenkapitalisierung in die (im Übrigen unveränderte) Relationalbewertung einzustellen. Es wird also, bildlich gesprochen, lediglich in der Waagschale für die Untergesellschaft das Gewicht ausgetauscht, was *ceteris paribus* zu einer im Vergleich höheren Abfindung in Aktien führt. 120

---

1 Also nicht hinreichend liquider Markt, Manipulation, Kursverzerrung durch besondere Ereignisse, dazu § 16 Rz. 48, 77 ff.

§ 20
Unternehmensbewertung im Umwandlungsrecht

	Rz.
I. Einführung	1
II. Verschmelzung	3
1. Bestimmung eines Umtauschverhältnisses	
a) Das Umtauschverhältnis	
aa) Grundsätzliches	5
bb) Ermittlung des Umtauschverhältnisses	10
cc) Angemessenheit	11
dd) Problem des „krummen" Umtauschverhältnisses	12
ee) Auswahl der Bewertungsmethode	16
ff) Grundsätze der Ermittlung des Unternehmenswertes	27
gg) Besondere Schwierigkeiten bei der Unternehmensbewertung	36
hh) Verschmelzungsprüfung	37
b) Grenzüberschreitende Verschmelzung von Kapitalgesellschaften	
aa) Grundsätzliches	40
bb) Sonderfall: Verschmelzung zur Societas Europaea	44
cc) Besonderheiten bei der Unternehmensbewertung	48
dd) Besondere Schwierigkeiten bei der Unternehmensbewertung	49
c) Schutz von Sonderrechten, § 23 UmwG	50
d) Rechtsbehelfe gegen die Unternehmensbewertung	53
2. Bestimmung eines Barabfindungsanspruchs	60
a) Barabfindungsanspruch	61
b) Kernregelung, § 29 UmwG	
aa) Allgemeines	63
bb) Angemessenheit	66

	Rz.
cc) Besonderheiten bei der Unternehmensbewertung	70
c) Rechtsbehelfe gegen die Unternehmensbewertung	73
d) Sonderfall: Barabfindung beim verschmelzungsrechtlichen Squeeze-out	74
III. Spaltung	78
1. Bestimmung eines Umtauschverhältnisses	
a) Das Umtauschverhältnis	83
b) Auf- und Abspaltung	
aa) Grundsätzliches	89
bb) Anwendungsbereich der Unternehmensbewertung	90
cc) Besondere Schwierigkeiten bei der Unternehmensbewertung	95
dd) Spaltungsprüfung	96
c) Ausgliederung	
aa) Grundsätzliches	98
bb) Anwendungsbereich der Unternehmensbewertung	99
cc) Besondere Schwierigkeiten bei der Unternehmensbewertung	100
d) Schutz von Sonderrechten, §§ 133, 23 UmwG	101
e) Rechtsmittel gegen die Unternehmensbewertung	102
2. Bestimmung eines Barabfindungsanspruchs	103
a) Auf- und Abspaltung	104
b) Ausgliederung	105
IV. Formwechsel	106
1. Bestimmung eines Barabfindungsanspruchs	
a) Grundsätzliches	109
b) Angemessenheit	113
c) Besonderheiten bei der Unternehmensbewertung	117

	Rz.		Rz.
2. Bestimmung eines (Umtausch-) Verhältnisses		d) Sonderfälle	
a) Unternehmensbewertung als Ausnahmefall	118	aa) Schutz von Sonderrechten	122
b) Bare Zuzahlung gem. § 196 UmwG	120	bb) Bestimmung des Geschäftsguthabens gem. § 256 UmwG bei Genossenschaft	124
c) Besondere Schwierigkeiten bei der Bewertung	121	V. Vermögensübertragung	125

Schrifttum: *Adolff*, Unternehmensbewertung im Recht der börsennotierten Aktiengesellschaft, 2007; *Austmann*, Der verschmelzungsrechtliche Squeeze-out nach dem 3. UmwÄndG 2011, NZG 2011, 684; *Austmann/Frost*, Vorwirkungen von Verschmelzungen, ZHR 169 (2005), 431; *Baums*, Rechtsfragen der Bewertung bei Verschmelzung börsennotierter Gesellschaften, GS Schindhelm, 2009, S. 63; *Bungert*, Umtauschverhältnis bei Verschmelzung entspricht nicht den Börsenwerten, BB 2003, 699; *Bungert/Eckert*, Unternehmensbewertung nach Börsenwert: Zivilgerichtliche Umsetzung der BVerfG-Rechtsprechung, BB 2000, 1845; *Bungert/Leyendecker-Langner*, Börsenkursrechtsprechung beim vorgeschalteten Delisting, BB 2014, 521; *Bungert/Wansleben*, Dividendenanspruch bei Verschiebung der Gewinnberechtigung bei Verschmelzungen, DB 2013, 979; *Bungert/ Wettich*, Die zunehmende Bedeutung des Börsenkurses bei Strukturmaßnahmen im Wandel der Rechtsprechung, FS Hoffmann-Becking, 2013, S. 157; *Bungert/Wettich*, Neues zur Ermittlung des Börsenwerts bei Strukturmaßnahmen, ZIP 2012, 449; *Bungert/ Wettich*, Der neue verschmelzungsspezifische Squeeze-out nach § 62 Abs. 5 UmwG n.F., DB 2011, 1500; *Bungert/Wettich*, Vorgaben aus Karlsruhe zum Referenzzeitraum des Börsenwerts für die Abfindung bei Strukturmaßnahmen, BB 2010, 2227; *Bücker*, Die Berücksichtigung des Börsenkurses bei Strukturmaßnahmen – BGH revidiert DAT/Altana, NZG 2010, 967; *Fink*, Anforderungen und Ausgestaltung von Unternehmensbewertungen bei der Verschmelzung von Genossenschaften, ZfgG 60 (2010), 191; *Decher*, Die Ermittlung des Börsenkurses für Zwecke der Barabfindung beim Squeeze out, ZIP 2010, 1673; *Fleischer/Bong*, Unternehmensbewertung bei konzernfreien Verschmelzungen zwischen Geschäftsleiterermessen und Gerichtskontrolle, NZG 2013, 881; *Friese-Dormann/ Rothenfußer*, Selbstfinanzierungseffekt und Bagatellgrenze als Frage der Angemessenheit des Umtauschverhältnisses bei Verschmelzungen, AG 2008, 243; *Göthel*, Der verschmelzungsrechtliche Squeeze-out, ZIP 2011, 1541; *Großfeld*, Europäische Unternehmensbewertung, NZG 2002, 353; *Hasselbach/Jakobs*, Bewertungsfragen bei der Verwendung von Aktien als Transaktionswährung, AG 2014, 217; *Heurung*, Berücksichtigung von Ertragsteuerwirkungen in Unternehmensbewertungsmodellen im Rahmen von Verschmelzungstatbeständen, DB 1999, 1225; *Heurung*, Zur Anwendung und Angemessenheit verschiedener Unternehmenswertverfahren im Rahmen von Umwandlungsfällen, DB 1997, 837; *Heurung*, Zur Unternehmensbewertung bei Umtauschverhältnissen im Rahmen der Spaltung, DStR 1997, 1302 und 1341; *Heurung/Kurtz/Wagener*, Zur Berücksichtigung unterschiedlicher Kapitalstrukturen im Rahmen der Unternehmensbewertung bei Verschmelzungstatbeständen, WPg 1999, 797; *Hofmeister*, Der verschmelzungsrechtliche Squeeze-out: Wichtige Aspekte und Besonderheiten der Verschmelzung, NZG 2012, 688; *Kiem*, Die Ermittlung der Verschmelzungswertrelation bei der grenzüberschreitenden Verschmelzung, ZGR 2007, 542; *Klöhn*, Das Verhandlungsmodell bei konzerninternen Verschmelzungen. Rechtsvergleichende Erfahrungen aus Delaware und ihre Implikationen für das deutsche Recht, FS Stilz, 2014, S. 365; *Klöhn/Verse*, Ist das „Verhandlungsmodell" zur Bestimmung der Verschmelzungswertrelation verfassungswidrig?, AG 2013, 2; *Klose*, Zur Frage des angemessenen Umtauschverhältnisses von Anteilen bei einer Verschmelzung von zwei Aktiengesellschaften, WuB II P § 15 UmwG 1.07; *Knoll*, Wider die Gefahr einer höheren Kompensation von Minderheitsaktionären?, ZIP 2008, 538; *Mar-*

tens, Verschmelzung, Spruchverfahren und Anfechtungsklage in Fällen eines unrichtigen Umtauschverhältnisses, AG 2000, 301; *Mayer*, Praxisfragen des verschmelzungsrechtlichen Squeeze-out-Verfahrens, NZG 2012, 561; *Puszkajler*, Verschmelzungen zum Börsenkurs? – Verwirklichung der BVerfG-Rechtsprechung, BB 2003, 1692; *Reichert*, Eigentumsschutz und Unternehmensbewertung in der Rechtsprechung des Bundesverfassungsgerichts, FS Stilz, 2014, S. 479; *Reuter*, Gesellschaftsrechtliche Fragen der Unternehmensbewertung mit internationalen Bezügen, AG 2007, 881; *Reuter*, Börsenkurs und Unternehmenswertvergleich aus Eigensicht – Gleichbehandlung der Aktionäre, Synergie und die Lage bei Verschmelzungen nach BGH-DAT/Altana, DB 2001, 2483; *Riegger/Wasmann*, Ausnahmen von der Berücksichtigung des Börsenkurses bei der Ermittlung gesetzlich geschuldeter Kompensationen im Rahmen von Strukturmaßnahmen, FS Stilz, 2014, S. 509; *Rölike/Tonner*, Der Schutz des Minderheitsaktionärs durch Art. 14 GG, in *Rensen/Brink*, Linien der Rechtsprechung des Bundesverfassungsgerichts, Band 1, 2009, S. 199; *Ruthardt/Hachmeister*, Börsenkurs, Ertragswert, Liquidationswert und fester Ausgleich – Zur methodenbezogenen Meistbegünstigung bei der Ermittlung der angemessenen Barabfindung im Gesellschaftsrecht –, WM 2014, 725; *Ruthardt/Hachmeister*, Börsenkurs und/oder Ertragswert in Squeeze Out Fällen – Der Fall Hoechst-AG, NZG 2014, 455; *Schockenhoff/Lumpp*, Der verschmelzungsrechtliche Squeeze out in der Praxis, ZIP 2013, 749; *Schulte/Köller/Luksch*, Eignung des Börsenkurses und des Ertragswerts als Methoden zur Ermittlung von Unternehmenswerten für die Bestimmung eines angemessenen Umtauschverhältnisses bei (Konzern-)Verschmelzungen, WPg 2012, 380; *Siepelt*, Zur Unternehmensbewertung im Rahmen einer Verschmelzung, EWiR § 16 UmwG 1/06, 27; *Stilz*, Die Anwendung der Business Judgement Rule auf die Feststellung des Unternehmenswerts bei Verschmelzungen, FS Mailänder, 2006, S. 423; *Terlau/Strese*, Verschmelzungsbericht und Verschmelzungsprüfung rein vorsorglich? – Der verschmelzungsrechtliche Squeeze-out in der Praxis, AG 2014, R78; *Tonner*, Die Maßgeblichkeit des Börsenkurses bei der Bewertung des Anteilseigentums – Konsequenzen aus der Rechtsprechung des Bundesverfassungsgerichts, FS K. Schmidt, 2009, S. 1581; *J. Vetter*, Die Regelung der grenzüberschreitenden Verschmelzung im UmwG?, AG 2006, 613; *Weiler/Meyer*, Heranziehung des Börsenkurses zur Unternehmensbewertung bei Verschmelzungen, ZIP 2001, 2153; *Wicke*, Verschmelzungswertrelation, FS Stilz, 2014, S. 707; *Wittgens/Redeke*, Zu aktuellen Fragen der Unternehmensbewertung im Spruchverfahren, ZIP 2007, 1015.

I. Einführung

1 Im Umwandlungsrecht sind grundsätzlich **zwei Anlässe für eine Unternehmensbewertung** denkbar: Zum einen ist ein Umtauschverhältnis zu bestimmen, zu dem Anteile am übertragenden Rechtsträger in solche am übernehmenden Rechtsträger umgetauscht werden. Zum anderen ist ein Barabfindungsanspruch zugunsten derjenigen Anteilsinhaber zu bestimmen, die der jeweiligen Umwandlung widersprechen und aus der Gesellschaft ausscheiden.

2 Die folgenden Ausführungen behandeln die **Umwandlungen nach dem Umwandlungsgesetz**. Insbesondere werden die Verschmelzung (§§ 2 bis 122 UmwG, II. – unten Rz. 3 ff.), die Spaltung (§§ 123 bis 173 UmwG, III. – unten Rz. 78 ff.) und der Formwechsel (§§ 190 bis 304 UmwG, IV. – unten Rz. 106 ff.) thematisiert. Eine Vermögensübertragung nach den §§ 174 bis 189 UmwG findet in der Praxis nur äußerst selten statt,[1] so dass hierzu einige kurze Hinweise genügen sollen (V. – unten Rz. 125). Umwandlungen auf andere Art und Weise,

---

1 Vgl. *Fonk* in Semler/Stengel, § 174 UmwG Rz. 10 („Schattendasein").

die nicht im Umwandlungsgesetz geregelt sind – wie insbesondere die Anwachsung bei Personengesellschaften (§ 738 BGB)[1] –, bleiben nach § 1 Abs. 2 UmwG grundsätzlich möglich, spielen in der Bewertungspraxis jedoch keine größere Rolle.

II. Verschmelzung

§ 2 UmwG nennt **zwei mögliche Arten** einer Verschmelzung: Verschmelzung im Wege der Aufnahme durch Übertragung des Vermögens eines oder mehrerer Rechtsträger als Ganzes auf einen anderen bestehenden Rechtsträger (Nr. 1) und Verschmelzung im Wege der Neugründung durch Übertragung der Vermögen zweier oder mehrerer Rechtsträger jeweils als Ganzes auf einen neuen, von ihnen dadurch gegründeten Rechtsträger (Nr. 2). Die Gegenleistung besteht dabei in der Gewährung von Anteilen oder Mitgliedschaften des übernehmenden oder neuen Rechtsträgers an die Anteilsinhaber des bzw. der übertragenden Rechtsträger (§ 2 UmwG a.E.).

3

Eine Unternehmensbewertung ist regelmäßig bereits in der Vorbereitungsphase einer Verschmelzung erforderlich, um ein angemessenes Umtauschverhältnis bzw. die Höhe einer gegebenenfalls anzubietenden Barabfindung zu bestimmen.[2] Denn sowohl bei einer **Verschmelzung im Wege der Aufnahme** (§ 5 Abs. 1 Nr. 3 UmwG) als auch bei einer **Verschmelzung im Wege der Neugründung** (§ 36 Abs. 1 UmwG i.V.m. § 5 Abs. 1 Nr. 3 UmwG) sind Angaben über das Umtauschverhältnis und eine gegebenenfalls anzubietende Barabfindung – den **beiden möglichen Bewertungsanlässen** – schon im Verschmelzungsvertrag bzw. in dessen Entwurf erforderlich (§§ 5 Abs. 1 Nr. 3, 29 UmwG).

4

1. Bestimmung eines Umtauschverhältnisses

a) Das Umtauschverhältnis

aa) Grundsätzliches

Anlass für eine Unternehmensbewertung gibt bei der Verschmelzung zunächst die erforderliche Bestimmung eines Umtauschverhältnisses. Das Umtauschverhältnis i.S.v. § 5 Abs. 1 Nr. 3 UmwG bestimmt, wie viele Anteile am übernehmenden Rechtsträger die Anteilsinhaber des übertragenden Rechtsträgers **als Gegenleistung für ihre Anteile** erhalten sollen.[3] Charakteristisch für eine

5

---

1 Näher dazu *J. Semler/Stengel* in Semler/Stengel, Einl. A Rz. 88; *J. Semler* in Semler/Stengel, § 1 UmwG Rz. 57, 59; *Drygala* in Lutter, § 1 UmwG Rz. 51, sowie § 22 Rz. 9.
2 *Drygala* in Lutter, § 2 UmwG Rz. 36; s. dort auch ausführlich Rz. 34 ff. zum Ablauf einer Verschmelzung; kritisch *Stengel* in Semler/Stengel, § 2 UmwG Rz. 57 mit Fn. 118.
3 *Schröer* in Semler/Stengel, § 5 UmwG Rz. 25; *Drygala* in Lutter, § 5 UmwG Rz. 25; *Müller* in Kallmeyer, § 5 UmwG Rz. 19; *Mayer* in Widmann/Mayer, 136. Erg.-Lfg. April 2013, § 5 UmwG Rz. 94.

Verschmelzung ist, dass das Vermögen des übertragenden Rechtsträgers im Wege der Universalsukzession, also „als Ganzes", auf den übernehmenden Rechtsträger übergeht.[1] Vollzogen wird die Verschmelzung durch Eintragung der Verschmelzung in das Handelsregister. Der übertragende Rechtsträger erlischt dadurch ohne Liquidation und dessen Anteilsinhaber verlieren ihre Anteile am übertragenden Rechtsträger. Die Anteilsinhaber des übertragenden Rechtsträgers werden kraft Gesetzes Anteilsinhaber des übernehmenden Rechtsträgers. Sie sind dann jeweils in ihrer Gesamtheit in dem Verhältnis an dem übernehmenden Rechtsträger beteiligt, das dem ehemaligen Wertverhältnis der beiden Rechtsträger zueinander entspricht.[2]

6   Das Umtauschverhältnis muss gem. § 5 Abs. 1 Nr. 3 UmwG zwingend **im Verschmelzungsvertrag angegeben** werden. Bei Kapitalgesellschaften wird das Umtauschverhältnis üblicherweise in einem zahlenmäßigen Verhältnis dargestellt (z.B. 1:3). Bei Personengesellschaften erfolgt die Festlegung dagegen anhand der Gesellschafterkonten.[3] Besonderheiten gelten nach § 80 Abs. 1 UmwG bei einer Verschmelzung im Wege der Aufnahme durch eine Genossenschaft. Anstelle von Angaben zum Umtauschverhältnis sind Angaben über die Mitgliedschaft (vgl. § 5 Abs. 1 Nr. 3 UmwG a.E.) erforderlich, wenn der übernehmende Rechtsträger ein eingetragener Verein oder ein Versicherungsverein auf Gegenseitigkeit ist.[4] Befinden sich alle Anteile eines übertragenden Rechtsträgers in der Hand des übernehmenden Rechtsträgers, ist die Angabe dagegen nach § 5 Abs. 2 UmwG entbehrlich (sog. upstream merger), da hier kein Anteilstausch stattfindet.[5] In diesem Fall ist nach §§ 54 Abs. 1 Satz 1 Nr. 1, 68 Abs. 1 Satz 1 Nr. 1 UmwG auch eine Kapitalerhöhung nicht erforderlich. Zudem kann nach §§ 54 Abs. 1 Satz 3, 68 Abs. 1 Satz 3 von der Gewährung von Anteilen abgesehen werden, wenn alle Anteilsinhaber des übertragenden Rechtsträgers in notarieller Form hierauf verzichten. Gemäß § 110 UmwG sind Angaben zum Umtauschverhältnis entbehrlich, wenn nur Versicherungsvereine auf Gegenseitigkeit an der Verschmelzung beteiligt sind.

7   Im **Verschmelzungsbericht** ist das Umtauschverhältnis (sowie eine gegebenenfalls anzubietende Barabfindung, dazu unten Rz. 60 ff.) zu erläutern und zu begründen (§ 8 Abs. 1 Satz 1 UmwG). Der Wortlaut des Gesetzes schreibt dabei rechtliche und wirtschaftliche Ausführungen vor. Die Erläuterungen müssen so ausführlich sein, dass die Anteilsinhaber diese auf ihre Plausibilität hin

---

1   Vgl. dazu und zum folgenden nur *Drygala* in Lutter, § 2 UmwG Rz. 29; *Stengel* in Semler/Stengel, § 5 UmwG Rz. 34 ff.
2   OLG Stuttgart v. 8.3.2006 – 20 W 5/05, DStR 2006, 626; *Schröer* in Semler/Stengel, § 5 UmwG Rz. 25.
3   Ausführlich *Schröer* in Semler/Stengel, § 5 UmwG Rz. 26 f.; vgl. aber auch *Mayer* in Widmann/Mayer, 136. Erg.-Lfg. April 2013, § 5 UmwG Rz. 94: Angabe eines zahlenmäßigen Verhältnisses nicht zwingend erforderlich.
4   *Schröer* in Semler/Stengel, § 5 UmwG Rz. 34; *Mayer* in Widmann/Mayer, 136. Erg.-Lfg. April 2013, § 5 UmwG Rz. 94; näher *Müller* in Kallmeyer, § 5 UmwG Rz. 21.
5   Ausführlich dazu *Drygala* in Lutter, § 5 UmwG Rz. 139 ff.; *Schröer* in Semler/Stengel, § 5 UmwG Rz. 128 ff.

überprüfen können.[1] Anzugeben ist dabei auch, wie das Umtauschverhältnis ermittelt wurde, etwa ob Bewertungsgutachten eingeholt wurden oder die Festsetzung auf eigenen Feststellungen der Vertretungsorgane beruht.[2] Ferner ist die jeweils angewendete Methode der Unternehmensbewertung darzustellen.[3] Dabei sind Ausführungen dazu erforderlich, warum die ausgewählte Bewertungsmethode angemessen ist, soweit nicht die gängige Ertragswertmethode angewandt wurde.[4] Abweichungen von der Ertragswertmethode als „Standardbewertungsmethode"[5] sowie von den Grundsätzen des IDW S 1 sind ebenfalls im Verschmelzungsbericht zu begründen.[6]

In der Praxis erfolgt die Darstellung häufig dergestalt, dass die **Darstellungen zum Umtauschverhältnis** im Text des Verschmelzungsberichts kurz gehalten werden, indem sich der Vorstand nur dem Bewertungsgutachten des mit der Bewertung beauftragten Wirtschaftsprüfers anschließt. Das gesamte, von dem Wirtschaftsprüfer unterzeichnete Bewertungsgutachten wird dann in einer Anlage zum Verschmelzungsbericht abgedruckt. Seltener werden heute die Ausführungen aus dem Bewertungsgutachten in den entsprechenden Teil des Verschmelzungsberichtes vollständig integriert. In jedem Fall machen die Ausführungen zur Unternehmensbewertung einen erheblichen Teil des Verschmelzungsberichtes aus. 8

Gemäß § 8 Abs. 2 UmwG ist die Angabe von solchen **Tatsachen** im Bericht nicht erforderlich, deren Bekanntwerden geeignet ist, einem der beteiligten Rechtsträger oder einem verbundenen Unternehmen **einen nicht unerheblichen Nachteil zuzufügen**. Dabei ist konkret zu begründen, warum bestimmte Angaben nicht in den Bericht aufgenommen wurden.[7] So ist etwa bei der Nichtaufnahme bestimmter Planungen oder Prognosen darauf hinzuweisen, in wie fern diese ansonsten von Mitbewerbern zum Schaden des Unternehmens 9

---

1 OLG Karlsruhe v. 30.6.1989 – 15 U 76/88, AG 1990, 35 (36 f.); OLG Hamm v. 4.3.1999 – 8 W 11/99, NZG 1999, 560 (561) = AG 1999, 422 (424); OLG Düsseldorf v. 11.8.2006 – I-15 W 110/05, AG 2007, 363 (365); *Mayer* in Widmann/Mayer, 88. Erg.-Lfg. Mai 2006, § 8 UmwG Rz. 25; *Marsch-Barner* in Kallmeyer, § 8 UmwG Rz. 11; *Gehling* in Semler/Stengel, § 8 UmwG Rz. 22; *Lutter/Drygala* in Lutter, § 8 UmwG Rz. 18.
2 *Gehling* in Semler/Stengel, § 8 UmwG Rz. 23.
3 *Gehling* in Semler/Stengel, § 8 UmwG Rz. 24; *Lutter/Drygala* in Lutter, § 8 UmwG Rz. 19; *Mayer* in Widmann/Mayer, 88. Erg.-Lfg. Mai 2006, § 8 UmwG Rz. 25; *Marsch-Barner* in Kallmeyer, § 8 UmwG Rz. 11.
4 LG Mannheim v. 3.3.1988 – 24 O 75/87, AG 1988, 248 (249); *Drygala* in Lutter, § 8 UmwG Rz. 19; *Gehling* in Semler/Stengel, § 8 UmwG Rz. 25; *Mayer* in Widmann/Mayer, 108. Erg.-Lfg. Juni 2009, § 8 UmwG Rz. 30.
5 So wörtlich *Mayer* in Widmann/Mayer, 136. Erg.-Lfg. April 2013, § 5 UmwG Rz. 99.
6 *Gehling* in Semler/Stengel, § 8 UmwG Rz. 25; *Drygala* in Lutter, § 8 UmwG Rz. 19; *Marsch-Barner* in Kallmeyer, § 8 UmwG Rz. 13.
7 BGH v. 29.10.1990 – II ZR 146/89, WM 1990, 2073 (2075 f.) = AG 1991, 102; OLG Hamm v. 20.6.1988 – 8 U 329/87, DB 1988, 1842 (1843) = AG 1989, 31; *Gehling* in Semler/Stengel, § 8 UmwG Rz. 65; *Marsch-Barner* in Kallmeyer, § 8 UmwG Rz. 32.

verwendet werden könnten.¹ In den Fällen des § 8 Abs. 3 UmwG, also bei Verzicht aller Anteilsinhaber aller beteiligten Rechtsträger oder beim sog. upstream merger (dazu bereits oben Rz. 6 a.E.), ist sogar der gesamte **Verschmelzungsbericht entbehrlich**.

bb) Ermittlung des Umtauschverhältnisses

10 Im UmwG ist nicht geregelt, **wie das Umtauschverhältnis** im Einzelnen **zu ermitteln** ist. Grundsätzlich ist hierzu eine Unternehmensbewertung für jeden der an der Verschmelzung beteiligten Rechtsträger notwendig.² Dafür sprechen auch die Anforderungen, die § 12 UmwG an den Prüfungsbericht stellt. Denn dort ist u.a. anzugeben, nach welchen Methoden das vorgeschlagene Umtauschverhältnis ermittelt worden ist und aus welchen Gründen die Anwendung dieser Methoden angemessen ist (§ 12 Abs. 2 Satz 2 UmwG).³ Nach einer in der Literatur vertretenen Ansicht kann eine Unternehmensbewertung aber bei „überschaubaren Verhältnissen" verzichtbar sein, etwa wenn das Umtauschverhältnis anhand der Jahresabschlüsse bestimmbar ist.⁴ Dies ist in der Praxis jedoch nur äußerst selten der Fall.

cc) Angemessenheit

11 Zielvorstellung des Gesetzes ist ein angemessenes Umtauschverhältnis: Nach § 12 Abs. 2 Satz 1 UmwG soll das vorgeschlagene Umtauschverhältnis (bzw. gegebenenfalls die Höhe der baren Zuzahlung oder die Mitgliedschaft bei dem übernehmenden Rechtsträger) **als Gegenwert** für den Anteilsverlust **angemessen** sein.⁵ Dies bedeutet, dass der Wert der Anteile am übertragenden Rechtsträger dem Wert der neuen Anteile am übernehmenden Rechtsträger entsprechen muss.⁶ Gleichzeitig lässt sich aus dem Begriff „Angemessenheit" aber auch folgern, dass es innerhalb einer gewissen Bandbreite mehrere angemessene Umtauschverhältnisse geben kann, und nicht nur ein einziges „richtiges"

---

1 Beispiel nach *Stratz* in Schmitt/Hörtnagl/Stratz, § 8 UmwG Rz. 30. Die Grundsätze zu § 131 Abs. 3 Satz 1 AktG lassen sich übertragen, *Stratz* in Schmitt/Hörtnagl/Stratz, § 8 UmwG Rz. 31; s. dazu statt vieler *Koch* in *Hüffer*, § 131 AktG Rz. 24 ff.
2 *Mayer* in Widmann/Mayer, 136. Erg.-Lfg. April 2013, § 5 UmwG Rz. 96; *Marsch-Barner* in Kallmeyer, § 8 UmwG Rz. 12; *Drygala* in Lutter, § 5 UmwG Rz. 33.
3 Daran ändert nichts, dass die genaue Bedeutung des Begriffs „Methoden" im Einzelnen umstritten ist, da alle Ansichten von Methoden der Unternehmensbewertung ausgehen und sich nur hinsichtlich der erforderlichen Darstellungstiefe im Prüfungsbericht unterscheiden; vgl. zum Meinungsstand etwa *Zeidler* in Semler/Stengel, § 12 UmwG Rz. 8.
4 *Marsch-Barner* in Kallmeyer, § 8 UmwG Rz. 12.
5 Ausführlich *Drygala* in Lutter, § 5 UmwG Rz. 27.
6 BayObLG v. 18.12.2002 – 3Z BR 116/00, AG 2003, 569 (570); OLG Stuttgart v. 8.3.2006 – 20 W 5/05 – Rz. 33, AG 2006, 420 (422) m.w.N.; OLG München v. 14.5.2007 – 31 Wx 87/06, AG 2007, 701 (702); OLG Frankfurt v. 9.2.2010 – 5 W 38/09 – Rz. 11; OLG München v. 26.7.2012 – 31 Wx 250/11, AG 2012, 749 (750); *Drygala* in Lutter, § 5 UmwG Rz. 27.

Umtauschverhältnis existiert.[1] Die Angemessenheit des Umtauschverhältnisses ist entbehrlich, wenn alle Anteilsinhaber zustimmen.[2]

dd) Problem des „krummen" Umtauschverhältnisses

Wenn sich aus den Unternehmensbewertungen der an der Verschmelzung beteiligten Rechtsträger ein Umtauschverhältnis ergibt, das sich nicht in ganzen Zahlen ausdrücken lässt (sog. „krummes" Umtauschverhältnis), führt dies zu Schwierigkeiten bei der Abwicklung der Verschmelzung.[3] Ein Umtausch von Bruchteilen an Aktien ist nicht möglich (§ 8 Abs. 5 AktG). Auch halten die Aktionäre in der Regel nicht zufällig ein Vielfaches an Aktien, das sich wiederum zu einer geraden Anzahl von Aktien umtauschen lässt.[4] Diese Schwierigkeiten können durch **bare Zuzahlungen** vermieden werden. Diese dürfen jedoch nach dem Gesetz maximal 10 % des Gesamtnennbetrags der gewährten Anteile der übernehmenden Gesellschaft betragen.[5] 12

Hierzu kann entweder das Umtauschverhältnis zu Lasten der Anteilseigner des übertragenden Rechtsträgers gerundet und der dadurch entstehende Nachteil durch eine bare Zuzahlung je Aktie des übertragenden Rechtsträgers kompensiert werden.[6] Dies kann unter Umständen allerdings zu beträchtlichen Liquiditätsabflüssen – unterhalb der 10 %-Grenze – führen. Um hohe Barzahlungen zu vermeiden, wird im Verschmelzungsvertrag in der Regel das „krumme" Umtauschverhältnis festgelegt. Der Umtausch erfolgt dann anhand dieses Umtauschverhältnisses so, dass die Anteile des Aktionärs des übertragenden Rechtsträgers in die größtmögliche ganzzahlige Anzahl von Aktien am übernehmenden Rechtsträger umgetauscht werden.[7] Verbleibende, sich dadurch **in der Spitze je Aktionär möglicherweise ergebende Aktienbruchteile**[8] werden ausgeglichen, indem die Gesamtheit der Bruchteile aller Aktionäre in Aktien des übernehmenden Rechtsträgers umgetauscht wird. Diese Aktien des übernehmenden Rechtsträgers werden dann für Rechnung der betroffenen Aktionäre **zum Börsenpreis** – bzw. bei Fehlen eines Börsenpreises durch öffentliche 13

---

1 Vgl. nur *Drygala* in Lutter, § 5 UmwG Rz. 27, § 9 UmwG Rz. 11.
2 Näher *Mayer* in Widmann/Mayer, 136. Erg.-Lfg. April 2013, § 5 UmwG Rz. 94 a.E.; *Drygala* in Lutter, § 5 UmwG Rz. 27.
3 Siehe etwa das Beispiel bei *Schröer* in Semler/Stengel, § 5 UmwG Rz. 31; auch *Drygala* in Lutter, § 5 UmwG Rz. 62.
4 *Schröer* in Semler/Stengel, § 5 UmwG Rz. 31.
5 §§ 54 Abs. 4, 68 Abs. 3, 87 Abs. 2 Satz 2 UmwG. Bei Personenhandelsgesellschaften gibt es keine solche Begrenzung, vgl. *Müller* in Kallmeyer, § 5 UmwG Rz. 22.
6 *Schröer* in Semler/Stengel, § 5 UmwG Rz. 31; *Simon* in KölnKomm. UmwG, § 2 UmwG Rz. 128.
7 Vgl. *Simon* in KölnKomm. UmwG, § 2 UmwG Rz. 128; *Schröer* in Semler/Stengel, § 5 UmwG Rz. 31.
8 Beispiel: Auf eine „Restaktie" verbleibt bei einem Umtauschverhältnis von 4:1 ein Bruchteil von $\frac{1}{4}$ Aktie.

Versteigerung – **verwertet** und der Erlös an die betroffenen Aktionäre **ausgekehrt**.[1]

14 Bare Zuzahlungen an die Anteilseigner des übernehmenden Rechtsträgers sind hingegen nicht möglich.[2] Eine Rundung zu ihren Lasten könnte aber beispielsweise durch Zahlung einer Dividende vor Wirksamwerden der Verschmelzung oder durch Verschiebung der Gewinnberechtigung[3] ausgeglichen werden.[4]

15 Darüber hinaus kann dann, wenn Stamm- und Vorzugsaktien des übertragenden Rechtsträgers in Stammaktien des übernehmenden Rechtsträgers getauscht werden sollen, der Verlust von Vorzügen bei nur diesem Teil der Anteilsinhaber des übertragenden Rechtsträgers mit barer Zuzahlung kompensiert werden. Auch in anderen Fällen kann so den Anteilsinhabern von „wertvolleren" Aktien ein relativer Verlust durch bare Zuzahlung kompensiert werden.[5]

ee) Auswahl der Bewertungsmethode

16 Das UmwG ordnet nicht an, mithilfe welcher **Bewertungsmethode** das Umtauschverhältnis zu bestimmen ist.[6] Auch aus Art. 14 Abs. 1 GG lässt sich insoweit keine Vorgabe ableiten. Die Auswahl der Bewertungsmethode liegt daher im pflichtgemäßen Ermessen des Vertretungsorgans der jeweiligen Gesellschaft.[7] Aus § 12 Abs. 2 Satz 2 Nr. 2 UmwG ergibt sich lediglich, dass das Vertretungsorgan eine angemessene Methode auswählen muss.[8] In der Praxis wird für eine Unternehmensbewertung meist die Ertragswertmethode (dazu § 4 Rz. 30 ff.) verwandt, die von der Rechtsprechung akzeptiert wird und jeden-

---

1 *Simon* in KölnKomm. UmwG, § 72 UmwG Rz. 19; *Marsch-Barner* in Kallmeyer, UmwG. 5. Aufl. 2013, § 72 UmwG Rz. 3. Weitere Maßnahmen, um ein krummes Umtauschverhältnis auszugleichen, erläutert *Mayer* in Widmann/Mayer, 136. Erg.-Lfg. April 2013, § 5 UmwG Rz. 128 f.
2 *Müller* in Kallmeyer, § 5 UmwG Rz. 22; näher *Schröer* in Semler/Stengel, § 5 UmwG Rz. 32.
3 Zur Verschiebung der Gewinnberechtigung auch *Bungert/Wansleben*, DB 2013, 979.
4 *Schröer* in Semler/Stengel, § 5 UmwG Rz. 32; *Müller* in Kallmeyer, § 5 UmwG Rz. 22; *Mayer* in Widmann/Mayer, 136. Erg.-Lfg. April 2013, § 5 UmwG Rz. 130.
5 Zum ganzen *Marsch-Barner* in Kallmeyer, § 23 UmwG Rz. 8; *Schröer* in Semler/Stengel, § 5 UmwG Rz. 33.
6 BVerfG v. 30.5.2007 – 1 BvR 1267/06 u. 1280/06, AG 2007, 697 (699); BVerfG v. 26.4.2011 – 1 BvR 2658/10, AG 2011, 511; OLG Düsseldorf v. 11.8.2006 – I-15 W 110/05, AG 2007, 363 (365); BVerfG v. 24.5.2012 – 1 BvR 3221/10, ZIP 2012, 1656 = AG 2012, 674 (675); *Gehling* in Semler/Stengel, § 8 UmwG Rz. 24; *Drygala* in Lutter, § 5 UmwG Rz. 34; *Marsch-Barner* in Kallmeyer, § 8 UmwG Rz. 14 m.w.N. aus der Rechtsprechung.
7 *Marsch-Barner* in Kallmeyer, § 8 UmwG Rz. 14; ausführlich *Gehling* in Semler/Stengel, § 8 UmwG Rz. 24.
8 *Gehling* in Semler/Stengel, § 8 UmwG Rz. 24.

falls „verfassungsrechtlich unbedenklich" ist.[1] Dabei wird in der Praxis auf die anerkannten Bewertungsstandards des IDW S 1 i.d.F. 2008[2] zurückgegriffen.[3] Daneben ist auch die Anwendung der Discounted Cash Flow-Methode (dazu ausführlich § 9) zulässig.[4] Hingegen ist die früher häufig verwendete Substanzwertmethode zur Ermittlung des Unternehmenswertes heute in der Regel nicht mehr als angemessen anzusehen.[5]

Bei börsennotierten Gesellschaften ist problematisch, ob anstelle der Ertragswertmethode auch oder ausschließlich der **Börsenkurs berücksichtigt werden kann**. Für aktienrechtliche Strukturmaßnahmen hat das BVerfG eine umfassende Rechtsprechung zur Berücksichtigung des Börsenkurses – die sog. Börsenkursrechtsprechung – entwickelt (dazu ausführlich § 16 Rz. 61 ff.).[6] Ausgangspunkt der Entwicklungen ist die *DAT/Altana*-Entscheidung aus dem Jahr 1999, in der das BVerfG feststellte, dass im Hinblick auf Art. 14 Abs. 1 GG der Börsenwert einer Aktie jedenfalls für die Bestimmung der Abfindung und des Ausgleichs bei Beherrschungs- und/oder Gewinnabführungsverträgen sowie bei der Mehrheitseingliederung die Untergrenze der festzulegenden angemessenen Abfindung bildet.[7] Wie der Börsenkurs zu ermitteln ist, hat das BVerfG dabei den Fachgerichten überlassen.[8] Daran anknüpfend hat der BGH im Jahr 2010 beschlossen, dass für die Ermittlung des Börsenwertes einer Aktie grundsätzlich auf die dreimonatige Referenzperiode vor Bekanntmachung der Struk-

17

---

1 BVerfG v. 27.4.1999 – 1 BvR 1613/94, AG 1999, 566 (568); BVerfG v. 30.5.2007 – 1 BvR 1267/06, 1 BvR 1280/06, AG 2007, 697 (699); BVerfG v. 20.12.2010 – 1 BvR 2323/07, AG 2011, 128 (130); BVerfG v. 26.4.2011 – 1 BvR 2658/10 – Rz. 23, AG 2011, 511; BVerfG v. 24.5.2012 – 1 BvR 3221/10, ZIP 2012, 1656 = AG 2012, 674 (675); aus der neueren Instanzrechtsprechung etwa BGH v. 21.7.2003 – II ZB 17/01, AG 2003, 627 (628) (zur Barabfindung gem. § 305 AktG); BayObLG v. 18.12.2002 – 3Z BR 116/00, AG 2003, 569 (570); OLG Karlsruhe v. 16.7.2008 – 12 W 16/02, AG 2009, 47 (49); OLG München v. 14.7.2009 – 31 Wx 121/06, WM 2009, 1848 (1849); OLG Stuttgart v. 22.9.2009 – 20 W 20/06, AG 2010, 42 (43); OLG Frankfurt v. 9.2.2010 – 5 W 38/09 – Rz. 12; weitere Nachweise bei *Drygala* in Lutter, § 5 UmwG Rz. 52 Fn. 1, 2.
2 IDW Standard: Grundsätze zur Durchführung von Unternehmensbewertungen (IDW S 1 i.d.F. 2008), Stand: 2.4.2008.
3 Vgl. *Gehling* in Semler/Stengel, § 8 UmwG Rz. 24; *Marsch-Barner* in Kallmeyer, § 8 UmwG Rz. 13; WP-Handbuch 2014, Band II, Abschn. F Rz. 228; *Fleischer*, AG 2014, 97 (99) (in concreto zu aktienrechtlichen Abfindungsansprüchen).
4 *Mayer* in Widmann/Mayer, 136. Erg.-Lfg. April 2013, § 5 UmwG Rz. 99, 100.3; *Marsch-Barner* in Kallmeyer, § 8 UmwG Rz. 14.
5 *Mayer* in Widmann/Mayer, 136. Erg.-Lfg. April 2013, § 5 UmwG Rz. 98; *Zeidler* in Semler/Stengel, § 12 UmwG Rz. 10; anders offenbar *Marsch-Barner* in Kallmeyer, § 8 UmwG Rz. 14.
6 Dazu ausführlich *Bungert/Wettich* in FS Hoffmann-Becking, 2013, S. 157 ff.
7 BVerfG v. 27.4.1999 – 1 BvR 1613/94, BVerfGE 100, 289 = AG 1999, 566 = NJW 1999, 3769.
8 BVerfG v. 27.4.1999 – 1 BvR 1613/94, BVerfGE 100, 289 = AG 1999, 566 = NJW 1999, 3769 (3772); BVerfG v. 29.11.2006 – 1 BvR 704/03 – „Siemens/Nixdorf", AG 2007, 119 = NJW 2007, 828 ff.

turmaßnahme abzustellen ist.[1] Dabei ist ein volumengewichteter Durchschnittskurs zu bilden.[2]

18 Im Anschluss an die *DAT/Altana*-Entscheidung des BVerfG und die dort entwickelte Untergrenze-Rechtsprechung hat der BGH für aktienrechtliche Strukturmaßnahmen das sog. **Meistbegünstigungsprinzip** entwickelt. Danach sind jedenfalls für die isolierte („absolute") Bewertung zur Ermittlung einer Abfindung beim Unternehmensvertrag und bei der Eingliederung sowohl Börsenwert als auch anteiliger Unternehmenswert zu ermitteln. Die Abfindung hat dann dem höheren der beiden Werte zu entsprechen.[3] Damit geht der BGH über die Vorgaben des BVerfG hinaus. Im Hinblick auf das Umtauschverhältnis bei Verschmelzungen ist die oberlandesgerichtliche Rechtsprechung uneinheitlich. Zum Teil wird ein Meistbegünstigungsprinzip ausdrücklich anerkannt, zum Teil ausdrücklich abgelehnt (aber dann dennoch faktisch gewahrt).[4] Einen Vorlagebeschluss an den BGH hat es dazu bislang nicht gegeben.

19 In seinem Beschluss *T-Online/Deutsche Telekom*, der eine Verschmelzung von zwei Publikumsaktiengesellschaften im Konzern zum Gegenstand hatte, hat das BVerfG das Meistbegünstigungsprinzip ausdrücklich für verfassungsrechtlich nicht geboten erklärt und die alleinige Berücksichtigung des Börsenkurses als eine im Grundsatz unbedenkliche Wertermittlungsmethode anerkannt.[5] Letzteres sei aber in Fällen der Marktenge, bei Anzeichen einer gezielten Pflege des Aktienkurses in Ansehung der bevorstehenden Strukturmaßnahmen oder bei unzureichender Information des Marktes wegen eines Verstoßes gegen Mitteilungspflichten nicht der Fall.[6] Aufgrund dieser neueren Entscheidungen erhält die bereits zuvor sowohl im Schrifttum als auch in der Instanzrechtspre-

---

1 BGH v. 19.7.2010 – II ZB 18/09 – „Stollwerck", BGHZ 186, 229 = BB 2010, 1941 = AG 2010, 629; dazu *Decher* ZIP 2010, 1673; *Bungert/Wettich* BB 2010, 2227.
2 BGH v. 19.7.2010 – II ZB 18/09, BGHZ 186, 229 = AG 2010, 629 = BB 2010, 1941 f. Näher dazu *Bungert/Wettich* in FS Hoffmann-Becking, 2013, S. 157 (162 f.).
3 BGH v. 12.3.2001 – II ZB 15/00 – „DAT/Altana", BGHZ 147, 108 = BB 2001, 1053 (1055 f.) = AG 2001, 417; bestätigt in BGH v. 19.7.2010 – II ZB 18/09 – „Stollwerck", BGHZ 186, 229 = BB 2010, 1941 (1943) = AG 2010, 629; ausführlich dazu *Adolff*, Unternehmensbewertung im Recht der börsennotierten Aktiengesellschaft, 2007, S. 317 ff.
4 Siehe dazu die detaillierte Auswertung der Rechtsprechung von OLG Düsseldorf, OLG Frankfurt, OLG München und OLG Stuttgart bei *Ruthardt/Hachmeister* WM 2014, 725 (727 f.).
5 BVerfG v. 26.4.2011 – 1 BvR 2658/10, NZG 2011 869 (870 f.) = AG 2011, 511; dazu *Bungert*, BB 2011, 1521; ebenso für den Fall des übernahmerechtlichen Squeeze-out BVerfG v. 16.5.2012 – 1 BvR 96/09 u.a. – „Deutsche Hypothekenbank", AG 2012, 625 = NZG 2012, 907; näher dazu sowie zu den Folgen der Entscheidung *Bungert/Wettich* in FS Hoffmann-Becking, 2013, S. 157 (170 ff.). Zustimmung *Gehling* in Semler/Stengel, § 8 UmwG Rz. 26. Siehe auch zum umgekehrten Fall, in dem der Börsenkurs höher ist, als der mit der Ertragswertmethode ermittelte Unternehmenswert OLG Frankfurt v. 20.12.2013 – 21 W 40/11, S. 17 f., nach dem auch ein solches Meistbegünstigungsprinzip nicht besteht.
6 BVerfG v. 26.4.2011 – 1 BvR 2658/10, NZG 2011, 869 = AG 2011, 511; ausführlich zu Ausnahmen von der Berücksichtigung des Börsenkurses *Riegger/Wasmann* in FS Stilz, 2014, S. 509 ff.

chung lebhaft diskutierte Frage, ob diese sog. **Börsenkursrechtsprechung auch auf die ("relative") Bewertung in Verschmelzungssituationen übertragen** werden kann, neue Brisanz.[1] Dabei muss aber weiterhin zwischen Konzernverschmelzungen und Verschmelzungen unverbundener Gesellschaften differenziert werden, da die Börsenkursrechtsprechung ursprünglich für Konzernierungsfälle entwickelt wurde.[2]

Bei **Konzernverschmelzungen** besteht im Ausgangspunkt ein Interessengegensatz zwischen Großaktionär und Minderheitsaktionären, der als Rechtfertigung für einen Minderheitenschutz in Betracht kommt.[3] Dementsprechend entschied das BVerfG in Sachen *T-Online/Deutsche Telekom* für einen Fall des *upstream merger*, dass die von ihm in der Börsenkursrechtsprechung entwickelten Maßgaben „sich auf den hier gegebenen Fall einer Verschmelzung durch Aufnahme übertragen" lassen.[4]

20

Ohne Bedeutung für das Umtauschverhältnis bleiben im Vorfeld der Verschmelzung von einem Großaktionär gezahlte **Vorerwerbspreise**. Für Barabfindungsfälle ist dies herrschende Rechtsprechung:[5] Zahlt ein Großaktionär für Aktien einer Tochtergesellschaft mit einem **Paketzuschlag** versehene Vorerwerbspreise, orientieren sich diese Vorerwerbspreise ausschließlich am individuellen Grenznutzen des Großaktionärs. Sie stellen nicht zwingend den wahren Anteilswert dar, auf den es für die Ermittlung der Barabfindung aber gerade ankommt.[6] Bei der Ermittlung des Umtauschverhältnisses kann ebenfalls nichts anderes gelten. Für den Sonderfall, dass der Großaktionär als börsennotierte Aktiengesellschaft selbst übernehmender Rechtsträger ist (sog. *upstream merger*), steht der Berücksichtigung von Vorerwerbspreisen für das Umtauschverhältnis sogar darüber hinaus auch der Grundsatz der Methodengleichheit (s. unten Rz. 24) entgegen. Für die Bewertung des Großaktionärs als übernehmendem Rechtsträgers würde es nämlich kein Pendant zu den bei der

21

---

1 Die bisherige Diskussion zusammenfassend *Bungert/Wettich* in FS Hoffmann-Becking, 2013, S. 157 (182 ff.) m.w.N. Aus der neueren Literatur s. *Luttermann*, EWiR § 15 UmwG 1/12, 571 (572); *Jahn*, AG 2012, R239; *Klöhn/Verse*, AG 2013, 2 (9).
2 *Bungert/Wettich* in FS Hoffmann-Becking, 2013, S. 157 (183, 185).
3 Ausführlich *Baums* in GS Schindhelm, 2009, S. 63 (105 ff.); *Adolff* Unternehmensbewertung im Recht der börsennotierten Aktiengesellschaft, 2007, S. 442 ff.; *Bungert/Wettich* in FS Hoffmann-Becking, 2013, S. 157 (184); *Rölike/Tonner* in Linien der Rechtsprechung des BVerfG – Band 1, 2009, S. 199 (204).
4 BVerfG v. 26.4.2011 – 1 BvR 2658/10 – „T-Online/Deutsche Telekom", NZG 2011, 869 (870 f.) = AG 2011, 511; näher *Bungert/Wettich* in FS Hoffmann-Becking, 2013, S. 157 (184 f.); vgl. auch die Besprechungen von *Bungert*, BB 2011, 1521 (1522); *von der Linden*, EWiR § 5 UmwG 1/11, 515; *Verannemann*, GWR 2011, 256; *H.-F. Müller*, WuB 2011, 547; ebenso *Rölike/Tonner* in Linien der Rechtsprechung des BVerfG – Band 1, 2009, S. 199 (215).
5 BVerfG v. 27.4.1999 – 1 BvR 1613/94, AG 1999, 566 (568); BGH v. 19.7.2010 – II ZB 18/09 – Rz. 31 (obiter) – „Stollwerck", AG 2010, 629 (632); OLG Stuttgart v. 19.1.2011 – 20 W 2/07, AG 2011, 420 (422 f.); LG München I v. 21.6.2013 – 5HK O 19183/09, AG 2014, 168 (174 f.); LG München I v. 10.12.2010 – 5 HK O 11403/09.
6 BVerfG v. 27.4.1999 – 1 BvR 1613/94, AG 1999, 566 (568); LG München I v. 21.6.2013 – 5HK O 19183/09, AG 2014, 168 (174 f.); LG München I v. 10.12.2010 – 5 HK O 11403/09.

Bewertung des übertragenden Rechtsträgers berücksichtigten Vorerwerbspreisen geben.

22 Bei **der Verschmelzung zweier oder mehrerer unabhängiger Gesellschaften** fehlt es anders als bei Konzernverschmelzungen grundsätzlich an dem bei Konzernierungsfällen typischen Interessengegensatz im Aktionärskreis einer Gesellschaft. Vielmehr sind sowohl Groß- als auch Kleinaktionäre derselben Gesellschaft an einem für sie möglichst günstigen Umtauschverhältnis interessiert.[1] Dennoch hat das BVerfG jüngst in Sachen *Daimler/Chrysler*, einem sog. *merger of equals*, festgestellt, dass seine für die Fallgestaltungen eines Beherrschungs- und Gewinnabführungsvertrags sowie einer Eingliederung entwickelten Maßgaben „auf den hier gegebenen Fall einer Verschmelzung durch Aufnahme zu übertragen" seien, jedoch ohne einen einzigen Satz der Begründung.[2] Angesichts des fehlenden strukturellen Interessengegensatzes hätte man zumindest eine Stellungnahme dazu erwartet, dass hiermit die verfassungsrechtlichen Grundlagen der Börsenkursrechtsprechung geändert wurden, waren diese doch ursprünglich als Schutz der Minderheitsaktionäre in Konzernierungsfällen konzipiert gewesen.[3] Das BVerfG lässt darüber hinaus auch völlig offen, wie die Börsenkursrechtsprechung in der Praxis insbesondere mit dem Grundsatz der Methodengleichheit (s. unten Rz. 24) zu vereinbaren ist. Trotz allem wird man künftig aber wohl für alle Formen der Verschmelzung durch Aufnahme mit einer grundsätzlichen Anwendung der Börsenkursrechtsprechung rechnen müssen.[4]

23 Ob auch im einfachen Freiverkehr gebildete Preise entsprechend der Börsenkursrechtsprechung zur Unternehmensbewertung heranzuziehen sind, ist zu bezweifeln.[5] Allerdings könnten die Grundsätze der Börsenkursrechtsprechung zumindest auf den sog. qualifizierten Freiverkehr übertragen werden, soweit

---

1 Näher *Adolff* Unternehmensbewertung im Recht der börsennotierten Aktiengesellschaft, 2007, S. 442 ff.; *Baums* in GS Schindhelm, 2009, S. 63 (85 ff.); *Bungert/ Wettich* in FS Hoffmann-Becking, 2013, S. 157 (186 f.); *Rölike/Tonner* in Linien der Rechtsprechung des BVerfG – Band 1, 2009, S. 199 (204).
2 BVerfG v. 24.5.2012 – 1 BvR 3221/10 – „Daimler/Chrysler", AG 2012, 674 = ZIP 2012, 1656 f. m. abl. Anm. *Drygala*, WuB II P. § 15 UmwG 1.13, S. 418 (420). Ebenso bereits *Tonner* in FS K. Schmidt, 2009, S. 1581 (1595 f.); a.A. *Rölike/Tonner* in Linien der Rechtsprechung des BVerfG, 2009, S. 199 (215).
3 *Bungert/Wettich* in FS Hoffmann-Becking, 2013, S. 157 (187 f.).
4 *Bungert/Wettich* in FS Hoffmann-Becking, 2013, S. 157 (187 f.); vgl. auch OLG Frankfurt v. 5.12.2013 – 21 W 36/12, NZG 2014, 464 (464 ff.) (Im Laufe des Verfahrens hatten 7 (!) Ertragswertgutachten zu äußerst unterschiedlichen Ergebnissen geführt) m. abl. Anm. *Ruthardt/Hachmeister* NZG 2014, 455; *Luttermann*, EWiR § 15 UmwG 1/12, 571 (572); *Jahn*, AG 2012, R 239; a.A. *Marsch-Barner* in Kallmeyer, § 8 UmwG Rz. 14 sowie *Mayer* in Widmann/Mayer, 136. Erg.-Lfg. April 2013, § 5 UmwG Rz. 100.1, der die grundsätzliche Übertragbarkeit nach wie vor für ungeklärt hält. Auch *Klöhn/Verse*, AG 2013, 2 (9) halten die Frage für offen.
5 Siehe schon zum Aktienrecht LG München I v. 29.12.2011 – 5 HK O 2417/03; *Singhof* in Spindler/Stilz, § 327b AktG Rz. 5; *Veil* in Spindler/Stilz, § 305 AktG Rz. 57.

eine ordnungsgemäße Preisbildung und hinreichende Verkehrsfähigkeit gewährleistet ist.[1]

Eine Unternehmensbewertung nach einer angemessenen Bewertungsmethode ist für jeden Rechtsträger, der an der Verschmelzung beteiligt ist, erforderlich (s. schon Rz. 10). In der Praxis wird eine Bewertung durch einen neutralen Wirtschaftsprüfer für beide Rechtsträger oder eine gemeinsame Bewertung durch jeweils einen zu diesem Zweck beauftragten Wirtschaftsprüfer der betroffenen Gesellschaften vor Abschluss des Verschmelzungsvertrages vorgenommen.[2] Zu beachten ist der sog. **Grundsatz der Methodengleichheit** (dazu ausführlich § 16 Rz. 82 ff.).[3] Demnach müssen alle beteiligten Gesellschaften anhand derselben Bewertungsmethode beurteilt werden.[4] Dies bedeutet insbesondere auch, dass ein einheitlicher Bewertungsstichtag (näher unten Rz. 28) zu wählen ist.[5] Aber auch innerhalb derselben Bewertungsmethode müssen den Bewertungen der jeweiligen Unternehmen dieselben Annahmen zugrunde gelegt werden, um zur richtigen Unternehmenswertrelation zu gelangen. Außerdem scheidet wegen dieses Grundsatzes eine Berücksichtigung des Börsenkurses (oben Rz. 17 ff.) aus, wenn nicht alle der beteiligten Rechtsträger börsennotiert sind.[6] Die Auswahl unterschiedlicher Bewertungsmethoden kommt nur ausnahmsweise in Betracht, wenn ansonsten keine angemessene Unternehmenswertrelation erreicht werden könnte.[7] Die Vergleichbarkeit beider Be-

24

---

1 Eingehend *Bungert/Leyendecker* BB 2014, 521 (523 f.); *Koch* in *Hüffer*, § 305 AktG Rz. 41.
2 *Drygala* in Lutter, § 5 UmwG Rz. 33.
3 BayObLG v. 18.12.2002 – 3Z BR 116/00, ZIP 2003, 253 (257) = AG 2003, 569 (571); OLG Karlsruhe v. 10.1.2006 – 12 W 136/04, NZG 2006, 670 (671) = AG 2006, 463 (464); OLG München v. 14.5.2007 – 31 Wx 87/06, AG 2007, 701 (704 f.); OLG Frankfurt v. 17.11.2009 – 20 W 412/07 – Rz. 42 f.; OLG Frankfurt v. 3.9.2010 – 5 W 57/09 – Rz. 126, AG 2010, 751 (Teilabdruck); OLG Stuttgart v. 14.10.2010 – 20 W 16/06 – Rz. 410 f., AG 2011, 49 (Teilabdruck); OLG Frankfurt v. 4.3.2011 – 21 W 1/11 – Rz. 32; OLG München v. 26.7.2012 – 31 Wx 250/11, AG 2012, 749 (752); *Drygala* in Lutter, § 5 UmwG Rz. 28 m.w.N.; *Marsch-Barner* in Kallmeyer, § 8 UmwG Rz. 14.
4 *Drygala* in Lutter, § 5 UmwG Rz. 43; *Mayer* in Widmann/Mayer, 136. Erg.-Lfg. April 2013, § 5 UmwG Rz. 101; *Großfeld*, Recht der Unternehmensbewertung, Rz. 56.
5 *Bula/Pernegger* in Sagasser/Bula/Brünger, Umwandlungen, 4. Aufl. 2011, § 9 Rz. 81; *Mayer* in Widmann/Mayer, 136. Erg.-Lfg. April 2013, § 5 UmwG Rz. 131; *Drygala* in Lutter, § 5 UmwG Rz. 32; *Wicke* in FS Stilz, 2014, S. 707 (719).
6 OLG Karlsruhe v. 10.1.2006 – 12 W 136/04, NZG 2006, 670 (671) = AG 2006, 463 (464); OLG Stuttgart v. 8.3.2006 – 20 W 5/05, AG 2006, 420 (427); OLG München v. 14.5.2007 – 31 Wx 87/06, AG 2007, 701 (705); OLG Stuttgart v. 14.10.2010 – 20 W 16/06 – Rz. 410 f., AG 2011, 49 (Teilabdruck). Ebenso *Drygala* in Lutter, § 5 UmwG Rz. 43; *Marsch-Barner* in Kallmeyer, § 8 UmwG Rz. 14; *Mayer* in Widmann/Mayer, 136. Erg.-Lfg. April 2013, § 5 UmwG Rz. 100.1.; a.A. *Tonner* in FS K. Schmidt, 2009, S. 1581 (1594); *Puszkajler*, BB 2003, 1692 (1694).
7 Beispiel bei *Drygala* in Lutter, § 5 UmwG Rz. 29 (Verschmelzung eines ertragreichen Unternehmens ohne nennenswerte Vermögensgegenstände mit einem ertragsarmen Unternehmen, welches über erhebliche Vermögensgegenstände verfügt); s. auch *Bermel/Hannappel* in Goutier/Knopf/Tulloch, § 5 UmwG Rz. 23; *Wicke* in FS Stilz, 2014, S. 707 (716 f.).

wertungsergebnisse ist dann im Verschmelzungsbericht besonders zu erläutern.[1]

25 Bei der Verschmelzung von zwei voneinander unabhängigen Gesellschaften (sog. *merger of equals*) stellt sich die Sonderfrage, ob das sog. **Verhandlungsmodell** als eine Art besonderer Bewertungsmethode angewandt werden kann. Ausgangspunkt dieser Frage ist die Überlegung, dass sich bei einer Verschmelzung konzernunabhängiger, also selbständiger Rechtsträger zwei gleichberechtigte Verhandlungspartner begegnen, so dass man hier von einer tatsächlichen Verhandlungssituation sprechen kann.[2] Dabei gelangen die Parteien zu einem Umtauschverhältnis, das aus Sicht beider beteiligter Rechtsträger angemessen ist. Einfluss auf ein solches für angemessen befundenes Umtauschverhältnis können und haben in der Praxis in der Verhandlungssituation nicht allein die üblichen Parameter zur Bestimmung des Unternehmenswertes, sondern auch andere Umstände der Verschmelzung, wie etwa künftige strategische Ausrichtung und nicht zuletzt die geplante Besetzung der Ämter der Vertretungsorgane im übernehmenden Rechtsträger.

26 Vor diesem Hintergrund hat das OLG Stuttgart in mehreren Entscheidungen das sog. Verhandlungsmodell vertreten, das den gerichtlichen Prüfungsmaßstab bezüglich des angemessenen Umtauschverhältnisses einengt.[3] Danach ist der „in einer marktkonformen Verhandlung gefundene Preis [...] grundsätzlich als angemessen zu betrachten". Ein Eingriff in das von den Parteien vereinbarte Umtauschverhältnis soll dann nicht stattfinden, wenn die Vertretungsorgane der beteiligten Rechtsträger die Sorgfalt eines ordentlichen und gewissenhaften Geschäftsführers angewendet haben.[4] Demnach soll hier der Maßstab der Business Judgement Rule[5] gelten. Dieses Verhandlungsmodell war Gegenstand einer Verfassungsbeschwerde zum BVerfG (Daimler/Chrysler).[6] Nach Ansicht des BVerfG genügt es nicht den verfassungsrechtlichen Anforderungen des Art. 14 Abs. 1 GG, wenn „bei der Verschmelzung zweier wirtschaftlich und rechtlich unabhängiger Unternehmen [...] die gerichtliche Kontrolle im Spruchverfahren auf die Prüfung eines ordnungsgemäßen Verhandlungsprozesses der Vorstände beschränkt" wird. Vielmehr hat das Gericht auch in diesen Fällen

---

1 *Drygala* in Lutter, § 5 UmwG Rz. 29, § 8 UmwG Rz. 19; *Marsch-Barner* in Kallmeyer, § 8 UmwG Rz. 11; *Wicke* in FS Stilz, 2014, S. 707 (717).
2 Vgl. *Klöhn/Verse*, AG 2013, 2; *Fleischer/Bong*, NZG 2013, 881 (883); *Hasselbach/Jakobs*, AG 2014, 217 (222). Zur Übertragbarkeit der Verhandlungsmethode auch auf konzerninterne Verschmelzungen *Klöhn* in FS Stilz, 2014, S. 365 (366 ff.).
3 OLG Stuttgart v. 8.3.2006 – 20 W 5/05 – Wüstenrot/Württembergische, AG 2006, 420; OLG Stuttgart v. 14.10.2010 – 20 W 16/06 – „Daimler/Chrysler", AG 2011, 49; zustimmend OLG Frankfurt v. 9.2.2010 – 5 W 33/09, ZIP 2010, 729 (730 f.); LG Frankfurt/M. v. 13.3.2009 – 3-5 O 57/06, AG 2009, 749 (752); *Brandi/Wilhelm*, NZG 2009, 1408 (1412); *Habersack*, AG 2009, 1 (13). S. auch *Stilz* in FS Mailänder, 2006, S. 423 (433 ff.).
4 OLG Stuttgart v. 14.10.2010 – 20 W 16/06, AG 2011, 49 (2. LS).
5 Dazu statt vieler *Spindler* in MünchKomm. AktG, 4. Aufl. 2014, § 93 AktG Rz. 36 ff.
6 BVerfG v. 24.5.2012 – 1 BvR 3221/10 – „Daimler/Chrysler", AG 2012, 674 ff. – Nichtannahmebeschluss. Siehe dazu auch die Stellungnahme von *Adolff*, § 16 Rz. 60.

umfassend zu prüfen, ob durch das Verhandlungsergebnis ein voller wirtschaftlicher Wertausgleich für den Verlust der Anteile am übertragenden Rechtsträger geschaffen wird.[1] Es wird allerdings in der Literatur vertreten, dass der Prüfungsansatz des OLG Stuttgart dieser Auffassung nicht zu wider läuft.[2] Ob dies tatsächlich der Fall ist, bleibt abzuwarten.

ff) Grundsätze der Ermittlung des Unternehmenswertes

Ausgangspunkt für die Ermittlung des Unternehmenswertes ist jeweils der derzeitige **Verkehrswert („wahrer Wert")**[3] des an der Verschmelzung beteiligten Unternehmens, wie er sich ohne die geplante Verschmelzung darstellt.[4] Es ist dabei jeweils das Unternehmen als Ganzes zu bewerten, nicht die einzelnen Anteile am Unternehmen.[5] Jedoch kommt es nicht auf die richtige Ermittlung des einzelnen Unternehmenswertes in seiner absoluten Höhe an, sondern allein darauf, ob die Unternehmenswertrelation der beiden (mehreren) Unternehmen angemessen ist.[6]

27

Der für die Unternehmensbewertung maßgebliche **Bewertungsstichtag** ist bei der Bestimmung des Umtauschverhältnisses – anders als bei der Bestimmung eines Barabfindungsanspruchs (dazu unten Rz. 67) – gesetzlich nicht normiert.[7] Aus § 30 Abs. 1 Satz 1 UmwG sowie § 305 Abs. 3 Satz 2 AktG schließt die herrschende Ansicht jedoch, dass auch für das Umtauschverhältnis die Wertverhältnisse am Tag der Hauptversammlung der übertragenden Gesellschaft maßgeblich sind.[8] Dies entspricht auch der herrschenden Rechtsprechung.[9] In der Praxis bezieht sich die Bewertung technisch regelmäßig auf den Stichtag des letzten Jahresabschlusses. Die so ermittelten Werte werden dann auf den Tag der Hauptversammlung aufgezinst, wobei auch etwaige positive oder negative Entwicklungen bis zum Bewertungsstichtag berücksichtigt werden, ggf.

28

---

1 BVerfG v. 24.5.2012 – 1 BvR 3221/10 – „Daimler/Chrysler", AG 2012, 674 (675).
2 So *Klöhn/Verse*, AG 2013, 2 (5).
3 *Mayer* in Widmann/Mayer, 136. Erg.-Lfg. April 2013, § 5 UmwG Rz. 96; wohl auch *Gehling* in Semler/Stengel, § 8 UmwG Rz. 26.
4 OLG Düsseldorf v. 20.10.2005 – 19 W 11/04 AktE, AG 2006, 287 (288); *Großfeld*, Recht der Unternehmensbewertung, Rz. 56.
5 OLG Stuttgart v. 8.3.2006 – 20 W 5/05, AG 2006, 420 (421 f.); OLG Stuttgart v. 6.7.2007 – 20 W 5/06, AG 2007, 705 (706); OLG München v. 14.5.2007 – 31 Wx 87/06, AG 2007, 701 (702); OLG Frankfurt v. 3.9.2010 – 5 W 57/09 – Rz. 27, AG 2010, 751; *Großfeld*, Recht der Unternehmensbewertung, Rz. 57.
6 *Drygala* in Lutter, § 5 UmwG Rz. 28; *Kiem*, ZGR 2007, 542 (550).
7 *Bula/Pernegger* in Sagasser/Bula/Brünger, Umwandlungen, 4. Aufl. 2011, § 9 Rz. 81; *Drygala* in Lutter, § 5 UmwG Rz. 32; *Marsch-Barner* in Kallmeyer, § 8 UmwG Rz. 21; *Mayer* in Widmann/Mayer, 136. Erg.-Lfg. 2013, § 5 UmwG Rz. 131; *Schröer* in Semler/Stengel, § 5 UmwG Rz. 59.
8 *Bungert/Wansleben*, DB 2013, 979 (980) m.w.N.; *Schröer* in Semler/Stengel, § 5 UmwG Rz. 59; *Mayer* in Widmann/Mayer, 136. Erg.-Lfg. April 2013, § 5 UmwG Rz. 131; 108. Erg.-Lfg. Juni 2009, § 8 UmwG Rz. 30.
9 OLG Frankfurt v. 3.9.2010 – 5 W 57/09, WM 2010, 1841 (1857) = AG 2010, 751; vgl. auch BGH v. 4.12.2012 – II ZR 17/12, DB 2013, 334 (337) = AG 2013, 165: Dieser Bewertungsstichtag würde sich „anbieten".

mittels einer sog. Aktualitätserklärung.[1] Bei Aktiengesellschaften ist die Informationspflicht gegenüber der Hauptversammlung nach § 64 Abs. 1 Satz 2 UmwG zu beachten.[2] Eine andere Möglichkeit, erheblichen Wertänderungen zu begegnen, wäre die Vereinbarung einer auflösenden Bedingung.[3] Nach anderer Ansicht kann der Bewertungsstichtag hingegen durch die Parteien des Verschmelzungsvertrags frei bestimmt werden, muss aber vor dem Zeitpunkt der Beschlussfassung durch die Anteilseigner liegen.[4]

29 In den Fällen, in denen auf den Börsenkurs abgestellt wird (dazu oben Rz. 17 ff.), ist dagegen nicht der Kurs an einem bestimmten Stichtag maßgeblich, sondern ein Durchschnittskurs. Im Rahmen der „Stollwerck"-Entscheidung hat der BGH für die Ermittlung der Barabfindung in Squeeze-out-Fällen unter Abkehr seiner bisherigen Rechtsprechung entschieden, dass der maßgebliche **Referenzzeitraum** für die Berechnung eines solchen Durchschnittskurses dem Dreimonatszeitraum vor der (erstmaligen) Bekanntgabe der Strukturmaßnahme durch die Gesellschaft entspricht. Dadurch bleiben Kursbeeinflussungen durch (Abfindungs-)Spekulationen in Folge der Ankündigung einer Maßnahme unberücksichtigt, da solche rein spekulativen Preisausschläge nicht den wahren Unternehmenswert widerspiegeln.[5] Auch in Verschmelzungssituationen spiegeln derart beeinflusste Börsenkurse nicht den wahren Unternehmenswert wieder, so dass auch für die Ermittlung der Verschmelzungswertrelation anhand von Börsenkursen Referenzzeitraum der Dreimonatszeitraum vor Bekanntgabe der Verschmelzungsabsicht ist.[6]

30 Der so gefundene Durchschnittskurs muss nach Auffassung des BGH möglicherweise bei einem **längeren Zeitraum** zwischen der Bekanntgabe der Verschmelzungsabsicht und dem Hauptversammlungsbeschluss über die Maßnahme korrigiert werden. Soweit ein geeigneter Branchenindex vorhanden ist, könnte dieser zur **Hochrechnung** der theoretischen Entwicklung der Aktie in diesem Zeitraum „unter Berücksichtigung der seitherigen Kursentwicklung" heranzuziehen sein.[7] Wie das in der Praxis konkret auszusehen hat, ist bislang

---

1 *Bungert/Wansleben*, DB 2013, 979 (980); *Mayer* in Widmann/Mayer, 136. Erg.-Lfg. April 2013, § 5 UmwG Rz. 131; 108. Erg.-Lfg. Juni 2009, § 8 UmwG Rz. 30; vgl. auch *Schröer* in Semler/Stengel, § 5 UmwG Rz. 59; *Zeidler* in Semler/Stengel, § 9 UmwG Rz. 42; *Hoffmann-Becking* in FS Fleck, 1988, S. 105 (117); WP-Handbuch 2014, Band II, Abschn. A, Rz. 56.
2 Näher dazu *Mayer* in Widmann/Mayer, 136. Erg.-Lfg. April 2013, § 5 UmwG Rz. 132.
3 Vgl. *Drygala* in Lutter, § 5 UmwG Rz. 32 a.E.; *Schröer* in Semler/Stengel, § 5 UmwG Rz. 30, 113.
4 *Drygala* in Lutter, § 5 UmwG Rz. 32; *Bula/Pernegger* in Sagasser/Bula/Brünger, Umwandlungen, 4. Aufl. 2011, § 9 Rz. 82; ähnlich *Marsch-Barner* in Kallmeyer, § 8 UmwG Rz. 21.
5 BGH v. 19.7.2010 – II ZB 18/09, ZIP 2010, 1487 = AG 2010, 629.
6 *Bücker*, NZG 2010, 967 (971); *Bungert/Wettich*, BB 2010, 2227 (2231); *Decher*, ZIP 2010, 1673 (1676); *Drygala* in Lutter, § 5 UmwG Rz. 44; *Rieder*, Minderheitenschutz bei der Verschmelzung unter Beteiligung von Kapitalgesellschaften, 2012, S. 190 f.; *Schilling/Witte*, Der Konzern 2010, 477 (479 f.).
7 Jeweils zum Squeeze-out BGH v. 19.7.2010 – II ZB 18/09, AG 2010, 629 (632); OLG Frankfurt v. 21.12.2010 – 5 W 15/10; *Decher*, ZIP 2010, 1673 (1676).

offen geblieben, so dass eine Hochrechnung wohl erhebliche Probleme bereiten würde und der hochgerechnete Unternehmenswert mit großen Unsicherheiten behaftet wäre.[1] Allerdings kommt es für die Ermittlung des Umtauschverhältnisses nur auf die Wertrelation der beteiligten Unternehmen an, welche sich durch die Hochrechnung beider Börsenkurse dann nicht verändern würde, solange die Unternehmen aus derselben Branche stammen und deshalb derselbe Branchenindex herangezogen wird.[2] Wann genau ein solcher längerer Zeitraum überhaupt erreicht ist, ist für Verschmelzungen höchstrichterlich noch nicht geklärt. Eine Frist von bis zu sieben Monaten dürfte jedoch noch kein solcher längerer Zeitraum sein.[3]

31 Problematisch ist aber, dass sich **zwischen der Festlegung des Umtauschverhältnisses** im Verschmelzungsvertrag **und dem Wirksamwerden der Verschmelzung** durch Eintragung in das Handelsregister der übernehmenden Gesellschaft (§ 20 Abs. 1 UmwG) **Wertverschiebungen** ergeben können.[4] Nachträgliche Veränderungen der Unternehmenswerte können die Angemessenheit des Umtauschverhältnisses jedoch nicht unrichtig machen, da nach der Wurzeltheorie des BGH (dazu § 12 Rz. 41 ff.) Entwicklungen und Umstände, die erst nach dem Bewertungsstichtag eintreten, bei der Bewertung nur dann zu berücksichtigen sind, wenn sie in den am Stichtag bestehenden Verhältnisses bereits angelegt waren.[5] Das Gesetz weist das Risiko, dass sich die Umstände und Verhältnisse und damit auch wertbildende Faktoren zwischen der Zustimmung der Hauptversammlung(en) zum Verschmelzungsvertrag und dem Wirksamwerden der Verschmelzung ändern, den beteiligten Gesellschaften und ihren Anteilsinhabern zu.[6] Der Verschmelzungsvertrag mit dem vereinbarten Umtauschverhältnis ist daher grundsätzlich auch dann bindend, wenn sich nach dem Bewertungsstichtag Umstände oder Verhältnisse ergeben haben, die Auswirkungen auf das angemessene vereinbarte Umtauschverhältnis haben.[7] Nur ganz ausnahmsweise und unter engen Voraussetzungen kann bei gravierenden Wertabweichungen im Verschmelzungsverfahren eine Störung der Geschäftsgrundlage anzunehmen sein.[8]

---

1 Ausführlich zu den praktischen Schwierigkeiten einer Hochrechnung *Bungert/Wettich*, BB 2010, 2227 (2230 f.).
2 *Bungert/Wettich*, ZIP 2012, 449 (455).
3 Ausführlich *Drygala* in Lutter, § 5 UmwG Rz. 46 ff.; *Bungert/Wettich*, ZIP 2012, 449 (454).
4 Ausführlich dazu *Bungert/Wansleben*, DB 2013, 979 (981 980 ff.) m.w.N.; *Drygala* in Lutter, § 5 UmwG Rz. 69 f.; *Marsch-Barner* in Kallmeyer, § 5 UmwG Rz. 29; *Schröer* in Semler/Stengel, § 5 UmwG Rz. 62.
5 *Bungert/Wansleben*, DB 2013, 979 (982) m.w.N.; BGH v. 17.1.1973 – IV ZR 142/70, DB 1973, 563 (565); BGH v. 4.3.1998 – II ZB 5/97, DB 1998, 872 (873) = AG 1998, 286; OLG Karlsruhe v. 4.2.1998 – 15 W 25/97, AG 1998, 288 (289).
6 *Bungert/Wansleben*, DB 2013, 979 (983).
7 *Austmann/Frost*, ZHR 169 (2005), 431 (456); *Simon* in KölnKomm. UmwG, § 5 UmwG Rz. 44.
8 Näher *Austmann/Frost*, ZHR 169 (2005), 431 (456 f.) m.w.N.; *Bungert/Wansleben*, DB 2013, 979 (983) m.w.N.; *Simon* in KölnKomm. UmwG, § 5 UmwG Rz. 48; offen gelassen von BGH v. 4.12.2012 – II ZR 17/12 – Rz. 30, AG 2013, 165 (168), da dies die Bindung der Rechtsträger an den Verschmelzungsvertrag betreffe und sich daraus kein Zahlungsanspruch der Anteilsinhaber ergebe.

32 In der Praxis wird im Verschmelzungsvertrag in der Regel ein sog. **rollierender Stichtag** vorgesehen. Danach verschiebt sich der Verschmelzungsstichtag um je ein ganzes Jahr, falls sich die Eintragung der Verschmelzung in das Handelsregister aufgrund von Anfechtungsklagen (s. § 16 Abs. 2 und 3 UmwG) verzögert.[1] Der Bewertungsstichtag bleibt dabei jedoch unverändert. Auch dieser Unterfall lässt die Angemessenheit des im Verschmelzungsvertrag festgelegten Umtauschverhältnisses wegen Wertverschiebungen zwischen Bewertungsstichtag und Wirksamwerden der Verschmelzung grundsätzlich nicht entfallen.

33 Eine generelle Besonderheit bei Unternehmensbewertungen besteht darin, dass es sich bei der Bewertung stets um eine **Prognoseentscheidung** handelt. Nach der Rechtsprechung kommt es auf die Richtigkeit der Bewertung nur hinsichtlich der tatsächlichen Grundlagen wie etwa Umsätze, Jahresergebnisse oder Börsenkurse an.[2] Hingegen müssen die Prognoseentscheidungen lediglich plausibel sein. D.h. sie müssen als unternehmerische Entscheidungen auf zutreffenden Informationen und realistischen Annahmen beruhen und in sich widerspruchsfrei sein. Eine solche Planung wird dann – im Spruchverfahren – nicht durch eine eigene Planung des Gerichts ersetzt.[3] Wenn bestimmte Planungen nicht wie erwartet eintreten, macht dies die Unternehmensbewertung nicht unrichtig.[4]

34 Insbesondere bei Verschmelzungen stellt sich die Frage, ob **Verbundvorteile (sog. Synergieeffekte)**, auf deren Realisierung Verschmelzungen aus unternehmerischer Sicht in der Regel abzielen, bei der Unternehmensbewertung zu berücksichtigen sind. So sind etwa die wirtschaftlichen Vorteile größerer Marktmacht und damit einer verbesserten Verhandlungsposition im Einkauf und Absatz oder der gemeinsamen Nutzung von Produktionsmitteln, Verwaltungsapparat und Mitarbeitern (s. dazu allgemein § 14) häufige Motive für eine Verschmelzung. Gemäß der Definition in IDW S 1 i.d.F. 2008, Rz. 33 ist unter Synergieeffekten „die Veränderung der finanziellen Überschüsse, die durch den wirtschaftlichen Verbund zweier oder mehrerer Unternehmen entstehen und von der Summe der isoliert entstehenden Überschüsse abweichen", zu verstehen. Nach herrschender Meinung bleiben (echte) Synergieeffekte, die aufgrund der Verschmelzung erhofft werden, bei der Bestimmung des Umtauschverhältnisses außer Betracht.[5] Verbundvorteile, die nicht nur bei der konkreten Ver-

---

1 So auch in dem Verschmelzungsvertrag, der BGH v. 4.12.2012 – II ZR 17/12, AG 2013, 165 = NZG 2013, 233 zugrunde liegt. Ausführlich dazu *Bungert/Wansleben*, DB 2013, 979 (980 ff.) m.w.N. und schon *Hoffmann-Becking* in FS Fleck, 1988, S. 105 (117 ff.).
2 OLG Stuttgart v. 8.3.2006 – 20 W 5/05 – Rz. 64, AG 2006, 420 (425).
3 OLG Frankfurt v. 8.10.2009 – 20 W 210/05 – Rz. 34 f.; OLG Stuttgart v. 8.3.2006 – 20 W 5/05 – Rz. 65, AG 2006, 420 (425); LG München I v. 21.6.2013 – 5HK O 19183/09, AG 2014, 168 (170).
4 BGH v. 4.12.2012 – II ZR 17/12 – Rz. 28, AG 2013, 165.
5 BayObLG v. 19.10.1995 – 3Z BR 17/90, WM 1996, 526 = AG 1996, 127 (128); *Marsch-Barner* in Kallmeyer, § 8 UmwG Rz. 17; *Drygala* in Lutter, § 8 UmwG Rz. 23; *Zeidler* in Semler/Stengel, § 9 UmwG Rz. 48; a.A *Busse von Colbe*, ZGR 1994, 595 (607); differenzierend nach der Funktion der Unternehmensbewertung hingegen *Bula/Pernegger* in Sagasser/Bula/Brünger, Umwandlungen, 4. Aufl. 2011, § 9 Rz. 94 f.

schmelzung auftreten, sondern auch mit anderen Unternehmen derselben Branche verwirklicht werden können (sog. unechte Synergieeffekte), sind hingegen zu berücksichtigen.[1]

Sind Synergien nach diesen Grundsätzen zu berücksichtigen, schließt sich die Frage an, wie sie konkret in die Unternehmensbewertung einzustellen sind, insbesondere bei welchem der beteiligten Rechtsträger die Synergien bei der Bewertung zu berücksichtigen sind. Eine solche **Verteilung** ist vor allem deshalb problematisch, weil **Synergien** definitionsgemäß ihre Ursache im Verbund haben und von keiner Seite allein verursacht werden. Eine feste Regel hierzu existiert nicht. Entsprechend besteht weder in Rechtsprechung und Schrifttum noch in der Bewertungspraxis eine einheitliche Auffassung zur Verteilung der Synergien.[2] In der Literatur äußert eine Vielzahl von Autoren eine Präferenz für die pragmatische hälftige Teilung.[3] Demgegenüber halten andere Autoren die ertragswertanteilige Aufteilung für die vor dem Hintergrund des verfügbaren betriebswirtschaftlichen Erfahrungswissens als das derzeit für die Praxis am besten geeignete Verfahren.[4] Insgesamt spricht vieles dafür, dass den Geschäftsführungsorganen der an der Verschmelzung beteiligten Gesellschaften bei der Zurechnung von Synergien ein Spielraum zuzubilligen ist. In der Praxis wird dieser auch häufig im Wege der Verhandlungen ausgefüllt.[5] Auch das OLG Stuttgart nimmt hinsichtlich der Wahl des Verteilungsmodells einen Ermessensspielraum an.[6]

gg) Besondere Schwierigkeiten bei der Unternehmensbewertung

Nach § 8 Abs. 1 Satz 2 UmwG ist im **Verschmelzungsbericht** auf besondere Schwierigkeiten bei der Bewertung der Rechtsträger hinzuweisen. Ungewöhnliche Unsicherheiten bei der Prognose, wie sie etwa bei Sanierungsbemühungen, jungen Unternehmen, besonderen Risiken des Marktes oder einer kritischen Liquiditätslage bestehen, müssen berichtet werden.[7] In der Praxis sind solche Hinweise im Verschmelzungsbericht allerdings in der Regel nicht zu

---

1 OLG Stuttgart v. 26.10.2006 – 20 W 14/05 – Rz. 62, AG 2007, 128 (135); offen gelassen von BayObLG v. 19.10.1995 – 3Z BR 17/90, WM 1996, 526 = AG 1996, 127 (128); *Zeidler* in Semler/Stengel, § 9 UmwG Rz. 47; *Mayer* in Widmann/Mayer, 136. Erg.-Lfg. April 2013, § 5 UmwG Rz. 107; vgl. auch IDW S 1 i.d.F. 2008, Rz. 34.
2 Ausführlich dazu *Decher* in FS Hommelhoff, 2012, S. 115 (122 ff.); WP-Handbuch 2014, Band II, Abschn. F, Rz. 246-251.
3 *Böcking* in FS Moxter, 1994, S. 1408 (1427); *Dirrigl*, WPg 1989, 617 (620); *Klocke*, JbFfSt 1987/88, S. 192 (229); *Küting*, BFuP 1981, 175 (189); *Reuter*, DB 2001, 2483 (2488).
4 *Heurung*, DB 1997, 841; *Ossadnik*, ZfB 1995, 69 (76, 83); WP-Handbuch 2014, Band II, Abschn. F, Rz. 250 (mit Betonung des Ermessens des Verschmelzungsprüfers).
5 So explizit WP-Handbuch 2014, Band II, Abschn. F, Rz. 247.
6 OLG Stuttgart v. 6.7.2007 – 20 W 5/06, AG 2007, 705 (707); OLG Stuttgart v. 8.3.2006 – 20 W 5/05, AG 2006, 420 (426 f.); vgl. auch schon OLG Düsseldorf v. 17.2.1984 – 19 W 1/81, ZIP 1984, 586 (590).
7 *Drygala* in Lutter, § 8 UmwG Rz. 32; *Gehling* in Semler/Stengel, § 8 UmwG Rz. 51; *Marsch-Barner* in Kallmeyer, § 8 UmwG Rz. 24.

finden, da die Bewerter einerseits, aber auch die Verschmelzungsprüfer andererseits, den Begriff der „besonderen" Schwierigkeiten eng definieren.[1]

hh) Verschmelzungsprüfung

37 Die Angemessenheit des Umtauschverhältnisses ist im Rahmen der Prüfung der Verschmelzung nach § 9 UmwG zu überprüfen. Zu beachten ist, dass der Verschmelzungsprüfer keine eigene Bewertung vornimmt, sondern lediglich die vorgelegte Bewertung überprüft.[2] Insbesondere ist zu prüfen, ob die Bewertung ordnungsgemäß durchgeführt wurde und ob Umtauschverhältnis sowie – soweit angeboten – die Höhe der baren Zuzahlung und der Barabfindung vollständig und richtig auf der Bewertung beruhen.[3] Die **Überprüfung** erfolgt **durch einen oder mehrere Verschmelzungsprüfer.**

38 Der oder die Verschmelzungsprüfer werden auf Antrag des Vertretungsorgans der jeweiligen beteiligten Gesellschaft vom nach § 10 Abs. 2 UmwG **zuständigen Landgerichts ausgewählt und bestellt** (§ 10 Abs. 1 Satz 1 UmwG). Nach § 10 Abs. 1 Satz 2 UmwG ist es auch möglich, dass mehrere oder alle beteiligten Rechtsträger einen gemeinsamen Antrag stellen, woraufhin eine gemeinsame Bestellung erfolgt. In der Praxis einigen sich die Vertragsparteien der Verschmelzung häufig auf einen Prüfer und schlagen diesen dem Gericht als **Anregung für die Auswahl** vor. In der neueren Praxis macht das Landgericht dem Verschmelzungsprüfer im Bestellungsbeschluss **„Auflagen" über Inhalt und Umstände der Prüfung**. Den Prüfern wird etwa auferlegt, zu Ort, Zeit sowie Art und Weise der Prüfung, zu von dem Bewertungsgutachten abweichenden Prüfungsergebnissen, zu den Quellen der für die Bewertung verwendeten Parametern, zu nach Auffassung des Prüfers geringst- und höchstmöglichem vertretbarem Unternehmenswert und Ähnlichem Stellung zu nehmen. Außerdem wird dem Prüfer häufig aufgegeben, eine bestimmte Anzahl von Exemplaren des Prüfberichts zu den Akten des Gerichts zu reichen, ebenso eine Kopie der Datei seines verwendeten Rechenprogramms.

39 **Verzichten** alle Anteilsinhaber aller beteiligten Rechtsträger auf die Prüfung oder befinden sich **alle Anteile des übertragenden Rechtsträgers in der Hand des übernehmenden Rechtsträgers**, ist gem. § 9 Abs. 3 UmwG i.V.m. § 8 Abs. 3 UmwG keine Verschmelzungsprüfung notwendig. Die Verzichtserklärungen sind notariell zu beurkunden.

---

1 Siehe etwa die Verschmelzungsberichte der Vorstände *Deutsche Telekom/T-Online International* v. 8.3.2005, S. 253; *RWE/VEW/RWE Gesellschaft für Beteiligungen* v. 5.5.2000, S. 140; *Daimler-Benz/Chrysler* v. 5.8.1998, S. 93.
2 *Großfeld*, Recht der Unternehmensbewertung, Rz. 57; *Drygala* in Lutter, § 9 UmwG Rz. 11; *Müller* in Kallmeyer, § 9 UmwG Rz. 23; *Zeidler* in Semler/Stengel, § 9 UmwG Rz. 30.
3 BGH v. 22.5.1989 – II ZR 206/88, AG 1989, 399; *Mayer* in Widmann/Mayer, 108. Erg.-Lfg. Juni 2009, § 9 UmwG Rz. 27.

b) Grenzüberschreitende Verschmelzung von Kapitalgesellschaften

aa) Grundsätzliches

Die Regelungen über die grenzüberschreitende Verschmelzung von Kapitalgesellschaften in § 122a ff. UmwG setzen die EU-Richtlinie über die grenzüberschreitende Verschmelzung von Kapitalgesellschaften[1] um. Bis auf Bulgarien und Kroatien haben auch alle übrigen Mitgliedstaaten der Europäischen Union die Richtlinie umgesetzt.[2]

Eine grenzüberschreitende Verschmelzung ist nach der **Legaldefinition des § 122a Abs. 1 UmwG** eine Verschmelzung, bei der mindestens eine der beteiligten Gesellschaften dem Recht eines anderen Mitgliedstaats der Europäischen Union oder eines anderen Vertragsstaats des Abkommens über den Europäischen Wirtschaftsraum unterliegt.[3] Verschmelzungsfähige Gesellschaften sind nach § 122b Abs. 1 UmwG nur Kapitalgesellschaften i.S.v. Art. 2 Nr. 1 der Richtlinie über die grenzüberschreitende Verschmelzung von Kapitalgesellschaften. Ausgenommen sind hingegen nach § 122b Abs. 2 UmwG Genossenschaften und sog. Organismen für gemeinsame Anlagen in Wertpapieren (OGAW), also Wertpapierfonds.[4] Praktische Bedeutung haben die Regelungen über die grenzüberschreitenden Verschmelzung gem. §§ 122a ff. UmwG bislang nur bei konzerninternen Verschmelzungen erlangt. Soweit ersichtlich hat hingegen bislang keine grenzüberschreitende Verschmelzung stattgefunden, an der Publikumsaktiengesellschaften beteiligt waren. Dies liegt insbesondere daran, dass im Vorhinein nicht absehbar ist, wie viele Aktionäre von dem von Gesetzes wegen vorzusehenden Barabfindungsangebot Gebrauch machen und sich für ein Ausscheiden aus der Gesellschaft entscheiden. Dadurch droht ein hoher Abfluss an Liquidität.

Anstelle des Verschmelzungsvertrages bei einer nationalen Verschmelzung ist bei einer grenzüberschreitenden Verschmelzung der sog. **Verschmelzungsplan** nach § 122c UmwG aufzustellen.[5] Dort müssen gem. § 122c Abs. 2 Nr. 2 UmwG das Umtauschverhältnis der Gesellschaftsanteile und gegebenenfalls die Höhe der baren Zuzahlungen angegeben werden. Wenn sich alle Anteile an der übertragenden Gesellschaft in der Hand der übernehmenden Gesellschaft befinden (*upstream merger*, dazu für nationale Verschmelzungen schon Rz. 6),

---

1 Richtlinie 2005/56/EG des Europäischen Parlaments und des Rates vom 26.10.2005 über die Verschmelzung von Kapitalgesellschaften aus verschiedenen Mitgliedstaaten, ABl. EU Nr. L 310, S. 1.
2 Stand November 2014, siehe http://eur-lex.europa.eu/legal-content/EN/ALL/?uri=CELEX:32005L0056 unter „Display the national implementing measures: NIM".
3 Einführend zur grenzüberschreitenden Verschmelzung *J. Vetter*, AG 2006, 613 ff.
4 Näher zum persönlichen Anwendungsbereich der §§ 122a ff. UmwG etwa *Marsch-Barner* in Kallmeyer, § 122b UmwG Rz. 2 ff.; *Bayer* in Lutter, § 122b UmwG Rz. 2 ff.
5 Näher *J. Vetter*, AG 2006, 613 (617 ff.); *Marsch-Barner* in Kallmeyer, § 122c UmwG Rz. 1; *Bayer* in Lutter, § 122c UmwG Rz. 3; *Drinhausen* in Semler/Stengel, § 122c UmwG Rz. 1.

entfällt wiederum die Angabe des Umtauschverhältnisses im Verschmelzungsplan (§ 122c Abs. 3 UmwG).

43 Die detaillierte Erläuterung des Umtauschverhältnisses erfolgt auch bei der grenzüberschreitenden Verschmelzung im **Verschmelzungsbericht** (§ 122e i.V.m. § 8 UmwG, s. dazu für nationale Verschmelzungen oben Rz. 7).[1] § 8 Abs. 3 UmwG ist jedoch gem. § 122e Satz 3 UmwG nicht anzuwenden. Daher ist – anders als bei den nationalen Verschmelzungen – auch in Fällen des *upstream merger* ein Verschmelzungsbericht erforderlich. Auch ein Verzicht sämtlicher Anteilsinhaber ist grundsätzlich nicht möglich.[2]

bb) Sonderfall: Verschmelzung zur Societas Europaea

44 Die grenzüberschreitende **Verschmelzung zur Societas Europaea (SE)** ist nicht in den §§ 122a ff. UmwG, sondern unmittelbar in der SE-VO[3] geregelt. Aktiengesellschaften im Sinne des Anhang I der SE-VO, der sämtliche Aktiengesellschaften in den Mitgliedsstaaten der Europäischen Union auflistet, können gem. Art. 2 Abs. 1 SE-VO durch Verschmelzung eine SE gründen. Die deutsche KGaA wird im Anhang I der SE-VO nicht aufgeführt, kann also nicht auf diesem Wege zur SE verschmolzen werden.[4] Die grenzüberschreitende Verschmelzung zur SE kann – wie bei der nationalen Verschmelzung auch – durch Aufnahme (Art. 17 Abs. 2 lit. a SE-VO) oder durch Gründung einer neuen Gesellschaft (Art. 17 Abs. 2 lit. b SE-VO) erfolgen.

45 Die **rechtlichen Folgen der grenzüberschreitenden Verschmelzung zur SE** sind in Art. 29 SE-VO ausdrücklich aufgezählt: Bei der Verschmelzung zur Aufnahme (Art. 29 Abs. 1 SE-VO) geht das Vermögen jeder übertragenden Gesellschaft im Wege der Gesamtrechtsnachfolge auf die übernehmende Gesellschaft über. Die Aktionäre der übertragenden Gesellschaft werden Aktionäre der übernehmenden Gesellschaft. Zugleich erlischt die übertragende Gesellschaft, während die übernehmende Gesellschaft die Rechtsform einer SE annimmt. Rechtstechnisch findet hier also sowohl eine Verschmelzung als auch ein Formwechsel statt.[5] Bei der Verschmelzung zur Neugründung (Art. 29 Abs. 2 SE-VO) wird hingegen die SE selbst neu gegründet. Auf diese geht wiederum im Wege der Gesamtrechtsnachfolge das Vermögen der sich verschmelzenden Gesellschaften über. Die Aktionäre der sich verschmelzenden Gesellschaften werden zu Aktionären der SE. Gleichzeitig erlöschen alle übertragenden Gesellschaften.

---

1 *Drinhausen* in Semler/Stengel, § 122c UmwG Rz. 15; *Mayer* in Widmann/Mayer, 96. Erg.-Lfg. August 2007, § 122c UmwG Rz. 84, 87.
2 Vgl. zu Möglichkeiten einer teleologischen Reduktion *Bayer* in Lutter, § 122e Rz. 12 ff.; *Marsch-Barner* in Kallmeyer, § 122e UmwG Rz. 11 f.; *Drinhausen* in Semler/Stengel, § 122e UmwG Rz. 12 ff.
3 Verordnung (EG) Nr. 2157/2001 des Rates vom 8.10.2001 über das Statut der Europäischen Gesellschaft (SE), ABl. EG Nr. L 294, 1.
4 *Sagasser/Link* in Sagasser/Bula/Brünger, Umwandlungen, 4. Aufl. 2011, § 14 Rz. 26.
5 *Sagasser/Link* in Sagasser/Bula/Brünger, Umwandlungen, 4. Aufl. 2011, § 14 Rz. 31; *Marsch-Barner* in Kallmeyer, Anhang Rz. 14.

Wie nach § 122c UmwG bei der im UmwG geregelten „normalen" grenzüberschreitenden Verschmelzung muss auch bei der grenzüberschreitenden Verschmelzung zur SE gem. Art. 20 SE-VO ein **Verschmelzungsplan** aufgestellt werden. Dieser muss wiederum Angaben zum Umtauschverhältnis der Aktien und gegebenenfalls zur Höhe der Ausgleichsleistung (entspricht der baren Zuzahlung) enthalten (Art. 20 Abs. 1 Satz 2 lit. b SE-VO). 46

Hingegen stellt die SE-VO selbst keine Verpflichtung auf, einen **Verschmelzungsbericht** zu erstatten. Gemäß der Verweisungsnorm des Art. 18 SE-VO sind für jede an der Verschmelzung beteiligte Gesellschaft die nationalen Rechtsvorschriften über die Verschmelzung von Aktiengesellschaften anzuwenden. Eine an der grenzüberschreitenden Verschmelzung beteiligte deutsche Aktiengesellschaft ist daher nach Art. 18 SE-VO i.V.m. § 8 UmwG verpflichtet, einen Verschmelzungsbericht zu erstellen.[1] 47

cc) Besonderheiten bei der Unternehmensbewertung

Für die Unternehmensbewertung der beteiligten Rechtsträger an einer grenzüberschreitenden Verschmelzung gelten dieselben **Grundsätze wie bei einer innerstaatlichen Verschmelzung** (dazu oben Rz. 16 ff.). Jedoch ist hier eine Einigung der an der Verschmelzung beteiligten Rechtsträger auf eine einheitliche, von der jeweils betroffenen Rechtsordnung gebilligte Bewertungsmethode erforderlich.[2] Empfohlen wird daher, die anzuwendende Bewertungsmethode im Verschmelzungsplan festzulegen.[3] Die beteiligten Rechtsträger sollten sich auch auf den maßgeblichen Bewertungsstichtag einigen.[4] Zudem tritt bei der grenzüberschreitenden Verschmelzung die Besonderheit auf, dass die in Deutschland gängige Ertragswertmethode im Ausland überwiegend unbekannt ist.[5] Bei der Verschmelzung börsennotierter Gesellschaften ist dies ein weiteres Argument für die ausschließliche Berücksichtigung des Börsenkurses bei der Bestimmung des Umtauschverhältnisses.[6] Bei fehlender Börsennotierung bietet sich für die Praxis ein Rückgriff auf die Discounted Cash Flow-Methode (dazu § 9) an.[7] 48

---

1 *Sagasser/Link* in Sagasser/Bula/Brünger, Umwandlungen, 4. Aufl. 2011, § 14 Rz. 86; *Marsch-Barner* in Kallmeyer, Anhang Rz. 48 m.w.N.; *Bayer* in Lutter/Hommelhoff, SE-Kommentar, 2008, Art. 20 SE-VO Rz. 29.
2 *Drinhausen* in Semler/Stengel, § 122c UmwG Rz. 16; *Müller* in Kallmeyer, § 122c UmwG Rz. 11; *Bayer* in Lutter, § 122c Rz. 15; *Sagasser/Link* in Sagasser/Bula/Brünger, Umwandlungen, 4. Aufl. 2011, § 14 Rz. 38, 69 (zur SE); näher *Reuter*, AG 2007, 881 (891 f.).
3 *Drinhausen* in Semler/Stengel, § 122c UmwG Rz. 16; *Müller* in Kallmeyer, § 122c UmwG Rz. 11; *Großfeld*, NZG 2002, 353 (354).
4 *Mayer* in Widmann/Mayer, 121. Erg.-Lfg. August 2007, § 122c UmwG Rz. 86.
5 *Müller* in Kallmeyer, § 122c UmwG Rz. 11.
6 Ausführlich *Kiem*, ZGR 2007, 542 (564 f.).
7 *Kiem*, ZGR 2007, 542 (562). Vgl. auch die Studie zur Bewertungspraxis bei aktienrechtlichen Gutachten 2010-2013 von I-ADVISE, abrufbar unter http://www.i-advise.de/de/wp-content/uploads/2014/01/Studie-aktienrechtliche-Bewertung.pdf, S. 5, wonach in drei Praxisfällen im Jahre 2013 die Discounted Cash Flow-Methode in der Form des WACC-Ansatzes angewandt wurde.

dd) Besondere Schwierigkeiten bei der Unternehmensbewertung

49 Besondere Schwierigkeiten bei der grenzüberschreitenden Verschmelzung sind insbesondere bei der Bestimmung des Kapitalisierungszinssatzes denkbar. Problematisch ist die Bestimmung dann, wenn die Zinssätze in den an der Verschmelzung beteiligten Staaten unterschiedlich sind.[1]

c) Schutz von Sonderrechten, § 23 UmwG

50 Gemäß § 23 UmwG sind bei einer Verschmelzung den Inhabern von Rechten in einem übertragenden Rechtsträger, die **kein Stimmrecht gewähren**, gleichwertige Rechte in dem übernehmenden Rechtsträger zu gewähren. Erfasste Rechte sind nach dem Wortlaut der Norm „insbesondere" Anteile ohne Stimmrecht, Wandelschuldverschreibungen, Gewinnschuldverschreibungen und Genussrechte. Daraus wird geschlossen, dass nur solche Vermögensrechte gemeint sind, die eine mitgliedschaftsähnliche Rechtsposition vermitteln, nicht aber rein schuldrechtliche Gläubigerrechte.[2] Sinn und Zweck der Vorschrift ist der Schutz dieser Rechtsinhaber vor einer Verwässerung.[3]

51 § 23 UmwG schreibt die Gewährung **gleichwertiger Rechte** vor. Dabei kommt es auf eine wirtschaftliche Gleichwertigkeit an.[4] Um die Gleichwertigkeit näher zu bestimmen, kann das – mit Hilfe einer Unternehmensbewertung ermittelte – Umtauschverhältnis herangezogen werden, da dieses in der Regel die Wertrelation zwischen übertragendem und übernehmendem Rechtsträger am besten wiedergibt.[5] Beispielsweise beziehen sich dann Wandelschuldverschreibungen auf eine entsprechend des Umtauschverhältnisses errechnete Zahl von Anteilen am neuen Rechtsträger. Gewinnschuldverschreibungen könnten so ausgestaltet werden, dass sie sich nach der Verschmelzung auf einen entsprechend des Umtauschverhältnisses umgerechneten Gewinnanteil des übernehmenden Rechtsträgers beziehen.

52 Problematisch ist die Gewährung gleichwertiger Rechte bei sog. Mischverschmelzungen. In diesen Fällen kann der übernehmende Rechtsträger rechtsformbedingt möglicherweise keine gleichwertigen Rechte gewähren. In der Li-

---

1 *Mayer* in Widmann/Mayer, 96. Erg.-Lfg. August 2007, § 122c UmwG Rz. 86; näher *Großfeld*, NZG 2002, 353 (356); *Reuter*, AG 2007, 881 (894 ff.).
2 Ausführlich *Marsch-Barner* in Kallmeyer, § 23 UmwG Rz. 2 ff.; *Grunewald* in Lutter, § 23 UmwG Rz. 2 ff.; *Kalss* in Semler/Stengel, § 23 UmwG Rz. 4 ff., 8; *Vossius* in Widmann/Mayer, 121. Erg.-Lfg. April 2011, § 23 UmwG Rz. 9 ff.
3 *Marsch-Barner* in Kallmeyer, § 23 UmwG Rz. 1; *Grunewald* in Lutter, § 23 UmwG Rz. 1; *Kalss* in Semler/Stengel, § 23 UmwG Rz. 1; *Vossius* in Widmann/Mayer, 121. Erg.-Lfg. April 2011, § 23 UmwG Rz. 1.
4 Näher *Marsch-Barner* in Kallmeyer, § 23 UmwG Rz. 8; *Kalss* in Semler/Stengel, § 23 UmwG Rz. 12; *Vossius* in Widmann/Mayer, 121. Erg.-Lfg. April 2011, § 23 UmwG Rz. 29 ff.; vgl. auch *Grunewald* in Lutter, § 23 Rz. 15.
5 *Grunewald* in Lutter, § 23 UmwG Rz. 14 ff.; *Marsch-Barner* in Kallmeyer, § 23 UmwG Rz. 12, *Kalss* in Semler/Stengel, § 23 UmwG Rz. 14; *Vossius* in Widmann/Mayer, 121. Erg.-Lfg. April 2011, § 23 UmwG Rz. 29. Dies gilt aber nicht für Anwartschaften auf Anteile, vgl. *Vossius* in Widmann/Mayer, 121. Erg.-Lfg. April 2011, § 23 UmwG Rz. 1.3 ff.

teratur wird für diese Fälle die Gewährung einer **angemessenen Barabfindung analog § 29 UmwG** (dazu unten Rz. 60 ff.) vorgeschlagen.[1]

d) Rechtsbehelfe gegen die Unternehmensbewertung

Bei der Strukturierung einer Verschmelzung wird in der Beratungspraxis in der Regel auch darauf geachtet, mit welchen Rechtsbehelfen gegen eine Unternehmensbewertung vorgegangen werden kann. Eine Anfechtungsklage gegen den Verschmelzungsbeschluss hat insofern aufschiebende Wirkung, als eine Eintragung der Verschmelzung im Handelsregister wegen der nach § 16 Abs. 2 UmwG abzugebenden Negativerklärung bis zum Abschluss des Anfechtungsverfahrens grundsätzlich nicht möglich ist. Der Rechtsträger, gegen dessen Verschmelzungsbeschluss sich die Klage richtet, kann jedoch ein Freigabeverfahren einleiten, in dem das Gericht feststellen kann, dass die Erhebung der Klage der Eintragung der Verschmelzung nicht entgegensteht (§ 16 Abs. 3 UmwG). Ein solcher Gerichtsbeschluss durch das zuständige Oberlandesgericht ergeht, wenn (1) die Klage unzulässig oder offensichtlich unbegründet ist oder (2) der Kläger nicht nachweist, dass er seit Bekanntmachung der Einberufung einen anteiligen Nennbetrag von mindestens 1.000 Euro hält, oder (3) das alsbaldige Wirksamwerden der Verschmelzung bei Abwägung der von der Gesellschaft dargelegten wesentlichen Nachteile für die Gesellschaft und ihre Aktionäre die Nachteile der Antragsgegner, d.h. der Anfechtungskläger, überwiegt, es sei denn, es liegt eine besondere Schwere des Rechtsverstoßes vor. Nach § 14 Abs. 2 UmwG kann eine (Anfechtungs-)Klage gegen die Wirksamkeit des Verschmelzungsbeschlusses **eines übertragenden Rechtsträgers** jedoch nicht darauf gestützt werden, dass das Umtauschverhältnis der Anteile zu niedrig bemessen ist oder dass die Mitgliedschaft bei dem übernehmenden Rechtsträger kein ausreichender Gegenwert für die Anteile oder die Mitgliedschaft bei dem übertragenden Rechtsträger ist. Die Angemessenheit des Umtauschverhältnisses und die ihr zugrunde liegende(n) Unternehmensbewertung(en) können daher nicht mit der Anfechtungsklage angegriffen werden.

Rügen gegen das Umtauschverhältnis sind von den Anteilsinhabern des übertragenden Rechtsträgers vielmehr im **Spruchverfahren** geltend zu machen.[2] Einwendungen gegen die Unternehmensbewertung(en) blockieren daher die Eintragung der Verschmelzung im Handelsregister nicht, so dass hinsichtlich der Wirksamkeit der Verschmelzung Rechtssicherheit besteht. § 15 Abs. 1 UmwG gewährt den Anteilsinhabern des übertragenden Rechtsträgers einen Ausgleich durch bare Zuzahlung, wenn das Gericht zu dem Ergebnis gelangt, dass das Umtauschverhältnis nicht angemessen war. Eine Anpassung des ursprünglich bestimmten Umtauschverhältnisses findet daher nur mittelbar –

---

1 *Marsch-Barner* in Kallmeyer, § 23 UmwG Rz. 11; *Grunewald* in Lutter, § 23 UmwG Rz. 17 a.E., 18; *Kalss* in Semler/Stengel, § 23 UmwG Rz. 15.
2 *Gehling* in Semler/Stengel, § 14 UmwG Rz. 30, § 15 UmwG Rz. 1; *Decher* in Lutter, § 14 UmwG Rz. 15; *Marsch-Barner* in Kallmeyer, § 14 UmwG Rz. 12, § 15 UmwG Rz. 4.

im Wege der baren Zuzahlung – statt.[1] Um die Höhe der baren Zuzahlung zu bestimmen, wird das Gericht in der Regel den Verschmelzungsprüfer anhören (§ 8 Abs. 2 SpruchG). Ergänzend kann es einen **Sachverständigen** für die Überprüfung von Fragen der Unternehmensberatung bestellen.[2] Das Gericht hat hier allerdings effizient und ressourcenschonend vorzugehen. Grundsätzlich wird es daher nicht in Betracht kommen, den gerichtlich bestellten Sachverständigen mit einer vollständigen Neubewertung zu beauftragen. Stattdessen wird das Gericht den gerichtlich bestellten Sachverständigen regelmäßig nur mit einzelnen konkreten Bewertungsfragen beauftragen, die im Verfahren im Streit stehen (zu den Grenzen der Überprüfung im Spruchverfahren siehe auch unten Rz. 59).

55 Der Ausschluss der Anfechtungsklage gilt jedoch schon nach dem Wortlaut von §§ 14, 15 UmwG nur für die **Anteilsinhaber des übertragenden Rechtsträgers**, nicht aber für die Anteilsinhaber des übernehmenden Rechtsträgers. Diese können also die Angemessenheit des Umtauschverhältnisses – und damit die Unternehmensbewertung – im Rahmen der Anfechtungsklage angreifen.[3] Gegen diese Anfechtungsklage wird in der Regel der übernehmende Rechtsträger ein Freigabeverfahren nach § 16 Abs. 3 UmwG einleiten. In diesem Freigabeverfahren mag es je nach Komplexität der erhobenen Bewertungsrügen für das Oberlandesgericht schwierig sein, eine offensichtliche Unbegründetheit der Anfechtungsklage gemäß § 16 Abs. 3 Satz 3, 1. Alt. UmwG anzunehmen. Eine Bestellung eines gerichtlichen Sachverständigen wird wegen der gesetzlichen Vorgabe, das Verfahren innerhalb von drei Monaten nach Antragstellung zu erledigen, kaum gelingen. In der Praxis sind solche Freigabeverfahren aber gestützt auf die Interessenabwägung gemäß § 16 Abs. 3 Satz 3, 3. Alt. UmwG erfolgreich gewesen.

56 Vor diesem Hintergrund sprechen gute Argumente dafür, eine **Verschmelzung** so zu strukturieren, dass sie **zur Aufnahme** durch eine neu gegründete Aktiengesellschaft (sog. „**NewCo**") geschieht. Beide Publikumsgesellschaften werden also auf eine „leere" Aktiengesellschaft verschmolzen. In diesem Fall gibt es keine aufnehmende Gesellschaft mit Publikumsaktionären, so dass gerade die Bewertungsrüge der Anteilsinhaber des übernehmenden Rechtsträgers im Anfechtungsverfahren vermieden wird. Nachteil dieser Gestaltung ist, dass auf diese Weise für beide Gesellschaften Grunderwerbsteuer anfällt, da beide Gesellschaften übertragender Rechtsträger sind. Außerdem kann es zwei Spruchverfahren geben, da es zwei übertragende Rechtsträger mit Anteilsinhabern mit diesem Rechtsbehelf gibt. Diese stehen jedoch in einem engen sachlichen Zusammenhang, sodass zur **Vermeidung sich widersprechender Ergebnisse**

---

1 *Gehling* in Semler/Stengel, § 14 UmwG Rz. 25; *Marsch-Barner* in Kallmeyer, § 15 UmwG Rz. 6.
2 Vgl. auch OLG Frankfurt v. 2.5.2011 – 21 W 3/11, AG 2011, 828 (829); OLG Stuttgart v. 19.1.2011 – 20 W 3/09, AG 2011, 205 (206); *Mennicke* in Lutter, UmwG, Anhang I, § 8 SpruchG Rz. 6 a.E.
3 *Gehling* in Semler/Stengel, § 15 UmwG Rz. 6; *Decher* in Lutter, § 15 UmwG Rz. 2; *Marsch-Barner* in Kallmeyer, § 14 UmwG Rz. 15, § 15 UmwG Rz. 3.

gem. § 2 Abs. 1 Satz 2 SpruchG die Zuständigkeit auf das zuerst angerufene Gericht konzentriert wird.[1] Zutreffenderweise sind die Verfahren entsprechend § 20 FamFG zu verbinden,[2] andernfalls bestünde die (theoretische) Möglichkeit, dass die Anteilsinhaber beider beteiligter Rechtsträger bare Zuzahlungen nach § 15 Abs. 1 UmwG erhalten.

Eine andere Möglichkeit zur Vermeidung von Bewertungsrügen im Anfechtungsverfahren besteht darin, ein **freiwilliges Spruchverfahren** zu vereinbaren. Hierzu wird in einer Schiedsvereinbarung mit dem übernehmenden Rechtsträger ein Verfahren festgeschrieben, das dem Spruchverfahren nachgebildet ist. Diese Vorgehensweise kommt nur dann in Betracht, wenn es einen oder mehrere Hauptaktionäre beim übernehmenden Rechtsträger gibt, die bereit sind, den Minderheitsaktionären im Falle einer festgestellten Verwässerung eine in diesem Spruchverfahren festgestellte Barabfindung bzw. Zusatzaktien zu gewähren. Es handelt sich hierbei um einen Vertrag zugunsten Dritter, durch den die Aktionäre der übernehmenden Gesellschaft die Möglichkeit erhalten, von dem Schiedsverfahren Gebrauch zu machen. Die Existenz einer solchen Möglichkeit führt regelmäßig dazu, dass wegen des Wegfalls von Vermögensnachteilen auf Klägerseite gem. § 16 Abs. 3 Satz 3 Nr. 3 UmwG das Vollzugsinteresse der Gesellschaft überwiegt.[3] Eigentliches Ziel eines solchen freiwilligen Angebots ist, dass – wie qua Gesetzes beim übertragenden Rechtsträger – die Anteilsinhaber des übernehmenden Rechtsträgers darauf verzichten, die Bewertungsrüge im Anfechtungsverfahren zu erheben und das sachnähere Rechtsmittel wählen, damit die Eintragung der Verschmelzung nicht verzögert wird. 57

Der **Umfang der gerichtlichen Überprüfung** der Angemessenheit ist im Spruchverfahren eingeschränkt (s. dazu Rz. 33). Auf die Richtigkeit der Bewertung kommt es nur hinsichtlich der tatsächlichen Grundlagen wie etwa Umsätze, Jahresergebnisse oder Börsenkurse an.[4] Prognoseentscheidungen müssen als unternehmerische Entscheidungen auf zutreffenden Informationen und realistischen Annahmen beruhen und in sich widerspruchsfrei sein.[5] Wenn bestimmte Prognosen nicht eintreten, macht dies die Unternehmensbewertung nicht unrichtig.[6] 58

Wegen der Streubreite der möglichen Ergebnisse einer Unternehmensbewertung stellt sich die Frage, ab wann ein ermitteltes Umtauschverhältnis gem. § 15 Abs. 1 UmwG zu niedrig bemessen ist. Innerhalb der **Grenzen der Angemessenheit** wäre es nicht sinnvoll, wenn das Gericht ein naturgemäß „unscharfes" Bewertungsergebnis durch eine andere, ebenso wenig exakte Bewer- 59

---

1 *Koch* in Hüffer, § 2 SpruchG Rz. 4; *Mennicke* in Lutter, UmwG, Anhang I, § 2 SpruchG Rz. 5 ff.; *Wälzholz* in Widmann/Mayer, § 2 SpruchG Rz. 14.
2 So auch *Drescher* in Spindler/Stilz, AktG, § 2 SpruchG Rz. 15.
3 Vgl. *J. Vetter*, AG 2006, 613 (624).
4 OLG Stuttgart v. 8.3.2006 – 20 W 5/05 – Rz. 64, AG 2006, 420 (425).
5 OLG Stuttgart v. 8.3.2006 – 20 W 5/05 – Rz. 65, AG 2006, 420 (425).
6 BGH v. 4.12.2012 – II ZR 17/12 – Rz. 28, AG 2013, 165.

tung ersetzen würde.[1] Aus diesem Grunde geht die Rechtsprechung dazu über, das Umtauschverhältnis im Spruchverfahren nicht zu korrigieren, solange es nach Überzeugung des Gerichts von einer den Grundsätzen ordnungsmäßiger Unternehmensbewertung entsprechenden Unternehmensbewertung nur innerhalb einer **Bagatellgrenze,** die z.B. auf bis zu 10 % festgelegt wird, abweicht.[2]

2. Bestimmung eines Barabfindungsanspruchs

60 Zweiter **Bewertungsanlass** bei einer Verschmelzung ist die Bestimmung eines angemessenen Barabfindungsanspruchs nach § 29 UmwG. In der Praxis spielt dieser Bewertungsanlass insbesondere bei Aktiengesellschaften eine Rolle, da der Hauptanwendungsfall des § 29 Abs. 1 Satz 1 UmwG die Verschmelzung einer börsennotierten Aktiengesellschaft auf eine nicht börsennotierte Aktiengesellschaft ist (näher zum Anwendungsbereich des § 29 UmwG unten Rz. 63 ff.).

a) Barabfindungsanspruch

61 Der Abfindungsanspruch gem. § 29 UmwG als „Ausfluss des Mitgliedschaftsrechts" dient dem Minderheitenschutz.[3] Es handelt sich hierbei um einen **vermögensrechtlichen Anspruch** zur Kompensation der Änderungen, die durch einen Mehrheitsbeschluss herbeigeführt werden.[4] Die Abfindung muss in bar angeboten werden.[5] Das Abfindungsangebot kann gemäß § 31 UmwG nur binnen zwei Monaten nach Eintragung der Verschmelzung in das Register des Sitzes des übernehmenden Rechtsträgers angenommen werden. Allerdings verlängert sich diese Frist im Falle eines Spruchverfahrens (§ 34 UmwG) auf zwei Monate nach dem Tag, an dem die Entscheidung im Bundesanzeiger bekanntgemacht worden ist. Ein Recht, den Ausgang eines bis zu diesem Tag noch nicht beendeten Spruchverfahrens zur Überprüfung des Umtauschverhältnisses (s. dazu Rz. 54) abzuwarten, besteht nicht.

---

1 Vgl. dazu etwa LG München I v. 21.6.2013 – 5HK O 19183/09; OLG München v. 17.7.2007 – 31 Wx 060/06, BB 2007, 2395 (2396); OLG Frankfurt v. 11.1.2007 – 20 W 323/04, AG 2007, 449 (45); *Friese-Dormann/Rothenfußer*, AG 2008, 243 (246 f.); *Wicke* in FS Stilz, 2014, S. 707 (712 f.).
2 LG Frankfurt/M. v. 3.9.2010 – 5 W 57/09 – Rz. 151, 181; LG Frankfurt/M. v. 13.3.2009 – 3-5 O 57/06 – Rz. 36, AG 2009, 749; LG Frankfurt/M. v. 8.8.2001 – 3/8 O 69/97, AG 2002, 357 (358); LG München I v. 27.3.2000 – 5HK O 19156/98, AG 2001, 99 (100) (jeweils ausdrücklich 10 %); OLG Stuttgart v. 8.7.2011 – 20 W 14/08 – Rz. 333 ff., AG 2011, 795 (800) (Abweichung um 4,76 % irrelevant); LG München I v. 21.6.2013 – 5 HK O 19183/09; OLG München v. 14.5.2007 – 31 Wx 87/06, AG 2007, 701 (703 f.); BayObLG v. 18.12.2002 – 3Z BR 116/00, AG 2003, 569 (571) (jeweils ohne konkrete Prozentzahl). Eingehend zu Bagatellgrenzen auch *Friese-Dormann/Rothenfußer*, AG 2008, 243 (246 ff.) m.w.N.; *Bungert*, BB 2003, 699 (701).
3 *Kalss* in Semler/Stengel, § 29 UmwG Rz. 1; *Wälzholz* in Widmann/Mayer, 137. Erg.-Lfg. Mai 2013, § 29 UmwG Rz. 1 ff.
4 *Kalss* in Semler/Stengel, § 29 UmwG Rz. 2.
5 *Wälzholz* in Widmann/Mayer, 140. Erg.-Lfg. Dezember 2013, § 30 UmwG Rz. 5; *Kalss* in Semler/Stengel, § 29 UmwG Rz. 24; *Marsch-Barner* in Kallmeyer, § 29 UmwG Rz. 18; *Grunewald* in Lutter, § 30 UmwG Rz. 2.

Die Barabfindung ist nach § 29 Abs. 1 Satz 1 UmwG im Verschmelzungsvertrag anzubieten. Die Höhe dieser Barabfindung und insbesondere ihre Angemessenheit müssen im Verschmelzungsbericht rechtlich und wirtschaftlich erläutert und begründet werden, (§ 8 Abs. 1 Satz 1 UmwG).[1] Die Erläuterung und Begründung der Barabfindung im Verschmelzungsbericht unterliegt denselben Anforderungen wie die des Umtauschverhältnisses und wird regelmäßig ebenso umfassend und ausführlich ausfallen müssen (oben Rz. 7).[2]

62

b) Kernregelung, § 29 UmwG

aa) Allgemeines

§ 29 UmwG ist nach seiner systematischen Stellung unmittelbar bei der Verschmelzung durch Aufnahme **anwendbar**. Über § 36 Abs. 1 UmwG gilt er ebenfalls für die Verschmelzung durch Neugründung. Eine sehr ähnliche Regelung gibt es bei der grenzüberschreitenden Verschmelzung von Kapitalgesellschaften in § 122i UmwG, der in Abs. 1 Satz 3 für die Einzelheiten des Abfindungsanspruchs auf die §§ 29 ff. UmwG verweist. Hintergrund der Regelung ist die Annahme, dass in den im Gesetz aufgeführten Anwendungsfällen (näher dazu sogleich Rz. 64) durch die Verschmelzung eine so wesentliche Veränderung für die Anteilsinhaber eintritt, dass sie nicht zum Verbleib in der Gesellschaft gezwungen werden sollen. Das berechtigte Interesse der Anteilsinhaber, dass ihre Mitgliedschaft weitestgehend unverändert bleibt, soll durch ein Austrittsrecht kompensiert werden.[3]

63

§ 29 UmwG nennt drei **Anwendungsfälle** für einen Barabfindungsanspruch: (i) Die Verschmelzung eines in § 3 Abs. 1 UmwG genannten Rechtsträgers im Wege der Aufnahme durch einen Rechtsträger einer anderen dort genannten Rechtsform (§ 29 Abs. 1 Satz 1 Var. 1 UmwG) ist der erste Anwendungsfall. Einzig bei der Verschmelzung einer AG mit einer KGaA findet § 29 UmwG gem. § 78 Satz 4 UmwG keine Anwendung. (ii) Zweitens ist § 29 UmwG auf die Verschmelzung einer börsennotierten Aktiengesellschaft auf eine nicht börsennotierte Aktiengesellschaft (§ 29 Abs. 1 Satz 1 Var. 2 UmwG, sog. „kaltes" Delisting)[4] anzuwenden. (iii) Dritter Anwendungsfall ist die Verschmelzung von Rechtsträgern derselben Rechtsform, wenn die Anteile oder Mitgliedschaften an dem übernehmenden Rechtsträger kraft Satzung bzw. Gesellschaftsvertrag oder kraft Gesetzes Verfügungsbeschränkungen unterworfen sind (§ 29 Abs. 1 Satz 2 UmwG). Praktischer Anwendungsfall sind insbesondere Vinkulierungen.[5] Sind nur bestimmte Anteile verfügungsbeschränkt, betrifft das Recht zum Austritt gegen Barabfindung auch nur ebendiese.[6]

64

---

[1] *Gehling* in Semler/Stengel, § 8 UmwG Rz. 49.
[2] *Gehling* in Semler/Stengel, § 8 UmwG Rz. 49; *Marsch-Barner* in Kallmeyer, § 8 UmwG Rz. 23.
[3] *Grunewald* in Lutter, § 29 UmwG Rz. 1 f.; *Kalss* in Semler/Stengel, § 29 UmwG Rz. 2.
[4] *Kalss* in Semler/Stengel, § 29 UmwG Rz. 6a, 16.
[5] Näher zu den Anwendungsfällen des § 29 UmwG etwa *Kalss* in Semler/Stengel, § 29 UmwG Rz. 6 ff.; *Marsch-Barner* in Kallmeyer, § 29 UmwG Rz. 2 ff.; *Wälzholz* in Widmann/Mayer, 137. Erg.-Lfg. Mai 2013, § 29 UmwG Rz. 12 ff.
[6] *Grunewald* in Lutter, § 29 UmwG Rz. 5; *Kalss* in Semler/Stengel, § 29 UmwG Rz. 9.

65 Da beim *upstream merger* (dazu Rz. 6) kein Anteilstausch stattfindet, ist dabei entgegen des Wortlauts und trotz fehlender ausdrücklicher Ausnahmeregelung ein Abfindungsangebot nicht erforderlich.[1] **Nicht anwendbar** sind die §§ 29 ff. UmwG hingegen auf die Mitglieder einer übertragenden Genossenschaft, § 90 Abs. 1 UmwG. Diesen steht stattdessen ein Ausschlagungsrecht (§ 90 Abs. 2, 3 UmwG) sowie die Auszahlung des Geschäftsguthabens (§§ 93, 94 UmwG) zu.[2] Auch bei der Verschmelzung eines eingetragenen Vereins, der nach § 5 Abs. 1 Nr. 9 KStG von der Körperschaftsteuer befreit ist (gemeinnütziger Verein), gibt es gem. § 104a UmwG keinen Anspruch auf Barabfindung.

bb) Angemessenheit

66 Aus § 29 Abs. 1 Satz 1 UmwG folgt, dass die Barabfindung angemessen sein muss. Dies ist – ähnlich wie beim Umtauschverhältnis (dazu oben Rz. 11) – dann der Fall, wenn die Abfindung dem vollen wirtschaftlichen Wert der Anteile entspricht.[3] Zu ersetzen ist wiederum der **Verkehrswert**,[4] der aus dem objektivierten Unternehmenswert des übertragenden Rechtsträgers ermittelt wird.[5] Hierzu ist grundsätzlich eine Unternehmensbewertung erforderlich.[6]

67 § 29 UmwG wird **von § 30 Abs. 1 UmwG dahingehend konkretisiert**, dass die Barabfindung die Verhältnisse des übertragenden Rechtsträgers im Zeitpunkt der Beschlussfassung über die Verschmelzung berücksichtigen muss.[7] Damit ist der Bewertungsstichtag auf den Zeitpunkt der Beschlussfassung der Anteilseignerversammlung des übertragenden Rechtsträgers über die Verschmelzung festgelegt.[8] Die Stichtage für die Ermittlung der Barabfindung und des Umtauschverhältnisses (nach oben vertretener Ansicht, s. Rz. 28) sind somit identisch und eine zur Ermittlung des Umtauschverhältnisses durchgeführte Unternehmensbewertung kann ohne weiteres auch zur Ermittlung der Barabfindung herangezogen werden. Hier kommt es dann aber anders als bei der

---

1 *Kalss* in Semler/Stengel, § 29 UmwG Rz. 23; *Marsch-Barner* in Kallmeyer, § 29 UmwG Rz. 17; *Grunewald* in Lutter, § 29 UmwG Rz. 20.
2 Näher dazu die Kommentierung zu den §§ 90 ff. UmwG von *Scholderer* in Semler/Stengel, UmwG, 3. Aufl. 2012.
3 *Kalss* in Semler/Stengel, § 29 UmwG Rz. 25; *Müller* in Kallmeyer, § 30 UmwG Rz. 5; *Wälzholz* in Widmann/Mayer, 140. Erg.-Lfg. Dezember 2013, § 30 UmwG Rz. 6.
4 BVerfG v. 27.4.1999 – 1 BvR 1613/94, AG 1999, 566 (567 f.); *Kalss* in Semler/Stengel, § 29 UmwG Rz. 25; *Zeidler* in Semler/Stengel, § 30 UmwG Rz. 8; *Grunewald* in Lutter, § 30 UmwG Rz. 2; *Wälzholz* in Widmann/Mayer, 140. Erg.-Lfg. August 2013, § 30 UmwG Rz. 6.
5 *Gehling* in Semler/Stengel, § 8 UmwG Rz. 49.
6 *Zeidler* in Semler/Stengel, § 30 UmwG Rz. 7.
7 *Kalss* in Semler/Stengel, § 29 UmwG Rz. 25; *Zeidler* in Semler/Stengel, § 30 UmwG Rz. 18; *Grunewald* in Lutter, § 30 UmwG Rz. 2.
8 Ebenso *Kalss* in Semler/Stengel, § 29 UmwG Rz. 25; *Müller* in Kallmeyer, § 30 UmwG Rz. 2, 11; *Grunewald* in Lutter, § 30 UmwG Rz. 2; *Wälzholz* in Widmann/Mayer, 140. Erg.-Lfg. Dezember 2013, § 30 UmwG Rz. 9.

Ermittlung des Umtauschverhältnisses entscheidend auf die **absolute Höhe** des Werts eines Anteils des übertragenden Rechtsträgers an.[1]

Die Wertermittlung erfolgt nach den **anerkannten Grundsätzen ordnungsgemäßer Unternehmensbewertung**.[2] Meist wird – wie bei der Ermittlung des Umtauschverhältnisses – die Ertragswertmethode angewendet (dazu § 4 Rz. 30 ff.).[3] Auch die Anwendung anderer Bewertungsmethoden wie der Discounted Cash Flow-Methode ist zulässig[4] (s. zur Methodenauswahl bereits Rz. 16). 68

Für den Barabfindungsanspruch nach § 29 UmwG ist anerkannt, dass die vom BVerfG entwickelte **Börsenkursrechtsprechung Anwendung findet**.[5] Bei börsennotierten Gesellschaften wäre es daher nach der aktuellen Rechtsprechung jedenfalls verfassungsrechtlich unbedenklich, wenn ausschließlich auf den Börsenkurs zur Bestimmung des Barabfindungsanspruchs abgestellt würde (s. schon Rz. 19). Für die Ermittlung des Börsenkurses ist nach der Rechtsprechung im Regelfall auf einen volumengewichteten Durchschnittskurs innerhalb einer dreimonatigen Referenzperiode vor Bekanntmachung der Verschmelzung abzustellen (s. die Nachweise oben in Rz. 17). Da allerdings der Barabfindungsanspruch nach § 29 UmwG regelmäßig neben der Festlegung des Umtauschverhältnisses i.S.v. § 5 Abs. 1 Nr. 3 UmwG steht, wird man bei der Unternehmensbewertung gleichzeitig auch die Vorgaben der Börsenkursrechtsprechung zum Umtauschverhältnis bei Verschmelzungen zu beachten haben (dazu oben Rz. 17 ff.). 69

cc) Besonderheiten bei der Unternehmensbewertung

Zu beachten ist, dass nach § 30 Abs. 1 Satz 1 UmwG nur die Verhältnisse des übertragenden Rechtsträgers im Zeitpunkt der Beschlussfassung über die Verschmelzung zu berücksichtigen sind. Daraus folgt, dass für die Bestimmung der Barabfindung eine **Unternehmensbewertung des übernehmenden Rechtsträgers nicht erforderlich** ist. Hierin liegt der wesentliche Unterschied zur Bestimmung des Umtauschverhältnisses.[6] 70

Ebenso wie bei der Bestimmung des Umtauschverhältnisses ist auch bei der Bestimmung des Barabfindungsanspruchs umstritten, ob und inwieweit **Synergieeffekte** bei der Unternehmensbewertung zu berücksichtigen sind. Bei der Barabfindung geht die ganz herrschende Meinung davon aus, dass echte (nach- 71

---

1 BVerfG v. 7.8.1962 – 1 BvL 16/60 – „Feldmühle", NJW 1962, 1667 (1668 f.); *Müller* in Kallmeyer, § 30 UmwG Rz. 2a ff.; *Wälzholz* in Widmann/Mayer, 140. Erg.-Lfg. Dezember 2013, § 30 UmwG Rz. 6.
2 *Zeidler* in Semler/Stengel, § 30 UmwG Rz. 7; *Müller* in Kallmeyer, § 30 UmwG Rz. 4.
3 *Zeidler* in Semler/Stengel, § 30 UmwG Rz. 7; *Müller* in Kallmeyer, § 30 UmwG Rz. 5; *Wälzholz* in Widmann/Mayer, 140. Erg.-Lfg. Dezember 2013, § 30 UmwG Rz. 30.
4 *Müller* in Kallmeyer, § 30 UmwG Rz. 5; *Wälzholz* in Widmann/Mayer, 140. Erg.-Lfg. August 2013, § 30 UmwG Rz. 32.
5 Vgl. *Bungert/Wettich* in FS Hoffmann-Becking, 2013, S. 157 (177 f.); *Zeidler* in Semler/Stengel, § 30 UmwG Rz. 8 ff.; *Müller* in Kallmeyer, § 30 UmwG Rz. 6, 12.
6 *Müller* in Kallmeyer, § 30 UmwG Rz. 8.

vertragliche) Synergieeffekte außer Betracht bleiben müssen, da die ausscheidenden Anteilsinhaber nicht an Vorteilen beteiligt werden sollen, die erst durch die Verschmelzung selbst entstehen.[1] Das Unternehmen ist vielmehr nach dem sog. *stand-alone-Prinzip* zu bewerten.[2] Unechte Synergieeffekte dürfen dagegen – wie bei der Ermittlung des Umtauschverhältnisses (oben Rz. 34) – in die Unternehmensbewertung einfließen.[3]

72 Zu Schwierigkeiten bei **Prognoseentscheidungen** kann auf die Ausführungen zum Umtauschverhältnis (oben Rz. 33) verwiesen werden.

c) Rechtsbehelfe gegen die Unternehmensbewertung

73 Ähnlich wie §§ 14 Abs. 2, 15 Abs. 1 Satz 2 UmwG bei der Bestimmung des Umtauschverhältnisses (dazu oben Rz. 53) regeln §§ 32, 34 UmwG die gerichtliche Nachprüfung des Barabfindungsangebots. Nach § 32 UmwG kann eine Klage gegen die Wirksamkeit des Verschmelzungsbeschlusses eines übertragenden Rechtsträgers nicht darauf gestützt werden, dass das Angebot nach § 29 UmwG zu niedrig bemessen oder dass die Barabfindung im Verschmelzungsvertrag nicht oder nicht ordnungsgemäß angeboten worden ist. **Rügen gegen den Barabfindungsanspruch** können also ebenfalls nicht mit der Anfechtungsklage, sondern nur im Spruchverfahren geltend gemacht werden (§ 34 UmwG).[4] Nach ihrem Wortlaut schließt die Norm wiederum nur die Anteilsinhaber des übertragenden Rechtsträgers aus.[5]

d) Sonderfall: Barabfindung beim verschmelzungsrechtlichen Squeeze-out

74 Einen Sonderfall stellt die Barabfindung bei dem im Jahre 2011 eingeführten sog. verschmelzungsrechtlichen Squeeze-out (§ 62 Abs. 5 UmwG) dar. In den Fällen einer **Konzernverschmelzung** nach § 62 Abs. 1 UmwG (*upstream merger*) kann die Hauptversammlung einer übertragenden Aktiengesellschaft innerhalb von drei Monaten nach Abschluss des Verschmelzungsvertrages einen

---

1 BGH v. 4.3.1998 – II ZB 5/97, AG 1998, 286 (287); OLG Stuttgart v. 4.2.2000 – 4 W 15/98, NZG 2000, 744 (745) = AG 2000, 428 (429); OLG Düsseldorf v. 19.10.1999 – 19 W 1/96 AktE, AG 2000, 323 f.; OLG Celle v. 31.7.1998 – 9 W 128/97, AG 1999, 128 (130) m. insoweit zust. Anm. *Bungert*, NZG 1998, 990 (jeweils zum Beherrschungsvertrag); *Zeidler* in Semler/Stengel, § 30 UmwG Rz. 16 m.w.N.; *Müller* in Kallmeyer, § 30 UmwG Rz. 9; *Wälzholz* in Widmann/Mayer, 140. Erg.-Lfg. Dezember 2013, § 30 UmwG Rz. 34.38.
2 *Zeidler* in Semler/Stengel, § 30 UmwG Rz. 16; *Müller* in Kallmeyer, § 30 UmwG Rz. 8 f.; WP-Handbuch 2014, Band II, Abschn. F, Rz. 243; s. auch *Wälzholz* in Widmann/Mayer, 140. Erg.-Lfg. Dezember 2013, § 30 UmwG Rz. 9.
3 *Zeidler* in Semler/Stengel, § 30 UmwG Rz. 17; *Müller* in Kallmeyer, § 30 UmwG Rz. 9.
4 *Marsch-Barner* in Kallmeyer, § 32 UmwG Rz. 1, § 34 UmwG Rz. 1; *Gehling* in Semler/Stengel, § 32 UmwG Rz. 1, 3, § 34 UmwG Rz. 4 ff.; *Grunewald* in Lutter, § 32 UmwG Rz. 1, § 34 UmwG Rz. 1.
5 *Marsch-Barner* in Kallmeyer, § 32 UmwG Rz. 1; *Grunewald* in Lutter, § 32 Rz. 2; *Gehling* in Semler/Stengel, § 32 UmwG Rz. 4, 8 f. m.w.N. Siehe aber auch BGH v. 18.12.2000 – II ZR 1/99 – „MEZ", BGHZ 146, 179, 189 = AG 2001, 301 = GmbHR 2001, 200.

Squeeze-out Beschluss nach § 327a Abs. 1 Satz 1 AktG fassen, wenn der übernehmenden Gesellschaft Aktien i.H.v. mindestens 90 % des Grundkapitals gehören (§ 62 Abs. 5 Satz 1 UmwG). Die erforderliche Beteiligungsquote von 90 % stellt dabei den wesentlichen Unterschied zum aktienrechtlichen (§§ 327a ff. AktG) und übernahmerechtlichen (§ 39a f. WpÜG) Squeeze-out dar (Beteiligungsquote jeweils mindestens 95 %).

Beteiligte Rechtsträger können sowohl auf Seiten der übertragenden Gesellschaft (§ 62 Abs. 5 Satz 1 UmwG) als auch auf Seiten der übernehmenden Gesellschaft (§ 62 Abs. 5 Satz 7 UmwG) nur Aktiengesellschaften sein. Nach § 78 UmwG ist zudem die Beteiligung einer Kommanditgesellschaft auf Aktien sowie nach Art. 10 SE-VO die Beteiligung einer Societas Europaea möglich. Eine GmbH kann hingegen nach dem Wortlaut der Norm einen verschmelzungsrechtlichen Squeeze-out nicht unmittelbar durchführen. Jedoch stellt es ist eine zulässige Gestaltungsmöglichkeit dar, wenn eine GmbH zunächst einen Rechtsformwechsel in eine Aktiengesellschaft vollzieht und anschließend den verschmelzungsrechtlichen Squeeze-out betreibt oder wenn eine GmbH auf eine Zwischenholding in der Rechtsform der AG verschmolzen wird.[1] Das OLG Hamburg hat inzwischen bestätigt, dass es sich bei einem vorhergehenden Rechtsformwechsel nicht um ein rechtsmissbräuchliches Vorgehen handelt.[2] Schließlich ist ein verschmelzungsrechtlicher Squeeze-out auch bei einer grenzüberschreitender Verschmelzung nach den §§ 122a ff. UmwG möglich.[3]

75

Ein **Verschmelzungsbericht sowie eine Verschmelzungsprüfung** sind nach übereinstimmender Ansicht in der Literatur beim verschmelzungsrechtlichen Squeeze-out nicht erforderlich.[4] Sinn und Zweck von Verschmelzungsbericht und Verschmelzungsprüfung ist nämlich die Information der Anteilsinhaber, damit diese ihr Stimmrecht ausüben können. Bei einer Konzernverschmelzung mit Squeeze-out findet aber eine Beschlussfassung über die Verschmelzung nicht statt.[5] Da diese Frage noch nicht gerichtlich geklärt ist, wird in der Praxis bislang dennoch nicht auf Verschmelzungsbericht und Verschmelzungsprüfung verzichtet:[6] Das Erstellen eines Verschmelzungsberichts und die Durchführung

76

---

1 So schon *Bungert/Wettich*, DB 2011, 1500 (1501); ausführlich *Mayer*, NZG 2012, 561 (563 f.); *Marsch-Barner* in Kallmeyer, § 62 UmwG Rz. 36; kritisch zu letzterem *Austmann*, NZG 2011, 684 (690).
2 OLG Hamburg v. 14.6.2012 – 11 AktG 1/12, AG 2012, 639; dazu *Schockenhoff/ Lumpp*, ZIP 2013, 749 (750 f.).
3 *Mayer*, NZG 2012, 561 (564); *Marsch-Barner* in Kallmeyer, § 62 UmwG Rz. 37.
4 *Bungert/Wettich*, DB 2011, 1500 (1503); *Göthel*, ZIP 2011, 1541 (1546); *Hofmeister*, NZG 2012, 688 (693); *Mayer*, NZG 2012, 561 (573); *Schockenhoff/Lumpp*, ZIP 2013, 749 (757); *Terlau/Strese*, AG 2014, R78 f.
5 *Göthel*, ZIP 2011, 1541 (1547); *Schockenhoff/Lumpp*, ZIP 2013, 749 (757); *Terlau/ Strese*, AG 2014, R78 (R79).
6 Ausführlich *Schockenhoff/Lumpp*, ZIP 2013, 749 (757 f.); *Terlau/Strese*, AG 2014, R78 (R79). Siehe aus der Praxis etwa die gemeinsamen Verschmelzungsberichte der Vorstände *deutsche internet versicherung/Mannheimer Holding* v. 24.10.2012; *PROCON MultiMedia/MHG Media Holdings* v. 3.11.2011 und jüngst *Global Entertainment/Advanced Inflight Alliance* v. 19.12.2013.

einer Verschmelzungsprüfung ist verbreitet, um eine Verweigerung der Eintragung der Verschmelzung durch das Registergericht[1] oder erfolgreiche Anfechtungsklagen durch Minderheitsaktionäre sicher auszuschließen.[2]

77 Die **Höhe der zu zahlenden Barabfindung** richtet sich nach § 327b AktG (§ 62 Abs. 5 Satz 8 UmwG). Für die Bestimmung der angemessenen Barabfindung ist eine Unternehmensbewertung der Tochtergesellschaft erforderlich.[3]

III. Spaltung

78 Eine Spaltung kann nach § 123 UmwG in **drei verschiedenen Arten** vorkommen: Bei der sog. **Aufspaltung** gem. § 123 Abs. 1 UmwG wird das ganze Vermögen des übertragenden Rechtsträgers im Wege einer partiellen Gesamtrechtsnachfolge auf wenigstens zwei[4] andere Rechtsträger übertragen. Der übertragende Rechtsträger wird aufgelöst. Ähnlich wie bei der Verschmelzung kann dies entweder zur Aufnahme (§ 123 Abs. 1 Nr. 1 UmwG) oder zur Neugründung (§ 123 Abs. 1 Nr. 2 UmwG) geschehen. Die Gegenleistung besteht bei der Aufspaltung darin, dass Anteile oder Mitgliedschaften der aufnehmenden bzw. neu gegründeten Rechtsträger an die Anteilsinhaber des übertragenden Rechtsträgers gewährt werden.

79 Die **Abspaltung** nach § 123 Abs. 2 UmwG zeichnet sich dadurch aus, dass hier ein Teil oder mehrere Teile des Vermögens eines Rechtsträgers im Wege der partiellen Gesamtrechtsnachfolge auf einen oder mehrere andere Rechtsträger übertragen wird bzw. werden. Auch hier ist entweder eine Aufnahme (§ 123 Abs. 2 Nr. 1 UmwG) oder eine Neugründung (§ 123 Abs. 2 Nr. 2 UmwG) möglich. Die Gegenleistung besteht wie bei der Aufspaltung darin, dass Anteile oder Mitgliedschaften an dem oder den Zielrechtsträgern an die Anteilseigner des übertragenden Rechtsträgers gewährt werden.

80 Bei Auf- und Abspaltung ist nicht nur eine sog. **verhältniswahrende Spaltung** möglich, bei der die Anteile oder Mitgliedschaften an dem oder den übernehmenden Rechtsträger(n) den Anteilsinhabern des übertragenden Rechtsträgers in dem Verhältnis zugeteilt werden, das ihrer Beteiligung an dem übertragenden Rechtsträger entspricht. Vielmehr ergibt sich aus § 128 UmwG, dass die Spaltung auch als sog. **nicht-verhältniswahrende Spaltung**, also unter Änderung der Beteiligungsverhältnisse, vorgenommen werden kann. Als Sonderfall der nicht-verhältniswahrenden Spaltung ist auch eine sog. Spaltung „zu Null"

---

1 Ebenso *Mayer*, NZG 2012, 561 (573 f.); *Schockenhoff/Lumpp*, ZIP 2013, 749 (757 f.); *Terlau/Strese*, AG 2014, R78 (R79).
2 Ebenso *Schockenhoff/Lumpp*, ZIP 2013, 749 (757 f.); *Terlau/Strese*, AG 2014, R78 (R79).
3 *Bungert/Wettich*, DB 2011, 1500 (1501); *Mayer*, NZG 2012, 561 (568).
4 *Teichmann* in Lutter, § 123 UmwG Rz. 19; *Stengel* in Semler/Stengel, § 123 UmwG Rz. 12.

zulässig.¹ Eine solche liegt vor, wenn mindestens einem Gesellschafter der übertragenden Gesellschaft keinerlei Anteile an dem oder den übernehmenden Rechtsträger(n) gewährt werden. Die Zulässigkeit der Spaltung „zu Null" entspricht dem Willen des Gesetzgebers, der mit der nicht-verhältniswahrenden Spaltung die Auseinandersetzung von Gesellschaftergruppen und Familienstämmen ermöglichen wollte.² Dies geschieht typischerweise im Wege einer Spaltung „zu Null".³

Auch bei einer **Ausgliederung** wird gem. § 123 Abs. 3 UmwG einer oder mehrere Teile des Vermögens eines Rechtsträgers auf einen oder mehrere andere Rechtsträger im Wege der partiellen Gesamtrechtsnachfolge übertragen. Dabei ist auch die Übertragung des ganzen Vermögens zulässig (sog. Totalausgliederung).⁴ Dies hat zur Folge, dass der übertragende Rechtsträger als bloße Holding fortbesteht.⁵ Die Ausgliederung kann – ebenso wie die beiden anderen Spaltungsarten – zur Aufnahme (§ 123 Abs. 3 Nr. 1 UmwG) oder zur Neugründung (§ 123 Abs. 3 Nr. 2 UmwG) erfolgen. Der entscheidende Unterschied liegt hier in der Gegenleistung: Die Anteile oder Mitgliedschaften an dem oder den Zielrechtsträgern werden an den übertragenden Rechtsträger selbst gewährt, nicht an dessen Anteilsinhaber.⁶   81

Auch bei der Spaltung sind wiederum **zwei Bewertungsanlässe** denkbar, nämlich die Bestimmung des Umtauschverhältnisses sowie die Bestimmung eines Barabfindungsanspruchs.   82

1. Bestimmung eines Umtauschverhältnisses

a) Das Umtauschverhältnis

Aus § 126 Abs. 1 Nr. 3 UmwG folgt, dass nur bei der Auf- und Abspaltung ein Umtauschverhältnis zu bestimmen ist. Streng genommen handelt es sich jedoch nur bei der **Aufspaltung** tatsächlich um ein Umtauschverhältnis.⁷ Denn   83

---

1 OLG München v. 10.7.2013 – 31 Wx 131/13, AG 2013, 688 = NZG 2013, 951 m. zust. Anm. *Kunkel*, jurisPR-HaGesR 9/2013, Anm. 3 und *Trendelenburg*, BB 2013, 1940; LG Konstanz v. 13.2.1998 – 1 HTH 6/97, GmbHR 1998, 837 = ZIP 1998, 1226 m. Anm. *Katschinski*; LG Essen v. 15.3.2002 – 42 T 1/02, NZG 2002, 736 (737); aus der Literatur vgl. *Kallmeyer/Sickinger* in Kallmeyer, § 123 UmwG Rz. 4 m.w.N.; ausführlich dazu *Weiler*, NZG 2013, 1326.
2 BR-Drucks. 75/94, 120.
3 *Priester* in Lutter, § 128 UmwG Rz. 13; auf die Gesetzesbegründung stellt auch bereits das LG Essen v. 15.3.2002 – 42 T 1/02, NZG 2002, 736 (737) ab.
4 *Stengel* in Semler/Stengel, § 123 UmwG Rz. 17; *Teichmann* in Lutter, § 123 UmwG Rz. 25; *Kallmeyer/Sickinger* in Kallmeyer, § 123 UmwG Rz. 12.
5 *Stengel* in Semler/Stengel, § 123 UmwG Rz. 17; *Kallmeyer/Sickinger* in Kallmeyer, § 123 UmwG Rz. 12.
6 *Kallmeyer/Sickinger* in Kallmeyer, § 123 UmwG Rz. 11; *Teichmann* in Lutter, § 123 UmwG Rz. 26.
7 Darauf weisen zu Recht *Müller* in Kallmeyer, § 126 UmwG Rz. 9 und *Gehling* in Semler/Stengel, § 127 UmwG Rz. 33 hin.

hier wird festgelegt, wie viele Anteile (bzw. Mitgliedschaften) am übertragenden Rechtsträger in Anteile am übernehmenden Rechtsträger umgetauscht werden.[1] Der übertragende Rechtsträger geht bei Eintragung der Aufspaltung im Handelsregister unter.

84 Dagegen findet bei der **Abspaltung** kein Umtausch der Anteile statt. Vielmehr behalten die Anteilseigner des übertragenden Rechtsträgers ihre Anteile, welche durch die Abspaltung aufgrund des teilweisen Vermögensabgangs jedoch an Wert verlieren. Diese Einbuße wird durch die zusätzliche Gewährung von Anteilen am übernehmenden Rechtsträger kompensiert.[2] Auch insofern ist also ein Verhältnis zu bestimmen, das als „Zuteilungsverhältnis" zu bezeichnen wäre.[3] Im Folgenden soll zusammenfassend insoweit von „Umtauschverhältnis" gesprochen werden.

85 Bei der **Ausgliederung** müssen hingegen nach dem Wortlaut des § 126 Abs. 1 Nr. 3 UmwG im Spaltungs- und Übernahmevertrag keine Angaben zum Umtauschverhältnis gemacht werden. Dies ist dadurch bedingt, dass bei der Ausgliederung die Anteile bzw. Mitgliedschaften nicht an die Anteilsinhaber des übertragenden Rechtsträgers gewährt werden, sondern an diesen selbst (s. bereits Rz. 81).[4] Von daher ist im Folgenden zwischen der Auf- und Abspaltung einerseits sowie der Ausgliederung andererseits zu differenzieren.

86 Das Umtauschverhältnis muss gem. § 126 Abs. 1 Nr. 3 UmwG bei Auf- und Abspaltung zwingend im **Spaltungs- und Übernahmevertrag** angegeben werden. Bei der Ausgliederung sind hingegen nach dem Wortlaut der Norm Angaben zum Umtauschverhältnis entbehrlich (s. soeben Rz. 85). Nach zutreffender ganz herrschender Ansicht ist hier jedoch anzugeben, welche und wie viele Anteile der übernehmende Rechtsträger am übertragenden Rechtsträger erhalten soll.[5] Die Darstellung des Umtauschverhältnisses im Spaltungs- und Übernahmevertrag erfolgt bei Kapitalgesellschaften in der Praxis in einem zahlenmäßigen Verhältnis.[6] Bei Personengesellschaften erfolgt die Festlegung dagegen meistens anhand der Gesellschafterkonten.[7] Anstelle von Angaben zum Umtauschverhältnis sind Angaben zur Mitgliedschaft erforderlich, wenn ein eingetragener Verein oder ein Versicherungsverein auf Gegenseitigkeit übernehmender Rechtsträger ist.[8] Angaben zum Umtauschverhältnis sind entbehrlich,

---

1 *Schröer* in Semler/Stengel, § 126 UmwG Rz. 35; *Müller* in Kallmeyer, § 126 UmwG Rz. 8.
2 So ausführlich *Müller* in Kallmeyer, § 126 UmwG Rz. 9; vgl. auch *Priester* in Lutter, § 126 UmwG Rz. 31 f.; *Schröer* in Semler/Stengel, § 126 UmwG Rz. 37.
3 Ebenso *Gehling* in Semler/Stengel, § 127 UmwG Rz. 33.
4 *Priester* in Lutter, § 126 UmwG Rz. 34; *Schröer* in Semler/Stengel, § 126 UmwG Rz. 36.
5 *Müller* in Kallmeyer, § 126 UmwG Rz. 10; *Schröer* in Semler/Stengel, § 126 UmwG Rz. 36; *Priester* in Lutter, § 126 UmwG Rz. 34.
6 *Schröer* in Semler/Stengel, § 126 UmwG Rz. 38; *Priester* in Lutter, § 126 UmwG Rz. 33.
7 *Priester* in Lutter, § 126 UmwG Rz. 33; ausführlich *Schröer* in Semler/Stengel, § 126 UmwG Rz. 39.
8 Siehe *Schröer* in Semler/Stengel, § 126 UmwG Rz. 43; *Priester* in Lutter, § 126 UmwG Rz. 31.

wenn sich sämtliche Anteile am übertragenden Rechtsträger in der Hand des übernehmenden Rechtsträgers befinden oder wenn die beteiligten Anteilsinhaber auf Anteilsgewährung verzichten.[1]

Gemäß § 127 UmwG muss bei der Auf- und Abspaltung das Umtauschverhältnis der Anteile bzw. die Angaben über die Mitgliedschaften bei den übernehmenden Rechtsträgern (sowie eine gegebenenfalls anzubietende Barabfindung, dazu unten Rz. 88) im **Spaltungsbericht** rechtlich und wirtschaftlich erläutert und begründet werden. Wie auch beim Verschmelzungsbericht müssen die Erläuterungen so ausführlich sein, dass die Anteilsinhaber sie auf ihre Plausibilität hin überprüfen können.[2] Auch die angewandte Methode der Unternehmensbewertung und die Grundlagen der Bewertung sind im Spaltungsbericht darzustellen, soweit eine Unternehmensbewertung im Einzelfall erforderlich ist (dazu unten Rz. 90 ff.).[3] Bei der Spaltung kann der erforderliche Umfang der Erläuterungen im Spaltungsbericht unterschiedlich ausfallen. Dies richtet sich danach, ob die Spaltung verhältniswahrend ist oder nicht.[4] Ferner ist zu beachten, dass § 127 Satz 2 UmwG auf § 8 Abs. 1 Satz 2 bis 4, Abs. 2 und 3 UmwG verweist. Dadurch ist insbesondere kein Bericht erforderlich in Fällen des Verzichts aller Anteilsinhaber oder wenn sich alle Anteile des übertragenden Rechtsträgers in der Hand des übernehmenden Rechtsträgers befinden (dazu für die Verschmelzung oben Rz. 7). Die Ausgliederung hingegen wird in § 127 UmwG nicht genannt, dennoch sind in Ausnahmefällen auch hier Erläuterungen im Spaltungsbericht erforderlich. (dazu unten Rz. 99). 87

Das Problem des sog. **„krummen" Umtauschverhältnisses** entspricht dem bei der Verschmelzung (dazu oben Rz. 12). Auch bei der Spaltung können Schwierigkeiten, ein ganzzahliges Umtauschverhältnis festzulegen, durch **bare Zuzahlungen** vermieden werden (vgl. § 127 Abs. 1 Nr. 3 UmwG). In der Praxis werden „krumme" Umtauschverhältnisse vermieden oder kommen nur selten vor, da jedenfalls bei der verhältniswahrenden Spaltung das Umtauschverhältnis relativ frei festgelegt werden kann. 88

b) Auf- und Abspaltung

aa) Grundsätzliches

Wie bei der Verschmelzung muss auch bei der Spaltung das **Umtauschverhältnis angemessen** sein.[5] Aus Sicht der Anteilseigner des übertragenden Rechtsträgers soll die Aufgabe ihrer Anteile im Rahmen einer Aufspaltung bzw. der Wertverlust der unveränderten Anteile bei einer Abspaltung hinreichend aus- 89

---

1 Vgl. *Schröer* in Semler/Stengel, § 126 UmwG Rz. 37, 40.
2 *Kallmeyer/Sickinger* in Kallmeyer, § 127 UmwG Rz. 8; *Gehling* in Semler/Stengel, § 127 UmwG Rz. 26; *Schwab* in Lutter, § 127 UmwG Rz. 33.
3 Vgl. *Schröer* in Semler/Stengel, § 126 UmwG Rz. 35; *Gehling* in Semler/Stengel, § 127 Rz. 26, 28; *Schwab* in Lutter, § 127 UmwG Rz. 33; *Kallmeyer/Sickinger* in Kallmeyer, § 127 UmwG Rz. 8.
4 Vgl. *Gehling* in Semler/Stengel, § 127 UmwG Rz. 27 ff.; *Schwab* in Lutter, § 127 UmwG Rz. 30 ff.
5 Vgl. *Gehling* in Semler/Stengel, § 127 UmwG Rz. 32 f.; *Kallmeyer/Sickinger* in Kallmeyer, § 127 UmwG Rz. 8.

geglichen werden.¹ Demgegenüber sollen die Anteilsinhaber des übernehmenden Rechtsträgers vor einer Verwässerung ihrer Anteile geschützt werden.²

bb) Anwendungsbereich der Unternehmensbewertung

90 Bei der sog. **verhältniswahrenden Spaltung zur Neugründung** oder bei der verhältniswahrenden Spaltung zur **Aufnahme durch eine „leere" Gesellschaft**, bei der die Anteilsverhältnisse am übertragenden Rechtsträger denen beim übernehmenden Rechtsträger entsprechen, ist keine Unternehmensbewertung erforderlich.³ Hier erschließt sich die Angemessenheit sozusagen „von selbst". Denn die Anteilsinhaber des übertragenden Rechtsträgers werden am übernehmenden Rechtsträger mit derselben Quote beteiligt, so dass eine Benachteiligung ausgeschlossen ist.⁴ Daher sind in diesem Fall auch keine umfangreichen Erläuterungen im Spaltungsbericht erforderlich.⁵ Keine verhältniswahrende Spaltung liegt vor, wenn beim übernehmenden Rechtsträger die Beteiligungsquoten der Anteilsinhaber des übertragenden Rechtsträgers untereinander nicht mit ihrer Beteiligungsquote am übertragenden Rechtsträger identisch sind (§ 128 UmwG) – das heißt, das Umtauschverhältnis ist nicht für alle Anteilsinhaber des übertragenden Rechtsträgers identisch.

91 Bei der **nicht-verhältniswahrenden Spaltung zur Neugründung** oder **zur Aufnahme durch eine „leere" Gesellschaft** kann das Umtauschverhältnis für jeden Anteil einzeln frei festgelegt werden, so dass zur Bestimmung des Umtauschverhältnisses keine Unternehmensbewertung erforderlich ist. Allerdings wird man die für eine nicht-verhältniswahrende Spaltung notwendige Zustimmung sämtlicher Aktionäre (§ 128 Satz 1 UmwG) von den Aktionären in der Regel nur erhalten, wenn im Ergebnis keiner der beteiligten Aktionäre eine aus seiner Sicht unangemessene Benachteiligung erfährt. Zur Gestaltung einer nicht-verhältniswahrenden Spaltung wird also im Vorfeld im Regelfall eine Bewertung des gesamten Unternehmens sowie einzelner auf- bzw. abzuspaltender Teilunternehmen nötig werden, um anhand der so ermittelten Werte zu einer konsensfähigen Aufteilung des Unternehmenswertes zu gelangen. Einzelnen Aktionären kann eine durch eine nicht-verhältniswahrende Spaltung eintretende Verwässerung ihrer Mitgliedschaft auch durch Geldleistung kompensiert werden, deren angemessene Höhe ebenfalls mit Hilfe einer Unternehmensbewertung zu ermitteln wäre. Solche Geldleistungen stellen jedoch keine ba-

---

1 *Schröer* in Semler/Stengel, § 126 UmwG Rz. 37; *Priester* in Lutter, § 126 UmwG Rz. 32.
2 *Priester* in Lutter, § 126 UmwG Rz. 32; *Schröer* in Semler/Stengel, § 126 UmwG Rz. 37.
3 *Mayer* in Widmann/Mayer, 100. Erg.-Lfg. Mai 2008, § 128 UmwG Rz. 47; *Schwab* in Lutter, § 127 UmwG Rz. 30; *Kallmeyer/Sickinger* in Kallmeyer, § 127 UmwG Rz. 7; *Gehling* in Semler/Stengel, § 127 UmwG Rz. 29.
4 So ausdrücklich *Gehling* in Semler/Stengel, § 127 UmwG Rz. 33.
5 *Schwab* in Lutter, § 127 UmwG Rz. 30; *Kallmeyer/Sickinger* in Kallmeyer, § 127 UmwG Rz. 7; *Gehling* in Semler/Stengel, § 127 UmwG Rz. 29.

ren Zuzahlungen i.S.d. § 125 Satz 1 UmwG i.V.m. §§ 54 Abs. 4, 68 Abs. 3 UmwG dar.[1]

Bloß **rechtsqualitative Änderungen** bei den Anteilen – etwa dergestalt, dass Sonderrechte untergehen oder Stammaktien in Vorzugsaktien getauscht werden – führen nicht dazu, dass die Spaltung nicht-verhältniswahrend ist. Die Einbeziehung derartiger Fälle in § 128 UmwG ist im Gesetzeswortlaut nicht angelegt und würde ohne sachlichen Grund von dem gesellschaftsrechtlichen Grundsatz abweichen, dass zum Entzug mitgliedschaftlicher Rechte die Zustimmung allein des Betroffenen ausreichend ist.[2]

92

Bei der **Spaltung zur Aufnahme** durch eine bestehende, „nicht-leere" Gesellschaft muss hingegen ein angemessenes Umtauschverhältnis bestimmt werden. Durch die Unternehmensbewertung muss die für die Spaltung maßgebliche **Unternehmenswertrelation** zwischen dem auf- bzw. abgespaltenen Unternehmensteil und dem übernehmenden Rechtsträger bestimmt werden.[3] Dies gilt für die verhältniswahrende wie für die nicht-verhältniswahrende Spaltung zur Aufnahme gleichermaßen: Auch bei der nicht-verhältniswahrenden Spaltung sind jedenfalls die Anteilsinhaber des übernehmenden Rechtsträgers vor einer unzulässig hohen Verwässerung ihrer Mitgliedschaft durch die Gewährung einer überhöhten, den tatsächlichen Wert des aufgenommenen Unternehmensteils übersteigenden Gegenleistung zu schützen. Die Unternehmenswertrelation ergibt sich aus dem **tatsächlichen Wert (Verkehrswert)** des auf- bzw. abgespaltenen Unternehmensteils, zu dem der Verkehrswert des aufnehmenden Rechtsträgers ins Verhältnis gesetzt wird.[4]

93

Für die **Ermittlung des Unternehmenswertes** gelten im Wesentlichen die gleichen Grundsätze wie bei der Verschmelzung (s. oben Rz. 16 ff.). Allerdings ist die **Börsenkursrechtsprechung** des BVerfG (s. oben Rz. 17 ff.) denklogisch nicht anwendbar, da jedenfalls die übertragenen Unternehmensteile des übertragenden Rechtsträgers keinen eigenständigen Börsenkurs haben und der **Grundsatz der Methodengleichheit** (s. oben Rz. 24) schon deshalb nicht gewahrt werden könnte. Im Übrigen liegt die Auswahl der Bewertungsmethode auch bei der Spaltung im pflichtgemäßen Ermessen der Vertretungsorgane der beteiligten Gesellschaften. In der Praxis findet daher regelmäßig die Ertragswertmethode Anwendung.

94

---

1 *Mayer* in Widmann/Mayer, 100. Erg.-Lfg. Mai 2008, § 128 UmwG Rz. 34; *Schröer* in Semler/Stengel, § 128 UmwG Rz. 10.
2 *Hörtnagl* in Schmitt/Hörtnagl/Stratz, § 128 UmwG Rz. 3. Vgl. auch *Kallmeyer/Sickinger* in Kallmeyer, § 128 UmwG Rz. 3; *Mayer* in Widmann/Mayer, 100. Erg.-Lfg. Mai 2008, § 128 UmwG Rz. 38; *Priester* in Lutter, § 128 UmwG Rz. 10; *Simon* in KölnKomm. UmwG, § 128 UmwG Rz. 42; *Schröer* in Semler/Stengel, § 128 UmwG Rz. 8. A.A. *Schwab* in Lutter, § 127 UmwG Rz. 31.
3 *Gehling* in Semler/Stengel, § 127 UmwG Rz. 28; *Priester* in Lutter, § 126 UmwG Rz. 32.
4 *Priester* in Lutter, § 126 UmwG Rz. 32.

cc) Besondere Schwierigkeiten bei der Unternehmensbewertung

95 Bei der Erläuterung des Umtauschverhältnisses der Anteile bzw. der Angaben über die Mitgliedschaften bei den übernehmenden Rechtsträgern im **Spaltungsbericht** ist nach § 127 Satz 2 UmwG i.V.m. § 8 Abs. 1 Satz 2 UmwG wie beim Verschmelzungsbericht auch auf besondere Schwierigkeiten bei der Bewertung der Rechtsträger hinzuweisen. Mögliche Schwierigkeiten sind dabei zum einen die gleichen, wie sie bei der Bewertung der Rechtsträger für den Verschmelzungsfall auftreten können (dazu oben Rz. 36 ff.), insbesondere ungewöhnliche Unsicherheiten bei der Prognose, wie sie etwa bei Sanierungsbemühungen, jungen Unternehmen, besonderen Risiken des Marktes oder einer kritischen Liquiditätslage bestehen. Zum anderen können besondere Schwierigkeiten auch in der Spaltung als solcher begründet sein. Letzteres kann beispielsweise der Fall sein, wenn ein isolierter Ertragswert übertragener Unternehmensteile nur schwer zu beziffern ist oder gar nur einzelne Vermögensgegenstände ganz ohne eigenen Ertragswert übertragen werden sollen.[1]

dd) Spaltungsprüfung

96 Die Angemessenheit des Umtauschverhältnisses ist im Rahmen der Spaltungsprüfung nach § 125 Satz 1 UmwG i.V.m. § 9 UmwG zu überprüfen. Das Verfahren entspricht dem der Verschmelzungsprüfung (s. oben Rz. 37). Insbesondere ist daher bei **Verzicht** aller Anteilsinhaber aller beteiligten Rechtsträger auf die Prüfung gem. §§ 125 Satz 1, 9 Abs. 3, 8 Abs. 3 UmwG keine Spaltungsprüfung notwendig.

97 Durch den Gesetzeswortlaut von dem Generalverweis des § 125 Satz 1 UmwG ausdrücklich ausgenommen ist § 9 Abs. 2 UmwG. Damit sieht das Gesetz eine solche Spaltungsprüfung selbst für Fälle der **Spaltung einer 100 %igen Tochtergesellschaft auf die Mutter** vor, bei denen eine Anteilsgewährung gesetzlich ausgeschlossen ist. In diesen Fallkonstellationen ist die Spaltungsprüfung auch nicht gemäß §§ 9 Abs. 3, 8 Abs. 3 UmwG entbehrlich, da nach gewichtigen Stimmen in der Literatur nur auf § 8 Abs. 3 Satz 1 Halbsatz 1 UmwG verwiesen wird. Denn für § 8 Abs. 3 Satz 1 Halbsatz 2 UmwG enthält § 9 Abs. 2 UmwG eine abschließende ausdrückliche Spezialregelung.[2] Die in § 8 Abs. 3 Satz 1 Halbsatz 1 UmwG vorgesehene Entbehrlichkeit einer Spaltungsprüfung bei Zustimmung sämtlicher Anteilsinhaber kommt dann faktisch nicht in Betracht, wenn die Muttergesellschaft eine Publikumsgesellschaft ist. Zentraler Gegenstand der Spaltungsprüfung ist jedoch die Angemessenheit des Umtauschverhältnisses (s. für die Verschmelzungsprüfung oben Rz. 37). Gibt es ein solches Umtauschverhältnis mangels Anteilsgewährung – wie im angesprochenen Fall der Tochter-Mutter-Spaltung – nicht, macht eine Spaltungsprüfung keinen Sinn mehr. In solchen Fällen sollte § 9 Abs. 2 UmwG trotz des Wortlauts von § 125 Satz 1 UmwG aufgrund teleologischer Erwägungen analog

---

[1] Vgl. *Hörtnagl* in Schmitt/Hörtnagl/Stratz, § 127 UmwG Rz. 17; *Kallmeyer/Sickinger* in Kallmeyer, § 127 UmwG Rz. 11.
[2] *Fronhöfer* in Widmann/Mayer, 126. Erg.-Lfg. November 2011, § 125 UmwG Rz. 43; *Hörtnagl* in Schmitt/Hörtnagl/Stratz, § 125 UmwG Rz. 14; *Kallmeyer/Sickinger* in Kallmeyer, § 125 UmwG Rz. 9.

zur Anwendung kommen und somit eine **Spaltungsprüfung nicht erforderlich** sein.[1]

c) Ausgliederung

aa) Grundsätzliches

Die Ausgliederung wird in §§ 126 Abs. 1 Nr. 3, 127 UmwG nicht genannt. Schon nach dem Wortlaut sind hier also grundsätzlich **keine Angaben zum Umtauschverhältnis** notwendig (s. schon oben Rz. 83). Hintergrund dieser Regelung ist, dass bei der Ausgliederung die Gegenleistung nicht an die Anteilsinhaber des Ausgangsrechtsträgers gewährt wird, sondern an diesen selbst.[2] Daher werden keine Anteile auf die Anteilsinhaber aufgeteilt, so dass kein Umtauschverhältnis bestimmt werden muss.[3] Nach h.M. ist aber im Spaltungs- und Übernahmevertrag festzusetzen, welche und wie viele Anteile der übertragende Rechtsträger erhält.[4]

98

bb) Anwendungsbereich der Unternehmensbewertung

Da für die Anteilsinhaber kein Umtauschverhältnis bestimmt werden muss, das „angemessen" sein muss, ist **im Grundsatz keine Unternehmensbewertung** erforderlich. Etwas anderes gilt aber nach h.M. – entgegen dem Wortlaut – wenn eine Ausgliederung zur Aufnahme vorgenommen wird, bei der weder die ausgliedernde Gesellschaft Alleingesellschafterin der aufnehmenden Gesellschaft ist noch die Anteilsinhaber der ausgliedernden Gesellschaft an der aufnehmenden Gesellschaft im gleichen Verhältnis beteiligt sind, wenn also Dritte an der aufnehmenden Gesellschaft beteiligt sind.[5] Typischer Anwendungsfall hierfür ist die Bildung von sog. **Joint Ventures**, für die mit Hilfe einer Unternehmensbewertung ermittelt werden muss, zu welchen Anteilen die (beiden oder mehreren) übertragenden Rechtsträger am gemeinsamen Unternehmen zu beteiligen sind. Ausnahmsweise müssen dann Angaben zur Gegenleistung im Ausgliederungsbericht (§ 127 UmwG analog) gemacht werden, da in diesem Fall ein Wertverhältnis zwischen dem auszugliedernden Unternehmensteil und den als Gegenleistung an den übertragenden Rechtsträger zu gewährenden Anteilen am übernehmenden Rechtsträger existiert.[6] Insoweit soll

99

---

1 *Fronhöfer* in Widmann/Mayer, 126. Erg.-Lfg. November 2011, § 125 UmwG Rz. 45; *Hörtnagl* in Schmitt/Hörtnagl/Stratz, § 125 UmwG Rz. 14; *Mayer* in Widmann/Mayer, 88. Erg.-Lfg. Mai 2006, § 9 UmwG Rz. 7. Jetzt i.E. ähnlich auch *Kallmeyer/Sickinger* in Kallmeyer, § 125 UmwG Rz. 9 (mit anderer Argumentation und mit dem Hinweis darauf, dass die Aktionäre in dieser Fallkonstellation in der Bekanntmachung nach § 62 Abs. 3 Sätze 2 u. 3 UmwG auf ihr Recht, eine Spaltungsprüfung zu verlangen, hingewiesen werden müssten).
2 *Gehling* in Semler/Stengel, § 127 UmwG Rz. 25.
3 *Priester* in Lutter, § 126 UmwG Rz. 34.
4 *Priester* in Lutter, § 126 UmwG Rz. 34 m.w.N.
5 *Gehling* in Semler/Stengel, § 127 UmwG Rz. 35; *Kallmeyer/Sickinger* in Kallmeyer, § 127 UmwG Rz. 7; *Schwab* in Lutter, § 127 Rz. 29.
6 *Gehling* in Semler/Stengel, § 127 UmwG Rz. 35; *Schwab* in Lutter, § 127 UmwG Rz. 29.

ein Redaktionsversehen des Gesetzgebers vorliegen.[1] Im Ausgliederungsbericht muss in diesem Fall die Angemessenheit der Gegenleistung erläutert werden.[2] Für die Bemessung der Angemessenheit ist in diesem Fall ausnahmsweise doch eine Unternehmensbewertung erforderlich.

cc) Besondere Schwierigkeiten bei der Unternehmensbewertung

100 Bei der Erläuterung des Wertverhältnisses des auszugliedernden Unternehmensteil und den als Gegenleistung an den übertragenden Rechtsträger zu gewährenden Anteilen am übernehmenden Rechtsträger im **Ausgliederungsbericht** ist nach § 127 Satz 2 UmwG analog i.V.m. § 8 Abs. 1 Satz 2 UmwG wie beim Verschmelzungs- oder Spaltungsbericht ebenfalls auf besondere Schwierigkeiten bei der Bewertung der Rechtsträger hinzuweisen. Mögliche Schwierigkeiten entsprechen dabei denen bei der Auf- und Abspaltung zur Aufnahme (s. oben Rz. 94), wobei zu beachten ist, dass auf Seiten des übernehmenden Rechtsträgers nicht der übernehmende Rechtsträger als solcher zu bewerten ist, sondern dessen im Austausch gewährten Anteile.

d) Schutz von Sonderrechten, §§ 133, 23 UmwG

101 Für den Schutz von Sonderrechten gilt auch bei der Spaltung § 23 UmwG entsprechend über § 125 UmwG (zu § 23 UmwG s. bei der Verschmelzung, oben Rz. 50 ff.). Für mögliche Ansprüche aus § 23 UmwG haften die an der Spaltung beteiligten Rechtsträger als Gesamtschuldner (§ 133 Abs. 2 Satz 1 UmwG). § 133 Abs. 2 Satz 1 UmwG modifiziert § 23 UmwG in den Rechtsfolgen insoweit, dass die gleichwertigen Rechte auch in dem übertragenden Rechtsträger gewährt werden können. Um die **Verwässerung von Sonderrechten** zu vermeiden besteht die Möglichkeit, diese Sonderrechte im Ergebnis auf die beteiligten Rechtsträger „aufzuteilen".[3] Dazu können im Falle der Abspaltung zur Neugründung den Inhabern von Sonderrechten gleichwertige Rechte am neuen Rechtsträger in dem Verhältnis gewährt werden, das dem Verhältnis des Eigenkapitals der beteiligten Rechtsträger entspricht. Zugleich wird das Sonderrecht am übertragenden Rechtsträger wertmäßig in demselben Verhältnis angepasst.[4] Im Falle der Abspaltung zur Aufnahme könnten gleichwertige Rechte am übernehmenden Rechtsträger dementsprechend anhand des Umtauschverhältnisses gewährt werden und die Sonderrechte am übertragenden Rechtsträger anhand des Umtauschverhältnisses angepasst werden.

e) Rechtsmittel gegen die Unternehmensbewertung

102 Bei der Spaltung sind – wegen § 125 Satz 1 UmwG – die gleichen Rechtsmittel gegeben wie bei der Verschmelzung. Insbesondere können bei der Auf- sowie der Abspaltung Rügen der Anteilsinhaber des übertragenden Rechtsträgers ge-

---

1 *Kallmeyer/Sickinger* in Kallmeyer, § 127 UmwG Rz. 7.
2 *Gehling* in Semler/Stengel, § 127 UmwG Rz. 35.
3 *Kallmeyer/Sickinger* in Kallmeyer, § 125 UmwG Rz. 34.
4 Vgl. Spaltungsbericht des Vorstands der *HVB AG* v. März 2003 (in Sachen Abspaltung der Hypo Real Estate Group), S. 81.

gen das Umtauschverhältnis nicht mit der Anfechtungsklage geltend gemacht werden. Zu beachten ist allerdings, dass nach § 125 UmwG bei der Ausgliederung dieser Ausschluss von Bewertungsrügen im Anfechtungsverfahren (§ 14 Abs. 2 UmwG) gerade nicht gilt. Bei der verhältniswahrenden Spaltung ist ein Spruchverfahren in der Praxis noch nicht vorgekommen, da das Umtauschverhältnis denklogisch immer angemessen ist.[1]

2. Bestimmung eines Barabfindungsanspruchs

Für den zweiten Bewertungsanlass, die Bestimmung eines Barabfindungsanspruchs, muss wiederum zwischen den einzelnen Arten der Spaltung **differenziert** werden. 103

a) Auf- und Abspaltung

Für die Auf- und Abspaltung gelten die §§ 29 ff. UmwG entsprechend (§ 125 Satz 1 UmwG). In den in § 29 UmwG genannten Fällen (s. dazu im Einzelnen oben Rz. 64) ist daher jedem Anteilsinhaber, der gegen den Spaltungsbeschluss des übertragenden Rechtsträgers Widerspruch zur Niederschrift erklärt, eine angemessene Barabfindung anzubieten. Der Barabfindungsanspruch errechnet sich bei der Abspaltung allein anhand des Unternehmenswertes des abgespaltenen Teils und kompensiert dadurch die Wertminderung der Anteile am übertragenden Rechtsträger durch den Verlust dieses abgespaltenen Teils. Die Gesellschafterstellung beim übertragenden Rechtsträger bleibt unberührt.[2] Im Übrigen gelten für die Spaltung die obigen Ausführungen zur Verschmelzung entsprechend (Rz. 61 ff.). 104

b) Ausgliederung

Bei der Ausgliederung ist hingegen zu beachten, dass nach § 125 Satz 1 UmwG die §§ 29 ff. UmwG nicht entsprechend anzuwenden sind. Daher gibt es bei der Ausgliederung keinen Barabfindungsanspruch. Dies findet seine Rechtfertigung in der Struktur der Ausgliederung: Die Anteilsinhaber am übertragenden Rechtsträger tauschen – anders als bei Auf- oder Abspaltung – ihre Anteile nicht in solche am übernehmenden Rechtsträger. Vielmehr werden die Anteile am übernehmenden Rechtsträger an den übertragenden Rechtsträger als solchen gewährt (s. schon Rz. 81). 105

IV. Formwechsel

Der Formwechsel nach §§ 190 ff. UmwG **unterscheidet sich wesentlich von der Verschmelzung und der Spaltung.** Denn hier gibt es keine Vermögensübertragung.[3] Kernelement eines Formwechsels ist vielmehr, dass die rechtliche 106

---

1 Vgl. LG Köln v. 19.12.2003 – 82 O 95/03, ZIP 2004, 220 (221).
2 *Kallmeyer/Sickinger* in Kallmeyer, § 125 UmwG Rz. 37.
3 *Stengel* in Semler/Stengel, § 190 UmwG Rz. 1, 4; *Meister/Klöcker* in Kallmeyer, § 190 UmwG Rz. 6; *Decher/Hoger* in Lutter, § 190 UmwG Rz. 1.

und wirtschaftliche Identität des Rechtsträgers gewahrt wird.[1] Darüber hinaus bleibt auch der Kreis der Anteilsinhaber identisch.[2]

107 An einem Formwechsel können nur die in § 191 UmwG enumerativ aufgezählten Rechtsträger beteiligt sein. Danach kommen als formwechselnde Rechtsträger Personenhandelsgesellschaften sowie Partnerschaftsgesellschaften (§ 191 Abs. 1 Nr. 1 UmwG), Kapitalgesellschaften (§ 191 Abs. 1 Nr. 2 UmwG), eingetragene Genossenschaften (§ 191 Abs. 1 Nr. 3 UmwG), rechtsfähige Vereine (§ 191 Abs. 1 Nr. 4 UmwG), Versicherungsvereine auf Gegenseitigkeit (§ 191 Abs. 1 Nr. 5 UmwG) sowie Körperschaften und Anstalten des öffentlichen Rechts (§ 191 Abs. 1 Nr. 6 UmwG) in Betracht. Rechtsträger neuer Rechtsform können hingegen nur Gesellschaften des bürgerlichen Rechts (§ 191 Abs. 2 Nr. 1 UmwG), Personenhandelsgesellschaften sowie Partnerschaftsgesellschaften (§ 191 Abs. 2 Nr. 2 UmwG), Kapitalgesellschaften (§ 191 Abs. 2 Nr. 3 UmwG) und eingetragene Genossenschaften (§ 191 Abs. 2 Nr. 4 UmwG) sein. Auch eine Societas Europaea (SE) kann gem. Art. 10 SE-VO nach Ablauf der Sperrfrist des Art. 66 Abs. 1 Satz 2 SE-VO ihre Rechtsform nach dem UmwG wechseln.[3] Für die Renationalisierung einer SE bietet Art. 66 SE-VO die Möglichkeit der Rückumwandlung in eine nationale AG. Das UmwG ist auf diesen Fall nicht anwendbar.[4]

108 Beim Formwechsel ist grundsätzlich gem. § 207 UmwG jedem Anteilsinhaber, der gegen den Umwandlungsbeschluss Widerspruch zur Niederschrift erklärt, eine **Barabfindung** anzubieten. Die Ermittlung der Höhe dieser Barabfindung setzt typischerweise eine Unternehmensbewertung voraus. Da grundsätzlich gerade keine Vermögensübertragung stattfindet, sei schon an dieser Stelle darauf hingewiesen, dass eine **Unternehmensbewertung zur Bestimmung eines Umtauschverhältnisses nur im Ausnahmefall** erforderlich ist. Im Folgenden wird daher zunächst der Barabfindungsanspruch dargestellt.

1. Bestimmung eines Barabfindungsanspruchs

a) Grundsätzliches

109 **§ 207 UmwG entspricht § 29 UmwG bei der Verschmelzung.** Die Parallelität zeigt sich insbesondere im Verweis von § 207 Abs. 2 UmwG auf § 29 Abs. 2 UmwG. Zudem verweist § 208 UmwG wegen des Inhalts des Anspruchs auf § 30 UmwG.

110 § 207 UmwG ist **für alle Fälle des Rechtsformwechsels** anwendbar, mit Ausnahme des Formwechsels von Kapitalgesellschaften in eine GbR oder OHG. Hier werden die Interessen der Anteilsinhaber schon durch das Erfordernis der

---

1 *Stengel* in Semler/Stengel, § 190 UmwG Rz. 3, 4.
2 *Decher/Hoger* in Lutter, § 190 UmwG Rz. 1.
3 *Bayer/Vetter* in Lutter, Vor § 190 UmwG Rz. 32; *Decher/Hoger* in Lutter, § 191 UmwG Rz. 2; *Meister/Klöcker* in Kallmeyer, § 191 UmwG Rz. 5; *Vossius* in Widmann/Mayer, 134. Erg.-Lfg. Dezember 2012, § 191 UmwG Rz. 14.1.
4 *Drinhausen* in Semler/Stengel, Einl. C Rz. 63.

Einstimmigkeit des Umwandlungsbeschlusses (§ 233 Abs. 1 UmwG) gewahrt.[1] Gleiches gilt beim Formwechsel von Personenhandelsgesellschaften, wenn der Gesellschaftsvertrag keine Mehrheitsentscheidung vorsieht.[2]

Ausgeschlossen ist die Anwendung von § 207 UmwG kraft spezieller gesetzlicher Anordnung auch in folgenden Fällen: Nach § 227 UmwG sind die §§ 207 ff. UmwG beim Formwechsel einer Kommanditgesellschaft auf Aktien nicht auf deren persönlich haftende Gesellschafter anzuwenden. Nach § 250 UmwG gelten die §§ 207 ff. UmwG für den Formwechsel einer Aktiengesellschaft in eine Kommanditgesellschaft auf Aktien oder einer Kommanditgesellschaft auf Aktien in eine Aktiengesellschaft nicht. Nach § 282 Abs. 2 UmwG sind die §§ 207 ff. UmwG nicht beim Formwechsel von gemeinnützigen Vereinen (die nach § 5 Abs. 1 Nr. 9 KStG von der Körperschaftsteuer befreit sind) anzuwenden. Gemäß § 302 Satz 1 UmwG gelten die §§ 207 ff. UmwG für den Formwechsel von Körperschaften und Anstalten des öffentlichen Rechts nur dann, wenn sich aus dem maßgeblichen Bundes- oder Landesrecht nichts anderes ergibt.

111

Folgende Vorschriften nehmen **auf § 207 UmwG Bezug und modifizieren** diesen: Nach § 225 UmwG i.V.m. § 217 Abs. 1 Satz 2 UmwG ist die Angemessenheit der Barabfindung beim Formwechsel von Personenhandelsgesellschaften nur auf Verlangen eines Gesellschafters zu prüfen, wenn der Gesellschaftsvertrag der formwechselnden Gesellschaft eine Mehrheitsentscheidung der Gesellschafter für den Umwandlungsbeschluss vorsieht. Gleiches gilt nach § 225c UmwG auch für den Formwechsel einer Partnerschaftsgesellschaft. Beim Formwechsel eingetragener Genossenschaften erweitert § 270 Abs. 1 UmwG den Empfängerkreis, nach § 270 Abs. 2 Satz 1 UmwG ist eine gutachtliche Äußerung des Prüfungsverbandes einzuholen. Nach § 270 Abs. 2 Satz 2 UmwG gelten § 30 Abs. 2 Satz 2, 3 UmwG nicht. Gemäß § 282 Abs. 1 UmwG gilt § 270 Abs. 1 UmwG i.V.m. § 207 Abs. 1 Satz 1 UmwG entsprechend beim Formwechsel eines rechtsfähigen Vereins in eine Kapitalgesellschaft; ebenso beim Formwechsel eines rechtsfähigen Vereins in eine eingetragene Genossenschaft gem. § 290 UmwG sowie beim Formwechsel von Versicherungsvereinen auf Gegenseitigkeit gem. § 300 UmwG.

112

b) Angemessenheit

Die Höhe der angebotenen Barabfindung muss angemessen sein.[3] Für die Bemessung der Angemessenheit ist eine **Unternehmensbewertung** erforderlich (§ 208 UmwG i.V.m. § 30 Abs. 2 UmwG).[4] Bewertungsstichtag ist der Zeitpunkt der Beschlussfassung über den Formwechsel (§ 208 UmwG i.V.m. § 30 Abs. 1 Satz 1 UmwG). Dieser ist ebenfalls im Umwandlungsbericht anzugeben.

113

---

1 *Kalss* in Semler/Stengel, § 207 UmwG Rz. 3; *Decher/Hoger* in Lutter, § 207 UmwG Rz. 4.
2 *Decher/Hoger* in Lutter, § 207 UmwG Rz. 4.
3 *Meister/Klöcker* in Kallmeyer, § 207 UmwG Rz. 26; *Decher/Hoger* in Lutter, § 208 UmwG Rz. 3; *Zeidler* in Semler/Stengel, § 208 UmwG Rz. 4.
4 *Zeidler* in Semler/Stengel, § 208 UmwG Rz. 5; *Meister/Klöcker* in Kallmeyer, § 192 UmwG Rz. 9; *Decher/Hoger* in Lutter, § 208 UmwG Rz. 5.

Die Verhältnisse des formwechselnden Rechtsträgers zum Zeitpunkt des Beschlusses über den Formwechsel sind bei der Bemessung der Barabfindung zu beachten (z.B. unterschiedlicher Kapitalisierungszinsfuß wegen unterschiedlicher Fungibilität der Anteile bei Personengesellschaften im Vergleich zu Kapitalgesellschaften).[1] Angemessen ist nur der volle wirtschaftliche Wert der Anteile („Verkehrswert").[2] Die Unternehmensbewertung ist nach den allgemein anerkannten Methoden vorzunehmen. Üblicherweise wird die Bewertung anhand der Ertragswertmethode vorgenommen.[3] Bei börsennotierten Aktiengesellschaften ist wie bei der Verschmelzung (s. oben Rz. 69) der Börsenkurs zu berücksichtigen („Börsenkursrechtsprechung").[4]

114 Die Angemessenheit der angebotenen Barabfindung kann **nur im Spruchverfahren**, nicht aber mit der Anfechtungsklage überprüft werden, vgl. §§ 210, 212 UmwG.

115 Im Übrigen **gilt § 30 UmwG entsprechend**, so dass die Ausführungen bei der Verschmelzung auch hier entsprechend gelten (oben Rz. 63 ff.).

116 Die Angemessenheit der Barabfindung muss nach allgemeiner Meinung im **Umwandlungsbericht** (§ 192 UmwG) erläutert und begründet werden, auch wenn sich dies nicht direkt aus dem Wortlaut der Vorschrift ergibt.[5] Schwierigkeiten bei der Bewertung sind als solche zu erläutern, § 192 Abs. 1 Satz 2 UmwG i.V.m. § 8 Abs. 1 Satz 2 UmwG.

c) Besonderheiten bei der Unternehmensbewertung

117 Treten bei den Anteilsrechten etwaige Besonderheiten auf, wie etwa Mehrstimmrechte oder Vorzugsgewinnanteile, so ist bei der Bewertung derjenige Wert zugrunde zu legen, den die Rechte in der alten Rechtsform hatten.[6] Zudem sind eventuell im Gesellschaftsvertrag vorhandene Abfindungsklauseln bei der Bestimmung des Barabfindungsanspruchs außer Betracht zu lassen.[7]

2. Bestimmung eines (Umtausch-)Verhältnisses

a) Unternehmensbewertung als Ausnahmefall

118 Grundsätzlich findet beim Formwechsel keine Vermögensübertragung statt. Daher gibt es in der Regel keine quantitativen Veränderungen bei den Betei-

---

1 *Zeidler* in Semler/Stengel, § 208 UmwG Rz. 3; *Müller* in Kallmeyer, § 208 UmwG Rz. 2.
2 *Decher/Hoger* in Lutter, § 208 UmwG Rz. 3; *Zeidler* in Semler/Stengel, § 208 UmwG Rz. 4.
3 *Decher/Hoger* in Lutter, § 208 UmwG Rz. 6.
4 OLG Stuttgart v. 19.3.2008 – 20 W 3/06, AG 2008, 510 (516).
5 *Bärwaldt* in Semler/Stengel, § 192 UmwG Rz. 12; *Meister/Klöcker* in Kallmeyer, § 192 UmwG Rz. 9.
6 *Müller* in Kallmeyer, § 208 UmwG Rz. 2.
7 *Zeidler* in Semler/Stengel, § 208 UmwG Rz. 4.

ligungen der Anteilsinhaber, sondern allenfalls qualitative.[1] Es muss also kein (Umtausch-) Verhältnis bestimmt werden, so dass in diesen Fällen **grundsätzlich keine Unternehmensbewertung** erforderlich ist.

Etwas anderes gilt nur dann, wenn ausnahmsweise eine quantitative Änderung der Beteiligungen stattfindet. In diesem Fall ist eine **Unternehmensbewertung erforderlich.** Als wichtigster Fall ist hier der sog. nicht-verhältniswahrende Formwechsel zu nennen, bei dem das Verhältnis der Anteile zueinander vor dem Formwechsel nicht mit dem Verhältnis nach dem Formwechsel übereinstimmt.[2] Beispiele für solche quantitative Änderungen der Beteiligungsverhältnisse sind etwa: (i) Ein Anteilsinhaber scheidet aus und das Gesellschaftsvermögen wird durch einen Abfindungsanspruch gemindert. (ii) Ein Anteilsinhaber tritt bei und das Vermögen des Rechtsträgers vergrößert sich. (iii) Sonderrechte können im neuen Rechtsträger nicht gewährt werden und müssen durch eine Erhöhung der Anteilsquote ausgeglichen werden.[3]

119

b) Bare Zuzahlung gem. § 196 UmwG

Bei **zu niedriger Bemessung des Beteiligungsverhältnisses** am Rechtsträger neuer Rechtsform besteht ein Anspruch auf bare Zuzahlung nach § 196 UmwG. Ein Widerspruch zur Niederschrift wie bei § 207 Abs. 1 UmwG ist nicht erforderlich. Vielmehr besteht der Anspruch grundsätzlich sogar bei ausdrücklicher Zustimmung zum Formwechsel.[4] Die Höhe der Zuzahlung wird durch eine Unternehmensbewertung bestimmt. Auch der Verlust von Sonderrechten kann durch bare Zuzahlung kompensiert werden (s. dazu unten Rz. 123).

120

c) Besondere Schwierigkeiten bei der Bewertung

Soweit ein **Umwandlungsbericht** erforderlich ist, ist in diesem auf besondere Schwierigkeiten bei der Bewertung hinzuweisen (§ 192 Abs. 1 Satz 2 UmwG i.V.m. § 8 Abs. 1 Satz 2 UmwG). Dabei müssen Probleme und deren Lösung konkret erläutert werden; ein pauschaler Verweis genügt nicht.[5] Da grundsätzlich aber keine Vermögensübertragung stattfindet, gibt es normalerweise auch keine besonderen Schwierigkeiten. Anders kann dies etwa beim nicht-verhältniswahrenden Formwechsel sein.[6]

121

---

1 *Meister/Klöcker* in Kallmeyer, § 196 UmwG Rz. 7; vgl. auch *Decher/Hoger* in Lutter, § 192 UmwG Rz. 21 f.
2 *Bärwaldt* in Semler/Stengel, § 192 UmwG Rz. 11; *Meister/Klöcker* in Kallmeyer, § 194 UmwG Rz. 34; vgl. auch *Decher/Hoger* in Lutter, § 202 UmwG Rz. 14 f.
3 Ausführlich *Decher/Hoger* in Lutter, § 192 UmwG Rz. 22 f.
4 *Bärwaldt* in Semler/Stengel, § 196 UmwG Rz. 8; *Decher/Hoger* in Lutter, § 196 UmwG Rz. 6; *Meister/Klöcker* in Kallmeyer, § 196 UmwG Rz. 11; *Stratz* in Schmitt/Hörtnagl/Stratz, § 196 UmwG Rz. 4.
5 *Bärwaldt* in Semler/Stengel, § 192 UmwG Rz. 15.
6 *Bärwaldt* in Semler/Stengel, § 192 UmwG Rz. 15; *Decher/Hoger* in Lutter, § 192 UmwG Rz. 36.

d) Sonderfälle

aa) Schutz von Sonderrechten

122 Für den Schutz der Inhaber von Sonderrechten gilt gem. § 204 UmwG § 23 UmwG entsprechend (s. dazu bei der Verschmelzung, oben Rz. 50 ff.).

123 Kann die Mitgliedschaft am Rechtsträger neuer Rechtsform **keinen ausreichenden Gegenwert** für die Anteile am formwechselnden Rechtsträger bieten, besteht – wie bei zu niedriger Bemessung des Beteiligungsverhältnisses – ein Anspruch auf bare Zuzahlung nach § 196 UmwG. Dies ist der Fall bei einer **qualitativen Schlechterstellung**, also etwa dann, wenn den Inhabern von **Sonderrechten** i.S.v. § 23 UmwG (etwa Anteile ohne Stimmrecht, Wandelschuldverschreibungen, Gewinnschuldverschreibungen, Genussrechte) oder i.S.v. § 35 BGB (etwa Rechte auf Bestellung eines Organs, erhöhte Stimmrechte, Zustimmungs- und Vetorechte) mit der neuen Rechtsform keine Rechtsposition gewährt werden kann, die mit den aufgegebenen Sonderrechten vergleichbar ist.[1] Zu beachten ist, dass bei der **Bewertung von Sonderrechten**, wenn gegebenenfalls kein ausreichender Gegenwert besteht, ein Rückgriff auf anerkannte Bewertungsgrundsätze nicht möglich ist.[2]

bb) Bestimmung des Geschäftsguthabens gem. § 256 UmwG bei Genossenschaft

124 Beim Formwechsel von Kapitalgesellschaften in eine eingetragene Genossenschaft ist § 256 UmwG anwendbar. Durch den Formwechsel dürfen die Anteilsinhaber **keine Vermögenseinbuße** erleiden.[3] Für den Wert der Beteiligung sind nicht die zugeordneten Geschäftsanteile maßgeblich, sondern nur das Geschäftsguthaben.[4] Daher muss dieses bestimmt werden. Die Bestimmung des Wertes der umzuwandelnden Kapitalanteile erfolgt anhand des Verkehrswertes, der mit Hilfe einer Unternehmensbewertung ermittelt wird.[5] Etwaige überschießende Beträge müssen durch bare Zuzahlungen ausgeglichen werden.[6]

V. Vermögensübertragung

125 Die Vermögensübertragung spielt in der Praxis keine nennenswerte Rolle.[7] Möglich ist nach § 174 UmwG eine Voll- oder Teilübertragung. Die potentiell beteiligten Rechtsträger sind in § 175 UmwG abschließend[8] aufgezählt: Hierunter fallen Übertragungen von Kapitalgesellschaften auf die öffentliche Hand

---

1 *Decher/Hoger* in Lutter, § 196 UmwG Rz. 10; *Bärwaldt* in Semler/Stengel, § 196 UmwG Rz. 13.
2 *Decher/Hoger* in Lutter, § 196 UmwG Rz. 14.
3 *Bonow* in Semler/Stengel, § 256 UmwG Rz. 1.
4 *Bonow* in Semler/Stengel, § 256 UmwG Rz. 1.
5 *Bonow* in Semler/Stengel, § 256 UmwG Rz. 6.
6 *Bonow* in Semler/Stengel, § 256 UmwG Rz. 11.
7 Vgl. *Fonk* in Semler/Stengel, § 174 UmwG Rz. 10.
8 *H. Schmidt* in Lutter, § 175 UmwG Rz. 1, 5; *Fonk* in Semler/Stengel, § 175 UmwG Rz. 1.

(Rückgängigmachung einer Privatisierung)[1] sowie Übertragungen unter Beteiligung von Versicherungsaktiengesellschaften als übertragende oder aufnehmende Gesellschaften. Im Wesentlichen sind nach § 176 Abs. 1 UmwG die Vorschriften über die Verschmelzung anwendbar. An die Stelle des Umtauschverhältnisses treten Art und Höhe der Gegenleistung (§ 176 Abs. 2 Satz 3 UmwG). Die Gegenleistung darf nicht in Anteilen oder Mitgliedschaften bestehen (§ 174 Abs. 1 UmwG). Stattdessen werden in der Regel eine Barabfindung oder andersartige Wirtschaftsgüter geleistet.[2] Die Gegenleistung muss angemessen sein.[3] Dies ergibt sich hier (außer bei § 181 Abs. 1 UmwG) nicht aus dem Wortlaut des Gesetzes, sondern aus den wesentlichen Grundsätzen des Umwandlungsrechts.[4] Für die Bestimmung der Angemessenheit ist wiederum eine Unternehmensbewertung erforderlich.[5]

---

1 *Fonk* in Semler/Stengel, § 174 UmwG Rz. 10; *H. Schmidt* in Lutter, Vor § 174 UmwG Rz. 1.
2 *Fonk* in Semler/Stengel, § 174 UmwG Rz. 21.
3 *H. Schmidt* in Lutter, § 174 UmwG Rz. 9; *Fonk* in Semler/Stengel, § 174 UmwG Rz. 22, § 181 UmwG Rz. 6.
4 *Fonk* in Semler/Stengel, § 174 UmwG Rz. 22.
5 *Wilm* in Lutter, § 181 UmwG Rz. 7 f.; *Fonk* in Semler/Stengel, § 174 UmwG Rz. 22, § 181 UmwG Rz. 7.

§ 21
Unternehmensbewertung im Übernahmerecht

	Rz.
I. Einleitung	
1. Allgemeines	1
2. Themenüberblick und Abgrenzung	4
3. Erfasste Gesellschaften	7
II. Unternehmensbewertung durch den Bieter	
1. Entscheidungswert	10
2. Information in der Angebotsunterlage	
a) Allgemeines	12
b) Barangebot	15
c) Tauschangebot	23
III. Unternehmensbewertung durch die Zielgesellschaft	
1. Stellungnahme von Vorstand und Aufsichtsrat	25
2. Inhalt der Stellungnahme	27
3. Sorgfaltspflichten und externer Rat	34
4. Handlungsoptionen	41
IV. Fairness Opinion	
1. Begriff, Funktion und Methoden	
a) Grundlagen	42
b) Durchführende Berater	47
c) Bestandteile und Inhalt	51
d) Vorgehen und Methoden	54
2. Fairness Opinion für die Zielgesellschaft	
a) Fairness Opinion i.e.S.	59
b) Inadequacy Opinion	64
c) Veröffentlichung	68
3. Fairness Opinion für den Bieter	71
V. Gegenleistung bei Übernahme- und Pflichtangeboten	
1. „Angemessene" Gegenleistung	77
2. Abweichender Unternehmenswert grundsätzlich unbeachtlich	80
3. Unternehmenswert maßgeblich bei Illiquidität	
a) Grundsatz	84
b) Voraussetzungen	85
c) Durchführung der Unternehmensbewertung	86
4. Unternehmenswert in anderen Konstellationen maßgeblich?	90
5. Bewertung von Gegenleistungen	
a) Allgemeines	94
b) Tauschangebote	95
c) Bewertung erbrachter Gegenleistungen	105

Schrifttum: *Aders/Schwetzler,* HHL/D&P Fairness Opinion Monitor: Jahresreport Deutschland 2010, CF biz 2011, 208; *Adolff,* Unternehmensbewertung im Recht der börsennotierten Aktiengesellschaft, 2007; *Bachmann,* Vorstandspflichten bei freundlichen Übernahmeangeboten, in Veil, Übernahmerecht in Praxis und Wissenschaft, 2009, S. 109; *Baums/Thoma,* WpÜG, Loseblatt; *Becker,* Fairness Opinions, in IDW, WP Handbuch 2014, Bd. II, 14. Aufl. 2014, S. 417; *Bicker/Parameswaran,* Die Angemessenheit der Gegenleistung nach dem WpÜG im Falle negativer Abweichung des Unternehmenswerts vom Börsenkurs, ZIP 2007, 1787; *Brandt,* Fairness Opinion, in Kümpel/Wittig, Bank- und Kapitalmarktrecht, 4. Aufl. 2011, S. 2220; *Cannivé/Suerbaum,* Die Fairness Opinion bei Sachkapitalerhöhungen in Aktiengesellschaften: Rechtliche Anforderungen und Ausgestaltung nach IDW S 8, AG 2011, 317; *Decher,* Die Fairness Opinion in der aktien- und übernahmerechtlichen Praxis, Liber amicorum Martin Winter, 2011, S. 99; *Dewitz,* Die Bestimmung der Gegenleistung gem. § 31 WpÜG, in Forum Unternehmenskauf 2006, S. 11; *Diregger/Winner,* Deutsches und österreichisches Übernahmerecht aus Anlegersicht, WM 2002, 1583; *Drinkuth,* Pflichten der Verwaltungsorgan der Zielgesellschaft bei öffentlichen Erwerbsangeboten, in Veil/Drinkuth, Reformbedarf im Übernahmerecht, 2005, S. 59; *Drinkuth,* Öffentliche Übernahme börsennotierter Unternehmen, in Marsch-

Barner/Schäfer, Handbuch börsennotierte AG, 3. Aufl. 2014, S. 1999; v. *Falkenhausen*, Flexibilität beim Preis des Pflichtangebots, NZG 2012, 409; *Fleischer*, Die Fairness Opinion bei M&A-Transaktionen zwischen Markt und Recht, FS Hopt, 2010, S. 2753; *Fleischer*, Zur rechtlichen Bedeutung der Fairness Opinion im deutschen Aktien- und Übernahmerecht, ZIP 2011, 201; *Fleischer/Kalss*, Das neue Wertpapiererwerbs- und Übernahmegesetz, 2002; *Gei/Kiesewetter*, Praxisrelevante Aspekte öffentlicher Übernahmen in Zeiten volatiler Märkte, AG 2012, 741; *Graser/Klüwer/Nestler*, Fairness Opinions nach IDW ES 8: Mehrwert durch Standardisierung?, BB 2010, 1587; *Grün/Salcher/Fecher/Kupke*, Fairness Opinions: Regelungsbereiche gemäß IDW ES 8, WPg 2010, 645; *Habersack*, Auf der Suche nach dem gerechten Preis – Überlegungen zu § 31 WpÜG, ZIP 2003, 1123; *Habersack/Verse*, Europäisches Gesellschaftsrecht, 4. Aufl. 2011; *Herfs/Wyen*, Aktien statt Cash – Offene Fragen beim Tauschangebot unter dem WpÜG, FS Hopt, 2010, S. 1955; *Hippeli/Hofmann*, Die Stellungnahme des Vorstands und Aufsichtsrats der Zielgesellschaft nach § 27 WpÜG in der Anwendungspraxis der BaFin, NZG 2014, 850; *Hopt*, Verhaltenspflichten des Vorstands der Zielgesellschaft bei feindlichen Übernahmen, FS Lutter, 2000, S. 1361; *Kossmann*, Bewertungspflichten von Vorstand und Aufsichtsrat nach § 27 WpÜG unter Berücksichtigung von IDW ES 8, NZG 2011, 46; *Krieger*, Das neue Übernahmegesetz: Preisfindung beim Übernahmeangebot und Neutralitätspflicht des Vorstands der Zielgesellschaft, in RWS-Forum Gesellschaftsrecht 2001, S. 289; *Lappe/Stafflage*, Unternehmensbewertungen nach dem Wertpapiererwerbs- und Übernahmegesetz, BB 2002, 2185; *Lappe/Stafflage*, Fairness Opinions im Transaktionsgeschäft, CFL 2010, 312; *Leyendecker/Kleinhenz*, Keine Wertindikation im Rahmen der Stellungnahme nach § 27 WpÜG, BB 2011, 2952; *Rodewald/Siems*, Der Preis ist heiß – Zur Angemessenheit der Gegenleistung bei Übernahmeangeboten, ZIP 2002, 926; *Seibt*, Übernahmerecht: Update 2010/2011, CFL 2011, 213; *Seibt*, Verhaltenspflichten und Handlungsoptionen der Leitungs- und Aufsichtsorgane in Übernahmesituationen, in Mülbert/Kiem/Wittig, 10 Jahre WpÜG, 2011, S. 148; *Schiessl*, Fairness Opinions im Übernahme- und Gesellschaftsrecht, ZGR 2003, 814; *Strunk/Salomon/Holst*, Aktuelle Entwicklungen im Übernahmerecht, in Veil, Übernahmerecht in Praxis und Wissenschaft, 2009, S. 1; *Tröger*, Unternehmensübernahmen im deutschen Recht, Teil II, DZWiR 2002, 397; *Tyrolt/Cascante*, Pflichtangebotsbefreiung durch Übernahmeangebot und Mindestpreisregelungen, in Mülbert/Kiem/Wittig, 10 Jahre WpÜG, 2011, S. 110; *Westhoff*, Die Fairness Opinion, 2006.

I. Einleitung

1. Allgemeines

Bewertungsfragen sind für Unternehmensübernahmen äußerst bedeutend; das gilt noch verstärkt für die großvolumigen Übernahmen börsennotierter Unternehmen. Dabei geht es primär um die Ermittlung von Grenzpreisen für Käufer und Verkäufer; das ist nicht Gegenstand des folgenden Beitrags. Dieser nimmt vielmehr jene **Bewertungsanlässe** in den Blick, die durch das Wertpapiererwerbs- und Übernahmegesetz (WpÜG)[1] **gesetzlich vorgeprägt** sind.

Das WpÜG beruht in weiten Teilen auf der Übernahme-Richtlinie der Europäischen Union[2], geht aber auch über diese hinaus. Es regelt zunächst **öffentliche**

---

1 Wertpapiererwerbs- und Übernahmegesetz v. 20.12.2001, BGBl. I 2001, S. 3822, zuletzt geändert durch Art. 4 Abs. 53 G v. 7.8.2013, BGBl. I 2013, S. 3154.
2 Richtlinie 2004/25/EG des Europäischen Parlaments und des Rates v. 21.4.2004 betreffend Übernahmeangebote, ABl. EU Nr. L 142 v. 30.4.2004, S. 12.

Kauf- und Tauschangebote zum Erwerb von Wertpapieren,[1] die von einer Zielgesellschaft ausgegeben wurden und zum Handel an einem organisierten Markt zugelassen sind (§ 1 Abs. 1 i.V.m. § 2 Abs. 1 WpÜG). Dabei enthält das Gesetz Spielregeln für solche Angebote. Zusätzlich regelt das WpÜG allerdings auch eine Verpflichtung,[2] ein Angebot für alle Aktien einer Zielgesellschaft abzugeben, wenn ein Bieter unmittelbar oder mittelbar die Kontrolle über eine Zielgesellschaft erlangt (§ 35 Abs. 1 und 2 WpÜG); Kontrolle ist das Halten von mindestens 30 % der Stimmrechte der Zielgesellschaft (§ 29 Abs. 2 WpÜG). Dieses **Pflichtangebot** gibt den Aktionären eine Ausstiegschance, wenn eine Kontrollposition erstmals entsteht oder in der Folge wechselt.

3   Somit gibt es **drei Angebotstypen**: Zunächst sind Pflichtangebote Rechtsfolge der Kontrollerlangung. (Freiwillige) Übernahmeangebote i.S.v. § 29 Abs. 1 WpÜG haben die Kontrollerlangung als Ziel. Daneben gibt es auch einfache Erwerbsangebote, die ohne Kontrollbezug freiwillig abgegeben werden, entweder weil der Bieter bei einem bloßen Teilangebot die Kontrolle gar nicht anstrebt oder weil er sie schon hält. Pflicht- und Übernahmeangebote unterliegen strengeren Regeln als einfache Erwerbsangebote. Insbes. gelten die unter V. geschilderten Mindestpreisregelungen nur für Pflicht- und Übernahmeangebote; wichtige Vorgaben dafür finden sich in der sog. WpÜG-Angebotsverordnung (WpÜG-AngVO).[3] Hingegen ist der Bieter bei einfachen Erwerbsangeboten in der Preisfindung frei.

2. Themenüberblick und Abgrenzung

4   Rechtsfragen der Unternehmensbewertung bei Angeboten nach dem WpÜG stellen sich zunächst in Zusammenhang mit der **Information der Angebotsadressaten**; denn der Unternehmenswert ist ein wesentlicher Faktor für die Entscheidung über die Annahme des Angebots. Deswegen sind bereits in der vom Bieter erstellten Angebotsunterlage (bescheidene) Angaben über vorgenommene Unternehmensbewertungen zu machen; zu diesen sogleich unten II. Stärker in die Pflicht nimmt das WpÜG Vorstand und Aufsichtsrat der Zielgesellschaft; denn diese müssen eine Stellungnahme zum Angebot abgeben, die insb. auch auf die Höhe der Gegenleistung einzugehen hat. Auch das erfordert im Regelfall einen Vergleich mit dem Wert des Unternehmens; dazu unten

---

1 Das sind im Wesentlichen Aktien und Wertpapiere, die den Erwerb von Aktien zum Gegenstand haben; vgl. § 2 Abs. 2 WpÜG.
2 Daraus folgen nach der Rspr. freilich keine zivilrechtlichen Erfüllungs- oder Schadensersatzansprüche der Aktionäre bei Nichtabgabe eines Pflichtangebotes; vgl. BGH v. 8.10.2013 – II ZB 26/12, AG 2013, 877. Allerdings haben Aktionäre einen zivilrechtlichen Anspruch auf Zahlung des Differenzbetrags, wenn ein Angebot zwar abgegeben wird, dabei aber die Regeln über den Mindestpreis (vgl. unten Rz. 77 ff.) verletzt werden; vgl. BGH v. 29.7.2014 – II ZR 353/12, AG 2014, 662.
3 Verordnung über den Inhalt der Angebotsunterlage, die Gegenleistung bei Übernahmeangeboten und Pflichtangeboten und die Befreiung von der Verpflichtung zur Veröffentlichung und zur Abgabe eines Angebots v. 27.12.2001, BGBl. I 2001, S. 4263, zuletzt geändert durch BGBl. I 2011, S. 2481.

III. Vor allem in diesem Zusammenhang hat sich auch die Verwendung von Fairness Opinions eingebürgert, die unter IV. näher untersucht werden.

Abseits von Informationspflichten ist der Bieter bei Übernahme- und Pflichtangeboten an bestimmte **Mindestpreisregelungen** gebunden (dazu unten V.). Diese setzen zwar nicht unmittelbar am Unternehmenswert an, sondern verwenden am Markt beobachtbare Preise (Börsenkurse, Transaktionen durch den Bieter). Allerdings stellen sich Bewertungsfragen immer dann, wenn für den Mindestpreis des Pflichtangebotes relevante Gegenleistungen nicht in bar erbracht wurden oder werden sollen; denn hier muss für einen Vergleich der Geldwert dieser Leistung ermittelt werden. Ebenso muss nach der WpÜG-AngVO die Unternehmensbewertung hilfsweise herangezogen werden, wenn es an verlässlichen Börsenkursen fehlt. 5

Ausgeklammert bleibt in der Folge ein Fragenkomplex der am Rande mit Bewertungsfragen zu tun hat: § 9 WpÜG-AngVO enthält verschiedene Tatbestände für die **Befreiung von der Angebotspflicht**. Insbes. bei der Sanierung der Zielgesellschaft (§ 9 Satz 1 Nr. 3 WpÜG-AngVO) und beim mittelbaren Kontrollerwerb (§ 9 Satz 2 Nr. 3 WpÜG-AngVO) spielen Bewertungsfragen in der Praxis eine gewisse Rolle. Bei der Sanierung sind der Sanierungsbedarf und die Sanierungsfähigkeit eng mit bilanziellen Gesichtspunkten verknüpft. Bei der Ausnahme wegen mittelbaren Kontrollerwerbs ist zu prüfen, ob der Buchwert der Beteiligung an der Zielgesellschaft in der Bilanz der (erworbenen) Obergesellschaft weniger als 20 % des buchmäßigen Aktivvermögens dieser Gesellschaft beträgt. Beide Aspekte betreffen allerdings im Kern Bilanzfragen. 6

3. Erfasste Gesellschaften

§ 1 Abs. 1 WpÜG hält zunächst fest, dass das Gesetz auf Angebote für Wertpapiere von **Zielgesellschaften** anwendbar ist, die zum Handel auf einem organisierten Markt zugelassen sind. Aus dem Zusammenspiel von § 2 Abs. 3 Nr. 1 mit § 2 Abs. 7 WpÜG erhellt, dass es zunächst um AGs oder KGaAs[1] mit Sitz im Inland geht, die zum Handel auf dem regulierten Markt einer inländischen Börse zugelassen sind. Wegen Art. 10 SE-Verordnung[2] ist auch die inländische SE mit entsprechender Zulassung erfasst.[3] 7

Erfasst sind darüber hinaus einerseits Übernahme- und Pflichtangebote zum Erwerb von Wertpapieren einer **inländischen Gesellschaft**, deren stimmberechtigte Aktien nicht in Deutschland, aber in einem anderen Mitgliedstaat des EWR zum Handel an einem organisierten Markt zugelassen sind (§ 1 Abs. 2 WpÜG). Allerdings findet das WpÜG auf solche Sachverhalte in Einklang mit Art. 4 Abs. 2 Übernahme-RL nur für gesellschaftsrechtliche Fragen Anwen- 8

---

1 Zur Anwendbarkeit auf REIT-Aktiengesellschaften vgl. § 1 Abs. 3 REITG; zur Nichtanwendbarkeit auf Investmentaktiengesellschaft § 108 Abs. 5 KAGB. Zu Scheinauslandsgesellschaften *Pötzsch/Favoccia* in Assmann/Pötzsch/Uwe H. Schneider, § 2 WpÜG Rz. 67 m.w.N.
2 Verordnung (EG) Nr. 2157/2001 des Rates über das Statut der Europäischen Gesellschaft (SE) v. 8.10.2001, ABl. EG Nr. L 294 v. 10.11.2001, S. 1.
3 Vgl. *Pötzsch/Favoccia* in Assmann/Pötzsch/Uwe H. Schneider, § 2 WpÜG Rz. 66.

dung, insb. für die Definition von Kontrolle für Zwecke der Angebotspflicht, für Ausnahmen von der Angebotspflicht sowie für die Zulässigkeit von Verteidigungsmaßnahmen; alle anderen Fragen, insb. soweit sie die Gegenleistung, die Angebotsunterlage oder das Angebotsverfahren betreffen, richten sich hingegen nach dem Recht des Marktstaats. Weithin spiegelbildlich findet das WpÜG auf Übernahme- und Pflichtangebote[1] zum Erwerb einer **Gesellschaft mit Sitz in einem anderen Mitgliedstaat des EWR**, dessen stimmberechtigte Wertpapiere zum Handel an einem inländischen organisierten Markt zugelassen sind,[2] nur Anwendung, soweit es die Gegenleistung, die Angebotsunterlage oder das Angebotsverfahren betrifft; die gesellschaftsrechtlichen Fragen richten sich hingegen nach dem Recht des Sitzstaates.

9   Die **folgende Untersuchung** behandelt den Inhalt der Angebotsunterlage, die Stellungnahme von Vorstand und Aufsichtsrat der Zielgesellschaft sowie die Höhe der Gegenleistung. Diese Fragen richten sich nach dem Recht des Marktstaates. I.E. gelten die Ausführungen somit für inländische Gesellschaften sowie für Gesellschaften aus dem EWR-Ausland, jeweils unter der Voraussetzung einer inländischen Börsennotierung. Angebote für inländische Gesellschaften mit Notierung im EWR-Ausland richten sich hingegen nach den einschlägigen Regeln des Marktstaates.

II. Unternehmensbewertung durch den Bieter

1. Entscheidungswert

10 Wie der Bieter seinen **Entscheidungswert** und damit die Obergrenze für die von ihm zu bietende Gegenleistung ermittelt, ist übernahmerechtlich nicht determiniert. Das kann durch eine Unternehmensbewertung nach IDW S 1, durch ein Multiplikatorverfahren oder auch auf andere Weise erfolgen. Nur in Ausnahmefällen ist er verpflichtet, für die Ermittlung der bei Pflicht- und Übernahmeangeboten mindestens zu gewährenden Gegenleistung eine Unternehmensbewertung vorzunehmen (dazu unten Rz. 80 ff.). Begrenzungen können allenfalls das auf den Bieter anwendbare Gesellschaftsrecht und hier insb. der Sorgfaltsmaßstab für den Vorstand enthalten; das bleibt in der Folge ausgeklammert (zu Fairness Opinions im Auftrag des Bieters aber noch unten Rz. 71 ff.).

11 Freilich ist der Unternehmenswert nicht nur für den Bieter, sondern auch für die Adressaten des Angebots von Interesse. Denn sie werden ihre Entscheidung über die Annahme zumindest verhandlungstaktisch u.a. daran ausrichten, in welchem Verhältnis die gebotene Gegenleistung zu diesem liegt. Der Bieter wiederum hat kein Interesse daran, seinen subjektiven Entscheidungswert offenzulegen. Diesen Interessenkonflikt versucht das WpÜG durch **Offenlegungsvorschriften** zu lösen.

---

1   Vgl. die Definition des „Europäischen Angebots" in § 2 Abs. 1a WpÜG.
2   Zu Sonderfragen der Mehrfachnotierung vgl. § 1 Abs. 3 Nr. 2 b) WpÜG.

2. Information in der Angebotsunterlage

a) Allgemeines

Der Bieter hat gem. § 10 WpÜG eine Angebotsunterlage zu veröffentlichen, die verschiedene Pflichtangaben zu enthalten hat. Das Bundesministerium der Finanzen kann durch Rechtsverordnung weitere ergänzende Angaben vorschreiben, soweit dies notwendig ist, um den Empfängern ein zutreffendes Bild und vollständiges Urteil über Bieter und Angebot zu ermöglichen (§ 11 Abs. 4 Nr. 2 WpÜG). Auf dieser Basis wurde § 2 WpÜG-AngVO erlassen, nach dessen Nr. 3 **Angaben zu den angewandten Bewertungsmethoden** zu machen sind. Die Norm gilt für alle Arten von Erwerbsangeboten und entspricht weitgehend § 12 Abs. 2 Satz 2 UmwG bzw. § 293e Abs. 1 Satz 3 AktG – freilich weicht der Regelungszusammenhang ab, weswegen die zu jenen Normen entwickelten Grundsätze nicht unbesehen übernommen werden können.[1]

Diese Informationen sollen den Angebotsadressaten nach der Begründung des RegE[2] die **Beurteilung erleichtern**, inwieweit die gebotene Gegenleistung in einem **angemessenen Verhältnis zum Wert der** angebotsgegenständlichen **Wertpapiere** steht. Damit wird auf die wirtschaftliche Angemessenheit Bezug genommen. Nach einer engeren Auslegung soll die Vorschrift den Aktionären die Möglichkeit einräumen, die Angemessenheit der Gegenleistung anhand des gesetzlichen Mindestpreises i.S.v. § 31 Abs. 1 WpÜG i.V.m. §§ 3 ff. WpÜG-AngVO zu überprüfen.[3] Das ist zwar sicher auch ein Ziel, greift aber zu kurz, was sich schon daraus ergibt, dass § 2 Nr. 3 WpÜG-AngVO auch auf einfache Erwerbsangebote ohne Kontrollbezug Anwendung findet, für welche die Mindestpreisvorschriften nicht gelten. Im Übrigen verstellt der Ansatz den Blick darauf, dass die Angebotsunterlage den Aktionären eine Basis für ihre Entscheidung geben soll; diese orientiert sich aber primär an der wirtschaftlichen Angemessenheit des Angebots und nicht an gesetzlichen Preisbildungsregeln.

Worauf sich die Bewertung zu erstrecken hat, hängt von der **Art der angebotenen Gegenleistung** ab. Bei einer Bargegenleistung genügt die Bewertung des Unternehmens der Zielgesellschaft (vgl. sogleich Rz. 15 ff.). Werden hingegen Unternehmensanteile im Tausch angeboten, so tritt die Bewertung jenes Unternehmens hinzu (vgl. unten Rz. 23 f.).[4]

b) Barangebot

Der Wortlaut von § 2 Nr. 3 WpÜG-AngVO legt nahe, dass die vom Bieter **tatsächlich angewandten Bewertungsmethoden** bei der Ermittlung seines Entscheidungswerts offenzulegen sind. So werden auch die gesellschafts- bzw. umwandlungsrechtlichen Parallelnormen weitgehend verstanden.[5] Freilich unterscheidet sich die übernahmerechtliche Rechtslage zumindest bei Pflicht- und

---

1 A.A. z.B. *Thoma* in Baums/Thoma, § 11 Rz. 112.
2 RegBegr., BT-Drucks. 14/7034, 78.
3 *Meyer* in Assmann/Pötzsch/Uwe H. Schneider, § 2 WpÜG-AngVO Rz. 18.
4 So ausdrückl. RegBegr., BT-Drucks. 14/7034, 78.
5 Vgl. *Koch* in Hüffer, § 293e AktG Rz. 4; *Veil* in Spindler/Stilz, § 293e AktG Rz. 8; *Zeidler* in Semler/Stengel, § 12 UmwG Rz. 8.

Übernahmeangeboten gegenüber dem Umwandlungs- bzw. Vertragskonzernrecht dadurch, dass die Angemessenheit der Gegenleistung durch die Vorschriften in § 31 WpÜG bzw. §§ 3 ff. WpÜG-AngVO näher determiniert wird. Eine Unternehmensbewertung wird nach diesen Vorschriften dem Bieter im Regelfall (näher unten Rz. 80 ff.) gerade nicht abverlangt.

16 Die h.A.[1] geht davon aus, dass die Erläuterung der angewandten Bewertungsmethode **nicht bedeutet, dass der Bieter eine intern vorgenommene Unternehmensbewertung** bzw. ihre Ergebnisse **offenzulegen hat**. Denn dadurch könnten konkurrierende Bieter die Entscheidungsgrundlage des Bieters als *free rider* in Erfahrung bringen, ohne selbst Mittel für die Informationsgewinnung aufwenden zu müssen.[2] Vielmehr genügt nach dieser Ansicht die Angabe, ob und inwiefern die gebotene Gegenleistung den übernahmerechtlichen Preisbildungsvorschriften gem. § 31 WpÜG entspricht (unten Rz. 77 ff.). Daher sei die gebotene Gegenleistung mit dem von der BaFin ermittelten[3] durchschnittlichen Börsenkurs und den relevanten Vorerwerben (s. auch § 2 Nr. 7 WpÜG-AngVO) zu vergleichen; das beinhalte auch Angaben zur Bewertung etwaiger Sachgegenleistungen bei Vorerwerben.[4] Nur wenn nach § 5 Abs. 4 WpÜG-AngVO eine Unternehmensbewertung erforderlich ist, müsse auch die Angebotsunterlage nähere Angaben zu ihr enthalten.[5] Unterliegt ein einfaches Erwerbsangebot überhaupt keinen Preisbildungsvorschriften, so soll nach dieser Ansicht ein Vergleich mit dem aktuellen[6] oder durchschnittlichen[7] Börsenkurs der Zielgesellschaft genügen. Zur Begründung führen die Vertreter dieser Ansicht u.a. an, dass die gegenüber dem gesetzlichen Mindestpreis oder gegenüber dem Börsenkurs gewährten Aufschläge nicht näher begründet werden könnten.[8] Zusätzliche Angaben zur Erläuterung der Angemessenheit sind jedenfalls zulässig, dürfen aber nicht zur Irreführung der Angebotsadressaten geeignet sein.[9]

17 Diese Ansicht steht ersichtlich in einem **Spannungsverhältnis** mit der Anordnung in § 2 Nr. 3 WpÜG-AngVO, nach der auch die **Angemessenheit** der Anwendung **der gewählten Methoden** zu erläutern ist; genauso wenig passen die

---

1 *Geibel/Süßmann* in Geibel/Süßmann, § 11 WpÜG Rz. 58 ff.; *Meyer* in Assmann/Pötzsch/Uwe H. Schneider, § 2 WpÜG-AngVO Rz. 16 ff.; *Renner* in FrankfKomm. WpÜG, § 11 WpÜG Rz. 59; *Seydel* in KölnKomm. WpÜG, § 11 Anh. – § 2 AngebVO Rz. 12; *Steinhardt/Nestler* in Steinmeyer, § 11 WpÜG Rz. 54 ff.; *Thoma* in Baums/Thoma, § 11 WpÜG Rz. 113 Anders für freundliche Übernahmen *Wackerbarth* in MünchKomm. AktG, 3. Aufl. 2011, § 11 WpÜG Rz. 70 ff.
2 Für feindliche Übernahmen *Wackerbarth* in MünchKomm. AktG, 3. Aufl. 2011, § 11 WpÜG Rz. 68 f.
3 *Seydel* in KölnKomm. WpÜG, § 11 Anh. – § 2 AngebVO Rz. 12.
4 *Meyer* in Assmann/Pötzsch/Uwe H. Schneider, § 2 WpÜG-AngVO Rz. 32.
5 *Geibel/Süßmann* in Geibel/Süßmann, § 11 WpÜG Rz. 62; *Meyer* in Assmann/Pötzsch/Uwe H. Schneider, § 2 WpÜG-AngVO Rz. 19 f.; *Seydel* in KölnKomm. WpÜG, § 11 Anh. – § 2 AngebVO Rz. 13; *Thoma* in Baums/Thoma, § 11 WpÜG Rz. 114.
6 OLG Frankfurt v. 18.4.2007 – 21 U 72/06 – Rz. 64, AG 2007, 749 (750); *Meyer* in Assmann/Pötzsch/Uwe H. Schneider, § 2 WpÜG-AngVO Rz. 16.
7 So *Seydel* in KölnKomm. WpÜG, § 11 Anh. – § 2 AngebVO Rz. 12.
8 *Meyer* in Assmann/Pötzsch/Uwe H. Schneider, § 2 WpÜG-AngVO Rz. 16.
9 Für alle *Seydel* in KölnKomm. WpÜG, § 11 Anh. – § 2 AngebVO Rz. 12.

im Normtext daran anschließenden Ausführungen über die Angaben bei Anwendung verschiedener Methoden (unten Rz. 20 f.). Denn wenn es nur um die Erläuterung der gesetzlichen Vorgaben geht, dann macht es wenig Sinn, dass der Bieter die Wahl der Methode begründen soll.[1] Wenn man der h.A. folgen möchte, wäre auch § 2 Nr. 7 WpÜG-AngVO überflüssig, wonach getätigte Vorerwerbe offenzulegen sind. Diese Überlegungen sprechen an sich dafür, dass mit dem Normtext die tatsächlich angewandten Bewertungsmethoden offenzulegen sind. Andererseits ist der Bieter nach § 2 Nr. 3 WpÜG-AngVO zur Angabe verpflichtet, welches Umtauschverhältnis oder welcher Gegenwert sich bei der Anwendung verschiedener Methoden ergeben würde; wäre er verpflichtet, die interne Unternehmensbewertung in die Angebotsunterlage aufzunehmen, so würde dies zu einer Offenlegung seines Entscheidungswerts führen. Das wäre untunlich und nicht nur bei feindlichen Übernahmen[2] kontraproduktiv.[3]

18 Richtig dürfte daher folgende Lösung sein: Der Bieter ist **nicht verpflichtet, eine Unternehmensbewertung vorzunehmen;** er hat die Nicht-Anwendung einer Bewertungsmethode auch nicht gesondert zu begründen. In diesen Fällen genügt ganz mit der h.L. der Vergleich mit den Vorgaben für den Mindestpreis gem. § 7 WpÜG i.V.m. §§ 3 ff. WpÜG-AngVO bzw. den Börsenkursen bei einfachen Erwerbsangeboten. Auch bei Letzteren ist somit eine eigene Unternehmensbewertung trotz fehlender gesetzlicher Preisuntergrenzen nicht zwingend. Ebenso wenig ist der Bieter **verpflichtet, seine intern vorgenommene Unternehmensbewertung zur Ermittlung seines Entscheidungswerts offenzulegen** – weder bei feindlichen noch bei freundlichen[4] Angeboten.

19 Führt allerdings der Bieter eine **Unternehmensbewertung auf objektivierter Basis** durch (zum Begriff § 1 Rz. 7), sei es, weil dies nach § 5 Abs. 4 WpÜG verpflichtend vorgeschrieben ist (dazu und zur Methode unten Rz. 84 ff.), sei es freiwillig, um die Preisfindung zu stützen, so ist diese Bewertung samt ihrem Ergebnis zusätzlich zu den für die Ermittlung des Mindestpreises erforderlichen Angaben offenzulegen. Offenzulegen ist auch das Ergebnis einer zeitnah, für einen anderen Zweck vorgenommenen Unternehmensbewertung auf objektivierter Basis.[5] § 2 Nr. 3 WpÜG-AngVO enthält bei dieser Auslegung somit keine grundsätzliche Pflicht zur Offenlegung jeder vorgenommenen Unternehmensbewertung, sondern vor allem Aussagen dazu, wie eine Unternehmensbewertung offenzulegen ist, wenn sie in die Angebotsunterlage aufgenommen werden soll.

---

1 Vgl. auch RegBegr., BT-Drucks. 14/7034, 78.
2 Diesbzgl. abl. auch *Wackerbarth* in MünchKomm. AktG, 3. Aufl. 2011, § 11 WpÜG Rz. 68 f.
3 Daher diesbzgl. richtig die Bedenken bei *Geibel/Süßmann* in Geibel/Süßmann, § 11 WpÜG Rz. 63; *Meyer* in Assmann/Pötzsch/Uwe H. Schneider, § 2 WpÜG-AngVO Rz. 18.
4 Diesbzgl. abw. *Wackerbarth* in MünchKomm. AktG, 3. Aufl. 2011, § 11 WpÜG Rz. 70.
5 Ähnlich *Seydel* in KölnKomm. WpÜG, § 11 Anh. – § 2 AngebVO Rz. 12.

20 In diesem Fall ist zunächst die angemessene **Auswahl der Methoden** zu begründen.[1] Damit ist m.E. nicht nur die Methodenwahl per se gemeint, sondern auch, ob die der Bewertung zugrunde liegenden **zentralen Prämissen** (z.B. erwartete Geschäftsentwicklung, gewählter Zinssatz) angemessen sind; diese sind darzustellen, eine umfassende Offenlegung aller Parameter ist jedenfalls nicht erforderlich.[2] Daneben muss aber auch das **Bewertungsergebnis** enthalten sein – und zwar über den Wortlaut der Norm hinaus auch denn, wenn nicht mehrere, sondern nur eine Methode angewandt wurde. Im Übrigen hat sich der Detaillierungsgrad der Angaben am Ziel der Offenlegung zu orientieren: den Aktionären eine Entscheidungshilfe zu geben.

21 Werden **mehrere Methoden** offengelegt, so sind zunächst ihre unterschiedlichen Ergebnisse anzugeben, ebenso ihre Gewichtung bei der Festlegung der Gegenleistung und die Begründung der Gewichtung. Die Vorschrift wird nur geringe Bedeutung haben. Es besteht jedenfalls kein Zwang, mehrere Methoden anzuwenden.[3] Vgl. im Übrigen zur Fairness Opinion im Auftrag des Bieters unten Rz. 71 ff.

22 Strittig ist darüber hinaus, ob der Bieter auch **Vorerwerbe** offenlegen muss, die **außerhalb des** sechsmonatigen **Referenzzeitraums** getätigt wurden.[4] Das wird teilweise bejaht, wenn noch ein relativ enger zeitlicher Zusammenhang zum Angebot besteht und ein Paketerwerb vorliegt.[5] Dafür spricht, dass diese Information für die Beurteilung durch die Aktionäre, ob das Angebot wirtschaftlich angemessen ist, von Bedeutung ist, auch wenn der Erwerb für den Mindestpreis nach WpÜG nicht relevant ist. Dagegen spricht der Gesetzeswortlaut; denn eine Gegenleistung für nicht preisrelevante Vorerwerbe lässt sich nicht unter den Begriff der Bewertungsmethode subsumieren, wie ihn § 2 Nr. 3 WpÜG-AngVO verwendet. Letztlich läuft dies somit auf die Frage hinaus, ob § 11 WpÜG und § 2 Nr. 3 WpÜG-AngVO eine taxative Aufzählung von Inhalten der Angebotsunterlage enthalten[6] oder ob aus § 11 Abs. 1 Satz 2 WpÜG abzuleiten ist, dass auch zusätzliche Angaben zu machen sind, wenn sie notwendig sind, um in Kenntnis der Sachlage über das Angebot zu entscheiden[7]. Nach richtiger Ansicht sind ergänzende Angaben erforderlich, wenn sonst ein irreführender Gesamteindruck entsteht.[8] Ein solcher entsteht m.E., wenn der Bieter unmittelbar vor Beginn der sechsmonatigen Frist zu einer wertmäßig merkbar über dem Mindestpreis liegenden Gegenleistung Aktien der Zielgesellschaft erwor-

---

1 Vgl. *Thoma* in Baums/Thoma, § 11 WpÜG Rz. 115.
2 Vgl. *Seydel* in KölnKomm. WpÜG, § 11 Anh. – § 2 AngebVO Rz. 13.
3 *Oechsler* in Ehricke/Ekkenga/Oechsler, § 11 WpÜG Rz. 38; *Thoma* in Baums/Thoma, § 11 WpÜG Rz. 114.
4 Abl. *Seydel* in KölnKomm. WpÜG, § 11 Anh. – § 2 AngebVO Rz. 13.
5 *Wackerbarth* in MünchKomm. AktG, 3. Aufl. 2011, § 11 WpÜG Rz. 65.
6 So *Seydel* in KölnKomm. WpÜG, § 11 WpÜG Rz. 27, § 12 WpÜG Rz. 41 ff.; *Meyer* in Assmann/Pötzsch/Uwe H. Schneider, § 2 WpÜG-AngVO Rz. 44 f.; *Wackerbarth* in MünchKomm. AktG, 3. Aufl. 2011, § 11 WpÜG Rz. 14 (bloß in Evidenzfällen).
7 So *Assmann* in Assmann/Pötzsch/Uwe H. Schneider, § 2 WpÜG Rz. 26 f.; wohl auch *Drinkuth* in Marsch-Barner/Schäfer, Hdb. börsennotierte AG, § 60 Rz. 83.
8 OLG Frankfurt v. 18.4.2007 – 21 U 72/06 – Rz. 67, AG 2007, 749 (750); *Meyer* in Assmann/Pötzsch/Uwe H. Schneider, § 2 WpÜG-AngVO Rz. 44 f.

ben hat. Die Offenlegung von Vorerwerben innerhalb des Referenzzeitraums bei schlichten Erwerbsangeboten ist im Übrigen schon gem. § 2 Nr. 7 WpÜG-AngVO erforderlich.

c) Tauschangebot

Die Vorschrift ist zentral, wenn als **Gegenleistung Wertpapiere** angeboten werden.[1] Denn in diesem Fall muss auch deren Wert festgestellt werden. Soweit ausnahmsweise eine Bewertung jener Papiere nach IDW S 1 für Zwecke von § 31 Abs. 1 WpÜG bei Übernahme- und Pflichtangeboten erforderlich ist, ist diese aufzunehmen, sonst genügt der Verweis auf den nach § 5 WpÜG-AngVO ermittelten Börsenkurs (dazu unten Rz. 77 ff.). 23

Bei **einfachen Erwerbsangeboten oder für Wahlgegenleistungen** bei Pflicht- und Übernahmeangeboten[2] finden die Vorschriften über den Mindestpreis keine Anwendung. Werden bei diesen Angeboten Aktien (oder sonstige Gesellschaftsanteile) im Tausch angeboten, so ist die Frage der Offenlegung ihres Werts schon deswegen von besonderer Bedeutung, weil die Angemessenheit der Gegenleistung nicht von der BaFin überprüft wird. Richtigerweise ist daher auch bei börsennotierten liquiden Wertpapieren der Referenzkurs i.S.v. § 5 WpÜG-AngVO anzugeben. Fehlt es an aussagekräftigen Börsenkursen, so ist es unstrittig, dass der Bieter die Unternehmensbewertung gem. § 2 Nr. 3 WpÜG-AngVO offenzulegen hat, wenn er eine solche durchgeführt hat.[3] M.E. hat der Bieter in solchen Fällen aber auch bei freiwilligen Erwerbsangeboten eine Unternehmensbewertung vorzunehmen und diese in der Angebotsunterlage nach den in Rz. 20 f. dargestellten Grundsätzen offenzulegen; das ist zumutbar, weil es in der Regel um die eigenen Wertpapiere der Bietergesellschaft geht, die als Gegenleistung geboten werden. Besondere Schwierigkeiten bei der Bewertung der Gegenleistung[4] sind gem. § 2 Nr. 3 WpÜG-AngVO darzustellen. 24

III. Unternehmensbewertung durch die Zielgesellschaft

1. Stellungnahme von Vorstand und Aufsichtsrat

§ 27 Abs. 1 WpÜG[5] verpflichtet Vorstand und Aufsichtsrat der Zielgesellschaft eine (oder allenfalls auch getrennte) **begründete Stellungnahme** zum Angebot 25

---

1 Vgl. RegBegr., BT-Drucks. 14/7034, 78.
2 Näher dazu *Krause* in Assmann/Pötzsch/Uwe H. Schneider, § 31 WpÜG Rz. 62.
3 *Meyer* in Assmann/Pötzsch/Uwe H. Schneider, § 2 WpÜG-AngVO Rz. 19; *Seydel* in KölnKomm. WpÜG, § 11 Anh. – § 2 AngebVO Rz. 13.
4 Nach dem Wortlaut der Norm geht es nicht um die Bewertung der Zielgesellschaft selbst; a.A. anscheinend *Oechsler* in Ehricke/Ekkenga/Oechsler, § 11 WpÜG Rz. 39.
5 Eine vergleichbare Pflicht wird von der h.L. auch schon aus dem Aktienrecht abgeleitet; vgl. *Hopt* in FS Lutter, 2000, S. 1361 (1380 ff.) m.w.N. Zum Zusammenhang von aktien- und kapitalmarktrechtlichen Pflichten vgl. z.B. *Steinmeyer* in Steinmeyer, § 27 WpÜG Rz. 6 f.

abzugeben. Sie ist gem. § 27 Abs. 3 WpÜG unverzüglich nach der Übermittlung der Angebotsunterlage zu veröffentlichen. Bei Änderungen des Angebots ist auch die Stellungnahme zu aktualisieren. Die Vorschrift findet bei allen Angebotstypen, also auch bei einfachen Erwerbsangeboten,[1] Anwendung.

26 § 27 Abs. 1 WpÜG setzt das in § 3 Abs. 2 WpÜG verankerte **Transparenzprinzip** um,[2] nach dem die Angebotsadressaten über ausreichende Information verfügen sollen, um in Kenntnis der Sachlage ihre Annahmeentscheidung zu treffen. Dieser Grundsatz gilt ebenfalls für die Organe der Zielgesellschaft. Die Stellungnahme der Zielgesellschaft soll in diesem Sinne als Gegengewicht zur Information durch den Bieter dienen und eine möglichst ausgewogene Basis für die Entscheidung gewährleisten. Diesem Gesetzeszweck kann bei feindlichen Übernahmen gut entsprochen werden; bei freundlichen Übernahmen geht es meistens darum, dass die Organe der Zielgesellschaft bestimmte, allenfalls auch für den Bieter nachteilige Informationen offenlegen müssen.[3]

2. Inhalt der Stellungnahme

27 In der Stellungnahme haben die Organe der Zielgesellschaft das Angebot zu **beurteilen**; grundsätzlich genügt die Wiedergabe von Pro- und Contra-Argumenten nicht.[4] I.E. sollen sie somit eine Meinung zum Angebot abgeben, nach h.M. auch eine begründete **Handlungsempfehlung** für die Angebotsadressaten,[5] was eine Gewichtung gegenläufiger Argumente voraussetzt. Ob die (in der Praxis häufige[6]) bloße Darstellung der Argumente ausreichend ist, wird teilweise bejaht,[7] sollte aber nur für Ausnahmefälle zulässig sein, so bei Interessenkonflik-

---

1 Zur diesbzgl. Kritik vgl. *Krause/Pötzsch* in Assmann/Pötzsch/Uwe H. Schneider, § 27 WpÜG Rz. 27.
2 Vgl. RegBegr., BT-Drucks. 14/7034, 52.
3 *Hirte* in KölnKomm. WpÜG, § 27 WpÜG Rz. 16.
4 *Hirte* in KölnKomm. WpÜG, § 27 WpÜG Rz. 16; *Krause/Pötzsch* in Assmann/Pötzsch/Uwe H. Schneider, § 27 WpÜG Rz. 30; *Wackerbarth* in MünchKomm. AktG, 3. Aufl. 2011, § 27 WpÜG Rz. 10; *Hippeli/Hofmann*, NZG 2014, 850 (852 f.).
5 *Fleischer/Kalss*, WpÜG, S. 99; *Harbarth* in Baums/Thoma, § 27 WpÜG Rz. 82; *Krause/Pötzsch* in Assmann/Pötzsch/Uwe H. Schneider, § 27 WpÜG Rz. 31; *Röh* in FrankfKomm. WpÜG, § 27 WpÜG Rz. 49; *Schwennike* in Geibel/Süßmann, § 27 WpÜG Rz. 4; *Steinmeyer* in Steinmeyer, § 27 WpÜG Rz. 30; grundsätzlich auch *Hippeli/Hofmann*, NZG 2014, 850 (854). Abl. *Hirte* in KölnKomm. WpÜG, § 27 WpÜG Rz. 50.
6 Vgl. *Seibt*, CFL 2011, 213 (236).
7 Tendenziell *Ekkenga* in Ehricke/Ekkenga/Oechsler, § 27 WpÜG Rz. 12; *Noack/Holzborn* in Schwark/Zimmer, Kapitalmarktrechts-Kommentar, § 27 WpÜG Rz. 8; *Wackerbarth* in MünchKomm. AktG, 3. Aufl. 2011, § 27 WpÜG Rz. 10; *Bachmann* in Veil, Übernahmerecht in Praxis und Wissenschaft, 2009, S. 109 (130); *Decher* in Liber amicorum Martin Winter, 2011, S. 99 (111); *Drinkuth* in Marsch-Barner/Schäfer, Hdb. börsennotierte AG, § 60 Rz. 162.

ten aller Organmitglieder[1] oder bei gleichgewichtigen Argumenten für und wider.[2]

Beurteilungsmaßstab ist gem. § 3 Abs. 3 WpÜG das **Interesse der Zielgesellschaft**, womit auch die Interessen von Arbeitnehmern, von Gläubigern oder das Gemeinwohl einfließen können. Somit kann die Handlungsempfehlung auch dann die Ablehnung des Angebotes befürworten, wenn dieses aus Sicht der Aktionäre wegen des gebotenen Preises günstig ist.[3] Allerdings ist aus Transparenzgründen die Motivation für die ablehnende Handlungsempfehlung offenzulegen[4] und (wohl auch) eine positive Beurteilung der Gegenleistung an sich vorzunehmen[5]. Insgesamt kommt den Organen der Zielgesellschaft ein weiter Ermessensspielraum bei der Abgabe der wertenden Handlungsempfehlung zu. Wertung und Fakten sind jedenfalls deutlich zu trennen. 28

Alle den Organen bekannten und für die Entscheidung der Angebotsadressaten wesentlichen Faktoren sind in die Stellungnahme aufzunehmen.[6] Das ergibt sich schon aus dem **Vollständigkeitsgebot**,[7] nach dem die Stellungnahme gem. § 27 Abs. 1 WpÜG alle Angaben enthalten muss, die aus der Perspektive des Angebotsadressaten für die Beurteilung des Angebots von Interesse sein können.[8] Ausnahmen davon bestehen nur, soweit die Verschwiegenheitspflicht nach § 93 Abs. 1 Satz 2 AktG oder eine vergleichbare Verpflichtung die Geheimhaltung fordert; zu Recht wird daraus abgeleitet, dass die internen Planungsdaten der Zielgesellschaft nicht offengelegt werden müssen.[9] 29

Die Stellungnahme hat neben der Beurteilung des Angebotes an sich auch **bestimmte Aspekte gesondert zu behandeln** (vgl. die demonstrative Aufzählung in § 27 Abs. 1 Satz 2 Nr. 1 bis 4 WpÜG). Dazu gehören die vom Bieter mit dem Angebot verfolgten Ziele, die Folgen der Übernahme für die Zielgesellschaft und das beabsichtigte Annahmeverhalten von Mitgliedern von Vorstand und Aufsichtsrat. Letzteres ist aus Sicht der Angebotsadressaten eine wesentliche 30

---

1 Zum Umgang mit Interessenkonflikten näher *Drinkuth* in Marsch-Barner/Schäfer, Hdb. börsennotierte AG, § 60 Rz. 154; *Hirte* in KölnKomm. WpÜG, § 27 WpÜG Rz. 22 f.; *Krause/Pötzsch* in Assmann/Pötzsch/Uwe H. Schneider, § 27 WpÜG Rz. 37.
2 *Harbarth* in Baums/Thoma, § 27 WpÜG Rz. 82; *Krause/Pötzsch* in Assmann/Pötzsch/Uwe H. Schneider, § 27 WpÜG Rz. 90; *Steinmeyer* in Steinmeyer, § 27 WpÜG Rz. 31.
3 *Harbarth* in Baums/Thoma, § 27 WpÜG Rz. 75, 85; *Hirte* in KölnKomm. WpÜG, § 27 WpÜG Rz. 31; *Krause/Pötzsch* in Assmann/Pötzsch/Uwe H. Schneider, § 27 WpÜG Rz. 92; *Röh* in FrankfKomm. WpÜG, § 27 WpÜG Rz. 49; i.E. auch *Schwennike* in Geibel/Süßmann, § 27 WpÜG Rz. 4; *Steinmeyer* in Steinmeyer, § 27 WpÜG Rz. 30.
4 *Harbarth* in Baums/Thoma, § 27 WpÜG Rz. 75, 85; *Krause/Pötzsch* in Assmann/Pötzsch/Uwe H. Schneider, § 27 WpÜG Rz. 92.
5 Abw. vielleicht *Hirte* in KölnKomm. WpÜG, § 27 WpÜG Rz. 31.
6 *Hirte* in KölnKomm. WpÜG, § 27 WpÜG Rz. 32.
7 Das aus dem Transparenzgebot (§ 3 Abs. 2 WpÜG) abgeleitet wird.
8 *Krause/Pötzsch* in Assmann/Pötzsch/Uwe H. Schneider, § 27 WpÜG Rz. 54.
9 *Harbarth* in Baums/Thoma, § 27 WpÜG Rz. 49; *Hirte* in KölnKomm. WpÜG, § 27 WpÜG Rz. 32; *Krause/Pötzsch* in Assmann/Pötzsch/Uwe H. Schneider, § 27 WpÜG Rz. 73.

Information, da es Rückschlüsse auf die Attraktivität des Angebots zulässt. Über die Aufzählung hinaus sind auch alle weiteren, für die Annahmeentscheidung wesentlichen Aspekte aufzugreifen,[1] wie z.B. Interessenskonflikte einzelner Organmitglieder.[2]

31 Die Stellungnahme hat sich insb. auch auf **Art und Höhe der Gegenleistung** zu erstrecken (§ 27 Abs. 1 Satz 2 Nr. 1 WpÜG). Dies ist aus Sicht der Aktionäre der Zielgesellschaft der wichtigste Punkt und somit auch Kern der Stellungnahme. In der Sache müssen die Organe der Zielgesellschaft somit erklären, ob und aus welchen Gründen sie die gebotene Gegenleistung für angemessen halten.[3] Dabei geht es nicht nur darum, ob die Mindestgrenzen gem. § 31 WpÜG eingehalten wurden.[4] Vielmehr müssen die Organe nach h.L. eine Aussage darüber treffen, **wie sich die Gegenleistung zum Fundamentalwert der Aktie verhält**.[5] Ein Vergleich allein mit dem Börsenkurs ist nicht ausreichend; allerdings ist es denkbar, dass die Organe eine Handlungsempfehlung für die Annahme eines unter dem Wertes, aber über dem Börsenkurs liegenden Angebots abgeben, weil wegen einer dauerhaften Unterbewertung eine Veräußerung zum Fundamentalwert auch in Zukunft unwahrscheinlich ist.[6]

32 Basis für die Beurteilung muss aber grundsätzlich der Vergleich mit dem Fundamentalwert auf **Basis einer *stand-alone*-Bewertung** sein. Strittig ist, ob die Aussage genügt, dass der Unternehmenswert aus in der Stellungnahme näher zu spezifizierenden Gründen höher ist,[7] oder ob eine „Anhaltsziffer" anzugeben ist.[8] Ein konkreter Wert muss m.E. nicht ermittelt werden, weil es nur um

---

1 Für alle *Wackerbarth* in MünchKomm. AktG, 3. Aufl. 2011, § 27 WpÜG Rz. 11; *Hippeli/Hofmann*, NZG 2014, 850 (853).
2 *Fleischer/Kalss*, WpÜG, S. 98.
3 *Harbarth* in Baums/Thoma, § 27 WpÜG Rz. 41, 48; *Hirte* in KölnKomm. WpÜG, § 27 WpÜG Rz. 39; *Krause/Pötzsch* in Assmann/Pötzsch/Uwe H. Schneider, § 27 WpÜG Rz. 64.
4 Wie hier z.B. *Drinkuth* in Marsch-Barner/Schäfer, Hdb. börsennotierte AG, § 60 Rz. 157; *Harbarth* in Baums/Thoma, § 27 WpÜG Rz. 42; *Hirte* in KölnKomm. WpÜG, § 27 WpÜG Rz. 39; *Röh* in FrankfKomm. WpÜG, § 27 WpÜG Rz. 31; *Steinmeyer* in Steinmeyer, § 27 WpÜG Rz. 38. Abw. *Bachmann* in Veil, Übernahmerecht in Praxis und Wissenschaft, 2009, S. 109 (125).
5 *Hirte* in KölnKomm. WpÜG, § 27 WpÜG Rz. 39; *Krause/Pötzsch* in Assmann/Pötzsch/Uwe H. Schneider, § 27 WpÜG Rz. 65, 70; *Steinmeyer* in Steinmeyer, § 27 WpÜG Rz. 38. In Nuancen anders *Noack/Holzborn* in Schwark/Zimmer, Kapitalmarktrechts-Kommentar, § 27 WpÜG Rz. 9 (Vergleich von Börsenkurs der Zielgesellschaft und ihrem Unternehmenswert). Abl. *Leyendecker/Kleinhenz*, BB 2011, 2952 (2953 f.).
6 *Harbarth* in Baums/Thoma, § 27 WpÜG Rz. 48; *Krause/Pötzsch* in Assmann/Pötzsch/Uwe H. Schneider, § 27 WpÜG Rz. 65, 71; *Röh* in FrankfKomm. WpÜG, § 27 WpÜG Rz. 35; vgl. zu weiteren Gründen auch *Hippeli/Hofmann*, NZG 2014, 850 (854).
7 So *Ekkenga* in Ehricke/Ekkenga/Oechsler, § 27 WpÜG Rz. 14; *Krause/Pötzsch* in Assmann/Pötzsch/Uwe H. Schneider, § 27 WpÜG Rz. 73; *Schwennike* in Geibel/Süßmann, § 27 WpÜG Rz. 14; *Bachmann* in Veil, Übernahmerecht in Praxis und Wissenschaft, 2009, S. 109 (125); *Leyendecker/Kleinhenz*, BB 2011, 2952.
8 *Harbarth* in Baums/Thoma, § 27 WpÜG Rz. 49; *Steinmeyer* in Steinmeyer, § 27 WpÜG Rz. 40.

die Angemessenheit der vorgeschlagenen Gegenleistung und nicht um eine eigene Bewertung geht; sofern er bekannt ist, ist er aber offenzulegen. Jedenfalls sollte die Größenordnung der nach Einschätzung der Organe bestehenden Abweichung erkenntlich gemacht werden.

Strittig ist, ob darüber hinaus auch **Synergieeffekte** zu berücksichtigen sind.[1] Zunächst ist die Ausgangslage nicht mit den Abfindungsfällen zu vergleichen (dazu § 14 Rz. 16 ff.). Denn es geht nicht darum, ob die Aktionäre Verbundvorteile ersetzt bekommen müssen, sondern darum, ob eine rechtsgeschäftlich gebotene Gegenleistung aus Sicht der Angebotsadressaten angemessen ist. Dafür ist es von Bedeutung, ob und inwieweit der Bieter Vorteile aus der Transaktion für sich vereinnahmen oder abgeben möchte. Deswegen müssen entsprechende Angaben aufgenommen werden, soweit sie den Organen der Zielgesellschaft bekannt sind (oben Rz. 29); eine Pflicht, entsprechende Informationen zu beschaffen, besteht aber ebenso wenig wie eine korrespondierende Auskunftspflicht des Bieters.[2] In vergleichbarer Weise ist es für die Adressaten des Angebots von Bedeutung, ob allenfalls ein anderer (potentieller) Interessent zu einer höheren Gegenleistung bereit wäre. Obwohl die Organe der Zielgesellschaft nach geltendem Recht nicht zur Durchführung eines Auktionsverfahrens verpflichtet sind,[3] dürfen sie entsprechende Informationen in ihre Stellungnahme einfließen lassen;[4] haben sie Kenntnis von weiteren Interessenten und von ins Auge gefassten Konditionen, so müssen sie dies m.E. auch,[5] weil nur so dem Ziel von § 3 Abs. 2 WpÜG entsprochen werden kann.

33

3. Sorgfaltspflichten und externer Rat

Die Abgabe der Stellungnahme ist nach einhelliger Meinung[6] eine **Organpflicht**, keine Pflicht der einzelnen Funktionsträger. Damit richtet sich die Beschlussfassung nach den jeweils einschlägigen Geschäftsführungsregelungen,[7]

34

---

1 Dafür *Harbarth* in Baums/Thoma, § 27 WpÜG Rz. 46; *Hirte* in KölnKomm. WpÜG, § 27 WpÜG Rz. 39; *Krause/Pötzsch* in Assmann/Pötzsch/Uwe H. Schneider, § 27 WpÜG Rz. 67; *Röh* in FrankfKomm. WpÜG, § 27 WpÜG Rz. 32; *Steinmeyer* in Steinmeyer, § 27 WpÜG Rz. 39. Dagegen *Noack/Holzborn* in Schwark/Zimmer, Kapitalmarktrechts-Kommentar, § 27 WpÜG Rz. 9; *Schwennike* in Geibel/Süßmann, § 27 WpÜG Rz. 14; *Wackerbarth* in MünchKomm. AktG, 3. Aufl. 2011, § 27 WpÜG Rz. 20.
2 Wohl wie hier *Krause/Pötzsch* in Assmann/Pötzsch/Uwe H. Schneider, § 27 WpÜG Rz. 67.
3 Für alle *Bachmann* in Veil, Übernahmerecht in Praxis und Wissenschaft, 2009, S. 109 (133 f.).
4 Vgl. *Krause/Pötzsch* in Assmann/Pötzsch/Uwe H. Schneider, § 27 WpÜG Rz. 73a.
5 Ähnlich *Steinmeyer* in Steinmeyer, § 27 WpÜG Rz. 40.
6 Für alle *Hirte* in KölnKomm. WpÜG, § 27 WpÜG Rz. 18, 20; *Steinmeyer* in Steinmeyer, § 27 WpÜG Rz. 13.
7 *Drinkuth* in Marsch-Barner/Schäfer, Hdb. börsennotierte AG, § 60 Rz. 154; *Harbarth* in Baums/Thoma, § 27 WpÜG Rz. 22 ff.; *Krause/Pötzsch* in Assmann/Pötzsch/Uwe H. Schneider, § 27 WpÜG Rz. 36; *Röh* in FrankfKomm. WpÜG, § 27 WpÜG Rz. 25; *Steinmeyer* in Steinmeyer, § 27 WpÜG Rz. 16.

wobei strittig ist, inwieweit Sondervoten offengelegt werden dürfen bzw. müssen[1]. Stimmenthaltungen sind nicht zulässig;[2] Interessenskonflikte sind aber offenzulegen. Für den Aufsichtsrat ist die Übertragung an einen Ausschuss möglich[3] und wegen der gebotenen Eile oft vorzugswürdig. Die Stellungnahme wird in der Praxis überwiegend von beiden Organen gemeinsam abgegeben,[4] dies ist allerdings nicht zwingend; jedes Organ kann eine eigene Stellungnahme unabhängig[5] von dem anderen abgeben. Eine gesonderte Stellungnahme des Aufsichtsrats ist insb. bei Management Buy-outs erforderlich.[6]

35 Der **Sorgfaltsmaßstab für Organpflichten** und damit auch für die Abgabe der Stellungnahme[7] richtet sich nach der Sorgfalt eines ordentlichen und gewissenhaften Geschäftsführers i.S.v. § 93 Abs. 1 AktG, für den Aufsichtsrat i.V.m. § 116 AktG. Daraus resultiert, dass die Funktionsträger vernünftigerweise annehmen müssen, auf der Grundlage angemessener Information zum Wohle der Gesellschaft zu handeln (§ 93 Abs. 1 Satz 2 AktG; sog. *business judgment rule*). Damit rücken drei miteinander zusammenhängende Fragen ins Zentrum: (1) Welche Informationsbasis brauchen die Organe für die Abgabe ihrer Stellungnahme? (2) Unter welchen Voraussetzungen müssen sie externen Rat einholen? (3) Unter welchen Bedingungen dürfen sie sich auf externen Rat verlassen?

36 (1) Grundsätzlich genügt es, wenn die Organe der Zielgesellschaft die Angaben des Bieters in der Angebotsunterlage untersuchen, wobei wegen der Kürze der zur Verfügung stehenden Zeit auch eine Plausibilitätsprüfung genügen kann.[8]

---

1 Näher *Hirte* in KölnKomm. WpÜG, § 27 WpÜG Rz. 20; *Noack/Holzborn* in Schwark/Zimmer, Kapitalmarktrechts-Kommentar, § 27 WpÜG Rz. 14.
2 *Drinkuth* in Marsch-Barner/Schäfer, Hdb. börsennotierte AG § 60 Rz. 154; *Hirte* in KölnKomm. WpÜG, § 27 WpÜG Rz. 22. Abw. *Harbarth* in Baums/Thoma, § 27 WpÜG Rz. 31; *Röh* in FrankfKomm. WpÜG, § 27 WpÜG Rz. 63; *Steinmeyer* in Steinmeyer, § 27 WpÜG Rz. 19.
3 *Hirte* in KölnKomm. WpÜG, § 27 WpÜG Rz. 21; *Krause/Pötzsch* in Assmann/Pötzsch/Uwe H. Schneider, § 27 WpÜG Rz. 40; *Steinmeyer* in Steinmeyer, § 27 WpÜG Rz. 20.
4 *Drinkuth* in Marsch-Barner/Schäfer, Hdb. börsennotierte AG, § 60 Rz. 154; *Seibt*, CFL 2011, 213 (236).
5 Deswegen ist auch ein Zustimmungsvorbehalt gem. § 111 Abs. 4 Satz 2 AktG unzulässig; *Harbarth* in Baums/Thoma, § 27 WpÜG Rz. 28; *Krause/Pötzsch* in Assmann/Pötzsch/Uwe H. Schneider, § 27 WpÜG Rz. 42; *Steinmeyer* in Steinmeyer, § 27 WpÜG Rz. 17.
6 *Steinmeyer* in Steinmeyer, § 27 WpÜG Rz. 14.
7 Ganz überwiegende Meinung: *Harbarth* in Baums/Thoma, § 27 WpÜG Rz. 74; *Krause/Pötzsch* in Assmann/Pötzsch/Uwe H. Schneider, § 27 WpÜG Rz. 46; *Noack/Holzborn* in Schwark/Zimmer, Kapitalmarktrechts-Kommentar, § 27 WpÜG Rz. 7; *Röh* in FrankfKomm. WpÜG, § 27 WpÜG Rz. 22; *Schwennike* in Geibel/Süßmann, § 27 WpÜG Rz. 6; *Wackerbarth* in MünchKomm. AktG, 3. Aufl. 2011, § 27 WpÜG Rz. 12; *Bachmann* in Veil, Übernahmerecht in Praxis und Wissenschaft, 2009, S. 109 (126); *Drinkuth* in Marsch-Barner/Schäfer, Hdb. börsennotierte AG, § 60 Rz. 168; *Kossmann*, NZG 2011, 46 (48 f.). Anders vielleicht *Hirte* in KölnKomm. WpÜG, § 27 WpÜG Rz. 27 f., 32 f. Ähnlich auch OLG Düsseldorf v. 16.1.2004 – I-16 W 63/03 – Rz. 51, AG 2004, 207.
8 *Krause/Pötzsch* in Assmann/Pötzsch/Uwe H. Schneider, § 27 WpÜG Rz. 46.

Für die Angemessenheit der Gegenleistung ist jedoch zu beachten, dass den Organen der Zielgesellschaft zum **Wert ihres Unternehmens** eine zumindest gleichgute, unter Umständen auch bessere Tatsachenbasis als dem Bieter zur Verfügung steht und dass die Organe eine eigene Aussage zur Angemessenheit machen müssen, die von Angaben des Bieters grundsätzlich unabhängig sein muss. Dennoch ist eine **Unternehmensbewertung nach IDW S 1** wegen der knappen **Zeit im Regelfall nicht durchführbar**; dann genügt auch die Anwendung anderer, rascher durchführbarer Verfahren, insb. eine Schätzung mittels Multiplikatoren.[1] Dies gilt insb. auch für die Bewertung der Gegenleistung, wenn die Bieterin eigene Wertpapiere anbietet;[2] in diesem Fall wird der Zugang zu den für eine Bewertung nach IDW S 1 erforderlichen Daten im Regelfall fehlen. Etwas anderes kann allerdings gelten, wenn wegen einer lang bekannten Übernahmeabsicht die Pflicht, eine Stellungnahme abzugeben, bereits im Vorfeld des Angebots ersichtlich ist; in diesem Fall hat insb. der Vorstand die Informationsbasis für die Abgabe der Stellungnahme vorzubereiten,[3] wozu auch eine Unternehmensbewertung zumindest für die eigene Gesellschaft gehört. Soweit allerdings die Ergebnisse einer Unternehmensbewertung vorliegen, sind sie jedenfalls offenzulegen (oben Rz. 29).

(2) Grundsätzlich sind die Organe der Zielgesellschaft nicht verpflichtet, **externen Rat** vor der Abgabe der Stellungnahme nach § 27 Abs. 1 WpÜG **einzuholen**.[4] Das ergibt sich aus dem Lauf der Gesetzgebung; eine entsprechende Pflicht war im Diskussionsentwurf des WpÜG[5] noch vorgesehen, wurde aber letztlich nicht Gesetz. Freilich ist der Umkehrschluss, wonach unabhängig von der konkreten Situation externer Rat jedenfalls nicht einzuholen ist,[6] ebenso unzutreffend. Wenn die Organe nicht in der Lage sind, die Informations-

37

---

1 *Harbarth* in Baums/Thoma, § 27 WpÜG Rz. 43; *Hirte* in KölnKomm. WpÜG, § 27 WpÜG Rz. 39; *Krause/Pötzsch* in Assmann/Pötzsch/Uwe H. Schneider, § 27 WpÜG Rz. 66; *Röh* in FrankfKomm. WpÜG, § 27 WpÜG Rz. 32; *Schwennike* in Geibel/Süßmann, § 27 Rz. 14; *Steinmeyer* in Steinmeyer, § 27 WpÜG Rz. 38; *Drinkuth* in Veil/Drinkuth, Reformbedarf im Übernahmerecht, 2005, S. 59 (70). Abl. aber *Bachmann* in Veil, Übernahmerecht in Praxis und Wissenschaft, 2009, S. 109 (125), nach dem der Vergleich mit dem zu bietenden Mindestpreis genügt (dazu oben Rz. 31).
2 *Harbarth* in Baums/Thoma, § 27 WpÜG Rz. 47; *Krause/Pötzsch* in Assmann/Pötzsch/Uwe H. Schneider, § 27 WpÜG Rz. 68.
3 So dem Grundsatz nach auch *Bachmann* in Veil, Übernahmerecht in Praxis und Wissenschaft, 2009, S. 109 (115 f., 124); *Harbarth* in Baums/Thoma, § 27 WpÜG Rz. 70. Zurückhaltend *Röh* in FrankfKomm. WpÜG, § 27 WpÜG Rz. 21.
4 OLG Düsseldorf v. 16.1.2004 – I-16 W 63/03 – Rz. 51, AG 2004, 207; *Bachmann* in Veil, Übernahmerecht in Praxis und Wissenschaft, 2009, S. 109 (124); *Fleischer*, ZIP 2011, 201 (206); *Hirte* in KölnKomm. WpÜG, § 27 WpÜG Rz. 4, 33; *Krause/Pötzsch* in Assmann/Pötzsch/Uwe H. Schneider, § 27 WpÜG Rz. 49; *Wackerbarth* in MünchKomm. AktG, 3. Aufl. 2011, § 27 WpÜG Rz. 13; *Brandt* in Kümpel/Wittig, Bank- und Kapitalmarktrecht, Rz. 16.207.
5 Vgl. § 14 DiskE; zu finden bei *Fleischer/Kalss*, WpÜG, S. 237 ff.
6 *Hirte* in KölnKomm. WpÜG, § 27 WpÜG Rz. 33; *Seibt* in Mülbert/Kiem/Wittig, 10 Jahre WpÜG, 2011, S. 148 (182); *Bachmann* in Veil, Übernahmerecht in Praxis und Wissenschaft, 2009, S. 109 (125).

basis für die Angemessenheitsprüfung im oben (Rz. 36) dargelegten Sinn zu ermitteln, müssen sie nach h.L. externen Sachverstand beiziehen;[1] die bloße Abgabe der Stellungnahme unter dem Hinweis bzw. Vorbehalt, dass kein sachverständiger Rat beigezogen wurde, genügt nicht.[2] Das gilt wohl auch, wenn den Organen eine unabhängige Beurteilung wegen umfassender Interessenkonflikte nicht möglich ist. Wurde sachverständiger Rat eingeholt, so ist dessen Substanz jedenfalls mitzuteilen.[3]

38 Der **Aufsichtsrat** wird (anders als der Vorstand) in der Regel nicht in der Lage sein, die Angemessenheit der Gegenleistung selbständig zu beurteilen.[4] Daraus ist aber nicht zu folgern, dass er jedenfalls einen externen Berater beiziehen muss. Er kann sich m.E. im Regelfall auf die Beurteilung der Angemessenheit durch den Vorstand verlassen und muss diese bloß einer Plausibilitätsprüfung unterziehen.[5] Anderes gilt allerdings in den (häufigen) Fällen, in denen der Vorstand bzw. maßgebliche Vorstandsmitglieder sich in einem Interessenkonflikt befinden; dabei ist einerseits an Management Buy-outs zu denken, andererseits aber auch an Zusagen oder (gegenläufig) Abberufungsabsichten des Bieters. Da sich der Aufsichtsrat in diesen Situationen nicht mehr auf die Beurteilung durch den Vorstand verlassen kann, muss er externen Rat einholen, soweit er nicht ausnahmsweise selbst zur Beurteilung der Gegenleistung in der Lage ist.[6]

39 (3) Die Organe der Zielgesellschaft dürfen sich grundsätzlich **auf den eingeholten Rat verlassen**, wenn die Voraussetzungen für ein berechtigtes Vertrauen auf Expertenrat vorliegen.[7] Im Einzelnen muss der gewählte Berater sachkundig und unabhängig sein (dazu noch unten Rz. 48 ff.), der Vorstand muss ihn zutreffend und vollständig informiert und zumindest eine Plausibilitätskontrolle des Rates[8] vorgenommen haben.[9] Unter diesen Bedingungen indiziert die Einholung und Befolgung des Rates pflichtgemäßes Handeln, auch wenn sie die ei-

---

1 *Fleischer/Kalss*, WpÜG, S. 97; *Harbarth* in Baums/Thoma, § 27 WpÜG Rz. 72; *Krause/Pötzsch* in Assmann/Pötzsch/Uwe H. Schneider, § 27 WpÜG Rz. 49; *Noack/Holzborn* in Schwark/Zimmer, Kapitalmarktrechts-Kommentar, § 27 WpÜG Rz. 7; *Steinmeyer* in Steinmeyer, § 27 WpÜG Rz. 29; *Decher* in Liber amicorum Martin Winter, 2011, S. 99 (105 f.); *Fleischer*, ZIP 2011, 201 (206); *Kossmann*, NZG 2011, 46 (51 f.); *Lappe/Stafflage*, CFL 2010, 312 (316); *Schiessl*, ZGR 2003, 814 (827 f.); i.E. auch *Röh* in FrankfKomm. WpÜG, § 27 WpÜG Rz. 53 in Fn. 97. Vor dem WpÜG auch *Hopt* in FS Lutter, 2000, S. 1361 (1381).
2 A.M. *Hirte* in KölnKomm. WpÜG, § 27 WpÜG Rz. 33. Wie hier *Steinmeyer* in Steinmeyer, § 27 WpÜG Rz. 29.
3 Allg.M.; für alle *Hirte* in KölnKomm. WpÜG, § 27 WpÜG Rz. 33; *Steinmeyer* in Steinmeyer, § 27 WpÜG Rz. 29.
4 *Hirte* in KölnKomm. WpÜG, § 27 WpÜG Rz. 17.
5 Wie hier *Harbarth* in Baums/Thoma, § 27 WpÜG Rz. 71.
6 Vgl. auch *Fleischer*, ZIP 2011, 201 (207); *Schiessl*, ZGR 2003, 814 (829); *Steinmeyer* in Steinmeyer, § 27 WpÜG Rz. 28.
7 Vgl. BGH v. 14.5.2007 – II ZR 48/06, GmbHR 2007, 757 m. Anm. *Schröder* = AG 2007, 548.
8 *Drinkuth* in Marsch-Barner/Schäfer, Hdb. börsennotierte AG, § 60 Rz. 158.
9 Näher *Fleischer*, ZIP 2011, 201 (208 ff.).

genverantwortliche Beurteilung nicht völlig ersetzen kann.[1] Im Regelfall wird es jedoch genügen, das Ergebnis des solcherart mit der Überprüfung des Verhältnisses von Gegenleistung und Aktienwert beauftragten Sachverständigen kritisch zu hinterfragen.

Soweit die Organe diesen Sorgfaltspflichten nachkommen, **haften** sie der Gesellschaft gegenüber **aus § 93 AktG nicht**, selbst wenn die Stellungnahme i.E. unzutreffend sein sollte;[2] freilich ist bei der Gesellschaft durch eine inhaltlich falsche oder in der Bewertung unvertretbare Stellungnahme zumeist ohnehin kein Schaden eingetreten. Die im Regelfall geschädigten Aktionäre haben nach überwiegender Ansicht bei bloß fahrlässig unrichtig abgegebenen Stellungnahmen keinen Anspruch;[3] Gegenmeinungen lassen Ansprüche in Analogie zu § 12 WpÜG bei grober Fahrlässigkeit zu[4] bzw. bejahen die Haftung nach § 823 Abs. 2 BGB und der zivilrechtlichen Prospekthaftung.[5] Jedenfalls können die Vorstands- und Aufsichtsratsmitglieder gem. § 826 BGB haften, wenn sie die Angebotsadressaten durch eine wissentlich unrichtige Stellungnahme zur Abnahme oder Annahme des Angebots verleiten.[6] Daraus ergibt sich letztlich die mehrmals erwähnte Verpflichtung, bekannte und für die Adressaten wesentliche Informationen in die Stellungnahme aufzunehmen (vgl. oben Rz. 29).[7]

40

4. Handlungsoptionen

Damit haben die Organe der Zielgesellschaft verschiedene Handlungsoptionen: Sie können erstens die überschlagsmäßige Überprüfung der Gegenleistung am Aktienwert selbst vornehmen. Zweitens können die Organe entweder gemeinsam oder getrennt (hier vor allem der Aufsichtsrat) sachverständigen Rat einholen, mit dem das Urteil über die Angemessenheit der Gegenleistung untermauert wird; in der Praxis geschieht dies durch sog. **Fairness Opinions** (unten Rz. 42 ff.). Drittens können die Organe darüber hinausgehen, indem sie einen externen Berater auch mit der Untersuchung beauftragen, ob für die Aktionäre der Zielgesellschaft nicht auch ein besserer Preis erreichbar wäre; dies ist die sog. Inadequacy Opinion (unten Rz. 64 ff.).

41

---

1 *Fleischer*, ZIP 2011, 201 (210); *Krause/Pötzsch* in Assmann/Pötzsch/Uwe H. Schneider, § 27 WpÜG Rz. 49; *Lappe/Stafflage*, CFL 2010, 312 (317); *Schiessl*, ZGR 2003, 814 (825).
2 Für alle *Noack/Holzborn* in Schwark/Zimmer, Kapitalmarktrechts-Kommentar, § 27 WpÜG Rz. 33.
3 *Drinkuth* in Marsch-Barner/Schäfer, Hdb. börsennotierte AG, § 60 Rz. 167 ff.; *Harbarth* in Baums/Thoma, § 27 WpÜG Rz. 134 ff.; *Krause/Pötzsch* in Assmann/Pötzsch/Uwe H. Schneider, § 27 WpÜG Rz. 141 ff. m.w.N.; *Steinmeyer* in Steinmeyer, § 27 WpÜG Rz. 76 ff.
4 *Hirte* in KölnKomm. WpÜG, § 27 WpÜG Rz. 27; *Wackerbarth* in MünchKomm. AktG, 3. Aufl. 2011, § 27 WpÜG Rz. 16.
5 *Ekkenga* in Ehricke/Ekkenga/Oechsler, § 27 WpÜG Rz. 44; *Fleischer/Kalss*, WpÜG, S. 99; *Noack/Holzborn* in Schwark/Zimmer, Kapitalmarktrechts-Kommentar, § 27 WpÜG Rz. 34 f.; *Röh* in FrankfKomm. WpÜG, § 27 WpÜG Rz. 86 ff.
6 *Krause/Pötzsch* in Assmann/Pötzsch/Uwe H. Schneider, § 27 WpÜG Rz. 153 f.
7 *Hirte* in KölnKomm. WpÜG, § 27 WpÜG Rz. 32.

IV. Fairness Opinion

1. Begriff, Funktion und Methoden

a) Grundlagen

42 Unter einer Fairness Opinion versteht man die Stellungnahme eines Sachverständigen zur **finanziellen Angemessenheit** einer Transaktion und hier insb. zum Transaktionspreis aus der Perspektive des Käufers oder des Verkäufers.[1] Anders als bei einer Unternehmensbewertung geht es somit nicht um die Ermittlung des (Grenz-)Preises, sondern um die Überprüfung einer tatsächlich gebotenen Gegenleistung.[2] Typisch sind zeitliche Restriktionen bei der Ausarbeitung und/oder eingeschränkter Zugang zu Information.

43 Im gegebenen Zusammenhang geht es erstens um die **Beurteilung des Angebotspreises aus Sicht der Aktionäre der Zielgesellschaft** (unten Rz. 59 ff.). Dies ist auch das wichtigste Einsatzgebiet; Fairness Opinions dürften der überwiegenden Zahl der Stellungnahmen nach § 27 WpÜG zugrunde liegen.[3] Hinzu kommen zweitens zunehmend auch **im Auftrag des Bieters** erstellte Fairness Opinions (unten Rz. 71 ff.).[4] Daneben werden sie auch bei zahlreichen anderen Transaktionen (z.B. Kapitalerhöhungen, Management Buy-outs oder Rechtsgeschäften mit Konzerngesellschaften) abgegeben.[5] Ihren Ursprung haben sie in der US-amerikanischen M&A-Praxis, wo in Folge der Leitentscheidung des Supreme Court *Smith v. Van Gorkom*[6] regelmäßig Fairness Opinions zur Entlastung der Mitglieder des Verwaltungsrats eingeholt werden.[7]

44 Mit der Einholung der Fairness Opinion können **verschiedene Ziele** verfolgt werden. Erstens geht es um die Information von Bieter und Zielgesellschaft über die Angemessenheit der Transaktionsbedingungen, insb. angesichts der erhöhten Erfahrung der Berater mit marktorientierten Bewertungsmethoden wie *multiples*.[8] Darüber hinaus kann die Fairness Opinion auch den Aktionä-

---

1 Für alle *Fleischer*, ZIP 2011, 201 (202).
2 *Becker* in IDW, WP Handbuch 2014, Bd. II Rz. E 13; *Brandt* in Kümpel/Wittig, Bank- und Kapitalmarktrecht, Rz. 16.213.
3 Aktuelle Daten bei *Aders/Arnold/Schwetzler*, Duff & Phelps Fairness Opinion Monitor 2013: Summary 2005-2012, S. 7 f. (http://www.finexpert.info/fileadmin/user_upload/downloads/pdf/Fairness_Opinion_DP_and_HHL_2013.pdf). Vgl. auch *Fleischer*, ZIP 2011, 201 (210); *Seibt*, CFL 2011, 213 (236 f.).
4 Vgl. *Decher* in Liber amicorum Martin Winter, 2011, S. 99 (103).
5 Für andere Anwendungsbereiche vgl. *Becker* in IDW, WP Handbuch 2014, Bd. II Rz. E 16 ff.; *Cannivé/Suerbaum*, AG 2011, 317; *Fleischer*, ZIP 2011, 201 (203); *Grün/Salcher/Fecher/Kupke*, CFL 2010, 645 (646 f.); *Schiessl*, ZGR 2003, 814 (834 ff.).
6 488 A.2d 858 (Del. 1985); dazu *Merkt*, US-amerikanisches Gesellschaftsrecht, 3. Aufl. 2013, Rz. 938 ff. m.W.N.
7 *Fleischer*, ZIP 2011, 201 (203); *Brandt* in Kümpel/Wittig, Bank- und Kapitalmarktrecht, Rz. 16.203.
8 *Fleischer*, ZIP 2011, 201 (203); *Grün/Salcher/Fecher/Kupke*, CFL 2010, 645 (648). Mit ihr kann wie erwähnt insbes. den Informationsnachteilen des Aufsichtsrats abgeholfen werden; *Brandt* in Kümpel/Wittig, Bank- und Kapitalmarktrecht, Rz. 16.212.

ren von Bieter oder Zielgesellschaft zur Verfügung gestellt werden; dann stehen die Ersteller mit ihrem Ruf für die Angemessenheit der Transaktionsbedingungen bei einer positiven Fairness Opinion ein.[1] Deswegen kann die Fairness Opinion auch dazu beitragen, die Aktionäre vor unangemessenen Transaktionsbedingungen zu schützen.[2] Letztlich geht es auch um Haftungsvermeidung,[3] zunächst aus Sicht des Bieters, aber insb. wenn die Organe der Zielgesellschaft sich bei Abgabe der Stellungnahme nach § 27 WpÜG in Interessenkonflikten (z.B. Aktienbeteiligung oder -optionen, Abfindungen) befinden.[4]

Derzeit gibt es **zwei Standardisierungen** für Fairness Opinions. Wirtschaftsprüfer sind seit 2011 berufsrechtlich verpflichtet, den einschlägigen IDW S 8[5] zu beachten, der auf alle Arten von Fairness Opinions Anwendung findet. Der Standard beansprucht allerdings auch Geltung für andere Ersteller von Fairness Opinions, wie insb. Investmentbanken. Bereits seit 2008 gibt es „Grundsätze für Fairness Opinions" der Deutschen Vereinigung für Finanzanalyse und Asset Management.[6] Diese finden nur auf Fairness Opinions im Zusammenhang mit Angeboten nach dem WpÜG Anwendung, sowohl seitens des Bieters als auch seitens der Zielgesellschaft. Ob IDW S 8 sich im Sinne einer *best practice*-Empfehlung auch außerhalb seines eigentlichen Anwendungsbereichs durchsetzen wird,[7] ist derzeit noch offen.

45

Adressat der Fairness Opinion ist grundsätzlich der Auftraggeber.[8] Sie dient der Information des Bieters oder von Vorstand und Aufsichtsrat der Zielgesellschaft bei der Vorbereitung der Stellungnahme nach § 27 WpÜG, ersetzt aber nicht die eigenverantwortliche Würdigung durch die Organe.[9] Das schließt eine Drittverwendung nicht aus. Auf Seiten des Bieters geht es um die Information seiner Aktionäre; auf Seite der Zielgesellschaft kann die Fairness Opinion den Angebotsadressaten zugänglich gemacht oder es kann zumindest auf sie in der Stellungnahme gem. § 27 WpÜG verwiesen werden.[10]

46

---

1 *Fleischer*, ZIP 2011, 201 (203); *Kossmann*, NZG 2011, 46 (52); *Schiessl*, ZGR 2003, 814 (822 f.); *Westhoff*, Die Fairness Opinion, S. 6 ff.; *Brandt* in Kümpel/Wittig, Bank- und Kapitalmarktrecht, Rz. 16.212.
2 *Becker* in IDW, WP Handbuch 2014, Bd. II Rz. E 26 ff.
3 Zu dieser z.B. *Grün/Salcher/Fecher/Kupke*, CFL 2010, 645 (647); *Lappe/Stafflage*, CFL 2010, 312 (312); *Brandt* in Kümpel/Wittig, Bank- und Kapitalmarktrecht, Rz. 16.206.
4 Vgl. *Schiessl*, ZGR 2003, 814 (831 ff.); *Aders/Arnold/Schwetzler*, Duff & Phelps Fairness Opinion Monitor 2013: Summary 2005-2012, S. 17 ff.
5 Grundsätze für die Erstellung von Fairness Opinions (IDW Fachnachrichten 3/2011, S. 151 ff.).
6 DVFA, Grundsätze für Fairness Opinions (http://www.dvfa.de/fileadmin/downloads/Publikationen/DVFA-Finanzschriften/grundsaetze_fairness_opinions.pdf).
7 So *Lappe/Stafflage*, CFL 2010, 312 (313).
8 IDW S 8 Rz. 15; DVFA, Grundsätze für Fairness Opinions, S. 4.
9 IDW S 8 Rz. 58; DVFA, Grundsätze für Fairness Opinions, S. 4 f.
10 Näher IDW S 8 Rz. 19 f.

b) Durchführende Berater

47 Fairness Opinions werden von **Investmentbanken, Corporate Finance Beratern** und (insb. bei kleineren Transaktionen zunehmend[1]) **Wirtschaftsprüfern** erstellt. Diese Berater weisen im Regelfall die erforderliche Sachkunde auf, womit ihr Rat haftungsbefreiend wirken kann (oben Rz. 39).

48 Die Opinion soll grundsätzlich durch einen **unparteiischen Dritten** erstellt werden.[2] Sonst besteht die Gefahr, dass der Sachverständige dem Auftraggeber jedenfalls das gewünschte Ergebnis bietet. Deswegen mahnt IDW S 8 auch, dass die Tätigkeit als Berater und die Erstellung einer Fairness Opinion bei derselben Transaktion durch denselben Wirtschaftsprüfer mit den berufsrechtlichen Grundsätzen zur Unabhängigkeit und Unparteilichkeit in einem Spannungsverhältnis steht, weswegen die Zulässigkeit sorgfältig und einzelfallbezogen zu prüfen ist.[3] Ebenso ist die Vereinbarkeit mit der Position als Abschlussprüfer gesondert zu untersuchen.[4] Ergebnisabhängige Vergütungen für Sachverständigentätigkeiten sind Wirtschaftsprüfern schon berufsrechtlich verboten (§ 55 Abs. 1 Satz 1 WPO).[5] Die DVFA-Grundsätze[6] verlangen die Offenlegung von Interessenkonflikten in dem Opinion Letter (zu diesem unten Rz. 51), wobei sich diese auf andere langfristige Geschäftsbeziehungen von wesentlicher Bedeutung ebenso wie auf erfolgsabhängige Vergütungskomponenten[7] beziehen. Die Ansätze sind daher unterschiedlich: eigenverantwortliche Beurteilung des Einflusses eines Interessenskonflikts auf die Auftragsannahme durch den Ersteller gegenüber Zulässigkeit der Beratung, aber grundsätzlich zwingender Offenlegung.[8]

49 Aus übernahmerechtlicher Sicht ist die **Offenlegung potentieller Interessenskonflikte** des Erstellers der Fairness Opinion jedenfalls dann erforderlich, wenn auch die Fairness Opinion ihrer Substanz nach im Rahmen einer Drittverwendung offengelegt wird (dazu unten Rz. 68 ff.).[9] Zumindest die Stellungnahme gem. § 27 Abs. 1 WpÜG muss alle Angaben enthalten, die aus der Perspektive des Angebotsadressaten für die Beurteilung des Angebots von Interesse sein können (oben Rz. 29). Danach sind Interessenkonflikte der Organmitglieder offenzulegen; nichts anderes kann für die von ihnen Beauftragten gelten. Das gilt

---

1 *Grün/Salcher/Fecher/Kupke*, CFL 2010, 645 (646); *Aders/Arnold/Schwetzler*, Duff & Phelps Fairness Opinion Monitor 2013: Summary 2005-2012, S. 11 ff.
2 *Grün/Salcher/Fecher/Kupke*, CFL 2010, 645 (648 f.); *Lappe/Stafflage*, CFL 2010, 312 (313).
3 IDW S 8 Rz. 10.
4 IDW S 8 Rz. 13. Abl. *Cannivé/Suerbaum*, AG 2011, 317 (318).
5 *Becker* in IDW, WP Handbuch 2014, Bd. II Rz. E 32.
6 DVFA, Grundsätze für Fairness Opinions, S. 5, 10 f.
7 Vgl. auch *Brandt* in Kümpel/Wittig, Bank- und Kapitalmarktrecht, Rz. 16.225: Erfolgshonorar der Investmentbank für Erfolg der Transaktion marktüblich und deswegen nicht unzulässig, unzulässig aber Erfolgshonorar für positive Fairness Opinion.
8 Vgl. auch *Graser/Klüwer/Nestler*, BB 2010, 1587 (1591); *Aders/Schwetzler*, CF biz 2011, 208 (209).
9 Wie hier *Decher* in Liber amicorum Martin Winter, 2011, S. 99 (109); *Brandt* in Kümpel/Wittig, Bank- und Kapitalmarktrecht, Rz. 16.224.

m.E. auch für erfolgsabhängige Vergütungen, wie sie bei Investmentbanken regelmäßig vereinbart werden, und zwar auch dann, wenn der vereinbarte Erfolg nicht in der positiven Fairness Opinion, sondern im Zustandekommen der Transaktion liegt.[1]

Soll die Fairness Opinion die Organe von Bieter oder Zielgesellschaft von ihrer **Haftung entlasten**, ist die Unabhängigkeit des Erstellers vom jeweiligen Auftraggeber nach der Rspr. des BGH Voraussetzung.[2] Die erforderliche Unabhängigkeit ist m.E. zu verneinen, wenn die Entlohnung erfolgsabhängig vorgenommen wird.[3] Hier ist m.E. eine „Second Opinion" erforderlich.[4] Befangenheit liegt aber nicht vor, wenn auch weitere transaktionsbezogene Leistungen (ohne Erfolgshonorar) erbracht werden,[5] ebenso wenig per se für den Abschlussprüfer, dessen Informationsvorsprung nicht leichtfertig aus der Hand gegeben werden sollte.   50

c) Bestandteile und Inhalt

Die Fairness Opinion besteht mindestens aus zwei, zuweilen aus drei Dokumenten. Der (im Regelfall knappe) **Opinion Letter**[6] enthält einerseits nähere Angaben über Auftragserteilung (samt Aussagen zur Unabhängigkeit des Erstellers[7]) und Auftragsdurchführung,[8] darunter auch eine kurze Erläuterung der angewandten Methoden. Andererseits findet sich die Erklärung des Sachverständigen darüber, ob der Transaktionspreis finanziell angemessen, also „fair", ist.[9] Die Darstellung ist stark aggregiert[10] und nennt keine Vergleichspreise bzw. Bandbreiten.[11]   51

Ausführlichere Angaben zu den informationellen Grundlagen der Opinion (also den für die Bewertung wesentlichen Annahmen), zu den angewandten Verfahren und zu den Ergebnissen enthält das **Valuation Memorandum** (auch   52

---

1 *Brandt* in Kümpel/Wittig, Bank- und Kapitalmarktrecht, Rz. 16.242.
2 BGH v. 14.5.2007 – II ZR 48/06, GmbHR 2007, 757 m. Anm. *Schröder* = AG 2007, 548; dazu *Fleischer*, ZIP 2011, 208 f.
3 Vorsichtiger *Fleischer*, ZIP 2011, 209 m.w.N. („Anlass zu besonders kritischer Würdigung"); offen lassend *Schiessl*, ZGR 2003, 814 (849 f.); a.A. *Decher* in Liber amicorum Martin Winter, 2011, S. 99 (108).
4 Zu dieser *Lappe/Stafflage*, CFL 2010, 312 (313); grds. eher abl. *Fleischer* in FS Hopt, 2010, S. 2753 (2769); zur Häufigkeit *Aders/Arnold/Schwetzler*, Duff & Phelps Fairness Opinion Monitor 2013: Summary 2005-2012, S. 9.
5 Wie hier *Fleischer*, ZIP 2011, 209; vgl. auch *Fleischer* in FS Hopt, 2010, S. 2753 (2761 ff., 2769) mit Darstellung empirischer Studien.
6 Vgl. IDW S 8 Rz. 50; DVFA, Grundsätze für Fairness Opinions, S. 3.
7 Vgl. auch DVFA, Grundsätze für Fairness Opinions, S. 5.
8 Dadurch sollen Haftungsrisiken minimiert werden; näher *Decher* in Liber amicorum Martin Winter, 2011, S. 99 (102).
9 S. den Formulierungsvorschlag für eine abschließende Bestätigung in IDW S 8 Anhang: „Auf Grundlage ... sind wir der Ansicht, dass die angebotene Gegenleistung i.H.v. ... je Aktie der ... finanziell angemessen i.S.d. IDW S 8 ist."
10 *Fleischer*, ZIP 2011, 201 (204).
11 DVFA, Grundsätze für Fairness Opinions, S. 8; *Grün/Salcher/Fecher/Kupke*, CFL 2010, 645 (653).

Board Book).¹ Es enthält die Bandbreiten und häufig auch vertrauliche Daten;² es ist deswegen für das Verständnis der abgegebenen Meinung besonders zentral,³ wird aber im Regelfall nicht veröffentlicht.⁴ Allerdings sollte es den Organen physisch zu Verfügung stehen, schon allein, um eine ausreichende Dokumentation für Haftungsfragen vornehmen zu können.⁵ Im manchmal erstellten, vor allem der internen Dokumentation des Sachverständigen dienenden⁶ **Factual Memorandum** werden alle wesentlichen, der Beurteilung zugrunde gelegten Informationen und Unterlagen zusammengestellt.⁷

53 Inhaltlich beurteilt eine Fairness Opinion das **Verhältnis von Leistung und Gegenleistung** bei einem Übernahmeangebot aus finanzieller Sicht des Bieters oder der Zielgesellschaft.⁸ Die Gegenleistung soll zumindest innerhalb einer Bandbreite von kapitalwertorientiert ermittelten Werten und zum Vergleich herangezogenen Transaktionspreisen liegen. Allenfalls wird auch eine gebotene Sachgegenleistung bewertet.⁹

d) Vorgehen und Methoden

54 Die vom Auftraggeber vorgelegten Unterlagen werden nach IDW S 8 **nicht auf Richtigkeit und Vollständigkeit geprüft**.¹⁰ Dies ist sowohl im Auftrag anzukündigen,¹¹ weswegen die Verantwortung für die Informationsvorlage vor allem den Vorstand trifft,¹² als auch im abschließenden Opinion Letter offenzulegen¹³. Auch die erhaltenen Informationen sind im Opinion Letter anzuführen.¹⁴ Allerdings muss der Ersteller die internen Planungsrechnungen **plausibilisieren**.¹⁵ Die DVFA-Grundsätze enthalten keine vergleichbaren detaillierten Festlegungen; der Opinion Letter soll lediglich angeben, ob und welche Informationen bei der Erstellung verifiziert wurden.¹⁶

55 Eine Fairness Opinion weist im Vergleich zu einer Unternehmensbewertung i.S.v. IDW S 1 eine größere **Methodenvielfalt** auf. Die Beurteilung erfolgt nach IDW S 8 über kapitalwertorientierte Bewertungsverfahren (Ertragswert-, DCF-

---

1 Vgl. IDW S 8 Rz. 51 ff.; DVFA, Grundsätze für Fairness Opinions, S. 3, 9.
2 *Lappe/Stafflage*, CFL 2010, 312 (314).
3 *Becker* in IDW, WP Handbuch 2014, Bd. II Rz. E 77.
4 *Decher* in Liber amicorum Martin Winter, 2011, S. 99 (103).
5 *Decher* in Liber amicorum Martin Winter, 2011, S. 99 (107 f.).
6 *Decher* in Liber amicorum Martin Winter, 2011, S. 99 (103).
7 Vgl. IDW S 8 Rz. 54 f.
8 Eine umfassende unternehmerische Bewertung wird nicht vorgenommen; tlw. kritisch *Lappe/Stafflage*, CFL 2010, 312 (315).
9 IDW S 8 Rz. 31.
10 IDW S 8 Rz. 14; *Becker* in IDW, WP Handbuch 2014, Bd. II Rz. E 72; *Brandt* in Kümpel/Wittig, Bank- und Kapitalmarktrecht, Rz. 16.239.
11 IDW S 8 Rz. 16, 24.
12 Vgl. aus haftungsrechtlicher Sicht *Fleischer*, ZIP 2011, 201 (209).
13 IDW S 8 Anhang.
14 IDW S 8 Rz. 50.
15 IDW S 8 Rz. 44; *Grün/Salcher/Fecher/Kupke*, CFL 2010, 645 (652). A.M. *Brandt* in Kümpel/Wittig, Bank- und Kapitalmarktrecht, Rz. 16.254.
16 DVFA, Grundsätze für Fairness Opinions, S. 5.

Methode) und/oder marktpreisorientierte Verfahren (insb. Analyse der Börsenkurse und Multiplikatoren).[1] Zusätzlich (aber nicht ausschließlich) sind ergänzende kapitalmarkt- und transaktionsmarktbezogene Informationen zu berücksichtigen (Analysen, Prämien auf den Börsenkurs bei vergleichbaren Transaktionen, etc.).[2] Multiplikatormethoden werden somit nicht bloß zur Plausibilisierung eingesetzt, sondern stehen der Ermittlung des Kapitalwerts gleichrangig gegenüber (vgl. § 10 Rz. 3).[3] Im Regelfall werden mehrere Methoden nebeneinander eingesetzt[4] (zur Gewichtung der Ergebnisse noch unten Rz. 58). In der Praxis spielen Analysen auf Basis von Multiplikatoren zumindest bei Übernahmeangeboten eine große Rolle; freilich werden ebenso häufig DCF-orientierte Verfahren eingesetzt.[5] Die in der Anwendung auf Übernahmeangebote beschränkten DVFA-Grundsätze unterscheiden für die Methoden strikt zwischen Bewertungen für die Zielgesellschaft und für den Bieter (unten Rz. 61 und Rz. 73); generell haben auch hier die Methodenvielfalt[6] und Multiplikatormethoden hohe Bedeutung. Als marktpreisorientiertes Verfahren tritt üblicherweise auch die direkte Analyse der Börsenkurse der Zielgesellschaft hinzu.[7]

Wird ein Kapitalwert ermittelt, so erfolgt dies im Regelfall über die international übliche **DCF-Bewertung**;[8] Ertragswertberechnungen werden hingegen nicht häufig vorgenommen. Sofern eine Unternehmensbewertung nach IDW S 1 vorliegt, ist sie jedenfalls heranzuziehen.[9] Wird eine gesonderte Bewertung vorgenommen, so sind nach IDW S 8 „unter Berücksichtigung der gegebenen Rahmenbedingungen [...] die methodischen Grundsätze des IDW S 1 zu beachten".[10] Somit geht es nicht um die Beachtung aller Vorgaben von IDW S 1, was angesichts der geringeren Analysetiefe bei einer Fairness Opinion auch nicht möglich wäre.[11] Die entsprechenden Grundsätze finden sich in Rz. 101 bis 141 des IDW S 1.[12] Ermittelt wird mit einer Bewertung *stand alone* die Preisuntergrenze aus Sicht der Aktionäre, an die das Angebot adressiert ist;[13] echte Ver- 56

---

1 IDW S 8 Rz. 26.
2 IDW S 8 Rz. 28. So auch DVFA, Grundsätze für Fairness Opinions, S. 7.
3 *Becker* in IDW, WP Handbuch 2014, Bd. II Rz. E 53, 59.
4 Vgl. z.B. *Becker* in IDW, WP Handbuch 2014, Bd. II Rz. E 52; *Lappe/Stafflage*, CFL 2010, 312 (315).
5 *Aders/Arnold/Schwetzler*, Duff & Phelps Fairness Opinion Monitor 2013: Summary 2005-2012, S. 14; *Cannivé/Suerbaum*, AG 2011, 317 (322 f.) m.w.N.
6 DVFA, Grundsätze für Fairness Opinions, S. 6.
7 IDW S 8 Rz. 26; DVFA, Grundsätze für Fairness Opinions, S. 7.
8 *Aders*, Taking Private: Aktuelle Trends und Herausforderungen der Bewertungspraxis, S. 14 (http://www.rwp.bwl.uni-muenchen.de/lehre/veranstaltungen/aders_ws1314/01_ma_forum_2013.pdf). Siehe auch *Grün/Salcher/Fecher/Kupke*, CFL 2010, 645 (652 f.).
9 Siehe auch IDW S 1 Rz. 8; *Cannivé/Suerbaum*, AG 2011, 317 (322).
10 IDW S 8 Rz. 32.
11 *Cannivé/Suerbaum*, AG 2011, 317 (322).
12 *Grün/Salcher/Fecher/Kupke*, CFL 2010, 645 (651).
13 IDW S 8 Rz. 41 ff.; *Becker* in IDW, WP Handbuch 2014, Bd. II Rz. E 69.

bundvorteile aus der Transaktion werden bei Anwendung von IDW S 8 somit nicht berücksichtigt.[1]

57 Die Bewertung mit **Multiplikatormethoden** (zu diesen näher § 10 Rz. 7 ff.)[2] setzt am Markt beobachtete Preise in Bezug zu einer für den zukünftigen Cash Flow bedeutsamen Kennzahl eines bestimmten Referenzunternehmens oder einer *peer group* von Referenzunternehmen; als Kennzahl werden in der Praxis häufig EBIT oder EBITDA bzw. entsprechende Bandbreiten verwendet.[3] Dabei sollen vorrangig nicht Vergangenheitsdaten, sondern Prognosewerte herangezogen werden; diese sind durch Blick auf mehrere Planperioden zu glätten, um Sondereffekte zu bereinigen und generell zu plausibilisieren.[4] Ohne eine gewisse qualitative Analyse der erwarteten Ergebnisse kommt auch eine ordnungsgemäße Bewertung mit der Multiplikatormethode somit nicht aus; für Zwecke einer Fairness Opinion wäre es nicht ausreichend, als Datenbasis bloß die von Informationsdienstleistern bereit gestellten Werte ohne nähere Analyse zu verwenden.[5] Der solcherart ermittelte Quotient (bzw. die Bandbreite von Quotienten bei einer *peer group*) wird hernach mit der entsprechenden Kennzahl der Zielgesellschaft multipliziert, um einen Wert oder (regelmäßig) eine Wertbandbreite zu ermitteln. Als Preise, die als Referenzgröße herangezogen werden, können einerseits Marktpreise, d.h. Börsenkurse, herangezogen werden (*trading multiples*), andererseits aber auch Preise bei Transaktionen (*transaction multiples*).[6] In beiden Fällen ist es eine Hauptaufgabe des Bewerters, vergleichbare Unternehmen(-sgruppen)[7] bzw. Transaktionen[8] zu identifizieren.[9] Der Bewerter muss in diesem Zusammenhang die erforderlichen Anpassungen an Besonderheiten des Transaktionsobjekts vornehmen.

58 Da im Regelfall mehrere Methoden angewendet werden, werden unterschiedliche Ergebnisbandbreiten resultieren. Aufgabe des Bewerters ist es in der Folge, die Aussagekraft der verschiedenen Ergebnisse zu begründen und sie zu gewichten, um in der Folge eine **verdichtete Kernbandbreite** zu ermitteln.[10] Diese liegt dann der Angemessenheitsbeurteilung zugrunde. Es ist somit unschäd-

---

1 *Graser/Klüwer/Nestler*, BB 2010, 1587 (1588 f.). Zur diesbzgl. weiteren Inadequacy Opinion unten Rz. 64 ff., zu den DVFA-Grundsätzen bei Fairness Opinions für die Zielgesellschaften unten Rz. 61.
2 Überblick bei *Becker* in IDW, WP Handbuch 2014, Bd. II Rz. E 61; DVFA-Leitfaden für Unternehmensbewertung im Aktienresearch http://www.dvfa.de/fileadmin/downloads/Publikationen/Standards/leitfaden_unternehmensbewertungen_aktienresearch.pdf).
3 Vgl. IDW S 8 Rz. 35.
4 IDW S 8 Rz. 36; *Becker* in IDW, WP Handbuch 2014, Bd. II Rz. E 61.
5 *Grün/Salcher/Fecher/Kupke*, CFL 2010, 645 (652).
6 IDW S 8 Rz. 34; DVFA, Grundsätze für Fairness Opinions, S. 6 f. und 9, sowie DVFA-Leitfaden für Unternehmensbewertung im Aktienresearch (Fn. 170).
7 Z.B. hinsichtlich Geschäftsfeldern, Regionen, Wachstumsaussichten, Finanzierungsstruktur; vgl. IDW S 8 Rz. 37.
8 Neben den in der vorigen Fn. genannten Faktoren zum Transaktionsobjekt z.B. hinsichtlich Zeitnähe, Anteilsgröße; vgl. IDW S 8 Rz. 38.
9 *Becker* in IDW, WP Handbuch 2014, Bd. II Rz. E 60 f.
10 IDW S 8 Rz. 29 f.; DVFA, Grundsätze für Fairness Opinions, S 9 f.; *Decher* in Liber amicorum Martin Winter, 2011, S. 99 (102).

lich, wenn der Angebotspreis nicht die höchsten ermittelten Wertbereichen erreicht, wenn dieses Extrem aufgrund einer sorgfältigen Plausibilisierung ausgeschieden werden kann;[1] zur Offenlegung vgl. unten Rz. 69 f.

2. Fairness Opinion für die Zielgesellschaft

a) Fairness Opinion i.e.S.

Die Organe der Zielgesellschaft können für die Vorbereitung ihrer Stellungnahmen nach § 27 WpÜG eine Fairness Opinion in Auftrag geben. Dies geschieht in der Praxis häufig.[2] Unter bestimmten Umständen kann sich diese Option nach der hier vertretenen Auffassung für den Vorstand, aber verstärkt noch für den Aufsichtsrat zu einer **Rechtspflicht** verdichten (oben Rz. 37 f.). 59

Zu beurteilen ist die Angemessenheit der Transaktion aus Sicht der Aktionäre der Zielgesellschaft.[3] Dabei geht es nicht nur (aber auch[4]) um die Vorgaben von § 31 Abs. 1 WpÜG i.V.m. §§ 3 ff. WpÜG-AngVO.[5] Im Zentrum steht, ob der **Angebotspreis innerhalb der ermittelten Wertbandbreiten liegt**. Nach IDW S 8 steht der Wert der Zielgesellschaft *stand alone* unter Einbeziehung unechter Synergien im Zentrum;[6] der Wert ist mit kapitalwertorientierten und marktpreisorientierten Verfahren unter Berücksichtigung sonstiger kapitalmarkt- und transaktionsbezogener Informationen zu ermitteln (näher schon oben Rz. 55 ff.).[7] 60

Die **DVFA-Grundsätze** weisen eine noch größere Methodenvielfalt für die Fairness Opinion aus Sicht der Zielgesellschaft auf.[8] Zunächst räumen sie der multiplikatorgestützten Marktbewertung unter Berücksichtigung der Börsenkurse der Zielgesellschaft Vorrang ein; eine Bewertung *stand alone* ist nach ihnen sinnvoll, wenn Zweifel an der korrekten Bewertung durch den Kapitalmarkt bestehen. Daneben werden noch andere Vergleichsmaßstäbe genannt, die das Angemessenheitsurteil beeinflussen können, so z.B. die Spekulation auf eine Angebotserhöhung oder auf ein höheres Angebot eines anderen Bieters. Letztlich sollen aber auch nach den DVFA-Grundsätzen diese besonders spekulativen Alternativen nicht allein ein Urteil über die (Un-)Angemessenheit der Gegenleistung begründen. I.E. können Fairness Opinions nach DVFA somit auch als Inadequacy Opinion (unten Rz. 64 ff.) abgegeben werden. 61

Die **Analyse der Börsenkurse** der Zielgesellschaft ist aus Sicht ihrer Aktionäre nach beiden Standards von besonderer Bedeutung. Freilich kann der Fokus un- 62

---

1 *Becker* in IDW, WP Handbuch 2014, Bd. II Rz. E 56; *Cannivé/Suerbaum*, AG 2011, 317 (324).
2 Aktuelle Daten bei *Aders/Arnold/Schwetzler*, Duff & Phelps Fairness Opinion Monitor 2013: Summary 2005-2012, S. 7 f. Vgl. auch *Fleischer*, ZIP 2011, 201 (210); *Seibt*, CFL 2011, 213 (236 f.).
3 IDW S 8 Rz. 57; DVFA, Grundsätze für Fairness Opinions, S. 6.
4 *Becker* in IDW, WP Handbuch 2014, Bd. II Rz. E 86.
5 IDW S 8 Rz. 57; *Grün/Salcher/Fecher/Kupke*, CFL 2010, 645 (654).
6 IDW S 8 Rz. 41 ff.
7 IDW S 8 Rz. 26.
8 DVFA, Grundsätze für Fairness Opinions, S. 6 f.

terschiedlich sein. IDW S 8 sieht die Börsenkurse als Indikator für den Unternehmenswert bzw. als Maßstab für die Erwartungen des Marktes zur Zielgesellschaft; dann ist es naheliegend Minderheitenabschläge etc. werterhöhend zu berücksichtigen und auch sonst erforderliche Berichtigungen vorzunehmen.[1] Hingegen stellen die DVFA-Grundsätze auf die Angemessenheit der auf den Börsenkurs gewährten Prämie durch Vergleich mit anderen Transaktionen ab;[2] auch dieser Aspekt ist m.E. für die Beurteilung der Angemessenheit von Bedeutung, wobei wie in allen Fällen die Schwierigkeit bei der Auswahl der Vergleichstransaktionen liegt.

63 **Beurteilungsstichtag** ist nach IDW S 8 der Tag, an dem die Organe der Zielgesellschaft die Stellungnahme abgeben.[3] Die DVFA-Grundsätze stellen hingegen auf den Tag ab, an dem die Bieterin die Entscheidung zur Abgabe eines Angebots gem. § 10 WpÜG veröffentlicht;[4] allerdings können spätere Veränderungen im Rahmen der Wertaufhellung berücksichtigt werden. Die Stellungnahme nach § 27 WpÜG muss das Angebot im Zeitpunkt beurteilen, zu dem sie abgegeben wird; deswegen sollte auch die Fairness Opinion auf diesen bzw. einen möglichst zeitnahen Tag[5] abstellen.

b) Inadequacy Opinion

64 Fairness Opinions nach IDW S 8 treffen keine Aussage darüber, ob ein **vorteilhafterer Transaktionspreis mit einer anderen Partei** zu erzielen wäre.[6] Ebenso wenig ist zu fragen, ob der Bieter fairerweise eine höhere Gegenleistung hätte bieten können; denn die für die Beantwortung dieser Frage zu ermittelnden echten Verbundvorteile bleiben ausgeblendet.[7] Die DVFA-Grundsätze[8] gehen teilweise darüber hinaus und beziehen auch diese Faktoren mit ein (näher oben Rz. 61).

65 In der Praxis beginnt sich deswegen neben der Fairness Opinion i.e.S. eine weitere Art der gutachterlichen Stellungnahme durchzusetzen:[9] die **Inadequacy Opinion**. Sie wird insb. dann abgegeben, wenn das Management der Zielgesellschaft eine ablehnende Stellungnahme abgeben möchte; Ziel ist häufig eine Erhöhung der Gegenleistung. Eine Inadequacy Opinion untersucht neben dem Wert der Aktien der Zielgesellschaft mit den in Rz. 60 f. geschilderten Metho-

---

1 IDW S 8 Rz. 33.
2 DVFA, Grundsätze für Fairness Opinions, S. 7.
3 IDW S 8 Rz. 59. Vgl. auch *Brandt* in Kümpel/Wittig, Bank- und Kapitalmarktrecht, Rz. 16.235.
4 DVFA, Grundsätze für Fairness Opinions, S. 6, 8.
5 Die Fairness Opinion sollte den Organen bereits bei der Entscheidung über ihre Stellungnahme vorliegen; vgl. *Lappe/Stafflage*, CFL 2010, 312 (317). Vgl. auch allg. IDW S 8 Rz. 8.
6 IDW S 8 Rz. 4.
7 IDS S 8 Rz. 42.
8 DVFA, Grundsätze für Fairness Opinions, S. 7.
9 Vgl. *Krause/Pötzsch* in Assmann/Pötzsch/Uwe H. Schneider, § 27 WpÜG Rz. 73a; *Seibt*, CFL 2011, 213 (237); *Seibt* in Mülbert/Kiem/Wittig, 10 Jahre WpÜG, S. 148 (183); *Aders/Arnold/Schwetzler*, Duff & Phelps Fairness Opinion Monitor 2013: Summary 2005-2012, S. 10, 16.

den auch zwei weitere Aspekte: (1) Ist der Bieter in der Lage, für die Aktien der Zielgesellschaft eine höhere Gegenleistung oder günstigere Transaktionsbedingungen (z.B. weniger oder leichter erfüllbare Bedingungen) zu bieten? Dabei müssen die Vorteile des Bieters aus der Transaktion in den Blick genommen werden. (2) Gibt es einen hinreichend identifizierten Dritten, der ein Angebot mit einer höheren Gegenleistung oder günstigeren Transaktionsbedingungen abgeben könnte? Bei Anlegung dieser Maßstäbe ist nicht jede Gegenleistung, die den Wert der Anteile erreicht, auch angemessen.

Nach der hier vertretenen Rechtsansicht sind die Organe der Zielgesellschaft **berechtigt, aber nicht verpflichtet**, diese Maßstäbe bei der Erstellung ihrer Stellungnahme zu berücksichtigen (oben Rz. 33). Soweit sie ihnen aber bekannt oder bessere Angebote wahrscheinlich sind, müssen sie auch offengelegt werden. Sonst wurde aus Sicht der Organe der Zielgesellschaft m.E. ein falscher Auftrag erteilt und eine Haftungsbefreiung tritt nicht ein. Ob die Erstellung einer Fairness Opinion aus Sicht der Angebotsadressaten ausreichend ist oder ob eine Inadequacy Opinion zielführender wäre, ist nicht nach IDW S 8 Gegenstand der Sachverständigentätigkeit bei der Erstellung einer Fairness Opinion;[1] m.a.W. wird der Auftrag nicht hinterfragt. Der diesbezüglich breitere Ansatz der DVFA-Grundsätze (oben Rz. 61) verlagert letztlich die Entscheidung über die Berücksichtigung dieser zusätzlichen Aspekte einer Inadequacy Opinion auf den Bewerter.

66

Somit muss eine Inadequacy Opinion von Rechts wegen nicht eingeholt werden, sehr wohl aber müssen ihre **Ergebnisse veröffentlicht** werden, wenn sie vorliegt. Ausnahmsweise dürfte aber doch eine diesbezügliche Verpflichtung anzunehmen sein, wenn die Organe der Zielgesellschaft deutliche Hinweise haben, dass entweder besonders hohe Transaktionsvorteile vom Bieter vereinnahmt werden oder dass ein anderes Angebot eines konkreten Interessenten möglich ist. Für die Erstellung der Inadequacy Opinion gelten im Übrigen die Ausführungen unter Rz. 54 ff.

67

c) Veröffentlichung

Die Fairness bzw. Inadequacy Opinion[2] richtet sich grundsätzlich an Vorstand und Aufsichtsrat der Zielgesellschaft (oben Rz. 46). Das verhindert freilich nicht, dass in der Stellungnahme der Organe der Zielgesellschaft auf sie Bezug genommen wird bzw. dass sie der Stellungnahme angeschlossen wird (**Drittverwendung**). In der Praxis nimmt der überwiegende Teil der Stellungnahmen auf eine Fairness Opinion Bezug; im Regelfall wird in jüngerer Zeit auch der Opinion Letter veröffentlicht.[3]

68

Zunächst ist fraglich, ob die Einholung einer Fairness Opinion überhaupt in Zusammenhang mit der Stellungnahme der Zielgesellschaft zu veröffentlichen

69

---

1 IDW S 8 Rz. 14.
2 Im Folgenden wieder verkürzt als Fairness Opinion bezeichnet.
3 Aktuelle Daten bei *Aders/Arnold/Schwetzler*, Duff & Phelps Fairness Opinion Monitor 2013: Summary 2005-2012, S. 7 f. Vgl. auch *Fleischer*, ZIP 2011, 201 (210); *Seibt*, CFL 2011, 213 (236 f.).

§ 21　　　Vierter Teil: Unternehmensbewertung im Gesellschaftsrecht

ist. IDW S 8 meint,[1] dass die Drittverwendung der Fairness Opinion grundsätzlich der Vertragsautonomie überlassen bleibt, während die für Übernahmeverfahren nach WpÜG konzipierten DVFA-Grundsätze festhalten, dass in der Stellungnahme kenntlich zu machen ist, wenn sie auf einer Fairness Opinion beruht.[2] Richtig ist, dass in der Stellungnahme alle für die Entscheidung der Angebotsadressaten wesentlichen Faktoren **offenzulegen** sind; dazu gehören jedenfalls auch die **zentralen Inhalte der Fairness Opinion**.[3] Auch aus dem Aktienrecht lassen sich Auskunftsansprüche der Aktionäre ableiten (§ 131 Abs. 1 AktG).[4] Jedenfalls muss die geplante Bezugnahme auf die Fairness Opinion vertraglich mit dem Gutachter abgesichert werden. IDW S 8 enthält diesbezüglich nähere Vorgaben.[5] Insbes. soll der Gutachter sicherstellen, dass in der Bezugnahme auf die Fairness Opinion ihr Zweck offengelegt wird, die Informationsgrundlage der Organe bei Abgabe ihrer Stellungnahme transparent zu machen, dass die Informationsbasis nicht geprüft wird und dass die Fairness Opinion keine Empfehlung zur Annahme oder Ablehnung des Angebots enthält.

70　Bejaht man eine grundsätzliche Pflicht zur Offenlegung der Fairness Opinion, so stellt sich die Frage, was konkret preiszugeben ist. Die überwiegende Lehre lässt es genügen, wenn das Ergebnis und die wesentlichen Grundlagen offengelegt werden.[6] Ähnlich hält IDW S 8 bloß fest, dass der Gutachter einer **Veröffentlichung des Opinion Letter** nur zustimmen soll, wenn sichergestellt ist, dass dieser den Stellungnahmen ungekürzt beigefügt wird.[7] Die DVFA-Grundsätze[8] und die Gegenmeinung[9] fordern die Offenlegung des Opinion Letter und der **wesentlichen Ergebnisse des Valuation Memorandum**; dem folgt die Praxis weitgehend (oben Rz. 68). In der Sache ist Publizität vor allem erforderlich für die Grundzüge der angewandten Bewertungsverfahren und ihre Gewichtung,[10] daneben aber auch für die Offenlegung von Interessenkonflikten und Anreizstrukturen (oben Rz. 49) des Bewerters.[11] Eine Offenlegung des gesamten Valua-

---

1　IDW S 8 Rz. 20. Deutlich zurückhaltend z.B. IDW S 8 Rz. 58.
2　DVFA, Grundsätze für Fairness Opinions, S. 12.
3　*Decher* in Liber amicorum Martin Winter, 2011, S. 99 (111); *Fleischer*, ZIP 2011, 201 (210); *Hopt* in FS Lutter, 2000, S. 1361 (1381); *Krause/Pötzsch* in Assmann/Pötzsch/Uwe H. Schneider, § 27 WpÜG Rz. 49; *Röh* in FrankfKomm. WpÜG, § 27 WpÜG Rz. 33; *Steinmeyer* in Steinmeyer, § 27 WpÜG Rz. 79; *Wackerbarth* in MünchKomm. AktG, 3. Aufl. 2011, § 27 WpÜG Rz. 13. Zurückhaltender *Hirte* in KölnKomm. WpÜG, § 27 WpÜG Rz. 33; *Brandt* in Kümpel/Wittig, Bank- und Kapitalmarktrecht, Rz. 16.246.
4　*Fleischer*, ZIP 2011, 201 (211); *Lappe/Stafflage*, CFL 2010, 312 (316).
5　Vgl. IDW S 8 Rz. 19, 62.
6　*Decher* in Liber amicorum Martin Winter, 2011, S. 99 (111); *Krause/Pötzsch* in Assmann/Pötzsch/Uwe H. Schneider, § 27 WpÜG Rz. 49; *Röh* in FrankfKomm. WpÜG, § 27 WpÜG Rz. 33. Abl. Aber *Brandt* in Kümpel/Wittig, Bank- und Kapitalmarktrecht, Rz. 16.246.
7　IDW S 8 Rz. 62.
8　DVFA, Grundsätze für Fairness Opinions, S. 12, 13 f.
9　*Fleischer* in FS Hopt, 2010, S. 2753 (2773); *Fleischer*, ZIP 2011, 201 (211).
10　DVFA, Grundsätze für Fairness Opinions, S. 13 f.
11　*Fleischer* in FS Hopt, 2010, S. 2753 (2773 ff.).

tion Memorandum oder des (noch vertraulicheren) fakultativen Factual Memorandum ist hingegen nicht erforderlich.[1]

3. Fairness Opinion für den Bieter

Der Bieter ist nach deutschem Aktienrecht grundsätzlich nicht verpflichtet, eine Fairness Opinion in Auftrag zu geben.[2] Tut er dies dennoch, so kann dies einerseits dazu dienen, sein **Haftungsrisiko** zu minimieren;[3] das OLG Frankfurt/M hat bereits in diese Richtung entschieden.[4] Andererseits kann bezweckt sein, **negative Reaktionen des eigenen Börsenkurses** bei der Ankündigung des Übernahmeangebotes zu verhindern, indem die Angemessenheit des Angebots durch einen renommierten Berater bestätigt wird, um die Aktionäre des Bieters von der Vorteilhaftigkeit der Transaktion zu überzeugen.[5] Damit geht indirekt auch eine Kontrolle der Organe des Bieters einher, die tendenziell eher davon abgehalten werden, überhöhte Prämien zu bezahlen.[6]

71

Deswegen erfolgt die Bewertung aus Sicht des Bieters bzw. seiner Aktionäre:[7] Sie sollen wertmäßig nach der Transaktion nicht schlechter gestellt sein, weswegen es um die **Messung an der Preisobergrenze** geht, d.h. dass derjenige Preis Vergleichsmaßstab ist, den der Bieter maximal zahlen darf. Wegen des schlechteren Zugangs zu den unternehmensinternen Informationen ist die Verlässlichkeit der ermittelten Wertbandbreite geringer als bei einer für die Zielgesellschaft erstellten Fairness Opinion.[8] Damit sind weitgehend öffentlich verfügbare Daten und Planungsrechnungen des Erwerbers die Basis, ebenso wie allenfalls im Rahmen einer Due Diligence erhaltene Informationen. Deswegen kommt der Plausibilisierung der Daten besondere Bedeutung zu; insb. müssen potentiell übertriebene Ertragshoffnungen des Managements hinterfragt werden.[9]

72

Nach den DVFA-Grundsätzen steht methodisch die Unternehmensbewertung nach klassischen DCF- und Ertragswertmethoden im Vordergrund;[10] IDW S 8 legt sich nicht fest, sondern betont den Grundsatz der **Methodenvielfalt**.[11] Die Bedeutung kapitalwertorientierter Verfahren ist auf den ersten Blick wegen der dünneren Informationsbasis zwar überraschend, erklärt sich aber vor allem da-

73

---

1 *Krause/Pötzsch* in Assmann/Pötzsch/Uwe H. Schneider, § 27 WpÜG Rz. 49.
2 *Decher* in Liber amicorum Martin Winter, 2011, S. 99 (105 f.); *Fleischer* ZIP 2011, 201 (206).
3 Zur Haftungsreduktion aus Sicht des Bieters *Decher* in Liber amicorum Martin Winter, 2011, S. 99 (104 ff.); *Fleischer* in FS Hopt, 2010, S. 2753 (2758 f.).
4 Vgl. OLG Frankfurt/M. v. 7.12.2010 – 5 U 29/10 – „Dresdner Bank/Commerzbank" – Rz. 148, AG 2011, 173.
5 Vgl. DVFA, Grundsätze für Fairness Opinions, S. 4 f.
6 Vgl. *Fleischer* in FS Hopt, 2010, S. 2753 (2762 f.) m.w.N.
7 IDW S 8 Rz. 45; DVFA, Grundsätze für Fairness Opinions, S. 8.
8 IDW S 8 Rz. 48; *Grün/Salcher/Fecher/Kupke*, CFL 2010, 645 (650).
9 Vgl. IDW S 8 Rz. 46.
10 DVFA, Grundsätze für Fairness Opinions, S. 9.
11 IDW S 8 Rz. 47.

raus, dass bei dieser Methode die vom Bieter erwarteten Synergien besonders gut erfasst werden können; denn diese sind für die Ermittlung der Preisobergrenze von Bedeutung.[1] Daneben sind freilich nach beiden Standards auch die üblichen Multiplikatormethoden anzuwenden. Gemäß den DVFA-Grundsätzen sind für die Beurteilung des Angebots auch seine Erfolgswahrscheinlichkeit und das Kapitalmarktumfeld zu berücksichtigen.[2]

74 Der **Stichtag** für die Unternehmensbewertung ist nach beiden Standards nahe zur Entscheidung über die Abgabe des Angebots gem. § 10 Abs. 1 WpÜG festzusetzen.[3] Anders als bei der Fairness Opinion in Zusammenhang mit der Stellungnahme gem. § 27 WpÜG ist das im gegebenen Zusammenhang sachgerecht.

75 Das WpÜG hat nicht als Ziel, die Aktionäre des Bieters zu schützen. Ob eine **Veröffentlichung** erforderlich ist und in welcher Form sie geschehen muss, ist somit an den jeweils einschlägigen gesellschafts- oder kapitalmarktrechtlichen Vorschriften zu messen. Eine deutsche Aktiengesellschaft als Bieterin trifft keine solche Verpflichtung. Wenn eine Veröffentlichung erfolgen soll, so sehen die DVFA-Grundsätze auch in diesem Zusammenhang die Veröffentlichung der Opinion Letter vor.[4] Eine Publikation von Details der Bewertung ist in den DVFA-Grundsätzen aber nicht vorgesehen, weil dies die Verhandlungssituation der Bieterin schwächen könnte; zu nennen sind die angewandten Bewertungsverfahren ohne die wesentlichen Ergebnisse des Valuation Memorandum.

76 Allerdings besteht nach § 2 Nr. 3 WpÜG-AngVO die Verpflichtung des Bieters, die für die Festsetzung der Gegenleistung **angewandten Bewertungsmethoden offenzulegen**. Jedoch wird mit einer Fairness Opinion nicht die Gegenleistung festgesetzt, sondern die bereits festgesetzte Gegenleistung überprüft. § 2 Nr. 3 WpÜG-AngVO ist daher nicht einschlägig; eine abweichende Auslegung würde im Übrigen zu einem Zwang führen, die Ergebnisse der einzelnen Bewertungsmethoden offenzulegen (vgl. oben Rz. 21), womit nicht einmal die Angabe der Kernbandbreite genügen würde. Die Offenlegung ist daher allenfalls als freiwillige Angabe möglich und unterliegt nicht den Vorgaben der WpÜG-AngVO; in Einklang mit den DVFA-Grundsätzen ist die bloße Veröffentlichung des Opinion Letter samt der Nennung des angewandten Bewertungsverfahrens zulässig. Freilich ist bei einer solcherart verkürzten Offenlegung besonders darauf zu achten, dass ausreichend offengelegt ist, dass die Fairness Opinion aus Sicht der Aktionäre der Bieterin abgegeben wurde; sollte bei den Aktionären der Zielgesellschaft der Eindruck entstehen, dass die Angemessenheit aus ihrer Sicht bestätigt würde, wäre dies irreführend. Insgesamt dürfte es besser sein, die Offenlegung gegenüber den Aktionären der Zielgesellschaft nicht vorzunehmen.

---

1 Gleichsinnig IDW S 8 Rz. 45 f.; DVFA, Grundsätze für Fairness Opinions, S. 9.
2 DVFA, Grundsätze für Fairness Opinions, S. 9.
3 IDW S 8 Rz. 8; DVFA, Grundsätze für Fairness Opinions, S. 8, 14.
4 DVFA, Grundsätze für Fairness Opinions, S. 15.

V. Gegenleistung bei Übernahme- und Pflichtangeboten

1. „Angemessene" Gegenleistung

§ 31 Abs. 1 Satz 1 WpÜG fordert für **Übernahme- und** (wegen § 39 WpÜG) für **Pflichtangebote**, dass der Bieter den Aktionären der Zielgesellschaft eine angemessene Gegenleistung zu bieten hat. Satz 2 fährt fort, dass bei der Bestimmung grundsätzlich der durchschnittliche Börsenkurs der Aktien der Zielgesellschaft und Erwerbe von Aktien der Zielgesellschaft durch den Bieter, mit ihm gemeinsam handelnde Personen oder deren Tochterunternehmen zu berücksichtigen sind.[1]

77

Auf Basis der Verordnungsermächtigung in § 31 Abs. 7 WpÜG enthalten §§ 3 bis 6 **WpÜG-AngVO nähere Vorschriften für die Berechnung des Mindestpreises**. Eine Untergrenze bildet insb. die höchste Gegenleistung, die der Bieter oder mit ihm gemeinsam vorgehende Personen innerhalb der letzten sechs Monate vor der Veröffentlichung der Angebotsabsicht oder der Kontrollerlangung gewährt oder vereinbart haben. § 31 Abs. 4 und 5 WpÜG halten fest, dass das Angebot nachzubessern ist, wenn der Bieter parallel zum Angebot oder im Jahr nach der Ergebnisveröffentlichung zu besseren Bedingungen erwirbt. Daneben bildet der gewichtete durchschnittliche Börsenkurs während der letzten drei Monate vor dieser Veröffentlichung eine zweite, kumulativ zu beachtende Untergrenze. Die sich aus den Börsenkursen ergebenden Mindestpreise können schriftlich bei der BaFin erfragt werden, allerdings erst, wenn der Bieter die Absicht, ein Übernahmeangebot abzugeben, oder die Kontrollerlangung nach § 35 WpÜG veröffentlicht hat.[2]

78

Somit stellt die Mindestpreisregelung grundsätzlich nicht auf fundamentale Werte, sondern auf am **Markt beobachtete Preise** ab, sei es auf einzelne (Paket-)Transaktionen des Bieters, sei es auf aggregierte Markttransaktionen. Damit dient die Preisfindungsregel einerseits der Gleichbehandlung: Was der Bieter einem Aktionär gewährt, hat er auch den anderen zu geben. Andererseits sind im Vorfeld einer Übernahme erzielte Preise zumeist auch ein Wertindikator aus Sicht des Bieters. Damit spielen bei der Festlegung der Mindestpreise der Unternehmenswert der Zielgesellschaft und damit auch die Unternehmensbewertung auf einer ersten Ebene keine Rolle.

79

2. Abweichender Unternehmenswert grundsätzlich unbeachtlich

Dennoch lässt die gewählte Regelungstechnik zumindest grundsätzlich die Frage offen, ob neben den Vorerwerben des Bieters bzw. den Börsenkursen auch

80

---

1 Art. 5 Abs. 4 Übernahme-RL stellt hingegen nur auf den höchsten Preis ab, den der Bieter oder mit ihm gemeinsam vorgehende Rechtsträger in einem bestimmten Zeitraum vor dem Angebot gezahlt haben. Die Berücksichtigung des Börsenkurses lässt sich allerdings mit den Ausnahmebestimmungen in Art. 5 Abs. 4 Unterabs. 2 bzw. Art. 3 Abs. 2 Buchst. b) Übername-RL vereinbaren. Vgl. *Krause* in Assmann/Pötzsch/Uwe H. Schneider, § 31 WpÜG Rz. 22 m.w.N.
2 http://www.bafin.de/SharedDocs/Standardartikel/DE/Datenbanken/db_Mindestpreise.html?nn=2696594.

andere Faktoren für die Angemessenheit der Gegenleistung i.S.v. § 31 Abs. 1 WpÜG ausschlaggebend sein können; denn die genannten Anhaltspunkte sind nach dem Wortlaut der Norm bloß „grundsätzlich" „zu berücksichtigen". Deswegen wurde zum Teil vertreten, dass ein **niedrigerer Fundamentalwert eine Unterschreitung** der nach §§ 3 ff. WpÜG-AngVO ermittelten Gegenleistung rechtfertigen bzw. ein höherer Fundamentalwert auch einen höheren Mindestpreis nach sich ziehen kann.[1] Das ist mit der h.M.[2] dem Grundsatz nach abzulehnen. Die nach §§ 3 ff. WpÜG-AngVO ermittelte Gegenleistung ist grundsätzlich angemessen; § 31 Abs. 1 WpÜG kann ebenso wenig wie § 3 Satz 1 WpÜG-AngVO entnommen werden, dass ein abweichender Unternehmenswert beachtlich sein soll. Eine Unternehmensbewertung ist damit nicht erforderlich.[3]

81 Zwar ist es richtig, dass die RegBegr. zum WpÜG die umwandlungsrechtlichen Regeln zur Barabfindung als Regelungsvorbild nennt, bei denen eine Bewertung erforderlich ist.[4] Allerdings spricht der mit der Regelung angestrebte **Vereinfachungszweck**[5] klar gegen die Maßgeblichkeit des Unternehmenswerts – sowohl der Praxis als auch der Aufsicht sollen angesichts der Zeitknappheit in Übernahmesituationen möglichst einfache Kriterien an die Hand gegeben werden, um die mindestens zu bietende Gegenleistung zu ermitteln. Im Übrigen ist die Situation insb. mit der Lage beim Squeeze-out nicht vergleichbar, geht es dort doch um einen zwangsweisen Entzug der Beteiligung, hier aber um die gesetzlich festgelegten Bedingungen eines letztlich rechtsgeschäftlichen Angebots.[6] Schließlich zeigt § 5 WpÜG-AngVO – wenn auch auf untergesetzlicher Ebene –, in welchen Fällen Börsenkurse die Angemessenheit nicht ausreichend gewährleisten (unten Rz. 84 ff.); zu Einzelfällen denkbarer teleologischer Reduktion vgl. noch Rz. 90 ff.

82 Unterstützt wird diese Sichtweise auch durch das **Urteil des EFTA-Gerichtshofs** zum norwegischen Übernahmerecht.[7] Der norwegische Gesetzestext forderte ein Angebot zum „Marktpreis", wenn aufgrund klar bestimmbarer Um-

---

1 Mit Unterschieden im Detail *Haarmann* in FrankfKomm. WpÜG, § 31 WpÜG Rz. 24; *Kremer/Oesterhaus* in KölnKomm. WpÜG, 1. Aufl., § 31 WpÜG Rz. 16; *Noack* in Schwark/Zimmer, Kapitalmarktrechts-Kommentar, § 31 WpÜG Rz. 35 ff.; *Oechsler* in Ehricke/Ekkenga/Oechsler, § 31 WpÜG Rz. 8; *Tröger*, DZWiR 2002, 397 (399).
2 *Krause* in Assmann/Pötzsch/Uwe H. Schneider, § 31 WpÜG Rz. 34 ff.; *Marsch-Barner* in Baums/Thoma, § 31 WpÜG Rz. 15 ff.; *Santelmann/Nestler* in Steinmeyer, § 31 WpÜG Rz. 9; *Süßmann* in Geibel/Süßmann, § 31 WpÜG Rz. 5; *Wackerbarth* in MünchKomm. AktG, 3. Aufl. 2011, § 31 WpÜG Rz. 19; *Diregger/Winner*, WM 2002, 1583 (1588); *Drinkuth* in Marsch-Barner/Schäfer, Hdb. börsennotierte AG, § 60 Rz. 251 f.; *Habersack*, ZIP 2003, 1123 (1124 f.); *Lappe/Stafflage*, BB 2002, 2185 (2186); *Rodewald/Siems*, ZIP 2002, 926 (928); jetzt auch *Kremer/Oesterhaus* in KölnKomm. WpÜG, § 31 WpÜG Rz. 16.
3 *Noack* in Schwark/Zimmer, Kapitalmarktrechts-Kommentar, § 31 WpÜG Rz. 35.
4 RegBegr., BT-Drucks. 14/7034, 55.
5 RegBegr., BT-Drucks. 14/7034, 55.
6 *Drinkuth* in Marsch-Barner/Schäfer, Hdb. börsennotierte AG, § 60 Rz. 251.
7 EFTA-Gerichtshof v. 10.12.2010 – Rs. E-1/10 – „Periscopus AS/Oslo Bors ASA und Erik Must AS", ZIP 2011, 332.

stände festgestellt ist, dass dieser höher als der höchste Vorerwerb ist. Dies ist nach dem Gerichtshof wegen mangelnder Bestimmtheit angesichts Art. 5 Abs. 4 Übernahme-RL unzulässig;[1] denn diese Norm fordert eindeutig feststellbare Kriterien für eine Abweichung von der Maßgeblichkeit der Vorerwerbe. Eine generelle Maßgeblichkeit des (höheren oder niedrigeren) Unternehmenswerts im WpÜG wäre demselben Einwand ausgesetzt.[2]

Dieses Abstellen auf Preise setzt sich beim **übernahmerechtlichen Squeeze-out** nach §§ 39a ff. WpÜG als Folge eines Pflicht- oder Übernahmeangebots fort. Denn auch der Ausschluss der Minderheitsaktionäre ist ohne eine Unternehmensbewertung zulässig, wenn der Bieter auf Grund des Angebots Aktien i.H.v. mindestens 90 % des vom Angebot betroffenen Grundkapitals erworben hat; dann kann die im Angebot vorgesehene Gegenleistung auch dem Gesellschafterausschluss zugrunde gelegt werden. Damit muss der Bieter sein Angebot möglichst attraktiv gestalten, wenn er in den Genuss dieser Privilegierung kommen will; sein Angebot muss einen Markttest bestehen. Das Gesetz geht davon aus, dass in dieser Situation durch eine Unternehmensbewertung, wie sie nach §§ 327a ff. AktG erforderlich ist, wenig gewonnen wird. Deswegen kann die Angemessenheit des Ausschlusses zum Angebotspreis durch eine höhere Unternehmensbewertung jedenfalls nicht widerlegt werden.[3]

83

3. Unternehmenswert maßgeblich bei Illiquidität

a) Grundsatz

§ 5 Abs. 4 WpÜG-AngVO verlangt für den Sonderfall von **Marktilliquidität der Aktien der Zielgesellschaft**, dass die Höhe der Gegenleistung dem anhand einer Bewertung der Zielgesellschaft ermittelten **Unternehmenswert** entspricht. Denn Börsenkurse einer illiquiden Aktie sind stark durch einzelne Trades und auch durch die Marktenge geprägt; sie können daher keine sachgerechte Grundlage für die Preisbildung sein.[4] Der Gesetzgeber verlässt sich in solchen Konstellationen nicht allein auf Vorerwerbe des Bieters als Indikator für einen angemessenen Preis.[5] Das ist rechtspolitisch wenig überzeugend; denn gerade in solchen Fällen konzentrierten Anteilsbesitzes wird die Angebotsschwelle nach einem Paketerwerb überschritten, bei dem die Gegenleistung zwischen

84

---

1 Vgl. *Seibt*, CFL 2011, 213 (224).
2 Vgl. auch *Habersack/Verse*, Europäisches Gesellschaftsrecht, § 11 Rz. 24; *Krause* in Assmann/Pötzsch/Uwe H. Schneider, § 5 WpÜG-AngVO Rz. 21a, jeweils m.w.N.
3 Wie hier mit Nachweisen zum Meinungsstand zur Widerleglichkeit der Vermutung *Seiler* in Assmann/Pötzsch/Uwe H. Schneider, § 39a WpÜG Rz. 83 ff.; *Hasselbach* in KölnKomm. WpÜG, § 39a WpÜG Rz. 78.
4 RegBegr., BT-Drucks. 14/7034, 80.
5 Vgl. die grdsl. andere Herangehensweise der österreichischen Übernahmekommission in ÜbK v. 6.11.2012 – GZ 2012/1/4-24 (http://www.uebkom.at/takeover_new/data/entscheidung_pdf.php?did=97); dazu *v. Falkenhausen*, NZG 2012, 409. Zum Problem s. auch *Marsch-Barner* in Baums/Thoma, § 31 WpÜG Rz. 42.

informierten Parteien ausgehandelt wurde und ihr daher eine erhöhte Richtigkeitschance zukommt.[1] Rechtspolitisch richtig ist allerdings, dass das WpÜG eine Unternehmensbewertung fordert, wenn es weder einen aussagekräftigen Börsenkurs noch einen relevanten Vorerwerb gibt wie nach der Konzeption des WpÜG beim mittelbaren Kontrollerwerb und illiquiden Aktien.

b) Voraussetzungen

85 Die Aktie gilt als illiquide i.S.v. § 5 Abs. 4 WpÜG-AngVO, wenn während der letzten drei Monate vor der Veröffentlichung der Angebotsabsicht oder der Kontrollerlangung an **weniger als einem Drittel der Börsentage Börsenkurse** festgestellt wurden und wenn mehrere nacheinander festgestellte Börsenkurse **um mehr als 5 % voneinander abweichen**. Die Kriterien müssen kumulativ erfüllt sein.[2] Für beide muss grundsätzlich auf die inländischen Börsenkurse abgestellt werden; Liquidität bloß im Ausland hilft de lege lata nicht.[3] Die nach h.M. erforderlichen (mindestens) zwei[4] Kurssprünge sind anhand gewichteter Durchschnittsbörsenkurse pro Handelstag festzustellen und müssen nach richtiger Ansicht unmittelbar nacheinander auftreten.[5] Strittig ist, ob die Abweichung bloß gegenüber dem Vorkurs genügt oder ob sie zusätzlich auch 5 % vom ermittelten Durchschnittskurs betragen muss;[6] obwohl dies rechtspolitisch wünschenswert wäre, stellt der Verordnungstext nur darauf ab, dass die einzelnen Börsenkurse um mehr als 5 % voneinander abweichen.[7]

---

1 Deswegen auch krit. *DAV-Handelsrechtsausschuss*, NZG 2001, 420 (428); *Krieger* in RWS-Forum Gesellschaftsrecht 2001, S. 289 (298); *Krause* in Assmann/Pötzsch/Uwe H. Schneider, § 5 WpÜG-AngVO Rz. 21; *Kremer/Oesterhaus* in KölnKomm. WpÜG, § 31 Anh. – § 5 AngebVO Rz. 17; *Noack* in Schwark/Zimmer, Kapitalmarktrechts-Kommentar, § 31 WpÜG Rz. 38; *Oechsler* in Ehricke/Ekkenga/Oechsler, § 31 WpÜG Rz. 16. Antikritisch *Santelmann/Nestler* in Steinmeyer, § 31 WpÜG Rz. 33.
2 Für alle *Wackerbarth* in MünchKomm. AktG, 3. Aufl. 2011, § 31 WpÜG Rz. 49.
3 Zu Recht krit. die h.L.; vgl. z.B. *Haarmann* in FrankfKomm. WpÜG, § 31 WpÜG Rz. 36; *Marsch-Barner* in Baums/Thoma, § 31 WpÜG Rz. 43; *Süßmann* in Geibel/Süßmann, § 31 WpÜG Rz. 110.
4 Krit. *Wackerbarth* in MünchKomm. AktG, 3. Aufl. 2011, § 31 WpÜG Rz. 49: Zahl auf Basis von Einzelfallbeurteilung zu bestimmen, um bloßes Hin- und Herspringen („Schaukelbörse") nicht zu erfassen. Für mindestens drei Kurssprünge *Oechsler* in Ehricke/Ekkenga/Oechsler, § 31 WpÜG Rz. 16.
5 *Krause* in Assmann/Pötzsch/Uwe H. Schneider, § 5 WpÜG-AngVO Rz. 25 f.; *Kremer/Oesterhaus* in KölnKomm. WpÜG, § 31 Anh. – § 5 AngebVO Rz. 22 f.; *Marsch-Barner* in Baums/Thoma, § 31 WpÜG Rz. 44; *Noack* in Schwark/Zimmer, Kapitalmarktrechts-Kommentar, § 31 WpÜG Rz. 40; *Santelmann/Nestler* in Steinmeyer, § 31 WpÜG Rz. 36; *Süßmann* in Geibel/Süßmann, § 31 WpÜG Rz. 112.
6 Für beide Kriterien z.B. *Krause* in Assmann/Pötzsch/Uwe H. Schneider, § 5 WpÜG-AngVO Rz. 27; *Kremer/Oesterhaus* in KölnKomm. WpÜG, § 31 Anh. – § 5 AngebVO Rz. 23; *Marsch-Barner* in Baums/Thoma, § 31 WpÜG Rz. 44.
7 Abl. auch *Noack* in Schwark/Zimmer, Kapitalmarktrechts-Kommentar, § 31 WpÜG Rz. 40; *Oechsler* in Ehricke/Ekkenga/Oechsler, § 31 WpÜG Rz. 16.

c) Durchführung der Unternehmensbewertung

Unter diesen Voraussetzungen muss die Gegenleistung gem. § 5 Abs. 4 WpÜG-AngVO dem anhand einer Bewertung der Zielgesellschaft ermittelten Wert des Unternehmens entsprechen. Wie dieser Unternehmenswert zu ermitteln ist, lässt die Verordnung allerdings offen.[1] Es geht mit der h.L. um den objektivierten Unternehmenswert, bei dem das **Unternehmen *stand alone*** bewertet wird.[2] Denn die Bewertung soll den sonst maßgeblichen durchschnittlichen Börsenkurs während der Referenzperiode ersetzen; diese endet aber zu jenem Zeitpunkt, zu dem die geplante Transaktion aufgrund einer Veröffentlichung des Bieters bekannt wurde, weswegen die maßgeblichen Börsenkurse die Vorteile aus der Übernahme noch nicht eingepreist haben.[3] Synergien und andere Transaktionsgewinne (dazu allgemein § 14) werden daher nicht eingepreist; diese und ähnliche Faktoren fließen allerdings indirekt dadurch ein, dass der höchste vom Bieter bezahlte Preis als Mindestgegenleistung maßgeblich ist – dieser wurde wiederum unter Berücksichtigung der vom Bieter erwarteten Synergien geleistet. 86

Das Gesetz schweigt zur anzuwendenden **Bewertungsmethode**. Der Meinungsstand ist jedoch relativ einhellig: Sofern der Bieter Zugang zu den internen Plandaten der Zielgesellschaft hat, muss er die Unternehmensbewertung nach IDW S 1 vornehmen, d.h. nach dem Ertragswert- bzw. DCF-Verfahren.[4] Der Vorstand der Zielgesellschaft muss diese Daten zwar nicht zur Verfügung stellen,[5] verletzt seine Verschwiegenheitspflicht nach h.L. aber nicht, wenn er dies doch tut, weil die Übernahme im Interesse der Zielgesellschaft liegt.[6] Die Praxis der BaFin akzeptiert Bewertungen nach diesen Methoden jedenfalls. Eine Plausibilisierung der Ergebnisse durch andere Methoden ist nicht erforderlich.[7] Bekommt der Bieter keinen Zugang, so genügt die Bewertung aufgrund aktuel- 87

---

1 Für alle *Wackerbarth* in MünchKomm. AktG, 3. Aufl. 2011, § 31 WpÜG Rz. 50.
2 *Adolff*, Unternehmensbewertung im Recht der börsennotierten Aktiengesellschaft, S. 287; *Haarmann* in FrankfKomm. WpÜG, § 31 WpÜG Rz. 39; *Krause* in Assmann/Pötzsch/Uwe H. Schneider, § 5 WpÜG-AngVO Rz. 31; *Noack* in Schwark/Zimmer, Kapitalmarktrechts-Kommentar, § 31 WpÜG Rz. 45; *Santelmann/Nestler* in Steinmeyer, § 31 WpÜG Rz. 51b.
3 Zumindest, sofern die Information über das Angebot nicht ungleichmäßig auf den Markt kommt.
4 *Haarmann* in FrankfKomm. WpÜG, § 31 WpÜG Rz. 55; *Krause* in Assmann/Pötzsch/Uwe H. Schneider, § 5 WpÜG-AngVO Rz. 34; *Kremer/Oesterhaus* in KölnKomm. WpÜG, § 31 Anh. – § 5 AngebVO Rz. 24; *Marsch-Barner* in Baums/Thoma, § 31 WpÜG Rz. 46, 48; *Wackerbarth* in MünchKomm. AktG, 3. Aufl. 2011, § 31 WpÜG Rz. 50. Abw. *Noack* in Schwark/Zimmer, Kapitalmarktrechts-Kommentar, § 31 WpÜG Rz. 47: nicht notwendig, aber empfehlenswert.
5 Einhellige Meinung; vgl. *Noack* in Schwark/Zimmer, Kapitalmarktrechts-Kommentar, § 31 WpÜG Rz. 46.
6 Str.; vgl. für Nachweise zum Diskussionsstand *Fleischer* in Spindler/Stilz, § 93 AktG Rz. 157 ff.; *Spindler* in MünchKomm. AktG, 4. Aufl. 2014, § 93 AktG Rz. 137 ff.
7 *Noack* in Schwark/Zimmer, Kapitalmarktrechts-Kommentar, § 31 WpÜG Rz. 47.

ler öffentlich zugänglicher Daten;[1] denn das WpÜG will feindliche Übernahmen nicht verhindern. In der Praxis kann dies nach manchen auf eine Bewertung mit Multiplikatorverfahren (häufig EBIT- bzw. EBITDA-Multiples auf Basis von Kursen und/oder beobachteten Transaktionspreisen) hinauslaufen,[2] die ohne die Plandaten der Zielgesellschaft durchführbar sind.[3] Damit soll in solchen Fällen eine Bewertung genügen, die bloß einen Indikator für den Unternehmenswert abgibt.[4]

88 Richtig ist aber eine deutlich liberalere Herangehensweise.[5] Die Bewertung soll bloß der fehlenden Belastbarkeit der beobachteten Börsenkurse abhelfen; auch diese basieren nur auf den öffentlich verfügbaren Informationen über die Zielgesellschaft. Einen darüber hinausgehenden, auf den inneren Plandaten basierenden Unternehmenswert bekommen die Aktionäre der Zielgesellschaft nicht ersetzt, sofern er sich nicht im Preis des Paketerwerbs widerspiegelt. Warum dies anders sein soll, wenn der Börsenkurs fehlt, ist nicht ersichtlich. Deswegen sollte es auch bei einer freundlichen Übernahme genügen, dass der Bieter mit Methoden arbeitet, die auf öffentlich-verfügbaren Daten basieren, also insb. mit *transaction* und *trading multiples*. Nur wenn dieses Herangehen wegen des Fehlens einer tauglichen *peer group* scheitert, muss man auf eine Bewertung nach IDW S 1 zurückgreifen.

89 Jedenfalls ist die **gewählte Bewertungsmethode** gem. § 2 Nr. 3 WpÜG-AngVO **in der Angebotsunterlage darzustellen** und zu begründen; näher dazu oben Rz. 12 ff. Diese Begründungspflicht betrifft insb. auch die Angemessenheit des gewählten Verfahrens.[6]

4. Unternehmenswert in anderen Konstellationen maßgeblich?

90 Die h.M. hält § 5 Abs. 4 WpÜG-AngVO **nicht für analogiefähig**;[7] Rspr. oder Verwaltungspraxis fehlt soweit ersichtlich. Insbes. ist eine Unternehmensbewer-

---

1 *Krause* in Assmann/Pötzsch/Uwe H. Schneider, § 5 WpÜG-AngVO Rz. 33; *Kremer/Oesterhaus* in KölnKomm. WpÜG, § 31 Anh. – § 5 AngebVO Rz. 24; *Marsch-Barner* in Baums/Thoma, § 31 WpÜG Rz. 46; *Noack* in Schwark/Zimmer, Kapitalmarktrechts-Kommentar, § 31 WpÜG Rz. 46; *Santelmann/Nestler* in Steinmeyer, § 31 WpÜG Rz. 59; *Geil/Kiesewetter*, AG 2012, 741 (744); *Lappe/Stafflage*, BB 2002, 2185 (2187).
2 Vgl. das Pflichtangebot der D.E.I.N. Haus Holding GmbH an die Aktionäre der *Bien-Zenker* AG v. 24.12.2009, S. 19 (http://www.bafin.de/SharedDocs/Downloads/DE/Angebotsunterlage/dein_haus_holding_gmbh.pdf?__blob=publicationFile&v=5).
3 Bejahend *Haarmann* in FrankfKomm. WpÜG, § 31 WpÜG Rz. 42 ff.; *Krause* in Assmann/Pötzsch/Uwe H. Schneider, § 5 WpÜG-AngVO Rz. 35; *Marsch-Barner* in Baums/Thoma, § 31 WpÜG Rz. 47.
4 *Kremer/Oesterhaus* in KölnKomm. WpÜG, § 31 Anh. – § 5 AngebVO Rz. 24.
5 I.E. ähnl. *Noack* in Schwark/Zimmer, Kapitalmarktrechts-Kommentar, § 31 WpÜG Rz. 47; wohl auch *Süßmann* in Geibel/Süßmann, § 31 WpÜG Rz. 113.
6 *Lappe/Stafflage*, BB 2002, 2185 (2187).
7 *Krause* in Assmann/Pötzsch/Uwe H. Schneider, § 5 WpÜG-AngVO Rz. 28; *Kremer/Oesterhaus* in KölnKomm. WpÜG, § 31 Anh. – § 5 AngebVO Rz. 18; *Drinkuth* in Marsch-Barner/Schäfer, Hdb. börsennotierte AG, § 60 Rz. 252. A.M. *Noack* in Schwark/Zimmer, Kapitalmarktrechts-Kommentar, § 31 WpÜG Rz. 41 ff.

tung zur Bestimmung des Mindestpreises nicht erforderlich, wenn Kurse vor der Veröffentlichung wegen Übernahmespekulationen ansteigen[1] oder umgekehrt wegen einer Verschlechterung der Verhältnisse der Zielgesellschaft im Beobachtungszeitraum sinken[2]. Besonders strittig ist die Frage allerdings für Sanierungsfälle[3] und für Angebote für nicht notierte Aktien[4].

Das WpÜG kennt grundsätzlich keine Regelung, nach der **geänderte Verhältnisse** im Referenzzeitraum für Vorerwerbe oder für den durchschnittlichen Börsenkurs preisändernd zu berücksichtigen wären. Das ist beim Börsenkurs wegen des relativ kurzen Beobachtungszeitraums von drei Monaten auch nicht unbedingt erforderlich; hier zeigt § 5 Abs. 4 WpÜG-AngVO abschließend, in welchen Fällen die Börsenkurse nicht berücksichtigt werden und eine Bewertung erforderlich ist. Insofern ist der h.M. zu folgen. Eine Unternehmensbewertung ist insb. auch nicht erforderlich, wenn es an einem maßgeblichen Vorerwerb fehlt, wie vor allem in Fällen des mittelbaren Kontrollerwerbs. 91

Eine analoge Anwendung ist allerdings rechtsrichtig, wenn es **überhaupt keinen Börsenkurs** gibt, der herangezogen werden könnte, weil die vom Angebot betroffenen Aktien nicht börsennotiert sind. Nach der Verwaltungspraxis der BaFin betrifft dies insb.[5] Fälle, in denen zwar die Vorzugsaktien der Gesellschaft notieren, nicht aber die Stammaktien; wird die Kontrolle erlangt, so muss sich das Pflichtangebot auch auf die Stammaktien erstrecken,[6] ebenso muss auch ein Übernahmeangebot nicht notierte (Stamm)Aktien er- 92

---

1 *Krause* in Assmann/Pötzsch/Uwe H. Schneider, § 5 WpÜG-AngVO Rz. 28; *Kremer/ Oesterhaus* in KölnKomm. WpÜG, § 31 Anh. – § 5 AngebVO Rz. 18. So wohl auch *Noack* in Schwark/Zimmer, Kapitalmarktrechts-Kommentar, § 31 WpÜG Rz. 42 (abw. aber für andere nicht bekannte, aber werterhöhende Ereignisse in Rz. 44).
2 *Krause* in Assmann/Pötzsch/Uwe H. Schneider, § 31 WpÜG Rz. 36.
3 Vgl. *Haarmann* in FrankfKomm. WpÜG, § 31 WpÜG Rz. 24; *Noack* in Schwark/ Zimmer, Kapitalmarktrechts-Kommentar, § 31 WpÜG Rz. 43; *Bicker/Parameswaran*, ZIP 2007, 1787; *Dewitz*, Forum Unternehmenskauf 2006, S. 11 (14) (für Abweichen von Börsenkursen und Vorerwerbspreisen); abl. *Krause* in Assmann/Pötzsch/ Uwe H. Schneider, § 31 WpÜG Rz. 36.
4 *Krause* in Assmann/Pötzsch/Uwe H. Schneider, § 5 WpÜG-AngVO Rz. 29; *Kremer/ Oesterhaus* in KölnKomm. WpÜG, § 31 Anh. – § 5 AngebVO Rz. 19; *Tyrolt/Cascante* in Mülbert/Kiem/Wittig, 10 Jahre WpÜG, S. 110 (133 ff.).
5 Vgl. auch den Überblick bei *Pötzsch/Favoccia* in Assmann/Pötzsch/Uwe H. Schneider, § 1 WpÜG Rz. 34 ff.
6 Vgl. das Pflichtangebot der P7S1 Holding L.P. an die Aktionäre der ProSiebenSat.1 Media AG v. 16.10.2003 (http://www.bafin.de/SharedDocs/Downloads/DE/Angebotsunterlage/p7s1.pdf?__blob=publicationFile&v=5); Pflichtangebot der ANWR Zweite Beteiligungsgesellschaft mbH an die Aktionäre der GARANT SCHUH + MODE AKTIENGESELLSCHAFT v. 10.6.2010 (http://www.bafin.de/SharedDocs/ Downloads/DE/Angebotsunterlage/anwr_zweite_bet.ges..pdf?__blob=publicationFile&v=5); s. auch BaFin, Jahresbericht 2003, S. 208 (http://www.bafin.de/SharedDocs/Downloads/DE/Jahresbericht/dl_jb_2003_a.pdf?__blob=publicationFile&v=8).

fassen.¹ Diese Erstreckung der Angebotspflicht auf kapitalmarktferne Wertpapiere wird unter Berufung auf § 32 WpÜG und die Übernahme-RL zum Teil gebilligt,² zum Teil insb. wegen der kapitalmarktrechtlichen Zielsetzung des WpÜG m.E. zu Recht abgelehnt³. Folgt man allerdings der Ansicht der BaFin, so ergibt sich m.E. aus § 5 Abs. 4 WpÜG-AngVO, dass jedenfalls eine Unternehmensbewertung erforderlich ist: Wenn diese schon bei stark schwankenden und sporadischen Kursen vorzunehmen ist, muss dies umso mehr gelten, wenn es mangels Börsennotierung überhaupt keine Kursbildung gibt.⁴ Die von der BaFin akzeptierte⁵ und in der Literatur teilweise gebilligte⁶ Kompromissvariante, wonach von einer Unternehmensbewertung Abstand genommen werden kann, wenn der Kaufpreis für ein wesentliches Paket durch ein kompetitives Bieterverfahren bestimmt worden ist, findet de lege lata keine Stütze im WpÜG; denn ein kompetitives Bieterverfahren beseitigt auch nicht die Maßgeblichkeit des Börsenkurses als zweite Untergrenze.

93 Eine § 5 Abs. 4 WpÜG-AngVO entsprechende Vorschrift fehlt für die maßgeblichen, **durch den Bieter** innerhalb der letzten sechs Monate vor der relevanten Veröffentlichung **gewährten Gegenleistungen** völlig. Insofern geht es nicht um eine analoge Anwendung von § 5 Abs. 4, sondern um eine teleologische Reduktion von § 4 WpÜG-AngVO; diese ist – wenn überhaupt – nur sehr zurückhaltend zu bejahen. In der Praxis dürfte es zumeist um Sanierungskonstellationen gehen, in denen der Wertverfall der Zielgesellschaft bei dem relevanten Vorerwerb noch nicht erkennbar gewesen ist. Jedoch besteht in solchen Situationen die Möglichkeit, bei der BaFin eine Befreiung von der Angebotspflicht gem. § 9 Satz 1 Nr. 3 WpÜG-AngVO zu erlangen (Ermessensentscheidung). Damit zeigt das Übernahmerecht zwei Alternativen auf: Befreiung von der Angebotspflicht oder Legung des Angebots unter Beachtung der Preisgrenzen. Für eine Außerachtlassung von Vorerwerben und eine Berücksichtigung des niedrigeren

---

1 Vgl. das Übernahmeangebot der Lavena Holding 4 GmbH an die Aktionäre der ProSiebenSat.1 Media AG v. 30.1.2007 (http://www.bafin.de/SharedDocs/Downloads/DE/Angebotsunterlage/lavena.pdf?__blob=publicationFile&v=5); Übernahmeangebot der AURELIUS Opportunity Development GmbH an die Aktionäre der Berentzen-Gruppe AG v. 8.9.2008 (http://www.bafin.de/SharedDocs/Downloads/DE/Angebotsunterlage/aurelius.pdf?__blob=publicationFile&v=5).
2 *Favoccia* in Assmann/Pötzsch/Uwe H. Schneider, § 32 WpÜG Rz. 12; *Hasselbach* in KölnKomm. WpÜG, § 35 WpÜG Rz. 52 ff.; *Krause/Pötzsch* in Assmann/Pötzsch/Uwe H. Schneider, § 35 WpÜG Rz. 221 i.V.m. Rz. 28; *Schlitt/Ries* in MünchKomm. AktG, 3. Aufl. 2011, § 35 WpÜG Rz. 193; *Wackerbarth* in MünchKomm. AktG, 3. Aufl. 2011, § 32 WpÜG Rz. 12.
3 *v. Bülow* in KölnKomm. WpÜG, § 39 WpÜG Rz. 26; *Krause* in Assmann/Pötzsch/Uwe H. Schneider, § 31 WpÜG Rz. 29; *Noack* in Schwark/Zimmer, Kapitalmarktrechts-Kommentar, § 32 WpÜG Rz. 12 ff. (mit zutreffendem europarechtl. Argumenten); *Tyrolt/Cascante* in Mülbert/Kiem/Wittig, 10 Jahre WpÜG, S. 110 (135).
4 Abw. allerdings *Krause* in Assmann/Pötzsch/Uwe H. Schneider, § 5 WpÜG-AngVO Rz. 29; *Kremer/Oesterhaus* in KölnKomm. WpÜG, § 31 Anh. – § 5 AngebVO Rz. 19.
5 Übernahmeangebot der Lavena Holding 4 GmbH an die Aktionäre der ProSiebenSat.1 Media AG v. 30.1.2007 (oben Fn. 266).
6 *Tyrolt/Cascante* in Mülbert/Kiem/Wittig, 10 Jahre WpÜG, S. 110 (135 f.).

Unternehmenswerts ist weder Platz noch besteht Bedarf.[1] Fraglich ist aber, ob der Bieter nach einer Befreiung ein freiwilliges Angebot abgeben darf, bei dem er nicht an die Preisuntergrenzen gebunden wäre.[2]

5. Bewertung von Gegenleistungen

a) Allgemeines

Bewertungsprobleme stellen sich nicht nur im Zusammenhang mit dem Wert der Zielgesellschaft selbst. Vielmehr ist tlw. auch der Wert einer anderen Gesellschaft festzustellen, wenn es um Gegenleistungen geht – und zwar in **zwei Zusammenhängen**: Erstens können unter bestimmten Voraussetzungen den Angebotsadressaten bei einem Pflicht- oder Übernahmeangebot Aktien als Gegenleistung geboten werden; dann muss festgestellt werden, ob der Wert der Aktien dem gem. § 31 Abs. 1 WpÜG i.V.m. §§ 3 ff. WpÜG-AngVO ermittelten Mindestpreis entspricht (unten Rz. 95 ff.). Zweitens kann ein im Rahmen von § 4 WpÜG-AngVO relevanter Vorerwerb durch den Bieter nicht nur gegen bar, sondern auch als Aktientausch erfolgen; in diesem Fall ist der Wert der Aktie zu ermitteln, um die Höhe des Mindestpreises für das Übernahme- bzw. Pflichtangebot festzusetzen (unten Rz. 105 ff.). Der erste Fall ist in § 7 WpÜG-AngVO ausdrücklich geregelt, der zweite nicht.

94

b) Tauschangebote

Bei Übernahme- und Pflichtangeboten (vgl. § 39 WpÜG) richtet sich die Art der zu bietenden Gegenleistung nach § 31 Abs. 2 und 3 WpÜG. Der Bieter hat entweder eine Barleistung oder liquide Aktien, die zum Handel an einem organisierten Markt zugelassen sind („Pflichtgegenleistung"), anzubieten; ein reines Tauschangebot ist somit grundsätzlich zulässig. Nach richtiger Ansicht können auch beide Gegenleistungsarten alternativ angeboten werden, ebenso wie auch neben einer Pflichtgegenleistung eine andere Art von Gegenleistung als die in § 31 Abs. 2 WpÜG genannten („Wahlgegenleistung") angeboten werden kann.[3] Nur wenn der Bieter[4] in den letzten sechs Monaten vor der Veröffentlichung der Entscheidung, ein Angebot abzugeben, und bis zum Ablauf der Annahmefrist mindestens 5 % der Aktien der Zielgesellschaft gegen Barzahlung

95

---

1 Wie hier *Krause* in Assmann/Pötzsch/Uwe H. Schneider, § 31 WpÜG Rz. 36; *Kremer/Oesterhaus* in KölnKomm. WpÜG, § 31 WpÜG Rz. 20. Abw. *Noack* in Schwark/Zimmer, Kapitalmarktrechts-Kommentar, § 31 WpÜG Rz. 43.
2 Abl. für Österreich Übernahmekommission v. 14.6.2006 – GZ 2006/3/3-42 (http://www.uebkom.at/takeover_new/data/entscheidung_pdf.php?did=33). Vgl. auch zum Squeeze-out nach Sanierung *Krause/Pötzsch/Seiler* in Assmann/Pötzsch/Uwe H. Schneider, § 9 WpÜG-AngVO Rz. 45.
3 Für alle *Noack* in Schwark/Zimmer, Kapitalmarktrechts-Kommentar, § 31 WpÜG Rz. 52.
4 § 31 Abs. 3 WpÜG legt fest, dass Erwerbe durch mit dem Bieter gemeinsam vorgehende Personen oder Tochtergesellschaften bei der Berechnung des Schwellenwerts zu berücksichtigen sind.

erworben hat, muss das Angebot zumindest eine Baralternative[1] enthalten. Somit können **liquide, börsenzugelassene Aktien** immer angeboten werden, entweder allein oder doch alternativ. In jedem Fall muss der Wert der Wertpapiere aber der nach § 31 Abs. 1 WpÜG i.V.m. §§ 3 ff. WpÜG-AngVO ermittelten Mindestgegenleistung (oben Rz. 77 ff.) entsprechen.[2] Damit stellt sich die Frage, wie der Wert der Aktien ermittelt werden soll.

96 § 7 WpÜG-AngVO hält fest, dass für die Wertermittlung §§ 5 und 6 der Verordnung entsprechend angewendet werden müssen. Damit ist **für den Regelfall keine Unternehmensbewertung erforderlich**, um den Wert der Aktien festzustellen. Denn ausschlaggebend ist für den Wert der Aktien der gewichtete durchschnittliche inländische Börsenkurs während der letzten drei Monate vor Veröffentlichung der Übernahmeabsicht bzw. des die Angebotspflicht auslösenden Tatbestandes (§ 5 Abs. 1 WpÜG-AngVO). Notieren die Aktien ausschließlich an einem nicht-inländischen geregelten Markt im EWR, so ist auf den durchschnittlichen (allerdings ungewichteten) Börsenkurs während derselben Referenzperiode auf dem Markt mit den höchsten Umsätzen im EWR abzustellen (§ 6 Abs. 1 WpÜG-AngVO). Spätere Wertschwankungen, vor allem während der Angebotsfrist, sind nicht mehr beachtlich,[3] es sei denn, dass der Bieter ein variables Umtauschverhältnis vorgesehen hat, bei dem die Anzahl der angebotenen Aktien mit Änderungen des Wertverhältnisses von Börsenkursen der Zielgesellschaft und der Gegenleistung angepasst wird.[4]

97 Hingegen erfasst der Verweis § 4 WpÜG-AngVO nicht; die Norm wird nicht angewendet.[5] Somit ist es **unerheblich, zu welchem Wert der Bieter** die entsprechenden **Aktien** – seien es wie häufig eigene Aktien, seien es Aktien einer anderen Gesellschaft, die als Gegenleistung angeboten werden – selbst **erworben hat**. Nach der RegBegr.[6] bestünde sonst die Gefahr, dass der Bieter den Wert durch einzelne überhöhte Transaktionen in die Höhe treiben könnte. Ein Erwerb unter dem Börsenkurs, der vom Telos des Ausschlusses an und für sich nicht erfasst ist, wird nur ausnahmsweise vorkommen, wenn große Pakete mangels ausreichender Liquidität über die Börse nicht verkauft werden können; aber auch hier scheidet die Berücksichtigung aufgrund des klaren Wortlauts aus und die Aktien sind zum höheren Durchschnittskurs zu bewerten.

98 Bei der Anwendung von §§ 5 f. WpÜG-AngVO ist allerdings zu berücksichtigen, dass der Zweck der Vorschrift im vorliegenden Zusammenhang ein anderer ist als in ihrem eigentlichen Anwendungsbereich: Geht es im Rahmen der

---

1 Str.; wie hier z.B. *Krause* in Assmann/Pötzsch/Uwe H. Schneider, § 31 WpÜG Rz. 68, 96 m.N. zur Gegenmeinung, nach der nur eine Barleistung geboten werden darf.
2 Ganz überwiegende Ansicht; *Kremer/Oesterhaus* in KölnKomm. WpÜG, § 31 Anh. – § 5 AngebVO Rz. 17; *Herfs/Wyen*, FS Hopt, 2010, S. 1955 (1972); a.A. nur *Oechsler* in Ehricke/Ekkenga/Oechsler, § 31 WpÜG Rz. 32.
3 *Süßmann* in Geibel/Süßmann, § 31 WpÜG Rz. 125.
4 Für Gestaltungsvarianten und Zulässigkeitsgrenzen vgl. *Krause* in Assmann/Pötzsch/Uwe H. Schneider, § 7 WpÜG-AngVO Rz. 10 ff.
5 Allg.M.; *Wackerbarth* in MünchKomm. AktG, 3. Aufl. 2011, § 31 WpÜG Rz. 54; *Kremer/Oesterhaus* in KölnKomm. WpÜG, § 31 Anh. – § 7 AngebVO Rz. 6.
6 BT-Drucks. 14/7034, 80.

Festlegung der Gegenleistung darum, dass der durchschnittliche Börsenkurs der Aktien der Zielgesellschaft eine Untergrenze für die zu bietende Gegenleistung darstellt, so ist der **durchschnittliche Börsenkurs eine Höchstgrenze** für den Wert, der den als Gegenleistung gebotenen Wertpapieren beigemessen wird.[1] Insbes. darf daher bei ausreichender Liquidität vom Bieter nicht vorgebracht werden, dass der Unternehmenswert höher als dieser Börsenkurs sei, genauso wenig wie die Aktionäre der Zielgesellschaft mit dem Argument, dass der Börsenkurs über dem Unternehmenswert liegt, eine Verbesserung des Umtauschverhältnisses erreichen können.

Berechnungsprobleme stellen sich, wenn **junge Aktien** als Gegenleistung angeboten werden. Wenn Aktien der gleichen Gattung bereits bisher notiert waren,[2] ist grundsätzlich auch hier der Börsenkurs vor der Veröffentlichung der Angebotsabsicht bzw. des Pflichtangebotstatbestandes und damit vor der Kapitalerhöhung heranzuziehen.[3] Allerdings kann sich durch die Ausgabe eine **Verwässerung des Kurses** ergeben, die finanzmathematisch vom Umtauschverhältnis unter Berücksichtigung der jeweiligen Kurse vor der Bekanntmachung determiniert wird, wobei auch hier sinnvollerweise auf die Durchschnittskurse der letzten drei Monate abzustellen ist.[4] Freilich hängt dieser Verwässerungseffekt auch von der Annahmequote ab und ist daher ex ante nur mit einer Prognose festzustellen. Die h.L. will diese Verwässerung bei der Wertfeststellung (dennoch) zu Recht einbeziehen;[5] die BaFin hat aber auch Angebote zugelassen, bei denen nur auf die historischen Kurse abgestellt wurde.[6]

99

Sind die **Aktien illiquide** i.S.v. § 5 Abs. 4 WpÜG-AngVO, allenfalls i.V.m. § 6 Abs. 6 WpÜG (oben Rz. 85), so ist für die Wertfeststellung eine **Unternehmensbewertung** vorzunehmen. Auf ersten Blick ist es schwer verständlich, welche Bedeutung diese Vorschrift haben kann; denn nur liquide börsennotierte Aktien sind gem. § 31 Abs. 2 WpÜG als Pflichtgegenleistung zulässig. Allerdings ist die Liquidität im Sinne dieser Norm nicht rückwärtsgerichtet zu beurteilen, sondern eine Prognoseentscheidung:[7] Auch bisher nicht börsennotierte Aktien können liquide i.S.v. § 31 Abs. 2 WpÜG sein, wenn nach der angestrebten Börsenzulassung und der Abwicklung des Angebots aus Sicht eines objektiven Marktteilnehmers zu erwarten ist, dass ein ausreichender Börsenhandel entste-

100

---

1 Für alle *Noack* in Schwark/Zimmer, Kapitalmarktrechts-Kommentar, § 31 WpÜG Rz. 48.
2 Für die fehlende Börsennotierung vgl. unten Rz. 100.
3 *Noack* in Schwark/Zimmer, Kapitalmarktrechts-Kommentar, § 31 WpÜG Rz. 49.
4 *Haarmann* in FrankfKomm. WpÜG, § 31 WpÜG Rz. 64; *Krause* in Assmann/Pötzsch/Uwe H. Schneider, § 7 WpÜG-AngVO Rz. 8.
5 *Krause* in Assmann/Pötzsch/Uwe H. Schneider, § 7 WpÜG-AngVO Rz. 8. Wohl auch *Noack* in Schwark/Zimmer, Kapitalmarktrechts-Kommentar, § 31 WpÜG Rz. 49.
6 Vgl. das Übernahmeangebot der ACS, Actividades de Construcción y Servicios, S.A., an die Aktionäre der HOCHTIEF Aktiengesellschaft v. 1.12.2010 (http://www.bafin.de/SharedDocs/Downloads/DE/Angebotsunterlage/ ACS.pdf?__blob=publicationFile&v=5).
7 *Kremer/Oesterhaus* in KölnKomm. WpÜG, § 31 WpÜG Rz. 31; *Krause* in Assmann/Pötzsch/Uwe H. Schneider, § 31 WpÜG Rz. 50 f.

hen wird.[1] Die „entsprechende"[2] Anwendung der §§ 5 f. WpÜG-AngVO soll diesen Fall erfassen. Das kann z.B. eintreten, wenn die Aktien bisher überhaupt nicht börsennotiert waren oder wenn die Aktien bisher nicht an einem organisierten Markt im EWR notierten, ebenso wenn die Aktien bisher nicht liquide i.S.v. § 5 Abs. 4 WpÜG-AngVO waren (aber eine positive Liquiditätsprognose besteht). Das gilt in der Sache auch, wenn die Aktien nicht drei Monate vor der Veröffentlichung nach § 10 Abs. 1 oder § 35 Abs. 1 WpÜG notiert waren; denn obwohl § 5 Abs. 2 und § 6 Abs. 2 WpÜG-AngVO stipulieren, dass bei kürzerer Zulassung der gesamte Zulassungszeitraum heranzuziehen ist, kann diese Vorschrift im Rahmen von § 7 keine Anwendung finden, weil der Wert der Gegenleistung sonst durch relativ wenige Transaktionen determiniert werden könnte, ohne dass es ein Korrektiv über Vorerwerbe des Bieters gibt.[3]

101 Die Unternehmensbewertung muss sich grundsätzlich nach **IDW S 1** richten.[4] Offeriert der Bieter wie zumeist eigene Aktien, so befindet er sich auch im Besitz aller für eine Bewertung nach Ertragswert- bzw. DCF-Verfahren erforderlichen Informationen.

102 Nach dem Wortlaut der Norm ist eine Unternehmensbewertung auch vorzunehmen, wenn die Aktien an einem **liquiden und anerkannten Markt außerhalb des EWR** notieren, wie an der NYSE. Das Ergebnis ist unbillig. Vielmehr sollte die Preisbildung an diesen Märkten anerkannt werden. Ob man dies bewerkstelligt, indem man den (sinngemäßen) Verweis in § 7 auf § 5 Abs. 4 WpÜG-AngVO teleologisch reduziert[5] oder eine tatsächliche Vermutung aufstellt, dass der so ermittelte Börsenkurs dem Unternehmenswert entspricht[6] ist letztlich nicht entscheidend, auch wenn die erste Lösung dogmatisch sauberer erscheint, insb. angesichts der Tatsache, dass § 6 WpÜG-AngVO sich in seinem eigentlichen (bzw. ursprünglichen[7]) Anwendungsbereich mit einer Notierung im EWR-Ausland überhaupt nicht beschäftigen muss.

103 Wahlweise können auch nicht liquide oder auch zukünftig nicht (im EWR) börsennotierte Aktien, aber auch GmbH-Geschäftsanteile angeboten werden

---

1 Mit Unterschieden im Detail *Krause* in Assmann/Pötzsch/Uwe H. Schneider, § 31 WpÜG Rz. 47 ff.; *Kremer/Oesterhaus* in KölnKomm. WpÜG, § 31 WpÜG Rz. 30. Vgl. das Angebot der Alpha Beta Netherlands Holding an die Aktionäre der Deutschen Börse AG v. 4.5.2001 (http://www.bafin.de/SharedDocs/Downloads/DE/Angebotsunterlage/Alpha_Beta.pdf?__blob=publicationFile&v=5).
2 Der Wortlaut allein genügt nicht, da §§ 5 f. WpÜG-AngVO nur anwendbar sind, wenn die Aktien überhaupt börsennotiert sind.
3 I.E. wie hier *Krause* in Assmann/Pötzsch/Uwe H. Schneider, § 7 WpÜG-AngVO Rz. 7.
4 *Krause* in Assmann/Pötzsch/Uwe H. Schneider, § 7 WpÜG-AngVO Rz. 18; *Marsch-Barner* in Baums/Thoma, § 31 WpÜG Rz. 57. Vgl. Angebot der Alpha Beta Netherlands Holding an die Aktionäre der Deutschen Börse AG v. 4.5.2001, S. 58 ff. (Fn. 289).
5 So wohl *Krause* in Assmann/Pötzsch/Uwe H. Schneider, § 7 WpÜG-AngVO Rz. 6.
6 So *Kremer/Oesterhaus* in KölnKomm. WpÜG, § 31 Anh. – § 7 AngebVO Rz. 14; *Marsch-Barner* in Baums/Thoma, § 31 WpÜG Rz. 56.
7 Die Norm hat seit der Umsetzung der Übernahme-RL für die Festlegung der Mindestgegenleistung selbst keine Bedeutung mehr; *Kremer/Oesterhaus* in KölnKomm. WpÜG, § 31 Anh. – § 6 AngebVO Rz. 1.

(**Wahlgegenleistung**), solange das Übernahme- oder Pflichtangebot eine Pflichtgegenleistung enthält (oben Rz. 95). Eine Unternehmensbewertung nach den soeben entwickelten Grundsätzen ist nicht erforderlich, da § 31 WpÜG i.V.m. § 7 WpÜG-AngVO nur für Pflichtgegenleistungen gilt.[1] Zur Frage der richtigen Darstellung des Werts in der Angebotsunterlage vgl. oben Rz. 23 f.

Daneben ist der Wert der Aktien auch aus Sicht der Aktionäre einer (deutschen) Bietergesellschaft relevant. Denn wenn junge Aktien als Akquisitionswährung verwendet werden sollen, darf der Ausgabebetrag gem. § 255 AktG nicht unangemessen niedrig festgelegt werden. Vgl. dazu allg. § 19 Rz. 41 ff. Besonders relevant ist im übernahmerechtlichen Zusammenhang die Frage des ausschlaggebenden Bewertungszeitpunkts. Stellt man dazu auf die Ausgabe der Aktien und die Durchführung des Aktientausches ab, so können Wertschwankungen zu einer unangemessen niedrigen Festlegung führen, da der Bieter das einmal gestellte Angebot nicht mehr ändern darf. Abhilfe können dann nur Anpassungsklauseln bereits im ursprünglichen Angebot schaffen, die zulässig sind.[2] Richtig ist es aber, für die Bewertung auch aus Sicht der Bieterin auf die Angebotslegung und damit auf die Festlegung des Umtauschverhältnisses abzustellen[3], wie es im Übrigen auch der Rechtslage bei der Verschmelzung entspricht[4]. 104

c) Bewertung erbrachter Gegenleistungen

Eine verwandte Frage regelt das WpÜG hingegen nicht ausdrücklich: Wie sind **preisrelevante Sachleistungen** zu bewerten, die **vor, parallel zu oder nach dem Übernahme- oder Pflichtangebot** erbracht werden?[5] § 4 WpÜG-AngVO stellt nur auf die höchste Gegenleistung ab, die der Bieter für den Erwerb der Aktien innerhalb der letzten sechs Monate vor der Veröffentlichung gewährt oder vereinbart hat, ohne die Berechnung bei Sachgegenleistung zu präzisieren; vergleichbar offen sind § 31 Abs. 6 und Abs. 5 WpÜG („wertmäßig eine höhere [...] Gegenleistung"). Grundsätzlich können als Gegenleistung beliebige Sachen erbracht werden. Der praktisch bedeutendste Fall dürfte darin liegen, dass der Bieter Aktien der Zielgesellschaft im Tausch gegen eigene Aktien erworben und damit die Schwelle für die Angebotspflicht überschritten hat. Denn dann bestimmt sich der dem Pflichtangebot zugrunde zu legende Mindestpreis nach dem Wert der Aktien, die der Bieter pro Aktie der Zielgesellschaft hingegeben hat.[6] 105

---

1 Allg.M.; *Krause* in Assmann/Pötzsch/Uwe H. Schneider, § 31 WpÜG Rz. 62; *Kremer/Oesterhaus* in KölnKomm. WpÜG, § 31 WpÜG Rz. 37.
2 *Krause* in Assmann/Pötzsch/Uwe H. Schneider, § 7 WpÜG-AngVO Rz. 10 ff.
3 *Krause* in Assmann/Pötzsch/Uwe H. Schneider, § 7 WpÜG-AngVO Rz. 16; *Kremer/Oesterhaus* in KölnKomm. WpÜG, § 31 Anh. – § 7 AngebVO Rz. 10; *Noack* in Schwark/Zimmer, Kapitalmarktrechts-Kommentar, § 31 WpÜG Rz. 51.
4 Vgl. BayObLG v. 18.12.2002 – 3Z BR 116/00, AG 2003, 569.
5 Für alle *Noack* in Schwark/Zimmer, Kapitalmarktrechts-Kommentar, § 31 WpÜG Rz. 30.
6 Instruktiv *Herfs/Wyen*, FS Hopt, 2010, S. 1955 (1973 ff.).

106　Ein Teil der Lehre will auch in diesem Zusammenhang § 7 WpÜG-AngVO sinngemäß anwenden.[1] Danach wäre vor allem der **durchschnittliche Börsenkurs** während der letzten drei Monate vor der Veröffentlichung der Angebotsabsicht oder des maßgeblichen Aktienerwerbs maßgeblich. Das ist indes nicht zutreffend.[2] Zunächst kann die sinngemäße Anwendung nicht auf den Durchschnittskurs vor der Veröffentlichung des Angebots abstellen, sondern allenfalls auf denjenigen vor dem Erwerb. Vor allem kommt es für § 4 WpÜG-AngVO aber darauf an, was zu einem bestimmten Zeitpunkt vereinbart oder gewährt wurde, nicht aber auf Durchschnittswerte. Denn mit dem Wert zu diesem Zeitpunkt haben Veräußerer und Erwerber ihre Wertindikation abgegeben.

107　Die BaFin zieht demgegenüber grundsätzlich **Werte zu einem Stichtag** hinzu. Da es gem. § 4 WpÜG-AngVO sowohl auf die vereinbarte als auch auf die gewährte Gegenleistung ankommt, ist nach ihrer Ansicht der Wert der Aktien sowohl zum Zeitpunkt des Abschlusses der Vorerwerbsverträge als auch zum späteren Zeitpunkt ihres Vollzugs zu ermitteln und in der Angebotsunterlage mitzuteilen; der höhere der beiden Werte bestimmt die Mindestgegenleistung.[3] Demgegenüber will eine beträchtliche Meinung in der Lehre nur auf den Wert zum Zeitpunkt der Vereinbarung abstellen.[4] Dieser Meinung ist zuzustimmen. Denn es kommt darauf an, was der Bieter zu geben bereit ist; dafür ist der Zeitpunkt der schuldrechtlichen Verpflichtung ausschlaggebend. Die Wendung „gewährte oder vereinbarte Gegenleistung" in § 4 WpÜG-AngVO soll vor allem jene Fälle erfassen, in denen die Abwicklung des Geschäfts erst nach Ende der Referenzperiode erfolgt, und hat für den Bewertungszeitpunkt selbst keine Bedeutung. Die Gegenmeinung müsste dann wohl auch dazu führen, dass eine den Angebotspreis erhöhende Paralleltransaktion i.S.v. § 31 Abs. 4 WpÜG vorliegt, wenn die im Vorfeld des Übernahmeangebots vereinbare Sachgegenleistung während des laufenden Übernahmeangebots gewährt wird und der Aktienkurs der Bieterin zwischenzeitlich gestiegen ist.

1　*Haarmann* in FrankfKomm. WpÜG, § 31 WpÜG Rz. 75; *Marsch-Barner* in Baums/Thoma, § 31 WpÜG Rz. 31; *Noack* in Schwark/Zimmer, Kapitalmarktrechts-Kommentar, § 31 WpÜG Rz. 30 f.; *Santelmann/Nestler* in Steinmeyer, § 31 WpÜG Rz. 22; *Dewitz*, Forum Unternehmenskauf 2006, S. 11 (19); *Herfs/Wyen*, FS Hopt, 2010, S. 1955 (1975 f.).
2　Abl. auch die Praxis der BaFin; vgl. Jahresbericht 2011, S. 226 (http://www.bafin.de/SharedDocs/Downloads/DE/Jahresbericht/dl_jb_2011.pdf?__blob=publicationFile&v=6); aus dem Schrifttum z.B. *Kremer/Oesterhaus* in KölnKomm. WpÜG, § 31 Anh. – § 4 AngebVO Rz. 17; *Wackerbarth* in MünchKomm. AktG, 3. Aufl. 2011, § 31 WpÜG Rz. 35; *Gei/Kiesewetter*, AG 2012, 741 (745).
3　BaFin, Jahresbericht 2011 (Fn. 303), S. 226. Für Ausnahmesituationen vgl. a.a.O., S. 227.
4　*Krause* in Assmann/Pötzsch/Uwe H. Schneider, § 4 WpÜG-AngVO Rz. 19; *Kremer/Oesterhaus* in KölnKomm. WpÜG, § 31 Anh. – § 4 AngebVO Rz. 17; *Marsch-Barner* in Baums/Thoma, § 31 WpÜG Rz. 31; *Wackerbarth* in MünchKomm. AktG, 3. Aufl. 2011, § 31 WpÜG Rz. 35.

108 Die Praxis der BaFin[1] und die h.L.[2] ziehen für die Bewertung der erbrachten Gegenleistung bei börsennotierten Wertpapieren die **Börsenkurse** an dem ausschlaggebenden Stichtag bzw. den Stichtagen heran; nach der BaFin geht es um den Höchstkurs an diesen Tagen. Das ist richtig, soweit es sich nicht um eine unternehmerische Beteiligung handelt. Dann können auch die Börsenkurse auf vergleichbaren Märkten außerhalb des EWR[3] herangezogen werden. Besteht ein Verdacht auf manipulierte Kurse, sollte m.E. eine Unternehmensbewertung verlangt werden, da eine Glättung über Durchschnittskurse nicht in Betracht kommt. Ebenso sind bei einer sofortigen Weiterveräußerung zu höheren Preisen jedenfalls diese heranzuziehen.[4]

109 Soweit allerdings die übereigneten Wertpapiere eine **unternehmerische Beteiligung** vermitteln, erscheint es nicht richtig, schematisch nur auf den Börsenkurs abzustellen.[5] Denn hier kommt zu einem etwaigen Börsenkurs auch noch ein Paketzuschlag hinzu, selbst wenn eine Kontrollprämie i.e.S. ausscheidet, weil die Gesellschaft entweder selbst dem Pflichtangebotsregime mit Gleichbehandlung unterliegt oder das Paket nicht kontrollierend ist. M.E. ist in diesen Fällen jedenfalls eine Unternehmensbewertung vorzunehmen. Dies gilt natürlich umso mehr, wenn nicht börsennotierte Aktien oder Geschäftsanteile als Sachleistung gewährt werden.[6]

110 Besteht die Gegenleistung wie im Regelfall aus **Aktien der Bieterin selbst** oder einer ihrer Konzerngesellschaften, so ist die **Unternehmensbewertung** nach IDW S 1 auch praktisch durchführbar, weil die Bieterin Zugang zu den entsprechenden Daten hat bzw. erlangen kann.[7] Eine solche Bewertung sollte daher auch vorgenommen werden.[8] Freilich genügt nach mancher Ansicht auch in diesem Zusammenhang eine Methode, die auf öffentlich zugänglichen Daten beruht und einen ungefähren Indikator für den Unternehmenswert bietet, kon-

---

1 BaFin, Jahresbericht 2011 (Fn. 303), S. 226.
2 *Krause* in Assmann/Pötzsch/Uwe H. Schneider, § 4 WpÜG-AngVO Rz. 19; *Kremer/Oesterhaus* in KölnKomm. WpÜG, § 31 Anh. – § 4 AngebVO Rz. 17; *Oechsler* in Ehricke/Ekkenga/Oechsler, § 31 WpÜG Rz. 32; *Wackerbarth* in MünchKomm. AktG, 3. Aufl. 2011, § 31 WpÜG Rz. 35. Auf Basis von Durchschnittskursen auch *Noack* in Schwark/Zimmer, Kapitalmarktrechts-Kommentar, § 31 WpÜG Rz. 30; *Gei/Kiesewetter*, AG 2012, 741 (745); *Strunk/Salomon/Holst* in Veil, Übernahmerecht in Praxis und Wissenschaft, S. 1 (8).
3 *Noack* in Schwark/Zimmer, Kapitalmarktrechts-Kommentar, § 31 WpÜG Rz. 31.
4 *Gei/Kiesewetter*, AG 2012, 741 (745 f.); *Strunk/Salomon/Holst* in Veil, Übernahmerecht in Praxis und Wissenschaft, S. 2 (8).
5 Wie hier *Kremer/Oesterhaus* in KölnKomm. WpÜG, § 31 Anh. – § 4 AngebVO Rz. 17.
6 Insofern allg.M.; *Krause* in Assmann/Pötzsch/Uwe H. Schneider, § 4 WpÜG-AngVO Rz. 19; *Kremer/Oesterhaus* in KölnKomm. WpÜG, § 31 Anh. – § 4 AngebVO Rz. 17; *Noack* in Schwark/Zimmer, Kapitalmarktrechts-Kommentar, § 31 WpÜG Rz. 31; *Gei/Kiesewetter*, AG 2012, 741 (745).
7 *Kremer/Oesterhaus* in KölnKomm. WpÜG, § 31 Anh. – § 4 AngebVO Rz. 17.
8 Für die Berücksichtigung des subjektiven Werts der Gegenleistung aus Sicht des Bieters *Santelmann/Nestler* in Steinmeyer, § 31 WpÜG Rz. 21.

kret also wohl Multiplikatorverfahren, entweder generell[1] oder doch dann, wenn ausnahmsweise andere Wertpapiere als solche des Bieters oder seines Konzerns gewährt werden[2]. Dem ist nicht zuzustimmen, da es nicht um ein Substitut für Börsenkurse geht (oben Rz. 84 ff.), sondern um die Bewertung einer tatsächlich erbrachten Gegenleistung im Rahmen von § 4 WpÜG-AngVO; soweit eine Unternehmesbewertung erforderlich ist (soeben Rz. 109), ist in diesem Zusammenhang der nach den einschlägigen Standards und unter Berücksichtigung aller Informationen ermittelte Fundamentalwert ausschlaggebend. Im Übrigen hat es der Bieter in der Hand, welche Aktien er als Gegenleistung gewährt, und kann daher (anders als bei der Bewertung der Zielgesellschaft) schon durch Auswahl der Wertpapiere dafür sorgen, dass auch die Basisdaten für eine Bewertung verfügbar sind.

111 Fraglich könnte allenfalls sein, ob eine Bewertung der Gegenleistung wirklich erforderlich ist, wenn der Bieter im **Vorfeld des Angebots eigene Aktien** gewährt hat und im Übernahme- oder **Pflichtangebot** gegen Aktien (ohne Baralternative)[3] genau das **gleiche Umtauschverhältnis** gewährt. Denn dann ist zumindest prima facie die Gleichbehandlung gewährleistet. Allerdings lässt dies den zeitlichen Aspekt außer Acht; denn die Aktien müssen zum Zeitpunkt des Angebots nicht gleich viel wert sein wie zum (bis zu sechs Monate zurückliegenden) Zeitpunkt des maßgeblichen Vorerwerbs.[4] Auch in dieser Situation ist daher im Regelfall eine Bewertung erforderlich.[5] M.E. kann der Aufwand einer Bewertung nur vermieden werden, wenn sämtliche Verträge über einen Aktientausch im unmittelbaren Vorfeld der Übernahme abgeschlossen worden sind; denn dann ist wegen der zeitlichen Nähe die Wertgleichheit ausreichend sichergestellt. Freilich wird es sich in solchen Fällen meist ohnehin empfehlen, vom Abschluss von Kaufverträgen Abstand zu nehmen und Einlieferungsverpflichtungen (*irrevocables*) in das Angebot zu vereinbaren.[6]

112 Diese Überlegungen gelten nicht nur für Vorerwerbe, sondern auch für **Parallel- oder Nacherwerbe**.[7]

---

1 *Krause* in Assmann/Pötzsch/Uwe H. Schneider, § 4 WpÜG-AngVO Rz. 19; *Marsch-Barner* in Baums/Thoma, § 31 WpÜG Rz. 31.
2 *Kremer/Oesterhaus* in KölnKomm/WpÜG, § 31 Anh. – § 4 AngebVO Rz. 17.
3 Vgl. zur Zulässigkeit § 31 Abs. 3 WpÜG. Muss eine Baralternative gewährt werden oder wird sie freiwillig gewährt, so ist eine Bewertung jedenfalls erforderlich, weil die Barleistung als Pflichtgegenleistung den Regeln gem. § 4 WpÜG-AngVO entsprechen muss, was ohne Monetarisierung nicht überprüft werden kann.
4 In der Analyse ähnl. *Herfs/Wyen*, FS Hopt, 2010, S. 1955 (1974).
5 So auch *Santelmann/Nestler* in Steinmeyer, § 31 WpÜG Rz. 22.
6 Diese stellen bei normaler Ausgestaltung keinen Vorerwerb i.S.v. § 4 WpÜG-AngVO dar; vgl. *Strunk/Salomon/Holst* in Veil, Übernahmerecht in Praxis und Wissenschaft, S. 1 (8 f.).
7 Aus dem Schrifttum z.B. *Haarmann* in FrankfKomm. WpÜG, § 31 WpÜG Rz. 126 f.; *Krause* in Assmann/Pötzsch/Uwe H. Schneider, § 31 WpÜG Rz. 110, 139; *Noack* in Schwark/Zimmer, Kapitalmarktrechts-Kommentar, § 31 WpÜG Rz. 81.

§ 22
Unternehmensbewertung im Personengesellschafts- und GmbH-Recht

	Rz.
I. Einführung	
1. Gesellschaftsrechtliche Bewertungsanlässe	1
2. Betriebswirtschaftliche Grundlagen	
a) Kleine und mittlere Unternehmen als „Stiefkinder der Bewertungslehre"	4
b) Bewertungsrelevante Merkmale kleiner und mittlerer Unternehmen	5
c) Besonderheiten bei der Bewertung kleiner und mittlerer Unternehmen	6
d) Kein allgemeiner Bewertungsabschlag für kleine und mittlere Unternehmen	8
II. Abfindung ausscheidender Personen- oder GmbH-Gesellschafter	
1. § 738 BGB als bewertungsrechtliche Basisnorm	
a) Personengesellschaften	9
b) GmbH	10
c) Aktiengesellschaft	11
2. Bewertungsziel bei der Abfindungsbemessung	12
3. Geeignete und ungeeignete Bewertungsmethoden	
a) Rechts- oder Tatfrage?	14
b) Keine Bindung an eine bestimmte Wertermittlungsmethode	18
c) Ertragswertverfahren	19
d) Discounted Cash Flow-Verfahren	21
e) Liquidationswertverfahren	22

	Rz.
f) Substanzwertverfahren	23
g) Misch- oder Kombinationsverfahren	26
h) Vereinfachte Preisfindungsverfahren	28
4. Zulässigkeit einer Schätzung	31
5. Grundsatz der indirekten Anteilsbewertung	32
6. Bewertungszu- oder -abschläge	33
7. Abfindungsklauseln	
a) Abdingbarkeit des § 738 BGB	36
b) Grenzen gesellschaftsrechtlicher Gestaltungsfreiheit	38
aa) Kontrollmaßstäbe	39
bb) Einzelne Klauseln	
(1) Abfindungsausschluss	44
(2) Buchwertklauseln	45
(3) Auszahlungsvereinbarungen	47
III. Einbringung eines Unternehmens als Sacheinlage	48
1. Gesellschaftsrechtliche Grundlagen	49
2. Bewertung des eingebrachten Unternehmens	51
IV. Vorbelastungsbilanz und Unternehmensbewertung	
1. Gesellschaftsrechtliche Grundlagen	54
2. Bewertung einer unternehmerisch tätigen Organisationseinheit	
a) Rechtsprechung	55
b) Rechtslehre	57

Schrifttum: *Aurnhammer,* Die Abfindung von BGB-Gesellschaftern im Spannungsfeld zwischen Wissenschaft, Rechtsprechung und Betriebswirtschaftslehre, 1996; *Baetge/Kirsch/Koelen/Schulz,* On the myth of size premiums in corporate valuation: some empirical evidence from the German stock market, Journal of Applied Research in Accounting and Finance 5 (2010), 10; *Ballwieser/Franken/Ihlau/Jonas/Kohl/Mackenstedt/Popp/Siebler,* Besonderheiten bei der Ermittlung eines objektivierten Unternehmenswerts kleiner und mittelgroßer Unternehmen (IDW Praxishinweis 1/2014), WPg 2014, 463; *Bayer/Lieder*, Vorbelastungshaftung und Vorbelastungsbilanz, insbesondere bei späterer Auffüllung des Haftungsfonds, ZGR 2006, 875; *Behringer*, Unternehmensbewertung der Mittel- und Kleinbetriebe, 4. Aufl. 2009; *Brähler*, Der Wertmaßstab der Unternehmensbewertung nach § 738 BGB, WPg 2008, 209; *Braunhofer*, Unternehmens- und Anteilsbewertung zur Bemessung von familien- und erbrechtlichen Ausgleichsansprüchen, 1995; *Bunk*, Vermögenszuordnung, Auseinandersetzung und Ausscheiden in Sozietät und Gemeinschaftspraxis, 2007; *Dörschell/Franken/Schulte*, Ermittlung eines objektivierten Unternehmenswerts für Personengesellschaften nach der Unternehmensteuerreform 2008, WPg 2008, 444; *Fischer-Winkelmann/Busch*, Die praktische Anwendung der verschiedenen Unternehmensbewertungsverfahren – Empirische Untersuchung im steuerberatenden Berufsstand. Teil 2: Bewertung von KMU, Finanz Betrieb 2009, 715; *Fleischer*, Rechtsfragen der Unternehmensbewertung bei geschlossenen Kapitalgesellschaften: Minderheitsabschlag, Fungibilitätsabschlag, Abschlag für Schlüsselpersonen, ZIP 2012, 1633; *Fleischer*, Unterbilanzhaftung und Unternehmensbewertung, GmbHR 1999, 752; *Fleischer*, Zu Bewertungsabschlägen bei der Anteilsbewertung im deutschen GmbH-Recht und im US-amerikanischen Recht der *close corporation*, FS Hommelhoff, 2012, S. 223; *Franken/Koelen*, Besonderheiten bei der Bewertung von Personengesellschaften in Peemöller (Hrsg.), Praxishandbuch der Unternehmensbewertung, 5. Aufl. 2012, S. 815; *Gleißner/Knoll*, Konsistente Bewertung von Eigen- und Fremdkapital durch ratingabhängige Risikozuschläge: ein Vorschlag für KMU, BB 2011, 2283; *Großfeld*, Bewertung von Anteilen an Unternehmen, JZ 1981, 769; *Großfeld*, Die Abfindung bei der Ausschließung aus einer Personengesellschaft, ZGR 1982, 141; *Habersack/Lüssow*, Vorbelastungshaftung, Vorbelastungsbilanz und Unternehmensbewertung – Plädoyer für ein zweistufiges Vorbelastungskonzept, NZG 1999, 629; *Hachmeister/Ruthardt*, Herausforderungen bei der Bewertung von KMU – auch eine Stellungnahme zu den Hinweisen der BStBK zur Ermittlung objektivierter Unternehmenswerte für KMU, DStR 2014, 1299; *Hachmeister/Ruthardt*, Herausforderungen bei der Bewertung von KMU: Entnahmeplanung, DStR 2014, 158; *Hachmeister/Ruthardt*, Herausforderungen bei der Bewertung von KMU: Risikozuschlag, DStR 2014, 488; *Hachmeister/Ruthardt*, Herausforderungen bei der Bewertung von KMU: Sonderprobleme, DStR 2014, 760; *Hennrichs*, Vorbelastungshaftung und Unternehmensbewertung nach der Ertragswertmethode, ZGR 1999, 837; *Hennrichs*, Zur Kapitalaufbringung und Existenzvernichtungshaftung in sog. Aschenputtel-Konstellationen, FS Uwe H. Schneider, 2011, S. 489; *Henssler/Michel*, Austritt und Ausschluss aus der freiberuflichen Sozietät, NZG 2012, 401; *Hüttemann*, Rechtliche Vorgaben für ein Bewertungskonzept, WPg 2007, 812; *Hüttemann*, Unternehmensbewertung als Rechtsproblem, ZHR 162 (1998), 563; *Hüttemann*, Vorbelastungshaftung, Vorbelastungsbilanz und Unternehmensbewertung, FS Huber, 2006, S. 757; *Ihlau/Duscha*, Hinweise zur Anwendung von IDW S 1 bei der Bewertung von KMU, WPg 2012, 489; *Ihlau/Duscha/Gödecke*, Besonderheiten bei der Bewertung von KMU, 2013; *Jacobs/Jacobs*, Ausgewählte praktische Probleme bei der erbschaft-/schenkungssteuerlichen Bewertung kleiner und mittlerer Unternehmen, DB 2013, 2401; *Jonas*, Abfindung und Besteuerung ausgeschlossener Gesellschafter, FS Meilicke, 2010, S. 275; *Klenner*, Unternehmensbewertung im Zugewinnausgleich, 2010; *Knackstedt*, Bewertung von KMU (inklusive Unternehmensnachfolge), in Petersen/Zwirner/Brösel (Hrsg.), Handbuch der Unternehmensbewertung, 2013, S. 855; *König/Möller*, Steuerliche Bewertung von KMU und der neue Praxishinweis des IDW, BB 2014, 983; *Künkele/Boecker*, Bewertung von Personengesellschaften, in Petersen/Zwirner/Brösel (Hrsg.), Handbuch der Unternehmensbewertung, 2013, S. 831; *Leitzen*, Abfindungsklauseln bei Personengesellschaften und GmbHs – Aktuelle Entwicklungen und Auswirkungen der Erbschaftsteuerreform, RNotZ 2009, 315; *Long/Bryant*, Valuing the Closely Held Firm, 2008; *Luttermann/Lingl*, Unterbilanzhaftung, Organisationseinheit der Vor-GmbH und Haftungskonzept, NZG 2006, 454; *Lutz/Matschke*, Zur Bewertung von Sacheinlagen bei Gründung und Kapitalerhöhung, WPg 1992, 741; *Michalski/Zeidler*, Die Bewertung von Personengesellschaftsanteilen im Zugewinnausgleich, FamRZ 1997, 397; *Moog/Schweizer*, Abfindungsregelung in Gesellschaftsverträgen und das Ende des Stuttgarter Verfahrens, GmbHR 2009, 1198; *Nestler*,

Bewertung von KMU: Aktuelle Hinweise des IDW zur praktischen Anwendung des IDW S 1, BB 2012, 1271; *Nestler*, Wertfindung bei Sacheinlagen, GWR 2014, 121; *Neuhaus*, Unternehmensbewertung und Abfindung, 1990; *Nonnenmacher*, Anteilsbewertung bei Personengesellschaften, 1981; *Olbrich/Olbrich*, Unternehmensbewertung im Zugewinnausgleich, DB 2008, 1483; *Pataki*, Die Bewertung von Unternehmensbeteiligungen als Sacheinlage – ein Beitrag zur Praktikabilität des Rechts, GmbHR 2003, 404; *Popp*, Ausgewählte Aspekte der objektivierten Bewertung von Unternehmen, WPg 2008, 935; *Peemöller*, IDW-Praxishinweis für die Bewertung von KMU – Anmerkungen aus betriebswirtschaftlicher Sicht, BB 2014, 1963; *Pratt*, Valuing a Business. The Analysis and Appraisal of Closely Held Companies, 5. Aufl. 2008; *Priester*, Die Festsetzung im GmbH-Vertrag bei Einbringung von Unternehmen, BB 1980, 19; *A. Reuter*, Unternehmensbewertung bei Sacheinlagen: Der neue IDW Standard S 1 auf dem Prüfstand des Kapitalaufbringungsrechts, BB 2000, 2298; *B. Richter*, Die Abfindung ausscheidender Gesellschafter unter Beschränkung auf den Buchwert, 2002; *Schulze-Osterloh*, Das Auseinandersetzungsguthaben des ausscheidenden Gesellschafters einer Personengesellschaft nach § 738 Abs. 1 Satz 2 BGB, ZGR 1986, 545; *Schütte-Biastoch*, Unternehmensbewertung von KMU. Eine Analyse unter besonderer Berücksichtigung dominierter Bewertungsanlässe, 2011; *Schulz*, Größenabhängige Risikoanpassungen in der Unternehmensbewertung, 2009; *Schulze-Osterloh*, Die Vorbelastungsbilanz der GmbH auf den Eintragungszeitpunkt und der Ausweis des Anspruchs aus der Vorbelastungshaftung im Jahresabschluss, FS Goerdeler, 1987, S. 757; *Wagner*, Der Einfluss der Besteuerung auf zivilrechtliche Abfindungs- und Ausgleichsansprüche bei Personengesellschaften, WPg 2007, 929; *Wagner/Nonnenmacher*, Die Abfindung bei der Ausschließung aus einer Personengesellschaft, ZGR 1981, 674; *Weitemeyer*, Die Unterbilanzhaftung bei „Start-up-Unternehmen", NZG 2006, 648; *Werner*, Die Bewertung von Personengesellschaften, 2009; *Wüstemann*, BB-Rechtsprechungsreport Unternehmensbewertung 2013/2014, BB 2014, 1707; *Urban*, Die Differenzhaftung des GmbH-Gesellschafters im Zusammenhang mit der Überbewertung von Sacheinlagen in FS Stiefel, 1995, S. 305; *Wangler*, Einfluss des neuen Bewertungs- und Erbschaftsteuerrechts auf Abfindungsregelungen in Gesellschaftsverträgen, DStR 2009, 1501; *Wolfsteiner*, Für welche Differenz haften die Gründer?, FS Helmrich, 1994, S. 755; *Zeidler*, Die Anwendbarkeit von IDW S 1 auf kleine und mittlere Unternehmen, in Baetge/Kirsch (Hrsg.), Besonderheiten der Bewertung von Unternehmensteilen sowie von kleinen und mittleren Unternehmen, 2006, S. 41; *Zieger/Schütte-Biastoch*, Gelöste und ungelöste Fragen bei der Bewertung von kleinen und mittleren Unternehmen, Finanz Betrieb 2008, 590; *Zwirner*, Unternehmensbewertung von KMU, DB 2013, 1797.

I. Einführung

1. Gesellschaftsrechtliche Bewertungsanlässe

Fragen der Unternehmens- und Anteilsbewertung stellen sich im **Personengesellschaftsrecht** vor allem beim Ausscheiden eines Gesellschafters. Für diese Fälle bestimmt **§ 738 Abs. 1 Satz 2 BGB**, dass dem Ausscheidenden dasjenige zu zahlen ist, was er bei der Auseinandersetzung erhalten würde, wenn die Gesellschaft zur Zeit seines Ausscheidens aufgelöst worden wäre. Kraft gesetzlicher Verweisung gilt die Vorschrift auch für **Abfindungsansprüche des ausscheidenden Gesellschafters** einer OHG (§ 105 Abs. 3 HGB), KG (§ 161 Abs. 2 HGB) oder PartG (§ 1 Abs. 4 PartG).[1] Sie erfasst gleichermaßen Fälle des frei-

---

1 Näher *Großfeld*, Recht der Unternehmensbewertung, Rz. 47; *Schäfer* in Münch-Komm. BGB, 6. Aufl. 2013, § 738 BGB Rz. 10; *Hadding/Kießling* in Soergel, 13. Aufl. 2011, § 738 BGB Rz. 2.

willigen und unfreiwilligen Ausscheidens (näher unten Rz. 9 ff.).[1]

2 Auch im **GmbH-Recht** werden Bewertungsfragen beim **Ausscheiden eines GmbH-Gesellschafters** virulent. Dabei kann es sich um die Einziehung eines Geschäftsanteils (§ 34 Abs. 1 GmbHG) oder den Ausschluss oder Austritt eines Gesellschafters aus wichtigem Grund handeln. In Ermangelung einer gesellschaftsvertraglichen Abfindungsregelung gilt für alle diese Fälle **§ 738 Abs. 1 Satz 2 BGB entsprechend** (näher unten Rz. 10).[2]

3 Jenseits der Abfindungsfälle sind **Unternehmen** im GmbH-Recht dann zu bewerten, wenn sie **als Sacheinlage** in eine GmbH **eingebracht** werden. Dies kann bei der Gesellschaftsgründung (§ 5 Abs. 4 GmbHG) oder einer späteren Kapitalerhöhung (§ 56 Abs. 4 GmbHG) geschehen (näher unten Rz. 48 ff.). Schließlich kann eine **Unternehmensbewertung** auch im Zuge einer Unternehmensneugründung geboten sein, um eine etwaige **Vorbelastungshaftung** der Gesellschaftsgründer zu ermitteln (näher unten Rz. 54 ff.).

2. Betriebswirtschaftliche Grundlagen

a) Kleine und mittlere Unternehmen als „Stiefkinder der Bewertungslehre"

4 Unternehmen, die als Personengesellschaft oder GmbH organisiert sind, zählen in aller Regel zu den **kleinen oder mittelgroßen Unternehmen** (KMU). Deren Bewertung hat in Betriebswirtschaftslehre und berufsständischer Bewertungspraxis lange Zeit wenig Beachtung gefunden. KMU wurden daher anschaulich als **„Stiefkinder der Bewertungslehre"**[3] bezeichnet.[4] Das Hauptinteresse der Unternehmensbewertung galt seit jeher der großen, börsennotierten Aktiengesellschaft.[5] Auf sie sind auch die Grundsätze des Instituts der Wirt-

---

1 Vgl. *Wiedemann*, Gesellschaftsrecht, Bd. II, 2004, § 5 I 3 e bb, S. 416: „Das Gesetz regelt die vermögensmäßige Auseinandersetzung zwischen Gesamthand und früherem Gesellschafter unabhängig vom Grund des jeweiligen Ausscheidens. Für den Ausschluß gelten daher grundsätzlich dieselben Regeln wie für das freiwillige oder gesetzliche Ausscheiden."
2 Näher *Großfeld*, Recht der Unternehmensbewertung, Rz. 52; *Fleischer* in Münch-Komm. GmbHG, 2. Aufl. 2014, Einl. Rz. 185.
3 *Popp*, WPg 2008, 935 (944).
4 Vgl. auch *Ihlau/Duscha/Gödecke*, Besonderheiten bei der Bewertung von KMU, S. 3: „Trotz ihrer wesentlichen Bedeutung in der Praxis der Unternehmensbewertung wurden KMU in der betriebswirtschaftlichen Theorie lange Zeit als Forschungsschwerpunkt vernachlässigt, da ihnen keine Besonderheiten im Vergleich zu Großunternehmen beigemessen wurden."
5 Gleichsinnig aus betriebswirtschaftlicher Sicht *Schulz*, Größenabhängige Risikoanpassungen in der Unternehmensbewertung, S. 1: „Die Bewertung von Unternehmen zählt zu den ‚Dauerbrennern der Betriebswirtschaftslehre'. Dabei dominiert allerdings regelmäßig das Bewertungsobjekt einer großen Aktiengesellschaft als Forschungsgegenstand."; aus juristischer Sicht *Adolff*, Unternehmensbewertung im Recht der börsennotierten Aktiengesellschaft, 2007, S. 6: „Die Unternehmensbewertung im Recht der börsennotierten Aktiengesellschaft ist derzeit wohl der am heftigsten umstrittene Ausschnitt der rechtlichen Bewertungslehre."

schaftsprüfer (IDW) zur Durchführung von Unternehmensbewertungen zugeschnitten.[1] Für KMU gelten zwar im Ausgangspunkt dieselben Grundsätze[2]: Ihre Bewertung erfolgt ebenfalls durch Diskontierung künftiger finanzieller Überschüsse mit einem Kapitalisierungszinssatz, der die Rendite einer risikoäquivalenten Alternativanlage abbildet. Jedoch beginnt sich allmählich die Einsicht durchzusetzen, dass man dieses Bewertungskalkül an die Besonderheiten kleiner und mittlerer Unternehmen anpassen muss: „A small business is not a little big business."[3]

b) Bewertungsrelevante Merkmale kleiner und mittlerer Unternehmen

Passgenaue Leitlinien für die Bewertung von KMU lassen sich nur entwickeln, wenn man sich zunächst ihrer bewertungsrelevanten Merkmale vergewissert. Eine allgemeingültige Abgrenzung kleiner und mittlerer Unternehmen (KMU) gibt es nicht; sie ist vielmehr zweckabhängig vorzunehmen. Für Zwecke der Unternehmensbewertung hebt die berufsständische Praxis hervor, dass KMU typischerweise durch eine **Verknüpfung von Management und Eigentümerschaft**, eine unzureichende Abgrenzung zwischen privatem und betrieblichem Vermögen, eine geringe Eigenkapitalausstattung und eine **limitierte Informationsbasis** gekennzeichnet sind.[4] Außerdem wird darauf hingewiesen, dass KMU ihren Hauptumsatz häufig mit einigen wenigen Großkunden erzielen und dass ihr **Unternehmenserfolg in besonderem Maße von der Person der Eigentümer abhängt**.[5] Schließlich ist eine Beteiligungsveräußerung mangels liquider Sekundärmärkte mit weitaus größerem Kosten- und Zeitaufwand verbunden als eine Veräußerung börsennotierter Titel.[6]

5

---

1 Vgl. IDW S 1 2008, WPg Supplement 3/2008, S. 68 ff.
2 Vgl. IDW S 1 2008, WPg Supplement 3/2008, S. 68, 85, Rz. 145: „Grundsätzlich ist die Ermittlung von Unternehmenswerten unabhängig von Art und Größe des Unternehmens nach den allgemeinen Grundsätzen (vgl. Abschn. 4.) vorzunehmen."; gleichsinnig WP-Handbuch 2014, Bd. II, Rz. A 425; aus dem Schrifttum *Großfeld*, Recht der Unternehmensbewertung, Rz. 1165.
3 So der Aufsatztitel von *Welsh/White*, Harv. Bus. Rev. 59, July/August 1981, 18, der allerdings auf Fragen der Unternehmensführung gemünzt ist; dies für Fragen der Unternehmensbewertung aufgreifend *Schulz*, Größenabhängige Risikoanpassungen in der Unternehmensbewertung, S. 1; ferner *Fleischer*, ZIP 2012, 1633 (1634).
4 Vgl. WP-Handbuch 2014, Bd. II, Rz. A 423; *Ihlau/Duscha*, WPg 2012, 489 (490); *Zeidler* in Baetge/Kirsch, Besonderheiten der Bewertung von Unternehmensteilen sowie von kleinen und mittleren Unternehmen, S. 41, 44.
5 Vgl. WP-Handbuch 2014, Bd. II, Rz. A 424, A 432; *Ihlau/Duscha*, WPg 2012, 489 (490); *Zeidler* in Baetge/Kirsch, Besonderheiten der Bewertung von Unternehmensteilen sowie von kleinen und mittleren Unternehmen, S. 41, 45.
6 Vgl. WP-Handbuch 2014, Bd. II, Rz. A 438; *Zeidler* in Baetge/Kirsch, Besonderheiten der Bewertung von Unternehmensteilen sowie von kleinen und mittleren Unternehmen, S. 41, 45; allgemein auch *Wollny*, Der objektivierte Unternehmenswert, 2. Aufl. 2010, S. 426: „Tatsächlich werden jedoch für KMU in der Regel geringere Kaufpreise realisiert, als sie nach dem ‚Ertragswertverfahren' ermittelt werden."

c) Besonderheiten bei der Bewertung kleiner und mittlerer Unternehmen

6 Es liegt auf der Hand, dass die geschilderten Besonderheiten von KMU potentiell wertbeeinflussend sind. Um ihnen Rechnung zu tragen, kann die US-amerikanische Bewertungspraxis schon seit längerem auf ein gut eingeführtes Standardwerk zurückgreifen, das der Bewertung von *closely held companies* auf nahezu 1.100 Seiten nachgeht.[1] Hierzulande herrschte insoweit **bis zuletzt Nachholbedarf**. Die IDW-Standards widmen den KMU zwar einen eigenen Abschnitt[2], halten sich aber mit Auslegungs- und Anwendungshinweisen zurück. **Erst neuerdings** finden sich in der deutschsprachigen Bewertungstheorie **gehaltvollere Spezialuntersuchungen**[3], deren Einsichten der Fachausschuss des IDW für Unternehmensbewertung und Betriebswirtschaft (FAUB) in einem Fragen- und Antwortenkatalog vom Dezember 2011 zum Teil aufgegriffen hat[4] und die mittlerweile auch Eingang in die jüngste Auflage des WP-Handbuchs gefunden haben.[5]

7 Hierauf aufbauend hat der FAUB im Februar 2014 den **IDW Praxishinweis 1/2014** zu den „**Besonderheiten bei der Ermittlung eines objektivierten Unternehmenswerts kleiner und mittlerer Unternehmen**" vorgelegt.[6] Dieser betont zunächst, dass bei der Abgrenzung des Bewertungsobjekts große Sorgfalt geboten ist, weil sich die betriebliche und private Sphäre bei KMU häufig überschneiden.[7] Sodann mahnt er bei der Vergangenheitsanalyse einen vorsichtigen Umgang mit vorhandenen Informationsquellen an, wenn und weil für KMU keine geprüften bzw. weniger informative Jahresabschlüsse vorliegen als für kapitalmarktorientierte Unternehmen.[8] Hinzu kommt, dass bei vielen KMU

---

1 Vgl. *Pratt*, Valuing a Business. The Analysis and Appraisal of Closely Held Companies, 5. Aufl. 2008; aus englischer Sicht auch *Long/Bryant*, Valuing the Closely Held Firm, 2008.
2 Vgl. IDW S 1, WPg Supplement 3/2008, S. 68, 86 ff., Rz. 154 ff.: „Bewertung kleiner und mittelgroßer Unternehmen".
3 Vgl. *Behringer*, Unternehmensbewertung der Klein- und Mittelbetriebe, 5. Aufl. 2012; *Ihlau/Duscha/Gödecke*, Besonderheiten bei der Bewertung von KMU, 2013; *Schütte-Biastoch*, Unternehmensbewertung von KMU: Eine Analyse unter besonderer Berücksichtigung dominierter Bewertungsanlässe, 2011; *Schulz*, Größenabhängige Risikoanpassungen in der Unternehmensbewertung, 2009.
4 Vgl. FAUB IDW, Fragen und Antworten zur praktischen Anwendung des IDW Standards: Grundsätze zur Durchführung von Unternehmensbewertungen (IDW S 1 id.F. 2008), Fachnachrichten IDW 2012, 323; dazu auch *Ihlau/Duscha*, WPg 2012, 489.
5 Vgl. WP-Handbuch 2014, Bd. II, Rz. A 423 ff., A 438 ff.
6 Vgl. IDW Praxishinweis 1/2014, WPg Supplement 2/2014, S. 28 ff.; dazu *Ballwieser/Franken/Ihlau/Jonas/Kohl/Mackenstedt/Popp/Siebler*, WPg 2014, 463; *Hachmeister/Ruthardt*, DStR 2014, 1299; *König/Möller*, BB 2014, 983; *Peemöller*, BB 2014, 1963.
7 Vgl. IDW Praxishinweis 1/2014, WPg Supplement 2/2014, S. 28, 30, Rz. 13 f.; *Ballwieser/Franken/Ihlau/Jonas/Kohl/Mackenstedt/Popp/Siebler*, WPg 2014, 463 (464), f.; *Peemöller*, BB 2014, 1963 (1964); WP-Handbuch 2014, Bd. II, Rz. A 427.
8 Vgl. IDW Praxishinweis 1/2014, WPg Supplement 2/2014, S. 28, 31, Rz. 16 ff.; *Ballwieser/Franken/Ihlau/Jonas/Kohl/Mackenstedt/Popp/Siebler*, WPg 2014, 463 (465); WP-Handbuch 2014, Bd. II, Rz. A 424.

eine integrierte Planungsrechnung fehlt oder nicht hinreichend dokumentiert ist, so dass der Bewerter die Geschäftsleitung auffordern muss, eine entsprechende Planung für die nächsten ein bis fünf Jahre zu erstellen.[1] Vor allem aber ist ein **sachgerechter Umgang mit der „übertragbaren Ertragskraft"** geboten.[2] Der Bewertungsstandard IDW S 1 2008 geht davon aus, dass das bisherige Management im Unternehmen bleibt und damit keine Eliminierung der personenbezogenen Einflüsse auf die finanziellen Ertragsströme erfolgen muss.[3] Diese Annahme ist bei der Bewertung von KMU kritisch zu hinterfragen, da deren Ertragskraft in besonderem Maße von den bisherigen Eigentümern abhängen kann.[4] **Ist die bisherige Ertragskraft** aus diesem Grund **nur teil- oder zeitweise übertragbar**, müssen die bewertungsrelevanten Überschüsse dem neuen Praxishinweis zufolge sofort oder nach einer gewissen Zeit abgeschmolzen werden.[5] Der jeweilige Abschmelzungszeitraum hängt von den Verhältnissen des zu bewertenden Unternehmens und dem Branchenumfeld ab.[6] Als **Indikatoren für die Prognose der Abschmelzungsdauer** werden genannt: Vertragslaufzeiten und erwartete Vertragsverlängerungen, typische Produktlebenszyklen, voraussichtliche Handlungen von Wettbewerbern und potentiellen Konkurrenten, Zeitraum der Abhängigkeit des Kunden (wirtschaftlich, rechtlich, technisch), demographische/biometrische Aspekte hinsichtlich der bestehenden Kundenstruktur.[7] Außerdem können die steuerlichen Abschreibungsregeln Anhaltspunkte zur Ermittlung der Abschmelzungsdauer bieten.[8]

d) Kein allgemeiner Bewertungsabschlag für kleine und mittlere Unternehmen

In den Vereinigten Staaten wird unter dem Stichwort „**Small Company Discount**" häufig ein genereller Bewertungsabschlag bzw. eine höhere Risikoprämie für KMU befürwortet, weil sie aus verschiedenen Gründen einem höheren Risiko ausgesetzt seien als größere, namentlich börsennotierte Unternehmen.[9] Zur Begründung beruft man sich auf Studien zum US-amerikanischen Kapitalmarkt, die einen umgekehrten Zusammenhang zwischen Unternehmensgröße

8

---

1 Vgl. IDW Praxishinweis 1/2014, WPg Supplement 2/2014, S. 28, 31, Rz. 20; *Peemöller*, BB 2014, 1963 (1964); WP-Handbuch 2014, Bd. II, Rz. A 435.
2 Vgl. IDW Praxishinweis 1/2014, WPg Supplement 2/2014, S. 28, 31 ff., Rz. 22 ff.; *Ballwieser/Franken/Ihlau/Jonas/Kohl/Mackenstedt/Popp/Siebler*, WPg 2014, 463 (466); *Peemöller*, BB 2014, 1963 (1965).
3 Vgl. IDW S 1, WPg Supplement 3/2008, S. 68, 74, Rz. 39.
4 Vgl. IDW Praxishinweis 1/2014, WPg Supplement 2/2014, S. 28, 32, Rz. 24; *Ballwieser/Franken/Ihlau/Jonas/Kohl/Mackenstedt/Popp/Siebler*, WPg 2014, 463 (466); *Peemöller*, BB 2014, 1963 (1965).
5 Vgl. IDW Praxishinweis 1/2014, WPg Supplement 2/2014, S. 28, 32, Rz. 25 ff.; *Ballwieser/Franken/Ihlau/Jonas/Kohl/Mackenstedt/Popp/Siebler*, WPg 2014, 463 (467); *König/Möller*, BB 2014, 983.
6 Vgl. IDW Praxishinweis 1/2014, WPg Supplement 2/2014, S. 28, 33, Rz. 30.
7 Vgl. IDW Praxishinweis 1/2014, WPg Supplement 2/2014, S. 28, 33, Rz. 30.
8 Vgl. IDW Praxishinweis 1/2014, WPg Supplement 2/2014, S. 28, 33, Rz. 31; *Peemöller*, BB 2014, 1963 (1965).
9 Vgl. *Pratt*, Valuing a Business, S. 193 ff.

und realisierten Renditen vermuten lassen.[1] Auch hierzulande gibt es einige Studien zum sog. *Size*-Effekt, die allerdings weniger eindeutig ausfallen oder sogar zu einem gegenteiligen Ergebnis gelangen.[2] Die **berufsständischen Standards** sehen daher keine Notwendigkeit für eine größenabhängige Risikoprämie[3]: Zum einen seien die hierzulande vorliegenden Daten empirisch nicht belastbar; zum anderen fehle für eine *Size*-Prämie eine schlüssige theoretische Begründung.[4] Auch die deutsche **Betriebswirtschaftslehre** lehnt eine **größenabhängige Risikoprämie** ganz überwiegend ab.[5]

II. Abfindung ausscheidender Personen- oder GmbH-Gesellschafter

1. § 738 BGB als bewertungsrechtliche Basisnorm

a) Personengesellschaften

9 Wie eingangs erläutert, bildet § 738 Abs. 1 Satz 2 BGB (i.V.m. §§ 105 Abs. 3, 161 Abs. 2 HGB, § 1 Abs. 4 PartG) den Ausgangspunkt für die Abfindungsbemessung beim Ausscheiden eines Gesellschafters aus einer **GbR, OHG, KG oder PartG** sowie bei der Abfindung eines **atypisch stillen Gesellschafters**[6]. Er billigt dem **ausscheidenden Personengesellschafter** einen **gesetzlichen Abfindungsanspruch** zu (dazu auch § 1 Rz. 9)[7], der aus dem Gesellschaftsverhältnis entspringt und sich in erster Linie gegen die Gesellschaft richtet.[8] Die Höhe

---

1 Näher *Pratt*, Valuing a Business, S. 194 f. m.w.N.
2 Vgl. *Baetge/Kirsch/Koelen/Schulz*, Journal of Applied Research in Accounting and Finance 5 (2010), 10; *Schulz*, Größenabhängige Risikoanpassungen in der Unternehmensbewertung, S. 255; *Ihlau/Duscha/Gödecke*, Besonderheiten bei der Bewertung von KMU, S. 232.
3 Vgl. IDW Praxishinweis 1/2014, WPg Supplement 2/2014, S. 28, 35, Rz. 47.
4 Vgl. WP-Handbuch 2014, Bd. II, Rz. A 441 mit dem erläuternden Zusatz: „Ungeachtet der empirischen Belegbarkeit bliebe aber jedem nicht börsennotierten Unternehmen grundsätzlich die Möglichkeit, durch einen Börsengang eine niedrigere Bewertung zu vermeiden. Die Tatsache, dass dies nicht zu beobachten ist, spricht dafür, dass es andere vorteilhafte Aspekte einer fehlenden Börsennotierung gibt."
5 Vgl. *Ballwieser/Hachmeister*, Unternehmensbewertung, S. 116 ff.; *Ballwieser/Franken/Ihlau/Jonas/Kohl/Mackenstedt/Popp/Siebler*, WPg 2014, 463 (470); *Hachmeister/Ruthardt*, DStR 2014, 488 (492); *Ihlau/Duscha/Gödecke*, Besonderheiten bei der Bewertung von KMU, S. 231 ff.; *Schütte-Biastoch*, Unternehmensbewertung von KMU, S. 106; *Zeidler* in Baetge/Kirsch, Besonderheiten der Bewertung von Unternehmensteilen sowie von kleinen und mittleren Unternehmen, S. 41, 49; *Zwirner*, DB 2013, 61 (73).
6 Dazu BGH v. 13.4.1995 – II ZR 132/94, NJW-RR 1995, 1061 f.: „Der atypische stille Gesellschafter wird also nicht mit dem gegebenenfalls berichtigten Buchwert seiner Einlage abgefunden, sondern erhält ein Auseinandersetzungsguthaben, das sich von dem eines Gesellschafters einer offenen Handelsgesellschaft nicht unterscheidet und dessen Wert sich nach dem Geschäftswert bestimmt."
7 Unrichtig WP-Handbuch 2014, Bd. II, Rz. A 13, wo die Vorschrift den „Bewertungen auf vertraglicher Grundlage" zugeordnet wird.
8 Vgl. BGH v. 17.5.2011 – II ZR 285/09 – Rz. 11, NJW 2011, 2355; *Schäfer* in MünchKomm. BGB, 6. Aufl. 2013, § 738 BGB Rz. 16.

des Abfindungsanspruchs bemisst sich nach dem fiktiven Auseinandersetzungsguthaben des ausscheidenden Gesellschafters zum Abfindungsstichtag.[1] Konzeptionell behandelt § 738 Abs. 1 Satz 2 BGB das **Ausscheiden** damit als **eine Art Teilauseinandersetzung**[2] und nähert die Rechtsstellung des Ausgeschiedenen derjenigen bei einer Liquidation so weit wie möglich an.[3] Ihm dürfen aus der Fortführung der Gesellschaft ohne seine Beteiligung grundsätzlich keine vermögensmäßigen Nachteile entstehen.[4] In der Literatur spricht man von einem sog. „**Schlechterstellungsverbot**"[5].

b) GmbH

Das GmbH-Gesetz enthält keine eigenständigen Regeln zur Gesellschafterabfindung.[6] Gleichwohl ist heute allgemein anerkannt, dass ein ausgeschiedener GmbH-Gesellschafter auch ohne besondere Abrede einen Abfindungsanspruch hat, der sich gegen die Gesellschaft richtet.[7] Die Begründungen variieren. Eine verbreitete Schrifttumsauffassung stützt sich auf eine **Analogie zu § 738 Abs. 1 Satz 2 BGB**[8]; andere stellen auf einen allgemeinen Rechtsgrundsatz ab, wie er in § 738 Abs. 1 Satz 2 BGB zum Ausdruck kommt.[9] Wieder an-

10

---

1 Vgl. BGH v. 18.7.2013 – IX ZR 198/10 – Rz. 17, NJW 2014, 305 (307); *Hüttemann*, ZHR 162 (1998), 563 (577).
2 Vgl. *Fleischer* in FS Hommelhoff, 2012, S. 223 (234); gleichsinnig *Schäfer* in MünchKomm. BGB, 6. Aufl. 2013, § 738 BGB Rz. 1: „partielle Auseinandersetzung"; *Hadding/Kießling* in Soergel, 13. Aufl. 2011, § 738 BGB Rz. 13: „Teilliquidation".
3 So ausdrücklich *Schäfer* in MünchKomm. BGB, 6. Aufl. 2013, § 738 BGB Rz. 1; s. auch BGH v. 18.7.2013 – IX ZR 198/10 – Rz. 17, NJW 2014, 305 (307): „Für die Zusammensetzung [des Abfindungsanspruchs] gelten die gleichen Grundsätze wie für die Ermittlung des Auseinandersetzungsguthabens bei Auflösung der Gesellschaft."; ferner *Hadding/Kießling* in Soergel, 13. Aufl. 2011, § 738 BGB Rz. 13: „[D]aher entsprechen sich die jeweiligen Verfahren weitgehend."
4 Vgl. *Adolff*, Unternehmensbewertung im Recht der börsennotierten Aktiengesellschaft, 2007, S. 358; *Schäfer* in MünchKomm. BGB, 6. Aufl. 2013, § 738 BGB Rz. 1.
5 *Adolff*, Unternehmensbewertung im Recht der börsennotierten Aktiengesellschaft, 2007, S. 358.
6 Vgl. OLG Köln v. 19.12.1997 – 4 U 31/97, NZG 1998, 779 (780) = GmbHR 1998, 641; *Strohn* in MünchKomm. GmbHG, 2. Aufl. 2014, § 34 GmbHG Rz. 205: „Das Gesetz bietet dafür keine Anspruchsgrundlage. In Abs. 3 wird der Abfindungsanspruch lediglich vorausgesetzt."
7 Vgl. BGH v. 1.4.1953 – II ZR 235/52, BGHZ 9, 157 (172, 176); BGH v. 17.2.1955 – II ZR 316/53, BGHZ 16, 317 (322); BGH v. 16.12.1991 – II ZR 58/91, BGHZ 116, 359 = GmbHR 1992, 257 (Leitsatz c)).
8 Vgl. *Niemeier*, Rechtstatsachen und Rechtsfragen der Einziehung von GmbH-Anteilen, 1982, S. 98; *Ulmer/Habersack* in Großkomm. GmbHG, 2. Aufl. 2014, § 34 GmbHG Rz. 72 und Anh. § 34 GmbHG Rz. 41; *Wiedemann*, ZGR 1978, 477 (495); *Zeilinger*, GmbHR 2002, 772 (776); für eine Doppelbegründung *Fastrich* in Baumbach/Hueck, § 34 GmbHG Rz. 22: allgemeiner Rechtsgrundsatz und Analogie zu § 738 Abs. 1 Satz 2 BGB.
9 Vgl. *Sosnitza* in Michalski, § 34 GmbHG Rz. 44; ähnlich *Gehrlein*, Ausschluss und Abfindung von GmbH-Gesellschaftern, 1997, Rz. 529; ferner *Strohn* in MünchKomm. GmbHG, 2. Aufl. 2014, § 34 GmbHG Rz. 205: Grundgedanke des § 738 Abs. 1 Satz 2 BGB, wonach die Gesellschafterstellung nicht ohne Wertausgleich verloren gehen darf.

dere Autoren operieren stattdessen mit einer ergänzenden Vertragsauslegung[1] oder Gewohnheitsrecht[2]. Der BGH hat sich zur methodischen Herleitung bisher nicht geäußert. § 209 Abs. 1 RegE GmbHG 1973 sah ausdrücklich eine Abfindung zum Verkehrswert vor.[3] Wegen des Charakters der GmbH als Kapitalgesellschaft darf die Zahlung der Abfindung allerdings nur unter Beachtung des § 30 Abs. 1 GmbHG erfolgen, wie § 34 Abs. 3 GmbHG ausdrücklich klarstellt.[4]

c) Aktiengesellschaft

11   Noch weitergehend wird die Vorgabe des **§ 738 BGB**, wonach der ausscheidende Gesellschafter bei der Abfindungsbemessung nicht schlechter stehen darf als bei einer gedachten Auseinandersetzung (sog. **Liquidationshypothese**), auch an das Aktienrecht herangetragen.[5] Danach enthält diese Vorschrift einen „**allgemeinen Rechtsgedanken**"[6], der nicht nur beim Ausscheiden aus der Personengesellschaft gilt, sondern wegen der Gleichheit der Interessenlage ebenso angewendet werden muss, wenn Minderheitsaktionäre aus der AG ausgeschlossen werden. In dieser Lesart sind § 738 BGB und § 305 AktG Holz vom gleichen Stamme.[7]

---

1   Vgl. *Kesselmeier*, Ausschließungs- und Nachfolgeregelung in der GmbH-Satzung, 1989, S. 116 ff.
2   Vgl. *Strohn* in MünchKomm. GmbHG, 2. Aufl. 2014, § 34 GmbHG Rz. 205; ferner *Westermann* in Scholz, 11. Aufl. 2012, § 34 GmbHG Rz. 25: „Nahe liegt auch, den Abfindungsanspruch des gegen seinen Willen aus seiner Stellung verdrängten Anteilseigners als analoge Institution zu entwickeln, wie sie etwa vom BVerfG in der Feldmühle-Entscheidung angedeutet wurde."
3   Wörtlich hieß es dort: „Der Gesellschafter kann von der Gesellschaft als Abfindung den Betrag verlangen, den ein Dritter für den Geschäftsanteil aufwenden würde (Verkehrswert). Der Verkehrswert des Geschäftsanteils bemißt sich nach den Verhältnissen im Zeitpunkt der Erhebung der Ausschlußklage. Die endgültige und die vorläufige Abfindung sind gegeneinander aufzurechnen."; dazu Begr. RegE zu § 209, BT-Drucks. VI/3088, 200: „In Übereinstimmung mit der zum geltenden Recht ganz überwiegend vertretenen Auffassung bestimmt Absatz 1 Satz 1 [...]. Die Ausschließung trägt keinen Strafcharakter. Die Bemessung der Abfindung nach dem Verkehrswert soll aber auch ermöglichen, die eventuell schwere Verkäuflichkeit des Geschäftsanteils, seine Vinkulierung, die Ertragskraft des fortbestehenden Unternehmens sowie seine eventuelle Kapitalschwächung durch den Ausschluß eines Gesellschafters angemessen berücksichtigen zu können."
4   Vgl. statt aller *Ulmer/Habersack* in Großkomm. GmbHG, 2. Aufl. 2014, § 34 GmbHG Rz. 74.
5   Grundlegend *Kropff*, DB 1962, 155 (156); ihm folgend etwa *Adolff*, Unternehmensbewertung im Recht der börsennotierten Aktiengesellschaft, 2007, S. 358 f.; *Hüttemann*, ZHR 162 (1998), 563 (578 f.); im Ergebnis auch *Meilicke*, Die Barabfindung für den ausgeschlossenen oder ausscheidungsberechtigten Minderheits-Kapitalgesellschafter, 1975, S. 46.
6   *Kropff*, DB 1962, 155 (156).
7   Zur Entstehungsgeschichte des § 305 AktG *Hüttemann*, ZHR 162 (1998), 563 (578 f.); vgl. auch *Lauber*, Das Verhältnis des Ausgleichs gem. § 304 AktG zu den Abfindungen gemäß den §§ 305, 327a AktG, 2013, S. 60: „Genau genommen geht es auch gar nicht um eine entsprechende Anwendung des § 738 BGB auf die Abfindung nach den §§ 305, 320b, 327a AktG. Vielmehr geht es um die Anwendung des gesellschaftsübergreifenden Grundsatzes, den der Bundesgerichtshof zu § 738 BGB – abweichend vom Wortlaut der Vorschrift – entwickelt hat."

2. Bewertungsziel bei der Abfindungsbemessung

Nach ständiger Rechtsprechung hat der ausscheidende Gesellschafter nach § 738 Abs. 1 Satz 2 BGB einen **Abfindungsanspruch in Höhe des vollen wirtschaftlichen Werts (Verkehrswerts) seines Anteils**[1], sofern der Gesellschaftsvertrag keine andere Regelung enthält (zu solchen Abfindungsklauseln unten Rz. 36 ff.). Entgegen dem missverständlichen Wortlaut der Vorschrift ist bei der Wertermittlung grundsätzlich nicht der Liquidationswert, sondern der **Fortführungswert** zugrunde zu legen. Dies hat das **RG** schon im Jahre 1922 entschieden: „In der Bestimmung des § 738 BGB, der Ausscheidende habe das zu fordern, was er erhalten würde, wenn die Gesellschaft zur Zeit seines Ausscheidens aufgelöst worden wäre, ist nicht der Wert gemeint, der sich bei einer allgemeinen Versilberung der einzelnen Vermögensgegenstände ergibt, sondern der Erlös, der sich bei einer der Sachlage entsprechenden, **möglichst vorteilhaften Verwertung des Gesellschaftsvermögens [...] durch Veräußerung im ganzen** ergeben würde"[2]. Der **BGH** hat diese Rechtsprechung fortgeführt[3] und wiederholt ausgesprochen, dass bei einem lebensfähigen Unternehmen im Allgemeinen der Wert anzusetzen ist, der sich bei einem **Verkauf des Unternehmens als Einheit** ergeben würde.[4] Infolgedessen ist der ausscheidende Gesellschafter auch an den stillen Reserven und einem etwaigen Geschäftswert zu beteiligen.[5]

12

---

1 Vgl. BGH v. 1.4.1953 – II ZR 235/52, BGHZ 9, 157 (168); BGH v. 17.2.1955 – II ZR 316/53, BGHZ 16, 317 (322); BGH v. 16.12.1991 – II ZR 58/91, BGHZ 116, 359 (364 ff.) = GmbHR 1992, 257; BGH v. 19.9.2005 – II ZR 342/03, BGHZ 164, 107 (115) = GmbHR 2005, 1561; BGH v. 17.12.2001 – II ZR 348/99, GmbHR 2002, 265 = NZG 2002, 176.
2 RG v. 22.12.1922 – II 621/22, RGZ 106, 128 (132); zuvor bereits RG v. 12.5.1899 – III 31/99, JW 1899, 395; v. 4.10.1902 – I 134/1902 & I 306/1902, JW 1902, 590.
3 Vgl. BGH v. 1.4.1953 – II ZR 235/52, BGHZ 9, 157 (168); BGH v. 16.12.1991 – II ZR 58/91, BGHZ 116, 359 (364 ff.) = GmbHR 1992, 257; BGH v. 24.9.1984 – II ZR 256/83, NJW 1985, 192 (193) = GmbHR 1985, 113; BGH v. 24.5.1993 – II ZR 36/92, NJW 1993, 2101 (2102) = GmbHR 1993, 505; BGH v. 17.12.2001 – II ZR 348/99, GmbHR 2002, 265 = NZG 2002, 176; BGH v. 19.9.2005 – II ZR 342/03, BGHZ 164, 107 (115) = GmbHR 2005, 1561: „Scheidet ein Gesellschafter aus der Gesellschaft aus, sei es durch Ausschließung, sei es – wie hier – als Folge einer satzungsgemäßen Abtretungspflicht, hat er allerdings grundsätzlich einen Anspruch auf Abfindung in Höhe des Verkehrswerts seines Geschäftsanteils."
4 Vgl. BGH v. 20.9.1971 – II ZR 157/68, WM 1971, 1450; BGH v. 22.10.1973 – II ZR 37/72, WM 1974, 129 (130); BGH v. 24.9.1984 – II ZR 256/83, NJW 1985, 192 (193) = GmbHR 1985, 113; s. auch schon BGH v. 8.12.1960 – II ZR 234/59, WM 1961, 323 (324).
5 Vgl. bereits RG v. 5.11.1918 – II 243/18, RGZ 94, 106 (108); RG v. 22.12.1922 – II 621/22, RGZ 106, 128 (132); aus der BGH-Rechtsprechung grundlegend BGH v. 21.4.1955 – II ZR 227/53, BGHZ 17, 130 (136) mit dem Zusatz: „Das folgt ohne weiteres daraus, daß der Beklagte bis zu seinem Ausscheiden an dem tatsächlichen Wert des lebenden Unternehmens beteiligt war und daß nunmehr sein Anteil an dem gesamten Gesellschaftsvermögen den verbleibenden Gesellschaftern zugewachsen ist. Daher ist es in dieser Hinsicht auch ohne Bedeutung, ob der Beklagte an der Schaffung oder der Erhaltung der stillen Reserven und des good will des Unternehmens durch tätige Mitarbeit oder auf sonstige Weise beteiligt war."

13 Die **Literatur** stimmt der Bewertung auf der Grundlage von Fortführungswerten nahezu ausnahmslos zu.[1] Sie weist nach, dass eine solche Lesart mit der Entstehungsgeschichte der Vorschrift durchaus vereinbar ist[2] und auch deren Wortlaut nur scheinbar widerspricht: § 738 Abs. 1 Satz 2 BGB spricht nämlich nicht von der Liquidation des „Unternehmens", sondern von der Auflösung der „Gesellschaft"[3], bei der zunächst versucht werden muss, das Unternehmen als Ganzes zu veräußern.[4]

3. Geeignete und ungeeignete Bewertungsmethoden

a) Rechts- oder Tatfrage?

14 Hinsichtlich der Bewertungsmethoden zur Ermittlung des vollen wirtschaftlichen Werts bedarf zunächst der Klärung, ob es sich um eine Rechts- oder Tatfrage handelt. Von Belang ist dies zum einen für die Aufgabenverteilung zwischen Gericht und Sachverständigem, zum anderen für die Abgrenzung der Verantwortungsbereiche von Tat- und Revisionsgericht (näher § 28 Rz. 5).

15 Der **BGH** hat in einer **Grundsatzentscheidung aus dem Jahre 1978** ausgesprochen, es handle sich **nicht um eine Rechtsfrage**; vielmehr unterliege es dem pflichtgemäßen Urteil der mit der Bewertung befassten Fachleute, unter den in der Betriebswirtschaftslehre und der betriebswirtschaftlichen Praxis vertretenen Verfahren das im Einzelfall geeignet erscheinende auszuwählen.[5] Das von ihnen gefundene Ergebnis habe der Tatrichter dann frei zu würdigen.[6] Diese Formel variierend heißt es in einer langen Kette von Folgeentscheidungen zum Familien- und Gesellschaftsrecht, dass die sachverhaltsspezifische **Auswahl und Anwendung der Bewertungsmethode Sache des – sachverständig beratenen – Tatrichters** sei.[7] Die von diesem vorgenommene Unternehmensbewertung

---

1 Grundlegend und von der frühen BGH-Rechtsprechung in Bezug genommen *A. Hueck*, Das Recht der OHG, 4. Aufl. 1971, S. 458; aus neuerer Zeit *Großfeld*, Recht der Unternehmensbewertung, Rz. 48 f.; *Hüttemann*, ZHR 162 (1998), 565 (577); *Schäfer* in MünchKomm. BGB, 6. Aufl. 2013, § 738 BGB Rz. 32; *Piehler/Schulte* in MünchHdb. GesR, Bd. 1, § 75 Rz. 20; *Hadding/Kießling* in Soergel, 13. Aufl. 2011, § 738 BGB Rz. 20; *Wiedemann*, Gesellschaftsrecht, Bd. II, 2004, § 3 III 3 c aa, S. 242; abw. nur *Schönle*, DB 1959, 1427 (1428).
2 Eingehende Analyse bei *Schulze-Osterloh*, ZGR 1986, 545 (548 f.); knapper *Wiedemann*, Gesellschaftsrecht, Bd. II, 2004, § 3 III 3 c aa, S. 242.
3 Vgl. *K. Schmidt* in MünchKomm. HGB, 3. Aufl. 2011, § 131 HGB Rz. 138; *Piehler/Schulte* in MünchHdb. GesR, Bd. 1, § 75 Rz. 20.
4 Dazu *Flume*, Allgemeiner Teil des BGB, Bd. I/1, 1977, S. 170; *A. Hueck*, Das Recht der OHG, 4. Aufl. 1971, S. 458 mit Fn. 58.
5 Vgl. BGH v. 13.3.1978 – II ZR 142/76 – „Kali & Salz", NJW 1978, 1316 (1319) (insoweit nicht in BGHZ 71, 40 abgedruckt) zur Bewertung der beiderseitigen Leistungen bei einer Kapitalerhöhung mit Sacheinlage in einer AG.
6 Vgl. BGH v. 13.3.1978 – II ZR 142/76 – „Kali & Salz", NJW 1978, 1316 (1319).
7 Vgl. BGH v. 23.10.1985 – IVb ZR 62/84, NJW-RR 1986, 226 (228); BGH v. 7.5.1986 – IVb ZR 42/85, NJW-RR 1986, 1066 (1068); BGH v. 24.10.1990 – XII ZR 101/89, NJW 1991, 1547 (1548); BGH v. 8.5.1998 – BLw 18/97, BGHZ 138, 371 (382); BGH v. 13.3.2006 – II ZR 295/04, NZG 2006, 425 (426); BGH v. 16.1.2006 – II ZR 65/04,

könne vom Revisionsgericht nur darauf geprüft werden, ob sie gegen Denkgesetze oder Erfahrungssätze verstoße oder sonst auf rechtsfehlerhaften Erwägungen beruhe.[1] Es gibt allerdings auch einzelne gesellschaftsrechtliche Entscheidungen, in denen die rechtliche Überformung der Wertermittlung stärker betont wird.[2]

Demgegenüber hat die **Literatur** die Formel des BGH aus der *Kali und Salz*-Entscheidung schon früh kritisiert[3] und auf die Normprägung der Unternehmensbewertung hingewiesen.[4] Vor diesem Hintergrund heißt es häufig, dass die Ermittlung der Abfindung „**Rechts- und nicht Tatfrage**"[5] sei und dass man sehr wohl „zwischen ‚richtigen' und ‚falschen' Methoden unterscheiden"[6] könne.

Richtigerweise ist zu differenzieren: Außer Streit stehen sollte heute, dass die **Festlegung des gesetzlichen Bewertungsziels** eine **Rechtsfrage** darstellt, deren Entscheidung ausschließlich den Gerichten vorbehalten ist (dazu auch § 1 Rz. 25 ff.).[7] Dagegen können und dürfen die Einzelheiten der Wertermittlung

---

BGHZ 165, 391 (396) = GmbHR 2006, 482; BGH v. 6.2.2008 – XII ZR 45/06 – Rz. 18, BGHZ 175, 207; BGH v. 9.2.2011 – XII ZR 40/09 – Rz. 16, BGHZ 188, 282 (288); BGH v. 2.2.2011 – XII ZR 185/08 – Rz. 24, BGHZ 188, 249 (255).

1 Vgl. BGH v. 23.10.1985 – IVb ZR 62/84, NJW-RR 1986, 226 (228); BGH v. 7.5.1986 – IVb ZR 42/85, NJW-RR 1986, 1066 (1068); BGH v. 8.5.1998 – BLw 18/97, BGHZ 138, 371 (382); BGH v. 9.2.2011 – XII ZR 40/09 – Rz. 16, BGHZ 188, 282 (288); BGH v. 2.2.2011 – XII ZR 185/08 – Rz. 24, BGHZ 188, 249 (255).
2 In diese Richtung etwa BGH v. 9.11.1998 – II ZR 190/97, BGHZ 140, 35 (38) = AG 1999, 122: „[...] ist der Unternehmenswert, der von dem Barwert der zukünftigen Überschüsse der Einnahmen über die Ausgaben gebildet wird und theoretisch den richtigen Wert eines Unternehmens darstellt [...].", ferner BGH v. 13.3.2006 – II ZR 295/04, NZG 2006, 425 (426): „Ohne Bedeutung ist auch, dass nach der Rechtsprechung des Senats die Entscheidung, nach welcher betriebswirtschaftlichen Bewertungsmethode die Höhe des Unternehmenswerts zu ermitteln ist, grundsätzlich dem Tatrichter vorbehalten ist. Denn im vorliegenden Fall ist es jedenfalls rechtsfehlerhaft, bei der Berechnung der Abfindung allein auf den Ertragswert abzustellen."
3 Vgl. bereits die Entscheidungsrezension von *Lutter*, ZGR 1979, 401 (416 f.): „Diese Überlegungen können mich nicht recht befriedigen. [...] Diese zweckgerichtete Auswahl unter den Bewertungsmethoden aber ist eine Rechtsfrage. Die Betriebswirtschaftslehre kann nur Hilfen bei der technischen Durchführung der Wertschätzung geben; an welchen zweckbestimmten Grundsätzen die Schätzung auszurichten ist, hat hingegen die Rechtswissenschaft zu klären. [...] Aber auch die weitere Grundfrage jeder Unternehmensbewertung, ob nämlich der Ertrags-, der Substanz- oder ein Mittelwert der Schätzung zugrundezulegen sei, kann mitnichten rechtlicher Überprüfung entzogen sein."
4 Eindringlich *Großfeld*, JZ 1981, 769 (771 f.).
5 *Wiedemann*, Gesellschaftsrecht, Bd. II, 2004, § 3 III 3 e aa, S. 243.
6 *K. Schmidt*, Gesellschaftsrecht, 4. Aufl. 2002, § 50 IV 1 d, S. 1477.
7 Vgl. *Fleischer*, ZGR 1997, 368 (375); *Hannes* in Peemöller, Praxishandbuch der Unternehmensbewertung, S. 1119, 1125; *Hüttemann*, WPg 2007, 812; *Piehler/Schulte* in MünchHdb. GesR, Bd. 1, § 75 Rz. 23; *Winner*, Wert und Preis im Zivilrecht, 2008, S. 417, s. auch *Aurnhammer*, Die Abfindung von BGB-Gesellschaftern im Spannungsfeld zwischen Wissenschaft, Rechtsprechung und Betriebswirtschaftslehre, S. 49 ff.; *Richter*, S. 22 ff.

nicht der richterlichen Intuition überlassen bleiben[1]; hierzu bedürfen die Gerichte vielmehr in aller Regel sachverständiger Hilfe durch Einholung eines Bewertungsgutachtens. In diesem Sinne ist die **Ermittlung des Unternehmenswerts** eine **Tatfrage**, die mit den Mitteln des Beweisrechts zu klären ist (dazu auch § 1 Rz. 44 f.).[2] Hiervon unberührt bleibt die Pflicht der Gerichte, sich eingehend mit dem Sachverständigengutachten auseinanderzusetzen und zu prüfen, **ob** die im Einzelfall **angewendete Bewertungsmethode mit** dem **gesetzlichen Bewertungsziel vereinbar** ist.[3] Dies unterliegt auch der **revisionsgerichtlichen Kontrolle**[4], was manche zu der Bemerkung veranlasst, dass die Grenzen zwischen Rechts- und Tatfrage in der Praxis verschwimmen.[5]

b) Keine Bindung an eine bestimmte Wertermittlungsmethode

18 Was die Methodenauswahl anbelangt, betont der **BGH** in ständiger Rechtsprechung, dass das Gesetz – von Ausnahmefällen abgesehen – keine bestimmte Methode vorschreibe[6] und dass es in der Betriebswirtschaftslehre keine einhellig gebilligte Bewertungsmethode gebe.[7] Bei der Schätzung des Wertes der Gesellschaftsvermögens (dazu Rz. 31) sei der **Tatrichter** daher **nicht an eine bestimmte Wertermittlungsmethode gebunden**.[8] Dessen ungeachtet heben jüngere Entscheidungen hervor, dass die Bewertung auf der Grundlage des Ertragswertverfahrens seit einiger Zeit eindeutig vorherrsche.[9] In vielen, wenn nicht in den meisten Fällen laufe die Ermittlung des Unternehmenswerts da-

---

1 Treffend *Piltz*, Die Unternehmensbewertung in der Rechtsprechung, S. 132.
2 So ausdrücklich *Hüttemann*, WPg 2007, 812 (813); gleichsinnig *Hopt* in Baumbach/Hopt, Einl. vor § 1 HGB Rz. 37; *Hannes* in Peemöller, Praxishandbuch der Unternehmensbewertung, S. 1119, 1125; *Piehler/Schulte* in MünchHdb. GesR, Bd. 1, § 75 Rz. 23; ferner *Fleischer*, ZGR 1997, 368 (375): „Was auf die Gerechtigkeitswaage zu legen ist, entscheidet das Gesellschaftsrecht; wie die einzelnen Gewichte zu wägen sind, obliegt der Betriebswirtschaftslehre."
3 Ebenso *Hüttemann*, WPg 2007, 812 (813, 817 f.): „Keine Einschränkungen gelten hingegen für die richterliche ‚Rechtskontrolle' von Sachverständigengutachten, d.h. der Richter muss stets überprüfen, ob die Annahmen und Bewertungsmodelle des Sachverständigen mit der gesetzlichen Bewertungsvorgabe übereinstimmen."; gleichsinnig *Piehler/Schulte* in MünchHdb. GesR, Bd. 1, § 75 Rz. 23.
4 So auch *Piehler/Schulte* in MünchHdb. GesR, Bd. 1, § 75 Rz. 24.
5 So etwa *Hannes* in Peemöller, Praxishandbuch der Unternehmensbewertung, S. 1119, 1125; ähnlich *Piehler/Schulte* in MünchHdb. GesR, Bd. 1, § 75 Rz. 23.
6 Vgl. BGH v. 17.1.1973 – IV ZR 142/70, NJW 1973, 509; BGH v. 1.7.1982 – IX ZR 34/81, NJW 1982, 2441; BGH v. 9.2.2011 – XII ZR 40/09 – Rz. 16, BGHZ 188, 282 (288); BGH v. 8.5.1998 – BLw 18/97, BGHZ 138, 371 (382); BGH v. 2.2.2011 – XII ZR 185/08 – Rz. 24, BGHZ 188, 249 (255).
7 Vgl. BGH v. 17.1.1973 – IV ZR 142/70, NJW 1973, 509; BGH v. 1.7.1982 – IX ZR 34/81, NJW 1982, 2421; BGH v. 24.10.1990 – XII ZR 101/89, NJW 1991, 1547 (1548).
8 Vgl. BGH v. 24.10.1990 – XII ZR 101/89, NJW 1991, 1547 (1548); BGH v. 24.5.1993 – II ZR 36/92, NJW 1993, 2101 = GmbHR 1993, 505 (Leitsatz 2).
9 Vgl. BGH v. 16.12.1991 – II ZR 58/91, BGHZ 116, 359 (370 f.) = GmbHR 1992, 257; BGH v. 24.5.1993 – II ZR 36/92, NJW 1993, 2101 (2103) = GmbHR 1993, 505.

her auf eine Ertragswertermittlung hinaus.¹ Dies müsse aber nicht in jeden Fall so sein.² Insbesondere könne bei überdurchschnittlich hohem Anteil des nicht betriebsnotwendigen Vermögens dem Substanzwert eine erhöhte Bedeutung zukommen.³ In der **Literatur** findet diese vorsichtig-differenzierende Linie bei regelmäßigem Vorrang des Ertragswertverfahrens **verbreitet Zustimmung** (dazu auch § 1 Rz. 52 ff.).⁴

c) **Ertragswertverfahren**

Bei unternehmenstragenden Gesellschaften legt die **Rechtsprechung** ganz überwiegend das sog. Ertragswertverfahren (näher § 4 Rz. 30 ff.) zugrunde.⁵ Der BGH hat es als „**heute herrschende Auffassung**"⁶ und „seit längerem eindeutig vorherrschende Berechnungsweise"⁷ bezeichnet, die „sich in der Unternehmensbewertung grundsätzlich durchgesetzt"⁸ habe, und den Ertragswert als „theoretisch [...] richtigen Wert eines Unternehmens"⁹ eingeordnet. Die **herrschende Lehre** pflichtet dem nahezu ausnahmslos bei.¹⁰ Auch in der be-

19

---

1 So ausdrücklich BGH v. 24.5.1993 – II ZR 36/92, NJW 1993, 2101 (2103) = GmbHR 1993, 505; ähnlich BGH v. 24.9.1984 – II ZR 256/83, NJW 1985, 192 (193) = GmbHR 1985, 113.
2 Vgl. BGH v. 24.5.1993 – II ZR 36/92, NJW 1993, 2101 (2103) = GmbHR 1993, 505; ferner BGH v. 9.2.2011 – XII ZR 40/09 – Rz. 19, BGHZ 188, 282 (288): „Die Bewertung einer freiberuflichen Praxis erfolgt grundsätzlich auch nicht nach dem reinen Ertragswertverfahren."
3 Vgl. BGH v. 24.5.1993 – II ZR 36/92, NJW 1993, 2101 (2103) = GmbHR 1993, 505.
4 Vgl. *Fleischer*, ZGR 1997, 368 (375); *Hannes* in Peemöller, Praxishandbuch der Unternehmensbewertung, S. 1119, 1125; *Hüttemann*, WPg 2007, 812 (819); *Piehler/Schulte* in MünchHdb. GesR, Bd. 1, § 75 Rz. 23; nicht eindeutig *K. Schmidt*, Handelsrecht, 6. Aufl. 2014, § 3 Rz. 22: „So richtig es aber ist, dass der auf unterschiedliche Methoden gestützte gutachterliche Sachverstand auf der Tatfragenebene respektiert werden muss, so notwendig ist doch die Herausarbeitung der rechtlichen Vorgaben."
5 Vgl. BGH v. 24.9.1984 – II ZR 256/83, NJW 1985, 192 = GmbHR 1985, 113; BGH v. 24.5.1993 – II ZR 36/92, NJW 1993, 2101 (2103) = GmbHR 1993, 505; BGH v. 9.11.1998 – II ZR 190/97, NJW 1999, 283 = GmbHR 1999, 31; BGH v. 16.12.1991 – II ZR 58/91, BGHZ 116, 359 (371) = GmbHR 1992, 257; BGH v. 8.5.1998 – BLw 18/97, BGHZ 138, 371 (383); BGH v. 9.11.1998 – II ZR 190/97, BGHZ 140, 35 (38); OLG Köln v. 19.12.1997 – 4 U 31/97, NZG 1998, 779 (780) = GmbHR 1998, 641; OLG Koblenz v. 20.2.2009 – 10 U 57/05, OLGR 2009, 608; OLG Hamburg v. 3.8.2000 – 11 W 36/95, AG 2001, 479 = NZG 2001, 471; OLG Düsseldorf v. 14.4.2000 – 19 W 6/98, NZG 2000, 1079.
6 BGH v. 16.12.1991 – II ZR 58/91, BGHZ 116, 359 (371) = GmbHR 1992, 257.
7 BGH v. 24.5.1993 – II ZR 36/92, NJW 1993, 2101 (2103) GmbHR 1993, 505.
8 BGH v. 8.5.1998 – BLw 18/97, BGHZ 138, 371 (383).
9 BGH v. 9.11.1998 – II ZR 190/97, BGHZ 140, 35 (38) = GmbHR 1999, 31.
10 Vgl. *Hannes* in Peemöller, Praxishandbuch der Unternehmensbewertung, S. 1119, 1125; *Kilian* in Henssler/Strohn, § 738 BGB Rz. 10; *Hülsmann*, ZIP 2001, 450 (451 ff.); *W. Müller* in FS Bezzenberger, 2000, S. 705 (706 ff.); *Schäfer* in MünchKomm. BGB, 6. Aufl. 2013, § 738 BGB Rz. 24, 35; *Piltz*, Die Unternehmensbewertung in der Rechtsprechung, S. 131 ff., 136 ff.; *Hadding/Kießling* in Soergel, 13. Aufl. 2011, § 738 BGB Rz. 32; *Ulmer* in FS Quack, 1991, S. 477 (479); *Wiedemann*, Gesellschaftsrecht, Bd. II, 2004, § 3 III 3 e aa, S. 243.

rufsständischen Praxis dominiert das Ertragswertverfahren gemäß IDW S 1 2008.[1]

20 Allerdings werden im Personengesellschafts- und GmbH-Recht auch einzelne **Ausnahmen** oder gewisse Modifikationen des Ertragswertverfahrens erwogen.[2] Dies gilt zunächst für Gesellschaften mit regelmäßig hohen stillen Reserven oder stichtagsbedingten stillen Lasten, typischerweise Immobilien- oder Beteiligungsgesellschaften.[3] Besonderheiten sind außerdem bei unrentablen oder ertragsschwachen Unternehmen zu beachten, bei denen der Liquidationswert nach richtiger Auffassung die Wertuntergrenze bildet (näher § 8 Rz. 15 ff., § 8 Rz. 29 ff.).[4] Größere Ungenauigkeiten können sich ferner bei Freiberufler-Gesellschaften ergeben, bei denen sich der Ertragswert kaum von der konkreten Person des Freiberuflers trennen lässt.[5] Schließlich kann das Ertragswertverfahren wegen der besonderen Umstände des Einzelfalls ungeeignet sein, z.B. weil die Gesellschaft nach dem Ausscheiden eines Mitgesellschafters nur noch zur Abwicklung schwebender Geschäfte fortgesetzt wird.[6]

d) Discounted Cash Flow-Verfahren

21 Die Discounted Cash Flow-Verfahren (näher § 9 Rz. 6 ff.) haben **in der Rechtsprechung bisher kaum Fuß gefasst**[7], obwohl sie auf den gleichen konzeptionellen Grundlagen beruhen wie das Ertragswertverfahren.[8] Beide Verfahren ermitteln den Zukunftserfolgswert und führen bei gleichen Annahmen zu gleichen

---

1 Vgl. IDW S 1, WPg Supplement 3/2008, S. 68, 70, Rz. 5; WP-Handbuch 2014, Bd. II, Rz. A 7: „Der Unternehmenswert wird grundsätzlich als Zukunftserfolgswert ermittelt. In der Unternehmensbewertungspraxis haben sich als gängige und anerkannte Verfahren das Ertragswertverfahren und die DCF-Verfahren herausgebildet."

2 Vgl. *Hadding/Kießling* in Soergel, 13. Aufl. 2011, § 738 BGB Rz. 34, wonach das „Abstellen auf den Ertrag oder den Einnahmeüberschuss [in bestimmten Fällen] versagt"; ähnlich *Kilian* in Henssler/Strohn, § 738 BGB Rz. 10: „Modifikationen der Bewertungsmaßstäbe sind dort notwendig, wo die Ertragswertmethode strukturell versagen muss [...]."

3 Vgl. BGH v. 13.3.2006 – II ZR 295/04, NZG 2006, 425; *Kilian* in Henssler/Strohn, § 738 BGB Rz. 10; *Piehler/Schulte* in MünchHdb. GesR, Bd. 1, § 10 Rz. 82; *Schäfer* in MünchKomm. BGB, 6. Aufl. 2013, § 738 BGB Rz. 35 mit Fn. 76; *Hadding/Kießling* in Soergel, 13. Aufl. 2011, § 738 BGB Rz. 34.

4 Vgl. *Schäfer* in MünchKomm. BGB, 6. Aufl. 2013, § 738 BGB Rz. 24.

5 Vgl. BGH v. 24.10.1990 – XII ZR 101/89, NJW 1991, 1547 (1548); BGH v. 9.2.2011 – XII ZR 40/09 – Rz. 19, BGHZ 188, 282 (288); *Kilian* in Henssler/Strohn, § 738 BGB Rz. 10; *Schäfer* in MünchKomm. BGB, 6. Aufl. 2013, § 738 BGB Rz. 35 mit Fn. 76; *Hadding/Kießling* in Soergel, 13. Aufl. 2011, § 738 BGB Rz. 34.

6 Vgl. OLG Hamm v. 3.6.2004 – 27 U 224/03, NZG 2005, 175; *Hadding/Kießling* in Soergel, 13. Aufl. 2011, § 738 BGB Rz. 34.

7 Gleicher Befund bei *Schäfer* in MünchKomm. BGB, 6. Aufl. 2013, § 738 BGB Rz. 36; *Hadding/Kießling* in Soergel, 13. Aufl. 2011, § 738 BGB Rz. 33; s. aber LG Freiburg v. 20.2.2009 – 12 T 1/09, GmbHR 2009, 1106.

8 Vgl. IDW S 1, WPg Supplement 3/2008, S. 68, 81, Rz. 101; *Fleischer*, GmbHR 1999, 752 (757 f.); *Habersack/Lüssow*, NZG 1999, 629 (633).

Ergebnissen.[1] Sie sind auch in der berufsständischen Bewertungspraxis gleichermaßen anerkannt.[2] Daher wird man die Discounted Cash Flow-Verfahren grundsätzlich als **geeignete Methoden im Rahmen der rechtsgeprägten Unternehmensbewertung** ansehen können (wie hier § 1 Rz. 52).[3]

e) Liquidationswertverfahren

Der Liquidationswert steht bei der Abfindungsbemessung im Schatten des Ertragswerts (vgl. § 8 Rz. 7). Eine gewisse Rolle spielt er aber bei der Bewertung ertragsschwacher Unternehmen (vgl. § 8 Rz. 14). **Nach zutreffender herrschender Lehre** bildet die **Liquidationswert** nämlich die **Abfindungsuntergrenze** für ausscheidende Personen- oder GmbH-Gesellschafter (näher § 8 Rz. 29 ff.).[4] Die Rechtsprechung ist uneinheitlich (vgl. § 8 Rz. 17 ff.). Der für das Gesellschaftsrecht zuständige **II. Zivilsenat des BGH** hatte im Jahre 2006 über die Abfindung eines Gesellschafters beim Ausscheiden aus einer GbR zu befinden, die ein wenig rentables Feriendorf betrieb.[5] Der Gesellschaftsvertrag sah eine Abfindung zum Ertragswert vor. Der Liquidationswert des Feriendorfs belief sich – bei Parzellierung des Grundstücks und Verkauf der einzelnen Ferienhausparzellen – auf das Dreieinhalbfache des Ertragswerts. Aufgrund dieser Diskrepanz war die Abfindungsklausel nach Auffassung des Senats gem. § 723 Abs. 3 BGB unwirksam (zu diesem Kontrollmaßstab auch unten Rz. 41). Daher sei es jedenfalls **rechtsfehlerhaft** gewesen, bei der Berechnung der Abfindung **allein auf den Ertragswert abzustellen**, zumal die Parzellierung des Feriendorfs dem verbleibenden Gesellschafter zumutbar gewesen sei.[6] Offen ließ der II. Zivilsenat, ob der Liquidationswert stets oder unter bestimmten Voraussetzungen die Untergrenze des für die Abfindung maßgeblichen Unternehmenswerts bilde.[7]

22

---

1 Vgl. IDW S 1, WPg Supplement 3/2008, S. 68, 81, Rz. 101.
2 Vgl. IDW S 1, WPg Supplement 3/2008, S. 68, 81, Rz. 101; WP-Handbuch 2014, Bd. II, Rz. A 7: „In der Unternehmensbewertungspraxis haben sich als gängige und anerkannte Verfahren das Ertragswertverfahren und die DCF-Verfahren herausgebildet."
3 Vgl. bereits *Fleischer*, GmbHR 1999, 752 (757); vorsichtig in diese Richtung auch *Piehler/Schulte* in MünchHdb. GesR, Bd. 1, § 75 Rz. 38: „Die DCF-Verfahren waren früher auf börsennotierte Unternehmen ausgerichtet, dürften aber nunmehr auch für sonstige Unternehmen an Gewicht gewinnen."; ferner *Habersack/Lüssow*, NZG 1999, 629 (633): „Angesichts dieser Entwicklungen ist zu betonen, dass der Ertragswertmethode weder unter betriebswirtschaftlichen noch unter rechtlichen Gesichtspunkten der Vorrang vor den DCF-Verfahren gebührt."; *Hüttemann* in FS Huber, 2006, S. 757 (772) mit Fn. 98; *Hüttemann*, WPg 2008, 812 (819).
4 Vgl. *Altmeppen* in Roth/Altmeppen, § 14 GmbHG Rz. 6; *Hopt* in Baumbach/Hopt, Einl. vor § 1 HGB Rz. 36 f.; *Hüttemann*, ZHR 162 (1998), 563 (585); *Lorz* in Ebenroth/Boujong/Joost/Strohn, § 131 HGB Rz. 88; *Piehler/Schulte* in MünchHdb. GesR, Bd. 1, § 75 Rz. 26; *Schäfer* in Staub, § 131 HGB Rz. 148; *Wiedemann*, WM 1992, Sonderbeilage 7, S. 3, 39; **abw.** *Lutter* in Lutter/Hommelhoff, § 34 GmbHG Rz. 79; *Sosnitza* in Michalski, § 34 GmbHG Rz. 48; *Strohn* in MünchKomm. GmbHG, 2. Aufl. 2014, § 34 GmbHG Rz. 214.
5 Vgl. BGH v. 13.3.2006 – II ZR 295/04, NZG 2006, 425.
6 Vgl. BGH v. 13.3.2006 – II ZR 295/04, NZG 2006, 425.
7 Vgl. BGH v. 13.3.2006 – II ZR 295/04, NZG 2006, 425 f.

f) Substanzwertverfahren

23 Der Substanzwert, verstanden als Rekonstruktions- oder Wiederbeschaffungswert aller materiellen und immateriellen Werte im Unternehmen (näher § 2 Rz. 40 ff. und § 10 Rz. 75 ff.), spielte in der früheren Bewertungs- und Spruchpraxis eine große Rolle.[1] Heute ist die **Substanzwertmethode** zumindest bei erwerbswirtschaftlichen Unternehmen **überholt**, weil sie sich nicht am Zukunftserfolg des Unternehmens orientiert, sondern an den Aufwendungen, die nötig wären, um das Unternehmen „nachzubauen".[2] Damit ist sie **regelmäßig nicht geeignet**, den vollen wirtschaftlichen Wert i.S.d. § 738 Abs. 1 Satz 2 BGB sachgerecht zu ermitteln (ebenso § 1 Rz. 57).[3] Dieses Manko wird auch nicht dadurch ausgeglichen, dass die Rechtsprechung seit jeher einen Geschäfts- oder Firmenwert (Goodwill) in die Wertermittlung einbezogen hat[4], den ein potentieller Erwerber über den Wert aller materiellen und immateriellen Vermögensgegenstände hinaus unter Berücksichtigung zukünftiger Gewinnchancen zu zahlen bereit wäre.[5]

24 In **Sonderfällen** wird das Substanzwertverfahren aber nach wie vor **herangezogen**.[6] So hat der BGH etwa hervorgehoben, dass dem Substanzwert der einzelnen Vermögensgegenstände bei landwirtschaftlichen Betrieben eine weit größere Bedeutung zukomme als bei der Bewertung industrieller Wirtschaftsunternehmen.[7] Im Wertdenken der Landwirte stünden Sachwerte im Vorder-

---

1 Rückblickend *Schäfer* in MünchKomm. BGB, 6. Aufl. 2013, § 738 BGB Rz. 23; *Wiedemann*, Gesellschaftsrecht, Bd. II, 2004, § 3 III 3 e aa, S. 243.
2 Vgl. *Großfeld*, Recht der Unternehmensbewertung, Rz. 283; *Piltz*, Die Unternehmensbewertung in der Rechtsprechung, S. 203.
3 Vgl. *Großfeld*, Recht der Unternehmensbewertung, Rz. 284, 1286; *Hannes* in Peemöller, Praxishandbuch der Unternehmensbewertung, S. 1119, 1125; *Henssler/Michel*, NZG 2012, 401 (404); *Schäfer* in MünchKomm. BGB, 6. Aufl. 2013, § 738 BGB Rz. 24; *K. Schmidt*, Handelsrecht, 6. Aufl. 2014, § 3 Rz. 22.
4 Vgl. RG v. 5.11.1918 – II 243/18, RGZ 94, 106 (108); RG v. 22.12.1922 – II 621/22, RGZ 106, 128 (132); RG v. 9.10.1941 – II 88/41, DR 1942, 140.
5 Dazu auch *Wiedemann*, Gesellschaftsrecht, Bd. II, 2004, § 3 III 3 e aa, S. 243: „In Wahrheit handelt es sich dabei nicht um ein fiktives Aktivum, sondern um die Berücksichtigung des Ertragswertes, also bereits um eine gemischte Bewertungsmethode."; ferner *Schäfer* in MünchKomm. BGB, 6. Aufl. 2013, § 738 BGB Rz. 24: „Auch wenn sich die Differenz zwischen Substanz- und Ertragswert mit Hilfe des Firmen- oder Geschäftswerts ausgleichen ließe, bedarf es des Umwegs über die vorgeschaltete Ermittlung des Substanzwerts aus zutreffender neuerer Sicht doch nicht."
6 Eingehend, wenn auch nicht mehr in jeder Hinsicht aktuell, *Piltz*, Die Unternehmensbewertung in der Rechtsprechung, S. 203 ff.; s. auch noch BGH v. 16.12.1991 – II ZR 58/91, BGHZ 116, 359 (371) = GmbHR 1992, 257: „Das Berufungsgericht wird dabei auch darüber zu befinden haben, ob der Ermittlung des Unternehmenswerts mit der heute herrschenden Auffassung die Ertragswertmethode zugrunde zu legen ist oder ob es geboten erscheint, im vorliegenden Fall von der Substanzwertmethode auszugehen."
7 Vgl. BGH v. 8.5.1998 – BLw 18/97, BGHZ 138, 371 (384).

grund¹, so dass hier auch eine Bewertung nach dem Sachwertverfahren in Betracht komme.² Darüber hinaus wird der Substanzwert zur Bewertung gemeinnütziger Unternehmen herangezogen.³

Findet die Substanzwertmethode ausnahmsweise Anwendung, so ist der Wert aller Einzelgegenstände des Gesellschaftsvermögens zu ermitteln.⁴ Hierzu gehören neben den materiellen auch die immateriellen Vermögensgegenstände⁵ sowie der Geschäfts- oder Firmenwert (Goodwill)⁶. Maßgeblich sind nicht die Anschaffungs- oder Herstellungs-, sondern die Wiederbeschaffungskosten.⁷ Stille Reserven sind zu berücksichtigen.⁸

25

g) Misch- oder Kombinationsverfahren

Mischverfahren beruhen auf der Annahme, dass der Wert eines Unternehmens nicht allein durch seine Substanz, sondern auch durch seine Ertragskraft bestimmt wird (vgl. § 2 Rz. 53). Sie kombinieren daher Elemente beider Bewertungsmethoden. Am bekanntesten ist das sog. **Mittelwertverfahren**, das den Unternehmenswert als Mittelwert aus Substanz- und Ertragswert ermittelt (näher § 10 Rz. 80 ff.).⁹ Es wurde **in der früheren Rechtsprechung gebilligt** oder sogar als vorherrschend bezeichnet. So hieß es noch in einem Urteil des BGH aus dem Jahre 1973: „Vorherrschend ist ein Bewertungsverfahren, das sowohl den Substanzwert (Reproduktionswert) wie den Ertragswert berücksichtigt und den End- oder Gesamtwert des Unternehmens auf dem Wege einer Verbindung beider Werte oder der Berichtigung des Substanzwertes nach Maßgabe der Ertragsfähigkeit des Unternehmens ermittelt."¹⁰ Ein Folgeurteil aus dem Jahre

26

---

1 So ausdrücklich BGH v. 8.5.1998 – BLw 18/97, BGHZ 138, 371 (384); dazu auch *Großfeld*, Recht der Unternehmensbewertung, Rz. 284 mit dem Zusatz: „[D]as mag sich inzwischen geändert haben."
2 In diesem Sinne BGH v. 8.5.1998 – BLw 18/97, BGHZ 138, 371 (372) (Leitsatz g)).
3 Vgl. *Großfeld*, Recht der Unternehmensbewertung, Rz. 284; WP-Handbuch 2014, Bd. II, Rz. A 443.
4 Vgl. *Kilian* in Henssler/Strohn, § 738 BGB Rz. 10; *Hadding/Kießling* in Soergel, 13. Aufl. 2011, § 738 BGB Rz. 34.
5 Vgl. *Kilian* in Henssler/Strohn, § 738 BGB Rz. 10; *Hadding/Kießling* in Soergel, 13. Aufl. 2011, § 738 BGB Rz. 34.
6 Vgl. BGH v. 6.3.1995 – II ZR 97/94, NJW 1995, 1551; BGH v. 3.5.1999 – II ZR 32/98, NJW 1999, 2438 (2439); *Kilian* in Henssler/Strohn, § 738 BGB Rz. 10; *Hadding/Kießling* in Soergel, 13. Aufl. 2011, § 738 BGB Rz. 34.
7 Vgl. *Kilian* in Henssler/Strohn, § 738 BGB Rz. 10; *Hadding/Kießling* in Soergel, 13. Aufl. 2011, § 738 BGB Rz. 34.
8 Vgl. BGH v. 21.4.1955 – II ZR 227/53, BGHZ 17, 130 (136); BGH v. 8.5.1998 – BLw 18/97, BGHZ 138, 371 (383); RG v. 22.12.1922 – II 621/22, RGZ 106, 128 (132); *Kilian* in Henssler/Strohn, § 738 BGB Rz. 10; *Hadding/Kießling* in Soergel, 13. Aufl. 2011, § 738 BGB Rz. 34.
9 Vgl. *Großfeld*, Recht der Unternehmensbewertung, Rz. 275.
10 Vgl. BGH v. 17.1.1973 – IV ZR 142/70, NJW 1973, 509.

1978 hielt daran ausdrücklich fest[1], doch deutete sich bereits kurz darauf eine Korrektur der Rechtsprechung an.[2] **Heute** sind Mischverfahren nach h.M. in Betriebswirtschaftslehre, berufsständischer Praxis und Rechtswissenschaft **keine geeigneten Bewertungsverfahren mehr**.[3] Zum einen beziehen sie den Substanzwert mit ein und führen damit zu systematischen Wertverzerrungen (vgl. § 1 Rz. 58). Zum anderen verbindet eine Kombination von Substanz und Ertrag Werte verschiedener Natur und ist daher nicht schlüssig zu begründen.[4]

27 Gleiches gilt für das sog. **Stuttgarter Verfahren**, das den Unternehmenswert ebenfalls als eine Kombination aus Ertrags- und Substanzwertkomponenten ermittelt (näher § 10 Rz. 89 ff.).[5] Es wurde bis 2009 vom BFH als geeignetes Schätzungsverfahren zur Bewertung nicht börsennotierter Anteile von Kapitalgesellschaften gebilligt[6] und ist vom BGH zuletzt im Jahre 1986 als nicht schlechthin ungeeignet bezeichnet worden, wenn es ein Unternehmen zu bewerten gilt, das seine Erträge weniger mit der Vermögenssubstanz als durch persönlichen Einsatz seiner Geschäftsführer erwirtschaftet[7]. Aus heutiger Sicht ist das Stuttgarter Verfahren im Rahmen des § 738 Abs. 1 Satz 2 BGB **untauglich**, weil es die Ertragsaussichten des Unternehmens nur teilweise erfasst (vgl. auch § 1 Rz. 58).[8]

---

1 Vgl. BGH v. 13.3.1978 – II ZR 142/76 – „Kali & Salz", NJW 1978, 1316 (1319) (insoweit in BGHZ 71, 40 nicht abgedruckt): „Nach einer in der Betriebswirtschaftslehre bislang vorherrschenden Auffassung ist der Unternehmenswert in der Regel durch eine Verbindung von Substanz- und Ertragswert zu ermitteln, wobei teils der eine, teils der andere Faktor zum Ausgangspunkt genommen oder als der wichtigere betrachtet wird."
2 Vgl. die billigende Feststellung in BGH v. 8.2.1979 – III ZR 2/77, WM 1979, 432: „Der Sachverständige folgt allerdings nicht dem in der Betriebswirtschaftslehre vorzugsweise empfohlenen Verfahren, den Wert eines Unternehmens durch eine Verbindung von Substanz- und Ertragswert zu ermitteln [...]. Er beschränkt sich demgegenüber auf die Ermittlung des Zukunftserfolgswerts [...]."
3 Ablehnend etwa *Großfeld*, Recht der Unternehmensbewertung, Rz. 276; *Hadding/Kießling* in Soergel, 13. Aufl. 2011, § 738 BGB Rz. 34; wohl auch *Wiedemann*, Gesellschaftsrecht, Bd. II, 2004, § 3 III 3 e aa, S. 243; ferner die Bemerkung von *Piltz*, Die Unternehmensbewertung in der Rechtsprechung, S. 221: „Daß das Mittelwertverfahren nicht mehr Gegenstand jüngster Entscheidungen ist, liegt wohl daran, daß die Sachverständigen es nicht mehr verwenden."; zuletzt *Hannes* in Peemöller, Praxishandbuch der Unternehmensbewertung, S. 1119, 1126: „in der gerichtlichen Praxis ‚ausgestorben'"; *K. Schmidt*, Handelsrecht, 6. Aufl. 2014, § 3 Rz. 22: „weitgehend außer Gebrauch".
4 Vgl. *Großfeld*, Recht der Unternehmensbewertung, Rz. 278.
5 Näher *Piltz*, Die Unternehmensbewertung in der Rechtsprechung, S. 39 f.
6 Vgl. etwa BFH v. 6.3.1991 – II R 18/88, BStBl. II 1991, 558 (559); zum Ende des Stuttgarter Verfahrens und seinen Implikationen für Abfindungsregeln im Gesellschaftsvertrag *Moog/Schweizer*, GmbHR 2009, 1198.
7 Vgl. BGH v. 14.7.1986 – II ZR 249/85, NJW-RR 1987, 21 (23) = GmbHR 1986, 425.
8 Wie hier *Großfeld*, Recht der Unternehmensbewertung, Rz. 1413; zurückhaltend auch *Hannes* in Peemöller, Praxishandbuch der Unternehmensbewertung, S. 1119, 1127; ferner OLG Köln v. 19.12.1997 – 4 U 31/97, GmbHR 1998, 641 = NZG 1998, 779.

h) Vereinfachte Preisfindungsverfahren

Schließlich erfreuen sich bei der Bewertung kleiner und mittlerer Unternehmen vereinfachte Preisfindungen nach wie vor einer gewissen Beliebtheit.[1] Hierzu gehören insbesondere die sog. **Multiplikatorverfahren**, die den Unternehmenswert durch ergebnis-, umsatz- oder produktmengenorientierte Multiplikatoren ermitteln (näher § 10 Rz. 7 ff.).[2]

28

Die **berufsständische Praxis** steht solchen Verfahren mit großer Reserve gegenüber. Sie gesteht ihnen lediglich zu, im Einzelfall Anhaltspunkte für eine Plausibilitätskontrolle der Ergebnisse des Ertragswertverfahrens bieten zu können.[3] Bei dominierten Bewertungsanlässen dürften sie jedoch nicht an die Stelle einer Unternehmensbewertung treten.[4] Diese Einschätzung trifft sich mit derjenigen der modernen **Betriebswirtschaftslehre**, die hervorhebt, dass Multiplikatorverfahren Ungenauigkeiten und Zufallsergebnisse in Kauf nähmen, weil ihnen eine unmittelbare theoretische Verbindung zur Ermittlung des Zukunftserfolgswerts fehle.[5]

29

Der **BGH** hat es im Jahre 2008 bei freiberuflichen Praxen als sachgerecht angesehen, dass eine Bewertungsmethode herangezogen wird, die von der zuständigen Standesorganisation als Richtlinie empfohlen und verbreitet angewendet wird.[6] Entschieden worden ist dies für eine Arztpraxis, bei deren Bewertung die sog. **Umsatzmethode** angewendet wurde. Diese ermittelt zunächst den Substanzwert und erhöht ihn dann um den Goodwill des Unternehmens, der durch den Jahresumsatz – multipliziert mit einem Berechnungsfaktor – bestimmt wird.[7] In einem Urteil aus dem Jahre 2011 hat derselbe Senat für eine Steuerberaterpraxis allerdings ein **modifiziertes Ertragswertverfahren** für die Bewertung freiberuflicher Praxen als „**generell vorzugswürdig**"[8] bezeichnet, weil es **gegenüber dem Umsatzverfahren** eine genauere Wertermittlung erlaube.[9] Beide Entscheidungen betrafen familienrechtliche Fragen des Zugewinnausgleichs. Auch in der Literatur hat man die Wertermittlung nach dem Umsatzverfahren als zu ungenau kritisiert: Sie könne allenfalls Anhaltspunkte für Plausibilitäts-

30

---

1 Empirische Belege bei *Fischer-Winkelmann/Busch*, Finanz Betrieb 2009, 715.
2 Vgl. *Piltz*, Die Unternehmensbewertung in der Rechtsprechung, S. 28 ff.
3 Vgl. IDW Praxishinweis 1/2014, WPg Supplement 2/2014, S. 28, 37, Rz. 62; WP-Handbuch 2014, Bd. II, Rz. A 436.
4 Vgl. IDW Praxishinweis 1/2014, WPg Supplement 2/2014, S. 28, 37, Rz. 60; WP-Handbuch 2014, Bd. II, Rz. A 436.
5 Vgl. *Ballwieser* in FS Loitslberger, 1991, S. 47, 54 ff.
6 Vgl. BGH v. 6.2.1008 – XII ZR 45/06 – Rz. 19, BGHZ 175, 207 (213).
7 Näher dazu *Henssler/Michel*, NZG 2012, 401 (405).
8 BGH v. 2.2.2011 – XII ZR 185/08 – Rz. 28, BGHZ 188, 249; s. auch OLG Hamm v. 15.1.2009 – 1 UF 119/07 – Rz. 26 ff., OLGReport Hamm 2009, 540.
9 Zu diesem Urteil auch *Hannes* in Peemöller, Praxishandbuch der Unternehmensbewertung, S. 1119, 1130; *Grün/Grote*, ebenda, S. 835, 844 mit dem Zusatz: „Die weitere Entwicklung der Rechtsprechung bleibt hier abzuwarten."

überlegungen bieten.¹ Dem ist beizupflichten.² Das bei freiberuflichen Sozietäten besonders ausgeprägte Phänomen einer nur eingeschränkt übertragbaren Ertragskraft lässt sich in Übereinstimmung mit den jüngsten berufsständischen Empfehlungen sachgerecht durch ein Abschmelzungsmodell berücksichtigen (vgl. oben Rz. 7).

4. Zulässigkeit einer Schätzung

31 Gemäß § 738 Abs. 2 BGB ist der Wert des Gesellschaftsvermögens, soweit erforderlich, im Wege der Schätzung zu ermitteln. Diese Möglichkeit wird in Rechtsprechung und Lehre häufig hervorgehoben.³ Allerdings hat die **Schätzung aufgrund konkreter Unterlagen** zu erfolgen, so dass im Allgemeinen ein Sachverständigengutachten erforderlich sein wird.⁴ Einzelheiten sind an anderer Stelle zu erörtern (vgl. § 28 Rz. 25 ff.).

5. Grundsatz der indirekten Anteilsbewertung

32 Beim Ausscheiden eines Personen- oder GmbH-Gesellschafters geht es nicht um den Unternehmenswert als solchen, sondern um eine **Anteilsbewertung**. Für sie stehen grundsätzlich zwei verschiedene Methoden zur Verfügung: die direkte und die indirekte Anteilsbewertung (näher § 18 Rz. 1 f.). Der **BGH** versteht die Vorgabe des § 738 Abs. 1 Satz 2 BGB in ständiger Rechtsprechung dahin, dass es nicht auf den direkten Anteilswert, sondern auf den **quotalen Unternehmenswert** ankommt.⁵ Demnach ist zunächst der Wert des gesamten Unternehmens zu ermitteln und aus dieser Zwischengröße der quotal auf den Anteil des ausscheidenden Gesellschafters entfallende Wert zu errechnen.⁶ Die

---

1 Vgl. *Dauner-Lieb*, FuR 2009, 215; *Kuckenburg*, FPR 2009, 290 (292); *Michalski/Zeidler*, FamRZ 1997, 397 (400); *Olbrich/Olbrich*, DB 2008, 1483 (1485); *Piltz*, Die Unternehmensbewertung in der Rechtsprechung, S. 249 ff.
2 Vgl. *Fleischer*, GmbHR 1999, 752 (758); *Hüttemann* in FS Huber, 2006, S. 757 (772) mit Fn. 98.
3 Vgl. BGH v. 24.9.1984 – II ZR 256/83, NJW 1985, 192 (193) = GmbHR 1985, 113; *Großfeld*, Recht der Unternehmensbewertung, Rz. 50; *Hüttemann*, WPg 2007, 812 (813, 818); *Schäfer* in MünchKomm. BGB, 6. Aufl. 2013, § 738 BGB Rz. 32; *Hadding/Kießling* in Soergel, 13. Aufl. 2011, § 738 BGB Rz. 31.
4 Vgl. BGH v. 24.9.1984 – II ZR 256/83, NJW 1985, 192 (193) = GmbHR 1985, 113.
5 Vgl. BGH v. 21.4.1955 – II ZR 227/53, BGHZ 17, 130 (136); BGH v. 20.9.1971 – II ZR 157/68, WM 1971, 1450; BGH v. 22.10.1973 – II ZR 37/72, NJW 1974, 312; BGH v. 24.9.1984 – II ZR 256/83, GmbHR 1985, 113 = WM 1984, 1506; BGH v. 24.9.1984 – II ZR 256/83, NJW 1985, 192 (193); BGH v. 16.12.1991 – II ZR 58/91, BGHZ 116, 359 (370 f.) = GmbHR 1992, 257; BGH v. 17.5.2011 – II ZR 285/09 – Rz. 17, NJW 2011, 2355 (2356): „Das Auseinandersetzungsguthaben berechnet sich [...] auf der Basis des anteiligen Unternehmenswerts."
6 Vgl. OLG Köln v. 19.12.1997 – 4 U 31/97, NZG 1998, 779 (780) = GmbHR 1998, 641; OLG Köln v. 26.3.1999 – 19 U 108/96, NZG 1999, 1222 (1224 f.) = GmbHR 1999, 712; anschaulich *Großfeld*, Recht der Unternehmensbewertung, Rz. 47: „Die Bewertung beginnt also bei dem Unternehmen als Ganzem und schwenkt dann über auf den Anteil."

herrschende Lehre stimmt diesem Berechnungsmodell („**Theorie: Tortenschnitte**"[1]) zu[2] und stützt sich zur Begründung auf Wortlaut und Sinn des § 738 Abs. 1 Satz 2 BGB.[3] Außerdem verweist sie für Personengesellschaften auf die fehlende Selbständigkeit der Anteile.[4] Schließlich macht sie darauf aufmerksam, dass mangels Handelbarkeit von Personengesellschafts- und GmbH-Anteilen ein isolierter Anteilswert ohnehin kaum feststellbar sei.[5] Aus diesem Grund lasse sich auch die Rechtsprechung des BVerfG zur Maßgeblichkeit eines zeitnahen Börsenwerts der Aktien für die Festsetzung der Abfindung außenstehender Aktionäre nicht auf die Abfindung von Personen- und GmbH-Gesellschaftern übertragen.[6] Eine Ausnahme wird gelegentlich für den Fall erwogen, dass ein funktionierender Markt für die Anteile der Gesellschaft besteht und der Anteilswert aus den sich dort bildenden Marktpreisen abgeleitet werden kann.[7] Grundsatzkritik an der indirekten Anteilsbewertung ist bei Personengesellschaft und GmbH bisher vereinzelt geblieben[8] und noch seltener zu einem geschlossenen Gegenentwurf ausgearbeitet worden.[9]

---

1 *Wiedemann*, Gesellschaftsrecht, Band II, 2004, § 3 III 3, S. 241.
2 Vgl. *Roth* in Baumbach/Hopt, § 131 HGB Rz. 49; *Fastrich* in Baumbach/Hueck, § 34 GmbHG Rz. 23; *Brähler*, WPg 2008, 209 (210); *Großfeld*, Recht der Unternehmensbewertung, Rz. 47; *Ulmer/Habersack* in Großkomm. GmbHG, 2. Aufl. 2014, § 34 GmbHG Rz. 77; *Schäfer* in MünchKomm. BGB, 6. Aufl. 2013, § 738 BGB Rz. 33; *Strohn* in MünchKomm. GmbHG, 2. Aufl. 2014, § 34 GmbHG Rz. 208; *Popp*, WPg 2008, 935 (939); *Altmeppen* in Roth/Altmeppen, § 34 GmbHG Rz. 49; *Wiedemann*, Gesellschaftsrecht, Band II, 2004, § 3 III 3, S. 241.
3 Vgl. *Schäfer* in MünchKomm. BGB, 6. Aufl. 2013, § 738 BGB Rz. 33: „Wenn der Ausscheidende danach so gestellt werden soll, als wäre die Gesellschaft zur Zeit seines Ausscheidens aufgelöst worden, folgt daraus, dass für seine Abfindung nicht der Verkehrswert seines Anteils maßgebend ist, sondern sein *Anteil an dem (Verkehrs-)Wert des fortgeführten Unternehmens der Gesellschaft* [...]." (Hervorhebung im Original); ferner *Altmeppen* in Roth/Altmeppen, § 34 GmbHG Rz. 49; das Wortlautargument relativierend *W. Müller* in FS Bezzenberger, 2000, S. 705 (718).
4 Vgl. *Großfeld*, Recht der Unternehmensbewertung, Rz. 47; *Hüffer* in FS Hadding, 2004, S. 461 (465); *Wiedemann*, Gesellschaftsrecht, Band II, 2004, § 3 III 3, S. 241.
5 Vgl. *Großfeld*, Recht der Unternehmensbewertung, Rz. 47; *Schäfer* in MünchKomm. BGB, 6. Aufl. 2013, § 738 BGB Rz. 33; *Strohn* in MünchKomm. GmbHG, 2010, § 34 GmbHG Rz. 208; *Popp*, WPg 2008, 935 (939); s. auch OLG Köln v. 19.12.1997 – 4 U 31/97, NZG 1998, 779 (780) = GmbHR 1998, 641.
6 Vgl. *Schäfer* in MünchKomm. BGB, 6. Aufl. 2013, § 738 BGB Rz. 33.
7 So *Ulmer/Habersack* in Großkomm. GmbHG, 2. Aufl. 2014, § 34 GmbHG Rz. 77; *Schäfer* in MünchKomm. BGB, 6. Aufl. 2013, § 738 BGB Rz. 33 („allenfalls"); ferner *W. Müller* in FS Bezzenberger, 2000, S. 705 (718), wenn zeitnahe, realisierte und vergleichbare Preise vorhanden sind.
8 Vgl. die knappen Bemerkungen bei *Lorz* in Ebenroth/Boujong/Joost/Strohn, § 131 HGB Rz. 100; *Sigle*, ZGR 1999, 659 (669 f.); *Wagner/Nonnenmacher*, ZGR 1981, 674 (675 ff.); ferner *Ulmer*, ZIP 2010, 805 (815), der für den Vertragstypus der generationenübergreifenden Familien-Personengesellschaft auf die nachhaltig zu erwartende Gewinnausschüttung als mögliche Grundlage für die Wertermittlung abstellt; ausführlicher allein *Nonnenmacher*, Anteilsbewertung bei Personengesellschaften, S. 33 f.
9 Eingehend nur *Nonnenmacher*, Anteilsbewertung bei Personengesellschaften, S. 35 f.

6. Bewertungszu- oder -abschläge

33 Im Anschluss an die Ermittlung des quotalen Unternehmenswerts stellt sich die **Frage**, ob etwaige **Besonderheiten des Anteils** durch **Bewertungszu- oder -abschläge** zu berücksichtigen sind. Sie hat in Betriebswirtschaftslehre und Bewertungspraxis bisher größere Aufmerksamkeit gefunden als im Gesellschaftsrecht (näher § 18 Rz. 6 ff.).

34 In der US-amerikanischen Spruchpraxis wird im Anschluss an entsprechende Überlegungen in der Bewertungspraxis gelegentlich ein sog. „small company discount" bzw. ein „size premium" befürwortet, weil kleine und mittlere Unternehmen einem höheren Risiko ausgesetzt seien als große, börsennotierte Unternehmen (vgl. oben Rz. 8).[1] Dem ist für das deutsche Personengesellschafts- und GmbH-Recht nicht zu folgen.[2] In Übereinstimmung mit der hiesigen Bewertungspraxis und Betriebswirtschaftslehre (oben Rz. 8) **kommt** ein **allgemeiner Bewertungsabschlag für kleine und mittlere Unternehmen nicht in Betracht**.[3] Vielmehr ist differenziert darzulegen, warum und inwieweit sich ihre *einzelnen* Merkmalsausprägungen auf den Unternehmens- und Anteilswert auswirken.[4] Dies ist für verschiedene Bewertungsabschläge schon an anderer Stelle eingehend dargestellt worden (näher § 18 Rz. 6 ff.) und hier nur in Stichworten zu wiederholen:

35 Rechtsprechung und herrschende Lehre lehnen einen **Abschlag für Minderheitsanteile** an einer Personengesellschaft oder GmbH im Rahmen des § 738 BGB nahezu einhellig ab (näher § 18 Rz. 8 f.).[5] Dem ist im Ergebnis beizutreten (vgl. § 18 Rz. 11 f.).[6] Auch für einen **Fungibilitätsabschlag** ist nach zutreffender h.M. bei der Abfindungsbemessung kein Raum (vgl. § 18 Rz. 22 ff.).[7] In Betracht

---

1 Vgl. etwa *In re Appraisal of the Orchard Enterprises, Inc.*, 2012 WL 2923305 (Del. Ch.), *18: „A size premium is a generally acceptable addition to the CAPM formula in the valuation of smaller companies to account for the higher rate of return that investors demand as compensation for the greater risk associated with with small company equity."
2 Vgl. *Fleischer*, ZIP 2012, 1633 (1634).
3 Vgl. *Fleischer*, ZIP 2012, 1633 (1634); *Großfeld*, Recht der Unternehmensbewertung, Rz. 1304.
4 Näher *Fleischer*, ZIP 2012, 1633 (1634); gleicher Ansatz aus betriebswirtschaftlicher Sicht bei *Schulz*, Größenabhängige Risikoanpassungen in der Unternehmensbewertung, S. 4: „Stattdessen wird der Fokus gezielt auf einzelne, im Schrifttum angeregte größenabhängige Risikoanpassungen des Bewertungskalküls gerichtet, mit denen unterschiedlichen bewertungsrelevanten Eigenschaften kleiner Unternehmen Rechnung getragen werden soll und die insofern von der Größe des Bewertungsobjektes abhängen.
5 Vgl. OLG Köln v. 26.3.1999 – 19 U 108/96, NZG 1999, 1222 (1227) = GmbHR 1999, 712; *Roth* in Baumbach/Hopt, § 131 HGB Rz. 49; *Großfeld*, Recht der Unternehmensbewertung, Rz. 1302, 1304 f.; *Neuhaus*, Unternehmensbewertung und Abfindung, S. 87; *Reichert/Weller* in MünchKomm. GmbHG, 2010, § 34 GmbHG Rz. 208; **abw.** *Sigle*, ZGR 1999, 659 (669 f.).
6 Vgl. *Fleischer*, ZIP 2012, 1633 (1635 f.).
7 Vgl. RG v. 6.1.1940 – II 56/40, DR 1941, 1301 (1303); OLG Köln v. 26.3.1999 – 19 U 108/96, NZG 1999, 1222 (1227) = GmbHR 1999, 712; *Fleischer*, ZIP 2012, 1633 (1637 f.); **abw.** *Neuhaus*, Unternehmensbewertung und Abfindung, S. 29.

kommt jedoch ein **Abschlag beim Ausscheiden von Schlüsselpersonen**, die für den Erfolg des Unternehmens von herausragender Bedeutung sind (näher § 18 Rz. 37 ff.).[1] Eine Rolle spielt dies namentlich bei kleineren freiberuflichen Kanzleien und Praxen, bei denen die unternehmerischen Fähigkeiten des (Mit-)Eigentümers Wohl und Wehe des Unternehmens bestimmen (dazu auch oben Rz. 7).[2]

7. Abfindungsklauseln

a) Abdingbarkeit des § 738 BGB

§ 738 Abs. 1 Satz 2 BGB ist nach allgemeiner Ansicht **dispositives Recht**.[3] Die Gesellschafter können etwas anderes vereinbaren. In der Rechtspraxis **weit verbreitet** sind insbesondere **Abfindungsbeschränkungen** im Gesellschaftsvertrag oder in einer schuldrechtlichen Nebenabrede[4]. Sie begegnen in vielfältigen Formen[5] und sollen den Bestand des Unternehmens durch Einschränkung des Kapitalabflusses sichern und die Berechnung des Abfindungsanspruchs vereinfachen.[6] Häufig anzutreffen sind etwa Buchwert-, Ertragswert- oder Substanzwertklauseln.[7] Bei Freiberuflern wird mitunter auch eine Realteilung des Gesellschaftsvermögens (Mandantenstamm) vereinbart.[8] Solche Abfindungsbeschränkungen sind aufgrund der gesellschaftsvertraglichen Gestaltungsfrei-

36

---

1 Vgl. *Fleischer*, ZIP 2012, 1633 (1639 f.).
2 Vgl. BGH v. 9.2.2011 – XII ZR 40/09 – Rz. 24, BGHZ 188, 282 (290); *Henssler/Michel*, NZG 2012, 401 (404 f.).
3 Vgl. BGH v. 12.6.1975 – II ZB 12/73, BGHZ 65, 22 (24 ff.); BGH v. 24.5.1993 – II ZR 36/92, NJW 1993, 2101 (2102) = GmbHR 1993, 505; BGH v. 17.12.2001 – II ZR 348/99, GmbHR 2002, 265 = NZG 2002, 176; BGH v. 16.12.1991 – II ZR 58/91, BGHZ 116, 359 (368) = GmbHR 1992, 257; BGH v. 2.6.1997 – II ZR 81/96, BGHZ 135, 387 (389) = GmbHR 1997, 939; *Roth* in Baumbach/Hopt, § 131 HGB Rz. 58; *Fastrich* in Baumbach/Hueck, § 34 GmbHG Rz. 25; *Großfeld*, Recht der Unternehmensbewertung, Rz. 1400; *Piehler/Schulte* in MünchHdb. GesR, Bd. 1, § 10 Rz. 95; *Hadding/Kießling* in Soergel, 13. Aufl. 2011, § 738 BGB Rz. 42.
4 Zu diesem Sonderfall *Fastrich* in Baumbach/Hueck, § 34 GmbHG Rz. 25.
5 Vgl. BGH v. 2.6.1997 – II ZR 81/96, BGHZ 135, 387 (389 f.) = GmbHR 1997, 939; *Leitzen*, RNotZ 2009, 315; *Piehler/Schulte* in MünchHdb. GesR, Bd. 1, § 10 Rz. 95; *Strohn* in MünchKomm. GmbHG, 2. Aufl. 2014, § 34 GmbHG Rz. 221; *Hadding/Kießling* in Soergel, 13. Aufl. 2011, § 738 BGB Rz. 43.
6 Vgl. BGH v. 24.5.1993 – II ZR 36/92, NJW 1993, 2101 (2103) = GmbHR 1993, 505; BGH v. 16.12.1991 – II ZR 58/91, BGHZ 116, 359 (368) = GmbHR 1992, 257; *Roth* in Baumbach/Hopt, § 131 HGB Rz. 58; *Großfeld*, Recht der Unternehmensbewertung, Rz. 1400; *Schäfer* in MünchKomm. BGB, 6. Aufl. 2013, § 738 BGB Rz. 39; *Hadding/Kießling* in Soergel, 13. Aufl. 2011, § 738 BGB Rz. 42.
7 Vgl. *Piehler/Schulte* in MünchHdb. GesR, Bd. 1, § 10 Rz. 95; *Hadding/Kießling* in Soergel, 13. Aufl. 2011, § 738 BGB Rz. 43; empirische Befunde bei *Binge/May*, NJW 1988, 2761 (2766) mit Fn. 43; *Rasner*, ZHR 158 (194), 292 (293); zuletzt *Wangler*, DStR 2009, 1501 (1504 f.).
8 Vgl. *Hadding/Kießling* in Soergel, 13. Aufl. 2011, § 738 BGB Rz. 43.

heit **grundsätzlich zulässig**, und zwar nicht nur in der Personengesellschaft[1], sondern auch in der GmbH[2].

37 Bei der Abfassung von Abfindungsklauseln sind die **Gesellschafter** grundsätzlich nicht an die berufsständischen oder betriebswirtschaftlichen Grundsätze der Unternehmensbewertung gebunden.[3] Sie **können** daher – in gewissen Grenzen (dazu Rz. 38 ff.) – **alle heute oder früher vertretenen Methoden der Unternehmensbewertung vereinbaren**[4] oder sich darauf beschränken, einzelne bewertungsrelevante Aspekte verbindlich festzulegen[5]. Dazu gehören etwa die maßgebliche Überschussgröße, der Kapitalisierungszinssatz oder die Zahlungsmodalitäten.[6] In Betracht kommen ferner **Verfahrensregeln**, etwa die Vereinbarung eines Schiedsgerichts (näher § 30 Rz. 8 ff.) oder eines Schiedsgutachtens (näher § 29 Rz. 15 ff.).[7]

b) Grenzen gesellschaftsrechtlicher Gestaltungsfreiheit

38 Nach ständiger Rechtsprechung stößt die Gestaltungsfreiheit der Gesellschafter an äußere Grenzen. Der **BGH unterzieht Inhalt und Schranken von Abfindungsvereinbarungen einer eingehenden Prüfung**.[8] Allerdings ist der Diskussionsstand hinsichtlich der dogmatischen Grundlagen und materiellen Beurteilungskriterien einer richterlichen Kontrolle sehr unübersichtlich.[9] Er kann hier

---

1 Vgl. BGH v. 2.6.1997 – II ZR 81/96, BGHZ 135, 387 (389) = GmbHR 1997, 939 (GbR).
2 Vgl. BGH v. 16.12.1991 – II ZR 58/91, BGHZ 116, 359 (368) = GmbHR 1992, 257: „Gesellschaftsvertragliche Beschränkungen des Abfindungsrechts eines GmbH-Gesellschafters sind aufgrund der Satzungsautonomie grundsätzlich zulässig."; *Fastrich* in Baumbach/Hueck, § 34 GmbHG Rz. 25.
3 Vgl. *Hannes* in Peemöller, Praxishandbuch der Unternehmensbewertung, S. 1119, 1140; *Ihlau/Dusha/Gödecke*, Besonderheiten bei der Bewertung von KMU, S. 24.
4 Vgl. *Piltz*, Die Unternehmensbewertung in der Rechtsprechung, S. 277; *Hadding/Kießling* in Soergel, 13. Aufl. 2011, § 738 BGB Rz. 43; eingehend *Großfeld*, Recht der Unternehmensbewertung, Rz. 1407 ff.; *Leitzen*, RNotZ 2009, 315 (321 f.) m.w.N. zur kautelarjuristischen Literatur.
5 Vgl. *Heidel/Hanke* in Heidel/Schall, Anh. § 131 HGB Rz. 28; *Ihlau/Duscha/Gödecke*, Besonderheiten bei der Bewertung von KMU, S. 24.
6 Vgl. *Heidel/Hanke* in Heidel/Schall, Anh. § 131 HGB Rz. 28; *Ihlau/Dusch/Gödecke*, Besonderheiten bei der Bewertung von KMU, S. 24.
7 Vgl. *Großfeld*, Recht der Unternehmensbewertung, Rz. 1417; *Hadding/Kießling* in Soergel, 13. Aufl. 2011, § 738 BGB Rz. 43.
8 Sehr klar BGH v. 2.6.1997 – II ZR 81/96, BGHZ 135, 387 (389 f.) = GmbHR 1997, 939: „Im Hinblick auf den dispositiven Charakter des § 738 Abs. 1 Satz 2 BGB und die dadurch anzutreffende Vielfalt gesellschaftsvertraglicher Abfindungsbestimmungen unterwirft er [= der Senat] dabei den Inhalt und die Schranken solcher Abfindungsbestimmungen einer eingehenden Prüfung."
9 Vgl. *Roth* in Baumbach/Hopt, § 131 HGB Rz. 60: „Das Problem der Abfindungsklauseln ist das ihrer Grenzen."; ähnlich *K. Schmidt*, Gesellschaftsrecht, 4. Aufl. 2002, § 50 IV c, S. 1484: „Aus dieser Sachlage ergibt sich auch das Zentralproblem der Abfindungsklauseln: das Problem ihrer Zulässigkeit und Wirksamkeit."

nicht in seinen Einzelheiten entfaltet werden[1], zumal er die Unternehmens- und Anteilsbewertung selbst nur mittelbar berührt. Die berufsständische Praxis hebt in ihren jüngsten Empfehlungen zur Bewertung kleiner und mittlerer Unternehmen hervor, dass es nicht dem Wirtschaftsprüfer obliegt, den rechtlichen Bestand der gesellschaftsvertraglichen Abfindungsklauseln abschließend zu beurteilen.[2] Ihm wird jedoch geraten, den Auftraggeber in diesen Fällen frühzeitig über erkannte potentielle rechtliche Risiken zu informieren und dies in den Arbeitspapieren zu dokumentieren.[3]

aa) Kontrollmaßstäbe

Die Rechtsprechung hat im Laufe der Zeit **verschiedene dogmatische Ansätze** zur Überprüfung von Abfindungsklauseln entwickelt, die bis heute nebeneinander bestehen.[4]

39

Eine erste Schranke bildet das **Verbot sittenwidriger Geschäfte nach § 138 Abs. 1 BGB**.[5] Dieses greift allerdings nur in den seltenen Fällen ein, in denen **von vornherein** ein **grobes Missverhältnis** zwischen vertraglichem Abfindungswert und tatsächlichem Anteilswert besteht.[6] Außerdem wird Sittenwidrigkeit angenommen, wenn die Abfindungsbeschränkung nicht den Gesellschafter, sondern nur seine Gläubiger betrifft oder aus sonstigen Gründen das gesellschaftsrechtliche Gläubigerschutzprinzip verletzt.[7]

40

Darüber hinaus werden Abfindungsklauseln am Maßstab der **§§ 723 Abs. 3 BGB, 133 Abs. 3 HGB** gemessen, wonach eine Vereinbarung nichtig ist, durch welche das Kündigungsrecht ausgeschlossen oder unzulässig beschränkt wird.[8] Diese Vorschrift greift nach ihrem **Rechtsgedanken** auch dann ein, wenn dem Gesellschafter, der aus der Gesellschaft ausscheiden möchte, für den Fall seiner Kündigung in dem Gesellschaftsvertrag vermögensrechtliche Verpflichtungen

41

---

1 Eingehende Darstellungen in der Kommentarliteratur bei *Roth* in Baumbach/Hopt, § 131 HGB Rz. 58 ff.; *Fastrich* in Baumbach/Hueck, § 34 GmbHG Rz. 25 ff.; *Schäfer* in MünchKomm. BGB, 6. Aufl. 2013, § 738 BGB Rz. 44 ff.; *Strohn* in MünchKomm. GmbHG, 2. Aufl. 2014, § 34 GmbHG Rz. 226 ff.
2 Vgl. IDW Praxishinweis 1/2014, WPg Supplement 2/2014, S. 28, 37, Rz. 59.
3 Vgl. IDW Praxishinweis 1/2014, WPg Supplement 2/2014, S. 28, 37, Rz. 59.
4 Eingehende Darstellung der Entwicklungslinien bei *K. Schmidt*, Gesellschaftsrecht, 4. Aufl. 2002, § 50 IV 2, S. 1481 ff.; *Wiedemann*, Gesellschaftsrecht, Band II, 2004, § 3 III 3 e, S. 246 ff.
5 Vgl. BGH v. 16.12.1991 – II ZR 58/91, BGHZ 116, 359 (368) = GmbHR 1992, 257; *Schäfer* in MünchKomm. BGB, 6. Aufl. 2013, § 738 BGB Rz. 45 f.; *Strohn* in MünchKomm. GmbHG, 2. Aufl. 2014, § 34 GmbHG Rz. 227.
6 Vgl. BGH v. 19.9.2005 – II ZR 342/03, BGHZ 164, 107 (115) = GmbHR 2005, 1561.
7 Vgl. *Roth* in Baumbach/Hopt, § 131 HGB Rz. 60; *Schäfer* in MünchKomm. BGB, 6. Aufl. 2013, § 738 BGB Rz. 47 f.
8 Vgl. BGH v. 24.9.1984 – II ZR 256/83, NJW 1985, 192 (193) = GmbHR 1985, 113; BGH v. 17.4.1989 – II ZR 258/88, NJW 1989, 3272; BGH v. 16.12.1991 – II ZR 58/91, BGHZ 116, 359 (369) = GmbHR 1992, 257; BGH v. 13.6.1994 – II ZR 38/93, BGHZ 126, 226 (230 ff.) = GmbHR 1994, 871; *Schäfer* in MünchKomm. BGB, 6. Aufl. 2013, § 738 BGB Rz. 49 ff.; *Strohn* in MünchKomm. GmbHG, 2. Aufl. 2014, § 34 GmbHG Rz. 232.

auferlegt werden, die zwar formal sein Kündigungsrecht nicht tangieren, im Ergebnis aber dazu führen, dass er nicht mehr frei entscheiden kann, ob er von dem Kündigungsrecht Gebrauch macht oder nicht.[1] Eine solche Sachlage kommt faktisch einem Ausschluss des Kündigungsrechts gleich.

42 Ist ein **grobes Missverhältnis** zwischen vertraglichem Abfindungswert und tatsächlichen Anteilswert **erst nachträglich** eingetreten, so arbeitet die neuere Rechtsprechung mit einer **ergänzenden Vertragsauslegung gem. §§ 157, 242 BGB**.[2] In einem solchen Fall sind Abfindungsmaßstab und Abfindungsbetrag nach den Grundsätzen von Treu und Glauben unter Berücksichtigung aller Umstände des Einzelfalls entsprechend den veränderten Verhältnissen neu zu ermitteln.[3] Dabei kann der von den Parteien bei Vertragsschluss der Bemessung zugrunde gelegte Maßstab ein wesentlicher Anhaltspunkt sein.[4]

43 Schließlich ist an eine **Ausübungskontrolle nach § 242 BGB** unter dem Gesichtspunkt der unzulässigen Rechtsausübung zu denken, die man vor allem im Schrifttum einer ergänzenden Vertragsauslegung vorzieht.[5]

bb) Einzelne Klauseln

(1) Abfindungsausschluss

44 Klauseln, die einen Ausschluss des Abfindungsanspruchs vorsehen, sind **in aller Regel unzulässig**, weil sie die Interessen des ausgeschiedenen Gesellschafters außer Acht lassen.[6] Dies ergibt sich für den Kündigungsfall aus § 723 Abs. 3 BGB, im Übrigen aus § 138 Abs. 1 BGB.[7] **Eng begrenzte Ausnahmen** kommen bei Gesellschaften mit einem ideellen Zweck[8] und bei Vereinbarungen auf den Todesfall[9] in Betracht. Gleiches gilt für sog. Mitarbeitermodelle,

---

1 So ausdrücklich BGH v. 13.6.1994 – II ZR 38/93, BGHZ 126, 226 (231) = GmbHR 1994, 871.
2 Vgl. BGH 20.9.1993 – II ZR 104/92, BGHZ 123, 281 (283 ff.); BGH v. 13.6.1994 – II ZR 38/93, BGHZ 126, 226 (242 f.) = GmbHR 1994, 871; BGH v. 19.6.2000 – II ZR 73/99, BGHZ 144, 365 (369) = GmbHR 2000, 822; *Schäfer* in MünchKomm. BGB, 6. Aufl. 2013, § 738 BGB Rz. 53 f.; *Strohn* in MünchKomm. GmbHG, 2. Aufl. 2014, § 34 GmbHG Rz. 241.
3 Vgl. BGH v. 13.6.1994 – II ZR 38/93, BGHZ 126, 226 (242) = GmbHR 1994, 871.
4 Vgl. BGH v. 13.6.1994 – II ZR 38/93, BGHZ 126, 226 (242) = GmbHR 1994, 871.
5 Näher *Schäfer* in MünchKomm. BGB, 6. Aufl. 2013, § 738 BGB Rz. 55 ff.; *Strohn* in MünchKomm. GmbHG, 2. Aufl. 2014, § 34 GmbHG Rz. 242; *Wiedemann* in FS Canaris, 2007, S. 1281 (1288 f.); ferner *Roth* in Baumbach/Hopt, § 131 HGB Rz. 69.
6 Vgl. BGH v. 2.6.1997 – II ZR 81/96, BGHZ 135, 387 (390) = GmbHR 1997, 939; *Roth* in Baumbach/Hopt, § 131 HGB Rz. 63; *Fastrich* in Baumbach/Hueck, § 34 GmbHG Rz. 34a; *Schäfer* in MünchKomm. BGB, 6. Aufl. 2013, § 738 BGB Rz. 45; *Strohn* in MünchKomm. GmbHG, 2. Aufl. 2014; § 34 GmbHG Rz. 227; *Hadding/Kießling* in Soergel, 13. Aufl. 2011, § 738 BGB Rz. 52.
7 Vgl. *Schäfer* in MünchKomm. BGB, 6. Aufl. 2013, § 738 BGB Rz. 60.
8 Vgl. BGH v. 2.6.1997 – II ZR 81/96, BGHZ 135, 387 = GmbHR 1997, 939.
9 Vgl. BGH v. 22.11.1956 – II ZR 222/55, BGHZ 22, 186 (194 ff.); BGH v. 20.12.1965 – II ZR 145/64, WM 1966, 367 (368).

bei denen einem verdienten Mitarbeiter des Gesellschaftsunternehmens eine Minderheitsbeteiligung eingeräumt wird, die er bei seinem Ausscheiden aus dem Unternehmen zurückzuübertragen hat.[1]

(2) Buchwertklauseln

Buchwertklauseln sind nach Rechtsprechung und herrschender Lehre **regelmäßig wirksam**, wenn und weil vertraglicher Abfindungswert und tatsächlicher Anteilswert zum Zeitpunkt ihrer Vereinbarung noch nicht wesentlich auseinanderklaffen.[2] Sie tragen dem Interesse der Gesellschaft Rechnung, Liquidität und Fortbestand des Unternehmens nicht durch unerträglich hohe Abfindungen zu gefährden.[3] Die Verwirklichung dieses Anliegens findet dem BGH zufolge jedoch dort ihre **Grenze**, wo es dem ausscheidenden Gesellschafter nach den Maßstäben von Treu und Glauben nicht mehr zuzumuten ist, sich mit der gesellschaftsvertraglichen Regelung zufriedenzugeben.[4] Ob diese Voraussetzungen gegeben sind, hängt danach nicht allein vom Ausmaß des **nachträglich entstandenen Missverhältnisses zwischen vertraglichem Abfindungs- und tatsächlichem Anteilswert**, sondern auch von den gesamten sonstigen Umständen des konkreten Falles ab.[5] Hierzu gehören insbesondere die Dauer der Mitgliedschaft des Ausgeschiedenen in der Gesellschaft, sein Anteil am Aufbau und Erfolg des Unternehmens und der Anlass des Ausscheidens.[6]

Ab welchem Verhältnis zwischen vereinbartem Abfindungsbetrag und tatsächlichem Anteilswert die Grenze der Zumutbarkeit überschritten ist, hat die Spruchpraxis bisher noch nicht verallgemeinernd entschieden. Eine Auswertung der einzelnen Urteile scheint darauf hinzudeuten, dass die Abfindung nicht unter 50 % des wirklichen Anteilswerts liegen darf.[7] Im Schrifttum zieht man die kritische Grenze dagegen häufig schon bei zwei Drittel des wirklichen Anteilswerts.[8] **Feste Prozentsätze** zu benennen, ist und bleibt aber **problematisch**.[9] Liegt der Buchwert ausnahmsweise über dem wahren Wert, wird teils

---

1 Vgl. BGH v. 19.9.2005 – II ZR 342/03, BGHZ 164, 107 (108) = GmbHR 2005, 1561 (Leitsatz b).
2 Vgl. *Schäfer* in MünchKomm. BGB, 6. Aufl. 2013, § 738 BGB Rz. 64; *Strohn* in MünchKomm. GmbHG, 2. Aufl. 2014, § 34 GmbHG Rz. 257; *Hadding/Kießling* in Soergel, 13. Aufl. 2011, § 738 BGB Rz. 48.
3 Vgl. BGH v. 20.9.1993 – II ZR 104/92, BGHZ 123, 281 (286).
4 Vgl. BGH v. 20.9.1993 – II ZR 104/92, BGHZ 123, 281 (286).
5 Vgl. BGH v. 20.9.1993 – II ZR 104/92, BGHZ 123, 281 (286).
6 Vgl. BGH v. 20.9.1993 – II ZR 104/92, BGHZ 123, 281 (286).
7 Umfassende Rechtsprechungsnachweise mit Prozentangaben bei *Hadding/Kießling* in Soergel, 13. Aufl. 2011, § 738 BGB Rz. 47 mit Fn. 136.
8 So etwa *Kort*, DStR 1995, 1966 f.; *Mecklenbrauck*, BB 2000, 2001; *Schäfer* in MünchKomm. BGB, 6. Aufl. 2013, § 738 BGB Rz. 52; *Ulmer/Schäfer*, ZGR 1995, 134 (153).
9 Wie hier *Roth* in Baumbach/Hopt, § 131 HGB Rz. 64; *Fastrich* in Baumbach/Hueck, § 34 GmbHG Rz. 27.

eine Beschränkung des Abfindungsanspruchs[1], teils aber auch ein Festhalten an der vertraglichen Abfindung[2] befürwortet.

(3) Auszahlungsvereinbarungen

47 Hinausgeschobene Fälligkeitstermine und Ratenzahlungen sind nach Rechtsprechung und herrschender Lehre grundsätzlich nicht zu beanstanden, sofern eine angemessene Verzinsung vorgesehen ist.[3] Eine Ratenzahlungsvereinbarung von 15 Jahren ist aber vom BGH als unzulässig angesehen worden.[4] Im Schrifttum neigt man zu einer Höchstfrist von 5[5] oder 10[6] Jahren.

III. Einbringung eines Unternehmens als Sacheinlage

48 Bewertungsprobleme stellen sich weiterhin bei der Einbringung eines Unternehmens als Sacheinlage in eine Kapitalgesellschaft. Zur Sicherung des Grundsatzes der realen Kapitalaufbringung unterwirft der GmbH-Gesetzgeber Sacheinlagen einer besonderen Kontrolle, die allerdings hinter den noch schärferen Sachgründungsregeln des Aktienrechts (dazu § 19 Rz. 55 ff.) zurückbleibt. Im Personengesellschaftsrecht stellen sich Bewertungsfragen demgegenüber nicht mit gleicher Schärfe, weil dort wegen des andersartigen Gläubigerschutzes im Innenverhältnis Bewertungsfreiheit hinsichtlich der Sacheinlagen besteht.[7]

1. Gesellschaftsrechtliche Grundlagen

49 Die Sacheinlagefähigkeit eines Unternehmens ist allgemein anerkannt[8] und in § 5 Abs. 4 Satz 2 GmbHG vorausgesetzt. Für jede **Sachgründung** gilt, dass der **Gegenstand der Sacheinlage** und der Nennbetrag des Geschäftsanteils, auf den sie sich bezieht, gem. § 5 Abs. 4 Satz 1 GmbHG **im Gesellschaftsvertrag festgesetzt** werden muss. Außerdem haben die Gesellschafter gem. § 5 Abs. 4 Satz 2 GmbHG in einem **Sachgründungsbericht** die für die Angemessenheit der Leistungen für Sacheinlagen wesentlichen Umstände darzulegen und beim

---

1 So *Leitzen*, RNotZ 2009, 315 (319).
2 So OLG München v. 23.3.2006 – 23 U 4425/04, NJOZ 2006, 2198 (Leitsatz): „Eine Abfindungsregelung im Gesellschaftsvertrag einer KG ist nicht bereits deshalb nach § 138 I BGB nichtig, weil der danach an den ausscheidenden Gesellschafter zu zahlende Abfindungsbetrag den tatsächlichen Wert des Anteils deutlich übersteigt. Der Rechtsgedanke des § 723 III BGB ist auf diesen Fall nicht übertragbar."
3 *Roth* in Baumbach/Hopt, § 131 HGB Rz. 68; *Hadding/Kießling* in Soergel, 13. Aufl. 2011, § 738 BGB Rz. 56.
4 Vgl. BGH v. 9.1.1989 – II ZR 83/88, NJW 1989, 2685 (2686) (AG).
5 So etwa *Schäfer* in MünchKomm. BGB, 6. Aufl. 2013, § 738 BGB Rz. 65.
6 So etwa *Strohn* in MünchKomm. GmbHG, 2. Aufl. 2014, § 34 GmbHG Rz. 229; *Hadding/Kießling* in Soergel, 13. Aufl. 2011, § 738 BGB Rz. 56.
7 Vgl. *Roth* in Baumbach/Hopt, § 120 HGB Rz. 17; *Piltz*, Die Unternehmensbewertung in der Rechtsprechung, S. 67.
8 Vgl. nur RG v. 26.1.1909 – VII 124/08, RGZ 70, 220 (223 f.); BGH v. 2.5.1966 – II ZR 219/63, BGHZ 45, 338 (342 f.); *Ulmer/Casper* in Großkomm. GmbHG, 2. Aufl. 2013, § 5 GmbHG Rz. 81; *Veil* in Scholz, 11. Aufl. 2012, § 5 GmbHG Rz. 53.

Übergang eines Unternehmens auf die Gesellschaft die Jahresergebnisse der beiden letzten Geschäftsjahre anzugeben. Darüber hinaus sieht das Gesetz weitere Kautelen vor, um eine effektive Kapitalaufbringung sicherzustellen: Gemäß § 7 Abs. 3 GmbHG sind Sacheinlagen vor der Anmeldung der Gesellschaft zur Eintragung in das Handelsregister so an die Gesellschaft zu bewirken, dass sie endgültig zur freien Verfügung der Geschäftsführer stehen. Beizufügen sind der Handelsregisteranmeldung bei Sacheinlagen nach § 8 Abs. 1 GmbHG die Verträge, die den Festsetzungen zugrunde liegen oder zu ihrer Ausführung geschlossen worden sind, und der Sachgründungsbericht (Nr. 4) sowie **Unterlagen darüber, dass der Wert der Sacheinlagen den Nennbetrag der** dafür übernommenen **Geschäftsanteile erreicht** (Nr. 5)[1]. Anhand der eingereichten Unterlagen prüft das Registergericht, ob die Sacheinlagen ordnungsgemäß erbracht worden sind. Es hat die **Eintragung der Gesellschaft** nach § 9c Abs. 1 Satz 2 GmbHG **abzulehnen, wenn** die **Sacheinlagen nicht unwesentlich überbewertet** worden sind.[2] Erreicht der Wert einer Sacheinlage im Zeitpunkt der Anmeldung der Gesellschaft zur Eintragung in das Handelsregister nicht den Nennbetrag des dafür übernommenen Geschäftsanteils, hat der Gesellschafter gem. § 9 Abs. 1 Satz 1 GmbHG in Höhe des Fehlbetrags eine Einlage in Geld zu leisten (sog. **Differenzhaftung**).

Ähnliche Vorschriften gelten für eine **Sachkapitalerhöhung** in der GmbH. Gemäß § 56 Abs. 1 Satz 1 GmbHG muss der Gegenstand der Sacheinlage und der Nennbetrag des Geschäftsanteils, auf den sie sich bezieht, im Beschluss über die Erhöhung des Stammkapitals festgesetzt werden. Ob es auch eines Sachkapitalerhöhungsberichts bedarf, ist höchstrichterlich noch nicht entschieden.[3] Die herrschende Lehre verneint dies, billigt dem Registergericht aber das Recht zu, entsprechende Darlegungen und die Nachreichung von Unterlagen zu verlangen.[4] So soll das Gericht etwa bei der Einbringung von Unternehmen eine testierte Einbringungsbilanz verlangen können.[5] Bleibt der Wert der Sachein-

50

---

1 Dazu LG Freiburg v. 20.2.2009 – 12 T 1/09, GmbHR 2009, 1106: „Wird bei Gründung einer GmbH eine Sacheinlage in Form der Einbringung von Gesellschaftsanteilen an einer werbenden Gesellschaft vereinbart, kann es nach § 8 Abs. 1 Nr. 5 GmbHG ausreichen, wenn die Bilanz der genannten Gesellschaft für ein Geschäftsjahr, die Gewinn- und Verlustrechnungen für mehrere Jahre und die Stellungnahme eines Wirtschaftsprüfers zum Wert der übernommenen Geschäftsanteile vorgelegt werden, die den Wert ausgehend von den über 3 Jahre erzielten durchschnittlichen Gewinnen anhand eines sog. vereinfachten Ertragswertverfahrens bestimmt."
2 Näher LG Freiburg v. 20.2.2009 – 12 T 1/09, GmbHR 2009, 1106 (1107 f.); dazu *Wachter*, GmbHR 2009, 1108: „Als unbedenklich dürfte es daher anzusehen sein, wenn der Nennbetrag des Geschäftsanteils, auf den sich die Sacheinlage bezieht, deren gemeinen Wert um höchstens 20 % überschreitet" unter Hinweis auf BVerfG v. 7.11.2006 – 1 BvL 10/02 – Rz. 167 und 137, GmbHR 2007, 320 zur Erbschaft- und Schenkungsteuer.
3 Offenlassend BGH v. 14.6.2004 – II ZR 121/02, NZG 2004, 910 (911) = GmbHR 2004, 1219 („zweifelhaft").
4 Vgl. *Zöllner* in *Fastrich* in Baumbach/Hueck, § 56 GmbHG Rz. 17; *Bayer* in Lutter/Hommelhoff, § 56 GmbHG Rz. 7; *Lieder* in MünchKomm. GmbHG, 2012, § 56 GmbHG Rz. 111 f.
5 Vgl. *Zöllner* in *Fastrich* in Baumbach/Hueck, § 57a GmbHG Rz. 10.

lage hinter dem Nennbetrag des dafür übernommenen Geschäftsanteils zurück, trifft den Übernehmer nach § 56 Abs. 2 i.V.m. § 9 Abs. 1 Satz 1 GmbHG eine Differenzhaftung.

2. Bewertung des eingebrachten Unternehmens

51 Die Bewertung einer Sacheinlage hat **nach objektiven Kriterien** zu erfolgen.[1] Einen Freiraum der Gesellschaft(er) für Überbewertungen gibt es so wenig wie einen Beurteilungsspielraum für die mit der Sache befassten Sachverständigen.[2] Maßgeblich ist die objektive Mehrung des Gesellschaftsvermögens der GmbH.[3] Wie der objektive Wert eines Unternehmens bei einer Sachgründung oder Sachkapitalerhöhung bestimmt wird, ist im Gesetz allerdings nicht näher geregelt. Auch höchstrichterliche Rechtsprechung zum GmbH-Recht fehlt bislang. Für eine Sachkapitalerhöhung in der AG hatte der BGH im Jahre 1978 ausgesprochen, dass eine Ermittlung des Unternehmenswerts durch eine Verbindung von Substanz- und Ertragswert nicht zu beanstanden sei.[4] Nach einem Urteil des **OLG Düsseldorf** aus dem Jahre 2011 ist für die Wertermittlung eingebrachter Aktien an einer nicht börsennotierten Gesellschaft von dem **Ertragswertverfahren** auszugehen.[5] Dieses Urteil schlägt zugleich die Brücke zur Unternehmensbewertung bei der Abfindung außenstehender Aktionäre: „Selbst wenn sich dies aus den der aktienrechtlichen Differenzhaftung bei der Einbringung einer nicht vollwertigen Sacheinlage zugrunde liegenden Vorschriften nicht unmittelbar ergibt, besteht der Ansatzpunkt der Bewertung daher wie bei der Ermittlung der Abfindung des ausscheidenden Aktionärs in den Fällen der §§ 305 Abs. 1, 327a AktG auch bei der Bewertung einer Sacheinlage im Rahmen der Differenzhaftung letztlich nur in der Ermittlung eines angemessenen – in der Betriebswirtschaftslehre auch als ‚fair value' bezeichneten – Unterneh-

---

1 Vgl. OLG München v. 3.12.1993 – 23 U 4300/89, GmbHR 1994, 712; *de la Paix/ Reinholdt* in Petersen/Zwirner/Brösel, Handbuch Unternehmensbewertung, D.7 Rz. 15; *Ulmer/Habersack* in Großkomm. GmbHG, 2. Aufl. 2013, § 9 GmbHG Rz. 13; *Hennrichs* in FS Uwe H. Schneider, 2011, S. 489 (492); *Bayer* in Lutter/Hommelhoff, § 9 GmbHG Rz. 4; *Piltz*, Die Unternehmensbewertung in der Rechtsprechung, S. 70; s. auch OLG Frankfurt v. 1.7.1998 – 21 U 166/97, NZG 1999, 119 (121) = AG 1999, 231.
2 Vgl. *Ulmer/Habersack* in Großkomm. GmbHG, 2. Aufl. 2013, § 9 GmbHG Rz. 13; *Hennrichs* in FS Uwe H. Schneider, 2011, S. 489 (492); *Bayer* in Lutter/Hommelhoff, § 5 GmbHG Rz. 24; *A. Reuter*, BB 2000, 2298 (2299); dezidiert auch OLG Düsseldorf v. 5.5.2011 – I-6 U 70/10, AG 2011, 823 (824): „Entgegen der Ansicht der Beklagten kann daher ein Bewertungs- oder Prognosespielraum des zuvor mit der Sache befassten Sachverständigen, wie er etwa bei einem Schiedsgutachten besteht, auch bei der Bewertung der Sacheinlage in einer Kapitalgesellschaft nicht anerkannt werden."; abw. *Urban* in FS Sandrock, 1995, S. 305 (307 f.).
3 Vgl. *Hennrichs* in FS Uwe H. Schneider, 2011, S. 489 (492); *A. Reuter*, BB 2000, 2298 (2299).
4 Vgl. BGH v. 13.3.1978 – II ZR 142/76 – „Kali & Salz", NJW 1978, 1316 (1318 f.) (insoweit nicht in BGHZ 71, 40) mit abgedruckt; s. auch OLG Frankfurt v. 1.7.1998 – 21 U 166/97, NZG 1999, 119 (121) = AG 1999, 231.
5 So ausdrücklich OLG Düsseldorf v. 5.5.2011 – I-6 U 70/10, AG 2011, 823 (823 f.)

menswertes."[1] Die **herrschende Lehre** befürwortet ebenfalls eine Bewertung des eingebrachten Unternehmens nach der **Ertragswertmethode** zzgl. des Veräußerungswerts des nicht betriebsnotwendigen Vermögens.[2] Geeignet sind aber auch die Discounted Cash Flow-Verfahren.[3]

Verbundvorteile durch Einbringung eines Unternehmens in die GmbH sind bei der Bewertung der Sacheinlage zu berücksichtigen[4], nicht aber Synergieeffekte, die bei einer anderen Konzerngesellschaft entstehen (dazu auch § 14 Rz. 71).[5] Übersteigt der Liquidationswert den Ertragswert, ist nach herrschender Lehre der Liquidationswert anzusetzen.[6] Ist die Fortführungsprognose des als Sacheinlage eingebrachten Unternehmens negativ, so muss das eingebrachte Vermögen für Zwecke der Differenzhaftung nach § 9 GmbHG zu Liquidationswerten angesetzt werden.[7] Wenig diskutiert wird die Bedeutung zeitnah erzielter Marktpreise für ein als Sacheinlage in die GmbH eingebrachten Unternehmen.[8] 52

Die gleichen Bewertungsgrundsätze gelten, wenn **als Sacheinlage** kein Unternehmen, sondern **Gesellschaftsanteile** eingebracht werden.[9] 53

IV. Vorbelastungsbilanz und Unternehmensbewertung

1. Gesellschaftsrechtliche Grundlagen

Zu den zentralen Bausteinen der Gründerhaftung im GmbH-Recht gehört die sog. **Vorbelastungshaftung**, die vom BGH im Wege der Rechtsfortbildung ent- 54

---

1 OLG Düsseldorf v. 5.5.2011 – I-6 U 70/10, AG 2011, 823 (824).
2 Vgl. *Angermeyer*, Die aktienrechtliche Prüfung von Sacheinlagen, 1994, S. 283 ff.; *Fastrich* in Baumbach/Hueck, § 5 GmbHG Rz. 34; *Schäfer* in Henssler/Strohn, § 9 GmbHG Rz. 6; *Hüttemann* in FS Huber, 2006, S. 757 (764); *Bayer* in Lutter/Hommelhoff, § 9 GmbHG Rz. 4; *Märtens* in MünchKomm. GmbHG, 2010, § 5 GmbHG Rz. 149; *Roth* in Roth/Altmeppen, § 9 GmbHG Rz. 3; *Veil* in Scholz, 11. Aufl. 2012, § 5 GmbHG Rz. 57; *Urban* in FS Sandrock 1995, S. 305 (314 f.).
3 Vgl. *Fastrich* in Baumbach/Hueck, § 5 GmbHG Rz. 34; s. auch LG Freiburg v. 20.2.2009 – 12 T 1/09, GmbHR 2009, 1106.
4 Vgl. *Bayer* in Lutter/Hommelhoff, § 9 GmbHG Rz. 4; *A. Reuter*, BB 2000, 2298 (2303 f.); begrenzt auf unechte Verbundvorteile *de la Paix/Reinholdt* in Petersen/Zwirner/Brösel, Handbuch Unternehmensbewertung, D.7 Rz. 16; *Hennrichs* in FS Uwe H. Schneider, 2011, S. 489 (494); abw. *Urban* in FS Sandrock, 1995, S. 305 (314 f.).
5 Vgl. *Hennrichs* in FS Uwe H. Schneider, 2011, S. 489 (493 f.); *Bayer* in Lutter/Hommelhoff, § 9 GmbHG Rz. 4.
6 Vgl. *Hennrichs* in FS Uwe H. Schneider, 2011, S. 489 (492); *Bayer* in Lutter/Hommelhoff, § 5 GmbHG Rz. 25 mit Fn. 6.
7 Vgl. *Hennrichs* in FS Uwe H. Schneider, 2011, S. 489 (494).
8 Ansätze dazu bei *Hennrichs* in FS Uwe H. Schneider, 2011, S. 489 (496 f.).
9 Vgl. OLG Düsseldorf v. 5.5.2011 – I-6 U 70/10, AG 2011, 823 (823 f.) (nicht börsennotierte AG); LG Freiburg v. 20.2.2009 – 12 T 1/09, GmbHR 2009, 1106; *Nestler*, GWR 2014, 121 (122); *Pataki*, GmbHR 2003, 404; *Roth* in Roth/Altmeppen, § 5 GmbHG Rz. 49.

wickelt worden ist.¹ Danach haften die Gesellschafter gegenüber der GmbH anteilig auf die volle Differenz, wenn das Gesellschaftsvermögen zum Zeitpunkt der Eintragung der Gesellschaft in das Handelsregister hinter der Stammkapitalziffer zurückbleibt und sie der vorherigen Geschäftsaufnahme durch die Vor-GmbH zugestimmt haben.² Zur Ermittlung einer etwaigen Vorbelastungshaftung ist auf den Zeitpunkt der Eintragung der Gesellschaft eine sog. **Vorbelastungsbilanz** aufzustellen.³ Dabei handelt es sich nicht um eine Eröffnungs- oder Zwischenbilanz i.S.d. § 242 HGB, sondern um eine **Vermögensbilanz** mit zum Teil eigenständigen Ansatz- und Bewertungsgrundsätzen.⁴ Sie soll die wertmäßige Unversehrtheit des Stammkapitals im Eintragungszeitpunkt aufzeigen, indem sie das Nettovermögen der GmbH dokumentiert, oder über eine etwaige Unterdeckung informieren, die eine Vorbelastungshaftung auslöst.⁵

2. Bewertung einer unternehmerisch tätigen Organisationseinheit

a) Rechtsprechung

55   Nach einem Urteil des BGH aus dem Jahre 1998 hat die **Bewertung des Gesellschaftsvermögens** in der Vorbelastungsbilanz **nach der Ertragswertmethode** zu erfolgen, wenn die Ingangsetzung der Vor-GmbH in der Zeit zwischen Aufnahme der Geschäftstätigkeit und Eintragung der Gesellschaft zu einer Organisationseinheit geführt hat, die als Unternehmen anzusehen ist, das über seine einzelnen Vermögensgegenstände hinaus einen eigenen Vermögensgegenstand repräsentiert.⁶ Auf künftige Erfolgschancen darf die Bewertung der Ertragskraft einer solchen **unternehmerisch tätigen Organisationseinheit** im Regelfall allerdings nur dann gestützt werden, wenn die Voraussetzungen für die Nutzung der Chancen am Bewertungsstichtag bereits im Ansatz geschaffen sind.⁷ Entschieden worden ist dies für eine Vor-GmbH, die vier Monate lang bis zu ihrer Eintragung in das Handelsregister eine Gaststätte betrieben hatte. Der BGH billigte die Berücksichtigung des Ertragswerts, rügte aber, dass der Sachverständige bei dessen Berechnung vom Abbau eines offensichtlichen Personalüber-

---

1   Grundlegend BGH v. 9.3.1981 – II ZR 54/80, BGHZ 80, 129 (133 ff.) = GmbHR 1981, 114; BGH v. 24.10.1988 – II ZR 176/88, BGHZ 105, 300 (302 ff.) = GmbHR 1989, 74; BGH v. 27.1.1997 – II ZR 123/94, BGHZ 134, 333 (338) = GmbHR 1996, 279.
2   Eingehend *Merkt* in MünchKomm. GmbHG, 2010, § 11 GmbHG Rz. 156 ff.
3   Vgl. BGH v. 6.12.1993 – II ZR 102/93, BGHZ 124, 282 (286) = GmbHR 1994, 176; BGH v. 9.11.1998 – II ZR 190/97, BGHZ 140, 35 (38) = GmbHR 1999, 31; BGH v. 16.1.2006 – II ZR 65/04, BGHZ 165, 391 (396 f.) = GmbHR 2006, 482.
4   Vgl. *Förschle/Kropp/Schellhorn* in Budde/Förschle/Winkeljohann, Sonderbilanzen, 4. Aufl. 2008, D 58; *Merkt* in MünchKomm. GmbHG, 2010, § 11 GmbHG Rz. 165.
5   Vgl. *Förschle/Kropp/Schellhorn* in Budde/Förschle/Winkeljohann, Sonderbilanzen, 4. Aufl. 2008, D 58.
6   So die – etwas gewundene – Formulierung in BGH v. 9.11.1998 – II ZR 190/97, BGHZ 140, 35 = GmbHR 1999, 31 (Leitsatz 1) im Anschluss an Überlegungen von *Schulze-Osterloh* in FS Goerdeler, 1987, S. 531 (536, 541 f.); ansatzweise schon *Priester*, ZIP 1982, 1141 (1143).
7   Vgl. BGH v. 9.11.1998 – II ZR 190/97, BGHZ 140, 35 = GmbHR 1999, 31 (Leitsatz 2).

hangs ausgegangen war, obwohl diese Maßnahmen am Bewertungsstichtag noch nicht eingeleitet worden waren.[1] Zwei weitere Urteile des BGH aus dem Jahre 2002 haben diese Rechtsprechung bestätigt.[2]

Das jüngste Urteil des BGH aus dem Jahre 2006 hat zu einer gewissen **Akzentverschiebung** geführt.[3] Danach kommt die Berücksichtigung eines Unternehmenswerts in der Vorbelastungsbilanz nur noch unter wesentlich engeren Voraussetzungen in Betracht: „Im Rahmen der Ermittlung der Unterbilanzhaftung kann auch bei einem sog. ‚Start-up'-Unternehmen von einer **als bewertbares Unternehmen anzusehenden strukturierten Organisationseinheit** während des Stadiums der Vor-GmbH **nur in engen Ausnahmefällen** und erst dann ausgegangen werden, **wenn** das von den Gründergesellschaftern verfolgte innovative Geschäftskonzept seine **Bestätigung am Markt gefunden** hat."[4] Ein solcher Sonderfall lag nach Auffassung des BGH im konkreten Fall nicht vor, weil sich sämtliche Aktivitäten des Vor-GmbH – wie Präsentationen des Unternehmenskonzepts und Bemühungen um Kooperationspartner – noch im Vorstadium werbender Tätigkeit bewegten und letztlich erst die Basis dafür schaffen sollten, dass in Zukunft das operative Geschäft aufgenommen werden konnte.[5] Die erforderliche Bewährung des Geschäftsmodells anhand eines sog. Markttests stand damit noch aus.[6]

56

b) Rechtslehre

In der Literatur ist die Berücksichtigung eines während der Gründungsphase geschaffenen originären Geschäfts- oder Firmenwerts wegen der Bewertungsunsicherheiten der Ertragswertmethode zum Teil heftig kritisiert worden.[7] Vorgeschlagen wurde stattdessen, es bei einer „substanzorientierten Sichtweise" zu belassen.[8] Die **herrschende Lehre** hält dagegen mit Recht daran fest, dass die

57

---

1 Vgl. BGH v. 9.11.1998 – II ZR 190/97, BGHZ 140, 35 (38 f.) = GmbHR 1999, 31; kritisch zu diesem Punkt *Hüttemann* in FS Huber, 2006, S. 757 (776); zustimmend aber *Hennrichs*, ZGR 1999, 837 (855).
2 Vgl. BGH v. 18.3.2002 – II ZR 11/01, NZG 2002, 524 (525) = GmbHR 2002, 545, wo es um eine Vor-GmbH ging, die von ihrer Gründung im Dezember 1991 bis zu ihrer Eintragung im Oktober 1992 bereits geschäftlich tätig war und 30 Arbeitnehmer beschäftigte: „Das hätte dem Berufungsgericht Veranlassung zu der Prüfung der Frage geben müssen, ob die Vor-GmbH bereits als selbstständiges Unternehmen zu werten war."; gleichsinnig BGH v. 18.3.2002 – II ZR 369/00, NZG 2002, 636 (637).
3 Für eine ähnliche Einschätzung *Bayer/Lieder*, ZGR 2006, 875 (895); aus der Binnensicht des BGH auch *Goette*, DStR 2006, 714 (715).
4 BGH v. 16.1.2006 – II ZR 65/04, BGHZ 165, 391 = GmbHR 2006, 482 (Leitsatz 1).
5 Vgl. BGH v. 16.1.2006 – II ZR 65/04, BGHZ 165, 391 (396 f.) = GmbHR 2006, 482.
6 Vgl. BGH v. 16.1.2006 – II ZR 65/04, BGHZ 165, 391 (397) = GmbHR 2006, 482.
7 Vgl. namentlich *Hennrichs*, ZGR 1999, 837 (843 ff.); *Wolf*, StuB 1999, 412 (420); zuvor bereits *Wolfsteiner* in FS Helmrich, 1994, S. 755 (761 f.); stark einschränkend auch *Förschle/Kropp/Schellhorn* in Budde/Förschle/Winkeljohann, Sonderbilanzen, 4. Aufl. 2008, D 61.
8 So *Hennrichs*, ZGR 1999, 837 (856).

Ertragswertmethode auch bei einem im Aufbau befindlichen Unternehmen anzuwenden ist, wenn eine unternehmerisch tätige Organisationseinheit vorliegt.[1] Hierfür spricht nicht zuletzt die Parallele zur Einbringung eines Unternehmens als Sacheinlage, deren Einlagewert ebenfalls mittels Unternehmensbewertung festgestellt wird (unten Rz. 58).[2] Zudem wird durch eine Bewertung des Gesellschaftsvermögens nach der Ertragswertmethode verhindert, dass die Gesellschaftsgläubiger bei einer vorzeitigen Geschäftsaufnahme besser stehen, als wenn die GmbH ihre Geschäftstätigkeit erst mit der Eintragung begonnen hätte.[3] Bei neuartigen Geschäftsideen mag man zur korrekten Risikoabbildung gegebenenfalls einen höheren Risikozuschlag ansetzen.[4]

58 Unterschiedlich beurteilt wird innerhalb der herrschenden Lehre lediglich, ob zur Wertermittlung ein gesonderter Geschäfts- oder Firmenwert in der Vorbelastungsbilanz anzusetzen ist[5] oder ob Vorbelastungsbilanz und Ertragswertverfahren alternative Bewertungsverfahren darstellen[6]. Im praktischen Ergebnis dürfte sich dieser Meinungsstreit relativieren[7]; theoretisch spricht vieles dafür, dass *eine* Bewertung nach der Ertragswertmethode genügt.[8] Fehlt es an einer unternehmerisch tätigen Organisationseinheit, bleibt es bei einer Einzelbewertung des Gesellschaftsvermögens mittels Vorbelastungsbilanz.[9]

---

1 Vgl. *Fastrich* in Baumbach/Hueck, § 11 GmbHG Rz. 64; *Fleischer*, GmbHR 1999, 752 (755 ff.); *Ulmer/Habersack* in Großkomm. GmbHG, 2. Aufl. 2013, § 11 GmbHG Rz. 109; *Hüttemann* in FS Huber, 2006, S. 757 (773 ff.); *Bayer* in Lutter/Hommelhoff, § 11 GmbHG Rz. 34; *Luttermann/Lingl*, NZG 2006, 454 (455); *Merkt* in MünchKomm. GmbHG, 2010, § 11 GmbHG Rz. 65; *K. Schmidt* in Scholz, 11. Aufl. 2012, § 11 GmbHG Rz. 144; einschränkend *Weitemeyer*, NZG 2006, 648 (650): Berücksichtigung des Ertragswerts nur, wenn Realisierung eines Formenwerts durch Veräußerung wahrscheinlich ist.

2 Vgl. *Fleischer*, GmbHR 1999, 752 (757); *Hüttemann* in FS Huber, 2006, S. 757 (764 f.).

3 Vgl. KG v. 14.2.1997 – 5 U 3967/96, GmbHR 1997, 1066 (1067); *Hüttemann* in FS Huber, 2006, S. 757 (765).

4 Dafür *Habersack/Lüssow*, NZG 1999, 629 (634); ferner *Hüttemann* in FS Huber, 2006, S. 757 (774); allgemein auch *Fleischer*, GmbHR 1999, 752 (757); *Weitemeyer*, NZG 2006, 648 (650).

5 So BGH v. 9.11.1998 – II ZR 190/97, BGHZ 140, 35 = AG 1999, 122; *Fleischer*, GmbHR 1999, 752 (755).

6 So *Förschle/Kropp/Schellhorn* in Budde/Förschle/Winkeljohann, Sonderbilanzen, 4. Aufl. 2008, D 61; *Hüttemann* in FS Huber, 2006, S. 757 (770); *K. Schmidt* in Scholz, 11. Aufl. 2012, § 11 GmbHG Rz. 144; *Schulze-Osterloh* in FS Goerdeler, 1987, S. 536 (542).

7 Dazu bereits *Fleischer*, GmbHR 1999, 752 (755); ähnlich *Hennrichs*, ZGR 1999, 837 (844): „Das sind Fragen der Technik."

8 Überzeugend *Hüttemann* in FS Huber, 2006, S. 757 (770); abw. noch *Fleischer*, GmbHR 1999, 752 (755).

9 Vgl. *Förschle/Kropp/Schellhorn* in Budde/Förschle/Winkeljohann, Sonderbilanzen, 4. Aufl. 2008, D 61; *Hüttemann* in FS Huber, 2006, S. 757 (778).

Fünfter Teil
Unternehmensbewertung im Familien- und Erbrecht

§ 23
Unternehmensbewertung im Familienrecht

	Rz.		Rz.
I. Einführung	1	VI. Bewertung von Unternehmensbeteiligungen	
II. Grundlagen und Systematik des gesetzlichen Güterrechts		1. Übertragbarkeit	41
1. Gütergemeinschaft und Gütertrennung		2. Abfindungs- und Ausschlussklauseln	42
a) Allgemeines	2	3. Sonderfall: Abschreibungsgesellschaften	45
b) Gesetzlicher Güterstand	3	VII. Bewertung freiberuflicher Praxen	
c) Ehetypen und Vertragsfreiheit	5	1. Wertformen	46
2. Zugewinngemeinschaft		2. Empfehlungen der Standesorganisationen	48
a) Grundsätze	7	3. Durchführung der Bewertung	49
b) Teilungsposten	8	4. Beteiligungen	51
c) Reform	12	VIII. Rechtsprechung	
d) Indexierung	14	1. Aktuelle Entscheidungen des BGH	52
3. Vertragsgestaltung	15	a) BGH v. 2.2.2011 – XII ZR 185/08	53
III. Stichtage		b) BGH v. 9.2.2011 – XII ZR 40/09	55
1. Anfangsvermögen	16	c) BGH v. 6.11.2013 – XII ZB 434/12	57
2. Endvermögen	17	2. Weitere Rechtsprechung nach Branchen und Berufsgruppen	
3. Trennungsvermögen	19	a) Aktenvernichtungsbetrieb	59
IV. Allgemeine Grundsätze der Bewertung		b) Anwaltspraxis	60
1. Grundsätze	21	c) Architekt	63
a) Objektiver Wert	22	d) Arzt	64
b) Methoden	23	e) Bäckerei	65
c) Tatrichter	25	f) Druckerei	66
d) Verfahren	26	g) Handelsvertreter	67
2. Wertformen	27	h) Handwerksbetrieb	68
a) Verkehrswert	28	i) KG-Anteil	69
b) Liquidationswert	29	j) Landwirtschaftlicher Betrieb	70
c) Latente Ertragssteuern	31	k) Steuerberater	71
V. Bewertung von Unternehmen		l) Tierarzt	73
1. Wertformen		m) Vermessungsingenieur	74
a) Allgemeines	33	n) Versicherungsagentur	75
b) Substanzwert	34	o) Zahnarzt	77
c) Ertragswert	36		
2. Durchführung der Bewertung			
a) Substanzwert	37		
b) Ertragswert	38		
c) Spekulationssteuern	40		

	Rz.		Rz.
IX. Verfahrensrecht	79	3. Vermögensbewertung	
1. Zuständigkeit	80	a) Ermittlung des Vermögenswertes	97
2. Darlegungs- und Beweislast		b) Selbständiges Beweisverfahren (§ 485 Abs. 2 Satz 1 Nr. 1 ZPO)	100
a) Anfangsvermögen			
aa) Vermutungswirkung	84	c) Überprüfung des Sachverständigengutachtens	104
bb) Negatives Vermögen	86		
cc) Privilegiertes Vermögen	88	4. Vorzeitiger Zugewinnausgleich (§§ 1385, 1386 BGB)	
dd) Substantiierung	89		
b) Endvermögen		a) Reform	106
aa) Allgemeine Grundsätze	90	b) Ausgleich nach § 1385 BGB	108
bb) Illoyale Vermögensminderungen (§ 1375 Abs. 2 BGB)	94	c) Ausgleich nach § 1386 BGB	111
		d) Verfahren	
		aa) Grundsätze	112
		bb) Wert	114

Schrifttum: *Büte*, Zugewinnausgleich bei Ehescheidung, 4. Aufl. 2012; *Englert*, Die Bewertung von freiberuflichen Praxen mit Hilfe branchentypischer Wertfindungsmethoden, BB 1997, 142; *Frielingsdorf*, Überblick zur BGH-gemäßen Festlegung des individuellen Arztlohnes bei der Bewertung von Arzt-/Zahnarztpraxen im Ehescheidungsverfahren, FamRZ 2011, 1911; *Haußleiter/Schulz*, Vermögensauseinandersetzung bei Trennung und Scheidung, 5. Aufl. 2011; *Heiß/Born*, Unterhaltsrecht, Loseblatt (Stand 46. EL Juli 2014); *Hoppenz*, Die latente Einkommensteuer im Zugewinnausgleich: Ein Rettungsversuch, FamRZ 2012, 1618; *Hoppenz*, Der BGH und die Halbteilung bei der Bewertung im Zugewinnausgleich, FS Brudermüller, 2014, S. 345; *Hoppenz*, Familiensachen, 9. Aufl. 2009; *Horn*, Kriterien für den Goodwill bei Praxen von Freiberuflern, FPR 2006, 317; *Janssen*, Die Bewertung von Anwaltskanzleien, NJW 2003, 3387; *Kleinle*, Die Bewertung von Personengesellschaften im Zugewinnausgleich, FamRZ 1997, 1133; *Klingelhöffer*, Zugewinnausgleich und freiberufliche Praxis, FamRZ 1991, 882; *Koch*, Die Entwicklung der Rechtsprechung zum Zugewinnausgleich, FamRZ 2012, 1521; *Kogel*, Strategien beim Zugewinnausgleich, 2005; *Kotzur*, Goodwill freiberuflicher Praxen und Zugewinnausgleich, NJW 1988, 3239; *Leuner*, Sind Arzt- und Zahnarztpraxen aus Erwerber- oder Veräußerersicht zu bewerten?, Praxis Freiberufler-Beratung 2013, 250; *Michalski/Zeidler*, Die Bewertung von Personengesellschaften im Zugewinnausgleich, FamRZ 1997, 397; *Münch*, Unternehmensbewertung im Zugewinnausgleich, DStR 2014, 806; *Muscheler*, Familienrecht, 3. Aufl. 2013; *Piltz/Wissmann*, Unternehmensbewertung beim Zugewinnausgleich nach Scheidung, NJW 1985, 2673; *Römermann/Schröder*, Die Bewertung von Anwaltskanzleien, NJW 2003, 2709; *Stabenow*, Auswirkungen der aktuellen Rechtsprechung des BGH zur Bewertung von freiberuflichen Praxen im Zugewinnausgleich, FamRZ 2012, 682.

I. Einführung

1 Was hat ein familienrechtliches Kapitel in einem Rechtshandbuch zur Unternehmensbewertung zu suchen? Die Antwort lautet: Einiges, wenn man sich vergegenwärtigt, wie häufig Ansprüche auf Zugewinnausgleich im Rahmen von Scheidungsverfahren oder auch noch danach[1] in gesonderten familiengerichtlichen Verfahren geltend gemacht werden.

---

1 Der Anspruch auf Zugewinnausgleich entsteht mit Rechtskraft der Scheidung, § 1564 Satz 2 BGB; für ihn gilt die regelmäßige 3-jährige Verjährungsfrist nach

Der Grund hierfür ist die Notwendigkeit, bei Auflösung einer Ehe das während der Ehe gemeinsam erwirtschaftete Vermögen festzustellen und hälftig aufzuteilen. Die – der Aufteilung vorangehende – Feststellung dieses Vermögens ist mehr oder weniger schwierig. Sie gestaltet sich relativ einfach, wenn es um Bargeld, Bankguthaben, Bausparverträge oder ähnliche Positionen geht, deren Wert ohne weiteres feststellbar ist. Sie ist deutlich schwieriger, wenn der Vermögensgegenstand bewertet werden muss; dies ist etwa bei Aktien, Unternehmen oder Praxen von Freiberuflern erforderlich.

Mit den nachstehenden Ausführungen soll dafür eine Hilfestellung gegeben werden.

II. Grundlagen und Systematik des gesetzlichen Güterrechts

1. Gütergemeinschaft und Gütertrennung

a) Allgemeines

Typologisch ist zu unterscheiden: Bei **Gütertrennung** liegt kein gemeinschaftliches Vermögen der Ehegatten vor, wobei diesen die Befugnis bleibt, ebenso wie nicht miteinander verbundene Personen ein solches Vermögen zu begründen. Bei **Gütergemeinschaft** stellt gemeinschaftliches Vermögen der Ehegatten dagegen ein konstitutives Element dar[1]. Das BGB versteht unter dem gesetzlichen Güterrecht die Ordnung der güterrechtlichen Verhältnisse unter den Ehegatten, die mangels anderweitiger (ehevertraglicher) Vereinbarung kraft Gesetzes eintritt; seit 1.7.1958[2] ist das die **Zugewinngemeinschaft**.

2

b) Gesetzlicher Güterstand

Für den gesetzlichen Güterstand der Zugewinngemeinschaft besteht eine **Vermutung**; demgemäß trägt für die gegenteilige Behauptung derjenige die Beweislast, der sich darauf beruft.[3] Die **Grundgedanken** für den Ausgleich des Zugewinns sind folgende:

3

- Nach dem *Mitverursachungsgedanken* wird angenommen, dass der von einem Ehegatten während des Zusammenlebens erzielte Vermögenserwerb vom anderen Ehepartner ebenfalls verursacht und unterstützt worden ist, woraus sich eine Teilhabe an dem erzielten Vermögenszuwachs rechtfertigt;
- dem liegt die Vorstellung eines *Erwerbsverzichts* zugrunde, wonach in arbeitsteiliger Ehe ein Ehegatte (meist die Ehefrau) aufgrund von Haushaltsführung und Kindesbetreuung die eigene berufliche Karriere zurückstellt.[4]

---

§ 195 BGB. Gerade im Hinblick auf die regelmäßig hälftige Kostentragung im Verbundverfahren (§ 150 Abs. 1 FamFG) kann es sinnvoll sein, eine Forderung auf Zugewinnausgleich erst nach Abschluss des Scheidungsverfahrens geltend zu machen, vgl. *Kogel*, Strategien, Rz. 561.
1 *Koch* in MünchKomm. BGB, 6. Aufl. 2013, Einleitung zu §§ 1363 bis 1563, Rz. 6.
2 Zur Rechtsentwicklung seit 1900 s. *Koch* in MünchKomm. BGB, 6. Aufl. 2013, Einleitung zu §§ 1363 bis 1563, Rz. 15 ff.
3 *Brudermüller* in Palandt, vor § 1363 BGB Rz. 1.
4 *Koch* in MünchKomm. BGB, 6. Aufl. 2013, vor § 1363 BGB Rz. 8.

4 Sofern man die Berufstätigkeit des einen und die Haushaltführung des anderen Ehegatten als gleichwertige Beiträge zum ehelichen Zusammenleben ansehen kann, erscheint die gleichmäßige Beteiligung an dem während der Ehe Erwirtschafteten sachgerecht.[1]

c) Ehetypen und Vertragsfreiheit

5 Die (schematisch) hälftige Teilung des Vermögenszuwachses zwischen den Ehegatten wird Abweichungen der Gleichwertigkeit von Berufstätigkeit und Haushaltsführung nicht gerecht; gerechtfertigt wird die schematisch hälftige Teilung aber allgemein mit der Annahme der *grundsätzlichen* Gleichwertigkeit von Berufs- und Haushaltstätigkeit.[2] Es ist zu konstatieren, dass sich die **gesellschaftliche Entwicklung** von dem geschilderten Ehetyp inzwischen weit entfernt hat mit der Folge, dass die Zugewinngemeinschaft z.B. nicht für Ehen von kinderlosen Doppelverdienern passt; hier kann sich der Zugewinnausgleich nur auf einen Ausgleich eines unterschiedlichen beruflichen Einkommens richten.[3] Allgemein werden sich die Ehetypen je nach ökonomischer Situation und persönlichem Lebensstil der Ehegatten sehr unterscheiden; von daher bestünde Bedarf dafür, für diese verschiedenen Güterstände auch jeweils unterschiedliche Teilungslösungen vorzusehen. Der BGB-Gesetzgeber von 1900 ging von der Hausfrauenehe aus; die vollschichtig tätige Ehefrau von heute stellt das andere Ende der Skala dar. Dazwischen liegen Ehen, die z.B. durch die Mitarbeit der Ehefrau im Geschäft des Ehemannes oder auch durch wechselnde berufliche Phasen gekennzeichnet sind. Wenn gleichwohl – schematisch und pauschal – die hälftige Teilung des Vermögenszuwachses einheitlich für alle Ehen vorgesehen ist, lässt sich das nur mit dem Vereinfachungsgedanken rechtfertigen.[4]

6 Die dargestellten **Disparitäten** zwischen dem gesetzlichen Güterstand und den verschiedenen Ehetypen führen vielfach dazu, dass den unterschiedlichen Bedürfnissen und Interessen der Eheleute individuell durch einen **Ehevertrag** Rechnung getragen wird.[5] Obwohl die Vertragsfreiheit im ehelichen Güterrecht gesetzlich verankert ist (vgl. §§ 1408 ff. BGB), wird von ihr nur relativ selten Gebrauch gemacht, selbst in Fällen von Selbständigkeit oder Situationen, in denen bei Scheitern der Ehe der Wert eines Unternehmens oder einer Gesellschaftsbeteiligung eine Rolle spielt. Der BGH hat seit 2004 in ständiger Rechtsprechung klargestellt, dass der vertragliche Ausschluss des Zugewinnausgleichs nicht einmal einer Rechtfertigung bedarf, weil dort beim Anspruch auf Zugewinnausgleich der Teilhabegedanke aufgrund Familienarbeit (s. oben Rz. 3) keine entscheidende Rolle spielt.[6]

---

1 *Haußleiter/Schulz*, Kap. 1, Rz. 1.
2 *Koch* in MünchKomm. BGB, 6. Aufl. 2013, vor § 1363 BGB Rz. 8 unter Hinweis auf die Kritik von *Muscheler*, Rz. 336. Kritisch auch *Gernhuber/Coester-Waltjen*, Familienrecht, 6. Aufl. 2010, § 34 Rz. 3.
3 *Koch* in MünchKomm. BGB, 6. Aufl. 2013, vor § 1363 BGB Rz. 5.
4 *Koch* in MünchKomm. BGB, 6. Aufl. 2013, vor § 1363 BGB Rz. 8.
5 *Haußleiter/Schulz*, Kap. 1, Rz. 2.
6 BGH v. 11.2.2004 – XII ZR 265/02, MDR 2004, 573 = NJW 2004, 930.

2. Zugewinngemeinschaft

a) Grundsätze

Zugewinngemeinschaft bedeutet, dass während der Ehe Gütertrennung vorliegt und am Ende der Ehe ein wirtschaftlicher Ausgleich stattfindet.[1] Die maßgeblichen Grundsätze bestehen darin, dass

- die Eigentumsverhältnisse durch die Heirat nicht verändert werden; es gibt kein gemeinschaftliches Vermögen (§ 1363 Abs. 2 BGB), und es besteht auch keine gesetzliche Haftung des einen Ehegatten für Schulden des anderen.

- jeder Ehegatte sein Vermögen selbständig verwaltet (§ 1364 BGB) und er die Einwilligung des anderen Ehegatten nur bei Verfügungen über sein Vermögen im Ganzen (und über Haushaltsgegenstände) benötigt (§§ 1365 Abs. 1, 1369 Abs. 1 BGB). Kein Ehegatte muss in Richtung eines möglichst hohen Zugewinns wirtschaften.

- bei Auflösung der Ehe das gemeinsam erwirtschaftete Vermögen festgestellt und anschließend hälftig aufgeteilt wird, ohne dass es darauf ankäme, wer in welchem Umfang zu diesem Vermögenserwerb beigetragen hat.[2]

b) Teilungsposten

Mit dem Grundgedanken, wonach der **in gemeinschaftlicher Lebensleistung** erarbeitete Gewinn geteilt werden soll, lässt sich nicht vereinbaren, dass nach geltendem Recht grundsätzlich das *gesamte* während der Ehe erworbene Vermögen auszugleichen ist ohne Rücksicht darauf, welcher Ehegatte in welchem Umfang dazu beigetragen hat; auf die verschiedenen Ehetypen wurde unter 1. c) (oben Rz. 5) bereits hingewiesen. Ein gewisses (sicherlich nicht ausreichendes) **Korrektiv** liegt in der **Herausnahme des „privilegierten" Vermögens** nach § 1374 Abs. 2 BGB; danach werden solche Vermögensgegenstände von der Teilung ausgenommen, die im Wege der vorweggenommenen Erbfolge, durch Schenkung oder durch Erbfall vom Ehegatten erworben worden sind. Unzureichend ist das Korrektiv u.a. auch deshalb, weil andere Vermögensgegenstände wie Schmerzensgeld oder ein Lottogewinn[3] nicht unter die Vorschrift fallen sollen, obwohl sie zweifellos nicht auf einer gemeinschaftlichen Anstrengung der Eheleute beruhen.[4] Demgemäß wurde vom 16. Deutschen Familiengerichtstag 2005[5] eine Ergänzung des § 1374 Abs. 2 BGB dahin empfohlen, dass dem Anfangsvermögen auch solches Vermögen zugerechnet wird, dessen Erwerb „nach seiner Zweckbestimmung in keiner Beziehung zur ehelichen Lebens- und Wirtschaftsgemeinschaft steht".

---

1 *Koch* in MünchKomm. BGB, 6. Aufl. 2013, vor § 1363 BGB Rz. 7; *Haußleiter/Schulz*, Kap. 1, Rz. 10.
2 *Haußleiter/Schulz*, Kap. 1, Rz. 10.
3 So BGH v. 16.10.2013 – XII ZB 277/12, MDR 2014, 33 = NJW 2013, 3645; s. dazu *Herr*, NZFam 2014, 1.
4 Grundlegend dazu *Schwab* in FS Söllner, S. 1079 (1084), zitiert nach *Koch* in MünchKomm. BGB, 6. Aufl. 2013, vor § 1363 BGB Rz. 9.
5 Arbeitskreis 21, Brühler Schriften zum Familienrecht Band 14.

9   Da aber inzwischen mehr als acht Jahre vergangen sind, wird man auf den Gesetzgeber nicht warten können. Sachgerecht erscheint eine **analoge Anwendung** des § 1374 Abs. 2 BGB unter Annahme einer planwidrigen Gesetzeslücke, weil der Vorschrift Regelungen fehlen, die nach dem Leitgedanken des privilegierten Erwerbs in ihr enthalten sein sollten.[1] Während man beim Lottogewinn eine Nichtanwendung der Privilegierung durchaus begründen kann mit dem Hinweis darauf, dass der andere Ehegatte auch die Verluste mittragen muss, erscheint dagegen das Schmerzensgeld so personenbezogen, dass eine Teilung der entsprechenden Entschädigung im Zugewinnausgleich nicht sachgerecht ist. Dies gilt umso mehr, wenn man berücksichtigt, dass es Fälle geben kann, in denen der Anspruch erst nach Trennung der Eheleute entsteht.

10 Die vier **Rechnungsgrößen** bestehen in den – von beiden Eheleuten zu fertigenden – Aufstellungen zum Anfangs- und Endvermögen, fixiert jeweils auf zwei Bilanzstichtage.

  – Beim **Anfangsvermögen** geht es um das Vermögen, das einem Ehegatten nach Abzug der Verbindlichkeiten beim Eintritt des Güterstandes gehört (§ 1374 Abs. 1 BGB); Stichtag ist der Tag der Heirat (§ 1363 Abs. 1 BGB). Sofern die Ehegatten – entgegen der „Wunschvorstellung" des Gesetzgebers (§ 1377 Abs. 1 BGB) – kein Verzeichnis des Anfangsvermögens gefertigt haben, wird gem. § 1377 Abs. 3 BGB vermutet, dass ein Anfangsvermögen nicht vorhanden war.

  – Das **Endvermögen** ist das Vermögen, das einem Ehegatten nach Abzug der Verbindlichkeiten bei der Beendigung des Güterstandes gehört (§ 1375 Abs. 1 Satz 1 BGB). Es umfasst – ebenso wie das Anfangsvermögen – alle rechtlich geschützten Positionen mit wirtschaftlichem Wert.

11 Art und Grund von Vermögenszuwächsen spielen bei der Feststellung der einzelnen Rechnungsposten ebenso wenig eine Rolle wie die Ursachen von Vermögensverlusten. Wenn beispielsweise ein Ehegatte durch tatkräftige Hilfe einen bestimmten Teil des Vermögens seines Ehepartners (z.B. in dessen Unternehmen) mehrt, kann er seinen eigenen Ausgleichsanspruch verlieren und umgekehrt selbst ausgleichspflichtig werden, sofern in anderen Teilen des Vermögens des Ehegatten Verluste eintreten, etwa bei einem Rückgang von Aktienkursen. Umgekehrt kann auch ein Ehegatte ohne jeden Beitrag zur Vermögensentwicklung beim Partner in den Genuss einer eigenen Ausgleichsforderung kommen. Beides macht deutlich, dass die Zugewinngemeinschaft kein Güterstand ist, der den tatsächlichen Beitrag eines Ehegatten am Zugewinn des anderen widerspiegelt.[2]

c) Reform

12 Der Gesetzgeber hat jedenfalls in Ansätzen auf die Kritik reagiert. Er hat zwar auf eine grundsätzliche Strukturreform der Zugewinngemeinschaft verzichtet,

---

1 *Haußleiter/Schulz*, Kap. 1, Rz. 51.
2 *Koch* in MünchKomm. BGB, 6. Aufl. 2013, vor § 1363 BGB Rz. 10.

sondern sich mit punktuellen Änderungen des Ausgleichsanspruchs begnügt.[1] Die wichtigsten Änderungen als Folge der Gesetzesreform[2] sind folgende:

- Einführung des negativen Anfangs- und Endvermögens,
- Vorverlegung des für die Höhe der Ausgleichsforderung maßgebenden Zeitpunktes auf den Tag der Rechtshängigkeit des Scheidungsantrags,
- Einräumung des Ausgleichsanspruchs auch bei vorzeitiger Aufhebung der Zugewinngemeinschaft,
- Erweiterung der Auskunftsrechte.

Unverändert geblieben ist dagegen der Schematismus der **erbrechtlichen Lösung** (§ 1371 BGB). Danach wird der Zugewinn völlig unabhängig von der Frage ausgeglichen, ob und von wem ein Zugewinn erzielt worden ist. Durch die – generell vorgesehene – Verstärkung des Ehegattenerbrechts partizipiert auch ein an sich selbst ausgleichspflichtiger Ehegatte mit dem höheren Zugewinn am Vermögen des Verstorbenen; seine Vermögensteilhabe entsteht also – ganz unabhängig von der Frage eines Beitrags bei der Erwirtschaftung – allein durch den Umstand, dass er länger lebt.[3] Unverändert geblieben ist auch eine Ausgleichspflicht bei „eheneutralem" Erwerb, denn der Katalog der – abschließend aufgezählten – Privilegierungstatbestände des § 1374 Abs. 2 BGB ist nicht erweitert worden. Schließlich ist die gewünschte Vorverlegung des Stichtags (§ 1384 BGB) auf den Zeitpunkt der Trennung, um Manipulationen nach Möglichkeit auszuschließen, nicht Gesetz geworden.[4] Von Anfang an in der Kritik stand die Tatsache, dass aufgrund entsprechender Vorgabe des Gesetzes Anfangs- und Endvermögen selbst bei Verschuldung der Ehegatten niemals negativ sein konnten, sondern immer mindestens mit Null anzusetzen waren (§ 1374 Abs. 1 BGB a.F., § 1375 Abs. 1 BGB a.F.). Dieses Verbot des **negativen Anfangs- und Endvermögens** hatte zur Konsequenz, dass ein Ehegatte, der im Falle von Verschuldung bei Heirat durch Tilgung seiner Verbindlichkeiten in der Ehe einen Gewinn erzielte, diesen nicht als Zugewinn verbuchen konnte mit der Folge, dass der Ehepartner von einer Beteiligung an diesem „Schuldentilgungsgewinn" ausgeschlossen wurde, obwohl er dazu beigetragen hatte. Die **Zulassung** des negativen Anfangs- und Endvermögens hat der Kritik Rechnung getragen, sie ermöglicht seit dem 1.9.2009 den Ausgleich der entsprechenden Beteiligung des Ehegatten am Abbau der Schulden des anderen.[5] Zur Darlegungs- und Beweislast s. unten unter VIII. 2. a) (Rz. 84).

13

---

1   Zur Gesetzesreform im Einzelnen *Brudermüller*, NJW 2010, 401; *Brudermüller*, FamRZ 2009, 1185; *Rakete-Dombeck*, FPR 2009, 270; *Büte*, NJW 2009, 2776; *Büte*, FF 2010, 279; *Weinreich*, FuR 2009, 497; zum Regierungsentwurf *Hoppenz*, FamRZ 2008, 1889; *Koch*, FamRZ 2008, 1124; *Röthel*, FPR 2009, 273.
2   Gesetz zur Änderung des Zugewinnausgleichs- und Vormundschaftsrechts v. 6.7.2009, BGBl. I 1696.
3   *Koch* in MünchKomm. BGB, 6. Aufl. 2013, vor § 1363 BGB Rz. 12.
4   *Brudermüller* in Palandt, vor § 1363 BGB Rz. 6.
5   *Koch* in MünchKomm. BGB, 6. Aufl. 2013, vor § 1363 BGB Rz. 13.

d) Indexierung

14 Aussagekräftig ist ein Vergleich des Anfangsvermögens mit dem Endvermögen nur, wenn der **Kaufkraftschwund** des Geldes ausgeglichen wird. Aus diesem Grund muss das gesamte Anfangsvermögen im Hinblick auf die Geldentwertung „inflationsbedingt" hochgerechnet (indexiert) werden. Für die Umrechnung wird der vom Statistischen Bundesamt ermittelte **Verbraucherpreisindex** für Deutschland herangezogen.[1] Auch negatives Anfangsvermögen ist zu indexieren.[2] Hintergrund ist der Umstand, dass Schulden zum Zeitpunkt der Heirat eine höhere Belastung dargestellt haben als lange Zeit später bei Rechtshängigkeit der Scheidung. Da die Indexierung nicht auf die einzelnen Vermögensgegenstände und ihre Veränderung abstellt, sondern Anfangs- und Endvermögen vergleichbar machen soll,[3] ist aufgrund der zwischenzeitlichen Geldentwertung der für die Abtragung der Schulden notwendige Konsumverzicht geringer geworden; deshalb ist eine Auswirkung des inflationsbedingten Kaufkraftschwundes auch auf Schulden erforderlich.[4]

3. Vertragsgestaltung

15 Die Auswirkungen des Anspruchs auf Zugewinnausgleich auf den Geschäftsverkehr liegen auf der Hand. So gefährdet der Ausgleichsanspruch die Gläubiger eines Ehegatten schon dadurch, dass die Forderung des ausgleichsberechtigten Ehegatten damit konkurriert; es kommt hinzu, dass die Höhe des Anspruchs kaum kalkulierbar erscheint. **Liquiditätsschwierigkeiten** entstehen dadurch, dass die Ausgleichsforderung sofort fällig wird (§ 1378 Abs. 3 Satz 1 BGB) und die Stundungsmöglichkeit (§ 1382 BGB) nur einen eingeschränkten Schutz bietet, weil sie erfordert, dass die sofortige Zahlung nach Interessenabwägung zwischen Schuldner und Gläubiger[5] „zur Unzeit" erfolgen würde. Denn auch wenn der Geschäftsbetrieb des Schuldners nicht gefährdet werden soll, insbesondere wenn er die wirtschaftliche Grundlage von Unterhaltszahlungen bildet, so müssen andererseits die Interessen des Gläubigers ernst genommen werden, der den Zugewinn – jedenfalls nach gesetzlicher Annahme – mit erwirtschaftet hat und das Geld oft dringend zur finanziellen Bewältigung seiner Scheidungssituation benötigt.[6] Diese Liquiditätsschwierigkeiten des Ausgleichsschuldners können **Dritte gefährden**, die ein berechtigtes Interesse an der Erhaltung seiner Vermögenslage haben.[7] Eine Reaktion des Geschäftsverkehrs besteht darin, dass

---

1 Abdruck der Tabelle bei *Haußleiter/Schulz*, Kap. 1, Rz. 59. In der Praxis ist eine Berechnung unter Verwendung einschlägiger Computer-Berechnungsprogramme üblich.
2 *Koch* in MünchKomm. BGB, 6. Aufl. 2013, § 1373 BGB Rz. 11; *Büte*, NJW 2009, 2776; *Heiß*, FamFR 2009, 1; *Gutdeutsch*, FPR 2009, 277; a.A. *Klein*, FuR 2010, 122.
3 *Gutdeutsch*, FPR 2009, 277.
4 *Haußleiter/Schulz*, Kap. 1, Rz. 63 mit Berechnungsbeispiel unter Rz. 64.
5 Dazu im Einzelnen *Koch* in MünchKomm. BGB, 6. Aufl. 2013, § 1382 BGB Rz. 5 ff.
6 *Haußleiter/Schulz*, Kap. 8, Rz. 573.
7 *Koch* in MünchKomm. BGB, 6. Aufl. 2013, vor § 1363 BGB Rz. 14.

– bei Belastungen von *Grundstücken* regelmäßig vorsorgliche Zustimmungserklärungen eingeholt und fast immer eine gesamtschuldnerische Haftung beider Ehegatten vereinbart wird;
– im Gesellschaftsrecht spezielle Regelungen getroffen werden, z.B. in der Form, dass bei Eintritt in die Gesellschaft der Ausschluss der Zugewinngemeinschaft verlangt oder jedenfalls die gesellschaftsrechtliche Position in Bezug auf Entnahmerecht oder Höhe und Fälligkeit des Auseinandersetzungsguthabens so ausgestaltet werden, dass im Zugewinnausgleichsfall keine Existenzbedrohung für die Gesellschaft eintritt.[1]

III. Stichtage

1. Anfangsvermögen

Gemäß § 1374 Abs. 1 BGB ist Anfangsvermögen dasjenige Vermögen, dass einem Ehegatten nach Abzug der Verbindlichkeiten beim Eintritt des Güterstandes gehört; Stichtag für die Berechnung ist im Regelfall der **Tag der Heirat** (§ 1363 Abs. 1 BGB).

16

2. Endvermögen

Gemäß § 1375 Abs. 1 Satz 1 BGB ist Endvermögen dasjenige Vermögen, welches einem Ehegatten nach Abzug der Verbindlichkeiten bei der Beendigung des Güterstandes gehört. Stichtag (s. dazu allgemein § 1 Rz. 33) ist hier grundsätzlich die **Beendigung des Güterstandes** (§ 1375 Abs. 1 Satz 1 BGB). Beendet ist der Güterstand

17

– im Falle der Scheidung der Ehe mit Rechtskraft des Scheidungsbeschlusses,
– gemäß § 1384 BGB aber – vorverlagernd – zum Zeitpunkt der **Rechtshängigkeit des Scheidungsantrags**.

Kommt es **anschließend** zu **Vermögensminderungen**, sind diese **ohne Bedeutung**.[2] Selbst bei längerem Ruhen des Scheidungsverfahrens bleibt die Zustellung des Scheidungsantrags als Stichtag maßgebend;[3] eine Ausnahme ist nur dann gerechtfertigt, wenn der durch den frühen Stichtag benachteiligte Ehegatte keine rechtliche Möglichkeit mehr hat, das rechtshängige Scheidungsverfahren allein zu beenden,[4] also etwa dann, wenn schon mündlich verhandelt worden ist und er seinen Scheidungsantrag nicht mehr ohne Zustimmung des anderen Ehegatten zurücknehmen kann (§§ 113 Abs. 1 FamFG, 269 Abs. 1 ZPO) oder der Antragsgegner ebenfalls die Scheidung beantragt hatte.[5] Bei

18

---

1 *Koch* in MünchKomm. BGB, 6. Aufl. 2013, vor § 1363 BGB Rz. 14.
2 BT-Drucks. 16/10798, 27 zu Nr. 9; *Schwab*, FamRZ 2009, 1445, 1446.
3 BGH v. 23.6.2004 – XII ZB 212/01, MDR 2004, 1298 = FamRZ 2004, 1364.
4 BGH v. 23.6.2004 – XII ZB 212/01, MDR 2004, 1298 = FamRZ 2004, 1364.
5 OLG Bremen v. 29.10.1997 – 4 WF 75/97, FamRZ 1998, 1516; *Jaeger* in Johannsen/Henrich, § 1384 BGB Rz. 5; a.A. *Koch* in MünchKomm. BGB, 6. Aufl. 2013, § 1384 BGB Rz. 5.

Rücknahme des Scheidungsantrags und anschließender Antragstellung durch den *anderen* Ehegatten ergibt sich ein neuer Stichtag in einem neuen Scheidungsverfahren.[1]

3. Trennungsvermögen

19 Nach früherer Rechtslage bestand vor Rechtshängigkeit des Scheidungsantrags nur eine allgemeine, aus der ehelichen Lebensgemeinschaft (§ 1353 BGB) hergeleitete Pflicht, den Ehepartner „in groben Zügen" über die Vermögensverhältnisse zu unterrichten.[2] Vor dem Hintergrund einer andauernden Kritik an Versuchen, zwischen Trennung und Rechtshängigkeit des Scheidungsantrags – im Regelfall ist das Trennungsjahr abzuwarten – Manipulationen vorzunehmen, wurde zum 1.9.2009 **zusätzlich** eine Auskunftspflicht über das Vermögen zum Zeitpunkt der Trennung (§ 1379 Abs. 1 Satz 1 Nr. 1, Abs. 2 BGB) eingeführt. Tritt zwischen diesem Stichtag und demjenigen, der für das Endvermögen maßgebend ist, eine Verringerung des Vermögens ein, dann wird nach § 1375 Abs. 2 Satz 2 BGB **vermutet**, dass diese Vermögensminderung auf illoyale Handlungen i.S.v. § 1375 Abs. 2 Satz 1 BGB zurückzuführen ist.

20 Die Auskunft ist auf die Angabe des Vermögensstandes zum Zeitpunkt der Trennung beschränkt. Geschuldet ist ein – nach Aktiva und Passiva gegliedertes **schriftliches Bestandsverzeichnis**; auch die Vorlage von Belegen kann gefordert werden (§ 1379 Abs. 2 Satz 2, Abs. 1 Satz 2 BGB), ebenfalls Wertangaben (§ 1379 Abs. 2 Satz 2, Abs. 1 Satz 3 Halbs. 2 BGB). Aus dem Umstand, dass der Ausgleichsberechtigte einen *bestimmten Tag* angeben muss, zu dem er Auskunft verlangt, ergeben sich Schwierigkeiten in Fällen, in denen sich das Scheitern der Ehe über einen längeren Zeitraum hinzieht.[3]

IV. Allgemeine Grundsätze der Bewertung

1. Grundsätze

21 Der Begriff des Zugewinns wird in § 1373 BGB festgelegt; die §§ 1374, 1375 BGB geben an, wie die für den Zugewinnausgleich maßgebenden Rechnungsgrößen (Anfangs- und Endvermögen) gebildet werden. Die Bewertung richtet sich nach § 1376 BGB. Nach Abs. 2 der Vorschrift wird der Berechnung des Endvermögens der Wert zugrunde gelegt, den das bei Beendigung des Güterstands vorhandene Vermögen in diesem Zeitpunkt und eine dem Endvermögen hinzuzurechnende Vermögensminderung in dem Zeitpunkt hatte, in dem sie eingetreten ist.

---

1 *Haußleiter/Schulz*, Kap. 1, Rz. 85.
2 BGH v. 25.6.1976 – IV ZR 125/75, FamRZ 1978, 677; OLG Karlsruhe v. 1.8.1989 – 2 WF 65/89, FamRZ 1990, 161.
3 *Haußleiter/Schulz*, Kap. 1, Rz. 458.

a) Objektiver Wert

Im Anfangs- und Endvermögen müssen alle Gegenstände, Rechte und Verbindlichkeiten mit einem bestimmten Wert angegeben werden; nach gefestigter Rechtsprechung ist der **volle, wahre und wirkliche Wert** zu ermitteln.[1] Das Gesetz sagt nicht, nach welcher Methode das im Einzelnen festzustellen ist.[2] Die Maßgeblichkeit des „wahren vollen Wertes" soll Unterbewertungen ausschließen, wie sie z.B. bei Erhaltung des Familienheims oder zum Schutz eines Unternehmens sowie freiberuflicher Einrichtungen zulässig sind.[3] Zu den verschiedenen Wertkonzepten s. § 1 Rz. 5 ff.

22

b) Methoden

Die Bewertungsmethode ist **sachverhaltsspezifisch** auszuwählen.[4] Dabei darf man sich nicht nur auf die sofortige Verfügbarkeit und Erzielbarkeit von Werten beschränken; diese liquidationsrechtliche Bewertung ist nur dann vorzunehmen, wenn die Zugewinnausgleichsforderung nicht aus anderweitigen Mitteln beglichen und auch nicht gem. § 1382 Abs. 1 BGB gestundet werden kann.[5] Sofern der Gegenstand zur Nutzung durch den Inhaber bestimmt ist, kann nicht ein möglicherweise unter dem wahren Wert liegender Veräußerungswert in Ansatz gebracht werden.[6] Zu den verschiedenen Wertformen s. unten Rz. 27.

23

Ansonsten entscheidet aber der Verkehrswert (s. unten unter 2. a), Rz. 28), also derjenige Preis, der bei einer Veräußerung voraussichtlich erzielbar ist.

24

c) Tatrichter

Da das Gesetz keine Bewertungsmethode vorschreibt, ist es dem – u.U. sachverständig beratenen – Tatrichter überlassen, im Einzelfall die Bewertungsart auszusuchen, die von Sachverhalt und Bewertungsgegenstand her geboten ist.[7] S. dazu auch § 1 Rz. 44 ff.

25

d) Verfahren

Im Regelfall ist vom Gericht ein **Sachverständigengutachten** über den Wert einzuholen. Als Alternative kommt ein Vorgehen in Form des selbständigen Be-

26

---

1 BGH v. 8.9.2004 – XII ZR 194/01, MDR 2005, 276 = FamRZ 2005, 99.
2 Eine Ausnahme gilt nur für landwirtschaftliche Betriebe, § 1376 Abs. 4 BGB.
3 *Haußleiter/Schulz*, Kap. 1, Rz. 116.
4 *Brudermüller* in Palandt, § 1376 BGB Rz. 2.
5 BGH v. 12.7.1995 – XII ZR 109/94, MDR 1995, 1140 = NJW 1995, 2781; BGH v. 7.7.1993 – XII ZR 35/92, MDR 1993, 1085 = NJW 1993, 2804; BGH v. 15.1.1992 – XII ZR 247/90, MDR 1992, 488 = NJW 1992, 1103.
6 BGH v. 10.10.1979 – IV ZR 79/78, AG 1980, 158 = GmbHR 1980, 200 = FamRZ 1980, 37.
7 BGH v. 2.2.2011 – XII ZR 185/08, MDR 2011, 1042 = FamRZ 2011, 1367 m. Anm. *Borth*; BGH v. 12.7.1995 – XII ZR 109/94, MDR 1995, 1140 = NJW 1995, 2781; *Brudermüller* in Palandt, § 1376 BGB Rz. 2; *Koch* in MünchKomm. BGB, 6. Aufl. 2013, § 1376 BGB Rz. 9.

weisverfahrens gem. § 485 Abs. 2 Satz 1 ZPO in Betracht.[1] Sofern Wertangaben insoweit einseitig sind, als der Gegner dazu nur unsubstantiiert Stellung nimmt, darf das Gericht diese Angaben nur im Falle eigener Sachkunde zugrunde legen.[2]

2. Wertformen

27 Es liegt nicht ohne weiteres auf der Hand, was den „wahren vollen Wert" darstellt. Hier kommen mehrere Möglichkeiten in Betracht.

a) Verkehrswert

28 In unserem Wirtschaftssystem wird der Wert eines Gegenstandes generell vom Markt bestimmt; der Verkehrswert wird von daher als Erlös einer Veräußerung unter Ausnutzung aller Marktchancen angesehen.[3] Korrekturen des Verkehrswertes sind dennoch nicht ausgeschlossen, weil der „wahre volle Wert" auch von anderen Faktoren bestimmt sein kann.

b) Liquidationswert

29 Es handelt sich um den **Verkaufswert**, der sich bei unmittelbarer Veräußerung sogleich realisieren lässt; er liegt regelmäßig unter dem üblichen Verkaufswert, was sich schon aus der zeitlichen Komponente ergibt. Dieser kann nur für solche Gegenstände angesetzt werden, die *ohnehin* zur Veräußerung bestimmt sind; Gleiches gilt für die Gegenstände, die als Folge des Zugewinnausgleichs veräußert werden müssen.[4] Insoweit liegt eine familienrechtliche Besonderheit vor, weil ansonsten mit „Liquidationswert" der Erlös aus einer „Einzelveräußerung" der Bestandteile einer Sachgesamtheit gemeint ist, der durchaus mit einer längeren Vorbereitungszeit erzielt werden kann (vgl. § 2 Rz. 37 ff.). Sofern am Bewertungsstichtag abzusehen ist, dass die Notwendigkeit der (unwirtschaftlichen) Liquidierung besteht, weil in anderer Weise die für die Erfüllung der Ausgleichsforderung erforderlichen Mittel nicht aufgebracht werden können, sind liquidationsrechtliche Abschläge bei der Bewertung der Vermögensgegenstände zu machen.[5] Vorrangig ist aber die Prüfung, ob diese unwirtschaftliche Liquidierung nicht durch einen Antrag auf Stundung der Ausgleichsforderung (§ 1382 BGB) vermieden werden kann.[6] S. zum Liquidationswert auch § 1 Rz. 38; § 2 Rz. 37; § 4 Rz. 27; § 8 Rz. 4-6; § 24 Rz. 30.

---

[1] OLG Koblenz v. 17.10.2008 – 7 WF 867/08, FamRZ 2009, 804; OLG Köln v. 25.2.2010 – 10 WF 216/09, FamRZ 2010, 1585; *Kogel*, FF 2009, 195; *Born*, FPR 2009, 305.
[2] BGH v. 26.4.1989 – IVb ZR 48/88, MDR 1989, 895 = NJW 1989, 2821; *Brudermüller* in Palandt, § 1376 BGB Rz. 32.
[3] *Koch* in MünchKomm. BGB, 6. Aufl. 2013, § 1376 BGB Rz. 8.
[4] *Koch* in MünchKomm. BGB, 6. Aufl. 2013, § 1376 BGB Rz. 10.
[5] *Koch* in MünchKomm. BGB, 6. Aufl. 2013, § 1376 BGB Rz. 10.
[6] BGH v. 7.7.1993 – XII ZR 35/92, MDR 1993, 1085 = NJW 1993, 2804; BGH v. 12.7.1995 – XII ZR 109/94, MDR 1995, 1140 = NJW 1995, 2781.

Der Ansatz des Liquidationswertes kommt in Betracht, wenn das Unternehmen von einem **Dritten nicht** betrieben werden kann; denn zu berücksichtigen ist nicht der *subjektive* Wert, den das Unternehmen für den gegenwärtigen Unternehmer hat, sondern der *objektive* Marktwert, also der Wert, den es in den Händen eines jeden Dritten hat.[1]   30

c) Latente Ertragssteuern

Da der Wert des Gegenstandes (neben der Nutzungsmöglichkeit) auch danach zu ermitteln ist, was bei einer Veräußerung erzielt werden kann, sind **Veräußerungskosten** abzuziehen. Dieser Abzug wird nach h.M. in Rechtsprechung und Literatur auch dann vorgenommen, wenn die Veräußerung des Unternehmens nicht beabsichtigt und von daher mit einer Realisierung der Steuerlast nicht zu rechnen ist.[2] Der dagegen vorgebrachten Kritik[3] ist insofern Recht zu geben, als auch ansonsten Entstehenswahrscheinlichkeit und Realisierungschance einer Forderung oder Verbindlichkeit im Rahmen der Bewertung beim Zugewinnausgleich immer von Bedeutung sind und von daher wenig einsichtig ist, warum die *Wahrscheinlichkeit* des Anfalls der Steuer keine Rolle spielen soll.[4] Eingehend zu Steuern in der Bewertung § 14.   31

Diese – zunächst nur bei der Ermittlung des Wertes von Unternehmen und freiberuflichen Praxen vorgenommene – Berücksichtigung der latenten Steuerlast hat der BGH inzwischen aus Gründen der Gleichbehandlung auf die Wertermittlung *sämtlicher* steuerpflichtiger Gegenstände (z.B. Grundstücke, Wertpapiere, Lebensversicherungen) ausgedehnt.[5]   32

V. Bewertung von Unternehmen

1. Wertformen

a) Allgemeines

Die Wertermittlung ist im Falle einer Einzelfirma ebenso erforderlich wie dann, wenn es um eine Beteiligung an einer Kapitalgesellschaft geht. Der „volle wirkliche Wert" des Unternehmens entspricht regelmäßig dem Verkehrswert (s. oben unter III. 2. a), Rz. 28). Von wertbestimmender Bedeutung sind die Substanz der Firma (dazu § 2 Rz. 40) und der Geschäftswert als Wert   33

---

1 *Koch* in MünchKomm. BGB, 6. Aufl. 2013, § 1376 BGB Rz. 29.
2 BGH v. 9.2.2011 – XII ZR 40/09, MDR 2011, 490 = FamRZ 2011, 622 m. Anm. *Koch*, 627 und *Borth*, 705; BGH v. 2.2.2011 – XII ZR 185/08, MDR 2011, 1042 = FamRZ 2011, 1367 m. Anm. *Borth*, 1373; OLG Düsseldorf v. 20.9.2007 – II-7 UF 98/07, MDR 2008, 571 = FamRZ 2008, 516 m. Anm. *Schröder*; OLG Dresden v. 17.1.2008 – 21 UF 447/07, FamRZ 2008, 1857. Eingehend zu latenten Steuern in der Unternehmensbewertung s. *Münch*, DStR 2014, 806 (810).
3 *Koch* in MünchKomm. BGB, 6. Aufl. 2013, § 1376 BGB Rz. 25, 32.
4 So *Hoppenz*, FamRZ 2006, 449.
5 Was *Hoppenz*, FamRZ 2012, 1618 als „Katastrophe" bezeichnet.

des zukünftigen Erfolgs;[1] damit spielen u.a. Substanzwert und Goodwill eine Rolle.[2] Insgesamt geht es um den Ertragswert (s. unten unter 1. c), Rz. 36) als denjenigen Wert, den ein potentieller Erwerber für das Unternehmen am Markt bezahlen würde.[3]

b) Substanzwert

34 Hierbei handelt es sich um den Wiederbeschaffungswert aller Güter, die zum Unternehmen gehören; von Bedeutung ist die Summe der Kosten, die man einsetzen müsste, um das Unternehmen in seiner Gesamtheit (einschließlich von Patenten, Lizenzen, Urheber- und Verlagsrechten, behördlichen Konzessionen usw.) zu rekonstruieren oder zu reproduzieren. Deshalb spricht man auch vom **Reproduktions-** oder **Rekonstruktionswert**.[4] Bei der Wertermittlung sind die Bestandteile in ihrer *Gesamtheit* zu betrachten; das schließt aus, einzelne Gegenstände selbst bei Betriebsnotwendigkeit (z.B. Werkhalle) gesondert mit ihrem Verkehrswert zu berücksichtigen. Etwas anderes gilt nur bei fehlender Betriebsnotwendigkeit; hier können Einzelveräußerungspreis bzw. Liquidationswert (s. oben unter III. 2. b), Rz. 29) in Ansatz gebracht werden.[5]

35 In der betriebswirtschaftlichen Lehre wird dem Substanzwert heute **keine eigenständige Bedeutung** mehr zuerkannt. Man muss den Wert der betrieblichen Substanz zwar kennen, um den zukünftigen finanziellen Nutzen des Unternehmens für einen Erwerber zu ermitteln; es führt aber im Regelfall nicht weiter, sie zu einer selbständigen Rechengröße zusammenzufassen. Der Ertragswert wird von daher lediglich als Korrektur des Substanzwertes angesehen.[6] Die betriebswirtschaftliche Unternehmensbewertungslehre lehnt Mittelwertverfahren (s. dazu § 1 Rz. 57, 58), welche Ertrags- und Substanzwert kombinieren, indem die Summe beider Größen halbiert wird,[7] ab.[8] Auch in der Rechtsprechung wird aktuell darauf nicht mehr zurückgegriffen.[9]

c) Ertragswert

36 Hierbei handelt es sich um die **Erfolgs- und Gewinnaussicht** des Unternehmens; man findet auch den Begriff des „inneren" Unternehmenswertes als Form des für den Zukunftserfolg anzusetzenden Barwertes.[10] Zu Einzelheiten s. unten Rz. 38. In vielen Fällen werden aktueller Erfolg und Ertrag des Unternehmens – maßgeblich oder sogar ausschließlich – auf den persönlichen Fähigkei-

---

1 *Koch* in MünchKomm. BGB, 6. Aufl. 2013, § 1376 BGB Rz. 27.
2 *Schröder*, Rz. 93 f.; *Thiele* in Staudinger, 2007, § 1376 BGB Rz. 28.
3 OLG Dresden v. 17.1.2008 – 21 UF 447/07, FamRZ 2008, 1857.
4 *Schröder*, Rz. 93; *Koch* in MünchKomm. BGB, 6. Aufl. 2013, § 1367 BGB Rz. 28.
5 BGH v. 8.9.2004 – XII ZR 194/01, MDR 2005, 276 = FamRZ 2005, 99 m. Anm. *Schröder*; *Piltz/Wissmann*, NJW 1985, 2673.
6 Vgl. BGH v. 1.7.1982 – IX ZR 34/81, NJW 1982, 2441.
7 OLG Düsseldorf v. 27.1.1984 – 3 UF 50/83, FamRZ 1984, 699; OLG Bamberg v. 18.8.1994 – 2 UF 140/93, FamRZ 1995, 607.
8 *Meyer*, FuR 1996, 94; *Kuckenburg*, FuR 2009, 316.
9 *Koch* in MünchKomm. BGB, 6. Aufl. 2013, § 1376 BGB Rz. 31.
10 BGH v. 23.11.1977 – IV ZR 131/76, NJW 1978, 884 (Handwerksbetrieb).

ten und Beziehungen des Firmeninhabers beruhen, jedenfalls bei kleineren Unternehmen; in diesen Fällen liegt kein **Goodwill** vor, der übertragbar und von daher mit einem Verkehrswert anzusetzen wäre.[1] In derartigen Fällen kann nur der Substanzwert angesetzt werden, unter Umständen sogar nur der (niedriger liegende) Liquidationswert jedenfalls in Fällen, in denen das Unternehmen von einem Dritten nicht betrieben werden kann.[2] Das Gesetz gibt dagegen **keine Bestandsgarantie** in Form einer Unternehmensbewertung zugunsten des Inhabers; dagegen spricht schon die Möglichkeit der Stundung (§ 1382 BGB), außerdem das *argumentum e contrario* aus § 1376 Abs. 4 BGB.[3]

2. Durchführung der Bewertung

a) Substanzwert

Auch für Unternehmen wird vom Gesetz (§ 1376 BGB) keine bestimmte Bewertungsmethode vorgeschrieben mit der Folge, dass der Tatrichter (s. oben unter III. 1. c), Rz. 25) eine Methode auszuwählen hat.[4] Bei der Ermittlung des Substanzwertes (s. oben unter 1. b), Rz. 34) kann man nicht die in Handels- und Steuerbilanz ausgewiesenen Werte übernehmen, weil ihnen (zulässige) Unterbewertungen zugrunde liegen, die spezifischen Zwecken dienen und beim Zugewinnausgleich keine Rolle spielen können.

37

b) Ertragswert

Der Ertragswert als Ausdruck des „inneren" Unternehmenswertes (s. oben Rz. 36) wird definiert als

38

- der kapitalisierte, in eine Geldsumme umgerechnete Wert der mit dem Unternehmen erzielbaren Nutzungen und Erträge,
- der Barwert der zukünftigen Überschüsse der Einnahmen über die Ausgaben („ewige Rente"),
- der Barwert aller künftigen entnahmefähigen Erträge,
- die Summe aller auf den Bewertungsstichtag abgezinsten künftigen Erfolge (Barwerte), die man mit dem Unternehmen im Laufe seiner Existenz noch erwirtschaften kann.[5]

Da es um die **Chance** geht, künftig weitere Erträge zu erzielen, sind hier – im Gegensatz zum Sachwert – nicht Anlagegüter oder die einem Unternehmen gehörenden Grundstücke für den Wert bedeutsam, sondern nur der **zu erwartende**

---

1 BGH v. 9.3.1977 – IV ZR 166/75, NJW 1977, 949 (Handelsvertretung); AG Münster v. 9.1.2007 – 46 F 858/05, NJW 2007, 2645 (Software-GmbH); Goodwill bejaht dagegen von BGH v. 8.9.2004 – XII ZR 194/01, MDR 2005, 276 = FamRZ 2005, 99 (Maschinenbauunternehmen).
2 *Koch* in MünchKomm. BGB, 6. Aufl. 2013, § 1376 BGB Rz. 29.
3 *Koch* in MünchKomm. BGB, 6. Aufl. 2013, § 1376 BGB Rz. 29.
4 BGH v. 8.9.2004 – XII ZR 194/01, MDR 2005, 276 = FamRZ 2005, 99 m. Anm. *Schröder* (Maschinenbauunternehmen); OLG Bamberg v. 18.8.1994 – 2 UF 140/93, FamRZ 1995, 607, 610 (Handwerksbetrieb).
5 *Haußleiter/Schulz*, Kap. 1 Rz. 122.

Gewinn. Für die Bewertung ist der Ertragswert immer dann aussagekräftig, wenn das Unternehmen nicht mit dem derzeitigen Inhaber „steht und fällt" (s. dazu Rz. 46), sondern wenn es Aussichten auf einen zukünftigen Ertrag unabhängig davon bietet, wer die Firma leitet.[1] Ist die Firma wenig rentabel, kann der Ertragswert deutlich unter dem Sachwert liegen, z.B. bei Vorhandensein wertvoller Grundstücke; in diesen Fällen ist der Substanzwert maßgebend.[2] Die (zukünftige) Ertragskraft richtet sich nach den Ertragsaussichten, konkret nach einem Vergleich der Rendite aus dieser Firma mit einer Rendite aus einer anderen Geldanlage. Auf der Basis der in der Vergangenheit erzielten Erträge werden geschätzte Zukunftserträge zum jeweiligen Stichtag kapitalisiert.[3] Wertmindernd zu berücksichtigen sind im Einzelfall besondere *Geschäftsrisiken*, z.B. bei unmittelbarer Abhängigkeit des Betriebsergebnisses von der Marktstrategie eines anderen Unternehmens.[4] Zu weiteren Einzelheiten s. unten VII. 3., Rz. 49 ff.

39 Das **DCF-Verfahren**[5] (s. dazu § 1 Rz. 52; § 24 Rz. 35) stellt nicht auf den Ertragsüberschuss, sondern auf die zukünftigen Einnahme-Überschüsse ab; es ist in der familiengerichtlichen Bewertungspraxis bisher nicht gebräuchlich. Ertragswert- und DCF-Verfahren sollten bei gleichen Bewertungsannahmen und Vereinfachungen aber grundsätzlich zum gleichen Ergebnis kommen.[6] Ein **Goodwill** darf nur angesetzt werden, wenn im konkreten Fall von seinem Vorhandensein ausgegangen werden darf (s. oben unter 1. c), Rz. 36). Standort, Art und Zusammensetzung der Auftraggeber und die konkrete Lage des Unternehmens sind ebenso von Bedeutung wie die Größe der Firma. Die **modifizierte Ertragswertmethode** (zu Einzelheiten s. unten unter VI. 3., Rz. 49) richtet sich am Ertragswert aus und zieht davon einen – nach den individuellen Verhältnissen zu bemessenden – Unternehmerlohn ab.[7]

c) Spekulationssteuern

40 Neben den latenten Ertragssteuern (s. oben III. 2. c), Rz. 31) sind auch Spekulationssteuern bei künftiger Veräußerung innerhalb der Haltefrist (§ 23 EStG) wertmindernd zu berücksichtigen.[8]

---

1 OLG Hamm v. 13.6.1997 – 12 UF 223/95, FamRZ 1998, 235.
2 *Haußleiter/Schulz*, Kap. 1 Rz. 125; differenzierend BGH v. 6.5.1982 – IX ZR 36/81, FamRZ 1982, 682 = NJW 1982, 1643.
3 OLG Bamberg v. 18.8.1994 – 2 UF 140/93, FamRZ 1995, 607; OLG Düsseldorf v. 27.1.1984 – 3 UF 50/83, FamRZ 1984, 699; OLG Koblenz v. 29.11.1982 – 13 UF 282/82, FamRZ 1983, 166.
4 OLG Frankfurt v. 14.4.2009 – 2 UF 273/08, FamRZ 2009, 2006 bei halbjährlich kündbarem Exklusiv-Liefervertrag.
5 Discounted-Cash-Flow.
6 *Koch* in MünchKomm. BGB, 6. Aufl. 2013, § 1376 BGB Rz. 30.
7 BGH v. 9.2.2011 – XII ZR 40/09, MDR 2011, 490 = FamRZ 2011, 622; BGH v. 6.2.2008 – XII ZR 45/06, MDR 2008, 508 = FamRZ 2008, 761.
8 BGH v. 2.2.2011 – XII ZR 185/08, MDR 2011, 1042 = FamRZ 2011, 1367; a.A. *Kogel*, FamRZ 2003, 808; *Kogel*, FamRZ 2004, 1337; *Hauß*, FPR 2007, 190.

VI. Bewertung von Unternehmensbeteiligungen

1. Übertragbarkeit

Sofern Beteiligungen an einer BGB-Gesellschaft, einer oHG oder einer KG übertragbar sind, ist eine Bewertung auf der Grundlage des Markt- bzw. Verkehrswertes vorzunehmen.[1] Bei *fehlender* Übertragbarkeit ist die Beteiligung mit dem quotalen Unternehmenswert zu berücksichtigen, der im Falle wertrelevanter gesellschaftsrechtlicher Besonderheiten zu korrigieren ist; hier ist besonders darauf zu achten, ob größere oder geringere Teilhabe am Gewinn vorliegt, die dann entsprechende Zu- oder Abschläge rechtfertigt.[2]

41

2. Abfindungs- und Ausschlussklauseln

Die Ermittlung des Anteilswertes, die im Grundsatz eindeutig und im Detail der Bewertung von Unternehmen (s. dazu oben unter IV., Rz. 33) entspricht, wird durch Abfindungs- und Ausschlussklauseln in Gesellschaftsverträgen in Frage gestellt, die zu einer **Beschränkung** des Anspruchs **auf das Auseinandersetzungsguthaben** führen; dies geschieht z.B. durch Ausklammerung von stillen Reserven oder des Goodwill, aber auch bei Totalausschluss für den Fall des Todes des Gesellschafters, schließlich durch zeitliches Hinausschieben der Fälligkeit des Anspruchs durch Stundung oder Ratenvereinbarung.[3] Auch wenn derartige Klauseln einer Wirksamkeitskontrolle nach § 138 BGB unterliegen, sind sie **grundsätzlich zulässig**[4] und können auch güterrechtlich nicht nach § 1375 Abs. 2 Satz 1 Nr. 1 BGB als unentgeltliche Zuwendungen ausgeschlossen werden; denn sofern die Abfindungsregelung für *alle* Gesellschafter gilt, also nicht ohne besonderen rechtfertigenden Grund nur einzelne Gesellschafter betrifft, ist keine Schenkung an die Gesellschaft anzunehmen.[5] Die Klauseln sind für den Wert des Anteils jedenfalls dann maßgeblich, wenn das Ausscheiden des Gesellschafter-Ehegatten wegen Kündigung am Stichtag feststeht.[6] Gleiches gilt für den Fall, dass im Zeitpunkt der letzten Tatsachenverhandlung die *Notwendigkeit* der Veräußerung des Gesellschaftsanteils besteht; in diesem Fall ist der Wert der Beteiligung nur nach dem Betrag des Abfindungsanspruchs zu bemessen.[7] In Abgrenzung zur Abfindung ausscheidender

42

---

1 BGH v. 25.11.1998 – XII ZR 84/97, MDR 1999, 362 = FamRZ 1999, 361; BGH v. 17.11.2010 – XII ZR 170/09, MDR 2011, 228 = FamRZ 2011, 183 m. Anm. *Schröder*, 360 = NJW 2011, 601 m. Anm. *Hauß*.
2 *Koch* in MünchKomm. BGB, 6. Aufl. 2013, § 1376 BGB Rz. 33; *Jaeger* in Johannsen/Henrich, § 1376 BGB Rz. 22. Für das Auseinandersetzungsguthaben generell OLG Jena v. 8.11.2004 – 1 WF 309/02, FamRZ 2005, 1186; *Piltz/Wissmann*, NJW 1985, 2673; beschränkt auf den geschilderten Fall *Michalski/Zeidler*, FamRZ 1997, 397.
3 S. dazu *Sprau* in Palandt, § 738 BGB Rz. 7.
4 BGH v. 16.12.1991 – II ZR 58/91, BGHZ 116, 359 (368) = GmbHR 1992, 257 zum Abfindungsrecht eines GmbH-Gesellschafters.
5 BGH v. 22.11.1956 – II ZR 222/55, NJW 1957, 180 (für § 2301 BGB).
6 BGH v. 25.11.1998 – XII ZR 84/97, MDR 1999, 362 = NJW 1999, 784.
7 *Jaeger* in Johannsen/Henrich, § 1376 BGB Rz. 22; *Koch* in MünchKomm. BGB, 6. Aufl. 2013, § 1376 BGB Rz. 34.

Aktionäre ist eine Anteilsbewertung (also keine quotale Unternehmensbewertung) durchzuführen mit der Folge, dass entsprechende Klauseln wertrelevant sind (vgl. auch § 1 Rz. 40).

43 Ist dagegen **offen, ob überhaupt** (und wann zukünftig) eine Wirkung der Abfindungsklausel eintritt, ist die Frage der Bewertung nicht eindeutig:
- Nach der *vorläufigen* Lösung ist der volle Wert der Beteiligung – mit der Möglichkeit einer späteren Korrektur – unter Bezugnahme auf § 2313 BGB oder § 242 BGB anzusetzen;
- nach der *endgültigen* Lösung ist zunächst der volle Wert der Beteiligung anzusetzen. Anschließend wird differenziert:
    - Zum Teil wird der Abfindungsklausel keine Bedeutung zuerkannt mit der Begründung, das Risiko des Gesellschafter-Ehegatten, beim Ausscheiden weniger zu erhalten, werde kompensiert durch die Chance auf Werterhöhung der Gesellschaftsbeteiligung im Hinblick auf das Ausscheiden anderer Gesellschafter nur zum Klauselwert;[1]
    - Von anderer Seite wird die Abfindungsklausel generell wertmindernd berücksichtigt, oder man geht zunächst vom Klauselwert aus, versieht diesen aber in bestimmten Fällen mit prozentualen Zuschlägen.[2]

44 Die **endgültigen Lösungen** sind **vorzugswürdig**. Die – von den Befürwortern der vorläufigen Lösung angeführte – Vorschrift des § 2313 BGB wendet der BGH beim rechnerischen Zugewinnausgleich ohnehin nicht an; außerdem sind Gegenstand der Vorschrift die bedingten, unsicheren und ungewissen Rechte, nicht aber unsichere Wirkungen eines wertbildenden Faktors eines Rechtes, welches unbedingt und mit Gewissheit besteht.[3] Auszugehen ist somit vom vollen Wert der Unternehmensbeteiligungen; das **Risiko** der geringeren Abfindung beim Ausscheiden ist **wertmindernd zu berücksichtigen**.[4] Das entspricht auch den allgemeinen Grundsätzen der Bewertung (s. oben unter III. 1., Rz. 21): Der Anteil wird mit seinem vollen wirklichen Wert am Bewertungsstichtag erfasst; die Möglichkeit der späteren Abfindung nur mit dem Klauselwert gehört zu den gegenwärtigen Eigenschaften, sie stellt ein – auch sonst bei risikobehafteten Vermögensanlagen zu berücksichtigendes – Risiko dar.[5] Die Schätzungskriterien müssen allerdings nachvollziehbar dargelegt werden; ohne Begründung vorgenommene Abschläge vom Vollwert sind deshalb nicht zulässig.[6]

---

1 *Piltz/Wissmann*, NJW 1985, 2673; *Mayer* in Bamberger/Roth, § 1376 BGB Rz. 23.
2 *Wiedemann*, Die Übertragung und Vererbung von Mitgliedschaftsrechten bei Handelsgesellschaften, 1965, S. 218; *Huber*, Vermögensanteil, Kapitalanteil und Gesellschaftsanteil an Personengesellschaften des Handelsrechts, 1970, S. 347.
3 *Koch* in MünchKomm. BGB, 6. Aufl. 2013, § 1376 BGB Rz. 36.
4 BGH v. 11.12.2002 – XII ZR 27/00, MDR 2003, 334 = FamRZ 2003, 432 m. Anm. *Schröder*; BGH v. 25.11.1998 – XII ZR 84/97, MDR 1999, 362 = NJW 1999, 784; ebenso OLG Hamm v. 13.6.1997 – 12 UF 223/95, FamRZ 1998, 235 (Abschlag nur bei naheliegender Veräußerung zum Stichtag).
5 *Koch* in MünchKomm. BGB, 6. Aufl. 2013, § 1376 BGB Rz. 36.
6 So aber OLG Hamm v. 28.10.1982 – 1 UF 87/82, FamRZ 1983, 918 (Abschlag von 20 %); OLG Schleswig v. 1.9.1986 – 15 UF 297/85, FamRZ 1986, 1208 m. Anm. *Fröhlich* (Abschlag von 15.000 DM von dem mit 40.000 DM festgestellten Goodwill).

3. Sonderfall: Abschreibungsgesellschaften

Wenn Anteile an solchen Gesellschaften bestehen, sind regelmäßig besondere Schwierigkeiten gegeben. Die Gesellschaften werden im Regelfall als Kommanditgesellschaften gegründet; ihr Ziel ist die Erwirtschaftung von Verlusten, die dann den einzelnen Gesellschaftern zwecks dortiger Reduzierung der individuellen Steuerlast zugewiesen werden. Die Frage, ob ein **Aktivwert** eines solchen Gesellschaftsanteils vorliegt, ist anhand von zu erwartenden Steuervorteilen, Einzahlungsverpflichtungen, Erlösen bei Ende der Mitgliedschaft und Nachsteuern für diesen Fall zu ermitteln.[1] Hieraus ist aber wenig mehr zu erwarten als ein Anhaltspunkt. Das negative Kapitalkonto der Gesellschafter kann jedenfalls nicht als Verbindlichkeit gegenüber der Gesellschaft angesehen werden, weil es sich um eine „Verlusthaftung mit künftigen Gewinnen" handelt;[2] der Verlustanteil des Ehegatten kann somit auch nicht als Verbindlichkeit nach § 1375 Abs. 1 BGB angesehen werden.[3] Lediglich noch nicht einbezahlte Einlagen oder wirksam vereinbarte Nachschusspflichten können als Verbindlichkeiten anerkannt werden.[4]

45

VII. Bewertung freiberuflicher Praxen

1. Wertformen

Auch freiberufliche Praxen sind mit ihrem „vollen wahren Wert" bei der Ausgleichsrechnung zu berücksichtigen; zu diesem Wert gehört der Substanzwert (s. oben unter IV. 1. b), 2. a), Rz. 34, 37) ebenso wie der immaterielle Geschäftswert oder Goodwill (dazu s. oben unter IV. 1. c), 2. b), Rz. 36, 38). Der **Sachwert** bestimmt sich nach den für die Wiederbeschaffung aller Güter der Praxis erforderlichen Kosten; dazu zählen alle Einrichtungsgegenstände und Arbeitsmittel ebenso wie Guthaben und Forderungen, weshalb auch von „Reproduktions- oder Rekonstruktionswert" (s. oben unter IV. 1. b), Rz. 34) gesprochen wird. Der **Goodwill** stellt dagegen den *ideellen* Wert der Praxis dar; er folgt aus dem geschäftlichen Ansehen der Praxis, maßgebend sind Standort und Lage, Mandanten- bzw. Patientenstamm, der „Ruf" des Inhabers und die Konkurrenzsituation. Der Goodwill schlägt sich im Veräußerungswert nieder; er bestimmt sich auf der Grundlage der „Testfrage", wie viel der Erwerber – über den Substanzwert hinaus – für die Praxis zu zahlen bereit ist, weil er auch nach der Übertragung auf den weiterbestehenden Ruf der Praxis vertraut.[5] Der höhere Stellenwert dieser „Inhaber-Komponente" stellt einen wichtigen Unterschied gegenüber der „normalen" Bewertung mit dem Ertragswert (s. dazu oben Rz. 38) dar.

46

---

1 *Arens/Spieker*, FamRZ 1985, 121.
2 *Koch* in MünchKomm. BGB, 6. Aufl. 2013, § 1376 BGB Rz. 37.
3 BGH v. 23.10.1985 – IVb ZR 62/84, MDR 1986, 297 = FamRZ 1986, 37; *Haußleiter/Schulz*, Kap. 1, Rz. 171.
4 *Büte*, Zugewinnausgleich bei Ehescheidung, 3. Aufl. 2006, Rz. 62.
5 BGH v. 9.2.2011 – XII ZR 40/09, MDR 2011, 490 = FamRZ 2011, 622 m. Anm. *Koch* 627 und *Borth* 705.

47 Es ist von besonderer Bedeutung, dass der Goodwill einer freiberuflichen Praxis in großem Umfang **inhaberbezogen** ist.[1] Denn bei einer freiberuflichen Praxis hängt der Geschäftserfolg – anders als bei gewerblichen Unternehmen – in deutlich größerem Umfang von der Person des Inhabers ab.[2] Das kann – z.B. im Fall eines „Star-Architekten" – im Einzelfall dazu führen, dass ein vom Inhaber unabhängiger (und damit übertragbarer und den Wert steigernder) **immaterieller Wert** der Praxis **gänzlich fehlt**, weil der unternehmerische Erfolg praktisch allein von den speziellen Fähigkeiten und dem individuellen Können des bisherigen Inhabers abhängt.[3] Gleiches kann für eine Versicherungsagentur gelten (s. unten unter VII. 2. n), Rz. 75),[4] ebenso beispielsweise für einen „Star-Anwalt", der als Strafverteidiger einen überragenden Ruf genießt und in dessen Praxis – da regelmäßig einzelfallbezogen gearbeitet wird – kein dauerhafter Mandantenstamm vorhanden ist. In derartigen Fällen liegt kein marktwerterhöhender Goodwill vor mit der Folge, dass die Praxis im Zugewinnausgleich nur mit ihrem Substanzwert (dazu s. oben unter IV. 1. b), Rz. 34) anzusetzen ist. Allein eine fehlende Veräußerungsabsicht macht die Praxis aber nicht unveräußerlich, so dass keine Reduzierung des Geschäftswertes vorzunehmen ist.[5]

2. Empfehlungen der Standesorganisationen

48 Wegen fehlender Vorgabe bestimmter Bewertungsmethoden durch § 1376 BGB (s. oben unter III. 1. b), Rz. 23) ist der Tatrichter (s. oben unter III. 1. c), Rz. 35) frei in der Wahl, mit welcher Methode er den Wert der Praxis bestimmt. Beim **Goodwill** wird allgemein auf die von den zuständigen Standesorganisationen entwickelten Richtlinien (dazu § 28 Rz. 44) zurückgegriffen,[6] konkret auf Richtlinien und Hinweise zur Bewertung von Arztpraxen,[7] von Anwaltskanzleien[8] oder für Steuerberaterpraxen.[9]

3. Durchführung der Bewertung

49 Auf der Basis der (unter 2., oben Rz. 48 genannten) Empfehlungen der Standesorganisationen wird in der Praxis, insbesondere seit den einschlägigen Ent-

---

1 BGH v. 9.2.2011 – XII ZR 40/09, MDR 2011, 490 = FamRZ 2011, 622 m. Anm. *Koch* 627 und *Borth* 705. S. dazu auch *Münch*, DStR 2014, 806 (808).
2 *Koch* in MünchKomm. BGB, 6. Aufl. 2013, § 1376 BGB Rz. 23.
3 BGH v. 4.12.2013 – XII ZB 534/12, NJW 2014, 625 m. Anm. *Hoppenz* für einen Handelsvertreter; s. dazu *Münch*, DStR 2014, 806 (808); OLG München v. 13.3.1984 – 4 UF 195/83, FamRZ 1984, 1096; OLG Celle v. 24.11.1976 – 3 UF 4/76, Anwaltsblatt 1977, 216 für nur kurz bestehende Anwaltspraxis mit personengebundener Klientel.
4 OLG Stuttgart v. 2.5.1995 – 18 UF 362/94, FamRZ 1995, 1585; OLG Hamm v. 9.3.2011 – 8 UF 207/10, FamFR 2011, 297; *Meyer*, FuR 1996, 94.
5 OLG Düsseldorf v. 14.10.2003 – II-1 UF 115/03, FamRZ 2004, 1106; *Koch* in MünchKomm. BGB, 6. Aufl. 2013, § 1376 BGB Rz. 23 a.E.
6 Allgemein dazu *Englert*, BB 1997, 142.
7 Deutsches Ärzteblatt 2008, Heft 51/52, A4.
8 BRAK-Mitteilungen 2009, 268.
9 S. dazu *Büte*, Zugewinnausgleich bei Ehescheidung, Rz. 300; *Schröder*, Rz. 247.

scheidungen des BGH,[1] regelmäßig im Wege des **modifizierten Ertragswertverfahrens** vorgegangen, und zwar konkret in drei Schritten:

- Im ersten Schritt wird der durchschnittliche **Umsatz** der letzten drei Jahre als Ausgangspunkt genommen, davon wird eine Quote (meist 90 %) als nachhaltig erzielbar zugrunde gelegt;
- im zweiten Schritt wird der **Ertrag** der Praxis festgestellt (vom Umsatz werden die anfallenden Betriebskosten, Ausgaben und sonstige betrieblichen Belastungen abgezogen);
- im dritten Schritt ist der so ermittelte Gewinn der Praxis um einen **individuellen Unternehmerlohn** zu bereinigen.

Maßgebend dafür sind folgende Überlegungen: Der **Umsatz allein** lässt keine Rückschlüsse auf die – für den Goodwill entscheidende – künftige Gewinnerwartung zu; denn einem sehr hohen Umsatz können auch sehr hohe Kosten gegenüberstehen, der Gewinn fällt entsprechend niedrig aus. Aus diesem Grunde wird die Wertbestimmung allein auf der Grundlage des Umsatzes für nicht sachgerecht gehalten. Die Bereinigung des Gewinns um den – individuell zu ermittelnden – **Unternehmerlohn** ist deshalb erforderlich, weil nur dadurch eine doppelte Begünstigung des ausgleichsberechtigten Ehegatten (einmal im Zugewinn, einmal im Unterhalt) vermieden wird. Würde nämlich der Wert des Goodwill im Zugewinnausgleich unter *Ausschluss* der individuellen Arbeitsleistung des bisherigen Inhabers ermittelt, dann würde der Wert der künftigen Arbeitsleistung güterrechtlich nicht erfasst. Dieser Wert ist herauszurechnen, weil er ja im Falle des Praxisverkaufs beim neuen Inhaber keine Rolle mehr spielt; dessen individuelle Verhältnisse können ganz anders sein als diejenigen des bisherigen Praxisinhabers. Nur dann, wenn der *individuelle* Unternehmerlohn abgesetzt wird, kann der auf den derzeitigen Praxisinhaber bezogene Wert ausgeschieden werden, der auf seinem persönlichen Einsatz beruht und somit nicht auf den Übernehmer übertragbar ist.[2] Umgekehrt steht dieser Wert für den Unterhalt zur Verfügung. Der **Goodwill** ist regelmäßig höher, wenn der Übernehmer den Ertrag mit einem relativ geringen zeitlichen Aufwand aufrechterhalten kann, und er ist niedriger, wenn der Übernehmer einen höheren Einsatz zum Erhalt des bisherigen Praxisertrages aufbringen muss.[3]

50

---

1 BGH v. 2.2.2011 – XII ZR 185/08, MDR 2011, 1042 = FamRZ 2011, 1367 m. Anm. *Borth* 1373; BGH v. 9.2.2011 – XII ZR 40/09, MDR 2011, 490 = FamRZ 2011, 622 m. Anm. *Koch* 627 und *Borth* 705.
2 BGH v. 6.2.2008 – XII ZR 45/06, MDR 2008, 508 = FamRZ 2008, 761 zu Rz. 23; BGH v. 25.11.1998 – XII ZR 84/97, MDR 1999, 362 = FamRZ 1999, 361, 364. Eingehend zum Unternehmerlohn *Münch*, DStR 2014, 806 (809).
3 Von daher ist folgerichtig, dass die überarbeiteten Hinweise der Bundesärztekammer zur Bewertung von Arztpraxen seit 2008 mehr als die früheren Richtlinien von dem individuellen Einsatz des Praxisinhabers ausgehen, s. Deutsches Ärzteblatt 2008, A-2778.

4. Beteiligungen

51 Sofern ein Ehegatte an einer freiberuflichen Praxis beteiligt ist, sind die für Beteiligungen an Personengesellschaften geltenden Regeln (s. oben unter V., Rz. 41) entsprechend anzuwenden.[1]

VIII. Rechtsprechung

1. Aktuelle Entscheidungen des BGH

52 Im Februar 2011 hat der BGH – zum einen für eine Steuerberaterpraxis, zum anderen für eine Zahnarztpraxis – zwei grundlegende Entscheidungen getroffen, die beide für die amtliche Sammlung vorgesehen sind. Sie werden nachfolgend dargestellt, ebenso eine aktuelle Entscheidung von Ende 2013, in der auf die Anwendung des Ertragswertverfahrens eingegangen wird.

a) BGH v. 2.2.2011 – XII ZR 185/08

53 Die **Leitsätze** dieser Entscheidung[2] lauten:

1. Im Zugewinnausgleich ist grundsätzlich auch der Vermögenswert einer freiberuflichen Praxis zu berücksichtigen.
2. Bei der Bewertung des Goodwill ist ein Unternehmerlohn abzusetzen, der den individuellen Verhältnissen des Praxisinhabers entspricht. Der Unternehmerlohn hat insbesondere der beruflichen Erfahrung und der unternehmerischen Verantwortung Rechnung zu tragen sowie die Kosten einer angemessenen sozialen Absicherung zu berücksichtigen.
3. Von dem ermittelten Wert der Praxis sind unabhängig von einer Veräußerungsabsicht latente Ertragsteuern in Abzug zu bringen. Diese sind nach den tatsächlichen und rechtlichen Verhältnissen zu bemessen, die am Stichtag vorlagen.

54 Es ging um die Bewertung einer freiberuflichen Praxis eines **Steuerberaters**. Die wesentlichen Ergebnisse und Aussagen der Entscheidung lassen sich wie folgt zusammenfassen:

- Der BGH billigt die Verwendung der **modifizierten Ertragswertmethode** durch das Berufungsgericht. Nach § 1376 Abs. 2 BGB ist der **objektive (Verkehrs-)Wert** der Vermögensgegenstände maßgebend; Ziel der Wertermittlung ist ein Ansatz mit dem „vollen, wirklichen" Wert. Das Gesetz gibt keine Vorgabe in Bezug auf die anzuwendende Methode; der Tatrichter kann sachverhaltsspezifisch auswählen (Rz. 24).
- Im Umsatzverfahren können **Wertkorrekturen** vorgenommen werden, z.B. in Form einer Ausgliederung von Umsatzteilen, die rein personengebunden und deshalb nicht auf einen Nachfolger übertragbar sind; darüber hinaus ist

---

1 Koch in MünchKomm. BGB, 6. Aufl. 2013, § 1376 BGB Rz. 26; vgl. Kotzur, NJW 1988, 3239.
2 BGH v. 2.2.2011 – XII ZR 185/08, FamRZ 2011, 1367 m. Anm. Borth 1373 = NJW 2011, 2572.

regionalen, unternehmensspezifischen und marktmäßigen Besonderheiten Rechnung zu tragen (Rz. 25).

- Es ist sachgerecht, wenn eine von der jeweiligen **Standesorganisation** empfohlene Bewertungsmethode ausgewählt wird. In den aktuellen Hinweisen der Bundessteuerberaterkammer wird (deutlicher als früher) auf die unterschiedlichen Bewertungsanlässe eingegangen (Rz. 26 f.). Nach IDW-Standard S1 ist der Unternehmenswert grundsätzlich als **Zukunftserfolgswert** zu ermitteln, als gängige Wertermittlungsmethode wird das Ertragswertverfahren genannt (Rz. 28).

- Der **ideelle Wert** der Praxis gründet sich auf *immaterielle* Faktoren wie Mitarbeiterstamm, günstigen Standort, Art und Zusammensetzung der Mandanten, Konkurrenzsituation und ähnliche Faktoren, die regelmäßig auf einen Nachfolger übertragbar sind, aber auch auf Faktoren wie **Ruf und Ansehen** des Praxisinhabers, die mit dessen Person verknüpft und deshalb grundsätzlich nicht übertragbar sind. Der **Goodwill** – als der übertragbare Teil des ideellen Wertes – wird nur dann zutreffend ermittelt, wenn vom durchschnittlichen Jahresüberschuss ein **individueller Unternehmerlohn** in Abzug gebracht wird (Rz. 29). Die Notwendigkeit der Bereinigung des Wertes um diese Position hängt nicht von einer Konkurrenz von Zugewinnausgleichs- und Unterhaltsanspruch im Einzelfall ab, sondern besteht generell; denn zu bewerten sind nur die *übertragbaren* Bestandteile, wozu der auf die persönliche Leistung des Inhabers entfallende Teil des Ertragswertes nicht gehört (Rz. 32).

- Die **Höhe des Unternehmerlohns** hat der (sachverständig beratene) Tatrichter zu ermitteln. Er kann nicht mit dem Gewinn des bisherigen Praxisinhabers bemessen werden, weil dieser nicht allein auf den Leistungen des Inhabers, sondern auch auf denjenigen der Mitarbeiter beruht (Rz. 35). Auch Privatentnahmen lassen keinen Rückschluss auf die Höhe des individuellen Unternehmerlohns zu (Rz. 36). Abzustellen ist auf den Bruttolohn für einen angestellten Steuerberater mit 10-jähriger Berufserfahrung; dieser Betrag ist anschließend zu individualisieren (Rz. 37). Für die soziale Absicherung eines Selbständigen können 20 % des Bruttoeinkommens für primäre Altersversorgung sowie zusätzlich bis zu 4 % des Bruttoeinkommens für zusätzliche Altersversorgung angesetzt werden (Rz. 41).

- Von dem festgestellten Wert der Praxis sind **latente Ertragssteuern** in Abzug zu bringen, und zwar generell und nicht nur in Fällen einer tatsächlich beabsichtigten Veräußerung (Rz. 47). Dies ist Konsequenz der Bewertungsmethode, die stichtagsbezogen – und somit losgelöst von einer beabsichtigten Veräußerung – vorzunehmen ist. Entscheidend ist die Prämisse der Verwertbarkeit (Rz. 49). Aus Gründen der Gleichbehandlung ist es geboten, eine latente Steuerlast auch bei der Bewertung **anderer** Vermögensgegenstände (z.B. Grundstücke, Wertpapiere, Lebensversicherungen) dann zu berücksichtigen, wenn deren Veräußerung (ungeachtet einer bestehenden Veräußerungsabsicht) eine Steuerpflicht auslösen würde (Rz. 50).

b) BGH v. 9.2.2011 – XII ZR 40/09

55 Die **Leitsätze** dieser Entscheidung[1] lauten:

1. Der Goodwill einer freiberuflichen Praxis ist als immaterieller Vermögenswert grundsätzlich in den Zugewinnausgleich einzubeziehen.

2. Bei der Bemessung eines solchen Goodwill ist im Rahmen der modifizierten Ertragswertmethode ein Unternehmerlohn abzusetzen, der sich an den individuellen Verhältnissen des Inhabers orientiert.

3. Die stichtagsbezogene Bewertung einer Inhaberpraxis im Zugewinnausgleich setzt eine Verwertbarkeit der Praxis voraus. Deswegen sind bereits bei der stichtagsbezogenen Bewertung dieses Endvermögens latente Ertragsteuern abzusetzen, und zwar unabhängig davon, ob eine Veräußerung tatsächlich beabsichtigt ist.

4. Die Berücksichtigung eines Goodwills im Zugewinnausgleich verstößt nicht gegen das Doppelverwertungsverbot, weil er den am Stichtag vorhandenen immateriellen Vermögenswert unter Ausschluss der konkreten Arbeitsleistung des Inhabers betrifft, während der Unterhaltsanspruch auf der Arbeitsleistung des Inhabers und weiteren Vermögenserträgen beruht.

56 Im entschiedenen Fall ging es um die Bewertung einer **Zahnarztpraxis**. Die wesentlichen Aussagen dieser Entscheidung sind folgende:

– Maßgebend ist der objektive (Verkehrs-)Wert zum Stichtag; die Bewertungsmethode wird vom Gesetz nicht vorgegeben. Der (sachverständig beratende) Tatrichter kann sie auswählen (Rz. 16). Der **Umsatz** lässt keine sicheren Rückschlüsse auf die Gewinnerwartung und damit auch nicht auf den am Stichtag realisierbaren Wert zu. Ein besonders hoher Umsatz kann den Wert einer freiberuflichen Praxis sogar verringern, wenn den Einnahmen sehr hohe Kosten gegenüberstehen und der Ertrag aus diesem Grund mit einem hohen Unternehmerrisiko verbunden ist (Rz. 18). Auch das **reine Ertragswertverfahren** ist für die Bewertung einer freiberuflichen Praxis grundsätzlich nicht geeignet, weil sich eine Ertragsprognose kaum von der Person des derzeitigen Inhabers trennen lässt und der Ertrag von ihm durch unternehmerische Entscheidungen beeinflusst werden kann. Außerdem kann die Erwartung künftigen Einkommens, die der individuellen Arbeitskraft des Inhabers zuzurechnen ist, nicht maßgebend sein, weil es beim Zugewinnausgleich nur auf das am Stichtag vorhandene Vermögen ankommt (Rz. 19). Vorzugswürdig ist die **modifizierte Ertragswertmethode**, die sich an den durchschnittlichen Erträgen orientiert und davon einen individuellen Unternehmerlohn des Inhabers absetzt.

– Der **Substanzwert** ist mit dem Wert zu bemessen, der bei Praxisverkauf auf den Rechtsnachfolger übergeht; daneben kommt es auf den **Geschäftswert** an, der sich darin äußert, dass das Unternehmen im Verkehr *höher eingeschätzt* wird, als es dem reinen Substanzwert entspricht. Auf eine tatsächliche Veräußerung kommt es nicht an (Rz. 21, 22).

---

1 BGH v. 9.2.2011 – XII ZR 40/09, FamRZ 2011, 622 m. Anm. *Koch* 627 und *Borth* 705 = NJW 2011, 999.

– Diese Bewertungsgrundsätze sind auch auf einen – über den Substanzwert hinausgehenden – immateriellen Wert in Form eines **Goodwill** anzuwenden (Rz. 23). Er gründet sich auf immaterielle Faktoren wie Standort, Art und Zusammensetzung der Mandanten/Patienten, Konkurrenzsituation und ähnliche Faktoren, soweit sie auf einen Nachfolger übertragbar sind. Der Käufer bezahlt für die Chance, die Mandanten des bisherigen Praxisinhabers zu übernehmen und darauf aufbauen zu können (Rz. 25). Insbesondere bei kleineren freiberuflichen Kanzleien oder Praxen bestimmen die unternehmerischen Fähigkeiten des bisherigen Eigentümers das „Wohl und Wehe" der Praxis, schon aufgrund der höchstpersönlichen Leistung (Rz. 24). Auch **Ruf und Ansehen** sind hier von Bedeutung; sie sind grundsätzlich mit der Person des bisherigen Inhabers verknüpft und deswegen grundsätzlich nicht übertragbar (Rz. 25). Es kann sogar Fälle geben, in denen Ruf und Ansehen eine so überwiegende Bedeutung haben, dass dies einen Goodwill vollständig ausschließt oder jedenfalls deutlich herabsetzt (Rz. 25).

– Für die Bewertung maßgebend ist nur der am Stichtag **nachhaltig vorhandene Wert** der Praxis, der sich in der bis dahin aufgebauten und zum Stichtag vorhandenen Nutzungsmöglichkeit niederschlägt (Rz. 26). Bei der Bemessung des Goodwill ist zunächst im Wege der modifizierten Ertragswertmethode vorzugehen; von den danach ermittelten durchschnittlichen Erträgen ist ein **individueller Unternehmerlohn** abzusetzen (Rz. 27). Nur auf diese Weise kann der auf dem derzeitigen Praxisinhaber bezogene Wert ausgeschieden werden, der auf dessen persönlichem Einsatz beruht und nicht auf einen Übernehmer übertragbar ist. Hier spielt auch der **Einsatz** eine Rolle, mit dem der zugrunde gelegte Ertrag zu erzielen ist: Ist er nur gering, ist ein höherer Goodwill anzunehmen, während bei einem erheblich höheren Einsatz des Inhabers ein niedrigerer Goodwill zugrunde zu legen ist (Rz. 28).

– Von dem durchschnittlichen Praxisrohgewinn sind **latente Ertragssteuern** abzusetzen, und zwar unabhängig von der Frage, ob eine Veräußerung tatsächlich beabsichtigt ist oder nicht (Rz. 29). Der am Stichtag vorhandene Wert birgt auch für den Inhaber selbst weiterhin die Nutzungsmöglichkeit in sich;[1] die entsprechende Bewertung setzt aber voraus, dass die Praxis zu dem ermittelten Wert auch *frei verwertbar* ist. Der Wert muss zum Stichtag am Markt erzielbar sein; die Berücksichtigung latenter Ertragssteuern erfolgt damit aus der Prämisse der Verwertbarkeit und ist von daher eine Konsequenz der Bewertungsmethode (Rz. 30).

– Die vorstehenden Grundsätze verstoßen nicht gegen das **Verbot der zweifachen Teilhabe** ein und desselben Vermögenswertes (im Zugewinnausgleich und im Unterhalt). Eine solche doppelte Teilhabe kann nur bei Ausgleich *derselben* Vermögensposition eintreten; das ist immer dann ausgeschlossen, wenn der Unterhalt nur aus Vermögens*einkünften* bemessen wird und sich der Zugewinnausgleich auf den Vermögens*stamm* beschränkt (Rz. 34).[2] Doppelte Teilhabe wäre gegeben, wenn der Vermögensstamm – ausnahmsweise

---
1 Ausführlich dazu *Hoppenz* in FS Brudermüller, 2014, S. 345 unter II. 4.
2 Konkreter Fall: Die Zinseinkünfte werden beim Unterhalt berücksichtigt, das Bankguthaben als Vermögensstamm bei Zugewinnausgleich.

– auch unterhaltsrechtlich berücksichtigt wird.[1] Eine Doppelverwertung ist dagegen auch bei Berücksichtigung des Goodwills einer freiberuflichen Praxis ausgeschlossen, wenn der nach den individuellen Verhältnissen konkret gerechtfertigte Unternehmerlohn in Abzug gebracht wird (Rz. 36).

– Die Einbeziehung des Goodwill führt nicht ohne weiteres zur Notwendigkeit einer **Liquidierung** der Praxis. Zum einen beläuft sich die Ausgleichspflicht nur auf die Hälfte des Zugewinnüberschusses (§ 1378 Abs. 1 BGB), so dass die erforderlichen liquiden Mittel häufig schon aus einem anderen liquiden Teil des vorhandenen Vermögens aufgebracht werden können. Zum anderen sieht das Gesetz (auf Antrag) die Möglichkeit von Stundung und Ratenzahlung vor (§ 1382 BGB), was dem Schuldner ermöglicht, den Zugewinnausgleich ratenweise aus seinem künftigen laufenden Einkommen zu leisten (Rz. 44).

c) BGH v. 6.11.2013 – XII ZB 434/12

57 Die **Leitsätze** dieser Entscheidung[2] lauten:

1. Besteht bei einem Zuwendungsgeschäft zwischen Leistung und Gegenleistung ein objektives, über ein geringes Maß deutlich hinausgehendes Missverhältnis, besteht eine tatsächliche Vermutung für das Vorliegen einer gemischten Schenkung; diese Vermutung gilt aber nur zugunsten Dritter, deren schutzwürdige Interessen durch das Vorliegen einer gemischten Schenkung tangiert würden, nicht dagegen zugunsten der Vertragsparteien des Rechtsgeschäftes selbst.

2. Mit der Regelung, dass eine „den Umständen nach zu den Einkünften" zu rechnende Zuwendung nach § 1374 Abs. 2 BGB dem Anfangsvermögen nicht hinzugerechnet wird, soll Verzerrungen der Zugewinnaus-gleichsbilanz entgegengewirkt werden, die sich aus der künstlichen Erhöhung des Anfangsvermögens durch die zum Verbrauch bestimmten Zuwendungen ergeben können; maßgebliches Abgrenzungskriterium ist daher, ob die Zuwendung zur Deckung des laufenden Lebensbedarfes dienen oder die Vermögensbildung des begünstigten Ehegatten fördern soll (im Anschluss an BGH v. 1.7.1987 – IVb ZR 70/86, BGHZ 101, 229 = FamRZ 1987, 910).

3. Zur Anwendung des Ertragswertverfahrens bei der Bewertung gewerblicher Unternehmen im Zugewinnausgleich. (amtlicher Leitsatz)

58 Im entschiedenen Fall ging es um die Bewertung von **Geschäftsanteilen** an einem **Sanitätshaus**. Die wesentlichen Ergebnisse und Aussagen der Entscheidung lassen sich wie folgt zusammenfassen:

---

[1] Beispiel: Abfindungen nach Aufgabe einer Erwerbstätigkeit haben Lohnersatzfunktion, sie werden als ergänzendes Einkommen für die Zeit der geminderten Erwerbstätigkeit aufgeteilt. Im Umfang dieser *unterhaltsrechtlichen* Berücksichtigung ist dann ein zusätzlicher *güterrechtlicher* Ausgleich ausgeschlossen, BGH v. 21.4.2004 – XII ZR 185/01, MDR 2004, 1120 = FamRZ 2004, 1352 m. Anm. *Bergschneider*.

[2] BGH v. 6.11.2013 – XII ZB 434/12, NJW 2014, 294 = NZFam 2014, 20 m. Anm. *Hoppenz*.

– Zwar entspricht es ständiger BGH-Rechtsprechung, dass demjenigen, der sich auf das Vorliegen einer **gemischten Schenkung** beruft, grundsätzlich eine **Beweiserleichterung** in Form einer tatsächlichen Vermutung zuzubilligen ist, wenn zwischen Leistung und Gegenleistung ein objektives, über ein geringes Maß deutlich hinausgehendes Missverhältnis besteht.[1] Eine solche Beweiserleichterung hat der BGH bislang allerdings nur *Dritten* gewährt, deren schutzwürdige Interessen durch das Vorliegen einer Schenkung tangiert wurden, z.B. bei Pflichtteilsberechtigten, Vertrags- oder Schlusserben oder bei Sozialhilfeträgern nach der Überleitung von Rückforderungsansprüchen. Dagegen besteht keine Veranlassung, eine tatsächliche Vermutung dieser Art auch zugunsten eines Zuwendungsempfängers zuzulassen, der – wie hier aufgrund der Beweislastregeln zu § 1374 Abs. 2 BGB – ausnahmsweise die Unentgeltlichkeit der Zuwendung in seinem Interesse beweisen muss. Denn der Zuwendungsempfänger hat es bei einer gemischten Schenkung als *Vertragsbeteiligter* selbst in der Hand, dem von den Parteien des Zuwendungsgeschäftes tatsächlich zugrunde gelegten Wertverständnis im Vertrag einen hinreichenden Ausdruck zu verleihen.

– Die **vergünstigte Überlassung** der Geschäftsanteile war – in einer die (teilweise) Unentgeltlichkeit ausschließenden Weise – **damit verknüpft**, dass der Antragsteller als Geschäftsführer (wieder) in die Gesellschaft eintrat. Die Übertragung konnte auch nicht teilweise als unentgeltliche Zweckschenkung angesehen werden. Der Witwe war in besonderem Maße daran gelegen, den Bestand der Gesellschaft als Lebenswerk ihres Ehemannes durch den Aufbau von Unternehmensnachfolgern auch über den Tod der Eheleute hinaus zu sichern. Ihr Interesse an einem dauerhaften persönlichen Einsatz des Antragstellers bei der Führung der Gesellschaft ging daher noch über das allgemeine wirtschaftliche Interesse hinaus, das sie als Inhaberin (restlicher) Geschäftsanteile an einer gedeihlichen Entwicklung der Gesellschaft ohnehin hatte.

– Ziel der Wertermittlung ist es, die Unternehmensbeteiligung des Antragstellers mit ihrem „vollen, wirklichen" Wert anzusetzen. Das Gesetz enthält keine Grundsätze darüber, nach welcher Methode das zu geschehen hat. Die sachverhaltsspezifische Auswahl aus der Vielzahl der zur Verfügung stehenden Methoden und deren Anwendung ist Aufgabe des (sachverständig beratenen) Tatrichters. Es ist nicht zu beanstanden, dass das OLG den Wert der Gesellschaft grundsätzlich nach dem **Ertragswertverfahren** ermittelt hat. Nach diesem Verfahren ist grundsätzlich von der Annahme auszugehen, dass das Unternehmen mit unverändertem Konzept sowie mit allen realistischen Zukunftserwartungen fortgeführt werden kann, die sich aus den Marktverhältnissen und den sonstigen Einflussfaktoren des Unternehmens zum Bewertungsstichtag ergeben. Beim „klassischen" Ertragswertverfahren in seiner Grundform wird eine unbegrenzte Lebensdauer des zu bewertenden Unternehmens unterstellt und als Regelfall angenommen; der Alternativberechnung liegt die Annahme eines begrenzten Ergebnishorizonts zugrunde.

---

1 BGH v. 18.10.2011 – X ZR 45/10, MDR 2012, 204 = FamRZ 2012, 207.

– Ein solches Vorgehen ist vom BGH für die Bewertung von **freiberuflichen Praxen** im Rahmen des sog. modifizierten Ertragswertverfahrens grundsätzlich gebilligt worden.[1] Die Begrenzung des Ergebnishorizonts trägt bei Freiberuflern in erster Linie der *starken Inhaberbezogenheit* ihrer Tätigkeit Rechnung; diese führt dazu, dass einerseits der Einfluss des bisherigen Praxisinhabers auf seinen Nachfolger nur eine begrenzte Zeit nachwirken kann und andererseits ein Praxiserwerber mit gleicher Qualifikation nach einer entsprechenden Aufbauphase eine vergleichbare Praxis aufbauen (reproduzieren) könnte.[2] Demgegenüber wird es bei **mittleren oder größeren gewerblichen Unternehmen** an einer auf der Inhaberbezogenheit beruhenden Reproduktionsmöglichkeit regelmäßig fehlen, ohne dass hier von vornherein ausgeschlossen werden könnte, dass der Tatrichter in besonderen Bewertungssituationen eine Begrenzung des Ergebnishorizonts für sachgerecht erachtet. Im entschiedenen Fall beanstandet der BGH, dass das OLG bei seinen Erwägungen zum *Standortrisiko* möglicherweise entscheidungserheblichen Sachvortrag der Antragsgegnerin außer Betracht gelassen und nicht in seine Würdigung einbezogen hat. Der Einfluss dieses Faktors auf die Fortführungsperspektive eines Unternehmens hängt von einzelfallbezogenen Umständen ab; hat der *Standort* keinen oder keinen nennenswerten Einfluss auf den Geschäftsbetrieb und lässt er sich im Bedarfsfall ohne weiteres verlegen, wird die Annahme, dass das Unternehmen nur wegen einer fehlenden mietvertraglichen Absicherung des gegenwärtigen Standorts künftig nur noch für einen begrenzten Zeitraum finanzielle Überschüsse erwirtschaften kann, keine realistische Zukunftserwartung darstellen.

2. Weitere Rechtsprechung nach Branchen und Berufsgruppen

a) Aktenvernichtungsbetrieb

59 Einschlägig ist hier eine Entscheidung des OLG Hamm.[3] Das Gericht hat dort den Wert eines Anteils an einem in Form einer oHG betriebenen Aktenvernichtungsbetrieb mit 50 Mitarbeitern nach der **Ertragswertmethode** bestimmt. Untersucht wurde die Bedeutung einer Abfindungsklausel im Gesellschaftsvertrag im Rahmen der zugewinnausgleichsrechtlichen Wertbemessung, des Weiteren die Besonderheit, dass nach dem Endstichtag noch im selben Jahr ein Gesellschaftsdarlehen gegeben wurde. Das Gericht weist darauf hin, dass erst nach dem Stichtag gewonnene Erkenntnisse nicht *ex post* für die Werbemessung zum Stichtag berücksichtigt werden dürfen.

b) Anwaltspraxis

60 Das OLG Frankfurt[4] hat sich mit der Berechnung des Goodwill einer Rechtsanwaltspraxis befasst. Das Gericht untersucht die Variante, dass ein **jüngerer**

---

1 BGH v. 9.2.2011 – XII ZR 40/09, MDR 2011, 490 = FamRZ 2011, 622 = NJW 2011, 999.
2 *Kuckenburg*, FuR 2011, 512 (513).
3 OLG Hamm v. 13.6.1997 – 12 UF 223/95, FamRZ 1998, 235.
4 OLG Frankfurt v. 18.11.1986 – 4 UF 296/85, FamRZ 1987, 485.

Kollege in die Praxis **als Sozius eintritt** und ein Entgelt für die ihm dadurch eingeräumte Chance entrichtet. Ein Goodwill wird verneint für den Fall, dass der Inhaber aus der Praxis kein höheres Renteneinkommen erzielt als dies einem Unternehmerlohn entspricht. Zugrunde gelegt wurden die Gewinne der Praxis in den Jahren 1980 und 1981, angesetzt wurde dann ein Kapitalisierungsfaktor von 1,8 entsprechend einer Aussage des Sachverständigen. Hingewiesen wird auf den Umstand, dass es sich um eine alteingesessene Praxis im Zentrum gegenüber dem Gericht mit guten Parkmöglichkeiten sowie eine Kombination zwischen Notariat und Anwaltsbüro und die einzige Sozietät am Ort handelt.

In einer älteren Entscheidung aus dem Jahr 1984 hat das OLG Saarbrücken[1] für die Bewertung des Goodwill einer Anwaltssozietät allein auf den **Sozietätsvertrag** abgestellt. Aus dem Vertrag ergab sich, dass – über die in § 717 BGB normierte Unübertragbarkeit des Gesellschafterrechts hinaus – auch jeder Ausgleichsanspruch des einzelnen Sozius ausgeschlossen war. Der innere Wert der Sozietät war nach Ansicht des Gerichts auch nicht durch Hereinnahme eines weiteren Sozius verwertbar.

In einer Entscheidung aus dem Jahre 1976 wurde vom OLG Celle[2] für eine erst seit gut zwei Jahren betriebene **Großstadt-Anwaltspraxis** mit einem Jahresumsatz von 100.000 DM ein **Goodwill abgelehnt**. Zwar ist der Senat – in Übereinstimmung mit der Ansicht der Rechtsanwaltskammer – der Auffassung, dass Anwaltspraxen im Allgemeinen einen Goodwill haben, was schon aus dem Umstand folgt, dass sie tatsächlich gehandelt und hierbei Preise erzielt werden, die über den reinen Sachwert erheblich hinausgehen. Der Gegenwert für den den Sachwert übersteigenden Preis bildet die Chance, die Klienten des seine Praxis veräußernden Anwalts zu übernehmen und den vorhandenen Bestand als Grundlage für den weiteren Ausbau der Praxis zu verwenden. Andererseits ist nach Ansicht des Gerichts nicht zu verkennen, dass der innere Wert einer Anwaltspraxis je nach Lage, Art und Umfang unterschiedlich groß sein und im Einzelfall sogar völlig fehlen kann. Letzteres wird hier bejaht unter Hinweis auf den Umstand, dass der Beklagte seine Praxis **erst zwei bis drei Jahre betrieben** hatte und vorher im Angestelltenverhältnis als Anwalt tätig war. Entscheidend war für das Gericht auch der Umstand, dass es sich um eine Großstadtpraxis mit einem vergleichsweise **geringen Umsatz** und einer weitgehend **an die Person** des Beklagten **gebundenen** Klientel handelte, ohne dass man von Dauermandanten hätte sprechen können.

c) Architekt

Nach einer älteren Entscheidung des OLG München[3] ist für ein Architekturbüro **in der Regel kein Goodwill** in Ansatz zu bringen. Für einen entsprechenden Ansatz ist immer Voraussetzung, dass der unternehmerische Erfolg „nicht ganz von den individuellen, nur dem Wirtschaftenden eigenen Fähigkeiten abhängt". Das Gericht geht davon aus, dass ein Architekt im Regelfall wegen der

---

1 OLG Saarbrücken v. 28.6.1984 – 6 UF 181/82 GÜR, FamRZ 1984, 794.
2 OLG Celle v. 24.11.1976 – 3 U 4/76, Anwaltsblatt 1977, 216.
3 OLG München v. 13.3.1984 – 4 UF 195/83, FamRZ 1984, 1096.

ihm eigenen speziellen Fähigkeiten mit Aufträgen betraut wird und er insoweit einem *Künstler* nahesteht, weil der Auftraggeber eine **schöpferische, persönliche Leistung** des Architekten erwartet. Es ist allein sein Ruf, der dem Architekten Aufträge einbringt; diesen Ruf hat er sich im Regelfall im Laufe der Jahre aufgrund eigener Tüchtigkeit erarbeitet. Das Gericht verweist auf eine Auskunft der Architektenkammer, wonach der Erfolg des Büros unmittelbar von der Person des Inhabers abhängt und bei einem Wechsel des Inhabers Bauherren oft von ihrem Kündigungsrecht Gebrauch machen.

d) Arzt

64   Der BGH hat sich Ende 1990 mit der Bewertung einer Arztpraxis befasst.[1] Der BGH hat seinerzeit den – vom AG abweichenden – Ansatz des OLG gebilligt, wonach nicht nach der Ertragswertmethode vorzugehen sei, sondern stattdessen **Substanzwert und Goodwill gesondert** festgestellt werden müssten. Die Einkommensteuer als personenbezogene Steuerlast wurde nicht berücksichtigt unter Hinweis auf das Stichtagsprinzip.

e) Bäckerei

65   In einer schon sehr alten Entscheidung des BGH[2] ging es um die Berücksichtigung des Goodwill einer Bäckerei. Der BGH weist darauf hin, dass für einen **kleineren Handwerksbetrieb** ein solcher Goodwill nur dann angesetzt werden kann, wenn nach Ansicht des Tatrichters Betriebe dieser Art als Ganzes veräußert und dabei Preise erzielt werden, die über den reinen Substanzwert hinausgehen.

f) Druckerei

66   In einer älteren Entscheidung des OLG Düsseldorf[3] wird zunächst auf die verschiedenen, in der Betriebswirtschaftslehre verbreiteten Bewertungsmethoden eingegangen. Es wird ausgeführt, dass bei einem gewerblichen Unternehmen der Verkehrswert grundsätzlich nicht auf den Substanzwert beschränkt, sondern zusätzlich der Geschäftswert zu berücksichtigen ist (Ertragswert einschließlich des Goodwill). Eine Beschränkung auf den Substanzwert hat dann stattzufinden, wenn – ausnahmsweise – das Unternehmen mit der Person des Inhabers steht und fällt, so dass auch ein fachkundiger Dritter nicht in der Lage ist, aus dem Unternehmen Erträge zu erzielen. Bei einer Druckerei beruht die gewerbliche Produktion nach Ansicht des Gerichts im Regelfall aber auf einer **Gemeinschaftsleistung** von Unternehmer und Arbeitnehmern, während Angehörige eines freien Berufs eine höchstpersönliche Leistung erbringen und sich in diesem Rahmen nur für untergeordnete Tätigkeiten eines Einsatzes von Hilfskräften bedienen.

---

1   BGH v. 24.10.1990 – XII ZR 101/89, MDR 1991, 343 = NJW 1991, 1547.
2   BGH v. 23.11.1977 – IV ZR 131/76, NJW 1978, 884.
3   OLG Düsseldorf v. 27.1.1984 – 3 UF 50/83, FamRZ 1984, 699.

g) Handelsvertreter

In einer schon sehr alten Entscheidung hat der BGH[1] bei einer Handelsvertretung darauf abgestellt, dass diese **allein** von ihrem **Inhaber** aufgrund seiner **Fähigkeiten** genutzt werden konnte; der Ertrag war ausschließlich auf den Inhaber ausgerichtet, also subjektbezogen, eine Veräußerung der Handelsvertretung war nicht möglich. Siehe dazu unter Versicherungsagentur (s. unten Rz. 75). Das hat der BGH jetzt bestätigt[2].

67

h) Handwerksbetrieb

Nach einer einschlägigen Entscheidung des OLG Bamberg[3] spielen **die Besonderheiten des Betriebes** eine entscheidende Rolle. Zugrunde gelegt wurde hier bei einem kleinen Handwerksbetrieb mit nur 3-4 Mitarbeitern und einem Jahresumsatz unter 1.000.000 DM ein Mittel aus Ertrags- und Substanzwert. Vorhanden waren hohe Verbindlichkeiten, ein negativer Substanz- und ein hoher Ertragswert, des Weiteren eine große Abhängigkeit des Ertrages von den persönlichen Fähigkeiten des Betriebsinhabers. Die Wertsteigerung eines Grundstücks fiel aufgrund absinkenden Wertes eines Leibgedinges unter die Vorschrift des § 1374 Abs. 2 BGB; beim Anfangs- und Endvermögen wurde jeweils der durch die Belastung verminderte Wert angesetzt. Dem allmählichen Vermögenserwerb wurde dadurch Rechnung getragen, dass zum einen der rechnerische Wertzuwachs, der sich aus einem Vergleich der hochgerechneten Anfangsbelastung mit der Belastung am Ende der Ehezeit ergibt, dem Anfangsvermögen zugerechnet wird. Zum anderen wurde der Kaufkraftschwund durch Erhöhung des Anfangsvermögens berücksichtigt, und zwar in der Weise, dass dem Anfangsvermögen die Hälfte des Betrages hinzugefügt wurde, der dem Nominalwert zum Ausgleich des Kaufkraftschwundes dann hinzuzurechnen wäre, wenn der gesamte Wertzuwachs schon zu Beginn der Ehezeit eingetreten wäre.

68

i) KG-Anteil

Wie das OLG Schleswig[4] entschieden hat, ist bei der Bewertung einer zum Endvermögen gehörenden Unternehmensbeteiligung auch der **Goodwill** regelmäßig Bestandteil des Verkehrswertes dieser Beteiligung. Der Goodwill wurde im entschiedenen Fall vom Sachverständigen dadurch festgestellt, dass der Übergewinn ermittelt und mit der voraussichtlichen Wirkungsdauer der Firma (4 Jahre) vervielfältigt wurde. Als Übergewinn wurde der Gewinn angenommen, der über die normale Verzinsung des bilanzmäßig erfassten Kapitals hinausging. Er errechnete sich aus dem um die Fremdkapitalzinsen gekürzten Betriebskapitalgewinn abzgl. des Eigenkapitals, multipliziert mit Normalverzinsung. Von dem errechneten Übergewinn wurde vor der Vervielfältigung noch ein Abschlag von 30 % vorgenommen, um dem allgemeinen wirtschaftlichen

69

---

1 BGH v. 9.3.1977 – IV ZR 166/75, NJW 1977, 949.
2 BGH v. 4.12.2013 – XII ZB 534/12, NJW 2014, 625 m. Anm. *Hoppenz*.
3 OLG Bamberg v. 18.8.1994 – 2 UF 140/93, FamRZ 1995, 607.
4 OLG Schleswig v. 1.9.1986 – 15 UF 297/85, FamRZ 1986, 1208.

Risiko Rechnung zu tragen. Eine Besonderheit des Falles besteht noch darin, dass der Ehemann die Ehefrau mit einem anderen Mann im ehelichen Schlafzimmer **„in flagranti"** ertappt und dann bis zur Zustellung des Scheidungsantrags aus Verärgerung über diesen Vorfall rund 15.600 DM „auf den Kopf gehauen und verbraucht" hatte. Das OLG lehnte es ab, dem Endvermögen des Ehemannes diesen Betrag hinzuzurechnen; denn die Reaktion aus Enttäuschung, Wut und Verärgerung sei menschlich verständlich.

j) Landwirtschaftlicher Betrieb

70 In einer schon alten Entscheidung hatte sich der BGH mit der Bewertung eines landwirtschaftlichen Betriebes (dazu ausführlich § 24 Rz. 65 ff.) zu befassen.[1] Der BGH hat eine entsprechende Anwendung des § 1376 Abs. 4 BGB abgelehnt, denn es ging um die Bewertung von Gegenständen, die ein Ehegatte nach der Beendigung der Gütergemeinschaft gem. § 1477 Abs. 2 BGB übernimmt oder deren Wert er gem. § 1478 BGB erstattet verlangt. Der Verkehrswert für ein landwirtschaftliches Anwesen sei nach den **gleichen Grundsätzen** zu bestimmen wie bei der Bewertung von **Betrieben**; erfasst werden müsse das Unternehmen mit seinem „vollen, wirklichen Wert". Die Entscheidung des Berufungsgerichts wurde schon deshalb beanstandet, weil das OLG den Liquidationswert zugrunde gelegt hatte, aber gleichzeitig feststellte, dass weder Absicht noch finanzielle Notwendigkeit einer auch nur teilweisen Auflösung des Betriebes bestehe.

k) Steuerberater

71 Hier ist zunächst auf die (unter 1. a), oben Rz. 53, 54 ausführlich dargestellte) Entscheidung des BGH vom 2.2.2011 hinzuweisen.

72 In einer schon älteren Entscheidung hatte sich der BGH ebenfalls mit der Bewertung des Anteils an einer Steuerberaterpraxis im Zugewinnausgleich zu befassen.[2] Abgelehnt wird dort zunächst die Ansicht des Ehemannes, sein Anteil habe keinen Marktwert, weil er ihn nicht veräußern könne. Nach Ansicht des BGH bezieht sich die Vorschrift des § 717 BGB nicht auf das Mitgliedschaftsrecht als Ganzes, das heißt auf den Gesellschaftsanteil. Die in § 719 BGB für diesen Anteil bestimmte Unübertragbarkeit kann durch Gesellschaftsvertrag oder Vereinbarung jederzeit abgeändert werden. Entscheidend ist nach Ansicht des Gerichts allein die Tatsache, dass aus Rechtsgründen keine durchgreifenden Bedenken gegen eine Bewertung des Praxisanteils nach seinem Markt- bzw. Verkehrswert bestehen. Angenommen wird ein **erheblicher Goodwill** unter Hinweis auf nennenswerten **Kundenstamm**.

l) Tierarzt

73 Einschlägig ist hier eine Entscheidung des BGH aus dem Frühjahr 2008.[3] Der BGH hat auch in dieser Entscheidung zur Vermeidung einer zweifachen Teil-

---

1 BGH v. 7.5.1986 – IVb ZR 42/85, MDR 1986, 919 = FamRZ 1986, 776.
2 BGH v. 25.11.1998 – XII ZR 84/97, MDR 1999, 362 = FamRZ 1999, 361.
3 BGH v. 6.2.2008 – XII ZR 45/06, MDR 2008, 508 = FamRZ 2008, 761 m. Anm. *Hoppenz* 765.

habe am Vermögenswert der Praxis darauf hingewiesen, dass (neben dem Substanzwert) der Goodwill dadurch zu ermitteln ist, dass von dem Ausgangswert nicht ein pauschal angesetzter kalkulatorischer Unternehmerlohn, sondern der nach den **individuellen** Verhältnissen konkret gerechtfertigte **Unternehmerlohn** in Abzug gebracht wird.

m) Vermessungsingenieur

74 Die entsprechende Entscheidung des BGH stammt bereits aus dem Jahre 1976.[1] Dass die Entscheidung noch vor der (das Schuldprinzip abschaffenden) Familienrechtsreform ergangen ist, wird am Leitsatz 1 deutlich.[2] Es wird festgehalten, dass beim Zugewinnausgleich auch der Goodwill einer freiberuflichen Praxis zu berücksichtigen ist. Die Entscheidung ist ansonsten für diesen Bereich wenig ergiebig.

n) Versicherungsagentur

75 Nach einer einschlägigen Entscheidung des OLG Stuttgart[3] umfasst der Auskunftsanspruch gem. § 1379 Abs. 1 Satz 2 BGB bei einer vom zugewinnausgleichspflichtigen Ehegatten betriebenen Versicherungsagentur nur den Substanzwert und nicht einen darüber hinausgehenden **Goodwill**. Nach Ansicht des Gerichts gibt es einen solchen Wert bei einer Versicherungsagentur – im Gegensatz zu Kapitalbeteiligungen an Unternehmen – **in der Regel nicht**. Zur Begründung wird Bezug genommen auf eine ältere Entscheidung des BGH zum Gewerbe eines selbständigen Handelsvertreters;[4] dort wird ausgeführt, dass dieses Gewerbe nur in besonders gelagerten Fällen einen Goodwill besitze.

76 Diesen Ansatz hat das OLG Hamm in einer jüngeren Entscheidung bestätigt.[5] Danach ist der Unternehmenswert einer Versicherungsagentur grundsätzlich nach dem Substanzwert zu bestimmen, und ein Goodwill ist für eine derartige Agentur am Markt nicht zu realisieren, da die **persönliche Leistung** des Versicherungskaufmanns im Vordergrund steht.

o) Zahnarzt

77 Hier ist zunächst auf die (unter 1. b), oben Rz. 55, 56 eingehend dargestellte) Entscheidung des BGH v. 9.2.2011 hinzuweisen.

78 Bereits vor mehr als 30 Jahren hat das OLG Koblenz[6] entschieden, dass auch eine Zahnarztpraxis einen inneren Wert (Goodwill) haben kann. Im entschiedenen Fall wurde das bejaht unter Hinweis darauf, dass ein großer Teil des **Patien-**

---

1 BGH v. 13.10.1976 – IV ZR 104/74, NJW 1977, 378.
2 Zugrunde lag damals eine Scheidung aus beiderseitiger gleicher Schuld. Nach Ansicht des BGH konnte der Schuldner der Zugewinnausgleichsforderung die Zahlung nicht wegen angeblicher Eheverfehlungen der Ehefrau verweigern.
3 OLG Stuttgart v. 2.5.1995 – 18 UF 362/94, FamRZ 1995, 1585.
4 BGH v. 28.2.1962 – IV ZR 239/61, DB 1962, 501.
5 OLG Hamm v. 9.3.2011 – 8 UF 207/10, FamFR 2011, 297, bespr. v. *Kuckenburg* in FamFR 2011, 297.
6 OLG Koblenz v. 14.12.1981 – 13 UF 584/81, FamRZ 1982, 280.

tenstammes selbst nach einer Praxisübergabe (zunächst) „den Lauf" in die vertraute Praxis vornimmt und dem Übernehmer die Chance geboten wird, dadurch die Patienten seines Vorgängers für sich zu gewinnen und sich bei einem weiteren Ausbau der Praxis auf den vorhandenen Patientenstamm zu stützen. Bei Bejahung eines Goodwill umfasst der Auskunftsanspruch des anderen Ehegatten im Rahmen des Zugewinnausgleichsverfahrens auch die **Vorlage der Einnahmen-Überschuss-Rechnungen** des Praxisinhabers für die letzten 5 Jahre vor dem Stichtag, um anhand der darin angegebenen Jahresumsätze den inneren Wert der Praxis selbst ermitteln zu können.

IX. Verfahrensrecht

79 Zu den verfahrensrechtlichen Fragen der Unternehmensbewertung wird zunächst auf § 1 Rz. 68 sowie den 7. Teil des Handbuchs (§§ 27 bis 30) verwiesen. Nachfolgend werden nur die wesentlichen familienrechtlichen Besonderheiten dargestellt.

1. Zuständigkeit

80 Aus dem ehelichen Güterrecht stammende Ansprüche sind Familiensachen, für die das **Familiengericht** ausschließlich zuständig ist (§§ 23b Abs. 1, 23a Abs. 1 Satz 1 Nr. 1 GVG, § 111 Nr. 9 FamFG). Es handelt sich um Familienstreitsachen (§ 112 Nr. 2 FamFG), auf welche die allgemeinen Vorschriften der ZPO (nicht die des FamFG) anzuwenden sind; das ergibt sich aus § 113 Abs. 1 FamFG.

81 Die Frage, ob Ansprüche auf Zugewinnausgleich als Verbundsache im **Scheidungsverfahren** geltend gemacht werden sollten, lässt sich nicht einfach beantworten. Für eine Einbeziehung spricht der Gesichtspunkt der Kostendegression (ein separates Verfahren auf Zugewinnausgleich löst höhere Gebühren aus als im Falle der Einbeziehung in das Verbundverfahren), und aus der Sicht des Ausgleichsschuldners ist die Grundregel des § 150 Abs. 1 FamFG attraktiv, wonach die Kosten des Verbundverfahrens insgesamt im Regelfall gegeneinander aufgehoben werden. Die Gläubigerin ist in solchen Fällen bei überwiegendem Obsiegen in der Folgesache Zugewinnausgleich darauf angewiesen, dass das Gericht eine anderweitige Kostenverteilung nach § 150 Abs. 4 Satz 1 FamFG vornimmt.

82 Die Gebühren sind nach dem **zusammengerechneten Wert** der einzelnen Gegenstände zu berechnen (§ 44 Abs. 2 FamGKG), weil Scheidungssache und Folgesache kostenrechtlich als ein Verfahren gelten.[1]

83 Hieraus ergibt sich spiegelbildlich die für ein **separates Verfahren** auf Zugewinnausgleich sprechende Interessenlage. Die Gläubigerin des Zugewinnausgleichsanspruchs, die angesichts der Sach- und Rechtslage von einem überwiegenden Obsiegen ausgeht, wird sich eher für ein separates Verfahren entscheiden, welches sie gem. §§ 1564 Satz 2, 195 BGB noch drei Jahre nach

---

1 N. Schneider, Gebühren in Familiensachen, 2010, § 3 Rz. 1055.

Rechtskraft der Ehescheidung einleiten kann.¹ Für das Verfahren einschlägig sind die §§ 113 ff., 261 bis 265 FamFG.

2. Darlegungs- und Beweislast

a) Anfangsvermögen

aa) Vermutungswirkung

Mit der Einführung eines negativen Anfangsvermögens (s. oben unter I. 2. c), Rz. 13) haben sich die Auswirkungen des § 1377 Abs. 3 BGB auf die Darlegungs- und Beweislast für Bestand und Höhe des Anfangsvermögens geändert. Nach der Vorschrift wird für den Fall, dass kein Verzeichnis des Anfangsvermögens aufgenommen worden ist, das Nichtbestehen eines solchen Anfangsvermögens vermutet mit der Konsequenz, dass das **Endvermögen** des Ehegatten seinen **Zugewinn darstellt**. Beweisbelastet für die – davon abweichende – Behauptung, es sei doch ein Anfangsvermögen vorhanden gewesen, ist derjenige, der sich darauf beruft.² 84

Sofern das Anfangsvermögen insgesamt positiv ist, hat der Inhaber die Vermutung zu **widerlegen**, er trägt dementsprechend die Darlegungs- und Beweislast. Sie umgreift die Existenz und die Höhe von positivem Vermögen wie das Fehlen oder die Höhe von Verbindlichkeiten, jeweils einschließlich werterhöhender Faktoren³ und des Fehlens wertmindernder Umstände. Dasselbe gilt für Umstände, die eine Hinzurechnung nach § 1374 Abs. 2 BGB ergeben,⁴ einschließlich der Nichtzurechnung zu den Einkünften.⁵ 85

bb) Negatives Vermögen

Nach *früherer* Rechtslage hatte der sich auf ein Anfangsvermögen berufende Ehegatte auch das Fehlen von Schulden zu beweisen.⁶ Der andere Ehegatte musste die von ihm behaupteten Schulden im Einzelnen genau darlegen, um dem Ehepartner diesen Nachweis zu ermöglichen. Nach *neuer* Rechtslage, die ein **negatives** Anfangsvermögen eingeführt hat (s. oben unter I. 2. c), Rz. 13), hat sich die Darlegungs- und Beweislast geändert. Sofern jetzt ein Ehegatte behauptet, sein Ehepartner habe bei Heirat nur Schulden gehabt, muss er die Vermutung des § 1377 Abs. 3 BGB, dass das Anfangsvermögen Null war, widerlegen. Im Ergebnis ist er also für ein negatives Anfangsvermögen seines Ehepartners darlegungs- und beweispflichtig.⁷ Für das eigene **positive** Anfangsver- 86

---

1 *Kogel*, Strategien, Rz. 561.
2 *Brudermüller* in Palandt, § 1377 BGB Rz. 7; *Hoppenz* in Hoppenz, § 1376 BGB Rz. 96.
3 BGH v. 6.2.1991 – XII ZR 57/90, MDR 1991, 1068 = NJW 1991, 1741.
4 BGH v. 20.7.2005 – XII ZR 301/02, MDR 2006, 94 = FamRZ 2005, 1660.
5 OLG Koblenz v. 10.8.2006 – 7 UF 850/85, FuR 2006, 474.
6 OLG Karlsruhe v. 29.8.1986 – 2 WF 124/86, FamRZ 1986, 1105.
7 *Brudermüller* in Palandt, § 1374 BGB Rz. 20; *Hoppenz* in Hoppenz, § 1376 BGB Rz. 96; *Haußleiter/Schulz*, Kap. 1, Rz. 71.

mögen bleibt die Darlegungs- und Beweislast dagegen unverändert.[1] Sofern es vom Beweis *einzelner* Vermögenswerte abhängt, ob das Anfangsvermögen positiv oder negativ ist, trifft nach allgemeinen Beweislastgrundsätzen die Darlegungs- und Beweislast den Vermögensinhaber für Aktiv- und den anderen Ehegatten für Passivposten. Der Grund liegt darin, dass die Behauptung eines *einzelnen* aktiven oder passiven Vermögensbestandteils auf eine – der Vermutung des § 1377 Abs. 3 widersprechende – Sachlage abzielt.[2]

87 Die Negativvermutung verliert ihre Wirkung immer nur **partiell**; sie bleibt also insoweit bestehen, als weiterhin vermutet wird, dass anderes als das nachgewiesene Vermögen nicht vorhanden war mit der Folge, dass die Negativvermutung des § 1377 Abs. 3 BGB niemals alle Kraft einbüßt.[3]

cc) Privilegiertes Vermögen

88 Für privilegiertes Vermögen gem. § 1374 Abs. 2 BGB gelten die gleichen Grundsätze.[4] Es besteht weder ein Erfahrungssatz noch eine tatsächliche Vermutung, dass eine privilegierte Zuwendung nach § 1374 Abs. 2 BGB nur an den Verwandten oder näherstehenden Ehegatten vorgenommen worden ist.[5] Ein Ehegatte, der sich auf die Privilegierung beruft, muss den privilegierten Erwerb darlegen und beweisen.[6] Dazu gehört auch der Nachweis, dass die Zuwendungen keine Einkünfte waren.[7]

dd) Substantiierung

89 Für die Substantiierung des Vortrags reichen Rechtsbehauptungen (z.B. die einer Schenkung) aus; Zweifel am Wahrheitsgehalt sind durch Beweisaufnahme zu klären.[8] Der Zuwendungsempfänger hat darzulegen und zu beweisen, dass die Zuwendung *an ihn allein* vorgenommen wurde; dabei sprechen weder ein Erfahrungssatz noch eine tatsächliche Vermutung dafür, bei einem größeren Geldbetrag sei Empfänger nur derjenige Ehegatte, der dem Leistenden nahe steht.[9] Geht es um **Haushaltsgegenstände** oder um Geld für deren Anschaffung, spricht eine Vermutung für eine Zuwendung an *beide* Ehegatten.[10]

---

1 *Hoppenz*, FamRZ 2008, 1889 (1891).
2 *Brudermüller* in Palandt, § 1374 BGB Rz. 20 a.E.; *Hoppenz*, FamRZ 2008, 1889 (1891); *Brudermüller*, NJW 2010, 401 (404); *Klein*, FuR 2009, 654.
3 *Koch* in MünchKomm. BGB, 6. Aufl. 2013, § 1377 BGB Rz. 24.
4 BGH v. 20.7.2005 – XII ZR 301/02, MDR 2006, 94 = FamRZ 2005, 1660; *Hoppenz* in Hoppenz, § 1376 BGB Rz. 97.
5 BGH v. 12.4.1995 – XII ZR 58/94, MDR 1995, 820 = NJW 1995, 1889.
6 *Haußleiter/Schulz*, Kap. 1, Rz. 74.
7 BGH v. 20.7.2005 – XII ZR 301/02, MDR 2006, 94 = FamRZ 2005, 1660; OLG Koblenz v. 10.8.2006 – 7 UF 850/85, FuR 2006, 474.
8 *Koch* in MünchKomm. BGB, 6. Aufl. 2013, § 1374 BGB Rz. 29 m. kritischem Hinweis auf OLG Celle v. 20.4.2011 – 15 UF 251/10, FamRZ 2011, 1671, welches genaue Angaben fordert. Dazu zu Recht kritisch auch *Schmid*, FamRZ 2012, 17.
9 BGH v. 12.4.1995 – XII ZR 58/94, MDR 1995, 820 = NJW 1995, 1889.
10 OLG Düsseldorf v. 9.2.1994 – 5 UF 17/91, FamRZ 1994, 1384.

b) Endvermögen

aa) Allgemeine Grundsätze

Der **Antragsteller** trägt die Beweislast für das Endvermögen *beider* Ehegatten, auch in Bezug auf wertbildende Faktoren;[1] das gilt auch für Negativtatsachen.[2] Aufgrund seiner Verpflichtung zu einem substantiierten Bestreiten hat der (nicht beweisbelastete) Ausgleichsschuldner die Obliegenheit, sich über den Verbleib von Vermögen zu erklären, welches in zeitlicher Nähe zum Stichtag nachweislich vorhanden war; kommt er dieser Obliegenheit nicht nach, kann dieser Teil des Vermögens – als noch vorhanden oder illoyal ausgegeben – zum Endvermögen gezählt werden.[3] Beim Endvermögen des **Gegners** muss der Anspruchsteller nicht nur das Vorhandensein von bestimmten Vermögensgegenständen (Aktiva), sondern auch das Fehlen von Schulden (Passiva) darlegen und beweisen.[4] Dadurch wird dem Antragsteller im Ergebnis ein *Negativbeweis* aufgebürdet.[5] Allerdings wird seine Beweisnot durch die verschärfte Darlegungslast des Antragsgegners abgemildert[6] in der Weise, dass der Schulden behauptende Antragsgegner die dafür sprechenden Tatsachen darlegen[7] und der Anspruchsteller diesen Vortrag dann widerlegen muss.[8]

90

Dem **Antragsgegner** obliegt eine „sekundäre Behauptungslast", wenn der Antragsteller – als darlegungspflichtige Partei – außerhalb des von ihr vorzutragenden Geschehensablaufs steht und in Bezug auf die maßgebenden Tatsachen keine näheren Kenntnisse hat, während diese beim Verfahrensgegner vorhanden sind und ihm deshalb nähere Angaben zugemutet werden können.[9] Sofern sich der ausgleichspflichtige Ehegatte weigert, Umstände aus seiner Lebenssphäre aufzuklären, kann das Gericht – zugunsten des Antragstellers – aus diesem Verhalten die entsprechenden Schlüsse ziehen.[10]

91

---

1 BGH v. 26.4.1989 – IVb ZR 48/88, MDR 1989, 895 = FamRZ 1989, 954; BGH v. 1.10.1986 – IVb ZR 69/85, MDR 1987, 217 = NJW 1987, 321.
2 OLG Stuttgart v. 26.11.1991 – 18 UF 202/91, FamRZ 1993, 192; OLG Hamm v. 11.4.1996 – 4 UF 454/95, FamRZ 1997, 87; OLG Köln v. 1.7.1998 – 27 UF 12/98, FamRZ 1999, 657 = NJW-RR 1999, 229; a.A. OLG Karlsruhe v. 29.11.1978 – 5 UF 17/78, FamRZ 1979, 432 zur Berufung auf nur treuhänderische Verwaltung.
3 OLG Frankfurt v. 8.6.2005 – 2 UF 119/05, FamRZ 2006, 416; OLG Düsseldorf v. 28.11.2007 – II-8 UF 94/07, FamRZ 2008, 1858.
4 OLG Brandenburg v. 29.9.2003 – 9 UF 225/02, FamRZ 2004, 1029 (1031); OLG Hamm v. 11.4.1996 – 4 UF 454/95, FamRZ 1997, 87; OLG Hamm v. 13.5.1997 – 7 UF 22/97, FamRZ 1998, 237.
5 *Haußleiter/Schulz*, Kap. 1, Rz. 100.
6 OLG Düsseldorf v. 28.1.2009 -II-8 UF 55/05, FamRZ 2009, 1068.
7 OLG Brandenburg v. 29.9.2003 – 9 UF 225/02, FamRZ 2004, 1029; FamRZ 2004, 1031.
8 *Haußleiter/Schulz*, Kap. 1, Rz. 100 a.E.
9 BGH v. 18.2.2009 – XII ZR 163/07, FamRZ 2009, 849 (851) = MDR 2009, 693; BGH v. 14.7.2003 – II ZR 335/00, NJW-RR 2004, 556.
10 OLG Köln v. 1.7.1998 – 27 UF 12/98, NJW-RR 1999, 229; *Koch*, FamRZ 2003, 197, 202.

92 Im Ergebnis hat **jeder Ehegatte** – unabhängig von der Beweislastverteilung – die Aktiva im Endvermögen des anderen Ehegatten und die Passiva im eigenen Endvermögen darzulegen und zu beweisen.[1]

93 Eine **Beweislastumkehr** ist anzunehmen, wenn der ausgleichspflichtige Ehegatte im Rahmen der Auskunftserteilung keine Schulden erwähnt hatte, dann aber später solche Verbindlichkeiten behauptet. Hier wird eine Beweispflicht dafür angenommen, dass Passiva – entgegen seinen früheren Angaben – doch vorhanden sind.[2]

bb) Illoyale Vermögensminderungen (§ 1375 Abs. 2 BGB)

94 Es handelt sich um anspruchsbegründende Tatsachen, die der sie behauptende Ehegatte substantiiert darlegen und beweisen muss.[3] Eine konkrete Darlegung und Bewertung der – ihm nur schwer oder gar nicht zugänglichen – Motive seines Ehepartners ist dem Ehegatten allerdings nicht möglich, woran auch der Auskunftsanspruch aus § 1379 BGB kaum etwas ändert. Von daher reicht ein Vortrag entsprechender **Anhaltspunkte** aus mit der Folge, dass dem anderen Ehegatten die Möglichkeit einer Entlastung bleibt.[4]

95 Eine **Umkehr der Beweislast** ist anzunehmen, wenn das Endvermögen geringer ist als das Trennungsvermögen gem. § 1379 Abs. 1 Satz 1 Nr. 1, Abs. 2 BGB; dies ergibt sich aus § 1375 Abs. 2 Satz 2 BGB. In diesem Fall besteht die **Vermutung**, dass die zwischen Trennungszeitpunkt und dem für das Endvermögen maßgebenden Stichtag eingetretenen Vermögensverluste auf einem unlauteren Verhalten des betreffenden Ehegatten beruhen. Deshalb hat dieser Ehegatte nachvollziehbar darzulegen und im Streitfall zu beweisen, dass die – unstreitig vorliegende – Vermögensminderung *nicht* auf illoyale Handlungen seinerseits zurückzuführen ist.[5] Sofern ihm dieser Nachweis nicht gelingt, wird der Unterschiedsbetrag seinem Endvermögen hinzugerechnet, wodurch sich sein Zugewinn erhöht.[6] Es wird als ausreichend angesehen, wenn der betreffende Ehegatte den Verlust des *einzelnen* Gegenstandes erläutert.[7]

96 Da die **Vermutung** an den Wert des Vermögens (und nicht an die Existenz einzelner Vermögensgegenstände) anknüpft, kommt sie **nicht** zum Zuge, wenn sich die Zusammensetzung des Vermögens geändert hat, ohne dass der Wert

---

1 *Haußleiter/Schulz*, Kap. 1, Rz. 101.
2 OLG Koblenz v. 6.6.1988 – 13 UF 82/87, FamRZ 1988, 1273; *Mayer* in Bamberger/Roth, § 1375 BGB Rz. 46; a.A. *Haußleiter/Schulz*, Kap. 1, Rz. 102 unter Hinweis darauf, widersprüchliche Auskünfte seien lediglich im Rahmen der Beweiswürdigung zu berücksichtigen.
3 OLG Köln v. 7.11.2006 – 4 WF 169/06, FamRZ 2007, 1327; *Koch* in MünchKomm. BGB, 6. Aufl. 2013, § 1375 BGB Rz. 44.
4 OLG Köln v. 7.11.2006 – 4 WF 169/06, FamRZ 2007, 1327; *Koch* in MünchKomm. BGB, 6. Aufl. 2013, § 1375 BGB Rz. 44 a.E.
5 *Brudermüller*, FamRZ 2009, 1185 (1186); *Koch* in MünchKomm. BGB, 6. Aufl. 2013, § 1375 BGB Rz. 44 a.E.; *Hoppenz* in Hoppenz, § 1376 BGB Rz. 100.
6 *Haußleiter/Schulz*, Kap. 1, Rz. 105.
7 *Brudermüller* in Palandt, § 1375 BGB Rz. 34 unter Hinweis auf *Braeuer*, Der Zugewinnausgleich, 2011, Rz. 265.

abgenommen hätte.[1] Die Vermutung ist aus diesem Grunde nicht geeignet, solche illoyalen Vermögensminderungen zu erfassen, die durch einen anderweitigen Vermögenserwerb *neutralisiert* werden.[2] Allerdings bleibt dem anderen Ehegatten die – durch § 1375 Abs. 2 Satz 2 BGB nicht ausgeschlossene und schon nach bisherigem Recht mögliche – Berufung auf die illoyale Vermögensminderung, also unabhängig von der Auskunft über das Trennungsvermögen; hierfür trägt er allerdings die Darlegungs- und Beweislast.[3] Er kann in diesem Zusammenhang auf den – schon bisher aus § 242 BGB hergeleiteten – Auskunftsanspruch zurückgreifen.[4]

3. Vermögensbewertung

a) Ermittlung des Vermögenswertes

Jeder **einzelne** Vermögensgegenstand muss in den „Bilanzen", die jeder Ehegatte zum Anfangs- und Endvermögen zu fertigen hat, mit einem bestimmten Wert angegeben werden. Der „wahre, wirkliche Wert" ist zu nennen, was in der Praxis naturgemäß auf Schwierigkeiten stößt, wenn es etwa um Grundstücke, ein Unternehmen oder eine freiberufliche Praxis geht. Aus dem Erfordernis, den Wert in der Antragsschrift zu beziffern, ergibt sich, dass der Wert nicht offengelassen und die Einholung eines Gutachtens beantragt werden kann; denn das wäre ein unzulässiger Beweisermittlungsantrag.[5] 97

In der Praxis wird vorprozessual zunächst Auskunft über das Vermögen zum **Zeitpunkt der Trennung** gem. § 1379 Abs. 2 Satz 1 BGB verlangt. Nach neuer Rechtslage (s. oben unter I. 2. c), Rz. 12, 13) kann sich der Auskunftsschuldner nicht mehr auf eine Auskunft „in groben Zügen" beschränken; vielmehr ist – wie zum Anfangs- und Endvermögen – ein nach Aktiva und Passiva gegliedertes Bestandsverzeichnis vorzulegen, in welchem die zum Vermögen gehörenden Positionen nach Anzahl, Art und wertbildenden Faktoren einzeln aufgeführt sind.[6] Gleichzeitig sollten **Belege** angefordert werden, konkret alle Unterlagen, ohne die eine Berechnung des Zugewinnausgleichs (als Zweck der Auskunft) nicht zu erreichen ist.[7] 98

Gesondert geltend zu machen ist der Anspruch auf **Wertermittlung** nach § 1379 Abs. 1 Satz 2 Halbs. 2 BGB, aus dem sich weitere Anhaltspunkte für die Bewertung des Vermögens herleiten lassen. Es ist danach Sache des auskunftspflichtigen Ehegatten, den Wert der Vermögensgegenstände und Verbindlichkeiten – auf seine Kosten – zu ermitteln und anzugeben. Dadurch gewinnt der Berechtigte zumindest erste Anhaltspunkte; sofern er eine zuverlässigere Beur- 99

---

1 *Brudermüller* in Palandt, § 1375 BGB Rz. 34.
2 *Brudermüller* in Palandt, § 1375 BGB Rz. 34; a.A. *Haußleiter/Schulz*, Kap. 1, Rz. 106 unter Hinweis auf OLG Frankfurt v. 8.6.2005 – 2 UF 119/05, FamRZ 2006, 416.
3 Hoppenz, FamRZ 2010, 16, 19.
4 S. dazu *Brudermüller* in Palandt, § 1379 BGB Rz. 2.
5 *Haußleiter/Schulz*, Kap. 1, Rz. 159.
6 *Haußleiter/Schulz*, Kap. 1, Rz. 160, 471 f.
7 *Haußleiter/Schulz*, Kap. 1, Rz. 160, 478 f.

teilung wünscht, muss er – auf seine Kosten – den Wert des jeweiligen Vermögensgegenstandes durch einen Sachverständigen feststellen lassen. Ein Nachteil liegt darin, dass diese Bewertung – als Parteigutachten (dazu § 28 Rz. 78) – für die Gegenseite (und damit für die Vermögensauseinandersetzung insgesamt) nicht verbindlich ist. Hier bietet sich insbesondere zwecks Vermeidung zusätzlicher Kosten eine Einigung über die Beauftragung eines **Schiedsgutachters** (dazu § 1 Rz. 72; § 29 Rz. 15 ff.) an.[1]

b) Selbständiges Beweisverfahren (§ 485 Abs. 2 Satz 1 Nr. 1 ZPO)

100 An Stelle eines Schiedsgutachters (s. oben Rz. 99) kommt das selbständige Beweisverfahren nach § 485 Abs. 2 Satz 1 Nr. 1 ZPO in Betracht. Diese Möglichkeit fristet zu Unrecht ein „Schattendasein", denn das selbständige Beweisverfahren stellt in vielen Fällen eine geeignete Alternative für die Beteiligten dar.[2] Vorausgesetzt wird lediglich, dass

– ein Rechtsstreit noch nicht anhängig ist
– und ein rechtliches Interesse an der Feststellung des Wertes einer Sache besteht.

101 Ein solches Interesse ist immer schon dann anzunehmen, wenn die Feststellung der **Vermeidung eines Rechtsstreits** dienen kann (§ 485 Abs. 2 Satz 1 ZPO). Die Wertermittlung muss objektiv geeignet sein, eine einvernehmliche Streitbeilegung über die Höhe des Zugewinnausgleichs herbeizuführen.[3]

102 Die Rechtshängigkeit eines Scheidungsverfahrens steht dem Vorgehen im Wege des selbständigen Beweisverfahrens nicht entgegen. Das Verfahren kommt allerdings **nicht** in Betracht, sofern die Ausgleichsforderung im Scheidungsverbund, im vorzeitigen Zugewinnausgleichsverfahren oder nach rechtskräftiger Scheidung selbständig geltend gemacht wird.[4]

103 Die **Vorteile** des selbständigen Beweisverfahrens bestehen darin, dass

– ein (als Grundlage für eine Einigung geeignetes) Wertgutachten relativ schnell erstellt wird,
– eine Bewertung über Verfahrenskostenhilfe oder Verfahrenskostenvorschuss günstig zu bekommen ist.[5]

c) Überprüfung des Sachverständigengutachtens

104 Allein schon vor dem Hintergrund des entsprechenden Regressrisikos[6] sollte man als – insoweit nicht sachkundiger – anwaltlicher Interessenvertreter des

---

1 *Haußleiter/Schulz*, Kap. 1, Rz. 162, 440.
2 *Kogel*, FamRB 2010, 155 (157); *Born*, FPR 2009, 305; *Haußleiter/Schulz*, Kap. 1, Rz. 163.
3 OLG Koblenz v. 17.10.2008 – 7 WF 867/08, FamRZ 2009, 804; vgl. auch OLG Köln v. 25.2.2010 – 10 WF 216/09, FamRZ 2010, 1585 = FamRB 2010, 133 m. Anm. *Kogel*.
4 *Haußleiter/Schulz*, Kap. 1, Rz. 164.
5 *Kogel*, FamRB 2010, 155 (159); *Haußleiter/Schulz*, Kap. 1, Rz. 165.
6 *Kogel*, Strategien, Rz. 495, Fn. 416.

Ehegatten **keine eigene Bewertung** von Unternehmen, Gesellschaftsbeteiligungen oder freiberuflichen Praxen vornehmen,[1] zumal für die Wertermittlung nach Ansicht des BGH regelmäßig ein Sachverständiger hinzuzuziehen ist.[2]

Andererseits dürfen weder anwaltlicher Vertreter noch Familiengericht das Ergebnis der Sachverständigenbewertung „blind" übernehmen.[3] Neben der **Notwendigkeit der Überprüfung** der angewandten Bewertungsmethode darauf, ob es sich um das richtige Verfahren zur Ermittlung des „wahren, wirklichen Wertes" handelt (s. dazu § 28 Rz. 84), müssen die vom Gutachter zugrunde gelegten Daten auf Richtigkeit kontrolliert werden.[4] Dazu zählt bei Grundstücken die Überprüfung auf richtige Vermessung und Höhe der zum Stichtag noch valutierenden eingetragenen Belastungen. Im Falle einer sachverständigen Bewertung eines Unternehmens sollte sich die anwaltliche Überprüfung zumindest auf Kapitalisierungszinssatz, konkreten Unternehmerlohn, latente Ertragssteuer, Zeitdauer der Abschreibungen und die Gewichtung des Durchschnittsgewinns der letzten Jahre erstrecken.[5]

105

4. Vorzeitiger Zugewinnausgleich (§§ 1385, 1386 BGB)

a) Reform

Im Zuge der Reformierung des Zugewinnausgleichs (s. oben unter I. 2. c), Rz. 12, 13) wurde für den ausgleichsberechtigten Ehegatten die Möglichkeit geschaffen, gleichzeitig eine **Aufhebung** der Zugewinngemeinschaft und unmittelbar eine **Zahlung** des Zugewinnausgleichs nach § 1385 BGB zu verlangen. Dagegen kann der ausgleichspflichtige Ehegatte nur die Aufhebung der Zugewinngemeinschaft nach § 1386 BGB beantragen, womit sich im Übrigen aber auch der ausgleichsberechtigte Ehegatte begnügen kann.

106

Trotz leichter Lockerung der Tatbestandsvoraussetzungen (vermögensmindernde Handlungen nach § 1385 Nr. 2 BGB müssen nicht mehr *eingetreten*, sondern nur noch zu *befürchten* sein), sind die Voraussetzungen auch weiterhin nur schwer darzulegen und zu begründen mit der Folge, dass der **Stellenwert** des vorzeitigen Zugewinnausgleichs relativ **gering** geblieben ist.[6] Nach der – dem § 1384 BGB angepassten – Vorschrift des § 1387 BGB tritt bei vorzeitigem Zugewinnausgleich für die Berechnung des Zugewinns und für die Höhe der Ausgleichsforderung an die Stelle der Beendigung des Güterstandes der Zeitpunkt der Rechtshängigkeit des Antrags auf vorzeitigem Zugewinnausgleich.[7]

107

---

1 *Haußleiter/Schulz*, Kap. 1, Rz. 166.
2 BGH v. 9.5.1985 – I ZR 52/83, MDR 1986, 121 = NJW 1986, 192.
3 *Piltz/Wissmann*, NJW 1985, 2673.
4 OLG Düsseldorf v. 20.3.2006 – I-24 U 161/05, FamRZ 2007, 644 (LS); *Haußleiter/Schulz*, Kap. 1, Rz. 166.
5 *Haußleiter/Schulz*, Kap. 1, Rz. 166.
6 *Haußleiter/Schulz*, Kap. 1, Rz. 590.
7 *Haußleiter/Schulz*, Kap. 1, Rz. 591.

b) Ausgleich nach § 1385 BGB

108 Die Vorschrift nennt **vier Fälle**, in denen der Zugewinn vorzeitig ausgeglichen werden kann:

- § 1385 Nr. 1: Der Begriff des **Getrenntlebens** ergibt sich aus § 1567 BGB; die 3-jährige Trennungszeit muss erst zum Zeitpunkt der letzten mündlichen Verhandlung abgelaufen sein.
- § 1385 Nr. 2: Der Anspruch ergibt sich bei Gefährdung der künftigen Zugewinnausgleichsforderung. Eine Gefährdung des **Vermögens** durch Handlungen nach § 1365 BGB (Verfügung über das Vermögen im Ganzen) und nach § 1375 Abs. 2 BGB („illoyale Vermögensminderungen") müssen lediglich *zu befürchten* sein. Die Erheblichkeit der Gefährdung beurteilt sich nach dem Umfang der Vermögensinteressen und dem Grad der Gefährdung, beides zum Zeitpunkt der letzten mündlichen Verhandlung.[1]
- § 1385 Nr. 3: Der Anspruch ergibt sich bei **Verletzung der Unterhaltspflicht**. Im Falle der Verweigerung von Unterhaltszahlungen zum Zeitpunkt eines schon laufenden gerichtlichen Verfahrens kann das Verhalten des Schuldners nicht als schuldhafte Verletzung von wirtschaftlichen Pflichten gewertet werden, was sich schon daraus ergibt, dass erst nach Beendigung dieses Verfahrens feststeht, ob tatsächlich gezahlt werden muss.[2]
- § 1385 Nr. 4: Aus der ehelichen Lebensgemeinschaft (§ 1353 BGB) ergibt sich – während des ehelichen Zusammenlebens – die Verpflichtung, den Ehepartner „**in groben Zügen**" über die Vermögensverhältnisse **zu unterrichten**. Eine beharrliche Verweigerung i.S.v. § 1385 Nr. 4 BGB liegt vor, wenn ein Ehegatte – trotz wiederholter Aufforderung – keine Auskunft über sein Vermögen erteilt.

109 Es ist in der Praxis empfehlenswert, jedenfalls bei der **3. Aufforderung** darauf hinzuweisen, dass im Falle erneuter Ablehnung von einer endgültigen Verweigerung der Auskunftserteilung ausgegangen und dann – nach fruchtlosem Fristablauf – Antrag auf vorzeitigen Zugewinnausgleich gestellt wird.[3]

110 Gleiches gilt für den Fall, dass zum **Trennungsvermögen** die Auskunft beharrlich verweigert wird; denn auf dieses Verhalten ist § 1385 Nr. 4 BGB entsprechend anzuwenden. Insoweit greift das Erst-Recht-Argument: Wenn der ausgleichsberechtigte Ehegatte den vorzeitigen Zugewinnausgleich schon bei Verletzung der *schwächeren* Verpflichtung zur allgemeinen Unterrichtung verlangen kann, dann erst recht bei Verletzung des gesetzlich geregelten Auskunftsanspruchs.[4]

---

1 OLG Köln v. 29.10.2001 – 21 UF 17/01, FamRZ 2003, 539.
2 OLG Hamm v. 10.3.1999 – 6 UF 190/98, MDR 1999, 1329 = FamRZ 2000, 228.
3 OLG Frankfurt v. 1.7.2009 – 2 UF 16/09, FamRZ 2010, 563; *Kogel*, FamRZ 2008, 1297 (1299); *Großmann*, FamRB 2004, 346; *Haußleiter/Schulz*, Kap. 1, Rz. 593.
4 *Bergschneider*, FamRZ 2009, 1713 (1716); *Koch* in MünchKomm. BGB, 6. Aufl. 2013, §§ 1385, 1386 BGB Rz. 26; *Jaeger* in Johannsen/Henrich, § 1385 BGB Rz. 5; *Haußleiter/Schulz*, Kap. 1, Rz. 594; a.A. *Brudermüller*, NJW 2010, 401 (402); *Götz*, FamRZ 2009, 1907 in der Anm. zu OLG Bamberg v. 20.8.2009 – 2 UF 133/09, FamRZ 2009, 1906; *Kogel*, FF 2010, 164, 166.

c) Ausgleich nach § 1386 BGB

In erster Linie wird der (voraussichtlich) ausgleichs*pflichtige* Ehegatte die vorzeitige Aufhebung der Zugewinngemeinschaft nach § 1386 BGB beantragen. Er kann diesen Gestaltungsantrag „aus Gründen der Waffengleichheit"[1] auf die Fälle des § 1375 BGB, dort auch auf die Tatbestände Nr. 2 und 3, stützen.[2]

111

d) Verfahren

aa) Grundsätze

Der vorzeitige Zugewinnausgleich muss in einem **selbständigen Verfahren** geltend gemacht werden; dagegen kommt eine Geltendmachung als Folgesache im Scheidungsverbund nicht in Betracht.[3] Auch in dem Fall, dass der Scheidungsantrag schon rechtshängig ist, kann der vorzeitige Zugewinnausgleich noch durchgeführt werden.[4] Dies gilt selbst dann, wenn im Verbund bereits Zugewinnausgleich beantragt worden ist.[5] Demnach kann die Beendigung des Güterstandes zu unterschiedlichen Zeitpunkten eintreten.[6] Sofern der Scheidungsbeschluss vor Entscheidung über den vorzeitigen Zugewinnausgleich rechtskräftig wird, ist zu differenzieren:

112

– Das Verfahren nach § 1386 BGB ist in der Hauptsache erledigt aufgrund des Umstandes, dass der Güterstand mit Rechtskraft der Scheidung beendet ist.[7]

– Im Verfahren nach § 1385 BGB ist lediglich der (auf Aufhebung der Zugewinngemeinschaft gerichtete) *Gestaltungs*antrag erledigt, während über den *Zahlungs*antrag noch entschieden werden muss.[8]

Im Falle der **Rücknahme des Scheidungsantrags** kann die Folgesache Zugewinnausgleich dadurch weitergeführt werden, dass eine **Umstellung des Antrags** dahin vorgenommen wird, dass nunmehr *vorzeitiger* Zugewinnausgleich verlangt wird.[9] Sofern zu einem späteren Zeitpunkt ein **neuer** Scheidungsantrag gestellt wird, bleibt für die Berechnung des Zugewinnausgleichs der frühere Stichtag maßgebend.[10]

113

---

1 So BT-Drucks. 16/10798, 20.
2 *Haußleiter/Schulz*, Kap. 1, Rz. 596.
3 OLG Düsseldorf v. 4.2.2002 – 2 UF 211/01, FamRZ 2002, 1572 (1573) m. Anm. *Leidinger*; KG v. 21.6.2000 – 13 UF 9188/99, FamRZ 2001, 166 m. Anm. *Gottwald*.
4 OLG Köln v. 1.7.2008 – 4 UF 8/08, FamRZ 2009, 605; OLG Karlsruhe v. 25.4.2003 – 16 WF 6/03, FamRZ 2004, 466; *Haußleiter/Schulz*, Kap. 1, Rz. 599.
5 *Mayer* in Bamberger/Roth, § 1385 BGB Rz. 5.
6 *Haußleiter/Schulz*, Kap. 1, Rz. 599 a.E.
7 OLG Karlsruhe v. 25.4.2003 – 16 WF 6/03, FamRZ 2004, 466; OLG Düsseldorf v. 4.2.2002 – 2 UF 211/01, FamRZ 2002, 1572.
8 *Haußleiter/Schulz*, Kap. 1, Rz. 600.
9 *Koch* in MünchKomm. BGB, 6. Aufl. 2013, §§ 1385, 1386 BGB Rz. 36.
10 OLG Köln v. 27.5.2008 – 21 UF 43/08, FamRZ 2008, 2043; *Haußleiter/Schulz*, Kap. 1, Rz. 601.

bb) Wert

114 Maßgebend für den Streitwert eines Antrags auf Aufhebung der Zugewinngemeinschaft ist das **Interesse** des Antragstellers an der vorzeitigen Beendigung des gesetzlichen Güterstandes; dieses Interesse muss geschätzt werden (§ 42 Abs. 1, Abs. 3 FamFG). Es wird im Regelfall auf **ein Viertel** der zu erwartenden Ausgleichsforderung festgesetzt.[1] Im Falle eines Verfahrens nach § 1385 BGB ist dieser Wert demjenigen des Zahlungsantrags hinzuzurechnen.[2]

---

1 BGH v. 29.11.1972 – IV ZR 107/72, FamRZ 1973, 133; OLG Nürnberg v. 24.11.1997 – 7 WF 3549/97, FamRZ 1998, 685.
2 *Brudermüller* in Palandt, §§ 1385, 1386 BGB Rz. 12; *Hoppenz* in Hoppenz, §§ 1385, 1386 BGB Rz. 20.

§ 24
Unternehmensbewertung im Erbrecht

	Rz.
I. Einführung	1
II. Unternehmensbewertung im Pflichtteilsrecht	
1. Grundsätze der Nachlassbewertung und der Pflichtteilsberechnung	
a) Pflichtteilsanspruch als Geldsummenanspruch	4
b) Ziele der Ermittlung des Nachlasswertes im Pflichtteilsrecht	6
c) Stichtagsprinzip	
aa) Grundsatz	9
bb) Wertaufhellungsprinzip	12
d) Vom Erblasser getroffene Wertbestimmungen	13
2. Der Nachlass	
a) Aktiva	14
b) Passiva	19
c) Latente Steuern	23
d) Unsichere Rechte und Verbindlichkeiten	25
3. Der zu ermittelnde Wert	
a) Bewertungsziel	26
b) Wirklicher Wert	27
c) Liquidationswert als Untergrenze	30
d) Einzelne Wertermittlungsgrundsätze	
aa) Zeitnah erzielter Verkaufserlös	31
bb) Bewertungsmethoden	34
4. Unternehmens- und Anteilsbewertung zur Pflichtteilsberechnung	
a) Grundsätze	37
b) Einzelfragen	
aa) Handelsgeschäft	40
bb) Freiberufliche Praxis	41
cc) GmbH-Geschäftsanteil	44
dd) Aktien	46
ee) Anteil an einer Personen- oder Partnerschaftsgesellschaft	
(1) Nachfolge in Gesellschafterstellung	48
(2) Ausscheiden des Erben und Abfindungsklausel	51
ff) Bewertung eines Landguts	55
5. Verfahrensfragen	
a) Darlegungs- und Beweislast	56
b) Wertermittlungsanspruch	58
c) Aufgabe des Tatrichters	63
III. Bewertung eines landwirtschaftlichen Unternehmens	
1. Das Landguterbrecht des BGB	
a) Bedeutung	65
b) Bestimmung des Wertes	
aa) Ertragswertberechnung nach § 2049 BGB	
(1) Bedeutung	66
(2) Voraussetzungen	69
bb) Auseinandersetzung der Erbengemeinschaft	74
cc) Berechnung der Abfindung	
(1) Begriff des Ertragswerts	76
(2) Grundlagen des Ertragswerts	78
(3) Ermittlung des Ertragswerts	
(a) Rechtliche Grundlagen	80
(b) Praxis der Ermittlung des Reinertrags	83
dd) Ertragswert und Abfindung	91
ee) Darlegungs- und Beweislast	92
c) Landgutbewertung im Pflichtteilsrecht	
aa) Bedeutung	93
bb) Voraussetzungen für die Ertragswertberechnung	
(1) Persönlicher Anwendungsbereich	95
(2) Sachlicher Anwendungsbereich	100

	Rz.		Rz.
cc) Die Ertragswertberechnung	101	2. Die Auseinandersetzung der Erbengemeinschaft	
2. Besonderheiten nach dem GrdstVG	103	a) Anordnungen des Erblassers zur Auseinandersetzung	132
3. Landgutbewertung nach Höferecht		b) Abgrenzungsfragen	134
a) Bedeutung	106	c) Teilungsanordnung als Ausgangspunkt einer Unternehmens- bzw. Anteilsberechnung	135
b) Begriff des Hofes	107		
c) Bestimmung des Hoferben	111		
d) Abfindungsansprüche weichender Miterben		d) Grundsätze der Bewertung	
aa) Abfindungsanspruch	114	aa) Bewertungsziel	136
bb) Nachabfindungsanspruch	117	bb) Bewertungsstichtag	139
e) Wert des Abfindungsanspruchs		3. Die Ausgleichung als Ausgangspunkt einer Unternehmensbewertung	
aa) Hofeswert	120	a) Bedeutung der Ausgleichungspflichten	141
bb) Nachlassverbindlichkeiten	124	b) Voraussetzungen der Ausgleichung	142
cc) Berechnung des Abfindungsanspruchs	125	c) Art und Weise der Ausgleichung	144
f) Nachweis- und Verfahrensfragen	126	d) Wertbestimmung durch den Erblasser	147
IV. Unternehmens- und Anteilsbewertung bei Ausgleichsansprüchen unter Miterben		e) Auskunftsansprüche	149
		4. Qualifizierte Nachfolgeklauseln	
1. Die Rechtsnatur der Erbengemeinschaft	130	a) Bedeutung	152
		b) Ausgleichsanspruch	155

Schrifttum: *Benk*, Teilungsanordnung, Vorausvermächtnis, Übernahmerecht, MittRhNotK 1979, 53; *Bewer*, Bewertungsfragen bei Lösung der Hofnachfolgeprobleme, AgrarR 1976, 273; *Braunhofer*, Unternehmens- und Anteilsbewertung zur Bemessung von familien- und erbrechtlichen Ansprüchen, 1995; *Brügmann*, Der Ausgleichsanspruch in der Erbengemeinschaft. Eine Untersuchung zur Nachfolge einzelner Miterben in die Gesellschaft bürgerlichen Rechts, 2013; *Deckert*, Vererbung von Anteilen an Personengesellschaften, NZG 1998, 43; *Ebenroth/Bacher*, Geldwertänderungen bei Vorempfängen, BB 1990, 2053; *Ebenroth/Bacher/Lorz*, Dispositive Wertbestimmungen und Gestaltungswirkungen bei Vorempfängen, JZ 1991, 277; *Eiselt*, Buchwertabfindung in Personalgesellschaften und Pflichtteil, NJW 1981, 2447; *Ernst*, Die Abfindung nach dem Hofeswert (§ 12 Abs. 2 HöfeO) – ein Problem für die weichenden Erben, RdL 2007, 260; *Fleischer/Schneider*, Der Liquidationswert als Untergrenze der Unternehmensbewertung bei gesellschaftsrechtlichen Abfindungsansprüchen, DStR 2013, 1736; *Haegele*, Der Pflichtteil im Handels- und Gesellschaftsrecht, BWNotZ 1976, 25; *Hagedorn*, Der Unternehmenswert bei Erb- und Vermögensnachfolge, FS Mailänder, 2006, S. 347; *Hartwig*, Die Beteiligung des Hoferben am hoffreien Nachlass, AgrarR 1997, 363; *Hartwig*, Richterliche Rechtsfortbildung zum Hofeswert, AgrarR 2002, 169; *Holl*, Zur Umsetzung des Urteils des BGH vom 17.11.2000 – V ZR 334/99, AgrarR 2002, 13; *v. Hoyenberg*, Ausgewählte Fragen zum Unternehmertestament, RNotZ 2007, 377; *Hülsmann*, Buchwertabfindungen des GmbH-Gesellschafters im Lichte der aktuellen Rechtsprechung, GmbHR 2001, 409; *v. Jeinsen*, Mehr als 60 Jahre Höfeordnung – Rück- und Ausblick, RdL 2008, 85; *Kegel*, Zum Pflichtteil vom Großgrundbesitz, FS Ernst J. Cohn, 1975, S. 85; *Keller*, Die Problematik des § 2306 BGB bei der Sondererbfolge in Anteile an Personengesellschaften, ZEV 2001, 297; *Kempfler*, Die Bewertung landwirtschaftlicher Betriebe im Hinblick auf pflichtteilsrechtliche Ansprüche, ZEV 2011, 337; *Klingelhöffer*, Zugewinnausgleich und freiberufliche Praxis, FamRZ 1991, 882; *Köhne*, Einzelfragen der Ertragswertermittlung, AgrarR 1982, 29; *Köhne*, Der Ertragswert landwirtschaftlicher Betriebe, AgarR 1984, 57; *Köhne*, Zur Bemessung der Abfindung gemäß § 12 Abs. 2 HöfeO, AgrarR 2001, 165; *Kronthaler*, Landgut, Ertragswert und Bewertung im Bürgerlichen Recht, 1991; *Krug*, Die Kaufkraftproblematik bei ausgleichspflichtigen Vorempfängen in der Erbteilung, ZEV 2000, 41; *Lange*, Pflichtteilsrecht und Pflichtteilsentziehung, ZErb 2005, 205; *Lange*, Vererbung von GmbH-Anteilen und Gesellschafterliste, GmbHR 2012, 986; *Lange*, Erbengemeinschaft an einem GmbH-Geschäftsanteil, GmbHR 2013, 113; *Loritz*, Teilungsanordnung und Vorausvermächtnis, NJW 1988, 2697; *Lorz*, Latente Steuern und Pflichtteilsrechte, ZErb 2003, 302; *Marotzke*, „Höferechtliche Tendenzen" und dogmatische Lösungen bei der Beerbung des Mitglieds der offenen Handelsgesellschaft, AcP 184 (1984), 541; *J. Mayer*, Wertermittlung des Pflichtteilsanspruchs: Vom gemeinen, inneren und anderen Werten, ZEV 1994, 331; *J. Mayer*, Pflichtteil und Ertragswertprivileg, MittBayNot 2004, 334; *J. Mayer*, Teilung bricht Gesamthand – praktische Fälle der Erbauseinandersetzung, MittBayNot 2010, 345; *U. Mayer*, Der Abfindungsanspruch im Gesellschaftsrecht: pflichtteilsfester Vermögenstransfer am Nachlass vorbei?, ZEV 2003, 355; *Mayer-Klenk*, Unternehmensbewertung im Erbrecht, ErbR 2008, 311; *Müller-Feldhammer*, Das Ertragswertverfahren bei der Hofübergabe, ZEV 1995, 161; *Pabsch*, Leitfaden für die Ermittlung des Ertragswertes landwirtschaftlicher Betriebe, AgrarR 1994, 5; *Peter*, Zuwendungen im Wege vorweggenommener Erbfolgen – Fragen zur Ausgleichung und zur Anrechnung, BWNotZ 1986, 28; *W. Reimann*, Gesellschaftsvertragliche Abfindung und erbrechtlicher Anspruch, ZEV 1994, 7; *W. Reimann*, Gesellschaftsvertragliche Bewertungsvorschriften in der notariellen Praxis, DNotZ 1992, 472; *Riedel*, Gesellschaftsvertragliche Nachfolgeregelungen – Auswirkungen auf Pflichtteil und Erbschaftsteuer, ZErb 2003, 212; *Rinck*, Zum Abfindungswert nach § 12 HöfeO, AgrarR 2001, 111; *Rittner*, Handelsrecht und Zugewinngemeinschaft (III): Der Zugewinnausgleich, FamRZ 1961, 505; *Ruby*, Das Landwirtschaftserbrecht: Ein Überblick, ZEV 2006, 351; *Ruby*, Landwirtschaftserbrecht: Das Landgut im BGB, ZEV 2007, 263; *Rüthers*, Die privatautonome Gestaltung der Vererbung des Anteils an einer Offenen Handelsgesellschaft durch eine beschränkte Nachfolgeklausel, AcP 168 (1968), 263; *Sarres*, Auskunftspflichten zwischen Miterben über lebzeitige Zuwendungen gem. § 2057 BGB, ZEV 2000, 349; *Schlichting*, Bewertung von Aktien aus Anlass von Pflichtteilsansprüchen, ZEV 2006, 197; *Siebert*, Gesellschaftsvertragliche Abfindungsklauseln und Pflichtteilsrecht, NJW 1960, 1033; *Siegmann*, „Überquotale" Teilungsanordnung und Teilungsversteigerung, ZEV 1996, 47; *Söbbeke*, Landwirtschaftserbrecht: Die Nordwestdeutsche HöfeO, ZEV 2006, 395; *Steffen*, Ertragswert eines Landgutes, RdL 1980, 143; *Steffen*, Die Feststellung des Hofeswertes, RdL 2001, 88; *Stötter*, Pflichtteil und Zugewinnausgleich bei der Gesellschafternachfolge, DB 1970, 573; *Tanck*, Pflichtteil bei unternehmerisch gebundenem Vermögen, BB 2004 Beil. 9, 19; *Thubauville*, Die Anordnung lebzeitiger Leistungen auf Erb- und Pflichtteilsrechte, MittRhNotK 1992, 289; *Ulmer*, Gesellschafternachfolge und Erbrecht, ZGR 1972, 324; *Weidlich*, Ertragswertanordnung und Ehegattenbeteiligung an einem Landgut, ZEV 1996, 380; *Wellmann*, Landwirtschaftserbrecht – die tatsächliche Entwicklung landwirtschaftlicher Betriebe im Spiegel des Erbrechts und des neuen Erbschaftsteuergesetzes, ZErb 2010, 12; *Werner*, Werterhöhung als ausgleichspflichtiger Zugewinn und erbrechtlicher Vorempfang, DNotZ 1978, 68; *C. Winkler*, Reduzierung der Ansprüche der bei der Gesellschafter-Nachfolge übergangenen Pflichtteilsberechtigten durch gesellschaftsvertragliche Abfindungsklauseln?, BB 1997, 1697; *C. Winkler*, Unternehmensnachfolge und Pflichtteilsrecht – Wege zur Minimierung des Störfaktors „Pflichtteilsansprüche", ZEV 2005, 89.

I. Einführung

1   Das Erbrecht soll die **vermögensrechtlichen Folgen** des Todes eines Menschen, mithin die Verteilung seines Nachlasses regeln.[1] Regelmäßig sind mehrere Personen auf Erwerberseite mit teilweise widerstreitenden Interessen beteiligt (Erben, Vermächtnisnehmer, Pflichtteilsberechtigte etc.), weshalb die zu verteilenden Gegenstände und die bestehenden Forderungen bewertet werden müssen. Der **Nachlassbewertung** kommt daher im materiellen Erbrecht eine gewichtige Rolle zu. Befindet sich ein Unternehmen oder ein Anteil an einer Unternehmung im Nachlass, hat regelmäßig eine Unternehmens- bzw. Anteilsbewertung zu erfolgen, zumal dieser Vermögenswert wirtschaftlich betrachtet häufig den maßgeblichen Anteil des Nachlasses ausmachen dürfte. Diese Bewertung muss stets mit Blick auf den konkreten erbrechtlichen Kontext erfolgen. So kann sie dazu dienen, unterschiedliche schuldrechtliche Ansprüche durchzusetzen, etwa denjenigen des Pflichtteilsberechtigten (§ 2317 BGB) oder denjenigen des Vermächtnisnehmers (§ 2174 BGB). Der Nachlasswert kann als Bemessungsgrundlage für Vergütungsansprüche von Testamentsvollstrecker oder Nachlasspfleger oder zur Beantwortung der Frage herangezogen werden, ob eine Erbeinsetzung oder eine Vermächtniszuwendung vorliegt (vgl. § 2087 BGB).[2] Bewertungsfragen spielen zudem bei der Auseinandersetzung von Miterben eine Rolle. So erfordert eine Teilungsanordnung (§ 2048 BGB) dann eine Unternehmens- oder Anteilsbewertung, wenn dadurch Ausgleichsansprüche der Miterben entstehen, etwa weil der durch die Anordnung Begünstigte einen seine Erbquote übersteigenden Mehrwert in Form des Unternehmens bzw. eines Anteils daran erhalten hat. Vergleichbar ist die Situation, in der ein Miterbe durch eine qualifizierte Nachfolgeklausel mit dem Unternehmen bzw. dem Anteil daran eine Vermögensposition im Wege der Sondererbfolge zugewandt erhält, die wertmäßig seine Erbquote übersteigt.

2   Regelmäßig handelt es sich bei den genannten Beispielen um schuldrechtliche Ansprüche, nicht jedoch um dingliche Beteiligungen am Nachlass. Sie setzen sich also nicht in der unternehmerischen Beteiligung selbst fort, sondern sind auf Geld gerichtete Abfindungs-, Ausgleichs- oder Teilhaberechte.[3] Da sie durch die Bewertung besonders berührt werden, unterliegen sie grundsätzlich **nicht der Parteidisposition**. Jede Unternehmensbewertung muss vielmehr die gesetzlich niedergelegten Vorgaben und Wertungen beachten.

3   Hinsichtlich der Bewertung von Unternehmen oder Unternehmensanteilen für erbrechtliche Fragestellungen bestehen **viele Unklarheiten**, was schon daran liegt, dass den einschlägigen Entscheidungen zumeist über den Einzelfall hinausreichende, verallgemeinerungsfähige Aussagen nicht zu entnehmen sind. In der erbrechtlichen Praxis sind viele Konstellationen denkbar, in denen sich die Frage nach einem Unternehmenswert bzw. nach dem Wert einer Unternehmensbeteiligung stellt. Die mit Abstand größte Bedeutung kommt dabei der

---

1   *Ebenroth*, § 1 Rz. 7; *Lange*, Kap. 2 Rz. 1.
2   *Kipp/Coing*, § 44, 6; *Lange*, Kap. 6 Rz. 8 f.
3   *Hagedorn* in FS Mailänder, 2006, S. 347.

Bewertung aus Anlass der Pflichtteils(ergänzungs)berechnung zu, weshalb diese im Zentrum der Darstellung steht.

II. Unternehmensbewertung im Pflichtteilsrecht

1. Grundsätze der Nachlassbewertung und der Pflichtteilsberechnung

a) Pflichtteilsanspruch als Geldsummenanspruch

Die Testierfreiheit als Bestandteil der Erbrechtsgarantie gestattet es dem Erblasser, einen von der gesetzlichen Erbfolge abweichenden Übergang seines Vermögens von Todes wegen anzuordnen. Er ist insbesondere nicht verpflichtet, seinen nächsten Angehörigen etwas zuzuwenden.[1] Im Gegenzug sichert das Pflichtteilsrecht der §§ 2303 bis 2338 BGB den nächsten Angehörigen des Erblassers einen **Mindestwertanteil am Nachlass**. Der Berechtigte erhält aber nur einen Geldanspruch, nicht jedoch ein echtes Noterbrecht. Das Spannungsverhältnis zwischen dem Prinzip der Testierfreiheit auf der einen und demjenigen des Verwandtenerbrechts auf der anderen Seite, in dem sich das Pflichtteilsrecht bewegt, hat eine verfassungsrechtliche Dimension. Das Pflichtteilsrecht begrenzt die grundrechtlich garantierte Testierfreiheit (Art. 14 Abs. 1 Satz 1 GG), indem es den nächsten Angehörigen des Erblassers einen Mindestwertanteil am Nachlass sichert. Das BVerfG hat dazu klargestellt, dass die grundsätzlich unentziehbare und bedarfsunabhängige wirtschaftliche Mindestbeteiligung der Kinder des Erblassers an dessen Nachlass verfassungsrechtlich gewährleistet wird.[2]

4

Ein Anspruch auf Zahlung des Pflichtteils ist gem. §§ 2303, 2317 BGB nur gegeben, wenn beim Erbfall ein Pflichtteilsberechtigter durch Verfügung von Todes wegen von der Erbfolge ausgeschlossen wurde.[3] Liegen diese Voraussetzungen vor, kann der Pflichtteilsberechtigte die Zahlung der den Pflichtteil darstellenden **Geldsumme** verlangen. Schuldner des Pflichtteilsanspruchs im Außenverhältnis ist nach § 2303 Abs. 1 Satz 1 BGB der Erbe bzw. die Erbengemeinschaft. Im Innenverhältnis ist die Pflichtteilslast nach den §§ 2318 bis 2324 BGB von den Erben, den Vermächtnisnehmern und den durch eine Auflage Begünstigten anteilig im Verhältnis ihrer Beteiligung am Nachlass zu tragen. Auf diese Weise gleicht das Gesetz die fehlende Abzugsfähigkeit von Vermächtnissen und Auflagen bei der Berechnung der Höhe des Pflichtteils aus.

5

b) Ziele der Ermittlung des Nachlasswertes im Pflichtteilsrecht

Schon die Definition des Pflichtteils verdeutlicht, weshalb mit Blick auf den Anspruch regelmäßig eine Nachlassbewertung zu erfolgen hat: „Der Pflichtteil

6

---

1 *Ebenroth*, § 3 Rz. 179; *Lange*, Kap. 3 Rz. 1 ff.; *Riedel* in Damrau/Tanck, § 2303 BGB Rz. 1.
2 BVerfG v. 19.4.2005 – 1 BvR 1644/00, 1 BvR 188/03, BVerfGE 112, 332; *Lange*, ZErb 2005, 205.
3 Der Lebenspartner einer eingetragenen Lebenspartnerschaft wird pflichtteilsrechtlich wie ein Ehegatte behandelt (§ 10 Abs. 6 Satz 2 LPartG).

besteht in der Hälfte des Wertes des gesetzlichen Erbteils." (§ 2303 Abs. 1 Satz 2 BGB). Der Pflichtteilsberechtigte ist danach wirtschaftlich so zu stellen, als sei der Nachlass beim Tod des Erblassers in Geld umgesetzt worden. Zur Ermittlung des Nachlasswertes enthalten die §§ 2311 bis 2313 BGB einige wichtige **gesetzliche Vorgaben**. § 2311 BGB gibt Aufschluss darüber, wie der Wert der für die Pflichtteilsberechnung maßgebenden Erbquote zu bestimmen ist. § 2312 BGB enthält eine Sonderregel zur Bewertung eines sog. Landguts und § 2313 BGB legt fest, wie bedingte, ungewisse oder unsichere Rechte zu behandeln sind. Bewertungsprobleme entstehen somit weniger aus einer Interessendivergenz zwischen Erben und Pflichtteilsberechtigten als vielmehr aus der Tatsache, dass der Pflichtteilsanspruch als Geldanspruch konzipiert ist.

7 Grundsätzlich sind zur Ermittlung des Nachlasswertes zur Berechnung des Pflichtteilsanspruchs folgende **Schritte** auseinanderzuhalten:[1]

– die Feststellung des Bestandes des Nachlasses („was gehört zum Nachlass?") in der Form einer Art Nachlassbilanz[2] und

– die Ermittlung des Wertes der einzelnen Aktiv- und Passivposten („was sind die einzelnen Posten wert?").

8 Es sind somit sämtliche Aktiv- und Passivposten des Erblasservermögens festzustellen und mit ihrem Wert zur Zeit des Erbfalls (Stichtagsprinzip, § 2311 Abs. 1 Satz 1 BGB) zu veranschlagen. Aus der Differenz der so ermittelten Aktiva und Passiva ergibt sich der Wert des Nachlassbestandes. Eine Schätzung ist nur vorzunehmen, wenn dies erforderlich ist (§ 2311 Abs. 2 Satz 1 BGB). **Wertbestimmungen** des Erblassers sind wegen des zwingenden Charakters des Pflichtteilsrechts **unerheblich** (§ 2311 Abs. 2 Satz 2 BGB). § 2325 BGB ergänzt den Pflichtteilsanspruch mit Blick auf lebzeitige Schenkungen des Erblassers. Auch hier muss eine Bewertung des verschenkten Gegenstandes erfolgen, der dem Nachlass „hinzugerechnet" wird (§ 2325 Abs. 1 BGB).

c) Stichtagsprinzip

aa) Grundsatz

9 Sowohl der für die Pflichtteilsberechnung maßgebende Bestand als auch der für die Pflichtteilsberechnung entscheidende Wert des Nachlasses bestimmen sich starr nach dem Zeitpunkt des Todes des Erblassers (**Stichtagsprinzip**, § 2311 Abs. 1 Satz 1 BGB).[3] Die Todeserklärung gem. § 9 Abs. 1 Satz 1 VerschG be-

---

1 *Riedel*, Rz. 29, 34 ff.
2 Vgl. dazu *Riedel* in Damrau/Tanck, § 2311 BGB Rz. 17; *Riedel* in Mayer/Süß/Tanck/Bittler/Wälzholz, § 5 Rz. 32.
3 BGH v. 14.7.1952 – IV ZR 74/52, BGHZ 7, 134 (138); BGH v. 23.5.2001 – IV ZR 62/00, NJW 2001, 2713 (2714) = FamRZ 2001, 1296; BGH v. 25.11.2010 – IV ZR 124/09, MDR 2011, 108 = ZErb 2011, 83; *v. Hoyenberg*, RNotZ 2007, 377 (390). Zum Stichtagsprinzip s. *Großfeld*, Recht der Unternehmensbewertung, Rz. 309 ff.; *Franken/Koelen* in Peemöller, Praxishandbuch der Unternehmensbewertung, S. 33 und § 13.

gründet die für das Erbrecht widerlegbare Vermutung, dass der Verschollene in dem im Beschluss festgestellten Zeitpunkt gestorben ist.[1] Damit wird der für tot Erklärte als tot behandelt, sein Vermögen gelangt in den Erbgang und wird nach Erbrecht vergeben. Allerdings haben weder Todeserklärung noch gerichtliche Feststellung der Todeszeit konstitutive Wirkung. Taucht der für tot Erklärte lebend wieder auf, hat in Wahrheit kein Erbfall stattgefunden und die vermeintlichen Erben waren nicht Berechtigte hinsichtlich des Nachlasses.[2]

Das (strenge) Stichtagsprinzip schafft zwar eine eindeutige Risikoverteilung, kann aber gleichwohl im Einzelfall zu Härten führen.[3] Unbilligkeiten sind etwa dann möglich, wenn zum Nachlass Gegenstände gehören, die raschen und großen Wertschwankungen unterliegen (z.B. Aktien) und die am Stichtag (zufällig) außergewöhnlich hohe oder niedrige Kurswerte besitzen. Einerseits kommen Wertsteigerungen nach dem Tod des Erblassers dem Pflichtteilsberechtigten nicht zugute; andererseits drohen ihm aber auch keine Nachteile, wenn Nachlassgegenstände untergehen, sich verschlechtern oder sonst an Wert verlieren.[4] Aufgrund der Regelung von § 2311 Abs. 1 Satz 1 BGB trägt der Pflichtteilsberechtigte das Risiko der Geldentwertung. Da der mit dem Erbfall (§ 2317 Abs. 1 BGB) als **Geldsummen- und nicht etwa als Geldwertanspruch**[5] entstehende Anspruch auf den Pflichtteil nicht selten erst nach langwierigen Ermittlungen von Bestand und Wert des Nachlasses endgültig festgestellt werden kann, ist dieses Risiko nicht ganz unerheblich. Gleichwohl sollte man wegen der eindeutigen gesetzlichen Regelung nicht versuchen, die unmissverständliche Regelung des § 2311 BGB, die den Vorteil der Einfachheit und Klarheit für sich hat, vorschnell mit Billigkeitserwägungen im Einzelfall infrage zu stellen.[6]

10

Anders als bei der Inventarerrichtung nach den §§ 1993 ff. BGB ist auch für die Feststellung der Nachlassverbindlichkeiten auf den Erbfall abzustellen. Das Gesetz kennt wenige Ausnahmen vom Stichtagsprinzip, so in den §§ 2315, 2316 BGB für die Fälle der Anrechnung und Ausgleichung oder nach §§ 2325 ff. BGB für die Pflichtteilsergänzung. § 2313 BGB enthält zwar Regelungen für bestimmte nach dem Erbfall liegende Bestandsänderungen,[7] ändert aber nichts am für die Wertermittlung maßgeblichen Zeitpunkt.

11

---

1 Steht nur der Tod, aber nicht dessen Zeitpunkt fest, so ist eine gerichtliche Feststellung des Todes und der Todeszeit nach den §§ 39 ff. VerschG möglich, die ebenfalls eine Vermutung für den festgestellten Todeszeitpunkt begründet, § 44 Abs. 2 Satz 1 VerschG.
2 Dem zu Unrecht für tot Erklärten steht dann der Herausgabeanspruch nach § 2031 BGB zu, während hingegen der rechtsgeschäftliche Erwerb durch den gutgläubigen Dritten gem. § 2370 Abs. 1 BGB geschützt wird.
3 Vgl. *Haas* in Staudinger, 2006, § 2311 BGB Rz. 12; *J. Mayer* in Bamberger/Roth, § 2311 BGB Rz. 2.
4 BGH v. 14.7.1952 – IV ZR 74/52, BGHZ 7, 134; RG v. 7.2.1910 – 216/09 IV, JW 1910, 238 Nr. 20.
5 BGH v. 24.7.1952 – IV ZR 74/52, BGHZ 7, 134 (137 f.).
6 *Lohr/Prettl* in Schlitt/Müller, § 4 Rz. 5.
7 BGH v. 23.6.1993 – IV ZR 205/92, BGHZ 123, 76 (78, 90) = MDR 1993, 988.

bb) Wertaufhellungsprinzip

12 Aus dem Stichtagsprinzip folgt, dass Wertveränderungen nach Eintritt des Erbfalls in der Regel nicht zu berücksichtigen sind. Der Pflichtteilsberechtigte ist grundsätzlich so zu stellen, als sei der Nachlass **beim Tod des Erblassers in Geld umgesetzt** worden. Trotz dieses Grundsatzes können Zukunftserwartungen in gewissem Umfang berücksichtigt werden. Nach dem sog. Wertaufhellungsprinzip sind diejenigen im Zeitpunkt des Erbfalls naheliegenden und wirtschaftlich fassbaren Entwicklungen zu berücksichtigen, deren Entwicklung bereits angelegt war.[1] Denn das Stichtagsprinzip besagt nur, dass die notwendigen Bezugsdaten zu einem bestimmten Datum zu ermitteln sind. Die Ermittlung des Verkehrs- oder Normalverkaufswerts bereitet bei auf Geld gerichteten Forderungen oder bei Bargeld keine Schwierigkeiten. Bei ihnen ist auf den Nennwert zum Zeitpunkt des Erbfalls abzustellen.[2] Bei standardisierten Gütern kann zumeist auf ihren allgemeinen Kurs- oder Marktwert zurückgegriffen werden.[3] Bei Bewertungen im Unternehmensbereich hingegen sind ggf. absehbare Veränderungen zu berücksichtigen, wobei nicht abschließend geklärt ist, wie stark durch das Wertaufhellungs- vom Stichtagsprinzip im Einzelfall abgewichen werden kann.

d) Vom Erblasser getroffene Wertbestimmungen

13 Da die Höhe des Pflichtteils vom Erblasserwillen unabhängig ist, sind für den Pflichtteilsberechtigten nachteilige Wertbestimmungen nicht verbindlich (§ 2311 Abs. 2 Satz 2 BGB).[4] Der Erblasser kann wegen der **zwingenden Natur des Pflichtteilsrechts** auch kein konkretes Bewertungsverfahren vorschreiben oder einen bestimmten Schätzer bestimmen.[5] Etwas anderes gilt nur dann, wenn in der Wertbestimmung eine zulässige teilweise Entziehung des Pflichtteils (§ 2333 BGB) liegt, wobei dann allerdings zusätzlich die Voraussetzungen des § 2336 BGB erfüllt sein müssen. Eine Vereinbarung zwischen Pflichtteilsberechtigtem und Erblasser über eine abweichende Bewertung muss der Form des § 2348 BGB entsprechen. Eine Einigung zwischen Pflichtteilsberechtigtem und Pflichtteilsschuldner über die Bewertung ist nach dem Erbfall formlos möglich; vor dem Erbfall ist § 311b Abs. 5 BGB zu beachten.[6]

---

1 *Dieckmann* in Soergel, § 2311 BGB Rz. 17; *J. Mayer* in Bamberger/Roth, § 2311 BGB Rz. 16; vgl. auch *Riedel* in Mayer/Süß/Tanck/Bittler/Wälzholz, § 5 Rz. 94.
2 BGH v. 24.10.1990 – XII ZR 101/89, FamRZ 1991, 43 (45) = MDR 1991, 343; *Dieckmann* in Soergel, § 2311 BGB Rz. 16; *J. Mayer*, ZEV 1994, 331.
3 *Schlichting*, ZEV 2006, 197 (198).
4 Vorteilhafte Wertbestimmungen sind selbstverständlich zulässig; vgl. *Haas* in Staudinger, 2006, § 2311 BGB Rz. 50, 57.
5 Dies gilt auch für eine schiedsgerichtliche Anordnung.
6 *Haas* in Staudinger, 2006, § 2311 BGB Rz. 58.

2. Der Nachlass

a) Aktiva

Unter dem Aktivbestand sind grundsätzlich **alle vererblichen Vermögens-gegenstände** des Erblassers zu verstehen. Dabei spielt es keine Rolle, ob ein Fall der Universalsukzession oder der Sondererbfolge vorliegt. Neben den zum Stichtag begründeten vermögensrechtlichen (Rechts-)Beziehungen und Positionen zählen zu den Vermögenswerten auch sog. unfertige Rechtsbeziehungen, die der Erblasser noch zu seinen Lebzeiten eingeleitet hat, die aber erst nach seinem Tod endgültige Rechtswirkungen entwickeln.[1] Nicht zu berücksichtigen sind Rechtsbeziehungen, die aufgrund vertraglicher Vereinbarung oder kraft Gesetzes nicht vererblich sind bzw. beim Tod des Erblassers erlöschen.[2] Vermögenspositionen, die an Dritte außerhalb der Erbfolge kraft Gesetzes oder rechtsgeschäftlich (etwa Nachfolge- oder Eintrittsklausel in Personengesellschaften) übergehen, sind ebenso wenig zu berücksichtigen wie solche Vermögenswerte, hinsichtlich derer ein gegenständlich beschränkter Pflichtteilsverzicht (etwa auf das Unternehmen oder die Unternehmensbeteiligung) vereinbart wurde (§ 2346 BGB).

Das **Handelsgeschäft** des Erblassers fällt mit dem Erbfall als wirtschaftliche Einheit in den Nachlass. Trotz der besonderen Zweckbestimmung der in ihm zusammengefassten Vermögenswerte nimmt der einzelkaufmännische Betrieb an der erbrechtlichen Gesamtrechtsnachfolge teil.[3] Mit dem Tod auch nur eines ihrer Gesellschafter wird die GbR grundsätzlich aufgelöst (vgl. § 727 BGB); die Erben treten als Erbengemeinschaft in die Liquidationsgesellschaft ein. Der Wert des in den Nachlass fallenden Liquidationsanteils orientiert sich am Liquidationserlös.[4] Zu einer Nachfolge mit dem oder den Erben kann es daher nur kommen, wenn eine entsprechende Regelung im Gesellschaftsvertrag enthalten ist (vgl. § 727 Abs. 1 Halbs. 2 BGB).

Der **Anteil** an einer **OHG**, an einer **PartG** und derjenige eines persönlich haftenden Gesellschafters einer **KG** gehen ebenfalls nur im Falle des Vorliegens entsprechender Nachfolgeklauseln auf den oder die Erben über, obwohl der Tod hier lediglich einen Ausscheidensgrund darstellt (§ 131 Abs. 3 Nr. 1 HGB; § 9 PartGG). Wird die Gesellschaft mit den verbleibenden Gesellschaftern fortgesetzt, wächst der Gesellschaftsanteil des Erblassers den übrigen Gesellschaftern an. Der gesellschaftsrechtliche **Abfindungsanspruch** gegen die Gesellschaft (§ 738 Abs. 1 Satz 2 BGB; §§ 105 Abs. 3, 161 Abs. 2 HGB; § 1 Abs. 4 PartGG i.V.m. § 738 BGB) fällt in den Nachlass und ist als Aktivposten bei der Pflichtteilsberechnung in Ansatz zu bringen.[5] Es ist grundsätzlich der wirk-

---

1 BGH v. 9.6.1960 – VII ZR 229/58, BGHZ 32, 367 (369); OLG Düsseldorf v. 19.4.1996 – 7 U 64/95, FamRZ 1996, 1440 (1441); *Blum* in Schlitt/Müller, § 2 Rz. 5.
2 Vgl. BGH v. 15.10.2003 – XII ZR 23/01, NJW 2004, 1321 (1322) = MDR 2004, 512.
3 *Tanck* in Damrau/Tanck, § 1922 BGB Rz. 48.
4 *Deckert*, NZG 1998, 43 (44); *Großfeld*, Recht der Unternehmensbewertung, Rz. 1325 f.; *J. Mayer*, ZEV 1994, 331 (335).
5 BGH v. 25.5.1987 – II ZR 195/86, MDR 1987, 1001 = NJW-RR 1987, 989; weiterführend *Lange*, Kap. 22 Rz. 50 ff.

liche Wert der Erblasserbeteiligung unter Berücksichtigung der offenen und stillen Reserven zum Stichtag anzusetzen.[1] Viele Gesellschaftsverträge sehen jedoch abweichende Regelungen vor.

17 Liegt eine rechtsgeschäftliche **Nachfolgeklausel** vor, fällt der Gesellschaftsanteil nicht in den Nachlass.[2] Auch bei der Eintrittsklausel vollzieht sich die Nachfolge außerhalb des Erbrechts; in den Nachlass fallen ggf. Abfindungsansprüche. (Nur) die erbrechtlichen Gestaltungslösungen der Nachfolge in Personengesellschaftsanteilen führen zu einer Fortsetzung der Gesellschaft mit dem nachrückenden Erben, der mit dem Erbfall automatisch Gesellschafter wird. Sind mehrere Erben berufen, geht der Gesellschaftsanteil im Wege der Sondererbfolge (Singularsukzession) auf jeden einzelnen Miterben über; eine Erbengemeinschaft am Gesellschaftsanteil entsteht nicht.[3] Trotz dieser Sondererbfolge fallen die Mitgliedschaftsrechte in den Nachlass. Der Kommanditanteil an einer KG ist grundsätzlich vererblich (§ 177 HGB). Anteile an einer GmbH (§ 15 Abs. 1 GmbHG) sind stets vererblich, ebenso Anteile an einer AG. Sowohl an einem GmbH-Geschäftsanteil (vgl. § 18 GmbHG)[4] als auch an einer Aktie (vgl. § 69 Abs. 3 Satz 2 AktG) ist eine Erbengemeinschaft denkbar.

18 Wird der Wert eines Gesellschaftsanteils am Nachlass vorbeigesteuert, so kann er nicht bei der Berechnung des ordentlichen Pflichtteils veranschlagt werden. Ein solcher Fall liegt u.a. vor, wenn der Erblasser seinen Gesellschaftsanteil einem Eintrittsberechtigten durch Rechtsgeschäft unter Lebenden auf den Todesfall (§ 2301 Abs. 2 BGB) zugewandt hat[5] oder wenn bei Fortsetzung der Gesellschaft unter den Mitgesellschaftern Abfindungsansprüche ausgeschlossen sind. Hier wird jedoch der Pflichtteilsberechtigte durch die §§ 2325 ff. BGB geschützt.[6]

b) Passiva

19 Vom Aktivbestand sind nicht sämtliche vorhandenen **Nachlassverbindlichkeiten** abziehbar. Da der Pflichtteil in der Hälfte des Wertes des gesetzlichen Erbteils besteht (§ 2303 Abs. 1 Satz 2 BGB), gehören zu den Passiva lediglich diejenigen Nachlassverbindlichkeiten und Lasten, die vorliegen würden, legte man allein die gesetzliche Erbfolge zugrunde (Erbersatzfunktion des Pflichtteilsrechts). Damit bleiben solche Verbindlichkeiten unberücksichtigt, die auf einer Verfügung des Erblassers von Todes wegen beruhen (etwa Vermächtnis, Auf-

---

1 BGH v. 10.2.1977 – II ZR 120/75, BGHZ 68, 225 (234); *Ebenroth*, Rz. 882; *Riedel*, ZErb 2003, 212 (213); *Tanck*, BB 2004 Beil. 9, 19 (22).
2 BayObLG v. 21.6.2000 – 3Z BR 108/00, FamRZ 2001, 300 = ZEV 2001, 74.
3 BGH v. 20.4.1972 – II ZR 143/69, BGHZ 58, 316 (316 f.); BGH v. 9.11.1998 – II ZR 213/97, NJW 1999, 571 (572) = MDR 1999, 240; *Keller*, ZEV 2001, 297; *Lange*, Kap. 22 Rz. 80 ff.
4 Siehe dazu *Lange*, GmbHR 2013, 113 (114 ff.).
5 BGH v. 10.2.1977 – II ZR 120/75, BGHZ 68, 225 (234); BayObLG v. 21.6.2000 – 3Z BR 108/00, FamRZ 2001, 300 = ZEV 2001, 74.
6 *U. Mayer*, ZEV 2003, 355 (356); näheres bei *Lange* in MünchKomm. BGB, 6. Aufl. 2013, § 2325 BGB Rz. 31 ff.

lage, Kosten der Testamentsvollstreckung[1]).[2] Ferner sind diejenigen Verbindlichkeiten nicht abzugsfähig, die im Falle eines Nachlassinsolvenzverfahrens erst nach dem Pflichtteilsanspruch zu befriedigen wären (§ 327 InsO).

Zu den Passiva sind die im Zeitpunkt des Erbfalls entstandenen Nachlassverbindlichkeiten zu zählen.[3] Abzuziehen vom Wert des Aktivbestandes des Nachlasses sind daher die „vom Erblasser herrührenden Schulden" i.S.v. § 1967 Abs. 2 BGB (= **Erblasserschulden**), die vererbbar, nicht aufschiebend bedingt und nicht zweifelhaft (§ 2313 BGB) sind. Abzuziehen sind weiter die „den Erben als solchen treffenden Verbindlichkeiten" i.S.v. § 1967 Abs. 2 BGB (= **Erbfallschulden**). Bei ihnen gehen entweder Rechtsgrund und Notwendigkeit der Erfüllung auf den Erbfall zurück oder ihre Erfüllung erfolgt auch im Interesse des Pflichtteilsberechtigten bzw. hätte den Pflichtteilsberechtigten getroffen, wenn er gesetzlicher Erbe geworden wäre.[4]

20

Stets ist zu beachten, dass sich die Verbindlichkeit **gegen den Nachlass** richten muss. Es reicht daher nicht aus, wenn sie nur zu einem einzelnen Vermögensgegenstand, einer Wirtschafts- oder Sacheinheit (z.B. Geschäftsschulden eines zum Nachlass gehörenden Unternehmens) gehört.[5]

21

Rückständige Steuerschulden des Erblassers sind einzustellen, soweit sie zu Lasten des Erblassers (befristet oder unbefristet) entstanden sind, selbst wenn sie noch nicht fällig oder auch noch nicht veranlagt sind.[6] Die Kosten der Steuerberatung sind abzuziehen, soweit sie sich auf die rückständigen Steuerschulden des Erblassers beziehen. Nicht abzugsfähig sind demgegenüber die den Erben treffende Erbschaftsteuerschuld und die hierauf entfallenden Steuerberatungskosten, da sie nur den Erben und nicht den Nachlass als solchen treffen.[7]

22

c) Latente Steuern

Besonderheiten sind bei der Berücksichtigung von Steuerschulden zu beachten, die zwar vom Erblasser herrühren, aber erst in der Person des Erben entstehen.[8] Veräußert der Erbe ein zum Nachlass gehörendes Unternehmen bzw. Anteile daran oder gibt er den Gewerbebetrieb auf, dann ist die auf einen Veräußerungsgewinn nach § 16 EStG entfallende Ertragsteuer keine Nachlassverbindlich-

23

---

1 Soweit sie nicht auch dem Pflichtteilsberechtigten zugute kommt; vgl. dazu BGH v. 3.12.2008 – IV ZR 97/86, ZEV 2009, 77.
2 BGH v. 16.9.1987 – IVa ZR 97/86, NJW 1988, 136 (137) = MDR 1988, 128.
3 Vgl. OLG Frankfurt v. 7.11.2002 – 16 U 10/02, ZEV 2003, 364.
4 *J. Mayer* in Bamberger/Roth, § 2311 BGB Rz. 9; *Nieder* in Nieder/Kössinger, § 2 Rz. 48.
5 OLG Bamberg v. 18.8.1994 – 2 UF 140/93, FamRZ 1995, 607 (609) (zum Zugewinnausgleich); zur Berücksichtigung von Kosten einer Veräußerung des Unternehmens vgl. BGH v. 17.3.1982 – V ZR 27/81, NJW 1982, 2497 (2498).
6 BGH v. 14.10.1992 – IV ZR 211/91, NJW-RR 1993, 131 (132) = MDR 1993, 245; *Klingelhöffer*, Rz. 467.
7 OLG Düsseldorf v. 18.12.1998 – 7 U 72/98, FamRZ 1999, 1465.
8 Vgl. dazu BGH v. 14.10.1992 – IV ZR 211/91, NJW-RR 1993, 131 (132) = MDR 1993, 245. Weiterführend zu latenten Steuern s. § 15.

keit, die bei der Berechnung des Pflichtteils zu berücksichtigen wäre.[1] Der BGH hat aber stets deutlich gemacht, dass die **latente Einkommensteuerbelastung** für die der Berechnung des Pflichtteils zugrunde liegende Unternehmensbewertung zu berücksichtigen sein kann.[2] Die mit dem Vorhandensein stiller Reserven latent vorhandene Ertragsteuerlast des § 16 EStG kann nach dieser Rechtsprechung dann nicht außer Betracht bleiben, wenn abzusehen ist, dass die stillen Reserven zur Auflösung kommen.[3] Darüber hinaus wird zumeist hinsichtlich der Abzugsfähigkeit der latenten Ertragsteuern darauf abgestellt, welches Verwertungsszenario der Wertberechnung zugrunde gelegt wird. Wird von einer Fortführung des Unternehmens ausgegangen (Ertragswertmethode), scheidet demnach eine Berücksichtigung der Steuer für die Ermittlung des Pflichtteils aus, da nicht abzusehen ist, ob und wann die stillen Reserven zur Auflösung kommen.[4] Bei einer Bewertung nach dem Liquidations- oder Substanzwert hingegen sind die latenten Ertragsteuern zu berücksichtigen.[5] Es mehren sich jedoch Stimmen, die die latenten Steuerlasten unabhängig davon berücksichtigen wollen, ob eine Veräußerung bevorsteht oder nicht oder welche Bewertungsmethode angewandt wird.[6]

24 Will man die latenten Ertragsteuern berücksichtigen, so stellt sich die noch ungeklärte Folgefrage, mit welchem **Steuersatz** dies zu erfolgen hat. So hängt der Steuersatz ggf. von den Familien- und den Einkommensverhältnissen oder von Änderungen der Steuergesetzgebung ab. Allgemeingültige Regeln sind hier derzeit nicht auszumachen.

d) Unsichere Rechte und Verbindlichkeiten

25 Die stichtagsbezogene Bewertung gestaltet sich insbesondere dann als schwierig, wenn der Bestand des Nachlasses von künftigen ungewissen Ereignissen abhängt. § 2313 BGB bestimmt daher, dass bei der Feststellung des Wertes des Nachlasses Rechte und Verbindlichkeiten, die von einer aufschiebenden Bedingung abhängig sind, ebenso außer Ansatz bleiben (Abs. 1 Satz 1) wie **ungewisse**

---

1 BGH v. 26.4.1972 – IV ZR 114/70, NJW 1972, 1269; s. aber auch BGH v. 14.10.1992 – IV ZR 211/91, NJW-RR 1993, 131 (132) = MDR 1993, 245.
2 BGH v. 17.3.1982 – V ZR 27/81, NJW 1982, 2497 (2498); BGH v. 7.5.1986 – IVb ZR 42/85, MDR 1986, 919 = FamRZ 1986, 776; BGH v. 22.10.1986 – IVa ZR 143/85, BGHZ 98, 382 (389) = MDR 1987, 389; OLG München v. 14.1.2003 – 23 U 1830/02, NJW-RR 2003, 1518 (1519).
3 BGH v. 26.4.1972 – IV ZR 114/70, NJW 1972, 1269; BGH v. 17.3.1982 – V ZR 27/81, NJW 1982, 2497 (2498); vgl. auch BGH v. 22.10.1986 – IVa ZR 143/85, BGHZ 98, 382 (389) = MDR 1987, 389 und BGH v. 24.10.1990 – XII ZR 101/89, NJW 1991, 1547 (1551) = MDR 1991, 343.
4 BGH v. 24.10.1990 – XII ZR 101/89, FamRZ 1991, 43 (48) = MDR 1991, 343; BGH v. 17.1.1973 – IV ZR 142/71, NJW 1973, 509 (510); BGH v. 26.4.1972 – IV ZR 114/70, NJW 1972, 1269 (1269 f.); *Dieckmann* in Soergel, § 2311 BGB Rz. 22.
5 BGH v. 24.10.1990 – XII ZR 101/89, FamRZ 1991, 43 (48) = MDR 1991, 343; BGH v. 26.4.1972 – IV ZR 114/70, NJW 1972, 1269 (1270); *Klingelhöffer*, FamRZ 1991, 882 (885) (Zugewinnausgleich).
6 *Haas* in Staudinger, 2006, § 2311 BGB Rz. 82; *Lorz*, ZErb 2003, 302 (303 f.); *Winkler*, ZEV 2005, 89 (91).

oder unsichere Rechte sowie zweifelhafte Verbindlichkeiten (Abs. 2 Satz 1). Dagegen sollen auflösend bedingte Rechte und Verbindlichkeiten zunächst wie unbedingte zum Ansatz kommen (Abs. 1 Satz 2). Wird die Ungewissheit behoben, so hat eine der geänderten Lage entsprechende Ausgleichung zu erfolgen (Abs. 1 Satz 3). § 2313 BGB ist nicht anzuwenden, wenn nicht das Bestehen oder die Durchsetzung eines Wertes, sondern nur dessen Höhe bzw. dessen Berechnung zweifelhaft ist,[1] wie etwa der good will oder der Ertragswert eines Unternehmens. In solchen Fällen ist vielmehr nach § 2311 Abs. 2 Satz 1 BGB zu schätzen.

3. Der zu ermittelnde Wert

a) Bewertungsziel

Die Nachlassbewertung will den einzelnen in den Nachlass einzustellenden Positionen jeweils einen Geldbetrag zuordnen, der ihrem Wert entspricht. Der Wert ist eine relative Größe, da er nicht wie eine Eigenschaft dem Vermögensgegenstand anhaftet, sondern durch Verwendungsart, Umweltbeziehung, Inhaberschaft etc. geprägt ist. Der Wert ist im Hinblick auf das **Bewertungsziel** zu ermitteln: Der Pflichtteilsberechtigte soll so gestellt werden, als wenn er mit seinem halben gesetzlichen Erbteil am Nachlass beteiligt und dieser Nachlass im Erbfall in Geld umgesetzt worden wäre.[2] Der Pflichtteilsergänzungsberechtigte soll so gestellt werden, als befände sich der vom Erblasser weggeschenkte Gegenstand noch im Nachlass. Darüber hinaus sind allerdings weder in der Rechtsprechung noch in der Literatur allgemeine Bewertungsgrundsätze auszumachen, die sich zu einer Systematik zusammenführen ließen. Auch die in den §§ 2311 ff. BGB kodifizierten Grundsätze sind unvollständig geblieben. Die folgende Darstellung muss sich daher auf einige mehr oder weniger gesicherte Grundaussagen beschränken.

26

b) Wirklicher Wert

Der nach § 2311 Abs. 1 Satz 1 BGB für die Pflichtteilsberechnung maßgebende Wert des Nachlasses ist nach dem oben Gesagten der **wirkliche Wert**, den es zu ermitteln gilt. Mit diesem Begriff ist derjenige Wert gemeint, den der Nachlassgegenstand in der Hand eines jeden Erben, mithin für jedermann und nicht für den ganz konkreten hat.[3] Der „ideale" Erbe lässt sich bei seinen wirtschaftlichen Entscheidungen und Bewertungen ausschließlich von rationalen Sacher-

27

---

1 BGH v. 28.4.2004 – IV ZR 85/03, ZEV 2004, 377 (378) = MDR 2004, 1060; *Riedel* in Mayer/Süß/Tanck/Bittler/Wälzholz, § 5 Rz. 221.
2 BVerfG v. 26.4.1988 – 2 BvL 13/86, 2 BvL 14/86, BVerfGE 78, 132; BGH v. 13.3.1991 – IV ZR 52/90, NJW-RR 1991, 900 (901); OLG Düsseldorf v. 27.5.1994 – 7 U 136/93, ZEV 1994, 361; *v. Hoyenberg*, RNotZ 2007, 377 (389).
3 BGH v. 30.10.1954 – IV ZR 43/54, BGHZ 14, 368 (376); BGH v. 13.3.1991 – IV ZR 52/90, NJW-RR 1991, 900 (900 f.); BGH v. 25.10.2010 – IV ZR 124/09, ZErb 2011, 83 = MDR 2011, 108; OLG Düsseldorf v. 27.5.1994 – 7 U 136/93, ZEV 1994, 361.

wägungen leiten. Dieser Wert ist zumeist der „gemeine Wert", der regelmäßig unter Rückgriff auf § 9 Abs. 2 BewG definiert wird.[1] Danach ist als gemeiner Wert grundsätzlich der Verkehrs- oder Normalverkaufswert anzusehen.[2] Unter dem **Normalverkaufswert** wird dabei derjenige Preis verstanden, der sich im gewöhnlichen Geschäftsverkehr unter normalen Marktbedingungen erzielen lässt.[3] Dieser Ansatz gilt selbst dann, wenn der Gegenstand unter dem Wert verkauft wird, der von einem Sachverständigen zuvor geschätzt worden ist.[4] Durch die Festlegung auf den gemeinen Wert scheiden die nach den Grundsätzen ordnungsgemäßer Buchführung (GoB) ermittelten sog. Buchwerte ebenso aus, wie die steuerlichen Einheitswerte.[5] Deutlich unterscheidet sich die erbrechtliche Bewertung auch von derjenigen des Erbschaftsteuerrechts, wo Bewertungsprivilegien vorhanden sind, die in gewisser Weise auf die Leistungsfähigkeit des Unternehmens Rücksicht nehmen.[6]

28 Das Abstellen auf den allgemeinen **Markt- oder Kurswert** ist zumeist dann unproblematisch, wenn ein solcher Markt vorhanden ist. Die Ermittlung des gemeinen Werts, verstanden als der Normalverkaufspreis, ist in der Praxis aber nicht ohne weiteres und in jedem Fall möglich. Selbst wenn es kurz nach dem Erbfall zu einer Veräußerung durch den Erben kommt, ist keineswegs sicher, dass es sich bei dem erzielten Erlös tatsächlich um den Normalverkaufspreis handelt.[7]

29 Liegen keine „normalen" Verkaufsbedingungen vor und kann sich der Preis nicht am Markt bilden, stellt die (ältere) Rechtsprechung vereinzelt nicht auf den Verkehrs- oder Normalverkaufswert, sondern auf den sog. inneren Wert ab.[8] Damit soll zum einen der Tatsache Rechnung getragen werden, dass sich ein Marktwert nur dort bilden kann, wo ein entsprechender Markt existiert. Zum anderen soll so zum Ausdruck gebracht werden, dass vor allem dann, wenn am Bewertungsstichtag (Tod des Erblassers) **außergewöhnliche Verhältnisse** herrschen, deren baldige Änderung ohne weiteres vorhersehbar ist, der maßgebende „innere" Wert ausnahmsweise über dem Verkaufswert liegen kann. Die Frage, wann keine Normalverkaufsbedingungen vorliegen, so dass ein Abweichen vom aktuellen Verkaufspreis als Bewertungsgrundlage gerechtfertigt werden kann, wird von der Rechtsprechung uneinheitlich beantwortet.

---

1 BGH v. 30.10.1954 – IV ZR 43/54, BGHZ 14, 368 (376); *Lange* in MünchKomm. BGB, 6. Aufl. 2013, § 2311 BGB Rz. 25; *Riedel*, Rz. 84 f.
2 OLG Frankfurt v. 7.11.2002 – 16 U 10/02, ZEV 2003, 364; OLG Düsseldorf v. 27.5.1994 – 7 U 136/93, ZEV 1994, 361; *J. Mayer*, ZEV 1994, 331.
3 BVerfG v. 26.4.1988 – 2 BvL 13/86, 2 BvL 14/86, BVerfGE 78, 132; OLG Düsseldorf v. 27.5.1994 – 7 U 136/93, ZEV 1994, 361.
4 BGH v. 25.10.2010 – IV ZR 124/09, MDR 2011, 108 = ZErb 2011, 83; *Riedel* in Damrau/Tanck, § 2311 BGB Rz. 83.
5 BVerfG v. 26.4.1988 – 2 BvL 13/86, 2 BvL 14/86, BVerfGE 78, 132; *J. Mayer* in Bamberger/Roth, § 2311 BGB Rz. 13.
6 *Hagedorn* in FS Mailänder, S. 347 (348).
7 BGH v. 25.3.1954 – IV ZR 146/53, BGHZ 13, 45 (47); *Riedel*, Rz. 60.
8 BGH v. 25.3.1954 – IV ZR 146/53, BGHZ 13, 45 (47); BGH v. 13.3.1991 – IV ZR 52/90, NJW-RR 1991, 900 (901); BGH v. 1.4.1992 – XII ZR 146/91, FamRZ 1992, 918 (Zugewinn); *Lohr/Prettl* in Schlitt/Müller, § 4 Rz. 9.

Immerhin hat der BGH[1] klargestellt, dass es sich bei dem inneren Wert um eine „Denkfigur" handelt, die verhindern soll, dass bei außergewöhnlichen Preisverhältnissen unter Ausnahmebedingungen unangemessene Ergebnisse entstehen. Da dieser „Denkfigur" normative Wertungen zugrunde liegen, darf auf einen vom Verkaufswert abweichenden inneren Wert nur in Sondersituationen abgestellt werden. Unter gewöhnlichen Markt- und Wirtschaftsverhältnissen ist für die Anwendung des inneren oder wahren Werts kein Raum.[2]

c) Liquidationswert als Untergrenze

Der **Liquidationswert** (auch Zerschlagungswert) ist bei Unternehmen heranzuziehen, die tatsächlich liquidiert werden und bildet ansonsten die **Wertuntergrenze**.[3] Er wird ermittelt durch Addition aller Einzelverkaufspreise, die man für die im Unternehmen vorhandenen Vermögensgegenstände erzielen kann, abzgl. der Verbindlichkeiten und der Kosten der Liquidation. Er bildet also ab, was erforderlich wäre, um das Unternehmen „nachzubauen".[4] Nach einer Entscheidung des BGH[5] soll auch dann der niedrigere Ertragswert und nicht der höhere Liquidationswert maßgebend sein, wenn das Unternehmen tatsächlich fortgeführt wird.[6] Nur für den Fall, dass der das Unternehmen fortführende Erbe zur Liquidation verpflichtet ist, sei der Liquidationswert anzusetzen. Diese Rechtsprechung kann nicht überzeugen, da so die Höhe des Pflichtteilsanspruchs von der subjektiven unternehmerischen Entscheidung des Erben und nicht von objektiven Kriterien abhängig gemacht wird.[7] Der BGH hat seine Ansicht später dahingehend eingeschränkt, dass bei einem **ertraglosen Unternehmen** doch wieder auf den Liquidationswert abgestellt werden müsse, wenn das Unternehmen am Bewertungsstichtag auch unter Berücksichtigung der Zukunftsaussichten keinen positiven Ertragswert hatte.[8] Richtigerweise sollte man bei Fortführung eines Unternehmens von dem Grundsatz, dass der Liquidationswert die Wertuntergrenze bildet, nur dann eine Ausnahme zulassen, wenn der Erbe zur Fortführung verpflichtet ist.[9] Darüber hinaus ist der Rechtsprechung des BGH in diesem Punkt nicht zu folgen, zumal es sich ganz offensichtlich um eine bewertungsrechtliche Sonderentwicklung handelt.

30

---

1 BGH v. 13.3.1991 – IV ZR 52/90, NJW-RR 1991, 900 (901).
2 *J. Mayer* in Bamberger/Roth, § 2311 BGB Rz. 15; *J. Mayer*, ZEV 1994, 331 (336); wohl auch *Lohr/Prettl* in Schlitt/Müller, § 4 Rz. 9.
3 BGH v. 17.1.1973 – IV ZR 142/70, NJW 1973, 509 (510); BGH v. 13.3.1978 – II ZR 142/76, BGHZ 71, 40 (52) (aktienrechtliche Bewertung); BGH v. 17.3.1982 – V ZR 27/81, NJW 1982, 2497 (2498); *Dieckmann* in Soergel, § 2311 BGB Rz. 21; *v. Hoyenberg*, RNotZ 2007, 377 (389); *Mayer-Klenk*, ErbR 2008, 311 (315); *Nieder* in Nieder/Kössinger, § 2 Rz. 58.
4 So instruktiv *Fleischer/Schneider*, DStR 2013, 1736 f.
5 BGH v. 17.1.1973 – IV ZR 142/70, NJW 1973, 509.
6 Ebenso BGH v. 1.7.1982 – IX ZR 34/81, NJW 1982, 2441 (Zugewinnausgleich).
7 *Dieckmann* in Soergel, § 2311 BGB Rz. 21; *J. Mayer*, ZEV 1994, 331 (335).
8 BGH v. 17.3.1982 – V ZR 27/81, NJW 1982, 2497 (2498).
9 *Dieckmann* in Soergel, § 2311 BGB Rz. 21; *Fleischer/Schneider*, DStR 2013, 1736 f. (1742 f.); *J. Mayer* in Bamberger/Roth, § 2311 BGB Rz. 30. A.A. *Haas* in Staudinger, 2006, § 2311 BGB Rz. 81.

d) Einzelne Wertermittlungsgrundsätze

aa) Zeitnah erzielter Verkaufserlös

31 In den Fällen, in denen es sich nicht um marktgängige Vermögenswerte, standardisierte Nachlasspositionen oder um Güter handelt, für die es einen klar definierten Markt gibt, orientiert sich die Rechtsprechung regelmäßig am tatsächlich zeitnah erzielten Verkaufspreis, abzgl. der verkaufsbedingten Kosten. Dies gilt selbst dann, wenn dieser Verkaufspreis stark von den individuellen Verhältnissen abhängt.[1] Von Ausnahmen abgesehen, hält es der BGH nicht für gerechtfertigt, die aus seiner Sicht relativ gesicherte Ebene der tatsächlich **zeitnah erzielten Verkaufserlöse** zu verlassen, unabhängig davon, ob der erzielte Erlös unter- oder oberhalb des Schätzwertes liegt.[2] Lediglich das Vorliegen außergewöhnlicher Umstände, wie etwa das kollusive Zusammenwirken von Erbe und Käufer zum Nachteil des Pflichtteilsberechtigten oder erhebliche Marktveränderungen seit dem Erbfall, können dazu führen, dass der tatsächlich erzielte Verkaufspreis nicht als Bewertungsgrundlage heranzuziehen ist.[3] Die in der Rechtsprechung zum Ausdruck kommende Tendenz, Verkaufserlöse de facto zum Bewertungsmaßstab zu erheben, ist problematisch, weil sie Nachabfindungsmöglichkeiten schafft, die das Stichtagsprinzip des § 2311 BGB gerade vermeiden will.[4] Zudem ist die Gleichsetzung eines im Einzelfall erzielten Verkaufserlöses mit dem Normalverkaufspreis häufig unzutreffend, weshalb von einer „relativ gesicherten Ebene" oft nicht gesprochen werden kann. Jedenfalls ist es nicht zutreffend, den konkreten Verkauf in jedem Fall einer Schätzung vorzuziehen.[5]

32 Für die Höhe des Verkaufserlöses kann der Zeitpunkt des Verkaufs eine wichtige Rolle spielen. Eine **feste zeitliche Grenze** ist bislang von der Rechtsprechung nicht gezogen worden, zumal diese nur in Relation zu den jeweiligen Marktverhältnissen ermittelt werden kann. Von einer zeitnahen Veräußerung geht der BGH bei Betriebs- und Grundstücksveräußerungen aber selbst dann noch aus, wenn seit dem Erbfall bis zu fünf Jahre vergangen sind.[6] Diese Frist ist in der Literatur zu Recht sehr kritisch aufgenommen worden, erweist sie

---

1 BGH v. 25.10.2010 – IV ZR 124/09, MDR 2011, 108 = ZErb 2011, 83; BGH v. 24.3.1993 – IV ZR 291/91, NJW-RR 1993, 834; BGH v. 14.10.1992 – IV ZR 211/91, NJW-RR 1993, 131 (131 f.) = MDR 1993, 245; BGH v. 13.3.1991 – IV ZR 52/90, NJW-RR 1991, 900 (900 f.); OLG Frankfurt v. 7.11.2002 – 16 U 10/02, ZEV 2003, 364; *Tanck*, BB 2004 Beil. 9, 19.
2 BGH v. 25.10.2010 – IV ZR 124/09, MDR 2011, 108 = ZErb 2011, 83; OLG Frankfurt v. 7.11.2002 – 16 U 10/02, ZEV 2003, 364.
3 BGH v. 24.3.1993 – IV ZR 291/91, NJW-RR 1993, 834; BGH v. 13.3.1991 – IV ZR 52/90, NJW-RR 1991, 900 (900 f.); OLG Düsseldorf v. 27.5.1994 – 7 U 136/93, ZEV 1994, 361 (362).
4 Krit. *J. Mayer*, ZEV 1994, 331 (332); vgl. dazu auch BGH v. 14.10.1992 – IV ZR 211/91, MDR 1993, 245 = NJW-RR 1993, 131.
5 So aber BGH v. 14.10.1992 – IV ZR 211/91, MDR 1993, 245 = NJW-RR 1993, 131; zu Recht zurückhaltend hingegen *Riedel* in Mayer/Süß/Tanck/Bittler/Wälzholz, § 5 Rz. 87.
6 BGH v. 14.10.1992 – IV ZR 211/91, MDR 1993, 245 = NJW-RR 1993, 131.

sich doch für die Mehrzahl der Fälle als ungeeignet.[1] Bei einem größeren zeitlichen Abstand sind ggf. Korrekturen am erzielten Preis vorzunehmen, etwa wenn es zu einer Veränderung der Marktverhältnisse gekommen ist.

Bei der Bewertung eines ganzen Unternehmens ist die von der Rechtsprechung favorisierte Methode der Orientierung am zeitnahen Veräußerungserlös ohnehin nur sehr eingeschränkt nutzbar. Es fehlt am Vergleichswert, da kein Unternehmen dem anderen gleicht und ein zeitnaher Verkaufspreis regelmäßig nicht vorhanden ist.[2] 33

bb) Bewertungsmethoden

Fehlt es an einem gängigen Marktpreis für den Nachlassgegenstand und liegt auch kein tatsächlicher Verkaufspreis vor, muss der Nachlasswert ggf. durch **Schätzung** ermittelt werden (§ 2311 Abs. 2 Satz 1 BGB). Grundsätzlich sieht es die Rechtsprechung als eine Aufgabe des – ggf. sachverständig beratenen – Tatrichters an, darüber zu befinden, welche der in der Betriebswirtschaftslehre anerkannten Bewertungsmethoden im konkreten Einzelfall zu einem angemessenen Ergebnis führt.[3] Für die **Unternehmensbewertung** kann dabei grundsätzlich auf vier verschiedene Faktoren abgestellt werden: erstens den Ertragswert, zweitens den Substanz- oder Reproduktionswert, verstanden als die Summe der selbstständig veräußerungsfähigen Vermögensgegenstände des Unternehmens zu Wiederbeschaffungspreisen, drittens den Geschäfts- oder Firmenwert oder viertens den Liquidationswert als Barwert der Nettoerlöse, der sich aus der Veräußerung aller Vermögenswerte abzgl. der Schulden und Kosten ergibt. In der Regel wird der Unternehmenswert durch die Ertragswertmethode bestimmt.[4] Sie berücksichtigt, dass sich die Preisvorstellungen eines potentiellen Käufers im Wesentlichen an dem zu erwartenden Nutzen in Relation zum eingesetzten Kapital orientieren. Die früher anzutreffende Verbindung von Substanzwert (Reproduktionswert) und Ertragswert,[5] wobei teils der 34

---

1 Vgl. OLG Düsseldorf v. 23.9.1994 – 7 U 198/93, FamRZ 1995, 1236 (1237 f.) (weniger als drei Jahre); vgl. auch OLG Frankfurt v. 7.11.2002 – 16 U 10/02, ZEV 2003, 364 (28 Monate); *J. Mayer*, ZEV 1994, 331 (332 f.); *Riedel* in Mayer/Süß/Tanck/Bittler/Wälzholz, § 5 Rz. 104.
2 *Tanck*, BB 2004 Beil. 9, 19.
3 BGH v. 26.4.1972 – IV ZR 114/70, NJW 1972, 1269; BGH v. 30.9.1981 – IVa ZR 127/80, NJW 1982, 575 (576) = MDR 1982, 300; BGH v. 1.7.1982 – IX ZR 34/81, NJW 1982, 2441 (Zugewinnausgleich); BGH v. 14.10.1992 – IV ZR 211/91, MDR 1993, 245 = NJW-RR 1993, 131. Weiterführend zu den Bewertungsmethoden bei Personengesellschaften § 22 u. *Franken/Koelen* in Peemöller, Praxishandbuch der Unternehmensbewertung, S. 33.
4 Vgl. *v. Hoyenberg*, RNotZ 2007, 377 (390); *Lohr/Prettl* in Schlitt/Müller, § 4 Rz. 72; *Riedel* in Damrau/Tanck, § 2311 BGB Rz. 174. Der BGH hatte im Jahr 1984 die Ertragswertmethode als maßgeblich angesehen, BGH v. 24.9.1984 – II ZR 256/83, NJW 1985, 192 (193) = GmbHR 1985, 113, auch wenn diese Entscheidung nicht zum Pflichtteilsrecht ergangen ist.
5 Zur Ermittlung von Substanz- und Ertragswert im Einzelnen vgl. BGH v. 30.9.1981 – IVa ZR 127/80, MDR 1982, 300 = NJW 1982, 575.

eine, teils der andere Faktor hervorgehoben wurde, aber auch eine anteilige Mischung denkbar war,[1] ist wohl überholt.[2]

35 Die aus dem angloamerikanischen Raum stammenden Bewertungsmethoden werden zumeist unter dem Stichwort **Discounted-Cash-Flow-(DCF-)Methode** zusammengefasst. Danach werden die entnahmefähigen Überschüsse des Unternehmens, der free cash flow, auf den Bewertungsstichtag abgezinst.[3] Sie haben in der höchstrichterlichen Rechtsprechung noch keinen Niederschlag gefunden, gewinnen in der Praxis aber zunehmend an Bedeutung. Ohnehin ist festzuhalten, dass sich in der Rechtsprechung des BGH und der OLGe nur sehr wenige Hinweise zur Anwendung betriebswirtschaftlicher Erkenntnisse für die Bemessung von Pflichtteils- oder Pflichtteilsergänzungsansprüchen finden lassen. Zurückhaltung sollte man zudem bei einem unkritischen Rückgriff auf die ältere Judikatur üben, da sich die Erkenntnisse in der Unternehmensbewertung in den letzten Jahrzehnten sehr stark weiterentwickelt haben. Wenn in der Literatur in Ermangelung von Fallmaterial Entscheidungen zum Zugewinnausgleich herangezogen werden, sollte man dabei beachten, ob sich aus dem Tod des bisherigen Unternehmers/Gesellschafters maßgebliche Unterschiede hinsichtlich des verfolgten Bewertungszieles ergeben oder nicht.

36 Zu beachten ist, dass für die Unternehmensbewertung im Erbrecht das aus der Buchführung und Bilanzierung stammende Vorsichtsprinzip nicht gilt, da auf den wirklichen Wert abzustellen ist. Darüber hinaus ist eine **bestimmte Bewertungsmethode** durch die Rechtsprechung **nicht vorgeschrieben**.

4. Unternehmens- und Anteilsbewertung zur Pflichtteilsberechnung

a) Grundsätze

37 Wird ein Unternehmen als Ganzes vererbt, handelt es sich nicht nur um eine Ansammlung einzelner Vermögensgegenstände und Schulden. Nur die ziel- und zweckgerichtete Verbindung von materiellen wie immateriellen Werten lässt eine Organisation entstehen, die in der Lage ist, finanzielle Überschüsse zu erwirtschaften. Daher kann eine Unternehmensbewertung nicht durch die Addition der einzelnen Aktiva und dem anschließenden Abzug der Schulden erfolgen. Einheitlichkeit besteht aber nur hinsichtlich des Bewertungszieles, den vermeintlich „wahren" Wert zu ermitteln (vgl. oben Rz. 26 ff.). Das le-

---

1 BGH v. 26.4.1972 – IV ZR 114/70, NJW 1972, 1269; BGH v. 17.1.1973 – IV ZR 142/70, NJW 1973, 509 (510); BGH v. 1.7.1982 – IX ZR 34/81, NJW 1982, 2441 (Zugewinnausgleich); OLG Düsseldorf v. 27.1.1984 – 3 UF 50/83, FamRZ 1984, 699 (701) (Zugewinnausgleich).
2 *Lohr/Prettl* in Schlitt/Müller, § 4 Rz. 72; *J. Mayer* in Bamberger/Roth, § 2311 BGB Rz. 25; *Riedel* in Mayer/Süß/Tanck/Bittler/Wälzholz, § 15 Rz. 13. Krit. zum Substanzwert auch *Großfeld*, Recht der Unternehmensbewertung, Rz. 283 ff.
3 Ausführlich zu den einzelnen Spielarten der DCF-Methoden: § 9 und *Baetge/Niemeyer/Kümmel/Schulz* in Peemöller, Praxishandbuch der Unternehmensbewertung, S. 349 ff.

bende Unternehmen soll als **wirtschaftliche Einheit** unter Berücksichtigung der stillen Reserven und unter Aktivierung des Firmenwerts bewertet werden.[1] In der Praxis sind damit zahlreiche Probleme aufgeworfen, die – nicht zuletzt wegen der großen Bewertungsspielräume und einer nicht gefestigten Rechtsprechung – erhebliche Einschätzungsrisiken bergen.

Mittlerweile hat sich die Erkenntnis durchgesetzt, dass es nicht möglich ist, den „wahren" Unternehmenswert stichtagsbezogen festzustellen, zumal jedem betriebswirtschaftlichen Bewertungsverfahren subjektive Einschätzungen und Prognoseentscheidungen innewohnen. Nach allgemeiner Ansicht gibt es daher verbindliche oder auch nur allgemein anerkannte Grundsätze für die Ermittlung des Wertes eines lebenden Unternehmens nicht.[2] 38

Geht nicht ein ganzes einzelkaufmännisches Unternehmen oder eine Freiberuflerpraxis auf den bzw. die Erben über, so ist das Bewertungsobjekt für den Pflichtteilsanspruch die in den Nachlass gefallene gesellschaftsrechtliche Beteiligung. Dabei ist zu beachten, dass der Unternehmenswert, verstanden als der Gesamtwert des Unternehmens, sich auf die Gesamtheit aller Unternehmenseigner bezieht. Der Wert eines Anteils entspricht demgegenüber dem Anteil des konkreten Gesellschafters am Unternehmen, der grundsätzlich mit dem quotalen Anteil des jeweiligen Gesellschafters am objektivierten Unternehmenswert übereinstimmt. Mit Blick auf das Pflichtteilsrecht, bei dem es grundsätzlich nicht auf die persönlichen Umstände des Erben ankommt, ist der Anteilswert für einen **typisierten Dritten** festzustellen.[3] Bei Personengesellschaften ergibt sich der **Verteilungsschlüssel** für den Anteilswert grundsätzlich aus dem Gewinnverteilungsschlüssel (vgl. § 734 BGB; § 155 HGB). Bei einer GmbH folgt er aus dem Geschäftsanteil (§ 72 GmbHG) und bei einer AG aus dem Aktiennennbetrag (§ 60 Abs. 1 AktG). Überwiegend wird auch für die Anteilsbewertung auf die Veräußerung als die regelmäßig objektiv günstigste Verwertungsmöglichkeit abgestellt, wenn ein funktionierender Markt vorhanden ist. M.E. ist hier mit Blick auf die zahlreichen, gesellschaftsrechtlich zulässigen Methoden, bestimmte Anteile mit besonderen Rechten auszustatten oder aber mit Verpflichtungen zu belasten, Zurückhaltung angebracht.[4] Grundsätzlich kann der Wertermittlung im Erbrecht eine direkte oder eine indirekte Anteilsbewertung zugrunde gelegt werden. 39

---

1 BGH v. 18.4.2002 – IX ZR 72/99, BGHZ 150, 319 (323 f.) = MDR 2002, 1064; *Hagedorn* in FS Mailänder, 2006, S. 347 (352); *Lange* in MünchKomm. BGB, 6. Aufl. 2013, § 2311 BGB Rz. 38.
2 BGH v. 24.10.1990 – XII ZR 101/89, NJW 1991, 1547 (1548) = MDR 1991, 343; OLG München v. 15.1.1988 – 14 U 572/87, MDR 1988, 408 = BB 1988, 429; *Kipp/Coing*, § 9, 2 a; *Ebenroth*, Rz. 950; *Großfeld*, Recht der Unternehmensbewertung, Rz. 138 ff.; *Reimann*, DNotZ 1992, 472.
3 *Lohr/Prettl* in Schlitt/Müller, § 4 Rz. 147.
4 Weiterführend: *Lohr/Prettl* in Schlitt/Müller, § 4 Rz. 149 ff.; *Riedel* in Damrau/Tanck, § 2311 BGB Rz. 272 ff.

b) Einzelfragen

aa) Handelsgeschäft

40 Bei der Bewertung eines Handelsgeschäfts ist grundsätzlich nicht der in der Bilanz ausgewiesene Wert der einzelnen Wirtschaftsgüter, also der Buchwert, maßgebend, sondern der **wirkliche Wert des Unternehmens als wirtschaftliche Einheit unter Berücksichtigung stiller Reserven und unter Aktivierung des Firmenwerts**.[1] Aus diesem Grundsatz der Bewertungseinheit folgt, dass der Unternehmenswert nicht mit der Summe der Werte der einzelnen Wirtschaftsgüter gleichzusetzen ist. Im Einzelnen bereitet die Bewertung Schwierigkeiten: Für Handelsunternehmen existiert in der Regel kein Markt, auf dem sich ein Preis bilden könnte, weshalb eine Wertermittlung nach der Vergleichswertmethode zumeist scheitert.[2] Auch mangelt es an der Vergleichbarkeit zwischen verschiedenen Unternehmen. Zudem existiert keine einhellig gebilligte Bewertungsmethode; die Anwendung der Ertragswertmethode nach IDW S 1 führt zu nur eingeschränkt verwertbaren Ergebnissen (siehe zum IDW S 1: § 1 Rz. 3 und § 3 Rz. 22). Ist ein kaufmännisches Unternehmen allerdings nach dem Bewertungsstichtag veräußert worden und sind wesentliche Veränderungen in der Zwischenzeit nicht ersichtlich, so kann sich nach Ansicht des BGH die Bewertung am Verkaufserlös orientieren, selbst wenn inzwischen ein Jahr vergangen ist.[3]

bb) Freiberufliche Praxis

41 Befindet sich eine freiberufliche Praxis im Nachlass, besteht für die pflichtteilsrechtliche Bewertung häufig die Schwierigkeit darin, dass eine Ermittlung des Unternehmenswertes anhand von Ertragswert gemäß IDW S 1 oder der DCF-Methode zu unrealistischen Ergebnissen führt. Da bei Freiberuflern die **persönliche Beziehung des Inhabers** zu seinen Kunden, Mandanten bzw. Patienten besondere Bedeutung genießt, kann das Ertragswertverfahren nicht angewandt werden.[4] Mangels ausreichendem internen Rechnungswesens ist es ferner oft nicht möglich, aussagekräftige Vergangenheitsanalysen und darauf aufbauende Ertragsprognosen zu erstellen.[5] Soll gleichwohl eine Bewertung unter Ertragswertgesichtspunkten erfolgen, muss berücksichtigt werden, was ein gedachter Erwerber an Überschüssen entnehmen darf; eine bloße Fortschreibung der Vergangenheit reicht nicht aus.

---

[1] Vgl. BGH v. 30.9.1981 – IVa ZR 127/80, MDR 1982, 300 = NJW 1982, 575; BGH v. 9.3.1977 – IV ZR 166/75, BGHZ 68, 163 (164 f.) (Zugewinnausgleich); BGH v. 17.1.1973 – IV ZR 142/70, NJW 1973, 509; BGH v. 21.4.1955 – II ZR 227/53, BGHZ 17, 130 (136).
[2] BGH v. 17.1.1973 – IV ZR 142/70, NJW 1973, 509; OLG Düsseldorf v. 27.1.1984 – 3 UF 50/83, FamRZ 1984, 699 (701) (Zugewinnausgleich); *Tanck*, BB 2004 Beil. 9, 19.
[3] Vgl. BGH v. 17.3.1982 – V ZR 27/81, NJW 1982, 2497 (2498).
[4] BGH v. 24.10.1990 – XII ZR 101/89, FamRZ 1991, 43 (43 f.) = MDR 1991, 343 (Arztpraxis im Zugewinnausgleich).
[5] Zu den Prognoseverfahren s. *Großfeld*, Recht der Unternehmensbewertung, Rz. 428 ff.

Vor diesem Hintergrund wird häufig vom Sachwertverfahren ausgehend ein **besonderer Geschäftswert** (good will) berücksichtigt.[1] Ein solcher good will, verstanden als der Mehrwert, der sich über den Wert der selbstständig bewerteten Vermögensbestandteile hinaus ergibt, setzt sich aus dem guten Ruf des Inhabers, dem Kunden-, Mandanten- bzw- Patientenstamm, dem Standort etc. zusammen und wird zumeist aus einem Prozentsatz der bereinigten Durchschnittsumsätze der Vorjahre ermittelt. Wegen des besonderen persönlichen Einsatzes des Erblassers gestaltet sich eine Bewertung häufig als schwierig und damit streitanfällig. Die Gerichte greifen dabei auch auf die Bewertungsgrundsätze der entsprechenden Berufsvertretungen zurück.[2] Wird die freiberufliche Praxis etc. im Ganzen verkauft, kommt dem Veräußerungserlös erhebliche Bedeutung zu. Hinsichtlich der Bewertung einer freiberuflichen Praxis gelten ansonsten im Wesentlichen die zu Handelsunternehmen entwickelten Grundsätze.

42

Unter Zugrundelegung dieser Grundsätze umfasst der Wert einer Freiberuflerpraxis grundsätzlich die Gesamtheit von Ausstattung, Einrichtung, Personal, Material, Kunden-, Mandanten- bzw. Patientenstamm und Gewinnaussichten. Der wirtschaftlichen Einheit „Kanzlei", „Praxis" oder „Büro" ist somit das gesamte Unternehmen mit seiner gesamten Tätigkeit zuzuordnen. Der Wert wird unter der Annahme der **Fortführung aus Substanz- und ideellem Wert** (Kanzlei- oder Praxiswert) ermittelt. Während für Ersteren in der Regel ein Anlageverzeichnis zu erstellen ist, aus dem sämtliche Wirtschaftsgüter und Schulden mit ihrem Verkehrswert ersichtlich sind, muss für den ideellen Wert der Kunden-, Mandanten- bzw- Patientenstamm wirtschaftlich erfasst werden. Bei einer Arztpraxis wird man regelmäßig die Patientenzahl und die Leistungsfähigkeit der Praxis zugrunde legen. Bei einer Rechtsanwaltskanzlei wird man sich am Umsatz orientieren. Individuelle Sonderfunktionen des Verstorbenen (Gutachtertätigkeit, betriebsärztliche Tätigkeit, Beiratsmandate etc.) sind dabei in Abzug zu bringen. Bei einem reinen Architekturbüro ist von der Rechtsprechung der Ansatz von good will verneint worden, da es allein sein Ruf sei, der dem Architekten seine Aufträge einbringe.[3]

43

cc) GmbH-Geschäftsanteil

Anders als Anteile an einer Personengesellschaft sind GmbH-Anteile aufgrund gesetzlicher Bestimmung vererblich (§ 15 GmbHG). Sie gehen mit dem Tod des Gesellschafters auf den oder die Erben über. Die Vererblichkeit des GmbH-An-

44

---

1 Vgl. dazu BGH v. 24.10.1990 – XII ZR 101/89, FamRZ 1991, 43 (43 f.) = MDR 1991, 343 (Arztpraxis im Zugewinnausgleich); *Haas* in Staudinger, 2006, § 2311 BGB Rz. 84; *Riedel* in Damrau/Tanck, § 2311 BGB Rz. 212 u. 218.
2 BGH v. 24.10.1990 – XII ZR 101/89, MDR 1991, 343 = FamRZ 1991, 43; OLG Düsseldorf v. 14.10.2003 – II-1 UF 115/03, FamRZ 2004, 1106 (Zugewinnausgleich); Überblick bei *Mayer-Klenk*, ErbR 2008, 311 (319).
3 OLG München v. 13.3.1984 – 4 UF 195/83, FamRZ 1984, 1096 f. (zum Zugewinnausgleich).

teils kann nicht ausgeschlossen werden, auch nicht durch eine mit dem Tod automatisch wirkende Einziehung.[1] Der **Anteil an einer GmbH fällt in den Nachlass** und ist nach den allgemeinen Grundsätzen zu bewerten. Dabei wird nicht der Buchwert, sondern – ausgehend vom gemeinen Wert – der volle Wert des Geschäftsanteils (Verkehrswert) angesetzt.[2] Er entspricht regelmäßig dem Preis, den ein Außenstehender für die Anteile gezahlt hätte, wenn er sie unter üblichen Bedingungen gekauft hätte. Damit richtet sich der Anteilswert nach dem gemeinen Wert der GmbH.

Mit Blick auf die Möglichkeit, in der GmbH-Satzung disquotale Gewinnbezugsrechte zu vereinbaren (vgl. § 29 Abs. 3 Satz 2 GmbHG) hat der BGH entschieden, dass für den Wert des Anteils die Entnahmen entscheidend sind. Anhand der indirekten Methode ist daher zu ermitteln, mit welcher Quote der Anteil am Gewinn der Gesellschaft teilnimmt.[3]

45 Vor allem in personalistisch geprägten GmbH finden sich in den Satzungen häufig **Einziehungsklauseln** oder Verpflichtungen zur Abtretung an Dritte bzw. andere Regelungen, die mittelbar die Vererbbarkeit des Anteils einschränken.[4] Die Vererblichkeit des Geschäftsanteils wird dadurch wegen § 15 Abs. 1 GmbHG nicht berührt; allerdings verbleibt der Anteil nur bis zur wirksamen Einziehung oder Abtretung im Nachlass. Wird davon Gebrauch gemacht und im Gegenzug eine geringere Abfindung geleistet, ist umstritten, was dieser Schritt für die Bemessung des Pflichtteilsanspruchs bedeutet. Wegen der Erbersatzfunktion des Pflichtteils kann nur maßgeblich sein, was der Erbe letztlich behalten kann und nicht dasjenige, was sich – von Anfang an mit der drohenden Einziehung oder Abtretung behaftet – zunächst im Nachlass befunden hatte. Ist beispielsweise der Erbe kraft Satzung zur Abtretung rechtswirksam verpflichtet und tritt er seinen Geschäftsanteil daraufhin ab, so ist der Abfindungswert maßgeblich und nicht etwa der gemeine Wert des Geschäftsanteils.[5] Der Schutz des Pflichtteilsberechtigten ist nur nach § 2325 BGB möglich.

dd) Aktien

46 Aktien fallen in den Nachlass und sind vererblich, unabhängig davon, ob es sich um Inhaber- oder Namensaktien handelt. Ihre Vererblichkeit kann nicht ausgeschlossen werden. Handelt es sich um börsennotierte Anteile, werden sie

---

1 *Lange*, GmbHR 2012, 986 (986).
2 *Dieckmann* in Soergel, § 2311 BGB Rz. 19; *Nieder* in Nieder/Kössinger, § 2 Rz. 65.
3 BGH v. 12.2.1979 – II ZR 106/78, WM 1979, 432; *Riedel* in Mayer/Süß/Tanck/Bittler/Wälzholz, § 16 Rz. 65 ff.
4 Siehe dazu etwa BGH v. 5.11.1984 – II ZR 147/83, BGHZ 92, 386 (390) = GmbHR 1985, 150; OLG Hamm v. 20.9.1999 – 8 U 12/99, NZG 2000, 433; *Lange*, Kap. 22 Rz. 145 ff.
5 *Haas* in Staudinger, 2006, § 2311 BGB Rz. 110; *J. Mayer* in Bamberger/Roth, § 2311 BGB Rz. 39; *Tanck*, BB 2004 Beil. 9, 19 (22). A.A. *Hülsmann*, GmbHR 2001, 409 (414). Anders auch *Dieckmann* in Soergel, § 2311 BGB Rz. 19 (Schutz des Erben über § 2318 BGB).

mit ihrem **Kurswert am Stichtag** angesetzt.[1] Bei einer nicht börsennotierten AG orientiert sich der Wert der Beteiligung am Wert des Unternehmens (Ertragswert).

Der Kurswert, der durch Angebot und Nachfrage bestimmt wird, entspricht dem mittleren Tageskurs an dem Börsenplatz, der dem letzten Wohnsitz des Erblassers am nächsten liegt. Er kann allerdings bei großen Stückzahlen nicht mehr der allein maßgebende Wertmesser sein. Das Gleiche gilt, wenn Wertpapiere gerade in ihrer Zusammenfassung einen besonderen Wert repräsentieren (sog. **Paketzuschlag**).[2] Umstritten ist, ob der mittlere Kurswert auch dann gilt, wenn er ungewöhnlich hoch oder niedrig lag.[3] Wenn der BGH bei Grundstücken davon ausgeht, dass sich deren wahrer innerer Wert in extremen Situationen vom Verkaufswert zur Zeit des Erbfalls unterscheiden könne,[4] so lässt sich diese Rechtsprechung auf Wertpapiere, bei denen starke Kursschwankungen keineswegs atypisch sind, nicht übertragen. Im Übrigen ist auch die vom BGH geforderte Vorhersehbarkeit der Normalisierung der Verhältnisse bei Kursschwankungen in der Regel gerade nicht gegeben. Grundsätzlich sind stärkere Kursschwankungen daher hinzunehmen.[5]

Der Börsenkurs von Wertpapieren ist nicht allein maßgebend, wenn mit dem Papier **Gewinnbezugsrechte** verbunden sind, wie etwa bei Rentenpapieren. Die aufgelaufenen Erträgnisse stellen dort einen Vermögenswert dar, auch wenn auf sie noch kein Anspruch besteht. Vergleichbares gilt, wenn in der Satzung ein vom Nennbetrag abweichender Gewinnverteilungsschlüssel geregelt ist (vgl. § 60 Abs. 3 AktG). 47

ee) Anteil an einer Personen- oder Partnerschaftsgesellschaft

(1) Nachfolge in Gesellschafterstellung

War der Verstorbene Mitglied einer Personen- oder Partnerschaftsgesellschaft, richtet sich die Frage, ob und in welcher Höhe aus der Gesellschaftsbeteiligung ein Pflichtteilsanspruch entsteht, nach dem rechtlichen Schicksal der Gesellschaftsbeteiligung (zur Bewertung von Gesellschaftsanteilen weiterführend § 22). 48

Wird die Gesellschaft aufgrund einer (einfachen oder qualifizierten) erbrechtlichen Nachfolgeklausel mit einem, mehreren oder allen Erben **fortgesetzt**, so 49

---

1 BGH v. 29.11.2000 – XII ZR 165/98, BGHZ 146, 114 (118); *Ebenroth*, Rz. 950; *Hagedorn* in FS Mailänder, 2006, S. 347 (351); *Schlichting*, ZEV 2006, 197 (198). Nach IDW S 1 Tz. 14 f. wird der Börsenkurs demgegenüber nur zur Plausibilitätsbeurteilung herangezogen.
2 *Lohr/Prettl* in Schlitt/Müller, § 4 Rz. 234; *Riedel* in Damrau/Tanck, § 2311 BGB Rz. 247 ff.
3 Grds. dafür: *Dieckmann* in Soergel, § 2311 BGB Rz. 18; *Haas* in Staudinger, 2006, § 2311 BGB Rz. 111; *Klingelhöffer*, § 404 (mit der Möglichkeit der Korrektur im Einzelfall in Rz. 406); *Nieder* in Nieder/Kössinger, § 2 Rz. 56.
4 Vgl. zu dieser Thematik *Lange* in MünchKomm. BGB, 6. Aufl. 2013, § 2311 BGB Rz. 35 m.w.N.
5 *Riedel* in Mayer/Süß/Tanck/Bittler/Wälzholz, § 5 Rz. 181.

gehört die Beteiligung des Erblassers zum Nachlass[1] und ist mit ihrem vollen Wert bei der Pflichtteilsberechnung zu berücksichtigen. Liegt ein tatsächlicher oder zeitnaher Kaufpreis nicht vor, stellt sich die Frage nach der Bewertung des Gesellschaftsanteils, die uneinheitlich beantwortet wird. Als geklärt kann angesehen werden, dass die Vergleichswertmethode grundsätzlich ausscheidet.[2] Vielmehr ist der Preis zu ermitteln, den ein potentieller Käufer für den Anteil zahlen würde. Zu diesem Zweck ist der Wert des Unternehmens – einschließlich offener und verdeckter Reserven – zu erfassen, was überwiegend anhand der Ertragswertmethode erfolgt;[3] in der Literatur wird zunehmend auch auf DCF-Verfahren abgestellt (siehe dazu § 9).

50 Aus dem so ermittelten Gesamtwert des Unternehmens ist der Anteilswert abzuleiten (indirekte Methode), indem grundsätzlich der quotale Wert, also der aus dem Gesamtwert errechnete Anteil, ermittelt wird.[4] Der Wert ist ggf. zu korrigieren, wenn die mit diesem Anteil verbundenen Herrschaftsrechte unterschiedlich ausgestaltet sind. Dann ist auf die Gewinn-, Entnahme- und Herrschaftsrechte abzustellen, die mit dem betroffenen Anteil verbunden sind. Eine nur eingeschränkte Veräußerlichkeit des Anteils führt dementsprechend zu einem Abschlag vom Ertragswert.[5]

(2) Ausscheiden des Erben und Abfindungsklausel

51 Wird die Personengesellschaft aufgrund einer erbrechtlichen Nachfolgeklausel mit einem, mehreren oder allen Erben fortgesetzt, fällt der Gesellschaftsanteil in den Nachlass. Es sind nun Konstellationen denkbar, in denen der Erbe als Nachfolger zwar in die Gesellschaft zunächst einrückt, dort aber nicht verbleiben kann, etwa weil er zur Befriedigung von Pflichtteilsansprüchen die Beteiligung im Wege der Kündigung aufgeben muss oder weil seinem Antrag nach § 139 HGB nicht entsprochen worden ist und er daher sein Ausscheiden aus der Gesellschaft erklärt.[6]

52 Klauseln in Gesellschaftsverträgen sehen für den Fall des Ausscheidens häufig vor, dass der Erbe unter dem Wert seiner Beteiligung **abgefunden** wird. Wird hier der Pflichtteilsanspruch entsprechend dem Stichtagsprinzip des § 2311 Abs. 1 Satz 1 BGB unter Zugrundelegung des Vollwerts der Mitgliedschaft[7] be-

---

1 BGH v. 22.11.1956 – II ZR 222/55, BGHZ 22, 186; BGH v. 10.2.1977 – II ZR 120/75, BGHZ 68, 225; BGH v. 4.5.1983 – IVa ZR 29/81, NJW 1983, 2376; BGH v. 14.5.1986 – IVa ZR 155/84, BGHZ 98, 48 = MDR 1986, 829; BGH v. 10.1.1996 – IV ZB 21/94, ZIP 1996, 327 (329) = GmbHR 1996, 362; BGH v. 17.12.2001 – II ZR 31/00, FamRZ 2002, 543 = DNotZ 2002, 801; *Deckert*, NZG 1998, 43 (46).
2 *Haas* in Staudinger, 2006, § 2311 BGB Rz. 92; *J. Mayer*, ZEV 1994, 331 (335); *Winkler*, BB 1997, 1697 (1700).
3 BGH v. 24.9.1984 – II ZR 256/83, GmbHR 1985, 113 = NJW 1985, 192; *Nieder* in Nieder/Kössinger, § 2 Rz. 62; *Reimann*, ZEV 1994, 7 (8).
4 BGH v. 10.10.1979 – IV ZR 79/78, BGHZ 75, 195 (199) = AG 1980, 158; *Mayer-Klenk*, ErbR 2009, 311 (314).
5 *Klingelhöffer*, Rz. 375.
6 Weiterführend *Lange*, Kap. 22 Rz. 96 ff.
7 So *Dieckmann* in Soergel, § 2311 BGB Rz. 30; *Ebenroth*, Rz. 950; *Haegele*, BWNotZ 1976, 25 (28).

rechnet, so bedeutet das für den Gesellschaftererben eine **Härte**, weil dieser selbst, etwa zwecks Erfüllung des Pflichtteilsanspruchs, nur den Klauselwert realisieren kann. Wird aber wegen dieser Benachteiligung des Erben nur der Klauselwert in Ansatz gebracht, so werden effektiv vorhandene Nachlasswerte unzulässigerweise dem Pflichtteilsberechtigten entzogen.

Der **BGH** hat zu diesem Problemkreis nicht abschließend Stellung genommen. Im Rahmen der Berechnung des Zugewinns nach § 1376 BGB hat er jedoch festgestellt, dass die eingeschränkte Verwertbarkeit nach der Verkehrsanschauung zu einer Minderung des Beteiligungswertes führen kann. Dies soll jedenfalls dann gelten, wenn der Erbe in der Gesellschaft verbleibt. Vom BGH offengelassen wurde die Frage, ob nicht in einem Fall, in dem der Erbe den Gesellschaftsvertrag kündigt, nur auf den konkreten Wert abzustellen ist, den der Erbe von der Gesellschaft erhält. Die Bewertungsthematik hat er letztlich dem erkennenden Gericht überlassen.[1]

53

In der **Literatur** werden zumeist Kompromisslösungen angestrebt:[2] Ein Teil der Lehre versucht, die Diskrepanz zwischen Voll- und Abfindungswert durch die Festlegung eines Zwischenwertes zu überwinden, der die Risiken des Abfindungsfalles einbezieht.[3] Ältere Stimmen gehen bei der Pflichtteilsberechnung zwar vom Vollwert aus, betrachten diesen aber im Hinblick auf den möglichen Abfindungsfall entsprechend § 2313 Abs. 1 Satz 2 BGB nur als auflösend bedingt.[4] Wieder andere Stimmen orientieren sich am Klauselwert und lassen die Differenz zum Vollwert wie ein aufschiebend bedingtes Recht entsprechend § 2313 Abs. 1 Satz 1 BGB zunächst (vgl. § 2313 Abs. 1 Satz 3 BGB) außer Ansatz.[5] Ferner wird vorgeschlagen, die Härte des Vollwertprinzips durch ein über § 2331a BGB hinausgehendes Leistungsverweigerungsrecht des Erben zu mildern.[6] Wieder andere möchten die Zulässigkeit vertraglicher Abfindungsklauseln eingeschränkt sehen.[7] Schließlich wird zum Teil ohne Rücksicht auf die Wertermittlung der Beteiligung im Übrigen der Klauselwert jedenfalls dann als maßgeblich angesehen, wenn der Erbe wegen Verweigerung der Kommanditistenstellung nach § 139 HGB oder (aus welchen Gründen auch immer) wenigstens innerhalb der Frist des § 139 Abs. 3 HGB ausscheidet.[8] M.E. sollte beachtet werden, dass die Zugrundelegung des Vollwerts für den Erben eine Härte darstellt, auch wenn ansonsten dem Pflichtteilsberechtigten Nachlasswerte entzogen werden. Dies ist aber konsequente Folge des Gesellschaftsvertrags und

54

---

1 BGH v. 10.10.1979 – IV ZR 79/78, BGHZ 75, 195 (195 ff.) = AG 1980, 158; bestätigt durch BGH v. 1.10.1986 – IVb ZR 69/85, NJW 1987, 321 (322) = GmbHR 1987, 19 ; vgl. auch *Hagedorn* in FS Mailänder, 2006, S. 347 (356).
2 Überblick bei *Lohr/Prettl* in Schlitt/Müller, § 4 Rz. 164.
3 *Reimann*, ZEV 1994, 7 (10); Überblick über den Meinungsstand bei *Haas* in Staudinger, 2006, § 2311 BGB Rz. 100.
4 *Rittner*, FamRZ 1961, 505 (515); *Stötter*, DB 1970, 573 (575); *Ulmer*, ZGR 1972, 324 (342).
5 *Siebert*, NJW 1960, 1033 (1036).
6 *Siebert*, NJW 1960, 1033 (1036 ff.); *Winkler*, BB 1997, 1697 (1702).
7 *Haas* in Staudinger, 2006, § 2311 BGB Rz. 101-107.
8 *Eiselt*, NJW 1981, 2447 (2448 ff.); *Haegele*, BWNotZ 1976, 25 (28); *Ulmer*, ZGR 1972, 324 (343).

nicht einer Gestaltung von Todes wegen. Daher sollte es in diesen Konstellationen zu einem Abschlag bei der Bewertung kommen.

ff) Bewertung eines Landguts

55 Die agrarpolitische Schutzvorschrift des § 2312 BGB soll dem Übernehmer eines Landgutes, der selbst zum Kreis pflichtteilsberechtigter Personen gehört (Abs. 3), die Fortführung des Betriebs erleichtern. Dazu sind gegen ihn gerichtete Pflichtteilsansprüche nicht auf der Grundlage des am Verkaufswert orientierten Schätzungswertes, sondern des in der Regel niedrigeren Ertragswertes zu berechnen. Auf diese Weise soll im Interesse der Allgemeinheit eine gesunde Agrarstruktur erhalten bleiben. Anders als bei der Pflichtteilsberechnung sonst üblich, bildet der **Liquidationswert nicht die untere Grenze**. Aufgrund des bewertungsrechtlichen Sachzusammenhangs wird hierzu ausführlich unten Stellung genommen (vgl. unten Rz. 65 ff.).

5. Verfahrensfragen

a) Darlegungs- und Beweislast

56 Der **Pflichtteilsberechtigte** trägt grundsätzlich die Darlegungs- und Beweislast für den Wert des seinem Anspruch aus § 2303 BGB zugrunde liegenden Nachlasses und damit für den Wert der Nachlassgegenstände im Zeitpunkt des Erbfalls.[1] Er hat das Nichtbestehen einer von ihm bestrittenen, vom Erben aber substantiiert dargelegten Nachlassverbindlichkeit ebenso zu beweisen[2] wie die Tatsache, dass der bei einer Veräußerung erzielte Preis nicht dem gemeinen Wert beim Erbfall entspricht. Eine objektiv unrichtige Auskunft des Erben im Vorfeld der Klageerhebung führt nach Auffassung der Rechtsprechung im Regelfall nicht zu einer Beweislastumkehr dahin gehend, dass der Erbe beweispflichtig für die von ihm geltend gemachte Überschuldung des Nachlasses wäre.[3] Dies verschärft die ohnehin schon unvorteilhafte Beweissituation des Pflichtteilsberechtigten (vgl. auch § 29).

57 Solange Bestand und Wert des Nachlasses nicht bekannt sind, ist es für den Pflichtteilsberechtigten auch nicht möglich, den Erben mit einer unbezifferten Mahnung in Verzug zu setzen und (Verzugs-) Zinsen zu beanspruchen. Anders als die bloße Leistungsklage auf Auskunftserteilung hemmt aber die auf Auskunft und Zahlung gerichtete **Stufenklage** gem. § 204 Abs. 1 Nr. 1 BGB die Ver-

---

1 BGH v. 25.11.2010 – IV ZR 124/09, ZErb 2011, 83 (83 f.) = MDR 2011, 108.
2 BGH v. 14.7.1952 – IV ZR 74/52, BGHZ 7, 134 (136); OLG Brandenburg v. 5.11.2008 – 13 U 111/07, ZErb 2009, 187 (188); OLG Frankfurt v. 7.11.2002 – 16 U 10/02, ZEV 2003, 364.
3 BGH v. 10.3.2010 – IV ZR 264/08, MDR 2010, 874 = ZEV 2010, 312; OLG Brandenburg v. 5.11.2008 – 13 U 111/07, ZEV 2009, 36 (37).

jährung nach § 2332 BGB¹ und löst Verzug wegen des Zahlungsanspruchs aus.² Der auskunftspflichtige Schuldner kommt auch durch eine unbefristete, einem zulässigen Antrag in einer Stufenklage entsprechende Mahnung in Verzug.³

b) Wertermittlungsanspruch

§ 2314 BGB räumt dem Anspruchsberechtigten mehrere Möglichkeiten ein, die benötigten Informationen zu erhalten. So kann der Pflichtteilsberechtigte vom Erben *erstens* **Auskunft** über die Nachlassgegenstände verlangen. Da der Pflichtteilsanspruch ein reiner Geldanspruch ist, hängt dessen Höhe vom Wert der Nachlassmasse ab. Daher wird der Auskunftsanspruch *zweitens* ergänzt durch einen vom Wissen des Pflichtteilsschuldners unabhängigen Anspruch auf Ermittlung des Wertes (**Wertermittlungsanspruch**) der Nachlassgegenstände. Der Wertermittlungsanspruch als selbständiger Anspruch setzt grundsätzlich nur ein Pflichtteilsrecht voraus, nicht aber schon das Bestehen eines Pflichtteilsanspruchs, zu dessen Beurteilung die Auskunft dienen soll.⁴ 58

Obwohl sich die Höhe des Pflichtteilsanspruchs aus dem Wert des Nachlasses ergibt (§ 2311 BGB), muss dem **Bestandsverzeichnis** keine Wertangabe beigefügt werden. Das Gesetz gewährt dem Pflichtteilsberechtigten vielmehr einen selbständigen Anspruch auf Wertermittlung (§ 2314 Abs. 1 Satz 2 BGB),⁵ der vom Berechtigten gesondert geltend zu machen und vom Auskunftsanspruch zu unterscheiden ist. Anders als der Auskunftsanspruch ist der Wertermittlungsanspruch vom Wissen und den Vorstellungen der Verpflichteten unabhängig.⁶ Er soll dem Pflichtteilsberechtigten ein umfassendes Bild über den Nachlass und damit über seinen Pflichtteilsanspruch verschaffen. Der Pflichtteilsschuldner ist zur Mitwirkung verpflichtet, insbesondere durch Veranlassung oder Duldung der Wertermittlung durch einen Sachverständigen. Der Umfang des Wertermittlungsanspruchs korrespondiert mit dem Pflichtteilsanspruch, da er dessen Bemessungsgrundlage schaffen soll, und erfasst den realen wie den fiktiven Nachlass. Er setzt voraus, dass die **Gegenstände**, deren Wert ermittelt werden soll, **unstreitig zum Nachlass gehören**. Ist die Nachlass- 59

---

1 BGH v. 6.5.1981 – IVa ZR 170/80, BGHZ 80, 269 (277) = MDR 1981, 735; *Lange* in MünchKomm. BGB, 6. Aufl. 2013, § 2314 BGB Rz. 45.
2 BGH v. 6.5.1981 – IVa ZR 170/80, BGHZ 80, 269 (277) = MDR 1981, 735; BGH v. 22.3.2006 – IV ZR 93/05, ZEV 2006, 263 (264) = MDR 2006, 1248; OLG Koblenz v. 6.5.2002 – 5 U 1287/01, FamRZ 2003, 193 (194). Zur Unkenntnis bei § 286 Abs. 4 BGB und zur Zurechnung der Kenntnisse des Erblassers s. OLG Naumburg v. 23.12.2011 – 10 U 12/11, FamRZ 2012, 1674.
3 BGH v. 6.5.1981 – IVa ZR 170/80, BGHZ 80, 269 (277) = MDR 1981, 735; BGH v. 3.12.2008 – IV ZR 58/07, ZEV 2009, 77 (79) m. Anm. *Schindler* = MDR 2009, 384.
4 BGH v. 1.10.1958 – V ZR 53/58, BGHZ 28, 177 (179 f.); BGH v. 4.12.1980 – IVa ZR 46/80, NJW 1981, 2051 (2052) = MDR 1981, 475; BGH v. 17.4.2002 – IV ZR 259/01, MDR 2002, 1069 = ZEV 2002, 282 m. Anm. *Kummer*.
5 OLG Brandenburg v. 7.1.2004 – 13 U 25/03, ZErb 2004, 132 (133); OLG Frankfurt v. 16.9.1993 – 15 W 59/93, NJW-RR 1994, 9; OLG Schleswig v. 15.8.2006 – 3 U 63/05, ZErb 2006, 417 (418).
6 BGH v. 9.11.1983 – IVa ZR 151/82, BGHZ 89, 24 (29) = MDR 1984, 297; BGH v. 4.10.1989 – IVa ZR 198/88, BGHZ 108, 393 (395) = MDR 1990, 138.

zugehörigkeit bestritten, trägt der Pflichtteilsberechtigte die Darlegungs- und Beweislast.[1] Nur wenn feststeht, welche Gegenstände zu dem für die Pflichtteilsberechnung relevanten (realen oder fiktiven) Nachlass gehören und wenn die Auskünfte des Erben zur Wertermittlung nicht ausreichen, kann der Pflichtteilsberechtigte verlangen, dass der Wert der Nachlassgegenstände durch ein Sachverständigengutachten ermittelt wird (§ 2314 Abs. 1 Satz 2 BGB),[2] und zwar auf Kosten des Nachlasses (§ 2314 Abs. 2 BGB).

60 Der Wertermittlungsanspruch ist auf die Vorlage von Unterlagen und die Abgabe eines **Bewertungsgutachtens** gerichtet. Der Verpflichtete muss dem Berechtigten diejenigen Informationen zukommen lassen, die diesen in die Lage versetzen, ggf. unter Zuhilfenahme eines Sachverständigen, seinen Pflichtteilsanspruch berechnen zu können. So hängt die Beantwortung der Frage, welche Informationen und Unterlagen vorzulegen sind, wenn ein Unternehmen zu bewerten ist, entscheidend von der gewählten Bewertungsmethode ab. Wird der Wert eines Unternehmens beispielsweise anhand der Ertragswertmethode berechnet, reicht die Vorlage einer Bilanz auf den Todesfall nicht aus. Vielmehr muss der zur Wertermittlung Verpflichtete sämtliche **Unterlagen** vollständig vorlegen, die zur Berechnung erforderlich sind (GuV, Bilanzen, Umsatzzahlen, Geschäftsbücher etc.).[3] Man wird die Informationen für den Zeitraum von fünf Jahren fordern müssen, um auf eine realistische Entwicklung schließen zu können.[4]

61 Neben dem Anspruch auf Vorlage der relevanten Unterlagen besteht ein Anspruch **auf Ausarbeitung und Vorlage eines Bewertungsgutachtens**, wenn die dargelegten Informationen kein hinreichendes Bild über den Wert des Nachlasses ermöglichen.[5] Die sachlichen Anforderungen an das Gutachten richten sich unter Berücksichtigung der in Rede stehenden Nachlassgegenstände nach § 2311 BGB.[6] Der Pflichtteilsberechtigte soll sich ein möglichst umfassendes Bild über den Nachlass und seinen Pflichtteilsanspruch machen können. Maßgebender Bewertungszeitpunkt ist der Erbfall; bei ergänzungspflichtigen Zuwendungen ist § 2325 Abs. 2 BGB zu beachten. Ein Anspruch auf Feststellung des Nachlasswerts anhand einer ganz bestimmten Bewertungsmethode besteht

---

1 BGH v. 14.7.1952 – IV ZR 74/52, BGHZ 7, 134 (136); BGH v. 9.11.1983 – IVa ZR 151/82, BGHZ 89, 24 (29 f.) = MDR 1984, 297; *Tanck* in Mayer/Süß/Tanck/Bittler/Wälzholz, § 14 Rz. 171.
2 BGH v. 9.11.1983 – IVa ZR 151/82, BGHZ 89, 24 (29) = MDR 1984, 297; BGH v. 19.4.1989 – IVa ZR 85/88, BGHZ 107, 200 (201 f.) = MDR 1989, 800; *Riedel* in Damrau/Tanck, § 2314 BGB Rz. 35.
3 BGH v. 10.7.1975 – II ZR 154/72, NJW 1975, 1774 (1776 f.) m. Anm. *Blunck* 2191; OLG Zweibrücken v. 17.9.1986 – 2 U 58/81, FamRZ 1987, 1197 (1198); OLG Köln v. 4.3.1998 – 13 U 152/97, ZEV 1999, 110 (110 f.).
4 OLG Düsseldorf v. 17.5.1996 – 7 U 126/95, FamRZ 1997, 58 = NJW-RR 1997, 454; OLG Köln v. 4.3.1998 – 13 U 152/97, ZEV 1999, 110.
5 BGH v. 30.10.1974 – IV ZR 41/73, NJW 1975, 258; OLG Brandenburg v. 7.1.2004 – 13 U 25/03, ZErb 2004, 132 (133); OLG Köln v. 5.10.2005 – 2 U 153/04, ZEV 2006, 77 (78) m. zust. Anm. *v. Oertzen*.
6 OLG Köln v. 5.10.2005 – 2 U 153/04, ZEV 2006, 77 (78) m. zust. Anm. *v. Oertzen*; OLG Düsseldorf v. 28.4.1995 – 7 U 113/94, FamRZ 1995, 1299 (1301); *Haas* in Staudinger, 2006, § 2314 BGB Rz. 64.

nicht. Aufgrund der Feststellungen des Sachverständigen muss der Auskunftsberechtigte die Bewertung jedoch anhand einer anderen Methode durchführen können.[1] Der **Sachverständige** hat den Pflichtteilsberechtigten in Bezug auf die Wertermittlung möglichst umfassend, zumindest aber ausreichend ins Bild zu setzen.[2] Der Berechtigte hat aber keinen Anspruch auf ein bestimmtes, seinen Vorstellungen entsprechendes Gutachten, sondern nur auf eine Begutachtung, die den an die Tätigkeit von Sachverständigen zu stellenden Anforderungen genügt.[3] Da der Wertermittlungsanspruch die Durchsetzung des Pflichtteilsanspruchs lediglich vorbereitet, ist das Wertgutachten des Sachverständigen im Falle einer gerichtlichen Durchsetzung des Pflichtteilsanspruchs für die Parteien nicht bindend.[4]

Vor diesem Hintergrund sind Mindestanforderungen an die **Person des Sachverständigen** zu stellen. Das Gutachten ist durch einen unparteiischen Sachverständigen zu erstellen, der allein vom Erben auszuwählen ist.[5] Der Pflichtteilsberechtigte kann nicht eigenmächtig ein Gutachten in Auftrag geben und die Kosten sodann auf den Nachlass abwälzen. Befangen ist der Sachverständige, wenn ein Grund vorliegt, der bei vernünftiger Würdigung ein Misstrauen der Partei von ihrem Standpunkt aus rechtfertigen kann.[6] Da die Qualifikation im Gesetz nicht ausdrücklich geregelt ist, muss der Sachverständige nicht öffentlich bestellt oder vereidigt sein.[7]

62

c) Aufgabe des Tatrichters

Häufig stellt das Wertgutachten die zentrale Weichenstellung im Rahmen einer Pflichtteilsauseinandersetzung dar. Es ist daher Aufgabe des Tatrichters, zu entscheiden, welche von mehreren in Betracht kommenden **Bewertungsmethoden** im konkreten Einzelfall zu einem angemessenen Ergebnis führt. Seine Entscheidung ist als Tatfrage im Rahmen eines Revisionsverfahrens nur

63

---

1 OLG Celle v. 21.10.1994 – 7 W 37/94, OLG-Rp 1995, 103; OLG München v. 15.1.1988 – 14 U 572/87, NJW-RR 1988, 390 (391) = MDR 1988, 408 zum notwendigen Inhalt eines Sachverständigengutachtens im Falle einer Unternehmensbewertung.
2 OLG Brandenburg v. 7.1.2004 – 13 U 25/03, ZErb 2004, 132 (133 f.); OLG Köln v. 5.10.2005 – 2 U 153/04, ZEV 2006, 77 (78) m. zust. Anm. v. *Oertzen* und OLG Köln v. 4.3.1998 – 13 U 152/97, ZEV 1999, 110 (111).
3 OLG Oldenburg v. 23.6.1998 – 5 U 19/98, FamRZ 1999, 1099.
4 OLG Karlsruhe v. 9.7.2004 – 1 U 206/03, ZEV 2004, 468 (469) m. krit. Anm. *Fiedler*; OLG Köln v. 5.10.2005 – 2 U 153/04, ZEV 2006, 77 (78 f.) m. zust. Anm. v. *Oertzen*; *Bittler* in Mayer/Süß/Tanck/Bittler/Wälzholz, § 9 Rz. 84.
5 BGH v. 9.11.1983 – IVa ZR 151/82, BGHZ 89, 24 = MDR 1984, 297; OLG Düsseldorf v. 28.4.1995 – 7 U 113/94, FamRZ 1995, 1299 = ZEV 1995, 410 (412).
6 OLG Karlsruhe v. 9.7.2004 – 1 U 206/03, ZEV 2004, 468 (469) m. krit. Anm. *Fiedler*; *Lange* in MünchKomm. BGB, 6. Aufl. 2013, § 2314 BGB Rz. 20.
7 OLG Düsseldorf v. 17.5.1996 – 7 U 126/95, FamRZ 1997, 58 = NJW-RR 1997, 454; OLG Köln v. 26.10.2011 – 2 U 53/11, FamRZ 2012, 483 (484); *Riedel* in Damrau/Tanck, § 2314 BGB Rz. 36.

eingeschränkt dahingehend überprüfbar, ob die Tatsacheninstanz von rechtsfehlerhaften Erwägungen ausgegangen ist und gegen Denk- und Erfahrungssätze verstoßen hat.

64 Wenn es den Wert des Nachlasses bzw. einzelner Nachlassgegenstände nicht selbst ermittelt, so ist es die Aufgabe des Gerichts, einen **Sachverständigen** mit der Wertermittlung zu **beauftragen** und seine Arbeit hinsichtlich der angewandten Bewertungsmethode im konkreten Fall und hinsichtlich ihrer richtigen Anwendung zu **überprüfen**.[1]

III. Bewertung eines landwirtschaftlichen Unternehmens

1. Das Landguterbrecht des BGB

a) Bedeutung

65 Aus historischen Gründen existieren in Deutschland auch heute noch von §§ 1922 ff. BGB abweichende Sondervorschriften zum Landwirtschaftserbrecht. Zwar kennt das BGB lediglich zwei Paragraphen, die sich ausdrücklich mit der Nachfolge in landwirtschaftliche Betriebe befassen (§§ 2049 u. 2312 BGB; auch „**Landguterbrecht**" genannt). Allerdings gelten in vielen Landesteilen Deutschlands anerbenrechtliche Vorschriften (vgl. Art. 64 EGBGB). Daneben besteht in einigen Teilen der alten Bundesrepublik mit der HöfeO ein partikulares Bundesrecht. Das bundeseinheitliche Erbrecht wird zudem ergänzt durch den bewertungsrechtlichen Vorbehalt in Art. 137 EGBGB. Schließlich sind mit dem Zuweisungsverfahren nach dem GrdstVG auch verfahrensrechtliche Besonderheiten zu beachten.

Ziel dieser Sonderregelungen ist es, vor allem eine geschlossene Vererbung von wirtschaftlich lebensfähigen Landgütern innerhalb der bäuerlichen Familie sicherzustellen,[2] weshalb es sich mehr oder weniger um **agrarpolitische Schutzvorschriften** handelt, durch die entweder die Erbteilung eingeschränkt oder die Pflichtteilsansprüche reduziert werden bzw. eine für den Hofübernehmer günstigere Bewertung vorgeschrieben wird. Im Ergebnis soll der Hoferbe den Betrieb ohne Angst vor Schulden durch zu hohe Abfindungszahlungen übernehmen können und nicht wegen der Erbauseinandersetzung zum Verkauf des Hofs gezwungen werden. Auf diese Weise will man letztlich dem Übernehmer eines landwirtschaftlichen Hofs die Fortführung des Betriebs erleichtern.[3]

---

1 BGH v. 24.10.1990 – XII ZR 101/89, MDR 1991, 343 = FamRZ 1991, 43; BGH v. 28.3.2001 – VIII ZR 183/00, WM 2001, 1309; OLG München v. 15.1.1988 – 14 U 572/87, BB 1988, 429 (430) = MDR 1988, 408; *Riedel*, Rz. 72 f.
2 *Ebenroth*, Rz. 43; *Lange*, Kap. 21 Rz. 1-5; *Leipold* in MünchKomm. BGB, 6. Aufl. 2013, Einl. ErbR Rz. 146.
3 Zur Statistik s. *Wellmann*, ZErb 2010, 12 (12 f.).

b) Bestimmung des Wertes

aa) Ertragswertberechnung nach § 2049 BGB

(1) Bedeutung

Die agrarpolitisch motivierte Sonderregel des § 2049 BGB versucht, eine übermäßige, den Ertrag des Betriebs übersteigende finanzielle Belastung desjenigen zu verhindern, der als Erbe den landwirtschaftlichen Betrieb **fortführt**.[1] Zu diesem Zweck werden die Rechte der Miterben in der Erbauseinandersetzung eingeschränkt. Der das Landgut übernehmende Erbe soll zudem bei der Auseinandersetzung nicht gezwungen sein, Teile des Betriebes zu veräußern oder mit hohen Zahlungsverpflichtungen zu belasten, die eine Betriebsfortführung wirtschaftlich unrentabel machen.[2] § 2049 BGB ist gegenüber den im Einzelfall einschlägigen landesrechtlichen Sondererbrechten subsidiär (Art. 64 Abs. 1 EGBGB), greift also nur ein, wenn das in Rede stehende Landgut nicht einer landesrechtlichen Anerbenregelung unterliegt.[3]

66

§ 2049 Abs. 1 BGB enthält eine **Auslegungsregel**. Danach ist die Anordnung des Erblassers, dass ein Miterbe das Recht haben soll, ein Landgut zu übernehmen, im Zweifel zugleich so zu verstehen, dass das Gut bei Übernahme mit dem Ertragswert auf den Erbteil anzurechnen ist.[4] Die Vorschrift ist nur dann einschlägig, wenn kein anderer Wille des Erblassers feststellbar ist. Greift die Auslegungsregel ein, erfolgt die Bewertung des Landguts für die Berechnung von Ausgleichsansprüchen unter Miterben nicht unter Zugrundelegung des Verkehrs-, sondern des Ertragswerts.[5]

67

Die **praktische Bedeutung** der Privilegierung ist groß, da in der Landwirtschaft der Ertragswert regelmäßig unter dem Substanz- bzw. Liquidationswert liegt. Zwar entspricht die Ertragswertmethode durchaus dem bei der Bewertung von Betrieben und Unternehmen im Erbrecht Üblichen (s. dazu oben Rz. 34 ff.). Die Bedeutung der Wertprivilegierung der Landwirtschaft liegt aber darin, dass hier – anders als bei Unternehmen – der Liquidationswert nicht die Untergrenze bildet.[6]

68

(2) Voraussetzungen

§ 2049 BGB setzt voraus, dass sich im Nachlass ein Landgut befindet, dieses Landgut den Miterben durch Anordnung des Erblassers zugewandt worden ist und keine landesgesetzlichen Sonderregeln Anwendung finden. Liegen diese

69

---

1 *Hähn* in Damrau/Tanck, § 2049 BGB Rz. 1; *Weidlich*, ZEV 1996, 380; *Wolf* in Soergel, § 2049 BGB Rz. 1.
2 BGH v. 22.10.1986 – IVa ZR 76/85, BGHZ 98, 375 = MDR 1987, 212.
3 Überblick über die Rechtslage in den einzelnen Bundesländern bei *J. Mayer* in Staudinger, 2012, Art. 64 EGBGB Rz. 86 ff.; *Wöhrmann*, Einl. Rz. 29-47.
4 *Eberl-Borges* in NomosKomm. BGB, § 2049 BGB Rz. 7; *Lohmann* in Bamberger/Roth, § 2049 BGB Rz. 3; *Werner* in Staudinger, 2010, § 2049 BGB Rz. 1.
5 OLG Celle v. 23.1.1961 – 7 Wlw 100/60, RdL 1961, 103; *Ann* in MünchKomm. BGB, 6. Aufl. 2013, § 2049 BGB Rz. 9; *Kipp/Coing*, § 44 II. 2; *Lange*, Kap. 21 Rz. 42.
6 *Kronthaler*, S. 103.

Voraussetzungen vor, besteht die Privilegierung darin, dass der **Ertragswert** anzusetzen ist, soweit er den **Verkehrswert unterschreitet**.

70 Unter einem Landgut i.S.v. § 2049 BGB ist eine Besitzung zu verstehen, die „eine zum selbständigen dauerhaften Betrieb der Landwirtschaft einschließlich der Viehzucht oder der Forstwirtschaft geeignete und bestimmte Wirtschaftseinheit darstellt und mit den notwendigen Wohn- und Wirtschaftsgebäuden versehen ist. Sie muss eine gewisse Größe erreichen und für den Inhaber eine selbständige Nahrungsquelle darstellen. Dass eine Ackernahrung vorliegt, ist jedoch nicht erforderlich; eine Besitzung kann auch dann ein Landgut sein, wenn der Inhaber neben der Landwirtschaft einen anderen Beruf ausübt".[1] Damit entspricht der Begriff demjenigen in § 585 BGB; zum Landgut gehört stets auch das ihm dienende Zubehör (§§ 97, 98 BGB). Zur Konkretisierung des Zubehörbegriffs kann auf § 33 Abs. 2 BewG zurückgegriffen werden.

71 Weitere Voraussetzungen, wie etwa eine bestimmte **Mindestgröße** oder eine **Mindestertragskraft** werden vom BGB nicht gefordert.[2] Auch braucht das Landgut eine Familie nicht unabhängig vom Markt und der allgemeinen Wirtschaftslage zu ernähren (sog. Ackernahrung).[3] Allerdings muss ein erheblicher oder wesentlicher Teil des Einkommens aus der Landwirtschaft fließen;[4] dies ist im Zweifelsfall durch ein Sachverständigengutachten zu ermitteln.[5] Schon aus verfassungsrechtlichen Gründen muss der Betrieb leistungsfähig sein. Dabei ist nicht endgültig geklärt, welche quantitativen Mindestgrößen zur Feststellung der Leistungsfähigkeit herangezogen werden sollen.[6] Der Betrieb kann jedenfalls grundsätzlich nebenberuflich geführt werden.[7] Zur Vermeidung verfassungswidriger Ergebnisse muss es sich in jedem Fall um einen leistungsfähi-

---

1 BGH v. 4.5.1964 – III ZR 159/63, NJW 1964, 1414 (1416); BGH v. 12.1.1972 – IV ZR 124/70, MDR 1972, 496; BGH v. 22.10.1986 – IVa ZR 76/85, BGHZ 98, 375 (377) = MDR 1987, 212; BGH v. 11.3.1992 – IV ZR 62/91, NJW-RR 1992, 770.
2 BGH v. 22.10.1986 – IVa ZR 76/85, BGHZ 98, 375 (378) = MDR 1987, 212. Nach *Wöhrmann*, § 2049 BGB Rz. 10 stößt die Privilegierung von Kleinstbetrieben unter 5.000 € auf verfassungsrechtliche Bedenken. Ausführlich zur Betriebsgröße: *J. Mayer* in Staudinger, 2012, Art. 137 EGBGB Rz. 26-33.
3 BGH v. 4.5.1964 – III ZR 159/63, NJW 1964, 1414 (1416).
4 BGH v. 11.3.1992 – IV ZR 62/91, NJW-RR 1992, 770 (Bewirtschaftung von 5,6 ha Ackerland und 2,9 ha Wald als Nebentätigkeit genügt trotz teilweiser Verpachtung des Grundbesitzes und hohen Alters der Maschinen); BGH v. 22.10.1986 – IVa ZR 76/85, BGHZ 98, 375 (377 f.) = MDR 1987, 212; BGH v. 4.5.1964 – III ZR 159/63, NJW 1964, 1414 (1416) („selbständige Nahrungsquelle" nötig, „Ackernahrung" nicht nötig; Bewirtschaftung als Nebentätigkeit genügt); OLG Stuttgart v. 30.12.1985 – 2 U 42/85, AgrarR 1986, 233 (Bewirtschaftung als Nebentätigkeit genügt, aber „selbständige Nahrungsquelle" nötig, 1,4 ha reichen nicht).
5 BGH v. 26.9.2007 – IV ZR 207/06, FamRZ 2008, 140.
6 Überblick über den Streitstand bei *J. Mayer* in Staudinger, 2012, Art. 137 EGBGB Rz. 34-47.
7 BGH v. 22.10.1986 – IVa ZR 76/85, BGHZ 98, 375 (377) = MDR 1987, 212; BGH v. 11.3.1992 – IV ZR 62/91, NJW-RR 1992, 770; OLG München v. 21.6.2006 – 20 U 2160/06, FamRZ 2007, 507 = ZErb 2006, 322.

gen Betrieb handeln, der am Markt überlebensfähig ist.[1] Am Merkmal der Selbstständigkeit fehlt es, wenn ein Landgut einem anderen landwirtschaftlichen Besitztum derart zugeordnet ist, dass die Bewirtschaftung ausschließlich von dem anderen Hof aus erfolgt und eine Änderung in der Bewirtschaftung mit dem Ziel einer eigenständigen Bewirtschaftung des zugeordneten Besitzes nicht beabsichtigt ist. Nicht abschließend geklärt ist jedoch, inwieweit das Merkmal der Leistungsfähigkeit anhand betriebswirtschaftlicher Kriterien bzw. Kennzahlen zu ermitteln ist.

Kein Landgut im Sinne dieser Vorschrift ist jedenfalls derjenige Betrieb, der nicht auf der wesentlichen Betriebsgrundlage Grund und Boden bewirtschaftet, wie etwa ein Tierzuchtbetrieb im Sinne einer Agrarfarm, der Massentierhaltung betreibt und sein Futter weitestgehend zukauft. Hierbei handelt es sich um einen Gewerbebetrieb, der den allgemeinen rechtlichen Vorschriften unterliegt. Ebenso wenig stellen einzelne landwirtschaftliche Grundstücke ohne Verbund mit der Hofstelle ein Landgut dar. Verpachtete Betriebe fallen regelmäßig ebenfalls aus dem Bewertungssystem für die Landwirtschaft heraus.[2]

§ 2049 BGB verlangt, dass es zu einer Übernahme des Landguts durch den Erben gekommen ist. Dazu ist unerheblich, ob zum Zeitpunkt der Übernahme tatsächlich eine Bewirtschaftung stattfindet.[3] Ausgeschlossen ist die Übernahme aber, wenn der Betrieb vollständig eingestellt wurde und eine Wiederaufnahme nicht ernsthaft geplant ist.[4]

bb) Auseinandersetzung der Erbengemeinschaft

Beim Wertausgleich zwischen den Miterben wird für das Landgut der Ertragswert in Ansatz gebracht. Das Landgut fällt mithin zunächst – anders als bei der Hoferbfolge – der Erbengemeinschaft an. Der übernahmeberechtigte Erbe kann sodann von der Erbengemeinschaft die **Einräumung des Alleineigentums am Landgut verlangen**. Inhaltlich kann die Anordnung nach § 2049 Abs. 1 BGB den Rechtscharakter einer Teilungsanordnung, eines Vorausvermächtnisses oder auch einer Erbeinsetzung besitzen. Letzteres dürfte der Fall sein, wenn das Landgut den wesentlichen Nachlassgegenstand darstellt; zumeist handelt es sich aber wohl um eine Teilungsanordnung.[5] Ein bloßes Vermächtnis reicht nicht aus.

Die Ermittlung des Ertragswerts führt zum einen dazu, dass das **Landgut insgesamt bewertet** wird und nicht etwa seine einzelnen Bestandteile. Zum ande-

---

1 OLG München v. 21.6.2006 – 20 U 2160/06, FamRZ 2007, 507 = ZErb 2006, 322; *Pabsch*, AgrarR 1994, 5; ähnlich *Riedel* in Mayer/Süß/Tanck/Bittler/Wälzholz, § 5 Rz. 260.
2 *Kronthaler*, S. 105 f.; vgl. auch *Kegel* in FS Cohn, S. 85 (111) zu § 2312 BGB.
3 BGH v. 11.3.1992 – IV ZR 62/91, NJW-RR 1992, 770 (770 f.); *Lange* in Münch-Komm. BGB, 6. Aufl. 2013, § 2312 BGB Rz. 13 (zum Pflichtteilsrecht).
4 BGH v. 22.10.1986 – IVa ZR 76/85, BGHZ 98, 375 (378) = MDR 1987, 212; OLG München v. 14.1.2003 – 23 U 1830/02, NJW-RR 2003, 1518 (1519); *J. Mayer* in Staudinger, 2012, Art. 137 EGBGB Rz. 50.
5 RG v. 13.11.1942 – VII 60/42, RGZ 170, 163 (169 ff.); *Hähn* in Damrau/Tanck, § 2049 BGB Rz. 21; *Lange*, Kap. 21 Rz. 41 f.

ren gelangen Arbeitseinkommen nicht zur Verteilung, da der Lohnanspruch des Landwirts vorweg zuerkannt wird. Wird dann noch, wie in der Praxis durchaus üblich, die Abfindung in Raten abgegolten, kommt es zu einer erheblichen Besserstellung des das Landgut übernehmenden Miterben.

cc) Berechnung der Abfindung

(1) Begriff des Ertragswerts

76 Zur Berechnung der Abfindung der Miterben und zur Bewertung des Erbteils des Übernehmers ist der Ertragswert zugrunde zu legen, solange nicht der Verkehrswert ausnahmsweise niedriger als der Ertragswert ist. Der Gesetzgeber ist davon ausgegangen, dass der „wirkliche Wert" eines Landguts nur im **Ertragswert** liegen könne, da der Hoferbe das Landgut weiterbetreibt. Entsprechend dem Gedanken des Familienerbrechts des BGB soll das Landgut grundsätzlich in der Familie erhalten bleiben. Der Ertragswert ist daher vom wirklichen Wert zu unterscheiden, der ansonsten im Erbrecht maßgeblich ist und sich grundsätzlich nach dem Verkaufserlös richtet (s. dazu oben Rz. 31 ff.).

77 Nach den dürftigen Aussagen des § 2049 Abs. 2 BGB richtet sich der Ertragswert an dem bei ordnungsgemäßer Bewirtschaftung des konkreten Landguts in seiner bisherigen Bestimmung **nachhaltig erzielbaren** Reinertrag aus. Da auf die bisherige wirtschaftliche Bestimmung abgestellt wird, darf eine mögliche Veränderung der Bewirtschaftungsweise nicht berücksichtigt werden. Mit dem Begriff der Nachhaltigkeit ist gemeint, dass sowohl ein Raubbau als auch eine Misswirtschaft unberücksichtigt bleiben.

(2) Grundlagen des Ertragswerts

78 Damit der Ertragswert eines Landguts errechnet werden kann, muss unterstellt werden, dass der Betrieb künftig Erträge erwirtschaftet. Der Ertragswert wird durch Abdiskontierung der zukünftig **zu erwartenden Reinerträge** ermittelt. Gleichwohl handelt es sich um einen (nur teilweise definierten) Rechtsbegriff.

79 Nicht selten weist ein landwirtschaftlicher Betrieb einen **negativen** Reinertrag auf.[1] Würde man in einem solchen Fall strenge Anforderungen an das Kriterium der Lebensfähigkeit stellen, schiede die Ertragswertermittlung ohnehin schon aus, da der Betrieb aus dem landwirtschaftlichen Sondererbrecht herauszunehmen ist. Dies ist jedoch in der Literatur sehr umstritten.[2] In der Rechtsprechung sind bislang keine Kriterien entwickelt worden, anhand derer die Frage beantwortet werden kann, welche Erträge ein Betrieb erwirtschaften muss, um als leistungsfähig zu gelten.[3] Zu beachten ist auch, dass nicht selten der negative Reinertrag allein daraus resultiert, dass beträchtliche Lohnansprüche angesetzt werden. Letztlich entstehen durch den großzügigen Ansatz des

---

1 *Pabsch*, AgrarR 1994, 5 (10).
2 Vgl. die Nachweise bei *Kempfler*, ZEV 2011, 337 (339 f.). Teilweise behilft man sich bei negativem Reinertrag mit dem Ansatz des Pachtzinses, der zu erzielen wäre, wenn der Betrieb und das Wohnhaus verpachtet würden.
3 *Wöhrmann*, § 2049 BGB Rz. 9 f.; weiterführend *J. Mayer* in Staudinger, 2012, Art. 137 EGBGB Rz. 26 ff.

Reinertrags negative Folgen für die weichenden Erben, die verfassungsrechtlich zu legitimieren sind.[1]

(3) Ermittlung des Ertragswerts

(a) Rechtliche Grundlagen

§ 2049 BGB enthält lediglich eine gesetzliche Umschreibung derjenigen Merkmale, die den Ertragswert kennzeichnen sollen: die bisherige wirtschaftliche Bestimmung des Landguts, seine ordnungsgemäße Bewirtschaftung und der daraus nachhaltig erzielbare Reinertrag. Die Vorschrift schreibt jedoch weder vor, wie sich der Reinertrag im Einzelnen anhand dieser Merkmale beurteilt, noch wie der Ertragswert auf der Grundlage eines jährlichen Reinertrags genau errechnet werden soll. Festzuhalten ist allerdings, dass es für die Ermittlung des Reinertrags auf eine **objektivierte ordnungsgemäße Bewirtschaftung** ankommt.[2] Ferner hat die Bewertung sachgerecht zu erfolgen. Da mit der Anwendung des § 2049 BGB eine Benachteiligung der übrigen Erben einhergeht, müssen die tatsächlichen Verhältnisse bestmöglich und aktuell erfasst werden.[3]

Das BVerfG hat diesbezüglich ausgeführt: „§ 2049 Abs. 2 BGB stellt sich (...) als unvollkommene Bewertungsanweisung dar, die im Bereich der Feststellung des Reinertrags Streitfragen zur Berücksichtigung bestimmter Faktoren entstehen läßt (...). Vor allem aber läßt § 2049 Abs. 2 BGB offen, welcher Vervielfältiger für die Festsetzung des Ertragswerts anzuwenden ist. Ohne eine solche gesetzliche Regelung ist bei jeder einzelnen Wertfestsetzung der nach den örtlichen wirtschaftlichen Verhältnissen in Betracht kommende Kapitalisierungsfaktor zu ermitteln; dies kann divergierende Entscheidungen und Rechtsunsicherheit auslösen. Es ist daher davon auszugehen, daß der Gesetzgeber Raum für eine normative Ergänzung des § 2049 Abs. 2 BGB gelassen hat; Art. 137 EGBGB ist somit dahin zu verstehen, daß er diese den Ländern vorbehält."[4]

Dieser Aufgabe sind die Länder allerdings nicht gerecht geworden. Die besagten landesrechtlichen Vorschriften schweigen vielmehr zu der Frage, wie der Ertragswert im Einzelnen festzustellen ist. Sie legen lediglich den **Kapitalisierungsfaktor** fest, um den der Reinertrag zu vervielfältigen ist. Auf diesem Wege gelangt man zu dem Ertragswert. Vom Vorbehalt zugunsten des Landesrechts (Art. 137 EGBGB) nicht mehr gedeckt sind solche Regelungen, die den Ertragswert von Landgütern auf der Grundlage des steuerlichen Einheitswertes errechnen, auch wenn dieser sich letztlich wieder am Reinertrag orientiert. So ist nach dem BVerfG § 23 SchlHAGBGB mit Art. 137 EGBGB und § 2049 Abs. 2 BGB nicht vereinbar, weil die **steuerliche Einheitsbewertung** eine von

---

1 Vgl. *Bewer*, AgrarR 1976, 273 (275): „Reinertragslose Höfe werden durch rechnerische Gewalttat in Ertragswertimage versetzt."
2 *Ruby*, ZEV 2007, 263 (265).
3 BVerfG v. 26.4.1988 – 2 BvL 13/86, 2 BvL 14/86, BVerfGE 78, 132 (149); OLG Düsseldorf v. 27.9.1985 – 7 UF 12/85, FamRZ 1986, 168 = AgrarR 1986, 168.
4 BVerfG v. 26.4.1988 – 2 BvL 13/86, 2 BvL 14/86, BVerfGE 78, 132 (146); vgl. auch BVerfG v. 16.10.1984 – 1 BvL 17/80, BVerfGE 67, 348 (362 ff.) = MDR 1985, 642 zum Zugewinnausgleich.

der erbrechtlichen Nachlassbewertung grundsätzlich abweichende Zielsetzung hat.[1]

(b) Praxis der Ermittlung des Reinertrags

83   Da somit rechtliche Kategorien nur unvollständig existieren, haben sich in der Praxis betriebswirtschaftliche Bewertungsmethoden weitgehend durchgesetzt.[2] Der Ertragswert ist nach betriebswirtschaftlichen Grundsätzen ein bestimmtes Vielfaches des Reinertrags. Die Feststellung des Ertragswerts basiert auf einer **Zukunftsprognose**, die allerdings zur Ermittlung auf die Datenlage zur bisherigen Bewirtschaftung zurückgreifen muss.[3] Kommt es also auf die bisherige Bestimmung als Landgut an, so ermittelt sich der Ertragswert aus einem Mehrfachen desjenigen Reinertrags, den das konkrete Landgut bei objektiv ordnungsgemäßer Bewirtschaftung nachhaltig gewähren kann, wobei auch naheliegende zukünftige Entwicklungen einbezogen werden dürfen. Dies gilt selbst dann, wenn eine solche objektiv ordnungsgemäße Bewirtschaftung bislang nicht erfolgt ist.

84   Grundsätzlich kann der Reinertrag im Wege der Ertrags-Aufwands-Rechnung, mittels Durchführung einer Deckungsbeitragsrechnung oder durch Ableitung aus dem Durchschnitt von Vergleichsbetrieben ermittelt werden. Die steuerlichen Bewertungsgrundsätze sind allenfalls ergänzend heranzuziehen; eine Ermittlung rein nach den steuerlichen Bewertungsvorschriften wäre verfassungswidrig.[4] **Nicht ausreichend** ist es ferner, den steuerlichen Betriebsabschluss heranzuziehen, da dieser infolge steuerlicher Verzerrungen keine hinreichende Grundlage bietet.[5] Zur Bestimmung des Reinertrags findet sich in der einschlägigen Literatur nur Weniges;[6] eine gewisse Bedeutung hat in der jüngeren Vergangenheit der Leitfaden der Deutschen Gesellschaft für Agrarrecht (DGAR) aus dem Jahr 1994 erlangt.[7]

85   Unter dem Reinertrag ist eine **Erfolgskennziffer** für landwirtschaftliche Betriebe zu verstehen, in dessen Ermittlung nur diejenigen Erträge und Aufwendungen eingehen, die mit dem Betrieb in Zusammenhang stehen. Da der Reinertrag als Entlohnung der eingesetzten Produktionsfaktoren verstanden wird,

---

1   BVerfG v. 26.4.1988 – 2 BvL 13/86, 2 BvL 14/86, BVerfGE 78, 132.
2   Dazu sehr krit. *Wöhrmann*, § 2049 BGB Rz. 77: „willkürlich anmutende, kaum vorhersehbare und unterschiedliche Ergebnisse."
3   *Köhne*, AgrarR 1984, 57.
4   BVerfG v. 26.4.1988 – 2 BvL 13/86, 2 BvL 14/86, BVerfGE 78, 132 (150 ff.) zu § 36 BewG (keine schematische Ermittlung nach Durchschnitts- oder Vergleichswerten); OLG Düsseldorf v. 27.9.1985 – 7 UF 12/85, FamRZ 1986, 168 = AgrarR 1986, 168; *J. Mayer* in Staudinger, 2012, Art. 137 EGBGB Rz. 36; *Wolf* in Soergel, § 2049 BGB Rz. 1. Für eine Orientierung an bewertungsrechtlichen Grundsätzen tendenziell *Wöhrmann*, § 2049 BGB Rz. 82. Unzutreffend daher *Lohmann* in Bamberger/Roth, § 2049 BGB Rz. 4, wonach bei Fehlen einer landesgesetzlichen Regelung auf § 36 Abs. 2 S. 3 BewG zurückzugreifen sei.
5   *Köhne*, AgrarR 1984, 57 (58).
6   Vgl. aber *Köhne*, AgrarR 1982, 29 (30 f.); *Müller-Feldhammer*, ZEV 1995, 161 (163); *Wöhrmann*, § 2049 BGB Rz. 78 ff.
7   Siehe dazu *Pabsch*, AgrarR 1994, 5.

ist er von den Eigentumsverhältnissen losgelöst (Pacht, Leasing). § 2049 BGB spricht vom Reinertrag, weshalb die entsprechenden Kosten und Betriebsausgaben ebenso vorab abzuziehen sind, wie die Rücklagen für künftig erforderliche Reparaturen bzw. die Anschaffung von notwendigem Inventar.

Zumeist wird ausgeführt, der Reinertrag sei durch Abzug des betrieblichen Aufwands vom Rohertrag zu ermitteln.[1] In jedem Fall ist gesetzlich gefordert, dass vom nachhaltigen Ertrag in Form eines Zukunftsertrags auszugehen ist, dem üblicherweise der Durchschnitt der Erträge der letzten Jahre zugrunde gelegt wird. Da es auf die „ordnungsgemäße" Bewirtschaftung ankommt, ist ein gänzlich individuelles Verfahren abzulehnen. Zu ermitteln ist vielmehr der Reinertrag, der nach Produktionskapazität und Faktorausstattung des Betriebs **objektiv erzielbar** ist.[2] In die Ermittlung des Reinertrags sind staatliche Subventionen jedenfalls dann einzubeziehen, wenn sie betriebs- und/oder produktionsbezogen gewährt werden.[3]

86

Ist der Rohertrag ermittelt, ist der **betriebliche Aufwand** zu erfassen und in Abzug zu bringen. Betrieblicher Aufwand sind sämtliche betriebliche Kosten, einschließlich der Abschreibungen.[4] Abzusetzen sind neben den tatsächlich anfallenden Löhnen auch die Lohnansprüche des Betriebsinhabers und seiner mitarbeitenden Familienangehörigen, selbst wenn diese im konkreten Fall nicht entlohnt werden.[5] Wirtschaftet das Landgut mit Fremdkapital, sind Fremdzinsen nicht vom Reinertrag in Abzug zu bringen. Fremdkapital wird im Rahmen der Erbauseinandersetzung als Teil der Nachlassschulden betrachtet, die gesondert berücksichtigt werden.[6]

87

Um den **Kapitalisierungsfaktor** nicht in jedem Einzelfall nach den örtlichen Verhältnissen ermitteln zu müssen, kann § 2049 Abs. 2 BGB nach Art. 137 EGBGB landesrechtlich dahin ergänzt werden, wie vom Reinertrag der Ertragswert errechnet wird.[7] Dies ist in zahlreichen Bundesländern geschehen, die zur Berechnung des Ertragswerts unterschiedliche Multiplikatoren für den Reinertrag vorsehen, aus denen sich der für die Bewertung zugrunde zu legende Ertragswert errechnet. Je nach Bundesland wird teilweise das 25-fache, teilweise das 18-fache des jährlichen Reinertrags als Ertragswert angenommen.[8] Aufgrund der landesrechtlichen Multiplikatoren potenziert sich jeder Fehler zwangsläufig nach unten oder nach oben.

88

Darüber hinaus **fehlen gesetzliche Vorgaben** hinsichtlich der konkreten Berechnung. Einigkeit besteht darin, dass die örtlichen und individuellen Verhält-

89

---

1 *Kempfler*, ZEV 2011, 337 (338); *Lohr/Prettl* in Schlitt/Müller, § 4 Rz. 220 ff.; *Müller-Feldhammer*, ZEV 1995, 161 (163 f.).
2 *Bewer*, AgrarR 1967, 273 (275).
3 OLG Celle v. 3.7.2003 – 6 U 46/03, FamRZ 2004, 1823 (1825); *Ann* in Münch-Komm. BGB, 6. Aufl. 2013, § 2049 BGB Rz. 11; *Kronthaler*, S. 174 f.; *Pabsch*, AgrarR 1994, 5 (8).
4 OLG Celle v. 10.10.2007 – 7 U 62/06, ZEV 2009, 141 (142).
5 OLG Celle v. 10.10.2007 – 7 U 62/06, ZEV 2009, 141 (142).
6 *Köhne*, AgrarR 1984, 57 (59).
7 Übersicht bei *Mayer-Klenk*, ErbR 2008, 311 (313); *Ruby*, ZEV 2007, 263 (265 f.).
8 Dazu *J. Mayer* in Staudinger, 2012, Art. 137 EGBGB Rz. 55 ff.; *Mayer-Klenk*, ErbR 2008, 311 (313); *Wöhrmann*, § 2049 Rz. 87-103.

nisse des konkreten Landguts zugrunde zu legen sind. Abzustellen ist auf den Zeitpunkt der Auseinandersetzung.[1] Zwar spricht § 2049 BGB davon, dass der Ertragswert nachhaltig zu erzielen ist. Umstritten ist aber, wie groß der Zeitraum sein muss, um Extrem- und Zufallswerte ausschließen zu können. Teilweise wird auf die letzten zehn Jahre vor dem Erbfall abgestellt; andere Stimmen lassen schon drei Jahre für eine hinreichende Datenfundierung ausreichen.[2]

90 Vereinzelt finden sich in der oberlandesgerichtlichen Rechtsprechung weitere Hinweise zur Ermittlung des Reinertrags, wobei allerdings Zurückhaltung mit vorschnellen Verallgemeinerungen angebracht ist. So hat das OLG Celle ausgeführt: „Der Ertragswert bestimmt sich nach dem Reinertrag. Der Reinertrag wird durch Abzug des betrieblichen Aufwands vom Rohertrag ermittelt, wobei die Ermittlungsgrundlagen der bisherigen Bewirtschaftung zu entnehmen sind. Zum Aufwand zählen insbesondere alle betrieblichen Kosten (z. B. Löhne und Abschreibungen für betrieblich genutzte Wirtschaftsgüter). In Abzug zu bringen ist auch ein Lohnanspruch des Betriebsinhabers und seiner nicht entlohnten, mitarbeitenden Familienangehörigen".[3] Das OLG Koblenz hat in einer Entscheidung die Anwendung der Deckungsbeitragsrechnung zur Ermittlung des Reinertrags als „realistisch" gebilligt.[4]

dd) Ertragswert und Abfindung

91 Zu beachten ist, dass im Falle der Anwendbarkeit des § 2049 BGB nur diejenigen Vermögenspositionen mit dem Ertragswert in Ansatz gebracht werden können, **die dem Landgut zuzurechnen sind.** Weitere Posten, die der Erwerber ebenfalls geerbt hat und die nicht zum Landgut zählen, sind nach den allgemeinen Vorschriften mit dem Verkehrswert zu bewerten (Wertpapiere, fremdvermietete Immobilien, Bauland,[5] nicht betriebsnotwendiges Vermögen etc.). Dies gilt auch für solche Vermögensbestandteile, die sich ohne Gefahr für die dauernde Lebensfähigkeit des Landguts herauslösen lassen.[6] Es ist daher unverzichtbar, dass eine Bestandsaufnahme und eine **Abgrenzung der Vermögensposten** vorgenommen werden, bevor bewertet wird.[7] Schwierigkeiten bereitet in diesem Zusammenhang die Abgrenzung zu anderen Einkunftsquellen. Während Nebenbetriebe (Hofladen etc.) in den Ertragswert des landwirtschaftlichen Betriebs einbezogen werden, sind Einkünfte aus abtrennbaren oder Zusatz-

---

1 *Stein* in Soergel, § 2049 BGB Rz. 4.
2 Etwa *Mayer-Klenk*, ErbR 2008, 311 (312): 3-5 Jahre.
3 OLG Celle v. 10.10.2007 – 7 U 62/06, ZEV 2009, 141 (142).
4 OLG Koblenz v. 21.7.1987 – 3 WLw 6/86, AgrarR 1988, 45; vgl. auch OLG München v. 18.3.2009 – 20 U 2160/06, FamRZ 2007, 507 = ZEV 2009, 301 m. Anm. *Kempfler*, ZEV 2010, 415; dort wurde ein Sachverständigengutachten vorgelegt, das auf der Deckungsbeitragsrechnung beruhte.
5 Baureife Grundstücke sind nicht mit dem Ertragswert, sondern mit ihrem Normalverkaufswert anzusetzen, wenn sie nicht betriebsnotwendig sind; BGH v. 22.10.1986 – IVa ZR 143/85, BGHZ 98, 382 (388 f.) = MDR 1987, 389.
6 BGH v. 9.10.1991 – IV ZR 259/90, FamRZ 1992, 172 (173) = MDR 1992, 56; *Lohr/Prettl* in Schlitt/Müller, § 4 Rz. 207.
7 *Köhne*, AgrarR 1982, 29 (29 f.).

betrieben (Campingplatz) nicht der Landwirtschaft hinzuzurechnen.[1] Zu beachten ist, dass insoweit eine rechtliche Betrachtungsweise anzuwenden ist. Es kommt daher nicht darauf an, ob eine Vermögensposition nach den GoB üblicherweise dem Betrieb zuzurechnen ist, sondern darauf, ob sie rechtlich zum Betriebsvermögen i.S.v. § 2049 BGB zählt. Anders als die HöfeO kennt das BGB keinen Nachabfindungsanspruch; er kann allerdings vertraglich vereinbart werden.[2]

ee) Darlegungs- und Beweislast

Die Erfassung der **tatsächlichen Voraussetzungen für die Landguteigenschaft** ist nicht selten zwischen den Parteien umstritten. Vergleichbares gilt für die Grundlagen der Landgutbewertung. Dabei ist von dem prozessualen Grundsatz auszugehen, dass der Anspruchsteller sämtliche tatsächlichen Voraussetzungen darzulegen und zu beweisen hat. Allerdings wird es bei § 2049 BGB häufig so sein, dass ein weichender Miterbe die Klägerrolle einnimmt, etwa weil er eine Abfindung zum Verkehrswert begehrt. Der das Landgut übernehmende Miterbe wird sich auf die Landguteigenschaft und auf die sonstigen Voraussetzungen des § 2049 BGB berufen und eine Abfindung zum Ertragswert anbieten. § 2049 BGB stellt daher eine Ausnahmevorschrift im System der Miterbenauseinandersetzung dar, da ohne das Landgut die Ausgleichung zum Verkehrswert oder die Realteilung vorzunehmen wäre. Daher muss derjenige, der sich auf die Begünstigungen der Vorschrift beruft, deren tatsächliche Voraussetzungen darlegen und beweisen.[3] Sodann obliegt es dem Tatrichter festzustellen, ob im Einzelfall ein zur Fortführung geeigneter landwirtschaftlicher Betrieb vorhanden und ob die Fortführung durch den Übernehmer gesichert ist.[4]

92

c) Landgutbewertung im Pflichtteilsrecht

aa) Bedeutung

Eine wichtige agrarpolitische Schutzvorschrift im Rahmen des Pflichtteilsrechts findet sich in § 2312 BGB. Die Norm soll dem Übernehmer eines Landguts, der selbst zum Kreis pflichtteilsberechtigter Personen gehören muss (vgl. § 2312 Abs. 3 BGB), die Fortführung des ererbten Betriebs dadurch erleichtern, dass gegen ihn gerichtete Pflichtteilsansprüche nicht auf der Grundlage des am Verkaufswert orientierten Schätzungswertes, sondern des in der Regel **niedrigeren Ertragswertes** berechnet werden. Auf diese Weise soll im Interesse der Allgemeinheit eine gesunde Agrarstruktur erhalten bleiben.[5] Anders als bei der Pflichtteilsberechnung sonst üblich, bildet der Liquidationswert nicht die un-

93

---

1 *Pabsch*, AgrarR 1994, 5 (7 f.).
2 *Ann* in MünchKomm. BGB, 6. Aufl. 2013, § 2049 BGB Rz. 5.
3 *Hähn* in Damrau/Tanck, § 2049 BGB Rz. 42; *Kipp/Coing*, § 44 II. 2; *Kronthaler*, S. 116 f.
4 BGH v. 27.9.1989 – IVb ZR 75/88, NJW-RR 1990, 68 (69) = MDR 1990, 227; BGH v. 11.3.1992 – IV ZR 62/91, NJW-RR 1992, 770.
5 *Lange* in MünchKomm. BGB, 6. Aufl. 2013, § 2312 BGB Rz. 1; *Lohr/Prettl* in Schlitt/Müller, § 4 Rz. 203; *Ruby*, ZEV 2006, 351.

tere Grenze der Wertermittlung (vgl. dazu oben Rz. 30). § 2312 BGB ist auch dann anzuwenden, wenn das Landgut bereits zu Lebzeiten des Erblassers übergeben wurde und gegen den Übernehmer Pflichtteilsergänzungsansprüche gem. §§ 2325 ff. BGB geltend gemacht werden.[1]

94 Für den Geltungsbereich der **höferechtlichen Sondererbfolge** enthalten die HöfeO sowie die Anerbengesetze einzelner Bundesländer noch weitergehende Schutzbestimmungen zugunsten des Hoferben.[2] Im Anwendungsbereich der landwirtschaftlichen Sondererbfolge nach diesen Bestimmungen i.S.v. Art. 64 EGBGB findet § 2312 BGB keine Anwendung. Der Hofeigentümer kann jedoch durch negative Hoferklärung die Löschung des Hofvermerks bewirken mit der Folge, dass dann das Landguterbrecht des BGB zur Anwendung gelangt.[3]

bb) Voraussetzungen für die Ertragswertberechnung

(1) Persönlicher Anwendungsbereich

95 Damit für die Pflichtteilsberechnung das Ertragswertverfahren herangezogen werden kann, muss der das Landgut erwerbende Erbe zu dem Kreis der in § 2303 BGB bezeichneten, grundsätzlich pflichtteilsberechtigten Personen zählen (§ 2312 Abs. 3 BGB).[4] Die **persönlichen Voraussetzungen** des § 2312 Abs. 3 BGB sind daher nicht erfüllt, wenn dem Übernehmer das Landgut in Form eines Vermächtnisses zugewandt wird.[5]

96 § 2312 BGB ist nicht anwendbar, wenn mehrere Pflichtteilsberechtigte das Landgut zu Bruchteilen im Wege der vorweggenommenen Erbfolge erhalten, da die Vorschrift weder vom Wortlaut noch nach dem Zweck auf den Fall anwendbar ist, dass mehrere das Landgut übernehmen.[6] Gehört zum Nachlass ein gütergemeinschaftlicher Anteil an einem Landgut, ist § 2312 BGB hingegen anwendbar.[7] Gleiches gilt für den Fall, dass bei einer Übergabe an ein Kind dessen Ehegatte nach § 1416 Abs. 1 Satz 2 BGB Miteigentum kraft Gesetzes erwirbt.[8]

97 § 2312 Abs. 1 BGB betrifft den Fall, dass der Erblasser mehrere Erben hinterlässt und die Anordnung getroffen hat, dass ein **Miterbe** das Recht haben soll,

---

1 BGH v. 14.12.1994 – IV ZR 113/94, MDR 1995, 288 = NJW 1995, 1352; BGH v. 4.5.1964 – III ZR 159/63, NJW 1964, 1414 (1415); BGH v. 15.4.1964 – V ZR 105/62, NJW 1964, 1323; OLG Jena 8.3.2006 – 2 U 762/05, NJW-RR 2006, 951 (952); *Weidlich*, ZEV 1996, 380 (381).
2 *Söbbeke*, ZEV 2006, 395 (395 ff.); zur HöfeO s. unten Rz. 106 ff.
3 *Kempfler*, ZEV 2011, 337 (338); *Ruby*, ZEV 2006, 351 (352).
4 Nicht erforderlich ist, dass der Übernehmer gem. § 2309 BGB in concreto auch wirklich pflichtteilsberechtigt ist, vgl. BGH v. 4.5.1964 – III ZR 159/63, NJW 1964, 1414 (1415); *Dieckmann* in Soergel, § 2312 BGB Rz. 4.
5 *Haas* in Staudinger, 2006, § 2312 BGB Rz. 5; *Lange* in MünchKomm. BGB, 6. Aufl. 2013, § 2312 BGB Rz. 10. Für eine analoge Anwendung, wenn das Vermächtnis zum Ausgleich des gesetzlichen Pflichtteils ausgesprochen wurde: OLG München v. 18.3.2009 – 20 U 2160/06, FamRZ 2007, 507 = ZErb 2009, 182.
6 BGH v. 21.3.1973 – IV ZR 157/71, NJW 1973, 995 (995 f.); BGH 15.12.1976 – IV ZR 27/75, FamRZ 1977, 195; *Dieckmann* in Soergel, § 2312 BGB Rz. 8.
7 BGH v. 5.5.1983 – III ZR 57/82, FamRZ 1983, 1220 (1221) = MDR 1984, 204.
8 *J. Mayer* in Bamberger/Roth, § 2312 BGB Rz. 5; *Weidlich*, ZEV 1996, 380 (382).

ein zum Nachlass gehörendes Landgut zu übernehmen. In diesem Falle ist nach § 2049 Abs. 1 BGB im Zweifel anzunehmen, dass bei der Erbteilung das Landgut zum Ertragswert angesetzt werden soll. Macht der Erbe von seinem Übernahmerecht Gebrauch und gehört er außerdem selbst zum Kreis pflichtteilsberechtigter Personen, so ist der Ertragswert auch für die Berechnung des Pflichtteils (des Übernehmers selbst und der übrigen Pflichtteilsberechtigten) heranzuziehen.

§ 2312 Abs. 2 BGB erfasst die Konstellation, in der der Erblasser nur einen **Alleinerben** hinterlässt. In diesem Fall kann er anordnen, dass an die Stelle des Schätzungswertes (§ 2311 Abs. 2 Satz 1 BGB) der Ertragswert für die Pflichtteilsberechnung tritt.[1] Voraussetzungen für die Wirksamkeit der Anordnung des Erblassers sind auch hier, dass der Erbe erstens zum Kreis pflichtteilsberechtigter Personen gehört und zweitens dass er das Landgut übernimmt (§ 2312 Abs. 3 BGB).

Ist der Übernehmer des Landguts **nicht Erbe** geworden, stellt sich die Frage, ob der Ergänzungspflichtteil „gespalten" zu berechnen ist, also nach dem Verkehrswert des Landguts, soweit der Erbe nach § 2325 BGB auf Ergänzung in Anspruch genommen wird und nach dem Ertragswert, soweit der Übernehmer als Beschenkter nach § 2329 BGB haftet. Es erscheint von der ratio legis her überzeugender, wenn bei der Berechnung des Ergänzungsanspruchs einheitlich der Ertragswert angesetzt wird.[2]

(2) Sachlicher Anwendungsbereich

Das BGB, welches den **Begriff „Landgut"** u.a. auch in den §§ 98, 585 ff., 1515 u. 2049 BGB verwendet, bestimmt den Begriff nicht; zur Begriffsbestimmung ist auf die obigen Ausführungen zu verweisen (s. oben Rz. 69 ff.). Für die Einordnung als Landgut kommt es auf die Verhältnisse zur Zeit des Erbfalls an.[3] Voraussetzung ist daher, dass das Landgut nicht vor dem Erbfall aufgegeben wurde.

Zur **Übernahme** des Landguts ist erforderlich, dass die Wirtschaftseinheit fortgeführt wird. Darunter ist eine Fortführungsabsicht oder wenigstens der Wille zu verstehen, die Betriebsausübung wieder aufzunehmen. Keine Übernahme liegt daher vor, wenn der Erbe in absehbarer Zeit plant, das Landgut insgesamt oder in seinen wesentlichen Teilen zu veräußern bzw. die Landwirtschaft endgültig aufzugeben. Der auf den Pflichtteil in Anspruch genommene Erbe hat darzulegen und zu beweisen, dass die Bewirtschaftung möglich und beabsich-

---

1 Die Anordnung muss sich aus dem Testament ergeben, BGH v. 4.7.1975 – IV ZR 3/74, NJW 1975, 1831 (1832); OLG Stuttgart v. 18.1.1967 – 13/6 U 194/63, NJW 1967, 2410 (2410 f.).
2 OLG Jena v. 8.3.2006 – 2 U 762/05, ZEV 2007, 531 m. krit. Anm. *Ruby*; *Dieckmann* in Soergel, § 2312 BGB Rz. 6; *Lange* in MünchKomm. BGB, 6. Aufl. 2013, § 2312 BGB Rz. 11.
3 BGH v. 14.12.1994 – IV ZR 113/94, MDR 1995, 288 = ZEV 1995, 74; OLG München v. 18.3.2009 – 20 U 2160/06, ZErb 2009, 182 (183) = FamRZ 2007, 507; OLG München v. 21.6.2006 – 20 U 2160/06, FamRZ 2007, 507 = ZErb 2006, 322.

tigt ist.[1] Dazu ist stets objektiv das Vorhandensein eines geeigneten landwirtschaftlichen Betriebs nachzuweisen.[2]

cc) Die Ertragswertberechnung

101 Nach § 2312 Abs. 1 BGB ist bei der Berechnung des Landguts für die Pflichtteilsermittlung auf § 2049 BGB zurückzugreifen. Der **Ertragswert** errechnet sich daher aus der angemessenen Kapitalisierung desjenigen Reinertrags, den das Landgut unter Zugrundelegung seiner bisherigen Nutzung bei einer ordnungsgemäßen Bewirtschaftung nachhaltig gewähren kann (§ 2049 Abs. 2 BGB).[3] Der Reinertrag wird durch Abzug des betrieblichen Aufwands vom Rohertrag ermittelt, wobei vom nachhaltigen Ertrag (Zukunftsertrag) auszugehen ist, der sich aus dem Durchschnitt der letzten Jahre errechnet.[4] Zur Ermittlung des Reinertrags kann auch hier die Deckungsbeitragsrechnung herangezogen werden.[5] Einen Mindestertragswert kennt § 2312 BGB nicht; Näheres (vgl. Art. 137 EGBGB) bleibt dem Landesrecht vorbehalten (s. oben Rz. 88).

102 Hat der **Erblasser** im Falle von § 2312 Abs. 1 BGB einen anderen **Übernahmepreis** bestimmt, ist dieser maßgebend, wenn er den Ertragswert erreicht und den Schätzungswert nicht übersteigt. Ein Unterschreiten des Ertragswertes würde den Pflichtteilsberechtigten unzulässigerweise benachteiligen, während ein Überschreiten des Schätzungswertes entgegen dem mutmaßlichen Willen des Erblassers (der ja lediglich den Übernahmepreis festgelegt hat) den Nachfolger im Landgut benachteiligt. Gleiches gilt grundsätzlich auch im Falle von § 2312 Abs. 2 BGB. Hat hier allerdings der Erblasser für die Pflichtteilsberechnung einen Wert festgesetzt, der den Schätzungswert übersteigt, so kann in dieser Bestimmung eine zulässige vermächtnisweise Bedenkung liegen.

2. Besonderheiten nach dem GrdstVG

103 Erbt eine Erbengemeinschaft aufgrund gesetzlicher Erbfolge einen landwirtschaftlichen Betrieb, kann unter den Voraussetzungen der §§ 13 ff. GrdstVG eine **gerichtliche Zuweisung des ungeteilten Hofs** an einen Miterben erfolgen. Die Zuweisung ist nur zulässig, wenn der Betrieb mit einer zur Bewirtschaftung geeigneten Hofstelle versehen ist und seine Erträge im Wesentlichen zum Unterhalt einer bäuerlichen Familie ausreichen (§ 14 Abs. 1 GrdstVG), was

---

1 BGH v. 27.9.1989 – IVb ZR 75/88, NJW-RR 1990, 68 (69) = MDR 1990, 227; OLG München v. 21.6.2006 – 20 U 2160/06, FamRZ 2007, 507 = ZErb 2006, 322; OLG Oldenburg v. 12.1.1999 – 5 U 129/98, RdL 2000, 12.
2 *Kempfler*, ZEV 2011, 337 (341); auch *J. Mayer*, MittBayNot 2004, 334 (338) unter Berufung auf BGH v. 11.3.1992 – IV ZR 62/91, NJW-RR 1992, 770.
3 *Lohr/Prettl* in Schlitt/Müller, § 4 Rz. 213 ff.; *Müller-Feldhammer*, ZEV 1995, 161 (163). Zum Umgang mit einem negativen Reinertrag OLG München v. 18.3.2009 – 20 U 2160/06, FamRZ 2007, 507 = ZErb 2009, 182; *Kempfler*, ZEV 2011, 337 (339 f.).
4 OLG Celle v. 10.10.2007 – 7 U 62/06, ZEV 2009, 141.
5 OLG Koblenz v. 21.7.1987 – 3 WLw 6/86, AgrarR 1988, 45; OLG München v. 18.3.2009 – 20 U 2160/06, FamRZ 2007, 507 = ZErb 2009, 182.

eine gewisse Mindestgröße voraussetzt. Den weichenden Miterben steht ein von Amts wegen festzusetzender Abfindungsanspruch in Geld zu. Zur Höhe wird auf den Ertragswert nach § 2049 Abs. 2 BGB verwiesen (vgl. § 16 Abs. 1 Satz 2 GrdstVG).[1] Soweit also die §§ 13 ff. GrdstVG keine Sondervorschriften enthalten, gilt das oben zu § 2049 BGB Ausgeführte (s. oben Rz. 80 ff.). Damit entsteht für die Miterben ein Abfindungsanspruch in Geld, der dem Wert ihres Anteils am Betrieb entspricht und der sich nach dem Ertragswert bemisst. Das Zuweisungsverfahren kennt zudem mit § 17 GrdstVG einen Nachabfindungsanspruch.

Im Rahmen des **Zuweisungsverfahrens** erfolgt die ungeteilte Zuweisung einschließlich sämtlicher für den Betrieb erforderlicher Grundstücke an den Miterben. Nach § 13 Abs. 1 Satz 2 GrdstVG sind davon solche Grundstücke auszunehmen, von denen nach Lage und Beschaffenheit anzunehmen ist, dass sie in absehbarer Zeit anderen als landwirtschaftlichen Zwecken dienen werden. Sie sind dem hoffreien Nachlass zuzuordnen. 104

Bei der **Gewinnermittlung** ist zu beachten, dass Zinsen für Fremdkapital, das im Zeitpunkt der Zuweisung auf dem Hof lastet, nicht als Aufwand abgesetzt werden dürfen, denn § 14 Abs. 1 Satz 1 GrdstVG verlangt, dass privatrechtliche Belastungen unberücksichtigt bleiben. Entsprechendes gilt für Tilgungen für das mitübernommene Fremdkapital.[2] Erträge aus zugepachtetem Land sind nur dann als Erträge des Betriebes anzusehen, solange als gesichert erscheint, dass das zugepachtete Land oder anderes gleichwertiges Pachtland dem Erwerber zur Bewirtschaftung zur Verfügung stehen wird (§ 14 Abs. 1 Satz 2 GrdstVG). 105

3. Landgutbewertung nach Höferecht

a) Bedeutung

In den Gebieten der Bundesrepublik, in denen die HöfeO gilt (Hamburg, Niedersachsen, Nordrhein-Westfalen und Schleswig-Holstein), vererbt sich der Hof nach diesem **Sonderrecht**. Nur für die Nachfolge in das gesamte übrige Vermögen gilt das Erbrecht des BGB. Es kommt daher zur **höferechtlichen Nachlassspaltung**.[3] Ist ihr Anwendungsbereich eröffnet, ist die HöfeO anwendbar und nicht das Erbrecht des BGB. Anders als nach dem Anerbenrecht einzelner Länder gilt die HöfeO dann unmittelbar und nicht erst auf Antrag oder aufgrund einer Eintragung. Die Rechtsübertragung kraft (dinglich wirkender) Sondererbfolge nach § 4 Satz 1 HöfeO erstreckt sich auf den Hof und das Zubehör gem. §§ 2 u. 3 HöfeO. Hof und Zubehör gehen in das Alleineigentum des gesetzlichen oder gewillkürten Hoferben über, ohne zuvor in das Gesamthandseigentum der Erbengemeinschaft zu fallen. An die Stelle des Hofes tritt innerhalb der Erbengemeinschaft der Hofeswert (§ 4 Satz 2 HöfeO); den weichenden Erben steht ein Abfindungs- und ggf. auch ein Nachabfindungsanspruch zu. 106

---

1 *Lange*, Kap. 21 Rz. 38-40; *Steffen*, RdL 1980, 143.
2 *Bewer*, AgrarR 1976, 273.
3 *Söbbeke*, ZEV 2006, 395 (396); *Steffen/Ernst*, § 4 Rz. 1; *Tanck* in Damrau/Tanck, § 1922 BGB Rz. 71.

Die enorme Privilegierung des Hoferben besteht darin, dass das Gesetz ihm zum einen den Hof allein zuweist und damit eine Teilung vermeidet und zum anderen den weichenden Miterben nur einen sehr niedrigen Abfindungswert zuspricht.

b) Begriff des Hofes

107 Nach § 1 HöfeO liegt eine land- und forstwirtschaftliche Besitzung vor, wenn:[1]

- es sich um eine land- oder forstwirtschaftliche Wirtschaftseinheit i.S.d. steuerlichen Bewertungsvorschriften mit einem Wirtschaftswert von mindestens 10.000 € handelt („Ist-Hof") oder
- der Besitzer eines Hofes mit einem Wirtschaftswert von 5.000 bis 10.000 € erklärt (sog. Hoferklärung), dass der Hof die Hofeigenschaft erhalten und den Bestimmungen der HöfeO unterliegen soll („Kann-Hof") und für den der Hofvermerk im Grundbuch eingetragen ist[2] und
- der Hof im Alleineigentum einer natürlichen Person oder im Eigentum von Ehegatten steht und
- eine zur Bewirtschaftung geeignete Hofstelle vorhanden ist.

108 Ein Hof, dessen Wirtschaftswert weniger als 5.000 € beträgt und der im Eigentum von Ehegatten steht, wird nach § 1 Abs. 2 HöfeO mit der Eintragung des Hofvermerks im Grundbuch zum Ehegattenhof. Die **Eintragung des Hofvermerks** begründet stets lediglich die Vermutung der dadurch ausgewiesenen Eigenschaft (§ 5 HöfeVfO).[3] Diese Vermutung ist widerlegbar; der Hofvermerk im Grundbuch ist nicht vom öffentlichen Glauben des Grundbuchs erfasst.

109 Die **Hofeigenschaft entfällt**, wenn eine landwirtschaftliche Besitzung nicht mehr besteht, die Hoffähigkeit also wegfällt (§ 1 Abs. 3 HöfeO)[4] oder aber wenn der Eigentümer eine Hofaufhebungserklärung abgibt und der Hofvermerk daraufhin im Grundbuch gelöscht wird (§ 1 Abs. 4 HöfeO). Im Falle einer Betriebseinstellung muss genau geprüft werden, ob es sich um einen dauerhaften Wegfall der landwirtschaftlichen Betriebseinheit handelt.[5] Indizien sind insbesondere der Wegfall einer geeigneten Hofstelle, eine parzellierte Verpachtung, fehlendes Inventar oder eine Zweckentfremdung der Wirtschaftsgebäude.

---

1 Zu den landwirtschaftlichen Besitzungen i.S.v. § 1 Abs. 1 HöfeO gehört auch der erwerbsgärtnerische Anbau von Blumen und Pflanzen, selbst wenn er überwiegend in Gewächshäusern betrieben wird, vgl. BGH v. 29.11.1996 – BLw 12/96, BGHZ 134, 146 = FamRZ 1997, 351.
2 Höfe mit einem Wirtschaftswert zwischen 5.000 und 10.000 € erhalten die Hofeigenschaft durch entsprechende, öffentlich beglaubigte Erklärung gegenüber dem Landwirtschaftsgericht und mit der Eintragung des Hofvermerks im Grundbuch (§ 1 Abs. 1 HöfeO).
3 OLG Köln v. 28.7.1999 – 2 Wx 25/99, MittRhNotK 1999, 282.
4 Die Hofeigenschaft kann auch ohne Löschung des Hofvermerks aus tatsächlichen Gründen entfallen sein, vgl. BGH v. 26.10.1999 – BLw 2/99, ZEV 2000, 72; BGH v. 28.4.1995 – BLw 73/94, MDR 1996, 214 = ZEV 1996, 74; BGH v. 13.5.1982 – V BLw 20/81, BGHZ 84, 78 = MDR 1982, 837.
5 Vgl. dazu OLG Oldenburg v. 30.4.2009 – 10 W 17/09, FamRZ 2010, 1274.

Unter einem **Hof** versteht man einen der Gewinnung tierischer und pflanzlicher Erzeugnisses dienenden Betrieb der Bodenbewirtschaftung. Die Bodennutzung muss die wesentliche und darf keine lediglich untergeordnete Wirtschaftsgrundlage darstellen. Neben dem Hof erfasst die Rechtsübertragung gem. §§ 2 u. 3 HöfeO auch das gesamte Zubehör, namentlich die Grundstücke, die vom Hof aus bewirtschaftet werden, und die dem Hof dienenden Rechte. Der Begriff des Zubehörs ist in § 3 HöfeO definiert; die §§ 97, 98 BGB gelten nicht. Für die Hofzugehörigkeit eines Grundstücks ist maßgeblich, ob die landwirtschaftliche oder aber die nicht landwirtschaftliche Nutzung überwiegt, denn höferechtlich kann die Eigenschaft eines Grundstücks nur einheitlich beurteilt werden.[1] Geldvermögen kann Hofzubehör sein, wenn es zu den Betriebsmitteln zählt.[2] Grundsätzlich muss der Hof im Alleineigentum einer natürlichen Person stehen. 110

c) Bestimmung des Hoferbens

Abweichend von der in § 1922 BGB angeordneten Gesamtrechtsnachfolge sieht § 4 HöfeO bei der Nachfolge in einen Hof i.S.d. Gesetzes eine **Sondererbfolge** vor. Der Hof geht mit dem Erbfall kraft Gesetzes auf einen einzigen Erben, den Hoferben, über. Wer Hoferbe wird, bestimmt der Erblasser durch Verfügung von Todes wegen (vgl. § 7 Abs. 1 Satz 1 HöfeO), durch Hofübergabevertrag (§ 17 HöfeO), Übergabevorvertrag oder durch eine sog. formlose Hoferbenbestimmung.[3] Die Anordnung der Vor- und Nacherbschaft im Höferecht ist zulässig;[4] auch beim Nacherbfall muss die Wirtschaftsfähigkeit des Hoferben gegeben sein (§ 7 Abs. 1 Satz 2 HöfeO). 111

Hat der Eigentümer den **Hofnachfolger nicht selbst bestimmt**, was ihm nach § 7 HöfeO ohne Beschränkung auf einen bestimmten Personenkreis möglich ist, fällt der Hof nebst allem, was zu seiner Wirtschaftseinheit gehört, als Teil der Erbschaft kraft Gesetzes nur einem Erben (dem Hoferben) zu (§ 4 HöfeO). Die §§ 5 und 6 HöfeO enthalten recht umfangreiche Kautelen zur Bestimmung des gesetzlichen Hoferben. Unter den in § 14 Abs. 3 HöfeO genannten Voraussetzungen kann dem längerlebenden Ehegatten das Recht zur Bestimmung des Hoferben unter den Abkömmlingen des Erblassers übertragen werden. Diese Hoferbenbestimmung durch Dritte verlangt aber, dass der Hoferbe aus einem eng begrenzten Personenkreis auszuwählen ist und die Auswahlkriterien festgelegt sind. Die Auswahlerklärung des Dritten bedarf der notariellen Beurkundung. Nur wenn kein gesetzlicher Hoferbe vorhanden und keine wirksame 112

---

1 OLG Köln v. 2.8.2007 – 23 WLw 5/07, ZFE 2008, 38; die langfristige Vermietung eines Landarbeiterhauses führt nicht dazu, dass das Grundstück seine Hofzugehörigkeit verliert, BGH v. 24.11.1993 – BLw 28/93, BGHZ 124, 217 (220) = MDR 1994, 1255.
2 OLG Hamm v. 16.6.2009 – 10 W 156/07, RNotZ 2010, 340 mit Anm. *Gehse*.
3 OLG Celle v. 21.1.2008 – 7 W 93/07, RdL 2009, 298 (299); weiterführend: *Söbbeke*, ZEV 2006, 493 (493 ff.).
4 *Steffen/Ernst*, § 4 Rz. 2; OLG Oldenburg v. 12.8.1993 – 10 W 14/93, NJW-RR 1994, 272.

Hoferbenbestimmung durch den Erblasser (sog. verwaister Hof) erfolgt ist, richtet sich die Vererbung nach den Vorschriften des BGB (§ 10 HöfeO).

113 Die Berufung nach der HöfeO greift aber stets nur ein, wenn der so ermittelte Hoferbe „**wirtschaftsfähig**" ist (§ 6 Abs. 6 u. 7 HöfeO). Eine Ausnahme von dieser Forderung besteht allein für den Anteil des Erblassers an einem Ehegattenhof (§ 8 HöfeO).[1] Gemeint mit dem Begriff der Wirtschaftsfähigkeit ist diejenige Person, die nach ihren körperlichen und geistigen Fähigkeiten, ihren Kenntnissen und aufgrund ihrer Persönlichkeit in der Lage ist, den Hof selbständig zu bewirtschaften (§ 6 Abs. 7 HöfeO). Scheidet der zunächst Berufene wegen fehlender Wirtschaftsfähigkeit aus, so fällt der Hof demjenigen zu, der berufen wäre, wenn der Ausscheidende im Zeitpunkt des Erbfalls nicht gelebt hätte (§ 6 Abs. 6 HöfeO).

d) Abfindungsansprüche weichender Miterben

aa) Abfindungsanspruch

114 Die gerade geschilderte Erbfolge betrifft nur die Wirtschaftseinheit Hof. Die Erbfolge in das übrige, hoffreie Vermögen hingegen bestimmt sich ausschließlich nach dem BGB. Hof und hoffreies Vermögen gehören zu einem Nachlass. Der Hoferbe bildet mit den übrigen Erben eine Miterbengemeinschaft, die jedoch, wegen der Vorgaben der HöfeO, **atypischen Charakter** hat:[2] Der Hof ist zwar Teil des Nachlasses, fällt aber zu keinem Zeitpunkt in das Gesamthandseigentum aller Miterben. Vielmehr wird er mit dem Erbfall kraft Gesetzes Alleineigentum des Hoferben.

115 Denjenigen „*Miterben, die nicht Hoferben geworden sind*", steht **ein Anspruch auf Abfindung** in Geld zu (§ 12 HöfeO). Mit dieser Formulierung sind diejenigen Personen gemeint, die durch die Hoferbfolge benachteiligt sind,[3] also diejenigen gesetzlichen Erben des Hofeigentümers, denen bei Eintritt der Erbfolge der Gesamtnachlass (einschließlich des Hofes) angefallen wäre, die mit anderen Worten, Miteigentümer des Hofes geworden wären. § 12 Abs. 10 HöfeO erweitert den Kreis der Anspruchsberechtigten um Pflichtteilsberechtigte, Vermächtnisnehmer und um den nach § 1371 Abs. 2 u. 3 BGB ausgleichsberechtigten Ehegatten.

116 Der Abfindungsanspruch entsteht bei Vorliegen der Voraussetzungen des § 12 HöfeO kraft Gesetzes, ist mit dem Erbfall fällig und sodann vererblich.[4] Der **Erblasser kann** den Anspruch in einer Verfügung von Todes wegen **modifizieren**. Da im Rahmen der HöfeO die lebzeitige Übertragung wirtschaftlich betrachtet einen vorgezogenen Erbfall darstellen kann, können die Abfindungsansprüche auch mit lebzeitiger Eigentumsübertragung auf den Hofübernehmer fällig sein; die vermögensrechtlichen Folgen werden hier vorverlegt. An-

---

1 OLG Oldenburg v. 30.1.1997 – 5 W 12/97, ZEV 1997, 128; *Nieder* in Nieder/Kössinger, § 3 Rz. 90; *Tanck* in Damrau/Tanck, § 1922 BGB Rz. 75.
2 *Ebenroth*, Rz. 42 f.; *Lange*, Kap. 21 Rz. 12 ff.
3 BGH v. 7.10.1958 – V BLw 27/58, BGHZ 28, 194 (198 ff.); BGH v. 15.5.1962 – V BLw 21/61, BGHZ 37, 122 (123 f.); *Wöhrmann*, § 12 HöfeO Rz. 13.
4 OLG Koblenz v. 27.10.2005 – 2 U 1415/04, OLGR 2006, 307.

spruchsberechtigter ist jeder gesetzliche Miterbe, der dem Hoferben aufgrund der Sondererbfolge weichen muss, sofern er keinen Erbverzicht erklärt hat.[1] Schuldner des Anspruchs ist der Hoferbe. Die Abfindungsschuld stellt eine den Hoferben bzw. Hofübernehmer persönlich treffende Verpflichtung dar und ist keine auf dem Hof ruhende dingliche Last.[2]

bb) Nachabfindungsanspruch

Das Gesetz will die Fortführung des lebensfähigen Betriebs in der Hand des Hoferben sicherstellen. Veräußert aber der Hoferbe den ererbten Hof innerhalb einer Frist von zwanzig Jahren nach dem Erbfall ganz oder teilweise, ist es nur gerecht, wenn die zuvor benachteiligten Miterben eine Ergänzung der seinerzeitigen niedrigen Abfindung verlangen können.[3] Daher enthält das Gesetz mit § 13 Abs. 1 HöfeO einen **Nachabfindungsanspruch** der Miterben. Anders als § 12 HöfeO schützt § 13 HöfeO den Bestand des Hofes nicht mehr. Wegen des Fortfalls des Grundes, der die Privilegierung des Hoferben (bislang) gerechtfertigt hat, geht es nunmehr darum, die Miterben an den vom Hof erzielten Gewinnen teilhaben zu lassen. Von diesem Grundsatz stellt § 13 Abs. 1 Satz 2 Halbs. 2 HöfeO ein eng auszulegende Ausnahme auf, die nur dann eingreift, wenn die Existenz des Hofes nachweislich auf dem Spiel seht und die Grundstücksveräußerung als das letzte Mittel zu seiner Erhaltung angesehen werden kann, denn dem weichenden Erben wird unter diesen Umständen ein endgültiger Rechtsverlust zugemutet.[4] Verlangt wird daher, dass drückende, die Existenz des Hofes in Frage stellende Schulden abgelöst werden müssen und dass diese weder aus den laufenden Erträgen noch durch eine zumutbare Kreditaufnahme beglichen werden können. Dies gilt aber dann nicht mehr, wenn der Hof wegen der dauernden Schuldenlast ohnehin auf Dauer nicht gehalten werden kann.

117

Der Nachabfindungsanspruch aus § 13 Abs. 1 HöfeO ist nicht auf den Fall der vollständigen oder teilweisen Veräußerung des Hofes bzw. der Hofgrundstücke beschränkt. Auch die Veräußerung eines zum Hofvermögen gehörenden Milchkontingents kann beispielsweise den Nachabfindungsanspruch auslösen.[5] Ebenfalls besteht die Möglichkeit der Abfindungsergänzung beispielsweise dann, wenn der Hoferbe auf andere Art und Weise aus der Erbschaft erhebliche Gewinne erzielt, etwa in Form von Versicherungsleistungen für ein zerstörtes Hofgebäude (vgl. § 13 Abs. 4 HöfeO). Auch die Belastung eines Hofes mit Grundpfandrechten kann einen solchen Nachabfindungsanspruch auslösen.[6] Der Nachabfindungsanspruch entsteht ferner, wenn der Hof einer anderweitigen Nutzung zugeführt wird (§ 13 Abs. 4 lit. b HöfeO). Zu solchen Gewinnen

118

---

1 BGH v. 29.11.1996 – BLw 16/96, BGHZ 134, 152 = MDR 1997, 258.
2 OLG Oldenburg v. 11.2.1993 – 10 W 28/92, AgrarR 1993, 250.
3 Die Befristung ist verfassungsrechtlich nicht zu beanstanden, BVerfG v. 21.3.2006 – 1 BvR 2495/05, RdL 2007, 100.
4 BGH, 10.5.1984 – BLw 2/83, BGHZ 91, 154 (166 ff.) = MDR 1984, 841; OLG Hamm v. 9.7.2013 – 10 W 77/12, ErbR 2013, 356 (358).
5 BGH v. 25.4.1997 – BLw 1/97, BGHZ 135, 292.
6 BGH v. 22.11.2000 – BLw 11/00, BGHZ 146, 94.

durch nicht landwirtschaftliche Nutzung, die Nachabfindungsansprüche auslösen, gehören auch Pacht- und Nutzungsentgelte für auf Grundstücken des Hofes errichtete Windanlagen[1] oder Solarparks.[2] Der Nachabfindungsanspruch besteht selbst dann, wenn die Eigentumsumschreibung bewusst auf einen Zeitpunkt nach Fristablauf hinausgeschoben, die Veräußerung wirtschaftlich aber bereits vor Fristablauf vollzogen wird.[3]

119 Die **Höhe der Nachabfindung** ist vom Zeitpunkt des Eintritts der den Anspruch auslösenden Voraussetzungen abhängig. Anzurechnen sind Abfindungen, die der Berechtigte bereits erhalten hat (§§ 13 Abs. 1 Satz 1, 12 Abs. 4 HöfeO). Der Ergänzungsanspruch verjährt nach Ablauf des dritten Jahres nach dem Zeitpunkt, in dem der Berechtigte Kenntnis von dem Vorgang erlangt hat, spätestens aber in dreißig Jahren vom Erbfall an (§ 13 Abs. 9 HöfeO). Der Hoferbe ist verpflichtet, seinen ehemaligen Miterben die erforderlichen Auskünfte zu erteilen und sie über derartige, den Ergänzungsanspruch auslösende Verwertungen zu verständigen (§ 13 Abs. 10 HöfeO). Kommt er dieser Obliegenheit nicht nach, hat der Nachabfindungsberechtigte einen Auskunftsanspruch, der im Wege der Stufenklage (§ 254 ZPO) geltend gemacht werden kann. Zu beachten ist schließlich, dass der Hoferbe die Möglichkeit hat, innerhalb von zwei Jahren nach der Veräußerung des Hofes einen sog. Ersatzbetrieb zu erwerben (§ 13 Abs. 2 u. 6 Höfe) mit der Folge, dass dann ein Nachabfindungsanspruch ausscheidet.

e) Wert des Abfindungsanspruchs

aa) Hofeswert

120 Der Abfindungsanspruch soll zu einer gewissen Gleichberechtigung unter sämtlichen Miterben führen. Allerdings muss er naturgemäß relativ niedrig ausfallen, da ansonsten das gesetzgeberische Ziel der Sicherung wirtschaftlich stabiler Höfe nicht erreicht werden kann.[4] Als Bemessungsgrundlage stellt das Gesetz auf den „**Hofeswert**" ab, der nicht etwa mit dem Verkehrswert gleichzusetzen ist, sondern sich (lediglich) nach dem 1,5-fachen des zuletzt festgesetzten steuerlichen Einheitswertes bemisst (§ 12 Abs. 2 Satz 1 u. 2 HöfeO). Zu- oder Abschläge sind nach § 12 Abs. 2 Satz 3 HöfeO bei Vorliegen besonderer Umstände möglich.[5] Vom so ermittelten Wert sind die Nachlassverbindlichkeiten, die im Verhältnis der Erben zueinander den Hof treffen und die der Hoferbe allein zu tragen hat, abzuziehen. Der Abfindungsanspruch berechnet sich nach dem Anteil bzw. der Erbquote der weichenden Erben. Nicht berücksichtigt wird der Hoferbe selbst.[6] Für den Nachabfindungsanspruch hat das

---

1 OLG Oldenburg v. 15.8.2008 – 10 W 2/08, FamRZ 2009, 251; *J. Mayer* in Staudinger, 2012, Art. 64 EGBGB Rz. 94a.
2 *Steffen/Ernst*, § 13 Rz. 61.
3 BGH v. 27.5.2004 – III ZR 302/03, ZEV 2004, 334.
4 Zur rechtsgeschichtlichen Entwicklung: *Hartwig*, AgrarR 1997, 363.
5 Etwa wenn Grundstücke mit Baulandqualität zum Hof gehören, vgl. BGH v. 3.5.1996 – BLw 39/95, BGHZ 132, 362 = MDR 1996, 1110.
6 Dies gilt selbst dann, wenn er nur Hoferbe ist, OLG Oldenburg v. 12.8.1993 – 10 W 14/93, NJW-RR 1994, 272; *Tanck* in Damrau/Tanck, § 1922 BGB Rz. 74.

OLG Hamm entschieden, dass Verbindlichkeiten anzurechnen sind, die im Zeitpunkt der Übertragung zwar nicht vom Hofeigentümer, aber vom Pächter als betriebliche Schulden begründet worden sind und zu deren Übernahme der Hofübernehmer verpflichtet ist.[1]

Der Hofeswert ist zum **Stichtag des Erbfalls** zu ermitteln. Anders als bei § 2049 BGB wird dazu nicht auf den Ertragswert sondern auf den Einheitswert abgestellt. Als Hofwert gilt das 1,5-fachen des zuletzt nach dem BewG festgestellten Einheitswerts (§ 12 Abs. 2 Satz 2 HöfeO). Dieser Wert ist weitgehend fiktiv und wird aus Gründen der Praktikabilität vorwiegend im Steuerrecht verwandt. Diese Bemessungsgrundlage war fragwürdig geworden, nachdem der Gesetzgeber es unterlassen hatte, die Einheitswerte regelmäßig einer Neubewertung zu unterziehen. Dieser Umstand war allerdings schon bei der Reform der HöfeO im Jahr 1976 offensichtlich gewesen. Der BGH hat gleichwohl in seiner Entscheidung vom November 2000 festgestellt, dass im Grundsatz an der Hofwertberechnung des § 12 HöfeO festzuhalten sei, der Hofeswert ab 1976 aber angepasst werden müsse, da seit dem Inkrafttreten der Neufassung der HöfeO eine Neufestsetzung des Einheitswerts durch den Gesetzgeber unterblieben sei.[2] Die an die Einheitswertfeststellung geknüpfte Abfindungsregelung des § 12 HöfeO sei „lückenhaft geworden, soweit sich die seinerzeit zugrunde gelegte Wertrelation zwischen Einheitswert und Ertragswert des Hofes infolge der Entwicklung der allgemeinen wirtschaftlichen Verhältnisse erheblich verschoben" habe. Diese Lücke sei, so der BGH weiter, durch eine entsprechende Anwendung des § 12 Abs. 2 Satz 3 HöfeO zu schließen.

121

Seither ist der zu ermittelnde neue Hofeswert zum Abfindungsstichtag der alte Hofeswert per 1.1.1976, multipliziert mit dem neuen Ertragswert am Abfindungsstichtag und dividiert durch den alten Ertragswert per 1.1.1976. In einer **Formel** ausgedrückt:

122

$$H\ neu = \frac{H\ 1976 \times E\ neu}{E\ 1976}$$

Dabei steht H für den Hofeswert und E für den Ertragswert. Zugleich hat der **BGH** ausgeführt, dass in rechtsanaloger Anwendung des § 12 Abs. 2 Satz 3 HöfeO der Hofeswert nicht mehr auf Grundlage der alten steuerlichen Einheitswerte, sondern auf der Grundlage der seit 1996 eingeführten §§ 138 ff. BewG vorgenommen werden könne; dies stelle eine „Konkretisierung" des „billigen Ermessens" dar, das die Norm eröffne.[3] Weicht der so errechnete neue Hofeswert vom alten „erheblich" ab, hat ein entsprechender Zu- oder Abschlag den Unterschied auszugleichen.[4] Die Vorgehensweise des BGH wird regelmäßig kritisiert und abgelehnt.[5] Sieht man einmal von der mangelnden Praktikabilität ab (wer ist heute noch in der Lage, Buchführungsunterlagen aus dem Wirt-

123

---

1 OLG Hamm v. 9.7.2013 – 10 W 77/12, ErbR 2013, 356 (359 f.).
2 BGH v. 17.11.2000 – V ZR 334/99, BGHZ 146, 74 (78 ff.) = FamRZ 2001, 353.
3 BGH v. 17.11.2000 – V ZR 334/99, BGHZ 146, 74 (78 ff., 81) = FamRZ 2001, 353; *Holl*, AgrarR 2002, 13 (14).
4 Weiterführend: *Wöhrmann*, § 12 HöfeO Rz. 28 ff.
5 Vgl. etwa *Hartwig*, AgrarR 2002, 169 (170 ff.); *v. Jeinsen*, RdL 2008, 85 (86); *Rinck*, AgrarR 2001, 111; *Steffen/Ernst*, § 12 Rz. 17; *Wöhrmann*, § 12 HöfeO Rz. 25 ff.

schaftsjahr 1975/76 vorzulegen),[1] arbeitet der BGH mit fiktiven Werten; seine Rechtsprechung führt ferner wegen des Ermessensspielraums (wann ist die Abweichung erheblich; Zu- oder Abschläge in welcher Höhe) zu erheblichen Unsicherheiten.[2]

bb) Nachlassverbindlichkeiten

124 Vom so ermittelten Wert sind zunächst diejenigen **Nachlassverbindlichkeiten** abzuziehen, die im Verhältnis der Miterben zueinander den Hof betreffen und daher vom Hoferben allein zu tragen sind (§ 15 Abs. 3 HöfeO). Da die unmittelbare Nachfolge in den Hof als Teil des Nachlasses rechtssystematisch Erbfolge ist, haftet der Hoferbe wie jeder andere Miterbe unbeschränkt, aber beschränkbar für alle Nachlassverbindlichkeiten im Außenverhältnis, auch wenn er am übrigen Nachlass nicht beteiligt ist (§ 15 HöfeO; §§ 2058, 1967 Abs. 1 BGB).[3] Im Innenverhältnis der Miterben ist allerdings zur Deckung der Nachlassverbindlichkeiten in erster Linie das hoffreie Vermögen heranzuziehen, selbst wenn einzelne Nachlassverbindlichkeiten durch Grundpfandrechte auf dem Hof gesichert sind (§ 15 Abs. 2 HöfeO). Die Vorschrift stellt eine Begünstigung dar, um die Bewirtschaftung des Hofes zu sichern. Im Ergebnis kann die Anwendung von § 15 Abs. 2 HöfeO dazu führen, dass das gesamte hoffreie Vermögen aufgebraucht wird.

cc) Berechnung des Abfindungsanspruchs

125 Nach § 12 Abs. 3 Satz 1 HöfeO sind für die Berechnung der Abfindung vom Hofeswert diejenigen Nachlassverbindlichkeiten abzuziehen, die „im Verhältnis der Erben zueinander den Hof treffen und die der Hoferbe allein zu tragen hat". Da der Begriff der Nachlassverbindlichkeiten demjenigen des § 1967 Abs. 2 BGB entspricht, sind Pflichtteilsansprüche und Vermächtnisse nicht abzuziehen;[4] sie unterliegen § 12 Abs. 10, Abs. 3 Satz 2 HöfeO. Abzuziehen sind aber Altenteile und andere lebenslängliche Nutzungsrechte, die zu kapitalisieren sind. Wichtig ist, dass der Abfindungsanspruch der **Höhe nach beschränkt** sein kann. Nach § 12 Abs. 3 Satz 2 HöfeO gebührt mindestens ein Drittel des Hofeswertes „den Erben des Erblassers einschließlich des Hoferben, falls er zu ihnen gehört, zu dem Teil, der ihrem Anteil am Nachlass nach dem allgemeinen Recht entspricht". Zählt der Hoferbe zum Kreis der gesetzlichen Erben, kann er also das Drittel, das er auszahlen muss, um seinen Anteil am Nachlass kürzen.[5] Auf seine Abfindung hat sich der Erbe dasjenige anzurechnen, was er oder sein vor dem Erbfall weggefallener Eltern- oder Großelternteil vom Erblasser

---

1 Siehe auch *Ernst*, RdL 2007, 260: „kaum lösbare Aufgabe".
2 *Köhne*, AgrarR 2001, 165 (168 f.); *Steffen*, RdL 2001, 88 (89): „Praktisch wird die Lösung des BGH dazu führen, dass künftig in allen Verfahren, in denen über Abfindungen gestritten wird, nicht ohne Zuziehung eines Sachverständigen entschieden werden kann (...)".
3 Daher haftet der Hoferbe als Gesamtschuldner neben den anderen Miterben, *Kipp/ Coing*, § 131 VI. 2.
4 *Nieder* in Nieder/Kössinger, § 3 Rz. 95.
5 *Steffen/Ernst*, § 12 Rz. 36 ff.; *Tanck* in Damrau/Tanck, § 1922 BGB Rz. 74.

als Abfindung aus dem Hof erhalten hat (§ 12 Abs. 4 HöfeO); die §§ 2050 ff. BGB sind anwendbar.

f) Nachweis- und Verfahrensfragen

Nach § 1 Abs. 1 Satz 1 HöfeO ist Hof eine im Gebiet der Bundesländer Hamburg, Niedersachen, Nordrhein-Westfalen oder Schleswig-Holstein gelegene land- oder forstwirtschaftliche Besitzung, soweit sie einen Wirtschaftswert von mindestens 10.000 € hat. Wirtschaftswert ist der nach den steuerlichen Bewertungsvorschriften festgestellte Wirtschaftswert gem. § 46 BewG. Eine Besitzung, die einen Wirtschaftswert von weniger als 10.000 € mindestens jedoch 5.000 € hat, wird dann Hof, wenn der Eigentümer erklärt, dass sie Hof sein soll und wenn der Hofvermerk im Grundbuch eingetragen wird. Ob ein Hof im Sinne der höferechtlichen Bestimmungen vorliegt, kann in einem besonderen Feststellungsverfahren geklärt werden (vgl. § 11 HöfeVfO). Der in einem förmlichen Einheitswertbescheid des Finanzamts zunächst festgestellte Wirtschaftswert des Hofes ist im **Höfefeststellungsverfahren** nicht uneingeschränkt verbindlich. Vielmehr ist im Verfahren nach § 11 HöfeVfO zur Beurteilung des festgestellten Wirtschaftswerts auf eine von den Landwirtschaftsgerichten im Lauf des Feststellungsverfahrens eingeholte Auskunft des Finanzamts abzustellen, die den Wirtschaftswert bezogen auf den entscheidungsrelevanten Zeitraum unter Berücksichtigung relevanter Veränderungen neu feststellt.[1]

Hinterlässt ein Erblasser einen Hof i.S.d. HöfeO, besteht eine besondere sachliche und örtliche Zuständigkeit des Landwirtschaftsgerichts in Abweichung von §§ 342 Abs. 1 Nr. 6, 343 FamFG. Nach § 18 Abs. 2 HöfeO besteht eine ausschließliche **Zuständigkeit des Landwirtschaftsgerichts** für die dort genannten Sachverhalte. Das Verfahren selbst ist im LwVfG geregelt. Es regelt neben dem Verfahren über die gerichtliche Zuweisung eines Betriebs nach dem GrdstVG Verfahren aufgrund der Vorschriften über das Anerbenrecht einschließlich der Versorgungsansprüche bei Höfen, Hofgütern, Landgütern und Anerbengütern. § 1 Nr. 5 LwVfG korrespondiert mit § 18 Abs. 2 HöfeO, in dem die sachliche Zuständigkeit ebenfalls ausschließlich für die dort aufgeführten Fälle bestimmt wird. Landwirtschaftsgericht ist nach § 2 LwVfG das AG. Entscheidend für die Zuständigkeit des Landwirtschaftsgerichts ist das Vorhandensein eines Hofvermerks. Ist dieser gelöscht worden, entfällt auch die Zuständigkeit des Landwirtschaftsgerichts; es greifen die allgemeinen Regeln über die Zuständigkeit nach §§ 342 ff. FamFG.

Die **örtliche Zuständigkeit** des Landwirtschaftsgerichts bestimmt sich nicht nach dem letzten Wohnsitz oder Aufenthaltsort des Erblassers, sondern danach, in welchem Bezirk die Hofstelle liegt (§ 10 Satz 1 LwVfG). Ist keine Hofstelle mehr vorhanden, ist das Gericht zuständig, in dessen Bezirk die Grundstücke ganz oder zum größten Teil liegen oder die Rechte im Wesentlichen ausgeübt werden (§ 10 Satz 2 LwVfG).

---

1 BGH v. 15.4.2011 – BLw 9/10, BGHZ 189, 245 (250) = FamRZ 2011, 1052; OLG Hamm v.19.6.2012 – 10 W 6/12, NJOZ 2012, 1945.

129 Die Berechnung der Abfindung wird nach dem oben Gesagten ohne Hinzuziehung eines Sachverständigen nicht gelingen. Das Landwirtschaftsgericht wird, da für das Verfahren nach § 1 HöfeVfO; §§ 1 Nr. 5, 9 LwVfG; § 26 FamFG der Grundsatz der **Amtsermittlung** gilt,[1] für die Ermittlung des „neuen" Hofeswertes ein entsprechendes Gutachten einholen müssen.[2] Kommt der Sachverständige zu dem Ergebnis, dass alter und neuer Hofeswert voneinander abweichen, muss das Gericht die Frage beantworten, ob die Differenz „erheblich" i.S.v. § 12 Abs. 2 Satz 3 HöfeO ist, wobei bislang keine Mindestgrenze vorgelegt worden ist.

IV. Unternehmens- und Anteilsbewertung bei Ausgleichsansprüchen unter Miterben

1. Die Rechtsnatur der Erbengemeinschaft

130 Eine Erbengemeinschaft entsteht, wenn der Erblasser mehrere Erben hinterlässt, § 2032 Abs. 1 BGB. Der Erbteil des einzelnen Miterben besteht in seinem Anteil am Nachlass in gesamthänderischer Bindung. Der Nachlass wird ohne weiteres Zutun der Erben zum **Gesamthandsvermögen** der kraft Gesetzes entstehenden Erbengemeinschaft und stellt ein vom Privatvermögen des einzelnen Erben getrenntes Sondervermögen dar. Inhaber der Nachlassforderungen ist die Gemeinschaft der Erben. Jeder Miterbe wird Mitbesitzer, §§ 857, 866 BGB. Durch den Erbfall erlangt der einzelne Erbe also keine unmittelbare gegenständliche Beziehung zu einem konkreten Nachlassgegenstand. Dies gilt selbst dann, wenn der Nachlass nur aus einer einzigen Sache bestehen sollte.[3] Auch die „Verteilung" einzelner Nachlassgegenstände im Testament des Erblassers ändert hieran nichts, da der Erbe lediglich entweder einen schuldrechtlichen Anspruch gegen seine Miterben auf Erfüllung der Teilungsanordnung (§ 2048 BGB) oder des Vorausvermächtnisses (§ 2150 BGB) erlangt. Eine Vorschrift, aus der sich die Rechtsnatur der Erbengemeinschaft ermitteln lassen könnte, existiert nicht. Aus § 2033 Abs. 2 BGB wird allerdings auf die Anordnung der gesamthänderischen Bindung zum Schutz der Nachlassgläubiger geschlossen. Um den Nachlass in ihrem Interesse möglichst ungeschmälert zu erhalten, kann kein Miterbe über seinen Anteil an den einzelnen Nachlassgegenständen verfügen, § 2033 Abs. 2 BGB. Vielmehr können über die einzelnen Nachlassgegenstände nur die Miterben gemeinsam verfügen, § 2040 Abs. 1 BGB. Jeder Miterbe ist zwar am Nachlass berechtigt, aber gleichzeitig durch die Rechte der übrigen Miterben eingeschränkt.

131 Das Gesetz kennt nur einige **wenige Ausnahmen** vom Grundsatz der Gesamtnachfolge in Form der Sonderrechtsnachfolge (Singularsukzession). Die Wichtigsten stellen die Sonderregeln des Landwirtschaftserbrechts und die Nach-

---

1 *Prütting* in Prütting/Helms, § 26 FamFG Rz. 7; *Ulrici* in MünchKomm. FamFG, § 26 FamFG Rz. 3.
2 *Ernst*, RdL 2007, 260 (261).
3 BGH v. 24.1.2001 – IV ZB 24/00, BGHZ 146, 310 (315) = MDR 2001, 816; *Rißmann* in Damrau/Tanck, § 2032 BGB Rz. 1.

folge in Anteile an werbend tätigen Personengesellschaften (GbR, OHG, KG, PartG) dar. Ist im Gesellschaftsvertrag einer Personengesellschaft bestimmt, dass die Gesellschaft mit den Erben des verstorbenen Gesellschafters fortgesetzt wird (erbrechtliche Nachfolgeklausel), fällt der Gesellschaftsanteil nicht an die Erbengemeinschaft. Vielmehr wird er sofort aufgespalten und fällt im Wege der Sonderrechtsnachfolge direkt jedem einzelnen Erben an. Dies ist die Konsequenz des Grundsatzes, wonach eine Erbengemeinschaft nicht Gesellschafterin einer Personengesellschaft sein kann. Die Grundprinzipien der auf Auseinandersetzung gerichteten Erbengemeinschaft sind mit denjenigen einer Gesellschafterstellung in einer Personengesellschaft unvereinbar.[1] Jeder Erbe erwirbt daher einen gesonderten Gesellschaftsanteil im Verhältnis seines Erbteils. Enthält der Gesellschaftsvertrag eine qualifizierte Nachfolgeklausel und wird die Gesellschaft daher nur mit einem einzigen Erben fortgesetzt, erwirbt der Miterbe, dem der Erblasser den Anteil zugewandt hat, seinen Anteil unmittelbar in demjenigen Umfang, der dem Erblasser zustand. Eines besonderen Übertragungsaktes bedarf es nicht.[2]

2. Die Auseinandersetzung der Erbengemeinschaft

a) Anordnungen des Erblassers zur Auseinandersetzung

Anders als die Verwaltung der Erbengemeinschaft wurde deren Beendigung vom Gesetzgeber in den §§ 2042 bis 2057a BGB recht umfassend geregelt. Die Erbengemeinschaft ist danach keine Dauergemeinschaft, sondern grundsätzlich **auf Liquidation angelegt**, wird doch jedem Miterben, und sei er auch nur mit einer Minimalquote beteiligt, das Recht gewährt, jederzeit die Auseinandersetzung zu verlangen (§ 2042 Abs. 1 BGB). Dazu fordert das Gesetz keinen Auflösungsgrund.[3] Die Vorschrift des § 2042 Abs. 1 BGB gibt zwar dem einzelnen Miterben das Recht, jederzeit die Auseinandersetzung zu verlangen. Sie sagt aber nichts darüber aus, wie geteilt werden muss. Insbesondere gewährt sie dem einzelnen Miterben keinen Anspruch auf die Zuteilung eines bestimmten Nachlassgegenstandes. Ein solcher Anspruch kann sich vielmehr insbesondere aus einer Teilungsanordnung des Erblassers ergeben (§ 2048 Satz 1 BGB). 132

Die **Auseinandersetzung des Nachlasses** nach den gesetzlichen Regeln der Bruchteilsgemeinschaft (§§ 2042 Abs. 2, 752 ff. BGB) führt häufig zu einer Zerschlagung langfristig gewachsener Vermögenswerte, wie namentlich Unternehmen. Um dieses Ergebnis zu vermeiden, kann der Erblasser durch letztwillige Verfügung bestimmen, wie die Auseinandersetzung vorgenommen werden soll, sog. Teilungsanordnungen i.S.v. § 2048 BGB. Sie betrifft die Art und Weise 133

---

1 BGH v. 4.5.1983 – IVa ZR 229/81, NJW 1983, 2376; OLG Hamm v. 11.1.1999 – 8 U 207/97, ZEV 1999, 318 (319) m. Anm. *Keller*; *Lohmann* in Bamberger/Roth, § 2032 BGB Rz. 14; *Wolf* in Soergel, § 2032 BGB Rz. 20.
2 BGH v. 14.5.1986 – IVa ZR 155/84, BGHZ 98, 48 = MDR 1986, 829; BGH v. 4.5.1983 – IVa ZR 229/81, NJW 1983, 2376; *Ebenroth*, Rz. 866; *Lange*, Kap. 22 Rz. 84 ff.
3 Grenzen werden insoweit nur durch den Einwand des Rechtsmissbrauchs (§ 242 BGB) gezogen; vgl. RG v. 10.12.1906 – IV 94/06, RGZ 65, 5 (10).

der Teilung des Nachlasses bei der Auseinandersetzung; mit ihr ist kein unmittelbarer Rechtsübergang verbunden. Dazu kann der Erblasser einem Erben einen Gegenstand oder eine Verbindlichkeit konkret zuweisen oder anordnen, dass einzelne Nachlassverbindlichkeiten im Innenverhältnis bestimmten Miterben zur Last fallen sollen. Er kann auch Übernahmerechte formulieren, wonach dem Miterben freigestellt wird, ob er den zugewiesenen Gegenstand gegen Wertausgleich übernimmt. In jedem Fall wirkt die Anordnung des Erblassers nur schuldrechtlich im Verhältnis der Miterben zueinander. Von einer Teilungsanordnung geht keine dingliche Wirkung aus, weshalb es durch sie nicht zu einem unmittelbaren, mit dem Erbfall eintretenden Übergang des Eigentums an den zugewiesenen Gegenständen auf den begünstigten Miterben kommt.[1] Die **Teilungsanordnung** des Erblassers ist allein für die Nachlassauseinandersetzung von Bedeutung. Sie ersetzt in ihrem Umfang die gesetzlichen Teilungsregelungen.[2] Aufgrund ihres obligatorischen Charakters sind die Auseinandersetzungsanordnungen des Erblassers für die Miterben zwar verbindlich, die Miterben können sich aber einvernehmlich darüber hinwegsetzen.[3]

b) Abgrenzungsfragen

134 Vielfach ist der wirkliche Wille des Erblassers aus der letztwilligen Verfügung nicht ohne weiteres erkennbar. Dann bedarf es der Auslegung und Abgrenzung der getroffenen Auseinandersetzungsanordnungen zu anderen Gestaltungsformen und hier namentlich der Teilungsanordnung (§ 2048 Satz 1 BGB) und dem Vorausvermächtnis (§ 2150 BGB).[4] Sowohl mit einem Vorausvermächtnis als auch mit einer Teilungsanordnung kann der Erblasser die Zuweisung eines bestimmten Einzelgegenstandes vornehmen. Beide Zuweisungsformen haben jedoch **unterschiedliche Wirkungen**.[5] Teilungsanordnungen des Erblassers dienen der Durchführung der Erbauseinandersetzung, indem sie die gesetzlich vorgegebenen Auseinandersetzungsregeln modifizieren.[6] Entscheidend ist dabei, dass der zugewiesene Gegenstand bei der Teilungsanordnung auf den Erbteilswert anzurechnen ist, während beim Vorausvermächtnis der Bedachte zusätzlich zu seinem Erbteil einen Vorteil erhält. Das Vorausvermächtnis ist eine Nachlassverbindlichkeit i.S.v. § 1967 BGB, die im Zweifel sofort fällig ist (§ 271 BGB).[7] Daher ist zu fragen, ob erstens objektiv eine Vermögensverschiebung vorliegt und zweitens, ob subjektiv der Erblasser einen Begünstigungswil-

---

1 RG v. 16.3.1925 – IV 118/24, RGZ 110, 270 (274); RG v. 13.11.1942 – VII 60/42, RGZ 170, 163 (170); BGH v. 17.4.2002 – IV ZR 226/00, DNotZ 2003, 56 (57) = MDR 2002, 1012; *Kipp/Coing*, § 117 IV. 3 c.
2 BGH v. 17.4.2002 – IV ZR 226/00, MDR 2002, 1012 = NJW 2002, 2712; BGH v. 14.3.1984 – IVa ZR 87/82, NJW 1985, 51 (52) = MDR 1984, 917.
3 *Ann* in MünchKomm. BGB, 6. Aufl. 2013, § 2048 BGB Rz. 9; *Bayer* in Erman, § 2048 BGB Rz. 9; *Werner* in Staudinger, 2010, § 2048 BGB Rz. 3.
4 BGH v. 28.1.1987 – IVa ZR 191/85, FamRZ 1987, 475; BGH v. 14.3.1984 – IVa ZR 87/82, MDR 1984, 917 = NJW 1985, 51.
5 Siehe dazu *Benk*, MittRhNotK 1979, 53 (55 ff.); *Horn* in Horn/Kroiß, § 6 Rz. 2 ff.; *Loritz*, NJW 1988, 2697 (2699).
6 *Lange*, Kap. 7 Rz. 12 f.
7 OLG Saarbrücken v. 12.7.2007 – 8 U 515/06 – 136, 8 U 515/06, ZErb 2007, 418.

len hatte. Allein der Umstand, dass der Erblasser einzelnen Miterben Nachlassgegenstände zuweist, die wertvoller sind als der ihnen zustehende Erbteil, begründet noch keine Vermutung für das Vorliegen eines Vorausvermächtnisses.[1] Vielmehr liegt eine Teilungsanordnung vor, wenn die Höhe des Erbteils bzw. der Wert der Beteiligung des Miterben am Nachlass unberührt bleiben soll. In diesem Fall ist ein etwaiger Mehrwert des zugewiesenen Gegenstandes auszugleichen. Ein Vorausvermächtnis ist demgegenüber gegeben, wenn und soweit dem Bedachten gegenüber seinem Erbteil ein nicht ausgleichungspflichtiger Mehrwert – also ein besonderer Vermögensvorteil – zugewendet werden soll.[2]

c) Teilungsanordnung als Ausgangspunkt einer Unternehmens- bzw. Anteilsberechnung

Bei der Teilungsanordnung findet somit **keine Wertverschiebung** unter den Miterben statt;[3] die Erbquoten werden nicht beeinflusst.[4] Insbesondere vermag sie nicht zu bewirken, dass ein Miterbe mehr oder weniger als seinen Erbteil erhält.[5] Ein Miterbe kann also nach der Befolgung der Teilungsanordnung gegenüber den anderen Miterben ausgleichspflichtig sein. Der durch die Teilungsanordnung Bedachte hat in diesem Fall den höheren Wert der Zuwendung durch Geldzahlung an die Miterben auszugleichen.[6] Im Gegensatz zu einem Vermächtnisanspruch wird der durch die Teilungsanordnung eingeräumte Anspruch erst im **Zeitpunkt der Gesamtauseinandersetzung fällig**. Erst anlässlich der Auseinandersetzung, deren Durchführung überdies nach Maßgabe der §§ 2043 bis 2046 BGB beschränkt sein kann, darf der bedachte Miterbe verlangen, in der vom Erblasser vorgesehenen Art und Weise berücksichtigt zu werden. Zur Beantwortung der Frage, ob der zugewiesene Gegenstand den entsprechenden Wert des Erbteils am Gesamtnachlass übersteigt, ist eine Bewertung sowohl des gesamten Nachlasses als auch des zugewiesenen Gegenstands erforderlich. Übersteigt der zugewiesene Nachlassgegenstand den Wert des Erbteils, steht den übrigen Miterben ein Ausgleichsanspruch zu. Handelt es sich bei dem zugewiesenen Gegenstand um ein Unternehmen oder um einen Un-

135

---

1 BGH v. 28.1.1987 – IVa ZR 191/85, FamRZ 1987, 475; BGH v. 14.3.1984 – IVa ZR 87/82, MDR 1984, 917 = NJW 1985, 51; BGH v. 23.9.1981 – IVa ZR 185/80, BGHZ 82, 274 = MDR 1982, 124.
2 BGH v. 28.1.1987 – IVa ZR 191/85, FamRZ 1987, 475 (476); BGH v. 14.3.1984 – IVa ZR 87/82, NJW 1985, 51 (52) = MDR 1984, 917; BGH v. 23.5.1984 – IVa ZR 185/82, FamRZ 1985, 62 (63) m. Anm. *Rudolf*; OLG Koblenz v. 13.10.2005 – 5 U 451/05, FamRZ 2006, 292 = NJW-RR 2005, 1601.
3 Die einzige Ausnahme einer „wertverschiebenden Teilungsanordnung" bildet die Auslegungsregel des § 2049 BGB, vgl. BGH v. 27.6.1990 – IV ZR 104/89, NJW-RR 1990, 1220 (1221) = MDR 1991, 135.
4 OLG Braunschweig v. 11.11.1994 – 5 U 13/94, ZEV 1996, 69 m. zust. Anm. *Kummer*.
5 *Horn* in Horn/Kroiß, § 6 Rz. 13; *Werner* in Staudinger, 2010, § 2048 BGB Rz. 5.
6 BGH v. 25.10.1995 – IV ZR 362/94, ZEV 1996, 70 m. Anm. *Kummer*; *Benk*, MittRhNotK 1979, 53 (54); *Eberl-Borges* in NomosKomm. BGB, § 2048 BGB Rz. 20; *Rißmann* in Damrau/Tanck, § 2048 BGB Rz. 18; *Siegmann*, ZEV 1996, 47.

ternehmensanteil, ist daher regelmäßig eine Unternehmens- bzw. Anteilsbewertung erforderlich, um das Wertverhältnis zwischen Erbquote und Unternehmen festzustellen.

d) Grundsätze der Bewertung

aa) Bewertungsziel

136 Für die Bewertung zur Ermittlung eines Ausgleichsanspruchs aufgrund einer Teilungsanordnung enthält das **Gesetz leider keine Vorgaben**. Jede Bewertung muss sich daher an den der Teilungsanordnung zugrunde liegenden Grundsätzen und den sich aus dem Gesamtzusammenhang der Erbengemeinschaft ergebenden Wertungen orientieren. Dies gilt zunächst für das **Bewertungsziel**. Der Ausgleichsanspruch der Übrigen gegen den durch die Teilungsanordnung begünstigten Miterben dient der Verwirklichung des in der letztwilligen Verfügung zum Ausdruck kommenden Erblasserwillens, da der Anspruch nur entsteht, wenn der Erblasser demjenigen Erben, dem er einen bestimmten Gegenstand zuweist, gerade keinen über seinen Erbteil hinausgehenden Vorteil verschaffen will. Dieser Wille bildet die Grundlage für die Bewertung des Nachlasses mit der Folge, dass stets der **volle, wirkliche Wert** des zugewiesenen Nachlassgegenstandes zu ermitteln ist,[1] da nur so eine Begünstigung des mit der Teilungsanordnung bedachten Miterben vermieden wird. Die Bewertung muss also den **Erblasserwillen verwirklichen**.[2] Ihr Ergebnis kann nur sein, dass nach Bewertung und Erfüllung des Auseinandersetzungsanspruchs jeder Erbe einen Anteil am Nachlass erhalten hat, der wertmäßig der vom Erblasser festgelegten Quote am Wert des Gesamtnachlasses entspricht.

137 Im Rahmen einer Entscheidung zur Bewertung eines Landguts hat das BVerfG ausgeführt: „Die gleichen Bewertungsregeln [gemeint sind diejenigen des Pflichtteilsrechts, der Verf.] kommen zur Anwendung, wenn Miterben sich auseinandersetzen und der Wert des von einem der Miterben übernommenen Nachlaßgegenstands aufgrund einer in den §§ 2048, 2049 Abs. 1 BGB vorgesehenen Teilungsanordnung des Erblassers auszugleichen ist".[3] Daher ist auf die obigen Ausführungen zu verweisen (s. oben Rz. 80 ff.). Es ist eine Unternehmensbewertung vorzunehmen, die sich am „wirklichen Wert" auszurichten hat. Jede Über- oder Unterbewertung eines Unternehmens bzw. Unternehmensanteils hat zu unterbleiben, da sie, als nicht dem Erblasserwillen entsprechend (voller wirklicher Wert), keine rechtmäßige Bewertung darstellt.

138 Von der Ausnahme des Landguts einmal abgesehen (vgl. § 2049 BGB) ist daher für die Bewertung des Unternehmens bzw. des Unternehmensanteils zum Zwecke des Ausgleichs bei Teilungsanordnung der **objektive Verkehrswert** maßgeblich. Rechtsprechung findet sich zu diesem Punkt leider kaum. Im Jahr 1981 hat der BGH entschieden: „Das BerGer. hat den Wert des Unternehmens des Erblassers in der Weise ermittelt, daß es Substanz- und Ertragswert addiert

---

1 *Wolf* in Soergel, § 2048 BGB Rz. 13; *Horn* in Horn/Kroiß, § 6 Rz. 16 (Verkehrswert); wohl auch *Ann* in MünchKomm. BGB, 6. Aufl. 2013, § 2048 BGB Rz. 2.
2 *Braunhofer*, S. 206 f.
3 BVerfG v. 26.4.1988 – 2 BvL 13/86, 2 BvL 14/86, BVerfGE 78, 132 (149).

und die Summe halbiert hat. Diese Berechnungsmethode ist aus Rechtsgründen nicht zu beanstanden".[1]

bb) Bewertungsstichtag

Auch hinsichtlich des Bewertungsstichtages schweigt sich das Gesetz aus. Der **Termin** ist daher nach Sinn und Zweck des Bewertungsanlasses zu ermitteln, zumal dem Erbrecht kein einheitlicher Bewertungsstichtag zu entnehmen ist. Grundsätzlich sind zwei zeitliche Bezugspunkte denkbar: der Erbfall und der Zeitpunkt der Teilung. Dahinter steht die Frage, wem Wertveränderungen zugeordnet werden, die zwischen beiden Terminen eintreten, zumal diese Zeitspanne gerade bei Unternehmensbewertungen recht lange ausfallen kann. Rechtsprechung zur Thematik ist kaum vorhanden. Wenn man darauf abstellt, dass Ausgangspunkt der in der Teilungsanordnung zum Ausdruck kommende Erblasserwille ist, muss die Frage nach dem Bewertungsstichtag vorrangig durch Auslegung der letztwilligen Verfügung beantwortet werden. Regelmäßig soll eine Teilungsanordnung die im BGB nicht zugelassene Sondererbfolge in einzelne Gegenstände (Unternehmen bzw. Unternehmensanteil) ersetzen. Im Falle einer Sondererbfolge fiele dem Berechtigten der Gegenstand aber unmittelbar mit dem Erbfall an. Dies legt es nahe, von einem Erblasserwillen auszugehen, wonach der begünstigte Miterbe so gestellt sein soll, als gehörte der ihm mittels Teilungsanordnung zugewandte Gegenstand bereits mit dem Erbfall zu dessen Vermögen. Eine Partizipation der Miterben an den nach dem Erbfall eingetretenen Wertveränderungen ist dann umgekehrt vom Erblasserwillen nicht gedeckt. Folgt man dem, so ist auf den **Erbfall als Bewertungsstichtag** abzustellen und der Wert des durch die Teilungsanordnung zugewiesenen Gegenstandes zu diesem Zeitpunkt zu ermitteln.[2] Keine Rolle spielt es demgegenüber, wer für das Unternehmen bzw. den Unternehmensanteil in der Phase zwischen Erbfall und Teilungszeitpunkt verantwortlich gewesen war oder ob ein Miterbe gar persönlich dort tätig gewesen ist. Eine solche Betrachtungsweise hinge zu sehr von Zufälligkeiten ab und wäre nicht vom Erblasserwillen gedeckt.

139

Umstritten ist, ob dies auch dann gilt, wenn der **Erblasser** einem Miterben durch die Anordnung eines Übernahmerechts **freigestellt** hat, das Unternehmen bzw. den Unternehmensanteil zu übernehmen. Teilweise wird die Auffassung vertreten, in diesem Falle sei auf die Ausübung des Übernahmerechts und das damit verbundene Entstehen des Anspruchs auf Übertragung abzustellen.[3]

140

---

1 BGH v. 3.12.1980 – IVb ZR 537/80, MDR 1981, 301 = NJW 1981, 575; vgl. auch BGH v. 17.1.1973 – IV ZR 142/70, NJW 1973, 509.
2 Ebenso *Horn* in Horn/Kroiß, § 6 Rz. 16; vgl. auch OLG Braunschweig v. 11.11.1994 – 5 U 13/94, ZEV 1996, 69 (70): „unter diesen Umständen hat die Verfügung in ergänzender Auslegung des Erblasserwillens den Inhalt, dass der Kläger (...) eine entsprechende Ausgleichszahlung zu erbringen hat, wenn er durch die Anordnungen (...) zur Zeit des Erbfalls einen zusätzlichen Vermögensvorteil erhalten würde".
3 So OLG Köln v. 14.11.2006 – 24 U 83/06, ErbR 2008, 20 (21) m. Anm. *Rogler*; *Ann* in MünchKomm. BGB, 6. Aufl. 2013, § 2048 BGB Rz. 21; *Eberl-Borges* in Nomos-Komm. BGB, § 2048 Rz. 22; *Wolf* in Soergel, § 2048 BGB Rz. 13, allerdings ohne Begründung.

Eine solche Vorgehensweise widerspricht jedoch dem Erblasserwillen. Mangels anderer letztwilliger Anordnungen wird man davon ausgehen müssen, dass der Erblasser ausschließlich dem Begünstigten das Unternehmen bzw. den Anteil zuweisen und nur ihn davon wirtschaftlich partizipieren lassen möchte. Keineswegs will er die Miterben an etwaigen zwischen Erbfall und Ausübung des Übernahmerechts eintretenden Wertsteigerungen teilhaben lassen; diese sollen allein dem Unternehmenserben zugute kommen. Ein Abstellen auf den Zeitpunkt der Ausübung des Übernahmerechts enthielte zudem eine gewisse Manipulationsgefahr. Auch in der Konstellation des Übernahmerechts ist der Bewertungsstichtag daher der **Erbfall**.[1]

3. Die Ausgleichung als Ausgangspunkt einer Unternehmensbewertung

a) Bedeutung der Ausgleichungspflichten

141 Gemäß § 1924 Abs. 4 BGB erben Kinder in der gesetzlichen Erbfolge zu gleichen Teilen. Das damit verfolgte Ziel der Gleichbehandlung aller Abkömmlinge kann nicht vollständig erreicht werden, wenn man allein den Nachlass, nicht aber auch diejenigen Vermögenswerte berücksichtigt, die der Erblasser seinen Kindern Zeit seines Lebens zugewendet hat. Tritt gesetzliche Erbfolge ein, müssen daher gesetzliche Ausgleichungsbestimmungen vorhanden sein, damit der mutmaßliche Erblasserwille der **Gleichbehandlung der Abkömmlinge** verwirklicht werden kann. Den §§ 2050 ff. BGB liegt also die Vorstellung zugrunde, dass der Erblasser seine Abkömmlinge gleichmäßig an seiner gesamten wirtschaftlichen Lebensleistung teilhaben lassen möchte.[2] Der Gesetzgeber geht bei den Ausgleichungsregeln vom Eintritt der gesetzlichen Erbfolge aus. Bei letztwilligen Verfügungen gelten sie, mit Ausnahme des § 2052 BGB, daher grundsätzlich nicht. Bestimmte Vorempfänge, die ein Abkömmling des Erblassers bereits zu Lebzeiten erhalten hat, werden gem. §§ 2050 ff. BGB ausgeglichen. Die Ausgleichung ist Bestandteil des Auseinandersetzungsverfahrens der Erbengemeinschaft.[3] Dabei wird der Wert der Zuwendung dem Nachlass hinzugerechnet und dann auf den Anteil, der dem Zuwendungsempfänger zusteht, angerechnet (vgl. § 2055 BGB). Es erfolgt somit ein rechnerischer Ausgleich, da die Zuwendung selbst endgültig in das Vermögen des Empfängers übergegangen ist. Der Ausgleichungsberechtigte enthält zunächst auch keinen Zahlungsanspruch, weshalb man nicht von einem Vermächtnis zu seinen Gunsten und zu Lasten des Ausgleichungspflichtigen sprechen kann.[4]

---

1 Ebenso *Braunhofer*, S. 209.
2 BGH v. 4.7.1975 – IV ZR 3/74, BGHZ 65, 75 (77); *Bothe* in Damrau/Tanck, § 2050 BGB Rz. 1; *Nieder* in Nieder/Kössinger, § 2 Rz. 211.
3 Klagen wegen der Ausgleichung nach den §§ 2050 ff. BGB können im besonderen Gerichtsstand der Erbschaft nach § 27 ZPO erhoben werden; vgl. BGH v. 22.10.1991 – X ARZ 11/91, MDR 1992, 587 = NJW 1992, 364.
4 *Ann* in MünchKomm. BGB, 6. Aufl. 2013, § 2050 BGB Rz. 17; *Lohmann* in Bamberger/Roth, § 2050 BGB Rz. 2; *Bayer* in Erman, § 2050 BGB Rz. 3.

b) Voraussetzungen der Ausgleichung

Ausgleichungspflichtig sind sämtliche Abkömmlinge des Erblassers (Kinder, Enkel, Urenkel usw.), die zur gesetzlichen Erbfolge berufen oder durch letztwillige Verfügung auf ihre gesetzlichen Erbteile oder im Verhältnis ihrer gesetzlichen Erbteile gesetzt worden sind (vgl. § 2052 BGB). Die Ausgleichungspflichten kraft gesetzlicher Erbfolge beruhen auf der Annahme, dass der Erblasser seine Abkömmlinge im Zweifel gleich behandeln will, was das Vorhandensein wenigstens zweier Abkömmlinge voraussetzt.[1] Bei letztwilligen Verfügungen geht das Gesetz umgekehrt davon aus, dass die Ungleichbehandlung gewollt ist. **Ausgleichungsberechtigt** sind ebenfalls nur Abkömmlinge des Erblassers, die gesetzliche Erben geworden sind (§ 2050 Abs. 1 BGB) oder auf ihre gesetzlichen Erbteile oder im Verhältnis ihrer gesetzlichen Erbteile eingesetzt worden sind (§ 2052 BGB).

142

Zuwendung i.S.v. § 2050 BGB ist jede Maßnahme, durch die dem Abkömmling ein Vermögensvorteil auf Kosten des künftigen Nachlasses zufließt.[2] Da nur eine lebzeitige Zuwendung ausgleichungspflichtig sein kann, muss der zugewandte Vermögensgegenstand schon zu Lebzeiten des Erblassers endgültig aus dessen Vermögen ausgeschieden sein. Keine Zuwendung liegt vor, wenn der Erblasser eine gleichwertige Gegenleistung erhalten hat. Das Gesetz unterscheidet in § 2050 BGB vier Arten ausgleichspflichtiger Zuwendungen, bei denen der Erblasser durch Anordnung gestalten kann, ob und in welchem Umfang Ausgleichungspflichten bestehen sollen.[3]

143

c) Art und Weise der Ausgleichung

Ausgleichspflichtige Vorempfänge der Kinder werden rechnerisch zum Nachlassteil hinzugerechnet und nicht durch die Rückgewähr der Zuwendungen in Natur (Natural- oder Realkollation) ausgeglichen.[4] Die konkrete Berechnung erfolgt in mehreren Schritten.[5] *Zunächst* ist die vorhandene Teilungsmasse zu bewerten. Damit ist der Überschuss i.S.d. § 2047 Abs. 1 BGB gemeint. Die Wertbestimmung (Geldwert) erfolgt auf den Stichtag des Erbfalls.[6] Der Nachlass selbst wird zum Verkehrswert geschätzt. In einem *zweiten* Schritt sind die Anteile der Ausgleichungsbeteiligten an der Teilungsmasse zu bestimmen. Dazu sind ihre jeweiligen Quoten zu ermitteln und der Geldbetrag zu beziffern, der

144

---

1 *Ebenroth*, Rz. 779; *Kipp/Coing*, § 120 III.; *Thubauville*, MittRhNotK 1992, 289 (290).
2 RG v. 29.8.1938 – IV 27/38, JW 1938, 2971; *Bothe* in Damrau/Tanck, § 2050 BGB Rz. 6.
3 Weiterführend *Lange*, Kap. 14 Rz. 151-160; *Werner* in Staudinger, 2010, § 2050 BGB Rz. 21-34.
4 *Krug*, ZEV 2000, 41 (42). Den beteiligten Miterben steht es selbstverständlich frei, sich über eine tatsächliche Rückgewähr der Vorempfänge zu verständigen, um die Ausgleichung im Wege der Realkollation zu vollziehen.
5 Rechenbeispiel bei *J. Mayer*, MittBayNot 2010, 345 (351 f.).
6 So BGH v. 30.10.1985 – IVa ZR 26/84, BGHZ 96, 174 (180 f.) = MDR 1986, 208; *Ebenroth/Bacher/Lorz*, JZ 1991, 277; a.A. *Eberl-Borges* in NomosKomm. BGB, § 2055 BGB Rz. 11.

sich als Anteil aller Ausgleichungsbeteiligten an der Teilungsmasse ergibt. Sodann muss *drittens* der Wert des Vorempfangs zum Stichtag der Zuwendung ermittelt werden (§ 2055 Abs. 2 BGB). Dies ist der Zeitpunkt des Rechtsübergangs, bei Grundstücksrechten also die Eintragung im Grundbuch. Fehlt es an einer Wertbestimmung durch den Erblasser, so gilt der objektive Verkehrswert;[1] ggf. ist der Wert der Zuwendung durch Schätzung zu ermitteln.

145 Um den allgemeinen **Kaufkraftschwund** zu berücksichtigen, wird *viertens* der so ermittelte, in Geld ausgedrückte Wert auf den Zeitpunkt des Erbfalls indexiert.[2] Dazu verwendet die Rechtsprechung den Lebenshaltungskostenindex eines Vier-Personen-Arbeitnehmerhaushalts und korrigiert den Wert zum Zuwendungszeitpunkt in dem Verhältnis, in dem die Indexzahl zum Zeitpunkt des Erbfalls und diejenige zum Zeitpunkt der Zuwendung Veränderungen unterliegen.[3] In einer Formel ausgedrückt:[4]

$$W = \frac{ZW \times P(T)}{P(Z)}$$

146 W steht für den indexierten Wert der Zuwendung; ZW ist die zugewendete Summe. P(T) ist die für das Todesjahr des Erblassers geltende Preisindexzahl und P(Z) steht für die Preisindexzahl des Zuwendungsjahrs. Diese Vorgehensweise führt bei solchen Zuwendungen, die zwischenzeitlich deutlich im Wert gestiegen sind, zu einer **doppelten Bevorzugung** des Empfängers, die auch durch die Indexierung nicht ausgeglichen wird: Neben den Nutzungsvorteil tritt der Vorteil der Werterhöhung. In dieser praktisch bedeutsamen Fallgruppe wird das Ziel der Ausgleichung, eine gleichmäßige wirtschaftliche Beteiligung der Kinder zu gewährleisten, häufig verfehlt.[5]

In einem *fünften Schritt* sind alle auszugleichenden Zuwendungen zum Wert der Teilungsmasse hinzuzurechnen, soweit diese den Miterben zukommen, unter denen die Ausgleichung stattfindet, § 2055 Abs. 1 Satz 2 BGB. Damit wird die Nachlassmasse fingiert, die sich zur Aufteilung unter den Abkömmlingen ergäbe, wenn die zugewandten Gegenstände noch vorhanden wären. Sodann ist in einem *letzten Schritt* der betragsmäßige Anteil des einzelnen Abkömmlings am Ergebnis dieses Rechenschrittes zu ermitteln. Der Begünstigte muss sich sodann den erhaltenen Vorempfang auf sein Auseinandersetzungsguthaben anrechnen lassen, § 2055 Abs. 1 Satz 1 BGB. Die Ausgleichung findet

---

1 *Eberl-Borges* in NomosKomm. BGB, § 2055 BGB Rz. 12; *Nieder* in Nieder/Kössinger, § 2 Rz. 244; *Wolf* in Soergel, § 2055 BGB Rz. 3.
2 BGH v. 20.4.1983 – IVa ZR 222/81, WM 1983, 823 (824); BGH v. 10.11.1982 – IVa ZR 29/81, BGHZ 85, 274 (282); BGH v. 4.7.1975 – IV ZR 3/74, BGHZ 65, 75; zustimmend u.a. *Ebenroth/Bacher*, BB 1990, 2053 (2061); *Bayer* in Erman, § 2055 BGB Rz. 4.
3 Ausführlich: *Ebenroth/Bacher*, BB 1990, 2053.
4 Vgl. *Werner*, DNotZ 1978, 68 (70); *Werner* in Staudinger, 2010, § 2055 BGB Rz. 7.
5 Daher halten den Zeitpunkt der Auseinandersetzung, also der Erbteilung, für relevant: *Eberl-Borges* in NomosKomm. BGB, § 2055 BGB Rz. 10; *Krug*, ZEV 2000, 41 (42); *Werner* in Staudinger, 2010, § 2055 BGB Rz. 8; *Wolf* in Soergel, § 2055 BGB Rz. 1. Nach dieser Meinung müsste also der Kaufkraftschwund bis zur Auseinandersetzung berücksichtigt werden.

demnach nur unter den ausgleichsbeteiligten Miterben statt, nachdem zuvor die Erbteile der nicht beteiligten Miterben nach dem vorhandenen Nachlass berechnet wurden. Daher erfolgt die Verrechnung des Wertes der ausgleichungspflichtigen Zuwendung mit dem „Erbteil" des jeweiligen Empfängers. Das Ergebnis dieses Berechnungsschrittes drückt wertmäßig dasjenige aus, was dem betreffenden Abkömmling von der Teilungsmasse zusteht.

d) Wertbestimmung durch den Erblasser

Wie alle Vorschriften der §§ 2050 ff. BGB so ist auch § 2055 Abs. 2 BGB **nicht zwingender Natur**. Hat der Erblasser bei der Zuwendung des Vorempfangs eine Wertbestimmung getroffen, so geht seine subjektive Bewertung dem Gesetz vor.[1] Soweit keine weiteren Bestimmungen oder Umstände hinzutreten, ist im Rahmen einer solchen dispositiven Wertbestimmung von einer nominellen Bewertung auszugehen; eine Indexierung findet grundsätzlich nicht statt. 147

Liegt der dispositive Wert über dem Verkehrswert, so ist eine entsprechende **Wertbestimmung** zulässig, soweit sie vom Erblasser spätestens beim Vollzug des Vorempfangs getroffen wurde und der Begünstigte den Vorempfang in Kenntnis der Wertbestimmung angenommen hat. Der begünstigte Vorempfänger, dessen Pflichtteilsrecht durch die Wertbestimmung negativ betroffen werden könnte, ist nicht schutzbedürftig, da er die Verrechnungsmethode kannte und es selbst in der Hand hatte, den Vorempfang zu diesen Bedingungen entgegenzunehmen oder abzulehnen.[2] Eine unter dem wahren Wert des Vorempfangs liegende Wertfestsetzung kann demgegenüber nicht nur Erbteile, sondern auch Pflichtteile Dritter betreffen. Hier bestimmt § 2316 Abs. 3 BGB, dass Ausstattungen im Rahmen der Berechnung der Pflichtteile selbst bei einer entgegenstehenden Bestimmung des Erblassers zur Ausgleichung zu bringen sind. Unter dem wahren Wert liegende Festsetzungen des Erblassers sind insoweit also hinfällig.[3] 148

e) Auskunftsansprüche

Die Miterben sehen sich häufig vor die Schwierigkeit gestellt, dass sie über bestimmte Vermögenstransaktionen des Erblassers nicht hinreichend im Klaren sind. Jeder materiell-rechtliche Anspruchsinhaber muss aber bei Zahlungsklagen seinen Anspruch beziffern bzw. bei Herausgabeklagen die verlangten Gegenstände exakt bezeichnen können, weil im Hinblick auf die spätere Zwangsvollstreckung ein bestimmter Klageantrag zu stellen ist (vgl. § 253 Abs. 2 Nr. 2 ZPO). Um das Ausgleichungsverfahren zu vereinfachen und um es ordnungsgemäß durchführen zu können, ist mit § 2057 BGB ein **besonderer Auskunftsanspruch** geschaffen worden. Er steht jedem Miterben zu, soweit er zu den 149

---

1 *Lohmann* in Bamberger/Roth, § 2050 BGB Rz. 11.
2 Vgl. *Peter*, BWNotZ 1986, 28 (30); a.A. *Thubauville*, MittRhNotK 1992, 289 (305).
3 *Lange* in MünchKomm. BGB, 6. Aufl. 2013, § 2316 BGB Rz. 6 ff.; *J. Mayer* in Bamberger/Roth, § 2316 BGB Rz. 8; *Thubauville*, MittRhNotK 1992, 289 (305).

Ausgleichsberechtigten zählt.¹ Der Anspruch steht auch enterbten pflichtteilsberechtigten Abkömmlingen zur Bezifferung ihres Pflichtteils auf der Grundlage des § 2316 BGB zu. Dem Testamentsvollstrecker steht ebenfalls ein Auskunftsrecht zu, soweit dies zur Erfüllung seiner Aufgaben erforderlich ist. Zur Auskunft verpflichtet ist jeder Miterbe, der zum Kreis der Ausgleichsverpflichteten nach §§ 2050, 2052 BGB gehört und auch der enterbte Abkömmling.

150 Der Verpflichtete hat gem. § 2057 BGB Auskunft über **sämtliche Zuwendungen** zu erteilen, die er selbst erhalten hat. Früher wurde noch die Auffassung vertreten, die Verpflichtung erstrecke sich auf schlechthin sämtliche Zuwendungen, die der Miterbe jeweils vom Erblasser erhalten hat.² Heute wird allerdings zumeist betont, diese Pflicht finde ihre Grenzen darin, dass „nicht jede Kleinigkeit" zu offenbaren sei.³ Der Anspruch geht auf Darlegung sämtlicher ausgleichungsrelevanter Eigenschaften der Zuwendung, des Zeitpunkts der Zuwendung, aller wertbildenden Faktoren, der für und gegen eine Ausgleichungspflicht sprechenden Umstände und des Sachverhalts zu etwaigen Anordnungen des Erblassers. Soweit der Begünstigte eine Gegenleistung erbracht hat und somit eine Teilschenkung in Betracht kommt, sind die näheren Umstände dieser Gegenleistung darzulegen.

151 Ein **Anspruch auf** Erstellung eines **Wertgutachtens** betreffend den Gegenstand der Zuwendung besteht insoweit nicht, als der Auskunftspflichtige es in keinem Fall auf eigene Kosten einzuholen hat. Der Auskunftsschuldner kann jedoch verpflichtet sein, die Wertermittlung durch einen vom Gläubiger beauftragten Gutachter zu dulden. Zur Urkundenvorlage ist der Schuldner weder aus § 2057 BGB noch aus § 2060 BGB verpflichtet. Aus dem Gesetz ergibt sich keine Formvorgabe für die Auskunftserteilung. Aus Praktikabilitätsgründen kann aber regelmäßig die Schriftform verlangt werden.⁴ Aufgrund des Verweises in § 2057 Satz 2 auf § 260 Abs. 2 BGB kann der Auskunftsverpflichtete zur eidesstattlichen Versicherung verpflichtet sein.

4. Qualifizierte Nachfolgeklauseln

a) Bedeutung

152 Sind nach dem Gesellschaftsvertrag einer Personengesellschaft nicht alle, sondern nur einer oder einzelne Miterben als Nachfolger eines persönlich haftenden Gesellschafters vorgesehen, handelt es sich um eine sog. **qualifizierte erbrechtliche Nachfolgeklausel**.⁵ Da die übrigen Miterben von der Nachfolge in

---

1 Jeder Miterbe kann selbständig handeln, die §§ 2038, 2039 BGB greifen nicht (Individualanspruch).
2 Vgl. RG v. 28.4.1904 – IV 169/04, RGZ 58, 88 (91); *Sarres*, ZEV 2000, 349: Totalaufklärung.
3 *Bothe* in Damrau/Tanck, § 2057 BGB Rz. 3; *Lohmann* in Bamberger/Roth, § 2057 BGB Rz. 4.
4 *Eberl-Borges* in NomosKomm. BGB, § 2057 BGB Rz. 7; *Wolf* in Soergel, § 2057 BGB Rz. 6.
5 *Hadding/Kießling* in Soergel, § 727 BGB Rz. 25; *Tanck* in Damrau/Tanck, § 1922 BGB Rz. 65.

den Personengesellschaftsanteil ausgeschlossen werden, will die qualifizierte Nachfolgeklausel einer Zersplitterung des Gesellschaftsanteils entgegenwirken. In ihr drückt sich letztlich der Wunsch der Gesellschafter aus, selbst zu entscheiden, ob und in welchem Umfang sie auf die Mitgliedschaft in ihrer Personengesellschaft über den Tod hinaus Einfluss nehmen wollen. Auch bei einer qualifizierten Nachfolgeklausel vollzieht sich die Nachfolge kraft Erbrechts. Die Nachfolgeklausel führt daher nur dort zur automatischen, unmittelbaren Nachfolge, wo die in der Klausel genannte oder später bestimmte Person kraft Gesetzes oder letztwilliger Verfügung wenigstens Miterbe des verstorbenen Gesellschafters wird und bleibt.[1]

Kommt es zur Nachfolge in die Gesellschafterstellung aufgrund einer qualifizierten Nachfolgeklausel, rückt der benannte Erbe unmittelbar und direkt in die volle Gesellschafterstellung des Gesellschafters/Erblassers ein. Dessen Mitgliedschaft geht grundsätzlich in vollem Umfang und nicht etwa nur entsprechend einer Miterbenquote über. Dies gilt auch dann, wenn der Nachfolger nur zu einem bestimmten Bruchteil Erbe geworden ist. Ist im Gesellschaftsvertrag aber eine der Erbquote entsprechende qualifizierte Nachfolge vorgesehen, tritt der Nachfolgererbe auch nur insoweit in diese Rechtsposition des verstorbenen Gesellschafters ein; es gilt das Prinzip der **Sondererbfolge**.[2]

153

Der BGH hatte dazu im Jahr 1977 ausgeführt: „Zweifellos darf auch der Gesellschafter-Erbe nicht mehr erhalten bzw. behalten, als ihm aufgrund Erbrechts zusteht. Aber die Erbquote, die sein Recht umreißt, ist keine gegenständliche Begrenzung seines Erwerbs in dem Sinne, dass er keinen über diese Quote hinausgehenden Teil des Gesellschaftsanteils erwerben könnte. Sie bestimmt nur zwingend den Anteil am Wert des Gesamtnachlasses, der ihm im Endergebnis zufließen darf und soll."[3] Ferner heißt es: „Die Erbquote behält die volle ihr nach Erbrecht zukommende Bedeutung für die Ansprüche der Miterben untereinander – einschließlich des Gesellschafter-Erben – auf Wertausgleich."[4]

154

b) Ausgleichsanspruch

Der Nachfolger des verstorbenen Gesellschafters darf erbrechtlich nicht mehr erhalten, als ihm aufgrund seiner Erbquote zusteht. Dieser Grundsatz hat aber nicht zur Folge, dass er keinen über die Erbquote hinausgehenden Anteil an der Mitgliedschaft des Erblassers erwerben darf. Auf der Grundlage einer qualifizierten Nachfolgeklausel kommt es vielmehr dazu, dass nur einer der Erben Gesellschafter wird. Die übrigen Miterben gehen diesbezüglich leer aus. Sie erhalten auch keinen Abfindungsanspruch gegen die Gesellschaft, da der Wert des Anteils grundsätzlich zum Nachlass gehört. Erst im Rahmen der Auseinandersetzung der Miterbengemeinschaft muss sich der Gesellschaftererbe den

155

---

1 *Ebenroth*, Rz. 871; *Kroiß* in NomosKomm. BGB, § 1922 BGB Rz. 26; *Lange*, Kap. 22 Rz. 88.
2 BGH v. 10.2.1977 – II ZR 120/75, BGHZ 68, 225 (237 f.); BGH v. 4.5.1983 – IVa ZR 229/81, NJW 1983, 2376.
3 BGH v. 10.2.1977 – II ZR 120/75, NJW 1977, 1339 (1342).
4 BGH v. 10.2.1977 – II ZR 120/75, NJW 1977, 1339 (1343).

Wert seines Gesellschaftsanteils **anrechnen** lassen. Er ist seinen Miterben zum Ausgleich verpflichtet, sofern der Wert seiner Mitgliedschaft den Betrag übersteigt, der ihm nach seiner Erbquote zustehen würde.[1] Eine gesetzliche Grundlage für diesen Ausgleich fehlt. Die Notwendigkeit der Ausgleichung ist nach richtiger Ansicht zwingende Folge der Achtung des Willens des Gesellschafter-Erblassers, wonach ohne abweichende letztwillige Verfügung die Erbquoten das Maß der Nachlassteilhabe bestimmen.[2] Damit ist aber lediglich festgestellt, dass es eines solchen Ausgleichs bedarf;[3] offen ist hingegen seine dogmatische Einordnung. Während Stimmen in der Literatur eine Analogie zu § 1978 BGB befürworten,[4] findet sich auch die Auffassung, man solle eine Analogie zu §§ 2050 ff. BGB bilden.[5] Die Rechtsprechung hatte den **Ausgleichsanspruch** in einem Fall auf § 242 BGB gestützt.[6] Wiederum andere halten einen bereicherungsrechtlichen Anspruch für gegeben.[7] Zuzustimmen ist der Ansicht, die in der qualifizierten Nachfolgeklausel eine mit dem Erbfall vollzogene Teilungsanordnung sieht, denn anders als im Erbrecht ist im Gesellschaftsrecht die direkte dinglich wirkende Sondernachfolge möglich.[8]

156 Allen Positionen ist gemeinsam, dass der Gesellschaftererbe einen über seine Erbquote hinausgehenden Gesellschaftsanteil erwirbt. Die Erbquoten dienen allein als Grundlage für die Berechnung der erbrechtlichen Ansprüche auf Wertausgleich unter den Miterben. Ist daher die Erbquote des in die Gesellschaft eintretenden Miterben höher, scheidet der Wertausgleich aus. Letztlich werden die Folgen der Sondererbfolge im Wesentlichen auf die gesellschaftsrechtliche Zuordnung beschränkt. Folgt man diesem Ansatz, weil eine qualifizierte Nachfolgeklausel wie eine mit dem Erbfall vollzogene Teilungsanordnung funktioniert[9] und in der Absicht des Erblassers kein Unterschied erkennbar ist, so hat dies Auswirkungen auf die Frage der Anteilsbewertung. Da hierfür das Erbrecht gilt,[10] ergeben sich gegenüber der **Bemessung von Aus-**

---

1 BGH v. 10.2.1977 – II ZR 120/75, BGHZ 68, 225 (238); *Gergen* in MünchKomm. BGB, 6. Aufl. 2013, § 2032 BGB Rz. 60. Diese Ausgleichspflicht kann der Erblasser aber im Wege eines Vorausvermächtnisses (§ 2150 BGB) ausschließen.
2 *Brügmann*, S. 306 f.
3 Der Ausgleichsanspruch der weichenden Miterben ist erbrechtlicher Natur, BGH v. 22.11.1956 – II ZR 222/55, BGHZ 22, 186 (196 f.); *Westermann* in Erman, § 727 BGB Rz. 12.
4 *Habermeier* in Staudinger, 2003, § 727 BGB Rz. 20; *Rüthers*, AcP 168 (1968), 263 (268 f.); *Schäfer* in MünchKomm. BGB, 6. Aufl. 2013, § 727 BGB Rz. 45.
5 *Wolf* in Soergel, § 2032 BGB Rz. 25; a.A. *Marotzke*, AcP 184 (1984), 541 (562 ff.).
6 Vgl. BGH v. 22.11.1956 – II ZR 222/55, BGHZ 22, 186 (197). Fraglich ist, ob die Rechtsprechung heute noch Gültigkeit besitzt, geht sie doch von einer mittlerweile überholten Konstruktion der qualifizierten Nachfolge aus. In BGH v. 10.2.1977 – II ZR 120/75, BGHZ 68, 225 (238 f.) wurde auf die Bedeutung der Erbquoten abgestellt.
7 *Brügmann*, S. 362 ff.
8 *Lange*, Kap. 22 Rz. 91; *K. Schmidt*, GesR, § 45 V 5c; *Schöne* in Bamberger/Roth, § 727 BGB Rz. 18; *Tanck* in Damrau/Tanck, § 1922 BGB Rz. 65.
9 *K. Schmidt*, GesR, § 45 V 4 b.
10 *Schöne* in Bamberger/Roth, § 727 BGB Rz. 18; *Westermann* in Erman, § 727 BGB Rz. 12.

gleichsansprüchen bei einer Teilungsanordnung keine Besonderheiten. Auch bei der qualifizierten Nachfolgeklausel ist daher für die Berechnung des Ausgleichsanspruchs der wirkliche Wert des Unternehmens bzw. des Anteils das Bewertungsziel und der Erbfall der Bewertungsstichtag.[1]

---

1 *Braunhofer*, S. 211; *Schäfer* in MünchKomm. BGB, 6. Aufl. 2013, § 727 BGB Rz. 44 f.

Sechster Teil
Unternehmensbewertung im Bilanz- und Steuerrecht

§ 25
Unternehmensbewertung im Bilanzrecht

	Rz.
I. Vorbemerkung	1
II. Rechtsprechung	7
III. Unternehmensbewertung im Bilanzrecht nach IFRS	
1. Stellung der IFRS im deutschen Bilanzrecht	11
2. Anlässe für Unternehmensbewertungen im IFRS-Bilanzrecht	
a) Bewertungsauslösende Standards	16
b) Zugangsbewertung	18
c) Folgebewertung	22
d) Weitere Bewertungsanlässe	26
3. Wertkonzeptionen	
a) Überblick	29
b) Konzeption des beizulegenden Zeitwerts („Fair Value")	33
c) Konzeption des Nutzungswerts (IAS 36)	40
4. Ermittlung des beizulegenden Zeitwerts („Fair Value")	43
a) Eingangsparameter	44
b) Bewertungsverfahren	56
aa) Marktorientierte Bewertungsverfahren	59
bb) Kapitalwertorientierte Bewertungsverfahren	60
cc) Kostenorientierte Bewertungsverfahren (cost approach)	66
c) Lösungsansätze für ausgewählte Anwendungsfragen	68

	Rz.
5. Ermittlung des Nutzungswerts („Value in use")	
a) Allgemeine Grundsätze	73
b) Bewertungsverfahren	76
c) Schätzung der zukünftigen Zahlungsströme	80
d) Kapitalisierungszinssatz	87
e) Äquivalenz zwischen Nutzungswert und Buchwert	93
IV. Unternehmensbewertung im Bilanzrecht nach HGB	
1. Bilanzierung von Unternehmensanteilen im HGB-Bilanzrecht	98
2. Anlässe für Unternehmensbewertungen im HGB-Bilanzrecht	
a) Zugangsbewertung	102
b) Folgebewertung	105
3. Wertkonzeptionen	108
4. Ermittlung des beizulegenden Werts nach § 253 Abs. 3 HGB	114
a) Dauerhafte Beteiligungsabsicht	117
b) Veräußerungsabsicht	121
5. Ermittlung des beizulegenden Zeitwerts nach § 255 Abs. 4 HGB	123
a) Marktpreis auf einem aktiven Markt	125
b) Allgemein anerkannte Bewertungsmethoden	129
c) Fortgeführte Anschaffungs- oder Herstellungskosten	132

Schrifttum: *Bertram/Brinkmann/Kessler/Müller* (Hrsg.), Haufe HGB Bilanz-Kommentar, 5. Aufl. 2015; *Cassel*, Unternehmensbewertung im IFRS-Abschluss, 2012; *Deloitte* (Hrsg.), iGAAP 2014, A guide to IFRS reporting, 7. Aufl. 2013; *Ernst & Young* (Hrsg.), International GAAP 2014, 2014; *Goldschmidt/Weigl*, Die Bewertung von Finanzinstrumenten bei Kreditinstituten in illiquiden Märkten nach IAS 39 und HGB, WPg 2009, 192;

Großfeld/Tönnes, Bilanzen als Elemente der Unternehmensbewertung, NZG 2010, 921; *Hachmeister*, Das Finanzanlagevermögen, in Schulze-Osterloh/Hennrichs/Wüstemann (Hrsg.), Handbuch des Jahresabschlusses (HdJ); *Hachmeister/Ruthardt*, Bestimmung der Kapitalkosten beim Impairment-Test, IRZ 2012, 233; *Hayn/Ehsen*, Impairment Test im HGB. Beteiligungsbewertung gemäß IDW ERS HFA 10, FB 2003, 205; *Henkel/Heller*, Glossar zur Rechnungslegung von Finanzinstrumenten nach IFRS (und HGB), KoR 2009, 279; *Hitz*, Zeitbewertung nach IFRS, in Schulze-Osterloh/Hennrichs/Wüstemann (Hrsg.), Handbuch des Jahresabschlusses (HdJ); *Hoffmann/Lüdenbach*, NWB Kommentar Bilanzierung, 5. Aufl. 2014; IDW (Hrsg.), WP Handbuch 2012, Bd. I, 14. Aufl. 2012; IDW (Hrsg.), WP Handbuch 2014, Bd. II, 14. Aufl. 2014; KPMG (Hrsg.), Insights into IFRS, 11. Aufl. 2014/15; *Küting/Cassel*, Zur Hierarchie der Unternehmensbewertungsverfahren bei der Fair Value-Bewertung, KoR 2012, 322; *Küting/Hayn*, Anwendungsgrenzen des Gesamtbewertungskonzepts in der IFRS-Rechnungslegung, BB 2006, 1211; *Küting/Pfitzer/Weber*, Das neue deutsche Bilanzrecht, 2008; *Küting/Trappmann/Ranker*, Gegenüberstellung der Bewertungskonzeption von beizulegendem Wert und Fair Value im Sachanlagevermögen, DB 2007, 1709; *Kupke/Nestler*, Bewertung von Beteiligungen und sonstigen Unternehmensanteilen in der Handelsbilanz gemäß IDW RS HFA 10, BB 2003, 2671; *Laas*, Werthaltigkeitsprüfungen für Unternehmensanteile in der Rechnungslegung, DB 2006, 457; *Löw/Scharpf/Weigel*, Auswirkungen des Regierungsentwurfs zur Modernisierung des Bilanzrechts auf die Bilanzierung von Finanzinstrumenten, WPg 2008, 1011; *Lüdenbach/Hoffmann* (Hrsg.), Haufe IFRS-Kommentar (Online-Version); *Müller/Reinke*, Entwicklung der Parameter im Rahmen von Werthaltigkeitsprüfungen, PiR 2010, 241; *Mujkanovic*, Die Bewertung von Anteilen an nachhaltig ertragsschwachen Unternehmen im handelsrechtlichen Jahresabschluss, WPg 2010, 294; *Pawelzik*, Impairment-Test nach IAS 36, PiR 2011, 317; *Pilhofer/Bösser*, Der Einfluss unternehmensspezifischer Parameter zur Ermittlung des Kapitalisierungszinssatzes beim impairment-Test gem. IAS 36, PiR 2011, 219; *Pottgießer/Velte/Weber*, Ermessensspielräume im Rahmen des Impairment-Only-Approach, DStR 2005, 1748; PWC (Hrsg.), Manual of accounting – IFRS 2014, 2013; *Reinke*, Praktische Herausforderungen bei der Bestimmung des Diskontierungszinssatzes zur Ermittlung des Nutzungswerts, PiR 2012, 283; *Schildbach*, Fair Value, Subprime-Krise und Destabilisierung der Wirtschaft, DStR 2012, 474; *Theile/Pawelzik*, Auswirkungen von IFRS 13 auf den impairment-Test nach IAS 36, PiR 2012, 210; *Zwirner/Mugler*, Werthaltigkeitsprüfung des Geschäfts- und Firmenwerts nach IAS 36, KoR 2011, 445; *Zwirner/Zimny*, Kapitalisierungszinssätze in der IFRS-Rechnungslegung – Eine empirische Analyse der Unternehmensbewertungspraxis 2011, Corporate Finance biz 2013, 23.

I. Vorbemerkung

1   Das **Handelsrecht** kennt eine Vielzahl von Anlässen, die eine Unternehmensbewertung für Zwecke der Bilanzierung erfordern. Im Folgenden wird erläutert, nach welchen Normen und Grundsätzen die Bewertung eines ganzen Unternehmens, von Unternehmensanteilen oder eines unternehmensähnlichen Gebildes im Bilanzrecht zu erfolgen hat. Fälle, in denen der bilanzierte Wert auf einer **gesetzlichen Fiktion** beruht, insbesondere die Bilanzierung erworbener Unternehmensanteile zu **Anschaffungskosten**, erfordern keine Unternehmensbewertung und werden hier nicht weiter betrachtet.

2   Dementsprechend ist bei der erstmaligen Bilanzierung von Unternehmensanteilen nach Erwerb (**Zugangsbewertung**) in der Regel keine Unternehmensbewertung erforderlich, da die in Deutschland relevanten Bilanzierungsregeln (HGB, IFRS) für die Zugangsbewertung eine Bilanzierung mit dem Kaufpreis vorsehen. In einigen Fällen, wie dem Anteilstausch oder der Sacheinlage, liegt beim Zugang von Unternehmen oder Unternehmensanteilen jedoch **kein Kauf-**

preis vor. Dann ist eine Unternehmensbewertung auch im Rahmen der Zugangsbewertung erforderlich.

Die **Folgebewertung** von Unternehmensanteilen an Bilanzstichtagen nach dem Erwerb erfordert Unternehmensbewertungen vor allem im Zusammenhang mit Werthaltigkeitstests. Mit einem Werthaltigkeitstest wird überprüft, ob die Bilanzierung von Unternehmensanteilen zu Anschaffungskosten weiterhin gerechtfertigt oder eine **außerplanmäßige Abschreibung** auf den niedrigeren Wert am Bilanzstichtag erforderlich ist. In den Jahren nach der außerplanmäßigen Abschreibung kann dann auch zu prüfen sein, ob für die Unternehmensanteile eine **Wertaufholung** bis zu den Anschaffungskosten als Obergrenze vorzunehmen ist. Daneben kennt das neuere Bilanzrecht in bestimmten Fällen für bilanzierte Unternehmensanteile die generelle Verpflichtung, den am Bilanzstichtag aktuellen Wert zu bilanzieren, ohne dabei auf die Anschaffungskosten als Obergrenze begrenzt zu sein.

Bei der Frage nach der Notwendigkeit einer außerplanmäßigen Abschreibung eines aktivierten **Firmenwertes** ist in bestimmten Fällen eine **Gesamtbewertung unternehmensähnlicher Gebilde** sinnvoll. Sofern fragwürdige Erlöszurechnungen zu dem bilanzierten Firmenwert vermieden werden sollen, kann der Wert eines bilanzierten Firmenwertes am Bilanzstichtag aufgrund seiner Eigenschaft als **Residualgröße** faktisch nur bestimmt werden, indem die gesamten Vermögenswerte, mit denen der Firmenwert realisiert wird, aus der Perspektive der tatsächlichen Nutzung im wirtschaftlichen Zusammenhang bewertet werden.[1] Dann ist in einem ersten Schritt der Wert dieses unternehmensähnlichen Gebildes zu bestimmen und in einem zweiten Schritt, wenn dieser Wert den Buchwert nicht deckt, kann der geminderte Firmenwert wiederum als Residualgröße ermittelt werden.

Nicht weiter thematisiert werden möglicherweise erforderliche Unternehmensbewertungen im Zusammenhang mit **derivativen Finanzinstrumenten** wie Optionen, die auf den Erwerb oder die Veräußerung von Unternehmensanteilen als Basiswerte gerichtet sind, sowie im Zusammenhang mit **Optionen auf Unternehmensanteile, die Mitarbeitern oder Dritten als Entgelt für Güter oder Dienstleistungen** eingeräumt werden.

Im deutschen Bilanzrecht ist grundlegend zu unterscheiden zwischen der Rechnungslegung nach den **direkt im HGB** verankerten Normen und der Rechnungslegung nach **IFRS**, die nach HGB vorgeschrieben ist, deren Fundament jedoch im **europäischen Rechtsraum** liegt. Aufgrund der großen Unterschiede erfolgt eine getrennte Darstellung beider Normen. Die HGB- und IFRS-Vorschriften werden nur erläutert, soweit dies für ein Verständnis der Normen, Wertkonzeptionen und Auslegungen erforderlich erscheint. Im Vergleich weisen die IFRS-Normen eine weitaus **stärkere Regelungsdichte** auf und werden daher zunächst dargestellt.

---

1 Vgl. *Hoffmann/Lüdenbach*, NWB Kommentar Bilanzierung, S. 730.

II. Rechtsprechung

7 In der zivilgerichtlichen Rechtsprechung gibt es bisher – soweit ersichtlich – **keine nennenswerte Zahl von Entscheidungen**, die sich mit der Unternehmensbewertung im Bilanzrecht nach HGB und IFRS befassen. Die ergangenen Entscheidungen befassen sich mit der Frage nach der **Nichtigkeit** eines Jahresabschlusses gem. § 256 Abs. 5 AktG aufgrund eines Verstoßes gegen Bewertungsvorschriften durch die Überbewertung von Beteiligungen.[1] Die geringe Zahl der Entscheidungen mag darauf zurückzuführen sein, dass die strittigen Fragen des Bilanzrechts in der Regel im Rahmen der **gesetzlichen Abschlussprüfung** gem. §§ 316 ff. HGB zwischen dem bilanzierenden Unternehmen und seinem Abschussprüfer ohne Einbeziehung der Rechtsprechung geklärt werden. Bezüglich der umfangreicheren Rechtsprechung zum **Bilanzsteuerrecht** wird auf § 26 verwiesen.

8 Auch die Einführung des sog. **Enforcement-Verfahrens** hat bisher nicht zu einer weiteren Befassung der Rechtsprechung mit den bilanzrechtlichen Regelungen zur Unternehmensbewertung geführt. Das mit dem Bilanzkontrollgesetz vom 15.12.2004 eingeführte Enforcement-Verfahren soll die Jahres- und Konzernabschlüsse kapitalmarktorientierter Unternehmen einer zusätzlichen Überprüfung unterziehen. Es sieht in einem ersten Schritt eine Nachprüfung bereits testierter Abschlüsse durch die Deutsche Prüfstelle für Rechnungslegung e.V. (**DPR**) vor.

9 Die DPR ist vom Bundesministerium der Justiz nach § 342b HGB anerkannt, jedoch nicht hoheitlich beliehen.[2] Nach § 37p WpHG kann die DPR aber im Falle von Verstößen oder fehlender Mitwirkung der betroffenen Unternehmen die Bundesanstalt für Finanzdienstleistungsaufsicht (**BaFin**) einschalten, die dann die Möglichkeit hat, nach § 37o WpHG die Prüfung und nach § 37q WpHG die Veröffentlichung von Bilanzierungsfehlern mit hoheitlichen Mitteln durchzusetzen. Gegen Prüfungsanordnungen, Fehlerfeststellungen oder Veröffentlichungsanordnungen der BaFin steht den betroffenen Unternehmen der Rechtsweg beim gem. §§ 37u Abs. 2 WpHG, 48 Abs. 4, 51 WpÜG **allein zuständigen OLG Frankfurt** offen.

10 Obwohl die jährlich bekannt gegebenen **Prüfungsschwerpunkte der DPR** bisher immer auch die Werthaltigkeit von Beteiligungen und Firmenwerten betrafen,[3] hat sich der zuständige Wertpapiererwerbs- und Übernahmesenat des OLG Frankfurt, gemessen an seinen bislang veröffentlichten Entscheidungen zum Enforcement-Verfahren, derzeit noch nicht mit Fragen der Unternehmensbewertung im Bilanzrecht befasst.

---

1 OLG München v. 12.11.1993 – 7 U 3165/93, GmbHR 1994, 633 = AG 1994, 375; LG München I v. 22.12.2011 – 5 HK O 12398/08, AG 2012, 386.
2 Vgl. *Grottel* in BeckBilanzkomm., § 342b HGB Rz. 7.
3 Vgl. *Grottel* in BeckBilanzkomm., § 342b HGB Rz. 96.

III. Unternehmensbewertung im Bilanzrecht nach IFRS

1. Stellung der IFRS im deutschen Bilanzrecht

Nach Art. 4 der Verordnung (EG) 1606/2002 des Europäischen Parlaments und des Rates vom 19. Juli 2002 („VO 1606/2002") haben **kapitalmarktorientierte Mutterunternehmen**, die dem Recht eines Mitgliedstaats der EU unterliegen, ihren Konzernabschluss nach den von der EU übernommenen IFRS aufzustellen. Diese Vorschrift stellt für betroffene Unternehmen **unmittelbar anwendbares Recht** dar. Nach § 315a Abs. 1 HGB sind solche Unternehmen von den Vorschriften zur Erstellung eines Konzernabschlusses nach den §§ 290 ff. HGB mit Ausnahme einiger Einzelvorschriften vollständig befreit, so dass sie nur einen Konzernabschluss aufstellen müssen, diesen jedoch nach den von der EU übernommenen IFRS. 11

Ein Mutterunternehmen ist kapitalmarktorientiert i.S.d. VO 1606/2002, wenn es Wertpapiere ausgegeben hat, die am Abschlussstichtag zum **Handel an einem geregelten Markt** in irgendeinem Mitgliedstaat der EU zugelassen sind. Ob ein Unternehmen „Mutterunternehmen" ist, richtet sich nach den §§ 290 ff. HGB.[1] 12

Die Übernahme der IFRS durch die EU erfolgt im Rahmen eines sog. **Komitologieverfahrens**. Im Rahmen dieses Verfahrens wird geprüft, ob die Voraussetzungen des Art. 3 Abs. 2 VO 1606/2002 gegeben sind. Nach Art. 3 Abs. 2 VO 1606/2002 setzt die Übernahme eines IFRS-Standards durch die EU voraus, dass der Standard ein den tatsächlichen Verhältnissen entsprechendes Bild der Vermögens-, Finanz- und Ertragslage einer Gesellschaft vermittelt, dass er dem europäischen öffentlichen Interesse entspricht und dass er den Kriterien Verständlichkeit, Erheblichkeit, Verlässlichkeit und Vergleichbarkeit genügt, damit die Abschlüsse für die Adressaten von Nutzen sind. Die von der EU **übernommenen IFRS** werden als **Kommissionsverordnung veröffentlicht** und sind damit unmittelbar geltendes Recht in den Mitgliedstaaten der EU. 13

Weitere, **freiwillige Anwendungsmöglichkeiten** der IFRS im deutschen Bilanzrecht ergeben sich nach § 315a Abs. 3 HGB auch für die Konzernabschlüsse nicht kapitalmarktorientierter Mutterunternehmen sowie nach § 325a Abs. 2a HGB, der es Kapitalgesellschaften ermöglicht, statt eines HGB-Jahresabschlusses einen IFRS-Jahresabschluss im elektronischen Bundesanzeiger zu veröffentlichen. 14

Die IFRS setzen sich zusammen aus den **IFRS** („International Financial Reporting Standards") und den älteren, noch gültigen **IAS** („International Accounting Standards") sowie den Interpretationen des **IFRIC** („International Financial Interpretations Committee") und den noch gültigen Interpretationen des ehemaligen **SIC** („Standing Interpretations Committee").[2] Mit der Verordnung (EG) Nr. 1126/2008 der Kommission vom 3.11.2008 („VO 1126/2008") wurde zunächst das Grundgerüst der zu dieser Zeit bestehenden IFRS, IAS, IFRIC und 15

---

1 Vgl. WP Handbuch 2012, Bd. 1, Teil N Rz. 1 ff.
2 Vgl. IAS 1.7, Definition „International Financial Reporting Standards".

SIC übernommen und nachfolgend durch eine Vielzahl weiterer Verordnungen ergänzt bzw. geändert.[1]

2. Anlässe für Unternehmensbewertungen im IFRS-Bilanzrecht

a) Bewertungsauslösende Standards

16 Unternehmensanteile können im IFRS-Bilanzrecht nach ganz unterschiedlichen Standards zu bewerten sein; IFRS 13, der nur die Ermittlung des Fair Value regelt, gehört nicht dazu. Im **Konzernabschluss**, dem Hauptanwendungsfall der IFRS in Deutschland, richten sich die relevanten Standards nach dem Status der Beteiligung: Anteile an **Tochtergesellschaften** werden nach IFRS 3 („Unternehmenszusammenschlüsse") und nach IFRS 10 („Konzernabschlüsse") bilanziert. Anteile an **gemeinschaftlich geführten Unternehmen** und **Unternehmen, auf die ein maßgeblicher Einfluss besteht**, werden nach IAS 28 („Anteile an assoziierten Unternehmen und Gemeinschaftsunternehmen") bilanziert. Die **übrigen Unternehmensanteile** werden nach IAS 39 („Finanzinstrumente: Ansatz und Bewertung") bilanziert. Die Bilanzierung von Unternehmensanteilen im **Einzelabschluss** richtet sich nach IAS 27 („Einzelabschlüsse").

17 Der Standard IAS 36 („**Wertminderung von Vermögenswerten**") enthält Vorschriften zur Überprüfung des Wertansatzes von Unternehmensanteilen („**Impairment Test**"), die nach der Equity-Methode in den Konzernabschluss einbezogen werden, und von Unternehmensanteilen, die im IFRS-Einzelabschluss zu Anschaffungskosten bewertet werden. Der Firmenwert im Konzernabschluss wird nach IAS 36 nicht auf der Ebene der erworbenen Tochtergesellschaft auf Wertminderung überprüft, sondern auf der Ebene sog. **zahlungsmittelgenerierender Einheiten** („cash generating units"). Die zahlungsmittelgenerierende Einheit kann als wirtschaftliche Abgrenzung eines Teilunternehmens innerhalb eines Konzerns verstanden werden. Abgrenzungskriterium ist die Möglichkeit, dieser Einheit Zahlungsströme zuordnen zu können, die unabhängig von den Zahlungsströmen anderer Vermögensgegenstände sind. Diese wirtschaftliche Einheit kann, muss aber nicht, mit einem oder mehreren Rechtsträgern übereinstimmen. Sofern die zahlungsmittelgenerierende Einheit einen **Firmenwert** enthält und nicht identisch mit einem Rechtsträger abgegrenzt wird, wird es sich jedoch um ein **unternehmensähnliches Gebilde** handeln.

b) Zugangsbewertung

18 Im IFRS-Bilanzrecht gibt es eine Vielzahl von Anlässen, die beim Zugang von Vermögenswerten eine Unternehmensbewertung erfordern. Nachfolgend werden die **wichtigsten Anwendungsfälle** dargestellt.

---

[1] Vgl. IDW Textausgabe, International Financial Reporting Standards IFRS, 7. Aufl. 2013, S. 12-85.

Im Rahmen der **Bilanzierung von Unternehmenszusammenschlüssen** ("Business Combinations") nach IFRS 3 bestehen mehrere Anwendungsfälle: 19

- Zunächst verpflichtet die **Erwerbsmethode** den Erwerber, die erworbenen Vermögenswerte vom Erwerber einzeln zu bewerten. Hierzu zählen u.a. auch im Vermögen des erworbenen Unternehmens gehaltene Unternehmensanteile, die nicht vollkonsolidiert werden. Dazu zählen Anteile an assoziierten Unternehmen, die nach der Equity-Methode in den Konzernabschluss einbezogen werden, sowie Unternehmensanteile, bei denen weder Beherrschung noch maßgeblicher Einfluss besteht.

- Sofern **Minderheitsanteile** an dem erworbenen Unternehmensvermögen bestehen, kann dieses Vermögen gemäß IFRS 3.19 anteilig zum beizulegenden Zeitwert bilanziert werden.

- Sofern die Gegenleistung für das erworbene Unternehmensvermögen ganz oder teilweise in **Unternehmensanteilen des Erwerbers** besteht, sind zur Ermittlung des Firmenwerts die hingegebenen Unternehmensanteile nach IFRS 3.37 zum beizulegenden Zeitwert zu bewerten.

- Sofern der **Unternehmenszusammenschluss in mehreren Schritten** erfolgte (z.B. Erwerb von zunächst 25 % der Unternehmensanteile und später dann Erwerb von weiteren Anteilen über die Beherrschungsschwelle hinaus), sind die zuerst erworbenen Anteile im Zeitpunkt der Erlangung der Beherrschungsmacht gemäß IFRS 3.42 erfolgswirksam zum beizulegenden Zeitwert zu bewerten, unabhängig davon, ob die Anteile zuvor als Finanzinstrumente oder nach der Equity-Methode bilanziert wurden.

Weitere Anwendungsfälle ergeben sich aus der Bilanzierung von Unternehmen, auf die ein maßgeblicher Einfluss ausgeübt wird (**assoziierte Unternehmen**), und von Unternehmen, die gemeinschaftlich geführt werden (**Gemeinschaftsunternehmen**) nach der sog. Equity-Methode (IAS 28). Eine Beteiligung an assoziierten Unternehmen ist zunächst zu Anschaffungskosten zu bilanzieren. Der Bewertungsmaßstab für die Anschaffungskosten im Falle der **Hingabe eigener Anteile** oder durch die **Sacheinlage von Unternehmensanteilen** ist in IAS 28 nicht definiert. In diesen Fällen sind nach der einhelligen Meinung in der Kommentierung zu IAS 28 – wie bei nahezu allen Tauschvorgängen – die Anschaffungskosten nach dem beizulegenden Zeitwert der hingegebenen eigenen Anteile oder der eingebrachten Unternehmensanteile zu bestimmen.[1] 20

Die nach **IAS 39** zu bilanzierenden Unternehmensanteile sind **immer zum beizulegenden Zeitwert** zu bilanzieren. Die Anwendungsleitlinien zu IAS 39 stellen klar, dass der beizulegende Zeitwert im Normalfall dem Transaktionspreis entspricht.[2] Eine Unternehmensbewertung kann jedoch erforderlich werden, wenn die Unternehmensanteile im Wege des Tauschs erworben wurden. 21

---

1 Vgl. z.B. *Hoffmann/Lüdenbach/Freiberg* in Haufe IFRS-Kommentar Online, § 33 Rz. 52 (Stand: 1.1.2014).
2 Vgl. IAS 39.AG64. Zur Frage der Abweichung des Transaktionspreises vom beizulegenden Zeitwert vgl. § 17 Rz. 58 f.

c) Folgebewertung

22 Die wichtigsten Anwendungsfälle für eine Unternehmensbewertung im IFRS-Bilanzrecht im Rahmen der Folgebewertung sind in den Standards **IAS 36**, **IAS 39** und **IFRS 5** geregelt:

23 Nach IAS 36 sind Unternehmensanteile, die nach der **Equity-Methode** in den Konzernabschluss einbezogen werden, und Unternehmensanteile, die im IFRS-**Einzelabschluss** zu Anschaffungskosten bewertet werden, bei dem Vorliegen von **Indikatoren** auf eine Wertminderung zu überprüfen. Zahlungsmittelgenerierende Einheiten einschließlich **Firmenwert**, die als unternehmensähnliche Gebilde zu betrachten sind, müssen hingegen **zwingend jährlich** auf eine mögliche Wertminderung überprüft werden. Die Überprüfung erfolgt nach IAS 36.1 durch Ermittlung des **erzielbaren Betrages**, der den Buchwert nicht unterschreiten darf. Der erzielbare Betrag ist nach IAS 36.18 definiert als der höhere Betrag aus dem **beizulegenden Zeitwert** abzüglich Verkaufskosten („fair value less costs of disposal") und dem **Nutzungswert** („value in use").

24 Die nach IAS 39 zu bilanzierenden Unternehmensanteile sind gemäß IAS 39.46 – nicht begrenzt durch die Höhe der Anschaffungskosten – auch im Rahmen der Folgebewertung **immer zum beizulegenden Zeitwert** zu bilanzieren. Sind die Unternehmensanteile den Kategorien „Handelsbestand" oder „Fair Value Option" zugeordnet, werden Differenzen zwischen altem und neuem beizulegenden Zeitwert immer **erfolgswirksam** bilanziert (IAS 39.55a). Bei Unternehmensanteilen der Kategorie „zur Veräußerung verfügbar" wird die Differenz im Grundsatz, insbesondere sofern keine Wertminderung vorliegt, **erfolgsneutral** im sonstigen Ergebnis erfasst (IAS 39.55b). Erst bei **Abgang** oder beim Vorliegen einer **Wertminderung** nach den Kriterien des IAS 39.59 sind die Differenzen aus dem sonstigen Ergebnis in die Gewinn- und Verlustrechnung umzugliedern.

25 IFRS 5 regelt die Bilanzierung von **zur Veräußerung bestimmten Vermögenswerten und Veräußerungsgruppen**. Hierzu zählen bei entsprechender Veräußerungsabsicht Unternehmensanteile, die im Konzernabschluss nach der Equity-Methode sowie Unternehmensanteile, die im Einzelabschluss zu Anschaffungskosten bilanziert werden. Eine Veräußerungsgruppe ist eine Gruppe von Vermögensgegenständen, die gemeinsam veräußert werden sollen, ggf. unter Einbeziehung von Schulden. Wenn eine Veräußerungsgruppe einen **Firmenwert** enthält, wird es sich dabei in der Regel um ein unternehmensähnliches Gebilde handeln. Nach IFRS 5.15 sind zur Veräußerung bestimmte Vermögenswerte und Veräußerungsgruppen zum niedrigeren Wert aus Buchwert und beizulegendem Zeitwert abzüglich Veräußerungskosten zu bilanzieren.

d) Weitere Bewertungsanlässe

26 Nachfolgend werden einige ausgewählte Sonderfälle dargestellt, die im IFRS-Bilanzrecht zu Unternehmensbewertungen führen können.

– IFRIC 17 („**Sachdividenden an Eigentümer**") behandelt die Bilanzierung von Sachdividenden einschließlich Auf- und Abspaltungen nach § 123 UmwG beim ausschüttenden Unternehmen, sofern nicht die Kontrolle über den

Ausschüttungsgegenstand vor und nach der Ausschüttung bei der gleichen Partei liegt. Nach IFRIC 17.11 bemisst sich die beim ausschüttenden Unternehmen zu bilanzierende Ausschüttungsverbindlichkeit nach dem beizulegenden Zeitwert der ausgeschütteten Vermögenswerte, so dass für Unternehmensanteile bzw. unternehmensähnliche Gebilde eine Unternehmensbewertung erforderlich ist.

– In IFRS 19 („Tilgung finanzieller Verbindlichkeiten durch Eigenkapitalinstrumente") ist die Bilanzierung des sog. **Debt-to-Equity-Swap** aus Sicht des Schuldners geregelt, sofern der Verzicht auf die Rückzahlung durch den Gläubiger nicht im Gesellschaftsverhältnis begründet ist. Nach IFRIC 19.6 sind die ausgegebenen Unternehmensanteile mit dem beizulegenden Zeitwert im Zeitpunkt der Tilgung der finanziellen Verbindlichkeit zu bewerten.

Die Notwendigkeit einer Unternehmensbewertung ergibt sich auch, wenn Unternehmensanteile ihren **Konsolidierungsstatus** wechseln:

– Nach IFRS 10.25b sind bei einem **Verlust der Beherrschung** über eine **Tochtergesellschaft** die verbleibenden Anteile erfolgswirksam zum beizulegenden Zeitwert zu bewerten.

– Bei Unternehmensanteilen, die nach der Equity-Methode bilanziert werden, sind nach IAS 28.22 bei Verkauf eines Teils der Beteiligung mit **Verlust des maßgeblichen Einflusses** die verbleibenden Unternehmensanteile erfolgswirksam zum beizulegenden Zeitwert zu bewerten.

Nicht weiter thematisiert werden möglicherweise erforderliche Unternehmensbewertungen im Zusammenhang mit **derivativen Finanzinstrumenten** wie Optionen, die auf den Erwerb oder die Veräußerung von Unternehmensanteilen als Basiswerte gerichtet sind (IAS 39), sowie im Zusammenhang mit **Optionen** auf Unternehmensanteile, die **Mitarbeitern oder Dritten als Entgelt für Güter oder Dienstleistungen** eingeräumt werden (IFRS 2).

3. Wertkonzeptionen

a) Überblick

Für die Vielzahl der unterschiedlichen Bewertungsanlässe zur Bewertung von Unternehmensanteilen kennt das IFRS-Bilanzrecht zwei unterschiedliche Wertkonzepte, den beizulegenden Zeitwert und den Nutzungswert. Die Vorschriften zur Ermittlung von Unternehmenswerten nach diesen beiden Wertkonzeptionen befinden sich entweder im Standard **IFRS 13** oder im Standard **IAS 36**.

IFRS 13 („**Bemessung des beizulegenden Zeitwerts**") wurde mit Verordnung (EU) 1255/2012 der Kommission vom 11.12.2012 in den Anhang von VO 1126/2008 eingefügt. IAS 36 („**Wertminderung von Vermögenswerten**") gehört zum Grundgerüst der VO 1126/2008 und wurde zuletzt durch Verordnung (EU) Nr. 1374/2013 der Kommission vom 19.12.2013 geändert. Beide Standards sind damit unmittelbar geltendes Recht in den Mitgliedstaaten der EU, die bei Konzernabschlüssen von kapitalmarktorientierten Unternehmen verpflichtend anzuwenden sind. IFRS 13 ist grundsätzlich bei **jeder Bewertung** anzuwenden, wenn nach Vorschriften der IFRS der **beizulegende Zeitwert** („Fair Value") zu ermitteln ist. Explizit ausgeschlossen vom Geltungsbereich des IFRS 13 sind gemäß IFRS 13.6 der Nutzungswert nach IAS 36, Transaktionen im Zusammenhang mit anteilsbasierten Vergütungen nach IFRS 2, Leasingtransaktionen, die in den Anwendungsbereich von IAS 17 fallen, sowie der Nettoveräußerungswert („Net realizable value") im Zusammenhang mit der Bewertung von Vorräten nach IAS 2.

31 Das Konzept des Fair Value erfährt in der Literatur teils heftige **Kritik**: Die Bewertung zum Fair Value leiste einer Aushöhlung des Objektivierungsgrundsatzes der Rechnungslegung durch die Verdrängung des Prinzips der Einzelbewertung Vorschub.[1] Zudem biete es Anreize, spekulative Engagements einzugehen, wenn bloße Fair Value-Steigerungen als vollwertige Gewinne behandelt werden können.[2]

32 Der **Nutzungswert** ist ausschließlich im Rahmen von IAS 36 zu ermitteln, um Vermögenswerte auf eine mögliche **Wertminderung** zu prüfen. Die Vorschriften zur Ermittlung des Nutzungswertes befinden sich – ohne Verweise auf IFRS 13 – **ausschließlich** in IAS 36. Es handelt sich um eine eigene Wertkonzeption, die neben dem beizulegenden Zeitwert steht, weil IAS 36 grundsätzlich die Ermittlung beider Werte fordert. Eine Wertminderung nach IAS 36 liegt nur vor, wenn der Buchwert des auf Wertminderung geprüften Vermögenswerts sowohl niedriger als der beizulegende Zeitwert abzüglich Veräußerungskosten als auch niedriger als der Nutzungswert ist.

b) Konzeption des beizulegenden Zeitwerts („Fair Value")

33 IFRS 13.9 definiert den Fair Value als **hypothetischen Preis**, der erzielt würde, wenn man einen Vermögenswert in einer geordneten Transaktion zwischen Marktteilnehmern zum Bewertungszeitpunkt verkaufen würde. Beim Fair Value handelt es sich also konzeptionell um eine **marktorientierte Bewertung**, der die Einschätzung der repräsentativen Marktteilnehmer zum Wert des Vermögenswerts zugrunde liegt. Der Fair Value darf somit nicht allein auf den Einschätzungen eines einzelnen Marktteilnehmers beruhen, der aufgrund höherer spezifischer Synergien bereit wäre, einen höheren Preis als die typischen Marktteilnehmer zu zahlen.[3]

34 Nach IFRS 13.11 sind die **spezifischen Eigenschaften** des Vermögenswertes immer dann zu berücksichtigen, wenn andere Marktteilnehmer diese Charakteristika zum Bewertungszeitpunkt einpreisen würden. Als Beispiele werden **Zustand, Standort und Beschränkungen für den Verkauf oder Gebrauch** der Vermögenswerte genannt.

---

1 *Küting/Hayn*, BB 2006, 1211 (1216).
2 *Schildbach*, DStR 2012, 474 (477).
3 Vgl. *Ernst & Young*, International GAAP 2014, Band 1, S. 963.

Wenn der Vermögenswert an mehreren Marktplätzen gehandelt wird, ist nach IFRS 13.16 der **bedeutendste Markt** („principal market") für die Fair Value-Bestimmung heranzuziehen. Der bedeutendste Markt zeichnet sich dadurch aus, dass er aus Unternehmenssicht die höchste Liquidität aufweist. Lässt sich der bedeutendste Markt nicht feststellen, ist stattdessen derjenige Markt zu wählen, an dem aus Unternehmenssicht die **vorteilhaftesten Konditionen** gelten („most advantageous market"). 35

Nach IFRS 13.22 sind bei der Ermittlung des Fair Value diejenigen Annahmen zugrunde zu legen, die **ökonomisch rational handelnde Marktteilnehmer** bei der Bewertung treffen würden. Diese hypothetischen Transaktionspartner sind Käufer und Verkäufer im bedeutendsten Markt, die unabhängig voneinander sind und alle öffentlich verfügbaren Informationen berücksichtigen einschließlich solcher, die sich im Rahmen **üblicher Due Diligence Prüfungen** ergäben.[1] Transaktionen, die unter Druck eines Transaktionsbeteiligten zustande gekommen sind, können nicht als Grundlage der Bestimmung des Fair Value dienen, so dass **Veräußerungen zwischen abhängigen Konzernunternehmen** oder im Rahmen einer **Unternehmensliquidation** als Ermittlungsgrundlage ausgeschlossen sind.[2] 36

Für Vermögenswerte ist nach IFRS 13.24 von dem **Abgangspreis** („exit price") am Bewertungsstichtag auszugehen. Das IASB begründet die Festlegung auf den Abgangspreis damit, dass dieser die zukünftigen Erwartungen bezüglich Zahlungsmittelzuflüsse und -abflüsse der Marktteilnehmer zum Zeitpunkt der Bewertung adäquat widerspiegele. Unerheblich sei, dass ein Unternehmen nicht nur durch den **Verkauf** des Vermögenswertes Zahlungsmittel generieren, sondern den Vermögenswert auch im **betrieblichen Wertschöpfungsprozess** nutzen kann, weil der Veräußerungspreis auch die Erwartungen der Marktteilnehmer repräsentiere, die den Vermögenswert in der gleichen Art wie das bilanzierende Unternehmen einsetzen.[3] 37

Der Fair Value ist gemäß IFRS 13.25 nicht um **Transaktionskosten** zu korrigieren, da diese nicht charakteristisch für einen Vermögenswert sind, sondern lediglich für die spezifische Transaktion. Im Falle des **Impairment Tests** nach IAS 36 wird der Fair Value im Rahmen der Ermittlung des erzielbaren Betrags jedoch in einem **weiteren Schritt** um Transaktionskosten reduziert („Fair Value less cost of disposal"). IAS 36.28 benennt beispielhaft typische Transaktionskosten wie Gerichts- und Anwaltskosten, bestimmte Verkehrssteuern und einzeln zurechenbare Aufwendungen, um den Vermögenswert in einen verkaufsbereiten Zustand zu versetzen. Abfindungs-, Stilllegungs- und Restrukturierungsaufwendungen dürfen hingegen nicht im Rahmen der Verkaufskosten einbezogen werden, da es an einer direkten Zurechenbarkeit mangelt. 38

---

1 Vgl. IFRS 13.BC56, 59.
2 Vgl. ausführlich IFRS 13.B43 f.
3 Vgl. IFRS 13.BC39.

39 Gemäß IFRS 13.27 ist bei der Ermittlung des Fair Value eines nicht finanziellen Vermögenswerts[1], wie einem Firmenwert, zu unterstellen, dass der Marktteilnehmer entweder den Vermögenswert selbst **wertmaximierend** nutzt („highest and best use") oder diesen an einen anderen Marktteilnehmer veräußert, der den Wert anschließend optimal nutzt. Dabei gilt gemäß IFRS 13.28 die Voraussetzung, dass die **Nutzung physisch möglich** sowie **gesetzlich erlaubt** sein muss und eine aus Sicht der Marktteilnehmer **angemessene Rendite** erbringt. Hintergrund der Einschränkung auf nicht finanzielle Vermögenswerten ist, dass das Konzept des „highest and best use" aus der Bewertung von Immobilien übernommen wurde (vgl. IFRS 13.BC63c). Zudem reflektiere der Preis finanzieller Vermögenswerte nach Auffassung des IASB bereits den optimalen Nutzen, der in einem diversifizierten Portfolio erzielbar ist und daher können in einem effizienten Markt hierfür keine Überrenditen erzielt werden.[2] Das IASB stellt jedoch in den Materialien zum Standard klar, dass der Fair Value auch bei finanziellen Vermögenswerten, wie Tochterunternehmen, Gemeinschaftsunternehmen und assoziierten Unternehmen, eine Wertmaximierung durch die Marktteilnehmer unterstellt.[3] Die wertmaximierende Nutzung kann entweder durch alleinige Nutzung des Vermögenswerts („stand-alone") oder durch Nutzung in Kombination mit anderen Vermögenswerten als Gruppe erzielt werden (IFRS 13.13). Im zweiten Fall muss bei der Wertermittlung davon ausgegangen werden, dass die Marktteilnehmer auch über die anderen Vermögenswerte der Gruppe verfügen (IFRS 13.31ai).

c) Konzeption des Nutzungswerts (IAS 36)

40 Der Nutzungswert wird in IAS 36.6 definiert als **Barwert der künftigen Cash Flows**, der voraussichtlich aus einem Vermögenswert (oder einer zahlungsmittelgenerierenden Einheit) abgeleitet werden kann. Während sich der beizulegende Zeitwert an repräsentativen Marktteilnehmern orientiert, stehen bei der Berechnung des Nutzungswerts vernünftige und vertretbare Annahmen des Managements im Vordergrund, so dass die unternehmensindividuellen Annahmen im Vordergrund stehen.[4] Der Nutzungswert soll den **internen, unternehmensspezifischen Wertbeitrag** widerspiegeln, den der Vermögenswert unter Berücksichtigung der **individuelle Wettbewerbssituation** sowie der spezifischen Faktorkombinationen im Leistungsprozess des bilanzierenden Unternehmens generiert.[5]

---

1 Bei Unternehmensanteilen ist die Abgrenzung zwischen finanziellen und nicht finanziellen Vermögenswerten nicht eindeutig. IAS 32, in dem der Begriff „finanzieller Vermögenswert" definiert ist, gibt vor, dass Unternehmensanteile finanzielle Vermögenswerte sind (vgl. IAS 32.11). Andererseits sind Anteile an Tochterunternehmen, assoziierten Unternehmen oder Gemeinschaftsunternehmen nicht im Anwendungsbereich von IAS 32 enthalten (vgl. IAS 32.4(a)).
2 Vgl. IFRS 13.BC66.
3 Vgl. IFRS 13.BC67.
4 Vgl. IDW ERS HFA 40, Tz. 4.
5 Vgl. *Hitz*, Zeitbewertung nach IFRS, in HdJ, Abt. I/12 (Oktober 2012), Rz. 58.

IAS 36.53a betont, dass der beizulegende Zeitwert vom Nutzungswert abweicht. Der **Nutzungswert** spiegelt die Auswirkungen von **Faktoren** wider, die **nur für das bilanzierende Unternehmen** gegeben sein können, nicht aber im Allgemeinen für Unternehmen anwendbar sind, während der **beizulegende Zeitwert** die Annahmen widerspiegelt, die **Marktteilnehmer** bei der **Preisfestlegung** des Vermögenswerts verwenden würden. Danach berücksichtigt der Nutzungswert im Gegensatz zum beizulegenden Zeitwert beispielsweise die folgenden Faktoren, soweit sie Marktteilnehmern nicht ohne weiteres zur Verfügung stehen würden:

41

- den zusätzlichen Wert, der sich aus der **Gruppierung von Vermögenswerten** ergibt,

- **Synergien** zwischen dem zu bewertenden Vermögenswert und anderen Vermögenswerten,

- **Rechtsansprüche oder rechtliche Einschränkungen**, die lediglich für den gegenwärtigen Eigentümer des Vermögenswerts gelten,

- **Steuervorteile oder Steuerbelastungen**, die nur für den gegenwärtigen Eigentümer des Vermögenswerts bestehen.

In IAS 36.BCZ17 werden die Gründe für das Nebeneinander zweier Wertkonzeptionen dargestellt. Danach ist der **Erwartung des Marktes kein Vorzug** gegenüber einer **angemessenen Schätzung** des bilanzierenden Unternehmens einzuräumen. So könnten einem Unternehmen **Informationen** über künftige Zahlungsströme vorliegen, die den im Markt verfügbaren Informationen **überlegen** sind. Außerdem könnte ein Unternehmen beabsichtigen, einen Vermögenswert auf eine andere Weise zu nutzen, die nicht der nach Ansicht des Marktes bestmöglichen Nutzung entspricht. Wenn ein Unternehmen durch die Nutzung eines Vermögenswerts höhere Cash Flows als durch dessen Verkauf generieren kann, sei es irreführend, den Marktpreis des Vermögenswerts als erzielbaren Betrag heranzuziehen, weil ein rational handelndes Unternehmen den Vermögenswert nicht verkaufen würde. Der erzielbare Betrag solle sich deshalb nicht nur auf einen Geschäftsvorfall zwischen zwei Parteien beziehen, sondern auch das **Leistungspotential** des Vermögenswerts im bilanzierenden Unternehmen berücksichtigen. Auch sei es bei der Beurteilung des erzielbaren Betrags eines Vermögenswerts relevant, welchen Betrag ein Unternehmen mit diesem Vermögenswert – unter Berücksichtigung der Auswirkung von **Synergien** mit anderen Vermögenswerten – voraussichtlich erzielen kann.

42

4. Ermittlung des beizulegenden Zeitwerts („Fair Value")

In IFRS 13 wird im Hinblick auf die Ermittlung des Fair Value zwischen den verwendeten **Eingangsparameter** und den **Bewertungsverfahren** unterschieden. IFRS 13 macht zu den Eingangsparametern wertende Vorgaben, während bei den Bewertungsverfahren weitgehende Freiheiten gelassen werden. Beide Bereiche sind von der Zielsetzung geprägt, den Fair Value als **marktorientierten Wertmaßstab** auszugestalten.

43

a) Eingangsparameter

44 Kern der marktpreisorientierten Ermittlung des Fair Value ist die Generalnorm in IFRS 13.67, die für die Wahl der Eingangsparameter vorgibt, den Einsatz **beobachtbarer Eingangsparameter** auf ein **Maximum** zu erhöhen und die Verwendung **nicht beobachtbarer Eingangsparameter** auf ein **Minimum** zu reduzieren. Eingangsparameter können auf Märkten beobachtet werden. Als Beispiele für mögliche Märkte werden in IFRS 13.B34 Börsen, Händlermärkte, Brokermärkte und Direktmärkte erläutert. Der Begriff des Marktes ist damit weit gefasst und beinhaltet neben Börsen auch nicht organisierte Märkte und nicht datenmäßig aggregierte bilaterale Einzeltransaktionen, wie sie etwa auf dem Immobilienmarkt anzutreffen sind.[1]

45 Konkretisiert wird die Generalnorm durch die Vorgabe einer dreistufigen, hierarchischen Struktur („**Fair Value-Hierarchie**"). Beobachtbaren Eingangsparameter der Stufe 1 („Level 1") wird gemäß IFRS 13.72 die höchste Priorität eingeräumt, während nicht beobachtbare Eingangsparameter der Stufe 3 („Level 3") die niedrigste Priorität erhalten. Werden Eingangsparameter verschiedener Stufen bei der Ermittlung des Fair Value verwendet, wird die Ermittlung in ihrer Gesamtheit auf die Stufe eingeordnet, die dem niedrigstrangigen Eingangsparameter entspricht, der für die Bewertung insgesamt **wesentlich** ist.[2]

46 **Level 1-Eingangsparameter** sind an einem **aktiven Markt** festgestellte **Preise** für im Vergleich zum Bewertungsobjekt **identische** Vermögenswerte. Solche Marktpreise stellen nach IFRS 13.77 die verlässlichste Form der Fair Value-Ermittlung dar. Als aktiv gilt ein Markt, wenn dort die zu bewertende Position mit **ausreichender Häufigkeit und in ausreichendem Umfang** gehandelt wird, um eine Preisfeststellung zu ermöglichen.[3] Hierbei ist es unerheblich, ob der Markt ausreichend liquide ist, um den Umfang der Position, die das bilanzierende Unternehmen hält, ohne wesentliche Preiswirkung in angemessener Zeit zu absorbieren. Beispielsweise ist es für größere Aktienpakete nicht erforderlich, dass diese im Laufe eines Handelstages zum geschätzten Preis liquidierbar sind.[4]

47 Eine **Modifikation** solcher Preisdaten ist in Ausnahmefällen vorgesehen, beispielsweise wenn sich zwischen Schließung des Marktes und Bewertungszeitpunkt Ereignisse zutragen, die einen **wesentlichen Einfluss** auf die Höhe des Fair Value haben. Die in diesem Fall erforderliche Anpassung des zuletzt beobachtbaren Marktpreises hat zur Folge, dass die Ermittlung des Fair Value als Ganzes auf Level 2 der Fair Value-Hierarchie herabgestuft wird.[5]

48 **Level 2-Eingangsparameter** sind sämtliche beobachtbaren Daten, bei denen mindestens eine Anforderung für die Einstufung in Level 1 nicht erfüllt ist. Dies sind u.a. Preise für identische Vermögenswerte auf nicht aktiven Märkten, Preisquotierungen für identische Vermögenswerte auf aktiven Märkten,

---

1 Vgl. *Hitz*, Zeitbewertung nach IFRS, in HdJ, Abt. I/12 (Oktober 2012), Rz. 58.
2 Vgl. IFRS 13.73.
3 Vgl. IFRS 13.A.
4 Vgl. IFRS 13.80.
5 Vgl. IFRS 13.79b.

Preise für ähnliche Vermögenswerte auf aktiven Märkten. Daneben werden nach IFRS 13.82 (c) und (d) auch alle beobachtbaren Eingangsparameter in Level 2 eingestuft, durch die der Fair Value eines Vermögenswertes indirekt, aber marktgestützt abgeleitet werden kann.[1] Erwartungen und Meinungsäußerungen von Marktteilnehmern (Analystenschätzungen, Branchenstudien etc.) stellen keine Level 2-Eingangsparameter dar.[2]

Level 3-Eingangsparameter sind alle Eingangsparameter, die nicht beobachtbar sind. Dabei handelt es sich um **unternehmensinterne** (z.B. Planungsrechnungen) oder **öffentlich zugängliche Informationen** (z.B. Analystenschätzungen oder Marktstudien). Aus IFRS 13.87 ergibt sich, dass nicht beobachtbare Eingangsparameter der dritten Stufe die Erwartungen der Marktteilnehmer widerspiegeln sollen, die diese bei der Preisbildung zugrunde legen würden. Es werden jedoch keine übermäßigen Anstrengungen erwartet, um Informationen über die Annahmen der Marktteilnehmer zu erlangen.[3] 49

Nach IFRS 13.89 kann ein Unternehmen bei der Ableitung nicht beobachtbarer Eingangsparameter mit den eigenen Daten des Unternehmens beginnen, wenn diese die unter den Umständen am besten verfügbaren Informationen sind. Diese sind aber ganz oder teilweise anzupassen, falls Informationen darauf hindeuten, dass andere Marktteilnehmer davon abweichende Daten verwenden würden. Anpassungen sind ebenfalls notwendig, falls **unternehmensspezifische Synergien** bestehen, die anderen Marktteilnehmern nicht zur Verfügung stehen. Der Grundsatz der bestmöglichen Verwendung gebietet aber, auch strategische Investoren als Käufergruppe in Betracht zu ziehen, die u.U. bereit sind, vergleichbare Synergievorteile abzugelten.[4] 50

Dementsprechend können **unternehmenseigene Planungsrechnungen** grundsätzlich verwendet werden, die aber anzupassen sind, falls Hinweise über abweichende Schätzungen von Marktteilnehmern vorliegen. Hierunter ist nicht zu verstehen, dass Planungsrechnungen zwingend angepasst werden müssen, wenn eine **Analystenschätzung** oder eine **Marktstudie** von anderen Annahmen ausgeht. Es besteht ein weiter Ermessensspielraum bei der Beurteilung, ob diese (abweichenden) Annahmen bei der Preisbildung auch tatsächlich berücksichtigt würden. Jedoch steigt der Begründungszwang mit der Quantität und der Qualität der abweichenden Annahmen in öffentlich zugänglichen Informationen. 51

Vor allem für die Unternehmensbewertung wichtig sind Fragen einer Berücksichtigung **unterschiedlicher Beteiligungshöhen**. Da es keine Preisnotierungen für unterschiedliche Beteiligungshöhen gibt, handelt es sich um nicht beobachtbare Eingangsparameter der Stufe 3. 52

Für unterschiedliche Beteiligungshöhen gilt der Grundsatz, dass sich die Ermittlung des Fair Value an den **Charakteristika** der zu bewertenden Positionen 53

---

1 Vgl. die Beispiele in IFRS 13.B35.
2 Vgl. IDW RS HFA 47 Rz. 85.
3 Vgl. IFRS 13.89.
4 Vgl. *Theile/Pawelzik*, PiR 2012, 210 (214).

orientieren soll, nicht aber an deren **Umfang**. Anpassungen für größere Unternehmensbeteiligungen sind damit grundsätzlich zulässig, wenn sie Eigenschaften und Ausstattungsmerkmale des Bewertungsobjektes reflektieren, nicht aber dessen Umfang. Dementsprechend ermöglicht IFRS 13.69 bei der Ermittlung des Fair Value eines Aktienpakets die Anpassung des Level 1-Eingangsparameters in Form des beobachteten Börsenkurses für einen Anteil, wenn dadurch die im Aktienpaket verkörperten **Kontrollmöglichkeiten** („blockage factor") berücksichtigt werden. Unzulässig ist demgegenüber die Minderung des Fair Value allein durch den Umfang des Aktienpakets, z.B. durch die Annahme, dass der Markt das gesamte Paket nicht zum quotierten Preis aufnehmen könnte und um entsprechende Preisabschläge bereits bei der Bemessung des Fair Value zu antizipieren.

54 Mit Ausnahme dieser Vorgaben zur Berücksichtigung von Kontrollmöglichkeiten bei Aktienpaketen findet sich in IFRS 13 keine weitere, detaillierte Beschreibung, inwiefern **Preisaufschläge und -abschläge** in der Fair Value-Ermittlung zu berücksichtigen sind. Das IASB begründet dies damit, dass die Anwendung von Preisaufschlägen und Preisabschlägen stark von der speziellen Situation, von den Eigenschaften und Ausstattungsmerkmalen des Vermögenswerts sowie den zum Bewertungszeitpunkt herrschenden Marktbedingungen abhängig sei.[1]

55 Speziell für die Bewertung von **Anteilen an Tochter-, Gemeinschafts- und assoziierten Unternehmen** hat das IASB im Jahr 2014 den Standardentwurf ED/2014/4 vorgelegt, nach dem bei solchen Unternehmensanteilen im Falle von an einem aktiven Markt notierten Anteilen (Eingangsparameter der Stufe 1) der beizulegende Zeitwert durch Multiplikation des Börsenkurses eines einzelnen Anteils mit der Menge der gehaltenen Anteile ohne Anpassungen zu ermitteln ist, d.h. **ohne Berücksichtigung von Kontrollprämien bzw. Paketzuschlägen**.

b) Bewertungsverfahren

56 Für die Ermittlung des Fair Value stehen gemäß IFRS 13.62 grundsätzlich drei Gruppen von Bewertungsverfahren zur Verfügung: die **marktorientierten** (IFRS 13.B5-7), die **kostenorientierten** (IFRS 13.B8-9) und die **kapitalwertorientierten** (IFRS 13.B10-30) Bewertungsverfahren.

57 IFRS 13 sieht **keine Hierarchie** hinsichtlich dieser drei Bewertungsverfahren mit ihren sehr unterschiedlichen Bewertungsansätzen vor, vielmehr ist je nach Umständen und spezifischen Eigenschaften der zu bewertenden Vermögenswerte das geeignetste Verfahren zu wählen (IFRS 13.BC142). Bei der Auswahl des geeigneten Bewertungsverfahren ist jedoch die Verfügbarkeit **relevanter Eingangsparameter** zu beachten, da möglichst viele beobachtbare Eingangsparameter und möglichst wenige nicht beobachtbare Eingangsparameter verwendet werden müssen (IFRS 13.74 i.V.m. IFRS 13.61, IFRS 13.67). Insofern ist die vermeintlich fehlende Hierarchie eigentlich nicht zutreffend. Denn bei Vorliegen z. B. von Marktpreisen, die für die Marktteilnehmer bei ihrer Bewertung

---

[1] Vgl. IFRS 13.BC159.

einen relevanten Parameter darstellen, hat über die Ebene der Eingangsparameter der marktorientierte Ansatz den Vorrang.[1]

Es gilt ein schwaches **Stetigkeitsprinzip**, das zwar die konsistente Verwendung von Bewertungsverfahren in Bezug auf Art, auf die Gewichtung mehrerer Bewertungsverfahren und auf Anpassungen im Zeitablauf gebietet, jedoch eine Änderung bereits zulässt, wenn die Änderung zu einer Bewertung führt, die den beizulegenden Zeitwert gleich gut repräsentiert (IFRS 13.65-66). 58

aa) Marktorientierte Bewertungsverfahren

Marktorientierte Bewertungsverfahren („market approach") nutzen die in Markttransaktionen beobachteten Preise für identische oder vergleichbare Unternehmen für die Unternehmensbewertung. Marktpreisorientierte Verfahren sind die **Börsenkursbewertung** (vgl. § 16), die **Bewertung zu Vorerwerbspreisen** (vgl. § 17) sowie das **Multiplikatorverfahren** (vgl. § 10 Rz. 7 ff.). Besonderheiten bei der Anwendung ergeben sich allein aus den im vorherigen Abschnitt dargestellten Eingangsparameter. 59

bb) Kapitalwertorientierte Bewertungsverfahren

Gemäß IFRS 13.62 sind die Hauptaspekte der **kapitalwertorientierten Bewertungsverfahren** („income approach") in IFRS 13.B10-11 beschrieben. Nach IFRS 13.B10 werden bei der Kapitalwertmethode künftige Zahlungsströme („Cash Flows") oder Erträge und Aufwendungen durch Abzinsung in einen einzigen, aktuellen Betrag umgerechnet. Auch wenn in den weiteren Erläuterungen nur noch auf Zahlungsströme Bezug genommen wird, sind insofern nicht nur die Discounted Cash Flow-Verfahren, sondern auch das Ertragswertverfahren anwendbar, sofern die Marktteilnehmer dieses zur Ableitung von Preisen nutzten. 60

In IFRS 13.B11 werden als **Beispiele** für Kapitalwertmethoden die Barwertverfahren, Optionspreismodelle sowie Residualwertmethode („multi-period excess earnings method") genannt. Auch hier zeigt sich die Methodenoffenheit der Vorschriften: Sofern die Marktteilnehmer oder die Betriebswirtschaftstheorie neue Bewertungsverfahren entwickeln würden, wäre der Anwendung solcher neuen Methoden nicht ausgeschlossen, sofern diese von den Marktteilnehmern zu Ableitung von Preisen angewandt würden. Dessen ungeachtet haben derzeit unter den beispielhaft angegebenen kapitalwertorientierten Bewertungsverfahren jedoch nur die **Barwertverfahren** eine **praktische Bedeutung** für Unternehmensbewertungen. Die Barwertverfahren werden weitergehend in IFRS 13.B12-30 erläutert. 61

IFRS 13 konzentriert sich bei der Darstellung der Barwertverfahren auf die **Methode der Anpassung des Abzinsungssatzes** („discount rate adjustment technique") und dem **Verfahren des erwarteten Barwerts** („expected present value technique"). In IFRS 13.B12 wird klargestellt, dass damit **keine Beschränkung** bei der Verwendung anderer Barwertverfahren verbunden ist. Das in einem 62

---

[1] Vgl. *PWC*, Manual of accounting – IFRS 2014, Band 1, S. 5065 f.

konkreten Anwendungsfall verwendbare Verfahren wird jedoch durch die **Verfügbarkeit ausreichender Daten** und von **beobachtbaren Marktpreisen** beeinflusst.

63 In IFRS 13.B14 werden **allgemeine Grundsätze** angegeben, die – ohne Beschränkungen auf die beiden dargestellten Barwertverfahren – bei allen Barwertverfahren immer zu beachten sind:
   – Cash Flows und Abzinsungssätze haben die Annahmen widerzuspiegeln, die Marktteilnehmer bei der Preisfestlegung verwenden würden.
   – Cash Flows und Abzinsungssätze müssen nur die Faktoren berücksichtigen, die dem zu bewertenden Vermögenswert zurechenbar sind.
   – Bei der Bemessung von Cash Flows und Abzinsungssätzen darf das Risiko nur einmal berücksichtigt werden. Die doppelte Berücksichtigung oder das Weglassen von Risikofaktoren ist unzulässig.
   – Bei den Annahmen über Cash Flows und Abzinsungssätze ist die Äquivalenz dieser Annahmen zueinander zu beachten. Als Beispiele werden die Berücksichtigung der Inflation, der Besteuerung und der Währung genannt.

64 Mit der Methode der Anpassung des Abzinsungssatzes (IFRS 13.B18-22) wird ein **einziger Zahlungsstrom** mit einem Zinsfuß diskontiert, der die ökonomisch relevanten Bewertungsfaktoren beinhaltet. Dies kann entweder ein vertraglich vereinbarter Zahlungsstrom sein oder der wahrscheinlichste Zahlungsstrom aus einer Bandbreite möglicher geschätzter Werte. Aus den Erläuterungen lässt sich ableiten, dass der Anwendungsbereich vorrangig bei der Bewertung von Darlehen und Forderungen mit vertraglich fixierten Zahlungsströmen gesehen wird, eine Anwendung auf die Unternehmensbewertung erscheint jedoch auch möglich, wenn übliche Marktteilnehmer ebenfalls nur den wahrscheinlichsten Zahlungsstrom diskontieren.

65 Die Verfahren des erwarteten Barwerts (IFRS 13.B23-30) werden in zwei Ausprägungen dargestellt. Beide erfordern **mehrere Szenarien** zur geschätzten Entwicklung der Zahlungsströme. Nähere Vorgaben zur Zahl der notwendigen Szenarien werden nicht gemacht. Jedenfalls ist es nicht (immer) notwendig, die gesamte mögliche Verteilung der Zahlungsströme mit komplexen Modellen zu berücksichtigen (IFRS 13.B28). Die Szenarien werden dann mit geschätzten Wahrscheinlichkeitsverteilungen gewichtet und auf den Bewertungsstichtag diskontiert. Die beiden Ausprägungen unterscheiden sich in der Art der Berücksichtigung des Risikos: Das Risiko kann entweder durch eine Risikoadjustierung der Zahlungsströme (**Sicherheitsäquivalentmethode**) oder durch eine Risikoadjustierung des risikolosen Zinssatzes (**Risikozuschlagsmethode**) berücksichtigt werden. Es wird dargestellt, dass beide Ausprägungen, bei Anwendung identischer Prämissen zum Risiko – z.B. der Bemessung mithilfe des CAPM –, zum selben Ergebnis führen.

cc) Kostenorientierte Bewertungsverfahren (cost approach)

66 Bei der Unternehmensbewertung mittels eines **kostenorientierten** Bewertungsverfahrens („cost approach") werden die Ausgaben ermittelt, die zum Bewertungsstichtag für die Beschaffung eines Unternehmens mit identischen Leistungsmerkmalen zu tätigen wären (**Wiederbeschaffungskosten**). Bei der Ermitt-

lung der Wiederbeschaffungskosten sind die Kosten relevant, die für die Duplizierung der vorhandenen Kapazität erforderlich wären. Dabei ist der Neuwert der wiederzubeschaffenden Vermögenswerte um den bereits eingetretenen Wertverzehr durch physischen Verschleiß und technische sowie wirtschaftliche Überalterung zu korrigieren.[1]

In der Unternehmensbewertung werden kostenorientierte Ansätze in der Regel nicht angewendet, weil die Marktteilnehmer Unternehmen **in der Regel nach ihrer Ertragskraft** bewerten. Für die Verwendung kostenorientierter Ansätze ist nach IFRS 13 erforderlich, dass auf dem relevanten Markt eine Transaktion zwischen dem hypothetischen Erwerber und dem hypothetischen (verkaufswilligen) Verkäufer zu Wiederbeschaffungskosten abgewickelt würde. Die Wiederbeschaffungskosten reflektieren in diesen Fällen somit die Grenzzahlungsbereitschaft repräsentativer Marktteilnehmer für den in Frage stehenden Vermögenswert.[2] Dies wird in der Praxis der Unternehmensbewertung die Ausnahme sein, ist jedoch denkbar bei **kleinen Unternehmen, deren Ertragskraft den kalkulatorischen Unternehmerlohn nicht übersteigt**, bei **Unternehmen ohne eigenen Marktauftritt** (z.B. Unternehmen mit Dienstleistungsfunktion innerhalb eines Konzerns), bei **gemeinnützigen Unternehmen** oder bei **vermögensverwaltenden Unternehmen**.

67

c) Lösungsansätze für ausgewählte Anwendungsfragen

Der in der deutschen Rechtsprechung bei Unternehmensbewertungsfragen oft zitierte Standard **IDW S 1** (vgl. § 2 Rz. 44) kann bei der Ermittlung des beizulegenden Zeitwerts von Unternehmensanteilen nach IFRS 13 zumindest konzeptionell nicht verwendet werden. Zur Anwendung des IFRS 13 besteht ein gesonderter Standard IDW RS HFA 47, der keinen Verweis auf IDW S 1 enthält. Dies ist nicht weiter verwunderlich, da insbesondere die **Bedeutung von Marktpreisen** zwischen IFRS 13 (unbedingter Vorrang) und IDW S 1 (Verwendung zur Plausibilisierung, jedoch grundsätzlich nachrangig) **unvereinbar** ist. Darüber hinaus kann auch ein wissenschaftlich exaktes Bewertungsverfahren mit **persönlichen Steuern**, die nach IDW S 1 grundsätzlich zu berücksichtigen sind, nicht zum Einsatz kommen, wenn es von repräsentativen Marktteilnehmern nicht verwendet wird.

68

Ertragsteuern sind in dem Maße zu berücksichtigen, wie sie von repräsentativen Marktteilnehmern bei der Preisfindung im Rahmen einer hypothetischen Transaktion berücksichtigt würden.[3] Da repräsentative Marktteilnehmer Unternehmenssteuern berücksichtigen, sind diese in Abzug zu bringen. Relevant sind die Steuern, die in dem Land anfallen, in dem auch die Zahlungsströme erwirtschaftet werden. Unternehmensspezifische **steuerliche Synergiepotentiale**, etwa aus einer individuellen Steuerbefreiung oder durch Verlustvorträge, die einem Erwerber nicht zur Verfügung stünden, dürfen demgegenüber nicht einbezogen werden.[4]

69

---

1 Vgl. *Cassel*, Unternehmensbewertung im IFRS-Abschluss, S. 260.
2 Vgl. *Theile/Pawelzik*, PiR 2012, 210 (212).
3 Vgl. IDW RS HFA 47.63.
4 Vgl. *Hitz*, Zeitbewertung nach IFRS, in HdJ, Abt. I/12 (Oktober 2012), Rz. 50.

70 Bei der Bewertung deutscher **Personengesellschaften** ist die Berücksichtigung eines abschreibungsbedingten Steuervorteils („**tax amortisation benefit**") zu prüfen.[1]

71 Zur konkreten Bemessung des **Kapitalisierungszinssatzes** bei Anwendung der kapitalwertorientierten Bewertungsverfahren gibt IFRS 13 keine konkreten Hinweise. Dementsprechend sparsam sind auch die Ausführungen im Standard IDW RS HFA 47, der lediglich darauf verweist, dass die Ableitung des angemessenen Kapitalisierungszinssatzes kapitalmarktorientiert erfolgt unter Verwendung von Daten vergleichbarer Vermögenswerte bzw. unter Verwendung von Daten solcher Unternehmen, die derartige Vermögenswerte typischerweise halten.[2] In der Praxis wird der Kapitalisierungszinssatz überwiegend in Form der **gewogenen Gesamtkapitalkosten** (vgl. § 9 Rz. 24) verwendet und die entsprechenden Eingangsparameter marktbezogen ermittelt. Besonderheiten aus IFRS 13 sind nicht erkennbar, insbesondere besteht kein Hinderungsgrund, wenn **Daten des bilanzierenden Unternehmens** zur Ableitung der Eingangsparameter herangezogen werden sollen. Relevant ist nur die Perspektive repräsentativer Marktteilnehmer. Sofern die **Vergleichbarkeit** von dem Bewertungsobjekt zum bilanzierenden Unternehmen besser ist als zu anderen Unternehmen, erscheint es wahrscheinlich, dass z.B. der Betafaktor des bilanzierenden Unternehmens von den Marktteilnehmern vorrangig zur Risikomessung verwendet wird.

72 Bestehen **verschiedene Aktiengattungen** (Stammaktien, Vorzugsaktien) und ist nur eine dieser Gattungen börsennotiert, ist davon auszugehen, dass die Börsennotierung der einen Gattung den marktnächsten, am besten vergleichbaren Eingangsparameter darstellt.

5. Ermittlung des Nutzungswerts („Value in use")

a) Allgemeine Grundsätze

73 Der Nutzungswert kann gemäß IAS 36.31 **nur mit Hilfe von Barwertmethoden** bestimmt werden, die grundsätzlich eine hohe Ähnlichkeit mit den Barwertmethoden des IFRS 13 aufweisen. Im Umkehrschluss sind markt- und kostenorientierte Bewertungsverfahren bei der Ermittlung des Nutzungswerts nicht zugelassen. IAS 36.30 gibt an, welche **grundlegenden Elemente** die Barwertverfahren zur Ermittlung des Nutzungswertes zu berücksichtigen haben:

- Eine Schätzung der künftigen Zahlungsströme (Cash Flows) aufgrund der weiteren Nutzung des Vermögenswertes,
- Annahmen über eventuelle wertmäßige oder zeitliche Veränderungen dieser Zahlungsströme,
- der Zinseffekt, der sich durch den aktuellen, risikolosen Zinssatz ergibt,
- der Preis, der für die Unsicherheit der künftigen Zahlungsströme zu entrichten ist, sowie

---

1 Vgl. IDW RS HFA 47.64.
2 Vgl. IDW RS HFA 47.65.

- andere Faktoren, die von den Marktteilnehmern bei der Preisfindung beachtet würden.

Die folgenden **allgemeinen Prinzipien** sind nach IAS 36.A3 bei dem Einsatz der Barwertverfahren immer zu beachten:

- Die zur Abzinsung der Cash Flows verwendeten Zinssätze müssen Annahmen widerspiegeln, die mit denen der geschätzten Cash Flows übereinstimmen, damit die Auswirkungen der getroffenen Annahmen weder doppelt berücksichtigt noch ignoriert werden (**Äquivalenzprinzip**).
- Die Cash Flows und Abzinsungssätze müssen **unvoreingenommen** und **ohne Berücksichtigung irrelevanter Faktoren** geschätzt werden. Allgemeine Abschläge nach dem Vorsichtsprinzip oder rein bilanzpolitisch motivierte Anpassungen sind insoweit unzulässig.
- Die geschätzten Cash Flows oder Abzinsungssätze müssen die **Bandbreite** möglicher Ergebnisse widerspiegeln, nicht nur den höchstwahrscheinlichen, den Mindest- oder den Höchstbetrag.

Einige Äquivalenzprinzipien werden an verschiedenen anderen Stellen des Standards konkretisiert[1]:

- **Kaufkraftäquivalenz**: Nach IAS 36.40 müssen Annahmen über künftige Preissteigerungen (Inflation) konsistent berücksichtigt werden. Wenn der Diskontierungszinssatz die Wirkungen künftiger Preissteigerungen berücksichtigt, sind auch die Zahlungsströme nominal, also unter Berücksichtigung von Preissteigerungen zu schätzen. Umgekehrt ist bei der Verwendung von um Geldentwertung bereinigten Zahlungsgrößen ein realer Zinsfuß anzusetzen.
- **Besteuerungsäquivalenz:** Nach IAS 36.51 ist bei der Bestimmung der Cash Flows mit Vorsteuergrößen zu rechnen, da der Kapitalisierungszinssatz auf Vorsteuerbasis zu ermitteln ist.
- **Währungsäquivalenz**: Nach IAS 36.54 sind in Fremdwährung anfallende Zahlungsüberschüsse mit einem für diesen Währungsraum angemessenen Zins zu diskontieren.
- **Risikoäquivalenz**: Nach IAS 36.56 darf der Marktpreis für die Übernahme der Unsicherheit künftiger Zahlungen lediglich einmal, d.h. entweder bei der Schätzung der Zahlungsströme oder bei der Bemessung des Diskontierungszinssatzes berücksichtigt werden.

b) Bewertungsverfahren

Gemäß IAS36.A3 variieren die Verfahren, die zur Schätzung künftiger Cash Flows und Zinssätze verwendet werden, je nach den Umständen, nach denen zu bewerten ist. Im Einzelnen werden, bei einem grundsätzlich hohen Deckungsgrad zu IFRS 13, mit dem sog. „**traditionellen Ansatz**" und dem „**erwarteten Cash Flow-Ansatz**" zwei Arten der Barwertermittlung dargestellt und als grundsätzlich gleichwertige Alternativen bezeichnet. Der wesentliche Unterschied dieser Ansätze liegt gemäß IAS 36.A2 in der **Art der Berücksichtigung**

---

1 Vgl. *Hitz*, Zeitbewertung nach IFRS, in HdJ, Abt. I/12 (Oktober 2012), Rz. 78.

des Risikos. Während im traditionellen Ansatz die Risiken im Abzinsungssatz berücksichtigt werden, erfolgt dies im erwarteten Cash Flow-Ansatz durch Anpassung der erwarteten Cash Flows. Daher werden diese Ansätze auch als Risikozuschlagsmethode (traditioneller Ansatz) und als Sicherheitsäquivalenzmethode (erwarteter Cash Flow-Ansatz) bezeichnet.[1]

77 Bei der **Risikozuschlagsmethode** (IAS 36.A4-6) wird der Barwert aus einer einwertigen Reihe von Cash Flows gebildet.[2] Nach IAS 36.A6 kann der traditionelle Ansatz jedoch beispielsweise die Bewertung von nicht-finanziellen Vermögenswerten, für die es keinen Markt oder keinen vergleichbaren Posten gibt, nicht angemessen behandeln. Voraussetzung für die Anwendung des traditionellen Ansatzes ist daher die Verfügbarkeit von Marktpreisen ähnlicher Positionen zur Bestimmung des zugrunde zu legenden Zinssatzes (IAS 36.A6b).

78 Die **Sicherheitsäquivalentmethode** (IAS 36.A7-14) basiert hingegen auf den Cash Flow-Schätzungen in mehreren Szenarien mit einer Wahrscheinlichkeitsgewichtung als wesentlichem Element. Die Szenarien sollen den möglichen Mindest- und Höchstbetrag enthalten (IAS 36.A2c). Eine grobe Schätzung der Eintrittswahrscheinlichkeiten wird einem Verzicht auf Szenarien vorgezogen. Selbst bei Szenarien mit weit auseinanderliegenden Alternativwerten wird die Erwartungswertbildung als bestmögliche Lösung eingestuft (IAS 36.A13-14).

79 Es ist davon auszugehen, dass die Risikozuschlagsmethode **das in der Praxis dominierende Verfahren** darstellt und regelmäßig angewendet wird.[3]

c) Schätzung der zukünftigen Zahlungsströme

80 Zur Schätzung der Zahlungsströme für den Nutzungswert befinden sich in IAS 36, anders als in IFRS 13, umfangreiche, teils detaillierte und restriktive Vorgaben (IAS 36.33-54):

81 Die Prognose erfordert ein **Zweiphasenmodell** mit Detailplanungsphase sowie einer weiteren Phase, die den Zeitraum zwischen Detailplanungsphase bis hin zum voraussichtlichen Ende der Nutzungsdauer bzw. dem geplanten Veräußerungszeitpunkt umfasst (IAS 36.33c). Für die Detailplanungsphase wird ein **maximaler Zeithorizont von fünf Jahren** zugelassen (IAS 36.33b), sofern nicht belastbare, verlässliche Daten für spätere Perioden in Verbindung mit einer nachgewiesenen Prognoseexpertise des Managements vorliegen (IAS 36.35).

82 Grundlage der Prognose für die Detailplanungsphase ist nach IAS 36.33b die **aktuellste, vom Management genehmigte Finanzplanung**. Als Schätzgrundlage heranzuziehen sind vernünftige und vertretbare Annahmen, die die beste vom Management vorgegebene Einschätzung der voraussichtlichen ökonomischen Rahmenbedingungen repräsentieren, wobei ein **größeres Gewicht auf externe Indikatoren** zu legen ist (IAS 36.33a).

---

1 Vgl. IDW RS HFA 16, Rz. 27.
2 Aus IAS 36.A10 und 15 ist jedoch zu folgern, dass der Cash Flow auch bei dem traditionellen Ansatz unter Anwendung von Szenarien als einwertige Größe zugrunde gelegt werden. Vgl. IDW RS HFA 16, Rz. 27.
3 Vgl. IDW RS HFA 16, Rz. 30.

Für die **zweite Phase** ist eine Prognose auf Grundlage einer **Wachstums-** 83
annahme vorgesehen (IAS 36.36). Dabei ist im Regelfall eine konstante oder
sinkende Wachstumsrate zugrunde zu legen. Eine steigende Rate ist allenfalls
bei Vorhandensein besonderer objektiver Informationen über den Verlauf eines
Lebenszyklus eines Produktes oder einer Branche begründet werden. Es wird
ausdrücklich darauf hingewiesen, dass die Wachstumsrate auch gleich Null
oder **negativ** sein kann.

Ausdrücklich in die prognostizierten Zahlungsströme **nicht einzubeziehen** 84
sind Cash Flows aus der **Finanzierung** (allgemein: IAS 36.50a sowie für Pensionsrückstellungen: IAS 36.43), Cash Flows aus **Ertragsteuern** (IAS 36.50b). Dies
kann jedoch nur für die Ebene des bilanzierenden Unternehmens gelten, nicht
aber für die Unternehmensbeteiligungen selbst. Beim Wertminderungstest von
Unternehmensbeteiligungen im Einzelabschluss, die zu fortgeführten Anschaffungskosten bilanziert werden, kann die Ermittlung des Nutzungswerts sinnvoll nur unter Berücksichtigung dieser Zahlungsströme des Bewertungsobjekts
erfolgen; ansonsten wäre die Verschuldung des Bewertungsobjekts nicht angemessen berücksichtigt.[1]

Die zukünftigen Zahlungsströme aus dem betreffenden Vermögenswert sollen 85
auf Basis des Zustands im Bewertungszeitpunkt geschätzt werden, also **ohne
zukünftige Restrukturierungen** (IAS 36.33b, 44a) und **Erweiterungsinvestitionen** (IAS 36.44b, 48). Investitionen dürfen das gegenwärtige Niveau des wirtschaftlichen Nutzens nicht erhöhen (IAS 36.49). Sind solche Cash Flows in den
aktuellsten, vom Management genehmigten Planungsrechnungen enthalten,
müssen sie nach dem Wortlaut der Vorschrift eliminiert werden. Für den Impairment Test von unternehmensähnlichen Gebilden, also zahlungsmittelgenerierenden Einheiten unter Einbeziehung eines Firmenwertes, wird vor
dem Hintergrund des Zwecks des grundsätzlich subjektiv ausgerichteten Nutzungswertes vorgeschlagen, dass zukünftige Erweiterungsinvestitionen dennoch zu berücksichtigen seien, sofern diese im Zusammenhang mit der beabsichtigten strategischen Ausrichtung stehen, weil auch daraus resultierende
zukünftige Zahlungsströme im Nutzungswert abgegolten werden.[2] Zudem
käme es bei einer Auslegung streng nach dem Wortlaut dann in einigen Fällen
sogar zu ökonomisch unsinnigen Ergebnissen.[3]

Anders als die Erweiterungsinvestitionen sind nach IAS 36.41 die Zahlungs- 86
mittelabflüsse für die regelmäßige **Wartung und Instandhaltung** ausdrücklich
zu berücksichtigen. Die Abgrenzung von Erweiterungs- und Erhaltungsinvesti-

---

1 Folgendes (stark vereinfachte) Zahlenbeispiel erläutert den Hintergrund dieser Aussage: Beteiligungsbuchwert 1.000 Geldeinheiten (GE), Ergebnis vor Zinsen und
Steuern der Tochtergesellschaft (ewige Rente) 100 GE, Diskontierungszins vor
Steuern 10 %, Verschuldung der Tochtergesellschaft 900 GE. Eine Diskontierung
des Ergebnisses vor Zinsen und Steuern ergibt einen Nutzungswert von 1.000 GE
(100/10 %). Dadurch bliebe jedoch die Verschuldung der Tochtergesellschaft in un-
angemessener Weise unberücksichtigt.
2 Vgl. *Laas*, DB 2006, 457 (460); *Heuser/Theile* in IFRS-Handbuch – Einzel- und Konzernabschluss, Rz. 1561.
3 Vgl. ausführlich *Hoffmann/Lüdenbach/Freiberg* in Haufe IFRS-Kommentar Online, § 11 Rz. 162-164 (Stand: 4.3.2014).

tionen kann oftmals nicht trennscharf vorgenommen werden.[1] Investitionen aus Gründen der Sicherheit und des Umweltschutzes, die nicht unmittelbar zur Erhöhung der erwarteten Zahlungsüberschüsse führen, sowie auch Großinspektionen werden wohl als einzubeziehende Erhaltungsinvestitionen zu behandeln sein.[2] Zudem sind Auszahlungen für Erweiterungsinvestitionen für die Fertigstellung von Anlagen im Bau zulässig (IAS 36.42). Zukünftige Änderungen der Zahlungsströme durch Restrukturierungen (Kosteneinsparungen und sonstigen Nutzen einerseits, Kosten der Restrukturierung andererseits) dürfen nur berücksichtigt werden, wenn nach den Kriterien des IAS 37 am Bewertungsstichtag hierfür Rückstellungen zu bilden wären (IAS 36.46-47).

d) Kapitalisierungszinssatz

87 Die Vorschriften zur Ermittlung des Kapitalisierungszinssatzes befinden sich in IAS 36.55-57 sowie IAS 36.A15-A21. IAS 36.55 fordert einen **Zinssatz vor Steuern**, der den Zeitwert des Geldes (IAS 36.55a) und die spezifischen Risiken des zu bewertenden Vermögenswerts erfasst, soweit sie nicht in den Zahlungsströmen berücksichtigt sind (IAS 36.55b). Dabei sind die **Markteinschätzungen** für vergleichbare Bewertungsobjekte zu berücksichtigen. Die **Vergleichbarkeit** muss gegeben sein in Bezug auf die Höhe, die zeitliche Verteilung und das Risiko der Zahlungsströme (IAS 36.56). Wenn entsprechende Kapitalmarktdaten nicht verfügbar sind, werden durch IAS 36.57 i.V.m. IAS 36.A17 als **Ausgangspunkt** für die Ableitung des Kapitalisierungszinssatzes

- die durchschnittlichen gewichteten Gesamtkapitalkosten („Weighted Average Cost of Capital"; „WACC"; vgl. § 9 Rz. 25) des bilanzierenden Unternehmens unter Berücksichtigung eines Verfahrens wie beispielsweise dem **Capital Asset Pricing Model** (vgl. § 9 Rz. 20 ff.),
- der für das bilanzierende Unternehmen geltende Fremdkapitalzinssatz für Neukredite sowie
- andere marktübliche Fremdkapitalzinssätze

vorgeschlagen, die jedoch gemäß IAS 36.A18 so anzupassen sind, dass die Risiken – als Beispiele werden **Länder-, Währungs- und Preisrisiken** angegeben – der zu bewertenden Zahlungsströme aus einer Sichtweise des Marktes angemessen berücksichtigt werden.[3]

88 Die gewichteten Gesamtkapitalkosten sind gemäß IAS 36.A19 **unabhängig von der Kapitalstruktur des bilanzierenden Unternehmens** zu wählen. Dies erscheint als **Widerspruch** zu IAS 36.A17, wo die durchschnittlichen gewichteten Kapitalkosten als eine mögliche Grundlage genannt werden. Dieser Widerspruch löst sich vor dem Hintergrund der Wertkonzeption des Nutzungswerts auf, wonach unternehmensindividuelle Erwartungen der Zahlungsströme mit

---

1 Vgl. *Hitz*, Zeitbewertung nach IFRS, in HdJ, Abt. I/12 (Oktober 2012), Rz. 92.
2 Vgl. *Hitz*, Zeitbewertung nach IFRS, in HdJ, Abt. I/12 (Oktober 2012), Rz. 92; IDW RS HFA 16, Rz. 106.
3 Vgl. zum Ansatz von Prämien für Länderrisiken und für eine geringe Unternehmensgröße *Hachmeister/Ungemach/Ruthardt*, IRZ 2012, 233.

marktüblichen Zinsätzen diskontiert werden, also in diesem Fall bei unüblichen Verschuldungsgrad des bilanzierenden Unternehmens in Bezug auf den zu bewertenden" Vermögenswert auf marktübliche Kapitalstrukturen abgestellt wird.[1] Zur Ermittlung des Nutzungswertes von zahlungsmittelgenerierenden Einheiten einschließlich Firmenwert, die als unternehmensähnliche Gebilde einzustufen sind, kann dementsprechend auf eine für die Geschäftstätigkeit übliche, bei Fremdkapitalgebern langfristig durch die Gewährung adäquater Sicherheiten aufrechtzuerhaltende Kapitalstruktur abgestellt werden, die aus der durchschnittlichen Kapitalstruktur von börsennotierten Unternehmen im gleichen Geschäftsfeld abgeleitet werden kann. Aus empirischer Sicht zeigt sich bei der Frage nach der Verwendung von unternehmensindividuellen oder marktbasierten Parametern jedoch ein uneinheitliches Verständnis.[2]

89 Auch die **Fremdkapitalkosten** als ein weiteres Element der gewichteten Gesamtkapitalkosten sind ohne Rückgriff auf die unternehmensspezifischen Fremdkapitalkosten des bilanzierenden Unternehmens zu ermitteln, da sonst ein Verstoß gegen IAS 36.56 vorläge, der die Verpflichtung zur Berücksichtigung der aktuellen Markteinschätzungen in der Ableitung des Diskontierungszinssatzes fordert. Eine Ableitung der Fremdkapitalkosten aus dem tatsächlichen Zinsaufwand der Periode verstieße gemäß IAS 36.BCZ53a zudem gegen das Stichtagsprinzip.[3] Die Höhe der Fremdkapitalkosten ist aber dennoch abhängig von der **Bonität** der zahlungsmittelgenerierenden Einheit zu ermitteln. Jedoch ist die Bonität abzuleiten aus der Sicht typischer Fremdkapitalgeber, die die relevanten Marktteilnehmer sind. Fremdkapitalgeber berücksichtigen dabei üblicherweise den Zinsdeckungsgrad und die Schuldendeckungsfähigkeit der zahlungsmittelgenerierenden Einheit. Wenn diese individuelle Bonität der zahlungsmittelgenerierenden Einheit nicht übereinstimmt mit der Bonität der börsennotierten Unternehmen, aus deren Daten die durchschnittliche Kapitalstruktur abgeleitet wurde, können die angemessenen Fremdkapitalkosten für Zwecke des Nutzungswertes und die Fremdkapitalkosten der vergleichbaren Unternehmen voneinander abweichen.

90 Nach IAS 36.A20 sind **Bereinigungen** notwendig, wenn der Kapitalisierungszinssatz auf Grundlage einer **Nachsteuerrate** geschätzt wird, um zu der geforderten **Vorsteuerrate** zu gelangen. Da die am Kapitalmarkt beobachtbaren Renditen von Unternehmensanteilen regelmäßig Steuereffekte enthalten, ist dies der Regelfall. Die Umrechnung des Nachsteuer-Zinssatzes in eine Vorsteuerrate könnte durch bloßes „**Hochschleusen**" (grossing-up) erfolgen. Dies ist allerdings nur vertretbar bei gleichbleibenden Zahlungsströmen, d.h. im einfachen Rentenfall.[4] Bei unterschiedlichen Zahlungsströmen in den Planungsperioden kann der Nachsteuer-Zinssatz in einer Überleitungsrechnung **iterativ**

---

1 Vgl. IDW ERS HFA 40, Rz. 44; PWC (Hrsg.), Manual of accounting – IFRS 2014, Volume 2, S. 18055, Rz. 18.213; KPMG (Hrsg.), Insights into IFRS, 11. Aufl. 2014/15, Volume 1, S. 648; a.A. *Pawelzik*, PiR 2011, 317 (322).
2 Vgl. *Pilhofer/Bösser*, PiR 2011, 219 (223).
3 Vgl. *Hoffmann/Lüdenbach/Freiberg* in Haufe IFRS-Kommentar Online, § 11 Rz. 72 (Stand: 4.3.2014).
4 Vgl. IDW ERS HFA 40, Rz. 50.

in einen impliziten Vorsteuer-Zinssatz übergeleitet werden.[1] IAS 36.A21 fordert, dass **periodenübergreifend ein einheitlicher Zinssatz** zu bestimmen ist. Nur wenn der Nutzungswert stark auf Änderungen der Zinsstruktur oder unterschiedliche Risiken in verschiedenen Perioden reagiert, sind periodenspezifische Kapitalisierungssätze zugelassen.

91 Trotz dieser detaillierten Vorgaben zeigen **empirische Untersuchungen** der im Konzernanhang offenzulegenden Kapitalisierungszinssätze, dass in der Praxis höchst unterschiedliche Werte Verwendung finden. Angegeben werden Kapitalisierungszinssätze vor Steuern in Bandbreiten von 5 % bis 24 %[2], von 5,4 % bis 23,30 %[3] und von 4,6 % bis 17,6 %[4].

92 Einstweilen frei.

e) Äquivalenz zwischen Nutzungswert und Buchwert

93 Die Ermittlung des Nutzungswerts ist von besonderer Bedeutung für Unternehmen, die in ihren Konzernabschlüssen nach IFRS Firmenwerte bilanzieren. Dies ist für börsennotierte Konzerne der Regelfall. Der Firmenwert unterliegt nach IFRS keiner planmäßigen Abschreibung, muss jedoch regelmäßig – mindestens einmal jährlich – auf seine Werthaltigkeit überprüft werden („**impairment only approach**").[5] Der Wertminderungstest („**impairment test**") erfolgt dabei weder auf der Ebene des Konzerns noch auf der Ebene einzelner Konzernunternehmen, sondern auf Ebene sog. zahlungsmittelgenerierender Einheiten.[6] Die zahlungsmittelgenerierenden Einheiten sind so abzugrenzen, dass der Konzern mit ihnen den wirtschaftlichen Nutzen der Firmenwerte in Form zukünftiger Zahlungsströme unabhängig von anderen Vermögenswerten des Konzerns realisieren kann. Praktisch handelt es sich bei den solchermaßen abgegrenzten Einheiten eines Konzerns um **unternehmensähnliche Gebilde** mit Ausmaßen, die die Größe mittelständischer Unternehmen leicht übersteigen kann. Bei der Ermittlung eines Nutzungswerts für solche unternehmensähnlichen Gebilde ist die konsistente Ermittlung von Zahlungsströmen, Kapitalisierungszins und des auf Wertminderung zu testenden Buchwerts nach IAS 36.75 vorgeschrieben, jedoch aufgrund der detaillierten, teils restriktiven Vorgaben des IAS 36 von besonderer Schwierigkeit.

94 Dies gilt zunächst für die Vorschriften zur **Abgrenzung des Buchwerts** der zahlungsmittelgenerierenden Einheit. IAS 36 ist nicht anwendbar für Wertminderungstests beim Vorratsvermögen sowie bei finanziellen Vermögenswerten und Verbindlichkeiten.[7] Somit sind diese für ein Unternehmen wesentlichen Vermögenswerte grundsätzlich nicht Teil des zu testenden Buchwerts. IAS 36.79 erlaubt jedoch aus **Praktikabilitätsgründen**, den Nutzungswert auch un-

---

1 Vgl. IAS 36.BCZ85; IAS 36.BC94; IDW ERS HFA 40, Rz. 50. Für eine Beispielrechnung vgl. *Deloitte*, iGAAP 2014, A guide to IFRS reporting, S. 740.
2 *Zwirner/Zimny*, Corporate Finance biz 2013, 23 (24).
3 *Müller/Reinke*, PiR 2010, 241 (246).
4 *Zwirner/Mugler*, KoR 2011, 445 (447).
5 Vgl. IAS 36.10; *Pottgießer/Velte/Weber*, DStR 2005, 1748.
6 Vgl. IAS 36.80.
7 Vgl. IAS 36.2; für Verbindlichkeiten explizit gemäß IAS 36.76.

ter Berücksichtigung von finanziellen Vermögenswerten und Verbindlichkeiten zu bestimmen. Dann ist jedoch – aus Äquivalenzgründen – auch der Buchwert der zahlungsmittelgenerierenden Einheit um den Buchwert dieser Vermögenswerte zu erhöhen und um den Buchwert solcher Schulden zu vermindern. In der Praxis ist bei dem Wertminderungstest von zahlungsmittelgenerierenden Einheiten einschließlich Firmenwert die im Standard vorgesehene Möglichkeit die Regel. Beide vom Standard zugelassenen Vorgehensweisen, die Nichtberücksichtigung als auch Berücksichtigung von Vorräten und finanziellen Vermögenswerten und Schulden im Buchwert, führen jedoch bei Beachtung der – in IAS 36.75 zwingend vorgegebenen – **Äquivalenz zwischen Buchwert und Zahlungsstrom** zum gleichen Ergebnis, wie folgendes Beispiel zeigt:

Beispiel:
Der Buchwert einer zahlungsmittelgenerierenden Einheit mit Firmenwert beträgt 1.000 Geldeinheiten (GE) ohne Forderungen aus Lieferungen und Leistungen. Die Forderungen aus Lieferungen und Leistungen betragen zum Bewertungsstichtag +200 GE und werden im Lauf der nächsten Periode vollständig gezahlt. Für diese Periode werden Umsatzerlöse von 1.000 GE erwartet. Am Ende der nächsten Periode betragen die Forderungen aus Lieferungen und Leistungen 250 GE, die wiederum in der darauffolgenden Periode beglichen werden.

1. **Möglichkeit (Umsetzung des Standards ohne Rückgriff auf die Ausnahmeregelung des IAS 36.79):** Die Forderungen aus Lieferungen und Leistungen werden nicht in den zu testenden Buchwert einbezogen, der dann 1.000 GE beträgt. Dann sind zur Ermittlung des erwarteten Zahlungsstroms für die nächste Periode die Umsatzerlöse in voller Höhe des **Bestands** der Forderungen aus Lieferungen und Leistungen am Periodenende zu reduzieren, also um 250 GE. In der darauffolgenden Periode resultiert der Zahlungsstrom wiederum ausschließlich aus der Begleichung der Forderungen aus Lieferungen und Leistungen i.H.v. 250 GE. Für die erste Periode wird also ein Zahlungsstrom von 750 GE, für die zweite Periode ein Zahlungsstrom von 250 GE berücksichtigt, insgesamt (ohne Berücksichtigung einer Abzinsung) also 1.000 GE. Der auf Wertminderung zu testende Buchwert von 1.000 GE ist also durch Zahlungsströme in gleicher Höhe gedeckt, so dass eine Abwertung nicht erforderlich ist.

2. **Möglichkeit (Praxis):** Die Forderungen aus Lieferungen und Leistungen werden in den zu testenden Buchwert einbezogen, der also insgesamt 1.200 GE beträgt. Dann sind zur Ermittlung des erwarteten Zahlungsstroms für die nächste Periode die Umsatzerlöse nur in Höhe der **Veränderung** der Forderungen aus Lieferungen und Leistungen zu korrigieren. Die Erhöhung der Forderungen aus Lieferungen und Leistungen zeigt an, dass der Zahlungsstrom aus den Umsatzerlösen um 50 GE zu reduzieren ist. In der darauffolgenden Perioden resultiert der Zahlungsstrom im Beispiel ausschließlich aus der Begleichung der Forderungen aus Lieferungen und Leistungen i.H.v. 250 GE. Für die erste Periode wird also ein Zahlungsstrom von 950 GE, für die zweite Periode ein Zahlungsstrom von 250 GE berücksichtigt, insgesamt (ohne Berücksichtigung einer Abzinsung) also 1.200 GE. Der auf Wertminderung zu testende Buchwert von 1.200 GE ist also auch in diesem Fall durch Zahlungsströme in gleicher Höhe gedeckt, so dass eine Abwertung nicht erforderlich ist.

Auch der **Kapitalisierungszinssatz** ist äquivalent zum Buchwert zu bestimmen. Hierbei ist zu berücksichtigen, dass der Buchwert von zahlungsmittelgenerierenden Einheiten einschließlich Firmenwert in der Praxis regelmäßig das **Anlagevermögen** sowie das **Nettoumlaufvermögen** (Vorräte zzgl. Forderungen aus dem operativen Geschäft[1] abzüglich Verbindlichkeiten aus dem operativen Geschäft)[2] umfasst, nicht aber verzinsliche finanzielle Schulden wie Bankdarlehen und Anleihen. Dieses gesamte operative Vermögen ist gut vergleichbar mit dem Gesamtvermögenswert (auch „**entity value**" oder „**enterprise value**") des DCF-Verfahrens (vgl. § 9 Rz. 14 ff.). Entsprechend muss auch der Kapitalisierungszinssatz nach den gewichteten Gesamtkapitalkosten bestimmt werden, damit der Nutzungswert konsistent mit den Grundsätzen der kapitalwertorientierten Unternehmensbewertungsverfahren ermittelt wird. Dies bedeutet, dass der Kapitalisierungszinssatz – obwohl bzw. gerade weil der zu testende Buchwert nicht um die verzinslichen Finanzschulden reduziert ist – **unter Berücksichtigung von Fremdkapitalkosten sowie einer Fremdkapitalkostenquote** zu bestimmen ist.

96 Am folgenden, stark vereinfachten **Beispiel** zeigt sich, dass bei Beachtung der Äquivalenz – unabhängig von der Bestimmung des Buchwerts – konsistente Bewertungsergebnisse resultieren, andererseits die fehlende Äquivalenz jedoch zu Fehlbewertungen führt.

Beispiel:

Der Firmenwert einer zahlungsmittelgenerierenden Einheit beträgt 1.500 Geldeinheiten (GE). Das sonstige operative Vermögen (Anlagenvermögen und Nettoumlaufvermögen) beträgt 500 GE, die Finanzschulden 1.000 GE.[3] Zukünftig wird dauerhaft mit Zahlungsüberschüssen aus operativer und investiver Tätigkeit („Free Cash Flow") von 150 GE gerechnet, bei Abschreibungen und Investitionen in immer gleicher Höhe. Der Zinsaufwand aus den Finanzschulden berechnet sich bei einem Zinssatz von 5 % auf 50 GE. Die Eigenkapitalkosten betragen 10 %. Die Besteuerung wird, damit das Beispiel übersichtlich bleibt, komplett ausgeblendet. Das dauerhaft erwartete Jahresergebnis („ewige Rente") beträgt somit 100 GE. Nach den einschlägigen Unternehmensbewertungsverfahren hat die zahlungsmittelgenerierende Einheit bei diesen Annahmen einen Unternehmenswert („Marktwert des Eigenkapitals") von 1.000 GE.[4] Die Eigenkapitalquote und die Fremdkapitalquote betragen je 50 %.[5] Die gewichteten Gesamtkapitalkosten betragen 7,5 %.[6] Der Gesamtunternehmenswert der zahlungsmittelgenerierenden Einheit nach dem DCF-Verfahren mit gewichteten Gesamtkapitalkosten („WACC-Ansatz") beträgt 2.000 GE, abzüglich des Fremdkapitals von 1.000 GE ergibt sich der Marktwert des Eigenkapital von 1.000 GE.

1. Möglichkeit: Der Buchwert der zahlungsmittelgenerierenden Einheit wird als Summe aus Firmenwert und dem sonstigen operativen Vermögen mit 2.000 GE ermittelt. Eine konsistente Bewertung gemäß IAS 36.75 erfordert, bei der Bemessung des Zahlungs-

---

1 In Kategorien der HGB-Bilanzgliederung gem. § 266 HGB sind dies Forderungen aus Lieferungen und Leistungen sowie grundsätzlich auch sonstige Vermögensgegenstände.
2 In Kategorien der HGB-Bilanzgliederung gem. § 266 HGB sind dies Verbindlichkeiten aus Lieferungen und Leistungen, grundsätzlich auch sonstige Verbindlichkeiten sowie sonstige Rückstellungen im Zusammenhang mit dem operativen Geschäft (Gewährleistungs- und Personalrückstellungen in normalem Umfang).
3 Annahme: Buchwert = Marktwert.
4 100 GE ewige Rente dividiert durch 10 % Eigenkapitalkosten.
5 Marktwert Fremdkapital 1.000, Marktwert Eigenkapital 1.000, Marktwert Gesamtkapital 2.000.
6 10 % Eigenkapitalkosten gewichtet mit der Eigenkapitalquote von 50 % sowie 5 % Fremdkapitalkosten gewichtet mit der Fremdkapitalquote von ebenfalls 50 %.

stroms den Zinsaufwand nicht zu berücksichtigen und den Kapitalisierungszinssatz in Höhe der gewichteten Gesamtkapitalkosten anzusetzen. Der Buchwert ist dann in diesem Beispiel genau durch den Nutzungswert abgedeckt. Bei einer inkonsistenten Bewertung könnte entweder der Zinsaufwand berücksichtigt werden oder der Kapitalisierungszins in Höhe der Eigenkapitalkosten angesetzt werden. In beiden Fällen würde der Nutzungswert **fehlerhaft zu niedrig** ermittelt werden.[1]

2. Möglichkeit: Der Buchwert der zahlungsmittelgenerierenden Einheit wird als Summe aus Firmenwert und dem sonstigen operativen Vermögen abzüglich Finanzschulden[2] mit 1.000 GE ermittelt. Eine konsistente Bewertung gemäß IAS 36.75 erfordert, bei der Bemessung des Zahlungsstroms entsprechend auch den Zinsaufwand zu berücksichtigen und den Kapitalisierungszinssatz in Höhe der Eigenkapitalkosten anzusetzen. Der Buchwert ist dann in diesem Beispiel genau durch den Nutzungswert abgedeckt. Bei einer inkonsistenten Bewertung könnte entweder der Zinsaufwand nicht berücksichtigt werden oder der Kapitalisierungszins in Höhe der gewichteten Gesamtkapitalkosten angesetzt werden. In beiden Fällen würde der Nutzungswert **fehlerhaft zu hoch** ermittelt werden.[3]

Verlustvorträge sind weder bei dem Buchwert der zahlungsmittelgenerierenden Einheit noch bei der Prognose der Zahlungsströme zu berücksichtigen.[4] 97

IV. Unternehmensbewertung im Bilanzrecht nach HGB

1. Bilanzierung von Unternehmensanteilen im HGB-Bilanzrecht

Bei der Bilanzierung von Unternehmensanteilen im HGB-Bilanzrecht ist zwischen dem Jahresabschluss (§§ 242–289 HGB) und dem Konzernabschluss (§§ 290–315 HGB) zu unterscheiden. 98

Im **Jahresabschluss** können Unternehmensanteile als Finanzanlagen (§ 266 Abs. 2 Nr. A III HGB) innerhalb des Anlagevermögen ausgewiesen werden, wenn sie dazu bestimmt sind, dem Geschäftsbetrieb dauernd zu dienen (§ 247 Abs. 2 HGB). Ist dieses Kriterium nicht gegeben, z.B. weil die Unternehmensanteile veräußert werden sollen, erfolgt eine Bilanzierung innerhalb des Umlaufvermögens nach ihrer Art entweder als Wertpapiere (§ 266 Abs. 2 Nr. B III HGB) oder als sonstige Vermögensgegenstände (§ 266 Abs. 2 Nr. B II 4 HGB).[5] Eigene Anteile sind nach § 272 Abs. 1a HGB offen vom gezeichneten Kapital abzusetzen. 99

---

1 Im ersten Fall ergibt sich aus dem Jahresergebnis von 100 GE dividiert durch die gewichteten Gesamtkapitalkosten von 7,5 % ein (fehlerhaft zu niedriger) Nutzungswert von 1.333 GE. Im zweiten Fall ergibt sich aus dem Free Cash Flow von 150 GE dividiert durch die Eigenkapitalkosten von 10 % ein (fehlerhaft zu niedriger) Nutzungswert von 1.500 GE.
2 Dies ist möglich, sofern die Finanzschulden als untrennbar verbunden gemäß IAS 36.76b eingestuft werden.
3 Im ersten Fall ergibt sich aus dem Free Cash Flow von 150 GE dividiert durch die Eigenkapitalkosten von 10 % ein (fehlerhaft zu hoher) Nutzungswert von 1.500 GE. Im zweiten Fall ergibt sich aus dem Jahresergebnis von 100 GE dividiert durch die gewichteten Gesamtkapitalkosten von 7,5 % ein (fehlerhaft zu hoher) Nutzungswert von 1.333 GE.
4 Vgl. *KPMG*, Insights into IFRS, Bd. 1, S. 653.
5 Vgl. zur Zuordnung zu diesen Posten z.B. *Schubert/Krämer* in BeckBilanzkomm., § 266 HGB Rz. 128, 135 ff.

100 Unternehmensanteile sind **Beteiligungen** i.S.v. § 271 HGB, wenn die Anteile dem Geschäftsbetrieb des bilanzierenden Unternehmens durch Herstellung einer dauernden Verbindung dienen. Nach § 271 Abs. 1 Satz 3 HGB gilt ein Anteil von mehr als 20 % an einer Kapitalgesellschaft im Zweifel als Beteiligung. Beteiligungen sind innerhalb der Finanzanlagen unter einem besonderen Posten auszuweisen (§ 266 Abs. 2 Nr. A III 3 HGB). Verbundene Unternehmen (§ 271 Abs. 2 HGB, § 15 AktG) sind ebenfalls gesondert auszuweisen (§ 266 Abs. 2 Nr. A III 1 HGB bzw. § 266 Abs. 2 Nr. B III 1 HGB).

101 Im **Konzernabschluss** können Unternehmensanteile als Tochterunternehmen (§ 294 HGB) oder als Gemeinschaftsunternehmen (§ 310 HGB) einbezogen werden. Für Anteile an assoziierten Unternehmen (§ 311 HGB) gelten besondere Bilanzierungsvorschriften. Nicht unter diese Kategorien fallende sonstige Unternehmensanteile sind grundsätzlich wie im Jahresabschluss zu behandeln. Neben den Vorschriften des HGB sind im Konzernabschluss auch noch die vom Bundesministerium der Justiz bekannten Deutschen Rechnungslegungs Standards („DRS") des nach § 342 HGB als Standardisierungsgremium anerkannten DRSC (Deutsches Rechnungslegungs Standards Committee e.V.) relevant, bei deren Beachtung gemäß § 342 Abs. 2 HGB die Vermutung gilt, dass die Grundsätze ordnungsmäßiger Konzernrechnungslegung beachtet wurden.

2. Anlässe für Unternehmensbewertungen im HGB-Bilanzrecht

a) Zugangsbewertung

102 Unternehmensanteile werden bei Zugang mit den **Anschaffungskosten** bewertet (§ 255 Abs. 1 HGB), die im Regelfall dem Kaufpreis entsprechen, so dass eine Bewertung nicht notwendig ist. Bei einem **Anteilstausch** erlaubt die herrschende Meinung dem Bilanzierenden ein **Wahlrecht**, die Anschaffungskosten der erworbenen Anteile nach dem Zeitwert oder dem Buchwert der hingegebenen Anteile zu bestimmen.[1] Bei entsprechender Ausübung des Wahlrechts ist der (beizulegende) Zeitwert durch eine Unternehmensbewertung zu bestimmen. Ein gleiches Wahlrecht gilt für Unternehmensanteile, die durch **Sacheinlage**[2] oder durch **Gesamtrechtsnachfolge nach dem Umwandlungsrecht**[3] erworben werden.

103 Im **Konzernabschluss** sind bei der Kapitalerstkonsolidierung von Tochtergesellschaften nach § 301 HGB die erworbenen Vermögensgegenstände des Tochterunternehmens zum (beizulegenden) **Zeitwert** neu zu bewerten. Die Möglichkeit zur Fortführung der Buchwerte besteht seit der Verabschiedung des Bilanzrechtsmodernisierungsgesetzes mit Wirkung für nach dem 1.1.2010 beginnende Geschäftsjahre nicht mehr. Die Neubewertung nach § 301 HGB erfordert auch eine Bewertung der Unternehmensanteile des Tochterunternehmens zum Zeitwert.[4] Dies gilt grundsätzlich unabhängig von der Art der Unter-

---

1 Vgl. z.B. *Schubert/Gadek* in BeckBilanzkomm., § 255 HGB Rz. 40.
2 Vgl. z.B. *Schubert/Gadek* in BeckBilanzkomm., § 255 HGB Rz. 146.
3 Vgl. z.B. *Schubert/Gadek* in BeckBilanzkomm., § 255 HGB Rz. 44.
4 Vgl. z.B. *Förschle/Deubert* in BeckBilanzkomm., § 301 HGB Rz. 82.

nehmensanteile (Tochterunternehmen, Gemeinschaftsunternehmen, assoziierte Unternehmen oder sonstige Unternehmensanteile) und der weiteren Behandlung im Konzernabschluss.

Sind die Anteile an der Tochtergesellschaft durch **Hingabe eigener Anteile** oder durch die **Sacheinlage** erworben worden und im Jahresabschluss zu Buchwerten bilanziert worden, fordert DRS 4.13[1] für Zwecke des Konzernabschluss einen Ansatz dieser Anteile mit dem **Zeitwert** der hingegebenen Vermögensgegenstände. Nach herrschender Meinung darf das **Wahlrecht** zur Ermittlung der Anschaffungskosten bei Anteilstausch gem. § 308 Abs. 1 HGB **neu ausgeübt** werden, um zu einer DRS-konformen Bilanzierung überzugehen.[2]

104

b) Folgebewertung

Im HGB-Bilanzrecht gelten bei der Folgebewertung grundsätzlich für alle Vermögensgegenstände im Jahres- und im Konzernabschluss die Anschaffungskosten als Obergrenze. Nach § 253 Abs. 3 Satz 3 HGB sind Finanzanlagen nach dem **gemilderten Niederstwertprinzip** bei **voraussichtlich dauernder Wertminderung** mit dem niedrigeren Wert anzusetzen, der ihnen am Abschlussstichtag beizulegen ist (**beizulegender Wert**). Bei voraussichtlich **vorübergehender Wertminderung** können Finanzanlagen nach § 253 Abs. 3 Satz 4 HGB außerplanmäßig abgeschrieben werden. Im Umlaufvermögen bilanzierte Unternehmensanteile sind gem. § 253 Abs. 4 HGB auf einen **niedrigeren Börsen- oder Marktpreis** am Abschlussstichtag abzuschreiben bzw. – sofern ein Börsen- oder Marktpreis nicht festzustellen ist – auf den **niedrigeren beizulegenden** Wert abzuschreiben (**strenges Niederstwertprinzip**).[3]

105

Nach § 253 Abs. 5 HGB darf ein durch außerplanmäßige Abschreibung zustande gekommener niedriger Wertansatz von Unternehmensanteilen nicht beibehalten werden, wenn die Gründe dafür nicht mehr bestehen (**Wertaufholungsgebot**). Die bei **Wegfall der Gründe** vorzunehmende **Zuschreibung** kann maximal in Höhe der insgesamt vorgenommenen außerplanmäßigen Abschreibungen auf diesen Vermögensgegenstand erfolgen, so dass die Anschaffungskosten nicht überschritten werden können. Der Bilanzierende darf es nicht dem **Zufall** überlassen, ob er Kenntnis von einem Wegfall der Gründe hat, sondern hat aufgrund des **Willkürverbots** zu jedem Bilanzstichtag **systematisch** zu untersuchen, ob die Gründe einer in vergangenen Perioden vorgenommenen außerplanmäßigen Abschreibung noch bestehen.[4] Es reicht jedoch u.U. die Prüfung von **Indikatoren**, wobei die Prüfungsintensität auch von der **Wesentlichkeit** des Vermögensgegenstandes abhängig ist.[5] Sofern für die außerplanmäßige Abschreibung ein Sinken von Börsenkursen oder Marktpreisen ursächlich war, lässt sich der Wegfall der Gründe vergleichsweise leicht prüfen. Wenn die außerplanmäßige Abschreibung jedoch mittels eines kapitalwertorientierten Be-

106

---

1 Zur Bedeutung des DSR und der von ihm erlassenen DRS vgl. § 342 Abs. 2 HGB.
2 Vgl. z.B. *Förschle/Deubert* in BeckBilanzkomm., § 301 HGB Rz. 22.
3 Vgl. ausführlich *Böcking/Korn* in BeckHdb. Rechnungslegung, B 164 Rz. 54 ff.
4 Vgl. *Hachmeister*, Das Finanzanlagevermögen, in HdJ, Abt. II/3 (September 2011), Rz. 412.
5 Vgl. *Böcking/Korn* in BeckHdb. Rechnungslegung, B 169 Rz. 28.

wertungsverfahrens begründet wurde, sind die Prüfung und der Nachweis schwieriger und werden – zumindest bei Vorliegen von Indikatoren für eine Wertaufholung – Bewertungen erfordern.

107 Mit dem Bilanzrechtsmodernisierungsgesetz wurde ins HGB-Bilanzrecht für bestimmte Vermögensgegenstände die **Folgebewertung unabhängig von den Anschaffungskosten** eingeführt. Der nach § 255 Abs. 4 HGB zu ermittelnde beizulegende Zeitwert dieser Vermögensgegenstände kann auch oberhalb der Anschaffungskosten liegen. Dies gilt jedoch nur in **wenigen Ausnahmefällen**. Bei Unternehmensanteilen kann dies der Fall sein, wenn sie Teil eines sog. „Deckungsvermögens" gem. § 246 Abs. 2 Satz 2 i.V.m. § 253 Abs. 1 Satz 4 HGB sind, wenn sie Finanzinstrumente des Handelsbestands von Kreditinstituten nach § 340e Abs. 3 Satz 1 HGB (abzüglich Risikoabschlag) sind, um sie im Rahmen der Erstkonsolidierung neu zu bewerten gem. § 301 Abs. 1 Satz 2 HGB sowie um den Unterschiedsbetrag assoziierter Unternehmen nach § 312 Abs. 2 Satz 1 HGB zuzuordnen.

3. Wertkonzeptionen

108 Dem HGB können im Zusammenhang mit der Bewertung von Beteiligungen zwei Wertkonzeptionen entnommen werden, nach denen Unternehmenswerte zu ermitteln sind. Dies sind der **beizulegende Wert** gem. § 253 Abs. 3 HGB und der **beizulegende Zeitwert** gem. § 255 Abs. 4 HGB. Der beizulegende Wert dient im handelsrechtlichen Jahresabschluss als Verlustmaßstab (Wertuntergrenze), während der beizulegende Zeitwert nach § 255 Abs. 4 HGB ein Maßstab sowohl für Vermögensminderungen als auch Vermögensmehrungen sein kann. In der Kommentierung wird darauf hingewiesen, dass beide Werte nicht verwechselt werden sollten, da sie sich nicht nur in ihrer Funktion, sondern auch in der Art ihrer Ermittlung unterscheiden.[1]

109 Bei dem niedrigeren beizulegenden Wert handelt es sich um einen unbestimmten Rechtsbegriff, der weder in seiner konkreten Ausprägung im Einzelfall, noch in der Methodik seiner Ermittlung durch das Gesetz explizit bestimmt wurde.[2] Somit hat sich die Wertermittlung an den **allgemeinen Grundsätzen** zu orientieren, insbesondere am **Gebot der vorsichtigen Bewertung** (§ 252 Abs. 1 Nr. 4 HGB) und dem Gebot zur **Einzelbewertung** (§ 252 Abs. 1 Nr. 3 HGB).[3] Darüber hinaus ist auch der Sinn und Zweck der Bestimmung zu berücksichtigen, dass die handelsrechtliche Bewertung also insbesondere zum **Gläubigerschutz** erfolgt und daher der Ermittlung eines Schuldendeckungspotentials dient.[4] Es soll ein zu hoher Bilanzansatz vermieden werden.[5] Dementsprechend wird ge-

---

1 Vgl. z.B. *Goldschmidt/Weigl*, WPg 2009, 192 (194); *Henkel/Heller*, KoR 2009, 279 (281); *Schubert/Pastor* in BeckBilanzkomm., § 255 HGB Rz. 512 m.w.N.
2 Vgl. *Küting/Trappmann/Ranker*, DB 2007, 1709 (1710).
3 Vgl. *Böcking/Korn* in BeckHdb. Rechnungslegung, B 164 Rz. 46 f. m.w.N.; *Kozikowski/Roscher/Andrejewski* in BeckBilanzkomm., § 253 HGB Rz. 307.
4 Vgl. IDW RS HFA 10, Rz. 6.
5 Vgl. *Adler/Düring/Schmaltz*, Rechnungslegung und Prüfung der Unternehmen, § 253 HGB Rz. 409.

fordert, selbst bei Unternehmen mit Leistungspflicht bzw. nicht-finanziellen Zielen auf den Zukunftserfolgswert abzustellen.[1]

110 Nach herrschender Meinung wird der beizulegende Wert nicht als objektivierter Unternehmenswert, sondern als **subjektiver Unternehmenswert**[2] unter Berücksichtigung der vorhandenen individuellen Möglichkeiten und Planungen aus der Perspektive des Inhabers der Beteiligung ermittelt.[3] Grund ist, dass die Perspektive des bilanzierenden Unternehmens der eines Käufers bei einem Beteiligungserwerb entspricht. Aus dieser Perspektive relevant ist nicht die Fortführung des Unternehmens in unverändertem Konzept auf sog. Stand-Alone-Basis, sondern die **individuellen Möglichkeiten und Planungen** aus der Perspektive des Inhabers der Beteiligung.[4] Der beizulegende Wert ist also ein unternehmensspezifischer Wert, der insbesondere auch **Synergien** mit dem bilanzierenden Unternehmen berücksichtigt.[5]

111 Der beizulegende Zeitwert zielt hingegen im Grundsatz auf einen **objektiven Marktpreis** ab, nicht auf die unternehmensspezifische Bedeutung des jeweiligen Vermögensgegenstandes.[6] Es gilt ein Primat der Marktpreise, die auch dann vorrangig zu verwenden sind, wenn ein allgemein anerkanntes Bewertungsverfahren zu einem deutlich abweichenden Bewertungsergebnis gelangen würde. Insoweit kann es zu Abweichungen zum objektivierten Wert nach IDW S 1 (vgl. § 3 Rz. 22 ff.) kommen, bei dem Marktpreise lediglich zur Plausibilisierung vorgesehen sind. Im Gegensatz zu dem niedrigeren beizulegenden Wert blendet der beizulegende Zeitwert die spezifische Bedeutung des Vermögensgegenstandes für den Bilanzierenden aus, so dass er konzeptionell dem gemeinen Wert (vgl. § 26 Rz. 8 ff.) nahekommt.[7] Der Gesetzgeber beabsichtigt damit aber auch eine Annäherung des beizulegenden Zeitwerts an den „Fair Value" der IFRS. Dies zeigt sich vor allem in der Konkretisierung des beizulegenden Zeitwerts nach § 255 Abs. 4 HGB, die sich an die – zum Zeitpunkt der Gesetzgebung noch nicht durch IFRS 13 abgelöste – Hierarchie des IAS 39 anlehnt.

112 Eine **Zuordnung** der Bewertungsanlässe zu den beiden Wertkonzeptionen ist leicht möglich bei der **außerplanmäßigen Abschreibung** von Unternehmensanteilen im Anlagevermögen, die auf der Basis des beizulegenden Wertes zu ermitteln ist, sowie für die **Sonderfälle**, in denen im Gesetz explizit auf den beizulegenden Zeitwert verwiesen wird. Die weiteren Fälle, in denen im Rahmen der Zugangsbewertung Zeitwerte bilanziert werden können, z.B. bei der **Sacheinlage** oder beim **Anteilstausch**, wird, soweit ersichtlich, bisher nicht thematisiert, insbesondere nicht die Frage, ob die Zeitwerte nach einer dieser beiden

---

1 *Mujkanovic*, WPg 2010, 294 (298).
2 Vgl. zu den Unterschieden zwischen objektiven und subjektiven Wertkonzeptionen § 2 Rz. 7 ff., § 3 Rz. 3 ff. und Rz. 35 ff.
3 Vgl. IDW RS HFA 10, Rz. 6.
4 Vgl. IDW RS HFA 10, Rz. 5.
5 Vgl. IDW RS HFA 10, Rz. 6; *Küting/Trappmann/Ranke*, DB 2007, 1709 (1711); *Ballwieser* in MünchKomm. HGB, 3. Aufl. 2013, § 255 HGB Rz. 95.
6 Vgl. *Kahle/Schulz* in Baetge/Kirsch/Thiele, Bilanzrecht Kommentar, § 255 HGB Rz. 337.
7 Vgl. *Kahle/Schulz* in Baetge/Kirsch/Thiele, Bilanzrecht Kommentar, § 255 HGB Rz. 355.

Wertkonzeptionen zu ermitteln sind oder ob hierfür andere Wertkonzeptionen herangezogen werden müssen.[1] Nach der hier vertretenen Auffassung spricht jedoch vieles dafür, auch in solchen Fällen der vom Gesetzgeber vorgegebenen **Wertkonzeption des beizulegenden Zeitwerts** gem. § 255 Abs. 4 HGB zu folgen und vorliegenden Marktdaten aus **Objektivierungsgründen** einen Vorrang einzuräumen. Bei Unternehmensanteilen im **Umlaufvermögen** gilt nach § 253 Abs. 4 HGB ein Vorrang von Börsen- und Marktpreisen vor dem beizulegenden Wert. Zur Bewertung von Unternehmen mittels Börsen- und Marktpreisen vgl. § 16, § 17, § 10 Rz. 7 ff. Bei der Ermittlung des beizulegenden Wertes von Unternehmensanteilen im Umlaufvermögen besteht nach der hier vertretenen Auffassung die (widerlegbare) **Vermutung einer Kapitalanlage**, so dass nicht die dauerhafte Verbindung mit dem bilanzierenden Unternehmen im Vordergrund steht und insofern **subjektive Elemente** bei der Unternehmensbewertung keine oder nur eine geringe Auswirkung haben können.

113 Für weitere **Auslegungsfragen** könnte auf die sehr viel detaillierteren Ausführungen zum **IFRS-Bilanzrecht** zurückgegriffen werden. Immerhin handelt es sich um Vorgaben, die ein europarechtliches Gesetzgebungsverfahren durchlaufen haben. Zudem stammt z.B. der im Gesetz nicht erläuterte Begriff des „aktiven Markts" in § 255 Abs. 4 HGB aus dem IFRS-Bilanzrecht, der dort im Standard sowie den nicht ins Europarecht übernommenen Materialien zum Standard **umfangreich erläutert** wird. Andererseits sind die Begrifflichkeiten des HGB-Bilanzrechts auch unter der **abweichenden Zielsetzung** des Jahresabschlusses wie Ausschüttungsbemessung und Gläubigerschutz zu interpretieren. In der Literatur werden beide Auffassungen vertreten. Nach *Scharpf/Schaber/Märkl* dürfte aus praktischen Erwägungen nichts dagegen sprechen, auf entsprechende IFRS-Regelungen oder -kommentierungen zurückzugreifen,[2] während *Kahle/Schulz* die Auffassung vertreten, dass die IFRS nach wie vor keine unmittelbare Geltung für Zwecke der Auslegung geltenden deutschen Bilanzrechts besitzen.[3]

4. Ermittlung des beizulegenden Werts nach § 253 Abs. 3 HGB

114 Zur Ermittlung des beizulegenden Werts sind dem Gesetz keine Hinweise oder Vorgaben und auch kein zwingendes Verfahren zu entnehmen. Die herrschende Meinung zur Vorgehensweise bei der Ermittlung ist dem **Standard IDW RS HFA 10** („Anwendung der Grundsätze des IDW S 1 bei der Bewertung von Beteiligungen und sonstigen Unternehmensanteilen für Zwecke eines handelsrechtlichen Jahresabschlusses") zu entnehmen.

---

1 Vgl. zur Bewertung von Unternehmensanteilen bei der Sacheinlage im Rahmen der aktienrechtlichen Kapitalaufbringungsgrundsätze § 19 Rz. 71 ff.
2 Vgl. *Scharpf/Schaber/Märkl* in Küting/Pfitzer/Weber, Handbuch der Rechnungslegung – Einzelabschluss, § 255 HGB Rz. 442.
3 Vgl. *Kahle/Schulz* in Baetge/Kirsch/Thiele, Bilanzrecht Kommentar, § 255 HGB Rz. 364.

Als **Bewertungsverfahren** ist danach in der Regel das Ertragswertverfahren oder ein DCF-Verfahren heranzuziehen.¹ Selbst bei **börsennotierten Beteiligungen** werden diese Verfahren in der Literatur für zutreffend erachtet, da bei Beteiligungen eine dauernde Verbindung besteht, die dem Geschäftsbetrieb des bilanzierenden Unternehmens dienen soll, und ein Börsenkurs nicht in der Lage ist, diese spezifischen Ertragselemente zu erfassen.² Ein Börsenkurs sollte jedoch auch in diesem Fall zur Plausibilisierung der Ergebnisse dieser Bewertungsverfahren herangezogen werden. Zudem ist zu beachten, dass bei Unternehmensanteilen, die im **Umlaufvermögen** bilanziert werden, ein ggf. vorhandener Börsen- oder Marktpreis gem. § 253 Abs. 4 HGB vorrangig anzusetzen ist. Auch im Anlagevermögen wird bei Unternehmensanteilen, die **keine Beteiligung i.S.d. § 271 HGB** sind, einem ggf. vorhandenen Börsenkurs ein höheres Gewicht bei der Bewertung einzuräumen sein, da – anders als bei Beteiligungen – nicht die dauerhafte Verbindung mit dem bilanzierenden Unternehmen im Vordergrund steht und insofern spezifische, subjektive Ertragselemente in der Regel von untergeordneter Bedeutung sein werden.

115

Die Art der Ermittlung ergibt sich gemäß IDW RS HFA 10 aus den Absichten des bilanzierenden Unternehmens: Im Regelfall, also bei einer dauerhaften Beteiligungsabsicht, ist der Wert anders zu ermitteln als bei einer Veräußerungsabsicht.³

116

a) Dauerhafte Beteiligungsabsicht

Ist die Fortsetzung der Unternehmensbeteiligung beabsichtigt, ist der beizulegende Wert als **begrenzt subjektiver Unternehmenswert** zu ermitteln. Subjektiv heißt, dass die Wertermittlung unter Berücksichtigung der individuellen Möglichkeiten und Planungen aus der Perspektive des bilanzierenden Unternehmens erfolgt, insbesondere in Bezug auf Synergieeffekte und Ertragsteuern. Ihre Grenzen findet die Subjektivität nach herrschender Meinung bei der Ermittlung des Kapitalisierungszinssatzes, der aufgrund der gebotenen **Willkürfreiheit** nicht nach rein subjektiven Renditeerwartungen des bilanzierenden Unternehmens bestimmt werden kann.⁴

117

Grundsätzlich sind – anders als beim objektivierten Unternehmenswert – **alle Synergien** berücksichtigungsfähig. Dies gilt unabhängig davon, ob die synergiestiftenden Maßnahmen schon eingeleitet sind oder die Synergien als sog. echte oder unechte Synergien (vgl. hierzu § 14 Rz. 17 ff.) eingestuft werden.⁵ Mögliche Synergien können beispielsweise im Vertriebs- und Einkaufsbereich, bei Dienstleistungen im IT- oder Verwaltungsbereich, aber auch bei den Finanzierungskosten oder der Kapitalstruktur entstehen.⁶ Möglich und einzubeziehen

118

---

1 Vgl. IDW RS HFA 10, Rz. 3; „zwingend" gemäß WP Handbuch 2014, Bd. 2, Teil A Rz. 553.
2 Vgl. *Hachmeister*, Das Finanzanlagevermögen, in HdJ, Abt. II/3 (September 2011), Rz. 314.
3 Vgl. WP Handbuch 2014, Bd. 2, Teil A Rz. 554; *Kupke/Nestler*, BB 2003, 2671.
4 Vgl. IDW RS HFA 10, Rz. 9.
5 Vgl. *Sahner/Blum* in Hölters, Handbuch Unternehmenskauf, Teil VIII Rz. 18 ff.
6 Vgl. WP Handbuch 2014, Bd. 2, Teil A Rz. 557.

sind auch (u.U. gegenläufige) negative Synergien wie zusätzliche Kosten oder schlechtere Finanzierungskosten bei einem Akquisitionsvehikel. Synergien sind jedoch nur insoweit einzubeziehen, als sie bis zur Ebene des bilanzierenden Unternehmens und seiner Tochterunternehmen einschließlich der zu bewertenden Beteiligung realisierbar sind (**Downstream-Synergien**). Synergieeffekte, die voraussichtlich bei einem Mutterunternehmen oder bei Schwesterunternehmen der bilanzierenden Gesellschaft anfallen, sind nicht zu berücksichtigen.[1]

119 Auch bei den **Ertragsteuern** sind die individuellen Verhältnisse des bilanzierenden Unternehmens relevant. Somit sind die Ertragsteuern des Beteiligungsunternehmens und des bilanzierenden Unternehmens bei der Ermittlung des zukünftigen Ergebnisse bzw. Zahlungsströme anzusetzen, nicht aber die persönlichen Ertragsteuern der Anteilseigner des bilanzierenden Unternehmens. Auch Vorteile, die aus einem Organschaftsverhältnis zwischen der Beteiligungsgesellschaft und dem bilanzierenden Unternehmen durch die Nutzung bzw. die schnellere **Nutzung von steuerlichen Verlustvorträgen** erwachsen, können den subjektiven Wert der Beteiligung für das bilanzierende Unternehmen erhöhen.

120 Der **Kapitalisierungszinssatz** ist anhand der Rendite einer risikoadäquaten Alternativanlage zu ermitteln. Empfohlen wird eine Ermittlung des Kapitalisierungszinssatzes **wie bei der objektivierten Unternehmensbewertung gemäß IDW S 1** (vgl. § 6). Insbesondere sollte die beobachtbare Rendite einer Anlage in ein **Aktienportfolio als Ausgangspunkt** für die Bestimmung der Alternativrendite verwendet werden.[2]

b) Veräußerungsabsicht

121 Bei einer beabsichtigten Veräußerung der Anteile entspricht der beizulegende Wert dem **erwarteten Veräußerungspreis**, weil in diesem Fall nur noch dieser den bilanzierten Beteiligungsbuchwert decken kann. Vorrangig ist nach IDW RS HFA 10 ein verbindliches **Kaufangebot**. Liegen mehrere verbindliche Angebote vor, ist das Angebot heranzuziehen, das voraussichtlich angenommen wird.[3] Ein Kaufpreisangebot kann als verbindlich angesehen werden, wenn mit an Sicherheit grenzender Wahrscheinlichkeit feststeht, dass der Kauf auch zustande kommt.[4] Ein zum Bewertungsstichtag unter **Vorbehalt** stehendes Kaufangebot kann bei Vollzug der Transaktion noch vor Fertigstellung des Jahresabschlusses berücksichtigt werden.[5]

122 Falls in diesem Sinne kein verbindliches Kaufangebot vorliegt, sieht IDW RS HFA 10 die Schätzung des möglichen Veräußerungspreises als **objektivierter Unternehmenswert** nach der Konzeption des IDW S 1 vor, also insbesondere ohne sog. echte Synergieeffekte mit dem bilanzierenden Unternehmen, da

---

1 Vgl. IDW RS HFA 10, Rz. 6.
2 Vgl. IDW RS HFA 10, Rz. 9.
3 Vgl. WP Handbuch 2014, Bd. 2, Teil A Rz. 564.
4 *Sahner/Blum* in Hölters, Handbuch Unternehmenskauf, Teil VIII Rz. 31.
5 Vgl. *Hayn/Ehsen*, FB 2003, 205 (207).

diese im Verkaufsfall nicht mehr relevant sind. Es erscheint jedoch sinnvoll, auch unverbindliche Kaufangebote bei der Bewertung zur Überprüfung der Plausibilität des Bewertungsergebnisses zu beachten.

5. Ermittlung des beizulegenden Zeitwerts nach § 255 Abs. 4 HGB

Zur Ermittlung des beizulegenden Zeitwerts gibt § 255 Abs. 4 HGB die folgende dreistufige **Ermittlungshierarchie**: 123

- Nach der ersten und **obersten Hierarchiestufe** (§ 252 Abs. 4 Satz 1 HGB) entspricht der beizulegende Zeitwert dem Marktpreis, der sich auf einem aktiven Markt herausgebildet hat.
- Ist ein solcher Marktpreis nicht zu ermitteln, bestimmt sich der beizulegende Zeitwert auf der **zweiten Hierarchiestufe** (§ 255 Abs. 4 Satz 2 HGB) durch Rückgriff auf allgemein anerkannte Bewertungsmethoden.
- Auf der **dritten Hierarchiestufe** (§ 255 Abs. 4 Satz 3 HGB) erfolgt eine Bewertung zu fortgeführten Anschaffungs- und Herstellungskosten gem. § 253 Abs. 4 HGB. Auf dieser Hierarchiestufe erfolgt im engeren Sinne eigentlich keine Bewertung mehr.

Nach der Auffassung des Gesetzgebers gilt für Werte der ersten und zweiten Hierarchiestufe aus dem Erfordernis einer **vorsichtigen Bewertung** (§ 252 Abs. 1 Nr. 4 HGB) als ungeschriebenes Tatbestandsmerkmal, dass diese verlässlich ermittelt werden können.[1] 124

a) Marktpreis auf einem aktiven Markt

Der Gesetzgeber sieht den Marktpreis als auf einem aktiven Markt ermittelt an, wenn dieser an einer Börse von einem Händler, von einem Broker oder von einer Branchengruppe, von einem Preisberechnungsservice oder von einer Aufsichtsbehörde **leicht und regelmäßig erhältlich** ist, auf aktuellen und regelmäßig auftretenden **Markttransaktionen** basiert und zwischen **unabhängigen Dritten** erzielt wird. Umgekehrt kann vom Vorliegen eines aktiven Marktes nicht mehr ausgegangen werden kann, wenn nur kleine Volumina – gemessen am Verhältnis der umlaufenden Aktien zum Gesamtvolumen der emittierten Aktien – gehandelt werden oder in einem engen Markt keine aktuellen Marktpreise verfügbar sind.[2] 125

Zur Identifizierung eines nicht mehr aktiven Marktes werden im Standard IDW RS BFA 2 („Bilanzierung von Finanzinstrumenten des Handelsbestands bei Kreditinstituten") folgende **Indikatoren** vorgeschlagen: 126

- Signifikante Ausweitung der **Geldbriefspanne**,
- signifikanter **Rückgang der Handelsvolumina**, insbesondere in Relation zu den historischen Handelsvolumina,

---

1 Vgl. BT-Drucks. 16/10067, 61; BR-Drucks. 344/08, 133.
2 Vgl. BT-Drucks. 16/10067, 61.

- **signifikante Preisschwankungen** im Zeitablauf oder zwischen Marktteilnehmern,
- keine laufende Verfügbarkeit von Preisen.[1]

127 Der Gesetzesbegründung ist zu entnehmen, dass mögliche **Paketzu- oder -abschläge** bei der Ermittlung des beizulegenden Zeitwerts unberücksichtigt bleiben müssen und lediglich der notierte Marktpreis maßgebend ist.[2]

128 Gesetzeswortlaut und Gesetzesbegründung lassen offen, ob in den beizulegenden Zeitwert auch **Anschaffungsnebenkosten** einzubeziehen sind. In der Literatur wird nur der Marktpreis selbst als beizulegenden Zeitwert zugelassen.[3] **Transaktionskosten** wie Steuern, Anwalts- und Notarkosten sowie Vermittlungs- und Beratungsaufwendungen sind nicht Teil dieses Marktpreises und werden dadurch in den Anwendungsfällen des § 255 Abs. 4 HGB sofort **aufwandswirksam**.

b) Allgemein anerkannte Bewertungsmethoden

129 Mit der (nachrangigen) Bestimmung des beizulegenden Zeitwerts auf der Basis von allgemein anerkannten Bewertungsmethoden soll der beizulegende Zeitwert an den **Marktpreis**, wie er sich am Bewertungsstichtag zwischen unabhängigen Geschäftspartnern bei Vorliegen normaler Geschäftsbedingungen ergeben hätte, angemessen angenähert werden.[4] In § 255 Abs. 4 HGB wird dabei **kein bestimmtes Bewertungsverfahren** festgelegt. Der Gesetzesbegründung ist zu entnehmen, dass zu den allgemein anerkannten Bewertungsmethoden im Sinne der Norm beispielsweise der Vergleich mit dem vereinbarten Marktpreis jüngerer vergleichbarer Geschäftsvorfälle zwischen sachverständigen, vertragswilligen und unabhängigen Geschäftspartnern oder die Verwendung von anerkannten betriebswirtschaftlichen Bewertungsmethoden gehören.[5]

130 Beim Verhältnis zwischen marktorientierten Vergleichsverfahren und anderen anerkannten Bewertungsverfahren ist wohl **nicht von einem Methodenwahlrecht** auszugehen sein, da die Kriterien der Verlässlichkeit und des Marktstandards zu beachten sind.[6] Marktstandard bedeutet, dass ein Modell zu verwenden ist, das üblicherweise von Marktteilnehmern genutzt wird, um das betreffende Finanzinstrument zu bewerten.[7] Hierzu gehören bei Unternehmensanteilen insbesondere die **kapitalwertorientierten Verfahren** (z.B. Discounted Cash Flow-Verfahren, vgl. hierzu ausführlich § 9) sowie **Multiplikatorverfahren** (vgl. hierzu ausführlich § 10 Rz. 7 ff.). Bei der Verwendung der anerkannten Bewer-

---

1 Vgl. IDW RS BFA 2, Rz. 41.
2 Vgl. BT-Drucks. 16/10067, 61.
3 Vgl. *Löw/Scharpf/Weigel*, WPg 2008, 1011 (1012); *Kahle/Schulz* in Baetge/Kirsch/Thiele, Bilanzrecht Kommentar, § 255 HGB Rz. 352.
4 Vgl. BT-Drucks. 16/10067, 61.
5 Vgl. BT-Drucks. 16/10067 vom 30.7.2008, 61.
6 Vgl. *Kahle/Schulz* in Baetge/Kirsch/Thiele, Bilanzrecht Kommentar, § 255 HGB Rz. 360 f.
7 Vgl. IDW RS BFA 2, Rz. 44.

tungsverfahren sollen, soweit vorhanden, zur **Objektivierung** der Bewertung möglichst **aktuelle Marktdaten** verwendet werden.[1]

Vor diesem Hintergrund wird **teilweise** ein **Vorrang der Multiplikatormethoden** bei hinreichender Vergleichbarkeit gesehen.[2] Hinsichtlich der Anforderungen an die **Vergleichbarkeit** bestehen unterschiedliche Auffassungen. Nach **enger** Auslegung werden Marktpreise aus Transaktionen anderer Emittenten grundsätzlich allein aus Gründen einer unterschiedlichen Bonität der Emittenten abgelehnt.[3] Nach anderer Meinung soll die Gleichartigkeit **weit** verstanden werden, so dass Marktpreise für vergleichbare Bewertungsobjekte verwendet werden können, wenn **Besonderheiten**, die die Vergleichbarkeit beeinträchtigen, **bereinigt** werden.[4]

131

c) Fortgeführte Anschaffungs- oder Herstellungskosten

§ 255 Abs. 4 Satz 3 HGB regelt den Fall, wenn eine **verlässliche Ermittlung** des beizulegenden Zeitwertes weder nach Satz 1 (Marktpreis auf einem aktiven Markt) noch nach Satz 2 (allgemein anerkannte Bewertungsmethode) zum Bewertungsstichtag möglich ist. In diesem Fall hat eine Bewertung zu fortgeführten Anschaffungs- oder Herstellungskosten zu erfolgen, wobei der zuletzt ermittelte beizulegende Zeitwert als Anschaffungs- oder Herstellungskosten gilt.

132

Von einer nicht verlässlichen Ermittlung des beizulegenden Zeitwerts ist nach der Begründung des Regierungsentwurfs z.B. auszugehen, wenn die angewandte Bewertungsmethode eine **Bandbreite möglicher Werte** zulässt, die Abweichung dieser Werte voneinander **signifikant** ist und eine **Gewichtung der Werte nach Eintrittswahrscheinlichkeit nicht möglich** ist.[5]

133

In der **Literatur** sind hierzu unterschiedliche Interpretationen zu finden. Teilweise wird vorgeschlagen, gerade im Hinblick auf die Kaufpreisallokation im Rahmen der Erstkonsolidierung (§ 301 HGB) keine „**kleinlichen Anforderungen**" an die Verlässlichkeit zu stellen.[6] Auch bei der Ermittlung des beizulegenden Zeitwerts von Finanzinstrumenten (des Handelsbestandes), zu denen auch Unternehmensanteile gehören können, solle sich die Anwendung von § 255 Abs. 4 Satz 3 HGB auf **Ausnahmefälle** beschränken.[7] Andererseits könne die fehlende Verlässlichkeit **generell bei GmbH-Anteilen** gegeben sein, wenn die

134

---

1 Vgl. IDW RS BFA 2, Rz. 43.
2 Vgl. *Scharpf/Schaber/Märkl* in Küting/Pfitzer/Weber, Handbuch Rechnungslegung – Einzelabschluss, § 255 HGB Rz. 440; *Kahle/Schulz* in Baetge/Kirsch/Thiele, Bilanzrecht Kommentar, § 255 HGB Rz. 360.
3 Vgl. *Ekkenga* in KölnKomm. Rechnungslegungsrecht, § 255 HGB Rz. 160.
4 Vgl. *Waschbusch/Müller/Kreipl/Bertram/Tichy/Brinkmann* in Bertram/Brinkmann/Kessler/Müller, Haufe HGB Bilanz-Kommentar, § 255 HGB Rz. 243 (Stand: 31.8.2014).
5 Vgl. BR-Drucks. 344/08, 133.
6 Vgl. *Hoffmann/Lüdenbach*, NWB Kommentar Bilanzierung, 4. Aufl., § 255 HGB Rz. 217. Krit. hierzu *Kessler* in Kessler/Leiman/Strickmann, 2. Aufl., 263.
7 Vgl. *Löw/Scharpf/Waigel*, WPg 2008, 1011 (1012); *Löw* in MünchKomm. Bilanzrecht, Bd. 2, 2013, § 340e HGB Rz. 24.

zur Bewertung erforderlichen **Informationen nicht zur Verfügung** stünden.[1] Weiter einschränkend wird vorgeschlagen, ein Versagen in der Zeitbewertung bereits dann anzuerkennen, wenn der hierdurch verursachte **Aufwand** nicht zuletzt auch im Hinblick auf die Fülle einzuholender Informationen **in keinem vernünftigen Verhältnis zum Nutzen** steht.[2]

---

1 Vgl. *Scharpf* in Küting/Pfitzer/Weber, Das neue deutsche Bilanzrecht, S. 185, 239.
2 Vgl. *Ekkenga* in KölnKomm. Rechnungslegungsrecht, § 255 HGB Rz. 162.

§ 26
Steuerliche Unternehmensbewertung

	Rz.
I. Einleitung	1
II. Steuerliche Wertkonzepte	
1. Gemeiner Wert	8
2. Teilwert	17
III. Bewertungsmethoden zur Bestimmung des gemeinen Wertes	
1. Börsenkurs	26
2. Verkäufe innerhalb eines Jahres	33
3. Bewertung anhand der Ertragsaussichten	44
4. Andere branchenübliche Verfahren	
a) Preisfindung durch Multiplikatoren	53
b) Kostenorientiertes Verfahren	57
IV. Stichtagsregelungen	60
V. Mindestwert Substanzwert	76
1. Steuerliches Substanzwertverständnis	78
2. Wertansätze einzelner Wirtschaftsgüter	86
3. Sonderfrage mangelnde Rentabilität	95
VI. Ungewöhnliche und persönliche Verhältnisse	97
VII. Auswirkungen unterschiedlicher Anteilsquoten	115
VIII. Besonderheiten bei Bewertungen anhand von Ertragsaussichten	
1. Rückwirkende Bewertungsstichtage	128
2. Personenbezogene Faktoren	136
3. Tätigkeitsvergütungen	145
4. Bemessung des Kapitalisierungszinssatzes	150
5. Eingeschränkte Diversifikation	155
6. Mangelnde Fungibilität	159
IX. Vereinfachtes Ertragswertverfahren	
1. Überblick	167
2. Sonderwerte	185
a) Bewertung von Beteiligungen	187
b) Nicht betriebsnotwendiges Vermögen	195
c) Berücksichtigung junger Wirtschaftsgüter	200
d) Sonderbetriebsvermögen	206
3. Bewertung ausländischen Vermögens	210
4. Behandlung offensichtlich unzutreffender Ergebnisse	218
5. Beweislastverteilung	229
X. Bewertung von Transferpaketen im Sinne der Funktionsverlagerungsverordnung	
1. Rechtliche Grundlagen	233
2. Ermittlung der Gewinnpotentiale	245
3. Kapitalisierungszeitraum	259
4. Kapitalisierungszinssatz	267
5. Steuerlicher Sonderwert	275

Schrifttum: Aufsätze und Beiträge:

Ballwieser/Franken/Ihlau/Jonas/Kohl/Mackenstedt/Popp/Siebler, Besonderheiten bei der Ermittlung eines objektivierten Unternehmenswertes kleiner und mittelgroßer Unternehmen (IDW Praxishinweis 1/2014), WPg 2014, 463; *Baumhoff/Ditz/Greinert*, Die Besteuerung von Funktionsverlagerungen nach den Änderungen des § 1 Abs. 3 AStG durch das EU-Umsetzungsgesetz, DStR 2010, 1309; *Baumhoff/Ditz/Greinert*, Auswirkungen des Unternehmenssteuerreformgesetzes 2008 auf die Ermittlung internationaler Verrechnungspreise, DStR 2007, 1461; *Baumhoff/Ditz/Greinert*, Auswirkungen des Unternehmenssteuerreformgesetzes 2008 auf die Besteuerung grenzüberschreitender Funktionsverlagerungen, DStR 2007, 1649; *Baumhoff/Ditz/Greinert*, Die Besteuerung von Funktionsverlagerungen nach den Verwaltungsgrundsätzen Funktionsverlagerung vom

13.10.2010, UBG 2009, 161; *Balz/Bordemann*, Ermittlung von Eigenkapitalkosten zur Unternehmensbewertung mittelständischer Unternehmen mithilfe des CAPM, FB 2007, 737; *Barthel*, Unternehmenswert: Berücksichtigungsfähigkeit und Ableitung von Fungibilitätszuschlägen, DB 2003, 1181; *Beine*, Ausländische Einkünfte in der Unternehmensbewertung, BB 1999, 1967; *Creutzmann*, Unternehmensbewertung im Steuerrecht – Neuregelung des Bewertungsgesetzes ab 1.1.2009, DB 2008, 2784; *Dörschell/Franken*, Rückwirkende Anwendung des neuen IDW-Standards zur Durchführung von Unternehmensbewertungen, DB 2005, 2257; *Drosdzol*, Unternehmensbewertung: Die Geltung des § 11 Abs. 2 BewG und des vereinfachten Ertragswertverfahrens für ertragsteuerliche Zwecke, DStR 2011, 1258; *Ditz*, Praxisfall einer Funktionsverlagerung unter besonderer Berücksichtigung der VWG-Funktionsverlagerung vom 13.10.2010, IStR 2011, 125; *Eisenberg/Ullmann*, Bewertung von Transferpaketen in Funktionsverlagerungsfällen: Anwendung eines endlichen Kapitalisierungszeitraums, DStR 2013, 855; *Gerlach*, Gemeiner Wert, Verfügungsbeschränkungen, Stimmrechte und Holdinggesellschaften bei der steuerlichen Anteilsbewertung (1. Teil), BB 1996, 821; *Gleißner/Wolfrum*, Eigenkapitalkosten und die Bewertung nicht börsennotierter Unternehmen: Relevanz von Diversifikationsgrad und Risikomaß, FB 2008, 602; *Hannes/Onderka*, Bewertung und Verschonung des Betriebsvermögens: Erste Erkenntnisse aus den Erlassen der Finanzverwaltung, ZEV 2009, 421; *Hannes/Onderka*, Die Bewertung von Betriebsvermögen und Anteilen an Kapitalgesellschaften nach der „AntBVBewV", ZEV 2008, 173; *Henselmann/Kniest*, Immaterielle Werte beim Substanzwert im Sinne des Bewertungsgesetzes, BewertungsPraktiker 2011, 10; *Hecht/v. Cölln*, Fallstricke des vereinfachten Ertragswertverfahrens nach dem BewG i.d.F. des ErbStRG, DB 2010, 1084; *Hecht/v. Cölln*, Ableitung des gemeinen Werts von Anteilen an gewerblichen Personengesellschaften aus Verkäufen nach § 11 Abs. 2 BewG, BB 2009, 2061; *Hecht/v. Cölln*, Unternehmensbewertung nach dem BewG i.d.F. des ErbStRG – Anmerkungen zu den Ländererlassen, BB 2010, 795; *Hübner*, Das Erbschaftsteuerreformgesetz – ein erster Überblick, Ubg 2009, 1; *IDW* (Hrsg.), Schreiben an den Bundesminister der Finanzen v. 9.8.2011 (abrufbar auf idw.de unter Verlautbarungen); *IDW* (Hrsg.), Hinweise des FAUB zu den Auswirkungen der Finanzmarkt- und Konjunkturkrise auf Unternehmensbewertungen, FN-IDW 2009, 696; *IDW* (Hrsg.), Hinweise des FAUB v. 19.9.2012 zur Berücksichtigung der Finanzmarktkrise bei der Ermittlung des Kapitalisierungszinssatzes in einer Unternehmensbewertung, FN-IDW 2012, 568; *IDW* (Hrsg.), Fragen und Antworten zur praktischen Anwendung des IDW Standards nach IDW S 1 i.d.F. 2008, FN-IDW 2014, 293; *IDW* (Hrsg.), Grundsätze zur Durchführung von Unternehmensbewertungen (IDW S 1 i.d.F. 2008), FN-IDW 2008, 271; *IDW* (Hrsg.), Hinweis des FAUB v. 10.1.2012 zu den Auswirkungen der aktuellen Kapitalmarktsituation auf die Ermittlung des Kapitalisierungszinssatzes, FN-IDW 2012, 122; *Jonas*, Die Bewertung mittelständischer Unternehmen – Vereinfachungen und Abweichungen, WPg 2011, 299; *Jonas/Löffler/Wiese*, Das CAPM mit deutscher Einkommensteuer, WPg 2004, 898; *Koblenzer/Seker*, Gesellschaftsrechtliche Sonderrechte im Spannungsfeld bewertungsrechtlicher Grundsatzfragen, ErbStB 2011, 282; *Kohl/König/Möller*, Der steuerliche Substanzwert – eine unvollständige Umsetzung des gemeinen Wertverständnisses?, BB 2013, 555; *Kohl/König*, Das vereinfachte Ertragswertverfahren im Lichte des aktuellen Kapitalmarktumfeldes, BB 2012, 607; *Kohl*, Überblick und Würdigung des vereinfachten Ertragswertverfahrens nach dem neuen Bewertungsrecht, ZEV 2009, 554; *Kohl/Schilling*, Die Reform des Erbschaftsteuer- und Bewertungsrechts im Lichte des IDW S 1 i.d.F. 2008, StuB 2008, 909; *Kohl/Schilling*, Grundsätze objektivierter Unternehmensbewertung im Sinne des IDW S 1 n.F. – Zeitpunkt der erstmaligen Anwendung bei steuerlichen Bewertungsanlässen, WPg 2007, 70; *Kratz/Wangler*, Unternehmensbewertung bei nicht kapitalmarktorientierten Unternehmen: Das Problem der Ermittlung entscheidungsrelevanter Kapitalkosten, FB 2005, 169; *Kußmaul/Pfirmann/Hell/Meyering*, Die Bewertung von Unternehmensvermögen nach dem ErbStRG und Unternehmensbewertung, BB 2008, 472; *Lenz*, Gesellschaftsrechtliches Spruchverfahren: Die Rückwirkung geänderter Grundsätze zur Unternehmensbewertung auf den Bewertungsstichtag – Zugleich Besprechung der Beschlüsse des BayObLG vom 28.10.2005 und des LG Bremen vom 18.2.2002, WPg 2006, 1160; *Mannek*, Die wesentlichen Änderungen durch die Erbschaftsteuer-Richtlinien 2011 im Überblick, ZEV 2012, 6; *Mannek*, Diskussionsentwurf für eine Anteils- und Betriebsvermögensbewertungsverordnung – AntBVBewV, DB 2008, 423; *Möllmann*, Erbschaft- und schenkungsteuerliche Unternehmensbewertung anhand von Börsenkursen und stichtagsnahen Veräußerungsfällen, BB 2010, 407; *Mujkanovic*, Die Bewertung von Anteilen an nachhaltig ertragsschwachen Unternehmen im handelsrechtlichen Jahresabschluss, WPg 2010, 294; *Nestler*, Bewertungen von KMU: Aktuelle Hinweise des IDW zur praktischen Anwendung des IDW S 1, BB 2012, 1271; *Nestler/ Schaflitzl*, Praktische Anwendungsfragen für die Bewertung bei Funktionsverlagerungen nach dem neuen BMF-Schreiben, BB 2011, 235; *Peemöller*, Grundsätze der Unternehmensbewertung – Anmerkungen zum Standard IDW S 1, DStR 2001, 1401; *Piltz*, Der gemeine Wert von Unternehmen und Anteilen im neuen ErbStG, Ubg 2009, 13; *Piltz*, Erbschaftsteuer-Bewertungserlass. Allgemeines und Teil A (Anteile an Kapitalgesellschaften), DStR 2009, 1829; *Piltz*, Unternehmensbewertung im neuen Erbschaftsteuerrecht, DStR 2008, 745; *Rohde/Gemeinhardt*, Bewertung von Betriebsvermögen nach der Erbschaftsteuerreform 2009, StuB 2009, 167; *Ruthardt/Hachmeister*, Herausforderungen bei der Bewertung von KMU: Risikozuschlag, DStR 2014, 488; *Stalleiken/Theißen*, Erbschaftsteuer-Bewertungserlass, Teil B: Das vereinfachte Ertragswertverfahren, DStR 2010, 21; *Serg*, Die Behandlung von Geschäftschancen bei grenzüberschreitenden Funktionsverlagerungen, DStR 2005, 1916; *Schlotter*, Voraussichtlich dauernde Wertminderung nach dem Urteil des BFH zur Teilwertabschreibung auf Aktien vom 26.9.2007, BB 2008, 546; *Viskorf*, Das Rechtsstaatsprinzip und der Wettstreit um den „richtigen" gemeinen Wert beim Betriebsvermögen, ZEV 2009, 591; *v. Oertzen/Zens*, Der bewertungsrechtliche Paketzuschlag, DStR 2005, 1040; *Wagner/Saur/Willershausen*, Zur Anwendung der Neuerungen der Unternehmensbewertungsgrundsätze des IDW S 1 i.d.F. 2008 in der Praxis, WPg 2008, 731; *Wüstemann*, BB-Rechtsprechungsreport: Unternehmensbewertung 2008/09, BB 2009, 1518; *Wollny*, Vereinfachtes Ertragswertverfahren – Anmerkungen zur Verletzung der Steueräquivalenz, DStR 2012, 1356; *Wollny*, Substanzwert reloaded – Renaissance eines wertlosen Bewertungsverfahrens, DStR 2012, 716 (Teil I), DStR 2012, 766 (Teil II); *Zeidler/Schöniger/Tschöpel*, Auswirkungen der Unternehmensteuerreform 2008 auf Unternehmensbewertungskalküle, FB 2008, 276.

Handbücher, Kommentare und Monographien:
Baetge/Kirsch, Aktuelle Herausforderungen für den Mittelstand im Kontext zunehmender Internationalisierung, 2013; *Beumer/Duscha*, Steuerliche Maßstäbe in Peemöller (Hrsg.), Praxishandbuch der Unternehmensbewertung, 5. Aufl. 2012, S. 1143; *Daragan/Halaczinsky/Riedel*, Praxiskommentar ErbStG und BewG, 2. Aufl. 2012; *Dörschell*, Sonderfragen der Bewertung von kleinen und mittelgroßen Unternehmen, in Baetge/Kirsch (Hrsg.), Aktuelle Herausforderungen für den Mittelstand im Kontext zunehmender Internationalisierung, 2013, S. 131; *Dörschell/Franken/Schulte*, Der Kapitalisierungszinssatz in der Unternehmensbewertung: Praxisgerechte Ableitung unter Verwendung von Kapitalmarktdaten, 2. Aufl. 2012; *Eisele*, § 11 BewG, in Rössler/Troll (Hrsg.), BewG, Kommentar, 19. Aufl. 2014; *Flick/Wassermeyer/Baumhoff/Schönfeld* (Hrsg.), Außensteuerrecht, Kommentar, Stand November 2013; *Flick Gocke Schaumburg/BDI*, Der Umwandlungsteuer-Erlass 2011 – Erläuterungen aus Unternehmens- und Beraterpraxis, 2012; *Gehri/Munk*, Immobilien: Steuern und Wertermittlung, 2010; *Großfeld*, Recht der Unternehmensbewertung, 7. Aufl. 2012; *Großfeld*, Unternehmens- und Anteilsbewertung im Gesellschaftsrecht, 4. Aufl. 2002; *Gürsching/Stenger* (Hrsg.), Bewertungsrecht– BewG ErbStG, Kommentar, Stand März 2014; *Halaczinsky*, § 9 BewG, in Rössler/Troll (Hrsg.), BewG, Kommentar, 19. Aufl. 2014; *Hannes*, Rechtsprechung zur Unternehmensbewertung in Peemöller (Hrsg.), Praxishandbuch der Unternehmensbewertung, 5. Aufl. 2012, S. 1138; *Haritz/Menner*, UmwStG, Kommentar, 3. Aufl. 2009; *IDW* (Hrsg.), WP Handbuch 2008, Band II, 13. Aufl. 2008; *IDW* (Hrsg.), WP Handbuch 2014, Band II, 14. Aufl. 2014; *Kraft* (Hrsg.), AStG, 2009; *Kreutziger/Schaffner/Stephany*, BewG, Kommentar, 3. Aufl. 2013; *Mandl/ Rabel*, Methoden der Unternehmensbewertung in Peemöller (Hrsg.), Praxishandbuch der Unternehmensbewertung, 5. Aufl. 2012, S. 29; *Mannek*, Handbuch Steuerliche Unternehmensbewertung. Vereinfachtes Ertragswertverfahren, Aktuelle Erbschaftsteuer-Richtlinien, 2012; *Meis*, Existenzgründung durch Kauf eines kleinen oder mittleren Unterneh-

mens, 2000; *Peemöller*, Wert und Werttheorien, in Peemöller (Hrsg.) Praxishandbuch der Unternehmensbewertung, 5. Aufl. 2012, S. 1; *Rössler/Troll*, Bewertungsgesetz, Loseblatt-Kommentar, 19. Aufl. 2014; *Schmitt/Hörtnagl/Stratz*, UmwG und UmwStG, Kommentar, 6. Aufl. 2013; *Sieben/Maltry*, Substanzwert, in Peemöller (Hrsg.), Praxishandbuch der Unternehmensbewertung, 5. Aufl. 2012, S. 653; *Steiner/Bruns/Stöckl*, Wertpapiermanagement, 10. Aufl. 2012; *Tiedtke*, Erbschaftsteuer- und Schenkungsteuergesetz, Kommentar, 2009; *Troll/Gebel/Jülicher* (Hrsg.), ErbStG, Kommentar, 46. Aufl. 2013; *Viskorf/Knobel/Schuck/Wälzholz*, Erbschaftsteuer- und Schenkungsteuergesetz, Bewertungsgesctz, Kommentar, 4. Aufl. 2011; *Viskorf/Glier/Knobel*, Bewertungsgesetz, Stand 1998; *Wiechers*, Besonderheiten bei der Bewertung von Anteilen an Unternehmen in Peemöller (Hrsg.), Praxishandbuch der Unternehmensbewertung, 5. Aufl. 2012, S. 746; *Wilms/Jochum*, Erbschaftsteuer- und Schenkungsteuergesetz, Kommentar, Stand August 2013.

I. Einleitung

1 Nach herkömmlicher, betriebswirtschaftlicher Auffassung ist für den Wert einer Unternehmung oder von Unternehmensteilen allein deren Ertragskraft maßgebend.[1] Diese spiegelt die vorhandene Unternehmenssubstanz anhand künftiger finanzieller Überschüsse zum Bewertungsstichtag wider. Grundlage der Ertragsbewertung sind somit die Erträge, welche aus der Nutzung der Substanz generiert werden können.

2 Diese Grundsätze einer zukunftsorientierten Gesamtbewertung sind mit dem Erbschaftsteuerreformgesetz seit 2008 rechtsformunabhängig für steuerliche Bewertungen gesetzlich geregelt. Maßgebliches Wertkonzept ist danach der in § 9 BewG definierte „gemeine Wert". Mit dieser Zielsetzung der Ermittlung eines im gewöhnlichen Geschäftsverkehr erzielbaren Preises orientierte sich der Gesetzgeber für steuerlich bedingte Unternehmensbewertung an dem Ideal des Verkehrswertes.

3 Bis zu diesem Zeitpunkt fußten die steuerlichen Bewertungsvorschriften in Abhängigkeit der Rechtsform auf dem Prinzip einer substanzorientierten Einzelbewertung. Bei der Bewertung von Anteilen an Personengesellschaften ergab sich dies unmittelbar aus § 109 Abs. 1 BewG a.F. Für die Bewertung von Anteilen an Kapitalgesellschaften wurde regelmäßig das „Stuttgarter Verfahren"[2] herangezogen. Bei diesem handelt es sich um ein Mischverfahren, welches zumindest teilweise auf den steuerbilanziellen Buchwerten basierte. Damit lagen die Bewertungsergebnisse für Anteile an Personengesellschaften und an Kapitalgesellschaften regelmäßig sowohl auseinander als auch jeweils unter dem Verkehrswert.

4 Das seinerzeit gültige Bewertungsrecht führte u.a. aufgrund dieser Aspekte zu erheblicher Kritik.[3] Dieser schloss sich das BVerfG vollumfänglich an und er-

---

1 Vgl. *Peemöller*, Wert und Werttheorien, in Peemöller, S. 1.
2 Vgl. Erbschaftsteuerrichtlinien 2003 R 97 ff. BewG.
3 Neben der Wertermittlung wurde die fehlende Gleichheit der Vorschriften kritisiert. So hatte bereits der BFH in seinem Vorlagebeschluss an das BVerfG deutlich gemacht, dass die damaligen Bewertungsvorschriften beim Betriebsvermögen, bei den Anteilen an Kapitalgesellschaften sowie beim Grundbesitz (einschließlich des land- und forstwirtschaftlichen Vermögens) gleichheitswidrig ausgestaltet sind. Vgl. BFH v. 22.5.2002 – II R 61/99, BStBl. II 2002, 598 (607-610) = GmbHR 2002, 917.

klärte die Erhebung der Erbschaftsteuer auf Grundlage der seinerzeit gültigen Bewertungsregeln für verfassungswidrig.[1]

Nach Auffassung des BVerfG sollte sich die Bewertung und damit die anzuwendenden Bewertungsmethoden des Vermögens bei der Ermittlung der Bemessungsgrundlage demnach zukünftig einheitlich am gemeinen Wert als dem maßgeblichen Bewertungsziel ausrichten. Die Bewertungsmethoden müssten daher gewährleisten, dass alle Vermögensgegenstände in einem Annäherungswert an den gemeinen Wert erfasst werden. Diesbezüglich gab das Gericht selbst bereits den Hinweis auf betriebswirtschaftlich anerkannte Ertragswert- bzw. DCF-Methoden.[2]

Mit der Erbschaftsteuerreform 2009, der expliziten gesetzlichen Norm einer Bewertung anhand der Ertragsaussichten und der Verankerung einer (vereinfachten) Ertragsbewertung für steuerliche Zwecke haben Marktpreis und Ertragswertkalküle einen spürbaren Bedeutungszuwachs in der steuerlichen Bewertungspraxis erhalten.[3] Demnach ist der gemeine Wert sowohl von Anteilen an Kapitalgesellschaften als auch von Betriebsvermögen gem. § 11 Abs. 2 Satz 2 BewG unter Berücksichtigung der Ertragsaussichten oder einer anderen anerkannten, auch im gewöhnlichen Geschäftsverkehr für nicht steuerliche Zwecke üblichen Methode zu ermitteln, sofern dieser nicht aus Marktpreisen in Form von Börsenkursen oder Verkaufspreisen hergeleitet werden kann.[4] Gleichzeitig hat der Gesetzgeber die Substanzwertmethode als übergeordneten Kontrollmechanismus der Ertragswertverfahren etabliert,[5] womit dem Substanzwert weiterhin eine zentrale Rolle im BewG und damit für die Unternehmensbewertung für steuerliche Zwecke zukommt.

Obwohl der Ausgangspunkt dieser Entwicklung im Erbschaftsteuer und Schenkungsteuerrecht liegt, ist die Anwendbarkeit auch für ertragsteuerliche Zwecke mittlerweile anerkannt. Dies ergibt sich bereits inhaltlich aus der zentralen Bedeutung des „gemeinen Wertes für das Steuerrecht im allgemeinen. So gehören die §§ 9 und 11 BewG grundsätzlich zu den allgemeinen Bewertungsvorschriften, die in der Systematik des Bewertungsgesetzes für alles Steuern gelten.[6] So wird dieser Wertmaßstab bei der Besteuerung des Aufgabegewinns i.S.d. § 16 Abs. 3 EStG in Fällen von verdeckten Einlagen aus dem Privatvermögen in Kapitalgesellschaften oder bei Umwandlungsfällen herangezogen. Bereits durch die Streichung des vormaligen § 11 Abs. 2 Satz 3 BewG a.F wurde dies auch formal nachvollzogen, in dem ursprünglich die Anwendung einzelner Aspekte des § 11 explizit für ertragsteuerliche Zwecke ausgeschlossen war. Eine diesbezüglich endgültige Klarstellung erfolgte durch das Finanzministerium Schleswig-Holstein.[7]

---

1 Vgl. BVerfG v. 7.11.2006 – 1 BvL 10/02, DStR 2007, 235 (239) = GmbHR 2007, 320.
2 Vgl. BVerfG v. 7.11.2006 – 1 BvL 10/02, DStR 2007, 235 (242) = GmbHR 2007, 320.
3 Vgl. § 11 Abs. 2 Satz 2 BewG.
4 § 11 Abs. 2 Satz 2 BewG gilt unmittelbar für Kapitalgesellschaften. Für die Bewertung von Personengesellschaften gilt dies gemäß § 109 Abs. 1 BewG entsprechend.
5 Vgl. § 11 Abs. 2 Satz 3 BewG.
6 Vgl. auch *Koblenzer/Seker*, ErbStB 2011, 282 (284).
7 Vgl. BMF v. 20.7.2011 – VI 306 - S 2170 - 577, ZEV 2011, 616.

II. Steuerliche Wertkonzepte

1. Gemeiner Wert

8   Den allgemeinen und primären Wertmaßstab für steuerliche Bewertungen stellt der „gemeine Wert" dar.[1] Dieser bestimmt sich gem. § 9 Abs. 2 BewG aus dem Preis, der im **gewöhnlichen Geschäftsverkehr** nach der Beschaffenheit des Wirtschaftsgutes unter Berücksichtigung aller den Preis beeinflussenden Umstände bei einer Veräußerung zu erzielen wäre. Ungewöhnliche oder persönliche Verhältnisse sind dabei außer Acht zu lassen (vgl. § 9 Abs. 2 BewG).

9   Die Begriffsdefinition im BewG lässt zunächst offen, wie der gemeine Wert abzuleiten ist. Es wird grundsätzlich nicht auf einen tatsächlich erzielten, sondern auf den am freien Markt erzielbaren Veräußerungspreis abgestellt, der im gewöhnlichen Geschäftsverkehr realisierbar ist. Ausschlaggebend ist somit nicht der Wert des Wirtschaftsgutes aus der Perspektive des Gesellschafters, wenn dieser Eigentümer bleibt. Gesucht wird vielmehr ein realisierbarer Betrag im Verkaufsfall.[2] Von zentraler Bedeutung für die Ermittlung des den gemeinen Wert bestimmenden Preises ist einerseits der **„gewöhnlichem Geschäftsverkehr"** und andererseits die **„Beschaffenheit des Wirtschaftsguts"**.[3]

10 Nach ständiger Rechtsprechung des BFH ist unter „gewöhnlichem Geschäftsverkehr" der Handel zu verstehen, der sich nach den marktwirtschaftlichen Grundsätzen von Angebot und Nachfrage vollzieht und bei dem jeder Vertragspartner ohne Zwang, sondern in Wahrung seiner eigenen Interessen handelt.[4] Ist ein tatsächlicher Markt nicht existent, ist der gemeine Wert mithilfe marktwirtschaftlicher Grundsätze abzuleiten.[5] Der unterstellte potentielle Käufer ist bestrebt, am Erwerb des Wirtschaftsgutes mit seiner tatsächlichen Beschaffenheit einschließlich der dazugehörigen Verwertungsmöglichkeit zu partizipieren. Er ist bereit, einen angemessenen, dem inneren Wert entsprechenden Preis zu zahlen, der im gewöhnlichen Geschäftsverkehr entscheidend ist.[6] Somit ist unter dem gemeinen Wert ein Betrag zu verstehen, der im Fall einer Veräußerung des Wirtschaftsgutes üblicherweise als Erlös erzielbar ist. Demgegenüber wird kein Marktpreis gesucht, welcher im Rahmen eines Verhandlungsweges zustande kommt, da beim Kauf eines Unternehmens bzw. Unternehmensanteils neben dem eigentlichen Wert auch persönliche Verhältnisse der beteiligten Verhandlungspartner (Unabhängigkeit, Macht, berufliche Entfaltung)

---

1   Vgl. *Halaczinsky* in Rössler/Troll, § 9 BewG Rz. 2; *Viskorf* in Viskorf u.a., Erbschaftsteuer- und Schenkungsteuergesetz, § 9 BewG Rz. 9.
2   Vgl. *Gerlach*, BB 1996, 821 (823); *Halaczinsky* in Rössler/Troll, § 9 BewG Rz. 6.
3   Vgl. *Gerlach*, BB 1996, 821 (823).
4   BFH v. 14.2.1969 – III 88/65, BStBl. II 1969, 394 (395); BFH v. 23.2.1979 – III R 44/77, BStBl. II 1979, 618 (619); BFH v. 28.11.1980 – III R 86/78, BStBl. II 1981, 353 (355) sowie BFH v. 22.8.2002 – II B 170/01, BFH/NV 2003, 11 (11); BFH v. 25.6.1965 – III 384/60, HFR 1966, 1.
5   Vgl. *Beumer/Duscha*, Steuerliche Maßstäbe, in Peemöller, S. 1145.
6   Vgl. *Knittel* in Gürsching/Stenger, § 9 BewG Rz. 88.

einfließen.¹ Es ist daher eine Verkaufssituation zu fingieren, aus der ein gemeinen Wertes anhand von objektivierter Wertmaßstäbe bestimmt werden kann. Es ist daher nicht nur einseitig auf die Renditeerwartung eines potentiellen Erwerbers abzustellen. Vielmehr ist auch zu beachten, ob die bisherigen Eigentümer bereit sind, zu einem entsprechenden Preis zu verkaufen.²

Der steuerliche Begriff des gemeinen Wertes gleicht dem **Verkehrswertverständnis**.³ Dies zeigt sich ferner in der Verkehrswertdefinition des Baugesetzbuches: „Der Verkehrswert (Marktwert) wird durch den Preis bestimmt, der in dem Zeitpunkt, auf den sich die Ermittlung bezieht, im gewöhnlichen Geschäftsverkehr nach den rechtlichen Gegebenheiten und tatsächlichen Eigenschaften, der sonstigen Beschaffenheit und der Lage des Grundstücks oder des sonstigen Gegenstands der Wertermittlung ohne Rücksicht auf ungewöhnliche oder persönliche Verhältnisse zu erzielen wäre" (vgl. § 194 BauGB). Auch der Gesetzgeber setzt diese beiden Wertbegriffe gleich. In der Gesetzesbegründung zum ErbStRG heißt es zu § 177 BewG: „Der gemeine Wert (§ 9 BewG) entspricht dem Verkehrswert."⁴ Dabei ist beiden Werten gemein, dass ihnen regelmäßig eine objektivierte Wertermittlung zugrunde liegt.⁵

11

Ein dem gemeinen Wert entsprechendem Wertkonzept stellt der in der internationalen Rechnungslegung vorzufindenden „fair value" dar. Dieser wird durch die IFRS definiert als der Betrag, zu dem ein Vermögenswert zwischen sachverständigen, vertragswilligen und voneinander unabhängigen Geschäftspartnern getauscht oder eine Schuld beglichen wird.⁶

12

Ausgehend von diesem allgemeinen Verständnis, hat der Gesetzgeber in § 11 Abs. 2 Satz 1 BewG zur Bestimmung des gemeinen Wertes im Falle von Betriebsvermögen eine **Verfahrenshierarchie** verankert.⁷

13

– Handelt es sich bei dem zu bewertenden Wirtschaftsgut um Anteile an einer börsennotierten Kapitalgesellschaft, sind diese mit dem niedrigsten feststellbaren Kurswert anzusetzen. In Ergänzung sieht das Gesetz in § 11 Abs. 3 BewG bei bestimmten Fällen einen Paketzuschlag werterhöhend vor.

– Handelt es sich nicht um Anteile an börsennotierten Kapitalgesellschaften, ist nach § 11 Abs. 2 Satz 2 der gemeine Wert aus Verkäufen innerhalb eines Jahres vor dem Bewertungsstichtag zu ermitteln.

– Sofern der gemeine Wert nicht notierter Anteile an Kapitalgesellschaften, Personengesellschaften oder Einzelunternehmen nicht aus Verkäufen unter

---

1 Vgl. *Wollny*, Der objektivierte Unternehmenswert, S. 32; *Kußmaul/Pfirmann/Hell/Meyering*, BB 2008, 472 (473).
2 Vgl. BFH v. 22.1.2009 – II R 43/07, BStBl. II 2009, 444 (446) = GmbHR 2009, 670; *Daragan* in Daragan/Halaczinsky/Riedel, § 9 BewG Rz. 17.
3 Vgl. BFH v. 2.2.1990 – III R 173/86, BStBl. II 1990, 497 (499); *Viskorf* in Viskorf u.a., Erbschaftsteuer- und Schenkungsteuergesetz, § 9 BewG Rz. 2; *Knittel* in Gürsching/Stenger, § 9 BewG Rz. 2; *Halaczinsky* in Rösler/Troll, § 9 BewG Rz. 1.
4 Vgl. BT-Drucks. 16/7918, 45.
5 Vgl. *Knittel* in Gürsching/Stenger, § 9 BewG Rz. 2; *Kreutziger* in Kreutziger/Schaffner/Stephany, § 9 BewG Rz. 10.
6 Vgl. *Knittel* in Gürsching/Stenger, § 9 BewG Rz. 4.
7 Vgl. *Creutzmann*, DB 2008, 2784 (2785).

fremden Dritten innerhalb des letzten Jahres vor dem Bewertungsstichtag abgeleitet werden kann, ist er unter Berücksichtigung der Ertragsaussichten der Gesellschaft oder einer anderen anerkannten, üblichen Methode zu ermitteln (vgl. § 11 BewG). Das Gesetz sieht zudem die Möglichkeit vor, den gemeinen Wert anhand des vereinfachten Ertragswertverfahrens nach §§ 199 ff. BewG zu ermitteln, sofern dies nicht zu unzutreffenden Ergebnissen führt.

– Abschließend sieht der Gesetzgeber mit dem steuerlichen Substanzwert i.S.d. § 11 Abs. 2 Satz 4 BewG einen Mindestwert vor.

14 Somit ist der gemeine Wert zunächst aus einem **Drittvergleich aus zeitnahen Verkäufen** abzuleiten. Lediglich wenn dies nicht möglich ist, ist eine Ermittlung des gemeinen Wertes auf Basis der Ertragsaussichten der Gesellschaft durchzuführen. Der Gesetzgeber räumt mit dieser Verfahrenshierarchie einer Wertbestätigung am Markt, wie sie bei Verkäufen unter fremden Dritten vorliegt, den Vorrang ein.[1] Auch die Ausgestaltung der Hierarchie von Bewertungsmethoden verdeutlicht die Orientierung an einem Markt- oder Verkehrswert, wobei keine schlichte Übernahme der beobachteten Veräußerungspreise angedacht ist. So bringt der Gesetzgeber durch die Formulierung „Ableiten" aus Verkäufen zum Ausdruck, dass ein tatsächlicher Veräußerungspreis als Referenzgröße zum gemeinen Wert nicht einfach übernommen werden soll, sondern bei bestimmten Umständen wie z.B. bei Mehrheits- oder Minderheitsbeteiligungen zu korrigieren ist (Ableitung)[2], um der Zielsetzung des gemeinen Wertes gerecht zu werden. Ähnliches ergibt sich aus dem § 11 Abs. 2 Satz 3 BewG insoweit, als dort gleichrangig neben der Ertragswertmethode „jede andere anerkannte auch im gewöhnlichen Geschäftsverkehr für nicht steuerliche Zwecke übliche Bewertungsmethode" zugelassen wird. Als Beispiele werden die Umsatzmethode, Gewinn- oder Produktmultiplikatoren oder Preisvergleiche angeführt. Gemeinsam ist diesen Ansätzen, dass sie sich an einem tatsächlichen Marktverhalten orientieren.

15 Für die Ableitung des gemeinen Wertes, sind nur die Einflussgrößen bedeutsam, welche aus der Beschaffenheit **des Wirtschaftsgutes** stammen.[3] Nach der Definition des BFH handelt es sich in diesem Kontext um „die tatsächlichen und rechtlichen Verhältnisse, die dem zu bewertenden Wirtschaftsgut arteigen sind" und auf jeden möglichen Erwerber übergehen.[4] Aufgrund der Tatsache, dass der gemeine Wert eine Veräußerung im gewöhnlichen Geschäftsverkehr unterstellt, kann es sich hierbei nur um Eigenschaften des Anteils handeln, welche ihm anhaften (Rechte, Pflichten, Chancen, Risiken) und auf den Erwerber übergehen. Demgegenüber wird der Käufer für wertbeeinflussende Um-

---

1 Vgl. *Viskorf* in Viskorf u.a., Erbschaftsteuer- und Schenkungsteuergesetz, § 9 BewG Rz. 9.
2 Vgl. *Kreutziger* in Kreutziger/Schaffner/Stephany, § 11 BewG Rz. 37.
3 Vgl. *Gerlach*, BB 1996, 821 (822).
4 Vgl. *Knittel* in Gürsching/Stenger, § 9 BewG Rz. 77; *Kreutziger* in Kreutziger/Schaffner/Stephany, § 9 BewG Rz. 13; *Beumer/Duscha*, Steuerliche Maßstäbe, in Peemöller, S. 1162.

stände nichts zahlen, die beim Verkäufer bleiben oder durch die Transaktion untergehen.[1]

Neben der **Beschaffenheit des Wirtschaftsgutes** (tatsächlichen Eigenschaften)[2] sind alle wirtschaftlichen, rechtlichen oder tatsächlichen Bedingungen bei der Wertableitung einzubeziehen, die üblicherweise vom Markt beachtet werden.[3] Kennzeichnend für die Umstände der wirtschaftlichen Art ist die Nachfragesituation nach dem Wirtschaftsgut. Unter den Begriff der rechtlichen Verhältnisse werden regelmäßig dingliche Eigentumsbeschränkungen zusammengefasst, während die tatsächlichen Umstände zumeist Umwelteinflüsse darstellen.[4]

16

2. Teilwert

Abzugrenzen von dem gemeinen Wert ist der Teilwertgedanke. Gemäß § 10 BewG handelt es sich beim Teilwert um den Betrag, den ein Erwerber des ganzen Unternehmens im Rahmen des Gesamtkaufpreises für das einzelne Wirtschaftsgut ansetzen würde. Dabei ist davon auszugehen, dass der Erwerber das Unternehmen fortführt (vgl. § 10 Satz 2 und Satz 3 BewG sowie § 6 Abs. 1 Nr. 1 Satz 3 EStG).

17

Für die Bewertung eines einzelnen Wirtschaftsgutes bedeutet dies, dass dieses nicht losgelöst von der Betriebszugehörigkeit bewertet werden soll. Vielmehr ist der Wert als Teil der wirtschaftlichen Gesamteinheit „Betrieb" zu ermitteln.[5] Dies bedingt für die Wertermittlung ein zweistufiges Vorgehen. Im ersten Schritt hat eine Gesamtbewertung des Unternehmens zu erfolgen. Dieser ermittelte Gesamtwert ist anschließend in einem zweiten Schritt auf die einzelnen Wirtschaftsgüter aufzuteilen. Prägend für den Teilwert ist daher, dass in diesem nicht nur im gewöhnlichen Geschäftsverkehr geltende, sondern auch **betriebsbezogene Marktpreise** herangezogen werden.

18

Dieser Konzeption folgend ergibt sich die Besonderheit einer Berücksichtigung von **Verbundeffekten**. Zum einen sind Verbundeffekte im Rahmen der Gesamtbewertung zu erfassen. So hat der BFH in ständiger Rechtsprechung neben den Ertragsaussichten und dem Vermögenswert auch die funktionale Bedeutung einer Beteiligung für die haltende Gesellschaft hervorgehoben.[6] Vermögenswert ist dabei der Wert des durch die Beteiligung repräsentierten Betriebsvermögens einschließlich stiller Reserven. Sowohl bei der Ermittlung des Vermögenswer-

19

---

1 Vgl. *Gerlach*, BB (1996), 821 (822).
2 Vgl. *Gehri/Munk*, Immobilien: Steuern und Wertermittlung, S. 114.
3 Vgl. *Viskorf* in Viskorf u.a., Erbschaftsteuer- und Schenkungsteuergesetz, § 9 BewG Rz. 9; *Knittel* in Gürsching/Stenger, § 9 BewG Rz. 81.
4 Vgl. *Halaczinsky* in Rössler/Troll, § 9 BewG Rz. 9; *Beumer/Duscha*, Steuerliche Maßstäbe, in Peemöller, S. 1163.
5 Vgl. BFH v. 30.11.1988 – II R 237/83, BStBl. II 1989, 183 (185).
6 BFH v. 27.7.1988 – I R 104/84, BStBl. II 1989, 274 (275); BFH v. 31.10.1978 – VIII R 124/74, BStBl. II 1979, 108 (109).

tes als auch bei den Ertragsaussichten erfolgt eine Betrachtung aus der Perspektive der haltenden Gesellschaft.[1]

20 Mögliche Synergieeffekte sind daher zwischen der zu bewertenden Beteiligungsgesellschaft und der Muttergesellschaft im Rahmen des Teilwertansatzes zu erfassen. Neben den Verbundeffekten zwischen Mutter- und Tochtergesellschaft sind dieser Wertkonzeption folgend auch Verbundeffekte zwischen den einzelnen Wirtschaftsgütern zu erfassen, die sich in einem Gesamtwert niederschlagen.[2] Bei einer anschließenden Verteilung eines so errechneten Gesamtwertes auf die einzelnen Wirtschaftsgüter werden daher Synergieeffekte auf die einzelnen Wirtschaftsgüter verteilt. Untergrenze für die Teilwertermittlung ist der Einzelveräußerungspreis[3], Obergrenze sind die Wiederbeschaffungskosten.[4]

21 Aufgrund der Schwierigkeiten in der Praxis mit dieser zweistufigen Ermittlung hat der BFH neben diesen Teilwertgrenzen eine Reihe von Teilwertvermutungen festgelegt.[5] Danach gelten sowohl im Anschaffungszeitpunkt als auch bei der späteren Folgenbewertung die Anschaffungskosten oder Herstellungskosten bzw. die fortgeführten Werte als Teilwert. Diese Teilwertvermutungen sind widerlegbar, wenn die Wiederbeschaffungskosten gesunken sind[6] oder eine Fehlmaßnahme vorliegt.[7]

22 Eine **Fehlmaßnahme** liegt vor, wenn die wirtschaftlichen Erwartungen bei Gründung einer Gesellschaft nicht erfüllt und hierdurch die Geschäftsergebnisse nachhaltig beeinflusst werden.[8] Eine Fehlmaßnahme kann vorliegen, wenn sich im Nachhinein herausstellt, dass die Anschaffung oder Herstellung eines Wirtschaftsgutes von Anfang an eine Fehlmaßnahme war oder wenn nach dem Anschaffungs- oder Herstellungszeitpunkt neue Erkenntnisse und Umstände eingetreten sind, die eine solche Einstufung rechtfertigen.[9]

23 Abzugrenzen von einer Fehlmaßnahmen sind **Anlaufverluste**. Diese entstehen bei einem neu gegründeten Unternehmen oder bei Aufnahme eines neuen Geschäftsfelds. Bei derartigen Anlässen entstehen häufig vorübergehende Anlaufverluste, die keine Teilwertabschreibung rechtfertigen. Es kann vielmehr vermutet werden, dass ein Kaufmann solche Verluste bei der ursprünglichen Kal-

---

1 Vgl. BFH v. 7.11.1990 – I R 116/86, BStBl. II 1991, 342 (344); BFH v. 27.7.1988 – I R 104/84, BStBl. II 1989, 274 (275).
2 Vgl. BFH v. 20.5.1965 – IV 49/65 U, BStBl. III 1965, 503 (504).
3 Vgl. BFH v. 5.11.1981 – IV R 103/79, BStBl. II 1982, 258 (260).
4 Vgl. BFH v. 13.12.1979 – IV R 30/77, BStBl. II 1980, 346 (348).
5 Vgl. z.B. BFH v. 9.3.2000 – X B 106/99, BFH/NV 2000, 1184 (1184-1185).
6 Vgl. BFH v. 20.5.1965 – IV 49/65 U, BStBl. III 1965, 503 (504-505).
7 Vgl. BFH v. 27.7.1988 – I R 104/84, BStBl. II 1989, 274 (274-275); BFH v. 31.10.1978 – VIII R 124/74, BStBl. II 1979, 108.
8 Vgl. BFH v. 27.7.1988 – I R 104/84, BStBl. II 1989, 274 (275); BFH v. 31.10.1978 – VIII R 124/74, BStBl. II 1979, 108.
9 Vgl. BFH v. 17.9.1987 – III R 201/84, III R 202/84, BStBl. II 1988, 488 (489).

kulation einbezieht und zudem solche Verluste durch künftige Gewinne wieder ausgeglichen werden.[1]

Ein häufiger Anwendungsfall für die Ermittlung von Teilwerten ist die Abschreibung von Wirtschaftsgütern des Anlagevermögens auf den niedrigeren Teilwert i.S.d. § 6 Abs. 1 Nr. 1 Satz 2 EStG bei voraussichtlich dauernder Wertminderung oder bei Einlagen entsprechend § 6 Abs. 1 Nr. 5 Satz 1 EStG. Für erbschaft- und schenkungssteuerliche Zwecke hat der Teilwert dagegen keine Relevanz. 24

Anders als bei dem gemeinen Wert hat der Gesetzgeber für die Bestimmung von Teilwerten keine vergleichbare Wertehierarchie etabliert. Eine besondere Bedeutung hat auch für den Teilwertansatz der Börsenkurs von börsennotierten Wirtschaftsgütern. Bei diesen liegt ebenfalls eine voraussichtlich dauerhafte Wertminderung vor, wenn der Börsenkurs zum Stichtag unter die Anschaffungskosten gefallen ist und keine Vermutung vorliegt, dass eine alsbaldige Wertaufholung eintreten könnte.[2] 25

III. Bewertungsmethoden zur Bestimmung des gemeinen Wertes

1. Börsenkurs

Wertpapiere, die zum Handel am regulierten Markt oder zum Freiverkehr zugelassen sind, sind zwingend[3] mit dem niedrigsten am Stichtag für sie notierten Kurs anzusetzen. Der Gesetzgeber geht daher von einer **unwiderlegbaren Vermutung** aus, dass der sich durch Angebot und Nachfrage am Kapitalmarkt gebildete Preise dem gemeinen Wert des zu bewertenden Anteils entspricht. Auch spekulativ bedingte Änderungen des Börsenkurses[4] oder ein abweichender Ertragswert[5], der in der Zivilrechtsprechung als Korrektiv anerkannt ist[6], sind unbeachtlich. Auch die Anwendung anderer Bewertungs*methoden* ist bei Vorliegen von Börsenkursen nicht zulässig[7]. 26

Die grundsätzliche Bedeutung des Börsenkurses für die Bewertung börsennotierter Wirtschaftsgüter ergibt sich auch aus einer Entscheidung des BFH zum Teilwert und zur Eignung von Börsenkursen, eine dauerhafte Wertminderung aufzuzeigen. So erkennt das Gericht an, dass Börsenkurse mit Sicherheit nicht 27

---

1 Vgl. RFH v. 11.5.1939 – III 67/38, RStBl. 1939, 805 (806); BFH v. 20.5.1965 – IV 49/65 U, BStBl. III 1965, 503 (504-505); BFH v. 23.9.1969 IR 71/67, BStBl. II 1970, 87 (89).
2 Vgl. BFH v. 26.9.2007 – I R 58/06, BStBl. II 2009, 294 (296) = GmbHR 2008, 269; *Schlotter*, BB 2008, 546 (546-548).
3 Vgl. *Hübner*, Ubg 2009, 1 (3); *Piltz*, Ubg 2009, 13 (14).
4 Vgl. BFH v. 1.10.2001 – II B 109/00, BHF/NV 2002, 319 (320) m.w.N.; kritisch hierzu *Wilms* in Wilms/Jochum, Erbschaftsteuer- und Schenkungsteuergesetz, § 11 BewG Rz. 13.
5 Vgl. *Piltz*, DStR, 2008, 745 (747).
6 Nach der Rechtsprechung des BVerfG sind sowohl der Börsenkurs auch der der Ertragswert parallel zu ermitteln, wobei der Börsenkurs den Mindestwert darstellt.
7 Vgl. *Viskorf*, ZEV 2009, 591 (593).

in der Stichtagsausprägung verharren werden. Offen sei zum Stichtag aber die Höhe und Richtung weiterer Entwicklungen. In informationseffizienten Märkten seien in dem Stichtagskurs bereits alle maßgeblichen Informationen eingeflossen.[1]

28 Diese Rechtsprechung bringt zum Ausdruck, dass der Börsenkurs als Grundlage für den gemeinen Wert prädestiniert ist. Gemäß seiner Definition soll dieser den Preis eines Erwerbers zum Stichtag reflektieren. Zum Börsenkurs hätte ein Erwerber Anteile an dem Unternehmen erwerben können.

29 Ausnahmen lässt die Rechtsprechung nur dann zu, wenn diese Annahme widerlegt ist. So sind Abweichungen vom Kurswert durch die Rechtsprechung lediglich dann zugelassen, wenn der amtlich festgestellte Kurs „nicht der wirklichen Geschäftslage des Verkehrs an der Börse entspricht". Dies wäre der Fall, wenn „eine Streichung des festgestellten Kurses hätte erreicht werden können"[2]. Dies ist jedoch nur äußerst selten, etwa bei Kursmanipulationen, der Fall. Ansonsten wird von einer verfassungsrechtlich unbedenklichen Typisierung des Börsenkurses für den gemeinen Wert ausgegangen.[3]

30 Eine Besonderheit besteht bei erbschaftsteuerlichen Anlässen dann, wenn der Erbfall erst einige Zeit später bekannt wird. In diesen Fällen kann es dazu kommen, dass der Börsenkurs zum Bewertungsstichtag die Verhältnisse vor dem Erbanfall reflektiert und in Einzelfällen keinen Indikator für die zukünftige Entwicklung darstellt. Auch in diesen Fällen wird ein Festhalten am Börsenkurs befürwortet.[4]

31 Besonderheiten bestehen bei **unterschiedlichen Aktiengattungen**. Sofern jede Aktiengattung börsennotiert ist, sind die entsprechenden Kurse nach § 11 Abs. 1 BewG maßgeblich. Handelt es sich jedoch um Aktiengattungen, die nicht börsennotiert sind, können diese grundsätzlich ebenfalls mit dem Börsenkurs der notierten Aktien bewertet werden[5]. Dabei handelt es sich jedoch um einen Fall des § 11 Abs. 2 Satz 2 BewG, nämlich eine Ableitung aus Verkäufen unter fremden Dritten innerhalb eines Jahres vor dem Stichtag[6]. So schreibt auch die Finanzverwaltung in den Erbschaftsteuerrichtlinien vor, dass in diesen Fällen eine Wertermittlung durch „Ableitung" aus notierten Anteilen zu erfolgen hat.[7]

---

1 Vgl. BFH v. 26.9.2007 – I R 58/06, BStBl. 2009, 294 (295-296) = GmbHR 2008, 269.
2 Vgl. BFH v. 23.2.1977 – II R 63/70, BStBl. II 1977, 427 (427); BFH v. 1.10.2001 – II B 109/00, BHF/NV 2002, 319 (320) m.w.N.
3 Vgl. BFH v. 1.10.2001 – II B 109/00, BFH/NV 2002, 319 (320); vgl. auch *Möllmann*, BB 2010, 407 (409), der verfassungsrechtliche Gründe anführt, die gegen ein striktes Festhalten am Börsenkurs sprechen.
4 Vgl. *Mannek*, Handbuch Steuerliche Unternehmensbewertung, S. 38 f.
5 Vgl. BFH v. 25.8.1972 – III R 33/71, BStBl. II 1973, 46 (48-49); BFH v. 9.3.1994 – II R 39/90, BStBl. II 1994, 394 (396-397); vgl. Abschn. 2 Abs. 4 Bewertungserlass 2011.
6 Vgl. BFH v. 9.3.1994 – II R 39/90, BStBl. II 1994, 394 (396); *Kreutziger* in Kreutziger/Schaffner/Stephany, § 11 BewG Rz. 40.
7 Vgl. Erbschaftsteuerrichtlinien R B 11.1. Abs. 4 BewG; *Mannek*, Handbuch Steuerliche Unternehmensbewertung, S. 178; *Mannek*, Handbuch Steuerliche Unternehmensbewertung, S. 41, 178.

Offen bleibt, wie eine Ableitung zu erfolgen hat. Bestätigt durch die Rechtsprechung ist der Grundsatz, dass es sich bei der Ableitung aus Börsennotierungen um die dieselbe Gesellschaft handeln muss.[1] Unzulässig ist dagegen die Anwendung allgemeiner Abschläge zwischen unterschiedlichen Aktiengattungen, die aus einer Vielzahl von Gesellschaften hergeleitet werden. Dabei wird den konkreten Verhältnissen der Gesellschaft nicht entsprochen.[2] Weiterhin ist nur bei unterschiedlichen Ausstattungsmerkmalen ein Zu- oder Abschlag zulässig. Ansonsten soll vom gleichen Preis für unterschiedliche Aktiengattungen ausgegangen werden.

32

2. Verkäufe innerhalb eines Jahres

Nach § 11 Abs. 2 Satz 2 Alt. 1 BewG ist der gemeine Wert primär aus Verkäufen unter fremden Dritten abzuleiten, die – stichtagsbezogen – weniger als ein Jahr zurückliegen.[3]

33

Gemäß der Gesetzesbegründung zur Reform des Erbschaftsteuer- und Bewertungsrechts vom 1.1.2009 gilt es nach Auffassung des Steuergesetzgebers als eine unwiderlegbare Vermutung, dass zeitnahe Verkäufe in der Vergangenheit den zutreffenden Marktwert zum Bewertungsstichtag richtig widerspiegeln.[4]

34

Mit der Maßgeblichkeit von **Verkäufen unter fremden Dritten** geht die Aussage einher, dass Verkäufe zwischen nahen Personen unerheblich sind. Kritisch gesehen werden Verkäufe innerhalb des Gesellschafterkreises. Bei einer breiten Gesellschafterstruktur wird im Regelfall eine Transaktion unter fremden Dritten vermutet. Lediglich bei Besonderheiten in einer breiten Gesellschafterstruktur soll der zwischen Gesellschaftern vereinbarte Kaufpreis als Maßstab ausgeschlossen sein.[5]

35

Trotz der Formulierung „Verkäufe" ist anerkannt, dass der Verkauf eines Anteils ausreicht, um den gemeinen Wert zu bestimmen. Voraussetzung ist, dass es sich nicht um einen **Zwerganteil** handelt oder ein Zwerganteil bewertet werden soll.[6]

36

Mit der Verwendung des Begriffes „Ableiten" bringt der Gesetzgeber zum Ausdruck, dass ein tatsächlicher Veräußerungspreis als Referenzgröße des gemeinen Wertes zu korrigieren ist, wenn Umstände bekannt sind, die eine Wertanpassung (Ableitung) erfordern.[7] Mögliche Umstände des Einzelfalles wären bei der Ableitung des gemeinen Wertes zu berücksichtigen. Dies kann der Fall sein, wenn zwischen **Minderheits- und Mehrheitsbeteiligungen** zu differenzie-

37

---

1 Vgl. BFH v. 12.12.1975 – III R 30/74, BStBl. II 1976, 238 (240).
2 Vgl. BFH v. 21.4.1999 – II R 87/97, BStBl. II 1999, 810 (812).
3 Vgl. *Mannek* in Gürsching/Stenger, § 11 Rz. 546; *Eisele* in Rössler/Troll, § 11 BewG Rz. 25; *Kreutziger* in Kreutziger/Schaffner/Stephany, § 11 BewG Rz. 23.
4 Vgl. *Mannek* in Gürsching/Stenger, § 11 Rz. 554.
5 Vgl. *Kreutziger* in Kreutziger/Schaffner/Stephany, § 3 BewG Rz. 35.
6 Vgl. BFH II R 232/82 v. 5.3.1986, BStBl. II 1986, 591 (593) = GmbHR 1986, 407.
7 Vgl. *Kreutziger* in Kreutziger/Schaffner/Stephany, § 11 BewG Rz. 37.

ren ist.[1] Diese Möglichkeit besteht auch für die Ableitung von nicht notierten Anteilen an börsennotierten Gesellschaften. Dies kann z.B. Bedeutung bei unterschiedlichen Aktiengattungen haben.[2]

38 Besondere Umstände bestehen z.B. darin, dass zwar innerhalb des letzten Jahres vor dem Bewertungsstichtag Veräußerungen stattgefunden haben. Nach diesen Veräußerungen, aber noch vor dem Bewertungsstichtag lagen bereits unabhängige Schätzungen vor, die deutlich abweichende Wertansätze unterstellt haben.[3]

39 Weiterhin ist zu beachten, dass ein gemeiner Wert regelmäßig nicht aus Verkäufen abgeleitet werden kann, die nach dem Stichtag getätigt worden sind.[4] Dies schließt aber nicht aus, dass nach dem Stichtag bekannt gewordene Umstände, die aber bereits zum Stichtag objektiv vorhanden waren und sich nachträglich auf den Kaufpreis ausgewirkt haben, berücksichtigt werden.[5] So hat der BFH eine Ausnahme in dem Fall zugelassen, in dem der Verkauf kurz nach dem Stichtag, die Einigung aber vor dem Stichtag erfolgte und der Wert der Anteile durch die Kaufpreisvereinbarung dokumentiert ist.[6]

40 Obwohl die gesetzliche Vorschrift dies nicht unmittelbar aufnimmt, ist anerkannt, dass nur Verkäufe heranzuziehen sind, die im Rahmen des gewöhnlichen Geschäftsverkehrs erzielt wurden. Der BFH hat mehrfach bestätigt, dass dieser Aspekt der Generalnorm des § 9 BewG durchschlägt.[7] Abschn. 3 Abs. 1 Satz 6 Bewertungserlass 2011[8] stellt darüber hinaus klar, dass nur Kurse und Verkaufserlöse für die Ableitung von gemeinen Werten zu berücksichtigen sind, die im gewöhnlichen Geschäftsverkehr erzielt wurden. Insofern sind Verkäufe aus Notsituationen wie Zwangsvollstreckungen oder aus der Konkursmasse nicht heranzuziehen.[9]

41 Mit den Worten „Erlöse" und „erzielt worden" bringt der Gesetzgeber zum Ausdruck, dass aufgerufene Kaufpreise oder mögliche bzw. in Aussicht ge-

---

1 Vgl. § 11 Abs. 3 BewG; BFH v. 29.7.2010 – VI R 30/07, BStBl. II 2011, 68 (71) = AG 2010, 914.
2 Vgl. Abschn. 2 Abs. 4 Bewertungserlass 2011; vgl. hierzu auch BFH v. 9.3.1994 – II R 39/90, BStBl. II 1994, 394 (396); BFH v. 21.4.1999 – II R 87/97, BStBl. II 1999, 810 (811-812).
3 Vgl. BFH v. 29.7.2010 – VI R 30/07, AG 2010, 914.
4 Vgl. Abschn. 3 Abs. 1 Satz 2 Bewertungserlass 2011.
5 Vgl. BFH v. 22.1.2009 – II R 43/07, BFH/NV 2009, 996 (996-997) = GmbHR 2009, 670.
6 Vgl. BFH v. 11.11.1998 – II R 59/96, BFH/NV 1999, 908 (909) = GmbHR 1999, 559; BFH v. 22.6.2010 – II R 40/08, BStBl. II 2010, 843 = GmbHR 2010, 1109 m. Anm. Milatz/Herbst.
7 Vgl. BFH v. 22.8.2002 – I B 170/01, BFH/NV 2003, 11 (11).
8 „Gleich lautende Erlasse der obersten Finanzbehörden der Länder zur Umsetzung des Gesetzes zur Reform des Erbschaftsteuer- und Bewertungsrechts" v. 17.5.2011, BStBl. I 2011, 606 (zitiert Bewertungserlass 2011). Diese Erlasse ersetzen die „Gleich lautende Erlasse der obersten Finanzbehörden der Länder zur Umsetzung des Gesetzes zur Reform des Erbschaftsteuer- und Bewertungsrechts" v. 25.6.2009, BStBl. 2009, 698 (zitiert Bewertungserlass 2009).
9 Vgl. BFH v. 25.6.1965 – III R 384/60, HFR 1966, 1 (1 ff.).

stellte Kaufpreisgebote (bspw. durch Intentions-Briefe, sog. „Letter of Intent") aufgrund einer fehlenden hinreichenden Konkretisierung nicht für die Ableitung eines gemeinen Wertes anhand von getätigter Verkäufe herangezogen werden können. Derartige Angebote stellen keine durchgeführte Veräußerung dar. Die daraus resultierenden Erkenntnisse können aber im Rahmen einer Schätzung mit Vergleichswertmethoden zur Bestimmung des gemeinen Wertes herangezogen werden. Dann handelt es sich aber nicht mehr um eine Ableitung aus Verkäufen, sondern aus anderen anerkannten Methoden.[1]

Liegen **mehrere Verkäufe innerhalb eines Jahres** vor, besteht die Vermutung, dass der Durchschnittswert der Verkäufe dem gemeinen Wert entspricht. Bei Verwerfungen innerhalb der einzelnen Verkaufspreise sollen nur die zeitnahen Verkäufe herangezogen werden.[2] **42**

Neben den Modifikationen für einzelne Preise innerhalb eines Jahres erfolgt auch eine Ableitung nicht notierter Aktiengattungen anhand der Börsennotierung anderer Aktiengattungen desselben Unternehmens. Dabei soll grundsätzlich von demselben Preis für die einzelnen Aktiengattungen ausgegangen werden. Lediglich bei individuellen Ausstattungsmerkmalen sind Zu- oder Abschläge zulässig. Darüber hinaus liegt die Besonderheit vor, wenn der gemeine Wert eines Minderheitenanteils aus dem gezahlten Preis für einen Mehrheitsanteil abgeleitet wird. Hier werden spiegelbildlich zum Paketpreis Abschläge bis zu 20 % als zulässig angesehen.[3] Vergleichbar mit den Paketzuschlägen i.S.d. § 11 Abs. 3 BewG wird dabei eine typisierende Betrachtung möglicher Synergien vorgenommen. Es wird dabei unterstellt, dass tatsächliche Transaktionspreise regelmäßig vergütet werden, die jedoch in Abhängigkeit der Anteilsquote variieren. Abzugrenzen davon ist ein allgemeiner Preisabschlag für errechnete Ertragswerte, der nach herrschender Meinung nicht sachgerecht ist. **43**

3. Bewertung anhand der Ertragsaussichten

Sollte eine Ableitung aus Verkäufen unter fremden Dritten nicht möglich sein, ist ferner zu prüfen, ob unter Berücksichtigung der Ertragsaussichten der Gesellschaft oder einer anderen anerkannten, auch im gewöhnlichen Geschäftsverkehr für nicht steuerliche Zwecke üblichen Methode der gemeine Wert sachgerecht ermittelbar ist[4]. Insbesondere kann der Steuerpflichtige den gemeinen Wert durch Vorlage eines methodisch nicht zu beanstandenden Gutachtens erklären, das auf den für die Verwendung in einem solchen Verfahren üblichen Daten der betreffenden Kapitalgesellschaft aufbaut.[5] **44**

Hierbei ist aufgrund der Konzeption des gemeinen Wertes die **Erwerbersicht** maßgeblich. Das heißt, dass innerhalb der ertragswertorientierten Methode diejenige Methode anzuwenden ist, die ein potentieller Erwerber bei der Be- **45**

---

1 Vgl. BFH v. 10.7.1991 – VIII R 126/86, BStBl. II, 840 (842); *Knittel* in Gürsching/Stenger, § 9 BewG Rz. 40.
2 Vgl. *Kreutziger* in Kreutziger/Schaffner/Stephany, § 11 BewG Rz. 38.
3 Vgl. BFH II v. 23.2.1979 – R 44/77, BStBl. II 1979, 618 (620).
4 Vgl. *Mannek* in Gürsching/Stenger, § 11 Rz. 546, dort bezeichnet als „Stufe 3".
5 Vgl. Abschn. 3 Abs. 2 Satz 2 Bewertungserlass 2011.

messung des Kaufpreises zugrunde legen würde. Dabei soll auf die Sicht eines gedachten Käufers abgestellt werden, da dieser im Unterschied zum Verkäufer bemüht sein wird, den Preis möglichst niedrig zu halten. Diese Vorgehensweise soll helfen, Schätzungsunschärfen, die zu Lasten des Steuerpflichtigen gehen würden, zu vermeiden.[1]

46 Eine Bewertung unter der Berücksichtigung der Ertragsaussichten der Gesellschaft stellt eine betriebswirtschaftliche Unternehmensbewertung dar. Nach diesen Bewertungsregeln und Grundsätzen bestimmt sich der Wert eines Unternehmens nach dem Nutzen, den es u.a. aufgrund seiner zum Bewertungszeitpunkt vorhandenen materiellen Substanz, seiner Innovationskraft, seiner Produkte und seiner Stellung am Markt, seiner inneren Organisation sowie seines Managements in Zukunft erwirtschaften kann (sog. Zukunftserfolgswert).[2] Das Ertragswertverfahren ermittelt den Unternehmenswert durch Diskontierung der den Unternehmenseignern zufließenden finanziellen Überschüsse, wobei diese üblicherweise aus den für die Zukunft geplanten finanziellen Überschüssen abgeleitet werden.

47 Zur Ermittlung dieses Barwertes wird ein Kapitalisierungszinssatz verwendet, der die Rendite aus einer zur Investition in das zu bewertende Unternehmen adäquaten Alternativanlage repräsentiert. Demnach wird der Wert des Unternehmens allein aus seiner Ertragskraft, d.h. seiner Eigenschaft, finanzielle Überschüsse für die Unternehmenseigner zu erwirtschaften, abgeleitet.[3] Die Prognose der künftigen finanziellen Überschüsse (sog. Planungsrechnung) ist demnach das zentrale Element der Unternehmensbewertung.

48 Fraglich ist, welche Planungsrechnungen im Speziellen eine Grundlage für die Berechnung eines gemeinen Wertes darstellen können. Dabei lassen sich aus den in §§ 9, 11 BewG aufgezählten Möglichkeiten sowie dem Bewertungsziel des gemeinen Wertes Anforderungen an die maßgebliche Planungsrechnung ableiten.

49 Der in der Grundregel des § 9 BewG definierte gemeine Wert ist ein Marktpreis, d.h. der am freien Markt zum Stichtag erzielbare Veräußerungspreis.[4] Es kommt daher nicht auf irgendwelche „inneren Werte", „wahren Werte" oder „Fundamentalwerte" an, sondern auf den Kaufpreis, der von einem potentiellen Erwerber bei einer Veräußerung bezahlt würde. Insofern dürfen auch nur die Planungsrechnungen berücksichtigt werden, die von einem Dritten in einem Kaufpreis vergütet würden.

50 Weit verbreitet sind für die Ableitung von Unternehmensbewertungen die im Standard IDW S 1: Grundsätze zur Durchführung von Unternehmensbewertungen in der Fassung 2008 hinterlegten Grundsätze. In diesen sind die nach herrschender Meinung in der Betriebswirtschaftslehre, im Berufsstand der

---

1 Vgl. *Piltz*, DStR 2008, 745 (752), der die Gesetzesbegründung insofern hinterfragt, weil üblicherweise aus Erwerbersicht in der Praxis auch Synergien vergütet werden und sich dadurch höhere Werte rechtfertigen lassen.
2 Vgl. IDW S 1, Rz. 5.
3 Vgl. IDW S 1, Rz. 4.
4 Vgl. *Kreutziger* in Kreutziger/Schaffner/Stephany, § 9 BewG Rz. 11.

Wirtschaftsprüfer und in der Rechtsprechung allgemein anerkannten Bewertungsregeln eingegangen.

Die Grundsätze des IDW S 1 unterscheiden dabei zwischen einem objektivierten und einem subjektiven Unternehmenswert. Kennzeichnend für den **objektivierten Unternehmenswert** sind zum einen einige typisierende Annahmen (z.B. zum Geschäftskonzept, dem Umfang zu berücksichtigender Synergieeffekte oder den maßgeblichen Managementfaktoren). Darüber hinaus wird ein typisierter Anteilseigner unterstellt, aus dessen Perspektive eine Bewertung zu erfolgen hat.[1] Erfolgt die Ermittlung des gemeinen Wertes anhand dieser Grundsätze wird damit implizit auch unterstellt, dass ein potenzieller Erwerber durch diese Annahmen typisierend dargestellt werden kann. Sofern keine ausdrücklichen gesetzlichen Regelungen ein abweichendes Vorgehen regeln, entspricht dann der typisierte Anteilseigner im Sinne der IDW S 1-Grundsätze dem zu unterstellenden Investor im Sinne des Gesetzes.

51

Daneben hat der Gesetzgeber mit dem sog. **vereinfachten Ertragswertverfahren** in den §§ 199 bis 203 BewG ein typisiertes Verfahren etabliert, welches ebenfalls zu den kapitalwertorientierten Verfahren zählt.

52

4. Andere branchenübliche Verfahren

a) Preisfindung durch Multiplikatoren

Die Bedeutung des Marktpreises vor einer analytischen Schätzung ist auch in § 11 Abs. 2 Satz 2 BewG insoweit verankert, als dort gleichrangig neben der Ertragswertmethode jede „andere anerkannte auch im gewöhnlichen Geschäftsverkehr für nicht steuerliche Zwecke übliche Methode für Bewertungszwecke" zugelassen wird. Diese anderen anerkannten Methoden beruhen häufig auf Marktusancen, also auf zwischen Kaufleuten üblichen Handelsbräuchen zum Erwerb von Unternehmensbeteiligungen. Als Beispiele hierfür werden angeführt: Umsatzmethode, Gewinnmultiplikatoren, Produktmultiplikatoren (z.B. Zeitungsauflage, Bettenanzahl, Versicherungsabschlüsse) oder Preisvergleiche mit ähnlichen Unternehmen.[2] Gemeinsam ist diesen Ansätzen, dass sie sich im Gegensatz zu einer analytischen Schätzung aufgrund von internen Unternehmensdaten und Plänen an einem tatsächlichen Marktverhalten orientieren. Das Gesetz will den gemeinen Wert in seiner Ausformung als Marktpreis gegenüber nur geschätzten Fundamentalwerten durchsetzen.

53

Ausgangspunkt für die Unternehmensbewertung nach der Multiplikatoren-Methode ist eine Referenzgröße des zu bewertenden Unternehmens. Als Referenzgrößen dienen häufig Ergebnisgrößen (Gewinn, EBIT, EBITDA) oder in Ausnahmefällen auch der Umsatz. Diese Referenzgrößen werden dann zur Ermittlung des Unternehmenswertes mit einem auf Basis gezahlter Preise für Vergleichsunternehmen beruhenden branchentypischen Multiplikator ver-

54

---

1 Vgl. WP Handbuch Band II 2014, Kapitel A, Rz. 81.
2 Eine Übersicht findet sich in dem Schreiben des Bayerischen Staatsministerium für Finanzen v. 4.1.2013 (FM Bayern 34/31/33 – S 3102 - 0006 – 333/13, BeckVerw 267920).

sehen. Dieser Multiplikator ist insbesondere Ausdruck der aktuellen Kapitalkosten, der Risikoneigung potentieller Erwerber sowie des Verhältnisses zwischen Angebot und Nachfrage auf dem Markt für Unternehmensanteile und Unternehmenstransaktionen. Der Unternehmensgesamtwert ergibt sich dann als einfache Multiplikation der Referenzgröße mit dem Multiplikator-Wert.[1] Ein vermeintlicher Vorteil dieses Bewertungsverfahrens liegt in seiner Einfachheit, wodurch die Unternehmensbewertung auch nachvollziehbar wird.

55 Die Schwierigkeiten und Nachteile des Verfahrens liegen in der Analyse der Referenzgröße und der Überprüfung der Vergleichbarkeit mit dem zu bewertenden Unternehmen. Zur Anwendung eines Multiplikators wären in der Theorie solche Unternehmen heranzuziehen, die vergleichbare Zahlungsströme bezüglich Struktur, Höhe und Unsicherheit erwarten können. In der Praxis ist vorherrschendes Auswahlkriterium jedoch die Branchenzugehörigkeit oder andere äußere Indikatoren. Solche Kriterien beruhen auf der Annahme, dass die Unternehmen in einer Branche vergleichbaren Einflüssen ausgesetzt sind und ähnliche Cashflows, Wachstumsaussichten und Risikoprofile besitzen. Das Kriterium der Branchenzugehörigkeit ist jedoch aufgrund der in einzelnen Branchen starken Streuung der Multiplikatoren fraglich. Auch Rückschlüsse von äußeren Indikatoren wie Größe, Regulierungsauflagen, Eigentumsverhältnisse auf die Unsicherheit, Struktur und Höhe zukünftiger Zahlungsströme sind nicht undifferenziert möglich.[2]

56 Weil der Multiplikator aus einem in der Vergangenheit für ein Unternehmen gezahlten Kaufpreis ermittelt wird, kann dieser regelmäßig nur in zeitlicher Nähe zum Bewertungsstichtag verwendet werden. Ansonsten besteht die Gefahr, dass sich die Ertragserwartungen, die sich im gezahlten Preis und damit im Multiplikator niedergeschlagen haben, zwischenzeitliche geändert haben. Eine Vergleichbarkeit innerhalb der Branche erfordert zumindest vergleichbare Unternehmen (Umsatz, Arbeitnehmer, Marktposition). Darüber hinaus lassen sich belastbare Multiplikatoren nicht zielgerecht für junge, dynamisch wachsende Hochtechnologie Unternehmen ableiten, sondern erfordern vielmehr etablierte Unternehmen mit entsprechenden historischen Ergebnissen.[3]

b) Kostenorientiertes Verfahren

57 Neben einer ertragswertorientierten Unternehmensbewertung und einer vereinfachten Preisfindung durch Multiplikatoren, könnten auch die aufgewandten Kosten durch Anwendung eines kostenorientierten Verfahren herangezogen werden. Insofern wäre zu überlegen, ob solche Methoden als „andere erkannte Methode" zur Ermittlung eines gemeinen Wertes angesehen werden können. Mit dem Substanzwertverfahren hat der Gesetzgeber so eine Methode als Mindestwert vorgegeben.

---

1 Vgl. WP Handbuch Band II 2014, Kapitel A, Rz. 209.
2 Vgl. *Ballwieser/Hachmeister*, Unternehmensbewertung, S. 216 f. Ferner WP Handbuch Band II 2014, Kapitel A, Rz. 210.
3 Vgl. *Ballwieser/Hachmeister*, Unternehmensbewertung, S. 216.

Diese Bewertungsverfahren umfassen die Reproduktionskostenmethode und die Wiederbeschaffungskostenmethode. Eine wesentliche konzeptionelle Schwäche der Überlegung, einen Wertansatz für einen Unternehmenswert aus den verursachten Kosten abzuleiten, liegt darin, dass der zukünftige Nutzen der Unternehmensbeteiligung allenfalls mittelbar im Bewertungskalkül berücksichtigt wird. Kostenorientierte Methoden werden daher in der Regel nur für Plausibilitätsüberlegungen (z.B. anhand von Anschaffungskosten) eingesetzt oder wenn andere Verfahren nicht oder nicht hinreichend sicher anwendbar sind. Aufgrund dieser konzeptionellen Schwäche erscheint es nicht sachgerecht, diese Methoden als „anerkannte Methoden" anzusehen. 58

Vor dem Hintergrund der Bewertungskonzeption „gemeiner Wert" erlangen die kostenorientierten Verfahren jedoch insoweit Bedeutung, als sie das tatsächliche Marktverhalten widerspiegeln können. Die zum Bewertungsstichtag aufgewendeten Mittel eines Erwerbers stellen den Betrag dar, den er im Rahmen des Erwerbs zu zahlen bereit ist. Derartige Mittel haben in den bisherigen Regelungen ihren Niederschlag in Börsenkursen und Veräußerungspreise gefunden. Es sind jedoch darüber hinaus Fälle möglich, in denen solche Mittel auf andere Weise aufgebracht werden. Dies kann z.B. der Fall sein bei Investitionen innerhalb einer neu gegründeten Gesellschaft. Gleiches gilt, wenn der Erwerber nicht nur Mittel für den reinen Kaufpreis, sondern darüber hinaus weitere Mittel aufwendet, um in den Besitz von Unternehmensanteilen zu gelangen. Diese Mittel stellen dann Anschaffungskosten dar. Aufgrund der Ausgeglichenheitsvermutung von Anschaffungskosten können derartige Kosten zum Zeitpunkt des Erwerbs den Marktpreis widerspiegeln. 59

IV. Stichtagsregelungen

Im Rahmen der Unternehmensbewertung ist es notwendig einen Stichtag zu bestimmen, auf den der Unternehmenswert ermittelt wird.[1] Der Bewertungsstichtag ergibt sich regelmäßig aus dem Bewertungsanlass und die diesen prägenden rechtlichen Vorschriften. Der Bewertungsstichtag kann sowohl unterschiedliche Funktionen als auch Ausprägungen haben. Im Rahmen der Unternehmensbewertung sind der rechtliche, der rechnerische und der technische Bewertungsstichtag zu unterscheiden. 60

Bei dem **rechtlichen Bewertungsstichtag** geht es um die Frage, welche Umstände und Verhältnisse bei der Ermittlung des Unternehmenswertes zu berücksichtigen sind. Zu berücksichtigen sind zwingend sämtliche Verhältnisse und Umstände, die bis Bewertungsstichtag bekannt werden.[2] Unternehmenswerte haben daher sämtliche zum Stichtag bekannten oder in der Wurzel angelegten wertrelevanten Tatsachen zu berücksichtigen. Andererseits sind erst nach dem Stichtag eintretende Umstände und wertrelevante Verhältnisse bei 61

---

1 Vgl. OLG Stuttgart v. 1.10.2003 – 4 W 34/93, Der Konzern 2004, 128 (131) = AG 2004, 43.
2 So schon RFH v. 25.4.1933 – VI A 666/32, RStBl. 1933, 639 (639). Siehe auch für die gesellschaftsrechtliche Rechtsprechung BGH v. 21.7.2003 – II ZB 17/01, AG 2003, 627 (629).

der Wertfindung nicht zu berücksichtigen.[1] Erfolgt eine Bewertung anhand der Ertragsaussichten und sind daher zukünftige Ergebnisse und Zahlungsströme zu erfassen, können diese aufgrund späterer Ereignisse von den späteren Ist-Ergebnissen abweichen.[2] Insbesondere bei steuerlichen Bewertungen, die häufig erst einige Zeit später im Rahmen von Betriebsprüfungen überprüft werden, ergeben sich dann regelmäßig Fragen, ob und inwieweit spätere Ist-Ergebnisse als Kontrollmaßstab herangezogen werden dürfen.

62 Besondere Bedeutung hat dabei die gesellschaftsrechtlich entwickelte sog. **Wurzeltheorie** (siehe auch § 12 Rz. 41 ff.). Danach dürfen Entwicklungen und Umstände, die erst nach diesem Stichtag eintreten, im Rahmen der Unternehmensbewertung nur berücksichtigt werden, wenn sie in den am Stichtag bestehenden Verhältnissen angelegt waren.[3] Es muss als denkbar erscheinen, dass die erst nach dem Stichtag eingetretenen Umstände bereits am Bewertungsstichtag erwartet wurden. Nicht ausreichend ist hingegen, dass „sich rückblickend eine irgendwie geartete Kausalkette bis vor den Stichtag zurückverfolgen lässt".[4]

63 In der Wurzel angelegt sind wertrelevante Umstände, wenn ihr objektiver Tatbestand zum Bewertungsstichtag zwar teilweise, aber noch nicht vollständig verwirklicht war. Dies gilt etwa für Maßnahmen, die zum Bewertungsstichtag begonnen, zumindest aber bereits beschlossen waren und ihren Niederschlag in der Unternehmensplanung gefunden haben bzw. hätten finden müssen

64 Dieses Stichtagsprinzip ist auch in der Rechtsprechung anerkannt. So hat das OLG Stuttgart entschieden, dass die tatsächliche Entwicklung nach dem Bewertungsstichtag für die fundamentanalytische Ermittlung des Unternehmenswertes grundsätzlich nicht relevant ist. Insbesondere im Zusammenhang mit der Frage, ob eine bestimmte Planung zur Grundlage der Unternehmenswertschätzung gemacht werden kann, seien spätere Entwicklungen lediglich ausnahmsweise und nur dann zu berücksichtigen, wenn diese im Sinne der sog. Wurzeltheorie[5] am Stichtag bereits angelegt und absehbar waren. Bspw. hatte das Gericht im zu entscheidenden Sachverhalt die Berücksichtigung später realisierter Verkaufspreise verneint.[6]

---

1 Vgl. BGH v. 9.11.1998 – II ZR 190/97, BGHZ 140, 35 (38) = AG 1999, 122; BGH v. 4.3.1998 – II ZB 5/97, BGHZ 138, 136 (138 ff.) = AG 1998, 286; OLG München v. 17.7.2007 – 31 Wx 060/06, BB 2007, 2395 (2398) = AG 2008, 28.
2 Vgl. *Knittel* in Gürsching/Stenger, § 9 BewG Rz. 32.
3 Vgl. BGH v. 16.2.1973 – IZR 74/71, DB 1973, 563 (656); BGH v. 4.3.1998 – II ZB 5/97 – ABB II, NZG 1998, 379 (380) = AG 1998, 286; *Beine*, BB 1999, 1967 (1971); *Peemöller*, DStR 2001, 1401 (1402); *Piltz*, Die Unternehmensbewertung in der Rechtsprechung, S. 147 f.; *Wüstemann*, BB 2009, 1518 (1520).
4 Vgl. OLG Düsseldorf v. 17.2.1984 – 19 W 1/81, DB 1984, 817 (818) = AG 1984, 216.
5 Vgl. allgemein zur Rechtsprechung zur Wurzeltheorie *Großfeld*, Recht der Unternehmensbewertung, Rz. 315 ff. m.w.N.; zur Anwendbarkeit der Wurzeltheorie nicht nur auf betriebswirtschaftliche, sondern auf alle wertbildenden Faktoren OLG Frankfurt v. 24.11.2011 – 21 W 7/11, AG 2012, 513.
6 Vgl. OLG Stuttgart v. 5.11.2013 – 20 W 4/12, AG 2014, 291.

Das LG Dortmund möchte insbesondere bei lang andauernden Verfahren eine retrospektive Plausibilitätskontrolle vornehmen,[1] die das Gericht als Wertaufhellung bzw. Soll-/Ist-Vergleich bezeichnet.[2] Jedoch darf ein solches Vorgehen nicht dazu führen, den Kenntnisstand am Stichtag der späteren Realität anzupassen. „Das Wertaufhellungsprinzip stellt keinen Freibrief dar für die Zurückbeziehung von Informationen auf den Bewertungsstichtag. Der Bewerter (oder Richter), der die wertbestimmenden Verhältnisse, wie sie sich am Bewertungsstichtag bei angemessener Sorgfalt präsentieren, der späteren Entwicklung dieser Verhältnisse gleichsetzt, erleichtert sich seine Aufgabe in ungebührlicher Weise; denn diese Gleichsetzung kann dazu führen, dass eine Partei erheblich benachteiligt wird."[3]

65

Vor einer zu weit gehenden Interpretation der Wurzeltheorie warnt auch das OLG Stuttgart: „[Es] ist zu beachten, dass im Grunde jede Entwicklung in der Vergangenheit ihren Ursprung findet und damit auch mehr oder weniger erkennbar war. Würde dies ausreichen, hätte das eine ständige Änderung des Unternehmenswertes zum selben Stichtag zur Folge. Entscheidend ist daher, welche Ertragserwartungen schon am Bewertungsstichtag bestanden haben, d.h. mit welcher Entwicklung zu rechnen war. Dabei ist in Fällen, in denen ... nicht die Gewinnung neuen Wissens über unveränderte Tatsachen, sondern eine Änderung der tatsächlichen Umstände in Rede steht, eine Berücksichtigung der Entwicklung nur dann angezeigt, wenn ein sorgfältig arbeitender Bewerter schon bei der Bildung der Ertragserwartung am Bewertungsstichtag die zu ihnen führende Entwicklung berücksichtigt hätte."[4]

66

Diese Sichtweise entspricht auch den vom Berufsstand der Wirtschaftsprüfer aufgestellten Grundsätzen. Nach dortiger Terminologie sind nur die Erfolgschancen zu berücksichtigen, die sich zum Bewertungsstichtag aus bereits eingeleiteten Maßnahmen oder aus hinreichend konkretisierten Maßnahmen im Rahmen des bisherigen Unternehmenskonzeptes und der Marktgegebenheiten ergeben. Andererseits sollen mögliche, aber noch nicht hinreichend konkretisierte Maßnahmen (z.B. Erweiterungsinvestitionen/Desinvestitionen) sowie die daraus vermutlich resultierenden finanziellen Überschüsse bei der Ermittlung objektivierter Unternehmenswerte unbeachtlich sein.[5]

67

Aufgrund der Koppelung der Ermittlung des gemeinen Wertes anhand der Ertragsaussichten durch ein methodisch nicht zu beanstandendes Gutachten erlangen diese gesellschaftsrechtlich entwickelten Grundsätze auch steuerlich Bedeutung.

68

Von dem rechtlichen Bewertungsstichtag ist die Frage zu unterscheiden, auf welchen Stichtag der Unternehmenswert berechnet wird (sog. **rechnerischer Stichtag**). Dies ist der Tag, auf dem die geplanten zukünftigen finanziellen Überschüsse abgezinst werden. In der Praxis ist es üblich, dass der rechnerische Bewertungsstichtag mit dem rechtlichen Bewertungsstichtag identisch ist.

69

---

1 Siehe dazu auch *Großfeld*, Recht der Unternehmensbewertung, Rz. 317.
2 Vgl. LG Dortmund v. 1.4.2004 – 18 AktE 2/03, NZG 2004, 723 (725).
3 Vgl. *Moxter*, Grundsätze ordnungsmäßiger Unternehmensbewertung, S. 169.
4 Vgl. OLG Stuttgart v. 14.9.2011 – 20 W 4/10, AG 2012, 221.
5 Vgl. IDW S 1 i.d.F. 2008, Rz. 32.

Dies ist insofern sachgerecht, als dann eindeutig der in diesem Zeitpunkt aktuelle Unternehmenswert als Entscheidungs- oder Bemessungsgrundlage zur Verfügung steht.

70 Abschließend ist von dem rechtlichen und dem rechnerischem Bewertungsstichtag der **technische Bewertungsstichtag** zu unterscheiden. Eine Unternehmensbewertung setzt die Abgrenzung des zu bewertenden Vermögens voraus. Technischer Bewertungsstichtag ist dabei grundsätzlich ein Bilanzstichtag. Dieser Tag stellt dann weiterhin die Abgrenzung des bereits in der Vergangenheit verdienten und aktuell zu bewertenden Vermögens und den damit zu erzielenden zukünftigen finanziellen Überschüssen dar. Der maßgebliche Unternehmenswert wird dann vom technischen Bewertungsstichtag durch Aufzinsung (in Ausnahmefällen durch Abzinsung) auf den rechnerischen Bewertungsstichtag ermittelt.

71 Im Rahmen einer auch steuerlich zu erfassenden Umwandlung ergeben sich dabei steuerliche Besonderheiten. Die dingliche Wirkung der Umwandlung tritt (i.d.R.) mit der Eintragung in das Handelsregister ein. Demnach wären die steuerlichen Folgen nach den allgemeinen Grundsätzen auch erst ab diesem Zeitpunkt zu berücksichtigen. Dies würde zu einem unbefriedigenden Ergebnis führen, weil dieser Stichtag regelmäßig unbekannt ist und unterjährig Bilanzen aufzustellen wären.[1] Das Handelsrecht löst diese Problematik, indem es die Einreichung einer Übertragungsbilanz, die nicht älter als acht Monate ist, zulässt und die Handlungen des übertragenden Rechtsträgers dem übernehmenden Rechtsträger ab dem handelsrechtlichen Übertragungsstichtag zurechnet.[2]

72 Das Umwandlungssteuerrecht folgt dem. Der § 2 UmwStG enthält die sog. **steuerliche Rückwirkungsfiktion**. Demnach ist das Einkommen und das Vermögen der übertragenden Körperschaft sowie des übernehmenden Rechtsträgers so zu ermitteln, als ob das Vermögen der Körperschaft mit Ablauf des Stichtags der Bilanz, die dem Vermögensübergang zugrunde liegt, ganz oder teilweise auf den übernehmenden Rechtsträger übergegangen wäre.[3]

73 Eine Bewertung im Rahmen der Rückwirkungsfiktion für steuerliche Zwecke erfolgt nach den allgemeinen Regeln.[4] Daher sind vorzugsweise Börsenkurse oder zeitnahe Verkäufe vor dem Stichtag heranzuziehen. Sofern solche nicht vorliegen, ist der gemeine Wert unter Berücksichtigung der Ertragsaussichten der Kapitalgesellschaft oder einer anderen anerkannten, auch im gewöhnlichen Geschäftsverkehr für nicht steuerliche Zwecke üblichen Methode zu ermit-

---

1 Vgl. *Slabon* in Haritz/Menner, § 2 UmwStG Rz. 2.
2 Z.B. bei Verschmelzung, vgl. § 5 Abs. 1 Nr. 6 UmwG; Rz. 02.02. UmwStE.
3 Vgl. für Einzelheiten *Dietrich/Kaeser*, § 2 UmwStG, in Flick Gocke Schaumburg/ BDI, Der Umwandlungssteuer-Erlass 2011. Mangels Vermögensübertragung regelt § 9 Satz 3 UmwStG selbiges für den Formwechsel in eine Personengesellschaft; vgl. *Hörtnagl* in Schmitt/Hörtnagl/Stratz, § 2 UmwStG Rz. 1. Der steuerliche Übertragungsstichtag und der Umwandlungsstichtag sind aber nicht identisch. Denn der steuerliche Übertragungsstichtag ist i.d.R. der dem Umwandlungsstichtag vorangehende Tag, auf den der übertragende Rechtsträger seine handelsrechtliche Schlussbilanz aufstellt. Vgl. *Slabon* in Haritz/Menner, § 2 UmwStG Rz. 8; Rz. 02.02 UmwStE.
4 Vgl. Rz. 03.07 UmwStE; *Schmitt* in Schmitt/Hörtnagl/Stratz, § 3 UmwStG Rz. 39.

teln; dabei ist die Methode anzuwenden, die ein Erwerber der Bemessung des Kaufpreises zugrunde legen würde.[1]

Besondere Bedeutung hat die Rückwirkungsfiktion für die Bestimmung der **maßgeblichen Verhältnisse**. Neben dem Abzinsungszeitpunkt bestimmt der Bewertungsstichtag den Moment des Übergangs der Gewinnansprüche und den Zeitpunkt des bei der Bewertung zu berücksichtigenden Informationsstands. Nach wohl herrschender Meinung hat die Bewertung mit dem gemeinen Wert bzw. mit dem Teilwert nach den Verhältnissen zum steuerlichen Übertragungsstichtag zu erfolgen.[2] Dies führt in praxi dazu, dass eine Unternehmensbewertung für steuerliche Zwecke zu einem Stichtag zu erfolgen hat, der aufgrund der Rückwirkungsfiktion bis zu acht Monaten in der Vergangenheit liegen kann. 74

Dem Stichtagsprinzip der Unternehmensbewertung folgend, hat sich der Unternehmensbewerter, obwohl er die Bewertung erst später erstellt, am Kenntnisstand zum Stichtag zu orientieren. Dies betrifft dann die Anwendung des oder der entsprechenden Zinssätze oder anderer Parameter für die Ermittlung der Kapitalkosten, wie bspw. dem Beta-Faktor im Rahmen des CAPM, sowie die Kenntnisse über die finanziellen Verhältnisse und ihrer Entwicklung in der Zukunft. 75

V. Mindestwert Substanzwert

Im Sinne des steuerlichen Gesetzgebers ist der **Substanzwert als Mindestwert** ausgestaltet. Führt die Anwendung einer anderen Methode zu einem Ergebnis, welches unterhalb des Substanzwertes liegt, ist zwingend gem. § 11 Abs. 2 Satz 3 BewG der höhere Substanzwert anzusetzen. 76

Fraglich ist, auf welche Methoden sich diese Korrektur bezieht. Unstreitig ist der Substanzwert gegenüber dem Börsenkurs unbeachtlich. Nach wohl herrschender Meinung gilt das Gleiche beim Heranziehen von zeitnahen Verkäufen. Sofern sich der gemeine Wert nachweisbar am Markt gebildet hat, soll keine Korrektur durch einen möglicherweise höheren Substanzwert erfolgen.[3] 77

1. Steuerliches Substanzwertverständnis

Beim Substanzwertverfahren handelt es sich grundsätzlich um einen **Einzelbewertungsansatz**.[4] Im Gegensatz zu den Gesamtbewertungsverfahren, die auf einem Kapitalwertkalkül der Unternehmenseinheit basieren, wird der Unternehmenswert hierbei aus der Summe der einzelnen Vermögensgegenstände 78

---

1 Vgl. Rz. 03.07 UmwStE; *Schmitt* in Schmitt/Hörtnagl/Stratz, § 3 UmwStG Rz. 39. Ebenso besteht ein Wahlrecht zum vereinfachten Ertragswertverfahren (§§ 199 ff. BewG).
2 Vgl. Rz. 03.09 UmwStE; *Schmitt* in Schmitt/Hörtnagl/Stratz, § 3 UmwStG Rz. 38.
3 Vgl. *Piltz*, DStR 2008, 745 (747).
4 Vgl. *Drukarczyk/Schüler*, Unternehmensbewertung, S. 88; *Mandl/Rabel*, Unternehmensbewertung, in Peemöller, S. 82.

und Schulden abgeleitet.¹ In einem ersten Schritt werden dabei die einzelnen Vermögensgegenstände und Schulden einer gesonderten Bewertung unterzogen. Anschließend werden diese Einzelwerte zu einem Gesamtunternehmenswert zusammengefügt.² Wertbestimmend sind einerseits die Menge der einzubeziehenden Vermögensgegenstände und Schulden sowie andererseits deren Wertansatz.³

79 Über den konkreten Inhalt zur Ableitung des Substanzwertes und die zu berücksichtigenden Posten gibt es verschiedenste Auffassungen.⁴ Unter der Fiktion der Going-Concern-Prämisse geht der Substanzwert im betriebswirtschaftlichen Sinne prinzipiell vom Nachbau des Unternehmens auf der „grünen Wiese" aus.⁵ Grundüberlegung in diesem Kontext ist, was für einen fiktiven Nachbau des Bewertungsobjekts ausgegeben werden muss. Es handelt sich somit um einen sog. Rekonstruktionswert.⁶

80 In der wissenschaftlichen Diskussion wird ferner hervorgehoben, dass die Substanz eines Unternehmens keinen Wert an sich hat. Die Werthaltigkeit oder ihr finanzieller Nutzen ergibt sich erst durch Liquidation oder durch Ersparen zukünftiger Ausgaben. Daher wird bei der Diskussion um die Ausgestaltung ebenso differenziert zwischen dem Nachbau des aktuellen Unternehmens und einem effizienten Vergleichsobjekt.⁷ Auf diese Weise sollen Fragen der Rentabilität in die Substanzwertermittlung eingehen.

81 Abzugrenzen vom Substanzwert im betriebswirtschaftlichen Verständnis ist der Substanzwertbegriff des Steuerrechts.⁸ Anders als bei einem ökonomisch geprägten Begriff liegt für steuerliche Zwecke eine Legaldefinition vor. Der steuerliche Substanzwert ergibt sich gem. § 11 Abs. 2 Satz 3 BewG aus der Summe der gemeinen Werte der zum Betriebsvermögen gehörenden Wirtschaftsgüter und sonstigen aktiven Ansätze abzgl. der zum Betriebsvermögen gehörenden Schulden und sonstigen Abzüge. Bei dem Substanzwert im steuerlichen Sinne sind die Vermögenswerte demnach mit dem gemeinen Wert anzusetzen. Durch den Ansatz gemeiner Werte als Verkehrswerte, die sich bei einer Veräußerung ergeben, stellt der steuerliche Substanzwert somit im weitesten Sinne einen Veräußerungswert dar.⁹ Im Gegensatz zum betriebswirtschaftlichen Verständnis wird hier nicht von einem Nachbau des Unternehmens ausgegangen, sondern von einer „bestmöglichen Vermögensversilberung".¹⁰ Es handelt sich somit um eine Art von **Liquidationswert**, bei dem die Veräußerung sämtlicher Vermögensgegenstände und die Rückführung der Schulden unterstellt wird.

82 Ein solcher Liquidationsgedanke ist auch in der betriebswirtschaftlichen Unternehmensbewertung zu finden. Im betriebswirtschaftlichen Kontext stellt

---

1 Vgl. *Ballwieser/Hachmeister*, Unternehmensbewertung, S. 8 f.
2 Vgl. *Matschke/Brösel*, Unternehmensbewertung, S. 102.
3 Vgl. *Sieben/Maltry*, Substanzwert, in Peemöller, S. 655.
4 Vgl. WP Handbuch Band II 2014, Rz. 159.
5 Vgl. *Ballwieser/Hachmeister*, Unternehmensbewertung, S. 227.
6 Vgl. IDW S 1 i.d.F. 2008, Rz. 170.
7 Vgl. *Mujkanovic*, WPg 2010, 294 (298).
8 Vgl. *Piltz*, DStR 2008, 745 (747 f.).
9 Vgl. *Henselmann/Kniest*, BewertungsPraktiker 2011, 10 (11).
10 Vgl. *Wollny*, DStR 2012, 716 (717 f.).

der Liquidationswert die Wertuntergrenze dar.¹ Sofern es sich gegenüber der Fortführung des Unternehmens als vorteilhaft erweist, sämtliche Vermögensteile einzeln zu veräußern, so ist der Liquidationswert anzusetzen.² Ein so verstandener Wertansatz würde auch eine konkrete Verwendung des zu bewertenden Vermögens vorsehen. Während bei dem Ertragswert die eigene Nutzung im Rahmen des geltenden Unternehmenskonzeptes unterstellt wird, fließen bei der Ermittlung des Liquidationswertes die Erlöse der Veräußerung ein. Beiden Verfahren ist gemein, dass sie eine Verwendung der zu bewertenden Substanz annehmen, bei der – anders als beim Nachbau – eine Marktbestätigung überprüft werden kann (siehe auch § 8 Rz. 1 ff.).

Die Notwendigkeit, einen am Markt realisierbaren Preis zu ermitteln, wird auch vom Gesetzgeber grundsätzlich erkannt. So sieht die Gesetzesbegründung zum ErbStRG den Substanzwert als einen „[...] Mindestwert, den ein Steuerpflichtiger am Markt erzielen könnte".³ Mit der Wertuntergrenze hat daher der Gesetzgeber kein grundsätzlich anderes Wertverständnis ausgerufen. Vielmehr geht er typisierend davon aus, dass sich im Regelfall die betriebliche Substanz zu gemeinen Werten auch am Markt realisieren lässt. 83

Die inhaltliche Nähe des Substanzwertes zum Veräußerungswert wird von der Finanzverwaltung erkannt.⁴ Dagegen wird ein Abzug latenter Steuerlasten, die bei einer Veräußerung entstehend würden, nicht erkannt. Dies wird damit begründet, dass diese Veräußerungsfiktion nicht mit den realen Bedingungen übereinstimmt und es daher nicht zu einer entsprechenden Steuerbelastung kommen kann.⁵ Andere Kommentierungen begründen den fehlenden Ansatz der Liquidationskosten mit Vereinfachungsaspekten.⁶ Auch der Gesetzgeber stellt den Substanzwert nicht mit dem Liquidationswert gleich. Nur sofern die Liquidation feststeht, kommt der Liquidationswert als besondere Ausprägung des Substanzwertes zum Ansatz.⁷ 84

---

1 Vgl. IDW S 1 i.d.F. 2008, Rz. 5; *Sieben/Maltry*, Substanzwert, in Peemöller, S. 675; *Hannes*, Rechtsprechung zur Unternehmensbewertung, in Peemöller, S. 1138; *Großfeld*, Unternehmens- und Anteilsbewertung im Gesellschaftsrecht, 203 f.
2 Vgl. IDW S 1 i.d.F. 2008, Rz. 140 f.
3 Vgl. BT-Drucks. 16/7918, 38.
4 Vgl. *Mannek*, Handbuch Steuerliche Unternehmensbewertung, S. 113 f.
5 Für den Veranlagungszeitraum 2007 hat das FG Rheinland Pfalz v. 28.11.2012 – 2 K 2452/10, EFG 2013, 352 dies entsprechend bestätigt. Obwohl die heutige gesetzliche Grundlage des § 11 Abs. 2 Satz 3 BewG damals noch nicht einschlägig war, verweist das FG zur Auslegung der damaligen Vorschriften auf die aktuelle Gesetzesformulierung. Das Verfahren ist mittlerweile vor dem BFH – IX R 4/13 entschieden, der die Revision zurückgewiesen hat. (s. BFH v. 8.4.2014, BFH/NV 2014, 1201). Vgl. auch *Wollny*, DStR 2012, 766 (771).
6 Vgl. *Mannek*, Handbuch Steuerliche Unternehmensbewertung, S. 114.
7 Da es sich bei der Veräußerung um eine Fiktion handelt, werden grundsätzlich keine Liquidationskosten im Substanzwert berücksichtigt. In der „besonderen Ausprägung" des Substanzwertes als Liquidationswert sieht die Finanzverwaltung den Ansatz von Liquidationskosten vor. Vgl. Erbschaftsteuerrichtlinien R B 11.3 Abs. 9 BewG. Tatsächlich wird jedoch das Unternehmen zumeist fortgeführt, außer es handelt sich um eine Betriebsaufgabe. Siehe *Piltz*, DStR 2008, 745 (747 f.).

85 Durch die fehlende Berücksichtigung von **Liquidationskosten** kann es zu einem idealtypischen Wertansatz ohne eigenständigem Nutzungskonzept kommen. Dies wird an folgendem Beispiel deutlich: Verfügt ein Unternehmen über eine nicht ausgelastete Maschine und handelt es sich dabei um eine strukturell bedingte Unterauslastung, schlägt sich diese in einem entsprechend geminderten Ertragswert nieder. Im Rahmen des Substanzwertes wird dagegen aus der Perspektive eines potentiellen Erwerbers eine marktübliche Auslastung unterstellt. Von diesem Wert kann die Gesellschaft allerdings nur bei einem Verkauf der Maschine und unter in Inkaufnahme der Liquidationskosten profitieren. Werden diese jedoch nicht angesetzt, kommt es zu der typisierten Annahme, dass die Gesellschaft eine bessere Auslastung erreichen kann. Es bleibt aber offen, wie dies ohne Liquidationskosten realisiert werden kann.

2. Wertansätze einzelner Wirtschaftsgüter

86 Bei der Wertableitung der einzelnen Wirtschaftsgüter ist eine Würdigung dem Grunde und der Höhe nach vorzunehmen.

87 Dem Grunde nach umfasst der Substanzwert nach der gesetzlichen Definition die Summe der gemeinen Werte der zum Betriebsvermögen gehörenden Wirtschaftsgüter und sonstige Ansätze abzgl. der zum Betriebsvermögen gehörenden Schulden. Im Sinne der Erbschaftsteuerrichtlinien richtet sich damit der Umfang der einzelnen Wirtschaftsgüter und Schulden nach den §§ 95 bis 97 BewG und damit nach den ertragsteuerlichen Regelungen (sog. Bestandsidentität).

88 **Gemischt genutzte Wirtschaftsgüter** sind dabei im Sinne der ertragsteuerlichen Grundsätze zwischen dem betrieblichen Vermögen und dem privaten Vermögen aufzuteilen.[1] Eine Orientierung an den zivilrechtlichen Grundsätzen erfolgt dagegen nicht.[2]

89 Die gesetzliche Definition „sonstige Ansätze und Abzüge" verdeutlicht bereits, dass der Umfang über die ertragsteuerlich bilanzierten Wirtschaftsgüter und Schulden hinausgeht. In den Erbschaftsteuerrichtlinien ist über die zum Betriebsvermögen gehörenden Wirtschaftsgüter hinaus erfasst, dass auch solche Wirtschaftsgüter und Schulden zu erfassen sind, für die ein steuerliches Aktivierungs- oder Passivierungsverbot besteht.[3] Beispiele sind **entgeltliche und selbstgeschaffene immaterielle Wirtschaftsgüter**[4] oder **Drohverlustrückstellungen**[5]. Weiterhin sind Faktoren des Geschäftswertes dann anzusetzen, wenn diesen ein eigenständiger Wert beigemessen werden kann (z.B. Kunden-

---

1 Vgl. Erbschaftsteuerrichtlinien R B 95 Abs. 3 Satz 3.
2 Vgl. *Mannek*, Handbuch Steuerliche Unternehmensbewertung, S. 121.
3 Vgl. Erbschaftssteuerrichtlinien R B 11.3. Abs. 3 Satz 2.
4 Vgl. Erbschaftsteuerrichtlinien R B 11.3. Abs. 3 Satz 4. Den Ansatz selbstgeschaffener immaterieller Wirtschaftsgüter im Rahmen einer Substanzwertermittlung hat bereits früher die Rechtsprechung zugelassen. Vgl. BFH v. 23.11.1988 – II R 209/82, BStBl. II 1989, 82.
5 Vgl. Erbschaftsteuerrichtlinien R B 11.3. Abs. 3 Satz 3.

stamm), unabhängig davon, ob diese entgeltlich oder unentgeltlich erworben wurden.[1]

Eine Besonderheit besteht im möglichen Ansatz einer **Rückstellung für latente Steuerlasten**, mit der die bei einer Veräußerung einzelner Wirtschaftsgüter entstehenden steuerlichen Belastungen abgegriffen werden. Betriebswirtschaftlich und im Sinne der Zivilrechtsprechung[2] wäre bei dem unterstellten Konzept eine solche Rückstellung zu bilden. Dies wird von der Finanzverwaltung jedoch nicht anerkannt.[3] 90

Im Hinblick auf den Wertansatz der Höhe nach hat grundsätzlich eine **Orientierung am Absatzmarkt** zu erfolgen.[4] Dies ergibt sich aus der übergeordneten Definition des gemeinen Wertes i.S.d. § 9 BewG. Für einzelne Wirtschaftsgüter sieht die Erbschaftsteuerrichtlinie darüber hinaus explizit den Verweis auf die Regelungen des Bewertungsgesetzes vor.[5] 91

Für die Bewertung einzelner Wirtschaftsgüter des beweglichen abnutzbaren Anlagevermögens besteht die Möglichkeit, vereinfachend 30 % der Anschaffungs- und Herstellkosten anzusetzen, sofern dies nicht zu unzutreffenden Ergebnissen führt.[6] In der Praxis ist jedoch davon auszugehen, dass ein solcher Ansatz seitens der Finanzverwaltung zurückgewiesen werden würde, sofern die **fortgeführten Anschaffungs- und Herstellkosten** diesen 30 %-igen Restwert überschreiten.[7] 92

Bei der Bewertung immaterieller Wirtschaftsgüter in Form von **Lizenzen** wird eine Diskontierung der vertraglich wiederkehrenden Zahlungen vorgeschlagen. Bei fehlender Fixierung der Zahlung soll ein Zeitraum von 8 Jahren angesetzt werden, in dem die letzte tatsächlich gezahlte Lizenzgebühr herangezogen wird. Dabei soll es nicht zu beanstanden sein, wenn der gesetzliche Zinssatz des vereinfachten Ertragswertverfahrens angesetzt wird.[8] Zur Herstellung einer äquivalenten Behandlung von Zähler und Nenner ist dabei zu beachten, dass der gesetzliche Zinssatz des vereinfachten Verfahrens einen Zinssatz nach betrieblichen Steuern reflektiert. Insofern sind auch die angesetzten Zahlungen noch um einen Steuerabschlag zu mindern.

Für Gegenstände des Umlaufvermögens sind die Wiederbeschaffungskosten anzusetzen, wobei auch die retrograde Methode zur Anwendung kommen soll. Im Rahmen des Lifoverfahrens gelegte stille Reserven sind ebenfalls zu erfassen.[9] 93

---

1 Vgl. Erbschaftsteuerrichtlinien R B Abs. 3 Satz 5.
2 Vgl. OLG Stuttgart v. 14.2.2008 – 20 W 11/06, BeckRS 2012, 04923.
3 Vgl. *Mannek*, Handbuch Steuerliche Unternehmensbewertung, S. 114.
4 Vgl. *Kohl/König/Möller*, BB 2013, 555 (558).
5 Vgl. Erbschaftsteuerrichtlinien R B 11.3 Abs. 5 Satz 2.
6 Vgl. Erbschaftsteuerrichtlinien R B 11.3, Abs. 7. Ferner Abschn. 4 Abs. 7 Bewertungserlass 2011.
7 Vgl. *Mannek*, ZEV 2012, 6 (16).
8 Vgl. Erbschaftsteuerrichtlinien R B 11.3. Abs. 6. Ferner Abschn. 4 Abs. 6 Bewertungserlass 2011.
9 Vgl. Erbschaftsteuerrichtlinien R B 11.3. Abs. 8 Satz 1 bis 3. Ferner Abschn. 4 Abs. 8 Bewertungserlass 2011.

94 Darüber hinaus sind die Vorschriften des Bewertungsgesetzes für einzelne Wirtschaftsgüter anzuwenden. Dies betrifft die Bewertung von Grundstücken (vgl. § 176 bis 198 BewG), Wertpapiere und Beteiligungen (vgl. § 11 BewG) sowie Pensionsrückstellungen (vgl. § 14 BewG).

3. Sonderfrage mangelnde Rentabilität

95 Besonderheiten bestehen bei Unternehmen mit einer geringen oder mangelnden Rentabilität. In derartigen Fällen kann bei Fortführen des Unternehmens keine angemessene Verzinsung der betrieblichen Substanz am Markt erzielt werden. Eine Bewertung anhand der Ertragsaussichten führt daher in den Fällen mangelnder Rentabilität zu einem geringeren Unternehmenswert als bei einer Substanzwertbetrachtung. Aufgrund der gesetzlichen Vorgabe, den Substanzwert als Mindestwert anzusetzen, besteht in den Fällen mangelnder Rentabilität die Gefahr, einen gemeinen Wert zu berücksichtigen, der von einem potentiellen Erwerber nicht vergütet wird. Wirtschaftlich rechtfertigen lässt sich ein solcher Ansatz nur bei einer stark typisierenden Perspektive, in der pauschal unterstellt wird, dass ein potentieller Erwerber über entsprechende Nutzungsmöglichkeiten verfügt, die vom Verkäufer nicht realisiert werden können. Insofern kommt es in derartigen Fällen zu einer stark typisierenden Annahme von Synergien, die hier werterhöhend unterstellt werden.

96 Diskutiert wird dazu in der Literatur, die Rentabilität in Form eines **negativen Geschäftswertes** zu erfassen. Dies würde dazu führen, Unternehmen unter Berücksichtigung aller möglichen Nutzungskonzepte zu bewerten und keine pauschalen Annahmen vorzunehmen.[1] Einwände werden in Form der gesetzlichen Vorschrift vorgetragen, nach der die jeweiligen gemeinen Werte aller Wirtschaftsgüter und Schulden anzusehen seien. Im Gegensatz zu Teilwerten würden bei den gemeinen Werten der einzelnen Wirtschaftsgüter und Schulden keine Verbundeffekte zwischen den einzelnen Ansätzen erfasst.[2]

VI. Ungewöhnliche und persönliche Verhältnisse

97 Keine Berücksichtigung im gemeinen Wert finden Umstände, mit denen in der Preisbildung im Allgemeinen nicht gerechnet wird und die somit nicht Teil des gewöhnlichen Geschäftsverkehrs sind.[3] Es handelt sich um sog. ungewöhnliche oder persönliche Verhältnisse. Diese haben nach expliziter Vorschrift des § 9 Abs. 2 Satz 3 BewG außer Betracht zu bleiben.

98 Sie grenzen den zunächst weitgefassten Begriff der zu berücksichtigenden preisbeeinflussenden Umstände ein.[4] Unter der Annahme der Gültigkeit eines

---

1 Vgl. *Kohl/König/Möller*, BB 2013, 555 (558 f.).
2 Vgl. *Mannek*, Handbuch Steuerliche Unternehmensbewertung, S. 134.
3 Vgl. *Viskorf* in Viskorf u.a., Erbschaftsteuer- und Schenkungsteuergesetz, § 9 BewG Rz. 9.
4 Vgl. *Gerlach*, Gemeiner Wert, BB 1996, 821 (823).

gewöhnlichen Geschäftsverkehrs entfalten ungewöhnliche oder persönliche Verhältnisse keinen Preiseffekt und fließen nicht in den gesuchten gemeinen Wert ein.[1] Maßgeblich für die Ermittlung eines gemeinen Wertes ist vielmehr die Erwerberperspektive. Danach sind nur diejenigen Aspekte bei der Wertfindung zu berücksichtigen, die ein potentieller Erwerber vergüten würde.

Kennzeichnend für die **ungewöhnlichen Verhältnisse** ist, dass im „normalen" Verkehrsleben nicht mit ihnen gerechnet wird. Hierzu zählen insbesondere Preisvereinbarungen, welche nicht im Einklang mit gesetzlichen Vorschriften stehen, oder ein Erwerb im Zwangsversteigerungsverfahren.[2] Abzugrenzen sind jedoch Verhältnisse, die die Allgemeinheit in Summe treffen und den Rahmen des gewöhnlichen Marktgeschehens verschieben. In diesem Zusammenhang sind besondere konjunkturelle Veränderungen zu nennen, die sich auf den Preisbildungsprozess auswirken.[3] Auch wenn das Wirtschaftsgut nur für einen kleinen Käuferkreis infrage kommt, liegen keine ungewöhnlichen Verhältnisse vor. Vielmehr ist wegen der Beschaffenheit des Wirtschaftsgutes der Kreis der potentiellen Interessenten begrenzt und ein solcher Umstand ist im gemeinen Wert zu erfassen.[4] 99

Bei der Beurteilung, ob es sich um **persönliche Verhältnisse** handelt, die bei der Wertermittlung nicht zu berücksichtigen sind, ist die Frage zu stellen, ob besondere Momente für den Preis ausschlaggebend sind, die sich im konkreten Verkäufer oder Käufer ergründen.[5] Im Zusammenhang mit „persönlichen Verhältnissen" sind dabei zwei Fallkonstellationen zu unterscheiden. Entweder die persönlichen Umstände resultieren aus der jeweiligen Person des Käufers respektive Verkäufers oder aus dem Beziehungsverhältnis der Beteiligten zueinander bzw. zu einem Dritten.[6] Insbesondere Fähigkeiten oder Eigenschaften, welche dem Käufer/Verkäufer zu eigen und kein Charakteristikum einer anderen Vertragspartei sind, werden unter den unbeachtlichen persönlichen Verhältnissen subsumiert. Hierbei ist zu beachten, dass ein Preis aufgrund persönlicher Verhältnisse schon beeinflusst ist, wenn die persönlichen Verhältnisse lediglich „mitentscheidend" für den Preis waren.[7] 100

Auch der Aspekt der Häufigkeit ist in Bezug auf den Aspekt der persönlichen Umstände unbeachtlich. Es ist irrelevant, ob es sich bei den vorhandenen persönlichen Umständen um einen sog. Regelfall oder lediglich um eine Ausnahmeerscheinung handelt.[8] 101

---

1 Vgl. *Knittel* in Gürsching/Stenger, § 9 BewG Rz. 88.
2 Vgl. *Knittel* in Gürsching/Stenger, § 9 BewG Rz. 89; *Kreutziger* in Kreutziger/Schaffner/Stephany, § 9 BewG Rz. 15.
3 Vgl. *Halaczinsky* in Rössler/Troll, § 9 BewG Rz. 11; vgl. *Knittel* in Gürsching/Stenger, § 9 BewG Rz. 89.
4 Vgl. *Halaczinsky* in Rössler/Troll, § 9 BewG Rz. 11.
5 Vgl. *Halaczinsky* in Rössler/Troll, § 9 BewG Rz. 12.
6 Vgl. *Knittel* in Gürsching/Stenger, § 9 BewG Rz. 96; *Kreutziger* in Kreutziger/Schaffner/Stephany, § 9 BewG Rz. 15a.
7 Vgl. *Knittel* in Gürsching/Stenger, § 9 BewG Rz. 96.
8 Vgl. *Knittel* in Gürsching/Stenger, § 9 BewG Rz. 96; *Halaczinsky* in Rössler/Troll, § 9 BewG Rz. 13.

102 Typische Situationen für persönliche oder ungewöhnliche Verhältnisse sind z.B.:

- Notverkäufe im Rahmen von Zwangsversteigerungsverfahren oder aus einer Konkursmasse[1]
- Zwingende Sofortveräußerungen[2]
- Besonderer ideeller Wert/Interessenskäufe[3]
- Verwandtschaftliche Beziehungen

103 Abzugrenzen von den persönlichen Verhältnissen sind Fragen zur **Beschaffenheit des zu bewertenden Wirtschaftsgutes**. Nach der Definition des BFH handelt es sich dabei um diejenigen tatsächlichen und rechtlichen Verhältnisse, die dem zu bewertenden Wirtschaftsgut arteigen sind und auf jeden möglichen Erwerber übergehen. Grundlage dieser Ansicht ist die einfache Überlegung, dass ein potentieller Erwerber nur die Ertragskraft vergüten würde, die auf ihn übertragbar ist.

104 Liegen bei dem zu bewertenden Wirtschaftsgut daher tatsächliche Verhältnisse vor, die eine Übertragung der vorhandenen Ertragskraft auf einen möglichen Erwerber beeinträchtigen, wirken diese auf die Beschaffenheit des Wirtschaftsgutes ein und wären nicht bei der Ermittlung des gemeinen Wertes zu berücksichtigen. Beispiele sind allgemeine Aspekte einer erschwerten Verkäuflichkeit nicht notierter Anteile, sofern diese wertrelevant sind, oder Fragen der Übertragbarkeit der vorhandenen Ertragskraft auf einen potentiellen Erwerber. Derartige Aspekte haften dem zu bewertenden Wirtschaftsgut unmittelbar an und können sich auf die Beschaffenheit entsprechend auswirken.[4]

105 Erfolgt eine Ableitung des gemeinen Wertes durch einen Rückgriff auf die Grundsätze des IDW S 1 ist definitionsgemäß kein Raum für persönliche Verhältnisse. Im Rahmen einer derartigen Unternehmensbewertung wird zum einen ein typisierter Anteilseigner unterstellt. Zum anderen erfolgt die Wertableitung unter Beachtung weiterer Typisierungen wie z.B. Fortführung des aktuellen Geschäftskonzepts. Eigner bezogene Einflüsse, die sich auf die Übertragbarkeit der Ertragskraft auswirken, wären zu eliminieren.[5]

106 Im Hinblick auf die Bindungswirkung des § 9 Abs. 2 Satz 2 BewG wird in der Literatur das Verhältnis zu § 11 Abs. 2 BewG diskutiert. Dabei wird die Meinung vertreten, dass es sich bei den Vorschriften des § 9 Abs. 2 um die allgemeine Bewertungsnorm handelt, in dem der gemeine Wert konstituiert wird. Dagegen handelt es sich bei dem § 11 Abs. 2 BewG um die konkreten Vorschriften zur Ableitung des Wertes von nicht notierten Anteilen. § 11 Abs. 2 BewG würde dann als Spezialnorm der Generalnorm des § 9 Abs. 2 BewG vorgehen.[6] Diese Auffassung hätte insbesondere zur Folge, dass ungewöhnliche

---

1 Vgl. FG Münster v. 12.8.1998 – 8 K 5129/94 GrE, EFG 1999, 247 (248).
2 Vgl. BFH v. 29.4.1987 – X R 2/80, BStBl. II 1987, 769 (771).
3 Vgl. *Kreutziger* in Kreutziger/Schaffner/Stephany, § 9 BewG Rz. 15a.
4 Vgl. BFH v. 28.10.2008 – IX R 96/07, BStBl. II 2009, 45 (46) = GmbHR 2009, 155.
5 Einzelheiten zur Übertragbarkeit der Ertragskraft und zur Fungibilität werden nachfolgend (Rz. 136 bzw. Rz. 159) erläutert.
6 Vgl. *Kreutziger* in Kreutziger/Schaffner/Stephany, § 9 BewG Rz. 8.

und persönliche Verhältnisse bei einer Bewertung anhand der Methoden des § 11 Abs. 2 BewG nicht grundsätzlich ausgeschlossen seien. Rechtlich wird dem gegenübergestellt, dass keine Anhaltspunkte des Gesetzgebers vorliegen würden, mit den Verfahren des § 11 Abs. 2 BewG unterschiedliche Grundsätze zur Wertermittlung aufstellen zu wollen. Daher seien die in § 9 definierten Grundsätze als allgemeine Vorgaben zu betrachten, die auch bei Auswahl einer Bewertungsmethode nach § 11 Abs. 2 BewG zur Anwendung kämen.[1]

Wirtschaftlich ist zu hinterfragen, welche grundsätzlich verschiedenen Ausprägungen sich ergeben würden. Bei einer Bewertung unter Rückgriff auf Veräußerungen innerhalb des letzten Jahres ist ausdrücklich vorgesehen, dass es sich hierbei um Veräußerungen unter fremden Dritten handelt muss und dass diese im Rahmen des gewöhnlichen Geschäftsverkehr stattgefunden haben müssen. Ferner erfolgt auch bei Vorliegen derartiger Preise kein automatisches Hoch- oder Runterrechnen auf den konkret zu bewertenden Anteil. Vielmehr ist der Wert des konkreten Anteils abzuleiten, in dem auch die Besonderheiten des beobachtbaren vergangenen Verkaufs erfasst werden sollen. Ähnlich stellt sich die Situation bei einer Bewertung anhand der Ertragsaussichten dar. Durch die Anwendung allgemeiner anerkannter Grundsätze zur Unternehmensbewertung erfolgt in der Regel eine Bewertung unter Heranziehung objektivierter Merkmale. Dies betrifft insbesondere die Annahme eines typisierten Anteilseigners. Durch derartige Typisierung ergibt sich eigentlich kein Raum für ungewöhnliche und persönliche Verhältnisse. Insofern bedarf es für die Eliminierung ungewöhnlicher und persönlicher Verhältnisse keinen Rückgriff auf § 9 Abs. 2 BewG. 107

Relevanz könnte eine solche Auffassung bei dem Sonderfall von **vertraglichen Verfügungsbeschränkungen** haben. Solche stellen eine Besonderheit dar und werden in § 9 Abs. 3 BewG explizit zu den persönlichen Verhältnisse gezählt.[2] Danach sind die Verfügungsbeschränkungen als persönliche Verhältnisse anzusehen, die in der Person des Steuerpflichtigen oder eines Rechtsvorgängers begründet sind. Diese können sich aufgrund vertraglicher Regelung oder kraft Gesetz ergeben. Die diesbezügliche Rechtsprechung geht auf Entscheidungen des BFH im Jahre 1967 zurück. Danach wurden insbesondere gesellschaftsvertragliche Verfügungsbeschränkungen regelmäßig nicht zu den objektiven Merkmalen gezählt, sondern als persönliche Verhältnisse eingestuft, die keinen Wertabschlag rechtfertigen[3] (vgl. auch § 18 Rz. 17 ff.). 108

Die Ausführungen des BVerfG aus dem Jahre 2006 in dem Kontext sind nicht eindeutig. Auf der einen Seite wird anerkannt, dass der gemeine Wert durch gesellschaftsvertragliche Verfügungsbeschränkungen gemindert sein kann. Auf der anderen Seite hat das BVerfG keine Einwände gegen die Unbeachtlichkeit persönlicher Verhältnisse erhoben und anerkannt, dass diese durch den Erwerb 109

---

1 Vgl. *Knittel* in Gürsching/Stenger, § 9 BewG Rz. 21.
2 Vgl. *Kreutziger* in Kreutziger/Schaffner/Stephany, § 9 BewG Rz. 15a.
3 Vgl. BFH v. 11.7.1967 – III 21/64, BStBl. III 1967, 666 (667-668); BFH v. 23.7.1971 – III R 41/70, BStBl. II 1972, 4 (4-5); BFH v. 10.12.1971 – III R 43/70, BStBl. II 1972, 313 (313-314); BFH v. 30.3.1994 – II R 101/90, BStBl. II 1994, 503 (504) = GmbHR 1994, 568.

vermittelten Zuwachs an Leistungsfähigkeit zutreffend abgebildet werden. Hierin wird eine verfassungsrechtliche Garantie des Satzes 3 von § 9 Abs. 2 BewG gesehen.[1]

110 Die Rechtsprechung differenziert dabei zwischen den Verfügungsbeschränkungen, die in der Person des Steuerpflichtigen begründet sind und denjenigen, die im Wirtschaftsgut selbst begründet sind. Zum Beispiel hat der BFH einjährige Veräußerungssperren im Sinne der Rule 144 des Securities Exchange Act als eine im Wirtschaftsgut begründete Verfügungsbeschränkung dem Grunde nach als wertbeeinflussend eingestuft. Diese Einstufung erfolgte dabei explizit in Abgrenzung rein vertraglicher Verfügungsbeschränkungen.[2]

111 Unabhängig davon ist zu hinterfragen, ob es sich bei vertraglichen Verfügungsbeschränkungen tatsächlich um persönliche Verhältnisse im Sinne des Gesetzes handelt, oder ob diese nicht vielmehr die Beschaffenheit des jeweiligen Anteils betreffen. Sofern sich vertragliche Verfügungsbeschränkungen auf die Beschaffenheit des Anteils niederschlagen, wären die Auswirkungen im Verkehrswert der Anteile zu erfassen.

112 In der Rechtsprechung werden vertragliche Verfügungsbeschränkungen aktuell als persönliche Verhältnisse angesehen, weil diese von den Gesellschaftern veranlasst sind. Eine solche willentlich eingegangene Beschränkung kann dabei auch gemeinsam wieder beseitigt werden.[3] Diesen Idealvorstellungen werden aber nicht alle Verfügungsbeschränkungen gerecht.

113 So wird in der Literatur auch differenziert nach **persönlichen und sachlichen Verfügungsbeschränkungen**. Während sich die persönlichen Verfügungsbeschränklungen auf die Person des Steuerpflichtigen beziehen, begründen sich die sachlichen Beschränkungen in dem Wirtschaftsgut und beziehen sich auf alle Verfügungsberechtigten. Als Beispiel für persönliche Beschränkungen werden gesetzliche, gerichtliche oder behördliche Veräußerungsverbote genannt. Sachliche Verfügungsbeschränkungen gelten dagegen für die Eigentümer des Wirtschaftsgutes und wirken gegenüber jedermann. Diese können sich aus dem Gesetz oder einem Rechtsgeschäft ergeben. In dieser Abgrenzung werden gesellschaftsvertragliche Verfügungsbeschränkungen als sachliche Beschränkung eingestuft. Dabei sollen nur die persönlichen Verfügungsbeschränkungen unbeachtlich für die Wertermittlung sein, während sachliche Beschränkungen im Einzelfall auch wertmindernd zu erfassen sind.[4]

114 Im steuerrechtlichen Schrifttum wird daher das Verbot der Berücksichtigung von vertraglichen Verfügungsbeschränkungen kritisch gesehen. Aus den oben genannten Gründen folgt nach einem Teil der Literatur, dass entgegen der wohl bislang herrschenden Meinung gesellschaftsvertragliche Restriktionen (z.B. Vinkulierungsklauseln) wertmindernd zu berücksichtigen sind, wenn diese auf den Erwerber mit übergehen.[5] Andere Kommentare sehen einen Wi-

---

1 Vgl. *Piltz*, DStR 2009, 1829 (1834).
2 Vgl. BFH v. 28.10.2008 – IX R 96/07, DStR 2008, 2413 (2414) = GmbHR 2009, 155.
3 Vgl. BFH v. 17.6.1998 – II R 46/96, BFH/NV 1999, 17 = GmbHR 1999, 372.
4 Vgl. *Daragan* in Daragan/Halaczinsky/Riedel, § 9 BewG Rz. 36-45.
5 Vgl. *Koblenzer/Seker*, ErbStB 2011, 282 (283); *Daragan* in Daragan/Halaczinsky/Riedel, § 9 BewG Rz. 43.

derspruch zum Verständnis des gemeinen Wertes[1] oder differenzieren nach Einflussmöglichkeiten des Gesellschafters auf die Geschäftsführung.[2] Dem stehen Argumente der Wirksamkeit derartiger Klauseln oder die Abhängigkeit einer persönlichen Beeinflussung gegenüber.[3]

VII. Auswirkungen unterschiedlicher Anteilsquoten

In Abhängigkeit des Anlasses einer Unternehmensbewertung kann es erforderlich sein, dass nicht das gesamte Unternehmen zu bewerten ist, sondern lediglich ein **Anteil an diesem Unternehmen**. In solchen Fällen stellt sich daher die Frage einer sachgerechten Anteilsbewertung (vgl. ausführlich § 18).

115

Grundsätzlich kann bei einer Anteilsbewertung zwischen zwei Konzeptionen unterschieden werden.[4] Kerngedanke einer indirekten Anteilsbewertung ist die quotale Aufteilung des Unternehmenswertes auf einzelne Anteile. Dieser Konzeption liegt die quotale Teilhabe einzelner Anteile an den finanziellen Überschüssen zugrunde. Dies entspricht auch dem Vorgehen bei einer objektivierten Bewertung unter Beachtung der Grundsätze des IDW S 1. Der objektivierte Anteilswert ergibt sich daher als quotaler Anteil am objektivierten Unternehmenswert.[5]

116

Im Gegensatz dazu wird bei der direkten Anteilsbewertung der Anteil als selbständig handelbares Gut aufgefasst. Sein Wert soll danach direkt aus dem Kurswert oder vergleichbaren Transaktionspreisen abgeleitet werden. Entspricht der Börsenwert dem Unternehmenswert, führen beide Konzeptionen zum gleichen Ergebnis.[6] Diese Grundsätze entsprechen der gesellschaftsrechtlichen Rechtsprechung, wonach jeder Gesellschafter bei gleichen Voraussetzungen wie die anderen Gesellschafter zu behandeln ist. In diesen Fällen wird daher von einem typisierten Anteilswert gesprochen, bei dem sich pro Aktie ein einheitlicher Wert ergibt.[7]

117

Unberücksichtigt bei der quotalen Aufteilung bleibt der Umstand, dass unterschiedliche Beteiligungshöhen Einflüsse auf die subjektive Wertschätzung haben können. Umfang und Richtung einer Anpassung sind jedoch nicht generell zu bestimmen. Auf der einen Seite kann ein größerer Anteil aufgrund der dadurch entstehenden Kontrollmöglichkeiten subjektiv mehr wert oder mit Nachteilen verbunden sein (Illiquidität, steuerliche Regelung).

118

Gleiches gilt auf der anderen Seite für Minderheitenanteile, bei denen Minderheitenabschläge aufgrund der fehlenden Kontrollmöglichkeiten oder positiver Lästigkeitsprämien subjektiv erklärbar sind.

119

---

1 Vgl. *Kreutziger* in Kreutziger/Schaffner/Stephany, § 9 BewG Rz. 18.
2 Vgl. *Eisele* in Rössler/Troll, § 11 BewG Rz. 78.
3 Vgl. *Ballwieser/Hachmeister*, Unternehmensbewertung, S. 115.
4 Vgl. *Wiechers*, Besonderheiten bei der Bewertung von Anteilen an Unternehmen, in Peemöller, S. 741.
5 Vgl. *Simon/Leverkus* in Simon, Anh § 11 SpruchG Rz. 12 ff.
6 Vgl. *Simon/Leverkus* in Simon, Anh § 11 SpruchG Rz. 12 ff.
7 Vgl. *Wiechers*, Besonderheiten bei der Bewertung von Anteilen an Unternehmen, in Peemöller, S. 746.

120 Neben der Beteiligungshöhe kann es auf Ebene der Anteilseigner weitere Aspekte geben, die sich auf den subjektiven Wert der Anteile beziehen. Insbesondere können gesetzliche, vertragliche oder faktische Verfügungsbeschränkungen in den Anteilen, Unterschiede bei der Gewinn- und Verlustallokation auf einzelne Anteilseigner oder weitergehende Einflussmöglichkeiten einzelner Anteilseigner jenseits des objektivierten Wertes Auswirkungen auf den Anteilswert haben.[1]

121 Für die steuerliche Akzeptanz oben genannter Zusammenhänge ist zu würdigen, inwieweit ein potentieller Erwerber derartige Aspekte in seinem Kaufpreiskalkül berücksichtigen würde. Liegen keine konkreten Anhaltspunkte über ein tatsächliches Verhalten eines potentiellen Erwerbers vor, sind dazu Annahmen im Rahmen einer Schätzung zu treffen. Bildet man das Verhalten eines potentiellen Erwerbers durch einen typisierten Anteilseigner im Sinne der Grundsätze des IDW S 1 ab, würden sich in einem dann einschlägigen objektivierten Unternehmenswert keine Auswirkungen bei unterschiedlichen Anteilsquoten ergeben, weil die Grundsätze des IDW S 1 eine quotale Aufteilung des Gesamtwertes vorsehen.

122 Darüber hinaus sind steuerrechtlich weitere Vorgaben des Bewertungsgesetzes zu beachten. Dieses sieht für steuerliche Bewertungsanlässe diesbezüglich weitere Schritte zur Ableitung des gemeinen Wertes eines Anteils vor, die in Abhängigkeit der gewählten Methode unterschiedliche Relevanz haben kann. § 11 Abs. 3 BewG gibt vor, bei besonderen Anlässen **Paketzuschläge** anzusetzen. Dies ist dann der Fall, wenn der gemeine Wert von Anteilen an einer Kapitalgesellschaft infolge besonderer Umstände höher ist als der Wert, der sich aufgrund der Kurswerte oder der anderweitig ermittelten gemeinen Werte für die einzelnen Anteile insgesamt ergibt. Das Gesetz selbst nennt insbesondere als nicht abschließendes Beispiel die Beherrschung einer Gesellschaft aufgrund der Beteiligungshöhe. Die Finanzverwaltung greift diese Überlegung bereits bei Beteiligungsquoten ab 25 % auf und spricht sich für Zuschläge bis 25 % aus, wobei auch höhere Zuschläge im Einzelfall gerechtfertigt sein können.[2]

123 Etwas Ähnliches ergibt sich aus § 11 Abs. 2 Satz 2 Alt. 1 BewG. Danach ist der gemeine Wert aus Verkäufen innerhalb des letzten Jahres herzuleiten. Die Formulierung „Ableiten" bringt dabei zum Ausdruck, dass beobachtbare Preise nicht ohne weiteres übernommen werden müssen. Vielmehr können sich Anpassungen zwischen Mehrheits- und Minderheitsanteilen ergeben. Spiegelbildlich zum Paketzuschlag werden Abschläge bis zu 20 % als zulässig angesehen.[3]

124 Ermittelt der Steuerpflichtige den gemeinen Wert anhand der Ertragsaussichten gem. § 11 Abs. 2 BewG mit einem objektivierten Unternehmenswert, erfolgt keine Differenzierung in Abhängigkeit der Anteilsquote.

125 Im Ergebnis unterstellen die steuerlichen Regelungen damit eine typisierte Berücksichtigung von Synergien, die bei beobachtbaren Preisen für Unternehmensanteile vermutet werden. Liegt der Preis für einen Unternehmensanteil

---

1 Vgl. IDW Praxishinweise 1/2014, Rz. 56.
2 Vgl. Erbschaftsteuerrichtlinien zu § 12 BewG 11.6. Abs. 9.
3 Vgl. BFH v. 23.2.1979 – II R 44/77, BStBl. II 1979, 618 (620).

vor, soll bei einem vorliegenden Minderheitenanteil dieser korrigiert um mögliche Synergieeffekte auf den Gesamtwert hochgerechnet bzw. aus beobachtbaren Preisen eines Mehrheitsanteils mit Abschlägen auf den Minderheitenanteil heruntergerechnet werden. Wirtschaftlich sachgerecht wäre dies jedoch nur, wenn bei der Preisfindung für den beobachtbaren Preis tatsächlich Abschläge aufgrund der Anteilsquote vorgenommen wurden.

Im Gegensatz dazu sehen die steuerlichen Regelungen keinen expliziten Paketabschlag von einem errechneten Gesamtwert vor. Die grundsätzliche Möglichkeit eines Minderheitenabschlags aufgrund fehlender Kontrollmöglichkeit von einem errechneten Gesamtwert ist nach wohl herrschender Meinung nicht sachgerecht.[1] Dafür spricht insbesondere der eindeutige Wortlaut des Gesetzes i.S.v. § 11 Abs. 3 BewG.

126

Neben der Ermittlung von gemeinen Werten spielt die Anteilshöhe auch eine Rolle bei den subjektiv geprägten Teilwerten. Anerkannt nach der Rechtsprechung ist, dass einer Beteiligung aufgrund ihrer funktionalen Bedeutung für den Gesellschafter ein höherer Wert beizumessen ist als deren Ertrags- bzw. Substanzwert.[2] Dies setzt aber voraus, dass ein Dritter, der das Unternehmen der Klägerin als Ganzes gekauft hätte, deshalb einen über den Substanzwert der Beteiligung hinausgehenden höheren Wert als Kaufpreis bezahlt hätte.[3] Davon kann nach Auffassung des BFH neben den konkreten wirtschaftlichen Vorteilen jedoch nur ausgegangen werden, wenn der Gesellschafter auf die Beteiligung Einfluss nehmen kann. Für eine solche Einflussnahme hat die effektive Beteiligungshöhe eine wichtige Bedeutung.

127

VIII. Besonderheiten bei Bewertungen anhand von Ertragsaussichten

1. Rückwirkende Bewertungsstichtage

Erfolgt eine Bewertung anhand der Grundsätze des IDW S 1 ist zu beachten, dass diese in den letzten Jahren regelmäßig an die aktuelle Gesetzeslage angepasst wurden. Die Anpassungszeitpunkte gehen dabei einher mit einer Umstellung auf ein jeweils neues Steuerregime. Die aktuelle Fassung des IDW S 1 resultiert z.B. aus dem Jahr 2008 und berücksichtigt die Auswirkungen aus der Einführung der Abgeltungssteuer.[4]

128

---

1 Vgl. BFH v. 28.3.1990 – II R 108/85, BStBl. II 1990, 493 (494) = GmbHR 1990, 474; *Mannek* in Gürsching/Stenger, § 11 BewG Rz. 26; *v. Oertzen/Zens*, DStR 2005, 1040 (1043) m.w.N.; offen *Jülicher* in Troll/Gebel/Jülicher, § 12 ErbStG Rz. 322.
2 Vgl. BFH v. 27.7.1988 – I R 104/84, BStBl. II 1989, 274 (275-276); BFH v. 31.10.1978 – VIII R 124/74, BStBl. II 1979, 108 (109).
3 Vgl. BFH v. 27.7.1988 – I R 104/84, BStBl. II 1989, 274 (275-276).
4 Davor wurde der IDW S 1 in 2005 geändert, um die Auswirkung des Halbeinkünfteverfahrens aufzugreifen. Bis zu diesem Zeitpunkt galt die Fassung aus dem Jahre 2000, in dem erstmalig die persönliche Besteuerung unter Beachtung des Anrechnungsverfahrens in dem Standard selber reflektiert wurde.

129 Eine solche Anpassung in Abhängigkeit des Steuerregimes ist notwendig, weil neben der expliziten Besteuerung der Zählergröße auch die Auswirkungen auf die Ableitung des Nenners zu beachten sind. Im Zusammenhang mit der Einführung des Halbeinkünfteverfahrens ist dazu das TAX-CAPM eingeführt worden, um die Effekte persönlicher Steuerlasten unter diesem Steuerregime zu modellieren. Seit diesem Zeitpunkt gibt das IDW zwei Empfehlungen zur Verwendung einer Marktrisikoprämie ab, die sich neben dem allgemeinen CAPM auch auf das TAX-CAPM beziehen.[1] Bei Einführung der Abgeltungssteuer wurden diese Empfehlungen entsprechend aktualisiert.[2]

130 Für die Bewertung anhand der Ertragsaussichten unter Beachtung der Grundsätze des IDW S 1 ist daher zu beachten, welche Fassung dieser Grundsätze anzuwenden ist. Während sich aktuelle Bewertungen auf die jeweils aktuellen Grundsätze beziehen, können sich bei steuerlichen Bewertungen Besonderheiten ergeben.

131 Diese bestehen darin, dass die Bewertungsergebnisse teilweise erst Jahre später im Rahmen einer Betriebsprüfung überprüft werden (sog. **rückwirkende Überprüfung**). Zu den Fragen einer rückwirkenden Anwendung von Bewertungsgrundsätzen gibt es eine gesellschaftsrechtlich entwickelte Rechtsprechung.

132 Entsprechend der Ausführungen zum Stichtagsprinzip sind dabei die grundsätzlichen Verhältnisse zum Stichtag maßgeblich. Dies ergibt sich bereits aus der Wurzeltheorie. Fraglich ist, wie weit der Begriff der Verhältnisse gesehen wird und ob auch Bewertungsmethoden von dieser Wurzeltheorie erfasst sind.

133 In dem Zeitraum der rückwirkenden Betrachtung können sich z.B. betriebswirtschaftliche Methoden weiterentwickelt haben, die es erlauben, die Verhältnisse zum damaligen Stichtag sachgerechter wiederzugeben.[3] Eine Anwendung neuerer betriebswirtschaftlicher Methoden im Rahmen einer rückwirkenden Überprüfung wird dabei allgemein als sachgerecht betrachtet[4] (vgl. § 12 Rz. 71).

134 Unkritisch für eine steuerlich relevante rückwirkende Überprüfung eines Unternehmenswertes ist die Frage einer Erfassung des zum Bewertungsstichtag geltenden Steuerregimes und der damals geltenden Steuersätze. Damit einhergehen auch die Auswirkungen auf die Ableitung des Kapitalisierungszinssatzes und insbesondere auf die Einschätzung der Marktrisikoprämie. Liegt der Be-

---

1 Vgl. WP Handbuch 2008 Band II, Kapitel A, Rz. 299; *Jonas/Löffler/Wiese*, WPg 2004, 898 (901).

2 Vgl. IDW Hinweise des FAUB zu den Auswirkungen der Finanzmarkt- und Konjunkturkrise auf Unternehmensbewertungen, FN-IDW 2009, 696 (697); *Wagner/Saur/Willershausen*, WPg 2008, 731 (739-741); *Zeidler/Schöniger/Tschöpel*, FB 2008, 276 (276 ff.).

3 Ein Beispiel ist die Ableitung des Basiszinssatzes anhand von Zinsstrukturkurven. Dies wurde erstmalig im IDW S 1 (2005) verankert. Da die in der Praxis verwendeten Zahlen der Bundesbank auch für frühere Zeitpunkte vorliegen, erlaubt die Verwendung von Zinsstrukturkurven eine sachgerechte Ableitung von Basiszinssätzen in der Vergangenheit.

4 Vgl. LG Bremen v. 18.2.2002 – 13 O 458/96, AG 2002, 214 (215). Ferner *Dörschell/Franken*, DB 2005, 2257 (2257-2258); *Lenz*, WPg 2006, 1160 (1160 ff.). Anderer Meinung BayObLG v. 25.10.2005 – 3Z BR 71/00, DB 2006, 39 (39-40) = AG 2006, 41.

wertungsstichtag z.B. in einem Veranlagungszeitraum, in dem das Halbeinkünfteverfahren galt, sollten auch das TAX-CAPM und die korrespondierenden Empfehlungen des IDW zur Marktrisikoprämie angewendet werden.

Diese gesellschaftsrechtlich entwickelten Grundsätze sollten aber in folgenden Fällen nicht unreflektiert für steuerliche Überprüfungen herangezogen werden. Ist Gegenstand der steuerlichen Überprüfung nicht der Unternehmenswert, sondern ein vom Steuerpflichtigen vorgelegtes Gutachten, ist vielmehr zu überprüfen, ob dieses Gutachten aus damaliger Sicht nicht zu beanstanden war.[1] Dieses ist dadurch zu begründen, dass bereits vor der Erbschaftsteuerreform der Steuerpflichtige einen Wertansatz durch ein methodisch nicht zu beanstandendes Gutachten nachweisen konnte.[2] Auch hat der Gesetzgeber weder in der aktuellen Gesetzeslage noch zu früheren Zeitpunkten eine einzige Methode vorgeschrieben, sondern auch einen Methodenpluralismus akzeptiert.

135

2. Personenbezogene Faktoren

Erfolgt die Ermittlung des gemeinen Wertes anhand der Ertragsaussichten wird in der Praxis häufig eine Bewertung nach den Grundsätzen des IDW Standards Nr. 1 vorgenommen. Besonderheiten ergeben sich dabei insbesondere bei der **Bewertung von kleinen und mittleren Unternehmen (KMU)**, weil deren Bewertung häufig vor einem steuerlichen Hintergrund erfolgt.[3] Darüber hinaus ist bei den folgenden Besonderheiten zu hinterfragen, ob und inwieweit diese wertkonzeptionell bei der steuerlichen Ermittlung des gemeinen Wertes heranzuziehen sind.

136

Ein Wesensmerkmal des gemeinen Wertes ist die Ausrichtung an einen potentiellen Erwerber. Hinsichtlich einer Bewertung anhand von Ertragsaussichten ergibt sich daraus die Forderung, diejenigen erwarteten Überschüsse zu berücksichtigen, die auch ein potentieller Erwerber im Rahmen des normalen Geschäftsbetriebs vergüten würde. Voraussetzung für eine solche Vergütung ist, dass die den Ertragsaussichten zugrunde liegende Ertragskraft auf einen Erwerber übertragbar ist.

137

Dieser Grundsatz ist auch dem IDW Standard Nr. 1 immanent. So stellt dieser Standard zur Ermittlung objektivierter Unternehmenswerte auf die den Unternehmen innewohnende und übertragbare Ertragskraft ab.[4] Erfolgt eine Unternehmensbewertung unter der Annahme einer unendlichen Lebensdauer wird damit unterstellt, dass die vorhandene Ertragskraft vollständig übertragbar ist und dauerhaft einem Erwerber zur Verfügung steht. Insbesondere bei KMU ist

138

---

1 Vgl. Einzelheiten bei *Kohl/Schilling*, WPg 2007, 70 (73 ff.).
2 Vgl. FG Niedersachsen v. 11.4.2001 – 6 K 611/93, DStRE 2001, 24 (25-26); FG Hessen v. 15.5.2001 – 4 V 5281/00, EFG 2001, 1163 (1163 ff.) = GmbHR 2001, 990.
3 Die Bedeutung der Bewertung kleinerer und mittlerer Unternehmen wird an der Genesis des für diese Unternehmen maßgeblichen Praxishinweises 1/2014 deutlich. Dieser entstand in Zusammenarbeit zweier Arbeitsgruppen von IDW sowie der Bundessteuerberaterkammer. Die Bundessteuerberaterkammer hat mit Datum v. 8.4.2014 einen gleichlautenden Hinweis veröffentlicht.
4 Vgl. IDW S 1 i.d.F. 2008, Rz. 81.

eine solche Annahme nicht undifferenziert zu übernehmen. Wesensmerkmal für KMU ist vielmehr eine hohe Abhängigkeit von einzelnen wenigen immateriellen Faktoren, die durch die prägende Tätigkeit des Eigentümers bedingt ist. Diesen Faktoren ist gemein, dass sie sich aufgrund der engen Bindung an den Eigentümer ohne seine Unterstützung zukünftig verbrauchen. In vielen Fällen ermöglicht nur die Tätigkeit des Eigentümers den Erhalt derartiger Erfolgsfaktoren.[1]

139 Für die Bewertung eines KMU ist daher zu analysieren, ob dieses über eine vollständig übertragbare oder lediglich über eine partiell oder temporär übertragbare Ertragskraft verfügt. Bei einer vollständig übertragbaren Ertragskraft lässt sich diese auch bei einem Gesellschafterwechsel und einem Ausscheiden des Eigentümers langfristig aufrechterhalten. Personenbezogene Einflüsse wären in diesen Fällen nicht zu eliminieren.[2]

140 Insbesondere bei KMU ist diese Annahme kritisch zu hinterfragen. Im Regelfall ist der bewertungsrelevante Goodwill bei KMU weit weniger gefestigt als bei Großunternehmen und kann sich genauso schnell verflüchtigen wie er entstanden ist. Während der Goodwill i.d.R. bei Großunternehmen eine sich ständig regenerierende sowie vom Eigentümer unabhängige Größe ist, spiegelt der Goodwill eines mittelständischen Unternehmens ein personenbezogenes Wertpotential wider, das sich auf einem Vertrauensverhältnis von Kunden und Lieferanten mit dem Eigentümer gründet.[3] Vielmehr muss davon ausgegangen werden, dass häufig nur eine partiell oder temporär übertragbare Ertragskraft vorliegt. Das IDW geht von einer partiell oder temporär übertragbaren Ertragskraft aus[4], wenn der Eigentümer

– als Hauptleistungserbringer wirkt, dessen Leistung prägend für den Unternehmenserfolg ist (z.B. Freiberufler, Handwerker), oder
– Träger von bestimmtem Know-how ist oder
– als Verkaufs- oder Geschäftsleiter hohen Einfluss auf immaterielle Faktoren wie Kundenstamm oder Marketingeffekte hat oder
– als Vertrauensperson gegenüber den Mitarbeitern wirkt und so einen hohen Wert eines Mitarbeiterstammes erzeugt.

141 Das Ausscheiden des Unternehmers aus der Unternehmung kann in diesen Fällen dazu führen, dass das bislang erfolgreiche Fortbestehen infrage steht. Gerade wenn der bisherige Unternehmer aus seiner zentralen Position ausscheidet, wie z.B. bei Veräußerung oder Vererbung, sind die Auswirkungen für die künftige Ertragskraft zu beleuchten, da der Unternehmer regelmäßig in der Rolle der „Schlüsselperson" der bedeutsame Erfolgsfaktor für den Klein- und Mittelbetrieb ist.[5] Die zukünftige Unternehmensentwicklung kann unter diesen Bedingungen nicht vereinfachend als Extrapolation der Vergangenheit verstanden werden.

---

1 Vgl. IDW Praxishinweis 1/2014, Rz. 25-27.
2 Vgl. *Ballwieser* u.a, WPg 2014, 463 (466).
3 Vgl. *Piltz*, Die Unternehmensbewertung in der Rechtsprechung, S. 55; *Meis*, Existenzgründung durch Kauf eines kleinen oder mittleren Unternehmen, S. 170.
4 Vgl. IDW Praxishinweis 1/2014, Rz. 25.
5 Vgl. *Nestler*, BB 2012, 1271 (1273).

Für die Bewertung von KMU ist daher zu analysieren, ob und inwieweit sich die identifizierten Erfolgsfaktoren nach einem Ausscheiden des Eigentümers erhalten lassen oder ob sich diese über einen bestimmten Zeitraum nach einem Ausscheiden verbrauchen werden. Stehen derartige Erfolgsfaktoren nicht mehr oder nicht vollständig zur Verfügung (partielle Übertragbarkeit), wären diese bei der Preisfindung vollständig zu eliminieren. Stehen sie dagegen für eine bestimmte Zeit noch zur Verfügung (temporäre Übertragbarkeit), wären sie im Planungszeitraum abzuschmelzen.[1]

142

Als Indikator für die **Länge des Abschmelzzeitraums** werden folgende Indikatoren genannt:

143

- Vertragslaufzeiten und erwartete Vertragsverlängerungen
- typische Produktlebenszyklen
- voraussichtliches Verhalten von Wettbewerbern
- Abhängigkeit des Kunden (wirtschaftlich, rechtlich, technisch)
- Eintrittsbarrieren von Wettbewerbern
- Demografische und biometrische Aspekte in der Kundenstruktur

Der Finanzverwaltung ist ein solches Vorgehen grundsätzlich nicht fremd. Auch im Rahmen der Funktionsverlagerung ist seitens der Finanzverwaltung anerkannt, dass der Wert einer Funktion sich anhand eines immateriellen Wirtschaftsgutes zzgl. der übrigen Wirtschaftsgüter (erfasst im steuerbilanziellen Buchwert) ergibt. Gemeinsam ist beiden Ansätzen, dass die maßgebliche Ertragskraft sich im Zeitablauf abbauen kann, sofern diese auf einzelne Faktoren mit begrenzten Laufzeiten zurückgeht. Unterschiede ergeben sich dagegen in der Frage der Anwendbarkeit. Diese ist im Rahmen der Funktionsverlagerung stärker an typisierende Ausprägungen gebunden, z.B. dem Vorliegen eines immateriellen Wirtschaftsgutes. Im Rahmen von Unternehmensbewertungen bleibt die Ableitung zukünftiger Zahlungsströme im Rahmen einer ganzheitlichen Planungsrechnung dagegen die Grundlage. Einzelheiten werden in § 5 dargestellt.

144

3. Tätigkeitsvergütungen

Wesentlich bei der Ermittlung der künftigen finanziellen Überschüsse von KMU ist auch, den Unternehmerlohn als Aufwand angemessen zu berücksichtigen. Insbesondere bei KMU ist häufig der Fall anzutreffen, dass der Gesellschafter gleichzeitig Geschäftsführer des Unternehmens ist. Steuerliche Vorschriften zur Behandlung des Unternehmenslohns in diesem Fällen können dazu führen, dass kein oder ein nicht angemessener **Unternehmerlohn** bezahlt wird. Die persönlichen Kenntnisse, Fähigkeiten und Beziehungen sowie das persönliche Engagement der Eigentümer sind darüber hinaus von herausragender Bedeutung für den Unternehmenserfolg.

145

Aus der Wertkonzeption des gemeinen Wertes, einen Preis eines potentiellen Erwerbers im Rahmen einer Veräußerung zu ermitteln, ergibt sich die Notwen-

146

---

1 Vgl. *Ballwieser* u.a., WPg 2014, 463 (466 f.).

digkeit sowohl den Verbleib des bisherigen Geschäftsführers in dem Unternehmen als auch seine Bezahlung zu hinterfragen. Soweit die Tätigkeit des bisherigen Eigentümers in der Ergebnisrechnung nicht oder durch einen nicht marktgerechten Unternehmerlohn berücksichtigt worden ist, sind die künftigen finanziellen Überschüsse entsprechend zu korrigieren.[1]

147 Die Höhe des Unternehmerlohns wird nach der marktüblichen Vergütung bestimmt, die eine nicht beteiligte Geschäftsführung erhalten würde. Neben dem Unternehmerlohn kann auch fiktiver Lohnaufwand für bislang zu nicht marktgerechten Konditionen mitarbeitende nahestehende Personen des Eigentümers zu berücksichtigen sein.[2]

148 Bei der Bemessung des Unternehmerlohns kann neben internen Betriebsvergleichen insbesondere auf statistische Untersuchungen von Branchenverbänden oder Veröffentlichungen in Fachzeitschriften abgestellt werden. Auf den Ansatz von kalkulatorischen Vergütungen kann auch dann nicht verzichtet werden, wenn sich hierdurch negative finanzielle Überschüsse ergeben. Als Anhaltsgröße für die Bestimmung eines angemessenen Unternehmerlohns kann die Vergütung herangezogen werden, die ein nicht am Unternehmen beteiligter Geschäftsführer als Bezüge erhalten würde.[3] Dieser Wert ist gegebenenfalls um Zu- oder Abschläge zu korrigieren, um z.B. einem außergewöhnlich starken oder auch geringen zeitlichen Einsatz sowie besonderen individuellen Kenntnissen und Fähigkeiten der Unternehmenseigner Rechnung zu tragen.[4]

149 Besteht hingegen eine Verpflichtung des Eigentümers, nach dem Bewertungsstichtag für das Unternehmen tätig zu sein, ist dies für die voraussichtliche Dauer dieser Verpflichtung zu berücksichtigen.[5] Die Verpflichtung kann sich zum einen darauf beziehen, zu nicht marktgerechten Konditionen tätig zu werden. Zum anderen kann sich die Verpflichtung darauf beziehen, zu marktgerechten Konditionen überhaupt für das Unternehmen tätig zu werden. Erbringt der Gesellschafter über eine angemessene Vergütung hinaus Wertbeiträge für das zu bewertende Unternehmen (insbesondere solche, die im Rahmen der Abgrenzung der übertragbaren Ertragskraft zu eliminieren wären), sind diese über den Zeitraum der Verpflichtung zu erfassen.

4. Bemessung des Kapitalisierungszinssatzes

150 Nach den Grundzügen des IDW S 1 kann bei der Ermittlung eines objektivierten Unternehmenswertes eine marktgestützte Risikozuschlagsermittlung auf Basis des Capital Asset Pricing Models (CAPM) oder des Tax-Capital Asset Pricing Models (Tax-CAPM) vorgenommen werden.[6] Kernaussage ist, dass sich im Kapitalmarktgleichgewicht die Renditeerwartung für ein risikobehaftetes

---

1 Vgl. IDW S 1 i.d.F. 2008, Rz. 40 ff.
2 Vgl. IDW S 1 i.d.F. 2008, Rz. 40.
3 Vgl. *Piltz*, Die Unternehmensbewertung in der Rechtsprechung, S. 23.
4 Vgl. WP Handbuch 2014 Band II, Kapitel A, Rz. 431.
5 Vgl. IDW Praxishinweis 1/2014, Rz. 34.
6 Vgl. IDW S 1 i.d.F.2008, Rz. 92.

Wertpapier aus der Addition eines risikolosen Zinssatzes und einer Risikoprämie ermittelt. Die erwartete Risikoprämie berechnet sich dabei aus der Marktrisikoprämie, die am Kapitalmarkt für die Übernahme des systematischen Risikos gezahlt wird, multipliziert mit dem Beta-Faktor als Maß für die Risikohöhe des Wertpapiers.[1]

Da die klassischen KMU nicht börsennotiert sind, werden zur Ableitung der benötigten Beta-Faktoren sog. Gruppen von Vergleichsunternehmen (Peer-Gruppe) gebildet. Um die Vergleichbarkeit der Peer-Gruppe zu gewährleisten, sind hierbei Unternehmen einzubeziehen, deren Geschäftsmodell weitestgehend mit dem Bewertungsobjekt vergleichbar ist. Weitere gutachterliche Anpassungen beim unternehmensspezifischen Risikozuschlag sind hierbei grundsätzlich nach dem IDW denkbar.[2] Als Beispiel führt das IDW ausdrücklich eine Bandbreitenbetrachtung der Betafaktoren auf. So kann es in Einzelfällen zur Herstellung der Vergleichbarkeit sachgerecht sein, nicht den Mittelwert der beobachtbaren Betafaktoren heranzuziehen, sondern von diesen abzuweichen und sich den Enden der Bandbreite zu nähern. Gründe für ein solches Vorgehen können z.B. in der Rentabilität, der Volatilität der Ergebnisse oder anderen Aspekten bestehen.[3]

151

In der Praxis wird neben der Vergleichbarkeit in diesem Kontext regelmäßig eine Diskussion um pauschale Wertabschläge aufgrund von Unternehmensgrößen bei KMU („**size effect**" oder „**small firm effect**") geführt. Aufbauend auf den Untersuchungsergebnissen insbesondere amerikanischer Studien wird die Ansicht vertreten, dass im langfristigen Durchschnitt kleinere Unternehmen signifikant höhere Renditen erzielen als große Unternehmen. Demzufolge wird die These größenabhängiger Zuschläge auf die Eigenkapitalkosten vertreten.[4]

152

Erklärungsversuche für die Anomalie des Size-Effects wurden zahlreich erarbeitet. Allerdings erweist sich die Größenprämie als nicht stabil und kehrt sich im Zeitablauf tendenziell um.[5] Auch nach Ansicht des IDW ist die Validität des Size-Effects zweifelhaft. So wird die Übertragbarkeit der Ergebnisse auf die deutschen Marktverhältnisse bezweifelt. Auch die Modifikation an den Kapitalmarktmodellen aufgrund des Size-Effects wird im Lichte der geltenden theo-

153

---

1 Gemäß dem Modell ist das Marktportfolio die Vereinigung sämtlicher am Markt gehandelter Wertpapiere, die mit ihren Marktwerten ein gewichtetes Portfolio bilden. Vgl. *Steiner/Bruns/Stöckl*, Wertpapiermanagement, S. 24.
2 Vgl. *IDW*, Fragen und Antworten zur praktischen Anwendung des IDW Standards: 7.2.4.1. Kapitalisierungszinssatz bei der Ermittlung objektivierter Unternehmenswerte.
3 Vgl. *Dörschell*, Sonderfragen der Bewertung von kleinen und mittelgroßen Unternehmen, in Baetge/Kirsch, Aktuelle Herausforderungen für den Mittelstand im Kontext zunehmender Internationalisierung, S. 152.
4 Eine Übersicht entsprechender Quellen findet sich bei *Jonas*, WPg 2011, 299 (305-306).
5 Vgl. *Dörschell/Franken/Schulte*, Der Kapitalisierungszinssatz in der Unternehmensbewertung, S. 379.

retischen Erkenntnisse kritisch gesehen. Demzufolge wird die Verwendung des Size-Premiums vom IDW verneint.[1]

154 Derartige pauschale Zuschläge werden auch von der Finanzverwaltung kritisch gesehen.

5. Eingeschränkte Diversifikation

155 Ein weiterer Diskussionspunkt bzgl. der Erweiterung des Kapitalmarktmodells bei KMU entzündet sich am Gesichtspunkt eingeschränkter Risikodiversifikation und Berücksichtigung unsystematischer Risiken.[2] Gemäß dem CAPM werden unsystematische Risiken (spezielle Unternehmensrisiken) vom Kapitalmarkt nicht vergütet, da diese durch Diversifikation eliminiert werden können. Eine vollständige Diversifizierung ist für den Eigentümerkreis der KMU oftmals nicht möglich. Unter dem Hinweis, dass der typische Gesellschafter eines mittelständischen Unternehmens, der den überwiegenden Teil seines Vermögens in der Unternehmung bindet, wird ein höheres Gesamtrisiko vermutet.[3] Demzufolge ist im Falle dieser unterdiversifizierten Investoren auch eine Prämie für die Übernahme der unsystematischen Risiken zu vergüten.[4]

156 Um diesem Umstand Rechnung zu tragen, wird in der Literatur das Konzept des **Total Beta** erörtert.[5] Demnach werden die Renditeerwartungen der gering diversifizierten Unternehmenseigner aus dem Verhältnis der Standardabweichung der Unternehmensentwicklung zur Standardabweichung der Marktrendite abgeleitet. Die Korrelation der Rendite eines KMU mit der des Marktportfolios spielt dann keine Rolle.[6]

157 In den berufsständischen Verlautbarungen des IDW wird bei der Würdigung des Ansatzes nach einzelnen Wertkonzepten differenziert. Danach kann das Total-Beta-Konzept für subjektive Entscheidungsfindungen herangezogen werden, um möglichen individuellen Gesichtspunkten gerecht zu werden.[7] Im Falle der objektivierten Unternehmensbewertungen i.S.d. IDW S 1 erscheint das Konzept dagegen nicht anwendbar, da diese aus der Perspektive eines typisierten (diversifizierten) Investors vorzunehmen sind.[8]

---

1 Vgl. *IDW*, Fragen und Antworten zur praktischen Anwendung des IDW Standards: 7.2.4.1. Kapitalisierungszinssatz bei der Ermittlung objektivierter Unternehmenswerte.
2 Vgl. WP Handbuch 2014, Kapitel A, Rz. 438 f.
3 Eine Darstellung der Quellen findet sich bei *Jonas*, WPg 2011, 299 (306).
4 Vgl. *Gleißner/Wolfrum*, FB 2008, 602 (604); *Balz/Bordemann*, FB 2007, 737; *Kratz/Wangler*, FB 2005, 169 (171).
5 Vgl. *Hachmeister*, Herausforderungen bei der Bewertung von KMU: Risikozuschlag, DStR 2014, 488 (492 f.). Ferner *Dörschell*, Sonderfragen der Bewertung von kleinen und mittelgroßen Unternehmen, in Baetge/Kirsch, Aktuelle Herausforderungen für den Mittelstand im Kontext zunehmender Internationalisierung, S. 155.
6 Vgl. *Nestler*, BB 2012, 1271 (1274); *Jonas*, WPg 2011, 299 (307).
7 Vgl. IDW S 1 i.d.F. 2008, Rz. 123.
8 Vgl. IDW S 1 i.d.F. 2008, Rz. 114.

Insbesondere vor dem Hintergrund des Konzeptes des gemeinen Wertes erscheint dieses Vorgehen sachgerecht, da eine Bewertung aus der Perspektive eines potentiellen Erwerbers vorgenommen werden soll. Bei einem solchen Investor ist im Regelfall davon auszugehen, dass dieser entsprechend diversifiziert ist.

6. Mangelnde Fungibilität

Unter Fungibilität wird allgemein die Fähigkeit verstanden, Eigentumsrechte an einer Gesellschaft zeitnah, sicher und ohne wesentliche Transaktionskosten veräußern zu können.[1] Derartige Aspekte einer eingeschränkten Fungibilität sind abzugrenzen von Verfügungsbeschränkungen, die als persönliche Verhältnisse eingestuft werden und gem. § 9 Abs. 2 Satz 3 BewG nicht erfasst werden dürfen. Unter mangelnder Fungibilität sind daher diejenigen Faktoren zu subsumieren, die sich auf die allgemeine Beschaffenheit der Unternehmensanteile z.B. in Form einer Börsennotierung bezieht. Diese betreffen grundsätzlich alle Anteilseigner und damit insbesondere auch einen potentiellen Erwerber. Vertragliche Verfügungsbeschränkungen werden dagegen von der Rechtsprechung als persönliche Verhältnisse angesehen und betreffen ausschließlich die Person des konkreten Verkäufers. Zur weiteren Abgrenzung wird auf den Abschnitt VI. (oben Rz. 97 ff.) verwiesen.

Verbunden mit der Fähigkeit, Eigentumsrechte zu übertragen, ist eine Unsicherheit über Zeitpunkt, Preis und den damit verbundenen Kosten einer Veräußerung. Ausgehend von der Überlegung, dass beobachtbare Kapitalmarkttitel im Regelfall liquider sind als Eigentumsrechte an einem KMU, wird als bewertungsrelevante Risikokategorie die geringere Liquidität (Mobilität, Fungibilität) der KMU diskutiert. Zwar fallen Transaktionskosten auch bei öffentlich gehandelten Kapitalmarkttitel an, jedoch gestaltet sich bei KMU-Eigentumsrechten aufgrund fehlender Standardisierung und Intermediäre deren Kauf bzw. Verkauf regelmäßig kostenintensiver. Ursachen für höhere Kosten werden in der fehlenden Standardisierung und in den fehlenden Intermediären gesehen.[2]

Um die Risikoäquivalenz zwischen Zähler und Nenner sicherzustellen, werden vor diesem Hintergrund in der Bewertungspraxis von KMU regelmäßig pauschale Modifikationen diskutiert. Diese Adjustierung setzt dabei entweder als Liquiditätszuschlag am Zins oder als Liquiditätsabschlag bei den Cashflows an. Gelegentlich werden auch Wertabschläge vom berechneten Unternehmenswert vorgenommen. Die theoretische Fundierung derartiger pauschale Abschläge ist jedoch fraglich.[3]

In diesem Zusammenhang ist auch darauf hinzuweisen, dass sich grundsätzlich jeder Vermögensgegenstand veräußern lässt, vorausgesetzt der bisherige Eigentümer akzeptiert den aufgerufenen Preis eines kaufwilligen Interessen-

---

1 Vgl. IDW Praxishinweis 1/2014, Rz. 51.
2 Vgl. *Ballwieser/Hachmeister*, Unternehmensbewertung, S. 110.
3 Vgl. insb. *Ballwieser/Hachmeister*, Unternehmensbewertung, S. 108 ff. Ferner *Dörschell/Franken/Schulte*, Der Kapitalisierungszinssatz in der Unternehmensbewertung, S. 376–378.

ten. Zur Erfassung einer mangelhaften Fungibilität sind daher Annahmen hinsichtlich des Zeitpunkts, des möglichen Verkaufspreises und der resultierenden Transaktionskosten notwendig.

163 Lassen sich diese Punkte nicht durch tatsächlich gezahlte Preise nachweisen, wären sie für einen potentiellen Erwerber zu schätzen. Im Rahmen einer objektivierten Bewertung wird dabei von einer grundsätzlich unbegrenzten Lebensdauer ausgegangen. Kommt es zu einem Abweichen von diesem Grundsatz, berechnet sich der Unternehmenswert aus dem Barwert der künftigen finanziellen Überschüsse zzgl. des Barwertes der Überschüsse, die aus dem Verkauf des Unternehmens resultieren. Die daraus resultierenden Unsicherheiten über Beendigungszeitpunkt und Höhe der finanziellen Überschüsse sind vergleichbar mit der Erzielung künftiger finanzieller Überschüsse bei Fortführung.[1]

164 Hinsichtlich möglicher Kosten hat die **unterstellte Haltedauer** des jeweiligen Gutes eine hohe Bedeutung. Es kann vermutet werden, dass bei kürzeren Haltedauern höhere Kosten entstehen. Teilweise können auch kompensierende Effekte eintreten, wenn z.B. steuerlich bedingte Veräußerungskosten bei einer Veräußerung anfielen, die dann zu einer längeren Haltedauer führen können. Ein Erwerber würde in seinem Kaufpreiskalkül daher seine Veräußerungskosten als auch die Kosten seines Nachfolgers in Betracht ziehen.[2] Im Rahmen einer objektivierten Bewertung, bei der ein typisierter Anteilseigner unterstellt wird, wären auch **mögliche Transaktionskosten** nur in einem typisierten Umfang zu berücksichtigen. Derartige Transaktionskosten dürfen daher im Rahmen solcher objektivierter Bewertungen mangels theoretischer Fundierung nicht in Form eines Risikozuschlags zu den nach CAPM oder TAX-CAPM ermittelten Kapitalkosten erfasst werden.[3]

165 Im Rahmen subjektiver Bewertungen wären dagegen individuelle Annahmen zu oben genannten Prämissen möglich.[4] Es ist vielmehr in diesem Kontext zwischen einer objektivierten Wertermittlung und einer Nachbildung der Preisfindungsmechanismen zu unterscheiden. Anders als bei einem potentiellen Erwerber werden bei einem subjektiven Unternehmenswert die konkreten Annahmen einer einzelnen bekannten Person herangezogen.

166 Auch aus der hier maßgeblichen Perspektive eines potentiellen Erwerbers ist für die Ermittlung eines gemeinen Wertes davon auszugehen, dass dieser eine entsprechende Unsicherheit bei einem späteren Verkauf dem Grunde nach erfassen würde. Sofern sich diese Unsicherheit der Höhe nach nicht in Form von getätigten Kaufpreisen ermitteln lässt, ist diese im Rahmen der Ertragsaussichten in Form von Zeitpunkt, Preis und Kosten einer möglichen späteren Veräußerung in dem oben beschriebenen Maße typisierend zu schätzen.

---

1 Vgl. IDW Praxishinweis 1/2014, Rz. 38-39.
2 Vgl. *Ballwieser/Hachmeister*, Unternehmensbewertung, S. 110.
3 Vgl. IDW Praxishinweis 1/2014, Rz. 51.
4 Vgl. *IDW*, Fragen und Antworten zur praktischen Anwendung des IDW Standards: 7.2.4.1. Kapitalisierungszinssatz bei der Ermittlung objektivierter Unternehmenswerte.

IX. Vereinfachtes Ertragswertverfahren

1. Überblick

Seit der Erbschaftsteuerreform 2008 ist für die Bewertung von Unternehmen zukünftig auf die Ertragsaussichten des Bewertungsobjektes oder auf anderweitige für Zwecke der Kaufpreisfindung etablierte Bewertungsverfahren abzustellen. Anders als bei dem früheren Stuttgarter Verfahren ist zudem in Form des vereinfachten Verfahrens ein typisiertes Verfahren in das Bewertungsgesetz aufgenommen worden, welches auf den Grundsätzen des Ertragswertgedanken basiert.

167

Ursprünglich war das vereinfachte Verfahren für rein erbschaft- und schenkungsteuerliche Zwecke konzipiert worden. Mittlerweile sieht die Finanzverwaltung auch eine Anwendung für ertragsteuerliche Zwecke vor.[1]

168

Das Bewertungsgesetz schreibt die Anwendung des vereinfachten Verfahrens nicht vor. Es handelt sich nach der Gesetzesbegründung um ein „Angebot" an den Steuerpflichtigen bzw. an das Finanzamt. Es soll die Möglichkeit bieten, den Unternehmenswert ohne hohen Ermittlungsaufwand zu schätzen.[2] Im Hinblick auf die Beweislasten vgl. nachfolgende Ausführungen.

169

Die gesetzlichen Grundlagen des vereinfachten Ertragswertverfahrens sind in den §§ 199 ff. BewG enthalten. Nach § 200 Abs. 1 BewG ergibt sich der Ertragswert als Produkt aus einem nachhaltig erzielbaren Jahresergebnis sowie dem Kapitalisierungsfaktor.

170

Bei der Ermittlung des nachhaltig erzielbaren Jahresergebnisses wird auf eine Reihe von Typisierungen zurückgegriffen. Danach soll nach dem Willen des Gesetzgebers der nachhaltig erzielbare Jahresüberschuss anhand der letzten drei vergangenen Wirtschaftsjahre ermittelt werden, die in einen ungewogenen Durchschnitt gesetzt werden.

171

Zur **Ermittlung des Betriebsergebnisses** soll dabei gem. § 202 BewG auf den bereinigten Unterschiedsbetrag i.S.d. § 4 Abs. 1 EStG abgestellt werden. In tabellarischer Form stellt sich das Betriebsergebnis in Anlehnung an § 202 BewG wie folgt dar:[3]

172

---

1 Eine Klarstellung erfolgte im BMF-Schreiben v. 22.9.2011 zur Bewertung von Unternehmen und Anteilen an Kapitalgesellschaften; Anwendung der bewertungsrechtlichen Regelungen für ertragsteuerlicher Zwecke, BStBl. I 2011, 859. Bereits im Gesetzgebungsverfahren war eine Einschränkung auf rein erbschaftsteuerliche Zwecke verworfen worden. (Vgl. JStG 2010 v. 8.12.2010, BGBl. I 2010, 1768). Dies entspricht auch dem allgemeinen Verweis des § 11 Abs. 2 Satz 4 BewG auf die maßgeblichen Vorschriften der §§ 199 ff. BewG.
2 Vgl. Bericht des BT-FinanzA, BT-Drucks. 16/11107 zu § 199 BewG. Vgl. ferner *Drosdzol*, DStR 2011, 1258 (1260).
3 Vgl. *Kohl/Schilling*, StuB 2008, 909 (914).

Unterschiedsbetrag nach § 4 Abs. 1 EStG

+/- Sonder-/Teilwertabschreibungen, erhöhte Absetzungen, Teilwertzuschreibungen

\+ Absetzungen Geschäfts- oder Firmenwert sowie firmenwertähnlicher Wirtschaftsgüter

+/- Einmalige Veräußerungsverluste/-gewinne + a.o. Aufwendungen/Erträge

+/- Im Unterschiedsbetrag nach § 4 Abs. 1 EStG fehlende, aber wiederkehrende/enthaltene, nicht zu erwartende InvZul

+/- Ertragsteueraufwand/Erträge aus Erstattung von Ertragsteuern

+/- Aufwendungen/Erträge i. Zshg. Mit Vermögen i.S.d. § 2 Abs. 2, 4 EStG sowie übernommene Beteiligungsverluste

\- Angemessener Unternehmerlohn, soweit unberücksichtigt

+/- Sonstige wirtschaftlich nicht begründete Vermögensänderungen

= Betriebsergebnis vor pauschalierten Steuern

\- 30% pauschalierte Ertragsteuern

= Betriebsergebnis

173 Von den Korrekturen ist daher auch das außerordentliche Ergebnis erfasst, welches sich am Gliederungsschema des § 277 Abs. 4 HGB orientieren soll. Im Sinne des handelsrechtlichen Ausweises werden dabei diejenigen Aufwendungen und Erträge erfasst, die außerhalb der gewöhnlichen Geschäftstätigkeit anfallen. Für die Ableitung eines nachhaltigen Jahresertrages wäre dagegen auf die Frage der Nachhaltigkeit abzustellen. Solche nicht nachhaltigen Ergebnisbestandteile können jedoch sowohl im außerordentlichen Ergebnis als auch im sonstigen betrieblichen Ergebnis enthalten sein.

174 Im Hinblick auf den Ansatz einer Tätigkeitsvergütung wird hervorgehoben, dass diese sich an den ertragsteuerlichen Regelungen zur Behandlung einer verdeckten Gewinnausschüttung orientieren soll.[1] Weitere Besonderheiten werden in Abschnitt VIII.3. (oben Rz. 145 ff.) dargestellt.

175 Bei der Ermittlung des nachhaltigen Betriebsergebnisses für **unterjährige Bewertungsstichtage** soll gem. § 201 Abs. 2 BewG das aktuelle und noch nicht abgelaufene Geschäftsjahr das drittletzte Jahresergebnis substituieren.[2] Bei Veränderung des Charakters der Gesellschaft innerhalb der drei letzten Wirtschaftsjahre sind bei einer Berücksichtigung der Gesamtbesitzverhältnisse nur jene Erträge in die Ergebnisermittlung einzubeziehen, die nach jener Strukturmaßnahme erzielt worden sind.

176 Das Vorgehen, den zukünftig erzielbaren Jahresertrag anhand der durchschnittlichen Ergebnisse der Vergangenheit abzuleiten, soll auch in Zeiten volatiler

---

1 Vgl. *Mannek*, Handbuch Steuerliche Unternehmensbewertung, S. 93.
2 Die bisherige Rechtsprechung zum Stuttgarter Verfahren (z.B. BFH v. 1.2.2007 – II R 19/05, BStBl. II 2007, 635 = GmbHR 2007, 555), wonach stets der Durchschnitt der abgelaufene Geschäftsjahre heranzuziehen ist, gilt damit nicht mehr.

Ergebnisse, z.B. bedingt durch eine Wirtschaftskrise, Gültigkeit haben. Dies ergibt sich aus implizit aus den Ausführungen im aktuellen Bewertungserlass. In diesen werden Besonderheiten infolge einer Wirtschaftskrise nicht bei der Ableitung des durchschnittlichen Jahresertrags thematisiert. Die Finanzverwaltung erkennt aber an, dass in Fällen allgemeiner Krisensituationen Erkenntnisse über offensichtlich unzutreffende Wertermittlungen hergeleitet werden können.[1]

Ein wie oben beschriebenes, zu kapitalisierendes Ergebnis ist anschließend mit dem Kehrwert eines Kapitalisierungsfaktors zu multiplizieren. Ähnlich wie bei der Ermittlung des zu kapitalisierenden Ergebnisses gibt der Gesetzgeber auch bei der Ermittlung des Kapitalisierungszinssatzes eine Reihe von Vorgaben. Gemäß § 203 Abs. 1 BewG setzt sich dieser aus einem risikolosen Basiszinssatz sowie einem Risikozuschlag zusammen. 177

Der **Basiszinssatz** ist in Anlehnung an § 203 Abs. 2 BewG auf Grundlage langfristiger Renditen öffentlicher Wertpapiere zu ermitteln. Dieser Zinssatz wird zum Jahresanfang vom Finanzministerium für das gesamte Kalenderjahr ermittelt und in Form einer Rechtsverordnung vorgegeben. In den letzten Jahren nahm dieser folgende Wertausprägungen an: 178

2008	4,58 %[2]
2009	3,61 %[3]
2010	3,98 %[4]
2011	3,43 %[5]
2012	2,44 %[6]
2013	2,04 %[7]
2014	2,59 %[8]

Zur Bestimmung dieses Zinssatzes bedient sich der Gesetzgeber eines Zinssatzes, der aus öffentlichen Anleihen mit einer Laufzeit von 15 Jahren hergeleitet wird. Für die Anwendung in einem unendlichen Rentenmodell wie dem vereinfachten Verfahren ist darüber hinaus eine Annahme notwendig, wie sich der Zinssatz über die Zeitdauer von 15 Jahren hinaus entwickeln wird. Darüber hinaus legt sich der Gesetzgeber zu Beginn des Jahres für ein gesamtes Jahr fest. Insofern kommt es bei diesem Vorgehen zu einer doppelten Typisierung. Zum einen unterstellt der Gesetzgeber mit dem Rückgriff auf 15-jährige Anleihen eine bestimmte Zinsstruktur. Zum anderen unterstellt er, dass dieser Zinssatz 179

---

1 Vgl. Abschn. 19 Abs. 6 Nr. 4 Bewertungserlass. Ferner *Mannek*, Handbuch Steuerliche Unternehmensbewertung, S. 100 ff.
2 Vgl. BMF v. 17.3.2009 – IV C 2 - S 3102/07/001, BStBl. I 2009, 473.
3 Vgl. BMF v. 7.1.2009 – IV C 2 - S 3102/07/0001, BStBl. I 2009, 14.
4 Vgl. BMF v. 5.1.2010 – IV D 4 - S 3102/07/0001, BStBl. I 2010, 14.
5 Vgl. BMF v. 5.1.2011 – IV D 4 - S 3102/07/10001, BStBl. I 2011, 15.
6 Vgl. BMF v. 2.1.2012 – IV D 4 - S 3102/07/10001, BStBl. I 2012, 13.
7 Vgl. BMF v. 2.1.2013 – IV D 4 - S 3102/07/10001, BStBl. I 2013, 19.
8 Vgl. BMF v. 2.1.2014 – IV D 4 - S 3102/07/10001, BStBl. I 2014, 23.

für ein Jahr konstant bleibt. Dies ist insofern verwunderlich, weil notwendige Daten zur jeweiligen aktuellen Bestimmung eines laufzeitäquivalenten Zinssatzes börsentäglich im Internet abrufbar sind.[1]

180 Neben dem risikolosen Basiszinssatz ist weiterhin ein **einheitlicher Risikozuschlag** anzusetzen. Nach § 203 Abs. 1 BewG soll dieser Zuschlag branchenübergreifend mit 4,5 % typisiert werden. Nach Auffassung des Gesetzgebers reflektiert dieser Zuschlag bereits den operativen Risikozuschlag für das Unternehmen, einen Wachstumsabschlag sowie mögliche Bonitätszuschläge in einem. Eine Differenzierung des Risikozuschlags in Abhängigkeit bestimmter Risikokomponenten (z.B. unterschiedliche Verschuldungsgrade) ist nicht möglich.

181 Im Gegensatz zum Basiszinssatz ist der Risikozuschlag auch im Zeitablauf konstant und unterliegt keinen Anpassungen. Es handelt bei diesem Vorgehen um eine typisierte Struktur, die keinen Raum für aktuelle Entwicklungen lässt. Aufgrund der **Finanz- und Kapitalmarktkrise**, die 2008 begann und 2012 in einer Staatsschuldenkrise mündete, kam es zu einer veränderten Risikotoleranz. Vor diesem Hintergrund ist bei Bewertungen anhand von Ertragsaussichten für Bewertungsstichtage ab 2012 von einer im Vergleich der letzten Jahre erhöhten Marktrisikoprämie auszugehen. Dabei legen Marktbeobachtungen und Kapitalmarktstudien sowie ex-ante-Analysen zu implizit ermittelten Marktrisikoprämien eine Orientierung an der oberen Bandbreite historisch gemessener Marktrisikoprämien nahe. Aus diesem Grund hält das IDW es derzeit für sachgerecht, von Marktrisikoprämien (vor persönlichen Steuern) zwischen 5,5 % und 7,0 % auszugehen.[2]

182 Kommt es daher wie im aktuellen Kapitalmarktumfeld zu einer derartigen veränderten Einschätzung der Marktrisikoprämie kann diese Entwicklung im vereinfachten Verfahren nicht nachgezeichnet werden. Da für Bewertungen unter Berücksichtigung der Grundsätze des IDW S 1 eine Erhöhung der Marktrisikoprämie mit Beginn des Jahres 2012[3] propagiert wird, erhöht sich für Bewertungsstichtage ab dem Jahr 2012 die Differenz zwischen einer IDW S 1-Bewertung und dem vereinfachten Verfahren.[4]

183 Im Ergebnis errechnet sich daher für Bewertungsstichtage in 2009 ein Kapitalisierungszinssatz von 8,11 %. Der Kehrwert dieses Kapitalisierungszinssatzes beträgt dann 12,33.

---

1 Vgl. *Ballwieser/Hachmeister*, Unternehmensbewertung, S. 227.
2 Vgl. *IDW*, Hinweise des FAUB v. 19.9.2012 zur Berücksichtigung der Finanzmarktkrise bei der Ermittlung des Kapitalisierungszinssatzes in einer Unternehmensbewertung, FN-IDW 2012, 568.
3 Bereits mit Verlautbarung v. 10.1.2012 hat das IDW eine Erhöhung der Marktrisikoprämie empfohlen. Vgl. *IDW*, Hinweis des FAUB v. 10.1.2012 zu den Auswirkungen der aktuellen Kapitalmarktsituation auf die Ermittlung des Kapitalisierungszinssatzes, FN-IDW 2012, 122.
4 Vgl. *Kohl/König*, BB 2012, 607 (610), die zeigen, dass die rein methodischen Unterschiede aus einer erhöhten Marktrisikoprämie bereits rund 20 % ausmachen.

Der Unternehmenswert nach dem vereinfachten Ertragswertverfahren ergibt sich schließlich aus dem Produkt von durchschnittlichem Betriebsergebnis sowie dem Kapitalisierungsfaktor.

2. Sonderwerte

Bei dem vereinfachten Verfahren handelt es sich offensichtlich um ein Gesamtbewertungsverfahren. Dieser Grundsatz wird jedoch insofern durchbrochen, als neben dem Ertragswert eine Reihe von Sonderwerten additiv hinzuzurechnen ist.

Nach § 200 Abs. 3 BewG sind sowohl Anteile an einer Kapitalgesellschaft als auch Beteiligungen an einer Personengesellschaft gesondert neben dem Ertragswert in einem eigenständig zu ermittelnden gemeinen Wert anzusetzen. Der Wert einer Unternehmensgruppe setzt sich dann aus den Einzelwerten der einzelnen rechtlichen Einheiten zusammen. Gemäß Abschn. 20 Abs. 1 Bewertungserlass 2011 ergibt sich der Wert nach dem vereinfachten Verfahren wie folgt:

Ertragswert des betriebsnotwendigen Vermögens nach § 200 Abs. 1 BewG

+ Nettowert des nicht-betriebsnotwendigen Vermögens nach § 200 Abs. 2 BewG

+ Wert der Beteiligungen an anderen Gesellschaften gem. § 200 Abs. 3 BewG

+ Nettowert des jungen Betriebsvermögens gem. § 200 Abs. 4 BewG.

= **Unternehmenswert „vereinfachtes Verfahren"**

a) Bewertung von Beteiligungen

Um den Vorgaben des § 200 Abs. 3 BewG gerecht zu werden, ist eine **stufenweise Bewertung aller Beteiligungen** notwendig (sog. Tannenbaumverfahren). Weitere Vorgaben, wie der gemeine Wert der einzelnen Beteiligungen zu ermitteln ist, macht der Gesetzgeber nicht. Aus diesem Grund ist auf die allgemeine Bewertungshierarchie des § 11 BewG abzustellen. Liegen daher die Voraussetzungen für eine Bewertung zum Börsenkurs oder anhand getätigter Verkäufe vor, sind diese vorrangig heranzuziehen. Erst wenn diese Möglichkeit nicht besteht, hat eine Bewertung anhand der Ertragsaussichten zu erfolgen.[1]

Fraglich ist, ob in diesen Fällen einheitlich für eine Unternehmensgruppe das vereinfachte Verfahren für alle Beteiligungen angewendet werden sollte. Im Sinne der Finanzverwaltung hat der Steuerpflichtige bei mehrstufigen Unternehmensgruppen bei jeder einzelnen Bewertung anhand der Ertragsaussichten ein Wahlrecht zwischen dem vereinfachten Verfahren und einem anderen Verfahren.[2] Der Gesamtwert einer Unternehmensgruppe kann sich bei einer sol-

---

1 Vgl. Erbschaftsteuerrichtlinien R B 200 Abs. 3 Satz 5. Ferner *Hannes/Onderka*, ZEV 2009, 421 (423).
2 Vgl. Abschn. 20 Abs. 3 Satz 6 Bewertungserlass 2011.

chen Vorgehensweise aus sehr unterschiedlichen Verfahren zusammensetzen. Ein weiterer Beleg dafür ist die Vorschrift, dass bei Anwendung eines Ertragswertverfahrens als Wertuntergrenze der Substanzwert einer Gesellschaft zu berücksichtigen ist.[1] Bei einer Einzelbewertung aller Beteiligungen hat dies zur Folge, dass eine Überprüfung dieses Mindestwertes nicht nur auf Ebene der Obergesellschaft vorzunehmen ist, sondern vielmehr auf Ebene jeder einzelnen separat zu bewertenden Beteiligung.

189 Für eine gesonderte Ermittlung ist es darüber hinaus notwendig, dass bei der Ermittlung des Betriebsergebnisses der Obergesellschaft die positiven Wertbeiträge der Untergesellschaft entsprechend eliminiert werden (vgl. § 202 Abs. 1 Satz 2 Nr. 2 Buchst. f BewG). Darüber hinaus sind gem. § 202 Abs. 1 Satz 2 Nr. 1f entsprechende Aufwendungen im Zusammenhang mit dem Vermögen nach § 200 Abs. 2 und 4 BewG ebenfalls zu eliminieren. Eine wörtliche Auslegung würde jedoch bedeuten, dass auch die in einem wirtschaftlichen Zusammenhang mit den Beteiligungen stehenden Aufwendungen hinzugerechnet werden müssten. Dann wären entsprechende Finanzierungsaufwendungen für die Anteile ebenfalls zu eliminieren. In einer Gesamterfassung blieben jedoch diese Schulden unberücksichtigt. Insofern ist die Klarstellung in Abschn. 20 Abs. 3 Satz 8 Bewertungserlass 2011 zu begrüßen, dass die mit den Anteilen an einer Kapitalgesellschaft in wirtschaftlichem Zusammenhang stehenden Finanzierungsaufwendungen beim nachhaltigen Jahresertrag mindernd erfasst werden müssen.[2]

190 Besonderheiten ergeben sich bei sog. **"Holdinggesellschaften"**, d.h. bei solchen Gesellschaften ohne eigenes operatives Geschäft, deren Vermögen in erster Linie aus Anteilen an nachgelagerten Kapitalgesellschaften besteht. Der Wert dieser Holdinggesellschaften setzt sich vereinfacht aus den gemeinen Werten der gehaltenen Anteile abzgl. der Schulden zusammen. Ein solches wirtschaftlich zutreffendes Ergebnis wird jedoch durch die Vorgehensweise des vereinfachten Verfahrens nicht erreicht. Die Kapitalisierung von Finanzierungsaufwendungen mit dem einheitlichen Kapitalisierungszinssatz führt regelmäßig zu einem geringeren Wert der Schulden als der Nominalwert, da die Fremdkapitalkosten regelmäßig unter den Eigenkapitalkosten liegen. Kommt es dagegen zum Ansatz des Substanzwertes als Mindestwert bleiben mögliche operative Kosten auf Holdingebene unberücksichtigt.[3]

191 Liegen für einzelne Beteiligungen bereits Wertfeststellungen nach § 151 Abs. 1 Satz 1 Nr. 2 oder 3 BewG vor, sollen diese Werte herangezogen werden.[4] Sofern sich die maßgeblichen Stichtagsverhältnisse nicht geändert haben, haben diese ein Jahr Gültigkeit.[5]

192 Insgesamt kann es bei dieser granularen Ermittlung von Unternehmensgruppen zu Ergebnissen kommen, die nur bedingt vergleichbar sind. Insbesondere

---

1 Vgl. Abschn. 4 Abs. 1 Bewertungserlass 2011.
2 Vgl. *Kohl*, ZEV 2009, 554 (555).
3 Vgl. *Kohl/König/Moeller*, BB 2013, 555 (558 f.).
4 Vgl. Erbschaftsteuerrichtlinien R B 200 Abs. 3 Satz 3 BewG.
5 Vgl. Erbschaftsteuerrichtlinien R B 200 Abs. 3 Satz 4 BewG. Ferner *Hecht/v. Cölln*, BB 2010, 795 (798 f.).

bei der Übernahme derartige Ergebnisse im Verwaltungsvermögenstest i.S.d. § 13b ErbStG kann es dann zu Verwerfungen kommen. Eine vollständige Vergleichbarkeit könnte sich dagegen bei Berücksichtigung konsolidierter Zahlen ergeben.[1]

Bei **umfangreichen Unternehmensgruppen** können sich darüber hinaus Fälle ergeben, in denen Beteiligungen von geringer Bedeutung gehalten werden. Eine ausführliche Berechnung mit dem vereinfachten Ertragswertverfahren würde hier nur in seltenen Fällen in einer angemessenen Kosten-/Nutzen-Relation stehen. Aus diesem Grund ist die Regelung in Abschn. 20 Abs. 4 des Bewertungserlasses zu begrüßen, dass in Fällen von geringer Bedeutung Vereinfachungen zulässig sind. Gemäß Abschn. 20 Abs. 4 Bewertungserlass wird in diesen Fällen die durchschnittliche Bruttoausschüttung der Untergesellschaft multipliziert mit dem Kapitalisierungsfaktor nach § 203 BewG als sachgerecht angesehen. Mindestens sei jedoch der Steuerbilanzwert der Beteiligung anzusetzen. Unberücksichtigt bleibt jedoch in diesen Fällen, dass durch Thesaurierung in der Untergesellschaft ggf. das bilanzielle Eigenkapital der Gesellschaft den aktuellen Bilanzbuchwert bei der Obergesellschaft überschreitet. Daher erscheint es wirtschaftlich vertretbar, den höheren von beiden Werten (Buchwert der Anteile vs. steuerbilanzielles Eigenkapital der Untergesellschaft) aus Vereinfachungsgründen anzusetzen.

193

Für die gesonderte Bewertung der einzelnen Beteiligungen ist dabei keine **Mindestbeteiligungsquote** notwendig.[2] Dies kann in Einzelfällen jedoch dazu führen, dass für bestimmte Minderheitsbeteiligungen die entsprechenden Informationen nicht verfügbar sind bzw. von der Mehrheitsgesellschaft nicht zur Verfügung gestellt werden. Im Rahmen von Gruppenbewertungen können dann Einzelwerte eingehen, deren Informationsbasis qualitativ unterschiedlich ausgeprägt ist.

194

b) Nicht betriebsnotwendiges Vermögen

Für sog. nicht betriebsnotwendiges Vermögen sieht das Bewertungsgesetz ebenfalls eine gesonderte Bewertung vor. Darunter versteht der Gesetzgeber diejenigen Wirtschaftsgüter und Schulden, die aus dem Unternehmen herausgelöst werden können, ohne die eigentliche Unternehmenstätigkeit zu beeinträchtigen (vgl. § 7 Rz. 4 ff.).

195

Eine Klassifizierung nicht betriebsnotwendiger Vermögensbestandteile hat daher funktional zu erfolgen und nicht den ertragsteuerlichen Grundsätzen zu Differenzierung in „**notwendiges**" und „**gewillkürtes**" Betriebsvermögen.[3]

196

---

1 Vgl. *Kohl/Schilling*, StuB 2008, 909 (916).
2 Vgl. Abschn. 20 Abs. 3 Satz 2 Bewertungserlass. Ferner *Hannes/Onderka* ZEV 2009, 421 (423).
3 Vgl. Erbschaftsteuerrichtlinien 2011 R B 200 Abs. 2 Satz 4 BewG. Ferner *Hecht/v. Cölln*, DB 2010, 1084 (1087).

197 Zu beachten ist, dass eine Einstufung als „nicht betriebsnotwendig" nicht automatisch zu einer Klassifizierung als Verwaltungsvermögen i.S.d. § 13b ErbStG führt.[1]

198 Eine Trennung in betriebsnotwendige und nicht betriebsnotwendige Bestandteile findet sich auch im einschlägigen Standard IDW S 1 und entspricht den allgemeinen Grundsätzen der Unternehmensbewertung. Unterschiede ergeben sich jedoch bei der konkreten Wertermittlung. Im Sinne einer IDW S 1 Bewertung erfolgt der Wertbeitrag eines nicht betriebsnotwendigen Vermögenswerte aus dessen Liquidationswert.[2] Daher wird zur Bewertung nicht betriebsnotwendiger Vermögensteile eine Veräußerung unterstellt, bei der daraus resultierenden Veräußerungskosten und latente Steuerlasten in Abzug zu bringen sind.

199 Einen Abzug derartiger Kosten oder Steuerlasten wird von der Finanzverwaltung analog der Überlegungen zum Substanzwert nicht akzeptiert. Analog einer Substanzwertermittlung unterstellt die Finanzverwaltung damit typisierend eine fiktive Nutzung, die zu einem Wertbeitrag in Höhe des gemeinen Wertes führt.[3]

c) Berücksichtigung junger Wirtschaftsgüter

200 Ein weiterer Sonderwert ist für sog. „junges Betriebsvermögen" gem. § 200 Abs. 4 BewG anzusetzen. Unter jungem Betriebsvermögen versteht der Gesetzgeber diejenigen Wirtschaftsgüter, die innerhalb der letzten zwei Jahre vor dem Bewertungsstichtag eingelegt worden und die nicht bereits nach § 200 Abs. 2 und 3 BewG neben dem Ertragswert mit ihrem gemeinen Wert angesetzt sind. Zusätzlich sind die mit diesen Wirtschaftsgütern im wirtschaftlichen Zusammenhang stehenden Schulden gesondert neben dem Ertragswert anzusetzen.[4]

201 Parallel zu der gesonderten Ermittlung junger Wirtschaftsgüter sind Aufwendungen im Zusammenhang bei der Ermittlung des maßgeblichen Betriebsergebnisses hinzuzuaddieren. Abzuziehen sind die Erträge, die im Zusammenhang mit dem Vermögen nach § 200 Abs. 2 bis 4 BewG, d.h. auch dem jungen Betriebsvermögen, stehen.

202 Aufgrund der Typisierung des vereinfachten Verfahrens, den Jahresertrag auf Basis der durchschnittlichen Jahresergebnisse der letzten 3 Jahre herzuleiten, besteht aus Sicht des Gesetzgebers die Gefahr, dass der Wertbeitrag junger Wirtschaftsgüter nicht erfasst wird. Vielmehr bestünde die Möglichkeit, vor dem Bewertungsstichtag einzelne Wirtschaftsgüter aus dem Privatvermögen einzulegen und dadurch entsprechende Begünstigungen zu erreichen. Um einen möglichen Missbrauch[5] zu vermeiden, sollen derartige Wertbeiträge gesondert berücksichtigt werden.

---

1 Vgl. *Hannes/Onderka*, ZEV 2008, 173 (176).
2 Vgl. WP Handbuch Band II 2014, Rz. 138.
3 Vgl. *Piltz*, DStR 2008, 745 (749).
4 Vgl. Abschn. 20 Abs. 5 S. 1 Bewertungserlass 2011.
5 Vgl. *Deutscher Bundestag*, Bericht des Finanzausschusses zum ErbStRG, BT-Drucks. 16/11107, 22 f.

Eine solche Annahme mag im Einzelfall gerechtfertigt sein. Wird z.B. kurz vor dem Bewertungsstichtag Liquidität eingelegt und zur Schuldentilgung verwendet, wäre der errechnete Ertragswert um den Betrag der Liquidität zu niedrig, weil die für das vereinfachte Verfahren maßgeblichen Ergebnisse das Zinsergebnis vor Einlage beinhalten.

Vorstellbar sind aber auch die Fälle, in denen eine solche typisierte Annahme zu überhöhten Werten führt. Dies gilt für den gegenteiligen Fall, in dem das eingelegte junge Betriebsvermögen als Ersatz eines wirtschaftlich aufgebrauchten Wirtschaftsgutes fungiert. In diesem Fall kann das Ertragsniveau der Vergangenheit nur durch die Nutzung des eingelegten Wirtschaftsgutes erhalten bleiben. Alternativ wären Ersatzbeschaffungen (Miete/Kauf) notwendig, aus denen sich jedoch Ergebnisminderungen ergeben würden. Der zusätzliche Ansatz des gemeinen Wertes des Wirtschaftsgutes führt dann zu überhöhten Unternehmenswerten.[1]

Unabhängig von den erzielten Ergebnissen verstößt eine solche Vorgehensweise gegen den Grundsatz einer Gesamtbewertung, wonach für eine sachgerechte Unternehmensbewertung aus der Gesamtheit aller materiellen und immateriellen Faktoren die zukünftig erzielbaren Überschüsse für die Ermittlung eines Unternehmenswertes anzusetzen sind. Durch den Ansatz einzelner Wirtschaftsgüter mit dem gemeinen Wert ergibt sich im Ergebnis eine Mischbewertung, in der finanzielle Überschüsse, die mit dem Großteil des Vermögens eines Unternehmens erzielt werden, parallel zur Einzelbewertung einzelner Wirtschaftsgüter angesetzt werden.

d) Sonderbetriebsvermögen

Bei Unternehmen in der Rechtsform einer Personengesellschaft, die vom Unternehmenseigner maßgeblich geprägt sind, findet sich häufig sog. „Sonderbetriebsvermögen". Bei solchen Sonderbetriebsvermögen handelt es sich z.B. um Gesellschafterdarlehen oder um Miet- oder Leasingverhältnisse, bei denen Wirtschaftsgüter des Gesellschafters dem Unternehmen zur Nutzung überlassen werden.

Derartige Wirtschaftsgüter und Schulden sind entsprechend der ertragsteuerlichen Regelung einzubeziehen und gesondert nach § 97 Abs. 1a Nr. 2 BewG mit dem gemeinen Wert anzusetzen.[2]

Wegen des gesonderten Ansatzes des Sonderbetriebsvermögens dürfen damit in Zusammenhang stehende Erträge und Aufwendungen bei der Gesellschaft nicht korrigiert werden.[3] Wurden jedoch bislang keine Nutzungsgebühren verausgabt, kann eine gesellschaftsrechtlich bedingte Vermögensmehrung vorliegen, die gem. § 202 Abs. 1 Satz 2 Nr. 3 BewG zu korrigieren ist. Wurde daher eine Vergütung für Sonderbetriebsvermögen vereinbart, soll diese auch im vereinfachten Ertragswertverfahren mindernd erfasst werden. Gesellschafterindu-

---
1 Vgl. *Stalleiken/Theißen*, DStR 2010, 21 (26).
2 Vgl. Abschn. 10 Abs. 1 Satz 1 sowie Abschn. 11 Satz 1 Bewertungserlass 2011.
3 Vgl. Abschn. 2 Satz 6 Bewertungserlass 2011.

zierte Vermögensmehrungen dagegen sollen durch einen zusätzlichen, neu berechneten Ergebnisbeitrag kompensiert werden.[1]

209 Aufgrund der Zielsetzung des vereinfachten Ertragswertverfahrens, eine Wertermittlung von Anteilen an Unternehmen abzubilden, muss dafür auch eine vollständige **steuerliche Abzugsfähigkeit** derartiger Vergütungen unterstellt werden. Damit wird von der tatsächlichen steuerlichen Behandlung solcher Vergütungen abgewichen. Ein solches Abweichen ist jedoch notwendig, um dem eigentlichen Zweck des vereinfachten Ertragswertverfahrens, der Ermittlung gemeiner Werte von Unternehmen, Rechnung zu tragen. Dies steht im Einklang mit Abschn. 22 Abs. 1 Satz 4 Bewertungserlass, wonach nicht die tatsächliche, sondern die zutreffend ertragsteuerliche Behandlung maßgebend sei. Durch den Abzug einer typisierten Steuerbelastung von 30 % wird dieses Ergebnis auch erreicht.

3. Bewertung ausländischen Vermögens

210 Das vereinfachte Ertragswertverfahren ist auch für ausländische Kapitalgesellschaften anzuwenden.[2] Danach hat die Ermittlung der Bewertungsgrundlagen in der jeweiligen Landeswährung zu erfolgen. Der dann in der ausländischen Währung ermittelte vereinfachte Ertragswert ist anschließend zum Devisenkurs am Stichtag umzurechnen.[3]

Aus diesem allgemeinen Grundsatz ergibt sich daraus für die Praxis eine Reihe von Schwierigkeiten. Zum einen hat die Ermittlung des durchschnittlich erzielbaren **Jahresertrages gem. § 202 Abs. 1 Satz 1 BewG** auf Basis der Steuerbilanzgewinne i.S.d. § 4 Abs. 1 Satz 1 EStG zu erfolgen. Diese liegen jedoch im Regelfall für ausländische Kapital- und Personengesellschaften nicht vor. Vielmehr stehen für solche Unternehmen Jahresabschlüsse nach anderen oder auch nach internationalen Rechnungslegungsstandards zur Verfügung. Trotz der Regelung des § 202 Abs. 1 Satz 1 BewG sind diese Abschlüsse nicht nach deutschen steuerlichen Grundsätzen neu zu erstellen oder überzuleiten. Vielmehr geht die Finanzverwaltung von einer „entsprechenden" Anwendung des vereinfachten Ertragswertverfahrens, insbesondere hinsichtlich der Ermittlung des maßgeblichen Jahresertrages, aus:[4] Konkret soll eine Korrektur durch Hinzurechnungen und Abzüge nach § 202 Abs. 1 Satz 2 BewG möglich sein.

211 Aufgrund international unterschiedlicher steuerlicher Gewinnermittlungsvorschriften wird sich damit die Basis der Wertermittlung als auch die Wertermittlung selber unterscheiden. Das Problem unterschiedlicher Rechnungslegungsstandards existiert auch im Rahmen allgemein anerkannter Bewertungsgrundsätze. Unabhängig von der bilanziellen Abbildung bleiben jedoch die zahlungswirksamen Effekte gleich. Unterschiede zwischen Ergebnis- und Liquiditätsgröße können dann durch den Einsatz integrierter Planungsmodelle korrigiert werden. Auf die Art gleichen sich Effekte aus unterschiedlichen

---

1 Vgl. *Kohl*, ZEV 2009, 554 (556).
2 Vgl. Erbschaftsteuerrichtlinien R B 199.1 Abs. 2 und R B 199.2 Satz 1 BewG.
3 Vgl. Erbschaftsteuerrichtlinien R B 199.2 Satz 2 BewG.
4 Vgl. Abschn. 24 Bewertungserlass 2011.

Rechnungslegungsstandards zumindest teilweise aus. Diese Grundsätze werden bei dem vereinfachten Verfahren jedoch nicht beachtet. Durch das Abstellen auf steuerlich geprägte Ergebnisse wird vielmehr unterstellt, dass diese (typisierten) Ergebnisse auch den Zahlungen an die Anteilseigner entsprechen. Eine Berücksichtigung unterschiedlicher Finanzierungswirkungen unterbleibt durch das Abstellen auf die durchschnittlichen Zinsergebnisse der Vergangenheit dagegen vollständig. Es ist daher im Einzelnen zu prüfen, ob die Bewertung inländischer oder ausländischer Unternehmen überhaupt zu vergleichbaren Ergebnissen führt.[1]

Neben der Ermittlung des Jahresertrags stellt sich diese Frage auch bei der Ermittlung des Kapitalisierungszinssatzes. Bei betriebswirtschaftlichen Unternehmensbewertungen ergeben sich dazu eine Reihe von Einzelfragen (ausländisches Zinsniveau, Zusammenhang Wechselkurs und Zinsniveau, ausländische Inflationserwartung, ausländische Marktrisikoprämie u.a.), die regelmäßig zu unterschiedlichen Ergebnissen führen. 212

Zu beachten ist, dass bei der Ermittlung eines Kapitalisierungszinssatzes kein weiterer Abschlag von betrieblichen oder persönlichen Steuern vorgenommen werden muss. Die hier einschlägige Ermittlung eines Kapitalisierungszinssatzes orientiert sich im Ergebnis an dem sog. „CAPM". Dieses ist ein Preiserklärungsmodell, welches auf Basis von Kapitalmarktdaten Preise und Renditen in Relation zueinander setzt. Kennzeichnend für das CAPM ist, dass bei Anwendung dieses Modells direkt eine Renditegröße nach betrieblichen Steuern ermittelt wird. Dies ergibt sich daraus, dass bei Ableitung der zugrunde liegenden Kapitalmarktdaten auf den Jahresüberschuss börsennotierter Gesellschaften, d.h. auf eine Größe nach betrieblichen Steuern abgestellt wird. Mit einer solchen Vorgehensweise bleibt grundsätzlich das Äquivalenzprinzip gewahrt, wonach Zähler und Nenner äquivalent mit Steuern belastet werden müssen.[2] 213

Beim vereinfachten Ertragswertverfahren wird der Zähler um eine pauschalierte Steuer von 30 % gekürzt. Eine vergleichbare Steuerbelastung ist implizit in der Ermittlung dieses typisieren Kapitalisierungszinssatzes enthalten. 214

Es stellt sich daher die Frage, ob bei der Bewertung ausländischer Beteiligungen ein für deutsche Verhältnisse typisierter Risikozuschlag angesetzt werden sollte. Weicht der ausländische Steuersatz maßgeblich von den deutschen Verhältnissen ab, besteht die Gefahr, dass Zähler und Nenner nicht äquivalent mit Steuer belastet werden. 215

Abschn. 24 Satz 4 Bewertungserlass 2011 bestimmt dagegen, dass der nach § 203 BewG maßgebliche Kapitalisierungsfaktor auch auf Auslandsgesellschaften anzuwenden ist, wenn dies nicht zu offensichtlich unzutreffenden Ergebnissen führt. 216

Darüber hinaus sollte bei einer sachgerechten Bewertung von ausländischen Beteiligungen hinterfragt werden, in welcher Höhe mögliche **Auslandsrisiken** zu berücksichtigen sind. Bei einer marktgerechten Unternehmensbewertung 217

---

1 Vgl. *Kohl*, ZEV 2009, 554 (557-558).
2 Anderer Ansicht *Wollny*, DStR 2012, 1356 (1358-1359), der die Vorgabe von 4,5 % als eine Größe nach persönlichen Steuern interpretiert.

wären derartige Risiken in irgendeiner Art zu erfassen. Dadurch wird dem Umstand Rechnung getragen, dass auch das politische Umfeld Einfluss auf die Risikostruktur eines Unternehmens haben kann. Aufgrund der engen Typisierung der §§ 199 ff. ist jedoch ein solcher zusätzlicher Risikozuschlag nicht vorgesehen. Bei ausländischen Beteiligungen oder bei inländischen Unternehmensgruppen mit einem entsprechend hohen Anteil ausländischer Beteiligungen kann dies zu irreführenden Ergebnissen führen.

4. Behandlung offensichtlich unzutreffender Ergebnisse

218 Kommt es bei Anwendung des vereinfachten Verfahrens zu „offensichtlich unzutreffenden Ergebnissen", so darf dieses gem. § 199 Abs. 1 BewG nicht angewendet werden. Mit dieser Vorschrift übernimmt der Gesetzgeber eine Formulierung aus der laufenden BFH-Rechtsprechung, die die Anwendung des früheren Stuttgarter Verfahrens bei eben diesen offensichtlich unzutreffenden Ergebnissen nicht zuließ.[1]

219 Zur sachgerechten Anwendung dieses Verbotes ist auszulegen, was der Gesetzgeber sowohl unter „unzutreffenden" Ergebnisse versteht als auch wann diese „offensichtlich" sind.

220 Aus den kumulierten Vorschriften „unzutreffend" und „offensichtlich" lässt sich herleiten, dass es zu unzutreffenden Ergebnissen bei Anwendung des vereinfachten Verfahrens kommen kann, die jedoch nicht zu beanstanden sind, wenn diese nicht offensichtlich sind. Dazu zählen z.B. diejenigen Fälle, in denen die Typisierungen des vereinfachten Verfahrens nicht den wirtschaftlichen Realitäten entsprechen. Beispielhaft lässt sich die typisierte Steuerquote von 30 % oder der pauschale Risikozuschlag von 4,5 % nennen. Auch die Erbschaftsteuerrichtlinien führen dazu aus, dass die gesetzlich verankerten Typisierungen zu Abweichungen vom gemeinen Wert führen können.[2] Im Sinne einer angestrebten Verfahrensvereinfachung sind diese jedoch im Sinne des Gesetzgebers in Kauf zu nehmen.

221 Seitens des Gesetzgebers als auch seitens der Finanzverwaltung werden **keine Schwellenwerte** genannt, ab denen unzutreffende Ergebnisse offensichtlich sind. Vielmehr werden eine Reihe von qualitativen Merkmalen aufgeführt:[3]
– Zeitnahe Verkäufe nach dem Bewertungsstichtag
– Verkäufe, die mehr als ein Jahr vor dem Bewertungsstichtag liegen

---

1 Vgl. u.a. BFH v. 17.5.1974 – III R 156/72, BStBl. II, 1974, 626 (628); BFH v. 28.3.1990 – II R 108/85, BStBl. II 1990, 493 (495) = GmbHR 1990, 474; BFH v. 1.2.2007 – II R 19/05, BStBl. 2007, 635 (636) = GmbHR 2007, 555. Die Anknüpfung an die frühere Rechtsprechung erlaubt allerdings nur bedingt Rückschlüsse auf die aktuell notwendige Auslegung. Zum einen war ein Ergebnis nach dem Stuttgarter Verfahren in vielen Fällen bereits offensichtlich unrichtig. Zum anderen ist der BFH nur in seltenen Fällen von einem Vorliegen einer offensichtlichen Unrichtigkeit ausgegangen. Vgl. *Möllmann* in Tiedtke, § 12 ErbStG Rz. 145-146.
2 Vgl. Erbschaftsteuerrichtlinien 2011 R B 199.1 Abs. 3 Satz 1.
3 Vgl. Erbschaftsteuerrichtlinien 2011 R B 188.1. Abs. 5. Ferner Abschn. 19 Abs. 5 Bewertungserlass 2011.

– Erbauseinandersetzungen, bei denen die Verteilung der Erbmasse Rückschlüsse auf den gemeinen Wert zulässt

Mit diesen Beispielen orientiert sich die Finanzverwaltung nicht an errechneten Werten, sondern an in der Realität beobachtbaren Preisen. Im Gegensatz zu den unterschiedlichen Preisen, die im Rahmen der Methodenhierarchie des § 11 BewG genannt sind, haben diese jedoch nur eine Überprüfungsfunktion. Ihnen kommt keine reguläre Wertfindung zu.[1] 222

Derartige Preise werden indes nicht regelmäßig vorzufinden sein, so dass in der Praxis ein Vergleich der Ergebnisse mit anderen Ertragswertmethoden heranzuziehen ist. Eindeutige Schwellenwerte haben sich in der Literatur nicht herausgebildet. Genannt werden Abweichungen zwischen 20 % und 25 % (jeweils vom gemeinen Wert auf einen höheren und niedrigeren Wert)[2] 50 %[3] und bis zu 60 %[4]. Teilweise wird bei dieser Frage auch differenziert, von welchem Referenzwert sich eine Abweichung ergibt. So wird die Bandbreite bei konkret beobachtbaren Preisen enger definiert als bei rechnerischen Ermittlungen anhand der Ertragsaussichten. Letztgenannte weisen als Schätzung eigene Bewertungsunschärfen aus, die größere Bandbreiten rechtfertigen.[5] 223

Nicht eindeutig geklärt ist neben der mathematischen Abweichung jedoch die konkrete Berechnung. Diese kann entweder vom Ergebnis des vereinfachten Verfahrens ausgehen oder von einem Referenzwert ausgehen. Im Sinne des Wortlautes des Gesetzes ist davon ausgehen, dass die Abweichungen von einem Referenzwert zu ermitteln sind. So schreibt der Gesetzgeber Fälle vor, in denen das vereinfachte Verfahren zu unzutreffenden Ergebnissen führt. Mithin liegen in den Fällen Abweichungen von einem Referenzwert vor. 224

Neben den genannten Fällen sieht die Finanzverwaltung weitere Fälle vor, in denen das vereinfachte Verfahren nicht anzuwenden ist.[6] 225

– Bei komplexen Strukturen von verbundenen Unternehmen,
– bei neu gegründeten Unternehmen,
– bei Branchenwechsel eines Unternehmens sowie bei
– sonstigen Fällen, in denen aufgrund besonderer Umstände ein vergangenheitsorientierter ermittelter Jahresertrag nicht repräsentativ ist.

Offen bleibt bei diesen Beispielen jedoch, wann Strukturen von verbundenen Unternehmen zu komplex sind und automatisch zu unzutreffenden Ergebnissen führen. In der Literatur wird insbesondere angeführt, dass dieser Fall nicht durch das Gesetz gedeckt ist. Aus diesem Grund geht die herrschende Meinung davon aus, dass das vereinfachte Verfahren zunächst vorbehaltlos anzuwenden ist.[7] 226

---

1 Vgl. *Hecht/v. Cölln*, DB 2010, 1084 (1085); *Piltz*, DStR 2008, 745 (749).
2 Vgl. *Rohde/Gemeinhardt*, StuB 2009, 167 (168).
3 Vgl. *Mannek*, DB 2008, 423 (428); *Hannes/Onderka*, ZEV 2009, 421 (422).
4 Vgl. *Viskorf*, ZEV 2009, 591 (596).
5 Vgl. *Stalleiken/Theißen*, DStR 2010, 21 (23 ff.).
6 Vgl. Abschn. 19 Abs. 6 Bewertungserlass 2011.
7 Vgl. z.B. *Stalleiken/Theißen*, DStR 2010, 21 (26); *Hannes/Onderka*, ZEV 2009, 421 (422).

227 Unter den sonstigen Fällen, in denen die Anwendung des vereinfachten Verfahrens zu unzutreffenden Ergebnissen führt, werden auch Zeiten einer Wirtschaftskrise genannt. Damit hat die Finanzverwaltung die typisierende Wirkung des vereinfachten Verfahrens gestärkt, in dem auch in Zeiten volatiler Ergebnisse nicht von dem grundsätzlichen typisierten Vorgehen in Form einer durchschnittlichen vergangenheitsorientierten Betrachtung abgewichen werden. Vielmehr soll in solchen Fällen ein nicht Anwendung wegen offensichtlich unzutreffender Ergebnisse erfolgen.

228 Eine endgültige Festlegung, wann das vereinfachte Ertragswertverfahren zu offensichtlich unzutreffenden Ergebnissen führt, hat die Finanzverwaltung jedoch auch im aktualisierten Bewertungserlass 2011 nicht vorgenommen. Es wird daher den FG vorbehalten bleiben, diese Grenze zu bestimmen.[1]

5. Beweislastverteilung

229 Entgegen anderer Eindrücke aus den gemeinsamen Ländererlassen 2009 ist das vereinfachte Verfahren nicht als Regelverfahren konzipiert, sondern als „Angebot" des Gesetzgebers in einfach gelagerten Fällen. Vor diesem Hintergrund stellt sich die Frage der Beweislastverteilung.

230 Im Rahmen der gleichlautenden Ländererlasse 2009 ergab sich dabei die folgende Verteilung:[2]

- Will das Finanzamt von dem vereinfachten Verfahren abweichen, trägt es die Feststellungslast für die Ermittlung eines abweichenden Wertes.
- Will der Steuerpflichtige von dem Wert des vereinfachten Verfahrens abweichen, trägt er die Feststellungslast und damit auch mögliche Kosten eines Privatgutachtens.

231 Im aktualisierten gemeinsamen Ländererlass 2011 sind entsprechende Aussagen zur Feststellungslast jedoch nicht mehr enthalten. Über die Anwendung des Angebotes hat das Finanzamt nach pflichtgemäßem Ermessen zu entscheiden.[3] Dabei geht die Finanzverwaltung davon aus, dass mit der Ausübung eines Wahlrechts auch die **Feststellungslast** verbunden ist. Hat das Finanzamt daher Zweifel an der Anwendbarkeit des vereinfachten Verfahrens, sind diese substantiiert darzulegen und dem Steuerpflichtigen ist die Gelegenheit zu geben, diese Bedenken auszuräumen.[4] Können in einem ernsthaften Austausch zwischen dem Steuerpflichtigen und dem Finanzamt Zweifel an der Anwendbarkeit nicht ausgeräumt werden, wird die Finanzverwaltung auf die Vorlage eines methodisch nicht zu beanstandenden Gutachtens bestehen.[5] Im Ergebnis führt diese Auffassung der Finanzverwaltung zu einer de facto Verpflichtung des Steuerpflichtigen, ein Privatgutachten einzuholen.

---

1 Vgl. *Stalleiken/Theißen*, DStR 2010, 21 (26). Ferner vgl. *Möllmann* in Tiedtke, § 12 ErbStG Rz. 145-146.
2 Vgl. Abschn. 19 Abs. 6 u.7 Bewertungserlass 2009.
3 Vgl. *Drosdzol*, DStR 2011, 1258 (1261).
4 Vgl. Abschn. 19 Abs. 4 Satz 3 Bewertungserlass 2011.
5 Vgl. *Mannek*, Handbuch Steuerliche Unternehmensbewertung, S. 178.

Sofern der Steuerpflichtige ein solches Gutachten einholen muss, um den Beweis „nicht offensichtlich unzutreffender Ergebnisse" zu führen, tritt damit aber das eigentliche Ziel des vereinfachten Verfahrens einer Kostenersparnis in den Hintergrund.[1]

232

X. Bewertung von Transferpakten im Sinne der Funktionsverlagerungsverordnung

1. Rechtliche Grundlagen

Ein weiterer steuerlicher Bewertungsanlass ergibt sich aus dem Außensteuergesetz.[2] Dies sieht bei Verlagerungen einzelner Funktionen (sog. Funktionsverlagerung) ins Ausland eine Besteuerung der stillen Reserven vor, die der Funktion anhaften. Eine Funktionsverlagerung liegt dann vor, eine Funktion einschließlich der dazugehörigen Chancen und Risiken und der mit übertragenen oder überlassenen Wirtschaftsgüter und sonstigen Vorteile verlagert wird (§ 1 Abs. 3 Satz 9 AStG).

233

Bei einer Funktion handelt es sich nach Definition der **Funktionsverlagerungsverordnung (FVerlV**[3]**)** um eine Geschäftstätigkeit, die aus einer Zusammenfassung gleichartiger betrieblicher Aufgaben besteht, die von bestimmen Stellen oder Abteilungen eines Unternehmens erledigt werden (§ 1 Abs. 1 Satz 1 FVerlV).[4]

234

Negativ abzugrenzen von der **Funktionsverlagerung** ist die sog. **Funktionsverdoppelung**. § 1 Abs. 6 Satz 1 FVerlV stellt klar, dass eine Funktionsverlagerung dann nicht vorliegt, wenn innerhalb von fünf Jahren, nachdem die Funktion bei dem ausländischen Unternehmen aufgenommen wurde, es zu keiner Einschränkung der Funktion bei dem inländischen Unternehmen gekommen ist.[5] Ebenfalls abzugrenzen von einer Funktionsverlagerung sind nach § 1 Abs. 7 FVerlV die Veräußerung oder zur Nutzung überlassene Wirtschaftsgüter oder die Erbringung von Dienstleistungen. Gleiches gilt gem. § 1 Abs. 7 Satz 2 FVerlV für die Entsendung von Mitarbeitern im Konzern. Weitere negative Abgrenzungen stellen die fristgerechte Kündigung von Verträgen sowie Vorgänge, die zwischen unabhängigen Dritten nicht als Veräußerung oder Funktion angesehen werden, dar (vgl. § 1 Abs. 7 Satz 2 FVerlV). Zu letzteren zählen z.B. Überlassungen von Aufträgen bei Kapazitätsengpässen. Abschließend sind nach § 2 Abs. 2 Satz 1 FVerlV diejenigen Sachverhalte ausgeschlossen, bei denen zwar die Voraussetzung einer Funktionsverlagerung zutrifft, die verlagerte Funktion

235

---

1 Vgl. *Mannek*, Handbuch Steuerliche Unternehmensbewertung, S. 176.
2 Dabei ist die folgend thematisierte Funktionsverlagerung nicht der einzige außensteuerliche Bewertungsanlass. Sie weist jedoch Besonderheiten gegenüber „gewöhnlichen" Bewertungen zum gemeinen Wert, wie sie etwa die Wegzugsbesteuerung (§ 6 AStG) erfordert, auf, und wird daher näher betrachtet.
3 Vgl. FVerlV v. 12.8.2008, BGBl. I 2008, 1680.
4 Einzelheiten zur Definition einer Funktion finden sich bei *Baumhoff/Ditz/Greinert*, Ubg 2009, 161 (162).
5 Vgl. *Baumhoff/Ditz/Greinert*, Ubg 2009, 161 (163) mit weiteren Anmerkungen, wie die Einschränkung zu beurteilen ist.

aber im Anschluss nur gegenüber dem verlagernden Unternehmen zu angemessenen Verrechnungspreisen ausgeübt wird.

236 Neben der negativen Abgrenzung einer Funktion bestehen **drei alternative Escape-Klauseln** (vgl. § 1 Abs. 3 Satz 10 AStG). Bei Vorliegen bestimmter Voraussetzungen kann eine Bewertung der Funktion entfallen und der Steuerpflichtige kann die Werte der einzelnen übergehenden Wirtschaftsgüter ansetzen. Dafür muss der Steuerpflichtige glaubhaft machen, dass

- keine wesentlichen immateriellen Wirtschaftsgüter und Vorteile mit der Funktion übergegangen sind oder zur Nutzung überlassen wurden oder
- dass das Gesamtergebnis der Einzelpreisbestimmung gemessen an der Preisbestimmung für das Transferpaket als Ganzes dem Fremdvergleichsgrundsatz entspricht oder
- dass zumindest ein wesentliches immaterielles Wirtschaftsgut Gegenstand der Funktionsverlagerung ist und der Steuerpflichtige dieses bezeichnen kann.[1]

237 Liegt eine Funktionsverlagerung vor und greift keine Escape-Regelung, hat eine Bewertung des Transferpaketes zum Fremdvergleichspreis zu erfolgen. Als Fremdvergleichspreis wird derjenige Preis definiert, den voneinander unabhängige Dritte unter gleichen oder vergleichbaren Verhältnisse vereinbart hätten (vgl. § 1 Abs. 1 AStG). Als Maßstab für den Fremdvergleichspreis ist dabei die verkehrsübliche Sorgfalt eines ordentlichen und gewissenhaften Geschäftsleiters gegenüber Dritten zugrunde zu legen.[2] Zur Ermittlung von Fremdvergleichspreisen ist folgende **Stufenhierarchie** zu beachten:[3]

Stufe 1: Tatsächlicher Fremdvergleich – uneingeschränkt vergleichbare Werte

Stufe 2: Tatsächlicher Fremdvergleich – eingeschränkt vergleichbare Werte

Stufe 3: Hypothetischer Fremdvergleich – Ermittlung eines hypothetischen Fremdvergleichs

238 In der Regel wird kein zur Bewertung vorrangig heranzuziehender, zumindest eingeschränkt vergleichbarer Fremdvergleichswert für derartige Funktionen vorliegen.[4] Daher hat die Bewertung mittels hypothetischen Fremdvergleichs zu erfolgen (vgl. § 1 Abs. 3 Satz 5 AStG).

239 Hierzu schreibt das Gesetz vor, aufgrund einer Funktionsanalyse und innerbetrieblicher Planrechnungen den Mindestpreis des Leistenden und den Höchstpreis des Leistungsempfängers unter Berücksichtigung funktions- und risikoadäquater Kapitalisierungszinssätze zu ermitteln (Einigungsbereich). Der Einigungsbereich soll dabei auf Basis der jeweiligen Gewinnerwartungen (Gewinnpotentiale) bestimmt werden (vgl. § 1 Abs. 3 Satz 6 AStG).[5]

---

1 Vgl. *Ditz*, IStR 2011, 125 (129). Ferner *Baumhoff/Ditz/Greinert*, DStR 2010, 1309 (1311 f.).
2 Vgl. BFH v. 16.3.1967 – I 261/63, BStBl. III 1967, 626 (627).
3 Vgl. *Baumhoff/Ditz/Greinert*, DStR 2007, 1461 (1462).
4 Vgl. *Kraft* in Kraft, § 1 AStG Rz. 402.
5 Vgl. *Nestler/Schaflitzl*, BB 2011, 235 (237), die den Einigungsbereich anhand eines Beispiels darstellen.

Im Rahmen der Funktionsverlagerung ist hierbei ausdrücklich auf das Transferpaket abzustellen (vgl. § 1 Abs. 3 Satz 9 AStG), welches aus der Funktion und den mit der Funktion zusammenhängenden Chancen und Risiken sowie den Wirtschaftsgütern und Vorteilen, die das verlagernde Unternehmen dem übernehmenden Unternehmen überträgt, besteht (vgl. § 1 Abs. 3 FVerlV). Durch diese bewusste Abkehr vom Einzelbewertungsgrundsatz[1] eröffnet sich der Anwendungsbereich für betriebswirtschaftliche Gesamtbewertungsverfahren.[2]

240

Als Bewertungsmethode bieten sich das **direkte und das indirekte Verfahren** an. Bei dem direkten Verfahren werden die Gewinnpotentiale und die Kapitalkosten direkt für das Transferpaket identifiziert. Dies setzt voraus, dass sowohl die verlagerten Wirtschaftsgüter als auch die daraus resultierenden Zahlungsströme unmittelbar zugeordnet werden können. Da sowohl aus der Perspektive des Leistenden wie des Empfängers bewertet werden muss, um die Mindestpreise und Maximalpreise zu ermitteln, sind zwei Bewertungen erforderlich.

241

Statt einer solchen direkten Zuweisung von finanziellen Überschüssen zu der maßgeblichen Funktion wird sich oftmals die indirekte Methode der Wertermittlung des Transferpakets anbieten.[3] Hierbei wird beim verlagernden Unternehmen der Unternehmenswert vor und nach der Abgabe der Funktion und entsprechend beim aufnehmenden der Unternehmenswert vor und nach der Aufnahme ermittelt.[4] Die jeweilige Differenz ergibt dann den Wert des Transferpaketes. Insofern kommt es zu einer Vierfach-Bewertung.[5]

242

Der Gesetzgeber unterstellt ferner, dass fremde Dritte bei der Verlagerung von Wirtschaftsgütern in der Regel **Preisanpassungsklauseln** vereinbaren würden, wenn Unsicherheiten über die Höhe der zukünftigen Gewinne entstehen (vgl. § 1 Abs. 3 Satz 11 AStG). Wurde dagegen eine solche Klausel nicht vereinbart, und tritt innerhalb der ersten 10 Jahre nach Veräußerung eine erhebliche Abweichung zwischen unterstellter und tatsächlicher Gewinnentwicklung ein, wird der Besteuerung ein einmaliger Anpassungsbedarf zugrunde gelegt (Vvl. § 1 Abs. 3 Satz 12 AStG). Dabei unterstellt der Gesetzgeber eine erhebliche Abweichung, wenn der auf Basis der tatsächlichen Gewinnentwicklung ermittelte Verrechnungspreis außerhalb des ursprünglichen Einigungspreises liegt (vgl. § 10 Satz 1 FVerlV).

243

Im Rahmen der konkreten Wertermittlung sind daher im Wesentlichen folgende Problembereiche zu betrachten:

244

– Ermittlung der Gewinnpotentiale

– Dauer des Kapitalisierungszeitraums

– Höhe des Kapitalisierungszinssatzes

---

1 Vgl. *Kraft* in Kraft, § 1 AStG Rz. 401.
2 Vgl. Begründung zu § 3 FVerlV, BR-Drucks. 352/08, S. 17, dort auch als „net present value" bezeichnet.
3 Vgl. *Kraft* in Kraft, § 1 AStG Rz. 411.
4 Vgl. 2.1.4.1 Verwaltungsgrundsätze Funktionsverlagerung, Rz. 32.
5 Vgl. *Baumhoff/Ditz/Greinert*, DStR 2007, 1649 (1652).

2. Ermittlung der Gewinnpotentiale

245 Die Gewinnpotentiale werden als Barwert der aus der verlagerten Funktion erwarteten Reingewinne nach Steuern definiert (vgl. § 1 Abs. 4 FVerlV), welche (die beiden) ordentliche(n) gewissenhafte(n) Geschäftsleiter der beteiligten Unternehmen erwarten.[1] Demnach handelt es sich um den aus der Unternehmensbewertung bekannten Zukunftserfolgswert.[2] Die deutliche Kritik des IDW an der Heranziehung der Standards IDW S 1 und IDW S 5[3] zeigt, dass dieser Zukunftserfolgswert für den vorliegenden Bewertungszweck von anderen Wertkonzepten abweicht und daher zu konkretisieren ist.

246 Nach Auffassung der Finanzverwaltung handelt es sich bei den **erwarteten Reingewinnen** um die aus dem Transferpaket resultierenden finanziellen Überschüsse nach Fremdkapitalkosten und Steuern, die als Nettoeinnahmen während der erwarteten wirtschaftlichen Nutzungsdauer des Transferpakets in den Verfügungsbereich des jeweiligen ordentlichen gewissenhaften Geschäftsleiter gelangen. Diese sollen (bei der direkten Wertermittlung der Funktion) aus den für die Zukunft geplanten Jahresergebnissen abgeleitet werden. Die zugrunde liegende Planungsrechnung kann dabei nach unternehmensüblichen handelsrechtlichen, steuerrechtlichen oder nach anderen Vorschriften (z.B. IFRS oder US GAAP) aufgestellt werden. Eine Korrektur nicht zahlungswirksamer Posten ist ausdrücklich vorgesehen. Insofern ist auch die Bezugnahme auf die DCF-Verfahren konsequent.[4] Ebenso erfolgt ein Hinweis auf IDW S 1 nach welchem eine ordnungsgemäße Unternehmensbewertung aufeinander abgestimmte Plan-Bilanzen, Plan-Gewinn- und Verlustrechnungen sowie Finanzplanungen voraussetzt. Hierzu sind u.U. ergänzende Berechnungen zur Ermittlung der steuerlichen Bemessungsgrundlagen erforderlich. Auf die Höhe gesellschaftsrechtlich ausschüttungsfähiger Überschüsse soll es jedoch nicht ankommen.[5]

247 Trotz detaillierter Festlegungen zur Ermittlung der finanziellen Überschüsse bleibt fraglich, wie die auf das Transferpaket entfallenden Zahlungsströme zu isolieren sind.[6] Dies kann bspw. für die Auslagerung des Vertriebs inkl. Kundenstamm für ein bestimmtes Land noch vergleichsweise einfach sein, wenn eine entsprechende Ergebnisplanung für dieses Land vorliegt.[7] Komplexer wird die Bestimmung, wenn nach Abgabe der Funktion zwischen Übergeber und Übernehmer (laufende) Transaktionen erfolgen, die eine (gewöhnliche) Ver-

---

1 Vgl. 2.1.4 Verwaltungsgrundsätze Funktionsverlagerung, Rz. 30.
2 Vgl. 2.1.4 Verwaltungsgrundsätze Funktionsverlagerung, Rz. 30, mit ausdrücklichem Verweis auf IDW S 1, Rz. 5.
3 Siehe dazu das Anschreiben des IDW an den Bundesminister der Finanzen v. 9.8.2011. Online verfügbar auf idw.de unter Verlautbarungen, sonstige Verlautbarungen.
4 Vgl. 2.3.2.1 Verwaltungsgrundsätze Funktionsverlagerung, Rz. 88.
5 Vgl. 2.1.4.1 Verwaltungsgrundsätze Funktionsverlagerung, Rz. 31.
6 Siehe dazu weiterführend *Wassermeyer/Baumhoff/Greinert* in Flick/Wassermeyer/Baumhoff/Schönfeld, § 1 AStG, Anm. V 82.
7 Vgl. *Baumhoff/Ditz/Greinert*, DStR 2007, 1649 (1652).

rechnungspreisbestimmung notwendig machen. In diesem Fall wird der spätere Verrechnungspreis wertbestimmend für das Transferpaket selbst.[1]

Trotzdem entfällt auch hier die Zurechnungsproblematik nicht. Nach den Verwaltungsgrundsätzen soll die Herausrechnung des auf die Funktion entfallenden Gewinnanteils dabei insbesondere auf Basis von Daten des internen Rechnungswesens erfolgen. Genannt werden die Kostenstellen-, Deckungsbeitrag- oder Produktergebnisrechnung.[2] Es ist ersichtlich, dass hierzu ein entsprechend ausgestaltetes Controlling notwendig ist. Es ergeben sich dementsprechende Probleme, etwa bei der Kalkulation von Kuppelprodukten.

248

Ebenso sollen tatsächlich bestehende, eindeutig vorteilhafte **Handlungsalternativen** berücksichtigt werden. Anders als bei rein objektivierten Unternehmensbewertungen sind die für eine angemessene Preisgestaltung erheblichen rechtlichen und wirtschaftlichen Positionen der beteiligten Vertragspartner zu beachten.[3] Wenn etwa für das verlagernde Unternehmen eine konkrete Möglichkeit bestehen würde, die Funktion anderweitig zu einem höheren Preis zu veräußern, wird ein ordentlicher und gewissenhafter Geschäftsleiter nicht bereit sein, die Funktion günstiger oder gar unentgeltlich abzugeben.[4]

249

Dies korrespondiert mit der Festlegung, dass im Rahmen der Ertragswertermittlung(en) alle Standortvor- und -nachteile, wie etwa Lohnkosten oder Qualität der Infrastruktur, sowie Synergieeffekte[5] beider beteiligten Unternehmen zu berücksichtigen sind. Dabei ist maßgeblich, welches Unternehmen die Vorteile/Nachteile im Rahmen der fiktiven Kaufpreisverhandlung realisieren könnte bzw. müsste, nicht welches sie entstehen lässt. Hierbei ist neben den bereits genannten Handlungsalternativen auch die Verhandlungsstärke der Beteiligten maßgeblich.[6]

250

Schwierigkeiten werden sich in der Praxis bei der Identifikation von konkreten Handlungsalternativen auf Basis von Planungsüberlegungen („Strategiepapieren") oder Auskünften der Geschäftsleiter ergeben. Die Quantifizierung von Synergieeffekten kann durch einen Vergleich von Stand-Alone- und Gesamtbewertung erreicht werden. Die Zuteilung der Effekte auf Basis der Verhandlungsstärke wird jedoch i.d.R. kaum anhand hinreichend objektiver Kriterien möglich sein.

251

Bezüglich der Finanzierung kann typisierend davon ausgegangen werden, dass das die Funktion übernehmende Unternehmen dieselbe Verschuldung wie das verlagernde Unternehmen aufweist. Der Steuerpflichtige soll die Beweislast für eine abweichende Finanzierung tragen.[7]

252

---

1 Vgl. *Serg*, DStR 2005, 1919 f.; *Baumhoff/Ditz/Greinert*, DStR 2007, 1649 (1652).
2 Vgl. 2.3.2 Verwaltungsgrundsätze Funktionsverlagerung, Rz. 85.
3 Vgl. auch BFH v. 28.1.2004 – I R 87/02, BFH/NV 2004, 736 m.w.N. = GmbHR 2004, 674.
4 Vgl. 2.3.2.5 Verwaltungsgrundsätze Funktionsverlagerung, Rz. 96.
5 Vgl. zur Kritik an der Besteuerung von erst im Ausland entstehenden Synergien im Inland *Baumhoff/Ditz/Greinert*, DStR 2007, 1649 (1652).
6 Vgl. 2.3.2.5 Verwaltungsgrundsätze Funktionsverlagerung, Rz. 93.
7 Vgl. 2.3.2.5 Verwaltungsgrundsätze Funktionsverlagerung, Rz. 94.

253 Wie einleitend definiert soll es sich um einen Cashflow „nach Steuern" handeln. Dies ist zu präzisieren. In Unternehmensbewertungskalkülen sind hiermit regelmäßig Ertragsteuern gemeint. In jedem Fall sind die Ertragsteuern auf Unternehmensebene abzuziehen. Bei den auf deutscher Seite beteiligten Kapitalgesellschaften wären dies die Körperschaftsteuer inkl. Solidaritätszuschlag sowie die Gewerbesteuer. Bei ausländischen Unternehmen entsprechende ausländische Ertragsteuern. Fraglich ist jedoch, ob darüber hinaus auch Ertragsteuern der Anteilseigner zu berücksichtigen sind. Der IDW S 1 schlägt zur Berücksichtigung von Anteilseignersteuern bei der Ermittlung des objektivierten Unternehmenswertes allgemein eine anlassbezogene Typisierung vor.[1] Im Rahmen der sog. mittelbaren Typisierung, die bei Unternehmensbewertungen aus Anlass unternehmerischer Initiativen anzuwenden ist, wird die Annahme getroffen, dass die Besteuerung der Zuflüsse aus dem Bewertungsobjekt und der Opportunität (Investition in ein Aktienportfolio) derselben persönlichen Besteuerung unterliegt und damit im Ergebnis unberücksichtigt bleiben kann. Anders ist dies bei der unmittelbaren Typisierung. Hierbei soll bei vertraglichen oder gesellschaftsrechtlichen Bewertungsanlässen der Unternehmenswert aus Sicht einer inländischen unbeschränkt steuerpflichtigen natürlichen Person als Anteilseigner ermittelt werden. Die Anteilseignersteuern sind dann sowohl im Zahlungsstrom als auch im Kapitalisierungszinssatz explizit zu berücksichtigen.

254 Die Verwaltungsgrundsätze legen fest, dass bei **Kapitalgesellschaften** grundsätzlich das Konzept der mittelbaren Typisierung anzuwenden ist. Demnach sollen lediglich die Steuern auf Unternehmensebene explizit berücksichtigt werden.[2] Dies erscheint mit Blick auf die Fiktion des doppelten ordentlichen und gewissenhaften Geschäftsführers angemessen, weil letztlich auf Basis von Grenzpreisen auf Unternehmensebene ein hypothetischer Fremdvergleichspreis zu ermitteln ist. Ebenso kann die mittelbare Typisierung mit Blick auf IDW RS HFA 10 befürwortet werden. Denn auch dort ist die Bewertung aus Sicht des die Beteiligung bilanzierenden Unternehmens vorzunehmen.[3] Jedoch eröffnen die Verwaltungsgrundsätze dem Steuerpflichtigen das Wahlrecht, persönliche Ertragsteuern der Anteilseigner zu ermitteln und einzubeziehen.[4] Insofern handelt es sich nicht um das Konzept der unmittelbaren Typisierung, vielmehr findet gar keine Typisierung statt, weil auf die tatsächlichen Verhältnisse der Anteilseigner rekurriert werden soll. Dies ist einerseits zutreffend, weil schließlich Grenzpreise zu ermitteln sind, andererseits aber auch widersprüchlich zu einem eigentlich gesuchten fremdüblichen Preis, der eigentlich stets gewisse Typisierungen verlangen müsste.

255 Bei **Personengesellschaften** können die persönlichen Steuern dagegen nicht ausgeblendet werden. Dem Steuerpflichtigen soll es aber erlaubt sein, bei beteiligten Personengesellschaften die Ertragsteuern anzusetzen, die entstanden wären, wenn statt Personenunternehmen Kapitalgesellschaften an der Funktions-

---

1 Vgl. 2.3.2.5 Verwaltungsgrundsätze Funktionsverlagerung, Rz. 29 ff.
2 Vgl. 2.1.4.2 Verwaltungsgrundsätze Funktionsverlagerung, Rz. 34.
3 Vgl. *Beumer/Duscha*, Steuerliche Maßstäbe, in Peemöller, S. 1154 f.
4 Vgl. 2.1.4.2 Verwaltungsgrundsätze Funktionsverlagerung, Rz. 34.

verlagerung beteiligt gewesen wären. In diesem Fall sind fiktive persönliche Ertragsteuern der fiktiven Anteilseigner aufgrund Ausschüttungen entsprechender Gewinne aber nicht zu berücksichtigen. Dem Unternehmen steht es aber frei, die tatsächlichen persönlichen Ertragsteuern, die aufgrund der Gewinne des Unternehmens für die (Mit-) Unternehmer entstehen, zu ermitteln und einzubeziehen.[1]

Im Ergebnis besteht beim Einbezug von Steuern in das Bewertungskalkül daher jeweils ein Wahlrecht. Kapitalgesellschaften können statt des Konzeptes der mittelbaren Typisierung die persönliche Steuerbelastung ihrer (konkreten) Anteilseigner in die Betrachtung miteinbeziehen. Umgekehrt können Personengesellschaften das Konzept der mittelbaren Typisierung (mit den Ertragsteuern einer Kapitalgesellschaft [!]) anwenden. 256

In den Fällen, in denen das verlagernde Unternehmen aufgrund rechtlicher, tatsächlicher oder wirtschaftlicher Gründe die Funktion nicht mehr selber ausüben kann, erfolgt eine Abkehr vom Zukunftserfolgswert. In diesen Fällen hat dagegen eine Bewertung zum Liquidationswert zu erfolgen (vgl. § 7 Abs. 2 FVerlV), bei dem die einzelnen Wirtschaftsgüter zu Veräußerungspreisen angesetzt werden. Veräußerungskosten, Abwicklungskosten, Steuern und die dem Transferpaket zuzurechnenden Schulden sind dann in Abzug zu bringen. 257

Eine Bewertung zum Liquidationswert soll auch dann erfolgend, wenn es günstiger oder tatsächlich möglich ist, eine Funktion aufzugeben anstatt mit Verlusten fortzuführen. 258

3. Kapitalisierungszeitraum

Die Finanzverwaltung macht deutlich, dass die Ergebniseffekte der Funktionsverlagerung nicht zwingend dauerhaft wirken. Vielmehr sollen die Gewinnpotentiale während der erwarteten wirtschaftlichen Nutzungsdauer des Transferpaketes berücksichtigt werden.[2] Jedoch hat der Steuerpflichtige die Gründe für einen **endlichen Zeitraum** glaubhaft zu machen. Andernfalls ist von einem **unendlichen Zeitraum** auszugehen (vgl. § 6 FVerlV). Glaubhaft ist eine Tatsache dann, wenn ihr Bestehen wahrscheinlicher ist als ihr Nichtbestehen.[3] 259

Die Verwaltung erkennt jedoch zutreffend, dass ein unendlicher Kapitalisierungszeitraum nur in Betracht kommen kann, wenn es sich bei der verlagerten Funktion um einen ganzen Betrieb, einen Teilbetrieb oder zumindest um eine eigenständig lebensfähige Einheit handelt, die weitgehend einem Teilbetrieb entspricht.[4] 260

Die Frage, wie lange finanzielle Überschüsse zufließen, wird auch in der Unternehmensbewertungstheorie beleuchtet. Sofern der Unternehmenserfolg aus wertbestimmenden Faktoren erwächst, die dauerhaft gegeben sind, ist die Annahme eines unbegrenzten Zeitraums zulässig. Dies wird in der Regel aber nur 261

---

1 Vgl. 2.1.4.2 Verwaltungsgrundsätze Funktionsverlagerung, Rz. 35.
2 Vgl. 2.1.4.1 Verwaltungsgrundsätze Funktionsverlagerung, Rz. 31.
3 Vgl. 2.1.5.2 Verwaltungsgrundsätze Funktionsverlagerung, Rz. 40.
4 Vgl. 2.6 Verwaltungsgrundsätze Funktionsverlagerung, Rz. 109.

für große Unternehmen der Fall sein. Bei kleinen und mittelgroßen Unternehmen ist jedoch bspw. aufgrund der Abhängigkeit von inhaberbezogenen Erfolgsfaktoren die Annahme einer unendlichen Lebensdauer oftmals unangemessen. Vielmehr ist hier zu identifizieren, welcher Teil der Ertragskraft lediglich partiell und/oder lediglich temporär übertragbar ist. Bei nur temporär übertragbaren Ergebnisanteilen sind selbige über einen endlichen Zeitraum abzuschmelzen.[1] Diese Vorgehensweise kann gerade auch bei der Übertragung einer einzelnen Funktion angewendet werden.[2] Denn wenn eine Funktion unter der Schwelle zum Teilbetrieb liegt, heißt das, dass sie gerade nicht auf Dauer eigenständig lebensfähig ist.[3] Vielmehr sind dann zur Erhaltung der Funktion wie bei jedem anderen materiellen als auch immateriellen Wirtschaftsgut (eigene) Aufwendungen des übernehmenden Unternehmens erforderlich.[4]

262 Insofern ist die in den Verwaltungsgrundsätzen getroffene Aussage, nach der für die unendliche Laufzeit jedenfalls zumindest eine teilbetriebsähnliche Einheit vorliegen muss, als notwendige Bedingung zutreffend. Die Festlegung, dass es dann jedoch regelmäßig zu einem unbegrenzten Kapitalisierungszeitraum kommen soll[5], ist jedoch zu weitgehend. Schließlich begründet die Betriebs- oder (weitgehende) Teilbetriebseigenschaft nicht per se dauerhaft gegebene Erfolgsfaktoren. Vielmehr ist, vergleichbar der Bewertung von kleinen und mittelgroßen Unternehmen, eine differenzierte Analyse der mit der Funktion übertragenen Ertragskraft notwendig.

263 Sofern der Zeitraum von den Umständen der Funktionsausübung abhängig und insofern endlich ist, hat dies derjenige glaubhaft zu machen, der sich darauf beruft, falls es nicht offensichtlich ist. Im Schrifttum wird vorgeschlagen, die in § 7 Abs. 2 FVerlV erfolgte Differenzierung in rechtliche, tatsächliche oder wirtschaftliche Gründe analog anzuwenden.[6]

264 Rechtliche Gründe können sich sowohl aus privatrechtlichen als auch aus öffentlich-rechtlichen Beziehungen ergeben.[7] Die Länge des Kapitalisierungszeitraums ergibt sich dann aus der Vertragslaufzeit. Ebenso können tatsächliche Gründe für einen endlichen Zeitraum sprechen, dessen Länge u.U. schwieriger bestimmbar ist. Diese können nicht immer trennscharf von den wirtschaftlichen Gründen abgegrenzt werden. Jedenfalls verlangen die in den Verwaltungsgrundsätzen genannten betriebswirtschaftlichen Anhaltspunkte (Technologiezyklus, der Produktlebenszyklus, die Dauer des Patentschutzes oder die Dauer des Vertriebsrechts beachtlich[8] eine einzelfallbezogene Bestimmung des Kapitalisierungszeitraums.

---

1 Vgl. IDW Praxishinweis 1/2014, Rz. 27.
2 Vgl. *Kraft* in Kraft, § 1 AStG Rz. 422.
3 Vgl. *Eisenberg/Ullmann*, DStR 2013, 855 (858).
4 Vgl. *Eisenberg/Ullmann*, DStR 2013, 855 (858).
5 Vgl. 2.6 Verwaltungsgrundsätze Funktionsverlagerung, Rz. 109.
6 Vgl. *Eisenberg/Ullmann*, DStR 2013, 855 (857).
7 Vgl. zu den drei Kategorien mit verschiedenen Beispielen *Eisenberg/Ullmann*, DStR 2013, 855 (857).
8 Vgl. 2.6 Verwaltungsgrundsätze Funktionsverlagerung, Rz. 109.

Ist jedoch „ausnahmsweise"[1] von einem unendlichen Zeitraum auszugehen, wird im Schrifttum das auch im IDW S 1 beschriebene Zwei-Phasen-Modell vorgeschlagen,[2] bei dem in einer ersten Phase Detailplanungen anzustellen sind, während für die zweite Phase ein wiederkehrendes nachhaltiges Ergebnis im Sinne einer ewigen Rente anzusetzen ist.

265

Aus Vereinfachungsgründen kann typisierend angenommen werden, dass sich die Kapitalisierungszeiträume der beiden beteiligten Unternehmen entsprechen.[3]

266

4. Kapitalisierungszinssatz

Zur Bestimmung des jeweils angemessenen Kapitalisierungszinssatzes ist von einem Zinssatz für eine risikolose Investition auszugehen, der um einen funktions- und risikoadäquaten Zuschlag zu erhöhen ist (vgl. § 5 FVerlV). Diese Festlegung entspricht der Vorgehensweise in der Unternehmensbewertungspraxis.

267

Dies gilt umso mehr als das die Verwaltungsgrundsätze auf den Basiszins i.S.d. IDW S 1 verweisen. Für den Basiszins ist jeweils der Zinssatz für laufzeitäquivalente öffentliche Anleihen des jeweiligen Landes heranzuziehen. Insofern ist es zutreffend, darüber hinaus keinen Länderrisikozuschlag vorzunehmen,[4] wobei dies jedoch bei Heranziehung des deutschen Basiszinssatzes für das ausländische Unternehmen alternativ möglich ist.[5]

268

Mit Blick auf den **Einigungsbereich** ergibt sich durch diese Herangehensweise folgende Problematik. Sofern eine Funktion annahmegemäß im In- und Ausland zu einem identischen Zahlungsstrom führt, wäre der mindestens zu erzielende Preis des abgebenden inländischen Unternehmens i.d.R. höher als der höchstens bezahlbare Preis des aufnehmenden ausländischen Unternehmens.

269

Daneben wird durch diese Vorgehensweise ersichtlich, dass es sich bei der Schätzung der finanziellen Überschüsse um den Erwartungswert der selbigen handeln muss. Andernfalls wäre der Risikozuschlag nicht im Nenner des Bewertungskalküls, sondern als Risikoabschlag bei den Überschüssen im Zähler zu berücksichtigen. Zur Ermittlung des funktions- und risikoadäquaten Zuschlags wird auf die Erkenntnisse der Unternehmensbewertungstheorie verwiesen.[6] Die konkrete Festlegung des Risikozuschlags erfolgt bei der Unternehmensbewertung i.d.R. unter Anwendung des CAPM. Er ergibt sich im Rahmen dieses kapitalmarkttheoretischen Modells durch Multiplikation einer (all-

270

---

1 Vgl. *Kraft* in Kraft, § 1 AStG Rz. 430.
2 Vgl. *Kraft* in Kraft, § 1 AStG Rz. 422.
3 Vgl. 2.6.1 Verwaltungsgrundsätze Funktionsverlagerung, Rz. 112.
4 Vgl. *Dörschell/Franken/Schulte*, Der Kapitalisierungszinssatz in der Unternehmensbewertung, S. 429–430.
5 Vgl. 2.5.1 Verwaltungsgrundsätze Funktionsverlagerung, Rz. 109.
6 Vgl. *Baumhoff/Ditz/Greinert*, DStR 2007, 1649 (1653); *Wassermeyer/Baumhoff/Greinert* in Flick/Wassermeyer/Baumhoff/Schönfeld, § 1 AStG, Anm. V 87.

gemeinen) Marktrisikoprämie mit einem unternehmensindividuellen Beta-Faktor.[1]

271 Zur Bestimmung des **Beta-Faktors** ist hierbei ein Rückgriff auf Kapitalmarktdaten von Vergleichsunternehmen (Peer-Group) notwendig. Bei der Funktionsverlagerung wäre demnach ein Risikozuschlag für das verlagernde Unternehmen als auch für das aufnehmende Unternehmen zu ermitteln, der jeweils das unternehmensübliche Risiko berücksichtigen soll (vgl. § 5 Satz 3 FVerlV). Darüber hinaus ist zu beachten, dass sich das Risikoprofil beider Unternehmen gerade durch die Funktionsverlagerung verändert.[2] Hieraus kann sich das Problem ergeben, dass sich zwar ein Beta-Faktor für das Unternehmen vor Funktionsverlagerung, nicht aber für die Verhältnisse danach ermitteln lässt, weil dann i.d.R. keine vergleichbaren Unternehmen mehr identifiziert werden können. Rein qualitativ soll nach Meinung von *Beumer/Duscha* gelten, dass der Betafaktor nach der Abgabe der Funktion regelmäßig sinken muss, weil ein operatives Risiko ausgelagert wird. Die quantitative Festlegung des Betafaktors kann nach deren Vorschlag von anhand einer Praktikermethode erfolgen. Hierzu wird die Standardabweichung der Wachstumsraten der Cashflows vor und nach der Verlagerung ins Verhältnis gesetzt. Der sich hieraus ergebene Faktor ist dann mit dem Beta-Faktor vor der Verlagerung zu multiplizieren.

272 Bei Betrachtung der Berechnungsmethodik wird deutlich, dass das angenommene qualitative Ergebnis nicht zwingend zutreffend muss. Der berechnete Faktor kann durchaus Werte über 1 annehmen und folglich höhere Beta-Faktoren nach der Verlagerung liefern. Dies kann verschiedene wirtschaftliche Gründe haben. Einerseits ist denkbar, dass die Standardabweichung nach der Auslagerung der Funktion sinkt, weil sich der Cashflow-Beitrag der Funktion gerade entgegengesetzt zu anderen operativen Cashflows verhält. Andererseits kann es eben gerade vorkommen, dass eine operativ vergleichsweise „stabile" Routine-Funktion ausgelagert wird und das Restunternehmen nach der Verlagerung volatilere Cashflows und damit auch deren Wachstumsraten aufweist.

273 Nach den Verwaltungsgrundsätzen sollen sich die Zuschläge für beide Unternehmen an den marktüblichen Renditen orientieren, die bei der Ausübung vergleichbarer Funktionen erzielt werden, sofern solche Renditen ermittelbar sind. Andernfalls ist der Zuschlag aus den Gewinnerwartungen des Konzerns bzw. der Unternehmensgruppe abzuleiten und der verlagerten Funktion ein angemessener Teil am zu erwartenden Gesamtgewinn zuzuordnen.[3]

274 Wenn die erwarteten Gewinne aus dem Transferpaket bei Kapitalgesellschaften um die Steuern der Gesellschafter gekürzt werden, ist der Kapitalisierungszinssatz zur Wahrung der Steueräquivalenz auch um die Steuern des Gesellschafters zu reduzieren.[4] Sie führt bei der Risikozuschlagsbestimmung mittels

---

1 Vgl. *Dörschell/Franken/Schulte*, Der Kapitalisierungszinssatz in der Unternehmensbewertung, S. 431–432.
2 Vgl. zum restlichen Absatz *Beumer/Duscha*, Steuerliche Maßstäbe, in Peemöller, S. 1152.
3 Vgl. 2.5.3 Verwaltungsgrundsätze Funktionsverlagerung, Rz. 106.
4 Vgl. 2.5.4 Verwaltungsgrundsätze Funktionsverlagerung, Rz. 108.

CAPM zur Anwendung des Tax-CAPM, wobei jedoch äquivalent zum Zahlungsstrom keine typisierten, sondern tatsächliche Steuerbelastungen zu berücksichtigen sind. Dies ist insbesondere für die Bestimmung der Steuerbelastung mit Abgeltungsteuer beachtlich, die im Tax-CAPM von der Haltedauer der Aktienanlage abhängt. Bei der mittelbaren Typisierung hat dagegen zutreffend keine Kürzung des Kapitalisierungszinssatzes zu erfolgen.[1]

5. Steuerlicher Sonderwert

Das Transferpaket hat wie dargestellt aus der Perspektive des abgebenden und empfangenden Unternehmens zu erfolgen. Dazu sind die jeweiligen Mindestwerte (abgebendes Unternehmen) bzw. die Höchstwerte (erwerbendes Unternehmen) zu ermitteln. Aus beiden Perspektiven ergeben sich steuerlich relevante Konsequenzen. Das abgebende Unternehmen hat eine Besteuerung der stillen Reserven vorzunehmen und eine entsprechende steuerliche Zahllast zu tragen. Um den Unternehmenswert nach Verkauf konstant zu halten, wird das abgebende Unternehmen versuchen, diese Zahllast vergütet zu bekommen und auf den errechneten Wert aufzuschlagen (sog. Gross-up). 275

Dies korrespondiert teilweise mit der Perspektive des Erwerbers. Dieser könnte die einzelnen erworbenen Wirtschaftsgüter zu den höheren Anschaffungskosten ansetzen und entsprechend steuermindernde Abschreibungen in seiner Kalkulation des Höchstpreises erfassen. (sog. **Tax Amortization Benefit – TAB**). 276

Unterschiede in diesen steuerlichen Effekten ergeben sich sowohl durch die Zeitpunkte, an denen die steuerlichen Wirkungen anfallen, als auch durch die Steuersätze. Hinsichtlich des Zeitpunkts ist zu beachten, dass eine Veräußerungssteuer aus Sicht des abgebenden Unternehmens sofort anfällt, während die steuerliche Kompensation über Abschreibungen sich auf einen längeren Zeitraum bezieht und der Barwert dieser Effekte niedriger sein wird. Bei den Steuersätzen sind die jeweiligen nationalen Regelungen und die jeweiligen individuellen Besonderheiten des Einzelfalls zu beachten.[2] 277

Die Finanzverwaltung sieht in ihren Verwaltungsgrundsätzen eine Berücksichtigung dieser Effekte bei der Ermittlung der Höchst- und Mindestwerte sowie des Einigungsbereichs vor. Sofern keine sachgerechten Berechnungen vorgelegt werden, räumt sie sich Möglichkeiten ein, die Grenzpreise im Schätzungswege um 15 % pauschal zu erhöhen.[3] 278

---

1 Vgl. 2.5.4 Verwaltungsgrundsätze Funktionsverlagerung, Rz. 108.
2 Ein Beispiel zur Berechnung dieser Effekte findet sich bei *Beumer/Duscha*, Steuerliche Maßstäbe, in Peemöller, S. 1156 f.
3 Vgl. 3.4.3 Verwaltungsgrundsätze Funktionsverlagerung, Rz. 163.

Siebter Teil
Verfahrensrechtliche Fragen der Unternehmensbewertung

§ 27
Spruchverfahren

	Rz.
I. Zweck und Bedeutung des Spruchverfahrens	1
II. Anwendungsbereich	6
III. Beteiligte	
1. Zuständiges Gericht	11
2. Antragsteller	14
a) § 1 Nr. 1 SpruchG	15
b) § 1 Nr. 2 und Nr. 3 SpruchG	16
c) § 1 Nr. 4 SpruchG	18
d) § 1 Nr. 5 und 6 SpruchG	19
3. Antragsgegner	20
4. Gemeinsamer Vertreter	24
5. Sachverständiger Prüfer und Sachverständiger	30
IV. Ablauf des Spruchverfahrens	
1. Antrag	33
2. Pflichten der Verfahrensbeteiligten	39
3. Mündliche Verhandlung	42
V. Beendigung des Verfahrens	
1. Verfahrensbeendigung durch Vergleich	44
2. Gerichtliche Entscheidung	
a) Prüfungsmaßstab der Gerichte	45
b) Bewertungsmethode	
aa) Keine einzig richtige Bewertungsmethode	48
bb) Ertragswertmethode als anerkannte Methode	49
cc) Bewertung anhand des Börsenkurses	50
dd) Sonstige Methoden	54
ee) Plausibilisierung anhand von Multiplikatoren	58
c) Methodische Einzelentscheidungen innerhalb einer Bewertungsmethode	59
3. Wirkung der Entscheidung	61
4. Nebenentscheidungen	
a) Zinsen	62
b) Kostenentscheidung	63
aa) Gerichtskosten	64
bb) Außergerichtliche Kosten	66
cc) Kosten eines Sachverständigen	68
VI. Rechtsmittel	
1. Anzuwendendes Verfahrensrecht	69
2. Beschwerde	71

Schrifttum: *Arnold/Rothenburg*, BGH-Entscheidung zum Delisting: Alle Fragen geklärt?, DStR 2014, 150; *Burger*, Keine angemessene Abfindung durch Börsenkurse bei Squeezeout, NZG 2012, 281; *Creutzmann*, Net Assel Value in Theorie und Praxis, BewPraktiker 2/2013, 64; *Creutzmann*, Unternehmensbewertung bei vermögensverwaltenden Gesellschaften im Rahmen der Ermittlung der angemessenen Barabfindung, BewPraktiker 4/2007, 7; DAV-Handelsrechtsausschuss: Stellungnahme zur Evaluierung des Spruchverfahrensgesetzes (Aktenzeichen BMJV: III A 1 – 3501/20 – 37 170/2014); DAV-Handelsrechtsausschuss: Stellungnahme des Deutschen Anwaltvereins zum Referentenentwurf eines Gesetzes zur Änderung des Aktiengesetzes („Aktienrechtsnovelle 2014"); NZG 2014, 863; DAV-Handelsrechtsausschuss: Stellungnahme des Deutschen Anwaltvereins zum Referentenentwurf eines Spruchverfahrensneuordnungsgesetzes, NZG 2002, 119; *Decher*, Wege zu einem praktikablen und rechtssicheren Spruchverfahren, FS Georg Maier-Reimer, 2010, S. 57; *Deiß*, Die Vergütung der Verfahrensbevollmächtigten und des gemeinsamen Vertreters im Spruchverfahren, NZG 2013, 248; *Dreier/Riedel*, Vorschläge zur Änderung des SpruchG und UmwG, BB 2013, 326; *Fleischer*, Unternehmensbewertung bei aktienrechtlichen Abfindungsansprüchen: Bestandsaufnahme und Reformperspektiven im Lichte der Rechtsvergleichung, AG 2014, 97; *Gärtner/Handke*, Unternehmenswertermittlung im Spruchverfahren – Schrittweiser Abschied vom Meistbegünstigungsprinzip des BGH (DAT/Altana)?, NZG 2012, 247; *Gayk*, Besondere Aspekte der Unternehmensbewertung in Spruchverfahren, BewPraktiker 4/2013, 132; *Glienke/Röder*, „FRoSTA ist für alle da." – Praxisfolgen der BGH-Rechtsprechungsänderung insbesondere für anhängige Delisting-Spruchverfahren, BB 2014, 899; *Grunewald*, Gestaltungsfreiheit bei der Bestimmung der Abfindung ausscheidender Aktionäre, FS Hoffmann-Becking, 2013, S. 41; *Hachmeister/Ruthardt*, Unternehmensbewertung im Spiegel der neueren gesellschaftsrechtlichen Rechtsprechung – Entwicklungen in den Jahren 2012 und 2013, WPg 2014, 894; *Haspl*, Aktionärsrechtsschutz im Spruchverfahren und „Zwangsgleich", NZG 2014, 487; *Kiefner/Kersjes*, Spruchverfahren und die Fortgeltung der ausschließlichen funktionellen Zuständigkeit der KfH unter dem FGG-Reformgesetz, NZG 2012, 244; *Leuering*, Die parallele Angemessenheitsprüfung durch den gerichtlich bestellten Prüfer, NZG 2004, 606; *Lochner/Schödel*, Aktienrechtsnovelle 2012/2013: Verkürzung des Spruchverfahrens auf eine Instanz?, AG 2013, R59; *Lorenz*, Das Spruchverfahren – dickes Ende oder nur viel Lärm um nichts?, AG 2012, 284; *Müller-Eising*: Aktienrechtsnovelle 2014 – Ein neuer Anlauf zur Novellierung des Aktienrechts, GWR 2014, 229; *Noack*, Missbrauchsbekämpfung im Spruchverfahren durch Einführung eines qualifizierten Mehrheitsvergleich, NZG 2014, 92; *Neumann/Ogorek*, Alles eine Frage der Zeit: BGH ändert Rechtsprechung zur Berechnung von Abfindungen auf der Basis des Börsenkurses, DB 2010, 1869; *Paschos/Klaaßen*, Delisting ohne Hauptversammlung und Kaufangebot – der Rückzug von der Börse nach der Frosta-Entscheidung des BGH, AG 2014, 33; *Pentz*, Die verbundene Aktiengesellschaft als außenstehender Aktionär, AG 1996, 97; *Riegger/Wasmann*, Das Stichtagsprinzip in der Unternehmensbewertung, FS Goette, 2011, S. 433; *Ruthardt/Hachmeister*, Börsenkurs und/oder Ertragswert in Squeeze Out Fällen – Der Fall Hoechst-AG, NZG 2014, 455; *Ruthardt/Hachmeister*, Ermittlung der angemessenen Barabfindung beim Squeeze out – Zur grundsätzlichen Notwendigkeit einer fundamentalen (Ertrags-) Wertermittlung, NZG 2014, 41; *Schockenhoff*, Delisting – Karlsruhe locuta, causa finita?, ZIP 2013, 2429; *Schockenhoff/Lumpp*, Der verschmelzungsrechtliche Squeeze out in der Praxis, ZIP 2013, 749; *Simons*, Ungeklärte Zuständigkeitsfragen bei gesellschaftsrechtlichen Auseinandersetzungen, NZG 2012, 609; *Stilz*, Unternehmensbewertung und angemessene Abfindung – Zur vorrangigen Maßgeblichkeit des Börsenkurses, FS Goette, 2011, S. 529; *Timm/Schick*, Die Auswirkung der routinemäßigen Geltendmachung der Abfindung durch die Depotbanken auf die Rechte der außenstehenden Aktionäre bei der Mehrheitseingliederung, WM 1994, 185; *Tonner*, Die Maßgeblichkeit des Börsenkurses bei der Bewertung des Anteileigentums-Konsequenzen aus der Rechtsprechung des Bundesverfassungsgerichts, FS Karsten Schmidt, 2009, S. 1581; *Wasmann*, Endlich Neuigkeiten zum Börsenkurs – Besprechung der Stollwerck-Entscheidung des BGH, ZGR 2011, 83; *Wasmann/Glock*, Die FRoSTA-Entscheidung des BGH – Das Ende der Macrotron-Grundsätze zum Delisting, DB 2014, 105.

I. Zweck und Bedeutung des Spruchverfahrens

1 **Das Spruchverfahren dient der Prüfung, ob die Kompensation, die Aktionären aufgrund einer Strukturmaßnahme nach dem Aktiengesetz oder dem Umwandlungsgesetz gewährt wurde, angemessen ist.** In der Praxis spielen Spruchverfahren über die Angemessenheit der Abfindung nach einem Ausschluss der Minderheitsaktionäre (sog. Squeeze-out, §§ 327a ff. AktG) die weitaus größte Rolle, gefolgt von Spruchverfahren über die Angemessenheit der Abfindung und des Ausgleichs bei Unternehmensverträgen (§§ 291 ff. AktG) und die An-

gemessenheit des Umtauschverhältnisses bei einer Verschmelzung (§§ 2 ff. UmwG).[1] Durch das Spruchverfahren wird sichergestellt, dass die Antragsteller einen angemessenen Ausgleich für den Eingriff in ihr durch Art. 14 Abs. 1 GG geschütztes Eigentum erhalten.[2] Das Spruchverfahren verhindert nicht, dass die Strukturmaßnahme wirksam wird. Es gewährt den Minderheitsaktionären vielmehr nach dem Wirksamwerden der Maßnahme effektiven Rechtsschutz. Das Spruchverfahren soll letztlich verhindern, dass die Mehrheit ihre wirtschaftliche Macht gegenüber der Minderheit missbräuchlich ausübt.[3] Aufgrund dieser Erwägungen ist das Spruchverfahren insgesamt sehr **minderheitenfreundlich** ausgestaltet. Antragsteller, die ein Spruchverfahren einleiten, tragen nur ein geringes Kostenrisiko (näher dazu unter V.4.b), unten Rz. 63 ff.). Darüber hinaus gilt zu ihren Gunsten das Verbot der reformatio in peius.[4] Selbst wenn die Kompensation überhöht war, kann sie im Spruchverfahren nicht herabgesetzt werden. Setzt das Gericht eine Nachzahlung fest, wird sie mit 5 Prozentpunkten über dem Basiszins verzinst, und zwar grundsätzlich ab dem Zeitpunkt des Wirksamwerdens der zugrunde liegenden Strukturmaßnahme (vgl. etwa § 327b Abs. 2 AktG oder § 305 Abs. 3 Satz 3 AktG). Die Antragsteller erhalten also während des gesamten Laufs des Spruchverfahrens eine attraktive Verzinsung und haben daher grundsätzlich keinen Grund, das Verfahren schnell zu beenden.

All das trägt dazu bei, dass nach Strukturmaßnahmen regelmäßig eine **Vielzahl von Antragstellern** Anträge auf Einleitung eines Spruchverfahrens stellen. Strukturmaßnahmen ohne anschließendes Spruchverfahren kommen sehr selten vor. Spruchverfahren mit weit über 100 Antragstellern sind dagegen keine Seltenheit. Die regelmäßig hohe Zahl der Verfahrensbeteiligten führt dazu, dass die Verfahren **sehr komplex** werden. Materiell haben sich die Gerichte mit der kompletten Bewertung eines oder mehrerer Unternehmen zu befassen. Zur Beurteilung von Bewertungsfragen hören sie meist den im Zuge der aktienrechtlichen Strukturmaßnahme gerichtlich ausgewählten und bestellten sachverständigen Prüfer an oder geben ein Gutachten bei einem weiteren Sachverständigen in Auftrag. Vor diesem Hintergrund überrascht es nicht, dass Spruchverfahren regelmäßig **sehr lange dauern**. Durchschnittlich zieht sich ein Spruchverfahren über knapp sieben Jahre, häufig aber auch deutlich länger.[5] Selbst das Bundesverfassungsgericht musste sich schon mit der Verfahrensdauer von Spruchverfahren befassen. Es gab zwei Verfassungsbeschwerden statt, mit denen sich die Beschwerdeführer gegen die überlange Dauer von Spruchverfahren wandten. Eines der Spruchverfahren hatte in der ersten Instanz 18 Jahre und bis zur zweitinstanzlichen Entscheidung des Oberlandesgerichts insgesamt 20 Jahre gedauert,[6] das andere war erst nach 22 Jahren in der

2

---

1 *Lorenz*, AG 2012, 284 (285).
2 Vgl. BVerfG v. 27.4.1999 – 1 BvR 1613/94, AG 1999, 566 (567).
3 OLG Frankfurt v. 24.11.2011 – 21 W 7/11, AG 2012, 513 (514 f.).
4 BGH v. 18.10.2010 – II ZR 270/08 – juris Rz. 12, AG 2010, 910; OLG Karlsruhe v. 15.11.2012 – 12 W 66/06, AG 2013, 353 (354).
5 Vgl. dazu die Untersuchung von *Lorenz*, AG 2012, 284 (285).
6 BVerfG v. 17.11.2011 – 1 BvR 3155/09, AG 2012, 86 = WM 2012, 75.

ersten Instanz entschieden worden und war in der zweiten Instanz noch anhängig.[1]

3   Durch das Spruchverfahrensneuordnungsgesetz vom 12.6.2003[2] wurde erstmals ein **Spruchverfahrensgesetz** geschaffen, in dem die Regelungen zum Spruchverfahren konzentriert wurden. Zuvor waren die Regelungen zu Spruchverfahren im Aktiengesetz und im Umwandlungsgesetz enthalten gewesen. Inhaltlich wurden die bestehenden Vorschriften weiterentwickelt und „punktuell verbessert".[3] Schon das Spruchverfahrensneuordnungsgesetz hatte das erklärte Ziel ein gestrafftes und erheblich verkürztes Gerichtsverfahren zu ermöglichen.[4]

4   Dieses Ziel erreichte das Spruchverfahrensneuordnungsgesetz nicht im beabsichtigten Umfang. Allerdings ist in den letzten Jahren eine deutliche Professionalisierung der Spruchverfahren festzustellen. Sowohl auf Antragsteller- als auch auf Antragsgegnerseite trifft man häufig Verfahrensbeteiligte mit hoher **Spezialisierung** an, die sich sehr detailliert mit Bewertungsfragen auseinandersetzen. Während vor einigen Jahren hohe Nachzahlungen noch die Regel waren, entscheiden die Gerichte heute wesentlich differenzierter und ausgewogener.[5] Zwar kommen deutliche Erhöhungen der Kompensation immer noch vor. Aber auch in komplexen Spruchverfahren, in denen es um hohe Unternehmenswerte geht, ist es keine Seltenheit mehr, dass die Kompensation nicht oder nur geringfügig erhöht wird.[6]

5   Dennoch gibt es auch weiterhin **Reformbedarf**. Teilweise werden Vorschläge zur Missbrauchsbekämpfung gemacht.[7] Insbesondere werden aber verschiedene Vorschläge zur Beschleunigung von Spruchverfahren diskutiert. So werden Ansätze vorgeschlagen, dem Börsenkurs (s. hierzu § 16 und V.2b)cc), unten Rz. 50 ff.) ein größeres Gewicht beizumessen und damit die zeitraubende Überprüfung einer Ertragswertberechnung (vgl. dazu § 4 und V.2.b)bb), unten Rz. 49 ff.) zu vermeiden.[8] Im Zuge der schon seit mehreren Jahren laufenden Diskussion über eine Aktienrechtsnovelle[9] wurde – wie auch schon zu frühe-

---

1   BVerfG v. 2.12.2011 – 1 BvR 314/11, WM 2012, 76 ff.
2   BGBl. I 2003, 838.
3   BT-Drucks. 15/371, 1.
4   BT-Drucks. 15/371, 1.
5   Vgl. dazu *Lorenz*, AG 2012, 284 (287).
6   Das war z.B. jüngst beim Spruchverfahren über den Ausschluss der Minderheitsaktionäre der Höchst AG der Fall, OLG Frankfurt v. 5.12.2013 – 21 W 36/12, NZG 2014, 464.
7   Vgl. dazu etwa *Noack*, NZG 2014, 92.
8   Vgl. dazu *Grunewald* in FS Hoffmann-Becking, 2013, S. 413 (416 ff.); Beitrag des Deutsches Aktieninstitut e.V. zur Evaluierung von Spruchverfahren vom 6.8.2014, abrufbar unter www.dai.de.
9   Das Gesetzgebungsverfahren und die begleitende Diskussion begannen zunächst unter dem Schlagwort „Aktienrechtsnovelle 2011" und sind inzwischen bei der „Aktienrechtsnovelle 2014" angekommen; vgl. zur „Geschichte" der Aktienrechtsnovelle *Müller-Eising*, GWR 2014, 229.

ren Zeitpunkten[1] – erneut angeregt, eine erstinstanzliche Zuständigkeit der Oberlandesgerichte für Spruchverfahren einzurichten.[2] Der Referentenentwurf der Aktienrechtsnovelle 2014 greift diesen Vorschlag jedoch nicht auf.[3]

II. Anwendungsbereich

In § 1 SpruchG sind Strukturmaßnahmen, die zur **Einleitung eines Spruchverfahrens** berechtigen, **aufgezählt**. 6

Diese Aufzählung ist allerdings nur **deklaratorisch**. Dass ein Spruchverfahren durchgeführt werden kann, ergibt sich jeweils schon aus den Vorschriften im Aktiengesetz oder Umwandlungsgesetz, die die jeweilige Strukturmaßnahme regeln. Nach § 1 SpruchG dient das Spruchverfahren der gerichtlichen Bestimmung 7

– des Ausgleichs und der Abfindung für außenstehende Aktionäre bei Beherrschungs- und Gewinnabführungsverträgen (§§ 304, 305 AktG)
– der Abfindung von ausgeschiedenen Aktionären bei der Eingliederung von Aktiengesellschaften (§ 320b AktG)
– der Barabfindung von Minderheitsaktionären beim Squeeze-out (§§ 327a ff. AktG)
– der Zuzahlung an oder der Barabfindung von Anteilsinhabern anlässlich der Umwandlung von Rechtsträgern (§§ 15, 34, 122h, 122i, 176-181, 184, 186, 196 oder 212 UmwG)
– der Zuzahlung an oder der Barabfindung von Anteilsinhabern bei der Gründung oder Sitzverlegung einer SE (§§ 6, 7, 9, 11 und 12 SE-Ausführungsgesetz)
– der Zuzahlung an Mitglieder bei der Gründung einer europäischen Genossenschaft (§ 7 SCE-Ausführungsgesetz).

Die Aufzählung in § 1 SpruchG ist allerdings nach allgemeiner Ansicht[4] **nicht abschließend**. Dies zeigt schon § 5 Abs. 5 EGAktG, der die sinngemäße Anwendung des Spruchverfahrensgesetzes für die Ausgleichsforderung im Fall des Erlöschens oder der Beseitigung von Mehrstimmrechten anordnet. Dieser Anwendungsfall des Spruchverfahrensgesetzes ist in der Aufzählung des § 1 SpruchG nicht enthalten. Aber auch über diesen gesetzlich geregelten Fall hinaus ist eine analoge Anwendung der Vorschriften über das Spruchverfahren auf weitere Maßnahmen grundsätzlich möglich.[5] Hauptanwendungsfall der Analogie waren bisher Spruchverfahren nach einem **Delisting**, also dem Rück- 8

---

1 Etwa DAV-Handelsrechtsausschuss, NZG 2002, 119 (120); Gesetzentwurf des Bundesrates v. 30.4.2008, BT-Drucks. 16/9020.
2 Stellungnahme des DAV-Handelsrechtsausschusses zur Evaluierung des Spruchverfahrensgesetzes, September 2014, abrufbar unter www.anwaltverein.de; kritisch dazu *Dreier/Riedel*, BB 2013, 326; *Lochner/Schödel*, AG 2013, R59 ff.
3 Vgl. dazu DAV-Handelsrechtsausschuss, NZG 2014, 863.
4 Vgl. nur *Koch* in Hüffer, AktG, § 305 Anh. § 1 SpruchG Rz. 6; *Emmerich* in Emmerich/Habersack, Aktien- und GmbH-Konzernrecht, § 1 SpruchG Rz. 10 ff.
5 OLG Stuttgart v. 5.5.2009 – 20 W 13/08, AG 2009, 707 (708).

zug von der Börse. Im Anschluss an die Macrotron-Entscheidung des BGH[1] aus dem Jahr 2002 ging die frühere Rechtsprechung[2] davon aus, dass ein Spruchverfahren auch bei einem Delisting statthaft sei. Der BGH hat seine Macrotron-Rechtsprechung inzwischen jedoch ausdrücklich aufgegeben. Ein Delisting erfordere kein im Spruchverfahren überprüfbares Barabfindungsangebot.[3] Ein Antrag in einem Spruchverfahren nach einem Delisting ist somit als unzulässig zurückzuweisen. Das gilt auch in schon laufenden Spruchverfahren, die vor der Rechtsprechungsänderung des BGH eingeleitet wurden.[4] Entscheidungen in rechtskräftig beendeten Spruchverfahren bleiben jedoch bestehen.[5]

9   Nach herrschender Meinung sind die Vorschriften über das Spruchverfahren auch in Fällen der übertragenden Auflösung nach der sog. **MotoMeter-Methode** analog anwendbar.[6] Gemeint sind damit Fälle, in denen eine AG ihr Vermögen an den Mehrheitsaktionär überträgt und anschließend liquidiert wird.[7] Die übertragende Auflösung hat aber nahezu keine praktische Bedeutung mehr, seit der Gesetzgeber im Jahr 2002 die Möglichkeit des Squeeze-out eingeführt hat.

10 Das Spruchverfahrensgesetz ist in Fällen des **verschmelzungsrechtlichen Squeeze-out** anwendbar. Das ergibt sich aus § 62 Abs. 5 Satz 8 UmwG i.V.m. § 327f AktG.[8] Nicht statthaft ist ein Spruchverfahren hingegen bei einem übernahmerechtlichen Squeeze-out nach § 39a WpÜG. Dies hat der Gesetzgeber bewusst ausgeschlossen.[9] Unstatthaft ist das Spruchverfahren nach zutreffender Ansicht außerdem in den Fällen eines sog. **verdeckten Beherrschungsvertrags**. Bei der HVB hatten bspw. Minderheitsaktionäre behauptet, das Business Combinations Agreement zwischen der HVB und einem Mehrheitsaktionär sei als (verdeckter oder atypischer) Beherrschungsvertrag zu qualifizieren. Deshalb

---

1   Vgl. BGH v. 25.11.2002 – II ZR 133/01 – „MotoMeter", AG 2003, 273 = BB 2003, 806.
2   BGH v. 25.6.2008 – II ZB 39/07, DStR 2008, 1932 (1933) = AG 2008, 659; BGH v. 7.12.2009 – II ZR 239/08, AG 2010, 453 = DStR 2010, 609; OLG Frankfurt v. 20.12.2011 – 21 W 8/11, AG 2012, 330; LG Köln v. 24.7.2009 – 82 O 10/08, AG 2009, 835.
3   BGH v. 8.10.2013 – II ZB 26/12 – „Frosta", AG 2013, 877 = DStR 2013, 2526.
4   LG München I v. 27.6.2014 – 5 HK O 8993/09; *Schockenhoff*, ZIP 2013, 2429 (2433); *Wasmann/Glock*, DB 2014, 105 (108); *Arnold/Rothenburg*, DStR 2014, 150 (154 f.); *Paschos/Klaaßen*, AG 2014, 33 (36); *Glienke/Röder*, BB 2014, 899 (906); *Koch* in Hüffer, AktG, § 305 Anh. § 1 SpruchG Rz. 7; a.A. LG Stuttgart v. 20.10.2014 – 31 O 84/07 KfH AktG; *Lochner/Schmitz*, AG 2014, 489 ff.
5   LG Frankfurt/M. v. 20.12.2013 – 3-05 O 212/13, AG 2014, 330 (331); *Wasmann/Glock*, DB 2014, 105 (108).
6   *Koch* in Hüffer, § 179a AktG Rz. 21 f.; weitere Nachweise bei *Holzborn* in Spindler/Stilz, § 179a AktG Rz. 43; a.A. OLG Zweibrücken v. 25.4.2005 – 3 W 255/04, AG 2005, 778 = NZG 2005, 935 (936 f.).
7   BVerfG v. 23.8.2000 – 1 BvV 68/95, 1 BvR 147/97, AG 2001, 42 = NZG 2000, 1117 ff.
8   *Schockenhoff/Lumpp*, ZIP 2013, 749 (756); *Koch* in Hüffer, AktG, § 305 Anh. § 1 SpruchG Rz. 6.
9   OLG Celle v. 25.3.2010 – 9 W 17/10, AG 2010, 456; OLG Stuttgart v. 5.5.2009 – 20 W 13/08, AG 2009, 707 (708).

seien sie berechtigt, ein Spruchverfahren einzuleiten. Das OLG München sah dies anders.[1] Das Gesetz sehe in §§ 308 ff. AktG für Fälle der faktischen Beherrschung ein spezielles Regelungs- und Schutzsystem vor. Dieses Regelungssystem würde konterkariert, wenn man daneben ein Spruchverfahren zulassen würde.[2]

III. Beteiligte

1. Zuständiges Gericht

Nach § 2 Abs. 1 SpruchG ist für Spruchverfahren das **Landgericht** zuständig, in dessen Bezirk der Rechtsträger, dessen Anteilsinhaber antragsberichtigt sind, seinen Sitz hat. Zwar wurde und wird immer wieder die Forderung erhoben, die Eingangszuständigkeit dahin zu ändern, dass das Oberlandesgericht zuständig ist.[3] Diese Empfehlung hat der Gesetzgeber aber bislang nicht umgesetzt. Sachlich zuständig ist deshalb weiterhin das Landgericht. Maßgeblich für die örtliche Zuständigkeit ist der Sitz des Rechtsträgers, dessen Anteilsinhaber antragsberechtigt sind. Dies ist etwa beim Beherrschungs- und Gewinnabführungsvertrag die Gesellschaft, die sich der Leitung eines anderen Unternehmens unterstellt und zur Gewinnabführung verpflichtet. Bei der Verschmelzung ist es der übertragende Rechtsträger, bei Squeeze-out die Gesellschaft, deren Minderheitsaktionäre ausgeschlossen wurden. Auf den Sitz des Antragsgegners kommt es hingegen nicht an. Dessen Anteilsinhaber sind nicht anteilsberechtigt. — 11

Ist am Landgericht eine **Kammer für Handelssachen** gebildet, ist sie für Spruchverfahren zuständig. Umstritten ist allerdings, ob die Kammer für Handelssachen ausschließlich zuständig ist[4] oder ob sie nur entscheidet, wenn Antragsteller oder Antragsgegner dies beantragen (§§ 96 Abs. 1, 98 Abs. 1 GVG).[5] § 2 Abs. 2 SpruchG zählt bestimmte Entscheidungen auf, die der Vorsitzende der Kammer für Handelssachen allein treffen kann. Dabei handelt es sich in erster Linie um verschiedene prozessuale Maßnahmen. — 12

§ 71 Abs. 4 GVG ermächtigt die Landesregierungen, die Zuständigkeit für Spruchverfahren an einem Landgericht zu konzentrieren. Eine solche Zuständigkeitskonzentration besteht derzeit in Baden Württemberg, Bayern, Hessen, Mecklenburg Vorpommern, Niedersachsen, Nordrhein-Westfalen, Rheinland Pfalz und Sachsen.[6] Eine solche **Zuständigkeitskonzentration** bewährt sich in — 13

---

1 OLG München v. 24.6.2008 – 31 Wx 83/07, AG 2008, 672 f.
2 OLG München v. 24.6.2008 – 31 Wx 83/07, AG 2008, 672 f.; vgl. auch OLG Schleswig v. 27.8.2008 – 2 W 160/05, NZG 2008, 868 (874) = AG 2009, 374; LG München v. 19.10.2007 – 5 HK O 13298/07, AG 2008, 301 (302).
3 *Koch* in Hüffer, AktG, § 305 Anh. § 2 SpruchG Rz. 2 m.w.N.; *Kubis* in MünchKomm. AktG, 3. Aufl. 2010, § 2 SpruchG Rz. 1.
4 So *Kubis* in MünchKomm. AktG, 3. Aufl. 2010, § 2 SpruchG Rz. 6; *Kiefner/Kersjes*, NZG 2012, 244 ff.
5 So LG München v. 25.11.2009 – 38 O 21051/09, NZG 2010, 392; *Simons*, NZG, 2012, 609 (611); *Wasmann* in KölnKomm. AktG, 3. Aufl. 2013, § 2 SpruchG Rz. 6.
6 Näher dazu *Wasmann* in KölnKomm. AktG, 3. Aufl. 2013, § 2 SpruchG Rz. 14.

der Praxis sehr. Sie führt dazu, dass an den Landgericht **spezialisierte Kammern** entstehen, die regelmäßig mit Spruchverfahren zu tun haben und daher sowohl mit den prozessualen Besonderheiten als auch mit den materiellen Rechtsfragen vertraut sind.[1] Sie dient damit nicht zuletzt auch der Verfahrensbeschleunigung.

2. Antragsteller

14 Das Spruchverfahren wird auf **Antrag** eines Antragsberechtigten eingeleitet. Wer antragsberechtigt ist, ergibt sich aus § 3 Satz 1 SpruchG. § 3 Satz 1 SpruchG sieht eine vom Verfahrensgegenstand nach § 1 SpruchG abhängige Antragsberechtigung vor. Für alle Anwendungsfälle des Spruchgesetzes mit Ausnahme der Eingliederung und des Ausschlusses der Minderheitsaktionäre stellt § 3 Satz 2 SpruchG klar, dass die Antragsberechtigung nur gegeben ist, wenn der Antragsteller im **Zeitpunkt der Antragstellung noch Aktionär** ist. Die Stellung als Aktionär kann nach § 3 Satz 3 SpruchG nur durch Urkunde nachgewiesen werden. Wenn die Antragsberechtigung nicht vorliegt oder nicht nachgewiesen werden kann, ist das Spruchverfahren unzulässig.[2]

a) § 1 Nr. 1 SpruchG

15 In gerichtlichen Verfahren über die Bestimmung des Ausgleichs für außenstehende Aktionäre und der Abfindung solcher Aktionäre bei Beherrschungs- und Gewinnabführungsverträgen nach §§ 304, 305 AktG ist jeder **außenstehende Aktionär** antragsberechtigt. Für die Antragsberechtigung reicht auch eine stimmrechtslose Vorzugsaktie aus. Unerheblich ist, ob der Aktionär bei der Beschlussfassung nach § 293 Abs. 1 AktG für den Vertrag gestimmt hatte.[3] Der Begriff des außenstehenden Aktionärs ist nicht definiert. Es besteht jedoch Einigkeit, dass er identisch mit dem Begriff des außenstehenden Aktionärs der §§ 304, 305 AktG ist und dass alle Aktionäre der Gesellschaft mit Ausnahme des anderen Vertragsteils, dem herrschenden Unternehmen, außenstehende Aktionäre sind.[4] Allerdings können dem herrschenden Unternehmen auch Aktionäre **zugerechnet** werden. Deshalb sind auch diejenigen Aktionäre als nicht außenstehend anzusehen, die auf Grund rechtlich fundierter wirtschaftlicher Verknüpfung mit dem anderen Vertragsteil von der Gewinnabführung unmittelbar oder mittelbar in ähnlicher Weise wie der andere Vertragsteil profitieren.[5]

---

1 Stellungnahme des DAV-Handelsrechtsausschusses zur Evaluierung des Spruchverfahrensgesetzes, September 2014, abrufbar unter www.anwaltverein.de.
2 OLG Stuttgart v. 13.9.2004 – 20 W 13/04, NZG 2004, 1162 (1164) = AG 2005, 301 =; LG Frankfurt/M. v. 10.3.2005 – 3-5 O 325/04, DB 2005, 1449.
3 *Koch* in Hüffer, AktG, § 305 Anh. § 3 SpruchG Rz. 2.
4 *Paulsen* in MünchKomm. AktG, 3. Aufl. 2010, § 304 AktG Rz. 27 ff.
5 BGH v. 8.5.2006 – II ZR 27/05, NJW 2006, 3146 (3147); a.A. *Pentz*, AG 1996, 97 (99 ff.).

b) § 1 Nr. 2 und Nr. 3 SpruchG

In Spruchverfahren über die Bestimmung der Abfindung von ausgeschiedenen Aktionären bei der – in der Praxis nur noch selten vorkommenden – Eingliederung von Aktiengesellschaften (§ 320b AktG) und der Barabfindung von Minderheitsaktionären, deren Aktien durch Beschluss der Hauptversammlung auf den Hauptaktionär übertragen worden sind (§§ 327a bis 327f AktG), ist jeder **ausgeschiedene Aktionär** antragsberechtigt. Dabei ist unerheblich, ob er gegen den zugrunde liegenden Hauptversammlungsbeschluss gestimmt oder Widerspruch zu Protokoll erklärt hat.[1] § 3 Satz 2 SpruchG ist jedoch nicht anwendbar. Entscheidend ist vielmehr, ob der Antragsteller **im Zeitpunkt der Eintragung der Eingliederung oder des Übertragungsbeschlusses** in das Handelsregister Aktionär war.[2] Nicht antragsberechtigt ist hingegen der Hauptaktionär i.S.d. § 327a Abs. 1 AktG, weil er selbst die Abfindungshöhe festsetzt.[3] Gleiches hat in Squeeze-out-Verfahren für diejenigen Aktionäre zu gelten, deren Anteile dem Hauptaktionär nach § 327a Abs. 2 i.V.m. § 16 Abs. 2 und 4 AktG zugerechnet wurden. Diese Aktionäre sind in der Gesellschaft verblieben, so dass ihnen kein Abfindungsanspruch zusteht.[4] Nach dem Wortlaut des § 3 Satz 1 Nr. 2 SpruchG haben ausschließlich ausgeschiedene Aktionäre ein Antragsrecht.[5]

16

Im Zeitpunkt der Eintragung der Eingliederung oder des Squeeze-out im Handelsregister verliert der Minderheitsgesellschafter seine Aktionärsstellung. Deshalb kann er sie ab diesem Zeitpunkt auch nicht mehr auf einen Rechtsnachfolger übertragen. Aktionäre, die Aktien erst nach diesem Zeitpunkt im Wege der **Einzelrechtsnachfolge** erwerben, sind deshalb **nicht antragsberechtigt**. Sie sind auch nicht schutzwürdig, weil die von ihnen erworbenen Aktien nach der Eintragung des Beschlusses lediglich noch den entsprechenden Abfindungsanspruch verbriefen, nicht jedoch die Summe der Rechte aus der Mitgliedschaft an der Gesellschaft, für deren Verlust der Minderheitsaktionär zu entschädigen ist.[6] Auf einen Gesamtrechtsnachfolger geht die Antragsberechtigung hingegen nach h.M. über.[7]

17

c) § 1 Nr. 4 SpruchG

Bei Maßnahmen nach dem Umwandlungsgesetz ist jeder Anteilsinhaber antragsberechtigt, der in einer der in § 1 Nr. 4 SpruchG genannten Bestimmungen des UmwG (d.h. in den §§ 15, 34, 176 ff., 184, 186, 196, 212 UmwG) bezeichnet

18

---

1 *Kubis* in MünchKomm. AktG, 3. Aufl. 2010, § 3 SpruchG Rz. 5.
2 *Koch* in Hüffer, AktG, § 305 Anh. § 3 SpruchG Rz. 3.
3 OLG Bremen v. 16.8.2012 – 2 U 51/12, AG 2013, 643 (645).
4 *Kubis* in MünchKomm. AktG, 3. Aufl. 2010, § 3 SpruchG Rz. 11 ff.
5 LG Frankfurt/M. v. 28.1.2005 – 3-05 O 103/04, NZG 2005, 323 (324).
6 OLG Düsseldorf v. 9.2.2005 – I-19 W 12/04 AktE, NZG 2005, 895 (896 f.); OLG Hamburg v. 16.4.2004 – 11 U 11/03, AG 2004, 619 (622 f.); a.A. (Antragsberechtigung ist übertragbar) LG Dortmund v. 7.10.2004 – 20 O 4/04 AktE, AG 2005, 310; *Timm/Schick*, WM 1994, 185 (187).
7 *Habersack* in Emmerich/Habersack, Aktien- und GmbH-Konzernrecht, § 320b AktG Rz. 17; *Singhof* in Spindler/Stilz, § 320b AktG Rz. 14.

ist. In den Fällen des Spruchverfahrens nach einer Verschmelzung (§ 15 UmwG) gelten die Ausführungen zum Beherrschungsvertrag unter III.2.a) (oben Rz. 15) entsprechend. Die Antragsberechtigung setzt keinen Widerspruch zu Protokoll gegen den Verschmelzungsbeschluss voraus.[1] Soll jedoch im Spruchverfahren die Höhe des Abfindungsanspruchs (§§ 29, 207 UmwG) überprüft werden, ist für die Antragsberechtigung nach § 29 Abs. 1 Satz 1 UmwG ein solcher Widerspruch zu Protokoll Voraussetzung.

d) § 1 Nr. 5 und 6 SpruchG

19 Die Antragsberechtigung richtet sich bei Verfahren nach § 1 Nr. 5 SpruchG nach der Bezeichnung in den §§ 6, 7, 9, 11 und 12 SEAG. In Spruchverfahren nach dem § 1 Nr. 6 SpruchG ergibt sich die Antragsberechtigung aus § 7 Abs. 4 SCEAG.

3. Antragsgegner

20 Gegen wen der Antrag zu richten ist, ergibt sich aus § 5 SpruchG. Auch der richtige Antragsgegner ist – wie der Antragssteller – **abhängig vom Verfahrensgegenstand** des § 1 SpruchG.

21 In den aktienrechtlichen Spruchsachen ist derjenige **Antragsgegner, der** nach dem Vorbringen des Antragstellers die **Abfindung bzw. den Ausgleich schuldet**. In den Verfahren nach § 1 Nr. 1 SpruchG ist das nicht die Aktiengesellschaft, an welcher der Aktionär beteiligt ist, sondern gem. § 5 Nr. 1 SpruchG der andere Vertragsteil des Beherrschungs- und/oder Gewinnabführungsvertrags. Da sich bei Mehrheitseingliederungen der Abfindungsanspruch gegen die Hauptgesellschaft richtet, ist sie auch nach § 5 Nr. 2 SpruchG Antragsgegnerin.[2] Beim Ausschluss von Minderheitsaktionären durch den Hauptaktionär ergibt sich aus § 327b Abs. 3 AktG, dass der Hauptaktionär Abfindungsschuldner und damit Antragsgegner nach § 5 Nr. 3 SpruchG ist.[3]

22 Antragsgegner in umwandlungsrechtlichen Spruchsachen nach § 1 Nr. 4 SpruchG ist gem. § 5 Nr. 4 SpruchG jeweils der übernehmende oder neue Rechtsträger oder der Rechtsträger neuer Rechtsform. Bei einer Mehrheit von Rechtsträgern sind alle neuen Rechtsträger Antragsgegner.[4]

23 Antragsgegner in Spruchsachen nach dem SEAG (§ 1 Nr. 5 SpruchG) ist die SE, im Fall des § 9 SEAG aber die die Gründung anstrebende Gesellschaft, während Antragsgegnerin in Spruchsachen nach dem SCEAG (§ 1 Nr. 6 SpruchG) die Europäische Gesellschaft ist.

---

1 *Kubis* in MünchKomm. AktG, 3. Aufl. 2010, § 3 SpruchG Rz. 6.
2 OLG Düsseldorf v. 15.1.2004 – I-19 W 5/03 AktE, AG 2004, 212 (213).
3 OLG Düsseldorf v. 4.7.2012 – I-26 W 11/11 (AktE), AG 2012, 716 (717).
4 *Koch* in Hüffer, AktG, § 305 Anh. 5 SpruchG Rz. 3.

4. Gemeinsamer Vertreter

Nach § 6 Abs. 1 Satz 1 SpruchG hat das Gericht grundsätzlich einen gemeinsamen Vertreter zu bestellen. Seine Aufgabe ist die **Wahrung der Rechte der Antragsberechtigten, die nicht selbst Antragsteller sind**. Nach § 13 Satz 2 SpruchG wirkt die Entscheidung im Spruchverfahren „für und gegen alle". Wegen dieser Drittwirkung müssen auch die Rechte der Betroffenen, die nicht selbst am Verfahren beteiligt sind, gewahrt werden.

24

Das Gericht hat den gemeinsamen Vertreter **frühzeitig**, d.h. so früh wie möglich[1], zu bestellen. Dadurch soll das Verfahren beschleunigt werden. Erforderlich ist jedoch, dass nach Auffassung des Gerichts **schon zumindest ein zulässiger Antrag** vorliegt. Ohne zulässigen Antrag ist kein Spruchverfahren durchzuführen. Deshalb wäre auch die Belastung des Antragsgegners mit den Kosten (vgl. zu den Kosten auch V.4.b), unten Rz. 63 ff.) des gemeinsamen Vertreters nach § 6 Abs. 2 SpruchG unbillig.[2] Das Gericht bestellt den gemeinsamen Vertreter durch **Beschluss**, der nicht begründet werden muss. Es hat die Bestellung des gemeinsamen Vertreters gem. § 6 Abs. 1 Satz 4, 5 SpruchG im Bundesanzeiger und ggf. in weiteren Gesellschaftsblättern bekannt zu machen.

25

Die **Auswahl** des gemeinsamen Vertreters steht im freien **Ermessen des Gerichts**. Antragsteller und Antragsgegner machen in der Regel weder Vorschläge für die Person des gemeinsamen Vertreters, noch werden Antragsteller und Antragsgegner vor der Bestellung gehört. Über die zu bestellende Person enthält das Gesetz keine Vorgaben. In der Praxis werden regelmäßig Rechtsanwälte bestellt, was aufgrund ihrer Sachkunde sinnvoll ist. Deshalb hat der Gesetzgeber die Vergütung des gemeinsamen Vertreters in § 6 Abs. 2 Satz 1 SpruchG an die Rechtsanwaltsvergütung geknüpft.[3]

26

Der gemeinsame Vertreter hat nach § 6 Abs. 1 Halbsatz 2 SpruchG die Stellung eines **gesetzlichen Vertreters** der Antragsberechtigten, die nicht Antragsteller sind. Die Vertretungsmacht beschränkt sich allerdings auf das Verfahren, in dem er bestellt ist; darüber hinaus kann er die Vertretenen nicht rechtsgeschäftlich verpflichten.[4] Der gemeinsame Vertreter darf an mündlichen Verhandlungen teilnehmen und Schriftsätze einreichen. Im Namen der Vertretenen kann er Anträge stellen und Vergleiche abschließen. Er ist nach § 6 Abs. 3 SpruchG berechtigt (aber nicht verpflichtet), das Verfahren fortzuführen, wenn die Antragsteller ihre Anträge zurückgenommen haben. Umstritten ist, ob der gemeinsame Vertreter auch das Recht hat, Beschwerde gegen die gerichtliche Entscheidung einzulegen. Nach h.M. steht ihm dieses Recht zu.[5] Legt der gemeinsame Vertreter selbst keine Beschwerde ein, ist er jedenfalls dann formell

27

---

1 Begr. RegE BT-Drucks. 15/371, 13 f.
2 *Wasmann* in KölnKomm. AktG, 3. Aufl. 2013, § 6 SpruchG Rz. 25; *Koch* in Hüffer, AktG, § 305 Anh. § 6 SpruchG Rz. 2.
3 Begr. RegE BT-Drucks. 15/371, 13 f.
4 *Wasmann* in KölnKomm. AktG, 3. Aufl. 2013, § 6 SpruchG Rz. 16.
5 OLG Celle v. 19.4.2007 – 9 W 53/06, AG 2007, 865 = ZIP 2007, 2025; OLG Düsseldorf v. 10.6.2009 – I-26 W 1/07 AktE, AG 2009, 907; *Wasmann* in KölnKomm. AktG, 3. Aufl. 2013, § 6 SpruchG Rz. 20; *Koch* in Hüffer, AktG, § 305 Anh. § 6 SpruchG Rz. 6.

am Beschwerdeverfahren beteiligt, wenn der Antragsgegner eine Beschwerde eingelegt hat.[1]

28 Regelmäßig sind dem gemeinsamen Vertreter die Antragsberechtigten, deren gesetzlicher Vertreter er ist, nicht bekannt. Selbst wenn er sie kennt, ist er aber von ihnen unabhängig, an ihre **Weisungen nicht gebunden** und ihnen gegenüber nicht rechenschaftspflichtig.[2] Der gemeinsame Vertreter hat die Plicht, die Interessen der Antragsberechtigten, die selbst keinen Antrag gestellt haben, zu wahren. Bei der Erfüllung dieser Pflicht kommt ihm ein weites Ermessen zu.[3] Deshalb sind Fälle, in denen er sich wegen der Verletzung seiner Pflichten schadensersatzpflichtig machen könnte, kaum denkbar.[4]

29 Der gemeinsame Vertreter kann nach § 6 Abs. 2 Satz 1 SpruchG in entsprechender Anwendung des Rechtsanwaltsvergütungsgesetzes den Ersatz seiner Auslagen und eine **Vergütung** verlangen. Die Gebührentatbestände sind auf den gemeinsamen Vertreter so anzuwenden, als sei er Verfahrensbevollmächtigter eines Verfahrensbeteiligten – und zwar unabhängig davon, ob es sich um einen Rechtsanwalt handelt oder nicht.[5] Der gemeinsame Vertreter hat zwar die Aufgabe, die Rechte aller Antragsberechtigten, die nicht selbst am Verfahren beteiligt sind, zu wahren. Er ist aber nicht im Sinn der Mehrvertretungsgebühr nach Nr. 1008 RVG-VV für mehrere Personen tätig.[6]

5. Sachverständiger Prüfer und Sachverständiger

30 Bis vor einigen Jahren war es Standard, dass die Gerichte in Spruchverfahren einen **Sachverständigen** mit einer Neubewertung des Bewertungsobjekts beauftragten. Dies war einer der Gründe für sehr lange Verfahrensdauern in Spruchverfahren. Der Gesetzgeber bezweckte mit der **Neuordnung des Spruchverfahrens** durch das Spruchverfahrensneuordnungsgesetz eine **Straffung und Verkürzung der Verfahren**. In diesem Zusammenhang führt er aus: „Die bisher üblichen ‚flächendeckenden' Gutachten sollen künftig im gerichtlichen Verfahren möglichst vermieden werden. Vielmehr soll verstärkt auf den Bericht des – künftig generell vom Gericht zu bestellenden – sachverständigen Prüfers, der regelmäßig vor der Durchführung der Strukturmaßnahme tätig wird und die Angemessenheit der Kompensation prüft, zurückgegriffen werden. Im Re-

---

1 OLG Stuttgart v. 17.10.2011 – 20 W 7/11 – juris Rz. 160.
2 BGH v. 22.10.2013 – II ZB 4/13, AG 2014, 46 (48); OLG München v. 26.5.2010 – 7 U 5707/09, WM 2010, 1605 (1608); *Koch* in Hüffer, AktG, § 305 Anh. § 6 SpruchG Rz. 6; *Wasmann* in KölnKomm. AktG, 3. Aufl. 2013, § 6 SpruchG Rz. 21; *Simons* in Hölters, AktG, § 6 SpruchG Rz. 26; a.A. *Fritzsche/Dreier/Verfürth*, § 6 SpruchG Rz. 20; *Leuering* in Simon, § 6 SpruchG Rz. 33.
3 BGH v. 22.10.2013 – II ZB 4/13, AG 2014, 46 (48).
4 BGH v. 22.10.2013 – II ZB 4/13, AG 2014, 46 (48); OLG München v. 26.5.2010 – 7 U 5707/09, WM 2010, 1605 (1608); *Wasmann* in KölnKomm. AktG, 3. Aufl. 2013, § 6 SpruchG Rz. 22. Die Frage, ob es überhaupt eine Haftungsgrundlage gibt und ggf. welche (vgl. dazu ausführlich *Wasmann* in KölnKomm. AktG, 3. Aufl. 2013, § 6 SpruchG Rz. 22), hat daher keine praktische Relevanz.
5 BGH v. 22.10.2013 – II ZB 4/13, AG 2014, 46 (48).
6 BGH v. 22.10.2013 – II ZB 4/13, AG 2014, 46 (48).

gelfall soll nur noch die konkrete Überprüfung streitiger Punkte der Bewertung erfolgen."[1] Tatsächlich gibt es heutzutage immer häufiger Spruchverfahren, die ohne Sachverständigengutachten entschieden werden. In der Rechtsprechung ist inzwischen anerkannt, dass es der Schutz der Minderheitsaktionäre nicht erfordert, stets einen gerichtlichen Sachverständigen hinzuzuziehen.[2] Schon im Rahmen der aktienrechtlichen Strukturmaßnahmen, denen das Spruchverfahren nachfolgt, hat das Gericht einen sachverständigen Prüfer auszuwählen und zu bestellen. Dies ergibt sich etwa für den Unternehmensvertrag aus § 293c AktG, für die Eingliederung aus § 320 Abs. 3 AktG, für den Ausschluss von Minderheitsaktionären aus § 327c Abs. 2 Satz 2 bis 4 AktG sowie für die Verschmelzung (und kraft Verweisung auch für andere Maßnahmen nach dem Umwandlungsgesetz) aus § 10 UmwG. Aufgabe des sachverständigen Prüfers ist, die volle Entschädigung der Minderheitsaktionäre sicherzustellen. Zu diesem Zweck hat er die Angemessenheit der Kompensation zu prüfen und über das Ergebnis der Prüfung schriftlich zu berichten. Diese Prüfung soll ein nachfolgendes Spruchverfahren entlasten.[3] Das Spruchverfahrensgesetz trägt dieser Funktion des sachverständigen Prüfers Rechnung. Es ordnet in § 7 Abs. 3 Satz 2 SpruchG an, dass der Prüfungsbericht bei Gericht einzureichen ist. Es sieht außerdem in § 7 Abs. 6 SpruchG die Möglichkeit vor, zur Vorbereitung der mündlichen Verhandlung eine schriftliche Stellungnahme des sachverständigen Prüfers einzuholen. Nach § 8 Abs. 2 SpruchG soll das Gericht in der Regel das persönliche Erscheinen des sachverständigen Prüfers zur mündlichen Verhandlung anordnen. In geeigneten Fällen kann es die mündliche oder schriftliche Beantwortung von einzelnen Fragen anordnen. Der **sachverständige Prüfer** hat also nach dem Willen des Gesetzgebers eine **sehr starke Stellung** im Spruchverfahren.

In der Praxis wird der Umgang mit dem sachverständigen Prüfer sehr unterschiedlich gehandhabt. Einige Gerichte sind gegenüber Aussagen des sachverständigen Prüfers eher skeptisch, obwohl sie ihn selbst ausgewählt und bestellt haben. Hintergrund ist, dass der sachverständige Prüfer die Angemessenheit der Kompensation im Zuge der Durchführung der aktienrechtlichen Strukturmaßnahme bestätigt hat. Deshalb könnte er Hemmungen haben, während des Spruchverfahrens Aussagen zu treffen, die die Angemessenheit in Frage stellen könnten. Allerdings ist es nach der gesetzlichen Konzeption gerade so, dass der sachverständige Prüfer seine Einwendungen gegen die Angemessenheit der Kompensation nicht erst im Spruchverfahren, sondern schon zu einem früheren Zeitpunkt vorbringen soll. Dies geschieht in der Praxis auch. Häufig wird eine sog. **Parallelprüfung** durchgeführt. Der Prüfer wird also zeitgleich zu den Bewertungsarbeiten, die der Festlegung der Kompensation dienen, tätig. Die

31

---

1 BT-Drucks. 15/371, 1.
2 OLG Stuttgart v. 17.10.2011 – 20 W 7/11 – Rz. 206 f.; OLG Düsseldorf v. 4.7.2012 – I-26 W 8/10 (AktE), AG 2012, 797 (800); OLG München v. 10.5.2007 – 31 Wx 119/06, AG 2008, 37 (38); LG München I v. 21.6.2013 – 5 HK O 19183/09, AG 2014, 168.
3 OLG Stuttgart v. 17.10.2011 – 20 W 7/11 – Rz. 208.

Zulässigkeit der Parallelprüfung ist allgemein anerkannt.[1] Gleichwohl wird sie – unseres Erachtens zu Unrecht – häufig von Minderheitsaktionären kritisiert. Gerade das parallele Tätigwerden von Bewertungsgutachter und sachverständigem Prüfer führt dazu, dass die Einschätzung des Prüfers schon vor der Festlegung der Kompensation berücksichtigt werden kann und in der Praxis auch berücksichtigt wird. Derjenige, der die Kompensation schuldet (also je nach Art der Stukturmaßnahme meist der Hauptaktionär oder der Vertragspartner), legt regelmäßig nur eine Kompensation fest, die der Prüfer auch „mitträgt". Es besteht daher gar kein Bedürfnis dafür, dass der sachverständige Prüfer eine Kompensation im Spruchverfahren „nach oben korrigiert". Denn dazu hatte er schon im Zuge seiner Prüfung Gelegenheit.

32 Andere Gerichte räumen dem sachverständigen Prüfer im Spruchverfahren eine starke Stellung ein und machen von den in §§ 7 Abs. 6, 8 Abs. 2 SpruchG vorgesehenen Möglichkeiten, schriftliche Stellungnahmen vom sachverständigen Prüfer einzuholen und ihn zur mündlichen Verhandlung zu laden, Gebrauch. Das bedeutet aber weder, dass keine Erhöhung der Kompensation in Betracht kommt, noch, dass ein weiteres Sachverständigengutachten zwangsläufig ausscheidet. Dem Gericht steht es selbstverständlich frei, die Aussagen des sachverständigen Prüfers kritisch zu hinterfragen und zu einzelnen Punkten eine andere Auffassung zu vertreten. Dazu sind die Gerichte aus eigener Sachkunde in der Lage. Sowohl die Frage, welche Methoden zur Ermittlung des Unternehmenswerts zulässig sind, als auch methodische Einzelentscheidungen innerhalb einer Bewertungsmethode sind keine Tatsachenfragen, sondern Rechtsfragen.[2] Deshalb kann auch die Angemessenheit der Kompensation als solche nicht Gegenstand einer Beweisaufnahme durch ein Sachverständigengutachten sein.[3] **Das Gericht hat vielmehr die maßgeblichen rechtlichen Faktoren selbst zu bestimmen.** Es kann aber zu einzelnen Bewertungsfragen (zur Bewertung s. V.2.b), unten Rz. 48 ff.) das Gutachten eines Sachverständigen einholen oder sogar eine vollumfängliche Neubewertung anordnen, allerdings nur, wenn es die Ausführungen des sachverständigen Prüfers für unplausibel oder unvertretbar hält.[4]

IV. Ablauf des Spruchverfahrens

1. Antrag

33 Das Spruchverfahren wird auf **Antrag** eines Antragsberechtigten (s. dazu III.2., oben Rz. 14 ff.) eingeleitet. Aus dem Rechtsgedanken des § 12 Abs. 1 Satz 2 SpruchG ergibt sich, dass kein Anwaltszwang besteht.[5]

---

1 BGH v. 18.9.2006 – II ZR 225/04, DStR 2006, 2090 (2092) = AG 2006, 887; zum Ganzen: *Leuering* NZG 2004, 606 ff.
2 OLG Stuttgart v. 17.10.2011 – 20 W 7/11 – Rz. 306; OLG Düsseldorf v. 4.7.2012 – I-26 W 8/10 (AktE), AG 2012, 797 (800); *Fleischer*, AG 2014, 97 (104).
3 OLG Stuttgart v. 14.10.2010 – 20 W 16/06, AG 2011, 49 (53).
4 Vgl. OLG München v. 10.5.2007 – 31 Wx 119/06, AG 2008, 37 (38).
5 OLG Düsseldorf v. 2.8.1994 – 19 W 1/93, AG 1995, 85 (86).

Der Antrag ist gem. § 4 Abs. 1 Satz 1 SpruchG binnen einer **Frist von drei Monaten** zu stellen. Die Frist beginnt mit dem Tag der Bekanntmachung der jeweils zum Wirksamwerden der Strukturmaßnahme erforderlichen Eintragung zu laufen. Die Frist wird nach §§ 187 Abs. 1, 188 Abs. 2 BGB i.V.m. § 222 Abs. 1 ZPO, § 16 Abs. 2 FamFG berechnet. Fällt das Fristende auf einen Sonntag, Sonnabend oder Feiertag, endet die Frist gem. § 222 Abs. 2 ZPO, § 16 Abs. 2 FamFG erst mit Ablauf des nächsten Werktags. Die Frist ist gewahrt, wenn die Antragsschrift fristgemäß beim zuständigen Gericht eingeht. Aus § 4 Abs. 1 Satz 2 SpruchG ergibt sich, dass es maßgeblich auf die Einreichung beim bzw. die fristgerechte Abgabe an das sachlich und örtlich zuständige Gericht ankommt.[1] Ist der Antrag zu spät eingegangen, wird er als unzulässig abgewiesen.[2] Bei der Antragsfrist handelt es sich **zumindest auch um eine materiellrechtliche Ausschluss- und nicht um eine Verjährungsfrist**. Sie ist deshalb weder einer Hemmung, noch einem Neubeginn oder einer Wiedereinsetzung in den vorigen Stand zugänglich.[3] Versäumt ein Antragsteller die Antragsfrist, werden seine Rechte durch den gemeinsamen Vertreter der außenstehenden Aktionäre wahrgenommen.[4]

34

Nach § 4 Abs. 2 Satz 1 SpruchG ist der Antrag innerhalb der Antragsfrist auch **zu begründen**. Diese Vorschrift soll verhindern, dass umfangreiche und kostenträchtige Verfahren quasi begründungslos eingeleitet werden können.[5] Der Mindestinhalt der Antragsbegründung ergibt sich unmittelbar aus dem Gesetz. Nach § 4 Abs. 2 Satz 2 SpruchG muss der Antragsteller den Antragsgegner nach § 5 SpruchG bezeichnen, die Antragsberechtigung nach § 3 SpruchG darlegen, Angaben zur Art der Strukturmaßnahme und der vom Gericht zu bestimmenden Kompensation machen und konkrete Einwendungen gegen die Angemessenheit der Kompensation nach § 1 SpruchG oder gegebenenfalls gegen den als Grundlage für die Kompensation ermittelten Unternehmenswert (**sog. Bewertungsrüge**) vorbringen. Die Begründung soll nach § 4 Abs. 2 Satz 3 SpruchG zudem die Zahl der Anteile angeben, die der Antragsteller hält.

35

Die von § 4 Abs. 2 Nr. 4 SpruchG geforderten **konkreten Einwendungen** bilden das **Kernstück** des Begründungszwangs[6]. Zwar dürfen die Anforderungen an eine zulässige Bewertungsrüge nicht überspannt werden.[7] Die Bewertungsrüge darf sich aber auch nicht in pauschalen Behauptungen oder formelhaften Wen-

36

---

1 OLG Düsseldorf v. 4.4.2005 – I-19 W 2/05 AktE, NZG 2005, 719; OLG Frankfurt v. 4.5.2009 – 20 W 84/09, NZG 2009, 1225.
2 *Koch* in Hüffer, AktG, § 305 Anh. § 4 SpruchG Rz. 2; *Kubis* in MünchKomm. AktG, 2. Aufl. 2010, § 4 SpruchG Rz. 6.
3 BayObLG v. 1.12.2004 – 3Z BR 106/04, NZG 2005, 312 (314) = AG 2005, 288; OLG Düsseldorf v. 4.4.2005 – I-19 W 2/05 AktE, NZG 2005, 719; OLG Frankfurt v. 6.3.2007 – 20 W 494/06, NZG 2007, 873 (874) = AG 2007, 448.
4 OLG Düsseldorf v. 4.4.2005 – I-19 W 2/05 AktE, NZG 2005, 719 (720).
5 BGH v. 25.6.2008 – II ZB 39/07, NZG 2008, 658 (659) = AG 2008, 659.
6 *Koch* in Hüffer, AktG, § 305 Anh. § 4 SpruchG Rz. 8.
7 Begr. RegE, BT-Drucks. 15/371, 13; LG München I v. 21.6.2013 – 5 HK O 19183/09 – juris Rz. 131 f. (insoweit nicht abgedruckt in AG 2014, 168).

dungen erschöpfen.¹ Darüber hinaus müssen sich die vorgebrachten Einwendungen auf solche Umstände oder Bewertungsparameter beziehen, die für die Bestimmung der angemessenen Kompensation rechtlich relevant sein können.² In der Praxis weisen einige Gerichte tatsächlich schon zu Beginn des Spruchverfahrens unzureichend begründete Anträge als unzulässig zurück, selbst wenn andere Antragsteller die Anforderungen an die Begründungspflicht erfüllt haben.³

37 Die Aktionärsstellung nach § 3 Satz 3 SpruchG muss nach h.M. zwar innerhalb der Antragsfrist dargelegt, aber nicht durch Urkunden nachgewiesen werden.⁴ Diese Auffassung ist jedoch zweifelhaft, weil § 4 Abs. 2 Satz. 2 Nr. 2 SpruchG auf § 3 SpruchG und damit auch auf dessen Satz 3 verweist, der von einem Nachweis spricht.⁵

38 Anträge, die den von § 4 Abs. 2 Satz 2 SpruchG aufgestellten Erfordernissen bis zum Ablauf der Antragsfrist nicht genügen, sind als unzulässig zurückzuweisen.⁶

2. Pflichten der Verfahrensbeteiligten

39 Ein Spruchverfahren ist ein Verfahren der freiwilligen Gerichtsbarkeit, auf das – sofern das SpruchG keine speziellen Regelungen vorsieht – nach § 17 Abs. 1 SpruchG das FamFG Anwendung findet. In Verfahren der freiwilligen Gerichtsbarkeit gilt der **Amtsermittlungsgrundsatz**, § 26 FamFG. Dem Gericht kommt demnach grundsätzlich die Aufgabe zu, die für das Verfahren entscheidungserheblichen Tatsachen von Amts wegen in das Verfahren einzuführen. Anders als im Zivilprozess, in dem das Prinzip der formellen Wahrheit gilt, geht es in Verfahren der freiwilligen Gerichtsbarkeit um die objektive, d.h. **materielle, Wahrheit**. Im Spruchverfahren wird der Amtsermittlungsgrundsatz aber an einigen Stellen eingeschränkt. Schon durch die Antragsbegründungspflicht, vor allem durch die Pflicht des § 4 Abs. 2 Satz 2 Nr. 4 SpruchG, eine konkrete Bewertungsrüge zu erheben, wird er zurückgedrängt.⁷ Ferner verweist § 8 Abs. 3 SpruchG u.a. auf den Beibringungsgrundsatz. Dadurch erweitert er die Begründungspflicht nach § 4 Abs. 2 SpruchG hin zur **verfahrensrechtlichen Mitwirkungspflicht**.⁸

---

1 OLG Frankfurt v. 4.1.2006 – 20 W 203/05, AG 2006, 293 (294); OLG Frankfurt v. 6.3.2007 – 20 W 494/06, AG 2007, 448 (449); KG v. 24.1.2008 – 2 W 83/07, AG 2008, 451.
2 OLG Frankfurt v. 4.1.2006 – 20 W 203/05, NZG 2006, 674 (675) = AG 2006, 293.
3 KG v. 24.1.2008 – 2 W 83/07, AG 2008, 451.
4 BGH v. 25.6.2008 – II ZB 39/07, BGHZ 177, 131 ff. = AG 2008, 659; OLG Stuttgart v. 17.10.2011 – 20 W 7/11 – juris Rz. 163; OLG Düsseldorf v. 9.2.2005 – I-19 W 12/04, ZIP 2005, 1369.
5 KG v. 31.10.2007 – 2 W 14/06, AG 2008, 295 (298 f.); LG Frankfurt/M. a. M. v. 4.3.2005 – 3-05 O 73/04, Der Konzern 2005, 451 (452 f.); *Wasmann* in KölnKomm. AktG, 3. Aufl. 2013, § 3 SpruchG Rz. 26.
6 Begr. RegE, BT-Drucks. 15/371, 13.
7 *Kubis* in FS Hüffer, 2010, S. 567 (576 ff.).
8 *Koch* in Hüffer, AktG, § 305 Anh. § 8 SpruchG Rz. 7.

Die Beteiligten haben die Pflicht, durch Tatsachendarstellung an der Aufklärung des Sachverhalts mitzuwirken. Die Beteiligten trifft also insofern eine **Darlegungslast**, als es ihnen obliegt, dem Gericht durch Sachverhaltsvorbringen Anhaltspunkte dafür zu liefern, in welche Richtung es ermitteln kann.[1] Legen die Antragsteller keine hinreichenden Anhaltspunkte dar, ist nach der Feststellungslast zu entscheiden. Die Feststellungslast trifft dann regelmäßig denjenigen, der aus dem materiellen Recht eine für ihn günstige Rechtfolge herleiten will. Die Verpflichtung des Gerichts zur weiteren Aufklärung des Sachverhalts endet also dort, wo die Verfahrensbeteiligten es allein oder hauptsächlich in der Hand haben, die notwendigen Erklärungen abzugeben und Beweismittel zu bezeichnen bzw. vorzulegen, um eine ihren Interessen entsprechende Entscheidung herbeizuführen.[2] Weil dem Antragsteller häufig Unterlagen aus der Sphäre des Antragsgegners oder des Bewertungsobjekts nicht vorliegen, begründet § 7 Abs. 7 SpruchG zum Zweck der Informationsgleichheit einen Anspruch auf Herausgabe entscheidungserheblicher Unterlagen an das Gericht und ggf. einen vom Gericht bestellten Sachverständigen. Der Antragsteller hat allerdings darzulegen, dass die Unterlagen für die Entscheidung des Gerichts überhaupt erheblich sind[3]. In der Praxis verlangen Antragsteller häufig unter Berufung auf diese Vorschrift die Vorlage von Arbeitspapieren des vom Antragsgegner beauftragten Bewertungsgutachters oder des gerichtlich bestellten Prüfers. Darauf haben sie jedoch in der Regel keinen Anspruch. Wurden alle Berichtspflichten im Vorfeld der aktienrechtlichen Strukturmaßnahme ordnungsgemäß erfüllt (vgl. dazu etwa für den Unternehmensvertrag §§ 293a und 293e–293g AktG, für den Squeeze-out § 327c AktG), enthalten die Arbeitspapiere regelmäßig keine weiteren, für die Entscheidung erheblichen Informationen.[4]

40

Auch die **Verfahrensförderungspflichten** der Beteiligten nach §§ 9, 10 SpruchG schränken den Amtsermittlungsgrundsatz ein, indem sie den Beteiligten umfangreiche Verfahrensförderungspflichten auferlegen. Sie dienen vor allem der Verfahrensbeschleunigung.[5] Die Beteiligten, also Antragsteller, Antragsgegner und gemeinsamer Vertreter, sind nach § 9 Abs. 1 SpruchG verpflichtet, ihr Vorbringen vor und in der mündlichen Verhandlung rechtzeitig vorzubringen. Dazu gehört auch, dass sie Unterlagen rechtzeitig vorlegen. Schriftsätze zur Vorbereitung der mündlichen Verhandlung müssen so zeitig eingereicht werden, dass die anderen Beteiligten noch angemessen darauf reagieren können. Zulässigkeitsrügen hat der Antragsgegner nach § 9 Abs. 3 SpruchG innerhalb der Antragserwiderungsfrist des § 7 Abs. 2 SpruchG vorzubringen. Dem Gericht eröffnet § 10 SpruchG Sanktionsmöglichkeiten, wenn die Beteiligten ihre

41

---

1 OLG Frankfurt v. 15.2.2010 – 5 W 52/09 – juris Rz. 91, AG 2010, 798; OLG Düsseldorf v. 16.10.1990 – 19 W 9/88, DB 1990, 2312 (2313) = AG 1991, 106; LG Frankfurt/M. v. 4.8.2010 – 3-5 O 73/04 – juris Rz. 111.
2 Vgl. bspw. BGH v. 23.3.1988 – IVb ZB 51/87, NJW 1988, 1839 (1840).
3 *Kubis* in MünchKomm. AktG, 2. Aufl. 2010, § 7 SpruchG Rz. 19.
4 OLG Stuttgart v. 17.3.2010 – 20 W 9/08 – juris Rz. 89, AG 2010, 510; OLG Stuttgart v. 17.10.2011 – 20 W 7/11 – Rz. 214; OLG Düsseldorf v. 4.7.2012 – I-26 W 8/10 (AktE), AG 2012, 797 (802); LG Frankfurt/M. v. 4.8.2010 – 3-5 O 73/04 – juris Rz. 39.
5 Begr. RegE, BT-Drucks. 15/371, 11 f.

Verfahrensförderungspflicht verletzen. Insbesondere kann das Gericht verspätetes Vorbringen zurückweisen.

3. Mündliche Verhandlung

42   Gemäß § 8 Abs. 1 Satz 1 SpruchG soll das Gericht aufgrund mündlicher Verhandlung entscheiden. Die Vorbereitung der mündlichen Verhandlung richtet sich nach § 7 SpruchG, der vor allem der **Verfahrensbeschleunigung** dient.[1] Danach hat das Gericht in Anlehnung an §§ 275, 277 ZPO die Anträge zunächst dem Antragsgegner und dem gemeinsamen Vertreter von Amts wegen gem. §§ 166 ff. ZPO i.V.m. § 15 Abs. 2 FamFG, § 17 Abs. 1 SpruchG zuzustellen und ihnen eine Frist zur Erwiderung zu setzen (§ 7 Abs. 1 und 2 SpruchG). Halten Antragsgegner oder gemeinsamer Vertreter die Frist nicht ein, können sie mit ihrem Vorbringen gem. § 10 Abs. 1 SpruchG präkludiert sein. Der Antragsgegner hat sich insbesondere zur Höhe der jeweiligen Kompensation zu äußern (§ 7 Abs. 2 Satz 2 SpruchG). Daneben ist der Antragsgegner nach § 7 Abs. 3 SpruchG verpflichtet, bestimmte Unterlagen vorzulegen. Sodann wird der Antragsteller nach Zuleitung der Erwiderung zur Replik aufgefordert (§ 7 Abs. 4 SpruchG). Dem Gericht stehen weitere vorbereitende Maßnahmen zur Verfügung, etwa die Anordnung einer Beweisaufnahme, die Erteilung von Auflagen zur weiteren Aufklärung der strittigen Punkte oder die Einholung einer schriftliche Stellungnahme eines Sachverständigen (§ 7 Abs. 5 und 6 SpruchG).

43   Die mündliche Verhandlung soll – dem Beschleunigungsgebot entsprechend – so früh wie möglich stattfinden, § 8 Abs. 1 Satz 2 SpruchG. Der Beschleunigung und Straffung des Spruchverfahrens dient auch die Möglichkeit der Anordnung des persönlichen Erscheinens eines sachverständigen Prüfers nach § 8 Abs. 2 SpruchG. Dadurch kann die Bestellung eines Sachverständigen überflüssig werden.[2]

V. Beendigung des Verfahrens

1. Verfahrensbeendigung durch Vergleich

44   Nach § 11 Abs. 2 Satz 1 SpruchG soll das Gericht in jeder Lage des Verfahrens auf eine **gütliche Einigung hinwirken.** Die Hauptfunktion des § 11 Abs. 2 Satz 1 SpruchG besteht darin, den gerichtlichen Vergleich im Spruchverfahren überhaupt zuzulassen.[3] Für die Wirksamkeit eines Vergleichs ist gem. § 11 Abs. 2 Satz 2 SpruchG Voraussetzung, dass alle Beteiligten zustimmen. Beteiligte sind die Antragsteller, der Antragsgegner und der gemeinsame Vertreter, nicht aber alle Anteilseigner. Während ein Mehrheitsvergleich somit nicht zulässig ist, kann aber ein Teilvergleich durch einen Teil der Beteiligten geschlos-

---

1 Begr. RegE, BT-Drucks. 15/371, 14.
2 Begr. RegE, BT-Drucks. 15/371, 15 ff.; zu den Einzelheiten vgl. *Koch* in Hüffer, AktG, § 305 Anh. § 8 SpruchG Rz. 5.
3 Begr. RegE, BT-Drucks. 15/371, 16.

sen werden.¹ Der Vergleich ist gem. §§ 160 Abs. 3 Nr. 1, 162 ZPO i.V.m. § 11 Abs. 2 Satz 2 SpruchG zu protokollieren. Er kann aber gem. § 11 Abs. 4 SpruchG auch dadurch geschlossen werden, dass die Beteiligten einen schriftlichen Vergleichsvortrag des Gerichts durch Schriftsatz gegenüber dem Gericht annehmen. Der Vergleich beendet das Verfahren und ist, bei vollstreckbarem Inhalt, gem. § 11 Abs. 2 Satz 3 SpruchG i.V.m. § 794 Abs. 1 Nr. 1 ZPO auch **Vollstreckungstitel** (vgl. zur Vollstreckbarkeit bei gerichtlicher Entscheidung V.3., unten Rz. 61).

2. Gerichtliche Entscheidung

a) Prüfungsmaßstab der Gerichte

Die Gerichte haben im Spruchverfahren zu prüfen, ob die gewährte Abfindung oder der Ausgleich oder die Zuzahlung jeweils **angemessen** ist. Eine Abfindung ist angemessen, wenn sie dem ausscheidenden Aktionär volle Entschädigung dafür verschafft, was seine Beteiligung an dem anderen Unternehmen wert ist, also dem vollen Wert seiner Beteiligung entspricht.² Dabei gilt das Stichtagsprinzip. Maßgeblich ist der Wert am jeweiligen **Bewertungsstichtag** (vgl. dazu ausführlich § 12). Zu ermitteln ist der Grenzpreis, zu dem der Aktionär ohne Nachteil aus der Gesellschaft ausscheiden kann.³ Dabei muss das Gericht den Unternehmenswert im Wege der Schätzung nach § 287 Abs. 2 ZPO bestimmen.⁴

45

In der Rechtsprechung und in der Literatur ist anerkannt, dass es **keinen einzig „richtigen" Unternehmenswert** gibt.⁵ Der Unternehmenswert hängt von den zukünftigen Erträgen der Gesellschaft und einem zukünftigen Kapitalisierungszinssatz ab. Die zukünftige Entwicklung ist naturgemäß unsicher. Die Gerichte können daher nicht prüfen, ob der Unternehmenswert „richtig" ist. Ihre Prüfung beschränkt sich vielmehr darauf, ob der ermittelte Wert **vertretbar** ist.⁶

46

---

1 *Koch* in Hüffer, AktG, § 305 Anh. § 11 SpruchG Rz. 5.
2 BVerfG v. 27.4.1999 – 1 BvR 1613/94, ZIP 1999, 1436 (1440) = AG 1999, 566; BGH v. 21.7.2003 – II ZB 17/01, AG 2003, 627 = NJW 2003, 3272; OLG Frankfurt v. 5.12.2013 – 21 W 36/12, NZG 2014, 464.
3 BGH v. 4.3.1998 – II ZB 5/97, NJW 1998, 1866 (1867) = AG 1998, 286.
4 OLG Frankfurt v. 24.11.2011 – 21 W 7/11, AG 2012, 513 (514); OLG Stuttgart v. 17.10.2011 – 20 W 7/11 – juris Rz. 178; OLG München v. 14.7.2009 – 31 Wx 121/06, WM 2009, 1848 (1849); OLG Düsseldorf v. 27.5.2009 – I-26 W 5/07 (AktE), WM 2009, 2220 (2224); OLG Frankfurt v. 24.11.2011 – 21 W 7/11, AG 2012, 513 (514); OLG Schleswig v. 17.9.2013 – 9 W 86/11; LG München I v. 27.6.2014 – 5 HK O 7814/09.
5 BVerfG v. 24.5.2012 – 1 BvR 3221/10, AG 2012, 674 (676); OLG Frankfurt v. 24.11.2011 – 21 W 7/11, AG 2012, 513 (514); OLG Stuttgart v. 17.10.2011 – 20 W 7/11 – juris Rz. 177; OLG Düsseldorf v. 4.7.2012 – I-26 W 8/10 (AktE), AG 2012, 797 (800).
6 OLG Stuttgart v. 17.10.2011 – 20 W 7/11 – juris Rz. 179; OLG Frankfurt v. 24.11.2011 – 21 W 7/11, AG 2012, 513 (514); OLG Karlsruhe v. 15.11.2012 – 12 W 66/06, AG 2013, 353 (354).

47 Es ist stets eine Bandbreite von Werten angemessen.[1] Innerhalb welcher Grenze Werte noch als angemessen anzusehen sind, ist noch nicht abschließend geklärt. Sie liegt jedenfalls nicht unter 5 %.[2] Angesichts der Vielzahl vertretbarer Entscheidungen, die im Rahmen einer Unternehmensbewertung getroffen werden müssen und der Unsicherheit, die einer Prognose zwangsläufig innewohnt, dürften unseres Erachtens auch Werte innerhalb einer Bandbreite von 10 % noch angemessen sein.[3]

b) Bewertungsmethode

aa) Keine einzig richtige Bewertungsmethode

48 Die Gerichte haben nicht darüber zu entscheiden, welche **Methode der Unternehmensbewertung** richtig ist.[4] Weder das einfache Recht[5] noch Art. 14 Abs. 1 GG schreiben eine bestimmte Methode der Unternehmensbewertung vor.[6] Vielmehr können Grundlage der Schätzung des Anteilswerts durch das Gericht alle Wertermittlungen sein, die auf **in der Wirtschaftswissenschaft anerkannten** und **in der Bewertungspraxis gebräuchlichen** Bewertungsmethoden beruhen.[7] Die Anwendbarkeit einer Methode wird nicht dadurch ausgeschlossen, dass sie in der Fachwissenschaft diskutiert wird.[8] Es gibt auch keine Pflicht, im Sinn einer „Meistbegünstigung" jeweils die Methode anzuwenden, die für die

---

1 OLG Frankfurt v. 24.11.2011 – 21 W 7/11, AG 2012, 513, 514; OLG Düsseldorf v. 6.4.2011 – 26 W 2/06 (AktE) – juris Rz. 23; OLG Karlsruhe v. 16.7.2008 – 12 W 16/02, NZG 2008, 791; BayObLG v. 28.10.2005 – 3Z BR 71/00, AG 2006, 41 = NZG 2006, 156 (157); BVerfG v. 24.5.2012 – 1 BvR 3221/10, AG 2012, 674 (676); KG v. 19.5.2011 – 2 W 154/08 – juris Rz. 23, AG 2011, 627; OLG München v. 26.7.2012 – 31 Wx 250/11, AG 2012, 749 (750); OLG Karlsruhe v. 15.11.2012 – 12 W 66/06, AG 2013, 353 (354); OLG Stuttgart v. 17.10.2011 – 20 W 7/11 – juris Rz. 177, 179 f.; OLG Düsseldorf v. 4.7.2012 – I-26 W 8/10 (AktE), AG 2012, 797 (800); LG München I v. 27.6.2014 – 5 HK O 7814/09.
2 OLG Frankfurt v. 20.12.2011 – 21 W 8/11, ZIP 2012, 371, (376) = AG 2012, 330; LG München I v. 27.6.2014 – 5 HK O 7814/09.
3 LG München I v. 27.3.2000 – 5 HK O 19156/98, ZIP 2000, 1055 (1057) = AG 2001, 99; LG Frankfurt/M. v. 8.8.2001 – 3/8 O 69/97, NZG 2002, 395 (396); OLG Stuttgart v. 19.1.2011 – 20 W 3/09, AG 2011, 205 (211) für den Fall, dass der Börsenkurs der Aktie bis zur Bekanntgabe des Abfindungsangebots deutlich unter dem angebotenen Betrag lag und während eines längeren Zeitraums stabil war; vgl. auch *Simon/Leverkus* in Simon, Anh. § 11 SpruchG Rz. 11 sowie ferner OLG Stuttgart v. 14.2.2008 – 20 W 9/06, AG 2008, 783 (789), die dies zumindest noch bei einer Abweichung von 7 % annehmen.
4 OLG Stuttgart v. 5.6.2013 – 20 W 6/10, AG 2013, 724 = Der Konzern 2013, 409; OLG Düsseldorf v. 4.7.2012 – I-26 W 8/10 (AktE), AG 2012, 797 (798);
5 OLG München v. 30.11.2006 – 31 Wx 059/06, AG 2007, 411.
6 BVerfG v. 24.5.2012 – 1 BvR 3221/10, AG 2012, 674 (675).
7 OLG Stuttgart v. 5.6.2013 – 20 W 6/10, Der Konzern 2013, 409; kritisch zum Merkmal „in der Praxis gebräuchlich" mit guten Argumenten *Fleischer*, AG 2014, 97 (112).
8 OLG Stuttgart v. 17.10.2011 – 20 W 7/11 – juris Rz. 185.

Minderheitsaktionäre am günstigsten ist.[1] Stehen für das konkret zu bewertende Unternehmen mehrere anerkannte Bewertungsmethoden zur Verfügung, bleibt demjenigen, der die Abfindung (bzw. den Ausgleich oder die Zuzahlung) zu zahlen hat, die Wahl der Bewertungsmethode überlassen. Es ist nicht zulässig, eine zulässigerweise angewandte anerkannte Methode durch eine andere zu ersetzen.[2]

bb) Ertragswertmethode als anerkannte Methode

Die Ertragswertmethode (s. hierzu ausführlich § 4) ist in der Rechtsprechung allgemein als geeignete Methode zur Ermittlung des Unternehmenswerts anerkannt.[3] Bei Anwendung der Ertragswertmethode sind die den Aktionären künftig zufließenden Erträge des zu bewertenden Unternehmens zu schätzen und jeweils mit dem Kapitalisierungszinssatz auf den Bewertungsstichtag abzuzinsen. Der Wert des nicht betriebsnotwendigen Vermögens und andere Sonderwerte sind hinzuzurechnen (s. zum Ganzen § 4 Rz. 30 ff.).[4] Zur Ermittlung des Ertragswerts kann auf die Grundsätze, die vom Institut der Wirtschaftsprüfer („**IDW**") im **Standard S 1** sowie in sonstigen Verlautbarungen des Fachausschusses für Unternehmensbewertung und Betriebswirtschaft („**FAUB**") vertreten werden, zurückgegriffen werden.[5] Die Empfehlungen des IDW stellen zwar keine Rechtsnorm dar und sind daher für die Gerichte nicht verbindlich. Sie geben aber eine anerkannte Expertenauffassung wieder.[6] Der Standard IDW S 1 wird jedoch von Zeit zu Zeit geändert. Da Spruchverfahren häufig sehr lange dauern, geschieht es nicht selten, dass zum Zeitpunkt der gerichtlichen Entscheidung ein neuerer Standard gültig ist als zum Bewertungsstichtag. In solchen Fällen ist die Spruchpraxis zu der Frage, ob der zum Bewertungsstichtag gültige oder der im Zeitpunkt der gerichtlichen Entscheidung gültige Standard anzuwenden ist, uneinheitlich. Einige Entscheidungen stellen auch für den Bewertungsstandard auf dem Tag der Hauptversammlung als Bewertungsstichtag ab.[7] Andere wenden, wie es auch von der herrschenden Meinung in der Literatur gefordert wird,[8] den jeweils neueren Standard an.[9] Dafür sprechen gute

49

---

1 BVerfG v. 29.11.2006 – 1 BvR 704/03, AG 2007, 119 (120 f.); OLG Stuttgart v. 17.10.2011 – 20 W 7/11 – juris Rz. 186.
2 OLG Stuttgart v. 17.10.2011 – 20 W 7/11 – juris Rz. 212.
3 OLG Frankfurt v. 24.11.2011 – 21 W 7/11, AG 2012, 513 (514); OLG Düsseldorf v. 4.7.2012 – I-26 W 8/10 (AktE), AG 2012, 797 (798); LG München I v. 27.6.2014 – 5 HK O 7814/09.
4 Näher zum Ertragswertverfahren § 4 bis § 7.
5 OLG Stuttgart v. 5.6.2013 – 20 W 6/10, AG 2013, 724 = Der Konzern 2013, 409.
6 OLG Düsseldorf v. 4.7.2012 – I-26 W 8/10 (AktE), AG 2012, 797 (800);
7 OLG Düsseldorf v. 21.12.2011 – I-26 W 3/11, AG 2012, 459 (460); KG v. 19.5.2011 – 2 W 154/08, AG 2011, 627 (628); OLG Frankfurt v. 26.8.2009 – 5 W 35/09 – juris Rz. 19 ff.; OLG München v. 30.11.2006 – 31 Wx 059/06, AG 2007, 411; LG Frankfurt/M. v. 4.8.2010 – 3-5 O 73/04 – Rz. 41 ff.
8 Riegger/Wasmann in FS Goette, 2011, S. 433 (437 ff.); Wagner/Jonas/Ballwieser/Tschöpel, WPg 2006, 1005 (1007).
9 OLG Celle v. 19.4.2007 – 9 W 53/06, ZIP 2007, 2025 (2027) = AG 2007, 865; OLG Karlsruhe v. 16.7.2008 – 12 W 16/02, AG 2009, 47 (50); vgl. auch OLG Frankfurt v. 5.12.2013 – 21 W 36/12 – juris Rz. 133, NZG 2014, 464.

Gründe, denn der aktuelle Standard spiegelt jeweils die aktuellen Erkenntnisse der Betriebswirtschaft wieder und ist daher grundsätzlich besser geeignet, den Unternehmenswert zu ermitteln. Einige Gerichte vertreten auch eine differenzierte Auffassung.[1] Dem OLG Frankfurt ist insoweit zuzustimmen, als jedenfalls dann der neue Bewertungsansatz anzuwenden ist, wenn er mit einem in Wissenschaft und Praxis weitgehend anerkannten Erkenntnisfortschritt verbunden ist und das Gericht von der Überlegenheit des neuen Ansatzes überzeugt ist.[2] Möglicherweise wird diese Streitfrage bald geklärt, nachdem das OLG Düsseldorf die Frage, welcher Bewertungsstandard angewendet werden muss, jüngst dem BGH zur Entscheidung vorgelegt hat.[3] S. eingehend dazu in § 13.

cc) Bewertung anhand des Börsenkurses

50 Neben der Bewertung nach der Ertragswertmethode spielt auch der Börsenkurs der Gesellschaft eine Rolle (vgl. hierzu auch § 16). Der Börsenkurs der Aktie entspricht regelmäßig ihrem Verkehrswert. Er ist in Spruchverfahren in der Regel als Untergrenze der zu gewährenden Abfindung zu berücksichtigen.[4]

51 Darüber hinaus ist in der Rechtsprechung inzwischen auch anerkannt, dass die Bewertung anhand des Börsenkurses eine **geeignete und vertretbare Schätzmethode** zur Ermittlung des Unternehmenswerts ist.[5] Ebenso wie der Ertragswert spiegelt auch der Börsenkurs – jedenfalls bei einem funktionierenden Kapitalmarkt und hinreichender Liquidität der Aktie – die Einschätzung des Barwerts der künftigen Unternehmenserträge wider. Das bedeutet, dass der Börsenkurs nicht nur als Untergrenze herangezogen werden kann und muss, sondern eine Bewertung anhand des Börsenkurses auch als eigenständige Be-

---

1 OLG Stuttgart v. 19.1.2011 – 20 W 2/07, AG 2011, 420 (426); OLG Karlsruhe v. 30.4.2013 – 12 W 5/12, AG 2013, 765 f.; OLG Frankfurt v. 28.3.2014 – 21 W 15/11 – Rz. 47 ff.
2 OLG Frankfurt v. 28.3.2014 – 21 W 15/11 – Rz. 47 ff. zur Einführung des Tax Capital Asset Pricing Model zusammen mit der Abkehr von der Annahme der Vollausschüttung durch den Wechsel vom Standard IDW S 1 2000 zum Standard IDW S 1 2005.
3 OLG Düsseldorf v. 28.8.2014 – I-26 W 9/12 (AktE) – juris Rz. 144, AG 2014, 817.
4 BVerfG v. 27.4.1999 – 1 BvR 1613/94, BVerfGE 100, 289 (305 ff.) = AG 1999, 566; BGH v. 19.7.2010 – II ZB 18/09, NJW 2010, 2657 (2658) = AG 2010, 629; OLG München v. 17.7.2014 – 31 Wx 407/13 – juris Rz. 11, AG 2014, 714 (715); OLG Frankfurt v. 5.12.2013 – 21 W 36/12 – juris Rz. 19, NZG 2014, 464; OLG Stuttgart v. 5.5.2009 – 20 W 13/08, AG 2009, 707 (710).
5 OLG Stuttgart v. 5.6.2013 – 20 W 6/10, AG 2013, 724 = Der Konzern 2013, 409; OLG Stuttgart v. 5.5.2009 – 20 W 13/08, AG 2009, 707 (711 f.); OLG Schleswig v. 17.9.2013 – 9 W 86/11 (unveröffentlicht); OLG München v. 26.7.2012 – 31 Wx 250/11, AG 2012, 749 (752); OLG Frankfurt v. 5.12.2013 – 21 W 36/12 – Rz. 23 ff., NZG 2014, 464; OLG Frankfurt 3.9.2010 – 5 W 57/09, ZIP 2010, 1947 (1950 ff.) = AG 2010, 751; KG v. 16.10.2006 – 2 W 148/01, Der Konzern 2007, 65 (67); BayObLG v. 29.9.1998 – 3Z BR 159/94, NZG 1998, 946 (948) = AG 1999, 43; LG Frankfurt/M. v. 4.8.2010 – 3-5 O 73/04 – Rz. 128.

wertungsmethode in Betracht kommt.[1] Rechtsprechung und Literatur geben in jüngerer Zeit sogar immer häufiger der Bewertung anhand des Börsenkurses den Vorzug gegenüber der Ertragswertmethode.[2] Das OLG Frankfurt entschied etwa, dass im Fall der Verschmelzung der T-Online auf die Deutsche Telekom der marktorientierten Methode der Vorzug zu geben sei. Es ermittelte die Verschmelzungsrelation nur auf Grundlage der Börsenwerte, obwohl die Relation auf Grundlage der Ertragswerte möglicherweise zu einem für die antragstellenden Aktionäre günstigeren Umtauschverhältnis geführt hätte.[3] Das Bundesverfassungsgericht (vgl. zur Rechtsprechung des Bundesverfassungsgerichts: § 16 Rz. 30) billigte diese Rechtsprechung.[4] Die Heranziehung des Börsenwerts ist nicht auf Verschmelzungsfälle beschränkt. Vielmehr haben Gerichte auch in anderen Konstellationen, insbesondere im Rahmen eines Squeeze-out, dieses Vorgehen mit guten Argumenten gebilligt.[5] Insgesamt ist die Diskussion über die Bewertung anhand des Börsenkurses aber noch nicht abgeschlossen.[6]

Wie der Börsenwert einer Aktie zu ermitteln ist, ist seit dem Stollwerck-Beschluss des Bundesgerichtshofs[7] aus dem Jahr 2010 geklärt: **Der Börsenwert der Aktie ist grundsätzlich aufgrund eines nach Umsatz gewichteten Durchschnittskurses innerhalb einer dreimonatigen Referenzperiode vor der Bekanntmachung einer Strukturmaßnahme zu ermitteln.** Seine frühere Rechtsprechung, wonach sich der Referenzzeitraum auf den Tag der Hauptversammlung als dem Stichtag, an dem die Maßnahme beschlossen wird, zu beziehen habe,[8] gab der BGH ausdrücklich auf (s. dazu § 16 Rz. 73; vgl. zum Stichtagsprinzip auch § 12). Zwar beziehe sich die Wertermittlung auf den Tag der Hauptversammlung. Zur Ermittlung des Börsenwerts tauge ein auf diesen Stichtag bezogener Referenzzeitraum aber nicht. Mit der Ankündigung einer Strukturmaßnahme spiegle der Börsenkurs nicht mehr die Markterwartung hinsichtlich der Entwicklung des Unternehmenswerts wider, sondern stattdessen die Markterwartung an die Abfindungshöhe. Wenn allerdings zwischen der Bekanntgabe der Strukturmaßnahme und dem Tag der Hauptversammlung ein **längerer Zeitraum** liegt und die Entwicklung der Börsenkurse eine Anpassung geboten erscheinen lässt, ist der Börsenwert entsprechend der allgemeinen oder branchentypischen Wertentwicklung unter Berücksichtigung der seitherigen

52

---

1   Im Ergebnis ebenso *Stilz* in FS Goette, 2011, S. 529 ff.; *Gärtner/Handke*, NZG 2012, 247; a.A. *Ruthardt/Hachmeister*, NZG 2014, 41 (44 ff.) sowie *Ruthardt/Hachmeister*, NZG 2014, 455 (456 f.); *Burger*, NZG 2012, 281; *Schulte/Köller/Luksch*, WPg 2012, 380; *Brösel/Karami*, WPg 2011, 418.
2   OLG Schleswig v. 17.9.2013 – 9 W 86/11 (unveröffentlicht); OLG Frankfurt v. 3.9.2010 – 5 W 57/09, AG 2010, 751 = ZIP 2010, 1947 ff.; LG Frankfurt/M. v. 27.1.2012 – 3-5 O 102/05 (unveröffentlicht); *Emmerich* in Emmerich/Habersack, Aktien- und GmbH-Konzernrecht, § 305 AktG Rz. 42 ff.; *Veil* in Spindler/Stilz, § 305 AktG Rz. 55; *Tonner* in FS K. Schmidt, 2009, S. 1581 (1596).
3   OLG Frankfurt v. 3.9.2010 – 5 W 57/09, ZIP 2010, 1947 (1950 ff.) = AG 2010, 751; ähnlich OLG München v. 26.7.2012 – 31 Wx 250/11, AG 2012, 749 (752).
4   BVerfG v. 26.4.2011 – 1 BvR 2658/10, AG 2011, 511 f.
5   OLG Frankfurt v. 5.12.2013 – 21 W 36/12 – juris Rz. 38, NZG 2014, 464 (466).
6   Vgl. zur Diskussion *Stilz* in FS Goette, 2011, S. 529 ff.
7   BGH v. 19.7.2010 – II ZB 18/09, AG 2010, 629.
8   BGH v. 12.3.2001 – II ZB 15/00, AG 2001, 417 (419).

Kursentwicklung hochzurechnen.[1] Dies begründet der BGH damit, dass die Minderheitsaktionäre davor geschützt werden müssten, dass der mit dem Zeitpunkt der Bekanntgabe ermittelte Börsenwert zugunsten des Hauptaktionärs fixiert wird, ohne dass die angekündigte Maßnahme umgesetzt wird. Bislang ist noch nicht abschließend geklärt, wann ein „längerer Zeitraum" zwischen der Bekanntgabe der Maßnahme und der Hauptversammlung liegt. Angesichts der Anforderungen, die an die Vorbereitung und Durchführung aktienrechtlicher Strukturmaßnahmen gestellt werden, verstreichen selbst bei zügigem Vorgehen zumindest mehrere Monate. Jedenfalls ein Zeitraum von bis zu sechs Monaten ist daher noch kein „längerer Zeitraum" im Sinn des Stollwerck-Beschlusses (s. hierzu auch § 16 Rz. 75).[2]

53 Eine **Berücksichtigung der Börsenkurse** – sei es als Untergrenze, sei es als eigenständige Methode zur Ermittlung des Unternehmenswerts – **kommt** allerdings dann **nicht in Betracht**, wenn die Kurse im maßgeblichen Zeitraum (ausnahmsweise) nicht den Verkehrswert der Aktie widerspiegeln.[3] Das gilt insbesondere in Fällen, in denen aufgrund einer Marktenge kaum Handel mit den Aktien stattfindet.[4] Denn in solchen Fällen ist offen, ob es den Minderheitsaktionären gelungen wäre, ihre Aktien zum Börsenkurs zu verkaufen. Aber auch wenn der Börsenkurs manipuliert[5] oder aufgrund besonderer Umstände verzerrt war, kann er nicht der Abfindung zugrunde gelegt werden.[6] Ob Börsenkurse auch dann als Untergrenze der Barabfindung oder gar als Grundlage zur Ermittlung des Unternehmenswerts herangezogen werden können, wenn die Aktien nur im Freiverkehr gehandelt werden, ist noch nicht abschließend geklärt. Jedenfalls in Fällen, in denen wesentliche wertrelevante Informationen nicht in die Kursbildung eingeflossen sind oder kein liquider Handel stattgefunden hat, dürfte der Freiverkehrskurs den Verkehrswert der Aktie nicht widerspiegeln und daher auch nicht als Basis für die Unternehmensbewertung geeignet sein.[7]

dd) Sonstige Methoden

54 In Einzelfällen haben Gerichte auch weitere Methoden der Unternehmensbewertung anerkannt. Der **Substanzwert** ist in der Regel unbeachtlich, weil ihm der Bezug zu den künftigen finanziellen Überschüssen fehlt und ihm des-

---

1 Vgl. zu einem möglichen Vorgehen bei der Hochrechnung OLG Frankfurt v. 21.12.2010 – 5 W 15/10 – Rz. 53; LG München I v. 27.6.2014 – 5 HK O 7819/09 (unveröffentlicht).
2 Ebenso *Gayk*, BewPraktiker 4/2013, 132 (135); *Wasmann*, ZGR 2011, 83 (94); *Neumann/Ogorek*, DB 2010, 1869 (1871).
3 OLG Frankfurt v. 5.12.2013 – 21 W 36/12 – juris Rz. 29, NZG 2014, 464.
4 BVerfG v. 27.4.1999 – 1 BvR 1613/94, AG 1999, 566 (567 ff.); OLG München v. 17.7.2014 – 31 Wx 407/13 – juris Rz. 11, AG 2014, 714 (715).
5 BVerfG v. 29.11.2006 – 1 BvR 704/03, AG 2007, 119 (120).
6 Vgl. hierzu OLG Frankfurt v. 5.12.2013 – 21 W 36/12 – juris Rz. 41 ff., NZG 2014, 464. Dort hatte das OLG Zweifel an der Aussagekraft der Börsenkurse, weil es im Zusammenhang mit einem Übernahmeangebot außerordentliche Kurssprünge gegeben hatte.
7 OLG München v. 17.7.2014 – 31 Wx 407/13 – juris Rz. 12 ff., AG 2014, 714 (715).

halb keine Bedeutung für die Unternehmensbewertung zukommen kann.[1] Bei rein vermögensverwaltend tätigen Gesellschaften kann aber die Anwendung des **Net Asset Value-Verfahrens**, das dem Substanzwertverfahren ähnlich ist,[2] sachgerecht sein.[3]

Der **Liquidationswert** (s. dazu auch § 8) kann in Ausnahmefällen ebenfalls eine Rolle spielen, etwa wenn die Ertragsaussichten des Unternehmens dauerhaft negativ sind.[4] Auch bei Unternehmen, die sich in der Abwicklung befinden oder kein operatives Geschäft mehr betreiben, kann der Liquidationswert zur Unternehmensbewertung herangezogen werden.[5]

55

Vorerwerbspreise (vgl. dazu auch § 17), also Preise, die der Antragsgegner vor der Durchführung der aktienrechtlichen Strukturmaßnahme für den Erwerb seiner Anteile bezahlt hatte, spielen bei der Ermittlung der angemessenen Abfindung hingegen keine Rolle.[6] Auch der Methode des sog. „**ausgehandelten Umtauschverhältnisses**" bei der Verschmelzung hat das Bundesverfassungsgericht inzwischen eine Absage erteilt. Insbesondere das OLG Stuttgart hatte angenommen, dass der in einer marktkonformen Verhandlung gefundene Preis bei der Verschmelzung voneinander unabhängiger Unternehmen grundsätzlich als angemessen zu betrachten sei. Die die Verhandlung führenden Vertreter beider an der Verschmelzung beteiligten Rechtsträger befänden sich in einer echten Verhandlungssituation. Außerdem werde das Verhandlungsergebnis durch den gerichtlich bestellten Verschmelzungsprüfer kontrolliert und von den jeweiligen Anteilseignern mit großer Mehrheit gebilligt. Dabei werde die Mehrheit nicht vom Eigeninteresse eines Mehrheitsaktionärs bestimmt. Vielmehr hätten Klein- und Großaktionäre gleichgerichtete Interessen. Dies alles biete eine erhöhte Gewähr für ein angemessenes Umtauschverhältnis.[7] Dieser Auffassung ist das Bundesverfassungsgericht entgegen getreten. Maßgeblich sei, ob durch das Verhandlungsergebnis ein voller wirtschaftlicher Wertausgleich geschaffen werde. Dafür böten die Verhandlungen keine hinreichende Gewähr, weil sie neben der Festlegung des Umtauschverhältnisses von vielfältigen weiteren unternehmerischen Erwägungen getragen sein könnten.[8]

56

Teilweise wird diskutiert, ob ein Gericht eine angemessene Kompensation im Wege einer „**mehrheitskonsensualen Schätzung**" festsetzen dürfe. Dies kommt

57

---

1 OLG Celle v. 4.4.1979 – 9 Wx 2/77, DB 1979, 1031; LG München I v. 27.6.2014 – 5 HK O 7814/09 (unveröffentlicht).
2 Vgl. dazu *Creutzmann*, BewPraktiker 4/2007, 7 (9 ff.); *Creutzmann*, BewPraktiker 2/2013, 64 ff.
3 OLG Schleswig v. 17.9.2013 – 9 W 86/11; OLG Dresden v. 31.1.2014 – 11 W 505/13.
4 OLG München v. 17.7.2014 – 31 Wx 407/13 – juris Rz. 18 f., AG 2014, 714 (715).
5 OLG Düsseldorf v. 27.2.2004 – 19 W 3/00 AktE, ZIP 2004, 753 (757 f.) = AG 2004, 324; a.A. BayObLG v. 31.5.1995 – 3Z BR 67/89, AG 1995, 509 (510).
6 OLG Frankfurt v. 24.11.2011 – 21 W 7/11, AG 2012, 513 (514); LG München I v. 21.6.2013 – 5 HK O 19183/09, AG 2014, 168 (174); *Gayk*, BewPraktiker 4/2013, 132.
7 OLG Stuttgart v. 14.10.2010 – 20 W 16/06 – „Daimler/Chrysler", AG 2011, 49 ff.; OLG Stuttgart v. 8.3.2006 – 20 W 5/05 – „Wüstenrot und Württembergische", AG 2006, 421 ff.; ähnlich OLG Frankfurt v. 9.2.2010 – 5 W 33/09, ZIP 2010, 729 (730).
8 BVerfG v. 24.5.2012 – 1 BvR 3221/10, AG 2012, 674 (675).

in Fällen in Betracht, in denen Vergleichsverhandlungen an einem einzigen oder an wenigen Antragstellern scheitern. In solchen Fällen spricht eine gewisse Vermutung dafür, dass das mehrheitlich akzeptierte Vergleichsangebot angemessen ist und deshalb als Grundlage einer gerichtlichen Schätzung herangezogen werden könnte.[1] Diese Methode hat sich jedoch in der Rechtsprechung bislang nicht durchgesetzt.[2]

ee) Plausibilisierung anhand von Multiplikatoren

58 Zusätzlich zu den genannten Methoden werden regelmäßig Kontrollrechnungen anhand von Multiplikatoren durchgeführt. Solche Multiplikatormethoden sind allerdings **nur zur Plausiblisierung** einer Bewertung nach anerkannten Bewertungsmethoden geeignet; sie können eine solche Bewertung (etwa nach der Ertragswertmethode oder anhand des Börsenkurses) aber nicht ersetzen.[3]

c) Methodische Einzelentscheidungen innerhalb einer Bewertungsmethode

59 Es ist nicht Aufgabe der Gerichte, darüber zu entscheiden, welche methodischen Einzelentscheidungen innerhalb einer Bewertungsmethode richtig sind (s. hierzu schon V.2.b)aa), oben Rz. 48). Vielmehr hat das Gericht grundsätzlich auf die Methoden und Parameter des Bewertungsgutachtens zurückzugreifen, es sei denn, sie sind unvertretbar oder unplausibel.[4] Dabei ist die **Bandbreite dessen, was vertretbar ist, weit**: Grundlage der Schätzung des Anteilswerts durch das Gericht können alle Wertermittlungen sein, die auf in der Wirtschaftswissenschaft anerkannten und in der Bewertungspraxis gebräuchlichen methodischen Einzelentscheidung innerhalb einer anerkannten Bewertungsmethode beruhen. Dies gilt auch, wenn sie in der wissenschaftlichen Diskussion nicht einhellig vertreten werden.[5] Es gilt **kein Meistbegünstigungsgebot**. Sind mehrere methodische Einzelentscheidungen vertretbar, muss nicht jeweils die Entscheidung getroffen werden, die für die Minderheitsaktionäre günstig ist.[6] Setzt ein vom Gericht bestellter Sachverständiger andere Parameter an als der Bewertungsgutachter, bedeutet das nicht, dass das Gericht in seiner Entscheidung die vom Sachverständigen angesetzten Parameter heranziehen muss. Selbst wenn ein Sachverständiger einen bestimmten Wert für vor-

---

1 LG Hannover v. 7.7.2009 – 26 AktE 108/03, AG 2009, 795; LG Hannover v. 27.5.2009 – 23 AktE 37/07, BeckRS 2010, 07415; *Decher* in FS Maier-Reimer, 2010, S. 57 (65 f.); *Noack*, NZG 2014, 92 (93); Stellungnahme des DAV-Handelsrechtsausschusses zur Evaluierung des Spruchverfahrensgesetzes, September 2014, abrufbar unter www.anwaltverein.de.
2 Vgl. insbesondere OLG Düsseldorf v. 8.8.2013 – I-26 W 17/12, AG 2013, 807 (809 f.); zustimmend *Haspl*, NZG 2014, 487 (488 ff.).
3 OLG Frankfurt v. 5.12.2013 – 21 W 36/12 – juris Rz. 136, NZG 2014, 464.
4 OLG Frankfurt v. 24.11.2011 – 21 W 7/11, AG 2012, 513 (514); OLG Frankfurt v. 5.12.2013 – 21 W 36/12 – juris Rz. 82, NZG 2014, 464; OLG Stuttgart v. 17.10.2011 – 20 W 7/11 – juris Rz. 184.
5 OLG Stuttgart v. 5.6.2013 – 20 W 6/10, AG 2013, 724 = Der Konzern 2013, 409.
6 OLG Stuttgart v. 17.10.2011 – 20 W 7/11 – juris Rz. 187.

zugswürdig hält, bleibt es bei dem ursprünglich vom Bewertungsgutachter angesetzten Wert, sofern er ebenfalls vertretbar ist.[1]

Insbesondere die Planung der Unternehmen und die darauf aufbauenden **Prognosen** ihrer Erträge, auf denen etwa die Ermittlung des Ertragswerts (dazu V.2.b)bb), oben Rz. 49, und § 4) basiert, sind **nur eingeschränkt gerichtlich überprüfbar**. Der Planung liegen unternehmerische Entscheidungen des geschäftsführenden Organs zugrunde. Diese Entscheidungen müssen zwar auf zutreffenden Informationen beruhen und sich daran orientierten, realistische Annahmen aufzubauen. Sie dürfen zudem nicht in sich widersprüchlich sein. Ist das aber der Fall, darf die Planung nicht durch andere – ebenfalls nur vertretbare – Annahmen des Gerichts ersetzt werden.[2] Ein Gericht darf die Planung des geschäftsführenden Organs nur dann korrigieren, wenn sie nicht plausibel und unrealistisch ist.[3]

60

3. Wirkung der Entscheidung

Die Entscheidung wirkt gem. § 13 Abs. 1 Satz 2 SpruchG **für und gegen alle**, einschließlich derjenigen Anteilsinhaber, die bereits gegen die ursprünglich angebotene Barabfindung oder sonstige Abfindung aus dem betroffenen Rechtsträger ausgeschieden sind. Sie wird erst mit der Rechtskraft wirksam, § 13 Abs. 1 Satz 1 SpruchG. Die Entscheidung in Spruchverfahren ist der formellen Rechtskraft (Unangreifbarkeit) und der materiellen Rechtskraft (Bindungswirkung) fähig. Ggf. kann die Entscheidung auch Gestaltungswirkung haben, z.B. in Fällen der rückwirkenden Änderung des Unternehmensvertrags im Rahmen der §§ 304, 305 AktG[4]. Auf Grund der nur feststellenden bzw. gestaltenden Wirkung hat die Entscheidung aber hinsichtlich der Erhöhung der Kompensation **keinen vollstreckbaren Inhalt**. Auch die Kosten (s. dazu V.4.b), unten Rz. 63 ff.) können erst auf Grund des Kostenfestsetzungsbeschlusses vollstreckt werden, der auf die im Beschluss vorgesehene Kostenverteilung aufbaut.[5] Die Entscheidung ist deshalb kein Vollstreckungstitel. Wenn die geschuldete erhöhte Kompensation vom Antragsgegner also nicht bezahlt wird, muss deshalb – wie sich aus § 16 SpruchG ergibt – Leistungsklage erhoben werden. § 16 SpruchG bestimmt, dass hierfür der gleiche Spruchkörper ausschließlich zuständig ist, der gem. § 2 SpruchG mit dem Verfahren zuletzt inhaltlich befasst gewesen ist.

61

---

1 OLG Frankfurt v. 5.12.2013 – 21 W 36/12 – juris Rz. 82 f., NZG 2014, 464 zur Höhe der Marktrisikoprämie, die der Bewertungsgutachter mit 5 % angesetzt hatte, der Sachverständige mit 4 %.
2 BVerfG v. 24.5.2012 – 1 BvR 3221/10, AG 2012, 674 (676); OLG München v. 17.7.2007 – 31 Wx 60/06, BB 2007, 2395 (2397); OLG Stuttgart v. 17.10.2011 – 20 W 7/11 – juris Rz. 180; OLG Frankfurt v. 24.11.2011 – 21 W 7/11, AG 2012, 513 (514); LG München I v. 27.6.2014 – 5 HK O 7814/09.
3 OLG München v. 14.7.2009 – 31 Wx 121/06, ZIP 2009, 2339 (2340); OLG Frankfurt v. 9.2.2010 – 5 W 33/09, ZIP 2010, 729 (731); OLG Stuttgart v. 15.10.2013 – 20 W 3/13, Der Konzern 2013, 626 (628); LG München I v. 27.6.2014 – 5 HK O 7814/09.
4 *Koch* in Hüffer, AktG, § 305 Anh. § 13 SpruchG Rz. 2 f.
5 *Wilske* in KölnKomm. AktG, 3. Aufl. 2013, § 13 SpruchG Rz. 19.

4. Nebenentscheidungen

a) Zinsen

62 Die jeweilige Verzinsung einer Abfindung, eines Ausgleichs oder einer Zuzahlung ergibt sich aus den jeweiligen Regelungen über die Strukturmaßnahme. So hat die Entscheidung über die Verzinsung für den Squeeze-out z.B. ihre Grundlage in § 327b Abs. 2 Halbsatz 1 AktG. Die Verzinsung beginnt mit der Bekanntmachung der Eintragung in das Handelsregister. Nach herrschender Meinung entscheidet das Gericht auch über die Verzinsung.[1] Eine gewichtige Mindermeinung lehnt eine Entscheidung des Gerichts über die Zinsen jedoch mit dem überzeugenden Argument ab, dass die Verzinsung im Gesetz zwingend vorgeschrieben und deshalb nicht Gegenstand der zu überprüfenden Anteilsbewertung sei. Erst im Streitfall hätte das für die Leistungsklage zuständige Gericht darüber zu befinden.[2]

b) Kostenentscheidung

63 Die Entscheidung darüber, wer welche Kosten zu tragen hat, trifft das Gericht von Amts wegen zusammen mit der Entscheidung in der Hauptsache. Die Kostentragung richtet sich nach § 15 SpruchG. Die Kosten werden dann in einem – dem Zivilverfahren entsprechenden – Kostenfestsetzungsverfahren nach §§ 103 ff. ZPO i.V.m. § 85 FamFG, § 17 Abs. 1 SpruchG festgesetzt (dazu schon unter V.3., oben Rz. 61).

aa) Gerichtskosten

64 Die Gerichtskosten hat nach § 15 Abs. 1 SpruchG **grundsätzlich der Antragsgegner** zu tragen; nur er ist nach § 23 Nr. 14 GNotKG Kostenschuldner. Hintergrund ist, dass die Rechtverfolgung nicht schon am Kostenrisiko scheitern soll.[3] Dem Antragsteller können die Gerichtskosten gem. § 15 Abs. 1 SpruchG nur dann auferlegt werden, wenn dies der Billigkeit entspricht. Das ist aber nur ausnahmsweise der Fall.[4]

65 Die Gebührenhöhe der Gerichtskosten hängt vom Geschäftswert ab. § 74 Satz 1 GNotKG bestimmt, dass der **Geschäftswert** mindestens 200.000 und höchstens 7,5 Mio. Euro beträgt. Innerhalb dieses **Spektrums** ist der Geschäftswert bei (wenigstens teilweise) erfolgreichen Anträgen nach dem **Verfahrenserfolg** zu bestimmen. § 74 Satz 1 Halbsatz 1 GNotKG bestimmt, dass der Betrag dem Geschäftswert entspricht, der von allen in § 3 SpruchG genannten Antragsberechtigten nach der Entscheidung des Gerichts zusätzlich zu dem ursprünglich angebotenen Betrag insgesamt gefordert werden kann.[5] Bei erfolg-

---

[1] BGH v. 21.7.2003 – II ZB 17/01, NJW 2003, 3272 (3273) = AG 2003, 627; *Emmerich* in Emmerich/Habersack, Aktien und GmbH-Konzernrecht, § 11 SpruchG Rz. 2a.
[2] OLG Hamburg v. 12.10.2001 – 11 W 29/94, AG 2002, 89 = DB 2001, 2641; *Puszkajler* in KölnKomm. AktG, 3. Aufl. 2013, § 11 SpruchG Rz. 15.
[3] Begr. RegE, BT-Drucks. 15/371, 17.
[4] BayObLG v. 22.10.2003 – 3Z BR 211/03, AG 2004, 99.
[5] Einzelheiten bei *Deiß*, NZG 2013, 248, (249 ff.).

losen Anträgen – unabhängig davon, ob sie unzulässig oder unbegründet sind – verbleibt es beim Mindestgeschäftswert von 200.000 Euro.[1] Der Geschäftswert wird vom Gericht von Amts wegen durch mit Gründen versehenen Beschluss gem. § 79 Abs. 1 GNotKG festgesetzt.[2] Im ersten Rechtszug entsteht eine 0,5-fache Gebühr, wenn das Verfahren ohne Entscheidung zur Hauptsache endet (Nr. 13504 KV GNotKG). Endet das Verfahren durch eine Entscheidung zur Hauptsache, wird eine 2,0-fache Gebühr erhoben (Nr. 13500 KV GNotKG), es sei denn es handelt sich um einen Beschluss zur Feststellung eines Vergleichs im schriftlichen Verfahren. Dort wird nur eine 1,0-fache Gebühr erhoben (Nr. 13503 KV GNotKG).

bb) Außergerichtliche Kosten

Um übereiligen oder mutwilligen Spruchverfahrensanträgen vorzubeugen, hat der Gesetzgeber dem **Antragsteller** zumindest ein **begrenztes Kostenrisiko** für die außergerichtlichen Kosten, also insbesondere die Anwaltskosten, auferlegt.[3] Nach § 15 Abs. 2 SpruchG trägt der Antragsteller seine Kosten grundsätzlich selbst. Sie können aber ganz oder teilweise dem Antragsgegner auferlegt werden, wenn dies der Billigkeit entspricht. Die Billigkeitsentscheidung ist erfolgsorientiert: Wenn die Kompensation nicht oder nur geringfügig erhöht wird, spricht dies für eine fortdauernde Kostenlast der Antragsteller; im umgekehrten Fall ist eher die Erstattungspflicht des Antragsgegners billig.[4] Nicht möglich ist es jedoch, dem Antragsteller – etwa bei offensichtlich unbegründeten Anträgen – die außergerichtlichen Kosten des Antraggegners aufzulegen. Dies widerspräche der gesetzgeberischen Intention, die Antragsteller nur mit einem überschaubaren Kostenrisiko zu belasten.[5]

66

Der **für die Anwaltskosten maßgebliche Gegenstandswert** bestimmt sich nach § 31 RVG an Hand eines **gespaltenen Geschäftswerts**. Gegenstandswert ist der Teil des Geschäftswerts, der sich aus der auf den Antragsteller im Zeitpunkt der Antragstellung entfallenden Quote ergibt, wenn der Geschäftswert durch die Zahl der auf die Antragsteller entfallenden Aktien oder Anteile dividiert wird. Das Gesetz sieht in § 31 Abs. 1 Satz 4 RVG mit **5.000 € aber auch einen Mindestwert** vor. Als Gebühren erhält der Verfahrensbevollmächtigte normalerweise eine 1,3-fache Verfahrensgebühr (Nr. 3100 RVG-VV), eine 1,2-fache Terminsgebühr (Nr. 3104 RVG-VV) sowie bei einvernehmlicher Beendigung eine 1,0-fache Einigungsgebühr (Nr. 1000, 1003 RVG-VV).[6]

67

---

1 OLG Düsseldorf v. 10.8.2004 – I-19 W 6/04 AktE, AG 2005, 298; OLG Schleswig v. 27.8.2008 – 2 W 65/06, NZG 2008, 876 (877) = AG 2009, 380; OLG Stuttgart v. 31.3.2004 – 20 W 4/04, AG 2004, 390 (391); OLG Frankfurt v. 10.10.2005 – 20 W 235/05, AG 2005, 890 f.; a.A. noch BayObLG v. 26.6.2002 – 3Z BR 331/01, BayObLGZ 2002, 169 (173) = AG 2003, 633.
2 OLG Düsseldorf v. 16.6.1971 – 19 W 10/71, OLGZ 1972, 245 f.
3 Begr. RegE, BT-Drucks. 15/371, 17.
4 Begr. RegE, BT-Drucks. 15/371, 17 f.
5 BGH v. 13.12.2011 – II ZB 12/11 – Rz. 12 ff., AG 2012, 173; OLG Stuttgart v. 3.4.2012 – 20 W 6/09, AG 2012, 839 (844) (jeweils zum FGG).
6 Einzelheiten bei *Deiß*, NZG 2013, 248 (249).

cc) Kosten eines Sachverständigen

68 Auch die Kosten für den Sachverständigen trägt **grundsätzlich der Antragsgegner**. Er hat vor dem Tätigwerden des Sachverständigen üblicherweise einen Vorschuss zu bezahlen, denn auch Sachverständigenkosten fallen unter die Vorschusspflicht nach § 14 Abs. 3 Satz 2 GNotKG für Gerichtsauslagen gem. Nr. 31005 KV GNotKG.[1] Die Unternehmensbewertung ist aufwendig und zeitintensiv. Dementsprechend **hoch sind die Kosten** dafür. Sachverständigenkosten i.H.v. mehreren 100.000 Euro sind nicht ungewöhnlich.[2] Zwar richtet sich die Entschädigung des Sachverständigen an sich nach Vergütungssätzen des § 13 JVEG. In der Praxis wird jedoch kaum ein qualifizierter Sachverständiger zu diesen Sätzen tätig. Deshalb ist es üblich und zulässig, dass der Sachverständige mit Zustimmung des Antragsgegners oder nachdem die Zustimmung des Antragsgegners durch das Gericht ersetzt wurde, zu deutlich höheren Stundensätzen tätig wird.[3]

VI. Rechtsmittel

1. Anzuwendendes Verfahrensrecht

69 Am **1.9.2009** trat das Gesetz zur Reform des Verfahrens in Familiensachen und in den Angelegenheiten der freiwilligen Gerichtsbarkeit (FGG-RG) in Kraft. Nach dessen Art. 111 Abs. 1 Satz 1 sind auf Verfahren, die bis zum 1.9.2009 eingeleitet worden sind, weiter die vor dem 1.9.2009 geltenden Vorschriften anzuwenden.[4] Dies gilt für das ganze Verfahren einschließlich des Rechtsmittelverfahrens.[5] Wurde das erstinstanzliche Verfahren vor dem 1.9.2009 eingeleitet, richtet sich die Beschwerde nach „altem" Recht, auch wenn die erstinstanzliche Entscheidung nach dem 1.9.2009 ergangen ist.[6]

70 Das Kostenfestsetzungsverfahren nach §§ 103 ff. ZPO i.V.m. § 85 FamFG ist jedoch ein selbständiges Verfahren i.S.d. Art. 111 Abs. 2 FGG-RG. Insoweit richtet sich das anwendbare Verfahrensrecht nach dem Zeitpunkt der Einleitung des Kostenfestsetzungsverfahrens, nicht des vorangegangenen Hauptsachverfahrens.[7]

---

1 Zu den Einzelheiten vgl. *Koch* in Hüffer, AktG§ 305 Anh. § 15 SpruchG Rz. 5.
2 OLG Düsseldorf v. 12.12.2012 – I-26 W 19/12 (AktE), ZIP 2013, 950 (952); OLG Stuttgart v. 9.7.2001 – 8 W 357/01, AG 2001, 603 = DB 2001, 1926.
3 OLG Stuttgart v. 9.7.2001 – 8 W 357/01, AG 2001, 603 (604).
4 BGH v. 19.7.2010 – II ZB 18/09, AG 2010, 629; BGH v. 22.10.2013 – II ZB 4/13, AG 2014, 46 (47).
5 OLG Schleswig v. 17.9.2013 – 9 W 86/11.
6 OLG Schleswig v. 21.10.2009 – 2 W 152/09, NJW 2010, 242; OLG Stuttgart v. 22.10.2009 – 18 UF 233/09, OLGR 2009, 872; OLG München v. 25.2.2010 – 31 Wx 32/10, AG 2010, 717 = ZIP 2010, 496.
7 BGH v. 22.10.2013 – II ZB 4/13, AG 2014, 46 (47); OLG Köln v. 15.7.2010 – 2 Wx 101/10, FGPrax 2010, 267.

2. Beschwerde

Für Verfahren, die **vor Inkrafttreten des FamFG** eingeleitet worden sind, gilt ein zweistufiger Instanzenzug. Danach können die Verfahrensbeteiligten – nicht jedoch der gemeinsame Vertreter – mit der sofortigen Beschwerde die (End-)Entscheidungen des Landgerichts durch das Oberlandesgericht überprüfen lassen. Die Rechtskontrolle durch den BGH beschränkt sich wegen des Verweises in § 12 Abs. 2 SpruchG a.F. auf § 28 Abs. 2 und 3 FGG auf den Fall der Abweichung von der Rechtsauffassung eines anderen Oberlandesgerichts oder des BGH. 71

Mit Inkrafttreten des FamFG wurde der Rechtsmittelzug größtenteils an denjenigen der ZPO angepasst. Nun ist die Beschwerde nach § 58 Abs. 1 FamFG das „Standard-Rechtsmittel" gegen alle erstinstanzlichen Entscheidungen.[1] Der **wesentliche Unterschied zur alten Regelung** liegt in der **Möglichkeit des entscheidenden Gerichts zur Selbstkontrolle**. So bestimmt § 68 Abs. 1 FamFG, dass dasjenige Gericht, das die Endentscheidung erlassen hat, zunächst selbst eine Abhilfemöglichkeit prüfen muss, bevor das Beschwerdegericht mit der Angelegenheit befasst wird. Beschwerdegericht ist das Oberlandesgericht. Das Oberlandesgericht kann gem. § 70 Abs. 1 FamFG eine Rechtsbeschwerde an den BGH zulassen. Unter den Voraussetzungen des § 70 Abs. 2 FamFG wird das Oberlandesgericht zu der Zulassung verpflichtet. 72

Die Beschwerde ist gem. § 12 Abs. 1 Satz 1 SpruchG nicht nur gegen instanzabschließende Entscheidungen statthaft, sondern auch dann, wenn das erstinstanzliche Gericht einen Antrag als unzulässig verworfen hat, weil es ein Spruchverfahren für nicht eröffnet hielt.[2] **Zwischenentscheidungen** sind hingegen nicht selbständig anfechtbar. Insbesondere ist eine Beschwerde gegen einen Beweisbeschluss oder die Anordnung einer Vorschusszahlung nicht statthaft.[3] 73

Die Beschwerde kann nach § 12 Abs. 1 Satz 2 SpruchG nur durch Einreichung einer von einem Rechtsanwalt unterzeichneten Beschwerdeschrift eingelegt werden. Sie bedarf keines speziellen Antrags. Auch eine Begründung ist gesetzlich nicht vorgeschrieben. Die Beschwerde muss lediglich erkennen lassen, dass eine Überprüfung der erstinstanzlichen Entscheidung begehrt wird.[4] Demnach kann es nach der Rechtsprechung auch ausreichen, wenn ein Beschwerdeführer auf die Rechtsmittelbegründung eines anderen Beteiligten konkret Bezug nimmt und sich diese **zu eigen macht**.[5] In der Praxis ist es jedoch üblich und zu empfehlen, den Antrag zu begründen, um das Gericht vom eigenen Standpunkt zu überzeugen. 74

---

1 *Kubis* in MünchKomm. AktG, 2. Aufl. 2010, § 12 SpruchG Rz. 2.
2 OLG Stuttgart v. 5.5.2009 – 20 W 13/08, AG 2009, 707, 708; OLG Zweibrücken v. 25.4.2005 – 3 W 255/04 – juris Rz. 10, AG 2005, 778.
3 OLG Düsseldorf v. 12.12.2012 – I-26 W 19/12 (AktE), ZIP 2013, 950 (951).
4 OLG München v. 19.10.2006 – 31 Wx 092/05, AG 2007, 287 (288); OLG Zweibrücken v. 3.8.2004 – 3 W 60/04, AG 2005, 306 = NZG 2004, 872 (873).
5 OLG Karlsruhe v. 15.11.2012 – 12 W 66/06, AG 2013, 353.

§ 28
Unternehmensbewertung in streitigen gerichtlichen Verfahren

	Rz.
I. Einleitung	
1. Bewertungsanlässe und thematische Eingrenzung	1
2. Grundsätze ordnungsgemäßer Unternehmensbewertung	2
3. Unternehmensbewertung als Heuristik	3
4. Unternehmensbewertung als Tat- oder Rechtsfrage	5
II. Prozessuale Ausgangslage bei Unternehmensbewertungen	
1. Schwierigkeit und Dauer gerichtlicher Unternehmensbewertung	8
2. Unterscheidung streitiges Verfahren und Spruchverfahren	9
3. Erforderlichkeit einer Abfindungsbilanz (Durchsetzungssperre)	10
4. Kein Anspruch auf Unternehmensbewertung durch die Gesellschaft	11
5. Prozessuale Vorgehensweise	12
III. Darlegungs- und Beweislast	
1. Allgemeine Anforderungen	13
2. Erläuterung des Unternehmenswerts	14
3. Unterscheidung Tatsachen, Rechtsfragen und Methodik	16
4. Adäquater Vortrag zum Unternehmenswert	17
5. Vortrag zu Sachverständigengutachten	19
IV. Gerichtliches Verfahren	
1. Sachverständige Beratung des Gerichts	20
2. Abfassung von Beweisbeschlüssen	23
V. Gerichtliche Schätzung des Unternehmenswerts	
1. Unternehmensbewertung als Schätzung	25
2. Schätzung gem. § 287 Abs. 2 ZPO	27
3. Schätzung gem. § 738 Abs. 2 BGB	32
4. Vertretbarkeits- oder Richtigkeitsurteil	34
5. Abgrenzung Schätzungstatsachen von Rechtsfragen	36
6. Wahl der geeigneten Bewertungsmethode	42
a) Bedeutung berufsständischer Bewertungsgrundsätze	44
b) Prüfungsdichte hinsichtlich der Methodenwahl	45
7. Schätzung der Erträge nach der Planungsrechnung	
a) Grundlagen zur Unternehmensplanung	48
b) Beurteilung der Ertragsplanung im gerichtlichen Verfahren	51
c) Korrektur der Planung durch stichtagsnachfolgende Entwicklungen	56
8. Schätzung des Kapitalisierungszinses	61
a) Rechtsprechung folgt IDW S 1	62
b) Alternativen in Betriebswirtschaftslehre und -praxis für KMU	63
c) Schätzungsspektrum der Rechtsprechung	65
9. Verwendung stichtagsnaher Preise für das Unternehmen	66
10. Güte der tatrichterlichen Schätzung	68
11. Ausweitung des Schätzungsermessens	70
12. Beachtung gesellschaftsvertraglicher Regelungen	71
13. Verwendung von Konsensschätzungen	72

	Rz.		Rz.
14. Verwendung von Vergangenheitsergebnissen	75	19. Aufklärung von Anknüpfungstatsachen	85
15. Verwendung mehrerer Gutachten und Methoden	76	20. Tatrichterermessen und Gutachterermessen	86
16. Verwendung von Privatgutachten	78	21. Auswahl der Sachverständigen	90
17. Verwendung eigener Sachkunde	79	22. Parteiöffentlichkeit der Beweisaufnahme	91
18. Einsatz erfahrener Gutachter	84		

Schrifttum: *Adolff*, Unternehmensbewertung im Recht der börsennotierten Aktiengesellschaft, 2007; *Aha*, Aktuelle Aspekte der Unternehmensbewertung im Spruchstellenverfahren, AG 1997, 26; *Baetge/Niemeyer/Kümmel/Schulz*, Darstellung der Discounted Cashflow-Verfahren (DCF-Verfahren) mit Beispiel, in Peemöller (Hrsg.), Praxishandbuch der Unternehmensbewertung, 5. Aufl. 2012, S. 349; *Ballwieser*, Unternehmensbewertung – Prozess, Methoden und Probleme, 3. Aufl. 2011; *Ballwieser*, Verbindungen von Ertragswert- und Discounted-Cashflow-Verfahren, in Peemöller (Hrsg.), Praxishandbuch der Unternehmensbewertung, 5. Aufl. 2012, S. 499; *Barthel*, Unternehmenswert: Der Markt bestimmt die Bewertungsmethode, DB 1990, 1145; *Barthel*, Unternehmenswert: Prognosen, Phasen und Probleme, DStR 2010, 1198; *Bergmann*, in jurisPK/BGB, 6. Aufl. 2012, § 738 BGB; Best-Practice-Empfehlungen DVFA, 2012 – DVFA-Arbeitskreis „Corporate Transactions and Valuation", S. 1-26, unter Vorsitz von Prof. Dr. *Bernhard Schwetzler*, Prof. Dr. *Christian Aders* – abrufbar unter http://www.dvfa.de/fileadmin/downloads/Publikationen/Standards/DVFA_Best_Practice_Empfehlungen_Unternehmensbewertung.pdf; *Beumer/Dusch*, Besonderheiten der Bewertungsverfahren – Steuerliche Bewertungsmaßstäbe, in Peemöller (Hrsg.), Praxishandbuch der Unternehmensbewertung, 5. Aufl. 2012, S. 1143; *Brösel*, Objektiv gibt es nur subjektive Unternehmenswerte, UM 2003, 130; *Bruski*, Kaufpreisbemessung und Kaufpreisanpassung im Unternehmenskaufvertrag, BB Beilage 2005, Nr. 17, 19; *Creutzmann*, Unternehmensbewertung im Steuerrecht. Neuregelungen des Bewertungsgesetzes ab 1.1.2009, DB 2008, 2783; *Dörschell/Franken/Schulte*, Der Kapitalisierungszinssatz in der Unternehmensbewertung. Praxisgerechte Ableitung unter Verwendung von Kapitalmarktdaten, 2. Aufl. 2012; *Drukarczyk*, Unternehmensbewertung, 4. Aufl. 2003; *Drukarczyk/Ernst* (Hrsg.), Branchenorientierte Unternehmensbewertung, 3. Aufl. 2010; *Ebenroth/Müller*, Die Abfindungsklausel im Recht der Personengesellschaften und der GmbH-Grenzen privatautonomer Gestaltung, BB 1993, 1153; *Emmerich*, Buchbesprechung: Unternehmens- und Anteilsbewertung im Gesellschaftsrecht, AG 2003, 168; *Engel/Puszkajler*, Bewährung des Spruchgesetzes in der Praxis?, BB 2012, 1687; *Englert*, Die Bewertung von freiberuflichen Praxen mit Hilfe branchentypischer Wertfindungsmethoden, BB 1997, 142; *Ernst/Schneider/Thielen*, Unternehmensbewertungen erstellen und verstehen, Ein Praxisleitfaden, 5. Aufl. 2012; *Fleischer*, Die Barabfindung außenstehender Aktionäre nach den §§ 305 und 320b AktG – Stand-alone-Prinzip oder Verbundberücksichtigungsprinzip?, ZGR 1997, 368; *Fleischer*, Rechtsfragen der Unternehmensbewertung bei geschlossenen Kapitalgesellschaften – Minderheitsabschlag, Fungibilitätsabschlag, Abschlag für Schlüsselpersonen, ZIP 2012, 1633; *Fleischer*, Unternehmensbewertung bei aktienrechtlichen Abfindungsansprüchen: Bestandsaufnahme und Reformperspektiven im Lichte der Rechtsvergleichung, AG 2014, 97; *Fleischer/Bong*, Unternehmensbewertung bei konzernfreien Verschmelzungen zwischen Geschäftsleiterermessen und Gerichtskontrolle, NZG 2013, 881; *Fleischer/Schneider*, Der Liquidationswert als Untergrenze der Unternehmensbewertung bei gesellschaftsrechtlichen Abfindungsansprüchen, DStR 2013, 1736; *Franken/Koelen*, Besonderheiten bei der Bewertung von Personengesellschaften, in Peemöller (Hrsg.), Praxishandbuch der Unternehmensbewertung, 5. Aufl. 2012, S. 815; *Franken/Schulte*, Auswirkungen des IDW RS HFA 10 auf andere Bewertungsanlässe, BB 2003, 2675; *Gleißner/Knoll*, Konsistente Bewertung von Eigen- und Fremdkapital durch ratingabhängige

Risikozuschläge: ein Vorschlag für KMU, BB 2011, 2283; *Großfeld*, Recht der Unternehmensbewertung, 7. Aufl. 2012; *Großfeld*, Unternehmensbewertung als Rechtsproblem, JZ 1981, 641; *Großfeld*, Wandel der Unternehmensverfassung, NZG 2005, 1; *Großfeld/ Merkelbach*, Wirtschaftsdaten für Juristen: Grundlagen einer disziplinierten Unternehmensbewertung, NZG 2008, 241; *Grün/Grote*, Bewertung von Steuerberatungskanzleien und Wirtschaftsprüfungsgesellschaften, in Peemöller (Hrsg.), Praxishandbuch der Unternehmensbewertung, 5. Aufl. 2012, S. 835; *Habbel/Krause/Ollmann*, Die Relevanz von Branchenanalysen für die Unternehmensbewertung, in Drukarczyk/Ernst (Hrsg.), Branchenorientierte Unternehmensbewertung, 3. Aufl. 2010, S. 9; *Hachmeister/Wiese*, Der Zinsfuß in der Unternehmensbewertung: Aktuelle Probleme und Rechtsprechung, WPg 2009, 54; *Hachmeister/Ruthardt/Lampenius*, Unternehmensbewertung im Spiegel der neueren gesellschaftsrechtlichen Rechtsprechung – Berücksichtigung des Risikos, Risikozuschlags und persönlicher Steuern, WPg 2011, 829; *Hachmeister/Ruthardt*, Grundsätze ordnungsmäßiger Unternehmensbewertung zur Entnahmeplanung – Bewertungslehre und Rechtsprechung, DStR 2013, 2530; *Hachmeister/Ruthardt*, Risikoabbildung und Risikobewertung in der Rechtsprechung zur Unternehmensbewertung, BPrak 2014, 2; *Hannes*, Die Rechtsprechung zur Unternehmensbewertung, in Peemöller (Hrsg.), Praxishandbuch der Unternehmensbewertung, 5. Aufl. 2012, S. 1119; *Helbling*, Besonderheiten bei der Bewertung von kleinen und mittleren Unternehmen, in Peemöller (Hrsg.), Praxishandbuch der Unternehmensbewertung, 5. Aufl. 2012, S. 803; *Henselmann*, Grundlagen der Unternehmensbewertung – Geschichte der Unternehmensbewertung, in Peemöller (Hrsg.), Praxishandbuch der Unternehmensbewertung, 5. Aufl. 2012, S. 93; *Henselmann/Munkert/Winkler/Schrenker*, 20 Jahre Spruchverfahren – Empirische Analyse zum gerichtlichen Verfahrensgang und zum Ausgang von Spruchverfahren, WPg 2013, 1153; *Henssler/Michel*, Austritt und Ausschluss aus der freiberuflichen Sozietät, NZG 2012, 401; *Hilgard*, Berechnung des Schadens bei Verletzung einer Eigenkapitalgarantie beim Unternehmenskauf, BB 2013, 937; *Hommel/Pauly/Nagelschmitt*, IDW ES 1 – Neuerungen bei dem objektivierten Unternehmenswert, BB 2007, 2728; *Hörstel*, Der Auseinandersetzungsanspruch bei Ausscheiden einzelner Gesellschafter sowie der Liquidation von Gesellschaften und gesellschaftsähnlichen Rechtsverhältnissen, NJW 1994, 2268; *Hüffer*, Bewertungsgegenstand und Bewertungsmethode, Überlegungen zur Berücksichtigung von Börsenkursen bei der Ermittlung von Abfindung und Ausgleich, FS Hadding, 2004, S. 461; *Hüttemann*, Börsenkurs und Unternehmensbewertung, ZGR 2001, 454; *Hüttemann*, Neuere Entwicklungen bei der Unternehmensbewertung im Gesellschaftsrecht, Steuerberater-Jahrbuch 2000/2001, S. 385; *Hüttemann*, Rechtliche Vorgaben für ein Bewertungskonzept, WPg 2007, 812; *Hüttemann*, Unternehmensbewertung als Rechtsproblem, ZHR 162 (1998), 563; *Ihlau/Duscha*, Abbildung von Risiken und Chancen in der Planungsrechnung, BB 2013, 2346; *Ihlau/Duscha*, Hinweise zur Anwendung von IDW S 1 bei der Bewertung von KMU, WPg 2012, 489; Institut der Wirtschaftsprüfer e.V. (Hrsg.), Ergänzung der Fragen und Antworten zur praktischen Anwendung des IDW Standards: Grundsätze zur Durchführung von Unternehmensbewertungen (IDW S 1 i.d.F. 2008), zum Thema Basiszinssatz, Stand: 15.7.2013, FN-IDW 8/2013, 363 ff.; Institut der Wirtschaftsprüfer e.V. (Hrsg.), Fragen und Antworten zur praktischen Anwendung des IDW Standards: Grundsätze zur Durchführung von Unternehmensbewertungen (IDW S 1 i.d.F. 2008), Stand: 25.4.2012, FN-IDW 5/2012, 323 ff.; Institut der Wirtschaftsprüfer e.V. (Hrsg.), IDW Standard: Grundsätze zur Durchführung von Unternehmensbewertungen (IDW S 1), Stand 2.4.2008, WP-Supplement 3/2008, 68 ff.; International Association of Consultants, Valuators and Analysts, Berufsstandards (Professional Standards) vom 1.6.2001, S. 1-32, abrufbar unter http://www.iacva.de/fileadmin/user_upload/IACVA_Prof_Standards_2011_de..pdf; *Kiethe*, Das Informationsrecht des ausscheidenden GmbH-Gesellschafters, DStR 1993, 1708; *Klönne*, Objektivierte Bewertung und Verteilung von Synergieeffekten bei gesellschaftsrechtlich bedingten Unternehmensbewertungen Düsseldorf, 2013; *Knoll*, Planungsrechnung zwischen Risikoberücksichtigung und Zweckadäquanz, DStR 2010, 615; *Korth*, Unternehmensbewertung im Spannungsfeld zwischen betriebswirtschaftlicher Unternehmenswertermittlung, Marktpreisabgeltung und Rechtsprechung, BB Beilage 1992, Nr. 19, 1; *Kuhner*, Unternehmensbewertung: Tatsachenfrage oder Rechtsfrage?, WPg 2007, 825; *Lauber*, Das Verhältnis des Ausgleichs gemäß § 304 AktG zu den Abfindungen gemäß den §§ 305, 327a ff. AktG, Diss., LIT Verlag, Berlin, 2014; *Leuner*, Steht die Ärztekammermethode (erneut) juristisch vor dem Aus?, NJOZ 2010, 2241; *Löhnert/Böckmann*, Multiplikatorenverfahren in der Unternehmensbewertung, in Peemöller (Hrsg.), Praxishandbuch der Unternehmensbewertung, 5. Aufl. 2012, S. 679; *Lorson/Geltinger/Horn/Schünemann*, Berücksichtigung der Fungibilität bei Unternehmensbewertungen nach IDW S 1 – Eine empirische Analyse, DStR 2012, 1621; *Luttermann*, Bewertungsrecht im Internetzeitalter, AG 2000, 459; *Luttermann*, Juristische Anforderungen an eine ordnungsgemäße Unternehmensbewertung und an ein Bewertungsgutachten, in Petersen/Zwirner/Brösel (Hrsg.), Handbuch Unternehmensbewertung, 2013, S. 463–477; *Luttermann*, Zum Börsenkurs als gesellschaftsrechtliche Bewertungsgrundlage, ZIP 1999, 45; *Mandl/Rabel*, Methoden der Unternehmensbewertung (Überblick), in Peemöller (Hrsg.), Praxishandbuch der Unternehmensbewertung, 5. Aufl. 2012, S. 49; *Matschke/Brösel*, Unternehmensbewertung, 2. Aufl. 2006; *Meilicke*, Rechtsgrundsätze zur Unternehmensbewertung, DB 1980, 2121; *Merk*, Bewertung von Arztpraxen, Zahnpraxen und Medizinischen Versorgungszentren, in Drukarczyk/Ernst (Hrsg.), Branchenorientierte Unternehmensbewertung, 3. Aufl. 2010, S. 353; *Mertens*, Zur Geltung des Stand-alone-Prinzips für die Unternehmensbewertung bei der Zusammenführung von Unternehmen, AG 1992, 321; *Meyding/Adolphs*, Veräußerung von Konzernteilen im Rahmen von M&A-Transaktionen, BB 2012, 2383; *Michalski*, Feststellung des Abfindungsguthabens des aus einer OHG ausgeschiedenen Gesellschafters durch einen Sachverständigen, ZIP 1991, 914; *Moxter*, Unternehmens- und Praxisübertragungen, BB 1995, 1518; *Mugler/Zwirner*, DCF-Verfahren, in Petersen/Zwirner/Brösel (Hrsg.), Handbuch Unternehmensbewertung, 2013, S. 293–312; *W. Müller*, Anteilswert oder anteiliger Unternehmenswert? Zur Frage der Barabfindung bei kapitalmarktorientierter Aktiengesellschaft, FS Röhricht, 2005, S. 1015; *W. Müller*, Die Unternehmensbewertung in der Rechtsprechung, FS Bezzenberger, 2000, S. 705; *Nestler*, Bewertungen von KMU: Aktuelle Hinweise des IDW zur praktischen Anwendung des IDW S 1, BB 2012, 1271; *Neufang*, Bewertung des Betriebsvermögens und von Anteilen an Kapitalgesellschaften, BB 2009, 2004; *Neye*, Die Reform des Spruchverfahrens, DStR 2002, 178; *Niehues*, Unternehmensbewertung bei Unternehmenstransaktionen – Unter besonderer Berücksichtigung kleiner und mittelständischer Unternehmen, BB 1993, 2241; *Olbrich/Rapp*, Wider die Anwendung der DVFA-Empfehlungen in der gerichtlichen Auseinandersetzung, in Schwetzler/Aders (Hrsg.), Jahrbuch der Unternehmensbewertung, 2013, S. 63; *Paulsen*, Unternehmensbewertung und Rechtsprechung, WPg-Sonderheft 2008, S. 109; *Peemöller*, Bewertung von Klein- und Mittelbetrieben, BB Beilage 2005, Nr. 17, 30; *Peemöller* in Peemöller (Hrsg.), Praxishandbuch der Unternehmensbewertung, 5. Aufl. 2012, S. 1; *Peemöller/Kunowski*, Ertragswertverfahren nach IDW, in Peemöller (Hrsg.), Praxishandbuch der Unternehmensbewertung, 5. Aufl. 2012, S. 275; *Piehler* in Münchener Handbuch des Gesellschaftsrechts, Band 1: BGB-Gesellschaft, Offene Handelsgesellschaft, Partnerschaftsgesellschaft, EWIV, 4. Aufl. 2014; *Piltz*, Die Unternehmensbewertung in der Rechtsprechung, 3. Aufl. 1994; *Piltz*, Rechtspraktische Überlegungen zu Abfindungsklauseln in Gesellschaftsverträgen, BB 1994, 1021; *Piltz*, Unternehmensbewertung und Börsenkurs im aktienrechtlichen Spruchstellenverfahren, ZGR 2001, 185; *Piltz/Wissmann*, Unternehmensbewertung beim Zugewinnausgleich nach Scheidung, NJW 1985, 2673; *Pooten*, Grundsätze ordnungsmäßiger Unternehmensbewertung, 1999; *Popp*, Bewertung von Steuerberatungs- und Wirtschaftsprüfungskanzleien, in Drukarczyk/Ernst (Hrsg.), Branchenorientierte Unternehmensbewertung, 3. Aufl. 2010, S. 229–250; *Puszkajler*, Diagnose und Therapie von aktienrechtlichen Spruchverfahren, ZIP 2003, 518; *Ränsch*, Die Bewertung von Unternehmen als Problem, AG 1984, 202; *Schoberth/Wittmann*, Financial und Tax Due Diligence bei der Akquisition von Familienunternehmen – Besonderheiten und Handlungsempfehlungen, BB 2012, 759; *Schwetzler*, Der Preis eines Squeeze-out – DVFA Best-Practice-Empfehlungen zur Unternehmensbewertung, AG 2011, R426; *Schwetzler/Aders/Adolff*, Zur Anwendung der DVFA Best-Practice-Empfehlungen Unternehmensbewertung in der gerichtlichen Abfindungspraxis, in Schwetzler/Aders (Hrsg.), Jahrbuch der Unternehmensbewertung, 2013, S. 69; *Sieben/Maltry*, Der

Substanzwert der Unternehmung, in Peemöller (Hrsg.), Praxishandbuch der Unternehmensbewertung, 5. Aufl. 2012, S. 653; *Spindler* in Goette/Habersack (Hrsg.), Münchener Kommentar zum AktG, Bd. 2, 4. Aufl. 2014; *Stötter*, Zulässigkeit einer Stufenklage des Ausgeschiedenen OHG-/BGB-Gesellschafters auf Rechnungslegung und Zahlung des Auseinandersetzungsguthabens, BB 1977, 1219; *Voss*, M&A Bericht 2005, M&A Review 2006, 1; *Waclawik*, Prozessführung im Gesellschaftsstreit, 2. Aufl. 2013; *Wasmann*, Endlich Neuigkeiten zum Börsenkurs, ZGR 2011, 83; *Westerfelhaus*, IDW-Unternehmensbewertung verkennt Anforderungen der Praxis, NZG 2001, 673; *Wichers*, Besonderheiten bei der Bewertung von Anteilen an Unternehmen, in Peemöller (Hrsg.), Praxishandbuch der Unternehmensbewertung, 5. Aufl. 2012, S. 741; *Wollny*, Der objektivierte Unternehmenswert, Unternehmensbewertung bei gesetzlichen und vertraglichen Bewertungsanlässen, 3. Aufl. 2013; *C. Wollny*, Führt der objektivierte Unternehmenswert zum Verkehrswert, BPrak 2010, 10; *C. Wollny*, Wer den Schaden hat, muss für die Bewertung sorgen – Unternehmensbewertung zur Ermittlung von Schadensersatzansprüchen, DStR 2013, 2132; *P. Wollny*, Rechtsprechung zum „Streit um den Wert von Unternehmen", BB Beilage 1991, Nr. 17, 1; *Wüstemann*, BB-Rechtsprechungsreport Unternehmensbewertung 2007/08, BB 2008, 1499, 1503; *Wüstemann*, BB-Rechtsprechungsreport Unternehmensbewertung 2009/10, BB 2010, 1715; *Zehner*, Unternehmensbewertung im Rechtsstreit, DB 1981, 2109; *Zwirner*, Unternehmensbewertung von KMU – Kritische Bestandsaufnahme und Grenzen des IDW S 1 sowie Notwendigkeit einer Skalierung, DB 2013, 1797.

I. Einleitung

1. Bewertungsanlässe und thematische Eingrenzung

1 Die **Anlässe für Unternehmensbewertungen** im streitigen gerichtlichen Verfahren erstrecken sich auf viele Rechtsgebiete des Privatrechts und des öffentlichen Rechts, insbesondere auf das gesamte Handels- und Gesellschaftsrecht, Bankrecht, Schuldrecht (Haftungsrecht, Kaufrecht/M&A-Transaktionen), Insolvenzrecht, Familienrecht, Erbrecht und Steuerrecht.[1] Die nachfolgende Darstellung befasst sich mit der Bewertung von Unternehmen, die von **Personengesellschaften (GbR, OHG, KG) und GmbHs** betrieben werden.[2] Hauptanwendungsfall ist hier eine Unternehmensbewertung anlässlich des Ausscheidens eines Gesellschafters.

---

1 Für einen guten Überblick über die in Betracht kommenden Rechtsgebiete vgl. *Wollny*, BB-Beilage 1991, Nr. 17, 1 ff.; *Piltz*, Unternehmensbewertung, S. 65 ff.; *Großfeld*, Unternehmensbewertung, Rz. 47 ff. m.w.N.; *Hannes* in Peemöller, Praxishandbuch, S. 1119 ff.; *Peemöller* in Peemöller, Praxishandbuch, S. 19 ff.; *Ernst/Schneider/Thielen*, Unternehmensbewertung, S. 1 ff.

2 Die Unternehmensbewertung einschließlich des gerichtlichen Verfahrens in den Bereichen Haftungsrecht, Kaufrecht, Familienrecht, Erbrecht, Aktienrecht u.a. wird im Zusammenhang mit der gesellschaftsrechtlichen Unternehmensbewertung der Personengesellschaften und der GmbH angesprochen, soweit es sich dabei nicht ausschließlich um rechtsbereichsspezifische Erkenntnisse zur Unternehmensbewertung handelt, sondern diese allgemeingültig und daher auf die gerichtliche Bewertung der vorgenannten Gesellschaften übertragbar sind.

2. Grundsätze ordnungsgemäßer Unternehmensbewertung

Auch wenn von ökonomischer Seite Grundsätze ordnungsgemäßer Unternehmensbewertung formuliert worden sind[1] und die Gesamtbewertungsverfahren in Form der Ertragswertverfahren dominieren, haben sich **Rechtsgrundsätze ordnungsgemäßer Unternehmensbewertung** für das gerichtliche Verfahren noch nicht etabliert.[2] Vermutlich wird es sie auch in Zukunft nicht geben, da die **rechtsgeleitete Unternehmensbewertung notwendigerweise norm- und sachverhaltsgeprägt** ist. Die Diversität der Bewertungsanlässe, des tatsächlichen und rechtlichen Rahmens, der Abfindungsklauseln, Bewertungsmethoden, Bewertungsobjekte und -subjekte lassen schematische Unternehmensbewertungen oder -grundsätze nicht zu.

2

3. Unternehmensbewertung als Heuristik

Auch für das gerichtliche Verfahren gilt, dass Unternehmensbewertungen auf der Grundlage dutzender notwendiger Schätzungen über die zukünftige Entwicklung des Unternehmens und der Märkte und daraus folgend von Unternehmenserträgen und Kapitalkosten stets angreifbare subjektive Einzelfallentscheidungen sind.[3] **Unternehmensbewertungen sind heuristische Annäherungen**[4], die mit zwangsläufig nicht vorhandenem Wissen über die Zukunft und mit begrenztem Wissen über die Vergangenheit des Unternehmens, dessen

3

---

1 Genannt werden folgende Punkte: Maßgeblichkeit der Bewertungspraxis, Bewertung der wirtschaftlichen Unternehmenseinheit, Stichtagsprinzip, Bewertung des betriebsnotwendigen Vermögens, Bewertung des nicht betriebsnotwendigen Vermögens, Unbeachtlichkeit des (bilanziellen) Vorsichtsprinzips und Nachvollziehbarkeit der Bewertungsansätze, vgl. *Peemöller* in Peemöller, Praxishandbuch, S. 31 m.w.N.; *Matschke/Brösel*, Unternehmensbewertung, S. 615 ff. (617 m.w.N.); *Moxter*, Unternehmensbewertung, 1983, S. 1 ff.; IDW S 1 (2008), WPg-Supplement 3/2008, 68 ff. Rz. 17 ff.
2 Vgl. KG v. 14.1.2009 – 2 W 68/07 – juris-Rz. 36, AG 2009, 199; KG v. 19.5.2011 – 2 W 154/08 – juris-Rz. 23, AG 2011, 627 = NZG 2011, 1302. Das KG betont, dass es hinsichtlich der richtigen Bewertung keine gesetzlichen Vorgaben gebe; auch in der wirtschaftswissenschaftlichen Diskussion hätten „sich bislang keine einheitlichen Grundsätze herausgebildet". Vgl. auch *Wüstemann*, BB 2008, 1499 (1503) [„Herausforderung für die Zukunft bleibt aber die Wertungskonsistenz der Obergerichte und die Herausbildung eines richterlich anerkannten Systems der Grundsätze ordnungsmäßiger Unternehmensbewertung zur Schaffung von Rechtsklarheit und Rechtssicherheit. Dies kann nur als gemeinsame Aufgabe von Rechtsprechung und Unternehmensbewertungsforschung wie -lehre begriffen werden."]. Vgl. ergänzend *Wüstemann*, BB 2010, 1715 (1715) zur Bedeutung der Rechtsprechung für die Generierung der „Grundsätze ordnungsgemäßer Unternehmensbewertung". Vgl. ferner *Hüttemann*, WPg 2007, 812 ff.; *Luttermann* in Unternehmensbewertung 2013, S. 463–477; *Meilicke*, DB 1980, 2121 ff.
3 OLG Stuttgart v. 19.1.2011 – 20 W 3/09 – juris-Rz. 256, AG 2011, 205; LG Frankfurt/M. v. 13.3.2009 – 3/05 O 57/06 – juris-Rz. 10, NZG 2009, 553.
4 Vgl. *Gleißner/Knoll*, BB 2011, 2283 ff. zur *Heuristik* im Zusammenhang mit der Herleitung der Kapitalkosten. *Großfeld*, Unternehmensbewertung, Rz. 21 ff. m.w.N., spricht von „Herantasten".

Umfeld und des Markts mehr oder weniger valide Hypothesen hervorbringen, die im besten Fall einen realistischen Näherungswert darstellen, im schlechtesten Fall aber auch 100 % und mehr von anderen Bewertungen oder auch der Wirklichkeit abweichen können.[1] Die **Prognoseunsicherheit** wird in der Rechtsprechung und Literatur ausdrücklich konstatiert[2] oder intuitiv erfasst, indem ausgeführt wird, dass es richtige und mathematisch exakte Unternehmenswerte nicht gebe, sondern nur eine **Bandbreite vertretbarer Unternehmenswerte**[3], wobei die Zukunft trotz aller intelligenten Bewertungsverfahren ungewiss und Bewertungsunterschiede immens seien[4]. Bei der Austarierung des gerichtlichen Schätzungsermessens nach § 287 ZPO werden inzwischen Bewertungsdifferenzen von bis zu 10 % für akzeptabel erachtet.[5] Teilweise wird der Unternehmenswert wegen der Unsicherheiten auch als „**Fiktion**" bezeichnet[6] oder als „theoretisches Konstrukt"[7]. In diesem Zusammenhang ist auch der Ermes-

---

1 Abweichungen sind auf mehreren Ebenen möglich. Zunächst kann die Beurteilung durch Unternehmensbewerter trotz identischer Tatsachengrundlage divergieren. Auch die Bewertungsmethode kann erhebliche Bewertungsdifferenzen verursachen. Unabhängig davon können die Ergebnisse der Bewertungsgutachten erheblich von der stichtagsnachfolgenden tatsächlichen Entwicklung abweichen. Vgl. OLG Stuttgart v. 5.6.2013 – 20 W 6/10 – juris-Rz. 153, AG 2013, 724 = NZG 2013, 897-899, wonach die Schätzungen in den seltensten Fällen später zutreffen. Vgl. zu den Anpassungen in Spruchverfahren *Henselmann/Munkert/Winkler/Schrenker*, WPg 2013, 1153 (1159). Danach kam es in drei gerichtlichen Verfahren zu Anpassungen von 400 %, 564,96 % und 725,81 %, durchschnittlich zu einer Erhöhung von 41,62 %. *Riegger/Gayk* in KölnKomm. AktG, 4. Aufl. 2013, SpruchG, Einl. Rz. 64, zu weiteren empirischen Untersuchungen.
2 Vgl. OLG Stuttgart v. 14.10.2010 – 20 W 16/06 – juris-Rz. 123 f., AG 2011, 49-56 [„Wesentliche Unwägbarkeiten und damit verbundene erhebliche Fehlerquellen ergeben sich bereits aus der Schwierigkeit, den Zukunftserfolg zur Ermittlung des Ertragswerts zu bestimmen. Trotz aller Bemühungen um intelligente Bewertungsgrundsätze und -verfahren kann die zukünftige Ertragslage nicht verlässlich vorhergesagt werden. [...] Zahlreiche Themenkreise dieser Bewertungsmethode sind nach wie vor als nicht verlässlich gelöst einzustufen."]; BVerfG v. 24.5.2012 – 1 BvR 3221/10 – juris-Rz. 30, AG 2012, 674 = NZG 2012, 1035.
3 OLG Stuttgart v. 19.1.2011 – 20 W 3/09 – juris-Rz. 256, AG 2011, 205; OLG Stuttgart v. 14.10.2010 – 20 W 16/06 – juris-Rz. 119 ff., AG 2011, 49; OLG Stuttgart v. 1.10.2003 – 4 W 34/93 – juris-Rz. 23, AG 2004, 43; OLG Karlsruhe v. 13.5.2013 – 12 W 77/08 (13), 12 W 77/08 – juris-Rz. 94, AG 2013, 880; OLG München v. 26.7.2012 – 31 Wx 250/11 – juris-Rz. 23, AG 2012, 749; KG v. 19.5.2011 – 2 W 154/08 – juris-Rz. 23, AG 2011, 627 = NZG 2011, 1302; OLG Düsseldorf v. 6.4.2011 – I-26 W 2/06 (AktE) – juris-Rz.23; OLG Frankfurt v. 26.8.2009 – 5 W 35/09 – juris-Rz. 29; BayObLG v. 28.10.2005 – 3Z BR 71/00 – juris-Rz. 21, NZG 2006, 156; LG Köln v. 24.7.2009 – 82 O 10/08 – juris-Rz. 147 und Os., AG 2009, 835. Ausführlich LG Frankfurt/M. v. 13.3.2009 – 3/05 O 57/06 – juris-Rz. 19, 28, NZG 2009, 553; *Großfeld*, Unternehmensbewertung, Rz. 21 ff. m.w.N.; *Riegger/Gayk* in KölnKomm. AktG, 4. Aufl. 2013, Anh. § 11 SpruchG Rz. 3 m.w.N.
4 OLG Stuttgart v. 14.10.2010 – 20 W 16/06 – juris-Rz. 123 f., AG 2011, 49.
5 *Großfeld*, Unternehmensbewertung, Rz. 24 m.w.N.
6 OLG Stuttgart v. 19.1.2011 – 20 W 3/09 – juris-Rz. 256, AG 2011, 205.
7 *Emmerich* in Emmerich/Habersack, Aktien- und GmbH-Konzernrecht, § 305 AktG Rz. 41 m.w.N.; LG Köln v. 24.7.2009 – 82 O 10/08 – juris-Rz. 147 und Os., AG 2009, 835.

sensspielraum des Unternehmensbewerters hervorzuheben. Der finanzielle Nutzen eines Unternehmens wird von jedem Bewerter hinsichtlich der Reinertragsströme und der Risikostruktur anders bewertet.[1]

Die prognose- und ermessensbedingte Streuung akzeptabler Unternehmenswerte auf der Prozessebene wird auf der Sachebene noch erheblich erweitert durch den Umstand, dass es nach der unstreitigen betriebswirtschaftlichen Lehre allgemeingültige objektive Unternehmenswerte ohnehin nicht gibt, sondern nur **subjektive Unternehmenswerte**.[2] Der finanzielle Nutzen fällt für jeden Verkäufer und Käufer eines Unternehmens in Abhängigkeit von den Planungen, strategischen Aspekten, finanziellen Möglichkeiten, Risikoneigungen, finanziellen Alternativen usw. unterschiedlich aus.[3] Der **Verkehrswert des Unternehmens** als der unter normalen Bedingungen zu erzielende Erlös für das Unternehmen im Ganzen[4] liegt daher im **Einigungsbereich markttypischer Käufer und Verkäufer** derartiger Unternehmen unter Berücksichtigung der Marktverhältnisse.[5]

4

4. Unternehmensbewertung als Tat- oder Rechtsfrage

Der Gesetzgeber hat von detaillierten Bewertungsvorgaben für erforderliche Unternehmensbewertungen abgesehen und verwendet lediglich unbestimmte Rechtsbegriffe. Nach § 738 Abs. 1 BGB ist als Abfindung „das zu zahlen, was

5

---

1 *Moxter*, BB 1995, 1518 (1519), für den unterschiedliche Ertragswerte nicht sonderlich überraschend sind, sondern es vielmehr bedenklich und darüber hinaus ein sicheres Merkmal für die Fehlerhaftigkeit der gewählten Bewertungsmethode wäre, wenn unterschiedliche Bewerter zu einheitlichen Unternehmenswerten gelangten. Vgl. dazu auch *Großfeld*, Unternehmensbewertung, Rz. 146 m.w.N.; *Piltz*, Unternehmensbewertung, S. 11.
2 Das ist völlig unstreitig, vgl. nur *Ballwieser*, Unternehmensbewertung, S. 1; *Peemöller* in Peemöller, Praxishandbuch, S. 6 und 14; *Drukarczyk*, Unternehmensbewertung, S. 132; ausführlich *Matschke/Brösel*, Unternehmensbewertung, S. 14 ff.; *Brösel*, UM 2003, 130 ff.
3 *Matschke/Brösel*, Unternehmensbewertung, S. 18 f.; *Drukarczyk*, Unternehmensbewertung, S. 132.
4 BGH v. 20.9.1971 – II ZR 157/68, BeckRS 1971, 30403649 = WM 1971, 1450; BGH v. 22.10.1973 – II ZR 37/72 – juris-Rz. 11, NJW 1974, 312; BGH v. 24.9.1984 – II ZR 256/83 – juris-Rz. 10, NJW 1985, 192; OLG Köln v. 26.3.1999 – 19 U 108/96 – juris-Rz. 67, NZG 1999, 1222; OLG Köln v. 19.12.1997 – 4 U 31/97 – juris-Rz. 11, NZG 1998, 779; *Schöne* in Bamberger/Roth, BeckOK BGB, 2013, § 738 BGB Rz. 19.
5 Der Begriff des „markttypischen Erwerbers" wurde für *Hüttemann* etabliert. Vgl. *Hüttemann*, ZHR 162 (1998), 563 (583 ff.), sowie *Hüttemann*, WPg 2007, 812 (815 ff.); *Kossmann*, NZG 1999, 1198 (1203); *Lauber*, Verhältnis Ausgleich/Abfindung, S. 385; wohl auch *Westerfelhaus*, NZG 2001, 673 (675); ähnlich: *Großfeld/Merkelbach*, NZG 2008, 241 (242); vgl. dazu auch LG Köln v. 24.7.2009 – 82 O 10/08 – juris-Rz. 147 ff., AG 2009, 835, sowie die Best-Practice-Empfehlungen DVFA 2012, S. 10, abrufbar unter http://www.dvfa.de/fileadmin/downloads/Publikationen/Standards/DVFA_Best_Practice_Empfehlungen_Unternehmensbewertung.pdf.

der ausscheidende Gesellschafter bei der Auseinandersetzung der Gesellschaft erhalten würde". Nach § 738 Abs. 2 BGB ist „der Wert des Gesellschaftsvermögens zu schätzen". § 305 AktG ordnet beim Abschluss von Unternehmensverträgen gem. § 291 AktG eine „angemessene Abfindung" von Minderheitsaktionären unter Berücksichtigung „der Verhältnisse der Gesellschaft" an. Das lässt breiten Raum für Interpretationen und Fortentwicklungen der Unternehmensbewertungslehre und -praxis. Macht man sich bewusst, dass der Unternehmenswert prima facie ein (verborgenes) Faktum ist, dessen Aufdeckung im weitesten Sinn der **Schätzung nach den §§ 738 Abs. 2, 287 Abs. 2 ZPO** unterliegt[1], wundert es nicht, dass auch die Unternehmensbewertung einschließlich der Methodik vielfach als **Tatfrage** und nicht als **Rechtsfrage** qualifiziert wurde.[2] Die Abgrenzung ist schwierig[3], die Grenzen sind fließend[4] oder mit anderen Worten: „Man weiß nicht so recht, wo die Betriebswirtschaft aufhört und die Juristerei anfängt"[5], vice versa. Die Literatur neigt dazu, die Unternehmensbewertung tendenziell als Rechtsfrage einzuordnen, die Rechtsprechung neigt zur Einordnung als Tatfrage.[6] In vielen Fällen besteht eine Gemengelage mit sich wechselseitig beeinflussenden rechtlichen und tatsächlichen Elementen (s. zur Unternehmensbewertung als Rechtsproblem auch § 1).

6 Aus dieser Problemstellung ergeben sich **zwei Schnittstellen für das gerichtliche Verfahren der Unternehmensbewertung**. Erstens sind die Aufgaben- und Verantwortungsbereiche des Gerichts und des Sachverständigen abzugrenzen, oder anders ausgedrückt: Was ist originäre Rechtsfrage und vom Gericht zu entscheiden, und was ist Schätzung bzw. originäre betriebswirtschaftliche Tatfrage und vom Sachverständigen zu beantworten? Welches Ermessen ergibt sich daraus für den Sachverständigen und das Gericht? Hier geht es letztlich auch um die Frage des gesetzlichen Richters nach Art. 101 Abs. 1 Satz 2 GG, denn es droht eine unzulässige Verlagerung der richterlichen Funktionen auf den Sachverständigen.[7] Zweitens sind die Verantwortungsbereiche des Tatgerichts von denen des Revisionsgerichts abzugrenzen, oder anders ausgedrückt: Welche Aspekte der Unternehmensbewertung sind nicht Schätzung, sondern Rechtsfragen und unterliegen damit der Rechtskontrolle?[8]

---

1 Vgl. *Piehler/Schulte* in MünchHdb. GesR, Band 1, § 75 Rz. 24, mit dem zutreffenden Hinweis, dass Rechtsfragen per Definition der gesetzlich angeordneten Schätzung nicht zugänglich sind.
2 Zur Übersicht vgl. *Hüttemann*, ZHR 162 (1998), 563 ff.; *Hüttemann*, WPg 2007, 812 ff.; *Piehler/Schulte* in MünchHdb. GesR, Band 1, § 75 Rz. 21 ff.; *Piltz*, Unternehmensbewertung, S. 121 ff.; *Großfeld*, JZ 1981, 641 ff.; *Meilicke*, DB 1980, 2121 ff.; *Kuhner*, WPg 2007, 825 ff.
3 Zur Abgrenzung vgl. *Hüttemann*, ZGR 2001, 454 ff.; *Piehler/Schulte* in MünchHdb. GesR, Band 1, § 75 Rz. 21 ff.
4 *Piehler/Schulte* in MünchHdb. GesR, Band 1, § 75 Rz. 23.
5 *Großfeld*, NZG 2005, 1 (3); *Mertens*, AG 1992, 321 (322).
6 *Piehler/Schulte* in MünchHdb. GesR, Band 1, § 75 Rz. 24 m.w.N.
7 *Ränsch*, AG 1984, 202 (203) m.w.N.
8 Zur Fragestellung vgl. *Piltz*, Unternehmensbewertung, S. 122 f.; *Mertens*, AG 1992, 321 (322); *Paulsen*, WPg Sonderheft 2008, 109 (111).

Die Gerichte sind der Bewertungslehre und -praxis mit Zeitverzug gefolgt.[1] Sie haben insbesondere die Erkenntnisse der Bewertungslehre in Form des IDW S 1 übernommen.[2] Die Revisionsgerichte sind eher zurückhaltend im Hinblick auf eine Verrechtlichung der Unternehmensbewertung.[3] Das **zirkuläre Abgrenzungsproblem zwischen Rechtswissenschaft und Betriebswirtschaftslehre** besteht darin, dass die rechtliche Prüfung des Unternehmenswerts, z.B. die Auswahl der Methodik oder die Erreichung des Bewertungsziels, betriebswirtschaftliches Fachwissen erfordert.[4] Bildet beispielsweise der objektivierte Unternehmenswert nach IDW S 1 (2008)[5] den Verkehrswert des Unternehmens ab?[6] Zur Beantwortung dieser Frage reichen weder Intuition noch ein ausgeprägtes Judiz, vielmehr benötigt der Tatrichter für seine Entscheidung (ggf. vermitteltes) Fachwissen über den Stand der Bewertungslehre sowie darüber, welches Gesellschaftsvermögen der objektivierte Unternehmenswert erfasst

7

---

1 *Müller*, FS Bezzenberger 2000, 705 (705) [„Wer ... weit über 40 Jahre in der Praxis des Gesellschaftsrechts steht ... ist in dieser Zeit durch eine bunte Welt von Theorien, Methoden, Erklärungsmodellen und Praktikerverfahren geführt worden, wobei fortschreitend in der Zeit, jedes Modell mit einem ultimativen Richtigkeitsanspruch angetreten ist. Woran haben die Juristen in den letzten 40 bis 50 Jahren nicht alles geglaubt: An das Substanzwertverfahren, an das Mittelwertverfahren (oder gewichtete Verfahren jeder Couleur), an das sog. UEC-Verfahren, an das reine und selig machende Ertragswertverfahren, an das Discounted Cash Flow-Verfahren (DCF-Verfahren), an das Market Value Added-Verfahren, an das Economic Value Added-Verfahren und wie sie alle heißen mögen und schließlich auch an steuerliche Verfahren, wie z.B. das Stuttgarter Verfahren. Glaube hieß aber nicht immer Verständnis oder Einverständnis, allenfalls Akzeptanz mangels von etwas Besserem."].
2 Gerichtsentscheidungen, in denen der vom Sachverständigen verwendete IDW S 1 einschließlich des „objektivierten Unternehmenswerts" verworfen wurde, sind nicht bekannt, auch wenn stets ihre Unverbindlichkeit konstatiert wird. Nur vereinzelt findet sich Widerspruch, etwa zur Erforderlichkeit eines Ertragswertgutachtens bei der Existenz eines validen Verkaufspreises für das Unternehmen, vgl. bspw. LG Köln v. 24.7.2009 – 82 O 10/08 – juris-Rz. 147 und Os., AG 2009, 835.
3 Das zeigt sich bereits darin, dass auch die mit der Erreichung des Normzweckes zusammenhängende Bewertungsmethode tatrichterlichem Ermessen überlassen bleibt, obwohl der BGH selbst die Ertragswertmethode als theoretisch richtig bezeichnet hat, vgl. BGH v. 9.11.1998 – II ZR 190/97 – juris-Rz. 12, BGHZ 140, 35 = AG 1999, 122; *Hüttemann*, Steuerberater-Jahrbuch 2000/2001, 385 (391); *Hüttemann*, ZGR 2001, 454 (467).
4 In diesem Sinne auch *Piltz*, Unternehmensbewertung, S. 132.
5 *IDW S 1 (2008)*, WPg-Supplement 3/2008, 68 ff. Rz. 12. Danach hat der Wirtschaftsprüfer in der Funktion eines neutralen Gutachters mit nachvollziehbarer Methodik einen von den individuellen Wertvorstellungen betroffener Parteien unabhängigen Wert des Unternehmens, den objektivierten Unternehmenswert, zu ermitteln.
6 In der Rechtsprechung bestehen daran offenbar keine Zweifel, da der objektivierte Unternehmenswert als Bewertungsziel akzeptiert wird, vgl. nur OLG Düsseldorf v. 8.8.2013 – I-26 W 17/12 (AktE) – juris-Rz. 27, AG 2013, 807. Aus der Literatur vgl. *Wollny*, BPrak 2010, 10 ff.; *Wollny*, Objektivierter Unternehmenswert, 2013; vgl. kritisch *Hommel/Pauly/Nagelschmitt*, BB 2007, 2728 ff. Aus ökonomischer Sicht mit einem Vergleich zwischen subjektivem und objektiviertem Unternehmenswert vgl. *Peemöller* in Peemöller, Praxishandbuch, S. 38. Zur Rechtsfrage vgl. *Hüttemann*, WPg 2007, 812 (813); *Lauber*, Verhältnis Ausgleich/Abfindung, S. 377 ff.

oder auch nicht erfasst, welche Wertunterschiede möglich sind, und welche methodischen Alternativen es für das gerichtliche Verfahren gibt.

II. Prozessuale Ausgangslage bei Unternehmensbewertungen

1. Schwierigkeit und Dauer gerichtlicher Unternehmensbewertung

8   Die **vorprozessualen und prozessualen Rechtsbeziehungen** im Zusammenhang mit Unternehmensbewertungen anlässlich ausscheidender GbR- und GmbH-Gesellschafter **sind meistens komplex und schwierig**. Sämtliche Beteiligte benötigen schon im Vorfeld einer gerichtlichen Auseinandersetzung über die Höhe der Abfindung bzw. die Höhe des Unternehmenswerts Informationen, die sachkundig aufbereitet werden müssen, um einen veritablen und einklagbaren Unternehmenswert zu eruieren. Unabhängig davon sind gerichtliche Verfahren zur Unternehmensbewertung oft langwierig. Auseinandersetzungen von GbR- und GmbH-Gesellschaftern im streitigen Verfahren können sich durchaus über ein Jahrzehnt erstrecken.[1] Dafür kann es mehrere Gründe geben. Ein Grund sind Stufenklagen mit sequentiell zu erledigenden Prozessstufen. Im Extremfall wird der Instanzenzug bis zum BGH bereits auf der ersten Prozessstufe durchlaufen.[2] Verantwortlich für lange Prozessdauern sind ferner – neben der schwierigen Materie – **ausgedehnte Beweisaufnahmen**. Dem gerichtlichen **Sachverständigengutachten zur Unternehmensbewertung** folgen häufig **Ergänzungsgutachten** und evtl. noch **Anhörungen** des Sachverständigen.[3]

2. Unterscheidung streitiges Verfahren und Spruchverfahren

9   Die Ausgangslagen bei der Unternehmensbewertung anlässlich von GbR- und GmbH-Abfindungssachverhalten und anlässlich aktien- und umwandlungsrechtlicher **Spruchverfahren** divergieren erheblich (zu Spruchverfahren s. § 27). Denn für Spruchverfahren gilt der **Amtsermittlungsgrundsatz**.[4] Ein konkreter Zahlungsanspruch oder Erhöhungsanspruch muss dort nicht formuliert werden.[5] Ferner liegt in nahezu allen Fällen bereits vor Beginn des gerichtlichen Verfahrens eine detaillierte Unternehmensbewertung des Mehrheitsaktionärs vor, die nach § 293c Abs. 1 AktG einer zusätzlichen Kontrolle durch einen ge-

---

1   Vgl. OLG Hamm v. 11.7.2012 – 8 U 192/08 – juris-Rz. 94. Dort betrug die Prozessdauer 14 Jahre!
2   Vgl. OLG Köln v. 17.1.2001 – 13 U 82/00 – juris-Rz. 5.
3   Vgl. OLG Köln v. 26.3.1999 – 19 U 108/96 – juris-Rz. 42, GmbHR 1999, 712 = NZG 1999, 1222, dort wurden ein Gutachten und drei Ergänzungsgutachten eingeholt sowie eine Anhörung absolviert; ähnlich OLG Koblenz v. 14.12.2007 – 10 U 1153/02 – juris-Rz. 21, OLGReport Koblenz 2008, 772; OLG Schleswig v. 29.1.2004 – 5 U 46/97 – juris-Rz. 35, OLGReport Schleswig 2004, 172, dort wurden ein Gutachten und fünf Ergänzungsgutachten eingeholt und zwei Anhörungen des Sachverständigen durchgeführt.
4   *Puszkajler* in KölnKomm. AktG, 4. Aufl. 2013, vor §§ 7-11 SpruchG Rz. 16 ff.
5   Unstreitig, vgl. nur *Puszkajler* in KölnKomm. AktG, 4. Aufl. 2013, § 4 SpruchG Rz. 13 m.w.N.

richtlich bestellten Prüfer unterliegt. Betroffene Minderheitsgesellschafter müssen dann nach § 4 Abs. 2 Nr. 4 SpruchG konkrete Einwendungen gegen die Angemessenheit der Kompensation nach § 1 SpruchG oder ggf. gegen den als Grundlage für die Kompensation ermittelten Unternehmenswert vorbringen. Das ist im **streitigen Verfahren** zur Unternehmensbewertung anders. Es gilt der **Verhandlungs- und Beibringungsgrundsatz**.[1] Erforderlich ist ein i.S.v. § 253 Abs. 2 Nr. 2 ZPO bestimmter Leistungsantrag.[2] Eine unbestimmte Klage auf Zahlung des Abfindungsguthabens ist unzulässig.[3] Die Parteien müssen die für sie günstigen Umstände darlegen und beweisen.

3. Erforderlichkeit einer Abfindungsbilanz (Durchsetzungssperre)

Der Abfindungsanspruch gem. § 738 BGB richtet sich grundsätzlich auf das sich aus einer Gesamtabrechnung ergebende Auseinandersetzungsguthaben.[4] In die **Abfindungsbilanz** sind neben dem anteiligen Unternehmenswert auch sämtliche gegenseitigen nicht unternehmenswertbezogenen Ansprüche als **unselbständige Rechnungsposten** einzubeziehen.[5] Die dem Gesellschafter gegen die Gesellschaft und die Mitgesellschafter zustehenden Einzelansprüche können dann nicht mehr selbständig im Wege der Leistungsklage verfolgt werden (**Durchsetzungssperre**)[6], vice versa. Allerdings sind zahlreiche Ausnahmen vom Grundsatz der Durchsetzungssperre anerkannt, falls die Gefahr des Hin- und Herzahlens nicht besteht.[7] Eine Leistungsklage im Wege der Urkundsklage kommt in Betracht, wenn die Abfindung nach dem Unternehmenswert durch

10

---

1 *Greger* in Zöller, vor § 128 ZPO Rz. 10 ff.
2 BGH v. 16.5.1994 – II ZR 223/92 – juris-Rz. 13, NJW-RR 1994, 1185; *Piltz*, Unternehmensbewertung, S. 297; *Piehler/Schulte* in MünchHdb. GesR, Band 1, § 10 Rz. 88 und § 75 Rz. 50 m.w.N.
3 BGH v. 16.5.1994 – II ZR 223/92 – juris-Rz. 12, NJW-RR 1994, 1185. Der unbestimmte Antrag wurde zutreffend als Stufenklage ausgelegt.
4 BGH v. 17.5.2011 – II ZR 285/09 – juris-Rz. 17, NJW 2011, 2355; BGH v. 18.7.2013 – IX ZR 198/10 – juris-Rz. 17, NZG 2013, 1187 m.w.N.; *Schöne* in Bamberger/Roth, BeckOK BGB, 2013, § 738 BGB Rz. 1 ff.
5 BGH v. 17.5.2011 – II ZR 285/09 – juris-Rz. 17 m.w.N., NJW 2011, 2355; vgl. zu Einzelheiten *Piehler/Schulte* in MünchHdb. GesR, Band 1, § 10 Rz. 83.
6 BGH v. 17.5.2011 – II ZR 285/09 – juris-Rz. 14, NJW 2011, 2355 m.w.N. zur Rspr. und Lit.
7 Vgl. BGH v. 4.12.2012 – II ZR 159/10 – juris-Rz. 44 ff., GmbHR 2013, 259 = NJW-RR 2013, 363; BGH v. 17.5.2011 – II ZR 285/09 – juris-Rz. 14, NJW 2011, 2355. Danach besteht die Möglichkeit, nach dem Verstreichen der vertraglich vereinbarten oder gesetzlichen Fälligkeitszeitpunkte auf Leistung zu klagen, wenn der Anspruch schlüssig begründet werden kann. Im Rahmen dieser Zahlungsklage ist der Streit darüber auszutragen, ob und in welcher Höhe bestimmte Aktiv- oder Passivposten bei der Berechnung des Abfindungsguthabens zu berücksichtigen sind. Vgl. zu weit. Ausnahmen *Schäfer* in MünchKomm. BGB, 6. Aufl. 2013, § 738 BGB Rz. 30; *Schöne* in Bamberger/Roth, BeckOK BGB, 2013, § 738 BGB Rz. 18 ff.; *Piehler/Schulte* in MünchHdb. GesR, Band 1, § 10 Rz. 83 und § 75 Rz. m.w.N.; *Hörstel*, NJW 1994, 2268 (2269).

Urkunden nachgewiesen werden kann. Das ist denkbar, wenn ein für die Parteien verbindliches Schiedsgutachten vorliegt.[1]

4. Kein Anspruch auf Unternehmensbewertung durch die Gesellschaft

11 Die Pflicht zur **Bilanzaufstellung** im Sinne der Rechnungslegung trifft die Gesellschaft ggü. einem ausgeschiedenen Gesellschafter.[2] Im Rahmen seiner Möglichkeiten ist er zur Mitwirkung berechtigt und verpflichtet.[3] Ihm steht gemäß den §§ 810, 242 BGB ein Recht zur Einsicht in die für die Aufstellung der Abfindungsbilanz erforderlichen Unterlagen der Gesellschaft zu.[4] Die Beiziehung eines Sachverständigen ist zulässig[5] und sinnvoll. Der Ausscheidende kann die Erstellung und Vorlage der Abfindungsbilanz im Wege der Leistungsklage gegen die Gesellschaft unabhängig von der Fälligkeit des Abfindungsanspruchs gerichtlich durchsetzen.[6] Eine **Bilanzaufstellung durch das Gericht** bzw. durch bestellte Sachverständige ist nicht möglich.[7] Ist die Abfindungsbilanz streitig, kann zwar nicht ihre verbindliche Feststellung verlangt werden. Dennoch können bei Streitigkeiten einzelne Ansätze durch Leistungs- oder Feststellungsklage geklärt werden.[8] Falls die Gesellschaft kein Unternehmenswertgutachten im Rahmen der Erstellung der Abfindungsbilanz erstellt hat, besteht im Grundsatz **kein klagbarer Anspruch auf Vorlage eines Unternehmenswertgutachtens**, soweit nicht der Gesellschaftsvertrag eine derartige Verpflichtung vorsieht.[9]

---

1 BGH v. 16.11.1987 – II ZR 111/87 – juris-Rz. 5 ff., ZIP 1988, 162. Dort war die Urkundsklage aber unzulässig, weil das Schiedsgutachten offenbar unrichtig und damit als Beweismittel im Urkundsprozess ungeeignet war.
2 *Schäfer* in MünchKomm. BGB, 6. Aufl. 2013, § 738 BGB Rz. 27 m.w.N.; *Schöne* in Bamberger/Roth, BeckOK BGB, 2013, § 738 BGB Rz. 24 m.w.N.; *Piehler/Schulte* in MünchHdb. GesR, Band 1, § 75 Rz. 45 m.w.N.
3 *Schäfer* in MünchKomm. BGB, 6. Aufl. 2013, § 738 BGB Rz. 27 m.w.N.; *Schöne* in Bamberger/Roth, BeckOK BGB, 2013, § 738 BGB Rz. 24 m.w.N.; *Piehler/Schulte* in MünchHdb. GesR, Band 1, § 75 Rz. 45 m.w.N.
4 *Schäfer* in MünchKomm. BGB, 6. Aufl. 2013, § 738 BGB Rz. 27; *Schöne* in Bamberger/Roth, BeckOK BGB, 2013, § 738 BGB Rz. 24 m.w.N.; *Piehler/Schulte* in MünchHdb. GesR, Band 1, § 75 Rz. 49 m.w.N.
5 *Schöne* in Bamberger/Roth, BeckOK BGB, 2013, § 738 BGB Rz. 24 m.w.N.
6 OLG Karlsruhe v. 14.2.2013 – 9 U 33/12 – juris-Rz. 129, WM 2013, 1182; OLG Köln v. 26.3.1999 – 19 U 108/96 – juris-Rz. 8, GmbHR 1999, 712 = NZG 1999, 1222; *Schäfer* in MünchKomm. BGB, 6. Aufl. 2013, § 738 BGB Rz. 30 m.w.N. und der Erörterung, ob es sich um vertretbare oder unvertretbare Handlungen i.S.d. §§ 887, 888 ZPO handelt.
7 BGH v. 7.11.1957 – II ZR 251/56, NJW 1958, 57; *Schäfer* in MünchKomm. BGB, 6. Aufl. 2013, § 738 BGB Rz. 30 m.w.N.; *Piehler/Schulte* in MünchHdb. GesR, Band 1, § 75 Rz. 50; *Hörstel*, NJW 1994, 2268 (2271).
8 BGH v. 7.11.1957 – II ZR 251/56, NJW 1958, 57; *Schäfer* in MünchKomm. BGB, 6. Aufl. 2013, § 738 BGB Rz. 28 m.w.N.
9 *Piltz*, Unternehmensbewertung, S. 307.

5. Prozessuale Vorgehensweise

Die prozessuale Vorgehensweise bei der **gerichtlichen Durchsetzung von Abfindungsansprüchen** auf der Basis des Verkehrswerts des Unternehmens kann erheblich variieren. Liegt eine Gesamtabrechnung einschließlich einer Beurteilung des Unternehmenswerts vor, können die Ansprüche auf dieser Grundlage eingeklagt und beziffert werden. Bei **Meinungsverschiedenheiten über die Wertansätze der Abrechnung** ist substantiiert zu erläutern, in welchen Punkten und aus welchen Gründen die erstellte Bilanz falsch ist.[1] Streitige Aktiv- und Passivposten der Abrechnung sind aufzuklären. Fehlt die Gesamtabrechnung bzw. das Bewertungsgutachten zum Unternehmenswert, ist entweder auf Aufstellung einer Abrechnung zu klagen, oder der bezifferte Anspruch ist einzuklagen, soweit ein bezifferter Antrag auf der Grundlage vorhandener Informationen und Unterlagen schlüssig begründet werden kann.[2] Das wird ohne **Privatgutachten** nur schwer möglich sein.[3] **Stufenklagen nach § 254 ZPO** sind in diesem Zusammenhang häufig.[4] Mit der Klage auf Vorlage einer Abfindungsbilanz wird zweckmäßigerweise die Klage auf Zahlung eines Guthabens verbunden, wobei die Angabe des genauen Betrages bis zu dessen Feststellung vorbehalten wird.[5]

III. Darlegungs- und Beweislast

1. Allgemeine Anforderungen

Nach ständiger Rechtsprechung genügt eine Partei ihrer **Darlegungslast**, wenn sie Tatsachen vorträgt, die in Verbindung mit einem Rechtssatz geeignet sind, das geltend gemachte Recht als in ihrer Person entstanden erscheinen zu lassen.[6] Genügt das Parteivorbringen diesen Anforderungen an die **Substantiierung**, so kann der Vortrag weiterer Einzeltatsachen nicht verlangt werden. Es ist vielmehr Sache des Tatrichters, in die Beweisaufnahme einzutreten, dabei ggf. Zeugen nach weiteren Einzelheiten zu befragen oder – sofern es, wie bei der Unternehmensbewertung, auf **spezifische Fachkunde** ankommt – einem

---

1 BGH v. 7.11.1957 – II ZR 251/56, NJW 1958, 57. Alternativ können streitige Punkte der Abfindungsbilanz auch durch eine Feststellungsklage geklärt werden; *Piehler/Schulte* in MünchHdb. GesR, Band 1, § 75 Rz. 50.
2 Vgl. dazu BGH v. 17.5.2011 – II ZR 285/09 – juris-Rz. 18, NJW 2011, 2355–2357; *Piehler/Schulte* in MünchHdb. GesR, Band 1, § 75 Rz. 50 m.w.N.
3 Vgl. *Piltz*, Unternehmensbewertung, S. 129.
4 BGH v. 8.5.2000 – II ZR 302/98 – juris-Rz. 5 ff., NJW 2000, 2276; BGH v. 8.11.1965 – II ZR 223/64 – juris-Rz. 13 ff., BGHZ 44, 229; OLG Köln v. 17.1.2001 – 13 U 82/00 – juris-Rz. 10 ff.; *Schäfer* in MünchKomm. BGB, 6. Aufl. 2013, § 738 BGB Rz. 30; *Piltz*, Unternehmensbewertung, S. 298; *Piehler/Schulte* in MünchHdb. GesR, Band 1, § 75 Rz. 50.
5 BGH v. 16.5.1994 – II ZR 223/92 – juris-Rz. 13, NJW-RR 1994, 1185.
6 BGH v. 13.7.1998 – II ZR 131/97 – juris-Rz. 4, NJW-RR 1998, 1409 (1409) = AG 1998, 519.

Sachverständigen die beweiserheblichen Streitfragen zu unterbreiten.[1] Die Angabe näherer Einzelheiten ist grundsätzlich nur dann erforderlich, wenn diese für die Rechtsfolgen von Bedeutung sind. Dabei hängt es vom Einzelfall ab, in welchem Maße die Partei ihr Vorbringen durch die Darlegung konkreter Einzeltatsachen noch weiter substantiieren muss.[2] Unerheblich ist, wie wahrscheinlich die Darstellung ist und ob sie auf eigenem Wissen oder einer Schlussfolgerung aus Indizien beruht. Der Pflicht zur Substantiierung ist nur dann nicht genügt, wenn das Gericht aufgrund der Darstellung nicht beurteilen kann, ob die gesetzlichen Voraussetzungen der an eine Behauptung geknüpften Rechtsfolgen erfüllt sind.[3]

2. Erläuterung des Unternehmenswerts

14 Die **Darlegungs- und Beweislast** hinsichtlich des Werts des Anteils bzw. des Unternehmens trägt der Abzufindende.[4] Der anzuwendende § 287 ZPO erleichtert nicht nur die Beweisführung, sondern auch die Darlegung.[5] Bei der Unternehmensbewertung kann auch eine **sekundäre Darlegungslast des Gegners**, ggf. mit der Wirkung des § 138 Abs. 3 ZPO, in Betracht kommen, wenn die Kenntnisse beim Gegner liegen und ihm der Vortrag dazu zumutbar ist.[6] Ausgeschiedene Gesellschafter verfügen in der Regel nicht über sämtliche für die Unternehmensbewertung erforderlichen Informationen und Unterlagen.

15 Im Grundsatz dürfen bei der Unternehmensbewertung an den klagebegründenden Vortrag der Parteien oder an ihre Einwendungen zu dem gegnerischen Vortrag bzw. gegen ein Sachverständigengutachten **keine hohen Anforderungen** gestellt werden, soweit die Parteien keine oder nur geringe Sachkenntnis haben.[7] Vermutungen sind in diesem Bereich möglich,[8] soweit sie nicht erkennbar „ins Blaue hinein" formuliert sind.[9] Komplexe, nur von Spezialisten zu beantwortende Fragen der Unternehmensbewertung können von der Partei nicht als Sachvortrag erwartet werden.[10] Die Schwierigkeit bei der Darlegung des Unternehmenswerts besteht darin, dass der Vortrag der diesbezüglichen Tatsachen an sich die Kenntnis des vertraglichen oder gesetzlichen Bewertungsziels und des dabei anzuwendenden Bewertungskalküls voraussetzt. Dabei ist aber zu be-

---

1 BGH v. 21.5.2007 – II ZR 266/04 – juris-Rz. 9, NJW-RR 2007, 1409-1412 = AG 2007, 625; BGH v. 4.7.2000 – VI ZR 236/99 – juris-Rz. 8, NJW 2000, 3286.
2 BGH v. 4.7.2000 – VI ZR 236/99 – juris-Rz. 8, NJW 2000, 3286.
3 BGH v. 25.7.2005 – II ZR 199/03 – juris-Rz. 11, ZIP 2005, 1738.
4 OLG Köln v. 19.12.1997 – 4 U 31/97 – juris-Rz. 20, GmbHR 1998, 641 = NZG 1998, 779. Für die GmbH vgl. *Altmeppen* in Altmeppen/Roth, § 34 GmbHG Rz. 49.
5 BGH v. 23.10.1991 – XII ZR 144/90 – juris-Rz. 7 m.w.N., NJW-RR 1992, 202. Siehe ergänzend Ziff. V.2. „Schätzung gem. § 287 Abs. 2 ZPO", unten Rz. 27 ff.
6 Vgl. dazu BGH v. 26.6.2007 – XI ZR 277/05 – juris-Rz. 16, BGHZ 173, 23; BGH v. 17.5.1999 – II ZR 139/98 – juris-Rz. 7 m.w.N., ZIP 1999, 1211.
7 BGH v. 21.5.2007 – II ZR 266/04 – juris-Rz. 8 m.w.N., AG 2007, 625 = NJW-RR 2007, 1409; BGH v. 19.2.2003 – IV ZR 321/02 – juris-Rz. 10, NJW 2003, 1400.
8 BGH v. 19.2.2003 – IV ZR 321/02 – juris-Rz. 10, NJW 2003, 1400; BGH v. 9.7.1974 – VI ZR 112/73 – juris-Rz. 39, NJW 1974, 1710.
9 BGH v. 14.3.1968 – II ZR 50/65, NJW 1968, 1233 (1234).
10 OLG Köln v. 30.4.2003 – 13 U 74/02 – juris-Rz. 14.

rücksichtigen, dass die Antworten auf diese Fragen von der rechtlichen Bewertung durch das Gericht (z.B. die Auslegung gesellschaftsvertraglicher Klauseln und ggf. die Beurteilung der Wirksamkeit der Klausel im auslegungsrelevanten Verständnis) und von der sachverhaltsspezifischen Anwendung betriebswirtschaftlichen Fachwissens durch Sachverständige (z.B. die Anwendung des Ertragswertverfahrens nach IDW S 1 (2008) zur Ermittlung des Verkehrswerts des Unternehmens) abhängig sind. Falls überhaupt **brauchbare und nachvollziehbare Angaben zum Unternehmenswert** vorliegen, sind diese zunächst ausreichend. Zumutbare Anstrengungen für einen substantiierten Sachvortrag vor der gewünschten Einholung eines Sachverständigengutachtens sind zur Vermeidung eines Ausforschungsbeweises aber zu fordern.[1] Es sind zumindest **grundlegende Tatsachen** zu den Wertfaktoren des Unternehmens und der Berechnungsweise vorzutragen, die auf den geltend gemachten Unternehmenswert schließen lassen. Sollte die Ertragswertmethode einschlägig sein, sind ggf. Angaben zu den Erträgen der Vergangenheit sowie zu Prognosen und Vermutungen der künftigen Erträge und Kapitalkosten erforderlich, ggf. ergänzt um Angaben zum neutralen Unternehmensvermögen.[2] In der Regel dürfte es ausreichen, dass die klagende Partei ihre Überlegungen zum Unternehmenswert mitteilt, **die sie selbst bei der Ermittlung des konkreten Leistungsantrags zugrunde gelegt** hat, mögen diese Angaben im Ergebnis tatsächlich, rechtlich oder betriebswirtschaftlich fraglich oder falsch sein. Falls die Partei den im Zusammenhang mit der Abfindung geltend gemachten Unternehmenswert nicht schlüssig erläutern kann, fehlt es ihr wahrscheinlich an Informationen und Unterlagen, was ggf. zu einer Auskunftsklage oder einer Stufenklage veranlassen sollte.

3. Unterscheidung Tatsachen, Rechtsfragen und Methodik

Bei der Unternehmensbewertung muss zwischen Vortrag zu Tatsachen sowie rechtlichen und wirtschaftlichen Fragen unterschieden werden. Der Unternehmenswert ist keine simple Tatsache im Sinne eines feststellbaren Zustands der Außenwelt.[3] Bei streitiger Bewertung handelt sich um ein **komplexes Bündel von Tatsachen, Bewertungsgrundsätzen und Rechtsansichten.**[4] Insbesondere sind die der Beweisaufnahme zugänglichen Erfahrungssätze der Wissenschaft zur Unternehmensbewertung von Belang.[5] Die rechtsgeprägte Definition des Bewertungsziels, die fachliche Anwendung betriebswirtschaftlicher Erkenntnisse auf die vom Sachverständigen ermittelten Tatsachen sowie die Prüfung der Stimmigkeit von Bewertungsziel und Bewertungsmethodik sind selbst keine Tatsachen, so dass dazu auch kein Vortrag erforderlich ist.[6]

16

---

1 OLG Köln v. 30.4.2003 – 13 U 74/02 – juris-Rz. 14. Dort hatte das LG die Erhebung eines Ausforschungsbeweises auf der Grundlage pauschaler Vermutungen und Schätzungen offenbar abgelehnt.
2 *Puszkajler* in KölnKomm. AktG, 4. Aufl. 2013, § 8 SpruchG Rz. 46.
3 *Puszkajler* in KölnKomm. AktG, 4. Aufl. 2013, § 8 SpruchG Rz. 46. Zum Begriff Tatsache vgl. *Greger* in Zöller, § 286 ZPO Rz. 9.
4 *Puszkajler* in KölnKomm. AktG, 4. Aufl. 2013, § 8 SpruchG Rz. 46.
5 Vgl. dazu allg. *Prütting* in MünchKomm. ZPO, 4. Aufl. 2013, § 284 ZPO Rz. 44.
6 *Puszkajler* in KölnKomm. AktG, 4. Aufl. 2013, § 8 SpruchG Rz. 46.

4. Adäquater Vortrag zum Unternehmenswert

17 Aufgrund der Vielfalt an vertraglichen Abfindungsbestimmungen und Auseinandersetzungssachverhalten lassen sich für den **Sachvortrag zum Unternehmenswert im streitigen Verfahren keine generellen Vorgaben** machen. Der Vortrag muss **adäquat** sein im Hinblick auf die Prozesssituation, die Bestimmungen des Gesellschaftsvertrages, den relevanten Unternehmenswert, die Methodik und die Darlegungs- und Beweislast. Die Anforderungen an den Vortrag zu einer Bewertung nach dem Praktikerverfahren auf der Basis von Multiplikatoren sind geringer als die einer Schätzung nach dem Ertragswertverfahren klassischer Prägung. Für den Vortrag zum Multiplikator-Verfahren können Angaben zu den maßgeblichen Kennzahlen sowie die Behauptung eines daraus abgeleiteten Wertes ausreichen. Unabhängig davon können in der Klageschrift grobe Angaben zum Unternehmenswert ausreichen, die ggf. erst nach erheblichem Bestreiten des Gegners zu ergänzen sind. Ferner ist der Vortrag zum Unternehmenswert davon abhängig, ob bereits eine fachliche Schätzung zum Unternehmenswert vorliegt. Hauptanwendungsfall ist hier, dass die Gesellschaft anlässlich der von ihr geschuldeten Abfindungsbilanz eine Unternehmenswertberechnung liefert. Beim Angriff gegen einzelne Punkte einer bereits vorliegenden Unternehmensbewertung, etwa zu bereinigten Vergangenheitswerten, Planungswerten, ewiger Rente oder Diskontierungszinssatz, sollten die Einwände so konkret wie möglich sein. Ferner sollte auch dazu vorgetragen werden, wie sich die Beanstandungen auswirken und ob diese eine punktuelle Überprüfung oder eine Neubewertung erforderlich machen.

18 Die Anforderungen an die **Substantiierungslast des Bestreitenden** hängen davon ab, wie substantiiert der darlegungspflichtige Gegner vorgetragen hat. Ob und inwieweit die nicht darlegungsbelastete Partei ihren Sachvortrag substantiieren muss, lässt sich nur aus dem **Wechselspiel von Vortrag und Gegenvortrag** bestimmen, wobei die Ergänzung und die Aufgliederung des Sachvortrags bei hinreichendem Gegenvortrag immer zunächst Sache der darlegungs- und beweispflichtigen Partei ist. Eine darüber hinausgehende Substantiierungslast trifft die nicht beweisbelastete Partei nur ausnahmsweise dann, wenn der darlegungspflichtige Gegner außerhalb des von ihm darzulegenden Geschehensablaufs steht und die maßgebenden Tatsachen nicht näher kennt, während sie der anderen Partei bekannt und ihr ergänzende Angaben zuzumuten sind (sekundäre Darlegungslast).[1]

5. Vortrag zu Sachverständigengutachten

19 Wird ein Sachverständigengutachten zum Unternehmenswert eingeholt, ergibt sich nachfolgend in der Regel ein völlig neuer Sachstand. Denn der Sachverstände trifft über den Parteivortrag hinaus im Rahmen seiner Begutachtung zwangläufig eigene Feststellungen zu Tatsachen, die er für eine konsistente Unternehmensbewertung benötigt. Das können Angaben zu bereinigten Ver-

---

[1] BGH v. 3.2.1999 – VIII ZR 14/98 – juris-Rz. 19, NJW 1999, 1404; BGH v. 17.5.1999 – II ZR 139/98 – juris-Rz. 7 m.w.N., ZIP 1999, 1211.

gangenheitsergebnissen, Ertragsprognosen, Anlagevormögen, stillen Reserven, Ausschüttungen, Branchenentwicklungen, Kapitalkosten usw. sein. Es reicht dann nicht aus, die gutachterlich festgestellten Tatsachen zu bestreiten, sondern es muss konkret dargelegt werden, warum und inwiefern die Feststellungen des Sachverständigen falsch sind. Beispielsweise wurden die Feststellungen eines Gerichtssachverständigen zur Wertlosigkeit von Maschinen gebilligt, weil die Partei keine hinreichenden Anknüpfungstatsachen (Art, Zahl, Alter etc.) dazu vorgetragen hatte, auf die sich der Sachverständige hätte stützen können.[1]

IV. Gerichtliches Verfahren

1. Sachverständige Beratung des Gerichts

In ständiger Rechtsprechung hat der **sachverständig beratene Tatrichter die Bewertungsmethode sachverhaltsspezifisch auszuwählen und anzuwenden**.[2] Das hört sich einfacher an, als es in Wahrheit ist. Vor allem suggeriert die Aussage, dass der Tatrichter zunächst den Tatsachenvortrag der Parteien würdigt und danach die Bewertungsmethode auswählt. Das ist aber unrealistisch und **praxisfern**, falls nicht ausnahmsweise die Bewertungsmethode durch Absprache der Parteien vorgeben wird. Mangels eigener Sachkunde des Tatrichters unterbleibt die eigenverantwortliche Auswahl der Bewertungsmethode im Normalfall, zumal auf der Grundlage des Vortrags der Parteien kaum jemals sämtliche Tatsachen zum Unternehmenswert bekannt sein werden. Ein Sachverständiger ermittelt im Rahmen der Beweiserhebung zwangsläufig zusätzliche Tatsachen zum Unternehmenswert, soweit diese für den betriebswirtschaftlichen Erkenntnisprozess erforderlich sind.

20

Praxisnäher ist daher die Aussage, dass es dem **pflichtgemäßen Urteil der mit der Bewertung befassten Fachleute** unterliegt, unter den in der Betriebswirtschaftslehre und der betriebswirtschaftlichen Praxis vertretenen Verfahren das im Einzelfall **geeignete Bewertungsverfahren auszuwählen**. Das von ihnen gefundene Ergebnis hat dann der Tatrichter frei zu würdigen.[3] Das bedeutet, dass die im Rahmen der Beweisaufnahme beauftragten Gerichtsgutachter zunächst die Auswahl der Bewertungsmethode und ihre Anwendung im Einzelfall in eigener Verantwortung vornehmen. Das Gericht wird dann erstmals durch die Präsentation des Gutachtens über das Unternehmensbewertungsverfahren und dessen Anwendung auf den Streitfall unterrichtet. Selbst nach Vorlage des Gutachtens kann kaum von sachverständiger Beratung gesprochen werden, da die Gutachten ganz überwiegend auf eine Bewertungsmethode ausgerichtet sind – vielfach auf den objektivierten Ertragswert nach IDW S 1. Grenzen und Schwächen der verwendeten Methoden und alternative Möglichkeiten der Bewertung werden dabei üblicherweise nicht erläutert.

21

---

1 OLG Hamm v. 11.7.2012 – 8 U 192/08 – juris-Rz. 86.
2 BGH v. 2.2.2011 – XII ZR 185/08 – juris-Rz. 24, BGHZ 188, 249; *Schöne* in Bamberger/Roth, BeckOK BGB, 2013, § 738 BGB Rz. 23 m.w.N.
3 BGH v. 28.4.1977 – II ZR 208/75 – juris-Rz. 14, BB 1977, 1168.

22 Im Interesse einer **effizienten Prozessleitung** durch das Gericht wäre eine sachverständige Beratung des Tatrichters bereits im Vorfeld von Bewertungsfragen und Beweisbeschlüssen sinnvoll. Als Rechtsgrundlage für die Befragung bzw. Beratung des Tatrichters kommt § 144 Abs. 1 ZPO in Betracht.[1] Danach kann das Gericht die Begutachtung durch Sachverständige nach pflichtgemäßem Ermessen anordnen. Das liegt insbesondere nahe, wenn dem Gericht die Sachkunde fehlt, um etwa Privatgutachten oder schwierige Bewertungsfragen zu beurteilen.[2] In diesen Fällen ist das Gericht zur eigenen Initiative verpflichtet. Zusätzlich kann dies durch Anträge der Parteien unterstützt werden. Die Anordnung ergeht durch Beschluss bzw. prozessbegleitende Verfügung gem. § 273 Abs. 2 Nr. 4 ZPO. Die Anordnung der Beweisaufnahme von Amts wegen darf nicht von der vorherigen Einzahlung eines Auslagenvorschusses abhängig gemacht werden.[3] Nach der Bestellung des Sachverständigen könnte dann zunächst eine schriftliche Befragung oder Anhörung des Sachverständigen erfolgen, bei denen die entscheidenden Weichenstellungen geklärt werden und das Gericht in die Lage versetzt wird, den Beweisbeschluss mit konkreten rechtlichen Vorgaben zur Vorgehensweise, der Auswahl und der Anwendung der Methode durch den Sachverständigen zu versehen (siehe dazu Ziff. IV.2 „Abfassung von Beweisbeschlüssen", unten Rz. 23 ff.). Diese Herangehensweise reduziert das Risiko, dass die gerichtlich beauftragten Gutachten zu Unternehmensbewertungen in die völlig falsche Richtung laufen und ggf. nach Jahren der Befassung mit den Gutachten sowie Ergänzungsgutachten feststeht, dass das Bewertungsziel verfehlt wird und ein neues Gutachten eingeholt werden muss.

2. Abfassung von Beweisbeschlüssen

23 Es ist letztlich eine Frage des Einzelfalls und der Zweckmäßigkeitsüberlegungen des Tatrichters, ob die Beweisaufnahme durch die Befragung eines Sachverständigen vorbereitet und nachfolgend **konkrete Fragen in den Beweisbeschluss aufgenommen werden**, oder ob ein Sachverständigengutachten zum Unternehmenswert ohne nähere Vorgaben durch das Gericht beauftragt wird. Im letztgenannten Fall gibt das Gericht zunächst die Bewertung vollständig in fremde Hand, was gelegentlich bemängelt wird.[4] Dennoch wird die zu eingehende Bin-

---

1 *Greger* in Zöller, § 144 ZPO Rz. 1. In aktien- und umwandlungsrechtlichen Spruchverfahren soll das Gericht in den Fällen des § 7 Abs. 3 Satz 2 SpruchG das persönliche Erscheinen des sachverständigen Prüfers anordnen, wenn nicht nach seiner freien Überzeugung deren Anhörung als sachverständiger Zeuge zur Aufklärung des Sachverhalts entbehrlich erscheint. Den sachverständigen Prüfern sind mit der Ladung die Anträge der Antragsteller, die Erwiderung des Antragsgegners sowie das weitere schriftliche Vorbringen der Beteiligten mitzuteilen. In geeigneten Fällen kann das Gericht die mündliche oder schriftliche Beantwortung von einzelnen Fragen durch den sachverständigen Prüfer anordnen. Zu den Einzelheiten vgl. *Puszkajler* in KölnKomm. AktG, 4. Aufl. 2013, § 7 SpruchG.
2 *Wagner* in MünchKomm. ZPO, 4. Aufl. 2013, § 144 ZPO Rz. 5 m.w.N.; *Greger* in Zöller, § 144 ZPO Rz. 2.
3 OLG Köln v. 6.10.2010 – 17 W 168/10 – juris-Rz. 9; *Greger* in Zöller, § 144 ZPO Rz. 4.
4 *Luttermann*, ZIP 1999, 45 (46).

dung des Sachverständigen durch das Gericht zu Recht für unzweckmäßig gehalten und als Alternative die **Einholung eines Zwischenberichts** angeregt, um ggf. Korrekturen und Ergänzungen des Beweisbeschlusses zu veranlassen.[1] Wird lediglich pauschal die Einholung eines Sachverständigengutachtens zum Unternehmenswert im Beweisbeschluss angeordnet, steigen allerdings das Risiko der Fehlbegutachtung als auch der Einfluss des Sachverständigen auf das Ergebnis des Rechtsstreits. Mit zunehmender Verfahrensdauer nimmt dann der Entscheidungsdruck für das Gericht zu.

Beweisbeschlüsse sind bei zeit- und kostenintensiven Unternehmensbewertungen im Hinblick auf das Bewertungsziel und methodische Überlegungen **möglichst präzise zu fassen**. Fehlt die diesbezügliche Sachkunde, ist indes zu vermeiden, den Sachverständigen zu sehr einzuschränken. Es kann erwartet werden, dass der Sachverständige den Vortrag der Parteien zur Unternehmensbewertung zur Kenntnis nimmt und sachkundig einordnet und bewertet. Beweisbeschlüsse zu Unternehmensbewertungen fallen sehr unterschiedlich aus.[2] Zur Erzielung konsistenter Gutachten empfiehlt es sich, **dem Sachverständigen grundsätzlich freie Hand** zu lassen und allenfalls einige Korsettstangen einzuziehen. Dabei sind Regelungen zu folgenden Punkten möglich bzw. sinnvoll:

24

– Zunächst sollte der Auftragsumfang klar und unmissverständlich formuliert werden.

– Falls der Gesellschaftsvertrag eine auslegungsbedürftige Anteils- oder Unternehmensbewertungsklausel enthält, sollte klargestellt werden, wie das Gericht die Klausel versteht.

– Falls eine Unwirksamkeit der Klausel nach den §§ 138, 242, 723 Abs. 3 BGB in Betracht kommt, sollte eine Erläuterung erfolgen, welcher Wert an die Stelle der unwirksamen Klausel tritt.

– Wichtig ist ein Hinweis, ob eine Unternehmensbewertung gefordert ist und/oder eine Anteilsbewertung.

– Soweit schon Unternehmensbewertungen vorliegen, sollte unmissverständlich formuliert werden, ob eine eigenständige Neubewertung oder eine Prüfung auf Vertretbarkeit bzw. Plausibilität gefordert ist.[3] Das kann auch eingeschränkt werden auf Teilbereiche der Bewertung, etwa auf das neutrale Vermögen.[4]

– Soweit eine überschlägige Wertermittlung für ausreichend gehalten wird, etwa zum Liquidationswert, sollte das im Beweisbeschluss ebenfalls artikuliert werden.[5]

---

1 *Piltz*, Unternehmensbewertung, S. 129 m.w.N.
2 *Engel/Puszkajler*, BB 2012, 1687 ff.
3 Vgl. OLG Düsseldorf v. 8.8.2013 – I-26 W 17/12 (AktE) – juris-Rz. 9, AG 2013, 807; OLG Düsseldorf v. 12.12.2012 – I-26 W 19/12 (AktE) – juris-Rz. 6, AG 2013, 226. Die LG hatten dort in den Beweisbeschlüssen ausdrücklich Neubewertungen gefordert.
4 OLG Düsseldorf v. 27.2.2004 – 19 W 3/00 AktE – juris-Rz. 74, AG 2004, 324.
5 OLG Frankfurt v. 20.12.2011 – 21 W 8/11 – juris-Rz. 97, AG 2012, 330.

- Ggf. muss klar gestellt werden, ob bestimmtes Vermögen der Gesellschaft, etwa Beteiligungen, von der Bewertung ausgenommen werden sollen.[1]
- Dem Sachverständigen sollte aufgegeben werden, auf die Einwände der Parteien einschließlich vorgelegter Privatgutachten oder bereits vorliegender Sachverständigengutachten im sachlichen Zusammenhang einzugehen.[2]
- Der Sachverständige sollte aufgefordert werden, Ungereimtheiten im Vortrag oder in vorliegenden Bewertungen aufzuzeigen.[3]
- Sinnvoll können auch Vorgaben zu anwendbaren Bewertungsstandards (z.B. IDW S 1 in der Fassung des Stichtags), der Berücksichtigung von Verbundeffekten[4] oder des Kapitalisierungszinssatzes sein, etwa die Anwendung des CAPM oder von Zinsstrukturkurven.[5]
- Nicht selten sind Anordnungen zur Berücksichtigung von stichtagsnachfolgenden Ereignissen, Gesetzen gefordert.[6]
- Auch die Berücksichtigung bzw. Nichtberücksichtigung von Sondertatbeständen, etwa Schadensersatzansprüchen[7], Rückstellungen[8] o.Ä. kann Gegenstand der Anordnung sein.
- Denkbar sind ferner Vorgaben zur Überprüfung oder Anpassung der Planung (etwa integrierte Gesamtplanung, Aktualität, evtl. Ausrichtung auf markttypische Erwerber).[9]
- Sehr sinnvoll ist die Darstellung der Auswirkungen von Änderungen der Planungsannahmen oder Kapitalisierungszinssätze[10] in einem gewissen Spektrum zwecks Sensitivitätsanalyse.[11]
- Zur Erreichung des Bewertungsziels oder der Absicherung des Unternehmenswertes können ergänzende Plausibilisierungen angeordnet werden,

---

1 OLG München v. 10.11.2008 – 31 Wx 87/08 – juris-Rz. 2, AG 2009, 340 = NZG 2009, 40, zur Vorgehensweise der ersten Instanz.
2 In Spruchverfahren werden mitunter die Einwände der Verfahrensbeteiligten im Beweisbeschluss als Fragen an den Sachverständigen aufgezählt. Das wird schnell unübersichtlich. Ferner besteht das Risiko, dass die Einwände aufgrund fehlender Sachkunde der Beteiligten und/oder des Gerichts falsch formuliert bzw. verstanden werden mit der möglichen Folge einer Fehlbewertung durch den Sachverständigen. Vorzugswürdig ist, den Sachverständigen mit einer konsistenten Bewertung unter Berücksichtigung der Einwände der Parteien zu beauftragen.
3 OLG Stuttgart v. 8.3.2006 – 20 W 5/05 – juris-Rz. 13, AG 2006, 421.
4 OLG Frankfurt v. 2.10.2009 – 5 W 30/09 – juris-Rz. 21.
5 OLG Frankfurt v. 5.12.2013 – 21 W 36/12 – juris-Rz. 68.
6 Oftmals besteht Streit, ob wertrelevante Umstände bereits zum Stichtag in der Wurzel angelegt waren oder nicht. Das kann auch die Frage des anwendbaren Rechts betreffen. Bspw. stellte sich anlässlich eines Spruchverfahrens beim LG Köln die Frage, ob die Unternehmenssteuerreform 2008, die etwa einen Monat nach dem Stichtag in Kraft trat, bewertungsrelevant ist, was im Ergebnis bejaht wurde.
7 OLG München v. 14.3.2007 – 31 Wx 7/07 – juris-Rz. 1, AG 2007, 452. Dort waren Schadensersatzansprüche gegen den Vorstand wertrelevant.
8 OLG Düsseldorf v. 12.12.2012 – I-26 W 19/12 (AktE) – juris-Rz. 6 ff., AG 2013, 226.
9 OLG Düsseldorf v. 12.12.2012 – I-26 W 19/12 (AktE) – juris-Rz. 8 ff., AG 2013, 226.
10 OLG Düsseldorf v. 12.12.2012 – I-26 W 19/12 (AktE) – juris-Rz. 13, AG 2013, 226.
11 *Puszkajler* in KölnKomm. AktG, 4. Aufl. 2013, § 7 SpruchG Rz. 48.

etwa durch die Ausrichtung auf markttypische Erwerber und/oder die Verwendung eines weiteren marktnahen Verfahrens.[1]
- Die Beachtung der Verhältnismäßigkeit von Aufwand und Güte/Gewicht des zu erwartenden Ergebnisses kann angesprochen werden.[2]
- Sinnvoll ist auch die Klarstellung, unter welchen rechtlichen Aspekten (z.B. einschränkungslos oder nur bei Ertragslosigkeit) der Liquidationswert als Untergrenze der Bewertung berücksichtigt werden soll.
- Gelegentlich wird ein Zwischenbericht des Sachverständigen gefordert, um die Begutachtung zu begleiten und frühzeitig Fehlentwicklungen zu erkennen und problematische Fragen zu klären.
- Gemäß § 404a Abs. 3 ZPO kann angeordnet werden, ob und inwieweit der Sachverständige Tatsachen ermitteln soll.[3]
- Die Vorlage von Unterlagen, die der Sachverständige benötigt, kann angeordnet werden, falls eine Partei dazu verpflichtet ist.
- Auch eine klarstellende Anordnung zur Parteiöffentlichkeit gem. §§ 404a Abs. 4, 357 ZPO kann angezeigt sein.[4]
- Schließlich ist gem. § 404 Abs. 3 ZPO die Einholung eines abgestimmten Vorschlags der Parteien zur Person des Sachverständigen opportun. Ansonsten sollte ein Sachverständiger vom Gericht vorgeschlagen werden.[5]

V. Gerichtliche Schätzung des Unternehmenswerts

1. Unternehmensbewertung als Schätzung

Die Bewertung von Unternehmen als Zusammenfassung materieller, immaterieller und personeller Ressourcen **kann a priori nur eine Schätzung sein** (siehe dazu Ziff. I.3. „Unternehmensbewertung als Heuristik", oben Rz. 3). Das bringt das Gesetz in den §§ 738 Abs. 2 BGB, 287 Abs. 2 ZPO zum Ausdruck. Das gilt im besonderen Maße für die derzeit dominierende **Ertragswertmethode**, die auf den Zukunftserfolg misst.[6] In der Rechtsprechung werden die Begriffe Unternehmenswert und Schätzwert synonym verwendet.[7] Auf Fakten basiert die Prognose der den Unternehmensinhabern in Zukunft zufließenden fi-

25

---

1 Zum markttypischen Wert vgl. Ziff. I.4. „Unternehmensbewertung als Tat- oder Rechtsfrage", oben Rz. 4, Fn. 5.
2 OLG Stuttgart v. 8.3.2006 – 20 W 5/05 – juris-Rz. 13, AG 2006, 421.
3 Siehe dazu Ziff. V.19. „Aufklärung von Anknüpfungstatsachen", unten Rz. 85.
4 Siehe dazu Ziff. V.22. „Parteiöffentlichkeit der Beweisaufnahme", unten Rz. 91.
5 Erforderlichenfalls kann bspw. die WP-Kammer des jeweiligen Bundeslandes um Benennung eines Sachverständigen gebeten werden.
6 Zur Erläuterung der Ertragswertmethode vgl. *Ballwieser*, Unternehmensbewertung, S. 13 ff.; *IDW S 1 (2008)*, WPg-Supplement 3/2008, 68 ff. In der Rspr. ist die Ertragswertmethode anerkannt, vgl. nur BGH v. 21.7.2003 – II ZB 17/01 – juris-Rz. 7, BGHZ 156, 57 = AG 2003, 627; OLG Düsseldorf v. 10.6.2009 – 26 W 1/07 (AktE) – juris-Rz. 83.
7 Vgl. BGH v. 12.3.2001 – II ZB 15/00 – juris Ls. und Rz. 20, BGHZ 147, 108 = AG 2001, 417.

nanziellen Nettozuflüsse nur insoweit, als die bisherige Entwicklung des Unternehmens, der Branche und des Marktes (Vergangenheitsanalyse) Ausgangspunkt für die Schätzung des Barwerts der künftigen Reinertragserwartungen ist, und dabei auf der gegenwärtigen Unternehmensstruktur (Unternehmensgegenstand, Anlagevermögen, Verbindlichkeiten, Beteiligungen u.a.) aufgebaut wird.

26 Die Schätzungsproblematik tritt nur dann in den Hintergrund, wenn der Gesellschaftsvertrag in den Grenzen der §§ 138, 723 Abs. 3 BGB[1] für die Unternehmensbewertung folgende Festlegungen trifft:

– Eine Abfindung zum wahren Unternehmenswert wird substituiert durch einen stark vereinfachenden Maßstab, der zur Realteilung des Gesellschaftsvermögens bzw. der Erwerbschancen führt.[2]

– Die Abfindung wird aus greifbaren Zahlen der Vergangenheit oder Gegenwart hergeleitet, etwa aus Buchwerten.

– Die bei der Bewertung zu berücksichtigenden Gegenstände haben einen fixierten Wert und es gibt objektivierbare Maßstäbe wie einen Börsen- oder Marktpreis.[3]

2. Schätzung gem. § 287 Abs. 2 ZPO

27 Die richterliche Überzeugungsbildung ist bei einer Schätzung nach § 287 ZPO nicht an den Beweisanforderungen des § 286 ZPO zu messen. Vielmehr hat das Gericht nach **freier Überzeugung über die Unternehmensbewertung zu entscheiden**. Es steht in seinem Ermessen, ob und ggf. inwieweit es eine Beweisaufnahme anordnet.[4] Im Rahmen von § 287 ZPO besteht ein großer Spielraum

---

1 Grundsätzlich sind Beschränkungen von wirtschaftlich tätigen Personengesellschaften in den Grenzen des § 138 BGB (Knebelung oder Gläubigergefährdung) und des § 723 Abs. 3 BGB zulässig. Vgl. BGH v. 16.12.1991 – II ZR 58/91, juris Ls. und Rz. 39, BGHZ 116, 359 = GmbHR 1992, 257; BGH v. 13.3.2006 – II ZR 295/04 – juris-Rz. 13, NJW-RR 2006, 1270. Für eine erst nachträglich unzumutbar werdende Abfindungsbeschränkung vgl. BGH v. 20.9.1993 – II ZR 104/92, juris = BGHZ 123, 281. Vgl. allgemein zur Zulässigkeit von Abfindungsklauseln in Gesellschaftsverträgen: *Bergmann* in jurisPK/BGB 6. Aufl. 2012, § 738 BGB Rz. 16 ff.; *Schäfer* in MünchKomm. BGB, 6. Aufl. 2013, § 738 BGB Rz. 60 ff.; *Habermeier* in Staudinger, Bearb. 2003, § 738 BGB Rz. 21 ff. m.w.N.

2 Z.B. die Aufteilung der Sachwerte und die Mitnahme der Mandate bei einer freiberuflichen Anwalts- oder Steuerberaterpraxis als die sachlich naheliegende und angemessene Art der Auseinandersetzung einer Freiberuflersozietät, vgl. BGH v. 31.5.2010 – II ZR 29/09 – juris-Rz. 2 f. m.w.N., NJW 2010, 2660.

3 *Schäfer* in MünchKomm. BGB, 6. Aufl. 2013, § 738 BGB Rz. 32. Als berücksichtigungsfähige Marktpreise für Unternehmen sind stichtagsnahe Vor- und Nacherwerbspreise zu erwägen. Siehe dazu auch Ziff. V.9. „Verwendung stichtagsnaher Preise für das Unternehmen", unten Rz. 66.

4 OLG Stuttgart v. 5.6.2013 – 20 W 6/10 – juris-Rz. 140, AG 2013, 724 = NZG 2013, 897; LG Frankfurt/M. v. 13.3.2009 – 3/05 O 57/06 – juris-Rz. 10, NZG 2009, 553.

vertretbarer Annahmen.[1] Insbesondere bei der Unternehmensbewertung müssen **Aufwand, Kosten und Dauer** des gerichtlichen Verfahrens in einem angemessenen Verhältnis zum **Erkenntnisgewinn** stehen.[2] Die Ratio legis des § 287 Abs. 2 ZPO zielt auch darauf ab, die Rechtsdurchsetzung durch Vermeidung eines unverhältnismäßig hohen Prozessaufwandes, in der Regel durch Einholung zeit- und kostenintensiver Sachverständigengutachten, zu erleichtern.[3] Die Beweisaufnahme muss auch nicht zwingend auf alle Detailaspekte der Unternehmensbewertung erstreckt werden. Nach Maßgabe des § 287 Abs. 2 ZPO kann auch auf sonstige Erkenntnismöglichkeiten, z.B. bereits vorliegende Bewertungen, zurückgegriffen werden.[4]

§ 287 ZPO erleichtert dem Geschädigten nicht nur die **Beweisführung**, sondern auch die **Darlegungslast**.[5] Bei erwiesenem Haftungsgrund muss der Tatrichter die Haftungshöhe im Rahmen des Möglichen nach § 287 ZPO schätzen.[6] Das entbindet den Anspruchsteller nicht davon, diejenigen **Anknüpfungstatsachen** vorzutragen und ggf. zu beweisen, die seine Vorstellungen zur Haftungshöhe rechtfertigen. Bei Lücken oder Unklarheiten im Vortrag muss der Tatrichter nach pflichtgemäßem Ermessen beurteilen, ob nach § 287 ZPO nicht wenigstens die Schätzung eines Mindestbetrages geboten ist.[7]

28

Mit der Einräumung der Schätzungsbefugnis werden auch wirklichkeitsfremde und damit gewissermaßen **falsche Ergebnisse in Kauf genommen**. Die Schätzung soll allerdings möglichst nahe an die Wirklichkeit heranführen.[8] Der Richter muss daher relevante Tatsachen feststellen und ggf. sogar nicht vorgetragene Tatsachen nach freiem Ermessen berücksichtigen.[9] Eine Schätzung muss aber dann gänzlich unterbleiben, wenn sie zur **reinen Spekulation** würde,

29

---

1 KG v. 14.1.2009 – 2 W 68/07 – juris-Rz. 36, AG 2009, 199-200; LG Köln v. 24.7.2009 – 82 O 10/08 – juris-Rz. 147, AG 2009, 835; *Emmerich* in Emmerich/Habersack, Aktien- und GmbH-Konzernrecht, § 305 AktG Rz. 41b m.w.N. Siehe zu Bandbreiten von Unternehmenswerten Ziff. I.3. „Unternehmensbewertung als Heuristik", oben Rz. 3.
2 OLG Stuttgart v. 5.6.2013 – 20 W 6/10 – juris-Rz. 140, AG 2013, 724 = NZG 2013, 897. Das kommt auch in der vielfach anzutreffenden Äußerung zum Ausdruck, dass die aus der Naturwissenschaft stammende Regel beachtet werden sollte, nach welcher die Rechenmethoden der möglichen Messgenauigkeit angemessen zu sein haben, vgl. dazu BayObLG v. 11.12.1995 – 3Z BR 36/91 – juris-Rz. 90, AG 1996, 176; *Westerfelhaus*, NZG 2001, 673 (675).
3 OLG Stuttgart v. 1.10.2003 – 4 W 34/93 – juris-Rz. 55, AG 2004, 43; OLG Düsseldorf v. 6.4.2011 – 26 W 2/06 (AktE) – juris-Rz. 23; LG Köln v. 24.7.2009 – 82 O 10/08 – juris-Rz. 148, AG 2009, 835; *Hüttemann*, ZGR 2001, 454 (474 f.); *Piltz*, ZGR 2001, 185 (197).
4 LG Frankfurt/M. v. 13.3.2009 – 3-05 O 57/06 – juris-Rz. 10, AG 2009, 749 = NZG 2009, 553.
5 BGH v. 23.10.1991 – XII ZR 144/90 – juris-Rz. 7, NJW-RR 1992, 202; BGH v. 22.10.1987 – III ZR 197/86 – juris-Rz. 14, NJW-RR 1988, 410.
6 BGH v. 23.10.1991 – XII ZR 144/90 – juris-Rz. 7, NJW-RR 1992, 202.
7 BGH v. 23.10.1991 – XII ZR 144/90 – juris-Rz. 7, NJW-RR 1992, 202.
8 BGH v. 22.10.1987 – III ZR 197/86 – juris-Rz. 15, NJW-RR 1988, 410.
9 BGH v. 23.10.1991 – XII ZR 144/90 – juris-Rz. 7, NJW-RR 1992, 202; BGH v. 22.10.1987 – III ZR 197/86 – juris-Rz. 14, NJW-RR 1988, 410.

d.h. die dürftige Tatsachengrundlage unterschiedliche Ergebnisse gleichermaßen rechtfertigen und eine Schätzung völlig „in der Luft hängen" würde.[1]

30 Hinsichtlich der **Genauigkeit der Sachverhaltsaufklärung** ist der Tatrichter besonders freigestellt. Zwar darf er nicht auf die nach der Sachlage unerlässlichen fachlichen Erkenntnisse verzichten. Allerding obliegt das genaue Maß der Sachverhaltsaufklärung seinem Ermessen. Im Grundsatz hat der Tatrichter geeignete Schätzungsgrundlagen im Sinne hinreichender Anhaltspunkte heranzuziehen.[2] Er darf nur nicht auf der Grundlage falscher oder offenbar unsachlicher Erwägungen entscheiden.[3] Für die Schätzung ist daher ein ausreichender Realitätsbezug gefordert.[4] Der gesamte Inhalt der Verhandlung ist zu berücksichtigen.[5] Das Gericht hat die tatsächlichen Grundlagen seiner Schätzung und ihre Auswertung in objektiv nachprüfbarer Weise anzugeben.[6] Für die erforderliche Überzeugungsbildung des Tatrichters reicht eine nach Lage des Einzelfalles höhere Wahrscheinlichkeit.[7] Vor diesem Hintergrund darf ein Unternehmen nicht losgelöst von seiner Geschichte und seinen erkennbaren Entwicklungen beurteilt werden.

31 Die **Schätzung selbst ist und bleibt Sache des Gerichts, nicht etwa eines Sachverständigen**.[8] Dieser Aspekt ist besonders hervorzuheben. Bei der Unternehmensbewertung im gerichtlichen Verfahren besteht das Risiko, dass de facto der gerichtlich bestellte Sachverständige den Rechtsstreit entscheidet und der Tatrichter lediglich die Ausführungen des Sachverständigen auf Widerspruchsfreiheit und Plausibilität prüft, und zwar selbst in rechtlich geprägten Bereichen, etwa der Wahl der Bewertungsmethode. Diese Gefahr wird in der Literatur deutlich artikuliert.[9] Das Risiko einer mit **Art. 101 Abs. 1 Satz 2 GG** nicht mehr zu vereinbarenden **Verantwortungsverlagerung auf den Sachverständigen** nimmt in dem Maße zu, wie sich das Bewertungsverfahren verkompliziert und sich dem Zugang und der Kontrolle der Parteien und des Gerichts entzieht. Ein gutes Beispiel für diese (Fehl-)Entwicklung ist die Unternehmensbewertung

---

1 BGH v. 23.10.1991 – XII ZR 144/90 – juris-Rz. 7, NJW-RR 1992, 202, m.w.N. [„...mangels jeglicher konkreter Anhaltspunkte völlig in der Luft hinge und daher willkürlich wäre."]; BGH v. 22.10.1987 – III ZR 197/86 – juris-Rz. 14, NJW-RR 1988, 410; OLG Stuttgart v. 5.6.2013 – 20 W 6/10 – juris-Rz. 140 m.w.N., AG 2013, 724 = NZG 2013, 897.
2 *Hüttemann*, ZGR 2001, 454 (474).
3 BGH v. 4.7.2013 – III ZR 52/12 – juris-Rz. 69, DB 2013, 1715.
4 *Hüttemann*, ZGR 2001, 454 (474).
5 BGH v. 4.7.2013 – III ZR 52/12 – juris-Rz. 65, DB 2013, 1715.
6 BGH v. 2.2.2011 – XII ZR 185/08 – juris-Rz. 59, BGHZ 188, 249.
7 BGH v. 4.11.2003 – VI ZR 28/03 – juris-Rz. 12, NJW 2004, 777.
8 OLG Koblenz v. 20.2.2009 – 10 U 57/05 – juris-Rz. 61, OLGReport Koblenz 2009, 608.
9 Vgl. *Müller* in FS Bezzenberger, 2000, S. 705 (709), zur Verlagerung auf Sachverständige durch zunehmend komplexer werdende Bewertungsverfahren; *Luttermann*, AG 2000, 459 (461), beanstandet, dass Richter ihre Entscheidungen allzu häufig auf das Sachverständigengutachten stützen; *Emmerich*, AG 2003, 168 (168) äußert apodiktisch, dass die Wahl des Gutachters über den Unternehmenswert entscheidet!

mittels CAPM und – erst recht – TAX-CAPM.[1] Die Grenzziehung ist schwierig. Letztlich kann das nur im Einzelfall entschieden werden.

3. Schätzung gem. § 738 Abs. 2 BGB

§ 738 Abs. 2 BGB, wonach der Wert des Gesellschaftsvermögens, soweit erforderlich, im Wege der Schätzung zu ermitteln ist, drückt daher an sich Selbstverständliches aus. Dieser Schätzungsansatz des materiellen Rechts wird prozessual verwirklicht durch § 287 ZPO. Beide Normen ergänzen sich aber und eröffnen **kein „doppeltes Schätzungsermessen"**, wie gelegentlich geäußert wird.[2] Aus der Erkenntnis, dass es schätzungsbedingt einen Unternehmenswert im Sinne eines mathematisch exakten Wertes nicht geben kann, sondern stattdessen eine Vielzahl vertretbarer Werte (Bandbreite, siehe dazu Ziff. I.3. „Unternehmensbewertung als Heuristik", oben Rz. 3), wird das Schätzungsermessen des Sachverständigen und des Gerichts definiert. Die Schätzung nach § 738 Abs. 2 BGB erlaubt ebenfalls keine freie Schätzung.[3] Sie muss auf **objektiven Grundlagen beruhen und bedarf stets konkreter Anhaltspunkte und Unterlagen**.[4] 32

Das in **Deutschland derzeit dominierende Ertragswertverfahren** ist als **ausgeprägtes Prognoseverfahren**, trotz gelegentlich geäußerter Bedenken[5] wegen unzureichender Tatsachengrundlage, für die Schätzung des Gesellschaftsvermögens nach § 738 Abs. 2 BGB geeignet,[6] auch verfassungsrechtlich.[7] Die Ertragswertmethode hat insbesondere in den Vergangenheitswerten und der anzutreffenden gegenwärtigen Lage des Unternehmens, der Branche und des Marktes ausreichende tatsächliche Anknüpfungspunkte. Im Übrigen orientiert sich auch der Rechtsverkehr an der Ertragswertmethode.[8] Diesen **Marktprozess** muss das Gericht zur Umsetzung einer wirklichkeitsnahen Schätzung auch im Rahmen von § 738 Abs. 2 BGB, § 287 Abs. 2 ZPO berücksichtigen. 33

4. Vertretbarkeits- oder Richtigkeitsurteil

Die **Prüfungsdichte bei der Unternehmensbewertung** wird durch § 738 Abs. 2 BGB, § 287 Abs. 2 ZPO nicht angesprochen. Es geht dabei um die Frage, ob sich das Gericht von der **Richtigkeit oder der Vertretbarkeit der Unternehmens-** 34

---

1 Ausführlich und kritisch dazu *Lauber*, Verhältnis Ausgleich/Abfindung, S. 293 ff. und S. 469 ff.
2 *Wasmann*, ZGR 2011, 83 (97).
3 BGH v. 21.4.1955 – II ZR 227/53 – juris-Rz. 20 f., BGHZ 17, 130.
4 BGH v. 21.4.1955 – II ZR 227/53 – juris-Rz. 20 f., BGHZ 17, 130.
5 Vgl. z.B. *Zehner*, DB 1981, 2109 (2115); *Barthel*, DB 1990, 1145 (1145).
6 BGH v. 13.3.1978 – II ZR 142/76 – juris-Rz. 33, BGHZ 71, 40 [„...Ermittlung des Unternehmenswertes auf der Grundlage des Ertragswerts ... [k]eine Schätzung ins Blaue ..."].
7 BVerfG v. 24.5.2012 – 1 BvR 3221/10 – juris-Rz. 29, AG 2012, 674 = NZG 2012, 1035.
8 Vgl. zu den verwendeten Bewertungsmethoden *Peemöller/Kunowski* in Peemöller, Praxishandbuch, S. 275 (279 ff.).

bewertung überzeugen muss. Dazu werden unterschiedliche Standpunkte vertreten. Die Tendenz in aktien- und umwandlungsrechtlichen Spruchverfahren geht dahin, jede vertretbare Unternehmensbewertung zu akzeptieren. Bei der Unternehmensbewertung gebe es eine inhärente Unsicherheit aufgrund zahlreicher Prognosen und methodischen Entscheidungen, die einem Richtigkeitsurteil nicht zugänglich seien. Eine richtige Unternehmensbewertung sei tatsächlich unmöglich. Gefordert sei nur ein Vertretbarkeitsurteil.[1] Es gebe nicht nur eine richtige Schätzung, sondern mehrere vertretbare Schätzungen.[2] Der Schätzwert liefere nur einen Anhaltspunkt für den Verkehrswert des Unternehmens.[3] Dieser sei notwendigerweise eine Fiktion.[4] Diesen Prüfungsmaßstab hat das BVerfG verfassungsrechtlich gebilligt.[5] Allerdings wird auch vertreten, dass die Unternehmensbewertung der tatrichterlichen Richtigkeitsprüfung im Rahmen von § 287 Abs. 2 ZPO unterliegt.[6] Sie sei nicht lediglich auf Vertretbarkeit zu prüfen oder einer Billigkeitskontrolle i.S.v. § 319 BGB zu unterziehen, sondern sämtliche Parameter seien unter Anwendung des eröffneten Schätzungsermessens rechtlich zu bewerten und festzulegen.[7]

35 Diese Diskussion zeigt anschaulich, dass die Aufgabe der **Schätzung des Unternehmenswerts für Gerichte nur schwer zu bewältigen** ist, gelegentlich wird sie auch als eigentlich nicht lösbar bezeichnet.[8] In den seltensten Fällen wird eine Unvertretbarkeit der Bewertung festgestellt werden können. Das bedeutet aber nicht, dass die vertretbare Schätzung den wirklichen Verkehrswert des Unternehmens abbildet. Das würde die Kenntnis des wahren Werts voraussetzen, der gerade ermittelt werden soll. Die Prüfung der Unternehmensbewertung auf Vertretbarkeit birgt das Risiko einer gewissen Beliebigkeit nach dem Motto, dass ein Unternehmenswert so gut ist wie jeder andere, solange der richtige Wert nicht bekannt und auch nicht feststellbar ist.[9] Die erkennbare Tendenz

---

1 OLG Frankfurt v. 24.11.2011 – 21 W 7/11 – juris-Rz. 34, AG 2012, 513; OLG Stuttgart v. 8.7.2011 – 20 W 14/08 – juris-Rz. 118, AG 2011, 795; OLG Karlsruhe v. 13.5.2013 – 12 W 77/08 (13) – juris-Rz. 29, AG 2013, 880; *Großfeld*, Unternehmensbewertung, Rz. 21 ff. und 132 m.w.N.
2 OLG Stuttgart v. 19.1.2011 – 20 W 3/09 – juris-Rz. 97, AG 2011, 205; OLG Stuttgart v. 5.6.2013 – 20 W 6/10 – juris-Rz. 153, AG 2013, 724 = NZG 2013, 897.
3 OLG Stuttgart v. 19.1.2011 – 20 W 3/09 – juris-Rz. 256, AG 2011, 205.
4 OLG Stuttgart v. 19.1.2011 – 20 W 3/09 – juris-Rz. 256, AG 2011, 205.
5 BVerfG v. 24.5.2012 – 1 BvR 3221/10 – juris-Rz. 30, AG 2012, 674 = NZG 2012, 1035 [„Zur Berechnung des vollen Ausgleichs [... ist es ...] von Verfassung wegen nicht geboten, eine auf zutreffender Tatsachengrundlage beruhende, vertretbare Prognose durch eine andere – ebenfalls notwendigerweise nur vertretbare – zu ersetzen."].
6 OLG Koblenz v. 14.12.2007 – 10 U 1153/02 – juris-Rz. 28, OLGReport Koblenz 2008, 772; OLG Koblenz v. 20.2.2009 – 10 U 57/05 – juris-Rz. 61, OLGReport Koblenz 2009, 608.
7 OLG München v. 26.7.2007 – 31 Wx 099/06 – juris-Rz. 14, AG 2008, 461; BayObLG v. 19.10.1995 – 3Z BR 17/90 – juris-Rz. 51, AG 1996, 127; *Hüttemann*, WPg 2007, 812 (817); *Großfeld*, Unternehmensbewertung, Rz. 25 ff. m.w.N.; *Riegger/Gayk* in KölnKomm. AktG, 4. Aufl. 2013, Anh. § 11 SpruchG Rz. 1 m.w.N.
8 *Puszkajler*, ZIP 2003, 518 (519).
9 Gegen Vertretbarkeitsurteile auch *Piltz*, Unternehmensbewertung, S. 125 ff. m.w.N. zur früheren Rspr.

der Gerichte geht dahin, die Unternehmensbewertung in die Hände der Gesellschaft (z.B. bezüglich der Planung, siehe dazu Ziff. V.7.b) „Beurteilung der Ertragsplanung im gerichtlichen Verfahren", unten Rz. 51) oder der Bewerter (z.B. Wirtschaftsprüfer nach IDW S 1 (2008))[1] zu legen, soweit deren Einschätzungen vertretbar sind. Das ist bedenklich. Denn das Bewertungsziel – Verkehrswert des Unternehmens – fordert eine Marktsicht. Vor diesem Hintergrund ist eine **kritische Haltung und Prüfung der Gerichte zu Unternehmensbewertungen** gefordert. Dann ist es auch nicht wichtig, ob diese Prüfung Richtigkeits- oder Vertretbarkeitsprüfung genannt wird.

5. Abgrenzung Schätzungstatsachen von Rechtsfragen

Zunächst kann zur Problematik der Rechts- und Tatfragen der Unternehmensbewertung auf die vorstehenden grundsätzlichen Ausführungen verwiesen werden (siehe dazu Ziff. I.4. „Unternehmensbewertung als Tat- oder Rechtsfrage", oben Rz. 5). Die Abgrenzung von Rechts- und Tatfragen hat für die gerichtliche Schätzung insofern Bedeutung, als der **Sachverständige keine Rechtsfragen entscheiden darf**, sondern nur das Gericht, und das **Gericht ohne Sachkunde nicht über feststellungsbedürftige Tatsachen entscheiden darf**, sondern diese vom Sachverständigen zu ermitteln und zu bewerten sind. Zur Orientierung werden nachfolgend – ohne Anspruch auf Vollständigkeit – Äußerungen in Rechtsprechung und Literatur zur Abgrenzung von Rechts- und Tatfragen dargestellt. 36

Nahezu unstrittig ist, dass die **Formulierung des Bewertungsziels normgeprägt und damit Rechtsfrage ist**.[2] Das kann sich auf folgende Einzelaspekte erstrecken: 37

– Angemessenheit der Abfindung;[3]
– Erreichung des wahren Werts durch vertragliche Abfindungsklausel;[4]
– Zu- und Abschläge auf Minderheitsanteile;[5]
– Maßgeblichkeit von Grenzpreisen der beteiligten Gesellschafter;[6]

---

1 Zur Wirkungskette IDW-Grundsätze → Sachverständiger (Wirtschaftsprüfer) → s. Ziff. V.6.b) „Prüfungsdichte hinsichtlich der Methodenwahl, unten Rz. 45, sowie Ziff. V.6.a) „Bedeutung berufsständischer Bewertungsgrundsätze", unten Rz. 44.
2 *Hüttemann*, ZHR 162 (1998), 563 (584); *Hüttemann*, Steuerberater-Jahrbuch 2000/2001, 385 (390); *Hüttemann*, WPg 2007, 812 (812); *Fleischer*, ZGR 1997, 368 (375); *Piehler/Schulte* in MünchHdb. GesR, Band 1, § 75 Rz. 23.
3 OLG Düsseldorf v. 12.12.2012 – I-26 W 19/12 (AktE) – juris-Rz. 43, AG 2013, 226; OLG München v. 26.7.2007 – 31 Wx 099/06 – juris-Rz. 14, AG 2008, 461; *Ränsch*, AG 1984, 202 (204).
4 OLG Koblenz v. 20.2.2009 – 10 U 57/05, juris-Rz. 64 = OLGReport Koblenz 2009, 608.
5 *Ränsch*, AG 1984, 202 (207); *Piltz/Wissmann*, NJW 1985, 2673 (2680). Rechtsfrage ist darüber hinaus die vorgreifliche Frage, ob und ggf. wie der Anteilswert anstelle oder neben dem Unternehmenswert bei der Abfindung berücksichtigt werden muss.
6 *Ränsch*, AG 1984, 202 (206).

- Rechtspolitische und rechtspragmatische Bewertungsfragen;[1]
- Indirekte oder direkte Ermittlung des Unternehmenswerts;[2]
- Grundsatz der gleichmäßigen Entschädigung zum Gesamtwert (§ 53a AktG);[3]
- Finanzierung der Abfindung;[4]
- Steuerbelastung auf den Veräußerungsgewinn.[5]

38 Die **Definition des Unternehmenswerts** im weitesten Sinne wird ebenfalls als **Rechtsfrage** gewertet.[6] Das kann folgende Aspekte betreffen:
- Verkehrswert als Erlös aus dem Verkauf des Unternehmens als Einheit;[7]
- Fortführungs- oder Liquidationswert;[8]
- Subjektive Vorstellungen über Fortführungswert;[9]
- Bewertung vom Standpunkt markttypischer Erwerber;[10]
- Bestimmung der Fortführungskonzeption.[11]

39 In **methodischer Hinsicht** werden folgende Punkte als **Rechtsfragen** bewertet:
- Wahl zwischen objektivierten und subjektiven Werten;[12]
- Vereinbarkeit der Methode mit der gesetzlichen Bewertungsvorgabe;[13]
- Festlegung des erforderlichen Objektivierungsgrads und Typisierungen;[14]
- Wahl und Prüfung des anwendbaren Bewertungsstandards, etwa IDW S 1;[15]
- Verbundberücksichtigungs- und Stand-alone Prinzip;[16]
- Stichtagsprinzip;[17]
- Prinzip der Inlandsorientierung von Bewertungssubjekten.[18]

Die **Wahl der Bewertungsmethode** wird nach ständiger Rechtsprechung als **Tatfrage** gewertet[19], die Lehre sieht darin hingegen eine Rechtfrage. Richtig dürfte

---

1 *Kuhner*, WPg 2007, 825 (834).
2 *Piehler/Schulte* in MünchHdb. GesR, Band 1, § 75 Rz. 28, unter Verweis auf den Wortlaut von § 738 Abs. 2 BGB.
3 *Kuhner*, WPg 2007, 825 (834); *Ränsch*, AG 1984, 202 (207).
4 *Piehler/Schulte* in MünchHdb. GesR, Band 1, § 75 Rz. 29.
5 *Piehler/Schulte* in MünchHdb. GesR, Band 1, § 75 Rz. 30.
6 *Hüttemann*, ZGR 2001, 454 (466).
7 *Piehler/Schulte* in MünchHdb. GesR, Band 1, § 75 Rz. 23 und Rz. 26.
8 *Hüttemann*, Steuerberater-Jahrbuch 2000/2001, 385 (390); *Piehler/Schulte* in MünchHdb. GesR, Band 1, § 10 Rz. 81 f. und § 75 Rz. 26 und 32.
9 *Piehler/Schulte* in MünchHdb. GesR, Band 1, § 75 Rz. 32.
10 *Hüttemann*, ZHR 162 (1998), 563 (584).
11 *Piehler/Schulte* in MünchHdb. GesR, Band 1, § 75 Rz. 31.
12 *Ränsch*, AG 1984, 202 (205).
13 OLG Düsseldorf v. 5.5.2011 – I-6 U 70/10 – juris-Rz. 48, AG 2011, 823; *Hüttemann*, WPg 2007, 812 (813).
14 *Kuhner*, WPg 2007, 825 (834).
15 LG Frankfurt/M. v. 13.3.2009 – 3-05 O 57/06 – juris-Rz. 20, AG 2009, 749 = NZG 2009, 553; *Hüttemann*, ZHR 162 (1998), 563 (584).
16 *Fleischer*, ZGR 1997, 368 (375); *Kuhner*, WPg 2007, 825 (834).
17 *Piehler/Schulte* in MünchHdb. GesR, Band 1, § 75 Rz. 27.
18 *Kuhner*, WPg 2007, 825 (834).
19 St. Rspr., vgl. nur BGH v. 13.3.1978 – II ZR 142/76 – juris-Rz. 31, BGHZ 71, 40.

sein, dass die Frage ambivalent ist, d.h. sowohl Tat- als auch Rechtsfrage ist, etwa soweit die Anwendung des Bewertungsstandards IDW S 1 in Frage steht. Dabei ist zu berücksichtigen, dass der Bewertungsstandard IDW S 1 sich nicht nur zu rein betriebswirtschaftlichen Fachfragen der Unternehmensbewertung äußert, sondern teilweise rechtliche Vorgaben enthält. Das betrifft beispielsweise die Definition des neutralen Gutachters und die Vorgabe eines zu ermittelnden objektivierten Unternehmenswerts.[1] Auch die näher festgelegten Objektivierungen und Typisierungen haben auch rechtlichen Charakter. Somit beschreibt der IDW S 1 nicht lediglich eine der in Lehre und Praxis gängige Bewertungsmethode, sondern er beschreibt davon abweichend – teilweise rechtsgestaltend – die auf Unternehmensbewertungen in gerichtlichen Verfahren ausgerichtete und rechtgerichtete Vorgehensweise. Das unterliegt richterlicher Kontrolle. Einzelheiten des IDW S 1 dazu, welche Daten des Unternehmens, der Branche und des Marktes zur Wertbestimmung des Unternehmens erhoben, aufbereitet, bereinigt, gewichtet und ausgewertet werden, welche Erkenntnisse der Unternehmensbewertungslehre einfließen und welche Methoden schließlich ergänzend zur Validierung eingesetzt werden, unterliegen dem fachlichen Ermessen der Unternehmensbewerter und betreffen somit Tatfragen.

Im Verhältnis des Tatrichters zum Sachverständigen werden folgende Aspekte als **Rechtsfragen** beurteilt:

– Prüfung inhaltlicher Anforderungen an das Sachverständigengutachten;[2]
– Verwendung vertretbarer Bewertungsgrundsätze (Erfahrungssätze);[3]
– Vereinbarkeit Abfindungsparameter und Schätzungsermessen;[4]
– Verstoß gegen Denkgesetze, falsches Verständnis.

Die **Wertermittlung** als solche wird jedoch ganz überwiegend als **Tatfrage** bewertet. Genannt werden folgende Punkte:

– Ermittlung der maßgebenden Ertrags- oder Liquidationswerte;[5]
– Beurteilung der Aussagekraft ermittelter Werte;[6]
– Verwendung des CAPM;[7]
– Prognostizierung der Überschüsse;[8]
– Modellgestützte Ermittlung des Unternehmenswertes;[9]
– Kapitalmarktorientierte Bewertung bei kapitalmarktorientierten Anlässen;[10]

---

1 *IDW S 1 (2008)*, WPg-Supplement 3/2008, 68 ff. Rz. 12 ff.
2 *Mertens*, AG 1992, 321 (323).
3 *Piehler/Schulte* in MünchHdb. GesR, Band 1, § 75 Rz. 24; *Piltz*, Unternehmensbewertung, S. 123.
4 OLG München v. 26.7.2007 – 31 Wx 099/06 – juris-Rz. 14, AG 2008, 461.
5 *Hüttemann*, Steuerberater-Jahrbuch 2000/2001, 385 (390); *Hüttemann*, WPg 2007, 812 (813); *Hüttemann*, ZHR 162 (1998), 563 (584); *Paulsen*, WPg Sonderheft 2008, 109 (109).
6 *Hüttemann*, ZGR 2001, 454 (470).
7 *Kuhner*, WPg 2007, 825 (834).
8 *Piehler/Schulte* in MünchHdb. GesR, Band 1, § 75 Rz. 23.
9 *Kuhner*, WPg 2007, 825 (834).
10 *Kuhner*, WPg 2007, 825 (834).

- Bestimmung der Risikoprämien;[1]
- Wertermittlung des Fortführungswerts für potentielle Erwerber.[2]

6. Wahl der geeigneten Bewertungsmethode

42 Wie bereits dargelegt, ist der – **sachverständig beratene** – **Tatrichter bei der Wahl der Methode** zur Bewertung des Unternehmens im Rahmen seines Schätzungsermessens trotz der Dominanz der Ertragswertmethode frei.[3] Die Wahl der Bewertungsmethode ist nach ständiger Rechtsprechung des BGH Tatfrage.[4] Aus diesem Grund kann auch nicht, soweit streitig, gem. § 256 ZPO auf Feststellung geklagt werden, dass die Bestimmung des Unternehmenswerts nach einer spezifischen Methode vorzunehmen ist.[5] Die Entscheidung des Tatrichters zur Methodenwahl kann vom Revisionsgericht nur daraufhin überprüft werden, ob sie gegen Denkgesetze und Erfahrungssätze verstößt oder sonst auf rechtsfehlerhaften Erwägungen beruht.[6] Auch wenn die Ertragswertmethode somit nicht zwingend vorgegeben ist, erfordert die Wahl einer abweichenden Methodik angesichts des Standes der wirtschaftswissenschaftlichen Diskussion allerdings eine Auseinandersetzung mit den Sachverhaltsspezifika des konkreten Falles und den in Betracht kommenden Bewertungsverfahren.

43 Teilweise wird formuliert, dass die Schätzung nach § 287 Abs. 2 ZPO **methodensauber** erfolgen müsse.[7] Die Methoden dürfen nicht vermischt bzw. kombiniert werden. Es können und sollen aber durchaus **mehrere Methoden zur Anwendung kommen**.[8] Das eigentliche Problem bei der Wahl der Bewertungsmethode ist, dass die Wahl in der Regel nicht der Richter trifft, sondern zunächst der gerichtliche Sachverständige.[9] Das liegt in der Natur der Sache, da die Entscheidung über die Wahl der Bewertungsmethode die Kenntnis der verschiedenen Bewertungsmethoden, ihrer Auswirkungen sowie des Unternehmens einschließlich seiner Geschichte und seiner wahrscheinlichen Zukunft voraussetzt. Eine Bewertungsmethode kann nur sachverhaltsspezifisch gewählt werden.[10] Es kann als nahezu ausgeschlossen betrachtet werden, dass be-

---

1 *Kuhner*, WPg 2007, 825 (834).
2 *Piehler/Schulte* in MünchHdb. GesR, Band 1, § 75 Rz. 32.
3 BGH v. 24.5.1993 – II ZR 36/92 – juris-Rz. 16, GmbHR 1993, 505 = NJW 1993, 2101; BGH v. 28.4.1977 – II ZR 208/75 – juris-Rz. 14, BB 1977, 1168.
4 St. Rspr., vgl. nur BGH v. 13.3.1978 – II ZR 142/76 – juris-Rz. 31, BGHZ 71, 40.
5 BGH v. 28.4.1977 – II ZR 208/75 – juris-Rz. 14, BB 1977, 1168.
6 BGH v. 2.2.2011 – XII ZR 185/08 – juris-Rz. 24, BGHZ 188, 249.
7 OLG Stuttgart v. 5.6.2013 – 20 W 6/10 – juris-Rz. 140, AG 2013, 724 = NZG 2013, 897.
8 Der Grundsatz der Methodenvielfalt ist anerkannt, vgl. *Fleischer*, AG 2014, 97, (113). In der Praxis werden nahezu mehrere Methoden parallel verwendet, vgl. dazu ergänzend *Schwetzler*, AG 2011, R426 (R427); *Lauber*, Verhältnis Ausgleich/Abfindung, S. 275 ff.
9 Vgl. OLG Köln v. 26.3.1999 – 19 U 108/96 – juris-Rz. 73, GmbHR 1999, 712 = NZG 1999, 1222 [„Denn es ist Sache des Gerichts und nicht des Gutachters zu entscheiden, nach welcher Methode es den Wert des Anteils ermittelt."].
10 BGH v. 24.10.1990 – XII ZR 101/89 – juris-Rz. 11, NJW 1991, 1547; BGH v. 2.2.2011 – XII ZR 185/08 – juris-Rz. 24, BGHZ 188, 249.

reits die Parteien mit ihrem Vortrag sämtliche für die Beurteilung durch das Gericht erforderlichen Anknüpfungspunkte und Erkenntnisse, die zur Wahl der Bewertungsmethode erforderlich sind, vermitteln. In der gerichtlichen Praxis wird die Wahl der Bewertungsmethode zunächst dem Sachverständigen überlassen.[1] Dessen Entscheidung ist – gemessen am Bewertungsziel – auf Widerspruchsfreiheit, Plausibilität bzw. Richtigkeit zu prüfen. Allerdings sind rechtliche Vorgaben im Beweisbeschluss, etwa zur Auslegung der vertraglichen Abfindungsklausel o.a., möglich (siehe dazu Ziff. IV.2. „Abfassung von Beweisbeschlüssen", oben Rz. 23).

a) Bedeutung berufsständischer Bewertungsgrundsätze

Für die gerichtliche Praxis der Unternehmensbewertung haben die **berufsständischen Grundsätze der Wirtschaftsprüfer**, hier die Grundsätze für Unternehmensbewertung, **IDW S 1 (2008)**, eine überragende Bedeutung.[2] In der ganz überwiegenden Zahl der Unternehmensbewertungsfälle vor Gericht werden Wirtschaftsprüfer mit der Erstellung eines Gutachtens beauftragt,[3] teilweise auch aufgrund der Vorgaben des Gesellschaftsvertrages.[4] In Spruchverfahren werden sie nahezu ausschließlich beauftragt.[5] Selbst die im Vorfeld für die Parteien eingeholten Privatgutachten stammen überwiegend von Wirtschaftsprüfern. Wirtschaftsprüfer haben gem. § 43 WPO die Berufsgrundsätze zu achten, wozu der IDW S 1 (2008) zählt.[6] Deshalb befolgen Wirtschaftsprüfer den IDW S 1 (2008) ausnahmslos, auch um Haftungsrisiken zu vermeiden. Über die **Wirkungskette IDW S 1 → Wirtschaftsprüfer (Gutachter) → Gericht** bekommen die IDW-Grundsätze zur Unternehmensbewertung quasi-gesetzlichen Charakter, obwohl sie unstreitig rechtlich nicht verbindlich sind.[7] Die Gerichte können zwar davon abweichen, stehen dann aber vor dem Problem, dass ihnen in der Regel die erforderliche Sachkunde zur Verwerfung des IDW S 1 (2008) fehlt. Sie sind insofern auf ein weiteres Gutachten, das im Zweifel wiederum von einem Wirtschaftsprüfer auf der Grundlage des IDW S 1 (2008) erstellt wird, angewiesen. Zudem ist unter Berücksichtigung des bereits angesprochenen Ver-

44

---

1 Vgl. BGH v. 28.4.1977 – II ZR 208/75 – juris-Rz. 14, BB 1977, 1168; BGH v. 13.3.1978 – II ZR 142/76 – juris-Rz. 31, BGHZ 71, 40. Danach unterliegt es der pflichtgemäßen Beurteilung des Sachverständigen, unter den fachlich in Frage kommenden Verfahren das ihm im Einzelfall geeignet erscheinende auszuwählen und anzuwenden.
2 Siehe dazu *IDW S 1 (2008)*, WPg-Supplement 3/2008, 68 ff.
3 Vgl. OLG Brandenburg v. 25.11.2009 – 7 U 19/04 – juris-Rz. 23; OLG Zweibrücken v. 11.2.2010 – 4 U 110/09, BeckRS 2010, 08735, Ziff. III.; *Ernst/Schneider/Thielen*, Unternehmensbewertung, S. 1.
4 Vgl. BGH v. 4.7.2013 – III ZR 52/12 – juris-Rz. 6, DB 2013, 1715; BGH v. 7.6.2011 – II ZR 186/08 – juris-Rz. 13, NZG 2011, 860; BGH v. 16.11.1987 – II ZR 111/87 – juris-Rz. 2, ZIP 1988, 162.
5 Vgl. nur OLG Stuttgart v. 5.6.2013 – 20 W 6/10 – juris-Rz. 14 ff., AG 2013, 724 = NZG 2013, 897.
6 *Hüttemann*, ZHR 162 (1998), 563 (567); *Aha*, AG 1997, 26 (29); *Emmerich* in Emmerich/Habersack, Aktien- und GmbH-Konzernrecht, § 305 AktG Rz. 51.
7 Unstreitig, vgl. nur BayObLG v. 28.10.2005 – 3Z BR 71/00 – juris-Rz. 20, NZG 2006, 156.

hältnismäßigkeitsgrundsatzes (Kosten-/Nutzenabwägung weiterer Beweiserhebung, siehe dazu Ziff. V.2. „Schätzung gem. § 287 Abs. 2 ZPO", oben Rz. 27) keine uferlose Begutachtung durch Sachverständige möglich, abgesehen davon, dass mit zunehmender Verfahrensdauer der Anspruch der Parteien auf ein zügiges Verfahren[1] vereitelt wird. Dieser Wirkmechanismus kann nur schwer durchbrochen werden.[2] Insofern sind frühzeitig entscheidende Weichenstellungen vorzunehmen (siehe dazu Ziff. IV.2. „Abfassung von Beweisbeschlüssen", oben Rz. 23).

b) Prüfungsdichte hinsichtlich der Methodenwahl

45 Wenden Sachverständige die Bewertungsregeln ihres Berufsstandes an, stellt sich die Frage, ob der Tatrichter beurteilen muss, ob die verwendete Bewertungsmethode richtig ist, oder ob er sich auf die Feststellung beschränken darf, dass eine in der **Betriebswirtschaftslehre vertretene und/oder in der Praxis gebräuchliche Bewertungsmethode** verwendet wurde. Zu Letzterem neigt die Rechtsprechung in Spruchverfahren, insbesondere das OLG Stuttgart.[3] Diese Frage stellt sich natürlich auch für das streitige Verfahren. Das OLG Stuttgart geht dabei unter Berufung auf das BVerfG[4] soweit, dass es selbst eine zum Zeitpunkt der Entscheidung kritisch diskutierte und nicht mehr angewandte Bewertungsmethodik für zulässig hält.[5] Daher sei insbesondere der IDW S 1 als anerkannte und gebräuchliche Expertenauffassung eine Erkenntnisquelle für das methodisch zutreffende Vorgehen bei der fundamentalanalytischen Ermittlung des Unternehmenswertes.[6]

46 Dieser Auffassung kann nicht pauschal zugestimmt werden. Denn darin liegt eine **unkritische Übernahme des berufsständischen Bewertungsstandards IDW S 1 (2008) ohne inhaltliche Auseinandersetzung**. Zu Recht wird betont, dass das IDW eine private Institution ist und seine Verlautbarungen keine Rechtssätze sind.[7] Dann kann nicht entscheidend sein, dass der IDW S 1 (2008) trotz aller Kritik im Allgemeinen oder zu einzelnen Fragen von dem Berufsstand der Wirtschaftsprüfer anerkannt und bei Unternehmensbewertungen in der ge-

---

1 Vgl. BVerfG v. 17.11.2011 – 1 BvR 3155/09 – juris-Rz. 7 ff., AG 2012, 86.
2 Vgl. ausführlich *Lauber*, Verhältnis Ausgleich/Abfindung, S. 248 ff.; *Fleischer/Bong*, NZG 2013, 881 (889) m.w.N., die zu Recht der Meinung sind, dass sich die Spruchgerichte je nach Lage des Falls von der faktischen Geltungskraft der IDW-Standards emanzipieren und ihn durch alternative Bewertungsmethoden ergänzen oder ersetzen sollten.
3 OLG Stuttgart v. 5.6.2013 – 20 W 6/10 – juris Ls. und Rz. 141 ff., AG 2013, 724 = NZG 2013, 897-899.
4 BVerfG, Nichtannahmebeschl. v. 30.5.2007 – 1 BvR 1267/06, 1 BvR 1280/06 – juris-Rz. 23, NZG 2007, 629-631.
5 OLG Stuttgart v. 5.6.2013 – 20 W 6/10 – juris-Rz. 142, AG 2013, 724 = NZG 2013, 897-899.
6 OLG Stuttgart v. 5.6.2013 – 20 W 6/10 – juris-Rz. 144, AG 2013, 724 = NZG 2013, 897-899.
7 OLG Stuttgart v. 5.6.2013 – 20 W 6/10 – juris-Rz. 144, AG 2013, 724 = NZG 2013, 897-899.

richtlichen Praxis ganz überwiegend beachtet wird.[1] Es ist selbstverständlich, dass Wirtschaftsprüfer ihren eigenen Bewertungsstandard zur Wahrung der Berufsgrundsätze nach § 43 WPO und zur Vermeidung von Haftungsrisiken anerkennen und befolgen. Die am Bewertungszweck orientierte Beurteilung der Richtigkeit des IDW S 1 (2008) kann damit nicht belegt werden. Es wird vom IDW nicht einmal begründet, warum der von einem neutralen Gutachter zu ermittelnde objektivierte Unternehmenswert[2] das Bewertungsziel – Verkehrswerts des Unternehmens – erreicht. Mit der unkritischen Übernahme des IDW S 1 (2008) als gebräuchliche Expertenauffassung durch das Gericht wird es der Bewertungspraxis, hier insbesondere dem IDW, überantwortet, den Unternehmenswert und damit das Bewertungsziel der Abfindung zu definieren. Hier ist Art. 101 Abs. 1 Satz 2 GG tangiert.

Die Methodenwahl durch das Gericht umfasst damit nicht nur die Entscheidung für die ein oder andere in Lehre und Praxis akzeptierte Bewertungsmethode, im Regelfall die **Ertragswertmethode**, sondern auch die Prüfung, **ob die gewählte Methode in der Anwendung, gemessen am Bewertungsziel, vertretbar ist**. Für dominierte Abfindungsfälle von GbR- und GmbH-Gesellschaften zum Verkehrswert der Beteiligung dürfte es richtig sein, im Sinne der Bewertungsgrundsätze der DVFA[3], d.h. in Abweichung vom IDW S 1 (2008), den Ertragswert an markttypischen Investoren unter Berücksichtigung der bei Unternehmenstransaktionen verwendeten Methoden – hier werden in der Regel mindestens zwei Methoden parallel verwendet – auszurichten.[4] Der Verkehrswert, zu dem Unternehmen bzw. Unternehmensanteile gehandelt werden, wird bestimmt durch die entsprechenden Reinertragserwartungen sowie durch die für vergleichbare Reinertragserwartungen am Markt geltenden (tatsächlichen) Preise.[5] Der IDW S 1 – objektivierter Unternehmenswert – berücksichtigt nicht die Möglichkeiten des Unternehmens und der in Betracht kommenden Investoren. Auch die Marktverhältnisse finden keine Beachtung (siehe dazu die Nachweise oben Rz. 4 zu Fn. 5).[6] Es fehlt jeder Beleg dafür, dass es sich um ei-

47

---

1 Kritisch *Hüttemann*, ZHR 162 (1998), 563 (563 ff.); *Lauber*, Verhältnis Ausgleich/Abfindung, S. 363 ff.
2 Zu den Einzelheiten der Ermittlung des objektivierten Unternehmenswerts nach IDW S 1 (2008) s. Ziff. 12 ff.; ausführlich auch *Lauber*, Verhältnis Ausgleich/Abfindung, S. 363 ff.
3 Siehe Best-Practice-Empfehlungen DVFA 2012, S. 10, abrufbar unter http://www.dvfa.de/fileadmin/downloads/Publikationen/Standards/ DVFA_Best_Practice_Empfehlungen_Unternehmensbewertung.pdf.
4 Zum markttypischen Wert vgl. auch die Nachweise zu Ziff. I.4. „Unternehmensbewertung als Tat- oder Rechtsfrage", oben Rz. 4, Fn. 5.
5 *Moxter*, BB 1995, 1518 (1519).
6 *Moxter*, BB 1995, 1518 (1519) [„Der Jurist muss wissen, welchen Preis er für eine Objektivierung des Unternehmenswertes zahlt: Objektivierung, etwa im Sinne der Maßgeblichkeit von Vergangenheitserträgen des „Unternehmens, wie es steht und liegt" ... bedeutet, einen Unternehmenswert zu ermitteln, der den Wert des künftigen Ertragsstroms im allgemeinen erheblich verfehlt. Der Unternehmensbewerter muss sich deshalb immer bewusst sein, dass Objektivierung auf Kosten der Objektivität erfolgt, das heißt der Parteienneutralität."].

nen realistischen Verkehrswert des Unternehmens im Sinne eines wahrscheinlichen Bandbreitenwerts handelt. Hier kommt es auf **markttypische Erwerber und markttypische Bewertungsverfahren** an (siehe dazu die Nachweise oben Rz. 4 zu Fn. 5). Von dieser Rechtsfrage muss die Tatfrage getrennt werden, was markttypisch ist. Das ist von der Betriebswirtschaftslehre zu beantworten.[1]

7. Schätzung der Erträge nach der Planungsrechnung

a) Grundlagen zur Unternehmensplanung

48 Grundlage für die Prognose der künftigen Erträge des Unternehmens ist die **Unternehmensplanung**.[2] Sie kann je nach Unternehmen in Art und Umfang sehr unterschiedlich ausfallen. Die Aufstellung einer richtigen, konsistenten, integrierten Planungsrechnung ist ein sehr anspruchsvoller Prozess.[3] Die Fehleranfälligkeit ist groß, und die Überprüfungsmöglichkeiten für das Gericht sind beschränkt.[4] Wie die Spruchverfahren zeigen, liegen Planungsrechnungen bei großen Aktiengesellschaften in der Regel unabhängig vom Bewertungsanlass vor. Bei **KMU-Personengesellschaften und -GmbHs** fehlen sie oft[5] oder sind unvollständig und werden, wenn überhaupt, anlassbezogen erstellt.[6]

49 **Gesetzliche Vorgaben für die Planungsrechnung**, insbesondere die Aufstellung, den Umfang, den Detaillierungsgrad, den Zeithorizont, sowie für die Aufstellung und Integration von Teilplänen existieren nicht. Ebenso fehlen Vorgaben für die Aktualisierungsintervalle, die Dokumentation des Planungsprozesses und die Widerspruchsfreiheit u.a. Das Institut der Unternehmensberater (IdU) im Bundesverband Deutscher Unternehmensberater BDU e.V. hat **Grundsätze ordnungsgemäßer Planung (GoP)** entwickelt und veröffentlicht, die standardisierte, transparente und nachvollziehbare Unternehmensplanungen ermöglichen sollen. Diese Grundsätze sind nicht verbindlich.[7] Auch das IDW hat für seine Berufsangehörigen Anforderungen an die Planungsrechnung konkretisiert.[8] Der Standard IDW S 1 (2008)[9] zur Unternehmensbewertung oder der Standard IDW S 6 (2012)[10] zu Sanierungskonzepten formuliert Anforderungen

---

1 *Hüttemann*, ZHR 162 (1998), 563 (584).
2 OLG Düsseldorf v. 13.3.2008 – I-26 W 8/07 AktE – juris-Rz. 26, AG 2008, 498.
3 Grundsätzlich zu Planungsrechnungen *Ihlau/Duscha*, BB 2013, 2346 ff.; *Ballwieser*, Unternehmensbewertung, S. 47 ff.
4 Bspw. werden Plausibilitätsanalysen, Sensitivitätsanalysen und Szenariorechnungen genannt, vgl. *Ihlau/Duscha*, BB 2013, 2346 (2348).
5 Siehe bspw. OLG Hamm v. 11.7.2012 – 8 U 192/08 – juris-Rz. 55; OLG Köln v. 26.3.1999 – 19 U 108/96 – juris-Rz. 174, GmbHR 1999, 712 = NZG 1999, 1222; *Franken/Koelen* in Peemöller, Praxishandbuch, S. 815 (819).
6 *IDW S 1 (2008)*, WPg-Supplement 3/2008, 68 ff. Rz. 161 ff.
7 *Ihlau/Duscha*, BB 2013, 2346 (2349).
8 Vgl. dazu *Ihlau/Duscha*, BB 2013, 2346 (2346).
9 *IDW S 1 (2008)*, WPg-Supplement 3/2008, 68 ff.
10 *IDW S 6 (2012)*, WPg Supplement 4/2012, 130 ff.

an Planungsrechnungen. Demnach setzt eine ordnungsgemäße Unternehmensbewertung aufeinander abgestimmte integrierte aktuelle Plan-Bilanzen, Plan-Gewinn- und -Verlustrechnungen sowie Finanzplanungen voraus.[1] Nicht ausreichend sind bloße Zielvorgaben im Rahmen strategischer Programme oder Richtwerte, deren Erreichung zur Anreizmotivierung angestrebt wird.[2] Die Einzelpläne müssen aufeinander abgestimmt und im Zeitverlauf nachvollziehbar sein.[3] Die Ausschüttungs-, Thesaurierungs- und Investitionsplanungen sind zu berücksichtigen.[4] Auf die betriebliche Umsatz- und Absatzplanung ist zurückzugreifen.[5] Um eine vergleichende Plausibilitätsprüfung zu ermöglichen, sollte die Planung mit der Darstellung in der Vergangenheit übereinstimmen.[6] Nach dem IDW S 1 (2008) sollen Wirtschaftsprüfer – das hat Bedeutung für das gerichtliche Verfahren – die Plausibilität der Planungen und Prognosen eigenständig prüfen.[7] Planungsrechnungen sind hinsichtlich der Erwartungswerte zu korrigieren, falls sie das Unternehmerrisiko in den Erwartungswerten und nicht im Kapitalisierungszins abbilden.[8] Fehlende Pläne sind zunächst von der Gesellschaft zu erstellen, zu ergänzen oder zu korrigieren. Solche **anlassbezogenen Planungsrechnungen** sind im Hinblick auf ihre Zuverlässigkeit kritisch zu würdigen. Falls notwendige Pläne fehlen oder unvollständig sind, muss der Sachverständige im gerichtlichen Verfahren die Pläne generieren oder vervollständigen.[9] Sind lediglich nicht verifizierbare Vorstellungen über die künftige Entwicklung des Unternehmens verfügbar, ist die Bewertung ausschließlich aufgrund der Vergangenheitsanalyse durchzuführen und möglichst eine Szenarioanalyse anzuschließen.[10]

Aufgrund der Fülle von Einflussfaktoren ist es äußerst sinnvoll, **mehrwertige Planungen, Szenarien oder Ergebnisbandbreiten** zu erstellen, um das Ausmaß der **Unsicherheit** der künftigen finanziellen Überschüsse zu verdeutlichen.[11] Dabei ist auf Planungskonsistenz zu achten. Das Planungskonsistenzprinzip wird unterteilt in eine **formale und eine materielle Konsistenz**. Die formale Konsistenz betrifft die Frage, welche Pläne erstellt werden und wie diese auf-

50

---

1 *IDW S 1 (2008)*, WPg-Supplement 3/2008, 68 ff. Rz. 27, 71; *Hachmeister/Ruthardt*, DStR 2013, 2530 (2536) mit Hinweisen zur alternativen Planung bei kleinen Unternehmen (Planung auf der Basis von Erträgen und Aufwendungen und Finanzbedarfsberechnung); *Großfeld*, Unternehmensbewertung, Rz. 401.
2 OLG Stuttgart v. 19.1.2011 – 20 W 3/09 – juris-Rz. 126, AG 2011, 205; *Hachmeister/Ruthardt*, DStR 2013, 2530 (2534) m.w.N.
3 *IDW S 1 (2008)*, WPg-Supplement 3/2008, 68 ff. Rz. 81.
4 *IDW S 1 (2008)*, WPg-Supplement 3/2008, 68 ff. Rz. 36.
5 *IDW S 1 (2008)*, WPg-Supplement 3/2008, 68 ff. Rz. 106.
6 *Hachmeister/Ruthardt*, DStR 2013, 2530 (2537) m.w.N.
7 *IDW S 1 (2008)*, WPg-Supplement 3/2008, 68 ff. Rz. 84.
8 *IDW S 1 (2008)*, WPg-Supplement 3/2008, 68 ff. Rz. 90.
9 OLG Düsseldorf v. 13.3.2008 – I-26 W 8/07 AktE – juris-Rz. 26, AG 2008, 498.
10 *IDW S 1 (2008)*, WPg-Supplement 3/2008, 68 ff. Rz. 36.
11 *IDW S 1 (2008)*, WPg-Supplement 3/2008, 68 ff. Rz. 80; ausführlich *Hachmeister/Ruthardt*, DStR 2013, 2530 (2535 f.), die kritisieren, dass das Mehrwertigkeitsprinzip noch keinen Eingang in die Rechtsprechung gefunden habe, sondern das Risiko ausschließlich im Zinsfuß abgebildet werde.

einander abzustimmen sind.[1] Materiell konsistent sind die Pläne, wenn sie einer Prüfung hinsichtlich ihrer Annahmen und Ergebnisse (Nachvollziehbarkeit, Widerspruchsfreiheit, Realitätsnähe) standhalten.[2] Die materielle Konsistenzprüfung durch das Gericht wird in zahlreichen gerichtlichen Entscheidungen thematisiert und sehr weitgehend auf eine Vertretbarkeitsprüfung reduziert. Die formale Konsistenzprüfung hat sich in der Rechtsprechung noch nicht durchgesetzt.[3]

b) Beurteilung der Ertragsplanung im gerichtlichen Verfahren

51 Bei Unternehmensbewertungen in Spruchverfahren zeichnet sich die Tendenz ab, die Planungsrechnung der Gesellschaft über die Einnahmeströme und Ausschüttungen zu akzeptieren, soweit diese auf **realistischen Annahmen beruhen und nicht widersprüchlich**, d.h. vertretbar sind.[4] Für die eingeschränkte Gerichtskontrolle werden diverse Gründe genannt, u.a. die business judgement rule[5] oder die a priori beschränkte Überprüfbarkeit von Prognosen.[6] Nach der Rechtsprechung in Spruchverfahren sind Planungen und Prognosen das Ergebnis unternehmerischer Entscheidungen. Falls die Planung auf zutreffenden Informationen beruhe, realistische Annahmen zugrunde lägen und widerspruchsfrei sei, sei die Planung nicht durch eine andere letztlich ebenfalls nur vertretbare Annahme des Gerichts zu ersetzen, sondern nur auf Plausibilität zu prüfen.[7] Der Gesellschafter habe auch sonst keinen Einfluss auf die Unternehmensplanung.

52 **Diese Rechtsprechung wird in der Literatur kritisiert.**[8] *Knoll*[9] geht davon aus, dass die Planung der Geschäftsführung des zu bewertenden Unternehmens aus

---

1 Vgl. zu diesem Aspekt BGH v. 4.7.2013 – III ZR 52/12, juris-Rz. 68 ff. = DB 2013, 1715, der darauf hinweist, dass das Modell der integrierten Planungsrechnung einer höheren Genauigkeit der Schätzung dient, aber keine für die Unternehmensbewertung unerlässlichen Erkenntnisse liefert.
2 Ausführlich *Hachmeister/Ruthardt*, DStR 2013, 2530 (2536).
3 *Hachmeister/Ruthardt*, DStR 2013, 2530 (2537). Die Rechtsprechung fordert nicht zwingend eine integrierte Planung, sondern lässt auch Ergebnisplanungen ausreichen; vgl. OLG Stuttgart v. 19.1.2011 – 20 W 3/09 – juris-Rz. 126, AG 2011, 205; BGH v. 4.7.2013 – III ZR 52/12 – juris-Rz. 70, DB 2013, 1715.
4 OLG Stuttgart v. 14.9.2011 – 20 W 7/08 – juris-Rz. 99, AG 2012, 135; OLG Frankfurt v. 3.9.2010 – 5 W 57/09 – juris-Rz. 92 ff., AG 2010, 751; OLG München v. 14.7.2009 – 31 Wx 121/06 – juris-Rz. 12, ZIP 2009, 2339; OLG Frankfurt v. 5.3.2012 – 21 W 11/11 – juris-Rz. 22, AG 2012, 417 = NZG 2012, 549; OLG Karlsruhe v. 16.7.2008 – 12 W 16/02 – juris-Rz. 32, AG 2009, 47.
5 Vgl. zur business judgement rule: OLG Stuttgart v. 14.10.2010 – 20 W 16/06 – juris-Rz. 102 ff., AG 2011, 49; *Spindler* in MünchKomm. AktG, 4. Aufl. 2014, § 93 AktG Rz. 37 ff.
6 *Fleischer/Bong*, NZG 2013, 881 (888 ff.) m.w.N., mit der Einschränkung, dass es sich um Planungen aus dem ordentlichen Geschäftsgang handeln muss und keine Anhaltspunkte für manipulierte Planungen vorliegen dürfen.
7 Vgl. die Nachweise zu Rz. 51, Fn. 4; zustimmend *Fleischer/Bong*, NZG 2013, 881 (888).
8 Grundlegend kritisch gegenüber Planungen, Prognosen und Phasenmethode vgl. *Barthel*, DStR 2010, 1198 ff.
9 *Knoll*, DStR 2010, 615 ff.; ähnlich *Hachmeister/Ruthardt*, DStR 2013, 2530 (2335 f.).

systematischen Gründen zu Unterbewertungen führt. Allein die Fixierung auf den sog. Modalwert, d.h. den Erwartungswert mit der höchsten Eintrittswahrscheinlichkeit, verzerre das Ergebnis.[1] Ferner sei die Geschäftsleitung risikoavers, zumal sie an den Ergebnissen und den positiven Überschreitungen der Planung, in der Regel auch hinsichtlich der Entlohnung, gemessen werde.[2] Dennoch würden bereits einbezogene Risiken nach der Zinszuschlagsmethode nochmals berücksichtigt. Bei objektivierten Unternehmensbewertungen durch neutrale Gutachter müsse die Planung deshalb zwingend vom Bewerter aufgestellt werden.[3]

Dieser **Kritik ist grundsätzlich zuzustimmen.** Die Unternehmensplanung kann nicht deshalb sakrosankt sein, weil es sich um eine unternehmerische Entscheidung handelt, auf die ein nicht mehr am Unternehmen beteiligter Gesellschafter keinen Einfluss mehr hat und sie folglich von ihm hinzunehmen ist.[4] Darum geht es in diesem Zusammenhang nicht, da ein Einfluss auf die Unternehmensplanung vielfach auch vorher schon nicht bestand. Im Kern geht es vielmehr darum, dass der **ausscheidende Gesellschafter am wahren Wert des Unternehmens (Verkehrswert) in gleicher Weise beteiligt war** und abgefunden werden muss, wie die der Gesellschaft weiterhin angehörenden Gesellschafter.[5] Im Hinblick auf das Bewertungsziel – Verkehrswert des Unternehmens – geht es auch nicht um das bisherige Fortführungskonzept, sondern um die Optionen, die dieses Unternehmen für Dritte – unter Einschluss des das Gesellschaftsvermögen übernehmenden Gesellschafters – bietet.[6] Unter dem Aspekt der bestmöglichen Verwertung des Gesellschaftsvermögens kann es daher

53

---

1 *Knoll*, DStR 2010, 615 (616); ähnlich *Hachmeister/Ruthardt*, DStR 2013, 2530 (2335) und *Hachmeister/Ruthardt*, BPrak 2014, 2 ff.
2 *Knoll*, DStR 2010, 615 (617); a.A. *Großfeld*, Unternehmensbewertung, Rz. 402, der davon ausgeht, dass Pläne vereinzelt zu „schön" seien, da positive Entwicklungen überschätzt und negative Entwicklungen verdrängt würden, Unternehmer seien „Optimisten". Die Geschäftsleitung werde versuchen, sich mit der Planung in ein gutes Licht zu setzen oder die Börse zu beeindrucken.
3 *Knoll*, DStR 2010, 615 (617).
4 Kritisch ebenfalls *Hachmeister/Ruthardt*, DStR 2013, 2530 (2335), mit der Ausrichtung auf den Minderheitenschutz.
5 In diesem Sinn auch *Hachmeister/Ruthardt*, DStR 2013, 2530 (2537), die zutreffend ausführen, dass nach dem Bewertungszweck zu entscheiden sei, ob die Abfindung mit dem Verweis auf ein faktisches Fortführungskonzept etc. minimiert werden könne, um dem Mehrheitsgesellschafter nach Ausscheiden der Minderheiten die Realisierung erkennbarer Vorteile zu ermöglichen. Der Verweis auf die bestmögliche Verwertung diene dem Schutz einflussloser Minderheitsgesellschafter, Zugewinnausgleichsberechtigter oder Pflichtteilsberechtigter.
6 Das verkennt bspw. OLG Frankfurt v. 3.9.2010 – 5 W 57/09 – juris-Rz. 92, AG 2010, 751 [„... dass gerade nicht die Bewertung durch einen hypothetischen Käufer des Unternehmens erfolgt, der alternative Unternehmenskonzepte entwickelt, personelle Umstrukturierungen in Betracht zieht, alternative Märkte sowie Vertriebskanäle erwägt sowie Synergieeffekte mit eigenen Ressourcen beachtet und anschließend die Alternativen auf ihre Gewinnchancen hin überprüft. Stattdessen basiert auch im Ertragswertverfahren die Bewertung auf der als im Wesentlichen gegeben hinzunehmenden Unternehmensplanung. Alles andere würde den Gutachter und erst Recht das Gericht bei Weitem überfordern."].

nicht in der ausschließlichen Beurteilung der Geschäftsleitung des Unternehmens bzw. seiner Inhaber liegen, welcher Wert dem Unternehmen über die Ertragsplanungen zugemessen wird. Zu Recht wird gefragt, warum z.B. naheliegende Entwicklungsmöglichkeiten, die in der Planung nicht berücksichtigt werden, von vornherein ausgeschlossen werden sollen.[1] Es ist zutreffend, dass niemand die Ertragsaussichten des Unternehmens besser einschätzen kann als das Unternehmen selbst bzw. seine Geschäftsleitung. Dennoch sind die beschriebenen Risiken einer systematischen Unterbewertung der Zukunftserträge vorhanden.[2] Insbesondere das Problem einwertiger Planungen anstelle mehrwertiger Planungen mit entsprechender Risikoeinschätzung birgt erhebliches Potential für Irrtümer und Inkonsistenzen. Hinzu kommt, dass in der vom Unternehmen gestellten Planungsrechnung auch verdeckte Sicherheitsäquivalente[3] enthalten sein können. Deshalb ist zu fordern, dass ein gerichtlich bestellter **Sachverständiger auch die nicht anlassbezogene Planung der Geschäftsführung kritisch würdigt**, insbesondere auch auf versteckte Sicherheitsäquivalente prüft. Das ist auch deshalb erforderlich, da ansonsten eine konsistente Risikoeinschätzung zu den Erträgen und dem Risikozuschlag (Diskontierung) kaum möglich sein dürfte.[4]

54 Mit der Begründung, die **Planung sei eine originäre Unternehmensaufgabe**[5], könnte die gesamte Unternehmensbewertung unmittelbar der Geschäftsleitung des zu bewertenden Unternehmens überantwortet werden. Eine gerichtliche Überprüfung hätte sich damit erledigt. Macht man sich bewusst, dass gerade die Einschätzung der Zukunft des Unternehmens das große, nicht lösbare Problem der Unternehmensbewertung ist, kann eine Prognose der Unternehmensleitung, auch wenn sie nicht anlassbezogen ist, nicht diesen Freiraum beanspruchen. Die Ermessens- bzw. Beurteilungsschranke für den Fall der Unvertretbarkeit der Planung wird bei einer mehrwertigen Planung nur sehr selten greifen. Unterhalb dieses Grobrasters verbleibt, gemessen am Neutralitätsgedanken einer streitigen Unternehmensbewertung, ein nicht akzeptabler großer Bereich vertretbarer Planungen. Dabei geht es nicht darum, dass sich Richter für bessere Unternehmensplaner halten.[6] Es geht auch nicht darum, eine

---

1 *Hüttemann*, ZHR 162 (1998), 563 (567); *Hachmeister/Ruthardt*, DStR 2013, 2530 (2533) m.w.N.
2 In diesem Sinne auch *Hachmeister/Ruthardt*, DStR 2013, 2530 (2535), jedoch ohne die Anreize, Planungen nach unten zu korrigieren, näher zu benennen.
3 Vgl. dazu *Ballwieser*, Unternehmensbewertung, S. 67 ff.; IDW S 1 (2008), WPg-Supplement 3/2008, 68 ff. Rz. 89 ff.
4 *Hachmeister/Ruthardt*, DStR 2013, 2530 (2335), ausführlich zu den Implikationen der Risikoabbildung durch mehrwertige Planungen. Die fehlende Abbildung der Mehrwertigkeit in der Entnahmeplanung verstoße gegen die Grundsätze ordnungsmäßiger Unternehmensbewertung. Kritisiert wird die Rechtsprechung, das Risiko ausschließlich im Risikozuschlag (Zinsfuß) abzubilden. Bei dieser Einschätzung werde nicht zwischen der Risikoabbildung und der Risikobewertung unterschieden. Vgl. ergänzend *Hachmeister/Ruthardt*, BPrak 2014, 2 (2).
5 Vgl. OLG Düsseldorf v. 13.3.2008 – I-26 W 8/07 AktE – juris-Rz. 26, AG 2008, 498.
6 Vgl. zu diesem Aspekt der Diskussion *Fleischer/Bong*, NZG 2013, 881 (888), mit ausführlicher Diskussion der Problematik.

vertretbare Prognose durch eine andere Prognose zu ersetzen.[1] Es geht vielmehr um die Frage, aus wessen Sicht die vertretbare Prognose zu stellen ist.

Die Unternehmensbewertung auf der Basis einer widerspruchsfreien und vertretbaren Unternehmensplanung der Gesellschaft ist erst recht in Frage zu stellen, wenn **zutreffenderweise die Sicht markttypischer Erwerber**[2] unter Berücksichtigung der **Marktverhältnisse** für maßgebend gehalten wird. Dieser Aspekt kommt letztlich auch wiederholt in der Rechtsprechung zum Ausdruck. Beispielsweise wurde entschieden, dass die Erträge oder etwa die Verwendung eines Grundstücks nach einem am Nutzen des Unternehmens interessierten außenstehenden Dritten[3] zu beurteilen sind. Zur Ermittlung des wirklichen Unternehmenswerts hat der BGH des Öfteren darauf abgestellt, wie ein etwaiger Kaufinteressent, dem die Verhältnisse bekannt sind, geurteilt hätte.[4] Diese Fragestellungen sind berechtigt und zeigen, dass es nicht ausschließlich auf die Sicht der das Unternehmen fortsetzenden Gesellschafter ankommen kann. Der Verkehrswert des Unternehmens ist vielmehr davon abhängig, wie es durch markttypische Dritte und damit auch durch die verbleibenden Gesellschafter fortgeführt werden könnte. Vor diesem Hintergrund ist die vorhandene Unternehmensplanung nicht bedeutungslos, sondern im Gegenteil die Grundlage weitergehender Überlegungen. Es ist auch nicht auszuschließen, dass die Planung des Unternehmens im Einzelfall marktadäquat ist. **Die Planung müsste aber zumindest durch den gerichtlichen Sachverständigen aus der Sicht des Marktes überprüft werden.** Das hat sich jedoch in der Rechtsprechung in dieser Trennschärfe noch nicht durchgesetzt, und zwar weder in Spruchverfahren noch in streitigen Verfahren.[5]

55

---

1 BVerfG v. 24.5.2012 – 1 BvR 3221/10 – juris-Rz. 30, AG 2012, 674 = NZG 2012, 1035.
2 Zum markttypischen Wert s. Ziff. I.4. „Unternehmensbewertung als Tat- oder Rechtsfrage", oben Rz. 4, Fn. 5, sowie Ziff. V.6.b) „Prüfungsdichte hinsichtlich der Methodenwahl", oben Rz. 47.
3 OLG Köln v. 26.3.1999 – 19 U 108/96 – juris-Rz. 76, GmbHR 1999, 712 = NZG 1999, 1222. Damit wurden erhöhte Beraterentgelte eliminiert. Diese Aussage wurde bezüglich der Vergangenheitszahlen gemacht. Wegen der Vergleichbarkeit der früheren und künftigen Ein- und Ausgaben kann aber nichts anderes für die Planungszahlen gelten. Nachfolgend wird wiederum auf die nicht vorhandenen bzw. nicht vorgetragenen Planungsrechnungen des Unternehmens abgestellt, vgl. Rz. 176. Vgl. auch OLG Zweibrücken v. 11.2.2010 – 4 U 110/09, BeckRS 2010, 08735, Ziff. IV.
4 BGH v. 20.9.1971 – II ZR 157/68, BeckRS 1971, 30403649 = WM 1971, 1450; BGH v. 22.10.1973 – II ZR 37/72 – juris-Rz. 12, NJW 1974, 312 [„Ein etwaiger Käufer des Großhandelsunternehmens der Gesellschaft würde hierfür ebenfalls nur diesen Betrag in Ansatz bringen. Denn er würde, wie bei objektiver Beurteilung angenommen werden muss, bei der Einschätzung des Wertes des Unternehmens in Betracht ziehen, dass er Waren der vorhandenen Art und Güte jederzeit zu dem niedrigeren Marktpreis erwerben könnte und sich demgemäß auf eine höhere Bewertung der Wollvorräte nicht einlassen."].
5 Soweit ersichtlich, hat bislang lediglich das LG Köln, 2. Kammer für Handelssachen, in Spruchverfahren eine Marktplausibilitätsprüfung im bezeichneten Sinn gefordert. Die entsprechenden Beweisbeschlüsse ab dem Jahr 2013 sind allerdings unveröffentlicht.

c) Korrektur der Planung durch stichtagsnachfolgende Entwicklungen

56 Das **Stichtagsprinzip der Unternehmensbewertung** besagt, dass die Bewertung auf der Grundlage der Planungen und Erkenntnisse zum Bewertungsstichtag vorzunehmen ist.[1] Die tatsächliche Entwicklung nach dem Bewertungsstichtag ist für die fundamentalanalytische Ermittlung des Unternehmenswertes grundsätzlich nicht relevant.[2] Spätere Entwicklungen dürfen nur berücksichtigt werden, wenn sie bereits zum Bewertungsstichtag in der **Wurzel angelegt waren**.[3] Auch wenn das Stichtagsprinzip zwingend ist, da Verkehrswerte zeit- und informationsabhängig sind[4], bereitet das Stichtagsprinzip in der gerichtlichen Praxis Probleme. Denn zeitliche Zäsuren gibt es bei einem fortbestehenden Unternehmen eigentlich nicht.[5] Darüber hinaus ist es oft Zufall, ob unternehmerische Möglichkeiten oder Branchen- und Marktentwicklungen gesehen und geplant werden oder nicht. Die Kasuistik zeigt keine einheitliche Linie, viele Ausnahmen vom Stichtagsprinzip im Einzelfall sind erkennbar.[6] Im Grundsatz wird man jedenfalls sagen können, dass alle Entwicklungen, die mit der Unternehmensvergangenheit und der Unternehmensplanung in Verbindung stehen, zumindest in der Wurzel angelegt sind.

57 Die Versuchung ist groß, die nicht zu lösende Prognoseproblematik durch die **Berücksichtigung der tatsächlichen Entwicklungen** nach dem Bewertungsstichtag zu bewältigen, auch wenn selbst dann noch erhebliche Zeiträume (ewige Rente) prognostiziert werden müssten. Allerdings könnte dann zumindest der stichtagsnachfolgende Zeitraum von einigen Jahren für alle Beteiligten realistischer abgebildet werden, zumal das letzte Jahr des (realen) Detailplanungszeitraums dann auch Grundlage für die ewige Rente sein könnte. In diesem Zusammenhang ist es nahe liegend, dass sich auch gerichtliche Sachverständige bei der Prüfung der Planungsrechnung intuitiv an der stichtagsnachfolgenden tatsächlichen Entwicklung orientieren werden, um die Prognosen auf eine solide Basis zu stellen und diese letztlich unangreifbar zu machen. Da-

---

1 Vgl. dazu *Hüttemann*, Steuerberater-Jahrbuch 2000/2001, 385 (392 f.), der das Stichtagsprinzip zu Recht als ein fundamentales Prinzip der Unternehmensbewertung bezeichnet. *IDW S 1 (2008)*, WPg-Supplement 3/2008, 68 ff. Rz. 22 ff. Siehe auch Ziff. I.2. „Grundsätze ordnungsgemäßer Unternehmensbewertung", oben Rz. 2.
2 OLG Stuttgart v. 24.7.2013 – 20 W 2/12 – juris-Rz. 135 m.w.N., AG 2013, 840 = NJW-Spezial 2013, 561.
3 Ausführlich OLG Frankfurt v. 24.11.2011 – 21 W 7/11 – juris-Rz. 89 ff., AG 2012, 513.
4 OLG Frankfurt v. 24.11.2011 – 21 W 7/11 – juris-Rz. 89, AG 2012, 513; *IDW S 1 (2008)*, WPg-Supplement 3/2008, 68 ff. Rz. 22; *Großfeld*, Unternehmensbewertung, Rz. 309 und 312 m.w.N.; *Hüttemann*, Steuerberater-Jahrbuch 2000/2001, 385 (392 f.).
5 *Großfeld*, Unternehmensbewertung, Rz. 315 m.w.N., spricht von „einem fließenden Strom" und „gleitenden Übergängen zwischen heute und morgen".
6 Vgl. bspw. BayObLG v. 19.10.1995 – 3Z BR 17/90 – juris-Rz. 58, AG 1996, 127. Das Gericht hat gebilligt, dass der Sachverständige bei der Schätzung des Zukunftserfolges einfach die tatsächlichen Unternehmensdaten der Schätzungsjahre, wie sie im Zeitpunkt der späteren Gutachtenerstellung schon vorlagen, zugrunde gelegt hat. Vgl. zusätzlich *Piltz*, Unternehmensbewertung, S. 164 ff. m.w.N. zur Rspr.

gegen ist im Prinzip nichts einzuwenden, wenn die Parteien dagegen keine Einwände erheben.[1] Weitgehend anerkannt ist, dass die **stichtagsnachfolgende tatsächliche Entwicklung zum Zwecke der Plausibilisierung** bzw. zur Bestätigung eingeschränkt Beachtung finden darf.[2] Werterhellende Aspekte werden anerkannt, wertbegründende hingegen nicht.[3] Aber auch hier zeigt sich letztlich das gleiche Problem: Was ist werterhellend und was wertbegründend?

In den letzten Jahren wurde in diesem Zusammenhang auch diskutiert, inwieweit **die Bewertungsmethodik** in Form von Unternehmensbewertungsstandards, etwa IDW S 1, **dem Stichtagsprinzip unterliegt**. Das wird im Grundsatz, auch aus Vertrauensschutzgründen, bejaht, wobei erwogen wird, stichtagsnachfolgende bessere Erkenntnisse heranzuziehen.[4] Durch die Anwendung von stichtagsnachfolgenden Bewertungsstandards können sich erhebliche Wertunterschiede von 20 % und mehr ergeben.[5] Bei vordergründiger Betrachtung drängt sich der Gedanke auf, bessere fachwissenschaftliche Erkenntnisse – vergleichbar besserer Messgenauigkeit in der Naturwissenschaft – bei der Bewertung zu berücksichtigen. Marktgerecht ist das aber nicht. Denn der Verkehrswert zum Stichtag wäre marktgerecht zwingend nach den zu diesem Zeitpunkt vorhandenen Erkenntnissen geschätzt worden. Andere Erkenntnisse standen zu diesem Zeitpunkt nicht zur Verfügung. Letztlich geht es insoweit auch um eine Tatfrage, ob die besseren Erkenntnisse zur Methodik den marktorientierten Stichtagswert beeinflusst hätten.

58

Der BGH hat darüber hinaus bei der Ermittlung des Ausgleichs nach § 304 AktG entschieden, dass nicht der stichtagsgültige Körperschaftsteuersatz zur Anwendung kommt, sondern der jeweils gültige Steuersatz in der Folgezeit.[6] Das Stichtagsprinzip werde dadurch nicht in Frage gestellt. Von dem **Stichtags-**

59

---

1 Wie bereits erläutert, können die Parteien die Verwendung tatsächlicher Ergebnisse vereinbaren, vgl. OLG Köln v. 26.3.1999 – 19 U 108/96 – juris-Rz. 175, GmbHR 1999, 712 = NZG 1999, 1222.
2 Vgl. OLG Frankfurt v. 24.11.2011 – 21 W 7/11 – juris-Rz. 94, AG 2012, 513; vgl. *Piltz*, Unternehmensbewertung, S. 164 ff. m.w.N. zur älteren Rspr.
3 OLG Köln v. 26.3.1999 – 19 U 108/96 – juris-Rz. 178, GmbHR 1999, 712 = NZG 1999, 1222. Ausdrücklich die Werterhellung bejahend vgl. auch *Großfeld*, Unternehmensbewertung, Rz. 317 m.w.N.; kritisch: *Piltz*, Unternehmensbewertung, S. 119.
4 OLG Düsseldorf v. 21.12.2011 – 26 W 2/11 (AktE) – juris-Rz. 56 ff., GWR 2012, 246. Grundsätzlich gegen die Verwendung auch besserer Erkenntnisse: *Piltz*, Unternehmensbewertung, S. 119, mit der Begründung, dass am Stichtag noch nicht vorliegende bessere Erkenntnisse auch von einem Käufer des Unternehmens nicht berücksichtigt werden könnten.
5 Vgl. OLG Düsseldorf v. 21.12.2011 – 26 W 2/11 (AktE) – juris-Rz. 57 m.w.N., GWR 2012, 246. Danach hatte der Gerichtsgutachter nach dem am Stichtag gültigen IDW S 1 (2000) einen ggü. IDW S 1 (2005) höheren Unternehmenswert ermittelt. Deshalb muss aus der Sicht des OLG Düsseldorf der stichtagsgültige Bewertungsstandard angewendet werden. Allerdings wurde die erst durch den IDW S 1 (2005) eingeführte Berechnung des Basiszinssatzes auf der Grundlage von Zinsstrukturkurven als „bessere Erkenntnis" gewertet.
6 BGH v. 21.7.2003 – II ZB 17/01 – juris-Rz. 10 ff., BGHZ 156, 57 = AG 2003, 627.

prinzip seien die Organisationsverhältnisse des Unternehmens und seine wirtschaftlichen und rechtlichen Strukturen erfasst, nicht jedoch die Steuer, die auf den ausschüttungsfähigen Gewinn entfalle.[1] Auch das ist natürlich keine marktgerechte Sichtweise auf den Verkehrswert des Unternehmens.[2] Denn dieser wird – insoweit unter Ökonomen unstreitig – durch die steuerlichen Gegebenheiten zum Stichtag beeinflusst.[3] Richtigerweise geht es bei diesem Problemkreis nicht um das Stichtagsprinzip der Unternehmensbewertung, sondern um die Besonderheiten beim Ausgleich nach § 304 AktG. Auch wenn dafür der nach allgemeinen Grundsätzen ermittelte Unternehmenswert verrentet wird, handelt es sich aber dennoch um periodisch anfallende Gewinnanteile der Minderheitsaktionäre über einen längeren Zeitraum. Dafür ist dann natürlich nicht entscheidend, wie das Unternehmen marktgerecht zu einem bestimmten Zeitpunkt (Stichtag) beurteilt worden wäre.

60 Das OLG Hamm hat kürzlich entschieden, dass der Grundsatz des strengen Stichtagsprinzips nicht uneingeschränkt gelte. **Spätere Entwicklungen könnten Anlass bieten, stichtagsbezogene Planungen zu überprüfen.** Konkret ging es um einen Umsatzeinbruch nach dem Bewertungsstichtag infolge des Ausscheidens des Klägers. Zudem wurde aus Gründen der Praktikabilität eine Bewertung auf einen um zwei Monate stichtagsverschobenen Zeitpunkt, d.h. den Abschluss des Kalenderjahres, gebilligt.[4] Tatsächlich geht es in derartigen Fällen aber nicht um etwaige mit dem Stichtagsprinzip nicht zu vereinbarende nachträgliche Entwicklungen. Wenn zum Bewertungsstichtag der Know-how-Träger ausscheidet, muss eine für den Bewertungsstichtag angepasste Planung erstellt werden, in der Erfolgsbeiträge des ausscheidenden Gesellschafters für den Unternehmenserfolg eliminiert werden.[5] Stichtagsnachfolgende Ergebnisse sind dann nicht relevant. Ebenso ist die Verschiebung des Bewertungszeitpunkts im Hinblick auf das Kalender- bzw. Geschäftsjahr unproblematisch. Bei Unternehmensbewertungen ist es üblich, dass die Bewertungen für den Abschluss des Geschäftsjahres erstellt werden.[6] Die Werte werden dann auf den Bewertungsstichtag entweder aufgezinst oder abgezinst.[7]

---

1 BGH v. 21.7.2003 – II ZB 17/01 – juris-Rz. 13, BGHZ 156, 57 = AG 2003, 627.
2 Diesen Aspekt betonend ebenfalls *Hüttemann*, Steuerberater-Jahrbuch 2000/2001, 385 (392).
3 *Drukarczyk*, Unternehmensbewertung, S. 23 ff.; *IDW S 1 (2008)*, WPg-Supplement 3/2008, 68 ff. Rz. 28 ff. und 58 ff.
4 OLG Hamm v. 11.7.2012 – 8 U 192/08 – juris-Rz. 59 f. Das Gericht nahm an, dass das Ausscheiden des für den Erfolg des Unternehmens maßgeblichen Klägers nach der persönlichen Trennung der Parteien nur noch eine Frage der Zeit gewesen sei mit der Folge, dass das Ausscheiden in der Wurzel angelegt gewesen sei. Bereits das LG war in Übereinstimmung mit dem Sachverständigen von den tatsächlichen Ergebnissen der Gesellschaft in den Folgejahren ausgegangen, vgl. OLG Hamm, a.a.O., Rz. 10.
5 *IDW S 1 (2008)*, WPg-Supplement 3/2008, 68 ff. Rz. 40 ff.
6 BGH v. 21.7.2003 – II ZB 17/01 – juris-Rz. 8, BGHZ 156, 57 = AG 2003, 627; OLG Düsseldorf v. 8.8.2013 – I-26 W 17/12 (AktE) – juris-Rz. 6, AG 2013, 807.
7 *Großfeld*, Unternehmensbewertung, Rz. 324 m.w.N. zur Rspr.

8. Schätzung des Kapitalisierungszinses

Bei dem in Deutschland dominierenden Ertragswertverfahren werden die künftigen geschätzten **finanziellen Nettoüberschüsse des Unternehmens abgezinst**.[1] Der **Kapitalisierungszins** drückt die Renditeerwartung der Eigenkapitalgeber aus (Eigenkapitalkosten).[2] Er orientiert sich an der besten Alternativanlage des Investors.[3] Je höher der Kapitalisierungszinssatz desto niedriger der Unternehmensbarwert zum Stichtag.[4] Die Alternativinvestition muss in allen Beziehungen äquivalent sein, insbesondere hinsichtlich der Laufzeit und des Risikos.[5] Während früher der Kapitalisierungszins pauschal geschätzt wurde, wird er seit mittlerweile vielen Jahren aus Kapitalmarktdaten abgeleitet.[6] Mangels belastbarer Vergangenheitszahlen, wie sie für die Ertragsplanung zur Verfügung stehen, ist das Schätzungsermessen des Sachverständigen und letztlich auch des Gerichts hinsichtlich des Kapitalisierungszinses besonders ausgeprägt. Der Kapitalisierungszins hat Hebelwirkung und ist daher meist der Hauptstreitpunkt einer Unternehmensbewertung.[7] Eine Änderung des Zinssatzes um 1 % kann den Unternehmenswert um 20 % und mehr erhöhen oder senken.

61

a) Rechtsprechung folgt IDW S 1

Die Rechtsprechung folgt bei der erforderlichen Schätzung auch **insoweit den Vorgaben des IDW S 1 (2008)**.[8] Streitig ist lediglich die Anwendbarkeit der Kapitalpreisbildungsmodelle CAPM und TAX-CAPM.[9] Nach IDW S 1 (2008) werden die zukünftig erzielbaren finanziellen Überschüsse des Unternehmens zur Ermittlung des Barwertes auf den Bewertungsstichtag diskontiert, wobei eine unbestimmte Lebensdauer des Unternehmens unterstellt wird.[10] Die Unsicher-

62

---

1 *Dörschell/Franken/Schulte*, Kapitalisierungszinssatz, S. 6, auch mit Erläuterungen zur Diskontierung von Cashflows im DCF-Verfahren. Vgl. auch *Großfeld*, Unternehmensbewertung, Rz. 608 ff. m.w.N.
2 *Hachmeister/Ruthardt*, BPrak 2014, 2 (2); *Großfeld*, Unternehmensbewertung, Rz. 506 ff. m.w.N.
3 *Dörschell/Franken/Schulte*, Kapitalisierungszinssatz, S. 10; *Großfeld*, Unternehmensbewertung, Rz. 608 ff. m.w.N.
4 *Dörschell/Franken/Schulte*, Kapitalisierungszinssatz, S. 6 und S. 19 ff.; *Großfeld*, Unternehmensbewertung, Rz. 608 ff. m.w.N.
5 *Ballwieser*, Unternehmensbewertung, S. 84 ff.
6 *Hachmeister/Ruthardt/Lampenius*, WPg 2011, 829 (836 ff.); *Ballwieser*, Unternehmensbewertung, S. 124, mit Hinweisen auf die Verwendung des CAPM in den jeweiligen Fußnoten.
7 *Hachmeister/Wiese*, WPg 2009, 54 (54).
8 *Dörschell/Franken/Schulte*, Kapitalisierungszinssatz, S. 447 ff. m.w.N.
9 Ein guter Überblick über den Streitstand bei *Hachmeister/Ruthardt/Lampenius*, WPg 2011, 829; *Lauber*, Verhältnis Ausgleich/Abfindung, S. 469 ff.; *Dörschell/Franken/Schulte*, Kapitalisierungszinssatz, S. 450 ff.
10 *IDW S 1 (2008)*, WPg-Supplement 3/2008, 68 ff. Rz. 85 sowie Rz. 87, zur Vorgehensweise bei begrenzter Lebensdauer des Unternehmens (Summe der Barwerte aus Überschüssen, neutralem Vermögen und Liquidation des Unternehmens).

heit der Überschüsse soll grundsätzlich als Risikozuschlag auf den Diskontierungszinssatz zum Ausdruck kommen.[1] Dabei soll nicht zwischen allgemeinen Risiken und unternehmensspezifischen Risiken unterschieden werden.[2] Risikoprämien des Marktes für Unternehmensanteile können geeignete Ausgangsgrößen für den Kapitalisierungszinssatz sein.[3] Die Kapitalpreisbildungsmodelle **CAPM** und **TAX-CAPM** können verwendet werden.[4] Die beobachtbaren Renditen sind grundsätzlich in einen **risikolosen Basiszinssatz** und eine **unternehmerische Risikoprämie** zu zerlegen.[5] Der um die typisierte persönliche Ertragssteuer gekürzte Basiszinssatz und die Risikoprämie als Produkt aus **Marktrisikoprämie** und unternehmensindividuellem **Betafaktor** ergeben in der Summe den Kapitalisierungszinssatz.[6] Die Kapitalstruktur ist zu berücksichtigen.[7] Inflations-, mengen- und strukturbedingtes Wachstum werden in der Detailplanungsphase (Phase 1) unmittelbar berücksichtigt, in der ewigen Rente (Phase 2) durch einen **Wachstumsabschlag** auf den Kapitalisierungszinssatz.[8]

b) Alternativen in Betriebswirtschaftslehre und -praxis für KMU

63 Die Unternehmensbewertungslehre und -praxis sind schwerpunktmäßig ausgerichtet auf große – nicht selten auch börsennotierte – Kapitalgesellschaften.[9]

---

1 *IDW S 1 (2008)*, WPg-Supplement 3/2008, 68 ff. Rz. 89. Die Alternative wäre ein Abschlag vom Erwartungswert (Sicherheitsäquivalenzmethode). Beide Verfahren führen theoretisch zu gleichen Ergebnissen, vgl. mit Erläuterungen *Hachmeister/Ruthardt*, BPrak 2014, 2 (2); *Ballwieser*, Unternehmensbewertung, S. 67 ff.
2 *IDW S 1 (2008)*, WPg-Supplement 3/2008, 68 ff. Rz. 90. Zu Recht werden dafür Abgrenzungsschwierigkeiten genannt. Ergänzend *Hachmeister/Ruthardt*, BPrak 2014, 2 (2 f.) zur Rspr.
3 Abweichend von der Empfehlung des FAUB, IDW Fachnachrichten 2012, S. 569, der eine Marktrisikoprämie von 5-6 % nach Steuern für angemessen hält, kommt *Großfeld* in einem aktuellen Gutachten zu einer wesentlich niedrigeren Marktrisikoprämie von etwa 4 % nach Steuern.
4 *IDW S 1 (2008)*, WPg-Supplement 3/2008, 68 ff. Rz. 92 und Rz. 114 ff., 118 ff.
5 *IDW S 1 (2008)*, WPg-Supplement 3/2008, 68 ff. Rz. 115. Für den Basiszins ist auf die langfristig erzielbare Rendite öffentlicher Anleihen abzustellen, wobei die Verwendung von Zinsstrukturkurven empfohlen wird.
6 *IDW S 1 (2008)*, WPg-Supplement 3/2008, 68 ff. Rz. 118 ff. Danach ergibt sich die Marktrisikoprämie aus der Differenz von empirisch ermittelter Aktienrendite und sicherem Anlagezins, d.h. dem Basiszins. Siehe zur nicht trivialen Ermittlung des Betafaktors: *IDW S 1 (2008)*, WPg-Supplement 3/2008, 68 ff. Rz. 121 [„Der unternehmensindividuelle Betafaktor ergibt sich als Kovarianz zwischen den Aktienrenditen des zu bewertenden Unternehmens oder vergleichbarer Unternehmen und der Rendite eines Aktienindex, dividiert durch die Varianz der Renditen des Aktienindex."].
7 *IDW S 1 (2008)*, WPg-Supplement 3/2008, 68 ff. Rz. 99 ff. [„Es ist davon auszugehen, dass ein hoher Verschuldungsgrad mit einem hohen finanziellen Risiko korreliert und ceteris paribus zu höheren Risikozuschlägen führt."].
8 *IDW S 1 (2008)*, WPg-Supplement 3/2008, 68 ff. Rz. 94 ff.
9 *Dörschell/Franken/Schulte*, Kapitalisierungszinssatz, S. 365; *Niehues*, BB 1993, 2241 (2241); *Fleischer*, ZIP 2012, 1633 (1634).

Dennoch gehen die Betriebswirtschaftslehre[1] und die Bewertungspraxis[2] im Grundsatz davon aus, dass die **Kerngedanken und die wesentlichen Grundsätze der Unternehmensbewertung auch für die Bewertung von Personengesellschaften oder GmbHs** gelten, soweit es sich dabei um kleine und mittelgroße Unternehmen (KMU) handelt.[3] Denn der Grundgedanke jedes Unternehmens – Erzielung von finanziellen Nettoerträgen – gilt unabhängig von der Größe des Unternehmens und der Rechtsform des Unternehmensträgers.[4] Allerdings ergeben sich regelmäßig **andere Schwerpunkte** der Bewertung.[5]

In der betriebswirtschaftlichen Literatur wird die Bewertung von KMU ergänzend erläutert.[6] Insbesondere wird kritisiert, dass die unsystematischen Unternehmensrisiken nicht in die Bewertung einfließen.[7] Ferner berücksichtigt das CAPM weder die geringe Liquidität der Unternehmensanteile noch die mangelnde Diversifikation der Eigentümer, die oftmals ihr gesamtes Kapital in die Gesellschaft investiert haben.[8] Als Alternative wird der sog. **Total-Beta-Ansatz**, der sowohl das systematische Risiko als auch das unsystematische Risiko (operatives Risiko des Unternehmens) abdecken soll, diskutiert.[9] Wegen der Risiko-

64

---

1 *Peemöller*, BB-Beilage 2005, Nr. 17, 30 (30).
2 IDW S 1 (2008), WPg-Supplement 3/2008, 68 ff. Rz. 145 ff. [„Grundsätzlich ist die Ermittlung von Unternehmenswerten unabhängig von Art und Größe des Unternehmens nach den allgemeinen Grundsätzen (vgl. Abschnitt 4.) vorzunehmen. In Einzelfällen können jedoch Besonderheiten bei der Unternehmensbewertung zu beachten sein"]; *Zwirner*, DB 2013, 1797 (1797).
3 *Dörschell/Franken/Schulte*, Kapitalisierungszinssatz, S. 365, und *Helbling* in Peemöller, Praxishandbuch, S. 803 (805), gehen unter Berufung auf statistische Daten davon aus, dass in Deutschland und der Schweiz 99 % der privatrechtlichen Unternehmen KMU sind.
4 *Helbling* in Peemöller, Praxishandbuch, S. 803 (809).
5 *Dörschell/Franken/Schulte*, Kapitalisierungszinssatz, S. 365; IDW S 1 (2008), WPg-Supplement 3/2008, 68 ff. Rz. 154; *Zwirner*, DB 2013, 1797 ff.; *Helbling* in Peemöller, Praxishandbuch, S. 803 (805); *Ihlau/Duscha*, WPg 2012, 489 (489).
6 Vgl. *Dörschell/Franken/Schulte*, Kapitalisierungszinssatz, S. 365 ff.; *Zwirner*, DB 2013, 1797 ff.; *Ihlau/Duscha*, BB 2013, 2346 ff.; *Peemöller*, BB-Beilage 2005, Nr. 17, 30 ff.; *Peemöller* in Peemöller, Praxishandbuch, S. 25 ff.; *Helbling* in Peemöller, Praxishandbuch, S. 803 ff. Vgl. auch die Empfehlung der Kommission vom 6.5.2003 (2003/361/EG) betreffend die Definition der Kleinstunternehmen sowie der kleinen und mittleren Unternehmen, ABl. EU Nr. L 124/36, abrufbar unter http://eur-lex.europa.eu/LexUriServ/LexUriServ.do?uri=OJ:L:2003:124:0036:0041:DE:PDF. Danach werden mittelgroße, kleine und mikrokleine Unternehmen anhand der Zahl der Mitarbeiter (unter 250/50/10), des Umsatzes (höchstens 50 Mio. €/10 Mio. €/2 Mio. €) und der Bilanzsumme (höchstens 43 Mio. €/10 Mio. €/2 Mio. €) kategorisiert.
7 *Zwirner*, DB 2013, 1797 (1798 f.); *Dörschell/Franken/Schulte*, Kapitalisierungszinssatz, S. 368 f.
8 *Zwirner*, DB 2013, 1797 (1799); *Dörschell/Franken/Schulte*, Kapitalisierungszinssatz, S. 369 f.
9 Ausführlich *Dörschell/Franken/Schulte*, Kapitalisierungszinssatz, S. 371 f.; *Franken/Koelen* in Peemöller, Praxishandbuch, S. 815 (828); *Zwirner*, DB 2013, 1797 (1799 f.); *Ihlau/Duscha*, WPg 2012, 489 (494 ff.), alle mit der Darstellung entsprechender Gleichungen und Anwendungsbeispiele hinsichtlich Branchen- bzw. Total-Betafaktoren; *Nestler*, BB 2012, 1271 (1274) m.w.N.

erhöhung in Folge des Wegfalls der Diversifikationsprämisse folgen daraus in der Regel höhere Eigenkapitalkosten und damit ein geringerer Unternehmenswert.[1] Der Total-Beta-Ansatz ist aber nicht unstreitig.[2] Ergänzend werden Anpassungen an den individuellen Diversifizierungsgrad, pragmatische Näherungslösungen oder Plausibilisierungen durch Multiplikatoren vorgeschlagen.[3] Relativ neu ist die Empfehlung, **ratingabhängige Eigenkapitalkosten** zu verwenden.[4] Vereinzelt wird auch dazu geraten, die Bewertungsbesonderheiten von KMU vorrangig bei der Ermittlung der zu kapitalisierenden Ergebnisse zu berücksichtigen.[5] Für die KMU sollte im Ergebnis wegen der zahlreichen wirklichkeitsfremden Annahmen, des erheblichen theoretischen Überbaues, des Bewertungsaufwands, der Kosten und der Dauer der Bewertung von der **Anwendung des Kapitalpreisbildungsmodells CAPM abgesehen werden.**[6]

c) Schätzungsspektrum der Rechtsprechung

65 In der **Rechtsprechung schwanken die Kapitalisierungszinssätze** in Abhängigkeit von den Verhältnissen am Stichtag, der Verteilung von Risiken bei den Ertragserwartungen (offene oder versteckte Sicherheitsäquivalente) oder dem Diskontierungszinssatz sowie der methodischen Herangehensweise (Pauschalierung vs. CAPM) stark.[7] Diese Heterogenität macht es schwer, daraus allgemeine Erwägungen für die gerichtliche Schätzung der Kapitalkosten abzuleiten. Das Gericht sollte aber darauf achten, dass die **Kapitalkosten markttypischer Erwerber herangezogen** werden, wenn das Bewertungsziel der Verkehrswert des Unternehmens ist. Zur Wahrung der Äquivalenzprinzipien der Bewertungslehre und einer kongruenten Schätzung sollte das Gericht fer-

---

1 *Dörschell/Franken/Schulte*, Kapitalisierungszinssatz, S. 373 f., unter Hinweis auf die Studie von *Dörschell/Franken/Schulte*, Kapitalkosten für die Unternehmensbewertung, zu Total-Beta-Faktoren von 110 HDAX-Unternehmen als auch zu Branchen-Total-Betafaktoren mit Aktualisierungen unter http://www.idw.de/idw/portal/n281682/n413962/n594930/index.jsp (Zugang erforderlich); *Zwirner*, DB 2013, 1797 (1799).
2 Vgl. die Kritik bei *Ihlau/Duscha*, WPg 2012, 489 (494 ff.).
3 *Dörschell/Franken/Schulte*, Kapitalisierungszinssatz, S. 374; *Franken/Koelen* in Peemöller, Praxishandbuch, S. 815 (829); *Zwirner*, DB 2013, 1797 (1801), der „Kompromisse" und „Zwischenlösungen" vorschlägt. Noch dezidierter *Ihlau/Duscha*, WPg 2012, 489, (494 ff.).
4 *Gleißner/Knoll*, BB 2011, 2283 ff.; *Großfeld*, Unternehmensbewertung, Rz. 1273 ff. m.w.N.
5 *Ihlau/Duscha*, WPg 2012, 489 (494 ff.). Deren Vorschlag ist jedoch problematisch, da es dann zu einer unstreitig unzulässigen Doppelerfassung von Risiken in den Planergebnissen und dem Diskontierungszinssatz kommen kann.
6 Vgl. die generelle Kritik zur Verwendung des CAPM und TAX-CAPM bei gerichtlichen Bewertungsanlässen: OLG München v. 2.4.2008 – 31 Wx 85/06 – juris-Rz. 28 ff., OLGReport München 2008, 446; *Lauber*, Verhältnis Ausgleich/Abfindung, S. 469 ff.
7 Einen guten Überblick über die in aktien- und umwandlungsrechtlichen Spruchverfahren sowie in Erb- und Familienstreitigkeiten vom Gericht akzeptierten Zinssätze bei *Ballwieser*, Unternehmensbewertung, S. 123 ff., und *Hachmeister/Ruthardt/Lampenius*, WPg 2011, 829 (836 f.).

ner darauf achten, dass die **Bewertung aus einer Hand kommt**, d.h. aus der des Sachverständigen. Punktuelle bzw. isolierte Bewertungen der Kapitalkosten für die vom Sachverständigen geschätzten Erträge durch Dritte – etwa durch den Kapitalmarkt – oder durch das Gericht sind schwierig. Aus diesem Grund sind das CAPM und das TAX-CAPM generell in Frage zu stellen[1] sowie freie Gestaltungen des Zinssatzes durch das Gericht.

9. Verwendung stichtagsnaher Preise für das Unternehmen

Von besonderem Interesse für die Schätzung des Unternehmenswerts im gerichtlichen Verfahren sind **stichtagsnahe Veräußerungen des gesamten Unternehmens oder seiner wesentlichen Anteile**.[2] Gutachterlich ermittelte Unternehmenswerte nach IDW S 1 (2008) und erzielte Preise für Unternehmen fallen in der Regel auseinander.[3] Die Ansätze sind unterschiedlich. Verbundeffekte, die Sicht von potentiellen Investoren und die Marktverhältnisse finden keinen Eingang in die Unternehmensbewertung nach IDW S 1. In diesem Kontext wird stets die Entscheidung des BGH angeführt, wonach der Tatrichter den etwa ein Jahr nach dem Bewertungsstichtag erzielten Verkaufserlös einer GmbH-Beteiligung heranziehen darf, wenn wesentliche Veränderungen des Marktes nicht ersichtlich sind.[4]

66

Nach IDW S 1 (2008) bieten die **für das Unternehmen oder Gesellschaftsanteile erzielten Marktpreise** zwar wichtige Anhaltspunkte für den Wert des Unternehmens, sie ersetzen jedoch keine Unternehmensbewertung.[5] Die Rechtsprechung und Literatur stehen der Berücksichtigung von Vorerwerbspreisen kritisch gegenüber.[6] Das ist fraglich, denn der stichtagsnahe Transaktionsprozess ist real, die Prognose simuliert lediglich Realität. Im Gegenteil wird man mit dem LG Köln davon ausgehen können, dass ein stichtagsnah erzielter Marktpreis den Verkehrswert für das Unternehmen zutreffend abbilden kann, vorausgesetzt, dass die Preisbildung unter regulären Marktbedingungen und auf der Grundlage anerkannter bzw. in der Branche gebräuchlicher Bewertungsmethodik erfolgt.[7] Insofern prägt die Wirklichkeit die erforderliche Prognose, nicht

67

---

1 Ausführlich *Lauber*, Verhältnis Ausgleich/Abfindung, S. 469 ff.
2 Grundsätzlich *Piltz*, Unternehmensbewertung, S. 136.
3 BGH v. 12.3.2001 – II ZB 15/00 – juris-Rz. 21, BGHZ 147, 108 = AG 2001, 417; *Piltz*, Unternehmensbewertung, S. 228.
4 BGH v. 17.3.1982 – IVa ZR 27/81 – juris-Rz. 23, NJW 1982, 2497.
5 *IDW S 1 (2008)*, WPg-Supplement 3/2008, 68 ff. Rz. 13.
6 OLG Frankfurt v. 24.11.2011 – 21 W 7/11 – juris-Rz. 30, AG 2012, 513; ausführlich LG München I v. 21.6.2013 – 5HKO 19183/09 – juris-Rz. 323 m.w.N., AG 2014, 168 = ZIP 2013, 1664; *Riegger/Gayk* in KölnKomm. AktG, 4. Aufl. 2013, Anh. § 11 SpruchG Rz. 6. Zur Berücksichtigung von Paketzuschlägen vgl. *Emmerich* in Emmerich/Habersack, Aktien- und GmbH Konzernrecht, § 305 AktG Rz. 49.
7 LG Köln v. 24.7.2009 – 82 O 10/08 – juris-Rz. 151 ff., AG 2009, 835. Nach dem dortigen Sachverhalt wurde etwa 6 Monate vor dem Stichtag ein kompetitiver Bieterwettbewerb über einen Mehrheitsanteil von 52 % durchgeführt. Auf der Käufer- und Verkäuferseite wurden übliche Bewertungsverfahren verwendet. Im Ergebnis wohl auch *Piltz*, Unternehmensbewertung, S. 229.

umgekehrt.¹ Zwar ist die Prognoseproblematik der Unternehmensbewertung nicht lösbar. Sie kann aber entschärft werden, indem möglichst starke Bezüge zur Realität hergestellt werden. Der in diesem Zusammenhang von ökonomischer Seite vielfach bemühte Hinweis auf den Unterschied von Wert und Preis überzeugt nicht, da der gesuchte Verkehrswert der hypothetische Preis ist, der unter gewöhnlichen Bedingungen bei der Veräußerung des Unternehmens als Einheit erzielt würde. Es hat daher zahlreiche Vorteile, auf stichtagsnahe Kaufpreise für Unternehmen zurückzugreifen. Die **Schätzung wird realitätsnäher und damit fundierter**. Das gerichtliche Verfahren wird erheblich verkürzt und die Parteien sparen immense Kosten für Sachverständige. Das Gericht sollte ggf. einen Hinweis erteilen, falls es auf den Kaufpreis abstellen will. Es ist dann Sache der Parteien, die Annahme zu untermauern oder zu entkräften, dass der unter gewöhnlichen Verhältnissen stichtagsnah für das Unternehmen erzielte Erlös in der zulässigen Verkehrswertbandbreite liegt. Ggf. ist dann die Einholung eines mit zahlreichen fiktiven Annahmen arbeitenden und in der Prognose fraglichen Sachverständigengutachtens entbehrlich.²

10. Güte der tatrichterlichen Schätzung

68 Das **Schätzungsermessen gem. §§ 287 Abs. 2, 738 Abs. 2 BGB gebietet keine grenzenlose Aufklärung**. Das Verfahren ist zeitintensiv und die Materie komplex. Es ist unmöglich und auch nicht erforderlich, das zu bewertende Unternehmen in allen Einzelheiten zu durchdringen und zu beurteilen. Daher stellt sich für den Richter in jeder Phase des Prozesses die Frage, ob unter Berücksichtigung der Verfahrensdauer und der bereits erfolgten Sachaufklärung ein zusätzlicher Erkenntnisgewinn, der eine weitere Beweisaufnahme rechtfertigen würde, zu erwarten ist. Das kann nur im Einzelfall beantwortet werden, sollte aber stets im Blick behalten werden (siehe dazu ausführlich Ziff. V.2. „Schätzung gem. § 287 Abs. 2 ZPO", oben Rz. 27).

69 Unabhängig von der geforderten Prüfungsdichte (zur Prüfungsdichte bei der Methodenwahl s. Ziff. V.6.b) „Prüfungsdichte hinsichtlich der Methodenwahl", oben Rz. 45) ist aber auf jeden Fall eine **substantielle Auseinandersetzung mit dem Gutachten** des Sachverständigen unter Berücksichtigung der Einwände der Parteien erforderlich. Eine Übernahme des Gutachtens als vertretbar oder plausibel gerät schnell zur Leerformel.³ Die Ausführungen des Tatrichters müssen jedenfalls erkennen lassen, dass sich dieser eine **eigene Meinung zur Bewertung** gebildet hat.⁴ Falls Dinge unklar bleiben oder nicht nachvollzogen werden können, ist der Sachverständige schriftlich oder mündlich anzuhören.⁵ Abweichungen vom Gutachten sind möglich, bedürfen aber stets einer besonderen Begründung und, falls auf eine weitere Anhörung des Sach-

---

1 LG Köln v. 24.7.2009 – 82 O 10/08 – juris-Rz. 194, AG 2009, 835.
2 LG Köln v. 24.7.2009 – 82 O 10/08 – juris-Rz. 151 ff. und Os., AG 2009, 835.
3 Vgl. dazu BGH v. 21.5.2007 – II ZR 266/04 – juris-Rz. 5, AG 2007, 625 = NJW-RR 2007, 1409.
4 *Hüttemann*, WPg 2007, 812 (817).
5 *Hüttemann*, WPg 2007, 812 (817) m.w.N.

verständigen oder die Hinzuziehung eines anderen Sachverständigen verzichtet wird, ggf. der Darlegung der eigenen Sachkunde.[1]

11. Ausweitung des Schätzungsermessens

In der Rechtsprechung und Literatur ist die Tendenz erkennbar, das **Schätzungsermessen des Gerichts auszuweiten**. So findet sich wiederholt die Aussage in der Rechtsprechung, dass in Spruchverfahren zur Vermeidung einer verfassungsrechtlich nicht mehr hinnehmbaren langen Verfahrensdauer von dem gerichtlichen Schätzungsermessen in größerem Umfang als bisher Gebrauch gemacht werden müsse.[2] Dahinter steht u.a. auch die Erkenntnis, dass eine Prüfung von regelgerechten Prognosen letztlich gar nicht möglich ist, sondern allenfalls deren Ersetzung, oder anders ausgedrückt, dass das Gericht es eigentlich nicht besser wissen kann.[3] Das von einigen Gerichten propagierte größere gerichtliche Schätzungsermessen wird in der Regel zur Begründung der Unterlassung weiterer Aufklärung (Ergänzungsgutachten bzw. neues Gutachten) in Abwägung zur Verfahrensdauer und zu den Verfahrenskosten herangezogen.[4] Es ist eine Frage des Einzelfalls, wann ein ausreichender Grad der Wahrscheinlichkeit i.S.v. § 287 Abs. 2 ZPO erreicht ist, um auf der Grundlage des Parteivortrages und der eingeholten Gutachten eine Entscheidung treffen zu können.

70

12. Beachtung gesellschaftsvertraglicher Regelungen

Die **Beachtung schätzungsrelevanter gesellschaftsvertraglicher Regelungen** zur Abfindung und ggf. Unternehmensbewertung ist selbstverständlich. Allerdings liegt hier nicht selten ein Minengebiet. Zunächst sind die Abfindungsregelungen hinsichtlich ihrer Reichweite auszulegen. Dann kann sich ggf. die Frage der Wirksamkeit bzw. Unwirksamkeit der Klausel gem. §§ 138, 723 Abs. 3 BGB anschließen.[5] Schließlich können sich aus vertraglichen Absprachen auch

71

---

1 *Hüttemann*, WPg 2007, 812 (817) m.w.N.; s. dazu ergänzend Ziff. V.17. „Verwendung eigener Sachkunde", unten Rz. 79.
2 BayObLG v. 28.10.2005 – 3Z BR 71/00 – juris-Rz. 17, NZG 2006, 156; OLG Karlsruhe v. 13.5.2013 – 12 W 77/08 (13) – juris-Rz. 48, AG 2013, 880.
3 Diese Erkenntnis kommt prägnant zum Ausdruck bei OLG Stuttgart v. 1.10.2003 – 4 W 34/93 – juris-Rz. 55, AG 2004, 43.
4 So bspw. BayObLG v. 28.10.2005 – 3Z BR 71/00 – juris-Rz. 17, NZG 2006, 156; OLG Düsseldorf v. 6.4.2011 – I-26 W 2/06 (AktE) – juris-Rz. 23.
5 Vgl. OLG Köln v. 26.3.1999 – 19 U 108/96 – juris-Rz. 52, GmbHR 1999, 712 = NZG 1999, 1222. Dort war der Gesellschaftsvertrag nicht einschlägig, da dort nur der Abfindungsmaßstab für den Fall der Einziehung eines Geschäftsanteils mit Zustimmung des Gesellschafters oder bei der Zwangseinziehung geregelt war, nicht aber das Abfindungsentgelt für eine im Anschluss an den Austritt des Gesellschafters erfolgte Einziehung. Darüber hinaus war der Begriff „Teilwert" auszulegen als steuerlicher oder gesellschaftsrechtlicher Teilwert. Schließlich wurde auch ein rechtsmissbräuchliche Berufung auf die Abfindungsklausel geprüft und angenommen. Vgl. auch OLG Köln v. 19.12.1997 – 4 U 31/97 – juris-Rz. 13, GmbHR 1998, 641 = NZG 1998, 779. Zunächst wurde der Vermögenssteuerwert vom wirklichen Wert des Unternehmens abgegrenzt. Anschließend wurde ein grobes Missverhältnis nach § 138 BGB geprüft und bejaht.

Widersprüche zu einer ordnungsgemäßen Unternehmensbewertung ergeben, welche erst durch den Sachverständigen aufgedeckt werden. Denkbar ist der Fall, dass der Gesellschaftsvertrag eine Ermittlung des Verkehrswerts des Unternehmens auf der Grundlage einer falschen Bewertungsmethodik oder unzutreffenden Tatsachen vorgibt.

13. Verwendung von Konsensschätzungen

72 Die über die Höhe der Abfindung streitenden Parteien einer GbR, OHG, KG oder GmbH können den **Unternehmenswert oder auch einzelne Aspekte der Unternehmensbewertung unstreitig stellen.** Naheliegend sind etwa Absprachen zum Bewertungsgegenstand oder zur Bewertungsmethode. Dabei kann es sich um eine grobe Verständigung auf ein Verfahren, etwa das Ertragswertverfahren, handeln oder um differenziertere Absprachen. In der Rechtsprechung wurde u.a. die Abstimmung der Parteien gebilligt, dass für die Bewertung zunächst eine zeitliche Phase I von drei Jahren zugrunde gelegt wird, in der die Vergangenheitsdaten in Bezug auf zu prognostizierende Erträge hochgerechnet werden, und sich eine Phase II anschließt, in der festgeschriebene Ergebniswerte bezüglich der Restlaufzeit im Sinne einer abgezinsten nachschüssigen Jahresrente mit dem betreffenden Barwert angesetzt werden.[1] Gebilligt wurde auch eine Vereinbarung der Parteien, abweichend vom Stichtagsprinzip und der damit verbundenen Schätzung Entwicklungen und Erkenntnisse nach dem Bewertungsstichtag zu berücksichtigen.[2] Nicht zulässig ist es hingegen, dass sich das Gericht auf frühere übereinstimmende Vorstellungen der Parteien zum Wert der Abfindung bzw. des Unternehmens, etwa im Rahmen von vorgehenden Verhandlungen oder Vergleichsgesprächen, stützt.[3]

73 Sind lediglich einzelne Aspekte der Unternehmensbewertung unstreitig gestellt, müssen sie von einem gerichtlich bestellten Sachverständigen als Anknüpfungstatsachen berücksichtigt werden. Der Sachverständige wird sein Gutachten dann auf den **Konsensdaten der Parteien** aufbauen müssen. Aus diesem Grund erscheint es notwendig, gem. § 404a Abs. 3 ZPO bereits bei der Ab-

---

1 OLG Koblenz v. 14.12.2007 – 10 U 1153/02 – juris-Rz. 39, OLGReport Koblenz 2008, 772.
2 Vgl. OLG Köln v. 26.3.1999 – 19 U 108/96 – juris-Rz. 175, GmbHR 1999, 712 = NZG 1999, 1222.
3 Vgl. OLG Frankfurt v. 26.8.2009 – 5 W 49/09 – juris-Rz. 3 ff. Dort hatte das LG die Zustimmung der Verfahrensbeteiligten mit Ausnahme eines einzigen Verfahrensbeteiligten zum Anlass genommen, den anteiligen Unternehmenswert in Höhe des weitgehend akzeptierten Abfindungsbetrages gem. § 287 ZPO zu schätzen. Ferner hat das Gericht aus eigener Sachkunde den Kapitalisierungszinssatz der Unternehmensbewertung festgesetzt. Das OLG Frankfurt hat dies zu Recht nicht akzeptiert, vgl. dort Rz. 46 [„Das Vorgehen des LG, seine Schätzung vornehmlich auf das Vergleichsverhalten der Verfahrensbeteiligten zu stützen und kein gesondertes Sachverständigengutachten einzuholen, war jedenfalls nicht zwingend oder durch entsprechende obergerichtliche Rechtsprechung abgesichert."]. Ebenso OLG Düsseldorf v. 8.8.2013 – I-26 W 17/12 – juris-Rz. 38 ff., AG 2013, 807.

fassung des Beweisbeschlusses die unstreitigen Konsenspunkte der Parteien aufzuführen und nicht lediglich eine Unternehmensbewertung zum Stichtag anzufordern. Schwierig wird es allerdings, wenn die Konsensdaten der Parteien im Widerspruch zu den Erkenntnissen des gerichtlichen oder auch des parteiprivaten Gutachters stehen. Das Problem stellt sich etwa dann, wenn der Gutachter auf der Grundlage der unstreitigen Bewertungsmethode oder Konsensschätzungen kein schlüssiges oder fachlich solides Unternehmenswertgutachten erstellen kann. Der Sachverständige sollte insoweit gem. § 404a Abs. 4 ZPO instruiert werden, das Gericht in derartigen Fällen zu informieren und dessen Entschließung abzuwarten, um Informationen des Gutachters rechtlich filtern zu können. Abgesehen davon steht der Sachverständige nach § 407a Abs. 3 ZPO selbst in der Pflicht. Falls die Einwände des Sachverständigen rechtlich erheblich sind und die Parteien damit konfrontiert werden, besteht natürlich das Risiko, dass die davon begünstigte Partei die gutachterlichen Hinweise übernimmt und vom Konsens abrückt.

Werden **gutachterliche Abweichungen zu Konsensdaten** der Parteien erst nach der Vorlage des Gutachtens bekannt, dürfte die Distanzierung der Parteien vom unstreitigen Vortrag und die Übernahme der abweichenden gutachterlichen Feststellungen anzunehmen sein, falls sich die Parteien auf das Gutachten in seiner Gesamtheit berufen. Sollte hingegen keine Partei auf abweichende Feststellungen eines Gerichtsgutachters rekurrieren, sondern dieses aufgrund des Widerspruchs zu unstreitigen Anknüpfungstatsachen angreifen, stellt sich die Frage der Verwertung des Gutachtens. Es ist dann zunächst ein Ergänzungsgutachten unter Berücksichtigung der unstreitigen Anknüpfungstatsachen der Parteien zu beauftragen. In den meisten Fällen wird dem gerichtlichen Sachverständigen dann die Ermittlung des Unternehmenswerts, ggf. als Mindestwert i.S.v. § 287 ZPO, möglich sein. Sollte dies ausnahmsweise nicht machbar sein, ist die darlegungs- und beweisbelastete Partei gem. § 139 ZPO darauf hinzuweisen, dass ein Unternehmenswert auf der Basis der Konsensdaten vom Sachverständigen nicht geschätzt werden kann.

74

14. Verwendung von Vergangenheitsergebnissen

Bei **fehlender Unternehmensplanung** werden die Zukunftszahlen nicht selten nahezu **ausschließlich aus bereinigten Vergangenheitszahlen** hergeleitet.[1] Beispielsweise hat das OLG Köln Vergangenheitszahlen mit Faktoren zwischen 1 und 3 gewichtet, wobei die stichtagsnahen Vergangenheitsjahre stärker gewichtet wurden.[2] In einer vorhergehenden Entscheidung wurde ein durchschnittliches Betriebsergebnis der Vergangenheit durch einen Abschlag i.H.v. 30 % auf einen Durchschnittsbetrag reduziert und auf dieser Basis ein Ertragswert pro

75

---

1 *IDW S 1* (2008), WPg-Supplement 3/2008, 68 ff. Rz. 163; *Zwirner*, DB 2013, 1797 (1797 f.).
2 OLG Köln v. 26.3.1999 – 19 U 108/96 – juris-Rz. 180 f., GmbHR 1999, 712 = NZG 1999, 1222.

DM 100-Anteil ermittelt.[1] Allerdings wird sich das Gericht bei der Anwendung der Ertragswertmethode ohne Zustimmung der Parteien nicht ausschließlich auf die Fortschreibung von Vergangenheitsergebnissen stützen können.[2] Die Planung ist unverzichtbar, wenn die Vergangenheitszahlen, etwa wegen strukturellen Änderungen, ohnehin nur begrenzte Aussagekraft haben. Die **ausschließliche Verwendung von Vergangenheitszahlen** muss – soweit das Ertragswertverfahren verwendet wird – als **Kunst- und Schätzfehler** bezeichnet werden und ist nicht mehr vom Schätzungsermessen gem. § 287 Abs. 2 ZPO gedeckt. Denn für das Ertragswertverfahren ist die Planung der künftigen Nettoerträge zwingende Tatsachengrundlage, ohne die eine Feststellung des Unternehmenswerts gar nicht möglich ist. Folglich muss der Sachverständige notfalls eine Ertragsplanung für die Zukunft erstellen, wobei dann den bisherigen Ergebnissen besonderes Gewicht zukommt.

15. Verwendung mehrerer Gutachten und Methoden

76 Grundsätzlich geben **abweichende Ergebnisse zum Unternehmenswert in unterschiedlichen Bewertungsgutachten** Anlass zu einer Überprüfung der Gutachten durch das Gericht.[3] Widersprüche sind möglich zwischen Privatgutachten der Parteien, Privatgutachten der Parteien und einem Gerichtsgutachten sowie zwischen Gerichtsgutachten unterschiedlicher Sachverständiger. Es kann dann nicht bei der Feststellung bleiben, dass das eine oder andere Gutachten bzw. die eine oder andere Methode vertretbare Ergebnisse liefert.[4] Das Gericht muss sich mit den unterschiedlichen Bewertungsgutachten/Bewertungsansätzen auseinandersetzen und erläutern, ob und ggf. warum die widersprüchlichen Ergebnisse/Methoden miteinander in Einklang stehen oder sich nicht miteinander vereinbaren lassen.[5] Allerdings ist der Tatrichter nicht gehalten, zu jedem einzelnen Punkt des Privatgutachtens ausdrücklich Stellung zu nehmen.[6] Das Gericht muss sich erforderlichenfalls auch zu betriebswirtschaftlichen Fachfragen äußern.[7] Sollte es dazu nicht aus eigener Sachkunde in der Lage sein, ist weiterer sachverständiger Rat einzuholen. Unzulässig ist es auf jeden Fall, ohne nähere Auseinandersetzung mit den divergierenden Gutachten aus deren Ergebnissen bzw. Bewertungsmethoden einen Mittelwert zu bilden.[8]

---

1 OLG Köln v. 19.12.1997 – 4 U 31/97 – juris-Rz. 19, GmbHR 1998, 641 = NZG 1998, 779.
2 *IDW S 1 (2008)*, WPg-Supplement 3/2008, 68 ff. Rz. 163; *Zwirner*, DB 2013, 1797 (1797 f.).
3 BGH v. 21.5.2007 – II ZR 266/04 – juris-Rz. 9, AG 2007, 625 = NJW-RR 2007, 1409; BGH v. 11.5.1993 – VI ZR 243/92 – juris-Rz. 11, BB 1993, 2187; *Piltz*, Unternehmensbewertung, S. 127; *Piltz/Wissmann*, NJW 1985, 2673 (2674).
4 *Piltz*, Unternehmensbewertung, S. 127.
5 Vgl. bspw. BGH v. 2.2.2011 – XII ZR 185/08 – juris-Rz. 58 ff., BGHZ 188, 249; BGH v. 21.5.2007 – II ZR 266/04 – juris-Rz. 9, AG 2007, 625 = NJW-RR 2007, 1409.
6 BGH v. 25.11.1998 – XII ZR 84/97 – juris-Rz. 44, NJW 1999, 784.
7 *Piltz*, Unternehmensbewertung, S. 127.
8 *Piltz*, Unternehmensbewertung, S. 127 m.w.N. zu Gerichtsentscheidungen, in denen unzulässig auf eine Mittelwertbildung abgestellt wurde.

Nicht zu verwechseln mit der **arithmetischen Mittelwertbildung** auf der Basis mehrerer Gutachten ist hingegen eine **Bandbreitenbestimmung** hinsichtlich des Verkehrswerts des Unternehmens durch Verwendung **mehrerer Bewertungsverfahren**, etwa der Ertragswertmethode und der Multiplikatormethode, ggf. auch unter Berücksichtigung erzielter Preise. Wie bereits erläutert, handelt es sich bei der Unternehmensbewertung durch Sachverständige nicht um ein streng wissenschaftliches Verfahren, sondern um eine Heuristik (siehe dazu Ziff. I.3. „Unternehmensbewertung als Heuristik", oben Rz. 3 ff.). Es war das Bestreben der früher verwendeten Mittelwertverfahren, den Substanz- und Ertragswert des Unternehmens in unterschiedlicher Gewichtung zu berücksichtigen. Auch heute wird zur Validierung des mittels Ertragswertmethode gefundenen Laborwertes[1] zu Recht die Verwendung mehrerer Verfahren, wie bereits erläutert, empfohlen.[2] Allerdings müssen der Beurteilungsvorgang, d.h. die Auswahl, die Abwägung und die Gewichtung der verwendeten Tatsachen und Verfahren, und der darauf bezogene Erkenntnisprozess sachkundig und widerspruchsfrei von Sachverständigen bewältigt werden. Es darf sich nicht lediglich um ein mathematisches Zahlenspiel des Gerichts handeln, das sich auf Daten unterschiedlicher Gutachten gründet.

77

16. Verwendung von Privatgutachten

Bei der Schätzung von Unternehmenswerten in streitigen gerichtlichen Verfahren haben **Privatgutachten eine herausragende Bedeutung** (siehe dazu auch § 29 „Privat- und Schiedsgutachten zur Unternehmensbewertung"). Sie sind natürlich auch schätzungsrelevant. In den meisten Fällen liegt bei der Einleitung eines gerichtlichen Verfahrens bereits ein Privatgutachten zum Unternehmenswert vor. Abhängig vom Vortrag der Parteien ist dann zu prüfen, ob das Privatgutachten in seiner Gesamtheit zur Grundlage der gerichtlichen Schätzung gem. § 287 ZPO gemacht werden kann, was grundsätzlich möglich ist.[3] Allerdings muss klar sein, dass es sich dabei nicht um ein Beweismittel gem. §§ 355 ff. ZPO handelt, sondern um **qualifizierten Parteivortrag**.[4] Mit der Zustimmung der Parteien ist eine Heranziehung des Privatgutachtens als Sachverständigengutachten i.S.d. §§ 402 ff. ZPO aber möglich.[5] Bei streitiger Bewertung des Privatgutachtens haben die Gerichte und die Parteien zu prüfen, ob eine unabhängige und vollständige Beurteilung vorliegt. Das hängt von vielen

78

---

1 LG Köln v. 24.7.2009 – 82 O 10/08 – juris-Rz. 126, AG 2009, 835.
2 Siehe Best-Practice-Empfehlungen DVFA 2012, S. 6 ff.; *Fleischer*, AG 2014, 97 (113); *Lauber*, Verhältnis Ausgleich/Abfindung, S. 292. Nach *IDW S 1 (2008)*, WPg-Supplement 3/2008, 68 ff. Rz. 167, können vereinfachte Preisfindungen durch Multiplikatoren Anhaltspunkte für die Plausibilitätskontrolle der Bewertung bieten.
3 BGH v. 11.5.1993 – VI ZR 243/92 – juris-Rz. 17, NJW 1993, 2382 m.w.N.; *Großfeld*, Unternehmensbewertung, Rz. 131 m.w.N.
4 BGH v. 11.5.1993 – VI ZR 243/92 – juris-Rz. 17, NJW 1993, 2382 m.w.N.
5 BGH v. 11.5.1993 – VI ZR 243/92 – juris-Rz. 17 m.w.N., NJW 1993, 2382.

Faktoren ab, insbesondere von der Person des Bewerters, der Aufgabenstellung und dem Auftragsumfang.[1] U.U. kann das **Privatgutachten als Ausgangspunkt der Unternehmenswertbestimmung** herangezogen und ein gerichtlicher Gutachter mit der Prüfung der Methodik, der Prognosen und der Ableitungen beauftragt werden.[2] Eine rechtsfehlerfreie Übernahme des Privatgutachtens kommt darüber hinaus nur in Frage, wenn das Gericht zu einer Beurteilung des Privatgutachtens in der Lage ist, d.h. über eigene Sachkunde verfügt und diese auch darlegt.[3] Legen beide Parteien zu den fachspezifischen Fragen des Unternehmensbewertungsrechts jeweils Privatgutachten kompetenter Sachverständiger vor, die einander in wesentlichen Punkten widersprechen, darf das Gericht, das über keine eigene Sachkunde verfügt bzw. eine solche nicht darlegt, nicht ohne gerichtliches Sachverständigengutachten einem Privatgutachten zu Lasten des anderen den Vorzug geben.[4]

17. Verwendung eigener Sachkunde

79 Die Forderung der Rechtsprechung, dass der Tatrichter die Schätzung des Unternehmenswerts regelmäßig mit Hilfe von Sachverständigen vorzunehmen hat[5], lässt **in Ausnahmefällen Raum für Entscheidungen aus eigener Sachkunde**.[6] Von der Zuziehung eines Sachverständigen kann das Gericht nach seinem pflichtgemäßen Ermessen absehen, wenn es sich die nötige Sachkunde entweder selbst zutraut oder auf andere Weise verschaffen kann.[7] Das ist denkbar, wenn sich der Tatrichter aufgrund der Auswertung von Fachliteratur, Parteivorbringen, Parteigutachten oder des Ergebnisses der Beweisaufnahme in der Lage sieht, eine Entscheidung ohne oder auch gegen den Sachverständigen zu treffen. Die Begründung muss erkennen lassen, dass die **Entscheidung nicht**

---

1 Beispielsweise haben Wirtschaftsprüfer nach § 43 WPO ihren Beruf unabhängig, gewissenhaft, verschwiegen und eigenverantwortlich auszuüben. Sie haben sich insbesondere bei der Erstattung von Prüfungsberichten und Gutachten unparteiisch zu verhalten. Siehe dazu die Nachweise zu Rz. 44, Fn. 6.
2 OLG Frankfurt v. 24.1.1989 – 20 W 291/87 – juris, AG 1989, 444; *Piltz*, Unternehmensbewertung, S. 130 m.w.N. zur Rspr.
3 BGH v. 2.6.2008 – II ZR 67/07 – juris-Rz. 3, NJW-RR 2008, 1252; BGH v. 21.5.2007 – II ZR 266/04 – juris-Rz. 9, AG 2007, 625 = NJW-RR 2007, 1409.
4 BGH v. 21.5.2007 – II ZR 266/04 – juris-Rz. 9, AG 2007, 625 = NJW-RR 2007, 1409.
5 BGH v. 21.4.1955 – II ZR 227/53 – juris-Rz. 20, BGHZ 17, 130; KG v. 19.5.2011 – 2 W 154/08 – juris-Rz. 29, AG 2011, 627 = NZG 2011, 1302; *Piltz*, Unternehmensbewertung, S. 128 m.w.N.; *Hüttemann*, WPg 2007, 812 (817).
6 Vgl. bspw. LG Frankfurt/M. v. 12.6.2007 – 3-5 O 12/06, zitiert nach OLG Frankfurt v. 26.8.2009 – 5 W 49/09 – juris-Rz. 3, das auf der Grundlage eigener Sachkunde die Erträge mit einem Kapitalisierungszinssatz von 6,75 % für die erste Phase und von 5,75 % für die zweite Phase diskontiert hat. LG Köln v. 10.3.2006 – 82 O 126/05 – juris-Rz. 32, dort hatte die Kammer Veränderungen der Ertrags- und Zinsparameter auf der Grundlage der Berechnungsformeln des Gerichtsgutachters neu berechnet.
7 BGH v. 13.3.1978 – II ZR 142/76 – juris-Rz. 23, BGHZ 71, 40.

durch einen **Mangel an Sachkunde** begründet ist.[1] Ferner sollte den Parteien zur Gewährung rechtlichen Gehörs und zur Vermeidung von Überraschungsentscheidungen ein Hinweis gem. § 139 ZPO erteilt werden, dass und in welchem Punkt sich das Gericht in der Lage sieht, aus eigener Sachkunde zu entscheiden.[2] Gründet die Sachkunde auf Erfahrungswissen – etwa resultierend aus Gutachten in anderen Bewertungsprozessen –, das außerhalb des Gebiets der allgemeinen Lebenserfahrung liegt und daher bei den Parteien nicht vorausgesetzt werden kann, muss das Fachwissen in den Prozess eingeführt und den Parteien die Möglichkeit eröffnet werden, dazu Stellung zu nehmen.[3]

In der Regel **verfügen Richter nicht über die für Unternehmensbewertungen erforderliche eigene Sachkunde**.[4] Selbst nach vielen Jahren der Befassung mit dieser Materie werden allenfalls der rechtliche und betriebswirtschaftliche Hintergrund sowie die gängigen Bewertungsmethoden bekannt sein. Es liegt in der Natur der Sache und kann ausgeschlossen werden, dass Tatrichter ein Unternehmen in allen Aspekten aus eigener Sachkunde bewerten können. Das ist schon deshalb unmöglich, weil die Parteien niemals sämtliche Aspekte für die Bewertung vortragen werden und können. Die ergänzende Feststellung von Anknüpfungstatsachen durch den Sachverständigen ist zwingend. Es geht daher stets nur um Teilaspekte der Unternehmensbewertung, deren sachkundige Beurteilung auf der Grundlage eines vorhandenen Privat- oder Gerichtsgutachtens möglich erscheint. Praxisrelevant sind hier insbesondere methodische Korrekturen, etwa bei der vom Sachverständigen vorgenommenen Berücksichtigung von Nachstichtagsentwicklungen oder von betriebsnotwendigem Vermögen[5], oder Korrekturen zum Kapitalisierungszinssatz.[6] Vereinzelt werden

80

---

1 BGH v. 24.10.1990 – XII ZR 101/89 – juris-Rz. 46, NJW 1991, 1547; *Piltz*, Unternehmensbewertung, S. 128.
2 OLG Nürnberg v. 30.1.2013 – 12 U 726/11 – juris-Rz. 264, GWR 2013, 111. Dort hatte das LG zunächst ein Sachverständigengutachten eingeholt, dieses dann aber für obsolet erachtet und ohne Hinweis aus eigener Sachkunde gem. § 114 GVG entschieden, dass die Liquidität der Gesellschaft zur Auszahlung von Gewinnansprüchen ausreiche. Vgl. ergänzend BVerfG v. 3.2.1998 – 1 BvR 909/94 – juris-Rz. 16, AG 1998, 334 = NJW 1998, 2273 zur Erforderlichkeit eines Hinweises gem. § 139 ZPO bei der Anwendung von § 114 GVG.
3 BGH v. 16.5.1991 – III ZR 125/90 – juris-Rz. 13, NJW 1991, 2824.
4 *Korth*, BB-Beilage 1992, Nr. 19, 1 (1); *Hüttemann*, WPg 2007, 812 (812).
5 BayObLG v. 28.10.2005 – 3Z BR 71/00 – juris-Rz. 42, NZG 2006, 156.
6 LG Düsseldorf v. 15.5.2013 – 39 O 40/08 – juris-Rz. 28 ff. Dort wurde der Zins von 6 % gemäß Vertragsprüfer auf 5 % herabgesetzt mit der Begründung, dass der künftige Realzins aufgrund potentiell geringerer Kapitalnachfrage der Realwirtschaft sinkende und nicht steigende Tendenz haben werde. Diese Vorgehensweise erscheint bedenklich, da hier nur die eigene Auffassung des Gerichts an die Stelle der Auffassung des Vertragsprüfers gesetzt wurde. Vgl. auch OLG Frankfurt v. 26.8.2009 – 5 W 49/09 – juris-Rz. 3 und 19. Das LG Frankfurt hatte den Kapitalisierungszins aus eigener Sachkunde höher als vom Sachverständigen ermittelt festgesetzt. Vgl. weitere Beispiele aus der Rspr. bei *Piltz*, Unternehmensbewertung, S. 129 m.w.N. zur älteren Rspr.

auch **Details der Ertragsrechnung** aus eigener Sachkunde beurteilt.[1] Das wird unterschiedlich begründet, u.a. mit einer langjährigen Befassung mit Unternehmensbewertungen[2], Erkenntnissen aus gerichtlichen Gutachten bzw. aus der Beweisaufnahme[3] sowie der Sachkunde der Mitglieder des Spruchkörpers[4].

81 Das Gericht darf allerdings seine vorhandene oder vermeintliche Sachkunde **nicht an die Stelle derjenigen des gerichtlich beauftragten Sachverständigen setzen**.[5] Prinzipiell kann das Gericht von der Einschätzung des bestellten Sachverständigen daher nur unter engen Voraussetzungen abweichen.[6] Unbedenklich dürfte sein, die für die abweichende Beurteilung erforderliche Sachkunde auf die Ausführungen des Sachverständigen zu stützen, vorausgesetzt natürlich, dass die Sachkunde des Sachverständigen wegen der Abweichung des Gerichts in einem Einzelpunkt nicht in Frage gestellt wird. Die Kenntnis der Fachliteratur zur Unternehmensbewertung berechtigt nicht ohne weiteres, von einem Sachverständigengutachten abzuweichen.[7]

82 Die **eigene Sachkunde des Gerichts** zu Unternehmensbewertungen aufgrund langjähriger Befassung mit der Materie, gutachterlicher Vermittlung von Fachwissen und des Studiums von Fachliteratur ist zudem **nur abstrakter Natur**. Sie befähigt den Richter nicht zwangsläufig zu sachkundigen Korrekturen im konkret zu beurteilenden Unternehmensbewertungsfall. Denn die Unternehmensbewertung ist eine umfassende Gesamtabwägung, bestehend aus zahlreichen

---

1 BGH v. 13.3.1978 – II ZR 142/76 – juris-Rz. 23, BGHZ 71, 40. Vgl. auch BGH v. 23.11.1979 – I ZR 161/77 – juris-Rz. 34, DB 1980, 679. Der BGH hatte eine vom Berufungsgericht vorgenommene Beurteilung des Wertverhältnisses der eingebrachten Aktien auf der Grundlage des Jahresabschlusses, des Berichts einer Bewertungskommission, der Prüfung durch zwei separat beauftragte Wirtschaftsprüfungsgesellschaften, der Vernehmung der tätig gewesenen Wirtschaftsprüfer, Vorstände und Aufsichtsräte der beteiligten Gesellschaften und der Würdigung der vorgelegten Privatgutachten gebilligt. Ferner wurde Fachliteratur herangezogen und ausgewertet. Das OLG hatte die Verwertung des Tatsachenmaterials und seine eigene Sachkunde hinreichend dokumentiert. OLG Koblenz v. 14.12.2007 – 10 U 1153/02 – juris-Rz. 32, OLGReport Koblenz 2008, 772 mit Abweichungen bezüglich Werbung, Investitionsrückstellung und Haftungsvergütung.
2 OLG Stuttgart v. 14.10.2010 – 20 W 16/06 – juris-Rz. 287, AG 2011, 49. Das Gericht sah sich aus eigener Sachkunde zur Beurteilung des Basiszinssatzes in der Lage.
3 BGH v. 16.5.1991 – III ZR 125/90 – juris-Rz. 10, 13 f. = NJW 1991, 2824.
4 LG Stuttgart v. 6.3.2008 – 31 O 32/07 KfH AktG – juris-Rz. 39. Dort wurde auf die Sachkunde der Handelsrichter rekurriert, die als Geschäftsführer eines Tochterunternehmens eines großen deutschen Industriekonzerns und als persönlich haftende Gesellschafter eines namhaften Stuttgarter Bankhauses von ihrer Ausbildung und ihrer gegenwärtigen beruflichen Tätigkeit her mit Fragen der Unternehmensbewertung befasst und daher in der Lage seien, zu beurteilen, ob die in dem gemeinsamen Bericht niedergelegte Planung der AG plausibel und widerspruchsfrei ist; LG Düsseldorf v. 15.5.2013 – 39 O 40/08 – juris-Rz. 27, dort war der Handelsrichter langjähriger Wirtschaftsprüfer. LG Mannheim v. 29.1.2007 – 24 AktE 15/04 – juris-Rz. 45, Der Konzern 2007, 457, dort war der Handelsrichter ebenfalls langjähriger Wirtschaftsprüfer.
5 KG v. 19.5.2011 – 2 W 154/08 – juris-Rz. 29, AG 2011, 627 = NZG 2011, 1302.
6 KG v. 19.5.2011 – 2 W 154/08 – juris-Rz. 29, AG 2011, 627 = NZG 2011, 1302.
7 KG v. 19.5.2011 – 2 W 154/08 – juris-Rz. 29, AG 2011, 627 = NZG 2011, 1302.

subjektiven Einschätzungen des Sachverständigen zu den Erträgen und den Risiken. Es gibt zahlreiche Interdependenzen der Bewertung, die in einigen Gutachten auch ausdrücklich artikuliert werden, etwa derart, dass ambitionierte Ertragsprognosen im Zusammenhang mit einem eher niedrigen Kapitalisierungszinssatz vertretbar sind. Das Gericht muss daher aus eigener Sachkunde auch zur Prüfung befähigt sein, dass die **konsistente Gesamtbewertung des Sachverständigen** durch die vom Gericht vorgenommene abweichende Beurteilung von Einzelaspekten nicht in Frage gestellt wird.

Die Erforderlichkeit eigener **Sachkunde des Gerichts bezieht sich selbstredend nur auf Tatfragen**, hingegen nicht auf Rechtsfragen. Zu Letzteren muss das Gericht Stellung beziehen. In diesem Zusammenhang wäre zu klären, ob das Gericht eine etablierte und gebräuchliche Bewertungsmethode, die den aktuellen Erkenntnisstand der Bewertungspraxis abbildet, etwa der IDW S 1 (2008) unter Einschluss des CAPM, verwerfen kann oder muss, wenn es der Meinung ist, dass das Bewertungsziel nicht erreicht wird.[1] Das OLG Stuttgart hat den Einwand fehlender Sachkunde zur Beurteilung der verschiedenen Bewertungsmethoden zurückgewiesen mit der Begründung, dass es sich um eine Rechtsfrage handele.[2] Ergänzend kann auf die Ausführungen zur Methodenwahl verwiesen werden (siehe dazu Ziff. V.6. „Wahl der geeigneten Bewertungsmethode", oben Rz. 42 ff.).

83

18. Einsatz erfahrener Gutachter

Angesichts der Tatsache, dass Gerichte in der Regel hinsichtlich der Unternehmensbewertung lediglich über rudimentäre Kenntnisse verfügen, besteht der nahe liegende Anreiz, in sich **schlüssige Gutachten ohne Kenntnis und Würdigung der Einzelheiten zu übernehmen**, etwa mit der Begründung, dass das Gutachten von einem erfahrenen und unabhängigen und dem Gericht als äußerst sachkundig bekannten Sachverständigen erstellt wurde und es daher eine hohe Wahrscheinlichkeit der Richtigkeit für sich hat.[3] Das ist unzulässig.[4] Hier geht es letztlich um die Frage des gesetzlichen Richters, das heißt darum, ob der Rechtsstreit vom Richter oder vom Sachverständigen entschieden wird (siehe dazu Ziff. I.4. „Unternehmensbewertung als Tat- oder Rechtsfrage", oben Rz. 5). Auch wenn das Gutachten des Sachverständigen nicht in allen Einzelheiten kritisch zu würdigen und zu wiederholen ist, wird aber zu fordern sein, dass sich der Richter mit den wesentlichen Aspekten der Bewertung unter Berücksichtigung der Einwände der Parteien auseinandersetzt und eine **eigene Überzeugung bildet**.[5]

84

---

[1] Vgl. dazu *Lauber*, Verhältnis Ausgleich/Abfindung, S. 365 ff.; *Kuhner*, WPg 2007, 825 ff.
[2] OLG Stuttgart v. 17.10.2011 – 20 W 7/11 – juris-Rz. 306, NZG 2011, 1346. Dort ging es um die Brauchbarkeit des TAX-CAPM.
[3] Vgl. bspw. LG Dessau v. 14.10.2005 – 4 O 509/02 – juris-Rz. 31; *Piltz*, Unternehmensbewertung, S. 128 m.w.N. zur Rspr.
[4] *Piltz*, Unternehmensbewertung, S. 128.
[5] BGH v. 13.3.1978 – II ZR 142/76 – juris-Rz. 35, BGHZ 71, 40.

19. Aufklärung von Anknüpfungstatsachen

85 In den meisten Fällen wird es weder den Parteien möglich sein, sämtliche Parameter einer Unternehmensbewertung vorzutragen, noch das Gericht in der Lage sein, **sämtliche Anknüpfungstatsachen der Unternehmensbewertung aufzuklären.** Der Vortrag zum Unternehmenswert als auch die Aufklärung entsprechender Anknüpfungstatsachen erfordern Sachkunde, über die eigentlich nur ein Sachverständiger verfügt. In der gerichtlichen Unternehmensbewertung werden Anknüpfungstatsachen vom gerichtlich bestellten Sachverständigen ergänzend ermittelt. Es ist durchaus anerkannt, dass die Ermittlung von Tatsachen im Einzelfall auch durch den Sachverständigen geschehen darf, wenn sie besondere Sachkunde voraussetzt.[1] Das kann im Beweisbeschluss gem. § 404a Abs. 4 ZPO ausdrücklich angeordnet werden (siehe dazu Ziff. IV.2. „Abfassung von Beweisbeschlüssen", oben Rz. 23).

20. Tatrichterermessen und Gutachterermessen

86 Auch wenn die Entscheidung über den Unternehmenswert beim Gericht liegt, muss aber klar sein, dass **gerichtliche Unternehmensbewertungen hauptsächlich auf subjektiven Einschätzungen des Sachverständigen beruhen.**[2] Es werden Schätzungen hinsichtlich der Zukunftserträge (z.B. Produktentwicklungen) bzw. der Diskontierungszinssätze erforderlich. Gleiche Bewertungsfaktoren werden je nach Gutachter unterschiedlich bewertet.[3] Es stellt sich die Frage, wie das Gericht das Schätzungsermessen des Sachverständigen zu handhaben hat. Im Grundsatz ist das ausgeprägte Sachverständigenermessen berechtigt, da dieses auf Sachkunde beruht, über die das Gericht nicht verfügt. Wie bereits erwähnt, darf das Gericht sein Ermessen nicht einfach an die Stelle des Ermessens des Sachverständigen setzen.[4] Das gilt auch für vordergründig isolierbare Teilaspekte der Unternehmensbewertung, da das Gericht selbst bei vorhandener Sachkunde im Zweifel in eine vom Ermessen des Sachverständigen getragene konsistente Unternehmensbewertung eingreift. Soweit in der Literatur ausgeführt wird, dass das Gericht zur eigenen Überzeugungsbildung notfalls zu Korrekturen in Einzelpunkten des Gutachtens verpflichtet ist[5], ist damit nicht ein Ermessensgebrauch des Gerichts nach eigenem Gusto gemeint. Gemeint sind Korrekturen auf der Basis eigener oder fremder Sachkunde.[6] Empfehlens-

---

1 BGH v. 9.7.1974 – VI ZR 112/73 – juris-Rz. 39, NJW 1974, 1710; OLG München v. 15.12.2004 – 7 U 5665/03 – juris-Rz. 48, AG 2005, 486; *Greger* in Zöller, § 355 ZPO Rz. 2.
2 OLG Stuttgart v. 1.10.2003 – 4 W 34/93 – juris-Rz. 55, AG 2004, 43 [„Gerade aufgrund der stark subjektiv geprägten Prognoseentscheidungen, die ein Sachverständiger bei seinen Berechnungen nach der Ertragswertmethode vorzunehmen hat, ... "]. *Müller* in FS Bezzenberger, 2000, S. 705 (707) [„Prognosen sind definitionsgemäß nicht nur unsicher, sie sind auch subjektiv."].
3 BayObLG v. 29.9.1998 – 3Z BR 159/94 – juris-Rz. 30, AG 1999, 43.
4 KG v. 19.5.2011 – 2 W 154/08 – juris-Rz. 29, AG 2011, 627 = NZG 2011, 1302.
5 *Piltz*, Unternehmensbewertung, S. 128.
6 *Mertens*, AG 1992, 321 (322).

wert ist eine Klärung der vom Gericht beabsichtigten Abweichungen vom Gutachten mit dem Sachverständigen, etwa im Rahmen einer Anhörung.

Gutachterliche Schätzungen, etwa zum Risikozuschlag oder Wachstumsabschlag, werden von den Gerichten nicht selten korrigiert.[1] Es handelt sich dann meistens um **Korrekturen von Ergebnisschätzungen des Sachverständigen**. In diesem Fall werden aus den vom Sachverständigen mitgeteilten Anknüpfungstatsachen lediglich abweichende Folgerungen gezogen. Die erforderliche eigene Sachkunde des Gerichts wird dann idealerweise vollständig durch das Gutachten des Gerichtssachverständigen vermittelt (siehe dazu ergänzend Ziff. V.17. „Verwendung eigener Sachkunde", oben Rz. 79). Im Betracht kommen auch **rechtlich veranlasste Korrekturen**, etwa die Bewertung von Gesellschaftsvermögen als betriebsnotwendig oder neutral.[2]

87

Vereinzelt wird bereits in Beweisbeschlüssen die **Darstellung von alternativen Ergebnisschätzungen und ihrer Auswirkungen** innerhalb eines näher bezeichneten Toleranzspektrums angeordnet (siehe dazu Ziff. IV.2. „Abfassung von Beweisbeschlüssen", oben Rz. 23), damit dem Gericht im Falle einer gerichtlichen Abänderung von Schätzungen des Sachverständigen eine abschließende Entscheidung ohne seine erneute Befassung oder Anhörung möglich ist. Gleichzeitig ermöglicht diese Vorgehensweise **Sensitivitätsanalysen**.[3] Allerdings sollte wegen der Unschärfen jeder Unternehmensbewertung auf spitzfindige Korrekturen der Einschätzungen des Sachverständigen verzichtet werden.[4]

88

Auch wenn betont wird, dass die Schätzung des Unternehmenswerts Sache des Gerichts und nicht etwa des Sachverständigen ist,[5] zeigt die Gerichtswirklichkeit, dass das **Ermessen von Sachverständigen de facto ausgeprägter ist als es de jure sein sollte**. Das kann bemängelt werden,[6] insbesondere auch die oft floskelhaften Begründungen, dass „Prognoseentscheidungen des Sachverständigen nicht zu beanstanden seien", dass dieser „Daten fehlerfrei ermittelt habe" und „nachvollziehbare, plausible und überzeugende Schlüsse im Hinblick auf den Ertragswert des Unternehmens gezogen habe" oder dessen „Erläuterungen einleuchtend" seien.[7] Unabhängig vom Begründungsaufwand des Gerichts und

89

---

1 OLG München v. 30.11.2006 – 31 Wx 059/06 – juris-Rz. 31, AG 2007, 411.
2 BayObLG v. 28.10.2005 – 3Z BR 71/00 – juris-Rz. 42, NZG 2006, 156.
3 *Puszkajler* in KölnKomm. AktG, 4. Aufl. 2013, § 7 SpruchG Rz. 48.
4 Fraglich ist die prozentuale Grenze. Diskutiert und akzeptiert werden Abweichungen zwischen 5 % und 10 %. Vgl. OLG Stuttgart v. 19.1.2011 – 20 W 3/09 – juris-Rz. 256 ff. m.w.N., AG 2011, 205; *Puszkajler* in KölnKomm. AktG, 4. Aufl. 2013, § 7 SpruchG Rz. 48.
5 OLG Koblenz v. 14.12.2007 – 10 U 1153/02 – juris-Rz. 28, OLGReport Koblenz 2008, 772; *Neye*, DStR 2002, 178 (179) [„Der Sachverständige darf nicht gleichsam als ständiger Berater „auf der Richterbank" Platz nehmen. Die eigentliche Sachentscheidung muss immer dem Gericht überlassen bleiben."].
6 Kritisch insbesondere *Luttermann*, ZIP 1999, 45 (46) [„Wie die Gerichtspraxis zeigt, gründen Richter ihre Entscheidungen allzu häufig auf eine „totale Abhängigkeit von Sachverständigengutachten"].
7 Vgl. OLG Koblenz v. 14.12.2007 – 10 U 1153/02 – juris-Rz. 42 ff., 57 = OLGReport Koblenz 2008, 772; OLG Schleswig v. 29.1.2004 – 5 U 46/97 – juris-Rz. 43, OLGReport Schleswig 2004, 172 [„... leuchtet die Sinnhaftigkeit der Bewertung ... ein"].

dessen Wortwahl liegt **Gewährung ausgeprägten Sachverständigenermessens aber in der Natur der Sache**. Eine klare Grenze zwischen dem Schätzungsermessen des Gerichts und dem des Sachverständigen zu ziehen, ist schwierig, da es immer auf den Einzelfall ankommt. Jedenfalls gibt es kein sachverständiges Schätzungsermessen im Sinne eines gerichtlich nicht prüfbaren und korrigierbaren Bereichs, sondern es kann nur darum gehen, ob die Schätzung des Sachverständigen überzeugt oder nicht und dann Veranlassung zu einer weiteren Aufklärung gibt.

21. Auswahl der Sachverständigen

90 Die Aussage im Schrifttum, dass die **Auswahl des Gutachters über das Ergebnis der Unternehmensbewertung entscheidet**, hat eine gewisse Berechtigung.[1] In Spruchverfahren wird teilweise heftig um die Auswahl des Sachverständigen gestritten. Dabei ist es auch schon wiederholt zu Ablehnungen von Sachverständigen wegen der Besorgnis der Befangenheit gekommen.[2] Für das streitige Verfahren steht eine Vielzahl von für die Unternehmensbewertung öffentlich vereidigten Sachverständigen mit unterschiedlicher Ausbildung zur Verfügung. Wie Untersuchungen zeigen, werden Unternehmen je nach der Profession des Bewerters in der wirtschaftlichen Praxis sehr unterschiedlich beurteilt.[3] Die Bewertung von GbR-, OHG-, KG- und GmbH-Unternehmen stellt im Gegensatz etwa zur Bewertung einer Aktiengesellschaft im Rahmen der Vertragsprüfung nach den §§ 293b ff. AktG keine Vorbehaltsaufgabe der Wirtschaftsprüfer dar. Auch für das streitige gerichtliche Verfahren gilt, dass Wirtschaftsprüfer im Zweifel anders bewerten als Steuerberater, Dipl.-Kaufleute oder Dipl.-Volkswirte. Bei der Wahl eines Wirtschaftsprüfers als Sachverständigen ist eine Bewertung des Unternehmens nach IDW S 1 (2008) wegen der berufsrechtlichen Bindung über § 43 WPO determiniert (siehe dazu die Nachweise oben zu Rz. 44, Fn. 6). Wegen der Bedeutung der Auswahl des Sachverständigen sollte diese Frage vorab mit den Parteien geklärt werden, indem entweder gem. § 404 Abs. 3 ZPO ein abgestimmter Vorschlag der Parteien eingeholt wird oder die Auswahl seitens des Gerichts mit den Parteien vor der Beauftragung des Sachverständigen abgestimmt wird.

22. Parteiöffentlichkeit der Beweisaufnahme

91 Durch den Bewertungsauftrag entsteht eine gewisse **Nähe zwischen dem Gesellschaftsunternehmen und dem Gerichtssachverständigen**. Soweit Informationen oder Unterlagen benötigt werden, wendet sich der Gutachter im Zweifel an die Gesellschaft. Es besteht die Möglichkeit, dass der Abfindungsgläubiger bei Informationsgesprächen zwischen dem Sachverständigen und der Gesell-

---

1 *Emmerich*, AG 2003, 168 (168).
2 OLG München v. 11.8.2011 – 31 Wx 294/11 – juris-Rz. 1 ff., AG 2011, 922; OLG Stuttgart v. 8.3.2006 – 20 W 5/05 – juris-Rz. 14, DStR 2006, 626.
3 *Peemöller* in Peemöller, Praxishandbuch, S. 278 ff. m.w.N.

schaft nicht beteiligt wird.¹ In Spruchverfahren hat sich diese Praxis aufgrund von Verfahrensbesonderheiten – Anzahl der Verfahrensbeteiligten und Umfang der Gespräche – etabliert. In streitigen Verfahren fehlen diese Besonderheiten, und es kann nicht stillschweigend von einem Verzicht der Parteien auf die Teilnahme an Gesprächsterminen zwischen dem Sachverständigen und der Gesellschaft ausgegangen werden. Es gilt der **Grundsatz der Parteiöffentlichkeit nach § 357 Abs. 1 ZPO**. Das Recht, an der Beweisaufnahme des Gerichts teilzunehmen, bezieht sich auch auf Ermittlungen des Sachverständigen außerhalb des Gerichts.² Für den Sachverständigen besteht daher die Pflicht, zu Gesprächen mit der Gesellschaft auch die übrigen Verfahrensbeteiligten zu laden, um die Besorgnis der Befangenheit bzw. die Unbrauchbarkeit des Gutachtens zu vermeiden.³ Auch die dem Sachverständigen gewährten Unterlagen sind den übrigen Verfahrensbeteiligten zu überlassen. Natürlich müssen dem finalen Gutachten die Unterlagen, auf die Bezug genommen wird, beigefügt sein. Ansonsten besteht die Gefahr, dass das Gutachten nicht aus sich heraus verständlich ist und damit keine taugliche Grundlage für die Schätzung ist.

Problematisch sind die Fälle, in denen Sachverständigen von den Parteien Unterlagen oder Informationen vorenthalten oder der Zutritt zu den Betriebsräumen verweigert werden. Tendenziell wird dieses taktische Prozessverhalten von der fortgeführten Gesellschaft ausgehen, um ihre geschäftlichen Kontakte, das Know-how, Projekte, Wettbewerbsfähigkeit u.a. zu schützen. **Das Interesse einer Partei an der Wahrung von Betriebsgeheimnissen** rechtfertigt es im Grundsatz aber nicht, der Gegenpartei die Einsicht in die von einem gerichtlich bestellten Sachverständigen zur Erstellung des Gutachtens herangezogenen Geschäftsunterlagen zu verweigern und ihr in diesem Zusammenhang das Betreten der Büroräume zu verwehren, in denen der Sachverständige diese Geschäftsunterlagen prüft.⁴ Ggf. stellt sich dann auch die Frage der **Beweisvereitelung**.⁵ An sich müsste bereits die von der Gesellschaft aufzustellende Abfindungsbilanz Angaben zum Unternehmenswert nebst aussagekräftigen Belegen enthalten, so dass dem Informationsbedürfnis des Gläubigers genügt ist.⁶ Falls diese Unterlagen unvollständig sind oder aufgrund neuer Aspekte weitere Unterlagen benötigt werden, stellt sich die Frage, ob sich die verweigernde Partei auf ein **schützenswertes Geheimhaltungsinteresse** berufen kann und inwieweit sie zur Vorlage von Unterlagen gem. §§ 421 ff. ZPO, § 810 BGB verpflichtet werden kann.⁷ Nicht selten wird sich der Anspruch auf Erteilung von Infor-

92

---

1 Bspw. OLG Hamm v. 11.7.2012 – 8 U 192/08 – juris-Rz. 58; OLG Schleswig v. 29.1.2004 – 5 U 46/97 – juris-Rz. 44, 47, 48 = OLGReport Schleswig 2004, 172-179.
2 *Greger* in Zöller, § 357 ZPO Rz. 1.
3 OLG Hamm v. 11.7.2012 – 8 U 192/08 – juris-Rz. 58. Das Gericht ist trotz einseitiger Vorgehensweise von der Heilung der Verfahrensfehler ausgegangen, weil sich die Gegenpartei auf das Gutachten eingelassen hatte.
4 OLG Köln v. 3.5.1995 – 19 U 153/93 – juris-Rz. 2.
5 OLG Köln v. 19.12.1997 – 4 U 31/97 – juris-Rz. 20, GmbHR 1998, 641 = NZG 1998, 779.
6 Daran orientiert sich BGH v. 28.4.1977 – II ZR 208/75 – juris-Rz. 23, BB 1977, 1168.
7 Vgl. dazu BGH v. 28.4.1977 – II ZR 208/75 – juris-Rz. 17, BB 1977, 1168.

mationen und Unterlagen unmittelbar aus dem Gesellschaftsvertrag ergeben.[1] Im Grundsatz kann ein ausgeschiedener Gesellschafter gem. § 810 BGB die Vorlage von Geschäftsbüchern und Bilanzen verlangen, soweit sie zur Berechnung des Abfindungsguthabens notwendig sind.[2] Soweit er nach § 421 ZPO einen entsprechenden Vorlageantrag stellt, kann das Gericht auf materieller Grundlage dann gem. § 422 ZPO die Vorlage von Geschäftsunterlagen an das Gericht bzw. unmittelbar an den Sachverständigen anordnen.[3] Allerdings ist zu berücksichtigen, dass die Vorlagepflicht gem. §§ 422 ZPO, 810 BGB auf die Unterlagen bis zum Bewertungsstichtag eingeschränkt sein kann.[4] Das Gericht muss das unter Abwägung der Interessen der Parteien entscheiden.[5] Soweit zur Erreichung des vertraglich vereinbarten Bewertungsziels sowie zur Erstellung eines ordnungsgemäßen Bewertungsgutachtens der Einblick in stichtagsnachfolgende Geschäftspapiere erforderlich ist, etwa um ungewöhnliche Unternehmensentwicklungen oder korrigierte Planungen oder Geschäftsunterlagen zu beurteilen, muss das Interesse der Gesellschaft an der Wahrung der betrieblichen Geheimnisse grundsätzlich zurücktreten.[6] Bei der heute geläufigen zukunftsgerichteten Ertragswertmethode ist die Vorlagepflicht der Partei, die über die Unterlagen verfügt, eher weit auszulegen.

93 Unabhängig von einem materiell-rechtlichen Herausgabe- oder Vorlegungsanspruch kommt auch eine **Anordnung der Vorlage von Unterlagen gem. § 142 ZPO nach Ermessen des Gerichts** in Betracht.[7] Die Anordnung darf zwar nicht zur Ausforschung nicht vorgetragener Sachverhaltselemente und damit zur Aushebelung der Darlegungs- und Substantiierungslast führen.[8] Allerdings ist in diesem Zusammenhang an die herabgesetzte Substantiierungspflicht der darlegungs- und beweisbelasteten Partei bei der Unternehmensbewertung zu erinnern (siehe dazu Ziff. III. „Darlegungs- und Beweislast", oben Rz. 13 ff.) sowie an die Tatsache, dass der Sachverständige zur Sachverhaltsfeststellung berechtigt und verpflichtet ist, soweit diese nur aufgrund der besonderen Sachkunde möglich ist (siehe die Nachweise oben zu Rz. 85, Fn. 1). Die **sekundäre Darlegungslast** wird aber nicht zur Grundlage einer Vorlageanordnung von Urkunden gemacht werden können.[9] Allenfalls kann sich daraus die Verpflichtung einer Partei ergeben, dem Beweispflichtigen eine ordnungsgemäße Darlegung durch nähere Angaben über die zu ihrem Wahrnehmungsbereich gehörenden Verhältnisse zu ermöglichen.[10]

---

1 Vgl. BGH v. 8.5.2000 – II ZR 302/98 – juris-Rz. 9 ff., NJW 2000, 2276.
2 BGH v. 28.4.1977 – II ZR 208/75 – juris-Rz. 18, BB 1977, 1168; eingehend *Kiethe*, DStR 1993, 1708 ff.
3 BGH v. 28.4.1977 – II ZR 208/75 – juris-Rz. 18, BB 1977, 1168.
4 BGH v. 28.4.1977 – II ZR 208/75 – juris-Rz. 21, BB 1977, 1168.
5 Vgl. *Kiethe*, DStR 1993, 1708 (1712) m.w.N.
6 BGH v. 28.4.1977 – II ZR 208/75 – juris-Rz. 22, BB 1977, 1168.
7 Zu den Voraussetzungen und zur Abgrenzung von § 142 ZPO zu § 422 ZPO vgl. BGH v. 26.6.2007 – XI ZR 277/05 – juris-Rz. 18 ff., BGHZ 173, 23.
8 BGH v. 26.6.2007 – XI ZR 277/05 – juris-Rz. 20, BGHZ 173, 23.
9 BGH v. 26.6.2007 – XI ZR 277/05 – juris-Rz. 16, BGHZ 173, 23.
10 BGH v. 26.6.2007 – XI ZR 277/05 – juris-Rz. 16, BGHZ 173, 23. Vgl. ergänzend *Greger* in Zöller, vor § 284 ZPO Rz. 34.

§ 29
Privat- und Schiedsgutachten zu Unternehmensbewertungen

I. Privatgutachten

1. Bedeutung in gerichtlichen Verfahren zur Unternehmensbewertung 1
2. Darlegungs- und Beweislast bei Privatgutachten 3
3. Erforderlichkeit von Privatgutachten 4
4. Prozessuales Gewicht von Privatgutachten 6
5. Verwertung von Privatgutachten 7
6. Widerspruch zwischen Gerichtsgutachten und Privatgutachten 9
7. Privatgutachten im Verlauf eines gerichtlichen Verfahrens ... 10
8. Kosten von Privatgutachten ... 11
9. Vernehmung als Zeuge oder sachverständiger Zeuge 14

II. Schiedsgutachten zu Unternehmensbewertungen

1. Eignung von Schiedsgutachten für die Unternehmensbewertung 15
2. Vor- und Nachteile von Schiedsgutachten 16
3. Wirkung von Schiedsgutachten . 17
4. Typische Schiedsgutachtenklauseln 21
5. Schiedsgutachten im engeren und weiteren Sinn............ 23
6. Abgrenzung Schiedsgutachten/Schiedsvertrag 24
7. Einholung des Schiedsgutachtens 25
8. Verfahren des Schiedsgutachters 26
9. Unverbindlichkeit des Schiedsgutachtens nach § 319 Abs. 1 Satz 1 BGB 27
10. Beispiele unverbindlicher Schiedsgutachten 32
11. Gerichtliche Prüfung der offensichtlichen Unrichtigkeit
    a) Darlegung der offensichtlichen Unbilligkeit oder Unrichtigkeit................ 33
    b) Maßgebender Sachverhalt und Rechtsgrundlage 34
    c) Offensichtliche Unrichtigkeit als Tat- oder Rechtsfrage.................... 36
12. Übergang der Leistungsbestimmung auf das Gericht 37

Schrifttum: *Gross*, Rechtliche Anforderungen an Schiedsgutachten am Beispiel von Unternehmensbewertungen, DStR 2000, 1959; Institut der Wirtschaftsprüfer e.V. (Hrsg.), Fragen und Antworten zur praktischen Anwendung des IDW Standards: Grundsätze zur Durchführung von Unternehmensbewertungen (IDW S 1 i.d.F. 2008), Stand: 25.4.2012, FN-IDW 5/2012, 323 ff.; *Michalski*, Feststellung des Abfindungsguthabens des aus einer OHG ausgeschiedenen Gesellschafters durch einen Sachverständigen, ZIP 1991, 914; *Peemöller*, Grundlagen der Unternehmensbewertung, in Peemöller (Hrsg.), Praxishandbuch der Unternehmensbewertung, 5. Aufl. 2012, S. 1; *Piltz*, Die Unternehmensbewertung in der Rechtsprechung, 3. Aufl. 1994; *Ribbert*, Unternehmungsbewertung durch einen Schiedsgutachter, DB 1978, 2085. Siehe im Übrigen das Schrifttum zu § 28.

I. Privatgutachten

1. Bedeutung in gerichtlichen Verfahren zur Unternehmensbewertung

1   Privatgutachten sind im Bereich der **gesellschaftsrechtlich veranlassten Unternehmensbewertung von erheblicher Praxisrelevanz.** Privatgutachten werden oftmals schon vorprozessual zwecks Formulierung und Begründung des Klageantrags (prozessvorbereitendes Privatgutachten) oder ansonsten im laufenden Prozess zur Überprüfung bzw. Erschütterung eines gerichtlich beauftragten Sachverständigengutachtens (prozessbegleitendes Privatgutachten) eingeholt.[1] Nicht selten legen beide Parteien im laufenden Prozess Privatgutachten vor.[2] Allerdings sollten die Kosten für Privatgutachten für Unternehmensbewertung nicht aus dem Blick verloren werden. Unzählige Entscheidungen zu Privatgutachten befassen sich nur mit der Kostenfrage (siehe dazu Ziff. I.8. „Kosten von Privatgutachten", unten Rz. 11).

2   Bei streitiger Abfindung eines ausscheidenden Gesellschafters schuldet die Gesellschaft – unabhängig von der Verpflichtung zur Vorlage einer Abfindungsbilanz –, **keine fachlich korrekte Unternehmensbewertung Dritter,** auf deren Grundlage eine Leistungsklage erhoben werden könnte.[3] Etwas anderes gilt natürlich, wenn der Gesellschaftsvertrag abweichende Regelungen enthält (zu der Vereinbarung eines Schiedsgutachten s. Ziff. II. „Schiedsgutachten zu Unternehmensbewertungen", unten Rz. 15 ff.).

2. Darlegungs- und Beweislast bei Privatgutachten

3   Privatgutachten wirken sich im gerichtlichen Verfahren zur Unternehmensbewertung auf die **Darlegungs- und Beweislast** und auf das weitere Vorgehen des Gerichts aus. Ein Privatgutachten ist **substantiierter Parteivortrag.**[4] Wird unter Vorlage eines Privatgutachtens auf Abfindung in Höhe des anteiligen Unternehmenswerts geklagt, wird eine Zurückweisung des Vortrags als unsubstantiiert kaum möglich sein.[5] Das Gericht müsste dann auf jeden Fall über ausreichende Sachkunde verfügen, um das Privatgutachten in allen Einzelheiten beurteilen zu können.[6] Die Funktion eines Privatgutachtens kann aber auch darin liegen, einen ohnehin schon substantiierten Parteivortrag zu untermauern.[7] Das kann für die Frage der Zurückweisung eines Privatgutachtens als verspätet von Bedeutung sein.

---

1   *Piltz*, Unternehmensbewertung, S. 3, 129, der davon ausgeht, dass dem Gericht fast in jedem Fall ein Privatgutachten vorgelegt wird.
2   BGH v. 21.5.2007 – II ZR 266/04 – juris-Rz. 9, AG 2007, 625 = NJW-RR 2007, 1409.
3   *Piltz*, Unternehmensbewertung, S. 307.
4   BGH v. 19.2.2003 – IV ZR 321/02 – juris-Rz. 8 f., NJW 2003, 1400; *Piltz*, Unternehmensbewertung, S. 129.
5   OLG Celle v. 29.5.2002 – 9 U 310/01 – juris-Rz. 39, NZG 2002, 862.
6   OLG Celle v. 29.5.2002 – 9 U 310/01 – juris-Rz. 39, NZG 2002, 862.
7   BGH v. 21.5.2007 – II ZR 266/04 – juris-Rz. 9, AG 2007, 625, NJW-RR 2007, 1409.

3. Erforderlichkeit von Privatgutachten

Die Einholung von Privatgutachten kann zur Erschütterung von Behauptungen der Gegenseite bzw. den Feststellungen eines von ihr beauftragten privaten Gegengutachtens oder eines gerichtlich bestellten Sachverständigengutachtens sachdienlich sein. Weder die **Substantiierungspflicht noch die allgemeine Prozessförderungspflicht in streitigen gerichtlichen Verfahren verlangen aber zwingend die Einholung eines Privatgutachtens**, um eine Abfindung einzuklagen oder ein Sachverständigengutachten anzugreifen.[1] Zur Vorbereitung einer Klage wird die Beauftragung eines Privatgutachtens, soweit eine Unternehmensbewertung fehlt oder eine vorhandene erheblich fehlerhaft ist, vielfach alternativlos sein, um einen Klageantrag beziffern und zur Sache vortragen zu können.

4

Erfahrungsgemäß werden **seriöse Privatgutachten anders wahrgenommen als der Parteivortrag**. Es kommt gewissermaßen zu einer Niveauanhebung. Wird bereits mit der Klage ein Privatgutachten eingereicht, erfordert jede gerichtliche Auseinandersetzung damit Sachkunde des Richters. Wird das Privatgutachten im Verlauf der Beweisaufnahme vorgelegt, kommt es zu einer fachlichen Auseinandersetzung auf Augenhöhe. Ohne Privatgutachten besteht immer die Gefahr, dass die Einwände der Partei zu einem Sachverständigengutachten als ungeeignet angesehen werden, um nachvollziehbare und plausible, von Sach- und Fachkunde getragene Feststellungen eines Gerichtsgutachters in Frage zu stellen.

5

4. Prozessuales Gewicht von Privatgutachten

Ein **Privatgutachten hat nicht das Gewicht eines gerichtlichen Gutachtens**, auch wenn nahezu alle Gutachten in diesem Bereich von äußerst qualifizierten Fachleuten, oftmals Wirtschaftsprüfern, erstellt werden, die zu einer unabhängigen, gewissenhaften und eigenverantwortlichen Berufungsausübung verpflichtet sind.[2] **Art, Ausrichtung und Umfang des Privatgutachtens bestimmt aber die Partei** und nicht das Gericht. Vor dem Hintergrund der Kölner Funktionenlehre[3] wird ein Privatgutachter berufsausübungskonform einen Unternehmenswert in Abhängigkeit vom vorgegebenen Bewertungszweck ermitteln. Je nach Auftrag kann der Privatgutachter in der Beratungs-, Argumentations- oder Vermittlungsfunktion tätig werden.[4] Möglich ist auch eine Tätigkeit als neutraler Gutachter gemäß IDW S 1 (2008).[5] Hinzu kommt, dass auch die im Pri-

6

---

1 BGH v. 19.2.2003 – IV ZR 321/02 – juris-Rz. 10 f., NJW 2003, 1400, unter Hinweis auf die herabgesetzte Substantiierungslast bei fehlender Sachkunde der Partei, die sich ggf. sogar auf Vermutungen beschränken darf.
2 *Piltz*, Unternehmensbewertung, S. 129.
3 Siehe dazu *Peemöller* in Peemöller, Praxishandbuch, S. 7 ff.
4 Vgl. dazu *Peemöller* in Peemöller, Praxishandbuch, S. 8, mit den drei Hauptfunktionen: Beratungsfunktion, Vermittlungsfunktion, Argumentationsfunktion.
5 *IDW S 1 (2008)*, WPg-Supplement 3/2008, 68 ff. Rz. 12.

vatgutachten verwendeten Planungszahlen und Einschätzungen von der beauftragenden Partei stammen und damit nicht neutral sind.[1] Prozessbegleitende Privatgutachten haben im gerichtlichen Verfahren das größte Gewicht, wenn sie möglichst weitgehend an vorliegende Sachverständigengutachten hinsichtlich Verfahren und Methodik angelehnt sind.[2] Prozessvorbereitende **Privatgutachten sollten ebenfalls an der Praxis gutachterlicher Schätzungen in gerichtlichen Verfahren ausgerichtet sein.** Es ist nicht zielführend, eine Bewertung nach einem zweifelhaften vereinfachten Preisfindungsverfahren oder nach einer zweifelhaften berufsständischen Richtlinie in Auftrag zu geben, wenn diese Methoden in gerichtlichen Verfahren nicht anerkannt sind oder nicht angewendet werden. Bei prozessbegleitenden Privatgutachten sollte darauf geachtet werden, dass darin **ausreichend Bezüge zum Gerichtsgutachten hergestellt** werden. Es macht keinen Sinn, ein gerichtliches Gutachten mit einem Privatgutachten widerlegen zu wollen, das auf abweichender Methodik oder abweichender Planung basiert. Ansonsten besteht die Gefahr, dass das Privatgutachten als unerheblich zurückgewiesen oder im besten Fall als weitere vertretbare Bewertung qualifiziert wird, die die vorhandene vertretbare Bewertung des Gerichtsgutachters aber nicht zu erschüttern vermag.[3] Auf jeden Fall sind Privatgutachten mit eigenständiger Bewertung schwergewichtiger als nur rezensierende Gutachten.[4]

5. Verwertung von Privatgutachten

7   Ein Privatgutachten ist **kein Beweismittel** i.S.d. §§ 355 ff. ZPO, sondern **qualifizierter Parteivortrag**.[5] Dennoch kann ein Privatgutachten Grundlage einer gerichtlichen Entscheidung sein. Das Privatgutachten kann eine gerichtliche Beweisaufnahme substituieren, wenn das Gericht allein schon durch den qualifizierten Parteivortrag die Beweisfrage als beantwortet ansieht.[6] Mit Zustimmung der Parteien kann ein Privatgutachten auch als **beweisliches Sachverständigengutachten** gewürdigt oder urkundlich verwertet werden.[7] Das Gericht kann auch ein Gerichtsgutachten zur Überprüfung eines Privatgutachtens in toto oder zu einzelnen Streitpunkten anordnen.[8] Die Verwendung eines Privatgutachtens als Ausgangspunkt weiterer Wertermittlungen oder Überprüfungen ist ebenfalls möglich.[9]

---

1   Vgl. OLG Hamm v. 11.7.2012 – 8 U 192/08 – juris-Rz. 57. Mit dieser Begründung wurde dem gerichtlichen Gutachten ggü. dem Privatgutachten der Vorzug gegeben.
2   OLG Düsseldorf v. 5.5.2011 – I-6 U 70/10 – juris-Rz. 76, AG 2011, 823.
3   Vgl. dazu die typische Argumentation bei OLG Schleswig v. 29.1.2004 – 5 U 46/97 – juris-Rz. 61, OLGReport Schleswig 2004, 172.
4   Vgl. OLG Schleswig v. 29.1.2004 – 5 U 46/97 – juris-Rz. 61, OLGReport Schleswig 2004, 172.
5   BGH v. 11.5.1993 – VI ZR 243/92 – juris-Rz. 17, NJW 1993, 2382 m.w.N.
6   BGH v. 11.5.1993 – VI ZR 243/92 – juris-Rz. 17, NJW 1993, 2382 m.w.N.; OLG Düsseldorf v. 19.10.1999 – 19 W 1/96 AktE – juris-Rz. 27, AG 2000, 323.
7   BGH v. 11.5.1993 – VI ZR 243/92 – juris-Rz. 17, NJW 1993, 2382 m.w.N.
8   *Piltz*, Unternehmensbewertung, S. 130 m.w.N.
9   *Piltz*, Unternehmensbewertung, S. 130 m.w.N.

Will das Gericht Erkenntnisse über die Sachkunde und das Verhalten eines Privatgutachters, die es bei früheren Rechtsstreitigkeiten zwischen anderen Parteien gewonnen hat, bei der Würdigung sachverständiger Äußerungen dieses Gutachters verwerten und hieraus Bedenken herleiten, sind die **Erkenntnisse des Gerichts zuvor prozessordnungsgemäß in den Rechtsstreit einzuführen**, und den Prozessbeteiligten ist hinreichend Gelegenheit zu geben, hierzu Stellung zu nehmen.[1]

8

6. Widerspruch zwischen Gerichtsgutachten und Privatgutachten

Die Einwendungen der Parteien gegen eine Unternehmensbewertung eines Gerichtsgutachters sind ernst zu nehmen, erst recht, wenn **divergierende fachliche Privatgutachten** vorgelegt werden. Der Gutachter und letztlich auch das Gericht müssen sich damit **inhaltlich auseinandersetzen**.[2] Das Gericht kann nicht unreflektiert die Feststellungen des Gerichtsgutachters unter Berufung auf eine größere Überzeugungskraft oder eine Unbrauchbarkeit des Privatgutachtens übernehmen.[3] Können die Divergenzen zwischen Privatgutachten und Gerichtsgutachten nicht nachvollziehbar aufgelöst werden, ist **weitere Sachaufklärung** erforderlich.[4] Das Gericht ist indes nicht verpflichtet, sich zu jedem einzelnen Punkt mit der Auffassung des Privatgutachters auseinanderzusetzen.[5] Das gilt erst recht, wenn der Privatgutachter erkennbar von falschen tatsächlichen und/oder rechtlichen Prämissen ausgeht.[6] Im Übrigen muss sich das Gericht nur mit einem Parteigutachten, das abweichende Tatsachen zum Unternehmenswert zugrunde legt und sich mit dem Gerichtsgutachten auseinandersetzt, befassen.[7] Legen die Parteien zu den fachspezifischen Fragen des Unternehmensbewertungsrechts jeweils Privatgutachten kompetenter Sachverständiger vor, die einander in wesentlichen Punkten widersprechen, darf das Gericht, soweit es nicht über eigene Sachkunde verfügt und diese darlegt, nicht ohne Erhebung eines gerichtlichen Sachverständigengutachtens dem einen Privatgutachten zu Lasten des anderen den Vorzug geben, erst recht nicht mit formelhafter Begründung.[8] Aber selbst wenn einem Privatgutachten vertretbare Ausgangsprämissen, nachvollziehbare Methodik und angemessene Bewertung attestiert werden[9], wird dem **Gerichtsgutachten im Zweifel der Vorzug eingeräumt** mit der Begründung, dass eine fachlich vertretbare Prognose

9

---

1 BGH v. 11.5.1993 – VI ZR 243/92 – juris-Rz. 13, NJW 1993, 2382 m.w.N.; vgl. auch BGH v. 21.5.2007 – II ZR 266/04 – juris-Rz. 9, AG 2007, 625 = NJW-RR 2007, 1409, wo insoweit von „Leerformeln" die Rede ist.
2 BVerfG v. 7.10.1996 – 1 BvR 520/95 – juris-Rz. 19 f.
3 BGH v. 11.5.1993 – VI ZR 243/92 – juris-Rz. 11, NJW 1993, 2382 m.w.N.
4 BGH v. 11.5.1993 – VI ZR 243/92 – juris-Rz. 11, NJW 1993, 2382 m.w.N.
5 BGH v. 25.11.1998 – XII ZR 84/97 – juris-Rz. 44, NJW 1999, 784.
6 BGH v. 25.11.1998 – XII ZR 84/97 – juris-Rz. 44, NJW 1999, 784.
7 OLG Düsseldorf v. 5.5.2011 – I-6 U 70/10 – juris-Rz. 76, AG 2011, 823.
8 BGH v. 21.5.2007 – II ZR 266/04 – juris-Rz. 9, AG 2007, 625 = NJW-RR 2007, 1409; BGH v. 11.5.1993 – VI ZR 243/92 – juris-Rz. 11, NJW 1993, 2382 m.w.N.
9 Vgl. OLG Schleswig v. 29.1.2004 – 5 U 46/97 – juris-Rz. 61, OLGReport Schleswig 2004, 172. Dort wurde gegen das Privatgutachten eingewendet, dass es nur rezensierend sei und keine eigenständige Bewertung enthalte.

nicht durch eine andere fachlich vertretbare Prognose erschüttert werden kann.[1] Das ist nachvollziehbar, weil ansonsten die gerichtliche Bewertung von Unternehmen ad absurdum geführt würde. Hinzu kommen die bereits angesprochenen Schwächen von Parteigutachten im Hinblick auf den einseitig formulierten Auftragsinhalt und die gefilterte Datengrundlage. Darauf hat die gegnerische Partei im Zweifel keinen Einfluss (siehe dazu Ziff. I.4. „Prozessuales Gewicht von Privatgutachten", oben Rz. 6). **Der Parteigutachter ist der beauftragenden Partei und nicht dem Gericht verpflichtet.**

7. Privatgutachten im Verlauf eines gerichtlichen Verfahrens

10 Nicht selten werden **Privatgutachten erst nach Abschluss der ersten Instanz eingeholt**, um die Berufung begründen oder das zweitinstanzlich eingeholte Gerichtsgutachten angreifen zu können. Berufungsgerichte neigen mitunter dazu, nachträglich eingeholte Privatgutachten gemäß den §§ 529 Abs. 1, 531 Abs. 2 Nr. 3 ZPO als verspätet auszuschließen. Vielfach wird es sich dabei aber nicht um neues Vorbringen handeln, nämlich dann nicht, wenn bereits schlüssiges Vorbringen erster Instanz durch weitere Tatsachenbehauptungen **zusätzlich konkretisiert, verdeutlich oder erläutert** wird.[2] Zudem wird eine Zurückweisung wegen Verspätung gem. § 531 Abs. 2 Nr. 3 ZPO regelmäßig auch mangels Nachlässigkeit ausscheiden. Eine Partei ist nicht verpflichtet, bereits in erster Instanz Einwendungen gegen ein Gerichtsgutachten unter Beifügung eines Privatgutachtens oder gestützt auf sachverständigen Rat vorzubringen.[3] Dieser Grundsatz findet bei Fallgestaltungen Anwendung, in denen ein Erfolg versprechender Parteivortrag fachspezifische Fragen betrifft und besondere Sachkunde erfordert.[4]

8. Kosten von Privatgutachten

11 Die Kosten für Privatgutachten zur Unternehmensbewertung sind nicht zu unterschätzen. Seriöse Gutachten liegen im fünfstelligen Euro-Bereich und darüber.[5] Zu den **Kosten des Rechtsstreits nach § 91 ZPO** können nach der ständigen Rechtsprechung des BGH auch die Kosten für ein Privatsachverständigengutachten zählen, wenn dieses **unmittelbar prozessbezogen** ist. Davon ist auszugehen, wenn das Privatgutachten von der Partei mit Rücksicht auf den laufenden Prozess in Auftrag gegeben wurde.[6] Nicht ausreichend ist allein die Tatsache, dass das Privatgutachten im Prozess vorgelegt wird, vielmehr ist ein

---

1 Zu diesem Aspekt vgl. BVerfG v. 24.5.2012 – 1 BvR 3221/10 – juris-Rz. 30, AG 2012, 674 = NZG 2012, 1035.
2 BGH v. 21.12.2006 – VII ZR 279/05 – juris-Rz. 7, NJW 2007, 1531.
3 BGH v. 21.12.2006 – VII ZR 279/05 – juris-Rz. 10, NJW 2007, 1531.
4 BGH v. 21.12.2006 – VII ZR 279/05 – juris-Rz. 10, NJW 2007, 1531; BGH v. 18.10.2005 – VI ZR 270/04 – juris-Rz. 15, BGHZ 164, 330 (333).
5 Das Gutachterhonorar liegt derzeit bei einem Stundensatz von 250 € aufwärts für Wirtschaftsprüfer.
6 BGH v. 20.12.2011 – VI ZB 17/11 – juris-Rz. 10 m.w.N., BGHZ 192, 140.

unmittelbarer Prozessbezug gefordert.[1] Entgegen früher vertretener Auffassung ist es nicht erforderlich, dass das Privatgutachten prozessual verwertet und der Ausgang des Rechtsstreits beeinflusst wurde. Entscheidend ist, ob eine verständige und wirtschaftlich vernünftig denkende Partei die Kosten auslösende Maßnahme **ex ante als sachdienlich** i.S.v. § 91 Abs. 1 Satz 1 ZPO ansehen durfte.[2]

Der Erstattungspflicht nach § 91 Abs. 1 Satz 1 ZPO unterfallen somit vorprozessual eingeholte Privatgutachten, die beauftragt wurden, als sich der **Rechtsstreit konkret abzeichnete**[3] bzw. eine **Klagedrohung** im Raum stand.[4] Bedarf eine Partei sachverständiger Hilfe, um den zur Rechtsverfolgung oder -verteidigung erforderlichen Vortrag halten zu können, kann sie nicht darauf verwiesen werden, zunächst die Einholung eines Sachverständigengutachtens durch das Gericht abzuwarten. Vielmehr ist es in einem solchen Fall zweckmäßig, wenn die Partei sich sachkundig beraten lässt, ehe sie vorträgt.[5] Zur Rechtsverfolgung notwendig ist ein Privatgutachten natürlich auch, wenn ein Gerichtsgutachten ansonsten nicht erschüttert werden könnte.[6]

12

Allerdings sollten die **Kosten** eines Privatgutachtens gegen die berechtigten Belange der Partei abgewogen werden (Verhältnismäßigkeit). Das kann bei Unternehmensbewertungen schnell aus dem Blick geraten. Im Einzelfall kann es geboten sein, keine neue Bewertung in Auftrag zu geben, sondern nur **einzelne von der Partei beanstandete Punkte** prüfen zu lassen, soweit das aus fachlicher Sicht möglich ist und die Partei in die Lage versetzt, qualifiziert vorzutragen oder zu erwidern.[7] Entscheidend ist stets die ex-ante-Sicht der Partei.[8]

13

9. Vernehmung als Zeuge oder sachverständiger Zeuge

Im Grundsatz kommt die **Vernehmung von Privatgutachtern** nicht in Betracht, wenn es um **reine Unternehmensbewertungsfragen** geht, zu denen ein gerichtliches Gutachten vorliegt.[9] Denkbar ist aber eine Vernehmung als Zeuge oder sachverständiger Zeuge, soweit im Rahmen der Privatbegutachtung wertrelevante Tatsachen – ggf. aufgrund besonderer Sachkunde – festgestellt wurden, auf die der Gerichtssachverständige keinen Zugriff mehr hat.

14

---

1 BGH v. 17.12.2002 – VI ZB 56/02 – juris-Rz. 9, BGHZ 153, 235.
2 BGH v. 20.12.2011 – VI ZB 17/11 – juris-Rz. 11, BGHZ 192, 140. Bereits früher wurde die Beauftragung von Privatgutachten aus ex ante-Sicht als sachdienlich angesehen in Fällen, in denen eine Partei infolge fehlender Sachkenntnis ohne die Einholung eines Privatgutachtens nicht zu einem sachgerechten Vortrag in der Lage war, vgl. BGH v. 23.5.2006 – VI ZB 7/05 – juris-Rz. 10, NJW 2006, 2415; BGH v. 17.12.2002 – VI ZB 56/02 – juris-Rz. 13, BGHZ 153, 235.
3 BGH v. 17.12.2002 – VI ZB 56/02 – juris-Rz. 13, BGHZ 153, 235.
4 BGH v. 23.5.2006 – VI ZB 7/05 – juris-Rz. 7, NJW 2006, 2415.
5 BGH v. 17.12.2002 – VI ZB 56/02 – juris-Rz. 14 m.w.N., BGHZ 153, 235.
6 BGH v. 20.12.2011 – VI ZB 17/11 – juris-Rz. 13, BGHZ 192, 140.
7 BGH v. 20.12.2011 – VI ZB 17/11 – juris-Rz. 13 m.w.N., BGHZ 192, 140.
8 BGH v. 20.12.2011 – VI ZB 17/11 – juris-Rz. 16, BGHZ 192, 140.
9 OLG München v. 21.11.2007 – 20 U 3241/07 – juris-Rz. 29.

II. Schiedsgutachten zu Unternehmensbewertungen

1. Eignung von Schiedsgutachten für die Unternehmensbewertung

15 **Schiedsgutachten**[1] eignen sich für komplexe Abfindungssachverhalte einschließlich der Unternehmensbewertung im besonderen Maße, da es hier um Bewertungsfragen geht, die erhebliches Fachwissen voraussetzen und bei denen Beurteilungs- und Bewertungsspielräume bestehen, die ein Spektrum vertretbarer Entscheidungen zulassen.[2] Für kontradiktorische Auseinandersetzungen der Gesellschafter über Unternehmensbewertungen sind ordentliche Gerichtsverfahren nur bedingt geeignet.[3] Schiedsgutachten verfolgen den **Zweck**, Streit zwischen den Parteien mit der Folge eines zeitraubenden und kostspieligen gerichtlichen Verfahrens zu vermeiden.[4] Die Unabhängigkeit, Unparteilichkeit und Objektivität des Schiedsgutachters sind dabei vorauszusetzen.[5] Insbesondere Auseinandersetzungsbilanzen können einem Schiedsgutachter überantwortet werden.[6] Vor diesem Hintergrund sind **Schiedsgutachtenklauseln oftmals Bestandteile von Gesellschaftsverträgen**. Allerdings sollte die Schiedsgutachtenabrede klar formuliert sein, damit außer Zweifel steht, ob ein verbindliches Schiedsgutachten oder nur ein für die Parteien unverbindliches Bewertungsgutachten eingeholt werden soll.[7]

2. Vor- und Nachteile von Schiedsgutachten

16 Gute Schiedsgutachten durch sachkundige Dritte können viel **Zeit und Kosten sparen**. Schlechte und unrichtige Schiedsgutachten können unnötig Zeit und Geld kosten, da in diesem Fall nach dem Schiedsgutachter oftmals noch staatliche Gerichte und gerichtlich beauftragte Sachverständige tätig werden. Eine besondere **Verzögerung bei der gerichtlichen Kontrolle von Schiedsgutachten** kann sich daraus ergeben, dass das Gericht zunächst die offenbare Unrichtigkeit, ggf. mittels Sachverständigengutachten, prüfen muss, und es erst anschließend, in der Regel durch Sachverständigengutachten, die eigene Wertfest-

---

1 Allg. Lit. vgl. *Ribbert*, DB 1978, 2085 ff.; *Michalski*, ZIP 1991, 914 ff.; *Gross*, DStR 2000, 1959 ff.; *Piltz*, Unternehmensbewertung, S. 314 f.
2 BGH v. 4.7.2013 – III ZR 52/12 – juris-Rz. 35, DB 2013, 1715; *Würdinger* in Münch-Komm. BGB, 6. Aufl. 2012, § 317 BGB Rz. 28 m.w.N.; *Gross*, DStR 2000, 1959 ff. m.w.N.
3 BGH v. 3.10.1957 – II ZR 77/56, NJW 1957, 1834.
4 BGH v. 3.10.1957 – II ZR 77/56, NJW 1957, 1834; BGH v. 26.4.1991 – V ZR 61/90 – juris-Rz. 16, NJW 1991, 2761; BGH v. 3.11.1995 – V ZR 182/94 – juris-Rz. 36, NJW 1996, 452. Allerdings kann auch schon ein Streit im Vorfeld der Beauftragung eines Schiedsgutachtens entstehen, wenn die Kriterien oder der Umfang des Ermessens des Schiedsgutachters streitig sind.
5 BGH v. 21.9.1983 – VIII ZR 233/82 – juris-Rz. 19, NJW 1984, 43.
6 BGH v. 3.10.1957 – II ZR 77/56, NJW 1957, 1834.
7 BGH v. 16.1.1969 – II ZR 115/67 – juris-Rz. 30 ff., WM 1969, 494. Dort war streitig, ob ein vor dem OLG Düsseldorf protokollierter Vergleich, wonach das Abfindungsguthaben des Klägers durch einen Gutachter ermittelt werden sollte, als Schiedsgutachten zu werten war, was im Ergebnis verneint wurde.

setzung vornehmen kann. Es kann weder verlässlich prognostiziert werden, ob ein Gericht die offenbare Unrichtigkeit bejaht noch vorhergesagt werden, welche Ergebnisse ggf. ein gerichtliches Gutachten liefert.[1] Die Schiedsgutachtenabrede der Parteien hat daher **nicht nur Vorteile**.

3. Wirkung von Schiedsgutachten

Im akzeptablen Spektrum vertretbarer Entscheidungen[2] ist es das Ziel der Beteiligten der Schiedsgutachtenvereinbarung, dass die **billige Entscheidung** oder die **richtige Feststellung** des Dritten an die Stelle der – in der Regel – tatsächlich und rechtlich divergierenden und subjektiv geprägten Vorstellungen der beteiligten Gesellschafter tritt. Durch Schiedsgutachten wird die Höhe der Abfindung bzw. des Unternehmenswerts in Abhängigkeit von der Reichweite der entsprechenden Vereinbarung der Einschätzung und der Disposition der Gesellschafter und auch der uneingeschränkten Richtigkeitskontrolle der staatlichen Gerichte entzogen, da im Grundsatz sowohl die **Parteien als auch die Gerichte daran trotz eventueller Fehlerhaftigkeit gebunden** sind.[3] Bei der Vereinbarung freien Beliebens des Schiedsgutachters gem. § 319 Abs. 2 BGB geht die Bindungswirkung von Schiedsgutachten noch weiter, sie kann sich dann auch auf offensichtlich falsche Gutachten erstrecken.[4] Ein **Schiedsgutachten ist Grundlage eines Leistungsantrages** vor den ordentlichen Gerichten. Unter Vorlage des Gutachtens ist das Ergebnis, d.h. der Unternehmenswert bzw. das Abfindungsguthaben, vorzutragen.[5] Die Urkundsklage ist möglich. Allerdings besteht die Gefahr der Abweisung der Klage als nicht statthaft als Urkundsklage wegen der Ungeeignetheit des Schiedsgutachtens als Beweismittel bei dessen offenbarer Unrichtigkeit.[6]

17

Die Vereinbarung eines Schiedsgutachtenvertrages hat darüber hinaus weitere **prozessuale und materielle Wirkungen**. Es liegt in der Natur der Sache, dass ein Gläubiger seinen Anspruch, zu deren Ermittlung ein Schiedsgutachten vereinbart wurde, weder außergerichtlich noch gerichtlich während der regulären Schiedsgutachtertätigkeit geltend machen kann (**prozessuale Durchsetzungssperre**).[7] Das gilt auch dann, wenn die Parteien dies nicht ausdrücklich verein-

18

---

1 *Gross*, DStR 2000, 1959 (1962), spricht insofern nicht zu Unrecht von einem „Sprung ins Dunkle".
2 BGH v. 3.11.1995 – V ZR 182/94 – juris-Rz. 36, NJW 1996, 452.
3 Vgl. BGH v. 3.11.1995 – V ZR 182/94 – juris-Rz. 36, NJW 1996, 452 [„Bloße Zweifel oder kleinere Fehler der Leistungsbestimmung haben die Vertragsparteien hinzunehmen."].
4 *Gross*, DStR 2000, 1959 (1959); *Grüneberg* in Palandt, § 319 BGB Rz. 9; *Würdinger* in MünchKomm. BGB, 6. Aufl. 2012, § 319 BGB Rz. 28. Eine gerichtliche Überprüfung auf offensichtliche Unrichtigkeit ist bei der Vereinbarung freien Beliebens nicht möglich. Es gelten lediglich die Grenzen der §§ 134, 138 BGB.
5 BGH v. 4.7.2013 – III ZR 52/12 – juris-Rz. 28, DB 2013, 1715-1722; BGH v. 25.1.1979 – X ZR 40/77 – juris-Rz. 24, NJW 1979, 1885-1886.
6 Vgl. BGH v. 16.11.1987 – II ZR 111/87 – juris-Rz. 5 ff. und 14, ZIP 1988, 162-163.
7 BGH v. 4.7.2013 – III ZR 52/12 – juris-Rz. 28, DB 2013, 1715-1722.

bart haben; insofern ist dann von einer stillschweigenden Vereinbarung auszugehen.[1] Es handelt sich insoweit nicht um eine Stundungsvereinbarung, sondern eine Regelung zur Leistungszeit gem. § 271 BGB.[2] Mangels Fälligkeit ist eine Klage „als zur Zeit unbegründet" abzuweisen.[3]

19 Selbst wenn die Schiedsgutachtenklausel undurchführbar ist und folglich das Gericht die Tatsachenfeststellung, etwa die Unternehmensbewertung, vornimmt, wird der **Fälligkeitszeitpunkt verschoben, und zwar auf den Zeitpunkt der Rechtskraft der gerichtlichen Entscheidung**.[4] Im Hinblick auf die möglicherweise um Jahre verzögerte Fälligkeit der Abfindung bis zur Durchführung des Schiedsgutachtens kann eine frühere Verzinsung der streitigen Forderung vereinbart werden.[5] Ansonsten besteht nur die Möglichkeit, einen Schaden gem. § 280 Abs. 1 BGB geltend zu machen, wenn die verbindliche Feststellung der Forderung verzögert wird.[6]

20 Über eine durch **Schiedsgutachten festgestellte Tatsache darf vor Gericht kein Beweis erhoben** werden.[7] Nicht selten entsteht schon vor der Einholung eines Schiedsgutachtens Streit über die anzuwendenden Kriterien und den Umfang des Gutachterermessens bei der Erstellung des Schiedsgutachtens. Dann ist die Feststellungsklage nach § 256 ZPO möglich[8] und evtl. auch sinnvoll. Dadurch kommt es allerdings zu Verzögerungen. Ferner besteht die Wahrscheinlichkeit, dass im Rahmen der Schiedsgutachtertätigkeit weitere Streitpunkte aufgedeckt werden mit der Folge, dass über die Verbindlichkeit des Schiedsgutachtens oh-

---

1 BGH v. 4.7.2013 – III ZR 52/12 – juris-Rz. 28, DB 2013, 1715-1722; BGH v. 26.10.1989 – VII ZR 75/89 – juris-Rz. 27, NJW 1990, 1231-1232. Dort wurde ein „pactum de non petendo" angenommen.
2 BGH v. 4.7.2013 – III ZR 52/12 – juris-Rz. 28, DB 2013, 1715-1722. Danach wird die Fälligkeit der Forderung bis zur Vorlage des Schiedsgutachtens aufgeschoben.
3 BGH v. 4.7.2013 – III ZR 52/12 – juris-Rz. 28 m.w.N., DB 2013, 1715-1722; BGH v. 7.6.2011 – II ZR 186/08 – juris-Rz. 13, NZG 2011, 860-861; *Würdinger* in MünchKomm. BGB, 6. Aufl. 2012, § 317 BGB Rz. 26 m.w.N.
4 BGH v. 4.7.2013 – III ZR 52/12 – juris-Rz. 32, DB 2013, 1715-1722. Dies wird überzeugend damit begründet, dass bei einer rechtsgestaltenden Entscheidung des Schiedsgutachters nach billigem Ermessen anerkannt sei, dass die streitige Forderung erst mit gestaltendem Gerichtsurteil bestimmt und daher auch erst mit Rechtskraft des Urteils fällig werde. Gleiches gelte für Schiedsgutachten im engeren Sinn, da die Leistung aufgrund des unklaren Sachverhalts bis zur Rechtskraft des Urteils noch nicht feststehe.
5 BGH v. 4.7.2013 – III ZR 52/12 – juris-Rz. 37, DB 2013, 1715-1722.
6 BGH v. 4.7.2013 – III ZR 52/12 – juris-Rz. 37 ff., DB 2013, 1715-1722. Mangels Fälligkeit bis zur Rechtskraft kommen Ansprüche nach den §§ 352, 353 HGB, §§ 288, 286 Abs. 1 S. 1, 291 BGB nicht in Betracht. Ein Vermögensschaden nach § 280 Abs. 1 BGB (Zinsschaden) kann frühestens ab dem Zeitpunkt des Beginns der Pflichtwidrigkeit verlangt werden, d.h. ab dem Zeitpunkt, zu dem das Schiedsgutachten bei angemessener Förderung vorgelegen hätte. Das hängt sehr von Art und Umfang des Schiedsgutachtens ab.
7 BGH v. 4.7.2013 – III ZR 52/12 – juris-Rz. 28, DB 2013, 1715-1722; *Würdinger* in MünchKomm. BGB, 6. Aufl. 2012, § 317 BGB Rz. 36 m.w.N.
8 BGH v. 3.11.1995 – V ZR 182/94 – juris-Rz. 16 ff., NJW 1996, 452-454; *Würdinger* in MünchKomm. BGB, 6. Aufl. 2012, § 317 BGB Rz. 27.

nehin später vor den ordentlichen Gerichten gestritten wird mit den beschriebenen weiteren Nachteilen und Verzögerungen.[1] Die Alternative ist, zunächst das Schiedsgutachten – unter Zurückstellung von Bedenken – einzuholen und später in einem Zug vor Gericht über die Kriterien zu streiten.

4. Typische Schiedsgutachtenklauseln

Häufig findet sich in **Gesellschaftsverträgen folgende typische Schiedsgutachtenklausel**:

21

> „Kommt eine Einigung über die Höhe der Abfindung nicht zustande, so erstellt ein von der Industrie- und Handelskammer ... zu benennender Sachverständiger ein Schiedsgutachten. Dieses ist für die Gesellschaft und den ausgeschiedenen Gesellschafter verbindlich."[2]

Die Gesellschafter können ebenso vereinbaren, dass lediglich der für Abfindungszwecke zu ermittelnde Unternehmenswert verbindlich durch einen Schiedsgutachter festgelegt wird. Darüber hinaus sind auch **kombinierte Vereinbarungen** denkbar unter Erweiterung auf ein Schiedsverfahren, etwa derart, dass bei Streitigkeiten über ein Schiedsgutachten ein Schiedsgericht entscheiden soll.[3] Bei der Vereinbarung von **Schiedsgutachtenklauseln in AGB** gelten Besonderheiten.[4] Allerdings ist zur Vermeidung der Unwirksamkeit eines Schiedsgutachtens darauf zu achten, dass die essentialia negotii in der Schiedsgutachtenvereinbarung enthalten sind, d.h. der Gegenstand des Auftrags und Art und Umfang des Bestimmungsrechts des Schiedsgutachters näher beschrieben werden.[5]

Für die **Auslegung einer Schiedsgutachtenklausel** ist die Wortwahl der erste Anknüpfungspunkt. Die Verwendung des Wortes „Schiedsgutachten" hat zwar starkes Gewicht für die Interpretation der Vereinbarung, ist aber nicht aus-

22

---

1 Siehe dazu oben Ziff. II „Schiedsgutachten zu Unternehmensbewertungen", S. 8, Rz. 15.
2 OLG Frankfurt v. 6.4.2005 – 23 U 151/00 – juris-Rz. 10, NZG 2005, 712. Vgl. zu ähnlich bzw. gleich lautenden Klauseln: OLG Köln v. 17.1.2001 – 13 U 82/00 – juris-Rz. 7; OLG München v. 3.12.2009 – 23 U 3904/07 – juris-Rz. 5, BeckRS 2009, 89373; BGH v. 14.7.1986 – II ZR 249/85 – juris-Rz. 1, GmbHR 1986, 425 = NJW 1987, 21-23; BGH v. 16.11.1987 – II ZR 111/87 – juris-Rz. 2, ZIP 1988, 162-163.
3 Vgl. zu einem „Mischfall" OLG München v. 12.2.2008 – 34 SchH 006/07 – juris-Rz. 5, MDR 2008, 943-944. Dort sollte der Verkehrswert des Geschäftsanteils durch Schiedsgutachten geklärt werden. Streitigkeiten sollten im Schiedsverfahren unter Ausschluss des ordentlichen Rechtswegs geklärt werden. Vgl. ergänzend *Würdinger* in MünchKomm. BGB, 6. Aufl. 2012, § 319 BGB Rz. 26.
4 BGH v. 18.5.1983 – VIII ZR 83/82 – juris-Rz. 19 ff., NJW 1983, 1854-1855; *Gross*, DStR 2000, 1959 (1960).
5 BGH v. 27.1.1971 – VIII ZR 151/69, BGHZ 55, 248-251. Dort war eine Vereinbarung in einem Mietvertrag, die für den Fall fehlender Einigung der Parteien vorsah, dass ein Sachverständiger darüber zu entscheiden hat, für welche Zeit und zu welchen Bedingungen das Vertragsverhältnis verlängert werden soll, als unwirksam behandelt worden, weil es an einer Regelung darüber fehlte, nach welchen Gesichtspunkten der Sachverständige die ihm überlassene Bestimmung treffen soll. Vgl. ergänzend *Gross*, DStR 2000, 1959 (1960).

schlaggebend.¹ Es reicht ggf. auch die Feststellung, dass ein Sachverständiger für die Beteiligten verbindliche Feststellungen treffen soll.² Die vorgenannte typische Schiedsgutachtenklausel ist dahin auszulegen, dass ein Schiedsgutachten nur dann einzuholen ist, wenn die Höhe der Abfindung tatsächlich streitig ist. Das ist der Fall, wenn Aktiva und Passiva der Gesellschaft streitig sind.³ Als nicht unter die Schiedsgutachtenklausel fallende rechtliche Frage wird die Beurteilung vertraglicher Vorgaben zur anzuwendenden Bewertungsmethode bei ansonsten unstreitigem Zahlenwerk angesehen.⁴ Ferner ist ein Schiedsgutachten dann entbehrlich, wenn es um Ansprüche geht, die in eine vom Schiedsgutachter zu erstellende Auseinandersetzungsbilanz nicht einzustellen wären, wie z.B. Verzögerungsschäden aus der verspäteten Übertragung von Sondereigentum.⁵

5. Schiedsgutachten im engeren und weiteren Sinn

23 Der Begriff Schiedsgutachten ist gebräuchlich für das **Schiedsgutachten im weiteren Sinn** (i.w.S.) und **Schiedsgutachten im engeren Sinn** (i.e.S.).⁶ Die Abgrenzung kann schwierig sein.⁷ Einerseits kann ein Schiedsgutachten zur rechtsgestaltenden Leistungsbestimmung (billige Bestimmung der Leistung oder Leistungsmodalität) vereinbart werden; es handelt sich dann um ein Schiedsgutachtenvertrag i.w.S.⁸ Soweit nichts anderes vereinbart ist, richtet sich die Entscheidung nach **billigem Ermessen**, d.h. es besteht ein erheblicher Ermes-

---

1   BGH v. 16.1.1969 – II ZR 115/67 – juris-Rz. 33 ff., WM 1969, 494-496.
2   BGH v. 17.5.1991 – V ZR 104/90 – juris-Rz. 7 m.w.N., NJW 1991, 2698-2699.
3   OLG Frankfurt v. 6.4.2005 – 23 U 151/00 – juris-Rz. 11, NZG 2005, 712.
4   OLG Celle v. 28.8.2002 – 9 U 29/02 – juris-Rz. 31, GmbHR 2002, 1063-1065. Dort ging es um die rechtliche Frage, welche gesellschaftsvertragliche Regelung zur Anwendung kommt, wobei sich die Beklagte auf eine gesellschaftsrechtliche Vereinbarung berief, dass der Geschäftsanteil dem „Vorkaufsberechtigten" zu einem Kurswert entsprechend § 11 BewG angeboten werden müsse, und der Kläger die an anderer Stelle geregelte „Einziehungsvergütung" nach ordentlicher Kündigung beanspruchte. Zum Inhalt der Einziehungsvergütung s. den Tatbestand bei LG Hannover v. 20.12.2001 – 2 O 3360/01 – juris-Rz. 2, GmbHR 2002, 267.
5   OLG Köln v. 17.1.2001 – 13 U 82/00 – juris-Rz. 73; ähnlich OLG Frankfurt v. 6.4.2005 – 23 U 151/00 – juris-Rz. 12, NZG 2005, 712. Dort ging es um eine Bereicherung durch die Erlangung von Mietzinszahlungen hinsichtlich des zu übertragenden Sondereigentums.
6   Vgl. BGH v. 6.12.1974 – V ZR 95/73 – juris-Rz. 17; BGH v. 26.4.1991 – V ZR 61/90 – juris-Rz. 11 m.w.N., NJW 1991, 2761; *Grüneberg* in Palandt, § 317 BGB Rz. 3. Zur Unterscheidung nach vier unterschiedlichen Funktionen vgl. *Würdinger* in MünchKomm. BGB, 6. Aufl. 2012, § 317 BGB Rz. 29 (Anfängliche Leistungsbestimmung; Vertragsanpassung, rechtklärendes oder rechtfeststellendes Schiedsgutachten und Sachverständigengutachten.).
7   BGH v. 4.7.2013 – III ZR 52/12 – juris-Rz. 36, DB 2013, 1715.
8   BGH v. 25.6.1952 – II ZR 104/51 – juris-Rz. 12, BGHZ 6, 335; BGH v. 4.6.1981 – III ZR 4/80 – juris-Rz. 21, BB 1982, 1077; *Würdinger* in MünchKomm. BGB, 6. Aufl. 2012, § 317 BGB Rz. 7, der darauf hinweist, dass diese Art von Schiedsgutachten in Dauerschuldverhältnissen anzutreffen ist, um eine Anpassung an veränderte Umstände vorzunehmen.

sensspielraum.¹ Das Ermessen kann aber vertraglich eingeschränkt werden.² Typische Fälle für Schiedsgutachten i.w.S. sind die Ausfüllung von Vertragslücken und die Anpassung an geänderte Verhältnisse.³ Andererseits kann ein Schiedsgutachten zur verbindlichen Feststellung oder Klarstellung von für einen Anspruch maßgeblichen Tatsachen – mittelbare Leistungsbestimmung – vereinbart werden. Es handelt sich dann um einen Schiedsgutachtenvertrag i.e.S.⁴ Typische Fälle⁵ sind: Feststellung einer Abschichtungsbilanz⁶, des gemeinen Werts eines Einfamilienhauses⁷; des Werts eines Geschäftsanteils⁸ oder eines Unternehmens⁹. Soweit nichts anderes vereinbart ist, wird eine **richtige Entscheidung** gefordert.¹⁰ Schiedsgutachten i.e.S. und i.w.S. können auch in einer Vereinbarung kombiniert werden.¹¹ Das kommt etwa in Betracht, wenn einerseits Feststellungen zu Tatsachen getroffen werden sollen, andererseits daraus unter Einbeziehung weiterer Positionen eine Abfindung nach billigem Ermessen abgeleitet werden soll.¹² Auf das Schiedsgutachten i.w.S. (Leistungsbestimmung) sind die §§ 317 ff. BGB unmittelbar anzuwenden, auf das Schiedsgutachten i.e.S. (Tatsachenfeststellung) sind die §§ 317–319 BGB mangels abweichender Vereinbarung der Parteien entsprechend anzuwenden.¹³

6. Abgrenzung Schiedsgutachten/Schiedsvertrag

Die **Abgrenzung der Schiedsgutachtenvereinbarung von einer Schiedsgerichtsvereinbarung** kann schwierig sein, selbst wenn der Wortlaut klar ist, erst recht   24

---

1 Vgl. BGH v. 26.4.1991 – V ZR 61/90 – juris-Rz. 11 m.w.N., NJW 1991, 2761; BGH v. 3.11.1995 – V ZR 182/94 – juris-Rz. 36, NJW 1996, 452; *Würdinger* in MünchKomm. BGB, 6. Aufl. 2012, § 317 BGB Rz. 7 und 29 m.w.N.
2 BGH v. 3.11.1995 – V ZR 182/94 – juris-Rz. 25, NJW 1996, 452.
3 Vgl. BGH v. 3.11.1995 – V ZR 182/94 – juris-Rz. 28, NJW 1996, 452; *Grüneberg* in Palandt, § 317 BGB Rz. 5.
4 BGH v. 26.4.1991 – V ZR 61/90 – juris-Rz. 11 m.w.N., NJW 1991, 2761; BGH v. 4.7.2013 – III ZR 52/12 – juris-Rz. 27, DB 2013, 1715, dort ging es um die Bestimmung des Unternehmenswerts (Verkehrswert). Zur Abgrenzung des Schiedsgutachtens im engeren und weiteren Sinne vgl. BGH v. 26.10.1989 – VII ZR 75/89 – juris-Rz. 27, NJW 1990, 1231-1232; *Würdinger* in MünchKomm. BGB, 6. Aufl. 2012, § 317 BGB Rz. 6 und 29 ff.; *Grüneberg* in Palandt, § 319 BGB Rz. 3.
5 Siehe dazu die Beispiele bei *Grüneberg* in Palandt, § 317 BGB Rz. 6 und § 319 BGB Rz. 31.
6 BGH v. 3.10.1957 – II ZR 77/56, NJW 1957, 1834.
7 BGH v. 6.12.1974 – V ZR 95/73 – juris-Rz. 17.
8 OLG München v. 3.12.2009 – 23 U 3904/07 – juris-Rz. 46 ff., BeckRS 2009, 89373.
9 BGH v. 4.7.2013 – III ZR 52/12 – juris-Rz. 27, DB 2013, 1715.
10 *Würdinger* in MünchKomm. BGB, 6. Aufl. 2012, § 317 BGB Rz. 9.
11 Vgl. den Mischfall bei OLG Frankfurt v. 21.2.2007 – 23 U 86/06 – juris-Rz. 39, AG 2007, 699 = NZG 2007, 758.
12 Vgl. auch OLG München v. 3.12.2009 – 23 U 3904/07 – juris-Rz. 9, BeckRS 2009, 89373.
13 BGH v. 4.7.2013 – III ZR 52/12 – juris-Rz. 27 m.w.N., DB 2013, 1715; OLG Düsseldorf v. 28.4.1999 – 11 U 69/98 – juris-Rz. 20, NJW-RR 2000, 279; *Grüneberg* in Palandt, § 317 BGB Rz. 3 m.w.N.

dann, wenn dieser keine eindeutigen Anhaltspunkte liefert.[1] Oft sind die Begriffe und die Aufgabenstellungen diffus. Der Schiedsvertrag ist auf eine abschließende **rechtliche Entscheidung** gerichtet, das Schiedsgutachten i.e.S. auf die **Klärung von tatsächlichen Fragen**[2], wobei die Entscheidung über rechtliche Vorfragen oder die Subsumtion der festgestellten Tatsachen unter unbestimmte Rechtsbegriffe mit übertragen werden kann, wenn die Tatsachenfeststellung ohne Beantwortung der rechtlichen Vorfragen nicht möglich ist.[3] Maßgebend sind dann die Aufgaben, die von der Schiedsperson wahrgenommen werden sollen sowie die Wirkung seiner Entscheidung. d.h. ob vergleichbar der Aufgabe des ordentlichen Gerichts eine abschließende Streitentscheidung getroffen werden soll oder nicht.[4] Der **Schiedsgutachter ist nicht Richter**, sondern regelt die Rechtsbeziehungen der Parteien auf der materiellen Ebene.[5] Schiedsvertrag und Schiedsgutachtenvertrag sind wesensverschieden. Die Abgrenzung kann nicht offen bleiben. Denn auf den Schiedsvertrag sind die §§ 1025 ff. BGB anwendbar, auf das Schiedsgutachten nicht. Ferner führt der Schiedsvertrag ggf. zum **Ausschluss des ordentlichen Rechtswegs**, während der Schiedsgutachtenvertrag eine **gerichtliche Überprüfung auf grobe Fehler** zulässt.[6] Im Zweifel

---

1 Bspw. kann von „Gutachtern", „Schiedsrichtern", „Schiedsmännern" oder „Sachverständigen" die Rede sein. Vgl. BGH v. 4.6.1981 – III ZR 4/80 – juris-Rz. 2 ff., BB 1982, 1077 [„... Schiedsmänner..."]. Auch die Aufgabenstellung kann komplex oder auch schwammig formuliert sein, vgl. ergänzend BGH v. 17.5.1967 – VIII ZR 58/66 – juris-Rz. 28 ff., BGHZ 48, 25; *Würdinger* in MünchKomm. BGB, 6. Aufl. 2012, § 317 BGB Rz. 8; *Grüneberg* in Palandt, § 317 BGB Rz. 8.
2 BGH v. 25.6.1952 – II ZR 104/51 – juris-Rz. 12 ff., BGHZ 6, 335.
3 BGH v. 21.5.1975 – VIII ZR 161/73 – juris-Rz. 17, NJW 1975, 1556. Dort war die Vorfrage „grundlegende Veränderung der Verhältnisse". Vgl. auch BGH v. 17.5.1967 – VIII ZR 58/66 – juris-Rz. 28 ff., BGHZ 48, 25; *Grüneberg* in Palandt, § 317 BGB Rz. 8. *Würdinger* in MünchKomm. BGB, 6. Aufl. 2012, § 317 BGB Rz. 9 (z.B. die Feststellung der Angemessenheit, der Ortsüblichkeit, der Zumutbarkeit, des Wertes einer Sache oder eines Gesellschaftsanteils oder eines Unternehmens).
4 Zur Abgrenzung vgl. BGH v. 25.6.1952 – II ZR 104/51 – juris-Rz. 12 ff., BGHZ 6, 335; BGH v. 17.5.1967 – VIII ZR 58/66 – juris-Rz. 28 ff., BGHZ 48, 25; BGH v. 4.6.1981 – III ZR 4/80 – juris-Rz. 15 ff., BB 1982, 1077. Danach kommt es nicht auf den Wortlaut an, sondern auf den Inhalt der Aufgabe, von dem Dritten zu Schiedszwecken übernommen werden soll. Ist es Aufgabe des Dritten, anstelle der Parteien subjektives Recht setzen, soll eine Schiedsgutachtenabrede vorliegen. Liegt die Aufgabe des Dritten darin, die Rechtsbeziehungen endgültig mit rechtsgestaltendem Charakter ohne Überprüfungsmöglichkeit nach § 319 BGB durch staatliche Gerichte zu entscheiden, soll eine Schiedsrichtervereinbarung vorliegen. Nicht entscheidend ist, ob der Schiedsperson über die Ermittlung von Tatbestandsmerkmalen hinaus auch die rechtliche Einordnung übertragen ist, da dies auch beim Schiedsgutachten möglich ist. Vgl. BGH v. 17.5.1967 – VIII ZR 58/66 – juris-Rz. 32 m.w.N., BGHZ 48, 25. Vgl. ergänzend *Würdinger* in MünchKomm. BGB, 6. Aufl. 2012, § 317 BGB Rz. 8 ff.
5 BGH v. 25.6.1952 – II ZR 104/51 – juris-Rz. 14, BGHZ 6, 335.
6 BGH v. 25.6.1952 – II ZR 104/51 – juris-Rz. 12 ff., BGHZ 6, 335; BGH v. 17.5.1967 – VIII ZR 58/66 – juris-Rz. 28, BGHZ 48, 25.

ist eine Schiedsgutachtenvereinbarung als eine die Parteien weniger belastende Maßnahme anzunehmen.[1]

7. Einholung des Schiedsgutachtens

Haben die Gesellschafter für die Bestimmung der Abfindung oder des Unternehmenswerts ein Schiedsgutachten vereinbart, sind alle **Beteiligten verpflichtet, das Verfahren zu fördern**[2], d.h. eine Abstimmung über die Person des Schiedsgutachters herbeizuführen[3] bzw. den im Vertrag genannten Dritten zur Benennung des Schiedsgutachters aufzufordern, den benannten Schiedsrichter zu beauftragen, ihm die nötigen Informationen zu erteilen bzw. Unterlagen vorzulegen und ggf. Zugang zum Unternehmen zu gewähren.[4] Sinnvoll ist die Beauftragung des Schiedsgutachters durch die Parteien der entsprechenden Vereinbarung. Allerdings ist auch die Beauftragung des Schiedsgutachters durch eine Partei zulässig und teilweise auch ausdrücklich vorgesehen, wenn eindeutig offengelegt wird, dass es sich um ein für beide Seiten zu erstattendes Schiedsgutachten handelt, also der Gutachter als neutraler Dritter und nicht nur als Privatgutachter seines Auftraggebers tätig wird.[5] Auch bei einseitiger Beauftragung ist der Schiedsgutachter immer allen Parteien der Schiedsgutachtenabrede gleichermaßen verpflichtet.[6] Sieht der Gesellschaftsvertrag nichts anderes vor, ist das Gutachten innerhalb angemessener Zeit von der Gesellschaft einzuholen. Allerdings kann die Initiative auch von einem ausscheidenden Gesellschafter ausgehen, wenn die Gesellschaft untätig bleibt. Die vertraglichen Vorgaben der Schiedsbegutachtung sind einzuhalten.

25

8. Verfahren des Schiedsgutachters

Das **Verfahren des Schiedsgutachters** und die von ihm zur Leistungsbestimmung herangezogenen Kriterien sind nachrangig. **Entscheidend ist primär das Ergebnis seiner Tätigkeit.**[7] Daher ist der Schiedsgutachter bei seiner Tätigkeit

26

---

1 BGH v. 4.6.1981 – III ZR 4/80 – juris-Rz. 22, BB 1982, 1077; *Grüneberg* in Palandt, § 317 BGB Rz. 8.
2 BGH v. 26.10.1989 – VII ZR 75/89 – juris-Rz. 32, NJW 1990, 1231.
3 Nach der typischen Vertragsklausel, wonach ein Dritter den Schiedsgutachter benennt, etwa die IHK, ist eine Zustimmung der Parteien zur Person des Schiedsgutachters aber nicht erforderlich. Vgl. dazu BGH v. 21.9.1983 – VIII ZR 233/82 – juris-Rz. 14, NJW 1984, 43.
4 *Würdinger* in MünchKomm. BGB, 6. Aufl. 2012, § 317 BGB Rz. 52 m.w.N.
5 BGH v. 17.1.2013 – III ZR 11/12 – juris-Rz. 14, NJOZ 2013, 1382; BGH v. 16.11.1987 – II ZR 111/87 – juris-Rz. 14, ZIP 1988, 162; BGH v. 6.6.1994 – II ZR 100/92 – juris-Rz. 13, NJW-RR 1994, 1314.
6 BGH v. 17.1.2013 – III ZR 11/12 – juris-Rz. 18, NJOZ 2013, 1382.
7 BGH v. 25.6.1952 – II ZR 104/51 – juris-Rz. 12 ff., BGHZ 6, 335 [„...steht er in verfahrensrechtlicher Hinsicht völlig frei. Es ist daher auch ohne wesentliche Bedeutung, auf welchem Wege er zu dem Ergebnis in seinem Gutachten gekommen ist"]; BGH v. 6.12.1974 – V ZR 95/73 – juris-Rz. 17; BGH v. 12.1.2001 – V ZR 372/99 – juris-Rz. 13, BGHZ 146, 280; BGH v. 3.11.1995 – V ZR 182/94 – juris-Rz. 37, NJW 1996, 452.

weitgehend frei.[1] Die Prozessgrundsätze der ZPO für das streitige Verfahren vor den ordentlichen Gerichten oder den Schiedsgerichten gem. §§ 1025 ff. ZPO sind weder direkt noch analog anwendbar.[2] Das gilt selbst dann, wenn der Schiedsgutachter rechtliche Vorfragen zu klären hat.[3] Zur Gewährleistung gerechter und richtiger Schiedsgutachten, der Akzeptanz durch die Beteiligten und der Bindung der Parteien und des Gerichts an das Schiedsgutachten sollte den Beteiligten bei seiner Erstellung **rechtliches Gehör** gewährt werden, das heißt, sie sollten im sachlich gebotenen Umfang beteiligt werden.[4] Ein Verstoß gegen diesen Verfahrensgrundsatz kann zur Unverbindlichkeit des Schiedsgutachtens führen.[5] Zwingend ist das allerdings nur, wenn der Gesellschaftsvertrag rechtliches Gehör vorschreibt.[6] Wenn der Schiedsgutachter einer Partei rechtliches Gehör gewährt, muss er es natürlich auch den übrigen Beteiligten gewähren.[7] Bei fehlendem Konsens muss der Schiedsgutachter das Vorbringen der für die Beteiligten vorteilhaften Umstände berücksichtigen.[8] Wegen der

---

1 *Würdinger* in MünchKomm. BGB, 6. Aufl. 2012, § 317 BGB Rz. 52 m.w.N.; *Gross*, DStR 2000, 1959 (1960).
2 BGH v. 25.6.1952 – II ZR 104/51 – juris-Rz. 15, BGHZ 6, 335; BGH v. 4.6.1981 – III ZR 4/80 – juris-Rz. 32 ff., BB 1982, 1077 (zur Form des § 1027 ZPO); *Gross*, DStR 2000, 1959 (1959 f.); *Würdinger* in MünchKomm. BGB, 6. Aufl. 2012, § 317 BGB Rz. 41 m.w.N., auch zu den Gegenauffassungen.
3 BGH v. 23.11.1979 – I ZR 161/77 – juris-Rz. 18 ff., DB 1980, 679.
4 Vgl. *Würdinger* in MünchKomm. BGB, 6. Aufl. 2012, § 317 BGB Rz. 43; vgl. zum Umfang der Beteiligung bspw. OLG Schleswig v. 9.6.1999 – 4 U 103/95 – juris-Rz. 39 ff., NZM 2000, 338. Sinnvoll ist ein Gespräch mit den Beteiligten, um Konsensvorstellungen und streitige Punkte zu ermitteln. Dabei kann ferner die Datengrundlage abgefragt und den Beteiligten Gelegenheit gegeben werden, die für sie günstigen Fakten mitzuteilen und entsprechende Unterlagen vorzulegen. Ferner sollte der Schiedsgutachter seine grundsätzliche Vorgehensweise erläutern, z.B. darlegen, ob und ggf. warum für die Unternehmensbewertung die Ertragswertmethode oder ein anderes Verfahren angewendet wird.
5 BGH v. 25.6.1952 – II ZR 104/51 – juris-Rz. 15, BGHZ 6, 335. Begründet wird die Verbindlichkeit eines Schiedsgutachtens trotz einer Verletzung des Grundsatzes des rechtlichen Gehörs seitens des Gutachters damit, dass ein Schiedsgutachten mit seinem überwiegend materiellem Gehalt im Gegensatz zur Entscheidung eines Schiedsgerichts keine abschließende Entscheidung für die Parteien trifft, sondern ein Schiedsgutachten gem. § 319 BGB der gerichtlichen Nachprüfung unterliegt und bei Unbilligkeit bzw. Unrichtigkeit unverbindlich ist. Offen gelassen: BGH v. 16.11.1987 – II ZR 111/87 – juris-Rz. 7, ZIP 1988, 162; *Würdinger* in MünchKomm. BGB, 6. Aufl. 2012, § 319 BGB Rz. 18, will die Verletzung rechtlichen Gehörs als erhebliches Indiz für eine offenbare Unrichtigkeit des Schiedsgutachtens werten.
6 OLG Schleswig v. 9.6.1999 – 4 U 103/95 – juris-Rz. 46; *Grüneberg* in Palandt, § 317 BGB Rz. 7 m.w.N. und § 319 Rz. 5a m.w.N.
7 *Gross*, DStR 2000, 1959 ff. m.w.N. Eine Ablehnung des Schiedsgutachters wg. Befangenheit ist nicht möglich, aber die fristlose Kündigung des Schiedsgutachtenvertrages aus wichtigem Grund wegen der Besorgnis der Befangenheit, vgl. dazu BGH v. 5.12.1979 – VIII ZR 155/78 – juris-Rz. 92 ff., WM 1980, 108.
8 *Würdinger* in MünchKomm. BGB, 6. Aufl. 2012, § 317 BGB Rz. 43 m.w.N.

Bindung der Parteien und des staatlichen Gerichts an das Schiedsgutachten hat der Schiedsgutachter seine Aufgabe **unabhängig und unparteiisch** zu versehen.[1]

9. Unverbindlichkeit des Schiedsgutachtens nach § 319 Abs. 1 Satz 1 BGB

Ein Schiedsgutachten wird grundsätzlich gem. § 318 Abs. 1 BGB mit dem Zugang an die Parteien **verbindlich** und **unwiderruflich**, wobei bereits der Zugang bei einem Beteiligten ausreicht.[2] Auch das Gericht ist daran gebunden.[3] Nach § 319 Abs. 1 Satz 1 BGB sind Schiedsgutachten i.w.S. bei offenbarer Unbilligkeit unverbindlich. Davon ist nicht schon bei bloßer Fehlerhaftigkeit auszugehen[4], sondern erst dann, wenn die Leistungsbestimmung nach billigem Ermessen in **grober Weise gegen Treu und Glauben verstößt** und sich dies für eine unbefangene und **sachkundige Person aufdrängt**,[5] wobei Abweichungen erheblichen Umfangs tolerierbar sein können.[6] Abweichende Vereinbarungen zur Fehlertoleranz des Schiedsgutachtens sind möglich.[7] Schiedsgutachten i.e.S. sind in entsprechender Anwendung von § 319 Abs. 1 Satz 1 BGB bei – ggf. erst nach gründlicher Prüfung durch Sachkundige sich aufdrängender – offenbarer **Unrichtigkeit, Lückenhaftigkeit** oder **Nichtprüfbarkeit** unwirksam, soweit die Mängel das Gesamtergebnis verfälschen.[8] Grundsätzlich muss ein Schiedsgutachten für einen Fachmann aus sich heraus prüfbar sein. Die wiedergegebenen Ergebnisse und die wesentlichen Überlegungen bzw. Nachforschungen müssen dargestellt sein.[9] Lückenhaft ist das Schiedsgutachten, wenn selbst der Fachmann das Ergebnis aus dem Zusammenhang des Gutachtens

27

---

1 Das gilt selbst dann, wenn der Auftrag an den Schiedsgutachter unter Offenlegung des Schiedsgutachtenvertrages nur durch eine Partei erfolgt, vgl. BGH v. 6.6.1994 – II ZR 100/92 – juris-Rz. 13 m.w.N., NJW-RR 1994, 1314 ff.
2 BGH v. 14.7.1986 – II ZR 249/85 – juris-Rz. 5, GmbHR 1986, 425 = NJW 1987, 21; *Würdinger* in MünchKomm. BGB, 6. Aufl. 2012, § 317 BGB Rz. 36 und § 318 Rz. 8.
3 BGH v. 6.6.1994 – II ZR 100/92 – juris-Rz. 16 m.w.N., NJW-RR 1994, 1314 ff.
4 BGH v. 17.1.2013 – III ZR 11/12 – juris-Rz. 16, NJOZ 2013, 1382.
5 BGH v. 17.1.2013 – III ZR 11/12 – juris-Rz. 16 m.w.N., NJOZ 2013, 1382; BGH v. 26.4.1991 – V ZR 61/90 – juris-Rz. 11 m.w.N., NJW 1991, 2761; BGH v. 14.7.1986 – II ZR 249/85 – juris-Rz. 7 m.w.N., GmbHR 1986, 425 = NJW 1987, 21; *Würdinger* in MünchKomm. BGB, 6. Aufl. 2012, § 317 BGB Rz. 36 und § 319 Rz. 6.
6 *Grüneberg* in Palandt, § 319 BGB Rz. 3; *Würdinger* in MünchKomm. BGB, 6. Aufl. 2012, § 317 BGB Rz. 36 und § 319 Rz. 6 m.w.N.
7 *Würdinger* in MünchKomm. BGB, 6. Aufl. 2012, § 319 BGB Rz. 7 m.w.N.
8 BGH v. 17.5.1991 – V ZR 104/90 – juris-Rz. 7 m.w.N., NJW 1991, 2698; BGH v. 14.7.1986 – II ZR 249/85 – juris-Rz. 7 m.w.N., GmbHR 1986, 425 = NJW 1987, 21; BGH v. 16.11.1987 – II ZR 111/87 – juris-Rz. 6, ZIP 1988, 162; OLG Düsseldorf v. 28.4.1999 – 11 U 69/98 – juris-Rz. 20 ff., NJW-RR 2000, 279; OLG Karlsruhe v. 2.10.2002 – 17 U 81/02 – juris-Rz. 7.
9 BGH v. 16.11.1987 – II ZR 111/87 – juris-Rz. 10 ff., ZIP 1988, 162. Im Schiedsgutachten wurden Grundstückswerte bestimmt, ohne Vergleichsobjekte und die dafür erzielten Preise zu benennen.

nicht überprüfen kann.¹ Das gilt auch hinsichtlich der vom Sachverständigen übernommenen Anknüpfungstatsachen, etwa Gutachten Dritter.² Offensichtliche Fehler kann der Sachverständige analog § 319 ZPO berichtigen. Auch eine Ergänzung eines unvollständigen Schiedsgutachtens ist möglich in Übereinstimmung mit den Parteien der Schiedsgutachtenabrede.³ Bei Täuschungen des Schiedsgutachters durch eine Partei kommt eine Anfechtung nach den §§ 119 ff. BGB in Betracht.⁴

28 In **qualitativer Hinsicht** können offensichtliche Fehler eines Schiedsgutachtens zur Unternehmensbewertung in der Verwendung einer mit dem Gesellschaftsvertrag oder der Betriebswirtschaftslehre nicht zu vereinbaren Wertermittlungsmethode liegen. Denkbar ist auch eine Außerachtlassung der im Gesellschaftsvertrag für die Schiedsbegutachtung genannten Wertermittlungs- und Ermessenskriterien. Häufige Fehler liegen darin, dass Verkehrswerte ohne jede Marktbeobachtung ermittelt werden oder Wertentwicklungen nach dem Stichtag Eingang in das Schiedsgutachten finden. In verfahrensmäßiger Hinsicht sind die Fälle der Vorbefassung des Schiedsgutachters für eine Partei, die fehlende Unabhängigkeit bzw. sonstige einseitige Vorgehensweise des Schiedsgutachters sowie die Unschlüssigkeit und Unvollständigkeit des Schiedsgutachtens als schwerwiegend eingestuft worden. Ferner kann die Unzuständigkeit des Schiedsgutachters oder ein falscher Bewertungsgegenstand zur Unverbindlichkeit des Schiedsgutachtens führen.⁵ Auch die berechtigte fristlose Kündigung des dem vertraglich bestimmten Schiedsgutachter erteilten Schiedsgutachtenauftrages kann zur Unwirksamkeit des Schiedsgutachtens führen.⁶

29 Die **quantitative Wesentlichkeitsschwelle** wird bei Unternehmensbewertungen eher großzügig bemessen. Allgemein werden prozentuale **Abweichungen von 20 %–25 %** als tolerierbar erachtet.⁷ Der BGH hat eine Wertabweichung von 16,79 % für vertretbar gehalten.⁸ Das OLG Frankfurt hält **20 %** Wertabweichung angesichts der der Unternehmensbewertung immanenten Unsicherheiten für unproblematisch.⁹ Hingegen wurde eine Überschreitung des Werts

---

1 BGH v. 16.11.1987 – II ZR 111/87 – juris-Rz. 6, ZIP 1988, 162.
2 BGH v. 16.11.1987 – II ZR 111/87 – juris-Rz. 13, ZIP 1988, 162. Obwohl das Gutachten zu Bauschäden eines Bausachverständigen beigefügt war, beanstandete der BGH, dass die vom Baugutachten in Bezug genommenen Unterlagen nicht beigefügt waren, so dass eine Überprüfung des vom Schiedsgutachter veranschlagten Bauschadens nicht möglich war.
3 *Würdinger* in MünchKomm. BGB, 6. Aufl. 2012, § 317 BGB Rz. 36; *Gross*, DStR 2000, 1959 (1962). Letztlich ist der Schiedsgutachter aufgrund des Geschäftsbesorgungsvertrages auch zur Berichtigung verpflichtet, unabhängig davon, wie der Vertrag rechtlich eingeordnet wird.
4 *Gross*, DStR 2000, 1959 (1962).
5 *Gross*, DStR 2000, 1959 (1960) m.w.N.
6 BGH v. 5.12.1979 – VIII ZR 155/78 – juris-Rz. 92 ff., WM 1980, 108.
7 OLG Frankfurt v. 21.2.2007 – 23 U 86/06 – juris-Rz. 42, AG 2007, 699 = NZG 2007, 758; OLG Karlsruhe v. 2.10.2002 – 17 U 81/02 – juris-Rz. 7; *Gross*, DStR 2000, 1959 (1961) m.w.N.
8 BGH v. 26.4.1991 – V ZR 61/90 – juris-Rz. 17 m.w.N., NJW 1991, 2761.
9 OLG Frankfurt v. 21.2.2007 – 23 U 86/06 – juris-Rz. 43 ff., AG 2007, 699 = NZG 2007, 758.

i.H.v. **28,85 %** als unzumutbar für die Parteien bezeichnet.[1] Die quantitative Wesentlichkeitsschwelle ist zwar zunächst für Schiedsgutachten i.w.S. zur Beurteilung der offenbaren Unrichtigkeit eingeführt worden. Es ist sachgerecht, dieses quantitative Kriterium auch auf Schiedsgutachten i.e.S. zur Beurteilung der offenbaren Unrichtigkeit ebenso herzuziehen.[2] Die Festlegung der Toleranzgrenze wird als **Tatfrage** qualifiziert.[3] Das ist nicht falsch, da das Toleranzspektrum bei Unternehmensbewertungen zunächst von ökonomischer Seite beurteilt werden muss. Die Obergrenzen sind aber von den Gerichten im Einzelfall festzulegen.[4] Entscheidend ist die **ex-ante-Sicht**, d.h. der Sachverhalt, der dem Schiedsgutachter vorlag, nicht hingegen die ex-post-Sicht unter Berücksichtigung realer Entwicklungen.[5]

Umfasst ein Schiedsgutachten nicht nur die Bewertung von Einzelpositionen, sondern etwa die Aufstellung einer Abschichtungsbilanz zur Berechnung des Abfindungsguthabens eines ausgeschiedenen Gesellschafters, führt die **Fehlerhaftigkeit eines einzelnen Wertansatzes** nicht zwingend zur Unverbindlichkeit der gesamten Abrechnung.[6] Ist das Schiedsgutachten nur in einem aussonderbaren Punkt offenbar unrichtig, ist die Unverbindlichkeit auf diesen Punkt beschränkt.[7] Liegt ein kombiniertes Schiedsgutachten i.e.S. und i.w.S. vor, führt die Unrichtigkeit eines Wertberechnungsfaktors ebenfalls nicht ohne weiteres zur Unbilligkeit der Leistungsbestimmung, sondern es entscheidet das Ergebnis.[8] Denkbar ist eine **Fehlerkompensation innerhalb des Schiedsgutachtens**, d.h. dass etwaige Fehler, etwa methodische Ansätze, durch identische Fehler in anderen Bereichen ausgeglichen werden.[9] Es ist aber eine Frage des Einzelfalls, wann offenbare Unrichtigkeiten ein solches Gewicht bekommen oder sie in engem Zusammenhang mit anderen Wertansätzen stehen, dass die Unverbindlichkeit der gesamten Bilanz angenommen werden muss.[10] Denkbar ist auch, dass sich eine offenbare Unrichtigkeit des Schiedsgutachtens im Ergebnis nicht

30

---

1 OLG Schleswig v. 9.6.1999 – 4 U 103/95 – juris-Rz. 51; OLG Rostock v. 26.5.2004 – 6 U 13/00 – juris-Rz. 55.
2 OLG Karlsruhe v. 2.10.2002 – 17 U 81/02 – juris-Rz. 7; *Würdinger* in MünchKomm. BGB, 6. Aufl. 2012, § 319 BGB Rz. 16.
3 OLG Frankfurt v. 21.2.2007 – 23 U 86/06 – juris-Rz. 39, AG 2007, 699 = NZG 2007, 758.
4 BGH v. 26.4.1991 – V ZR 61/90 – juris-Rz. 17, NJW 1991, 2761.
5 BGH v. 26.4.1991 – V ZR 61/90 – juris-Rz. 19, NJW 1991, 2761.
6 BGH v. 3.10.1957 – II ZR 77/56, NJW 1957, 1834. Begründet wird dies mit dem Grundgedanken des § 319 BGB und den Interessen der Parteien bei der Auseinandersetzung von Personengesellschaften.
7 OLG München v. 3.12.2009 – 23 U 3904/07 – juris-Rz. 46, BeckRS 2009, 89373. Das Gericht betont, dass bei methodischen Fehlern eine offenbare Unrichtigkeit des gesamten Gutachtens anzunehmen sei.
8 BGH v. 26.4.1991 – V ZR 61/90 – juris-Rz. 12 m.w.N., NJW 1991, 2761.
9 BGH v. 14.7.1986 – II ZR 249/85 – juris-Rz. 7 ff. m.w.N., GmbHR 1986, 425 = NJW 1987, 21. Begründet wird dies damit, dass es auf das Ergebnis ankomme, das durch sich gegenseitig aufhebende Fehler nicht tangiert werde. Vgl. auch *Gross*, DStR 2000, 1959 (1961).
10 BGH v. 3.10.1957 – II ZR 77/56, NJW 1957, 1834.

auswirkt, etwa soweit der Fehler oder die Lücke einen nicht maßgebenden Wertansatz betrifft.[1]

31 Keine Bindung entfaltet auch ein Schiedsgutachten, wenn der Schiedsgutachter von dem **erteilten Auftrag abweicht** und zu Fragen jenseits der ihm gestellten Aufgabe Stellung nimmt.[2] Der **Schiedsgutachter muss neutral sein**, andernfalls ist sein Gutachten für die Gegenseite unverbindlich.[3] Verletzt die zur Einholung des Schiedsgutachtens verpflichtete Partei ihre in diesem Zusammenhang bestehenden **Informationspflichten**, kann sie daraus keine Rechte herleiten, allenfalls kann die Gegenpartei die Unverbindlichkeit des Schiedsgutachtens geltend machen[4] und ggf. Schadensersatz verlangen.[5] Hatte eine Partei den Schiedsgutachter zu unterrichten, so ist die andere Partei nicht an das Schiedsgutachten gebunden, wenn die Unterrichtung unvollständig erfolgte.[6] Unverbindlich kann auch ein **Nachtragsgutachten**, etwa aufgrund neuer Tatsachen, sein, wenn das ursprüngliche Schiedsgutachten den Parteien nach § 318 Abs. 1 BGB bereits zugegangen ist.[7] Ein Nachtragsgutachten kann dann nur mit der Zustimmung aller Beteiligten verbindlich werden.[8]

---

1 BGH v. 17.1.1973 – IV ZR 142/70, juris, WM 1973, 306. Das Urteil betraf die Unternehmensbewertung im Rahmen der Pflichtteilsberechnung, der tragende Aspekt dürfte aber allgemeingültig sein. Dort wirkten sich Pensionsrückstellungen nur auf den Liquidationswert aus, der aber nicht maßgebend war, sondern der Ertragswert bei Fortführung. Dieser wurde aber nicht angegriffen mit der Folge, dass ein Einverständnis mit dem Schiedsgutachten trotz der gemachten Vorbehalte zu den Pensionsrückstellungen angenommen wurde.
2 *Würdinger* in MünchKomm. BGB, 6. Aufl. 2012, § 317 BGB Rz. 37.
3 BGH v. 6.6.1994 – II ZR 100/92 – juris-Rz. 19, NJW-RR 1994, 1314; OLG Düsseldorf v. 28.4.1999 – 11 U 69/98 – juris-Rz. 21, NJW-RR 2000, 279. Fraglich ist allerdings, ob die Befangenheit des Schiedsgutachters schon im Vorfeld der Begutachtung analog §§ 1036 Abs. 2, 1037 Abs. 2, 3, 1062 ZPO gerichtlich geltend gemacht werden kann oder die benachteiligte Partei zumindest den Schiedsgutachtenvertrag nach § 626 BGB außerordentlich kündigen kann. Vgl. dazu *Würdinger* in MünchKomm. BGB, 6. Aufl. 2012, § 317 BGB Rz. 44. Zur Kündigung des Schiedsgutachtenvertrages aus wichtigem Grund bei Zweifeln einer Partei an der Neutralität des Gutachters vgl. BGH v. 5.12.1979 – VIII ZR 155/78 – juris-Rz. 93 ff., WM 1980, 108.
4 BGH v. 14.7.1986 – II ZR 249/85 – juris-Rz. 8, GmbHR 1986, 425 = NJW 1987, 21, mit der Einschränkung, dass es ohne die Pflichtverletzung (unterlassene Information des Schiedsgutachters) zu einer für die Gegenpartei günstigeren Bewertung gekommen wäre; OLG Düsseldorf v. 28.4.1999 – 11 U 69/98 – juris-Rz. 21, NJW-RR 2000, 279.
5 *Gross*, DStR 2000, 1959 (1962) m.w.N.
6 *Würdinger* in MünchKomm. BGB, 6. Aufl. 2012, § 317 BGB Rz. 37 m.w.N.
7 BGH v. 14.7.1986 – II ZR 249/85 – juris-Rz. 5, GmbHR 1986, 425 = NJW 1987, 21; *Grüneberg* in Palandt, § 318 BGB Rz. 1 m.w.N.
8 BGH v. 14.7.1986 – II ZR 249/85 – juris-Rz. 5, GmbHR 1986, 425 = NJW 1987, 21. Allerdings kann die unterschiedlich motivierte Ablehnung des Erstgutachtens durch beide Parteien nicht als Zustimmung zu einem Nachtragsgutachten gewertet werden, vgl. BGH, a.a.O. – Rz. 10. Ansonsten besteht nur die Möglichkeit der Anfechtung des ersten Gutachtens nach §§ 119 ff. BGB oder der Beanstandung des Gutachtens wegen offensichtlicher Unbilligkeit bzw. Unrichtigkeit.

10. Beispiele unverbindlicher Schiedsgutachten

Beispielhaft ist Schiedsgutachten in folgenden Fällen offenbare Unrichtigkeit und damit Unverbindlichkeit attestiert worden: 32

- Ermittlung eines Liquidationswertes von Eigentumswohnungen nach der Preisliste der Gesellschaft anstelle tatsächlich erzielbarer Preise;[1]
- Verkennung der im Gesellschaftsvertrag vereinbarten Wertermittlungsmethode;[2]
- Verwendung einer ungeeigneten Wertermittlungsmethode;[3]
- Offenbar unrichtiges Bewertungsergebnis;[4]
- Außerachtlassung von wertbestimmenden unterschiedlichen Ausgestaltungen der Gewinn- und Verlustbeteiligung;[5]
- Berücksichtigung der Vergangenheitsergebnisse bei grundlegender Veränderung des Unternehmens (z.B. Verkauf des Mandantenstammes);[6]
- Nichtangabe der Berechnungsgrundlage bzw. eines prüfbaren Berechnungsmaßstabes;[7]
- Nichtberücksichtigung vorliegender Angebote bei der Ermittlung des Verkehrswerts;[8]
- Erhebliche Abweichung der ermittelten Preise von tatsächlichen Marktpreisen;[9]
- Berücksichtigung von Wertentwicklungen nach dem Stichtag des Schiedsgutachtens;[10]
- Fehlende Unabhängigkeit des Schiedsgutachters;[11]

---

1 BGH v. 16.11.1987 – II ZR 111/87 – juris-Rz. 8 und Rz. 10 ff., ZIP 1988, 162, dort war das Gutachten im Gesamtergebnis nicht nachprüfbar und damit fehlerhaft; BGH v. 17.5.1991 – V ZR 104/90 – juris-Rz. 10 m.w.N., NJW 1991, 2698; OLG Schleswig v. 9.6.1999 – 4 U 103/95 – juris-Rz. 48.
2 OLG München v. 3.12.2009 – 23 U 3904/07 – juris-Rz. 46, BeckRS 2009, 89373. Der Schiedsgutachter hatte dort den Substanzwert und zusätzlich den Ertragswert des Unternehmens zu einem Gesamtunternehmenswert addiert, statt diese Werte anteilig zu berücksichtigen. Das führte zu einem völlig überhöhten Unternehmenswert und damit zur offensichtlichen Unbilligkeit i.S.v. § 319 Abs. 1 Satz 1 BGB.
3 BGH v. 1.10.1997 – XII ZR 269/95 – juris-Rz. 16, WM 1998, 628; *Gross*, DStR 2000, 1959 (1961).
4 BGH v. 26.4.1991 – V ZR 61/90 – juris-Rz. 11 m.w.N., NJW 1991, 2761; *Gross*, DStR 2000, 1959 (1961).
5 *Gross*, DStR 2000, 1959 (1961).
6 OLG Celle v. 20.5.2009 – 9 U 159/08 – juris-Rz. 46, MDR 2009, 989.
7 BGH v. 23.11.1979 – I ZR 161/77 – juris-Rz. 21, DB 1980, 679. Einem Mietwertgutachten fehlte der prüfbare Berechnungsmaßstab für die vom Schiedsgutachter festgelegte Mietzinserhöhung von 41 %. Es wurden nur allgemeine Preissteigerungsraten aus verschiedenen Bereichen mitgeteilt.
8 BGH v. 4.6.1981 – III ZR 4/80 – juris-Rz. 34, BB 1982, 1077.
9 BGH v. 17.1.2013 – III ZR 11/12 – juris-Rz. 17, NJOZ 2013, 1382.
10 BGH v. 26.4.1991 – V ZR 61/90 – juris-Rz. 19 m.w.N., NJW 1991, 2761.
11 BGH v. 18.5.1983 – VIII ZR 83/82 – juris-Rz. 21, NJW 1983, 1854; OLG Düsseldorf v. 28.4.1999 – 11 U 69/98 – juris-Rz. 21, NJW-RR 2000, 279.

- Erstellung des Schiedsgutachtens auf der Grundlage eines einseitigen Kontakts zu einer Partei und der von ihr gelieferten Informationen ohne Unterrichtung der Gegenpartei;[1]
- Beauftragung eines Schiedsgutachters, der zuvor als Gutachter einer Partei tätig war;[2]
- Berücksichtigung nicht umlegbarer Betriebskosten;[3]
- Außerachtlassung des Vertragsinhalts hinsichtlich des dem Schiedsgutachter eingeräumten Ermessens;[4]
- Bestimmung der Leistung anhand eines schlechthin nicht sachgerechten Kriteriums;[5]
- Schwerwiegende Begründungs- und Verfahrensmängel;[6]
- Bezugnahme auf unvollständige oder nicht beigefügte Gutachten bzw. Privatgutachten Dritter.[7]

Zu den neuralgischen Punkten jeder Unternehmensbewertung, d.h. zu **Prognoseentscheidungen, Kapitalisierungszinssätzen, Risikozuschlägen**, finden sich dagegen, soweit ersichtlich, keine Beispiele in der Rechtsprechung zu offenbaren Unrichtigkeiten von Schiedsgutachten.[8] Hier ist das Ermessen des Schiedsgutachters besonders ausgeprägt und nur schwer angreifbar.

11. Gerichtliche Prüfung der offensichtlichen Unrichtigkeit

a) Darlegung der offensichtlichen Unbilligkeit oder Unrichtigkeit

33 Die **Darlegungs- und Beweislast** für die offensichtliche **Unbilligkeit bzw. Unrichtigkeit** des Schiedsgutachtens trägt die Partei, die das Gutachten anzweifelt.[9] Natürlich kann es für die Erschütterung eines Schiedsgutachtens zur Unternehmensbewertung nicht ausreichen, pauschal die offenbare Unrichtigkeit zu behaupten und Sachverständigenbeweis anzutreten. Es muss **substantieller Vortrag** vorliegen, der das Gericht zur Beweiserhebung durch Gutachten veranlasst.[10] Im Einklang mit den Interessen der Parteien und dem Zweck eines Schiedsgutachtens sind an die Prüfung seiner offenbaren Unrichtigkeit bzw. Unbilligkeit oder einer gleichgestellten Lückenhaftigkeit **strenge Anforderun-**

---

1 BGH v. 4.7.2013 – III ZR 52/12 – juris-Rz. 29, DB 2013, 1715; BGH v. 6.6.1994 – II ZR 100/92 – juris-Rz. 13 ff., NJW-RR 1994, 1314.
2 BGH v. 6.6.1994 – II ZR 100/92 – juris-Rz. 19, NJW-RR 1994, 1314.
3 OLG Düsseldorf v. 28.4.1999 – 11 U 69/98 – juris-Rz. 23, NJW-RR 2000, 279.
4 BGH v. 3.11.1995 – V ZR 182/94 – juris-Rz. 36, NJW 1996, 452.
5 BGH v. 3.11.1995 – V ZR 182/94 – juris-Rz. 36, NJW 1996, 452.
6 BGH v. 12.1.2001 – V ZR 372/99 – juris-Rz. 13 m.w.N., BGHZ 146, 280.
7 BGH v. 16.11.1987 – II ZR 111/87 – juris-Rz. 13, ZIP 1988, 162.
8 *Gross*, DStR 2000, 1959 (1962).
9 BGH v. 25.1.1979 – X ZR 40/77 – juris-Rz. 13, NJW 1979, 1885; *Grüneberg* in Palandt, § 319 BGB Rz. 7.
10 BGH v. 21.9.1983 – VIII ZR 233/82 – juris-Rz. 23, NJW 1984, 43.

gen zu stellen.¹ Wegen der unstreitigen Spielräume bei der Unternehmensbewertung (siehe dazu § 28 „Die Unternehmensbewertung in streitigen gerichtlichen Verfahren") ist davor zu warnen, lediglich die eigene Beurteilung einer Unternehmensbewertung an die Stelle des Schiedsgutachters zu setzen und zu behaupten, alles andere sei offenbar falsch. Für die Zurückweisung eines derart unspezifischen Einwandes ist nicht einmal eigene Sachkunde des Gerichts erforderlich, sondern wird dann die Feststellung genügen, dass sich einem Sachkundigen die offenbare Unrichtigkeit mangels Anknüpfungspunkte überhaupt nicht aufdrängen kann.² Erforderlich sind **konkrete verfahrensrelevante oder materielle Rügen**, etwa die Darlegung der befangenen Vorgehensweise, der Verletzung rechtlichen Gehörs, der Fehlerhaftigkeit der Methodenwahl oder der Berücksichtigung falscher Vergangenheitszahlen, Planzahlen oder Diskontierungszinssätze seitens des Schiedsgutachters. Im Hinblick auf quantitative Toleranzen (Wesentlichkeitsschwelle, siehe dazu oben Rz. 28) sollte nachvollziehbar dargelegt werden, **wie sich der Fehler auf den Unternehmenswert auswirkt**. Wird insoweit die Wesentlichkeitsschwelle nicht überschritten, wäre der Vortrag unerheblich. Besondere Bedeutung haben auch in diesem Zusammenhang Privatgutachten, um Schiedsgutachten zu erschüttern (siehe dazu Ziff. I. „Privatgutachten", oben Rz. 1 ff.).

b) Maßgebender Sachverhalt und Rechtsgrundlage

Die offenbare Unrichtigkeit eines Schiedsgutachtens ist nach dem **Sachverhalt zu beurteilen, den die Parteien dem Schiedsgutachter unterbreitet haben**.³ Tatsachen, die dem Schiedsgutachter nicht bekannt waren, müssen für die Prüfung der offenbaren Unrichtigkeit außer Betracht bleiben. Ist der Schiedsgutachter von der zur Unterrichtung verpflichteten Partei unvollständig informiert worden, kann allenfalls der andere Beteiligte deswegen die Unverbindlichkeit des Schiedsgutachtens einwenden, falls die zurückgehaltenen Informationen zu einer für diesen günstigeren Bewertung geführt hätten.⁴ Der Umstand allein, dass alle Beteiligten einschließlich Privatgutachter und Schiedsgutachter von der Fehlerhaftigkeit des Schiedsgutachtens oder einem anderen Sachverhalt ausgehen, macht dieses nicht per se unverbindlich, son-

34

---

1 OLG Celle v. 20.5.2009 – 9 U 159/08 – juris-Rz. 45, MDR 2009, 989; *Gross*, DStR 2000, 1959 (1961) m.w.N.
2 Etwas anderes muss allerdings dann gelten, wenn das angegriffene Schiedsgutachten so lückenhaft ist, dass ein Fachmann das Ergebnis der Unternehmensbewertung überhaupt nicht prüfen kann. Vgl. dazu BGH v. 25.1.1979 – X ZR 40/77 – juris-Rz. 21, NJW 1979, 1885.
3 BGH v. 14.7.1986 – II ZR 249/85 – juris-Rz. 7 m.w.N., GmbHR 1986, 425 = NJW 1987, 21; BGH v. 17.5.1991 – V ZR 104/90 – juris-Rz. 7 m.w.N., NJW 1991, 2698; BGH v. 25.1.1979 – X ZR 40/77 – juris-Rz. 22, NJW 1979, 1885; OLG Düsseldorf v. 28.4.1999 – 11 U 69/98 – juris-Rz. 21, NJW-RR 2000, 279; OLG Karlsruhe v. 2.10.2002 – 17 U 81/02 – juris-Rz. 7; *Grüneberg* in Palandt, § 319 BGB Rz. 6.
4 BGH v. 14.7.1986 – II ZR 249/85 – juris-Rz. 8 m.w.N., GmbHR 1986, 425 = NJW 1987, 21.

dern nur dann, wenn sich die **Parteien auf die Unverbindlichkeit der Wertfestsetzung verständigen**.[1]

35 Das angerufene Gericht hat sein **Ermessen nach Billigkeit anhand der vertraglichen Richtlinien auszuüben**.[2] Wenn und soweit die vertraglichen Abreden, die das Gericht bei der ihm obliegenden Tatsachenfeststellung über den Wert der Unternehmensbeteiligung entsprechend § 319 Abs. 1 Satz 2 BGB zugrunde zu legen hat, die Art und Weise der Bewertung nicht näher regeln, ist es Sache des – sachverständig beratenen – Tatrichters, eine im Einzelfall geeignete Bewertungsart für die Ermittlung des Unternehmenswerts sachverhaltsspezifisch auszuwählen und anzuwenden. Er ist in diesem Zusammenhang jedenfalls keinen strengeren Bindungen unterworfen als sonst im Anwendungsbereich des § 287 ZPO.[3] Soweit die offenbare Unrichtigkeit geltend gemacht und ausreichend begründet wird, ist in der Regel **zweistufig zu prüfen**. Zunächst ist klären, ob eine offenbare Unrichtigkeit vorliegt. Vielfach wird das schon ohne Sachverständigengutachten zu klären sein, etwa bei formalen Mängeln. Soweit nicht schwierige Spezialfragen der Unternehmensbewertung zu beantworten sind, kann der Tatrichter auch aus eigener Sachkunde urteilen, wenn diese dargelegt wird.[4] Erst bei der Unverbindlichkeit des Schiedsgutachtens ist dann durch das Gericht eine Wertbestimmung durch Sachverständigengutachten vorzunehmen.[5]

c) Offensichtliche Unrichtigkeit als Tat- oder Rechtsfrage

36 Nach der Auffassung des OLG Celle ist die **Entscheidung über die Bindung an das Schiedsgutachten** ist Wesentlichen **Tatfrage** und nicht **Rechtsfrage**.[6] Das kann in dieser Allgemeinheit für Unternehmensbewertung nicht konstatiert werden. Wie bei jeder Unternehmensbewertung ist die Abgrenzung schwierig. Vielfach wird sie nur mit der Hilfe eines Sachverständigen zu beantworten sein.[7] Allerdings gibt es auch Fälle, in denen Rechtskenntnis gefragt ist, etwa bei klar erkennbaren Lücken im Gutachten, die zu einer deutlich erkennbaren

---

1 BGH v. 14.7.1986 – II ZR 249/85 – juris-Rz. 6 ff., 10, GmbHR 1986, 425 = NJW 1987, 21. Das Berufungsgericht hatte das Schiedsgutachten für offenbar unrichtig gehalten, da sowohl der Schiedsgutachter, die Beklagte, ihr Privatgutachter und auch der Kläger (aus anderen Gründen) das Schiedsgutachten wegen schwerwiegender Mängel für falsch hielten.
2 BGH v. 12.1.2001 – V ZR 372/99 – juris-Rz. 16, BGHZ 146, 280. Dort hatte sich das Berufungsgericht gehindert gesehen, das Ermessen bei der Auslegung des Begriffs der „allgemeinen wirtschaftlichen Lage" auszuüben, weil die Parteien keine übereinstimmenden Vorstellungen präsentiert hatten.
3 BGH v. 4.7.2013 – III ZR 52/12 – juris-Rz. 69, DB 2013, 1715.
4 BGH v. 6.12.1974 – V ZR 95/73 – juris-Rz. 20.
5 BGH v. 17.5.1991 – V ZR 104/90 – juris-Rz. 13 m.w.N., NJW 1991, 2698.
6 OLG Celle v. 20.5.2009 – 9 U 159/08 – juris-Rz. 53, MDR 2009, 989.
7 BGH v. 16.11.1987 – II ZR 111/87 – juris-Rz. 9, ZIP 1988, 162. Dort hat der BGH in rechtlicher Bewertung entschieden, dass eine Lücke im Schiedsgutachten vorliegt, wenn wesentliches Vermögen der Gesellschaft nicht nach dem hypothetischen Verkaufserlös, sondern nach der „Preisliste" bewertet wird.

Verfehlung des Bewertungsziels führen.¹ Werden die gerichtlichen Entscheidungen zu unverbindlichen Schiedsgutachten näher betrachtet, handelt es sich meistens um **Beanstandungen aus Rechtsgründen**. Das gilt insbesondere für die rein formale Prüfung auf Vollständigkeit, Schlüssigkeit, Vertragsgemäßheit und sonstige schwerwiegende **Verfahrens- und Begründungsmängel** des Schiedsgutachtens (siehe Ziff. II.10. „Beispiele unverbindlicher Schiedsgutachten", oben Rz. 32).

12. Übergang der Leistungsbestimmung auf das Gericht

Erweist sich die vom Schiedsgutachter vorgenommene Bestimmung des Unternehmenswerts (Tatsachenfeststellung) i.S.v. § 319 Abs. 1 Satz 1 BGB als offenbar unrichtig, fällt die Bewertungsaufgabe **den ordentlichen Gerichten zu**.² Das gleiche gilt § 319 Abs. 1 Satz 2 Halbsatz 2 BGB, wenn der Schiedsgutachter die Bestimmung nicht treffen kann bzw. will oder er diese verzögert, oder wenn die **vereinbarte Schiedsgutachtenklausel undurchführbar** ist.³ Letzteres ist unabhängig von Verschulden der Fall, wenn der Schiedsgutachter sein Gutachten nicht in objektiv angemessener Zeit vorlegt.⁴ § 319 Abs. 1 Satz 2 BGB gilt ferner entsprechend, wenn die Benennung bzw. die Beauftragung des Schiedsgutachters durch die verpflichtete Partei über die objektiv angemessene Zeit hinaus – unabhängig von Verschulden – verzögert wird.⁵ Gleiches gilt, wenn die Benennung des Schiedsgutachters am Widerstand der anderen Partei scheitert⁶ oder beide Parteien ihrer Verpflichtung, über die Person des Gutachters eine Einigung herbeizuführen, nicht nachgekommen.⁷ Falls der Schiedsgutachter einseitig benannt wird, obwohl seine einvernehmliche Benennung vereinbart war, gilt nichts anderes.⁸ Schließlich liegt Unmöglichkeit der Schiedsgutachtertätigkeit vor, wenn eine Partei zwar den Schiedsgutachter benennen durfte, dieser aber nicht in unabhängiger Weise für beide Parteien, sondern einseitig für eine Partei als Privatgutachter tätig geworden ist.⁹ Eine **gerichtliche Entscheidung**

37

---

1 BGH v. 16.11.1987 – II ZR 111/87 – juris-Rz. 9, ZIP 1988, 162. Dort wurde die fehlende Bewertung von Grundstücken nach Marktpreisen aus rechtlichen Überlegungen als offensichtlich unrichtig bewertet.
2 BGH v. 4.7.2013 – III ZR 52/12 – juris-Rz. 30, DB 2013, 1715; OLG München v. 3.12.2009 – 23 U 3904/07 – juris-Rz. 46, BeckRS 2009, 89373.
3 BGH v. 6.6.1994 – II ZR 100/92 – juris-Rz. 20, NJW-RR 1994, 1314 ff.; BGH v. 4.7.2013 – III ZR 52/12 – juris-Rz. 31, DB 2013, 1715.
4 BGH v. 6.11.1997 – III ZR 177/96 – juris-Rz. 23, NJW 1998, 1388.
5 BGH v. 6.11.1997 – III ZR 177/96 – juris-Rz. 23, NJW 1998, 1388; BGH v. 12.1.2001 – V ZR 372/99 – juris-Rz. 12, BGHZ 146, 280; BGH v. 7.6.2011 – II ZR 186/08 – juris-Rz. 15 m.w.N., NZG 2011, 860 (Dort war die verpflichtete Partei zwei Jahre untätig geblieben, was als objektiv unangemessen angesehen wurde).
6 BGH v. 12.1.2001 – V ZR 372/99 – juris-Rz. 12 m.w.N., BGHZ 146, 280.
7 BGH v. 4.7.2013 – III ZR 52/12 – juris-Rz. 31, DB 2013, 1715. Weitere Fälle vgl. *Grüneberg* in Palandt, § 319 BGB Rz. 8.
8 BGH v. 4.7.2013 – III ZR 52/12 – juris-Rz. 31, DB 2013, 1715.
9 BGH v. 6.6.1994 – II ZR 100/92 – juris-Rz. 13 ff., NJW-RR 1994, 1314. Ist ein Ersatzgutachter nicht im Schiedsgutachtenvertrag vorgesehen, ist es der benachteiligten Parteien nicht zumutbar, zunächst eine Einigung über die Bestellung eines Ersatzgutachters, notfalls mit Hilfe des Gerichts, durchzusetzen.

über einen Ersatzgutachter muss nicht herbeigeführt werden, wenn der vertraglich vorgesehene Schiedsgutachter nicht tätig werden kann und im Vertrag ein Ersatzgutachter nicht benannt ist.[1] Scheitert die Berufung des vorgesehenen Schiedsgutachters, entscheidet an seiner Stelle das Gericht.[2] Die von der offenbaren Unrichtigkeit des Schiedsgutachtens betroffene Partei kann **unmittelbar auf Zahlung** des ihr noch zustehenden oder des überzahlten Betrags klagen.[3]

38 Mit dem Übergang der Leistungsbestimmung auf das Gericht gem. § 319 Abs. 1 Satz 2 BGB tritt dieses gleichsam an die Stelle des Schiedsgutachters.[4] Das **Gericht** muss die **Leistung selbst bestimmen** und darf nicht etwa einen anderen Schiedsgutachter beauftragen.[5] Ist das Schiedsgutachten i.e.S. unwirksam, obliegt die dem Schiedsgutachter vorbehaltene Tatsachenfeststellung entsprechend § 319 Abs. 1 Satz 2 BGB dem **Tatrichter**.[6] Ist das Schiedsgutachten nur in einem aussonderbaren Punkt offenbar unrichtig, so ersetzt das Gericht die Feststellung lediglich in diesem Punkt, im Übrigen bleibt das Schiedsgutachten bestehen.[7] Das Gericht wirkt im Sinne der **Schiedsgutachtenabrede**. Es ist folglich bei seiner Leistungsbestimmung nicht auf das Schiedsgutachten und die dort verwendeten Kriterien beschränkt, sondern es hat ein **eigenes Ermessen** im Hinblick auf die **vertraglichen Absprachen** der Parteien auszuüben.[8] **Gemeinsame Vorstellungen** der Parteien können sowohl im Gesellschaftsvertrag verankert sein als auch im Laufe des Rechtsstreits geäußert werden. Sie gehen jeder Auslegung vor.[9]

---

1 BGH v. 6.6.1994 – II ZR 100/92 – juris-Rz. 19, NJW-RR 1994, 1314. Der BGH begründet das zu Recht mit der Ungewissheit über das Ergebnis und der erheblichen zeitlichen Verzögerung.
2 *Würdinger* in MünchKomm. BGB, 6. Aufl. 2012, § 317 BGB Rz. 16.
3 BGH v. 17.1.2013 – III ZR 11/12 – juris-Rz. 20, NJOZ 2013, 1382; BGH v. 7.6.2011 – II ZR 186/08 – juris-Rz. 13 f., NZG 2011, 860.
4 BGH v. 4.7.2013 – III ZR 52/12 – juris-Rz. 32, DB 2013, 1715.
5 *Würdinger* in MünchKomm. BGB, 6. Aufl. 2012, § 319 BGB Rz. 25 m.w.N.
6 BGH v. 4.7.2013 – III ZR 52/12 – juris-Rz. 30, DB 2013, 1715.
7 BGH v. 3.10.1957 – II ZR 77/56, NJW 1957, 1834; OLG München v. 3.12.2009 – 23 U 3904/07 – juris-Rz. 46; *Würdinger* in MünchKomm. BGB, 6. Aufl. 2012, § 319 BGB Rz. 25.
8 BGH v. 12.1.2001 – V ZR 372/99 – juris-Rz. 17, BGHZ 146, 280.
9 BGH v. 12.1.2001 – V ZR 372/99 – juris-Rz. 17, BGHZ 146, 280.

§ 30
Unternehmensbewertung im Schiedsverfahren

	Rz.		Rz.
I. Unternehmensbewertung im Schiedsverfahren	1	c) Schiedsgericht	25
II. Schiedsgerichtliches Verfahren	2	aa) Benennung der Schiedsrichter	26
1. Schiedsgutachter	3	bb) Schiedsrichtervertrag	28
a) Schiedsgutachtervertrag	4	cc) Ablehnung eines Schiedsrichters	33
b) Kontrolle	6	d) Schiedsgerichtliche Verfahren	35
c) Ordentliches Gericht oder Schiedsgericht	7	aa) Grundsätze	36
2. Schiedsverfahren	8	bb) Zuständigkeit – Kompetenz	37
a) Schiedsgerichtsbarkeit	10	cc) Ort des Verfahrens	38
aa) Ad hoc und institutionalisierte Schiedsgerichtsbarkeit	11	dd) Verfahrensablauf	39
bb) Nationale und internationale Schiedsgerichtsbarkeit	13	ee) Sachverständige	41
b) Schiedsvereinbarung	15	e) Beendigung des Schiedsverfahrens	44
aa) Inhalt und Bestimmtheit	16	aa) Vergleich	45
bb) Statut für die Schiedsvereinbarung	17	bb) Schiedsspruch	46
cc) Schiedsfähigkeit	18	cc) Rechtsbehelf	49
dd) Sonderfall Spruchverfahren	19	3. Internationale Schiedsverfahren	51
ee) Form	20	III. Grundsätze ordnungsgemäßer Unternehmensbewertung im Schiedsverfahren	52
ff) Reichweite	22	1. Der Unternehmenswert als Schiedswert	53
gg) Wirkung und Beendigung	23	2. Besondere Faktoren	54

Schrifttum: *Busse*, Der Schiedsvergleich als verfahrensrechtliche Falle, SchiedsVZ 2010, 57; *Fleischer/Jäger*, Gesellschaftsrechtliche Anteilsbewertung in Frankreich gemäß Art. 1842-4 Code civil – Eine Vorstudie zur Komparatistik im Recht der Unternehmensbewertung, RabelsZ 77 (2013), 693; *Gerstenmaier*, Beendigung des Schiedsverfahrens durch Beschluss nach § 1056 ZPO, SchiedsVZ 2010, 281; *Habersack*, Die Personengesellschaft und ihre Mitglieder in der Schiedsgerichtspraxis, SchiedsVZ 2003, 241; *Habersack/Tröger*, Preisfeststellung durch Schiedsgutachten beim Unternehmenskauf, DB 2009, 44; *Hachmeister/Ruthardt*, Grundsätze ordnungsmäßiger Unternehmensbewertung zur Entnahmeplanung – Bewertungslehre und Rechtsprechung, DStR 2013, 2530; *Hachmeister/Ruthardt*, Herausforderungen bei der Bewertung von KMU: Entnahmeplanung, DStR 2014, 158; *P. Huber*, Das Verhältnis von Schiedsgericht und staatlichen Gerichten bei der Entscheidung über die Zuständigkeit, SchiedsVZ 2003, 73; *P. Huber*, Schiedsvereinbarungen im Scheidungsrecht, SchiedsVZ 2004, 280; *Köntges/Mahnken*, Die neue DIS-Verfahrensordnung für Adjudikation (DIS-AVO), SchiedsVZ 2010, 310; *Kröll*, Die Entwicklung des Schiedsrechts 2009-2010, NJW 2011, 1265; *Mankowski*, Die Ablehnung von Schiedsrichtern, SchiedsVZ 2004, 304; *Marenkov*, DIS Herbsttagung „Die neue ICC-Schiedsgerichtsordnung", SchiedsVZ 2012, 33; *Prütting*, Die rechtliche Stellung des Schiedsrichters, SchiedsVZ 2011, 233; *v. Schlabrendorff*, Internationaler Schiedsgerichtshof der Internationalen Handelskammer (ICC), SchiedsVZ 2003, 34; *K. Schmidt*, Neues Schiedsverfahrensrecht und Gesellschaftsrechtspraxis – Gelöste und ungelöste Probleme bei gesellschaftsrechtlichen Schiedsgerichtsprozessen, ZHR 162 (1998), 265; *P. Schmitz*, Schiedsvereinbarungen in der notariellen Praxis, RNotZ 2003, 591; *J. Stürner*, Hilfspersonen im Schiedsverfahren nach deutschem Recht, SchiedsVZ 2013, 322; *G. Walter*, Verfahren bei schiedsgerichtlichen Entscheidungen zur Bilanzierung und Bewertung von Unternehmen, GS Meinhard Heinze, 2005, S. 291; *Wittinghofer/Neukirchner*, Verbietet das AGG die Auswahl von Schiedsrichtern aufgrund ihrer Nationalität?, RIW 2011, 527.

I. Unternehmensbewertung im Schiedsverfahren

1   Die Unternehmensbewertung ist ein klassischer Gegenstand schiedsgerichtlicher Verfahren. Das hängt in erster Linie mit dem Anlass für das Erfordernis einer Unternehmensbewertung zusammen, nämlich einem vermögensrechtlichen Anspruch (etwa Abfindungs-, Ausgleichs- oder Pflichtteilsanspruch), der in § 1030 ZPO ausdrücklich als schiedsfähig eingestuft wird. Im Rahmen eines schiedsgerichtlichen Verfahrens, das eine Unternehmensbewertung zum Gegenstand hat, stellen sich zahlreiche verfahrensrechtliche Fragen, ferner sind materielle Besonderheiten im Zusammenhang mit den Grundsätzen ordnungsgemäßer Unternehmensbewertung zu beachten. Im ersten Teil sollen die verfahrensrechtlichen Aspekte eines schiedsgerichtlichen Verfahrens mit einer Unternehmensbewertung im Vordergrund stehen (vgl. unten Rz. 2 ff.). Im zweiten Teil finden sich einige materielle Besonderheiten für die Anwendung der Grundsätze ordnungsgemäßer Unternehmensbewertung, wenn ein Schiedswert zu ermitteln ist (vgl. unten Rz. 52 ff.).

II. Schiedsgerichtliches Verfahren

2   Das Schiedsverfahren aufgrund einer Schiedsgerichtsvereinbarung gem. §§ 1029 ff. ZPO ist von einer vertraglichen Schiedsgutachterklausel abzugrenzen. Beide Instrumente können zur Streitschlichtung bzw. Streitentscheidung im Hinblick auf den Wert eines Unternehmens beitragen. Die Instrumente folgen dabei aber ganz unterschiedlichen Regeln. Die Schiedsgerichtsvereinbarung führt zu einem besonderen umfassenden kontradiktorischen Gerichtsverfahren, um den Unternehmenswert festzulegen. Dagegen wird bei einer Gutachterklausel lediglich ein Gutachter bestellt, der im Rahmen eines **Schiedsgutachtens** einen Unternehmenswert zu ermitteln hat (vgl. § 29). Der Schiedsgutachter entscheidet daher nicht einen Rechtsstreit als Ganzes, sondern nur einen einzelnen Aspekt. Dabei sind die Regeln in §§ 317–319 BGB für das Verfahren maßgebend.

1. Schiedsgutachter

3   Die Schlichtung eines Streits über den Unternehmenswert als Berechnungsgrundlage für einen vermögensrechtlichen Anspruch durch ein Schiedsgutach-

ten wird häufig im Interesse der Beteiligten liegen.¹ Es ist insoweit nur ein Aspekt zu klären und kein umfassendes zeit- und kostenintensives Verfahren aufzunehmen. Durch die Aufnahme einer **Schiedsgutachterklausel** in das Vertragswerk (z.B. Gesellschaftsvertrag, Kaufvertrag, Erbvertrag, Ehevertrag) kann bei Bedarf (oder von vorne herein geplant) ein neutraler Schiedsgutachter bestellt und mit der Erstellung des streitschlichtenden Gutachtens beauftragt werden (vgl. § 29). Die Schiedsgutachtenabrede als solche verschiebt (ebenso wie andere vereinbarte Streiterledigungsmechanismen) nicht die Beweislast zu Lasten einer Partei und verstößt auch nicht gegen § 309 Nr. 12a BGB.² Das vom sachverständigen Gutachter erstellte Gutachten zum Unternehmenswert ermöglicht eine relativ schnelle und sachgerechte Erledigung des Falles. Es hat ausschließlich bestimmte Feststellungen zu treffen und Bewertungen vorzunehmen, jedoch den Streit nicht auch in rechtlicher Hinsicht zu entscheiden.³ Die Abgrenzung der Schiedsvereinbarung vom Schiedsgutachten (vgl. § 29), die bei unklarer Formulierung im Vertrag schwierig sein kann, ist in der Theorie daher dadurch gekennzeichnet, dass die **Schiedsvereinbarung** auf Entscheidung des Rechtsstreits durch das Schiedsgericht anstelle des ordentlichen Gerichts gerichtet ist. Der Schiedsspruch, nicht aber das Schiedsgutachten, entscheidet prozessual rechtskräftig (§ 1055 ZPO) und ist nach entsprechendem Verfahren Vollstreckungstitel. Dagegen bezieht sich der **Schiedsgutachtervertrag** auf ein Rechtsverhältnis der Parteien, das durch Überlassung der Leistungsbestimmung an einen Dritten (§ 317 Abs. 1 BGB) vervollständigt und abgewickelt werden soll. Durch die vorrangige Benennung eines Schiedsgutachters und die Erstellung eines neutralen Gutachtens kann ein anschließend vorgesehenes Schiedsverfahren vermieden werden. Dazu empfiehlt etwa der DIS folgende Formulierung: „Hinsichtlich aller Streitigkeiten, die sich aus oder in Zusammenhang mit dem Vertrag (... Bezeichnung des Vertrags ...) ergeben, wird vor Einleitung eines Gerichts- oder Schiedsgerichtsverfahrens ein Gutachtensverfahren gemäß der Gutachtensordnung der Deutschen Institution für Schiedsgerichtsbarkeit e.V. (DIS) durchgeführt."⁴ Die ordentlichen Gerichte sind bei einem Schiedsgutachten im Grundsatz von der Nachprüfung gewisser Fehler gerade nicht ausgeschlossen (§ 319 BGB), es sei denn, es ist insoweit – wie in der DIS-Formulierung – eine Schiedsvereinbarung vorhanden. In diesem Fall entscheidet das Schiedsgericht nach Prüfung anstelle der ordentlichen Gerichte.

---

1 *Fleischer/Jäger*, RabelsZ 77 (2013), 693 (709).
2 *Würdinger* in MünchKomm. BGB, 6. Aufl. 2012, § 317 BGB Rz. 34. Die Vereinbarung eines obligatorischen Schiedsgutachtens in AGB kann aber nach BGH v. 10.10.1991 – VII ZR 2/91, BGHZ 115, 329 (331 ff.) = MDR 1992, 230 gegen § 307 BGB verstoßen, wenn die Rechtsschutzverkürzung für den Gegner nicht durch ein berechtigtes Bedürfnis gerechtfertigt ist. Die Klausel ist ferner nach § 307 Abs. 2 Nr. 1 BGB unwirksam, wenn die Klausel den Eindruck erweckt, die Entscheidung der Schiedsgutachter sei endgültig und der Rechtsweg ausgeschlossen (BGH v. 14.7.1987 – X ZR 38/86, BGHZ 101, 307).
3 BGH v. 17.5.1967 – VIII ZR 58/66, BGHZ 48, 25 (30).
4 DIS – Gutachtensordnung 10 (gültig ab dem 1.5.2010).

a) Schiedsgutachtervertrag

4   Der Schiedsgutachtervertrag ist ein nicht formbedürftiger schuldrechtlicher Vertrag zwischen einer oder beiden Parteien und dem Schiedsgutachter (§§ 317–319 BGB).[1] Er ist von einer Schiedsvereinbarung abzugrenzen (§§ 1025 ff. ZPO). Die Wirksamkeit des Schiedsgutachtervertrags ist daher nicht von der Form des § 1031 BGB abhängig. Der Schiedsgutachtervertrag ist auf die Schlichtung der Rechtsverhältnisse der Parteien durch Anfertigung eines Gutachtens im Rahmen einer **Leistungsbestimmung durch einen Dritten** gerichtet (§ 317 Abs. 1 BGB).[2] Die Bestellung des Schiedsgutachters kann im ursprünglichen Vertrag zwischen den Parteien, aber auch nachträglich erfolgen. Im Unterschied zum Urteil eines gewöhnlichen Gutachters soll die Feststellung des Unternehmenswerts durch den Schiedsgutachter die Parteien grundsätzlich binden.[3] Der Schiedsgutachter muss daher neutral sein. Ein Verstoß gegen die Neutralität hat wenigstens zur Folge, dass die Parteien an die Leistungsbestimmung durch den Gutachter nicht gebunden sind.[4] Die Leistungsbestimmung in Form der Feststellung des Unternehmenswerts durch den Schiedsgutachter ist ein einseitiges, empfangsbedürftiges Rechtsgeschäft. Das Gutachten wird mit Mitteilung an die Parteien für diese und den Schiedsgutachter, aber auch für das staatliche Gericht verbindlich (§ 318 Abs. 1 BGB). Zur Verbesserung des Informationsflusses zwischen dem Gutachter und den Parteien können Verfahrensregelungen vereinbart werden. Hierbei können Regelungen zum rechtlichen Gehör, aber auch Ausschlussfristen zur Beibringung von Informationen und Unterlagen nützlich sein. Als Sanktion kann auch Präklusion vereinbart werden. Ferner kann in dem Vertrag festgelegt werden, welche Anforderungen an die (schriftliche) Begründung der Entscheidung über den Unternehmenswert gestellt werden. Bei unklarer Formulierung von Vertragsklauseln spricht ein Hinweis auf § 319 BGB in der Klausel für eine **Leistungsbestimmung durch einen Schiedsgutachter** und gegen eine Schiedsklausel.[5] Die Frage, ob eine Schiedsabrede oder ein Schiedsgutachten vereinbart ist, darf ein nachprüfendes Gericht wegen der unterschiedlichen Behandlung der beiden Instrumente nicht offen lassen.[6]

5   Die **Rechtsnatur des Vertrages** mit dem Schiedsgutachter ist vom BGH bisher offengelassen worden. Neben einem Werkvertrag und einem Dienstvertrag kommt eine Geschäftsbesorgung nach § 675 Abs. 1 BGB in Betracht.[7] Der BGH

---

1   BGH v. 21.5.1975 – VIII ZR 161/73, NJW 1975, 1556.
2   *Hopt* in Baumbach/Hopt, Einleitung vor § 1 HGB Rz. 93.
3   *Würdinger* in MünchKomm. BGB, 6. Aufl. 2012, § 317 BGB Rz. 32.
4   BGH v. 18.5.1983 – VIII ZR 83/82, NJW 1983, 1854; OLG Düsseldorf v. 28.4.1999 – 11 U 69/98, NJW-RR 2000, 279 (281).
5   BGH v. 17.5.1967 – VIII ZR 58/66, BGHZ 48, 25 (28).
6   BGH v. 17.5.1967 – VIII ZR 58/66, BGHZ 48, 25 (27); *Walter* in GS Heinze, 2005, S. 291 (Schiedsgutachten, Unternehmensbewertung); *Habersack/Tröger*, DB 2009, 44 (Preis bei Unternehmenskauf).
7   Zur Abgrenzung etwa *Fehrenbacher* in Prütting/Wegen/Weinreich, § 675 BGB Rz. 2.

hat aber auf ein solches Vertragsverhältnis § 626 BGB als Kündigungsvorschrift angewandt, was für die Nähe zum Dienstvertrag spricht.[1] Die Kosten des Schiedsgutachters tragen die Parteien im Innenverhältnis im Zweifel je zur Hälfte. Im Außenverhältnis zum Schiedsgutachter liegt bezüglich des Honorars eine Gesamtschuld vor. Der **Schiedsgutachter haftet** gegenüber den Parteien bei pflichtwidrigen Verstößen gegen anerkannte fachliche Regeln nach § 280 Abs. 1 BGB, vorausgesetzt, es ist aus dem unrichtigen Gutachten ein Schaden entstanden. Das gilt insbesondere, wenn sein Gutachten wegen offenbarer Unrichtigkeit nach § 319 Abs. 1 BGB unverbindlich ist.[2] Dem Schiedsgutachter steht insoweit weder das Richterprivileg noch eine Haftungsbeschränkung wie etwa bei einem gerichtlich bestellten Sachverständigen (§ 839a BGB) zu. Im Schiedsgutachtervertrag kann aber eine Haftungsbeschränkung vereinbart werden.

b) Kontrolle

Die Kontrolle der Leistungsbestimmung obliegt grundsätzlich dem ordentlichen Gericht im rechtlichen Rahmen des § 319 BGB.[3] Dabei hat das Gericht zu prüfen, ob die Leistungsbestimmung, also etwa der Unternehmenswert, „**offenbar unbillig**" ist. Als Rechtsfolge ordnet die Norm die Unverbindlichkeit der Leistungsbestimmung an. Nach allgemeiner Umschreibung in Rechtsprechung und Literatur ist die Leistungsbestimmung des Dritten offenbar unbillig, wenn sie in so grober Weise gegen Treu und Glauben verstößt, so dass sich die Unbilligkeit, wenn nicht jedermann, so doch dem unbefangenen Sachkundigen aufdrängt.[4] Bei der Anwendung der Regelung auf Schiedsgutachten ist zu beachten, dass es sich bei der Unternehmenswertermittlung nicht um willensgesteuerte Festsetzungen handelt, sondern **um Feststellungen**, die unter Anwendung bestimmter Verfahren und Anwendung spezifischer Grundsätze (ordnungsmäßiger Unternehmensbewertung) getroffen werden. Die in einem Schiedsgutachten getroffene Feststellung kann als solche nicht „offenbar unbillig" im Ergebnis selbst sein. Die offenbare Unbilligkeit eines Schiedsgutachtens knüpft nach zutreffender Ansicht in der Rechtsprechung und Literatur daher nicht an das Ergebnis an, vielmehr ist das Schiedsgutachten unbillig im Sinne von unrichtig, wenn die Feststellungen auch für einen Fachmann nicht verständlich oder nicht nachprüfbar sind,[5] etwa bei Mängeln im Berechnungsverfahren oder

6

---

1 BGH v. 5.12.1979 – VIII ZR 155/78, DB 1980, 967.
2 BGH v. 22.4.1965 – VII ZR 15/65, BGHZ 43, 374 (376); BGH v. 13.12.1956 – VII ZR 22/56, BGHZ 22, 343 (345).
3 Die Parteien können eine Korrektur bei einfacher Unbilligkeit vorsehen oder, wie Abs. 2 zeigt, dem Dritten die Bestimmung sogar nach freiem Belieben überlassen. Allg. Ansicht etwa *Würdinger* in MünchKomm. BGB, 6. Aufl. 2012, § 319 BGB Rz. 3.
4 BAG v. 19.8.2008 – 3 AZR 383/06, NZA 2009, 1275 (1278); BGH v. 9.7.1981 – VII ZR 139/80, BGHZ 81, 229 = MDR 1981, 1005.
5 BGH v. 27.6.2001 – VIII ZR 235/00, NJW 2001, 3775 (3777) = MDR 2001, 1281.

bei fehlender, lückenhafter[1] oder fehlerhafter Begründung.[2] Der BGH formuliert, dass dies der Fall ist, wenn das Gutachten Fehler enthält, die das Gesamtergebnis verfälschen[3] und sich einem sachkundigen und unbefangenen Beobachter aufdrängen oder wenn die Ausführungen des Gutachtens so lückenhaft sind, dass selbst ein Fachmann das Ergebnis aus dem Gesamtzusammenhang des Schiedsgutachtens nicht überprüfen kann.[4] Die Frage ist daher, ob das Schiedsgutachten in seinen Feststellungen ein **zutreffendes Bild der tatsächlichen Verhältnisse** zeichnet.[5] Die „offenbare Unbilligkeit" ist bei Schiedsgutachten anhand des dem Schiedsgutachter von den Parteien unterbreiteten Sachstands zu beurteilen. Sie liegt nur vor, wenn sie sich einem Sachkundigen aufdrängt.[6] In komplexen Angelegenheiten, wie etwa einer Unternehmensbewertung, liegt ein Aufdrängen aber auch vor, wenn der Befund erst nach eingehender Prüfung feststeht.

c) Ordentliches Gericht oder Schiedsgericht

7 Auf Schiedsgutachten ist die Befugnis zur **Ersetzung des Schiedsgutachtens** durch die Bestimmung des Gerichts gem. § 319 Abs. 1 Satz 2 BGB entsprechend anzuwenden.[7] Das gilt neben der offenbaren Unbilligkeit des Schiedsgutachtens auch für die Fälle, in denen die Sachverständigen die Feststellung nicht treffen können oder wollen oder sie verzögern. Das Gericht muss zur Abkürzung des Verfahrens die Leistung selbst bestimmen und darf nicht etwa einen anderen Schiedsgutachter beauftragen. Für Schiedsgutachter gibt es keine Norm über die **Ablehnung** wie bei Schiedsrichtern und Sachverständigen im ordentlichen Gerichtsverfahren (§§ 1036, 1037; 406 i.V.m. 41, 42 ZPO). Allerdings kann die Ablehnung gemäß diesen Vorschriften im Vertrag der Parteien

---

1 Wenn die Bestimmungsfaktoren des Gutachtens nicht hinreichend nachprüfbar sind, BGH v. 4.6.1975 – VIII ZR 243/72, NJW 1975, 1557.
2 BGH v. 12.1.2001 – V ZR 372/99, BGHZ 146, 280 (285) = MDR 2001, 625; BGH v. 17.5.1991 – V ZR 104/90, MDR 1991, 1169 = NJW 1991, 2698. Zu Verfahrensfehlern (fehlendes rechtliches Gehör, Abhängigkeiten) als Grundlage für die Unbilligkeit s. *Würdinger* in MünchKomm. BGB, 6. Aufl. 2012, § 319 BGB Rz. 18, 19.
3 BGH v. 9.7.1981 – VII ZR 139/80, BGHZ 81, 229; BGH v. 22.4.1965 – VII ZR 15/65, BGHZ 43, 374 (376) = MDR 1981, 1005.
4 BGH v. 2.2.1977 – VIII ZR 155/75, NJW 1977, 801 (802).
5 Die Unterscheidung von Schiedsgutachterverträgen nach solchen im weiteren und im engeren bzw. eigentlichen Sinn, etwa BGH v. 26.4.1991 – V ZR 61/90, MDR 1991, 1169 = NJW 1991, 2761, spielt daher für die rechtliche Behandlung keine entscheidende Rolle. Beim Schiedsgutachten im weiteren Sinne ergänzt der Schiedsgutachter den Vertrag rechtsgestaltend unmittelbar i.S.v. § 317 BGB. Beim Schiedsgutachten im engeren Sinne werden vom Schiedsgutachter nur Tatsachen oder Rechtselemente zur Durchführung eines fertigen, nicht ergänzungsbedürftigen Vertrags geliefert. Vgl. *Hopt* in Baumbach/Hopt, Einleitung vor § 1 HGB Rz. 94.
6 BGH v. 27.6.2001 – VIII ZR 235/00, NJW 2001, 3775 (3777) = MDR 2001, 1281; BGH v. 9.6.1983 – IX ZR 41/82, BGHZ 87, 367 = MDR 1983, 839.
7 BGH v. 3.3.1982 – VIII ZR 10/81, NJW 1982, 1878 (1879) = MDR 1982, 928. Die §§ 84 Abs. 1, 189 VVG sehen für bestimmte Schiedsgutachten ebenfalls eine Feststellung durch Urteil vor, wenn die Feststellung der Sachverständigen offenbar von der tatsächlichen Sachlage erheblich abweicht.

vereinbart werden. Wird der zunächst bestimmte Gutachter **wegen Befangenheit** abgelehnt und misslingt die für diesen Fall vorgesehene Einigung auf einen Ersatzgutachter, entscheidet in entsprechender Anwendung des § 319 Abs. 1 Satz 2 Halbs. 2 BGB ebenfalls das Gericht.[1] Die Parteien können ferner im Rahmen der Vertragsfreiheit vereinbaren, dass die Entscheidung nach § 319 Abs. 1 Satz 2 BGB nicht das ordentliche Gericht, sondern ein Schiedsgericht trifft.[2]

2. Schiedsverfahren

Die Unternehmensbewertung kann im Rahmen eines Schiedsverfahrens aus ganz unterschiedlichen Gründen erforderlich sein. Gegenstand des schiedsgerichtlichen Verfahrens ist dabei regelmäßig nicht die Unternehmensbewertung selbst, sondern der **vermögensrechtliche Anspruch**, dessen Bestehen oder Höhe von der Unternehmensbewertung abhängig ist. Neben den gesellschaftsrechtlichen Ansprüchen (etwa Abfindung) können schuldrechtliche Verträge (etwa Ermittlung des Kaufpreises) oder Ausgleichsansprüche (etwa Zugewinnausgleich oder Pflichtteilsanspruch) eine Unternehmensbewertung im schiedsgerichtlichen Verfahren zur Streitschlichtung erforderlich machen. Bei der Unternehmensbewertung im Rahmen eines schiedsgerichtlichen Verfahrens sind die Regeln über das schiedsrichterliche Verfahren zu beachten, auf die in der Folge in Grundzügen eingegangen werden soll. Das Schiedsverfahren im Rahmen der Schiedsgerichtsbarkeit zielt im Gegensatz zu einem Schiedsgutachten auf die **rechtskräftige Streitentscheidung in einem Schiedsspruch** (§ 1055 ZPO) durch Privatpersonen, sog. Schiedsrichter (§ 1034 ZPO), ab. Schiedsgerichte substituieren in diesem durch die Schiedsvereinbarung bestimmten Bereich die staatlichen Gerichte, die insoweit nur in ganz eng begrenzten Ausnahmefällen eingreifen können (§ 1026 ZPO), etwa zur Aufhebung bei Verstößen gegen Minimalstandards (§ 1059 Abs. 2 ZPO). Das Schiedsgericht hat die volle Entscheidungsmacht inklusive aller Vorfragen. Die Kompetenz der Schiedsrichter ergibt sich dabei aus der privatautonomen Entscheidung der Parteien in einer **Schiedsvereinbarung** (§ 1029 ZPO), ihren Rechtsstreit an Stelle der staatlichen Gerichte durch das Schiedsgericht entscheiden zu lassen.[3] Die **Motivation für eine alternative Streitbeilegung** und damit auch die Ermittlung des Unternehmenswerts in einem schiedsgerichtlichen Verfahren kann sich aus der Flexibilität des Verfahrens, etwa in Bezug auf die freie Wahl der Schiedsrichter oder die besondere Sachkunde, etwa zur Ermittlung eines Unternehmenswerts, der entscheidenden Schiedsrichter ergeben. Ferner werden häufig die Schnelligkeit der Entscheidung und die Diskretion des Verfahrens, das nicht vom Öffentlichkeitsgrundsatz geprägt ist, als Vorteile genannt. Darüber hinaus kann das Verfahren nach den Bedürfnissen der Parteien bestimmt werden und dürfte im Ergebnis regelmäßig nicht teurer als ein normales Verfahren durch den In-

8

---

1 BGH v. 14.7.1971 – V ZR 54/70, BGHZ 57, 47.
2 *Würdinger* in MünchKomm. BGB, 6. Aufl. 2012, § 319 BGB Rz. 26.
3 Die Schiedsgerichtsbarkeit ist materielle Rechtsprechung, BGH v. 5.5.1986 – III ZR 233/84, NJW 1986, 3077 (3078) = MDR 1986, 1004.

stanzenzug sein, zumindest dann nicht, wenn es um höhere Streitwerte geht.[1] Selbst der Abschluss eines Vergleichs kann im Schiedsverfahren zu einer rechtskräftigen Entscheidung führen, wenn der Vergleich in der Form eines Schiedsspruchs mit vereinbartem Wortlaut festgehalten wird (§ 1053 Abs. 1 und Abs. 2 ZPO).

9 Neben dem Schiedsgutachten zur Ermittlung des Unternehmenswerts sind von einem Schiedsverfahren weitere Instrumente zur Streitbeilegung zu unterscheiden, die in der Praxis teilweise zunehmende Bedeutung erlangen, etwa das **Adjudikationsverfahren und das Mediationsverfahren**. Im erstgenannten Verfahren geht es regelmäßig um eine projektbegleitende schnelle und vorläufige Form der Streitbeilegung, die aber im Gegensatz zum Schiedsgutachten nicht auf eine bestimmte inhaltliche Frage begrenzt ist, auf der anderen Seite aber auch keinen rechtskräftigen Titel zum Ziel hat.[2] In der **Mediation** suchen die Parteien in einem strukturierten Verfahren mit Hilfe eines neutralen Dritten, der als Mediator bezeichnet wird, eine einvernehmliche Lösung ihres Konflikts. Rechtskraft erlangt die Konfliktlösung im Gegensatz zum Schiedsspruch aber nicht. In der Rechtskraft zeigt sich die besondere Zielrichtung und Wirkung des Schiedsverfahrens, die in den anderen vorgenannten Streitschlichtungsverfahren nicht zu erreichen sind.

a) Schiedsgerichtsbarkeit

10 Innerhalb der Schiedsgerichtsbarkeit lassen sich in Bezug auf unterschiedliche Verfahren Differenzierungen vornehmen. Die nationale Schiedsgerichtsbarkeit ist dabei von der internationalen Schiedsgerichtsbarkeit zu unterscheiden (vgl. unten Rz. 13 f.). Ferner gibt es im Hinblick auf die Art der Schiedsgerichtsbarkeit auf der einen Seite die ad hoc Schiedsgerichtsbarkeit und auf der anderen Seite die institutionalisierte Schiedsgerichtsbarkeit.

aa) Ad hoc und institutionalisierte Schiedsgerichtsbarkeit

11 Während ein ad hoc Schiedsgericht vorliegt, wenn das Schiedsgericht für den konkreten Streitfall **ohne Rückgriff auf eine Schiedsorganisation** konstituiert wird, greifen die Parteien bei der institutionalisierten Schiedsgerichtsbarkeit auf die unterschiedlichen Dienstleistungen einer Schiedsorganisation zurück. Ferner gibt es für die Parteien die Möglichkeit Zwischenformen zu wählen. Im Fall der **ad hoc Schiedsgerichtsbarkeit** wird das Schiedsgericht nach den von den Parteien getroffenen Vereinbarungen oder nach dem dispositiven Gesetzesrecht gebildet (§ 1035 ZPO). Das Verfahren wird von den Parteien näher festgelegt oder, falls eine solche Festlegung fehlt, von den Schiedsrichtern be-

---

1 Im Hinblick auf die Kosten, etwa die eigenen und fremden Auslagen, die Honorare für Schiedsrichter und Anwälte sowie die Verwaltungsgebühren für die Schiedsinstitution, besteht im Ergebnis Einigkeit, dass das schiedsgerichtliche Verfahren bei niedrigeren Streitwerten teurer ist, während es bei höheren Streitwerten eher günstiger sein dürfte. Vgl. *Münch* in MünchKomm. ZPO, 4. Aufl. 2013, Vorbemerkung § 1025 ZPO Rz. 67 m.w.N.
2 *Köntges/Mahnken*, SchiedsVZ 2010, 310 ff.

stimmt (§ 1042 Abs. 3 und 4 ZPO). Der Schiedsrichtervertrag regelt hier allein die Rechtsbeziehung von Schiedsparteien und Schiedsrichtern.

Die **institutionalisierte Schiedsgerichtsbarkeit** zeichnet sich dadurch aus, dass die verschiedenen **Schiedsorganisationen Regelwerke** haben, welche für die Durchführung des Schiedsverfahrens entwickelt wurden und welche die Parteien durch Bezugnahme zur Grundlage des Schiedsverfahrens machen können (§ 1042 Abs. 3 ZPO). Die Schiedsorganisationen bilden ständige Schiedsgerichte, die im Rahmen der jeweiligen Organisation als dauerhaft bestehende Einrichtungen zur Erledigung einer unbestimmten Vielzahl von Fällen zur Verfügung stehen. Die Verfahren laufen auf der Grundlage einer eigenen von der Schiedsorganisation **entwickelten Verfahrensordnung** ab. Als Dienstleistungen durch die Organisationen werden häufig Maßnahmen zur Unterstützung der Parteien (Zustellungen, Bildung des Schiedsgerichts, Verwahrung des Schiedsspruchs) bis hin zu ausgearbeiteten Gebührentarifen und weiteren rechtlichen Befugnissen und Möglichkeiten (Kompetenzprüfung der Schiedsrichter, Ernennungsstelle, Ergebniskontrolle durch weitere Instanzen usw.) erbracht.[1] Im Einzelnen sind die unterschiedlichsten Formen der Unterstützung möglich. Die gewählte Schiedsorganisation kann bestimmte nach Person oder Funktion bezeichnete Schiedsrichter bereitstellen oder auch eine Schiedsrichterliste vorgeben, aus der die im Einzelfall zu berufenden Schiedsrichter ausgewählt werden können (Findungshilfe) oder müssen („Listenzwang"[2]). Im Fall der institutionalisierten Schiedsgerichtsbarkeit kommt zwischen den Parteien und der jeweiligen Schiedsorganisation ein vom Schiedsrichtervertrag zu trennender Vertrag zustande, für den häufig die Bezeichnung **Schiedsorganisationsvertrag** verwendet wird.[3] Die aufgrund des Schiedsorganisationsvertrags geschuldete Mitwirkung der Schiedsorganisation begreift die überwiegende Ansicht in der Literatur als lediglich unterstützende, verwaltende Tätigkeit.[4] Im In- und Ausland haben sich **einige Schiedsorganisationen** gebildet, die entweder bereichsspezifisch spezialisierte Schiedsverfahren anbieten oder als nationale bzw. internationale Schiedsorganisationen Schiedsverfahren für alle möglichen Verfahrensgegenstände anbieten. Dazu zählen etwa die International Chamber of Commerce (ICC, Internationale Handelskammer), die Deutsche Institution für Schiedsgerichtsbarkeit e.V. (DIS) und der London Court of International Arbitration (LCIA, Internationaler Schiedsgerichtshof London). Die Organisationen unterscheiden sich im Hinblick auf die Verfahrensstrenge teilweise ganz erheblich (vgl. unten Rz. 50).

bb) Nationale und internationale Schiedsgerichtsbarkeit

Maßgeblich für die Unterscheidung zwischen nationaler oder internationaler Schiedsgerichtsbarkeit ist der **Ort des schiedsrichterlichen Verfahrens** (§§ 1025,

---

1 *Münch* in MünchKomm. ZPO, 4. Aufl. 2013, Vorbemerkung § 1025 ZPO Rz. 12 f.
2 Statthaft, vgl. OLG Frankfurt v. 28.10.2010 – 26 SchH 3/09 [II]; *Münch* in MünchKomm. ZPO, 4. Aufl. 2013, Vorbemerkung § 1025 ZPO Rz. 12.
3 *Münch* in MünchKomm. ZPO, 4. Aufl. 2013, Vorbemerkung § 1034 ZPO Rz. 67 ff.
4 *Münch* in MünchKomm. ZPO, 4. Aufl. 2013, Vorbemerkung § 1034 ZPO Rz. 72; *Schlosser* in Stein/Jonas, § 1042 ZPO Rz. 5.

1043 ZPO). Die Wahl des geeigneten Orts und des anwendbaren Rechts ist für das jeweilige Verfahren daher besonders wichtig. Liegt der Ort in Deutschland, gelten für das schiedsrichterliche Verfahren die §§ 1025 ff. ZPO, ohne dass die Parteien die Wahl eines fremden Verfahrensrechts haben. § 1025 Abs. 1 ZPO sieht für in Deutschland durchgeführte Verfahren vielmehr das strikte Territorialitätsprinzip vor.[1] Das schiedsrichterliche Verfahren in §§ 1025 ff. ZPO ist stark an das UNICTRAL-Modellgesetz über die internationale Handelsschiedsgerichtsbarkeit angelehnt.[2] Die Regeln der ZPO gelten aber einheitlich für nationale und internationale Zivil- und Handelsschiedsgerichtsverfahren. Vom Ort der Durchführung des schiedsgerichtlichen Verfahrens hängt die weitere Entscheidung ab, ob es sich bei einem Schiedsspruch um einen **inländischen oder ausländischen Schiedsspruch** handelt. Das ist im Hinblick auf die Anerkennung und Vollstreckung von Schiedssprüchen von Bedeutung (§§ 1060, 1061 ZPO). Ferner wird durch das anwendbare Verfahrensrecht die Kompetenz der deutschen Gerichte im Rahmen eines Schiedsverfahrens tätig zu werden eröffnet und zugleich begrenzt (§ 1026 ZPO). Das durch den Ortsbezug für anwendbar erklärte deutsche Schiedsverfahrensrecht gibt jedoch nur einen äußeren Rahmen vor. Insbesondere können die Parteien im Rahmen von § 1042 ZPO das Schiedsverfahren unter **Berücksichtigung der zwingenden Vorschriften** des nationalen Rechts näher ausgestalten.

14 Vom Verfahrensrecht abzugrenzen ist das **anzuwendende Sachrecht**. Das anzuwendende Sachrecht bestimmt sich nach § 1051 ZPO. Indem das Gesetz den Parteien insoweit die Freiheit zur Wahl von Rechtsvorschriften gewährt (§ 1051 ZPO), wird deutlich, dass für die Streitschlichtung in der Sache nicht nur eine gesamte Rechtsordnung eines bestimmten Staates gewählt werden kann, sondern auch Vorschriften aus verschiedenen nationalen Rechten oder solche, die auf internationaler Ebene erarbeitet worden sind. Haben die Parteien das anzuwendende Recht nicht bestimmt, ist vom Schiedsgericht das Recht des Staates anzuwenden, mit dem der **Hauptvertrag bzw. der Gegenstand des Verfahrens die engsten Verbindungen** aufweist (§ 1051 Abs. 2 ZPO). Abweichend davon kann das Schiedsgericht eine Entscheidung nach Billigkeit treffen, also ohne Erwägungen zum positiven Recht anzustellen, wenn es von den Parteien hierzu ausdrücklich ermächtigt wurde (§ 1051 Abs. 3 ZPO).

b) Schiedsvereinbarung

15 Grundlage jedes schiedsgerichtlichen Verfahrens ist die Schiedsvereinbarung. Die Schiedsvereinbarung kann nach § 1029 Abs. 2 ZPO als selbständige Vereinbarung, sog. **Schiedsabrede**, oder in Form einer Klausel in einem Hauptvertrag, sog. **Schiedsklausel**, geschlossen werden. Bei der **Schiedsklausel** handelt es sich um eine Vereinbarung, die sich auf einen zukünftigen Rechtsstreit aus einem bestimmten Rechtsverhältnis bezieht. Bei der **Schiedsabrede** liegt regelmäßig ein gewisser Bezug zu einer schon entstandenen Streitigkeit vor.[3] Die Rechtsnatur der Schiedsvereinbarung ist umstritten. Die Standardformel der Recht-

---

1 *Münch* in MünchKomm. ZPO, 4. Aufl. 2013, § 1035 ZPO Rz. 10.
2 *Münch* in MünchKomm. ZPO, 4. Aufl. 2013, § 1035 ZPO Rz. 2 ff.
3 *Hopt* in Baumbach/Hopt, Einleitung vor § 1 HGB Rz. 88.

sprechung ist, die **Schiedsvereinbarung** sei ein materiell-rechtlicher Vertrag über prozessrechtliche Beziehungen.[1] Parteien einer Schiedsvereinbarung können daher alle Rechtsträger sein. Personengesellschaften wie die OHG, KG und auch die GbR sind insoweit erfasst.[2] Im Prinzip sind daher bei Maßgabe des deutschen Rechts die Regeln der Rechtsgeschäftslehre (§§ 104 ff., 116 ff., 134, 138, 145 ff. BGB) anwendbar. Dabei ist zu berücksichtigen, dass das Schiedsverfahren an sich grundsätzlich zulässig und als eine vollwertige Alternative zum staatlichen Rechtsschutz anerkannt ist. Prozessuale Besonderheiten in Bezug auf den Inhalt (§ 1030 ZPO) und die Formen (§ 1031 ZPO) der Schiedsvereinbarung sind zu beachten. Vor allem für Schiedsklauseln als eine Form der Schiedsvereinbarung liegt auch stets eine **AGB-Kontrolle** nahe, wenn insoweit vorformulierte, nicht ausgehandelte Klauseln vorliegen (§ 305 Abs. 1 BGB i.V.m. § 310 Abs. 3 BGB und § 1031 Abs. 5 ZPO), die wirksam einbezogen sind (§ 305 Abs. 2 BGB i.V.m. 310 Abs. 1 Satz 1 BGB und § 1031 Abs. 3 und 4 ZPO). Die Klausel unterliegt der Kontrolle nach § 307 BGB. Dabei führt aber die Schiedsvereinbarung als solche nicht zu einer unangemessenen Benachteiligung, denn der Gesetzgeber geht – wie bereits erwähnt – von einer Gleichwertigkeit des schiedsgerichtlichen Rechtsschutzes mit dem durch staatliche Gerichte aus und hinsichtlich der Ausgestaltung des Verfahrens regelt die ZPO die Angemessenheit.

aa) Inhalt und Bestimmtheit

Die Schiedsvereinbarung muss sich auf Streitigkeiten beziehen, die aus einem oder mehreren **bestimmten Rechtsverhältnissen** hervorgehen. Ein Rechtsverhältnis ist ausreichend bestimmt, wenn es zum Zeitpunkt des Abschlusses der Schiedsvereinbarung auf eine individuelle oder individualisierbare Grundlage (Vertrag oder Ereignis) zurückgeführt werden kann. Als zwingender Mindestinhalt muss die Schiedsvereinbarung in Form der Schiedsabrede oder Schiedsklausel lediglich die **Entscheidung eines Rechtsstreits durch Schiedsrichter** aufweisen und deutlich machen, dass ein Schiedsgericht (und nicht ein staatliches Gericht) verbindlich entscheiden soll. An die inhaltliche Bestimmtheit von Schiedsvereinbarungen werden nur geringe Anforderungen gestellt.[3] Ausreichend für eine Schiedsvereinbarung selbst ist daher die Formulierung, dass über alle Streitigkeiten aus dem bestimmten Vertrag ein Schiedsgericht entscheiden soll.[4] Eine **unklare Schiedsvereinbarung** ist auslegungsbedürftig und auch auslegungsfähig. Die Auslegung hat das jeweils mit der Sache befasste Gericht anhand der gängigen Auslegungsregeln (etwa §§ 133, 157 BGB) vorzunehmen. Regelmäßig wird in die Schiedsvereinbarung aber auch die Verfahrensregelung aufgenommen, die für das schiedsrichterliche Verfahren maß-

---

1 BGH v. 29.2.1968 – VII ZR 102/65, BGHZ 49, 384 (386); BGH v. 22.5.1967 – VII ZR 188/64, BGHZ 48, 35 (46); BGH v. 28.11.1963 – VII ZR 112/62, BGHZ 40, 320 (322).
2 Grundlegend für die GbR: BGH v. 29.1.2001 – II ZR 331/00, BGHZ 146, 341.
3 OLG Bremen v. 28.6.2006 – 2 Sch 3/06, SchiedsVZ 2007, 51.
4 *Münch* in MünchKomm. ZPO, 4. Aufl. 2013, § 1029 ZPO Rz. 94.

gebend sein soll (§ 1042 ZPO).[1] Die Globalverweisung auf die Schiedsgerichtsordnung eines institutionellen Schiedsgerichts bedeutet grundsätzlich auch die Unterwerfung unter dieses Schiedsgericht nach Maßgabe der jeweils geltenden Schiedsordnung.[2]

bb) Statut für die Schiedsvereinbarung

17 Bei Bezügen zu einer ausländischen Rechtsordnung stellt sich die Frage, nach welcher Rechtsordnung die „**Gültigkeit**" **der Schiedsvereinbarung** zu bestimmen ist. Das Schiedsvereinbarungsstatut (§ 1059 Abs. 2 Nr. 1 Buchst. a Var. 2 ZPO) ist im Hinblick auf die Wirksamkeit der Vereinbarung im Rahmen der Gültigkeitskontrolle durch staatliche Gerichte von Bedeutung. Nach dem Statut sind dem § 1029 ZPO quasi vorgelagerte Fragen zu beantworten, wobei aber inhaltlich auch die subjektive Schiedsfähigkeit dazugehört (§ 1059 Abs. 2 Nr. 1 Buchst. a Var. 1 ZPO). Nach ihm wird materielles Zustandekommen und Wirksamkeit der Vereinbarung bestimmt, ferner insbesondere Auslegung, Wirkungen und Erlöschen. Das Schiedsvereinbarungsstatut wird grundsätzlich internationalprivatrechtlich und nicht prozessrechtlich angeknüpft.[3] Die **Anknüpfung erfolgt eigenständig**. Es gilt nicht das Schiedsverfahrensstatut (sog. Ortsanknüpfung vgl. Rz. 13) als jenes Recht, welches den Prozessablauf vorgibt, und genauso wenig das Statut des Hauptvertrages bzw. Gegenstands (§ 1051 ZPO). Fehlt insoweit eine vorrangige gesonderte Rechtswahl durch die Parteien (§ 1059 ZPO) und kommt subsidiär deutsches Recht für die Gültigkeit der Schiedsvereinbarung zur Anwendung, gehen das Schiedsvereinbarungs- und -verfahrensstatut konform.

cc) Schiedsfähigkeit

18 Die Wirksamkeit der Schiedsvereinbarung setzt neben der Einigung über den notwendigen Inhalt auch die **objektive Schiedsfähigkeit** gem. § 1030 ZPO sowie die Einhaltung der Form gem. § 1031 ZPO voraus. Schiedsfähig und damit Gegenstand einer Schiedsvereinbarung kann gem. § 1030 Abs. 1 ZPO jeder vermögensrechtliche Anspruch sein. Als vermögensrechtlich ist ein Streitgegenstand einzuordnen, wenn er sich entweder aus Vermögensrechten ableitet oder anderenfalls wenigstens auf eine vermögenswerte Leistung abzielt.[4] Durch die weite Umschreibung ist die Schiedsfähigkeit der Regeltatbestand. Die Schiedsgerichtsbarkeit ist nur insoweit ausgeschlossen, als der Staat sich im Interesse

---

1   Ein solche Vereinbarung kann wie folgt aussehen: „Alle Streitigkeiten, die sich im Zusammenhang mit diesem Vertrag oder über seine Gültigkeit ergeben, werden nach der Schiedsgerichtsordnung der Deutschen Institution für Schiedsgerichtsbarkeit e.V. (DIS) unter Ausschluss des ordentlichen Rechtsweges endgültig entschieden." (Mustervereinbarung der Deutschen Institution für Schiedsgerichtsbarkeit e.V.).
2   *Schmitz*, RNotZ 2003, 591 (600).
3   BGH v. 8.6.2010 – XI ZR 349/08, NJW-RR 2011, 548 (550) = MDR 2010, 1384; BGH v. 25.1.2011 – XI ZR 350/08, SchiedsVZ 2011, 157 (159) = MDR 2011, 623.
4   *Münch* in MünchKomm. ZPO, 4. Aufl. 2013, § 1030 ZPO Rz. 1; *Saenger* in Saenger, § 1030 ZPO Rz. 2.

besonders schutzwürdiger Rechtsgüter ein Monopol vorbehalten hat.[1] In Fällen mit Auslandsberührung richtet sich die Frage der Schiedsfähigkeit im Aufhebungsverfahren wegen § 1059 Abs. 2 Nr. 2 Buchst. a ZPO nach deutschem Recht. Da nach § 1059 Abs. 2 Nr. 1 Buchst. a ZPO aber auch die Unwirksamkeit der Schiedsabrede nach dem auf sie anwendbaren Recht zur Aufhebung führt, wird in der Literatur vertreten, dass zusätzlich auf die Schiedsfähigkeit nach dem auf die Schiedsabrede anwendbaren Recht abzustellen sei.[2] Die Gegenansicht geht davon aus, dass die (objektive) Schiedsfähigkeit selbständig anzuknüpfen ist und mangels Gestattung einer Rechtswahl, wie sie das Schiedsvereinbarungsstatut sonst ermöglichen würde, den Parteien insoweit die Dispositionsbefugnis fehlt.[3] Es bleibt danach bei der Maßgabe des § 1030 ZPO. Im Hinblick auf die Unternehmensbewertung und Unternehmenswertermittlung ist festzustellen, dass die Unternehmensbewertung im Rahmen aller vermögensrechtlicher Ansprüche, ob aus dem Gesellschaftsrecht, dem Unternehmenskaufrecht, dem Erbrecht oder dem güterrechtlichen Ausgleich im Familienrecht[4], Verfahrensgegenstand sein kann.

dd) Sonderfall Spruchverfahren

Das Spruchverfahren (vgl. § 27) dient ebenfalls der Bestimmung von Ausgleichs-, Abfindungs- und Zuzahlungsansprüchen und ist vom Gesetzgeber als ausschließlicher Rechtsbehelf ausgestaltet. Das **Verhältnis von Spruchverfahren und Schiedsverfahren** ist umstritten.[5] Einigkeit besteht darin, dass eine Schiedsvereinbarung für den Fall zulässig ist, dass kein Spruchverfahren vor den staatlichen Gerichten eingeleitet wird oder ein solches Verfahren, etwa durch Antragsrücknahme, nicht abgeschlossen wird. Für die Entscheidung, ob das Schiedsverfahren das Spruchverfahren ersetzen kann, kommt es darauf an, ob man im Spruchverfahren einen Teil der ordentlichen Gerichtsbarkeit erkennt, der alternativ über das Schiedsverfahren erledigt werden kann, oder einen ausschließlichen Rechtsbehelf, der die Schiedsfähigkeit verhindert, wenn ein entsprechendes Verfahren durchgeführt wird. Als Begründung für die letztgenannte Ansicht wird häufig angeführt, dass die Erstreckung der Rechtskraft eines Urteils auf nicht am Verfahren beteiligte Aktionäre für einen Schiedsspruch nicht übertragbar sei.[6] Dabei ist allerdings zu berücksichtigen, dass sich das Schiedsverfahrensrecht weiterentwickelt hat, insbesondere im Hinblick auf die Verfügbarkeit über den Verfahrensgegenstand (§ 11 SpruchG), und die Schiedsfähigkeit durchaus möglich erscheint. Für die Schiedsfähigkeit eines solchen Anspruchs, der vor ordentlichen Gerichten im Spruchverfahren zu entscheiden ist, muss lediglich eine vergleichbare Drittwirkung zur Vermeidung von Sondervorteilen sichergestellt werden. Das kann etwa im Unternehmens-

19

---

1 BGH v. 29.3.1996 – II ZR 124/95, BGHZ 132, 278 (283) = MDR 1996, 803.
2 *Voit* in Musielak, § 1030 ZPO Rz. 10.
3 Vgl. etwa *Münch* in MünchKomm. ZPO, 4. Aufl. 2013, § 1030 ZPO Rz. 22 m.w.N.
4 *Huber*, SchiedsVZ 2004, 280.
5 Zum Streitstand etwa *Drescher* in Spindler/Stilz, AktG, § 1 SpruchG Rz. 36.
6 Hingewiesen wird insoweit regelmäßig auf BGH v. 29.3.1996 – II ZR 124/95, BGHZ 132, 278.

vertrag mit Zustimmung der Hauptversammlung geschehen, umstritten wegen der Formstrenge ist aber eine entsprechende Bestimmung in der Satzung oder Gesellschaftsvertrag[1]. Für die nicht mit Antrag am Schiedsverfahren beteiligten außenstehenden Aktionäre wäre dann vom Schiedsgericht ein gemeinsamer Vertreter zu bestellen oder durch echten Vertrag zugunsten Dritter die Übernahme der Ergebnisse für alle zu gewährleisten.[2]

ee) Form

20 Da die Schiedsvereinbarung zur Veränderung des Justizgewährungsanspruchs führen kann, ist für die Schiedsvereinbarung eine besondere Form vorgesehen (§ 1031 ZPO). Es handelt sich um ein **eigenständiges Formerfordernis**. Die Form des Hauptvertrags muss nicht zusätzlich gewahrt werden.[3] Bei der Schiedsvereinbarung ohne Beteiligung eines Verbrauchers wird eine abgeschwächte Schriftform verlangt. Für die Vereinbarung muss eine Form der Nachrichtenübermittlung gewählt werden, die einen Nachweis der Vereinbarung sicherstellt. Ausreichend sind ein Briefwechsel, Telefaxe oder E-Mail, denn bei diesem Verfahren kann der gesendete Text, der Name des Empfängers und seine Antwort gespeichert werden, so dass der erforderliche Nachweis des Inhalts der Vereinbarung geführt werden kann. Die Einhaltung der Form des § 126a BGB ist nicht erforderlich. Eine **Erleichterung für die Formpflicht** enthält § 1031 Abs. 2 ZPO durch die Rücksichtnahme auf die Verkehrssitte (Handelsbräuche).[4] Eine formwirksame Schiedsvereinbarung kann ferner bezugnehmend begründet werden (§ 1031 Abs. 3 ZPO), wobei für Konnossemente eine Sonderregelung besteht. In Betracht kommen für die Bezugnahme etwa frühere eigene Abreden zwischen den Parteien, Musterverträge oder Vorgaben von Institutionen sowie „Allgemeine Geschäftsbedingungen". Falls ein **Verbraucher** (§ 13 BGB) beteiligt ist, muss die Schiedsvereinbarung in einer Urkunde enthalten sein, die beide Parteien eigenhändig unterschrieben haben. Ferner soll durch weitere Vorkehrungen zum Schutz des Verbrauchers vermieden werden, dass die Schiedsabrede in einem Klauselwerk versteckt wird. Die Urkunde oder das elektronische Dokument darf daher keine anderen Vereinbarungen als die Schiedsabrede und Verfahrensregelungen enthalten, sofern die Erklärung nicht ausnahmsweise notariell beurkundet wird. Die Schiedsvereinbarung unter Gesellschaftern einer Personengesellschaft (OHG oder KG) im Hinblick auf Streitigkeiten aus dem Gesellschaftsverhältnis bedarf der Form für Verbraucher nach § 1031 Abs. 5 ZPO, es sei denn, wenn schon ihr Abschluss zusammen mit dem Gesellschaftsvertrag erfolgt oder später einer gewerblichen oder selbständigen beruflichen Tätigkeit des Gesellschafters zugerechnet werden kann.[5]

---

1 *Fritzsche/Dreier/Verfürth*, 2004, § 11 SpruchG Rz. 34.
2 *Drescher* in Spindler/Stilz, AktG, § 1 SpruchG Rz. 36; *Behnke*, Das Spruchverfahren nach §§ 306 AktG, 305 ff. UmwG, 2011, S. 165; *Wittgens*, Das Spruchverfahrensgesetz, 2005, S. 47.
3 BGH v. 22.9.1977 – III ZR 144/76, BGHZ 69, 260.
4 Zum kaufmännischen Bestätigungsschreiben *Münch* in MünchKomm. ZPO, 4. Aufl. 2013, § 1031 ZPO Rz. 35.
5 BGH v. 2.6.1966 – VII ZR 292/64, BGHZ 45, 282 (285); *Hopt* in Baumbach/Hopt, Einleitung vor § 1 HGB Rz. 90.

Die **Nichtachtung der vorgeschriebenen Form** führt zur Unwirksamkeit der Schiedsabrede, es sei denn, die Heilung nach § 1031 Abs. 6 ZPO tritt ein. Eine formungültige Schiedsvereinbarung wird durch die Einlassung zur Hauptsache für das Verfahren vor dem Schiedsgericht und für eine Kontrolle durch staatliche Gerichte rückwirkend wirksam. Auf diesem Wege können die Parteien die unwirksame Schiedsvereinbarung bestätigen und setzen sich auch nicht dem Verbot widersprüchlichen Verhaltens aus. Für den Schiedskläger liegt eine **Einlassung zur Hauptsache** durchweg implizit mit seinem Vorlageantrag gem. § 1044 ZPO vor, der Klageerhebung ist. Der Schiedsbeklagte lässt sich zur Hauptsache ein, wenn er sich sachlich zur Schiedsklage erklärt, also regelmäßig mit seiner Klagebeantwortung bzw. -erwiderung (§ 1046 Abs. 1 Satz 1 Var. 2 ZPO).[1] Ohne eine Heilung bleibt die reguläre Zuständigkeit staatlicher Gerichte bestehen. § 1031 ZPO kann bei einem schiedsrichterlichen Verfahren in Deutschland durch Wahl einer fremden Rechtsordnung nicht abbedungen werden.[2] Bei einem Verfahren im Ausland wird der Grundstandard der Regelung in § 1031 ZPO ebenfalls regelmäßig erhalten bleiben.[3]

Die Formvorschriften gelten nicht für die **Aufhebung einer Schiedsvereinbarung**, denn damit wird die Möglichkeit des Rechtsschutzes durch staatliche Gerichte wieder eröffnet. Ein Schutz vor der Rückkehr zum Regelfall ist nicht erforderlich. In Bezug auf die Formbedürftigkeit sind von der formbedürftigen Schiedsvereinbarung die Vereinbarungen zwischen den Parteien abzugrenzen, die **nur das Verfahren vor dem Schiedsgericht** betreffen (§ 1042 ZPO). Sie fallen nicht unter die strengen Regelungen der Schiedsvereinbarung. Ferner sind die Formvorgaben in § 1031 ZPO nicht auf Schiedsklauseln anwendbar, die in Satzungen oder durch letztwillige Verfügung die Streitentscheidung durch bestimmte Schiedsgerichte vorsehen. Anders als bei den regelmäßig auf einer Vereinbarung der Parteien beruhenden Schiedsgerichten kommt insoweit aber § 1066 ZPO zur Anwendung. Diese Norm greift für solche Schiedsgerichte, die durch eine **nicht vertragliche Verfügung** angeordnet wurden. Unter Verfügung sind insoweit einseitige rechtsgestaltende privatrechtliche Rechtsgeschäfte zu verstehen.[4] Ist die Verfügung gesetzlich in statthafter Weise erfolgt und damit wirksam, hat das Vorliegen eines Schiedsgerichts gem. § 1066 ZPO die entsprechende Anwendung der Vorschriften zum schiedsrichterlichen Verfahren in §§ 1025 ff. ZPO zur Folge. Auf diesem Wege kann daher auch vor Schiedsgerichten aufgrund letztwilliger Verfügung oder Satzungen eine Unternehmensbewertung im schiedsrichterlichen Verfahren erforderlich werden, etwa im Zusammenhang mit Abfindungsansprüchen im Erb- und Kapitalgesellschaftsrecht. Ob § 1066 ZPO auch für Personengesellschaften gilt, ist nach wie vor umstritten. Die überwiegende Ansicht geht noch davon aus, dass § 1066 ZPO für OHG und KG grundsätzlich nicht gilt, auch nicht für GmbH & Co

---

1 BGH v. 22.5.1967 – VII ZR 188/64, BGHZ 48, 35 (45); BGH v. 2.12.1982 – III ZR 85/81, NJW 1983, 1267 (1269) = MDR 1983, 471, mündlich oder schriftlich.
2 *Münch* in MünchKomm. ZPO, 4. Aufl. 2013, § 1031 ZPO Rz. 20.
3 Einzelheiten sind umstritten, Übersicht *Münch* in MünchKomm. ZPO, 4. Aufl. 2013, § 1031 ZPO Rz. 22 ff.
4 BGH v. 22.5.1967 – VII ZR 188/64, BGHZ 48, 35 (43); für Existenzgründer BGH v. 24.2.2005 – III ZB 36/04, BGHZ 162, 253.

KG als Publikumsgesellschaft.[1] Die Bindung der Gesellschafter an die Schiedsvereinbarung im Gesellschaftsvertrag ist nach dieser Ansicht für die Gesamt- und Sonderrechtsnachfolger in den Gesellschaftsanteil ohne speziellen Beitritt und das Einhalten der Form des § 1031 ZPO verbindlich. Als Grundlage dient der Rechtsgedanke aus § 401 BGB.[2] Teilwcise werden aber die gesellschaftsvertraglichen Schiedsklauseln unter Anwendung des § 1066 ZPO als untrennbarer Bestandteil der Mitgliedschaft angesehen, das die mit der Stellung als Mitglied verbundenen Teilhabe- und Schutzrechte bündelt.[3]

ff) Reichweite

22 Welche Ansprüche durch eine **Schiedsvereinbarung dem staatlichen Gericht entzogen** und dem Schiedsgericht übertragen werden sollten, ist durch Auslegung der Schiedsvereinbarung zu ermitteln. Die Schiedsvereinbarung ist grundsätzlich weit auszulegen und umfasst alle Streitigkeiten aus dem (Haupt-)Vertrag bzw. Gegenstand des Verfahrens einschließlich dessen Gültigkeit.[4] Nur auf diesem Wege wird die von den Parteien gewählte einheitliche Behandlung der Streitigkeiten gewährleistet. Schiedsvereinbarungen über Verträge beziehen sich daher mangels gegenteiliger Vereinbarungen nicht nur auf Streitigkeiten über die Wirksamkeit des Vertrags, sondern auch auf **gesetzliche Ansprüche** im Zusammenhang mit dem Vertrag[5] und darüber hinaus regelmäßig auch auf Nachträge, Vereinbarungen über Vertragsverlängerung oder Vergleiche. Haben Gesellschafter in einer Schiedsvereinbarung im Gesellschaftsvertrag festgelegt, dass **sämtliche Streitigkeiten**, die sich aus dem „Vollzug des Gesellschaftsvertrags" oder aus dem „mitgliedschaftlichen Rechtsverhältnis" ergeben[6], Gegenstand der Schiedsklausel sein sollen, bezieht sich die Schiedsvereinbarung[7] etwa auch auf Streitigkeiten über Beitragspflichten, die Geltendmachung von Schadensersatzansprüchen aus Treupflichtverletzung und von Beschlussmängeln sowie gesellschaftsvertraglich festgelegter Ankaufsrechte oder die auf Entziehung der Geschäftsführungs- oder Vertretungsbefugnis bzw. auf Ausschließung eines Gesellschafters oder auf Auflösung der

---

1   BGH v. 11.10.1979 – III ZR 184/78, MDR 1980, 210 = NJW 1980, 1049. Siehe aber *K. Schmidt*, ZHR 162 (1998), 277; *Habersack*, SchiedsVZ 2003, 241 für Gesellschaftsverträge, die Mehrheitsbeschlüsse zulassen.
2   BGH v. 29.4.1977 – V ZR 71/75, BGHZ 68, 350; BGH v. 2.3.1978 – III ZR 99/76, BGHZ 71, 162; BGH v. 1.8.2002 – III ZB 66/01, NZG 2002, 955.
3   *Habersack*, SchiedsVZ 2003, 241 (244).
4   BGH v. 19.7.2004 – II ZR 65/03, ZIP 2004, 1616 (1618) = MDR 2004, 1191. Eine Einschränkung der Vereinbarung muss von den Parteien ausreichend substantiiert vorgetragen werden, BGH v. 13.1.2009 – XI ZR 66/08, SchiedsVZ 2009, 122 (125) = MDR 2009, 398.
5   BGH v. 12.11.1987 – III ZR 29/87, MDR 1988, 386 = NJW 1988, 1215 (Deliktsrecht); BGH v. 27.2.1970 – VII ZR 68/68, BGHZ 53, 315 (Bereicherungsrecht).
6   BGH v. 25.10.1962 – II ZR 188/61, BGHZ 38, 155 (159 ff.); *Habersack*, SchiedsVZ 2003, 241 (245).
7   Muster bei *Trittmann/Pfitzner/Schmaltz* in Hopt, Vertrags- und Formularbuch zum Handels-, Gesellschafts- und Bankrecht, Form II. M.5 (Schiedsvertrag unter Personen- und GmbH-Gesellschaftern).

Gesellschaft gerichtete Streitigkeiten. Nicht erfasst sind nur Streitigkeiten, die ihre Grundlage nicht in dem mitgliedschaftlichen Rechtsverhältnis haben.

gg) Wirkung und Beendigung

Eine wirksame Schiedsvereinbarung hat zwei wesentliche Wirkungen. Einerseits begründet die wirksame Schiedsvereinbarung eine **prozesshindernde Einrede** gegen die Klage vor dem ordentlichen Gericht (§ 1032 ZPO). Die Klage vor dem ordentlichen Gericht ist als unzulässig abzuweisen. Einstweiliger Rechtsschutz vor einem staatlichen Gericht bleibt jedoch möglich (§ 1033 ZPO). Die (zwingende) Regelung dient der Verwirklichung des effektiven Rechtsschutzes, denn in Eilfällen ist es nicht immer möglich, eine Entscheidung des Schiedsgerichts herbeizuführen. Die Möglichkeit schließt einen entsprechenden Antrag beim Schiedsgericht aber nicht aus. Nach § 1041 Abs. 1 ZPO kann auch das Schiedsgericht auf Antrag einer Partei **vorläufige oder sichernde Maßnahmen** anordnen. Die „konkurrierende Zuständigkeit" für einstweilige Maßnahmen in derselben Sache führt aber nicht zu einer „doppelten Entscheidung". Die Vollziehung derartiger Maßnahmen, die vom Schiedsgericht angeordnet werden, im Wege der Zwangsvollstreckung hängt von einer Entscheidung des staatlichen Gerichts ab (§ 1041 Abs. 2 ZPO).[1] Das Schiedsgericht kann daher einstweilige Maßnahmen nur androhen, die Durchsetzung erfolgt nach Antrag einer Partei zur Vollziehung der Maßnahme beim staatlichen Gericht.

23

Andererseits hat die **Schiedsvereinbarung auch materielle Wirkungen**. Es werden Förderungs- und Loyalitätspflichten begründet. Die Parteien sind verpflichtet, wechselseitig alles zu tun, um die Durchführung des Schiedsverfahrens bis hin zum Erlass des Schiedsspruches zu ermöglichen.[2] Sie sind aber auch verpflichtet, alles zu unterlassen, was diesem Zweck zuwiderlaufen würde.[3] In der Rechtsprechung wurden einige Pflichten konkretisiert, die zur **ordnungsgemäßen Durchführung des Verfahrens** erforderlich sind, etwa die Mitwirkung bei der Einrichtung des Schiedsgerichts, die Pflicht zur Zahlung von Vorschüssen an die Schiedsrichter, die Vertraulichkeit über Einleitung und Fortgang des Schiedsverfahrens zu wahren sowie ein vollständiger und wahrheitsgemäßer Sachvortrag.[4] Als **Sanktionen für Pflichtverstöße** kommen auf die jeweilige Pflicht bezogene Folgen in Betracht. Während in Bezug auf die Zahlungspflichten eine Klage auf Erfüllung möglich ist, sind bei anderen Pflichtverstößen vor allem Schadensersatzansprüche oder bei groben Verstößen die Kündigung des Schiedsvertrags denkbar.[5] Grundsätzlich endet die Wirkung der Schiedsvereinbarung mit dem Erreichen des Ziels, nämlich einem Schiedsspruch. **Beendigungsgründe** für die Schiedsvereinbarung sind aber auch der Ablauf einer vereinbarten Frist oder der Eintritt einer auflösenden Bedingung. Ferner kommen

24

---

1 Zu den möglichen Konflikten *Voit* in Musielak, § 1033 ZPO Rz. 5.
2 BGH v. 22.2.1971 – VII ZR 110/69, BGHZ 55, 344 (349, 350); BGH v. 30.1.1964 – VII ZR 5/63, BGHZ 41, 104 (108); BGH v. 30.1.1957 – V ZR 80/55, BGHZ 23, 198 (200, 201).
3 BGH v. 22.11.1962 – VII ZR 264/61, BGHZ 38, 254 (258).
4 *Münch* in MünchKomm. ZPO, 4. Aufl. 2013, § 1029 ZPO Rz. 117.
5 *Saenger* in Saenger, § 1029 ZPO Rz. 25.

allgemeine Gründe in Betracht, die zur Beendigung von Vertragsverhältnissen führen, etwa die wirksame Anfechtung der Schiedsvereinbarung nach §§ 119, 123 BGB oder andere Unwirksamkeitsgründe, die vertragliche Aufhebung und die Kündigung aus wichtigem Grund.[1]

c) Schiedsgericht

25 Für den Ausgang des schiedsgerichtlichen Verfahrens und für die Wahrung der Verfahrensinteressen der Parteien wird die **Zusammensetzung des Schiedsgerichts** häufig von zentraler Bedeutung sein. Das gilt zunächst für die Besetzung des Schiedsgerichts im Hinblick auf Anzahl und Unabhängigkeit der Schiedsrichter. Die **Zahl der Schiedsrichter** richtet sich nach der Verfahrensvereinbarung der Parteien, die nicht der Form der Schiedsvereinbarung bedarf. Fehlt es an einer entsprechenden Vereinbarung über die Zusammensetzung des Schiedsgerichts, besteht das Gericht aus drei Schiedsrichtern (§ 1034 Abs. 1 ZPO). Drei Schiedsrichter sind nicht nur national der gesetzliche Regelfall, sondern vor allem bei internationalen Schiedsverfahren die häufigste Zusammensetzung. Eine solche Zusammensetzung vermeidet durch die Anzahl im Interesse der Parteien die Stimmengleichheit. Es ist aber auch ein Schiedsgericht mit einem Schiedsrichter ausreichend und beispielsweise aus Kostenaspekten durchaus verbreitet. Der Vorrang der Maßgeblichkeit der Vereinbarung durch die Parteien bei der Festlegung der Zusammensetzung des Schiedsgerichts findet eine Grenze, wenn die Vereinbarung einer Partei ein Übergewicht bei der Besetzung des Schiedsgerichts einräumt. Zur Wahrung der Verfahrensinteressen der Parteien ist die **Unparteilichkeit und die Unabhängigkeit** des Schiedsgerichts zu gewährleisten, denn das Gebot der überparteilichen Rechtspflege ist nicht auf staatliche Gerichte beschränkt. § 1034 Abs. 2 ZPO enthält eine Regelung zur Behandlung von Übergewichten bzw. Benachteiligungen in der Verfahrensvereinbarung zugunsten einer Partei bei der Zusammensetzung des Schiedsgerichts. Die Benachteiligung kann sich aus dem Personenkreis der möglichen Schiedsrichter, aus der Zahl der jeweils zu benennenden Schiedsrichter oder aus Sanktionsregelungen bei Fristversäumnissen ergeben.[2] Ein Übergewicht hat nicht die Nichtigkeit der Abrede über die Schiedsrichterbenennung zur Folge, sondern begründet lediglich ein befristetes Recht der benachteiligten Partei, beim staatlichen Gericht eine **abweichende Schiedsrichterbenennung** zu beantragen. Die Schiedsrichter sind bei Einhaltung der Frist dann vom Gericht zu bestimmen.

aa) Benennung der Schiedsrichter

26 Die Bestellung der Schiedsrichter ist eine **Verfahrenshandlung** und kann bereits in der Schiedsvereinbarung (auch namentlich) erfolgen, aber auch später durch Verfahrensvereinbarung geregelt werden, und bedarf keiner besonderen

---

1 BGH v. 14.9.2000 – III ZR 33/00, BGHZ 145, 116 (119); BGH v. 11.7.1985 – III ZR 33/84, NJW 1986, 2765 (2766) = MDR 1986, 130.
2 Beispiele bei *Saenger* in Saenger, § 1034 ZPO Rz. 7 ff.; *Münch* in MünchKomm. ZPO, 4. Aufl. 2013, § 1034 ZPO Rz. 9.

Form. In Vereinbarungen über das Schiedsverfahren wird bei einem Schiedsgericht mit drei Personen (gesetzlicher Regelfall) häufig auch die gesetzliche Ersatzregelung (§ 1035 Abs. 3 Satz 2 ZPO) zwischen den Parteien vereinbart. Die Parteien vereinbaren, dass die Schiedsrichter erst benannt werden, wenn das Schiedsgericht tätig werden soll. Jede Partei benennt dann einen Schiedsrichter und die Schiedsrichter einigen sich auf einen Vorsitzenden.[1] Dabei werden für die **Benennung als Schiedsrichter** regelmäßig bestimmte Qualifikationen gefordert. Denkbar sind insoweit persönliche und fachliche Merkmale, also etwa Alter oder Namensnennung in einer Schiedsrichterliste, bestimmte fachliche Bildung oder Erfahrung (z.B. Jurist oder Volkswirt mit Erfahrung in der Unternehmensbewertung).[2] Für den Zeitpunkt der **Bindung an die Benennung** eines Schiedsrichters können die Parteien eine Vereinbarung treffen. Tun sie das nicht, ist die Partei gem. § 1035 Abs. 2 ZPO an die von ihr vorgenommene Benennung eines Schiedsrichters gebunden, sobald die andere Partei die Mitteilung über die Bestellung empfangen hat. Die Parteien können aber auch einem Dritten die Benennung überlassen. Dritter kann eine bestimmte benannte Person oder eine Schiedsinstitution, aber auch eine der Funktion nach bestimmte Person sein (etwa Präsident der IHK oder eines OLG). Die **Benennung hat der Dritte** im Zweifel nicht nach freiem Belieben auszuüben, sondern vielmehr nach billigem Ermessen (Rechtsgedanke aus §§ 317, 315 BGB). Die Selbsternennung kommt grundsätzlich nicht in Betracht.[3]

Im Gesetz sind **Ersatzregelungen** enthalten, falls die Bestellung der Schiedsrichter nicht geregelt wurde oder eine Einigung nicht möglich ist. Haben sich die Parteien auf einen Einzelschiedsrichter festgelegt und können sich die Parteien aber nicht auf die Person des Einzelschiedsrichters einigen, hat jede Partei die Möglichkeit, dessen **Bestellung durch das OLG** zu beantragen (§ 1062 Abs. 1 Nr. 1 ZPO). Im Verfahren der Ernennung des Schiedsgerichts wird die Wirksamkeit der Schiedsvereinbarung nur eingeschränkt überprüft. Bei einem Schiedsgericht aus drei Personen als gesetzlicher Regelfall stellt gem. § 1035 Abs. 3 Satz 2 ZPO jede Partei einen (eigenen) Schiedsrichter und der dritte Schiedsrichter wird nicht von den Parteien, sondern von den bestellten Schiedsrichtern gewählt. Der dritte Schiedsrichter wird Vorsitzender bzw. Obmann. Werden die Schiedsrichter von der jeweiligen Partei nach fruchtlosem Fristablauf zur Bestellung nicht benannt oder können sich die beiden bereits benannten Schiedsrichter nicht innerhalb der Monatsfrist über den dritten Schiedsrichter einigen, kommt die Bestellung auf Antrag einer Partei durch das ordentliche Gericht in Betracht (§ 1035 Abs. 3 Satz 3 ZPO). Kommt es bei einem von den Parteien vereinbarten Verfahren zur Bestellung der Schiedsrichter zu Schwierigkeiten, können die Parteien die ersatzweise Tätigkeit eines staatlichen Gerichts beantragen, wenn nichts anderes vereinbart ist (§ 1035 Abs. 4 ZPO). § 1035 Abs. 5 ZPO enthält **Richtlinien für die Entscheidung** der staatlichen Gerichte. Dabei kommt dem Parteiwillen oberste Priorität zu. So ist etwa

27

---

1 *Voit* in Musielak, § 1035 ZPO Rz. 4.
2 *Münch* in MünchKomm. ZPO, 4. Aufl. 2013, § 1035 ZPO Rz. 52.
3 *Saenger* in Saenger, § 1035 ZPO Rz. 4; *Münch* in MünchKomm. ZPO, 4. Aufl. 2013, § 1035 ZPO Rz. 4.

ein einverständliches Anforderungsprofil an die Schiedsrichter, etwa um eine erforderliche Sachkunde im Bereich der Unternehmensbewertung einzubringen, zu beachten. Das gilt im Hinblick auf das Alter, die Zugehörigkeit zu einer bestimmten Berufsgruppe (etwa zumindest ein Jurist), Mindestzeit als praktizierender Schiedsrichter, Sprachkenntnisse usw.[1] Als weiteres objektives Kriterium hat die Entscheidung unter Berücksichtigung der Gewährleistung der Unabhängigkeit und Unparteilichkeit des Schiedsgerichts zu erfolgen.

bb) Schiedsrichtervertrag

28   Die Bestellung der Schiedsrichter ist ein prozessualer Akt. Die Schiedsrichter müssen daher darüber hinaus von den Parteien mit einem Schiedsrichtervertrag verpflichtet werden, das Schiedsverfahren nach besten Kräften voranzubringen. Während die Schiedsvereinbarung die staatlichen Gerichte durch das Schiedsgericht ersetzt, führt die Ernennung gem. § 1035 ZPO zur prozessualen Begründung von Kompetenzen für die Schiedsrichter.[2] Der **Schiedsrichtervertrag dagegen ist Grundlage für die materiellen und prozessualen Pflichten** der Schiedsrichter gegenüber den Parteien sowie für die Haftung und Vergütung. Es handelt sich um einen mehrseitigen Vertrag zwischen dem jeweiligen Schiedsrichter auf der einen Seite und den Parteien auf der anderen Seite. Dabei umfasst das Benennungsrecht einer Partei oder auch eines Dritten regelmäßig zugleich die Bevollmächtigung zum Abschluss des Schiedsrichtervertrags. Wird zur Durchführung des Schiedsverfahrens eine Schiedsinstitution benannt, so entstehen vertragliche Beziehungen regelmäßig nur zwischen den Parteien und der Organisation sowie im Verhältnis der Organisation zu den Schiedsrichtern.[3]

29   Der Schiedsrichtervertrag ist ein rein **materiell-rechtlicher Vertrag** und auf die Schiedstätigkeit und Fällung des Schiedsspruches durch die Schiedsrichter gerichtet. Der Schiedsrichtervertrag unterliegt daher den allgemeinen Regeln des Bürgerlichen Rechts unter Berücksichtigung der spezielleren Regeln in der ZPO (etwa §§ 1036, 1037 i.V.m. § 1039 ZPO speziell gegenüber § 119 Abs. 2 BGB). Der **Abschluss eines Schiedsrichtervertrags** ist nach deutschem Recht formfrei. Ein Richter bedarf allerdings der Genehmigung zur Ausübung der Schiedsrichtertätigkeit (§ 40 DRiG).[4] Die genaue Einordnung im Hinblick auf einen Vertragstyp wird nicht einheitlich beurteilt. Als Auftrag bzw. als Geschäftsbesorgungsvertrag wird der Vertrag streng genommen nicht einzuordnen sein, da das übernommene Geschäft kein solches des Auftraggebers ist, denn

---

1   Zur Problematik der Diskriminierung bei den Kriterien, etwa Geschlecht s. *Prütting*, SchiedsVZ 2011, 233 (235). Wegen AGG-Relevanz s. *Wittinghofer/Neukirchner*, RIW 2011, 527 (528 f.).
2   *Münch* in MünchKomm. ZPO, 4. Aufl. 2013, Vorbemerkung § 1034 ZPO Rz. 3.
3   Einzelheiten und mögliche Varianten *Münch* in MünchKomm. ZPO, 4. Aufl. 2013, Vorbemerkung § 1034 ZPO Rz. 70.
4   Der Schiedsrichtervertrag ist nichtig (§ 134 BGB), aber der Schiedsspruch ist nicht von späterer Aufhebung bedroht, KG v. 6.5.2002 – 23 Sch 1/02, SchiedsVZ 2003, 185 (186).

die Streitentscheidung ist nicht Sache der Parteien. Vorzugswürdig scheint daher die **Qualifikation als Dienstvertrag** oder, falls wirkliche Unterschiede zum Dienstvertrag im konkreten Fall feststellbar sind, als Vertrag sui generis.[1] In Fällen mit Auslandsbezug sollte das auf den Schiedsrichtervertrag anwendbare materielle Recht gewählt werden (Art. 3 ff. Rom I-VO). Ohne eine Rechtswahl ist Art. 4 Rom I-VO anzuwenden.

Die **Pflichten der Schiedsrichter** aus dem Vertrag sind (höchst-)persönlich zu erbringen. Hilfstätigkeiten durch Hilfspersonen sind gleichwohl in engen Grenzen möglich (weisungsabhängiges Fachpersonal der Schiedsrichter).[2] Nach der Umschreibung der Rechtsprechung umfassen die Pflichten gegenüber beiden Parteien, an dem Schiedsverfahren **nach besten Kräften mitzuwirken** und den Streit nach Maßgabe der Schiedsvereinbarung in einem geordneten, rechtsstaatlichen Grundsätzen entsprechenden Verfahren einer alsbaldigen Erledigung zuzuführen.[3] Dazu zählen im Einzelnen etwa die Verpflichtung zum Aktenstudium, zur Informierung über Rechtsfragen und relevante Berechnungsverfahren, zur Teilnahme an Verhandlungen, Beratungen und Abstimmungen, zur Auskunft über den Verfahrensstand, zur Verschwiegenheit, Rechnung zu legen und zur Mitwirkung beim Schiedsspruch (§ 1054 ZPO). Die Unabhängigkeit ist gegenüber beiden Parteien zu gewährleisten. §§ 1036, 1038 Abs. 1 ZPO regeln das **Amtsende des Schiedsrichters** nur prozessual, in materieller Hinsicht liegt darin regelmäßig zeitgleich eine Kündigung aus wichtigem Grund (§§ 626, 627 BGB analog).[4] Die Parteien haben die Möglichkeit der Kündigung eines Schiedsrichters unter Berufung auf §§ 627 Abs. 1, 671 Abs. 1 BGB nach ganz überwiegender Ansicht unabhängig vom Vorliegen eines wichtigen Grundes.[5] Hintergrund ist, dass die Parteien durch einverständliche Erklärung sowohl das Schiedsverfahren insgesamt beenden wie auch den einzelnen Schiedsrichter jederzeit seines Amtes entheben und damit seine Bestellung aufheben können. Die Kündigungserklärung kann von den Parteien aber nur gemeinsam erklärt werden.

30

Werden die Vertragspflichten durch einen Schiedsrichter nicht erfüllt, kann er unter den Voraussetzungen der §§ 1036, 1038 ZPO aus seinem Amt entfernt werden. Ferner kommt grundsätzlich eine **Schadensersatzpflicht gegenüber den Parteien** wegen Nicht- oder Schlechtleistung nach §§ 280 ff. BGB in Betracht, zusätzlich ist bei Schädigung sonstiger Rechtsgüter auch eine solche aus Delikt möglich (§§ 823 ff. BGB). In der Praxis greifen aber regelmäßig individuell ausdrücklich vereinbarte **Haftungserleichterungen** (§ 276 Abs. 3 BGB) bzw. institutionell mitvereinbarte (etwa § 44.2 DIS-SchO). Der Schiedsrichter

31

---

1 Münch in MünchKomm. ZPO, 4. Aufl. 2013, Vorbemerkung § 1034 Rz. 5; *Prütting*, SchiedsVZ 2011, 233 (235).
2 Siehe dazu *J. Stürner*, SchiedsVZ 2013, 322 (327).
3 BGH v. 5.5.1986 – III ZR 233/84, BGHZ 98, 32 (34) = MDR 1986, 1004.
4 Zu den (wichtigen) Kündigungsgründen für die Schiedsrichter, etwa Verhinderung oder Zerwürfnisse s. *Münch* in MünchKomm. ZPO, 4. Aufl. 2013, Vorbemerkung § 1034 Rz. 52.
5 *Münch* in MünchKomm. ZPO, 4. Aufl. 2013, Vorbemerkung § 1034 ZPO Rz. 48.

soll nicht schärfer haften als die Richter bei staatlichen Gerichten (sog. Spruchrichterprivileg, § 839 Abs. 2 BGB).[1]

32 Die **Vergütung der Schiedsrichter** wird regelmäßig ausdrücklich im Vertrag geregelt.[2] Verpflichtet sind die Parteien als Gesamtschuldner. § 1057 Abs. 2 ZPO verpflichtet die Schiedsrichter zur Feststellung der Prozesskosten. Dazu zählt zumindest die Festlegung des Streitwerts, aus dem Vergütungsansprüche notfalls als übliche Vergütung abzuleiten sind. Möglich sind aber auch die Vereinbarung eines Gesamthonorars für das Schiedsgericht, das die Schiedsrichter frei intern aufteilen können, oder die Festlegung einer Staffelung. Die Schiedsordnungen vieler Schiedsorganisationen (etwa Art. 37 ICC-SchO) enthalten **streitwertabhängige eigene Vergütungssysteme**, die bei Vereinbarung anzuwenden sind. Vorbehaltlich einer abweichenden Vereinbarung muss der Schiedsrichter seinen Sachverstand für das Verfahren einsetzen und kann nicht zusätzlich eine Sachverständigenvergütung verlangen.[3] Das kann bei entsprechender Vereinbarung der Parteien auch gelten, wenn es um die Vornahme einer Unternehmensbewertung geht. Daneben wird häufig vereinbart, dass der Schiedsrichter einen **Vorschuss** erhalten soll[4], weil die Vergütung ansonsten in voller Höhe erst nach der Dienstleistung fällig wird (§ 614 BGB), und Ersatz derjenigen Aufwendungen verlangen kann, die er nach den Umständen für erforderlich halten durfte, falls nicht eine detaillierte Regelung im Vertrag getroffen wird. Die Vergütung ist grundsätzlich auch dann geschuldet, wenn Mängel im Schiedsverfahren zu beanstanden sind, der Schiedsspruch aufgehoben oder nicht für vollstreckbar erklärt wird oder der Schiedsrichter erfolgreich abgelehnt wurde.

cc) Ablehnung eines Schiedsrichters

33 Um keinen Zweifel an der Unparteilichkeit oder Unabhängigkeit des Schiedsgerichts zu gewährleisten, bestehen für die möglichen Schiedsrichter Offenbarungspflichten. Nach § 1036 Abs. 1 ZPO hat ein Schiedsrichter alle Umstände offen zu legen, die zu Zweifeln an der **Unparteilichkeit und Unabhängigkeit** Anlass geben können. Zu den Umständen, die zu offenbaren sind, gehören geschäftliche und gesellschaftliche Beziehungen zu einer Partei, Beziehungen zu Mitschiedsrichtern, andere Verpflichtungen, welche die Verfügbarkeit des Schiedsrichters für das Schiedsverfahren einengen. Die **Offenbarungspflicht** reicht damit weiter als die Ablehnungsgründe nach § 1034 Abs. 2 ZPO („berechtigte Zweifel")[5] und besteht bis zum Ende des Schiedsverfahrens. Wird die Offenbarungspflicht nicht erfüllt, kommt die Aufhebung des Schieds-

---

1 Tatsächlich wird eine Haftung daher nur bei vorsätzlicher Rechtsbeugung (§ 339 StGB), Vorteilsannahme (§ 331 Abs. 2 StGB) oder Bestechlichkeit (§ 332 Abs. 2 StGB) in Betracht kommen, *Münch* in MünchKomm. ZPO, 4. Aufl. 2013, Vorbemerkung § 1034 ZPO Rz. 30.
2 *Trittmann/Pfitzner/Schmaltz* in Hopt, Vertrags- und Formularbuch zum Handels-, Gesellschafts- und Bankrecht, Form II.N (Schiedsrichtervertrag, Vergütungsvereinbarung).
3 OLG Hamm v. 26.4.2001 – 24 U 117/00, OLGReport Hamm 2001, 299.
4 Die Schiedsrichter dürfen bis zur Vorschussleistung ihre Tätigkeit einstellen, *Voit* in Musielak, § 1035 ZPO Rz. 27.
5 OLG Naumburg v. 19.12.2001 – 10 SchH 3/01, SchiedsVZ 2003, 134.

spruchs wegen einer im Schiedsverfahren nicht geltend gemachten Befangenheit des Schiedsrichters aber gleichwohl nur in besonders schwerwiegenden und eindeutigen Fällen in Betracht. Allerdings kann die Verletzung der Verpflichtung zur Offenbarung bei Verschulden zur Haftung des Schiedsrichters nach § 311 Abs. 2 BGB bzw. aufgrund des Schiedsrichtervertrags nach § 280 BGB führen. Da es sich insoweit nicht um eine streitentscheidende Tätigkeit handelt, kommt dem Schiedsrichter die Haftungsprivilegierung entsprechend § 839 Abs. 2 BGB insoweit nicht zugute.

Für die **Ablehnung eines Schiedsrichters** genügen nur berechtigte Zweifel an der Unparteilichkeit oder Unabhängigkeit. Dabei geht es um das Vorliegen ausreichend objektiver Gründe aus der Sicht der betroffenen Partei, die zu berechtigten Zweifeln Anlass geben.[1] Die Parteien können durch Vereinbarung die Ablehnungsgründe erweitern, aber auch einschränken. Ein **Ablehnungsgrund** kann vor allem bei erheblicher persönlicher oder wirtschaftlicher Interessenverflechtung bestehen. Insoweit sind in erster Linie die Beziehungen der Schiedsrichter zu den Parteien zu berücksichtigen. Beziehungen zu den Prozessbevollmächtigten der Parteien reichen als Ablehnungsgrund regelmäßig nicht aus.[2] Hat die ablehnende Partei den Schiedsrichter bestellt oder an seiner Bestellung mitgewirkt und in dem Zeitpunkt positive Kenntnis von den Ablehnungsgründen, kann die Ablehnung später ausgeschlossen sein. Das **Ablehnungsverfahren** kann aufgrund der Befugnis gem. § 1037 Abs. 1 ZPO von den Parteien selbst vereinbart werden. Die Parteien sind in der Verfahrensgestaltung frei (etwa Form, Frist).[3] Fehlt es an der Vereinbarung bezüglich eines Ablehnungsverfahrens durch die Parteien, greift die Regelung in § 1037 Abs. 2 ZPO. Danach ist zuerst das Schiedsgericht zur Entscheidung über das Ablehnungsgesuch zuständig. Erst danach ist ein Antrag an das staatliche Gericht statthaft. Die Ablehnung ist zunächst gegenüber dem Schiedsgericht schriftlich (oder elektronisch) unter Darlegung der Ablehnungsgründe innerhalb einer Frist von zwei Wochen zu erklären.[4] Stimmt die andere Partei der Ablehnung nicht zu und tritt der abgelehnte Schiedsrichter nicht von sich aus zurück, entscheidet das Schiedsgericht unter Beteiligung des abgelehnten Schiedsrichters über den Ablehnungsantrag.[5] Bleibt das **Ablehnungsgesuch erfolglos**, kann beim OLG der fristgebundene Antrag (ein Monat) auf Beendigung des Amts des Schiedsrichters gestellt werden (§ 1037 Abs. 3 ZPO). Die fristgerechte Anhängigkeit des Antrags hindert weder die Fortführung des Schiedsverfahrens noch den Erlass des Schiedsspruchs.[6] Hat die Partei aber im Zeitpunkt des Schiedsspruchs weder vor dem Schiedsgericht noch vor dem staatlichen Gericht den

34

---

1 OLG Frankfurt v. 28.3.2011 – 26 SchH 2/11, SchiedsVZ 2011, 342 (343).
2 *Kröll*, NJW 2011, 1265 (1267).
3 Nicht möglich ist es, den Weg zum staatlichen Gericht auszuschließen, *Voit* in Musielak, § 1037 ZPO Rz. 2.
4 Vgl. Form II. O.4–6 (Ablehnung eines Schiedsrichters) bei *Trittmann/Pfitzner/Schmaltz* in Hopt, Vertrags- und Formularbuch zum Handels-, Gesellschafts- und Bankrecht.
5 OLG München v. 6.2.2006 – 34 SchH 10/05, MDR 2006, 944 (946).
6 Zum weiteren Verfahren, falls der Schiedsspruch das Schiedsverfahren inzwischen beendet hat, s. *Saenger* in Saenger, § 1037 ZPO Rz. 5.

Ablehnungsgrund geltend gemacht, ist die Berufung auf den Ablehnungsgrund auch im Aufhebungs- oder Vollstreckbarerklärungsverfahren ausgeschlossen.[1] In den Fällen einer vorzeitigen Beendigung des Schiedsrichteramtes aufgrund der Ablehnung, aber auch bei einer Beendigung in den Fällen des § 1038 ZPO (Untätigkeit oder Unmöglichkeit der Aufgabenerfüllung), ist ein **Ersatzschiedsrichter** zu bestellen (§ 1039 ZPO). Bei Fehlen einer vorrangigen Parteivereinbarung richtet sich die Bestellung des Ersatzschiedsrichters nach den Regeln, die für die Bestellung des weggefallenen Schiedsrichters maßgebend waren.

d) Schiedsgerichtliche Verfahren

35 Die Parteien können in der Schiedsabrede oder später den **Beginn des schiedsgerichtlichen Verfahrens** festlegen. Möglich ist das auch durch Verweis auf eine andere (institutionelle) Schiedsordnung. Bei Fehlen einer solchen Vereinbarung beginnt das Verfahren, wenn der Beklagte den Antrag empfängt, die Streitigkeit einem Schiedsgericht vorzulegen.

aa) Grundsätze

36 Die allgemeinen Grundsätze über den Ablauf des schiedsrichterlichen Verfahrens können von den Parteien vereinbart werden. Dabei ist eine Bindung an drei tragende Regeln zwingend: **Gleichbehandlungsgrundsatz, rechtliches Gehör und anwaltliche Vertretung** (§ 1042 Abs. 1 und 2 ZPO). Der Gleichbehandlungsgrundsatz will die verfahrensrechtliche Chancengleichheit der Parteien sicherstellen. Im Rahmen der Gewährung von rechtlichem Gehör ist den Parteien in zumutbarer Weise Gelegenheit zur Äußerung zu geben. Will sich eine Partei im Verfahren durch einen (auch ausländischen) Anwalt vertreten lassen, darf der Anwalt nicht zurückgewiesen werden.[2] Die Parteien können das schiedsgerichtliche Verfahren selbst gestalten[3] oder durch Bezugnahme auf die Verfahrensordnung etwa institutioneller Schiedsgerichte bestimmen. Die **Autonomie der Parteien** findet ihre Grenzen in den zwingenden gesetzlichen Vorschriften. Verfahrensregeln oder Vorgaben der Parteien sind für das Schiedsgericht bindend. Falls die Parteien keine Verfahrensregelungen getroffen haben und auch keine gesetzlichen Regeln bestehen, bestimmt das Schiedsgericht den Verfahrensgang nach freiem, also pflichtgemäßem Ermessen. Nach § 1042 Abs. 4 Satz 2 ZPO obliegt dem Schiedsgericht die Entscheidung über die Zulässigkeit von Beweismitteln, die Durchführung der Beweiserhebung und die freie

---

1 So etwa *Voit* in Musielak, § 1037 ZPO Rz. 6; *Mankowski*, SchiedsVZ 2004, 304 (312).
2 Beschränkungen in der Wahl des Anwalts (Fachanwalt, ortsansässiger Anwalt) sind zulässig.
3 Nach *Voit* in Musielak, § 1042 ZPO Rz. 33 wären etwa folgende Punkte für eine Regelung zugänglich: „Form der Klageerhebung; Fristen für Erwiderung und weitere Schriftsätze; Zulassung von Vertretern; Protokollführer; Berater; mündliches oder schriftliches Verfahren; Säumnisfolgen; Oberschiedsgericht; Sprache des Verfahrens; Ort des Schiedsgerichts; Sachverständige; anzuwendendes materielles Recht; Zulässigkeit von Beweismitteln und Erhebung der Beweise; Verzicht auf Begründung des Schiedsspruchs".

Beweiswürdigung. Das Schiedsgericht ist insoweit nicht an die gesetzlichen Beweismittel und das Beweisverfahren nach der ZPO gebunden. Das Schiedsgericht hat aber selbst **keine Zwangsgewalt** zur Durchsetzung der Beweiserhebung. Es ist insoweit von der Unterstützung durch die staatlichen Gerichte abhängig. Nach §§ 1050, 1062 Abs. 4 ZPO ist zur Durchsetzung das AG zuständig, in dessen Bezirk die Handlung vorzunehmen ist.

bb) Zuständigkeit – Kompetenz

Das Schiedsgericht kann über die eigene Zuständigkeit und im Zusammenhang hiermit über das Bestehen oder die Gültigkeit der Schiedsvereinbarung entscheiden (§ 1040 ZPO) und hat damit (zunächst) die Kompetenz über die **Kompetenz des Schiedsgerichts**. Das Schiedsgericht ist nicht nur befugt, sondern auch verpflichtet, seine Zuständigkeit zu prüfen, weil hiervon abhängt, ob es überhaupt richterlich anstelle der staatlichen Gerichte tätig werden darf. Im Zusammenhang mit der Prüfung sind die Schiedsvereinbarung und der Hauptvertrag als unabhängige Verträge zu behandeln (§ 1040 Abs. 1 Satz 2 ZPO). Hat sich das staatliche Gericht rechtskräftig für unzuständig erklärt oder die Wirksamkeit der Schiedsvereinbarung nach § 1032 Abs. 2 ZPO festgestellt, ist das Schiedsgericht hieran gebunden. Wenn die Schiedsrichter im Anschluss daran dennoch die Ausübung des Schiedsrichteramtes verweigern, kann das Verhalten Grundlage für einen Schadensersatzanspruch sein.[1] Über die eigene Zuständigkeit entscheidet das Schiedsgericht entweder durch **Zwischenbescheid** oder durch **Schiedsspruch**. Gegen einen solchen Zwischenbescheid kann jede Partei innerhalb eines Monats nach der schriftlichen Mitteilung des Bescheids die Entscheidung des staatlichen Gerichts beantragen (§ 1040 Abs. 3 Satz 2 ZPO). Die Entscheidung im Schiedsspruch kann im Aufhebungs- oder Vollstreckbarerklärungsverfahren (§ 1062 Nr. 4 i.V.m. §§ 1059, 1060 ZPO) überprüft werden.[2] Daraus ergibt sich, dass letztlich auch die Entscheidung über die eigene Kompetenz durch das Schiedsgericht einer Kontrolle durch die staatlichen Gerichte unterliegt.[3]

37

cc) Ort des Verfahrens

Die Festlegung des **Schiedsortes** nach § 1043 ZPO, der auch im Schiedsspruch anzugeben ist (§ 1054 Abs. 3 ZPO), ist wegen der daran anknüpfenden Folgen von erheblicher rechtlicher Bedeutung für das Schiedsverfahren. Das deutsche Recht zum schiedsgerichtlichen Verfahren kommt nur zur Anwendung, wenn ein Schiedsort im Inland vereinbart wird (§ 1025 Abs. 1 ZPO – vgl. oben Rz. 13). Der Schiedsort beeinflusst darüber hinaus in Fällen mit internationalem Bezug die Frage nach Anerkennung und Vollstreckung des Schiedsspruchs und bestimmt die Zuständigkeit der ordentlichen Gerichte gem. § 1062 ZPO. Haben die Parteien den Schiedsort nicht in einer Verfahrensvereinbarung bestimmt,

38

---

1 Keine Zwangsvollstreckung, vgl. *Saenger* in Saenger, § 1040 ZPO Rz. 8.
2 Prozessschiedsspruch bei einer ablehnenden Entscheidung zur Zuständigkeit s. BGH v. 6.6.2002 – III ZB 44/01, BGHZ 151, 79 = MDR 2002, 1265; *Huber*, SchiedsVZ 2003, 73 (75).
3 BGH v. 13.1.2005 – III ZR 265/03, MDR 2005, 706 = NJW 2005, 1125.

hat das Schiedsgericht die Befugnis, einen Schiedsort zu beschließen. Vom Ort des schiedsgerichtlichen Verfahrens abzugrenzen ist der **Tagungsort** des Schiedsgerichts (§ 1043 Abs. 2 ZPO), der aber häufig mit dem erstgenannten Ort übereinstimmt. Er hat lediglich tatsächliche Bedeutung.[1] Liegt eine Bestimmung der Parteien zum Tagungsort vor, darf das Schiedsgericht nur mit Zustimmung der Parteien davon abweichen.

dd) Verfahrensablauf

39 Die Parteien können den Verfahrensgang in einer Vereinbarung weitgehend frei bestimmen. Mangels einer entgegenstehenden Parteiabrede **beginnt das Schiedsverfahren** von Gesetzes wegen, wenn der Beklagte den Antrag empfängt, die Streitigkeit einem Schiedsgericht vorzulegen. Der Antrag des Klägers muss die Bezeichnung der Parteien, die Angabe des Streitgegenstandes und einen Hinweis auf die Schiedsvereinbarung enthalten. Der Beginn des Verfahrens hat **materielle Auswirkungen**, dadurch wird die Verjährung gehemmt (§ 204 Abs. 1 Nr. 11 BGB), die Haftungsverschärfung bei dinglichen Ansprüchen (§§ 987, 989, 991, 994 Abs. 2, 996 BGB) und Herausgabepflichten (§ 292 BGB) treten ein.

40 Im Anschluss an den Verfahrensbeginn erfolgt die **Erhebung der Klage** vor dem Schiedsgericht (§ 1046 ZPO). Innerhalb einer von den Parteien in der **Verfahrensordnung** oder dem Schiedsgericht bestimmten Frist hat der Kläger seinen Anspruch und die Tatsachen darzulegen, auf die sich dieser Anspruch stützt. Sind die erforderlichen Angaben bereits im Antrag nach § 1044 ZPO enthalten, enthält § 1046 ZPO für die Klagebegründung keine weitere, darüber hinausgehende Regelung. Der Beklagte hat innerhalb einer bestimmten Frist zu dem Vortrag des Klägers Stellung zu nehmen. Die Parteien haben jeweils die ihnen erheblich erscheinenden Beweismittel zu bezeichnen. Vorbehaltlich einer anders lautenden Vereinbarung der Parteien haben sie die Möglichkeit der Klageänderung (ohne weitere Voraussetzungen) und der Modifikation ihrer Angriffs- sowie Verteidigungsmittel. Gleiches gilt für eine Widerklage, für deren Zulässigkeit allerdings erforderlich ist, dass ihr Gegenstand von der Schiedsabrede umfasst ist.[2] Die Parteien können ferner festlegen, ob eine **mündliche Verhandlung** stattfinden soll oder nicht (§ 1047 ZPO). Ohne eine Festlegung der Parteien entscheidet das Schiedsgericht die Frage. Ist eine mündliche Verhandlung danach nicht vorgesehen, muss allerdings eine (nichtöffentliche) mündliche Verhandlung stattfinden, wenn eine Partei dies beantragt. Wird mündlich verhandelt, ist der Vortrag in den Schriftsätzen anders als in staatlichen Gerichtsverfahren ohne weitere Bezugnahme in das Verfahren eingeführt.[3] Im Hinblick auf das rechtliche Gehör obliegen dem Schiedsgericht be-

---

1 Mündliche Verhandlung, Vernehmung von Zeugen, Sachverständigen oder der Parteien, Beratung zwischen seinen Mitgliedern, Besichtigung von Sachen oder Einsichtnahme in Dokumente (§ 1043 Abs. 2 ZPO).
2 BGH v. 10.6.1976 – III ZR 71/74, WM 1976, 910 (911). Allerdings kann in einer unterlassenen Rüge die konkludente (nicht formbedürftige) Erweiterung der Schiedsabrede liegen.
3 *Münch* in MünchKomm. ZPO, 4. Aufl. 2013, § 1047 ZPO Rz. 3.

stimmte **zwingende Informationspflichten** (§ 1047 Abs. 2 und 3 ZPO). Die Parteien sind vom Schiedsgericht über geplante Verhandlungen und das Zusammentreffen zum Zwecke der Beweisaufnahme rechtzeitig in Kenntnis zu setzen. Ferner sind ihnen alle relevanten Schriftstücke zur Kenntnis zu bringen.[1] In internationalen Schiedsverfahren kommt der **Verfahrenssprache** eine wesentliche Bedeutung zu. Fehlt es an einer Vereinbarung der Parteien zur Sprache, so bestimmt das Schiedsgericht die Verfahrenssprache (§ 1045 ZPO). Die Verfahrenssprache ist mangels abweichender Vereinbarung für die mündliche Verhandlung, für den Schriftwechsel mit dem Schiedsgericht und für die Abfassung des Schiedsspruchs maßgebend. Über die mündliche Verhandlung wird Protokoll geführt. Die Ausgestaltung im Einzelnen ist flexibel. Entscheidungen des Schiedsgerichts erfordern grundsätzlich Stimmenmehrheit, falls die Parteien nichts anderes vereinbaren. Dabei geht der Abstimmung regelmäßig eine (schriftliche oder mündliche) Beratung voraus. Eine Ermächtigung des Vorsitzenden zu einzelnen Verfahrensfragen ist möglich, hat aber ausdrücklich zu erfolgen.

ee) Sachverständige

Haben die Parteien nichts anderes vereinbart, so kann das Schiedsgericht einen oder mehrere Sachverständige zur **Erstattung eines Gutachtens** über bestimmte vom Schiedsgericht festzulegende Fragen bestellen (§ 1049 ZPO). Die Fragen können sich insbesondere mit der Bewertung von Unternehmen beschäftigen, die Grundlage eines in Streit stehenden Anspruchs ist.[2] Die Bestellung eines oder mehrerer Sachverständiger obliegt dem Schiedsgericht, sofern keine andere Vereinbarung vorliegt. Die Bestellung eines Sachverständigen kann aber in den Verfahrensregeln der Parteien auch ganz ausgeschlossen oder einzig den Parteien vorbehalten werden. Das kann etwa dann der Fall sein, wenn Schiedsrichter gerade aufgrund der **besonderen Sachkunde** zu der Unternehmensbewertung selbst in der Lage sind, die geforderte Bewertung vorzunehmen. 41

Obliegt dem Schiedsgericht die Befugnis, den Sachverständigen zu benennen, ist es auch bevollmächtigt, für die Parteien mit dem Sachverständigen in Bezug auf den **Werkvertrag** (Inhalt: Erstellung des Gutachtens zur Unternehmensbewertung) zu kontrahieren.[3] Um Streitigkeiten zu vermeiden, werden die Schiedsrichter mit der Benennung regelmäßig bevollmächtigt, Verträge mit Sachverständigen abzuschließen, die das Schiedsgericht für erforderlich hält. Haben die Parteien eine Schiedsinstitution eingeschaltet, so kann ausnahmsweise der Vertrag auch zwischen der Institution und dem Sachverständigen zustande kommen. Der vom Gericht bestellte Sachverständige kann einen oder mehrere **qualifizierte Hilfsgutachter** hinzuziehen (§ 278 BGB), ohne dass dies 42

---

1 Der Gesetzgeber räumt den Schiedsgerichten die Möglichkeit ein, die Hilfe der staatlichen Gerichtsbarkeit für die Beweisaufnahme in Anspruch zu nehmen, § 1050 ZPO.
2 Das Gericht kann zur eigenen Unterstützung in eingeschränktem Maße ebenfalls juristische Berater zuziehen, soweit nichts anderes vereinbart ist, BGH v. 18.1.1990 – III ZR 269/88, BGHZ 110, 104 (107 f.) = MDR 1990, 703.
3 BGH v. 19.11.1964 – VII ZR 8/63, BGHZ 42, 313 (315).

einer ausdrücklichen Genehmigung bedarf.[1] Aus dem Werkvertrag mit den Parteien ergeben sich der Honoraranspruch des Sachverständigen und die Pflichten zur Erstattung des Gutachtens. Die Parteien haften für das mit dem Sachverständigen vereinbarte Honorar als Gesamtschuldner. Regelmäßig wird für die Tätigkeit des Sachverständigen ein Kostenvorschuss erforderlich sein. Insoweit kann es sich anbieten, allein von der beweisbelasteten Partei einen Kostenvorschuss einzufordern und die Durchführung der Beweisaufnahme von der Zahlung des Vorschusses abhängig zu machen.[2] Das Schiedsgericht kann nach § 1049 Abs. 1 Satz 2 ZPO eine Partei im Rahmen der Gutachtenerstellung zur **Verschaffung der für den Sachverständigen erforderlichen Informationen** auffordern. Kommt die Partei einer solchen Aufforderung nicht nach, so kann dies in der Beweiswürdigung berücksichtigt werden. Der Sachverständige muss das Gutachten erstatten und auf Antrag einer Partei oder auf Betreiben des Schiedsgerichts an einer mündlichen Verhandlung teilnehmen. Hier können die Parteien und die Parteisachverständigen[3] den Sachverständigen befragen und zu den streitigen Fragen Stellung nehmen. Der Parteisachverständige ist in Abgrenzung vom Schiedsgutachter ein persönlicher Gutachter einer Partei und unterliegt nicht den Regelungen für die vom Schiedsgericht bestellten Gutachter. Nimmt der Sachverständige entgegen der Vereinbarung und nach Aufforderung nicht an der Verhandlung teil oder lehnt die Beantwortung der Fragen (etwa der Parteisachverständigen) ab, ist sein Gutachten nach allgemeiner Ansicht unverwertbar.[4] Der Sachverständige **haftet für Fehler** in seinem Gutachten, aber auch für die Verletzung von Nebenpflichten (Teilnahme an der Verhandlung) nach den Grundsätzen des Werkvertragsrechts. Dabei kommt aber regelmäßig eine Beschränkung des Verschuldensmaßstabs auf grobe Fahrlässigkeit und Vorsatz in Betracht (stillschweigender Haftungsausschluss).[5]

43 Für gerichtlich bestellte Sachverständige greifen zur Gewährleistung der **Unabhängigkeit und Unparteilichkeit** die entsprechenden Regelungen für Schiedsrichter ein (§ 1049 Abs. 3 ZPO). Ein bestellter Sachverständiger muss deshalb mögliche Ablehnungsgründe ungefragt offenbaren (§ 1036 Abs. 1 ZPO). Bei berechtigten Zweifeln an der Unparteilichkeit oder Unabhängigkeit kann der Sachverständige abgelehnt werden. Gleiches gilt, wenn der Sachverständige den Anforderungen einer Parteivereinbarung nicht entspricht. Über die Ablehnung entscheidet, falls eine abweichende Parteivereinbarung fehlt, das Schieds-

---

1 *Münch* in MünchKomm. ZPO, 4. Aufl. 2013, § 1049 ZPO Rz. 16.
2 *Schwab/Walter*, Schiedsgerichtsbarkeit, Kap. 12 Rz. 19.
3 Anders als die vom Schiedsgericht bestellten Sachverständigen ist der Parteisachverständige nicht notwendigerweise neutral. Die vertraglichen Beziehungen bestehen nur zur Partei, die den Gutachter ausgewählt hat. Zur Gegenpartei bestehen grundsätzlich keine Rechtsbeziehungen und diese wird regelmäßig auch nicht in den Schutzbereich des Gutachtervertrags einbezogen (Grund: konträre Interessen der Parteien). Vgl. *Voit* in Musielak, § 1049 ZPO Rz. 11. Umstritten ist die Frage, ob ein Gegengutachten ausgeschlossen ist, so *Saenger* in Saenger, § 1049 ZPO Rz. 4, a.A. etwa *Voit* in Musielak, § 1049 ZPO Rz. 11, der aber ebenfalls auf den eingeschränkten Beweiswert hinweist.
4 *Voit* in Musielak, § 1049 ZPO Rz. 5; *Saenger* in Saenger, § 1049 ZPO Rz. 4.
5 *Münch* in MünchKomm. ZPO, 4. Aufl. 2013, § 1049 ZPO Rz. 15; *Voit* in Musielak, § 1049 ZPO Rz. 10.

gericht. Bleibt ein Ablehnungsgesuch erfolglos, kann das staatliche Gericht nicht angerufen werden. Hat das Schiedsgericht dem Ablehnungsgesuch jedoch zu Unrecht nicht entsprochen, so kann dies zur **Aufhebung des Schiedsspruchs** nach § 1059 Abs. 2 Nr. 1 Buchst. d ZPO führen.[1] Das vom Sachverständigen vor der Ablehnung erstellte Gutachten ist nach Auffassung der Rechtsprechung in bestimmten Fällen ausnahmsweise verwertbar.[2]

e) Beendigung des Schiedsverfahrens

Am Ende des Schiedsverfahrens steht regelmäßig ein **Schiedsvergleich (§ 1053 ZPO) oder aber ein Schiedsspruch (§§ 1052 ff. ZPO)**. Neben der Beendigung infolge Schiedsspruchs endet das Verfahren auch durch konstitutiv wirkenden Beschluss des Schiedsgerichts (§ 1056 ZPO). Das Schiedsverfahren kann durch **Beschluss des Schiedsgerichts** beendet werden, wenn einer der in § 1056 Abs. 2 Nr. 1–3 ZPO aufgezählten Gründe (Kläger versäumt, die Klage einzureichen; der Kläger seine Klage zurücknimmt und keine Ausnahme vorliegt; eine entsprechende Vereinbarung der Parteien vorliegt und die Parteien das Schiedsverfahren trotz Aufforderung des Gerichts nicht weiter betreiben) vorliegt.[3] Grundsätzlich (Ausnahmen § 1056 Abs. 3 ZPO) endet mit dem Schiedsspruch oder dem verfahrensbeendenden Beschluss auch das Amt des Schiedsgerichts.

44

aa) Vergleich

Wird im Schiedsverfahren der Konflikt in Bezug auf den umstrittenen Anspruch durch einen Vergleich beigelegt, etwa eine Einigung auf einen bestimmten Unternehmenswert und den daraus folgenden Anspruch, sieht § 1053 ZPO für die Parteien zwei Möglichkeiten vor. Die Parteien können einerseits die Verfahrenseinstellung durch das Schiedsgericht betreiben und andererseits beantragen, dass der **Vergleich in Form eines Schiedsspruchs mit dem vereinbarten Wortlaut** festgehalten wird. Ein Vergleich, der während des Schiedsverfahrens mit oder ohne Mitwirkung des Schiedsgerichts geschlossen wird, führt zur Beendigung des Verfahrens, was durch Beschluss des Schiedsgerichts gem. § 1056 Abs. 2 Nr. 2 ZPO festgestellt wird.[4] Dabei kann der **Inhalt des Vergleichs** im Schiedsverfahren entsprechend dem Prozessvergleich in einzelnen Punkten auch über die Schiedsabrede hinausgehen. Materiell muss der Vergleich wirksam und infolge eines gegenseitigen Nachgebens (§ 779 Abs. 1 BGB) zustande gekommen sein. Problem des Vergleichs ist die **Wirkung als Vollstreckungstitel**. Eine solche Wirkung kommt nur nach Maßgabe des § 794 Abs. 1 Nr. 1 oder 5 ZPO bzw. des § 796a ZPO (Anwaltsvergleich) in Betracht. Eine Vollstreckbarerklärung durch das OLG nach § 1060 ZPO ist hierfür nicht möglich. Um die Einschränkung der Wirkung eines Schiedsvergleichs zu vermeiden, kann der getroffene Vergleich auf Antrag beider Parteien, der zu Protokoll des Schiedsgerichts zu erklären ist und nicht zurückgenommen werden kann,

45

---

1 Münch in MünchKomm. ZPO, 4. Aufl. 2013, § 1049 ZPO Rz. 33; Voit in Musielak, § 1049 ZPO Rz. 7.
2 BGH v. 26.4.2007 – VII ZB 18/06, MDR 2007, 1213 = NJW-RR 2007, 1293 f.
3 Nicht abschließender Katalog, Gerstenmaier, SchiedsVZ 2010, 281 ff.
4 Zu den Wechselwirkungen mit dem materiellen Recht Busse, SchiedsVZ 2010, 57.

vom Schiedsgericht in der Form eines Schiedsspruchs mit vereinbartem Wortlaut festgehalten werden, sofern der Inhalt des Vergleichs nicht gegen die öffentliche Ordnung verstößt. Bei Vergleichen, die unter Widerrufsvorbehalt geschlossen wurden, soll der Schiedsspruch aufgrund dessen Wirkung (§ 1055 ZPO) erst ergehen können, wenn feststeht, dass ein fristgerechter Widerruf nicht erfolgen wird. Die formellen Anforderungen und die Wirkung eines solchen Schiedsspruchs unterscheiden sich nicht von der Wirkung anderer Schiedssprüche zur Sache. Das gilt auch im Hinblick auf die Vollstreckbarerklärung.

bb) Schiedsspruch

46   Der Schiedsspruch gem. § 1054 ZPO erfasst nur **endgültige Entscheidungen** über den ganzen Prozessstoff oder über einen davon abtrennbaren Teil.[1] Der Schiedsspruch ist eine Sachentscheidung und ist als Kollektiventscheidung des Schiedsgerichts mit absoluter Stimmenmehrheit zu erlassen (§ 1052 Abs. 1 ZPO), sofern keine andere Vereinbarung der Parteien vorliegt. Ist im Schiedsvertrag nichts anderes vereinbart, so sind die Schiedsrichter zur Wahrung des Beratungsgeheimnisses verpflichtet. Die wesentlichen formellen und inhaltlichen **Wirksamkeitsvoraussetzungen** des Schiedsspruchs bestimmen sich nach § 1054 ZPO. Ein Schiedsspruch ist schriftlich in der Verfahrenssprache zu erlassen und von den Schiedsrichtern eigenhändig zu unterschreiben. Dabei reicht bei mehreren Schiedsrichtern die Unterschrift durch die Mehrheit, sofern der Grund für die Verhinderung anstelle der Unterschrift mitgeteilt wird. Der Schiedsspruch ist grundsätzlich auch in der Verfahrenssprache zu begründen.[2] Üblicherweise verfasst aber der Obmann/Vorsitzende die Begründung des Schiedsspruches, welche die anderen Schiedsrichter durch die Unterschrift autorisieren. Daneben sind der Tag des Erlasses und der Ort des schiedsgerichtlichen Verfahrens im Schiedsspruch anzugeben. Die Ortsangabe hat große Bedeutung, weil sie allgemein das anzuwendende Verfahrensrecht qualifiziert (§ 1025 Abs. 1 i.V.m. § 1043 Abs. 1 ZPO) und für § 1060 ZPO („inländische Schiedssprüche") maßgeblich ist. Den Parteien ist jeweils ein unterschriebenes Exemplar des Schiedsspruchs zu übermitteln. Die Angabe einer Entscheidungsformel (Tenor) ist in der Regelung des § 1054 ZPO nicht ausdrücklich verlangt, wegen der Vollstreckung und den Wirkungen eines Schiedsspruchs ist die **Formulierung eines Tenors** aber regelmäßig zu empfehlen.[3] Empfehlenswert ist

---

1   Als Schiedsspruch gilt auch die ablehnende Entscheidung wegen Unzulässigkeit der Schiedsklage und wegen Unzuständigkeit des Schiedsgerichts, BGH v. 6.6.2002 – III ZB 44/01, BGHZ 151, 79 (80) = MDR 2002, 1265.
2   Es sind nur gewisse Mindestanforderungen zu erfüllen, BGH v. 23.4.1959 – VII ZR 2/58, BGHZ 30, 89 (92). Ferner ist der Einsatz juristischer Berater bei der Formulierung der Begründung der vom Schiedsgericht gefassten Entscheidung möglich, wenn die Billigung dieser Begründung durch das Schiedsgericht erfolgt. Zum Einsatz von Hilfspersonen *J. Stürner*, SchiedsVZ 2013, 322.
3   Einem überstimmten Schiedsrichter ist zur Kundgabe abweichender Meinung kein Minderheitenvotum („dissenting opinion") erlaubt. Er hat, so wie alle staatlichen Richter auch, das Beratungsgeheimnis zu wahren, vgl. *Münch* in MünchKomm. ZPO, 4. Aufl. 2013, § 1054 ZPO Rz. 22.

ferner, dass sich der äußere Aufbau des Schiedsspruchs an § 313 Abs. 1 ZPO und damit an den Vorgaben für ein Urteil orientiert (Rubrum, Tenor, Tatbestand, Entscheidungserwägungen). Ohne abweichende Vereinbarung der Parteien entscheidet das Schiedsgericht nach pflichtgemäßem Ermessen im Schiedsspruch auch über die Kostenverteilung und die Höhe (§ 1057 ZPO). Die Kosten umfassen diejenigen des schiedsrichterlichen Verfahrens. Dazu gehören u.a. dem Schiedsgericht entstandene Aufwendungen für die Beweisaufnahme, etwa für Sachverständige zur Unternehmensbewertung, und die den Parteien erwachsenen Aufwendungen zur Rechtsverfolgung.

§ 1055 ZPO bestimmt, dass die privaten Willensäußerungen eines Schiedsgerichts in Form eines Schiedsspruchs unter den Parteien den Wirkungen eines rechtskräftigen gerichtlichen Urteils entsprechen (§ 322 Abs. 1 ZPO – **materielle Rechtskraft**), allerdings mit Ausnahme der Vollstreckung (§ 1060 ZPO). Daraus ergibt sich die Unanfechtbarkeit des Schiedsspruches mit ordentlichen Rechtsmitteln. Entsprechend den Möglichkeiten der Wiedereinsetzung (§§ 233 ff. ZPO) und Wiederaufnahme (§§ 578 ff. ZPO) im staatlichen Verfahren, die der Rechtskraft nicht entgegenstehen, gilt dies auch für die **Kontrollmöglichkeit** des Schiedsspruchs mit der Möglichkeit der nachträglichen Aufhebung (§ 1059 ZPO). Mit formalem Abschluss des Schiedsverfahrens tritt damit bei Streitgegenstandsidentität die **Einrede der Rechtskraft** an die Stelle der Schiedseinrede nach § 1032 Abs. 1 ZPO.[1] Das betrifft sowohl Entscheidungen staatlicher Gerichte als auch solche privater Schiedsgerichte. Dritte können von dem Schiedsspruch und der Rechtskraft betroffen sein, wenn sie die Rechtsnachfolge einer Partei antreten oder wenn ihnen ein der Schiedsabrede unterliegendes Recht zugewandt wurde. Eine **Streitverkündung** ist auch im Schiedsverfahren grundsätzlich zulässig. Da die Schiedsvereinbarung aber für Dritte ohne Beteiligung keine Wirkung entfalten kann, kommt die Wirkung gem. §§ 74, 68 ZPO nicht in Betracht, es sein denn, der Dritte unterwirft sich ausdrücklich der Regelung.

Fehler, Ungenauigkeiten oder Lücken des Schiedsspruchs können auf Antrag einer Partei nach Maßgabe des § 1058 ZPO berichtigt werden. Möglich ist auf Antrag auch eine Auslegung des Schiedsspruchs oder der Erlass eines ergänzenden Schiedsspruchs durch das Schiedsgericht. Ist etwa eine Kostenfestsetzung erst nach Beendigung des Schiedsverfahrens möglich, wird insoweit durch einen ergänzenden Schiedsspruch entschieden. Für inländische Schiedssprüche ist eine **Vollstreckbarerklärung** nach § 1060 BGB in einem der Vollstreckung vorgelagerten Erkenntnisverfahren besonderer Art auf Antrag möglich und erforderlich. Voraussetzung ist ein wirksamer Schiedsspruch, der von einem Schiedsgericht erlassen wurde und die wesentlichen Förmlichkeiten wahrt.[2]

---

1 Die Streitwertfestsetzung ist kein Richten in eigener Sache, aber nur zwischen den Parteien, nicht gegenüber den Schiedsrichtern verbindlich, BGH v. 28.3.2012 – III ZB 63/10, MDR 2012, 739 = NJW 2012, 1811.
2 Bei verurteilendem, als auch gestaltendem oder feststellendem Inhalt, BGH v. 30.3.2006 – III ZB 78/05, NJW-RR 2006, 995; BGH v. 29.1.2009 – III ZB 88/07, SchiedsVZ 2009, 176 (177) = MDR 2009, 591.

Ausländische Schiedssprüche entfalten ihre Wirkung bereits, sobald sie nach dem für sie relevanten Recht verbindlich geworden sind. Die Anerkennung und Vollstreckung ausländischer Schiedssprüche wird auf Antrag durch eine gerichtliche Entscheidung herbeigeführt (§ 1061 ZPO), die nicht nur Grundlage der Zwangsvollstreckung, sondern hinsichtlich der Anerkennung auch für weitere Verfahren bindend ist.[1]

cc) Rechtsbehelf

49 Der einzige wirkliche Rechtsbehelf einer Partei gegen den für unwirksam gehaltenen Schiedsspruch ist der **Aufhebungsantrag** vor dem staatlichen Gericht nach § 1059 ZPO.[2] Da die Rechtsordnung dem Schiedsspruch die Wirkung eines rechtskräftigen Urteils zuspricht, müssen aus rechtsstaatlicher Sicht bestimmte, unabdingbare Voraussetzungen erfüllt sein, damit der Schiedsspruch Bestand haben kann.[3] Voraussetzung für die Aufhebung ist ein entsprechender **Aufhebungsgrund**. Die Aufzählung der Aufhebungsgründe in § 1059 Abs. 2 ZPO ist abschließend und auch keiner Vereinbarung weiterer Gründe unter den Parteien zugänglich. Darüber hinaus wird in der Literatur überwiegend vertreten, dass die Aufhebungsgründe nach Nr. 1 verzichtbar sind, solange der Verzicht nach Erlass des Schiedsspruchs und in Kenntnis des Aufhebungsgrundes geschieht. Die von Amts wegen zu prüfenden Aufhebungsgründe nach Nr. 2 sind dagegen der Disposition der Parteien entzogen.[4] Als Aufhebungsgründe auf begründete Geltendmachung durch eine Partei kommen (nach Nr. 1) die rechtliche Unfähigkeit einer Partei zum Abschluss einer Schiedsvereinbarung bzw. die Ungültigkeit der Schiedsvereinbarung, Behinderung bei der Geltendmachung von Angriffs- oder Verteidigungsmitteln, die Streitigkeit ganz oder teilweise nicht von der Schiedsvereinbarung gedeckt ist und ein Verstoß gegen eine zulässige Parteivereinbarung oder eine gesetzliche Vorschrift vorliegt, die bei der Bildung des Schiedsgerichts oder bei der Durchführung des schiedsrichterlichen Verfahrens[5] zu berücksichtigen ist, wenn von einer Auswirkung auf den Schiedsspruch auszugehen ist. Die Aufhebung des Schiedsspruchs ist **von Amts** wegen möglich (nach Nr. 2), wenn nach Feststellung des Gerichts der Streitgegenstand nach deutschem Recht objektiv schiedsunfähig ist oder wenn dessen Anerkennung oder Vollstreckung der öffentlichen Ordnung (ordre pub-

---

1 *Voit* in Musielak, § 1061 ZPO Rz. 2; *Saenger* in Saenger, § 1061 ZPO Rz. 1.
2 Solange der Schiedsspruch nicht die Anforderungen des § 1054 ZPO erfüllt, scheidet ein Antrag nach § 1059 ZPO aus. Möglich ist aber eine Feststellungsklage auf Nichtbestehen des Schiedsvertrags zu erheben, *Saenger* in Saenger, Vorbemerkung § 1059 ZPO Rz. 1.
3 Im Schiedsverfahren kann es auch zu nichtigen oder absolut wirkungslosen Schiedssprüchen kommen. Diese entfalten nach allgemeiner Meinung aber von vornherein keine Wirkung, sind aber einer solchen Feststellung durch staatliche Gerichte zugänglich. Vgl. *Saenger* in Saenger, § 1059 ZPO Rz. 3.
4 *Voit* in Musielak, § 1059 ZPO Rz. 35; *Saenger* in Saenger, § 1059 ZPO Rz. 5.
5 Etwa die Anwendung eines anderen als des von den Parteien vereinbarten materiellen Rechts, BGH v. 26.9.1985 – III ZR 16/84, BGHZ 96, 40 (45) = MDR 1986, 130.

lic) widerspräche.[1] Allerdings ist für die Prüfung von Amts wegen ebenfalls ein Antrag auf gerichtliche Aufhebung erforderlich.

Ein Aufhebungsantrag ist mangels abweichender Parteivereinbarung nur innerhalb einer **Frist von drei Monaten** zulässig (§ 1059 Abs. 3 ZPO). Der Antrag ist mangels abweichender Vereinbarung bei dem gem. § 1062 Abs. 1 Nr. 4 ZPO zuständigen OLG zu stellen. Wird die Frist versäumt, so können Aufhebungsgründe nach § 1059 Abs. 2 Nr. 1 ZPO, anders als die von Amts wegen zu prüfenden Gründe, auch im Vollstreckbarerklärungsverfahren nicht mehr geltend gemacht werden. Wird auf den begründeten Antrag hin der Schiedsspruch durch rechtsgestaltenden Beschluss aufgehoben, so lebt im Zweifel die Schiedsvereinbarung wieder auf (§ 1059 Abs. 5 ZPO). Das staatliche Gericht kann die Sache auch an das bisher tätige Schiedsgericht zurückverweisen (§ 1059 Abs. 4 ZPO). Damit wird dem Willen der Parteien Rechnung getragen, unter Verwendung der bereits gefundenen Verfahrensergebnisse doch noch eine rechtskräftige Entscheidung durch das Schiedsgericht herbeizuführen. Die Parteien können auch das **Vollstreckbarerklärungsverfahren** abwarten und die Einwendungen mit den Einschränkungen gem. § 1060 Abs. 2 ZPO vorbringen, um eine Ablehnung der Vollstreckbarerklärung und Aufhebung des Schiedsspruchs zu erwirken. 50

3. Internationale Schiedsverfahren

Für das schiedsrichterliche Verfahren hat der **Ort des Verfahrens** eine besondere Bedeutung (etwa Verfahrensregelungen, inländischer oder ausländischer Schiedsspruch – vgl. Rz. 13). Die Wahl des geeigneten Ortes und natürlich des anwendbaren Rechts ist daher für ein schiedsgerichtliches Verfahren von ganz besonderer Bedeutung. Wird das Verfahren an einem Ort in Deutschland durchgeführt, gelten die §§ 1025 ff. ZPO, ohne dass die Parteien die Wahl eines fremden Verfahrensrechts haben. Allerdings lässt sich im Rahmen der §§ 1025 ff. ZPO auch auf ständige internationale Schiedsgerichte zugreifen. Unter den **ständigen internationalen Schiedsgerichten** ist der Schiedsgerichtshof bei der Internationalen Handelskammer (**International Chamber of Commerce**, ICC[2]) Paris von erheblicher Bedeutung.[3] Dabei handelt es sich um eine Art Verwaltungsorgan, das den Verfahrensgang vor dem Schiedsgericht organisiert und kontrolliert[4]. Als Besonderheit lässt sich der sog. „Schiedsauftrag" nennen, den das Schiedsgericht zwingend vor Verfahrensbeginn entwirft und der die Rahmenbedingungen des Schiedsverfahrens enthält. Die regulären ICC-Verfahrensregeln sind daher nicht etwa ausländisches Verfahrensrecht, sondern eine Ver- 51

---

1 Beispiel: Fehlende Unabhängigkeit oder Unparteilichkeit der Schiedsrichter, *Münch* in MünchKomm. ZPO, 4. Aufl. 2013, § 1059 ZPO Rz. 23; *Voit* in Musielak, § 1059 ZPO Rz. 27, rechtliches Gehör; BGH v. 26.9.1985 – III ZR 16/84, BGHZ 96, 40 (47) = MDR 1986, 130.
2 Übersicht: *von Schlabrendorff*, Internationaler Schiedsgerichtshof der Internationalen Handelskammer (ICC), SchiedsVZ 2003, 34.
3 Seit 1.1.2012 gilt eine neue Schiedsgerichtsordnung, *Marenkov*, SchiedsVZ 2012, 33.
4 *Münch* in MünchKomm. ZPO, Vorbemerkung §§ 1025 ff. ZPO Rz. 106.

fahrensordnung gem. § 1042 Abs. 3 ZPO, dessen Geltung die Parteien vereinbaren können.[1] International ebenfalls von großer Bedeutung ist die **American Arbitration Association (AAA)**. Dabei handelt es sich um die bedeutendste nationale Schiedsorganisation der Vereinigten Staaten. Die Organisation bietet erhebliche und nützliche logistische (Richterlisten etc.) und rechtliche (Verfahrensordnung, Standardklauseln) Unterstützung. Zahlreiche weitere internationale Organisationen kennen Schiedsregeln, die für ein schiedsgerichtliches Verfahren je nach Streitgegenstand nutzbar gemacht werden können, etwa die Vereinte Nationen, vor allem die United Nations Commission on International Trade Law (**UNCITRAL**): Schiedsgerichtsordnung. Neben dem Ablauf der Verfahren spielen internationale Vereinbarungen aber auch für die Vollstreckung der Schiedssprüche eine große Rolle: Die internationale Anerkennung und Vollstreckung ausländischer Schiedssprüche, abhängig vom Ort des schiedsgerichtlichen Verfahrens, richtet sich gem. § 1061 Abs. 1 ZPO nach dem von allen bedeutenden Staaten ratifizierten New Yorker (UN-)Übereinkommen über die Anerkennung und Vollstreckung ausländischer Schiedssprüche.[2]

III. Grundsätze ordnungsgemäßer Unternehmensbewertung im Schiedsverfahren

52 Ein Unternehmenswert ist unter Anwendung der Grundsätze ordnungsgemäßer Unternehmensbewertung zu ermitteln. Im Vordergrund steht dabei das DCF-Verfahren nach der Konzeption des IDW S1. Soll der **Unternehmenswert in einem Schiedsverfahren** oder als Schiedsgutachter zur Streitbeilegung ermittelt werden, geht es um einen möglichst **objektiven Wert**. Darin unterscheidet sich die Zielrichtung von dem subjektiven Charakter eines Unternehmenswerts, der als Entscheidungsgrundlage für den Kauf- oder Verkaufspreis bzw. die Abfindung dienen soll. Daran wird schon deutlich, dass es keinen **schlechthin richtigen Unternehmenswert** gibt. Vielmehr ist der „richtige" Wert jeweils vom Zweck der Wertermittlung abhängig.[3] Der Schiedsgutachter oder die Entscheidung im Schiedsverfahren soll einen Wert festlegen, der als Vermittlung zwischen den subjektiven Wertvorstellungen der Parteien (etwa eines Käufers und Verkäufers) einen „fairen" Preis abbildet. Das ist bei der Wertermittlung und den zugrunde liegenden Annahmen stets zu berücksichtigen.

1. Der Unternehmenswert als Schiedswert

53 Wird der Unternehmenswert als Schiedswert ermittelt, kann das individuelle Interesse der Parteien nicht mehr im Vordergrund stehen. Vielmehr muss der Schiedsgutachter oder Schiedsrichter im Rahmen der Unabhängigkeit und Un-

---

1 Muster: *Trittmann/Pfitzner/Schmaltz* in Hopt, Vertrags- und Formularbuch zum Handels-, Gesellschafts- und Bankrecht, Form II. M.4 (ICC-Schiedsklausel), Form II. O.3 (ICC-Schiedsklage), Form II. P.8 (ICC-Schiedsspruch).
2 Vgl. *Münch* in MünchKomm. ZPO, Anhang § 1061 ZPO.
3 *Moxter*, Grundsätze ordnungsmäßiger Unternehmensbewertung, 2. Aufl. 1983, S. 6.

parteilichkeit eine **Vermittlungsfunktion** einnehmen. Es müssen die Interessen beider Parteien berücksichtigt werden. Das ist zwar bei dem Ziel, einen Schiedswert zu ermitteln, eine Selbstverständlichkeit. Unter Berücksichtigung der Regeln und Entwicklung der Unternehmensbewertung wird das aber nicht immer hinreichend deutlich. Es geht daher nicht um einen **subjektiven Entscheidungswert** für eine Partei, der zahlreichen Ansätzen zur Unternehmensbewertung als Ziel immanent ist und der zur Ermittlung eines auf den Wert bezogenen Einigungsbereichs auch für Schiedswerte durchaus hilfreich sein kann. Für die Ermittlung eines Schiedswerts sind dann aber Entscheidungsgrenzwerte für beide Parteien zu betrachten und der Einigungsbereich für den Schiedswert ergibt sich – vereinfacht betrachtet – aus dem dazwischenliegenden Wertbereich. Wird ein Schiedswert ermittelt, sind daher bei der Ermittlung der tatsächlichen Grundlagen für die Unternehmensbewertung und der Annahmen zur Wertermittlung zweckorientierte Korrekturen im Gegensatz zur klassischen Entscheidungsfindung als Zielvorgabe vorzunehmen. Besondere Herausforderungen und insoweit notwendige Typisierungen können sich bei KMUs ergeben, wenn die Informationen nicht oder nicht vollständig vorliegen.[1] Zur Ermittlung eines **Marktwertes** sind aus einem subjektiven Entscheidungsgrenzwert individuelle Faktoren soweit möglich auszublenden. Das gilt etwa für besondere individuelle Finanzierungsmöglichkeiten und Risikofaktoren. Werden die individuellen Faktoren ausgeblendet, kommt es zu einer gewissen Vereinfachung, insbesondere auch im Hinblick auf die Begründung der alternativen erwarteten Renditen. Wird ein Schiedswert ermittelt, sind Typisierungen und damit Einschränkungen des strengen Subjektivitätsprinzips notwendig und geboten.[2] Typisierungen werden aber auch notwendig, wenn die individuellen Ziele oder Handlungsmöglichkeiten der Parteien aus anderen Gründen nicht aufgedeckt werden können.

2. Besondere Faktoren

Im Rahmen der Ermittlung eines Schiedswertes sind natürlich die allgemeinen Grundsätze zur Unternehmensbewertung zu berücksichtigen (vgl. §§ 1–11), die hier nicht wiederholt werden sollen. Es sind aber einige **Typisierungen** erforderlich, auf die hier teilweise kurz hingewiesen werden soll. Im Einzelnen bleiben dabei erhebliche Entscheidungsspielräume. So lässt sich eine **Differenz zwischen den Entscheidungswerten** der Parteien schlicht hälftig aufteilen oder im Verhältnis der Entscheidungswerte, wenn sich einzelne Faktoren nicht ermitteln lassen. Für letzteren Ansatz spricht, dass sich mögliche Synergieeffekte in dem höheren Entscheidungswert widerspiegeln. Ausgehend von einer weniger pauschalen Herangehensweise können sich gleichwohl zahlreiche Typisierungen als erforderlich erweisen. 54

Im Hinblick auf die Ermittlung des Unternehmenswerts als Barwert künftiger finanzieller Überschüsse der Anteilseigner geht es darum, eine **nachprüfbare** 55

---

1 *Hachmeister/Ruthardt*, DStR 2014, 158.
2 *Adolff*, Unternehmensbewertung im Recht der börsennotierten Aktiengesellschaft, S. 176–178.

Entnahmeschätzung zu erreichen.[1] Ziel muss es daher sein, möglichst objektive nachprüfbare Informationen über die Ertragskraft des Unternehmens zu erhalten. Das selbst bei KMUs, wenn eine Ermittlung der Informationen schwierig ist. Ausgangspunkt jeder Zukunftsprognose sind daher die entsprechenden Erfolgsgrößen der Vergangenheit. Dabei sind die Ursachen des Erfolgs im Hinblick auf die Nachhaltigkeit zu analysieren. Der Blick ist insoweit auch auf den **Einfluss der Vorschriften zur Gewinnermittlung**, insbesondere die Auswirkungen des Vorsichtsprinzips, zu richten (z.B. Aktivierungsregeln für selbst geschaffene immaterielle Wirtschaftsgüter, Abschreibungsregeln, Rückstellungsbildung usw.). Ferner sind Abhängigkeiten oder Verflechtungen des Unternehmens zu berücksichtigen. Hier geht es vor allem um die Einbindung in einen Konzern oder Verbindung zu nahestehenden Personen. Im Hinblick auf KMUs ist zu berücksichtigen, dass regelmäßig kalkulatorische Unternehmerlöhne zu ermitteln sind, um die Vergleichbarkeit bei der Bewertung zu erreichen.[2]

56 Besondere Bedeutung kommt auch den möglichen Preissteigerungseffekten zu.[3] Aus den Erkenntnissen ist die Prognose für die Zukunft vorzunehmen. Das Unternehmensumfeld und die Umweltbedingungen, also insbesondere die Marktstruktur und -bedingungen, sind vor dem Hintergrund einer (eigenen) Wettbewerbsstrategie genau zu betrachten. Im Rahmen der Ermittlung eines Schiedswerts zur Vermittlung zwischen den Parteien ist der Grundsatz zu beachten, dass eine **Schätzung grundsätzlich nur auf nachweisbare Tatsachen** gestützt werden soll (Gedanke aus §§ 286, 287 ZPO). Eine Änderung der Unternehmensstrategie kann daher nur dann Grundlage einer Unternehmensbewertung sein, wenn es hinreichend sichere inhaltliche Planungen und Dokumentationen gibt.[4] Planungen, die berücksichtigt werden sollen, müssen daher auf möglichst realistischen Annahmen basieren und widerspruchsfrei sein.[5]

57 Zahlreiche Risiken können nur mittels eines **Risikoabschlags** berücksichtigt werden. Dabei wird in der Literatur immer wieder dafür plädiert, zwischen der Risikoabbildung und der Risikobewertung zu unterscheiden.[6] Die Rechtsprechung berücksichtigt die Risikoüberlegungen beim Risikozuschlag.[7] Um den Unternehmenswert als Marktwert zu ermitteln, muss eine formelle und materielle Konsistenzprüfung im Hinblick auf die Zahlungsströme an die Eigenkapitalgeber erfolgen. Aus formeller Sicht wird insoweit eine integrierte (Finanz)Planung zu empfehlen sein. Das bedeutet, dass ein kompletter Jahresabschluss als Planrechnung zu erstellen ist. In materieller Hinsicht gilt auch hier, dass die Planung auf zutreffenden Informationen und realistischen Annahmen beruhen muss sowie in sich nicht widersprüchlich sein darf.[8] Letzterer

---

1 *Hachmeister/Ruthardt*, DStR 2013, 2530.
2 Vgl. zum Zugewinnausgleich und Unterhaltsanspruch bei Unternehmern BGH v. 9.2.2011 – XII ZR 40/09, MDR 2011, 490 = NJW 2011, 999; BGH v. 6.2.2008 – XII ZR 45/06, MDR 2008, 508 = NJW 2008, 1224.
3 Beispiel bei *Hachmeister/Ruthardt*, DStR 2013, 2530 (2532).
4 IDW S1 (2008), Rz. 32; *Großfeld*, Recht der Unternehmensbewertung, S. 60 f.
5 OLG Stuttgart v. 17.10.2011 – 20 W 7/11, BeckRS 2011, 24586.
6 *Hachmeister/Ruthardt*, DStR 2013, 2530 (2535, 2536).
7 BGH v. 21.7.2003 – II ZB 17/01, NJW 2003, 3272 (3273) = AG 2003, 627.
8 OLG Stuttgart v. 17.10.2011 – 20 W 7/11, BeckRS 2011, 24586.

Aspekt beschränkt sich aber auf die Nachvollziehbarkeit und Vertretbarkeit.[1] In der Literatur wird darüber hinaus gefordert, dass auch die optimale Verwertung als Ziel zu berücksichtigen ist.[2]

---

[1] OLG Stuttgart v. 5.6.2013 – 20 W 6/10, AG 2013, 724 = BeckRS 2013, 10389.
[2] *Hachmeister/Ruthardt*, DStR 2013, 2530 (2535, 2537).

Achter Teil
Internationale Bezüge der Unternehmensbewertung

§ 31
Unternehmensbewertung im Spiegel der Rechtsvergleichung

I. Bewertungsrechtsvergleichung als Forschungsgegenstand des Internationalen Unternehmensrechts	1
II. Stilprägende Merkmale der rechtlichen Bewertungslehre	3
1. Verfassungsgebot der vollen Abfindung	4
2. Grundsätzliche Methodenoffenheit	5
3. Praktische Dominanz des IDW-Standards	6
4. Börsenkurs als Bewertungsuntergrenze	7
5. Grundsatz der Meistbegünstigung	8
6. Gerichtliche Überprüfung im Spruchverfahren	9
III. Rechtspolitische Kritik an nationalen Besonderheiten	10
IV. Eine internationale Landkarte des Rechts der Unternehmensbewertung	12
1. Vereinigte Staaten	
a) Bewertungsziel	13
b) Bewertungsmethoden	
aa) Allgemeine Vorgaben	14
bb) Börsenkurse	15
c) Verhältnis von Rechts- und Tatfrage	16
d) Einbeziehung von Expertenwissen	17
2. Italien	
a) Bewertungsziel	18
b) Bewertungsmethoden	19
aa) Nicht börsennotierte Gesellschaften	20
bb) Börsennotierte Gesellschaften	21
c) Begrenzte Satzungsautonomie	22
d) Einbeziehung von Expertenwissen und Rechtsschutz	23
3. Japan	
a) Bewertungsziel	24
b) Bewertungsmethoden	25
aa) Nicht börsennotierte Gesellschaften	26
bb) Börsennotierte Gesellschaften	27
c) Verhältnis von Rechts- und Tatfrage	28
d) Einbeziehung von Expertenwissen	29
4. Frankreich	
a) Bewertungsziel	30
b) Bewertungsmethoden	31
c) Verhältnis von Rechts- und Tatfrage	32
d) Verbindlichkeit der Expertenbewertung für Gesellschafter und Gericht	33
V. Schlussfolgerungen für das aktienrechtliche Bewertungsregime in Deutschland	34
1. Rechts- oder Tatfrage?	35
2. Abfindungsverfassungsrecht?	37
3. Kodifizierung bestimmter Bewertungsmethoden?	39
4. Bedeutung des Börsenkurses	40
5. Einbeziehung von Expertenwissen	44
6. Methodenmonismus oder Methodenvielfalt?	46
7. Satzungsautonomie für Bewertungsmethoden	50

	Rz.		Rz.
8. Mehrheitskonsensuale Schätzung und qualifizierter Mehrheitsvergleich	51	9. Rechtsschutz	52

Schrifttum: DVFA-Arbeitskreis „Corporate Transactions and Valuations", Best Practice Empfehlungen zur Unternehmensbewertung, Corporate Finanze biz 2012, 43; *Fleischer*, Rechtsfragen der Unternehmensbewertung bei aktienrechtlichen Abfindungsansprüchen: Bestandsaufnahme und Reformperspektiven im Lichte der Rechtsvergleichung, AG 2014, 97; *Fleischer*, Unternehmensbewertung und Bewertungsabschläge beim Ausscheiden aus einer geschlossenen Kapitalgesellschaft: Deutschland – Österreich – Schweiz – Frankreich – Vereinigte Staaten, in Kalss/Fleischer/Vogt (Hrsg.), Gesellschafts- und Kapitalmarktrecht in Deutschland, Österreich und der Schweiz 2013, 2014, S. 137; *Fleischer*, Zu Bewertungsabschlägen bei der Anteilsbewertung im deutschen GmbH-Recht und im US-amerikanischen Recht der close corporation, FS Hommelhoff, 2012, S. 223; *Fleischer*, Zur Behandlung des Fungibilitätsrisikos bei der Abfindung außenstehender Aktionäre (§§ 305, 320b AktG) – Aktienkonzernrecht, Betriebswirtschaftslehre, Rechtsvergleichung, FS Hoffmann-Becking, 2013, S. 331; *Fleischer/Bong*, Unternehmensbewertung bei konzernfreien Verschmelzungen zwischen Geschäftsleiterermessen und Gerichtskontrolle, NZG 2013, 881; *Fleischer/Jaeger*, Gesellschaftsrechtliche Anteilsbewertung in Frankreich gemäß Art. 1843-4 Code civil – Eine Vorstudie zur Komparatistik im Recht der Unternehmensbewertung, RabelsZ 77 (2013), 693; *Fleischer/Maugeri*, Rechtsfragen der Unternehmensbewertung bei aktienrechtlichen Abfindungsansprüchen in Deutschland und Italien, RIW 2013, 24; *Fleischer/Schneider/Thaten*, Unternehmensbewertung bei aktienrechtlichen Abfindungsansprüchen in Deutschland und den Vereinigten Staaten, Der Konzern 2013, 61; *Fleischer/Strothotte*, Anteils- und Unternehmensbewertung im englischen Kapitalgesellschaftsrecht, RIW 2012, 2; *Großfeld*, Europäische Unternehmensbewertung, NZG 2002, 353; *Großfeld*, Interkulturelle Unternehmensbewertung, FS Yamauchi, 2006, S. 123; *Großfeld*, Unternehmensbewertung und Rechtskultur, Liber Amicorum Buxbaum, 2000, S. 204; *Guatri/Bini*, La valutazione delle aziende, 2007; *Guatri/Bini*, Nuovo trattato sulla valutazione delle aziende, 2005; *Hachmeister/Ruthardt*, Unternehmensbewertung in der US-amerikanischen Rechtsprechung im Überblick, in Petersen/Zwirner/Brösel (Hrsg.), Handbuch Unternehmensbewertung, 2013, S. 390; *Hachmeister/Ruthardt*, Unternehmensbewertung in den USA, WPg 2014, 428; *Hayn/Laas*, Internationale Unternehmensbewertung im Kontext der Standardsetter in Peemöller (Hrsg.), Praxishandbuch der Unternehmensbewertung, 5. Aufl. 2012, S. 139; *Heigl*, Unternehmensbewertung zwischen Recht und Markt – Eine rechtsvergleichende Untersuchung und kritische Stellungnahme, 2007; *Klöhn*, Das Verhandlungsmodell bei konzerninternen Verschmelzungen – Rechtsvergleichende Erfahrungen aus Delaware und ihre Implikationen für das deutsche Recht, FS Stilz, 2014, S. 365; *Koh*, Appraising Japan's Appraisal Remedy, 62 Am. J. Comp. L. 417 (2014); *Maugeri*, Partecipazione sociale, quotazioni di borsa e valutazione delle azioni, Riv. dir. comm. 2014, 93; *Maugeri/Fleischer*, Problemi giuridici in tema di valutazione delle azioni del socio recedente: un confronto tra diritto tedesco e diritto italiano, Rivista delle società 2013, 78; *Nicklas*, Vergleich nationaler und internationaler Standards der Unternehmensbewertung. Ein kontingenztheoretischer Ansatz, 2008; *Olbrich/Rapp*, Wider die Anwendung der DVFA-Empfehlungen in der gerichtlichen Abfindungspraxis, Corporate Finance biz 2012, 233; *Pratt*, Valuing a Business. The Analysis and Appraisal of Closely Held Companies, 5. Aufl. 2008; *Pratt/Nikulita*, The Lawyer's Business Valuation Handbook, 2010; *Schwetzler/Aders/Adolff*, Zur Anwendung der DVFA Best Practice Empfehlungen in der gerichtlichen Abfindungspraxis, Corporate Finance biz 2012, 237; *Takahashi/Fleischer/Baum*, Unternehmensbewertung im Recht der Aktiengesellschaft: Ein japanisch-deutscher Rechtsvergleich, ZJapanR 36 (2013), 1; *Ventoruzzo*, Recesso e valore della partecipazione nella società di capitali, 2012.

I. Bewertungsrechtsvergleichung als Forschungsgegenstand des Internationalen Unternehmensrechts

Rechtsfragen der Unternehmensbewertung stellen sich in vielen Jurisdiktionen und werden gerade im Unternehmensrecht keineswegs einheitlich beantwortet. Gleichwohl ist ihre systematische Erschließung durch die Rechtsvergleichung noch nicht weit gediehen. Erst in jüngster Zeit gewinnt die Bewertungsrechtsvergleichung als eigenständiger Forschungsgegenstand des internationalen Unternehmensrechts an Gestalt.[1] Bisher waren – und sind – die „Könige in diesem Feld nationale Autoritäten",[2] in Deutschland angeführt vom Institut der Wirtschaftsprüfer (IDW)[3] und wohlwollend begleitet durch die obergerichtliche Spruchpraxis.[4] Diese selbstzentrierte Sichtweise wird sich im Zeitalter international vernetzter Finanzmärkte und grenzüberschreitender Unternehmenszusammenschlüsse (näher dazu § 19 Rz. 39 ff.) auf Dauer nicht durchhalten lassen.[5] **Bewertungsrechtsvergleichung ist daher ein Gebot der Stunde.** Sie stellt die Komparatistik allerdings vor besondere Herausforderungen, weil sie neben den handels- und gesellschaftsrechtlichen Rahmenbedingungen auch die betriebswirtschaftlichen Grundlagen sowie die berufsständischen Standards im In- und Ausland berücksichtigen muss.[6]

Hier können aus dem umfassenden Fragenkreis der normorientierten Unternehmensbewertung nur wenige Ausschnitte herausgegriffen und einer rechtsvergleichenden Vertiefung zugeführt werden. Für **eine exemplarische Querschnittsbetrachtung** besonders gut geeignet sind **aktien- und umwandlungsrechtliche Barabfindungsansprüche**. Sie bilden im In- und Ausland das praktisch wichtigste Exerzierfeld für rechtliche Bewertungsfragen. Als Referenzpunkt werden zunächst die stilprägenden Merkmale der deutschen Bewertungslehre herausgearbeitet (unten Rz. 3–9), die im Lichte der internationalen Bewertungspraxis zuletzt stärker in die Kritik geraten sind (unten Rz. 10–11). Anschließend wird am Beispiel der Vereinigten Staaten, Italiens, Frankreichs

---

1 Grundlegend *Großfeld*, NZG 2002, 353; *Großfeld* in FS Yamauchi, 2006, S. 123; vertiefend *Fleischer*, AG 2014, 97 (102 ff.) mit einer „internationalen Landkarte des Rechts der Unternehmensbewertung".
2 *Großfeld*, NZG 2002, 353.
3 Vgl. IDW, Grundsätze zur Durchführung von Unternehmensbewertungen (IDW S 1 i.d.F. 2008), WPg Supplement 3/2008, S. 68 ff.
4 Vgl. etwa OLG Stuttgart v. 5.6.2013 – 20 W 6/10, AG 2013, 724, Leitsatz 3: „Als anerkannt und gebräuchlich ist derzeit nicht nur, aber jedenfalls auch das anzusehen, was von dem Institut der Wirtschaftsprüfer (IDW) in dem Standard IDW S 1 sowie in sonstigen Verlautbarungen des Fachausschusses für Unternehmensbewertung und Betriebswirtschaftslehre (FAUB) vertreten wird."
5 Vgl. *Takahashi/Fleischer/Baum*, ZJapanR 36 (2013), 1 (3); ähnlich *Großfeld*, Recht der Unternehmensbewertung, Rz. 35: „Die Unternehmensbewertung erhält durch ausländische Anteilseigner, durch grenzüberschreitende Unternehmensverbindungen und durch europäische Unternehmensformen globale Dimensionen."
6 Vgl. *Takahashi/Fleischer/Baum*, ZJapanR 36 (2013), 1 (3); gleichsinnig *Großfeld*, Recht der Unternehmensbewertung, Rz. 36: „Bei Bewertungslehren ‚von außerhalb' ist immer zu prüfen, inwieweit das andere rechtliche Umfeld hineinspielt (geht es um den Normwert?); ist es mit dem unsrigen vergleichbar?"

und Japans untersucht, wie ausländische Aktienrechte mit vergleichbaren Bewertungsfragen umgehen (unten Rz. 12–33). Vor diesem rechtsvergleichenden Hintergrund werden schließlich Reformperspektiven für die Fortentwicklung des hiesigen Bewertungsregimes ausgelotet (unten Rz. 34–52).

II. Stilprägende Merkmale der rechtlichen Bewertungslehre

3   Für alle aktien- und umwandlungsrechtlichen Barabfindungsfälle stellen sich im konkreten Zugriff folgende **Kernfragen**: Was ist das Bewertungsziel? Nach welchen Bewertungsmethoden wird die Abfindung ermittelt? Welche Bedeutung hat bei börsennotierten Gesellschaften der Börsenkurs? Wie gestaltet sich die Rollenverteilung zwischen Bewertungssachverständigem und Gericht? Welche Rechtsschutzmöglichkeiten gibt es? Die Antworten hierauf ergeben ein hochauflösendes Bild der deutschen Bewertungslehre mit allen ihren Vorzügen, Besonderheiten und Eigentümlichkeiten.

1. Verfassungsgebot der vollen Abfindung

4   Als „Fundamentalprinzip des Abfindungsrechts"[1] gilt das Prinzip der vollen Abfindung. Es wird in Rechtsprechung und Rechtslehre dahin erläutert, dass eine angemessene Abfindung i.S.d. §§ 305, 320b, 327a AktG, §§ 29, 207 UmwG nur eine „volle"[2] oder „vollständige"[3] Abfindung ist. Seinen **verfassungsrechtlichen Urgrund** findet es seit der *Feldmühle*-Entscheidung aus dem Jahre 1962 in Art. 14 Abs. 1 GG.[4] Hierauf aufbauend hat das BVerfG ein imposantes Gedankengebäude zum aktien- und umwandlungsrechtlichen Abfindungsanspruch errichtet und ihm mit seinem *DAT/Altana*-Beschluss von 1999 einen vorläufigen Schlussstein eingefügt.[5] Verschiedene An- und Umbauarbeiten

---

1   *Klöhn*, Das System der aktien- und umwandlungsrechtlichen Abfindungsansprüche, 2009, S. 52.
2   BGH v. 12.3.2001 – II ZB 15/00 – „DAT/Altana", BGHZ 147, 108 (115) = AG 2001, 417.
3   BGH v. 20.5.1997 – II ZB 9/96 – „Guano", BGHZ 135, 374 (379) = AG 1997, 515.
4   Vgl. BVerfG v. 7.8.1962 – 1 BvL 16/60, BVerfGE 14, 263 (283): „§ 12 UmwG gibt den ausscheidenden Aktionären Anspruch auf eine ‚angemessene' Abfindung. Darunter ist nicht wie in Art. 153 Abs. 2 Satz 2 WeimRV eine geringere als die volle Abfindung zu verstehen. Im Schrifttum besteht Einigkeit darüber, daß der Ausscheidende das erhalten soll, ‚was seine Beteiligung an dem arbeitenden Unternehmen wert ist' [...]. Diese Auslegung ist auch allein mit Art. 14 GG vereinbar [...]."
5   Vgl. BVerfG v. 27.4.1999 – 1 BvR 1613/94, BVerfGE 100, 289 (303) = AG 1999, 566: „Anders als bei Enteignungen zum Wohl der Allgemeinheit kommt als Entschädigung in diesem Fall, in dem der Hauptaktionär den Nutzen aus der Konzernierungsmaßnahme zieht, aber nur eine volle Abfindung in Betracht. [...] Die Abfindung muß so bemessen sein, daß die Minderheitsaktionäre den Gegenwert ihrer Gesellschaftsbeteiligung erhalten. Dementsprechend gehen Judikatur und Literatur davon aus, daß die Entschädigung nur dann als ‚volle' bezeichnet werden kann, wenn sie den ‚wirklichen' oder ‚wahren' Wert der Unternehmensbeteiligung an dem arbeitenden Unternehmen unter Einschluss der stillen Reserven und des inneren Geschäftswerts widerspiegelt."

sind aber noch immer im Gange.¹ In Umsetzung dieser verfassungsrechtlichen Vorgaben ist nach Ansicht des BGH der *Grenzwert* zu ermitteln, zu dem außenstehende Aktionäre ohne Nachteil aus der Gesellschaft ausscheiden können.² Dabei wird die Abfindung nach der sog. indirekten Methode grundsätzlich quotal aus dem Verkehrswert des Unternehmens abgeleitet.³

2. Grundsätzliche Methodenoffenheit

Das Aktiengesetz enthält keinerlei Hinweise zum Bewertungsverfahren, und auch die Gerichte üben sich insoweit in Zurückhaltung. So hat das BVerfG in seinem *DAT/Altana*-Beschluss ausgeführt, dass Art. 14 Abs. 1 GG für die Wertermittlung von Unternehmensbeteiligungen keine bestimmte Methode vorschreibe.⁴ Ähnlich äußern sich die Zivilgerichte.⁵ Sie verlangen lediglich, dass die gewählte Methode dem Verkehrswert als dem rechtlich vorgegebenen Bewertungsziel gerecht wird. Einzelbewertungsverfahren scheiden vor diesem Hintergrund regelmäßig aus, da sie das Unternehmen nicht als Einheit betrachten.⁶ Mit dieser Ausnahme **billigt** die **Spruchpraxis** ein **breites Spektrum von Bewertungsmethoden.** Leitsatzmäßig zusammengefasst heißt es in einem aktuellen Beschluss des OLG Stuttgart: „Grundlage der Schätzung des Gerichts können somit vom Grundsatz her sowohl Wertermittlungen basierend auf fundamentalanalytischen Wertermittlungsmethoden wie das Ertragswertverfahren als auch auf marktorientierten Methoden wie eine Orientierung an Börsenkursen sein. Entscheidend ist, dass die jeweilige Methode in der Wirtschaftswissenschaft anerkannt und in der Praxis gebräuchlich ist."⁷

3. Praktische Dominanz des IDW-Standards

Ungeachtet dieses Bekenntnisses zur Methodenvielfalt dominieren in der Gerichtspraxis die vom Institut der Wirtschaftsprüfer (IDW) herausgegebenen

---

1 Vgl. etwa zum sog. Verhandlungsmodell bei konzernfreien Verschmelzungen BVerfG v. 24.5.2012 – 1 BvR 3221/10 – „Daimler/Chrysler", NZG 2012, 1035; eingehend und rechtsvergleichend *Fleischer/Bong*, NZG 2013, 881; *Klöhn/Verse*, AG 2013, 2.
2 So BGH v. 4.3.20198 – II ZB 5/97 – „ABB II", BGHZ 138, 136 (140); variierend BGH v. 19.7.2010 – II ZB 18/09 – „Stollwerck" – Rz. 21, BGHZ 186, 229 (237) = AG 2010, 629: „Den Minderheitsaktionären ist das zu ersetzen, was sie ohne die zur Entschädigung verpflichtende Intervention des Hauptaktionärs oder die Strukturmaßnahme bei einem Verkauf des Papiers erlöst hätten."
3 Vgl. BGH v. 12.3.2001 – II ZB 15/00, BGHZ 147, 108 = AG 2001, 417, Leitsatz 2.
4 BVerfG v. 27.4.1999 – 1 BvR 1613/94, BVerfGE 100, 289 (307) = AG 1999, 566.
5 Vgl. zuletzt OLG Düsseldorf v. 8.8.2013 – I-26 W 17/12 (AktE) – Rz. 29, AG 2013, 807 (808): „Für die Ermittlung des Unternehmenswerts schreiben weder Art. 14 Abs. 1 GG noch das einfache Recht eine bestimmte Methode vor."
6 Vgl. BGH v. 20.3.1995 – II ZR 205/94 – „Girmes", BGHZ 129, 136 (165) = AG 1995, 368: „Er [= der Unternehmenswert] bemisst sich im allgemeinen nach dem Preis, der bei einer Veräußerung des Unternehmens als Einheit erzielt würde."
7 OLG Stuttgart v. 5.6.2013 – 20 W 6/10, AG 2013, 724, Leitsatz 2.

Grundsätze zur Durchführung von Unternehmensbewertungen, derzeit in der Fassung **IDW S 1 (2008)**.[1] Nach ihnen soll der Wirtschaftsprüfer in seiner Funktion als neutraler Gutachter einen objektivierten, von den individuellen Wertvorstellungen betroffener Parteien unabhängigen Wert des Unternehmens ermitteln.[2] Dieser objektivierte Wert soll im Wege des Ertragswertverfahrens bestimmt werden. Zielgröße ist ein typisierter Zukunftserfolgswert aus der Perspektive einer inländischen, unbeschränkt steuerpflichtigen natürlichen Person als Anteilseigner, der sich bei Fortführung des Unternehmens in unverändertem Konzept und mit allen realistischen Zukunftserwartungen ergibt.[3] Sowohl das BVerfG[4] als auch die Zivilgerichte[5] haben diesen Bewertungsstandard ausdrücklich anerkannt. Sein **faktisches Methodenmonopol** in Spruchverfahren beruht darauf, dass die Wirtschaftsprüfer ihn aufgrund ihrer Pflicht zur gewissenhaften Berufsausübung nach § 43 WPO fast ausnahmslos anwenden, um Haftungsrisiken zu vermeiden.[6] Auch wenn die Gerichte nicht müde werden zu betonen, dass es sich bei dem IDW-Standard nicht um eine bindende Rechtsnorm, sondern nur um eine Expertenauffassung aus dem Kreis der Wirtschaftsprüfer handle,[7] entnehmen sie ihm doch häufig die streitentscheidende Aussage.[8] Auf diese Weise hat der IDW-Standard hierzulande einen **quasi-verbindlichen Charakter** erlangt. Einen aktuellen Beleg dafür bietet die erbitterte Auseinandersetzung um die rückwirkende Anwendung des neuen IDW S 1

---

1 IDW S 1 (2008), WPg Supplement 3/2008, S. 68.
2 Vgl. IDW S 1 (2008), WPg Supplement 3/2008, S. 68, Rz. 12.
3 So IDW S 1 (2008), WPg Supplement 3/2008, S. 68, 73, Rz. 29 ff.
4 Vgl. BVerfG v. 27.4.1999 – 1 BvR 1613/94, BVerfGE 100, 289 (307) = AG 1999, 566: „In der Praxis hat sich für die zur Bestimmung der angemessenen Abfindung oder des angemessenen Ausgleichs notwendige Ermittlung des ‚wahren' Unternehmenswertes die sog. Ertragswertmethode durchgesetzt. [...] Gegen eine Unternehmensbewertung nach dieser Methode bestehen im Prinzip keine verfassungsrechtlichen Bedenken."
5 Zuletzt OLG Stuttgart v. 5.6.2013 – 20 W 6/10, AG 2013, 724, Leitsatz 3: „Als anerkannt und gebräuchlich ist derzeit nicht nur, aber jedenfalls auch das anzusehen, was von dem Institut der Wirtschaftsprüfer (IDW) in dem Standard IDW S 1 sowie in sonstigen Verlautbarungen des Fachausschusses für Unternehmensbewertung und Betriebswirtschaftslehre (FAUB) vertreten wird."
6 Dazu *Aha*, AG 1997, 26 (29); *Hüttemann*, ZHR 162 (1998), 563 (567); *Mertens*, AG 1992, 321 (323); vertiefend zuletzt *Lauber*, Das Verhältnis des Ausgleichs gem. § 304 AktG zu den Abfindungen gemäß den §§ 305, 327a AktG, 2013, S. 379 ff. mit weiteren Gründen.
7 Vgl. etwa OLG Stuttgart v. 24.7.2013 – 20 W 2/12, AG 2013, 840 (841 m.w.N.); umfassend nunmehr *Schülke*, IDW-Standards und Unternehmensrecht. Zur Geltung und Wirkung privat gesetzter Regeln, 2014.
8 Beispielhaft etwa OLG Düsseldorf v. 4.7.2012 – I-26 W 8/10 (AktE), AG 2012, 797 (800): „Letztlich ist es daher angemessen, sich der damaligen Empfehlung des IDW, wonach die Marktrisikoprämie nach Steuern mit einem Wert zwischen 5 % und 6 % anzusetzen sei, anzuschließen. Die Empfehlung des IDW zur Bestimmung der Nachsteuerrisikoprämie stellt zwar keine Rechtsnorm dar, sie ist aber eine wenn auch nicht unbestrittene, so doch anerkannte Expertenauffassung. Sie wird in der Bewertungspraxis und in der Rechtsprechung beachtet."

(2008) für Altverfahren aus der Zeit vor seinem „Inkrafttreten",[1] über die nun voraussichtlich der BGH befinden wird.[2]

4. Börsenkurs als Bewertungsuntergrenze

Börsenkurse hat die Rechtsprechung bei der Abfindungsbemessung lange Zeit ignoriert. Zur Begründung führte der BGH aus, dass der Börsenkurs von „zufallsbedingten Umsätzen, spekulativen Einflüssen und sonstigen nicht wertbezogenen Faktoren wie politischen Ereignissen, Gerüchten, Informationen und psychologischen Momenten abhänge" und „unberechenbaren Schwankungen und Entwicklungen" unterliege.[3] Eine Kehrtwende brachte erst der **DAT/ Altana-Beschluss des BVerfG**, wonach es mit der Eigentumsgarantie des Art. 14 Abs. 1 GG unvereinbar ist, bei der Bestimmung der Abfindung für außenstehende oder ausgeschiedene Aktionäre nach §§ 305, 320b AktG den **Börsenkurs** der Aktien außer Betracht zu lassen (näher § 16 Rz. 25 ff.).[4] Dieser bilde **grundsätzlich die Untergrenze der wirtschaftlich vollen Entschädigung**, weil die Minderheitsaktionäre für ihre Aktien sonst weniger erhielten als sie bei einem Verkauf über die Börse erlangt hätten.[5] Eine Unterschreitung des Börsenkurses komme nur dann in Betracht, wenn er ausnahmsweise nicht den Verkehrswert der Aktie widerspiegle.[6] Denkbar sei dies, wenn über einen längeren Zeitraum mit Aktien der betreffenden Gesellschaft praktisch kein Handel mehr stattgefunden habe, wenn aufgrund einer Marktenge der einzelne außenstehende Aktionär gar nicht in der Lage gewesen wäre, seine Aktien tatsächlich zum Börsenkurs zu veräußern, sowie schließlich, wenn der Börsenkurs manipuliert worden sei.[7] Zur Ermittlung des Börsenkurses stellt der BGH auf einen nach Umsätzen gewichteten Durchschnittskurs während eines Referenzzeitraums von drei Monaten ab. Als Stichtag griff er zunächst auf den Tag der Hauptversammlung zurück.[8] Nach scharfer Kritik aus dem Schrifttum lässt er die Referenzperiode inzwischen unmittelbar vor Bekanntmachung der Strukturmaßnahme beginnen, weil dieser Zeitraum besser geeignet sei, den Verkehrswert der Aktie zu ermitteln, solange die Kapitalmarktforschung keine noch besser geeigneten Anhaltspunkte entwickle.[9]

---

1 So die irreführende Ausdrucksweise des OLG München v. 30.11.2006 – 31 Wx 059/06, AG 2007, 411, Leitsatz 1, nach der das IDW neue Bewertungsmethoden „in Kraft setzen" kann.
2 Vgl. den Vorlagebeschluss des OLG Düsseldorf v. 28.8.2014 – I-26 W 9/12 (AktE).
3 BGH v. 30.3.1967 – II ZR 141/64, NJW 1967, 1464.
4 Vgl. BVerfG v. 27.4.1999 – 1 BvR 1613/94, BVerfGE 100, 289 = AG 1999, 566, Leitsatz.
5 So BVerfG v. 27.4.1999 – 1 BvR 1613/94, BVerfGE 100, 289 (308) = AG 1999, 566.
6 Dazu BVerfG v. 27.4.1999 – 1 BvR 1613/94, BVerfGE 100, 289 (309) = AG 1999, 566.
7 Vgl. BVerfG v. 29.11.2006 – 1 BvR 704/03 – „Siemens/SNI", AG 2007, 119 (120).
8 Vgl. BGH v. 12.3.2001 – II ZB 15/00 – „DAT/Altana", BGHZ 147, 108 (118) = AG 2001, 417.
9 So BGH v. 19.7.2010 – II ZB 18/09 – „Stollwerck" – Rz. 20, BGHZ 186, 229 (236 f.) = AG 2010, 629.

5. Grundsatz der Meistbegünstigung

8   In Umsetzung des *DAT/Altana*-Beschlusses hat der BGH das BVerfG dahin verstanden, dass der aus dem **Börsenkurs** abgeleitete Wert **nur** den ***Mindestbetrag der Abfindung*** darstelle. Sei der Betrag des quotal auf die Aktie bezogenen Unternehmenswertes (Schätzwertes) höher als der Börsenwert, so stehe dem Aktionär dieser Schätzwert zu.[1] Man spricht vom Grundsatz der **methodenbezogenen** *Meistbegünstigung* (näher § 16 Rz. 62 ff.).[2] Seine Anwendung hat zur Folge, **dass in der Gerichtspraxis stets** eine **Doppelbewertung** stattfindet, um zu ermitteln, ob der Ertragswert oder der Börsenwert höher ausfällt.[3] Zweifel an diesem aufwendigen Vorgehen hat in jüngerer Zeit das OLG Stuttgart angemeldet: Es lehnte das Vorbringen von Antragstellern im Spruchverfahren ab, die den Grundsatz der Meistbegünstigung auch *innerhalb* der Ertragswertmethode mit der Maßgabe angewandt wissen wollten, dass bei allen Bewertungsparametern jeweils der für sie günstigste anzuwenden sei.[4] In diesem Zusammenhang bekundete das OLG Stuttgart, dass der vom BGH beschrittene Weg einer Meistbegünstigung zwischen verschiedenen Bewertungsmethoden verfassungsrechtlich keineswegs zwingend vorgegeben sei.[5]

6. Gerichtliche Überprüfung im Spruchverfahren

9   Die Eigentumsgarantie des Art. 14 Abs. 1 GG verlangt, dass außenstehende Aktionäre die Angemessenheit der Abfindung einer gerichtlichen Überprüfung zuführen können.[6] Den rechtlichen Rahmen hierfür bietet das Spruchverfahrensgesetz. In der Rechtspraxis werden **Spruchverfahren** wegen des Verbots der *reformatio in peius* und des geringen Kostenrisikos **sehr häufig eingeleitet** und führen oft zu einer Erhöhung der Abfindung.[7] Ihre durchschnittliche **Verfahrensdauer** ist **außerordentlich lang**. Nach einer jüngeren Entscheidung des BVerfG ist das Grundrecht auf effektiven Rechtsschutz auch in einem komplizierten und sehr aufwendigen Spruchverfahren verletzt, wenn das Verfahren in der ersten Instanz 18 Jahre dauert und zwei Jahre lang vom Gericht nicht aktiv vorangetrieben wird.[8]

---

1 So BGH v. 12.3.2001 – II ZB 15/00, BGHZ 147, 108 = AG 2001, 417, Leitsatz 2.
2 Vgl. etwa *Gärtner/Handke*, NZG 2012, 247.
3 Dazu *Gärtner/Handke*, NZG 2012, 247 (248); *Stilz* in FS Goette, 2011, S. 529 (530).
4 Vgl. OLG Stuttgart v. 5.5.2009 – 20 W 13/08, AG 2009, 707 (712).
5 Vgl. OLG Stuttgart v. 5.5.2009 – 20 W 13/08, AG 2009, 707 (712).
6 Vgl. BVerfG v. 27.4.1999 – 1 BvR 1613/94, BVerfGE 100, 289 (304) = AG 1999, 566.
7 Dazu *Drescher* in Spindler/Stilz, AktG, § 1 SpruchG Rz. 6; *Lorenz*, AG 2012, 284 (287); *Riegger/Gayk* in KölnKomm. AktG, 3. Aufl. 2013, Einl. SpruchG Rz. 64.
8 So BVerfG v. 17.11.2011 – 1 BvR 3155/09, NZG 2012, 345.

III. Rechtspolitische Kritik an nationalen Besonderheiten

Das solchermaßen vorgestellte Bewertungsregime sieht sich in jüngster Zeit zunehmender Kritik ausgesetzt.[1] Ein **Hauptvorwurf** lautet, dass die ausschließliche Heranziehung des **Ertragswertverfahrens nach IDW S 1** einen **nationalen Sonderweg** darstelle, **der von** der **internationalen Bewertungspraxis abweiche**, im Ausland kaum verstanden werde und daher grenzüberschreitende Transaktionen erschwere.[2] Vor diesem Hintergrund hat ein Arbeitskreis der Deutschen Vereinigung für Finanzanalyse und Asset Management (DVFA) kürzlich Best-Practice-Empfehlungen zur Unternehmensbewertung bei dominierten Transaktionssituationen vorgelegt, die markant vom aktuellen IDW-Standard abweichen.[3] Die Reaktionen des IDW,[4] der großen Wirtschaftsprüfungsgesellschaften[5] und einzelner BWL-Professoren[6] ließen nicht lange auf sich warten.[7] Sie verteidigen den IDW-Standard damit, dass die Bestimmung einer angemessenen Abfindung eine deutsche Besonderheit darstelle, die im internationalen Kontext ihresgleichen suche.[8] Zudem verfügten unterschiedliche Nationen über unterschiedliche Rechts- und Normensysteme, eine unterschiedlich ausgeprägte Entwicklung der Kapitalmärkte sowie einen andersartigen Entwick-

---

1 Grundsatzkritik etwa bei *Emmerich* in FS Uwe H. Schneider, 2011, S. 323; *Emmerich* in FS Stilz, 2014, S. 135; *W. Müller* in FS G. Roth, 2011, S. 517; *Stilz* in FS Goette, 2011, S. 529; zu einer wichtigen Einzelfrage schon *Bayer*, Gutachten E für den 67. Deutschen Juristentag 2008, E 105 f.
2 Vgl. etwa *W. Müller* in FS G. Roth, 2011, S. 517 (518): „die Herrschaft praktisch nur eines Standards, der spezifisch deutsch, im Ausland aber kaum gebräuchlich und in seinen mehrfach geänderten Fassungen nicht konsistent ist."; *Stilz* in FS Goette, 2011, S. 529 (542): „der deutsche Sonderweg der Ertragswertberechnung", S. 543: „beschränkte nationale Sichtweise"; DVFA-Arbeitskreis „Corporate Transactions and Valuations", Corporate Finance biz 2012, 43: „Die Grundsätze IDW S 1 weisen einige Besonderheiten auf, die von international üblichen Bewertungsstandards abweichen. [...] Die Ertragswertermittlung nach IDW S 1 ist ein Fremdkörper im Transaktionsprozess. Sie steht in Gegensatz zu den international gebräuchlichen Methoden der Preisfindung der Zielgesellschaft vor der Übernahme."; zur Berücksichtigung von persönlichen Einkommensteuern *Schwetzler/Aders/Adolff*, Corporate Finance biz 2012, 237 (239): „nationaler Sonderweg".
3 Vgl. DVFA-Arbeitskreis „Corporate Transactions and Valuations", Corporate Finance biz 2012, 43; überarbeitete Fassung: Best-Practice-Empfehlungen Unternehmensbewertung 2012, Dezember 2012, abrufbar unter http://www.dvfa.de/unternehmensbewertung.
4 Vgl. IDW, Stellungnahme zum Entwurf „Best-Practice-Empfehlungen Unternehmensbewertung" vom 6.2.2012.
5 Vgl. Ernst & Young, Kommentierung zum Entwurf „Best-Practice-Empfehlungen Unternehmensbewertung" vom 13.1.2012; PWC, Stellungnahme zum Entwurf der „Best-Practice-Empfehlungen Unternehmensbewertung" vom 13.1.2012.
6 Vgl. *Olbrich/Rapp*, Corporate Finance biz 2012, 233.
7 Für eine Replik aus den Reihen des DVFA-Arbeitskreises *Schwetzler/Aders/Adolff*, Corporate Finance biz 2012, 237.
8 Vgl. *Olbrich/Rapp*, Corporate Finance biz 2012, 233 (234, Fn. 20) unter Hinweis auf die Stellungnahmen von Ernst & Young (Fn. 5) und PWC (Fn. 5).

lungsstand betriebswirtschaftlichen und insbesondere bewertungstheoretischen Sachverstands.[1]

11 Konkrete Nachweise über die Abfindungsanlässe und Bewertungsvorgaben in anderen Rechtsordnungen sucht man bei Kritikern wie Befürwortern des deutschen *status quo* allerdings vergebens. Hier klafft eine beträchtliche Forschungslücke: Eine breitflächige Bestandsaufnahme der nationalen Bewertungstraditionen im Gesellschaftsrecht steht noch aus.[2] Weithin ungeklärt ist namentlich, wo bei rechtsgeprägten Bewertungsanlässen die Grenzlinie zwischen Rechts- und Tatfrage verläuft.[3]

IV. Eine internationale Landkarte des Rechts der Unternehmensbewertung

12 Für eine Kartierung des bewertungsrechtlichen Geländes in Europa und der Welt empfiehlt es sich aus Gründen besserer Vergleichbarkeit, solche **Rechtsordnungen** auszuwählen, **in denen Abfindungsansprüche der Aktionäre eine große Rolle spielen**. Es sind dies die Vereinigten Staaten, Italien, Japan und mit Abstrichen auch Frankreich.[4] Die folgenden rechtsvergleichenden Miniaturen verzichten im Interesse der Stoffverknappung darauf, die jeweiligen Grundlagen und Funktionen des Abfindungsrechts zu entfalten,[5] und konzentrieren sich ganz auf den rechtlichen Bewertungsrahmen.

---

1 So *Olbrich/Rapp*, Corporate Finance biz 2012, 233 (234).
2 Für einen ersten Ansatz *Heigl*, Unternehmensbewertung zwischen Recht und Markt – Eine rechtsvergleichende Untersuchung und kritische Stellungnahme, 2007; aus betriebswirtschaftlicher Sicht *Nicklas*, Vergleich nationaler und internationaler Standards der Unternehmensbewertung. Ein kontingenztheoretischer Ansatz, 2008.
3 Aktuelle Bestandsaufnahme für den gesamten deutschsprachigen Rechtskreis bei *Fleischer*, in Kalss/Fleischer/Vogt (Hrsg.), Gesellschafts- und Kapitalmarktrecht in Deutschland, Österreich und der Schweiz, 2013, 2014, S. 137; aus österreichischer Perspektive *Aschauer*, Unternehmensbewertung beim Gesellschafterausschluss, 2009, S. 130 ff.; *Winner*, Wert und Preis im Zivilrecht, 2008, S. 417 f.; aus schweizerischer Optik *Flückiger*, Schweizer Treuhänder 2003, 263; *Schön*, Unternehmensbewertung im Gesellschafts- und Vertragsrecht, 2000, S. 228 ff.; aus deutscher Sicht *Fleischer*, ZGR 1997, 368 (374 ff.); *Hüttemann*, WPg 2007, 812; *Kuhner*, WPg 2007, 825; *Piltz*, Die Unternehmensbewertung in der Rechtsprechung, S. 221 ff.
4 Vgl. *Kraakman/Armour/Davies/Enriques/Hansmann/Hertig/Hopt/Kanda/Rock*, The Anatomy of Corporate Law, 2. Aufl. 2009, S. 200 f.: „Third, the U.S. and Japan also protect shareholders through an exit strategy – the appraisal remedy – that allows dissatisfied shareholders to escape the financial effects of organic changes approved by shareholder majorities by selling their shares back to the corporation at a ‚reasonable' price in certain circumstances. Although Community law does not require appraisal as an element of the merger process France, Germany and Italy offer it on a limited basis. The provisions on appraisal in the case of significant changes in the articles of public companies will catch some mergers."
5 Verwiesen sei insoweit auf die im Schrifttumsverzeichnis zu diesem Kapitel nachgewiesenen Spezialaufsätze.

1. Vereinigte Staaten

a) Bewertungsziel

„Valuation is an art rather than a science"[1] – diese Einsicht des *Delaware Supreme Court* deutet bereits an, dass Bewertungsfragen auch jenseits des Atlantiks beträchtliches Kopfzerbrechen bereiten.[2] Sie stellen sich vor allem beim sog. *appraisal remedy*, das außenstehenden Aktionären bei bestimmten Strukturmaßnahmen eine Ausstiegsmöglichkeit eröffnet. Die Gesellschaftsgesetze der Gliedstaaten, etwa § 262(h) des *Delaware General Corporation Law* (DGCL), sehen in solchen Fällen eine Abfindung zum **„fair value of the shares"** vor[3] und machen den Gerichten damit – wie auch hierzulande – keine sonderlich konkreten Vorgaben.[4] Nach der Rechtsprechung des *Delaware Supreme Court* ist dem Aktionär dasjenige zu vergüten, was ihm durch die Strukturmaßnahme genommen wird, nämlich der wahre bzw. innere Wert seiner Beteiligung am lebenden Unternehmen.[5] Bewertungsgegenstand ist das Unternehmen zu Fortführungswerten (*as a going concern*).[6] Der für die Abfindungsberechnung maßgebliche Anteilswert ist quotal aus dem Unternehmenswert abzuleiten (*proportionate interest in the company*). Diese indirekte Bewertung hat sich in den meisten Gliedstaaten ebenso durchgesetzt[7] wie im *Model Business Corporation Act* (MBCA)[8] und in den *Principles of Corporate Governance* des *American Law Institute* (*ALI-Principles*).[9] Ihr liegt die Annahme zugrunde, dass ein außenstehender Aktionär ohne die Strukturmaßnahme in der Gesell-

13

---

1 *In re Shell Oil Co.*, 607 A.2d 1213, 1231 (Del. 1992).
2 Eingehend zum Folgendem *Fleischer/Schneider/Thaten*, Der Konzern 2013, 61; rechtsvergleichend ferner *Hachmeister/Ruthhardt*, WPg 2014, 428.
3 Variierend fordern andere Bundesstaaten die Abfindung zum „fair cash value", „fair market value" oder schlicht dem „value", s. den Überblick bei *Cox/Hazen*, Corporations, 3. Aufl. 2010, Band 4, § 22.26, S. 93 ff.
4 Vgl. *Pueblo Bancorporation v. Lindoe, Inc.*, 63 P.3d 353, 359 (Col. 2003): „We conclude that the meaning of ‚fair value' is ambiguous. It is a term that does not have a commonly accepted meaning in ordinary usage, much less in the business community. As such, we are unable to resolve the issue before us solely by reference to the plain language of the statute."
5 Grundlegend *Tri-Continental Corp. v. Battye*, 74 A.2d 71, 72 (Del. 1950): „The basic concept of value under the appraisal statute is that the stockholder is entitled to be paid for that which has been taken from him, viz., his proportionate interest in a going concern. By value of the stockholder's proportionate interest in the corporate enterprise is meant the true or intrinsic value of his stock which has been taken by the merger."; zuletzt *In re Appraisal of the Orchard Enterprises, Inc.*, 2012 WL 2923305 *8 (Del. Ch.).
6 Vgl. *Cavalier Oil Corp. v. Harnett*, 564 A.2d 1137, 1144 (Del. 1989).
7 Für einen Überblick *Brown v. Arp and Hammond Hardware Company*, 141 P.3d 673, 683 (Wyo. 2006).
8 Vgl. § 13.01(4) MBCA, Official Comment 2.
9 Vgl. ALI, Principles of Corporate Governance, 1994, § 7.22(a).

schaft verbleiben würde;[1] ein hypothetischer Verkauf der Beteiligung soll also gerade nicht nachgebildet werden.[2]

b) Bewertungsmethoden

aa) Allgemeine Vorgaben

14 Zur Ermittlung der Abfindungshöhe wandten die Gerichte in Delaware lange Zeit ausschließlich die sog. **Delaware Block Method** (DBM) an,[3] die drei Bewertungsansätze miteinander kombiniert: den Marktwert (*market value*), den Wert aller Vermögensgegenstände (*net asset value*) und die zu erwartenden Gewinne (*earnings value*).[4] Die Gewichtung der drei Werte stand im Ermessen des Gerichts. Durch diese auch als gewogene Durchschnittsmethode bezeichnete Vorgehensweise sollte das Risiko einer groben Fehlbewertung vermieden werden.[5] Gleichwohl haben Literaturstimmen den Gewichtungsprozess als willkürlich und sachwidrig kritisiert[6] und weiter eingewandt, dass die DBM den Methoden der modernen Unternehmensbewertung zuwiderlaufe.[7] Nach einer Gesetzesänderung im Jahr 1981 entschloss sich der *Delaware Supreme Court* in seiner wegweisenden **Weinberger-Entscheidung**, die „strukturierte und mechanische"[8] DBM als ausschließliches Bewertungsverfahren aufzugeben,[9] ohne sie allerdings gänzlich zu verbieten.[10] Er verfolgt seither einen liberaleren Ansatz.[11] Für die Bewertung kommen danach **alle in Finanzkreisen**

---

1 So ausdrücklich *Paskill Corp. v. Alcoma Corp.*, 747 A.2d 549, 553 (Del. 2000).
2 Vgl. *Cavalier Oil Corp. v. Harnett*, 564 A.2d 1137, 1145 (Del. 1989).
3 Grundlegend *In re General Realty & Utilities Corp.*, 52 A.2d 6, 14-15 (Del. Ch. 1947); *Tri-Continental Corp. v. Battye*, 74 A.2d 71, 75 (Del. 1950).
4 Vgl. *In re Radiology Assocs., Inc. Litig.*, 611 A.2d 485, 496 (Del. Ch. 1991): „The Delaware Block Method actually is a combination of three generally accepted methods for valuation: the asset approach, the market approach, and the earnings approach."; aus dem Schrifttum *Fletcher*, Cyclopedia of the Law of Corporations, Vol. 15, rev. ed. 2008, § 7165:40, S. 465 f.; *Pratt/Niculita*, The Lawyer's Business Valuation Handbook, 2010, S. 294 f.
5 Vgl. *Clark*, Corporate Law, 1986, S. 455 mit Fn. 30: „[T]he use of three different procedures using different data is simply a diversification strategy to reduce the risk of serious error."
6 Vgl. etwa *Seligman*, 52 Geo. Wash.L. Rev. 829, 855 (1984): „indefensibly arbitrary and capricious"; ähnlich *Bainbridge*, Corporation Law and Economics, 2002, § 12.4, S. 640: „The DBM compares apples with oranges. The three factors have very little to do with each other, are based on radically different assumptions and methodologies, and thus can lead to widely divergent results."
7 Vgl. etwa *Clardy*, 62 Tenn. L. Rev. 285, 306 (1995); *Subramanian*, 111 Harv. L. Rev. 2099, 2103 (1998).
8 Rückblickend *Cede & Co. v. Technicolor Inc.*, 542 A.2d 1182, 1186 mit Fn. 7 (Del. 1988).
9 Vgl. *Weinberger v. UOP, Inc.*, 457 A.2d 701, 712 f. (Del. 1983).
10 Dazu *Rosenblatt v. Getty Oil. Co.*, 493 A.2d 929, 940 (Del. 1985).
11 Pointiert *Bainbridge*, Corporation Law and Economics, 2002, § 12.4, S. 640: „The court [...] set out to update Delaware law. Curiously, it did so by throwing open the courthouse door to virtually anything short of the valuation equivalent of junk science."

anerkannten **Techniken oder Methoden** in Betracht; sie werden allein am Maßstab von § 262(h) DGCL gemessen.[1] Dessen zentrale Vorgabe für die Ermittlung des *fair value* lautet, das Gericht „**shall take into account all relevant factors**". Der *Delaware Supreme Court* hat dies zur Leitlinie erhoben und einzelne der zu berücksichtigenden Faktoren ausdrücklich benannt.[2] Diese Linie ist von den meisten Gliedstaaten[3] ebenso wie vom MBCA[4] und den *ALI-Principles*[5] übernommen worden. Die Wahl der Bewertungsmethode wird stark von den Umständen des Einzelfalls beeinflusst. Bislang haben sich nur wenige allgemeingültige Regeln herausgebildet.[6] In der Gerichtspraxis dominiert das *Discounted-Cash-Flow*-(DCF)-Verfahren.[7] Gelegentlich kommen auch vergleichsorientierte Bewertungsverfahren (*comparable companies and comparable transactions approach*) zum Einsatz,[8] wenn sich hinreichend ähnliche Vergleichsunternehmen finden lassen.[9]

bb) Börsenkurse

Einer Bewertung mit Hilfe von Börsenkursen steht die Rechtsprechung in Delaware seit jeher mit einer **gewissen Skepsis** gegenüber. Es gingen zu viele Zufallsfaktoren in den Marktpreis ein, um ihn als sicheren und ausschließlichen Wertmesser anzusehen, urteilte der *Delaware Court of Chancery* bereits im Jahre 1934 und ergänzte in bildhafter Sprache: „The numerous causes that contribute to their nervous leaps from dejected melancholy to exhilarated enthusiasm and then back again from joy to grief, need not be reviewed. It would be most unfortunate [...] if, on [...] the date of the consolidation, the market should

15

---

1 Vgl. *Weinberger v. UOP, Inc.*, 457 A.2d 701, 712 f. (Del. 1983): „We believe that a more liberal approach must include proof of value by any techniques or methods which are generally considered acceptable in the financial community and otherwise admissible in court, subject only to our interpretation of 8 Del.C. § 262(h), [...]."; bestätigend zuletzt *Gearreald v. Just Care, Inc.*, 2012 WL 1569818, *4 (Del. Ch.).
2 Vgl. *Weinberger v. UOP, Inc.*, 457 A.2d 701, 713 (Del. 1983): „In determining what figure represents this true or intrinsic value, the appraiser and the courts must take into consideration all factors and elements which reasonably might enter into the fixing of value. Thus, market value, asset value, dividends, earning prospects, the nature of the enterprise and any other facts which were known or which could be ascertained as of the date of merger and which throw any light on *future prospects* of the merged corporation are not only pertinent to an inquiry as to the value of the dissenting stockholders' interest, but *must be considered* by the agency fixing the value."
3 Vgl. *Pratt/Niculita*, The Lawyer's Business Valuation Handbook, 2010, S. 908.
4 Vgl. § 13.01(4) MBCA.
5 Vgl. ALI, Principles of Corporate Governance, 1994, § 7.22, Comment d.
6 Vgl. *Cox/Hazen*, Corporations, 3. Aufl. 2010, Band 4, § 22.26, S. 98.
7 Vgl. *In re Appraisal of the Orchard Enterprises, Inc.*, 2012 WL 2923305 * 9 (Del. Ch.); *Andaloro v. PFPC Worldwide, Inc.*, 2005 WL 2045640 *9 (Del. Ch. 2005): „[T]he DCF method is frequently used in this court."
8 Für ein Beispiel *Gentile v. Singlepoint Fin., Inc.*, 2003 WL 1240504 *6 (Del. Ch.).
9 Dazu zuletzt *In re Appraisal of the Orchard Enterprises, Inc.*, 2012 WL 2923305 *9 (Del. Ch.).

be in one of its extreme moods and the stock had to be paid for at the price fixed by the quotations of that day."[1] Diese von den sprunghaften Kursbewegungen vor und nach dem Börsenkrach von 1929 beeinflussten Erwägungen[2] wirkten lange nach. Nach einer vermittelnden Formel aus dem Jahre 1965 sieht der *Delaware Supreme Court* heute zweierlei als „axiomatic" an: (a) dass die Abfindung einen etablierten oder rekonstruierten Marktpreis berücksichtigen muss, und (b) dass der **Marktpreis nicht das einzige Bewertungselement sein darf**.[3]

c) Verhältnis von Rechts- und Tatfrage

16 In den Vereinigten Staaten geben die Gerichte die **rechtlichen Rahmenbedingungen einer Bewertung** verbindlich vor: „The task before us is one of statutory construction – determining what our legislature meant by the ‚fair value' of a dissenter's shares. This is an issue of law."[4] Zu den **zwingenden Eckdaten** gehören insbesondere der Grundsatz indirekter Anteilsbewertung,[5] die Unzulässigkeit von Bewertungsabschlägen auf Anteilseignerebene[6] und das Verbot der Verabsolutierung oder völligen Vernachlässigung des Marktwertes.[7] Innerhalb dieses Rahmens sind beide Parteien aufgerufen, den Richter von ihrer Einschätzung des tatsächlichen Anteilswertes zu überzeugen.[8] Hierzu greifen sie in aller Regel auf **Parteigutachter** zurück, die nicht selten zu weit auseinanderklaffenden Ergebnissen gelangen. In einem vielzitierten New Yorker Fall hatte ein Parteigutachter den Wert des Unternehmens auf 20,7 Mio. $ geschätzt, der andere auf 71.000 $.[9] Dem Richter kommt in dieser **„battle of experts"**[10] eine Mittlerrolle zu, die er überaus aktiv wahrnimmt. Mitunter greift er nur punktuell auf die Parteigutachten zurück, kombiniert oder modifiziert sie, ergänzt

---

1 *Chicago Corp v. Munds*, 172 A. 452, 455 (Del. Ch. 1934).
2 Vgl. *Welch/Turezyn/Saunders*, Folk on the Delaware General Corporation Law, Stand: 2012, § 262.10.3.3: „Obviously influenced by the experience of the wildly climbing markets of the late 1920s and the drastic stock price decline after 1929 [...]."
3 So *In re Delaware Racing Ass'n*, 213 A.2d 203, 211 (Del. 1965).
4 *Shawnee Telecom Resources, Inc. v. Kathy Brown*, 354 S.W.3d 542, 551 (Ky. 2011).
5 Vgl. *Pueblo Bancorporation v. Lindoe, Inc.*, 63 P.3d 353, 360 (Col. 2003): „[W]e first hold that the meaning of ‚fair value' is a question of law, not an issue of fact to be opined on by appraisers and decided by the trial court on a case-by-case basis. [...] proper interpretation of fair value is the shareholder's proportionate interest in the value of the corporation."
6 Vgl. *Shawnee Telecom Resources, Inc. v. Kathy Brown*, 354 S.W.3d 542, 544 (Ky. 2011): „As for applying a marketability discount [...] we join the majority of jurisdictions which, as a matter of law, reject this shareholder level discount."
7 Vgl. *In re Delaware Racing Ass'n*, 213 A.2d 203, 211 (Del. 1965).
8 Vgl. zuletzt *Gearreald v. Just Care, Inc.*, 2012 WL 1569818, *4 (Del. Ch.): „In an appraisal proceeding, both sides have the burden of proving their respective valuations by a preponderance of the evidence."
9 *In re Taines*, 474 N.Y.S. 2d 362, 365 (N.Y. Supr. 1983): „The petitioner's expert valued the business [...] as of $ 20,700,700. The respondent's expert valued the same business, as of the same day, at $ 71.000 – a difference of nearly thirty thousand percent!"
10 *Rapid-American Corp. v. Harris*, 603 A.2d 796, 802 (Del. 1992).

sie um zusätzliche Erwägungen oder entwickelt eine ganz eigene Vorgehensweise.[1] Die große richterliche Freiheit als *trier of fact* geht aber zugleich mit einer weitreichenden Verantwortung bei der Prüfung der Expertengutachten einher. Anschaulich spricht der *Delaware Supreme Court* von einer **gatekeeper-Funktion des erstinstanzlichen Richters:**[2] Zur Erleichterung dieser Aufgabe hat ihn der *Delaware Supreme Court* ermuntert, in geeigneten Fällen einen eigenen, neutralen Experten hinzuzuziehen.[3]

d) Einbeziehung von Expertenwissen

In den Vereinigten Staaten gibt es eine Vielzahl konkurrierender Vereinigungen der *appraiser*, die sich unter dem Dach der *Appraisal Foundation* zusammengeschlossen haben.[4] Ihre Regelwerke räumen dem Sachverständigen weitgehende Methodenfreiheit ein, so dass der Meinungsmarkt deutlich offener ist als hierzulande. Gemäß den Vorgaben der *Weinberger*-Entscheidung zur Statthaftigkeit aller in Finanzkreisen anerkannten Techniken oder Methoden[5] schöpfen die Gerichte aus ganz verschiedenen Quellen. So zieht der *Delaware Court of Chancery* häufig „corporate finance and valuation texts" und „mainstream corporate finance theory"[6] heran. Als Standardreferenzen gelten ihm vor allem die Lehrbücher von *Brealey/Myers/Allen*[7] und *Pratt*.[8] Zudem zeigt er sich offen für Fortentwicklungen der Bewertungsgrundsätze.[9]

2. Italien

a) Bewertungsziel

„Momenti della verità"[10] nennt ein bekannter Gesellschaftsrechtler jene Augenblicke, in denen sich die Höhe der Abfindung beim aktienrechtlichen Aus-

---

1 Vgl. *In re Appraisal of Metromedia International Group, Inc.*, 971 A.2d 893, 899 f. (Del. Ch. 2009).
2 *Cede & Co. v. Technicolor, Inc.*, 758 A.2d 485, 498 (Del. 2000): „The Chancery Court must act as a ‚gatekeeper' and [...] screen scientific, technical or specialized opinion evidence in order to exclude from consideration such evidence as it finds unreliable as a matter of law."
3 Vgl. *In re Shell Oil Comp.*, 607 A.2d 1213, 1222 (Del. 1992).
4 Näher dazu *Hayn/Laas* in Peemöller, Praxishandbuch der Unternehmensbewertung, S. 130, 133 ff.
5 Oben Rz. 14 Fn. 1 (auf S. 1133).
6 *In re Appraisal of the Orchard Enterprises, Inc.*, 2012 WL 2923305, *9 n. 60 (Del. Ch.).
7 *In re Appraisal of the Orchard Enterprises, Inc.*, 2012 WL 2923305, *18 (Del. Ch.) unter Hinweis auf *Brealey/Myers/Allen*, Principles of Corporate Finance, 9. Aufl. 2008.
8 Vgl. etwa *Global GT LP v. Golden Telecom, Inc.*, 993 A.2d 497, 516 (Del. Ch. 2010) unter Hinweis auf *Pratt*, Valuing a Business: The Analysis and Appraisal of Closely Held Companies, 5. Aufl. 2008.
9 Näher *Global GT LP v. Golden Telecom, Inc.*, 993 A.2d 497, 518 (Del. Ch. 2010).
10 *Marchetti*, Giur. comm. 1993, I, 205 (217); hieran anknüpfend *Ventoruzzo*, Recesso e valore della partecipazione nelle società di capitali, 2012, S. 8 mit Fn. 16.

trittsrecht klärt.[1] Solche Augenblicke der Wahrheit sind noch häufiger geworden, seit die Reform des Kapitalgesellschaftsrechts von 2003 das Austrittsrecht (*diritto di recesso*) wesentlich erweitert hat und in Art. 2437 des *Codice civile* (c.c.) nunmehr unabdingbare und abdingbare gesetzliche sowie satzungsmäßige Austrittsrechte vorsieht.[2] Die bewertungsrechtliche Basisvorschrift bildet Art. 2437-*ter* Abs. 2 c.c.: Danach legen die Verwaltungsmitglieder den Auszahlungswert der Aktien unter Berücksichtigung des Vermögensbestandes der Gesellschaft und ihrer Ertragsaussichten sowie eines gegebenenfalls bestehenden Marktwertes der Aktien fest. Aus dieser Neuerung schließt die einhellige Lehre, dass es im Rahmen des Bewertungsverfahrens auf die **Ermittlung des wirklichen Wertes** (*valore reale*, *valore effetivo*) ankommt.[3] Die Ausdrucksweise schwankt allerdings; manche Autoren sprechen variierend von dem Marktwert, dem angemessenen oder fairen Wert oder auch von dem Verkehrswert.[4]

b) Bewertungsmethoden

19 Charakteristisch für das italienische Aktienrecht ist eine Binnendifferenzierung der Bewertungsmethoden zwischen börsennotierten und nicht börsennotierten Gesellschaften.

aa) Nicht börsennotierte Gesellschaften

20 Bei kapitalmarktfernen Gesellschaften hat sich der italienische Gesetzgeber gegen eine Blankettformel und für eine **Aufzählung bestimmter Bewertungsmethoden** entschieden. Hierin liegt der legislatorische Versuch, den Erkenntnisstand der modernen Betriebswirtschaftslehre zu Fragen der Unternehmensbewertung zu rezipieren.[5] Von diesen betriebswirtschaftlichen Erkenntnissen sind – in einer Kreiselbewegung des Denkens – wichtige Fingerzeige für die Auslegung der gesetzlichen Bewertungskriterien zu erwarten:[6] (1) Das erste in Art. 2437-*ter* Abs. 2 c.c. genannte Bewertungskriterium, der Vermögensbestand der Gesellschaft, lässt sich auf die hergebrachte **analytische Vermögenswertmethode** (*metodo analitico-patrimoniale*) zurückführen. Danach wird der Vermögensbestand der Gesellschaft zu einem bestimmten Stichtag ermittelt, indem man zunächst an die Bewertungskriterien für die Aufstellung des Jahresabschlusses anknüpft und die Einzelposten der Aktiv- und Passivseite sodann unter Abzug möglicher Steuereffekte an ihren Gegenwartswert anpasst.[7] (2)

---

1 Eingehend zu Folgendem *Fleischer/Maugeri*, RIW 2013, 24.
2 Aktueller Überblick bei *Campobasso*, Diritto delle società, 8. Aufl. 2012, S. 508 ff.
3 Vgl. *Calandra Buonaura*, Giur. comm. 2005, I, 291 (313); *Cian*, RDS 2010, 301 (303); *Ventoruzzo*, Recesso e valore della partecipazione nelle società di capitali, 2012, S. 66 ff.
4 Eingehend dazu *Fleischer/Maugeri*, RIW 2013, 24 (26) m.w.N.
5 Das betriebswirtschaftliche Standardwerk ist *Guatri/Bini*, Nuovo trattato sulla valutazione delle aziende, 2005; *Guatri/Bini*, La valutazione delle aziende, 2007.
6 Ausführlicher zu folgendem *Maugeri/Fleischer*, Riv. soc. 2013, 78.
7 Vgl. aus betriebswirtschaftlicher Sicht *Caratozzolo*, Società 2005, 1209 (1215 f.); aus juristischer Sicht *Ventoruzzo*, Recesso e valore della partecipazione nelle società di capitali, 2012, S. 72 ff.

Die zweite Bewertungsmethode, die man als **synthetische Ertragswertmethode** (*metodo sintetico-reddituale*) zu bezeichnen pflegt, versteht das Unternehmensvermögen nicht als bloße Ansammlung unverbundener Einzelelemente, sondern als funktionierendes Ganzes. Sie verlangt eine Schätzung des unternehmerischen Goodwills, die durch eine Kapitalisierung des zukünftig zu erwartenden Einnahmestroms erfolgt.[1] (3) Weniger eindeutig erscheint die Auslegung des dritten in Art. 2437-*ter* Abs. 2 c.c. genannten Bewertungskriteriums, des gegebenenfalls bestehenden **Marktwertes der Aktien** (*valore di mercato delle azioni*), das schon durch seinen einschränkenden Zusatz (*eventuale*) manche Fragen aufwirft. Nach herrschender Lehre bezieht sich dieses Kriterium allein auf den Preis der Aktien bei gerade durchgeführten Markttransaktionen.[2]

bb) Börsennotierte Gesellschaften

Für kapitalmarktorientierte Gesellschaften hatte der italienische Gesetzgeber den **Börsenkurs** schon im Jahre 1942 als **allein maßgebliches Bewertungskriterium** festgelegt. Hieran hält Art. 2437-*ter* Abs. 3 c.c. trotz gelegentlicher Kritik[3] bis heute fest: Der Auszahlungswert von Aktien, die in geregelten Märkten notiert sind, wird ausschließlich unter Bezugnahme auf das arithmetische Mittel der Schlusskurse während der sechs Monate vor dem jeweiligen Bewertungsstichtag bestimmt. Damit reduziert sich die Bewertungsaufgabe der Verwaltungsratsmitglieder auf eine reine Rechenoperation. Folgerichtig können ausscheidende Aktionäre im Rechtsschutzverfahren nur Rechenfehler rügen, aber nicht vorbringen, dass der Börsenkurs den Wert der Aktien z.B. wegen einer Marktenge nicht zutreffend widerspiegle.[4] Konzeptionell folgt der italienische Gesetzgeber insoweit der – längst nicht mehr unangefochtenen – These von der Informationseffizienz der Kapitalmärkte.[5] Insgesamt unterscheidet Art. 2437-*ter* c.c. zwischen *zwei verschiedenen Bewertungsobjekten*: Während es bei nicht börsennotierten Gesellschaften gem. Abs. 2 um die Ermittlung des Beteiligungswertes an einem lebenden (Gesamt-)Unternehmen geht („partecipazione all'impresa"), sieht Abs. 3 die **Aktie** bei börsennotierten Gesellschaf-

21

---

1 Vgl. aus betriebswirtschaftlicher Sicht *Iovenitti*, Riv. soc. 2005, 459 (470); aus juristischer Sicht *Guizzardi*, in Maffei Alberti, Commentario breve al diritto delle società, 2. Aufl. 2011, Commento all'art. 2437-*ter* c.c., S. 1045, 1046.
2 Vgl. etwa *Caratozzolo*, Società 2005, 1340 (1344); zur Gegenmeinung *Fleischer/Maugeri*, RIW 2013, 24 (27).
3 Kritik an der Eignung des Marktpreises zur Widerspiegelung des wahren Aktienwerts schon unter der Herrschaft der Vorgängervorschrift bei *De Angelis*, Riv. trim. dir. proc. civ. 1972, 1521 (1525); *Presti*, Giur. comm. 1982, I, 100 (112 f.).
4 Vgl. *Paciello*, in Niccolini/Stagno d'Alcontres, Società di capitali, II, 2004, Commento all'art. 2437-*ter* c.c., S. 1125 (1132 f.).
5 Aus juristischer Warte *Galletti*, in Maffei Alberti, Il nuovo diritto della società, II, 2005, Commento all'art. 2437-*ter* c.c., S. 1567, 1582 f.; in der betriebswirtschaftlichen Lehre *Reboa*, in Notari, Dialoghi tra aziendalisti e giuristi, 2009, S. 399, 416 mit Fn. 25.

ten **als selbständig handelbares** und mit einem eigenen Marktpreis versehenes **(Einzel-)Gut** an („azione come bene").[1]

c) Begrenzte Satzungsautonomie

22 Eine weitere Besonderheit des italienischen Bewertungsrechts liegt in seiner begrenzten Satzungsautonomie bei der Abfindungsbestimmung. Gemäß Art. 2437-*ter* Abs. 4 c.c. **kann die Satzung andere Kriterien zur Bestimmung des Auszahlungswertes festlegen**, indem sie jene Bestandteile der Aktiva und Passiva des Jahresabschlusses benennt, für die andere als im Jahresabschluss angegebene Werte herangezogen werden können, sowie gleichzeitig Kriterien für deren Berichtigung und andere Maßstäbe angibt, die für die Vermögensbewertung geeignet sind. Nach dem Wortlaut der Vorschrift hat es den Anschein, als beschränke sich der Gestaltungsspielraum der Gesellschafter nur auf die Vermögensbewertungsmethode.[2] Überwiegend wird aber angenommen, dass er sich grundsätzlich auf alle in Art. 2437-*ter* Abs. 2 und 3 c.c. genannten Bewertungskriterien erstreckt.[3] Uneinheitlich beantwortet wird, ob die Satzungsautonomie nur eine Klarstellung oder Vereinfachung der gesetzlichen Bewertungskriterien oder auch grundlegende Abweichungen von ihnen erlaubt. Die herrschende Lehre neigt der ersten Ansicht zu und hält sowohl Satzungsklauseln, die „bestrafende" Bewertungskriterien vorsehen, als auch solche, die den ausscheidenden Aktionär übermäßig begünstigen, für unzulässig.[4]

d) Einbeziehung von Expertenwissen und Rechtsschutz

23 Berufsständische Bewertungsstandards von ähnlicher Dominanz und Prägekraft wie die IDW-Standards kennt die italienische Bewertungspraxis nicht. Ebenso wenig gibt es ein gesondertes Spruchverfahrensgesetz mit detaillierten Regelungen zur Rechtskrafterstreckung der gerichtlichen Entscheidung oder zum Schlechterstellungsverbot. Jedoch können ausscheidende Aktionäre den von der Verwaltung festgesetzten Auszahlungswert der Aktien nach Art. 2437-*ter* Abs. 6 Satz 1 c.c. gerichtlich überprüfen lassen. Dann wird dieser Wert innerhalb von neunzig Tagen ab Ausübung des Austrittsrechts auf Grund des beeidigten Berichts eines vom LG bestellten Sachverständigen bestimmt. Für die Wertbestimmung verweist Art. 2437-*ter* Abs. 6 Satz 2 c.c. auf Art. 1349 Abs. 1 c.c., wonach der Sachverständige nach billigem Ermessen (*equità*) entscheidet. Das Gericht greift nur dann korrigierend ein, wenn die **Wertbestim-**

---

1 Eingehend neuerdings *Maugeri*, Riv. dir. comm. 2014, 93.
2 Vgl. aus juristischer Sicht *Rordorf*, Società 2003, 923 (929 f.); in der betriebswirtschaftlichen Lehre *Reboa*, in Notari, Dialoghi tra aziendalisti e giuristi, 2009, S. 399, 412.
3 Vgl. *Paciello*, in Niccolini/Stagno d'Alcontres, Società di capitali, II, 2004, Commento all'art. 2437-*ter* c.c., S. 1130; *Ventoruzzo*, Recesso e valore della partecipazione nelle società di capitali, 2012, S. 122 ff.
4 Vgl. statt vieler *Di Cataldo*, in Liber Amicorum Campobasso, III, 2007, S. 217, 237; *Frigeni*, Partecipazione in società di capitali e diritto al disinvestimento, 2009, S. 201 f.; aus betriebswirtschaftlicher Sicht *Caratozzolo*, Società 2005, 1340 (1344); differenzierend *Fleischer/Maugeri*, RIW 2013, 24 (30).

mung des **Sachverständigen** offenkundig unbillig oder fehlerhaft ist oder gänzlich unterbleibt. Das billige Ermessen des Sachverständigen erstreckt sich aber nicht auf die anzuwendenden Bewertungsmethoden; vielmehr ist er an die von den Verwaltungsmitgliedern ausgewählten Bewertungskriterien gebunden und darauf beschränkt, deren korrekte Anwendung zu überprüfen.[1]

3. Japan

a) Bewertungsziel

„Kōsei na kakaku" – den **„fairen Preis"** können Anteilseigner bei aktienrechtlichen Abfindungsansprüchen verlangen.[2] Zwar kennt das japanische Recht bisher weder ein Aktienkonzernrecht[3] noch eine Squeeze-out-Regelung,[4] doch sieht es Abfindungsrechte sowohl bei umwandlungsrechtlichen Umstrukturierungen als auch bei einer versagten Zustimmung zur Veräußerung vinkulierter Aktien vor. Bei Strukturmaßnahmen wurden die Aktionäre lange Zeit so gestellt, als ob der Beschluss über die Strukturmaßnahme nicht gefasst worden wäre.[5] Die japanische Formel dafür lautete *nakariseba kakaku*. Dafür war der Grenzpreis zu ermitteln, zu dem der Aktionär ohne wirtschaftlichen Nachteil aus der Gesellschaft ausscheiden konnte.[6] Das Gesellschaftsgesetz von 2005 hat dieses Bewertungsziel geändert: Seither ist den Aktionären der „faire Preis" ihrer Aktien zu vergüten, um sicherzustellen, dass sie auch an Synergieeffekten teilhaben, die von der alten Formel nicht erfasst waren.[7] Was genau unter einem fairen Preis zu verstehen ist, hat der Gesetzgeber allerdings offen gelassen und den Gerichten zur Klärung aufgegeben.

24

b) Bewertungsmethoden

Hinsichtlich der Bewertungsmethoden unterscheidet die japanische Bewertungspraxis zwischen geschlossenen und börsennotierten Aktiengesellschaften.[8]

25

aa) Nicht börsennotierte Gesellschaften

Bei nicht börsennotierten Gesellschaften orientierte sich die ältere Rechtsprechung nach einer Leitentscheidung des Distriktgerichts Osaka aus dem Jahre

26

---

1 Vgl. *Paciello*, in Niccolini/Stagno d'Alcontres, Società di capitali, II, 2004, Commento all'art. 2437-*ter* c.c., S. 1130.
2 Vgl. *Takahashi/Fleischer/Baum*, ZJapanR 36 (2013), 1 (17).
3 Zu Reformüberlegungen *Takahashi/Shintsu*, ZJapanR 33 (2012), 13; zuletzt *Takahashi*, AG 2014, 493.
4 Zu Reformplänen *Goto*, ZJapanR 35 (2013), 13 (28 ff.).
5 Näher *Bälz*, ZJapanR 13 (2002), 152 ff.
6 Vgl. *Kanda*, Kaisha-ho [Gesellschaftsrecht], 15. Aufl. 2013, S. 335.
7 Dazu *Aiziwa, Ichimon ittō shin-kaisha-hō* [Fragen und Antworten zum neuen Gesellschaftsgesetz], 2. Aufl. 2009, S. 210.
8 Eingehend zu Folgendem *Takahashi/Fleischer/Baum*, ZJapanR 36 (2013), 1 ff.; ferner *Koh*, 62 Am. J. Comp. L. 417 (2014).

1968 an den Grundsätzen der Obersten Finanzbehörde zur Erbschaftsbesteuerung.[1] Später setzte sich die Auffassung des angesehenen Gesellschaftsrechtlers *Kenjiro Egashira* aus Tokyo durch, der für die sog. **Dividendendiskontierungsmethode** warb, weil Minderheitsaktionäre aus ihrer Beteiligung im Wesentlichen nur Dividenden als Vermögensvorteile bezögen.[2] Das Obergericht Osaka schloss sich dem im Jahre 1989 an, zog als Bewertungsuntergrenze wegen der Gefahr einer Manipulation der Ausschüttungen durch den Mehrheitsgesellschafter aber zusätzlich den Aktienpreis heran, der sich aus dem Liquidationswert ergab.[3] In jüngerer Zeit hat sich zunehmend das **DCF-Verfahren** durchgesetzt, das von den Gerichten als eine Art Ertragswertverfahren eingeordnet wird.[4] Der Grund für diesen Meinungsumschwung liegt nach allgemeiner Ansicht darin, dass in Japan Unternehmenskäufe florieren und dabei das DCF-Verfahren Verwendung findet.[5]

bb) Börsennotierte Gesellschaften

27 Für die Bewertung von Aktien börsennotierter Gesellschaften ziehen die Gerichte seit einer Leitentscheidung des Obersten Gerichtshofs (jOGH) aus dem Jahre 1975 den **Börsenkurs** als Ausgangspunkt heran.[6] In jüngerer Zeit dreht sich die Spruchpraxis hauptsächlich um die Bestimmung des bewertungsrelevanten Stichtages. In der vielbeachteten *Rakuten*-Entscheidung von 2011 hat der jOGH in Fällen, in denen keine Verbundwirkungen zu erwarten waren, auf den Börsenkurs zum Zeitpunkt der Ausübung des Anspruchs auf Übernahme der Aktien durch den widersprechenden Aktionär abgestellt.[7] Nach der *Tekumo*-Entscheidung von 2012 gilt Gleiches bei Strukturmaßnahmen mit potentiellen Verbundvorteilen. Zur Begründung führte Richter *Masahiko Sudo* in einer extrajudiziellen Stellungnahme aus, dass der Börsenkurs künftige Synergieeffekte bereits reflektiere. Es bedürfe daher keiner teuren und zeitaufwendigen Unternehmensbewertung durch Sachverständige.[8]

c) Verhältnis von Rechts- und Tatfrage

28 Die Anteils- und Unternehmensbewertung ist in Japan eine **rechtliche Aufgabe**.[9] Das Gericht legt die Bewertungsmethode sowohl für geschlossene wie

---

1 Vgl. DG Osaka (Zweigstelle Sakai) v. 26.10.1968 – „Maeda Seika", in Ka-minshū Bd. 19 (1968) 568.
2 Vgl. *Egashira*, Torihiki sōba no nai kabushiki no hyōka [Die Bewertung von Aktien ohne Börsenkurs], in Hōgaku Kyōkai (Hrsg.), *Hōgaku kyōkai hyaku-shūnen kinen ronbun-shū dai-sankan* [Gesammelte Aufsätze zum 100-jährigen Jubiläum der Gesellschaft für Rechtswissenschaften], Bd. 3, 1983, S. 445 ff.
3 Vgl. OG Osaka v. 28.3.1989 – „Duskin", Hanrei Jihō Nr. 1324 (1989) 140.
4 Vgl. DG Hiroshima v. 22.4.2009, Kin'yū Shōji Hanrei Nr. 1320 (2009) 9; DG Fukuoka v. 15.5.2009, Kin'yū Shōji Hanrei Nr. 1320 (2009) 20.
5 Vgl. *Kanda*, Kaisha-ho [Gesellschaftsrecht], 15. Aufl. 2013, S. 112.
6 Vgl. OGH Japan v. 8.4.1975, in Minshū Bd. 29 (1975) 350.
7 Vgl. OGH Japan v. 19.4.2011, in Minshū Bd. 65 (2011) 1311; dazu *Takahashi/Sakamoto*, ZJapanR 33 (2012), 215, 216 ff.
8 Vgl. *Sudo*, Hanrei Jihō Nr. 2148 (2012) 7 ff.
9 Näher *Takahashi/Fleischer/Baum*, ZJapanR 36 (2013), 1 (47).

für börsennotierte Gesellschaften fest. Es bestimmt auch, ob und wenn ja, in welchem Umfang Zu- oder Abschläge auf den gutachtlich ermittelten Preis vorzunehmen sind. In prozessualer Hinsicht gilt das Gesetz über das Verfahren in Angelegenheiten der freiwilligen Gerichtsbarkeit, das im Jahre 2011 umfassend novelliert wurde, insbesondere um die aktienrechtlichen Abfindungsverfahren effizienter zu gestalten.[1] Gegen den Beschluss des Distriktgerichts als Eingangsinstanz können die Parteien Beschwerde beim Obergericht einlegen. Auch das Obergericht ist in seiner Würdigung aller Umstände des Einzelfalls frei. So hat etwa das Obergericht Tokyo in der *Rakuten*-Entscheidung den Schwerpunkt seiner Beurteilung zum Teil auf andere Tatsachen als die Vorinstanz gestützt und zudem einen anderen Bewertungsstichtag zugrunde gelegt. Ein Verbot der *reformatio in peius* gibt es nicht. Die Verfahrenskosten trug bisher im Prinzip der antragstellende Aktionär.[2]

d) Einbeziehung von Expertenwissen

29 Allgemein akzeptierte Bewertungsstandards der berufsständischen Praxis gibt es in Japan nicht. Zwar hat die Vereinigung der Wirtschaftsprüfer (*Nihon Kōnin Kaikei-shi Kyōkai*) mit ihren „Richtlinien zur Aktienbewertung" eine Zusammenfassung der Praxis der Unternehmensbewertung durch Wirtschaftsprüfer geschaffen.[3] Diese Richtlinien sind allerdings unverbindlich, entfalten keinen Einfluss auf die Rechtsprechung und spielen auch in der anwaltlichen Beratungspraxis keine Rolle. Der jOGH hat wiederholt betont, dass es für die Bewertung auf sämtliche Umstände des Einzelfalles ankomme.[4]

4. Frankreich

a) Bewertungsziel

30 „[N]ulle autre disposition du droit des sociétés ne produit actuellement plus de contentieux"[5] – diese Bemerkung ist auf die bewertungsrechtliche Grundnorm in **Art. 1843-4 des französischen *Code civil*** (C. civ.) gemünzt.[6] Nach dieser im Allgemeinen Teil des Gesellschaftsrechts angesiedelten Vorschrift wird der Wert von Gesellschaftsanteilen in allen Fällen, in denen ihre Veräußerung oder ihr Rückerwerb durch die Gesellschaft vorgesehen ist, bei Streitigkeiten hierüber durch einen Sachverständigen bestimmt. Letzterer wird entweder von den Parteien oder bei fehlender Einigung zwischen ihnen durch eine im Beschlussverfahren erlassene unanfechtbare Anordnung des Gerichtspräsidenten er-

---

1 Zur Reform *Kaneko/Wakimura*, Shin-hishō jiken tetsuzuki-hō no gaiyō to kaisha-hō nado no seibi no kaisetsu [Erklärung des neuen Gesetz über das Verfahren in Angelegenheiten der freiwilligen Gerichtsbarkeit und Erläuterung des Gesellschaftsgesetzes] Shōji Hōmu Nr. 1939 (2011) 68 ff.
2 Näher *Koh*, 62 Am. J. Comp. L. 417, 430 (2014).
3 Dazu *Takahashi/Fleischer/Baum*, ZJapanR 36 (2013), 2013, 1 (22).
4 Vgl. OGH Japan v. 1.3.1973, in Minshū Bd. 27 (1973) 161 (165); OGH Japan v. 26.4.2011 – „Interijensu", in Kin'yū Shōji Hanrei Nr. 1367 (2011) 16.
5 *Mortier*, Bull. Joly Sociétés 2012, 701.
6 Eingehend zu Folgendem *Fleischer/Jaeger*, RabelsZ 77 (2013), 693.

nannt. Im Recht der *société anonyme* und der *société par actions simplifiée* gilt sie kraft gesetzlicher Verweisung für die Wertbemessung bei der Veräußerung vinkulierter Aktien, beim Zwangserwerb vinkulierter Aktien sowie beim statutarisch vorgesehenen Rückerwerb stimmrechtsloser Vorzugsaktien.[1] Nach h.M. dient Art. 1843-4 C. civ. dem Schutz des ausscheidenden (Minderheits-)Gesellschafters.[2] Er soll eine gerechte Bewertung der Gesellschaftsanteile gewährleisten[3] und verhindern, dass der Minderheitsgesellschafter entweder in der Gesellschaft eingeschlossen bleibt[4] oder aber um eine angemessene Abfindung gebracht wird.[5] Die *raison d'être* der Einschaltung eines Experten liegt mit anderen Worten darin, den ausscheidenden Gesellschafter vor einer Entrechtung oder Enteignung zu bewahren.[6] Ermittelt werden soll **der wirkliche Wert (*valeur réelle*) der Gesellschaftsanteile**.[7] Dies ist nach einer stehenden Formel der Rechtsprechung der Wert, der unter Berücksichtigung sämtlicher Umstände möglichst nahe bei demjenigen liegt, welcher sich durch das gewöhnliche Spiel von Angebot und Nachfrage ergäbe.[8]

b) Bewertungsmethoden

31 Hinsichtlich der Bewertungsmethoden **hüllt sich der gesellschaftsrechtliche Gesetzgeber in Schweigen**.[9] Dabei handelt es sich um eine bewusste Zurückhaltung, die der französische Justizminister auf eine parlamentarische Anfrage

---

1 Rechtsvergleichend *Fleischer/Jaeger*, RabelsZ 77 (2013), 693 (698).
2 Vgl. *Moury*, Droit des ventes et des cessions de droits sociaux à dire de tiers, 2011, Rz. 12.12; *Tricot/Matet/Gondran de Robert/Lucquin/Kleiman/Faury/Fournier*, L'évaluation à dire d'expert prévue à l'article 1843-4 du code civil – état actuel de la jurisprudence, November 2011, aktualisiert im Februar 2013, abrufbar unter www.expertcomptablejudiciaire.org, Rz. 1.1: „souci du législateur de protéger l'associé minoritaire".
3 So Cass. com., 8.3.2011, no. 10-40.069 (PBRI), Bull. Joly Sociétés 2011, 366 m. Anm. *Mortier* = Dr. sociétés 2011, no. 103 m. Anm. *Coquelet*: „Les dispositions de l'article 1843-4 du Code civil [...] visent seulement à garantir [...] la juste évaluation des droits du cédant par l'intervention d'un tiers chargé de fixer cette valeur."
4 Vgl. *Moury*, Droit des ventes et des cessions de droits sociaux à dire de tiers, 2011, Rz. 12.21: „un instrument de protection du cédant qui, notamment, ne saurait rester prisonnier de ses titres."
5 Vgl. *Cohen*, Arbitrage et société, 1993, S. 185.
6 So *Cour de cassation*, Rapport Annuel 2009, S. 394 in Erläuterung von Cass. com., 5.5.2009, no. 08-17.465 (PBRI), Bull. civ. IV, no. 61: „La chambre commerciale a, par cet arrêt, décidé que seul l'expert, dont la raison d'être est d'arbitrer afin que l'associé obligé de céder ses droits ne soit pas spolié ou exproprié, avait le pouvoir de le décider."
7 Vgl. *Moury*, Droit des ventes et des cessions de droits sociaux à dire de tiers, 2011, Rz. 32.31.
8 Vgl. Cass. com., 7.12.1993, no. 91-21.795, Bull. civ. IV, no. 460: „[L]a valeur réelle des titres doit être appréciée en tenant compte de tous les éléments dont l'ensemble permet d'obtenir un chiffre aussi proche que possible de celui qu'aurait entraîné le jeu normal de l'offre et de la demande."
9 Vgl. *Mestre/Velardocchio/Mestre-Chami*, Lamy Sociétés Commerciales, Ausgabe 2013, no. 882: „Le législateur a choisi le silence, il n'a pas fixé de méthode d'évaluation des parts ou actions."

einmal mit der Schwierigkeit begründet hat, einheitliche Bewertungsmethoden vorzugeben, weil diese zu starr und in bestimmten Fällen kaum handhabbar wären oder gar das gesetzliche Schutzziel verfehlen könnten.[1] Konkrete Vorgaben enthält allerdings die **kapitalmarktrechtliche Regelung** zur Abfindungsbemessung beim Ausschluss von Minderheitsaktionären (*retrait obligatoire*). Frei übersetzt gibt Art. L. 433-4, II, Halbs. 2 des *Code monétaire et financier* hierfür einen **Multi-Kriterien-Test** vor: „Die Bewertung der Anteile, die nach den für die Übertragung von Vermögenswerten gängigen objektiven Methoden durchzuführen ist, berücksichtigt unter angemessener Gewichtung im Einzelfall den Wert der Vermögensgegenstände, die erzielten Gewinne, den Börsenwert, die Existenz von Tochtergesellschaften und die Geschäftsaussichten."

c) **Verhältnis von Rechts- und Tatfrage**

Die Anteilsbewertung nach Art. 1843-4 C. civ. ist weniger durch rechtliche Bindungen,[2] sondern vielmehr durch **beträchtliche Freiheiten des *expert*** geprägt.[3] Nach ständiger Rechtsprechung verfügt er über einen größtmöglichen Freiraum bei der Durchführung der Anteilsbewertung.[4] Dieses Prinzip der Bewertungsfreiheit zeigt sich zunächst in der Auswahl der Bewertungsmethoden: „Seul l'expert détermine les critères qu'il juge les plus appropriés pour fixer la valeur des droits sociaux."[5] Es zeigt sich darüber hinaus in der Möglichkeit des *expert*, sich über gesellschaftsvertragliche Vorgaben zu den Bewertungsmethoden hinwegzusetzen, wenn er dies für zweckmäßig hält.[6] Und es zeigt sich schließlich in der **völligen Weisungsunabhängigkeit gegenüber gerichtlicher Einflussnahme**.[7] Vor diesem Hintergrund hat sich die *Cour de cassation* im Rahmen des Art. 1843-4 C. civ. bisher mit Ausführungen zu den angewandten

---

1 Réponses ministérielles, Journal Officiel de l'Assemblée Nationale vom 18.5.1974, S. 2171; dazu etwa *Mestre/Velardocchio/Mestre-Chami*, Lamy Sociétés Commerciales, Ausgabe 2013, no. 882.
2 Dies betonend schon *Guyon*, Rev. sociétés 1986, 609: „Habituellement le législateur et les tribunaux considèrent que ces évaluations sont des questions plus techniques que juridiques, qui relèvent donc du domaine de l'expertise [...]."
3 Vgl. *Cozian/Deboissy/Viandier*, Droit des sociétés, 25. Aufl. 2012, Rz. 792: „la totale liberté de l'expert".
4 Vgl. Cass. com., 19.4.2005, no. 03-11.790 (PBR), Bull. Joly Sociétés 2005, 1393 m. Anm. *Le Nabasque*: „[L]es experts ont toute latitude pour déterminer la valeur des actions selon les critères qu'ils jugent opportuns."
5 Cass. com., 5.5.2009, no. 08-17.465 (PBRI), Bull. civ. IV, no. 61 = Bull. Joly Sociétés 2009, 728 m. Anm. *Couret* = JCP E 2009, no. 1767 m. Anm. *Deboissy/Wicker* = D. 2009, 2195 m. Anm. *Dondero* = RTDciv. 2009, 548 m. Anm. *Gautier* = D. 2009, 1349 m. Anm. *Lienhard* = Dr. sociétés 2009, no. 114 m. Anm. *Mortier* = Rev. sociétés 2009, 503 m. Anm. *Moury*.
6 Vgl. Cass. com., 4.12.2007, no. 06-13.912 (PB), JCP E 2008, no. 2001 m. Anm. *Grimaldi/Netto* = JCP E 2008, no. 1159 m. Anm. *Hovasse* = Bull. Joly Sociétés 2008, 216 m. Anm. *Lucas* = Dr. sociétés 2008, no. 23 m. Anm. *Mortier* = Rev. sociétés 2008, 341 m. Anm. *Moury* = RTDF 1/2008, 65 m. Anm. *Porrachia*.
7 Vgl. *Charvériat*, Mémento Expert Francis Lefebvre – Cession de parts et actions 2013-2014, 2012, Rz. 37532.

Bewertungsmethoden zurückgehalten.[1] Gewisse Leitlinien enthält die steuerliche Bewertungspraxis:[2] Zum einen haben die französischen Steuerbehörden in diesem Bereich einen zuletzt im Jahre 2006 aktualisierten Leitfaden herausgegeben;[3] zum anderen gibt es eine reichhaltige Rechtsprechung der Zivilgerichte, die für Streitigkeiten über Stempel- und Verkehrssteuern zuständig sind. Ein Praktiker-Handbuch hat aus dieser Rechtsprechung vier Prinzipien für die Bewertung nicht börsennotierter Unternehmen abgeleitet: (a) Vorrang der Vergleichsmethode, solange der Vergleich strengen Objektivitäts- und Relevanzkriterien genügt; (b) kein alleiniger Rückgriff auf die als Einzelbewertungsverfahren konzipierte *valeur mathématique*; (c) Kombination dieses Bewertungsverfahrens mit anderen Methoden; (d) Berücksichtigung der Ertragsaussichten des Unternehmens zum maßgeblichen Bewertungszeitpunkt.[4] Allerdings vermögen diese steuerrechtlichen Vorgaben grundsätzlich nichts an der Methodenfreiheit des *expert* im Rahmen gesellschaftsrechtlich veranlasster Bewertungen zu ändern. Im Schrifttum gibt es einzelne Stimmen, die für eine stärkere rechtliche Vorstrukturierung der Bewertungsentscheidung eintreten.[5] Der Gesetzgeber hat Anfang 2014 auf wachsenden Unmut in Wissenschaft und Praxis reagiert und die Regierung beauftragt, Art. 1843-4 C. civ. zu modifizieren, um sicherzustellen, dass der *expert* den Bewertungsvorgaben der Parteien folgt.[6] Im März ruderte auch der Kassationshof zumindest teilweise zurück, indem er die Vorschrift nicht länger auf außerstatutarische Vereinbarungen anwendet, wie im jüngst entschiedenen Fall einer Aktionärsvereinbarung.[7]

---

1 Vgl. *Tricot/Matet/Gondran de Robert/Lucquin/Kleiman/Faury/Fournier*, L'évaluation à dire d'expert prévue à l'article 1843-4 du code civil – état actuel de la jurisprudence, Rz. 3.5.2.
2 Vgl. *Charvériat*, Mémento Expert Francis Lefebvre – Cession de parts et actions 2013-2014, 2012, Rz. 35110.
3 *Direction générale des impôts*, L'évaluation des entreprises et des titres de sociétés, 2007.
4 Vgl. *Charvériat*, Mémento Expert Francis Lefebvre – Cession de parts et actions 2013-2014, 2012, Rz. 35122.
5 Grundlegend *Mousseron*, RJDA 2006, 199: „Il convient cependant d'observer un contraste entre la méticulosité de l'appréhension des éléments comptables et financier et le caractère parfois rudimentaire de la prise en compte des facteurs juridiques."; unter Bezugnahme auf ihn auch *Mestre/Velardocchio/Mestre-Chami*, Lamy Sociétés Commerciales, Ausgabe 2013, Rz. 883: „On peut penser également dans l'évaluation des droits sociaux, à tenir compte de facteur juridiques."; ferner *Moury*, Droit des ventes et des cessions de droits sociaux à dire de tiers, 2011, Rz. 32.92.
6 Vgl. Art. 3 Nr. 8° der Loi 2014-1 vom 2.1.2014, JORF n° 0002 vom 3.1.2014, S. 50: „(...) le Gouvernement est autorisé à prendre par ordonnances toute mesure relevant du domaine de la loi afin de (...) 8° Modifier l'article 1843-4 du code civil pour assurer le respect par l'expert des règles de valorisation des droits sociaux prévues par les parties."; gem. Art. 22 III. gilt die Ermächtigung bis zum 3.9.2014. Vgl. dazu *Monsèrié-Bon*, RJ com. 2014, 187 f.; s. zur SAS bereits Art. L. 227-18 C. com.
7 Cass. com., 11.3.2014, no. 11-26.915 (PBRI); dazu *Mortier*, Dr. sociétés 2014 no. 78: „Coup de tonnerre sur l'article 1843-4: la Cour de cassation cède du terrain!"; *Couret*, JCP E 2014, no. 1159; *Dondero*, D. 2014, 759; *Monsèrié-Bon*, RJ com. 2014, 187.

Art. 1843-4 C. civ. wurde schließlich mit Wirkung zum 3.8.2014 per Verordnung geändert.[1]

d) Verbindlichkeit der Expertenbewertung für Gesellschafter und Gericht

Die **Bewertungsentscheidung des Experten** ist für die Gesellschafter **grundsätzlich verbindlich**.[2] Dies folgt aus der gesetzlichen Funktion des Art. 1843-4 C. civ., Streitigkeiten über den Wert der Gesellschaftsanteile ein für allemal zu beenden.[3] Auch dem Gericht ist es in aller Regel nicht erlaubt, die Bewertungsentscheidung des Experten zu revidieren oder gar durch eine eigene zu ersetzen.[4] Dies hat der Kassationshof in einem Grundsatzurteil aus dem Jahre 1987 ausgesprochen.[5] An **Grenzen** stößt die Verbindlichkeit der Bewertung nur dort, wo dem Experten bei der Bewertung ein **grober Fehler** (*erreur grossière*) unterlaufen ist.[6] Bei diesem Verdikt zeigt sich die Spruchpraxis im Allgemeinen zurückhaltend.[7] Bejaht worden ist ein grober Fehler, wenn der *expert* von einer fehlerhaften Prämisse ausgegangen ist, nämlich von der Ermittlung des Liquidationswerts bei tatsächlicher Fortführung der Gesellschaft,[8] wenn ihm Rechenfehler unterlaufen sind oder er einen wichtigen Aktivposten außer Be-

33

---

1 Vgl. Art. 37 der Ordonnance 2014-863 vom 31.7.2014, JORF n°0177 vom 2.8.2014, S. 12820. Die Vorschrift, die so sicher keinen Preis für Gesetzgebung gewinnen wird, lautet nun:
„I. – Dans les cas où la loi renvoie au présent article pour fixer les conditions de prix d'une cession des droits sociaux d'un associé, ou le rachat de ceux-ci par la société, la valeur de ces droits est déterminée, en cas de contestation, par un expert désigné, soit par les parties, soit à défaut d'accord entre elles, par ordonnance du président du tribunal statuant en la forme des référés et sans recours possible.
L'expert ainsi désigné est tenu d'appliquer, lorsqu'elles existent, les règles et modalités de détermination de la valeur prévues par les statuts de la société ou par toute convention liant les parties.
II. – Dans les cas où les statuts prévoient la cession des droits sociaux d'un associé ou le rachat de ces droits par la société sans que leur valeur soit ni déterminée ni déterminable, celle-ci est déterminée, en cas de contestation, par un expert désigné dans les conditions du premier alinéa.
L'expert ainsi désigné est tenu d'appliquer, lorsqu'elles existent, les règles et modalités de détermination de la valeur prévues par toute convention liant les parties."
2 Vgl. *Charvériat*, Mémento Expert Francis Lefebvre – Cession de parts et actions 2013-2014, 2012, Rz. 37600; *Cozian/Viandier/Deboissy*, Droit des sociétés, 25. Aufl. 2012, Rz. 792.
3 Vgl. *Moury*, Droit des ventes et des cessions de droits sociaux à dire de tiers, 2011, Rz. 42.21.
4 Vgl. *Tricot/Matet/Gondran de Robert/Lucquin/Kleiman/Faury/Fournier*, L'évaluation à dire d'expert prévue à l'article 1843-4 du code civil – état actuel de la jurisprudence, Rz. 4.1.
5 Vgl. Cass. com., 4.11.1987, no. 86-10.027, Bull. civ. IV, no. 226 = JCP E 1988, no. 15212 mit Anm. *Viandier*.
6 Grundlegend Cass. com., 4.11.1987, no. 86-10.027, Bull. civ. IV, no. 226 = JCP E 1988, no. 15212 m. Anm. *Viandier*.
7 Vgl. *Charvériat*, Mémento Expert Francis Lefebvre – Cession de parts et actions 2013-2014, 2012, Rz. 37625: „[U]ne telle erreur est rarement reconnue par les tribunaux."
8 Vgl. Cass. com., 19.12.2000, no. 98-10.301, Dr. et patr. 4/2001, 110 m. Anm. *Poracchia*.

tracht gelassen hat,[1] wenn er nachweislich parteiisch war[2] oder nur ein einziges Bewertungskriterium angewandt hat.[3] Dagegen hat es die Spruchpraxis nicht als grob fehlerhaft angesehen, dass der *expert* einen Mittelwert aus den Ergebnissen zweier verschiedener Bewertungsmethoden gebildet[4] oder die sog. *survaleur*-Methode angewandt hat.[5] Liegt ausnahmsweise ein grober Fehler vor, so entfaltet der Expertenbericht keine Wirkung.[6] Das Gericht kann den groben Fehler allerdings nicht selbst berichtigen.[7] Vielmehr ist nach Maßgabe des Art. 1843-4 C. civ. ein neuer *expert* zu benennen. Die Entscheidung der Tatgerichte über das Vorliegen oder Fehlen eines groben Fehlers wird von der *Cour de cassation* nachgeprüft, doch ist die Kontrolldichte stark zurückgenommen.[8] Lediglich die Frage des richtigen Bewertungszeitpunktes überprüft sie neuerdings ganz genau.[9]

V. Schlussfolgerungen für das aktienrechtliche Bewertungsregime in Deutschland

34 Was lässt sich aus diesem rechtsvergleichenden Rundgang für die Fortentwicklung des aktienrechtlichen Bewertungsregimes in Deutschland ableiten? Welche Weichenstellungen haben sich bewährt? Wo gibt es Pfadabhängigkeiten oder Sonderwege, die begradigt werden sollten? Wie können mögliche Reformschritte durch Gesetzgeber oder Rechtsprechung aussehen?

1. Rechts- oder Tatfrage?

35 Konvergierende Entwicklungslinien zeigen sich national und international in der Rollenverteilung von Juristen und Betriebswirten. **Fast überall ist die Ermittlung der aktienrechtlichen Abfindungsansprüche** inzwischen **eine Rechtsfrage** (§ 1 Rz. 25 ff.), ein „problema giuridico",[10] ein „issue of law",[11] der dem

---

1 Vgl. *Cozian/Viandier/Deboissy*, Droit des sociétés, 25. Aufl. 2012, Rz. 792.
2 Vgl. *Tricot/Matet/Gondran de Robert/Lucquin/Kleiman/Faury/Fournier*, L'évaluation à dire d'expert prévue à l'article 1843-4 du code civil – état actuel de la jurisprudence, Rz. 4.3.
3 Vgl. *Cozian/Viandier/Deboissy*, Droit des sociétés, 25. Aufl. 2012, Rz. 792.
4 Vgl. CA Paris, 14.12.2010, no. 09-06686.
5 Vgl. CA Montpellier, 22.6.2010, no. 09-03047.
6 Vgl. *Tricot/Matet/Gondran de Robert/Lucquin/Kleiman/Faury/Fournier*, L'évaluation à dire d'expert prévue à l'article 1843-4 du code civil – état actuel de la jurisprudence, Rz. 4.3.
7 Vgl. *Mestre/Velardocchio/Mestre-Chami*, Lamy Sociétés Commerciales, Ausgabe 2013, Rz. 881.
8 Vgl. *Charvériat*, Mémento Expert Francis Lefebvre – Cession de parts et actions 2013-2014, 2012, Rz. 37620: „La Cour exerce ces dernières années un contrôle dit ‚léger'."
9 Vgl. Cass. com., 15.1.2013, no. 12-11.666 (PB), D. 2013, 342 m. Anm. *Couret* = JCP E 2013, no. 1129 m. Anm. *Dondero* = Bull. Joly Sociétés 2013, 182 m. Anm. *Mortier*.
10 *Maugeri*, Riv. dir. comm. 2014, 93.
11 *Shawnee Telecom Resources, Inc. v. Kathy Brown*, 354 S.W.3d 542, 551 (Ky. 2011).

Zugriff von Prüfungspraxis und Betriebswirtschaftslehre entzogen ist. Das Bewertungsziel – volle Abfindung, *true value, valore reale, kōsei na kakaku, valeur réelle* – ist dem Sachverständigen heteronom vorgegeben; die von ihm angewandten Bewertungsmethoden müssen sich am **Grundsatz der Normzweckadäquanz** messen lassen. Einen Sonderweg schlägt insoweit allein das französische Recht ein, das die Anteilsbewertung nahezu vollständig in die Hände des *expert* legt,[1] der kein Sachverständiger i.S.d. französischen Zivilprozessrechts und auch kein Schiedsrichter, sondern ein Beauftragter beider Parteien ist.[2]

Im Lichte dessen gibt es hierzulande keinen Änderungsbedarf hinsichtlich des Grundsatzes der Normorientierung. Mit einer glücklichen Formel des OLG München haben die **Gerichte** die **Aufgabe**, bei der Entscheidungsfindung die **maßgebenden rechtlichen Faktoren der gesetzlichen Abfindungsregelung festzustellen** und anhand dieser Kriterien den zutreffenden Unternehmenswert für ein bestimmtes Abfindungsverlangen zu ermitteln.[3] Das trifft den Kern der Abgrenzung von Rechts- und Tatfrage wesentlich besser als die vom österreichischen Obersten Gerichtshof verwendete (Defensiv-)Formel, nach der eine rechtliche Überprüfung nur dann angezeigt ist, wenn sich der Bewertungssachverständige einer „grundsätzlich inadäquaten Methode" bedient hat.[4] Zu den rechtlichen Eckdaten gehören hierzulande etwa der Grundsatz der indirekten Anteilsbewertung,[5] der Bewertungsstichtag,[6] die (Nicht-)Berücksichtigung bestimmter Bewertungsabschläge,[7] die Behandlung des Liquidationswertes als Wertuntergrenze[8] und die Teilhabe an Verbundvorteilen.[9]

36

---

1 Vgl. *Tricot/Matet/Gondran de Robert/Lucquin/Kleiman/Faury/Fournier*, L'évaluation à dire d'expert prévue à l'article 1843-4 du code civil – état actuel de la jurisprudence, Rz. 3.5.1: „L'examen des arrêts des cours d'appel et de la Cour de cassation montre que la jurisprudence réaffirme de façon constante la liberté de l'expert désigné dans le cadre de l'article 1843-4 du code civil pour retenir les critères et méthodes d'évaluation de son choix."
2 Vgl. Cass. com., 4.2.2004, no. 01-13.516 (PB), Bull. civ. IV, no. 23 = JCP E 2004, no. 601 m. Anm. *Caussain/Deboissy/Wicker* = RTDciv. 2004, 310 m. Anm. *Gautier* = Rev. sociétés 2004, 863 m. Anm. *Moury*.
3 OLG München v. 26.7.2007 – 31 Wx 099/06, AG 2008, 461 (462); OLG München v. 10.5.2007 – 31 Wx 119/06, AG 2008, 37 (38); zuvor schon BayObLG v. 11.12.1995 – 3Z BR 36/91, AG 1996, 176 (178).
4 Zuletzt OGH Österreich v. 27.2.2013 – 6 Ob 25/12p, GesRZ 2013, 224 (227): „Der erkennende Senat hat erst jüngst klargestellt [...] dass das von den Tatsacheninstanzen gebilligte Ergebnis eines Sachverständigengutachtens – als Tatfrage – keiner Nachprüfung durch den Obersten Gerichtshof unterliegt, wenn – wie auch im vorliegenden Fall – für die Wertermittlung keine gesetzlich vorgeschriebene Methode besteht; eine Ausnahme bestünde nur dann, wenn eine grundsätzlich inadäquate Methode angewendet wurde."
5 Vgl. OLG Köln v. 26.3.1999 – 19 U 108/96, NZG 1999, 1222 (1224) = GmbHR 1999, 712 (GmbH); *Hüttemann*, WPg 2007, 812 (815).
6 Vgl. *Großfeld*, Recht der Unternehmensbewertung, Rz. 309 ff.
7 Vgl. *Fleischer*, ZIP 2012, 1633 (1635 ff.) m.w.N.
8 Vgl. *Fleischer/Schneider*, DStR 2013, 1736.
9 Vgl. *Fleischer*, ZGR 1997, 368 (378 ff.).

2. Abfindungsverfassungsrecht?

37 Als eine **deutsche Besonderheit** – oder soll man sagen: Idiosynkrasie? – erweist sich dagegen die **verfassungsrechtliche Überwölbung der einfachgesetzlichen Bewertungsvorschriften** durch Art. 14 Abs. 1 GG (§ 1 Rz. 29 f.). Eine solche zusätzliche Rechtsschicht, die man griffig als „Abfindungsverfassungsrecht"[1] bezeichnet hat, ist in den Vereinigten Staaten und Japan gänzlich unbekannt. Für das italienische Aktienrecht hatte der Mailänder Rechtsprofessor *Giuseppe Portale*, ein intimer Kenner des deutschen Gesellschaftsrechts, früh vorgetragen, dass die in Art. 2437 c.c. a.F. vorgesehene Abfindung außenstehender Aktionäre zum Buchwert gegen die Eigentumsgarantie in Art. 42 Abs. 3 der italienischen Verfassung verstoße,[2] doch wies der italienische Kassationshof diesen Einwand als offensichtlich unbegründet zurück.[3] In Frankreich hat sich eine „constitutionnalisation"[4] des Abfindungsrechts auf der Grundlage von Art. 17 der Erklärung der Menschen- und Bürgerrechte von 1789 bisher nur in Randbereichen Bahn gebrochen. Bei der Prüfung von Gesetzen zur Nationalisierung (1982) und zur Privatisierung von Wirtschaftsunternehmen (1986) leitete der *Conseil constitutionel* aus dieser Vorschrift ab, dass sich der Bewerter objektiver und etablierter Methoden bedienen müsse und der ermittelte Wert den wahren Verkehrswert der Gesellschaftsanteile nicht unterschreiten dürfe.[5] *Yves Guyon*, der Doyen des französischen Gesellschaftsrechts, sah hierin verallgemeinerungsfähige Leitlinien,[6] hat damit aber bisher keine Gefolgschaft gefunden.[7]

38 Hierzulande mag man der Figur des Aktieneigentums i.S.d. Art. 14 Abs. 1 GG zugute halten, dass sie die Spruchpraxis bei der Berücksichtigung des Börsenkurses auf den rechten Weg zurückgeführt hat. Wie ausländische Rechtsordnungen zeigen, hätte sich dieses Ergebnis allerdings ebenso aus dem einfachen Gesetzesrecht ableiten lassen. Dies belegt auch ein anderes, aktuelles Beispiel: Während das BVerfG Schranken für das sog. Verhandlungsmodell bei konzernfreien Verschmelzungen aus Art. 14 Abs. 1 GG entwickelt hat,[8] ist der Delaware Supreme Court durch Auslegung von § 262(h) DGCL zu ganz ähnlichen Ergebnissen gelangt.[9] Unabhängig davon unterschätzt man häufig die **Risiken**

---

1 *Klöhn*, Das System der aktien- und umwandlungsrechtlichen Abfindungsansprüche, 2009, S. 77.
2 Vgl. *Portale*, Processi Civili 1972, 190 (197 ff., insbesondere 201): „espropriazione a titolo gratuito tra privati"; ferner *Ferri jr.*, Investimento e conferimento, 2000, S. 174 ff.
3 Vgl. *Corte* di Cassazione, Giur. Comm. 1975, II, 8.
4 *Guyon*, Rev. sociétés 1986, 609.
5 Vgl. Cons. const., 16.1.1982, Rev. sociétés 1982, 132; Cons. const., 11.2.1982, 354 m. Anm. *Saint-Girons*; Cons. const. 25. und 26.6.1986 sowie Cons. const., 18.9.1986, Rev. sociétés 1986, 606 m. Anm. *Guyon*.
6 Näher *Guyon*, Rev. sociétés 1986, 609 (612).
7 Zurückhaltend etwa *Moury*, Droit des ventes et des cessions de droits sociaux à dire de tiers, 2011, Rz. 32.111 sowie *Mestre/Velardocchio/Mestre-Chami*, Lamy Sociétés Commerciales, Ausgabe 2013, Rz. 886.
8 Oben Rz. 4 Fn. 1 (auf S. 1125).
9 Vgl. *Golden Telecom, Inc. v. Global GT LP*, 11 A.3d 214, 218 (Del. 2010).

und **Nebenwirkungen einer verfassungsrechtlichen Überwölbung**: Erstens verleitet sie die Zivilgerichte dazu, den Anwendungsvorrang des einfachen Gesetzesrechts zu vernachlässigen und Problemlösungen voreilig aus dem Füllhorn des Verfassungsrechts zu gewinnen. Die Macrotron-Entscheidung des BGH zum Delisting[1] bildet hierfür ein Menetekel. Zweitens zwingt das „Aktienverfassungsrecht"[2] zur Herausbildung einer Koordinationsdogmatik zwischen grundrechtlichem Eigentumsschutz und aktienrechtlicher Mitgliedschaft, die wegen beträchtlicher Strukturunterschiede zwischen beiden Rechtspositionen nicht selten an ihre Grenzen stößt.[3] Drittens sorgt eine weitere Rechtsschicht für zusätzliche Rechtsunsicherheit, wie sogleich bei der Ausdeutung des DAT/Altana-Beschlusses zu zeigen ist (vgl. unten Rz. 41). Nach alledem sind BVerfG und BGH **gut beraten**, Art. 14 Abs. 1 GG bei aktienrechtlichen Abfindungsansprüchen **nur als Notventil** zu nutzen.

3. Kodifizierung bestimmter Bewertungsmethoden?

Beispiele für eine **Kodifizierung bestimmter Bewertungsmethoden** finden sich in Italien und beim kapitalmarktrechtlichen Ausschluss von Minderheitsaktionären auch in Frankreich. Sie mögen dem Rechtsanwender eine gewisse Grundorientierung im Meer der Methodenvielfalt vermitteln. Gleichwohl **empfiehlt sich** diese Regelungstechnik **nicht zur Nachahmung**: Zunächst birgt sie die Gefahr einer Versteinerung, wenn sich die betriebswirtschaftlichen Bewertungsstandards fortentwickeln und der Gesetzgeber untätig bleibt. Schon die Rechtsprechung, die auf Veränderungen weitaus flexibler reagieren kann als der notorisch überlastete Gesetzgeber, sieht sich immer wieder dem Vorwurf ausgesetzt, dem aktuellen Stand der Betriebswirtschaftslehre hoffnungslos hinterher zu hinken.[4] Zudem führt eine gesetzliche Aufzählung verschiedener Bewertungsmethoden – wie im italienischen Recht – zu schwierigen Folgefragen im Hinblick auf ihren abschließenden Charakter und ihr Verhältnis zueinander: Gibt es ein Rangverhältnis zwischen ihnen? Verfügen Geschäftsleiter oder Gerichte insoweit über einen Ermessensspielraum?[5] Ferner ist auch der Gesetzgeber bei der Auswahl der Bewertungskriterien vor Fehlgriffen nicht gefeit: Warum etwa die Existenz von Tochtergesellschaften für die Unternehmensbewertung von Bedeutung sein soll,[6] ist nicht recht nachvollziehbar. Die geringsten Probleme dürfte noch eine gesetzliche Festschreibung des Börsenkurses als Bewertungskriterium aufwerfen, auf die sogleich (Rz. 40) zurückzukommen ist. Insgesamt lag der deutsche Gesetzgeber daher goldrichtig, als

39

---

1 BGH v. 25.11.2002 – II ZR 133/01, BGHZ 153, 47 = AG 2003, 273; korrigiert durch BVerfG v. 11.7.2012 – 1 BvR 3142/07, 1 BvR 1569/08, AG 2012, 557; nunmehr aufgegeben durch BGH v. 8.10.2013 – II ZB 26/12 – „Frosta", ZIP 2013, 2254 = AG 2013, 877.
2 *Fleischer*, DNotZ 2000, 876 (879).
3 Eingehend *Schoppe*, Aktieneigentum, 2011, S. 88 ff. und passim.
4 Dazu schon *Meilicke*, DB 1980, 2121 (2123), wonach die Gerichte der Bewertungspraxis um mindestens 20 Jahre hinterherhinken.
5 Näher dazu *Fleischer/Maugeri*, RIW 2013, 24 (27).
6 Art. L. 433-4, II, Halbs. 2 des *Code monétaire et financier*: „l'existence de filiales".

er in der Regierungsbegründung zum Umwandlungsgesetz von 1994 notierte: „Allerdings sollte nicht mehr wie im geltenden Recht die Berücksichtigung bestimmter Bewertungsmethoden vorgeschrieben werden. Dies hat sich nicht bewährt, weil die Berücksichtigung und die Gewichtung der verschiedenen Methoden je nach Natur und Gegenstand des Unternehmens verschieden sein kann."[1] Ganz ähnlich hatte sich der französische Justizminister im Hinblick auf die gesellschaftsrechtliche Grundnorm in Art. 1843-4 C. civ. geäußert.[2]

4. Bedeutung des Börsenkurses

40 Dass der **Börsenkurs bei kapitalmarktorientierten Unternehmen nicht unberücksichtigt** bleiben darf, ist heute **allenthalben anerkannt**. Insoweit hat das hiesige Bewertungsrecht durch den *DAT/Altana*-Beschluss – mit beträchtlicher Verspätung – wieder Anschluss an die internationale Entwicklung gefunden. Unterschiedlich beurteilt wird, ob der Börsenkurs nur eines unter mehreren oder das allein maßgebliche Bewertungskriterium darstellt. Wer ersteres befürwortet, findet hierfür rechtsvergleichenden Rückhalt in den Vereinigten Staaten und Frankreich; wer letzteres favorisiert, kann auf Regelungsvorbilder in Italien und Japan verweisen, die dieses Konzept durch Gesetz oder Richterspruch verwirklicht haben.

41 Eine **Abkehr vom bewertungsrechtlichen Meistbegünstigungsprinzip des BGH** zugunsten einer grundsätzlichen Maßgeblichkeit des Börsenkurses verspräche für die Bewertungspraxis erhebliche Erleichterungen: eine schnellere und kostengünstigere Ermittlung der Abfindungshöhe, größere Vorhersehbarkeit hinsichtlich der anfallenden Kosten und kürzere Spruchverfahren. Sie ist daher vom 67. Deutschen Juristentag im Anschluss an eine Empfehlung des Gutachters[3] mit breiter Mehrheit befürwortet worden[4] und findet in der jüngeren Literatur starken Zulauf.[5] Ihre Zulässigkeit steht und fällt freilich mit den verfas-

---

1 Begr. RegE UmwG, BT-Drucks. 12/6699, 94.
2 Réponses ministérielles, Journal Officiel de l'Assemblée Nationale vom 18.5.1974, S. 2171: „Le législateur a laissé le soin de fixer les méthodes d'évaluation aux professionnels dont il a cherché à renforcer la compétence et l'indépendance. Selon les termes mêmes de la loi, ceux-ci effectuent les opérations dont ils sont chargés sous leur responsabilité. Ces opérations sont complexes, et il paraît difficile de fixer dans la loi des règles trop rigides et des méthodes uniformes d'évaluation qui seraient, dans certains cas, difficiles à appliquer ou qui pourraient aller à l'encontre du but de protection recherché."
3 Vgl. *Bayer*, Gutachten E für den 67. Deutschen Juristentag 2008, E 105 f.; dem folgend *Krieger*, Verhandlungen des 67. DJT 2008, Bd. II/1, N 25, N 30 f.; differenzierend aus verfassungsrechtlichen Gründen *Mülbert*, ebenda, Bd. II/1, N 51, N 65 ff.
4 Vgl. Verhandlungen des 67. DJT 2008, Bd. II/1, N 104: „Für Abfindungen und entsprechende Bewertungen ist bei börsennotierten Gesellschaften im Rahmen der verfassungsmäßigen Grenzen grundsätzlich auf einen durchschnittlichen Börsenkurs abzustellen. Angenommen: 48:16:12."
5 Vgl. *Decher* in FS Maier-Reimer, 2010, S. 57 (69 ff.); *Gärtner/Handke*, NZG 2012, 247 (248); *Schäfer*, NJW 2008, 2536 (2542); *Tonner* in FS K. Schmidt, 2009, S. 1581 (1589 f.).

sungsrechtlichen Mindestanforderungen, insbesondere mit der Frage, ob die grundrechtliche Eigentumsgarantie eine Abfindung zum anteiligen Ertragswert gebietet, wenn dieser über dem Börsenkurs liegt. Der *DAT/Altana*-Beschluss des BVerfG lässt insoweit unterschiedliche Deutungen zu;[1] für eine eigene Rechtsprechungsexegese ist hier kein Raum.[2]

Unterstellt, Art. 14 Abs. 1 GG stünde der grundsätzlichen Maßgeblichkeit des **Börsenkurses** nicht entgegen, so geht die nächste **Frage** dahin, ob dieser einen hinreichend **verlässlichen Wertmesser** bildet. Sie wird über Länder- und Fächergrenzen hinweg kontrovers diskutiert und führt mitten hinein in Grundfragen über die Informationseffizienz moderner Kapitalmärkte, die nach der Verleihung des Wirtschaftsnobelpreises im Jahre 2013 an *Eugene Fama* und *Robert Shiller* ungeklärter denn je erscheinen: Viele Leute mögen schon immer gedacht haben, die Ökonomie sei die einzige Wissenschaft, in der zwei Forscher Gegenteiliges behaupten können und beide einen Nobelpreis erhalten, spottete *Paul Krugman* in der New York Times, aber selbst sie werden es nicht für möglich gehalten haben, dass sich zwei Ökonomen mit einander widersprechenden Thesen im selben Jahr ein und denselben Nobelpreis teilen.[3] Hierzulande wenden sich insbesondere Stimmen aus dem Lager der Wirtschaftsprüfer und BWL-Professoren gegen einen Übergang zum Börsenkurs bei dominierten Konfliktsituationen.[4] Manche Äußerungen mögen interessengetrieben sein – die Ertragswertmethode bietet einen lukrativen Gutachtermarkt[5] –, doch finden sich auch viele ernstzunehmende Stellungnahmen, die auf wertirrelevante Verzerrungen und extreme Volatilitäten des Börsenkurses in Krisenzeiten (z.B. Finanzkrise) sowie auf Möglichkeiten des Hauptaktionärs verweisen, den Ab-

42

---

1 Verfassungsrechtlichen Spielraum verneinend etwa *Mülbert*, Verhandlungen des 67. DJT 2008, Bd. II/1, N 51, N 65; hiervon abrückend *Mülbert* in FS Hopt, 2010, S. 1039 (1074 f.); optimistischer etwa OLG Stuttgart v. 5.5.2009 – 20 W 13/08, AG 2009, 707 (712).
2 Zuletzt BVerfG v. 26.4.2011 – 1 BvR 2658/10 – Rz. 24, AG 2011, 511 (512): „Ein solches Vorgehen [= Bewertung anhand des Börsenwertes] ist im Lichte des Art. 14 I nicht zu beanstanden, zumal es den zu den anderen Strukturmaßnahmen entwickelten Grundsatz, der Börsenwert [...] bilde regelmäßig die Untergrenze einer zu gewährenden Abfindung, nicht in Frage stellt."
3 Vgl. *Krugman*, The Nobel, New York Times, 14.10.2013: „It's an old jibe against economics that it's the only field where two people can win the Nobel for saying exactly the opposite thing; even the people making the jibe, however, probably didn't envisage those two guys sharing the same prize, which is kind of what happened here."
4 Vgl. etwa *Brösel/Karami*, WPg 2011, 418; *Burger*, NZG 2012, 281; *Schulte/Köller/ Luksch*, WPg 2012, 380.
5 Anekdotische Evidenz bei *Lauber*, Das Verhältnis des Ausgleichs gem. § 304 AktG zu den Abfindungen gemäß den §§ 305, 327a AktG, 2013, S. 364 mit Fn. 1883: „Auffällig ist, dass die gerichtlichen Gutachten in Spruchverfahren zunehmend umfangreicher und auch teurer werden. Vergütungen von mehreren hundert Tausend EURO für ein Bewertungsgutachten sind inzwischen keine Seltenheit mehr. Zuletzt lag die Kostenschätzung der Sachverständigen für einen großen Versicherer bei EUR 2,7 Mio."

findungszeitpunkt beim Squeeze-out gezielt zu steuern.[1] Befürworter des Börsenkurses erwidern hierauf regelmäßig, dass das Ertragswertverfahren ebenfalls nur ein „Hilfsverfahren"[2] zur Unternehmensbewertung darstelle, das im Unterschied zu Börsenkursen keinem Markttest unterlegen habe und sowohl bei der Prognose künftiger Erträge als auch bei der Abzinsung erhebliche Ermessens- und Manipulationsmöglichkeiten eröffne.[3]

43 Ein Jurist tut gut daran, sich nicht zum *arbiter elegantiarum* im wirtschaftswissenschaftlichen Wettstreit aufzuschwingen, sondern die eigene Rechtsordnung nach **einschlägigen gesetzlichen Wertungen** abzutasten. Hier zeigen etwa § 31 WpÜG bei der Bestimmung der angemessenen Gegenleistung und § 33a AktG bei der Sachgründung durch marktgängige Wertpapiere, aber auch § 11 Abs. 1 BewG für öffentlich-rechtliche Abgaben, **dass der Gesetzgeber dem Kapitalmarkt eine sachgerechte Bewertung zutraut**. Es bleibt der Einwand von Betriebswirten und Juristen, dass eine Bewertung zu Börsenkursen unzulässigerweise den Bewertungsgegenstand der Abfindung austausche (Anteilsbewertung statt anteilige Unternehmensbewertung):[4] Am Kapitalmarkt würden keine Unternehmen gehandelt, sondern Streubesitzanteile; der Börsenkurs, multipliziert mit der Aktienanzahl, spiegle den durch den Normzweck vorgegebenen Unternehmenswert allenfalls zufällig wider.[5] Hierauf ließe sich *de lege lata* replizieren, dass Gerichte den Börsenkurs lediglich als Schätzungsgrundlage für den anteiligen Unternehmenswert heranziehen.[6] *De lege ferenda* wäre der Gesetzgeber im Rahmen der verfassungsrechtlichen Grenzen (oben Rz. 42) nicht an einem Konzeptionswechsel hinsichtlich der Bewertungsobjekte gehindert,[7] wie insbesondere das italienische Beispiel zeigt (vgl. oben Rz. 21). Dass es den Aktionären einer börsennotierten Gesellschaft zumutbar wäre, ihren Vermögensschutz an den Börsenkurs zu knüpfen,[8] veranschaulicht schließlich die verbreitete *market-out-exception* im US-amerikanischen Recht: Danach steht

---

1 Dazu *Brösel/Karami*, WPg 2011, 418 ff.; *Burger*, NZG 2012, 281 (295 ff.); *Schulte/Köller/Luksch*, WPg 2012, 380 (386 ff.); zur Informationspolitik im Vorfeld eines Squeeze-out *Daske/Bassemir/Fischer*, ZfbF 2010, 254.
2 LG Köln v. 24.7.2009 – 82 O 10/08 – „Parsytec", AG 2009, 835 (837), mit dem Zusatz: „Ein Marktpreis ist jeder Schätzung des Marktwertes durch Sachverständige überlegen. Es handelt sich um einen realisierten Wert, in den alle maßgeblichen Marktaspekte einfließen, und nicht um einen theoretischen Laborwert [...]."
3 Vgl. etwa *Emmerich* in FS Uwe H. Schneider, 2011, S. 323 (327 f.); *Hüttemann* in FS Hoffmann-Becking, 2013, S. 603 (615); *Stilz* in FS *Goette*, 2011, S. 529 (531 ff.).
4 So etwa LG Köln v. 24.7.2009 – 82 O 10/08, AG 2009, 835 (838); *Hüffer* in FS Hadding, 2004, S. 461 (466 ff.); *Lauber*, Das Verhältnis des Ausgleichs gem. § 304 AktG zu den Abfindungen gemäß den §§ 305, 327a AktG, 2013, S. 399 ff.
5 In diesem Sinne *Schulte/Köller/Luksch*, WPg 2012, 380 (384 ff., 394).
6 Vgl. OLG Frankfurt v. 3.9.2010 – 5 W 57/09 – „T-Online/Deutsche Telekom", AG 2010, 751 (755); *Hüttemann* in FS Hoffmann-Becking, 2013, S. 603 (614); *Stilz* in FS Goette, 2001, S. 529 (537 f.).
7 Für einen solchen Konzeptionswechsel schon im geltenden Recht *W. Müller* in FS Röhricht, 2005, S. 1015 (1021 ff.); *W. Müller* in FS G. Roth, 2011, S. 517 (525 f., 530 f.); *Tonner* in FS K. Schmidt, 2009, S. 1581 (1587 f.).
8 So für das deutsche Recht *Krieger*, Verhandlungen des 67. DJT 2008, Bd. II/1, N 25, N 31.

den Aktionären börsennotierter Gesellschaften grundsätzlich *kein* Abfindungsanspruch zu, weil bei einem funktionierenden Anteilsmarkt kein Bedürfnis für eine gerichtliche Ermittlung des Anteilswerts besteht.[1] Wenn man den **Börsenkurs** als **Regelwert** zugrunde legen will, wäre ein **Tätigwerden des Gesetzgebers vorzugswürdig** (vgl. auch § 1 Rz. 79),[2] der zugleich Kriterien für Fälle einführen könnte, in denen der Börsenkurs keine aussagekräftige Größe darstellt. Insoweit kann man sich an § 5 Abs. 4 WpÜG-AngebotsVO orientieren.[3]

5. Einbeziehung von Expertenwissen

Die Verlautbarungen der berufsständischen Vereinigungen genießen nirgendwo eine so starke Stellung wie in Deutschland und fallen auch selten so detailliert aus wie der IDW-Standard zur Unternehmensbewertung.[4] In Japan sind die Richtlinien der Bewertungspraktiker weitgehend einflusslos, aus den Vereinigten Staaten vernimmt man vielstimmige Bewertungsklänge und in Frankreich hält sich der ausführliche Bewertungsleitfaden des *ordre des experts-comptables* vom Juni 2012 mit normativen Aussagen überwiegend zurück.[5]

44

Im internationalen Vergleich verdient die Facharbeit des IDW, einem privatrechtlichen Verein, dem etwa 85 % der Wirtschaftsprüfer angehören,[6] unter dem Gesichtspunkt der Qualitätssicherung hohe Anerkennung. Nachdenklich stimmt allerdings der übergroße Einfluss des – nicht unumstrittenen[7] – berufsständischen Standards IDW S 1 auf die hiesige Spruchpraxis.[8] Wer auch in der

45

---

1 Vgl. § 13.02 MBCA, Official Comment 2; dazu und zu Ausnahmen hiervon *Cox/Hazen*, Corporations, 3. Aufl. 2010, Band 4, § 22.25, S. 91 ff.; rechtsvergleichend *Fleischer/Schneider/Thaten*, Der Konzern 2013, 61 (62); für „nicht rezeptionsfähig" hält diesen Gedanken unter Hinweis auf Art. 14 GG *v. Hein*, Die Rezeption US-amerikanischen Gesellschaftsrechts in Deutschland, 2008, S. 433 f.
2 Ebenso *Decher* in FS Maier-Reimer, 2010, S. 57 (73); *W. Müller* in FS G. Roth, 2011, S. 517 (526); *Stilz* in FS Goette, 2011, S. 529 (543); ferner *Lauber*, Das Verhältnis des Ausgleichs gem. § 304 AktG zu den Abfindungen gemäß den §§ 305, 327a AktG, 2013, S. 515 f.; s. auch schon *Fleischer*, ZGR 2002, 757 (782 f.).
3 Wie hier *Bayer*, Gutachten E für den 67. Deutschen Juristentag 2008, E 106.
4 Dazu *Hayn/Laas* in Peemöller, Praxishandbuch der Unternehmensbewertung, S. 130, 152: „im internationalen Kontext der detaillierteste und sowie konkreteste Standard".
5 Vgl. *Ordre des experts-comptables*, Mission d'évaluation, Guide pratique, Aufl. 2012, S. 5: „Ce guide n'a pas de caractère normatif."
6 Dazu WP-Handbuch 2012, Bd. I, Rz. B 13.
7 Pointierte Kritik aus rechtlicher Sicht in sieben Punkten bei *W. Müller* in FS G. Roth, 2011, S. 517 (518); aus betriebswirtschaftlicher Perspektive etwa *Matschke* in Petersen/Zwirner/Brösel, Handbuch Unternehmensbewertung, Kap. A.4, Rz. 68: „Die Hauptproblematik des IDW S 1 ist, dass die Aufgabenstellung des ‚objektivierten' Unternehmenswertes völlig unklar ist, so dass sich auch dessen Ausgestaltung einer logischen aufgabenbezogenen Überprüfung entzieht."; polemisch zuspitzend *Fischer-Winkelmann*, BFuP 2006, 158.
8 Kritisch zur „Resignation der Gerichte", die damit „den Wirtschaftsprüfern und ihrem Ertragswertverfahren das Feld nahezu kampflos überlassen", *Emmerich/Habersack*, Aktien- und GmbH-Konzernrecht, § 305 AktG Rz. 41b; *Emmerich* in FS Stilz, 2014, S. 135 (139).

Wissenschaft an einen **Wettbewerb der Ideen** glaubt, würde sich wünschen, dass die Gerichte aus *verschiedenen* Quellen schöpfen und vor allem die Erkenntnisse der betriebswirtschaftlichen Bewertungstheorie stärker berücksichtigen (vgl. auch § 1 Rz. 76). Ein Vorbild hierfür bietet der *Delaware Court of Chancery*, der wie selbstverständlich „corporate finance and valuation texts" und „mainstream corporate finance theory"[1] heranzieht. Die vom OLG Stuttgart geprägte Formel, dass **alle Bewertungsmethoden zulässig** seien, **die „in der Wirtschaftswissenschaft anerkannt und in der Praxis gebräuchlich"**[2] **sind**, weist insoweit in die richtige Richtung und nähert sich der erwähnten *Weinberger*-Entscheidung an, nach der alle in Finanzkreisen anerkannten Techniken und Methoden für die Abfindungsbemessung in Betracht kommen.[3] Zusätzlich auf die Gebräuchlichkeit in der Praxis abzustellen, wie dies das OLG Stuttgart für nötig hält, ist allerdings fragwürdig, weil die Vormachtstellung der berufsständischen Verbände auf diese Weise weiter zementiert würde. Was schließlich die Berücksichtigung *neuer* betriebswirtschaftlicher Einsichten anbelangt, ermutigt ein *obiter dictum* des BGH in der *Stollwerck*-Entscheidung, das sich offen für Fortentwicklungen der Bewertungsgrundsätze zeigt.[4] Beherzigenswert ist auch hier die Leitlinie der Delaware-Gerichtsbarkeit, die in der *Golden-Telecom*-Entscheidung aus dem Jahre 2010 besonders anschaulich zum Ausdruck kommt.[5]

6. Methodenmonismus oder Methodenvielfalt?

46   Unter den verschiedenen Bewertungsmethoden sind **Barwertkalküle international am weitesten verbreitet**: In den Vereinigten Staaten und in Japan dominiert das DCF-Verfahren, in Italien wird die synthetische Ertragswertmethode vom Gesetzgeber ausdrücklich erwähnt und in Frankreich sind die Ertragsaussichten des Unternehmens bei der Squeeze-out-Abfindung ebenfalls zu berücksichtigen. Keine dieser Rechtsordnungen hat sich allerdings einem strengen Methodenmonismus verschrieben: Die Gerichte in Delaware stützen sich auch auf Vergleichsverfahren oder auf Marktpreise, Italien und Frankreich (beim Squeeze-out) folgen einem Multi-Kriterien-Test.

---

1   Oben Rz. 17 Fn. 6.
2   OLG Stuttgart v. 5.6.2013 – 20 W 6/10, AG 2013, 724, Leitsatz 2; OLG Stuttgart v. 24.7.2013 – 20 W 2/12, AG 2013, 840 (841).
3   Oben Rz. 14 Fn. 1 (auf S. 1133).
4   Vgl. BGH v. 19.7.2010 – II ZB 18/09 – Rz. 20, BGHZ 186, 229 (236) = AG 2010, 629: „[...] solange die Kapitalmarktforschung keine noch besser geeigneten Anhaltspunkte entwickelt."
5   *Global GT LP v. Golden Telecom, Inc.*, 993 A.2d 497, 518 (Del. Ch. 2010): „[W]hen the relevant professional community has mined additional data and pondered the reliability of past practice and come, by a healthy weight of reasoned opinion to believe that a different practice should become the norm, this court's duty is to recognize that practice if, in the court's lay estimate, the practice is the most reliable available for use in an appraisal."

In diesem internationalen Vergleichsumfeld nimmt die deutsche Bewertungspraxis mit ihrem Primat der Ertragswertmethode[1] eine Sonderstellung ein. Auch ausländische Fachverbände teilen keineswegs die uneingeschränkte Vorliebe des IDW für das Ertragwertverfahren, sondern hegen im Gegenteil – wie etwa die Vereinigung französischer Wirtschaftsprüfer – gewisse Sympathien für einen Multi-Kriterien-Ansatz.[2] Im Lichte dessen ist **der hierzulande in Bewertungsfragen vorherrschende Methodenmonismus** – wie viele Verabsolutierungen im Wirtschaftsrecht – in der Tat **zweifelhaft**. Fallgestaltungen, in denen eine verlässliche Prognose der zukünftigen Einnahmeströme nicht möglich ist, sind durchaus keine Seltenheit. Dies veranschaulicht ein Urteil des *Delaware Court of Chancery* vom November 2013: Gestritten wurde um Abfindungsansprüche ausgeschiedener Aktionäre einer börsennotierten Gesellschaft, deren wesentlicher Vermögenswert Lizenzrechte an dem Fernsehformat „American Idol" (bei uns: „Deutschland sucht den Superstar") bildeten. Weil diese Sendung in den letzten fünf Jahren sinkende Einschaltquoten hatte und eine Verlängerung des Vertrages mit dem Fernsehsender Fox noch ausstand, sah sich *Vice Chancellor Glasscock* außerstande, eine „reliable DCF analysis" vorzunehmen.[3]

47

Gegen die Verengung auf das Ertragswertverfahren wenden sich hierzulande die **Best-Practice-Empfehlungen der DVFA vom Dezember 2012**. Unter Hinweis auf die *in praxi* von den unterschiedlichen Kapitalmarktakteuren angewendeten Bewertungsmethoden empfehlen sie auch für **dominierte Konfliktsituationen** eine **Methodenvielfalt**, die Diskontierungsverfahren, multiplikatorbasierte Verfahren sowie bei börsennotierten Unternehmen Aktienkursanalysen einschließt.[4] Die verschiedenen Verfahren seien im gedanklichen Ausgangspunkt gleichberechtigt, könnten jedoch von den Beteiligten verschieden gewichtet werden, sofern dies begründet werde. Der vorgeschlagene Abfindungsbetrag soll innerhalb der Ergebnisbandbreite jedes angewendeten Verfahrens liegen.[5] Überprüfungsbedürftig erscheint die Vorgabe, stets mindestens

48

---

1 Vgl. IDW S 1 (2008), WPg Supplement 3/2008, S. 68, 85, Rz. 142 ff., wonach Börsenpreise oder vereinfachte Preisfindungen (z.B. Multiplikatoren) nur zur Plausibilitätskontrolle dienen können.
2 Vgl. *Ordre des experts-comptables*, Mission d'évaluation, Guide pratique, Aufl. 2012, S. 34: „D'une façon générale, il est conseillé de ne pas s'en tenir à une seule méthode, même si souvent une méthode a un rôle prédominant dans la détermination finale de la valeur qui sera retenue, et de comparer les résultats de plusieurs approches (méthode multicritère)."
3 Vgl. *Huff Fund Investment v. CKx, Inc.*, 2013 WL 5878807 *11 (Del. Ch.) mit folgendem Zusatz: „Methods of valuation, including a discounted cash flow analysis, are only as good as the inputs to the model."
4 Vgl. DVFA-Arbeitskreis, Best-Practice-Empfehlungen Unternehmensbewertung 2012, Dezember 2012, abrufbar unter http://www.dvfa.de/unternehmensbewertung, S. 6.
5 So DVFA-Arbeitskreis, Best-Practice-Empfehlungen Unternehmensbewertung 2012, Dezember 2012, abrufbar unter http://www.dvfa.de/unternehmensbewertung, S. 22.

zwei Verfahren anzuwenden,[1] da mitunter nur eine einzige Methode aussagekräftige Ergebnisse zu liefern vermag. Zudem bedarf der Gewichtungsprozess besonderer Aufmerksamkeit, weil er womöglich jenen Wert verwässert, der sich bei Anwendung der am besten geeigneten Methode ergäbe.[2] Davon abgesehen **verdient das grundsätzliche Bekenntnis** der *Best-Practice*-Empfehlungen **zum marktorientierten Methodenpluralismus Zustimmung** (vgl. auch § 1 Rz. 76), weil er validere Unternehmenswerte verspricht.[3] Zudem liegt er nicht nur in der Fließrichtung ausländischer Aktienrechte, sondern findet sich auch im IDW S 8 zu *Fairness Opinions* aus dem Jahre 2011 und in den *International Valuation Standards*.[4] Aufgabe des Tatrichters ist es, die Vor- und Nachteile der verschiedenen Bewertungsverfahren gegeneinander abzuwägen und das nach seiner Überzeugung vorzugswürdige auszuwählen oder mehrere nebeneinander anzuwenden,[5] wie dies der *Delaware Court of Chancery* international eindrucksvoll vorexerziert.[6] **Von überragender Bedeutung** ist dabei die **Berücksichtigung aller Umstände des Einzelfalls**, die Art. 144 Abs. 3 des japanischen Gesellschaftsgesetzes und § 262(h) DGCL ausdrücklich anordnen. Der ehemalige *Vice Chancellor* des *Delaware Court of Chancery, Jack Jacob,* hat kürzlich erläutert, dass die Richter diese Vorgabe außerordentlich ernst nähmen: „Both my Court and the Delaware Supreme Court recognize that valuation cases are *extremely* fact-driven. Very few conclusions on valuation issues have universal applicability, though statements found in some opinions may have the appearance, and might be interpreted by some, as having sweeping generality."[7]

---

1 Dazu DVFA-Arbeitskreis, Best-Practice-Empfehlungen Unternehmensbewertung 2012, Dezember 2012, abrufbar unter http://www.dvfa.de/unternehmensbewertung, S. 22.
2 Zu dieser Gefahr der DBM etwa *Schaefer*, 55 S. Cal. L. Rev. 1031, 1032 (1982); aus deutscher Sicht OLG Frankfurt v. 3.9.2010 – 5 W 57/09 – Rz. 169, AG 2010, 751 (757) [insoweit nicht mitabgedruckt]: „Es ist nicht anzunehmen, dass die Kombination aus zwei jeweils nicht zweifelsfreien Werten zu einer besseren Schätzung führen könnte."
3 Wie hier *Lauber* Das Verhältnis des Ausgleichs gem. § 304 AktG zu den Abfindungen gemäß den §§ 305, 327a AktG, 2013, S. 519: „Ein ganz wesentlicher Vorteil des marktausgerichteten Bewertungspluralismus liegt auch darin begründet, dass die Achillesferse des Ertragswertverfahrens, nämlich das Problem der Schätzung der künftigen Erträge, entlastet wird."; aus US-amerikanischer Sicht auch *Abuaf*, 20 J. Appl. Finance 110, 117 (2010): „Triangulation shows scientific humility and legal prudence. That is, if we do not know what the truly correct approach is, we might as well be non-dogmatic and consider all the reasonable approaches, cross-check them against each other, and estimate the final result by quoting a range and not a point estimate."
4 Dazu *Barthel*, DStR 2010, 2003.
5 So OLG Frankfurt v. 3.9.2010 – 5 W 57/09 – Rz. 110, AG 2010, 751 (755); zustimmend *Hüttemann* in FS Hoffmann-Becking, 2013, S. 603 (614).
6 Zuletzt etwa *Huff Fund Investment v. CKx, Inc.*, 2013 WL 5878807 *9 ff. (Del. Ch.).
7 Wiedergegeben bei *Pratt/Nikulita*, The Lawyer's Business Valuation Handbook, 2010, S. 916 (Hervorhebung dort).

Zur Umsetzung dieser Leitlinien **bedarf es** allerdings einer **aktiveren Rolle der deutschen Spruchpraxis**,[1] weil sich nur so die „Wirkungskette IDW-Berufsgrundsätze – Sachverständige – Gerichte"[2] durchbrechen lässt. Beherzte Einzelentscheidungen, die unter bestimmten Voraussetzungen den Börsenkurs als vorzugswürdig erachten[3] oder sogar Vorerwerbspreise bei der Unternehmenswertschätzung berücksichtigen,[4] liegen inzwischen vor[5] und sind im jüngeren Schrifttum als Beleg für eine stärkere marktorientierte Bewertung wohlwollend zur Kenntnis genommen worden.[6] Wenig überzeugend ist es demgegenüber, wenn das OLG Stuttgart die Anwendung des IDW-Standards neuerdings mit der Erwägung begründet, dies fördere die Gleichmäßigkeit und Kontinuität von Unternehmensbewertung und Rechtsprechung.[7]

49

7. Satzungsautonomie für Bewertungsmethoden

Eine weitere Vereinfachungsmöglichkeit besteht in der Einräumung von Satzungsautonomie hinsichtlich der anzuwendenden Bewertungsmethoden. International begegnet sie in Art. 2437-*ter* c.c., der jedenfalls Vereinfachungen der gesetzlichen Bewertungskriterien erlaubt (näher § 22 Rz. 38 ff.).[8] Hierzulande dienen Abfindungsklauseln in GmbH- und Personengesellschaftsverträgen vielfach (auch) der Bewertungsvereinfachung.[9] Für aktienrechtliche Abfindungsansprüche erwägen einzelne Literaturstimmen *de lege ferenda* ähnliche Klauseln. So ist etwa vorgeschlagen worden, börsennotierten Gesellschaften die Möglichkeit zu eröffnen, in der Satzung die ausschließliche Maßgeblichkeit

50

---

1 Gleichsinnig aus der Perspektive eines Vorsitzenden Richters am LG *Lauber*, Das Verhältnis des Ausgleichs gem. § 304 AktG zu den Abfindungen gemäß den §§ 305, 327a AktG, 2013, S. 88 unter der Überschrift „Führungsrolle der Gerichte in Spruchverfahren"; ähnlich *Emmerich/Habersack*, Aktien-und GmbH-Konzernrecht, 7. Aufl. 2013, § 305 AktG Rz. 41b: „Hier ist eine Umkehr fällig."
2 *Lauber*, Das Verhältnis des Ausgleichs gem. § 304 AktG zu den Abfindungen gemäß den §§ 305, 327a AktG, 2013, S. 623; dazu, dass IDW-Mitglieder kraft einer in der Vereinssatzung festgeschriebenen Selbstverpflichtung die IDW Standards grundsätzlich beachten müssen, WP-Handbuch 2012, Bd. I, B 12.
3 Vgl. OLG Frankfurt v. 3.9.2010 – 5 W 57/09, AG 2010, 751; dazu der Nichtannahmebeschluss des BVerfG v. 26.4.2011 – 1 BvR 2658/10, AG 2011, 511.
4 Vgl. LG Köln v. 24.7.2009 – 82 O 10/08, AG 2009, 835 (837).
5 Vgl. auch die Befragung von Vorsitzenden der zuständigen Kammern für Handelssachen bei *Engel/Puszkajler*, BB 2012, 1687 (1692): „Nicht nur bei den Minderheitsaktionären, sondern auch bei manchen erstinstanzlichen Gerichten besteht eine Skepsis gegenüber den Wertermittlungen auf der Grundlage des bei Wirtschaftsprüfern üblichen Standards IDW S 1. Dies kommt bei dem Wunsch vieler der befragten Richter nach der Berücksichtigung von marktnäheren Bewertungsmethoden zum Ausdruck."
6 In diesem Sinne etwa *Bungert/Wettich* in FS Hoffmann-Becking, 2013, S. 157 (166 ff.); *Emmerich* in FS Uwe H. Schneider, 2011, S. 323 (329 ff.); *Hüttemann* in FS Hoffmann-Becking, 2013, S. 603 (613 ff.); *Krause* in FS Hopt, 2010, S. 1005 ff.
7 So OLG Stuttgart v. 5.6.2013 – 20 W 6/10, AG 2013, 724 (725); OLG Stuttgart v. 24.7.2013 – 20 W 2/12, AG 2013, 840 (841).
8 Näher *Maugeri/Fleischer*, Riv. soc. 2013, 78.
9 Dazu etwa *Strohn* in MünchKomm. GmbHG, 2010, § 34 GmbHG Rz. 221.

des Börsenkurses für Abfindungsansprüche festzuschreiben.¹ Nicht börsennotierte Gesellschaften sollen ebenfalls ein bestimmtes Bewertungsverfahren oder einzelne Bewertungsparameter statutarisch festlegen können.² Das rechtspolitische Für und Wider dieser Vorschläge führt in hoch umstrittene Fragen der aktienrechtlichen Satzungsstrenge, die hier nicht weiter vertieft werden können.³

8. Mehrheitskonsensuale Schätzung und qualifizierter Mehrheitsvergleich

51 Einen anderen Weg der Verfahrensvereinfachung ohne rechtsvergleichendes Vorbild, die sog. mehrheitskonsensuale Schätzung im Rahmen der freien Beweiswürdigung,⁴ hat das OLG Düsseldorf *de lege lata* kürzlich verworfen.⁵ *De lege ferenda* findet ein **qualifizierter Mehrheitsvergleich**⁶ weiterhin Zuspruch bei Teilen der gerichtlichen Praxis.⁷

9. Rechtsschutz

52 Nicht unerwähnt bleiben darf schließlich, **dass das Spruchverfahren einer grundlegenden Reform bedarf**.⁸ Es ist außerhalb von Deutschland und Österreich nahezu unbekannt.⁹ Wo man hier im Einzelnen den Reformhebel ansetzen könnte, muss einer gesonderten Untersuchung vorbehalten bleiben. Der rechtsvergleichende Streifzug hat aber bereits gezeigt, dass Rechtskrafterstreckung und Schlechterstellungsverbot international keineswegs sakrosankt

---

1 So *Mülbert*, Verhandlungen des 67. DJT 2008, Bd. II/1, N 51, N 65 ff.; ganz ähnlich *Grunewald* in FS Hoffmann-Becking, 2013, S. 413 (416 f.). Eine Erwägung wert ist, ob dies sogar schon *de lege lata* möglich wäre, wenn und weil es sich bei der Festschreibung des Börsenkurses nur um eine ergänzende Bestimmung i.S.d. § 23 Abs. 5 Satz 2 AktG handelt.
2 So *Grunewald* in FS Hoffmann-Becking, 2013, S. 413 (417).
3 Für eine Zusammenstellung des Meinungsstandes zuletzt *Kalss/Fleischer*, AG 2013, 716.
4 Näher *Puszkajler* in KölnKomm. AktG, 3. Aufl. 2013, § 11 SpruchG Rz. 25.
5 Vgl. OLG Düsseldorf v. 8.8.2013 – I-26 W 17/12 (AktE), AG 2013, 807 (809 f.); ebenso *Emmerich/Habersack*, Aktien-und GmbH-Konzernrecht, 7. Aufl. 2013, § 11 SpruchG Rz. 6a; anders LG Hannover v. 7.7.2009 – 26 AktE 108/03, AG 2009, 795; *Drescher* in Spindler/Stilz, AktG, § 11 SpruchG Rz. 7.
6 Grundlegend *Puszkajler*, ZIP 2003, 518, 521.
7 Dazu die Befragung von *Engel/Puszkajler*, BB 2012, 1687.
8 Monographisch jüngst *Loosen*, Reformbedarf im Spruchverfahren, 2013.
9 Dazu etwa *Neye*, ZIP 2005, 1893 (1897): „Wie schon bei den Verhandlungen über die SE-VO war den Vertretern der anderen Mitgliedstaaten Sinn und Funktionsweise des Spruchverfahrens nur mit großer Mühe verständlich zu machen. Letztlich waren die anderen Staaten bereit, dieses Verfahren für übertragende Gesellschaften aus Deutschland und Österreich zu akzeptieren, keinesfalls wollte man es aber darüber hinaus auch für die Gesellschafter der eigenen übernehmenden Gesellschaften zulassen."

sind.[1] Zur Förderung einer weiteren Spezialisierung, die bei den interdisziplinären Fragen der Unternehmensbewertung dringend notwendig erscheint, liegt außerdem eine Verfahrenskonzentration nahe.[2]

---

[1] Zur Rechtslage in den Vereinigten Staaten *Fleischer/Schneider/Thaten*, Der Konzern 2013, 61 (72); zu Italien *Fleischer/Maugeri*, RIW 2013, 24 (31); zu Japan *Takahashi/Fleischer/Baum*, ZJapanR 36 (2013), 1 (49); zu Überlegungen hierzulande, eine Schlechterstellung zuzulassen, *Martens*, AG 2000, 301 (308); *Teichmann*, ZGR 2003, 111 (124 ff.).

[2] Für eine noch stärkere Zuständigkeitskonzentration bei den Landgerichten *Loosen*, Reformbedarf im Spruchverfahren, 2013, S. 269 f.; für die Bestimmung der Oberlandesgerichte als Eingangsinstanzen *Stilz* in FS Goette, 2011, S. 519 (543).

Stichwortverzeichnis

Verfasserin: Dipl.-Kffr. Dr. Ursula Roth

Fette Zahlen bezeichnen die Paragraphen,
magere Zahlen die Randziffern innerhalb der Paragraphen.

Abfindung
- in Aktien **1** 12; **16** 3, 49 ff.; **19** 13, 109 ff.
- in Aktien nach § 305 AktG **14** 67 ff.
- angemessene **13** 14 f., 30; **16** 1
- ausscheidender Gesellschafter **1** 5 f., 9
- zum Börsenkurs **19** 87
- zum fairen Einigungspreis **2** 24
- in Geld **19** 79 ff.
- des Gesellschafters nach § 738 Abs. 1 Satz 2 BGB **1** 26 f., 31
- verfassungsrechtliche Vorgaben **1** 29 f.

Abfindungsangebot an außenstehende Aktionäre
- gemäß § 29 UmwG (Mischverschmelzung) **16** 2
- gemäß § 122i UmwG (grenzüberschreitende Hinaus-Verschmelzung) **16** 2
- gemäß §§ 207, 194 Abs. 1 Nr. UmwG (Formwechsel) **16** 2
- gemäß § 305 AktG (Beherrschungs-/Gewinnabführungsvertrag) **16** 2

Abfindungsanspruch
- bei Beherrschungs- oder Gewinnabführungsvertrag nach § 305 AktG **14** 37, 40, 67 ff.
  - s.a. Abfindung in Aktien
- Berücksichtigung echter Synergieeffekte **14** 48 f.
- bei Eingliederung nach §§ 320 ff. AktG **14** 38, 40
- gegen eine Gesellschaft, Pflichtteilsrecht **24** 16
- Höfeordnung (HöfeO) **24** 114 f.
- Höfeordnung (HöfeO), Hofeswert **24** 120 ff.
- bei SE-Gründung (SEAG) **14** 39 f.
- bei Umwandlung (UmwG) **14** 39 f.

Abfindungsbilanz 28 10

Abfindungsklausel 22 36 ff.
- Abfindungsausschuss **22** 44
- Ansätze zur Kontrolle **22** 39 ff.
- Auszahlungsvereinbarung **22** 47

Abfindungsverfassungsrecht 31 37 f.

Abgeltungsteuer 15 17; **26** 128 f.

Ableitung zu kapitalisierender Ergebnisse, als Gewinn- und Verlustrechnung nach dem Gesamtkostenverfahren **5** 6

Abschlag für Schlüsselpersonen 18 6, 33 ff.
- betriebswirtschaftliche Bedeutung **18** 33 ff.
- gesellschaftsrechtliche Beurteilung **18** 37 ff.

Abschreibung, Planung **5** 29

Abschreibung, außerplanmäßige
- aktivierter Firmenwert **25** 4
- Bilanzierung von Unternehmensanteilen **25** 3
- Buchwertklausel **22** 45 f.

Abschreibungsgesellschaft, Bewertung bei Zugewinnausgleich **23** 45

Abspaltung, gemäß § 123 Abs. 2 UmwG **20** 79 f.

Adjudikationsverfahren 30 9

Adjusted Present Value (APV-Ansatz) 2 50

Aktien, Nachlassbewertung, Pflichtteilsrecht **24** 46 f.

Aktiengattung 26 31 f.

Aktienrechtliche Basisvorschrift des § 305 Abs. 1 AktG, Abfindung für außenstehende Aktionäre **18** 4 f.

Aktienrechtliche Eingliederung, gemäß §§ 319, 320 AktG **19** 12 ff.

Aktienrechtlicher Gleichbehandlungsgrundsatz, gemäß § 53a AktG **18** 14

Aktienrechtlicher Squeeze-out, gemäß § 327a AktG **16** 1; **19** 4
- s.a. Squeeze-out

Aktienrechtsreform 1965 19 11

Aktionärsschutz 17 105

Aktiver Markt 17 50; **25** 113, 125
- s.a. nicht mehr aktiver Markt

Aktualitätserklärung 20 28

AKU, Arbeitskreis Unternehmensbewertung des IDW **6** 26

Akzeptanzquorum, übernahmerechtlicher Squeeze-out **17** 44

1161

ALI-Principles, Principles of Corporate Governance des American Law Institute 31 13
Allokationseffizienz der Kapitalmärkte 16 69
Alternative Bewertungsverfahren 10 1 ff.
- in der Rechtsprechung 10 93 ff.

Altlasten, Stichtagsprinzip, Wurzeltheorie 12 51
American Arbitration Association (AAA) 30 51
Amtsermittlungsgrundsatz 28 9
- Spruchverfahren 27 39 ff.

Analyse der Branche und Wettbewerber, Branchenstrukturanalyse 5 74 ff.
Analyse der Marktstellung des zu bewertenden Unternehmens, Analyse der Branche und Wettbewerber 5 74 ff.
Analyse des Markt-/Wettbewerbsumfeldes
- Analyse der Marktstellung des zu bewertenden Unternehmens 5 83 ff.
- Analyse übergeordneter externer Rahmenbedingungen 5 68 ff.
- strategischer Wettbewerbsvorteil 5 84 f.

Analyse des Marktumfeldes 5 64 ff.
Analyse des Unternehmensumfelds 5 63 ff.
Analyse des Wettbewerbsumfelds 5 64 ff.
Analyse übergeordneter externer Rahmenbedingungen, PEST-Analyse 5 68 ff.
Analytische Vermögenswertmethode, Bewertungsmethode in Italien 31 20
Anfangsvermögen, im Güterstand der Ehe, Stichtag 23 16
Anfechtungsklage
- gemäß § 14 Abs. 2 UmwG 20 53
- gemäß § 255 Abs. 2 AktG 16 7
- Ausschluss nach §§ 14, 15 UmwG 20 55

Angebote nach WpÜG 21 2 f.
Angemessenheit einer Abfindung, Zuzahlung, Ausgleich 13 14 f.; 27 45
Anlagevermögen
- Planung 5 34
- Planung Finanzanlagen 5 34
- Planung immaterielles Anlagevermögen 5 34
- Planung Sachanlagevermögen 5 34

Anlaufverlust 26 23
Anordnung zur Unterlagenvorlage, gemäß § 142 ZPO 28 93

Anteil an Partnergesellschaft, Nachlassbewertung, Pflichtteilsrecht 24 48 ff.
Anteil an Personengesellschaft, Nachlassbewertung, Pflichtteilsrecht 24 48 ff.
Anteilsbewertung 18 1 ff.; 22 32
- besondere Vermögensrechte 18 50
- Bewertungsanlässe 18 1
- Bewertungsmethoden 18 1
- direkte 18 1; 26 97
- Einsatzbereich 18 2
- indirekte 18 1; 26 116
- Mehrstimmrechte 18 47 ff.
- Mehrstimmrechte bei der Aktiengesellschaft 18 47 ff.
- Mehrstimmrechte bei Personengesellschaft und GmbH 18 49
- Nachlassbewertung, Pflichtteilsrecht 24 39
- quotale 19 107
- Sonderrechte 18 51
- Stammaktien 18 41 ff.
- Übertragungsbeschränkungen 18 52
- Vorzugsaktien 18 41 ff.

Anteilsklasse 17 3
Anteilswert 1 40
- objektivierter 26 116
- typisierter 26 117

Anwachsung bei Personengesellschaften, gemäß § 738 BGB 20 2
Appraisal Foundation 31 17
Appraisal Remedy 31 13
APV-Bewertungsverfahren, Bewertung in der Unternehmenskrise 11 8 f., 20
Äquivalenzprinzip 2 46; 25 74
- Grundsatz ordnungsgemäßer Ertragswertberechnung 4 20 ff.
- Inflationsäquivalenz 4 23
- Kapitaläquivalenz 4 21
- Laufzeitäquivalenz 4 25
- s.a. Sicherheitsäquivalenzmethode
- Sicherheitsäquivalenz 4 22
- Steueräquivalenz 4 24

Asset deal 7 40
atmende Finanzierungspolitik 6 151
Aufspaltung, gemäß § 123 Abs. 1 UmwG 20 78, 80
Auseinandersetzung Gütergemeinschaft, Bewertungsanlass im Familienrecht 1 14
Ausgleichung, gemäß §§ 2050 ff. BewG 24 141 ff.
Ausgleichungsverfahren 24 149 f.

Stichwortverzeichnis

Ausgliederung
– gemäß § 123 Abs. 3 UmwG 20 81
– Umtauschverhältnis 20 98 f.
Ausgliederungsbericht 20 100
Ausschlagungsrecht, gemäß § 90 Abs. 2, 3 UmwG 20 65
Ausschluss von Gesellschaftern, GmbH-Gesetz (GmbHG), Abfindung 14 50 ff.
Ausschüttung (Gewinn), Planung 5 38
Ausschüttungsquote 5 56
Außensteuergesetz (AStG) 26 233
Austritt von Gesellschaftern, GmbH, Abfindung 14 52
Ausübungskontrolle, gemäß § 242 BGB 22 43
autonome Finanzierungspolitik 6 151
Autoregressive Tendenz, Betafaktor 6 140

Babcock-Entscheidung des BGH 19 70
Bandbreite angemessener Abfindungsbeträge 19 91
Barabfindung 1 10; 16 3
– bei Auf- und Abspaltung 20 104
– bei Ausgliederung 20 105
– ausscheidender Aktionäre (§ 305 Abs. 3 Satz 2 AktG) 1 28
– Bewertungsstichtag 19 10
– bei Formwechsel 20 109 ff.
– Rüge 20 73
– Spruchverfahren 19 7
– bei Squeeze-out 19 5 f.
– Stand der Rechtsprechung des BVerfG 16 31 ff.
– Umsetzung durch die Zivilgerichte 16 61 ff.
– Umwandlungsrecht 20 4
– bei Verlust der Teilhabe an den unternehmerischen Erträgen 19 80 ff.
– bei Verschmelzung gemäß § 29 UmwG 20 60 ff.
– bei verschmelzungsrechtlichem Squeeze-out 20 74 ff.
– Verwendung einer Bewertungsmethode 19 11
Barabfindungsanspruch
– bei Spaltung 20 103 ff.
– bei Verschmelzung gemäß § 29 UmwG 20 61, 64 f.
Barabfindungspflicht, Anlässe 1 10
Baralternative, obligatorische 19 14
Barangebot, im Übernahmerecht nach WpÜG 21 15 ff.

Barwert 4 34
Barwertverfahren
– in IFRS 13 25 61 ff.
– Methode der Anpassung des Abzinsungssatzes 25 62
– Verfahren des erwarteten Barwerts 25 62
Basiszins
– Ableitung 6 3, 13 ff., 166
– kapitalmarktorientierte Ableitung auf Basis der Svensson-Methode 6 18 ff.
– OLG Düsseldorf 6 36
– OLG Frankfurt 6 34
– OLG Stuttgart 6 35
– in der Rechtsprechung 6 33 ff.
– vergangenheitsorientierte Ableitung 6 17 f.
Befreiung von der Angebotspflicht, gemäß § 9 WpÜG-AngVO 21 6
Begründung eines Vertragskonzerns 19 16 ff.
– Abschluss eines Beherrschungs- und Gewinnabführungsvertrags nach AktG 19 16 ff.
– Abschluss eines isolierten Beherrschungsvertrags nach AktG 19 30 ff.
– fixer Ausgleich 19 18 ff.
– variabler Ausgleich 19 22 ff.
– wiederkehrende Ausgleichszahlungen 19 17 ff.
Beherrschungs- oder Gewinnabführungsvertrag, gemäß § 305 AktG 14 37
Beherrschungsvertrag, isolierter 19 30 ff.
Beibringungsgrundsatz, Spruchverfahren 27 39
Beizulegender Wert
– gemäß § 253 Abs. 3 HGB 25 108 ff.
– gemäß § 253 Abs. 3 HGB, dauerhafte Beteiligungsabsicht 25 117 ff.
– gemäß § 253 Abs. 3 HGB, Ermittlung 25 114 ff.
– gemäß § 253 Abs. 3 HGB, Kapitalisierungszinssatz 25 120
– gemäß § 253 Abs. 3 HGB, Veräußerungsabsicht 25 121 f.
Beizulegender Zeitwert (Fair Value)
– gemäß § 255 Abs. 4 HGB 17 49 ff.; 25 108 ff.
– gemäß § 255 Abs. 4 HGB, Bewertungsmethoden 25 129 ff.
– gemäß § 255 Abs. 4 HGB, dreistufige Ermittlungshierarchie 25 123 f.

Stichwortverzeichnis

- gemäß § 255 Abs. 4 HGB, Ermittlung **25** 123 ff.
- gemäß § 255 Abs. 4 HGB, fortgeführte Anschaffungs- oder Herstellungskosten **25** 132 ff.
- gemäß § 255 Abs. 4 HGB, Marktpreis auf aktivem Markt **25** 125 ff.
- **25** 23 f., 30 f.
- gemäß IFRS 13 **17** 53 ff.
- gemäß IFRS 13, Bewertungshierarchie (Level 1, 2, 3) **17** 54 ff.; **25** 45 ff.
- gemäß IFRS 13, Bewertungsverfahren **25** 56 ff.
- gemäß IFRS 13, Definition **25** 33
- gemäß IFRS 13, Eingangsparameter **25** 44 ff.
- gemäß IFRS 13, Ermittlung **25** 43 ff.
- gemäß IFRS 13, kapitalwertorientierte Bewertungsverfahren **25** 60 ff.
- gemäß IFRS 13, Konzeption **25** 33 ff.
- gemäß IFRS 13, kostenorientierte Bewertungsverfahren (cost approach) **25** 66 f.
- gemäß IFRS 13, marktorientierte Bewertungsverfahren **25** 59
- gemäß IFRS 13, Vergleich zum Nutzungswert **25** 41 f.

Benchmarking 5 84
Berufsständischer Bewertungsstandard, intertemporale Anwendung **13** 2 ff.
Beschaffenheit eines Wirtschaftsgutes, Begriff **26** 103 f.
Best-Practice-Empfehlungen Unternehmensbewertung der DVFA 3 57 ff.
Bestandsidentität 26 87
Bestimmtheitsmaß 6 118
Bestmögliche Vewertung, Grundsatz des IDW S 1 **7** 31
Betafaktor 6 169 f.
- Ableitung **6** 5, 72 ff.
- Ableitung auf Basis historischer Kapitalmarktdaten **6** 80 ff.
- adjusted Betas **6** 141 ff.
- Adjustierung des historischen Betafaktors **6** 138 f.
- autoregressive Tendenz **6** 140, 144
- Begriff **6** 11
- Belastbarkeit historischer Betafaktoren **6** 111 ff.
- Beobachtungszeitraum **6** 102 ff.
- Capital Asset Pricing Modell (CAPM) **11** 18 f.
- Ermittlung historischer Raw Betafaktoren **6** 94 ff.
- Ermittlung von un-/relevered Betafaktoren **6** 147 ff.
- Intervallbildung der Renditepaare (Periodizität) **6** 106 ff.
- Investorenperspektive **6** 97 ff.
- kritische Beurteilung der Methoden **6** 76 ff.
- Methoden zur Ableitung **6** 73 ff.
- Prognoseeignung historischer Betafaktoren **6** 130 ff.
- Rechtsprechung **6** 157 ff.

Beteiligung, i.S.v. § 271 HGB **25** 100
Betriebsnotwendiges Vermögen 2 35
- Abgrenzung zum nicht betriebsnotwendigem Vermögen **7** 4 ff.
- Ertragswertverfahren **4** 30 ff.
- s.a. nicht betriebsnotwendiges Vermögen
- vereinfachtes Ertragswertverfahren **26** 198

Betriebsvermögen, junges, s. junges Betriebsvermögen
Betriebswirtschaftliche Bewertungslehre
- Grundsatz **3** 27 f.
- Perspektiven der Unternehmensbewertung **3** 28

Betriebswirtschaftliche Wertkonzeption 1 2
Beweisaufnahme, im streitigen Gerichtsverfahren **28** 8
Beweisbeschluss, im streitigen Gerichtsverfahren **28** 23 ff.
Beweislastverteilung, vereinfachtes Ertragswertverfahren **26** 229 ff.
Beweisvereitelung 28 92
Bewertung „stand alone" 14 18, 20, 56 f., 59 f., 63
Bewertungsabschlag 18 6 ff.; **22** 33 f.
- beim Ausscheiden von Schlüsselpersonen **22** 35

Bewertungsanlässe 2 16 ff.; **4** 1; **15** 63
- im Aktienrecht **19** 1 ff.
- aktienrechtliche Eingliederung **19** 1
- Ansatz von Vorerwerbspreisen **17** 81 ff.
- Ausscheiden eines Gesellschafters aus einer Personengesellschaft **28** 1 ff.
- Begründung Vertragskonzern **19** 1
- Bilanzierung von assoziierten Unternehmen **25** 20

Stichwortverzeichnis

- Bilanzierung von Gemeinschaftsunternehmen 25 20
- im Bilanzrecht 1 17
- derivative Finanzinstrumente 25 28
- Einbringung eines Unternehmens als Sacheinlage 22 48 ff.
- Entschädigung bei Enteignung 1 22
- im Erbrecht 1 15 f.
- im Familienrecht 1 14 f.
- im Gesellschaftsrecht 1 9 f.; 22 1 ff.
- gesellschaftsrechtliche Abfindung 9 2
- gesellschaftsrechtliche Strukturmaßnahmen 17 35, 60
- gesetzliche 14 5
- im GmbH-Recht 22 1 ff.
- im Handelsrecht 25 1 ff.
- im HGB-Bilanzrecht 25 102 ff.
- im HGB-Bilanzrecht, Folgebewertung 25 105 ff.
- im HGB-Bilanzrecht, Zugangsbewertung 25 102 ff.
- im IFRS-Bilanzrecht 25 16 ff., 26 ff.
- im IFRS-Bilanzrecht, Folgebewertung 25 22 ff.
- im IFRS-Bilanzrecht, Zugangsbewertung 25 18 ff.
- Kapitalaufbringung 19 1, 55 ff.
- Kapitalerhöhung der Bietergesellschaft beim Tauschangebot 19 1
- Kapitalmarktrecht 1 13
- im Konzernrecht 19 1 ff.
- im Kosten- und Gebührenrecht 1 23
- im Personengesellschaftsrecht 22 1 ff.
- Spaltung 20 82 ff.
- Squeeze-out nach § 327a AktG 19 1
- im Steuerrecht 1 18 f.; 26 233 f.
- Stichtagsprinzip 12 30 ff.
- streitigen gerichtlichen Verfahren 28 1
- Überschuldungsprüfung 1 21
- im Umwandlungsrecht 1 10 ff.; 20 1, 4
- Unternehmenskauf und -verkauf 1 20
- Unternehmenskrise 11 1 ff.
- Verschmelzung 19 1; 20 4 ff.
- Verwässerungsschutz nach § 255 Abs. 2 AktG 19 1
- Vorgabe durch das WpÜG 21 1
- Wechsel des Konsolidierungsstatus bei Unternehmensanteilen 25 27

Bewertungsgesetz (BewG) 1 19
Bewertungsgrundsätze, berufsständische 28 44

Bewertungsgutachten, Wertermittlungsanspruch, Pflichtteilsrecht 24 60 f.
Bewertungskonzept im Steuerrecht
- Bewertungsgesetz 3 63 f.
- gemeiner Wert 3 63
- vereinfachter Ertragswert 3 64

Bewertungskonzept in der Rechnungslegung
- Fair Value nach IFRS 13 3 65 f.
- Nutzungswert nach IAS 36 3 65 f.

Bewertungsmethode
- geeignete 28 42 ff.
- Hierarchie 2 55

Bewertungsobjekt 2 4
Bewertungspraxis, Vereinbarkeit deutscher und anglo-amerikanischer Bewertungsmethode 3 20 ff.
Bewertungsrecht, intertemporales 13 1
Bewertungsrechtliche Basisnorm des § 738 BGB
- für die Abfindung ausscheidender Gesellschafter 18 3; 22 9 ff.
- Analogie zu § 738 Abs. 1 Satz 2 BGB 22 10

Bewertungsrechtliche Fundamentalnorm 13 1
Bewertungsrechtliches Optimierungsgebot 13 19
Bewertungsrechtsvergleichung 31 1 ff.
Bewertungsrüge 27 35 f.
Bewertungsstandard
- besondere, vom Bewertungsanlass abhängige Standards 3 67 ff.
- Besonderheiten bei der Bewertung kleiner und mittlerer Unternehmen 3 71 ff.
- Deutsche Vereinigung für Finanzanalyse und Asset Management (DVFA) 3 57 ff.
- Empfehlungen einzelner Berufsgruppen 3 61
- Institut der Wirtschaftsprüfer (IDW) Standard 1, s. IDW Standard 1
- International Valuation Standards 3 61
- Österreich 3 55
- Schweiz 3 56

Bewertungsstichtag
- Begriff 26 60 f.
- Bestimmung des Umtauschverhältnisses bei Verschmelzung 20 28
- rechnerischer 26 69 f.
- rechtlicher 26 61 ff.
- s.a. Stichtag

Stichwortverzeichnis

- steuerliche Rückwirkungsfiktion 26 72 ff.
- technischer 26 70
- Wurzeltheorie 26 62 ff.

Bewertungssubjekt 2 4

Bewertungsverfahren
- alternative 10 1 ff.
- Änderung der Bewertungsmethode 1 66
- Börsenkurs 16 1 ff.; 27 50 ff.
- direktes für Transferpakete i.S. der Funktionsverlagerungsverordnung 26 241 f.
- Discounted-Cashflow-Verfahren, s. dort
- Einzelbewertungsverfahren, s. dort
- Ertragswertverfahren, s. dort
- Gesamtbewertungsverfahren, s. dort
- indirektes für Tranferpakete i.S. der Funktionsverlagerungsverordnung 26 241
- Liquidationswert, s. dort
- Mischverfahren, s. dort
- Mittelwertverfahren, s. dort
- Multiplikatorverfahren, s. dort
- normzweckadäquat 13 16 f.
- Praktikerverfahren, s. dort
- Stuttgarter Verfahren, s. dort
- Substanzwert, s. dort
- Übergewinnverfahren, s. dort
- Umtauschverhältnis 20 16 ff.
- vereinfachtes 1 19
    - s. vereinfachtes Bewertungsfahren
- vereinfachtes Ertragswertverfahren
    - s. Ertragswertverfahren, vereinfachtes

Bewertungsvorgang 2 4

Bewertungsvorschriften, für land- und forstwirtschaftliche Betriebe 1 16, 39

Bewertungsziel
- gesetzliches 13 14
- normgeprägtes 28 37

Bewertungszuschlag 22 33 f.

Bewertungszweck 4 6

Bilanzanalyse 5 95

Bilanzplanung, Plausibilisierung 5 128 f.

Board Book, s. Valuation Memorandum

Börsenkurs 1 41, 62 ff.; 16 1 ff.; 27 50 ff.
- Bedeutung in der Bewertungspraxis 3 53
- Bedeutung, Relevanz 2 55

- Grundlage für den gemeinen Wert 26 26 ff.
- als Untergrenze 19 88

Branchenstrukturanalyse 5 74 ff.

Break-Up-Value 8 1

Bruchteilsgemeinschaft, gemäß §§ 2042 Abs. 2, 752 ff. BGB 24 133

Bruttobewertungsverfahren 11 8 f.

Bruttomethode, zur Ableitung des Marktpreises des Fremdkapitals 10 41

Bundesanstalt für Finanzdienstleistungsaufsicht (BaFin) 25 9

Business Combination, Unternehmenszusammenschluss, Bilanzierung 25 19

Capital Asset Pricing Modell (CAPM)
- Ableitung von Kapitalkosten 11 18 f.
- Beschreibung 3 44 f.; 9 25
- Eignung zur Ermittlung eines Risikozuschlags 15 54
- Ermittlung des risikoadjustierten Zinssatzes 10 94
- Ermittlung eines Risikozuschlags 6 9
- Kapitalpreisbildungsmodell/Kapitalmarktmodell 4 42; 26 150, 213; 28 24, 31, 62
- Rechtsprechung zur Ableitung des Risikozuschlags 4 56 ff.
- Referenzmodell zur Erklärung von Kapitalmarktpreisen 3 45
- s.a. TAX-CAPM

Cash Flow to Equity 9 45 f.; 16 34

Cash-to-cash-Zyklus 7 59

Code civil 31 30

Code monétaire et financier, Bewertungsmethode in Frankreich 31 31

Codice civile 31 18

Comparable companies and comparable transactions approach, Bewertungsmethode in den USA 31 14

Corporate Opportunities 14 73

Covenant 11 6

Covenant breach 11 6

Credit Spread 6 154

Daimler/Chrysler-Entscheidung des BVerfG 16 36, 55 ff.

Darlegungs- und Beweislast, im streitigen Gerichtsverfahren 28 13 ff.

Darlegungslast, sekundäre, im streitigen Gerichtsverfahren 28 14, 18, 93

Stichwortverzeichnis

DAT/Altana-Entscheidung des BVerfG 1999/BGH 2001 13 3, 26, 28; 14 22 f.; 16 25 ff.; 17 62 ff.; 19 19, 88, 113
DCF-Bewertung
- Fairness Opinion 21 56
- s.a. Discounted-Cashflow-Verfahren (DCF-Verfahren)
- Unternehmensbewertung bei Zugewinnausgleich 23 39

Debt-Beta-Formel 11 21
Debt Equity Swap 11 26; 25 26
- Ansatz und Bewertungsfragen 11 42 ff.
- Bewertung von Forderungen zum Marktwert 11 61 f.
- Bewertung von Forderungen zum Nennwert 11 47 ff.
- Bewertung von Forderungen zum Schuldendeckungsgrad 11 54 ff.

Deinvestitionsgedanke 19 116
- abgeschwächter 19 116, 120

Deinvestitionswert 16 31
- der einzelnen Aktie 19 93 ff.
- Schätzung 19 85
- gemäß Veräußerungshypothese 16 37 ff.; 19 82

Delaware Block Method (DBM) 3 13; 31 14
Delisting 16 16; 17 77 ff.; 19 78
- Spruchverfahren 27 8

Derivativer Firmen- oder Geschäftswert, entgeltlich erworben 1 17
Detailplanungsphase 5 20 ff.
- Plausibilisierung 5 124 ff.

Detailplanungszeitraum 5 33
Deutsche Institution für Schiedsgerichtsbarkeit e.V. (DIS) 30 3
Deutsche Prüfstelle für Rechnungslegung e.V. (DPR) 25 8 ff.
Deutsche Vereinigung für Finanzanalyse und Asset Management 31 10
- Best-Practice-Empfehlungen zur Unternehmensbewertung 31 10, 48 f.

Differenzhaftung 19 65, 70; 22 49
Discounted-Cashflow-Verfahren (DCF-Verfahren) 2 48 ff.; 22 21
- Abgrenzung zur Ertragswertmethode 3 14 ff., 33 ff.; 9 49 ff.
- APV-Ansatz 2 50; 9 8
- Arten 9 8 ff.
- Ausschüttungsannahmen 9 51
- Bedeutung bei der Bestimmung von Fair Values nach IFRS 13 9 4
- Bedeutung in der Bewertungspraxis 9 3 f.
- Bedeutung in der Rechtsprechung 9 3 f.
- Bewertungsmethode in den USA 31 14
- Entity-Ansatz 9 8, 14 ff.
- s.a. Entity-Verfahren
- Equity-Ansatz 9 9, 44 ff.
- s.a. Equity-Verfahren
- Funktionsweise 9 6 ff.
- Nachlassbewertung, Pflichtteilsrecht 24 35
- s.a. DCF-Bewertung
- Übersicht 9 9
- Unterschiede zur Ertragswertmethode 9 49
- Verwendung des Capital Asset Pricing Models (CAPM) 9 52
- WACC-Ansatz 2 49; 9 8; 15 47

Diskontierung 4 13 ff.
Diskontierungszins 4 14 ff.
- Bestimmung 4 41 ff.
- Rechtsprechung 4 54 f.

Dividendendiskontierungsmethode, Bewertungsmethode in Japan 31 26
Dividendengarantie 19 30
Dokumentationsprinzip, Grundsatz ordnungsgemäßer Ertragswertberechnung 4 29
Downgrading/Downlisting 16 16; 19 78
Downstream-Synergie 25 118
Drittverwendung, Fairness Opinion 21 68
Due Diligence 4 8, 39
Due Diligence-Prüfung 12 60; 17 19, 24; 25 36
Durchsetzungssperre, s.a. prozessuale Durchsetzungssperre 28 10
DVFA, Deutsche Vereinigung für Finanzanalyse und Asset Management 31 10
DVFA-Grundsätze, Fairness Opinion 21 61

Earn-out-Klausel 17 29
Earnings value, Delaware Block Method (DBM) 31 14
EAT, Ergebnis nach Unternehmenssteuern 5 6
EBIT, Ergebnis vor Zinsen und Ertragsteuern 5 6; 9 21
EBITDA 5 6; 15 32
EBT, Ergebnis vor Ertragsteuern 5 6

Stichwortverzeichnis

Echte Fusion 16 4 ff.
- heutiger Stand der Rechtsprechung 16 54 ff.
- s.a. merger of equals
- Umsetzung durch die Zivilgerichte, s.a. merger of equals 16 88 f.

Ehevertrag 23 6

Eigenkapitalmultiplikator (Equity Multiples)
- Multiplikatorverfahren 10 27
- Multiplikatorverfahren, kritische Beurteilung 10 28, 30

Eigentumsgarantie, gemäß Art. 14 Abs. 1 GG 9 2; 14 13; 31 9

Einbringung eines Unternehmens
- Bewertung, Bewertungsmethode 22 51 ff.
- als Sacheinlage 19 45; 22 48 ff.

Eingliederung
- gemäß §§ 320 ff. AktG 14 38; 16 1; 19 12 ff.

Eingliederungsbericht 19 15

Eingliederungsprüfer 19 15

Einkommensteuersatz, persönlicher, Ermittlung nach IDW S 1 i.d.F. 2008 15 68

Einzelbewertungsgrundsatz, im Überschuldungsstatus 11 33 ff.

Einzelbewertungsverfahren 2 5, 37 ff.; 10 75

Einziehungsklausel, Nachlassbewertung GmbH-Geschäftsanteil 24 45

Endvermögen, im Güterstand der Ehe, Stichtag 23 17 f.

Enforcement-Verfahren 25 8

Entity level discount 18 20, 39

Entity-Verfahren
- APV-Ansatz 9 37 ff.
- APV-Ansatz, Beispielsrechnung 9 40 ff.
- Arten 9 20 ff.
- Discounted-Cashflow-Verfahren (DCF) 9 8, 14 ff.
- Transparenz 9 19
- WACC-Ansatz 9 20 ff.
- WACC-Ansatz, Free Cash Flow-Ansatz, Beispielsrechnung 9 29 f.
- WACC-Ansatz, Free Cash Flow-Methode 9 21 ff.
- WACC-Ansatz, TCF-Methode 9 31 ff.
- WACC-Ansatz, TCF-Methode, Beispielsrechnung 9 35 f.

Entity-Wert, Begriff 9 14 f., 57

Entnahmeschätzung, nachprüfbare 30 55

Entscheidungswert 10 19
- s.a. Grenzpreis

Equity-Methode, Konzernbilanzierung 25 20, 23

Equity-Verfahren 9 44 ff.
- Berechnung des Cash Flow to Equity 9 46 ff.

Equity-Wert, Begriff 9 57

Erbengemeinschaft, Begriff, Rechtsnatur 24 130 f.

Erbfallschulden, Pflichtteilsrecht (§ 1967 Abs. 2 BGB) 24 20

Erbfolge, gesetzliche 24 141

Erblasserschulden, Pflichtteilsrecht (§ 1967 Abs. 2 BGB) 24 20

Erbrecht 24 1 f.

Erbrechtliche Nachfolgeklausel, s. Nachfolgeklausel, erbrechtliche

Erbrechtsgarantie 24 4

Erbschaftsteuerreformgesetz 26 2

Ergänzende Vertragsauslegung, gemäß §§ 157, 242 BGB 22 42

Ergänzungsbilanz
- Berücksichtigung in der (objektivierten) Unternehmensbewertung 15 74
- Personengesellschaft 15 73 f.

Ergänzungsbilanzabschreibung 15 74

Ergänzungsgutachten, im streitigen Gerichtsverfahren 28 8

Ergebnis, zu kapitalisierendes, Ableitung 5 6

Ergebnisanalyse 5 94

Ertragsplanung, Plausibilisierung 5 125 f.

Ertragsprognose, Ertragswertverfahren 4 40

Ertragsschätzung
- Ertragswertverfahren 4 37 ff.
- Rechtsprechung 4 52 f.

Ertragsteuern
- latente, s. latente Ertragsteuern
- persönliche 15 8 ff.
- Planung 5 43 ff.
- des Unternehmens 15 1, 3 ff.
- des Unternehmenseigners 15 8 ff.

Ertragswert
- Begriff 4 34 f.; 7 1; 15 46
- Berechnung 4 34 f.
- Landgut, Landguterbrecht 24 76 ff.
- Reinertrag Landgut 24 80 ff.

Ertragswertmethode, s. Ertragswertverfahren

Stichwortverzeichnis

Ertragswertverfahren 1 52 ff.; 2 44 ff.; 5 2, 5; 7 1; 15 46; 16 36; 22 19 f.; 27 49
- Abgrenzung zum Discounted-Cashflow-Verfahren 3 14 ff., 33 ff.; 9 49 ff.
- Bewertung landwirtschaftlicher Betrieb (§ 2049 BGB, Landguterbrecht) 24 66 ff.
- Einordnung in die betriebswirtschaftliche Investitionstheorie 4 2, 20
- Langutbewertung, Pflichtteilsrecht 24 101 f.
- modifiziertes 22 30; 23 49 f., 54, 56
- Nachlassbewertung, Pflichtteilsrecht 24 34
- als Netto-Kapitalisierungsverfahren 5 5
- Rechtsprechung 4 46 ff.
- Unternehmensbewertung bei Zugewinnausgleich 23 38
- Unterschiede zum Discounted-Cashflow-Verfahren 9 49
- vereinfachtes 1 56; 10 4, 66 ff., 103 ff.; 26 52, 167 ff.
- vereinfachtes, Berechnungsschema 10 69 ff.
- vereinfachtes, Durchführung 26 171 ff.
- vereinfachtes, Einsatzbereich 10 66 ff.
- vereinfachtes, gesetzliche Grundlagen (§§ 199 ff. BewG) 26 170
- vereinfachtes, Kapitalisierungsfaktor 10 73
- vereinfachtes, kritische Betrachtung 10 73 f.
- vereinfachtes, nachhaltiger Jahresertrag und dessen Ermittlung 10 70 ff.
- vereinfachtes, steuerrechtliche Zwecke 26 168
- im Vergleich zur Bewertung mit dem Vorerwerbspreis 17 22 ff.
- Verwendung des Capital Asset Pricing Models (CAPM) 9 52
- wesentliche Elemente, Vorgehensweise 1 53 f.

Erwartungswertneutrale Prognose 5 140
Erwerbangebote (einfache) 21 3
Erwerbsverzicht, beim ehelichen Zusammenleben 23 3
Escape-Klausel, gemäß § 1 Abs. 3 Satz 10 AStG 26 236
ESUG, Erleichterung der Sanierung von Unternehmen, Gesetzentwurf 11 45
Ewige Rente 5 53 ff.; 17 23
- Plausibilisierung 5 135 ff.
- Restwertberechnung im Ertragswertverfahren 4 44 f., 69

Exit-Möglichkeit von Minderheitsaktionären 16 2; 19 16, 23 ff.
- Abfindung in Aktien 19 25 ff.
- Abfindung in Aktien, fakultative 19 27 ff.
- Abfindung in Aktien, obligatorische 19 26
- Barabfindung 19 24

Factual Memorandum, fairness opinion 21 52
Fair Value 17 53 ff.
- Begriff 25 33 ff.; 26 12
- s.a. beizulegender Zeitwert nach IFRS 13

Fair-Value-Hierarchie 25 45 ff.
- Level 1 Eingangsparameter 25 46
- Level 2 Eingangsparameter 25 48
- Level 3 Eingangsparameter 25 49

Fair Value of the shares 31 13
Fairness Opinion 21 41 ff.
- Adressat 21 46
- Begriff 21 42 f.
- Bestandteile, Inhalt 21 51 ff.
- für den Bieter 21 71 ff.
- durchführende Berater 21 47 ff.
- Grundsätze für 21 45
- Methoden 21 55 ff.
- Standardisierungen 21 45
- für die Zielgesellschaft 21 59 ff.
- Zielsetzung 21 44

Fairness Opinion i.e.S. 21 59 ff.
- s.a. Inadequacy Opinion

Familiengericht 23 80
FAUB
- Fachausschuss des IDW für Unternehmensbewertung und Betriebswirtschaft 3 23; 6 26; 22 6 f.; 27 49
- Festlegung der Marktrisikoprämie 6 63

Fester Ausgleich 1 11
Fiktive Liquidation 8 34
Finanzanlage, i.S.v. § 266 Abs. 2 Nr. A III HGB 25 99
Finanzbedarfsrechnung 5 9
Finanzplanung 5 39 ff.
- Plausibilisierung 5 130

Folgebewertung, Unternehmensanteile 25 3
Forderungen aus Lieferungen und Leistungen, Planung 5 35

1169

Stichwortverzeichnis

Formwechsel
- gemäß §§ 207, 194 Abs. 1 Nr. UmwG **16** 2
- Barabfindung **20** 109 ff.
- in eine eingetragene Genossenschaft (§ 256 UmwG) **20** 124
- nicht-verhältniswahrender **20** 119
- Umwandlungsgesetz (UmwG) **20** 2
- Unternehmensbewertung im Umwandlungsrecht (§§ 190 ff. UmwG) **20** 106 ff.

Fortführungswert **11** 17; **22** 12 f.

Free Cash Flow **2** 49
- Begriff **9** 21; **15** 47
- Berechnung **9** 22 ff.; **15** 47 f.
- s.a. Total Cash Flow (TCF)

Free Cash Flow-Ansatz
- s.a. Total Cash Flow-Ansatz (TCF-Ansatz)
- WACC-Verfahren **9** 21 ff.
- WACC-Verfahren, Beispiel **9** 29 f.

Freiberufliche Praxis
- Bewertung bei Zugewinnausgleich **23** 46 f.
- Bewertung bei Zugewinnausgleich, Rechtsprechung des BGH **23** 52 ff.
- Nachlassbewertung, Pflichtteilsrecht **24** 41 ff.

Freigabeverfahren
- gemäß § 16 Abs. 3 UmwG **19** 40
- gemäß §§ 327e Abs. 2, 319 Abs. 6 AktG **19** 7

Fremdinduziertes Ausscheiden **18** 32

Fremdkapitalkosten **15** 59 f.
- nach Steuern, Berechnung **15** 59

Fremdvergleichspreis
- Begriff (§ 1 Abs. 1 AStG) **26** 237
- Stufenhierarchie zur Ermittlung **26** 237 f.

Fundamentalwert **19** 89 ff.
- s. quotaler Unternehmenswert (gemäß der Liquidationshypothese)

Fungibilität
- Abgrenzung zu Verfügungsbeschränkungen **26** 159
- Begriff **26** 159
- mangelnde **26** 159

Fungibilitätsabschlag (marketability discount) **18** 6, 17 ff.
- berufsständische Bewertungspraxis des IdW **18** 21
- betriebswirtschaftliche Beurteilung **18** 18 ff.
- gesellschaftsrechtliche Beurteilung bei der Aktiengesellschaft **18** 27 ff.
- gesellschaftsrechtliche Beurteilung bei Personengesellschaft und GmbH **18** 22 ff.

Fungibilitätsrisiko **18** 17

Fungibilitätszuschlag **18** 17

Funktion, gemäß § 1 Abs. 1 Satz 1 FVerlV **26** 234

Funktionale Bewertungslehre **1** 2

Funktionale Unternehmensbewertung
- Argumentationsfunktion **2** 25 f.
- Beratungsfunktion **2** 21 f.
- externe Rechnungslegung **2** 27
- Funktion des neutralen Gutachters **2** 28 f.
- Steuerbemessung **2** 27
- Vermittlungsfunktion **2** 23 f.

Funktionale Werttheorie **2** 15
- s.a. objektive Werttheorie
- s.a. subjektive Werttheorie

Funktionsverdoppelung **26** 235

Funktionsverlagerung
- gemäß § 1 Abs. 3 Satz 9 AStG **26** 233 ff.
- Abgrenzungen **26** 235

Funktionsverlagerungsverordnung (FVerlV) **26** 234

Fusion, echte **16** 4 ff.

Gebot materieller Gerechtigkeit **13** 21

Gemeiner Wert
- gemäß § 9 BewG **26** 2
- gemäß § 11 Abs. 2 BewG **3** 63; **10** 96; **18** 44
- Begriff **26** 9 ff.
- Bestimmung im Fall von Betriebsvermögen (§ 11 Abs. 2 BewG) **26** 13 ff.
- Pflichtteilsrecht **24** 27
- Wertmaßstab für steuerliche Bewertungen **26** 8 ff.

Gemeinsamer Vertreter, Spruchverfahren **27** 24 ff.

Gemildertes Niederstwertprinzip **25** 105

Gesamt-Liquidationswert **8** 1

Gesamtbewertungsprinzip **4** 2
- Begriff **4** 12
- Grundsatz ordnungsgemäßer Ertragswertberechnung **4** 11 ff.

Gesamtbewertungsverfahren **2** 5, 44 ff.

Gesamthandsprinzip **15** 69

Gesamthandsvermögen **24** 130

Gesamtkapitalmultiplikator (Entity Multiples)
– Multiplikatorverfahren 10 27, 29
– Multiplikatorverfahren, kritische Betrachtung 10 31
Gesamtleistung 5 6
Gesamtnachfolge 24 131
Gesamtrekonstruktionswert 10 76
Gesamtvermögenswert (entity value, enterprise value) 25 95
Geschäftsanteil, Bewertung bei Zugewinnausgleich, Rechtsprechung des BGH 23 58
Geschäftswert, negativer 26 96
Gesetzlicher Güterstand 23 3 f.
Gesetzliches Bewertungsziel 13 14
Gesetzliches Güterrecht 23 2 ff.
Gewerbeertragsteuer, Personengesellschaft 15 61 f.
Gewerbesteuer 15 3
– Bemessungsgrundlage 15 30
– Personengesellschaft 15 61 f.
Gewinnausschüttung, im Abgeltungsteuersystem 15 42
Gewinnbezugsrecht 24 47
Gewinnmultiplikator 10 28
Gewinnpotential, Bewertung von Transferpaketen 26 245 ff.
Gewöhnlicher Geschäftsverkehr
– Begriff, Abgrenzung 17 6 ff.
– Rechtsprechung des Bundesfinanzhofes 26 10
Gläubigerschutz 19 56; 25 109
Gleichbehandlungsgebot, übernahmerechtliches (§ 3 Abs. 1 WpÜG) 17 105
Gleichbehandlungsgrundsatz, aktienrechtlicher (§ 53a AktG) 18 14
Gleichbehandlungsprinzip, bei Abfindung 15 69
Gleichgewichtstheorie 15 9
Gleichheitsgebot, gemäß § 53a AktG 17 16
GmbH-Geschäftsanteil, Nachlassbewertung, Pflichtteilsrecht 24 44 f.
GmbH-Gesellschafter, Abfindung 1 9
GmbH-Recht
– Ausscheiden eines GmbH-Gesellschafters 22 2
– Einbringung eines Unternehmens als Sacheinlage 22 3
Going-Concern 4 25; 31 13
Going-Concern-Prämisse 26 79

Goodwill
– freiberufliche Praxis 23 46 f.
– Nachlassbewertung freiberufliche Praxis, Pflichtteilsrecht 24 42
– Unternehmensbewertung bei Zugewinnausgleich 23 36, 38
Gordon-Wachtumsmodell 10 58
Grenzpreis 2 11; 10 18 ff.; 14 20
Grenzüberschreitende Hinaus-Verschmelzung, aus Deutschland in das EU-Ausland, § 122i UmwG 16 2
Grenzüberschreitende Verschmelzung 20 40 ff.
– Legaldefinition des § 122a Abs. 1 UmwG 20 41
Gross-up 26 275
Grossing-up ("hochschleusen") 25 90
Grundsatz der methodenbezogenen Meistbegünstigung 31 8
Grundsatz der Methodengleichheit 16 82; 20 24, 94
Grundsatz der Normzweckadäquanz 31 35
Grundsatz der Parteiöffentlichkeit, nach § 357 Abs. 1 ZPO 28 91
Grundsatz der Verhältnismäßigkeit 28 27, 44
Grundsätze für die Erstellung von Fairness Opinions, IDW S 8 3 69 f.; 21 45
Grundsätze ordnungsgemäßer Ertragswertberechnung 4 4 ff.
Grundsätze ordnungsgemäßer Planung (GoP) 5 117; 28 49
Grundsätze ordnungsgemäßer Unternehmensbewertung 20 68; 28 2
– s. IDW Standard 1 (IDW S1)
– s.a. Rechtsgrundsätze ordnungsmäßiger Unternehmensbewertung
– im Schiedsverfahren 30 52 ff.
Günstigkeitsprüfung 17 38
Gütergemeinschaft 23 2
Gütertrennung 23 2

Haftungsausschluss, stillschweigender, Sachverständiger im Schiedsverfahren 30 42
Haircut 11 26
Handelsgeschäft, des Erblassers, Pflichtteilsrecht 24 15
HFA 2/1983 Stellungnahme, Grundsätze zur Durchführung von Unternehmensbewertungen von 1983 13 2

Stichwortverzeichnis

HGB, Rechnungslegung 25 6
Hierarchie der Bewertungsmethoden 2 55
Historische Enntwicklung, der Unternehmensbewertung 3 7 ff.
Hof, Begriff 24 107 ff.
Höfefeststellungsverfahren 24 126
Höferechtliche Nachlassspaltung 24 106
Höferechtliche Sondererbfolge 24 94
Hofeswert, Abfindungsanspruch Höfeordnung 24 120 ff.
Holding(gesellschaft) 26 190
– Wert 26 190
Home Bias 6 56
Hypothese der Vollausschüttung 19 18 f.

IAS 2, Nettoveräußerungswert (net realizable value) 25 30
IAS 27, Einzelabschlüsse 25 16
IAS 28, Anteile an assoziierten Unternehmen und Gemeinschaftsunternehmen 25 16, 20, 27
IAS 36, Wertminderung von Vermögenswerten 25 17, 23, 30 f.
IAS 39, Finanzinstrumente: Ansatz und Bewertung 25 16, 21, 24, 28
IAS (International Accounting Standards) 25 15
IASB (International Accounting Standards Board) 25 37, 39, 54 f.
– Standardentwurf ED/2014/4 25 55
IDW-Praxishinweis 1/2014 18 4, 21, 36
– Besonderheiten bei der Bewertung kleiner und mittelgroßer Unternehmen 3 71 ff.; 22 7
IDW RS HFA 10, Anwendung der Grundsätze des IDW S1 3 68; 25 f.
IDW RS HFA 16, Standard Institut der Wirtschaftsprüfer 3 68
IDW Standard 1 (IDW S 1 2000)
– Grundsätze zur Durchführung von Unternehmensbewertungen 2000 1 3; 2 34 f.; 3 5, 22, 25 ff., 54; 13 2; 14 7 f.; 28 44; 31 6
– kritische Beurteilung 31 10 f.
– Neufassung im Jahr 2000 3 19; 9 3
– persönliche Ertragsteuern, Nachsteuerbetrachtung 15 11
– Überarbeitung im Jahr 2004 und im Jahr 2008 3 20
IDW Standard 1 (IDW S 1) 2005
– Grundsätze zur Durchführung von Unternehmensbewertungen 2005 13 2

– persönliche Ertragsteuern, Nachsteuerbetrachtung 15 11
IDW Standard 1 (IDW S 1) 2008
– Grundsätze zur Durchführung von Unternehmensbewertungen 2008 3 21; 13 2; 18 4
– persönliche Ertragsteuern 5 45; 15 11, 40 f.
IDW Standard 5 (IDW S 5) 3 68
IDW Standard 6 (IDW S 6), Standard zu Sanierungskonzepten 28 49
IDW Standard 8 (IDW S 8), Fairness Opinions 3 69 f.; 31 48
IFRIC 17, Sachdividenden an Eigentümer 25 26
IFRIC 19, Tilgung finanzieller Verbindlichkeiten durch Eigenkapitalinstrumente 25 26
IFRIC (International Financial Interpretations Committee) 25 15
IFRS (International Financial Reporting Standards)
– freiwillige Anwendungsmöglichkeiten 25 14
– Rechnungslegung 25 6
– Stellung im deutschen Bilanzrecht 25 11 ff.
– Zusammensetzung 25 15
IFRS 10, Konzernabschlüsse 25 16, 27
IFRS 13, Bemessung des beizulegenden Zeitwerts 25 30 f.
IFRS 2, Optionen auf Unternehmensanteile, anteilsbasierte Vergütungen 25 28
IFRS 3, Unternehmenszusammenschlüsse 25 16
IFRS 5, Vderäußerung bestimmter Vermögenswerte und Veräußerungsgruppen 25 25
Illoyale Vermögensminderung, s. Vermögensminderung, illoyale
Impairment Test 25 17, 38
Implizite Eigenkapitalkosten, Modelle zur Schätzung 6 47
Inadequacy Opinion 21 64 ff.
Indirekte Methode, Berechnung der Abfindung eines ausscheidenden Gesellschafters 31 4
Informationseffizienz der Kapitalmärkte 31 21
Initial Public Offering Method 10 16

Stichwortverzeichnis

Insolvenzkosten
- direkte **11** 15
- indirekte **11** 15

Insolvenzmasse, gemäß § 35 InsO **11** 30
Institut der Unternehmensberater (IdU) **5** 117
Institut der Wirtschaftsprüfer e.V. (IDW) **1** 3
International Chamber of Commerce (ICC), Internationale Handelskammer **30** 12
International Valuation Standards **3** 60; **31** 48
International Valuation Standards Council (IVSC) **3** 60
Internationale Handelsschiedsgerichtsbarkeit **30** 13
Internationaler Schiedsgerichtshof London (LCIA) **30** 12
Intertemporales Bewertungsrecht **13** 1
Intertemporales Privatrecht **13** 1
Intertemporales Recht, gemäß Art. 170 EGBGB **13** 25
Intervalling-Effekt **6** 107 f.
Isolierter Beherrschungsvertrag **19** 30 ff.

Joint-Ventures **20** 99
Junge Aktien, Übernahmerecht **21** 100
Junges Betriebsvermögen **26** 200 f.
- im vereinfachten Ertragswertverfahren **26** 200 ff.

Junges Wirtschaftsgut **26** 201 f.

Kali und Salz-Entscheidung des BGH **22** 15 f.
Kapitalaufbringung **19** 55 ff.
Kapitalaufbringungsgrundsätze, aktienrechtliche **19** 55
Kapitalerhöhung der Bietergesellschaft
- beim Tauschangebot **19** 47 ff.
- beim Tauschangebot, Ausnutzung eines genehmigten Kapitals **19** 50
- beim Tauschangebot, reguläre Kapitalerhöhung **19** 49
- beim Tauschangebot, Verwendung vorhandener eigener Aktien **19** 51

Kapitalerhöhung gegen Sacheinlage **11** 42, 44
- Prüfung **11** 63 ff.
- Wert der Sacheinlage, Synergieeffekte **14** 71

Kapitalerhöhungsbeschluss **19** 39

Kapitalflussrechnung **5** 96
Kapitalisierungszeitraum **26** 259 ff.
Kapitalisierungszins **6** 1 ff.; **12** 63 f.; **28** 61 ff.
- Ableitung der Marktrisikoprämie **6** 43 ff., 167 f.
- Ableitung des Basiszinssatzes **6** 13 ff., 166
- Ableitung des Betafaktors **6** 72 ff.
- Ansatz bei der Bewertung von Transferpaketen **26** 267 ff.
- Bedeutung **6** 7 ff.
- Begriff **6** 164; **15** 50 f.
- Berücksichtigung persönlicher Ertragsteuern **15** 51
- Empirie **25** 91
- Ermittlung **6** 1 ff.
- Grundlagen der Ermittlung **6** 7 ff.
- zur Nutzungswertbestimmung **25** 87 ff.

Kapitalmarktorientierter Bewertungsansatz **1** 2
Kapitalmarktorientiertes Mutterunternehmen **25** 11 f.
Kapitalmarktpreisbildungsmodell **3** 3
- s.a. Capital Asset Pricing Model (CAPM)

Kapitalrichtlinie, geänderte **19** 75
Kapitalschnitt, Begriff **11** 42
Kapitalstrukturrisiko **6** 170
Kapitalwertkalkül **5** 1; **6** 7
Kapitalwertmethode, kritische Beurteilung **3** 10 ff.
Kapitalwertorientierte Bewertungsverfahren (income approach), zur Ermittlung des beizulegenden Zeitwerts (fair value) **25** 60 ff.
Kapitalwertprinzip
- Begriff **4** 13
- Grundsatz ordnungsgemäßer Ertragswertberechnung **4** 11 ff.

Kassazinssatz (Spot Rate) **6** 15
Kaufpreis, tatsächlich gezahlter **1** 62 ff.
Kaufpreisallokation **11** 34
Key Person Discount **18** 34, 38
Kleine und mittlere Unternehmen (KMU)
- bewertungsrelevante Merkmale und Besonderheiten **22** 5
- (steuerliche) Bewertung anhand von Ertragsaussichten **26** 137 ff.
- in der Unternehmensbewertung (Lehre und Praxis) **15** 77 ff.; **22** 4 ff.

1173

Komitologieverfahren **25** 13
Kommissionsverordnung, Veröffentlichung von IFRS **25** 13
Komplexitätsreduktion, Grundsatz ordnungsgemäßer Ertragswertberechnung **4** 4 f.
Konjunkturzyklus **5** 53
Konsensschätzung **28** 72 ff.
Kontrolle, über eine Zielgesellschaft **17** 36
Konzentrationsverschmelzung
– Begriff **14** 53
– Verteilung von Synergieeffekten **14** 61
Konzept des Total Beta, s. Total-Beta-Ansatz
Konzernverschmelzung **16** 10 f.; **19** 46; **20** 20 f., 74
– upstream **16** 10 f.; **19** 46
– Verteilung von Synergieeffekten **14** 65
Körperschaftsteuer **15** 4, 31
Körperschaftsteuerguthaben **15** 37
Korporatives Agio **19** 66, 68 f.
Kostenanalyse **5** 93
Kostenorientiertes Bewertungsverfahren (cost approach) **25** 66 f.
Kostenorientiertes Verfahren, Bestimmung des gemeinen Wertes **26** 57 ff.
Krummes Umtauschverhältnis
– Spaltung **20** 88
– Verschmelzung **20** 12 ff.
Kuka-Entscheidung des BVerfG **16** 51; **19** 114
Kurs-Gewinn-Verhältnis (KGV) **2** 52; **10** 28
Kurswert, Pflichtteilsrecht **24** 28

Lageanalyse, Ertragswertverfahren **4** 38 f.
Landgut
– Begriff **24** 70
– Bewertung nach Höferecht **24** 106 ff.
– Nachlassbewertung, Pflichtteilsrecht (§ 2312 BGB) **24** 55, 93 ff.
Landguterbrecht, gemäß §§ 2049, 2312 BGB **24** 65
Landwirtschaftsgericht, Zuständigkeit nach der Höfeordnung **24** 127 ff.
Lästigkeitszuschlag **17** 7
Latente Einkommensteuerbelastung, Rechtsprechung BGH, Pflichtteilsrecht **24** 23
Latente Ertragsteuern, Bewertung bei Zugewinnausgleich **23** 31 f., 54, 56
Laufzeitäquivalenz **6** 14

Lebenszyklus eines Unternehmens **10** 62
Letter of Intent **26** 41
Liquidation, fiktive **8** 34
Liquidationserlös **8** 5
Liquidationsgeschwindigkeit **11** 11
Liquidationshypothese **1** 26 f.; **12** 37; **16** 18 f., 59; **18** 49; **19** 81, 89; **22** 11
Liquidationsintensität **11** 11
Liquidationskosten **8** 6; **11** 12; **26** 85
– fiktive **7** 33 f.
Liquidationstest, Grundsatz ordnungsgemäßer Ertragswertberechnung **4** 27
Liquidationswert **8** 9; **19** 74, 92; **22** 22; **26** 82; **27** 55
– Argumente für den Ansatz als Wertuntergrenze **8** 36 ff.
– Argumente gegen den Ansatz als Wertuntergrenze **8** 30 ff.
– Begriff **3** 30; **4** 31 f.; **7** 32; **8** 1
– Bewertung bei Zugewinnausgleich **23** 29 f.
– Bewertung nicht betriebsnotwendigen Vermögens **7** 32 ff.
– Bewertungsverfahren **1** 56
– Einsatzmöglichkeiten, rechtliche Relevanz **8** 7 ff.
– Einzelbewertungsverfahren **2** 37 ff.
– Ermittlung **8** 4 ff.
– Pflichtteilsrecht **24** 30
– bei Unternehmenskrisen **11** 10 ff.
– Verhältnis zum Substanzwert **8** 2
– Verhältnis zum Zukunftserfolgs-/Fortführungswert **8** 3
– als Wertuntergrenze **1** 38 ff.; **2** 56; **8** 15 ff.
– als Wertuntergrenze in der Betriebswirtschaftslehre **7** 29; **8** 16; **26** 82
– als Wertuntergrenze in der Bewertungspraxis **8** 16
– als Wertuntergrenze in der Diskussion in der Schweiz **8** 26 ff.
– als Wertuntergrenze in der Rechtslehre **8** 25
– als Wertuntergrenze in der Rechtsprechung **8** 17 ff.
Liquidationswertverfahren **22** 22
Liquidationszeitraum, angemessener **7** 37
Liquide Mittel, Planung **5** 35
Liquiditätsgrad **6** 115
Listenzwang **30** 12
Lizenz, Bewertung als immaterielles Wirtschaftsgut **26** 92

Stichwortverzeichnis

London Court of International Arbitration (LCIA), Internationaler Schiedsgerichtshof London 30 12

Macrotron-Rechtsprechung des BGH 27 8
Managment Buy-Out 17 85
Market value, Delaware Block Method (DBM) 31 14
Market-out-exception 31 43
Marktenge 16 48, 77
Marktilliquidität von Aktien
- gemäß § 5 Abs. 4 WpÜG-AngVO 21 84 ff.
- Analogiefähigkeit von § 5 Abs. 4 WpÜG-AngVO 21 90
- Begriff, Voraussetzungen (§ 5 Abs. 4 WpÜG-AngVO) 21 85
- Bewertungsmethode im Rahmen der Unternehmensbewertung 21 86 ff.

Marktorientierte Bewertungsansätze 1 59 ff.
- s.a. Unternehmensbewertung, marktbezogene

Marktorientierte Bewertungsverfahren (market approach), zur Ermittlung des beizulegenden Zeitwerts (fair value) 25 59

Marktorientierte Methode auf Grundlage des Börsenkurses 16 36
Marktportfolio 6 55 f.
Marktpreis des Fremdkapitals, Ableitung 6 4, 43 ff.
Marktrisikoprämie
- Begriff 6 167
- Bruttomethode 10 41
- Methoden der vergangenheitsorientierten Ableitung 6 51 ff.
- Methoden der zukunftsorientierten Ableitung 6 45 ff.
- Nettomethode 10 41
- Rechtsprechung 6 65 ff.

Marktrisikoprämie nach persönlichen Ertragsteuern, Berechnung 15 55 f.
Marktrisikoprämie vor (Ertrag-)Steuern 15 57 f.
Markttest 17 42, 45
Marktwert
- Eigenkapital 9 14
- Fremdkapital 9 14, 17
- Pflichtteilsrecht 24 28

Marktwertvergleich, Rechtsprechung 4 63 ff.

Materialaufwand, Planung 5 27
Mediationsverfahren 30 9
Mehrheitskonsensuale Schätzung 27 57
Mehrstimmrecht 18 47
- Anteilsbewertung 18 47
Mehrstimmrechtsaktie 17 47
Meistbegünstigungsprinzip 16 61 ff.; 19 96, 118; 20 18
Merger of equals 16 4 ff.; 19 32; 20 22, 25
- heutiger Stand der Rechtsprechung 16 54 ff.
- Umsetzung durch die Zivilgerichte 16 88 f.

Methode der Anpassung des Abzinsungssatzes, gemäß IFRS 13.B18-22, kapitalwertorientiertes Bewertungsverfahren 25 64

Methode des ausgehandelten Umtauschverhältnisses 27 56
Methode von Svensson, s.a. Svensson-Methode 6 3
Methodengleichheit 19 119
Methodenhierarchie, des § 11 BewG 17 46
Minderheitenschutz 20 61
Minderheitsabschlag (Minority Discount) 18 6 ff.
- betriebswirtschaftliche Bedeutung 18 7
- gesellschaftsrechtliche Beurteilung bei der Aktiengesellschaft 18 14 ff.
- gesellschaftsrechtliche Beurteilung bei Personengesellschaft und GmbH 18 8 ff.

Mindestwertanteil am Nachlass 24 4
Mischverfahren 1 58; 2 53 f.; 10 80
Mischverschmelzung 14 39; 16 2
- Gewährung gleichwertiger Rechte 20 52

Mittelbare Typisierung 3 42; 5 48; 15 14, 20 ff.
Mittelwertverfahren 2 54; 10 5, 80 ff.; 22 26
- kritische Beurteilung 10 82 f.

Mitverursachungsgedanke, beim ehelichen Zusammenleben 23 3
Model Business Corporation Act (MBCA) 31 13
Modellbildung, als Methode zur Komplexitätsreduktion 4 4
Modigliani-Miller-Theorem 11 21
MotoMeter-Methode 27 9
Multiplikatormethode, s. Multiplikatorverfahren

1175

Stichwortverzeichnis

Multiplikatorverfahren 2 51 f.; 3 48 ff.; 10 3, 7 ff., 100 ff.; 22 28 f.; 26 54 ff.
- Auswahl einer geeigneten Bezugsgröße 10 44 ff., 101
- Auswahl von Vergleichsunternehmen 10 54 ff., 101
- Bedeutung 10 3 ff.
- branchenspezifischer Multiplikator 10 49
- Buchwert-/Rekonstruktionswertmultiplikator 10 48
- Definition 10 7 ff.
- Durchführung 10 27 ff.
- Eigenkapital- oder Gesamtkapitalmultiplikator 10 27 ff.
- Ergebnis-/Ertragsmultiplikator 10 46
- Fairness Opinion 21 57
- Multiplikator, Zähler und Nenner 10 13 ff.
- als Preisfindungsverfahren 10 18
- Umsatzmultiplikator 10 47
- im Vergleich zur Bewertung mit Vorwerbspreisen 17 20 f.
- Vorgehensweise in drei Schritten 10 8 ff.

Nachabfindungsanspruch, Höfeordnung (HöfeO) 24 117 ff.
Nacherwerb, Übernahmerecht 21 112
Nacherwerbspreis
- Begriff 17 2
- s.a. Vorwerbspreis

Nachfolgeklausel, erbrechtliche
- Pflichtteilsrecht 24 17 f.
- Pflichtteilsrecht, Anteil an Personengesellschaft 24 51 ff.
- qualifizierte 24 152 ff.
- qualifizierte, Ausgleichsanspruch 24 155 f.

Nachlassbewertung, Grundsätze 24 1 ff.
Nachlassverbindlichkeiten
- Höfeordnung (HöfeO) 24 124
- Pflichtteilsrecht 24 19 ff.

Nachprüfbare Entnahmeschätzung 30 55
Nachsteuer-Zinssatz 25 90
Nachtragsgutachten 29 31
Nachvollziehbarkeit von Bewertungsannahme, Grundsätze ordnungsgemäßer Unternehmensbewertungen (IDW S 1) 2 35
Negativbeweis 23 90
Negativer Geschäftswert 26 96

Net asset value 27 54
- Delaware Block Methode (DBM) 31 14

Net working capital 5 52
- Planung der Übergangsphase 5 52

Netto-Kapitalisierungsverfahren 5 5
Nettobewertungsverfahren 11 8 f.
Nettofinanzposition 9 16
Nettomethode, zur Ableitung des Marktpreises des Fremdkapitals 10 41 f.
Nettoverschuldung (Net Debt) 10 41 ff.
Neutrales Vermögen
- s.a. nicht betriebsnotwendiges Vermögen 7 2

NewCo 20 56
Nicht betriebsnotwendiges Vermögen 2 35; 3 32; 7 1 ff.
- Abgrenzung zum betriebsnotwendigem Vermögen 7 4 ff.
- Begriff 7 2 f.; 26 195 ff.
- Beteiligungen 7 47 f.
- s.a. betriebsnotwendiges Vermögen
- Ertragswertverfahren 4 30 ff.
- Forderungen 7 49 f.
- funktionale Abgrenzung 7 6 ff.
- funktionale Abgrenzung in der Rechtsprechung 7 14 ff.
- immaterielles Vermögen 7 52
- Immobilien 7 53 ff.
- Kunstwerke 7 57
- liquide Mittel 7 58 f.
- Perspektive des objektiven Betrachters 7 22
- Schulden 7 51
- stillgelegte Anlagen 7 60
- vereinfachtes Ertragswertverfahren 26 195 ff.
- Vorräte 7 60
- wertbezogene Abgrenzung 7 5
- wertbezogene Abgrenzung in der Rechtsprechung 7 12 f.
- Wertpapiere 7 60

Nicht mehr aktiver Markt, Indikatoren 25 126
Nichtigkeit des Jahresabschlusses 25 7
Niederstwertprinzip
- gemildertes 25 105
- strenges 25 105

Noise 6 107
Normalverkaufswert, Pflichtteilsrecht 24 27
Normzweckadäquate Bewertungsmethode 13 16 f.

Stichwortverzeichnis

Normzweckkonforme Unternehmensbewertung 13 17
Nullausgleich 19 20
Nullkuponanleihe 6 15
Nutzungspotential, subjektives 2 24
Nutzungswert (value in use) 15 82 f.; 25 23, 32
- Äquivalenz zwischen Buchwert und Nutzungswert 25 93 ff.
- Äquivalenzprinzip 25 74
- Besteuerungsäquivalenz 25 75
- Definition (IAS 36) 25 40
- Ermittlung 25 73 ff.
- Ermittlung mit Hilfe von Barwertmethoden 25 73 ff.
- Kapitalisierungszins 25 87 ff.
- Kaufkraftäquivalenz 25 75
- Konzeption (IAS 36) 25 40 ff.
- Risikoäquivalenz 25 75
- Risikozuschlagmethode (traditioneller Ansatz) 25 77
- Sicherheitsäquivalenzmethode (erwarteter Cash-Flow-Ansatz) 25 78
- im Vergleich zum beizulegenden Zeitwert 25 41 f.
- Währungsäquivalenz 25 75

Obergesellschaft 19 16
Objektive Werttheorie 2 7 ff.
- s.a. funktionale Werttheorie
- s.a. subjektive Werttheorie
Objektivierter Unternehmenswert 1 2; 2 28; 3 2 ff.; 8 38; 14 7; 15 13 f.; 26 51
Objektivierungsprinzip, Grundsatz ordnungsgemäßer Ertragswertberechnung 14 19
Obligatorische Baralternative 19 14
Opinion Letter, fairness opinion 21 51
Optionspreismodell, Optionspreistheorie 6 74
Organpflicht, Übernahmerecht 21 34 ff.
Ortsanknüpfung, Schiedsvereinbarung 30 17

Paketabschlag 10 38
Paketzuschlag 10 38
- Aktien 24 46
- Aktien, Vorerwerbspreis 17 92
- Bestimmung des gemeinen Werts 26 43
- Bestimmung des gemeinen Werts eines Anteils 26 122
Parallelerwerb, Übernahmerecht 21 112

Parallelprüfung, Spruchverfahren 27 31
Pari-Emission 19 62, 73
Peer Group/Peer-Gruppe 6 82 ff.; 11 19 f.; 21 57; 26 151
Personalaufwand, Planung 5 28
Personengesellschaft 15 60
- Besteuerung 15 60 ff.
Personengesellschafter, Abfindung 1 9
Personengesellschaftsrecht, Abfindungsanspruch des ausscheidenden Gesellschafters 22 1
Persönliche Ertagsteuern 15 8 ff.
Persönlicher Einkommmensteuersatz, Ermittlung nach IDW S 1 i.d.F. 2008 15 68
PEST-Analyse 5 68 ff.
Pflichtangebote
- gemäß § 29 Abs. 2 WpÜG 21 2 f.
- Gegenleistung 21 77 ff.
Pflichtgegenleistung
- Übernahmerecht 21 95
- s.a. Wahlgegenleistung
Pflichtteil, Begriff (§ 2303 Abs. 1 Satz 2 BGB) 24 6
Pflichtteilsanspruch, Berechnung 24 7 f.
Pflichtteilsberechnung, Grundsätze 24 1 ff.
Pflichtteilsberechtigter 24 6
- Darlegungs- und Beweislast 24 56 f.
Pflichtteilsergänzungsanspruch 17 82
Pflichtteilsrecht (§§ 2303-2338 BGB), Bewertungsanlass im Erbrecht 1 15; 24 4
Planung
- Anforderungen der Rechtsprechung 5 132
- integrierte 5 14
Planung der Übergangsphase 5 50 ff.
- s.a. Detailplanungsphase
- Plausibilisierung 5 133 f.
Planung des nachhaltigen Ertragsüberschusses 5 53 ff.
Planungshorizont 5 19
Planungskonsistenz
- formale 28 50
- materielle 28 50
Planungskonsistenzprinzip 28 50
Planungsphase 5 20 ff.
- s.a. Detailplanungsphase
Planungsplausibilisierung 5 58
Planungsprozess 5 13 f.

1177

Stichwortverzeichnis

Planungsrechnung 26 47 f.
- Analyse 5 104 ff.
- Anforderungen 5 11 ff.
- Anforderungen der Rechtsprechung 5 132
- zur Ermittlung des Zukunftsertrags 5 11 ff.
- konsistente 5 109 f.
- rechnerische Richtigkeit 5 111

Planungstreue 5 105 ff.

Planungsverfahren
- Ausgestaltung, Bottom-Up-Ansatz 5 16
- Ausgestaltung, Top-Down-Ansatz 5 16

Plausibilisierung der Ertrags-, Bilanz- und Finanzplanung 5 116 ff.

Plausibilitätsaussage
- negative 5 145
- positive 5 145

Portfolioabschlag 10 38
Praktikerverfahren 1 58
Present Value, s. Barwert
Pretium commune 8 38
Pretium singulare 8 38
Principles of Corporate Governance 31 13
Prinzip der Laufzeitäquivalenz
Privatgutachten 29 1 ff.
- Bedeutung gegenüber Gerichtsgutachten 29 6
- Bedeutung in der Unternehmensbewertung 29 1 f.
- beweisliches Sachverständigengutachten 29 7
- Darlegungs- und Beweislast 29 3
- Kosten 29 11 ff.
- s.a. Schiedsgutachten
- im streitigen Gerichtsverfahren 28 12, 78
- Widerspruch Gerichtsgutachten/Privatgutachten 29 9
- im zeitlichen Ablauf eines Gerichtsverfahrens 29 10

Prognose, erwartungswertneutral 5 140
Prognosebildung, über zukünftige Entwicklungen des Unternehmens 12 47 ff., 58
Prognoseentscheidung 20 33
Prognoseunsicherheit 28 3
Prozessuale Durchsetzungssperre 29 18
Prozessuale Vorgehensweise, bei gerichtlicher Durchsetzung von Abfindungsansprüchen 28 12

Qualifizierter Mehrheitsvergleich 31 51
Quorum 17 63 f.
- s.a. Akzeptanzquorum
- s.a. Stimmquorum

Quotaler Unternehmenswert 1 40; 16 18, 31; 18 1, 3; 19 107
- gemäß Liquidationshypothese 16 32 ff.

Quote 16 5

Recent Acquisition Method 10 16
Rechnungslegung nach HGB 25 6
Rechnungslegung nach IFRS 25 6
Recht der Unternehmensbewertung, s. Unternehmensbewertungsrecht
Rechte, unsichere, Pflichtteilsrecht 24 25
Rechtliche Bewertungslehre
- Börsenkurs als Bewertungsuntergrenze 31 7
- Gebot der vollen Abfindung 31 4
- gerichtliche Überprüfung der Angemessenheit der Abfindung 31 9
- Grundsatz der Meistbegünstigung 31 8
- Grundsatz der Methodenoffenheit 31 5
- Grundsätze ordnungsgemäßer Unternehmensbewertungen (IDW S 1) 31 6
- Merkmale 31 3 ff.

Rechtliche Verhältnisse 26 16
Rechtsgeleitete Unternehmensbewertung 13 16 f.
Rechtsgrundsätze ordnungsgemäßer Unternehmensbewertung 28 2
Rechtsprechung des BVerfG, heutiger Stand im Rahmen der Unternehmensbewertung 16 30 ff.

Registersperre
- gemäß § 16 Abs. 2 UmwG 19 40
- gemäß § 327e Abs. 2 i.V.m. § 319 Abs. 5 AktG 19 7

Reinertrag, Landgut, landwirtschaftlicher Betrieb 24 85 f.
Rekonstruktionswert, s. Substanzwert
Relationalbewertung 19 111
- Umtauschverhältnis bei Unternehmensfusion 16 6, 85a

Relevern, Betafaktor 6 147 f., 170
Reproduktionswert, s. Substanzwert
Restreinvermögen 7 2
- s.a. nicht betriebsnotwendiges Vermögen

Restwert, Berechnung, Ertragswertverfahren 4 44 f.
Risikoabschlag 30 57

Risikolose Anleihe 6 58
Risikozuschlagsmethode 4 22; 6 8 f., 165; 25 65, 77
Rohertrag 5 6
Rollierender Stichtag 20 32
Rückwirkende Überprüfung 26 131
Rückwirkungsfiktion, steuerliche, gemäß § 2 UmwStG 26 72 ff.

Sacheinlage
- Einbringung in eine Kapitalgesellschaft 1 13
- gesellschaftsrechtliche Grundlagen 22 49 f.

Sachgründung 22 49
Sachgründungsbericht 22 49
Sachkapitalerhöhung 22 50
Sachkapitalerhöhungsbericht 22 50
Sachkapitalerhöhungsprüfung, s. Kapitalerhöhung gegen Sacheinlage, Prüfung
Sachverständigengutachten, im streitigen Gerichtsverfahren 28 8
Sachverständiger
- Anhörung im streitigen Gerichtsverfahren 28 8
- Auswahl 28 90
- Beauftragung zur Unternehmenswertermittlung 1 50 f.

Sachwert, freiberufliche Praxis, bewertung bei Zugewinnausgleich 23 46
Sale-and-lease-back 7 21
Schätzung
- gemäß § 287 ZPO 28 27 ff.
- gemäß § 738 Abs. 2 BGB 28 32 f.
- s.a. Konsensschätzung

Schiedsabrede 30 4, 15
Schiedsgericht 1 72; 30 7 f.
- Ablehnung des Schiedsrichters 30 33 f.
- Bennenung der Schiedsrichter 30 26 f.
- Ersatzschiedsrichter 30 34
- Kompetenz 30 37
- Pflichten des Schiedsrichters 30 30
- Schadensersatzpflicht des Schiedsrichters 30 31
- Schiedsort 30 38
- Schiedsrichtervertrag 30 28 ff.
- Tagungsort 30 38
- Vergütung des Schiedsrichters 30 32
- Zusammensetzung 30 25
- Zuständigkeit 30 37

Schiedsgerichtliche Vereinbarung, gemäß §§ 1029 ff. ZPO 30 2

Schiedsgerichtsbarkeit 30 10 ff.
- ad hoc 30 11 f.
- institutionalisierte 30 11 f.
- internationale 30 13 f.
- nationale 30 13 f.

Schiedsgutachten 1 73; 29 15 ff.; 30 2
- Abgrenzung zu Schiedsvereinbarung 30 3
- Abgrenzung zu Schiedsvertrag 29 24
- Beanstandungen aus Rechtsgründen 29 36
- Beispiele unverbindlicher Gutachten 29 32
- Darlegungs- und Beweislast bei offensichtlicher Unrichtigkeit 29 33
- Einsatz in der Unternehmensbewertung 29 15
- im engeren Sinn 29 23
- im weiteren Sinn 29 23
- Nachtragsgutachten 29 31
- Unverbindlichkeit (§ 319 Abs. 1 Satz 1 BGB) 29 27 ff.
- Vor- und Nachteile 29 16
- Wirkung 29 17 ff.

Schiedsgutachtenabrede 29 38; 30 3
Schiedsgutachtenklausel/Schiedsgutachterklausel 29 15, 21 f.; 30 2 f.
- in allgemeinen Geschäftsbedingungen (AGB) 29 21
- Auslegung 29 22
- Undurchführbarkeit 29 37

Schiedsgutachter, Tätigkeit 29 26; 30 3 ff.
Schiedsgutachtervertrag
- gemäß §§ 317-319 BGB 30 3 ff.
- Rechtsnatur 30 5

Schiedsklausel 30 15
Schiedsorganisation 30 11 f.
Schiedsort 30 38
Schiedsrichter
- gemäß § 1034 ZPO 30 8
- Ablehnung 30 33 f.
- Benennung 30 26 f.
- Ersatzschiedsrichter 30 34
- Pflichten 30 30
- Schadensersatzpflicht 30 31
- Vergütung 30 32

Schiedsrichtervertrag 30 28 ff.
Schiedsspruch 30 3, 8, 46 ff.
- Aufhebung 30 49 f.
- materielle Rechtskraft 30 47
- Rechtsbehelf gegen 30 49 f.
- Vollstreckbarerklärung 30 48

Stichwortverzeichnis

- Vollstreckbarerklärungsverfahren 30 50

Schiedsvereinbarung
- gemäß §§ 1025 ff. ZPO 30 3, 15 ff.
- Beendigung 30 24
- bestimmtes Rechtsverhältnis 30 16
- Form (§ 1031 ZPO) 30 18 ff.
- Gültigkeit 30 17
- Inhalt 30 16
- objektive Schiedsfähigkeit (§ 1030 ZPO) 30 18
- prozesshindernde Einrede 30 23
- Rechtsnatur 30 15
- Reichweite 30 22
- Schiedsabrede 30 15
- Schiedsklausel 30 15
- Statut 30 17
- Unwirksamkeit 30 20, 24
- Wirkung, materielle 30 24

Schiedsverfahren, schiedsgerichtliches Verfahren 30 1 ff.
- Beendigung 30 44 ff.
- Gleichbehandlungsgrundsatz 30 36
- Grundsatz der anwaltlichen Vertretung 30 36
- Grundsatz des rechtlichen Gehörs 30 36
- internationale 30 51
- Kompetenz des Schiedsgerichts 30 37
- Rechtsbehelf Aufhebungsantrag 30 49 f.
- Sachverständige 30 41 ff.
- Schiedsort 30 38
- Tagungsort 30 38
- Verfahrensablauf 30 39 f.
- Verhältnis zum Spruchverfahren 30 19
- Zuständigkeit des Schiedsgerichts 30 37

Schiedsvergleich 30 45

Schiedsvertrag 29 24
- Abgrenzung zu Schiedsgutachten 29 24

Schiedswert 14 9; 30 1, 53

Schlechterstellungsverbot 22 9

Schlüsselperson
- Beispiele 18 36
- Definition 18 34
- Kriterien 18 34 f.

Schulden
- Planung der nicht zinstragenden 5 36
- Planung der zinstragenden 5 37

Schuldendeckungsgrad 11 55 ff.
- bilanzieller 11 57 ff.

- bei Insolvenz 11 55 f.
- bei Unternehmensfortführung 11 60

Schutz der Minderheitsgesellschafter, Verschmelzung, Umtauschverhältnis von Aktien 14 66

Schutz von Sonderrechten
- Formwechsel 20 122 f.
- s.a. Verwässerung von Sonderrechten
- Spaltung 20 101
- Verschmelzung (ohne Stimmrechtsgewährung) 20 50 ff.

Sekundäre Behauptungslast 23 91

Selbständiges Beweisverfahren (§ 485 Abs. 2 Satz 1 Nr. 1 ZPO)
- Bewertung bei Zugewinnausgleich 23 100 ff.
- Bewertung bei Zugewinnausgleich, Vorteile 23 103

Sensitivitätsanalyse 28 88

Share deal 7 40

Shareholder level discounts 18 20

SIC (Standing Interpretations Committee) 25 15

Sicherheitsäquivalenzmethode 4 22; 25 65

Sicherheitsäquivalenzmethode (erwarteter Cash-Flow-Ansatz) 25 76

Sicherheitsäquivalenzprinzip 4 9

Siemens-Fall, Mehrstimmrechte, Mehrstimmrechtsaktien 18 48

Siemens-Nold-Entscheidung des BGH 19 50

Siemens/SNI-Entscheidung des BVerfG 16 50

Siemens/SNI-Entscheidung des OLG Düsseldorf 16 84

Similar Public Company Method, Multiplikatorverfahren 10 16

Size-Effect 22 8; 26 152 f.

Small Company Discount 18 6; 22 8

Small firm effect 10 63; 26 152 f.

Sonderbetriebsvermögen
- Begriff 26 206 f.
- Personengesellschaft 15 75
- im vereinfachten Ertragswertverfahren 26 206 ff.

Sonderdividende, bei Unternehmensbewertung mit Hilfe von Vorerwerbspreisen 17 13

Sondererbfolge 24 153

Sonderrechtsnachfolge 24 131

Sonstige betriebliche Aufwendungen 5 30

Stichwortverzeichnis

Sonstige betriebliche Erträge, Planung 5 30
Spaltung
- gemäß §§ 123-173 UmwG 20 2
- Arten 20 78 ff.
- zur Aufnahme, Umtauschverhältnis 20 93
- Barabfindung 20 103 ff.
- nicht-verhältniswahrende 20 80
- nicht-verhältniswahrende, Umtauschverhältnis 20 91
- Unternehmensbewertung im Umwandlungsrecht 20 78 ff.
- verhältniswahrende 20 80
- verhältniswahrende, Umtauschverhältnis 20 90

Spaltung zu Null 20 80
Spaltung zur Aufnahme, Verschmelzung, Umtauschverhältnis von Aktien 14 70
Spaltungsbericht 20 87, 95
Spaltungsprüfung 20 96 f.
Spaltungsvertrag 20 86
Sperrminorität 17 15
Splitteranteile 17 14
Spot Rate 6 30 f.
Spruchverfahren 1 69 f.; 16 7; 20 54; 27 1 ff.; 30 19
- Ablauf 27 33 ff.
- aktien-/umwandlungsrechtliches 28 9
- angemessene Barabfindung bei Formwechsel 20 114
- Antrag 27 33 ff.
- Antragsgegner in aktienrechtlichen Spruchsachen 27 21
- Antragsgegner in Spruchsachen nach dem SEAG 27 23
- Antragsgegner in umwandlungsrechtlichen Spruchsachen 27 22
- Antragsteller 27 14 ff.
- Anwendungsbereich 27 6 ff.
- anzuwendendes Verfahrensrecht 27 69 f.
- asymmetrische Verteilung von Chancen und Risiken 13 23
- außergerichtliche Kosten 27 66
- Bedeutung in der Praxis 27 1
- Beendigung 27 44 ff.
- Beschwerde 27 71 ff.
- Dauer 27 2
- freiwilliges 20 57 f.
- gemeinsamer Vertreter 27 24 ff.
- Gerichtskosten 27 62
- Kosten eines Sachverständigen 27 68
- Leistungsklage 27 61
- mündliche Verhandlung 27 42 f.
- Parallelprüfung 27 31
- Pflichten der Verfahrensbeteiligten 27 39 ff.
- Sachverständiger 27 30 ff.
- sachverständiger Prüfer 27 30 ff.
- Verhältnis zum Schiedsverfahren 30 19
- Wirkung der Gerichtsentscheidung 27 61
- Zinsen 27 62
- zuständiges Gericht 27 11 ff.
- Zweck 27 1

Spruchverfahrensneuordnungsgesetz 27 3
Squeeze-out
- aktienrechtlicher (§§ 327a ff. AktG) 14 17 ff.; 16 1
- s.a. aktienrechtlicher Squeeze-out
- aktienrechtlicher (§§ 327a ff. AktG), Aufteilung Synergiegewinne 14 31 ff.
- aktienrechtlicher (§§ 327a ff. AktG), Rechtsprechung 14 20 ff.
- aktienrechtlicher (§§ 327a ff. AktG), Schrifttum 14 24 ff.
- Anteilsbewertung 14 7, 13 f.
- Barabfindung 20 74 ff.
- Begriff 1 10; 14 16; 27 1
- bei gesellschaftsrechtlichen Umstrukturierungen 14 37 ff.
- übernahmerechtlicher im Vergleich zum aktienrechtlichen 17 42 f.
- übernahmerechtlicher (§§ 39a, 39b WpÜG) 16 15; 17 40 ff.; 21 83; 27 10
- verschmelzungsrechtlicher (§ 62 Abs. 5 UmwG) 16 1; 27 10

Stammaktien, Anteilsbewertung 18 41 ff.
Stand-alone-Prinzip 20 71
- s.a. Bewertung „stand alone"

Standardfehler des Betafaktors 6 127 ff.
Step-Up Volumen 15 84
Stetigkeitsprinzip, Bewertungsverfahren zur Ermittlung des beizulegenden Zeitwerts 25 58
Steuerliche Rückwirkungsfiktion, gemäß § 2 UmwStG 26 72 ff.
Steuerliches Einlagekonto 15 45
Steuern
- latente, Pflichtteilsrecht 24 23 f.
- Planung 5 31
- s.a. Ertragsteuern, Planung

Steueroptimierte Veräußerung 7 40 f.

1181

Steuerschulden, rückständige, Pflichtteilsrecht **24** 22
Steuerverfahren, gesonderte(s) Feststellung(sverfahren) **1** 74
Stichtag
- Begriff **12** 4 ff.
- für die Bestimmung des Börsenkurses **16** 71 ff.
- Bewertungsstichtag bei Abfindungsansprüchen (§ 738 Abs. 1 Satz 2 BGB) **12** 35 ff.
- Bewertungsstichtag bei aktienrechtlichen Abfindungsansprüchen **12** 30 ff.
- Bewertungsstichtag bei umwandlungsrechtlichen Abfindungsansprüchen **12** 30 ff.
- einheitlicher **12** 2
- rechtlicher **12** 4
- rollierender **20** 32
- s.a. Bewertungsstichtag
- technischer **12** 4, 21

Stichtagsprinzip 1 33 ff.; **12** 1 ff.; **13** 26; **19** 97 f.; **28** 56 ff.
- Abweichung vom **1** 35
- Anwendungsbereich **12** 3
- ausgewählte gesellschaftsrechtliche Bewertungsanlässe **12** 30 ff.
- Begriff **12** 5 f.
- Berücksichtigung rechtlicher Verhältnisses **12** 65 ff.
- Bewertungen vor dem Stichtag **12** 20 ff.
- Durchbrechung **12** 67
- Festlegung des maßgebenden Stichtags **12** 24 ff.
- Grundsatz ordnungsgemäßer Ertragswertberechnung **4** 10
- Informationsabgrenzungsfunktion **12** 10 ff.
- Pflichtteilsrecht (§ 2311 Abs. 1 Satz 1 BGB) **24** 9 ff.
- Pflichtteilsrecht, Ausnahmen (§§ 2315, 2316, 2325 ff. BGB) **24** 11
- Stichtagserklärung **12** 21
- strenges **12** 11
- Überschuldungsstatus **11** 29
- Überschussabgrenzung **12** 8 f.
- Überschusszuweisungsfunktion **12** 8
- im weiteren Sinne **12** 7, 17
- Wertabgrenzungsfunktion **12** 8
- Wertaufhellungsprinzip **24** 12
- Wurzeltheorie **12** 11

Stichtagsprinzip i.w.S. 12 7, 17

Stichtagsregelungen 26 60 ff.
Stillschweigender Haftungsausschluss, Sachverständiger im Schiedsverfahren **30** 42
Stimmquorum 17 63
Stimmrecht 20 50
Stollwerck-Entscheidung des BGH 19 95; **20** 29; **27** 52
Strategiepapier 26 251
Strategischer Wettbewerbsvorteil 5 84 f.
Streitiges Verfahren, zur Unternehmensbewertung **28** 8
Strenges Niederstwertprinzip 25 105
Strenges Stichtagsprinzip 12 11
Stufenklage, gemäß § 254 ZPO **28** 12
Stuttgarter Verfahren 1 58; **3** 13; **10** 5, 89 ff.; **22** 27
- Bedeutung **10** 89, 92
Subjektive Werttheorie 2 11 ff.
- s.a. funktionale Werttheorie
- s.a. objektive Werttheorie
Subjektiver Entscheidungswert 2 28; **14** 8
Subjektiver Unternehmenswert 15 24; **26** 51; **28** 4
Subjektives Nutzungspotential 2 24
Subjektivitätsprinzip 18 1
- Grundsatz ordnungsgemäßer Ertragswertberechnung **4** 17
Substantiierungslast, des Bestreitenden im streitigen Verfahren **28** 18
Substanzwert
- Bedeutung in der heutigen Betriebswirtschaftslehre **23** 35
- Bedeutung in der heutigen Bewertungs- und Spruchpraxis **22** 23; **27** 54
- Begriff **1** 57; **10** 75; **22** 23
- Berechnung **10** 77
- betriebswirtschaftlicher in Abgrenzung zum steuerlichen Begriff **26** 81
- im Bewertungsgesetz (BewG) **26** 6, 76 ff.
- Eignung für die Unternehmensbewertung **1** 57
- Einzelbewertungsverfahren **2** 40 ff.
- steuerlicher (§ 11 Abs. 2 Satz 3 BewG) **26** 81, 87
- Unternehmensbewertung bei Zugewinnausgleich **23** 34 f.
Substanzwertverfahren 10 5, 75 ff.; **22** 23 ff.; **26** 78 f.
- Anwendungskreis **10** 79
- kritische Beurteilung **10** 78

Svensson-Methode/Svensson-Modell 6 3
- Zinsstrukturkurve 6 21 ff.

SWOT-Analyse 5 86, 102; 17 19

Synergieeffekte 25 118
- Begriff 14 1
- Berücksichtigung beim Teilwert 26 20 ff.
- echte 14 3, 7; 19 103; 20 34
- echte, bei Abfindungen bei Beherrschungs-/Gewinnabführungsvertrag 14 49
- echte, bei Abfindungen nach AktG, UmwG, SEAG 14 48
- erwartete 14 2
- negative 14 1
- positive 14 1 f.
- Übernahmerecht WpÜG 21 33
- unechte 14 3; 19 103; 20 34
- bei Verschmelzung 20 34
- Verteilung 20 35
- und Vorerwerbspreise 17 94

Synergiepotentiale 14 2, 15

Synthetische Ertragswertmethode, Bewertungsmethode in Italien 31 20

Systematisches Risiko 6 9 ff., 168

T-Test 6 121 ff.
- technische Definition 6 122

Tätigkeitsvergütung, Geschäftsführer-Gesellschafter Personengesellschaft 15 76

Tauschangebot, im Übernahmerecht nach WpÜG 21 23 f.

Tax Amortization Benefit (TAB) 15 84; 26 276

Tax-Capital Asset Pricing Modell (TAX-CAPM)
- Berechnung der Marktrisikoprämie nach persönlichen Ertragsteuern 15 55 f.
- Eignung zur Ermittlung eines Risikozuschlags 15 54
- Kapitalpreisbildungsmodell 15 52 ff.; 26 129, 150; 28 31, 62

Tax Shield 9 18, 39; 15 58 f.
- sicheres 6 151
- unsicheres 6 151

Teil-Liquidationswert 8 1

Teileinkünfteverfahren, gemäß § 3 Nr. 40 EStG 15 27, 44

Teilrekonstruktionswert 10 76

Teilreproduktionswert 2 43

Teilungsanordnung
- Begriff (§ 2048 BGB) 24 133 f.
- Berechnung Unternehmenswert/Anteilswert im Erbrecht 24 135 ff.
- Bewertungsanlass im Erbrecht 1 15

Teilwert
- Anwendungsfälle 26 24 f.
- Begriff 26 17 f.
- Berücksichtigung von Synergieeffekten 26 20 ff.
- Ermittlung 26 18 f.

Teilwertvermutung 26 21

Telekom/T-Online-Entscheidung des BVerfG 16 52, 64; 19 115

Telekom/T-Online-Entscheidung des OLG Frankfurt 16 63

Territorialitätsprinzip 30 13

Theorie: Tortenschnitte 18 3; 22 32

Thesaurierung
- Planung 5 49
- wachstumsbedingte 5 55

Thesaurierungsbegünstigung 15 18, 27, 70 ff.

Thesaurierungsquote 5 56

Total-Beta-Ansatz 26 156 ff.; 28 64

Total Cash Flow
- Begriff 9 31 ff.
- Berechnung 9 33 f.
- s.a. Free Cash Flow

Total Cash Flow-Ansatz (TCF-Ansatz)
- s.a. Free Cash Flow-Ansatz
- WACC-Ansatz 9 31 ff.
- WACC-Ansatz, Beispielsrechnung 9 35 f.

Totalausgliederung 20 81

Trading Comparables 10 16

Trading Multiples 10 33 ff.; 21 88
- Fairness Opinion 21 57

Transaction Comparables 10 16

Transaction Multiples 10 36 ff.; 21 88
- Fairness Opinion 21 57

Transaktionsabhängige Steuer(wirkung) 15 84 ff.

Transaktionsgewinn
- (angemessene) Aufteilung 14 12, 18
- Verteilungsschlüssel 14 31 ff.

Transparenzprinzip
- gemäß §§ 3 Abs. 2, 27 Abs. 1 WpÜG 21 26
- steuerliche Behandlung von Personengesellschaften 15 60

Trennungsvermögen
- Stichtag 23 19 f.

- vorzeitiger Zugewinnausgleich (§ 1385 BGB) **23** 110
Typisierung
- mittelbare **26** 253 f.
- unmittelbare **26** 253
Typisierung der Steuerbelastung 3 41 f.
- mittelbare **3** 42; **15** 14, 20 ff.
- unmittelbare **3** 42; **15** 14 ff.
Typisierungsprinzip, Grundsatz ordnungsgemäßer Ertragswertberechnung **4** 18

Übergewinn 10 85 f.
Übergewinnverfahren 2 54; **10** 5, 84 ff.
- kritische Beurteilung **10** 88
Übernahmeangebote, freiwillige
- gemäß § 29 Abs. 1 WpÜG **21** 3
- Gegenleistung **21** 77 ff.
Übernahmerechtlicher Squeeze-out, gemäß § 39a WpÜG **16** 15
- s.a. Squeeze-out
Überpariemission 19 73
Überpariemission (mit korporativem Agio) 19 66
Überschuldung, Begriff (§ 19 Abs. 2 InsO) **11** 27
Überschuldungsstatus 11 27
- Ansatz- und Bewertungsvorschriften **11** 28 ff.
- Unternehmensbewertung **11** 37 ff.
Übertragbarkeit, partielle, von Erfolgsfaktoren **26** 142
Übertragbarkeit, temporäre, von Erfolgsfaktoren **26** 142
Übertragungsbeschränkung 18 52
Übertragungsbilanz 26 71
Übertragungsstichtag 26 71
UEC-Methode 3 13
Umlaufvermögen
- Planung **5** 35
- verzinsliches **5** 35
Umsatzanalyse 5 92
Umsatzerlös, Planung **5** 26
Umsatzmethode 22 30
Umtauschverhältnis
- Aktien bei Verschmelzung **14** 54 ff.
- Bestimmung nach stand-alone-Werten **14** 63
- Bewertungsmethode zur Bestimmung bei Verschmelzung **20** 16 ff.
- Ermittlung bei Verschmelzung **20** 10
- Rüge **20** 54
- bei Spaltung **20** 83 ff.
- bei Spaltung zur Aufnahme, Verteilung der Synergieeffekte **14** 70
- bei Verschmelzung **20** 5 ff.
Umtauschverhältnis, krummes
- bei Spaltung **20** 88
- bei Verschmelzung **20** 12 ff.
Umwandlung, Anwachsung bei Personengesellschaften (§ 738 BGB) **20** 2
Umwandlung (nach UmwG)
- Formwechsel (§§ 190-304 UmwG) **20** 2
- Spaltung (§§ 123-173 UmwG) **20** 2
- Verschmelzung (§§ 2-122 UmwG) **20** 2
Umwandlungsrechtliche Verschmelzungswertrelation 19 22
Unbeachtlichkeit des handelsrechtlichen Vorsichtsprinzips, Grundsätze ordnungsmäßiger Unternehmensbewertung (IDW S 1) **2** 35
UNICTRAL, United Nations Commission on International Trade Law **30** 51
UNICTRAL-Modellgesetz 30 13
Unlevern, Betafaktor **6** 147 f., 170
Unmittelbare Typisierung 3 42; **15** 14 ff.
- der steuerlichen Verhältnisses der Anteilseigner **5** 46 ff.
Untergesellschaft 19 16, 120
Unternehmensbeteiligung
- Abfindungsklauseln **23** 42 ff.
- Ausschlussklauseln **23** 42 ff.
- Bewertung bei Zugewinnausgleich **23** 41 ff.
- Übertragbarkeit **23** 41
Unternehmensbewertung
- Abrenzungsproblem Betriebswirtschaftslehre/Rechtswissenschaft **28** 7
- Bewertungsziel **28** 37
- im Bilanzrecht **25** 1 ff.
- im Bilanzrecht nach HGB **25** 98 ff.
- im Bilanzrecht nach HGB, Jahresabschluss **25** 99 f.
- im Bilanzrecht nach HGB, Konzernabschluss **25** 100
- im Bilanzrecht nach IFRS **25** 11 ff.
- Debt Equity Swap **11** 42 ff.
- funktionale **2** 19 ff.
- s. funktionale Unternehmensbewertung
- als Gegenstand der Wirtschaftswissenschaft **1** 1 ff.
- als Heuristik **28** 3 f.
- historische Entwicklung **3** 7 ff.
- internationale **1** 77

Stichwortverzeichnis

- als juristische Aufgabe **1** 5 ff.
- marktbezogene **1** 64
- Nachlassbewertung, Pflichtteilsrecht **24** 37 f.
- normzweckkonforme **13** 17
- als Rechtsfrage oder Tatfrage **28** 5 ff., 39
- Rechtsfragen, Beispiele **28** 37 ff.
- rechtsgeleitete **13** 17
- Schätzung **28** 25 ff.
- im Überschuldungsstatus **11** 27 ff., 37 ff.
- Voraussetzung integrierte Unternehmensplanung **5** 12 ff.
- zukünftige Weiterentwicklung **3** 74

Unternehmensbewertung, international
- Frankreich **31** 30 ff.
- Italien **31** 18 ff.
- Japan **31** 24 ff.
- Vereinigte Staaten von Amerika **31** 13 ff.

Unternehmensbewertungstheorie 15 9

Unternehmensidentität 15 34, 63

Unternehmenskrise
- Arten **11** 3 ff.
- Begriff **11** 1
- Bewertung **11** 1 ff.
- finanzielle **11** 6
- Krisenstadien **11** 2, 5
- operative **11** 4 ff.

Unternehmensplanung 5 11 ff.; **28** 48 ff.
- Integration **5** 12 ff.

Unternehmensteuern, bewertungsrelevante **15** 3 ff.

Unternehmenswert
- bei ausschließlich finanziellen Zielen **15** 1
- Bewertung als wirtschaftliche Einheit **1** 36 ff.
- als Fiktion **28** 3
- Nachlassbewertung, Pflichtteilsrecht **24** 37 ff.
- quotaler **19** 81, 107; **22** 32
- als Schiedswert **30** 52
- als theoretisches Konstrukt **28** 3
- zeitpunktbezogener **12** 1

Unternehmenswert, objektivierter, s. objektivierter Unternehmenswert

Unternehmenswert, quotaler, s. quotaler Unternehmenswert

Unternehmenswert, subjektiver, s. subjektiver Unternehmenswert

Unternehmenswertgutachten, Anspruch auf Vorlage **28** 11

Unternehmeridentität 15 34, 63

Unternehmerlohn
- Bestimmung des gemeinen Werts bei kleinen und mittleren Unternehmen **26** 145 ff.
- Bewertung freiberufliche Praxis bei Zugewinnausgleich **23** 50, 54, 56

Upstream-Konzernverschmelzung 16 10 f.; **19** 46; **20** 6, 9, 21

Urteil des EFTA-Gerichtshofs, norwegisches Übernahmerecht **21** 82

Valeur mathématique, Einzelbewertungsverfahren Frankreich **31** 32

Valuation Memorandum, fairness opinion **21** 52

Value in Use 15 82 f.; **25** 73 ff.
- s. Nutzungswert

Variabler Ausgleich 1 12

Vendor-loan 17 29

Veräußerungsgewinn, im Abgeltungsteuersystem **15** 43

Veräußerungshypothese 16 37, 44 ff., 59; **19** 82, 94

Verbindlichkeiten, zweifelhafte, Pflichtteilsrecht **24** 25

Verbot der doppelten Teilhabe, Bewertung freiberufliche Praxis, Rechtsprechung des BFH **23** 56

Verbot der reformatio in peius, Spruchverfahren **27** 1

Verbot sittenwidriger Geschäfte, gemäß § 138 Abs. 1 BGB **22** 40

Verbundberücksichtigungsprinzip 2 29
- Grundsatz ordnungsgemäßer Ertragswertberechnung **4** 26

Verbundeffekt 17 92
- Nichtberücksichtigung **2** 57
- s.a. Verbundvorteil

Verbundvorteil 19 98, 101 ff.
- Begriff **14** 1
- echter **14** 24
- echter, Ersatzfähigkeit **14** 29 f.
- unechter **14** 24
- unechter, Ersatzfähigkeit **14** 28, 36
- bei Verschmelzung **20** 34

Verdeckter Beherrschungsvertrag 27 10

Vereinfachtes Bewertungsverfahren 1 19, 56
- s.a. Ertragswertverfahren, vereinfachtes

1185

Vereinfachtes Ertragswertverfahren, s. Ertragswertverfahren, vereinfachtes
Verfahren des erwarteten Barwerts, gemäß IFRS 13.B23-30, kapitalwertorientiertes Bewertungsverfahren **25** 65
Verfahrensförderungspflicht, Spruchverfahren **27** 41
Verfügungsbeschränkung 26 108 ff.
– persönliche **26** 113
– sachliche **26** 113
– (gesellschafts-)vertragliche **26** 108 ff.
Vergangenheitsanlayse
– Analyse des Unternehmensumfelds **5** 90 ff.
– Anlayse der Vergangenheitsergebnisse **5** 91 ff.
– Bereinigung der Vergangenheitsergebnisse **5** 98 ff.
– Ertragswertverfahren **4** 37 f.
Vergleichswertverfahren 18 48
Verhandlungs- und Beibringungsgrundsatz 28 9
Verhandlungsmodell 16 57, 60; **20** 25 f.
Verkehrswert 28 53
– Bandbreitenbestimmung **28** 77
– Begriff **26** 11
– Bewertung bei Zugewinnausgleich **23** 28
– des Unternehmens **28** 4
– Unternehmenswert/Anteilswert bei Teilungsanordnung **24** 138
– bei Verschmelzung **20** 27, 66
Verlustvortrag 15 5, 33 ff.
– gewerbesteuerlicher **15** 34
– gewerbesteuerlicher bei der Personengesellschaft **15** 62 f.
– Untergang (§ 8c KStG) **15** 34
Vermittlungsfunktion, des Schiedsgutachters/Schiedsrichters **30** 53
Vermögen
– betriebsnotwendiges **2** 35
  – s.a. betriebsnotwendiges Vermögen
– nicht betriebsnotwendiges **2** 35
  – s.a. nicht betriebsnotwendiges Vermögen
Vermögensgegenstand, des Erblassers, Pflichtteilsrecht **24** 14
Vermögensminderung, illoyale (§ 1375 Abs. 2 BGB), Beweislast bei Zugewinnausgleich **23** 94 ff.
Vermögensrechtlicher Aktionärsschutz 17 105

Vermögensübertragung, gemäß § 174 UmwG **20** 125
Vermutungsverwirkung 23 84 f.
Verschlechterungsverbot, zugunsten abfindungsberechtigter Aktionäre **13** 22
Verschmelzung
– zur Anfechtungsklage für „Aktionäre von oben" (§ 255 Abs. 2 AktG) **19** 35
– Societas Europaea (SE) **20** 44 ff.
– Spruchverfahren für „Aktionäre von unten" (§ 15 UmwG) **19** 34
– Umtauschverhältnis der Aktien **14** 54
– im Umwandlungsgesetz (§§ 2-122 UmwG) **14** 39, 53 ff.; **20** 2
– Unternehmensbewertung im Umwandlungsrecht **20** 3 ff.
– Unternehmenszusammenschluss **14** 53
– unterschiedliche Schutzsysteme **19** 32 ff.
– im Wege der Aufnahme (§ 5 Abs. 1 Nr. 3 UmwG) **20** 3 f.
– im Wege der Neugründung (§ 36 Abs. 1 UmwG i.V.m. § 5 Abs. 1 Nr. 3 UmwG) **20** 3 f.
– Wirksamwerden **20** 31
Verschmelzungsbericht
– Bewertungsschwierigkeiten **20** 36
– bei grenzüberschreitender Verschmelzung **20** 43
– Umtauschverhältnis **20** 7 f.
Verschmelzungsplan 20 42, 46
Verschmelzungsprüfung 20 37 ff.
Verschmelzungsrechtlicher Squeeze-out, gemäß § 62 Abs. 5 UmwG **16** 1
Verschmelzungsvertrag, Umtauschverhältnis **20** 6
Verschmelzungswertrelation, im Umwandlungsrecht **12** 34; **19** 22, 109 f.
Verteilung von Synergien 20 35
Verteilungsschlüssel
– gleiche Teilung **14** 33 f.
– für den Liquidationserlös **18** 16
– proprotionale Teilung **14** 34 f.
– Umtauschverhältnis von Aktien bei Verschmelzung **14** 60
– zur (angemessenen) Aufftteilung von Synergiegewinnen **14** 31 ff.
Vertragskonzern, Begründung **19** 16 ff.
– s.a. Begründung eines Vertragskonzerns
Vertrauensschutz 13 27 f.

Stichwortverzeichnis

Verwaltungsvermögen, i.S.d. § 13 ErbStG 26 197
Verwässerung von Kursen 21 99
Verwässerung von Sonderrechten 20 101
Verwässerung von Unternehmensanteilen 16 7
Verwässerungseffekt 17 12
Verwässerungsschutz 19 1, 36
– materieller (§ 255 Abs. 2 AktG) 19 41 ff., 53 ff.
Verwässerungsspielraum 19 45
Verwässerungsverbot 19 41
– materielles 19 52, 54
– stichtagsbezogen 19 43
Verwertungsfähigkeit, im Überschuldungsstatus 11 30 ff.
Vollausschüttung, Hypothese der 19 18 f.
Vollreproduktionswert 2 41
Vollständigkeitsgebot, gemäß § 27 Abs. 1 WpÜG 21 29
Vorausvermächtnis, gemäß § 2150 BGB 24 134
Vorbelastungsbilanz 22 54 ff.
– Bewertung des Gesellschaftsvermögens in der Rechtslehre 22 57 f.
– Bewertung des Gesellschaftsvermögens in der Rechtsprechung 22 55 ff.
Vorbelastungshaftung 1 13; 22 3, 54
Vorerwerb, Übernahmerecht 21 112
Vorerwerbspreis 20 21; 27 56
– Ableitung des Unternehmenswerts 17 26 ff.
– Begriff 17 1 ff.
– Berücksichtigung von Paketzuschlägen 17 92, 95
– Berücksichtigung von Synergieeffekten 17 94
– Kalibrierung 17 59, 113
– kritische Betrachtung 17 25
– in der Literatur 17 88 ff.
– in der Rechtsprechung 17 60 ff.
– s.a. Nacherwerbspreis
– und Unternehmensrechtsform 17 17 f.
– im Vergleich zur Bewertung mit dem Börsenkurs 17 17 ff.
– im Vergleich zur Bewertung mit dem Ertragswertverfahren 17 22 ff.
– im Vergleich zur Bewertung mit dem Multiplikatorverfahren 17 20 f.
– Voraussetzungen für den Einsatz bei der Unternehmensbewertung 17 4 ff.
Vorkaufsrecht 17 85

Vorräte, Planung 5 35
Vorsteuer-Zinssatz 25 90
Vorzeitiger Zugewinnausgleich (§§ 1385, 1386 BGB) 23 106 ff.
– Begriff 23 106 f.
– Rücknahme des Scheidungsantrags 23 113
– selbständiges Verfahren, Verfahrensrecht 23 112 f.
– Stellenwert 23 107
– Voraussetzungen gemäß § 1385 BGB 23 108 ff.
– Voraussetzungen gemäß § 1386 BGB 23 111
Vorzugsaktie 18 41
– Anteilsbewertung 18 41 ff.

WACC-Bewertungsverfahren 2 49; 15 58
– Bewertung in der Unternehmenskrise 11 8, 21
– s.a. Discounted-Cashflow-Verfahren, WACC-Ansatz
Wachstumsabschlag, auf Kapitalisierungszinssatz 28 62
Wachstumsrate 5 55
– Rechtsprechung 4 60 ff.
– Restwertberechnung 4 44 f.
Wahlgegenleistung
– Übernahmerecht 21 95, 103
– s.a. Pflichtgegenleistung
Wegzugsbesteuerung, gemäß § 6 AStG 26 233
Wertaufhellung 12 62; 26 65
Wertaufhellungsprinzip 26 65
– Pflichtteilsrecht 24 12
Wertaufholung 25 3
Wertaufholungsgebot 25 106
Wertermittlungsanspruch, Nachlassbewertung, Pflichtteilsrecht 24 58 ff.
Werthaltigkeitsprüfung
– maßgeblicher Schwellenwert 19 61 ff.
– maßgeblicher Schwellenwert, Pari-Emission 19 62
– maßgeblicher Schwellenwert, Überpariemission mit korporativen Agio 19 66
– rechtliche Methodenvorgaben 19 71 ff.
Werthaltigkeitstest (impairment only approach) 25 3, 93
Wertorientierte Finanzierungspolitik 6 151

Stichwortverzeichnis

Wertpapiererwerbs- und Übernahmegesetz (WpÜG) 16 12 ff.; 21 1 ff.
- Arten öffentlicher Angebote zum Erwerb von Wertpapieren 17 36 f.
- einfaches öffentliches Angebot (§§ 10-28 WpÜG) 17 36
- freiwilliges Übernahmeangebot (§§ 29-34 WpÜG) 17 36
- Pflichtangebot (§§ 35-39 WpÜG) 17 36

Wettbewerbsintensität 10 59
Willkürverbot 25 106
Wirtschaftsgut, junges, s. junges Wirtschaftsgut
Working Capital 9 21
WpÜG, s. Wertpapiererwerbs- und Übernahmegesetz
WpÜG-Angebotsverordnung (WpÜG-AngVO) 16 12 f.; 17 37
Wurzeltheorie des BGH 2 34; 12 11, 41 f.; 19 97 f.; 26 62 ff.
- Folgeentscheidungen 12 43 ff.
- kritische Betrachtung 12 48 f.
- in der Rechtsprechung der Instanzgerichte 12 50 f.
- Stellungnahmen im Schrifttum 12 52 ff.

Wüstenrot/Württembergische-Entscheidung des BVerfG 16 54

Zahlungsmittelgenerierende Einheit (cash generating unit) 25 17
Zahlungsunfähigkeit
- drohende (§ 18 InsO) 11 27
- eingetretene (§ 17 InsO) 11 27

Zerschlagungswert 8 1
- s.a. Liquidationswert

Zinsergebnisplanung/-prognose 5 42
- Plausibilisierung 5 131

Zinsschranke 15 32
Zinsstrukturkurve 6 19 f.
- aktuelle 6 37
- Fortschreibung 6 27 f.
- Glättung 6 24 ff.
- nach der Svensson-Methode 6 21 ff.

Zuflussprinzip 2 33
Zugangsbewertung, Unternehmensanteilen 25 2
Zugewinn, Begriff (§ 1373 BGB) 23 21

Zugewinnausgleich 23 2
- Begriff (§§ 1374, 1375, 1376 BGB) 23 21
- Bewertung, Rechtsprechung des BGH 23 52 ff.
- Bewertung, Rechtsprechung von Oberlandesgerichten 23 59 ff.
- Bewertungsanlass im Familienrecht 1 14
- familienrechtliche Rechtsprechung des BGH 15 89
- Verfahren, Verfahrensrecht 23 79 ff.
- vorzeitiger (§§ 1385, 1386 BGB) 23 106 ff.
- s.a. vorzeitiger Zugewinnausgleich

Zugewinngemeinschaft 23 2 f., 7 ff.
- Anfangsvermögen 23 10
- Anfangsvermögen, negatives 23 13, 86 f.
- Auseinandersetzungsguthaben 23 15
- Ausschluss 23 15
- Begriff 23 7
- Endvermögen 23 10
- Endvermögen, negatives 23 13
- erbrechtliche Lösung (§ 1371 BGB) 23 14
- Gesetzesreform 23 12 f.
- Indexierung 23 14
- privilegiertes Vermögen (§ 1374 Abs. 2 BGB) 23 88

Zukunftsbezogenheitsprinzip, Grundsatz ordnungsgemäßer Ertragswertberechnung 4 7 ff.
Zukunftserfolgswert 23 54; 26 46
Zukunftsertrag, Ermittlung 5 1 ff.
Zuschreibung 25 106
Zustimmungsbeschluss, zum Verschmelzungsvertrag 19 38
Zwangsverkauf von Aktien 19 6
Zweckadäquanzprinzip 4 1
- Grundsatz ordnungsgemäßer Ertragswertberechnung 4 6

Zwei-Phasen-Modell
- zur Schätzung zukünftiger Zahlungsströme 25 80 ff.
- bei unendlichem Kapitalisierungszeitraum (nach IDW S 1) 26 265

Zwischenbericht, im streitigen Gerichtsverfahren 28 23 f.